音索引

全訳古語例解辞典

コンパクト版
第三版

筑波大学長・文学博士
北原保雄 編

小学館

編者

筑波大学長　北原保雄

顧問

筑波大学名誉教授　中田祝夫

編集委員

茨城キリスト教大学教授　田所寛行
埼玉県立浦和西高校元教諭　田辺秀夫
宇都宮大学教授　小池清治
都立東村山西高校校長　田村二葉
信州大学助教授　梅原恭則
跡見学園短期大学教授　土屋博映

執筆協力

筑波大学教授　稲垣泰一
神戸大学助教授　犬飼　隆
都立大学教授　小林賢次
香川大学教授　佐藤恒雄
国文学研究資料館教授　新藤協三
山形大学助教授　須賀一好
筑波大学助教授　坪井美樹
静岡県立大学教授　東郷吉男
名古屋短期大学助教授　松浦照子
筑波大学教授　湯沢質幸
北海道教育大学助教授　吉見孝夫

専門校閲

（歴史語）
京都造形芸術大学教授　村井康彦
京都女子大学教授　瀧浪貞子
（仏教語）
東京女子大学教授　大隅和雄
東海大学教授　速水　侑
（近世語）
帝京大学助教授　棚橋正博
跡見学園女子大学助教授　岩田秀行

編者のことば

――第三版刊行にあたって――

この辞典の書名についている「全訳」は、全部の用例文に現代語訳をつける、という意味です。「全訳」という語には、いろいろな意味があります。長い文章の全体を省略せずに翻訳する、というのが最も一般的な意味でしょう。また、ある一つの用例文の、一部分ではなく全体を現代語訳する、というような意味もありましょう。しかし、この辞典の書名に用いた「全訳」は、前記のような意味です。これは、この辞典のために苦心をして考えだした、かなり特殊な意味です。したがって、一種の固有名詞だといってもよいようなものです。「全訳」方式は、この辞典が初めて試みたもので、書名とともに、この辞典がいわば専売特許を持つものですが、すぐに真似をするものが現れ、現在では書名に「全訳」を用いるものが何種類も出現しています。つまり、「全訳」は、今や固有名詞から普通名詞に変わっているわけですが、「全訳」という語を書名に使っていても、「全訳」の本当の意味を理解している辞典は多くありません。この辞典は、元祖としての誇りと責任を持って、「全訳」方式の特長をさらに追及し徹底させるために、改訂の版を重ね、この度コンパクト版も第三版を刊行する運びとなった次第です。

この辞典の第一の特徴は、繰り返しになりますが、全ての用例文に現代語訳をつけたことです。古語辞典の用例文は、その項目の語が実際にはどのように用いられているかを示すために載せられるのです。しかし、用例文とその出典名だけを示すやり方では、どの作品のどういうところに用いられているかということは分かりますが、肝心な意味が分かりません。辞典の用例文は短いものですから、古典を読みなれている人でも、その意味をよく理解することができない場合が多いのです。これでは、用例文を掲載する意義も半減します。ちなみに、英和辞典では、用例文に日本語訳をつけるのが常識です。

この辞典では、さらに、語法的な解説や文脈の補足、文学史的な説明などを適宜ほどこして、例訳注という三段構成で用例文が十分に理解できるようにしてあります。古語辞典では用例文が大切です。用例文を深く理解することによって、その項目の語の意味や用法をより正確に把握することができますが、それだけでなく、そこから、古典の世界に入っていくこともできるのです。

初版以来の編集方針や特徴は、「この辞典の編集方針と特色」に、箇条書きにまとめて掲げておきますが、説明のし方から活字の組み方、挿し絵、写真の入れ方にいたるまで、どうしたら、最も利用しやすく、最も役に立つ辞典になるか、ということを基本として、この辞典は編集されています。

コンパクト版は小型であるところに特徴がありますので、収録語は厳選していますが、今回の改訂では、第二版よりも大幅に項目数を増やし、一万五千余項目を収録しました。そして、「紛らわしい語の識別表」を新しく載せました。また、紙面をビジュアルにして、親しみやすく読みやすくしました。

この辞典は、「全訳」古語辞典の元祖として、引きやすく、引いたら役に立つ、最良、最高の古語辞典をめざして編集されています。利用される皆さんの古文読解、古典理解のために、この辞典が大いに役立つことを願っております。

二〇〇〇年八月

鏡郷文庫主人　北原保雄

コラム執筆協力
筑波大学　金子　守
筑波大学　石塚　修
筑波大学　島田康行

写真　中田　昭
菅谷　孝之
村井　康彦
久米たかし

図版　中村　義雄
須貝　稔

考証　髙田　倭男

校正　秦　玄一
鳥居　直子
大村　明子
鵜飼　正司
三友社

原稿整理　柴田　敏
調整　石原　恵美
大川ひろみ
山本　順子
竹岡　茂樹
中北美千子
大木　玲子
天野みどり
久保寺恵美

索引作成　中西　陽子
鈴木　賢子
幕田　聡美

装丁　なかのまさたか

編集担当　谷中　利亘

この辞典の編集方針と特色

1 この辞典には、主として高等学校で学習する古典の読解に役立つ、必要にして十分な語句、一万五千余項目を厳選して収録した。

2 古典の読解や文学史の理解に役立つ、地名・人名・書名などの固有名詞を多数収録した。

3 古典読解に役立つよう、連語の形の項目を多く立てた。

4 学習上、重要な語、約五百項目を精選し、見出しを茶の大字で示すとともに、解説などを詳しくした。

5 重要語の中でも、特に重要だと思われる最重要語には、項目の冒頭に、その語の理解と記憶に役立つ簡明な解説を設け、太い罫(けい)でかこんだ。

6 古典の読解に役立つように、助詞・助動詞の項目を特に充実させた。

7 古語に頻出する紛らわしい同音語の判別を表にし、容易に識別できるようにした。

8 二色刷りにし、また改行を多くするなど、全体に組み方を工夫して、読みやすくした。

9 用例文は、できるかぎり高等学校の古典の教材の中にあるものから採用するようにし、用例文の理解から古典の世界へ入って行けるようにした。

10 すべての用例文に的確な現代語訳を施し、また必要に応じて、語釈・文法的説明・文脈の解説・文学史的補充などを付して、例 訳 注の三段構成で、用例文が完全に理解できるようにした。

11 要点 参考の欄を設け、その項目を正確にかつ効果的に理解するためのポイントや、理解をより精密にするのに役立つ事柄を解説した。

12 語義解説を補い、理解をより深めるために、モノクロ写真や、正確なさし絵を入れた。

13 巻末に「和歌・俳句索引（付百人一首）」を載せ、代表的な和歌や俳句の意味が容易に調べられるようにした。

14 巻末に文法事項や有職故実関係図・内裏図・季語一覧などを載せ、古典の具体的な理解に役立つようにした。

15 巻末に現代語から古語が引ける画期的な「現古辞典」を掲載した。また「百人一首」の手引となる「百人一首の解釈と鑑賞」も掲載した。

この辞典の使い方

一 見出し語の立て方

1 見出し語の表記は歴史的仮名づかいによった。和語（日本固有の語）・漢語（中国から伝わった語）・梵語（古代インドの仏教語）は平仮名、西欧からの外来語は片仮名で示した。

〈例〉 **きぎし**【雉子】
き-しん【寄進】
メリヤス【莫大小】

a 地名・人名・書名などの固有名詞は漢字で示した。

〈例〉 **象潟**（きさがた）〔地名〕
紀貫之（きのつらゆき）〔人名〕
去来抄（きよらいせう：シヨウ）〔書名〕

b 子見出しは、親見出しのあとに、漢字平仮名まじり、一字下げで、かかげた。

〈例〉 **君が代**（よ）……**きみ**【君】の子見出し

2 語の基本構成（語構成）については、その最終構成段階を「-」で区切って示した。

〈例〉 **し-うん**【紫雲】
すみ-ぞめ【墨染め】

3 動詞・形容詞は原則として終止形をあげ、語幹と語尾との間を、「・」で区切った。

〈例〉 **かか・ふ**【抱ふ】
しげ・し【繁し】

a 語構成の区切りと、語幹と語尾の区切りとが一致する場合には、その区切りは「・」だけで示した。

〈例〉 **ねん・ず**【念ず】

b 形容動詞・サ変の漢語動詞は、語幹だけを示した。

〈例〉 **きよ-ら**【清ら】〔形動ナリ〕
き-え【帰依】〔名・自他サ変〕

二 配列のし方

1 見出し語は、仮名見出しの五十音順に配列した。

2 濁音・半濁音は清音の後に、拗音・促音は直音の後に、配列した。

3 仮名見出しが同じ場合には、次の品詞の順に配列した。

名詞・代名詞・動詞・形容詞・形容動詞・副詞・連体詞・接続詞・感動詞・助動詞・助詞・接頭語・接尾語・連語・枕詞

4 仮名見出しも品詞も同じ場合には、漢字表記の画数の少ない順に配列した。

三　現代仮名づかい注記

1　見出し語の歴史的仮名づかいに対する現代仮名づかいを漢字表記の下に、片仮名二行組みで示した。

〈例〉**けふ**【今日】（キョウ）　**しゃう‐みゃう**【声明】（ショウミョウ）

2　地名・人名等の漢字見出しの固有名詞は、見出し表記の下の（　）内の歴史的仮名づかい平仮名表記の下に、片仮名二行組みで示した。

〈例〉**万葉集**（まんえふしふ）（マンヨウシュウ）　**下総**（しもふさ）（シモウサ）

3　仮名づかいの一致する部分は省略して、「：」の記号で示した。

〈例〉**き‐りゃう**【器量】（：リョウ）　**すい‐くゎ**【水火】（：カ）

4　読み方が二通りある場合には、一方の読み方を（　）で囲んで示した。

〈例〉**した・ふ**【慕ふ】（シタ（ト）ウ）

四　品詞および活用の注記

1　品詞注記は〔　〕で囲み、八ページにかかげた「略語表」の略語によって示した。

2　動詞には、特に〔他マ四〕〔自カ下二〕などの形で、自動詞・他動詞の別、および活用の種類を示した。

3　動詞には、品詞注記の下に、さらにその活用表を︹　︺で示した。

〈例〉**け・つ**【消つ】〔他タ四〕︹た・ち・つ・つ・て・て︺

4　助動詞には、その主なものに活用表を示した。

〈例〉「**けり**」

未然形	連用形	終止形	連体形	已然形	命令形
（けら）	○	けり	ける	けれ	○

注　（　）で囲んだものは、その活用形の用法に制限があることを示し、○印はその活用形が認められないことを示す。

5　形容詞・形容動詞には活用の種類だけを示し、活用表は示さなかった。

6　助詞は、次の七つに分類した。

格助詞・準体助詞・接続助詞・副助詞・係助詞・終助詞・間投助詞

7　枕詞と連語には、それぞれ〔枕詞〕〔連語〕と注記し、品詞に準じて扱った。

8　固有名詞には、〔人名〕〔書名〕〔地名〕〔寺名〕などと注記した。

五　語義解説のし方

1　表記は、原則として常用漢字・現代仮名づかいによった。

2　読みにくい漢字については、その読み方を、平仮名現代仮名づかいにより二行組みで示した。

3　見出し語についての簡単な語源的・歴史的説明、また時代による発音の移り変わりなどは、解説文の初めに、（　）で囲んで示した。

〈例〉　**きき**【聞き】〔名〕《動詞「聞く」の連用形の名詞化》

きさい【后】〔名〕《「きさき」のイ音便》

きじ【雉】〔名〕《「きぎし」が古い形で、その変化したもの。「きぎす」とも》

4　語義が多岐にわたる場合、その分類には、数字やアルファベットを用いたが、その順番は、㊀→㊁→❶→ⓐである。

六　用例の示し方とその現代語訳

1　用例文は、例の印を付し、「　」で囲んで示し、出典は、〈　〉で囲んで示した。

2　用例文中の見出し語に当たる部分は「――」で示した。動詞・形容詞はその語幹だけを「――」で示して、活用語尾は「・」で区切って、その下に示した。

〈例〉　例「旅人とわが名呼ばれん初――」〈芭蕉・笈の小文〉………「**しぐれ**」の項目

例「うちより御使ひ、雨の脚よりけに――・し」〈源氏・夕顔〉………「**しげし**」の項目

3　訳の印で、用例文の現代語訳を平仮名漢字まじりで示した。なお、現代語訳で色刷りの部分は、当該項目の現代語訳箇所であることを示している。また、注の印で、現代語訳の下に訳文を補充する注記を、片仮名漢字まじりで示した。

〈例〉　例「桜散る花の所は春ながら雪ぞ降りつつ――・にする」〈古今・春下・七五〉訳今、桜が散りつつあるこの花の名所（＝雲林院(ウリンイン)）では、春だというのに雪が降り続けて消えそうにもない。注落花ヲ雪ニ見立テルノハ、『古今集』ニ、シバシバ見

ラレル技巧。　……「**きえがて**」の項目

4　出典の示し方は、以下の方針によった。

a　知名度の高い作品は、物語・日記・和歌集などを省略した。

〈例〉　〈源氏・夕顔〉
　　〈更級・かどで〉
　　〈万葉・一四・三四五九〉
　　〈古今・恋一・五三九〉

b　近世の西鶴・近松の作品には、特に作者名を記した。

〈例〉　〈西鶴・好色一代男・一・六〉
　　〈近松・曽根崎心中・上〉

七　要点 参考 欄について

1　要点 では、本義と派生義との関係、品詞の転成や派生、同意語・反意語との関係など、その項目をより効果的に理解するためのポイントを解説した。

2　参考 では、国語史的な事項など、その項目をより精密に理解するために参考になることを解説した。

3　要点 参考 ともに、学習上特に重要なものは囲み欄で示した。

略語表

〈品詞〉

〔名〕	名詞
〔代名〕	代名詞
〔自〕	自動詞
〔他〕	他動詞
〔補動〕	補助動詞
〔形〕	形容詞
〔形動〕	形容動詞
〔副〕	副詞
〔連体〕	連体詞
〔接続〕	接続詞
〔感〕	感動詞
〔助動〕	助動詞
〔格助〕	格助詞
〔準体助〕	準体助詞
〔接助〕	接続助詞
〔副助〕	副助詞
〔係助〕	係助詞
〔終助〕	終助詞
〔間投助〕	間投助詞
〔接頭〕	接頭語
〔接尾〕	接尾語

〈活用〉

〔四〕	四段活用
〔上一〕	上一段活用
〔上二〕	上二段活用
〔下一〕	下一段活用
〔下二〕	下二段活用
〔カ変〕	カ行変格活用
〔サ変〕	サ行変格活用
〔ナ変〕	ナ行変格活用
〔ラ変〕	ラ行変格活用
〔ク〕	ク活用
〔シク〕	シク活用
〔ナリ〕	ナリ活用
〔タリ〕	タリ活用
〔特活〕	助動詞特殊活用

〈その他〉

(季・春)	春の季語
(季・夏)	夏の季語
(季・秋)	秋の季語
(季・冬)	冬の季語

最重要語コラム一覧表

上が項目名、下がページ数を示している。

あ

あ【足】〔名〕足(あし)。脚(あし)。上代では単独でも用いられたが、平安時代以降は「—ぶみ(鐙)」「—がき(足掻)」などのように融合した形で用いられる。[例]「—の音せず行かむ駒(こま)もが葛飾(かつしか)の真間(まま)の継橋(つぎはし)止(や)まず通はむ」〈万葉・一四・三三八七〉[訳]足音を立てないで進むような馬があってほしいよ。(それに乗って娘に逢(あ)いに)葛飾の真間(=千葉県市川市真間)の継橋を絶えず通いたい。

あ【吾・我】〔代名〕《人称代名詞。自称》わたくし。わたし。われ。[例]「出(い)でて行きし日を数へつつ今日(けふ)今日と—を待たすらむ父母(ちちはは)らはも」〈万葉・五・八九〇〉[訳]出発して行った日からの日数を指折り数えながら、今日こそは今日こそはと、私(の帰り)を待っていらっしゃることであろう、父上や母上は。

あ【彼】〔代名〕《指示代名詞。遠称》あれ。あちら。あの人。[例]「御簾(みす)を押し上げて、『—の男(をのこ)、こち寄れ』と召しければ」〈更級・竹芝寺〉[訳](姫君が)すだれを押し上げて、「あそこの下僕(しもべ)よ、こっちへ寄りなさい」とお呼び寄せになったので。

あ〔感〕❶《驚いたり、強く感動したりした時に発する声》あっ。ああ。[例]「人の声にて『—』とばかり言ふ声あり」〈今昔・二六・二一〉[訳](鹿(しか)と思って矢を射ると)人の声で「あっ」と言う声がする。
❷《呼びかける語》おい。[例]「主人『—』と言はば、郎等(らうどう)さと出(い)づべき体(てい)なりけり」〈源平盛衰記・六・五〉[訳]主人が「おい」と呼べば、家来がさっと出てくるような有様だった。
❸《返答をする語》不満や反問する気持ちを含むことが多い。はあ。はい…。[例]「凡兆『—』と答へて、未(いま)だ落ち着かず」〈去来抄・先師評〉[訳]凡兆は「はい」と答えて、(答えたものの)まだ落ち着かない。

ああ〔感〕❶《喜び・嘆き・驚きなどを表す声》ああ。[例]「—、吾(あ)が祖(みおや)は天神(あまつかみ)、母(いろは)は海神(わたつみ)なり」〈日本書紀・神武・即位前〉[訳]ああ、私の父は天の神、母は海の神である。
❷《呼びかける語》あの。おい。もし。[例]「—これこれ、まづお待ちやれ」〈狂言・鶏聟〉[訳]ああこれこれ、ちょっとお待ちなさい。
❸《返答をする語》不満・不審あるいは反問の気持ちを含むことが多い。はあ。はい…。ええ? [例]「耳もおぼおぼしかりければ、『—』とかたぶきて居たり」〈源氏・若菜・上〉[訳](年老いて)耳もよく聞こえなかったので、「はあ」と言って(聞き取ろうと頭を)傾けて座っている。
❹《口を大きく開く時の声》アーン。[例]「頭から一口にいで食らはう、—」〈狂言・清水〉[訳]頭から一口に食ってやろう、アーン。

あい…【相…・合…・間…】⇩あひ…

あい-きゃう【愛敬】〔名〕《室町時代以後。「あいぎゃう」の変化した形》かわいらしいこと。愛想のいいこと。愛嬌(あいきやう)。[例]「口もとより爪先(つまさき)まで、—こぼれて愛らしく」〈一茶・おらが春〉[訳]口もとから(足の)爪の先まで、愛嬌(あいきやう)がこぼれてかわいらしく。

あい-ぎゃう【愛敬】〔名〕

> 「あいぎゃう」は人の心をひきつける魅力、の意。それが、かわいらしさであり、親切な思いやりである。現代語の「あいきょう」につながるものがある。

❶**いつくしみ敬うこと。愛情の心と尊敬の念。敬愛。**[例]「『この女子(にょし)に—・富を得しめ給へ』と祈り申しける程に」〈今昔・一六・八〉[訳]「この娘にいつくしみ敬う心と富をお与え下さいまし」とお祈り申しているうちに。
❷(顔かたち、表情などの)**優しい愛らしさ。優雅でかわいらしい魅力。**[例]「ましておとがひ細う、—おくれたる人などは」〈枕草子・職の御曹司の西面の〉[訳]ましてあごが細く、魅力のとぼしい女房などは。
❸(性格・態度・言葉遣いなどに)優しい思いやりのあること。**親切な心遣い。**[例]「—ありて、言葉多からぬこそ、飽かず向かはまほしけれ」〈徒然草・一〉[訳]優しく親切で、口数の多くない人とこそ、飽きることなく(いつまでも)対座していたいものである。
❹**男女が愛し合い、敬い合って結び付くこと。結婚。**[例]「げに、—のはじめは、日えりして聞こし召すべきことにこそ」〈源氏・葵〉[訳]本当に、結婚の初めには、日を選んで(餅(もち)を)召し上がるのがよろしゅうございます。

あいぎゃう-づ・く【愛敬づく】〔自カ四〕{か・き・く・く・け・け}

《「愛敬」がそなわるの意》顔立ち・人柄・態度・声などに**愛らしさがある。魅力がある。**[例]「いとぞ—・き、いふよしなき御けはひなる」〈源氏・明石〉[訳](うちくつろいでいらっしゃる光源氏のお姿は)たいそう愛らしさがあり、申し分のないご様子である。

あい-げう【愛楽】〔名・他サ変〕《「げう」は「楽」の呉音で、願い欲する意》❶《仏教語》仏の教えを心から信じて、願い求めること。❷愛好すること。好感を持つこと。親愛感をいだくこと。[例]「すべて、人に—・せられずして衆(しゅ)に交はるは恥なり」〈徒然草・一三四〉[訳]総じて、人に愛されない状態で人々と交際するのは恥ずかしいことである。

あい-しゃう【哀傷】[一]〔名・自サ変〕人の死を悲しみなげくこと。[二]〔名〕「哀傷歌」のこと。

あいしゃう-か【哀傷歌】〔名〕勅撰和歌集の、部立(ぶだて)の一つ。人の死を悲しみいたむ歌。『万葉集』の挽歌(ばんか)に相当する。

あい・す【愛す】〔他サ変〕{せ・し・す・する・すれ・せよ}❶人や動物に愛情をそそぐ。かわいがる。[例]「この虫どもを朝夕(あしたゆふべ)に—・し給ふ」〈堤中納言・虫めづる姫君〉[訳]この虫どもを朝に夕にかわいがりなさる。
❷特に、幼児に身振りや言葉で愛情を示し、関心をひこうとする。あやす。[例]「よしよし、しばし—・せよ」〈平家・九・二度之懸〉[訳](相手はたかが二人きりだ)よいよい、しばらく適当にお相手しろ。[注]相手ヲ子供扱イシテイル。
❸物事に強い好感の情をもつ。好む。大切にする。[例]「いま、草庵(さうあん)を—・するもとがとす」〈方丈記・みづから心に問ふ〉[訳](仏のお教えは、何事にも執着するなという)。

いま、（自分の住む）草庵を好みそれに執着するのも罪となることである。

要点 現在は、男女間の愛情などのように対等の関係で用いることが多いが、古語では、親が子に、人間が動物に、目上の者が目下の者になど、上位者が下位者に対して抱く愛情に関して用いる。

あいぜん-みゃうわう【愛染明王】〔名〕《仏教語》愛欲に迷うすべての生き物を、とらわれのない悟りの境地に導く密教の神。江戸時代には、遊女の守護神として信仰された。

あいだち-な・し〔形ク〕❶無愛想である。つれない。例「快からず、――・き者に思ひ給へる、わりなしや」〈源氏・夕霧〉訳（夫の夕霧が嫉妬深い私を）不愉快で、無愛想な人間だと思っていらっしゃるのは、ひどいことですよ。❷遠慮がない。ぶしつけである。例「――・くぞ愁へ給ふ」〈源氏・宿木〉訳あけすけに愚痴をこぼしなさる。

あいたん-どころ【朝所】〔名〕《「あしたどころ」の変化した形。「あいだんどころ」「あいたどころ」とも》太政官庁内の北東にあった建物。儀式などの際に参議以上の貴族が会食した所。

あいだん-どころ【朝所】〔名〕⇩あいたんどころ

あい-ぢゃく【愛着】〔名〕《仏教語》男女の愛情に執着すること。また、物にこだわりすぎて心が離れられないこと。例「まことに、――の道その根深く、源遠し」〈徒然草・九〉訳本当に、男女の愛情に執着するということはその根が深く、始まりが古い。

会津（あいづ）⇩あひづ

あい-な・し〔形ク〕《「あや（文）なし」の変化した語か》

筋が通らなくてよくない、の意。文脈によってさまざまな意になるが、連用形「あいなく（あいなう）」の形で、むやみに、わけもなく、の意（⑤）を表す用法があることに注意。

❶**筋違いで正しくない。不都合である。よくない。**例「親の、今は――・きよし、言ひにやらむとあるに」〈更級・子忍びの森〉訳（継母は再婚しても、父と下った国の名の上総の大輔と呼ばれていると聞いて）父が、今はもう（その名は）不都合であると、申し入れようと言うので。❷**度を越していてよろしくない。**例「つひに尋ね出でて、流し奉ると聞くに、――・しと思ふまで、いみじう悲しく」〈蜻蛉・中・安和二年〉訳（逃げた左大臣源高明を）ついに探し出して、流罪にし申し上げたと聞くと、なにもこれほどまでと思うほどに、とても悲しくて。❸**不調和でおもしろくない。情緒がない。**例「葉の色よりはじめて、――・く見ゆるを、唐土（もろこし）には限りなきものにて、文（ふみ）にも作る」〈枕草子・木の花は〉訳（梨の花は）その葉の色からして、面白みもなく見えるのだが、中国ではこの上もないものだとして、詩にも詠んでいる。❹**おもしろくない。つまらない。**例「世に語り伝ふる事、まことは――・きにや、多くは皆虚言（そらごと）なり」〈徒然草・七三〉訳世の中に語り伝えている事は、本当の事（を語るの）はおもしろくないのであろうか、たいていは皆作り事である。❺（「あいなく（う）」の形で、用言を修飾して）**むやみに。やたらに。わけもなく。**例「――・う起きゐつつ」〈源氏・須磨〉訳（供の者達は）わけもなく立ったり座ったりして。

あいな-だのみ【あいな頼み】〔名〕《形容詞「あいなし」の語幹「あいな」＋名詞「頼み」》あてにならない期待。むだな頼み事。そら頼み。例「過ぎにし方のやうなる――の心驕（おご）りをだに」〈更級・宮仕へ〉訳以前のようなそら頼みを願う心のおごりなど。

あい-べつ-り-く【愛別離苦】〔名〕《仏教語》「八苦」の一つ。愛する人、つまり親・兄弟・妻子などと別れる苦しみ。例「――の悲しみを故郷の雲に重ねたり」〈平家・二・平大納言被流〉訳愛別離苦の悲しみを故郷の雲に重ね合わせて感じているのである。

あい-ら・し【愛らし】〔形シク〕かわいらしい。あいらしい。例「御目は細々として、――・しくおはしますぞや」〈沙石集・一〉訳（私の育てる姫は）御目はほっそりとして、かわいらしくいらっしゃるよ。

あう【合う・会う・逢う・敢う】〔動〕⇩あふ

あう-い・く【奥行く】〔自カ四〕《「あう」は「奥」の字音》奥の方へ行く。より遠くへ進んで行く。例「――・かむことこそ、いとすさまじけれ」〈枕草子・五月の御精進のほど〉訳この先まだ行くことなど、まったく気のすまないことですよ。

奥羽（あうう）《地名》陸奥と出羽の両国をまとめていう。現在の東北地方、青森・岩手・宮城・福島・秋田・山形の六県にわたる。

奥州（あうしう）《地名》「陸奥（つむ）の国」の別称。勿来・白河の関以北の地で、今の福島・宮城・岩手・青森の四県にあたる。⇩陸奥（みちのく）

あう-な・し【奥なし】〔形ク〕《「あう」は「奥」の字音。「奥がない」意》深い考えがない。例「――・きさまにて、近く寄りてそのさまを見れば」〈源氏・手習〉訳思慮もない様子で、近く寄ってその（白く見えるものの）様子を見ると。参考 古い写本では一致して「あふなし」と書かれていることから、「奥なし」という語源を否定する考え方もある。この説に従えば、この「あふなし」が濁音化したのが「あぶなし」ということになる。

あうむ【鸚鵡】〔名〕オウム。西域の霊鳥と伝えられていた。例「鳥は、異所（ことどころ）の物なれど、――いとあはれなり。人の言ふらむことをまねぶらむよ」〈枕草子・鳥は〉訳鳥（の中で）は、異国の鳥だけれど、オウムはとても興趣をそそる。人の言う事をまねるとかいうことだよ。

あう-よ・る【奥寄る】〔自ラ四〕《「あう」は「奥」の字音》❶奥の方へ寄る。例「――・りて三、四人さしつどひて、絵など見るもあめり」〈枕草子・宮に初めて参りたるころ〉訳奥の方へ寄って三、四人集まって、絵など見る者もいるようだ。❷古くなる。古びる。例「御手の筋ことに――・りにたり」〈源氏・玉鬘〉訳ご筆跡は格段と古風である。❸年をとる。年寄りになる。例「齢（よはひ）なども――・りにたべければ」〈蜻蛉・下・天禄三年〉訳年齢なども老齢になっていたはずだから。注「たべけれ」ハ「たるべけれ」ノ撥音便形「たんべけれ」ノ「ん」ヲ表記シナイ形。

あ-うん【阿吽】〔名〕《梵字の字母表で、「阿」はその最初の字、「吽」はその最後の字》❶吐く息と吸う息。呼吸。

❷相対する二つのもの。表裏、増減、明暗など。❸寺院の門の左右の仁王や、神社の狛犬などの一対。

あえか〔形動ナリ〕か弱く弱々しい様子。きゃしゃ。はかなげ。例「世の人に似ず、——に見え給ひしも、かく長かるまじくてなりけり」〈源氏・夕顔〉訳（夕顔が）他の人々とは違い、か弱くお見えになったのも、このように長生きしそうもなかったからなのだなあ。

あえしらう⇩あへしらふ

あえず【敢えず】〘連語〙⇩あへず

あえて【敢えて】⇩あへて

あえなし【敢え無し】〔形〕⇩あへなし

あえ-もの【肖像】〔名〕（その人の幸福に）あやかりたいもの。似るとよいと思うもの。例「めやすき——にし給へるを」〈源氏・夕霧〉訳（だれもが私を立派な夫を持つ）結構なあやかり者となさっているのに。

あお【襖】〔名〕⇩あを

あおい【葵】〔名〕⇩あふひ

葵(あおい)の上(うえ)〘人名〙⇩あふひのうへ（葵の上）

あお-うま【白馬・青馬】〔名〕⇩あをうま

あか【垢】〔名〕❶汗やほこりなどによる汚れ。例「わが旅は久しくあらしこの吾(あ)が着(け)る妹(いも)が衣の——づく見れば」〈万葉・一五・三六六七〉訳私の旅は長くなったようだ。この私の着ている妻の衣の汚れがついたのを見ると。

❷（「御垢に参る」の形で）「あか」を洗い流すこと。

❸心身のけがれ。例「——つき穢(きたな)き身なれども仏になるとぞ説い給ふ」〈梁塵秘抄・一二九〉訳けがれたきたないこの身ではあるけれども成仏するとお説きになっている。

❹（比喩的に）欠点。

あか【閼伽】〔名〕〘仏教語。梵語の音写〙仏前への供え物。特に、供える浄水をいう。例「——奉り、花折りなどするも、あらはに見ゆ」〈源氏・若紫〉訳（仏前に）水をお供えしたり、花を折ったりなどするのも、（高い所からなので）手にとるように見える。

あか【赤】〔接頭〕（名詞の上に付いて）まったくの、はっきりした、などの意を添える。「——裸」「——恥」「——嘘」

あ-が【吾が・我が】〘連語〙（代名詞「あ」＋格助詞「が」）❶（「が」が、主格の場合）私が。例「君が行く海辺(うみへ)の宿に霧立たば——立ち嘆く息と知りませ」〈万葉・一五・三五八〇〉訳あなたが行く海辺の宿に霧が立ったならば、それは私が立ちつくして嘆いているため息と思ってください。

❷（「が」が連体の場合）私の。例「伊香保(いかほ)風吹く日吹かぬ日ありといへど——恋のみし時なかりけり」〈万葉・一四・三四二二〉訳伊香保（＝群馬県榛名山ノ山麓地方）を吹く風は吹く日も吹かない日もあるというけれど、私の恋だけは（とぎれる）時はなかったのだなあ。

> 要点 上代には、「あ」に「を」や「は」も付いたが、平安以降は、「あが」の形だけとなり、しかも、「御許(おもと)」・君・大将・仏」など、主に人や仏を表す語を連体修飾する用法に限定されるようになる。このため、連体詞とする説もある。

あかあか-と〔副〕■【明明と】大変明るい様子。例「御枕上(おんまくらがみ)に大殿油(おほとなぶら)近く参らせて——あり」〈讃岐典侍・上〉訳（帝(みかど)の）枕元のすぐ近くに灯火を置いて大変明るい。

■【赤赤と】非常に赤い様子。まっかに。例「——日はつれなくも秋の風」〈奥の細道・金沢〉訳もう秋だというのに、残暑の太陽は、そ知らぬ顔で、旅行く私を無情にも、赤々と照りつける。しかし、路傍の草をかすかにわたる風の訪れには、さすがに（爽やかな、そしてどこか物寂しい）秋の気配が感じられることだ。

あかいと-をどし【赤糸縅】〔名〕鎧(よろい)の縅(おどし)の一つ。茜(あかね)などで染めた赤色の糸で札(さね)をつづったもの。

あか-いろ【赤色】〔名〕❶染色の名。薄ねずみ色を帯びた、くすんだ薄い赤。禁色(きんじき)の七色の一つ。

❷（織色の名）縦糸は紫、横糸は赤とか、縦横ともに赤など、諸説がある。

❸（襲(かさね)の色目(いろめ)の名）表は蘇芳(すおう)、裏は赤とか、表は赤、裏は二藍(ふたあい)とか、表裏ともに赤など諸説がある。

❹（「赤色の袍(うは)」の略）上皇が着る①の色の袍(ほう)。天皇や摂政・関白が用いることもあった。例「帝(みかど)は——の御衣(おんぞ)奉れり」〈源氏・少女〉訳帝は赤色の衣をご着用になっている。

あ-かう【阿衡】〔名〕（中国の故事から）摂政や関白の別の呼び名。

あが-おもと【吾が御許】〔名〕女性に対して親しみを込めて呼びかける語。例「——にこそおはしけれ。あなうれしともうれし」〈源氏・玉鬘〉訳あなた様ではございませんか。なんとまあ、うれしいこと。

あか-かがち【赤酸漿】〔名〕赤く熟れたホオズキの実。例「その目は——のごとくして、身一つに八頭八尾(やかしらやを)あり」〈古事記・上・天照大神と須佐之男命〉訳その目は赤いホオズキのようにまっ赤で、一つの体に八つの頭と八つの尾がある。注八俣大蛇(ヤマタノオロチ)ノ描写。

あか-がね【銅】〔名〕銅。例「同じころの——の鍛冶(かぢ)」〈枕草子・暑げなるもの〉訳（暑そうなもの）。同じ頃（＝七月頃）の銅の鍛冶職人。⇩かね参考

あかがは-をどし【赤皮縅】〔名〕鎧(よろい)の縅(おどし)の一つ。茜(あかね)などで染めた赤色の皮で札(さね)をつづったもの。例「熊谷は褐(かち)の直垂(ひたたれ)に——の鎧(よろい)着て」〈平家・九・一二之懸〉訳熊谷は濃い藍色の鎧直垂(よろいひたたれ)に赤色の皮の縅の鎧を着て。

あか-ぎ【赤木】〔名〕（古くは「あかき」）❶樹皮を削り取った材木。白木。樹皮のついたままの「黒木」に対していう。

❷材質の赤い木。梅・花櫚(かりん)・紫檀(したん)・赤樫(あかがし)など。

あ-がき【足掻き】〔名〕〘動詞「あがく」の連用形の名詞化〙馬が前足をそろえて地面を蹴ること。また、そのようにして馬が駆けること。例「青駒(あをごま)の——を早み雲居にぞ妹(いも)があたりを過ぎて来にける」〈万葉・二・一三六〉訳（私の乗る）青みがかった白馬の歩みが速いので、はるか遠くまで、妻の居る所から離れて来てしまったことだ。

あか-ぎぬ【赤衣】〔名〕❶緋(ひ)色の袍(ほう)。五位の貴族が着る。「あけごろも」「あけのころも」とも。例「おどろおどろしき——姿、いと清げなり」〈源氏・澪標〉訳大げさな（五位の）緋色の衣装を着た姿は、とてもきちんとしている。

❷桃色の狩衣(かりぎぬ)。貴族に仕える者や、検非違使(けびいし)などが着る。例「青き草多くいとうるはしく切りて、左右(ひだりみぎ)担(にな)ひて、——着たる男の行くこそをかしけれ」〈枕草子・五月四日の夕つかた〉訳青い草（＝五月五日ノ節句用ノ菖蒲(ショウブ)）を沢山端正に切りそろえて、左右の肩にかつぎ、

赤衣を着た男が行く姿は趣深いものだ。

あ-が-きみ【吾が君】〔連語〕（相手を親しみ、または敬って呼ぶ語）あなた。例「『――、生き出(い)で給へ、いといみじき目な見せ給ひそ』とのたまへど」〈源氏・夕顔〉訳（光源氏は死んだ恋人夕顔をじっと抱いて）「あなた、生き返って下さい、つらい目にあわせないで下さい」とおっしゃるが。

あ-が・く【足掻く】〔自カ四〕{か・き・く・く・け・け} ❶牛や馬などが地面を掻くように足を動かす。また、そのようにして進む。例「武庫川(むこがは)の水脈(みを)を速みか赤駒の――・く激(たぎ)ちに濡れにけるかも」〈万葉・七・一一四一〉訳武庫川の流れが速いからか、赤馬の足掻きのしぶきで濡れてしまったよ。
❷人や動物が手足をばたばたさせる。もがく。例「虎(とら)、さかさまに伏して、倒れて――・くを」〈宇治拾遺・一二・一九〉訳虎が、まっさかさまに転倒し、倒れてもがくところを。
❸気ぜわしく、むだな努力をする。あくせくする。例「蔵の一軒も建てるやうにと――・いても」〈近松・女殺油地獄・中〉訳蔵の一軒も建てられるようにとあくせくしても。

あ-が-こころ【我が心・吾が心】〔枕詞〕わが心が明るい、清いの意から、「明石(あかし)」「清し」にかかる。また、わが心を尽くすの意から、「筑紫(つくし)」にかかる。

あかざ【藜】〔名〕雑草の一種。高さ約一・五メートル。紅色の若葉は食べられる。茎は乾燥させると杖(つゑ)になる。

藜の羹(あつもの) アカザの葉を具にした吸い物。粗食の例。例「紙の衾(ふすま)、麻の衣、一鉢のまうけ、――、いくばくか人の費(つひ)えをなさむ」〈徒然草・五八〉訳紙の夜具、麻糸で織った粗末な衣服、一鉢だけの食べ物、アカザの葉を具にした吸い物、（これくらいの小さな欲望を持ったとしても）どれほどの出費になるというのか。

あかし【灯】〔名〕⇩みあかし

明石(あかし)〔地名〕現在の兵庫県明石市。古くから山陽、南海両道の宿駅、淡路島への港として、また、海岸の美しい名勝の地として知られる。『源氏物語』第十三帖（光源氏二十七歳の三月から二十八歳の八月まで）の「明石」の巻の舞台としても有名。

あか・し 〔形ク〕一【明かし】❶光が明るい。例「月――・ければ、いとよく有様見ゆ」〈土佐・二月十六日〉訳月が明るいので、大変よく（庭の）様子が見える。
❷心が清らかである。例「――・き浄(きよ)き心を以(も)ちて、朕(われ)を助けまつりつかへまつることの」〈続日本紀・文武・宣命〉訳（大臣として）うそのない清らかな真心で、私（＝文武天皇）を助けてお仕えしたことの。
二【赤し】色が赤い。例「白き鳥の、嘴(はし)と脚と――・き、鴫(しぎ)の大きさなる」〈伊勢・九〉訳白い鳥で、くちばしと脚とが赤い、鴫ほどの大きさであるの（＝都鳥(ミヤコドリ)）が。

あかし-くら・す【明かし暮らす】〔自サ四〕{さ・し・す・す・せ・せ} 夜を明かし、日を暮らす。月日を送る。例「ただ涙にひちて――・させ給へば」〈源氏・桐壺〉訳ただ涙にひたって月日を送っていらっしゃるので。

明石の上(あかしのうへ)〔人名〕『源氏物語』の登場人物。明石の入道の娘。前播磨守(はりまのかみ)（＝兵庫県西部ノ長官）で、出家して明石（＝兵庫県明石市）に邸(やしき)を構えている父の秘蔵の娘で、父は、この娘の高貴の人との結婚を強く望んでいた。須磨(すま)（＝神戸市須磨区）から明石に身を避けた光源氏と結ばれ、明石の姫君を産んで、やがて母の尼をも伴って光源氏の邸に移り住む。その姫君は後に今上帝(きんじやうてい)の中宮として入内(じゆだい)する。

明石の浦(あかしのうら)〔地名〕兵庫県明石市の瀬戸内海に臨んだ海岸。白砂青松の景勝の地であり、明石大門(あかしおほと)を間にして淡路島と対するので有名。歌枕。

明石の浦

あか・す【明かす】〔他サ四〕{さ・し・す・す・せ・せ} ❶夜を明かす。（眠らずに）朝を迎える。例「何ともおぼえずせばくおぼつかなくて――・しつ」〈枕草子・故殿の御服のころ〉訳何も分からず窮屈で不安なままに夜を明かした。
❷明るくする。灯火などをともす。例「海原の沖辺にともし漁(いざ)る火は――・してともせ大和島見む」〈万葉・一五・三六四八〉訳広い海の沖でともす海人(あま)のいさり火よ、明るくともしてくれ。（その光で）大和の山々を見よう。
❸明らかにする。不明な点をはっきりさせる。例「まづ帝王の御続きをおぼえて、次に大臣の続きは――・さむとなり」〈大鏡・後一条院〉訳まず帝位継承をお話しして、次に大臣の順序は明らかにしようと思うのです。
❹相手にはっきりと話す。打ち明ける。

あか・ず【飽かず】〔連語〕（動詞「飽く」の未然形＋打消しの助動詞「ず」）

多く、あかず、あかぬ、の形で用いられる。満足しない、の意。

❶**それで十分ということがない。満足しない。物足りない。**例「――・ず惜しと思はば、千年(ちとせ)を過ぐすとも」〈徒然草・七〉訳（いくら生きても）物足りずに（死ぬのが）心残りだと思うならば、たとえ千年の歳月を過ごしたにしても（一夜の夢のように短い気持ちがするであろう）。
❷**飽きることがない。**いやになることがない。例「明け暮れ見奉る人だに、――・ず思ひ聞こゆる御有様(ありさま)を」〈源氏・初音〉訳朝晩拝見している人でさえ、見飽きることがないと思い申し上げている（明石の姫君の）ご様子なのに。

赤染衛門(あかぞめゑもん)〔人名〕平安中期の女流歌人。生没年未詳。赤染時用(ときもち)の娘（実は平兼盛の娘という）で、藤原道長の妻倫子(りんし)に仕えた後、大江匡衡(まさひら)の妻。当時、和泉式部と並び称せられるほど和歌に秀でる。家集『赤染衛門集』があり、また『栄花物語』の上編の作者に擬せられている。

あがた【県】〔名〕❶上代、大化の改新以前、地方の土着豪族である国造(くにのみやつこ)が統治した国の中のさらに区分された地域。改新後は郡(こほり)となった。朝廷が直接領有した地域をいうこともある。例「古(いにしへ)は、相模(さがむ)の国足柄の岳坂(やまさか)より東(ひむがし)の諸(もろもろ)の県は、すべて我姫(あづま)の国といひき」〈常陸風土記・総記〉訳古くは、相模(さがみ)の国（＝神奈川県）足柄の山坂より東のもろもろの県は、すべて東(あずま)の国と言った。
❷**平安時代、国司など地方官の任国。**また、その任国で地方官を勤めること。例「ある人、――の四年五年(よとせいつとせ)果てて」〈土佐・十二月二十一日〉訳ある人

(=作者紀貫之(キノツラユキ)自身)が、国司としての地方勤務の四、五年の任期を終えて。❸地方。田舎(いなか)。

あがた-ありき【県歩き】〔名〕古代、特に平安時代、地方官に任ぜられ、任国で勤めをすること。**地方官勤務。** 例「たのもし人は、この十余年のほど——にのみあり」〈蜻蛉・上・康保三年〉訳 私が頼りにする人(=父ノ倫寧(トモヤス))は、この十年余りの間受領(ずりょう)として地方回りばかりである。

あか-だな【閼伽棚】〔名〕(仏教語)仏前に供える水や花などを置く棚。例「——に菊・紅葉(もみぢ)など折り散らしたる、さすがに住む人のあればなるべし」〈徒然草・一一〉訳(山里の庵(いおり)の)閼伽棚に菊の花や紅葉などを折り散らしてあるのは、やはり(ここに)住んでいる人があるからなのであろう。

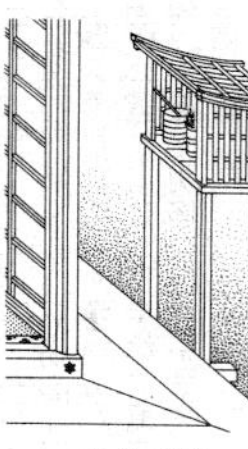

あかだな

あがた-ぬし【県主】〔名〕「あがた①」を治める長官。大化の改新後は廃止され、氏族を示す姓(かばね)の一つとなる。

あがた-めし【県召し】〔名〕(「県召しの除目(ぢもく)」の略)平安時代、諸国の国司を任命する朝廷の行事。陰暦一月十一日から三日間、後には一月下旬に行われた。秋の「司召(つかさめし)の除目」に対して「春の除目」ともいう。

あがためし-の-ぢもく【県召しの除目(ジモク)】〔名〕⇩あがためし

あか-ぢ【赤地(ジ)】〔名〕模様以外の部分が赤色の織物。例「——の錦(にしき)の袋に入れたる御琵琶(びは)もって参りたり」〈平家・七・経正都落〉訳 赤地の錦の袋に入れた琵琶を持って参っていた。

あか・つ【頒つ】〔他タ四〕(た・ち・つ・つ・て・て) 一つにまとまっている物を二つ以上の部分にする。分ける。例「山の極(きそ)野の極見よと伴(とも)の部(へ)を——ち遣はし」〈万葉・六・九七一長歌〉訳 山の果て野の果ての地方を見張れと部下を方々に分けて派遣し。

あか-つき

【暁】〔名〕**夜明け前のまだ暗い時分。**未明。例「正月の車の音、また、鳥の声。——のしはぶき」〈枕草子・常よりことに聞こゆるもの〉訳(いつもと違って聞こえるもの)正月の牛車(ぎっしゃ)の音、また、鳥の声。夜明け前の時分のせきばらい。

> **要点** **「あかつき」「あけぼの」「朝ぼらけ」「しののめ」の違い**　いずれも夜明けの頃の時間帯を表す語で、後には違いが不明確になるが、本来は明確に使い分けられていた。「**あかつき**」は、平安時代に「明(あ)か時(とき)」から成立した語で、**夜中から朝に至る中間の時間帯を広く指す。**それを二分して、より早い時刻が「**あけぼの**」で、**空が白み始める頃をいう。**「**あけぼの**」**より朝に近い、日の出前後の時刻を「朝ぼらけ」という。**「**しののめ**」**は、「あけぼの」と同意で、歌に用いられた語である。**なお、「明け方」は、夜が明ける頃という意で、右の区分とは関係しない語である。

暁の別(わか)れ　夜をともにした男女が夜明け前に別れること。例「——はいつも露けきをこは世に知らぬ秋の空かな」〈源氏・賢木〉訳 夜明け前のあなたとの別れはいつも露が多く涙がちですが、今朝の別れは、あなたに飽きられたようでことのほか悲しい秋の夜明けの空ですこと。

あか-つき【閼伽坏】〔名〕仏前に供える水を入れる器。水を入れる椀(わん)とそれを載せる皿とからなる。多く銅製。

あかつき-おき【暁起き】〔名〕夜明け前に早起きをすること。特に、早起きをして仏前で勤行(ごんぎょう)をすること。例「——の袖(そで)の上、山路の露もしげくして」〈平家・灌頂・大原御幸〉訳(勤行のため)夜明け前に起きたその袖には、山路の露がしっとりかかって。

あかつき-がた【暁方】〔名〕(「方」はそのころの意)夜明け前の暗い時分。例「——皆うちやすみたり」〈源氏・須磨〉訳 夜明け前の頃になって(供の者達は)皆寝入った。

あかつき-づくよ【暁月夜】〔名〕(古くは「あかときづくよ」)夜明け方にまだ残っている月。また、その時分。例「——いともおもしろければ、舟を出(い)だして漕(こ)ぎ行く」〈土佐・一月十七日〉訳(雲がなくなって)夜明け方の月がたいそう美しいので、舟を出して漕いで行く。

あかつき-の-わかれ【暁の別れ】⇩「あかつき(暁)」子項目

あか-で【飽かで】《連語》(動詞「飽く」の未然形＋打消しの助詞「で」)満足せずに。物足りない様子。例「むすぶ手のしづくににごる山の井の——も人に別れぬるかな」〈古今・離別・四〇四〉訳 すくい上げた手からこぼれるしずくですぐに濁ってしまう山のわき水は十分に飲めない、そのように物足りないままであなたと別れてしまうことになりましたね。

あか-とき【暁】〔名〕(上代語。「明か時」の意)「あかつき」に同じ。例「我が背子を大和へやるとさ夜更(ふ)けて暁——露に我が立ち濡(ぬ)れし」〈万葉・二・一〇五〉訳 大事な弟を大和に帰しやろうと、(見送りに)立ったまま夜も更けて、暁(あかつき)の露に私は濡れたことだ。

あか-な-く-に【飽かなくに】《連語》(動詞「飽く」の未然形＋打消しの助動詞「ず」の古い未然形＋準体助詞「く」＋助詞「に」)なお、飽き足りないのに(なあ)。まだ、満足していないのに(なあ)。例「苦しくも暮れ行く日かも吉野川清き川原を見れど——」〈万葉・九・一七二一〉訳 せつなくも暮れて行く日だなあ。吉野川の清い川原を見てもなお見飽きないのになあ。例「——まだきも月の隠るるか山の端(は)逃げて入れずもあらなむ」〈古今・雑上・八八四〉訳 まだ見飽きないのに、早くも月が(山に)隠れるのか。山の稜線(りょうせん)が逃げて、月を(山の中に)入れないでほしいものだ。要点 普通は第二例のように逆接の意だが、第一例のように言い切りに用いた時は詠嘆の意が加わる。

あか-ぬ【飽かぬ】《連語》(動詞「あく」の未然形＋打消しの助動詞「ず」の連体形)満足できない。物足りない。名残惜しい。例「いといみじき花の陰にしばしも休らはず立ち帰り侍らむは、——わざかな」〈源氏・若紫〉訳 たいそうすばらしい(桜の)花の陰にしばらくも休まないで(都に)帰りますのは、物足りないことです。

あかぬ-わかれ【飽かぬ別れ】《連語》飽き足りない別れ。名残惜しい別れ。心残りの別れ。例「待つ宵(よひ)にふけゆく鐘の声聞けば——の鳥はものかは」〈新古今・恋三・一一九一〉訳(通ってくる人を)待っている宵に夜の更けて行くことを告げる鐘の声を聞くと(つらく、そのつらさは)名残惜しい(恋人との)別れ(の夜明け)を告げる鳥(の声を聞いた時のつらさなど)の比ではないことだよ。

あかね【茜】〔名〕《根が赤黄色、「赤根」の意》草の名。アカネ科のツル草の多年草。アカネ。アカネカズラ。根から赤黄色の染料を作る。また、その染色。例「よき帛(ぬき)、糸、綾(あや)、——、蘇枋(すはう)、くれなゐなど、多く奉り給へれば」〈落窪・二〉訳すばらしい絹布や糸や綾につけて、アカネ、蘇芳、紅などの染料を、沢山お贈りになったので。

あかね-さす【茜さす】一《連語》茜色がさす。赤く映える。赤く照り輝く。例「日の入るは紅(くれなゐ)にこそ似たりけれ——とも思ひけるかな」〈金葉・雑下〉訳落日は紅に似ていたのだな、(これまで)茜色に輝くものと思っていたよ。二《枕詞》茜色に光り輝く意から、「日」「昼」「紫」そして「君」などにかかる。例「——紫野(むらさきの)行き標野(しめの)行き野守(のもり)は見ずや君が袖(そで)振る」〈万葉・一・二〇〉訳紫草の生えている野原を行き、一般の立ち入りできない野を行って、番人が見るではありませんか、あなたが袖を振っているのを。

あか-はた【赤旗】〔名〕《赤い色の旗》❶官軍を示す旗。❷(源氏の旗である「白旗(しらはた)」に対して)平家の旗。

あか-ばな【赤花・紅花】〔名〕紅花(べにばな)から作られた染料。また、その色。

あが・ふ【贖ふ・購ふ】(アガ)(ゴウ)〔他八四〕{は・ひ・ふ・ふ・へ・へ}《古くは「あかふ」》❶罪やけがれを免れるために、金銭や物品などを差し出す。つぐなう。例「この科(とが)は、四巻経書き、供養して——・はんといふ願(ぐわん)をおこしつ」〈宇治拾遺・八・四〉訳この罪は、四巻経(=金光明経(コンコウミョウキョウ))を書き、供養してつぐなおうという願を起こした。❷金銭などを代償にして手に入れる。買い求める。例「銭(ぜに)十万をもってこれを——・ふに、牛の主許さず」〈今昔・九・三九〉訳銭十万でこれ(=牛)を買い求めたが、牛の持ち主は承知しない。

あ-が-ほとけ【吾が仏】《連語》《自分の信仰する仏の意から》尊敬している人や大切にしている人などを呼ぶ語。私の大事なおかた。あなたさま。例「——、何事思ひ給ふぞ」〈竹取・かぐや姫の昇天〉訳あなた様(=カグヤ姫)よ、(月を見ては)何事を思い悩んでおられるのですか。

あか・む【赤む】一〔自マ四〕{ま・み・む・む・め・め}赤みが増す。赤くなる。例「もえいでたる葉末の——・みて」〈枕草子・花の木ならぬは〉訳(カエデの)萌(も)え出た葉の先が赤くなって。二〔他マ下二〕{め・め・む・むる・むれ・めよ}赤みを増す。赤らめる。例「胸つぶれて面(おもて)——・め給へるも、いと愛敬づき、うつくしげなり」〈源氏・手習〉訳はっとして顔を赤くしていらっしゃるのも、大変魅力的で、いかにもかわいらしい。

あが・む【崇む】〔他マ下二〕{め・め・む・むる・むれ・めよ}❶(神・仏などを)尊いものとして敬い大切にする。尊ぶ。例「この宮には仏法をさへ——・め給ひて」〈大鏡・師輔〉訳この斎宮は仏教の教えまでも敬い大切になさって。❷大切にしかわいがる。寵愛(ちょうあい)する。例「昨日(きのふ)まで高き親の家に——・められかしづかれし人の娘の」〈源氏・若菜・上〉訳昨日まで身分の高い親の家でかわいがられ大切に育てられていた娘が。

あから-さま〔形動ナリ〕《「あからさまに」の形で多く用いる》

古語では、突然である、ほんのしばらく、ちょっと、などの意。現代語の「はっきりと、露骨に」などの意は近世以降のもの。

❶突然である。急である。例「逐(お)はれたるいかり猪(ゐ)、草中より——・に出でて人を逐ふ」〈日本書紀・雄略〉訳(狩人に)追われた獰猛(どうもう)な猪(いのしし)が、草の中から急に出て来て人間を追いまわす。❷**ほんのしばらく。ちょっと。**例「——・に抱(だ)きて遊ばしうつくしむほどに、かい付きて寝たる、いとらうたし」〈枕草子・うつくしきもの〉訳(愛らしい幼児が)ちょっと抱いて遊ばせかわいがっているうちに、抱きついて寝てしまったのは、とてもかわいい。❸《「あからさまにも」の形で、下に打消しの語を伴って》ほんの少しも。全く。例「大将(だいしやう)の君は、二条院にだに——・にも渡り給はず」〈源氏・葵〉訳光源氏は、(若紫のいる)二条院にさえほんの少しもお出ましにならず。❹《近世以降の用法》明白。はっきりしている。例「亭(ちん)の遠眼鏡(とほめがね)を取り持ちて、かの女を——・に見やりて」〈西鶴・好色一代男・一・三〉訳(庭の)東屋(あずまや)備え付けの望遠鏡を持ち出して、あの(行水(ぎょうずい)の)女をはっきりのぞいて。

あから-ひく【赤らひく】《枕詞》《赤みを帯びるの意から》「日」「朝」「肌」などにかかる。

あから-め【あから目】〔名・自サ変〕類あからさま ❶ふと目をそらすこと。わき目。**よそ見。**例「花の本(もと)には、ねぢ寄り立ち寄り、——もせずまもりて」〈徒然草・一三七〉訳花のそばには、身をにじり寄るようにして(むやみと)近寄り、わき目もふらず見つめて。注田舎者ノ無風流ナ花ノ観賞ノ仕方ヲイウ。❷他の異性に心を移すこと。浮気。心変わり。例「もとのごとく、——もせで添ひ居にける」〈大和・一五七〉訳もとのとおりに、浮気もしないで(この女と)連れ添い落ち着いた。❸急に姿が見えなくなること。雲隠れ。例「我が宝の君はいづくに——・せさせ給へるぞや」〈栄花・花山たづぬる中納言〉訳我が大切な主君(=花山天皇)はどこに雲隠れなさったのか。

あかり【明かり】〔名〕《動詞「あかる」の連用形の名詞化》❶明るさ。光。❷周囲を照らすもの。ともしび。灯火。❸身のあかし。証拠。証明。❹喪の期間の明けること。喪明け。

あかり-さうじ【明かり障子】(・ソウジ)〔名〕現代の「障子(しょうじ)」。**薄く白い和紙を張って明るさを保つ障子。**⇩しゃうじ(障子)例「すすけたる——の破ればかりを、禅尼(ぜんに)手づから、小刀(こがたな)して切りまはしつつ張られければ」〈徒然草・一八四〉訳煤(すす)けている紙障子の破れたところだけを、禅尼が自分の手で、小刀でもってあちらこちら切りながらお張りになったので。

あかり-しゃうじ【明かり障子】(・ショウジ)〔名〕⇩あかりさうじ

あがり-たる-よ【上がりたる世】《連語》《「たる」は完了の助動詞「たり」の連体形》遠くさかのぼった時代。大昔。古代。「あがりてのよ」とも。例「時ならぬ霜雪を降らせ、雲雷(うんらい)を騒がしたる例(ためし)、——にはありけり」〈源氏・若菜・下〉訳(卓越した琴の音によって)季節はずれの霜や雪を降らせ、雲や雷を騒がせた例は、大昔にはあった。

あがりて-の-よ【上がりての世】〘連語〙「あがりたるよ」に同じ。例「またあらじ、──に、かく大臣・公卿(くぎやう)、七、八人、二、三月の中(ち)にかき払ひ給ふこと」〈大鏡・道長・上〉訳他にはあるまい、大昔にも、このように大臣や公卿が七、八人も、二、三か月の中に一度にお亡くなりになることは。

あか・る【赤る】〔自ラ四〕{ら・り・る・…}〘上代語。平安以降は「赤む」〙赤みを帯びる。赤くなる。例「島山に──る橘(たちばな)髻華(うず)に刺し」〈万葉・一九・四二六六長歌〉訳お庭の山に赤く色づいた橘を、髪の飾りとしてさし。

あか・る【明かる】〔自ラ四〕{ら・り・る・…}光の量が増す。明るくなる。例「やうやう白くなりゆく、山際(やまぎは)少し──・りて、紫だちたる雲の細くたなびきたる」〈枕草子・春はあけぼの〉訳(夜が明け始めて)あたりがだんだん白んでゆくうちに、山に接するあたりの空が少し明るくなって、紫がかった雲が細くたなびいている(のは情趣がある)。

あか・る【離る・別る】〔自ラ下二〕{れ・れ・る・るる・…}一つにまとまっていたものが二つ以上の部分になる。別れる。分散する。例「うちそよめく心地して人々──るるけはひなどすなり」〈源氏・空蝉〉訳(着物が)ざわざわと音をたてる感じがして、人々が別れてゆく気配などがするようだ。

あが・る【上がる】{ら・り・る・…}━〔自ラ四〕❶上の方に位置が移る。高くなる。
❷時代がさかのぼる。**古くなる**。例「これは、あまり──・りたる事なり」〈大鏡・後一条院〉訳これ(＝大化年間ノ頃ノ話)は、あまりにも古い時の事である。
❸官位などが進む。**昇進する**。例「御恩をもって首をつがれ参らせ、正二位の大納言に──・って」〈平家・二・小教訓〉訳(平治の乱の時も)ご恩によって(私、成親(なりちか)の)首をつないでいただき、正二位の大納言に昇進して。
❹**のぼせる**。例「御気(け)──・りて、なほ悩ましうせさせ給ふ」〈源氏・賢木〉訳(藤壺(ふぢつぼ)は)気がのぼせ、やはり苦しがっておいでになる。
❺身分の高い人のもとへ行く。参上する。また、奉公する。例「この子が──・りましたお屋敷さまは、お高(たか)が良いせえか、御富貴(ごふうき)でございましてね」〈浮世風呂・二・上〉訳この子が奉公に参りましたお屋敷は、収入が多いためか、裕福でございましてね。
❻水中から陸に移る。また、舟からおりて陸に移る。例「舟が着いた。──・らしめ」〈狂言・薩摩守〉訳舟が着いた。お上がりなさい。
━〔他ラ四〕〘女房詞(にようぼうことば)〙「食べる」「飲む」の尊敬語。めしあがる。

> **要点**「あがる」と「のぼる」の違い　基本的な意味は、ともに現代語とほとんど同じ。類義語「**のぼる**」が**順次に上へ到達する意**で、経過に重点が置かれるのに対して、「**あがる**」は、**いっきに上へ行く、結果として上にある**などの意で、上にある状態に重点がある。

あかれ【別れ】〔名〕〘動詞「あかる」の連用形の名詞化〙❶ある場所から別れ別れになること。分岐。解散。例「曲(わ)の泊まりの──の所といふ所あり」〈土佐・二月九日〉訳曲の泊まりの分れの所という所がある。注「曲の泊まり」ハ、大阪府摂津市ニアル。
❷それぞれの系統。所属。グループ。例「明石の御──の三つ」〈源氏・若菜・下〉訳明石(の上)の系統のが三台。

あき【秋】〔名〕四季の一つ。陰暦の七・八・九月をいう。例「──は、ひぐらしの声、耳に満てり。うつせみの世をかなしむほど聞こゆ」〈方丈記・境涯〉訳秋は、ひぐらしの声が、耳に満ちる(ほど聞こえる)。この世に生きていることを悲しんでいると聞こえるほどだ。

秋の七草(ななくさ)　秋の野に咲く代表的な七種の草花。萩(はぎ)・尾花(おばな)(＝ススキ)・葛(くず)・撫子(なでしこ)・女郎花(をみなへし)・藤袴(ふぢばかま)・朝顔(あさがほ)(＝キキョウ)をいう。⇩あさがほ━①の例

安芸(あき)〘旧国名〙山陽道八か国の一つ。現在の広島県西部にあたる。芸州(げいしう)。

安芸（厳島神社）

あぎ【腭】〔名〕〘「あぎと」とも〙あご。

あき-うど【商人】アキウド〔名〕〘「あきびと」の変化した形〙物を商う人。商人。

あき-かぜ【秋風】〔名〕秋に吹く風。秋の風。和歌で、「飽き」を掛けて愛情のさめるたとえとすることがある。例「忘れじの言の葉いかになりにけむたのめし暮れは──ぞ吹く」〈新古今・恋四・一三〇三〉訳決して忘れないと言ったあの人の言葉はどうなってしまったのでしょうか。(来ることを約束して)あてにさせた(この)夕暮れは、(あの人が私に飽きたことを示すように)秋の風が吹くばかりです。

あきかぜ-の【秋風の】〘枕詞〙「吹き上げ」「千江(ちえ)」などにかかる。

あき-がた【飽き方・厭き方】〔名〕もういやだと思い始めるころ。飽きぎみ。例「深草にすみける女を、やうやう──にや思ひけむ」〈伊勢・一二三〉訳深草に住んでいた女を、だんだん飽きぎみだと思ったのだろうか。

あき-づ【蜻蛉】ヅ〔名〕〘平安時代以降は「あきつ」〙虫の名。トンボ。例「──来て、其の虻(あむ)を咋(く)ひて飛びき」〈古事記・下・雄略〉訳トンボがやって来て、その虻(あぶ)をくわえて飛んで行った。

あき-つ-かみ【現つ神】〔名〕〘「あき」は「現実・現在」の意、「つ」は今の「の」の意〙目に見えない神に対して、現世に姿を見せている神。天皇を尊んでいった語。例「──我が大君の天(あめ)の下八島の中(ち)に国はしも多(さは)にあれども」〈万葉・六・一〇五〇長歌〉訳現人神(あらひとがみ)の我が天皇の(治めている)天下である日本のうちに、国は(他にも)多くあるが。

あき-づ・く【秋づく】〔自カ四〕{か・き・く・く・け・け}〘上代語。中古以降は「秋めく」〙秋らしくなる。秋めく。例「言問はぬ木すら春咲き──・けば黄葉(もみ)散らくは常をなみこそ」〈万葉・一九・四一六一〉訳物を言わない木さえも春は花が咲き、秋になると紅葉して散るのは世の中が無常だからだなあ。

秋津島(あきつしま)〘地名〙〘「蜻蛉島」とも書く。平安時代以降は「あきつしま」とも〙「大和(やまと)」の別名であり、「大和の国」の一国、または、「日本の国」を表す。

あき-つ-みかみ【現つ御神】〔名〕⇩あきつかみ

あぎ-と【腭門・鰓】〔名〕〘「あぎ(＝アゴ)・門(と)」の意〙あご。特に、魚のえらをいう。

あきなひ【商ひ】(アキナイ)〔名〕《動詞「あきなふ」の連用形の名詞化》売り買いすること。商売。交易。例「火鼠(ひねずみ)の皮衣(かはぎぬ)この国になき物なり。……いと難(かた)き—なり」〈竹取・火鼠の皮衣〉訳火鼠の皮衣はこの国(=唐)にない品物です。……これは大変むずかしい交易です。

あきなひ‐ぐち【商ひ口】(アキナイ‐)〔名〕《近世語》商売上手な話し方。売り口上(こうじょう)。例「小男なりとも、はげ頭なりとも、—利(き)きて、親の譲り銀をへらさぬ人ならば縁組みすべし」〈西鶴・日本永代蔵・一・五〉訳(婿(むこ)が)小男でも、はげ頭でも、商いの駆け引き応対が上手で、親から相続した財産を減らさぬ人ならば縁組みした方がよい。

あきな‐ふ【商ふ】(アキナウ)〔他ハ四〕{は・ひ・ふ・へ・へ}《「あきなひ」の動詞形》商売をする。例「人の田・畑作り、—・はばら」〈宇津保・祭の使〉訳人が田や畑を作り、商売をするなら。

秋成(あきなり)〔人名〕⇒上田秋成(うえだあきなり)

阿騎野・安騎野(あきの)〔地名〕奈良県宇陀郡大宇陀町にある野。上代の狩猟地として有名。「宇陀の野」とも。

阿騎野

あき‐の‐ななくさ【秋の七草】⇒「あき」子項目

あき‐はぎ【秋萩】〔名〕《和歌用語》美しく咲く萩の花を賞賛していう語。美しい萩の花。《季・秋》例「秋田刈る仮庵(かりほ)の宿のにほふまで咲ける—見れど飽かぬかも」〈万葉・一〇・二一〇〇〉訳秋の田を刈る仮小屋が(美しく)染まるほど咲いている秋萩は、いくら見ても飽きないことだ。

あき‐びと【商人】〔名〕商売する人。商人(しょうにん)。「あきうど」「あきんど」とも。例「—の一銭を惜しむ心、切(せつ)なり」〈徒然草・一〇八〉訳商人が一銭を惜しむ気持ちは、切実である。

あき‐み・つ【飽き満つ】〔自タ四〕{た・ち・つ・つ・て・て}十分に満足する。満腹する。例「この長櫃(ながびつ)の物は、みな人、童(わらは)までにくれたれば、—・ちて」〈土佐・一月七日〉訳この長櫃のごちそうは、(船中の)全員、子供にまでやったので、満腹して。

あき‐もの【商物】〔名〕商売で扱う品物。商品。例「この度(たび)勝四郎が—買ひて京(みやこ)にゆくといふ」〈雨月・浅茅が宿〉訳このたび(夫の)勝四郎が商いの品物を購入して京都へ上るというのを。

あき‐らか【明らか】〔形動ナリ〕❶光が明るい。例「夜深(よぶか)き月の、—にさし出でて」〈源氏・椎本〉訳(明け方まではまだ間のある)夜中の月が、明るく輝き出て。❷はっきりしている。明白である。例「一道にもまことに長じぬる人は、みづから—・にその非を知るゆゑに」〈徒然草・一六七〉訳一つの専門の道に本当に秀でている人は、自分ではっきりと自分の欠点を知っているために(何事にも自慢することがない)。❸道理や知識に明るい。賢明である。例「—・ならむ人の、惑(まど)へる我らを見むこと、掌(たなごころ)の上の物を見むがごとし」〈徒然草・一九四〉訳頭脳の明晰(めいせき)な人が、あれこれと思い悩んでいる我々を見ることは、てのひらの上の物を見るようなものだ。❹明朗である。ほがらかである。例「むつかしくもの思(おぼ)し乱れず、—・にもてなし給ひて」〈源氏・若菜・下〉訳めんどうにくよくよお悩みにならず、明るく振る舞いなさって。

あきら‐け・し【明らけし】〔形ク〕❶明白である。はっきりしている。例「—・く吾(あ)が知ることを」〈万葉・一六・三八八六長歌〉訳(大君が私をお召しになるはずはないと)はっきりと私の知っていることなのに。❷けがれなく清らかである。例「—・き鏡にあへば過ぎにしも今行く末のことも見えけり」〈大鏡・後一条院〉訳明るく澄んだ鏡に向かうように、歴史に明るいあなたのお話をうかがいますと、過去の事も未来の事も見えることです。❸道理や知識に明るい。賢明である。優れている。例「末の世の—・き君として、来(き)しかたの御面(おもて)も起こし給ふ」〈源氏・若菜・上〉訳(冷泉(れいぜい)帝が)末世の賢明な君主として、前の代の名誉をも回復なさることは。

あきら・む【明らむ】〔他マ下二〕{め・め・む・むる・むれ・めよ}

> 明らかにする、の意。現代語の「あきらめる」とは意味が異なる。

❶物事の事情・理由・原因などをはっきり見定める。明らかにする。例「ここもとの浅きことは、何事なりとも—・め申さん」〈徒然草・二三五〉訳身近なつまらぬことならば、何事であろうと明白に説明いたしましょう。❷心の中を明るくする。晴れ晴れとさせる。例「年ごろの埋もれいたさをも—・め侍(はべ)らぬは」〈源氏・藤袴〉訳長年のうっとうしさをも晴らしておりませんのは。

あき・る【呆る】〔自ラ下二〕{れ・れ・る・るる・るれ・れよ}《古くは、軽蔑(けいべつ)・非難の気持ちを含まない》びっくりして、どうしてよいかわからなくなる。呆然(ぼうぜん)とする。あっけにとられる。例「あらざりけりと—・れて」〈源氏・若紫〉訳(父君では)なかったのだと(若紫は)呆然として。

あく【悪】■一〔名〕❶道徳・正義・宗旨などに反すること。また、そのような行い。悪いこと。例「吉日(きちにち)に—をなすに必ず凶(きょう)なり」〈徒然草・九一〉訳吉日(=事ヲスルノニヨイ日)に悪事を行えば(その結果は)必ず凶となる。注吉凶(キッキョウ)ハ、人ニヨルモノデ、日ニヨラナイトイウコト。❷悪い性質。邪気(じゃき)。毒気。■二〔接頭〕《人名または人を表す語に付いて》気性(きしょう)が荒く激しい、また、強くて勇猛である意を表す。「—源太義平(よしひら)」「—僧」

あ・く【明く】〔自カ下二〕{け・け・く・くる・くれ・けよ}❶明るくなる。**夜があける。**例「はや夜も—・けなむと思ひつつゐたりけるに」〈伊勢・六〉訳早く夜が明けてほしいと思いながらいると。❷年が改まる。年があける。例「—・くる年は立ち直るべきかと思ふほどに、あまりさへ疫癘(えきれい)うち添ひて」〈方丈記・飢渇〉訳翌年は(飢饉(ききん)にも)立ち直ることができるかと思っていると、それどころか更に伝染病まで加わって。

あ・く【開く・空く】■一〔自カ四〕{か・き・く・く・け・け}❶(戸・格子・御簾(みす)など閉じていたものが)ひらく。あく。例「立て籠(こ)めたる所の戸、すなはちただ—・きに—・きぬ」〈竹取・かぐや姫の昇天〉訳(かぐや姫を)閉じこめて締めきってあった所の戸は、即座にすっかりひらいてしまった。

❷(空間的・時間的に)すきま・空間・空きが生ずる。あく。例「穴の━・きたる中より出づる水の、清く冷たきこと限りなし」〈更級・足柄山〉訳(大きな石に)穴があいている中からわき出る水の、清らかで冷たいことはこの上もない。❸(官職などに)欠員が生ずる。例「尚侍(ないしのかみ)━・かば、なにがしこそ望まむと思ふを」〈源氏・行幸〉訳尚侍に欠員が生じたら、私めが希望しようと思っていたのに。❹(物忌みなどが)終わる。あける。例「今日は六日の御物忌み━・く日にて」〈源氏・松風〉訳今日は六日間の御物忌みが終わる日で。

■(他カ下二)(け・け・く・くる・くれ・けよ)(戸・格子・御簾(みす)など閉じていたものを)ひらく。あける。例「奥の遣戸(やりど)を━・けさせ給ひて」〈枕草子・職の御曹司の西面の〉訳奥の遣戸をあけさせなさって。

あ・く【飽く】(自カ四)(か・き・く・く・け・け)❶望みなどが満ち足りて**十分だと思う。満足する。**例「あはれ、いかで芋粥(いもがゆ)に━・かん」〈宇治拾遺・一・一八〉訳ああ、なんとかして芋粥を飽きるほど食べたいものだ。❷望みなどが満たされすぎていやになる。**あきあきする。あきる。**例「魚(うを)は水に━・かず」〈方丈記・閑居の気味〉訳魚は水にあきあきしていやになることがない。❸(動詞の連用形に付いて)**十分に…する。**…することにあきあきする。例「何事も、今はと見━・き給ひにける身なれば」〈源氏・夕霧〉訳なにもかも、もうこれまでだと(あなたが)見飽きておしまいになった私ですから。

あ・ぐ【上ぐ】(他ガ下二)(げ・げ・ぐ・ぐる・ぐれ・げよ)❶上の方に位置を移す。高くする。❷程度を高める。官位を昇進させる、名声を得る。例「後代(こうたい)に名を━・げたりし者にて候ふ」〈平家・五・五節之沙汰〉訳後世にまで名前を高めた者でございます。❸髪上げ(=女性ガ成人シタ時ノ儀式)をする。例「比べ来(こ)し振り分け髪も肩過ぎぬ君ならずして誰(たれ)か━・ぐべき」〈伊勢・二三〉訳(あなたと長さを)比べ合ってきた(私の)振り分け髪も肩をすぎて伸びました。あなたのためでなく誰のために髪上げをしましょうか。❹身分の高い人のもとへ行かせる。奉公させる。例「お屋敷さまへ━・げておきますと、おれそれがどこか違って参ります」〈浮世風呂・二・上〉訳(武家の)お屋敷へ(娘を)奉公させておきますと、あれこれの作法がどこか違って参ります。

あく-えん【悪縁】(名)❶(仏教語)前世の悪い行いから生じる現世の悪い出来事。悪い因縁。例「━にひかれて、御運すでに尽きさせ給ひぬ」〈平家・一一・先帝身投〉訳悪縁にひかれて、運はすでに尽きておしまいになった。❷運命的に不幸な結び付きとなってしまった人間関係。特に、悪い結果になることがわかっていても離れられない男女の仲。

あくが・る【憧る】(自ラ下二)(れ・れ・る・るる・るれ・れよ)〈鎌倉時代以降は「あこがる」とも〉

> 「あく」は場所、「かる」は「離(か)る」で離れる、の意という。**本来の場所から離れてさまよう、**がもとの意。**対象に心がひかれ、向かっていく、**の意から、現代語の「あこがれる」の意に変化する。

❶(本来の場所から)**離れてさまよう。**例「人の言(こと)にうちなびき、この山里を━・れ給ふな」〈源氏・椎本〉訳男の言葉に(気軽に)従って、この山里をうかうかとお離れになってはいけない。❷(心が身体から)離れてさまよう。**魅せられる。ひかれる。**例「夜深(よぶか)くうち出(い)でたる声の、らうらうじう愛敬(あいぎやう)づきたる、いみじう心━・れ、せむかたなし」〈枕草子・鳥は〉訳(ホトトギスの)夜が深いうちに突然鳴き出した声の、りんとして魅力的であるのは、たまらなく心がひかれて、どうしようもない。❸お互いの心が離れる。疎遠になる。例「御仲も━・れて、程経にけれど」〈源氏・真木柱〉訳夫婦仲も疎遠になって、時がたってしまったのだけれど。

あく-ぎゃう【悪行】(ギョウ)(名)仏の教えや人の道にそむく行い。悪い行い。例「これこそ平家の━のはじめなれ」〈平家・一・殿下乗合〉訳これこそ平家の悪行の始めであった。注平清盛ガ摂政ノ基房(モトフサ)ニ乱暴ヲ加エタコト。

あく-ごふ【悪業】(ゴウ)(名)(仏教語)後に報いを受ける原因となる悪事。例「この河の流れを一度(ひとたび)も渡る者は、━煩悩(ぼんなう)、無始(むし)の罪障(ざいしやう)消ゆなる物を」〈平家・一〇・熊野参詣〉訳この河の流れを一度でも渡る者は、悪業や煩悩や、遠い前世からの罪が消えるそうだから。

あく-しゃう【悪性】(ショウ)(名・自サ変)❶(仏教語)三性(さんしやう)、つまり人の心を善性・悪性・無記性(=善デモ悪デモナイ性質)の三つに分けた一つ。悪い性質。悪い結果をもたらす行いをさせる心。❷(近世語)身持ちの悪いこと。浮気。女狂い。遊蕩(ゆうとう)。

あく-しょ【悪所】(名)❶通行するのに危険な場所。険しい山道や、急な坂など。難所。例「敵(かたき)に会うてこそ死にたけれ。━に落ちては死にたからず」〈平家・九・老馬〉訳(どうせ死ぬなら)敵と会って(戦って)死にたい。(この鵯越(ひよどりごえ)のような)難所に落ちて死にたくはない。❷(近世語)(道徳的に悪い場所の意から)遊廓(ゆうかく)。遊里。例「『また━へか』『ざっと見て帰らう。これ吉野夜の花ぢゃ』」〈西鶴・好色一代男・五・七〉訳「また遊廓へ(行くのか)」「ざっと見て帰ろう。(新町の夜見世の眺めは)吉野山の夜桜のような美しさだ」。

あくしょ-おとし【悪所落とし】(連語)乗馬して危険な坂を馳(は)せ下ること。また、その達人。例「究竟(くつきやう)の荒馬のり、━」〈平家・九・木曽最期〉訳(木曽義仲の夫人、巴(ともえ)は)すぐれた荒馬乗りで、険しい所をかけ下る達人で。

あく-そう【悪僧】(名)(「悪」は、勇猛の意)勇猛な僧。荒法師。

あくた【芥】(名)ごみ。くず。塵芥(じんかい)。例「天(あめ)にある姫菅原(ひめすがはら)の草な刈りそね蜷(みな)の腸(わた)か黒き髪に━し着くも」〈万葉・七・一二七七〉訳天上にある姫菅原の草など刈らないでおくれ。あなたの黒い髪にごみが付きますよ。注「蜷の腸」ハ、「か黒し」ノ枕詞。

あく-だう【悪道】(ドウ)(名)❶(仏教語)この世で罪を犯した者が落ち行く世界。地獄道・餓鬼道・畜生道の三悪道をいう。三途(さんづ)。修羅道(しゅらだう)を含めることもある。❷(近世語)酒や女におぼれること。放蕩(はうたう)。遊里に出入りすること。例「茶屋の勤めする者は、人の小息子をそそのかし、━に引き入れる」〈近松・生玉心中・上〉訳茶屋(=飲食遊興ト共ニ売春モ行ッテイタ色茶屋)で働く女は、人の息子をそそのかして、女遊びに夢中にさせる。

あく-にち【悪日】〔名〕縁起の悪い日。運の向かない日。凶の日。対きちにち 例「―に善を行ふに、必ず吉なり」〈徒然草・九一〉訳凶の日に善い行いをすると、その結果は必ず吉である。

あく-ねん【悪念】〔名〕悪事をたくらむ心。悪い考え。例「我をほろぼすべき―来たれり」〈徒然草・二一七〉訳自分を滅ぼすに違いない悪い考えが生じている。

あく-の-や【幄の屋】〔名〕神事や儀式のとき、参加者が並ぶために設ける幕を張った仮の小屋。「あく」「あくや」「あげばり」とも。

あくのや

あ-ぐら【胡床】〔名〕(「あ」は足、「くら」は座の意)❶(上代語)高く大きく設けた座席。貴人が寝たり、座ったりした。例「露(あら)はに―に坐(ま)せ」〈古事記・中・応神〉訳誰の目にもつくように高い座席の上に座らせて。

❷腰かけ。椅子(い)。床几(しょうぎ)。折りたたみ式や背もたれ付きもあった。例「御桟敷(おんさじき)の前に―立てて居たるなど、げにぞめでたき」〈枕草子・関白殿、二月二十一日に〉訳桟敷の前に腰かけなどを立てて座っているのなどは、本当にすばらしいことだ。

❸高い所へ登るため、材木を組んで足がかりとしたもの。やぐら。例「―を結(ゆ)ひ上げて、窺(うかが)はせむに」〈竹取・燕の子安貝〉訳高い足場を組み上げて、(そこから燕の巣の中の様子を家来に)のぞかせると。

あく-らう【悪霊】ウ・ロ〔名〕⇒あくりゃう

あく-りゃう【悪霊】リ・ョウ〔名〕たたりをする死者の霊。怨霊(おんりょう)。

あく-をけ【灰汁桶】ケ・オ〔名〕あく抜き用の桶。

あくをけ

あけ【朱・緋】〔名〕(「赤(あか)」と語源が同じ)❶黄を帯びた赤い色。丹(に)を塗った色。朱色(しゅいろ)。例「旅にして物恋(ほ)しきに山下の―のそほ船沖を漕(こ)ぐ見ゆ」〈万葉・三・二七〇〉訳旅に出てそぞろに家が恋しい時、山すその方にいた朱塗りの舟が(都へ行くのだろうか)沖に向かって漕ぎ出して行くのが見えて、いっそう寂しくなってくる。

❷(「あけの衣(ころも)」「あけごろも」の略)五位の貴族が着る緋(ひ)色の袍(ほう)。例「玉櫛笥(たまくしげ)二年(ふたとせ)会はぬ君が身を―ながらやはあらむと思ひし」〈後撰・雑一〉訳二年も会っていないあなたが、今年も(昇進せずに)緋色の袍のままでいるなどと思っただろうか。注「玉櫛笥」ハ、「二(ふた)」ノ枕詞。源公忠(キンタダ)ガ小野好古(ヨシフル)ニ贈ッタ歌デ、『大和物語』ニモ載ル。

あげ-うた【上げ歌・挙げ歌】〔名〕古代の歌謡で、声の調子を高く上げてうたう歌。

あげ-おとり【上げ劣り】〔名〕元服して髪上げをした時に、容貌(ようぼう)が以前よりも見劣りすること。対あげまさり 例「いとかうきびはなるほどは、―やと疑はしく思(おぼ)されつるを」〈源氏・桐壺〉訳こんなにまだ幼い年頃の間は、髪上げをしたらかえって見劣りするのではと(帝は)お気づかいになっておられたのだが(光源氏は一層美しくなられた)。

あけ-がた【明け方】〔名〕夜が明けようとする頃。夜明け。例「はかなく―になりにけり」〈源氏・総角〉訳いつの間にか明け方になってしまったのだった。

あげ-く【挙げ句・揚げ句】〔名〕❶連歌・連句の最後の結びの七・七の句。対ほっく

❷(転じて)終わり。結局。とどのつまり。例「理屈に詰まって―には、死なずがひな目に逢(あ)うて一分(いちぶん)はすたった」〈近松・曽根崎心中・中〉訳理屈に詰まって結局は、死なんばかりの目にあって面目(めんぼく)はつぶれた。

あけ-く・る【明け暮る】〔自ラ下二〕{れ・れ・る・るる・るれ・れよ}夜が明け、日が暮れる。月日がたつ。例「雲間もなくて―るる日数にそへて」〈源氏・明石〉訳雲の晴れ間もないような状態で明かし暮らす日数がたってゆくにつれて。

あけ-くれ

【明け暮れ】㊀〔名〕夜明けと日暮れ。**朝夕**。転じて、日常。毎日。例「心やすく迎へとりて、―の慰めに見む」〈源氏・若紫〉訳(若紫を)あっさりと(自邸に)迎え取って、朝夕の心の慰めに見ていよう。

㊁〔副〕明けても暮れても。一日中。**いつも**。例「―見なれたるかぐや姫をやりては、いかが思ふべき」〈竹取・かぐや姫の昇天〉訳いつも見慣れているかぐや姫を(月の世界へ)やってしまったとしたら、(翁(おきな)は)どう思うだろうか。

あけ-ぐれ

【明け暗れ】〔名〕**夜明け前のまだ薄暗い頃**。未明。例「―のほどに帰るとて」〈枕草子・雪のいと高うはあらで〉訳夜明け前のまだ薄暗い頃に帰ると言って。

あげ-じとみ【上げ蔀】〔名〕上下二枚戸の構造で、下は固定し、上はつりさげて開閉するようにした蔀。⇒はじとみ

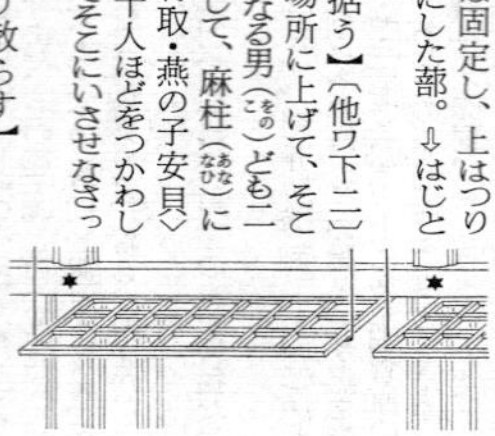
あげじとみ

あげ-す・う【上げ据う】〔他ワ下二〕{ゑ・ゑ・う・うる・うれ・ゑよ}ある場所に上げて、そこにいさせる。例「まめなる男(をのこ)ども二十人ばかり遣(つか)はして、麻柱(あななひ)に―ゑられたり」〈竹取・燕の子安貝〉訳忠実な男たち二十人ほどをつかわして、足場に上がらせてそこにいさせなさった。

あげ-ちら・す【上げ散らす】〔他サ四〕{さ・し・す・す・せ・せ}(「散らす」は、し放題にする意)無雑作に上げる。やたらに上げる。例「ゐさり帰るにやおそきと、―したるに」〈枕草子・宮に初めて参りたるころ〉訳(私が御前より局(つぼね)に)いざり出るやいなや、(局の格子を)無雑作に上げたところ。

あげ-つら・ふ【論ふ】アゲツラウ〔他ハ四〕{は・ひ・ふ・ふ・へ・へ}物事のよしあしなどを議論する。あげつらう。例「世の人の、万(よろ)づの事の善悪是非(よきあしき)を―ひ」〈玉勝間・一〉訳世間の人が、いろいろな物事の善悪や是非を議論し。

あげ-て【挙げて】〔副〕いちいち取り上げて。残らず。例「心を悩ます事は、―数ふべからず」〈方丈記・世にしたがへば〉訳(人それぞれに)心を悩ます事は、一つ一つ数えあげることができない(ほど多い)。

あけ-はな・る【明け離る】〔自ラ下二〕{れ・れ・る・るる・るれ・れよ}夜がすっかり明ける。例「―るるほどのまぎれに、御車寄す」〈源氏・夕顔〉訳夜がすっかり明ける頃の(人々の)動きにまぎれて、お車を寝殿につけた。

あけぼの【曙・明ぼの】〔名〕

「あ(開)け」+「ほの(「ほのか」の語基)」が語源。**空が明け始め、ほのかに白くなった状態をいう。**「あかつき」が夜中過ぎから夜明けまでの時間帯をいうが、「あけぼの」は「あかつき」の終わりの部分と重なり、明るいイメージがある。

夜がほのぼのと明け始める頃。明け方。例「春は—。やうやう白くなりゆく、山際(やまぎは)少し明かりて」〈枕草子・春はあけぼの〉訳春は明け方がいい。だんだんと(あたりが)白んでゆくうちに、山に接するあたりの空が少し明るくなって。例「—や白魚白きこと一寸」〈芭蕉・野ざらし紀行〉訳次第次第にあたりも白みかかり、物の色彩も定かになろうとする夜明け時。今しも浜に上げられた白魚の、その透きとおるような姿は、(冬の夜明けの中で)まだ一寸の幼い可憐(かれん)さである。注白魚ハ「冬一寸(=約三センチ)春二寸」トイワレル。ナオ、「白し」ハ、無色透明ノ感ヲ表ス。

あげ-まき【揚げ巻・総角】〔名〕❶上代以来の、子供の髪の結い方。髪を左右に分け、両耳の上で丸く輪のように束(たば)ねたもの。また、その髪型の少年・少女。例「—を早稲田(わさだ)に遣(や)りて、や、そを思(も)ふと」〈神楽歌・総角〉訳少年を早稲田に仕事にやってしまって、まあ、それが気がかりで。

❷ひもの結び方の一つ。輪を左右に出し、中央を井桁(いげた)のように組み、両端の房を垂らしたもの。御簾(みす)、文箱(ふばこ)などの飾りに用いる。

❸鎧(よろひ)や兜(かぶと)の背の逆板(さかいた)に付けた房。

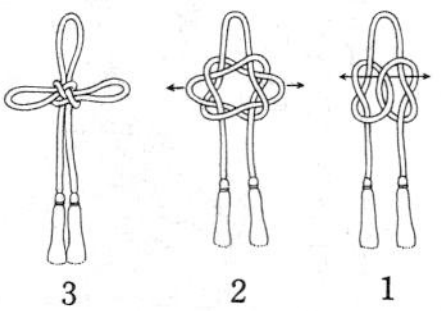

あげまき②

あげ-まく【揚げ幕】〔名〕能舞台の橋がかりの入り口に掛ける幕。また、歌舞伎の花道の入り口に掛ける幕。

あけ-むつ【明け六つ】〔名〕対くれむつ ❶明け方の「六つ時」。今の午前六時頃。❷午前六時頃に突き鳴らす鐘の音。

あけ-もて-ゆ・く【明けもて行く】〔連語〕だんだん(夜が)明けて行く。例「夜一夜(ひとよ)酒飲みし遊びて、夜—・くほどに」〈伊勢・八一〉訳一晩中酒を飲み管弦の遊びをして、だんだん夜が明けて行くうちに。

あげ-や【揚げ屋】〔名〕(遊廓(ゆうかく)用語)置き屋から高級な遊女を招いて、飲食しながら遊ぶ店。例「京の女郎に江戸の張(はり)をもたせ、大坂の—で逢(あ)はば、この上何か有るべし」〈西鶴・好色一代男・六・六〉訳京都の女郎に江戸の気風を持たせ、大坂の揚げ屋で逢うとしたら、これほど結構な事はあるまい。注京都島原ノ女郎ハ優雅デ美人ガ多ク、江戸吉原ノ女郎ハ土地ガラ、張(=意気地)ガ強ク、大坂新町ハ揚ゲ屋ノ設備ガ豪華デ知ラレタ。

あけ-ゆ・く【明け行く】〔自カ四〕(か・き・く・く・け・け)❶夜が明けてゆく。例「やうやう夜も—・くに」〈伊勢・六〉訳だんだんと夜が明けてゆくので。❷年が明けてゆく。例「かくて—・く空の気色、昨日に変はりたりとは見えねど」〈徒然草・一九〉訳このようにして新年となってゆく空の様子は、(大晦日(おおみそか)の)昨日と変わっているとは見えないのだが。

あげ-わた・す【上げ渡す】〔他サ四〕(さ・し・す・す・せ・せ)ある範囲全体を上に上げる。一面に上げる。例「東・南の格子を—・しければ、涼しげに見ゆる母屋に」〈枕草子・松の木立高き所の〉訳東や南の格子を一面に上げてあるので、涼しげに見える母屋に。

あ-こ【吾子】(上代では「あご」)一〔名〕《自分の子、また、わが子同然にいつくしんでいる人を親しんで言う語》わが子。私のいとしい子。例「大船に真楫(まかぢ)しじぬきこの—を韓国(からくに)へ遣(や)る斎(いは)へ神たち」〈万葉・一九・四二四〇〉訳大船に艪(ろ)をいっぱい取り付け、このいとし子を中国(唐)へ遣ります。守ってください神々よ。二〔代名〕《人称代名詞。対称》目下や幼少の者を親しんで言う語。おまえ。きみ。例「よし、—だに、な捨てそ」〈源氏・帚木〉訳まあいい、せめておまえだけでも、私を見捨てないでおくれ。

あ-ご【網子】〔名〕《「あ」は網、「こ」は人の意》浜で地引き網を引く人。例「大宮の内まで聞こゆ網引(あびき)すと—調(ととの)ふる海人(あま)の呼び声」〈万葉・三・二三八〉訳宮殿の中まで聞こえる、網引きをするというので網子をそろえる漁夫の掛け声が。

あこが・る【憧る】〔自ラ下二〕(れ・れ・る・るる・るれ・れよ)⇒あくがる

あ-こぎ【阿漕】〔名・形動ナリ〕❶たび重なること。また、隠し事もたび重なると隠しきれなくなること。例「阿漕(あこぎ)の海士(あま)の—にも、過ぎにし方(かた)を思ひ出て」〈近松・丹波与作待夜の小室節・下〉訳阿漕が浦の海士の話は有名だが、そのあこぎにも(=マタシテモ)、過去の事を思い出し。❷限りなく身勝手であるさま。あつかましい。ずうずうしい。例「飲めるくらいなら、—はしねえが」〈洒落本・傾城買二筋道・冬の床〉訳(酒が)飲めるくらいなら、(何度も杯を断るような)不作法なまねはしないけれど。

参考 伊勢の国の阿漕(あこぎ)が浦(=三重県津市南部ノ海岸)の地名に由来する語。ここは伊勢神宮に供える魚を捕るための禁漁地で、一年に一度しか漁(りょう)をしなかったが、ある漁師がたびたびその禁を犯したために海に沈められた、という伝説がある。この話をふまえた「逢(あ)ふことは阿漕の島に引く鯛(たひ)のたび重ならば人も知りなむ」〈古今六帖・三〉(訳あなたとお逢いすることは、阿漕の島の海士が網を引いて捕る鯛のように、たび重なったら、人も気が付いてしまうだろう)の和歌から①の意が生じた。②は近世での用法で、近世では大半が②の用法である。

あこめ【衵・袙】〔名〕《表着(うはぎ)と肌着との間にこめて着る衣服の意》❶男子が束帯・直衣(なほし)姿の時、単衣(ひとへ)の上、下襲(したがさね)の下に着る短い着物。表は綾(あや)、裏は平絹(ひらぎぬ)。色は表裏ともに紅(くれなゐ)が普通。例「そぞろ寒きに、うへの御—ただ二つ奉り給へりけり」〈紫式部・管絃の御遊び〉訳何となく寒さを覚えるのに、主上が衵をただ二枚だけお召しになっておられた。❷婦人・童女が表着の下に着る着物、また肌着として着る、裾の短いもの。例「童六人、赤色に桜襲(さくらがさね)の汗衫(かざみ)、――は紅に藤襲(ふぢがさね)の織物なり」〈源氏・絵合〉訳（女の）童が六人、赤色の桜襲の汗衫、衵は紅色のものと藤襲の織物とである。

あこめ-あふぎ【衵扇】〔名〕貴婦人の正装用の檜扇。スギまたはヒノキの薄板を色糸でとじ、その両端を長く垂らしたもの。表面に薄い鳥の子紙を張り、金・銀の箔を散らし、絵が描かれている。

あこめあふぎ

あさ【朝】〔名〕あさ。例「たまきはる宇智の大野に馬並(な)めて――踏ますらむその草深野(くさぶかの)」〈万葉・一・四〉訳（我が大君は）宇智（＝奈良県五條市）の広々とした野に馬を並べて、朝の野を踏ませて（狩りをして）おいでだろう、その草深い野を。

参考 一日を昼間・夜間に二分し、その昼間を三分して、「あさ」「ひる」「ゆふ」という。また、一日を八分し、暁・明・朝・昼・夕・暮・宵・夜とし、朝は午前八時から十時頃とする説もある。
　同義語の「あした」は単独で用いられるが、「あさ」は「あさかぜ」「あさぎり」「あさつゆ」など複合語を造ることが多い。

あざあざ-と【鮮鮮と】〔副〕きわだっている様子。あざやかに。目立って。くっきりと。例「文字をば彫(ゑ)り入れきざみ付けたりければ、波にも洗はれず、――してぞ見えたりける」〈平家・二・卒都婆流〉訳 文字を彫り刻み付けてあったので、波にも消されずに、はっきりと見えた。

あさ-い【朝寝】〔名〕朝になっても寝ていること。**あさね。** 例「『こよなきなごりの御――かな』とて、簾(す)のうちになから入りたれば」〈枕草子・七月ばかりいみじう暑ければ〉訳「ずいぶんとお名残深い御朝寝ですね」と言って、（男が）御簾の中に体半分ほど入ってくるので。

あさ-かう【朝講】〔名〕《仏教語》法華八講、最勝講などを行う朝の法会。「あさざ」とも。例「――果てなば、なほいかで出でなむと」〈枕草子・小白河といふ所は〉訳 朝講が終わってしまったら、やはり何とかして出してしまおう。

あさ-かげ【朝影】〔名〕❶朝の日の光。朝の陽光。「あさひかげ」とも。例「――に遥(はる)かに見れば山の端(は)に残れる月もうれしかりけり」〈宇津保・梅の花笠〉訳 朝の光で遥か遠くの方を見ると、山際に沈まずに残っている月も、（まだ消えずにいたのかと）うれしいことであった。
❷朝、鏡や水に映る姿。例「――見つつ少女(をとめ)らが手に取り持てる真澄鏡(まそかがみ)」〈万葉・一九・四一九二長歌〉訳 朝の姿を映して見ながら、少女達が手に持っている美しい鏡の。
❸（朝日でできる影が細長いところから）やせ細った姿。恋のつらさにやつれた姿をいう。例「――に我が身はなりぬ玉かぎるほのかに見えて去(い)にし子ゆゑに」〈万葉・一一・二三九四〉訳 朝影のようにやせた姿に、私はなってしまった。ほんのちょっぴり姿を見せて、いなくなってしまったあの娘のせいで。

あさ-がすみ【朝霞】■一〔名〕朝のかすみ。朝立つかすみ。例「――たなびく野辺にあしひきの山ほととぎすいつか来鳴かむ」〈万葉・一〇・一九四〇〉訳 朝霞のたなびく野のあたりに、山のほととぎすはいつになったら来て鳴くのだろうか。
■二《枕詞》「八重」「鹿火屋(かひや)」「春日(はるひ)」にかかる。例「――鹿火屋が下に鳴くかはづ声だに聞かば我恋ひめやも」〈万葉・一〇・二二六五〉訳 鹿火屋（＝鹿ナドヲ追イ払ウタメニ火ヲタク家）の下で鳴くかえるのように（あなたの）声だけでも聞いたなら、私はこれほどまでに恋しく思うでしょうか。

あさ-がほ【朝顔】〔名〕■一朝起きたばかりの顔。例「ねくたれの御――、見るかひありかし」〈源氏・藤裏葉〉訳 寝乱れの朝のお顔は、見るかいのある美しさですねえ。
■二《植物の名》❶上代から平安初・中期までは、今のキキョウ、またはムクゲをいうなど、諸説がある。例「萩(はぎ)の花尾花葛(くず)花なでしこの花をみなへしまた藤袴(ふぢばかま)――の花」〈万葉・八・一五三八〉訳 萩の花、ススキ、葛の花、ナデシコの花、オミナエシ、また藤袴、朝顔の花。注 五七七・五七七ノ旋頭歌。「秋の七草」ヲ羅列シタ歌。
❷今のアサガオ。「牽牛子(けにごし)」とも。例「夕顔は、花のかたちも――に似て」〈枕草子・草の花は〉訳 夕顔は、花のかたちも朝顔に似て。例「――に釣瓶(つるべ)とられてもらひ水」〈千代女〉訳 初秋のさわやかな早朝、井戸端に朝顔が可憐な花を咲かせている。水を汲もうとしてふと気づくと、朝顔は釣瓶にまではいかかっている。美しい花を見ると、ツルを切るのもかわいそうに思われ、釣瓶をそっとそのままにし、近所へ水をもらいに行ったことである。

安積山(あさかやま)《山名》福島県郡山市にある山。日和田の方の小高い丘であるとされる。葛城王と采女との伝説があり、歌枕となる。

あさ-がれひ【朝餉】〔名〕❶《正式な食事である「大床子(だいしやうじ)の御膳(おもの)」に対していう語》天皇の日常の略式の食事。朝食とはかぎらない。例「物なども聞こし召さず、――の気色ばかり触れさせ給ひて」〈源氏・桐壺〉訳（帝は）お食事なども召し上がらない、朝餉にはほんの形ばかりお箸をおつけになって。
❷《「朝餉の間(ま)」の略》例「――の御障子(みさうじ)をあけて、中宮もおはしませば」〈源氏・絵合〉訳 朝餉の間の障子を開けて、中宮もお出ましになるので。

あさ-ぎ〔名〕■一【浅黄】薄い黄色。無品の親王・孫王などが着る袍の色に用いる。
■二【浅葱】⇩あさみどり ❶緑がかった淡青色。例「二藍(ふたあゐ)の指貫(さしぬき)、直衣(なほし)、――の帷子(かたびら)どもぞすかし給へる」〈枕草子・小白河といふ所は〉訳 二藍の指貫、直衣といった姿で、（その下には）淡青色の帷子を透かして（着て）いらっしゃる。
❷六位の者が着る浅葱色（■二①）の袍。転じて、六位をいう。例「――の心やましければ、内裏(うち)へ参ることもせず、もの憂がり給ふを」〈源氏・少女〉訳（夕霧は）浅葱色の袍を着る六位であることが不愉快なので、宮中へ参内なさることもしないで、何とも憂うつな気持ちでおられるが。

あさ-きた【朝北】〔名〕《「あさぎた」とも。「朝北風」の略》朝吹く北風。例「――の出で来(こ)ぬさきに綱手(つなで)はや引け」〈土佐・二月五日〉訳 朝北風の吹いてこない前に舟の引き綱をさっさと引け。

あさ-ぎぬ【麻衣】〔名〕《「あさごろも」とも》❶麻糸で織った粗末な衣服。例「葛飾(かつしか)の真間(まま)の手児奈(てごな)が――に青衿(あをくび)つけ」〈万葉・九・一八〇七長歌〉訳 葛飾の真間の手児奈（＝少女ノ名）が、麻の衣服に青い襟をつけ。注「葛飾の真間」ハ、千葉県市川市真間。
❷喪中(もちゅう)に着る白い麻織りの衣服。例「栲(たへ)の穂の——着(け)れば夢(いめ)かも現(うつつ)かもと」〈万葉・一三・三三二四長歌〉訳(宮の舎人(とねり)達も)白い喪服を着ているので、これは夢か現実かと。

あさ-ぎよめ【朝浄め】〔名〕朝の掃除。例「——つかうまつることなければ、庭の草も茂りまさりつつ」〈大鏡・師尹〉訳(主殿寮(とのもりよう)の下役人も)朝のお掃除をお勤め申し上げることもないので、お庭の草も生い茂りに茂っていて。

あさ-ぎり【朝霧】〔名〕朝たちこめる霧。(季・秋)例「ほのぼのと明石(あかし)の浦の——に島隠れゆく舟をしぞ思ふ」〈古今・羇旅・四〇九〉訳ほのぼのと明ける明石の浦の朝霧に包まれて、島のかげに隠れてゆく舟を(見ながら)私はしみじみと思っている。注「しぞ」ハ強メ。

あさぎり-の【朝霧の】《枕詞》朝霧の中では、物がぼんやりとしか見えないことから、「思ひ惑(まど)ふ」「乱る」「おほに」などにかかる。例「立ちて居て行方(ゆくへ)も知らず——思ひ惑ひて」〈万葉・一三・三三四四長歌〉訳立ったり座ったりして途方にくれ、どうしたらよいのか思い迷って。

あさ-け【朝明】〔名〕《「あさあけ」の変化した形》夜の明ける頃。明け方。夜明け。例「ほととぎす今朝の——に鳴きつるは君聞きけむか朝寝(あさい)か寝けむ」〈万葉・一〇・一九四九〉訳ホトトギスが今朝の明け方に鳴いたのをあなたは聞いたでしょうか、朝寝をしていて聞かなかったでしょうか。

あさ-げ【朝食】〔名〕《「け」は食物、食事の意。古くは「あさけ」》朝の食事。朝食。対ゆふけ(夕食)

あざけり【嘲り】〔名〕《動詞「あざける」の連用形の名詞化》愚かだとして笑うこと。さげすみ笑うこと。

あざけ・る【嘲る】〔ら・り・る・る・れ・れ〕一〔他ラ四〕ばかにして笑う。嘲笑する。例「あざみ笑ひ——・る者どももあり」〈更級・初瀬〉訳見くびって笑ったり、嘲笑したりする者達もいる。二〔自ラ四〕❶声をあげて詩歌を吟じる。例「月に——・り、風に欺(あざむ)くこと絶えず」〈後拾遺・序〉訳月を見て歌を詠じ、風に触れて歌を吟ずることは絶えることなく。❷大声を出す。例「后(きさき)の一人の侍女忽(たちまち)に狂ひて哭(な)き——・る」〈今昔・二〇・七〉訳后の侍女の一人がにわかに狂って(大声で)泣きわめく。

あさ-ごほり【朝氷・浅氷】一〔名〕初冬あるいは初春の朝に張る薄い氷。二《枕詞》(薄い氷は解けやすいことから)「とく」にかかる。

あさ-ごろも【麻衣】〔名〕⇩あさぎぬ

あさ-ざ【朝座】〔名〕《仏教語》❶法華八講(ほっけはっこう)などの時の朝の講座。講師(こうじ)と問者(もんじゃ)の問答を主とする。例「——の講師(かうじ)清範(せいはん)、高座(かうざ)の上も光り満ちたる心地して、いみじうぞあるや」〈枕草子・小白河といふ所は〉訳朝の講座の講師である清範は、(その尊く美しい様子は彼が座っている)高座の上も光り満ちているような気持ちがして、何ともありがたいことであるよ。❷寺院における朝の食事。

あさ・し【浅し】〔形ク〕❶(水などの)深さがない。浅い。❷(罪・因縁・思慮・愛情・憎しみなどについて)程度が軽い。十分でない。例「先世(ぜんぜ)の芳縁(はうえん)も——・からずや思ひ知られけん」〈平家・三・少将都帰〉訳前世の因縁も浅くないと思い知られたことであろうか。❸色や香りが淡く、うすい。例「——・からずしめたる紫の紙に」〈源氏・明石〉訳(香(かう)を)うすくなく(=深ク)たきしめた紫の紙に。❹位が低い。身分が低い。例「位——・く何となき身のほど」〈源氏・梅枝〉訳位が低く何ということもない身分。

あさ-じめり【朝湿り】〔名〕朝、霧や露などで物が湿っていること。例「薄霧の籬(まがき)の花の——秋は夕べと誰か言ひけむ」〈新古今・秋上・三四〇〉訳薄い霧の漂う籬(=竹ナドデ編ンダ垣根)に咲いている花の朝じめりのすばらしさよ。秋は夕暮れが一番だと、誰が言ったのだろうか。

あさしも-の【朝霜の】《枕詞》(朝の霜が消えやすいことから)「消ゆ」にかかる。例「——消(け)なば消(け)ぬべく思ひつついかにこの夜を明かしてむかも」〈万葉・一一・二四五八〉訳(自分の命も朝の霜のように)消えるなら消えてもよいと思いつつ、どのようにしてこの夜を明かしたらよいのかなあ。

あさ-せ【浅瀬】〔名〕川などの水の浅い所。例「天の川——しら波たどりつつ渡り果てねば明けぞしにける」〈古今・秋上・一七七〉訳天の川の浅い所がわからず白波の中を迷いながら進んで行ったものだから、(川を)渡りきらないうちに夜が明けてしまったことだ。

浅瀬にあだ波(なみ) 思慮の浅い者ほど、事にあたって大騒ぎをすることのたとえ。

あさ-だち【朝立ち】〔名〕朝早く旅に出ること。

あさ-ぢ【浅茅】〔名〕丈の低いチガヤ(=イネ科ノ多年草)。雑草の代表として、荒れた場所を形容するのに用いる。例「——は庭の面(おも)も見えず」〈源氏・蓬生〉訳丈の低いチガヤは庭の表面も見えないほどであり。

浅茅が原(はら) チガヤのはえている野原。また、雑草の茂っている荒れ野。例「古き都を来て見れば——とぞ荒れにける」〈平家・五・月見〉訳古い都をたずねて来て見ると、浅茅が原となって荒れてしまっている。

浅茅が宿(やど) 庭にチガヤのはえている家。雑草が茂って荒れはてた家。例「——に昔をしのぶこそ、色好むとは言はめ」〈徒然草・一三七〉訳チガヤの茂った荒れはてた家で(共に過ごした)昔の思い出にふけることこそ、恋の情趣を解するといえよう。

あさぢ-ふ【浅茅生】〔名〕チガヤの茂っている場所。例「——の露の宿りに君を置きて四方(よも)の嵐(あらし)ぞしづ心なき」〈源氏・賢木〉訳チガヤの茂った所の露のようにはかない我が家にあなたを残してきて、四方を吹きめぐる嵐の音を聞くと気が気ではありません。

あさぢふ-の【浅茅生の】《枕詞》チガヤの茂った野原の意で「小野(をの)」にかかる。例「——小野の篠原(しのはら)しのぶれど余りてなどか人の恋しき」〈後撰・恋一〉訳チガヤの茂った小野の篠原の「しの」のように耐えしのんできたが、どうしてこんなにあなたが恋しいのでしょう。注参議源等(ミナモトノヒトシ)ノ作デ、『百人一首』ニ所収。

あさ-づくよ【朝月夜】〔名〕明け方に出ている月。有明けの月。また、その月の残っている明け方。(季・秋)対ゆふづくよ 例「我が寝たる衣(ころも)の上ゆ——さやかに見れば」〈万葉・一・七九長歌〉訳仮寝している私の衣の上に照る朝の月光ではっきり(確かめて)見ると。

あさ-つゆ【朝露】〔名〕朝、草木などに置いた露。消えやすいことから、はかない物のたとえとして用いられる。(季・秋)例「——に濡れたるあさぼらけの桜に劣らず」〈枕草子・木の花は〉訳(タチバナの実の美しさは)朝露に濡れた明け方の桜の花に劣らない。

あさつゆ‐の【朝露の】《枕詞》朝の露は、草木に置いたり、消えやすいことから、「置く」「消ゆ」「命」などにかかる。例「――消(け)やすき我が身他国(ひとくに)に過ぎかてぬかも親の目を欲(ほ)り」〈万葉・五・八八五〉訳消えやすい私の体だが、他国では死にきれないことだ、(もう一度一目でも)親に会いたくて。

あさ‐で【浅手】〔名〕《「手」は傷の意》浅い傷。軽傷。例「深手――負はぬ者も無かりければ」〈太平記・二六・三〉訳重傷・軽傷の傷を負わない者などなかったので。

あさどり‐の【朝鳥の】《枕詞》「朝立つ」「通ふ」「音(ね)鳴く」にかかる。

あざ‐な【字】〔名〕❶中国の慣習にならって、成人男子が実名のほかに付ける名。例「我、年八歳なるがゆゑに――無きなり」〈今昔・一〇・九〉訳私は、(まだ)年齢が八歳ですからあざながないのです。
❷他人が呼びならわしている名。あだな。通称。例「平定文(さだふみ)といふ人ありけり。――をば平中(へいぢゆう)となむいひける」〈今昔・三〇・一〉訳平定文という人がおった。通称を平中といった。

あさな‐あさな【朝な朝な】〔副〕《「あさなさな」とも》毎朝。例「野辺近く家居(いへゐ)しせれば鶯(うぐひす)の鳴くなる声は――聞く」〈古今・春上・一六〉訳野辺の近くに家を建てて住んでいるので、鶯の鳴く声は毎朝聞いている。

あさ‐なぎ【朝凪】〔名〕朝、風がなく海の波が静かな状態。(季・夏)例「――に船出をせむと舟人も水手(かこ)も声よび」〈万葉・一五・三六二七長歌〉訳朝、海の波が静かな間に船出をしようと、舟人も漕(こ)ぎ手もかけ声をかけて。

あさな‐さな【朝なさな】〔副〕《「あさなあさな」の変化した形》毎朝。例「うら恋しわが夫(せ)の君はなでしこが花にもがもな――見む」〈万葉・一七・四〇一〇〉訳恋しい我が君はナデシコの花であってほしい。そうすれば毎朝見るだろう。

あさな‐ゆふな【朝な夕な】(ウナ ユ)〔副〕朝に夕に。毎朝毎晩。例「伊勢の海人(あま)の――に潜(かづ)くとふあはびの貝の片思(かたも)ひにして」〈万葉・一一・二七九八〉訳(私の恋は)伊勢の海人が毎朝毎夕、水に潜って採るというアワビ貝のように片思いだ。注「あはび」ハ、二枚貝ノ片側シカナイヨウニ見エルノデ、片思イノタトエニナル。

あさに‐けに【朝に日に】〔副〕《「け」は「日」の意》朝にも昼にも。いつも。例「青山の峰の白雲――常に見れどもめづらし我が君」〈万葉・三・三七七〉訳青山の峰の白雲のように、朝に昼にいつ見ても素敵なあなたよ。

あさ‐はか

【浅はか】〔形動ナリ〕❶深さや奥行きが少ない。浅い。例「屋(や)のさまもはかなだち、廊(らう)めきて、端近(はしぢか)に――・なれど」〈枕草子・五月の御精進のほど〉訳建物の有様も貧弱に見え、渡り廊下のような造りで、(部屋は)縁側が近くて奥行きはないけれど。
❷考えが不十分である。軽率である。例「うちつけに、――・なりと御覧ぜられぬべきついでなれど」〈源氏・若紫〉訳だしぬけのことで、軽率だとご覧なされるに違いない場合ですが。注光源氏ガ、若紫ヲ引キ取リタイト申シ出タ時ノ言葉。
❸内容に深みがない。例「今の――・なるも、昔の跡(あと)に恥なくにぎははしく、あなおもしろと見ゆる筋はまさりて」〈源氏・絵合〉訳今頃の深みのない絵も、昔の名品に引けをとらず華やかで、ああおもしろいと見える点はまさっていて。
❹それほど重大でない。軽い。例「――・なることにかかづらひてだに、公(おほやけ)にかしこまりなる人の」〈源氏・須磨〉訳軽い罪科に問われただけでさえ、朝廷のとがめを受けている人間が。
要点「はか」は接尾語。現代語の「あさはか」は②の意だけに用いるが、本来は、分量が少ない、程度が浅いことを、場所・物事・人柄・考えなどについて広くいった。

あさは‐ふ‐る【朝羽振る】《連語》(上代の歌語)朝、鳥が羽をばたばたさせる。「夕羽振る」と対になり、風や浪の比喩として用いる。例「――・る風こそ寄せめ夕羽振る浪こそ来寄せ」〈万葉・二・一三一長歌〉訳朝吹きつける風が寄せるだろう、夕方押し寄せる波で寄ってこよう。

あさ‐びらき【朝開き】〔名〕船が、朝、港を出ること。朝の船出。例「世の中を何に譬(たと)へむ――漕(こ)ぎ去(い)にし船の跡なきがごと」〈万葉・三・三五一〉訳世の中を何にたとえよう、(それは、ちょうど)朝、港を漕ぎ出て行った舟の航跡が何も残っていないようなものだ。

あさ・ふ【浅ふ】(アサ(ソ)ウ)〔自ハ下二〕{へ・へ・ふ・ふる・ふれ・へよ}❶(地位・身分などが)低い。例「まだ位なども――・へたるほどを」〈源氏・竹河〉訳(少将は)まだ位なども低いのだから。
❷(思慮・分別などが)浅い。あさはかである。例「さやうに――・へたることは、かへりて軽がるしきもどかしさなども立ち出でて」〈源氏・幻〉訳そういうあさはかなこと(=軽率ナ出家)は、かえって軽はずみと非難なども起こってきて。
参考形容詞「浅し」の語幹「あさ」に接尾語「ふ」の付いたもので、多く助動詞「たり」を伴って用いられる。

あさ‐ぶすま【麻衾】〔名〕麻布で作った粗末な夜具。例「寒くしあれば――引きかがふり」〈万葉・五・八九二長歌〉訳寒いので麻の夜具を引きかぶって。注山上憶良(ヤマノウエノオクラ)ノ「貧窮問答歌」ノ一節。

あさ‐ぼらけ【朝ぼらけ】〔名〕夜がほのぼのと明ける頃。明け方。例「明けぬれば暮るるものとは知りながらなほ恨(うら)めしき――かな」〈後拾遺・恋二〉訳夜が明けてしまえば、やがては日が暮れ、またあなたに逢うことができるとはわかっていても、やはり恨めしく思われることだなあ、別れて帰る明け方は。注『百人一首』所収、藤原道信ノ作。恋ノ未練ノ心情ヲ詠ンダ後朝(キヌギヌ)ノ歌。⇩あかつき要点

あさ‐ま【浅ま】〔形動ナリ〕❶浅い。例「むげに――・に候ふ。潮の干(ひ)て候ふ時は、陸(くが)と島の間は馬の腹もつかり候はず」〈平家・一一・勝浦付大坂越〉訳(屋島への海は)ひどく浅うございます。潮の引いております時は、陸と島の間は馬の腹も水につかりはしません。
❷奥深くなく、むき出しである。あらわである。例「これほどに――・なる平城(ひらじやう)に主上・上皇を籠(こ)め参らせて」〈太平記・九・七〉訳こんなにむき出しな平地の城に帝や上皇をお入れ申し上げて。
❸粗末である。例「女郎のやはらかなる所、衣類の数を尽くし、ここで外(かほ)はよろづ――・になりぬ」〈西鶴・好色一代男・七・七〉訳(京の島原遊廓(ゆうかく)は)遊女の優美な(のが多い)土地で、美しい衣類も数が多く、ここで遊んだらよその遊里はどこもお粗末に思えてしまう。

あさま・し

〔形シク〕《動詞「あさむ」の形容詞化した形》

善悪にかかわらず、思いがけない、の意。現代語の

「あさましい」とは意が異なる。

❶（善悪いずれの場合にも）**意外である。思いがけない。** 例「――・しう、犬などもかかる心あるものなりけり」〈枕草子・上にさぶらふ御猫は〉 訳 驚いたことに、犬などもこんな（感心な）心があるものだったのだなあ。

❷**あきれて、興ざめである。がっかりだ。** 例「物うちこぼしたる心地、いと――・し」〈枕草子・あさましきもの〉 訳 何かをひっくり返してこぼした時の気持ちは、とてもがっかりだ。

❸**情けない。嘆かわしい。** 例「人の家の焼くるは常の習ひなれども、――・しかりしことどもなり」〈平家・六・築島〉 訳 人の家が焼けるのは世の常だけれども、嘆かわしいことだ。

❹もってのほかだ。とんでもない。ひどい。例「この庭のいたづらに広きこと、――・しく、あるべからぬことなり」〈徒然草・三四〉 訳 この庭が無駄に広いのは、とんでもないことで、そうあってはいけないことである。

❺貧乏である。みすぼらしい。みじめだ。例「『見させられい。何と――・しいなりではござらぬか』『まことに、はかないなりでござる』」〈狂言・鈍太郎〉 訳「ご覧なさい。何とみじめな姿ではありませんか」「本当に、哀れな姿です」。

あさまし-が・る〔自ラ四〕{ら・り・る・る・れ・れ}《「がる」は接尾語》「あさまし」と思う。びっくりする。例「八島(やしま)の鼎(かなへ)の上に、のけざまに落ち給へり。人々――・りて、寄りて抱(かか)へ奉れり」〈竹取・燕の子安貝〉 訳（中納言は空中から）八個の鼎の上に、あおむけにお落ちになった。人々はびっくりして、そばに近寄って抱きかかえ申し上げた。

あさまし-げ〔形動ナリ〕あきれた、驚いた、ひどいなどと感じられる様子。例「袖(そで)の上の玉のくだけたりけむよりも――・なり」〈源氏・葵〉 訳（葵(あおい)の上の死後は）袖の上の玉がくだけてしまったよりもひどく落胆したようすである。

あさ-まだき【朝まだき】〔副〕《「まだき」は、まだその時間にならない意》まだ夜が明けきらないころ。早朝。

あさ-まつりごと【朝政】〔名〕❶天皇が早朝から政務を執ること。朝廷の政務。例「なほ――は怠らせ給ひぬべかめり」〈源氏・桐壺〉 訳（桐壺更衣(きりつぼのこうい)を失った帝(みかど)はその生前と同じく）今でもやはり朝のご政務は怠っておしまいになるようである。

❷各官省の役人が早朝から執務すること。例「今は昔、官の司(つかさ)に――といふ事行ひけり」〈今昔・二七・九〉 訳 今では昔のことだが、太政官で朝早くから執務を行っていた。

あさ-みどり【浅緑】■一〔名〕❶薄い緑色。例「――打ちたるを引き渡したるやうにて」〈枕草子・日のいとうららかなるに〉 訳（海面は大変おだやかで）砧(きぬた)で打ってつやを出した薄緑色の衣を一面に張り渡したようで。

❷この色の「袍(うは)」を着たことから六位の人。

■二《枕詞》浅緑色であることから、「糸」「野辺」「霞(かすみ)」などにかかる。例「――糸よりかけて白露を玉にもぬける春の柳か」〈古今・春上・二七〉 訳 糸をより合わせたような新芽のついた枝で、そこに置いた白露を水晶の玉のように貫いている春の柳よ。⇩あさぎ■二

あさ・む〔自マ四〕{ま・み・む・む・め・め}《「あざむ」とも。善悪いずれの場合にもいう》（思いがけない事や想像以上の事に接して）**驚く。びっくりする。** 例「『東国北国(ほっこく)の背くだにあるにこはいかに』とて手を打って――・みあへり」〈平家・六・飛脚到来〉 訳「東国や北国が背くのさえ大変な事なのに、（九州勢まで背くとは）これはどうしたらよかろう」と（平家方は）手を打って驚き騒ぎ合っていた。

あさ・む【浅む】〔他マ四〕{ま・み・む・む・め・め}思慮が浅いと見なす。軽蔑(けいべつ)する。ばかにする。例「これを見る人あざけり――・みて、『世のしれ者かな……』と言ふに」〈徒然草・四一〉 訳 これ（＝木ノ股デ、眠リコケテイル法師）を見る人々は嘲(あざけ)り馬鹿にして、「この上ない馬鹿者だなあ……」と言うので。

あざむ・く【欺く】{か・き・く・く・け・け}■一〔他カ四〕❶悪い方へさそう。そそのかす。誘惑する。例「女は、ただやはらかに、取りはづして、人に――・かれぬべきが」〈源氏・夕顔〉 訳 女は、ただ柔和で、うっかりすると、男にそそのかされそうな人で。

❷そのように見せかける。だます。例「蓮葉(はちすば)の濁りに染(し)まぬ心もて何かは露を玉と――・く」〈古今・夏・一六五〉 訳 ハスの葉が、（泥の）濁りに染まらない清い心を持っていながら、どうして（葉の上に置く）露を玉だといって人をだますのか。注「あざむく」ノ主語ハ「蓮葉の」。

❸《鎌倉時代に多い用法》相手をみくびる。あなどる。例「頼政・光基なんど申す源氏どもに――・かれて候はんは、誠に一門の恥辱でも候ふべし」〈平家・一・殿下乗合〉 訳 頼政・光基などという源氏どもにみくびられたのでは、本当に平家一門の恥辱でもございましょう。

■二〔自カ四〕興に乗って詩歌を吟ずる。例「近く侍(さぶら)ひ遠く聞く人、月に――・くこと絶えず」〈後拾遺・序〉 訳 近年の人また遠く名前を聞く人はともに、月に興じて詩歌を吟ずることが絶えない。

要点 現代のように単に「だます」の意を表すのではなく、思い通りに人をあやつる意を表し、そこから、さまざまな用法が派生している。

あさも-よし【麻裳よし】《枕詞》《「よ」「し」は、ともに感動の意の間投助詞》（紀伊国が麻の名産地だったことから）「紀」「城(き)」にかかる。例「――紀へ行く君が真土山(まつちやま)越ゆらむ今日ぞ雨な降りそね」〈万葉・九・一六八〇〉 訳 紀の国へ行くあなたが真土山（＝和歌山県橋本市ニアル）を越えていると思われる今日は、雨よ降らないでほしい。

あざ-やか【鮮やか】〔形動ナリ〕《「やか」は接尾語》❶（色・形などが）はっきりと目だっている様子。くっきりしている。鮮明である。例「行成(かうぜい)の大納言の額(がく)、兼行(かねゆき)が書ける扉、――・に見ゆるぞあはれなる」〈徒然草・二五〉 訳 藤原行成大納言の書いた額、源兼行が書いた扉の字が、（今でも）はっきりと見えているのがしみじみと感じられる。注 行成・兼行ハ共ニ名筆家。

❷（容姿などが）目だって美しい。例「なほ、人にすぐれて――・に、清らなるものから」〈源氏・藤裏葉〉 訳（夕霧は）やはり、他の人よりも目だっていて、美しいけれども。

❸（性質・動作などが）はっきりしている。てきぱきしている。例「例は、心強う、――・に、誇りかなる御気色(みけしき)」〈源氏・柏木〉 訳 いつもは、気強く、てきぱきとしていて、得意げなごようすであるが。

❹新鮮である。新しい。生きがいい。例「かの浦に行きて、――・なる鯔(なよし)八隻(しゃく)を買ひ取りて」〈今昔・二三・二七〉 訳 その浦に行って、生きのいいボラ八匹を買い取って。

あざ-や・ぐ【鮮やぐ】■一〔自ガ四〕{が・ぎ・ぐ・ぐ・げ・げ}❶鮮やかになる。例「侍従も、あやしき褶(しびら)着たりしを、――・ぎたれば」〈源氏・浮舟〉 訳 侍従も、みっともない褶（＝腰ニツケル上着）を着ていたが、（着替えて）はなやかになったので。

❷てきぱきする。はっきりしている。例「ものものしく――・ぎ

て、心ばへも、たをやかなる方はなく物誇（こほ）りかになどやあらむ」〈源氏・宿木〉訳なまいきで物もはっきり言い、気立ても、しとやかな点はなく何となく高慢なふうであろうか。

❸ごわごわする。例「白き単衣（ひとへ）の、いと情けなく――・ぎたるに」〈源氏・手習〉訳白い単衣の、ひどく風情もなくごわごわしているものに。

【二】（他ガ下二）（げ・げ・ぐ・ぐる・ぐれ・げよ）（【一】の他動詞化）鮮やかにする。例「宮達の御衣（おんぞ）ばかりをぞ――・げさせ給ひて」〈栄花・ゆふしで〉訳（喪中なので、いつもとまったく変わらないご様子であるが）皇子達の御召物だけを鮮やかな物にさせなさって。

あさ-ゆふ【朝夕】ウ・ユ（名）（「あしたゆふべ」とも）❶朝と夕方。朝晩。例「――の宮仕へにつけても、人の心をのみ動かし」〈源氏・桐壺〉訳（桐壺更衣（きりつぼのこうい）は）朝晩の宮仕え（＝天皇ニ仕エルコト）につけても、ただもう他の女性達の気をもませてばかりいて。

❷朝も夕方も。いつも。日常。例「かやうの事は、ただ――の心づかひによるべし」〈徒然草・三〉訳このような事は、まったくふだんからの心がけによるものに違いない。

あざ-らか【鮮らか】（形動ナリ）（魚や肉が）新鮮である。例「ある人、――なる物持て来たり」〈土佐・二月八日〉訳ある人が、新鮮な物（＝鮮魚）を持って来た。

あざらけ・し【鮮らけし】（形動ナリ）（魚や肉が）新鮮である。

あさり【漁り】（名・他サ変）❶動物がえさを捜すこと。例「朝（あした）には海辺（うみへ）に――し夕されば大和（やまと）へ越ゆる雁（かり）しともしも」〈万葉・六・九五四〉訳朝のうちは海辺でえさを捜し、夕方になると大和へ向けて山を越えて行く雁がうらやましいなあ。

❷魚をとること。漁。例「――する海人（あま）の子どもと人は言へど見るに知らえぬうまひとの子と」〈万葉・五・八五三〉訳魚をとる漁師の子供だとあなた方は言うけれど、見るとわかりました（あなた方は）良家のお嬢さんだと。

あざり【阿闍梨】（名）（仏教語。「あじゃり」とも）❶弟子を教え導く高僧。例「この宇治山に、聖（ひじり）だちたる――住みけり」〈源氏・橋姫〉訳この宇治山に、いかにも高僧といった感じの阿闍梨が住んでいた。

❷真言宗・天台宗における僧職の一つ。また、この位を得た僧。例「惟光（これみつ）が兄の――、いと尊き人にて二（に）なうしけり」〈源氏・夕顔〉訳惟光の兄の阿闍梨が、実に徳の高い人でまたとなく立派にお勤めをした。

❸修法（ずほう）（＝加持・祈禱（キトウ）ノ法）を行う導師。例「七月の修法の――」〈枕草子・暑げなるもの〉訳（暑そうなものは）七月に修法をする時の阿闍梨。

あさ・る【漁る】（他ラ四）（ら・り・る・る・れ・れ）❶（人や動物が）食物として貝・海藻などを捜し求める。例「伊勢島や潮干（しほひ）の潟（かた）に――・りてもいふかひなきは我が身なりけり」〈源氏・須磨〉訳伊勢の潮の引いた潟で貝拾いをしても、何の貝もないように、いまさら何を言ってもかいのない私の身の上だったのですねえ。

❷捜し求める。例「掘らぬ所もなく山を――・れども、なかりけり」〈徒然草・五四〉訳掘らない所もないくらいに山中捜し求めたけれども、（隠しておいた箱は）なかった。

あざ・る【戯る・狂る】【一】（自ラ四）（ら・り・る・る・れ・れ）（上代語）取り乱して騒ぐ。狂ったように振る舞う。例「かからずもかかりも神のまにまにと立ち――・りわれ乞（こ）ひ祈（の）めど」〈万葉・五・九〇四長歌〉訳病気が治るのも治らないのも神様のおぼしめしのままだと、狂ったようにして私は祈ったが。

【二】（自ラ下二）（れ・れ・る・るる・るれ・れよ）❶うちとけた振る舞いをする。くだける。くつろぐ。例「公（おほやけ）ざまは、すこしたはれて――・れたる方（かた）なりし、理（ことわり）ぞかし」〈源氏・藤裏葉〉訳（光源氏は）政治家としては、少し謹厳さを欠いて、くだけたところがあったが、（それもあの人柄からすれば）無理もないことだ。

❷ふざける。たわむれる。例「いとあやしく、潮海（しほうみ）のほとりにて――・れあへり」〈土佐・十二月二十二日〉訳まったく不思議なことに、（塩があれば腐らないはずの）潮海のそばでふざけあっている。注「あざれ」ニ、魚肉ナドノ腐ル意ノ「あざれ（鯘）」ヲカケテ、シャレテイル。

❸しゃれている。風雅である。例「返しは、仕うまつりけがさじ。――・れたり」〈枕草子・職の御曹司におはします頃、西の廂にて〉訳返歌は、お歌をけがすことになりますから差し上げますまい。（あなたの歌は）まことにしゃれたお歌です。

あざれ-がま・し【戯れがまし】（形シク）（動詞「あざる」の連用形＋接尾語「がまし」）（男女関係について）ふざけているようすである。ふまじめである。例「何か、――・しと思へば放たず」〈紫式部・中宮の大夫と中宮の権の亮〉訳どうして（格子の下をはずすことが）できようか、ふまじめなことだと思うのではずさない。

あざれ-ば・む【戯ればむ】（自マ四）（ま・み・む・む・め・め）ふまじめなことをする。うわついたことをする。例「女の心ゆるび給はざらむ限りは、――・み情けなきさまに見えじと思ひつつ」〈源氏・椎本〉訳（薫（かおる）は）女（＝大君（オオイギミ））の気持ちがうち解けなさらないうちは、不謹慎なまねや思いやりのないふるまいはすまいと思っては。

あざ-わら・ふ【あざ笑ふ】ワラ・ロウ（自ハ四）（は・ひ・ふ・ふ・へ・へ）大声で笑う。人もなげに高笑いする。例「翁（おきな）二人、見かはして――・ふ」〈大鏡・序〉訳老翁二人は、顔を見合わせて大声で笑う。

浅井了意（あさゐれうい）アサイリョウイ【人名】江戸初期の仮名草子作者。父は、もと摂津国（＝大阪府）の住職、了意自身も晩年は京都の住職となる。『堪忍記』『東海道名所記』『浮世物語』『伽婢子（おとぎぼうこ）』等、仮名草子の新機軸となる作品を次々と発表した。仏書の著述も多い。

あし【足・脚】（名）❶人間や動物などの足。例「白き鳥の、嘴（はし）と――と赤き、鴫（しぎ）の大きさなる」〈伊勢・九〉訳白い鳥で、くちばしと脚とが赤い、鴫ほどの大きさなの（＝都鳥（ミヤコドリ））が。例「やれ打つな蠅（はへ）が手をすり――をする」〈一茶〉訳やれ待て、そんな無慈悲に打ち殺すこともないじゃないか。うるさくて嫌われ者の蠅だけれど、見てごらん、あのように手を擂り足を擂りして命乞いをしているではないか。注一般ニ、「蠅が手をする足をする」トイウ形デ伝エラレテイルノハ、口調ハヨイガ誤伝。

❷**歩いて行くこと。**歩行。例「少し――馴（な）れたる人は、とく御堂（みだう）に参りつきにけり」〈源氏・玉鬘〉訳少し歩きなれている人は、早くもお堂に着いてしまったのだった。

❸**足のように、物の下に付いていて、それを支える役目をするもの。**例「東（ひんがし）の門（かど）は四（よ）つ――になして、それより御輿（みこし）は入らせ給ふ」〈枕草子・大進生昌が家に〉訳東の門は四本足に作りかえて、そこから（中宮様の）お輿はお入りになる。

❹船の進み具合。船の速さ。例「三千七百石積みても――かろく」〈西鶴・日本永代蔵・一・三〉訳三千七百石積んでも舟足は速く。

❺雨が降る様子。例「雨の――横さまにさわがしう吹きたるに」〈枕草子・八九月ばかりに〉訳雨の降り方は横なぐりで騒がしく吹きつけているのに。

足を空（そら）（足が地に着かない意）心が騒ぎ落ち着かないようす。あわてふためくようす。例「ことごとしくののしりて、――にまどふが」〈徒然草・一九〉訳（大みそかの夜中過ぎまで）大げさに騒ぎ立てて、足も地に着かないようにうろつき回っていたのが。

あし【葦・蘆】〔名〕水辺に生える草の名。アシ。「よし」とも。（季・秋）例「津の国の難波（なには）の春は夢なれや――の枯葉に風渡るなり」〈新古今・冬・六二五〉訳摂津（せっつ）の国の難波の美しかった春は夢であったのか。今は、アシの枯れ葉に風が寂しい音をたてて吹き渡っている。注西行ノ歌。能因法師ノ「心あらむ人に見せばや津の国の難波わたりの春のけしきを」〈後拾遺・春上〉ノ歌ヲ本歌トシテイル。

参考「あし」は、屋根を葺（ふ）いたり、食用や薬用にもなった。各地の湿地帯に群生するが、古代では特に難波江（なにわえ）のものが有名で、歌によく詠まれた。「あし」が「悪（あ）し」に通じるため、「よし」ともいう。

あし【銭】〔名〕（世に通用して足のように歩き回ることから）金銭を指す。おあし。ぜに。例「多くの――を給ひて、数日（すじつ）に営み出（い）だして掛けたりけるに」〈徒然草・五一〉訳沢山の金銭をくださって、（水車を）数日かかって作り上げてしかけたところが。

あ・し【悪し】〔形シク〕対よし 類わろし

他と比べるまでもなく悪いということで、**絶対的・本質的に悪い状態**を表す。類義語の「わろし」は、普通よりも悪いというような、相対的に悪い状態を表す。対義語は「よし」。

❶（道義的に、あるいは道理の上から）**悪い。よくない。**例「唐土（もろこし）にも、かかることの起こりにこそ、世も乱れ――・しかりけれ」〈源氏・桐壺〉訳中国でも、こんなこと（＝妃ヲ偏愛スルコト）が原因で、世も乱れ世の中が悪くなったのだ。

❷**具合が悪い。不都合である。まずい。**例「三人ながら島を出（い）でたりなんど聞こえば、なかなか――・しう候ひなん」〈平家・三・足摺〉訳（許可も得ずに）三人ともに島を出たなどと（都に）聞こえたら、かえって具合が悪いでしょう。

❸（技術などが）**へたである。不適切だ。**例「――・しく吹けば、いづれの穴も心よからず」〈徒然草・二一九〉訳（笛の）吹き方が下手だと、どの穴（の音）も快く響かない。

❹（身分・身なりが）卑しい。みすぼらしい。例「いと寒き折、暑きほどなどに、下衆（すげ）女のなり――・しきが子負ひたる」〈枕草子・わびしげに見ゆるもの〉訳（みすぼらしく見えるものは）ひどく寒い時、（また）暑い時などに、身分の低い女で身なりの卑しい者が子を背負っていること。

❺（天候・性格などが）荒々しい。激しい。例「楫（ぢか）取りらの『北風――・し』と言へば、舟いださず」〈土佐・一月二十五日〉訳船頭達が「北風が激しい」と言うので、舟を出さない。

❻（体調・気分などが）具合が悪い。すぐれない。例「みだり心地の――・しう侍（はべ）れば、うつぶし伏して侍るや」〈源氏・夕顔〉訳気分が悪うございますから、うつぶせに伏しているのでございます。注「みだり心地」ハ、病気・気分ノ悪イ事ヲイウ。

あ-じ【阿字】〔名〕梵語（ぼんご）（＝古代インド語、サンスクリット語）の第一番目の文字。古代インドでは、すべての梵字は、この「阿」の字をもとにするとし、宇宙の根元の空（くう）であり、不生不滅であることを表すとする。例「額（ひたひ）に――を書きて、縁を結ばしむるわざをなむせられける」〈方丈記・飢渇〉訳（死者の）額に「阿」の字を書いて、阿字本不生（あじほんぶしょう）の仏縁を結ばせ（成仏させ）てやろうとされた。

あじ

あし-かき【葦垣】〔名〕《「あしがき」とも》葦を編んで作った垣。例「――の中の似児草（にこぐさ）にこよかに我と笑（ゑ）まして人に知らゆな」〈万葉・一一・二七六二〉訳葦垣の中の似児草、それと同じ音のにこやかに私にお笑いになって人に知られないでください。注「似児草」ハ柔ラカイ草ノコト。コノ歌ハ、同音ヲ含ム「にこやか」ヲ導ク序。

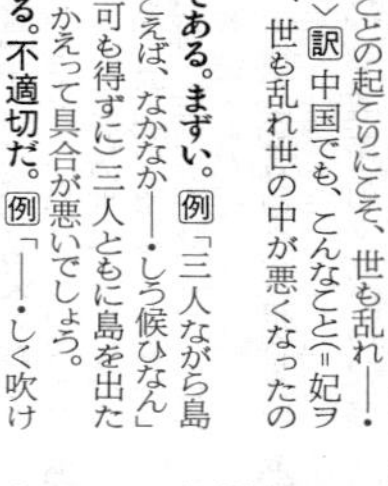
あしかき

あし-がた【足形】〔名〕足跡。例「かかる雨にのぼりはべらば、――付きて、いとふびんに汚くなり侍りなむ」〈枕草子・雨のうちはへ降るころ〉訳こんな雨の時に（敷物の上に）のぼりますと、足跡が付いて、ひどく具合悪く汚くなってしまうでしょう。

あしかき-の【葦垣の】〔枕詞〕葦垣は古くなりやすく、いたみやすいことから、「古（ふ）る」「乱る」に、また、垣根の内外、編目の細かさなどから、「外（ほか）」「間近」にかかる。

あし-がなへ【足鼎】〔名〕底に三本の脚が付いた釜（かま）。物を煮るのに用いる。⇒かなへ 例「酔（ゑ）ひて興に入るあまり、傍（かたは）なる――を取りて、頭（かしら）に被（かづ）きたれば」〈徒然草・五三〉訳酒に酔って興にのりすぎて、そばにあった足鼎を取って、頭にかぶったところ。

あし-がも【葦鴨】〔名〕《和歌用語。「あしかも」とも》鴨。多く葦の生えている水辺にいることからいう。（季・冬）

足柄（あしがら） 一《地名》神奈川県の西南の地。二《山名》「足柄山」の略。例「まだ暁より――を越ゆ」〈更級・足柄山〉訳まだ夜の明けきらないうちから足柄山を越える。

足柄山（あしがらやま）《山名》神奈川県南足柄市と静岡県御殿場市との境にある山で、東南は箱根山に続く。上代から東国への交通の要路であった。

あじきなし〔形〕⇒あぢきなし

あしき-みち【悪しき道】《連語》（仏教語。「悪道」の訓読）仏教に背いた者が死後落ちる苦の世界。例「なま浮かびにては、かへりて――にも漂ひぬべくぞ覚ゆる」〈源氏・帚木〉訳（出家後に）中途半端な悟りでは、かえって地獄にさまように違いないと思われます。

あしく【悪しく】〘形容詞「悪(あ)し」の連用形〙わるく。へたに。例「中納言『—さぐればなきなり』と腹立ちて」〈竹取・燕の子安貝〉訳中納言は「捜し方が悪いから(子安貝が)見つからないのだ」と腹を立てて。

あしげ【葦毛】〔名〕馬の毛色の名。白い毛に、黒色や濃褐色(のうかっしょく)などの毛がまじったもの。「白—」「赤—」「黒—」などの種類がある。例「馬(むま)は……—」〈枕草子・馬は〉訳馬は……葦毛がよい。

あしげ【悪しげ】〔形動ナリ〕〘「げ」は接尾語〙よくない様子。例「—・なる柚(ゆ)や梨(なし)やなどをなつかしげに持たりて食ひなどするも」〈蜻蛉・上・安和元年〉訳(供人達が)できの悪そうなユズやナシなどを捨てがたいようすで持って食べたりするのも(印象深いものだ)。

あしこ【彼処】〔代名〕〘指示代名詞。遠称〙あそこ。「かしこ」とも。例「『——』とて、関山も過ぎぬ」〈宇治拾遺・一・一八〉訳(行く先は)「あそこあそこ」と言って、関山(=京都・滋賀ノ境ニアル逢坂山(オウサカヤマ))も過ぎてしまった。

あしざま【悪し様】〔形動ナリ〕よくない。悪いふうである。対よさま 例「自(おの)ら平家のこと—・に申す者あれば」〈平家・一・禿髪〉訳もしかして平家のことを悪いように言う者があれば。

あしずり【足摺り】〔名〕足で大地を踏みつけ、ばたばたして怒り嘆くこと。地だんだを踏むこと。例「見れば率(ゐ)て来(こ)し女もなし。—をして泣けども、かひなし」〈伊勢・六〉訳(夜が明けて)見ると連れて来た女の姿もない。(男は)地だんだを踏んで泣くけれども、もうどうしようもない。

あした【朝】〔名〕❶朝。例「雪のおもしろう降りたりし—」〈徒然草・三一〉訳雪が趣深く降り積もっていた朝。❷翌朝。例「野分(のわき)の—こそをかしけれ」〈徒然草・一九〉訳野分(=秋ノ台風)の翌朝(の庭の様子)はまことに趣深いものだ。

要点「あした」は、夜が明けて明るくなった頃を言い、夜が終わったという意識が強い。そこから、夜に何かあった時の翌朝②の意が生じた。現代語の「あした(明日)」はそこから転じたもの。「翌日」は普通「あす」で表した。なお、「あさ」は歌では単独でも用いられるが、散文では、「朝明け」「朝露」「朝日」などの複合語として用いられる。

あしだ【足駄】〔名〕歯をつけた木の台に鼻緒(はなを)を付けたはきもの。今でいう「げた」。例「女のはける—にて作れる笛には、秋の鹿、必ず寄る」〈徒然草・九〉訳女のはいた足駄で作った鹿笛(ししぶえ)には、(それで呼び寄せると)秋の雄鹿は、必ず寄ってくる。

あしだか【足高】〔形動ナリ〕足が長く見える様子。例「鶏(にはとり)のひなの、—・に白うをかしげに」〈枕草子・うつくしきもの〉訳鶏のひなが、足が長い感じで、白くかわいらしくて。

あしたづ【葦鶴・葦田鶴】(…タズ)〔名〕(鶴(つる)が、多く水辺の葦の間にいることから)「たづ(=鶴ノ歌語)」のこと。例「難波潟(なにはがた)潮干(しほひ)にあさる—も月かたぶけば声の恨(うら)むる」〈新古今・雑上・一五五三〉訳難波潟(=大阪湾)の潮のひいた所で魚をあさっている鶴も、月が西に傾いたら、鳴く声が(私と同じように月を)恨んでいるようだよ。

あしたづの【葦鶴の】(アシタズ…)〘枕詞〙水辺の葦の中の鶴(つる)が鳴くことから「音(ね)なく」にかかる。また、「たづ」と同音であることから「たづたづし(=心細イ)」にかかる。例「住吉(すみのえ)のまつほど久(ひさ)になりぬれば—ねになかぬ日はなし」〈古今・恋五・七七九〉訳(住吉に昔から生えている松のように)あの人を待つ間が久しくなってしまったので、あの葦鶴のように、私も声をたてて泣かない日はない。

あしたのつゆ【朝の露】〘連語〙朝、草や木の葉などに置いた露。すぐに消えてしまうところから、はかないもののたとえに用いる。例「—に異(こと)ならぬ世を、何をむさぼる身の祈りにか」〈源氏・夕顔〉訳朝の露と少しも変わらない(はかないこの)世なのに、何を欲ばっての我が身のための祈りなのだろうか。

あしだま【足玉】〔名〕上代の装身具の一つ。足首を飾る玉を連ねた輪。

あしたゆふべ【朝夕べ】(…ユウベ)〘連語〙朝夕(あさゆう)。いつも。例「この虫どもを、—に愛し給ふ」〈堤中納言・虫めづる姫君〉訳この虫たちを、朝に夕にかわいがりなさる。

あしで【葦手】〔名〕〘「葦手書き」の略〙平安時代に行われた遊戯的な文字の書き方。草体の仮名や漢字を適当に配置して、水辺の葦・石・鳥などにかたどって絵画的に書くもの。

あしなか【足半・足中】〔名〕足の裏の半分までしかない、短い草履(ざうり)。かかとの部分がなく、軽くて走りやすい。室町時代の武士や僧侶が主に用いた。

あしで

あしなが【足長】〔名〕人間に似た形で、足が非常に長い想像上の怪物。⇩てなが 例「荒海のかた、生きたる物どもの恐ろしげなる手長・—などをぞ書きたる」〈枕草子・清涼殿の〉訳(清涼殿の北の端に仕切りとして立ててある衝立(ついたて)の障子には)荒海の絵や、生きている物達の恐ろしい様子の手長・足長などを描いてあるよ。

あしなか

あしのねの【葦の根の】〘枕詞〙「ねもころ」「節(よ)」「世」「夜(よ)」「分く」「憂き」「短し」などにかかる。例「—ねもころ思(も)ひて結びてし玉の緒(を)と言はば人解かめやも」〈万葉・七・一三二四〉訳心をこめて結んでおいた玉の緒(=アナタト私ノ仲)と言うのだったら、ほかの人がそれを解く(=二人ノ仲ヲ引キサク)ことなどあるでしょうか。

あしのや【葦の屋】〘連語〙葦でふいた粗末な小屋。「葦の丸屋(まろや)」とも。例「—のなだの塩焼きいとまなみ黄楊(つげ)の小櫛(をぐし)もささず来にけり」〈伊勢・八七〉訳葦でふいた小屋、芦屋(=地名)の灘(なだ)の塩を焼いて暇がないので、黄楊の小櫛もささずに来てしまいましたよ。

あしはらのなかつくに【葦原の中つ国】(アシワラ…)〔名〕高天原(たかまのはら)(=天上界)と黄泉国(よみのくに)(=地下ノ死者ノ世界)の間にある、葦の生い茂った国。日本国の古称。例「—にあらゆる現(うつ)しき青人草(あをひとくさ)」〈古事記・

上・伊邪那岐命と伊邪那美命〉訳 葦原の中つ国に住むすべての生きている人民達。

あしはら-の-みづほ-の-くに【葦原の瑞穂の国】〔名〕⇩あしはらのなかつくに・みづほのくに

あし-ひ【葦火】〔名〕(「あしび」「あしぶ」とも)燃料として干した葦を焚く火。例「難波人(なにはひと)——焚く屋の煤(す)してあれど己(おの)が妻こそ常(とこ)珍しき」〈万葉・一一・二六五一〉訳 難波(=大阪市ノアタリ)の人が葦火を焚く家のすすけるように、古びてはいるが、自分の妻はいつもかわいい。

あしび【馬酔木】〔名〕(「あせび」とも)木の名。春、白い花を房状につける。牛や馬がこの葉を食べると中毒して酔ったような状態になるところからこの字をあてる。例「磯(いそ)の上に生(お)ふる——を手折(たを)らめど見すべき君がありと言はなくに」〈万葉・二・一六六〉訳 岩の上に生えているあしびを折ろうと思うが、見せるべき相手のあなた(=弟ノ大津皇子)がいるとは誰も言わないことだ。注 大津皇子ヲ二上山ニ葬ル時ニ、姉デアル大伯皇女ガ詠ンダ歌。

あしひき-の〔枕詞〕(後世、「あしびきの」とも)「山」「峰(を)」「岩根」などにかかる。意味もかかり方も不明。例「——山川(やまがは)の瀬の鳴るなへに弓月(ゆつき)が岳(たけ)に雲立ち渡る」〈万葉・七・一〇八八〉訳 山を流れる川の浅瀬が激しく音を立てるにつれて、弓月が岳(=奈良県ノ巻向山)に雲が一面に立ちこめてくる。

あしび-なす【馬酔木なす】〔枕詞〕馬酔木の花が一斉に咲くことから、「栄ゆ」にかかる。例「——栄えし君が掘りし井の石井(いはゐ)の水は飲めど飽かぬかも」〈万葉・七・一一二八〉訳 馬酔木の花のように栄えたあなたが掘った、この石井の水はいくら飲んでも飽きないことよ。

あし-へ【葦辺】〔名〕(「あしべ」とも)葦の茂っている水辺。例「若の浦に潮満ち来れば潟をなみ——をさして鶴(たづ)鳴き渡る」〈万葉・六・九一九〉訳 和歌の浦(=和歌山市ノ海岸)に潮が満ちて来ると、干潟がなくなるので、葦の生えている岸辺を目ざして鶴が鳴きながら飛んで行く。

あじ-ほんぶしゃう【阿字本不生】〔名〕(仏教語。「本不生」は本来は不生不滅である意)密教の根本の教えで、一切が不生不滅、すなわち空であるという真理を「阿字」が表すということ。⇩あじ

あしみ・す【悪しみす】〔自サ変〕{せ・し・す・する・すれ・せよ}悪くなる。例「心地——・して、物も物し給(た)ばでひそまりぬ」〈土佐・一月九日〉訳 気分を悪くして、何もお食べにならないで寝込んでしまった。

蘆屋(あしや)〔地名〕現在の兵庫県芦屋市。『万葉集』の菟原処女(うないおとめ)の伝説で知られる。「芦の屋」とも。

あじゃり【阿闍梨】〔名〕⇩あざり

あしゅら【阿修羅】〔名〕(仏教語。「あすら」とも)もと古代インドの神、後に悪神鬼神となる。仏法を尊びながらも闘争を好み、常に帝釈天(たいしゃくてん)と戦っているとされる。⇩しゅら 例「——、怒(いか)れるかたちをいたして」〈宇津保・俊蔭〉訳 阿修羅は、怒った表情をして。

あしゅら

あしら・ふ〔他ハ四〕{は・ひ・ふ・ふ・へ・へ}(「あへしらふ」または「あひしらふ」の変化した形)❶待遇する。応対する。例「この後どれが見えたりとも、この通りに——・はうと存ずる」〈狂言・長刀会釈〉訳 この後誰がいらっしゃっても、この通りに応対しようと思います。❷(景物・料理などで)取り合わせる。配合する。

あ-じろ【網代】〔名〕(「あみしろ」の変化した形)❶冬、氷魚(ひお)(=鮎ノ稚魚)などを捕るのに用いる漁具。宇治川の網代が有名。(季・冬)例「すさまじきもの。昼ほゆる犬、春の——」〈枕草子・すさまじきもの〉訳 興ざめなもの。昼間ほえる犬、春まで残っている網代。❷檜(ひのき)・竹などの薄い板を、斜め、または縦横に編んだもの。垣根、天井、牛車(ぎっしゃ)の屋形などに用いる。❸「網代車」の略。例「——は走らせたる」〈枕草子・檳榔毛は〉訳 網代車は走らせているのがいい。

あじろ-き【網代木】〔名〕(「あじろぎ」とも)「あじろ①」を取り付ける杭(くい)。(季・冬)例「朝ぼらけ宇治の川霧絶え絶えにあらはれわたる瀬々(せぜ)の——」〈千載・冬〉訳 夜明け方になり、あたりが白んでくると、宇治川の川面(かわも)に立ちこめた朝霧がとぎれとぎれになって、その絶え間から、瀬々のそこここにかけた網代木が次々と現れ始めた。注『百人一首』所収、藤原定頼ノ作。

あじろ-ぐるま【網代車】〔名〕車体の屋根や両わきを「あじろ②」で作った牛車(ぎっしゃ)。大臣・納言・大将などの高官は略式用、四位・五位・中将などでは常用とした。

あし-を-そら【足を空】⇩「あし(足)」子項目

あ・す【褪す】〔自サ下二〕{せ・せ・す・する・すれ・せよ}❶色つやが薄くなる。あせる。例「結びつる心も深き元結(もとゆひ)に濃き紫の色し——・せずは」〈源氏・桐壺〉訳 末長くと約束した心を深く結びこめたこの元結ですから、濃い紫の色が、いつまでも変わらなければよいのですが、光源氏の心がいつまでも変わらないならば、どんなにかうれしいことでありましょう。❷容色・勢いなどが衰える。例「よしやの身の——・せむ歎きは妹背山(いもせやま)なか行く水の名も変わりけり」〈蜻蛉・中・天禄二年〉訳 私ども夫婦の愛情があせゆく嘆きは、妹背(=夫婦)の名を持つ妹背山を流れる川が下流では、名を変えてしまうのと同じようなものです。もうどうしようもありません。

あす-あさて【明日明後日】〔連語〕明日とあさって。また、明日かあさって。

明日香・飛鳥(あすか)〔地名〕現在の奈良県高市(たかいち)郡明日香村一帯。耳成(みみなし)山の南、畝傍(うねび)山の東にあたり、飛鳥川がその中央を流れる。推古朝以後平城京へ遷(うつ)るまでの百二十年間皇居が造営された。仏教もここから広められ、法興寺・橘(たちばな)寺をはじめ古寺が多い。「飛ぶ鳥の明日香」という枕詞から「飛鳥」の字をあてることもある。

飛鳥川(あすかがは)〔川名〕奈良県高市(たかいち)郡明日香村一帯のほぼ中央を流れる川。下って大和(やまと)川に合流する。昔、流れが変わりやすく、淵(ふち)や瀬が定まらないので、世の中の移り変わり、つまり無常にたとえるのに用いられた。

明日香(石舞台)

あずかる【与る・預かる】⇩あづかる

あす-とて-の【明日とての】〔連語〕明日何事かが行われるという、その前日の。例「――暮れには、院の御墓拝み奉り給ふとて」〈源氏・須磨〉訳明日須磨に出発するという日の暮れ方には、(光源氏は)父の桐壺院の墓を拝み申し上げなさるということで。

あす-は-ひのき【翌檜】…ッ〔名〕アスナロの別名。例「――、この世に近くも見え聞こえず」〈枕草子・花の木ならぬは〉訳アスナロは、このあたりでは近くに見たことも聞いたこともない。

参考 ヒノキに似た常緑高木、深山の日陰の湿地に生える。アスナロという名も「**明日はヒノキになろう**」から来たという。

あずま【東・吾妻】〔名〕⇩あづま

吾妻鏡(あずまかがみ)〔書名〕⇩あづまかがみ(吾妻鏡)

あせ【汗】〔名〕汗。また、斎宮・斎院の忌(い)み言葉では、血のことをいう。

あぜ-くら【校倉】〔名〕(「あぜ」は組み合わす意)古代の建築様式の一つ。三角形の木材を井の字形に積み上げて、壁にした倉。湿気を防ぐための構造。奈良時代に流行、東大寺正倉院など。

あぜくら

あぜち【按察・按察使】〔名〕上代、地方行政の巡視・監督を行った官職。七一九年(養老三)に設置された。平安時代以後は陸奥(むつ)・出羽(でわ)(=東北地方)のみを残し、他は大・中・少納言の兼職で、名目だけのものとなった。

あせ-は・つ【褪せ果つ】〔自タ下二〕{て・て・つ・つる・つれ・てよ}勢いがすっかり衰える。例「かばかり――・てむとは思(おぼ)してんや」〈徒然草・二五〉訳(藤原道長は自分の建てた寺々がこれほど荒廃してしまおうとはお考えになっただろうか。

あそ-こ【彼処】〔代名〕(「あしこ」とも)《指示代名詞。遠称》あの所。また、「彼処」にいる人。例「――に追ひかけここに追ひつめ、馬よりとって引き落とし」〈平家・一・殿下乗合〉訳(敵を)あちらに追いかけこちらに追いつめ、馬から引きずり落とし。

あそば-か・す【遊ばかす】〔他サ四〕{さ・し・す・す・せ・せ}(「かす」は接尾語)遊ばせる。

あそばすの判別

①《連語》　動詞「あそぶ」未然形＋尊敬の助動詞「す」(上代語)

②動詞「あそばす」
　1、「詠ずる」「歌う」「演奏する」などの意味を尊敬して …… 一❶
　2、「す」の尊敬語 …… 一❷

③尊敬の補助動詞「あそばす」(近世語) …… 二

あそば・す

【遊ばす】{さ・し・す・す・せ・せ} 一〔他サ四〕❶(詩歌・管弦などに関して)「**詠ずる**」「**歌う**」「**演奏する**」**などの意味を尊敬していう**。例「――・すよりなつかしきさまなるは、いづこのか侍(はべ)らむ」〈源氏・明石〉訳(あなた様が)お弾きになる以上にしんみりと趣のある(琴の弾き手)は、どこの世界におりましょうか(どこにもおりません)。

❷(「遊ぶ」の意から離れて)広くいろいろな動作について、「**す」の尊敬語として用いる**。…をなさる。…をおやりになる。例「『今日より後は鷺(さぎ)の中の王たるべし』といふ札を――・いて、首にかけて放たせ給ふ」〈平家・五・朝敵揃〉訳「今日以後は鷺の中の王である」という札を(帝が)お書きになって、鷺の首にかけて放させなさる。注醍醐(ダイゴ)天皇ガ鷺ニ五位ノ位ヲ授ケタトイウ、「五位鷺(ごいさぎ)」ノ由来。

二〔補助動サ四〕《**近世語**。「お」の付いた動詞連用形、または「ご(御)」の付いた名詞に続ける》**尊敬の意を表す**。…なさる。お…になる。例「名をばお呼び――・さずに、おちゃっぴいや、おちゃやおちゃやとお召し――・して」〈浮世風呂・二・上〉訳(お屋敷の奥方が)名前をお呼びなさらずに、おちゃっぴいや、おちゃやおちゃやと(奉公の娘を)お呼びになって。注「おちゃっぴい」ハ、デシャバリデオシャベリナ小娘ヲイウ。

参考 本来、「遊ぶ」に上代の尊敬の助動詞「す」(四段型)の付いたもの。上代のものは自動詞「遊ぶ」と「す」の連語であるが、平安以降、他動詞の用法をとり、一語化するようになったものである。

あそび

【遊び】〔名〕(動詞「遊ぶ」の連用形の名詞化)

自分の好きな事をして楽しく過ごす、の意では、現代語と変わらないが、古語では、特に、**詩歌や管弦**(**音楽の演奏**)**の遊び**、を意味する用法がある。

❶**山野での狩り・行楽・酒宴などの楽しみ**。例「春さらば逢(あ)はむと思(も)ひし梅の花今日の――にあひ見つるかも」〈万葉・五・八三五〉訳春になったら逢いたいと思っていた梅の花に、今日の宴席で逢うことができたなあ。

❷**詩歌・管弦・舞などの楽しみ**。例「――など、いとおもしろうし給ひて」〈源氏・花宴〉訳(光源氏は)管弦の遊びなど、とても興味深くなさって。

❸遊戯。娯楽。例「よろづの――にも、勝負を好む人は、勝ちて興あらんためなり」〈徒然草・一三〇〉訳いろいろな遊戯の中でも、勝負事の好きな人は、勝って愉快な気持ちになろうとしてするのである。

❹(「遊び女(め)」の略)歌ったり舞ったりして、人の遊興の相手をする女。遊女。例「――どもの集(つど)ひ参れる」〈源氏・澪標〉訳遊女達が集まって来たのを。

あそび-な・る【遊び馴る・遊び慣る】〔自ラ下二〕{れ・れ・る・るる・るれ・れよ}人や事物に遊んで慣れ親しむ。例「年ごろ――・れし所のみ思ひ出でらるる事まされば」〈源氏・少女〉訳長い年月遊び親しんだ所ばかりが前にもましてしきりに思い出されるので。

あそび-もの【遊び物】〔名〕❶遊び道具。おもちゃ。例「人々に『――ども参らせよ』とおほせられければ」〈大鏡・伊尹〉訳(帝(みかど)がご幼少でいらっしゃって)人々に「おもちゃを持って参れ」とおっしゃったので。

❷楽器。例「多くの――の音(ね)、拍子(はうし)を調(ととの)へ

とりたるなむ、いとかしこき」〈源氏・常夏〉訳（大和琴は）いろいろの楽器の音色や、拍子をそのまま調子が合うように整えて備えている点が、本当にたいしたものです。

あそび-もの【遊び者】〔名〕「あそび④」に同じ。例「そのころ判官は静といふ――を置かれたり」〈義経記・四・四〉訳その頃判官(=源義経)は静という遊女を(側近くに)置かれていた。

あそび-わざ【遊び業】〔名〕遊び事。遊戯。例「――は、小弓。碁。さまあしけれど鞠もをかし」〈枕草子・あそびわざは〉訳遊戯は、小弓。碁(がいい)。かっこうは悪いが蹴鞠も面白い。

あそ・ぶ

【遊ぶ】〔ば・び・ぶ・ぶ・べ・べ〕■一(自バ四) ❶好きな事をして楽しく過ごす。山野で狩り・行楽・酒宴などをして楽しむ。例「梅の花折りかざしつつ諸人の――・ぶを見れば都しぞ思ふ」〈万葉・五・八四三〉訳梅の花を折ってかざしにしながら人々の楽しんでいるのを見ていると、(奈良の)都を思い出す。

❷あちらこちら気ままに歩き回る。動物達が楽しげに動き回る。例「白き鳥の、嘴と脚と赤き、鴫の大きさなる、水の上に――・びつつ魚を食ふ」〈伊勢・九〉訳白い鳥で、くちばしと脚とが赤い、鴫くらいの大きさの(=都鳥)が、水の上を遊泳しながら魚を食う。

❸詩歌・管弦・舞などを楽しむ。例「とりどりに物の音ども調べ合はせて――・び給ふ、いとおもしろし」〈源氏・花宴〉訳各自思い思いにいろいろな楽器の音を響き合わせて楽しんでおられるのは、とても興味深い。

❹遊戯・娯楽をして楽しむ。例「奥なる屋にて酒飲み、物食ひ、囲碁・双六など――・びて」〈徒然草・一三七〉訳奥の部屋で酒を飲み、物を食べ、囲碁や双六などをして遊んでいて。

■二(他バ四)(楽器名・曲名などを目的語にとって)演奏する。舞楽を行う。例「次々弾き出で給ひて、一越調の心に桜人――・び給ふ」〈源氏・椎本〉訳次々に(いろいろな琴を)お弾きになって、一越調の調子に桜人(=曲名)をお弾きになる。注「一越調」ハ琴ノ調子。

要点 平安時代は、■一③の例のように、特に音楽の演奏を指すことが多い。■二の他動詞の用法もそこから生じた。

あそみ【朝臣】〔名〕《上代語》六八四年(天武十三)定められた「八色の姓」の第二位。

あ-そん

【朝臣】〔名〕《「あそみ」の変化した形。中世以降「あっそん」とも》❶⇩あそみ

❷平安時代では貴族の敬称。ⓐ三位以上の場合は姓の下に付け、名は示さない。例「菅原の――」〈古今・秋下・二七二詞書〉

ⓑ四位の人は名の下に付ける。例「からうじて惟光の――参れり」〈源氏・夕顔〉訳やっとのことで惟光朝臣が参上した。

ⓒ五位の人は姓と名の間に付ける。例「左近中将藤原――定家」〈新古今・序〉

❸貴族の敬称であったことから、平安時代、貴族同士で相手を親しんで呼ぶ語。例「――や。さやうの落ち葉をだに拾へ」〈源氏・常夏〉訳朝臣(=夕霧)よ。せめてそのような落ち葉でも拾うがいい。

あた

【仇】〔名〕《対抗する意の動詞「当たる」の語幹。近世以降「あだ」》❶敵対する者。危害を加える者。敵。例「しゃつを置いては仏法の――となりなんず」〈義経記・三・二〉訳(さては鬼神に違いない)そいつを生かして置いてはきっと仏法の敵となるだろう。

❷恨みを抱く対象となる物。恨みの種。例「形見こそ今は――なれこれなくは忘るる時もあらましものを」〈古今・恋四・七四六〉訳本来は愛のしるしの形見であるが、今となってはかえって恨みの種だ。もしこれがなかったら、恋人のことを忘れる時もあるだろうに。

あだ

【徒】〔形動ナリ〕
対まめ

> からっぽで内容がない、が基本的な意。はかない、不誠実である、むだである、など否定的な評価を表す場合に用いる。

❶たよりにならない。はかない。もろい。例「すべて世の中のありにくく、我が身とすみかとの、はかなく――・なるさま」〈方丈記・世にしたがへば〉訳すべてこの世の中が暮らしにくく、自分の身と住居とが、もろくたよりにならないようすは。

❷誠実さがない。うわついている。浮気っぽい。例「昔、女の、――・なる男の形見とて置きたる物どもを見て」〈伊勢・一一九〉訳昔、ある女が、浮気な男が形見だといって残した品々を見て。

❸むだである。無用だ。中身がない。例「蝶になりぬれば、いともそでにて、――・になりぬるをや」〈堤中納言・虫めづる姫君〉訳(絹をとるカイコも)蝶になってしまうと、まったくおろそかに扱って、無用なものになってしまいますのよ。

あた-あた【熱熱】〔感〕熱さに苦しんで発する叫び。あちあち。例「ただのたまふこととては、『――』とばかりなり」〈平家・六・入道死去〉訳ただおっしゃることといえば、「あちあち」というばかりである。

あだ-あだ・し【徒徒し】〔形シク〕《「あだ(徒)」を重ねて形容詞化した形》うわべだけで誠意がない。浮気である。例「なにかは、――・しくもまだ聞こえ給はぬを、はかなきことをも」〈和泉式部〉訳いやなあに、(宮様は)浮気という評判はまだ立っておられないのですから、ちょっとした和歌でも(差し上げてよかろう)。

あた・う【能う】⇩あたふ

あた-かたき【仇敵】〔名〕自分に敵対する者。憎い相手。敵。例「いみじき武士、――なりとも、見てはうち笑まれぬべきさまのし給へれば」〈源氏・桐壺〉訳非常に荒々しい武士、憎い相手であっても、見るままについほほえまずにはいられないような様子をしていらっしゃるので。注幼イ光源氏ノ美シク可愛ラシイ様子。

あだ-くらべ【徒比べ】〔名〕男女が浮気を競い合うこと。例「――かたみにしける男女の」〈伊勢・五〇〉訳浮気の競い合いを互いにした男と女が。

あだ-ごころ【徒心】〔名〕誠意のない、浮ついた心。浮気心。「あだしごころ」とも。例「――付きなば、後悔しき事もあるべきを」〈竹取・貴公子たちの求婚〉訳(相手の深い愛情も知らないで結婚して)、浮気心が付いてしまったら、後で後悔する事もあるに違いないものを。

あだ-こと〔名〕《「あだごと」とも》■一【徒言】誠意のない言葉。冗談。例「――の葉に置く露の消えにしをあるものとてや人の問ふらむ」〈新古今・恋五・一三四五〉訳偽りの言葉を

信じてすがっていたはかない私は、葉に置く露の消えるように死んだも同然になってしまいましたのに、あなたは生きてるものと思って、問いかけているのでしょうか。

二【徒事】つまらない事。浮ついた事。対まめごと 例「はかなき――をも、まことの大事をも、言ひ合はせたるにかひなからず」〈源氏・帚木〉訳ちょっとした趣味のことでも、本当に重大な用件でも、相談すればちゃんとしただけのかいがあり。

愛宕山（あたごやま）《山名》京都市右京区上嵯峨にある山。山頂に鎮火の神をまつる愛宕神社がある。山城と丹波との国境に当たり、都の西境を守る高山として信仰の対象とされた。

あだし-ごころ【徒し心】〔名〕浮ついて変わりやすい心。浮気心。例「君をおきて――を我が持たば末（すゑ）の松山波も越えなむ」〈古今・東歌・一〇九三〉訳あなたをさしおいて、私がほかの人に心を移したりしたら、末の松山を波だって越えてしまうことでしょう（心を移すことなど、ありえません）。

化野（あだしの）《地名》京都市右京区嵯峨の奥、愛宕山のふもとにあった墓地。東山にあった鳥辺野と共に有名で、人生無常の表現の中に多く用いられた。

化野（念仏寺）

安達が原（あだちがはら）《地名》福島県の安達太良山の東の裾野一帯。黒塚に住む鬼女の伝説で知られる。謡曲『黒塚（安達が原）』の舞台であり、安倍貞任一族の再興の話にこの伝説をからませたのが、浄瑠璃『奥州安達原』である。

あだ-なみ【徒波】〔名〕たいした風もないのにむだに立ち騒ぐ波。例「底（そこ）なき淵（ふち）やは騒ぐ山川（やまがは）の浅き瀬にこそ――は立て」〈古今・恋四・七二二〉訳底の知れないぐらい深い淵は、ざわざわと波をたてたりするだろうか。山の谷川の浅瀬にかぎって、あだ波が立ってうるさいのであるよ。

あたは・ず【能はず】《連語》（「不能」「未能」などを訓読した語。動詞「あたふ」の未然形＋打消しの助動詞「ず」）…することができない。（…に）値しない。例「責めありといへども、出だし奉るに――・ず」〈平家・四・山門牒状〉訳（上皇の命令と称して高倉宮を引き渡し申し上げるべきだと）責められても、引き渡し申し上げることはできない。

> **要点** 不可能を表す表現形式として、平安の女流文学では「え…ず」、漢文訓読では「…ことあたはず」「…にあたはず」「…こと（を）得ず」が用いられた。漢文を訓読するのに習熟しているのは男性であるから、「能はず」「得ず」は男性専用であった。

あたひ【値・価】〔名〕《動詞「あたふ（＝相当スル）」の連用形の名詞化》❶その物のねうちに相当する額。ねだん。例「羆（しくま）の皮一枚（ひとひら）を持ちて、――はかりて曰はく『綿六十斤（わたむそはかり）なり』といふ」〈日本書紀・斉明・五年〉訳（高麗からの使者が）ひぐまの皮一枚を持って、ねだんを判断して言うことには「木綿で六十斤である」という。

❷ねうち。価値。例「一日の命、万金（まんきん）よりも重し。牛の――、鵞毛（がもう）よりも軽し」〈徒然草・九三〉訳（人間）一日の命には、万金よりも重い価値がある。（それに比べて）牛のねうちは、鵝鳥の羽毛よりも軽い。

あだ-びと【徒人】〔名〕移り気な人。浮気者。例「――とせむに足らひ給へる御さまを、強（し）ひてまめだち給はむも」〈源氏・紅梅〉訳浮気者扱いしても十分その資格をお備えになっている（匂宮の）ご様子であるのに、無理にまじめぶりなさるようなことも。

あた・ふ【能ふ】〔自八四〕{は・ひ・ふ・ふ・へ・へ}《打消しの表現を伴って用いる》❶（「…ことあたはず」「…にあたはず」の形で）**可能である。できる。** 例「もし、おのれが身、数ならずして、権門（けんもん）のかたはらに居（を）るものは、深く喜ぶことあれども、大きに楽しむに――・はず」〈方丈記・世にしたがへば〉訳仮に、自分の身分が、とるに足りない身分で、権力家のそばに住んでいるとするとその者は、心から喜ぶことがあっても、思いきって楽しく振る舞うことができない。

❷**適当である。理にかなう。ふさわしい。** 例「かく迎ふるを、翁（おきな）は泣き嘆く、――・はぬことなり」〈竹取・かぐや姫の昇天〉訳このように迎えに来ているのを、翁は泣いて嘆くが、（かぐや姫が天に昇るのを止めるのは）無理なことだ。

あた・む【仇む】〔他マ四〕{ま・み・む・む・め・め}「仇（あた）」と見なす。敵視する。例「是（これ）によって一門には――・まれて、平家にへつらひけるが」〈平家・七・主上都落〉訳この事により（源氏の）一門には憎まれて、平家にへつらっていたが。

あだ-め・く【徒めく・婀娜めく】〔自カ四〕{か・き・く・く・け・け}（男女の関係において）不誠実なような振る舞いをする。浮気っぽく振る舞う。例「――・き目馴れたるうちつけのすきずきしさなどは好ましからぬ御本性（ほんじやう）にて」〈源氏・帚木〉訳（青年時代の光源氏は）浮気っぽいありふれた行きあたりばったりの色事などはお好きではないご性質で。

あたら【惜】《形容詞「あたらし」の語幹から。「あったら」とも》**一**〔連体〕惜しむべき。もったいない。せっかくの。例「君の御心はあはれなりけるものを、――御身を」〈源氏・帚木〉訳男君の愛情は深かったのに、惜しむべき身を（尼になってしまわれるとは）。

二〔副〕惜しいことに。残念ながら。例「花見にと群れつつ人の来るのみぞ――桜の科（とが）にはありける」〈山家集・春〉訳（山中に一人静かにいようとする所へ）花見にと群れて人が来るばかりだ。（それは）惜しいことに桜の花の罪だったんだなあ。

あたら・し をし【惜し】〔形シク〕類あたら・くちをし・

> 「新（あたら）し」と語形が同じだが、これは、惜しい、の意。現代でも用いられる副詞「あたら」（「あったら」とも）は、この語の語幹から成立したもの。

❶**惜しい。もったいない。** 例「きはことに賢くて、直人（ただうど）にはいと――・しけれど」〈源氏・桐壺〉訳（光源氏は）際立って格別に聡明で、臣下にするには何とも惜しいけれど。

❷（そのままにしておくのが惜しいほど）**すばらしい、立派である。** 例「――・しかりし御かたちなど恋しく悲しとおぼす」〈源氏・若紫〉訳（父の宮様は）惜しいほどに愛らしかった（若紫の）ご容姿などを恋しくまた悲しくお思いになる。

あたら・し【新し】〔形シク〕新しい。例「削（けづ）り氷（ひ）

に甘葛(あまづら)入れて、―・しき金鋺(かなまり)に入れたる」〈枕草子・あてなるもの〉訳(上品なもの、それは)削った氷にアマズラ汁を入れて、それを新しい金属のわんに入れたもの。

あたらしが・る【惜しがる】〔他ラ四〕〔ら・り・る・る・れ・れ〕「惜(あたら)し」と思う気持ちを外に表す。おしがる。例「『口惜しきわざかな』と―・りつつ、僧都(そうづ)を恨みそしりき」〈源氏・手習〉訳(尼君は浮舟の出家を)「残念なことですね」としきりに惜しがって、(出家をさせた)僧都を恨んだり悪口を言ったりするのであった。

あたり【辺り】〔名〕❶そのまわり一帯の場所。付近。例「天離(あまざか)るひなの長道(ながぢ)を恋ひ来れば明石の門(と)より家の―見ゆ」〈万葉・一五・三六〇八〉訳遠い辺地からの長い道のりをふるさとを恋しく思いながらやって来ると、明石の海峡から家のあたりが見える。

❷人や家などを間接的に指し示す。方(かた)。家。例「母女御(にょうご)も、いと重く心にくく物し給ふ―にて」〈源氏・匂宮〉訳母の女御も、(家柄が)並々でなく(人柄も)奥ゆかしくておられるお方なので。

要点 原義は、ある物の周辺の意。類義語「わたり」は、「六条わたり」のように地名に付けて用いられ、その付近の地域を漠然と示す。

辺りを払(はら)・ふ(ハラ・ロウ) ❶近くに寄せつけない。例「馬をも人をも―・ってくひければ、生食(いけずき)と付けられたり」〈平家・九・宇治川先陣〉訳(佐々木四郎が頼朝公よりいただいた御馬は)ほかの馬や人を近くに寄せつけず(近寄れば)かみつくので、生食と名づけられた。

❷周囲を威圧する。例「大手をひろげて立たれたり。およそ―・ってぞ見えたりける」〈平家・一一・能登殿最期〉訳(能登守教経(のりつね)は)大手をひろげてお立ちになっている。そのさまは総じて周囲を威圧して見えたのだった。

あたり【当たり】〔名〕❶ぶつかること。的中すること。
❷人への対応のしかた。
❸しかえし。報復。
❹手に触れた感じ。手ざわり。
❺心の中で思いあたること。心あたり。

あた・る【当たる】〔自ラ四〕〔ら・り・る・る・れ・れ〕❶接触する。ぶつかる。触れる。例「雨の脚、―・る所通りぬべくはらめき落つ」〈源氏・須磨〉訳雨脚は、ぶつかった所を突き抜けてしまいそうなほど、バラバラと音を立てて降る。

❷命中する。適(的)中する。例「摂政・関白すべきものならば、この矢―・れ」〈大鏡・道長・上〉訳(私の運命が)摂政や関白の位につくはずのものであるならば、この矢が的に命中しろ。

❸(ある事態に)直面する。かかわる。遭遇する。例「かく思ひかけぬ罪に―・り侍るも」〈源氏・須磨〉訳このように思いもかけない罪に遭遇しますのも。

❹(当番・役目・抽選などに)当たる。例「おのが番に―・りて、いささかなる事もあらせじ」〈源氏・浮舟〉訳私が(宿直の)当番に当たった時は、どんな間違いも起こさせまい。

❺応対する。対応する。対処する。例「今朝(けさ)大納言に情けなう―・りける事」〈平家・二・小教訓〉訳今朝大納言にひどい仕打ちをした(=庭ニ引キ落トシタ)事は。

❻一致する。相当する。例「節会(せちゑ)などに、さるべき御物忌(ものいみ)の―・りたる」〈枕草子・くちをしきもの〉訳(残念なものは)節会などに、どうしてもはずせない(宮中の)物忌がかちあっていること。

あぢき-な・し〔形ク〕《上代語「あづきなし(アジキ・・)」が変化した形》

> 人の力や自分の心ではどうしようもない状態や、それに対する、にがにがしい気持ち、あきらめの気持ち、などを表す。

❶(人の力や自分の心では)**どうすることもできない。どうにもならない。**例「―・き事に心をしめて、生ける限りこれを思ひ悩むべきなめり」〈源氏・若紫〉訳(父の最愛の人を愛するという)どうにもならない恋に心を奪われて、生きているうちはこれを悩まねばならないようだ。

❷(どうしようもないことで)**不快である。にがにがしい。**例「やうやう天(あめ)の下にも、―・う人のもて悩みぐさになりて」〈源氏・桐壺〉訳段々と世間でも、にがにがしいことだと人の扱いかねる心痛の種になって。注天皇ガ桐壺更衣(キリツボノコウイ)一人ニ夢中ニナッテイル事ニ対スル世間ノ非難。

❸(努力してもどうにもならず)**無益である。むなしい。**例「さしも危ふき京中の家を作るとて、宝を費やし心を悩ますことは、すぐれて―・くぞ侍(はべ)る」〈方丈記・安元の大火〉訳こんなにも危険な都の中に家を造ろうとして、財産を浪費し心を悩ませることは、とりわけ無益なことです。

❹(思い通りにいかないが)**どうしようもない。仕方がない。**例「―・きもの。……養子(とりこ)の顔にくげなる」〈枕草子・あぢきなきもの〉訳おもしろくないが、いたしかたのないもの。……(せっかく迎えた)養子の顔がかわいげないこと。

❺(どうにもならず)張り合いがない。つまらない。例「世の中を―・しと思ひ取りて出家してけり」〈今昔・三一・四〉訳(絵師、巨勢(こせ)の広高は重病になって)この世を生きがいのないものと悟って出家してしまった。

> 要点 平安時代には、男女関係・対人関係・世間・人生などに対する、苦悩・不快・不満・あきらめなどを表す。現代語では、「あじきない」「あじけない」の二つの形で、張り合いや面白みがなくてやめたい意を表すが、これは⑤の用法の一つである。

あ・つ【当つ】〔他タ下二〕〔て・て・つ・つる・つれ・てよ〕❶**ぶつける。当てる。**例「扇広う広げて、口に―・てて笑ひ」〈枕草子・説経の講師は〉訳扇をいっぱいに広げて、それを口に押し当てて笑い。

❷(光・熱・風・雨などに)**さらす。当てる。**例「廂(ひさし)にさし入りたる月に―・てて人の見しこそ、をかしかりしか」〈枕草子・成信の中将は〉訳(男からの歌が書いてある紙を)廂の間(ま)にさし込んだ月の光に当てて誰かが読んでいた姿は、趣のあるものだった。

❸**人をある事態に直面させる。会わせる。**特に、**罪などに陥れる。**例「汝(なんぢ)らをさへ罪に―・てむ」〈宇津保・俊蔭〉訳お前達でも罪に落とすつもりだ。

❹(視線などを)向ける。例「変はりゆくかたち有様、目も―・てられぬこと多かり」〈方丈記・飢渇〉訳(死体が腐乱して)変わっていく様子(など)、目を向けることもできない(ような悲惨な)ことが多い。

❺一致させる。当てる。例「心あてに、それかかれかなど問

ふ中に、言ひ――・つるもあり」〈源氏・帚木〉訳当て推量に、これは誰、あれは誰などと聞いてみる中で、言い当てたのもあり。

❻人に割り当てる。例「夏冬の法服を賜(た)び、供料(れう)を――・て賜びて」〈大鏡・実頼〉訳夏や冬の僧衣をお与えになり、供養料を割り当ててお与えになって。

あつ-いた【厚板】〔名〕❶厚地の織物の名。厚板織。絹織物で、帯地などに多く用いる。❷能装束の名。厚板織を用い、天狗(てんぐ)・鬼・武将などが着る。

あついた②

あつ-かは・し【暑かはし】〔形シク〕《動詞「あつかふ」が形容詞化した形》❶暑苦しい。例「薄物(うすもの)の単衣(ひとへ)を着給ひて臥(ふ)し給へるさま、――・しくは見えず」〈源氏・常夏〉訳薄い単衣(ひとえ)の着物をお召しになって横になっておられる(姫君の)お姿は、暑苦しそうには見えない。

❷わずらわしい。うるさい。例「いとあまり――・しき御(おほん)もてなしなり」〈源氏・蛍〉訳(もうおやすみとは)何ともあまりに(私を)うるさがっている(失礼な)ご応対です。注光源氏ガ訪問シタ時、スデニ寝室ニイテ会オウトシナイ養女玉鬘(タマカズラ)ニ対スル恨ミノ言葉。

あつかひ【扱ひ・嗳ひ】〔名〕《動詞「あつかふ」の連用形の名詞化》❶育児・看病・接待など、人の面倒を見ること。世話。例「御湯殿の――などを、つかうまつり給ふ」〈源氏・若菜・上〉訳お湯殿のお世話(=御子(ミコ)ノ入浴ノ面倒)などを、ご奉仕申し上げなさる。

❷間に立ってもめ事などをまとめること。仲裁。また、それをする人。調停役。例「町衆――にかかり、年分(ぶねん)にその家を立てんといへば」〈西鶴・日本永代蔵・三・四〉訳町内の人達が調停に乗り出して、(借金を)年賦払いにしてその家が商売を続けていけるようにしようというと。

❸(近世語)仲裁人を立てて、金銭を払う事などで和解すること。示談。例「見付けて、さもしくも金銀の欲にふけて、――にして済まし」〈西鶴・好色五人女・二・四〉訳(女房の浮気の現場を)見つけても、心ぎたなくも金銀の欲につられて、(殺したりしないで)示談にして解決し。注当時、夫ニハ姦通(カンツウ)シタ妻ト男ヲ処罰スル自由ガアリ、法律上ハ死罪トナル。ソレヲ示談ニスル場合ハ銀三百匁(=金五両)ガ相場デアッタ。

あつかひ-ぐさ【扱ひ種】〔名〕❶(養育すべき子供など)世話の対象となる者。例「一条の宮の、さる――持(も)給へらで」〈源氏・匂宮〉訳一条の宮(=落葉ノ宮)が、そのような世話をする相手(=子供)をお持ちになっておられないで。

❷取り上げてあれこれいう種(たね)。話題。例「兵部卿宮(ひやうぶきやうのみや)に対面し給ふ時は、まづこの君達(きんだち)の御事を――にし給ふ」〈源氏・椎本〉訳(薫(かおる)が)兵部卿宮(=匂宮(ニオウノミヤ))と対面なさる時には、まずこの宇治の姫君達のことを話題になさる。

あつか・ふ【熱かふ・暑かふ】〔自ハ四〕❶熱・暑のために苦しむ。あつがる。❷病気・心労のために苦しむ。わずらう。

あつか・ふ【扱ふ】〔他ハ四〕❶世話をする。面倒をみる。看護する。例「僧都(そうづ)は親を――・ひ、娘の尼君はこの知らぬ人をはぐくみて」〈源氏・手習〉訳僧都は親の方(=母尼)を世話し、娘の尼君はこの見知らない人(=浮舟)を介抱して。

❷お節介をやく。うるさくいう。例「人々も、思ひの外なる事かなと――・ふめるを」〈源氏・紅葉賀〉訳人々も、意外な事ですねえとうるさく噂(うわさ)をしているらしいのを。

❸処置に苦しむ。もてあます。例「多く取らむと騒ぐ者は、なかなかうちこぼし――・ふほどに」〈枕草子・なほめでたきこと〉訳(食物を)多く取ろうと騒ぐ者は、かえってこぼして処置に苦しむうちに。

あづかり【預かり】〔名〕❶任されて管理をする人。管理人。例「御車出(い)づべき門(かど)はまだ開けざりければ、鍵(かぎ)の――尋ね出でたれば」〈源氏・末摘花〉訳(光源氏の)お車が出るはずの門をまだ開けてなかったので、鍵の管理人を捜し出したところ。

❷留守を任された者。留守番。例「そのわたり近きなにがしの院におはしまし着きて、――召し出づるほど」〈源氏・夕顔〉訳(光源氏は)その(夕顔の住居の)あたりに近い何とかいう院にお着きになって、(その院の)留守番の者をお呼び出しになる間。

❸平安時代の職名。御書所(ごしよどころ)・絵所などに置かれた事務の管理者。

❹勝負のつかない時、勝ち負けなしにすること。引き分け。

あづか・る【与る】〔自ラ四〕❶関与する。かかわりをもつ。例「こはき物の怪(け)に――・りたる験者(げんざ)」〈枕草子・苦しげなるもの〉訳(苦しそうなものは)手ごわい物の怪の(調伏(ちょうぶく)に)かかわっている験者。

❷いただく。こうむる。受ける。例「神明の加護に――・り」〈平家・二・教訓状〉訳神の加護をこうむり。

あづか・る【預かる】〔自ラ四〕《「預く」の自動詞形》引き受けて管理する。例「一つ家のやうなれば、望みて――・れるなり」〈土佐・二月十六日〉訳一つ屋敷みたいなものだから、(隣人の方から)希望して(私の家を)預かっていたのである。注帰京シテ、荒レハテタ我ガ家ノ有様ニ驚ク作者ノ感慨。

あづき-がゆ【小豆粥】〔名〕白米に小豆(あづき)をまぜてたいた粥。陰暦正月十五日にこれを食べると、一年の邪気が払われ、悪い事が起こらないとされた。もちがゆ。(季・新年)例「十五日。今日(けふ)、――煮ず」〈土佐・一月十五日〉訳(一月)十五日。今日は、(船旅の途中なので)おきまりの小豆粥は煮ない。

あづき-な・し〔形ク〕⇩あぢきなし

あづ・く【預く】〔他カ下二〕《「預かる」の他動詞形》❶管理や世話をまかせる。あずける。例「深川や芭蕉を富士に――・け行く」〈千里・野ざらし紀行〉訳長い道中に旅立ったが、主人のいなくなった江戸深川の芭蕉庵には、庭前の芭蕉がぽつんとさみしく取り残されているであろう。そうだ、あの芭蕉をこの富士の山に預けて行こう。江戸から毎日眺められる富士山だから、きっと江戸の方を見て芭蕉が秋風に吹き破られないように見守っていてくれるに違いない。注千里(リチ)ハ、『野ざらし紀行』ノ旅デ芭蕉ノ供ヲシタ弟子。コノ句ハ、江戸ヲ離レテ、富士山ノ近クニ来タ時ノ句。

❷（特に、年頃の娘を男に）あずける。縁づける。例「うしろやすからむに――け聞こえばや」〈源氏・若菜・上〉訳安心できそうな人に（女三の宮を）縁づけ申し上げたいな。

あつ-ご・ゆ【厚肥ゆ】（自ヤ下二）（え・え・ゆ・ゆる・ゆれ・えよ）（紙・布などが）厚くふくらむ。厚ぼったくなる。例「白き色紙（しきし）の――えたるに」〈源氏・橋姫〉訳白い色紙の厚ぼったいのに。

あづさ【梓】アズサ（名）木の名。今のヨグソミネバリ。古代、弓の材料に用いられた。例「置きて行かば妹（いも）はまかなし持ちて行く――の弓の弓束（ゆづか）にもがも」〈万葉・一四・三五六七〉訳（妻を）置いて（防人（さきもり）として）行ったら、妻が本当に恋しい。（彼女が、私の）持って行く梓の弓のにぎりであってくれればなあ。

あづさ-ゆみ【梓弓】アズサユミ ■一（名）「あづさ」で作った弓。■二《枕詞》弓の縁から、「ひく」「はる」「い」「いる」「よる」「かへる」「おと」「もと」「すゑ」などにかかる。例「――春山近く家居（を）れば続（つ）ぎて聞くらむ鶯（うぐひす）の声」〈万葉・一〇・一八二九〉訳春の山近く住んでいるから、いつも聞いているでしょう、ウグイスの声を。

あつ・し【厚し】（形ク）❶厚みがある。厚い。例「広き庭に雪の――く降り敷きたる」〈枕草子・めでたきもの〉訳（見事なもの、それは）広い庭に雪が厚く一面に降ったもの。❷（愛情や恩恵が）深い。十分である。例「人の奴（やっこ）たる者は、賞罰はなはだしく恩顧（おんこ）――きを先とす」〈方丈記・閑居の気味〉訳人に召し使われる者は、褒美が多く恩恵が多い方を優先させる。

あつ・し（形ク）■一【熱し】（物や身体の）温度が高い。熱い。例「みぐしも痛く、身も――き心地して」〈源氏・夕顔〉訳（光源氏は）頭も痛く、体も熱がある気がして。■二【暑し】気温が高い。暑い。例「時は六月（みなづき）のつごもり、いと――きころほひに」〈伊勢・四五〉訳時は旧暦六月の月末、たいそう暑い頃に。

あつ・し【篤し】（形シク）《ク活用の「あつ（熱）し」がシク活用に変化した形》病気がちである。病気が重い。例「恨みを負ふ積もりにやありけむ、いと――しくなりゆき」〈源氏・桐壺〉訳（人々の）恨みを受けることが重なった結果であったろうか、（桐壺更衣（きりつぼのこうい）は）大変病気が重くなってゆき。

あっ-そん【朝臣】（名）《中世、「あそん」に促音「っ」が添加されたもの》⇩あそん

あったら【惜】（連体）⇩あたら

あつち-じに【あつち死に】（名）《「あつち」は、はねまわるの意》はねまわるように苦しみながら、もだえ死にすること。例「悶絶躃地（もんぜつびやくぢ）して、つひに――ぞし給ひける」〈平家・六・入道死去〉訳もだえ苦しんで気絶したりのたうちまわったりして、ついにははねまわるように苦しみながら、もだえ死になさった。

あっぱれ【天晴れ】（感）❶《強く感動した時に発する語》ああ。なんとまあ。例「――、この世の中は、ただ今乱れ、君も臣も皆滅びうせんずる物を」〈平家・五・文覚被流〉訳ああ、この世の中は、今すぐにも乱れ、帝も臣も皆滅んでしまうだろうに。❷ほめたたえて言う語。立派な。みごとな。例「――馬や」〈平家・四・競〉訳ああすばらしい馬だなあ。

要点 感動詞「あはれ」を促音化して強調した語。「天晴れ」は当て字。①の「感動」は驚嘆・賞賛・決意・落胆・悲哀・非難など、善悪に関係なく広範囲にわたる。②は、連体詞的用法が多い。

あづま

【東・吾妻】アズマ（名）❶東国。関東地方。例「――の方（かた）に住むべき国求めにとて行（ゆ）きけり」〈伊勢・九〉訳（男は京にはおるまい。）東国の方に住むべき国を求めに行こうと思って出かけて行った。❷《中世語》鎌倉、または鎌倉幕府を指す。例「御迎へに、――の武士どもあまたのぼる」〈増鏡・内野の雪〉訳お迎えに、鎌倉の武士達が大勢のぼってきた。❸《「東琴（ごと）」の略》和琴（わごん）。例「――をすがかきて」〈源氏・若紫〉訳（光源氏は）和琴をすがかきに弾いて。注「すがかく」ハ、本式デナイ弾キ方ヲスルコト。

参考 ①は、都からみて本州東方の国々一帯を指し、逢坂（おうさか）の関（＝滋賀県大津市ニアッタ）より東、箱根山より東など、時代によりどの範囲を指すかは異なる。駿河国（するがのくに）（＝静岡県中央部）あるいは三河国（みかわのくに）（＝愛知県東半部）などを含むこともある。

あづま-あそび【東遊び】アズマ（名）歌舞の一種。もとは東国地方の民間舞踊であったが、平安時代に宮廷・貴族の邸（やしき）・神社などで行われるようになった。

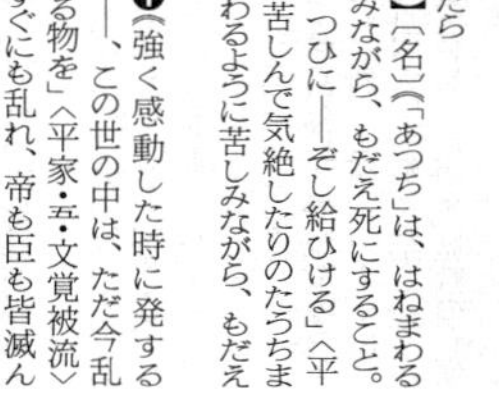

あずまあそび

あづま-うた【東歌】アズマ（名）上代の東国地方の民謡風の和歌。東国の方言によって農民の恋愛感情などをうたい、民間に伝承された。『万葉集』巻十四や『古今集』巻二十に収められている。

あづま-うど【東人】アズマ（名）《「あづまびと」のウ音便》「あづまびと」に同じ。例「――こそ、言ひつることは頼まるれ」〈徒然草・一四一〉訳東国の人は、言ったことは信頼できるのだが。

吾妻鏡（あづまかがみ）アズマカガミ【書名】鎌倉時代の史書。鎌倉幕府編。五二巻中、巻四五が欠ける。一一八〇年（治承四）の源頼政の挙兵から一二六六年（文永三）までの八七年にわたる幕府の歴史を日記体で記す。わが国最初の武家の記録。

あづま-ぢ【東路】アズマジ（名）❶京の都から東国に至る道すじ。東海道。東山道。例「――の道の果（は）てよりも、なほ奥つ方に生（お）ひ出（い）でたる人」〈更級・かどで〉訳京の都から東国へ行く道の終わる所（＝常陸（ひたち））よりも、もっと奥へ入った方（＝上総（かずさ））で大きくなった人。注『更級日記』ノ冒頭ノ文。「東路の道の果てなる常陸帯のかごとばかりもあひ見てしがな」訳東国への道の果ての常陸帯（＝鹿島神宮ノ縁結ビノ占イノ帯）のかこ（＝止メガネ）、そのかごと（＝言イワケ）程度でもよいから逢（あ）いたいものだ。」トイウ『古今六帖（こきんろくじょう）』ノ紀友則（キノトモノリ）ノ歌ヲフマエテイル。❷東国地方。

あづま-びと【東人】アズマ（名）《「あづまうど」とも》東国の人。また、いなか者。

あづま-や【四阿・東屋】(アヅマヤ)〔名〕屋根が四方に傾斜した寄棟(よせむね)造りで、四面は柱だけで壁のない建物。中世以降、庭園内に休息・眺望などの目的でよく設けられた。

あづま-をとこ【東男】(アヅマオトコ)〔名〕❶東国地方の男。多く、荒々しい、いなか者などの意を含む。
❷(江戸時代、「京女(きやうをんな)」に対して)江戸生まれの男。京女の美しさに対して、男らしさをほめた言葉。

あつ・む【集む】〔他マ下二〕{め・め・む・むる・むれ・めよ}(「集まる」の他動詞形)❶集める。例「後七日(ごしちにち)の阿闍梨(あざり)、武者を——・むること」〈徒然草・六三〉訳後七日の御修法(みしほ)の導師が、警固の武士を集めることは。例「五月雨(さみだれ)を——・めて早し最上川(もがみがは)」〈奥の細道・最上川〉訳折からの五月雨を集めて、最上川は満々とみなぎり、勢いよく流れ下っていることよ。
❷(動詞の連用形に付いて)さまざまに…する。たくさん…する。例「げに及ばぬ磯のたたずまひ、になく書き——・め給へり」〈源氏・須磨〉訳なるほど(=話ノ通リニ)想像も及ばない海辺の風景を、(光源氏は)この上なく上手にたくさんお書きなさった。

あつ-もの【羹】〔名〕(「熱物(あつもの)」の意)熱い汁物。吸い物。例「若菜の御——参る」〈源氏・若菜・上〉訳(光源氏は)若菜の汁物を召し上がる。

あつら・ふ【誂ふ】(アツラ(ロ)ウ)〔他ハ下二〕{へ・へ・ふ・ふる・ふれ・へよ}❶頼む。頼んで…させる。例「老母の介抱(いたはり)を苦(ねんごろ)に——・へ」〈雨月・菊花の約〉訳(留守中の)老母の世話をねんごろに頼み。
❷依頼して作らせる。あつらえる。

あて

【貴】〔形動ナリ〕類やむごとなし・なまめかし・いう(優) 対あやし・いやし

> 高貴である、が基本的な意。そこから、上品である、の意が生まれた。「艶(えん)」のような外面の美しさではなく、「あて」は品格のある美しさを表す。

❶**身分が高い。高貴である。**例「世界の男(をのこ)、——・なるも賤(いや)しきも、いかで、このかぐや姫を得てしがな、見てしがなと」〈竹取・貴公子たちの求婚〉訳世の中の男達は、身分の高い者も低い者も皆、なんとかして、このかぐや姫を手に入れたい、連れ添いたいと。
❷**上品である。**例「——・なるもの。薄色に白襲(しらがさね)の汗衫(かざみ)」〈枕草子・あてなるもの〉訳上品なもの。薄紫色の衵(あこめ)の上に白襲の汗衫を着ているの。

> **要点** 「あて」と「やんごとなし」の違い　「あて」は、最高の血筋や身分を表す「やんごとなし」より低い身分を表し、上限は大体皇族ぐらいまでで、皇子には用いない。『源氏物語』でも、光源氏に関して「やんごとなし」とはいうが、「あてなり」とはいわない。

あてが・ふ【宛がふ】(アテガウ)〔他ハ四〕{は・ひ・ふ・ふ・へ・へ}❶(品物・金銭などを)見はからって与える。
❷適用する。例「この分目(わけめ)をば——・はずして、ただ幽玄にせんとばかり心得て」〈風姿花伝・六〉訳この区別を適用することなしに、ただ幽玄にしようとばかり思って。

あて-こと【当て言】〔名〕❶遠回しにいやみを言うこと。当てこすり。例「憎げに——を言へば」〈西鶴・西鶴織留・五・二〉訳憎らしげにいやみを言えば。
❷遠回しにそれとなく言う言葉。例「与次兵衛命助けよと言ふ——、合点せぬ御主(おぬし)でなし」〈近松・山崎与次兵衛寿の門松・中〉訳与次兵衛の命を助けよという意味をにおわした言葉に、気づかないお前でもない。

あて-はか【貴はか】〔形動ナリ〕(「はか」は接尾語)⇩あてやか

あて-びと【貴人】〔名〕高貴な人。身分の高い人。例「かかる筋の物憎みは、——もなきものなり」〈源氏・東屋〉訳このような方面(=男女ノコトデ)の嫉妬(しっと)というものは、貴人も下々の人と同じことだ。

あて-やか【貴やか】〔形動ナリ〕(「やか」は接尾語)(人柄・容姿・態度などが)**上品で美しい様子。優雅である。**みやびやかである。「あてはか」とも。例「心ばへなど——・に美しかりつる事を見ならひて」〈竹取・かぐや姫の昇天〉訳(かぐや姫の)性質などが優雅で愛らしかった事を(屋敷の召使い達は)平素見慣れていて。

あと【後】〔名〕■一(空間的な用法)❶横たわっている足の所。足のある方。例「父母は枕の方(かた)に妻子(めこ)どもは——の方に囲(かく)み居て」〈万葉・五・八九二長歌〉訳父母は枕の方に、妻子達は足の方に、(私を)囲んで座って。
❷後方。背後。後ろ。例「我も行く方あれど、——に付きてうかがひけり」〈源氏・末摘花〉訳(頭中将(とうのちゅうじょう)は)自分も行く所があったけれども、(光源氏の)後ろに付いて(その)様子を探ったのだった。
■二(時間的な用法)❶(ある事があって)のち。以後。例「嘆く嘆く出(い)で給ひぬる——に」〈狭衣(さごろも)・三〉訳(狭衣は)嘆きながら(一品(いっぽん)の宮の所へ)おいでになったのちに。
❷特に、人の死後。例「——に争ひたる、様悪(あ)し」〈徒然草・一四〇〉訳人の死後に(その人の残した財産をめぐって)争っているのは、見苦しい。
❸(中世末期以降の用法)以前。過去。例「これととう存じたならば、——の宿(しゅく)で宿(やど)を取らうものを」〈狂言・地蔵舞〉訳こんな事だと早く知っていたならば、前の宿場で宿を取ったろうに。

あと

【跡】〔名〕(「足(あ)処(と)」の意か)❶**足で踏んだあとの形。足跡。**例「泉には手・足さし浸して、雪にはおり立ちて——つけなど、よろづの物、よそながら見ることなし」〈徒然草・一三七〉訳(無風流な田舎者は)泉には手足をひたしたり、雪の上には下り立って足跡をつけるなど、万事、距離を置いて見ることがない。
❷**歩いた形跡。人の行き来。**また、**人の行跡。**例「庭の紅葉(もみぢ)こそ踏み分けたる——もなけれ」〈源氏・帚木〉訳庭の紅葉は、誰かが踏み分けてやってきた跡もありません。
❸**形見。痕跡(こんせき)。**例「——なくこそ、かき消(け)ちて失せにしか」〈源氏・帚木〉訳(女は)跡形もなく姿を消していなくなってしまった。
❹**行方。行く先。**例「今、日野山の奥に——を隠して後(のち)」〈方丈記・境涯〉訳今こうして、日野山の奥に行方を隠したあと。
❺**筆の跡。筆跡。**例「古めきたるかびくささながら、——は消えず」〈源氏・橋姫〉訳(紙は)古めかしいかびくささがあるが、筆の跡は消えないでいて。
❻手本となる定まった様式。先例。例「その物と——も定まらぬは」〈源氏・帚木〉訳そのものとして様式も定まらな

いのは。❼家督。跡目(あとめ)。「——を立つ」「——を継ぐ」など。

跡問(とぶら)・ふ(ウ・トウ) ❶行方を尋ねる。例「沙頭(さとう)に印(いん)を刻む鷗(かもめ)、沖の白洲(しらす)にすだく浜千鳥のほかは、——・ふものもなかりけり」〈平家・三・有王〉訳砂浜に足跡を刻みつける鷗と、沖の白い干潟に集まる千鳥の他には、(俊寛(しゅんかん)の)行方を尋ねる者もなかった。❷死後を弔う。例「——・ふわざも絶えぬれば、いづれの人と名をだに知らず」〈徒然草・三〇〉訳死後を弔う仏事供養もしなくなってしまうと、(その墓の主が)どこの人か名前さえわからないで。

跡を垂(た)・る 《「垂迹(すいじゃく)」の訓読》本地(ほんじ)である仏・菩薩(ぼさつ)が、仮に神の姿になってこの世に現れる。例「これも前(さき)の世に、この国に——・るべき宿世(すくせ)こそありけめ」〈更級・竹芝寺〉訳(私が)こうなったのも前世に、この国に下向して住むことになるような因縁があったのでしょう。注皇女ノ下向ニ用イタ。

あど〔名〕❶相手に調子を合わせて受け答えすること。あいづち。例「——をよく打たせ給ふに、はやされ奉りて」〈大鏡・道長・下〉訳(あなただけが私の話に)あいづちをよく打たれますので、それに調子づかされまして。❷狂言の脇役。主役はシテという。アドが二人いる時は、「主(おも)アド」「小(こ)アド」と呼び分ける。

あど〔副〕《上代東国方言。中央語の「など」に相当する》どうして。どのように。例「子持山(こもちやま)若かへるでの紅葉(もみ)つまで寝もと吾(わ)は思(も)ふ汝(な)はあど思ふ」〈万葉・一四・三四九四〉訳子持山の若い楓(かえで)が紅葉するまで、共に寝ようと私は思うが、お前はどう思うか。

あと-あがり【跡上がり・後上がり】〔名〕《近世語。「厚鬢(あつびん)」とも》月代(さかやき)を小さく剃(そ)り、髻(もとどり)を高くし、鬢(びん)の形が後ろ上がりになるようにした、時代遅れの野暮(やぼ)ったい髪形。例「風俗律義に、あたまつき——に、信長時代の仕立て着る物」〈西鶴・日本永代蔵・一・一〉訳身なりは質素、髪形は野暮な後上がりで、(着ているものは)古風ないわば織田信長時代の仕立てぶりで。

あと-と・ふ【跡問ふ】(ウ・トウ) ⇩「あと(跡)」子項目

あと-な・し【跡無し】〔形ク〕❶跡が残らない。何も残らない。例「世の中を何に譬(たと)へむ朝開き漕(こ)ぎ去(い)にし船の——・きがごと」〈万葉・三・三五一〉訳世の中を何にたとえよう。(それはちょうど)朝、港を漕ぎ出て行ってしまった船の跡が何も残っていないようなものだ。❷根拠がない。例「鷹(たか)を持たれたりけるは思はずなれど、犬の足は——・きことなり」〈徒然草・一二八〉訳(大納言源雅房(まさふさ)が)鷹をお持ちだったということは意外であるが、犬の足(を鷹の餌(えさ)にするために、切ったという話)は根拠のないことである。

あどな・し〔形ク〕子どもっぽい。例「あからさまにも、——・き事をばすまじき事なり」〈古今著聞集・二〇〉訳ほんの少しでも、子どもっぽい事はするべきではないことである。

あとはか-な・し【跡はかなし】〔形ク〕❶行方不明になって、手がかりがない。例「僧都(そうず)の御もとにも尋ね聞こえ給へど、——・くて」〈源氏・若紫〉訳(父の宮様は)お坊さんの所にも(若紫の行方を)お尋ね申し上げたが、手がかりもなくて。❷しっかりとしたものがなくて、心細い。たよりない。例「いと——・き心地して、うつぶし臥(ふ)し給へり」〈源氏・玉鬘〉訳(将来の不安を和歌に詠んで、玉鬘(たまかずら)は)何ともたよりない気持ちがして、うつぶして伏せっておられる。

あど-も・ふ【率ふ】(ウ・モウ)〔他八四〕(は・ひ・ふ・ふ・へ・へ)《上代語》引き連れる。統率する。例「御軍士(みいくさ)を——・ひ給ひ」〈万葉・二・一九九長歌〉訳軍勢をお引き連れになって。

あな

〔感〕《強く心を動かされた時に発する声。喜怒哀楽いずれの場合にも言い、多く、形容詞の語幹(シク活用の場合は「し」で終わる形)を伴った感動的な表現となる》ああ。あれ。まあ。例「——醜(みにく)賢(さか)しらをすと酒飲まぬ人をよく見れば猿にかも似る」〈万葉・三・三四四〉訳ああ醜いことだ。利口そうに振る舞って酒を飲まない人をよく見ると猿に似ているよ。例「『——恐ろし』と驚きて」〈枕草子・大進生昌が家に〉訳「あれまあ、恐れ入ったこと」と驚いて。

あな畏(かしこ) 《「かしこ」は形容詞「かしこし」の語幹》❶ああ、恐れ多い。ああ、もったいない。例「——、とて箱に入れ給ひて」〈竹取・火鼠の皮衣〉訳(あべの左大臣は)ああ、もったいない、と言って(インドから渡来した世にもまれな鼠(ねずみ)の皮の着物を)箱にお入れになって。❷ああ、慎むべきだ。縁起が悪い。例「しかしかのことは、——、後のため忌(い)むなることぞ」〈徒然草・三〇〉訳ああ縁起が悪い、これこれのことは、(亡くなった人の)後に残っている人のために避けるものだということです。❸(呼びかけに用いて)恐れ入りますが。もしもし。例「——、このわたりに若紫やさぶらふ」〈紫式部・御五十日の祝い〉訳もしもし、このあたりに若紫(という姫君)はいらっしゃいませんか。❹(手紙の末尾に添えて)敬具。かしこ。古くは男性も用いた。例「『ほど経(ふ)るころは、げに殊なるつれづれもまさり侍(はべ)りけり。——』、とるやるやしく書きなし給へり」〈源氏・真木柱〉訳「あなた様(=光源氏)にお会いせずに時を過ごす間は、まことに格段の所在なさもまさるのでございます。あなかしこ」と礼儀正しく(お返事を)わざとお書きになった。❺(下に禁止の表現を伴って、副詞のように用い)強い禁止の意を表す。よくよく慎んで。決して。例「このこと、——、人に披露(ひろう)すな」〈平家・五・咸陽宮〉訳このこと(=計画)は、決して、人に話さないで下さい。

あな囂(かま) (「かま」は形容詞「かまし」の語幹。ああ、やかましいの意から)人声や物音などを制する時に言う言葉。しっ、静かに。声が高いぞ。例「——、とまねき制すれども」〈枕草子・正月一日は〉訳しっ、静かに、と手で合図して止めようとしたが。⇩かまし参考

あ-ない【案内】

《「あんない」の撥音「ん」を表記しない形。平安時代では表記しないのが普通》

名詞の場合、事情や物事の内情の意が中心。動詞(サ変)の場合、事情を探る、知るの意となり、さらに現代語に近い取り次ぎを頼む意まで広がる。

■一〔名〕《原義は、「案(=文書ノ下書キ・写シ)」の内容の意》❶公文書の内容。例「頭の弁して——は奏せさせ給ふめり」〈紫式部・管絃の御遊び〉訳頭の弁に命じて加階の草案は申し上げさせなさるようだ。❷**物事の内情。様子。**例「よう——知り、見尽くして、そ

の中の言葉を取り出づるに」〈源氏・玉鬘〉訳（種々の本などの）内容をよく知り、また（それらを）見尽くして、（歌を詠む時に）その中の言葉を取り出すので。

二〔名・他サ変〕❶**事情・内実などを探ること**。また、**それを知ること**。例「渡らむ日を確かに――・して来（こ）」〈落窪・三〉訳引っ越しをする日をしっかりと探り出して来い。

❷**取り次ぎを頼むこと**。例「よき男の車とどめて、――・し、問はせたる」〈枕草子・心ときめきするもの〉訳（胸がときめくものは）身分の高い男が牛車（ぎっしゃ）を（家の前に）とめて、（従者に）取り次ぎを頼ませ、何か尋ねさせているの。

❸客を招くこと。招待。例「物せらるることもなきに、――・するもはばかり多かれど」〈大鏡・師尹〉訳ふだんおいでくださることもないのに、（あなたを）ご招待申し上げるのも恐縮至極ですが。

あな-かしこ【あな畏】⇩「あな」子項目

あな-がち【強ち】

類わりなし

自分の意志を強く押し通す様子、や、程度のはなはだしい様子、を表す。打消しや反語の表現を伴って、必ずしも…ない、決して…ない、の意を表す用法もある。

一〔形動ナリ〕❶他人にかまわず自分の意志を通す様子。**無理矢理である。強引である**。例「――・に御前（おまへ）去らずもてなさせ給ひしほどに」〈源氏・桐壺〉訳（天皇が桐壺更衣（きりつぼのこうい）を）無理にいつもお側（そば）近く仕えるようにお扱いになられたがそのうちに。

❷ひたむきな様子。**いちずである**。例「――・に志を見えありく」〈竹取・貴公子たちの求婚〉訳（五人の貴公子達は）一生懸命に求婚の気持ちを表そうとして歩き回る。

❸程度がはなはだしいようす。**あまりにはなはだしい**。例「――・にたけ高き心地ぞする」〈源氏・夕顔〉訳（その女達は）むやみと背丈が高いという感じがする。

❹（下に打消しを伴って）**そうむやみには。必ずしも**。例「――・に恐ろしかるべきことにもあらねど」〈栄花・玉の村菊〉訳（神に対して）必ずしも恐ろしく思わねばならないことでもないが。

二〔副〕❶（反語の表現の中で）**必ずしも。いちがいに**。例「時々入り取りせんは何か――ひがことならん」〈平家・八・鼓判官〉訳（若い者が）時々民家に入って物を取るのは（兵糧（ひょうろう）がないためなので）必ずしも悪事ではなかろう。

❷（下に打消しを伴って）**めったに。決して**。例「範頼（のりより）・義経が申し状、――御許容あるべからず」〈平家・一〇・首渡〉訳範頼と義経の申し上げることを、決してお許しになってはいけません。

あな-かま【あな囂】⇩「あな」子項目

あなぐ・る〔他ラ四〕{ら・り・る・る・れ・れ}捜して調べ回る。捜す。

あなずらわし【侮らわし】〔形〕⇩あなづらはし

あなた

一【彼方】❶《指示代名詞。遠称》遠くのもの、何かに隔てられた向こうのものを指す。**あちら。向こう側**。例「冬ながら空より花の散りくるは雲の――は春にやあるらむ」〈古今・冬・三三〇〉訳冬なのに空から花が降ってくるよ。そうすると、雲の向こう側はもう春なのではなかろうか。注雪ノ降ッテイルノヲ見テ詠ンダ歌。

❷（時間的に隔たっている意味で）ⓐ**過去。以前。前**。例「そが――の夜も、すべて、このごろうちしきり見ゆる人の」〈枕草子・成信の中将は〉訳（昨日の夜も）その前の夜も、ずっと、この頃しきりに会いに来る人が。

ⓑ**将来。これから先**。例「目の前に見えぬ――の事は、おぼつかなくこそ思ひ渡りつれ」〈源氏・若菜・上〉訳目に見えぬこれから先の事は、気がかりに思い続けてきたのだった。

二【彼方・貴方】《人称代名詞》❶尊敬の意を含んだ他称。あの方。例「――は常々言ひ聞かせし源の頼光（らいくわう）様」〈近松・嫗山姥・四〉訳あの方はつねづね（お前に）話して聞かせてきた源の頼光様じゃ。

❷《近世語》尊敬の意を含む対称。あなたさま。例「――がお屋敷において遊ばす時分は」〈浮世風呂・二・下〉訳あなた様がお屋敷においでになっていた頃は。

参考 一①は、「こなた」「そなた」に対するもので、平安時代から用いられた。同義語に「かなた」がある。他の用法は、それから転じたもの。二の用法は、近世に多く見られ、話し手が聞き手を心理的に遠いものとして扱うことから尊敬の意が生じる。二②は、現代語よりも敬意が高い。

あなた-おもて【彼方面】〔名〕遠く離れた物のあちら側。向こう側。裏側。

あなた-がた 一〔名〕【彼方方】（「方（がた）」は方向の意）遠く離れた方。あちらの方。向こう側。例「宮の辺りには、ただ――に言ひなして」〈枕草子・殿などのおはしまさで〉訳（今も）中宮のお側にいる人たちは、（里にさがっている私を）まったく敵側の者のように噂（うわさ）して。

二〔代名〕【彼方方・貴方方】《人称代名詞。「方（がた）」は複数の意》❶《他称》あの方々。あの方たち。

❷《近世語》《対称》あなた方。あなたたち。

あなた-こなた【彼方此方】〔連語〕あちらとこちらと。あちこち。例「――に住む人の子の四つ五つなるは」〈枕草子・人ばへするもの〉訳（近所の）あちこちに住む人の子で四、五歳ぐらいなのは。

あなた-ざま【彼方様】〔名〕（「ざま」は方向を表す接尾語）あちらの方。向こうの方。

あなづらは・し【侮らはし】（アナヅラワシ）

〔形シク〕《動詞「あなづる」に接尾語「ふ」が付いた「あなづらふ」が形容詞化した形》❶**あなどりやすい。軽く扱ってもかまわない。軽い方である**。例「世の覚え――・しうなりそめにたるをば、そしりやはする」〈枕草子・鳥は〉訳世間の評判が悪くなり始めた人を、誰がなおさらそしりなどしようか。

❷遠慮しないでもよい。気安く扱える。例「ただ右近をばむつまじう――・しき方にて」〈栄花・浦々の別れ〉訳ただ（私）右近をこそ親しく気安く使える者として（召し使え）。

あなづ・る【侮る】（アナヅル）〔他ラ四〕{ら・り・る・る・れ・れ}ばかにして見下げる。あなどる。例「――・りやすき人ならば、『のちに』とてもやりつべけれど」〈枕草子・にくきもの〉訳（急用がある時の来客が）軽く扱ってもよい人ならば、「あとでまた」とでも言って帰してしまえるのだけれど。

あななひ【麻柱】（アナナイ）〔名〕高い所に登るための足がかり。足場。例「かの寺のやぶれたる所に、修理（しゅり）せむとて、

――を結(ゆ)ひて」〈今昔・三一・二〇〉訳その寺(＝仁和寺(ニンナジ))のこわれた箇所に、修理をしようと、足場を組んで。

あな-や〔感〕(感動詞「あな」＋間投助詞「や」)強い驚きの叫び声。ああっ。あれえっ。例「鬼、はや一口に食ひてけり。『――』と言ひけれど、神鳴る騒ぎにえ聞かざりけり」〈伊勢・六〉訳鬼は、(女を)もはや一口に食べてしまった。(女は)「あれえっ」と言ったけれど、雷が鳴る音の騒がしさに(男には)聞き取れなかった。

あ・なり【有なり】〔連語〕(「あんなり」の撥音「ん」を表記しない形。実際には「あンなり」と発音する。「なり」は推定・伝聞の助動詞)**あるということだ。あるようだ。**例「駿河(するが)の国に**あなる**山の頂(いただき)に持て着くべきよし、仰せ給ふ」〈竹取・ふじの山〉訳(帝は)駿河国(＝静岡県中部)にあるという山(＝富士山)の頂上に(不死の薬を)持って行くように、ご命令なさる。例「聞き知らぬやうにやとて、ゐざり出(い)づる人**あなり**」〈源氏・若紫〉訳聞いて知らん顔もできないということで、にじり出て来た人(＝女房)がいるようだ。

あに【豈】〔副〕(上代語。平安時代以降は漢文訓読体の文章に用いられた)❶(下に打消しを伴って)決して。少しも。例「八百日(やほか)行く浜の沙(まなご)も我(あ)が恋に――勝らじか沖つ島守」〈万葉・四・五九六〉訳八百日かかって行くほどの長い浜の細かい砂粒の数でも、私の(激しい)恋に決して勝らないでしょうね、沖の島守よ。❷(下に反語の表現を伴って)どうして。なんで。例「価(あたひ)無き宝といふとも一坏(ひとつき)の濁(にご)れる酒に――まさめやも」〈万葉・三・三四五〉訳値段をつけられないほど貴い宝であっても、一杯の濁った酒にどうして勝っていようか。

あね-おもと【姉御許】〔名〕(「おもと」は、敬愛や親愛の気持ちで女性を呼ぶ語)姉君。

あ-の〔連語〕(代名詞「あ」＋助詞「の」)あの。かの。現代では連体詞とされる。例「――国の人をえ戦はぬなり」〈竹取・かぐや姫の昇天〉訳あの国(＝月世界)の人を相手にしては戦うことはできないのです。

安房(あは)アワ〔旧国名〕東海道十五か国の一つ。現在の千葉県房総半島の南部にあたる。房州(ばうしう)。

阿波(あは)アワ〔旧国名〕南海道六か国の一つ。現在の徳島県。粟(あは)を栽培したことから起こった国名という。粟国(あはのくに)。阿州(あしう)。

あは-あは・し【淡淡し】アワアワシ〔形シク〕(形容詞「あはし」の語幹を重ねて形容詞化した形)(考え方や行動が)軽々しい。浮ついている。例「宮仕へする人を、――・しう悪きことに言ひ思ひたる男などこそいと憎けれ」〈枕草子・おひさきなく〉訳宮仕えに出る女性を、軽薄で悪いことのように言ったり思ったりする男性などは本当にしゃくにさわる。

あは・し【淡し】アワシ〔形ク〕❶(色や味が)薄い。あわい。❷情が薄い。軽々しい。浮ついている。例「少し――・き方に寄りぬるは、心とどむるたよりもなきものを」〈源氏・澪標〉訳(普通の恋でさえ)少し軽薄な方に傾いてしまっている場合は、(その人に)心を留めるきっかけもないものだが。❸興味・関心が薄い。あっさりしている。例「老いぬる人は精神衰へ、――・くおろそかにして、感じ動くところなし」〈徒然草・一七二〉訳年老いた人は精神力が衰え、(物事に対して)あっさりと大まかで、心が動揺することがない。

あは・す【合はす】アワス〔他サ下二〕{せ・せ・す・する・すれ・せよ}❶二つまたは二つ以上の物を一つになるようにする。**合わせる。一緒にする。**例「いとうるはしう袖(そで)を――・せて」〈枕草子・なほめでたきこと〉訳(臨時の祭の舞人が)とてもきちんと両袖を重ね合わせて。❷**夫婦にする。結婚させる。**例「女はこの男をと思ひつつ、親の――・すれども、聞かでなむありける」〈伊勢・二三〉訳女はこの男を(夫に)と思っていて、親が(他の男と)結婚させようとしても、聞き入れないでいたのだった。❸**夢合わせをする。夢の吉凶を判断する。**例「おどろおどろしう様異なる夢を見給ひて、――・する者召して問はせ給へば」〈源氏・若紫〉訳ただ事でない異様な夢をごらんになって、夢の吉凶を判断する者を呼んでお尋ねになると。❹(「歌合わせ」などで)二つの物を**比べ合わせる。優劣を争わせる。**例「伊勢物語に正三位(しやうさんゐ)を――・せて」〈源氏・絵合〉訳(次に)伊勢物語(の絵巻)と正三位(の絵巻)を比べ合わせて。注『正三位』トイウ物語ハ、散佚(サンイツ)シテ現存シナイ。❺(鷹狩(たかが)りで鷹を鳥に)立ち向かわせる。❻(多く「…に合はす」の形で用いて)基準とする物に合わせる。適合させる。例「家の程、身の程に――・せて侍(はべ)るなり」〈枕草子・大進生昌が家に〉訳(門の大きさは)家の大きさや、身分の程度につり合わせてあります。❼(動詞の連用形に付いて)一緒に…する。例「この姫君たちの琴弾(ひ)き――・せて遊び給へる」〈源氏・橋姫〉訳この姫君達が琴を合奏して楽しんでおられる。

あはせ【袷】アワセ〔名〕❶裏付きの着物。「あはせのきぬ」とも。例「白き――、薄色のなよよかなるを重ねて」〈源氏・夕顔〉訳(夕顔は)白い袷に、薄紫の柔らかな(上着を)重ねて着ていて。❷江戸時代、綿入れを脱いだあと、初夏に着る裏付きの着物。(季・夏)

あはせ-て【合はせて】アワセテ〔連語〕(動詞「あはす」の連用形＋接続助詞「て」)(多く、「…にあはせて」の形で用いて)❶時を同じくして。同時に。例「返してけるかとてうち見たるに、――、をめけば」〈枕草子・頭の中将の〉訳(やった手紙を清少納言が)返してよこしたかと思ってちょっと見たのと同時に、(頭(とう)の中将が)あっと声をあげたので。❷加えて。その上。例「父子ともに過分(くわぶん)の振る舞ひすると見しに――」〈平家・二・西光被斬〉訳(西光)父子ともに身分不相応の振る舞いをすると見ていたがその上。

あは-そかアワソカ〔形動ナリ〕(「淡(あは)し」の語幹＋接尾語「そか」)軽々しい様子。軽率。例「――・に申すべきに侍らず」〈大鏡・道長・下〉訳(賀茂明神に関する話ですから)軽々しく申しあげるようなことではございません。

粟田口(あはたぐち)アワタグチ〔地名〕京都市東山区の東山三条から蹴上(けあげ)までの間。山城国愛宕郡(おたぎのこほり)粟田郷(あわたのさと)を広く粟田といったが、東海道山科(やましな)と京の出入口にあたるところを、粟田口という。

粟田口

淡路(あはぢ)アワジ〔旧国名〕南海道六か国の一つ。瀬戸内海の東の淡路島を一国としていう。現在は兵庫県に属する。淡州(たんしう)。

淡路島(あはぢしま)アワジジ:〔地名〕瀬戸内海の東部にある島。現在は兵庫県に属する。「阿波(はあ)の国(=旧国名)に渡る途上の島」とする語源説がある。

粟津(あはづ) アワヅ【地名】滋賀県大津市南部の晴嵐一・二丁目付近。琵琶湖に臨み、「粟津の晴嵐」として近江八景の一つ。木曽義仲の討ち死にした所。

あは-つか【淡つか】 アワ〔形動ナリ〕《形容詞「あはつけし」と同源》関心が薄い様子。また、軽率なようす。例「『何事ぞ』など——にさし仰ぎ居たらむは」〈源氏・帚木〉訳(妻が)「何事ですか」とぼんやりと(夫の方を)仰ぎ見ていたとすれば(夫はどんなにか残念であろう)。

あはつけ・し【淡つけし】 アワツケシ〔形ク〕《「あはつか」と同源》軽率である。軽々しい。例「なさけなう——・き者には思はれ奉るともいかがはせむ」〈源氏・夕霧〉訳(私が)思いやりがなく軽はずみな者だと思われ申そうともいたしかたない。

あは-に【淡に】 アワ〔副〕強固でないさま。はかなく。たよりなく。例「うは氷——結べる紐(ひも)なればかざす日影にゆるぶばかりを」〈枕草子・宮の五節いださせ給ふに〉訳表面に薄く張った氷が、さす陽光に解けるように、ゆるく結んだ紐だからゆるんだだけのことです。

あはひ【間】 アワイ〔名〕❶物と物との間。すき間。また、重なり目。さかい目。例「伊勢、尾張の——の海づらを行くに」〈伊勢・七〉訳伊勢の国(=三重県)と、尾張の国(=愛知県西北部)との間の浜辺を行く時に。❷人と人との間柄。仲。例「いとよき——なれば、互(かた)みにぞ思ひかはすらむ」〈源氏・宿木〉訳(二人は)大変よい仲だから、お互いに相手のことを思い合っているだろう。❸事物・色・人などの取り合わせ。配合。つり合い。例「濃き衣(ぬき)に紅梅の織物など、——をかしく着替へて居給へり」〈源氏・浮舟〉訳濃紫の単衣の上に紅梅襲の織物など、色合いも面白く着替えて座っていらっしゃる。❹形勢。例「——悪(あ)しければ引くは常の習ひなり」〈平家・一一・逆櫓〉訳形勢が悪ければ退却するのは普通よくあるやり方だ。

あはび【鮑】 アワビ〔名〕貝の名。アワビ。例「伊勢の海人(あま)の朝な夕なに潜(かづ)くといふ——の貝の片思(かたも)ひにして」〈万葉・一一・二七九八〉訳(私の恋は)伊勢の海人が毎朝毎夕、水に潜って採るというアワビ貝のように片思いだ。

要点 アワビが片貝であるところから、片思いの比喩に使われることが多い。

あは・む【淡む】 アワム〔他マ下二〕{め・め・む・むる・むれ・めよ}軽んじる。また、たしなめる。例「『幼かりけり』と——・め給ひて」〈源氏・空蟬〉訳(光源氏が小君を)「(おまえの計画)は幼稚だったんだねえ」とたしなめなさって。

あは-や アワ〔感〕緊急・重大な事態を知った時に発する語。あっ。大変だ。それっ。例「——、源氏の先陣は向かうたるは。定めて大勢にてぞあるらん」〈平家・七・願書〉訳あっ、源氏の先陣が向かって来るぞ。きっと大軍だろう。

あは-ゆき【淡雪】 アワ〔名〕うっすらと積もる融けやすい雪。(季・春)

参考 上代の「泡雪(あわゆき)」と同意だが、平安時代になってから「淡(あは)し」の意を含んだ語として使われた。

あばら【荒ら】〔形動ナリ〕❶すき間が多い様子。すき間だらけである。例「——・なる板敷(いたじき)に、月のかたぶくまで臥(ふ)せりて」〈伊勢・四〉訳戸障子のないがらんとした板敷きの室に、月が西に傾く(夜更け)まで横になっていて。❷(家などが)こわれかけて荒れている様子。例「——・なる蔵(くら)に女をば奥に押し入れて」〈伊勢・六〉訳こわれている蔵に女を奥の方に入れて。❸人などのまばらな様子。例「後ろ——・になりければ、力及ばで引き退く」〈平家・七・篠原合戦〉訳(平家方の高橋長綱は戦意は強く持っていたが)後方が手薄になったので、戦力不足で兵を引いて退く。

要点 動詞「荒(あば)る」と同じ語源。「あばら家ゃ」「あばら骨」の「あばら」で、基本的には、骨組みだけが目立つ状態をいう。

あばら-や【荒ら屋】〔名〕荒れ果てた家。例「あけくれ、人知れぬ——にながむる心細さなれば」〈源氏・澪標〉訳(その女は)明けても暮れても、人も通わない荒れ果てた家で物思いにふけって過ごすという心細い境遇であったので。

あば・る【荒る】〔自ラ下二〕{れ・れ・る・るる・るれ・れよ}(建造物などが)荒れ果てる。例「女の一人住む所は、いたく——・れて築土(ついぢ)なども全(また)からず」〈枕草子・女のひとり住む所は〉訳女が一人で住んでいる所は、ひどく荒れ果てて土塀なども不完全で。

あはれ

アワレ 類 あはれがる 対 をかし

> 感動を覚えて自然に発する叫びから生まれた語。しみじみと心に深く感じる情緒や美を表す。その点で、明るい感じを持つ「をかし」と対照的である。

一〔感〕深く感動した時に発する声。**ああ。** 例「家にあらば妹(いも)が手まかむ草枕旅にこやせるこの旅人——」〈万葉・三・四一五〉訳家にいれば妻の手を枕にしているであろう、旅先で一人倒れ伏しているこの旅人よ。ああ。例「——、いみじうゆるぎ歩(あり)きつるものを」〈枕草子・上にさぶらふ御猫は〉訳ああ、あわれなことよ、(犬の翁丸は)これまではたいへん得意顔で体をゆすって歩きまわったものなのに。

二〔形動ナリ〕❶しみじみとした情趣がある。**趣が深い。** 例「蚊(か)やり火ふすぶるも——・なり」〈徒然草・一九〉訳(庭で)蚊やり火がくすぶっているのも趣深いものだ。❷**かわいい。いとしい。なつかしい。** 例「物心細げに里がちなるを、いよいよ飽かず——・なるものに思(おぼ)ほして」〈源氏・桐壺〉訳(桐壺更衣の病気がとても重くなってゆき)心細そうに里に下がっているのが多いのを、(帝は)ますますたまらなくいとしいものにお思いになって。❸**気の毒だ。かわいそうだ。いたわしい。** 例「——・なることなど人の言ひ出(い)で、うち泣きなどするに、げにいと——・なりなど聞きながら、涙のつと出で来(こ)ぬ、いとはしたなし」〈枕草子・はしたなきもの〉訳かわいそうな事などを人が話して、泣きなどする時に、確かにかわいそうだと(思って)聞くものの、涙がすぐに出て来ないのは、ひどく間が悪い。❹**悲しい。さびしい。** 例「心のうちに恋しく——・なりと思ひつつ、しのび音(ね)をのみ泣きて」〈更級・梅の立枝〉訳心のうちに継母を恋い慕い(一緒に暮らせず)悲しいことだと思いながら、声を立てずにこっそり泣くばかりして。❺**情が深い。情がこまやかだ。** 例「君の御心は——・なりけるものを」〈源氏・帚木〉訳旦那様は愛情深いお方でいらっしゃったのに(一時の感情で出家するなどもったいない)。❻**ありがたい。尊い。** 例「読み上げ続けたる言の葉の、——・に尊く」〈紫式部・九月十一日〉訳(僧都が中宮の安産を祈って)読み上げ続けているお経の言葉が、ありがたく尊くて。

❼立派だ。すぐれている。例「皇子(みこ)もいと──・なる句を作り給へるを、限りなうめで奉りて」〈源氏・桐壺〉訳(幼い)皇子(=光源氏)もとても見事な絶句をお作りになったのを、(高麗人(こまうど)は)この上なく賞賛申し上げて。

❽人を深く感じさせる。感心だ。例「──・なるもの、孝(けう)ある人の子」〈枕草子・あはれなるもの〉訳心にしみじみと感じられるものは、親の喪(も)に服している子。

三〔名〕❶しみじみとした情趣。例「心なき身にも──は知られけり鴫(しぎ)立つ沢の秋の夕暮れ」〈新古今・秋上・三六二〉訳物の情趣を感じる心のないこの出家の身(=自分)にも、しみじみとした情趣はおのずから知られることであった。鴫の飛び立つ沢の秋の夕暮れよ。注西行ノ作デ「三夕(さんせき)の歌」ノ一ツ。

❷深い感動。例「『心深しや』などほめ立てられて、──進みぬれば、やがて尼(あま)になりぬかし」〈源氏・帚木〉訳(冷たい男から離れて山里に隠れた女が)「思慮深いことだ」などとほめたてられて、感情が高ぶってしまうと、そのまま尼になってしまうよ。

❸愛情。好意。同情。例「昔かやうにあひ思(おぼ)し、──をも見せ給はましかば」〈源氏・須磨〉訳(藤壺(ふじつぼ)が)昔もこのように自分(=光源氏)のことを思ってくださって、好意を見せてくださっていたのであったら。

❹さびしさ。悲しさ。悲哀。例「また越ゆべしとも覚(おぼ)えねば、いとど──の数添ひて、袂(たもと)ぞいたくぬれまさる」〈平家・一〇・海道下〉訳(この小夜(さや)の中山を、西行(さいぎょう)のように)また越えられるとも思われないので、いっそう悲しさがまして、袂が涙でびしょぬれになる。注西行ノ「年たけてまた越ゆべしと思ひきや命なりけり小夜(さや)の中山(なかやま)」〈新古今・羇旅・九八七〉ヲフマエタ表現。

要点「あはれ」と「をかし」の違い　「あはれ」二の形容動詞の用法は、平安時代になって成立したもので、「をかし」と並んで平安時代の美的理念を表す語。**『源氏物語』は「物のあはれ」の世界を表現したものとして、「をかし」に特徴づけられる『枕草子』とよく対比される。**しみじみとした情趣や愛情を表す用法が中心であったが、次第に悲哀や同情の意を表す例が多くなった。

あはれ-が・る(アワレ:)〔他ラ四〕(ら・り・る・る・れ・れ)(「がる」は接尾語)❶しみじみと感動する。感心する。ほめたたえる。例「この歌をこれかれ──・れども、一人も返しせず」〈土佐・一月七日〉訳この歌に一同皆しみじみと感動するけれども、一人も返歌をしない。

❷悲しがる。また、気の毒がる。同情する。例「──・られてふるひ鳴き出でたりしこそ、世に知らずをかしく、あはれなりしか」〈枕草子・上にさぶらふ御猫は〉訳(犬が)同情の言葉をかけられて身をふるわせて鳴き声を立てた様子といったら、この上なくいじらしく、いとしい思いがした。

あはれ-げ(アワレ:)〔形動ナリ〕(「げ」は接尾語)「あはれ」と感じられる様子。見るからにしみじみ感じられる様子。例「ひたぶるに従ふ心はいと──・なる人と見給ふに」〈源氏・夕顔〉訳いちずに(自分に)従う心はひどくいじらしい感じのする女だと(光源氏は)ご覧になるゆえ。⇩あはれ

あはれ-ぶ(アワレブ)〔他バ四〕(ば・び・ぶ・ぶ・べ・べ)「あはれ」と思う。例「老法師の祈り申し侍(はべ)る神仏の──・びおはしまして」〈源氏・明石〉訳(この)老法師が祈り申し上げております神仏がかわいそうに思っていらっしゃって。

あはれみ【憐み】(アワレミ)〔名〕(「あはれむ」の連用形の名詞化)いとしい、または、かわいそうだと思うこと。また、その感情。

あはれ-む(アワレム)〔他マ四〕(ま・み・む・む・め・め)「あはれぶ」に同じ。例「梟(ふくろふ)の声を──・むにつけても、山中の景気、折につけて尽くることなし」〈方丈記・勝地は主なければ〉訳フクロウの鳴き声を趣深いと感じるにつけても、山の中の風景は、季節に応じて尽きることがない。

あひ【間・合】(アイ)〔名〕❶物と物との間。例「この鹿(しし)の目の──の、例の鹿の目のあはひよりも近くて」〈宇治拾遺・一・七〉訳この鹿(かし)の目と目の間が、普通の鹿の目の間隔よりも寄っていて。

❷人と人との間柄。仲。

❸《能楽用語。「間語(あひがた)り」の略》前ジテと後ジテの演技の間に、狂言師が物語や舞をして能の間をつなぐこと。

❹《近世語》酒席で、酒杯を交わす二人の間に入って、杯を取りついだり、代わってそれを受けて飲んだりして、酒席の興を助けること。例「若き男呼びて『──せよ』と言へ」〈春雨・目ひとつの神〉訳若い男を呼んで「酒席のあいの役をしろ」と言いなさい。

あひ【相】(アイ)〔接頭〕(動詞「あふ」の連用形から)❶(動詞の上に付けて)双方が同じ動作をする意を表す。互いに。一緒に。例「香具山(かぐやま)は畝傍(うねび)雄々(をを)しと耳梨(みみなし)と──争ひき」〈万葉・一・一三長歌〉訳香具山は、畝傍山を男らしいと(思い)、耳梨山と互いに争った。

❷(動詞の上に付けて)語調を整え、改まった気持ちを添える。例「籠(こも)り侍(はべ)る間は、夜中、暁にも──訪(とぶら)はむと思ひ給へ」〈源氏・夢浮橋〉訳(私がここに)籠っております間は、夜中でも、夜明けでも(母尼を)見舞ってあげようと思いまして。

❸(名詞の上に付けて)一緒にしたり、関係が同じだったりする意を表す。「──住み」「──弟子」「──番」など。

あび【阿鼻】(アビ)〔名〕《仏教語。梵語の音写。「阿鼻地獄(ぢごく)」の略》八大地獄の最下層で、絶え間なく種々の苦しみを受ける地獄。無間(むけん)地獄。例「無間(むけん)──のほのほの底の罪人もこれには過ぎじとぞ見えし」〈平家・五・奈良炎上〉訳(泣き叫ぶ大声は)無間阿鼻地獄の炎の下の罪人のそれもこれ以上ではあるまいと思われた。⇩むけん

あひ-おひ【相生ひ】(アイオイ)〔名〕❶一緒に生まれ育つこと。例「高砂(たかさご)・住江(すみのえ)の松も──のやうに覚え」〈古今・仮名序〉訳高砂や住江の松までが自分と一緒に生まれ育った仲のように思われ。

❷同じ根から二本の幹が生えること。例「涙の糸の結び松・棕櫚(しゅろ)の一木(ひとき)の──を、連理(れんり)の契りになぞらへ」〈近松・曽根崎心中・下〉訳松と棕櫚とが根元で一本になった相生いを、二人の愛の誓いになぞらえて。

参考　後世、「あいおい」という音が「相老い」と理解され、夫婦がそろって無事に老年まで生き長らえる意味に用いられるようになる。

あひ-かたら・ふ【相語らふ】(アイカタラ(ロ)ウ)〔他ハ四〕(は・ひ・ふ・ふ・へ・へ)❶互いにじっくりと話し合う。例「年月のつらさをも……──・はんこそ尽きせぬ言の葉にてもあらめ」〈徒然草・二四〇〉

訳（逢えなかった）長い年月のつらさを……互いにじっくり話し合うことこそいつまでも尽きない愛の言葉であろう。❷親しく交わる。交際する。例「ねんごろに――・ひける友だちのもとに」〈伊勢・一六〉訳親しく交際していた友人のところに。❸事前に話し合って決める。しめし合わせる。例「河野四郎、思ひきったる者ども百余人――・って、ばっとおし寄す」〈平家・六・飛脚到来〉訳河野四郎が、覚悟を決めた者ども百余人としめし合わせて、ばっと押し寄せた。

あひかまへ-て【相構へて】〔副〕❶いろいろ手段を講じて。注意して。力を尽くして。例「盗人なめりと思ひ給へて、――打ち伏せて候ひつるが」〈今昔・三・一五〉訳（走り掛かって来たので）盗賊のようだと思いまして、力を尽くして打ち伏せたのでございますが。❷《命令・願望・禁止・打消しなどを強調する》必ず。きっと。くれぐれも。決して。例「――念仏おこたり給ふな」〈平家・一・祇王〉訳くれぐれも念仏を怠りなさいますな。

あひ-きゃうげん【間狂言】〔名〕⇩あひのきゃうげん

あひ-ぐ・す【相具す】〔せ・し・す・する・すれ・せよ〕■一〔自サ変〕夫婦となる。連れ添う。例「重盛、かの大納言が妹に――・して候ふ」〈平家・二・小教訓〉訳平重盛は、あの大納言の妹と連れ添っております。■二〔他サ変〕一緒に連れて行く。伴う。引き連れる。例「ひとり参らんはあまりにもの憂しとて、妹の祇女をも――・しけり」〈平家・一・祇王〉訳（祇王は）一人で参上するのはあまりにつらいと、妹の祇女も連れて行った。

あひ-くち【合ひ口】〔名〕互いに話が合うこと。また、気の合った間柄。

あひ-ごと【逢ひ事】〔名〕男女がひそかに逢うこと。密会。例「夜一夜酒飲みしければ、もはら――もえせで」〈伊勢・六九〉訳（国の守がその男と）一晩中酒飲みをしたので、（女と）まったく密会することもできず。

あひ-しらひ〔名〕《動詞「あひしらふ」の連用形の名詞化。「あへしらひ」とも》❶応対すること。もてなし。接待。例「唐の天子の勅使をさへ、かやうにそさうの――」〈近松・天神記・一〉訳中国の天子からのお使いに対してさえ、このように粗末なもてなし。❷対象に合わせること。つきあい。例「脇の為手に花を持たせて、――のやうに、少々とすべし」〈風姿花伝・一〉訳（四十四、五歳からは）主役を演ずる若い助演者を引き立てて、（自分は）つきあいのように、控え目控え目に演ずるのがよい。❸《能楽用語》ワキ・ツレなど、シテの相手役。また、舞台装置や小道具など、シテの動作の対象となるもの。

あひ-しら・ふ〔他ハ四〕〔は・ひ・ふ・ふ・へ・へ〕《「あへしらふ」の変化した形》相手になって応対する。あしらう。例「大方はまことしく――・ひて、偏に信ぜず、また疑ひ嘲るべからず」〈徒然草・七三〉訳（仏や神に関するありがたい話は）大体は真実のこととして応対しておいて、いちずに信じたりせず、また疑ってばかにしてもいけない。

あひ-し・る【相知る】〔自ラ四〕〔ら・り・る・る・れ・れ〕互いに知る。交際する。例「この女――・りたりけり」〈伊勢・六五〉訳（若い男と）この女は知り合ったのだった。

あひ-ずみ【相住み】〔名〕同じ家に一緒に住むこと。また、その人。例「――にも、忍びやかに心よく物し給ふ御方なれば、うち語らひてありなむ」〈源氏・玉鬘〉訳相住みであっても、（花散里は）控え目で気立てがよくていらっしゃるお方だから、（玉鬘と）親しく話し合っていけるだろう。

あひ-す・む【相住む】〔自マ四〕〔ま・み・む・む・め・め〕一緒に住む。例「いかなる女を取りすゑて、――・む」〈徒然草・一九〇〉訳これこれの女を迎え入れて、一緒に住んでいる。

あひ-せん【間銭・合銭】〔名〕手間賃。手数料。「間銀」とも。例「ひとりある母親のたのまれて火桶買うてくるにも、はや――取りてただは通さず」〈西鶴・世間胸算用・四・三〉訳ひとりいる母親に頼まれて火鉢を買ってくるのにも、もう手数料をとってただではすまさない。

あひだ

【間】〔名〕■一❶ⓐ空間的に二つのものの間。中間。すき間。ⓑ空間的なある一定の範囲内。うち。例「その山の――に一の土の穴を見る」〈今昔・七・二五〉訳その山の中で一つの土の穴を見つけた。❷ⓐ時間的な切れ目。絶え間。例「ほととぎす――しまし置け汝が鳴けば吾が思ふ心いたも為方なし」〈万葉・一五・三七八五〉訳ホトトギスよ、少しは間隔を置いて鳴いておくれ。お前が鳴くと、私の物思いに沈む心はどうしようもなくなるのだよ。ⓑ時間的なある一定の範囲内。期間。うち。例「かかる――に、みな夜明けて、手洗ひ、別の事どもして」〈土佐・一月十一日〉訳こうしているうちに、すっかり夜が明けて、手を洗い、いつもの朝の行事（＝朝食ナド）をして。❸人と人、または、物と物との関係。間柄。仲。例「いみじく親しく語らひたりける――なりければ」〈今昔・二九・五〉訳（平貞盛は、この僧と以前から大変懇意で）たいそう親しく付き合っていた間柄だったので。■二（形式名詞化したものを、接続助詞のように用いて）原因・理由を示す。…ゆえに。…ので。例「一天四海を掌の中に握り給ひし――、世のそしりをもはばからず」〈平家・一・祇王〉訳（平清盛は）天下（＝日本全国）を掌中におさめなさったので、世間の非難をも顧慮しないで。

あひだち-な・し〔形ク〕⇩あいだちなし

会津《地名》岩代国の地名。会津若松市のある会津盆地を中心とする地域。「会津嶺（＝磐梯山）」は有名で、『万葉集』にも詠まれている。

あひ-づち【相槌】〔名〕❶刀鍛冶などで、親方の相手になって打ち合わせる槌。向かい槌。例「我に劣らぬほどの者の――仕りてこそ、御剣も打ち申すべけれ」〈謡曲・小鍛冶〉訳私に負けないぐらいの者が相槌を打ってこそ、剣を作って差し上げられるというものです。❷（転じて）相手の話などに適切に応じること。うまく調子を合わせること。例「先師も俳諧は気に乗せてすべしとあり。――悪しく、拍子をそこなふともいへり」〈三冊子・赤〉訳先師（＝芭蕉）も俳諧は気に乗せて詠むようにせよと言われた。（そうでないと）応じ方が適切でなく、拍子を

会津（磐梯山）

とりそこなうとも言われた。注「気」ハ直覚・直観ノ働キ。

あひ-な・し〔形ク〕⇩あいなし

あひ-な・る【相馴る・逢ひ馴る】アイ〔自ラ下二〕{れ・れ・る・るる・るれ・れよ}夫婦としてなれ親しむ。例「年ごろ——・れたる妻(め)、やうやう床(とこ)離れて、つひに尼になりて」〈伊勢・一六〉訳長年親しみあった妻が、だんだん寝床をともにしなくなって、とうとう尼になって。

あひ-の-きゃうげん【間の狂言】〔名〕❶能と能との間に演じる狂言。

❷歌舞伎で、十一月顔見世狂言と、翌年正月の二の替わりとの間に演ずる狂言。

あひ-の・る【相乗る】アイ〔自ラ四〕{ら・り・る・る・れ・れ}一緒に乗る。相乗りする。例「ある上人(うへびと)来あひて、この車に——・りて侍(はべ)れば」〈源氏・帚木〉訳ある殿上人が来合わせまして、こちらの車に相乗りいたしましたので。

あひ-は・つ【相果つ】アイ〔自タ下二〕{て・て・つ・つる・つれ・てよ}「死ぬ」の荘重な表現。あいはてる。

あひ-びき【相引き】アイ〔名〕❶互いに弓を引き合うこと。また、引っぱり合うこと。引き合い。例「河中で弓引くな。敵(かたき)射るとも——すな」〈平家・四・橋合戦〉訳川の中で弓を引くな。敵が射ても射返すな。

❷両軍ともに兵を引き揚げること。

あひ-み・る【相見る・逢ひ見る】アイ〔他マ上一〕{み・み・みる・みる・みれ・みよ}❶顔を合わせる。対面する。例「都離れて後、昔親しかりし人々——・みること難うのみなりにたるに」〈源氏・須磨〉訳都を離れてから後は、昔親しかった人々と顔を合わせることは難しくなる一方であるのに。

❷男女が契りを結ぶ。例「男女(をとこをんな)の情けも、ひとへに——・みるをばいふものかは」〈徒然草・一三七〉訳男女間の恋愛でも、ただただ逢(あ)って契りを結ぶことだけを(恋の情趣を解すると)いうものではない。

あひ-よみ【相読み】アイ〔名〕❶一緒に読むこと。

❷そばにいて成り行きを知っている人。証人。

あびらうんけん【阿毘羅吽欠】〔名〕《梵語の音写で、「あびらうんけんそはか」の略》密教で大日如来に祈る呪文(じゅもん)。これを唱えると一切の行法が成就するとされた。

あひ-ゐ・る【相居る】アイイル〔自ワ上一〕{ゐ・ゐ・ゐる・ゐる・ゐれ・ゐよ}集まっている。居合わせる。例「便(びん)あしく狭(せば)き所にあまた——・ゐて」〈徒然草・三〇〉訳(山里の寺という)不便な狭い所に大勢が集まって。

あ・ふ

アウ(オ)〔自ハ四〕{は・ひ・ふ・ふ・へ・へ}■一【合ふ】❶二つ以上のものが、一つになる。ぴったりと重なる。例「『一言芳談(いちごんはうだん)』とかや名づけたる草子を見侍(はべ)りしに、心に——・ひて覚えし事ども」〈徒然草・九八〉訳『一言芳談』とかいう名前の本を見ました時に、心にぴったりとあう気がした(＝共感シタ)いくつかの事。

❷調和する。よく似合う。例「さらにただ、手のあしさよさ、歌の折に——・はざらむも知らじ」〈枕草子・清涼殿の〉訳まったくもう、字の上手下手、歌が時期に調和しているかどうかも問わない。

❸(動詞の連用形に付いて)皆で…する。いっしょに…しあう。例「若き女どもは、歌うたひ、興じ——・へり」〈源氏・手習〉訳若い女達は、(稲刈りの)歌をうたい、皆で楽しみあっていた。

■二【会ふ・逢ふ】❶出会う。対面する。例「もの心細く、すずろなるめを見ることと思ふに、修行者(すぎゃうざ)——・ひたり」〈伊勢・九〉訳(旅の途中で山道が細くなり)なんとなく心細く、とんでもないひどいめにあうことだと思っている時に、修行者が出会った。注現代ナラバ「修行者に会う」ト言ウトコロヲ、相手ヲ主語ニシテ言ッタモノ。

❷(時節・めぐりあわせに)あたる。うまくでくわす。ぶつかる。例「時に——・ひ、したり顔なるも」〈徒然草・一〉訳よいめぐりあわせにあたり、得意顔に振る舞っていても。

❸相手になる。立ち向かう。戦う。例「うち物持っては鬼にも神にも——・はうどいふ、一人当千(いちにんたうぜん)の兵(つはもの)なり」〈平家・九・木曾最期〉訳(木曾義仲に仕える巴御前(ともゑごぜん)は)武器を持っては鬼にも神にも立ち向かおうという、千人の力にも相当するつわものである。

❹男女が関係を結ぶ。結婚する。例「この世の人は、男は女に——・ふことをす、女は男に——・ふことをす」〈竹取・貴公子たちの求婚〉訳この世の人は、男は女をめとることをする、女は男と結婚ということをする。

あ・ふ【敢ふ】アウ(オ)〔自ハ下二〕{へ・へ・ふ・ふる・ふれ・へよ}❶じっと堪える。こらえる。例「霜に——・へず枯れにし園(その)の菊なれども残りの色はあせずもあるかな」〈源氏・宿木〉訳霜に堪えられないで枯れてしまった園の菊であるけれども、残された花の色はあせないであることよ。

❷(動詞の連用形に付き、下に打消しを伴って)すっかり…しきる。完全に…する。…し尽くす。例「こちたき御中らひの事どもは、えぞ数へ——・へ侍(はべ)らぬや」〈源氏・若菜・上〉訳たくさんのご交際関係の事々は、とても数え尽くせませんよ。

❸(動詞の連用形に係助詞「も」の付いた形に付き、下に打消しを伴って、全体として)…しようとしても…することができない。どうしても…られない。例「山川(やまがは)に風のかけたるしがらみは流れも——・へぬ紅葉なりけり」〈古今・秋下・三〇三〉訳(しがらみは人間がかける物なのに)山あいの川に風がかけたしがらみ(＝水流ヲセキ止メルモノ)は、流れようにも流れられない紅葉だったよ。注『百人一首』所収ノ、春道列樹(ハルミチノツラキ)ノ歌。⇩あへず・あへて

あふぎ【扇】オウギ〔名〕❶おうぎ。扇子。

❷うちわ。(季・夏)例「故郷の——を見ては悲しび」〈徒然草・八四〉訳(三蔵法師がインドへ行って)故郷(＝唐)のうちわを見ては悲しく思い。

> 参考 あおいで風を起こす道具をいい、古くは、今の「うちわ」をも含む。もとは実用品であるが、平安時代以降、礼装用の装飾品としても用いられた。檜(ひ)の薄板を綴(と)じたものを檜扇(ひあふぎ)といい、女性用を特に衵扇(あこめあふぎ)といった。また、紙を張って夏に用いるものは、蝙蝠扇(かはほりあふぎ)と呼ばれた。

あふ・ぐ【仰ぐ】アオグ〔他ガ四〕{が・ぎ・ぐ・ぐ・げ・げ}❶上の方に顔を向ける。あおむける。例「空を——・ぎて眺め給ふ」〈源氏・葵〉訳空を仰いで物を思っておられる。

❷うやまう。例「天の下の頼み所に——・ぎ聞こえさするを」〈源氏・若菜・下〉訳(立派な皇太子として)世の人皆の頼れる人としてうやまい申し上げているので。

阿武隈(あぶくま)《地名》福島盆地を北流し、宮城県南部で太平洋に注ぐ阿武隈川。また、その流域一帯をいう。

あふご【朸】オウゴ〔名〕《「あふこ」とも》物を担う棒。てんびん

棒。例「人恋ふることを重荷と荷(なに)ひもて──なきこそわびしかりけれ」〈古今・雑体・一〇五八〉訳あの人を恋い慕うことを重い荷として背負っていても、それをになう棒がない(=アノ人ト会ウ時ガナイ)のがつらいことである。

逢坂(あふさか)の関(せき)【地名】逢坂山にあった関所。京都から東国への通り道に当たり、延暦十四年(七九五)に廃止されたため、越えやすい関とされた。三関の一つで、和歌では、男女が逢う、の意の「逢ふ」と掛詞になることが多い。東関とも。歌枕。

逢坂の関

逢坂山(あふさかやま)【山名】京都府と滋賀県の境にある山。上代に奈良・大和を防備するため、この峠を利用して関所を設けた。ために「関山」ともいう。歌枕。

あふさ-きるさ【形動ナリ】(「さ」は時の意の接尾語。「逢(あ)ふさ離(き)るさ」で、会う時と離れる時の意という)❶一方がよければ、他方がうまくいかないようす。くいちがうようす。例「そゑにとてとすればかかりかくすればあな言ひ知らず──に」〈古今・雑体・一〇六〇〉訳だからといって、ああすればこうなり、こうすれば(ああなるといった具合で)。ああ何と言ってよいかわからない、行き違いになって。
❷あれこれ思い悩むようす。例「親のいさめ世のそしりをつつむに心のいとまなく、──に思ひ乱れ」〈徒然草・三〉訳親のいましめや世間の非難に気がねするため心の安まる時なく、あれやこれや考えは乱れて(まとまらず)。

あぶ・す【他サ四】(さ・し・す・す・せ・せ)余計なものとする。余す。捨てる。例「さしも深き御心ざしなかりけるをだにおとし──・さず」〈源氏・玉鬘〉訳(光源氏は)それほど深いお気持がなかった方でさえ余計なものとして見捨てない。

あふ-せ【逢ふ瀬】【名】恋人同士の逢う機会。例「初瀬川早くの事は知らねども今日の──に身さへなかれぬ」〈源氏・玉鬘〉訳(母と別れた)昔の事は知りませんが、今日あなたに逢ったので、うれし泣きに泣かれて、その涙でこの身までも流れてしまいます。

あふち【楝・樗】【名】❶木の名。センダン。初夏に薄紫色の花をつける。例「木のさま憎げなれど、──の花いとをかし」〈枕草子・木の花は〉訳木の様子はみにくいけれど、アウチの花はたいへん趣がある。
❷〔襲(かさね)の色目(いろめ)の名〕表は薄紫色、裏は青。一説には、表は紫、裏は薄紫色とも。夏に用いる。

阿仏尼(あぶつに)【人名】鎌倉中期の女流歌人。生年未詳。安嘉門院(あんかもんいん)の女房を経て、藤原為家の妻。為相(ためすけ)・為守(ためもり)を生み、後、細川庄の相続を争って訴訟を起こして鎌倉に下る。その折の紀行・滞在の日記が『十六夜日記(いざよいにっき)』である。他に『うたたね』を著す。

あぶな-あぶな【副】❶(「危(あぶ)な危な」の意という)気をつけて。精一杯に。おそるおそる。例「御心につくべき御遊びをし、──思(おぼ)しいたつく」〈源氏・桐壺〉訳(左大臣は光源氏の)お気に召すような遊びをし、精一杯に苦労なさる。
❷(「合ひな合ひな」の変化した形という)身のほどに合わせて。身分相応に。例「──思ひはすべしなぞへなく高き卑しき苦しかりけり」〈伊勢・九三〉訳身分相応に恋はすべきものだ。比べるもののないほどに差のある身分の高い者と低い者との(恋は)苦しいものだなあ。
参考①は語源に従って「あぶなあぶな」とする説、②も①と同じ語源、同じ意の語と解する説、「おぶなおぶな」「おほなおほな」と同じ語とする説など、異説が多い。

あふの・く【仰のく】【他カ下二】(け・け・く・くる・くれ・けよ)上に向ける。あおむけにする。例「首をかかんと甲(かぶと)を押し──・けて見ければ、年十六、七ばかりなるが、薄化粧して鉄漿黒(かねぐろ)なり」〈平家・九・敦盛最期〉訳首を切ろうとして甲を無理にあげてあおむけにして見ると、年が十六、七歳ほどの(男)が、薄化粧をして歯を黒く染めている。注熊谷次郎直実ガ平敦盛ヲ組ミ敷イタ場面。

あふひ【葵】【名】植物の名。フタバアオイ。「賀茂葵」とも。(季・夏)例「──いとをかし。神代(かみよ)よりして、さる挿頭(かざし)となりけむ、いみじうめでたし」〈枕草子・草は〉訳葵は大変趣が深い。神代から、そうした髪や冠に挿して飾る物となったそうだが、本当にすばらしい。
参考歌では、「逢(あ)ふ日」にかけて用いることが多い。

葵の上(あふひのうへ)【人名】『源氏物語』の登場人物。左大臣の娘で、十六歳の時四歳下の光源氏と結婚するが、端正でとりすました性格で、光源氏からあまり好かれない。斎院御禊(ごけい)の際の車争いがもとで六条御息所(ろくじょうのみやすどころ)の生霊(いきりょう)に取りつかれ、夕霧を産んだ後、急死する。

あふひ-まつり【葵祭】【名】京都賀茂神社(上・下両社)の祭礼。陰暦四月の中の酉(とり)の日に行われた勅祭。「賀茂の祭」とも。石清水(いわしみず)八幡宮(=京都府八幡市)の南祭に対して北祭ともいう。葵祭の名称は、社殿をはじめ参列者の衣冠や牛車(ぎっしゃ)に葵の葉を飾ったことにちなむが、一般化したのは江戸時代で、徳川家の葵の紋を意識して、この俗称が強調された。現在は、毎年五月十五日に行われる。

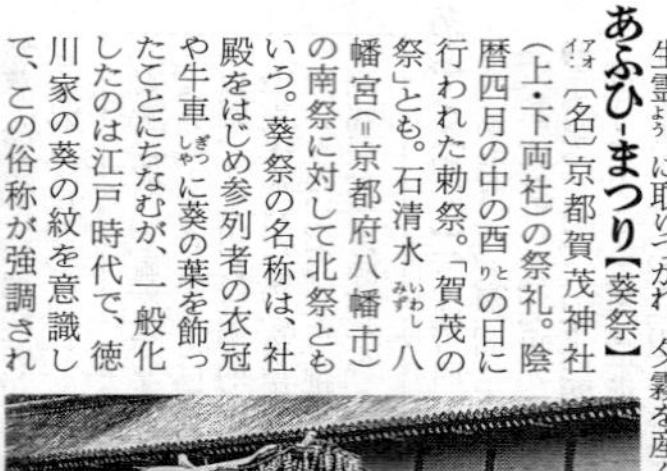
あふひまつり

近江(あふみ)【旧国名】東山道十三か国の一つ。現在の滋賀県。琵琶湖があり、「淡海(あふみ)」のある国の意である。浜名湖を「遠つ淡海」として「遠江(とほたふみ)」と称したのに対して、「近つ淡海」と琵琶湖を称して「近江」と書く。江州(ごうしゅう)。例「行く春を──の人と惜しみけり」〈去来抄・先師評〉訳古人も惜しんだこの琵琶湖のほとりの行く春を、親しい近江の人と惜しみ合ったことだ。

あぶみ【鐙】【名】(「足(あ)踏み」の意)馬具の名。馬の鞍(くら)の両脇(わき)に下げて、足を踏み掛けるもの。例「鞍壺(くらつぼ)によく乗り定まって、──を強う踏め」〈平家・四・橋合戦〉訳(馬で川を渡る時は)鞍壺(=鞍ノ上ノ腰ヲオロス所)にし

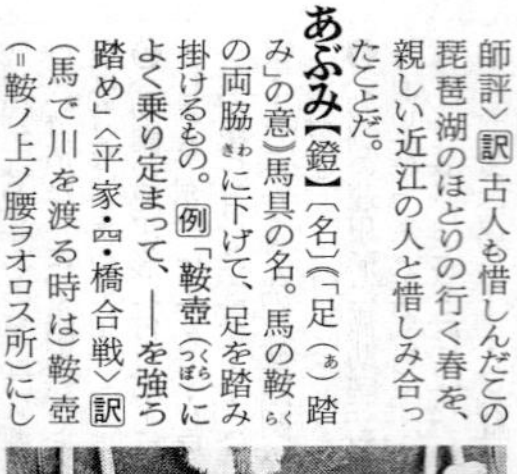
あぶみ

つかり腰を落ち着けて、鐙を強く踏め。

近江の海（近江の湖）（あふみのうみ）〘湖名〙近江の国にある「琵琶湖」の別名。「あふみのみ」とも。

近江八景（あふみはっけい）〘地名〙近江（＝滋賀県）の琵琶湖南部の湖畔の八つの景勝。中国洞庭湖の「瀟湘（せうしやう）八景」に擬して、近衛政家が選んだと伝えられる。三井の晩鐘・唐崎の夜雨・堅田の落雁・粟津の晴嵐・矢橋の帰帆・比良の暮雪・石山の秋月・瀬田の夕照、をいう。

あぶら-づ・く【脂づく】〔自カ四〕{か・き・く・く・け・け}脂肪分が付き、つややかである。例「手足、はだへなどの清らに、肥え──・きたらんは」〈徒然草・八〉訳（妙齢の女の）手足や、肌などは美しく、脂がのってつややかであるのは。

あふり【障泥】〔名〕馬具の名。はねあがる泥を防ぐために、馬の両脇や腹にかけるもの。毛皮や塗革で作る。

あふりゃう-し【押領使】〔名〕平安時代の官職名。地方にあって、暴徒や盗賊などを討伐する役職。

あふ・る【煽る】〔他ラ四〕{ら・り・る・る・れ・れ}❶あぶみで馬の脇腹を蹴って急がせる。あおる。例「馬をいたく──・りければ、馬狂ひて落ちぬ」〈宇治拾遺・一三・二〉訳馬を強く蹴ったので、馬が狂ったようにあばれて落馬してしまった。❷《近世語》おだてる。けしかける。例「おもいれ──・りつけて、おごらせてやらうではねえか」〈滑稽本・八笑人・二下〉訳思いきりおだてて、おごらせてやろうではないか。

あぶ・る〔自ラ下二〕{れ・れ・る・るる・るれ・れよ}❶落ちぶれる。みじめになる。例「行く末遠き人は、落ち──・れて、さすらへむこと」〈源氏・橋姫〉訳行く末の長い人（＝年若イ娘達）は、落ちぶれて、路頭に迷うのではないかと。❷所々にちらばる。ちりぢりになる。例「──・れゐたる兵（はつもの）ども、或いは鎧（よろひ）着ていまだ甲（かぶと）を着ぬもあり」〈平家・二・烽火之沙汰〉訳散らばって（待機して）いた兵士達は、ある者は鎧を着てまだ甲をかぶらぬ者もあり。

あへ【饗】〔名〕《「饗（あ）ふ」の連用形の名詞化》飲食などのもてなしをすること。ごちそう。例「阿閇津（あへつ）に到り、み──を供進（たてまつ）りき。故（かれ）、阿閇の村と号（なづ）く」〈播磨風土記・賀古の郡〉訳阿閇津に到着したところで、お食事（＝饗）を差し上げた。それで、（その土地を）阿閇の村と名づけた。

あ-べか・めり【有べかめり】〘連語〙《「あんべかんめり」の撥音「ん」を表記しない形。実際の発音では「ン」を入れる》あるに違いなく見える。ありそうに思われる。例「少し心のどかになりてぞ、東宮の御（おん）こと──・める」〈栄花・月の宴〉訳少し心が静まってから、東宮のこと（＝皇太子ヲ誰ニスルカノ決定）があるに違いなく見える。

あへ・く【喘く】〔自カ四〕{か・き・く・く・け・け}《室町時代頃から「あへぐ」となる》苦し気に激しく呼吸する。あえぐ。例「──・きつつわが漕ぎ行けば」〈万葉・一二・三六二六長歌〉訳あえぎながら我々が漕いで行くと。

あ・べし〘連語〙《「あんべし」の撥音「ん」を表記しない形。実際には「あンべし」と発音する》あるに違いない。あるはずだ。ありそうだ。例「果てぬるいと口惜しけれど、また──・べしと思へば頼もしきを」〈枕草子・なほめでたきこと〉訳（大輪（おおわ）という舞が）終わってしまったのが大変残念だけれど、またあるに違いないと思うと楽しみで。

あへ-しらひ〔名〕《動詞「あへしらふ」の連用形の名詞化。「あひしらひ」とも》受け答えすること。応答。もてなし。例「かくことなることなき──ばかりを慰めにては、いかが過ぐさむ」〈源氏・若菜・下〉訳こんな何ということもないあいさつぐらいを気休めにしていては、（私は）どうして日々を過ごしていけるだろうか。注光源氏ノ妻ヘノ柏木ノ思イ。

あへ-しら・ふ〔他ハ四〕{は・ひ・ふ・ふ・へ・へ}《「あひしらふ」とも》❶受け答えする。応答する。あしらう。例「わづらはしとて、ことに──・はず」〈紫式部・管絃の御遊び〉訳（人々は）厄介なことだと思って、ことさら相手にもならず。❷取り合わせ、混ぜ合わせる。あえ物にする。例「切り大根（おほね）、物の汁（しる）して──・ひて」〈蜻蛉・上・安和元年〉訳きざんだ干し大根を、何かの汁であえ物にして。

あへ・ず【敢へず】〘連語〙《動詞「敢ふ」の未然形＋打消しの助動詞「ず」》❶**こらえきれない。もちこたえられない。**例「ちはやぶる神の斎垣（いがき）にはふ葛（くず）も秋には──・ず移ろひにけり」〈古今・秋下・二六二〉訳神社のまわりの垣根にはっている葛も（草木が色を変える）秋にはもちこたえられず色が変わったことだ。❷《補助動詞的用法》**最後まで…できない。…しきれない。果たし得ない。**例「つぎさまの人は、あからさまに立ち出（い）でても、今日ありつる事とて、息もつぎ──・ず語り興ずるぞかし」〈徒然草・五六〉訳教養・品位もそれほどでない人は、ちょっと外出しても、今日あった事だと言って、息をつぐこともしないでおしゃべりに興じることだよ。

あへ-て【敢へて】〔副〕《動詞「敢（あ）ふ」の連用形＋接続助詞「て」》❶しいて。押し切って。例「いざ子ども──漕（こ）ぎ出む」〈万葉・三・三八八長歌〉訳さあみんな、押し切って（＝元気ニ）漕ぎ出そう。❷（下に打消しを伴って）少しも。まったく。例「──凶事（きやうじ）なかりけるとなむ」〈徒然草・二〇六〉訳まったく不吉な事はなかったということである。参考②は平安以降に漢文訓読の影響で生じた用法。漢文には「不敢」と「敢不」があるが、②は「敢不」にあたる。

あへ-な・し【敢へ無し】〔形ク〕《「あへ」は動詞「敢（あ）ふ」の連用形が名詞化したもの。》

> 元の意味は、抵抗することができない。そこから、どうしようもない、の意となり、また、張り合いがないの意も生まれてくる。

❶押し切って止められない。**今さらどうしようもない。**例「誰（たれ）も誰（たれ）もあやしう──・きことを思ひ騒ぎて」〈源氏・東屋〉訳（侍女達は）誰もかれもが異常でどうしても止めることのできないことについて心中動揺して。❷**張り合いがない。**拍子抜けの感じである。例「御使ひもいと──・くて帰り参りぬ」〈源氏・桐壺〉訳帝のお使いも何とも張り合いがなくて帰って参内（さんだい）した。❸**あっけない。**簡単で物足りない。例「──・きまで御前（おまへ）許されたるは、さ思（おぼ）し召すやうこそあらめ」〈枕草子・宮に初めて参りたるころ〉訳（あなたが）簡単に（宮様の）御前（ごぜん）に出ることを許されたのは、それだけお気に召すわけがあるのでしょう。

あへ-な・む【敢へなむ】〘連語〙《動詞「敢ふ」の連用形＋完了の助動詞「ぬ」の未然形＋推量の助動詞「む」》

やむをえまい。がまんしよう。差し支えなかろう。例「小さきは――むと、公(おほやけ)も許させ給ひしぞかし」〈大鏡・時平〉訳子供は(父菅原道真(みちざね)の流罪の地に連れて行っても)差し支えないだろうと、朝廷もお許しなさったのだったよ。

安倍仲麻呂(あべのなかまろ)【人名】奈良時代の遣唐留学生。唐の皇帝玄宗(げんそう)に仕え、盛唐の詩人王維(おうい)らと交遊。海難に遭い、帰国できなかった。

あへ-ら-く(アエ)【会へらく】【連語】(動詞「会ふ」の命令形＋完了の助動詞「り」の未然形＋準体助詞「く」)会ったこと。出会ったこと。例「御民(みたみ)我生ける験(しるし)あり天地(あめつち)の栄ゆる時に――思へば」〈万葉・六・九九六〉訳天皇の民である私は生きているかいがあります。(天皇のお力により)天地が栄える時に生まれ合わせたことを思うと。

あま【天】(名)(「あめ」とも)天。空。例「あをによし奈良の都にたなびける――の白雲見れど飽かぬかも」〈万葉・一五・三六〇二〉訳奈良の都にたなびいている大空の白雲は、(何度)見ても飽きないことだなあ。

参考「あめ」と同じ意味で、両方とも上代から用いられているが、「あま」は「天雲」「天飛ぶ」や「天の」「天つ」などのように必ず下に語が続き、「あめ」よりも古い形と推定される。

あま(名)**一【尼】**出家して仏門に入った女性。尼僧。比丘尼(びくに)。病気を治すための出家も多い。例「いたくわづらひて、――になりにける、とぶらはむ」〈源氏・夕顔〉訳(乳母が)ひどくわずらって、尼になってしまったのを(光源氏は)見舞おう。

二【女】(近世語)女性を卑しめて呼ぶ語。例「あくたれ――とはお前(えめ)のことだ」〈浮世風呂・二・上〉訳にくたれ娘とはお前のことだ。

あま【海人・海士・蜑】(名)❶**海で漁業や製塩に従事する人。漁夫。**例「見せばやな雄島(をじま)の――の袖(そで)だにもぬれにぞぬれし色は変はらず」〈千載・恋四〉訳あなたに見せたいものです、恋い焦がれて流す血の涙で色の変わった袖を。あの松島の雄島の海人の袖でさえ、濡(ぬ)れに濡れたのは私の袖と同じでも、色まで変わっていないのに。注『百人一首』所収、殷富門院大輔(いんぷもんいんのたいふ)作。

❷(「海女」と書く)**海にもぐって貝類・海草などを採る女。**例「――の潜(かづ)きしに入るは憂(う)きわざなり」〈枕草子・日のいとうららかなるに〉訳海女が海にもぐりに入るのはつらい仕事だ。

海人の囀(さへづ)り(サエズリ) なまって聞き取りにくい漁師の言葉を、鳥の鳴き声に見立てた言い方。漁師の聞き取りにくい言葉。例「鵜飼(うかひ)ひども召したるに、――思(おぼ)し出(い)でらる」〈源氏・松風〉訳鵜飼い(＝鵜ヲ使ッテ魚ヲ取ル漁師)達をお召しになった時、(須磨・明石の)漁師の聞き取りにくい言葉を自然にお思い出しになる。

海人の苫屋(とまや) スゲ・カヤなどを編んだもので屋根をふいた、漁師の粗末な小屋。例「さすらふる我が身にしあれば象潟(きさがた)や――にあまた旅寝ぬ」〈新古今・羇旅・九七三〉訳あちこちをさすらっている我が身だから、象潟(＝今ノ秋田県由利郡ノ地名)の漁師の粗末な小屋に幾晩も旅寝をしたよ。

あま-おほひ【雨覆ひ】(オイ)(名)❶雨に濡(ぬ)れるのを防ぐために、上におおう物。雨よけ。❷鳥の風切り羽根の根元をおおっている短い羽毛。例「――の毛を少しかなぐり散らして」〈徒然草・六六〉訳(雉(きじ)の)雨おおいの毛を少しむしり散らして。

あま-が-け・る【天翔る】(自ラ四)(ら・り・る・る・れ・れ)(「あまかける」とも)空中を飛ぶ。例「ひさかたの天(あま)の御空ゆ――・り見渡し給ひ」〈万葉・五・八九四長歌〉訳大空を飛んで見渡しなさって。

あま-ぎみ【尼君】(名)身分の高い尼を敬って呼ぶ語。尼様。例「――を恋ひ聞こえ給ひて、うち泣きなどし給へど」〈源氏・若紫〉訳(幼い若紫は)尼上をお慕い申し上げなさって、お泣きになったりするけれども。

あま-ぎら・ふ【天霧らふ】(ギラ(ロウ))【連語】(動詞「あまぎる」の未然形＋反復・継続の助動詞「ふ」)(霧や雲などで)空一面に曇る。例「――・ひ降り来(く)る雪の消(け)なめども君に逢(あ)はむと長らへ渡る」〈万葉・一〇・二三四五〉訳空一面に曇って降って来る雪のように(すぐにも)消えてしまいそうだが、あなたに逢おうとして生きながらえているんですよ。注「降り来る雪の」マデハ「消」ヲ導ク序詞。

あま-ぎ・る【天霧る】(自ラ四)(ら・り・る・る・れ・れ)雲や霧で空がかすみ渡る。空が曇る。例「梅の花それとも見えずひさかたの――・る雪のなべて降れれば」〈古今・冬・三三四〉訳これではどれが梅の花だか見分けがつかない、空を霧のように曇らせる雪が一面に降っているので。

あま-くだ・る【天降る】(自ラ四)(ら・り・る・る・れ・れ)天上界から下界におりる。神の降臨や天皇の生誕についていう。例「葦原の瑞穂(みづほ)の国を――・り知らしめしける皇祖(すめろき)の神の命(みこと)の」〈万葉・一八・四〇九四長歌〉訳葦原の瑞穂の国(＝日本)を、天から降ってお治めになった天皇の祖先の神々が。

あま-ごぜ【尼御前】(名)(中世以降の語。「ごぜ」は「ごぜん(御前)」の変化したもので、婦人の敬称)尼を敬って呼ぶ語。尼さん。尼君。例「――、何事をかくはのたまふぞ」〈徒然草・四七〉訳尼さん、何事をそのようにおっしゃるのですか。

あま-ざかる【天離る】【枕詞】(天の遠く離れたところにある「日(ひ)」の意から、同じ音を含む)「鄙(ひな)(＝イナカ)」にかかる。例「――鄙(ひな)の長道(ながち)ゆ恋ひ来れば明石(あかし)の門(と)より大和島見ゆ」〈万葉・三・二五五〉訳遠い田舎からの長い道のりを(故郷である大和を)恋い慕いながらやって来ると、明石の海峡から大和の山々が見えてきたよ。注「大和島」ハ、大和ノ国ノ山々ガ島ノヨウニ見エタモノ。

あま-さへ【剰へ】(エサ)(副)(「あまっさへ」の促音「っ」を表記しない形)「あまっさへ」に同じ。例「――、憂き恥の限りこそ見せつれ」〈落窪・四〉訳そればかりか、つらい恥のすべてをかかせてしまった。

あま・し【甘し】(形ク)❶甘味がある。あまい。❷言葉が巧みである。❸味がよい。うまい。例「寛歩(くわんぽ)駕(が)にかへ、晩食(ばんしよく)肉よりも――・し」〈芭蕉・笈の小文〉訳かごに乗る代わりに(疲れぬように)ゆっくり歩き、遅い夕食は(粗末であっても、魚や鳥の)肉よりも美味である。❹(考えや人物が)しっかりしていない。愚かである。例「――・いやつ、じろりと見た目にほやりと笑ひ、つれて内にぞ入りにける」〈近松・平家女護島・三〉訳(侍女が男の袖(そで)

を押さえてしんみりとささやくと）女に弱いその男は、じろりと見た目ですぐニヤリと笑い、連れ立って中に入った。

あま・す【余す】〔他サ四〕（き・し・す・す・せ・せ）❶余計なものとして取り残す。例「時を失ひ世に――されて、期（ご）する所なき者は、愁（れう）へながら止まり居り」〈方丈記・都遷り〉訳（出世の）機会を失い世に取り残されて、前途に期待するところのない者は、ぐちをこぼしながらじっとしている。
❷取り逃がす。逸する。例「大勢の中に取り籠（こ）めて、『――すな、漏らすな』とて攻め給へば」〈平家・六・祇園女御〉訳大勢の中に取り囲んで、「（敵を）討ち残すな、討ち漏らすな」と言ってお攻めになったので。

あま-ぜ【尼前】〔名〕《「尼御前（あまごぜ）」の略》尼を軽く敬って呼ぶ語。

あま-そぎ【尼削ぎ】〔名〕少女の髪型の一種。尼の髪のように肩から背中のあたりで切りそろえる。例「頭（かしら）は――なる稚児（ちご）の、目に髪のおほへるを掻（か）きはやらで」〈枕草子・うつくしきもの〉訳頭は尼そぎにしてある幼女が、目に髪がかぶさっているのを手でかきのけもしないで。

あまそぎ

あまた

【数多】〔副〕❶数量が多いさま。数多く。たくさん。例「鷹（たか）はしも――あれども」〈万葉・一七・四〇一一長歌〉訳（世に）鷹は数多くいるが。
❷《上代だけの用法》程度のはなはだしい様子。非常に。たいそう。例「鳥じもの海に浮き居て沖つ波騒くを聞けば――悲しも」〈万葉・七・一一八四〉訳（鳥でもないのに）鳥のように（船で）海に浮いていて、沖の波が荒れ騒ぐのを聞くと、とても悲しいなあ。

参考 ①には通常の連用修飾語の用法のほかに、次の諸用法がある。
⑴名詞的用法。例「強（あな）ちなる供の者ども――を具して」〈今昔・二七・四一〉訳えりすぐって強い供の者達大勢を伴って。
⑵名詞を修飾する接頭語的用法。例「――夜」「――年」「――度（たび）」など。
⑶「なり」「に」などの語尾を伴う形容動詞の用法。例「打つ田には稗（ひえ）は――にありといへど選（え）らえし我そ夜をひとり寝（ぬ）る」〈万葉・一一・二四七六〉訳耕した田には稗は多くあるというのに、選び除かれた私は、夜を一人でさびしく寝ている。

あまた-かへり【数多返り】（エリ:カ）〔副〕何回も。繰り返し。例「御文は明くる日ごとに、――づつ奉らせ給ふ」〈源氏・総角〉訳（匂宮（におうのみや）から中の君に）お手紙は毎日毎日、（日に）何度となく差し上げなさる。

あまた-たび【数多度】〔副〕何度も。たびたび。例「土器（かはらけ）――流れ、みな酔ひになりて」〈源氏・行幸〉訳杯が何度も順ぐりに回り、皆酔ってしまい。

あま-たら・す【天足らす】〔連語〕《「天足る」の未然形＋尊敬の助動詞「す」》天空に満ち満ちていらっしゃる。例「天の原振り放（さ）け見れば大君の御寿（みいのち）は長く――したり」〈万葉・二・一四七〉訳大空を振り仰いで見ると、大君のお命は長久であり天空に満ち満ちていらっしゃる。

あま-ぢ【天道・天路】（ジ）〔名〕❶天上にあるという道。例「夕星（ゆふづつ）も通ふ――をいつまでか仰ぎて待たむ月人壮子（つきひとをとこ）」〈万葉・一〇・二〇一〇〉訳宵（よい）の明星（＝金星）も通い始めた天上にある道を、（彦星が現れるのを）いつまで仰ぎ待ったらよいのでしょうか、お月様よ。注七夕（タナバタ）ノ織姫（ヒメ）ノ身ニナッテ詠ンダ歌。「月人壮子」ハ、月ヲ若イ男子ニ見立テタ、月ノ異名。
❷天へ昇る道。昇天する時に通る道。例「ひさかたの――は遠しなほなほに家に帰りて業（なり）をしまさに」〈万葉・五・八〇一〉訳自由になる天へ昇る道は遠い、（だから）すなおに家へ帰って家業に励みなさい。注父母ヤ妻子ヲ捨テテ隠レ住ム人々ニ、ソレハ間違イダト諭（サト）シタ歌。

あま-つ【天つ・天津】〔連語〕《「つ」は今の「の」の意》天の。空の。天上界の。

天つ風（かぜ） 空を吹く風。例「――雲の通ひ路（ぢ）吹き閉ぢよ少女（をとめ）の姿しばしとどめむ」〈古今・雑上・八七二〉訳空を吹く風よ、雲の中を通り、この地上と通じている道を吹き閉ざしてくれ。天女達の（美しい）姿をもうしばらくとどめておきたいから。注『百人一首』所収ノ、僧正遍昭（ソウジョウヘンジョウ）ノ歌。

天つ神（かみ） 天（＝高天原（タカマガハラ））にいる神。また、そこから降（くだ）ってきた神。⇔くにつかみ

天つ空（そら） ❶天空。天上界。また、はるかに遠い所。例「夕暮れは雲のはたてに物ぞ思ふ――なる人を恋ふとて」〈古今・恋一・四八四〉訳夕暮れには雲のはてに向かって物思いをする。自分の手の届かない、はるかに遠い人を恋しく思うというので。
❷宮中。例「身は下（しも）ながら言（こと）の葉を――まで聞こえ上げ」〈古今・雑体・一〇〇三長歌〉訳（柿本人麻呂は）下賤（げせん）の身でありながら、歌を宮中にまで申し上げ。
❸気持ちが落ち着かないさま。うわのそら。例「立ちて居てたどきも知らず我（あ）が心――なり土は踏めども」〈万葉・一二・二八八七〉訳立っても座っても物に手がつかず、私の心はうわのそらです。土を踏んではいるのですが。

天つ日嗣（ひつぎ） 「天つ神（かみ）」の位や系統を継承すること。皇位継承。また、天皇の位。

天つ御門（みかど） 皇居の門。また、皇居。例「明日香（あすか）の真神（まかみ）の原にひさかたの――をかしこくも定め給ひて」〈万葉・二・一九九長歌〉訳明日香の真神の原（＝奈良県高市郡明日香村ノ安居院（アンゴイン）ノ一帯）に、皇居を恐れ多くもお定めになって。

天つ少女（をとめ） ❶天女。例「ひさかたの――が夏衣（なつごろも）雲居（くもゐ）にさらす布引（ぬのびき）の滝」〈新古今・雑中・一六五一〉訳天女が夏衣を大空にさらしているように見えるよ、この布引の滝（＝神戸市生田川上流ノ滝）は。
❷陰暦十一月に宮中で行われる「五節（ごせち）」の舞姫を天女にたとえていう。

あま-つ-かみ【天つ神】⇒「あまつ」子項目

あまっ-さへ【剰へ】（エ:サ）〔副〕《「あまりさへ」の促音便。「あまさへ」とも。現代語では音便の意識が失われて「アマッサエ」となった》❶あることの上に、さらにつけ加わるさま。それだけでなく。それどころか、さらに。例「中納言・大納言に経（へ）上がって、――丞相（しょうじょう）の位に至る」〈平家・一・鱸〉訳中納言・大納言にしだいに昇進して、さらに大臣の

位に至る。注平清盛ノ出世ブリヲ言ッタモノ。❷極端・異常であるさま。驚いたことに。事もあろうに。例「判官――封をも解かず、急ぎ時忠の卿のもとへ送られけり」〈平家・一一・文之沙汰〉訳（妻に頼まれ）判官（＝義経）は事もあろうに（その父時忠の罪の証拠の手紙を）封も解かず、急いで時忠卿の所へお送りになった。

あま-つ-そら【天つ空】⇩「あまつ」子項目

あま-づた・ふ【天伝ふ】一〔自ハ四〕大空を伝わる。例「ひさかたの――・ひ来る雪じもの」〈万葉・三・二六一長歌〉訳天を伝わって降ってくる雪のように。二〔枕詞〕「日」が大空をめぐることから、「ひ（日）」にかかる。例「――日の暮れぬれば」〈万葉・一三・三二五八長歌〉訳日が暮れはてると。

あま-つ-ひつぎ【天つ日嗣ぎ】⇩「あまつ」子項目

あま-つ-みかど【天つ御門】⇩「あまつ」子項目

あま-づら【甘葛】〔名〕甘味料を採取する、ツル草の一種。今の「あまちゃづる」のことという。また、その茎からとった汁で作った甘味料。「甘葛煎」とも。例「削り氷に――入れて、新しき金鋺に入れたる」〈枕草子・あてなるもの〉訳（上品なものは）削り氷にあまずらの汁を入れて、新しい金属製の鋺に入れてあるの。

あま-つ-をとめ【天つ少女】⇩「あまつ」子項目

天照大御神〔神名〕伊邪那岐命の娘で、高天原の主神。弟の素戔嗚尊の暴力に怒り、天の岩屋戸に隠れた神話が知られる。日の神と仰がれ、また皇室の祖神として伊勢神宮にまつられている。

あま-て・る【天照る】〔自ラ四〕大空に照る。例「ひさかたの――・る月の隠れなば何になぞへて妹をしのはむ」〈万葉・一一・二四六三〉訳大空に照る月が隠れてしまったら、何になぞらえてあの娘をしのぼう。

あまとぶ-や【天飛ぶや】〔枕詞〕（「や」は間投助詞）（天を飛ぶ「雁」「鳥」の意から、また、「雁」に音が似ているということで）「雁」「鳥」「軽」にかかる。また、「領布」にもかかる。例「――雁を使ひに得てしかも奈良の都に言告げやらむ」〈万葉・一五・三六七六〉訳雁を使いとして手に入れたいものだ、（そうしたら）奈良の都に言伝てをしよう。

あまな・ふ【甘なふ】〔自ハ四〕❶よしとして受け入れる。甘んずる。例「清貧を――・ひて、友とする書の外はすべて調度のわづらはしきをいとふ」〈雨月・菊花の約〉訳清貧に甘んじて、日夜親しむ書物のほかはすべて身の回りの道具類は煩わしがって置かなかった。❷うまい物として飲食する。例「今より左に餅を持し、右に煎茶を――・ひて」〈俳文・鶉衣〉訳これからは（酒をやめて）左手に餅、右手に煎茶を持って、これらを好物として飲食して。

あまね・し【遍し・普し】〔形ク〕広く行き渡っている。すべてがそうなっている。例「年ごろ世の中には――・き御心なれど」〈源氏・少女〉訳（光源氏は）長年の間世間の人々には広く行き渡る情け深い心をお持ちだが。

あま-の【天の】〔連語〕（「あめの」とも）天上界の。

天の浮き橋（「はし」は「はしご」の意）天上界から地上に降りるために、大空に浮いてかかっている階段。例「二柱の神、――に立たして」〈古事記・上・伊邪那岐命と伊邪那美命〉訳（伊邪那岐・伊邪那美のお二方の神は、天の浮き橋にお立ちになって。

天の河原 ❶天上界にあるという安の河原。天の安の河原。例「ひさかたの――に出で立ちてみそきてましを」〈万葉・三・四二〇長歌〉訳天の安の河原に行ってみそぎをすればよかったのに。❷天の川の河原。例「狩り暮らしたなばたつめに宿借らむ――に我は来にけり」〈伊勢・八二〉訳一日中狩りをして、（夜になったら）織女星に宿を借りよう。天の川の河原に私はやって来たのだ。注大阪府枚方市禁野付近ノ「天の川」ヲ天上ノ川ニ見立テタモノ。

天の門 ❶天上の渡り道。例「秋風に声をほにあげて来る舟は――渡る雁にぞありける」〈古今・秋上・二一二〉訳秋風に櫓の音のような声を帆のように高く上げて来る舟は、天上の道を渡る雁だったのだなあ。注空ヲ渡ル雁ヲ海ノ舟ニ見立テタモノ。❷天の川の渡り場。例「星合ひの空をながめつつ、――渡るかぢの葉に、思ふこと書くころなれや」〈平家・一・祇王〉訳牽牛・織女の逢うという空をながめつつ、天の川の渡り場を渡る舟のかじではないが、梶の葉に、男女が思いを書く頃であるよ。注「かぢ」ハ、舟ノカジト植物ノ梶トノ掛詞。七夕ノ夜、相思ノ男女ガ梶ノ葉ニ願イヲ書イテ祈ル風習ガアッタ。❸高天原にあったとされる天上界への入り口の門。例「ひさかたの――開き高千穂の嶽に天降りし」〈万葉・二〇・四四六五長歌〉訳天上界の門を開き高千穂の峰に天降った。

天の羽衣 天人の着る衣服。薄くて、織り目も縫い目もない。これを着ると、天人になり、空を飛べるようになる。例「――うち着せ奉りつれば、翁を、いとほしく、かなしと思しつることも失せぬ」〈竹取・かぐや姫の昇天〉訳（天人がかぐや姫に）天の羽衣をお着せ申し上げると、竹取の翁を、かわいそうで、ふびんだとお思いになっていたことも消えてしまった。

天の岩戸〔地名〕神話で伝えられている天上界の高天原にある岩でできた家の岩の戸。須佐之男命の乱暴な行為に立腹した天照大神が岩屋に閉じこもり、夜の世界になったため、神々が困惑したが、天宇受売命がその前で踊り、手力男命が引き開けた戸といわれる。

天の岩屋〔地名〕⇩天の岩戸

天の香具山〔山名〕❶天界である高天原にあったといわれる山。❷（上代には「あめのかぐやま」とも）奈良県橿原市の東にある丘のような小山。耳成山・畝傍山と合わせて大和三山として人々から親しまれる。①が地上に降りたものという伝説がある。例「ほのぼのと春こそ空に来にけらし――霞たなびく」〈新古今・春上・二〉訳（待ちこがれていた）春がほのかに空に来たらしい。天の香具山（のあたり）に（春の印の）霞がたなびいている。

あま-の-がは【天の川・天の河】〔名〕銀河。（季・秋）例「うつくしやせうじの穴の――」〈一茶〉訳病に伏したまま、七夕を迎えた。病気もようやく峠を越し、障子の破れ穴からちょうど天の川が見えるが、寝たままでしみじみ眺めるその天の川のなんと美しいことか。

あま-の-かはら【天の河原】⇩「あまの」子項目

あま-の-こ【海人の子】〔連語〕❶漁師の子。身分の卑しい者をたとえていうこともある。例「漁(あさ)りする――どもと人は言へど見るに知らえぬうまひとの子と」〈万葉・五・八五三〉訳 魚をとる漁師の子供だとあなた方は言うけれど、一目でわかりました、(あなた方は)良家のお嬢さんだと。❷(船に住んで世を渡る意から)遊女のこと。

あま-の-さへづり【海人の囀り】⇩「あま(海人)」子項目

あま-の-と【天の門】⇩「あまの」子項目

あま-の-と【海の門】〔名〕海峡。瀬戸。

あま-の-とまや【海人の苫屋】⇩「あま(海人)」子項目

あま-の-はごろも【天の羽衣】⇩「あまの」子項目

天の橋立(あまのはしだて)《地名》京都府宮津市の宮津湾にある砂州。白砂青松の景観で知られ、松島・安芸の宮島とともに日本三景の一つ。

天の橋立

あま-の-はら【天の原】〔名〕❶天上界。高天原。例「吾が隠(こも)り坐(ま)すによりて、――おのづから闇(くら)く」〈古事記・上・天照大神と須佐之男命〉訳 私(=天照大神)がお隠れになったことによって、天上界が自然に暗くなり。❷ひろびろとした空。大空。例「――ふりさけ見れば春日(かすが)なる三笠(みかさ)の山に出(い)でし月かも」〈古今・羇旅・四〇六〉訳 (今、中国の)大空をはるかに遠く見やると、(この月は)春日の地にある三笠山に出た月(と同じ月)なのだなあ。注 留学生トシテ唐ニ渡ッタ安倍仲麻呂ガ日本ヲシノンデ詠ンダ歌。『百人一首』ニ所収。

あま-びこ【天彦】〔名〕やまびこ。こだま。

あま-びと【天人】〔名〕(「天人」の訓読み)天上界に住む人。天人。天女。⇩てんにん 例「いにしへ、――の翔(かけ)りて琵琶(びは)の手教へけるは」〈源氏・宿木〉訳 昔、天人が舞い降りてきて琵琶の曲を教えたというのは。

あま・ゆ【甘ゆ】〔自ヤ下二〕{え・え・ゆ・ゆる・ゆれ・えよ}❶甘い味や香りをもつ。例「いと――・えたる薫物(たきもの)の香(か)を、かへすがへすたきしめる給へり」〈源氏・常夏〉訳 (近江の君は)じつに甘ったるい(下品な)薫物の香りを、何度も何度も(着物に)たきしめていらっしゃる。❷いい気になって、なれなれしく振る舞う。あまえる。例「舎脂夫人(しゃしぶにん)、――・えて帝釈(たいしゃく)と戯(たはぶ)る」〈今昔・五・三〇〉訳 舎脂夫人(=帝釈天ノ妻)は、甘えて帝釈天とふざけ合う。❸恥ずかしがる。てれる。例「『遺恨のわざをもしたりけるかな』とて、――・えおはしましける」〈大鏡・道長・下〉訳「まことに残念なこと(=梅ノ木ヲ取リ上ゲタコト)をしたことだな」とおっしゃって、帝(みかど)は恥ずかしがっておいででした。

あまり

【余り】■一〔名〕《動詞「あまる」の連用形の名詞化》❶ある基準・限度を超えた分量。それ以上の物。**余分**。例「枯野(からの)を塩に焼き其(し)が余り琴に作り」〈古事記・下・仁徳〉訳 枯野(=船ノ名)の廃材を塩を採るために焼き、その余りで琴を作って。❷(多く「連体修飾語+あまり(に)」の形で)限度を超えること。度を過ごすこと。**勢いのあまり**。例「京の近づく喜びの――に、ある童(わらは)のよめる歌」〈土佐・二月五日〉訳 京が近づくうれしさのあまりに、ある子供が詠んだ歌。■二〔副〕❶動作・状態が過度であるさま。**度を過ごして**。**必要以上に**。非常に。例「――かしこまりたるも、げに悪(わろ)きことなり」〈枕草子・文ことばなめき人こそ〉訳 必要以上に堅くるしい言葉を使うのも、実によくないことだ。❷(下に打消しを伴って)一定の基準に達しないさま。**あんまり(…ない)**。**それほど**。例「いと――むつまじうもあらぬまらうどの来て」〈枕草子・心ゆくもの〉訳 (気持ちのよいものは、)一人でやるせない気分の折に)さほど親しいというわけでもない客が来て(世間話をしていくこと)。■三〔形動ナリ〕度が過ぎているさま。**あんまりだ**。**ひどすぎる**。例「わざと思ふべき住まひにもあらぬを、用意こそ――・なれ」〈源氏・東屋〉訳 それほど遠慮しなければならない住み家でもないのに、(弁の尼の)心遣いは度が過ぎている。■四〔接尾〕❶数詞に添えて、それより少し多い意を表す。例「朱雀院(すざくゐん)の行幸は、神無月(かんなづき)の十日――なり」〈源氏・紅葉賀〉訳 (桐壺帝の)朱雀院への行幸は、十月十日過ぎである。❷二けた以上の数をいう時、上下の数の間にはさんで用いる。例「十二月(しはす)の二十日(はつか)――一日(ひひと)の日の戌(いぬ)の時に門出す」〈土佐・十二月二十一日〉訳 十二月の二十一日の日の午後八時頃に出発する。

あまり-ごと【余り事】〔名〕❶必要以上に付け加わること。余分なこと。❷もうけもの。例「昨日の夕暮れまで侍(はべ)りしは、いとかしこしとなむ思う給ふる。今日までは――になむ」〈枕草子・職の御曹司におはします頃、西の廂にて〉訳 (雪が)昨日の暮れ方まで消えずに残っていたのは、とても大したものだと思っております。今日まで残っているとはもうけものである。

あまり-さへ【剰へ】〔副〕《名詞「余り」+副助詞「さへ」。「あまっさへ」「あまさへ」とも》その上。そればかりでなく。例「――疫癘(えきれい)うち添ひてまさざまに、あとかたなし」〈方丈記・飢渇〉訳 (飢饉の翌年は)その上に伝染病が加わってひどくなるばかりで、(立ち直りの)形跡もない。

あま・る【余る】〔自ラ四〕{ら・り・る・る・れ・れ}❶(限度や範囲などを)超えてあふれる。余分になる。余る。例「在原業平(ありはらのなりひら)は、その心――・りて、言葉足らず」〈古今・仮名序〉訳 在原業平は、情感がありすぎていて、(それを表現する)言葉が不足している。❷(多く、「身に余る」の形で)その人の程度を超える。分に過ぎる。例「身に――・るまでの御心ざしの万(よろづ)にかたじけなきに」〈源氏・桐壺〉訳 (娘、桐壺更衣(きりつぼのこうい)の)分に過ぎた(桐壺帝の)ご愛情がすべてにつけて恐れ多いほどであったために。❸処理する能力を超える。力が及ばない。例「手に――・って討たれぬ事有るべし」〈太平記・三・五〉訳 手にもてあまして討ち負かすことのできない事もあるはずだ。

あま-をとめ【天少女】〔名〕■一【天少女】《「天つ少女」とも》天女。例「君を待つ松浦(まつら)の浦の少女(をとめ)らは常世(とこよ)の国の――かも」〈万葉・五・八六五〉訳 あなたを待つ松浦の浦の娘達は、不老不死の国の天女でしょうか。■二【海人少女】少女の海人。海で働く少女。例「夕なぎに藻塩(もしほ)焼きつつ――ありとは聞けど」〈万葉・六・九三五〉長歌〉訳 風がなくなる夕方に藻塩を焼いて、海人の少女がいるとは聞いているが。

あま-をぶね【海人小舟・蜑小舟】 ■一〔名〕漁夫の乗る小舟。漁船。あまぶね。

■二《枕詞》■一が「泊(は)つ(=停泊スル)」ことから、それと同音の「はつ」にかかる。例「——泊瀬(はっせ)の山に降る雪の日(け)長く恋ひし君が音(おと)ぞする」〈万葉・10・2347〉訳 泊瀬の山に降り積もった雪の雪どけのように長い間恋しく思い続けてきたあの方のおいでになる音がする。注「降る雪の」マデハ、消エル意ノ「け(消)」ト同音ノ「日(け)」ヲ導ク序詞。

あみだ【阿弥陀】〔名〕❶〔仏教語。梵語の音写。無量光・無量寿などと訳す〕仏の名。西方極楽浄土の主である如来(にょらい)。すべての人々を救うため四十八の願を立てた。日本では平安中期以後この仏の信仰が盛んになり、その後、浄土宗・浄土真宗の本尊として、その名を唱えれば極楽往生(ごくらくおうじょう)ができると信じられた。「あみだぶつ」「あみだにょらい」「みだ」とも。

あみだ① (平等院)

❷「あみだがさ」の略。

阿弥陀の聖(ひじり) 阿弥陀の名号を唱えて、人々に念仏を勧めて歩くこと。また、それをする僧。

あみだ-がさ【阿弥陀笠】〔名〕笠を、内側が見えるように後ろに傾けてかぶること。阿弥陀像の光背に似ているのでいう。例「後ろしぶきに降る雨は、かたげて急ぐ——」〈近松・冥途の飛脚・下〉訳 後ろから吹きつける雨(に対して)は、(笠を)後ろに傾けて阿弥陀笠で先を急ぐ。

あみだ-きゃう【阿弥陀経】〔名〕仏教の教典名。浄土三部経の一つで、極楽浄土に往生するために、阿弥陀の名号を唱えることを勧めている。

あみだ-ぶつ【阿弥陀仏】〔名〕⇩あみだ①

あみだ-ぼとけ【阿弥陀仏】〔名〕⇩あみだ①

あみ-ど【編み戸】〔名〕竹・葦・片木などを編んで作った、粗末な戸。例「たそかれ時も過ぎぬれば、竹の——を閉ぢふさぎ」〈平家・一・祇王〉訳 夕暮れ時も過ぎてしまったので、竹の編み戸を閉じて。

あ・む【浴む】〔他マ上二〕{み・み・む・むる・むれ・みよ}《「あぶ」とも》湯や水を体にかぶる。浴びる。例「湯たびたび——・み、いみじう潔斎してきよまはりて」〈大鏡・実頼〉訳 湯をたびたび浴びて、懸命に心身を清めて。

あめ【天】〔名〕《「あま」とも》空。天空。また、神仏の住む天上の世界。対 つち(地) 例「——に参上(まゐのぼ)る時、山川ことごとに動(とよ)み、国土(くにつち)皆震(ゆ)りき」〈古事記・上・天照大神と須佐之男命〉訳 (須佐之男命が)天に上っていった時、山や川はことごとく鳴り響き、大地は皆揺れ動いた。⇩あま(天) 参考

あめ【雨】〔名〕❶空から降る雨。また、それが降る日。例「秋の日の——江戸に指折らむ大井川」〈千里・野ざらし紀行〉訳 秋の雨が一日中降り続く。江戸では、きっとこの雨の中で、師芭蕉の門人達が旅立ちからの日数を指折り数えて、心配してくれているだろう。道中一の難所大井川を越す日のこと。注 千里ハ「野ざらし紀行」デ芭蕉ノ供ヲシタ弟子。

❷涙など、しきりに落ちかかるもののたとえ。例「誰もみな涙の——にせきかねぬ空もいかがはつれなかるべき」〈新古今・哀傷・八四三〉訳 (亡き母を慕って)誰もがみんな激しく落ちかかる涙を抑えることができなかった。(それを見て)空もどうして平気でいることができようか(いや、できないはずだ)。

あめ-うじ【黄牛】〔名〕毛色があめ色(=薄イ黄褐色)の牛。上等な牛とされた。例「さる車に——かけたる」〈枕草子・にげなきもの〉訳 そのような車(=粗末ナ作リノ牛車)にあめ牛をつけているの(は似つかわしくない)。

あめ-が-した【天が下】〔名〕「あめのした」に同じ。例「——に住まん程は、ともかうも入道殿の仰(おほ)せをば背くまじきことにてあるぞとよ」〈平家・一・祇王〉訳 この世の中に住んでいるかぎりは、とにもかくにも入道殿のおっしゃる事に背いてはならないということなのだよ。

あめ・く【叫く】〔自カ四〕{か・き・く・く・け・け}《「をめく」とも》大声をだす。わめく。例「酒飲みて——・き」〈枕草子・にくきもの〉訳 酒を飲んでわめき。

あめ-つち【天地】〔名〕❶天と地。また、天地が構成する世界全体。宇宙。例「——の初めの時ひさかたの天(あま)の河原に八百万(やほよろづ)千万神(ちよろづかみ)の神集(かむつど)ひ集ひいまして」〈万葉・二・一六七長歌〉訳 天と地のはじめの時、天の河原に多くの神々達がお集まりになって。

❷天の神と地の神。例「——を嘆き請ひ禱(の)み幸(さき)くあらばまた帰り見む志賀の唐崎(からさき)」〈万葉・一三・三二四一〉訳 天地の神を嘆きつつ祈って、無事であったらまた帰って来て眺めよう、志賀の唐崎(=滋賀県大津市)を。

❸《「天地のことば」の略》「いろは歌」に先立って行われた手習い歌。「あめ、つち、ほし、そら」で始まり、ア行・ヤ行の「え」を区別した四十八の仮名を網羅する。

あめ-の-した【天の下】〔名〕《「あめがした」とも。漢語の「天下」を和訳したもの》❶(地理的な意味で)地上の世界。例「——すでに覆(おほ)ひて降る雪の光を見れば貴くもあるか」〈万葉・一七・三九二三〉訳 地上の世界をすっかり覆って降り積もっている雪の光(=天皇ノ御威光)を見ると、なんと貴い事でしょうか。

❷(社会的・政治的な意味で)この世。天下。世間。例「やうやう——にも、あぢきなう人のもて悩みぐさになりて」〈源氏・桐壺〉訳 (帝(みかど)の寵愛(ちょうあい)ぶりは)しだいに世間でも、にがにがしい事だと人々の悩みの種になって。

あ・めり 《連語》(「めり」は推定の助動詞)《「あんめり」の撥音「ん」を表記しない形。実際には「あンめり」と発音する》あると見える。あると思える。あるようだ。例「心ざしおろかならぬ人々にこそ——・めれ」〈竹取・貴公子たちの求婚〉訳 (かぐや姫への)愛情がいい加減ではない人々であるようだ。

あも・る【天降る】〔自ラ上二〕{り・り・る・るる・るれ・りよ}❶天上から地上に降りる。あまくだる。例「高千穂の嶽(たけ)に——・りし皇祖(すめろき)の神の御代より」〈万葉・二〇・四四六五長歌〉訳 高千穂の岳に天降られた天孫の神の御代から。

❷天皇がお出ましになる。行幸する。例「和豐(わざみ)が原の行宮(かりみや)に——・りいまして天(あめ)の下治め給ひ」〈万葉・二・一九九長歌〉訳 和豐が原(=岐阜県不破郡)の仮宮に行幸なさって天下をお治めになり。

あや〔名〕■一【文】❶(水面の波紋・木目・織物の紋様など)入りくんだ線の模様。特に斜めの線が交錯して作る模様。

すじめ。例「さざれ波寄する――をば青柳(あをやぎ)の影の糸して織るかとぞ見る」〈土佐・二月十一日〉訳さざ波が寄せて水面に描く模様を、青柳の枝の影が糸となって、織り出しているのかと見えることだよ。

❷筋道。道理。条理。

❸美しさを添えるもの。いろどり。特に、文章の飾り。修辞。表現技巧。

二【綾】美しい模様を織り出した絹織物。綾織物。「錦(にしき)」とともに高級織物の代表とされる。例「錦――の中に包める斎児(いはひご)も妹(いも)にしかめや」〈万葉・九・一八〇七長歌〉訳錦や綾の中にくるんだ大切な箱入り娘も、この娘(こ)に及ぼうか(いや、及びはしない)。

あや-おりもの【綾織物】〔名〕⇩あや二

あやか・る【肖る】〔自ラ四〕{ら・り・る・る・れ・れ}❶影響されて同じようになる。似る。例「風速み峯の葛葉(くずは)のともすれば――・りやすき人の心か」〈拾遺・雑恋〉訳風が速いので、峰の葛の葉が風に吹かれて裏返るように、ともすると人の影響を受けて心変わりしやすいあなたの心なのですねえ。

❷幸福な人に似て幸福になる。例「こなたも追付(おつつけ)――・り給へ。私も美しき子を生んでからお家へうばに出ました」〈西鶴・好色五人女・一・三〉訳あなたも早くあやかってよい子を持ちなさい。私もかわいい子を産んでから(この)お宅へ乳母として来ました。

あや・し

〔形シク〕《感動詞「あや」＋語尾「し」》類 いやし

> 異常で理解しがたい、不思議だ、が基本的な意。貴族の目から見ると、貧しい庶民の生活は、理解しがたい不思議なものに見えるので、「あやし(三)」の意が出てくる。

一【奇し・怪し】❶理解できない。不思議である。神秘的である。例「御かたち有様、――・しきまでぞ覚(おぼ)え給へる」〈源氏・桐壺〉訳(藤壺(ふじつぼ)の)容貌(ようぼう)やご様子が、不思議なほど(亡き桐壺更衣(きりつぼのこうい)に)よく似ているとお思いになった。

❷異常である。変だ。妙だ。例「心にうつりゆくよしなしごとを、そこはかとなく書きつくれば、――・しうこそものぐるほしけれ」〈徒然草・序〉訳次々と心に浮かんでは消えていくたわいのないことを、とりとめもなく書きつけていると、妙に正気を失ったような気持ちになる。

❸不都合である。けしからんことだ。例「打橋(うちはし)、渡殿(わたどの)のここかしこの道に、――・しきわざをしつつ」〈源氏・桐壺〉訳打橋(＝建物間ノ橋)や渡り廊下のあちらこちらの通路に、(桐壺更衣(きりつぼのこうい)が通れないように糞尿(ふんにょう)をまき散らすなど)けしからんことを繰り返しやって。

三【賤し】❶身分が卑しい。下賤である。例「――・しき賤(しづ)山がつも力尽きて」〈方丈記・飢渇〉訳(飢えのため)身分の低い木こりなども力が尽きて(仕事ができず)。

❷そまつで見苦しい。みすぼらしい。例「花の名は人めきて、かう――・しき垣根になむ咲き侍(はべ)りける」〈源氏・夕顔〉訳(夕顔という)花の名は人の(名前の)ようで、こうしてみすぼらしい家の垣根に咲くのでございます。

あやし-が・る【怪しがる】〔他ラ四〕{ら・り・る・る・れ・れ}変だと思ってそれを態度にだす。不思議がる。例「いと思ひのほかなる人の言へれば、人々――・る」〈土佐・二月六日〉訳ほんとうに予想外の人が歌を詠んだので、(そこに居合わす)人々は不思議に思う。

あやし-げ〔形動ナリ〕《「げ」は接尾語。「あやし」と感じられる様子》一【怪しげ】普通と違うと感じられる様子。例「例の、いかに――・に古めきたりけむ」〈源氏・宿木〉訳(按察(あぜち)の大納言の奉った祝いの和歌は)例によって、どんなにか風変わりに古めかしかったろう。

二【賤しげ】見苦しいと感じられる様子。例「いと――・なる下衆(げす)の小家(こいへ)なむある」〈更級・初瀬〉訳大変見苦しい身分の低い者の小さな家がある。

あやし・ぶ【怪しぶ】〔他バ四〕{ば・び・ぶ・ぶ・べ・べ}「あやしむ(一)」に同じ。例「相人(さうにん)驚きて、あまたたび傾(かたぶ)き――・ぶ」〈源氏・桐壺〉訳人相見は驚いて、何度も何度も首を傾けて不思議がる。

あやし・む【怪しむ】一〔他マ四〕{ま・み・む・む・め・め}《「あやしぶ」とも》不思議に感ずる。変だと思う。例「怪しみを見て――・まざる時は、怪しみかへりて破る」〈徒然草・二〇六〉訳怪異を見ても怪しまない時は、怪異は逆に成り立たなくなる。

二〔他マ下二〕{め・め・む・むる・むれ・めよ}見とがめる。例「すは、我が君を――・むるは、一期(いちご)の浮沈極まりぬ」〈謡曲・安宅〉訳それ、我らが主人をとがめだてするとは、(今こそ)一生の一大事であるぞ。

あや-な・し

【文無し】〔形ク〕類 わりなし

> 「あや(文)」は、物事の筋道や道理のこと。それが無いということで、わけがわからない、道理に合わない、の意になる。

❶道理に合わない。例「春の夜の闇(やみ)は――・し梅の花色こそ見えね香やは隠るる」〈古今・春上・四一〉訳春の夜の闇は(梅の花を人の目から隠すという)道理に合わないことをする。梅の花は、色こそは見えないが、香りは隠れるだろうか。

❷そうする理由がない。例「山おろしにたへぬ木(こ)の葉の露よりも――・くもろき我が涙かな」〈源氏・橋姫〉訳山から吹き下ろす風にたえきれずにこぼれ落ちる、木の葉の露よりももろくて、わけもないのにこぼれ落ちる私の涙よ。

❸意味がない。つまらない。例「などて――・きすさび事につけても、さ思はれ奉りけむ」〈源氏・明石〉訳どうしてつまらない慰み事につけても、(妻の紫の上に)そのように(＝浮気者トシテ)思われ申したのだろうか。

あや-に【奇に】〔副〕通常の理解を超えて、深く心を動かすさま。ふしぎなほど。たとえようもなく。むしょうに。例「夕されば――悲しび明けくればうらさび暮らし」〈万葉・二・一五九長歌〉訳夕方になるとたとえようもなく悲しみ、夜が明けると心もすさんで暮らし。

あや-にく

【生憎】〔形動ナリ〕⇩あやにくがる・あやにくだつ

> 感動詞「あや」に形容詞「憎(に)し」の語幹「にく」が付いたものといい、予想・期待に反したことになって、ああ、憎い、と思うような状態を示す。現代語「あいにく」の古い形。

❶予想・期待に反して都合の悪いことが起こる様子。**かえって具合が悪い。あいにくである。** 例「朝涼（あさすず）みのほどに出（い）で給ひければ、——・にさしくる日影もまばゆくて」〈源氏・椎本〉訳朝の涼しい内に（京を）お出になられたので、（薫（かおる）が宇治に着いた昼の頃は）あいにくと差し込んで来る日の光もまぶしくて。

❷予想・期待に反したことを行う様子。**意地が悪い。** 例「帝（みかど）の御おきて極めて——・におはしませば」〈大鏡・時平〉訳醍醐（だいご）天皇のご処置は極めて意地悪くいらっしゃったので。

❸予想に反して起こることの程度がはなはだしい様子。逆にあまりに激しい。かえって強い。例「かれは人の許し聞こえざりしに、御志——・なりしぞかし」〈源氏・桐壺〉訳あちら（＝桐壺更衣（キリツボノコウイ））は他の女御（にょうご）や更衣の方々がお認め申さなかったのに、かえって天皇のご愛情があまりにも深かったものであるよ。

あやにく-が・る【生憎がる】〔自ラ四〕（ら・り・る・る・れ・れ）《「がる」は接尾語》思い通りにならず、いやだという態度をとる。いやがる。また、強情を張る。例「習はせ給ふほども、——・りすまひ給へど」〈大鏡・道兼〉訳（舞を）お習いなさる間にも、だだをこねていやがりなさるけれど。

あやにく-だ・つ【生憎だつ】〔自タ四〕（た・ち・つ・つ・て・て）《「だつ」は接尾語》強引に人を困らせる態度をとる。わがままに振る舞う。例「——・ちて物取り散らし損（そこ）なふを」〈枕草子・人ばへするもの〉訳勝手放題に振る舞って物を取り散らかしてこわしたりするのを。

あやふ-が・る【危ふがる】（アヤウ…）〔自ラ四〕（ら・り・る・る・れ・れ）《「がる」は接尾語》不安に思う気持ちを外に表す。あぶながる。例「例の心弱さは、一つ橋——・りて帰り来たりけむもののやうにわびしく覚ゆ」〈源氏・手習〉訳（浮舟の）いつもの気弱な心は、一本橋をこわがって（渡らずに）戻って来た人のようにやるせない心持ちになる。

あやふ・し【危ふし】（アヤウシ）〔形ク〕❶危険である。あやうい。あぶない。例「いと——・く見えしほどは言ふこともなくて」〈徒然草・一〇九〉訳（高くて）本当に危険に思われたうちは（下にいる名高い木のぼりは）何一つ言葉もかけないで。

❷気がかりである。心配である。例「さもや染（し）みつかむと——・く思ひ給へり」〈源氏・末摘花〉訳そのまま（光源氏の鼻に紅（べに）が）染まり付くだろうかと（若紫は）心配にお思いである。

❸確かでない。あてにならない。例「平らかに帰り上（のぼ）らん事もまことに——・き有様どもにて」〈平家・五・富士川〉訳（平家の軍勢は）無事に帰京する事も本当にあてにならない様子であって。

あやぶ・む【危ぶむ】━〔他マ四〕（ま・み・む・む・め・め）気がかりに思う。不安に思う。あぶながる。

━〔他マ下二〕（め・め・む・むる・むれ・めよ）あぶない状態にする。危険な目にあわせる。あやうくする。例「身を——・めて砕けやすきこと、珠（たま）を走らしむるに似たり」〈徒然草・一七二〉訳我が身を危険にさらして破滅しやすいことは、ちょうど珠を強くころがすのに似ている。

あやまた・ず【過たず】〔連語〕《動詞「あやまつ」の未然形＋打消しの助動詞「ず」》ねらいたがわず。まちがいなく。例「——・ず、扇の要際（かなめぎは）一寸ばかりおいて、ひいふっとぞ射切ったる」〈平家・一一・那須与一〉訳ねらいたがわず、（那須与一（なすのよいち）の放った矢は）扇の要（かなめ）の際から一寸（＝約三センチ）ばかり離れた所を、ぴゅっと射切った。

あやまち【過ち】〔名・自サ変〕《動詞「あやまつ」の連用形の名詞化》⇩あやまり 要点 ❶間違った事をして悪い結果を生じること。やりそこない。失敗。例「軒長（のきたけ）ばかりになりて、『——・すな。心して降りよ』と言葉をかけ侍りしを」〈徒然草・一〇九〉訳軒の高さぐらいになって、「失敗をするな。気をつけて降りろ」と言葉をかけましたので。

❷責任を問われるような行為。過失。落ち度。特に、不道徳な異性関係。例「——・して、見む人のかたくななる名をも立てつべきものなり」〈源氏・帚木〉訳（浮気心を持っていそうな女は）間違いを起こして、夫が間抜けだという評判までも立ててしまうに違いない。

❸負傷。けが。例「左兵衛尉（さひやうゑのじよう）長谷部信連（はせべののぶつら）が候ふぞ。近う寄って——・すな」〈平家・四・信連〉訳左兵衛尉長谷部信連が（ここに）おるぞ。近くへ寄ってけがをするな。

あやま・つ【過つ・誤つ】〔他タ四〕（た・ち・つ・つ・て・て）❶失敗する。し損じる。例「——・っては則ち改むるに憚（はばか）ることなかれと申すこと候へば」〈太平記・三五・四〉訳失敗したら改めることを躊躇（ちゅうちょ）してはいけないという言葉がございますから。

❷間違える。見間違う。勘違いする。例「み吉野の山辺に咲ける桜花雪かとのみぞ——・たれける」〈古今・春上・六〇〉訳吉野山のふもとに咲いている桜の花は（みごとな満開で）、雪なのかしらとどうしても見間違えてしまった。

❸悪い行いをする。あやまちを犯す。例「御門（みかど）の御女（め）をさへ——・ち給ひて」〈源氏・須磨〉訳（光源氏は）天皇のご夫人（と決められている人、朧月夜（おぼろづきよ））に対してまでもあやまちを犯しなさって。

❹約束などをたがえる。そむく。例「故大納言の遺言（ゆいごん）——・たず」〈源氏・桐壺〉訳亡くなった大納言の遺言にそむかないで。

❺人体や物などに害を加える。そこなう。傷つける。例「このたびは、我は——・たれなんず。神仏助け給へ」〈宇治拾遺・一二・八〉訳今度は、私は殺されてしまうだろう。神様・仏様お助け下さい。

あやまり【誤り】〔名〕《動詞「あやまる」の連用形の名詞化》❶判断や行為が正当でないこと。間違い。過失。例「『にな』といふは——なり」〈徒然草・一五九〉訳（「みなむすび」という語の「みな」を）「にな」というのは間違いである。

❷（「心」「心地」と関連して用いられて）正気でないこと。狂気。例「この人を思すゆかりの、御心地の——にこそはありけれ」〈源氏・蜻蛉〉訳（匂宮（におうのみや）が）この人（＝浮舟）を恋しておられるための、お気持ちの錯乱だったのだ。

> **要点** **「あやまち」と「あやまり」の違い** 「あやまち」は（不正・軽率なやりかたが招いた）悪い結果、「あやまり」は（そういう結果に至るような）不正な判断に比重が置かれるという点で、差異が認められる。「**あやまち**」は「**失敗**」、「**あやまり**」は「**間違い**」にあたる。

あやま・る【誤る】〔（ら・り・る・る・れ・れ）〕━〔自ラ四〕❶事実や道理などからはずれる。まちがえる。例「達人の人を見る眼（まなこ）は、少しも——・る所あるべからず」〈徒然草・一九四〉訳人生を達観した人の人間を見通す眼力は、少しもまちがう所があるはずがない。

❷《多く「心（心地）あやまる」の形で》心が乱れる。気分が悪くなる。例「今朝(けさ)の雪に心地—・りて、いと悩ましく侍(はべ)れば」〈源氏・若菜・上〉訳今朝の雪で気分が悪くなって、ひどく苦しゅうございますので。

■二［他ラ四］❶約束などを破る。そむく。例「昔、男、契(ちぎ)れることー・れる人に」〈伊勢・一二三〉訳昔、男が、（夫婦になる）約束を破った女に。

❷だまし取る。ごまかす。例「根性に魔がさいて、大分(だいぶん)人の金を—・り」〈近松・冥途の飛脚・下〉訳心に魔がさして、大分他人の金をごまかし。

❸《判断を誤って》身心をそこない失う。例「妻(め)、慳貪(けんどん)なるが故に心を—・り」〈今昔・二・三五〉訳妻は、けちであるために正常な心を失って。

あや-め【文目】［名］❶綾織物(あやおりもの)の織り目。模様。

❷区別。例「大殿油(おほとなぶら)も消(け)ちたるに、長炭櫃(ながすびつ)に火に物の—もよく見ゆ」〈枕草子・心にくきもの〉訳御殿の灯火も消しているのに、長炭櫃の火で物の区別もよく見える。

❸《転じて》物事の筋道。条理。分別。例「急ぎ参るあした、何の—も思ひ沈められぬに」〈源氏・帚木〉訳急いで参内する朝、何の分別も落ち着いて考えられない時に。

文目も知(し)らず 物事の筋道もわからない。わけのわからない。例「ほととぎす鳴くや五月(さつき)のあやめ草—ぬ恋もするかな」〈古今・恋一・四六九〉訳ホトトギスの鳴く五月の節句に飾られるアヤメ草ではないが、あやめ（＝物事ノ筋道）もわからない無我夢中の恋をしているのだなあ。注第三句マデハ「文目」ヲ導ク序詞。

文目も分(わ)かず 物事の筋道もわからない。わけもわからない。

あやめ【菖蒲】［名］草の名。ショウブ。葉は剣型で香りが強く、邪気を払うとされて五月五日の節句に軒や車に挿して飾る。後世は酒にひたしたり、浴湯に入れたりもした。「あやめ草」とも。⇩しょうぶ　例「五月(さつき)、—ふくころ」〈徒然草・一九〉訳五月の、（端午の節句の）菖蒲を軒に挿し連ねる頃。

あやめ-も-しら・ず【文目も知らず】⇩「あやめ（文目）」子項目

あやめ-も-わか・ず【文目も分かず】⇩「あやめ（文目）」子項目

あや-ゐがさ【綾藺笠】［名］藺草(いぐさ)（＝畳表ナドニスル細イ草）を綾織りふうに編んで作った笠。中央に突出部があり、そこに髻(もとどり)を入れてかぶる。武士が旅行や狩り・流鏑馬(やぶさめ)の時などに用いた。

あゆ【東風】［名］《上代の北陸地方の方言。「あゆのかぜ」とも》東の風。また、北東の風とも。例「英遠(あを)の浦に寄する白波いや増しに立ち重(し)き寄せ来(く)—をいたみかも」〈万葉・一八・四〇九三〉訳英遠の浦（＝富山県氷見(ひみ)市北部ノ海岸）に寄せる白波は、ますます立ち重なって打ち寄せる。東風が激しいからだろうか。

あゆ【鮎・香魚・年魚】［名］アユ。体長約二〇センチぐらいの淡水魚。食用として古くから賞味された。例「松浦川(まつらがは)川の瀬光り—釣ると立たせる妹(いも)が裳(も)の裾(すそ)濡(ぬ)れぬ」〈万葉・五・八五五〉訳松浦川の川の瀬はきらきら輝いており、鮎を釣ろうとして立っていらっしゃるあなたの裳の裾が濡れてしまっている。

あ・ゆ【落ゆ】［自ヤ下二］（え・え・ゆ・ゆる・ゆれ・えよ）❶《木の実や花などが自然に》落ちる。散りこぼれる。例「—ゆる実は玉に貫(ぬ)きつつ手にまきて」〈万葉・一八・四一一一長歌〉訳（橘(たちばな)の）落ちる実は飾り玉として糸に通して手にまきつけて。

❷《血や汗などが》したたり落ちる。流れ落ちる。例「久しく待つも苦しく、汗なども—・えしを」〈枕草子・祭のかへさ〉訳（賀茂(かも)の祭の行列を）長い間待っているのも苦しく、汗なども流れ落ちたのだが。

あ-ゆひ【足結ひ・脚結ひ】［名］❶《上代の男子の服装で》袴(はかま)を活動しやすいようにひざの下の所でくくった紐(ひも)。飾りに鈴や玉をつけることがあった。例「宮人(みやびと)の—の小鈴落ちにきと宮人とよむ里人もゆめ」〈古事記・下・允恭〉訳大宮人の足結いにつけた小鈴が落ちてしまったと、大宮人達が大騒ぎをしている。里人も決して（気を許すな）。注「足結ひ」ノ小鈴ガ落チタノハ不吉ナシルシ。

❷《江戸時代の国語学者富士谷成章(ふじたになりあきら)が用いた文法用語》今の助動詞・助詞・接尾語にあたる品詞の称。彼の著に『あゆひ抄』がある。

あゆみ【歩み】［名］《動詞「あゆむ」の連用形の名詞化》《足を動かして》歩くこと。歩行。例「—疾(と)うする馬をもちて、走らせむかへさせ給ふ時に」〈竹取・火鼠の皮衣〉訳（使者を）足のはやい馬でもって、走らせて出迎えなさる時に。

あゆみ-あり・く【歩み歩く】［自カ四］（か・き・く・く・け・け）歩いてあちらこちらへ行く。あちらこちら歩き回る。例「軽(かろ)びいみじうて、水の上などを、ただ歩みに—・くこそをかしけれ」〈枕草子・虫は〉訳（アリの）軽いことはたいしたもので、水の上なんかを、平気でさっさと歩き回るのはおもしろい。

あゆ・む【歩む】［自マ四］（ま・み・む・む・め・め）《「あゆぶ」とも》歩く。例「もし、歩(あ)くべきことあれば、みづから—・む」〈方丈記・閑居の気味〉訳仮に、出歩かねばならないことがある時には、自分自身で歩く。⇩あり（歩）く

あら【荒・粗】［接頭］❶勢いの激しい、荒っぽい、という意を表す。「—御魂(みたま)」「—神」「—海」「—波」「—磯(そ)」「—馬」「—熊(くま)」「—夷(えびす)」「—男(を)」「—者(もの)」「—武者」「—法師」「—行(ぎゃう)」など。

❷荒く、こまやかでない、という意を表す。「—垣」「—籠(こ)」「—栲(たへ)」「—薦(こも)」「—むしろ」「—床(とこ)」「—物」など。

❸人工を加えていない、という意を表す。「—玉」「—金(かね)」「—塩」「—草」「—木」など。

❹荒れはてた、人けの遠い、という意を表す。「—田」「—山」「—野」「—ところ」など。

あら【現】［接頭］世に現れている、現在ある、という意を表す。「—神」「—人神(ひとがみ)」など。

あら【新】［接頭］新しい、という意を表す。「—田」「—仏」「—手」「—身」「—畳」「—世帯」など。

あら-あら・し【荒荒し】■一［形シク］《形容詞「あらし」の語幹を重ねた形》❶勢いが激しい。乱暴である。例「夜中も過ぎにけむかし、風のやや—・しう吹きたるは」〈源氏・夕顔〉訳風がしだいに激しく吹いているのは、もう夜中も過ぎてしまったのであろうよ。注倒置法ノ表現。

❷粗野である。無骨である。例「この聖(ひじり)、声うちゆがみ—・しくて」〈徒然草・一四一〉訳この上人(しょうにん)は、発音になまりがあり無骨であって。注上人ハ東国出身。

■【粗粗し】粗雑である。粗末である。

あらいそ-なみ【荒磯波】〔名〕（和歌用語）荒磯に打ち寄せる波。例「袖濡（ぬ）るる――と知りながらともに潜（づか）きをせしぞ恋しき」〈更級・初瀬〉訳荒磯波で袖が濡れる（宮仕えはつらくて、涙のかわくこともない）と知りながら、一緒に水に潜った（＝苦労シタ）昔の事が恋しいですね。

新井白石（あらいはくせき）【人名】⇩あらゐはくせき（新井白石）

あら-うみ【荒海】〔名〕波の荒い海。例「――や佐渡に横たふ天の川」〈奥の細道・越後路〉訳目の前に広がる日本海の荒海。そのかなたに見える佐渡が島へかけて、澄んだ夜空に天の川が大きく横たわっている。

あらうみ-の-さうじ【荒海の障子】〔連語〕清涼殿の北東隅、東の広廂の北端に立ててある襖障子。高さ約三メートル、布張りで、表（南側）に、「山海経（せんがいきやう）」（＝中国古代ノ地理書）に基づく、荒海の浜辺に「手長」「足長」という怪物がいる絵、裏（北側）には、宇治川の網代の絵が描いてある。

あらうみのさうじ

あら-えびす【荒夷】〔名〕荒々しい野蛮人。主として、都の人が東国人を卑しめて呼んだ語。「あらえみし」「あづまえびす」とも。例「ある――の恐ろしげなるが」〈徒然草・一四二〉訳ある東国武者の恐ろしそうなのが。

あら-かね【粗金・鉱】〔名〕（近世以降「あらがね」とも）採掘したばかりで、精錬してない金属。また、鉄。

あらかね-の【粗金の】〔枕詞〕（「粗金」は土の中にあるところから）「土」にかかる。例「ひさかたの天（あめ）にしては、下照姫（したてるひめ）に始まり、――土にしては素戔嗚尊（すさのをのみこと）よりぞ起こりける」〈古今・仮名序〉訳（世に伝わる和歌は）天上にあっては下照姫に始まり、地上にあっては素戔嗚尊から起こったものであった。

あらがひ【争ひ・諍ひ】〔名〕（動詞「あらがふ」の連用形の名詞化）言い争い。口論。また、賭事をして争うこと。例「興ある――なり。同じくは御前（ごぜん）にて争はるべし」〈徒然草・一三五〉訳おもしろい論争だ。同じことなら（天皇の）御前で争うのがいい。

あらが・ふ【争ふ・諍ふ】〔自八四〕（は・ひ・ふ・ふ・へ・へ）❶言い争いをする。論争する。例「翔（か）け鳥なんど――・うて、三つに二つは必ず射落とす者で候ふ」〈平家・一一・那須与一〉訳（那須与一は）飛んでいる鳥など（射落としてみせると）言い争って、三羽射たら二羽は必ず射落とす者でございます。❷相手の言うことを否定して、自分の言い分を言いたてる。反論する。抗弁する。例「我がため面目あるやうに言はれぬる虚言（そらごと）は、人いたく――・はず」〈徒然草・七三〉訳自分にとって名誉あるように言われた嘘には、人は大して抗弁しないものだ。

あらかん【阿羅漢】〔名〕（仏教語。梵語の音写で、尊敬を受けるに値する人の意。「羅漢」とも）すべての迷いを絶ち切り、悟りを得た、最高位の修行者。

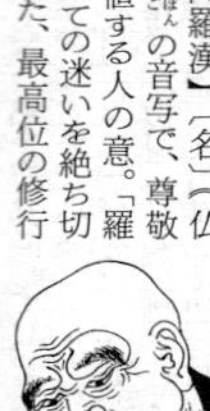

あらかん

あら-き【新墾】〔名〕新しく土地を切り開き田畑とすること。また、その田畑。

荒木田守武（あらきだもりたけ）【人名】室町末期の連歌・俳諧作者。伊勢神宮の禰宜（＝神官）。連歌を宗祇・宗長に学び、後に山崎宗鑑とともに連歌から俳諧を独立させた。『俳諧之連歌独吟千句（＝守武千句）』などの著作がある。

あら-こ【粗籠】〔名〕編み目の粗いかご。例「まめならむ人、一人を――に乗せ据ゑて」〈竹取・燕の子安貝〉訳忠実だと思われるような人、一人を粗籠に乗せて座らせ。

あら-ごと【荒事】〔名〕歌舞伎で、鬼神や豪傑などを主人公とした荒々しい所作を演ずる劇。また、その荒々しい演技。江戸歌舞伎の特色の一つ。⇩わごと

あらし【嵐】〔名〕荒く吹く風。強風。暴風雨ほどは激しくなく、山風や山おろしを指すことが多い。例「枕をそばだてて四方（よも）の――を聞き給ふに」〈源氏・須磨〉訳（光源氏は）枕から頭をもたげて四方の激しい風をお聞きになると。

あら・し〔形ク〕■【荒し】❶勢いが激しい。例「海――・ければ、船出（い）ださず」〈土佐・一月十八日〉訳海が荒れているので、船を出さない。❷（山道などが）荒れていて危険が多い。例「いと――・き山越えになむ侍（はべ）れど、ことに程遠くはさぶらはずなむ」〈源氏・浮舟〉訳（浮舟のいる宇治へは）大変けわしい山越えの道でございますが、格別遠くではございません。

■【粗し】細かでない。目があらい。例「秋の田の仮庵（かりほ）の庵（いほ）の苫（とま）を――・みわが衣手は露に濡（ぬ）れつつ」〈後撰・秋中〉訳秋の田の仮小屋で寝たところ、屋根にふいた苫の編み目があらいので、私の袖は夜露でしきりに濡れたことだ。注『百人一首』所収、天智天皇ノ作。

嵐山（あらしやま）【山名】京都市西京区にある山。大堰（おおい）川を隔てて、対岸の亀山・小倉山に対する景勝の地。紅葉・桜の名所で歌枕としても広く知られる。

嵐　山

あらし-を【荒男・荒雄】〔名〕（「あらを」とも）強く勇ましい男。荒々しい男。ますらお。

あら・ず【非ず】■〔連語〕（動詞「あり」の未然形＋打消しの助動詞「ず」）そうではない。違う。例「去年（こぞ）の夏鳴き古してしほととぎすそれか――・ぬか声の変はらぬ」〈古今・夏・一五九〉訳あれは去年の夏、よく鳴いたホトトギス、そのホトトギスであろうか、そうではないのだろうか、（いずれにしても）去年と声が変わっていないなあ。

■〔感〕（相手の言葉や意見を打ち消す語）そうではありません。いいえ。例「『何事ぞ、生昌（なりまさ）がいみじうおぢつる』と問はせ給ふ。『――・ず。車の入り侍（はべ）りつることを申して下（お）りたり』」〈枕草子・大進生昌が家に〉訳「何事ですか、生昌（＝人名）がたいそうこわがっていましたよ」と（中宮様が）お尋ねになる。「いいえ（何でもありませ

ん)、牛車(ぎっしゃ)が(門から)入らなかったことを言っただけです」と申し上げて(御前(ごぜん)から)下がった。

あらそ・ふ【争ふ】(アラソウ)〔自ハ四〕{は・ひ・ふ・ふ・へ・へ} ❶抵抗する。さからう。例「春雨に——・ひかねて我が宿の桜の花は咲き初めにけり」〈万葉・一〇・一八六九〉訳 (春を知らせる)春雨に抵抗しきれないで、私の家の桜の花は咲き始めたことだ。❷相手に負けまいと競争する。張り合う。競り合う。例「我が智を取り出でて人に——・ふは、角(つの)ある物の角を傾け、牙(きば)ある物の牙をかみ出だす類(たぐひ)なり」〈徒然草・一六七〉訳 自分の才能を持ち出して人と競争するのは、角のある動物が角を傾けて突きかかろうとし、牙のある動物が牙をむき出してかみつこうとするのと同類である。❸自分の言い分を通そうと言い合う。言い争う。議論する。例「いささかたがふ所もあらん人こそ、『我はさやは思ふ』など——・ひ憎み」〈徒然草・一二〉訳 少しは考えの違う所もあるような人のほうが、「自分はそうは思わない」などと争い憎み。❹戦う。争う。例「ここに戦ひ、かしこに——・ひ」〈平家・一〇・戒文〉訳 ここで戦い、あそこで戦い。

あらた【新た】〔形動ナリ〕新しい。例「冬過ぎて春の来たれば年月は——・なれども人は旧(ふ)り行く」〈万葉・一〇・一八八四〉訳 冬が過ぎ去り春が来ると、年や月は新しくなるが、人間の方は年老いて行く、(寂しいことだ)。注 太陰暦デハ、一月カラ春ニナル。

あらた・し【新たし】〔形シク〕あたらしい。例「——・しき年の初めの初春の今日(けふ)降る雪のいやしけ吉事(よごと)」〈万葉・二〇・四五一六〉訳 新年の初めの初春の今日降る雪のように、ますます重なってくれ、良い事が。注 天平宝字三年(七五九)正月大伴家持(オオトモノヤカモチ)ノ作。『万葉集』中デ最モ年代ノ新シイ歌、全巻ノ最後尾ニ置カレル。要点 平安時代から「あたらし」の形に変化する。

あら-だ・つ【荒立つ】**一**〔自タ四〕{た・ち・つ・つ・て・て} 乱暴に振る舞う。荒れる。例「鬼神(おにがみ)も——・つまじきけはひなれば」〈源氏・帚木〉訳 鬼神でさえも乱暴できそうにない(余りに美しい光源氏の)様子なので。**二**〔他タ下二〕{て・て・つ・つる・つれ・てよ} (事態を)紛糾(ふんきゅう)させる。荒立てる。例「この頃——・てては、いみじきこと出で来なむ」〈源氏・真木柱〉訳 さしあたって今事を荒立てては、ひどく面倒な事態ももち上がって来るだろう。

あら-たへ【荒妙・粗栲】(アラタエ)〔名〕❶織り目の粗い粗末な布。例「——の布衣(ぬのきぬ)をだに着せかてにかくや嘆かむせむすべを無み」〈万葉・五・九〇一〉訳 (自分の子供達に)粗末な布の衣服さえも着せられなくて、(これからも)こんなにも嘆くのだろうか、どうしようもなくて。❷麻でできた織物。麻布。

あらたへ-の【荒妙の】(アラタエ)《枕詞》荒妙を作る材料が藤(ふぢ)であることから、「藤井」「藤原」など「藤」を含む地名にかかる。例「印南野(いなみの)の大海(おふみ)の原の——藤井の浦に」〈万葉・六・九三八長歌〉訳 印南野の大海(=兵庫県明石市西部)の原の藤井の浦に。

あらたま-の【新玉の・粗玉の】《枕詞》「年」「月」「日」「春」「来経(きふ)」などにかかる。例「——年の三年(みとせ)待ちわびてただ今宵(こよひ)こそ新枕(にひまくら)すれ」〈伊勢・二四〉訳 三年の間というものあなたの帰りを待ちくたびれて、ちょうど今夜新しい夫と枕を交わすところなのです。注 令制デハ、子ノナイ妻ハ、夫ノ行方(ユクエ)ガ知レナイ時、三年タテバ別ノ男ト再婚シテモヨイコトニナッテイタ。

あらた・む【改む】〔他マ下二〕{め・め・む・むる・むれ・めよ} ❶新しくする。改める。改善する。例「ただ昔ながらの若々しき有様にて、——・むることも無きを」〈源氏・若菜・上〉訳 ただ昔ながらの子供じみた有様で(暮らしていて)、改めるところもない状態ですが。❷きちんと整った物に変える。整える。例「古人冠(かんむり)を正し、衣装を——・めしことなど」〈奥の細道・白河の関〉訳 昔の人が(白河の関を通るのに)冠を改め、衣服をきちんと整った物に変えたことなど(が、『袋草紙(ふくろざうし)』という本に記されている)。❸取り調べる。吟味する。例「数——・めて封つけん」〈近松・心中天の網島・中〉訳 (おさんが嫁入りに持って来た道具や衣類を)数を調べ直して封印をしよう。

あら-て【新手・荒手】〔名〕戦(いくさ)を始める前の、元気のよい軍勢。例「一陣余りに戦ひくたびれしかば、——を入れ替へて戦はしめんとしけるところに」〈太平記・一四・四〉訳 一団の軍勢があまりに疲れてしまったので、新しい元気な軍勢と交替させて戦わせようとしたところに。

あら-な《連語》《動詞「あり」の未然形＋願望の助詞「な」》あってほしい。ありたいものだ。例「生ける人遂(つひ)にも死ぬるものにあればこの世なる間(ま)は楽しくを——」〈万葉・三・三四九〉訳 生きている人は最後は死ぬものであるのだから、この世にいるうちは楽しくありたいものだ。

あら-な-く-に《連語》《動詞「あり」の未然形＋打消しの助動詞「ず」の古い未然形「な」＋準体助詞「く」＋助詞「に」》❶ないことだなあ。ないのだねえ。例「乎布(をふ)の崎漕(こ)ぎたもとほりひねもすに見とも飽(あ)くべき浦に——」〈万葉・一八・四〇三七〉訳 乎布の崎(=富山県氷見(ヒミ)市ニアル地カ)は漕いで行きつ戻りつ、一日中見ても見飽きるような浦ではないのだなあ。❷ないことなのに。ないのに。例「わがために来る秋にしも——虫の音(ね)聞けばまづぞ悲しき」〈古今・秋上・一八六〉訳 私のためにやって来る秋ではないのに虫の鳴き声を聞くと、真っ先に悲しく思われることだ。

あら-ぬ

〔連体〕《連語「あらず」の連体形から生まれた語》類 さらぬ

連語「あらず」(=そうではない、違う)の連体形。物事の状態が、**まったく別の、あるはずもない**、などの意を表す。

❶そうではない。ほかの。**まったく別の。**例「一道に携はる人、——道のむしろに臨みて」〈徒然草・一六七〉訳 一つの専門の道にたずさわっている人が、別の(専門の)席に出て。❷**あるはずもない。**とんでもない。例「暑きころなれば、いつしか——さまになり給ひぬ」〈平家・一一・重衡被斬〉訳 暑い頃だったので、早くも(首なしの重衡(しげひら)の死体は腐って)とんでもないひどい様子におなりになった。❸予想していない。意外な。例「今日はその事をなさんと思へど、——急ぎまづ出(い)で来て、まぎれ暮らし」〈徒然草・一八九〉訳 今日はこれこれの事をしようと思っていても、思いもかけない急ぎの用がまずできて、(それに)とりまぎれて日を暮らし。

あらぬ世(よ) 別の世界。あの世。

あら-の【荒野】〔名〕人けのない、物寂しい野原。荒れた野原。あれの。

あらは

【顕】ワラ〔形動ナリ〕類あらはる

> 動詞「あらはる」(＝表面に出る)の語幹と共通。物事が、隠れず、はっきり見える状態、が基本の意。

❶**隠れずはっきり見える。まる見えである。**例「高き所にて、ここかしこ僧坊ども――・に見下ろさる」〈源氏・若紫〉訳高い場所なので、あちらこちらの僧の住居は隠れずにはっきりと見下ろされる。

❷**はっきりしている。明白である。**例「運命の末になることを――・なりしかば、年ごろ恩顧(おんこ)の輩(ともがら)の外(ほか)は、随(したが)ひつく者なかりけり」〈平家・六・祇園女御〉訳運命が終わりになることがはっきりしていたので、長年恩を受けた連中のほかには、(平家に)付き従う者もいなかった。

❸表立っている。公然としている。例「――・にはあらじ。谷のかたの藪(やぶ)に隠れて居(ゐ)たらむ」〈今昔・二〇・二〉訳(私は知られているから)表(おもて)に出ていたくない。谷の方の藪に隠れていよう。

❹慎みがない。無遠慮である。露骨である。例「世の中のもの憂(う)くなりまさる由(よし)を、――・には言ひなさで」〈源氏・東屋〉訳(薫(かおる)は昔の恋人が忘れられず)夫婦仲がますますつらく感じられるようになっていくということを、無遠慮に言い放ったりはしないで。

あら-ば-こそ【連語】(動詞「あり」の未然形＋接続助詞「ば」＋係助詞「こそ」)❶(下に推量の表現を伴っても)し…であるなら、それこそ(…だろうが、そうではないのだから…でない)。…であるのならともかく。例「玉釧(たまくしろ)まき寝(ぬ)る妹(いも)も――夜の長けくもうれしかるべき」〈万葉・三・二八六五〉訳手枕をして一緒に寝る妻でもいるのなら夜の長いのもうれしいだろうが(そうではないのでうれしくない)。

❷(文末に用いて)強い否定の意を表す。あるはずがない。ありはしない。例「もとより勧進帳(くわんじんちやう)は――。笈(おひ)の中より往来(わうらい)の巻物取り出(い)だし、勧進帳と名付けつつ、高らかにこそ読み上げけれ」〈謡曲・安宅〉訳もともと勧進帳(＝寄付ノ趣意書)はあるはずがない。(弁慶は)笈(＝背ノ荷物入レ)の中から手紙文の巻物を取り出して、勧進帳ということにして、声高らかに読み上げた。

あらはし-ごろも【著し衣】アラワシ〔名〕《「あらはしぎぬ」とも》喪服。喪中であることを表す衣服の意。「あらはしぎぬ」とも》喪服。鈍色(にびいろ)(＝薄墨色)または白。

あらは・す【表す・現す・顕す】アラワス〔他サ四〕{さ・し・す・す・せ・せ}❶隠れていたものをはっきり見えるようにする。表に出して示す。例「直面(ひたおもて)にはいかでかは――・し給はむ」〈源氏・賢木〉訳面と向かってはどうしてあばきたてなさろうか。

❷隠さずに言う。打ち明ける。暴露する。例「『さ思ふ心なむありし』などは、え――・し給はず」〈源氏・絵合〉訳「そう思う気持ちがあったのだ」などとは、とても隠さずにおっしゃることがおできにならない。

❸新たに造り出す。例「等身の仏たちを数知らず――・させ給ふ」〈栄花・衣のたま〉訳等身大の仏像を無数に新たに造らせになった。

あらは・る【現る・顕る】アラワル〔自ラ下二〕{れ・れ・る・るる・るれ・れよ}❶(見えなかったものが)表面に出る。あらわれる。例「かかる折にぞ、人の心も――・れぬべき」〈徒然草・二七〉訳かような時にこそ、人の心も見えてしまうにちがいない。

❷(隠し事が)人に知られる。露見する。ばれる。例「人目繁(しげ)からむ所に便(びん)無き振る舞ひや、――・れむ」〈源氏・帚木〉訳人目の多い所で不都合な振る舞いをすると、露見するのではないだろうか。

❸(神仏や物の怪(け)が)姿を見せる。示現する。例「仏の――・れ給へるやうに、おちまどひかしこまる様は、何にか似たる」〈枕草子・位こそ猶めでたき物はあれ〉訳(僧都や僧正となったら)仏様がこの世に出現なさったように、(人々が)ひどく恐れてかしこまる様子は、何にたとえようもない程だ。

あらひ-きぬ【洗ひ衣】アライ〔枕詞〕(洗った衣服に取り替える意から)「とりかひ川」にかかる。

あら-ひじり【荒聖】〔名〕激しい荒行(あらぎょう)をする僧。また、乱暴な僧。

あらひと-がみ【現人神】〔名〕《「あらひとかみ」とも》❶神が、仮に人の姿をしてこの世に現れたもの。

❷天皇。例「吾(わ)はこれ、――の御子(こ)なり」〈日本書紀・景行・四十年〉訳私は、天皇の子である。

❸思いのままに姿を現して威力を発揮する霊験あらたかな神。住吉(すみよし)や北野の神をいうことが多い。例「住吉(すみのえ)の――船の舳(へ)に領(うしは)き給ひ」〈万葉・六・一〇二二長歌〉訳住吉の現人神が舟の舳先(へさき)にお鎮(しず)まりになって。

❹人にとりついて、たたりをなす神。

あら・ぶ【荒ぶ】〔自バ上二〕{び・び・ぶ・ぶる・ぶれ・びよ}《「あらびる」とも》❶荒々しく振る舞う。乱暴する。あばれる。例「――・ぶる蝦夷(えみし)どもを言向(ことむ)け」〈古事記・中・景行〉訳荒れすさぶ蝦夷どもを服従させ。

❷気持ちが離れる。情が薄れる。例「筑紫(つくし)船いまだも来ねばあらかじめ――・ぶる君を見るが悲しさ」〈万葉・四・五五六〉訳(あなたが乗る)筑紫船がまだ来もしないのに、早くも(私から)気持ちが離れているあなたを見るのが悲しい。

あらまし

〔名〕❶こうあってほしいと思い願うこと。願望。予期。例「皆この――にてぞ一期(いちご)は過ぐめる」〈徒然草・五九〉訳皆この(出家の)心づもりだけで(実行しないまま)一生を終わってしまうようだ。

❷だいたいの内容。あらすじ。概略。例「近々尋ねて、無事の――をも聞かせ申すべし」〈西鶴・好色一代男・一・五〉訳近いうちに(あなたの実家を)訪ねて、(あなたの)無事な様子もお伝えしましょう。

❸(副詞的に用い、「に」を伴うこともある)だいたい。おおよそ。例「既にその年の大晦日(おほつごもり)に、――に正月の用意をして」〈西鶴・世間胸算用・五・一〉訳すでにその年の大晦日に、あらかた正月の用意をして。

あらま・し【荒まし】〔形シク〕❶(風・水の流れなどが)荒々しい。また、道が荒れている。例「風の音もいと――・しう」〈源氏・浮舟〉訳風の音も大変荒々しく。

❷(言動などが)乱暴である。例「――・しき東男(あづまをとこ)の、腰に物負へる、あまた具して」〈源氏・宿木〉訳荒々しい東国武士で、腰に何かを着けている者を、大勢連れて。

あら・まし【有らまし】【連語】(動詞「あり」の未然形＋反実仮想の助動詞「まし」)❶あるかもしれないのに。あるだろうに。また、あるならいいのに。例「家にありて母が取り見ば慰むる心は――・まし死なば死ぬとも」〈万葉・五・八八九〉訳家にいて母が看病してくれたなら気持ちが晴れることもあるだろうになあ、もし死ぬならば死んでも。
❷あってよい。あってほしい。

あらまし‐ごと【あらまし事】〔名〕こうあってほしいと願う事柄。予期する事柄。例「めでたからむ御文（みふ）などを、時々待ち見などこそせめとばかり思ひ続け、――にも覚えけり」〈更級・子忍びの森〉訳すばらしいお手紙などを、時々待ち受けて見たりなど是非したいものだとばかり思い続け、（それを）将来の夢とも思っていた。

あらま・す〔他サ四〕〔さ・し・す・す・せ・せ〕《中世語。名詞「あらまし」を動詞化した形》将来のことに思いをめぐらす。**予想する。期待する。**例「行く末久しく――・す事ども心にはかけながら」〈徒然草・一八八〉訳遠い将来に期待するいろいろな事を気にはかけながら。

あら‐まほ・し【有らまほし】
一《連語》**あることが望ましい。あってほしい。**例「万（よろづ）のしわざは止めて、いとまあるこそ、めやすく、――・しけれ」〈徒然草・一五一〉訳（老人になったら）すべての仕事はやめて、ひまのあるのこそ、見た目もよく、願わしいことである。
二〔形シク〕**好ましい。望ましい。理想的だ。**例「家居（いへゐ）のつきづきしく――・しきこそ、仮の宿りとは思へど、興あるものなれ」〈徒然草・一〇〉訳住居（の造りがその主人に）似つかわしく理想的なのは、この世の一時の住まいとは思うが、興味深い。

動詞「あり」の未然形「あら」に願望の助動詞「まほし」が付いた語。連語「あら・まほし」は**望ましい、あってほしい**、の意。形容詞は**理想的である、好ましい**の意となるが、この二語の区別は文脈上判断する必要がある。

あら‐むしゃ【荒武者】〔名〕ふるまいの荒々しい武者。

あら‐ゆる【所有】〔連体〕《動詞「あり」の未然形＋上代の助動詞「ゆ」の連体形》存在する限りの。すべての。例「葦原（あしはら）の中つ国に――現（うつ）しき青人草（あをひとくさ）」〈古事記・上・伊邪那岐命と伊邪那美命〉訳葦原の中つ国（＝日本ノ国）に住むすべての生きている人民達。

あら‐らか【荒らか】〔形動ナリ〕❶荒々しく激しい様子。例「風――・に吹きたる夕つかた」〈源氏・竹河〉訳風が荒々しく吹いた夕方に。
❷洗練されていない様子。粗野である。例「事好みしたるほどよりは、怪しう――・に、田舎びたる心ぞ付きたりける」〈源氏・東屋〉訳（住まいを）風流そうにしているにしては、普通と違って粗野で、田舎じみた考えが身に付いている。
❸大まかなようす。大ざっぱだ。例「文（ふみ）して告げたれば、返り言、いと――・にてあり」〈蜻蛉・下・天延二年〉訳手紙で知らせたら、返事は、とてもいいかげんなものだった。

あら・る【在らる】《連語》《動詞「あり」の未然形＋可能の助動詞「る」》存在することができる。いることができる。あり得る。例「かくても――・れけるよと、あはれに見るほどに」〈徒然草・一一〉訳こんな様子でも住んでいられるのだなあと、感じ入って見ているうちに。

参考 平安時代では可能の「る」は下に打消しを伴うのが普通であり、「あらる」は、中世以降の用法。現代語の「あられもない」は、「あられぬ（＝アッテハナラナイ意）」の「ぬ」を「ない」に置き換えて、江戸時代に成立した言い方である。

あられ【霰】〔名〕あられ。古くは、夏に降るひょうをも指した。（季・冬）例「冬は、雪。――などの、風にたぐひて降り入りたるもいとをかし」〈枕草子・内裏の局〉訳冬は、雪・霰などが、風が吹くのと一緒に降り込んでくるのもたいへん趣深い。

あられぢ

あられ‐ぢ【霰地】ジ〔名〕霰（あられ）のような、細かい模様を織り出した織物。「あられ」とも。

あられ‐ばしり【あられ走り】〔名〕「踏歌（たふか）」の別名。舞い終わった後、「よろづとせ、あられ」と囃（はや）しながら足ばやに退場するところからの名。⇩たふか参考

新井白石（あらゐはくせき）アライ・【人名】江戸中期の儒学者・政治家。一六五七年（明暦三）～一七二五年（享保十）。名は君美（きんみ）。木下順庵から教えを受け、将軍徳川家宣（いえのぶ）・家継（いえつぐ）に仕えて江戸幕府の政治に参与して多くの貢献をした。随筆『折焚く柴の記』をはじめ、『藩翰譜（はんかんふ）』『読史余論（とくしよろん）』『古史通（こしつう）』『西洋紀聞』など著作多数。⇩折焚く柴の記（をりたくしばのき）

あら‐を【荒男・荒雄】オ〔名〕⇩あらしを

あ・り【有り・在り】〔ら・り・り・る・れ・れ〕
一〔自ラ変〕❶**存在する。**（無生物が）**ある。**（人や動物が）**いる。**例「今は昔、竹取の翁（おきな）といふ者――・りけり」〈竹取・かぐや姫の生ひ立ち〉訳今となっては昔のことだが、竹取の翁という人がいた。
❷**生きている。無事でいる。**例「名にし負はばいざ言問（こと）はむ都鳥（みやこどり）我が思ふ人は――・りやなしやと」〈伊勢・九〉訳都という言葉を名前に持っているならば、さあ尋ねてみよう、都鳥よ、私の愛する人は都で無事でいるかどうかと。
❸**過ごす。生活する。**例「かくても――・られけるよと、あはれに見るほどに」〈徒然草・一一〉訳こんなふうでも住むことができるのだなと、しみじみとした思いで見ているうちに。
❹**時間が過ぎる。経過する。**例「二日ばかり――・りて」〈枕草子・職の御曹司におはします頃、西の廂にて〉訳二日ほど過ぎてから。
❺その場にいる。いあわせる。例「――・る人々も忍びてうち泣くさま」〈源氏・夕顔〉訳そばにいる人々（＝女房達）も忍び泣きをしている様子。
❻《多く「世にあり」の形で》栄えて暮らす。時めいている。例「人の世に――・ればとて、すぞろにすまじき事をもし、言ふまじき事をも言ふは」〈平家・四・競〉訳人が時めいているからといって、むやみにしてはならない事をもし、言ってはならない事をも言うのは。
❼きわだった状態で、存在する。すぐれたところがある。例「御供（おんとも）に声――・る人して、歌はせ給ふ」〈源氏・若紫〉訳お供の者で声のすぐれている者に、（自分の歌を）歌わせなさる。注「せ給ふ」ノ「せ」ハ使役ノ意。
二〔補動ラ変〕❶《副詞「さ」「かく」、形容詞・形容動詞の連用形、助動詞「ず」「べし」の連用形、接続助詞「て」「つつ」（および、それらに係助詞・副助詞の付いたもの）などに

付いて)《そのような状態であること、その状態や動作が継続していることを表す》…の状態だ。…(て)いる。…(て)ある。例「若くかたちよからむが、なりなどよくて——・らむは、ましてよからむかし」〈枕草子・主殿司こそ〉訳若く顔だちのよい(主殿司(とのもづかさ)の)女官が、服装などきれいにしているのは、なおよいものであろう。

❷《断定の助動詞「なり」「たり」の連用形(および、それらに係助詞・副助詞の付いたもの)に付いて》《「である」という断定の意を表す》融合した形は断定の助動詞「なり」「たり」。例「なかなかに人と——・らずは酒壺(さかつぼ)に成りにてしかも酒に染(し)みなむ」〈万葉・三・三四三〉訳なまじっか人間でいずに、酒壺になってしまいたい。そうしたら、酒にひたっていることができよう。注大伴旅人ノ「酒を讃(ほ)むる歌」ノ一ツ。例「ほととぎすもしのばれにや——・らむ、鳴くに」〈枕草子・鳥は〉訳ホトトギスもがまんできないからであろうか、鳴き出すと。

❸《「お(ん)…あり」「ご…あり」などの形で》《尊敬の意を表す》お…になる。例「あはれ、いかにもして皇子御誕生——・れかし」〈平家・三・大塔建立〉訳ああ、なんとかして皇子が御誕生になってほしい。

> 要点 □一は存在を表す用法であり、□二は存在の意味あいを失った、断定を表す用法である。形容詞のカリ活用、形容動詞、助動詞「なり」「たり」など、ラ変型活用のものは、みな「あり」が付いて融合したものである。「は」「も」「ぞ」「こそ」「だに」「すら」「さへ」「し」など、係助詞や副助詞が間にはいる場合には、この「あり」が独立した形で用いられる。□二③は中世に発達した用法。⇒を(居)り 参考

ありあけ【有明け】〔名〕❶**陰暦の毎月十六日以後、空に月が残ったまま夜が明けること。その頃の夜明け。また、その頃の月。**(季・秋) 例「——や浅間の霧が膳をはふ」〈一茶〉訳有明けの月が、まだ西の空に淡く消え残っている爽(さわ)やかな秋の早暁(そうぎょう)。浅間の山裾(やますそ)に流れる霧が、開け放した窓先から流れこんで、早立ちの膳のあたりまで低く漂っている。注軽井沢(=長野県)ノ旅宿ヲ朝早ク旅立トウトスル折ノ句。❷(「有明けあんどん」の略)夜明けまでつけておく行灯(あんどん)。

> 要点 空に月が残ったまま夜が明けることをいうが、早く月の出る「望月(もちづき)(=十五夜)」以前ではこの状態にならない。代表的なのは「二十日余りの月」で、男女の朝の別れの風情として欠かせないものであった。

ありあけ-の-つくよ【有明けの月夜】〔名〕《和歌用語》有明けの月が出ている夜。また、その月。(季・秋) 例「白露を玉になしたる九月(ながつき)の有明けの月夜見れど飽(あ)かぬかも」〈万葉・一〇・二二二九〉訳白露を玉かと思わせる、九月の有明けの月はいくら見ても見飽きないことよ。

あり-あ・ふ【在り合ふ】〔自ハ四〕〔は・ひ・ふ・ふ・へ・へ〕❶たまたま同じ所に居る。居あわせる。例「至れりし国にてぞ、子生める者ども——・へる」〈土佐・二月九日〉訳(帰京する人々の中には)行き着いた国で、子供を生んだ人たちが居あわせた。❷生きていてその事に行き合わせる。

あり-あり-て【連語】《動詞「あり」の連用形を重ねて接続助詞「て」を付けたもの》❶その状態であり続けて。このまま生き続けて。例「——のちも会はむと言(こと)のみを堅(かた)く言ひつつ会ふとは無しに」〈万葉・一二・三一一三〉訳ずっと無事でいて後で会おうと言葉では固く約束しながら、会おうとはしないで。❷長いことたってから。いろいろあった末に。ついには。例「——、をこがまし名をとるべきかな」〈源氏・夕顔〉訳あげくの果てには、ばか者だという評判をとることになるのだろうなあ。

あり-か【在り処】〔名〕《「ありが」とも》人や物が存在する場所。所在。居所。例「たづね行く幻もがなつてにても魂(たま)の——をそこと知るべく」〈源氏・桐壺〉訳(亡き桐壺更衣(きりつぼのこうい)の魂を)捜しに行ってくれる幻術士がいたらなあ。人伝てにでも、その魂の居所をどこそこと知ることができるように。

ありがた-げ【有難げ】〔形動ナリ〕《「げ」は接尾語》めったにないほどすばらしいようす。例「髪のかかり、髪(かん)ざしなど、なほいと——・なり」〈源氏・宿木〉訳(中の君が恥ずかしく思ってうつぶしなさった)その髪の下がり具合や、髪のようすなどは、やはり世にもめずらしいほど美しい。

ありがた・し【有り難し】〔形ク〕

> 「有り」+「難し」で、有ることが難しい、がもとの意。めったにない、ということから、めったにないくらい優れている、の意になり、さらに変化して、現代語に通じる、感謝にたえない、の意になった。

❶**めったにない。珍しい。まれである。**例「——・きもの。舅(しうと)にほめらるる婿(むこ)。また姑(しうとめ)に思はるる嫁(よめ)の君」〈枕草子・ありがたきもの〉訳めったにないもの。(それは)舅からほめられる婿、それから姑から大切に思われるお嫁さん。

❷**実現が困難である。できそうもない。**例「さるべきついでなくては、対面(たいめん)も——・ければ」〈源氏・行幸〉訳ちょうどいい機会がなくては、会って話すことも難しいので。

❸**生きていくことが難しい。暮らしにくい。**例「世の中は——・く、むつかしげなるものかな」〈源氏・東屋〉訳世の中は生きづらく、面倒そうなものであることだ。

❹(めったにないほど)尊く優れている。もったいない。例「越階(をつかい)とて二階をするこそ——・き朝恩(てうおん)なるに」〈平家・一・鏡〉訳(平家を破った源頼朝は)位階の順序を飛び越えての進級で二階級進むこともったいない朝廷からのご恩であるのに。

❺感謝にたえない。ありがたい。例「『こりゃ少しだが、お年玉に』『これは——・うござりまする』」〈歌舞伎・三人吉三廓初買・一・三〉訳「これは少しだけれど、お年玉に」「これはありがとうございます」

あり-がよ・ふ【あり通ふ】〔自ハ四〕〔は・ひ・ふ・ふ・へ・へ〕通い続ける。いつも通う。例「神代より吉野の宮に——・ひ高知らせるは山川を良み」〈万葉・六・一〇〇六〉訳神代以来、吉野の宮に通い続けて高々と立派な宮殿を造っていらっしゃるのは、山や川が良いからだ。

ありき【歩き】〔名〕外へ出て、あちこち動き回ること。歩き

回ること。外出。例「かかる――も慣らひ給はず、所狭(ところせ)き御身にて、珍しう思(おぼ)されけり」〈源氏・若紫〉訳こうした(山里への)外出も慣れていらっしゃらず、窮屈など身分なので、(山里の景色を)新鮮にお思いになった。

あり・く【歩く】〔自カ四〕{か・き・く・く・け・け} 類あゆむ

> あちこち動き回る、の意。現代語の「あるく」の意に変わったのは中世以降。平安時代では「あゆむ」が歩行する意を表した。

❶**あちこちと動き回る。移動する。**例「菰(こも)積みたる舟の――・くこそ、いみじうをかしかりしか」〈枕草子・卯月のつごもりがたに〉訳マコモを積んだ舟が往(ゆ)き来しているのが、非常に面白かった。

❷あるく。また、外出する。訪問する。

❸〔動詞の連用形に付いて〕ⓐ**…してまわる。**例「よろづの所求め――・きて、渡殿(わたどの)に分け入りて」〈源氏・帚木〉訳八方捜しまわって、渡殿にはいりこんで。ⓑ…して時を過ごす。たえず…する。例「この宮をだに、け近くて見奉らばやと思ひ――・くに」〈源氏・紅梅〉訳この宮だけでも、ごく親しくお世話申し上げたいものだといつも思っていたので。

あり-ける【有りける】〔連体〕《動詞「あり」の連用形＋過去の助動詞「けり」の連体形》前にあった。先の。例「――女童(をんなわらは)なむ、この歌を詠める」〈土佐・一月十一日〉訳さっきの女の子が、この歌を詠んだ。

あり-さま【有様】〔名〕❶外から見える、人や物事の存在する姿。様子。状態。「ありやう」とも。例「ただなるよりはをかしう、すきたる――など言ひ合はせたり」〈枕草子・雪のいと高うはあらで〉訳普通の場合よりはおもしろく、風流である様子などを(皆で)話し合った。

❷人が置かれた状態。身分。境遇。例「言ひ集めたる中にも、わが――のやうなるはなかりけり」〈源氏・蛍〉訳色々書き集めてある(絵物語の)中にも、私の境遇のような(極端な)人はありませんでした。

あり-し【有りし・在りし】〔連体〕《動詞「あり」の連用形＋助動詞「き」の連体形》❶《「すでに話題の中にあった」の意》前に言った。前述の。例の。例「此度(こたび)は、かの――山寺にてぞする」〈蜻蛉・上・康保二年〉訳(母の法要を)今度だけは、あの例の山寺で行う。

❷《「過去に存在した」の意》往時の。以前の。例「大人(おとな)になり給ひてのちは、――やうに御簾(みす)の内にも入れ給はず」〈源氏・桐壺〉訳(光源氏が)大人におなりなさってからは、(帝は)以前のように(藤壺(ふじつぼ)の)御簾の中へもお入れなさらない。

❸以前生きていた時の。生前の。例「忠度(ただのり)の――ありさま、言ひおきし言(こと)の葉、今さら思ひ出(い)でて、あはれなりければ」〈平家・七・忠度都落〉訳平忠度の生前の姿、言い残した言葉を、(藤原俊成(しゅんぜい)は)今あらためて思い出して、感慨にひたったので。

あり-そ【荒磯】〔名〕《「あらいそ」の変化した形》岩石が多く、波が荒く打ち寄せる海岸。あらいそ。例「にきたづの――の上にか青く生ふる玉藻(たまも)沖つ藻」〈万葉・二・一三一長歌〉訳にきたづの荒磯のあたりに青々と生い茂る美しい藻や沖の藻。注コノ「にきたづ」ハ、現在ノ島根県江津(ゴウツ)市ノ地名ラシイ。

ありそ-うみ【荒磯海】〔名〕《「ありそみ」とも》「荒磯(ありそ)」に面する海辺。

ありそ-なみ【荒磯波】〔枕詞〕(同音の繰り返しによって)「あり」にかかる。

ありつき-がほ【有り付き顔】オ‥ガ〔形動ナリ〕なじんで落ち着いたようす。物慣れているようす。例「なれたる人は、こよなく、何事につけても――・に」〈更級・宮仕へ〉訳(宮仕えをするにも)経験を積んだ人は、格別に、万事につけて物慣れたようすで。

あり-つ・く【有り付く】〔自カ四〕{か・き・く・く・け・け} ❶住みつく。(結婚して)落ち着く。例「わざと――・きたる男となくて」〈宇治拾遺・三・一五〉訳格別しっかりと決まった夫もなくて(ただ時々通って来る男などがいた)。

❷その環境に生まれつく。

❸板につく。似合う。例「まだ――・かぬ御かたはら目」〈源氏・柏木〉訳(尼として)まだ板につかない横顔は。

❹(多く「世にありつく」の形で)生活のよりどころを得る。生活が安定する。例「年ごろ身貧しくして、世に――・く方も無かりける程に」〈今昔・二七・二四〉訳この数年来暮らしが貧しくて、職にもありつけなかったが。

あり-つる【有りつる・在りつる】〔連体〕《動詞「あり」の連用形に完了の助動詞「つ」の連体形が付いたもの》

> 「ありし」が、遠い過去の事をいうのに対して、「ありつる」は、先ほどの、さっきの、といった感じの比較的近い過去を指す。

先ほどの。さっきの。例「――歌の返し」〈竹取・蓬萊の玉の枝〉訳先ほどの歌への返しの歌。

あり-と-ある【有りと有る】〔連語〕《「あり」を重ねて意味を強めたもの。「と」は格助詞》あるかぎり全部の。すべての。例「我が家に――人召し集めてのたまはく」〈竹取・竜の首の玉〉訳(大伴の大納言が)自分の家にいるすべての家来を呼び集めておっしゃることには。

あり-と-し-ある【有りとし有る】〔連語〕《「ありとある」の間に副助詞「し」を入れて強調したもの。「生きとし生ける(生きものすべての、の意)」と同じ語構成》あるかぎり全部の。すべての。例「――人は皆浮雲の思ひをなせり」〈方丈記・都遷り〉訳あるかぎりの人は皆浮雲のような落ち着かない不安な思いをしている。

あり-にく・し【在りにくし】〔連語〕《動詞「あり」の連用形＋形容詞「にくし」》生きていくのが難しい。住みにくい。例「すべて世の中の――・く、我が身とすみかとの、はかなくあだなるさま」〈方丈記・世にしたがへば〉訳すべてこの世の中が暮しにくく、自分の身と住居とが、もろく頼りにならないようすは。

あり-の-ことごと【有りの悉】〔連語〕あるかぎり全部。あるものすべて。例「寒くしあれば麻衾(あさぶすま)引き被(かがふ)り布肩衣(ぬのかたぎぬ)――着襲(きそ)へども」〈万葉・五・八九二長歌〉訳大変寒いので、麻で作った夜具を引きかぶり、布で作った粗末な袖(そで)なし衣をあるかぎり全部重ね着しても。注山上憶良(ヤマノウヘノオクラ)ノ「貧窮問答歌」ノ一節。

あり-の-すさび【有りのすさび】〔連語〕《「すさび」

は、成り行きのままに心が進むこと》存在することに慣れてしまって、なんとも思わないこと。「ありのすさみ」とも。例「在(あ)る時は――に語らはで恋しきものと別れてぞ知る」〈古今六帖・五〉訳 生きている時は居ることに慣れてしまって、それをなんとも思わずに親しく語り合うこともしないでいて、恋しい人だと死に別れて初めて気がつくものだ。

あり‐は・つ【在り果つ】〔自タ下二〕{て・て・つ・つる・つれ・てよ} ❶いつまでも生き長らえる。命をまっとうする。例「世の中に、え――・つまじき様を」〈源氏・浮舟〉訳 この世に、生きながらえていられなくなった事情を。
❷いつまでも同じ状態でい続ける。例「年月経(へ)ば、かかる人々もえしも――・ててや、行き散らむ」〈源氏・須磨〉訳 年月がたったら、これらの人達もいつまでもそのままでいることができないで、散り散りに出て行くのではないだろうか。

在原業平（ありはらのなりひら）〔人名〕平安前期の歌人。八二五年(天長二)～八八〇年(元慶四)。六歌仙の一人。平城(へいぜい)天皇の第三皇子阿保(あぼ)親王の五子。母は桓武(かんむ)天皇の皇女、伊都内親王。兄の行平(ゆきひら)とともに在原朝臣の姓を賜って臣籍となる。世に在五中将・在中将という。容姿端麗と情熱的な和歌の名手として名高く、『伊勢物語』のモデルに擬せられている。色好みの美男子として、伝説化された。『古今和歌集』の仮名序にも紹介され、家集『業平集』がある。⇩伊勢物語(いせものがたり)

在原行平（ありはらのゆきひら）〔人名〕平安前期の歌人。阿保(あぼ)親王の次男で、業平(なりひら)の兄。大宰権帥(だざいのごんのそち)、中納言民部卿(みんぶきょう)に任ぜられた。須磨へ流されたことが伝説的になり、『源氏物語』や謡曲『松風』に見える。

有間（温泉神社）

あり‐ふ【在り経】〔自ハ下二〕{へ・へ・ふ・ふる・ふれ・へよ} 生きて世を過ごす。生き長らえる。例「公(おほやけ)にかしこまりなる人の、現(うつ)しざまにて世の中に――・ふるは」〈源氏・須磨〉訳 朝廷のとがめを受けておりますが、普通の有様で世間の交わりをして過ごすのは。

有間（ありま）〔地名〕現在の神戸市北区有馬町。舒明天皇が六三一年(舒明三)に津の国(＝摂津(セッツ)ノ国ノ古名)の有間温泉に行幸された記事が『日本書紀』にある。平安時代より山紫水明の温泉地として知られる。「有馬」とも書く。

有間皇子（ありまのみこ）〔人名〕『万葉集』第一期の歌人。孝徳天皇の皇子。六四〇年(舒明十二)～六五八年(斉明四)。斉明天皇に謀反を企てたとされ、紀伊の藤白坂で処刑された。その護送中の歌二首が『万葉集』一四一・一四二に残る。

有馬山（ありまやま）〔山名〕(「有間山」とも)神戸市北区有馬町を東・北・西の三方から囲む山々をいう。有馬温泉があり、南へ延びて六甲山に連なる。歌枕。「猪名野(ゐなの)」「猪名の笹原(ささはら)」に伴って用いられることが多い。例「――猪名の笹原風吹けばいでそよ人を忘れやはする」〈後拾遺・恋二〉訳 有馬山から猪名の笹原にかけて風が吹くと、そよそよ音がしますが、さあ、そうよ、そうですよ、私はあなたを忘れるものですか(お忘れになっているのはあなたの方でしょう)。注『百人一首』所収ノ、大弐三位(ダイニノサンミ)ノ歌。

あり‐も‐つか・ず【在りも付かず】〔連語〕そこでの生活が落ち着かない。住居になじまない。住み慣れない。例「――・ず、いみじう物騒がしけれども」〈更級・梅の立枝〉訳 (帰京したばかりで)落ち着かず、(家の中は)ひどくざわざわしていたが。

あり‐やう【有様】〔名〕❶⇩ありさま①
❷物事のあるがままの様子。本当の事情。実際。例「――に申せど、これをさらに合点(がてん)せず」〈西鶴・好色五人女・二・五〉訳 ありのままに話したが、(お内儀(ないぎ)は)これをいっこうに納得せず。

あり‐よ・し【在りよし】〔連語〕《動詞「あり」の連用形＋形容詞「よし」》居心地がよい。過ごしやすい。例「――・しとわれは思へど」〈万葉・六・一〇五九長歌〉訳 居心地がよいと私は思うが。

あり‐わた・る【在り渡る】〔自ラ四〕{ら・り・る・る・れ・れ} そのままで時を過ごす。例「かくかたはにしつつ――・るに」〈伊勢・六五〉訳 (男は)このように見苦しい行いを続けながら時を過ごしていたが。

あり‐わ・ぶ【在り侘ぶ】〔自バ上二〕{び・び・ぶ・ぶる・ぶれ・びよ} (経済的事情などで)暮らして行きにくいと思う。住みかねる。例「世に――・ぶる女の、……にぎははしきにつきて」〈徒然草・二四〇〉訳 世間で暮らしを立てかねている女が、……ふところの暖かい者に心を寄せて。

あ・る【生る】〔自ラ下二〕{れ・れ・る・るる・るれ・れよ}〔上代語〕(神・皇子などが)出現する。生まれる。例「橿原(かしはら)の聖(ひじり)の御代(みよ)ゆ――・れまし神のことごと」〈万葉・一・二九長歌〉訳 橿原(＝奈良県橿原市)の聖天子(＝神武天皇)の御代以来お生まれになった天皇のすべてが。

あ・る【荒る】〔自ラ下二〕{れ・れ・る・るる・るれ・れよ} ❶(海・山・天候などが)荒れる。荒れ狂う。例「海は――・るれども、心は少しなぎぬ」〈土佐・一月九日〉訳 海は荒れるけれども、心は少しなごんだ。
❷(都・里・家・庭・田畑などが)荒れ果てる。荒廃する。例「――・れたる板間よりもりくる月」〈枕草子・荒れたる家の〉訳 荒れ果てた板屋根のすき間からもれてくる月の光。
❸(人の心が)すさぶ。例「古里にあらぬものから我がために人の心の――・れて見ゆらむ」〈古今・恋四・七四一〉訳 (あの人の心は)荒廃した昔の里ではないのに、私にとって荒れ果てているように見えるのはどうしてだろうか。

ある【或】〔連体〕《動詞「あり」の連体形の変化した形》物事を、はっきり示さずに漠然と指す語。ある。とある。例「――山里に尋ね入ること侍(はべ)りしに」〈徒然草・一一〉訳 とある山里に(人を)尋ねて入ったことがありましたが。

ある‐い‐は【或いは】❶《動詞「あり」の連体形＋上代の副助詞「い」＋係助詞「は」》❷〔連語〕(多く「あるいは…、あるいは…」の形で)ある人は。ある場合は。例「――笛を吹き、――歌をうたひ、――唱歌(しやうが)をし」〈竹取・貴公子たちの求婚〉訳 (貴公子達の)ある者は笛を吹き、ある者は歌をうたい、ある者は旋律を口ずさみ。
❷〔接続〕あるいはまた。または。例「枝の長さ七尺――六尺」〈徒然草・六六〉訳 枝の長さ七尺または六尺。注「一尺」ハ約三〇センチ。

ある‐かぎり【有る限り】〔連語〕(「かぎり」は、全部の意の名詞》❶あるだけ全部。ありったけ。全員。例「物語の多く候(さぶら)ふなる、—見せ給へ」〈更級・かどで〉訳（都には）物語がたくさんあるそうですが、（それらを）あるだけ全部お見せ下さい。
❷生きている間。例「女親(めおや)といふ人、—はありけるを、久しうわづらひて、秋の初めのころほひ空(むな)しくなりぬ」〈蜻蛉・上・康保元年〉訳母親である人が、生きている間はどうにかなったが、（その母親も）長い間寝ついてしまって、秋の初めの頃死んでしまった。

ある-か-なき-か【有るか無きか】《連語》❶あるのかないのか、また、いるのかいないのか、分からない様子。かすかな様子。例「ただ—に聞きつけたるきりぎりすの声」〈枕草子・あはれなるもの〉訳（九月末から十月初めの頃）声がしたのかしないのか分からない程度にほんのかすかに聞きつけたコオロギの鳴き声。
❷生きているのかいないのか分からないほど、すっかり衰えている様子。例「—に消え入りつつ物し給ふを御覧ずるに」〈源氏・桐壺〉訳（桐壺更衣(きりつぼのこうい)が）生きているのかいないのか分からないように生気がなくなっていらっしゃるのを（桐壺帝は）御覧になったので。
❸はかない様子。無常なさま。例「手にむすぶ水に宿れる月影の—の世にこそありけれ」〈拾遺・哀傷〉訳手ですくう水に映っている月が本当にあるのかないのか分からないように、はかないこの世の中であることだなあ。

あるき【歩き】〔名〕❶「ありき」に同じ。例「百(もも)づ島足柄小舟(をぶね)—多み目こそ離(か)るらめ心は思(も)へど」〈万葉・一四・三三六七〉訳たくさんの島々を足柄小舟が漕(こ)ぎまわるように、あなたは、あちらこちら歩き寄る所が多いので、会う機会が少ないのでしょうね。心には思っていても。
❷江戸時代、村の庄屋(しょうや)などに使われた者。小使い。

あるじ

> 意味は主人であるが、その主人が客をもてなすところから、ごちそうの意が生じてくる。

■一【主】〔名〕国・家・一族などで中心となる人。主人。「しゅう」とも。
■二【饗】〔名・自サ変〕主人として客をもてなすこと。ごちそう。「あるじまうけ」とも。例「この人の家、喜べるやうにて—・したり」〈土佐・二月十五日〉訳この人の家では、喜んでいる様子でもてなしてくれた。

あるじ-が・る【主がる】〔自ラ四〕{ら・り・る・る・れ・れ}主人ぶった振る舞いをする。いかにも主人ぶる。例「常陸(ひたち)の守来て、心もなく—・り居るなん、怪しと人々見ける」〈源氏・蜻蛉〉訳常陸守が来て、思慮もなくいかにも主人ぶっているのを、見苦しいと人びとは見た。

あるじ-まうけ【饗設け】ウケ〔名・自サ変〕⇩あるじ二

ある-に-も-あら-ず【有るにもあらず】《連語》生きているとも言えない。やっと生きている状態である。例「さりともと思ふらむこそ悲しけれ—・ぬ身を知らずして」〈伊勢・六五〉訳今は逢(あ)えずにいても（きっと逢えるだろう）とあの人が思っているらしいことがとても悲しい。（蔵に閉じ込められて）生きているとも言えない（私の）身の上を知らないでいて。

ある-は

【或は】ワ《動詞「あり」の連体形「ある」＋係助詞「は」》⇩あるいは
■一《連語》《「あるは…、あるは…」の形で》ある時は。ある場合は。あるものは。例「—ひたすら亡くなり給ひ、—かひなくて、はかなき世にさすらへ給ふもあべかめり」〈源氏・朝顔〉訳ある人々はすっかりお亡くなりになってしまい、ある人々は生きるかいもなく、定めない世にさすらっておられることもあるにちがいないようだ。
■二〔接続〕あるいは。または。もしくは。例「逢坂山(あふさかやま)に至りて手向(たむ)けを祈り、—春・夏・秋・冬にも入らぬ種々(くさぐさ)の歌をなむ、選ばせ給ひける」〈古今・仮名序〉訳逢坂山に来て手向けの神に旅の安全を祈る歌、あるいは春夏秋冬の季節にも入らないいろいろな歌を、選ばせなさった。

ある-べう-も-な・し【有るべうも無し】ビョウ《連語》あるはずがない。とんでもない。もってのほかだ。例「木曽は、官加階(くわんかかい)したる者の、直垂(ひたたれ)で出仕せんこと、—・かりけりとて」〈平家・八・猫間〉訳木曽義仲は、官位の昇進した者が、（武士の着る）直垂で（御所(ごしょ)に）勤めに出ることは、とんでもないことだったよと言って。

ある-べか・し【有るべかし】《連語》ふさわしい。相応。⇩べかし 例「かく御男などまうけ奉り給ひては、—・しうしめやかにてこそ見え奉らせ給はめ」〈源氏・紅葉賀〉訳こうして御夫君などお持ち申し上げなさったからには、奥方らしく落ち着いてお会い申し上げなさいませ。

ある-べき【有るべき】《連語》《動詞「あり」の連体形「ある」＋推量の助動詞「べし」の連体形「べき」》そうあることが適当な。当然そうあるはずの。なすべき。例「右近に—ことのたまはせて」〈源氏・玉鬘〉訳右近（＝侍女ノ名）になすべきことをお申しつけになって。

あるべき-かぎり【有るべき限り】《連語》あり得る限度いっぱいに。最大限に。この上なく。例「人柄も—整ひて」〈源氏・紅葉賀〉訳（頭中将(とうのちゅうじょう)は君達(きんだち)として）人柄も備わるべき条件がすべてそろっていて。

ある-まじき【有るまじき】《連語》《動詞「あり」の連体形「ある」＋打消し推量の助動詞「まじ」の連体形「まじき」》あってはならない。とんでもない。例「かかる折(をり)にも、—恥もこそと心づかひして」〈源氏・桐壺〉訳こんな（＝自分ガ病気デ退出スル）時にも、とんでもない不面目なことでもあってはいけないと心配りをして。

ある-やう【有る様】ヨウ《連語》❶事物の様子や状態。有様。例「やうやう、人の有様、世の中の—などを、見知り給へば」〈源氏・胡蝶〉訳（玉鬘は）だんだんと、人の有様や、世の中の状態などを、おわかりになってきたので。
❷事物のくわしい様子。事情。わけ。例「衛門督(ゑもんのかみ)の無道(むだう)なるやうなれども、さりとも—侍(はべ)らむ」〈落窪・三〉訳衛門督が道理に背くようではあるけれども、そうではあっても何か事情があるのでしょう。
要点 ①とほぼ同じ言い方に、「ありやう」「ありさま」がある。

あれ〔代名〕《指示代名詞。遠称》「かれ」に同じ。平安以降の語で、室町時代以後「かれ」に代わって多用された。

あれ【吾・我】〔代名〕《人称代名詞。自称》私。「われ」とも。⇩あ（吾・我）・な（汝）・なれ 例「しかとあらぬひげかき撫(な)でて—をおきて人はあらじと誇ろへど」〈万葉・五・八九二長歌〉訳ろくに生えてもいないひげを撫でては、おれをさし置いて、すぐれた人物は他におるまいといばってはみるが。
注 山上憶良(ヤマノウエノオクラ)ノ「貧窮問答歌」ノ一節。

吾かにもあら・ず 自分と他人との区別がつかない。茫然(ばうぜん)自失している。例「粟田(あはた)殿御色ま青にならせ給ひて、──・ぬ御気色(けしき)なり」〈大鏡・道兼〉訳粟田殿(＝藤原道兼公)はお顔色が真っ青におなりになって、茫然自失のご様子である。

吾にもあら・ず (「自分が自分でないような気持ち」の意)うろたえ、取り乱して自分の判断ができなくなった状態。無我夢中。例「──・ねば、返しすべくもおぼえず、娘どもによますれど」〈源氏・玉鬘〉訳我を忘れた状態なので、返歌ができるとも思われず、代わって自分の娘たちによませようとしたが。

あれ【彼】〔代名〕❶《指示代名詞。遠称》あれ。人を指す場合もある。例「──見せよ、やや、はは」〈枕草子・人ばへするもの〉訳あれを見せてよ、ねえねえ、母ちゃん。
❷《人称代名詞。対称》あなた。例「『──はたれぞ』と問ひければ」〈宇治拾遺・一・一〉訳「あなたは誰か」と尋ねたところ。

あれかにも-あら・ず ⇩「あれ(吾)」子項目

あれはたれ-どき【彼は誰時】〔名〕夕暮れ時。夕方。「たそかれどき」「かはたれどき」とも。⇩たそかれ

あれ-まど・ふ【荒れ惑ふ】ドウ・マ〔自ハ四〕{は・ひ・ふ・ふ・へ・へ}ひどく荒れる。荒れ狂う。例「雪降り──・ふに、物の興もなくて」〈更級・富士川〉訳雪が降り荒れ狂うので、何のおもしろみもなくて。

あれ-や《連語》《ラ変動詞「あり」の已然形＋助詞「や」》
❶《「や」は係助詞、疑問。結びは連体形》あるからか。…であるのか。例「ももしきの大宮人は暇(いとま)あれや梅をかざしてここに集(つど)へる」〈万葉・一〇・一八八三〉訳宮中に仕える人々はひまがあるからか、梅を髪に挿してここに集まっていることよ。注「ももしきの」ハ枕詞。⇩や㊀(係助)③
❷《「や」は係助詞、反語。結びは連体形》…であるからか、いや、そうではないのに。例「古(いにしへ)の人に我あれやささなみの古き都を見れば悲しき」〈万葉・一・三二〉訳私は(大津京の栄えた)昔の人ではないのに、荒れ果てた古都の跡を見ると悲しい。
❸《平安時代以後の用法。「や」は終助詞、詠嘆》…であるのだなあ。例「ももしきの大宮人は暇(いとま)あれや桜かざして今日も暮らしつ」〈新古今・春下・一〇四〉訳宮中に仕える人々はひまがあるのだなあ。桜を髪に挿して今日も遊び暮らしたことだ。注①ノ例歌ヲ後世ノ好ミデ改メタモノ。

あわ【泡・沫】〔名〕水のあわ。例「朝(あした)に死に、夕べに生まるるならひ、ただ水の──にぞ似たりける」〈方丈記・ゆく河〉訳朝死ぬ人があるかと思うと、夕方生まれる子がいるという(この世の)さだめは、まさに水の泡に似ていることであるよ。

安房(あわ)〔旧国名〕⇩あは(安房)

阿波(あわ)〔旧国名〕⇩あは(阿波)

あわ…【淡…・粟…】⇩あは…

あわ・し【淡し】〔形〕⇩あはし

あわ・す【合わす】〔他サ下二〕⇩あはす

粟田口(あわたぐち)〔地名〕⇩あはたぐち(粟田口)

あわた・し【慌し】〔形シク〕《近世から「あわただし」となる》気が落ち着かない。あわただしい。例「天(あめ)の下もかくのどかならぬに、よろづ──・しくなむ」〈源氏・薄雲〉訳世間もこのように穏やかでないので、何事につけ気が落ち着かなくてね。

あわ・つ【慌つ】〔自タ下二〕{て・て・つ・つる・つれ・てよ}平静さを失う。あわてる。例「いみじく静かに、公(おほやけ)に御文奉り給ふ。──・てぬさまなり」〈竹取・かぐや姫の昇天〉訳(かぐや姫は)たいへん静かに、帝(みかど)にお手紙をお書き申し上げなさる。あわてず落ち着いた様子である。

粟津(あわづ)〔地名〕⇩あはづ(粟津)

あわ-ゆき【沫雪・泡雪】〔名〕泡のように、すぐ消える柔らかい雪。例「──のほどろほどろに降り敷けば平城(なら)の京(みやこ)し思ほゆるかも」〈万葉・八・一六三九〉訳あわ雪がはらはらと庭一面に降ると、平城京のことが思われることよ。

あわゆき-の【沫雪の】《枕詞》沫雪が、すぐに消えることから、「消(け)」にかかる。例「──消(け)ぬべきものを今までにながらへぬるは妹(いも)に逢(あ)はむとぞ」〈万葉・八・一六六二〉訳すぐにも消え去ってしまうはずのものを、今まで生きながらえているのは、あなたに逢おうと思うからなのです。

あわれ〔感・形動・名〕⇩あはれ

あを【襖】オア〔名〕❶武官の制服。位階に応じて服色に規定があるので「位襖(ゐあを)」ともいう。闕腋(けってき)の袍(はう)。
❷(「狩襖(かりあを)」の略)狩衣(かりぎぬ)に裏をつけたもので、旅行などに用いる。例「紫のいと濃き指貫(さしぬき)、白き──、山吹のいみじうおどろおどろしきなど着て」〈枕草子・あはれなるもの〉訳紫のとても濃い指貫に、白い狩衣、山吹色のひどく大げさな派手な色の(袿(うちき))などを着て。
❸上に着る袷(あはせ)の衣。男女ともに用いる。例「白き布の──と言ふ物着て、中帯して」〈今昔・二六・一七〉訳白い布の襖というものを着て、腰のあたりに帯紐(おびひも)を締めている(若くてきれいな下女達が)。

あを-うま【白馬・青馬】アオ〔名〕❶淡い青色、または淡い灰色を帯びた毛色の馬。例「水鳥の鴨羽(かもば)の色の──を今日(けふ)見る人は限り無しといふ」〈万葉・二〇・四四九四〉訳鴨の羽の色と同じ色の青馬を今日(＝正月七日)見る人は寿命が限りないということです。注正月七日ハ白馬ノ節会(セチエ)ノ日。
❷平安時代になって「青馬の節会」に白馬を用いるようになってから、葦毛(あしげ)の馬、また、白い馬。
❸「白馬の節会(せちゑ)」の略。

あをうま-の-せちゑ【白馬の節会】アオウマ・セチエ《連語》奈良時代からの朝廷での年中行事の一つ。正月七日、左右の馬寮(めりやう)から青毛の馬を宮中の庭に引き出して、天皇がご覧になり、その後で宴会が行われる儀式。この日、青馬を見ると一年の邪気が除けるという中国の故事によったもの。後には白馬が用いられるようになり、「白馬」と書いたが、読み方は、そのまま「あをうま」であった。(季・新年)

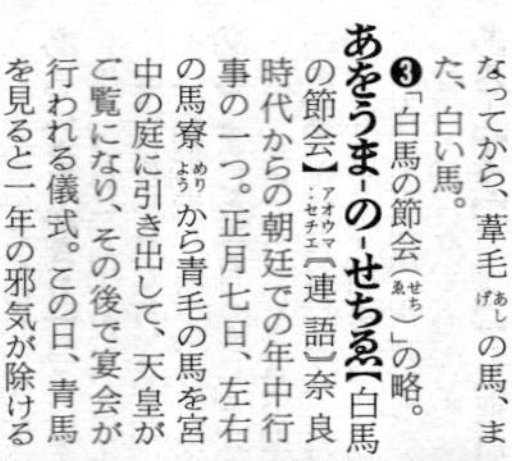
あをうまのせちゑ

あを-かき【青垣】アオ〔名〕(「あをがき」とも)まわりを囲む青々とした山々を、青々とした垣根にたとえていう。例「大和(やまと)は国のまほろば畳(たた)なづく──山隠(やまごも)れる大和しうるはし」〈古事記・中・景行〉訳大和は日本中で最もすばらしい所だ。周囲には幾重にも重なる青い垣根のような山々、その山に包まれている大和は本当に美しい。

あをかき-やま【青垣山】アオカキ‥〔名〕まわりを垣根のようにとり囲んでいる青々とした山。例「たたなはる―山神の奉る御調と春べは花かざし持ち秋立てば黄葉かざせり」〈万葉・一・三八長歌〉訳幾重にも重なった青垣山は、山の神が捧げる貢物はこれですと、春の頃には花を頭にかざり、秋になれば紅葉をかざっている。

あをき-まなこ【青き眼】アオキ‥〔連語〕《中国の晋の時代、「竹林の七賢」の一人である阮籍が、気の合う来客には青眼で、気の合わない客には白眼で対したという故事による》穏やかな目つき。黒目。例「阮籍が―、誰にもあるべきことなり」〈徒然草・一七〇〉訳阮籍が気の合った客を穏やかな目つきで迎えたというが、（そんなことは）誰にでもあるはずのことである。

あを-くちば【青朽ち葉】アオ‥〔名〕《襲の色目の名》表は青、裏は黄または赤みがかった茶色。一説に、表は黄みを帯びた薄萌葱、裏は黒みがかった青丹とも。初夏の頃着用。秋に着ることもある。

あを-くも【青雲】アオ‥〔名〕淡い青白色の雲。一説に、灰色の雲とも。例「北山にたなびく雲の―の星離り行き月を離りて」〈万葉・二・一六一〉訳北山にたなびいている雲の青雲は、星を離れて行き月を離れてしまうことだ。注天皇ノ崩御ヲ詠ンダ歌。

あをくも-の【青雲の】アオクモ‥〔枕詞〕「青雲」が出ることから、「出づ」にかかる。例「汝が母に嘖られ吾は行く―出で来吾妹子逢ひ見て行かむ」〈万葉・一四・三五一九〉訳お前のお母さんに叱られて私は帰る。出て来ておくれ、お前と一目会って帰りたい。

あを-ざし【青挿し】アオ‥〔名〕菓子の一種。青麦を煎って臼でひき、糸のようによったもの。（季・夏）

あを-ざむらひ【青侍】アオザムライ〔名〕《「あをさぶらひ」とも。「青」は未熟なの意の接頭語》身分の低い若い侍。例「ある所に使はるる―ありけり」〈今昔・一六・三七〉訳ある屋敷に使われている青侍がおった。

あを-し【青し】アオシ〔形ク〕色が青い。例「松の色は―・く、磯の波は雪のごとくに」〈土佐・二月一日〉訳松の色は青く、磯の波は雪のように白くて。

あを-すそご【青裾濃】アオ‥〔名〕青色で上の方を薄く、すその方になるほど濃く染めた衣服。

あを-ずり【青摺り】アオ‥〔名〕藍や青草で花や鳥などの種々の模様を、青くすりつけて染めた白絹や紙。
青摺りの紙 白い紙に藍で青く模様をすりつけたもの。また、青い紙に蠟で紋をすりつけたものともいう。

あを-だうしん【青道心】アオドウシン〔名〕《「あを」は未熟の意》❶いいかげんな気持ちで起こした信仰心。なまじっかの慈悲心。なま道心。❷出家したばかりで、まだ仏の道をよく知らない僧。今道心。新発意。

あを-つづら【青葛】アオ‥〔名〕ツル草の名。アオツヅラフジ。例「山がつの垣ほに生へる―人はくれども言伝てもなし」〈古今・恋四・七四二〉訳山里の人の庭の垣根に生えている青つづらを繰る（＝タグル）、その「くる」につけて、あの人は近所まで来るが、（私には）伝言さえもない。

あを-にび【青鈍】アオ‥〔名〕❶染色の名。青みがかった縹色（＝濃イ藍色）。喪中・法事などの際の衣服・装飾などに用いる。例「濃き―の紙にて、樒にさし給へる、例のことなれど」〈源氏・若菜・下〉訳（朧月夜からの手紙は）濃い青鈍色の紙で、それをシキミの枝におつけになっているのは、（尼として）通例の作法だけれど。❷《襲の色目の名》表裏とも濃い縹色のもの。

あをに-よし【青丹よし】アオニ‥〔枕詞〕《上代、奈良の地から「あをに（＝青黒イ土）」が出たことから》「奈良」にかかる。「よ」「し」は間投助詞。例「―奈良の都は咲く花の匂ふがごとく今盛りなり」〈万葉・三・三二八〉訳奈良の都は咲く花が美しく照り輝いているかのように、まさに今、全盛を誇っている。

あを-ば【青葉】アオ‥〔名〕新緑。初夏の木の葉についていう。（季・夏）例「―になり行くまで、よろづにただ心をのみぞ悩ます」〈徒然草・一九〉訳（桜が花から）青葉になっていくまで、何かにつけて人の心を痛めさせるばかりである。例「あらたふと―若葉の日の光」〈奥の細道・日光〉訳ああ、なんと尊く感じられることよ。この青葉・若葉に降りそそぐ、さんさんたる日の光は。

あを-ひとくさ【青人草・蒼生】アオ‥〔名〕《民衆を生い茂る草にたとえていう》民衆。庶民。例「現しき―の、苦しき瀬に落ちて患へ悩む時、助くべし」〈古事記・上・伊邪那岐命と伊邪那美命〉訳（葦原の中つ国に住む）すべての生きている民衆が、苦しい目にあって悲しみ悩むような時、助けてあげなさい。

あを-へど【青反吐】アオ‥〔名〕激しく吐きちらした生々しいへど。例「―をつきてのたまふ」〈竹取・竜の首の玉〉訳生々しいへどを吐きつつおっしゃる。

あをみ-わた・る【青み渡る】アオミ‥〔自ラ四〕一面に青くなる。例「梢も庭もめづらしく―・りたる」〈徒然草・一〇四〉訳梢も庭も新鮮な感じで一面に青々と茂っている。

あを・む【青む】アオム〔自マ四〕青みを帯びる。青々とする。青ざめる。例「国破れて山河あり、城春にして草―・みたり」〈奥の細道・平泉〉訳国は（戦争に）破壊されて山河だけが残り、滅びた城は春の季節に草だけが青々としている。注杜甫ノ詩「春望」ニヨル。

あを-やぎ【青柳】アオ‥〔名〕❶初春の頃若芽をふいた柳。例「二月の中の十日ばかりの―の、わづかにしだり始めたらむ心地して」〈源氏・若菜・下〉訳二月の二十日頃の新芽の柳が、少し枝が垂れ始めたような気持ちがして。❷《襲の色目の名》表裏ともに濃い青色のもの。春に着用する。

あをやぎ-の【青柳の】アオヤギ‥〔枕詞〕《青柳の枝は細く、糸のようであることから、また、それを鬘にするところから》「いと」や「かつら」にかかる。

あん【案】〔名〕❶文書の草案。下書き。例「かのあるじなる人、―を書きて、書かせて、やりけり」〈伊勢・一〇七〉訳例の（女の家の）主人である人が、手紙の下書きを書いて、（それを女に）書かせて、（男のもとに）贈った。❷あれこれ策をめぐらすこと。計画。

あん-ぎゃ【行脚】〔名・自サ変〕《仏教語》❶僧が仏道修行のために旅すること。また、それをする僧。雲水。❷（①に準じて）諸国を旅して回ること。また、旅行者。例「奥羽長途の―ただかりそめに思ひ立ちて」〈奥の細道・草加〉訳奥羽地方への長い旅をすることをふと思いついて。

あん-ご【安居】〔名〕《仏教語。インドで、僧が雨季の三か月間一つ所に籠って修行したことに始まる）僧が、陰暦四月十六日から三か月間、一室にこもって修行すること。雨安居。夏安居。（季・夏）例「今は昔、天竺（てんぢく）に仏の御弟子達（みでしたち）、所々の──終はりて」〈今昔・三・四〉訳今となっては昔のことだが、インドで仏のお弟子達が、諸所の安居が終わって。

あんじ-さだ・む【案じ定む】〔他マ下二〕{め・め・む・むる・むれ・めよ}よく考えて決める。例「いづれかまさるとよく思ひ比べて、第一の事を──・めて」〈徒然草・一八八〉訳どれがまさっているかとよく思い比べて、いちばん大事なことをよく考えて心に決めて。

あん-じつ【庵室】〔名〕僧尼や世を捨てた人の住む、小さな住居。庵（いお）り。例「その夜は滝口入道が──に帰って」〈平家・一〇・維盛出家〉訳その夜は滝口入道の小さな住まいに帰って。

あんしょう-の-ぜんじ【暗証の禅師】〔名〕禅宗の僧が「不立文字（ふりふもんじ）」を主張して経文を読まずにいばっているのを、他の宗派の者があざ笑っていう語。例「文字（もんじ）の法師・──、たがひに測（はか）りて、おのれにしかずと思へる、ともに当たらず」〈徒然草・一九三〉訳文字の法師と暗証の禅師とが、おたがいに相手を推し測って、自分に及ばないと思っているのは、どちらも当たっていない。

あんじ-ゐ・る【案じ居る】〔自ワ上一〕{ゐ・ゐ・ゐる・ゐる・ゐれ・ゐよ}考え込んでいる。例「頼むにもあらず、頼まずもあらで、──・ゐたる人あり」〈徒然草・一九四〉訳（不審に思って）信用するのでもなく、信用しないのでもなくて、考え込んでいる人がいる。

あん-じん【安心】〔名〕❶《仏教語》仏を信じることによって、心の動揺がなくなること。特に、浄土教において阿弥陀仏（あみだぶつ）を信じ極楽往生を願う心をいう。例「さりながら大事の──をば、人多く候ひてはかなひ候ふまじ」〈仮名・竹斎・上〉訳しかし大切な阿弥陀仏への信心は、人が多くおりましてはできないでしょう。
❷芸の奥義に達するための心づかい。内心からの工夫（くふう）。世阿弥の用いた語。例「ここに、当道の──に寄せてこれを見るに」〈世阿弥・拾玉得花〉訳さて、我が能の道の深い心づかいに関連づけてこの事を考えてみると。

要点 ①の意ではまれに「──す」の形で、自動詞として用いることがある。②の意では「あんしん」と清音によむ。

あん・ず【案ず】〔他サ変〕{ぜ・じ・ず・ずる・ずれ・ぜよ}❶深く考える。思案する。例「いづれの手か疾（と）く負けぬべきと──・じて」〈徒然草・一一〇〉訳（双六（すごろく）で）どのやり方が早く負けてしまうだろうかと思案して。
❷心配する。気づかいをする。例「わらはも殊の外──・じてゐましたが、こなたの思し召すままに叶（かな）うて」〈狂言・鏡男〉訳私も随分と心配していましたが、あなたのお考えになるとおりに（訴訟が）成就して（うれしい）。

あん-ぢ【安置】〔名・他サ変〕《「あんち」とも》神仏の像などを据えてまつること。例「六波羅（ろくはら）のあたり、やけ野といふ所に──・して」〈徒然草・一七九〉訳（一切経を）六波羅の辺りのやけ野という所に（寺を作り）置いて敬い。

あん-ど【安堵】━〔名・自サ変〕❶人々がその土地に安心して住むこと。例「それより八幡にも──・せずなりて、かかる身となりにけるとぞ」〈古今著聞集・偸盗〉訳それからは石清水（いわしみず）八幡宮にも安住できなくなって、このような（強盗の）身になってしまったということだ。
❷ほっとすること。安心。例「心憂（こころう）く覚えて、いまだ──・しても存じ候はねば」〈平家・一〇・三日平氏〉訳（若君が）気がかりに思われて、まだ安心してもおりませんので。
━〔名・他サ変〕中世、武士や寺社の領地の所有権を公認すること。また、その公認の証書。

あん-どん【行灯】〔名〕（「行」は持ち運ぶ意。「あんどう」とも）木などで作ったわくに紙を張り、中に油皿を置いて火を点（とも）す照明具。もとは提灯（ちょうちん）と同じく外出に用いたが、後に室内用となる。

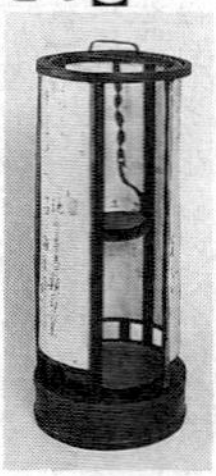

あんどん

あんない-しゃ【案内者】〔名〕《「あないしゃ」とも》❶様子や事情をよく知っている人。事情通（つう）。例「東国の──とて、長井の斎藤別当実盛（さねもり）を召して」〈平家・五・富士川〉訳東国の事情をよく知っている者として、長井の斎藤別当実盛を呼んで。
❷道案内や手引きをする人。先導者。例「この道──仕りたる男（をのこ）、かひがひしく港の中を走り回って」〈太平記・七・六〉訳この道中の先導をして奉仕した男が、まめまめしく港中を走り回って。

あん・なり【有んなり】《連語》《動詞「あり」の連体形に推定・伝聞の助動詞「なり」が付いた「あるなり」の撥音便化した形》**あるということだ。あるようだ。**例「『信濃（しなの）に──・なる木曽路（きそぢ）川』といふ今様（いまやう）を」〈平家・六・嗄声〉訳「信濃国にあるという木曽路川」という今様歌を。

要点 平安時代には、「ん」を表記せず「あなり」と表記することが多い。その場合にも、「あンなり」と読む。
参考 成立については、「あり」の終止形に「なり」の付いた「ありなり」の撥音便化した形とする説もある。

あん・べし【有んべし】《連語》《動詞「あり」の連体形に推量の助動詞「べし」が付いた「あるべし」の撥音便化した形》「あべし」と表記されることが多い。

あん・めり【有んめり】《連語》《動詞「あり」の連体形に推定の助動詞「めり」が付いた「あるめり」の撥音便化した形》あるようだ。あるらしい。例「我が家（へ）と思しき所は、ことになむ──・めれば」〈蜻蛉・上・康保元年〉訳（夫であるあの人が）自分の家と考えているらしい所は、（この私の所とは）違っているようだから。
要点「ん」を表記せず「あめり」と書くことが多い。しかし、その場合にも、「あンめり」と読む。
参考 成立については、「あり」の終止形に「めり」の付いた「ありめり」の撥音便化した形とする説もある。

あん-をん【安穏】〔形動ナリ〕安らかで穏やかなようす。心配ない。例「ふるさとにとどめ置きし妻子──・に」〈平家・一〇・熊野参詣〉訳家に残してきた妻や子が無事でありますように。
参考 アンノンと発音するのは、「安」の末尾の「n」が「穏」の頭に再び発音されたもので、このような現象を連声（れんじょう）という。「観音（かんのん）」「因縁（いんねん）」なども同様であり、二番目の語の頭音が母音（歴史的仮名遣いではア行・ヤ行・ワ行）の場合にこの現象が起こる。

い

い【寝】〔名〕眠ること。睡眠。例「ほととぎすいたくな鳴きそひとり居て―の寝らえぬに聞けば苦しも」〈万葉・八・一四八四〉訳ほととぎすよ、ひどくは鳴かないでおくれ。ひとり寝覚めて、眠られぬ時に、その声を聞くと苦しいよ。

い【蜘糸】〔名〕蜘蛛(くも)の糸。蜘蛛の巣。例「露にても命かけたる蜘蛛の―にあらき風をばたれかふせがむ」〈蜻蛉・下・天禄三年〉訳ちっぽけでも蜘蛛がその命を託している糸に吹く荒い風を、(いったい)だれが防げましょうか。

い【異】〔名・形動ナリ〕普通とは異なっていること。不思議なこと。変だ。例「やら奇特(きどく)や、もはや音がせぬが、―な事ぢゃ」〈狂言・伯母が酒〉訳あら不思議だ、もう音がしないが、不思議なことだ。

い〔助動不変化〕接続 四段活用の動詞の未然形に付く。

軽い尊敬の意を含んだ命令の意を表す。…てください。お…なさい。例「ようこそおりゃったれ。まづ、かう通らい」〈狂言・枕物狂〉訳(孫達よ)よくおいでになった。まず、こっちへお通りなさい。

い〔副助〕《上代語》接続 体言や体言に準ずる語句、または活用語の連体形に付く。

【強調】❶《主語になる語句に付いて》《それを特に強く示す意を表す》それこそ。例「我が背子(せこ)が跡(あと)踏み求め追ひ行かば紀伊(き)の関守い留(とど)めてむかも」〈万葉・四・五四五〉訳(もし私が)夫の行った跡を捜し求めて追って行ったら、紀伊の関守がきっと引き留めてしまうだろうか。

❷《連体修飾語に付いて》《それを特に強く示す意を表す》…その。例「青柳(あをやぎ)の糸の細(くは)しさ春風に乱れぬい間(ま)に見せむ子もがも」〈万葉・一〇・一八五一〉訳青柳の糸のように細い枝の美しさを、春風に乱れてしまわないその間に、見せてやるような恋人がいたらなあ。

参考 (1)奈良時代特有の語で、平安時代には、漢文を訓読した文章などにわずかに見られるだけである。現代語の「あるいは」の「い」は、この語の残ったもの。(2)①では、まれに、主語以外のものにも付く。(3)間投助詞とする説もある。また、①を格助詞とし、②を副助詞または間投助詞とする説もある。

い〔終助〕接続 呼びかける語句や文末に付く。

❶【呼びかけ】《呼びかける意を表す》…よ。…ね。例「『母様(かかさま)いの、母様いの』と夜中時分に泣いて」〈近松・傾城江戸桜・中〉訳「お母さまよ、お母さまよ」と夜中頃に泣いて。

❷【強調】《語気を強めたり、念を押す意を表す》例「客になってやらうかい」〈近松・曾根崎心中・中〉訳客になってやろうかね。

い〔接頭〕《上代語》動詞に付いて意味を強める。「―隠る」「―渡る」など。

い【斎・忌】〔接頭〕《上代語》神事に関する名詞に付いて、神聖・清浄の意を表す。「神の―垣」「―杙(くひ)」「―串(くし)」など。

い【井・亥・猪・位】⇩ゐ

い…【囲…・居…・威…・違…・遺…】⇩ゐ…

いい【飯・家】〔名〕⇩いひ

いい…【言い…】⇩いひ…

飯尾宗祇(いいおそうぎ)〔人名〕⇩宗祇(そうぎ)

いいがいなし【言い甲斐無し】〔形〕⇩いひがひなし

いう【言う】〔動〕⇩いふ

いう

【優】ユウ〔形動ナリ〕類 あて(貴)・えん(艶)・なまめかし・やさし

上品で美しい、優雅である、の意(②)に多く用いられる。ゆったりとした品格のある美しさをいう。古典的教養が感じられる場合が多い。

❶すぐれている様子。すばらしい。立派である。例「若く侍りし時より、―におはすと見奉りしみにしかば」〈源氏・手習〉訳若かった頃から、(薫(かをる)を)すぐれていらっしゃると思い込んでおりましたので。

❷上品で美しい様子。優雅である。例「なほ事ざまの―に覚えて」〈徒然草・三二〉訳それでもまだ(この家の)物事の様子が風流なものに思われて。

❸心が優しい。例「『―に情けありける三蔵かな』と言ひたりしこそ」〈徒然草・八四〉訳(弘融僧都が)「心が優しく人間味のあった高僧よ」と言ったのは。

要点 ②の意では、類義語の「艶(えん)」が女性の作品に多いのに対して、「優」は男性の作品に多い。

いう-げん

【幽玄】ユウ〔名・形動ナリ〕❶**神秘的ではかり知れないこと。**深遠な境地。

❷**深い味わいがあること。**趣深いこと。上品で優雅なこと。例「詩歌(しいか)に巧みに、糸竹(しちく)に妙(たへ)なるは―の道」〈徒然草・一二二〉訳詩や和歌を作るのが巧みで、管弦の術にすぐれているのは優雅な芸術の道(であり)。

❸歌論・連歌論・能楽論などで、美的理念を表す語。具体的に指すものは、時代やジャンルなどで異なるが、歌論では、**余情のある静かな美しさ**、連歌論では、はなやかな美しさ、能楽論では深くかすかな美しさなどをいうことが多い。

いうげん-たい【幽玄体】ユウゲン〔名〕《歌学用語。「いうげんてい」とも》幽玄な歌体。本来、奥深い趣の中に余情を感じさせる歌を指したが、後には優美妖艶(ようえん)な歌をも指すようになった。「幽玄様(やう)」とも。

いうげん-てい【幽玄体】ユウゲン〔名〕⇩いうげんたい

いう-し【遊子】ユウ〔名〕自分の家を離れて異郷にある人。旅人。例「『―なほ残りの月に行く』と誦(ず)し給へる、またいみじうめでたし」〈枕草子・大納言殿参り給ひて〉訳(大納言が)「旅人がまだ月の残っている中を進む」と朗詠していらっしゃるのは、またたいへんすばらしい。注「遊子なほ残りの月に行く」ハ『和漢朗詠集』ニアル漢詩。

いう-しょく【有識】ユウ〔名・形動ナリ〕⇩いうそく

いう-そく

【有識・有職】ユウ《「(知)識を有(も)つ(人)」の意。「いうしょく」「いうそこ」「いうしき」とも》一〔名〕❶物事をよく知っている人。**博識者。**学者。例「天(あめ)の下、並ぶ人なき―には物せらるれど」〈源氏・少女〉訳(夕霧は)世の中で、二人とない物知りでいらっしゃるようだが。

❷音楽をはじめ諸芸に精通している人。**芸能の達人。**例

「――多く物し給ふ頃なれど」〈源氏・初音〉訳芸道の達人がたくさんいらっしゃる当世であるけれど。❸朝廷の儀式の作法・諸行事の法式そのものを指すこともある。例「――の振る舞ひ、やんごとなきことなり」〈徒然草・四八〉訳（上皇はその行いを見て）儀礼をわきまえたやり方で、まことに立派なものである（と感心なさった）。❹才知・容貌などの特にすぐれた人。例「いかでかさる――をば、ものげなき若人にては取りこめられしぞ」〈大鏡・道長・下〉訳どうしてあのような美しい女を、たいした事のない若者の身で手に入れなさったのか。❺天台・真言宗で僧綱に次ぐ僧職。已講・内供・阿闍梨をいう。「うしき」とも。

二〔形動ナリ〕教養がある様子。諸芸・諸道によく通じている様子。儀礼・典例に精通している様子。例「――・に、公事(くじ)の方、人の鏡ならんこそ、いみじかるべけれ」〈徒然草・一〉訳故事・典例に精通していて、儀式や作法などの方面で、人の模範となるようなことこそ、本当にすぐれているといえるだろう。

有職故実(こじつ)　朝廷や武家の儀式・法令・風俗などについてのよりどころとなる先例。

いう-ぢょ【遊女】〔名〕客から呼ばれ、歌舞を演じたりして、遊興の相手をする女。あそびめ。遊君。傾城。例「例の――どもあまた参りたる中に」〈大鏡・道長・下〉訳いつものように遊女どもが沢山参りました中に。

いう-ひつ【右筆・祐筆】〔名〕❶筆をとって物を書くこと。また、文章を書くのが上手な人。例「我――の身にあらず、武勇の家に生まれて」〈平家・一・殿上闇討〉訳自分は文章で身を立てるような生まれではない、武士の家に生まれて。❷文書・記録の執筆・作成にあたる職。書き役。書記。例「勘定所(かんぢゃうしょ)より草(さう)を参らせしを、――衆してしるさしめられ」〈折焚く柴の記・中〉訳勘定所から下書きを上奏したのを、書記達を使ってお書きつけさせになり。

いえ【家】〔名〕⇩いへ

いお【魚】〔名〕⇩いを

いお【庵・廬】〔名〕⇩いほ

いおり【庵・廬】〔名〕⇩いほり

い-か【五十日】〔名〕❶五十日。例「曳(ひ)く船の綱手の長き春の日を四十日(よそか)――まで我は経(へ)にけり」〈土佐・二月一日〉訳引き船の綱のように長い春の日々を、四十日も五十日も私は過ごしてしまったことだ。❷（「いかのいはひ」の略）子供が生まれて五十日目の祝い。この日、餅を作り、父や外祖父などが箸をとって赤子の口に含ませる儀式を行う。例「御――に餅(もちひ)参らせ給はむとて」〈源氏・柏木〉訳五十日のお祝いに餅を差し上げなさろうとして。❸（「いかのもちひ」の略）「五十日の祝ひ」に赤子に食べさせる餅。

いか【凧・紙鳶】〔名〕⇩いかのぼり

いか【如何】〔形動ナリ〕《状態や程度、あるいは理由などを疑う意を表す》どうである。どのようである。どういうわけである。例「あないみじや。――・なればかくはのたまふぞ」〈源氏・手習〉訳まあひどい。どういうわけでそんなことをおっしゃるのですか。例「――・ならむ世にも、かばかりあせはてんとは思(おぼ)してんや」〈徒然草・二五〉訳（将来）どんな時代になっても、（法成寺(ほうじょうじ)が）これほど荒れ果ててしまおうとは（藤原道長も）お思いになったろうか。

要点　連用形の「いかに」と連体形の「いかなる」を用いることが多く、終止形「いかなり」はほとんど用いられない。そこで、本書は「いかに」を副詞として別に立てた。

伊賀(がい)『旧国名』東海道十五か国の一つ。現在の三重県北西部。奈良・京都から東海道への山越えの交通路となる。伊州・賀州。

い-かう【已講】〔名〕已に「三会」の講師の役目を勤め終えた僧の称号。

いかが【如何】〔副〕

《「いかにか」が変化した形》

> 「いかにか」の変化した「いかんが」の「ん」を表記しない形。**疑問**（＝どのように…か）、**反語**（＝どうして…か）、の意を表す。「いかにか」の末尾の「か」が係助詞なので、文末の活用語は**連体形**になる。

❶《疑問の意を表す》**どのように…か。どんなふうに…か。どう…か。**例「そのけぢめをば、――分(わ)くべき」〈源氏・帚木〉訳（成り上がり者と落ちぶれた者との）その区別を、どのようにして分けるのでしょうか。❷《疑問表現の形で、ためらいや非難の意を表す》**どうしたものか。**どうか。例「皆人(みなひと)、別当入道の庖丁(はうちやう)を見ばやと思へども、たやすくうち出でんも――とためらひけるを」〈徒然草・二三一〉訳すべての人が、別当入道の庖丁さばきを見たいと思ったが、気安く言い出すのもどうかとためらっていたところ。❸《反語の意を表す》**どうして…であろうか（いや…でない）。**例「かくばかり逢ふ日のまれになる人を――つらしと思はざるべき」〈古今・物名・四三三〉訳これほど逢う日がまれなあの人のことを、どうして薄情だと思わないでいられようか。❹（問いかけに用いて）**どうですか。**いかがですか。例「――、御心地(ここち)はさはやかに思しなりにたりや」〈源氏・柏木〉訳どうですか、ご気分はすがすがしくお感じになるようになりましたか。

いかが-すべき　（「すべき」は、サ変動詞「す」の終止形＋推量の助動詞「べし」の連体形）❶《疑問の意を表す》どうしたらようだろうか。例「――と思(おぼ)しわづらふに」〈竹取・燕の子安貝〉訳どうしたらよいだろうかと思い悩んでいるが。❷《反語の意を表す》どうしようもない。しかたがない。例「皮をだにはがばやと思へど、旅にては――と思ひて」〈宇治拾遺・七・五〉訳せめて皮だけでもはぎたいと思うけれど、旅先ではどうしようもないと思って。

いかが-せ・む　（「せむ」は、サ変動詞「す」の未然形＋推量の助動詞「む」。「いかがせん」とも）❶《疑問の意を表す》どうしようか。どうしたらよいだろうか。例「御鞠(おんまり)ありけるに、雨降りて後、いまだ庭の乾かざりければ、――・んと沙汰(さた)ありけるに」〈徒然草・一七七〉訳蹴鞠があった時に、雨が降った後で、まだ庭が乾かなかったので、どうしようかと相談がなされたところ。❷《反語の意を表す》どうしようか、（しかし）どうにもならない。どうしようもない。しかたがない。例「今更(いまさら)に住み憂(う)しとても――・む灘(なだ)の塩屋の夕暮れの空」

〈新古今・雑中・一六〇三〉訳いまさら住みにくいといってみてもどうしようもないのだ、灘の塩焼き小屋の(侘(わ)びしい)夕暮れの空よ。

いかが-は【如何は】〔連語〕(副詞「いかが」＋係助詞「は」)❶(疑問の意を表す)いったいどのように。まったくどう。例「——すべきなど、万(よろ)に思ふことのみ繁(げ)きを」〈蜻蛉・上・天徳二年〉訳一体全体どのようにしたらよいのかなど、何事につけても思い悩む事ばかり多いので。
❷(反語の意を表す)いったいどうして…であろうか(いや決して…ではない)。例「そらに——推しはかり思ひくたさむ」〈源氏・帚木〉訳(本人を)見もせずにどうして当て推量でけちをつけることができましょうか。
❸(疑問表現の形で、程度のはなはだしい意を表す)どんなにか。さぞかし。例「この家にて生まれし女子(をんなご)のもろともに帰らねば、——悲しき」〈土佐・二月十六日〉訳この家(＝京ノ家)で生まれた女の子が(赴任地土佐で死んだため)一緒に帰って来ないので、どんなにか悲しいことか。

いかがはせ・む (「せむ」は、サ変動詞「す」の未然形＋推量の助動詞「む」。「いかがはせん」とも)❶(疑問の意を表す)いったいどうしようか。まったくどうしたらよいだろうか。例「大方(おほかた)抜かれず。酒宴ことさめて、——・んとまどひけり」〈徒然草・五三〉訳(頭にかぶった足鼎(あしがなえ)を抜こうとするが)どうしても抜けない。酒宴は興がさめて、いったいどうしたらいいかと途方にくれた。
❷(反語の意を表す)どうしようか、(しかし)まったくどうにもならない。もうどうしようもない。しかたがない。例「——・む。そこそは世の常のこと」〈源氏・蓬生〉訳もうどうしようもありません。そうすること(＝貧窮シテ家ノ調度ヲ売ルコト)は世の常のことです。

い-がき【斎垣・忌垣】〔名〕(「いかき」とも。「い」は斎(い)み清めた神聖なものの意)神社のまわりの垣根。瑞垣(みずがき)。玉垣。例「——につたなどいと多くかかりて」〈枕草子・神は〉訳神社の垣根にツタなどがたくさん懸かって。

い-か・く【沃懸く】〔他カ下二〕{け・け・く・くる・くれ・けよ} 注ぎかける。例「酒、水——・けさせよ」〈枕草子・陰陽師のもとなる小わらはべこそ〉訳酒や水を注ぎかけよ。

い-かく・る【い隠る】〔自ラ四〕{ら・り・る・る・れ・れ}《上代語。「い」は接頭語》隠れる。例「奈良の山の山の際(ま)に——・るまで」〈万葉・一・一七長歌〉訳奈良山の山の端に隠れるまで。

いか-さま【如何様】 ━〔形動ナリ〕《行為や状態に対する疑問の意を表す》どのよう。どんなふう。どんな具合。例「宮の渡らせ給はむには、——・にか聞こえやらむ」〈源氏・若紫〉訳(幼い若紫を光源氏が連れていってしまったら)父上の宮様がお越しなさった時には、どんなふうに申し上げたらいいのでしょうか(困ります)。
━〔副〕《「いかさまにも」とも》❶(多く下に推量の表現を伴って)《確信的な推量の意を表す》どうしても。どう見ても。きっと。例「——、事の出で来たるべきにこそ」〈保元・上・四〉訳どう見ても、何か事件が起こって来るようだ。
❷(多く下に意志・希望の表現を伴って)《強い決意を表す》なんとしても。必ず。ぜひとも。例「常の衣(ころも)にあらず、——取りて帰り……家の宝となさばや」〈謡曲・羽衣〉訳普通の着物ではない、ぜひとも持って帰り……家の宝としたいものだ。
━〔感〕(━から転じて)《同意する意を表す》はい。なるほど。いかにも。例「『格別に念を入れてあった壺(つぼ)でおりゃる』『——、さうであらう。ことのほかよい酒ぢゃ』」〈狂言・樋の酒〉訳「格別に心をこめて造った(酒の入った)壺です」「なるほど、そうだろう。特別によい酒だ」

> 参考 現代語では、いんちき、にせ物などの意で用いるが、これは「いかさまもの」の略。

いかさまに-か【如何様にか】〔連語〕《形容動詞「いかさまなり」の連用形＋疑問の係助詞「か」》❶(下に推量表現を伴って)どのように…しようか。⇩いかさま━
❷(「いかさまにかせむ」の略)どうしたらよいだろうか。どうしよう。例「我かの気色にて臥(ふ)したれば、——と、思(おぼ)し召し惑はる」〈源氏・桐壺〉訳(更衣が)意識のない様子で横になっているので、(帝は)どうしたらよいかと、途方に暮れておられる。

いかさまに-も【如何様にも】〔連語〕《形容動詞「いかさまなり」の連用形＋係助詞「も」》❶どうあっても。どう見ても。例「——今夜(こよひ)失はれなんず」〈平家・三・法皇被流〉訳(私は)どうあっても今夜殺されるだろう。
❷何としても。ぜひとも。例「——御声の出づべう候ふ」〈平家・二・小教訓〉訳何としても、お声をお出しください。⇩いかさま━

いか・し【厳し】 ━〔形ク〕激しい。荒々しい。猛々(たけだけ)しい。例「うつつにも似ず、猛(たけ)く——・きひたぶる心出(い)で来て」〈源氏・葵〉訳平生の心にも似ず、強く激しいひたむきな心があらわれて。
━〔形シク〕❶勢いが盛んである。繁栄している。
❷いかめしい。立派である。重々しい。⇩いかめし

いかずち【雷】〔名〕⇩いかづち

い-かた【鋳型】〔名〕《「いがた」とも》鋳物を鋳造(ちゅうぞう)するのに用いる型。例「行房(ゆきふさ)の朝臣(あそん)清書して、——にうつさせんとせしに」〈徒然草・二三八〉訳(藤原)行房朝臣が(鐘の銘文を)清書して、鋳型に移し取ろうとした時に。

いかづち【雷】〔名〕かみなり。雷鳴。雷神。(季・夏)例「——は名のみにもあらず、いみじう恐ろし」〈枕草子・名おそろしきもの〉訳雷は名前だけではなく、(実際)ひどく恐ろしい。

雷の丘(いかづちのをか)【地名】奈良県高市(たかいち)郡明日香(あすか)村にある小丘。雄略天皇に仕えた小子部栖軽(ちいさこべのすがる)が雷を捕え、天皇の命で再びそれを返した所というのが地名の由来。一説に、すぐ南にある現甘樫(あまかし)丘のこともいう。

いか-で【如何で】

〔副〕《「いかにして」が縮約した形》

> どうして、の意で疑問・反語になる用法と、どうにかして…(たい)、の意で願望になる用法がある。

❶《疑問の意を表す》**どうして。どういうわけで。なんで。どうやって。** 例「——さる事は知りしぞ」〈枕草子・故殿の御服のころ〉訳どうしてそのような(中国の古い)事を知っていたのかな。
❷《反語の意を表す》**どうして…か(いや…ない)。なんで(…だろうか)。** 例「『月な見給ひそ……』と言へば、『——月を見ではあらむ』とて」〈竹取・かぐや姫の昇天〉訳(竹

取の翁(おきな)が)「月をご覧なさるな……」と言ったところ、(かぐや姫は)「どうして月を見ないでいられましょうか(見ずにはおられません)」と言って。

❸(強い願望の意を表す)**ぜひとも。どうにかして。何としても。** 例「――物越しに対面して、おぼつかなく思ひつめたること、少し晴(は)るかさむ」〈伊勢・九五〉訳どうにかして物越し(=几帳(キチョウ)ヤ簾(スダレ)ナドデ隔テテイルコト)でもいいから(あなたに)お会いして、待ち遠しく思いつめていたことを、少しでも晴らそう。

> **参考** 多く、述部に、①②の場合なら、助動詞「む」「けむ」「べし」「まし」や、助詞「ぞ」「か」などの疑問・反語にかかわる語が、③の場合なら、助動詞「む」「まほし」「じ」や、助詞「ばや」「てしがな」などの願望にかかわる語が含まれている。

いかで-か【如何でか】〔連語〕(副詞「いかで」＋係助詞「か」)❶(原因・理由などについての疑問の意を表す)**どういうわけで…か。どうして…か。** 例「雨降れど露ももらじを笠取(かさとり)の山は――もみちそめけむ」〈古今・秋下・二六一〉訳雨が降っても笠は漏るはずはないのに、笠取の山(=京都府宇治市ニアル)はどのようにして時雨(しぐれ)がかかって、木々が紅葉し始めたのだろうか。

❷(反語の意を表す)**どうして…か(いや、そんなことはない)。なんで…か。** 例「天竺(てんぢく)に二つとなき鉢(はち)を、百千万里の程行きたりとも、――取るべき」〈竹取・仏の御石の鉢〉訳天竺(=インド)にも二つとない鉢なのだから、たとえ百千万里の距離を行ったところで、どうして手に入れることができようか(できるわけがない)。

❸(願望の意を表す)**どうにかして。なんとしても。** 例「――と深う覚ゆ」〈源氏・若紫〉訳どうにかして(幼い若紫を手に入れたい)と(光源氏は)深く心に思われる。

いかでかは (「は」は係助詞)「いかでか」を強めたもの。
❶(強い疑問の意を表す)**いったいどうして。まったくどういうわけでか。どうやって。** 例「――鳥の鳴くらむ人知れず思ふ心はまだ夜深きに」〈伊勢・五三〉訳いったいどうして(夜明けを告げる)鶏(にわとり)が鳴いているのだろうか。人に知られずに(あなたを)思っている心は、まだ夜が深いのに(=思イハ尽キナイノニ)。

❷(強い反語の意を表す)**どうして…しようか(いや…しない)。** 例「かやうの御やつれ姿を、――御覧じつけむ」〈源氏・末摘花〉訳このようなお忍び姿を、どうして見つけることがおできになりましょうか(いや、できないでしょう)。

❸(強い願望の意を表す)**ぜひとも。どうにかして。** 例「いと興ありける事かな。――聞くべき」〈源氏・明石〉訳(こんな田舎で正しい琴の奏法を伝えているのは)たいそう興味をひかれる事ですね。ぜひとも聞きたいものです。

いかで-も【如何でも】〔連語〕(副詞「いかで」＋係助詞「も」)❶**どのようにでも。どうなっても。** 例「わが身のことは――ありなむ」〈平家・六・小督〉訳私の身の上はどうなってもかまわない。

❷**どのようにしてでも。なんとしてでも。** 例「ただ、――、御方々に数(かず)まへしろしめされむことをなむ、寝てもさめても」〈源氏・常夏〉訳ただもう、どうしても、こうしても、(お妃(きさき)の)皆様方に人並みに扱われ見知っていただかれることだけを、(私は)寝ても起きても(願っていました)。

いか-な【如何な】 ━〔連体〕(「いかなる」の変化した形)❶(多く下に打消し・反語の表現を伴って)**どのような(…でも)。どんな(…でも)。** 例「――畑(はた)でも種を蒔(ま)かいで物ができるものでござるぞ」〈狂言・竹の子〉訳どんな畑でも種を蒔かないで作物ができたりするでしょうか。

❷(定評のあるものの上に付いて)**それがいくら…だとしても。どんなに…な。** 例「――天照大神(あまてらすおほみかみ)も、ちと羨(うらや)ましうござらう」〈狂言・素襖落〉訳どれほど尊い天照大神でも、ちょっと羨ましく思いましょう。

━〔副〕(「いっかな」とも。下に打消し・反語の表現を伴って)**どんなことがあっても。何としても。決して。全然。** 例「――咽(のど)を通すにこそ」〈近松・傾城反魂香・中〉訳(こんなに大きな人参(にんじん)は)どうにものどを通らない。

いかなら-む【如何ならむ】〔連語〕(形容動詞「いかなり」の未然形＋推量の助動詞「む」)❶**どんなであろう。どうだろう。** 例「少納言よ、香炉峰(かうろほう)の雪は――む」〈枕草子・雪のいと高う降りたるを〉訳清少納言よ、香炉峰の雪はどんなであろう。

❷**どうなるのだろう。** 例「またこれも――むと、心そらにて」〈源氏・夕顔〉訳またこの人もどうなるのだろうと、(光源氏は)うわのそらで。

❸**どういうことなのだろう。** 例「――むと思ふ夢を見て、恐ろしと胸つぶるるに」〈枕草子・うれしきもの〉訳どういうことだろうと思われる夢を見て、恐ろしくて心配でならない時。

❹(連体修飾語として用いて)**どのような。どんな。** 例「――む世にも、かばかりあせはてんとは思(おぼ)してんや」〈徒然草・二五〉訳(道長は)どんな時代になろうとも、これほど荒廃してしまおうとはお考えになっただろうか。注道長ガ建立シタ法成寺(ホウジョウジ)ナドノ荒廃ブリニツイテ述ベル部分。

> **要点** 「いかにあらむ」の変化した形で、物事の状態や性質・理由などを、どんなだろうかと推量する言い方。①～③では、何についての推量か、また、どんな気持ち(多くは不安)を表すかを確認することが重要である。④は「む」が仮定・婉曲(えんきょく)を表し、「いかならむ」は多く「いかなる」と同じ意味になる。

いか-なる【如何なる】〔形容動詞「いかなり」の連体形〕**どのような。どういう。** 例「――文(ふみ)ならむと思へど、ただ今急ぎ見るべきにもあらねば」〈枕草子・頭の中将の〉訳どんな(内容の)手紙だろうかと思うが、今すぐ急いで読むべきではないので。

いかなれ-ば【如何なれば】〔連語〕(形容動詞「いかなり」の已然形「いかなれ」＋接続助詞「ば」)**どういうわけで。どうして。** 例「――、言(こと)通はすべき様(さま)を教へずなりぬらむ」〈源氏・花宴〉訳どうして、歌をやりとりするやり方を(その女性に)教えないですましておいたのだろう。

いか-に【如何に】〔形容動詞「いかなり」の連用形「いかに」からできた語〕

> 副詞として、**疑問**、の意を表すほかに、**相手への呼びかけ**、に用いる感動詞の用法もある。

━〔副〕❶(状態・性質・方法などに対する疑問の意を表す)**どのように。どんなふうに。どう。** 例「石田野(いはたの)に宿りする君家人(いへびと)のいづらと我を問はば━言はむ」〈万葉・一五・三六八九〉訳石田野(=長崎県壱岐(いき)郡ノ地)に旅寝する君よ。(君の)家族が(君は)どうしたかと私に尋ねたら、どんなふうに言ったらいいのだろうか。注旅デ死ンダ友ヲ悼ム歌。

❷《原因・理由に対する疑問の意を表す》**なぜ。どんなわけで。**例「『心して降りよ』と言葉をかけ侍(はべ)りしを、『かばかりになりては、飛び降るとも降りなむ。━かくいふぞ』と」〈徒然草・一〇九〉訳「(木から)注意して降りなさい」と言葉をかけましたので、「これくらい(=軒ノ高サ)になったら、飛び降りても降りられよう。(それなのに)なぜそう言うのか」と。

❸《疑問表現の形で、程度のはなはだしい意を表す》**どんなにか。**さぞ…だろう。例「轟(とどろき)の滝は、━かしがましく恐ろしからむ」〈枕草子・滝は〉訳轟の滝というのは、(名からして)さぞやかましく恐ろしいのであろう。

❹《(③から転じて)感嘆の意を表す》**なんとまあ。いやはや。**例「世は━興(うけ)あるものぞや」〈大鏡・序〉訳世の中というものはいやはやおもしろいものですよ。

❺《仮定表現の中に用いて》強い逆接的な条件を表す。いくら…だって。どんなに…だとしても。例「━下々(しもじも)ぢゃと申して、よいことはよいことでござる」〈狂言・くじ罪人〉訳いくら身分が低いとはいいましても、(その者の)よいこと(=長所)はよいことでございます。

■二〔感〕人に呼びかける時の語。**おい。やあ。これこれ。**例「まづ、言葉をかけけり。『━、佐々木殿』」〈平家・九・生ずきの沙汰〉訳まず(梶原景季(かげすゑ)が)、言葉をかけた。「ややあ、佐々木殿」。

いかにいはむや(イワンヤ)(漢文の「何況」の訓読。「いかにいはんや」とも)⇩いはむや❶ましてや。いうまでもなく。例「━、常に歩(あり)き常に働くは、養性(やうじやう)なるべし」〈方丈記・閑居の気味〉訳いうまでもなく、いつも歩きいつも身体を動かすのは、健康を保つのによいはずだ。

❷《多く下に「むや」「をや」などを伴って》強い反語の意を表す。ましてや…であろうか(いや…でない)。例「悪人なほ往生(わうじやう)す。━善人をや」〈歎異抄・三〉訳悪人でもなお極楽浄土へ行ける。ましてや善人が行けないであろうか(いや必ず行ける)。

いかにして❶《原因・方法などに対する疑問の意を表す》どのようにして。どうして。例「こは━死にたる者にかあらむ。傷もなきは」〈今昔・二九・一九〉訳これはどうして死んだ者なのだろう。傷もないのに。注実ハ、死ンダフリヲシテイル。

❷《行為や状態の実現を願い求める意を表す》どうにかして。何とかして。例「━都の高き人に奉らむと思ふ心深きにより」〈源氏・明石〉訳どうにかして(娘を)都の地位身分の高い人に差し上げようと思う心が深いので。注娘ノ父、明石ノ入道ノ言葉。

いかに-いはむや【如何に況むや】⇩「いかに」子項目

いかに-か【如何にか】〔連語〕《副詞「いかに」+係助詞「か」》❶《疑問の意を表す》どうして…か。どのように…か。どんなに…か。例「常知らぬ道の長手(ながて)をくれくれと━行かむ糧(かりて)はなしに」〈万葉・五・八八六〉訳行きなれない長い道のりを暗い気持ちでどうして行こうか。食糧も持たずに。注臨終ノ歌。「常知らぬ道」ハ冥途(メイド)ヘノ道。

❷《反語の意を表す》どうして…だろうか(いやそんなことはない)。例「げにいと見苦しきことにも侍るかな。右近は━聞こえさせむ」〈源氏・東屋〉訳まったくたいそう見苦しいことですね。(私)右近はどのように申し上げましょうか(もはや申し上げる言葉もありません)。

要点「いかに」に比べて、疑問・反語の意が強くなる。係り結びによって、これを受ける活用語は連体形となる。

いかに-か-は【如何にかは】(…カワ)〔連語〕《副詞「いかに」+係助詞「か」「は」》。反語の意を表す》どうして…か(いや…ではない)。例「かくせむを━すべき」〈今昔・二九・二三〉訳このようにしては(=首ヲ押サエツケラレテハ)どのようにできるか(どうにもできない)。

いかに-して【如何にして】⇩「いかに」子項目

いかに-せ-む【如何にせむ】〔連語〕《副詞「いかに」+サ変動詞「す」の未然形「せ」+推量の助動詞「む」》❶《疑問の表現で》《対策や方法に迷ったり困ったりする気持ちを表す》どうしたらよいだろうか。どうしよう。例「腰に着きたる緒(を)の絶えもしなば、━・むとならむ」〈枕草子・日いとうららかなるに〉訳(海女(あま)の)腰に着いている綱がもし切れでもしたら、どうしようというのだろう。

❷《反語の表現で》《嘆きあきらめる気持ちを表す》(どうしたらよいだろうか)どうしようもない。仕方がない。例「━・むその五月雨(さみだれ)の名残よりやがてをやまぬ袖(そで)のしづくを」〈山家・下・雑〉訳何としようか、どうしようもない。あの五月の長雨の時から、そのまま(あなたに会うことがなく)袖に涙のしずくが降り続いてやむことがないのを。

いかに-ぞ【如何にぞ】〔連語〕《副詞「いかに」+係助詞「ぞ」。疑問・問いかけの意を表す》どのように。どんなであるか。どうして。例「ただここもとにおぼえながら、言ひ出(い)でられぬは、━や」〈枕草子・殿などのおはしまさで後〉訳すぐここのあたりまで思い浮かんでいながら、口に出せないのは、どうしたことかしら。

いかに-ぞ-や【如何にぞや】〔連語〕《副詞「いかに」+係助詞「ぞ」「や」》❶《状態・方法・原因などに対する疑問の意を表す》どんな様子か。どうしてか。例「━。宮は夜(よ)やふかし給ひし」〈源氏・蛍〉訳どうでしたか。宮は(あの)夜は遅くまでおられましたか。例「ぬしの御名(な)は━」〈大鏡・序〉訳あなたのお名前は何というのですか。

❷《疑問表現の形で、不審・不満の意を表す》どんなものか。どうか(しら)。どうしてか。例「━、ことばの外(ほか)に、あはれに、気色(けしき)覚(おぼ)ゆるはなし」〈徒然草・一四〉訳(最近の歌は)どんなものか(あまり感心できない)、言外に、しみじみとして、趣の感じられるものはない。

いかに-も【如何にも】〔連語〕《副詞「いかに」+係助詞「も」》❶《選択の可能性のある意を表す》どのようにでも。いかようにも。例「━さるべきさまになさせ給はば、おろかならずなむ」〈源氏・宿木〉訳どんなふうであっても(山荘を)しかるべき状態(=隠遁(イントン)生活ノデキル状態)にお造りいただけたら、並々でなく(嬉しく存じます)。

❷《下に願望表現を伴って、強い願望の意を表す》なんとかして。どうしても。是非とも。例「幼き人々を、━、━わがあらむ世に見置くこともがな」〈更級・夫の死〉訳幼い子供達を、なんとかして、なんとかして自分の生きている間に前もってちゃんと世話しておくことができたらなあ。

❸《下に打消しの表現を伴って、強い打消しの意を表す》決して(…ない)。どんなことがあっても。絶対に。例「━かなふまじ。はやはや出家し給へ」〈平家・一二・六代被斬〉

訳（頼朝はあなたを殺そうとしている。このままでは）絶対に（存命は）かなうまい。はやく出家なさいませ。
❹（程度のはなはだしい意を表す）はなはだ。非常に。まったく。例「いにしへ、この所に祐善（いうぜん）と申す傘はりの候ひしが、――下手（へた）にて」〈狂言・祐善〉訳昔、この所に祐善という傘はりがおりましたが、はなはだ下手でして。
❺（相手のことばを肯定して応答する時の語）その通り。はい、そうです。例「『わごりょが申し上げたか』『――、身どもが申し上げた』」〈狂言・棒縛〉訳「おまえが申し上げたのか」「その通りです、私が申し上げました」

いかにもあれ（「あれ」は動詞「あり」の命令形。結果を考えない意を表す）どのようであっても。どうあろうとも。例「悪（あ）しくもあれ、――、便（たよ）りあらばやらむ」〈土佐・一月七日〉訳（歌の出来が）悪くても、どうであっても、ついでがあったら（この歌を）送ろう。

いかにもな・る（「死ぬ」の意の婉曲（えんきょく）的表現）あの世に行く。なくなる。例「われ――りなむ後（のち）は……孝養（けうやう）をもすべからず」〈平家・六・入道死去〉訳私があの世に行った後は……仏事供養（くよう）をしてもいけない。注平清盛ノ死ノ直前ノ言葉。源頼朝ノ首ヲ墓前ニ置クノガ供養ダトイウ。

いか-のぼり【凧・紙鳶】〔名〕（「いかご」とも。形が烏賊（いか）に似ていたことからいう）「たこ」の上方（かみがた）語。（季・春）例「この――といふものは、昔、前漢の韓信が初めて造るところにして、もと敵の城中を見んための軍器なり」〈椿説弓張月・三〉訳この凧というものは、昔、前漢の韓信が初めて造ったもので、もとは敵の城中を偵察するための兵器である。
要点 現代では、関西地方でも「たこ」というのが普通で、正月の遊戯の一つとなっている。

いか-ばかり【如何ばかり】〔副〕（程度についての疑問の意を表す）どれくらい。どれほど。どんなに。例「偽りのなき世なりせば――人の言の葉うれしからまし」〈古今・恋四・七一二〉訳うそのない世の中であったなら、人がかけてくれる情けの言葉を素直に聞いて、どれほどうれしく思われたことであろう。

い-かへ・す【射返す】〔他サ四〕（さ・し・す・す・せ・せ）❶矢を射て敵を追い返す。例「僕（あ）が兄（せ）兄宇迦斯（えうかし）、天つ神の御子（みこ）の使ひを――・し」〈古事記・中・神武天皇〉訳私の兄の兄宇迦斯は、天つ神の御子の使者を矢を射て追い返し。
❷敵の射た矢をとって、逆に敵に向けて射る。例「沖よりこの矢を射て候ふが、――・せと招き候ふ」〈平家・一一・遠矢〉訳沖の敵からこの矢を射てきましたが、それを射て返してみよとさし招きます。
❸敵が矢を射て攻撃するのに対し、こちらからも矢を射て応戦する。応射する。

いか-ほど【如何程】〔副〕（程度・分量などについての疑問の意を表す）どれくらい。どれほど。例「そもそも、源氏が勢――あるぞ」〈平家・一一・嗣信最期〉訳いったい、（敵の）源氏の軍勢はどれくらいいるのか。

いか-め・し【厳めし】〔形シク〕❶おごそかである。重々しい。例「愛宕（をたぎ）といふ所に、いと――・しうその作法したるに」〈源氏・桐壺〉訳愛宕という所で、大変おごそかにその（桐壺更衣（きりつぼのこうい）の）葬儀を行ったのだが。
❷盛大である。堂々としている。例「あるじ――・しう仕（つか）うまつる」〈竹取・帝の求婚〉訳もてなしを盛大にし申し上げた。
❸立派である。力強い。例「御気色（けしき）どもようて、おのおの出（い）で給ふ響き、いと――・し」〈源氏・行幸〉訳（光源氏と内大臣とが）ご機嫌が良くて、それぞれお帰りになる（お供の）騒がしさが、とても力強く響く。
❹激しい。きびしい。例「――・しき雨、風、雷（いかづち）の驚かし侍（はべ）りつれば」〈源氏・明石〉訳激しい雨、風、雷（かみなり）が（私に出発せよと）警告を与えましたので。

いかもの-づくり【怒物作り・厳物作り】〔名〕いかめしく立派に見えるように外装を施すこと。また、そのようにした太刀（たち）。例「――の太刀を佩（は）き」〈平家・八・山門御幸〉訳（木曽義仲は）いかめしい外装の太刀を腰につけ。

いか-やう【如何様】〔形動ナリ〕どのようである。「いかさま」とも。例「そもそも――・なる心ざしあらむ人にか会はむと思（おぼ）す」〈竹取・貴公子たちの求婚〉訳いったいどのような誠意のある人と結婚しようとお思いですか。

い-かよ・ふ【い通ふ】〔自ハ四〕（は・ひ・ふ・ふ・へ・へ）（上代語）行ったり来たりする。例「霞（かすみ）立つ天の河原に君待つと――・ふほどに裳（も）の裾（すそ）ぬれぬ」〈万葉・八・一五二八〉訳霞の立つ天の川原であなた（＝牽牛星）を待つと行きつ戻りつするうちに裳の裾が濡れてしまいました。注七夕（タナバタ）ノ歌デ、山上憶良作。織女星ノ身デ詠ンデイル。

いかり【碇・錨】〔名〕❶船を停止させておくための、綱の先につけたおもり。古くは石を利用したが、一般的には、鉄で、水底にかかるようにつめを何本か出した形に作る。
❷物にひっかけるために、猫の首に結んだひもの先端につける「いかり」形のもの。例「――の緒（を）、組の長きなどつけて引きありくも」〈枕草子・なまめかしきもの〉訳（猫が）いかりのついたひもで、組糸の長いのなどをつけて引きずって動き回るのも。

いか・る【怒る】〔自ラ四〕（ら・り・る・る・れ・れ）❶腹を立てる。おこる。例「ただいみじう――・れる気色にもてなして、太刀を引き抜けば」〈源氏・紅葉賀〉訳ただひどく怒っている様子に振る舞って、刀を引き抜いたところ。
❷おこっているかのように荒々しく振る舞う。あばれる。
❸かど張っている。とげとげしている。例「いと草（さう）がちに、――・れる手の……わりなく故ばめり」〈源氏・常夏〉訳とても草仮名が多く、かど張っている書き様で……むやみに気どっている。

斑鳩（いかるが）〔地名〕生駒（いこま）山脈の南端、現在の奈良県生駒郡斑鳩町。聖徳太子が六〇一年（推古九）に斑鳩宮を造営、六〇七年（推古十五）に法隆寺を建立した。

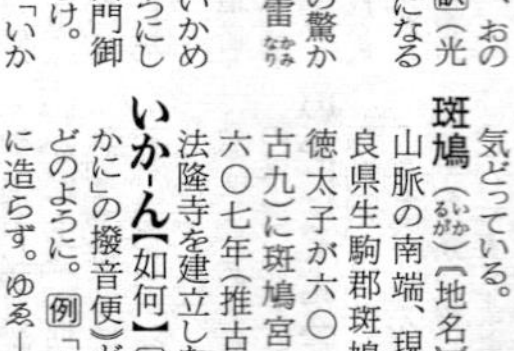
斑　鳩

いか-ん【如何】〔副〕（「いかに」の撥音便）どうして。どのように。例「人のために造らず。ゆゑ――となれば」〈方丈記・閑居の気味〉訳（私は自分自身のために庵（いほり）を結んだ）人のためにこしらえたのではない。理由はどうしてかというと。

いかん-が【如何が】〔副〕（「いかにか」の変化した形。疑問・反語の意を表す）どのように…か。どうして…か。例

「ここに利益(りやく)の地を頼まずんば、――歩みを嶮難(けんなん)の路(みち)に運ばむ」〈平家・二・康頼祝言〉訳こんな時ご利益を与える大地(のような菩薩(ぼさつ))を頼みにしなくては、どうして険しい道に足を進めることができようか。

いき【息】〔名〕❶呼吸。
❷命。例「あずの上に駒(こま)をつなぎて危(あや)ほかと人妻児(こ)ろを――に我がする」〈万葉・一四・三五三九〉訳断崖(だんがい)の上に馬をつなぐとはらはらするように、(私も)今後どうなるか不安だらけですが、人妻であるあなたを私は命がけで思っています。

息絶(た)・ゆ　息も絶えだえになる。息が切れる。例「――・え身こごえて、頂上にいたれば日没して月顕(あら)はる」〈奥の細道・出羽三山〉訳息も絶えだえになり体もこごえて、(月山の)頂上にたどり着くと日は沈み月が現れ出た。

いき【意気・粋】〔名・形動ナリ〕❶気概。気だて。気っぷ。心意気。例「――さへよければ、歴々の地女(ぢをんな)よりは情深く真(まこと)あり」〈浮世・傾城禁短気・三・一〉訳(高級遊女などには)心意気さえよい女ならば、すれっからしの素人(しろうと)女よりは情も深くて真実味のある者がいる。
❷《特に、江戸後期に好まれた美的理念》さっぱりとした性格で洗練されて好感がもてるさま。あかぬけして色っぽくきりっとしているさま。明治以降、一般に「粋」の字を当てる。例「宅(うち)に――な美しいお内室(かみさん)が居ると言ひましたから」〈人情本・春色梅児誉美・一・一〉訳家にあかぬけした色気のある美しい奥さんがいると言いましたから。
参考②は、「人情本」で理想とされた美的理念で、主に江戸深川(ふかがわ)の色里を背景として生まれた。

壱岐(いき)【旧国名】西海道十二か国の一つ。現在の長崎県壱岐郡。東松浦半島の沖にある壱岐島のこと。対馬(つしま)に対する。壱州(いっしゅう)。

いき-あ・ふ【行き逢ふ】(:アオ)〔自ハ四〕{は・ひ・ふ・へ・へ}道などで予期せずに人に逢う。出会う。例「うたてげなる翁(おきな)二人、嫗(おうな)と――・ひて」〈大鏡・序〉訳異様な感じの翁二人は、老女(一人)と偶然に行き合わせて。

いき-かよ・ふ【行き通ふ】(:カヨウ)〔自ハ四〕{は・ひ・ふ・へ・へ}行き来する。通って行く。例「河内(かふち)の国高安(たかやす)の郡(こほり)に、――・ふ所出(い)で来にけり」〈伊勢・二三〉訳河内の国高安の郡(=大阪府東部ニアッタ地名)に、通って行く所(=女ノ家)ができたのであった。

いき-ざし【息差し】〔名〕息づかい。呼吸。特に、意気込みや嘆きなどの感情が物の言い方に現れたものをいう。例「さまざまに嘆く人々の――を聞くも、あはれにもあり、安からずもあり」〈蜻蛉・下・天禄三年〉訳あれこれ愚痴をこぼす人々のため息を聞くにつけて、しみじみ心痛む思いもし、落ち着かない気持ちにもなる。

いき-すだま【生き霊】〔名〕生きている人の怨霊(おんりょう)。他人にとりついて悩ましたりする。例「物の怪(け)、――などいふもの、多く出(い)で来て」〈源氏・葵〉訳物の怪、生き霊などというものが、たくさん現れてきて。

> 参考「生き霊」と「死霊」　「いきすだま」は「生き霊(りょう)」ともいい、**生きている人の霊魂で肉体を離れてさまよい歩くもの**を指す。これに対し、**死人の魂を「死霊(しりょう)」というが、どちらも「物の怪(け)」として特に平安時代の人々から恐れられた。**『源氏物語』では、光源氏の正妻である葵(あおい)の上が、六条御息所(ろくじょうのみやすどころ)の生き霊にとりつかれて亡くなっている。

い-ぎたな・し【寝汚し】〔形ク〕《「い」は眠ることの意》❶**ぐっすり眠っている。**例「いと――・かりける夜かな」〈源氏・帚木〉訳今夜は随分よく眠ってしまったな。
❷眠たがりやである。**寝坊である。**例「夜鳴かぬも――・き心地すれども、今はいかがせむ」〈枕草子・鳥は〉訳(ウグイスは)夜鳴かないのも眠たがりやだという感じがするが、今更どうしようもない。対いざとし

いき-た・ゆ【息絶ゆ】⇩「いき(息)」子項目

いき-つ・く【行き着く】〔自カ四〕{か・き・く・く・け・け}❶目的地に着く。到着する。例「京に巳(み)の時ばかり――・きぬ」〈蜻蛉・中・天禄元年〉訳京に午前十時頃に到着した。
❷《近世語》行く所まで行く。尽きる。例「治兵衛(ぢへゑ)身代(しんだい)――・いての、金に詰まってなんど大坂中を触れ回り」〈近松・心中天の網島・中〉訳治兵衛は財産が尽きてしまっただの、金に詰まって(困っている)だのと(仲の悪い太兵衛が)大坂中を言いふらして回り。

いき-つ・ぐ【息継ぐ】〔自ガ四〕{が・ぎ・ぐ・ぐ・げ・げ}⇩いきづく②
一息つく。ほっとする。例「三穂屋(みほのや)の十郎は味方の馬の陰に逃げ入って――・ぎゐたり」〈平家・一一・弓流〉訳(敵を振り切った)三穂屋の十郎は味方の馬の陰に逃げこんでほっと一息ついていた。

いき-づ・く【息衝く】〔自カ四〕{か・き・く・く・け・け}❶苦しげに息をする。あえぐ。例「よろづの重き物を多く付けて……――・き苦しむ有様」〈徒然草・三二〉訳いろいろの重い物を多く身に付けて……あえぎ苦しむようす。
❷一息つく。ほっとする。例「仏師逃げ退(の)きて、――・き立ちて思ふやう」〈宇治拾遺・九・四〉訳仏師は逃げのびて、ほっと一息ついて立ち止まり思うには。

いき-と-し-いけ-る-もの【生きとし生けるもの】《連語》この世に生をうけているものすべて。あらゆる生き物。例「花に鳴く鶯(うぐひす)、水に住むかはづの声を聞けば、――、いづれか歌を詠(よ)まざりける」〈古今・仮名序〉訳(春)梅の花にさえずる鶯、(秋)清流に住む河鹿(かじか)の声を聞くと、この世に生をうけているものすべて、どれが歌を詠まないといえようか。

いき-どほ・る【憤る】(イキドオル)〔自ラ四〕{ら・り・る・る・れ・れ}❶(不平や不満で胸が)いっぱいになる。鬱屈(うっくつ)する。例「――・る心の内を思ひ伸べ」〈万葉・一九・四一五四長歌〉訳もんもんとする心の内をのびのびとさせ(=晴ラシ)。
❷激しい怒りや恨みの思いを態度に表す。憤慨する。怒る。例「山門大衆(だいしゅ)――・り申す」〈平家・四・厳島御幸〉訳比叡山の僧侶達は憤慨して申し上げる。

いき-の・ぶ【生き延ぶ】〔自バ上二〕{び・び・ぶ・ぶる・ぶれ・びよ}命ながらえる。長生きする。例「し残したるを、さてうち置きたるは、おもしろく、――・ぶるわざなり」〈徒然草・八二〉訳し残したところを、そのままにしておくのは、おもしろく、寿命が延びる気持ちがするやり方である。

いき-ぶれ【行き触れ】〔名〕道で死人などに出会って、自分も汚れること。「ゆきぶれ」とも。例「いかなる――にかからせ給ふぞや」〈源氏・夕顔〉訳どんな汚れに出会ってお汚れになったのですか。

いき-ほひ【勢ひ】(イキオイ)〔名〕《動詞「勢ふ」の連用形の名詞化》❶強く発して、他を圧倒する力。威力。威勢。例「人の子なれば、まだ心—なかりければ、とどむる—なし」〈伊勢・四〇〉訳（男は）親がかりの身なので、まだ人（＝反対スル親）に対抗するほどの力もなかったので、（愛する女を）自分の許(もと)にとどめておく力もない。❷社会的な支配力。政治力や経済力。権勢。❸激しい力のこもった状態。盛んな様子。形勢。例「ただ今大臣になりぬべき—なれば」〈落窪・二〉訳すぐにでも大臣になってしまいそうな盛んな様子なので。

いきほひ-まう【勢ひ猛】(イキオイモウ)〔連語〕（「猛」は形容動詞（ナリ活用）の語幹）勢いが強く盛んなようす。例「—の者になりにけり」〈竹取・かぐや姫の生ひ立ち〉訳（竹取の翁(おきな)は）豊かで権勢の強い人になってしまった。

いき-ほ・ふ【勢ふ】(ウ・オ)〔自ハ四〕(は・ひ・ふ・ふ・へ・へ)❶生き生きとした活力を示す。活気づく。例「物騒がしきまで人多く—ひたり」〈更級・夫の死〉訳（任国への赴任の準備は）騒々しいまでに人が多く活気づいていた。❷豊かな経済力や強力な権勢を示す。羽振りのよさを示す。

いき-ま・く【息巻く】〔自カ四〕(か・き・く・く・け・け)❶権勢をふるう。いばる。例「大后(おほきさき)の坊の初めの女御(にょうご)にて—・き給ひしかど」〈源氏・若菜・上〉訳大后が東宮の一番目の后で権勢をふるいなさったけれど。❷怒って息を荒々しくする。いきりたつ。例「上人(しゃうにん)なほ—・きて、『何と言ふぞ、非修非学(ひしゅひがく)の男』と、あらかに言ひて」〈徒然草・一〇六〉訳（その）上人はいっそういきりたって、「何を言うか、仏道の修行も学問もない男が」と、荒々しく言って。

いき-み【生き身】〔名〕生きて命のある体。例「姫が事こそ心苦しけれども、それも—なれば、嘆きながらも過ごさんずらん」〈平家・三・僧都死去〉訳娘のことが気がかりだが、それも生きて命のある体だから、悲嘆にくれながらも暮らしてゆくだろう。

いき-りゃう【生き霊】(ヨウ・リ)〔名〕「いきすだま」に同じ。例「近江(あふみ)の国におはする女房の—に入り給ひたるとて」〈今昔・二七・二〇〉訳近江の国（＝滋賀県）においでになる女房が生き霊になって取りつきなさったといって。

いき-わか・る【行き別る】〔自ラ下二〕(れ・れ・る・るる・れ・れよ)別れ別れになる。別々の所へ行く。例「—・るるほど、行くもとまるも、皆泣きなどす」〈更級・太井川〉訳いざ別れ別れになると、帰る人々もたたずむ我々も、皆涙にむせぶのだった。

い・く【生く】■一〔自カ四〕(か・き・く・く・け・け)生きる。生きながらえる。例「—・ける人遂(つひ)にも死ぬるものにあればこの世なる間(ま)は楽しくをあらな」〈万葉・三・三四九〉訳生きている人はついには死ぬものであるから、（せめて）この世にいる間は楽しくいたいなあ。■二〔自カ上二〕(き・き・く・くる・くれ・きよ)■一に同じ。例「とく逃げ退(の)きて命—・きよ」〈宇治拾遺・二・一三〉訳（山がくずれるから、ここから）はやく逃げ去って生きながらえなさい。■三〔他カ下二〕(け・け・く・くる・くれ・けよ)《■一■二に対する他動詞》❶生かす。生きさせる。命をながらえさせる。例「いでなほここながら死なむと思へど、—・くる人ぞ、いとつらきや」〈蜻蛉・上・康保元年〉訳さてさてやはりここ（＝山寺）にいたまま死んでしまいたいと思うが、（自分を）生きさせて（死なせないようにする）人がいるのは、たいそうつらい。注「生くる人」トハ、愛児道綱(ミチツナ)。彼ノコトガ心残リナノデアル。❷（枯らさず生きながらえさせる意から）（花などを）器にさす。いける。例「つつじ—・けてその陰に干鱈(ひだら)さく女」〈芭蕉〉訳燃えるようなつつじを（花器に）こぼれるばかりいけてある。その陰で女が余念なく干鱈（＝干シタ鱈）をさいている。参考■三は中世以降の用法。■三②は「活く」とも書く。

い・く【行く】〔自カ四〕(か・き・く・く・け・け)（「ゆく」とも）行く。例「わが背子(せこ)は玉にもがもな手に巻きて見つつゆかむを置きて—・かば惜し」〈万葉・一七・三九九〇〉訳あなたは玉であって欲しいなあ、（そうしたら）手に巻いて見ながら行くのに、置いて行くのは心残りだよ。参考上代・平安時代にわたり、「ゆく」の方が多用されている。「ゆく」に比較し、「いく」は話し言葉的要素が強かったといわれる。

いく-か【幾日】〔名〕どれだけの日数。いくにち。例「春日野の飛火野(とぶひの)の野守(のもり)出(い)でて見よ今—ありて若菜摘みてむ」〈古今・春上・一九〉訳春日野の飛火野の番人よ、野に出て（草の様子を）見てください。あと何日たったら、若菜を摘めるでしょうか。

いく-かへり【幾返り】(エリ・カ)〔副〕《「かへり」はくり返す回数を表す接尾語》いくたび。何回。例「—咲き散る花をながめつつもの思ひ暮らす春に逢ふらむ」〈新古今・恋一・一〇一七〉訳（あなたを思って）咲いては散る花をながめながら、もの思いにふけって日を暮らす春を、何度迎えていることだろうか。

いくさ【軍・戦】〔名〕❶弓矢を射るわざ。射芸。また、弓矢を射る人。❷戦いをする人。戦士。武人。例「千万(ちよろづ)の—なりとも言挙(ことあ)げせず取りて来(き)ぬべき男(をのこ)とぞ思ふ」〈万葉・六・九七二〉訳（敵が）千万の大軍であろうと、言葉に出して（とやかく）言わず（それを）捕らえることのできる男子だと（あなたを）思っています。❸戦い合うこと。戦争。合戦。例「この人一人(いちにん)討(う)ちたてまったりとも、負くべき—に勝つべき様もなし」〈平家・九・敦盛最期〉訳この人一人をお討ち申したとしても、負ける合戦に勝てるはずもない。

いくさ-だち【軍立ち】〔名〕❶軍勢を出すこと。出陣。また、合戦。例「朝夕(あさゆふ)の—に、過ぎゆく月日は知らねども」〈平家・九・三草勢揃〉訳朝に晩にと頻繁な合戦のために、月日の過ぎていくのに気づかなかったが。❷軍勢の配置。陣立て。

いくさ-びと【軍人】〔名〕戦士。兵士。

いくさ-よばひ【軍喚ひ】(バイ・ヨ)〔名〕戦場で、敵味方が名のり合ったり、喚声をあげたりすること。ときの声。例「明けても暮れても、—の声の絶えざりしこと」〈平家・灌頂・六道之沙汰〉訳明けても暮れても、戦場でのときの声が絶えなかったのは。

いく-そ【幾十・幾そ】〔副〕《多く「の」を伴って連体修飾語になる》どれほど多く。どんなにたくさん。また、数多く。多数。例「—の事どもかい変はりたる」〈栄花・初花〉訳どんなに多くの事が変わってしまったことか。参考「そ」は「三十(みそ)」「四十(よそ)」の「十」で、本来は「何十」の意。転じて、単に多くの数を表すようになったもの。

いくそ-たび【幾十度・幾そ度】〔副〕幾度。何回。また、何回も。たびたび。例「葦辺(あしべ)漕(こ)ぐ棚(たな)無し小舟(をぶね)――行き帰るらむ知る人も無み」〈伊勢・九二〉訳葦の群がる水辺を漕ぎ進む棚無し小舟のように、(私は)何回(あなたに会いに)行ったり帰ったりするのだろう。それに気がついてくれる人(=アナタ)もいないので。

いくそ-ばく【幾そ許】〔副〕どれぐらい多く。また、数多く。例「その松の数――、幾千年(いくちとせ)経(へ)たりと知らず」〈土佐・一月九日〉訳その(宇多の松原の)松の数はどれくらい多いのか、何千年を過ごしているのかわからない。

いく-だ【幾許・幾何】〔副〕《「だ」は接尾語。多く助詞「も」が付き、下に打消しを伴って用いる》なにほど(も)。いくら(も)。例「さ寝初(そ)めて――もあらねば白たへの帯請ふべしや恋も過ぎねば」〈万葉・一〇・二〇二三〉訳共寝の床に入ってからいくらもたっていないのに、(もう帰るから)帯をくれと言ってよいものだろうか、まだ恋もさめていないのに。

いくだ-も【幾許も】《連語》《副詞「いくだ」＋係助詞「も」》⇩いくだ

いく-つ【幾つ】〔名〕《「つ」は数を示す接尾語》❶どれだけの数。何個。例「船――ばかりに乗りて来(た)きるぞ」〈今昔・二六・九〉訳(敵は)何隻ぐらいの船に乗って来るのか。❷(特に年齢について)何歳。例「年は――にか、ものし給ひし」〈源氏・夕顔〉訳(夕顔は)お年は何歳でいらっしゃったのか。

いく-ばく【幾許】〔副〕《「ばく」は「ばかり」の意の接尾語》❶(疑問表現を作って、数量・程度を問う語)どれほど多く。どのくらい深く。例「――世に経(ふ)べき身とて、かうまで行く先のことをばのたまふ」〈源氏・柏木〉訳(あなたに先立たれた後)どれほど長くこの世に長らえることのできる人間だと思って、そんなにまで先々の事をおっしゃるのですか。❷(助詞「も」が付き、下に打消し・反語を伴って、数量・程度がそれほどでないことを表す)いくら(も)。どれほど(も)。たいして。例「――も生けらじ命を恋ひつつぞ我は息づく人に知らえず」〈万葉・一二・二九〇五〉訳どれほども生きることのない命なのに、恋をし続けて、私はため息をつく、人に知られもせず。

いくばくもな・し　どれほどの時もない。まもない。例「――・くて持て来(こ)ぬ」〈伊勢・七八〉訳(石を取りに行かせると)いくらも時間をかけずに持って来た。

いくばく-も-な・し【幾許もなし】⇩「いくばく」子項目

いく-よ【幾世・幾代】〔名〕どれほど多くの年代。何代。例「一つ松――か経ぬる吹く風の声の清きは年深みかも」〈万葉・六・一〇四二〉訳一本松よ、何世代ぐらい経たのか。吹く風の声が清らかなのは、年を経たからか。

いく-よ【幾夜】〔名〕どれほど多くの夜。いく晩。例「淡路島通ふ千鳥の鳴く声に――寝ざめぬ須磨(すま)の関守(せきもり)」〈金葉・冬〉訳淡路島へ飛び通う千鳥の鳴く声で、いく晩夜中に目がさめてしまったことだろうか、須磨の関守よ。注『百人一首』所収、源兼昌(ミナモトノカネマサ)ノ歌。

いく-ら【幾ら】〔副〕❶どれだけ。どれほど。例「あなゆゆしの雪や、――積もりぬらむ」〈健寿御前・御ねくたれの恋しさ〉訳まあいやな雪だわ、どれくらい積もったのでしょう。❷(多く助詞「も」を付けて用いて)数量が多いさま。多数。たくさん。例「さりぬべき歌――もありけれども」〈平家・七・忠度都落〉訳(『千載集』に載せるのに)相当いい和歌がたくさんあったけれど。❸(助詞「も」を付け、下に打消しを伴って)数量がそれほどないさま。そんなに。たいして。例「むばたまの闇(やみ)のうつつは定かなる夢に――もまさらざりけり」〈古今・恋三・六四七〉訳(恋しい人と)現実に会えたが、暗闇の中のはかない逢瀬(おうせ)は、はっきりと姿を見た夢の中に比べて、いくらも勝(まさ)っていなかったことよ。注「むばたまの」ハ「闇」ノ枕詞。

い-くゎん【衣冠】〔名〕❶衣服と冠(かんむり)。服装の総称。❷公卿(くぎょう)が参内(さんだい)したり、公(おおやけ)の儀式に参列したりする時の略式の礼装。正式の礼装である束帯(そくたい)から、衵(あこめ)・下襲(したがさね)・石帯(せきたい)などを省き、表袴(うえのはかま)・大口もはかないので、裾(すそ)は引かない。冠をかぶり、袍(ほう)を着て、指貫(さしぬき)をつけ、浅沓(あさぐつ)をはき、扇を持つ。例「車に乗るべきは馬に乗り、――布衣(ほい)なるべきは、多く直垂(ひたたれ)を着たり」〈方丈記・都遷り〉訳車に乗るはずの人は馬に乗っているし、衣冠布衣であって当然の人(=公家(クゲ))は、(武家や庶民のように)多く直垂を着ている。注新都福原ノ様子。優雅ナ都ノ習俗ガ失ワレタ様。

いくゎん②

い-げ【以下・已下】〔名〕それを含めて、それより下。以下。対いじゃう① 例「太政大臣――の公卿(くぎょう)十三人参内して」〈平家・二・座主流〉訳太政大臣以下の公卿(=三位以上ノ官人)十三人が宮中に参って。

いこ・ふ【息ふ・憩ふ】□一〔自ハ四〕{は・ひ・ふ・ふ・へ・へ}休息をとる。休む。例「寒き夜を――・ふことなく通ひつつ作れる家に」〈万葉・一・七九長歌〉訳寒い夜もゆっくり休むことなく通っては造っている御殿(ごてん)に。□二〔他ハ下二〕{へ・へ・ふ・ふる・ふれ・へよ}平安に保つ。やすらかにする。例「国の政(まつりごと)をも――・へ」〈今昔・二八・三八〉訳任国の政治も平安に保ち。

生駒山(いこまやま)《山名》奈良県生駒市と大阪府東大阪市との境にある山。大和と河内(かわち)を結ぶ要路であった。「いこまのたけ」とも。歌枕。例「君があたり見つつを居(を)らむ――雲な隠しそ雨は降るとも」〈伊勢・二三〉訳あなたのいらっしゃるあたりを眺めていましょう。(あなたのいらっしゃる大和との境の)生駒山を、雲よ隠さないでおくれ、たとえ雨は降っても。注「見つつを」ノ「を」ハ詠嘆ノ意ノ間投助詞。

生駒山（ケーブルカー）

いさ

□一〔感〕《現代語で「さあ」というのと同じ気持ちで発した声が起源という》❶(質問されて、わからない時や、すぐに答えられない時に、応答のために発する語)**さあ。ええと。さてねえ。** 例「とみにもいはず、『――』などこれかれ見合はせて」〈枕草子・七日の日の若菜を〉訳(子供達に草の名を尋ねると)すぐには答えず、「ええと」とか言ってそれぞれ(顔を)見合わせて。❷(相手の言葉に対して否定的に応答する語)**いいえ。いや**

あ。だって。例「『―、人の憎しと思ひたりしが、また憎く覚え侍(はべ)りしかば』といらへ聞こゆ」〈枕草子・殿などのおはしまさで後〉訳「だって、ほかの人が(私のことを)憎らしいと思ったのが、また(私の方でも)憎らしく思いましたものですから」とお答え申し上げる。

■二〔副〕❶《下に「知らず」などの語句を伴って》さあどうだか(知らない)。例「人は―心も知らずふるさとは花ぞ昔の香に匂(にほ)ひける」〈古今・春上・四二〉訳あなたは、さあどうだかその気持ちはわからない、(昔と変わってしまったかもしれない)、(なのに)昔なじみの土地では、梅の花が昔と変わりない香りで咲いていることだ。

❷《①の「知らず」を略した形》さあどうだか、知らない。わからない。例「人は―我は無き名の惜(を)しければ昔も今も知らずとを言はむ」〈古今・恋三・六三〇〉訳あなたがどう考えるか、さあ知らないけれど、私は身に覚えのない噂(うわさ)が立つのは名前にかかわるから、昔も今も(あなたを)知らないと言っておきましょう。

いざ

〔感〕《行動をうながす時に発する語。「いさ」とは別の語》

さあ、と他人に行動を促したり、どれ、と自分で何かをしようとする時に発する語。「いざ給へ」「いざさせ給へ」という慣用的用法もある。

❶《他人に対して呼びかける場合》さあ。それ。例「―、かぐや姫。きたなき所にいかでか久しくおはせむ」〈竹取・かぐや姫の昇天〉訳さあ、かぐや姫よ。けがれた所(＝人間ノ住ム世界)にどうしていつまでもいらっしゃることがありましょう。

❷《自分自身で事を始める場合》さあ。どれ。では。例「『十郎蔵人殿の志保(しほ)の戦(いくさ)こそおぼつかなけれ。―、行(ゆ)ひて見む』とて」〈平家・七・倶梨迦羅落〉訳(木曽義仲は)「十郎蔵人(＝源行家)殿の志保山の戦いが心配だ。さあ、行って(様子を)見よう」と言って。

❸《自分も含めた、行動をともにする人々に呼びかける場合》さあ。さあ一緒に。例「僧達宵のつれづれに、『―、かいもちひせん』と言ひけるを」〈宇治拾遺・一・一三〉訳僧達が夜の退屈さに、「さあ、ぼたもちを作ろう」と言ったのを。

いざさせ給(たま)へ 《「いざ給へ」の敬意を強めた言い方》さあ、なさってください。さあ、おいでくださいませ。例「―、大夫(たいふ)殿、東山の辺(ほとり)に湯わかして候ふ所に」〈今昔・二六・一七〉訳さあ、おいでくださいませ、大夫殿、東山の近辺に湯を沸(わ)かしてございます所まで。
注「大夫」トハ、五位ノ者ノ称。

いざ給(たま)へ 相手に、同行などを勧誘する言い方。さあ、一緒にいらっしゃい。さあ、どうぞ。例「―よ、をかしき絵など多く、雛(ひひな)遊びなどする所に」〈源氏・若紫〉訳さあ、一緒にいらっしゃいよ、面白い絵などがたくさんあって、人形遊びなどをする所に。

いざ-うれ 〔感〕《行動をうながす語》さあ。いざ。例「―、さらばおれら死出(しで)の山の供(とも)せよ」〈平家・一一・能登殿最期〉訳さあ、それでは貴様達は死出の山を越える(＝冥土(メイド)ニ行ク)供をしろ。

いざ-かし 〔連語〕《「かし」は相手にもちかける意の終助詞》さあ行きましょうよ。さあいらっしゃいよ。例「乳母(めのと)にさし寄りて、『―、ねぶたきに』とのたまへば」〈源氏・若紫〉訳(幼い紫の上が)乳母の側(そば)へ寄って、「さあ(寝所へ)行こうよ、眠たいから」とおっしゃると。

いさか・ふ【諍ふ】(イサカ(コ)ウ)〔自八四〕(は・ひ・ふ・ふ・へ・へ)互いに激しく非難し合う。口げんかする。口論する。例「下(しも)ざまの人は、罵(の)り合ひ―・ひて、あさましく恐ろし」〈徒然草・一七五〉訳(酒を飲むと)下賤(げせん)の者は、ののしり合い口げんかをして、あきれるばかりで(また)恐ろしい。

いざ-かまくら【いざ鎌倉】〔連語〕「さあ、一大事が起こった。自分はそれに積極的に対応しなければならない」という事態をさすことば。
参考 鎌倉幕府に忠誠を尽くす武士は、国家的大事件があればすぐに鎌倉へ駆け付ける義務を有したことによる。

いさぎよ・し【潔し】〔形ク〕❶清らかである。すがすがしい。清浄である。例「瑠璃(るり)の浄土は―・し」〈梁塵秘抄・三四〉訳(薬師如来の)浄瑠璃浄土は清浄そのものだ。
❷行いや心にけがれがない。潔白である。例「あり来つつ来つつ見れども―・き人の心を我忘れめや」〈新古今・神祇・一八六三〉訳今までずっと人の世にいて見続けているけれど、潔白な人の心を私は忘れようか(忘れはしない)。

❸未練がない。さっぱりとしている。例「死を軽(かろ)くして少しもなづまざるかたの、―・く覚えて」〈徒然草・一一五〉訳(刺し違えて死んだ虚無僧(こむそう)は)死を重大に考えず少しもこだわらない点が、未練のない(立派な)態度に思われて。

いさ-ご【砂・砂子】〔名〕砂(すな)。「すなご」「まさご」「まなご」とも。例「酒田の湊(みなと)より東北の方、山を越え、磯(いそ)を伝ひ、―を踏みて、其際(そのきは)十里」〈奥の細道・象潟〉訳(象潟(きさかた)は)酒田の港から東北の方角へ、山を越え、海辺を伝い、砂を踏んで、その間十里。

いささ-か【聊か】 ■一〔形動ナリ〕ほんの少しである。わずかである。例「―・なる功徳(くどく)を翁(おきな)つくりけるによりて」〈竹取・かぐや姫の昇天〉訳ほんのわずかの善行を翁が行ったことによって。例「その由―・に物に書きつく」〈土佐・十二月二十一日〉訳その(出発の)ようすを少し物に書きつける。
■二〔副〕❶ほんの少し。わずか。例「馬は、いと黒きがただ―白き所などある」〈枕草子・馬は〉訳馬は、まっ黒でただほんの少し白い所などのある(のがよい)。
❷《下に打消しの表現を伴って》少しも。まったく。例「―何とも思ひたらず、つれなきも、いとねたきを」〈枕草子・頭の中将の〉訳(絶交したことを、清少納言が)まったく何とも思っていないで、平気でいるのも、大変しゃくにさわるので。

いささけ-わざ【聊け業】〔名〕《形容詞「いささけし」の語幹＋名詞「わざ」》ちょっとしたこと。わずかなこと。例「かうやうに物持て来る人に、なほしもえあらで、―せさす」〈土佐・一月四日〉訳こういうふうに(船へ)贈り物を持って来る人に、そのまま(もらいっぱなし)でいるわけにいかないので、心ばかりの返礼をさせる。

いざ-させ-たまへ【いざさせ給へ】(タマエ) ⇩「いざ」子項目

いささ-むらたけ【いささ群竹】〔名〕少しばかりの群がり生えている竹。小さな竹やぶ。例「我が宿の―吹く風の音のかそけきこの夕べかも」〈万葉・一九・四二九一〉訳我が家の少しばかり群がり生えている竹に吹く風の音が、かすかに聞こえるこの(春の)夕暮れだなあ。

いささめ-に 〔副〕かりそめに。いいかげんに。例「真木柱(まきばしら)作る杣人(そまびと)―仮廬(かりほ)のためと作りけめやも」

〈万葉・七・一三五五〉訳檜（ひの）や杉の立派な柱を作った木こりは、それをいいかげんに粗末な仮小屋のためと思って作ったであろうか、とんでもないことだ。

いざ-たまへ【いざ給へ】（マエ）⇨「いざ」子項目

い-ざと・し【寝聡し】〔形ク〕（「い」は眠る意）**目がさめやすい。**例「乳母（めのと）の——・きことども語る」〈源氏・浮舟〉訳乳母の目をさましやすいことなども話す。

いさ-と-よ〔感〕（「いさ」に助詞「と」「よ」を付けて強調した語）❶（はっきり答えられない時の応答の語）さあてねえ。そうよなあ。例「——、さやうの人は三人これにありしが、二人は召しかへされて、都へ上（のぼ）りぬ」〈平家・三・有王〉訳（鬼界が島で流人のことを尋ねると）さあねえ、そんなような人は三人ここにいたけれど、二人は呼び返されて、都へ上京した（と島の住民は言った）。

❷（否定的に応答する語）いいえ。いやねえ。例「——、見しほどに、……さし挟みしを忘れにけり」〈源氏・若菜・下〉訳（柏木（かしわぎ）の手紙は隠したでしょうと言われて）いえいえ、（私が）見ていた時に、（光源氏が来られたのでしまえないで）下に挟んだのを忘れてしまったのです。

いさ-な【鯨】〔名〕（「いさ」とも。「な」は魚の意）クジラの古名。

いさな-とり【鯨取り】〔枕詞〕（クジラを捕る意で）「海」「浜」「灘（なだ）」にかかる。例「昨日（きのふ）こそ舟出はせしか——比治奇（ひぢき）の灘（なだ）を今日（けふ）見つるかも」〈万葉・一七・三八九三〉訳昨日（筑紫（つくし）を）舟出したばかりなのに、もはや比治奇の灘（＝所在地未詳）を今日、見たことです。

いざ-な・ふ【誘ふ】（ノウ）〔他ハ四〕（は・ひ・ふ・ふ・へ・へ）一緒に行くことを勧める。**さそう。**例「かく覚えぬ道に——・はれて」〈源氏・蓬生〉訳このように思いもよらぬ旅にさそわれて。

いさま・し【勇まし】〔形シク〕（動詞「勇む」の形容詞化した形）❶気乗りがする。心が奮い立つ。張り合いがある。例「何の興ありてか、朝夕君に仕へ、家を顧みる営みの——・しからん」〈徒然草・五八〉訳何が面白くて、朝夕主人に仕えたり、家庭のことを心配したりする（これらの）営みに気乗りがするものか。

❷勢いが強い。侠気（きょうき）がある。勇敢である。例「御当地（ごたち）のお人様は義強（ぎごう）うてとっと人気（じんき）が——・しいな」〈浮世床・初・中〉訳（上方（かみがた）にくらべて）ご当地（＝江戸）のお人様は義理堅くてほんとに気風が威勢いいな。

いさ・む【勇む】㊀〔自マ四〕（ま・み・む・む・め・め）❶勇気がわいてくる。元気づく。奮い立つ。例「平家の人々は、ただ今皇子御誕生のある様（やう）に、——・み喜びあはれけり」〈平家・三・赦文〉訳平家の人々は、今すぐに皇子が誕生になるかのように、（みんな）元気づき喜ばれたのだった。

❷激しく興奮する。激する。例「友とするにわろき者、七つあり。……五つには、猛（たけ）く——・める兵（つはもの）」〈徒然草・一一七〉訳友達とするのに悪い者が、七種ある。……第五には、勇猛で気の立った武士。

㊁〔他マ下二〕（め・め・む・むる・むれ・めよ）勇気がわいてくるようにする。元気づける。慰める。

いさ・む【禁む】〔他マ下二〕（め・め・む・むる・むれ・めよ）してはいけないと禁ずる。**禁止する。**例「うたたねは——・め聞こゆるものを」〈源氏・常夏〉訳うたた寝は禁じ申し上げているのに。

いさ・む【諫む】〔他マ下二〕（め・め・む・むる・むれ・めよ）❶制止する。禁ずる。例「恋しくは来ても見よかしちはやぶる神の——・むる道ならなくに」〈伊勢・七一〉訳恋しいのなら来て会いなさい。恋の道は神の禁じた道ではないものを。

❷（多く目上に対し）**悪い点を改めるよう忠告する。**諫言（かんげん）する。例「『細道一つ残して皆畑に作り給へ』と——・め侍りき」〈徒然草・二三四〉訳「（庭をむだにしておかないで）細道を一本だけ残して他はみな畑にお作りなさい」と忠告してくれました。

いさめ〔名〕㊀【禁め】神や仏が禁じていること。禁制。例「今は、何の——にかこたせ給はむとすらむ」〈源氏・朝顔〉訳（神に奉仕する身から解放された）今となっては、（朝顔の姫君は）何の禁制にかこつけ（て私をお避け）なさろうとするのだろうか。

㊁【諫め】人の言動を改めさせるために、忠告すること。戒め。教訓。例「げにかやうの筋にてこそ、人の——をも、自らの心にも、従はぬやうに侍（はべ）りけれ」〈源氏・夕霧〉訳本当にこのような方面のこと（＝男女関係）においては、人の忠告にも、自分の理性にも、従わないようでございました。

いさ-や㊀〔感〕（「いさ」＋間投助詞「や」）（はっきり答えられない時、答えをはぐらかそうとする時などに発する、応答の語）**さあ、どうかしら。そうですかねえ。**例「『さて、その文の言葉は』と問ひ給へば、『——、異なることもなかりきや』」〈源氏・帚木〉訳「さて、その手紙の言葉は」と問われると、「さあねえ、特別のこともありませんでしたよ」。

㊁〔副〕❶（下に「知らず」などの語句を伴って、知らないことを強調する語）**さあ。さて。どうだか。**例「淵瀬（ふちせ）とも——しら波立ち騒ぐ我が身一つは寄るかたもなし」〈後撰・恋一〉訳どこが深い所でどこが浅い所なのか、さあわかりません。ただ白波（＝オ前）が騒ぐと、私は身の寄せ場がありません。注「淵瀬」ハ愛情ノ深イ人、浅イ人ヲ指ス。「しら波」ニ「知らぬ」ヲ掛ケル。

❷（❶の「知らず」などが省略された形）さあ。知らない。どうだかわからない。例「歌の道のみ古（いにしへ）に変はらぬなどいふこともあれど、——」〈徒然草・一四〉訳歌の道だけは昔と変わらないなどと言うこともあるが、どうだかわからない。

❸（対応の仕方がわからず困惑する気持ちを表す）さあ、どうしたものか。どうしようかしら。例「ひがひがしく、ねぢけるやうに取りなす人もあらむ。——」〈源氏・東屋〉訳ひねくれて、素直でないように解釈する人もあるだろう。どうしようかしら。

いざ-や〔感〕（「いざ」＋間投助詞「や」）行動をうながす語。いざ。さあ。さあ一緒に。例「鎮西（ちんぜい）八郎こそ生け捕られて渡さるるなれ。——、見ん」〈保元・下・七〉訳鎮西八郎（＝源為朝（タメトモ））が生け捕りにされ引き渡されるのである。さあ、見よう。

いさよひ（イサヨイ）〔名〕（動詞「いさよふ」の連用形の名詞化。中世以後は「いざよひ」）㊀ぐずぐずしていること。ためらい。躊躇（ちゅうちょ）。例「君や来む我や行かむの——にまきの板戸もささず寝にけり」〈古今・恋四・六九〇〉訳あなたが来てくれるだろうか、それとも私が行こうかしらというためらいのために、槙（まき）の板戸も閉めずに寝てしまったことであった。

㊁【十六夜】❶「十六夜の月」の略。（季・秋）

❷陰暦の十六日。また、その夜。例「—もまだ更科（さらしな）の郡（こほり）かな」〈芭蕉〉訳念願かなって十五夜は姨捨山の月を見ることができたが、こよい十六夜も、立ち去りかねて同じ更科の郡で月を見ることだ。

いさよひ-の-つき【十六夜の月】[名]（月が、日没後満月の夜より少しおくれて、ためらうようにして出てくることから）**陰暦の十六日の夜の月。**特に、中秋にあたる陰暦八月の十六日の月。

十六夜日記（いざよひにっき）【書名】鎌倉中期の紀行文。阿仏尼作。一二八〇年（弘安三）成立。一巻。一二七九年、夫藤原為家の死後、作者が実子為相の領地相続争いのため鎌倉幕府へ訴訟に下った時の、擬古文体による旅日記。道中の見聞記と鎌倉滞在記を主体とするが、随所に子への愛情が表れている。⇩海道記（かいだうき）・東関紀行（とうくわんきかう）

いさよ・ふ[自ハ四]〈は・ひ・ふ・ふ・へ・へ〉（中世以後は「いざよふ」とも）進もうとしながら進めないで、**同じ所を行ったり来たりする。**たゆとう。**ためらう。**例「もののふの八十宇治川（やそうぢがは）の網代木（あじろき）に—・ふ波の行くへ知らずも」〈万葉・三・二六四〉訳宇治川の網代木の所でたゆたっている波のように、どこへ行ったらよいか分からないことだ。注一説ニ「たゆたっていると見えた波がどこへ行ったか分からないことだ」ノ意トスル。

いさり【漁り】[名・自サ変]（動詞「いさる」の連用形の名詞化。上代は「いざり」）魚や貝をとること。漁（りょう）。「すなどり」「あさり」とも。例「沖つ波辺波（へなみ）静けみ—・すと藤江の浦に船ぞ騒ける」〈万葉・六・九三九〉訳沖の波も岸辺の波も静かなので漁をしようと、藤江の浦（=兵庫県明石市藤江ノ海岸）に舟が忙しく動いているよ。

いさり-び【漁り火】[名]（上代は「いざりひ」）夜、魚を誘い寄せるために漁船でたく火。漁火（ぎょか）。例「能登（のと）の海につりする海人（あま）の—の光にいませ月待ちがてり」〈万葉・一二・三一六九〉訳能登（=石川県）の海に釣りする漁師の漁り火の光を頼りにお行きなさい、月の出を待ちながら。

いさりび-の【漁り火の】【連語】（いさり火は遠くほのかに見えることから「ほのか」を、また、火は古く「ほ」といったことから「ほ」を導く序詞となる）漁り火のように。例「志賀（しか）の海人（あま）の釣しともせる—ほのかに妹（いも）を見むよしもがも」〈万葉・一二・三一七〇〉訳（博多湾の）志賀島の漁師が釣りをしてともしている漁り火のように、ほのかにでもあの人を見る手段がほしいものだ。

いさり-ぶね【漁り船】[名]魚をとる船。漁船。例「藻屑火（もくづび）の磯まを分くる—ほのかなりしに思ひ初（そ）めてき」〈千載・恋一〉訳海藻のくずを焼く火の煙が流れる磯のあたりを分け進んで行く漁船のように、ぼんやりとではあったが目にとめたあなたを、恋しく思いはじめてしまった。

いさ・る【漁る】[他ラ四]〈ら・り・る・る・れ・れ〉（上代は「いざる」）魚や貝などをとる。漁（りょう）をする。例「遠近（をちこち）に—・り釣りけり」〈万葉・二〇・四三六〇長歌〉訳（漁師の小舟は点々と浮かんで）あちこちで漁をし魚を釣っている。

いし【石】[名]❶岩石の小さいもの。一般的には、「いは」より小さく「すな」より大きい。❷（碁石（ごいし）など）石で作ったもの。例「碁盤（ごばん）のすみに—を立ててはじくに」〈徒然草・一七一〉訳碁盤のすみに碁石を置いて（手もとの石を）はじいて当てる時に。

い-し【倚子・椅子】[名]天皇や身分の高い貴族、あるいは中世の禅宗の僧侶（そうりょ）などが儀式の時に使った腰掛けの一種。背に寄りかかりがあり、左右にひじかけが付いている。椅子（すい）。

い　し

参考 現代語では「子」を「ス」と読むが、これは中世以後に、禅宗の僧侶などによってもたらされた唐音である。

い・し【美し】[形シク]❶よい。優れている。見事である。例「歌の声の良さよ、—・しう—・しうとほめられたり」〈源平盛衰記・一七・三〉訳歌の声の良さよ、見事、見事とおほめになった。❷感心である。殊勝である。例「—・しう申させ給ふ田代殿かな」〈平家・九・三草合戦〉訳殊勝に申された田代殿であるよ。❸うまい。おいしい。美味である。

参考 語源は、「よし」「えし」と関係があるかも知れない。また、③は、もと女房詞（にょうぼうことば）で、多く女性が使う。上に「お」を付けた形が一般化して現代語の「おいしい」になる。

いし-うち【石打ち】[名]（「いしうちのはね」の略。鳥が飛び立ったり降り立ったりする時、この羽で地面を打つところからいう）鳥の尾の両端の羽根。固く強いので、矢の羽根として、特に、鷲（わし）・鷹（たか）のものが多く使われた。

いし-ずゑ【礎】[名]（「石据（す）ゑ」の意）❶建物の土台として据える石。土台石。礎石。例「おのづから—ばかり残るもあれど、さだかに知れる人もなし」〈徒然草・二五〉訳たまたま土台石だけ残っている所もあるが、（それが何の跡であったかを）はっきりと知っている人もない。❷（転じて）物事の基礎となるもの。また、そのような人。柱石。

いしばひ-の-だん【石灰の壇】[名]清涼殿（せいりょうでん）の東廂（ひがしびさし）の南の隅にあり、板敷きの床と同じ高さに土を盛り上げ、石灰（せっかい）で塗りかためた壇。天皇がそこから伊勢神宮・賀茂神社などをはるかに拝んだ。「石灰の間」とも。

いし-ぶみ【碑・石文】[名]その場所に関係のある事柄や物の由来などを後世に伝えるために、文字を彫りつけて建てた石。石碑（せきひ）。例「陸奥（みちのく）のいはでしのぶはえぞ知らぬ書き尽くしてよ壺（つぼ）の—」〈新古今・雑下・一七八五〉訳（あなたが）口に出して言わないで思っていられることは、（私には）知ることができません。全部書いてくださいよ、お手紙に。注源頼朝ノ歌デ、慈円（じえん）ノ「思ふこといさ陸奥（みちのく）のえぞ言はぬ壺の石ぶみ書き尽くさねば」トイウ贈歌ニ返シタモノ。「えぞ言はぬ」ヲ「えぞ知らぬ」ニ、「壺の石ぶみ書き尽くさねば」ヲ「書き尽くしてよ壺の石ぶみ」ト転ジテイル。「言はで忍ぶ」ニ地名「岩手（いはで）」「信夫（しのぶ）」ヲカケ、ソレニ「陸奥の」ヲ枕詞的ニ冠シテイル。

い-しゃう【衣裳】[名]（上半身に着る「衣」と下半身につける「裳」の意味から）衣服。着物。例「しばらく—に薫（た）き物すと知りながら、えならぬ匂（にほ）ひには必ず心ときめきするものなり」〈徒然草・八〉訳一時的に衣服に香をたいてにおいをしみこませると知りながら、何とも言えないようにおいにはきまって心がときめくものだ。

石山（いしやま）【地名】（「石山寺」の略）近江八景の一つで、「石山の秋月」として有名。

石山寺（いしやまでら）【寺名】滋賀県大津市石山にある寺。奈良時代、八世紀中頃（天平勝宝年間）に、聖武天皇の勅により良弁が開基。如意輪観音が本尊で、東大寺の末寺であったが、平安中期に真言宗東寺派となる。紫式部がこの寺で『源氏物語』を書いたという「源氏の間」がある。

石山寺

いしやま-まうで【石山詣】〔…モウデ〕（名）観音の霊験で知られた石山寺（＝滋賀県大津市）に参詣すること。特に、陰暦十月の甲子の日に参詣することをいう。例「故女院の御――に、この殿は御馬にて、帥殿は車にて参り給ふに」〈大鏡・道長・上〉訳故女院（＝東三条院）の石山詣に、この殿（＝道長）はお馬で、帥殿（＝伊周）は牛車で（お供に）お行きになる時に。

い-しゅ【意趣】（名）❶心がある方向に向かうこと。意向。意図。考え。例「されば、衆徒の――に至るまで並びなく」〈平家・二・一行阿闍梨之沙汰〉訳（比叡山は日本の並びなき霊地）だから、多くの僧侶の考えまでも他と比べものにならないほど（立派）で。
❷行きがかり上、どうしてもやり通したい気持ち。意地。例「大臣は、この世にても、随分――深かりし人なれば、苔の下までさこそ思はるらめ」〈保元・下・四〉訳左大臣は、生きている時も、非常に意地っ張りな人だったので、あの世でもそう思っておられるだろう。
❸心にかかって離れない恨み。遺恨。例「現世ながら深く――を結びて、敵に取りて」〈愚管抄・七〉訳（怨霊というのは）生きていながら深く恨みを抱いて、（その相手を）仇敵として。

いし-ゆみ【石弓・石弩】（名）❶ばねを使って石を発射する弓形の武器。石はじき。
❷高いところに石をくくりつけておき、綱を切って石を落とす装置。例「城の内より――はづしかけたりければ、大衆官軍数を尽くいて討たれにけり」〈平家・二・山門滅亡・堂衆合戦〉訳城の内から石弓をはずして（石を）落としたので、僧団・官軍は一人残らず討たれてしまった。

い-しょく【衣食】（名）❶衣服と食物。例「――のたぐひ、また同じ。……わづかに命をつぐばかりなり」〈方丈記・閑居の気味〉訳衣食の類も、また同じである。……わずかに命をつなぐだけである。
❷着ることと食べること。暮らし向き。例「――尋常なる上に僻事せむ人をぞまことの盗人とは言ふべき」〈徒然草・一四二〉訳衣食が世間並みである上で悪事をしようとする人を本当の盗人というべきだ。

いし-ゐ【石井】〔…イ〕（名）岩の間から湧き出る泉。また、石で囲いをした井戸。例「山寺なる――に寄りて、手にむすびつつ飲みて」〈更級・東山なる所〉訳山寺の石囲いの井戸に立ち寄って、水を手ですくっては飲んで。

いず【出ず】（動）⇩いづ

いずく【何処】（代名）⇩いづく

いずこ【何処】（代名）⇩いづこ

い-ずし【貽鮨】（名）酢につけた貽貝の肉を材料としたすし。保存食とされた。⇩すし

五十鈴川

五十鈴川（いすずがは）〔…ガワ〕【川名】三重県伊勢市神路山を水源とし、伊勢神宮の内宮を流れて、伊勢湾に注ぐ川。伊勢神宮参詣の折に手や身を清めるための手水場、御手洗として名高い。歌枕。「御裳濯川」「宇治川」とも。

いずち【何方・何処】（代名）⇩いづち

和泉（いづみ）【旧国名】⇩いづみ（和泉）

和泉式部（いずみしきぶ）【人名】⇩いづみしきぶ（和泉式部）

出雲（いずも）【旧国名】⇩いづも（出雲）

出雲の阿国（いずものおくに）【人名】⇩いずものおくに（出雲の阿国）

いずら【何ら】（代名・感）⇩いづら

いずれ【何れ】（代名・副）⇩いづれ

伊勢（いせ）【人名】平安前期の女流歌人。三十六歌仙の一人。伊勢守藤原継蔭の娘で、中務の母。宇多天皇の中宮温子に仕え、宇多帝に寵愛された。宮中の作歌で頭角を現し、古今集時代の代表的な歌人となる。家集に『伊勢集』がある。

伊勢（いせ）❶【旧国名】東海道十五か国の一つ。現在の三重県の大部分にあたる。伊勢神宮が鎮座しているので、上代から開けていた。勢州。
❷【神社名】「伊勢神宮」の略。

いせ-ごよみ【伊勢暦】（名）近世、伊勢神宮の神官、藤浪家が刊行した暦。折本に仕立ててあり、御師が全国に配る。最も権威があって、本暦と呼ばれた。（季・春）

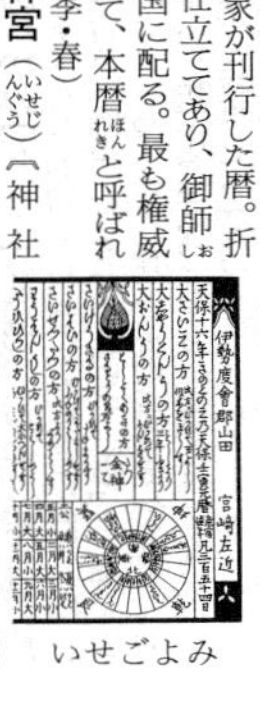
いせごよみ

伊勢神宮（いせじんぐう）【神社名】伊勢の国、現在の三重県伊勢市に鎮座する神社。皇室の宗廟とされる。天照大神を祭る皇大神宮（＝内宮）と、農業神である豊受大神を祭る豊受神宮（＝外宮・度会宮・豊受宮）の二宮をいう。二十年ごとの遷宮により、昔と変わらぬ姿と美しさを今日にとどめる。

い-せつ【異説】（名）普通とは違った考えや話。異論。例「何事も珍しきことを求め、――を好むは、浅才の人の必ずあることなりとぞ」〈徒然草・一一六〉訳何事でも珍しいことを求め、珍しい説を好むのは、あさはかな知恵の人の必ずすることだという。

伊勢の海（いせのうみ）【地名】伊勢湾のこと。古くは狭く、志摩付近の海岸あたりをいい、後には広く、伊勢の国の海全体を指すこともある。歌枕。「あま（＝漁師）」の語とともに用いることが多い。

いせ-へいじ【伊勢瓶子】〔名〕伊勢の国で作られる壺。例「忠盛(ただもり)、御前(ごぜん)の召しに舞はれければ、人々拍子をかへて、『――はすがめなりけり』とぞはやされける」〈平家・一・殿上闇討〉訳平忠盛が、御前に召されて舞を舞われたところ、人々は歌の拍子を変えて、「伊勢平氏はすがめだったよ」とはやされた。注「伊勢平氏はすがめなりけり」ハ、「瓶子」ニ「平氏」ヲカケ、「酢瓶(スガメ)」ニ「眇目(スガメ)」(=斜視ノ一種)ヲカケテ、平忠盛ノ悪口ヲ言ッタモノ。

伊勢物語(いせものがたり)〔書名〕平安前期の歌物語。作者不明。成立については諸説があるが、百二十五段から成る今日見られる形になったのは、ほぼ『後撰和歌集』成立前後と考えられる。

伝説的になっていた在原業平(ありわらのなりひら)にまつわる歌語りを中心に、様々な男女の物語が歌を中核として語られているが、行動の簡潔な描写によって心の動きを活写する彫りの深い文章と歌によって、人間の恋の真実・苦悩・友情などが見事に描き出されている。平安貴族の成人式である初冠(ういこうぶり)に始まり辞世の歌に終わる一代記の形をとっており、章段の冒頭を「昔、男」「昔、男ありけり」の形で統一するなど、全章段を一つの物語として統一している。これは他の歌物語と異なる作り物語(『源氏物語』など)としての性格であるが、主人公の「男」が当時から業平と信じられていたことなどもあって、古来多くの人々に親しまれ、『源氏物語』をはじめとする様々の作品に影響を及ぼした。

冒頭「昔、男、初冠(うひかうぶり)して、奈良の京(きゃう)、春日(かすが)の里に領(し)る由(よし)して、狩りに往(い)にけり」訳昔、ある男が、元服して、奈良の都の、春日の里に領有する土地がある縁で、狩りに出かけた。

いそ【磯・礒】■一〔名〕❶岩。例「――の上に生(お)ふる馬酔木(あしび)を手折(たを)らめど見すべき君がありと言はなくに」〈万葉・二・一六六〉訳岩の上に生えているアシビを折りたいが、(それを)見せようとするあなた(=弟ノ大津皇子)がこの世にいるとは誰も言わないことだ。注大伯皇女(オオクノヒメミコ)ノ作。

❷波打ちぎわにある岩石。また、岩石の多い波打ちぎわ。海だけでなく、湖・池・川などについてもいう。例「春雨や小――の小貝(こがひ)ぬるるほど」〈蕪村〉訳物静かにしとしとと春雨が降る。内海のもの静かな磯のかわいらしい貝が、しっとりと濡れ光るほどのやわらかい雨足である。

■二〔形動ナリ〕(「富士は磯」の略。つまり、日本一高い富士山でも、沖の深いのに比べると、浅い磯も同然だ、ということ)はるかに及ばない。未熟である。劣る。例「――なる色遊びは目緩(めだる)くて」〈西鶴・男色大鑑・六・四〉訳安っぽい女遊びはばかばかしくなって。

いそ-がく・る【磯隠る】■一〔自ラ四〕{ら・り・る・る・れ・れ}海辺の岩陰に隠れる。例「見渡せば近きものから――・りかがよふ珠を取らずは止(や)まじ」〈万葉・六・九五一〉訳見渡せば間近いのだが、近寄りがたいが海辺の岩に隠れてきらめく玉を取らずにはおかない。

■二〔自ラ下二〕{れ・れ・る・るる・れ・れよ}■一に同じ。

いそが・す【急がす】〔他サ四〕{さ・し・す・す・せ・せ}(「いそぐ」の他動詞形)物事を早くするようにうながす。急がせる。例「『とく遣れ』といと――・して」〈枕草子・五月の御精進のほど〉訳「早く牛車を走らせよ」といっそう急がせて。

いそがは・し【忙はし】(イソガワシ)〔形シク〕忙しそうである。せわしない。例「走りて――・しく、ほれて忘れたること」〈徒然草・七五〉訳走り回って気ぜわしく、ぼんやりして(自分の本当の心を)忘れていること(人はみんなこの調子である)。

いそぎ【急ぎ】〔名〕(動詞「急ぐ」の連用形の名詞化)❶急ぐこと。急用。例「今日はその事をなさむと思へど、あらぬ――まづ出(い)で来て」〈徒然草・一八九〉訳今日はこれこれの事をしようと思っていても、思いがけない急用が(それより)先に出て来て。

❷準備すること。用意。例「御八講(みはかう)の――、さまざまに心づかひせさせ給ひけり」〈源氏・賢木〉訳法華八講会(ほっけはっこうえ)の準備には、色々にお気づかいなさったのだった。

いそぎ-あ・ふ【急ぎ合ふ】(…アウ)〔自ハ四〕{は・ひ・ふ・ふ・へ・へ}みんながせわしく動く。みんなが準備をする。例「年の暮れはてて、人ごとに――・へるころぞ、またなくあはれなる」〈徒然草・一九〉訳年の瀬がおし迫って、人が皆忙しがっている頃は、またとなくしみじみとした感じがするものだ。

いそ・ぐ【急ぐ】〔自ガ四〕{が・ぎ・ぐ・ぐ・げ・げ}❶早くしようとする。急ぐ。例「雨降りぬと言へば、――・ぎて車に乗るに」〈枕草子・五月の御精進のほど〉訳雨が降ってきたと(供の男が)言うので、急いで牛車に乗る時に。❷(急いで事を行おうと)準備する。例「御果(は)ての事――・がせ給ふ」〈源氏・総角〉訳(父宮の)一周忌の行事を準備なさる。

いそ・し【勤し】〔形シク〕よくつとめている。勤勉だ。例「黒木取り草も刈りつつ仕(つか)へめど――・しき奴(わけ)と誉めむともあらず」〈万葉・四・七八〇〉訳黒木を伐り草も刈って御奉仕しようと思うけれど、よく働く若者だとほめてくれそうにもない。

いそじ【五十】〔名〕⇩いそぢ

いそ-ぢ【五十】(…ジ)〔名〕五十歳。五十年。例「――の春を迎へて、家を出(い)で、世を背(そむ)けり」〈方丈記・わが過去〉訳五十になった春に、出家し、遁世(とんせい)した。

要点「ぢ」は、「はたち(二十)」などの「ち」と同じく、数詞に付く接尾語だが、後には「路」と意識された。

いそ-の-かみ【石の上】〔枕詞〕「石の上」は奈良県の地名で、そのあたりを布留(ふる)ということから、その同音ということで、「古る」「降る」「振る」などにかかる。例「――降るとも雨に障(さは)らめや妹(いも)に逢(あ)はむと言ひてしものを」〈万葉・四・六六四〉訳雨が降ろうともそれに妨げられはしない、あの子に逢うと約束したのだもの。

いそ-み【磯廻】〔名〕(「み」は、入り込んだ地形を示す接尾語)❶入り込んだ磯。湾曲した磯。例「潮早み――に居(を)れば漁(あさり)する海人(あま)とや見らむ旅行く我を」〈万葉・七・一二三四〉訳潮の流れが速くて(舟が出せないので)磯辺にいると、魚を捕る漁師と(人々は)見ないだろうか、旅をしている私を。

❷舟などで磯のまわりを漕ぎめぐること。例「大船に真楫(まかぢ)しじぬき大君の命(みこと)かしこみ――するかも」〈万葉・三・三六八〉訳大舟に左右対になった梶をいっぱいとりつけ、天皇の仰せを謹み承って磯を巡って行くことだ。注荒磯伝イニ国府へ向カウコト。

い-そん・ず【射損ず】〔他サ変〕{ぜ・じ・ず・ずる・ずれ・ぜよ}矢を的に当てそこなう。射そこなう。例「これを――・ずるものならば、弓きり折り自害して」〈平家・一一・那須与一〉訳これを射そこなうような事があれば、弓を切り折って自殺して。

いた【板】〔名〕❶材木を薄く平らに切ったもの。板。

❷「板敷(じ)き」の略。例「夜ふくるまで━の上に居(ゐ)て、冬の夜なれば、身もすくむ心地す」〈落窪・三〉訳夜がふけるまで板の間(ま)の上に座っていて、冬の夜だから、身も縮む心地がする。

いた【甚】〔副〕《形容詞「いたし㊁」の語幹から。「いと」と同源の語》激しく。ひどく。例「あしひきの山桜花日並べてかく咲きたらば━恋ひめやも」〈万葉・八・一四二五〉訳山の桜花が幾日も続けてこう咲いていたら、ひどく恋しくは思わないだろう。

いたい-け【幼気】〔形動ナリ〕《「痛い気」で、心が痛くなるようなようす》幼くてかわいらしい。また、小さくて愛らしい。

いたいけ-す【幼気す】〔自サ変〕〔せ・し・す・する・すれ・せよ〕かわいらしくあどけない様子をする。子供っぽく振る舞う。例「━したる小女房、顔ばかりさし出(い)だいて」〈平家・六・小督〉訳かわいらしい様子をした小柄な女房が、顔だけさし出して。

いたう【甚う】イトウ《「いたく」のウ音便》「いたく」に同じ。例「すべて雨━降らむとする年は、この池に水といふものなむ無くなる」〈枕草子・池は〉訳大体雨がひどく降ると思われる年は、この池に水というものがなくなる。

いた-がき【板垣】〔名〕板で作った垣根。板塀(いたべい)。

いたがき

いだか-ふ【抱かふ】イダカ(コ)ウ〔他ハ下二〕〔へ・へ・ふ・ふる・ふれ・へよ〕抱きかかえる。例「女、塗籠(ぬりごめ)の内に、かぐや姫を━へてをり」〈竹取・かぐや姫の昇天〉訳女は、塗籠(＝壁ヲ厚クヌッタ部屋)の中で、かぐや姫を抱きかかえて座っている。

いた-が-る【甚がる・痛がる】〔自ラ四〕〔ら・り・る・る・れ・れ〕《程度がはなはだしい意の「いた」＋接尾語「がる」》すばらしいと思う気持ちを外に表す。感服した様子を示す。例「これをのみ━り、物をのみ食ひて、夜更けぬ」〈土佐・一月七日〉訳(返歌をしてもよさそうな人もいるのだが)この歌に感心してばかりいて、料理をうまそうに食べるばかりで、夜が更けてしまった。

いたく【甚く】《形容詞「いたし」の連用形。ウ音便で「いたう」とも》❶ひどく。激しく。例「いと━えもとどめず泣き給ふ」〈源氏・夕顔〉訳(光源氏は)たいそう激しく抑え切れずにお泣きになる。

❷(下に打消しの表現を伴って)たいして。それほどは。例「をかしきことを言ひても━興ぜぬと、興なきことを言ひてもよく笑ふにぞ、品のほど計られぬべき」〈徒然草・五六〉訳面白い事を言っても大して面白がらないのと、つまらない事を言ってもよく笑うことで、(その人の)人品の程度が推し測られてしまうだろう。注後者ガ品ガ悪イコトヲイウ。

要点 連用修飾語としての用法が定着しているので、独立した副詞とする考え方もある。副詞「いと」と「いたし」は同根の語であるから「いたく」と「いと」は意味が似ているが、「いたく」は主として動詞を修飾してその状態が激しく行われる意を表し、「いと」は形容詞・形容動詞や副詞を修飾して程度のはなはだしいことを表す。従って「いといたく」は頻出するが、「いたくいと」という形はない。

いだ-く【抱く】〔他カ四〕〔か・き・く・く・け・け〕❶両腕で胸のところにかかえる。だく。例「物もまだ言はぬ児(ちご)のそりくつがへり、人にも━かれず泣きたる」〈枕草子・おぼつかなきもの〉訳(不安な気のするものは)物もまだ言わない赤ん坊がそっくりかえって、人にも抱かれず泣いているの。

❷(胸に)ある考えを持つ。いだく。

いた・し

〔形ク〕《動詞「痛む」と語源が同じ形容詞》

肉体的な苦痛だけでなく、精神的な苦痛も表す。そこから、また、痛みを感じるほどに、程度がはなはだしい状態㊁、も表す。この用法では連用形「いたく」が副詞的に用いられる。⇩いたく

㊀【痛し】❶苦痛である。いたい。例「いとのきて━き瘡(きず)には辛塩(からしほ)を注(そそ)くちふがごとく」〈万葉・五・八九七長歌〉訳とりわけいたい傷にはさらに塩水を注ぎかけるというように。

❷つらい。情けない。心苦しい。例「世の中は常かくのみかつ知れど━き心は忍びかねつも」〈万葉・三・四七二〉訳世間は常にこの程度だとどうにか理解していても、つらい気持ちはこらえかねることだ。

㊁【甚し】❶はなはだしい。激しい。ひどい。例「須磨のあまの塩焼く煙(けぶり)風を━み思はぬ方にたなびきにけり」〈伊勢・一一二〉訳須磨の漁夫が塩を焼く煙は、風が激しいので思わぬ方向へたなびいてしまったよ。注男ノ愛シテイタ女ガ、他ノ男ニナビイテシマッタノヲ嘆イテイル歌。

❷はなはだしく優れている。とても立派である。例「造れるさま、木深(こぶか)く、━き所まさりて見どころある住まひなり」〈源氏・明石〉訳(家の)造りの様子は、木立が深く、感心するような所が多くて見ばえのする住まいである。

いだし-あこめ【出だし袙】〔名〕⇩いだしぎぬ①

いだし-うちき【出だし袿】〔名〕⇩いだしぎぬ①

いた-じき【板敷き】〔名〕床(ゆか)が板張りになっている所。板の間(ま)。簀子(すのこ)。例「うち泣きて、あばらなる━に、月のかたぶくまで臥(ふ)せりて」〈伊勢・四〉訳(男は)さめざめと泣いて、戸障子のないがらんとした板敷きの部屋に、月が西の方に傾くまでじっと横になっていて。

いだし-ぎぬ【出だし衣】〔名〕❶直衣(のうし)や狩衣(かりぎぬ)などの上着(うはぎ)の裾(すそ)から、袙(あこめ)・袿(うちき)など下着の裾をわざと少し出して着る、貴族の男性の衣服の着方。「いだしうちき」「いだしあこめ」「いだしづま」とも。

いだしぎぬ①

❷女官や童(わらは)などが、着ている着物の袖(そで)や裳(も)や袴(はかま)などの一部分を、室内の御簾(みす)や牛車(ぎっしゃ)の下簾(したすだれ)の下から外に出すこと。また、その出した着物。「うちいでのきぬ」「うちいで」とも。

参考 ①は、当時、しゃれた、あるいは少々きざな着方

とされ、下着を上着よりもたけ長く作ってあった。②は、そこにいるのが女性であると示す目的もあったが、その装飾美を競い合う意図の方が大きかった。いずれも、実際の文章では「衣を出だす」という形で現れることが多い。

いだし-ぐるま【出だし車】〔名〕車の下簾(したすだれ)の下から、乗っている女官などの袖口(そでぐち)や裳(も)などを出している牛車(ぎっしゃ)。⇩いだしぎぬ② 例「大路にも宮の——十(とを)ばかり引き続けて立てられたりしは」〈大鏡・師輔〉訳(都の)大路にも(皇后の)宮の(女房達が乗った)出だし車が十台ばかりずらりと続けて立ててあったのは。

いだし-た・つ【出だし立つ】〔他タ下二〕{て・て・つ・つる・つれ・てよ}❶送り出す。出発させる。また、派遣する。例「竜(たつ)の首の玉取りにとて——・て給ふ」〈竹取・竜の首の玉〉訳竜の首の玉を取りにと派遣なさった。
❷特に、「宮仕(みやづか)へ」に出す。出仕させる。例「しぶしぶに——・てらる」〈更級・宮仕へ〉訳(古風な父は)不承不承(私を)宮仕えにお出しになった。

いだし-や・る【出だし遣る】〔他ラ四〕{ら・り・る・る・れ・れ}とどめずに行かせる。出してやる。例「このもとの女、悪(あ)しと思へる気色(けしき)もなくて、——・りければ」〈伊勢・二三〉訳この初めからの女(=本妻)は、(男を)憎んでいる様子もなくて、(男を愛人の所へ)出してやったので。

いた・す【致す】{さ・し・す・す・せ・せ}一〔他サ四〕《「いたる」の他動詞形》❶至るようにする。届かせる。例「疾風(はやち)を遣はして、尸(かばね)を挙げて天に——・さしむ」〈日本書紀・神代・下〉訳暴風を吹かせて、死体を(上空高く)持ち上げて天に届かせなさった。
❷**ある限りを尽くす**。すべてをささげる。例「なにがしが心を——・して仕うまつる御修法(みずほふ)に、しるしなきやうはあらむ」〈源氏・夕霧〉訳私が心を尽くしていたす加持・祈禱(きとう)に、効験のないわけがあろうか。
❸ある結果や状態をもたらす。そうさせる。例「是(これ)もよろづ思ふさまなるが——・す所なり」〈平家・一・鹿谷〉訳これも万事(平家の)思うままになっていることがもたらした結果なのだ。
二〔補動サ四〕《動詞の連用形や漢語の名詞に付いて》❶「す」の謙譲語。…させていただく。例「おいでなさるるならば、お供——・しませう」〈狂言・素袍落〉訳(伊勢参宮に)おいでになるならば、(私も)お供させていただきましょう。
❷「す」の丁寧語。…します。例「罷り出でたる者は洛中にすまひ——・す者ぢゃ」〈狂言・萩大名〉訳(舞台に)出て参りました者は都の中に住んでおります者です。

いだ・す【出だす】〔他サ四〕{さ・し・す・す・せ・せ}《「いづ」の他動詞形》❶(内から外へ)**出す**。例「その後は、この猫を北面(きたおもて)にも——・さず、思ひかしづく」〈更級・大納言殿の姫君〉訳その後は、この猫を北側の部屋にも出さず、大切にお世話している。
❷**出発させる**。例「暁(あかつき)に船を——・して、室津(むろつ)を追ふ」〈土佐・一月十一日〉訳明け方に船を出発させて、室津(=高知県室戸市室津)に向かう。
❸表面に出す。顔色や動作に**表す**。例「まめやかにつらしと思(おぼ)せば、色にも——・し給はず」〈源氏・朝顔〉訳本当につらいとお思いなので、(逆に、その気持ちを)顔色にもお出しにならない。
❹(言葉・文章・絵などとして)出す。表す。例「みな紅(くれなゐ)の扇の日——・したるを、舟のせがいにはさみ立てて」〈平家・一一・那須与一〉訳紅一色の扇で(まん中に)日の丸を描き出したのを、船棚にはさんで立てて。
❺(動詞の連用形に付いて)ⓐその動作が外部へ向かって行われる意を表す。「言ひ——」「取り——」「染め——」など。ⓑその動作をし始める意を表す。「歌ひ——」「し——」など。

いたずら【徒ら】〔形動〕⇩いたづら

いただき【頂・戴き】〔名〕❶頭の一番上の部分。頭頂。例「風吹き、波激しけれども、雷(かみ)さへ——に落ちかかるやうなるは」〈竹取・竜の首の玉〉訳風が吹き、波が激しいが、雷までも頭の上に落ちかかるようなのは。
❷物の一番上の部分。頂上。例「駿河(するが)の国にあなる山の——に持て着くべき由、仰せ給ふ」〈竹取・ふじの山〉訳(帝(みかど)は)駿河国(=静岡県中央部)にあるという山(=富士山)の頂上に(不死の薬を)持って行くように、お命じになる。

いただ・く【頂く・戴く】〔他カ四〕{か・き・く・く・け・け}❶頭の上にのせる。例「母刀自(あもとじ)も玉にもがもや——・きてみづらの中に合へ巻かまくも」〈万葉・二〇・四三七七〉訳母上も玉であったならなあ、頭の上にのせてみずら(=成人男子ノ髪型ノ一ツ)の中に混ぜて巻きつけることもできように。
❷大切にする。尊敬しあがめる。例「石山の仏をも、弁のおもとをも、並べて——・かまほしう思へど」〈源氏・真木柱〉訳石山(寺)の仏をも、弁のおもと(=女房ノ名)をも、一緒に拝みたく思うけれども。
❸(「受く」「もらふ」の謙譲語)ちょうだいする。例「安堵(あんど)の御教書(みげうしよ)を——・き」〈狂言・鏡男〉訳(今までの領地を)保障するという文書をちょうだいし。
❹(「飲む」「食ふ」の謙譲語)いただく。例「『わらはが——・きませう』『ちゃうど飲ましめ』」〈狂言・猿座頭〉訳「私がいただきましょう」「たっぷりと飲みなさい」

いたつかは・し【労かはし】(イタツカワシ)〔形シク〕《動詞「いたつく」の形容詞化した形》わざわざ苦労する様子。ご苦労様である。また、わずらわしい。「いたづかはし」「いたづがはし」とも。例「愚(おろ)かなる人、この楽しびを忘れて、——・しく外(ほか)の楽しびを求め」〈徒然草・九三〉訳道理の分からない人は、この(生きていることの)楽しみを忘れて、ご苦労なことにそれ以外の快楽を得ようとして。

いたつき〔名〕《動詞「いたつく」の連用形の名詞化。中世以後、「いたづき」とも》一【病】病気。二【労】骨折り。苦労。

いた-つき【平題箭】〔名〕先のとがっていない小さな矢じり。また、それを付けた矢。主に練習用に用いる。例「咲く花に思ひ付く身のあぢきなさ身に——のいるも知らずて」〈古今・仮名序〉訳咲く花に心を奪われる我が身(=ツグミ)のどうしようもなさよ。鳥は猟師の矢が我が身に射込まれることを少しも知らないで。

いたつ・く【労く・病く】{か・き・く・く・け・け}《中世以後、「いたづく」とも》一〔自カ四〕❶あれこれ気を配って働く。骨を折る。例「とかうものすることなど、——・く人多くてみなし果てつ」〈蜻蛉・上・康保元年〉訳あれこれなすべきことなど(=母ノ葬儀ヤ後始末ノコトナド)は、骨を折ってくれる人が大勢いてすべてし終えた。
❷疲れる。病気になる。例「ただ今この時に、——・かずし

て功を遂げむ」〈日本書紀・垂仁・五年〉訳 たった今この時に、病気などにはならずに大事をやりとげよう。

二〔他カ四〕気を遣って世話をする。大事にする。いたわる。例「かくてねむごろに――・きけり」〈伊勢・六九〉訳 このように(斎宮(さいぐう)は狩りの使いを)心をこめてお世話した。

いたづら【徒ら】(イタヅラ)〔形動ナリ〕類 あだ・はかなし・むなし

> 役に立たない、むなしい、が基本的な意。いたづらになるは、命がむなしくなる、の意から、死ぬ、の意になる。現代語の「悪ふざけ」の意は中世末期から。

❶**役に立たない。無用である。**例「とかく直しけれども、つひに回らで、――に立てりけり」〈徒然草・五一〉訳 (水車を)あれこれ修理したけれども、とうとう回らないで、むだに立っていた。

❷**何の価値もない。むなしい。つまらない。**例「花の色はうつりにけりな――に我が身世に経(ふ)るながめせしまに」〈古今・春下・一一三〉訳 桜の花の美しさはすっかりあせてしまったなあ、降り続く長雨の間に。私の容色もすっかり衰えてしまったことよ、ただむなしく物思いに沈んでこの世を過ごしている間に。注『百人一首』所収、小野小町ノ作。

❸何もない。からっぽである。また、何の風情もない。例「入江の――・なる洲(す)どもに異物(ことも)もなく、松原の茂れる中より」〈更級・富士川〉訳 入江の何の風情もない中洲に他の物はなくて、ただ松原が茂っている間から。

❹何もすることがない。ひまである。例「舟も出(い)ださで――・なればある人の詠める」〈土佐・一月十八日〉訳 舟も出さないで暇なのである人が詠んだ(歌)。

いたづらにな・す ❶だめにする。むだにする。例「多くの人の身を――・して、会はさなるかぐや姫は、いかばかりの女ぞ」〈竹取・帝の求婚〉訳 たくさんの男の身をだめにして、(それでも)結婚しないというかぐや姫は、どんな女であるか。

❷死なせる。例「この人、――・し奉らじ」〈源氏・夢浮橋〉訳 この人(＝浮舟)を、死なせ申してはなるまい。

いたづらにな・る ❶だめになる。無用のものになる。例「仏に奉るものは――・らず」〈宇津保・藤原の君〉訳 仏に差し上げるものはむだにならない。

❷**死ぬ。**例「あはれとも言ふべき人は思ほえで身の――・りぬべきかな」〈拾遺・恋五〉訳 私のことをかわいそうだと言ってくれそうな人は、誰も思い浮かべられないで、この身は思いこがれながら、むなしく死んでしまうことであろうよ。注『百人一首』所収ノ、藤原伊尹(コレタダ)ノ歌。

いたづら-びと【徒ら人】(イタヅラ…)〔名〕❶役に立たない人。役立たず。

❷落ちぶれて、見るかげもない人。例「――をば、ゆゆしき者にこそ思ひ捨て給ふらめ」〈源氏・明石〉訳 落ちぶれた人(＝光源氏)を、(明石の入道は)はばかられる者として思い捨てなさるだろう。注 明石ニ退去シタ光源氏ノ言葉。

❸死んだ人。故人。

いた-で【痛手・傷手】〔名〕刀・矢などで受けた重い傷。致命傷。深手。対 うすで 例「敵に首は取られねども、――なれば死ににけり」〈平家・一一・嗣信最期〉訳 敵に首は取られないが、深手なので死んでしまった。

いたは・し【労はし】(イタワシ)〔形シク〕❶病気で苦しい。例「己(おの)が身し――・しければ玉桙(たまほこ)の道のくまみに草手折(たを)り柴(しば)取り敷きて床(とこ)じものうち臥(こ)い伏して」〈万葉・五・八八六長歌〉訳 我が身が病気で苦しいので、道の曲がり角に草を手折り柴を取って敷いて床のようにして倒れ伏してしまい。注「玉桙の」ハ「道」ノ枕詞。

❷骨が折れる。苦労である。例「願はくは、大王(きみ)、――・しといふとも、猶(なほ)、即天皇位(あまつひつぎしろしめせ)」〈日本書紀・允恭・即位前〉訳 願わくは、大王様、ご苦労ではございますが、どうか、天皇の位におつき下さいませ。

❸かわいそうである。気の毒である。心苦しい。例「女郎花(をみなへし)の露重げなるよりも猶(なほ)――・しき御さまなり」〈平家・三・赦文〉訳 女郎花が露にぬれて重そうにしているよりももっとかわいそうなご様子である。

❹心配である。大切に思う。

いたはり【労り】(イタワリ)〔名〕(動詞「いたはる」の連用形の名詞化)❶特別に心をつかうこと。心づかい。例「乳母(めのと)にも、ありがたうこまやかなる御――の程、浅からず」〈源氏・澪標〉訳 乳母に対しても、比類のない行き届いたお心づかい(＝授ケ物ヲ与エル)の程度は、浅いものではない。

❷(特別に骨を折って立てた)手柄。功労。また、それに報いること。例「君たちも、――望み給ふことどもありて」〈源氏・葵〉訳 (左大臣の)ご子息達も、功労に対する恩賞をお望みなさることがあって。

❸心身の疲労。病気。例「山吹は、――あって都にとどまりぬ」〈平家・九・木曽最期〉訳 (木曽義仲の愛人である)山吹は、病むところがあって京都にとどまった。

参考 ②は、「功」の字を当てることが多い。

いたは・る【労る】(イタワル)〔ら・り・る・る・れ・れ〕一〔自ラ四〕❶あれこれ気をつかう。骨を折る。例「さもや――・らましと大殿もおぼいたるを」〈源氏・少女〉訳 (娘を典侍(ないしのすけ)にしてほしいという申し出に)そのように骨を折ってやろうかと光源氏の大臣もお思いになっていたが。

❷疲れる。病気になる。例「折ふし――・る事候ひて、承らず候ふ」〈平家・一〇・千手前〉訳 その時身体の具合が悪うございまして、お聞きしませんでした。

二〔他ラ四〕❶気をつかって世話をする。大事にする。例「常の使ひよりは、この人よく――・れ」〈伊勢・六九〉訳 いつもの勅使の方よりは、この人をよくおもてなしなさい。

❷(病気や傷ついた身体を)養生する。例「このほどあまりに乗り損じて候ひつる間、しばらく――・らせ候はんとて」〈平家・四・競〉訳 近頃あんまり乗り過ぎ(馬を)疲れさせてしまいましたので、しばらく休養させましょうというので。

いた-びさし【板庇】〔名〕《和歌用語》板で造ったひさし。散文では単に「ひさし」と言った。例「人住まぬ不破(はふ)の関屋の――荒れにしのちはただ秋の風」〈新古今・雑中・一五九九〉訳 関守が住まなくなった不破の関所の板庇が荒れてしまった今では、訪れる者はただ秋風ばかりだなあ。注「不破の関」ハ古代三関ノ一ツ。東山道ノ関所デ今ノ岐阜県不破郡ニアッタ。関屋ハ関所ノ番小屋。

いた-ま【板間】〔名〕❶板葺(ぶ)き屋根の板と板とのすき間。例「造るともまたも焼けなむ菅原(すがはら)や棟(むね)の――の合はぬかぎりは」〈大鏡・時平〉訳 何度造り直してもまた焼失してしまうだろう、棟の下に張った板と板とのすき間がぴったりと合わないうちは。

❷《近世の用法》床(ゆか)を板で造ってある部屋。板の間。

いたま・し【傷まし・痛まし】〔形シク〕《動詞「いたむ」の形容詞化した形》❶心が痛む。かわいそうである。ふびんである。例「彼に苦しみを与へ、命を奪はんこと、いかでか──しからざらん」〈徒然草・一二八〉訳彼ら(生き物)に苦しみを与え、命を奪うようなことは、どうして心が痛まないことがあろうか。
❷つらい。苦しい。例「──しうするものから、下戸(げこ)ならぬこそ男(をのこ)はよけれ」〈徒然草・一〉訳(酒をすすめられては)困ったようにしながら、(実は)飲めないわけではないのが男としては望ましい。

いた・む【痛む・傷む・悼む】㊀〔自マ四〕(ま・み・む・む・め・め)❶肉体的に苦痛を感じる。
❷(「心を痛む」などの形で)精神的に苦痛を感じる。心痛する。嘆く。例「一事を必ず成さんと思はば、他の事の破るるをも──・むべからず」〈徒然草・一八八〉訳一つの事を必ず成就しようと思うならば、(それによって)他の事がだめになることを嘆いてはならない。
❸悪い部分や損害などを生じる。痛む。傷がつく。例「ふたたび実なる木はその根かならず──・むと見えて候ふ」〈平家・二・烽火之沙汰〉訳年に二度実のなる木はその根が必ず傷つくと(古典に)見えております。
㊁〔他マ下二〕(め・め・む・むる・むれ・めよ)❶肉体的・精神的に苦痛を感じさせる。痛めつける。例「足手をはさみ、さまざまに──・め問ふ」〈平家・二・西光被斬〉訳手足をはさみ、さまざまな手段で痛めつけ尋問(じんもん)した。
❷傷を生じさせる。傷つける。例「生けるものを殺し、──・め、闘はしめて遊び楽しまん人は、畜生残害の類(たぐひ)なり」〈徒然草・一二八〉訳生きているものを殺し、傷つけ、闘わせて遊び楽しむような人は、食い合い殺し合うけだものと同類である。

いた-や【板屋・板家】〔名〕板葺きの屋根。また、その屋根で造った粗末な家。例「小さき──の黒うきたなげなるが、雨に濡(ぬ)れたる」〈枕草子・わびしげに見ゆるもの〉訳(みすぼらしく見えるものは)小さな板葺きの粗末な家で黒ずんで汚い感じなのが、雨に濡れている光景。

いたり【至り】〔名〕《動詞「至る」の連用形の名詞化》❶才能・思慮・経験などが行き届いていること。例「──少なく、ただ人の聞こえなす方にのみ寄るべかめる御心には」〈源氏・若菜・下〉訳考えが浅くて、もっぱら他人の申し上げる通りにお考えになるらしい(あなたの)お心には。
❷至りつくところ。至極。きわみ。例「短慮の──、きはめて荒涼のことなれども」〈徒然草・二九〉訳(私の申す事は)浅はかな考えのきわみで、はなはだぶしつけな事だけれども。

いたり-て【至りて】〔副〕《動詞「いたる」＋接続助詞「て」》極めて。最高に。例「──愚かなる人は、たまたま賢なる人を見て、これを憎む」〈徒然草・八五〉訳極めて愚かな人は、たまたま賢い人を見て、その人を憎いと思う。
要点 多く漢文訓読系の文章に用いられる語。和文では「いと」を用いる。

いたり-ふか・し【至り深し】〔形ク〕❶思慮や心づかいなどが、よく行き届いている。思慮深い。また、学問・芸能などに深く通じている。造詣(ぞうけい)が深い。例「心恥づかしう、──・うおはすめる御あたりに」〈源氏・真木柱〉訳(私の方が)恥ずかしくなるほど立派で、すべてに行き届いていらっしゃるような方(=光源氏)の所に。
❷奥深い趣がある。趣深い。例「播磨(はりま)の明石浦こそ、なほ殊(こと)に侍(はべ)れ。何の──・き隈(くま)はなけれど」〈源氏・若紫〉訳播磨(=兵庫県)の明石の浦などが、やはり格別でございましょう。別に趣深い場所はないけれども。

いた・る【至る】〔自ラ四〕(ら・り・る・る・れ・れ)❶行き着く。到達する。なる。例「からく急ぎて、和泉(いづみ)の灘(なだ)といふ所に──・りぬ」〈土佐・一月三十日〉訳必死に急いで、和泉の国の灘という所に到着した。
❷ある時点に達する。なる。また、ある時がやって来る。例「命を終ふる期(ご)、たちまちに──・る」〈徒然草・一〇八〉訳生命が尽きる時は、たちまちのうちにやって来る。
❸極まる。尽きる。例「人にいとはれず、万(よろづ)許されけり。徳の──・れりけるにや」〈徒然草・六〇〉訳人に嫌われず、万事許された。(これは、僧都(そうづ)の)徳が極致に達していたからであろうか。
❹ある範囲の限界まで達する。及ぶ。いたる。例「衣冠(いくわん)より馬・車に──・るまで、あるに従ひて用ゐよ」〈徒然草・二〉訳衣服や冠から馬や牛車(ぎっしゃ)にいたるまで、ある物に従って(=アリアワセヲ)使いなさい。

いたわし【労わし】〔形〕⇩いたはし

いたわ・る【労る】〔動〕⇩いたはる

いた-ゐ【板井】〔名〕板で囲った井戸。例「我が門(かど)の──の清水里遠み人し汲(く)まねば水草(みくさ)生(お)ひにけり」〈古今・神遊びの歌・一〇七九〉訳私の家の門前にある板囲いの井戸の清水は、人里から遠いので人が汲みに来ないものだから、水草が生えてしまったよ。

いち【一】㊀〔名〕❶数の名。一(いち)。ひとつ。
❷順位・順序などの第一番。最初。また、最もすぐれたもの。最高。例「すべて、人に──に思はれずは、何にかはせむ」〈枕草子・御かたがた、君たち〉訳大体、人から一番に恋しく思われないなら、何になろうか(二、三番目などでは死んでもいやだ)。
❸髷(まげ)の、結んだところから後ろに出た部分。例「──が上がり過ぎたちゃあないかね」〈浮世風呂・二・上〉訳一が上へ上がりすぎたんじゃないかね。
㊁〔副〕いちばん。最も。例「今日の囃子(はやし)のその中に、──骨折りと見えけるは」〈狂言・祇園〉訳今日の祇園(ぎおん)囃子の中で、一番がんばっていると見えたのは。

いち【市】〔名〕人が集まって物を売り買いする場所。市場(いちば)。また、人の多く集まるにぎやかな所。町。例「頼む方(かた)なき人は、みづからが家をこぼちて、──に出(い)でて売る」〈方丈記・飢渇〉訳生計をたてる方法のない人は、自分の家をこわして、(薪(たきぎ)にして)市場に出て売る。

いち-え【一衣】〔名〕《「え」は呉音》一枚の衣服。例「紙子(かみこ)──は夜の防ぎ」〈奥の細道・草加〉訳紙子(=紙製ノ衣服)が一枚あるのは夜の寒さを防ぐためのもの。

いち-がん【一眼】〔名〕一回見ること。一目(ひとめ)。例「風景──のうちに尽きて」〈奥の細道・象潟〉訳風景は一目ですっかり見わたせて。

いち-ぐ【一具】〔名〕道具や衣服などひとそろい。ひとくみ。例「物を必ず──に調へんとするは、拙(つたな)き者のすることなり」〈徒然草・八二〉訳道具を何としてもひとそろい備えようとするのは、愚かな人間のすることである。

いち-げい【一芸】〔名〕一つの芸能や技術。例「慈鎮和尚(じちんくわしやう)、──ある者をば、下部(しもべ)までも召しおきて不便(ふびん)にせさせ給ひければ」〈徒然草・二二六〉訳慈鎮和尚は、何か一つ技芸のある者を、身分の低い者までも召しかかえなさって世話をしておいでだったので。

いち-げん【一見】〔名〕初めて会うこと。初対面。特に、遊里で遊女と初めて会うこと。なじみではないこと。

いち-ご【一期】〔名〕《もとは仏教語》一生の間。生涯(しやうがい)。例「建久二年二月(きさらぎ)の中旬に――つひに終はらせ給ひぬ」〈平家・灌頂・女院死去〉訳建久二年二月の中旬に(建礼門院は)生涯をとうとうお閉じになられた。

いち-こつ【壱越】〔名〕雅楽の音階である十二律(りつ)の第一の音。西洋音楽の音階では、ニの音(＝D)に相当する。⇩じふにりつ

いち-ざ【一座】■一〔名〕❶第一の座席。上座(かみざ)。また、その座席につくこと。例「諸僧――より次第に鉢を飛ばせて、物を受く」〈宇治拾遺・三・二三〉訳僧達は上座から順に自分の鉢を飛ばして、(それに)食べ物を受けた。
❷同じ集まりに出席している者全員。満座。例「――口をそろへて」〈西鶴・西鶴諸国ばなし・一・三〉訳全員口をそろえて。
❸興行を一緒に行う役者などの一団。
■二〔名・自サ変〕同じ集まりに居合わせること。同席。例「『や、れそが言伝(たこと)てしたぞや。近日――いたしたい』と、たくしかくれば」〈近松・冥途の飛脚・上〉訳「『おい、あの女が言伝てしたぞ。近いうちに同席したい(と)』と、まくしたてると。注「れそ」ハ「それ」ヲ逆サニシタ語。

いち-じ【一時】〔名〕少しの時間。ひととき。例「――の懈怠(けだい)、すなはち一生の懈怠となる」〈徒然草・一八八〉訳少しの間怠けることが、そのまま一生怠けることになる。

一条兼良(いちじょうかねら)【人名】⇩いちでうかねら(一条兼良)

いち-しる・し【著し】〔形ク〕はっきりしている。明白だ。例「ことにまた――・からぬ人の声聞きつけたるはことわり」〈枕草子・胸つぶるるもの〉訳特にまた(誰とも)はっきりしない人の声を聞きつけた時(どきりとするの)は当然(である)。

要点 はっきりしている意の「しるし」に、すぐれる、はなはだしい意の接頭語「いち」が付いた語。中世以後「いちじるし」とも。また、シク活用の例も出てき、現代ではその方が普通となっている。

いち-しろ・し【著し】〔形ク〕「いちしるし」の古い形。⇩いちしるし

いち-じん【一人】〔名〕《天下にただ一人の意》**天皇の別名。**天子。⇩いちにん② 例「上(かみ)――を始め奉り、下(しも)万民に至るまで、不審をなす」〈平家・三・土佐房被斬〉訳上は天皇をはじめとして、下は万民に至るまで、不審に思う。

参考「一の人」という場合は、摂政・関白(時に、太政大臣(だいじやうだいじん))をも指すことがある)のこと、「一の上(かみ)」は左大臣をいう。

いち-だう【一道】〔名〕学問・芸術など、一つの専門とするもの。一つの芸道。例「――にもまことに長じぬる人は、みづから明らかにその非を知る故(ゆゑ)に、志常に満たずして、終(つひ)に物に伐(ほこ)ることなし」〈徒然草・一六七〉訳一つの学芸に本当に秀でている人は、自分ではっきりと自分の欠点を知っているために、目標に対していつも満足せずに、最後まで人に自慢することがない。

いち-だん【一段】■一〔名〕❶階段・段階などのひときざみ。
❷文章・会話・語り物などのひと区切り。一段落。
■二〔副〕ひときわ程度がはなはだしい様子。いっそう。「――と」の形でも用いる。例「――ようござらう」〈狂言・伊文字〉訳いっそうよいでしょう。

いち-ぢゃう【一定】■一〔名〕確かにそれと定まっていること。確定。例「あるいは夢想とも人申しけり。――を知らず」〈古今著聞集・変化〉訳ひょっとしたら夢の中の事かとも人は言った。確実なことは知らない。
■二〔形動ナリ〕確かにそれと定まっているさま。確実である。例「往生(わうじやう)は、――と思へば――、不定(ふぢやう)と思へば不定なり」〈徒然草・三九〉訳極楽往生は、確かにできると信じれば確かにできる事であり、不確かだと思えば不確かな事である。注法然上人(ホウネンシヨウニン)ノ言葉。
■三〔副〕確かに。必ず。例「この若者、――つかまつり候ひぬと覚え候ふ」〈平家・一一・那須与一〉訳この若者は、必ずやりとげるにちがいないと思われます。

いち-でう【一条】〔名〕ひとつながり。ひとすじ。例「可、不可は、――なり」〈徒然草・三八〉訳よいとするのも、悪いとするのも、ひとつながりである(絶対的な区別などできない)。

一条兼良(いちでうかねら)【人名】「かねよし」とも。室町中期の政治家・歌人。摂政・関白を歴任し、官界引退後は博学多才の学者として、古典の注釈に没頭する。『源氏物語』の注釈書『花鳥余情』、『古今和歌集』の注釈書『古今集童蒙抄(どうもうしよう)』『伊勢物語愚見抄』、歌学書『歌林良材集』など多数の著書がある。

いち-ど【一度】〔名〕❶一回。ひとたび。
❷一杯の酒を飲むこと。また、その酒。例「『まづ――せさせよ』とて、酒を出だしたれば」〈徒然草・八七〉訳「(馬の口取りの男に)まず一杯酒を飲ませよ」と言って、酒を出したところ。

いちどう-に【一同に】〔副〕そろって。いっしょに。異口(いく)同音に。例「諸卿(しよきやう)――申されけり」〈平家・一・二代后〉訳公卿(くぎやう)達が口をそろえて申された。

いち-なか【市中】〔名〕町の中。例「――は物のにほひや夏の月」〈凡兆〉訳町の中は暑苦しく、むっとするような色々な匂(にほ)いがまざりあっている夏の夜だが、空には(何も知らぬげに)涼しげな月がかかっている。

いちにち-ぎゃう【一日経】〔名〕供養のために、大勢で法華経(ほけきやう)などを一日の間に写し終えること。例「――書いて、我があと弔(と)ひて賜(た)び給へ」〈謡曲・二人静〉訳法華経を一日のうちに写すことをして、私の死後を弔ってくださいませ。

いち-にん【一人】〔名〕❶一人の人。例「――は后(きさき)に立たせ給ふ。……――は六条の摂政殿の北の政所(まんどころ)にならせ給ふ」〈平家・一・吾身栄花〉訳(平清盛の娘の)一人は(天皇の)后にお立ちになった。……一人は六条の摂政殿の奥方におなりになった。
❷天皇の別名。天子。⇩いちじん 例「上(かみ)は――をも恐れず、下(しも)は万民をも顧みず」〈平家・灌頂・女院死去〉訳(平清盛は)上は天皇をも恐れず、下は万民をも心にかけず。

いちにん-たうぜん【一人当千】〔名〕一人で千人の敵に当たることができる力を持っていること。勇士のた

とえ。「いっきたうぜん」とも。例「これをこそ、―の兵(つはもの)ともいふべけれ」〈平家・四・信連〉訳このような人をこそ、一人当千の勇士ともいってよかろう。

いち-ねん【一念】〔名〕《もとは仏教語》❶きわめて短い間。一瞬。例「されば道人(だうにん)は、遠く日月(じつげつ)を惜しむべからず。ただ今の―、むなしく過ぐることを惜しむべし」〈徒然草・一〇八〉訳それだから仏道を修行する人は、遠い先々までの月日の事を惜しんだりしてはならない。今この時の一瞬が、むだに過ぎることを惜しむべきである。

❷念仏を一回唱えること。例「―に、八十億劫(こふ)の重罪を滅(めつ)す」〈歎異抄〉訳(臨終に際しての)一声の念仏で、八十億劫の間も迷いの世間からぬけられないという重罪を消し去る。注「劫」ハ、極メテ長イ時間ノ意。

❸ひたすら思いつめること。執念。例「この景清が―の剣(つるぎ)は、岩を通さんものを」〈近松・出世景清・一〉訳この景清の執念の剣は、岩だって貫くだろうに。

いちねん-じふねん【一念十念】(イチネンジュウネン)〔名〕《仏教語》一度の念仏と十度の念仏。浄土宗では一度の念仏も十度の念仏も等しく往生のもとになると教える。例「―の心を致せば来迎(らいかう)す」〈平家・一〇・戒文〉訳「一念十念」の心を持てば極楽から迎えが来る。

いち-の【一の】〔連語〕❶第一番目の。最初の。例「―舞には関白殿君とこそはせさせ給ひしか」〈大鏡・道長・下〉訳最初の左舞(さまい)は関白殿の君(=藤原頼通)にお舞わせになりました。

❷いちばんよい。最もすぐれた。例「除目(ぢもく)にその年の―国得たる人」〈枕草子・したり顔なるもの〉訳除目(=国司ノ任命式)に、その年の最もすぐれた国を得た人(が得意顔である)。

いち-の-かみ【一の上】〔名〕**左大臣の別名。**「いちのおとど」とも。

参考 左大臣が摂政や関白を兼ねる時は右大臣をいう。なお、「いちのところ」「いちのひと」とは摂政や関白をいう。

いち-の-くに【一の国】〔名〕第一によい国。例「除目(ぢもく)にその年の―得たる人」〈枕草子・したり顔なるもの〉訳(得意そうな顔つきの者は)国司の任用の儀式でその年の第一によい国を手に入れた人。

いち-の-ひと【一の人】〔名〕❶第一に優れた人。❷**摂政や関白の別名。**例「―の御ありき」〈枕草子・めでたきもの〉訳(すばらしいものは)摂政や関白様の御外出のさまである。

いち-の-みこ【一の御子】〔名〕第一皇子。例「―は、右大臣の女御(にようご)の御腹(おほんはら)にて」〈源氏・桐壺〉訳第一皇子は、右大臣の娘である女御のお産みになった方で。

いち-の-みや【一の宮】〔名〕❶第一皇子。❷諸国の神社のうち、その国で第一位に待遇された神社。例「周防(すはう)の国の―に玉祖(たまのおや)の大明神と申す神ましまします」〈今昔・一七・三三〉訳周防の国(=山口県)の一の宮に玉祖の大明神と申す神がいらっしゃった。

いち-はや・し【逸早し】〔形ク〕(「いち」は、はなはだしい意)❶激しい。猛烈である。例「昔人(むかしびと)は、かく―・きみやびをなむしける」〈伊勢・一〉訳昔の人は、このように情熱的な風流な振る舞いをしたものである。例「うち寝たるほどに門(かど)―・くたたく」〈蜻蛉・下・天禄三年〉訳寝ているところに門を激しくたたく(音がする)。

❷厳しい。容赦ない。例「さしあたりて、―・き世を思ひはばかりて、参り寄る人もなし」〈源氏・須磨〉訳今のところ、厳しい時勢を思いはばかって、(光源氏のところに)近付く人もいない。

❸すばやい。性急である。例「いとかく、にはかにあまる喜びをなむ、―・き心地し侍る」〈源氏・若菜・上〉訳まことにこのように、急に身に余る(昇進の)喜びは、早過ぎるような気がいたします。

いちぶ-きん【一分金】〔名〕江戸時代の金貨の一種。形は長方形。一両の四分の一に当たる。「いちぶこばん」「いちぶばんきん」「こつぶ」とも。

いちぶ-ぎん【一分銀】〔名〕江戸時代の銀貨の一種。形は長方形。一両の四分の一に当たる。

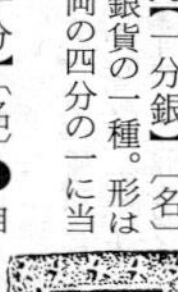

いちぶぎん

いち-ぶん【一分】〔名〕❶自分一人。自身。一身。例「いづれを聞きても皆賢く、その―をきばきかねつるは一人もなし」〈西鶴・日本永代蔵・二・五〉訳どの話を聞いても皆賢そうで、自分自身をもてあましている者は一人もいない。

❷一人の人間としての責任。または、面目。例「乗せもせぬ運賃(うんちん)取っては、―立たぬ。やはり乗りてござれ」〈近松・鑓の権三重帷子・下〉訳乗せもしていない運賃を取っては、面目が立たない。やはり乗って下さいな。

❸…同様。…同然。例「我とは兄弟―に申しかはせしに」〈西鶴・好色一代男・三・三〉訳(ご主人と)私とは兄弟同様のお付き合いをしたのに。

要点 ②は、「一分が立たぬ」「一分がすたる」「一分を捨つ」などの形で用いることが多い。③は、名詞に直接付けて用いられる。

いち-み【一味】㊀〔名〕《仏教語》仏の説くことは、時や人によって説き方はさまざまであるが、結局は同じ趣旨であること。海水がすべて同じ塩味であるのにたとえていう。

㊁〔名・自サ変〕同じ仲間になること。味方すること。また、その人。同志。例「国々の大名、一人も残らず―同心して」〈太平記・三五・二〉訳諸国の大名達は、一人残らず力を合わせ心を同じくして。

いち-め【市女】〔名〕市場で商売をする女。物売り女。

いちめ-がさ【市女笠】〔名〕平安時代から江戸時代にかけて、女性が外出に用いた漆(うるし)塗りの菅(すげ)製の笠。上に高い突起があり、もと市女が用いたところからこの名がある。

いちめがさ

いち-もう【一毛】〔名〕一本の毛。ごくわずかな物のたとえ。例「ゆるくして柔らかなる時は、―も損ぜず」〈徒然草・二一一〉訳(心が)寛容で柔軟な時は、毛筋一本も(=ホンノワズカモ)そこなうことがない。

いち-もつ【逸物】〔名〕(「いちもち」とも)群を抜いてすぐれているもの。特に、馬・犬・タカなどについていうことが多い。例「九重(ここのへ)に聞こえたる名馬あり。鹿毛(かげ)なる馬のならびなき―」〈平家・四・競〉訳宮中にまで評判の名馬があった。鹿毛の馬で比類のない優れたもので。

いち-もん【一門】〔名〕❶一族。一家。例「我が身の栄花を極むるのみならず、―ともに繁昌(はんじやう)して」〈平家・一・吾身栄花〉訳我が身(＝平清盛自身)が栄華を極めるだけでなく、その一族が揃(そろ)って繁栄して。

❷(仏教の)同じ宗派。例「その後、―の僧、相つぎて居住して」〈古今著聞集・釈教〉訳その後、同じ宗門(＝東大寺)の僧が、相次いで住み込み。

いち-もんじ【一文字】〔名〕❶「一」という文字。また、それと同形のもの。例「―をだに知らぬ者、しが足は十文字(じふもんじ)に踏みてぞ遊ぶ」〈土佐・十二月二十四日〉訳一という字をさえ知らない(無学な)者が(正体もなく酔っぱらって)、その足は十という字を書くように千鳥足で歩いて遊び興じている。

❷(多く「に」を伴って副詞的に用いて)一の字のようにまっすぐなこと。例「宇治川速しといへども、―にざっと渡いて向(むか)への岸にうちあがる」〈平家・九・宇治川先陣〉訳宇治川は流れが速いけれども、一直線にざっと渡って向こう岸にさっとあがる。

いつ【何時】〔代名〕❶不定称。はっきりと決まらない時を指す。いつ。例「蜷(みな)の腸(わた)か黒き髪に―の間か霜の降りけむ」〈万葉・五・八〇四長歌〉訳黒々とした髪にいつの間に霜が降ったのだろうか。注山上憶良ノ歌。「蜷の腸」ハ「黒」ノ枕詞。「霜降る」ハ髪ガ白クナルコト。

❷(後に、助詞「より」を伴って)いつも。普段。例「―よりも、ことに今日は尊く覚え侍(はべ)りつる」〈徒然草・二三五〉訳いつもより、特別今日は尊く思われました。

い-づ【出づ】ｲｽﾞ ■一〔自ダ下二〕{で・で・づ・づる・づれ・でよ} ❶(中から外へ)出る。(見えない所から見える所へ)現れる。例「人―・で給ひなば、とく閉(さ)せ」〈枕草子・宮仕人の里なども〉訳人(＝客)が外に出られたなら、はやく(門を)閉じろ。

❷出発する。出で立つ。例「和泉(いづみ)の灘(なだ)といふ所より―・でて漕(こ)ぎ行く」〈土佐・二月一日〉訳和泉の灘という所から出発して(船を)漕いで進む。

❸(隠していたことが)表に現れる。表面に出る。人に知られる。例「見渡せば明石(あかし)の浦にともす火の穂にぞ―・でぬる妹(いも)に恋ふらく」〈万葉・三・三二六〉訳見渡してみると(はるかに見える)明石の浦にともる漁火(いさりび)の、その火のように人目に立ち始めたことだ、あの娘(こ)に恋をしていることが。注「火の」マデハ「穂にぞ出で」ヲ導ク序詞。

❹のがれる。避ける。離れる。例「必ず生死(しやうじ)を―・でんと思はんに」〈徒然草・五八〉訳必ず生死にとらわれた迷いの世界から離れようと思うのなら。

■二〔他ダ下二〕出す。あらわす。例「言ふことの恐(かしこ)き国ぞ紅の色にな―・でそ思ひ死ぬとも」〈万葉・四・六八三〉訳物を言うのが恐ろしい国だ。顔に出さないで下さい。恋い死にしたとしても。注古代、ムヤミニ言葉ヲイウト不吉ナ事ガ起コルトサレタ。「紅の」ハ「色に出づ」ノ枕詞。

> 参考 現代語の「出(で)る」は、連体形「いづる」が終止形にも用いられるようになり、その「い」が脱落し、さらに、下一段活用化してできた形。「いづ」→「いづる」→「づる」→「でる」。

いつ-か【何時か】〔連語〕❶(過去または未来の)そのことが起こる時を問い尋ねる意を表す。いつ…したのか(するのだろうか)。例「―聞きけむ、『車持(くらもち)の皇子は優曇華(うどんげ)の花持ちて上り給へり』とののしりけり」〈竹取・蓬莱の玉の枝〉訳人々はいつ聞きつけたのか、「車持の皇子は(三千年に一度咲く)優曇華の花を持って上京された」と騒ぎ立てた。

❷(多く下に願望や推量の言い方を伴って)その事が早く実現するよう待ち望む気持ちを表す。いつになったら…だろう、早くそうなればいいのに。早く…したい。例「我が宿の池の藤波咲きにけり山ほととぎす―来鳴かむ」〈古今・夏・一三五〉訳私の家の池の端の藤の花が咲いた。山のほととぎすが早く来て鳴いてほしいものだ。

❸反語を表す。いつそんなことをしたか(するだろうか)、するはずはない。いつだってそんなことはしない。例「―若やかなる人などさはしたりし」〈枕草子・にくきもの〉訳(火鉢やいろりなどに手をかざすことなど)若々しい人たちはいつだって、そんな(見苦しい)ことをしたことはない。

❹その事が起こる時を不定・不明のまま示す。いつかはわからないが。いつかそのうちに。例「―はさる人の御有様をほのかにも見たてまつらむ」〈源氏・明石〉訳いつの日かそのような方のお姿をちらっとでも拝見したいものだ。

いっ-かう【一向】ｲｯｺｳ ■一〔副〕(平安時代の和文では促音を表記しない「いかう」の形が用いられた)❶ひたすら。いちずに。何から何まで。全部。例「御許されなきは、教盛(のりもり)を―二心(ふたごころ)ある者とおぼしめすにこそ」〈平家・二・少将乞請〉訳お許しがないことは、この教盛をただもう裏切り者とお思いになるのだなあ。

❷(下に打消しを伴って)全然。まったく。例「―前が暗うて見えぬぞ」〈平家・八・瀬尾最期〉訳前が暗くて全然見えないぞ。

❸いっそ。むしろ。例「本意(ほい)なくも討ち損じ、―に重忠と刺し違へ死なんとは思ひしが」〈近松・出世景清・一〉訳(畠山重忠を)意志に反して討ちそこない、いっそ重忠と刺し違えて死のうと思ったが。

■二〔形動ナリ〕(近世語)まるで話にならない。全然だめである。例「こいつぁ京窯(きやうがま)だわえ。……こっちは―・なものだ」〈洒落本・通言総籬・一〉訳こいつは京窯(＝京都産ノ優雅ナ茶入レ)だわな。……(それにひきかえ)こっちはお話にならないものだ。

いっかう-せんじゅ【一向専修】ｲｯｺｳ〔名〕(仏教語)ひたすらその事に専念すること。例「二人(ににん)の娘もろともに、―に念仏して、ひとへに後世(ごせ)をぞ願ひける」〈平家・一・祇王〉訳二人の娘と一緒に、余念なく念仏を唱えて、一途(いちず)に後世の幸福を願った。

いつか-し【厳し】〔形シク〕いかめしい。尊く重々しい。例「昔のためしよりも事添へて、―・しき御有様なり」〈源氏・少女〉訳昔の例よりも儀式をつけ加えて、いかめしいご様子である。

いづ-かた【何方】ｲｽﾞ〔代名〕不定称。❶(方向や場所を指す)どの方向。どこ。例「急ぎ―へもしのばせ給へ」〈平家・二・小教訓〉訳早くどこへでも姿をお隠しなさい。

❷(人を指す)どのかた。どなた。例「心隔(だ)つべくも物し給はぬ人ざまなれば、―にも皆心寄せきこえ給へり」〈源氏・胡蝶〉訳(人に)隔てをお置きになりそうもない人柄なので、どなたも皆心をお寄せ申し上げなさった。

いつき【斎き】〔名〕《動詞「斎く」の連用形の名詞化》❶身を清めて神に仕えること。また、その人。
❷⇩いつきのみこ

いつき-の-みこ【斎きの皇女】〔名〕伊勢神宮・賀茂神社に奉仕する未婚の内親王や女王。斎宮および斎院。

いつき-の-みや【斎きの宮】〔名〕❶大嘗会の時の悠紀・主基の両神殿。
❷斎宮・斎院の御所。
❸⇩いつきのみこ

いつき-むすめ【傅き娘】〔名〕大切に育てている娘。まなむすめ。例「朝臣（あそ）の――」〈源氏・少女〉訳朝臣（＝惟光）の箱入り娘。

いつ・く〔か・き・く・く・け・け〕■一【斎く】〔自カ四〕心身を清らかにし、汚れを除いて神に仕える。祭る。例「春日野（かすがの）に――・く三諸（みもろ）の梅の花栄えてあり待て帰り来るまで」〈万葉・一九・四二四一〉訳春日野に祭る社の梅の花よ、ずっと咲き満ちて待っていなさい、（私が）帰って来るまで。
■二【傅く】〔他カ四〕神に仕えるように大切に育てる。かしずく。例「故大納言、内裏（うち）に奉らむなど、かしこう――・き侍りしを」〈源氏・若紫〉訳亡くなった大納言が、（娘を）宮中に入内させようなどと、はなはだ大切に育てておりましたが。

い-つ・ぐ【い次ぐ】〔自ガ四〕〔が・ぎ・ぐ・ぐ・げ・げ〕《「い」は接頭語》とぎれずに連続する。つづく。

いづ-く【何処】〔代名〕《「いづこ」の古い形。「く」は場所を表す接尾語》「いづこ」に同じ。例「木（こ）の晩（れ）の夕闇（ゆふやみ）なるにほととぎす――を家と鳴き渡るらむ」〈万葉・一〇・一九四八〉訳木陰の暗がりの、しかも夕闇の中を、あのホトトギスはどこを自分の家と思って鳴いて行くのだろう。

いづくはあれど　ほかの場所はとにかく。例「陸奥（みちのく）は――塩釜（しほがま）の浦こぐ舟の綱手かなしも」〈古今・東歌・一〇八八〉訳陸奥では、他の場所はとにかくとして、塩釜の浦を引き綱で引かれて移動している舟の、その引かれているところが心にしみておもしろい。

いつく・し【厳し】〔形シク〕❶おごそかである。いかめしい。威厳がある。例「はかばかしき方に見れば、――・しくあざやかに、目も及ばぬ心地するを」〈源氏・若菜・上〉訳公務の方面で見れば、威厳があってきっぱりとしていて、まともに見ることもできないような気持ちがするが。
❷きびしい。厳重である。例「いと――・しき御清まりにことつけて、聞こえも通ひ給はず」〈源氏・葵〉訳（六条御息所は）いっそう厳重な潔斎（をしなければならないこと）にかこつけて、光源氏と手紙も通わされない。
❸整っていて美しい。端正で立派である。例「形、有様、けはひの世に似ず――・しかりけるを見て」〈今昔・三〇・八〉訳（その姫君の）顔かたち、振る舞い、雰囲気などがくらべるものもないほど整っていて美しいのを見て。

> 要点　もともとは、神仏や天皇についていう語。それが貴人についてもいわれるようになり、室町時代には「うつくし」と混同され、「かわいらしい」の意にも用いられるようになる。

いつくし・む【慈しむ】〔他マ四〕〔ま・み・む・む・め・め〕大切にする。かわいがる。例「継母（ぼけい）も後には隔てなく――・み、もとの母と同じくなれり」〈御伽・二十四孝〉訳継母も後には分け隔てせずにかわいがり、実の母と同じようになった。
参考　中世末期頃から用いられるようになった語。平安時代には「うつくしむ」という。

いづく-は-あれど【何処はあれど】⇩「いづく」子項目

いっ-けん【一見】〔名・他サ変〕一度見ること。ひとわたり見ること。例「――・すべき由、人の勧むるによって、尾花沢よりとって返し」〈奥の細道・立石寺〉訳（立石寺は）一度見ておいた方がよいということを、人が勧めるので、尾花沢（＝山形県尾花沢市）から引き返して。

いづ-こ【何処】〔代名〕《場所を指す指示代名詞。不定称》どこ。どちら。「いづく」「いどこ」とも。例「難ずべき種（くさはひ）まぜぬ人は、――にかはあらむ」〈源氏・帚木〉訳非難すべき点のない（完璧な）女性など、どこにいるだろうか。

いづこをはかりと　「いづこをはかと」に同じ。例「とみかうみ見けれど、――もおぼえざりければ」〈伊勢・二一〉訳あちらこちら見たけれど、どのあたりとも見当がつかなかったので。

いっ-こう【一向】⇩いっかう

いっ-こん【一献】〔名〕《「こん（献）」は酒杯を勧める意》❶酒席で、最初に勧める酒と料理。例「――に打ち鮑（あはび）、二献にえび、三献に掻餅（かいもちひ）にてやみぬ」〈徒然草・二一六〉訳初めの酒の肴に打ってのした干しあわび、二番目にえび、三番目にそばがきで終わってしまった。
❷ちょっとした酒盛り。小酒宴。

いっさい-きゃう【一切経】〔名〕仏教の教えを説いたすべての聖典の総称。大蔵経。

一切経供養（くやう）《仏教語》一切経を書写して、寺院に奉納するときに行う行事。例「法興院（ほこゐん）の積善寺（さくぜんじ）といふ御堂にて――せさせ給ふに」〈枕草子・関白殿、二月二十一日に〉訳法興院の積善寺という御堂で一切経を書写して奉納するときの行事をおさせになったが。

いっさい-しゅじゃう【一切衆生】〔名〕《仏教語》この世に生を受けたすべての生き物。特に、すべての人間。例「あまねく――を利益（りやく）せむと思（おぼ）したり」〈栄花・鳥の舞〉訳残すところなくすべての人間に利益を与えようとお思いになった。

いっ-さう【一双】〔名〕二つで一組のもの。一対。例「盛りなる紅梅の枝に、鳥――を添へて」〈徒然草・六六〉訳花盛りの紅梅の枝に、雉一つがいを添えて。

いつ-し-か

【何時しか】《副詞「いつ」＋副助詞「し」＋係助詞「か」》

> いつの間にか、の意では、現代でも用いられる。いつ…か、いつだったか、と時間を問う用法や、早く（…したい）、と実現を待ち望む用法は古語だけのもの。

■一〔副〕❶《時間を問う語》いつ…か。例「玉くしげ――明けむ布勢（ふせ）の海の浦を行きつつ玉も拾（ひり）はむ」〈万葉・一八・四〇三八〉訳いつ夜が明けるのだろうか。布勢の海（＝富山県氷見市南部ニアッタ湖水）の入江を行きながら、（美景を眺めるだけでなく）玉をも拾おうに。
❷《その事が起こる時間を、分からないままに言う語》いつ

か。いつだったか。いつぞや。例「—かの奉りし物は侍(べ)りや」〈今昔・三〇・一二〉訳いつだったか例の差し上げた品物はございますか。

❸《いつのことか分からないような物事の起こり方を表す》ⓐ気づかないうちに、物事が生起・進行してしまうさま。**いつの間にか**。知らぬ間に。例「司(つかさ)待ち出でて後—よき所尋ね取りて住みたるこそよけれ」〈枕草子・六位の蔵人などは〉訳(しかるべき)官職についてからおもむろによい家を捜し出して住むのがよい。

ⓑ物事が極めて早く生起・進行するさま。**いち早く。早くも。さっそく**。例「殿、—いだき取り給ひて、膝(ひざ)に据ゑ奉り給へる」〈枕草子・淑景舎〉訳殿(=関白藤原道隆)は、(幼い孫君を)さっそく抱き取りなさって、膝にお座らせになっていらっしゃる。

❹《下に願望などの表現を伴って、その事の早い実現を望む気持ちを表す》**早く**(…したい)。例「—梅咲かなむ」〈更級・梅の立枝〉訳早く梅が咲いてほしい。

［二］《形動ナリ》物事の生起・進行が異常に早いさま。あまりに早い。早すぎる。例「新帝今年三歳、あはれ、—・なる譲位かな」〈平家・四・厳島御幸〉訳新帝(=安徳天皇)は今年三歳、ああ、早すぎるご譲位だなあ。

いつしか-と【何時しかと】《連語》《「いつしか」+引用の格助詞「と」》❶いつ…するかと。いつのことかと。例「大原のこの市柴(いちしば)の—わが思(も)ふ妹に今夜(こよひ)会へるかも」〈万葉・四・五一三〉訳いつ会えるだろうかと、私が思っていたあなたに今夜会えたことです。

❷早く…したいと。今や遅しと。待ちかねて。例「いとなみ、—待つことの、さはりあり、にはかに止まりぬる」〈枕草子・口惜しきもの〉訳準備して、早くその日が来ないかと待っていたことが、支障ができて、急に中止になったのは、残念なものである。

いっし-に【一時に】《副》《「一時に」の漢音読み》いちじに。たちまちのうちに。例「波の下に、御命(おんいのち)を—滅ぼし給ふこそ悲しけれ」〈平家・一一・先帝身投〉訳(幼い安徳天皇が身投げして)波の下に、お命をたちまちのうちに滅ぼされたのは悲しいことであった。

いっ-しょ【一所】《名》❶一つの場所。一か所。また、同じ所。例「死なば—で死なんとこそ契(ちぎ)りしに、所々(ところどころ)で討(う)たれんことこそ悲しけれ」〈平家・九・河原合戦〉訳(幼友達であった昔から)死ぬならば同じ所で死のうと約束していたのに、別々の所で討たれるのは悲しいことだ。

❷《「ひとり」の尊敬語》お一人。お一方。例「小松殿の君達(きんだち)—向かはせ給ひて」〈平家・八・太宰府落〉訳小松殿(=平重盛)のご子息がお一人でお出かけになって。

いっしょ-けんめい【一所懸命】《名》《多く「—の地」の形で用いて》中世、武士が、ただ一所の領地に命をかけて生活すること。また、その領地。転じて、一家の生計を支える大切なもの。例「今は定めて—の領地もよもあらじ」〈保元・下・一〉訳今はきっと一家の生計をたてた領地もよもや残っておるまい。

参考 近世以後、命がけで物事をするという意から、形容動詞として用いられるようになり、語形も「一生懸命」とも表記されるようになった。

いっ-すい【一睡】《名》❶ひとねむり。

❷《「一炊(すい)の夢」の表記》短いことのたとえ。例「三代の栄耀(ええう)—のうちにして」〈奥の細道・平泉〉訳奥州藤原氏三代の栄華も(長い歴史から見れば)邯鄲(かんたん)の一睡の夢のような短いもので。

いっ-せい【一声】《名》❶《能楽用語》シテが登場して最初にその場所の情景や自分の心情をうたう曲節。また、その時に奏する囃子(はやし)。

❷《歌舞伎用語》役者の登場、退場時に奏する囃子(はやし)。

いっ-せん【一銭】《名》❶金銭の単位。一貫の千分の一。「一文(いちもん)」ということが多い。例「—軽(かろ)しといへども、これを重ぬれば、貧しき人を富める人となす」〈徒然草・一〇八〉訳一銭は価値が低いといっても、これを積み重ねると、貧しい人を富裕な人にする。

❷わずかな金銭。ほんの少しの利益。

いつ-ぞ-や【何時ぞや】《副》《副詞「いつ」+係助詞「ぞ」+係助詞「や」》過去のある時を、いつか分からないままに言う語。いつか。いつだったか。例「かかることの—ありしかと覚えて」〈徒然草・七一〉訳このような事がいつかあったなと思われて。

いっ-たん【一旦】《「旦」は朝の意》［一］《名》❶ひと朝。ある朝。また、一日。ある日。例「今は—にこれを捨てて死ぬ」〈今昔・一・三〉訳今は一日にしてこれらの財宝を失って死ぬ。

❷ひととき。ごく短い期間。例「—の楽しみにほこって、後生(ごしやう)を知らざらんことの悲しさに」〈平家・一・祇王〉訳一時の富み栄えに得意になって、死後の世を知らないでいることが悲しいので。

［二］《副》❶ひとたび。一度でも。例「—恥ぢ恐るることあれば、必ず汗を流すは、心のしわざなりといふことを知るべし」〈徒然草・一二九〉訳ひとたび恥じたりこわがったりすることがあれば、必ず汗を流す(=自然ト冷ヤ汗ガ出ル)というのは、心の動きによるということを知らなければならない。

❷一時的に。臨時に。例「かの湖は往古(わうこ)の淵(ふち)にあらず。—山河をせきあげて候ふ」〈平家・七・火打合戦〉訳あの湖は古くからの淵ではない。一時的に山川をせき止めて水をためたものです。

いづ-ち【何方・何処】《代名》《指示代名詞。不定称》どの方角。どちら。どこ。例「霞(かすみ)ゐる富士の山傍(やまび)に我が来なば—向きてか妹(いも)が嘆かむ」〈万葉・一四・三三五七〉訳霞のかかっている富士の山辺に私が来てしまったら、(私の姿が見えなくて)どちらを向いて妻は嘆くことだろうか。

いっ-ちゃう【一町】《名》❶土地の広さの単位。十反歩(たんぶ)。百畝(せ)。約一ヘクタール。

❷距離の単位。六十間(けん)。一里の三十六分の一。約百九メートル。例「あまりに太って—ともえ走らず」〈平家・八・瀬尾最期〉訳あまりに太っていて一町とも走れず。

いっ-ちゃう【一張】《名》弓、琴、琵琶(びは)、幕、毛皮などの一つ。ひと張り。例「かたはらに、琴、琵琶おのおの—を立つ」〈方丈記・境涯〉訳(その)そばに、琴と琵琶とをそれぞれひと張りを立ててある。

いつ-つ【五つ】《名》❶数の名。五。また、年齢の数え年で五歳。

❷時刻の名。午前八時頃と午後八時頃。例「年中の足余(たりあま)り、元日の—前ならでは知れず」〈西鶴・日本永代蔵・三・五〉訳一年の収支決算は、元日の朝八時前でないとわからない。注江戸時代ノ売買ハ、掛ケ売リ中

心デ、大晦日ハ一年ノ総決算ノ日デアッタ。

いつつ-ぎぬ【五つ衣】〔名〕女官の正装の一つ。表着と単衣との間に袿を五枚重ねて着る。後に簡略化して、袖口と裾だけを五枚重ねのように仕立てた。

いつつ-を【五つ緒】〔名〕牛車のすだれの一種。風帯（＝スダレ・几帳ナドデ、上カラ垂ラス布・革製ノ帯状ノ飾リ）を、左右両縁、中央、さらにそれらの中間と、計五本垂らしたもの。また、そのすだれを掛けた牛車。高貴な人の乗用とされた。

いっ-てん【一天】〔名〕❶空全体。空一面。❷《「一天下」の略》天下全体。日本全国。世界中。例「――を鎮め、四海を澄ます」〈平家・三・土佐房被斬〉訳天下を鎮め、国内を平穏にする。

いってん-の-あるじ【一天の主】〔連語〕⇩いってんのきみ

いってん-の-きみ【一天の君】〔連語〕《「一天下の君主」の意》天皇の尊称。「一天の主」とも。

いっ-ぱ【言っぱ】〔連語〕《「いふは」の促音化》（…と）いうのは。例「それ山伏と――、山に起き伏すによっての山伏なり」〈狂言・柿山伏〉訳そもそも山伏というのは、山に起き伏す（＝寝起キスル）によって山伏というのである。

いつはり【偽り】〔名〕《動詞「いつはる」の連用形の名詞化》うそ。ごまかし。虚偽。例「人の心素直ならねば、――なきにしもあらず」〈徒然草・八五〉訳人間の心というものは正直ではないので、うそがないわけではない。

いつは・る【偽る】〔他ラ四〕〔ら・り・る・る・れ・れ〕真実・本心などと異なることを言ったり、したりする。だます。いつわる。例「――・りても賢を学ばんを賢といふべし」〈徒然草・八五〉訳たとえ本心からでなくても賢人の行いのまねをする者を賢人といってよいだろう。

いづ-へ【何処・何辺】〔代名〕《指示代名詞。不定称》どちら。どの方角。どのあたり。例「我がここだ慕はく知らにほととぎす――の山を鳴きか越ゆらむ」〈万葉・一九・四一九五〉訳私がこんなに思い慕っているのも知らないで、ホトトギスはどのあたりの山を鳴いて越えているのだろう。

いっ-ぽん【一品】〔名〕四品までである親王の位階の第一位。

いつま【暇】〔名〕《上代東国方言》いとま。ひま。例「我が夫も絵に描き取らむ――もが旅行く吾は見つつ偲はむ」〈万葉・二〇・四三二七〉訳おまえ（＝妻）を絵に描き写す時間があればなあ。（そしたら）旅を行く私はそれを見て恋しく思うに。

和泉（いづみ）〔旧国名〕畿内五か国の一つ。現在の大阪府の南部。七一六年（霊亀二）に河内国に和泉監を置いたのが、七五七年（天平宝字元）に和泉国となる。泉州。

泉　川

泉川（いづみがは）〔川名〕京都府の南部を流れる木津川の古称。「泉の里」と呼ばれた付近を流れる時の名。下流で淀川に合流する。和歌では、「いつ見」や「出づ」を導いたり、言い掛けたりするのに用いることが多い。例「みかの原わきて流るる――いつ見きとてか恋しかるらむ」〈新古今・恋一・九九六〉訳みかの原を二分して流れる泉川、その名のように、いつ見たというので、こんなにも（あの人が）恋しいのだろうか。注『百人一首』所収、藤原兼輔ノ作。

和泉式部（いづみしきぶ）〔人名〕平安中期の女流歌人。生没年未詳。和泉守橘道貞の妻となり、小式部内侍を産み、後に一条天皇の中宮彰子に仕えた。為尊親王・敦道親王に寵愛され、さらに藤原保昌と再婚するなど、多彩な恋愛経験の持ち主で、情熱的な恋の歌が多い。女流歌人の中で勅撰集に採られた歌が最も多く、家集に『和泉式部集』がある。『和泉式部日記』でも有名。⇩和泉式部日記

和泉式部日記（いづみしきぶにっき）〔書名〕平安中期の日記。一条天皇の一〇〇三年（長保五）四月から十か月間にわたる敦道親王との恋愛が、百四十数首の歌を織りなして情熱的に描かれている。和泉式部の自作とする説が有力だが、他作とする説もある。⇩和泉式部

いづみ-どの【泉殿】〔名〕寝殿造りで、東の対から南へ渡殿で結ばれて、池に臨んだ方形の建物。壁・廂はないが、簀子・高欄が四面にある。観月・納涼などが行われる。⇩しんでんづくり

出雲（いづも）〔旧国名〕山陰道八か国の一つ。現在の島根県東部。『古事記』に記載され、『出雲風土記』が現存するので、神話の舞台として知られる。出雲大社が鎮座する。雲州。

いつ-もじ【五文字】〔名〕五つの文字。五文字。例「かきつばたといふ――を句の上にすゑて、旅の心を詠め」〈伊勢・九〉訳カキツバタという五文字を和歌の五七五七七の各句の最初に置いて、旅中の思いを詠みなさい。

出雲の阿国（いづものおくに）〔人名〕安土桃山時代の女流舞踊家。出雲大社の巫女であったが、京に上り、歌舞伎踊りを始める。阿国歌舞伎と呼ばれ、一世を風靡する芸能となり、後の歌舞伎の始まりとされる。

いづ-ら【何ら】㊀〔代名〕《指示代名詞。不定称》どこ。どのあたり。例「磯の上に根這ふむろの木見し人を――と問はば語り告げむか」〈万葉・三・四四八〉訳磯の上に根の這っているムロの木よ、お前を見たあの人（＝今ハ亡キ我ガ妻）が今どこにいるかと（私が）尋ねたら、教え知らせてくれるだろうか。㊁〔感〕《呼び掛けに用いる語》相手の動作をうながす。ほら、どうした。さあ、どうぞ。例「『――、暗うなりぬ』とつぶやかれて、心も空にて」〈源氏・蓬生〉訳「どうした、もう暗くなりました」と（北の方に）ぶつぶつ言われて、侍女は（末摘花を残して）心も宙に浮いたまま。

> **要点** 「いづら」と「いづれ」と「いづち」
> 「いづれ」は、いく通りかあるものから選ぶ感じがあり、「いづち」は方向を尋ねる感じがあり、「いづら」は「いづこ」とほぼ同じで、漠然と場所を尋ねるのに用いられる。

いづ-れ【何れ】㊀〔代名〕《指示代名詞。不定称》どれ。どちら。どの。いつ。どこ。だれ。例「――の御時にか、女御・更衣あまたさぶらひ給ひける中に」〈源氏・桐壺〉訳どの帝の御代であったか、女御や更衣がたくさんお仕えしておられた中に。注『源氏物語』冒

頭ノ一節。

[二]〔副〕いずれにせよ。どちらにしても。どうせ。例「『して、今のはみどもが負けか』『――、お勝ちとは見えませぬ』」〈狂言・蚊相撲〉訳「それで、今の（勝負）は私の負けか」「いずれにしても、お勝ち（になった）ようには見えません」

いづれ-と-も-な・し（イズレ）《連語》（「いづれとなし」に係助詞「も」を加えて強調した形）どれということなく、どれも同じである。例「御子(みこ)どもは、――・く、人柄目やすく、世に用ゐられて」〈源氏・賢木〉訳（左大臣の）お子たちは、どの方がどうということなくどなたも、人柄が立派で、世に重く用いられて。

いづれ-も【何れも】（イズレ）《連語》❶どれもが。または、どれをも。例「――時々につけて見給ふるに、目移りて」〈源氏・薄雲〉訳（春と秋の）どちらの景色をもその時々に見ますと、それぞれ（の美しさ）に目移りがして。❷どちらもが。だれもが。例「――、――、若きどちにて」〈源氏・夕顔〉訳（光源氏と惟光(これみつ)の）そのどちらもが、若い者同士であり。

いで

[一]〔感〕❶《感慨を抱き、詠嘆する時に発する語》不快・不満、意外な気持ちなどを含むことが多い。いやはや。なんとまあ。まったく。例「――、いと興(きょう)あることを言ふ老者(ろうざ)たちかな」〈大鏡・序〉訳いやはや、たいそう面白い事を言う老人達だなあ。❷《軽い否定・反発の気持ちで応答する語》いやいや。さあね。だめだめ。例「――、およすけたる事は言はぬぞよき」〈源氏・帚木〉訳だめだめ、ませたことは言わない方がいい。❸《思い立った時、行動にかかる時に発する語》さあ。どれ。いざ。例「下(お)るるか、――送らむ」〈枕草子・大納言殿参り給ひて〉訳退出するのか、どれ送ろう。❹《他人をうながす時に発する語》さあ。例「――、覚え給へ」〈大鏡・序〉訳さあ、（昔を）思い出して下さい。

[二]〔接続〕《あらためて話を始める時に用いる語》さて。そもそも。例「――、またいみじく侍(はべ)りしことは」〈大鏡・昔物語〉訳さて、またすばらしかったのは。

いで-あ・ふ【出で会ふ】（・アウ／・オウ）〔自ハ四〕{は・ひ・ふ・ふ・へ・へ}❶出て人に会う。対面する。例「御使(おほんつかひ)に竹取――・ひて」〈竹取・かぐや姫の昇天〉訳（天皇からの）使者に竹取（の翁(おきな)）が対面して。❷たまたま会う。であう。❸出ていって敵対する。立ち向かう。例「里人起こりて――・へば」〈徒然草・八七〉訳村人が大勢出てきて立ち向かうと。

いで-いで〔感〕（「いで」を重ねて強調した語）いやもう。さあさあ。どれどれ。例「――、いといみじうめでたしや」〈大鏡・後一条院〉訳いやもう、（このお話は）たいそうすばらしく結構な事だなあ。

いで-いり【出で入り】〔名〕❶出たり入ったりすること。出はいり。例「その夜もいも寝ず、この男(をのこ)――し歩(あり)くを」〈更級・初瀬〉訳その夜も一晩じゅう眠りもせず、この男が出たり入ったりして歩き回るので。❷（近世語）いざこざ。訴訟問題。裁判沙汰(さいばんざた)。例「その約束をのばし、――になることとなりしに」〈西鶴・日本永代蔵・一・三〉訳（とかく金の貸し借りは）その約束の期日をのばして、訴訟沙汰(そしょうざた)になるものであるのに。

いで-い・る【出で入る】〔自ラ四〕{ら・り・る・る・れ・れ}出たりはいったりする。出はいりする。例「――・る車の轅(ながえ)もひまなく見え」〈枕草子・すさまじきもの〉訳出はいりする（訪問客の）牛車(ぎっしゃ)の轅もすき間がないほどに見え。

い-てう【異朝】（・チョウ）〔名〕外国の朝廷。転じて、外国。異国。対本朝(ほんてう)。例「遠く――をとぶらへば」〈平家・一・祇園精舎〉訳遠く外国（に例）をたずねると。

いで-おはしま・す【出で在します】（・オワシマス）〔自サ四〕{さ・し・す・す・せ・せ}❶（「出(い)で行く」の尊敬語）出ていらっしゃる。外出なさる。例「ここにおはするかぐや姫は、重き病(やまひ)をし給へば、え――・すまじ」〈竹取・かぐや姫の昇天〉訳ここにいらっしゃるかぐや姫は、重い病気をなさっているので、外にお出になれますまい。❷（「出(い)で来(く)」の尊敬語）出ていらっしゃる。また、お生まれになる。例「若君のかう――・したる御宿世(おんすくせ)の頼もしさに」〈源氏・松風〉訳若君（＝明石ノ姫君）がこのようにお生まれになった前世からの因縁の頼もしさに。

いで-かて-に【出でかてに】《連語》（「出づ」＋連語「かてに」）出ることができずに。例「赤駒が門出をしつつ――せしを見立てし家の児(こ)らはも」〈万葉・一四・三五三四〉訳（私の乗った）赤い駒が門出をしながらも出発しかねていたのを、見送った家の妻はなあ（どうしているだろうか）。

い-てき【夷狄】〔名〕文化の劣る民族。未開人。野蛮人。例「――の蜂起(ほうき)耳を驚かし」〈平家・六・入道死去〉訳地方の野蛮人がいっせいに反乱を起こしたという知らせに驚き。

> 参考 中国の自国中心主義である中華思想による言葉。四方の異民族を東夷(とうい)・北狄(ほくてき)・西戎(せいじゅう)・南蛮(なんばん)と、未開の野蛮人扱いして呼んだ。

いで-ぎえ【出で消え】〔名〕人中で、見ばえの悪いこと。他人に比べて見劣りのすること。対いでばえ 例「大臣(おとど)・中将などの御匂(にほ)ひに目馴(な)れ給へるを、――どものかたはなるにやあらむ」〈源氏・行幸〉訳（常日頃光源氏の）大臣や中将（＝夕霧）などのつややかな美しさに目なれていらっしゃるので、（大方の貴公子達は）どなたも見劣りすることもあり欠点だらけになるのだろうか。

いで-く【出で来】〔自カ変〕{こ・き・く・くる・くれ・こ(よ)}❶（見えなかったある場所から）出現する。出て来る。現れる。例「遊び三人(みたり)、いづくよりともなく――・きたり」〈更級・足柄山〉訳遊女が三人、どこからともなく現れた。❷今までなかったものが発生する。できる。でき上がる。現れる。例「寝たるよしにて、――・くるを待ちけるに」〈宇治拾遺・一・一二〉訳寝たふりをして、（かい餅(もちひ)の）でき上がるのを待ったところ。❸（日時や機会が）めぐって来る。めぐり合わせる。例「三月(やよひ)の朔日(ついたち)に――・きたる巳(み)の日」〈源氏・須磨〉訳三月の上旬にめぐり合わせた巳の日。

いで-たち【出で立ち】〔名〕❶山や樹木がまっすぐにそびえ立つようす。❷家より出てすぐの所。家の前。例「携へて我が二人見し――の百枝槻(ももえつき)の木」〈万葉・二・二一三長歌〉訳手を取り合って我々二人で眺めた、家を出てすぐの所の枝の多い槻の木を。❸家から出かけること。旅に出ること。出立(しゅったつ)。また、その支度。例「遠き――は思ひとまり侍(はべ)りぬ」〈狭衣・一〉

訳 遠く(東(あづま)の国まで)旅に出ることは思いとどまりました。
❹世に出て身を立てること。立身出世。例「——もすべかりける人の、世のひが者にてまじらひもせず」〈源氏・若紫〉訳(明石の入道は)出世も当然するはずだった人ですが、いたってひねくれ者で宮中のつきあいもしないで。

いでたち-いそぎ【出で立ち急ぎ】〔名〕❶旅立ちの支度。出かける準備。例「このごろの——を見れど、なにごともいはず」〈土佐・十二月二十七日〉訳(土佐で女児を亡くした悲しみのために)近頃の(京への)旅立ちの支度を見ても、ただおし黙ったままである。
❷死出の旅の支度。死を前にして心の準備。例「——をなむ思ひ催され侍るに」〈源氏・行幸〉訳死後のための心の準備のことばかり自然と気が急がれますけれども。

いで-た・つ【出で立つ】〔自タ四〕{た・ち・つ・つ・て・て}❶出て行ってそこに立つ。出て立つ。例「春の園紅(くれなゐ)匂ふ桃の花下照る道に——・つ少女(をとめ)」〈万葉・一九・四一三九〉訳春の庭園が紅に輝いている。桃の花の木の下まで輝いている道に出て、たたずむおとめよ。
❷目的地へ向かって出かける。出発する。例「今日よりは顧(かへり)みなくて大君の醜(しこ)の御楯(みたて)と——・つ我は」〈万葉・二〇・四三七三〉訳今日からは何も振り返らないで、大君のつたない守りとして出て行くのだ、おれは。
❸(出かけるための)準備をする。身支度をする。例「ものへ行かむずるやうに——・ち騒ぐ」〈今昔・一六・二八〉訳どこかへ出かけようとするらしく大騒ぎして身支度をする。
❹宮仕えに出る。出仕する。例「わざと思ひ立ちて宮仕へに——・ちたる人の、物憂(う)がり、うるさげに思ひたる」〈枕草子・あぢきなきもの〉訳(どうしようもないものは)わざわざ思い立って宮仕えに出ている人が、(その宮仕えを)おっくうがり、面倒くさそうに思っているの。
❺世に出る。出世する。例「いかで、さるべき文ども疾(と)く読みはてて、まじらひもし、世にも——・たむ」〈源氏・少女〉訳どうかして、しかるべき漢籍などを早く読みおえて、官界にも入り、世間に出てやろう。
❻さかんに出る。わきでる。

いで-まうで・く【出で参で来】デ・モウ〔自カ変〕{こ・き・く・くる・くれ・こ(よ)}(「いでまゐでく」の変化した形。「出(い)で来(く)」の丁寧語。会話文で使用される)❶出てまいる。例「下童(しもわらは)の、ただこの頃宰相が里に——・きて」〈源氏・蜻蛉〉訳下仕えの女童が、つい先頃宰相(=女房ノ名)の実家にやってまいりまして。
❷事態などが発生いたす。出来(しゅったい)いたす。例「程だに経ず、かかる事の——・くるよ」〈源氏・若菜・下〉訳いくらもたたないうちに、こんな一大事が発生いたしますことよ。

いでまし【出で坐し・行幸】〔名〕(動詞「いでます」の連用形の名詞化)天皇の御外出。天皇のお出かけ。

いで-まじら・ふ【出で交らふ】マジラウ〔自ハ四〕{は・ひ・ふ・ふ・へ・へ}世に出て人と交際する。例「我は世にも——・はず」〈更級・宮仕へ〉訳(父親が)自分は世に出て人と交わることもせず。

いで-ま・す【出で坐す】〔自サ四〕{さ・し・す・す・せ・せ}❶(「出づ」「行く」「来(く)」の尊敬語)出ていらっしゃる。お出になる。いらっしゃる。例「その地より——・して、三重(みへ)の村に至りましし時」〈古事記・中・景行〉訳その土地からお出になって、三重(=地名)の村にまでいらっしゃった時。
❷(「あり」の尊敬語)いらっしゃる。例「父母が殿の後方(しりへ)の百代草(ももよぐさ)百代——・せ我(わ)が来たるまで」〈万葉・二〇・四三二六〉訳父母の住まいの裏のモモヨグサではないが、百代も元気でいらっしゃって下さい、私が帰って来る日まで。

いで-まど・ふ【出で惑ふ】ドウ〔自ハ四〕{は・ひ・ふ・ふ・へ・へ}(「惑ふ」は、程度のはなはだしい意)むやみに出かける。例「鬼見にとて——・ふ」〈徒然草・五〇〉訳(人々が)鬼見物にといってやたら出歩いた。

いで-や〔感〕(「いで」に間投助詞「や」を付けて強調した語)❶(詠嘆・感慨を表す)いやもう。まことにはや。例「——、かうやうのことをうち続け申せば、昔の事こそただ今のやうに覚え侍れ」〈大鏡・道長・上〉訳いやもう、このような事を話し続けて参りますと、昔の事がたった今のように思われます。
❷(否定・反発・困惑などを表す)いやいや。なあに。うーん。例「——、こはいかに仰せらるることぞ」〈源氏・玉鬘〉訳なんですって、これは何という事をおっしゃることか。
❸(行動をうながす時に発する語)さあ。いざ。例「——、関所を踏み破らん」〈歌舞伎・勧進帳〉訳さあ、関所を踏み破ろう。

いで-ゐ【出で居】イ〔名〕(動詞「いでゐる」の連用形の名詞化)❶表の方へ出て座ること。例「例は殊に端近(はしぢか)なる——などもせぬを、汀(みぎは)の氷など見やりて」〈源氏・薄雲〉訳(明石の上は)いつもはあまり縁側近くに出て座っていたりなどもしないのに、(今朝は)汀の氷などを眺めて。
❷寝殿造りで、「廂(ひさし)の間(ま)」に設けた来客接待のための部屋。客間。
❸宮中で、「賭弓(のりゆみ)」や「相撲(すまひ)」などが催される時、庭に臨時に設けられる席。例「暑げなるもの、……——の少将」〈枕草子・暑げなるもの〉訳暑そうなもの、……臨時の席(について威儀を正している)近衛(このゑ)の少将。

いで-ゐる【出で居る】イデイル〔自ワ上一〕{ゐ・ゐ・ゐる・ゐる・ゐれ・ゐよ}(外へ)出て座る。出ている。例「月出づれば、——・ゐつつ嘆き思へり」〈竹取・かぐや姫の昇天〉訳月が出ると、そのたびに外へ出て座り嘆息して物思いにふけっている。

いと【糸】〔名〕❶糸。また、糸のように細い青柳の枝やクモの糸をいう。例「浅緑——よりかけて白露を玉にもぬける春の柳か」〈古今・春上・二七〉訳浅緑色の糸をより合わせたような新芽のついた枝で、そこに置いた白露を水晶の玉のように貫いている春の柳よ。
❷琴・琵琶(びわ)・三味線などの弦楽器の弦。また、弦楽器。

いと〔副〕(形容詞「いた(痛・甚)し」と語源が同じ語といわれる)

> **程度のはなはだしいさま**を表し、「いた(甚)く」と用法が似ているが、「いたく」が動詞を修飾して情態副詞的であるのに対して、「いと」は、主に形容詞・形容動詞を修飾する、程度の副詞であるという違いがある。下に打消しを伴って、**たいして…(ない)**、の意になるのも両者に共通する。

❶程度のはなはだしいさま。**非常に。たいそう。**例「武蔵(むさし)の国と下総(しもつふさ)の国との中に、——大きなる川あり、それを隅田川(すみだがは)といふ」〈伊勢・九〉訳武蔵国(=東京都)と

下総国(=千葉県北西部)との間に、たいそう大きな川があり、それを隅田川という。

❷(下に打消しを伴って)**たいして。それほどには。** 例「──やむごとなき際(きは)にはあらぬが」〈源氏・桐壺〉訳 たいして高貴な身分ではない方で。

いとう【厭う】〔動〕⇩いとふ

いとお・し ⇩いとほし

いと-かく《連語》こんなにひどく。ほんとうにこのように。例「──思う給へましかば」〈源氏・桐壺〉訳 ほんとうに(私が)こうなる、つまり死ぬと(前から)思いましたなら(あなたに申しあげておくこともございましたのに)。

いとき-な・し

【幼きなし】〔形ク〕**幼い。**あどけない。子供っぽい。例「その時、老いたる親、──・き子、君の恩、人の情け、捨てがたしとて捨てざらんや」〈徒然草・五九〉訳 その(=死ガ来タ)時、年とった親や、幼い子や、主君の恩や、人の情愛を、捨てにくいからといって捨てないでいられようか。

いとけ-な・し【幼けなし】〔形ク〕幼い。あどけない。子供っぽい。例「主上(しゅじゃう)は今年三歳(さんざい)、いまだ──・うましましければ」〈平家・五・都遷〉訳 主上(=天皇)は今年三歳、まだ幼くていらっしゃるので。

いとげ-の-くるま【糸毛の車】〔名〕牛車(ぎっしゃ)の屋形を色染めの糸で飾ったもの。青糸毛・紫糸毛・赤糸毛などがある。摂政、関白も乗ったが、主として、更衣(かうい)以上の身分の高い女性が乗った。

いど-こ【何処・何所】〔代名〕《指示代名詞。不定称》どこ。例「『ここや──』と問ひければ、『土佐のとまり』と言ひけり」〈土佐・一月二十九日〉訳「ここはどこ」と尋ねたら、「土佐の泊り(=鳴門(なると)市ノ地名)」と言った。

いと-しも《連語》(「しも」は強調を表す副助詞)❶大変。十分に。例「ことに──物のかたがた得たる人はかたし」〈紫式部・わが身をかへりみて〉訳 特に十分に物事のあれこれを心得ている人はめったにない。

❷(下に打消しを伴って)それほどには。たいして。例「──おぼえぬ人の、押し起こして、せめて物言ふこそいみじうすさまじけれ」〈枕草子・すさまじきもの〉訳 (大変眠たいと思っている時に、自分が)それほど好意を持っていない人が、揺り起こして、強引に話しかけてくるのはひどく興ざめである。

いと-たけ【糸竹】〔名〕《漢語の「糸竹(しちく)」の訓読み。「糸」は琴・琵琶(びわ)・三味線などの弦楽器、「竹」は笙(しょう)・笛などの管楽器のこと》❶弦楽器と管楽器。楽器の総称。

❷管弦の音楽。

いとど【竈馬】〔名〕虫の名。かまど近くなど、暖かい所にすむコオロギの一種。カマドウマの古名。エビコオロギ。オカマコオロギ。(季・秋) 例「海士(あま)の屋は小海老(こえび)にまじるいとど──かな」〈芭蕉〉訳 わびしい漁夫の家の土間では、(湖からとれた)小えびの中で(えびに似た)エビコオロギが(秋の寂しさをかきたてるように)鳴いている。注 従来ノ和歌連歌ノ世界デハ取リ上ゲナカッタ庶民的・日常的世界ヲ句ニシテイル。ナオ、「いとど」ハ鳴カナイ虫デアルガ、昔ハ鳴ク虫ト考エラレテイタ。

いと-ど

〔副〕《副詞「いと」を重ねた「いといと」の変化した形》

> 本来は、程度がさらにはなはだしくなるさま、ますます、の意だが、その上(…までが加わって)、の意も表す。

❶程度がさらにはなはだしくなるさま。**ますます。いっそう。** 例「散ればこそ──桜はめでたけれ憂き世に何か久しかるべき」〈伊勢・八二〉訳 (惜しまれて)散るからこそいっそう桜はすばらしいのだ、つらいこの世にいったい何がいつまでも変わらずにあろうか。

❷その上(…までが加わって)。例「これは四十(よそ)たりの子にて、──五月(さつき)にさへ生まれて、むつかしきなり」〈大鏡・序〉訳 この子は(父親が)四十歳の時の子で、その上五月に生まれて、(縁起が悪くて)いやなのです。注 父ガ四十二歳ニナッタ時、子ハ二歳デ、加エルト四十四デ死ニ通ズル。マタ、五月生マレノ子ハ成長シテ父母ヲ害スルトシテ嫌ワレタ。

❸そうでなくても(…なのに)。ただでさえ。例「──鈍なやつめが、茗荷(めうが)を食ひ、いよいよ鈍になって」〈狂言・鈍根草〉訳 ただでさえ鈍いやつめが、茗荷を食べ、いよいよ鈍くなって。

いとど・し

〔形シク〕❶**いよいよはなはだしい。いっそう…だ。** 例「道いと露けきに、──・しき朝霧、いづこともなく惑(まど)ふ心地し給ふ」〈源氏・夕顔〉訳 道がひどく露にぬれているのに、その上朝霧がひどく立ちこめるので、どこへともなく迷うような気持ちがなさる。

❷そうでなくても…なのに、いちだんと…である。例「──・しく過ぎゆく方の恋しきにうらやましくもかへる波かな」〈伊勢・七〉訳 そうでなくても(東(あづま)への)旅は過ぎて来た方向(=都)が恋しいものなのに、波が返るのを見るとうらやましくていっそう恋しい。注「いとどしく」ハ「恋し」ニ掛カル。

いと-な・し【暇無し】〔形ク〕(「いと」は暇(いとま)の意)ひまがない。絶え間がない。例「あはれとも憂しとも物を思ふ時などか涙の──・かるらむ」〈古今・恋五・八〇五〉訳 ああうれしいと思う時も、つらいと思う時も、どうして涙が(このように)絶え間なく流れるのだろう。

いとな・ぶ【営ぶ】〔他バ四〕{ば・び・ぶ・ぶ・べ・べ}⇩いとなむ

いとなみ【営み】〔名〕《動詞「いとなむ」の連用形の名詞化》❶仕事。任務。特に、生活のためにする家業。例「おのおの、何となき世の──どもに行きかふさまどもの」〈源氏・橋姫〉訳 各自、これということもない世渡りの仕事で行き来している様子が。

❷仏に仕える仕事。仏道のお勤め。例「様変はりたる──にそそぎあへる、いとあはれなるに」〈源氏・鈴虫〉訳 (若い尼二、三人が、俗人とは)様子の違った仏への仕事を忙しくし合っている様子が、大変しんみりと感じられる折に。

❸熱心にする準備、支度。例「その──の外(ほか)は他事なし」〈平家・一・鹿谷〉訳 その準備のほかは何もしない。

いとなみ-あ・ふ【営みあふ】〔自ハ四〕{は・ひ・ふ・ふ・へ・へ}それぞれ忙しそうに事を行う。例「後のわざども──・へる、心あわたたし」〈徒然草・三〇〉訳 死後の仏事(=追善供養ナド)を皆で行っているのは、気ぜわしいものである。

いとなみ-いだ・す【営み出だす】〔他サ四〕{さ・し・す・す・せ・せ}(「いとなみいづ」とも)努力して作り出す。こしらえあげる。例「数日(すじつ)に──・して掛けたりけるに、大方めぐらざりければ」〈徒然草・五一〉訳 (水車を)数日かかって力を尽くして造り上げて設置したのに、少しも回らなかったので。

いとなみ-い・づ【営み出づ】イトナミイズ〔他ダ下二〕（で・で・づ・づる・づれ・でよ）「いとなみいだす」に同じ。例「風流の破子（わりご）やうのもの、ねんごろに——・でて」〈徒然草・五四〉訳しゃれた弁当箱のようなものを、心をこめて作り上げて。

いとな・む【営む】〔他マ四〕（ま・み・む・む・め・め）（「いとなぶ」とも）❶いそがしく事を行う。精を出す。励む。例「少しも益（やく）のまさらん事を——・みて」〈徒然草・一八八〉訳少しでも利益の多いような事を励み行って。

❷作り整える。用意する。例「春の日に雪仏（ゆきぼとけ）を作りて、そのために金銀・珠玉の飾りを——・み、堂を建てんとするに似たり」〈徒然草・一六六〉訳（人間の営みは）春の日のもとで雪の仏像を作って、その（溶けて消えやすい雪だるまの）ために金銀や珠玉の飾りを取り付け、お堂を建てようとするのに似ている。

❸取りしきって事を行う。とり行う。例「ねむごろに後の御事をも——・み給うしが」〈源氏・夕霧〉訳心をこめて死後の法要までも取りしきって行われたのが。

いと-のき-て〔副〕（副詞「いと」＋動詞「除（の）く（＝区別スル）」の連用形＋接続助詞「て」）とりわけ。ことのほか。格別に。例「——短き物を端（はし）切ると言へるがごとく」〈万葉・五・八九二長歌〉訳とりわけ短い物をその両端をさらに切るという諺のように。注泣キッ面ニ蜂ハ、ノヨウナ意ノ当時ノ諺。山上憶良ノ「貧窮問答歌」ノ一節。

いとは・し【厭はし】イトワシ〔形シク〕（動詞「いと（厭）ふ」が形容詞化した形）いやである。きらいである。わずらわしい。例「かかるかたち有様を、などて身を——・しく思ひ始め給ひけむ」〈源氏・手習〉訳こんなに美人なのに、どうして自分の身をいやに思い始めなさったのだろう。

いと-びん【糸鬢】〔名〕江戸時代の男子の髪型の一つ。頭頂から左右・後方にかけて深く剃り下げて月代を広くとり、両方の鬢は糸のように細く残し、そこから髪を引いて後頭中部で小さく髷を結うもの。役者・侠客・奴などの間で流行した。

いとびん

いと・ふ【厭ふ】イトウ〔他ハ四〕（は・ひ・ふ・ふ・へ・へ）❶いやだと思ってしりぞける。いやがる。嫌う。例「尋常（よのつね）ならぬさまなれども、人に——・はれず、万（よろづ）許されけり」〈徒然草・六〇〉訳世間並みでない様子であるけれども、人に嫌われず、万事許された。

❷世間との交渉を嫌って出家する。遁世する。例「世の憂きにつけて——・ふは、なかなか人悪（わろ）きわざなり」〈源氏・夕霧〉訳この世のつらさにかこつけて出家するのは、かえって外聞が悪く見苦しい行為です。

❸大事にする。いたわる。例「斯（か）うしちゃあお客のおためにならねえとか言って、客人を——・ふ気になりますから」〈浮世風呂・四・中〉訳（幇間（たいこもち）も年を取って分別が出て来ると）こんな事をしてはお客のためにならないなどと言って、お客を（散財させまいと）気づかう気持ちになりますから。

いとほ・し イトオシ〔形シク〕（動詞「いたはる」と同源の形容詞「いたはし」の変化したものか）

> 見ていてつらい、かわいそうである、が基本の意。そこから、弱い者や幼い者に対して、いじらしい、さらには、かわいい、と感じる意を表すようになった。

❶**かわいそうである。** 例「翁（おきな）を、——・しく、かなしと思（おぼ）しつることも失（う）せぬ」〈竹取・かぐや姫の昇天〉訳（天人がかぐや姫に天の羽衣をお着せすると）翁を、かわいそうで、ふびんだとお思いになっていた気持も消え失せてしまった。

❷いじらしい。かわいい。例「宮は『いと、——・し』と思すなかにも、男君の御かなしさはすぐれ給ふにやあらむ」〈源氏・少女〉訳大宮は（孫達を）「とっても、かわいい」とお思いになっておられるがそのなかでも、男君（＝夕霧）へのご寵愛は格別でいらっしゃるのでしょうか。

いとほし-が・る イトオシガル〔他ラ四〕（ら・り・る・る・れ・れ）かわいそうに思う。気の毒がる。例「このおはする人の、家焼けたなりとて、——・りて賜ふなり」〈枕草子・僧都の御乳母のままなど〉訳ここにおいでの方が、（お前の）家が焼けたと聞いたというので、気の毒がって（短冊を）くださるそうだ。

いとほし-げ イトオシゲ〔形動ナリ〕（「げ」は接尾語）かわいそうに感じられる様子。気の毒だ。例「さらぬ者の見も入れられぬなどぞ——・なる」〈枕草子・よろづのことよりも〉訳そうではない者が見向きもされないのなどは気の毒な感じである。

いと-ま【暇】〔名〕❶仕事などをしていない時間。ひま、転じて、精神的なゆとり。例「あかねさす昼は田賜（た）びてぬばたまの夜の——に摘める芹子（せり）これ」〈万葉・二〇・四四五五〉訳昼は班田の仕事をして、夜のひまに摘んだセリですよ、これは。

❷仕事を休んだり、やめたりすること。ⓐ休暇。休憩。例「まかでなむとし給ふを、——さらに許させ給はず」〈源氏・桐壺〉訳（療養のために）里に下がろうとなさるが、（帝は）暇をどうしてもお与えにならない。

ⓑ喪（も）に服するために休暇を取って引きこもること。忌引（きびき）。

ⓒ辞職。辞任。また、その許可。

❸人やこの世に別れを告げること。離別。死別。例「『さらば——申して』とて」〈平家・七・忠度都落〉訳「それではお別れ申します」と言って。

いど・む【挑む】〔他マ四〕（ま・み・む・む・め・め）❶相手に負けまいと互いに競い合う。競争する。張り合う。例「物合はせ、なにくれと——・むことに勝ちたる、いかでかうれしからざらむ」〈枕草子・うれしきもの〉訳物合わせとか、何やかやの勝負事に勝ったのは、なんでうれしくないことがあろうか。

❷挑戦する。いどむ。特に、恋をしかける。思いをかける。例「この男、音聞きに聞きならしつつ、思ひ——・む人ぞありける」〈平中・九〉訳この男には、噂に聞いていて、思いをかけていた女があった。

いと-も〔連語〕（副詞「いと」＋係助詞「も」）❶たいそう。ひどく。例「勅（ちょく）なれば——かしこし鶯（うぐひす）の宿はと問はばいかが答へむ」〈大鏡・道長・下〉訳天皇のご命令ですから、はなはだ恐れ多いことです（ので、梅の木を謹んで差し上げましょう）。ですが、いつもこの木に来慣れているウグイスが自分の宿は（どうなったのか）と尋ねましたら、どう答えたものでしょう。

❷（下に打消しの語を伴って）そうたいして。あまり。例「——知らぬ道の物語りしたる、かたはらいたく聞きにくし」

〈徒然草・五七〉訳（話し手が）そうたいして知らない方面のおしゃべりをしているのは、（傍らで聞くのも）にがにがしく聞き苦しい。

いと-ゆふ【糸遊】〔名〕❶春、晴れた日に地面からゆらゆらと立ちのぼる気。かげろう。（季・春）例「霞晴れみどりの空ものどけくてあるかなきかに遊ぶ——」〈和漢朗詠集・下〉訳霞が晴れて青空がうららかな春の日、あるのかないのかよくわからない様子で糸遊が流れていることだ。❷「糸遊結び」の略。また、それで装飾した調度や衣類。例「——などの裾濃の御几帳」〈栄花・音楽〉訳糸遊結びなどで飾り下の方を濃い色に染めた垂れ布をつけた御几帳。

い-と・る【射取る】〔他ラ四〕〔ら・り・る・る・れ・れ〕矢を射立てて討ち取る。射殺す。例「ただ、『——・れや』とて、中にとりこめ」〈平家・九・木曽最期〉訳ただ、「射殺せ」といって、（今井兼平を）中にとり囲んで。

いな【否】〔感〕❶《質問に対して否定する意を表す応答の語》いいえ。例「『大伴の大納言は竜の首の玉や取りておはしたる』『——、さもあらず』」〈竹取・竜の首の玉〉訳「大伴の大納言は竜の首の玉を取っていらっしゃったのですか」「いいえ、そうではありません」

❷《相手の言動に対して同意しない意を表す応答の語》いや、違う。そうではない。例「——、これはかたはらいたし」〈源氏・野分〉訳いや、違う、これ（を頂いて）は恐縮だ。

❸《相手の勧誘や依頼を拒否する意を表す応答の語》いやだ。例「——と言へど語れ語れとのらせこそ志斐いは奏せ強ひ語りと詔る」〈万葉・三・二三七〉訳いやだと申すのに、話せ話せとおっしゃるからこそ、志斐（＝人名）めはお話し申すのです。だのに強い話などとおっしゃる。

いなおほせ-どり【稲負鳥】〔名〕《和歌用語》鳥の名。実体は不明。例「我が門にいな——の鳴くなへにけさ吹く風に雁は来にけり」〈古今・秋上・二〇八〉訳我が家の門前で稲負鳥が鳴いているが、それと一緒に今朝涼しく吹いた秋風で雁がやって来たのだった。

参考「よぶこどり」「ももちどり（一説に、みやこどり）」とともに、古今伝授（＝室町時代ヲ中心トシテ、『古今集』中ノ難解ナ語ナドヲ秘密ニ教エ授ケタ）の三鳥の一つ。秋、稲を刈り干す頃に鳴き群れて、尾を上下するといわれる。セキレイのこととかスズメのこととか、諸説ある。

いなご-まろ【稲子麿】〔名〕《「いなご」を擬人化した語》イナゴ。例「虫の名をなむつけ給ひたりける。けらを・ひきまろ・いなかたち・——・あまひこなどつけて」〈堤中納言・虫めづる姫君〉訳（召使いに）虫の名前をおつけになった。けら男・ひき麿・いなかたち・いなご麿・雨彦なんぞと名づけて。

いな-づま【稲妻・電】〔名〕いなびかり。電光。瞬間的なもの、はかないもののたとえとして使われることが多い。例「風渡る浅茅が末の露にだに宿りも果てぬ宵の——」〈新古今・秋上・三七七〉訳風の吹き渡る浅茅の葉先のはかない露にだけでも、宿りつきもしない宵の稲妻よ。参考「稲の夫」が縮まった語。稲が開花結実する頃に、雷が多いことから、その霊妙な力で穂がはらむと考えられた。

因幡（いなば）《旧国名》山陰道八か国の一つ。現在の鳥取県東部。「因幡の白うさぎ」の話で知られる。因州。

いな・ぶ【辞ぶ】《感動詞「いな（否）」＋動詞を作る接尾語「ぶ」》㊀〔他バ上二〕〔び・び・ぶ・ぶる・ぶれ・びよ〕いやだと言う。断る。相手の願い、申し入れなどをこばむ。「いなむ」とも。例「ひたぶるに——・び申さむことのいとほしさに」〈竹取・蓬萊の玉の枝〉訳ひたすらにお断り申し上げることがお気の毒なので。

㊁〔他バ四〕〔ば・び・ぶ・ぶ・べ・べ〕㊀に同じ。

いな-ぶね【稲舟】〔名〕刈り取った稲を積んで運ぶ小舟。例「最上川上れば下る——のいなにはあらずこの月ばかり」〈古今・東歌・一〇九二〉訳（私の返事は）最上川を上り下りしている稲舟と同音の「いな（いいえ）」というのではありません。ただ「今月だけは待ってください」というのです。

印南野（いなみの）《地名》兵庫県南部、現在の加古川市を中心とする一帯の野原。海に面し、その沖が航海の難所とされたので、風波の激しさとともに古来歌に詠まれた。

いな-や【否や】㊀〔感〕《感動詞「いな」＋間投助詞「や」》❶《「いな」を強調した言い方》いいえ。いやいや。いやだ。例「思へども思はずとのみ言ふなれば——思はじ思ふかひなし」〈古今・雑体・一〇三九〉訳（私は）思っているけれども、あの人は思わないとばかり言っているそうなので、いやだわ、私も思わないことにしよう。思ってやる甲斐がないもの。

❷《意外な気持ち、あきれた気持ちを表す》とんでもない。これは驚いた。いやはや。例「——、かくは思はざりつ」〈今昔・三・一九〉訳いやはや、こんな事とは思わなかった。

㊁〔副〕《㊀①から》決して。絶対に。例「蓬萊を見ずは、——帰らじ」〈平家・七・竹生島詣〉訳蓬萊（＝仙人ガ住ムトイウ島）を見ないでは、決して帰るまい。

㊂〔連語〕《感動詞「いな」＋助詞「や」》❶《「…や——」の形で》それとも、そうではないか。…かどうか。例「汝、我をば知りたりや、——」〈今昔・一七・一三〉訳お前は、私を知っているか、どうか。

❷《「…と——」「…や——」の形で》…するかしないかのうちに。…すると同時に。例「大晦日の朝飯過ぎると——、羽織・脇差さして」〈西鶴・世間胸算用・二・三〉訳（掛け買いの代金を払わないと決めて）大晦日の朝飯が済むと同時に、（外へ逃げるため）羽織を着、脇差を差して。注大晦日ガ借金ノ決算日デアッタ。

要点㊀②は、受け入れがたいほど意外なことに接して、思わずそれを否定することから生じた用法。現代語で、驚いて言う「いやだあ」にあたる。

㊂①は漢文訓読を起源とするが、『枕草子』のような和文にも例がある。特に『今昔物語集』など、平安後期の和漢混交文で頻用された。

いなり【稲荷】〔名〕《「稲荷神社」の略》五穀を司る神である宇賀御魂命（＝倉稲魂神）を祭る神社。京都市伏見区深草に総本社がある。末社が全国に四万を数え、キツネを神の使いとして、商売繁盛の信仰の対象となり、庶民に親しまれる。

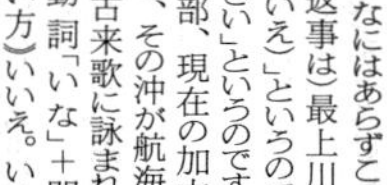

いなり（伏見稲荷）

いな-を-かも【否をかも】〔連語〕(上代語。否定の感動詞「いな」+肯定の感動詞「を」+疑問の終助詞「かも」)当否の判断ができない意を表す。そうでないのかな、いやそうなのかな。例「筑波嶺(つくはね)に雪かも降らる―愛(かな)しき児(こ)ろが布(にの)乾(ほ)さるかも」〈万葉・一四・三三五一〉訳筑波の山に雪が降ったのかな。いや、違うかな。(それとも)いとしいあの娘(こ)が布を干したのかな。

いに-し【往にし】〔連体〕(動詞「往ぬ」の連用形+過去の助動詞「き」の連体形。撥音便で「いんじ」とも)過ぎ去った。去る。例「―年、京を別れし時」〈源氏・須磨〉訳先年、(光源氏が)京を離れた時。

いにし-へ【古へ】〔名〕(動詞「往ぬ」の連用形「往に」+過去の助動詞「き」の連体形「し」+名詞「方(へ)」)❶古く遠い時代。**古代**。**昔**。例「―の奈良の都の八重桜けふ九重(ここのへ)ににほひぬるかな」〈詞花・春〉訳昔の奈良の都で咲いていた八重桜が、今日はこの九重(ここのえ)(=宮中)で、色美しく咲きほこっていることです。注『百人一首』所収、伊勢大輔(タイフ)ノ作。❷過ぎ去った頃。去りし日。**以前**。例「―見し人は、二、三十人が中に、わづかにひとりふたりなり」〈方丈記・ゆく河〉訳かつて出会ったことのある人は、二、三十人の中で、わずかに一人か二人である。

古への人(ひと) ❶(「いにしへびと」とも)昔の人。過去の人。例「―に我あれやささなみの古き都を見れば悲しき」〈万葉・一・三二〉訳私は、(大津京の栄えた)昔の人ではないのに、荒れてしまった大津京の跡を見ると悲しいことだ。❷昔気質(かたぎ)の人。古風な人。例「父の大納言は亡(な)くなりて、母北の方なむ―の由あるにて」〈源氏・桐壺〉訳父の大納言は亡くなって、母は昔風の人でそれなりに由緒ある家の出身の方で。

いにしへ-ぶみ【古典】〔名〕昔の書物。古典。例「おのれ、―をとくに、師の説とたがへること多く」〈玉勝間・二・師の説になづまざる事〉訳私が、昔の書物を解釈するのに、先生(=賀茂真淵)の説と相違することが多く。

いぬ【犬・狗】〔名〕❶動物の名。イヌ。例「―は、守り防ぐつとめ人にも勝りたれば、必ずあるべし」〈徒然草・一二一〉訳犬は、守ったり敵を防いだりする役目が人よりも勝っているので、必ず飼うのがよい。❷(比喩(ひゆ)的に)ひそかに容疑者や逃亡者を捜査する者。密偵。

いぬ【戌】〔名〕❶十二支の十一番目。⇩じふにし ❷方角の名。西北西。❸時刻の名。午後八時およびその前後二時間。一説に、午後八時からの二時間。例「同じき十一月七日(なぬか)の夜―の刻ばかり、大地(だいぢ)おびたたしう動いてやや久し」〈平家・三・法印問答〉訳同じ十一月七日夜八時頃、大地が激しく動いてしばらくやまない。

い・ぬ【往ぬ・去ぬ】〔自ナ変〕{な・に・ぬ・ぬる・ぬれ・ね}❶(空間的に)**去る**。**立ち去る**。**いなくなる**。例「ひまなくをりつる者ども、一人二人すべり出でて―・ぬ」〈枕草子・すさまじきもの〉訳(除目(ぢもく)が終って家の主人が官職につけないとわかると)すき間もなくひかえていた者達が、一人二人とこっそり座をはずしていなくなってしまう。❷(時間的に)去る。**過ぎ去る**。例「―・ぬる朔日(ついたち)の日の夢に」〈源氏・明石〉訳去る一日の夢に。❸「死ぬ」の婉曲(えんきょく)な表現。亡くなる。例「黄泉(よみ)に待たむと……うち嘆き妹が―・ぬれば」〈万葉・九・一八〇九長歌〉訳あの世でお待ちしておりますと……嘆き悲しんでその処女(おとめ)が死んでしまったので。参考ナ変活用の動詞は、この語と「死ぬ」の二語だけ。

い・ぬ【寝ぬ】〔自ナ下二〕{ね・ね・ぬ・ぬる・ぬれ・ねよ}(名詞「い(寝)」+動詞「ぬ(寝)」)寝る。眠る。例「夕べに―・ねて朝(あした)に起く」〈徒然草・七四〉訳夜寝て朝起きる。

いぬ-おふもの【犬追物】〔名〕騎馬による弓術、武芸の一つ。約百メートル四方を竹垣で囲い、そこに放った犬を、馬上から殺傷しない「蟇目(ひきめ)の矢」で射る。三十六騎の武士が三手に分かれ、百五十四の犬を射る。例「ひと日(ひ)、郊外に逍遥(せうえう)して―の跡を一見し」〈奥の細道・黒羽〉訳ある日、(黒羽の)郊外に遊びに出かけ、犬追物の行われた跡を一目見て。

いぬ-はりこ【犬張り子】〔名〕犬の姿をかたどった張り子細工。室町時代、顔は人、体は犬を写した箱型の張り子細工(「犬箱」)に守り札などを入れ、安産・子供の成長を祈る飾り物とし、嫁入り道具としても持参した。江戸時代には、顔・体ともに犬の立ち姿を模した形となり、子供の玩具として宮参りの際の贈り物として使われ、雛(ひな)道具の一つにも加えられて普及した。

いぬはりこ

いぬ-ふせぎ【犬防ぎ】〔名〕仏堂内で、本尊を安置してある内陣と、参詣できる外陣(げぢん)とを仕切る柵。例「―のうち見入れたる心地ぞ、いみじう尊(たふと)く、……詣(まう)づ心もおこる」〈枕草子・正月に寺にこもりたるは〉訳犬防ぎの柵の内側(=本尊ガアル)をのぞき込んだ気持ちこそ、大変に尊く、……信仰心も起こる(というものだ)。

いぬ-ゐ【犬居】〔名〕犬が座っているような姿勢。例「童(わらは)が腹巻のひき合はせをあなたへつっと射ぬかれて、―に倒れぬ」〈平家・一一・嗣信最期〉訳童の腹巻のひき合わせを向こうへつっと射抜かれて、犬が座っているような姿勢に倒れた。

いぬ-ゐ【乾・戌亥】〔名〕方角の名。北西。例「戌(いぬ)の時ばかり、都の辰巳(たつみ)より火出(い)で来て―に至る」〈方丈記・安元の大火〉訳夜八時頃、平安京の東南から火事が起こり北西へ焼けていった。

いのち【命】〔名〕❶生きる力。生命。例「忘らるる身をば思はずちかひてし人の―の惜しくもあるかな」〈大和・八四〉訳あなたに忘れられる私のことはなんとも思いません。でも、神仏の前で変わらぬ愛を誓ってしまったあなたの命が、誓いを破った罰で失われることを思うと、惜しくも思われます。注『百人一首』所収、右近(ウコン)ノ作。❷生涯。一生。例「長からぬ―のほどに忘るるはいかに短き心なるらむ」〈伊勢・一一三〉訳長くはない人の一生の間に、(恋しかった人を)忘れるとは、なんと短い心なのだろう。もっとのどかに私の愛情を受け入れてほしかったのに。

命生(い)く ❶生きながらえる。例「たとひ兼康(かねやす)―・きて、ふたたび平家の御方(おんかた)へ参りたりとも」〈平家・八・瀬尾最後〉訳たとえ兼康は生きながらえて、ふたたび平家方に参ったとしても。❷かろうじて命が助かる。例「辛(から)き―・きたれど、腰斬(き)り損ぜられて」〈徒然草・八七〉訳 あやうい命はかろうじて助かったけれど、腰を刀で傷つけられて。

いのり【祈り】〔名〕神仏に請い願う行為。祈ること。例「かかればこの人々、家に帰りて物を思ひ、――をし、願を立つ」〈竹取・貴公子たちの求婚〉訳 こういうわけだから、この人々は家へ帰って思い悩み、神仏に請い願い、願を立てる。

いの・る【祈る】〔他ラ四〕{ら・り・る・る・れ・れ}神仏に祈願する。祈禱する。例「雨、風止(や)まず。日一日(ひとひ)、夜もすがら、神仏を――・る」〈土佐・二月二日〉訳 雨、風がやまない。一日中、(そして)夜通し、神仏を祈る。

いは【岩・巌・磐・石】〔名〕大きな石。巨石。岩石。自然石だけでなく、碇や錘に用いたものをもいう。例「風をいたみ――打つ波のおのれのみ砕けてものを思ふころかな」〈詞花・恋上〉訳 風が激しいので、岩に打ち当たる波が自分だけ砕け散るように、あの人は岩のようにつれなく平然としていて、私だけが心も砕けるばかり思い悩んでいるこの頃であることよ。注『百人一首』所収、源重之作。

いは【家】〔名〕《上代東国方言》「いへ」に同じ。例「――ろには葦火(あし)焚(た)けども住み良けを筑紫(つく)に至りて恋(こ)しけ思(も)はも」〈万葉・二〇・四四一九〉訳 家では葦火を焚いても住みよいのに、筑紫に着いて恋しく思うだろう。注「葦火」ハ、屋内デ焚クノデ、煤ケテ汚イ。

いは-がく・る■一【磐隠る】〔自ラ四〕{ら・り・る・る・れ・れ}《上代語》《「石城(いはき)(=棺ヲ納メル石室)」に隠れる意から、貴人が》おなくなりになる。お隠れになる。例「神(かむ)さぶと――・りますやすみししわご大君の」〈万葉・二・一九九長歌〉訳 神として岩戸の中にお隠れになったわが大君が。注「やすみしし」ハ「わご大君」ニカカル枕詞。
■二【岩隠る】〔自ラ下二〕{れ・れ・る・るる・るれ・れよ}岩陰に隠れる。

いは-き【岩木・石木】〔名〕石と木。岩石と樹木。思考や感情を持たないものの比喩としていう。例「あはれなる御心ざまを、――ならねば思(おぼ)し知らる」〈源氏・東屋〉訳 思うところ深い(薫(かおる)の)お気持ちを、(中の君も)岩や木ではないからお気づきになる。

磐城(いはき)〔旧国名〕東山道十三か国の一つ。現在の福島県東部と宮城県南部にあたる地域。一八六八年(明治元)に陸奥(むつ)国を五つに細分した時に設けられたもの。磐州。

いは-く【言はく・曰く】《動詞「言ふ」の未然形＋準体助詞「く」》■一《連語》言うこと。言うことには。例「かぐや姫の――、『なんでふさることかし侍(はべ)らむ』と言へば」〈竹取・貴公子たちの求婚〉訳 かぐや姫が言うことには、「どうしてそんなこと(=結婚)をしましょうか」と言うので。
■二〔名〕《近世語》事情。わけ。例「――を御存じない故(ゆゑ)、御不審(ごふしん)の立つはず」〈近松・心中天の網島・上〉訳 事情をご存じないのだから、ご不審に思われるはず。

> 要点 ■一は、漢文で「曰」などの訓読に用いたことから、言った内容の引用に用いるようになる。和文で「言ふやう『……』と言ふ」の形式を用いるのに対して、漢文訓読体では「いはく『……』と言ふ」の形式を基本とする。

いは-くら【磐座】〔名〕(古代では巨石を並べて神の宿るところとしたので)神の在所を讃えていう語。神のいらっしゃるところ。例「天(あま)の――を離れ、……高千穂の久士布流多気(くじふるたけ)に天降(あも)り坐(ま)さしめき」〈古事記・上・邇邇芸命〉訳 (邇邇芸命(ににぎのみこと)は)高天原(たかまのはら)の岩の神座を離れ、……高千穂の霊峰に天降りなさった。

いはくら（交野市磐船神社）

いはけ-な・し【稚けなし】〔形ク〕類 いとけなし・をさなし 対 おとなし　いかにも幼い。あどけない。例「――・くかいやりたる額つき髪(かむ)ざし、いみじううつくし」〈源氏・若紫〉訳 あどけなくかきあげた額の様子や髪の生え具合が、とてもかわいらしい。
参考「いはけなし」か「いわけなし」か歴史的仮名遣いは明らかでない。

いは-しみづ【岩清水】〔名〕岩の間から湧き出て流れる清水。例「あさましや木(こ)の下陰の――いくその人の影を見つらむ」〈拾遺・恋四〉訳 まあ驚いたことに、木の根元のあたりから湧き出ている岩清水は、(これまでに)何十人の人の姿を見て来たことだろう。

石清水八幡宮(いはしみづはちまんぐう)〔神社名〕応神天皇・神功(じんぐう)皇后・比売大神(ひめおおかみ)の三神を祭る神社。京都府八幡(やわた)市にある。八五九年(貞観元)に僧行教により九州の宇佐八幡宮を勧請(かんじょう)したもの。朝廷・貴族の参詣(けいさん)が多かったが、後には武家からも崇敬される。陰暦三月の中の午(うま)の日が臨時祭として有名。賀茂神社の「北祭」に対して、「南祭」といわれる。

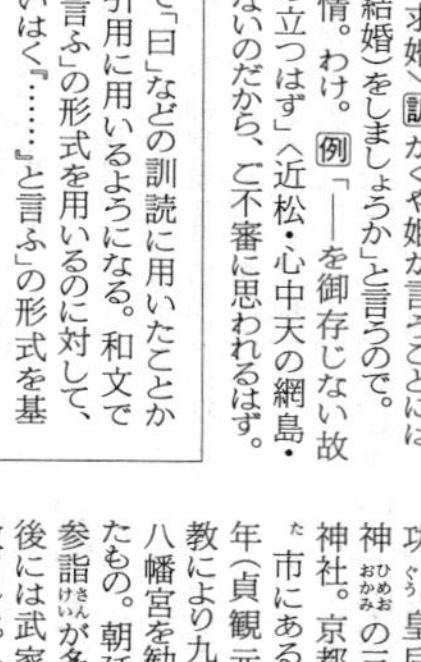
石清水八幡宮

岩代(いはしろ)〔旧国名〕東山道十三か国の一つ。現在の福島県西部。一八六八年(明治元)に陸奥(むつ)国を五つに細分した時に設けられたもの。

いは-せ【岩瀬・石瀬】〔名〕岩や石の多い川の浅瀬。

いは-そそ・く【岩注く】〔自カ四〕{か・き・く・く・け・け}波や急流が激しく岩石にあたる。例「――・く岸の浦廻(うらみ)に寄する波辺(へ)に来寄らばか言(こと)の繁(しげ)けむ」〈万葉・七・一三八八〉訳 岩を洗って崖(がけ)の浦辺に寄せる波のように(恋人の)そばに近寄って来るならば、人の噂(うわさ)が絶えないだろう。

いは-つつじ【岩躑躅】〔名〕岩の間などに自生するツツジ。ヤマツツジ。例「山越えて遠津の浜の――わが来るまでに含(ふふ)みてあり待て」〈万葉・七・一一八八〉訳 遠津の浜(=和歌山市ノ海岸カ)の岩つつじよ、私がまた来る時まで、つぼみのままでずっと待っていてくれよ。注「山越えて」ハ「遠」ノ枕詞。

いは-と【岩戸】〔名〕岩を利用して造った住居の入り口の戸。岩屋の戸。また、古墳で棺(ひつぎ)を納めた石室の入り口の戸。例「豊国の鏡の山の――立て隠(こも)りにけらし待てど来まさず」〈万葉・三・四一八〉訳 豊国の鏡山(=福岡県田川郡香春(かわら)町鏡山ニアル山)の岩戸を閉めきって隠れてしまったらしい、(あの方は)待ってもおいでにならない。

いは-ね【岩根】イワ〔名〕大地にどっかり根をおろした大きな岩。「いはがね」とも。

いは-はし-の【石橋の】イワ〔枕詞〕(川を渡るための飛び石は間隔が広かったり、狭かったりする意から)「間(ま)」「近し」「遠し」にかかる。例「うつせみの人目を繁み——間近(まち)き君に恋ひわたるかも」〈万葉・四・五九七〉訳世間の人目が多いので(いつも逢っているわけにはいかず)、間近にいるあなたに恋い焦がれつづけています。

いは-ばし・る【石走る】イワ 一〔自ラ四〕{ら・り・る・る・れ・れ}岩の上を飛沫(ひまつ)を上げて激しく流れる。例「——る滝もとどろに鳴く蟬(せみ)の声をし聞けば都し思ほゆ」〈万葉・一五・三六一七〉訳(岩をほとばしり流れる滝の音が響きわたるように)声を響かせて鳴く蟬の声を聞いていると(喧噪(けんそう)の)都が思い出される。

二〔枕詞〕(一の意から)「滝」「垂水(たるみ)」「近江(あふみ)」「神奈備山(かむなびやま)」にかかる。例「——近江の国の楽浪(ささなみ)の大津の宮に天(あめ)の下知らしめけむ」〈万葉・一・二九長歌〉訳近江国の楽浪の大津の都で、天下をお治めになったそうである。

いは-はな【岩端・岩鼻】イワ〔名〕岩の突き出た先端。岩頭。例「——やここにもひとり月の客」〈去来抄・先師評〉訳この岩頭にいて月を見る私も、今夜のこの美しい月をめでる人々の中の一人なのである。注去来ノ作。

いはひイワイ〔名〕一【斎ひ】❶けがれを避け、心身を清めて神を祭ること。❷神を祭る所。また、その人。例「是の皇女、伊勢大神の——に侍(はべ)り」〈日本書紀・雄略・元年〉訳この皇女は、伊勢の斎宮におります。

二【祝ひ】よい事を喜ぶこと。めでたいこと。祝賀。例「確かに御枕上(まくらがみ)に参らすべき——の物にて侍(はべ)る」〈源氏・葵〉訳必ず(紫の上の)枕元へ差し上げなくてはならない祝賀の品でございます。

いはひ-うた【祝ひ歌】イワイ〔名〕和歌の「六義(りくぎ)」の一つ。祝いよろこび、幸いを祈る歌。漢詩の「六義(りくぎ)」になぞらえて頌(しょう)にあたるもの。

いはひ-こ【斎ひ児】イワイ〔名〕大切にいつくしみ育てている子。

いはひ-づき【斎ひ月・祝ひ月】イワイ〔名〕いみつつしむべき月。特に、一月・五月・九月をさす。また転じて、めでたい月。

いは-びと【家人】イワ〔名〕(上代東国方言)「いへびと」に同じ。例「松の木(け)の並(な)みたる見れば——の我を見送ると立たりしもころ」〈万葉・二〇・四三七五〉訳松の木の並んでいるのを見ると、(まるで)家の者達が私を見送りに立っていたように思われる。注防人(サキモリ)ノ歌。

いはひ-べ【斎ひ瓮】イワイ〔名〕(「へ」は酒を入れるかめ)神を祭る時、酒を入れて供えるかめで、底は地面を掘ってすえつける。

いは・ふ【祝ふ】イワウ〔他ハ四〕{は・ひ・ふ・ふ・へ・へ}(「斎(はい)ふ」から変化した語)将来の幸福を願い祈る。祝う。例「今日は子(ね)の日なりけり。げに千歳(ちとせ)の春をかけて——はむに、ことわりなる日なり」〈源氏・初音〉訳今日(=元日)は子の日なのであった。なるほど千年の春を子の日にかけて(長寿を)祝うのに、最もふさわしい日である。

いは・ふ【斎ふ】イワ(ウ)〔他ハ四〕{は・ひ・ふ・ふ・へ・へ}❶戒律を守り心身を清らかに保って祈る。斎戒する。例「ま幸(さき)くて妹(いも)が——はば沖つ波千重(ちへ)に立つとも障(さは)りあらめやも」〈万葉・一五・三五八三〉訳ご無事にと言ってあなたが斎戒をしてくれたら、たとえ沖の波が千重に立つとしても事故などあろうか。

❷神聖なものとして大切に守る。祭る。例「祝部(はふり)らが——ふ社(やしろ)の黄葉(もみち)も標縄(しめなは)越えて散るといふものを」〈万葉・一〇・二三〇九〉訳神官達が神を祭る社の紅葉さえ、標縄(=神域ヲ示ス縄)を越えて散るというのに。

いは-ほ【巌】イワオ〔名〕大きくそびえたった岩。例「神(かむ)さびて——に生(お)ふる松が根の君が心は忘れかねつも」〈万葉・一二・三〇四七〉訳神々しい姿で巌に生えている松の根のように、いつも変わらぬあなたのお心は、忘れられませんよ。

いは-ま【岩間】イワ〔名〕(「ま」は中断している間や所をいう)岩と岩との間。例「消えかへり——にまよふ水の泡のしばし宿かる薄氷かな」〈新古今・冬・六六二〉訳消えてはまた結んで岩の間に漂っている水の泡が、ちょっとの間だけ宿を借りる薄氷であるよ。

いは-まく-も【言はまくも】イワ〔連語〕(「ま」は推量の助動詞「む」の古い未然形。「く」は準体助詞。「も」は係助詞)口で言うのも。⇒まく(連語) 例「かけまくもあやにかしこし——ゆゆしきかも」〈万葉・三・四七五長歌〉訳口に出して言うのも本当に恐れ多い。言葉に表すのもはばかられることだ。

いはむ-かたな・し【言はむ方無し】イワン ⇒「いふ」子項目

石見(いはみ)イワミ〔旧国名〕山陰道八か国の一つ。現在の島根県西部。石見銀山で知られる。石州(せきしゅう)。

いは-む-や【況や】イワンヤ〔副〕(上の重い内容を受けて、下の軽い内容ではどうして言う必要があろうか、言うまでもないという意で下にかかる)言うまでもなく。まして。例「この玉、たはやすくえ取らじを。——、竜(たつ)の首の玉はいかが取らむ」〈竹取・竜の首の玉〉訳この玉は、簡単には取ることのできないはずなのに。まして、竜の首の玉なんかどうして取ることができようか。

> 要点 漢文の「況」「何況」を訓読した語。四段動詞「言ふ」の未然形「言は」に、推量の助動詞「む」と係助詞「や」が付いて一語になった。「いはんや」とも表記する。下を「…をや」「…や」で結ぶことが多い。

いは-や【岩屋】イワ〔名〕古代、岩の横穴を利用したり、掘って造った住居。岩でできた住まい。また、岩に自然にできた穴をもいう。例「常磐(ときは)なる——は今もありけれど住みける人ぞ常なかりける」〈万葉・三・三〇八〉訳永久に変わらない岩屋は今もあるが、ここに住んでいた人は死んでしまったのだなあ。注「常なかりける」ハ「常磐なる」ニ対シテ、人ノ世ノ無常ナコトヲイッテイル。

いば・ゆ【嘶ゆ】〔自ヤ下二〕{え・え・ゆ・ゆる・ゆれ・えよ}馬がヒヒンと鳴く。いななく。

いは-ゆる【所謂】イワ〔連体〕(動詞「言ふ」の未然形＋上代の助動詞「ゆ」の連体形)❶世間でいわれている。俗にいう。例「かたはらに琴・琵琶(びは)おのおの一張(いっちゃう)を立つ。——折り琴・継ぎ琵琶これなり」〈方丈記・境涯〉訳そばに琴と琵琶とそれぞれ一張り立ててある。世にいう折り琴(＝折リタタミ式ノ琴)・継ぎ琵琶(＝柄ヲ取リハズシデキル琵琶)が、これである。

❷広く知られている。皆が知っているとおりの。例「——重盛が無才愚闇の身をもって、蓮府槐門の位に至る」〈平家・二・教訓状〉訳周知のとおり(私)重盛のような才能もなく愚かな身で、大臣の位まで上りました。

いばら【茨・荊棘】〔名〕《古くは「うばら」「むばら」とも》とげのついた低木をいう。特に、野生の薔薇。野バラ。(季・夏)例「卯の花の白妙に、——の花の咲き添ひて、雪にも越ゆる心地ぞする」〈奥の細道・白河の関〉訳(白河の関は)卯の花の白妙のような白さに、白い茨の花も咲き加わって、(まるで真っ白な)雪の中を越えるような感じがする。例「花——故郷の路に似たるかな」〈蕪村〉訳丘の小路を歩いて行くと、白く小さな茨の花が芳香を放って群がり咲いている。見覚えのあるこの景、ああそうだ、遠くなつかしいあの故郷の路に似ている。

参考 現代語の「バラ」は語頭の「い」が脱落して成立した。

井原西鶴《人名》⇩ゐはらさいかく(井原西鶴)

いは-れ【謂はれ】〔名〕《動詞「言ふ」の未然形に受身の助動詞「る」の連用形が付いて名詞化したもの》その物や事について言われること。由来。理由。例「厳島の大明神の平家の方人をし給ひけるといふは、その——あり」〈平家・五・物怪之沙汰〉訳厳島の大明神が平家の味方をなさったというのには、その由来がある。

いは-ろ【家ろ】〔名〕《「いは」は「家」の上代東国方言。「ろ」は接尾語》家。すまい。例「我が——に行かも人もが草枕旅は苦しと告げやらまくも」〈万葉・二〇・四四〇六〉訳私の家に行く人がいればなあ、旅はつらいものだと告げにやりたい。注防人ノ歌。

いはん-や【況や】〔副〕⇩いはむや

いひ【家】〔名〕《上代東国方言》「いへ」に同じ。例「わろ旅は旅と思ほど——にして子持ち痩すらむ我が妻かなしも」〈万葉・二〇・四三四三〉訳自分の旅は、どうせ旅はつらいものと思ってあきらめるが、家にあって子供をかかえ、(男手もなく仕事に追われて)痩せているであろう妻がいとしいことよ。注防人ノ歌。

いひ【飯】〔名〕米を蒸してこしらえためし。ごはん。例「家にあれば笥に盛る——を草枕旅にしあれば椎の葉に盛る」〈万葉・二・一四二〉訳家にいる時はいつも食器に盛るごはんを、(今は)旅の途中なので椎の葉に盛ることだ。注反逆罪デ紀州ヘ連行サレル途中デノ有間皇子ノ歌。

いひ-あつか・ふ【言ひ扱ふ】〔他ハ四〕❶人の事をあれこれ言う。うるさく言う。例「『あさましう、かかる仲らひにはいかでとこそ、人は思ひたれ』など——・ふは」〈枕草子・いみじうしたてて婿とりたるに〉訳「意外だ、(舅と)あんな間柄なのにどうしてだろうと、誰でも思っています」とあれこれとりざたしているのは。

❷口出しして世話をする。口出しする。

いひ-あは・す【言ひ合はす】〔他サ下二〕❶共感をもって話し合う。語り合う。例「をかしき事もにくき事もさまざまに——・せつべき人、必ず一人二人、あまたも誘はまほし」〈枕草子・正月に寺にこもりたるは〉訳おもしろい事も気にいらない事もいろいろ語り合うことのできるような人を、必ず一人二人、(または)たくさんでも誘いたいものだ。

❷相談する。例「この月ごろ思ひ立ちて、これかれにも——・すれば」〈蜻蛉・下・天禄三年〉訳この数か月そんな気(＝息子ニ嫁ヲモラウ気)になって、あの人この人にも相談すると。

❸あらかじめ話し合って取り決める。申し合わせる。例「『明日また来て見んに、おどして走らせて笑はん』と——・せて」〈宇治拾遺・二・一三〉訳「明日また来てのぞくだろうから、おどかして逃げ走らせて笑おう」と申し合わせて。

いひ-あらは・す【言ひ表す】〔他サ四〕❶(心のうちを)言ってしまう。白状する。例「さまざまの好き事ども、かたみに隈なく——・し給ふ」〈源氏・葵〉訳(光源氏と頭中将とは)さまざまの色事のいくつかを、お互いに隠すところなく白状なさる。

❷言葉で表現する。言い表す。

いひ-いだ・す【言ひ出だす】〔他サ四〕❶屋内などから外に向かって言う。例「局の内より『これこれにや』と——・したれば、いみじく感じ侍りき」〈徒然草・二三八〉訳(聴聞の)室の中から「これこれでしょうか」と外へ向かって言ったので、(人々は)たいそう感心いたしました。注道眼上人ガ説法中「八災」ヲ忘レテ弟子モワカラナカッタノニ、聴衆カラ答エガアッタ。

❷心の中にあるものを口に出して言う。言う。例「あさましきことまで、問はず語りに——・す」〈徒然草・一〇七〉訳あきれはてた事まで、問われもしないのに(自分から)言う。

❸言い始める。言いだす。例「神事に穢れありといふ事、近く人の——・せるなり」〈徒然草・一四七〉訳(お灸を据えた所が多くなってしまうと)祭神の行事にけがれがあるということは、近年人が言い出したのである。

いひ-い・づ【言ひ出づ】〔他ダ下二〕心の中にあるものを口に出して言う。口に出す。例「ただここもとに覚えながら、——・でられぬはいかにぞや」〈枕草子・殿などのおはしまさで後〉訳すぐここのあたりまで思い浮かんでいながら、口に出せないのはどうしたことかしら。

参考「言ひ出だす②」と同じだが、平安時代では「言ひ出づ」の方が圧倒的に多い。

いひ-いひ-て【言ひ言ひて】《連語》《動詞「言ふ」の連用形「言ひ」を重ね、それに接続助詞「て」を付けたもの》繰り返し言って。あれこれと言って。お互いに言葉を交わし続けて。例「——、つひに本意のごとくあひにけり」〈伊勢・二三〉訳互いに(恋心を歌で)言い交わし続けて、(この男女は)かねてからの望み通りに結婚したのだった。

いひ-い・る【言ひ入る】〔他ラ下二〕❶外から屋内などに向かって言う。また、屋内に向かって案内を申し入れる。例「人多く行き訪ふ中に、聖法師の交じりて、——・れたたずみたるこそ」〈徒然草・七六〉訳人がたくさん訪問する中に、修行僧が交じって、案内を乞うて(門口に)たたずんでいるのは。

❷よくわかるように言って聞かせる。言い含める。例「さし寄りて、夜言ひつる事の名残女の耳に——・れて」〈枕草子・あかつきに帰らむ人は〉訳(女の)そばに寄って、昨夜話した事の残りを女の耳に言い含めて。

いひ-おこ・す【言ひおこす】〔自サ下二〕相手から自分の方へ手紙や伝言をよこす。言ってよこす。例「文も『久しく聞こえさせねば』などばかり——・せたる、いとうれし」〈徒然草・一七〇〉訳手紙も「久しくおたよりを差し上げておりませんので」などぐらいに言ってよこしたのは、とてもうれしいものだ。

いひ-おと・す【言ひ落とす】〔他サ四〕{さ・し・す・す・せ・せ}人を悪く言う。けなす。「言い消つ」とも。例「『心せばげにこそ見ゆめれ』など―・す」〈源氏・竹河〉訳「お心がせまそうに見える」などとけなす。

いひ-おほ・す【言ひ果す】〔他サ下二〕{せ・せ・す・する・すれ・せよ}すべてを表現しきる。言いつくす。例「去来いはく『糸桜の十分に咲きたる形容、能(よ)く―・せたるに侍(はべ)らずや』先師いはく『―・せて何か有る』」〈去来抄・先師評〉訳去来が言うことには「(この句は)糸桜が十分に咲いている様子を、よく言いつくしているのではないでしょうか」先師(=芭蕉)が言うことには「言いつくしたとて何になるのだ」と。注蕉門俳諧ニオイテハ、句ハ対象ノスベテヲ表現シツクスヨリモ、表現ヲ五、六分ニオサエテ対象ヲ暗示的ニ詠ミ、言外ノ余情ヲ楽シムコトヲ、ヨシトシタ。

いひ-かかづら・ふ【言ひかかづらふ】〔自ハ四〕{は・ひ・ふ・ふ・へ・へ}❶あれこれ言ってまとい付く。言い寄る。例「とかく―・ひ出でむも、煩はしう聞き苦しかるべうよろづに思(おぼ)す」〈源氏・夕霧〉訳あれこれと言い寄って来ることも、やっかいで聞き苦しいことだろうとあれこれお考えになる。❷言いにくく思う。言いわずらう。

いひ-かか・る【言ひ掛かる】〔自ラ四〕{ら・り・る・る・れ・れ}❶あれこれ言って、かかわりを持とうとする。言い寄る。例「うるさき戯言(たはぶれごと)―・り給ふを、わづらはしきに」〈源氏・玉鬘〉訳(光源氏が)わずらわしい冗談を言いかけなさるのが、(女房たちは)めんどうで。❷(「いひがかる」とも)言いがかりをつける。からむ。例「『まんまる一年この銀(かね)を遊ばして置きたる利銀を、きっと母屋(おもや)からすまし給へ』と―・り」〈西鶴・世間胸算用・一・四〉訳「まるまる一年この銀(かね)を遊ばせておいた(期間に付く)利息を、必ず母屋から(離れに隠居している私に)返済しなさい」と言いがかりをつけ。

いひ-か・く【言ひ掛く】〔他カ下二〕{け・け・く・くる・くれ・けよ}言葉を掛ける。話し掛ける。また、歌などを詠み掛ける。例「『大納言殿に知らせ奉(たてまつ)らばや』と―・くれば」〈更級・大納言殿の姫君〉訳「大納言殿にお知らせ申し上げたいわ」と話しかけると。

いひ-かけ【言ひ掛け】〔名〕❶《修辞法の一つ》一語に二つの言い方を重ねるもの。掛詞(かけことば)。例「冬草のかれ(枯れ・離れ)にし人はおとづれもせず」〈古今・冬・三三八〉(訳冬草が枯れるのと同様に、離(か)れてしまった人は、便りもくれない)の「かれ」の類。主に和歌・連歌・俳諧などの韻文に用いられるが、謡曲・浄瑠璃(じょうるり)にも用いられる。❷無実の罪を押しつけたり、難くせをつけること。言いがかり。

いひ-かたら・ふ【言ひ語らふ】〔自ハ四〕{は・ひ・ふ・ふ・へ・へ}❶うち解けて語り合う。例「世の中の憂きもつらきもをかしきも、かたみに―・ふ人、筑前(ちくぜん)に下りて後」〈更級・初瀬〉訳世の中のいやなこともつらいこともおもしろいことも、お互いに語り合っていた人が、筑前に下ってから後。❷実情を伝えて了解を得る。話をつけて味方にする。例「わが姪(いめ)なる女一人あり。それを今より―・はむ」〈大鏡・道長・上〉訳私の姪にあたる女の子が一人おります。(あなたの身辺の世話のために)その人に今から話をつけておきましょう。

いひ-かな・ふ【言ひ叶ふ】〔他ハ下二〕{へ・へ・ふ・ふる・ふれ・へよ}思い通りに表現する。上手に言い表す。例「このごろの歌は、一節(ひとふし)をかしく―・へたりと見ゆるはあれど」〈徒然草・一四〉訳この頃の歌は、どこか一点味わい深くうまく表現していると思われるものはあるが。

いひ-かは・す【言ひ交はす】〔他サ四〕{さ・し・す・す・せ・せ}❶互いに物を言い合う。言葉を交わす。語り合う。例「心得たるどち、片端―・し」〈徒然草・七八〉訳よくわかっている仲間同士が、その一部分だけを言い合って。❷手紙・歌などをやりとりする。例「物の折、もしは人と―・したる歌の聞こえて、打ち聞きなどに書き入れらるる」〈枕草子・うれしきもの〉訳(うれしいのは)何かの折に(詠んだ歌)、もしくは人と贈りかわした歌が世間に広まって、打ち聞き(=覚エ書)などに書きとめられること。❸言葉で約束する。口約束をする。

いひ-がひ【飯匙】〔名〕飯を器に盛るしゃくし。しゃもじ。例「手づから―取りて、笥子(けこ)の器物(うつはもの)に盛りけるを見て」〈伊勢・二三〉訳(女が)自分の手でしゃもじを取って、(飯を)うつわに盛っていたのを見て。

いひ-がひ-な・し【言ひ甲斐無し】〔形ク〕《「いふかひなし」の変化した形》⇩いふかひなし

いひ-きか・す【言ひ聞かす】〔他サ下二〕{せ・せ・す・する・すれ・せよ}❶言って聞かせる。言う。例「なま憎げなる言葉ども―・せつつ、時々聞こえけり」〈源氏・蓬生〉訳こ憎らしい言葉などを言って聞かせながら、時々申し上げた。❷言ってわからせる。説明する。例「うららかに―・せたらんは、おとなしく聞こえなまし」〈徒然草・二三四〉訳はっきりと説明してやれば、おだやかな事と思われるだろう。

いひ-くた・す【言ひ腐す】〔他サ四〕{さ・し・す・す・せ・せ}言って人の気持ちを腐らせる。けちをつける。けなす。例「この頃紅葉を―・さむは、竜田姫の思はむこともあるを」〈源氏・少女〉訳今頃(=秋)に紅葉をけなすようなのは、竜田姫の思わくもありましょうから。注「竜田姫」ハ秋ノ女神。

いひ-け・つ【言ひ消つ】〔他タ四〕{た・ち・つ・つ・て・て}❶人の言葉を打ち消す。否定する。例「わざとはなくて―・つさま、みやびかによしと聞き給ふ」〈源氏・松風〉訳(明石の上の母が)ことさらにではなくて(自分の育ちのよさを)否定する様子を、(光源氏は)上品で優雅だとお聞きになる。❷発言を途中でやめる。言いさす。❸悪く言う。非難する。例「をこにも見え人にも―・たれ、禍(わざはひ)をも招くは、ただ、この慢心なり」〈徒然草・一六七〉訳愚かにも見え人からも非難され、災難までも招くのは、ただただ、このうぬぼれた心である。

いひ-けら・く【言ひけらく】〔連語〕《動詞「言ふ」の連用形＋助動詞「けり」の古い未然形＋準体助詞「く」》言ったことには。例「親王(みこ)の―」〈古今・羇旅・四一八詞書〉訳親王が言ったことには。

いひ-さ・す【言ひ止す】〔他サ四〕{さ・し・す・す・せ・せ}発言を途中でやめる。言いさす。例「くはしくもその程の事をば―・しつ」〈源氏・手習〉訳詳しくはその頃の事情を話しきらずにやめてしまった。

いひ-さだ・む【言ひ定む】〔他マ下二〕{め・め・む・むる・むれ・めよ}口頭で言って取り決める。話し合って決める。例「―・めたるやうに、すみやかに酒・くだもの取りにやりて、このことあがへ」〈宇治拾遺・二・一〉訳取り決めたように、すぐに酒や酒のさかなを取り寄せて、この罪を償え。

いひ-しら・ず【言ひ知らず】:イイ《連語》❶(良い意味でも悪い意味でも)何とも表現できないほど程度がはなはだしい。例「外(と)の方(か)を見出だし給へる傍目(かたはらめ)、――・ずなまめかしう見ゆ」〈源氏・賢木〉訳外の方をながめやっていらっしゃる(藤壺(ふぢつぼ)の)横顔は、言いようもなく優美に見える。

❷取るに足りない。つまらない。例「九重(ここのへ)の御殿の上をはじめて、――・ぬ民のすみかまで」〈枕草子・節は五月に〉訳宮中の御殿(ごてん)の上をはじめとして、言うにも足りない一般民衆の住まいまで。

いひ-しろ・ふ【言ひしろふ】イイシロウ〔他ハ四〕{は・ひ・ふ・ふ・へ・へ}(「しろふ」は、互いに…する、の意)❶互いに話す。語り合う。例「『あはれ紅葉をたかむ人もがな』『験(げん)あらむ僧達、祈り試みられよ』など――・ひて」〈徒然草・五四〉訳「ああ紅葉をたくような人がいればよいのになあ」「効験あらたかな僧達、試みにお祈りなさい」など言い合って。

❷互いに議論をたたかわせる。言い争う。例「とかく――・ひて、この御文(ふみ)はひき隠し給ひつれば」〈源氏・夕霧〉訳(雲居雁(くもゐのかり)は夫の夕霧と)あれこれと言い合ったあげく、このお手紙はひき隠しておしまいになったので。

いひ-す・つ【言ひ捨つ】:イイ〔他タ下二〕{て・て・つ・つる・つれ・てよ}❶返事を期待せず言いっぱなしにする。言い捨てる。

❷何の気なしに言う。無造作に言う。例「昔の人は、ただいかに――・てたる言種(ことくさ)も、皆いみじく聞こゆるにや」〈徒然草・一四〉訳昔の人は、ただどんなに無造作に言った文句でも、(当世では)みんなすばらしく聞こえるのであろうか。注昔ノ歌ノ言葉ヲホメテイル場面。

いひ-そ・す【言ひ過す】:イイ〔他サ四〕{さ・し・す・す・せ・せ}《「そす」は度を過ごす意の接尾語》度を越して言う。言い過ごす。例「我猛(われだけ)く――・し侍(はべ)るに」〈源氏・帚木〉訳調子に乗ってしゃべりすぎますと。

いひ-そ・む【言ひ初む】:イイ〔他マ下二〕{め・め・む・むる・むれ・めよ}初めて口にする。言い出す。また、異性に初めて言い寄る。例「『さはれ、さまでなくとも――・めてむことは』とて、かたちあらがひつ」〈枕草子・職の御曹司におはします頃、西の廂にて〉訳「えい、ままよ、それほどまではなくても言い出してしまった事は」と思って、頑固に言い争いをしてしまった。

いひ-た・つ【言ひ立つ】:イイ ■一〔自タ四〕{た・ち・つ・つ・て・て}評判が立つ。噂(うわさ)になる。例「『この岩のある故ぞ』と――・ちにけり」〈宇治拾遺・二・三〉訳(大岩の筋向かいに住む僧が多数死ぬのは)「この岩があるためだぞ」と評判が立った。

■二〔他タ下二〕{て・て・つ・つる・つれ・てよ}特に取り上げて言い立てる。強調する。例「着給へる物どもをさへ――・つるも、物言ひさがなきやうなれど」〈源氏・末摘花〉訳お召しになっている着物のことまであれこれ言い立てるのも、意地が悪いようだけれど。

いひ-ちぎ・る【言ひ契る】:イイ〔他ラ四〕{ら・り・る・る・れ・れ}口に出して誓う。口約束をする。例「唐(もろこし)にて――・りし児(ちご)を問はずとて」〈宇治拾遺・一四・四〉訳唐で言い交わし約束した子を(父親が)尋ねないといって。

いひ-ちら・す【言ひ散らす】:イイ〔他サ四〕{さ・し・す・す・せ・せ}❶考えなしに言いまくる。わめきちらす。

❷あちこちとしゃべり回る。言いふらす。例「『いみじくなむ才(ざえ)ある』と、殿上人などに――・して」〈紫式部・日本紀の御局〉訳「とっても学問があるんですってさ」と、殿上人などに言いふらして。

いひ-つ・く【言ひ付く】:イイ ■一〔自カ四〕{か・き・く・く・け・け}相手に言いかける。言い寄る。また、言いかけて、親しい間柄になる。例「その武蔵(むさし)なむ、後(のち)は返り事はして、――・きにける」〈大和・一〇三〉訳その武蔵の守(かみ)の娘は、後には(色好みで有名な平定文(たいらのさだふん)に)返事はしたので、(二人は)いい仲になってしまった。

■二〔他カ下二〕{け・け・く・くる・くれ・けよ}❶ことづける。頼む。託す。例「かの人の――・けしことどもを」〈源氏・手習〉訳あの人が頼んでいった衣裳の仕立てを。

❷告げ口をする。例「人に恥ぢがましきこと――・けたり」〈枕草子・弘徽殿とは〉訳人に(私の)恥になるようなことを告げ口した。

❸いつも言う。言い慣れる。また、取りざたする。例「ここもとに――・けたる言種(ことくさ)・物の名など」〈徒然草・七八〉訳このあたりで言い慣れている文句や物の名などを。

いひ-つた・ふ【言ひ伝ふ】イイツタ(ト)ウ〔他ハ下二〕{へ・へ・ふ・ふる・ふれ・へよ}❶人から人へ、言い伝える。語り伝える。例「『この御時より』と、末の人の――・ふべき例を添へむ」〈源氏・絵合〉訳「この御世(みよ)から(始まった)」と、後世の人が語り伝えるにちがいない(新しい)例を加えることになろう。

❷ある人の意向を他の人へ口伝えに伝える。伝言する。

いひ-とぢ・む【言ひ閉ぢむ】イイトジム〔他マ下二〕{め・め・む・むる・むれ・めよ}言い切る。断言する。例「――・めつることは、さてこそあらめ」〈枕草子・御かたがた、君たち〉訳いったん言い切ったことは、そのまま押し通すのがよい。

いひ-なぐさ・む【言ひ慰む】:イイ ■一〔他マ下二〕{め・め・む・むる・むれ・めよ}慰めの言葉をかける。例「心地などのむつかしきころ、まことまことしき思ひ人の――・めたる」〈枕草子・たのもしきもの〉訳(頼もしいものは)気分などがすぐれない時、誠実な恋人が慰めの言葉をかけてくれること。

■二〔自マ四〕{ま・み・む・む・め・め}話をすることで心が慰められる。話して気が晴れる。例「をかしき事も、世のはかなき事も、うらなく――・まんこそうれしかるべきに」〈徒然草・一二〉訳面白いと思う事も、ちょっとした世間話も、気がねなくあれこれ語り気が晴れるようなことこそうれしいであろうに。

いひ-な・す【言ひ為す】:イイ〔他サ四〕{さ・し・す・す・せ・せ}❶意識的に…のように言う。あえてそう言う。例「あるにも過ぎて人は物を――・すに」〈徒然草・七三〉訳事実よりも大げさに人は物事をわざと言うものであるのに。

❷意識的にそうであるかのように言う。言いまぎらわす。言いつくろう。例「なま恐ろしと思へる気色(けしき)を見て、異事(ことごと)に――・して」〈更級・大納言殿の姫君〉訳うす気味悪く思っている(私の)様子を(姉は)見て、別の話題に言いまぎらわして。

いひ-な・る【言ひ馴る】:イイ〔他ラ下二〕{れ・れ・る・るる・るれ・れよ}❶言うことになれている。言いなれる。

❷言い寄って親しみなれる。例「言(こと)多く――・れたらむ方にぞなびかむかし」〈源氏・末摘花〉訳(末摘花(すゑつむはな)は)言葉数多く言い寄りくどいた方になびくことになるだろうよ。

いひ-ののし・る【言ひ罵る】:イイ〔他ラ四〕{ら・り・る・る・れ・れ}声高にしゃべって騒ぐ。うるさくうわさする。例「天(あめ)の下の散楽事(さるがうごと)を――・らるめれど」〈蜻蛉・中・天禄二年〉訳色々滑稽な冗談を大きな声で言われたようだけれども。

いひ-は・つ【言ひ果つ】:イイ〔自タ下二〕{て・て・つ・つる・つれ・てよ}すっかり言いつくす。言い終わる。例「はやりかなる口こはさに、え——・て給はで」〈源氏・若菜・下〉訳 勢い込んだ口調の強さに、(言いたい事も)最後までおっしゃれずに。

いひ‐はづかし・む【言ひ辱む】イイハズカシム〔他マ下二〕〔め・め・む・むる・むれ・めよ〕何かを言って恥ずかしい思いをさせる。からかう。例「いときなき子をすかし、おどし、——・めて興ずることあり」〈徒然草・一二九〉訳 幼い子をだましたり、こわがらせたり、何か言ってからかったりして面白がることがある。

いひ‐はな・つ【言ひ放つ】イイ〔他タ四〕〔た・ち・つ・つ・て・て〕思っている事をはっきりと言う。ずけずけ言う。例「人の言ふほどの事、けやけく否(いな)びがたくてよろづえ——・たず、心弱くことうけしつ」〈徒然草・一四一〉訳 (京都の人間は)他人の言うようなことを、きっぱりと断りにくくて万事はっきり言うことができず、気弱く承諾してしまう。

いひ‐はや・す【言ひ囃す】イイ〔他サ四〕〔さ・し・す・す・せ・せ〕❶勢いづくようにほめそやす。おだてる。例「『さあるにより、難き世とは、定めかねたるぞや』と——・し給ふ」〈源氏・帚木〉訳「そんなわけですから、(理想的な妻など)見付けにくい世の中だと思って、(妻を)決めかねているのですよ」と(相手の意見に合わせたことを言って)おだてなさる。
❷噂(うわさ)になるように盛んに言う。言いふらす。例「古郷(ふるさと)の辺(ほとり)は干戈(かんくわ)みちみちて、涿鹿(たくろく)の巷(ちまた)となりし由(よし)を——・す」〈雨月・浅茅が宿〉訳 故郷のあたりは(軍兵の)干(たて)・戈(ほこ)などで満ち満ちて、まったくの戦場になってしまったという噂(うわさ)を言いふらす。注「涿鹿の巷」ハ、中国ノ故事ニヨリ「戦場」ノコト。

いひ‐ひろ・む【言ひ広む】イイ〔他マ下二〕〔め・め・む・むる・むれ・めよ〕言って多くの人々に知らせる。言いふらす。例「今様(いまやう)のことどもの珍しきを——・め、もてなすこそ、又うけられね」〈徒然草・七八〉訳 さまざまの当世風の珍しい事を言いふらし、もてはやすのは、これもまた理解できないことだ。

いひ‐ふ・る【言ひ触る】イイ〔他ラ下二〕〔れ・れ・る・るる・るれ・れよ〕声をかけて人間的接触をはかる。また、相談をもちかける。例「けにくき顔には、もの——・れにくきものなり」〈大鏡・道長・下〉訳 愛想のない顔(をした人)には、なんとなく声をかけにくいものである。

いひ‐ぼ【飯粒】イイ〔名〕めしつぶ。

いひ‐まが・ふ【言ひ紛ふ】イイマガ(ゴ)ウ〔他ハ下二〕〔へ・へ・ふ・ふる・ふれ・へよ〕とりちがえて言う。言い違える。例「賀茂の岩本・橋本は、業平(なりひら)・実方(さねかた)なり。人の常に——・へ侍(はべ)れば」〈徒然草・六七〉訳 上賀茂神社の(末社の)岩本社・橋本社(の祭神)は、(在原)業平・(藤原)実方である。人々がいつも(二社の祭神を)とりちがえて言いますので。

いひ‐まぎらは・す【言ひ紛らはす】イイマギラワス〔他サ四〕〔さ・し・す・す・せ・せ〕❶話の中心をはずしてごまかす。言いまぎらす。例「異事(ことごと)に——・し給ひつ」〈源氏・薄雲〉訳 他の事に言いまぎらしておしまいになった。
❷話の邪魔をする。まぎらかす。

いひ‐もてゆ・く【言ひもてゆく】イイ〔自カ四〕〔か・き・く・く・け・け〕(「もてゆく」は「しだいに…する」「…し続ける」の意)❶話しながら問題をしぼってゆく。せんじつめる。
❷言い続けながら行く。例「道すがら『くさめ、くさめ』と——・きければ」〈徒然草・四七〉訳 道々「くさめ、くさめ」と言いながら歩いて行くので。注「くさめ」トハ、クシャミヲシタ時ニ言ウマジナイ。

いひ‐や・る【言ひ遣る】イイ〔他ラ四〕〔ら・り・る・る・れ・れ〕手紙や使いの者を通して相手に伝える。言い送る。例「かへでのもみぢのいとおもしろきを折りて、女のもとに道より——・る」〈伊勢・二〇〉訳 楓(かえで)の紅葉(もみじ)がたいそう美しいのを折って(添えて)、女の所に(旅の)途中から歌を詠み送る。

いひ‐よ・る【言ひ寄る】イイ〔自ラ四〕〔ら・り・る・る・れ・れ〕❶物を言いながら近寄る。例「『ここなる物取り侍(はべ)らむ』など——・りて」〈枕草子・正月一日は〉訳「ここにある物を取りましょう」などと言いながら近寄り。
❷(異性に)言葉をかけて親しみ近づく。求愛する。
❸頼み込む。例「いみじくゆかしけれど、え——・らぬに」〈更級・大納言殿の姫君〉訳 ひどく読みたいと思ったけれども、口に出してはとても頼めないでいたが。

いひ‐わた・る【言ひ渡る】イイ〔自ラ四〕〔ら・り・る・る・れ・れ〕❶言い続ける。いつも言う。例「女は『男を捨ててはいづちか行かむ』とのみ——・りけるを」〈大和・一四八〉訳 女は「(夫の)あなたを捨ててはどこへ行くことができましょうか」とばかり言い続けてきたが。
❷(異性に)言い寄り続ける。求婚し続ける。例「何の入道(にふだう)とかやいふ者の娘かたちよしと聞きて、人あまた——・りけれども」〈徒然草・四〇〉訳 某(なにがし)の入道とかいう者の娘が美貌(びぼう)であるということを聞いて、多くの人が求婚し続けたということだが。

いひ・ゐる【言ひ居る】イイイル〔他ワ上一〕〔ゐ・ゐ・ゐる・ゐる・ゐれ・ゐよ〕言って座っている。例「大方、聞きにくく見苦しき事、老人(おいびと)の若き人に交りて、興あらむと物——・ゐたる」〈徒然草・一一三〉訳 およそ、聞きにくく見苦しい事は、老人が若い人にまじって、おもしろがらせようとして何か言って座っていることだ。

飯尾宗祇(いひをそうぎ)イイオソウギ【人名】⇩宗祇(そうぎ)

い・ふ【言ふ】イウ〔自ハ四〕〔は・ひ・ふ・ふ・へ・へ〕❶(意思を)言葉で伝える。言う。話す。例「よき人のよしとよく見てよしと——・ひし吉野よく見よよき人よく見」〈万葉・一・二七〉訳 (昔の)すぐれた人がよい所であると、よく見てよいと言った吉野を、よく見なさい。(今の)立派な人よ、よく見なさい。注 最後ノ「見」ハ「見よ」ノ意。
❷名付ける。称する。呼ぶ。例「いと大きなる川あり、それを隅田川と——・ふ」〈伊勢・九〉訳 たいそう大きな川があり、それを隅田川と呼ぶ。
❸世間で評判している。うわさする。例「とかく世の中に——・ふことありければ」〈大和・四三〉訳 あれこれと(二人の関係を)世の中でうわさしたので。
❹(詩歌を)詠む。吟ずる。また、作る。例「唐歌(からうた)声上げて——・ひけり」〈土佐・十二月二十六日〉訳 (送別の宴で人々は)漢詩を声をあげて吟じた。
❺(男女間で)言い寄る。求婚する。また、情を交わす。例「いとねむごろに——・ひける人に、『今宵(こよひ)会はむ』と契りたりけるに」〈伊勢・二四〉訳 たいへん心をこめて言い寄った人(=男)に、「今夜会いましょう」と約束したところ。
❻とりたてて問題にする。区別する。例「ぬばたまの夜昼と——・はず思ふにし我が身は痩(や)せぬ」〈万葉・四・七二三長歌〉訳 夜昼という区別なく心配しているうちに、私の体はやせてしまった。
❼事物・状況を指定する。…である。…というわけである。…という状態でいる。例「秋の夜(よ)も名のみなりけり逢(あ)ふと——・へば事ぞともなく明けぬものを」〈古今・恋三・六三五〉訳 (長いといわれる)秋の夜も名前だけだった(=短カ

ッタ)なあ。(恋人と)逢っていると、これということもなく(＝アッケナク)明けてしまったものだから。

いはむ方無・し なんとも言いようがない。例「――・くむくつけげなるもの来て、食ひかからむとしき」〈竹取・蓬萊の玉の枝〉訳なんとも言いようもなく恐ろしそうなものが来て、(私に)食いかかろうとした。

いふ方無・し (良い意味でも、悪い意味でも)言葉に表せないほど大変だ。言いようもない。例「あながちなる御心ばへを『――・し』と思ひて泣くさまなど、いとあはれなり」〈源氏・帚木〉訳無理強いする(光源氏の)お気持ちを「言いようもなくひどい」と思って泣く(空蟬の)姿などは、何ともかわいそうだ。

いふもおろか・なり 《「おろかなり」は不十分であるの意》いくら言っても言い尽くせない。言うまでもない。例「博士の才あるは、いとめでたしと――・なり」〈枕草子・めでたきもの〉訳博士で学識がある人は、とてもすばらしいのは言うまでもない。

いへばえに 《和歌用語。「えに」は、動詞「得」の未然形「え」に打消しの助動詞「ず」の古い連用形「に」の付いたもの》口に出して言おうとすれば、とても言い表せず。言うに言われず。例「――言はねば胸に騒がれて心一つに嘆くころかな」〈伊勢・三四〉訳口に出して言おうとすると言うことができないで、言わないとこれまた胸の中は思い乱れて、私一人の心の中だけで思い嘆いている今日この頃ですよ。

いへばおろか・なり 「言ふもおろかなり」に同じ。例「行くへも知らずちりぢり別れ給ふ、あるは御髪おろしなど、すべて――・にいみじ」〈蜻蛉・中・安和二年〉訳行方も知れずちりぢりにお別れになったり、あるいは出家なさるなど、すべてが言い尽くせないくらい痛ましい。

いへば更・なり 言葉にすると、いまさらめいて変だ。あらためて言うまでもない。「言ふもさらなり」とも。例「つらつき、まみの薫れるほどなど、――・なり」〈源氏・薄雲〉訳(明石の姫君は)顔だちや、目もとが表情に富んで美しい様子などは、言うまでもなくすばらしい。

いぶか・し

【訝し】〔形シク〕《「いぶかる」「いぶせし」と語源が同じ語。上代では「いふかし」》❶気がかりである。心もとない。例「相見ずて日長くなりぬこのころはいかに幸くや――・し我妹」〈万葉・四・六四八〉訳逢わないで久しくなりました。この頃はどうですか、元気ですか。気がかりです、あなたのことが。

❷(よく分からないことを)はっきりさせたい。心が引かれる。知りたい。見たい。例「上達部・殿上人、珍しく――・しき事にして、我も我もとつどひ参り給へり」〈源氏・少女〉訳上達部や殿上人が、珍しく思い、また知りたい事だと思って、我も我もと集まっておいでになった。

❸よく分からない。不審である。例「かうさだ過ぐるまでなどさしも乱るらむと、――・しく覚え給ひければ」〈源氏・紅葉賀〉訳このように年の盛りを過ぎるまで、なぜそんなに淫乱なのかと、不審にお感じになったので。

いふかた-な-し【言ふ方無し】⇩「いふ」子項目

いふ-かひ【言ふ甲斐】〔連語〕話題に取り上げるだけの値打ち。話のしがい。例「さてその紛れに、我も人も命堪へずなりなましかば、――あらまし世かは」〈源氏・若菜・上〉訳もし(須磨へ下った)あの騒ぎに紛れて、私(＝紫ノ上)も殿(＝光源氏)も命がもちこたえられなくなって(死んで)しまっていたならば、話のしがいもない二人の仲であっただろうに。

いふかひ-な・し

【言ふ甲斐無し】〔連語〕

> 言うだけの価値がない、が原義。そこで言ってもなんにもならない、どうすることもできない、の意となり、そこから卑しい、貧しいの意も生まれてくるようになる。

❶ⓐ**言ってもなんにもならない。どうすることもできない。** 例「あまりつつまぬ御気色の、――・ければにやあらむ、深うも怨じ聞こえ給はず」〈源氏・葵〉訳(光源氏の)あまり隠しだてしないお振る舞いが、文句を言ってもはじまらないほどであるからか、(葵の上は)そんなにも恨み言を申し上げなさらない。

ⓑ(「いふかひなくなる」の形で)「死ぬ」ことの間接的表現。例「若き御心にて、――・くなりぬるを見給ふに、やるかたなくて」〈源氏・夕顔〉訳(光源氏は)お若いことだから、(夕顔が)とり返しのつかない事になったのをご覧になると、(悲しさを)どうしようもなくて。

❷言葉にならないほどひどい。**なんとも言いようがない。** 例「聞きしよりもまして、――・くぞ毀れ破れたる」〈土佐・二月十六日〉訳(留守にしていた家は)噂に聞いていた以上に、なんともお話にならないほど壊れ傷んでいる。

❸劣悪・粗末・未熟なさま。**話にならない。しようがない。つまらない。** 例「――・き声引き出でて、歌ひて行く」〈蜻蛉・中・天禄元年〉訳なんとも聞くに耐えない声を張り上げて、歌って行く。

❹卑賤・貧困なさま。しがない。卑しい。貧しい。例「もろともに――・くてあらむやは」〈伊勢・二三〉訳(親を失った妻と)二人で貧しい生活を続けて行くわけにはいかない。

❺それにふさわしくない。身分不相応だ。例「あはれ、これは――・き我らが念仏して居たるを妨げんとて、魔縁の来たるにてぞあるらむ」〈平家・一・祇王〉訳ああ、これはそんな柄でもない我々が念仏して暮らしているのを邪魔しようと、魔物が来たもののようです。

いぶか・る【訝る】〔自ラ四〕{ら・り・る・る・れ・れ}《上代は「いふかる」》事情がわからず気がかりに思う。不審に思う。怪しむ。例「日ごろ内裏にも参り給はず、このわたりにもまた物し給はざりつれば、――・り申しつるになむ」〈宇津保・吹上・上〉訳近頃宮中にも参上なさらないし、ここにもまたおいでにならなかったので、不審にお思い申していたところ。

伊吹山〔山名〕滋賀県と岐阜県の境にある山。『古事記』に倭建命が東征から帰る時、この山の神と争い大氷雨にうたれて亡くなるという伝説が見られる。上代から薬草の自生地として知られる。この山から採れる蓬が灸のもぐさの原料として名高く、

伊吹山

「さしも草」と「伊吹山」とを結びつけて、「言ふ」や「燃ゆ」の掛詞・縁語として用いられる。歌枕。

い-ぶ・く【息吹く】〔自カ四〕{か・き・く・く・け・け}（上代では「いふく」）❶息を吹く。呼吸する。例「――く気息(いき)、朝霧に似たり」〈日本書紀・雄略・即位前〉訳呼吸する息は、朝霧に似ている。
❷風が吹きつける。例「神風に――き惑(まと)はし」〈万葉・二・一九九長歌〉訳(伊勢神宮から)神風を吹きつけて(敵を)まどわし。

いぶせ-げ〔形動ナリ〕むさ苦しい。きたならしい。例「裏は塵(ちり)積もり、虫の巣にて――なるを、よくはきのごひて」〈徒然草・二三八〉訳(古い額(がく)の)裏は塵が積もり、虫の巣できたならしくなっているのを、よく払いふきとって。

いぶせ・し〔形ク〕類いぶかし・おぼつかなし　対やすし

> 何か胸につかえる感じで、心が晴れず、うっとうしい意を表す。「いぶかし」「いぶかる」と語源が同じで、すっきりしない、の意は三者に共通する。

❶**気にかかって心が晴れない。気分がすっきりしない。**例「たらちねの母が飼ふ蚕(こ)の繭隠(こも)り――くもあるか妹(いも)に逢(あ)はずして」〈万葉・一二・二九九一〉訳母の飼っている蚕(かいこ)が繭(まゆ)にこもって身動きできないように心が晴れない、あの娘に逢わずにいて。
❷気持ちが悪い。不愉快である。うっとうしい。例「旅の宿りはつれづれにて、庭の草も――き心地するに」〈源氏・東屋〉訳旅の宿(＝浮舟(ウキフネ)ノ隠レ家)は所在なくて、庭の草までうっとうしい気分がする上に。

いふ-ばかり-な・し【言ふ計り無し】(イウ)〔連語〕いくら言っても言い尽くせない。言いようがない。例「おもしろくいかめしきこと――・し」〈宇津保・田鶴の群鳥〉訳(大饗(たいきょう)の儀式は)立派でおごそかなことは言いようがないほどだ。

いふ-べき-かた-な・し【言ふべき方無し】(イウ)〔連語〕（「べき」は可能の助動詞）何とも言いようがない。例「ほととぎすは、なほさらに――・し」〈枕草子・鳥は〉訳ホトトギスは、やはり何とも(そのすばらしさは)言いようがない。

いふ-べき-に-も-あら・ず【言ふべきにもあらず】(イウ)〔連語〕（「べき」は可能の助動詞「べし」の連体形、「に」は断定の助動詞「なり」の連用形）(言うことができそうなことでもない意から)言い表しようがない。言いようもなくすばらしい。例「冬はつとめて。雪の降りたるは、――・ず」〈枕草子・春はあけぼの〉訳冬は早朝(がよい)。雪の降ったのは、(そのよさは)あらためて言うまでもなく。

いふ-べく-も-あら・ず【言ふべくもあらず】(イウ)〔連語〕（「べく」は可能の助動詞「べし」の連用形）「いふべきにもあらず」に同じ。例「内々のしつらひには、――・ぬ綾織物(あやおりもの)に絵をかきて、間(ま)ごとに張りたり」〈竹取・竜の首の玉〉訳屋内の飾りは、言いようもなくすばらしい綾織物に絵を描き、柱と柱の間ごとに張ってある。

いふ-も-おろか・なり【言ふもおろかなり】(イウモ)⇒「いふ」子項目

いふ-も-さら・なり【言ふも更なり】(イウモ)〔連語〕⇒いへばさらなり

いへ【家】(イエ)〔名〕❶家族が生活する建物。住まい。住宅。
❷家でともに生活する者。家族。転じて、家庭。例「何の興ありてか、朝夕君に仕へ、――を顧(かへり)みる営みのいさましからん」〈徒然草・五八〉訳(現世の迷いから離れようとするなら)なんの興味があって、朝夕主君に仕えたり、家庭を心配したりする営みに気のりするだろうか。
❸妻。主婦。例「左大臣の――昔よりよろしからず、心聞こゆる人なり」〈宇津保・忠こそ〉訳左大臣の妻は昔から良くなくて、その性格が(悪い)評判になっている人である。
❹家柄。特に、格式の高い家柄。名門。例「高き――の子として、官冠(つかさかうぶり)心にかなひ」〈源氏・少女〉訳高貴な家柄の子として生まれ、官職と位階も願いのままで。
❺(出家(しゅっけ)した僧尼に対して)在家(ざいけ)。俗世。例「ひとたび――を出(い)で給ひなば、仮にもこの世をかへりみむとは思(おぼ)しおきてず」〈源氏・御法〉訳いったん俗世を離れて出家してしまいになったら、仮そめにもこの俗世を振り返ってみようとはお考えになるつもりはない。⇒やど要点

いへ-あるじ【家主】(イエ)〔名〕一家の主人。「いへぬし」とも。例「――なれば、案内を知りて、あけてけり」〈枕草子・大進生昌が家に〉訳(生昌(なりまさ)は)この家の主人だから、家の中の勝手を知っていて、(襖(ふすま)を)あけてしまった。

いへ-ぢ【家路】(イエジ)〔名〕家へ向かう道。例「天の河打橋渡し妹(いも)が――止まず通はむ時待たずとも」〈万葉・一〇・二〇五六〉訳天の川に板の橋を渡して、妻(＝織女)の住む家への道を私は絶えず通いましょう、七月七日の時を待たなくても。注牽牛(ケンギュウ)星ノ身ニナッテヨンダ歌。

いへ-づかさ【家司】(イエ)〔名〕「けいし(家司)」に同じ。

いへ-づと【家苞】(イエ)〔名〕（「つと」は包んだもの）我が家へのみやげ。例「わらびを折り、木(こ)の実を拾ひて、かつは仏に奉り、かつは――とす」〈方丈記・勝地は主なければ〉訳ワラビを折り取ったり、木の実を拾ったりして、一つは仏前にも供え、また一つは土産(みやげ)にもする。

いへ-とうじ【家刀自】(イエ)〔名〕（「いへとじ」とも）主婦。夫人。例「美相(びさう)なき――の」〈源氏・帚木〉訳(身だしなみを気にもかけず美しさのかけらもない世話女房で。

いへ-とじ【家刀自】(イエ)〔名〕⇒いへとうじ

いへ-ども【雖も】(イエ)〔連語〕（「言ふ」の已然形＋接続助詞「ど」。助詞「と」についた形で接続助詞のように用いられる）仮定または確定の逆接条件を表す。たとい…であっても。…にもかかわらず。例「懈怠(けだい)の心、みづから知らずと――、師これを知る」〈徒然草・九二〉訳なまけ心というものは、自分では気づかなくても、先生はそれをよく知っているものだ。

いへ-ぬし【家主】(イエ)〔名〕❶⇒いへあるじ
❷(近世語)貸家の持ち主。大家(おおや)。

いへ-の-かぜ【家の風】(イエ)〔連語〕（「家風」の訓読）その家に代々伝わる流儀。その家の伝統。家風。

いへ-の-こ【家の子】(イエ)〔名〕❶一つの家に生まれた人達。一門の子弟。
❷格式の高い家に生まれた人達。良家の子弟。平安文学ではもっぱらこの意味で用いられる。例「すべてさるべき宮達の御子ども、――の君達、みな選び出(い)で給ふ」〈源氏・若菜・下〉訳すべてしかるべき宮家のお子様達、また良家の若君達を、皆お選び出しになる。
❸親しく召しかかえられる人。家臣。家来。例「内外(げない)許されたる若き男ども――など、あまた立ちつづきて」

〈枕草子・正月に寺にこもりたるは〉[訳]奥向き外向きの出入りを許されている若い男達や家来などが、大勢あとにずうっとつづいて。
❹武家で、その家の直系に対して、従者の身分である同門の人達。「家人(けにん)」とも。[例]「調味して――侍(さぶらひ)どもに食はせられけり」〈平家・一・鱸〉[訳]料理して同門の人々や侍どもに食べさせなさった。

いへ-の-しふ【家の集】イエ:シュウ〔名〕個人の和歌を集めたもの。私家集。自撰のほか後代の他撰もある。『貫之(つらゆき)集』『山家集』『金槐(きんかい)和歌集』など。

いへ-ば-えに【言へばえに】イエバ: ⇩「いふ」子項目

いへ-ば-おろか-なり【言へばおろかなり】イエバ: ⇩「いふ」子項目

いへ-ば-さら-なり【言へば更なり】イエバ: ⇩「いふ」子項目

いへ-びと【家人】イエ:〔名〕❶同じ家に住む人。家族。[例]「――に恋ひ過ぎめやもかはづ鳴く泉の里に年の経(へ)ぬれば」〈万葉・四・六九六〉[訳]家の者を思わずにいられようか、カワズの鳴く泉の里(=京都府相楽郡ノ木津川ニ沿ッタ地)に来て年月が過ぎたので。
❷貴族の家に召し使われている人。家人(けにん)。[例]「――、随身、童(わらは)、皆失ひつらむものを」〈宇津保・祭の使〉[訳]召使い、護衛官、子供、皆失ってしまうだろうに。

いへ-ゐ【家居】イエイ〔名〕家に住むこと。また、その住まい。住宅。[例]「――のつきづきしくあらまほしきこそ、仮の宿りとは思へど、興あるものなれ」〈徒然草・一〇〉[訳]住居(の造り)が(その主人に)似つかわしく理想的なのは、(家は仮の世の)一時の宿にすぎないものだとは思うものの、(やはり)趣深いものである。

い-ほ【五百】オ:〔名〕五百(ごひゃく)。また、数の多いこと。「枝」「日(か)」などに接頭語のように付いて、複合語となることが多い。[例]「棚機(たなばた)の――機(はた)立てて織る布の秋さり衣誰(たれ)か取り見む」〈万葉・一〇・二〇三四〉[訳]織姫(おりひめ)が多くの布織機を立てて織る布で作る秋用の衣は、誰が手に取って着るのだろうか(もちろん彦星である)。

いほ【庵・廬】イオ〔名〕「いほり」に同じ。[例]「我が――は都の辰巳(たつみ)しかぞ住む世を宇治山と人は言ふなり」〈古今・雑下・九八三〉[訳]私の仮住まいは、都(=京都)の東南、(そこで)このように(世の煩わしさから解放されて)暮らしている。(それなのに)世の中を「憂し(=ツライ)」と思って逃れ住む宇治山だと人々は言うようだ。[注]喜撰(きせん)法師ノ作、『百人一首』所収。

いほ-え【五百枝】イオ:〔名〕数多くの枝々。[例]「三諸(みもろ)の神名備山(かむなびやま)に――さししじに生ひたるつがの木の」〈万葉・三・三二四長歌〉[訳]神のいます三諸の神名備山にたくさんの枝が、すきまもなく生い茂っているツガの木の名のように。

いほ-へ【五百重】イオエ〔名〕いくえにも重なっていること。[例]「池の辺(へ)の松の末葉(うらば)に降る雪は――降り敷け明日さへも見む」〈万葉・八・一六五〇〉[訳]池のほとりの松の葉先に降る雪は、幾重にも降り積もれ、(今日だけでなく)明日もまた見よう。

いほり【庵・廬】イオリ〔名〕❶かりそめに宿ること。また、そのために草木で造った粗末な仮小屋。[例]「舟泊(は)ててかし振り立てて――せむ名古江(なごえ)の浜辺過ぎかてぬかも」〈万葉・七・一一九〇〉[訳]舟を止め、かし(=舟ヲツナグ杭(クイ))を振り水中に突き立てて仮の宿をとろう、名古江(=未詳)の浜辺はその美しい景色のために素通りできないことだ。
❷僧や隠者などの世捨て人が住む、ささやかな家。草庵(そうあん)。[例]「遥(はる)かなる苔(こけ)の細道を踏み分けて、心細く住みなしたる――あり」〈徒然草・一一〉[訳]はるか向こうまで続いている苔むした細道を踏み分けて、心細くなるような感じにして住んでいる庵があった。[例]「寂しさにたへたる人のまたもあれな――ならべん冬の山里」〈新古今・冬・六二七〉[訳]私のように寂しさに耐えている人がほかにもいるといいなあ。いたら、その人と庵をならべて住もう、この冬の山里で。

いほ・る【庵る】イオル〔自ラ四〕{ら・り・る・る・れ・れ}仮小屋を建てて住む。仮小屋で泊まる。[例]「河口の野辺(のへ)に――・りて夜の経れば妹(いも)が手本(たもと)し思ほゆるかも」〈万葉・六・一〇二九〉[訳]河口の野辺で仮小屋に泊まって幾夜にもなったので、妻の手枕が懐かしく思われることだ。

いま

【今】■一〔名〕❶現在。また、現代。[例]「古(いにしへ)を仰ぎて、――を恋ひざらめかも」〈古今・仮名序〉[訳](未来の人々が)過去の時代を敬い、(古今集の編纂された)現代を恋い慕わないことがあろうか。
❷(古いもの、前のものに対して)新しいもの。新しいこと。[例]「前(さき)の守(かみ)・――のも、もろともに降りて」〈土佐・十二月二十六日〉[訳]前任の国守も新しい国守も、ともに(庭に)降りて。
❸ちょっと前。さっき。先ほど。[例]「――の三色(みいろ)の物を賜らずは、今夜のありさま告げん」〈西鶴・好色五人女・四・二〉[訳]さっきの三種の品物(=銭、カルタ、饅頭(マンジュウ))をくださらなかったら、今宵(こよい)の(密事の)有様をいってやる。
■二〔副〕❶ただ今。目下。現在。[例]「梅の花――盛りなり百鳥(ももとり)の声の恋(こほ)しき春来たるらし」〈万葉・五・八三四〉[訳]梅の花はただ今満開だ。たくさんの鳥の声の恋しい春が来たらしい。
❷**まもなく。すぐに。**[例]「――、秋風吹かむ折ぞ来(こ)むとする。待てよ」〈枕草子・虫は〉[訳]まもなく、秋風が吹く時分に(迎えに)来ようと思う。待っていなさい。
❸**さらに。なお。もう。**[例]「――一声(ひとこゑ)。聞きはやすべき人のある時、手な残(この)い給ひそ」〈源氏・帚木〉[訳]もう一曲(お願いしたい)。聞いてもてはやすことのできる人がいる時に、曲の出し惜しみをなさいますな。
❹新たに。新しく。新規に。[例]「片方(かたへ)はなくなりにけり。――生(お)ひたるぞまじれる」〈土佐・二月十六日〉[訳](昔生えていた松も)一部はなくなってしまっていた。新たに生えたのがまじっている。
■三〔接頭〕(名詞に付いて)新しい、今度の、現在の、などの意を表す。「――后(きさき)」「――姫君」「――内裏(だいり)」「――参り」など。

今は限(かぎ)り ❶もうこれまで。これが最後だ。[例]「散らねどもかねてぞ惜しきもみち葉は――の色と見つれば」〈古今・秋下・二六四〉[訳]まだ散ってはいないけれども、散らぬさきから惜しい気がすることだ。美しい紅葉はもうこれまでの色と見えるので。
❷人の最期。臨終。

今将(はた) (「はた」は副詞)今はまた。今はもう。

今は昔(むかし) **説話や物語などの、冒頭のきまり文句。今からみると昔の事だが。**[例]「――、竹取の翁(おきな)といふ者ありけり」〈竹取・かぐや姫の生ひ立ち〉[訳]今となっては昔の事だが、竹取の翁という人がいた。

要点「今」は話している現在のこと。また、「今」はその話の内容の存在した時点を指すとして、「この話の時は昔なのだが」の意と解する説もある。

いまいま・し【忌忌し】〔形シク〕《動詞「い（忌）む」と語源が同じ語》

> 動詞「忌（い）む」を重ねて形容詞化した語。本来は、不吉な物事を嫌う気持ちを表す。現代語の「いまいましい」も、単に「腹立たしい」意ではなく、「のろいたいくらいだ」という気持ちを含んでいる。

❶**忌み慎まなければならない**。遠慮すべきである。はばかりがある。例「ゆゆしき身に侍れば、かくておはしますも、──しう、かたじけなくなむ」〈源氏・桐壺〉訳（娘の桐壺更衣（きりつぼのこうい）の死の喪（も）に服している）不吉な身ですので、（若君が）ここにこうしておられるのも、はばかりがあり、もったいなく（ございます）。

❷**縁起が悪い。不吉である**。例「聞くも──しう恐ろしかりし事どもなり」〈平家・五・都遷〉訳聞くのでさえ不吉で恐ろしいことであった。

❸いやらしい。憎たらしい。例「あな──し。打手（うって）の大将軍の矢一つだにも射ずして、逃げのぼり給ふうたてしさよ」〈平家・五・五節之沙汰〉訳まあいやだ。討伐の大将軍が矢の一本さえも射ないで、都へ逃げ帰っておしまいになるなんて情けないことよ。

❹悔やまれる。残念である。例「食はざらむは──しき事なり」〈今昔・二九・二七〉訳（ウサギを生かしておいて）食べないでいるのは残念なことだ。

今鏡（いまかがみ）【書名】平安後期の歴史物語。十巻。藤原為経（寂超）の作とする説が有力。一一七〇年（嘉応二）成立。『大鏡』の影響を強く受け、その語り手である大宅世継（おおやけのよつぎ）の孫娘が語る形をとっている。後一条天皇の一〇二五年（万寿二）から、高倉天皇の一一七〇年に至る百四十六年間を記述する。

いまさう・ず【坐さうず】（イマソウズ）□一〔自サ変〕（ぜ・じ・ず・ずる・ずれ・ぜよ）《動詞「います」に「あふ」の付いた「いましあふ」の連用形にサ変動詞「す」が付いた「いましあひす」が変化した形。主語は普通複数》いらっしゃる。例「いとよく参りたる御房（ごばう）達も──じけり」〈大鏡・道長・下〉訳とてもたくさん召し上がった坊さん達もいらっしゃった。

□二〔補助サ変〕…ていらっしゃる。例「『心おごりなむする』と宣（のたま）ひ──じける」〈大鏡・道長・上〉訳「誇らしい気持ちがする」とおっしゃっておられた。⇒おはさうず

いま-さら【今更】□一〔形動ナリ〕今となっては仕方がない。改めて…しても仕方がない。例「まだかかるものをこそ思ひ侍（はべ）らね。──なる身の恥になむ」〈源氏・紅葉賀〉訳まだこれほどの物思いをしたことがございません。今となってはどうにもならない身の恥でございます。

□二〔副〕❶今になってまた。例「昔の枕のさながら変はらぬを見るも──悲しくて」〈十六夜日記〉訳昔の枕がそのままに変わっていないのを見るのも今さらながら悲しくて。

❷今はじめて。あらたまって。例「──の人などのある時」〈徒然草・七八〉訳新参の人などがある時。

いまし【汝】〔代名〕〔上代語〕《人称代名詞。対称》親しんでいう語。おまえ。あなた。例「駿河（するが）の海磯辺（おしへ）に生（お）ふる浜つづら──を頼み母に違（たが）ひぬ」〈万葉・一四・三三五九〉訳あなたのことを頼みにして、私は母と仲違（なかたが）いをしてしまった。注静岡県ノ東歌（アズマウタ）。「おしへ」ハ「いそへ」ノ東国方言。「浜つづら」マデハ「頼み」ヲ導ク序詞。

いまし-か・り【在しかり】〔自ラ変〕（ら・り・り・る・れ・れ）《「いましがり」とも》⇒いますかり

いまし・む【戒む】〔他マ下二〕（め・め・む・むる・むれ・めよ）❶あやまちを起こさないように注意を与える。教えさとす。忠告する。いさめる。注意する。例「『あやまちして、見む人のかたくななる名をも立てつべきものなり』と──む」〈源氏・帚木〉訳「（浮気っぽい女は）間違いを起こして、夫がばかだという評判までもきっと立ててしまうものです」と教えさとす。

❷あやまちのないように用心する。警戒する。例「みづから──めて、恐るべく慎むべきは、この惑ひなり」〈徒然草・九〉訳自ら用心して、恐れもし慎みもしなければならないのは、この（＝男女ノ愛欲ニカカワル）迷いである。

❸禁じる。制止する。例「かやうの事は──めたるこそよけれ」〈栄花・花山尋ぬる中納言〉訳こんな事は禁止した方がよい。

❹とがめる。しかる。例「ありし暁（あかつき）のこと──めらるるは」〈枕草子・故殿の御服のころ〉訳例の明け方のことをおしかりになるのだよ。

❺縛る。閉じ込める。例「根元与力の者なりければ、殊に強う──めて、坪の内にぞ引っすゑたる」〈平家・二・西光被斬〉訳（西光法師は）最初から首謀者として参加した者だったので、特に強く縛って、中庭の内に引きすえた。

いましめ【戒め・警め】〔名〕《動詞「いましむ」の連用形の名詞化》❶前もって教え示すこと。教訓。訓戒。例「この──、万事にわたるべし」〈徒然草・九二〉訳この教訓は、すべての事にあてはまるはずである。

❷とどめ抑えること。禁制。禁戒。例「宮のうちに召さむことは、宇多の帝（みかど）の御──あれば」〈源氏・桐壺〉訳宮中に（外国人を）お召しになるようなことは、宇多天皇のご禁制があるので。注宇多天皇ノ「寛平御遺誡（かんぺいのごゆいかい）」ノコト。ソノ中ニ外国人ト会ウ場合ハ、御簾（ミス）ヲ隔テテ会イ、直接対面シテハナラナイト有ル。

❸用心して守ること。警備。警戒。例「その程も、これがうしろめたければ、おほやけ人・すまし・長女（をさめ）などして、たえず──にやる」〈枕草子・職の御曹司におはします頃、西の廂にて〉訳宮中に伺候している間も、この（雪の山の）ことが気がかりなので、宮仕えの女官、すまし（＝洗濯ヤ清掃ナドヲスル下級女官）、長女（＝下級女官ノ長タル老女）などを使って、絶え間なく見張りに行かせる。

❹（人体の自由を束縛して）縛ったり閉じこめたりして懲らしめ罰すること。処罰。懲戒。例「──をかうぶること十二年」〈平家・五・咸陽宮〉訳幽閉されること十二年。

い-ま・す【坐す】《上代の尊敬の動詞「坐（ま）す」に接頭語「い」が付いて一語化したもの》□一〔自サ四・サ変〕（さ・し・す・す・せ・せ／せ・し・す・する・すれ・せよ）❶（「あり」の尊敬語）**おいでになる。いらっしゃる**。例「高光る我が日の皇子（みこ）の──しせば島の御門（みかど）は荒れざらましを」〈万葉・二・一七三〉訳我が日の御子（＝日並皇子（ヒナミノミコ））がご存命だったら、島の宮は荒れなかっただろうに。

❷（「行く」「来（く）」の尊敬語）**おいでになる。いらっしゃる**。例「足柄の八重山越えて──しなば誰（たれ）をか君と見つつ

しのはむ」〈万葉・三〇・四四〇〉訳（あなたが）足柄の八重山を越えてお行きになったら、誰をあなたの代わりと見て思い慕えばよいでしょうか。

二〔補動サ四・サ変〕(さ・し・す・す・せ・せ / せ・し・す・する・すれ・せよ)《活用語の連用形、またはそれに助詞「て」の付いた形に続いて》…て(で)いらっしゃる。…て(で)おいでになる。例「をこなりと見てかく笑ひ──・するが、恥づかし」〈枕草子・関白殿、二月二十一日に〉訳馬鹿だと思ってこのように笑っていらっしゃるのが、きまりが悪い。

三〔他サ下二〕(せ・せ・す・する・すれ・せよ)《「あらしむ」「行かしむ」の謙譲語》いらっしゃるようにさせる。おいでになっていただく。例「他国(ひとくに)に君を──・せていつまでか我(あ)が恋ひをらむ時の知らなく」〈万葉・一五・三七四九〉訳他国にあなたをお行かせして、いつまで私は恋い焦がれていることになるのでしょうか、その時もわかりません。

四〔補動サ下二〕(せ・せ・す・する・すれ・せよ)《動詞の連用形に付いて》…ていらっしゃるようにさせる。例「いかならむ時にか妹(いも)を葎生(むぐらふ)の汚き宿に入れ──・せてむ」〈万葉・四・七五九〉訳どのような時になったら、あなたを雑草の茂ったむさくるしい我が家にお迎えできるのだろうか。

要点 **一**の自動詞の用法は、奈良時代では四段、平安時代以降はサ変に活用した。ただし、平安時代以降でも、漢文を訓読した文章では四段に活用する。**三**の他動詞の用例は、平安時代以降は数少ない。類義語に「ます」「おはす」がある。「ます」は奈良時代に使われ、平安時代の仮名文学では「おはす」が多く用いられた。「います」よりも「おはす」の敬意の方が高いといわれる。

いま-す-か・り【在すかり】〔自ラ変〕(ら・り・り・る・れ・れ)《「いまそがり」とも》

一〔自ラ変〕《「あり」の尊敬語》いらっしゃる。おいでになる。例「本院の北の方の御妹(みおと うと)の、童名(わらはな)をおほふねといふ、──・りけり」〈大和・一四〉訳本院の北の方の妹で、幼名をおおふねという方が、おいでになった。

二〔補動ラ変〕《用言および断定の助動詞の連用形に付いて》…ていらっしゃる。…でいらっしゃる。例「気色(けしき)ばみ──・れども、え書き並べじものをや」〈源氏・梅枝〉訳（お二人が）自信たっぷりでいらっしゃっても、（私にだって）同じ程度に書けないことはなかろう。

参考 「いまそかり」「いますがり」とも。動詞「います」の連体形「います」＋格助詞「が」＋ラ変動詞「あり」が変化した形とも、「います」＋「か(処)」＋「あり」からの成立ともいう。なお、ラ変動詞は「あり」「をり」「はべり」と「いますかり(いまそかり・いましかり)」「みまそかり(みますかり)」だけである。

いまそ-か・り【在そかり】〔自ラ変〕(ら・り・り・る・れ・れ)《「いまそがり」とも》「いますかり」に同じ。例「その帝(みかど)の御子(みこ)崇子(たかいこ)と申す──・りけり」〈伊勢・三九〉訳その帝の御子に崇子(＝人名)と申し上げる方がいらっしゃった。

いま-だ【未だ】〔副〕今でも。まだ。例「谷近く家は居(を)れども木高(こだか)くて里はあれどもほととぎす──来鳴かず」〈万葉・一九・四二〇九長歌〉訳谷に近く住んではいますが、里は木が高く茂っているのだけれど、ホトトギスはまだ来て鳴きません。

いま-だいり【今内裏】〔名〕皇居が焼けた時などに、仮に設ける御所(ごしょ)。当座の仮御所。例「──の東(ひむがし)をば北の陣といふ」〈枕草子・今内裏の〉訳仮の内裏の東を北の陣(＝北ノ門)という。

いまだ・し

【未だし】〔形シク〕《副詞「いまだ」を形容詞化した形》まだその時期でない。まだそうなっていない。例「母に、──・しきに言ふな」〈源氏・夢浮橋〉訳（あなたの）お母さんには、ほんとかうそかまだはっきりしないうちに話してはいけません。

いま-の-よ【今の世】《連語》❶今の時代。現代。例「──にも昔の世にも、この皮はたはやすく無き物なりけり」〈竹取・火鼠の皮衣〉訳現代も昔も、この皮衣はたやすくは手に入らないものなのでした。

❷現在の天皇。また、その治世。「今上(きんじょう)の御代(みよ)」。

いま-は【今は】《連語》《「は」は係助詞》❶これが最後。これっきり。特に、臨終・最期。例「いかにぞ。──と見果てつや」〈源氏・夕顔〉訳（夕顔は）どうしたか。もう最期だと見きわめてきたか。

❷現在に至っては。今となっては。例「──、いかで見聞かずだにありにしがなと思ふに」〈蜻蛉・上・天暦十年〉訳（夫の兼家(かねいえ)が冷たくなった）今となっては、（兼家が我が家の前を通り過ぎて行くのを）なんとか見たり聞いたりしないでいたいものだと思っているのに。

いま-は-かぎり【今は限り】⇩「いま」子項目

いま-は・し【忌まはし】(イマワシ)〔形シク〕《動詞「いむ」が形容詞化した形》不吉でいやな感じがする。例「あの御浄衣(おんじょうえ)のよに──・しきやうに見えさせおはしまし候ふ」〈平家・三・医師問答〉訳あの白い狩衣(かりぎぬ)が（水にぬれて下がすけて喪服の色に見えるので）はなはだ不吉な様子にお見えでいらっしゃいます。

いま-は-むかし【今は昔】⇩「いま」子項目

いま-ほど【今程】〔副〕このほど。近ごろ。最近。例「面(めん)の額(ひたひ)、長きことあるまじきなり。──、惜しきとて切らざること、をかしきことなり」〈申楽談儀・面の額長き事〉訳能面の額は、長くてはならない。この頃は、もったいないといって切らないが、こっけいな事だ。

いま-まゐり【今参り】(イ・マイリ)〔名〕新しく仕えること。また、その人。新参者。例「──のさし越えて、物知り顔に教へやうなること言ひ、うしろみたる、いとにくし」〈枕草子・にくきもの〉訳新参者が（もとからいる人を）さしおいて、物知り顔で教えるような事を言って、世話をやくようにするのは、とても気にいらない。

いま-めか・し

【今めかし】〔形シク〕《動詞「今めく」を形容詞化した語》

対義語は「ふる(古)めかし」。**現代風(＝当世風)である**、の意。明るく華やかな感じや新鮮な感じを良いと評価する場合(①)が多いが、時には、それを軽薄だ、と否定的に評価する場合(②)もある。

❶**当世風で華やかである。**また、目新しく、しゃれている。例「なかなか長きよりもこよなう──・しきものかな、とあはれに見給ふ」〈源氏・若紫〉訳かえって（一般女性の）長い

髪よりもこの上なく新鮮ですばらしいものだな、と(光源氏は)しみじみとご覧になる。

❷華やかすぎて感心しない。落ち着きがなく軽薄である。浮ついている。例「『人をとらへて立て侍(はべ)らぬなり』とのたまふも、いと――・しく、身のほどに合はず、かたはらいたし」〈枕草子・宮に初めて参りたるころ〉訳「私をつかまえて立たせないのです」と(大納言様が冗談を)おっしゃるのも、随分と若い人みたいで、身分に合わず、きまりが悪い。

❸今さらめいている。わざとらしい。例「――・しき申し事にて候へども、七代(しちだい)まではこの一門をば、いかでか捨てさせ給ふべき」〈平家・三・法印問答〉訳今さらのような言い方ですが、七代まではこの(＝平氏)一門を、どうしてお見捨てになってよいでしょうか。

いま-め・く【今めく】〔自カ四〕{か・き・く・く・け・け}現代的な様子をする。当世風で華やかである。例「あくまでかどかどしく――・き給へる御心にて」〈源氏・絵合〉訳あくまで負けん気の強い現代風のご性格で。

いま-やう

【今様】ウ:ヨ〔名〕❶今の世のやり方、はやり。**現代風。当世風。**例「何事も、古き世のみぞ慕はしき。――は、むげに卑(いや)しくこそなりゆくめれ」〈徒然草・二二〉訳何事でもすべて、古い時代ばかりがなつかしいよ。今の世のやり方は、やたら下品になってゆくようだ。

❷「今様歌(うた)」の略。例「参って――をも謡(うた)ひ、舞などをも舞うて、仏(ほとけ)慰めよ」〈平家・一・祇王〉訳ここへ来て今様も謡い、舞なども舞って、仏御前を慰めよ。

注「仏御前」ハ白拍子(シラビヨウシ)(＝遊女ノ一種)ノ名。

いまやう-うた【今様歌】イマヨウ:〔名〕平安末期に流行した歌謡。七五調四句から成るものが多く、白拍子などによって、独特のリズムをつけて歌われた。後白河上皇の選した『梁塵秘抄』に収められている。

いみ【斎み・忌み】〔名〕《動詞「忌む」の連用形の名詞化》

❶神に対して、身を清め、けがれを避けて慎むこと。斎戒。

❷《転じて》忌み避けるべきこと。禁忌。はばかり。例「長恨歌・王昭君などやうなる絵は、おもしろくあはれなれど、ことの――あるは、こたみは奉らじ」〈源氏・絵合〉訳長恨歌や王昭君などのような絵は、興がつきず趣も深いけれども、内容がはばかられるものは、このたびは(冷泉帝には)さしあげまい。

> 要点　平安以後の用例は、大半が②の意で、陰陽道でいう方角などの障り、近親者の死後にする服喪、出産後の血のけがれに対する禁忌など、忌み慎むべきこと全般につけて見られる。

いみ-ことば【忌み詞・忌み言葉】〔名〕❶宗教上の理由や、不吉な事を連想させたりする理由で、使ってはならないとされる言葉。タブー。例えば、伊勢神宮の斎宮では、「仏」「僧」「経」「死ぬ」などが忌み詞とされ、民間でも婚礼の時には「去る」「帰る」などが忌み詞とされた。

❷①にあたる言葉の代わりに使われる言葉。例えば、斎宮では「仏」「僧」「経」「死ぬ」の代わりに「中子(なかご)」「髪長」「染め紙」「なほる」といい、民間でも「梨(なし)」を「ありの実」、「剃(そ)る」を「あたる」などという。

いみ・じ

〔形シク〕《動詞「い(忌)む」の連用形の名詞「いみ」を形容詞化した語》類ゆゆし

> その様子や状態が、**並の程度ではない**、が基本の意。好ましい場合にも、好ましくない場合にも用いる。何についての程度かは文脈によって異なる。

❶**はなはだしい。激しい。なみなみでない。**例「桜の――・じうおもしろき枝の五尺ばかりなるを」〈枕草子・清涼殿の〉訳桜のなみなみでなく見事に咲いている枝で五尺(＝約一・五メートル)ぐらいのものを。

❷《程度のはなはだしいことを表すが、何の程度かは文脈によって異なる》ⓐ**すぐれている。すばらしい。**はなはだ立派だ。例「時に合ひ、したり顔なるも、みづからは――・じと思ふらめど、いと口惜し」〈徒然草・一〉訳よいめぐりあわせにあたり、得意顔でいるのも、自分でははなはだ立派だと思っているのだろうが、(はた目には)大変くだらない。

ⓑ**とてもうれしい。**非常に喜ばしい。例「――・じからむ心地もせず。悲しくのみある」〈竹取・かぐや姫の昇天〉訳(生まれ故郷の月に帰るにあたり)とてもうれしいというような気持ちもしません。ただ悲しいだけです。

ⓒ**非常にひどい。**とても大変だ。とんでもない。例「忘れたる所もあらば、――・じかるべきことと、わりなう思(おぼ)し乱れぬべし」〈枕草子・清涼殿の〉訳(『古今集』の和歌で)忘れている所でもあったら、それこそ大変なことだと、(女御(にょうご)は)さぞまあご心配なさったにちがいありません。

ⓓ**とても悲しい。**情けない。例「死にけりと聞きて、いと――・じかりけり」〈大和・一六五〉訳(在原業平が)死んだと聞いて、(女は)大変悲しかった。

いみじ-げ〔形動ナリ〕《「げ」は接尾語》とてもひどい、または大変すばらしいと感じられるようす。例「――・にはれ、あさましげなる犬のわびしげなるが、わななきありけば」〈枕草子・上にさぶらふ御猫は〉訳見るからにひどいようすに(体が)はれ上がって、あきれるほどみすぼらしい姿の犬でいかにも悲しそうなのが、震えながら歩いているので。

いみ-な【諱】〔名〕《「忌み名」の意》❶死者の生前の実名。生前、その実名で呼ぶのを慎む習慣があったことから、天皇や貴人の実名。例「後鳥羽院と申すおはしましき。御――尊成(たかなり)」〈増鏡・おどろの下〉訳後鳥羽院と申す方がいらっしゃった。生前のお名前は尊成。

❷死後その人を敬って付ける称号。「おくり名」とも。例「失(う)せさせ給へるのちの御――、淡海公(たんかいこう)と申しけり」〈大鏡・道長・上〉訳(藤原不比等(ふひと)が)お亡くなりになったのちのおくり名は、淡海公と申しました。

い-みゃう【異名】イ:ミョウ〔名〕もともとの名前とは違った別の名前。別名。あだな。例「七徳の舞を二つ忘れたりければ、五徳の冠者(くわじや)と――を付きにけるを」〈徒然草・二二六〉訳(前信濃の守中山行長は、学問が深いという名声が高かったが)「七徳の舞」の(七つの項目のうち)二つを忘れていたので、五徳の冠者とあだながついて。

い・む

{ま・み・む・む・め・め}

> 「斎む」は神に、「忌む」はけがれに、それぞれかかわる語。ともに人間の力の及ばないことに対して使われる。そこから、**慎む、忌み嫌う、**などの意味になる。

■一【斎む】〔自マ四〕けがれを避け心身を清める。心身を清め慎む。例「『所を去りて、――・め』ともいひて」〈今昔・三六・一三〉訳「ここから立ち去って、心身を清め慎め」とも言って。
■二【忌む】〔他マ四〕不吉な事やよくない事として避ける。

いむ-べ【斎部・忌部】〔名〕《「いみべ」の変化した形。「いんべ」とも》祭典をつかさどる氏族の名。例「名を、三室戸（みむろど）――の秋田を呼びて付けさす」〈竹取・かぐや姫の生ひ立ち〉訳名前を、三室戸（にいる）斎部の秋田という人を呼んで付けさせる。

いめ【夢】〔名〕《上代語》「ゆめ」に同じ。例「朝髪の思ひ乱れてかくばかり汝（な）ねが恋ふれぞ――に見えける」〈万葉・四・七二四〉訳寝起きの髪のように思い乱れて、これほどまであなたが恋しがるからこそ、夢に（あなたが）見えたのだね。

いも【妹】〔名〕《女性を親しみをこめて呼ぶ語》あなた。例「――が見し棟（あふち）の花は散りぬべし我が泣く涙いまだ干なくに」〈万葉・五・七九八〉訳いとしい妻が見た棟（＝センダンノ木）の花はきっと散ってしまっただろう、（妻を失って）泣いている私の涙はまだ乾いてもいないのに。

要点 普通は、男性から、姉妹・妻・恋人などに対していう。女性の方から男性を親しんでいう「兄（せ）」に対する。しかし、「妹」には、女性同士が親しみをこめて相手を呼ぶ場合もある。

いも【疱】〔名〕《「いもがさ」の略》天然痘（てんねんとう）。ほうそう。また、その傷跡。あばた。例「月に名を包みかねてや――の神」〈芭蕉〉訳今夜の美しい月に誘われて、醜いあばたの神も、その名を隠しきれずに、ついに姿を現したことだ。注「いも」ハ「芋」ト通ジテ「月」ノ縁語。

いも-うと【妹】〔名〕《「妹人（いもひと）」のウ音便。「いもと」とも》❶男の側から姉妹を呼ぶ語。例「昔、男、――のいとをかしげなりけるを見をりて」〈伊勢・四九〉訳昔、（ある）男が、妹のとても愛らしかったのを見ていて。
❷年下の女のきょうだい。いもうと。

いも-がしら【芋頭】〔名〕サトイモの球茎。おやいも。例「――といふ物を好みて、多く食ひけり」〈徒然草・六〇〉訳芋頭というものを好物にして、たくさん食べた。

いも-がゆ【芋粥】〔名〕ヤマイモを薄く切り、甘葛（あまずら）の汁で煮た粥。宮中や貴族の邸（やしき）でのごちそう。例「この五位、その座にて、――を飲みて、舌打ちをして」〈今昔・二六・一七〉訳この五位の侍（さむらい）は、その座で、芋粥をすすって飲んで、舌つづみを打って。

いも-せ【妹背・妹兄】〔名〕《「妹（いも）」と「兄（せ）」との複合したもの》❶夫婦・恋人など、特別に親しい間柄の男女。例「飽かで別れし――の仲らひ、必ず一つ蓮（はちす）に迎へ給へ」〈平家・九・小宰相身投〉訳満ちたりることなく別れた私ども夫婦の仲ですから、（死後は）必ず同じ蓮の上にお迎えください。
❷妹と兄、また、姉と弟。例「前生（ぜんじょう）の宿世（すくせ）によりてこそは、……――も夫妻（めをと）ともなりけめ」〈今昔・二六・一〇〉訳前世の因縁があればこそ、……兄妹が夫婦にもなったのであろう。

妹背の山（いもせのやま）《山名》和歌山県伊都（いと）郡を流れる紀ノ川（＝吉野川下流）を挟む妹山と背山。一説に、奈良県吉野郡吉野町の、吉野川を挟む妹山と背山。歌枕。

い-も-ね-られ-ず【寝も寝られず】《連語》（「い」は睡眠の意）眠ることもできない。例「庵（いほ）なども浮きぬばかりに雨降りなどすれば、恐ろしくて――・ず」〈更級・門出〉訳小屋なども浮いてしまうほどに大雨が降ったりするので、恐ろしくて眠ることもできない。

いもひ【斎ひ・忌ひ】イモイ〔名〕心身を清め、けがれを避けて慎むこと。物忌み。

いや

〔感〕■一❶《嘆息・詠嘆して言う時に発する語》**いやはや。ほんとうに。**例「――まことに、某（それがし）もかねがね都を見物致したい、致したいと存ずるところに」〈狂言・末広がり〉訳いやはやまったく、私も以前から都を見物したい、したいと思っておりましたので。
❷《何かに気のついた時に発する語》**やっ。おや。そうそう。**例「その時にぞ思ひ出（い）でて、『――、さることあり』」〈今昔・二五・一〇〉訳その時になって思い出して、「そうそう、そういうことがあった」。
❸《呼びかける時に発する語》やあ。例「――これこれ、地下の者も他郷の衆も、ようお聞きやれ」〈狂言・鎌腹〉訳やあおいおい、村の者も他の村の衆も、よくお聞きなさい。
❹囃子詞（はやしことば）の一種。
■二【否・嫌】《否定する意を表す応答の語》いいえ。例「――、――、これまでは思ひも寄りさうず」〈平家・二・烽火之沙汰〉訳いや、いや、そこまでは思いもよりません。注「さうず」ハ「候はず」ノ変化シタ形。

いや【弥】〔接頭〕❶いよいよ、ますます、の意を表す。例「――遠（とほ）に里は離（かか）りぬ――高に山も越え来ぬ」〈万葉・二・一三一長歌〉訳いよいよ遠く里は離れてしまった、いよいよ高く山も越えて来た。
❷最も、いちばん、の意を表す。例「御心に伊須気余理比売（いすけよりひめ）の――先に立てるを知らして」〈古事記・中・神武〉訳お心の中で伊須気余理比売が一番先頭に立っているのをお知りになり。
❸非常に、たいそう、の意を表す。例「我が心しぞ――愚（を）こ）にして今ぞ悔（く）しき」〈古事記・中・応神〉訳私の心は本当に愚かで、今になってみると悔しくてならない。

いや・し

【卑し・賤し】〔形シク〕類あやし・いふかひなし 対あて・いう（優）・やんごとなし

身分が低い、が基本の意。その者のさまざまな特徴、下品である、みすぼらしい、などの意になる。

❶**身分が低い。**例「昔男ありけり。身は――・しながら、母なむ宮なりける」〈伊勢・八四〉訳昔ある男がいた。（男の）身分は低いのであるが、母は皇族の方であった。
❷**下品である。**洗練されてない。例「――・しき東声（あづまごゑ）したる者どもばかりのみ出（い）で入り」〈源氏・東屋〉訳下品な関東なまりの者達ばかり出入りし。
❸**心が汚い。けちである。**例「いかに――・しくもの惜しみせさせ給ふ宮とて」〈枕草子・関白殿、二月二十一日に〉訳どれほどけちで物惜しみなさる宮様だといって。
❹**みすぼらしい。粗末である。**例「葎（むぐら）はふ――・しき宿も大君のまさむと知らば玉敷かましを」〈万葉・一九・四二七〇〉訳雑草のムグラが茂る粗末な家でも、大君が行幸なさると存じておりましたら玉を敷くのでしたのに。

いや-し・く【弥頻く】〔自カ四〕｛か・き・く・く・け・け｝《「いや」は接

頭語)ますます積もり重なる。例「新(あらた)しき年の初めの初春の今日(けふ)降る雪の――・け吉事(よごと)」〈万葉・二〇・四五一六〉訳新しい年の初めの初春の今日降る雪のように、いよいよたび重なれ、めでたい事が。注『万葉集』ノ最終歌。大伴家持(ヤカモチ)ノ作。

いやしく-も【苟くも】〔副〕❶(「卑しくも」の意)ⓐ卑賤の身ながら。身分不相応にも。例「重盛(しげもり)、――九卿(きうけい)に列(つれ)して三台にのぼる」〈平家・三・医師問答〉訳平重盛は、身分不相応にも公卿の列に入り大臣の位に上っている。注「九卿」ハ、「公卿」ノ別名。「三台」ハ、太政大臣・左大臣・右大臣ノコト。ⓑみじめにも。うらぶれて。例「――呉王の下臣と称して、軍門にくだり給ひにけり」〈曽我・五・一三〉訳(越王は)みじめにも呉王の臣下と名乗って、(呉に)降参なさった。❷かりそめにも。万一にも。もしも。例「――民(みた)(がか)有らば、何ぞ聖(ひじり)の造(わざ)に妨(がた)はむ」〈日本書紀・神武・即位前〉訳もしも民衆に利益となることなら、何が聖人の事業に妨(さまた)げになるだろうか(なりはしない)。

いや・す【癒す】〔他サ四〕{さ・し・す・す・せ・せ}(「いゆ」の他動詞形)(病気・飢え・苦しみ・悩みなどを)なおす。例「思ふやうによき芋頭(いもがしら)を選びて、殊(こと)に多く食ひて、万(よろ)の病(やまひ)を――・しけり」〈徒然草・六〇〉訳思う存分うまい親芋を選んで、特別たくさん食べて、あらゆる病気を治した。

いや-め【いや目】〔名・形動ナリ〕涙がちな目つき。悲しそうな顔つき。また、その様子。

い・ゆ【癒ゆ】〔自ヤ下二〕{え・え・ゆ・ゆる・ゆれ・えよ}(病気や傷が)なおる。回復する。例「くちばみにさされたる人、かの草をもみて付けぬれば、則(すなは)ち――・ゆとなん」〈徒然草・九六〉訳マムシにかまれた人は、この草(=「めなもみ」トイウ草)をもんで付けると、すぐ治るということだ。

いゆき-はばか・る【い行き憚る】〔自ラ四〕{ら・り・る・る・れ・れ}(上代語。「い」は接頭語)行くのをためらう。行きかねる。例「富士の高嶺(たかね)は天雲も――・り飛ぶ鳥も飛びも上(のぼ)らず」〈万葉・三・三一九長歌〉訳富士の高嶺は空の雲も(それにさえぎられて)進みかね、飛ぶ鳥も(そこまでは)飛び上がらない。

い-ゆ・く【い行く】〔自カ四〕{か・き・く・く・け・け}(上代語。「い」は接頭語)行く。例「山の辺(へ)に――・く猟雄(さつを)は多かれど山にも野にもさ雄鹿鳴くも」〈万葉・一〇・二一四七〉訳山辺に行く狩人は多いけれども、(それでもなお)山にも野にも鹿が鳴いていることだ。

伊予(いよ)〔旧国名〕南海道六か国の一つ。現在の愛媛県。伊予簾(いよすだれ)が平安時代から知られる。予州(よしゅう)。

いよ-いよ【愈】〔副〕(接頭語「いや」と同源の語)❶事態がさらに進展・増大するさま。ますます。いっそう。例「かかる疵(きず)さへつきぬれば――交じらひをすべきにもあらず」〈源氏・帚木〉訳(女に指をかまれて)こんな傷まで受けたので、ますます(朝廷での)交際もできなくなった。❷事態や判断が進展して確定的な段階に達するさま。確かに。まさしく。❸あることが実現する時が到来したさま。今まさに。いざ。ついに。

いよ-す【伊予簾】〔名〕伊予国産のゴキダケで作ったすだれ。例「――などかけたるにうちかづきて、さらさらと鳴らしたるも、いとにくし」〈枕草子・にくきもの〉訳(男が)伊予簾などを掛けてあるのをくぐろうとして、ざらざらっと音をたてているのも、ひどく気にいらない。

いよ-よ【愈】〔副〕(「いよいよ」の変化した形)いよいよ。ますます。例「世の中は空(むな)しきものと知る時し――ますます悲しかりけり」〈万葉・五・七九三〉訳世の中はむなしいものだと知る時に、いよいよますます悲しいことであるよ。

いら・う【答う・応う】〔動〕⇩いらふ

いらえ【答え・応え】〔名〕⇩いらへ

いらか【甍】〔名〕❶屋根の一番高い所。上棟(うわむね)。また、その瓦(かわら)。棟瓦(むながわら)。❷瓦(かわら)ぶきの屋根。また、その瓦。例「玉敷(たましき)の都のうちに棟を並べ――を争へる、高き卑しき人の住まひは」〈方丈記・ゆく河〉訳美しい都の中にぎっしり棟を並べ瓦の高さを競(きそ)い合っている、身分の高い人や卑しい人の住居は。要点②は、立派な建物という意味を含む場合が多い。『方丈記』の例にある「いらかを争ふ」というのは、建物の高さを競い合うということ。

いら-つ-こ【郎子】〔名〕(上代語。「つ」は今の「の」の意)若い男性を親しんでいう語。例「太子(ひつぎのみこ)菟道稚(うぢのわき)の――」〈日本書紀・仁徳・即位前〉訳皇太子菟道稚の郎子。対いらつめ

いら-つ-め【郎女】〔名〕(上代語。「つ」は今の「の」の意)若い女性を親しんでいう語。例「大伴坂上(おほとものさかのうへの)――の月の歌」〈万葉・六・九八一詞書〉訳大伴坂上郎女の月の歌。対いらつこ

いら-な・し〔形ク〕❶(物の状態が)強い、または、鋭い。例「さて明け暮れは――・き太刀(たち)をみがき、刀(かたな)をとぎ、剣(つるぎ)をまうけつつ」〈宇治拾遺・一〇・六〉訳そして朝晩は鋭い太刀をみがき、刀をとぎ、剣を手入れしながら。❷(態度などが)大げさである。仰々しい。例「印(いん)ことごとしく結び出でなどして――・く振る舞ひて」〈徒然草・五四〉訳もっともらしく指を組んで印を作ったりして大げさに振る舞って。❸(程度が)はなはだしい。例「わがさまのいと――・くなりたるを思ひけるに、いとはしたなくて」〈大和・一四八〉訳自分の様子が随分ひどく(みすぼらしく)なってしまっていることを思ってみると、とても体裁が悪くて。

いら・ふ【答ふ・応ふ】(イラ(ロ)ウ)〔自ハ下二〕{へ・へ・ふ・ふる・ふれ・へよ}返事をする。答える。返答する。例「二人の子は情なく――・へて止みぬ」〈伊勢・六三〉訳二人の子はすげなく返答してとりあわなかった。

いらへ【答へ・応へ】(イラエ)〔名〕(動詞「いらふ」の連用形の名詞化)こたえ。返事。例「言少ななるものから、さるべきふしの御――など、浅からず聞こゆ」〈源氏・明石〉訳(明石の入道の娘は)口数は多くないが、受け答えすべき場合のご返事などは、浅はかでなく(=趣アルフウニ)申し上げる。

いら・ぐ【苛らぐ】■一〔自ガ四〕{が・ぎ・ぐ・ぐ・げ・げ}❶かどばる。つっぱる。例「こはごはしう――・ぎたる物ども着給へるしも」〈源氏・手習〉訳こわごわとしてかどばっている衣服を着用なさっているのも。❷鳥肌がたつ。例「寒げに――・ぎたる顔して持(も)て参る」〈源氏・橋姫〉訳寒そうに鳥肌だった顔をして(歌を)持って参上する。■二〔他ガ下二〕{げ・げ・ぐ・ぐる・ぐれ・げよ}かどばらせる。とがらせる。例

「獅子(し)のかく項(うなじ)の毛を——げ、耳を高く指すを見るに」〈今昔・五・二〇〉訳獅子がこのように首の後ろの毛を逆立たせ、耳をピンと立てているのを見ると。

いり‐あひ【入り相】イ[ア]〔名〕❶日が沈む頃。夕暮れ時。例「今日の——ばかりに絶え入りて」〈伊勢・四〇〉訳今日の夕暮れ時に気を失って。
❷(「入り相の鐘(かね)」の略)夕暮れにつく鐘。また、その音。

いり‐あや【入り綾】〔名〕舞楽で、舞い終わって退場する時、引き返してもう一度舞いながら退場すること。「入り舞(まひ)」とも。例「またなき手を尽くしたる——の程、そぞろ寒く、この世のことともおぼえず」〈源氏・紅葉賀〉訳(光源氏の舞の)またとない秘術を尽くした入り綾のあたりは、ぞくぞくするほどで、とうていこの世のものとも思えない。

いり‐がた【入り方】〔名〕日や月が沈もうとする頃。

いり‐た・つ【入り立つ】〔自タ四〕(た・ち・つ・つ・て・て)❶はいる。はいり込む。例「紀伊道(きぢ)に——・ち真土山(まつちやま)越ゆらむ君は」〈万葉・四・五四三長歌〉訳(今頃は)紀州路に足を踏み入れ真土山を越えているだろう夫は。
❷親しく出入りする。親密にする。
❸その道に深く通じる。精通する。例「何事も——・ちたぬ様(さま)したるぞよき」〈徒然草・七九〉訳何事も深く通じていない様子をしているのがよい。

いり‐は・つ【入り果つ】〔自タ下二〕(て・て・つ・つる・つれ・てよ)すっかりはいる。はいりきる。例「日——・てて、風の音(おと)、虫の音(ね)など、はた言ふべきにあらず」〈枕草子・春はあけぼの〉訳日がすっかり沈んでしまって、風の音や、虫の音などが(するのも)、また言うことのできないほど(すばらしい)。

いり‐みなと【入り湊】〔名〕船の停泊する港。例「難波(なには)の——に、八木(はちぼく)の商売をして」〈西鶴・日本永代蔵・一・三〉訳難波の港に、米を運んで商売をして。注「八木」ハ、米ノ字ヲ分解シタモノデ、米ノ異称。

いり‐も・む【いり揉む】〔自マ四〕(ま・み・む・む・め・め)❶風や雷などが激しく荒れる。押し合いへし合いする。例「ひねもすに——・みつる雷(かみ)の騒ぎに」〈源氏・明石〉訳一日中鳴りとどろいた雷の騒ぎに。
❷心をもみ砕くほどに思いつめる。いらだつ。気をもむ。例「この人を妻(め)にせばやと——・み思ひければ」〈宇治拾遺・三・九〉訳この人を妻にしたいと気を揉(も)んで思いつめたので。

いり‐もや【入母屋】〔名〕屋根の形式の一種。上方は切妻(きりづま)とし、下方は四方に廂(ひさし)を葺(ふ)き下ろしたもの。入母屋造り。

いりもや(唐招提寺)

い・る【入る】〔自ラ四〕(ら・り・る・る・れ・れ)㊀❶外部から内部に移動する。(中に)**はいる。はいって行く。**
❷(特に、月や太陽が山かげ・雲などに)はいる。**沈む。**隠れる。
❸(特定の状態・範囲・基準などのうちに)はいる。達する。特に、仏道にはいる。例「一度(ひとたび)道に——・りて世を厭(いと)はむ人、たとひ望みありとも、勢ひある人の貪欲(とんよく)多きに似るべからず」〈徒然草・五八〉訳一度仏道にはいって世俗を嫌って捨てるような人は、たとえ願望があっても、権勢のある人の欲望が激しいのとは全然違う。
❹(ある時間・年齢などに)至る。なる。達する。例「夜に——・りてまかで給ふに」〈源氏・末摘花〉訳夜になって(宮中から)退出なさるのに。
❺(心に)深くはいる。しみる。例「何ゆゑか思はずあらむ紐(ひも)の緒の心に——・りて恋しきものを」〈万葉・一二・二九七七〉訳どうして(あの人のことを)思わずにいられよう。心にしみて恋しいのに。注「紐の緒の」ハ、「心に入り」ノ枕詞。
❻引っこむ。へこむ。転じて、くぼみなどができる。例「海づらはやや——・りて」〈源氏・須磨〉訳(須磨の家のあたりの)海辺はやや引っこんでいて。
❼入り用である。必要である。
❽(敬語とともに用いられて)「行く」「来る」「居る」の意を表す。いらっしゃる。例「——・らせ給ひにけるを珍しきことと承るに」〈源氏・賢木〉訳(中宮が春宮(とうぐう)の方へ)いらっしゃったのを珍しいこととお聞きいたしましたが。
㊁〔補動ラ四〕(ら・り・る・る・れ・れ)(動詞の連用形に付いて)❶ほぼ十分にその状態にはいる意を表す。ほとんど…(に)なる。すっかり…のようになる。「消え入る」「絶え入る」「寝入る」「冷え入る」など。
❷心や体をその動作にうちこむ意を表す。熱心に…する。深く…する。ひたすら…する。
㊂〔他ラ下二〕(れ・れ・る・るる・るれ・れよ)❶外部から内部に移動させる。はいらせる。いれる。例「あかなくにまだきも月の隠るるか山の端(は)逃げて——・れずもあらなむ」〈古今・雑上・八八四〉訳まだ名残惜しいのに早くも月が隠れることよ。(月のはいる)山の稜線(りょうせん)が逃げて(月を)入れないでほしい。
❷特定の範囲にいれる。はいらせる。加える。例「かやうの事こそは、かたはらいたきことのうちに——・れつべけれど」〈枕草子・中納言参り給ひて〉訳このような事(=自慢話メイタ事)は、聞き苦しいことの中に入れておくべきだけれども。
❸(心や力などを)こめる。そそぐ。うちこむ。例「力をも——・れずして天地(あめつち)を動かし」〈古今・仮名序〉訳(歌は)力をこめなくても天地を動かし。
㊃〔補動ラ下二〕(れ・れ・る・るる・るれ・れよ)(動詞の連用形に付いて)内部に向かってその動作が行われる意を表す。例「御消息(せうそこ)聞こえ——・れ給へり」〈源氏・柏木〉訳(夕霧は家の中に)ご来意をお申し入れになった。

い・る【居る・率る】〔動〕⇨ゐる

い・る【沃る】〔他ヤ上一〕(い・い・いる・いる・いれ・いよ)(液体を)注ぐ。浴びせる。例「せめてのことに板に水を**い**て、それに伏し転(まろ)び給へども」〈平家・六・入道死去〉訳(平清盛は熱病に苦しめられ)せめてどうしたらどうかと板に水を注ぎかけ、それに寝ころんでみられたが。

い・る【射る】〔他ヤ上一〕(い・い・いる・いる・いれ・いよ)弓矢を放つ。例「ある人、弓**いる**事を習ふに、諸矢(もろや)をたばさみて的に向かふ」〈徒然草・九二〉訳ある人が、弓を射ることを習う時に、一対(=二本)の矢を手に挟んで的に向かう。

い・る【煎る・炒る・炮る】〔他ラ四〕(ら・り・る・る・れ・れ)火や日光などで水分がなくなるまで熱する。あぶる。例「冬、狭(せば)き所にて、火にて物——・りなどして、隔てなきどちさし向かひて多く飲みたる、いとをかし」〈徒然草・一七五〉訳冬、狭い部屋で、火で何かを煎りなどして、気のおけない者同士がさし向かいになって(酒を)たくさん飲んでいるのは、とてもおもしろい。

いる【鋳る】〔他ヤ上一〕{い・い・いる・いる・いれ・いよ}溶かした金属を鋳型に注ぎ、器具を作る。鋳造する。例「母、一尺の鏡をいさせて」〈更級・鏡のかげ〉訳母は、直径一尺(=約三〇センチ)の鏡を鋳造させて。

いる‐さ【入るさ】〔名〕《「さ」は、時や方向の意を表す接尾語》はいる時。はいる方向。多く和歌で入佐山(いるさやま)(=兵庫県ニアル山)を掛けて用いる。例「月の―の山の端(は)をそなたの空とや思はれけん」〈平家・九・小宰相身投〉訳月の入る方向の入佐山の稜線の辺りを極楽浄土の空とお思いになったのだろうか。

いれ‐ずみ【入れ墨】〔名〕皮膚に傷をつけ、墨汁や絵の具で文字・絵などを彫りつけること。江戸時代には、刑罰としても取り入れられ、前科のあるしるしとされた。

いろ

【色】■一〔名〕❶色彩。いろあい。

❷顔色。表情。そぶり。例「おびえて、おとど―もなくなりぬ」〈源氏・玉鬘〉訳おびえて、乳母は顔色もなくなった(=青ザメタ)。

❸身分や階級によって定められている衣服の色。禁色(きんじき)。例「このごろこそ、少しものものしく、御衣(おんぞ)の―も深くなり給へれ」〈源氏・若菜・下〉訳(柏木(かしわぎ)は)この頃こそ、少し出世して立派になり、ご衣服の色も濃くおなりになったけれど。注三位デ袍(ホウ)ノ色ハ濃紫。

❹喪服の色。鈍色(にびいろ)(=濃イネズミ色)。転じて、喪服。僧衣。例「それより―の姿になりて、泣く泣く鎌倉へ入り給ふ」〈平家・三・紺掻之沙汰〉訳(源頼朝は亡父の首を持った者を迎え受け)それからは喪服の姿になって、泣き泣き鎌倉へお入りになる。

❺種類。仲間。たぐい。

❻情趣。風情。情味。例「ある人の、御簾(みす)なるをみな取らせられ侍(べ)りしが、―もなく覚え侍りしを」〈徒然草・一三八〉訳ある人が、簾(すだれ)にかけてあったの(=飾リノ葵(アオイ)ノ葉)をみんな取らせなさいましたが、(それは)情趣がないと思いましたところ。

❼華やかさ。華美。派手。例「今の世の中、―につき、人の心、花になりにけるより」〈古今・仮名序〉訳今の世の中は、華美になって、人の心が、うわついて来たので。

❽恋愛。情事。

❾恋人。愛人。

❿《仏教語。「色(しき)」の訓読》色や形のあるもの。例「仏の相好(さうがう)にあらずより外(ほか)の―を見むとおぼしめさず」〈栄花・鶴の林〉訳(藤原道長は臨終の念仏で)阿弥陀如来(あみだにょらい)の顔でなければそれ以外の有形の物を見ようとはお思いにならない。

■二〔形動ナリ〕❶美しい。魅力的である。特に、髪がつややかで美しい。例「髪、―・に、こまごまとうるはしう」〈枕草子・野分のまたの日こそ〉訳(十七、八歳ほどの女の)髪が、つややかで美しく、こまやかにきちんと整っていて。

❷好色である。浮気っぽい。例「この宮の、いとさわがしきまで、―・におはしますなれば」〈源氏・浮舟〉訳この宮(=匂宮(ニオウノミヤ))が、非常にうるさいほどまで、好色でいらっしゃるということですので。

色濃(こ)・し ❶物の色が濃い。特に、衣服の紅や紫などの色が濃い。例「―・き衣(ぬき)に、白き衵(あこめ)着たらむやうに見えて」〈更級・足柄山〉訳(富士山は紺青を塗ったようなところに、雪が積もっているので、まるで紺青の)色の濃い着物(の上)に、白い衵を着ているかのように見えて。

❷(心情が濃いの意)しつこい。情が深い。例「片田舎(かたゐなか)の人こそ、―・く万(よろづ)はもて興ずれ」〈徒然草・一三七〉訳片田舎の人は、しつこくすべての事に興味を持っておもしろがるものだ。

色好(この)・む 恋愛の情趣をよく理解している。恋というものがよくわかっている。例「浅茅(あさぢ)が宿に昔をしのぶこそ、―・むとは言はめ」〈徒然草・一三七〉訳(荒れて)チガヤが生い茂ったような家で(一人住みながら)昔(二人で過ごした楽しい生活)を思いやるのこそ、恋愛の情趣をよく理解しているといえよう。

色に出(い)・づ (心の中が)外に現れる。(思っていることを)外に表す。表に出る。例「忍ぶれど―・でにけり我が恋は物や思ふと人の問ふまで」〈拾遺・恋一〉訳じっと耐え忍んでいたが(結局)顔色に現れてしまったことだ、私の恋心は。(恋で)お悩みですかと人が問うほどまでに。注『百人一首』所収、平兼盛(カネモリ)ノ歌。

い‐ろ【倚廬】〔名〕天皇が、父母の喪(も)の初めの十三日間こもられる仮屋。例「―の御所のさまなど、板敷きを下げ葦(あし)の御簾(みす)をかけて」〈徒然草・二八〉訳倚廬の御所の有様など、床板を低く張り葦の御簾をかけて。

いろ 〔接頭〕《上代語》親族を表す名詞に付いて、母を同じくするという関係を表す。後には、単に親愛の意で用いた。「―兄(せ)」「―妹(も)」「―母(は)」など。

いろ‐あひ【色合ひ】〔名〕❶(衣服や花などの)色の具合。色調。例「月影に―さだかならねど」〈徒然草・四四〉訳月の光で見たので色具合は確かでないけれど。

❷顔色。血色。

いろ‐いろ【色色】■一〔名〕❶いくつかの色。多くの色。例「戸に近き人々、―の袖口(そでぐち)して御簾(みす)引き上げたるに」〈枕草子・関白殿、黒戸より出でさせ給ふ〉訳黒戸の近くにいる女房が、色とりどりの袖口をのぞかせて簾(すだれ)を引き上げたところ。

❷(転じて)いくつかの種類。さまざま。例「君は、……夜一夜―の事をせさせ給ふ」〈源氏・澪標〉訳(光源氏の)君は、……一晩中種々の神事をおさせになる。

■二〔副〕❶多くの色に。例「前栽(せんざい)の花、―咲き乱れ」〈源氏・須磨〉訳庭の植え込みの花が、何種類もの色に咲き乱れて。

❷さまざまに。種々。例「思ふやうあるにや、―聞きにくきことども、ほのめくめり」〈源氏・夕霧〉訳(あなたを私から離そうと)思うところがあるのか、さまざまに聞き苦しい事を、それとなく言うようだ。

■三〔形動ナリ〕❶色が多くあるさま。いくつもの色を見せているようす。例「女の御装束など、―・によくと思ひてし襲(かさ)ねたれど」〈源氏・東屋〉訳女(=浮舟(ウキフネ))のご衣装などは、(母が)色合いがさまざまで美しくと考えて仕立てて着重ねているけれども。

❷種類が多いさま。あれこれと思い考えたりするようす。例「―・に思(おぼ)し乱れさせ給ふ」〈源氏・薄雲〉訳(冷泉(れいぜい)帝は)あれこれと考えてお心をお乱しなさる。

いろ‐か【色香】〔名〕❶(花などの)色と香り。例「よそにのみあはれとぞ見し梅の花あかぬ―は折りてなりけり」〈古今・春上・三七〉訳今までは、遠くからばかり、いいなあと見ていた。しかし、梅の花のいくら味わっても飽きない色と香りは、折って(手に取って見て)のことだったのだなあ。
❷女性の白粉と香油の香り。また、あでやかな美しさ。
❸(精神の)気高さ。例「師の心をわりなく探れば、その――我が心の匂(ほに)ひとなりうつるなり」〈三冊子・赤〉訳(私心を捨てて)師の心をただひたすらに探り求めると、その心の気高さが我が心にも影響を与えてくるものである。

いろ-こ・し【色濃し】⇩「いろ(色)」子項目

いろ-ごのみ【色好み】〔名〕❶恋愛の情趣を理解し、洗練された恋のできること。また、そういう人。粋人。また、多情な人。例「遊びいとかしこし、こともなき――にて生(お)ひ出(い)でて」〈宇津保・忠こそ〉訳管弦は大変上手で、無類の恋愛巧者に生まれつき。
❷風雅な方面に関心や理解がある人。風流人。

> **要点** 好まれた「色好み」 この語は、平安時代では、男女いずれの場合にも用いられ、容貌・態度・性格・才能など諸方面で、異性をひきつける魅力を持ち、また恋愛の情趣を解するような人をいい、それが貴族として好ましいタイプの一つと考えられていた。後世のように、対象に対する悪い評価を持った語ではないことに注意したい。

いろ-この・む【色好む】⇩「いろ(色)」子項目

いろ-せ〔名〕《上代語。「いろ」は同母の意の接頭語》母の同じ兄、または弟。対いろも 例「うつそみの人なる我や明日よりは二上山(ふたがみやま)を――と我(あ)が見む」〈万葉・二・一六五〉訳現世の人である私は、明日からは二上山を同腹の弟として眺めることであろうか。注大津皇子ヲ、二上山ニ移葬シタ時ニ、大伯皇女ガ作ッタ歌。

いろ-づ・く【色付く】〔自カ四〕{か・き・く・く・け・け}花や葉や実などに色がつく。色付く。紅葉する。例「長月の時雨(しぐれ)の雨に濡(ぬ)れ通り春日(かすが)の山は――・きにけり」〈万葉・一〇・二一八〇〉訳九月の時雨の雨に濡れ(それが)しみ通って、春日の山は(もう)紅葉してしまっているなあ。

いろ-ど・る【色取る・彩る】〔他ラ四〕{ら・り・る・る・れ・れ}❶色をつける。彩色する。例「新しうしたてて桜の花多く咲かせて、胡粉(ごふん)・朱砂(すさ)など――・りたる絵どもかきたる」〈枕草子・いやしげなるもの〉訳(屏風を)新しくこしらえて、桜の花を沢山咲かせて、胡粉や朱砂などで彩色した絵を描いてあるのは(いやしい感じがする)。
❷紅や白粉などを顔に塗る。化粧する。

いろ-に-い・づ【色に出づ】⇩「いろ(色)」子項目

いろ-ね〔名〕《上代語。「いろ」は同母の意の接頭語》母の同じ兄、または姉。対いろと 例「この王(みこ)、二人(ふたり)の女(むすめ)あり。――の名は蠅伊呂泥(はへいろね)」〈古事記・中・安寧〉訳この王には、二人の娘があった。姉の名は蠅伊呂泥といい。

いろ-は【母】〔名〕《上代語。「いろ」は血のつながったという意の接頭語》生母。はは。対かぞ 例「天皇、……女子(をみなご)を以(も)て皇女(ひめみこ)として、――を以て妃(みめ)とす」〈日本書紀・雄略・元年〉訳天皇は、……(この)女子を内親王として、母君を皇后とする。

い-ろ-は【伊呂波】〔名〕《「いろは歌」の略》❶《「いろは歌」四十七文字の最初の三文字をとった語》発音の違うすべてのかな四十七字を一回ずつ使って、七五調四句からなる今様(＝歌謡ノ一種)の形式に詠んだもの。平安中期(九七〇～一〇〇〇)頃成立したが、以後手習いや辞書類の語の配列などに用いられた。
❷物事の最初。特に、稽古事の初め。

いろは-うた【伊呂波歌】〔名〕平安中期に書き分けられていた四十七文字のかなを一度ずつ用いて作られた、七五調四句からなる今様形式の歌。

色は匂(ほに)へど　散りぬるを
我が世誰(れた)ぞ　常ならむ
有為(ゐう)の奥山　今日(ふけ)越えて
浅き夢見じ　酔(ゑ)ひもせず

「大般涅槃経」の中の「諸行無常、是生滅法、生滅滅已、寂滅為楽」という偈の意味を表現したものと言われるが、「いろは……」四十七文字を一度ずつすべて用いるという外形のために作られたもので、正確な現代語訳は難しい。現存する最古の文献は、一〇七九年(承暦三)の『金光明最勝王経音義』に万葉仮名で記載されたもので、古来、弘法大師(空海)の作とされてきたが、現在では否定された。十世紀末の成立とされている。

いろ-びと【色人】〔名〕❶美しく優雅な人。例「その名も月の――は、三五夜中(さんごやちゆう)の空にまた満願真如(まんぐわんしんによ)の影となり」〈謡曲・羽衣〉訳その名も月の色人と呼ばれる天女は、十五夜の空にまた絶対真実を照らす月の姿となって。
❷《近世語》異性との情事をもっぱらにする人。ⓐ遊女。例「内を見やれば、――ばかり集まり、酒飲みてありしが」〈西鶴・好色一代男・四・六〉訳(揚げ屋の)内を見ると、遊女達だけが集まり、酒を飲んでいたが。
ⓑ遊里での遊びに通じた男。粋人。

いろ・ふ【色ふ】〔一〕〔自ハ四〕{は・ひ・ふ・ふ・へ・へ}美しい色になる。例「いかばかり思ひおくとも見えざりし露に――・へる撫子(なでしこ)の花」〈和泉式部〉訳どんなに気をとめていても見えなかった、露に濡(ぬ)れて美しい色に染まった撫子の花よ。
〔二〕〔他ハ下二〕{へ・へ・ふ・ふる・ふれ・へよ}❶彩色する。彩って飾る。例「褐(かち)に赤地の錦(にしき)をもって大領(おほくび)・端袖(はたそで)――・へたる直垂(ひたたれ)に」〈平家・一一・那須与一〉訳褐(＝濃紺色)に赤地の錦でおくみ(＝前襟)と端袖を彩った直垂に。
❷工夫を加える。技巧をこらす。例「やすき所を少な少なと――・へてせしかども、花はいや増しに見えしなり」〈風姿花伝・一〉訳楽に演じられる曲を控えめに工夫を加えながら演じたが、それでもいよいよ花(＝魅力)が増しているように見えたのだった。

いろ・ふ【綺ふ・弄ふ】〔一〕〔自ハ四〕{は・ひ・ふ・ふ・へ・へ}関係する。干渉する。口出しをする。例「――・ふべきにはあらぬ人の、よく案内(あない)知りて人にも語り聞かせ」〈徒然草・七七〉訳関係するはずではない人が、よく事情を知っていて人にも話して聞かせ。
〔二〕〔他ハ四〕いじる。手にふれる。例「かの一粒(いちりふ)の銀(かね)を――・うて見ること幾度(いくたび)か」〈西鶴・諸艶大鑑・三・三〉訳(苦労して稼いだ)この一つぶの銀をいじって見ることは何度であったろう。

いろ-ふし【色節】〔名〕きらびやかなこと。特別に晴れがましいこと。例「下仕(しもづか)へ・手振りなどが具し行けば、――に出(い)でたらむ心地して」〈蜻蛉・上・安和元年〉訳下仕えの女房や従者などが付き従って行くので、一段ときらびやかな感じがして。

いろ-めか・し【色めかし】〔形シク〕《動詞「いろめく」の形容詞化》なまめかしい。好色だ。例「さるもののくせなれば、――・しうさまよふ心さへ添ひて、もてわづらひ給ふ」〈源氏・真木柱〉訳 ああいう人の癖として、(父君も)もてあましておられる。好きがましくて移り気なところも加わって、(父君も)もてあましておられる。

いろ-め・く【色めく】〔自カ四〕{か・き・く・く・け・け}❶美しい色を現す。美しく色づく。例「げに花鬘(はなかづら)――・くは、春のしるしかや」〈謡曲・羽衣〉訳 まことに髪かざりの花が美しく色づくのは、春になったしるしなのだろうか。
❷色好みの様子が見える。なまめかしく見える。例「いといたう――・き給ひて、通ひ給ふ忍び所多く」〈源氏・紅梅〉訳 (匂宮(にほうのみや)は)まったくたいへん色好みのご様子でいらっしゃって、忍んでお通いになる所(=愛人)も多く。
❸戦いに負ける気配が現れる。敗色が見える。例「互ひに人を楯(たて)になして、その陰に隠れんと――・きける気色を見て」〈太平記・八・一〉訳 (味方同士で)互いにほかの人を楯にして、その後ろに隠れようという敗色がはっきりしてきた様子を見て。

いろ-も【妹】〔名〕《「いろ」は同母の意の接頭語》母の同じ妹、または姉。対 いろせ 例「その――もまた従ひき」〈古事記・中・垂仁〉訳 その妹(の皇后)もまた(兄に)従って(お亡くなりになった)。

いわ【岩・磐・巌・石】〔名〕⇩いは

いわう【斎う】〔動〕⇩いは(斎)ふ

磐城(いわき)〔旧国名〕⇩いはき(磐城)

いわけなし【稚けなし】〔形ク〕⇩いはけなし

石清水八幡宮(いわしみずはちまんぐう)〔神社名〕⇩いはしみづはちまんぐう(石清水八幡宮)

岩代(いわしろ)〔旧国名〕⇩いはしろ(岩代)

石見(いわみ)〔旧国名〕⇩いはみ(石見)

いわんかたなし【言はん方無し】⇩いはむかたなし

いを【魚】オイ〔名〕うお。さかな。例「白き鳥の嘴(はし)と脚(あし)と赤き、鴫(しぎ)の大きさなる、水の上に遊びつつ――を食ふ」〈伊勢・九〉訳 白い鳥でくちばしと脚とが赤い、鴫ほどの大きさのが、水の上を泳ぎながら魚を食べている。

いん【印】〔名〕《仏教語》仏・菩薩(ぼさつ)などが両手の指でさまざまな形を作り、それに応じた悟りや誓願を表すこと。特に、真言密教で行う。「印相(いんざう)」とも。例「いとさかしく身かためて、不動の陀羅尼(だらに)読みて、――作りて居たらむも憎し」〈源氏・常夏〉訳 (女は)まったく小利口に身を固くして、不動尊が陀羅尼を読んで、印を結んでいるようなのもいやな感じだ。

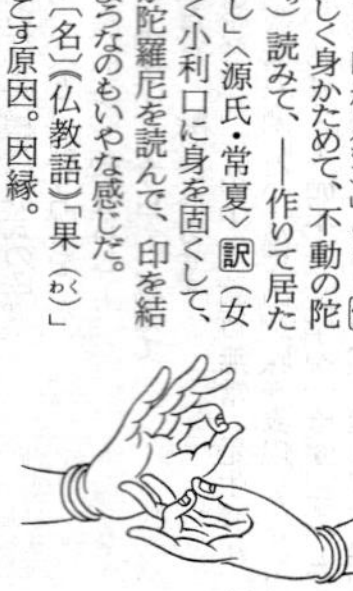
いん(印)

いん【因】〔名〕《仏教語》「果(くわ)」を引き起こす原因。因縁。

いん【院・韻】〔名〕⇩ゐん

いん-えん【因縁】イ:ネン〔名〕❶《仏教語。「いんねん」とも》何らかの結果を引き起こす直接的な原因(=因)と、それを外から促進させる間接的な原因(=縁)。また、持って生まれた前世からの宿業(しゅくごふ)。例「仏性(ぶっしゃう)はありといへども、仏・菩薩(ぼさつ)の慈悲・方便なくは、現るべからず。この――、天然の道理なり」〈沙石集・三〉訳 (その人に)仏になる性質があるといっても、仏や菩薩の恵みの心や(人間を巧みに導く)手段がなくては、(その仏性が)形をとって現れることはできない。この因縁は、自然の道理である。
❷いわれ。由来。

いんが【因果】〔名〕⇩いんぐゎ

いん-ぐゎ【因果】ガ:〔名〕《仏教語》❶原因と結果。すべての現象にはその原因と結果があるということ。例「仏法を悟り、――を知りて、浄土に往生する者多かりけり」〈今昔・四・三六〉訳 仏法を悟り、因果の法則を知って、極楽浄土に往生する者が多かった。
❷前世や過去になした悪い行いの報い。どうにもならないめぐりあわせ。不運。例「生きながら鬼になるとは、何の――でござるぞ」〈狂言・抜殻〉訳 生きたままで鬼になるとは、何の因果でありましょう。
参考 ①の意で、善行がよい結果を、悪行が悪い結果を必ず生じさせるということを「因果応報」という。

いん-ざう【印相】ウ:ソ〔名〕《仏教語》⇩いん(印)

いん-し【隠士】〔名〕《「いんじ」とも》教養がありながら、世俗を避けてひっそりと暮らしている立派な人物。隠者。世捨て人。例「ここに等栽(とうさい)といふ古き――あり」〈奥の細道・福井〉訳 ここ(=福井)には等栽という旧知の世捨て人がいる。

いん-じ【往んじ】《「往(い)にし」の撥音便形》■一〔連体〕「いにし」に同じ。例「――安元三年四月二十八日かとよ」〈方丈記・安元の大火〉訳 (あれは)だいぶ前の安元三年の四月二十八日だったのかなあ。
■二〔名〕昔。昔の事。例「『――を咎(とが)めず』と申すことと候へば、御憤(いきどほ)り今はこれまでにてこそ候へ」〈太平記・三六・六〉訳「昔の事は咎めない」ということですので、(あなたの)お怒りももはやこれまででしょう。

いん-ぜふ【引摂・引接】ジ:ヨウ〔名・他サ変〕《仏教語》阿弥陀仏(あみだぶつ)が、念仏を唱える者の臨終の際に迎えに来て、極楽浄土に救い導くこと。例「ひとたび御名(みな)を唱(とな)ふれば来迎(らいがう)――うたがはず」〈梁塵秘抄・三〇〉訳 ひとたび(阿弥陀仏の)御名(みな)を唱えたならば、阿弥陀仏が迎えに現れて極楽浄土に救い導くことは間違いない。

いん-やう【陰陽】ヨ:ウ〔名〕《「おんやう」「おんみゃう」「いんにゃう」とも》中国古代の易学でいう陰と陽。天地の間に存在・生起するすべての物や現象は、陰・陽という対立する二種類の気の結合・分離によって生ずる、と説かれる。積極的な作用を持つのが陽の気で、日・春・男などがこれに属する。逆に、消極的・受動的な作用を持つのが陰の気で、月・秋・女などがこれに属する。
参考 この考えに基づく易学を「陰陽道(おんやうだう)」といい、推古天皇の頃に日本に伝わった。朝廷がこれを採用し、陰陽寮を置いて以来、国家の重大事から個人の日常の行動まで、陰陽道の方術に従って決めるようになった。

いん-ろう【印籠】〔名〕腰に下げて持ち歩く、三重または五重の円筒形の小箱。蒔絵(まきえ)などの細工が施され、もとは印や印肉を入れたが、室町時代頃から薬類を入れるようになった。

いんろう

う

う【卯】〔名〕❶十二支の四番目。⇩じふにし ❷方角の名。東。❸時刻の名。午前六時、およびその前後の二時間。一説では、午前六時からの二時間。

う【得】〔他ア下二〕{え・え・う・うる・うれ・えよ} ❶自分の物にする。**手に入れる。** 例「除目(ぢもく)に司(つかさ) **え**ぬ人の家」〈枕草子・つれづれなるもの〉 訳 (所在ないものは)除目で官職が得られなかった人の家。 注「除目」ハ、春秋二回行ウ役人ヲ任命スル儀式。

❷**その道に優れる。**会得(えとく)する。例「しかあれど、これかれ**え**たる所、**え**ぬ所、互ひになむある」〈古今・仮名序〉 訳 そうであっても、それぞれ優れている点と優れていない点もお互いにある。

❸(多く「心を得(う)」の形で)理解する。例「いささか心も**え**ざりけると見るが憎ければ、ものも言はで」〈枕草子・里にまかでたるに〉 訳 まるっきり(あの謎(なぞ)かけが)わからなかったのだと思うとそれが気にいらないので、物も言わないで。

❹(用言の連体形に「を」「こと(を)」の付いた形や、動詞の連用形に続いて)**可能とする。できる。** 例「縁欠けて身衰へ、しのぶ方々繁(しげ)かりしかど、つひにあととむることを**え**ず」〈方丈記・わが過去〉 訳 (私の祖母から譲られた家は)身寄りも少なくなり私自身もおちぶれて、思い出となることは多かったけれど、ついに持ち続けることができないで。例「竜(たつ)の首の玉取り**え**ずは、帰り来(く)な」〈竹取・竜の首の玉〉 訳 竜の首の玉を取ることができなければ、帰って来るな。

> 要点 文語で、ア行に活用する動詞は、「得」と「心得(う)」だけである。「植う」「据(す)う」などはワ行、「絶ゆ」「射(い)る」などはヤ行の活用形である。

う〔助動特活〕《推量の助動詞「む」の変化した形》

接続 四段・ナ変・ラ変型活用動詞の未然形に付く。

【推量】❶(推量の意を表す)…だろう。例「さぞ両人の者が待ちかねてゐるでござら**う**」〈狂言・附子〉 訳 きっと二人の者達が待ちかねているでございましょう。

❷(話し手の意志や決意を表す)…う。…よう。…つもりだ。例「我も行か**う**。我も参ら**う**」〈天草本平家〉 訳 私も行こう。私も参ろう。

❸(当然・適当の意を表す)…するのが当然だ。…すべきだ。…するのがよい。例「せめて門口(とぐち)ばかりには竹樋(たけひ)をかけられ**う**ことぢゃ」〈西鶴・好色一代男・六・四〉 訳 せめて門口くらいには(雨だれを防ぐ)竹の樋(とい)をおつけになるべきだ。

❹(軽い命令や勧誘の意を表す)…しろ。…したらどうだ。…しよう。例「おのれが好(す)いたお山が所へ出て失(う)せう」〈近松・女殺油地獄・中〉 訳 おまえの好きな遊女の所へ出て行け。注「お山」ハ、近世上方(カミガタ)デ遊女ノ別称。

❺(連体形で体言を修飾して、仮定・婉曲(えんきょく)の意を表す)もし…たら、それを。…ような。例「馬の足の及ば**う**ほどは、手綱(たづな)をくれて歩ませよ」〈平家・四・橋合戦〉 訳 (川が浅くて)馬の足が届くような所は、手綱をゆるめて(自由に)歩かせよ。

> 参考 「う」の形が普通に用いられるようになったのは中世の中頃以降で、中世末期まではすべての動詞に付いた。四段・ナ変・ラ変活用の動詞だけに付くようになったのはそれ以降で、ほかの活用の動詞には「よう」が付くようになる。

う【宇】〔接尾〕《漢語「宇」は「軒」の意》建物を数える語。例「西の山の麓(ふもと)に一(ち)──の御堂(みだう)あり」〈平家・灌頂・大原御幸〉 訳 西の山の麓に一軒のお堂がある。

うい…【初…】 ⇩うひ…

ういういし【初初し】 ⇩うひうひし

ういこうぶり【初冠】〔名〕⇩うひかうぶり

う・う【飢う・饑う】〔自ワ下二〕{ゑ・ゑ・う・うる・うれ・ゑよ} 空腹に苦しむ。飢える。例「我よりも貧しき人の父母(ちちはは)は──・ゑ寒(こご)ゆらむ」〈万葉・五・八九二長歌〉 訳 私よりも貧しい人の父母は腹をすかしこごえているだろう。

う・う【植う】〔他ワ下二〕{ゑ・ゑ・う・うる・うれ・ゑよ} 植物の根や種を土に埋める。植える。例「八千種(やちくさ)に草木を──・ゑて時ごとに咲かむ花をし見つつしのはな」〈万葉・二〇・四三一四〉 訳 幾種類も草木を植えて、時節ごとに咲く花を見てはその美しさをめでることにしよう。

うえ【上】〔名〕⇩うへ

上島鬼貫(うえじまおにつら)【人名】⇩うへじまおにつら(上島鬼貫)

上田秋成(うえだあきなり)【人名】⇩うへだあきなり(上田秋成)

う-えん【有縁】〔名〕《仏教語》仏と結ばれて、救われるべき縁を持っていること。転じて、一般に、何らかの因縁・関係があること。対 むえん

う-がい【有涯】〔名〕《仏教語》常に移り変わって、定まるところのない世の中。この世。例「──は秋の月、雲に伴って隠れやすし」〈平家・灌頂・大原入〉 訳 人生は秋の月のようで、雲が出るとすぐに隠れてしまいやすい。

うかが・ふ【窺ふ・伺ふ】(ウカガ/ゴウ)〔他ハ四〕{は・ひ・ふ・ふ・へ・へ} ❶こっそりと見る。のぞく。様子をさぐる。例「籠(こ)に乗りて釣られ上(のぼ)りて、──・ひ給へるに」〈竹取・燕の子安貝〉 訳 籠(かご)に乗り(綱で)釣り上げられて、(ツバメの巣の中を)おのぞきになると。

❷ひそかに好機を待つ。機会をねらう。

❸調べて捜す。尋ね求める。例「近く本朝を──・ふに、承平(しようへい)の将門(まさかど)、天慶(てんぎやう)の純友(すみとも)」〈平家・一・祇園精舎〉 訳 最近の我が国にその例を捜してみると、承平の平将門、天慶の藤原純友。注 驕(オゴ)リ高ブル心ヲ持チ、スグ滅ビテシマッタ人ノ例。

❹ひととおり様子を知っておく。例「弓射(い)、馬に乗ること、六芸(りくげい)に出(い)だせり。必ずこれを──・ふべし」〈徒然草・一二二〉 訳 弓を射ること、馬に乗ることは、六芸の中にあげられている。必ずこれらの一応のことを知っておくのがよい。

❺「問ふ」「聞く」の謙譲語。お尋ねする。おうかがいをたてる。例「院宣(ゐんぜん)──・うて奉らんとて、京へ上(のぼ)るに」〈平家・三・六代〉 訳 法皇のお言葉をおうかがいして(頼朝公に)差し上げようと考え、京に上ったのだが。

うが・つ【穿つ】〔他タ四〕{た・ち・つ・つ・て・て}《「うぐ」の他動詞形》

❶穴を掘る。また、穴を空けるように突き通す。掘りきざむ。例「険(がさ)しき所を━・ちて地道(しみち)を為(つく)りて」〈日本書紀・雄略・八年〉訳けわしい場所を掘り抜いて地下道を造って。❷(近世語)人の気づかないような物事の隠れた一面を指摘する。例「人情の有様をくはしく━・ちて」〈浮世床・二・下〉訳人情の機微を詳しく指摘して。

う-かひ【鵜飼ひ】(イ・カ)〔名〕飼いならした鵜を川に放して、川魚、特に鮎(あゆ)をとること。また、それを仕事にする人。

うか・ぶ【浮かぶ】 ━〔自バ四〕{ば・び・ぶ・ぶ・べ・べ} ❶物の表面に現れ出る。特に、(水面に)浮く。例「淀(よど)みに━・ぶうたかたは、かつ消えかつ結びて」〈方丈記・ゆく河〉訳(川の)よどんでいる所に浮かんでいる水の泡は、一方では消え一方ではできて。❷(気持ちや態度に)落ち着きがない。うわつく。例「━・びたる心のすさびに、人をいたづらになしつるかごと負ひぬべきが」〈源氏・夕顔〉訳うわついた遊び心で、人を死なせてしまった恨み言をきっと負うに違いないことが。❸思い浮かぶ。思い出される。例「空に覚え━・ぶを」〈更級・物語〉訳(『源氏物語』の文章が自然に)何も見ずに思い出されて心に浮かぶのを。❹あてにならない。確かでない。例「ようも案内(あない)せで、━・びたることを伝へける」〈源氏・東屋〉訳よくも調べないで、いいかげんなこと(=縁談)を伝えたものだ。❺(苦しい状態を抜け出て)世に出る。出世する。日の目を見る。例「御子どもなど、沈むやうにものし給へるを、皆━・び給ふ」〈源氏・澪標〉訳お子様方なども、零落しているような具合でいらっしゃったが、皆様出世なさる。❻(仏教語)(迷いや苦しみの世界から)悟りの境地に入る。成仏する。極楽に生まれ変わる。
━〔他バ下二〕{べ・べ・ぶ・ぶる・ぶれ・べよ} ❶物の表面に現れ出させる。特に、(水面に)浮かせる。浮かべる。例「梅の花夢(いめ)に語らく雅(みや)びたる花と我(あれ)思(も)ふ酒に━・べこそ」〈万葉・五・八五二〉訳梅の花が夢で語ることには、私は風流な花だと思う、どうか酒に浮かべてほしい。❷思い浮かべる。思い出す。また、暗記・暗唱する。例「古今の歌二十巻(はたまき)を皆━・べさせ給ふを御学問にはせさせ給へ」〈枕草子・清涼殿の〉訳『古今和歌集』二十巻を全部暗唱なさることをご学問になさいませ。❸(苦しい状態から抜け出させて)世に出す。出世させる。日の目をみるようにする。例「沈めるともがらをこそ、多く━・べ給ひしか」〈源氏・明石〉訳(光源氏の深いご慈愛は逆境に)沈んでいる人達を、多く世に出させなさった。❹(仏教語)(迷いや苦しみの世界から)悟りの境地に入れる。成仏させる。極楽へ送る。例「かのおもとをも━・べ救はむとて」〈宇津保・梅の花笠〉訳例のお方(=母ノ亡霊)をも成仏させて救おうということで。

うか・む【浮かむ】〔自マ四〕{ま・み・む・む・め・め} ❶水に浮く。浮かぶ。例「一門の月卿(げっけい)、雲霞(うんか)の如く波に━・みて見えたるぞや」〈謡曲・舟弁慶〉訳(平家)一門の公卿(くぎょう)達が、雲や霞がわき出るように大勢波に浮かんで現れたのである。注海上ニ浮カビ上ガッタ平家一門ノ亡霊ノ様。❷死者の霊が迷わずに成仏する。往生を遂げる。例「一石(いっせき)に一字書きつけて、波間に沈め弔(とむら)はば、などかは━・まざるべき」〈謡曲・鵜飼〉訳(妙法蓮華経の経文を)一つの石に一字ずつ書きつけて、波間に沈めて弔えば、なんで成仏しないことがあろうか。

うから【親族】〔名〕(上代は「うがら」)血のつながった人々。親類。身内。例「問ひ放(さ)くる━兄弟(はらから)無き国に渡り来まして」〈万葉・三・四六〇長歌〉訳相談をする親兄弟とていないこの国に渡って来られて。
要点「から」は、「やから」「はらから」などの「から」と同じで、血のつながったものの意を表す。

うか・る【浮かる】〔自ラ下二〕{れ・れ・る・るる・るれ・れよ} ❶自然に浮く。浮いてただよう。例「その恩を報ぜんと、この君落とし入れける水の上に━・れ来て、甲(かふ)に乗せてぞ助けたりける」〈平家・六・祇園女御〉訳(昔助けられた亀が)その恩返しをしようと、この若君を落とし入れた水面に浮かんで来て、甲羅に乗せて助けたのであった。❷ふらふらとさすらい歩く。放浪する。例「年来(としごろ)仕へける所をもそのこととなく━・れて」〈今昔・一六・三〇〉訳長年仕えていた所までこれといった理由もなくさすらい出て。❸心が落ち着かない。動揺する。例「さらぬだに━・れてものを思ふ身の心を誘ふ秋の夜の月」〈山家集・秋〉訳そうでなくてさえ心が落ち着かず、物思いにふける秋の気持ちを、そそのかす秋の夜の月よ。❹(近世語)おもしろさに夢中になる。うかれる。

うかれ-た・つ【浮かれ立つ】〔自タ四〕{た・ち・つ・つ・て・て} うきうきとする。心が浮き立つ。例「等栽もともに送らんと裾(すそ)をかしうからげて、路(みち)の枝折(しをり)と━・つ」〈奥の細道・福井〉訳等栽(=俳人)も一緒に(芭蕉を)見送ろうと着物の裾をしゃれた格好にからげ、いざ道案内と、はしゃいでいる。

うかれ-め【浮かれ女】〔名〕歌や芸を見せたり、色を売ったりする女性。もとは、諸国を流れ歩いて芸を見せた女性をいう。遊女。「あそびめ」とも。

うき-き【浮き木】〔名〕❶水に浮かんでいる木。また、船、いかだ。例「いく返り行きかふ秋を過ぐしつつ━に乗りて我帰るらむ」〈源氏・松風〉訳何度も去来する秋を(明石の浦で)過ごしてきて、私は(今さら)どうしてたよりない浮き木に乗って(都へ)帰るのでしょうか(この先不安なことです)。注都へ光源氏ニ迎エラレル明石ノ上ノ、心境。❷(「盲亀(まうき)の浮木(ふぼく)」のたとえから)出会うのがきわめてむずかしいこと。めったに得られない幸運。

うき-くさ【浮き草】〔名〕水に浮かんでいる草。例「わびぬれば身を━の根を絶えて誘ふ水あらば往(い)なむとぞ思ふ」〈古今・雑下・九三八〉訳私はもう疲れてしまったので、我が身を(せつない)浮き草と思い、その根を切って今いる所を離れ、誘ってくれる水があるならばそのままどこへなりと行ってしまおうと思います。
参考例のように、和歌では、根が固定していないことから、さすらい歩く放浪漂泊の人生にたとえ、「浮き」に「憂き」を掛けることが多い。

うき-ぐも【浮き雲】〔名〕(「うきくも」とも)❶空に浮かんでいる雲。例「雨となりしぐるる空の━をいづれの方(かた)とわきてながめむ」〈源氏・葵〉訳雨となって時雨(しぐ)れる空に浮く雲を、どれが(亡き葵(あおい)の上の姿だと)区別してながめようか。❷(「━の思ひ」の形で用いて)浮き雲が漂っているような安定しない気持ち。例「古京はすでに荒れて、新都はいまだ成らず。ありとしある人は皆━の思ひをなせり」〈方丈記・都遷り〉訳古い都はとっくに荒れ果てて、新しい都はまだ出来上がらない。あらゆる人が皆浮き雲のような落ち着かない不安な思いをしている。

参考 当てのないことや心の落ち着かないことなどのたとえとして用い、「浮き」に「憂き」を掛けて用いることもある。

うき-た・つ【浮き立つ】〔自タ四〕(たちつつてて) ❶(雲や霧が)わき起こる。立ちのぼる。例「――つ雲の跡もなく、行く方知らずなりにけり」〈謡曲・浮舟〉訳わき起こる雲の跡が残らぬように、行方もわからなくなってしまった。

❷(心が)浮かれる。うきうきする。例「今一きは心も――・つものは、春の気色(けしき)にこそあめれ」〈徒然草・一九〉訳(秋のよさも認めるが)もう一段と心もうきうきとするものは、春の景色であるようだ。

❸不安に浮き足だつ。(社会が)動揺する。例「日を経(へ)つつ世の中――・ちて、人の心も治まらず」〈方丈記・都遷り〉訳日がたつにつれ世の中が動揺して、人の心も不穏になり。

うき-な〔名〕一【憂き名】いやなつらい評判。悪い評判。例「かうやうの気色(けしき)の漏り出(い)でば、いみじう人笑はれに、――にもあるべきかな」〈源氏・胡蝶〉訳こうした有様が世間に知られたなら、ひどく人に笑われることであって、きっと悪い評判をたてられることだろう。

二【浮き名】色恋ざたの評判。艶聞(えんぶん)。例「恋は――の立つのみか、その身はやつれはてたる姿の」〈狂言・金岡〉訳恋をすると艶聞が広まるだけでなく、(恋のために)身体がすっかりやつれた姿になって。

うき-ね【浮き寝】〔名〕❶水鳥が水上に浮かんだまま寝ること。それにたとえて、船の上で寝ること。例「鴨(かも)じもの――をすれば蜷(みな)の腸(わた)か黒き髪に露ぞ置きける」〈万葉・一五・三六四九〉訳鴨のように水上(=船上)で寝ていると、黒い髪に夜露がしっとりと置いたことだ。

❷流す涙に浮かぶほど悲しみにくれて寝ること。例「涙川枕流るる――には夢もさだかに見えずぞありける」〈古今・恋一・五二七〉訳流れる涙が川となって枕まで流されるぐらいの悲しみにくれて寝ていますので、(あなたの)夢だってはっきりとは見えませんでしたよ。

❸異性とのかりそめの添い寝。例「いとかう仮なる――のほどを思ひ侍(はべ)るに、たぐひなく思ひ給へ惑はるるなり」〈源氏・帚木〉訳まったくこんなかりそめのはかない添い寝の有様を思いますと、この上もなく途方(とほう)に暮れてしまうことです。

うき-はし【浮き橋】〔名〕水の上にいかだや船を並べ、その上に板を渡したりして橋にしたもの。例「淀瀬(よどせ)には――渡しあり通ひ仕へまつらむ」〈万葉・一七・三九〇七長歌〉訳淀瀬には浮き橋を渡し通い続けてお仕え申し上げよう。

うきはし

うき-ふし【憂き節】〔名〕つらく悲しいこと。例「世に経(ふ)れば言の葉しげき呉竹(くれたけ)の――ごとにうぐひすぞ鳴く」〈古今・雑下・九五八〉訳世の中で長年暮らしていると、何やかやと言われることが多く、つらく悲しいことがあるたびに、ウグイスのように、私は泣いているのだ。

浮舟(うきふね)【人名】『源氏物語』の登場人物。宇治の八の宮(=光源氏ノ異母弟)の娘。大君(おおいぎみ)(=八ノ宮ノ長女)に失恋した薫(かおる)に愛されるが、匂宮(におうのみや)とも通じ、苦悩の末、宇治川に投身するが未遂に終わり、横川僧都(よかわのそうず)に助けられて尼となり、その後は薫の使者にも会おうとしない。実直な薫を尊敬しながら、ダンディな匂宮にも心ひかれる、女性心理の微妙な一面をのぞかせる女性である。

うき-み【憂き身】〔名〕つらく悲しいことの多い身の上。逆境。例「――一つをもてわづらふにこそはあめれ」〈蜻蛉・下・天延二年〉訳つらく悲しい自分の身一つを扱いかねて(こうして)いるようだ。

うき-め【憂き目】〔名〕(「目」は「経験・境遇」の意)つらいこと。いやなこと。悲しいこと。例「世の――見えぬ山路へ入らむには思ふ人こそほだしなりけれ」〈古今・雑下・九五五〉訳世間のつらさにあわないですむ山中にはいろうと(=出家シヨウト)思うにつけては、(何をおいても)愛する人がさし障りとなるのだったよ。

う-きゃう【右京】(ウキョウ)〔名〕平安京で、中央の朱雀大路(すざくおおじ)の西側の地域。左京に比べて、著しく整備が遅れ発展しなかった。「西の京」とも。対さきゃう

うきゃう-しき【右京職】(ウキョウ)〔名〕右京の司法・税務・戸籍・警察などを担当した役所。

うき-よ【憂き世・浮き世】〔名〕一つらくはかないこの世。無常の現世。例「散ればこそいとど桜はめでたけれ――に何か久しかるべき」〈伊勢・八二〉訳(惜しまれて)散るからこそ一層桜はすばらしいのだ。つらいこの世で、いったい何がいつまでも変わらずにあろうか。

二(多く「浮き世」と書く)❶享楽的なこの世。例「水に流るる瓢箪(へうたん)の如(ごと)くなる、これを――と名づくるなり」〈仮名・浮世物語・一・一〉訳水に浮いて流れる瓢箪のように(沈み込むこともなく浮かれ暮らす)、こんな享楽的なこの世の有様を浮き世というのです。

❷単に、世の中。世間。例「――のことを外(ほか)になして」〈西鶴・好色一代男・一・二〉訳世間のこと(=仕事)をそっちのけにして(遊びに夢中になる)。

❸(下に名詞が続いて)当世風・現代的。また、好色・遊里などの意を添える。例「――寺」〈西鶴・好色一代女・二・三〉訳浮き世寺(=好色ナ僧ノ住ム寺)。

> 要点 本来は「憂き世(=ツラク苦シイ世)」の意。後、漢語の「浮生(ふせい)(=ハカナイ人生、定メナイ世ノ中)」の意が加わり、「浮き世」とも表記されるようになった。近世以降、厭世(えんせい)的思考の裏返しとして、享楽的な語義に変化した。

うきよ-ざうし【浮世草子】(ウキヨ・ゾウシ)〔名〕江戸時代の小説の一部門。当世風の草子(=物語・話)の意。現実の世相を写実的に描いた。扱う題材により、好色物・町人物・武家物・気質(かたぎ)物などがある。井原西鶴の『好色一代男』が最初。以後、約百年続いた。

浮世床(うきよどこ)【書名】江戸後期の滑稽(こっけい)本。式亭三馬作。一八一三年(文化十)～一八一四年(文化十一)刊。『浮世風呂』の好評により、その後を受けた作品で、江戸庶民の社交の場となった髪結い床に集まる人々の会話をつらねて、彼らの生き生きとした生活をユーモラスに描写した作品。⇩式亭三馬(しきていさんば)

浮世風呂(うきよぶろ)【書名】江戸後期の滑稽(こっけい)本。式亭三

馬作。一八〇九年（文化六）～一八一三年（文化十）刊。当時の社交場といえる銭湯を舞台に、そこに集まる江戸庶民の会話を通して、彼らの活気に満ちた生活をユーモラスに描写した作品。⇩式亭三馬

うきよ-ゑ【浮世絵】〔名〕江戸時代、日本画の一派の描いた絵。当世風の絵の意。風俗画が主で、町人生活・芝居・遊里などに題材を求めた。肉筆もあるが、江戸時代の木版印刷技術の進歩による精緻な版画が主体。多色刷りもある。十七世紀後半、菱川師宣の活躍以降、十八世紀半ばに鈴木春信により完成され、以後、喜多川歌麿・葛飾北斎らが輩出して最盛期を迎え、明治に至って衰微した。

う・く【受く・承く・請く】〔他カ下二〕｛け・け・く・くる・くれ・けよ｝❶**受け取る。引き取る。**もらい受ける。例「風に散る花橘を袖に——・けて君が御跡としのひつるかも」〈万葉・一〇・一九六六〉訳風に散る橘の花を袖に受け取って、あなたの記念としてお慕いしました。❷身に受ける。**こうむる。**授かる。例「はからざるに病を——・けて」〈徒然草・四九〉訳思いがけなく病気にかかって。❸**承知する。**納得する。例「『よきことなり』と——・けつ」〈竹取・貴公子たちの求婚〉訳（竹取の翁はかぐや姫の提案を）「よいことだ」と（言って）承知した。❹（試験などに）応じる。受験する。応募する。例「今は寮試——・けさせむとて」〈源氏・少女〉訳（光源氏は息子の夕霧に）今は大学寮の試験を受験させようと思って。❺ささえ持つ。（物を）ささえる。受け止める。例「夜の夢に、御諸手に、月と日とを——・け給ひて」〈蜻蛉・下・天禄三年〉訳（先日の）夜の夢に、（あなたの）ご両手に、月と太陽とをささえ持ちなさって。❻（近世語）金を払って、品物・質草・遊女などを引き取る。手に入れる。身請けする。例「江戸・京・大坂の太夫残らず——・けても」〈西鶴・好色五人女・五・五〉訳江戸・京都・大坂の太夫（＝遊女デ最上位ノ者）を残らず皆身請けしても（使い切れないほどの財産だ）。

う・く【浮く】㊀〔自カ四〕｛か・き・く・く・け・け｝❶物の**表面に現れる。**浮き出る。特に（水面に）浮かぶ。例「庵なども——・きぬばかりに雨降りなどすれば」〈更級・かどで〉訳小屋なども浮いてしまう（かと思う）ほどに雨が（ひどく）降ったりなどするので。❷（気持ちや態度に）**落ち着きがない。**例「聞かせ給ふ御心地はいと——・きたるやうにおぼしめされて」〈大鏡・師尹〉訳（皇太子の位を奪われるという噂を）お聞きなさったお気持ちはますます不安にお思いなさって。❸あてにならない。確かでない。いい加減だ。例「口にまかせて言ひ散らすは、やがて——・きたることと聞こゆ」〈徒然草・七三〉訳口から出まかせにしゃべり散らすのは、すぐに確かでないことだとわかる。❹気まぐれだ。（心が）うわついている。浮気だ。例「この——・きたる御名をぞ聞こし召したるべき」〈源氏・夕霧〉訳このうわついた評判をお聞きになったに違いない。㊁〔他カ下二〕｛け・け・く・くる・くれ・けよ｝物の表面に現れるようにする。浮かす。浮かべる。例「泊瀬の川に舟——・けて」〈万葉・一・七九長歌〉訳泊瀬の川（＝奈良県桜井市ヲ流レル川）に舟を浮かべて。

う・ぐ【穿ぐ】〔自ガ下二〕｛げ・げ・ぐ・ぐる・ぐれ・げよ｝（上代では「うく」）穴があく。例「首もちぎるばかり引きたるに、耳鼻欠け——・げながら抜けにけり」〈徒然草・五三〉訳（頭にかぶった鼎を抜こうと）首ももぎ取れるほど引っぱったところ、耳と鼻が欠けて穴があきはしたものの（やっと鼎は）抜けた。

うぐひす【鶯】〔名〕鳥の名。ウグイス。（季・春）例「——は、文などにもめでたきものに作り」〈枕草子・鳥は〉訳ウグイスは、漢詩文などにすばらしいものとして詠み込まれているし。

うけ【浮け・浮子】〔名〕《動詞「浮く」の連用形の名詞化》漁具の名。うき。例「伊勢の海に釣する海人の——なれや心一つを定めかねつる」〈古今・恋一・五〇九〉訳私は伊勢の海で釣をしている漁師の浮子かしら。たった一つの心を決められないであちこちに揺れ動いていたことよ。

うけが・ふ【肯ふ】〔他ハ四〕｛は・ひ・ふ・ふ・へ・へ｝（「うけごふ」とも）承諾する。引き受ける。例「いとやすく——・ひて」〈雨月・浅茅が宿〉訳ひどくあっさりと承知して。

うけ-く【憂けく】《連語》《形容詞「憂し」の古い未然形「うけ」＋準体助詞「く」》つらいこと。いやなこと。例「世の中の——つらけく」〈万葉・五・八九七長歌〉訳この世の中のいやなこと、またつらいこととしては。

うけ-ぐつ【穿沓】〔名〕穴のあいた、はき物。

うけ-じゃう【請け状】〔名〕雇い人や借家人などの身元を保証する書類。身元保証書。例「おのれが——にある親めが印判」〈近松・五十年忌歌念仏・中〉訳おまえの身元保証書に押した親の印判を。

うけ-だ・す【請け出す】〔他サ四〕｛さ・し・す・す・せ・せ｝❶借金を支払って質物を引き出す。例「秋より明くる年の夏まで預け、元利揃へて毎年——・し」〈西鶴・西鶴織留・二・二〉訳（一時しのぎに夏の着物を）秋から翌年の夏まで質に預け、借りた金と利息を払って毎年質物を引き出し（ていると、長年の間には多額の利息を支払う結果になる）。❷抱え主に代金を払って遊女・芸妓を引き取る。身請けする。例「吾妻——・して」〈西鶴・好色一代男・七・六〉訳吾妻（という遊女）を身請けして。

うけ-たまは・る【承る】〔他ラ四〕｛ら・り・る・る・れ・れ｝

> 動詞「受く」の連用形に謙譲の補助動詞「たまはる」が付いた語。**仰せ言や命令をお受けする**、が基本の意で、平安時代には、多く、**言葉を受ける**、つまり、「**聞く**」の謙譲語（③）として用いられた。

❶（「受く」の謙譲語）**お受けする。**例「畏き仰せ言をたびたび——・りながら」〈源氏・桐壺〉訳（帝の）恐れ多いお言葉をたびたび頂戴していながら。❷（「承諾する」意の謙譲語）**承諾申し上げる。**例「心強く——・らずなりにしこと、なめげなる者に思し召しとどめられぬるなむ、心にとどまり侍りぬる」〈竹取・かぐや姫の昇天〉訳（宮仕えを）強情にお受けしなかったことを、無礼な者だとお心に留めておられることが、心残りでございます。❸（「聞く」の謙譲語）**お聞きする。うかがう。**例「『あはれ』とだにのたまはせば、それを——・りてまかでなむ」〈源氏・若菜・下〉訳「不憫な者よ」とだけおっしゃって下されましたら、その言葉をうかがって退出いたしましょう。

雨月物語【書名】江戸後期の読本。上田秋成作。一七七六年（安永五）刊。日本古来の伝

奇、中国の小説を翻案した怪異小説集。「白峰」「菊花の約り」「浅茅が宿」など九編を収める。⇩上田秋成

うけ-と・る【受け取る・請け取る】〔他ラ四〕（ら・り・る・る・れ・れ）❶渡されたものを受けて取る。受領する。❷引き受ける。承知する。例「その御後見のことをば──り聞こえむ」〈源氏・若菜・上〉訳そのご後見のことをお引き受け申し上げよう。❸（病気などを）身に受ける。こうむる。例「さばかり重き病を──り給ひてければ」〈大鏡・道兼〉訳あれほど重い病気におかかりになってしまわれたのですから。

うけ-にん【請け人】〔名〕保証人。例「肝心の身を持つ時、親──に難儀をかけ」〈西鶴・日本永代蔵・一・三〉訳肝心の妻をもらい独立する時に、（不正がばれて）親や保証人に迷惑をかけ。

うけ-ば・る【受け張る】〔他ラ四〕（ら・り・る・る・れ・れ）他にはばかることなく振る舞う。我が物顔に振る舞う。例「憎らかにも──らぬなどを」〈源氏・若菜・上〉訳憎らしく我が物顔に振る舞ったりしないのを。

うけ-はん【請け判】〔名〕保証のために判を押すこと。また、その判。保証印。例「預り手形に──確かに、『何時なりとも御用次第』とあひ定めしことさへその約束をのばし」〈西鶴・日本永代蔵・一・三〉訳借用証書に保証人の印判まで確かに押し、「いつでもご用があり次第（返済いたします）」などと互いに決めたことまでもその約束をひきのばして。

うけ-ひ・く【承け引く】〔他カ四〕（か・き・く・く・け・け）承知する。同意する。例「さる心ばへ見すなれど、更に──かず」〈源氏・若紫〉訳（代々の国司などが、格別の心遣いをして）その意向（＝明石ノ入道ノ娘ヲ妻ニシタイトノ意向）をもらすそうですが、（入道は）いっこうに応じません。

うけ-ふ【誓ふ】（ウケウ）[一]〔自ハ四〕（は・ひ・ふ・ふ・へ・へ）❶吉凶を判断するために神意をうかがう。例「木の花の栄ゆるが如栄え坐さむと──ひて奉りき」〈古事記・上・邇邇芸命〉訳木の花がはなやかに咲くようにお栄えなさいませと誓約をして献上したのです。❷祈る。祈願する。祈誓する。例「都路を遠みか妹がこの頃は──ひて寝れど夢に見え来ぬ」〈万葉・四・七六七〉訳都への道が遠いからだろうか、近頃は祈って寝てもあなたが夢に現れない。[二]〔他ハ四〕他人の不幸や死を神に願う。のろう。例「罪もなき人を──へば忘れ草おのが上にぞ生ふといふなる」〈伊勢・三一〉訳罪もない人をのろうから、忘れ草が自分の上に生える（＝人ニ忘レラレル）とかいうようですよ。

うげん-ばし【繧繝縁】〔名〕「繧繝」を畳のへりに付けたもの。「繧繝」は、白地に色々の糸で花模様などを織った錦の織物。非常に高級な畳である。「うげんべり」とも。例「昔覚えて不用なるもの。──の畳の節出できたる」〈枕草子・昔覚えて不用なるもの〉訳昔の様子が思い出されるが今は役に立たないもの。繧繝縁の畳が（古くなって）すり切れて糸のこぶが出て来ているの。

うげんばし

うげん-べり【繧繝縁】〔名〕⇩うげんばし

羽後〔旧国名〕東山道十三か国の一つ。現在の秋田県の大部分と山形県の北の一部。一八六八年（明治元）に出羽の国を羽前・羽後に二分して設けられたもの。

う-こん【右近】〔名〕「右近衛府」の略。

うこん-の-うまば【右近の馬場】〔名〕《「うこんのばば」とも》右近衛府の管理する馬場。北野にあり、ここで種々の行事が催された。

うこん-の-だいしゃう【右近の大将】（ダイショウ）〔名〕《「右近衛の大将」「右大将」とも》右近衛府の長官。従三位相当官で、多くは納言（＝太政官ノ次官）の兼務であるが、大臣や参議が兼ねることもある。

うこん-の-たちばな【右近の橘】〔名〕紫宸殿の正面階段の下の西側（＝天皇ノ座カラ見テ右側）に植えてある橘。右近衛府の側ということになる。「左近の桜」と対をなす。対さこんのさくら

うこん-の-つかさ【右近の司】〔名〕右近衛府の役所。また、右近衛府の将曹（＝四等官）以下の役人。

うこん-の-ばば【右近の馬場】〔名〕⇩うこんのうまば

うこん-ゑ-ふ【右近衛府】（ウコンエフ）〔名〕宮中の警護や行幸の供奉などをつかさどる役所。

う-さ【憂さ】〔名〕《形容詞「憂し」の語幹＋接尾語「さ」》思うようにならず、つらいこと。心苦しさ。例「世の──に堪へず、かくなり給へれば」〈源氏・賢木〉訳（藤壺は）世の中のつらいことに堪えられず、このように尼におなりになっているので。

うさ-の-つかひ【宇佐の使ひ】（ツカイ）〔名〕天皇の即位や国家の大事などに際して、朝廷から豊前（＝大分県）の宇佐八幡宮に派遣された使者。

う-さん【胡散】〔形動ナリ〕《「胡」は唐音。室町末期以降の語》疑わしい。怪しげである。例「何をか申すことぞ。──なる鳩の飼ひめ」〈西鶴・好色一代男・四・一〉訳何のことを言っているのか。いんちきくさい詐欺師め。注「鳩の飼ひ」ハ、詐欺師ヲイウ。

うし【大人】〔名〕❶《上代語》領主や高貴な人に対する敬称。あなたさま。例「瑞歯別皇子、太子に啓して曰し給はく、『──、何ぞ憂へますことはなはだしき』」〈日本書紀・履中・即位前〉訳瑞歯別皇子が、皇太子に申し上げなさったことは、「あなた様、どうしてそんなに深く心配していらっしゃるのですか」。❷《近世、擬古文に用いる》師匠や学者に対する尊称。先生。例「宣長、県居の──に会ひ奉りしは、この里にやどり給へりし折、一度のみなりき」〈玉勝間・二〉訳（私）宣長が、県居の先生（＝賀茂真淵）にお目通りしたのは、（先生が）この在所（＝三重県ノ松坂）に一晩お泊まりになった時、ただ一度だけであった。

うし【丑】〔名〕❶十二支の二番目。⇩じふにし ❷方角の名。北北東。❸時刻の名。午前二時、およびその前後の二時間。一説に、午前一時からの二時間。例「二月十六日の──の刻に、渡辺・福島を出でて」〈平家・一一・逆櫓〉訳二月十六日の午前二時頃に、渡辺・福島（＝トモニ、大阪市ノ地名）を出発して。

うし【牛】〔名〕牛。農耕に使ったり、貴族の牛車を引かせたりする。例「養ひ飼ふものには、馬・──。つなぎ苦しむるこそいたましけれど、なくてかなはぬものなれば、いかがはせむ」〈徒然草・一二一〉訳（家畜として）養い飼うものでは、馬と牛（とが第一である）。これらをつないで苦しめるのはかわい

そうであるけれども、なくてはならないものであるから、どうしようもない。

う・し

類つらし

【憂し】《動詞「倦(う)む」と語源が同じ語》

物事が思い通りにならず、気持ちが晴れない、つらい、の意。類義語「つらし」が、相手の仕打ちがむごい、の意であるのに対して、「うし」は自分自身の苦しい気持ちを表す。

[一](形ク)❶つらい。心苦しい。例「有明けのつれなく見えし別れより暁(あかつき)ばかり━・きものはなし」〈古今・恋三・六二五〉訳有明けの月が空に無情にかかっていた朝、いかにも(女が)薄情げに見えたあの別れ以来、(私にとって)夜明け前ほどつらい時はない。注『百人一首』所収、壬生忠岑(ミブノタダミネ)ノ作。

❷わずらわしい。気が進まない。例「宮仕へ人はいと━・きことなりと思ひて過ぐさするを」〈更級・宮仕へ〉訳(昔かたぎの親は)宮仕え人はどうにも気が進まないことだと思って(私にお召しがあっても)そのままにやりすごさせていたが。

❸つれない。うらめしい。憎らしい。例「荻(をぎ)の葉の答ふるまでも吹き寄らでただに過ぎぬる笛の音(ね)ぞ━・き」〈更級・大納言殿の姫君〉訳荻の葉が(そよと)答えるまで立ち止まって吹くこともなく、さっさと通り過ぎてしまう笛の音の主がうらめしい。

[二](接尾ク型)(動詞の連用形に付いて)…するのがつらい。とても…する気になれない。例「風いと涼しくて、帰り━・く若き人々は思ひたり」〈源氏・常夏〉訳風がとても涼しくて、帰るのがいやだと若い人達は思っている。

うじ【氏】(名)⇩うぢ

うし-かひ【牛飼ひ】イ:カ(名)❶牛を飼っている人。❷(「牛飼ひ童(わらは)」の略)牛車(ぎっしゃ)の牛を扱う召使い。「うしこでい」とも。例「━は、大きにて髪あらかなるが、顔あかみて、かどかどしげなる」〈枕草子・牛飼ひは〉訳牛飼いは、身体つきが大きくて、髪がごわごわと荒い人で、顔赤らんで、才気がありそうなのがよい。

うし-かひ-わらは【牛飼ひ童】:カイ ワラワ(名)⇩うしかひ②

宇治川(うぢがは)《川名》⇩うぢがは(宇治川)

うし-ぐるま【牛車】(名)⇩ぎっしゃ

うし-こでい【牛健児】(名)⇩うしかひ②

宇治拾遺物語(うぢしふゐものがたり)《書名》⇩うぢしふゐものがたり(宇治拾遺物語)

うし-とら【丑寅・艮】(名)方角の名。北東。陰陽道(おんようどう)では、この方角を鬼門(きもん)として忌(い)み憚(はば)る習慣がある。

うしな・ふ【失ふ】ウシナ ウ(他ハ四)(は・ひ・ふ・ふ・へ・へ)❶なくす。❷死に別れる。死なせる。例「一人持ちて侍(はべ)りし女子(をんなご)を━・ひて後」〈源氏・夢浮橋〉訳一人おりました娘を亡くしまして後。❸なき者にする。殺す。例「小督(こがう)があらん限りは世の中よかるまじ。召し出だして━・はん」〈平家・六・小督〉訳小督が生きているうちは世間体がよくあるまい。召し出して殺してしまおう。❹(罪を)消す。消滅させる。

うしのつの-もじ【牛の角文字】(名)《形が牛の角に似ていることからいう》平仮名の「い」の字。例「二つ文字━直(すぐ)な文字ゆがみ文字とぞ君はおぼゆる」〈徒然草・六二〉訳ふたつ文字(=「こ」)牛の角の文字(=「い」)まっすぐな文字(=「し」)ゆがんだ文字(=「く」)と、父君のことは思われます。注父ニ贈ッタ和歌デ、全体デ「こいしく」思ワレル、トイウ意味ニナル。

うし-みつ【丑三つ】(名)時刻の名。丑の刻を四つに分けたうちの三番目の時刻。今の午前二時すぎ。例「我が寝(ぬ)る所に率(ゐ)て入りて、子(ね)一つより━まであるに」〈伊勢・六九〉訳自分の寝所に連れて入り、子の一刻(=午後十一時スギ)から丑の三刻まで一緒にいたが。

う-じゃう【有情】ジョウ(名)《仏教語》心の働きを持つすべての生き物。動物。また、衆生(しゅじょう)。対ひじゃう(非情)例「すべて、一切(いっさい)の━を見て、慈悲の心なからんは、人倫(じんりん)にあらず」〈徒然草・一二八〉訳総じて、あらゆる生き物を見て、あわれみの心を起こさないような者は、人間ではない。

うしろ【後ろ】(名)❶後方。また、背後。例「恥づかしう思(おぼ)いて、━向き給へり」〈源氏・玉鬘〉訳きまりが悪くお思いになり、後ろをお向きなさっていた。❷特に、物の裏側。物陰。見えない所。例「人々物の━に寄り臥(ふ)しつつうち休みたれば」〈源氏・常夏〉訳人々(=女房達)は(几帳(きちょう)などの)物の陰に寄りかかっては休んでいるので。❸人の背。背中。例「廂(ひさし)の柱に━を当てて、こなた向きにおはします」〈枕草子・淑景舎〉訳(関白藤原道隆様は)廂の間の柱に背中を当てて、こちら向きに(座って)いらっしゃる。❹後ろ姿。例「目には見えぬものの、戸を押し開けて、御━をや見まゐらせけむ」〈大鏡・花山院〉訳人の目には見えぬ何者かが、戸を押し開けて、(天皇の)後ろ姿を見申し上げたのでしょうか。❺着物の裾(すそ)。特に、「下襲(したがさね)」の後ろの裾。例「御衣(おんぞ)の御(み)━引きつくろひなど」〈源氏・紅葉賀〉訳装束の下襲の後ろの裾の体裁を整えたりなど(なさる)。❻(時間的に)あと。のち。将来。特に、死後。例「亡き御(み)━に、口さがなくやは」〈源氏・夕顔〉訳亡くなられた後に、(夕顔ご本人の隠し事を)どうしてつつしみなく漏らしましょうか(そんなことはできません)。

後ろを見(み)・す　敵に背中を見せて逃げる。負けて逃げる。例「まさなうも敵(かたき)に━・せさせ給ふものかな。返させ給へ」〈平家・九・敦盛最期〉訳卑怯(ひきょう)にも敵に背中をお見せになるものですな。お引き返しなさい。

うしろ-かげ【後ろ影】(名)後ろ姿。去り行く姿。例「人々は途中に立ち並びて、━の見ゆるまではと見送るなるべし」〈奥の細道・旅立〉訳人々は(道の)途中に立ち並んで、(旅立つ私達の)後ろ姿の見える限りはと見送ってくれるようだ。

うしろ-ざま【後ろ様】(名)❶うしろの方。例「月のかげのはしたなさに、━にすべり入るを」〈枕草子・十二月二十四日〉訳月の光が明るくてきまりが悪いので、(女が)後ろの方へすべり入るのを。❷うしろ向き。例「御前(おまへ)なる獅子(しし)・狛犬(こまいぬ)、背(そむ)きて、━に立ちたりければ」〈徒然草・二三六〉訳(神殿の)前にある獅子と狛犬とが、背を向け合って、うしろ向きに立っているので。

うしろ-つき【後ろ付き】(名)後ろ姿。後ろから見た様子。例「この中(ちゅう)お果てなされた奥様に似た所がある。ほんに、――のしをらしき所がそのまま」〈西鶴・世間胸算用・三・三〉訳（あなたの妻は）先日お亡くなりになった（奉公先の）奥様に似た所がある。ほんとに、後ろ姿のひかえ目で可憐(かれん)な所がそっくりだ。

うしろ-で【後ろ手】〔名〕❶後ろ姿。例「簾(す)に添ひたる――もをかし」〈枕草子・野分のまたの日こそ〉訳すだれに寄り添っている（女房たちの）後ろ姿も趣深い。❷両手を後ろに回すこと。

うしろ-み【後ろ見】〔名〕（人を背後から見守る意から）後ろ楯(だて)となって世話をすること。また、その人。世話役。後見(こうけん)。例「取り立ててはかばかしき――しなければ」〈源氏・桐壺〉訳（桐壺更衣(きりつぼのこうい)には）これといってしっかりした後見人もいないので。

うしろ-・みる【後ろ見る】〔自マ上一〕（み・み・みる・みる・みれ・みよ）後ろ楯(だて)になってめんどうをみる。後見する。世話をする。例「かくこまかに――・みるがあはれなること」〈落窪・四〉訳このように懇切にお世話してくださるのが身にしみてありがたいことです。

参考 マ行四段・上二段に活用する例もある。その場合、終止形は「うしろむ」。

うしろめた-げ【後ろめたげ】〔形動ナリ〕（「げ」は接尾語）不安そうな様子。不安げである。例「世の中のはかなさもあはれに、――・に思へりし人もいかならむ」〈源氏・若紫〉訳（光源氏は尼上死去を聞いて）この世の無常もしみじみと感じ、（尼上が）気がかりに思っていた人（＝若紫）もどうなっているだろう（と思い出されて）。

うしろ-めた・し【後ろめたし】〔形ク〕（「うしろめたなし」とも）

> 「後目(うしろめ)痛し」、あるいは「後方(うしろべ)痛し」が変化した形といわれ、**後ろから見て不安だ**、の意。あるいは、**後ろの方が気にかかる**、の意。そこから、**不安だ**、**気がかりだ**、の意になる。

❶**不安である。気にかかる。**心もとない。例「いとはかなう物し給ふこそ、あはれに――・けれ」〈源氏・若紫〉訳（あなたが聞き分けがなくて）本当に幼稚でいらっしゃるのは、悲しくもあり将来が不安です。❷うしろ暗い。やましい。気がとがめる。例「げにをこがましく、――・きわざなりや」〈源氏・夕顔〉訳確かにばかげていて、気がとがめることであるよ。

うしろ-めた-な・し【後ろめたなし】〔形ク〕（「なし」は状態を表す接尾語）「うしろめたし」に同じ。例「火ともしつけよ。いと暗し。さらに――・くは思(おぼ)しそ」〈蜻蛉・上・康保三年三月〉訳ともしびをつけなさい。真っ暗です。あなたは全く心配なさることはありませんよ。

うしろ-やす・し【後ろ安し】〔形ク〕

> 「後ろ」、つまり後々のことが、「安し」、安心である。そこで、**たよりになる**、**心配がない**、の意となる。

あとあとのことも安心できる。**心配がない。**対うしろめたし 例「いとものものしくまめやかに物し給ふ君なれば、――・く思(おぼ)し譲れり」〈源氏・蛍〉訳（夕霧は）とてもどっしりして真面目な人物でいらっしゃるから、（光源氏は）安心して（明石の姫君を）おまかせしておられた。

うしろ-を-み・す【後ろを見す】⇩「うしろ」子項目

う-しん【有心】〔名・形動ナリ〕❶考え深いこと。思慮分別があること。また、そのようす。例「世にもいみじく――・に、深きものに思はれて」〈夜の寝覚・五〉訳世間からも大変分別があって、思慮深い人だと思われて。❷風流心があること。情趣を解すること。また、そのようす。例「いと――・にめでたかりつる幸人(さいはひびと)なり」〈栄花・紫野〉訳（瑠璃女御(るりにょうご)は）たいそう風流心に富むすばらしい幸運に恵まれた人であった。

うしん-てい【有心体】〔名〕《歌論用語》藤原定家の唱えた和歌十体の中で、最も重要とされたもの。深い情趣の中に、余情・妖艶(ようえん)な美をたたえた歌体で、『新古今集』以後、特に重んじられ連歌にもうけつがれた。

うしん-れんが【有心連歌】〔名〕無心連歌（＝滑稽味(コッケイミ)ヲ主トスル連歌）に対して、優雅を旨とする和歌的な連歌。対むしんれんが

参考「無心連歌」を「栗(くり)の本(もと)」というのに対し、「有心連歌」は「柿(かき)の本」と呼ばれる。

う・す【失す】〔自サ下二〕（せ・せ・す・する・すれ・せよ）❶なくなる。見えなくなる。消える。例「翁(おきな)を、いとほしく、悲しと思(おぼ)しつる事も――・せぬ」〈竹取・かぐや姫の昇天〉訳（天の羽衣を着ると）翁を、気の毒だ、不憫(ふびん)だとお思いになっていたことも（かぐや姫の心から）消えてしまった。❷この世からいなくなる。死ぬ。例「その御子(みこ)――・せ給ひて、御葬(おほんはぶり)の夜」〈伊勢・三九〉訳その皇女がお亡くなりになって、ご葬送の夜。

うず【髻華】〔名〕（上代語）草木の花や枝葉、あるいは造花や金属などを髪にさして飾りとしたもの。挿頭(かざし)。例「物部(もののふ)の八十伴(やそとも)の男(を)の島山に赤る橘(たちばな)――に刺し」〈万葉・一九・四二六六長歌〉訳もろもろの官人達がお庭の山に赤く色づいた橘を飾りにさし。

うず〔助動サ変型〕（推量の助動詞「むず」の変化した形）

接続 活用語の未然形に付く。

未然形	連用形	終止形	連体形	已然形	命令形
○	○	うず うずる	うず うずる	うずれ	○

【推量】❶（推量の意を表す）…だろう。例「葵(あふひ)の上の御物の怪(け)、もはやよくござあら**うずる**と存じたれば」〈謡曲・葵の上〉訳葵(あおい)の上を苦しめる生き霊も、もう大丈夫でございましょうと思いましたので。❷（話し手の意志や決意を表す）…う。…（し）よう。…するつもりだ。例「これにしばらく御待ち候へ。某(それがし)参りて案内を申さ**うずる**にて候ふ」〈謡曲・小袖曽我〉訳ここにしばらくお待ち下さい。私が行って案内をお願いしようと思います。❸（当然・適当の意を表す）…するのが当然だ。…すべきだ。…するのがよい。例「周公を疑ふならば、周公除(の)けて、我らが成王を補佐せうとこそせ**うずる**に」〈史記抄・周本紀〉訳周公を疑うのなら、周公を排除して、自分達が成王を補佐しようとこそすべきであるのに。

参考 推量の助動詞「む」に、助詞「と」とサ変動詞「す」の付いた「むとす」からできた「むず」が、さらに変化

した語。中世以降に用いられ、特に室町時代の口語で盛んに用いられた。近世には、「う」の取れた「ず」の形で用いられることもあったが、後、ほとんど用いられなくなった。⇩ず

うす-いろ【薄色】〔名〕❶染色の名。薄紫または「二藍(ふたあゐ)」の薄い色。❷織り色の名。縦糸が紫、横糸が白の織物。❸襲(かさね)の色目(いろめ)の名。表は赤味をおびた薄いはなだ色、裏は薄紫、または白。

うす-えふ【薄葉】ウ:ヨ〔名〕⇩うすやう(薄様)

うずくま・る【蹲る・踞る】〔自ラ四〕(ら・り・る・る・れ・れ)膝を折って体を丸くする。しゃがむ。例「常は、――りてのみぞありける」〈徒然草・四九〉訳(心戒(しんかい)という高僧は)いつもは、しゃがんでばかりいたということだ。

うす-こうばい【薄紅梅】〔名〕❶紅梅色の薄いもの。❷(襲(かさね)の色目(いろめ)の名)「こうばい③」の色の薄いもの。

うす・し【薄し】〔形ク〕❶厚みがない。うすい。例「蛍を――き帷子(かたびら)に、この夕つ方いと多く包みおきて」〈源氏・蛍〉訳(光源氏は)蛍を薄い(几帳(きちょう)の)帷子に、この夕方たくさん包んでおいて。❷(色などが)深くない。淡い。例「木の花は、濃きも――きも紅梅」〈枕草子・木の花は〉訳木に咲く花では、(色が)濃いのでも淡いのでも紅梅(がよい)。❸(心や考えが)深くない。例「たどり――・かるべき女がたにだに皆思ひ遅れつつ」〈源氏・若菜・下〉訳考えの浅いはずの婦人達にさえ皆遅れをとってしまって。❹(数量や程度が)少ない。とぼしい。

うす-ずみ【薄墨】〔名〕❶(「薄墨色」の略)薄い墨(すみ)色。例「まぎらはし書いたる濃墨(こずみ)・――」〈源氏・少女〉訳(筆跡を)まぎらわすように書いた墨つきの濃淡。❷(「薄墨紙」の略)薄いねずみ色の再生紙。❸(「薄墨衣」の略)薄墨色に染めた喪服(もふく)。例「『――』と宣(のたま)ひしよりは、いま少しこまやかにて奉れり」〈源氏・御法〉訳「喪服」とおっしゃった時(=葵(アオイ)ノ上ノ死去ノ時)よりは、(紫の上に死別した今回は)もう少し濃い色の(喪服)をお召しになった。❹(女房詞(にょうぼうことば))そばがき。そばのかゆ。

うすずみ-がみ【薄墨紙】〔名〕⇩うすずみ②

うすずみ-ごろも【薄墨衣】〔名〕⇩うすずみ③

うす-で【薄手】〔名〕軽傷。「あさで」とも。対いたで 例「小次郎が――負(お)ひたるをだに、直実(なほざね)は心苦しうこそ思ふに」〈平家・九・敦盛最期〉訳(一人息子の)小次郎が軽い傷を負ったのでさえ、直実(=私)はつらく思っているのに。

うす-にび【薄鈍】〔名〕(「うすにぶ」とも)染色の名。薄いねずみ色。主に僧服・喪服(もふく)に用いる。

太秦(うずまさ)〔地名〕⇩うづまさ(太秦)

うずみび【埋み火】〔名〕⇩うづみび

うずむ【埋む】⇩うづむ

うす-もの【薄物】〔名〕紗(しゃ)・絽(ろ)など、薄く織った織物。また、それで作った夏用の衣服。「うすぎぬ」とも。(季・夏) 例「二藍(ふたあゐ)の――など、衣長(きぬなが)にて」〈枕草子・うつくしきもの〉訳(大変色白で太っている幼児の二歳ぐらいなのが)二藍の(=藍ト紅トデ染メタ)薄い着物など、(着物の)丈(たけ)が長くて(たすきで袖(そで)をくくり上げているのがはい出して来るのも、とてもかわいらしい)。

うずもる【埋もる】⇩うづもる

うす-やう【薄様】ウ:ヨウ〔名〕和紙の一種。鳥の子紙の薄く漉(す)いたもの。「薄葉(うすえふ)」とも。例「こちたう赤き――を、唐撫子(からなでしこ)のいみじう咲きたるに結びつけて」〈枕草子・いみじう暑き昼中に〉訳仰々しく真っ赤な薄様(に書いた手紙)を、セキチクのとてもよく咲いたのに結びつけて。

うすよう【薄様】〔名〕⇩うすやう

うすら-か【薄らか】〔形動ナリ〕❶厚さの薄い様子。例「月さし出(い)でて、――に積もれる雪の光りあひて」〈源氏・朝顔〉訳月が出て、うっすらと積もっている雪が月の光に溶け合って(かえってとても趣の深い夜の景色である)。❷色の薄い様子。例「にび色の直衣(なほし)、指貫(さしぬき)、――に衣がへして」〈源氏・葵〉訳(喪服の)濃いねずみ色の直衣と、指貫を色の薄いのに衣がえして。

鶉衣(うずらごろも)〔書名〕⇩うづらごろも(鶉衣)

うすら-ひ【薄ら氷】イ:〔名〕(「うすらび」とも)薄い氷。うすごおり。例「佐保川に凍(こほ)り渡れる――の薄き心をわが思はなくに」〈万葉・二〇・四四七八〉訳佐保川に一面に張っている薄氷のように、薄い気持ちで私は思っているのではない。

う-せうしゃう【右少将】ウ:ショウ:ショウ〔名〕(「右近衛少将(うこんえのせうしゃう)」の略)「右近衛府(うこんゑふ)」の次官。対させうしゃう

う-せうべん【右少弁】ウ:ショウベン〔名〕太政官(だいじょうかん)の庶務をつかさどった右弁官局の官。右中弁の次位。対させうべん

う・せる【失せる】〔自サ下一〕(せ・せ・せる・せる・せれ・せよ(せろ))(「失す(下二)」の口語形。二段活用が一段活用に変化したもの。近世に広く用いられた)❶「行く」「去る」を卑しめていう語。行きやがる。例「阿呆(あほう)めが、夜々(よるよる)――・せる所ほかには知らぬか」〈近松・心中天の網島・下〉訳(あの)馬鹿者が、毎晩行ってやがる所をほかには知らないか。❷「来る」を卑しめていう語。来やがる。例「こりゃ、飯(めし)もて――・せい」〈東海道中膝栗毛・六・上〉訳こりゃあ、飯を持って来やがれ。❸「居る」を卑しめていう語。居やがる。例「畜生め、気のきかねえとこに――・しゃあがる」〈浮世風呂・前・上〉訳畜生め、気が利かない場所に居やがる。注犬ニツマズイタ男ノ罵(ノノシ)リ。「失しゃあがる」ハ「失せやがる」ノ変化シタ形。

羽前(うぜん)〔旧国名〕東山道十三か国の一つ。現在の山形県で、北の一部を除く。一八六八年(明治元)に設置されたもので、もとの出羽(でわ)の国である。

うそ【嘯】〔名〕口をすぼめて、息を強く出すこと。口笛。例「貝をも持たぬ山伏が、道々――を吹かうよ」〈狂言・柿山伏〉訳ほら貝を持たない山伏の私が、道中口笛を吹きましょう。

うそ-ぶ・く【嘯く】■〔自カ四〕(か・き・く・く・け・け)(「うそむく」とも)❶口をすぼめて息を吐く。息をきらす。例「暑けくに汗かきなけ木(こ)の根取り――・き登り」〈万葉・九・一七五三長歌〉訳暑い時に汗かき苦しみながら木の根をつかんでふうふう言って登り。❷口笛を吹く。例「この蛍(ほたる)をきし寄せて、包みながら――・き給へば」〈宇津保・初秋〉訳この蛍を近寄せて、(薄物の袖(そで)に)包み入れながら口笛をお吹きになると。❸そ知らぬそぶりをする。そらとぼける。例「とみに舟も寄せず、――・いて見まはし」〈更級・初瀬〉訳急には舟も寄せず、空とぼけてあたりを見回し。注「嘯いて」ハ、イ音便。

二〔他カ四〕(詩歌を)口ずさむ。吟詠する。例「『梅が枝』を――・きて立ち寄るけはひの、花よりもしるく」〈源氏・竹河〉訳(催馬楽(さいばら)の)「梅が枝」を口ずさんで近付く気配が、(紅梅の)花よりもきわだって。

うた【歌・唄】〔名〕❶節をつけて歌うものの総称。例「琴(きん)を弾(ひ)きすさび給ひて、良清(よしきよ)に――うたはせ」〈源氏・須磨〉訳(光源氏は)琴(=七弦ノ琴)を心まかせにお弾きになって、良清に歌を歌わせ。
❷和歌の総称。短歌・長歌・旋頭歌など。例「芋(いも)洗ふ女西行ならば――よまん」〈芭蕉・野ざらし紀行〉訳(西行が隠栖したという伊勢の西行谷の水で)芋を洗っている女がいる。西行がこれを見たら、(江口の遊女に歌を詠みかけたように)きっと気のきいた歌の一つも詠むであろう(私はこんなつまらない句でお茶を濁すだけだが)。
❸(「唐歌(からうた)」の略)漢詩。例「また折々の――書きおかせ給へりけるを」〈大鏡・時平〉訳また折につけてお作りになった漢詩を書きつけておられたのを。

うた-あはせ【歌合はせ】〔名〕平安・鎌倉時代に行われた文学的遊戯。参加した歌人が左右二組に分かれて、同じ題のもとに歌を一首ずつ出し合い、判者(はんじゃ)(=審判役ノ歌人)がその優劣を判定して勝負を争った。

> **要点 「歌合はせ」の方法** 「歌合はせ」の基本形式は、参加する歌人を左右二組に分け(=コノ人々ヲ「方人(かたうど)」トイウ)、一定の題――即題(=ソノ場デ出サレル題)と兼題(=前モッテ出サレル題)とがある――のもとに左右一首ずつ和歌を出し合い、読師(とくし)や講師(こうじ)がそれらを読み上げ、判者がその優劣を判定する。「歌合はせ」は平安時代の初期に起こり、初めは遊びの要素が強かったが、中期から末期にかけて盛んになるにつれ、勝負を争う意識が強くなった。判者は一名が普通であるが、両判(=判者ガ二名)、衆議判(=参加シタ左右ノ方人ガ全員デ合議スルモノ)などもあった。

う-だいしゃう【右大将】〔名〕(「右近衛(うこんゑ)の大将」の略)右近衛府の長官。対さだいしゃう

右大将道綱母(うだいしゃうみちつなのはは)〔人名〕⇩藤原道綱母(ふぢはらのみちつなのはは)

う-だいじん【右大臣】〔名〕「太政大臣」「左大臣」に次ぐ位で、政務一般をつかさどり、左大臣が空席、または「関白」の位にいる時には、右大臣が代わって政務を統括した。「みぎのおとど」「みぎのおほいまうちぎみ」とも。対さだいじん

う-だいべん【右大弁】〔名〕太政官の右弁官局の長官。兵部・刑部・大蔵・宮内の四省を支配監督する役。対さだいべん

うた-がき【歌垣】〔名〕❶古代、男女が春や秋に一か所に集まり、互いに歌いかけたり、踊り合ったりして、楽しんだもの。「かがひ」とも。例「歌垣山あり。昔、男も女(をみな)もこの上に集(つど)ひ登りて常に――をなしき」〈摂津風土記・逸文〉訳歌垣山(という山)がある。昔、男も女もこの山の上に集まって登りいつも歌垣をした。
❷後世、宮廷などで一群の男女が歌い合う、一種の風流な遊び。

> **要点 「歌垣」と求愛・求婚** 「歌垣」は本来、春の田植え前や秋の収穫後に神を祭る農耕儀礼であったと思われるが、一か所に多数の男女が集まることから、しだいに遊興・娯楽の意味が強くなり、**共に歌を歌いかけ、舞い踊り、飲食を楽しむ場となった。同時にそれは、未婚の男女にとって、求愛・求婚のよい機会で**もあった。「風土記」にある常陸(ひたち)(=茨城県)の筑波(つくば)山でのものなどが特に有名である。

うた-かた【泡沫】〔名〕水面に浮かぶあわ。消えやすいことから、主としてはかないもののたとえにいう。例「淀(よど)みに浮かぶ――は、かつ消えかつ結びて、久しくとどまりたる例(ためし)なし」〈方丈記・ゆく河〉訳(川の)よどんだ所に浮かんでいる水の泡は、一方では消え一方では新しくできて、長くそのまま残る例はない。

うた-がた〔副〕❶(多く「――も」の形で)ひたすらに。きっと。必ず。例「離れ磯(そ)に立てるむろの木――も久しき時を過ぎにけるかも」〈万葉・一五・三六〇〇〉訳陸から離れた磯に立っているムロの木(=ヒノキ科ノ常緑樹)も(私と同じく)きっと長い年月を過ごしてきたのだなあ。注新羅(シラギ)ニ遣ワサレタ人ガ船ノ上デ詠ンダ歌。
❷(下に打消しや反語の表現を伴って)少しの間も。少しも。決して。例「鶯(うぐひす)の来鳴く山吹――も君が手触れず花散らめやも」〈万葉・一七・三九六八〉訳ウグイスの来て鳴く山吹は、決してあなたの手に触れずに花が散りはしないでしょう。

うたかた-の【泡沫の】《枕詞》(「うたかた」は水に浮かんでいるところから)「浮き」と同音の「憂き」にかかる。

うた-がたり【歌語り】〔名〕和歌にまつわる物語。歌物語。⇩うたものがたり

うた-がま・し【歌がまし】〔形シク〕(「がまし」は接尾語)いかにも歌らしい。優れた歌と思っている。例「さすがに――・しう」〈枕草子・五月の御精進のほど〉訳そのくせ上手な歌のように。

うた-くづ【歌屑】〔名〕くずのような和歌。へたな和歌。例「貫之(つらゆき)が『糸による物ならなくに』といへるは、古今集の中の――とかや言ひ伝へたれど、今の世の人の詠みぬべきことがらとは見えず」〈徒然草・一四〉訳紀貫之が「糸による物ならなくに」と詠んだのは、『古今集』の中のくずの歌とか言い伝えているけれど、現代の人が詠めそうな言いまわしとは思われない。

うたげ【宴】〔名〕酒盛り。宴会。例「何の故ありてか例にも似ず――し給ふぞ」〈今昔・一・一五〉訳どのような理由があっていつにもなく宴会をなさるのですか。⇩うちあぐ①

うたた〔副〕(「うたて」と同源の語)❶程度が増大するさま。ますます。いよいよ。例「さらぬだに雪の光はあるものを――有明の月ぞ休(やす)らふ」〈式子内親王集〉訳そうでなくても雪に白い光はあるのに、ますます光るように夜明けの空には月が残っている。
❷(「――あり」の形で)ⓐ不快・不適当な様子。いやだ。問題だ。困ったものだ。例「花と見て折らむとすれば女郎花(をみなへし)――あるさまの名にこそありけれ」〈古今・雑体・一〇一九〉訳ただの花だと思って折ろうとしたらオミナエシだった。「女」だなんて、困った感じの名前だったのでねえ。注

法師ノ作トイウ。

ⓑ異常な様子。ひどい。常軌を逸している。例「『例の人にてあらじ』と、いと――あるまで世を恨み給ふめれば」〈源氏・手習〉訳（浮舟(うきふね)は）「並みの女ではいたくない（尼になろう）」と、まったく嘆かわしいくらいに世の中を恨んでいるようですから。

うたた-ね【仮寝】〔名〕うとうと眠ること。寝るとはなしにちょっと寝ること。かりね。例「――に恋しき人を見てしより夢てふものは頼みそめてき」〈古今・恋二・五五三〉訳うたた寝の夢に恋しいあの人の姿を見てしまった時から、（はかなくて頼りにならないとされる）夢というものを頼みにし始めてしまった（現実には、なかなか会えないものだから）。注小野小町ノ作。

うた-づかさ【雅楽寮】〔名〕⇩うたれう（雅楽寮）

うたて〔副〕（「うたた」の変化した形）類う（憂）し・うとまし・むつかし

> 事態や気持ちがどんどん進行する様子、がもとの意。多く、悪い方向に進むのを不快に思う気持ち、をいう。

❶程度が進む様子。**ますますひどく。**例「三日月の清(やさ)にも見えず雲隠り見まくぞ欲(ほ)しき――この頃」〈万葉・一一・二四六四〉訳三日月がはっきり見えずに雲に隠れているように、あなたに逢えないので、ますます逢いたいと思うこの頃です。

❷普通でない様子。**異様に。気味悪く。**例「――思さるれば、太刀を引き抜きて」〈源氏・夕顔〉訳（光源氏は）気味悪くお思いになったので、太刀を引き抜いて。

❸不快に感じる様子。**いやに。いとわしく。**情けなく。例「人の心は、なほ――おぼゆれ」〈徒然草・三〇〉訳人間の心というものは、やはり情けなく思われる。

> 要点 形の上では形容詞「うたてし」の語幹とまぎらわしい。「あな、うたて」「うたてや」の形で述語や独立語となるもの、「うたての事」のように連体修飾の格助詞「の」を伴って連体修飾語となるものなどは形容詞の語幹である。

うたて-あ・り〔連語〕いやだ。不快だ。情けない。例「なにともなく――・りしかば、久しう里にゐたり」〈枕草子・殿などのおはしまさで後〉訳（中宮様は小二条殿にいらっしゃったが）そこは何となくいやな気分だったので、長い間（出仕せず）里にじっとしていた。

うたて-げ〔形動ナリ〕（「げ」は接尾語）❶異様な感じがする。怪しげである。例「例人(れいひと)よりはこよなう年老い、――・なる翁(おきな)二人」〈大鏡・序〉訳普通の人よりもはるかに年を取って、異様なさまである老人二人。

❷見苦しい。嘆かわしい。いやな感じである。例「かたちの異様(ことざま)にて――・に変はりて侍(はべ)らば、いかが思(おぼ)さるべき」〈源氏・賢木〉訳（お会いしないうちに）私の姿が今のようでなくいやな感じのするもの（＝尼姿）に変わっておりましたら、（あなたは）どうお思いになるでしょうか。

うたて・し〔形ク〕❶**面白くない。気にくわない。情けない。**例「勧賞(けんじやう)かうぶらんとて、尋ね求むるぞ――・き」〈平家・三・六代〉訳（京中の者達が）ご褒美にあずかろうとして、（平家の落人(おちうど)を）尋ね求めたとは情けない。

❷気の毒である。心が痛む。例「俊寛僧都(そうづ)一人(いちにん)、憂(う)かりし島の島守になりにけるこそ――・けれ」〈平家・三・有王〉訳俊寛僧都一人だけ、つらい思いをしてきた島の番人になってしまったのは本当に気の毒だ。

要点 平安時代は「あな、うたて」「うたての心ばへや」のように、語幹の用法が主であったが、中世には、活用させて用いるようになる。また、中世以降は、「うたてしく」「うたてしき」などの形で、シク活用にも用いる。

うたて-や-な〔連語〕（「うたて」は形容詞の語幹。「や」「な」は終助詞）嘆かわしいことだなあ。情けないことだなあ。例「――、隅田川の渡し守(もり)ならば、『日も暮れぬ、舟に乗れ』とこそ承るべけれ」〈謡曲・隅田川〉訳情けないこと、隅田川の渡し守ならば、（あの『伊勢物語』の船頭のように）「日も暮れた、舟に乗りなさい」とおっしゃるべきである。

うた-ぬし【歌主】〔名〕和歌を作った人。和歌の作者。例「この――、『まだまからず』と言ひて立ちぬ」〈土佐・一月七日〉訳この歌の作者は、「まだおいとまするのではないが」と言って座をはずしてしまった。

うた-ねんぶつ【歌念仏】〔名〕（「うたねぶつ」とも）江戸時代初期に流行した門付(かどつけ)芸の一つ。僧の姿をした芸人が、鉦(かね)をたたきながら、念仏に節(ふし)をつけて歌うもの。浄瑠璃などの文句を念仏の節で歌うことも行われた。

うたねんぶつ

うた・ふ【訴ふ】〔他ハ下二〕{へ・へ・ふ・ふる・ふれ・へよ}（「うったふ」の促音「っ」を表記しない形）訴える。訴訟する。救いを求める。例「風に当たり湿(しつ)に臥(ふ)して、病(やまひ)を神霊に――・ふるは、愚かなる人なり」〈徒然草・一七一〉訳風にあたって湿った所に寝て（おきながら）、病気を神に訴える（＝恨ミ言ヲ言ウ）のは、愚かな人である。

うた・ふ【歌ふ】〔他ハ四〕{は・ひ・ふ・ふ・へ・へ}❶節をつけて声を出す。歌う。

❷詩歌を作り、それを詠ずる。朗詠する。例「かくし歩(あり)きつつ、人の国に歩きて、かく――・ふ」〈伊勢・六五〉訳このようにして歩き回りながら、地方の国にさまよって、次のような歌を詠む。

うたへ【訴へ】〔名〕（「うったへ」の促音「っ」を表記しない形）不平不満を訴えること。訴訟。例「人の田を論ずる者、――に負けて」〈徒然草・二〇九〉訳他人の田を（自分のだとして）言い争っている人が、訴訟に負けて。

うた-まくら【歌枕】〔名〕❶和歌に詠み込まれる名所や枕詞・序詞などを集めた書物。例「よろづの草子・――、よく案内知り、見つくして」〈源氏・玉鬘〉訳多くの物語本や歌枕について、その内容をよく知り、読み尽くしていて。

❷和歌に詠まれる名所や歌の題材。

> 参考 **「歌枕」の変遷** 「歌枕」は、平安時代の中頃では、和歌の注釈や枕詞・名所などを記した書物の意で、能因法師の『能因歌枕』などが有名である。以後、歌によく出てくる名所の説明をした書物を指すようになり、そこから転じて、もっぱら「**歌によまれる名所**」の意に用いられるようになった。「歌枕」のもつイメージは、和歌に言外の余情を与える効果があるが、

一面、和歌を観念的にする一面もあった。

うた-め・く【歌めく】〔自カ四〕{か・き・く・く・け・け}和歌であるかのように聞こえる。和歌みたいだ。例「聞く人の『怪しく。——・きても言ひつるかな』とて、書き出だせれば、げに三十文字余りなりけり」〈土佐・二月五日〉訳（船頭の言葉を）聞いている人が「変だな。まるで和歌のように言ったものだなあ」と言って、文字に書いてみたら、本当に三十一文字（つまり和歌の音数）であった。

うた-ものがたり【歌物語】〔名〕❶和歌にまつわる物語。例「人の語り出でたる——の、歌の悪きこそ、本意なけれ」〈徒然草・五七〉訳人の語り出した歌物語の、歌のできが悪いのは、がっかりするものである。❷《平安時代の物語における一つの様式》和歌を中心として構成された物語。『伊勢物語』『大和物語』『平中物語』など。

うた-よみ【歌読み・歌詠み】〔名〕❶歌を作ること。例「人々をかしがりて——などするに」〈更級・かどで〉訳人々が興味深く思って歌を詠んだりするので。❷歌を作る人。歌人。

うた-れう【雅楽寮】〔名〕《「うたづかさ」「ががくれう」とも》令制で、治部省に属し、歌舞をつかさどった役所。

うた-ろんぎ【歌論議】〔名〕歌のよしあしや解釈について論議すること。

うた-ゑ【歌絵】〔名〕一首の歌の内容を絵に描いたもの。

うち

【内】〔名〕
類うへ（上）

> 外部に対して、**ある範囲の内部**の意。古語には、**宮中や天皇**、をさす用法がある。対義語は「と（外）」。

❶内側。なか。内部。例「町に桜を植ゑ並べ、その——に屋を建てて住み給ひしかば」〈平家・一・吾身栄花〉訳一画に桜を並べて植え、その内側に家を建ててお住みになったので。

❷**禁中。宮中。内裏。**

❸**天皇。みかど。主上。**例「母宮、——の一つ后腹になむおはしければ」〈源氏・桐壺〉訳（葵の上の）母宮は、天皇と同じ后の腹にお生まれなさったので。

❹家。家の内。また、家庭。例「山の際に惣門のある——に入りぬ」〈徒然草・四四〉訳山のほとりの立派な構えの大門のある家に入った。

❺妻が、外部の者に対して、夫、または自分を指していう語。主人。妻。例「一門中の状文にも、伊左衛門——よりと書いても、人のとがめぬこと」〈近松・夕霧阿波鳴渡・上〉訳親類中への手紙にも、伊左衛門の妻よりと書いても、（遊女だからといって）人はとがめないよ。

❻国の中。国内。例「外には三国の難あり、——には姦臣集まれり」〈保元・下・五〉訳（斉の国は）外には（衛・秦・楚の）三国という難事があり、国内にはよこしまな家臣が集まっている。

❼限られた時間の中。間。例「ののしる——に夜ふけぬ」〈土佐・十二月二十一日〉訳わいわい騒いでいる間に夜がふけた。

❽心の中。心中。例「——に思慮なく、外に世事なくして」〈徒然草・一〇八〉訳心の中に（悟りを妨げる）雑念なく、身の回りでは俗事にかかわらず。

❾《数量に関して》以内。以下。例「広さはわづかに方丈、高さは七尺が——なり」〈方丈記・方丈〉訳（庵の）広さはわずかに一丈（＝三メートル）四方で、高さは七尺（＝約二メートル）以内である。

❿《儒教を「外」というのに対して》仏教。例「——は五戒を保って慈悲を先とし、外には五常を乱さず」〈平家・二・教訓状〉訳仏教においては五戒（＝盗ミ・ウソナドヲ禁ジタ五ツノ戒メ）を守って慈悲の心を第一とし、儒教においては五常（＝仁義礼智信）を乱さないで。

うち【打ち】〔接頭〕《動詞「打つ」の連用形から》動詞の上に付いて、動詞の意味を強めたり種々の意を添えたりする。単に語調を整えるためだけのものもある。❶すっかり。ぱったり。「——曇る」「——絶ゆ」など。❷ふと。「——おどろく」など。❸ちょっと。少し。「——見る」「——聞く」「——言ふ」など。❹勢いよく。「——出づ」「——入る」など。

うぢ【氏】〔名〕❶家の系統を示し、他と区別する名。「大伴」「物部」「中臣」など。例「虚言も祖の名断つな大伴の——と名に負へるますらをの伴」〈万葉・二〇・四四六五長歌〉訳かりそめにも先祖の名を絶やすな、大伴の氏を名に持つ勇敢な男達よ。❷家の名。名字。例「貧道元来——もなく、名もあらず」〈椿説弓張月・続三六〉訳私はもともと名字もなく、名前もありません。

宇治〔地名〕京都府宇治市一帯。宇治川が流れ、平安貴族の別荘地、行楽の地であった。『源氏物語』の宇治十帖の舞台であり、『平家物語』の橋合戦や宇治川先陣で知られる。歌枕。

宇治（平等院）

うち-あ・ぐ【打ち上ぐ】〔他ガ下二〕{げ・げ・ぐ・ぐる・ぐれ・げよ}❶手や楽器を打って歌い騒ぐ。酒宴を催す。例「何となく鬼どもが——・げたる拍子の、よげに聞こえければ」〈宇治拾遺・一・三〉訳何となく鬼どもが歌い騒いでいる拍子が、調子よさそうに聞こえたので。❷《「うち」は接頭語》上にあげる。高く持ち上げる。例「大納言殿・三位の中将、二所して簾——・げ」〈枕草子・関白殿、二月二十一日に〉訳大納言と三位の中将の、お二方で簾を上げ。❸《「うち」は接頭語》《声を》張り上げる。例「折しも法皇、御経を——・げ——・げ遊ばされける」〈平家・三・法皇被流〉訳ちょうど法皇は、声を張り上げ張り上げお経を読んでおられた。

うち-あはび【打ち鮑】〔名〕アワビの肉を細長く切り、薄く打ちのばして干したもの。のしあわび。酒の肴。

うち-あ・ふ【打ち合ふ】{は・ひ・ふ・ふ・へ・へ}■〔自ハ四〕❶互いに打つ。張り合う。対抗する。例「思ふ敵と寄り合ひ——・ひて死なむこの身の」〈謡曲・鉢木〉訳これはと思うような敵に近寄って打ち合って討ち死にするつもりのこの身が。

❷（「うち」は接頭語）ぴったりと調和する。つりあう。かなう。

□二〔他ハ四〕（双六(すごろく)や碁を）互いに打つ。例「同じやうなりける侍(さぶらひ)と双六を━・ひけり」〈今昔・一六・三七〉訳同じくらいの身分であった侍と双六を打ち合った。

うち-あ・り【打ち有り】〔自ラ変〕｛ら・り・り・る・れ・れ｝（「うち」は接頭語）❶さりげなくある。ちょっと置いてある。例「━・る調度(てうど)も、昔覚えて安らかなるこそ、心にくしと見ゆれ」〈徒然草・一〇〉訳ちょっと（その辺に）置いてある道具類も、古風な感じがして落ち着いているのは、奥ゆかしく思われる。

❷ありふれている。どこにでもある。

うち-いだ・す【打ち出だす】〔他サ四〕｛さ・し・す・す・せ・せ｝❶（「うち」は接頭語）衣の裾(すそ)や袖(そで)を簾(すだれ)や牛車(ぎっしゃ)の下簾(したすだれ)の下から外に少し出す。出だし衣(ぎぬ)をする。

❷（「うち」は接頭語）（詩歌などを）声に出して吟ずる。

❸打ち鍛えて作り上げる。例「三年が内に雌雄(しゆう)の二剣を━・せり」〈太平記・一三・五〉訳三年の内に雄雌二振りの剣を打ち鍛えて作り上げた。

うち-い・づ【打ち出づ】〔自ダ下二〕｛で・で・づ・づる・づれ・でよ｝□一（「うち」は接頭語）❶外へ出る。現れる。例「田子(たご)の浦ゆ━・でて見れば真白(ましろ)にぞ富士の高嶺(たかね)に雪は降りける」〈万葉・三・三一八〉訳田子の浦（＝静岡県庵原(イハラ)郡由比(ユイ)・蒲原(カンバラ)アタリノ海岸）を通って（見晴らしの）良い所に出て見ると、真っ白に富士の高峰に雪が降り積もっていることだ。

❷出発する。出陣する。例「近江(あふみ)国へ━・でたりければ」〈平家・一〇・三日平氏〉訳近江国（＝滋賀県）へ出陣したので。

□二〔他ダ下二〕❶**火や音を打って出す**。打ち鳴らす。例「弁(べん)の少将、拍子━・でて忍びやかに歌ふ声、鈴虫に紛(まが)ひたり」〈源氏・篝火〉訳弁の少将が、拍子を打って小声で歌う声は、鈴虫と聞きまちがうほどの美声だった。

❷（「うち」は接頭語）ちょっと出す。出だし衣(ぎぬ)をする。例「葡萄染(えびぞめ)の二重文の唐衣(からぎぬ)など━・でたり」〈栄花・根合はせ〉訳（女房は）薄紫の二重文の唐衣などを外に出していた。

❸（「うち」は接頭語）口に出す。声を出して吟ずる。

うち-いで【打ち出で】〔名〕（「うちで」とも）❶金属を打ちのばして作り出したもの。例「枕上(まくらがみ)に━の太刀置きたり」〈今昔・二五・四〉訳枕元には打って作った（ばかりの新しい）太刀を置いていた。

❷（「打ち出での衣(きぬ)」の略）寝殿や、牛車(ぎっしゃ)の簾(すだれ)の下などから、女房の衣の裾(すそ)や袖(そで)を装飾的に外にはみ出させたもの。「いだしぎぬ」「うちだし」とも。例「藤壺(ふぢつぼ)の上の御局(みつぼね)につぶとえもいはぬ━どもわざとなくこぼれ出(い)でて」〈大鏡・師輔〉訳藤壺の上の局にすき間もなく言い表しようもなく美しい（女房達の）出だし衣(ぎぬ)がさりげなく（御簾(みす)の下から）こぼれ出て。

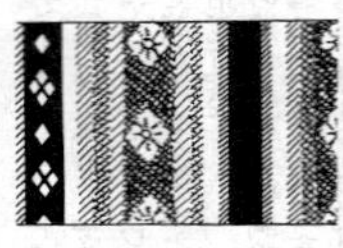

うちいで②

打ち出での衣(きぬ) ⇩うちいで②

うち-い・ふ【打ち言ふ】〔他ハ四〕｛は・ひ・ふ・ふ・へ・へ｝（「うち」は接頭語）なにげなく口に出す。ちょっと言う。例「ものなど━・ひたるけはひなど、むべこそはと」〈源氏・藤裏葉〉訳（明石の上が）物など言う時の物腰などを、（紫の上は）もっともだと（目をみはる思いでごらんになる）。

うち-い・る【打ち入る】□一〔自ラ四〕｛ら・り・る・る・れ・れ｝勢いよく入る。攻め入る。例「物具(もののぐ)したる法師の━・るを見て、かいふいて逃げければ」〈平家・一二・泊瀬六代〉訳武装した法師が攻め込むのを見て、姿勢を低くして逃げたので。

□二〔他ラ下二〕｛れ・れ・る・るる・るれ・れよ｝❶（「うち」は接頭語）入れる。収納する。例「かたへなる硯(すずり)に、文(ふみ)をおしまきて━・れて」〈蜻蛉・上・天暦八年〉訳身近にある硯箱（のふた）に、手紙を巻いて入れて。

❷（財産を）つぎこむ。入れあげる。例「ばくちの、負け極まりて残りなく━・れんとせんに会ひては、打つべからず」〈徒然草・一二六〉訳ばくち打ちで、負けがこんで残りの金すべてをつぎこもうとする者に出会った場合は、（対抗して）打ってはいけない。

うち-うち【内内】□一〔名〕❶（家などの）内側。内部。例「━のしつらひには、いふべくもあらぬ綾織物(あやおりもの)に絵をかきて」〈竹取・竜の首の玉〉訳屋内の装飾には、言葉で言い表せないほどの豪華な綾織物に絵を描いて。

❷表向きでないこと。うちわ。また、心の内部。心中。例「━には、所も置き聞こえさせ給はざりしぞかし」〈大鏡・道長・上〉訳（道長公は）私的生活のほうでは、（伊周(これちか)公に）ご遠慮申し上げなさることはなかったよ。

□二〔副〕内内(ないない)。こっそり。例「━よく習ひ得てさし出(い)でたらんこそ、いと心にくからめ」〈徒然草・一五〇〉訳こっそりと十分に習得してから人前に出て行くようなやり方が、本当に奥ゆかしいようだ。

うち-お・く【打ち置く】〔他カ四〕｛か・き・く・く・け・け｝（「うち」は接頭語）❶ひょいと置く。例「脇息(けふそく)の上に冊子(さうし)━・き」〈源氏・梅枝〉訳脇息の上に草子を置いて。

❷そのままの状態にしておく。放っておく。例「しさしたる事の、今日(けふ)過ぐすまじきを━・きて」〈枕草子・小白河といふ所は〉訳やりかけた仕事で、今日一日を（そのままにして）過ごすべきでないのを放っておいて。

うち-おこた・る【打ち怠る】〔自ラ四〕｛ら・り・る・る・れ・れ｝（「うち」は接頭語）なおざりにする。なまける。例「世をのどかに思ひて━・りつつ、まづさし当たりたる目の前の事にのみ紛(まぎ)れて月日を送れば」〈徒然草・一八八〉訳一生をのんびりしたものと思って（つい）なまけながら、まずさしあたっている目前の事だけに気をとられて月日を送っていると。

うち-おどろ・く【打ち驚く】〔自カ四〕｛か・き・く・く・け・け｝（「うち」は接頭語）ふと目がさめる。例「夜中ばかりなど━・きて聞けば、起きたるなりと聞こえて」〈枕草子・心にくきもの〉訳夜中頃などにふと目をさまして聞くと、起きているらしい気配で。

うち-おほひ【打ち覆ひ】〔名〕（「うち」は接頭語）ちょっとした簡単な屋根。仮葺(ぶ)きの屋根。例「土居(つちゐ)を組み、━を葺(ふ)きて」〈方丈記・方丈〉訳土台を組み、仮の屋根を葺いて。

うち-おぼめ・く【打ち朧めく】〔自カ四〕｛か・き・く・く・け・け｝（「うち」は接頭語）わからないふりをする。そらとぼける。例「げにげにしく所々━・き、よく知らぬよしして」〈徒然草・七三〉訳もっともらしく（話の）所々そらとぼけ、よく知らないふりをして（話をする嘘(そう)は）。

うち-おぼ・ゆ【打ち覚ゆ】〔自ヤ下二〕{え・え・ゆ・ゆる・ゆれ・えよ}（「うち」は接頭語）❶心に思い浮かぶ。心に感じられる。例「御前近き桜の、いとおもしろきを、今年ばかりはなど━・ゆるも」〈源氏・柏木〉訳御前近くの桜が、とても美しいのを見て、今年だけは(墨染めの色に咲け)などと心に思い浮かぶのも。
❷どことなく似る。似ている。

うち-か・く【打ち掛く・打ち懸く】{け・け・く・くる・くれ・けよ}（「うち」は接頭語）■一〔自カ下二〕(水などが)激しくかかる。例「波は舟に━・けつつ捲き入れ」〈竹取・竜の首の玉〉訳波は幾度も船にうちかかって(海中に)巻き入れんばかりになり。
■二〔他カ下二〕ひょいとひっかける。例「いと黒うつややかなる琵琶に、御袖を━・けて」〈枕草子・上の御局の御簾の前にて〉訳たいへん黒くつややかな琵琶に、袖をひょいとひっかけて。

うち-かけ【裲襠・打ち掛け】〔名〕❶（「うちかけよろひ」の略）朝廷の儀式に、武官が装束の上に着けた、胸と背とだけあって袖のない衣服。
❷江戸時代、上流婦人の礼装で、衣服に帯をしめた上にはおる長い小袖。現代では婚礼の衣装に用いる。

うちかけ②

うち-かす・む【打ち掠む】〔他マ下二〕{め・め・む・むる・むれ・めよ}（「うち」は接頭語）それとなく告げる。ほのめかす。例「この権中納言の朝臣の独りありつるほどに、━・めてこそ心見るべかりけれ」〈源氏・若菜・上〉訳この権中納言の朝臣が独身でいた間に、(自分の心中を)ほのめかして打診してみるべきだったのだ。

うち-がたな【打ち刀】〔名〕敵と斬り合うために作られた鍔(=柄ヲ握ル拳ノ防具)付きの刀身の長い刀。例「━を抜き、薩摩守の右のかひなを、肘のもとよりふつと切り落とす」〈平家・九・忠度最期〉訳打ち刀を抜き、薩摩守(=平忠度)の右の腕を、肘のつけ根からふっつりと斬り落とす。

うち-かたぶ・く【打ち傾く】（「うち」は接頭語）■一〔自カ四〕{か・き・く・く・け・け}❶ちょっと傾く。例「雨いたく降り、東風はげしく吹きて、一筋二筋━・きたれば」〈蜻蛉・中・天禄二年〉訳雨がひどく降り、東風が激しく吹いて、(呉竹が)一、二本傾いていたので。
❷軽く首を曲げる。首をかしげる。多くは、考え込む時のしぐさ。例「━・きて物など見たるも、うつくし」〈枕草子・うつくしきもの〉訳首をかしげて物など見ているのも、とてもかわいらしい。
■二〔他カ下二〕{け・け・く・くる・くれ・けよ}ちょっと傾ける。

うち-かたら・ふ【打ち語らふ】〔他ハ四〕{は・ひ・ふ・ふ・へ・へ}（「うち」は接頭語）親しく話し合う。親交を結ぶ。例「『さるからさぞ』とも━・はば、つれづれ慰まめ」〈徒然草・一三〉訳「『そうだからそうなのだ』など(人と)語り合うような事があったら、やるせない寂しさも慰められるだろう。

うち-かづ・く【打ち被く】（「うち」は接頭語）■一〔他カ四〕{か・き・く・く・け・け}頭の上に載せる。かぶる。例「伊予簾などかけたるに、━・きて、さらさらと鳴らしたるも、いとにくし」〈枕草子・にくきもの〉訳(こっそり訪ねて来た男が)伊予簾などが掛けてあるのを、(くぐる時に)頭にかぶって、さらさらっと音をたてているのも、ひどく気にいらない。
■二〔他カ下二〕{け・け・く・くる・くれ・けよ}衣服・布などを他の人の肩に載せ与える。かずける。例「侍従は主の君に━・けて往ぬ」〈源氏・竹河〉訳侍従の君は(着物を)主の君の肩に(禄として)かずけて帰っていった。

宇治川〔川名〕琵琶湖が水源で、瀬田川といわれ、現在の宇治市を流れているのを宇治川といい、やがて淀川に合流する。『平家物語』の橋合戦や宇治川先陣で知られており、川霧が良質の茶の栽培によく、その流域は宇治茶を生産する。

宇治川

うち-かは・す【打ち交はす】〔他サ四〕{さ・し・す・す・せ・せ}（「うち」は接頭語）羽や衣服を互いに重ね合わせる。互いに重ねる。例「深山木に羽━・しゐる鳥のまたなくねたき春にもあるかな」〈源氏・真木柱〉訳奥山にある木に羽を重ね合わせてとまっている鳥のような(あなたがたの仲)が、またとなくねたましい春であることです。
要点 多くは、「羽うち交はす」の形で用いられ、鴛鴦などが身体をぴったりと寄せ合っている様子を言う。

うち-かぶと【内兜・内甲】〔名〕❶かぶとの内側の額に当たるところ。また、急所となる部分。例「一刀は━へ突き入れられたれども、うす手なれば死なざりけるを」〈平家・九・忠度最期〉訳一度は刀を甲の内側まで突き入れられたけれど、軽傷だから死ななかったのを。
❷(転じて)うちわの事情。内情。また、知られたくない弱点。例「客に━を見られてなさるると、大夫の位がなく」〈浮世・傾城禁短気・五・一〉訳客に内情を見すかされてうまくあしらわれると、太夫の威光がなくなり。

うち-かへし〔副〕❶繰り返し。何度も。例「おしはかり給ふに、いと心苦しければ、━のたまひ明かす」〈源氏・薄雲〉訳(明石の上の気持ちを)お察しなさるにつけても、(光源氏は)たいそう気の毒に思うので、繰り返し繰り返し事情をお説き明かしなさる。
❷思い返して。前とは違って。逆に。例「障り所もあるまじくさはやかによろづ思ひなさるれど、━いと悲し」〈源氏・浮舟〉訳(浮舟は自殺を決心するが)それを妨げる差し障りもなくすべてすっきりと考えられるが、それが逆にたいそう悲しくなる。

うち-かへ・す【打ち返す】〔他サ四〕{さ・し・す・す・せ・せ}（「うち」は接頭語）❶表裏、上下、左右などを**逆にする**。**裏返す**。ひっくりかえす。例「手の裏━・し━・し、押しのべなどしてあぶりをる者」〈枕草子・にくきもの〉訳(丸火鉢の火やいろりなどに)手のひらを裏返し裏返しして、(手のしわを)押しのばしてあぶっている者(は見苦しい)。
❷旗・袖などをひらひらさせる。ひるがえす。例「求子舞ひてか寄る袖どもの━・す羽風に」〈源氏・匂宮〉訳求子(=風俗歌ノ名)を舞って寄りそう袖がひるがえす羽風で。
❸ある行為を何度も行う。繰り返す。
❹田畑をすき起こす。たがやす。例「鴫の居る野

沢の小田を――・し種蒔きてけり標はへて見ゆ」〈金葉・春〉訳 鴫の住んでいる野辺の沢の田を耕して種を蒔いたのだったなあ、標識の縄が張り渡されているのが見えるよ。

うち-かへ・る【打ち返る】〔自ラ四〕〔ら・り・る・れ・れ〕(「うち」は接頭語)ひっくりかえる。そりかえる。例「あさましきもの。……車の――・りたる」〈枕草子・あさましきもの〉訳 驚きあきれるもの。……牛車のひっくり返ったもの。

うぢ-がみ【氏神】〔名〕❶氏族の祖先として祭る神。また、それぞれの氏に関係の深い神。❷生まれた土地の守り神。鎮守の神。産土神。

うち-かを・る【打ち薫る】〔自ラ四〕〔ら・り・る・れ・れ〕(「うち」は接頭語)ほんのりとかおる。例「荒れたる庭の露繁きに、わざとならぬ匂ひしめやかに――・りて」〈徒然草・三二〉訳 荒れた庭に露が一面におりている所に、わざわざたいたのではない香がしっとりとかおって。

うち-き【袿】〔名〕(表着の内に着るものの意)❶男子が直衣・狩衣の下に着る衣服。例「子の料に、絹の指貫、摺狩衣、――、袴など、袋に入れて持たせて」〈宇津保・俊蔭〉訳 子供の衣料には、絹の指貫、摺狩衣、袿、袴などを、袋に入れて(従者に)持たせて。

うちき②

❷女子が平常の室内着として着る衣服。数枚重ねて着るので「重袿」とも。はじめはその重ねた全部をいったが、平安中期以降は一番上の一枚を指すようになった。❸天皇の装束のお召しかえをすること。例「上は、御――の人召して、出でさせ給ひぬる程に」〈源氏・紅葉賀〉訳 天皇は、ご装束の係の女官をお呼びになって、(お召し替えのために部屋から)お出ましになった頃に。

うち-ぎき【打ち聞き】〔名〕❶ちょっと聞くこと。また、その言葉や話。例「深き筋思ひ得ぬ程の――には」〈源氏・常夏〉訳 こみ入った内容まではわからない程度の小耳にはさんだだけの話なら。❷聞きつけた歌を書きしるしておくこと。また、個人的に聞きつけたままを書きとめたものの意で、私選集。例「物の折、もしは人と言ひ交はしたる歌の聞こえて、――などに書き入れらるる」〈枕草子・うれしきもの〉訳 (うれしいものは)何かの折(の歌)、あるいは人とやりとりした歌がうわさになって、打ち聞きなどに書きとめられること。

うちき-すがた【袿姿】〔名〕男子は直衣・狩衣などを、女子は、裳・唐衣などを袿の上に着ない姿。袿だけを着てくつろいだ姿。

うち-きら・す【打ち霧らす】〔他サ四〕〔さ・し・す・す・せ・せ〕(「うち」は接頭語)霧がかかったようにする。例「――・し朝ぐもりせし行幸には、さやかに空の光やは見し」〈源氏・行幸〉訳 霧がかかって朝から一面の曇り空であった雪模様の行幸では、はっきりと空の光を(=帝ノオ姿ヲ)見ることなどどうしてできましたでしょうか。

うち・きる【打ち着る】〔他カ上一〕〔き・き・きる・きる・きれ・きよ〕(「うち」は接頭語)(衣類などを)身につける。着る。かぶる。例「はてには、笠――・き足ひき包みよろしき姿したる者、ひたすらに家ごとに乞ひ歩く」〈方丈記・飢渇〉訳 ついには、笠をかぶり足をくるみかなりの身なりをした者が、ひたすら家ごとに(食べ物を)求めて歩き回る。

うち-く・す【打ち屈す】〔自サ変〕〔せ・し・す・する・すれ・せよ〕(「打ちくっす」の促音「っ」の無表記)ふさぎこむ。例「西面には、かうしも渡り給はずやと、――・して思しけるに」〈源氏・須磨〉訳 西面(=花散里ノ方)では、こんなにまでして(光源氏が)お渡りになることはあるまいと、ふさぎこんでいらっしゃると。

うち-ぐ・す【打ち具す】〔せ・し・す・する・すれ・せよ〕(「うち」は接頭語)■一〔自サ変〕不足なくそなわる。そろう。例「親――・し」〈源氏・桐壺〉訳 親は二人ともそろっていて。■二〔他サ変〕❶引き連れる。例「――・してはつきなからむさまを」〈源氏・須磨〉訳 (須磨に)伴って来ていたら似合わないような(紫の上の)様子を(考えて)。❷身につけて行く。たずさえる。例「――・してまかりつつ」〈大鏡・時平〉訳 (土産として)たずさえて参りまして。

うち-く・ぶ【打ち焼ぶ】〔他バ下二〕〔べ・べ・ぶ・ぶる・ぶれ・べよ〕(「うち」は接頭語)ひょいと火に投げ入れる。例「火の中に――・べて焼かせ給ふに、めらめらと焼けぬ」〈竹取・火鼠の皮衣〉訳 (皮衣を)火の中にくべて焼かせなさったところ、めらめらと焼けてしまった。

うち-くら【内蔵】〔名〕❶古代、朝廷に奉った物を収めた蔵。うちのくら。❷(「うちぐら」と濁る)近世、母屋と軒続きに建てた蔵。戸口が家の中にあり、財宝や衣類などを入れた。転じて、金持ち。例「この商人――には常灯のひかり」〈西鶴・日本永代蔵・一・一〉訳 この商人は内蔵には常夜灯が輝く(大金持ちである)。注 銀千貫目以上ノ資産ヲ持ツ長者ハ、蔵ニ灯明ヲ点ス風習ガアッタ。

うち-こし【打ち越し】〔名〕❶(連歌・俳諧用語)連句で、ある句から見てその前の前の句。ある句を前の句に付ける時に、打ち越しの句と趣が同種になることを避けるのがきまりで、これを「打ち越しを嫌ふ」という。❷(「打ち越し酒」の略)酒宴で、席順にこだわらず、名指しで自由に杯を回して飲むこと。

うち-ささ・ぐ【打ち捧ぐ】〔他ガ下二〕〔げ・げ・ぐ・ぐる・ぐれ・げよ〕(「うち」は接頭語)上に向ける。仰向けにする。例「女は額髪晴れらかに掻きやり、まばゆからず顔――・げてうち笑ひ」〈徒然草・一七五〉訳 女は額髪を晴れやかにかき上げ、恥ずかしげもなく顔を仰向けて笑い。注 酒ニ酔ッタ女性ノミットモナイ様子。

うち-ささめ・く〔自カ四〕〔か・き・く・く・け・け〕(「うち」は接頭語)他人に聞こえないように小声で話す。ひそひそと話す。例「――・き言ふ事どもを聞き給へば、わが御うへなるべし」〈源氏・帚木〉訳 (女房達が)ひそひそと話していることをお聞きなさってみると、(光源氏の)ご自身のおうわさらしい。

うち-しき【打ち敷き】〔名〕❶家具や置物の下に敷く布製の敷物。❷寺院の高座や仏前の卓の上に敷く敷物。

うち-しき・る【打ち頻る】〔自ラ四〕〔ら・り・る・る・れ・れ〕(「うち」は接頭語)短い間に同様のことが数多くなされる。たび重なる。例「参う上り給ふにも、あまり――・る折々は」〈源氏・桐壺〉訳 (桐壺更衣が御前に)参上なさる時にも、(それが)あまりたび重なる折々は。

うち-し・く【打ち敷く】〔他カ四〕{か・き・く・く・け・け}《「うち」は接頭語》座るために何かを敷物とする。敷く。例「草の上にむかばきなどを——・きて、上にむしろを敷きて、いとはかなくて夜を明かす」〈更級・初瀬〉訳(野宿なので)草の上に「むかばき」などを敷いて、その上にむしろをのべて、何とも頼りない状態で夜を明かした。注「むかばき」ハ騎馬・狩リナドノ時、腰ニ付ケテ両足ノ前面ヲ覆ウモノ。

うち-しぐ・る【打ち時雨る】〔自ラ下二〕{れ・れ・る・るる・るれ・れよ}《「うち」は接頭語》❶秋から冬にかけて、小雨がさっと降る。しぐれる。例「——・れたるむら雲隠れのほど、またなくあはれなり」〈徒然草・一三七〉訳少ししぐれている程度の群雲(むらくも)に見え隠れする月などが、このうえなく情趣深いものである。
❷《比喩(ゆひ)的用法》涙ぐむ。涙にうるむ。例「まみのわたり——・れて、ひそみ居たり」〈源氏・若菜・上〉訳目もとのあたりが涙にうるんでいて、べそをかいている。

うち-しの・ぶ【打ち忍ぶ】〔自バ四〕{ば・び・ぶ・ぶ・べ・べ}《古くは上二段活用。「うち」は接頭語》❶人目につかないようにする。人目を避ける。例「——・びたるすみかも、山里めいたる隈(くま)などに、おのづから侍(はべ)るべかめり」〈源氏・橋姫〉訳人目を避けている住まいも、山里のような人里離れた片隅などに、よくあるようでございます。
❷じっと耐え忍ぶ。我慢する。例「心弱く——・ばれで」〈夜の寝覚・三〉訳心弱く我慢できずに。

うち-しの・ぶ【打ち偲ぶ】〔他バ四〕{ば・び・ぶ・ぶ・べ・べ}《「うち」は接頭語。上代は「うちしのふ」》眼前にいない人や昔の事などを懐かしむ。恋い慕う。例「かく人にも少し——・ばれぬべきほどにて」〈源氏・柏木〉訳こうして人に少しは懐かしがられる間に。

うち-しはぶ・く【打ち咳く】〔自カ四〕{か・き・く・く・け・け}《「うち」は接頭語》せき払いをする。また、せきをする。例「三つばかりなる稚児(ちご)の寝おびれて——・きたるも、いとうつくし」〈枕草子・正月に寺にこもりたるは〉訳三つぐらいの子供が寝ぼけてせきをしているのも、とてもかわいらしい。

宇治拾遺物語(うぢしふゐものがたり)【書名】鎌倉前期の説話集。作者・編者未詳。約二百の説話を集めたもの。仏教説話、貴族説話、民衆説話などを収める。ユーモアにすぐれ、生き生きとした人々の生活感があふれている。

うち-しめ・る【打ち湿る】〔自ラ四〕{ら・り・る・る・れ・れ}《「うち」は接頭語》❶水気を帯びる。湿る。
❷気持ちが沈む。ふさぎ込む。例「——・り面痩(おもや)せ給へらん御さまの」〈源氏・柏木〉訳ふさぎ込んで面やつれしていらっしゃるだろうと思われるご様子が。
❸しっとりと落ち着いている。静かである。

うち・す【打ち為】{せ・し・す・する・すれ・せよ}《「うち」は接頭語》■一〔自サ変〕ちょっとある。(主として時雨などが)さっと降る。例「のどやかになりぬるころ、時雨——・して」〈源氏・少女〉訳のどかになった頃、時雨がさっと降って。
■二〔他サ変〕ちょっとする。無造作にする。例「あくびおのれ——・して、寄りふしぬる」〈枕草子・すさまじきもの〉訳(物の怪(け)の調伏(ちょうぶく)のうまくいかない験者が)あくびを自分から平気でして、物に寄りかかって横になってしまったの(は興ざめである)。

うち-す・ぐ【打ち過ぐ】〔自ガ上二〕{ぎ・ぎ・ぐ・ぐる・ぐれ・ぎよ}《「うち」は接頭語》❶(空間的・時間的に)過ぎる。通過する。例「かかる程に宵(よひ)——・ぎて、子(ね)の時ばかりに」〈竹取・かぐや姫の昇天〉訳こうしているうちに宵も過ぎて(=夜モ更ケテ)、夜中の十二時頃に。
❷基準・水準を越える。

うち-ず・す【打ち誦す】〔他サ変〕{ぜ・じ・ず・ずる・ずれ・ぜよ}《「うち」は接頭語。「うちずんず」とも》声に出して詠ずる。口ずさむ。例「『なぞ越えざらむ』と——・し給へるを、身にしみて若き人びと思へり」〈源氏・若紫〉訳「なぞ越えざらむ」と口ずさまれる声を、身にしみて若い女房たちはすばらしいと思った。

うち-す・つ【打ち捨つ・打ち棄つ】〔他タ下二〕{て・て・つ・つる・つれ・てよ}《「うち」は接頭語》❶不要なものとして顧みない。捨てる。ほうっておく。例「少しも益(やく)のまさらん事を営みて、その外(ほか)をば——・てて大事を急ぐべきなり」〈徒然草・一八八〉訳少しでも利益の多いことを行い、その他のことはほうっておいて(一生の)大事を急いでやるべきである。
❷置き去りにする。後に残しておく。例「さりとも、——・てては、え行きやらじ」〈源氏・桐壺〉訳いくらなんでも、まさか(私を)置き去りにしては、(あの世へ)行けないでしょう。

うち-ずみ【内裏住み・内住み】〔名〕《「うち」は宮中の意》**宮中に住むこと。また、女官として宮中にお仕えすること。**対さとずみ① 例「かしづき聞こえさせ給ふ宮なれば、——せさせ奉り給へど」〈源氏・匂宮〉訳(匂宮(におうのみや)は、帝や后が)大切にお扱い申し上げなさっている皇子であるから、宮中に住まわせ申し上げなさるけれども。

うち-ずん・ず【打ち誦ず】〔他サ変〕{ぜ・じ・ず・ずる・ずれ・ぜよ}《「うちずす」とも》詩歌・経文の一節などを声を出して読み上げる。口ずさむ。例「折々に、その事とも聞こえぬほどに、忍びて——・ずることぞある」〈蜻蛉・下・天延二年〉訳折りにつけ、何を言っているのか聞きとれないくらいに、こっそりと口ずさむことがある。

うち-そ・ふ【打ち添ふ】《「うち」は接頭語》■一〔自ハ四〕{は・ひ・ふ・ふ・へ・へ}❶人と行動をともにする。付き添う。同行する。例「かしづかれて——・ひて下りしを」〈更級・夫の死〉訳供の者にかしずかれながら(親に)同行して(父親の任国へ)下ったのを。
❷ある物事に他の物事が追加される。加わる。例「あまりさへ疫癘(えきれい)——・ひて」〈方丈記・飢渇〉訳その上に伝染病が加わって。
■二〔他ハ下二〕{へ・へ・ふ・ふる・ふれ・へよ}ある物事に他の物事をつけ加える。添える。例「鶯(うぐひす)の老いたる声してかれに似せむと雄々(をを)しう——・へたるこそ、にくけれど、またをかしけれ」〈枕草子・祭のかへさ〉訳ウグイスが年老いた声であれ(=ホトトギス)に似せようと勇敢に声を添えたのこそ、よくはないけれど、またおもしろい。

うち-たえ【打ち絶え】〔副〕《「うちたえて」とも》❶(多く下に打消しの語を伴って)すっかり。まったく。例「——頼むべき者なければ」〈平治・上・一〉訳(藤原信西(しんぜい)は)まったく頼りにできるような者がいないので。
❷ひたすらに。いちずに。例「女房なんどの——嘆く事をば」〈平家・二・文之沙汰〉訳女房などがひたすらに嘆願する事を。

うち-た・ゆ【打ち絶ゆ】〔自ヤ下二〕{え・え・ゆ・ゆる・ゆれ・えよ}《「うち」は接頭語》続いていた物事が絶えてしまう。とだえる。例「その後は何となくまぎらはしきに、物語のことも——・えて忘られて」〈更級・宮仕へ〉訳その後はなんとなく雑事に取り紛れていたので、物語の事もとだえて忘れてしまって。

うち-ち・る【打ち散る】〔自ラ四〕{ら・り・る・る・れ・れ}(「うち」は接頭語)(花や雪が)さっと散り落ちる。例「空の曇り寒げなるに、雪少し――・りて」〈枕草子・賀茂の臨時の祭〉訳空が曇って寒そうな時に、雪が少し降り散って。

うち-つけ【打ち付け】〔形動ナリ〕

物を打ちつけるように、急に事が起こる様子、がもとの意。そこから、突然である、急である、の意になる。また、あまりにも急だ、ということから、軽率である、の意にもなる。多く、連用形「うちつけに」の形で用いる。

❶急に起こるようす。**突然である。だしぬけである。**例「ほととぎす人まつ山に鳴くなれば我――・に恋まさりけり」〈古今・夏・一六二〉訳ホトトギスが、人を待つという名の松山で鳴くのが聞こえるので、私は急に(あの人が待たれて)恋しさが強くなったことだ。

❷深く考えないようす。**軽率である。かりそめである。**例「――・に浅き心ばかりにては、かくも尋ね参るまじき山のかけぢに思ふ給ふるを」〈源氏・橋姫〉訳かりそめの浅い気持ちだけでは、こうして訪問して参ることができそうもない険しい山道だと思いますが。

うち-つづ・く【打ち続く】(「うち」は接頭語)■一〔自カ四〕{か・き・く・く・け・け}とぎれずに連続する。継続する。例「折(を)りしも雨風――・きて心あわたたしく散り過ぎぬ」〈徒然草・一九〉訳ちょうどその頃雨や風が続いてあわただしく(花が)散っていってしまう。■二〔他カ下二〕{け・け・く・くる・くれ・けよ}とぎれずに連続させる。継続させる。

うち-つ・る【打ち連る】〔自ラ下二〕{れ・れ・る・るる・るれ・れよ}(「うち」は接頭語)一緒に行く。連れ立つ。例「殿上人(てんじゃうびと)、四位・五位こちたく――・れ」〈枕草子・関白殿、二月二十一日に〉訳殿上人や、四位・五位の人びとが仰々しく連れ立って。

うち-で【打ち出】〔名〕⇩うちいで

うち-てう・ず【打ち懲ず・打ち調ず】(チョウズ)〔他サ変〕{ぜ・じ・ず・ずる・ずれ・ぜよ}棒などで打ち、懲りるようにする。打ちこらしめる。例「この翁丸(おきなまろ)――・じて、犬島へつかはせ。ただ今」〈枕草子・上にさぶらふ御猫は〉訳この翁丸(=犬ノ名)を打ち懲らしめて、犬島に追いやれ。今すぐ。

うち-と【内外】〔名〕❶(家の)内と外。また、表向きと奥向き。例「これを見て、――なる人の心ども、物におそはるるやうにて」〈竹取・かぐや姫の昇天〉訳これ(=天人ガヤッテ来タコト)を見て、家の内や外にいる人達の心は、何かの霊に襲われたようになって。
❷仏教と儒教。
❸(「内外の宮」の略)⇩内外の宮(みや)
内外の宮(みや) 伊勢神宮の内宮(ないくう)と外宮(げくう)。

うち-と・く【打ち解く】(「うち」は接頭語)■一〔他カ四〕{か・き・く・く・け・け}ひもの結び目などをほどく。解く。例「紐(ひも)――・き、ないがしろなるけしきに」〈枕草子・碁を〉訳(直衣(なうし)の)紐をほどいて、くつろいだ様子で。
■二〔自カ下二〕{け・け・く・くる・くれ・けよ}❶氷が溶ける。溶ける。例「谷々の氷――・けて水は折ふし増さりたり」〈平家・九・宇治川先陣〉訳谷々の氷も溶けて(川の)水はちょうどその時増加していた。
❷警戒心や緊張などが解ける。うちとける。例「――・くまじきもの、えせもの。さるは、よしと人にいはるる人よりも、うらなくぞ見ゆる」〈枕草子・うちとくまじきもの〉訳気の許せないものは、うさんくさい人。とはいっても、立派だと人から言われる人よりも、隠しだてがないように見える。

うちとけ-ごと【打ち解け言】〔名〕うちとけてする話。くつろいだ話。例「客人(まらうど)などに会ひて物言ふに、奥の方に――など言ふを、えは制せで聞く心地」〈枕草子・かたはらいたきもの〉訳(いたたまれない感じのものは)お客などに会って何か話している時に、奥の方でくつろいだ内輪話をするのを、止(と)めることもできないで聞いている気持ち。

うちとけ-すがた【打ち解け姿】〔名〕くつろいだ姿。例「もの清げなる――に、花の雪のやうに降りかかれば」〈源氏・若菜・上〉訳(夕霧の)何とも清らかな感じのくつろいだ姿に、桜の花が雪のように散りかかるので。

うちとけ-わざ【打ち解け業】〔名〕うちとけてする行為。親しみをこめた行い。例「様異(こと)にさならぬ――もし給ひけり」〈源氏・末摘花〉訳(光源氏は)普通の場合とは違いそこまではしないような内々の隔てのないことまでも(末摘花(すゑつむはな)をお世話)なさった。

うち-との-みや【内外の宮】⇩「うちと」子項目

うち-なが・む【打ち眺む】〔他マ下二〕{め・め・む・むる・むれ・めよ}(「うち」は接頭語)物思いにふけりながら、ぼんやりと物を見る。例「この女、いとよう化粧(けさう)じて、――・めて」〈伊勢・二三〉訳この女は、たいそう念入りに化粧して、物思いにふけりながら(男の出かけて行った方を)見やって。

うち-な・く【打ち泣く】〔自カ四〕{か・き・く・く・け・け}(「うち」は接頭語)声をたてて涙を流す。泣く。例「薬師仏の立ち給へるを、見捨て奉る悲しくて、人知れず――・かれぬ」〈更級・かどで〉訳(人のいない間にお参りしてはぬかずいて礼拝した)薬師如来の立っていらっしゃるのを、見捨て申し上げるのが悲しくて、人知れず泣いてしまった。

うち-なげ・く【打ち嘆く】〔自カ四〕{か・き・く・く・け・け}(「うち」は接頭語)感激や困惑などで、ため息をもらす。嘆息する。嘆く。

うち-なび・く【打ち靡く】(「うち」は接頭語)■一〔自カ四〕{か・き・く・く・け・け}❶草・袖(そで)・簾(すだれ)などが風などに押されて横に伏したように揺れ動く。なびく。例「穂先の蘇枋(すはう)にいと濃きが、朝霧に濡(ぬ)れて――・きたるは」〈枕草子・草の花は〉訳ススキの穂先の黒みがかった紅色でとても濃いのが、朝霧に濡れてなびいているのは。
❷横になる。横たわる。例「安騎(あき)の野に宿る旅人――・きいも寝(ぬ)らめやも古(いにしへ)思ふに」〈万葉・一・四六〉訳安騎の野に仮寝をする旅人はのびのびと横になることができようか。昔の事を思うと。
❸他の人の意向に従う。その通りになる。
■二〔枕詞〕「春」にかかる。例「天降(あも)りつく神の香具山――春さり来れば」〈万葉・三・二六〇長歌〉訳天から降って来たという神の香具山は、春がやって来ると。

うち-なや・む【打ち悩む】〔自マ四〕{ま・み・む・む・め・め}(「うち」は接頭語)病気で苦しむ。わずらう。例「――・み面痩(おもや)せ給へる、はたけに似るものなくめでたし」〈源氏・若紫〉訳(藤壺(ふぢつぼ)の)苦しそうにして、お顔もお痩せになった

(ご様子は)、(ご健康な時も美しいが)これはこれでなるほどたぐいもなく魅力的である。

うち-なら・す【打ち鳴らす】〔他サ四〕{さ・し・す・せ・せ}打って音をたてる。打ち響かす。例「弓弦(ゆづる)いとつきづきしく——・して『火危ふし』と言ふ言ふ」〈源氏・夕顔〉訳(滝口の武士が)弓弦をとても似つかわしく打ち鳴らして「火の用心」と何度も言いながら。注「言ふ言ふ」ハ、「泣く泣く」ト同様ニ、終止形ヲ重ネテ副詞句トスル用法。

うち-の-うへ【内の上】エウ〔名〕(「うち」「うへ」「うちのみかど」とも)天皇。例「まろは、——よりも宮よりも母をこそまさりて思ひ聞こゆれ」〈源氏・御法〉訳私(=匂宮)は、父天皇よりも母中宮よりも育ての母のあなた(=紫ノ上)をより恋しくお思い申し上げています。

うち-の-おとど【内の大臣】〔名〕⇩ないだいじん

宇治(うぢ)の橋姫(はしひめ)ウジ【人名】京都府宇治市の宇治橋を守るという女神。住吉の神が毎夜この神のもとに通ったという。橋のたもとに橋姫神社がある。

うち-の-みこ【内の御子・内親王】〔名〕⇩ないしんわう

うち-は【団扇】ワ〔名〕あおいで風を起こしたり、かざして顔を隠したりする道具。羽または薄絹で張り、柄が付いている。うちわ。例「——取ってあふがん人のうしろ向き」〈芭蕉〉訳折からの暑さの中、うちわを取ってあおいでさし上げたい。浮世を捨てつつ、また隠遁の生活をも潔しとせず、すべてに背を向けた人(=磐斎(バンサイ)老人)の後ろ向きのお姿を拝見していると。

> 参考 団扇(うちわ)は中国伝来のもので、「団扇」の字は「まるい打ち羽」の意からあてられたという。あおいで風を起こすのが本来の用法であるが、後には、武将が軍勢を指揮するのにも使われた。これを軍配団扇(ぐんばいうちわ)といい、武田信玄のものが有名。相撲の行司が使う軍配はその名残(なごり)である。

うち-はし【打ち橋】〔名〕❶板をかけ渡した、取りはずしのできる橋。仮り橋。例「機(はたもの)の踏み木持ち行きて天の川——渡す君が来(こ)むため」〈万葉・一〇・二〇六二〉訳機織の道具の踏み木を持って行って天の川に打ち橋を渡します、あなたがいらっしゃるのに役立つように。

❷廊下の一部分を切った所に橋として板を渡したもの。中庭への出入りなど、必要に応じて取りはずせる。例「殿の御さるがうごとにいみじう笑ひて、ほとほと——よりも落ちぬべし」〈枕草子・淑景舎〉訳殿のおどけたご冗談に(女房達は)たいそう笑って、もう少しで打ち橋からも落ちてしまいそうである。

うち-はじ・む【打ち始む】〔他マ下二〕{め・め・む・むる・むれ・めよ}(「うち」は接頭語)はじめとする。始める。例「昼ありつることどもなど——・めてよろづのことを言ふ」〈枕草子・雪のいと高うはあらで〉訳昼あった出来事などをはじめとしてさまざまの事を言う。

うち-はぶ・く【打ち羽振く】〔自カ四〕{か・き・く・く・け・け}(「うち」は接頭語)羽を振る。羽ばたく。例「——・き鶏(とり)は鳴くともかくばかり降り敷く雪に君いまさめやも」〈万葉・一九・四二三三〉訳鶏は羽ばたいて鳴いてもこれほどに降り積もる雪の中を皆様はお帰りになられましょうか。

うち-はへ【打ち延へ】エ〔副〕(「うちはへて」とも)❶(時間的に延びるさまから)長い間続いて。引き続き。例「雨の——降るころ」〈枕草子・雨のうちはへ降るころ〉訳雨が引き続いて降る頃。

❷(空間的に延びるさまから)抜きん出て。特別に。例「腹葦毛(あし げ)なる馬の丈(たけ)七寸(なき)ばかりにて——たかきが」〈今昔・二五・五〉訳腹葦毛の馬で丈(=身長)が四尺七寸ほどで特別背が高いのが。注「腹葦毛」ハ、腹ノ部分ニ白毛ニ黒色ナドノサシ毛ガアル馬。

うちはへ-て【打ち延へて】〔副〕⇩うちはへ

うち-は・む【打ち塡む・打ち嵌む】〔他マ下二〕{め・め・む・むる・むれ・めよ}(「うち」は接頭語)❶他の物の中へ入れる。投げ入れる。例「『ただ一つある鏡をたいまつる』とて、海に——・めつれば、口惜し」〈土佐・二月五日〉訳「たった一つしかない鏡を捧(ささ)げます」と言って、(鏡を)海に投げ入れたので、残念だ。

❷部屋の中へ閉じ込める。押し込める。例「なほ歩(あり)かせそめじ。——・めておきたるぞよき」〈落窪・一〉訳やはり出歩かせることはすまい。(家の中に)閉じ込めておくのがよい。

うち-はら・ふ【打ち払ふ】ハラ(ロ)ウ〔他ハ四〕{は・ひ・ふ・ふ・へ・へ}❶ちりなどを払い除く。払い清める。例「真袖もち床(こと)——・ひ君待つと居りし間に月傾(かたぶ)きぬ」〈万葉・一一・二六六七〉訳両袖で床を払い清めてあの方を待っていた間に月が傾いてしまった。

❷払いのける。追い払う。

うち-ひ-さす【うち日さす】〔枕詞〕(「うちひさつ」とも)日の光が輝く意で、「宮」「都」にかかる。例「——宮にはあれど月草の移ろふ心我が思はなくに」〈万葉・一二・三〇五八〉訳宮仕えをしてはおりますが、私はツユ草のように色変わりしやすい心で(あなたのことを)思ってはおりません。

うち-ひそ・む【打ち顰む】〔自マ四〕{ま・み・む・む・め・め}(「うち」は接頭語)顔をしかめて悲しみの表情をする。泣き顔になる。例「母君の見えぬを求めて、らうたげに——・み給へば」〈源氏・薄雲〉訳姿の見えない母君を捜し求めて、かわいらしく泣き顔をなさるので。

うち-ふ・く【打ち吹く】{か・き・く・く・け・け}(「うち」は接頭語)■一〔自カ四〕空気が流動する。(風が)吹く。例「雲帰る風激しう——・きて」〈更級・子忍びの森〉訳雲が帰ってしまうような風が激しく吹いて。

■二〔他カ四〕吹き鳴らす。(笛などを)吹く。

うち-ふ・す【打ち臥す】〔自サ四〕{さ・し・す・す・せ・せ}(「うち」は接頭語)横たわる。寝る。例「——・し給へれどまどろまれず」〈堤中納言・逢坂越えぬ権中納言〉訳横になっていらっしゃるが眠れない。

うち-ふ・る【打ち降る】〔自ラ四〕{ら・り・る・る・れ・れ}(「うち」は接頭語)(雨・雪などが)降る。例「雨——・りたるは、まいていみじうつれづれなり」〈枕草子・つれづれなるもの〉訳雨が降っている日は、まして大変退屈である。

うちまかせ-て【打ち任せて】〔連語〕一般に。普通。例「『あながちに』という詞(ことば)、——歌に詠むべしとも覚えぬことぞかし」〈無名抄〉訳「あながちに」という言葉は、一般に和歌の中で使ってよいとは思われないものであるよ。

うち-まき【打ち撒き】〔名〕❶魔よけのために米をまくこと。また、その米。散米(さんまい)。

❷(室町時代以後、宮廷の女官たちが用いた語)米の丁寧(ていねい)な言い方。お米。

うち-まも・る【打ち守る】〔他ラ四〕{ら・り・る・る・れ・れ}(「うち」

は接頭語。「うちまぼる」とも〕じっと見つめる。見守る。例「心もとなげに——りたるこそ、ほこりかに見ゆれ」〈枕草子・きよげなる男の〉訳（さいころの結果を）待ち遠しげに見守っているのは、自信たっぷりに見えるものだ。

うちみだり-の-はこ【打ち乱りの箱】〔名〕ふたのない長方形の浅い箱で、婦人が寝るときに手ぬぐいやかもじなどを入れておいたもの。後には、身の回りのものを一時的に入れるのにも用いられた。

うち-みや・る【打ち見遣る】〔他ラ四〕（ら・り・る・る・れ・れ）〔「うち」は接頭語〕遠くから眺めやる。目を向ける。例「あはれに人離れて、いづこともなくておはする仏かなと、——りて過ぎぬ」〈更級・富士川〉訳侘（わ）びしげに人里離れて、どことも知れないさびしげな様子で立っておいでの仏様だなあと、ちょっと眺めて通り過ぎた。

うち-み・る【打ち見る】〔他マ上一〕（み・み・みる・みる・みれ・みよ）〔「うち」は接頭語〕ちらっと見る。見る。

うち-む・る【打ち群る】〔自ラ下二〕（れ・れ・る・るる・るれ・れよ）〔「うち」は接頭語〕大勢で群れをなす。集まり寄る。むらがる。例「思ふどち春の山辺に——れてそこととも言はぬ旅寝してしが」〈古今・春下・一二六〉訳仲良し同士で春の野山に集まり寄って、どこと決まったわけではない（気楽な）旅寝をしたいものだ。

うち-め【打ち目】〔名〕つやを出すために絹布を砧（きぬた）で打った時にできる模様。例「地摺（ぢずり）の袴（はかま）の中より、氷かと驚くばかりなる——など、すべていとめでたし」〈枕草子・賀茂の臨時の祭〉訳地摺の織物の袴の中から、氷ではないかとびっくりするほどの（光沢がある）打ち目模様（が見えるの）など、みんなとてもすばらしい。

うち-もの【打ち物】〔名〕❶砧（きぬた）で打って、つやを出した絹布。この布で作った衣服を「打衣（うちぎぬ）」という。
❷相手を打ち斬（き）る武器。太刀・薙刀（なぎなた）などの総称。
❸鉦（しょう）・鼓など、打ち鳴らす楽器。打楽器。

うち-ものがたら・ふ【打ち物語らふ】：ガタロウ〔他ハ四〕（は・ひ・ふ・ふ・へ・へ）〔「うち」は接頭語〕⇨ものがたらふ

うち-やす・む【打ち休む】〔自マ四〕（ま・み・む・む・め・め）続けていた動作をやめる。休息する。やすむ。例「——むほどは、経を高うは聞こえぬほどに読みたるも、尊げなり」〈枕草子・正月に寺にこもりたるは〉訳休息している間は、お経をうるさく聞こえない程度に読んでいるのも、尊くありがたい感じだ。

うち-や・る【打ち遣る】〔他ラ四〕（ら・り・る・る・れ・れ）〔「うち」は接頭語〕あるがままにしておく。放っておく。例「臥（ふ）しながら——り給へりしかば」〈源氏・若菜・下〉訳（髪を洗って）横になったままで（髪を）そのままに放っておかれたところ。

う-ちゅうじゃう【右中将】：チュウジョウ〔名〕〔「右近衛（うこんゑ）の中将」の略〕右近衛府の次官。対さちゅうじゃう

う-ちゅうべん【右中弁】〔名〕太政官（だいじょうかん）に属する右弁官局の次官。右大弁の下、右少弁の上に位する。対さちゅうべん

うち-ゆが・む【打ち歪む】〔「うち」は接頭語〕〔自マ四〕（ま・み・む・む・め・め）形や状態、言葉などが正常でない状態になる。ゆがむ。なまる。例「この聖（ひじり）、声——み荒々しくて」〈徒然草・一四一〉訳（東国出身の）この上人は、発音になまりがあって荒っぽくて。

うち-よ・す【打ち寄す】〔自サ下二〕（せ・せ・す・する・すれ・せよ）寄せてくる。

うち-よする【うち寄する】【枕詞】「よする」の「する」と同音の「駿河（するが）」にかかる。一説、波がうち寄せる国の意とも。例「なまよみの甲斐（かひ）の国——駿河（するが）の国と」〈万葉・三・三一九長歌〉訳甲斐国（=山梨県）と駿河国（=静岡県中央部）と。注「なまよみの」ハ、「甲斐」ノ枕詞。

うち-わたし【打ち渡し】〔副〕〔動詞「打ち渡す」の連用形の副詞化〕❶長い時間・距離にわたって。ずっと。例「あはれともつゆだにかけよ——ひとりわびしき夜半（よは）の寝覚（ざ）めを」〈夜の寝覚・三〉訳「気の毒だ」とちょっとでも言葉をかけてください、長い間ひとり暮らしで夜中に目覚めては辛い思いをする私のことを。
❷おしなべて。総じて。例「——世に許しなき関川をみなれそめけむ名こそ惜しけれ」〈源氏・宿木〉訳世間一般では許されない関所の川（=一線）を越えて、その川の水に濡れるようにあなたに慣れ親しんでしまったという浮き名が立つのが残念です。

うち-わた・す【打ち渡す】〔他サ四〕（さ・し・す・す・せ・せ）〔「うち」は接頭語〕❶川などを渡らせる。越えさせる。例「鴨川（かもがは）ざっと——・し」〈平家・九・河原合戦〉訳（馬を走らせて）鴨川を一息に渡らせ。
❷幕や柵（さく）などを一面に並べる。例「平張（ひらばり）どもあまた——・したるおはし所に」〈大鏡・道長・上〉訳日覆（ひおお）いの天幕などを多数張りめぐらした御座所（ござしょ）に。
❸遠く広い範囲に目をやる。見渡す。例「——・す遠方人（をちかたびと）に物申す我そのそこに白く咲けるは何の花ぞも」〈古今・雑体・一〇〇七〉訳かなたに見渡す遠くのお方に私は物を申し上げます、その、そこに白く咲いているのは何の花ですか。注五七七・五七七ノ音数カラナル旋頭歌（セドウカ）。

うち-わたり【内辺り】〔名〕内裏（だいり）。宮中。

うち-わ・ぶ【打ち侘ぶ】〔自バ上二〕（び・び・ぶ・ぶる・ぶれ・びよ）〔「うち」は接頭語〕つらく思う。思い悩む。困る。例「——・びて呼ばはむ声に山彦の答へぬ山はあらじとぞ思ふ」〈古今・恋一・五三九〉訳恋に思い悩んであの人を大声で呼ぶと、その声に山彦が答えない山なんてないと思う。（しかし、あの人だけは決して答えてくれない）。

うち-わら・ふ【打ち笑ふ】：ワラウ〔自ハ四〕（は・ひ・ふ・ふ・へ・へ）〔「うち」は接頭語〕笑い声をあげる。笑う。例「女は額髪（ひたひがみ）晴れらかに掻（か）きやり、まばゆからず顔うちささげて——・ひ」〈徒然草・一七五〉訳女は額髪をすっきりと払いのけ、恥ずかしげもなく顔を仰向けて笑い。

うち-わ・る【打ち割る】〔他ラ四〕（ら・り・る・る・れ・れ）たたき割る。例「——・らんとすれど、たやすくわれず」〈徒然草・五三〉訳たたき割ろうとするけれども、なかなか割れず。

う・つ【打つ・討つ・撃つ】〔他タ四〕（た・ち・つ・つ・て・て）❶たたく。ぶつける。例「をりふし北風激しくて、磯（いそ）——・つ波も高かりけり」〈平家・一一・那須与一〉訳おりから北風が激しくて、磯に打ちつける波も高かった。
❷（音の出るものを）たたく。打ち鳴らす。
❸打ち付ける。打って掲げる。張り付ける。例「御墓所（みはかどころ）のめぐりにわが寺々の額（がく）を——・つことあり」〈平家・一・額打論〉訳（天皇の）墓所の周囲（の四方の門）にそれぞれ自分の寺の額を打って掲げるということがある。
❹（砧（きぬた）で）たたく。**たたいて布地につやを出す。**例「今様色（いまやういろ）の、になく——・ちたるなど」〈源氏・野分〉訳流行の濃い紅梅色で、砧で打ってこの上なく（美しく）つやを出したものなどを。

❺たたき込む。打ち込む。（鍼(はり)を）打つ。❻（くいや柱などを打ち込んで）梁(やな)・桟敷(さじき)・建物などを作る。また、幕などを張る。設ける。❼（金属をたたいて）鍛(きた)える。また、加工する。例「この国の鍛冶(かぢ)……ここに潔斎(けつさい)して剣(つるぎ)を——・ち」〈奥の細道・出羽三山〉訳この国（＝出羽、今ノ山形県）の刀鍛冶が……ここ（月山(がっさん)）で心身を清め汚れを払って剣を打ち鍛え。❽耕す。農具で掘り起こす。例「つぎねふ山城女(やましろめ)の木鍬(こくは)持ち——・ちし大根(おほね)」〈古事記・下・仁徳〉訳山城（＝京都府東南部）の女が木のくわを持って掘りおこした大根(だいこん)。注「つぎねふ」ハ「山城」ノ枕詞。❾切る。切り倒す。例「佐野山に——・つや斧音(をのと)の遠かども寝もとか児(こ)ろが面(おも)に見えつる」〈万葉・一四・三四七三〉訳佐野山で（木を）切る斧(おの)の音のように遠くであるが、一緒に寝たいと思ってか、あの娘が面影に見えたよ。❿投げつける。まき散らす。投げ出す。例「水——・てや蟬(せみ)も雀(すずめ)も濡(ぬ)るるほど」〈其角〉訳（涼気をよぶために）ぞんぶんに打ち水をしてくれ。蟬や雀もぬれるほどに。⓫墨縄(すみなわ)を板に打ちつける。また、そうして線をつける。例「かにかくに物は思はじ飛騨人(ひだびと)の——・つ墨縄のただ一道(ひとみち)に」〈万葉・一一・二六四八〉訳あれこれと物思いはすまい。飛騨人がそれを打って線をつける墨縄のように、ただ一筋に（あなたを）思おう。⓬文字に、点をつける。例「太衝(たいしよう)の太の字、点——・つ、——・たずといふこと」〈徒然草・一六三〉訳太衝（＝陰陽道(オンヨウドウ)デ、旧暦九月ノ称）の太の字は、点をつける、つけないということで（議論があった）。⓭【討つ】攻め滅ぼす。攻撃する。殺す。例「種材(たねき)が族(うぞう)は、純友(すみとも)——・ちたりしものの筋なり」〈大鏡・道隆〉訳大蔵種材の一族は、（承平天慶(しようへいてんぎよう)の乱の一方の首謀者の）藤原純友を攻め滅ぼした者の家系である。⓮（ある動作・行為を）する。行う。やる。⓯勝負事をする。碁(ご)や双六(すごろく)などをして遊ぶ。例「碁を——・ちけるに」〈徒然草・二三〇〉訳碁をしていた時に。

う-づき【四月・卯月】〔名〕陰暦四月の異称。（季・夏）例「——のつごもりがたに初瀬にまうでて」〈枕草子・卯月のつごもりがたに〉訳四月の月末頃に初瀬（＝長谷寺(ハセデラ)）に参詣(けいさん)して。

うつく・し【美し・愛し】〔形シク〕類いとほし・かなし

> 動詞「うつくしむ」（＝かわいがる）はこの語からできたもので、幼い者、弱い者などが、いとしい、愛らしい、の意。それがきれいである、見事だ、の意になり、現代語の「美しい」になる。

❶**かわいい。いとしい。愛らしい。**例「父母を見れば尊(たふと)し妻子(めこ)見ればめぐし——・し」〈万葉・五・八〇〇長歌〉訳父母を見ると尊いし、妻子を見るといとしくかわいい。例「——・しきもの。瓜(うり)に書きたる稚児(ちご)の顔」〈枕草子・うつくしきもの〉訳愛らしいもの。瓜にかいた幼児の顔。❷きれいである。美しい。うるわしい。例「これなる松に——・しき衣(ころも)かかれり」〈謡曲・羽衣〉訳ここにある松にきれいな衣がかかっている。注天女ノ羽衣デアル。❸**立派である。見事だ。上手だ。**例「かの木の道の匠(たくみ)の造れる——・しき器物(うつはもの)も、古代の姿こそをかしと見ゆれ」〈徒然草・二二〉訳あの大工の名人の造った見事な器物も、昔の形の方が趣があると思われる。

うつくし-が・る【愛しがる】〔他ラ四〕{ら・り・る・る・れ・れ}（「がる」は接尾語）いとしく思う。かわいがる。例「誰(たれ)も誰も——・り聞こえ給ふ」〈枕草子・淑景舎〉訳（松君が愛らしく物をおっしゃるので）誰も皆いとしく思い申し上げなさる。

うつくし-げ【美しげ・愛しげ】〔形動ナリ〕（形容詞「うつくし」＋接尾語「げ」）❶かわいらしい様子。かわいげである。例「女君(をんなぎみ)のいと——・なる、生まれ給へり」〈源氏・橋姫〉訳女のお子でたいそうかわいらしげな方が、お生まれなさった。❷美しい様子。きれいである。例「髪の——・にそがれたる末も……今めかしきものかな」〈源氏・若紫〉訳髪がきれいに（短く）切りそろえてあるその端も……現代風であるなあ。

うつくし・ぶ【愛しぶ・慈しぶ】〔他バ四〕{ば・び・ぶ・ぶ・べ・べ}かわいがる。いつくしむ。慈愛を与える。例「天皇(すめらみこと)、——・び寵(ぐめ)み給ふ」〈日本書紀・雄略・十五年〉訳天皇は、（秦氏(はだ)を）いつくしみ大切になさる。

うつくし-み【愛しみ・慈しみ】〔名〕慈愛。例「あまねき御(おほん)——の波、八島(やしま)の外(ほか)まで流れ」〈古今・仮名序〉訳広くゆきわたる（天皇の）御慈愛の波は、八島（＝日本国）の外まで流れて行き。

うつくし・む【慈しむ】〔他マ四〕{ま・み・む・む・め・め}

（「うつくしぶ」とも）**大切にする。かわいがる。いつくしむ。**例「憎げなる稚児(ちご)を、おのが心地のかなしきままに、——・みかなしがり」〈枕草子・かたはらいたきもの〉訳（とても見ていられないものは）かわいげのない子供を、自分の気持ちでとてもかわいいと思うのにまかせて、いとしがりかわいがって。

うつし【移し】〔名〕（動詞「移す」の連用形の名詞化）❶花などの色を紙や布にしみこませておき、いつでも衣を染められるようにしてあるもの。❷香を他の物に移してしみこませること。例「菊の露もこちたく、おほひたる綿などもいたく濡(ぬ)れ、——の香ももてはやされて」〈枕草子・正月一日〉訳菊の花には露がいっぱいで、おおってある綿などもひどく濡れ、（その綿についた菊の）移し香も引き立てられて。❸（「移しの馬」の略）官人が公用で使用する馬。乗りかえ用の馬。❹（「移しの鞍(らく)」の略）「移しの馬」に置く鞍。

うつ・し【現し・顕し】〔形シク〕❶現実に存在する。生きている。例「この物は——・しき青人草(あをひとくさ)の、食らひて生くべきものなり」〈日本書紀・神代・上〉訳この物はこの世に生きて存在する人民の、（それを）食べて生きるべきものである。❷事実である。真実である。例「偽りも似付きてぞする——・しくもまこと我妹子(わぎもこ)我に恋ひめや」〈万葉・四・七七一〉訳（あなたは私を恋しているというが）うそだって本当らしくつくものです。本気であなたが私に恋してなどいるものですか。❸意識がはっきりしている。正気である。例「春の日のうら悲しきにおくれゐて君に恋ひつつ——・しけめやも」〈万葉・一五・三七五二〉訳春の日の心悲しい時に、（私だけが）都に残っていて（流罪になった）あなたを恋い続けていて、正気でいられましょうか。注「うつしけ」ハ古イ未然形。

うつし-うま【移し馬】〔名〕⇩うつ(移)し③

うつし-ごころ【現し心】〔名〕《古くは「うつしこころ」》気持ちが確かではっきりしていること。**しっかりした意識。正気。** 例「——なく酔(ゑ)ひたる者に候ふ。まげて許し給はらむ」〈徒然草・八七〉 訳 正体もなく酔っている者でございます。(是非、理を)まげてお許しいただきたいものです。例「うつせみの——も我はなし妹(いも)を相見ずて年の経(へ)ぬれば」〈万葉・一二・二九六〇〉 訳 人並みの生きた心地もわたしにはない。あの娘に逢わずに年が経たので。

うつし-ざま【現し様】〔名・形動ナリ〕❶正気な様子。例「男も、ここら世をもてしづめ給ふ御心、みな乱れて——にもあらず」〈源氏・賢木〉 訳 男(=光源氏)も、何度となく(藤壺との)仲を抑制なさっているお心が、すっかり乱れてしまって正気のさまでもなく。

❷普通の有様。人並みの状態。例「おほやけにかしこまりなる人の——にて世の中にありふるは」〈源氏・須磨〉 訳 朝廷の咎めを受けている人間が普通の有様で世間の交わりをしていくのは。

うつし-びと【現し人】〔名〕❶(出家した人に対して)俗世間にいる人。俗人。例「——にては世におはせむもうたてこそあらめ」〈源氏・手習〉 訳 (浮舟(うきふね)は)俗人としてこの世で生きて行かれるのもつらいだろう。

❷(死者に対して)この世に生きている人。例「——にてだにむくつけかりし人の御気配の」〈源氏・若菜・下〉 訳 生きていた時でさえ気味が悪かった人(=六条御息所)のご様子が。

うつ・す【写す】〔他サ四〕〔さ・し・す・す・せ・せ〕《「移す」から変化した形》❶もとの物とそっくりになるように作る。模造する。うつす。例「書(ふみ)どもはこの国に多く広まりぬれば、書きも——・してん」〈徒然草・一二〇〉 訳 (中国の)書籍などは日本に多数広まっているから、書き写せるだろう。

❷まねをする。踏襲する。ひき写す。例「ことさらに昔のことを——・したり」〈枕草子・五月の御精進のほど〉 訳 (家の飾り付けは)わざと昔のやり方を踏襲してある。

うつ・す【映す】〔他サ四〕〔さ・し・す・す・せ・せ〕《「移す」から変化した形》鏡や水面などに物の姿が現れるようにする。うつす。

うつ・す【移す】〔他サ四〕〔さ・し・す・す・せ・せ〕《「移る」の他動詞形》❶(人や物を)**他の場所に動かす。**置き変える。移動させる。例「もし、心にかなはぬことあらば、やすくほかへ——・さむがためなり」〈方丈記・方丈〉 訳 (家のつくりが簡単なのは)もし、気に入らないことがあったなら、たやすく他の場所へ引っ越そうというためである。

❷(高貴な人を)辺地に追いやる。流罪にする。例「院の上、都の外(ほか)に——・し奉るべし」〈増境・新島守〉 訳 上皇は、都の外にご追放申し上げるべきだ。

❸(物の怪(け)などを)他へのりうつらせる。例「物の怪にいたう悩めば、——・すべき人とて、大きやかなる童(わらは)の」〈枕草子・松の木立高き所の〉 訳 (病人が)物の怪のためにたいそう苦しんだので、(それを)のりうつらせるべき人(=ヨリマシ)として、大柄の(女の)子が(ひざで進み出て)。

❹(心や愛情を)他のものに向ける。気をとられる。心変わりする。

❺(時を)過ごす。経過させる。例「無益(むやく)のことをなして時を——・すを、愚かなる人とも……いふべし」〈徒然草・一二三〉 訳 むだなことをして時を過ごす人を、愚かな人とも……いうべきだろう。

❻(色や香などを)他の物に移し付ける。しみこませる。染める。例「梅(むめ)が香を袖(そで)に——・して留(とど)めてば春は過ぐとも形見ならまし」〈古今・春上・四六〉 訳 梅の花の香りを袖にしみこませていつまでも残せるものならば、春は過ぎてしまっても(それが春の)形見になるだろうに。

うつせみ〔名〕《「現(うつ)し臣(おみ)」から「うつそみ」を経て変化した形。上代は「うつそみ」とも》❶現実にこの世に生きている人間。この世の人。例「家離(かざ)り年の経(へ)ぬれば——は物思(ものもひ)繁(げし)し」〈万葉・一九・四一八九長歌〉 訳 (奈良の)家を遠く離れて年がたったので、この世に生きている生身の人間は物思いも激しい。注 任地ノ越中(=富山県)ニイタ大伴家持ノ歌。

❷この世。現世。世間。例「古(いにしへ)もしかにあれこそ——も妻を争ふらしき」〈万葉・一・一三長歌〉 訳 昔もそうであったからこそ、今の世でも(人々は)妻を取り合って争うらしい。注 香具山ト耳梨山、畝傍山ヲ取リ合ッテ争ッタトイウ、中大兄皇子ノ大和三山ノ歌。

❸《平安時代以降の用法。「うつせみ」を「空蟬」と解したことから》蟬の抜けがら。また、蟬。例「——の身を変へてける木(こ)の下(もと)になほ人がらのなつかしきかな」〈源氏・空蟬〉 訳 蟬が脱皮して身を変えてしまった(=抜ケ殻ヲ残シテ抜ケ出テ行ッテシマッタ)木の下で、(私は)それでもやはりあなたが慕わしいことです。

うつせみ-の【現世の】【枕詞】「世」「命」「人」「身」などにかかる。例「——世にも似たるか花桜咲くと見しまにかつ散りにけり」〈古今・春下・七三〉 訳 はかないこの世に似ていることだなあ、桜の花は。咲いたと見るうちにそばから散ってしまったことだよ。

うつそみ〔名〕⇩うつせみ

うづ-たか・し【堆し】〔形ク〕《「うづだかし」とも》高く盛り上がっている。高く積もっている。例「飯(はん)——・くよそひ、御菜(ごさい)三種(きんじゅ)して、ひらたけの汁で参らせたり」〈平家・八・猫間〉 訳 ごはんを高く盛り上げてよそって、おかず三品をつけて、ひらたけの汁でおすすめした。

うった・ふ【訴ふ】〔他ハ下二〕〔へ・へ・ふ・ふる・ふれ・へよ〕❶(朝廷などに)苦情を申し立てて、改善・判断などを願い求める。訴える。例「神輿(しんよ)を陣頭へふり奉りて——・へ申さんには」〈平家・一・願立〉 訳 みこしを陣頭にかつぎ立て申して訴え申し上げるのに対しては(白河法皇はどのようにご処置なさいますでしょうか)。

❷申し出る。告げる。報告する。

うつたへ-に〔副〕(下に打消しや反語を伴って)❶絶対に。決して。例「神木(かむき)にも手は触るとふを——人妻と言へば触れぬものかも」〈万葉・四・五一七〉 訳 (手を触れると罰があたる)神木にも手を触れるのに、他人の妻と言っても絶対に手を触れないものだろうか(そうでもあるまい)。

❷ことさらに。いちずに。例「楫(かぢ)取りは——、われ歌のやうなること言ふとにもあらず」〈土佐・二月五日〉 訳 船頭はことさらに、自分で歌のような言葉を言おうと思っているわけでもない。

う-づち【卯槌】〔名〕正月の最初の卯の日に、「糸所(いとどころ)」から朝廷に奉った槌。桃の木を幅約三センチ四方、長さ約九センチの直方体に切り、縦に穴をあけ、五色の組み糸を一・五メートルばかり垂らしたもの。悪鬼を避けるまじないとした。宮中以外でもこれをまねて贈答した。

うつつ【現】〔名〕（形容詞「うつし」の語幹「うつ」を重ねた「うつうつ」の変化した形）

> 「夢」の対義語。すなわち、**現実**や、**正気**、の意味。死後や架空のものに対する現実をいう場合もある。

❶（夢に対して）目がさめている状態。**現実**。例「君や来(こ)し我や行(ゆ)きけむ思ほえず夢か——か寝てかさめてか」〈伊勢・六九〉訳 あなたがいらっしゃったのか、それとも私が行ったのでしょうか、覚えていないわ。（あれは）夢なのかしら、現実なのかしら、寝ていたのやら、目覚めていたのやら。
❷（夢心地に対して）意識の確かな状態。**正気**。例「——の人の乗りたるとなむ、さらに見えぬ」〈枕草子・五月の御精進のほど〉訳 正気の人が乗っているとは、まったく思われません。注 卯ノ花ヲ屋根ニマデ、ビッシリ挿シタ牛車(ギッシャ)ノ様ヲイウ。
❸（「夢うつつ」とつづけて言うことから誤って）夢を見ているような状態。夢みごこち。例「住持はや——になって」〈西鶴・好色一代女・二・三〉訳 住職はもう夢中になって。

現の人(ひと) ❶現実に生きている人。実在の人。❷気の確かな人。正気の人。❸後世、転じて、正気を失っている人。

うつつ-ごころ【現心】〔名〕⇒うつしごころ（現し心）

うつつ-な・し【現無し】〔形ク〕（「うつつ」は現実の意）正気でない。例「この心をも得ざらむ人は、物狂ひとも言へ、——・し、情けなしとも思へ」〈徒然草・一一二〉訳（世間とのかかわりを捨て、信頼・礼儀をも考えないという）この（私の）考えがわからない人は、（私を）狂人とも言うがよい、正気でない、薄情者だとも思うがよい。

うつつ-の-ひと【現の人】⇒「うつつ」子項目

うっ-て【討手】〔名〕（「うちて」の促音便）敵や罪人を討ったり逮捕したりする人。追手(おって)。例「——のぼると聞こえしかば」〈平家・一二・判官都落〉訳 討手が都にのぼると知らせがあったので。

宇津の山(うつのやま)〔山名〕静岡市の西端にある山。東海道を旅する者には宇津谷(うつのや)峠が難所であった。例「駿河なる——べのうつつにも夢にも人にあはぬなりけり」〈伊勢・九〉訳 駿河の国の宇津の山のあたりまで来ましたが、その名のうつつ（＝現実）にも夢の中でも恋しいあなたに逢わないことですね。（もうあなたは私をお忘れですか）

うつは-もの【器物】(ウツワ)〔名〕❶入れ物。容器。❷器量。才能。また、それのある人物。

うつぶし-ぞめ【空五倍子染め】〔名〕ヌルデの枝に生ずる「五倍子(ふし)」で薄墨色に染めること。

うつぶし-ふ・す【俯し伏す】〔自サ四〕{さ・し・す・す・せ・せ}うつむいて体を低くする。うつぶせになる。例「いとあはかなき心地して、——・し給へり」〈源氏・玉鬘〉訳（玉鬘(たまかずら)は）何ともたよりない気持ちがして、うつぶして伏せっておられる。

うつぶ・す【俯す】〔自サ四〕{さ・し・す・す・せ・せ}❶顔を下に向ける。うつむく。例「伏し目になりて——・したるにこぼれかかりたる髪、つやつやとめでたう見ゆ」〈源氏・若紫〉訳 伏し目になってうつむいた顔にこぼれかかった髪が、つややかにすばらしく美しく見える。
❷うつぶせになる。例「絵も見さして——・しておはすれば、いとらうたくて」〈源氏・紅葉賀〉訳 絵を見るのも途中でやめてうつぶせになっていらっしゃるので、とてもいとおしくて。

うつほ【空・洞】(ウツホ/オ)㊀〔名〕中が空洞であること。うつろ。また、岩や木にできたほらあな。例「木の——のありけるにはひ入りて、目もあはずかがまり居たるほどに」〈宇治拾遺・一・三〉訳 木のほら穴のあったのにはって入って、寝ることもできずにしゃがんでいるうちに。
㊁〔形動ナリ〕上着だけで、下に重ねる衣服を着ないこと。例「山吹の袿(うちき)の、袖口(そでぐち)いたくすすけたるを、——・にてうちかけ給へり」〈源氏・玉鬘〉訳 山吹色の上着で、袖口がひどくよごれて黒くなっているのを、下に着るものも添えずに、（使いの）肩にかけてお与えになった。

うつぼ【靫・空穂・靭】〔名〕矢を入れて背負う筒形の武具。竹製で、漆(うるし)で塗ったものや、毛皮で覆ったものなどがある。

うつぼ

うつほ-ばしら【空柱】(ウツホ/オ)〔名〕屋根の上の雨水を通す箱形の樋(とい)。柱の中を「うつほ（＝空洞）」にしたような樋。清涼殿(せいりょうでん)の殿上(てんじょう)の間(ま)のすみにあるものを指す。

宇津保物語(うつぼものがたり)〔書名〕平安中期の物語。作者未詳。一説に源順(みなもとのしたごう)が作者とも。俊蔭(としかげ)・俊蔭の娘・仲忠・犬宮の四代にわたる琴の名手の家系を中心とした長編物語。『竹取物語』的な伝奇的・空想的な設定の上に、『源氏物語』の写実的描写への中間過程を示して物語が展開され、文学史的にも注目される。

太秦(うずまさ)(ウズマサ)㊀〔地名〕京都市右京区太秦の地。朝鮮から帰化した秦(はた)氏が、雄略天皇より「禹豆麻佐(うずまさ)」の姓を賜り、後に平安京造営に貢献して、居住した地をいう。
㊁〔寺名〕太秦氏の氏寺である広隆寺(こうりゅうじ)をいう。弥勒菩薩(みろくぼさつ)が安置され、陰暦九月十二日に行われた祭礼、「牛祭」が知られる。

うずみ-び【埋み火】(ウズミ)〔名〕灰の中に埋めてある炭火。（季・冬）例「或(あ)るいはまた、——をかきおこして、老いの寝覚めの友とす」〈方丈記・勝地は主なければ〉訳 あるいはまた、灰に埋めてある炭火をかき起こして、老いて寝覚めがちな私の一夜の友とする。

うづ・む【埋む】(ウズム)〔他マ四〕{ま・み・む・む・め・め}❶土や灰などの中に物を入れる。うずめる。例「火取りに火深う——・みて、心ぼそげにほはしたる」〈枕草子・南ならずは東の〉訳 香炉に火を深くうずめて、物寂しげに香をただよわせている。例「不二(ふじ)ひとつ——・み残して若葉かな」〈蕪村〉訳 まだ頂に雪を残して高く聳(そび)え立つ富士の孤峰だけが緑に埋め残されたという感じだ。折から初夏の候とて、あたりは見渡す限りみずみずしい新緑の若葉に埋めつくされている。
❷物が見えないように上を覆う。覆いかくす。例「白雪くだりて地を——・み」〈平家・一・俊寛沙汰・鵜川軍〉訳 雪が降って地面を覆いかくし。

太秦㊁

参考 自動詞は「うづもる」。室町時代以降には下二段にも活用する。

うづも・る【埋もる】ウズモル〔自ラ下二〕{れ・れ・る・るる・るれ・れよ}❶土や木の葉などで覆われる。うまる。うずまる。例「木(こ)の葉に——・るる懸樋(かけひ)の雫(しづく)ならでは、つゆおとなふものなし」〈徒然草・一一〉訳木の葉にうずまった懸樋(いかけ)から落ちる雫以外には、まったく音を立てるものもない。
❷世に知られずにいる。うずもれる。

うづら【鶉】ウズラ〔名〕鳥の名。ウズラ。和歌では、秋の景物として詠まれる。例「野とならば——となりて鳴きをらむかりにだにやは君は来(こ)ざらむ」〈伊勢・一二三〉訳(この場所が)荒れて野原となったら(私は)鶉となって鳴いていましょう。あなたはかりそめにでも狩りぐらいには来てくれるでしょう。注「かり」ハ「狩り」ト「仮」ノ掛詞。

要点 人けのない草深い野に住み地上を歩きまわるところから、野や里の荒れた様を描くのに用いられ、「鶉鳴く」は「古る」にかかる枕詞となっている。

うつら-うつら〔副〕《「うつつ(現)」の意の「うつ」に接尾語「ら」が付いた「うつら」を重ねた語》目の前にはっきりと。まざまざと。例「なでしこが花取り持ちて——見まくの欲しき君にもあるかも」〈万葉・二〇・四四四九〉訳ナデシコの花を手に取って、目の前にはっきりと見たいように、本当にお逢(あ)いしたいあなた様ですよ。

鶉衣(うづらごろも)ウズラ…【書名】江戸時代の俳文集。横井也有著。一七八七年(天明七)前編刊。一七八八年(天明八)後編刊。一八二三年(文政六)続編・拾遺刊。軽妙洒脱で機知にあふれた俳文が多い。俳文の代表的作品。

うつり【移り】〔名〕《動詞「移る」の連用形の名詞化》❶他の場所に行くこと。移動。例「その後、——ありて、その所、人の家に成りて住むと言へども」〈今昔・二七・一〉訳その後、都移りがあって、その場所は、人の家となって(人が)住んでいるというけれども。
❷《俳諧(はいかい)用語》芭蕉一門の俳諧で、前の句の余韻が自然に次の句へ移り照応する付け方。⇩にほひ⑤ 例「前句の様体(やうだい)の——を以て付けたるなり」〈三冊子・赤〉訳前句の様子から自然と感じられる情調に照応させて付け句をしたのである。

うつり-が【移り香】〔名〕他の物に移り残った香り。例「今はの時まで召されたりければ、その御(おん)——もいまだ失(う)せず」〈平家・灌頂・女院出家〉訳死ぬまぎわまで(先帝が)身につけていらっしゃったので、その(直衣(なほし)に)移り残った香りもまだ消えない。

うつり-ゆ・く〔自カ四〕{か・き・く・く・け・け}㊀【移り行く】❶だんだんと移動する。例「風吹きて久しう——・くほどに鶏(とり)鳴きぬ」〈蜻蛉・下・天延元年〉訳風が吹いて長いこと(火事の火が)移動して(遠のいて)行くうちに鶏が鳴いた。
❷移り変わる。変化する。
㊁【映り行く】次々に現れる。思い浮かぶ。例「心に——・くよしなし事を、そこはかとなく書き付くれば、あやしうこそ物狂ほしけれ」〈徒然草・序〉訳次々と心に浮かんでくるつまらない事を、とりとめもなく書き付けると、妙に正気を失ったような気持ちになる。

うつ・る【映る】〔自ラ四〕{ら・り・る・る・れ・れ}《「映す」の自動詞形》鏡・水面などに物の形が現れる。うつる。例「鏡には色・形なきゆゑに、万(よろづ)の影来たりて——・る」〈徒然草・二三五〉訳鏡には色や形というものがないために、すべての物の像がやって来てうつる。

うつ・る

【移る】〔自ラ四〕{ら・り・る・る・れ・れ}《「うつす」の自動詞形》❶(人や物が)**他の場所に動く。移動する。**例「九月(ながつき)三日門出して、いまたちといふ所へ——・る」〈更級・かどで〉訳九月三日(ひとまず)門出をして、いまたち(=地名)という所へ移動する。
❷(物の怪(け)などが)他へのりうつる。例「人にさらに——・らず」〈源氏・葵〉訳よりまし(=一時的ニ霊ヲ乗リ移ス人)には一向にのりうつらず。
❸(地位・官職などが)転じる。異動する。転任する。例「貞観八年に、関白に——・り給ふ」〈大鏡・良房〉訳(藤原良房(よしふさ)は)貞観八年に、関白に転じなさる。
❹(状態や事情などが)変わる。変化する。例「この人は下愚(かぐ)の性(しやう)——・るべからず」〈徒然草・八五〉訳この人はいたって愚かな性質で(賢く)変わることができず。
❺(心や興味が)他に動く。転じる。心変わりする。例「心は縁に引かれて——・るものなれば」〈徒然草・五八〉訳心は環境によって変わるものだから。
❻(色や香が)しみつく。染まる。例「花の香は散りにし枝にとまらねど——・らむ袖(そで)に浅く染(し)まめや」〈源氏・梅枝〉訳(梅の)花の香は(花の)散ってしまった枝に残らないが、(私の調合した香は)香りを移したら(姫君の)袖に深くしみこんで薫ることでしょうか。
❼(時が)過ぎる。経過する。例「たとひ時——・り、こと去り、楽しび悲しび行き交(か)ふとも、この歌の文字あるをや」〈古今・仮名序〉訳たとえ時が過ぎ、いろんな事が過去のものとなり、楽しみや悲しみが行き交っても、この歌の文字は存続するだろう。
❽(色が)あせる。さめる。変色する。例「花の色は——・りにけりないたづらに我が身世にふるながめせし間に」〈古今・春下・一一三〉訳花の色も(私の美しさも)あせてしまったことだよ。むなしく私が俗事にかかずらって物思いに沈んでいる間に(長雨で花を賞美するひまもないままに)。注『百人一首』所収ノ、小野小町ノ歌。

うつろ【空・洞】〔名〕❶中味がないこと。から。空洞。
❷《「うつろ舟」の略》丸木をくり抜いて造った舟。

うつろ・ふ【映ろふ】ウツロウ〔自ハ四〕{は・ひ・ふ・ふ・へ・へ}《「映る」の未然形に反復・継続の助動詞「ふ」の付いた「映らふ」の変化した形》(影や光などが)映っている。反映する。照りはえている。例「にほの海や月の光の——・へば波の花にも秋は見えけり」〈新古今・秋上・三八九〉訳にほの海(=琵琶(びは)湖)は、(秋の)月の光が映っているので、波という花にも秋は見えることだよ。

うつろ・ふ

【移ろふ】ウツロウ〔自ハ四〕{は・ひ・ふ・ふ・へ・へ}

「移る」の未然形に反復・継続の助動詞「ふ」の付いた「移らふ」の変化した形で、**移って行く、変化して行く**、の意。平安時代には、多く、**花や女性の容色が衰える**、の意に用いられる。

❶(他の場所に)**移って行く**。移動する。また、移り住む。例「朝霞(あさがすみ)春日の暮れば木(こ)の間より——・ふ月を

何時(つ)とか待たむ」〈万葉・一〇・一八七六〉訳（長い）春の一日が暮れると木の間を移って行く月を、いつのことと待てばよいのだろうか。

❷（状態や事情が）**変わって行く**。多くは、望ましくない方へ変わることをいう。変わり果てる。衰え行く。例「世の中を常なきものと今ぞ知る奈良の都の——・ふ見れば」〈万葉・六・一〇四五〉訳世の中が無常なものと今こそ知った。（久邇京(くにきよう)遷都後の）奈良の都の変わり果てるのを見ると。

❸**美しい色がなくなる。あせる。さめる**。例「紅(くれなゐ)は——・ふものぞ橡(つるはみ)の馴(な)れにし衣(きぬ)になほ及(し)かめやも」〈万葉・一八・四一〇九〉訳美しい紅は色あせるものだ。ドングリから製した染料で染めた着なれた着物（＝妻）にやはり及ぼうか（及ぶはずがない）。

❹顔色が変わる。青ざめる。例「御顔の色も——・ひて」〈源氏・賢木〉訳（藤壺(ふじつぼ)は）お顔の色も変わって。

❺色づく。美しい色になる。紅葉する。例「神無月(かんなづき)時雨(しぐれ)もいまだ降らなくにかねて——・ふ神奈備(かんなび)の森」〈古今・秋下・二五三〉訳十月で時雨もまだ降らないのに前々から色づいている、神のいます森よ。

❻（花が）盛りを過ぎる。散る。例「たれこめて春の行く方(へ)も知らぬ間に待ちし桜も——・ひにけり」〈古今・春下・八〇〉訳（病気で）すだれなどをおろして（室内に）こもっていて春がその後どうなったかも知らない間に、（咲くのを）待ち望んでいた桜（の花）も散ってしまったことだ。

❼（心が）変わって行く。心変わりする。心移りする。例「おのづから御心——・ひて、こよなう思し慰むやうなるも」〈源氏・桐壺〉訳自然に（桐壺帝の）お心は（藤壺へ）移って行って、この上なくお気持ちが慰められておいでになるようなのも。

う-づゑ【卯杖】エ：ツ〔名〕正月の最初の卯の日に、大学寮（後には六衛府）から朝廷に献上した杖。桃や梅などの木を長さ五尺三寸（＝約百六十センチ）に切り、一本ないし二、三本ずつに束ねる。邪鬼を払うまじないに用いられた。（季・新年）

うてな【台】〔名〕見晴らしのきく高い建物。高殿。例「葎(むぐら)はふ下にも年はへぬる身の何かは玉の——をも見む」〈竹取・帝の求婚〉訳葎（＝草ムラヲ作ル草ノ類）が生えている粗末な家で年を過ごした自分（＝カグヤ姫）が、どうして高殿住まい（＝宮仕エ）など考えられましょうか。

うと-うと・し【疎疎し】〔形シク〕《「うとし」の語幹「うと」を重ねて形容詞化した形》❶よそよそしい。そっけない。冷淡である。例「東の姫君も、——・しくかたみにもてなし給はで、夜々は一所(ひとところ)に御殿ごもり」〈源氏・紅梅〉訳東の姫君も、（いとこの大君(おおいぎみ)・中の君とお互いに）よそよそしくはなさらないで、夜ごと同じ所におやすみになって。

❷関係が途絶えている。疎遠である。例「中頃は都の住まひも——・しく」〈平家・一・殿上闇討〉訳（桓武(かんむ)天皇のご子孫とは申しましても）何代か前頃から都住まいもごぶさたで。

うとう-やすかた【善知鳥安方】〔名〕伝説の鳥。また、その鳴き声。奥州外が浜にいて、猟師が親鳥の鳴き声の「うとう」をまねると、子は「やすかた」と答えながら巣から出るのでこれを捕える。その時親は空で涙を流すという。

う-とく【有徳】〔形動ナリ〕《「徳」は「得」の意》富裕である。金持ちである。例「漁師の使ふ網の糸を商売して——・に世を渡る人あり」〈西鶴・西鶴諸国ばなし・二・三〉訳漁師の使う網の糸を商いして富裕に世渡りする人がいた。

うと・し

【疎し】〔形ク〕《「うつほ」「うつろ」などと語源が同じ語か》

> 疎遠だ、親しくない、がもとの意。そこから、縁がない、よく知らない、の意にもなる。対義語は「した（親）し」。

❶**親しくない。親密でない**。例「ここにまた——・き人の入(い)るべきやうもなきを」〈源氏・若菜・下〉訳ここにはほかに親しくない人が入ってくるはずもないから。

❷**かかわりが薄い。縁がない**。例「悪には——・く、善には近づくことのみぞ多き」〈徒然草・五八〉訳（出家した人は、その姿に対して恥ずかしく思うので）悪い行いに縁遠くなり、善に近づくことだけが多いのである。

❸よく知らない。不案内である。例「後(のち)の世の事、心に忘れず、仏の道——・からぬ、心にくし」〈徒然草・四〉訳死後の世界のことを、いつも心にかけて、仏の道に不案内でないのは、奥ゆかしい。

う-どねり【内舎人】〔名〕《「うちとねり」の変化した形》中務省(なかづかさしよう)に属し、帯刀して朝廷の警備や雑役に従事し、行幸の際は行列の警護にあたる官人。公卿(くぎよう)の子弟から選ばれた。重臣に随身(ずいじん)として賜ることもあり、これを「内舎人随身」といった。

うとま・し

【疎まし】〔形シク〕《動詞「うとむ」が形容詞化した形》

> 親しみが持てず遠ざけたい感じ、具体的には、いやな感じである、気味が悪い、などの意を表す。類義語に「いと（厭）はし」がある。

❶**いやな感じである。いとわしい**。例「荒れたる籬(まがき)の程、——・しくうち眺め給ふに」〈源氏・末摘花〉訳荒れている垣根のあたりを、いやな感じだと眺めておられるところに。

❷**気味が悪い**。例「手をたたき給へば、山彦(やまびこ)のこたふる声いと——・し」〈源氏・夕顔〉訳（灯火を持って来させようと）手をたたきなさると、山彦の反響する音が実に気味悪い。

うとまし-げ【疎ましげ】〔名〕《「げ」は接尾語》薄気味悪く感じられる物事の様子。気味悪さ。例「いとささやかにて、——もなくらうたげなり」〈源氏・夕顔〉訳（夕顔の死体は）たいそう小柄で、気味悪さもなくかわいらしい。

うと・む

【疎む】■〔他マ四〕{ま・み・む・む・め・め}嫌だと思って遠ざける。**嫌って避ける**。例「我を——・みねと思ふかたの心やありけむ」〈源氏・帚木〉訳（実は）自分を嫌って避けてくれと思う下心があったからだろうか。

■〔他マ下二〕{め・め・む・むる・むれ・めよ}嫌だと思って遠ざけるようにしむける。嫌って避けるようにしむける。例「かつは言ひも——・め」〈源氏・宿木〉訳（薫(かおる)はライバルである匂宮(におうのみや)のことを）一方では悪く言って（中の君が匂宮を）嫌って遠ざけるようにしむけ。

うどん-げ【優曇華】〔名〕《仏教語》三千年に一度花が咲き、その時、仏が世に出現するという想像上の樹木。極めてまれなことのたとえに用いられる。

うない【髫】〔名〕⇩うなる

うなじ【項】〔名〕《「項後」の変化した形》首のうしろの部分。えり首。例「おとがひの下より、━に七、八寸ばかり、とがり矢を射だしつ」〈宇治拾遺・一三・一九〉訳(虎の)あごの下から、首のうしろにかけて七、八寸(=約二一～二四センチ)ほど、鋭い矢を射通した。

うな-ばら【海原】〔名〕《上代は「うなはら」》広々とした湖や海。

うなゐ【髫】〔名〕子供の髪型で、えり首のあたりで髪を束ねたもの。また、その髪型をした少年、少女。

うぬ【己・汝】〔代名〕《「おの(己)」の変化した形。人称代名詞》❶《自称》その人自身を指す。自分。例「━がうちでは横の物を縦にもしねえ者が」〈浮世床・二・下〉訳自分の家では横になっている物を縦にもしない者が。
❷《対称。相手を罵って呼ぶ語》おまえ。きさま。例「紙子着て川へはまらうが、油塗って火にくばらうが、━が三昧」〈近松・女殺油地獄・下〉訳(勘当という一言が母の私の口から出たかぎり)紙子(=厚紙ニ柿渋ヲ塗ッテ作ッタ衣服)を着て川に落ちようが、油を塗って火に入ろうが、おまえの勝手だ。

畝傍山〔山名〕奈良県橿原市にある小高い山。香具山・耳成山とともに大和三山と呼ばれる。上代より大和三山の争いの伝説があり、また藤原京を三方から囲む形になって人々から親しまれた。東麓に橿原神宮・神武天皇陵がある。

畝傍山

うね-め【采女】〔名〕《「うねべ」とも》天皇の食事の世話などに従事する女官。諸国の郡の次官以上の娘の中から美人が選ばれた。

う-の-はな【卯の花】〔名〕ウツギの花。初夏に鐘状の小さい花が集まって白く咲き乱れる。(季・夏)例「━のともにし鳴けばほととぎすいやめづらしも名告り鳴くなへ」〈万葉・一八・四〇九一〉訳卯の花と一緒に鳴くので、ホトトギスはいっそうかわいく思われるよ、名を名のるように鳴くだけでなくて。注ホトトギスノ鳴キ声ハ、ソノ名ノヨウニ聞コエタラシイ。例「━に兼房見ゆる白毛かな」〈曾良・奥の細道〉訳(源義経達が滅んだ、この平泉高館の古戦場に)折から咲いている白い卯の花を見ると、老体ながら華々しく奮戦したという兼房の姿が眼前に浮かんでくるような気がする。卯の花のような白髪を振り乱したその姿が。

> 参考 「卯の花」は陰暦四月に咲くので、四月を「卯月」というのである。梅と鶯の関係と同じく、「ホトトギス」との組み合わせで、卯の花が咲き、ホトトギスが鳴くと夏が来ると考えられ、人々にめでられた。一面に白く咲き乱れるので、雪にたとえられることもある。

うば〔名〕■一【姥】年をとった女。老婆。
■二【祖母】祖母。例「祖父、━さぶらひ居り」〈宇津保・吹上・上〉訳祖父と、祖母が世話をしていた。
■三【乳母】実の母に代わって、乳幼児に乳を与えたり、育てたりする役の女性。「めのと」とも。例「本━・抱━とて、二人まで、氏素姓までを吟味して」〈西鶴・西鶴織留・六・三〉訳乳を飲ませる役の女・抱き守る役の女といって、二人まで(を置き)、家柄まで調べて。

うばい【優婆夷】〔名〕《仏教語》在俗のままで「五戒」を受け仏門にはいった女性。対うばそく 例「かくのごとくの━などの身にて、比丘を堀へ蹴入れさする、未曽有の悪行なり」〈徒然草・一〇六〉訳このような優婆夷なんかの身で、比丘(のような尊い)人を堀へ蹴落とさせるとは、いまだかつてない悪行である。注出家シタ男ヲ「比丘」、出家シタ女ヲ「比丘尼」、在俗ノママノ男ヲ「優婆塞」トイウ。

うは-おそひ【上襲】〔名〕上着の上に重ねて着る小さい衣服。うわっぱり。

うは-かぜ【上風】〔名〕《「…の━」の形で》その上を吹きわたる風。例「さ夜中に友呼びわたる雁が音にうたて吹きそふ荻の━」〈源氏・少女〉訳真夜中に友を呼びながら飛んで行く雁の声が悲しく聞こえるのに、さらにその上、荻の上を吹き渡る風の物悲しいことよ。

うは-ぎ【上着・表着】〔名〕袿などを重ねて着る時、一番上に着るもの。

うは-ぐも・る【上曇る】〔自ラ四〕{ら・り・る・る・れ・れ}表面の色つやが薄れる。褪せる。例「いと濃き衣の━・りたるに」〈枕草子・野分のまたの日こそ〉訳たいそう濃い紅色の衣服で表面のつやがあせているのに。

うばそく【優婆塞】〔名〕《仏教語》在俗のままで「五戒」を受け仏門にはいった男性。対うばい 例「比丘尼より━は劣り、━より優婆夷は劣れり」〈徒然草・一〇六〉訳比丘尼より優婆塞は劣り、優婆塞より優婆夷は劣っている。注「比丘尼」ハ出家シタ女子、「優婆夷」ハ在俗ノママ五戒ヲ受ケタ女子。

うばたま-の【烏羽玉の】〔枕詞〕《「ぬばたまの」の変化したもの》「黒」「闇」「夜」「夢」などにかかる。例「━夢に何かはなぐさまむうつつにだにもあかぬ心を」〈古今・物名・四四九〉訳夢でどうして心が晴れようか。現実に逢ってさえ満足しない心だもの。
参考『万葉集』では「ぬばたまの」。「うばたまの」は『古今集』以後。「むばたまの」とも表記される。⇨ぬばたまの

うは-て【上手】〔名〕❶上の方。とくに川上、風上をさす。例「強き馬をば━に立てよ。弱き馬をば下手になせ」〈平家・四・橋合戦〉訳強い馬を川上の方に並べ立てよ。弱い馬を川下の方にせよ。
❷技能・才能などが他よりもすぐれていること。じょうず。

うは-なり【後妻】〔名〕❶後にめとった妻。後妻。
❷しっと。

うは-に【上荷】〔名〕❶馬・車・船などに積んだ荷の上に、さらに積む荷物。
❷《「上荷ぶね」の略》港と本船の間を行き来し、荷物を運ぶ小舟。例「━・茶船、限りもなく川浪に浮かびしは、秋の柳に異ならず」〈西鶴・日本永代蔵・一・三〉訳上荷船や茶船が、数限りなく川の流れの中に浮かぶ様子は、(水面に)秋の柳の枯れ葉が散らばったようだよ。注上荷船ハ大型小舟、茶船ハ小型舟。

うは-の-そら【上の空】■一〔名〕地を離れた上空。

例「聞くやいかに―なる風だにも松に音する習ひありとは」〈新古今・恋三・一一九九〉訳どうお聞きですか。上空で吹く風でさえも、「待つ」という名の松に訪れて音をたてる習性があるということを。注薄情ナ男ヲ恨ンダ歌。

二〔名・形動ナリ〕❶心がある事に奪われて落ち着かないこと。例「いとど心細さまさりて、―なる心地のみしつつ明かし暮らすを」〈源氏・薄雲〉訳いっそう心細さがまさって、落ち着かない気分ばかりで日々を送るのを。

❷根拠のないこと。あてにならないこと。例「―にや思(ぼ)し召され候はんずらん」〈平家・六・小督〉訳（小督(こごう)様は）根も葉もないこととお思いになるかもしれません。

うば・ふ【奪ふ】（ウバウ・ウボウ）〔他ハ四〕{は・ひ・ふ・ふ・へ・へ}《「むばふ」とも。中世には「ばふ」とも》❶無理矢理取り上げる。うばい取る。横取りする。例「あこの御懸想人(おほんけさうびと)を―・はむとし給ひけるが」〈源氏・東屋〉訳（あなたは）私の娘の恋人を横取りしようとなさったが。

❷（受身の助動詞を伴って）目や心をひきつける。関心をひく。例「世に従へば、心、外(ほか)の塵(ちり)に―・はれて惑ひやすく」〈徒然草・七五〉訳俗世間に順応すれば、心は、俗世間の汚れ（＝煩ワシイ事物）にとらわれて迷いやすく。

うは-むしろ【表筵・上筵】（ウワ）〔名〕畳の上に敷くもの。表裏を綾で作り、中に綿を入れる。

うばら【茨】〔名〕⇒いばら

うひ【初】（ウイ）〔接頭〕（主に名詞に付いて）はじめての、初心の、の意味を表す。「―冠(かうぶり)」「―事」「―陣」「―孫」「―学び」など。

うひ-うひ・し【初初し】（ウイウイシ）〔形シク〕（接頭語「うひ」を重ねて形容詞化した形）❶慣れていない。うぶである。例「まだ―・しきほどなる今参りなどはつつましげなるに」〈枕草子・関白殿、二月二十一日に〉訳宮仕えに上って間がない新参の女房などはひどく遠慮がちなのに。

❷（慣れていないので）きまりが悪い。気恥ずかしい。気がひける。例「内裏(うち)に参り給はむ事は、―・しく所狭(せ)く思(おぼ)しなりて」〈源氏・賢木〉訳宮中に参内することは、気がひけて窮屈にお感じになるようになって。

要点 現代語と違って、大人の状態についても言い、慣れていないことを良くないと思う感情を表す。

うひ-かうぶり【初冠】（ウイコウブリ）〔名〕男子が成人式を行って、初めて冠をつけること。元服(げんぷく)。例「昔、男、―して、奈良の京(きやう)、春日(かすが)の里に領(し)る由して、狩りに往(い)にけり」〈伊勢・一〉訳昔、ある男が、元服して、奈良の都、春日の里に、領有する土地がある縁で、狩りに出かけた。

> 要点 **「初冠」の儀式** 平安時代では、普通十二歳から十六歳の間に行うが、高貴な人ほど早い。十二月か一月の吉日を選んで夜行う。髪の根元をくくり、紙を巻き、髪の先端を箏刀(たかな)でそりおとす。その髪に紫の元結(もとゆひ)をかけ、初めて冠をかぶらせ、大人の装束を着せる。「はつもとゆひ」ともいうが、「うひかうぶり」もこの儀式の所作の一つからいわれる語である。

うひ-かぶり【初冠】（ウイ）〔名〕⇒うひかうぶり

うひ-ごと【初事】（ウイ）〔名〕初めて行なうこと。例「その際々(きはぎは)を、まだ思ひ知らぬ―ぞや」〈源氏・帚木〉訳それぞれの身の程（に応じた恋の振る舞い）を、まだわきまえない初めての経験なのですよ。

うひ-まなび【初学び】（ウイ）〔名〕学問を学び始めること。

う-ひやうゑ【右兵衛】（ウヒョウエ）〔名〕（「六衛府(りくゑふ)」の一つである「右兵衛府」の略）宮中の警備をする役所。宮中の門を守備し、天皇・皇族の外出の警護などを担当した。

うひやうゑ-の-かみ【右兵衛督】（ウヒョウエ）〔名〕「右兵衛府」の長官。従五位上相当の官。

うひやうゑ-の-すけ【右兵衛佐】（ウヒョウエ）〔名〕「右兵衛府」の次官。

う-ひやうゑふ【右兵衛府】（ウヒョウエフ）〔名〕⇒うひやうゑ

うぶ-すな【産土】〔名〕❶その人が生まれた土地。生まれ故郷。出生地。

❷「産土神」の略。

う-ぶね【鵜舟】〔名〕鵜匠(うしやう)が鵜をあやつってアユ漁をする時の舟。鵜飼い舟。（季・夏）例「おもしろうてやがて悲しき―かな」〈芭蕉〉訳闇夜(やみ)に篝火(かがりび)を燃え立たせ、にぎやかに川面はしばし鵜飼の興に浮かれ立ったが、やがて篝火も衰えて、鵜舟が遠く流れ去る頃ともなると、哀れさはかなさが、切なく身を責めることだ。

うぶ-や【産屋】〔名〕❶出産のために特別に建てた小屋。古代には出産を汚れとして忌(い)み、産婦を隔離する風習があった。

❷出産のために設けた部屋。産室。例「ちご亡(な)くなりたる―」〈枕草子・すさまじきもの〉訳（興ざめなものは）赤ん坊の死んでしまった産室。

❸「うぶやしなひ」に同じ。例「昔、氏のなかに親王(みこ)生まれ給へりけり。御―に人々歌よみけり」〈伊勢・七九〉訳昔、一族の中に皇子がお生まれになった。ご出産祝いに人々が和歌を詠んだ。

うぶ-やしなひ【産養ひ】（ヤシナイ）〔名〕子が生まれて、三日・五日・七日・九日目の夜に催す祝宴。親族・関係者から飲食物・衣服・調度などが贈られる。出産祝い。現代のお七夜(しちや)にその遺風が見られる。例「三日にならせ給ふ夜は、宮づかさ、大夫(だいぶ)よりはじめて御(おほん)―つかうまつる」〈紫式部・三日の御産養〉訳（誕生後）三日におなりになる夜は、中宮職(しき)の役人が、長官をはじめとして（皆で）ご出産祝いをしてさしあげる。

うへ【上】（ウエ）

類うち（内）

> 基本的には、現代語の「うえ」と変わらないが、古語には、**宮中**や、**清涼殿**、**そこの殿上の間**、また、**天皇**や、**貴人の妻**、を表す用法がある。

一〔名〕❶**上部**。**上方**。高方。うえ。例「昨夜(きそ)こそは児(こ)ろとさ寝しか雲の―ゆ鳴き行く鶴(たづ)の間遠く思ほゆ」〈万葉・一四・三五二二〉訳昨夜あの娘と寝たばかりなのに、雲の上方を通って鳴き行く鶴(つる)のようにはるか遠くのことに思われることだ。

❷**表面**。おもて。うわべ。例「紅(くれなゐ)の面(おも)の―にいづくゆか皺(わし)が来たりし」〈万葉・五・八〇四長歌〉訳紅色の顔（＝若者ノ顔）の表面にどこから皺が来たのか。

❸宮中。内裏(だいり)。特に、**清涼殿**、**またそこの殿上の間**。例「―にさぶらふ男(をのこ)どもに歌奉れとおほせられける時」〈古今・秋上・一七七詞書〉訳清涼殿の殿上の間に伺候(しこう)

している男達に歌を献上せよとご命令になられた時。

❹**天皇、また上皇の尊称。** 例「さぶらふ人々の泣きまどひ、――も御涙のひまなく流れおはしますを」〈源氏・桐壺〉 訳（桐壺更衣（きりつぼのこうい）が亡くなり）お仕えする女房達が泣き悲しみ、帝も涙が絶え間なく流れていらっしゃるのを。

❺貴人の妻に対する敬称。また、（「…の――」の形で）高貴な女性に対する敬称。例「これを聞きて、離れ給ひしもとの――は、腹を切りて笑ひ給ふ」〈竹取・竜の首の玉〉 訳これ（＝モトノ夫ノ大失敗）を聞いて、離別なさったもとの奥方は、はらわたがよじれて切れるほどにお笑いになった。

❻（「上局（うへつぼね）」の略）清涼殿内の中宮や女御（にょうご）などの控え室。例「見るべきことありて――になむ上（のぼ）り侍（はべ）る」〈枕草子・かへる年の二月二十日よ日〉 訳用事がありまして上局へ上ります。

❼（中世以降の用法）将軍・主君またはこれに準じる者の尊称。例「汝（なんぢ）をもって――の御用に立ちがたき者なりと思って」〈太平記・一〇・三〉 訳おまえのことを主君（＝執権北条高時）のお役に立ちにくい者だと思って。

❽ほとり。そば。近所。例「もののふの八十少女（やそをとめ）らが汲（く）みまがふ寺井の――の堅香子（かたかご）の花」〈万葉・一九・四一四三〉 訳たくさんの娘が（水を）汲んでいる寺の井戸のほとりに咲いているカタクリの花よ。

❾さらに加わること。その上。加えて。例「海賊報（むく）いせむと言ふなることを思ふ――に、海のまた恐ろしければ」〈土佐・一月二十一日〉 訳海賊が報復をするだろうという噂（うわさ）があるのを心配するのに加えて、海がまた恐ろしいので。

❿ある人や物事に関すること。…についてのことがら。身の上。例「新治（にひばり）の今作る道さやかにも聞きてけるかも妹（いも）が――のことを」〈万葉・一二・二八五五〉 訳新しく土地を切り開いて今作る道の（くっきり見える）ようにはっきりと聞いたことだ。あの娘（こ）の噂（うわさ）を。

⓫（ある物事が終了した）段階。状況。例「一天四海を掌（たなごころ）のうちに握られし――は、子細（しさい）に及ばず」〈平家・一・鱸〉 訳（平清盛が）天下を掌中におおさめになった段階では、文句のつけようがない。

二（接尾）（人を表す語に付き）尊敬の意を添える。「父――」「尼――」など。

上の男（をのこ） ウヘノヲコ 宮中への昇殿を許された人。殿上人（てんじょうびと）。

うべ【宜・諾】（「むべ」とも）**一**（副）肯定や同意を表す。**なるほど。本当に。** 例「夢（いめ）にだに見えむと我はほどけどもあひし思はねば――見えざらむ」〈万葉・四・七七二〉 訳せめて夢でも逢（あ）おうと私は（紐（ひも）を）ほどくけれども、お互いに恋しく思っているわけではないので、なるほど（夢でも）逢えないのでしょう。注「あひし」ノ「し」ハ強意。当時、紐ヲホドクト恋シイ人ニ逢エルトイウ俗信ガアッタ。

二（形動ナリ）**もっともである。** 例「天照大神（あまてらすおほみかみ）のたまはく、『――・なり』」〈日本書紀・神武〉 訳天照大神がおっしゃることには、「もっともだ」。

うべうべ・し【宜宜し】（形シク）（副詞「うべ」を重ねて形容詞化した形。多く「むべむべし」と書く）**いかにももっともらしい。** 格式ばっている。しっかりしている。頼りになる。⇩むべむべし

うへ-ざま【上様・上方】ウエ‥（名）上の方。上部。例「衣（きぬ）――にひき返しなどしたるもあり」〈枕草子・正月に寺にこもりたるは〉 訳着物の裾（すそ）を上の方にまくり上げなどしている人もいる。

上島鬼貫（うへじまおにつら） ウエジマ‥（人名）江戸前・中期の俳人。摂津国伊丹（いたみ）の出身。はじめ談林俳諧に傾倒していたが、「まことの外に俳諧（はいかい）なし」として自己の俳風を樹立した。『大悟物狂（たいごものぐるい）』『独言（ひとりごと）』などを著す。

上田秋成（うへだあきなり） ウエダ‥（人名）江戸後期の国学者で、歌人、読本（よみほん）作家。大坂の人。一七三四年（享保十九）～一八〇九年（文化六）。国学研究において本居宣長と論争、また読本『雨月物語』の作者として知られる。ほかに『春雨物語』・『胆大小心録』などを著す。⇩雨月物語（うげつものがたり）

うへ-つぼね【上局】ウエ‥（名）❶中宮・女御（にょうご）・更衣（こうい）などが、平常の部屋である局（つぼね）のほかに、特に天皇のお側（そば）近くに与えられた御寝所。「うへのみつぼね」とも。例「――にたまはす」〈源氏・桐壺〉 訳（後涼殿（こうろうでん）の更衣の室をよそに移して、桐壺更衣（きりつぼのこうい）の）上局としてお授けなさる。

❷貴族の邸宅で、主人の居間近くに臨時に設けた女房の休息室。例「うち休む――にしたり」〈源氏・帚木〉 訳ちょっと休む仮の休息室にしていた。

うべ-な・ふ【諾ふ】ウ‥ナ（ノ）ウ（自ハ四）｛は・ひ・ふ・ふ・へ・へ｝（副詞「うべ」＋接尾語「なふ」）**同意する。** また、服従する。

うへ-の-おまへ【上の御前】ウエ‥オマエ（名）天皇の尊称。主上。例「――に聞こし召して」〈枕草子・殿上より梅のみな散りたる枝を〉 訳主上がお聞きになって。

うへ-の-きぬ【上の衣・表の衣・袍】ウエ‥（名）「袍（はう）」の別名。⇩はう（袍）

うへ-の-にょうばう【上の女房】ウエ‥ニョウボウ（名）天皇のそば近くに仕える女官。おそば付きの女官。例「人柄のあはれに、なさけありし御心（みこころ）を、――なども恋ひしのび合へり」〈源氏・桐壺〉 訳（亡くなった桐壺更衣（きりつぼのこうい）の）人柄が優しく、思いやりのあるお心を、上の女房なども慕ってなつかしく思った。

うへ-の-はかま【上の袴・表の袴】ウエ‥（名）❶貴族男子が束帯（そくたい）の正装をする時はく袴（はかま）。形を整えるため、下に「大口（おほくち）」と呼ぶ小さめの袴をはく。表は白、裏は紅（くれない）。位階により織り地などが異なる。

❷少女が盛装の時、襲（かさね）の袴の上にはく袴。

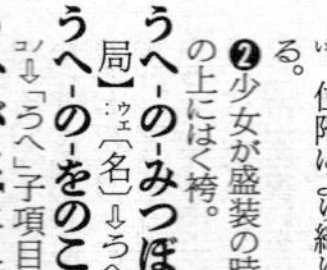

うへのはかま①

うへ-の-みつぼね【上の御局】ウエ‥（名）⇩うへつぼね①

うへ-の-をのこ【上の男】ウエノオ‥コノ ⇩「うへ」子項目

うへ-びと【上人】ウエ‥（名）四位・五位の貴族、および六位の蔵人（くろうど）で、特に昇殿（しょうでん）を許された人。**殿上人**（てんじょうびと）。

うへ-ぶし【上臥し】ウエ‥（名）宮中・院中に宿直すること。例「その夜しも院の御所法住寺殿に――して」〈平家・二・少将乞請〉 訳（丹波少将成経は）その夜ちょうど上皇の御所（ごしょ）である法住寺殿に宿直していて。

うへ-みやづかへ【上宮仕へ】ウエミヤヅカエ（名）天皇のそば近くで、日常身辺の用を勤めること。例「初めよりおしなべての――し給ふべき際（きは）にはあらざりき」〈源氏・桐壺〉 訳（桐壺更衣（きりつぼのこうい）は）初めから普通一般の（帝（みかど）の御用の）お勤めをなさるような（低い）身分のお方ではなかった。

> 参考 皇后や中宮はもちろんだが、女御(にょうご)・更衣(こうい)も平安中期には身分が高くなり、別殿をいただいて、これに住んだ。「上宮仕へ」をするのは、それより下位の女官で、「内侍司(ないしのつかさ)」に属する「尚侍(ないしのかみ)」「典侍(ないしのすけ)」「掌侍(ないしのじょう)」などである。

うべ-も【宜も】《連語》《副詞「うべ」＋係助詞「も」》まことにもっともなことに。なるほど。道理で。例「春なればうべも咲きたる梅の花君を思ふと夜眠(いよ)も寝なくに」〈万葉・五・八三一〉訳春なので当然咲いた梅の花よ。あなた(＝梅ノ花)のことを思うと夜眠ることもできないのだ。

うへ-や【上屋】ウヘ〔名〕天皇の御座所に近い、女官の詰め所。例「ゆゆしさにうへやに隠れふしぬ」〈枕草子・御仏名のまたの日〉訳(地獄絵の)気味悪さに御座所近くの詰め所に隠れて横たわった。

うへ-わらは【上童】ウヘワラワ〔名〕宮中や貴人の家で身の回りの世話をする少年少女。貴族の出身で、作法の見習いが目的である。「殿上童(てんじゃうわらは)」とも。

うま【午】〔名〕《「むま」とも》❶十二支の七番目。⇩じふにし 例「二月うまの日の暁に急ぎしかど」〈枕草子・うらやましげなるもの〉訳二月の午の日(＝伏見稲荷ノ例祭)の夜明け頃に(家を出て稲荷へと)急いだけれど。
❷方角の名。南。
❸時刻の名。正午および、その前後の二時間。一説に、正午からの二時間。

うま-い【熟寝】〔名〕心地よく寝ること。熟睡。例「宍串(ししくし)ろうまい寝し間(と)に庭つ鳥鶏(かけ)は鳴くなり」〈日本書紀・継体・七年〉訳(恋人と)熟睡する間に、(夜明けを告げる)鶏(にわとり)の鳴き声が聞こえるようだ。

うま-いかだ【馬筏】〔名〕川に馬を並べて、つなぎ合わせ、いかだのように仕立てたもの。例「うまいかだを作りて泳がせけるに」〈宇治拾遺・一五・二〉訳馬筏を作って(馬を)泳がせたので。

うま-ご【孫】〔名〕《「むまご」とも》まご。転じて、子孫。例「その子・うまごまでは、はふれにたれど、なほなまめかし」〈徒然草・一〉訳(貴族の)その子供や孫までは、落ちぶれてしまっても、やはり上品である。

うま-さけ【旨酒・味酒】━〔名〕うまい酒。美酒。例「筑波(つくは)の雅曲(みやびうた)を唱ひ、久慈(じく)のうまさけを飲む」〈常陸風土記・久慈郡〉訳筑波の歌垣(うたがき)(＝男女ガ集マリ歌イ舞ウ)の歌を歌い、久慈(＝茨城県ノ久慈川流域)の美酒を飲む。
━《枕詞》《「うまさけの」「うまさけを」とも》神に供える酒を「みわ」というので、「三輪(みわ)」「三諸(みもろ)」「三室(みむろ)」にかかる。また、古代では酒を醸(か)(＝嚙(か))んで造ったので「神(かむ)」にもかかる。例「うまさけ三輪の山あをによし奈良の山の山の際(ま)にい隠るまで」〈万葉・一・一七長歌〉訳三輪の山よ、奈良の山の山の端(は)に隠れるまで。

うま・し【旨し・甘し】━〔形ク〕味がよい。おいしい。うまい。例「飯(いひ)はめどうま・くもあらず寝(い)ぬれども安くもあらず茜(あかね)さす君が心し忘れかねつも」〈万葉・一六・三八五七〉訳ごはんを食べてもおいしくないし横になっても安らかに眠れない。あなたのお心が忘れられないのよ。注コノ歌ハ『万葉集』中、最モ短イ長歌。「茜さす」ハ君ノ枕詞。
━〔形シク〕❶立派である。すばらしい。例「うま・し国ぞ秋津島(あきつしま)大和(やまと)の国は」〈万葉・一・二長歌〉訳すばらしい国であるぞ、大和国は。例「なんでふ心地すれば、かく物を思ひたるさまにて月を見給ふぞ。うま・しき世に」〈竹取・かぐや姫の昇天〉訳どんな気持ちがするから、このように物思いに沈んだ様子で月をご覧になるのですか。こんな結構な世の中なのに。
❷味がよい。おいしい。例「『うま・しき』と言ひける者ども」〈宇治拾遺・四・七〉訳(キジを殺して食べて)「おいしい」と言った者達。

> 参考 ━は現代語の「うまい」と同じであるが、中世には━②のようにシク活用の例もある。━①は上代によく用いられたもので、例は少ない。また、上手だ、手ぎわがよい、都合がよい、などを表す用法は江戸時代から用いられた。

うま-ぞひ【馬副ひ】イゾ〔名〕《「うまぞへ」とも》身分の高い人が乗馬で外出する時、付き従う従者。

うま-づかさ【馬司・馬寮】〔名〕宮中の馬・馬具、諸国の牧場などを担当する役所。左右ある。馬寮(めりょう)。

うま-の-かみ〔名〕━【馬頭】「馬寮(うめれ)」の長官。━【右馬頭】左右あるうちの右の「馬寮(うめれ)」の長官。

うま-の-すけ【右馬助】〔名〕右の「馬寮(うめれ)」の次官。

うま-の-つかさ【馬の司・馬の寮】〔名〕⇩うまづかさ

うま-の-はなむけ【餞】〔名〕旅立つ人を祝福し、前途の安全を祈願して、宴を催したり、物を贈ったりすること。餞別(せんべつ)。例「船路なれど、うまのはなむけす」〈土佐・十二月二十二日〉訳(馬には乗らない)船旅だけれども、馬のはなむけ(＝餞別(センベツ))をする。

> 要点 古代では、旅立つ人の乗る馬の鼻を、行く方向へ向けてやることによって、旅人の無事を祈ったという。そこからできた言葉。

うま-のり【馬乗り】〔名〕馬を上手に乗りこなす人。乗馬の名人。例「城陸奥守(じゃうのむつのかみ)泰盛は、双(さう)なきうまのりなりけり」〈徒然草・一八五〉訳秋田城介(じょうのすけ)で陸奥守の(安達(あだち))泰盛は、並ぶ者のない乗馬の名人であった。

うま-や〔名〕《「むまや」とも》━【馬屋・厩】馬を飼っておく建物。馬小屋。厩舎(きゅうしゃ)。
━【駅】街道の要所要所に、馬や人夫をそろえて、旅人の用に供した施設。宿駅。宿場。

駅の長(をさ)オサ「駅(うまや)」を管理する長。

うまや-ぢ【駅路】ジ〔名〕宿駅の施設のある街道。例「すなはち、香島(かしま)に向かふ陸(くが)のうまやぢなり」〈常陸風土記・行方郡〉訳その場所は、香島郡(＝茨城県鹿島郡)へ向かう陸路の宿駅のある街道である。

うまや-の-をさ【駅の長】サオ⇩「うまや」子項目

うま・る【生まる】〔自ラ下二〕《る・るる・れ・れよ》《「むまる」とも》この世に生をうける。出生する。生まれる。例「京にてうま・れたりし女子(をんなご)、国にてにはかに失(う)せにしかば」〈土佐・十二月二十七日〉訳京の都で生まれた女の子(＝作者ノ娘)が、任国で急に死んでしまったので。

うまれ-あ・ふ【生まれ合ふ】(オ)ウア〔自ハ四〕《は・ひ・ふ・ふ・へ・へ》たまたまある時代、時期に生まれる。生まれ合わせる。例「濁悪世(ぢょくあくせ)にしもうまれあ・ひて、かかる心憂きわざをなむ見侍(はべ)りし」〈方丈記・飢渇〉訳(この)汚濁(おだく)や罪悪の満ちあふれた末法の世に生まれ合わせて、このような嫌になるようなことを見ましたよ。

う-まれう【右馬寮】（ヨウ・マリ）〔名〕「うまづかさ」には、右と左の二所があるが、その右の方。⇩うまづかさ

うま-れう【馬寮】（ヨウ・リ）〔名〕⇩うまづかさ

うみ-が【海処】〔名〕（「が」は、「すみか」「ありか」の「か」と同じで、場所の意）海。海辺。

うみ-さち【海幸】〔名〕海からとれる獲物。海産物。また、それをとる道具。漁具。釣り針など。対やまさち

うみ-づら【海面】〔名〕❶海や湖のほとり。海辺。湖畔。例「伊勢、尾張のあはひの――を行くに、波のいと白く立つを見て」〈伊勢・七〉訳伊勢国（＝三重県）と、尾張の国（＝愛知県西北部）との間の浜辺を行く時に、波がとても白く立っているのを見て。
❷海の上。海面（かいめん）。

うみ-の-こ【生みの子】〔名〕子孫。

うみ-べた【海辺】〔名〕海のほとり。海岸。

うみ-まつ【海松】〔名〕海藻の名。ミル。例「おぼつかな今日は子（ね）の日か海人（あま）ならば――をだに引かましものを」〈土佐・一月二十九日〉訳はっきりしないが今日は子の日なのか、もし（私が）漁師であるならば（小松の代わりに）せめて海松でも引いただろうものを。注正月ノ子ノ日ニハ、小松ヲ引キ、若菜ヲ摘ミ、宴ヲ催シテ千代ヲ祝ッタ。
参考 海藻の「みる」を「海松」と書くことから、それを、文字の通りに読んだもの。

うみ-やま【海山】〔名〕❶海と山。
❷（海が深く、山が高いことから）恩恵のきわめて厚いのをたとえていう。例「数ならぬ下衆（すげ）女に道を立てて取らせうとの――の御恩徳」〈近松・平家女護島・一〉訳とるにたりない卑しい女に（貞女としての）生き方を貫かせてやろうという誠にありがたいお恵み（である）。

う・む【倦む】〔自マ四〕（ま・み・む・む・め・め）同じ事が続くのにあきて嫌になる。うんざりする。例「少女（をとめ）らが績麻（うみを）のたたり打ち麻（そ）掛け――・む時なしに恋ひ渡るかも」〈万葉・三・二九九〇〉訳娘達が麻糸をよる道具に打った麻を掛けて績（う）む（＝ツムグ）というが、（私は）あきて嫌になる時なくあなたを恋い続けているのだよ。

う・む【埋む】〔他マ下二〕（め・め・む・むる・むれ・めよ）❶空いている所に物をつめる。例「さばかり深き谷一つを平家の勢七万余騎でぞ――・めたりける」〈平家・七・倶梨迦羅落〉訳あれほど深い谷全体を平家の軍勢七万余騎で埋めたのだった。
❷水を入れて温度や濃度を下げる。ぬるくする。うすめる。例「清子（きよいこ）の命婦（みやうぶ）播磨とりつぎて――・めつつ」〈紫式部・人々のよろこび〉訳清子の命婦と播磨とが（お湯を水で）ぬるめては。

うめ【梅】〔名〕（「むめ」とも）❶木の名。ウメ。また、ウメの花や実。（季・春）例「――一輪（いちりん）一輪ほどのあたたかさ」〈嵐雪〉訳冬の寒さの中で、梅が一輪、その小さなつぼみを開いた。可憐（かれん）なその一輪の花に、あたりの寒さも何となくやわらぎ、ほんの少しながらその一輪の花ほどの暖かさが訪れたように感ぜられる。春の到来も、もう間近である。注一般ニ、「一輪づつの」ト伝ワルガ、誤伝デアル。
❷紋所の名。梅の花を図案化したもの。
❸襲（かさね）の色目（いろ）の名。表は濃い紅、裏は紅梅色。一説に、表は白、裏は蘇芳（すおう）色とも。

参考 「白梅」と「紅梅」 「梅（め）」の字音から変化した語。**上代はもっぱら白梅であるが、平安時代は紅梅が賞されるようになる。**単に「梅」とある時は白梅を指すのが普通で、『更級日記』には、「梅・紅梅など咲き乱れて」と並記して区別している。早春に香る木の花なので、春を告げるウグイスと結びついて構成美の典型とされる。

うめ-が-え【梅が枝】《連語》梅の木の枝。例「――に来ゐる鶯（うぐひす）春かけて鳴けどもいまだ雪は降りつつ」〈古今・春上・五〉訳梅の枝に来てとまっている鶯は春の到来を告げて鳴くけれども、あたりにはまだ雪が降っていることだよ。

う-め・く【呻く】〔自カ四〕（か・き・く・く・け・け）（「う」は「うなる」の「う」と同じ擬声語。「めく」は接尾語）❶うううと声を出す。うめく。例「死にし人などを埋（うづ）みたりけるが、活（よみがへ）りて――・くにや有らむ」〈今昔・二六・五〉訳死んだ人などを埋めておいたのが、生き返ってうめくのであろうか。
❷苦心して詩歌を作り出す。苦吟する。例「をかしう詠み出でて、人にも語り伝へさせむと――・き誦（ず）じつる歌も、あさましうかひなくなりぬ」〈枕草子・職の御曹司におはします頃、西の廂にて〉訳趣深く詠み出して、世間の人にも語り伝えさせようと苦心して詠み出した歌も、何のかいもなくなってしまった。
❸嘆息する。ため息をつく。例「とばかり物も宣（のたま）はず、いたう――・きて」〈源氏・帚木〉訳しばらくは物もおっしゃらず、たいそうため息をついて。

うめ-つぼ【梅壺】〔名〕内裏（だいり）の後宮の建物の一つ。中庭に白梅・紅梅が植えてあるところからいう。女御（にょうご）達の局（つぼね）のある所。「凝華舎（ぎようくわしや）」とも。

うも・る【埋もる】〔自ラ下二〕（れ・れ・る・るる・るれ・れよ）❶土や木の葉などで覆われる。うずもれる。例「伊予の温泉（ゆ）――・れて出でず」〈日本書紀・天武・十三年〉訳（大地震で）伊予の温泉（＝道後温泉）がうずもれて（湯が）出ない。
❷家などに引きこもっている。世に知られずにいる。
❸遠慮がちで消極的である。ひっこみ思案である。

うもれ-いた・し【埋れいたし】〔形ク〕《動詞「うもる」の連用形＋はなはだしい意の「いたし」。「むもれいたし」とも》晴れ晴れしない。内気すぎる。

うもれ-ぎ【埋もれ木】〔名〕《「むもれぎ」とも》❶土や水の中に長期間埋まっていたため、炭化して黒く固くなった木。例「名取川瀬々の――あらはればいかにせむとかあひ見初（そ）めけむ」〈古今・恋三・六五〇〉訳名取川のあちこちの浅瀬で埋もれ木が露出しているように、（私達の仲も）露見してしまったら、どうするつもりで互いに逢（あ）い始めたのだろうか。
❷（比喩的に用いて）世間から忘れられた存在。例「――の花咲くこともなかりしに身のなる果てぞ悲しかりける」〈平家・四・宮御最期〉訳埋もれ木のように世間から忘れ去られ、出世することもなかったので、この身のなれの果てはなんとまあ悲しいことよ。

うもれぎ-の【埋もれ木の】《枕詞》「埋もれ木」が隠れて見えないことから、「下」「人知れぬ」などにかかる。

う-もん【有文】〔名〕❶布地などに模様のあること。
❷（歌論・連歌論・能楽論で）美を表に浮き立たせる表現。

うら【一】〔名〕人の内面。心。思い。例「――もなく我が行く

道に青柳(あをやぎ)の張りて立てればもの思(も)ひ出(で)つも」〈万葉・一四・三四四三〉訳何を思うでもなく私が歩いて行く道に、青柳の芽がふくらんで立っているので、ふと(恋人のことを)思い出したことだ。

■二〔接頭〕(□一が形容詞や名詞の上に付いて接頭語化したもの)「心の中で」の意を表す。「――悲し」「――恋し」「――寂し」など。

うら【末】〔名〕植物の葉や枝の先。端。

うら【占・卜】〔名〕神や超自然の力を得て、将来のあり方を推定したり、吉凶の判定を行うこと。うらない。例「夕占(けゆふ)にも――にも告(の)れる今夜(こよひ)だに来まさぬ君を何時(いつ)とか待たむ」〈万葉・一一・二六一三〉訳夕占にも占にも(おいでになると)お告げのあった今夜でさえおいでにならないあなたを、いつ(おいでになる)と思って待てばよろしいでしょうか。注「夕占」ハ、夕方街角ニ立ッテ人ノ言葉ヲ聞キ、ソレデ吉凶ヲウラナウコト。

> **参考** 「占」の種類　古くは、鹿(かし)の骨による「太占(ふとまに)」、亀(かめ)の甲(かふ)を用いる「亀卜(きぼく・かめのうら)」があり、それらを焼いてその裂け目の形でうらなった。そのほか、例の「夕占」をはじめ、『万葉集』には「足(あ)うら」「石うら」「道行きうら」「水うら」など種々の方法が見られる。後には、おみくじのような「辻(つじ)うら」や、今日に伝わっている筮竹(ぜいちく)を用いるものが広く行われた。

うら【浦】〔名〕❶海や湖が陸地へ入り込んだ所。入り江。湾。例「浜清く――うるはしみ神代より千船(ちふね)の泊(は)つる大和田の浜」〈万葉・六・一〇六七〉訳浜がきれいで浦が美しく立派なので神代から数えきれぬほどの舟が停泊する(この)大和田の浜であるよ。

❷海岸。海辺。例「須磨の――の月見に行きて」〈芭蕉・鹿島紀行〉訳須磨の海岸の名月を見に出かけて。

浦の苫屋(とまや)　海辺にある、スゲやカヤで屋根を葺(ふ)いた粗末な漁師の家。例「見渡せば花も紅葉(もみぢ)もなかりけり――の秋の夕暮れ」〈新古今・秋上・三六三〉訳見渡してみると、(美しい)花も紅葉もないのであるよ、浦の苫屋の見える秋の夕暮れは。注藤原定家ノ作デ、「三夕(さんせき)の歌」ノ一ツ。華ヤカナ物ガ何モナイ情景ニ、カエッテ趣深サヲ認メテ詠ンダモノ。

うら【裏】〔名〕❶(表面や外面に対して)内部。奥。例「天地(あめつち)の底ひの――に吾(あ)がごとく君に恋ふらむ人は実(さね)あらじ」〈万葉・一五・三七五〇〉訳天地の果てきわまる奥にも、私のように(熱く)夫に恋をする人は、決していないでしょう。

❷裏面。例「表(おもて)のかたには『楽府(がふ)』の文句をうるはしく真に書き、――には御筆とどめて草にめでたく書きて」〈大鏡・伊尹〉訳(扇の)表の方には楽府(=漢詩ノ古体ノ一ツ)を端正に楷書(かいしょ)で書き、裏にはお筆の力をゆるめて草書で立派に書いて。

❸袷(あはせ)の衣服の裏布。また、襲(かさね)で下に重ねてある方。

うら-うへ【裏表】(エ・ウ)〔名〕❶裏と表。例「墨のいと黒う薄く、くだりせばに、――書き乱りたるを」〈枕草子・今朝はさしも見えざりつる空の〉訳墨がひどく濃かったり薄かったりして、行間も狭く、裏表に書き散らしてあるのを。

❷前後。左右。両側。例「二人を――に置きてこそ慰みつるに、一人はあれども一人はなし」〈平家・三・六代〉訳(母は)二人(の子)を左右に置いてこそ心も慰められていたのに、(今は)一人はいるけれどももう一人はいない。

うら-うら〔副〕(下に「に」や「と」を伴って)うららかに。のどかに。例「――に照れる春日(はるび)にひばり上がり心悲しもひとりし思へば」〈万葉・一九・四二九二〉訳うららかに照っている春の日にヒバリが空に上がり、(それなのにその鳴き声に)悲しい気持ちになる。一人物思いをしていると。注巻十九ノ最後ノ歌デ、大伴家持(ヤカモチ)ノ抒情歌(ジョジョウカ)ノ代表作。

うら-がき【裏書き】〔名〕巻き物や書物などの裏面に、覚え書き・注・証明などを記したもの。例「行成(かうぜい)ならば――あるべし。佐理(さり)ならば――あるべからず」〈徒然草・二三八〉訳行成ならば裏書きがあるはずだ。佐理ならば裏書きがあるはずがない。注行成モ佐理モ「三蹟(さんせき)」ノ一人。

うら-か・く【裏かく】〔自カ四〕{か・き・く・く・け・け}矢などが鎧(よろい)などの裏まで貫き通る。貫通する。例「雨の降るやうに射けれども、鎧よければ――・かず」〈平家・九・木曽最期〉訳(矢を)雨が降るように射たが、鎧が上質なので貫通せず。

うら-かた【占形】〔名〕❶占いをした物に現れる形。鹿(かし)の骨や亀(かめ)の甲を焼いた時の割れ目の線など。例「大臣(おほおみ)、即(すなは)ち子弟(やから)を遣(まだ)して、その――を奏(まを)す」〈日本書紀・敏達・十四年〉訳大臣は、すぐさま家の者を遣わして、その占いに現れた形を天皇に申し上げる。

❷占い。また、それを行う人。例「法皇大きに驚き思(おぼ)し召し、御――をあそばいて」〈平家・四・鼬之沙汰〉訳法皇はたいへんお驚きになって、占いをご自身でなさって。

うら-がな・し【うら悲し】〔形シク〕(「うら」は、心の意)❶心にいとしく思うさま。かわいい。例「紫草(むらさき)は根をかも終ふる人の児の――・しけを寝(ね)を終へなくに」〈万葉・一四・三五〇〇〉訳紫草は根が終わりになろうか(いや根が深くてきりがない)。人の娘で、いとしく思う娘とは寝尽くしてないよ。注東歌(アズマウタ)。「根」ト「寝」ヲ掛ケテイル。

❷心に悲しく感じるさま。物悲しい。例「春の野に霞(かすみ)たなびき――・しこの夕影に鶯(うぐひす)鳴くも」〈万葉・一九・四二九〇〉訳春の野に霞がたなびいて、悲しい、この夕暮れの光の中で鶯が鳴くよ。注大伴家持(ヤカモチ)作。

うら-が・る【末枯る】〔自ラ下二〕{れ・れ・る・るる・るれ・れよ}草木の枝や葉の先が枯れる。例「――・るる浅茅(あさぢ)が原の刈萱(かるかや)の乱れてものを思ふころかな」〈新古今・秋上・三四五〉訳葉の先が枯れる浅茅の原の刈萱のように私の心も乱れてもの思いをする頃であるよ。注「刈萱の」マデガ序詞。

要点 和歌で秋の暮れの表現によく用いられる。

うら-こひ・し【うら恋し】(コイ・シ)〔形シク〕(「うら」は心の意。「うらごひし」「うらごほし」とも)恋しく思う。例「――・しわが夫(せ)の君はなでしこが花にもがもな朝(あさ)な朝(さ)な見む」〈万葉・一七・四〇一〇〉訳恋しい私の夫はナデシコの花であってほしいな。(そうすれば)毎朝見るだろう。

うら-さび・し【うら寂し】〔形シク〕(「うら」は、心の意)心に寂しく感じる。物寂しい。例「君まさで煙絶えにし塩釜(しほがま)の――・しくも見え渡るかな」〈古今・哀傷・八五二〉訳あなたがいらっしゃらなくて、煙が立たなくなった塩釜の浦(=宮城県松島湾内ノ浦)が物寂しく見渡されることだ。

うら-さ・ぶ【うら荒ぶ】〔自バ上二〕{び・び・ぶ・ぶる・ぶれ・びよ}(「うら」は心の意)心がすさむ。心さびしく感じる。例「昼は――・び暮らし夜はも息づき明かし」〈万葉・二・二一〇長歌〉訳昼は心さびしく暮らし夜はため息をついて明かし。

うら-な・し〔形ク〕

> 「うは」ら心のこと。「うらなし」は心に何もないこと。そこで、隠しだてしない、へだてがない、の意になる。

❶隠しだてしない。へだてがない。例「同じ心ならん人としめやかに物語して、をかしき事も、世のはかなき事も、――・く言ひ慰まんこそうれしかるべきに」〈徒然草・一二〉訳気の合った人としんみりと話し合って、面白い事も、ちょっとした世間話も、心おきなくあれこれ語り気が晴れるようなのこそうれしいであろうに。
❷警戒していない。安心してうっかりしている。例「――・くて過ぐしける世の人笑へならむ事を」〈源氏・若菜・上〉訳うっかり安心をして日々を過ごしていたことが物笑いの種になるかもしれないという事を。

うら-な・ふ【占ふ】〔他ハ四〕{は・ひ・ふ・ふ・へ・へ}占いで吉凶を判断する。例「調子をもって本意のことを――・ふに、かたきの方は水なり、我が方は火なり」〈平家・五・咸陽宮〉訳音楽の調子で目的の成否を占うと、敵は水で、自分たちは火である。注「水」「火」ハ五行説ニヨル。

うら-なみ【浦波】〔名〕海岸に打ち寄せる波。例「駿河なる田児(たご)の――立たぬ日はあれども君を恋ひぬ日はなし」〈古今・恋一・四八九〉訳駿河国にある田子の浦の浦波の立たない日はあるけれど、(私が)あなたを恋しく思わない日はない。

うら-の-とまや【浦の苫屋】⇩「うら(浦)」子項目

うら-ば【末葉】〔名〕草木の先端の葉。梢の葉。例「水門(みなと)の葦の――を誰か手折(たを)りし我が背子が振る手を見むと我そ手折りし」〈万葉・七・一二八八〉訳港の葦の葉末を誰が折ったのか、わが夫の振る手を見ようと、私が折ったのです。注五・七・七・五・七・七ノ旋頭歌。

うら-びと【浦人】〔名〕海辺に住む人。漁師・潮くみなど。都を遠く離れてわびしく暮らす人をいうこともある。

うら-ぶ・る〔自ラ下二〕{れ・れ・る・るる・るれ・れよ}心さみしく思う。悲しみに沈む。例「君に恋ひ――・れをれば敷の野の秋萩しのぎさを鹿鳴くも」〈万葉・一〇・二一四三〉訳君に恋して沈んでいると、敷の野の秋萩を踏み分けて雄鹿が鳴くよ。

うら-べ【卜部】〔名〕令制で、神祇官に属し、占いの事をつかさどった職。

うらぼん-ゑ【盂蘭盆会】〔名〕(仏教語)陰暦七月十五日に行う仏教の行事。祖先の霊を自宅に迎え、いろいろな食物を供え、読経して、その霊を慰める。精霊会。お盆。(季・秋)

うらみ【恨み・怨み】〔名〕(動詞「うらむ」の連用形の名詞化)❶憎くて恨めしいこと。怨恨。例「――を負ふ積もりにやありけむ、いとあつしくなりゆき」〈源氏・桐壺〉訳(お妃達の)恨みを受けることが積もり積もったせいだろうか、(桐壺更衣は)たいそう病気が重くなっていって。
❷思いが残ってこだわること。未練。例「この世に少し――残るは、悪(わろ)きわざとなむ聞く」〈源氏・夕顔〉訳この世に少しでも未練が残るのは、(極楽往生のために)よくないことだと聞いています。
❸悲しくてつらいこと。悲嘆。悲哀。例「行く者の悲しみ、残る者の――、隻鳧(せきふ)の別れて雲に迷ふがごとし」〈奥の細道・山中〉訳先にゆく者の悲しみ、残された者の悲哀は、一羽の鴨が(今まで行をともにしたもう一羽と)別れて雲間にさ迷う気持ちと同じである。注「隻鳧」ハ、ツガイデアッタモノガハグレテ一羽トナッタ鴨。

うら-み【浦回・浦廻】〔名〕❶深く湾曲した入り江。例「石見(いはみ)の海角(つの)の――を浦なしと人こそ見らめ」〈万葉・一・一三一長歌〉訳石見(=島根県)の海の角の入り江をよい浦がないと人は見るだろうが。
❷海岸に沿って回り進むこと。例「藤波を仮廬(かりほ)に造り――する人とは知らに海人(あま)とか見らむ」〈万葉・一九・四二〇二〉訳藤の花を挿したりして船に仮の住まいを造って海岸に沿って巡って行く人とは知らずに、(私のことを)漁師だと(人は)見るのではないか。注船デ遊覧シテイル。

うらみ-か・く【恨み掛く】〔他カ下二〕{け・け・く・くる・くれ・けよ}恨みごとを言う。非難する。例「女はなほいと艶に――・くるを、わびしと思ひあり給ふ」〈源氏・紅葉賀〉訳女は相変わらずいやに色っぽく恨みごとを言うので、(光源氏はそれを)困ったことだとたえずお思いになる。

うらみ-わ・ぶ【恨み侘ぶ】〔他バ上二〕{び・び・ぶ・ぶる・ぶれ・びよ}恨んでつらい思いをする。恨み悲しむ。例「――・び胸あきがたき冬の夜にまたさしまさる関の岩門(いはかど)」〈源氏・夕霧〉訳恨み悲しんでふさがっている胸が開きそうもない冬の夜に、また更に戸をとざす関所の石の門であるよ。

うら・む【恨む・怨む】㊀〔他マ上二〕{み・み・む・むる・むれ・みよ}❶期待・予期などに反することを不満に思い非難の気持ちを抱く。**うらみに思う。**例「久しくおとづれぬころ、いかばかり――・むらんと、我が怠(おこた)り思ひ知られて」〈徒然草・三六〉訳長い間(女を)訪問しないでいた頃、(女が)どれほど私をうらんでいることだろうと、自分の怠慢さ加減が思い知られて。
❷うらみの気持ちを口に表す。**うらみごとを言う。**例「障子(さうじ)の中より御袖(そで)をとらへて、引き寄せていみじく――・むれば」〈源氏・総角〉訳(薫は)(大君の)お袖をつかまえて、引き寄せてひどくうらみごとを言うので。
❸うらみの気持ちを行動に表す。うらみを晴らす。例「その人に逢(あ)ひ奉りて、――・み申さばやと思ひて、尋ね申すなり」〈徒然草・一一五〉訳その人にお会い申し上げて、(師匠の)お恨みを晴らしたいと思って、お尋ね申すのです。
❹(「身をうらむ」の形で)我が身をふがいなく思う。残念に思う。例「忘れぬる君はなかなかつらからで今まで生ける身をぞ――・むる」〈拾遺・恋五〉訳私を忘れてしまったあなたのことは、むしろつらいとは思わないが、(捨てられておめおめと)今日まで生きながらえている我が身をふがいなく思う。
❺(自動詞的用法)虫や風がうらむような悲しげな音を出す。例「虫の声々――・みつつ、黄菊紫蘭(くわうきくしらん)の野辺とぞなりにける」〈平家・五・月見〉訳(旧都は)虫の声が悲しげに鳴き、黄色の菊や藤袴などが咲き乱れる野辺となってしまった。

㊁〔他マ四〕{ま・み・む・む・め・め}(近世以降、㊀から転じたもの)❶㊀①に同じ。
❷㊀②に同じ。例「俤(おもかげ)松島にかよひて又異(こと)なり。松島は笑ふが如く、象潟(きさがた)は――・むがごとし」〈奥の細道・象潟〉訳(象潟の)様子は松島の景色に似ているようでまた異なっている。(たとえて言えば)松島は人が笑っているような明るいところがあり、象潟は恨んでいるような暗いと

ころがある。

うらめ・し【恨めし・怨めし】〔形シク〕《動詞「うらむ」の形容詞化》恨みに思われる。残念である。うらめしい。例「大殿(おほいどの)には、おぼつかなく──・しとおぼしたれど」〈源氏・帚木〉訳(光源氏の訪問がしばらくないので)左大臣邸では、待ち遠しくもまた残念にもお思いになっているが。

うら-やま・し【羨まし】〔形シク〕《動詞「うらやむ」の形容詞化》他人が恵まれているのを見て、自分もそうなりたいと思う。うらやましい。例「よき子ども持たる人、いみじう──・し」〈枕草子・うらやましげなるもの〉訳よい子供たちを持っている人は、ひどくうらやましい。

うら-や・む【羨む】〔他マ四〕(ま・み・む・む・め・め)《「心(うら)病(や)む」で、心が傷つく意》❶他人が恵まれているのを見て、憎く思う。ねたむ。または、不満に思う。不服に思う。例「我すでに人を──・む時は、人また我を──・む」〈日本書紀・推古・十二年〉訳自分が他人をねたんだ時には、他人もまた自分をねたむ。注「十七条の憲法」ノ第十四条。
❷他人が恵まれているのを見て、自分もそうなりたいと思う。うらやましく思う。例「人の賢を見て──・むは、尋常(よのつね)なり」〈徒然草・八五〉訳人のすぐれているのを見てうらやましく思うのは、普通(の人の心)である。

うらら-か【麗か】〔形動ナリ〕❶(日ざしが)明るくのどかである。おだやかだ。例「つとめて、日の──にさし出でたるほどに起きたれば」〈枕草子・関白殿、二月二十一日に〉訳翌朝、日が明るくさし出した頃に起きてみると。
❷(声が)明るくほがらかである。例「朝ぼらけのただならぬ空に百千鳥(ももちどり)の声もいと──・なり」〈源氏・若菜・上〉訳あけぼののちょっと見過ごせないようなすてきな空に小鳥達の声もとても明るくほがらかである。
❸(態度や心が)明るくはっきりしている。明快である。例「──・に言ひ聞かせたらんは、おとなしく聞こえなまし」〈徒然草・二三四〉訳はっきりと説明してやれば、おだやかな事と思われるだろう。

うら-わ【浦回・浦廻】〔名〕「浦回(うらみ)①」に同じ。例「玉寄する──の風に空晴れて光をかはす秋の夜の月」〈千載・秋上〉訳吹き寄せる入り江の風に空は晴れて、(水面と)光を互いにやりとりする秋の夜の月である。

うら-わか・し【うら若し】〔形ク〕《「うら」は、心の意》若くみずみずしく感じられる。新鮮である。若々しい。例「いと──・き声に、はるかにながめ鳴きたなり」〈蜻蛉・中・天禄元年〉訳とても若々しい声で、(鹿(か)が)遠く余韻をひいて鳴いたようだ。

うり-かけ【売り掛け】〔名〕《「うりがけ」とも》代金を後で受け取る約束で商品を売ること。また、その代金。例「所々(しょしょ)の問屋(とひや)をめぐり、年々(としどし)の──を取る」〈西鶴・日本永代蔵・四・四〉訳方々の問屋を回って、年々たまった売り掛け金を受け取る。

雲林院(うりんゐん)〔ウリンイン〕【地名】(「うんりんゐん」とも)京都市北区紫野にあった寺。もと淳和(じゅんな)天皇の離宮で紫野院と称し、のち雲林院と改めた。最初は天台宗に属したが、中世に入って臨済宗の寺となった。『古今和歌集』『源氏物語』『枕草子』など、平安時代の作品にはこの寺がしばしば見られ、菩提講(ぼだいかう)(=法華経(ホウ)ノ法会(エ))で有名であった。

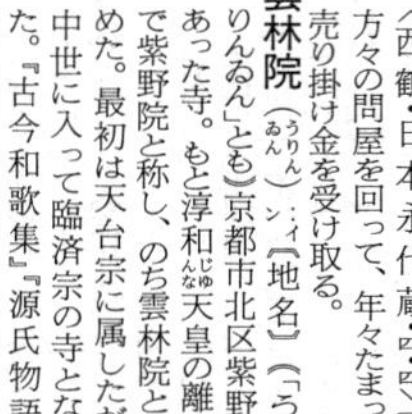

雲林院

うるさ・し【煩し】〔形ク〕類わづらはし

本来、わずらわしくて、不快だ、の意。現代語の「うるさい」も、その音をわずらわしく思うのである。よく気がつく、すぐれている、の意(③④)は、語形の似ている「うるせし」(=かしこい)との混同による。

❶**わずらわしくて、いやである。面倒くさい。**例「あまり──・くもあれば、このたび出(い)でたる所をば、いづくとなべてには知らせず」〈枕草子・里にまかでたるに〉訳(来客への応対が)あまりにわずらわしいので、今回の(里下がりで)帰った家を、どこだと普通の人には知らせないで。
❷**わざとらしくていやみである。**例「手のわろき人の、はばからず文(ふみ)書き散らすはよし。見苦しとて人に書かするは──・し」〈徒然草・三五〉訳字の下手な人が、気にせず手紙をどんどん書くのは感じが良い。(自分の字は)みっともないといって他人に書かせるのはいやみだ。
❸細かい所によく気がつく。例「いと──・くて候ひ宿りにまかりて」〈大鏡・道長・下〉訳とてもよく気を遣ってくださる家へ参って。
❹すぐれている。たくみである。例「棚機(たなばた)の手にも劣るまじく、その方(かた)も具して、──・くなむ侍(はべ)りし」〈源氏・帚木〉訳織姫にもひけをとらず、その方面(=裁縫)の技術をも備えていて、大したものでございました。

うるし【漆】〔名〕木の名。ウルシ。また、その樹液を用いた塗料。光沢のある深い黒色。例「うるはしき屋を造り給ひて、──を塗り、蒔絵(まきゑ)して」〈竹取・竜の首の玉〉訳立派な建物をお造りになって、漆を塗り、金銀の粉で絵を描き。

うるせ・し〔形ク〕❶すぐれている。たくみである。例「宮の御琴の音(ね)はいと──・くなりにけりな」〈源氏・若菜・下〉訳女三の宮の琴の音はとても上手になりましたね。
❷賢い。利口である。気がきく。例「才(ざえ)賢く、心ばへも──・かりければ」〈宇治拾遺・一〇・九〉訳才能がすぐれ、性格も気がきくので。

うるは・し【美し・麗し(ウルワシ)】〔形シク〕《動詞「うる(潤)ふ」の形容詞化した語》

きちんと整って欠点のない様子、をいう。上代には、賛美の気持ちを込めて**美しい**、**端正である**、の意に多く用いられ、平安時代には、**きちんとして**、**まじめでよい**、あるいは、**整いすぎていてとりすましている**、などの気持ちを込めて用いられるようになる。

❶**立派である。美しい。端麗である。**例「大和(やまと)は国のまほろば畳(たた)なづく青垣山隠(ごも)れる大和し──・し」〈古事記・中・景行〉訳大和国(やまとのくに)は日本の中で最もよい国だ。幾重にも重なり合った青い垣根の山々、その中に包まれている大和は、美しい国である。
❷**容姿が整っている。端正である。**例「──・しみ我が思(も)ふ君はなでしこが花になそへて見れど飽かぬかも」〈万葉・二〇・四四五一〉訳端正だなと私が思うあなたは、ナデシコの花になぞらえて見ても飽きない。

❸きちんとして行儀よい。まじめである。例「いと――・しくすくよかなるを見るも、かたみにほほゑまる」〈源氏・紅葉賀〉訳とてもまじめにきちんとしておられるのを見るにつけても、お互いに自然とほほえまれる。❹きちんとしすぎている。とりすましている。とっつきにくい。❺間柄がうまくいっている。仲がよい。

要点「うるはし」と「うつくし」の違い　「うるはし」と「うつくし」を比較すると、**「うるはし」**は整った状態を賞賛する気持ちから、**整った美しさをも表す**ようになり、**「うつくし」**は小さなものを愛する気持ちから、**愛らしい様子や美しい様子を表す**。「うつくし」が「美」を表すようになるのは平安時代末から。

うるはしみ・す【麗しみす】ウルワシミス〔自サ変〕{せ・し・す・する・すれ・せよ}敬愛して仕える。親しみ愛する。例「梓弓真弓槻弓年を経てわがせしがごと――・せよ」〈伊勢・二四〉訳年月を重ねて、私があなたを愛したように、新しい夫に親しんでくださいよ。注「槻弓」マデハ「年」ヲ導ク序詞。

うるふ【閏】ウルウ〔名〕陰暦で一年を十三か月とすること。また、その余分に加えた月。陰暦では、平年は十二か月三百五十四日なので、十九年に七回の割合で閏月を置いて調整した。

うる・ふ【潤ふ】ウルウ ■一〔自ハ四〕{は・ひ・ふ・ふ・へ・へ}(「うるほふ」の古い形)(涙や雨などの)水分が加わる。濡(ぬ)れて湿っぽくなる。湿る。例「少し暇(まひ)ありつる袖(そで)ども、――・ひわたりぬ」〈源氏・葵〉訳(葵(あおい)の上の死後日数がたって)少し乾く暇のあった袖が、(また涙のために)すっかり濡れて湿っぽくなってしまった。
■二〔他ハ下二〕{へ・へ・ふ・ふる・ふれ・へよ}(涙や雨などの)水分を加える。湿らす。うるおす。例「ただ今日一提(ひとひさげ)ばかりの水をもて、喉(のど)を――・へよ」〈宇治拾遺・一五・一〇〉訳とにかく今日は提(ひさげ)(=ツルノ付イタ鍋(なべ)ノヨウナ入レ物)一杯ほどの水でもって、喉をうるおせ。

うるふ-づき【閏月】ウルウ〔名〕陰暦で、閏年(=一年ヲ十三カ月トスル年)において、十二か月の外に加わった月。

うるふ-どし【閏年】ウルウ〔名〕陰暦で、一年を十三か月とする年。「閏月」のある年。

うるほ・す【潤す】ウルオス〔他サ四〕{さ・し・す・す・せ・せ}水分を加える。(涙や雨などで)湿っぽくする。うるおす。例「もし夜静かなれば、窓の月に故人を偲(しの)び、猿の声に袖(そで)を――・す」〈方丈記・勝地は主なければ〉訳もし夜が静かであれば、(山に聞こえる)猿の声を聞いては涙を流して袖を濡らす。

うるほ・ふ【潤ふ】ウルオウ〔自ハ四〕{は・ひ・ふ・ふ・へ・へ}❶豊かに水の供給を受ける。水分がゆきわたる。うるおう。例「大御田(おほみた)の――・ふばかり堰(せ)きかけて井堰(ゐせき)に落とせ川上の神」〈新古今・神祇歌・一八九三〉訳(賀茂神社の)田がうるおうほどに、水を堰きとめて、井堰に落として下さい。川上の(貴船(きふね)神社の)神よ。注雨乞(アマゴ)イノ歌。❷恩恵や利益を受けて豊かになる。恵みを受ける。うるおう。

うるわし【美し・麗し】〔形〕⇩うるはし

うれ【末】〔名〕(「うら」とも)草木の葉や枝の先端。葉末(はずえ)。梢(こずえ)。例「見渡せば松の――ごとに住む鶴(つる)は千代(よち)のどちとぞ思ふべらなる」〈土佐・一月九日〉訳(松原を)見渡すと松の梢ごとに住んでいる鶴は(松を)永遠の友達だと思っているようだ。

うれ〔感〕(二人称代名詞「おれ」の変化した形。多く感動詞「いざ」「や」などとともに用いて)ののしる気持ちで相手に呼びかける語。やい、こら。おい、きさま。例「おのれは日本一の剛(かう)の者に組(く)んでうずな、――」〈平家・七・実盛〉訳お前は日本一強い者と組み討ちしようというのだな、きさま。注「組んでうず」ハ「組みてむとす」ノ変化シタ形。

うれ・し【嬉し】〔形シク〕満足で快い。喜ばしい。例「――・しくいみじくて、夜昼これを見るよりうち始め」〈更級・梅の立枝〉訳(物語を贈られて)うれしくまたすばらしい気持ちで、夜も昼もこの物語を読んだことから始まって。

うれ-た・し〔形ク〕(「心(うら)痛(いた)し」の変化した形)嘆かわしい。いまいましい。憎たらしい。例「いとつらうも――・うも思ゆるに」〈源氏・空蟬〉訳(空蟬(うつせみ)のことが)ひどくつらく、いまいましく思われるので。

うれは・し【憂はし】ウレワシ〔形シク〕(動詞「うれふ」が形容詞化した形)嘆かわしい。残念である。心配である。例「――・しく思ひ給へてなむ」〈源氏・若紫〉訳(私に内密になさったのを)残念に思いまして。

うれひ【憂ひ・愁ひ】ウレイ〔名〕(「うれへ」の変化した形)⇩うれへ

うれ・ふ【憂ふ・愁ふ】ウレ(リ)ヨ)ウ ■一〔他ハ下二〕{へ・へ・ふ・ふる・ふれ・へよ}❶嘆き訴える。愚痴をこぼす。例「からい目を見さぶらひて、誰にかは――・へ申し侍(はべ)らむ」〈枕草子・僧都の御乳母のままなど〉訳ひどい目に遭いまして、(その事を)どなたに訴え申し上げましょうか。❷心配する。例「これを、世の人安からず――・へあへる、げにことわりにも過ぎたり」〈方丈記・都遷り〉訳この事(=平清盛ノ福原遷都)を、世の中の人々が不安そうに心配し合っているのは、まったく当然すぎるほどであった。❸病気になる。わずらう。例「傷寒(しやうかん)を――・へて、事切れ給ひなむとするに」〈折焚く柴の記・序〉訳ひどい熱病をわずらって、息をひきとりそうにおなりになった時に。
■二〔他ハ上二〕{ひ・ひ・ふ・ふる・ふれ・ひよ}(近世、連用形「うれひ」の形で)❶心を悩ませる。嘆き悲しむ。例「――・ひつつ岡にのぼれば花いばら」〈蕪村〉訳郷愁の思いをやるせなく胸に秘めて初夏の岡に登ると、白く小さな茨の花が芳香を放って群がり咲いている。遠い故郷の野道が思い出され、郷愁はさらに深まるばかりである。❷病気になる。わずらう。

うれへ【憂へ・愁へ】ウレエ〔名〕(動詞「うれふ」の連用形の名詞化。中世以後「うれひ」とも)❶嘆き訴えること。嘆願。哀訴。例「かの――をしたる匠(たくみ)をば、かぐや姫呼びすゑて」〈竹取・蓬萊の玉の枝〉訳あの哀訴をした職人を、かぐや姫が呼んで(庭に)座らせて。❷悲しくわびしいこと。悲哀。憂愁。例「草枕旅の――を慰もることもあるかと筑波嶺(つくばね)に登りて見れば」〈万葉・九・一七五七長歌〉訳旅の悲しみを慰めることでもありはしないかと筑波山に登って見ると。❸気にかかること。心配。不安。例「日を経(へ)つつ世の中浮き立ちて、人の心も治まらず、民の――つひに空(むな)しからざりければ」〈方丈記・都遷り〉訳日がたつにつれ世の中が動揺して、人の心も不穏になり、民衆の心配がとうとう現実となったので。

うろ【有漏】〔名〕《仏教語。「漏(ろ)」は煩悩の意》欲(=煩悩)によって、悩み迷うこと。また、悩み迷う世俗の者。

うろ-くづ【鱗】〔名〕(「いろくづ」とも)❶魚のうろこ。❷魚。例「明け暮れ、海の――を取りて、父母を養ひけるが」〈御伽・浦島太郎〉訳明けても暮れても、海の魚を取って、父母を養っていたが。

う-ろん【胡乱】〔形動ナリ〕《近世語》明確でなく、納得できない様子。あやしい。疑わしい。

うわ…【上…】⇩うは…

う-ゐ【有為】〔名〕《仏教語》因と縁との結合から生じる無常の諸現象。

うゑ【飢え】〔名〕飢餓。空腹。例「山林に入りても、――を助け、嵐を防ぐよすがなくては、あられぬわざなれば」〈徒然草・五八〉訳山林に隠遁しても、飢えをしのぎ、嵐を防ぐよりどころがなくては、生きてゆけないことなので。

う-ゑもん【右衛門】〔名〕「うゑもんふ」の略。

う-ゑもん-の-かみ【右衛門の督】〔名〕「右衛門府」の長官。普通、「ゑもんのかみ」という。

う-ゑもん-の-すけ【右衛門の佐】〔名〕「右衛門府」の次官。普通、「ゑもんのすけ」という。

う-ゑもん-の-たいふ【右衛門の大夫】〔名〕「右衛門府」の尉(=三等官)で、五位に叙せられている者。普通、「右衛門の尉」は従六位。

う-ゑもんふ【右衛門府】〔名〕「六衛府(りくゑふ)」の一つ。左右ある衛門府の右の方。宮中の諸門の警護にあたり、門を開閉する。

うん【運】〔名〕人生のめぐりあわせ。運命。例「その間、をりをりのたがひめ、おのづから短き――を悟りぬ」〈方丈記・わが過去〉訳その間、折につけ我が意に反することが重なり、自然に(自分の)幸せうすい運命を悟った。

うん-か【雲霞】〔名〕雲とかすみ。また、軍勢などが多く群がり集まる状態のたとえ。

うん-くゎん【雲関】〔名〕雲の間にある関所。空の高い所。例「日月行道の――に入るかとあやしまれ」〈奥の細道・出羽三山〉訳日や月の通い路にある雲間の関所に入ったかと疑われるほどで。注芭蕉一行ノ月山登山ノ様。月山ハ山形県中央部ノ修験道デ有名ナ山。

うん-じゃう【運上】〔名〕❶(「運送上納」の意。「うんしゃう」とも)鎌倉時代、年貢などの公の品物を京都へ輸送し、上納すること。
❷(「運上金(きん)」の略)江戸時代、商業・工業・運送業を経営する者に課した営業税。

うん・ず【倦ず・鬱ず】〔自サ変〕(「うず」とも)❶**飽きて嫌になる。うんざりする。**例「世の中を――じて筑紫(つくし)へ下りける人」〈大和・五九〉訳世の中にうんざりして筑紫の国へ下った人。
❷がっかりする。しょんぼりする。例「――じて皆帰りぬ」〈竹取・貴公子たちの求婚〉訳(求婚した貴公子達は)がっかりして皆帰った。

うん-すい【雲水】〔名〕❶雲と水。
❷《仏教語「行雲流水」から》諸国を歩き回って修行すること。また、その修行僧。行脚僧。

雲水②

うん-でい【雲泥】〔名〕空の雲と地の泥のように、はなはだしく差のあること。例「今は――まじはりを隔てて、主従の礼にもなほ劣れり」〈平家・四・源氏揃〉訳(源氏と平氏は)今は雲泥の差が生じ対等に交われなくなって、主従の関係よりへだっている。

うん-ぬん【云々】〔名〕(「うんうん」の変化した形)引用した文や文章を適当に切るため、後を省略する時に用いる語。これこれ。しかじか。

うん-もん【雲門】〔名〕雲の出入りするところ。峰の頂。例「つつじ・根笹にとりつき、息を切らし、汗をひたして、やうやう――に入るこそ、心もとなき導師の力なりけらし」〈芭蕉・笈の小文〉訳ツツジや根笹につかまり、息を切らして、汗びっしょりになり、やっとのことで雲のかかる高峰に登り着くことができたというものの、これはたよりない導師(=案内ノ少年)の力というものだろう。

え

え【江】〔名〕海や湖で、陸地に入り込んでいる所。入り江。湾。

え【枝】〔名〕えだ。例「神さびて立てる栂(つが)の木幹(もと)も――も同じ常磐(ときは)に」〈万葉・一七・四〇〇六長歌〉訳神々しく立っているツガの木は、幹も枝も永久不変で。

え【縁】〔名〕(「えん」の「ん」が表記されない形)⇩えん(縁)

えの判別

①副詞「え」――打消しを伴って、不可能を表す(上代では可能も)
②間投助詞「え」(上代東国方言)――呼びかけの意
③助動詞(上代)
- 自発・受身・可能の助動詞「ゆ」の未然形・連用形
- 可能の助動詞「らゆ」の未然形・連用形の一部

④動詞「得(う)」の未然形・連用形、「見ゆ」の未然形・連用形の一部

え〔副〕(動詞「得(う)」の連用形から変化した形)

> 上代では、肯定文の中にも用いられ、**可能**、の意を表す。しかし、多くは、下に打消しの表現を伴って、全体で、**不可能**、の意を表す。

❶(上代の用法)可能を表す。**…できる。**例「面(おも)忘れだにも――すやと手(た)握りて打てども懲(こ)りず恋といふ奴(やつこ)」〈万葉・一一・二五七四〉訳せめて(恋しい人の)顔を忘れることだけでもできようかと、(押し寄せてくる恋を)げんこで打っても懲りもしない、恋というやつは。
❷(下に打消しを伴って、全体で)不可能を表す。**…できない。**例「しかるに今、吾(あ)が足――歩まず」〈古事記・中・景行〉訳ところが(病気になった)今、私(=倭建命)の足は歩くことができない。

え避（さ）ら・ず 避けることができない。やむをえない。例「──・ぬ馬道（めだう）の戸を閉（さ）しこめ」〈源氏・桐壺〉訳（通り道として）避けることができない渡り廊下（らうか）の戸を閉めて（桐壺更衣（きりつぼのかうい）を）閉じ込め。

えも言は・ず なんとも言いようがない（ほど程度がはなはだしい）。例「──・ず大きなる石の四方（よほう）なる中に」〈更級・足柄山〉訳なんとも言いようがないほど大きな石で四角な石の中に。

え〔間投助〕（上代東国方言）呼びかける時に付く語。…よ。例「父母（とちはは）──斎（いは）ひて待たね筑紫（つくし）なる水漬（みづ）く白玉取りて来（く）までに」〈万葉・二〇・四三四〇〉訳父母よ、慎み待っていて下さい。筑紫の水中の白玉（＝真珠）を取って来る日まで。

え【上代の自発・受身・可能の助動詞「ゆ」の未然形・連用形】⇩ゆ

え…【回…・絵…・衛…・穢…】⇩ゑ…

えい【詠】〔名〕❶詩歌を作ること。また、作った詩歌。❷詩歌を長く声をひびかせて歌うこと。朗詠。❸舞楽で、舞いながら詩歌を朗詠すること。その間、楽は休止している。例「──などし給へるは、これや仏の御迦陵頻伽（かりょうびんが）の声ならむと聞こゆ」〈源氏・紅葉賀〉訳（光源氏が）詠唱などなさるお声は、これが仏の国の迦陵頻伽のように美しい説法のお声であろうかと聞こえる。注「迦陵頻伽」ハ、極楽浄土ニ住ムトイウ音声絶妙ノ鳥。

えい【影】〔名〕絵にかいた肖像。絵姿。例「汝がためにわが──をこの峒（ほら）に留め置かむ」〈今昔・三・八〉訳お前のために私の絵姿をこの洞穴に残しておこう。

えい【緌】〔名〕冠の部分の名。もとは巾子（こじ）の根もとを締めた紐（ひも）の余りの背に垂れた部分をいった。平安時代から、形式化して特に羅（うすぎぬ）で作り、巾子の後ろにつけて背に垂らした。文（もん）の有無、形により相違があり、身分によって区別される。五位以上は有文、六位以下は無文である。文官は「垂纓（すいえい）」、武官は「巻纓（けんえい）」、六位以下の武官と六位の蔵人（くらうど）は「細纓（さいえい）」を用いた。江戸時代の天皇は垂纓の変じた「立纓（りゅうえい）」を用いた。

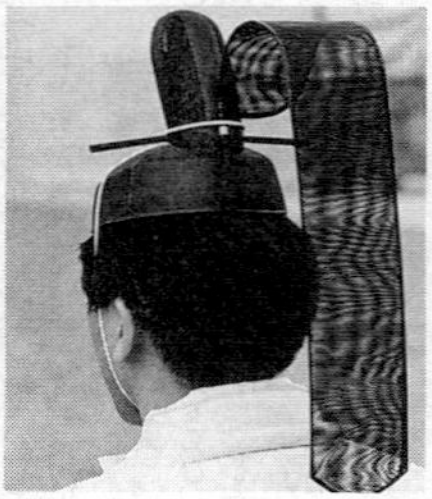

えい（緌）

えい〔感〕❶（応答の語）呼ばれた時の返事。はい。はあ。例「無期（むご）の後（のち）に、『──』と答（いら）へたりければ、僧達笑ふこと限りなし」〈宇治拾遺・一・一二〉訳（寝たふりをしていたが、食べ始める音がしたので）ずっと長く経（た）った後に、「はい」と返事をしたところ、僧達の笑うことときりがなかった。❷（気合いの語）力を集中するための掛け声。えいっ。やあっ。例「──と言ひてもろ手をもって、越中前司が鎧（よろひ）の胸板を、ばくと突いて」〈平家・九・越中前司最期〉訳えいっと掛け声をかけて両手で、越中前司の鎧の胸板を、ばくっと（力いっぱい）突いて。❸（怒りの語）不満をおさえてイライラして発する声。ええい。このおっ。例「──聞きともない」〈近松・心中天の網島・上〉訳ええい（好きな男の悪口など）聞きたくもない。

えい-えう【栄耀】〔名〕（「耀」は輝きの意）華やかに栄えること。栄華。近世では、多く「ええう」となる。例「──また一期（いちご）を限って、後昆（こうこん）の恥に及ぶべくんば」〈平家・三・医師問答〉訳それとも栄華が平清盛一代に限られて、子孫は恥を受けるようになるならば。⇩ええう

栄花物語（えいがものがたり）【作品名】⇩えいぐゎものがたり（栄花物語）

えい-かん【叡感】〔名〕（「叡」は天皇の行為を示す接頭語）天皇が感じ入って褒（ほ）めること。御感（ぎょかん）。例「かへって──にあづかりしうへは、敢へて罪科（ざいくゎ）の沙汰（さた）もなかりけり」〈平家・一・殿上闇討〉訳かえって上皇におほめいただいたからには、特に罪科に処するという命令もなかった。

えい-ぐゎ【栄華・栄花】〔名〕栄えて勢いの盛んなこと。例「太政大臣（おほきおとど）の──の盛りにみまそがりて、藤氏のことに栄ゆるを思ひて詠める」〈伊勢・一〇一〉訳太政大臣（だいじょうだいじん）（藤原良房（よしふさ）様）が栄華の最盛期にいらっしゃって、藤原氏がとりわけ栄えるのを心において詠んだのです。

栄花物語（えいぐゎものがたり）【書名】平安時代の歴史物語。一一〇七年（嘉承二）頃までに成立。上編の三十巻は赤染衛門、下編の十巻は出羽の弁を作者とする説があるが、未詳。宇多天皇から堀河天皇に至る十五代、約二百年の歴史を編年体で記述。特に藤原道長、頼通（よりみち）を中心に貴族の栄華がはなやかに描かれている。

叡山（えいざん）【地名】「比叡山（ひえいざん）」の略。また、その山頂にある、延暦寺（えんりゃくじ）。

えい・し・る【酔い痴る】〔自ラ下二〕⇩ゑひしる

えい・ず【映ず】〔自サ変〕{ぜ・じ・ず・ずる・ずれ・ぜよ}光や物の影が映し出される。照り映える。例「火の光に──・じて、あまねく紅（くれなゐ）なる中に」〈方丈記・安元の大火〉訳火の光に赤く照り映えて、すべて赤く見える中に。

えい・ず【詠ず】〔他サ変〕{ぜ・じ・ず・ずる・ずれ・ぜよ}❶詩歌を声に出して歌う。吟誦（ぎんしょう）する。例「ひとり調べ、ひとり──・じて、みづから情（こころ）を養ふばかりなり」〈方丈記・境涯〉訳ひとりで（琴の）調子を整え、ひとりで歌って、自分で気持ちを（虚無的にならないように）養うだけのことだ。❷詩歌を創作する。詠む。

えいらく-せん【永楽銭】〔名〕中国明（みん）朝の一四一一年（永楽九）に鋳造された青銅貨。表面に「永楽通宝」の文字があり、室町時代に輸入されて、広く流通した。

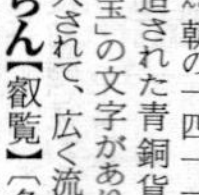

えいらくせん

えい-らん【叡覧】〔名〕（「叡」は天皇や上皇の行為を示す接頭語）天皇や上皇がご覧になること。例「紅葉の山と名づけて、終日（ひねもす）に──あるに、なほ飽きだらせ給はず」〈平家・六・紅葉〉訳（高倉天皇は）紅葉の山と名づけて、一日中ご覧になっても、まだお飽きあそばすことがない。

えい-りょ【叡慮】〔名〕（「叡」は、天皇や上皇の行為を示す接頭語）天皇や上皇のお考え。みこころ。

えう-じ【要事】〔名〕重要な用件。必要なこと。例「昔ありける聖（ひじり）は、人来たりて自他の──をいふ時」〈徒然草・四九〉訳昔いた高僧は、人が来てお互いの必要なことを言う時。

えう・ず【要ず】〔他サ変〕{ぜ・じ・ず・ずる・ずれ・ぜよ}必要とする。望む。例「かぐや姫の──・じ給ふべきなりけり」〈竹取・蓬

萊の玉の枝〉訳 かぐや姫が(蓬萊(ほうらい)の玉の枝を)必要となさっているのだったよ。

えう-ぜん【窅然】ヨウ〔形動タリ〕ぼんやりするさま。奥深いさま。例「その気色(けしき)——・として美人の顔(かんばせ)をよそほふ」〈奥の細道・松島〉訳 (このような松島の)景色はうっとりと見とれさせるような美しさを持ち美人の顔だちを思わせる。

えう-な・し【要無し】ヨウ〔形ク〕**必要がない。**役に立たない。例「昔男ありけり。その男、身を——・き者に思ひなして」〈伊勢・九〉訳 昔男がいた。その男が、我が身を無用の者であると思って。

えう-よ【腰輿】ヨウ〔名〕⇩たごし(手輿)

ええ〔感〕⇩えい〔感〕

え-えう【栄耀】ヨウ〔名〕(近世語。「えいえう」の変化した形)❶「えいえう」に同じ。例「三代の——一睡(すいい)のうちにして、大門(だいもん)の跡は一里こなたにあり」〈奥の細道・平泉〉訳 藤原氏の三代にわたった栄華も一睡の夢のようにはかなく消えて(平泉一帯は今は廃墟(はいきょ)と化したが)、平泉館(ひらいずみだち)の大門の跡は一里ほど手前にある(ほどの大きな構えであった)。❷ぜいたく。わがまま。例「姉さま、それは——ぢゃ」〈近松・堀川波鼓・上〉訳 お姉さま、それはわがままというものです。

えき【益】〔名〕益となること。また、そのもの。利益。得。例「西山に行きて、その——まさるべき事を思ひ得たらば、門(かど)より帰りて西山へ行くべきなり」〈徒然草・一八八〉訳 (その時、東山に行っているとしても)西山に行くと、もっと得るものが多いということを思いついたなら、即刻(東山の家の)門からひき返して西山へ行くべきである。

えき【駅】〔名〕⇩うまや(駅)

えき-な・し【益無し】〔形ク〕無益である。役に立たない。無意味である。例「人の名も、目慣れぬ文字をつかんとする、——・き事なり」〈徒然草・一一六〉訳 人の名前にも、見慣れない文字をつけようとするのは無意味なことである。

えき-れい【疫癘】〔名〕(「えき」とも)悪性の流行病。伝染病。えやみ。疫病。例「明くる年は立ち直るべきかと思ふほどに、あまりさへ——うち添ひて」〈方丈記・飢渇〉訳 (飢饉(ききん)の年の)翌年は立ち直るだろうかと思っているうちに、その上さらに流行病まで加わって。

えき-れい【駅鈴】〔名〕公用で旅行する者のために、中務省(なかつかさしょう)・大宰府(だざいふ)・国司などが、そのしるしとして与える鈴。これによって「駅馬」の使用が許された。

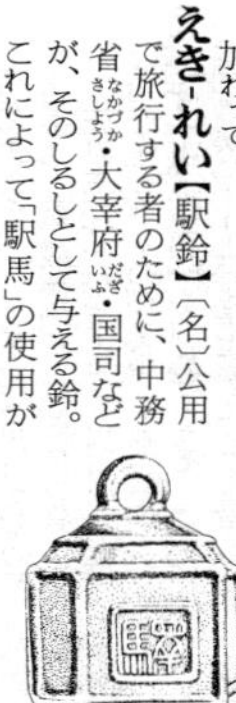

えきれい

江口(えぐち)《地名》淀川と神崎(かんざき)川の分流付近の地名。交通の要衝であったことから「江口の(遊)君」と称する遊女がたむろした。西行法師が江口の遊女と歌問答したことは有名で(『撰集抄』)、それを題材としたのが謡曲「江口」。現在、大阪市東淀川区に「江口君堂(えぐちのきみどう)」こと寂光寺がある。

え・さす【得さす】《連語》(動詞「得(う)」の未然形「え」+使役の助動詞「さす」)(手に入れるようにさせる意から)与える。例「たよりごとに物も絶えず——・させたり」〈土佐・二月十六日〉訳 ついでのあるたびごとに(隣家の人に)贈り物もひっきりなしに与えていた。参考 和文では「与ふ」はあまり使われず、「えさす」と「取らす」が用いられる。

え-さら・ず【え避らず】⇩「え〔副〕」子項目

え-しも《連語》(副詞「え」+副助詞「しも」)(打消しの語を伴って、全体で)どうしても…できない。とても…できない。例「憂きながら人をば——忘れねばかつ恨みつつなほぞ恋しき」〈伊勢・二二〉訳 (あなたの仕打ちを)つらいと思いながらも、どうしてもあなたを忘れられないので、一方では恨みながらやはり恋しく思っています。

えしゃじょうり【会者定離】《連語》⇩ゑしゃぢゃうり

え-せ・ず《連語》(副詞「え」+サ変動詞「す」の未然形「せ」+打消しの助動詞「ず」)することができない。できない。例「言はまほしき事もえ言はず、せまほしき事も——・ずなどあるが、わびしうもあるかな」〈更級・子忍びの森〉訳 言いたい事も言えず、したい事もできないなどという状態であるのが、つらいことよ。

えせ-もの【似非者】〔名〕❶見かけは本当らしく見えるが、実はそうでない者。にせ者。例「実(まこと)に候ひけり。ただし、——にこそ候ふめれ」〈今昔・二七・三四〉訳 (鬼神が出るのは)本当でございます。ただし、にせの鬼神のようです。❷取るに足りない者。身分の劣った者。例「昔は、——などども、皆をかしうこそありけれ」〈枕草子・清涼殿の〉訳 昔は、身分の低い者なども、みな風流だったのですね。❸思慮のない者。おろか者。また、根性の悪い者。ひどい奴(やつ)。例「彼奴(きゃつ)こそ相手嫌はずの——よ」〈義経記・三・四〉訳 あいつこそだれでもかまわず相手にするばか者だ。

えぞ【蝦夷】〔名〕アイヌ族の古称。古くは、関東地方から北海道にかけて住んでいた。「えびす」「えみし」とも。例「南部口をさしかため、——を防ぐと見えたり」〈奥の細道・平泉〉訳 (藤原泰衡(やすひら)らの旧跡は)南部地方からの入り口を厳重に警備し、蝦夷の侵入を防ぐためのように見えた。

えだ【枝・肢】■一〔名〕(同じ本(もと)から分かれ出たものの意)❶草木の枝。枝(え)。例「落花(らくくわ)——にかへると見れば胡蝶(こてふ)かな」〈守武〉訳 「落花枝にかえらず」というが、ハラハラと散った落花が、不思議や枝にかえるではないか。と思ったら、実は蝶が枝に舞いもどったのであった。注 荒木田武在(タケアリ)ノ句ガ荒木田守武(モリタケ)ノ作ト誤伝サレタモノ。❷(人や獣の)手足。四肢。❸一族。子孫。また、兄弟。例「北家(ほくけ)の末、今に——ひろごり給へり」〈大鏡・道長・上〉訳 北家の子孫が、現在栄え広がっていらっしゃる。
■二〔接尾〕草木の枝や細長い物を数えるのに用いる。特に、贈り物に花の枝をつけたところから、贈り物を数えるのに用いる。例「きじ一——奉らせ給ふ」〈源氏・行幸〉訳 (冷泉(れいぜい)帝は)キジ一つがいを(光源氏に)進呈なさった。

枝を交(か)は・すカワス (白居易(はくきょい)の「長恨歌(ちょうごんか)」の詩句「連理(れんり)の枝(えだ)」から)二本の木が互いに枝を相連ねるように、男女が深い契りを交わす。例「羽を並べ——・さむと契らせ給ひしに」〈源氏・桐壺〉訳 (桐壺(きりつぼ)帝は更衣(こうい)に、唐の玄宗皇帝と楊貴妃の誓いのように)比翼の鳥が羽根を並べ、連理の枝が一体となるように仲よくしようとお約束なさったのに。

えだ-ざし【枝差し】〔名〕草や木の枝の張り出している様子。枝ぶり。例「竜胆(りんだう)は、——などもむつかしけれど」

〈枕草子・草の花は〉訳リンドウは、枝ぶりなどもむさくるしい様子だけれど(大変鮮やかな美しい色彩で花が顔を出しているのは、大変おもしろい)。

え-たり【得たり】《連語》《動詞「得(う)」の連用形「え」+完了の助動詞「たり」。本来の意味が変化して、感動詞的に用いられる》うまくいった。でかした。やった。例「『――、をう』と矢叫(さけ)びをこそしたりけれ」〈平家・四・鵺〉訳(矢が怪物に当たり、源頼政(よりまさ)は)「うまくいった、おう」と矢叫びをしたのであった。注「矢叫び」トハ、矢ガ当タッタ時ニ射手ガアゲル声。

え-たる【得たる】《連語》自分の物とした。得意とした。例「かやうに我が身を知る心、――人の心なるべし」〈風姿花伝・一〉訳このように自分の身を知る心がけが、道に達した人の心といえよう。

えだ-を-かは・す【枝を交はす】(…カワス)⇩「えだ」子項目

え-と【干支】〔名〕《「えおと(兄弟)」の変化した形》「陰陽道(おんようどう)」で、甲子(きのえね)・乙丑(きのとうし)・丙寅(ひのえとら)などというように、「十干(じっかん)(=甲乙丙丁戊己庚辛壬癸)」に「十二支(じゅうにし)(=子丑寅卯辰巳午未申酉戌亥)」を順次わりふって作った六十の組み合わせの称。年・月・日などにあて、順序や位置などを示すのに用いる。音読して「かんし」ともいう。

江戸(えど)《地名》現在の東京都の中心部。平安末期に江戸四郎が館(やかた)を構えて居住、支配した地。室町中期には太田道灌(どうかん)が築城、小規模な城下町となる。一五九〇年(天正十八)に徳川家康が入城し、やがて幕府を開いた。以来、政治・文化の中心地として栄え、一八六八年(慶応四=明治元)七月に東京と改称した。

江戸生艶気樺焼(えどうまれうはきのかばやき)(…ウワキ…)《書名》江戸後期の黄表紙。山東京伝作・自画。一七八五年(天明五)刊。大金持ちの一人息子仇気屋(あだきや)艶二郎は、醜男(ぶおとこ)のくせにうぬぼれが強く、色恋沙汰で世間の評判をとろうと様々な試みをするがことごとく失敗に終わり、やっと目が覚める話。艶二郎を徹底的に三枚目役に描く。黄表紙の代表作の一つ。

え-な【胞衣】〔名〕胎児を包んでいる膜や胎盤などの総称。子供が生まれた後で母体から排出される。例「御産(ごさん)の時、甑(こしき)落とすことは、定まれることにはあらず。御――とどこほる時のまじなひなり」〈徒然草・六一〉訳高貴の方のご出産の時、(家の棟から)甑(=米ナドヲ蒸ス器)を落とすことは、いつもすると決まっていることではない。胎盤などの排出がとどこおっている時にするまじないである。

え-なら・ず《連語》《副詞「え」+断定の助動詞「なり」の未然形+打消しの助動詞「ず」》なんとも言えないほどすばらしい。なみなみならず、すぐれている。例「下は――・ざりける水の」〈枕草子・五月ばかりなどに〉訳下にはなんとも言えないほどすばらしい(清らかな)水が(流れ)。

えに【縁】〔名〕えん。ゆかり。例「みをつくし恋ふるしるしにここまでもめぐり逢(あ)ひける――は深しな」〈源氏・澪標〉訳自分の身を無くするまでにあなたを恋い慕う、そのかいあって、ここに来てまでもあなたとめぐり逢えた。あなたと私との縁はとても深いのですね。要点 和歌では、「江に」に掛けて用いる。「えに」は「縁」の古い字音。中国音の-nを「ん」でなく、「に」で写したもの。「銭(ぜに)」「紫苑(しをに)」などの「に」も同じ。

えに-し〔名〕《「縁(えに)」+副助詞「し」》えん。ゆかり。ちなみ。例「『かち人の渡れど濡(ぬ)れぬ――あれば』と書きて」〈伊勢・六九〉訳「(今回は)歩いて渡っても濡れない浅い入り江のような浅い縁ですので」と(だけ)書いて。

榎本其角(えのもときかく)《人名》江戸前期の俳人。後に、宝井氏。江戸の在住。蕉門十哲の一人で、服部嵐雪(はっとりらんせつ)とともに蕉風の確立・拡大に活躍した。軽妙で華麗な俳風が江戸人に好まれ、後の江戸座となる一派を起こした。『虚栗(みなしぐり)』『枯尾花』などの編著がある。⇩虚栗(みなしぐり)

え-はう【恵方・吉方・元方】(…ホウ)〔名〕その年の干支(えと)に基づいて、吉(きち)と定められた方角。通例、歳徳神(としとくじん)のいる方角をいう。例「歳徳棚を買ひければ、吊(つ)り木・釘(くぎ)まで持ち来たりて、――をあらため吊りて帰りぬ」〈西鶴・西鶴織留・三・四〉訳歳徳棚(=歳徳神ヲ祭ルタメノ棚)を買うと、(売り主が)それを吊るす木や釘まで持って来て、吉の方角を確かめてその棚を吊って帰った。

えびす【夷・蝦夷】〔名〕❶⇩えぞ　「えみし」とも。例「その国の奥に――といふ者ありて」〈今昔・三一・一一〉訳その国(=陸奥(むつ))の奥に、えびすと呼ばれる人間がいて。❷都から遠く離れた、未開の地に住む人。田舎者(いなかもの)。❸(京の人から見た)東国の武士。荒々しい武士。田舎武士。例「法師は兵(つはもの)の道を立て、――は弓引く術(すべ)知らず、仏法知りたる気色(きそく)し」〈徒然草・八〇〉訳法師は武芸の道を本職のようにし、東国の荒武者はまた弓の引き方を知らないで、仏道を知っている様子をし。注人ハ皆、自分ニ縁遠イ事ヲ愛好スル、トイウコト。❹外国人を卑しめて、未開人。野蛮人。例「廻鶻国(わくいこつこく)とて――のこはき国あり」〈徒然草・二一四〉訳廻鶻国(=蒙古(モウコ)地方ニアッタ国)といって未開人の住む強力な国がある。

えびす-ごころ【夷心】〔名〕無教養で、洗練されていない人の心。無粋な心。ものの情趣を解さない心。例「さるさがなき――を見ては、いかがはせむは」〈伊勢・一五〉訳このような見ぐるしい田舎女の心を見たら、(男は)どうしようか(どうしようもない)。

えび-ぞめ【葡萄染め】〔名〕《「えび」はブドウ(色)のこと》❶染色の名。ブドウの実のような色。薄い紫色。❷襲(かさね)の色目の名。表は紫、裏は赤。一説に、表は蘇芳(すおう)、裏は縹(はなだ)色とも。❸織り色の名。縦糸に赤、横糸に紫を用いる。

えびら【箙】〔名〕矢を入れて背負う武具。矢の数は、普通二十四本。筆・紙・硯(すずり)など筆記用具を入れることもあった。例「十二人射殺して、十一人に手負ほせたれば、――に一つぞ残ったる」〈平家・四・橋合戦〉訳(矢で)十二人を射殺し、十一人に傷を負わせたところ、箙には一本だけ(矢が)残っていた。

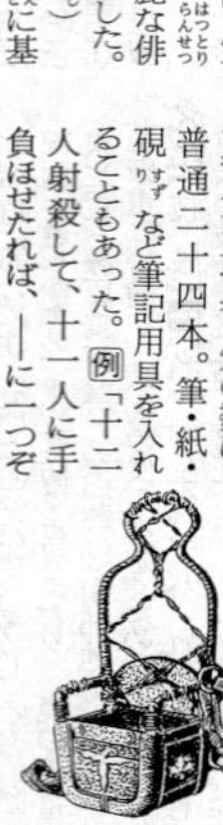
えびら

え-ぶ【閻浮】〔名〕⇩えんぶだい(閻浮提)　例「降る雪の消(け)なば消ぬべく思へども――の身なればなほやまず思ひは深し」〈古今・雑体・一〇〇二〉訳死ぬのなら死んでしまってもいいと思うけれども、この人間世界にいる身だから、やはり愛着は断ち切れず、思いは深い。要点「えぶ」は「えんぶ」の「ん」の無表記だが、実際の発音でいずれに読んだかは不明。

え-ぼし【烏帽子】〔名〕(「えぼうし」とも)帽子の一種。元服後の成年男子がつける。もとは冠の下に着用する頭巾。平安中期以降、上・中流階級は、礼服用の冠に対して平服に用い、下級・庶民階級は外出用。

えぼし

要点 もとは薄絹を袋状にし、漆を薄くひいた程度の柔らかいものだったが、後には、漆で塗り固めた紙製のものが主となった。立烏帽子・風折烏帽子・侍烏帽子など、身分・位階などにより、形や塗りが異なり種類が多い。人前に着用しないで出るのは無礼で、外出時に限らず、在宅の時も普通かぶっていた。

えぼし-をり【烏帽子折り】〔名〕烏帽子を作ること。また、その職人。

えぼしをり

えみし【蝦夷】〔名〕(「えびす」とも)⇩えぞ

えむ【笑む】〔動〕⇩ゑむ

え-も〘連語〙(副詞「え」+係助詞「も」)❶よくも。例「恋ふといふは――名づけたり言ふすべのたづきも無きは吾が身なりけり」〈万葉・一八・四〇七八〉訳 恋するとはよくも名づけたものだ。(この恋心を)言い表す手だての何も無いほどつらいのは(この)私の身であったよ。
❷(打消しを伴って、全体で)どうも…できない。例「――食ひやらぬを見るたびにぞ、涙はこぼれまさる」〈蜻蛉・中・天禄二年〉訳 (粗末な食事なので)どうにも食べきることができないのを見るたびに、涙はよけいにこぼれる。

え-も-いは・ず【えも言はず】⇩「え〔副〕」子項目

え-もの【得物】〔名〕❶自分の最も得意とする物事。おはこ。十八番。例「歌に声よく、琴の弾き手、三味線は――」〈西鶴・好色一代男・六・三〉訳 歌においては声がよく、琴を弾くこと、三味線を弾くことは得意で。
❷特に、得意とする武器。得道具。

え-もん【衣紋・衣文】〔名〕❶衣服を着用する際の作法。着付けや着こなしなどの仕方。例「女のなき世なりせば、――も冠も、いかにもあれ、ひきつくろふ人も侍らじ」〈徒然草・一〇七〉訳 もし女がいない世だったら、着物の着方も冠(のつけ方)も、どうなってもかまわない(ということになって)、それをきちんと整える人もいないでしょう。
❷(そこが着用上の要所であることから)衣服の襟。襟もと。また、転じて、衣服。例「――のかきやう、烏帽子のためやうよりはじめて、何事も六波羅様といひてんげれば、一天四海の人皆これをまなぶ」〈平家・一・禿髪〉訳 襟もとの整え方、烏帽子の折り方をはじめ、何事も六波羅風といったので、天下の人はすべてこれをまねた。注 コノ「衣紋」ハ、衣服ヲ指シテイルトモトレル。

え-や〘連語〙(副詞「え」+疑問の係助詞「や」)できるのだろうか。どうして…できようか。例「皆、下屋におろし侍りぬるを。――まかりおりあへざらむ」〈源氏・帚木〉訳 (侍女達は)皆、下屋(=召使イガ居ル所)にさがらせましたが。(女達は大勢いるので、あるいはまだ)さがりきれないでいるのでしょうか。

え-や-は〘連語〙(副詞「え」+係助詞「や」「は」)疑問・反語を表す。…できようか。例「かくとだに――伊吹のさしも草さしも知らじな燃ゆる思ひを」〈後拾遺・恋一〉訳 (私の気持ちを)こうだ、と(恋しい方に)言うことができましょうか(とても言えません)。(私の恋しい方は)そうもご存じないでしょうね。(私の)燃える(ような恋の)思いを。注『百人一首』所収ノ、藤原実方ノ歌。「えやは言ふ」ノ「いふ」ト地名「伊吹」ヲ掛ケル。「伊吹のさしも草」ハ「さしも」ヲ導ク序詞。「思ひ」ノ「ひ」モ「火」ト掛ケル。

えら・ぶ【選ぶ・撰ぶ】〔他バ四〕{ば・び・ぶ・ぶ・べ・べ}❶多くの中から、基準や目的に合ったものを取り出す。選択する。えりすぐる。例「その御前の御遊びなどに、ひときざみに――・ばるる人々」〈源氏・若菜・下〉訳 天皇の御前での演奏の折に、第一流の者としてえりすぐられる名人達。
❷詩歌を選択して、歌集などを作る。編集・編纂をする。例「万葉集を――・ばせ給ふ」〈栄花・月の宴〉訳『万葉集』を編集なさった。

えり-い・づ【選り出づ】〔他ダ下二〕{で・で・づ・づる・づれ・でよ}多くの中から、目的・基準に合ったものを抜いて出す。選び出す。選出する。例「中の品のけしうはあらぬ――・でつべきころほひなり」〈源氏・帚木〉訳 (受領の中でも)中流階級のまんざらでもない女を選び出すことができるにちがいない今の時世です。

えり-うち【選り討ち】〔名〕強い敵を選んで討ちとること。

えり-ととの・ふ【選り整ふ】〔他ハ下二〕{へ・へ・ふ・ふる・ふれ・へよ}多くの中から選びとって準備する。選びそろえる。例「色いろの紙――・へて、物語の本ども添へつつ所どころに文書き配る」〈紫式部・御冊子づくり〉訳 色とりどりの料紙を選びそろえて、物語の原本を添えてはあちらこちらに書写の依頼状を書いて配る。

える【彫る】〔動〕⇩ゑる

え・る【選る・撰る】〔他ラ四〕{ら・り・る・る・れ・れ}よる。選ぶ。選択する。例「年積もれる賢き者どもを――・らせ給ひしかども、及第の人わづかに三人なむありける」〈源氏・少女〉訳 (その日の受験者には)長年修業しているすぐれた者達をお選びになったのだが、及第した者はわずかに三名だけなのであった。注 夕霧ガ進士ノ試験ニ合格シタ時ノコト。

えん【宴】〔名〕酒を飲み、ご馳走を食べ、歌舞などをして遊び楽しむこと。酒宴。宴会。「うたげ」とも。例「南殿の桜の――せさせ給ふ」〈源氏・花宴〉訳 (桐壺帝は)南殿(=紫宸殿)の桜の花を観賞する酒宴をお催しになる。

えん【縁】〔名〕❶〘仏教語〙ある結果(=果)を導き出す直接的な原因(=因)に対して、それを外部から助長させる間接的な原因。因と果とを結び付ける外部的な作用。因縁。例「なにか。それ、――に従ひてこそ導き給はめ」〈源氏・手習〉訳 何が(無縁なものがあろうか)。それ(=人ニ会ウコト)は、因縁によって(観音も)お導きなさるのであろう。
❷縁故。手づる。身寄り。例「世を背き給へる宮の御方に、――を尋ねつつ参り集まりて」〈源氏・宿木〉訳 出家して尼になっていらっしゃる女三の宮のもとに、縁故を求めて参集して。

❸夫婦・親子などのつながり。血縁。例「我が子の——に結ぼほれざらんには、これほど心をば砕かじものを」〈平家・二・少将乞請〉訳我が娘との縁に束縛されなければ、これほどまで悩み苦しまなくてもよかったろうに。

縁を離(はな)・る 世俗の生活から離れる。俗世との縁を切る。例「——・れて身を閑(しづ)かにし」〈徒然草・七五〉訳世俗とのかかわりを捨てて身を静かな境地におき。

縁を結(むす)・ぶ 仏との関係を結ぶ。成仏するためのきっかけを作る。例「額に阿字を書きて、——・ばしむるわざをなんせられける」〈方丈記・飢渇〉訳(餓死者が出るのを悲しんで、死者の)額に「阿」字を書いて、仏との縁を結ばせ(成仏させ)てやろうとされた。

えん【縁・椽】〔名〕建物や座敷の周りに設けた、板敷きの部分。縁側。すのこ。庭から建物などへの出入りや建物内の通路に用いる。

えん【艶】〔名・形動ナリ〕類あて(貴)・いう(優)・なまめかし

> はなやかさ、あでやかさを基本とする感覚美や官能美を表す語。そこから、**あでやかで美しい**、などの意味となる。

❶しっとりと美しいこと。**あでやかで美しいこと。**優美。例「舎人(とねり)どもさへ——・なる装束(さうぞく)をつくして」〈源氏・蛍〉訳(端午の節句で)舎人達までが優美な服装をこの上なく凝らして。

❷なまめかしいこと。色っぽいこと。好色。例「——・なる歌もよまず、気色(けしき)ばめる消息(せうそこ)もせで」〈源氏・帚木〉訳つやっぽい歌もよまず、気取った手紙も書かずに。

❸中世の歌学や能楽における、美的理念の一つ。優雅な官能美。優美。妖艶。例「歌はただ読みあげもし、詠じもしたるに、何となく——・にもあはれにも聞こゆることのあるなるべし」〈古来風体抄・上〉訳和歌はただ読みあげたり吟詠したりする時に、何となく優美にもしみじみとした感じにも聞こえることがあるようである。

> 参考 古典における美の重要な一つ。感覚や官能に訴えるもので、自然の描写については色彩感のある優美さ、また優美な風情などを、人事の描写については、多く、恋愛にかかわるあでやかな艶っぽさを表現する。

えん…【円…・垣…・怨…】 ⇩ゑん…

えん-いん【宴飲】〔名〕酒盛り。酒宴。例「銭(ぜに)積もりて尽きざる時は、——声色(せいしよく)を事とせず、居所(きよしよ)をかざらず」〈徒然草・二一七〉訳お金がたまって尽きない時は、酒盛りや音楽や女色に熱中せず、住居を飾らず。

えん-がく【縁覚】〔名〕《仏教語》師につかずに独力で仏教の教理を悟ることができる人。

えん-が・る【艶がる】〔自ラ四〕{ら・り・る・る・れ・れ}《「がる」は接尾語》「艶」な行動や様子をする。優美なさまに振る舞う。風流ぶる。例「——・りよしめく方(かた)はなし」〈紫式部・人々の容姿と性格〉訳風流がったり気取ったりする点はない。

えん-ぎ【縁起】〔名〕《仏教語》❶因縁によって物事が生ずること。物事の起こり・由来。❷社寺の起源・霊験などについての言い伝え。また、それを書いた文書や絵巻。『石山寺——』『北野天神——』など。❸(物事の成り行きを暗示する)吉凶のきざし。前兆。例「弥助(やすけ)〳〵と、賤(いや)しき我が名をお譲り申したも、弥(いよいよ)助くるといふ文字の——」〈浄・義経千本桜〉訳(あなた様に)弥助という、いやしい私の名(=弥左衛門)の一部をお譲り申し上げたのも、いよいよ助けるという吉のきざしの意が文字にあるからです。

えん-きょく【宴曲・延曲】〔名〕中世歌謡の一つ。貴族・武家・僧侶などの間に流行し、宴席や法会でよく歌われた。雑芸・白拍子の系統をひき、これに仏教音楽の一つである声明の節まわしを取り入れたもの。物尽くしや道行きなどを内容とし、七五調のリズムを持ち曲調は速い。初めは無伴奏の扇拍子、後には尺八が伴奏に使われた。「はやうた」とも。

えん-ご【縁語】〔名〕和歌・謡曲などに用いられる修辞法の一つ。関連の深い語を併せ用いることによって、表現効果を高める技巧。また、それに用いられる語。多く掛詞とともなっている。平安時代の和歌で発達し、後、それ以外でも広く用いられた。

> 要点 例えば、「唐衣(からころも)きつつなれにしつましあればはるばるきぬる旅をしぞ思ふ」訳(都に)馴れ親しんだ妻がいるので、妻に別れて遠くに来てしまった旅を、しみじみと思う。
> の歌の場合、「なれ」「つま」「はるばる」「きぬる」にそれぞれ「来」と「着」、「馴れ」と「褻(な)れ(=ヨレヨレニナル)」、「妻」と「褄」、「遥々」と「張る張る」が掛けられているが、「着」「褻れ」「褄」「張る張る」は「(唐)衣」に関連して用いられ、縁語となっている。

えん-だう【筵道】〔名〕天皇や貴人が通行する時、衣服のすそが汚れないよう通路に敷く筵。

えん-だ・つ【艶だつ】〔自タ四〕{た・ち・つ・つ・て・て}《「だつ」は接尾語》「艶」らしいふりをする。思わせぶりに振る舞う。優美らしく振る舞う。例「——・ち気色(けしき)ばまむ人は、消えも入りぬべき住まひのさまなめりかし」〈源氏・夕顔〉訳体裁を整えたり気取ったりするような人は、恥ずかしくていたたまれないにちがいない(=ムサ苦シイ)住まいの様子のようだ。

えんだう

えんぶ-だい【閻浮提】〔名〕《仏教語》須弥山の南方の海にあるという、逆三角形の島の名。もとはインドを指したが、後に、広く人間世界・現世をもいうようになった。

えんま【閻魔】〔名〕《仏教語。梵語の音写》地獄の大王。死者の生前の行いの善悪の審判・賞罰をつかさどる。大きく頑健な体を持ち、ひげづらの目を大きくむいた威嚇的な形相をしている。閻王。閻魔王。閻魔大王。閻羅。焰

えんま

摩天。

えんま-わう【閻魔王】ウ:オ〔名〕⇩えんま

えん-ら【閻羅】〔名〕（「閻魔羅社(えんまらじゃ)」の略）⇩えんま

えん-り【厭離】〔名・他サ変〕（仏教語。「おんり」とも）けがれたこの世を嫌って、捨て去ること。例「六塵(ろくぢん)の楽欲(げうよく)多しといへども、皆―・しつべし」〈徒然草・九〉訳六塵（＝目・耳・鼻・舌・身・意ノ六根(ロッコン)ニ感ジル刺激）の欲望が沢山あるとはいえ、（それらを）皆嫌い捨て去ってしまうことができよう。

延暦寺(えんりゃくじ)〔寺名〕滋賀県大津市の比叡山にある天台宗総本山の寺院。七八五年（延暦四）伝教大師最澄(さいちょう)が開山し、八二三年（弘仁十四）戒壇（＝僧ニ戒ヲ授ケルタメ設ケタ壇）が勅許されたのに伴い、「延暦寺」の称を朝廷から賜った。三井寺(みいでら)（＝園城(オンジョウ)寺）を「寺門」というのに対して、「山門」または「山(やま)」と称し、奈良の諸寺を「南都」というのに対しては、「北嶺(ほくれい)」ともいった。僧兵を擁して、平安末期から鎌倉・室町時代にかけ政治的社会的勢力を誇ったが、織田信長によって全山ほとんどが焼亡した。その後、豊臣・徳川氏の尽力で復興した。

延暦寺（根本中堂）

えん-わう【閻王】ウ:オ〔名〕（「閻魔王(えんまわう)」の略）閻魔。例「―あはれみ給ひて、獄卒(ごくそつ)をあひ添へて、焦熱(せうねつ)地獄へつかはさる」〈平家・六・入道死去〉訳閻魔王は（法蔵僧都(そうづ)の母を思う心を）かわいそうに思われて、地獄の鬼をつけて、（母のいる）焦熱地獄へ行かせた。

えん-を-はな・る【縁を離る】⇩「えん（縁）」子項目

えん-を-むす・ぶ【縁を結ぶ】⇩「えん（縁）」子項目

お

お【尾・苧・麻・男・夫・峰・緒・雄・牡】〔名〕⇩を

お【御】〔接頭〕❶名詞に付いて、尊敬の意を表す。例「世に木どもこそあれ、神の―前の物と言ひはじめけむも、とりわきてをかし」〈枕草子・花の木ならぬは〉訳世の中に木は多くあるが、（その中でも榊(さかき)は）神の御前(おんまえ)に奉る物と言い始めたというのも、格別おもしろい。❷中世以降、名詞以外の語にも付いて、軽い尊敬や親愛・丁寧の意を表す。例「若い上臈(じゃうらふ)の―優(やさ)しい。年寄(とより)と思(おぼ)し召し」〈近松・冥途の飛脚・下〉訳若いご婦人がお優しい（ことです）。（私を）年寄りとお思いになって。⇩おほん 参考

要点 漢字表記の「御」は、「おほん」「おん」「お」「ご」「み」などの種々の読み方があって、区別がむずかしいが、平安時代では、「お」は「お前(まへ)」「お座(まし)」「お物(もの)」などの限られた語に付く（①の例）。「お」が広く用いられるのは中世以降である（②の例）。

おい【老い】〔名〕（動詞「老ゆ」の連用形の名詞化）老いること。年をとること。老年。また、老人。例「馬の口とらへて―を迎ふる者は、日々旅にして旅を栖(すみか)とす」〈奥の細道・出発まで〉訳馬の口を取って（＝馬ヲ引イテ）老年を迎える者（＝馬方(ウマカタ)）は、毎日が旅であって旅自体を自分の住む家としている。

老いの方人(かたうど) 老人として、存在価値を示す人。老人のために気を吐く人。例「『この人の後には誰にか問はん』など言はるるは、―にて」〈徒然草・一六八〉訳「この人の死後には誰にそのことを尋ねようか」などと人から言われる者は、老人のために頼もしい存在で。

おい【笈】〔名〕⇩おひ

おい〔感〕❶思いがけない物事に出会った時に発する語。おや、まあ。例「―、この君にこそ」〈枕草子・五月ばかり〉訳おやまあ、このお方でしたか。注「この君」ハ竹ノ異名。中国ノ王徽之(キシ)ガ竹ヲ「此(こ)の君」ト呼ンダ故事ニヨル。❷肯定したり、納得したりする時に発する語。おお。例「―、さり。―、さり」とうなづきて」〈源氏・玉鬘〉訳「おお、そうだ。おお、そうだ」とうなずいて。

おい-かがま・る【老い屈まる】〔自ラ四〕(ら・り・る・る・れ・れ)年をとって腰が曲がる。例「―・りて室(むろ)の外(と)にもまかでず」〈源氏・若紫〉訳年をとって腰が曲がって庵室から外出もいたしません。

おい-かけ【老懸・緌】〔名〕武官の巻纓(けんえい)の冠(かむり)の左右にかけ、両耳の上に付けた飾り。馬の毛の一端をしばり、菊の花が開いたような形に作る。「頬助(ほほすけ)」とも。

おいかけ

おい-くづほ・る【老い頽る】クズ:オル〔自ラ下二〕(れ・れ・る・るる・るれ・れよ)年をとって心身が弱くなる。老いぼれる。例「色好みの―・れたる」〈枕草子・昔おぼえて不用なるもの〉訳（昔の様子が思い出されるが今は役に立たないもの）好色な男が年をとって元気のなくなったの。

おい-ごゑ【老い声】ゴエ:〔名〕年をとって衰えた声。魅力のないふけた声。例「夏・秋の末まで―に鳴きて」〈枕草子・鳥は〉訳（ウグイスは春だけでなく）夏そして秋の末までも老い衰えた声で鳴いて。

おいさき【生い先】⇩おひさき

おい-さらぼ・ふ【老い曝ふ】サラ:ボウ〔自ハ四〕(は・ひ・ふ・ふ・へ・へ)年をとって、よぼよぼする。老衰する。例「むく犬の、あさましく―・ひて、毛はげたるを引かせて」〈徒然草・一五二〉訳むく犬の、見苦しく年をとってよぼよぼし、毛の抜けているのを（下人に）引かせて。

おい-づ・く【老い就く】〔自カ四〕(か・き・く・く・け・け)（「おいつく」とも）❶年をとる。老人になる。例「かく恋ひば―・く吾(あ)が身けだし堪(あ)へむかも」〈万葉・一九・四二二〇長歌〉訳（嫁いで行った娘を）こんなに慕い思っていたら、年老いた私の体は果たして耐えられるだろうか。

❷老人のようになる。年寄りじみる。例「なほ童（わらは）にてあらせまほしきさまを、心と━━・き、やつして止（や）み侍（はべ）りにし」〈紫式部・人々の容姿と性格〉訳まだまだ子供の姿でいさせたい容姿だったのに、自分から年寄りじみて、尼になって亡くなってしまいました。

おい-て【於て】〔連語〕⇩において

おい-の-かたうど【老いの方人】⇩「おい（老い）」子項目

笈の小文（おいのこぶみ）〘書名〙⇩おひのこぶみ（笈の小文）

おい-ば・む【老いばむ】〔自マ四〕｛ま・み・む・む・め・め｝（「ばむ」は接尾語）年寄りじみる。老人めく。例「━━・みたる者こそ、火桶（ひをけ）のはたに足をさへもたげて、物いふままにおしすりなどはすらめ」〈枕草子・にくきもの〉訳いかにも年寄りじみた人間に限って、火鉢のふちに足までも持ち上げて、おしゃべりをしながら（その足を）こすり合わせたりするのだろうね。

おい-びと【老い人】〔名〕（「おいひと」とも）年とった人。老人。年寄り。例「大かた聞きにくく見苦しきこと、━━の若き人にまじはりて興あらんと物言ひゐたる」〈徒然草・一三〉訳総じて聞きにくく見苦しいことは、老人が若い人の中に入って面白おかしくしようとして物を言っていること。

おいら-か〔形動ナリ〕❶素直で、おだやかである。例「いづこのさる女かあるべき。━━・に鬼とこそ向かひ居たらめ」〈源氏・帚木〉訳どこにそんな賢い女がいるものか。（そんな女を妻にするなら）おとなしく鬼と差し向かいで居る方がよい。

❷（性質・態度が）こせこせしないで落ち着いている。おっとりしている。例「誠の心ばせ━━・に落ちゐたるこそ、いと難きわざなりけれとなむ思ひ果てにたる」〈源氏・若菜・下〉訳（人の性質が分かって行くにつれて）本当に気だてがおっとりしていて落ち着いた人は、滅多にないものだと悟りました。

参考平安時代の貴族社会では、「おいらか」な（=穏ヤカデ控エ目デ素直ナ）女性が、一つの理想像とされていた。

おい-らく【老いらく】〔名〕（「おゆらく」の変化した形。「らく」は準体助詞）年をとること。老い。老年。例「━━の来むと知りせば門（かど）さしてなしと答へて会はざらましを」〈古今・雑上・八九五〉訳老いが来るだろうと知っていたなら、門を閉じて留守だと答えて（この老いに）会わなかっただろうになあ。

おう【王】〔名〕⇩わう

おう【終う】〔動〕⇩をふ

奥羽（おうう）〘地名〙⇩あうう（奥羽）

おうてん-もん【応天門】〔名〕平安宮朝堂院南面の正門。朱雀（すざく）門と南北に対す。貞観八年（八六六）はじめて焼失（応天門の変）、その様子は『伴大納言（ばんだいなごん）絵詞』に描かれる。

応天門（平安神宮）

おうな【女】〔名〕⇩をうな

おうな【嫗・老女】〔名〕年とった女。老女。老婆。「うば（姥）」とも。対おきな① 例「うたてげなる翁（おきな）二人、━━といきあひて」〈大鏡・序〉訳異様な感じの翁二人が、老女（一人）と偶然に行き合わせて。

参考「おうな」は、「おみな」の転「おむな」のウ音便。一説に、「おみな」の転とも。「おみな」は「おんな」にも転じる。老女の意の「おうな（おみな・おむな・おんな）」に対し、「をうな（をみな・をんな）」は、女性一般または若い女性を表す。

おうなおうな〔副〕⇩あふなあふな

近江（おうみ）〘旧国名〙⇩あふみ（近江）

おうよる【奥寄る】〔動〕⇩あうよる

おうりょうし【押領使】〔名〕⇩あふりゃうし

大海人皇子（おおあまのみこ）〘人名〙⇩おほあまのみこ（大海人皇子）

大江千里（おおえのちさと）〘人名〙⇩おほえのちさと（大江千里）

大鏡（おおかがみ）〘書名〙⇩おほかがみ（大鏡）

大国主命（おおくにぬしのみこと）〘神名〙⇩おほくにぬしのみこと（大国主命）

凡河内躬恒（おおしこうちのみつね）〘人名〙⇩おほしかふちのみつね（凡河内躬恒）

おおす【生おす・仰す・負おす】〔動〕⇩おほす

大伴家持（おおとものやかもち）〘人名〙⇩おほとものやかもち（大伴家持）

大中臣能宣（おおなかとみのよしのぶ）〘人名〙⇩おほなかとみのよしのぶ（大中臣能宣）

太安万侶（おおのやすまろ）〘人名〙⇩おほのやすまろ（太安万侶）

おおやけ【公】〔名〕⇩おほやけ

おおらか【多らか】〔形動〕⇩おほらか

おおる【撓る】〔動〕⇩ををる

おおん【御】〔接頭〕⇩おほん

おかし⇩をかし

おかす【犯す・侵す】⇩をかす

お-かた【御方】〔名〕❶（他人の敬称）お人。御仁（ごじん）。例「はかばかしう立ち宿らせ給ふべき親しい━━もましまさず」〈平家・六・紅葉〉訳ちゃんと宿をおとりになれるような親しいお方もおられません。

❷（貴人の妻の敬称）奥様。奥方。時には、その妾（めかけ）や子女もいう。例「小松殿参内（さんだい）のついでに、中宮の━━へ参らせ給ひたりけるに」〈平家・四・競〉訳小松殿（=平重盛（シゲモリ））は宮中に参上なさるついでに、中宮様（=建礼門院）のところへお伺いなさったが。

❸（江戸時代、町家などの妻の敬称）おかみさん。内儀（ないぎ）。例「亭主のもてなし、━━の軽薄、とかく金銀の光ぞありがたし」〈西鶴・好色一代男・三・六〉訳（問屋の）亭主の（客の）もてなし、（その）おかみさんのお世辞、とにかく金銀（=オ金）のご威光はありがたいものだ。

おき【沖】〔名〕（「奥」と同源）海や湖で、岸を遠く離れた所。例「箱根路をわが越え来れば伊豆の海や━━の小島に波の寄る見ゆ」〈金槐集・雑〉訳箱根の道を私が越えて来ると、伊豆の海の沖にある小島に波が寄せているのが見える。注『金槐集』ヲ代表スル万葉調ノ歌ノ一ツ。

隠岐（おき）〘旧国名〙山陰道八か国の一つ。現在の島根県北方の隠岐諸島。古来の流刑地で、小野篁（たかむら）・後鳥羽上皇・後醍醐（ごだいご）天皇などが配流された。隠州（おんしゅう）。

おぎ【荻】〔名〕⇩をぎ

おき-あま・る【置き余る】〔自ラ四〕｛ら・り・る・る・れ・れ｝（露などが）あふれるほどいっぱいにおりる。例「心のままに茂れる秋の野らは、――・る露に埋(う)もれて」〈徒然草・四四〉訳思いのままに生い茂っている秋の野(のような庭)は、あふれんばかりおりた露にうずまって。

おき・つ

【掟つ】〔他タ下二〕{て・て・つ・つる・つれ・てよ}
類さだむ

> あらかじめ決めておく、の意。この動詞の連用形「おきて」が名詞化したのが「おきて(掟)」である。

❶**あらかじめ決めておく。**計画する。例「世のはかなく憂(う)きを知らすべく、仏などの――・て給へる身なるべし」〈源氏・幻〉訳世の中がはかなくつらいことを思い知らせるべく、仏様などがあらかじめ決めておおきになった身の上なのだろう。
❷他人にさせるように決める。**指図する。命令する。**例「高名(かうみやう)の木のぼりといひしをのこ、人を――・てて、高き木にのぼせて梢(こずゑ)を切らせしに」〈徒然草・一〇九〉訳名高い木登りだと評判だった男が、人を指図して、高い木に登らせて梢を切らせた時に。
❸**心に決めて、その通りに取り扱う。取りはからう。**例「ゆるるかにこそ――・て給ふなれ」〈源氏・常夏〉訳ゆったりと(姫君の教育を)取りはからっておられるということです。

おき-つ-しまもり【沖つ島守】〔名〕《「つ」は「の」の意》沖の島の番人。例「我が髪の雪と磯辺の白波といづれまされり――」〈土佐・一月二十一日〉訳私の髪の雪(のような白髪)と磯辺の白波とどちらが(白さで)まさっているか、(答えてくれ)沖の島の番人よ。

おき-つ-たまも【沖つ玉藻】〔名〕《「つ」は「の」の意》沖の海中に生えている美しい海草。

おき-つ-なみ【沖つ波】〔名〕《「つ」は「の」の意》沖に立つ波。「沖つ白波」という形で使われることも多い。

おきつも-の【沖つ藻の】【枕詞】(沖の海中に生える藻の状態から)「なびく」「隠(なば)る」にかかる。

おきて

【掟】〔名〕《動詞「おきつ」の連用形の名詞化》❶前もって取りきめること。思い定めること。計画。企画。
❷指図。命令。処置。また、きまり。例「みかどの御――、極めてあやにくにおはしませば」〈大鏡・時平〉訳(醍醐(だいご)天皇のご処置が、きわめて厳しくおありだったので。
❸心構え。配慮。また、分別。判断。例「俗ながら、聖(ひじり)になり給ふ心の――やいかにと」〈源氏・橋姫〉訳俗人の身のままで、高徳の僧(の心境)におなりになる(八の宮の)お心構えはどんなものだろうかと。
❹物事のきまった様子。形式。配置のしかた。例「水の趣(おもむき)、山の――を改めて」〈源氏・少女〉訳(庭にある)池の様子や、築山(つきやま)の形状を造りかえて。

おき-どころ【置き所・置き処】〔名〕(物の)置き場所。特に、身を置く所。身の振り方。例「いともかしこきは、――も侍(はべ)らず」〈源氏・桐壺〉訳まことにもったいなくて、身を置く所もございません。

おきな

【翁】〔名〕❶年とった男。老人。対おうな・おみな 例「――、竹を取ること久しくなりぬ」〈竹取・かぐや姫の生ひ立ち〉訳老人は、(黄金の入った)竹を取ることが長い間つづいた。
❷老人を親しみ、軽く敬っていう語。おじいさん。おじいさん。例「『あはれかしこくおはする――ども かな』ひそかに笑ひて」〈今昔・二五・五〉訳「おやおやかしこくいらっしゃるおじいちゃん達ですな」とひそかに苦笑して。
❸老人の自称。わし。謙そんの気持ちを伴う場合もある。例「――、年七十(ななそぢ)に余りぬ」〈竹取・貴公子たちの求婚〉訳じじいは、年が七十を越えました。
❹能楽で、演奏の最初に儀式的に演じる曲の名。天下泰平・五穀豊穣(ごこくほうじょう)を祈る祝賀能。また、それで用いる老人の能面の名。おきなの面。

おきな④

おきな-さ・ぶ【翁さぶ】〔自バ上二〕{び・び・ぶ・ぶる・ぶれ・びよ}《「さぶ」は接尾語》老人らしくなる。老人らしく振る舞う。例「――・び人なとがめそ狩衣(かりごろも)今日(けふ)ばかりとぞ鶴(たづ)も鳴くなる」〈伊勢・一一四〉訳(私が)老人らしく振る舞っているのを皆おとがめなさいますな、(私が)狩衣を着て天皇のお伴をするのも今日限り、今日限りの命と(狩り場の)鶴も鳴いているようです。

おきのり-わざ【賖り業】〔名〕《「おぎのりわざ」とも》代金をあと払いにして物を買うこと。掛け買い。例「虚言(そらごと)をして、――をして」〈土佐・一月九日〉訳うそをついて、掛け買いをして。

おき-ふし【起き臥し】㊀〔名〕《動詞「おきふす」の連用形の名詞化》起きたり寝たりすること。例「――につけて、物のみ恐ろしう思(おぼ)いたるを」〈狭衣・四〉訳起きるにつけ寝るにつけて、何ともそら恐ろしく思われていたのを。
㊁〔副〕寝てもさめても。たえず。いつも。例「昼は里に――ながめ暮らして」〈源氏・宿木〉訳昼は自宅で寝てもさめても物思いに沈んで時を過ごし。

おき-へ【沖方・沖辺】〔名〕沖の方(面)。沖のあたり。例「妹(いも)がため我(われ)玉求む――なる白玉寄せ来(こ)沖つ白波」〈万葉・九・一六六七〉訳いとしい妻のために私は玉を捜している。沖のあたりにある白玉(=真珠)を押し寄せて来てくれ、沖の白波よ。

おき-まどは・す【置き惑はす】〔他サ四〕{さ・し・す・す・せ・せ}❶(霜・露などが)降りて、物と物との区別ができにくいようにする。例「心当てに折らばや折らむ初霜の――・せる白菊の花」〈古今・秋下・二七七〉訳当て推量で、もし折るのなら折ろうか。初霜が降りて私を惑わせている白菊の花は。注凡河内躬恒(オオシコウチノミツネ)ノ作デ、『百人一首』所収。
❷置き忘れる。例「かぎを――・し侍(はべ)りて。いと不便(ふびん)なるわざなりや」〈源氏・夕顔〉訳鍵(かぎ)をどこかに置き忘れておりまして。本当に不都合なことでございます。

おき-まよ・ふ【置き迷ふ】〔自ハ四〕{は・ひ・ふ・ふ・へ・へ}❶置き場所に迷う。(霜や露が)降り乱れる。例「ひとり寝(ぬ)る山鳥の尾のしだり尾に霜――・ふ床の月影」〈新古今・秋下・四八七〉訳ひとり寝をする山鳥の長く垂れた尾に霜が降り乱れる、その床に月の光がさすことだ。
❷(霜や露が)降りたのかと見誤られる。例「霜を待つ籬(まがき)の菊の宵(よひ)の間に――・ふ色は山の端(は)の月」〈新古今・秋下・五〇七〉訳霜を待っている垣根の菊の花を、宵の間に霜が降りたのかと見まちがえる(白い)色は、山の端の月の光だったのだなあ。

おき-わづら・ふ【置き煩ふ】〔他ハ四〕{は・ひ・ふ・ふ・へ・へ}

どう置いたらよいか、思い悩む。例「下(しも)を冬の月、霜の月、――ひ侍(はべ)るよし聞こゆ」〈去来抄・先師評〉訳下の句に冬の月、霜の月の、どちらを置いたらよいか、思案に苦しんでおりますとのことを申し上げた。注宝井其角(キカク)ノ「此木戸や錠(ぢやう)のさされて冬の月」ノ句ニ関スル話。

おき・ゐる【起き居る】(オキイル)〔自ワ上一〕(ゐ・ゐ・ゐる・ゐる・ゐれ・ゐよ)起きて座る。起きている。例「五月(さつき)ばかり夜更(ふ)くるまで物語を読みて――ゐたれば」〈更級・大納言殿の姫君〉訳五月頃夜がふけるまで物語を読んで起きていると。

おく【奥】〔名〕(「沖」と同じ語源。空間的・時間的に遠く入った所の意)❶物の内部に深く入った所。奥まった場所。家屋の場合では、奥座敷。奥の間(ま)。
❷貴人の夫人の居間。転じて、夫人の敬称。奥様。例「この――の姿を見るに、京には見なれず、田舎にもあれほどふつつかなるはまたあるまじ」〈西鶴・好色一代女・一・三〉訳この奥方の姿を見ると、都では見なれないし、田舎でもあれくらい下品な女はまたとあるまい。
❸心の深いところ。心中(しんちゅう)。心底。例「あきづ羽の袖(そで)振る妹(いも)を玉くしげ――に思ふを見たまへ我(あ)が君」〈万葉・三・三七六〉訳トンボの羽のような袖を振っているあの女を、私が心底大事に思っている女を、見てください、君よ。注「君」ハ宴席ノ貴人ヲ指ス。
❹書物・手紙などの終わりの部分。末尾。例「書きて送りける――に詠(よ)みて書けりける」〈古今・哀傷・八五四詞書〉訳(亡父の歌を)書いて送った(巻物の)末尾に(自分で)詠んで書きつけた歌。
❺(「道の奥」の意)奥羽地方。みちのく。例「――より引き上(のぼ)せた馬どもを」〈狂言・今参り〉訳東北地方から(都へ)連れて来させた馬達を。
❻現在から遠い先の方。将来。未来。行く末。例「あらかじめ人言(ひとごと)繁しかくしあらばしゑやわが背子――もいかにあらめ」〈万葉・四・六五九〉訳今からもうあれこれ噂(うわさ)が立っています。こんなことでは、ええい、いとしいあなた、(私達の)行く末はどうなるのでしょう。注「しゑや」ハ感動詞。
❼(「――の手」の形で)大切な左(の手)。例「我妹子(わぎもこ)は釧(くしろ)にあらなむ左手のわが――の手に纏(ま)きて去(い)なましを」〈万葉・九・一七六六〉訳私のいとしい妻が釧(=腕ニ巻ク飾リ)であってくれたらなあ。(そうしたら)私の左手の、大切な手に巻きつけて一緒に連れて行こうものを。注古代、中国ト逆ニ、左手ヲ尊イモノト考エテイタ。

お・く【起く】〔自カ上二〕(き・き・く・くる・くれ・きよ)❶起き上がる。例「昔、男、臥(ふ)して思ひ、――きて思ひ、思ひあまりて」〈伊勢・五六〉訳昔、ある男が、(恋しい女のことを)寝ては思い、起きては思い、思いあまって。
❷目ざめて、寝床を離れる。目がさめる。例「つとめて、日のうらうらとさし出でたるほどに――きたれば」〈枕草子・関白殿、二月二十一日に〉訳翌朝、日が明るくさして出てきた頃に目がさめたところ。
❸寝ないでいる。例「例はいと疾(と)く大殿籠(おほとのごも)るを、いで給ふまでは――きたらむと、思すなるべし」〈源氏・賢木〉訳いつもはとても早くおやすみになるのを、(今夜は母宮が)退出なさるまでは起きていようと、思われるのだろう。

お・く【置く】(か・き・く・く・け・け)■一〔自カ四〕**(露や霜が)おりる。**例「秋深き庭の浅茅(あさぢ)に、露のいろいろ、玉のやうにて――きたる」〈枕草子・あはれなるもの〉訳(趣深いものは)秋の深まった庭の丈の低いチガヤに、露のさまざまの色が、玉のようなさまでおりているの。
■二〔他カ四〕❶**物をある位置におく。**例「嬢子(をとめ)の床の辺に我が――きし剣(つるぎ)の太刀その太刀はや」〈古事記・中・景行〉訳乙女の床のあたりに私が置いてきた太刀、あの太刀よ。
❷あとに残したままにする。**残しておく。**例「親を――きて亡くなる人は、いと罪深(ぶか)かなる物を」〈源氏・浮舟〉訳親を残して死んでしまう人は、たいへん罪深いということですのに。
❸除く。さし置く。例「我(あれ)を――きて人はあらじと誇ろへど」〈万葉・五・八九二長歌〉訳自分をさし置いて、すぐれた人物はほかにおるまいといばってはみるが。
❹間に隔てをおく。間をあける。例「ほととぎす間(あひだ)しまし――け汝(な)が鳴けばあが思(も)ふ心いたもすべなし」〈万葉・一五・三七八五〉訳ホトトギスよ、(鳴く)間隔をしばらくあけてくれ。お前が鳴くと私の物思う心はどうしようもない。
❺心に隔てをおく。気がねする。例「朝夕隔てなく馴(な)れたる人の、ともある時、我に心――き、ひきつくろへるさまに見ゆるこそ」〈徒然草・三七〉訳朝夕気がねなく打ち解けていた人が、ふとした時に、私に気を遣って、きちんとした態度を示す様子に見えるのは。

おく-じゃうるり【奥浄瑠璃】(・ジョウルリ)〔名〕十六世紀末頃、仙台地方で行われた古浄瑠璃。盲目の芸人や琵琶(びわ)法師などが、扇を打ち、また琵琶を弾いて語った。演目は「頼光四天王」「義経奥州下り」など。「御国(おくに)浄瑠璃」「仙台浄瑠璃」とも。例「その夜、盲法師(めくらほふし)の琵琶を鳴らして――といふものを語る」〈奥の細道・末の松山〉訳その夜、盲目の法師が琵琶を弾いて奥浄瑠璃というものを語る。注塩釜(シオガマ)ノ宿デノ出来事。

おく・す【臆す】〔自サ変〕(せ・し・す・する・すれ・せよ)気おくれする。おじけづく。例「つぎにそ帥殿(そちどの)射給ふに、いみじう――し給ひて、御手もわななくけにや、的のあたりにだに近く寄らず」〈大鏡・道長・上〉訳(道長の)次に帥殿(=伊周(コレチカ))が(弓を)射なさるが、ひどく気おくれなさって、手もぶるぶる震えるせいか、(矢が)的の近辺にさえ近く行かず。

おく-つ-き【奥つ城】〔名〕(上代語。「つ」は「の」の意。「き」は区域の意)神や霊の納まっている所。墓。御霊屋(みたまや)。例「古(いにしへ)の小竹田壮士(しのだをとこ)の妻問(つまど)ひし菟原処女(うなひをとめ)の――ぞこれ」〈万葉・九・一八〇二〉訳昔の小竹田(=大阪府南部ノ地名)の男が求婚したという菟原処女の墓だよ、これは。注菟原処女ハ、妻争イ伝説中ノ美少女デ、兵庫県芦屋市ノアタリニ住ンデイタトサレル。

おく-の-て【奥の手】〔名〕❶(古くは、右より左を尊んだところから)左手。大切な手。例「我妹子(わぎもこ)は釧(くしろ)にあらなむ左手のわが――に纏(ま)きて去(い)なましを」〈万葉・九・一七六六〉訳私のいとしい妻が釧(=玉ナドデ作ッタ腕輪)であるといいなあ。私の大切な手である左手に巻いて行くのに。
❷奥義。とっておきの手段。

奥の細道(おくのほそみち)『書名』江戸時代前期の俳諧(はいかい)紀行文。松尾芭蕉作。一六九四(元禄七)頃に成稿。一六八九(元禄二)三月、門人曽良とともに江戸を出立して、奥羽・北陸の名所旧跡をめぐり、大垣に出て、さらに伊勢路へと向かうまでの五ヶ月余の道中を描く。天地自然の移ろいの中で旅を続けて行く主人公の在り方に、芭蕉の自然観・人生観が反映されている。俳諧紀行文中、第一の作品とされている。

冒頭「月日は百代(はくたい)の過客(くわかく)にして、行きかふ年もまた旅人なり。舟の上に生涯をうかべ、馬の口とらへて老いをむかふる物は、日々旅にして、旅を栖(すみか)とす」訳(古人もいうように)月日は永遠にとどまることもなく旅を続ける者であり、毎年来ては去り、去っては訪れる年も、また同じく旅人である。舟に乗って(水上を往来し)一生を暮らす舟頭や、馬の口をとって(街道を往来し)しだいに年老いて行く馬子(まご)は、まさしく毎日毎日が旅そのものであり、いわば(不定住なはずの)旅をそのまま自分の住まいとして生きているといえよう。

おく-ふか・し【奥深し】〔形ク〕❶奥行きが深い。例「いやしからぬ家の、──・く木立ものふりて」〈徒然草・四三〉訳品のある家であって、奥行きが深く木立も古びた感じで。

❷深みがある。意味深長である。例「ただありなるやうなるを、皆人さのみ知りたるに、なほ──・き心ざまを見知りたればば」〈枕草子・職の御曹司の西面の〉訳(藤原行成は)ありのままに振る舞う人のようであるのを、人は皆そうだとばかり思っているが、(私だけは)もっと深みのある気立てをよく知っているので。

おく-ま・る【奥まる】〔自ラ四〕{ら・り・る・る・れ・れ}❶奥の方に引っこんでいる。例「頭(かしら)もおろし侍(はべ)りにけるを、少し──・りたる山住みもせで」〈源氏・若紫〉訳(明石の入道は)頭髪もおろして(＝仏門ニ入ッテ)しまったのですが、いささか奥深い山中に住むこともせず。

❷奥ゆかしい感じがする。深いたしなみがある。例「心にくく、──・りたるけはひは立ち後(おく)れ、今めかしき事を好みたるわたりにて」〈源氏・花宴〉訳趣深く、奥ゆかしいような風情はあまりなくて、今風の事を好んでいる家なので。

❸内気である。控え目である。例「わりなく物恥ぢをし給ふ──・りたる人ざまにて」〈源氏・澪標〉訳むやみにはにかみなさる内気な人柄の人で。

おく-やま【奥山】〔名〕人里離れた奥深い山。また、深い山奥。深山(みやま)。対とやま 例「──に紅葉(もみぢ)踏み分け鳴く鹿(かし)の声聞く時ぞ秋はかなしき」〈古今・秋上・二一五〉訳山奥で、紅葉を踏み分けながら鳴く鹿の声を聞く時には、秋がしみじみ悲しく感じられることだ。注『古今集』デハ読人知ラズダガ、『百人一首』デハ猿丸大夫作。

> 参考 『古今集』をはじめ古典では、(京都の)東山・北山など、街からかなり近い、周辺の山をも「奥山」といっている。類義語に「深山(みやま)」があるが、「み」は本来美称の接頭語で、単に山の意を表すこともある。

おく-ゆか・し【奥床し】〔形シク〕《「ゆかし」は心ひかれるの意》❶その先に心がひかれる。もっとよく、見たい・聞きたい・知りたい。例「いつしか、聞かまほしく、──・しき心地するに」〈大鏡・序〉訳早く、聞きたくて、とても知りたい気持ちがするのにつけて。

❷心遣いに深みがあって心ひかれる。深い心遣いが感じられて、慕わしい。例「くちなしの袖口(そでぐち)など、なかなかなまめかしろ、──・しろ思ひやられ給ふ」〈源氏・賢木〉訳山吹色の袖口などが、むしろ優美で、品の良さがしのばれるようにお思いになる。

おくら-か・す【後らかす】〔他サ四〕{さ・し・す・す・せ・せ}《「かす」は接尾語》❶遅れさせる。(先に死んだりして身内の者を)あとに残す。例「心憂く、さまで──・し給ふべきにや」〈源氏・夕霧〉訳つらいことに、(私を)そんな時まであとにお残しなさるのだろうか。

❷あとまわしにする。怠る。例「後の世の御勤めも──・し給はず」〈源氏・匂宮〉訳(光源氏は)来世のための勤行(ごんぎょう)もあとまわしになさらず。

おくら・す【後らす】〔他サ四〕{さ・し・す・す・せ・せ}(先に死んだり、先に出発したりして、人を)あとに残す。例「おひ立たむありかも知らぬ若草を──・す露ぞ消えむそらなき」〈源氏・若紫〉訳これから生い立ってゆく先もわからぬ若草をこの世に残しては、消えてゆく露の身は、消えようにも消える空がありません。

小倉百人一首(おぐらひゃくにんいっしゅ)《書名》⇩をぐらひゃくにんいっしゅ(小倉百人一首)

おくり【送り】〔名〕《動詞「送る」の連用形の名詞化》❶見送り。例「かれこれ、知る知らぬ、──す」〈土佐・十二月二十一日〉訳あの人この人、知っている人も知らない人も、(私達の)見送りをする。

❷野辺(べ)の送り。葬送。例「泣きこがれ給ひて、御──の女房の車に慕ひ乗り給ひて」〈源氏・桐壺〉訳(母君は)泣いて恋い慕いなさって、(娘である桐壺更衣(きりつぼのこうい)の)ご葬送の女房の牛車(ぎっしゃ)を追ってそれにお乗りになって。

❸島流し。流罪(るざい)。

おく・る

【後る・遅る】〔自ラ下二〕{れ・れ・る・るる・るれ・れよ}

> 他のものについて行けずに、**あとにとり残される**、の意。才能の面でついていけない場合には、**劣る**、の意(④)になる。

❶おくれる。例「──・れて咲く桜二木(ふたき)ぞ、いとおもしろき」〈源氏・花宴〉訳(他の桜に)おくれて咲く二本の桜が、とても美しくて心がひかれる。

❷あとに残る。**とり残される。**例「行く先に立つ白波の音(おと)よりも──・れて泣かむ我やまさらむ」〈土佐・一月七日〉訳あなた方の帰って行く船路の先に立つ白波の音よりも、あとに残って泣く私の声の方がずっと大きいでしょう。

❸(親しい人に)先に死なれる。先立たれる。例「十二にて殿に──・れ給ひし程」〈源氏・若紫〉訳十二歳で父君に死なれなさった頃。

❹**他のものより劣る。**例「吾妻人(あづまびと)は、我が方(かた)なれど、げには、心の色なく情け──・れ」〈徒然草・一四一〉訳関東人は、私の仲間ではあるが、実のところ、心にやさしさがなく人情味において劣っており。

おく・る

〔他ラ四〕{ら・り・る・る・れ・れ}**一【送る】❶送って行く。**送り届ける。

❷見送る。例「吾妹子(わぎもこ)が我を──・ると白たへの袖(そで)漬(ひ)つまでに泣きし思ほゆ」〈万葉・一二・三一八〇〉訳あの娘が、私を見送るというので、袖がぬれるほど泣いたことが思われる。

❸時を過ごす。暮らす。例「道になづまず、妄(だみ)りにせずして年を──・れば」〈徒然草・一五〇〉訳(稽古(けいこ)の)中途で停滞せずに、勝手気ままなことをしないようにして年月を過

こせば。❹葬送する。例「鳥部野（とりべの）・舟岡（ふなをか）、さらぬ野山にも、——・る数多かる日はあれど、——・らぬ日はなし」〈徒然草・一三七〉訳鳥部野や舟岡、その他の野山にも、葬送する遺骸（いが）の数の多い日はあるけれども、葬送しない日はない。注「鳥部野」「舟岡」ハ、トモニ京都ノ火葬場。

■二【贈る】❶贈り物をする。例「人のもとに、さるもの包みて——・るやうやはある」〈枕草子・里にまかでたるに〉訳人のところに、そんな物を包んで贈るということがあるか。❷死者に対して官位・称号を授ける。追贈する。例「内裏（ちう）より御使ひあり。三位（さんみ）の位（くらゐ）——・り給ふよし」〈源氏・桐壺〉訳帝からお使いがある。（亡くなった桐壺更衣（きりつぼのこうい）に）三位の位を追贈なさる由を。

おくれ-さきだ・つ【後れ先立つ】〔自タ四〕{た・ち・つ・つ・て・て}一方がこの世に生き残り、他方が先に死ぬ。例「ややもせば消えをあらそふ露の世に——・つほど経ずもがな」〈源氏・御法〉訳どうかすると先を争って消える露にも等しいこの世では、おくれたり先立ったりする間をおかず、いつも一緒でありたいものです。

おくれ-ばせ【遅れ馳せ】〔名・形動ナリ〕（「ばせ（はせ）」は、走るの意の「はす」の連用形）遅れて駆けつけること。遅れて事を行うこと。例「六野太（ろくやた）が童（わらは）——に馳（は）せ来たって」〈平家・九・忠度最期〉訳六野太の子供が遅れて駆けつけてきて。

おこ【痴・烏滸・尾籠】〔名〕⇩をこ

おこがまし【痴がまし】⇩をこがまし

おこ・す

【起こす】〔他サ四〕{さ・し・す・す・せ・せ}❶立てる。立たせる。例「梓弓（あづさゆみ）弓腹（ゆばら）振り——・し」〈万葉・二・一九九長歌〉訳アズサの木で作った弓の両端を振り立てて。❷目をさまさせる。起こす。❸（沈んでいた心などを）奮い立たせる。例「君も強ひて御心を——・して、心のうちに仏を念じ給ひて」〈源氏・夕顔〉訳光源氏の君も無理にお心を奮い立たせて、心中（しんちゅう）に仏を祈りなさって。❹炭に火をつける。おこす。例「いと寒きに、火など急ぎ——・して」〈枕草子・春はあけぼの〉訳とても寒い朝に、火などを急いでおこして。❺（ある事態や心を）生じさせる。おこす。例「今年いかなる心にて謀叛（むほん）をば——・しけるぞといふに」〈平家・四・競〉訳今年どんな気持ちで謀反をおこしたかというと。

おこ・す

【遣す】〔他サ下二〕{せ・せ・す・する・すれ・せよ}

> 向こうから、こちらに送ってくる、の意。「やる」の対義語で、物の移動だけではなく、「見やる」と「見おこす」のように、行為の方向を表す用法もある。

❶こちらへ届けてくる。よこす。例「過ぎて行くに、随身（ずいじん）だつ者を——・せて」〈更級・子忍びの森〉訳（私の乗っている車が男車のそばを）通り過ぎて行くと、随身らしい者をこちらに（使いとして）よこして。❷（動詞の連用形について）こちらへ…する。例「月の出（い）でたらむ夜は見——・せ給へ」〈竹取・かぐや姫の昇天〉訳月が出たらそんな夜は（月の方へ）目をよこして下さい。

おこそ-づきん【御高祖頭巾】〔名〕四角な布に紐を付け、目だけ出して頭や顔を包むようにした頭巾。江戸時代、主に女性が防寒に用いた。

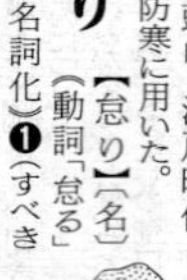

おこそづきん

おこたり

【怠り】〔名〕（動詞「怠る」の連用形の名詞化）❶（すべきことをせず）なまけること。怠慢。不精（ぶしやう）。例「物越しにてぞ、日頃の——尽きせずのたまふを」〈源氏・総角〉訳物（＝簾（スダレ）・几帳（キチヤウ）ナド）を隔てて、平素の怠慢（＝無沙汰）を繰り返し言い訳なさるのを。❷（①から生じる）あやまち。過失。手おち。❸（怠慢・過失などを）わびること。謝罪。例「不覚の僧かな。この僧に——出（い）ださせむ」〈今昔・二八・三六〉訳間抜けの僧だな。この僧に謝罪文を出させよう。❹（宿命が）劣っていること。不運。例「たへがたくとも、我が宿世（すくせ）の——にこそあめれなど」〈蜻蛉・上・応和二年〉訳どんなにつらくても、（夫との仲がうまくいかないのは）自分の前世での拙（つたな）さのためであろうなどと。

おこたり-は・つ【怠り果つ】〔自タ下二〕{て・て・つ・つる・つれ・てよ}（病気が）すっかりよくなる。全快する。例「『修法（ずほふ）は——・て給ふまで』と宣（のたま）ひおきけるを」〈源氏・総角〉訳「祈禱は全快なされるまで行え」と仰せになっておかれたが。

おこた・る

【怠る】{ら・り・る・る・れ・れ}

> 休む、なまける、が基本の意だが、これはある状態で進行していたものがとまることで、そこから病気がよくなる、の意も生まれてくる。

■一〔自ラ四〕❶休む。なまける。例「滴（しただ）る事少しといふとも——・る間なく漏りゆかば、やがて尽きぬべし」〈徒然草・一三七〉訳したたり落ちる水の量が少ないといっても休む間なく漏っていけば、すぐになくなってしまうにちがいない。❷病気がよくなる。例「日ごろ、月ごろ、しるき事ありて悩みわたるが——・りぬるもうれし」〈枕草子・うれしきもの〉訳幾日も、幾月も、ひどい状態で病気だったのがよくなったのもうれしい。

■二〔他ラ四〕なまける。やらない。例「なほ朝まつりごとは——・らせ給ひぬべかめり」〈源氏・桐壺〉訳（桐壺更衣（きりつぼのこうい）を失った帝は、その生前と同じく）やはり朝のご政務はなまけておしまいになるようだ。

お-こと【御事】〔代名〕（人称代名詞。対称）相手を親愛の気持ちをこめて呼ぶ語。あなた。そなた。あんた。例「——は女性（にょしゃう）の身なれば、苦しかるまじ」〈太平記・九・七〉訳あなたは女性の身だから、さしつかえなかろう。

おこなひ

【行ひ】（オコナイ）〔名〕（動詞「行ふ」の連用形の名詞化）❶一定の方式に従った動作。行為。振る舞い。例「我が夫子（せこ）が来べき宵（よひ）なりささがねの蜘蛛（くも）の——今宵（こよひ）しるしも」〈日本書紀・允恭・八年〉訳私の夫が訪ねて来るはずの夜である、蜘蛛の（巣をかける）動作が、今夜ははっきり見える。注「蜘蛛ガ一定ノ方式デ巣ヲカケルノヲ「おこなひ」トイッタ。待チ人ノ来ル知ラセトサレタ。❷神仏を拝むこと。多く、勤行（ごんぎやう）（＝オ勤メ）や仏道修行を指す。例「法文（ほふもん）など読み、——せむ」〈源氏・賢木〉訳 お経などを読んで、仏前のお勤めをしよう。

おこなひ-すま・す【行ひ澄ます】〔自サ四〕{さ・し・す・す・せ・せ}一心に仏道修行に励む。例「滝口入道、かやうの事を伝へ聞き、いよいよ深く——・してゐたりければ」〈平家・一〇・横笛〉訳 滝口入道は、こういう事(=愛スル女ノ死)を伝え聞いて、いよいよ一心に仏道修行に励んでいたので。

おこなひ-びと【行ひ人】〔名〕仏道修行をする人。行者。修行僧。例「北山になむ、某寺(なにがしでら)といふ所に、賢き——侍る」〈源氏・若紫〉訳 北山にですね、なんとか寺という所に、すぐれた修行僧がいます。

おこなひ-ゆ・く【行なひゆく】〔自カ四〕{か・き・く・く・け・け}進行する。例「まことの大事は、……しばしも滞(とどこほ)らず、ただちに——・くものなり」〈徒然草・一五五〉訳 真の重大事は、……少しの間もとどこおらず、ただちに進行するものである。

おこなひ-をさ・む【行なひ治む】〔他マ下二〕{め・め・む・むる・むれ・めよ}管理し、とりしきる。きりまわす。例「家の内を——・めたる女、いとくちをし」〈徒然草・一九〇〉訳 家の中をきりまわしている女は、まったくつまらない。

おこな・ふ【行ふ】{は・ひ・ふ・ふ・へ・へ}

> 基本的には、一定の方式にのっとって、行事などをすること、の意。自動詞としては、多く、仏道修行をする、読経する、の意に用いる。連用形名詞「おこなひ」も、勤行(ごんぎやう)や仏道修行、の意を持つ。

一〔自ハ四〕**仏道を修行する。また、読経などをする。** 例「ただこの西面(にしおもて)にしも、持仏(ぢぶつ)据ゑ奉りて——・ふ、尼なりけり」〈源氏・若紫〉訳 すぐそこの西に面した(=極楽浄土ニ向イタ)部屋に、持仏(=個人ノ守リ本尊)をお据え申して仏道を勤行する、尼なのであった。

二〔他ハ四〕❶(行事を)する。例「大臣の大饗(だいきやう)は、さるべき所を申し受けて——・ふ、常のことなり」〈徒然草・一五六〉訳 大臣に任ぜられた人が催す披露宴は、しかるべき所を拝借してするのが、ふつうである。

❷執り行う。処理する。治める。例「世の人の飢ゑず、寒からぬやうに世をば——・はまほしきなり」〈徒然草・一四二〉訳 世の中の人が飢えたり、凍えたりしないように世の中を治めてほしいものである。

おごめ・く【蠢く】〔動〕⇩をごめく

おごり【驕り・奢り・侈り】〔名〕《動詞「おごる」の連用形の名詞化》❶勢力を誇っていばること。思いあがり。驕慢(きようまん)。

❷ぜいたく。奢侈(しやし)。例「人は、おのれをつつまやかにし、——を退けて、財(たから)を持たず世をむさぼらざらむぞ、いみじかるべき」〈徒然草・一八〉訳 人間は、自分自身を質素にし、ぜいたくを退け、財宝を持たないで(地上の)欲望をほしいままにしないのが、立派であるだろう。

おこ・る【起こる】〔自ラ四〕{ら・り・る・る・れ・れ}❶物事が新しく始まる。生じる。例「あらがねの地(つち)にしては、素戔嗚尊(すさのをのみこと)よりぞ——・りける」〈古今・仮名序〉訳 (和歌というものは)地上においては、素戔嗚尊から始まったのである。

❷大勢出てくる。例「さて、『山だちあり』とののしりければ、里人——・りて出(い)であへば」〈徒然草・八七〉訳 それから、「山賊が出たぞ」とどなったので、村人達が大勢出てきて立ち向かうと。

❸病気の発作や熱が生じる。また、病気がはやる。例「暮れかかりぬれど、——・らせ給はずなりぬるにこそはあめれ」〈源氏・若紫〉訳 日も暮れかかってきたけれど、病気の発作もお起こりにならなくなってしまわれたようです。

おご・る【驕る・奢る】〔自ラ四〕{ら・り・る・る・れ・れ}❶自分の権勢を誇る。例「——・れる人も久しからず、ただ春の夜(よ)の夢のごとし」〈平家・一・祇園精舎〉訳 自分の権勢を誇っている人もその生活が永久に続くわけではなく、はかない春の夜の夢と同じようなものだ。

❷ぜいたくをする。例「上(かみ)の——・り費(つひ)やす所をやめ」〈徒然草・一四二〉訳 上に立つ人がぜいたくをしたり無駄づかいをするのをやめて。

おさ【長】〔名〕⇩をさ

おさおさ〔副〕⇩をさをさ

おさなし【幼し】〔形〕⇩をさなし

おさ・ふ【抑ふ】〔他ハ下二〕{へ・へ・ふ・ふる・ふれ・へよ}《「押す」に継続の意の「ふ」が付いた形から》❶押しとどめる。

❷手を押しあてる。例「御帳(みちやう)の内に入り給ひて、胸を——・へて思ふに」〈源氏・夕顔〉訳 御帳の中にお入りになって、胸に手を押しあてて(死んだ夕顔のことを)あれこれ思うと(とてもつらく)。

❸我慢する。例「耐へがたきを——・へて明かし給うつ」〈源氏・若菜・下〉訳 耐えがたい苦しみを我慢して夜を明かされた。注「給うつ」ハ、「給ひつ」ノ、ウ音便。

おさむ【収む・納む・治む・修む】〔動〕⇩をさむ

お-し【御師】〔名〕祈禱(きたう)を執り行う僧侶(そうりよ)・神官。また、特に、伊勢神宮の下級神官。

おし【愛し・惜し】〔形〕⇩をし

おし〔感〕身分の高い人の通行や儀式の際、人々を静めるためにおそばの者が発する声。例「警蹕(けいひち)など『——』と言ふ声聞こゆるも」〈枕草子・清涼殿の〉訳 先払いの「おし」と言う声が聞こえるのも。

おし【押し】〔接頭〕(動詞の上に付いて)動詞の意味を強調する。また、しいて…する、無理に…する、一面に…する、などの意を添える。単に語調を整えるだけのものもある。「——開(あ)く」「——入る」「——照る」「——取る」など。

おし-あ・く【押し開く】〔他カ下二〕{け・け・く・くる・くれ・けよ}押して開ける。例「妻戸(つまど)を今少し——・けて、月見るけしきなり」〈徒然草・三二〉訳 妻戸(=両開キノ板戸)をもう少し押して開けて、月を眺めている様子だ。

おし-あ・ぐ【押し上ぐ】〔他ガ下二〕{げ・げ・ぐ・ぐる・ぐれ・げよ}上に押して上げる。押し上げる。例「御簾(みす)を——・げてながめ給へるさま」〈源氏・若菜・上〉訳 御簾を手で押し上げて(鶯(うぐいす)の鳴いている紅梅の梢を)ながめておられるお姿は。

おし-あ・つ【押し当つ】〔他タ下二〕{て・て・つ・つる・つれ・てよ}押すようにして物を他の物につける。押しつける。押しあてる。例「とみにも賜(た)はねば、袖(そで)を——・ててうつぶしゐたり」〈枕草子・宮に初めて参りたるころ〉訳 (顔を隠すための扇をとりあげて)すぐに返してもくださらないので、(どうしようもなくて)袖を顔に押しつけてうつむいて座っていた。

おし-あて【推し当て】〔名〕《動詞「推し当つ」の連用形の名詞化》推しはかること。当て推量。例「言葉もつづかず、ただ——にさばかりなめりと聞きなさるるに」〈大鏡・道兼〉訳 言葉もとぎれとぎれなので、ただ当て推量に(言っていることは）そんな事であろうと聞き取られるのだが。

おし-あゆ【押し鮎】〔名〕塩づけにし、おもしで押した鮎。年の始めの祝い物に用いる。

おしいだし-ぎぬ【押し出だし衣】〔名〕晴れの儀式の際などに、御簾の下から、女房の衣装の美しい袖を外に出すこと。

おし-いだ・す【押し出だす】〔他サ四〕❶押して外へ出す。押し出す。
❷「押し出だし衣」をする。

おし-い・づ【押し出づ】〔他ダ下二〕❶押して外へ出す。押し出す。例「鈍色の几帳を簾垂のつまより少し━・でて」〈源氏・夕霧〉訳鈍色の几帳を簾垂の片端から少し押し出して。
❷押し出だし衣をする。例「あまた小半蔀の御簾よりも━・でたるほど」〈枕草子・清涼殿の〉訳数多く小半部の御簾から押し出だし衣をしている時。

おし-い・る【押し入る】㊀〔自ラ四〕無理矢理入る。
㊁〔他ラ下二〕無理矢理入れる。押しこめる。例「あばらなる蔵に、女をば奥に━・れて」〈伊勢・六〉訳荒れ果てた蔵に、女を奥の方へ無理矢理入れて。

おしう【教う】〔動〕⇩をしふ

おし-おこ・す【押し起こす】〔他サ四〕揺り起こす。例「いとしもおぼえぬ人の、━・してせめて物言ふこそ、いみじうすさまじけれ」〈枕草子・すさまじきもの〉訳（ひどく眠たいのに）たいして親しくもない人が、揺り起こしてしつこく何か話しかけるのは、大変興ざめである。

おし-かか・る【押し掛かる】〔自ラ四〕よりかかる。

おし-か・く【押し掛く】〔自カ下二〕襲いかかる。襲撃する。例「狐を━・くれば、狐、身を棄てて逃ぐといへども」〈今昔・二六・一七〉訳狐を襲撃したところ、狐は、一目散に逃げだしたけれども。

おし-かへし【押し返し】〔副〕《動詞「おしかへす」の連用形の副詞化》対照的に。逆に。例「藤宰相の童は、赤色を着せて、下仕への唐衣に青色を━着たる、ねたげなり」〈紫式部・童女御覧の儀〉訳藤宰相の童女には、赤い色（の表着）を着せて、（介添役の）下仕えの童女には唐衣に青い色のを対照的に着せているのは、心憎いほど気が利いている。

おし-かへ・す【押し返す】〔他サ四〕❶押しもどす。例「ほととぎす鳴きて渡るも、もよほし聞こえ顔なれば、御車━・させて」〈源氏・花散里〉訳ホトトギスが鳴いて渡るのも、（この家を訪れるようにと）催促するように感じられるので、お車を押しもどさせて。
❷繰り返す。例「━・し━・し三べん歌ひすましたりければ」〈平家・一・祇王〉訳繰り返し繰り返し三べん立派に歌いおさめたので。
❸逆にする。ひっくり返す。
❹返事をする。返歌を送る。

おしき【折敷】〔名〕⇩をしき

お-しきせ【御仕着せ】〔名〕（「お」は丁寧の意の接頭語）「しきせ」の丁寧語。⇩しきせ

おし-くく・む【押し包む・押し含む】〔他マ四〕（「おし」は接頭語）包みこむ。くるむ。例「上蓆に━・みて惟光乗せ奉る」〈源氏・夕顔〉訳（夕顔の遺体を）上敷きにくるんで惟光が車にお乗せ申し上げる。

おし-け・つ【押し消つ】〔他タ四〕勢いで負かす。圧倒する。例「上達部はいとことなるを、ひと所の御光には━・たれためり」〈源氏・葵〉訳上達部は格別立派なのだが、光源氏一人の輝く美しさには圧倒されてしまったようである。

おし-た・つ【押し立つ】㊀〔自タ四〕❶（「立つ」を強めた語）しっかりと立つ。つっ立つ。
❷我意を通す。我を張る。例「いと━・ち、かどかどしきところものし給ふ御方にて」〈源氏・桐壺〉訳（弘徽殿女御は）たいそう我意を通し、角のあるところがおありのお方で。
㊁〔他タ下二〕❶無理に立たせる。
❷しっかりと閉める。例「やをら抱きおろして、戸は━・てつ」〈源氏・花宴〉訳そっと抱き降ろして、戸はしっかりと閉めてしまった。
❸我を通して、無理にでもさせる。

おし-つつ・む【押し包む】〔他マ四〕（「おし」は接頭語）❶薄い物で覆い隠す。包む。くるむ。例「青朽葉・二藍の物ども押し巻きて、紙などにけしきばかり━・みて」〈枕草子・四月、祭の頃〉訳青朽葉・二藍の布地などを巻いて、紙などでかたちだけ包んで。
❷人に知られないようにする。無理に隠す。

おし-て【押して】〔副〕しいて。無理矢理に。例「いよいよ危ふがりて、━この国に越え来ぬ」〈源氏・玉鬘〉訳ますます不安に思って、強引にこの国にやって来た。

おして-しる-べし【推して知るべし】〔連語〕ある一つの事から、それ以外の事は推察して分かるだろう。例「ただ先師の評ある句をあげて侍るのみ。他は━」〈去来抄・修行〉訳ただ先師（＝芭蕉）の批評がある句をあげただけです。それ以外は推察して分かるだろう。

おし-て・る【押し照る】㊀〔自ラ四〕くまなく照る。例「わが宿に月━・れりほととぎす心あらば今宵来鳴き響もせ」〈万葉・八・一四八〇〉訳我が家の庭に月がくまなく照っている。ホトトギスよ、思いやりがあるならばこのような月のよい夜にやって来て鳴き立ててくれ。
㊁〔枕詞〕「難波」にかかる。「おしてるや」とも。例「━難波堀江の葦辺には雁寝たるらむ霜の降らくに」〈万葉・一〇・二一三五〉訳難波の堀江の葦辺では雁が寝ているだろう、霜が降るのに。

おしてる-や【押し照るや】〔枕詞〕（「や」は間投助詞）⇩おしてる㊁

要点『万葉集』では「おしてる」の例の方が多いが、平安時代以降は「おしてるや」の形が定着した。

おし-と・る【押し取る】〔他ラ四〕無理矢理奪い取る。例「はては許さぬ物ども━・りて」〈徒然草・一七五〉訳あげくの果てには取ってはいけない様々な物を無理矢理奪い取って。

おじなし【怯し】〔形〕⇩をぢなし

おし-な・ぶ【押し靡ぶ】〔他バ下二〕❶《「おしなむ」とも》押しなびかせる。例「秋の穂をしのに━・べ置く露の消かも死なまし恋ひつつあらずは」〈万葉・一〇・二二五六〉訳秋の稲穂をしんなりと押しなびかせるほどに降りる露がやがて消えるようにいっそ死んだほうがました。こんな

に恋に苦しんでいないで。

❷すべて同じようにする。一様にする。例「先に焼けにし憎所(にくどころ)、こたみは――・ぶるなりけり」〈蜻蛉・下・天延元年〉訳以前に焼けた憎い所(＝夫ノ愛人ノ家)を、今度の火事はすべて同じようにしてしまった(＝全焼シタ)。

❸(助動詞「たり」を伴って)ごく普通である。平凡である。例「――・べたるおほかたのは」〈源氏・帚木〉訳平凡な普通の(手紙)は。

おしなべ-て【押し並べて】〔副〕❶一様に。あまねく。例「――峰も平らになりななむ山の端(は)なくは月も入(い)らじを」〈伊勢・八二〉訳一様にどの峰も平らになってしまってほしいものだ。山の端(＝稜線(リョウセン))が無ければ月も沈んで隠れないだろうになあ。

❷普通に。人並みに。例「初めより――の上宮仕(うへみやづか)へし給ふべき際(きは)にはあらざりき」〈源氏・桐壺〉訳(桐壺更衣(きりつぼのこうい)は)初めから普通の上宮仕え(＝天皇ノ側デ日常ノ世話ヲ勤メル)をなさるような(低い)身分ではなかった。

おし-な・む【押し靡む】〔他マ四〕{ま・み・む・む・め・め}「おしなぶ①」に同じ。例「今よりは継ぎて降らなむわが宿の薄(すすき)――・み降れる白雪」〈古今・冬・三一八〉訳今からは続いて降ってほしい。我が家の庭の薄を押しなびかせて降っている白雪よ。

おし-なら・ぶ【押し並ぶ】〔自バ下二〕{べ・べ・ぶ・ぶる・ぶれ・べよ}強引に並べる。例「御田八郎(おんだのはちらう)に――・べ、むずと取って引き落とし」〈平家・九・木曽最期〉訳(巴御前(ともえごぜん)は)御田八郎に強引に(馬を)並べ、むんずとつかまえて(八郎を馬から)引き落とし。

おし-ね【晩稲】〔名〕《「おそいね」の変化した形か》遅く実る稲。おくて。対わせ(早稲)

おし-のご・ふ【押し拭ふ】(ゴウ)〔他ハ四〕{は・ひ・ふ・ふ・へ・へ}押すようにしてぬぐう。例「涙――・ひ給ふに」〈源氏・少女〉訳涙をぬぐわれるので。

おし-の・ぶ【押し延ぶ】〔他バ下二〕{べ・べ・ぶ・ぶる・ぶれ・べよ}押してのばす。例「手の裏うち返しうち返し、――・べなどしてあぶりをる者」〈枕草子・にくきもの〉訳(丸火鉢の火やいろりなどに)手のひらを裏返し裏返ししながら、(手のしわを)押しのばしてあぶっている者(はにくらしい)。

おし-はかり【推し量り】〔名〕《動詞「おしはかる」の連用形の名詞化》推し量ること。あて推量。推測。

おし-はか・る【推し量る】〔他ラ四〕{ら・り・る・る・れ・れ}想像する。推測する。例「名を聞くより、やがて面影(おもかげ)は――・らるる心地するを」〈徒然草・七一〉訳名前を聞くと、すぐに(その人の)顔つきが想像されるような気持ちがするが。

おし-は・る【押し張る】〔他ラ四〕{ら・り・る・る・れ・れ}❶押して、張り出すようにする。例「簾(すだれ)を――・りて、枝を見はり給ふを見れば」〈堤中納言・虫めづる姫君〉訳簾を押して張り出すようにし、(毛虫のたくさんいる)木の枝を見守っていらっしゃるのを見ると。

❷強(し)いて主張する。意地を張る。

おし-ひし・ぐ【押し拉ぐ】〔他ガ四〕{が・ぎ・ぐ・ぐ・げ・げ}❶押しつぶす。例「蓬(よもぎ)の車に――・がれたりけるが、輪のまわりたるに近うちかかりたるもをかし」〈枕草子・五月ばかりなどに〉訳ヨモギ草の車輪に押しつぶされたのが、車輪の回転するのにつれて近くににおったのもおもしろい。

❷押さえつける。例「おほかた心づきなしとおぼゆれば、さる折も――・ぎつつあるものを」〈枕草子・宮に初めて参りたるころ〉訳だいたい(くしゃみをすることは)気にいらないものだと思うので、出そうになった時も押さえつけてきたのに。

おし-ひた・す【押し浸す】〔他サ四〕{さ・し・す・す・せ・せ}押えて水の中につける。例「木造りの地蔵を田の中の水に――・してねんごろに洗ひけり」〈徒然草・一九五〉訳木像の地蔵を田の中の水につけて丁寧に洗っていた。

おし-ひら・む【押し平む】〔他マ下二〕{め・め・む・むる・むれ・めよ}押さえて平らにする。例「つまるやうにするを、鼻を――・めて顔をさし入れて」〈徒然草・五三〉訳(足鼎(あしがなえ)を、頭にかぶったところ)つかえるようなので、鼻を押して無理に平らにして顔をつっこんで。

おし-へ・す【押し圧す】〔他サ四〕{さ・し・す・す・せ・せ}押しつぶす。例「さいでの、――・されて草子の中などにありける見つけたる」〈枕草子・過ぎにしかた恋しきもの〉訳布の切れ端が、押しつぶされて書物の中などにあったのを見つけたの。

おしまづき【几・机】(オシマズキ)〔名〕❶座った時、ひじをかけ、体をもたせかけて休むための道具。「脇息(けふそく)」とも。後には、机をもいう。

❷牛車(ぎっしゃ)の床の前後に横に渡した仕切りの板。「とじきみ」とも。

おし・む【愛しむ・惜しむ】〔動〕⇩をしむ

おし-や・る【押し遣る】〔他ラ四〕{ら・り・る・る・れ・れ}押して向こうにやる。押しのける。例「三尺の几帳(きちやう)奥のかたに――・りたるぞあぢきなき」〈枕草子・七月ばかりいみじう暑ければ〉訳三尺の高さの几帳を奥の方に押しのけてあるのは無意味だ(端にこそ立てるべきだ)。

おしゃ・る〔他ラ四〕{ら・り・る・る・れ・れ}《「おほせある」の変化した形》「言ふ」の尊敬語。おっしゃる。例「――・るとほり、合点(がってん)の行かぬことぢゃ」〈狂言・附子〉訳おっしゃる通り、納得のいかないことだ。

おし-よ・す【押し寄す】■一〔自サ下二〕{せ・せ・す・する・すれ・せよ}押しかける。押し寄せる。例「都合(つがふ)その勢二万八千余騎、木幡山(こはたやま)うち越えて宇治橋のつめにぞ――・せたる」〈平家・四・橋合戦〉訳その軍勢は合計二万八千余騎、木幡山を越えて宇治橋のたもとに押し寄せた。

■二〔他サ下二〕{せ・せ・す・する・すれ・せよ}押して近づける。例「几帳(きちやう)を二間(ふたま)の簾(す)に――・せて」〈源氏・椎本〉訳几帳を二間の簾に押して近づけて。

おす【食す】〔動〕⇩をす

お・す

【押す】〔他サ四〕{さ・し・す・す・せ・せ}❶押しつける。例「皆いと涼しき高欄(かうらん)に背中――・しつつさぶらひ給ふ」〈源氏・常夏〉訳皆とても涼しい欄干に背中を押しつけて控えていらっしゃる。

❷櫓(ろ)を使って舟を進める。こぐ。例「屋形(やかた)といふもののかたにて――・す」〈枕草子・日のいとうららかなるに〉訳屋形というもののある方で櫓をこぐ。

❸(紙などを)張り付ける。また、印を押す。例「中は木刀に銀薄(ぎんぱく)をぞ――・したりける」〈平家・一・殿上闇討(きがたな)〉訳中身は木刀に銀箔を張り付けてあった。

❹勢いで圧倒する。例「世の中をしり給ふべき右の大臣の御勢ひは、物にもあらず――・され給へり」〈源氏・桐壺〉訳世の中をお治めになるはずの右大臣のご勢力は、物の数でもなく(左大臣に)圧倒されてしまわれた。

おず・し【悍し】〔形ク〕⇩おぞし①

おすひ【襲】(オスイ)〔名〕上代・平安時代の衣装の一つ。衣服の上に、頭から全身を包み込むようにまとう、縫製してない長い布。もともとは男女ともに用いたが、後には、主として、女性が神事の時などに着用した。

おそ【鈍】《形容詞「鈍(おそ)し」の語幹》にぶいこと。

おそう【襲う】〔動〕⇩おそふ

おそ・し 〔形ク〕**一【遅し】**遅れている。のろい。なかなか…しない。例「やむごとなき物持たせて、人のもとにやりたるに、——・く帰る」〈枕草子・おぼつかなきもの〉訳（新参の召使いで気心も知れない者に）貴重な品物を持たせて、人の家にやったところが、なかなか帰らない（のは気がかりである）。例「一目(ひとめ)なりとも、——・く負(ま)くべき手につくべし」〈徒然草・一一〇〉訳（すごろくでは）たとえ一目でも、遅く負けそうな手を選ぶのがよい。

二【鈍し】鈍(にぶ)い。愚鈍である。例「さやうの事にも心——・くもの し給ふ」〈源氏・蓬生〉訳そのような事にも鈍くていらっしゃる。

> 要点 一の第一 例 は、「帰る」という動作がまだ実現していない意。動作の進行が遅いのではなく、実現するはずの時刻になっても実現しない（なかなか…しない）のである。

おぞ・し【悍し】〔形ク〕❶《「おずし」とも》気が強い。強情である。例「物づつみせず、はやりかに——・き人にて」〈源氏・東屋〉訳（乳母(めのと)は）遠慮をせず、勇ましく勝ち気な人なので。
❷恐ろしい。

おそは・る【魘はる】オソワル〔自ラ下二〕（れ・れ・る・るる・るれ・れよ）夢で魔性のものにおびやかされる。うなされる。例「物に——・るる心地して、驚き給へれば、灯も消えにけり」〈源氏・夕顔〉訳（光源氏は魔）物に襲われるような気持ちがして、はっと目をお覚ましになると、灯火も消えてしまっていた。

要点「襲ふ」の未然形に受身の助動詞「る」が付いて一語化したもの。

おそひ【襲】オソイ〔名〕《動詞「襲ふ」の連用形の名詞化》❶上着。
❷物の上をおおっているもの。おおい。例「車のすだれ、かたはらなどにさし余りて、——・棟(むね)などに、長き枝を葺(ふ)きたるやうにさしたれば」〈枕草子・五月の御精進のほど〉訳（卯(う)の花を）牛車(ぎっしゃ)のすだれや、側面などに（挿したが）挿しきれず、（余りを）おおい（=屋根）や棟などに、長い枝を葺いたように挿したところ。
❸屏風(びょうぶ)など縁(へり)のあるもので、縁をおさえる木。縁に用いる木。襲(おそ)い木。

おそ・ふ【襲ふ】オソウ〔他ハ四〕（は・ひ・ふ・ふ・へ・へ）❶不意に攻めかかる。襲撃する。例「敵(かたき)——・ひ来たりて囲み攻めけるに」〈徒然草・六〇〉訳敵が不意に攻めかかって来て取り囲んで攻めた時に。
❷《多く「圧ふ」と表記する》押さえつける。例「棹(さを)は穿(うが)つ、波の上の月を。船は——・ふ、海のうちの空を」〈土佐・一月十七日〉訳棹は突き通す、波の上に映る月を。船は押さえつける、海の中に映る空を。

おぞま・し【悍し】〔形シク〕気性の激しさが恐ろしいと感じられる。例「かく——・しくは、いみじき契り深くとも、絶えてまた見じ」〈源氏・帚木〉訳このように（恐ろしく）気が強くては、大変夫婦仲が深くても、もう二度と会うまい。

おそり【恐り・畏り】〔名〕《動詞「おそる」（四段）の連用形の名詞化》おそれ。不安。心配。危険。例「このわたり、海賊の——ありといへば、神仏を祈る」〈土佐・一月二十三日〉訳このあたりは、海賊の（出る）おそれがあるというので、神仏に（無事を）祈願する。

おそ・る【恐る・畏る・懼る】 **一**〔自ラ上二・四〕（り・り・る・るる・るれ・りよ）（ら・り・る・る・れ・れ）恐怖を感じる。恐れる。こわがる。つつしみはばかる。例「あやまたれなんと——・り思(おぼ)して」〈宇治拾遺・一五・一〉訳殺されるだろうと恐ろしくお思いになって。例「かつは人の耳に——・り、かつは歌の心に恥ぢ思へど」〈古今・仮名序〉訳一方では世間の評価に恐れつつしみ、一方では歌の精神に対して恥ずかしく思うのだが。
二〔自ラ下二〕（れ・れ・る・るる・るれ・れよ）恐れる。例「死を——・れざるにはあらず、死の近きことを忘るるなり」〈徒然草・九三〉訳死をこわがらないのではなく、死の近いことを忘れているのである。

参考 活用は、上二段・四段が古い。平安時代に下二段も生じ、後には下二段だけになる。

おそれ【恐れ・畏れ】〔名〕《動詞「おそる」（下二段）の連用形の名詞化》❶恐れること。恐怖。例「父の禅門の気色(きしょく)に——をなして参られず」〈平家・三・法皇被流〉訳（平宗盛(むねもり)は）父の入道（=平清盛）の顔色に恐怖心を起こして、参内(さんだい)できない。
❷敬い慎むこと。慎み。憚(はばか)り。
❸気を遣うこと。懸念。心配。例「ただ仮の庵(いほり)のみ、のどけくして——なし」〈方丈記・閑居の気味〉訳ただかりそめに作った（簡単な自分の）家だけは、（火事の心配もなく）のんびりとして何の気遣いもいらない。

おそろ・し【恐ろし】〔形シク〕❶危険を感じる。こわい。不気味である。
❷驚くほどである。大変なものである。例「法印もさる——・しい人で、ちっとも騒がず」〈平家・三・法印問答〉訳（平清盛の報復が恐ろしかったが、静憲(じょうけん)法印（=僧ノ名）もそれ相当のたいした人で、少しもあわてない。

おだ・し【穏し】〔形シク〕《形容動詞「おだやか」と同源》（心や世の中の状態が）穏やかである。落ち着いている。平穏である。例「京へなど迎へ奉らせ給へらむ後、——・しくて親にも見え奉らせ給へかし」〈源氏・浮舟〉訳（殿様があなた様を）都へなどお迎え申し上げなさってから、落ち着いて母君様にもお会いなさいませよ。

おだまき【苧環】〔名〕⇩をだまき

おち【落ち】〔名〕《「落つ」の連用形の名詞化》品質の劣ったもの。

おち-あし【落ち足】〔名〕❶戦いに負けて、逃げて行く足取り。また、逃げて行く時。
❷川の水の減ること。例「いかがせん、淀(よど)・一口(いもあらひ)へや回るべき、水の——をや待つべき」〈平家・九・宇治川先陣〉訳どうしようか、（こう宇治川の水が多くては渡れそうにない）淀か一口へ回るのがよいだろうか、（あるいは）水量が減るのを待つのがよいだろうか。

おち-あ・ふ【落ち合ふ】ア(オ)ウ〔自ハ四〕（は・ひ・ふ・ふ・へ・へ）❶一つの所に来合わせる。例「高橋が勢は国々のかり武者なれば、一騎も——・はず」〈平家・七・篠原合戦〉訳高橋の軍勢は諸国から徴集した兵士なので、一騎も（戦いの場に）来合わせず（我先にと逃げおちていった）。

❷立ち向かって勝負をする。例「我と思はん平家のさぶらひどもは、直実(なほざね)に――・へや、――・へ」〈平家・九・一二之懸〉訳我こそはと思っている平家の武士達は、この直実に立ち向かって来いよ、立ち向かって来い。
❸折り合う。一致する。

おち-い・る【落ち入る・陥る】〔自ラ四〕{ら・り・る・る・れ・れ}❶落ち込む。はまる。例「守(かみ)さかさまに馬に乗りながら――・りぬ」〈今昔・二八・三八〉訳(信濃の)国守はまっさかさまに馬に乗ったまま(谷に)落ち込んでしまった。
❷深くくぼむ。へこむ。例「目皮(まかは)いたく黒み――・りて」〈源氏・紅葉賀〉訳まぶたはすっかり黒ずみ深くくぼんで。
❸死ぬ。例「手負ひのただ今――・るに、一日経(いちにちぎやう)書いてとぶらへ」〈平家・二・嗣信最期〉訳負傷者がたった今息を引きとったので、一日経を書いて弔ってくれ。注「一日経」トハ、大勢デ法華経ヲ一日ノウチニ書写シテ供養スルコト。

おち-う・す【落ち失す】〔自サ下二〕{せ・せ・す・する・すれ・せよ}(戦いに敗れて)逃亡する。例「軍(いくさ)に恐れて下人ども皆――・せたれば」〈平家・八・法住寺合戦〉訳合戦を恐れて下人どもが皆逃亡してしまったので。

おち-うど【落人】(オチュウド)〔名〕《「おちびと」のウ音便。「おちうと」とも》戦いに負けて逃げて行く者。落ち武者。

おちかえる【復ち返る】〔動〕⇩をちかへる

おち-かか・る【落ち懸かる・落ち掛かる】〔自ラ四〕{ら・り・る・る・れ・れ}上から落ちてくる。落ちてかぶさる。例「古き所なれば、むかでといふもの、日ひと日――・り」〈枕草子・故殿の御服のころ〉訳(建物の)古い所なので、むかでというものが、一日中上から落ちてきたり。

おちかた【遠方・彼方】〔名〕⇩をちかた

おち-がた【落ち方】〔名〕落ちようとするころ。落ち始めの時。例「少し――になりたれど、なほをかしきに」〈枕草子・かへる年の二月二十日よ日〉訳(御前の庭の梅は、西側は白く、東側は紅梅で)少し散り始めているけれど、やっぱり趣深く。

おち-くぼ【落ち窪】〔名〕《落ちくぼんだ所の意》家の中で、床(ゆか)を他の床より一段低く作った所。落ち間(ま)。例「――なる所の、二間(ふたま)なるになむ住ませ給ひける」〈落窪・一〉訳(継母(まま)は姫君を)床の低い部屋で、たった二間(=柱三本ノ間)の所に住まわせなさった。注物語ノ主人公ノ姫君ハ、継母ノタメニ、居住性ノ悪イ「おちくぼ」ニ住マワセラレテイル。物語ノ名ハコレニ由来スル。

落窪物語(おちくぼものがたり)【書名】平安中期の物語。十世紀の末に成立か。作者未詳。継母(まま)による継子(まま)いじめ物語の典型。皇女腹の落窪の姫が父の家に引き取られ、継母にいじめられるが、左近少将と結ばれて幸せになる話。写実的な描写で、現世的理想を追求。『源氏物語』に先行する物語文学の代表的作品である。

おちこち【遠近・彼方此方】〔名〕⇩をちこち

おち-たぎ・つ【落ち激つ】〔自タ四〕{た・ち・つ・つ・て・て}しぶきをあげて激しく流れ落ちる。例「あしひきのみ山もさやに――・つ吉野の川の川の瀬の」〈万葉・六・九二〇長歌〉訳山をざわめかして激しく流れ落ちる吉野の川の川の瀬の。

おち-つ・く【落ち着く】〔自カ四〕{か・き・く・く・け・け}❶落ちて下に着く。例「六野太(ろくやた)を馬の上で二刀(ふたかたな)、――・く所で一刀(ひとかたな)、三刀(みかたな)までぞ突かれたる」〈平家・九・忠度最期〉訳六野太を馬上で二度、馬から落ちて(地に)着いた所で一度、計三度までお突きになった。
❷住む所が定まる。住居が決まる。例「東(あづま)に下りし親、からうじて上りて、西山なる所に――・きたれば」〈更級・鏡のかげ〉訳東国に下った親は、ようやく(任務を終えて)上京し、西山にある家に住む所が定まったので。
❸心が静まる。安心する。

おち-とま・る【落ち留まる】〔自ラ四〕{ら・り・る・る・れ・れ}❶(物が)落ちてそのまま残っている。
❷居残る。例「――・りぬべくなむ思ひける」〈源氏・須磨〉訳(五節(ごせち)の姫は光源氏の返歌をいただき須磨(すま)に)居残ってしまいたいような気持ちになるのであった。
❸生き残る。例「はかばかしき後見(うしろみ)なくて――・る身どもの悲しきを」〈源氏・総角〉訳しっかりとした世話人がなくて生き残っている二人の身の上の悲しさを。

おぢゃ・る(オジャル)〔自ラ四〕{ら・り・る・る・れ・れ}㊀❶《「行く」「来(く)」の尊敬語》おいでになる。いらっしゃる。例「ようこそ――・ったれ」〈狂言・察化〉訳ようこそいらっしゃった。
❷《「あり」「をり」の丁寧語》ございます。あります。おります。例「身どもが伯母に比丘尼(びくに)が――・る」〈狂言・磁石〉訳私の伯母に尼さんがおります。
㊁〔補動ラ四〕❶《「あり」「をり」の尊敬語》…(で)いらっしゃる。…(して)いらっしゃる。例「さて、そなたはあの盲(めくら)に添うて――・るか」〈狂言・猿座頭〉訳そうすると、あなたはあの盲人に付き添っていらっしゃるのか。
❷《「あり」「をり」の丁寧語》…(で)ございます。…(して)おります。…です。例「代物(だいもつ)はいかほどで――・るぞ」〈狂言・末広がり〉訳代金はいくらでございますか。

おち-ゆ・く【落ち行く】〔自カ四〕{か・き・く・く・け・け}❶(戦いに敗れて)逃げて行く。例「多くの者ども――・き、討たれける中に、七騎が内まで巴(ともゑ)は討たれざりけり」〈平家・九・木曽最期〉訳多くの者どもが逃げて行き、あるいは討たれた中で、最後の七騎になるまで巴御前(ごぜん)は討たれなかった。
❷しだいに劣っていく。落ちぶれていく。

おち-ゐる【落ち居る】(オチイル)〔自ワ上一〕{ゐ・ゐ・ゐる・ゐる・ゐれ・ゐよ}心静まる。落ち着く。例「女御(にようご)も御心――・ゐ給ひぬ」〈源氏・桐壺〉訳女御もお心が落ち着かれた。

お・つ

【落つ】〔自タ上二〕{ち・ち・つ・つる・つれ・ちよ}《「落とす」の自動詞形》❶**落ちる**。また、(涙などが)こぼれ落ちる。例「病雁(びやうがん)の夜寒に――・ちて旅寝かな」〈芭蕉〉訳病気らしい雁の鳴き声がする。秋も深まり夜寒がしみじみ身にせまる今晩、雁の列から離れてどこか近くに降りたらしい。そんなあわれな様を思いながら、雁と同様に、孤独で病身の自分も、秋の夜をわびしく旅寝するのである。
❷(雨・雪が)降る。(花が)**散る**。例「桜の葉、椋(むく)の葉こそ、いととくは――・つれ」〈枕草子・九月つごもり〉訳桜の葉や椋の葉は、特に早々と散る。
❸光が地上にとどく。さす。例「冬枯れの森の朽ち葉の霜の上に――・ちたる月の影の寒けさ」〈新古今・冬・六〇七〉訳冬枯れの森の枯れ朽ちた落ち葉に降りた霜の上に射(さ)している月の光が、寒々しく見えることだなあ。
❹(多く「落ちず」の形で)欠ける。漏れる。
❺つき物が取り除かれる。病気がなおる。
❻おちぶれる。堕落する。例「やむごとなきすぢながらも、か

うまで――・つべき宿世(すくせ)ありければにや」〈源氏・蓬生〉訳 高貴の血筋の方でありながらも、こうまでおちぶれるべき宿命があったからだろうか。

❼（戦いに負けて）**逃げる**。逃げ落ちる。例「平家の君達(きんだち)助け船に乗らんと、汀(みぎは)の方へぞ――・ち給ふらん」〈平家・九・敦盛最期〉訳 平家の貴公子達は助け船に乗ろうとして、波打ち際の方へお逃げなさるだろう。

❽白状する。自供する。例「あながちに問ひければ、つひに――・ちていはく」〈今昔・二四・一四〉訳 きつく問いただしたところ、とうとう白状して言うには。

お・づ【怖づ・懼づ】ズオ〔自ダ上二〕〈ぢ・ぢ・づ・づる・づれ・ぢよ〉恐れる。**こわがる**。例「燕(つばくらめ)も人のあまた上(のぼ)りゐたるに――・ぢて、巣にも上り来ず」〈竹取・燕の子安貝〉訳 燕(つばめ)も人が大勢（木に）上っているのに恐れて、巣にもやって来ない。

おっ-かか・る【押っ掛かる・追っ掛かる】〔自ラ四〕〈ら・り・る・る・れ・れ〉（「おしかかる」「おひかかる」の促音便）追いつく。例「――・ってよっぴいてひゃうふっと射る」〈平家・九・木曽最期〉訳 追いついて（弓を）十分に引きしぼってヒュウフッと（矢を）射る。

おっさま-に【追様に】〔副〕（「おひさまに」の促音便）あとを追っかけて。すぐ続いて。例「心少し落としすゑて、――参り候ふべし」〈平家・一〇・三日平氏〉訳 心を少し落ち着かせてから、追いかけて参上いたしましょう。

おったて-の-くゎんにん【追っ立ての官人】ニン カン〔名〕（「おったて」は「おひたて」の促音便）罪人を追い立てて、流刑地に送る検非違使(けびいし)庁の役人。「おひたてのつかひ」とも。例「――白河の御坊に向かひ、追ひ奉る」〈平家・二・座主流〉訳 追い立てる役人が白河の御坊に出向き、（僧正を）追い立て申し上げる。⇩くゎんにん 要点

おと【乙・弟】一〔名〕❶年下の兄弟。弟または妹。例「父母が成しのまにまに箸(はし)向かふ――の命(みこと)は」〈万葉・九・一八〇四長歌〉訳 父母が産んだ順序に箸のように（二人）そろって育った弟は。注「命」ハ敬称。

❷末っ子。末子(ばっし)。

二〔接頭〕（人名、または人を表す語の上に付いて）年若い、美しくかわいい意を表す。例「ここに、その后(きさき)、名は――橘比売命(たちばなひめのみこと)まをしたまひしく」〈古事記・中・景行〉訳 そこで、その（＝倭建命(ヤマトタケルノミコト)ノ）后（である）弟橘姫命という方が申し上げなさったことは。

おと【音】〔名〕❶物音。耳に聞こえる音一般をいう。❷声。特に、獣(けもの)や鳥の鳴き声。例「ぬばたまの月に向かひてほととぎす鳴く――遥(はる)けし里遠みかも」〈万葉・一七・三九八八〉訳 月に向かってホトトギスの鳴いている声が遥かに聞こえてくる。（まだホトトギスが）里から遠い所にいるからだろうか。

> 要点 「おと」と「ね」
> 「ね(音)」が、人の心に快く響くかすかな音を表し、主として、琴・笛・鈴などの音や、虫・鹿などの鳴き声をいうのに対し、「おと」はそれらをも含め、耳に聞こえる音一般を広く表す。

音に聞(き)・く ❶人づてに聞く。噂(うわさ)を耳にする。例「――・くと、見る時とは、何事も変はるものなり」〈徒然草・七三〉訳 噂に聞くのと、実際にそれを見た時とでは、どんな事でも違っているものだ。❷（「音に聞こゆ」とも）評判が高い。有名である。例「――・く吉野の桜咲きにけり山の麓(ふもと)にかかる白雲」〈金槐・春〉訳 あの有名な吉野山（＝奈良県ニアリ、桜ノ名所トシテ知ラレル）の桜がすっかり咲いたのだなあ。山の麓にまっ白にかかっている雲は（きっと一面に咲く桜の花にちがいない）。

音もせ・ず 便りもない。訪れもない。まったく音沙汰(おとさた)がない。例「五六日(いつかむいか)ばかりになりぬるに、――・ず」〈蜻蛉・上・康保三年〉訳（夫の兼家(かねいえ)が機嫌を損じて帰ってから）五、六日ほどたってしまったのに、まったく音沙汰もない。

おと-うと【弟・妹】〔名〕（「おとひと」のウ音便。「おとと」とも）同じ親から生まれた、年下のきょうだい。男女ともにいう。弟。妹。

おとがひ【頤】ガイ オト〔名〕❶あご。下あご。例「口つき愛敬(あいぎゃう)づき、――の下、首清げに、声憎からざらむ人のみなむ思はしかるべき」〈枕草子・職の御曹司の西面の〉訳 口もとにかわいらしさがあり、あごの下や、襟(えり)もとがきれいで、声のよい人だけが好きになれそうだ。

❷盛んにしゃべること。へらず口をたたくこと。

頤を放(はな)・つ （あごがはずれるほどに）大口をあける。「おとがひを解(と)く」とも。例「その座にありとある人、――・ちてぞ笑ひける」〈今昔・二八・三六〉訳 その座にいた人は皆、大口をあけて笑った。

お-とぎ【御伽】〔名〕（「とぎ（伽）」の丁寧語）❶貴人や上位者の近くにいて、慰めに話や遊びの相手などをすること。また、その者。御伽衆。特に、室町時代末から江戸時代、将軍の話し相手の役に当たった者。❷幼い主君に、遊び相手として仕えること。また、その者。御伽小姓(こしょう)。❸高貴な人などの寝室の相手をすること。また、その女性。

おと-ぎき【音聞き】〔名〕うわさ。世評。外聞。例「ただ今、ものものしげにてかの宮に迎へ据ゑむも、――便(びん)なかるべし」〈源氏・東屋〉訳 今すぐに、（浮舟を本妻のように）堂々とかの宮（＝自邸三条宮）に迎えておくのも、世間のうわさが不都合であろう。

御伽草子(おとぎざうし) ゾウシ【小説のジャンル名】室町時代から江戸時代初期にかけて成立した、老幼女子向きの短編小説の総称。

おとこ【男】〔名〕⇩をとこ

おと-ご【弟子・乙子】〔名〕一番末に生まれた子。末っ子。

おどし【威・縅】〔名〕⇩をどし

おとし・む【貶む】〔他マ下二〕〈め・め・む・むる・むれ・めよ〉さげすむ。軽蔑(けいべつ)する。例「――・め疵(きず)を求め給ふ人は多く」〈源氏・桐壺〉訳（桐壺更衣(きりつぼのこうい)を）さげすみあら捜しをしたりなさる方は多く。

おと・す【落とす】〔他サ四〕〈さ・し・す・す・せ・せ〉（「おつ」の他動詞形）❶**落下させる**。なくす。❷（馬を）**駆け降りさせる**。例「一の谷のうしろ鵯越(ひよどりごえ)にうち上がり、すでに――・さんとし給ふに」〈平家・九・坂落〉訳 一の谷の後方の鵯越に登り、今まさに馬を駆け降りさせようとなさると。❸漏らす。抜かす。例「『一つな――・しそ』と言へば、いかがはせむ」〈枕草子・中納言参り給ひて〉訳（人々が）「一

つも(書き)漏らすな」と言うので、しかたがない。❹つき物を取り除く。病気を治す。❺逃げ去らせる。逃げのびさせる。❻下げる。また、劣った状態にする。例「よそほしかりし御ひびきに——・させ給はず」〈源氏・桐壺〉訳立派であったといううご評判に比べて劣らないようになさる。

おど・す【威す・嚇す】〔他サ四〕{さ・し・す・す・せ・せ}❶**こわがらせる。恐れさせる。**例「いときなき子をすかし、——・し、言ひ恥づかしめて興ずる事あり」〈徒然草・一二九〉訳幼い子どもをだましたり、こわがらせたり、何か言ってからかったりして面白がることがある。❷びっくりさせる。驚かす。例「日のさし入りたるにねぶりてゐたるを、——・すとて」〈枕草子・上にさぶらふ御猫は〉訳(猫が)日のさしこんでいる所で眠っているのを、びっくりさせようと。

おと-づ・る【音づる・訪る】〔自ラ下二〕{れ・れ・る・るる・るれ・れよ}❶音や声を立てる。例「雲居(くもゐ)に郭公(くわっこう)二声、三声、——・れてぞ通りける」〈平家・四・鵼〉訳空にカッコウが二声、三声、声を立てて通った。❷訪問する。(人を)訪ねる。例「山里人にも久しく——・れ給はざりけるを思(おぼ)し出でて」〈源氏・若紫〉訳山里の人にも長い間訪問なさっていないことをお思い出しになって。❸手紙で様子を尋ねる。便りをする。

おと-と【弟・妹】〔名〕《「おとうと」の変化した形》「おとうと」に同じ。例「昔、男、……兄——友だちひきゐて、難波(なには)の方(かた)に行きけり」〈伊勢・六六〉訳昔、ある男が、……兄弟や友達を連れて、大坂の方に行った。

おとど

【大殿】〔名〕《「おほとのと(大殿門)」から変化した語という》

> 本来は、身分の高い人の住まいの敬称。そこに住む貴人である、大臣、公卿、の敬称に多く用いる。

❶**身分の高い人の住まいの敬称。御殿(ごてん)。**例「——の造りざま、しつらひざま、更(さら)にもいはず」〈源氏・若紫〉訳御殿(＝二条院)の造り具合や飾り付けの様子は、言うまでもなく。❷〔「大臣」とも表記〕**大臣または公卿(くぎやう)の敬称。**「内の——(＝内大臣)」「おほき——(＝太政大臣)」「右の——(＝右大臣)」などの形でも用いる。例「この——は、九条殿の三郎君、東三条の——におはします」〈大鏡・兼家〉訳この大臣(＝藤原兼家)は、九条殿(＝師輔(モロスケ))の三男で、東三条の大臣でいらっしゃる。❸身分の高い婦人、または老婦人の敬称。

おと-い【弟兄・妹姉】〔名〕《「弟兄(おとえ)」の変化した形か》兄弟、または姉妹。例「そのころ都に聞こえたる白拍子(しらびやうし)の上手(じやうず)、祇王(ぎわう)祇女(ぎによ)とて——あり」〈平家・一・祇王〉訳その頃都で評判の白拍子の名人に、祇王祇女という姉妹がいた。

おとな

【大人】〔名〕❶成人になった人。一人前の男女。男は元服、女は裳着(もぎ)の儀式をすませたのちをいう。例「——になりにければ、男も女も恥ぢかはしてありけれど」〈伊勢・二三〉訳成人になったので、男の方も女の方も互いに気恥ずかしく思い合っていたけれども。❷**おもだった人。年輩の中心的人物。**かしら。例「資賢卿(すけかたのきやう)は古い人、——にておはしき」〈平家・二・大納言流罪〉訳資賢卿は年長者で、長老でいらっしゃった。

要点 ②は、その社会で中心となる年輩の人物を指すものであり、宮中における年輩の女房、一家の長、家臣の中の老臣・家老などを指して、広く用いられる。

おとな-おとな・し【大人大人し】〔形シク〕❶とても、大人びている。大変大人らしい。対ここし①　例「心おきて——・しく目やすく、人にまさりたる生ひ先しるく物し給ふを」〈源氏・竹河〉訳(薫(かをる)は十四、五歳なのに)考え方が大人びていて立派で、人並みすぐれた将来がはっきりとしていらっしゃるのを。❷年配で主(おも)だった人に見える。例「——・しき御前(ごぜん)の人々は、『かく、な』など言へど、えとどめあへず」〈源氏・葵〉訳年配のお供の人々は、「こんな、(乱暴は)するな」など言うが、(若い者達の騒ぎを)とてもやめさせられない。

おとな・し

【大人し】〔形シク〕対いとけなし・いはけなし・をさなし　⇩おとなおとなし

> 名詞「おとな(大人)」を形容詞化した語。大人のように見える、大人としての性質を持つ、の意。おだやかで、落ち着いている、ということから、現代語の「おとなしい」の意に変化した。

❶**大人びている。**一人前の様子である。例「かく——・しくならせ給ひにける御齢(よはひ)の程も、夢のやうになむ」〈源氏・橋姫〉訳(あなたが)このようにすっかり大人らしくおなりになったご年齢のほども、夢のようです。❷**年配で、思慮分別がある。年長者らしく落ち着いている。**例「心ばせある少将の尼、左衛門とてある——・しき人、童(わらは)ばかりぞとどめたりける」〈源氏・手習〉訳気の利く少将の尼と、左衛門と呼ばれて仕えている年配で分別のある女房と、少女の召使いだけを(浮舟のもとに)残しておいた。❸年配で頭(かしら)だっている。例「——・しき郎等(らうどう)進み来たるに」〈今昔・二六・一七〉訳(出迎えの一行の中から)頭だった家来が(利仁(としひと)の前に)進んできたのに向かって。❹おだやかである。おとなしい。すなおである。例「うららかに言ひ聞かせたらんは、——・しく聞こえなまし」〈徒然草・二三四〉訳はっきり説明したならば、おだやかに(相手に)聞かれるであろう。

おとなし-やか【大人しやか】〔形動ナリ〕《「やか」は接尾語》(年齢の割りに)いかにも大人びてしっかりしているようす。年長者らしく、いかにも分別がありそうだ。聞き分けがよくて柔順そうだ。例「幼けれども、心——・なる者なり」〈平家・一二・六代〉訳年齢は幼いけれども、心は大人びてしっかりしている者だ。

おとな-だ・つ【大人だつ】〔自タ四〕{た・ち・つ・つ・て・て}《「だつ」は接尾語》おとならしくなる。年配者らしく見える。例「受領(ずりやう)など——・ちぬるも、ふくらかなるぞよき」〈枕草子・若き人、ちごどもなどは〉訳受領などのようなおとならしくなった人も、太っているのがよい。

おと-なひ

【音なひ・訪ひ】〔名〕《動詞「おとなふ」の連用形の名詞化》❶**音がすること。物音。**響き。例「おりのぼる衣(きぬ)の——など、おどろおどろしからねど、さなりと聞こえたる、いと心にくし」〈枕草子・心にくきもの〉訳退出・参上の際の衣ずれの音などが、おおげさではないが、それと分かるのは、実に奥ゆかしい。

❷（主として、聴覚でとらえられる）気配。様子。例「梅壺の女御ののぼらせ給ふなる――」〈更級・宮仕へ〉訳 梅壺女御が（清涼殿に）おいでになるらしい気配。

❸（音をたてての）訪問。おとずれ。例「例ならぬほとどぎすの――にも、やすき空なく思ふべかめれ」〈蜻蛉・下・天延二年〉訳 例年にないホトトギスのおとずれにも、心の休まることなく物思いをさせられるようです。

❹評判。取り沙汰。

おと-な・ふ【音なふ・訪なふ】（ノウナ）〔自ハ四〕{は・ひ・ふ・へ・へ}

> 名詞「音」に接尾語「なふ」（＝「おこなふ」の「なふ」）が付いた語。**音を立てる**、の意。また、音を立てて訪問を知らせることから、**訪問する**、の意になる。

❶**音を立てる**。例「木の葉に埋もるる懸樋の雫ならでは、つゆ――ふものなし」〈徒然草・一一〉訳 木の葉に埋もれた懸樋から落ちるしずくの音のほかには、まったく音を立てるものがない。注 コノ例ハ②ノ意味モ掛ケテイル。

❷**訪問する**。訪れる。例「このわたりに――ふ折あらむついでに」〈源氏・宿木〉訳 このあたりに訪れる機会があったら（こう言っていたとお伝え下さい）。

おとな・ぶ【大人ぶ】〔自バ上二〕{び・び・ぶ・ぶる・ぶれ・びよ} ❶成長する。例「宮はいみじううつくしう――び給ひて」〈源氏・賢木〉訳 東宮はたいそうかわいらしく御成長なさって。

❷おとなになる。おとならしくなる。例「すこし――び給へるは、青鈍の指貫、白き袴もいとすずしげなり」〈枕草子・小白河といふ所は〉訳 少し年配でいらっしゃる方々は、青鈍の色目の指貫に白い袴をはいて見た目にもたいそう涼しそうである。注「指貫」ハ袴ノ一種。

おと-に-き・く【音に聞く】⇩「おと（音）」子項目

音羽山（オトワヤマ）【山名】❶京都市東山区清水寺の裏手にある山。東山三十六峰の一つで、中腹に清水寺がある。桜・紅葉の名所で、音羽の滝がある。

❷京都市山科区と滋賀県大津市との境にある山。その北は逢坂山に連なる。現在、この山の下に東海道新幹線のトンネルが貫通している。歌枕。

音羽山

おと-みや【弟宮・妹宮】〔名〕弟である皇子。妹である皇女。

おとめ【少女・乙女】〔名〕⇩をとめ

おと-も-せ・ず【音もせず】⇩「おと（音）」子項目

おと-や【乙矢】〔名〕二本の矢を持って弓を射る時の、あとの矢。

おとり-ざま【劣り様】〔名・形動ナリ〕劣った様子。例「よろづの事、昔には――に、浅くなりゆく世の末なれど」〈源氏・梅枝〉訳（今は）すべての事が、昔とくらべて劣ったようすで、浅薄になっていく末世であるけれど。

おとり-ばら【劣り腹】〔名〕身分・家柄の低い母親から生まれた子。

おとり-まさ・る【劣り勝る】〔自ラ四〕{ら・り・る・る・れ・れ} ❶劣っているかまさっているか判断がつく。優劣がつく。例「とりどりに出で給へるありさま、――らず」〈源氏・行幸〉訳 それぞれにお作り出された出来ばえは、優劣つけがたく。

❷劣る点が多い。劣り勝ちである。

おと・る【劣る・損る】〔自ラ四〕{ら・り・る・る・れ・れ}（他に比べて及ばないの意）❶身分や官位が低い。例「――りたる人の、居ずまひもかしこまりたるけしきにて」〈枕草子・碁を〉訳 身分の低い人が、座り方もかしこまった様子で。

❷（価値や能力の点で）ひけをとる。劣る。例「愚かなる人といふとも賢き犬の心に――らむや」〈徒然草・一七四〉訳 いかに愚かな人でも賢い犬の心にひけをとってよいものか。

おど・る【踊る】〔動〕⇩をどる

おどろ【棘・荊棘】〔名〕❶**草木がぼうぼうと茂っていること**。また、その所。やぶ。例「奥山の――が下も踏み分けて道ある世ぞと人に知らせむ」〈新古今・雑中・一六三三〉訳 奥山の草木の生え茂った藪の下も踏み分けて行って、どんな山奥にも道のある世だと人に知らせよう。

❷髪などが乱れている様子。

おどろ-おどろ・し〔形シク〕（「驚く」の「おどろ」を重ねた語）

> 思わずはっと驚くくらい、**おおげさな様子**、を表し、場面に応じて、さまざまな意に用いられる。

（驚くほどに）**おおげさである**。**仰々しい**。例「麻柱に――しく二十人の人の上りて侍れば、散れて寄りまうで来ず」〈竹取・燕の子安貝〉訳 足場の上に仰々しく二十人もの人が上っていますから、（ツバメは）こわがって寄ってこないのです。

おどろか・す【驚かす】〔他サ四〕{さ・し・す・す・せ・せ}（「おどろく」の他動詞形）❶**びっくりさせる**。驚かせる。例「舎人の弓ども取りて、馬ども――し笑ふを」〈枕草子・正月一日は〉訳 舎人の弓を取って、馬をびっくりさせて笑っているのを。

❷**注意を促す**。**気づかせる**。例「御心ばへありて――させ給ふ」〈源氏・桐壺〉訳（帝には）ご意向があるので（和歌で左大臣に）注意を促された。

❸**目をさまさせる**。例「いだき――し給ふに驚きて」〈源氏・若紫〉訳（光源氏が）抱いて目をさまさせなさるので（若紫は）目がさめて。

❹（忘れた頃に、また思いがけない頃に）便りをする。訪れる。例「時々はそれよりも――い給はむこそ、思ふさまならめ」〈源氏・浮舟〉訳 時々はそちらからも便りを下さるようなことこそ、ありがたいことです。注「驚かい」ハ、「驚かし」ノイ音便。

おどろ・く【驚く】〔自カ四〕{か・き・く・く・け・け}（他動詞は「おどろかす」）

> **はっとする**、の意。そこから、**びっくりする**、の意にも、**はっと気づく**、の意にもなる。また、眠っていて、はっと気づくことが、**目がさめる**、ということになる。

❶びっくりする。驚く。例「あながちに人目――くばかり思されしも」〈源氏・桐壺〉訳 むやみに人が見てびっくりするほど（更衣を）いとしくお思いになったのも。

❷はっと気づく。例「秋来（き）ぬと目にはさやかに見えねども風の音にぞ―・かれぬる」〈古今・秋上・一六九〉訳 秋が来たと目でははっきりと見えないが、風の音に、（もう秋なのだと）はっと気づいたことだよ。

❸目がさめる。例「少し大殿籠（おほとのごも）り入りにけるに、蜩（ひぐらし）のはなやかに鳴くに―・き給ひて」〈源氏・若菜・下〉訳（光源氏は）少しおやすみになられたが、ヒグラシがにぎやかに鳴くのに目をさまされて。

おとろ・ふ【衰ふ】（オトロウ）〔自ハ下二〕（へ・へ・ふ・ふる・ふれ・へよ）（勢いや能力が）弱くなる。衰える。（容姿などが）やつれる。例「老いぬる人は精神―・へ、淡くおろそかにして、感じ動く所なし」〈徒然草・一七二〉訳 年をとってしまった人は精神力が衰え、あっさりとして大まかで、感情的に動くことがない。

おな・じ【同じ】〔形シク〕等しい。同一である。例「風波止まねば、なほ―・じ所に泊まれり」〈土佐・一月十六日〉訳 風波が静まらないので、やはり（昨日と）同じ港に停泊している。

参考 連体形には「同じ」「同じき」の二形がある。「同じ」は和文系の文章に用いられ、「同じき」は漢文訓読系の文章に用いられた。

おなじき【同じき】〔連体〕《形容詞「同じ」の連体形から》同じ、その。同上の。例「―閏（うるふ）二月二日」〈平家・六・入道死去〉訳 同じ年の閏二月二日。

おなじく-は【同じくは】〔副〕《「同じ」の連用形に係助詞「は」が付いて固定化した語。「同じうは」とも》同じ事なら。どうせなら。例「―、かの事沙汰（さた）しおきて」〈徒然草・五九〉訳 同じ事なら、あの事を処置しておいて。

おに【鬼】〔名〕❶死んだ人の霊魂がこの世に現れたもの。物の怪（け）。

❷恐ろしい姿をし、人を害して食うと考えられた想像上の怪物。例「―ある所とも知らで、……あばらなる蔵に、女をば奥に押し入れて」〈伊勢・六〉訳 鬼が住みついている所とも知らないで、……（男は）荒れ果てた蔵に、女を奥の方に押し入れて。

❸（接頭語的に）荒々しく勇猛なこと、形が異様なことを表す。「―葦毛（あしげ）」「―蜘蛛（ぐも）」「―ぐるみ」など。

要点 語源は「隠（おん）」の字音の変化したものともいわれるが、はっきりしない。中国の鬼（き）は、①の人の亡霊を指すが、日本では、平安時代以後、仏教の餓鬼（がき）・羅刹（らせつ）・夜叉（やしゃ）などと混同されたり、陰陽道（おんようどう）と結びついて、角（つの）をはやし、口が大きく裂け、腰に虎（とら）の皮をまとった姿で想像されるようになった。

おに-がみ【鬼神】〔名〕《「鬼神（きじん）」の訓読》荒々しく恐ろしい神。例「力をも入れずして天地（あめつち）を動かし、目に見えぬ―をもあはれと思はせ」〈古今・仮名序〉訳 力を入れずに天地（の神々）を感動させ、目に見えない鬼神をもしみじみと感激させて。注 和歌ノ効用ヲ述ベタモノ。

鬼貫（おにつら）〔人名〕⇩上島鬼貫（うへじまおにつら）

おに-もぢ【鬼綟】（モジ）〔名〕麻または綿の縒（よ）り糸の太いもので紗織（しゃおり）にした布。目が粗く、夏の肩衣（かたぎぬ）に用いる。

おに-やらひ【鬼遣らひ・追儺】（ヤライ）〔名〕宮中の年中行事の一つ。大晦日（おほみそか）の夜、疫病の鬼に扮装（ふんそう）した舎人（とねり）を矢で射て、災難を払い除く儀式。追儺（ついな）。民間で、節分の夜、豆をまいて鬼を追い払う風習は、これの変化したもの。

おにやらひ

お-ぬし【御主】〔代名〕《人称代名詞。対称》同等またはやや目下の相手に対して用いる。そなた。おまえ。例「その末広がりを―は見たことがあるか」〈狂言・末広がり〉訳 その末広がり（というもの）をおまえは見たことがあるか。

おの-おの【各】㊀〔代名〕《人称代名詞。対称》多数の相手を呼ぶ語。皆さん。諸君。例「これを―聞き給へ」〈平家・二・烽火之沙汰〉訳 これを皆さんお聞き下さい。

㊁〔副〕それぞれ。めいめい。例「―肝（きも）つぶるるやうに争ひ走り上（のぼ）りて」〈徒然草・一三七〉訳 それぞれ皆驚きあわてた様子で先を争って（桟敷（さじき）に）走りのぼって。

おの-が【己が】〔連語〕《代名詞「おの」＋格助詞「が」》❶《「が」が主格の場合》自分が。私が。例「―聞こゆることをば、今まで賜はねば」〈伊勢・九四〉訳 私が申し上げることを、今までくださらないので。注 絵ガ欲シイト言イヤッタノニ、クレナカッタノデアル。

❷《「が」が連体の場合》自分の。私の。例「―身の賢きよしなど、心一つをやりて説き聞かするを」〈枕草子・正月一日は〉訳（老人が任官を望んで）自分の身がすぐれていることなどを、熱心に説いて聞かせるのを。

おの-が-じし【己がじし】〔副〕《「己が為々（しし）」から。「為」はサ変動詞「す」の連用形。各自がすること、の意》それぞれ。めいめい。思い思いに。例「池のわたりの梢（こずゑ）ども、遣（や）り水のほとりの草むら、―色づきわたりつつ」〈紫式部・土御門邸の秋〉訳 池のあたりの木々の梢や、庭の流水のほとりの草の茂みが、それぞれ（紅葉して）一面に色づいてきて。

おの-が-どち【己がどち】〔名〕自分たち仲間同士。例「御前にては、―物を言ふとも、聞こし召すには、などてか『まろが』などは言はむ」〈枕草子・文ことばなめき人こそ〉訳 帝（みかど）の御前においては、自分たち仲間同士話す時でも、帝がお聞きになっている時は、どうして「まろが」などと言おうか。注「まろ」ハ自称ノ代名詞、キドラナイ言イ方。

おの-が-よよ【己が世世】〔連語〕（男と女が）別れて、それぞれ別々の生活をすること。

おのこ【男子】〔名〕⇩をのこ

おの-づから【自ら】

（ズカラ）〔副〕《代名詞「おの」に「つ」「から」が付いたもの》

自然に、ひとりでに、がもとの意。自然の成り行きは、人の予想しないことが、たまたま起こったり、万一起こったりするところから、たまたま、や、万一、の意にもなる。

❶**自然に。ひとりでに。**例「母、物語など求めて見せ給ふに、げに―慰（なぐさ）みゆく」〈更級・物語〉訳 母様が、物語などを手に入れて見せて下さると、なるほど自然と（私の気も）晴れていく。

❷**たまたま。まれに。**例「水ほどばしって寄り付かず。―当たる水は、炎（ほむら）となって燃えければ」〈平家・六・入道

死去〉訳（水をかけようとしても）水は飛び散って（身体に）寄りつかない。たまたまかかった水は、ほのおとなって燃えたので。注 平清盛ノ熱病ノモノスゴサヲ語ル場面。
❸（多く仮定表現を伴って）**万一。ひょっとして。**例「もし——少しの便（たよ）りをも与へ給ふべくは」〈今昔・一六・二八〉訳もし万一ちょっとした便宜（べんぎ）を与えてくださるものならば（それを夢に示してください）。

おの-づま【己妻・己夫】〔名〕自分の妻、または夫。

小野小町（おののこまち）【人名】⇩をののこまち（小野小町）

おのれ【己】■一〔代名〕《人称代名詞》❶（反照指示）**自分自身。その人（物）自身。**例「賢げなる人も、人の上をのみはかりて、——をば知らざるなり」〈徒然草・一三四〉訳賢そうな人でも、人のことばかり推し量っていて、自分自身を知らないものだ。
❷（自称）**私。**謙譲の気持ちを含むことが多い。例「——見捨て奉らば、いかで世におはせむとすらむ」〈源氏・若紫〉訳私が（死んで）見捨て申し上げたならば、（あなたは）どのようにしてこの世に生きていこうとなさるのでしょう。
❸（対称）**おまえ。きさま。**目下に対したり、ののしったりする時に用いる。例「かぐや姫は、罪を作り給へりければ、かくいやしき——がもとに、しばしおはしつるなり」〈竹取・かぐや姫の昇天〉訳かぐや姫は、（天上界で）罪を犯しなさったので、こうしていやしいおまえのもとに、しばらくいらっしゃったのだ。注 天人ガ竹取ノ翁（オキナ）ヘ言ッタ言葉。
■二〔感〕怒りや無念の気持ちをこめて、強く発する言葉。やい。こら。例「——、そのつれを言うたならば、ために悪からう」〈狂言・靫猿〉訳やい、そのようなことを言ったら、おまえのために悪いだろうよ。

おのれ-と【己れと】〔副〕自然に。ひとりでに。自分から。例「——枯るるだにこそあるを、名残なく、いかが取り捨つべき」〈徒然草・一三八〉訳（賀茂の祭が終わった後の葵（あおい）は）自然に枯れるのでさえ惜しいのに、きれいさっぱりと、どうして取り捨てられようか（そんなことはできない）。

お-ば【祖母】〔名〕《「おほば」の変化した形》祖母。対 おほち（祖父）① 例「かの御——北の方、慰むかたなく思（おぼ）し沈みて」〈源氏・桐壺〉訳あの（光源氏の）祖母である奥方は、慰めようもなく思い沈んでおられて。

参考 伯母・叔母などの仮名遣いは、「をば」で別語。

お-はぐろ【御歯黒・鉄漿】〔名〕《「御歯黒め」の略。もと女房詞（にょうぼうことば）》歯を黒く染めること。また、それに用いる液。成年に達したるしとして上流婦人の間で行われ、男子が行うこともあった。近世には結婚した女性が行うようになった。⇩かね

おはぐろ

参考 (2)

おはさう・ず【御座さうず】（オワソウズ）〔ぜ・じ・ず・ずる・ずれ・ぜよ〕《「おはさふ」の連用形にサ変動詞「す」の付いた「おはさひす」の変化した形。主語は複数であるのが普通》■一〔自サ変〕❶「あり」「をり」の尊敬語。（人々が）いらっしゃる。例「碁（ご）打ちさして恥ぢらひて——・ずる、いとをかしげなり」〈源氏・竹河〉訳（姫君達が）碁を打つのをやめて恥ずかしそうにしていらっしゃる様子は、とてもかわいらしく見える。
❷「行く」「来（く）」の尊敬語。（人々が）お行きになる。来られる。例「いま二所も、にがむにがむ、おのおの——・じぬ」〈大鏡・道長・上〉訳あとのお二人も、しぶしぶ、おのおのお行きになった。
■二〔補動サ変〕（人々が）…（して）いらっしゃる。…（で）いらっしゃる。…おられる。例「てづから打ち鳴らし、遊び——・ず」〈源氏・末摘花〉訳（若君達は太鼓までも）自分達で打ち鳴らして、合奏していらっしゃる。⇩いまさうず

おはさ・ふ【御座さふ】（オワサ（ソ）ウ）〔は・ひ・ふ・ふ・へ・へ〕《主語は複数》■一〔自ハ四〕「あり」「をり」の尊敬語。（人々が）いらっしゃる。例「昔物語して、この——・ふ人々に、さは古（いにしへ）は世はかくこそ侍（はべ）りけれと聞かせ奉らむ」〈大鏡・序〉訳昔の事を話して、ここにいらっしゃる人々に、やはり昔は世の中はこんなふうだったのだなあとお聞かせ申しましょう。
■二〔補動ハ四〕（人々が）…していらっしゃる。例「生まれ給へる御子（みこ）をうつくしみ——・ふ」〈宇津保・国譲・中〉訳（父宮達も）お生まれになった子をかわいがっておられる。

おはし-つ・く【御座し着く】（オワシツ）〔か・き・く・く・け・け〕〔自カ四〕《「行き着く」の尊敬語》ご到着になる。お着きになる。例「かくて筑紫に——・きて、ものをあはれに心細く思（おぼ）さるる夕（ゆふべ）」〈大鏡・時平〉訳こうして筑紫にお着きになって、何事もしみじみと心細くお思いになられる夕暮れに。

おはし-まさ・す【御座しまさす】（オワシ…）〔連語〕《動詞「おはします」の未然形＋使役の助動詞「す」》❶いらっしゃるようにさせる。いさせ申し上げる。例「三の宮をぞ、さうざうしき御慰めには——・せ給ひける」〈源氏・幻〉訳（明石の姫君は）三の宮を、（光源氏の）所在なさを慰めるお相手としておとどめ申し上げなさった。
❷お行きになるようにさせる。来させ申し上げる。例「宮をば、御馬（むま）にて暗きまぎれに——・せ給ひて」〈源氏・総角〉訳（薫（かおる）は）匂宮（におうのみや）を、馬で闇に紛れてお迎え申し上げなさって。

おはし-まさ・ふ【御座しまさふ】（オワシマサ（ソ）ウ）〔は・ひ・ふ・ふ・へ・へ〕■一〔自ハ四〕「あり」「行く」「来（く）」の尊敬語。（人々が）いらっしゃる。おいでになる。例「女君達は皆かく——・ふ」〈大鏡・師輔〉訳姫君達は皆このようで（＝高貴ナ方ニ嫁イデ）いらっしゃいます。
■二〔補動ハ四〕《用言および断定の助動詞「なり」の連用形に付いて》（人々が）…て（で）いらっしゃる。…て（で）おいでになる。例「御簾（みす）の内に、……立ち並（な）み——・ふ」〈枕草子・関白殿、二月二十一日に〉訳簾（すだれ）の内側に、（中宮以下八人が）立ち並んでいらっしゃる。
要点「おはさふ」と類義で、主語は複数であるのが普通であるが、「おはさふ」よりも敬意が高い。

おはしまし-あ・ふ【御座しましあふ】（オワシマシアウ）〔は・ひ・ふ・ふ・へ・へ〕〔自ハ四〕（複数の人が）おいでになる。いらっしゃる。例「それをさへ分かたせ給へば、しか——・へるに」〈大鏡・道長・上〉訳（花山天皇は）通る道筋までも（三人それぞれ）お分けになったので、その通りにおいでになったところ。

おはしまし-つ・く【御座しまし着く】（オワシマシ…）〔か・き・く・く・け・け〕〔自カ四〕❶《「行き着く」の尊敬語》ご到着になる。お着きになる。例「大宮のぼりにおはして世尊寺へ——・きぬ」〈大鏡・伊尹〉訳大宮大路を北にのぼっていらっしゃって世尊寺にお着きになった。
❷《「居つく」の尊敬語》居ついていらっしゃる。例「いつの間（ま）にから年ごろの御住まひのやうに——・きたるにかとをか

し」〈枕草子・関白殿、二月二十一日に〉訳（新しい御殿なのに）いつの間にこんなに長年のお住まいのように居ついていらっしゃったのかとおもしろい。

おはし-ま-す【御座します】(オワシ:ス) 〔自サ四〕（き・し・す・す・せ・せ）**一** ❶（「あり」「居(を)り」の尊敬語）**いらっしゃる。おありになる。** 例「国の親となりて、帝王の上(かみ)なき位にのぼるべき相――す人の」〈源氏・桐壺〉訳国家の最高位の方となって、帝王というこの上ない位にのぼるはずの人相がおありになる人で。

❷（「行く」「来(く)」の尊敬語）**おいでになる。お越しになる。** 例「今日はほかへ――すとて渡り給はず」〈枕草子・すさまじきもの〉訳今日はよそへいらっしゃるとかで（こちらへは）おいでになりません。

二〔補動サ四〕**…ておいでになる。…ていらっしゃる。** 例「未(ひつじ)くだる程に、南の寝殿に移り――す」〈源氏・藤裏葉〉訳午後二時過ぎ頃に、（冷泉(れいぜい)帝は）南の寝殿に移っておいでになる。

> 要点 動詞「おはす」に「ます」が付いた語。一説に、動詞「まします」に接頭語「おほ」が付いた「おほまします」の変化した語ともいわれるが、はっきりしない。「おはす」よりも敬意が高い。さらに、尊敬の助動詞「す」「さす」が付いた「せおはします」「させおはします」も使われる。⇩まします 参考

おは-す【御座す】(オワス)（せ・し・す・する・すれ・せよ）

> 相手の動作や状態を尊敬して表現する語。その動作や状態にあたる代表が、**あり、居り、行く、来**の四語。文脈によってどの語の尊敬語の役割をはたしているか考える必要がある。

一〔自サ変〕❶（「あり」「居(を)り」の尊敬語）**いらっしゃる。おいでになる。おありになる。** 例「この住吉(すみよし)の明神(みやうじん)は、例の神ぞかし。欲しき物ぞ――・すらむ」〈土佐・二月五日〉訳この住吉神社の神様は、例の（欲ばりな）神様なのですよ。（このように風を吹かせていらっしゃるのは）何か欲しい物がおありになるのでしょう。

❷（「行く」「来(く)」の尊敬語）**おいでになる。お越しになる。** 例「今出川のおほい殿、嵯峨(さが)へ――・しけるに」〈徒然草・一一四〉訳今出川の大臣殿が、嵯峨（＝京都市ノ西北）にお越しになった時に。

二〔補動サ変〕**…ておいでになる。…ていらっしゃる。** 例「中将の君の東面(ひんがしおもて)にうたたねしたるを、あゆみ――・して見給へば」〈源氏・幻〉訳女房の中将の君が東側の部屋でうたた寝しているのを、（光源氏が）歩いておいでになってご覧になると。

> 要点 平安時代以降「ます」「まします」に代わって用いられた。「おはします」に比べて敬意が低い。四段と下二段の両様に活用したと見る説もある。近世の文語文では四段に活用することが多い。

姨捨山(をばすてやま)〔山名〕⇩をばすてやま（姨捨山）

お-はもじ【御は文字】〔名〕（室町時代に宮中の女房が使い始めた文字言葉。「お」は美称の接頭語。「は」は「恥づかし」の語頭音）恥ずかしいこと。

> 要点 **文字言葉** 江戸時代になると、文字言葉が上品な語感を伴う女性語として用いられた。「**ゆもじ**（＝湯巻キ）」「**かもじ**（＝髪マタハ鬘）」「**すもじ**（＝鮨(スシ)）」「**たもじ**（＝蛸(タコ)）」などで、京都では、現代でも上品な老婦人の会話などに散見される。

おひ【笈】(オイ)〔名〕山伏や修行僧などが、食物・衣類・仏具などを入れて背負う道具。

おひ

おび【帯】〔名〕（動詞「おぶ」の連用形の名詞化）❶和服を着る時腰に巻いて結ぶもの。例「大君の三笠の山の――にせる細谷川(ほそたにがは)の音の清(さや)けさ」〈万葉・七・一一〇二〉訳三笠の山が帯にしているような細い谷川の音のさえていることよ。注「大君の」ハ「三笠」ノ枕詞。

❷妊婦が五か月目に腹に巻く布。腹帯。岩田帯。

おひ-い-づ【生ひ出づ】(オイイズ)〔自ダ下二〕（で・で・づ・づる・づれ・でよ）❶生まれ出る。また、（植物や歯が）はえ出る。例「腹々に、御子ども、いとあまた次々に――・でつつにぎはしげなるを」〈源氏・澪標〉訳夫人達に、子供達が、とても大勢次々と誕生してにぎやかな様子なのに。

❷成長する。育つ。例「東路(あづまぢ)の道の果(は)てよりも、なほ奥つ方に――・でたる人」〈更級・かどで〉訳京の都から東国へ行く道の終わる所（＝常陸(ヒタチ)）よりも、もっと奥へ入った所（＝上総(カズサ)）で大きくなった人。

おひ-いで-く【生ひ出で来】(オイ)〔自カ変〕（こ・き・く・くる・くれ・こ（こよ））はえ出てくる。例「春日野(かすがの)の雪間(ゆきま)を分けて――・来る草のはつかに見えし君はも」〈古今・恋一・四七八〉訳春日野の雪の消えた所を押し分けて芽吹いてくる若菜のように、ちらりと見えただけのあなたは（恋しいことです）。

おひ-う-つ【追ひ棄つ】(オイ)〔他タ下二〕（て・て・つ・つる・つれ・てよ）追い払う。追い出す。例「にはかに親、この女を――・つ」〈伊勢・四〇〉訳急に（男の）親は、この女を追い払った。

おびえ-まど-ふ【怯え惑ふ】(ドウ/マ)〔自ハ四〕（は・ひ・ふ・ふ・へ・へ）恐ろしく思ってうろたえる。こわがって、どうしていいかわからなくなる。例「痴(し)れ者は走りかかりたれば、――・ひて御簾(みす)のうちに入りぬ」〈枕草子・上にさぶらふ御猫は〉訳馬鹿者（＝「翁(おき)なまろ」トイウ犬）は（猫に）飛びかかったので、（猫はこわがりうろたえて御簾の中に入ってしまった。

おひ-かぜ【追ひ風】(オイ)〔名〕❶（舟などの）進む方向へ吹く風。順風。例「日の長き頃なれば、――さへ添ひて、まだ申(さる)の時ばかりに、かの浦に着き給ひぬ」〈源氏・須磨〉訳日の長い頃であったので、追い風までが加わって、まだ（明るい）午後四時頃に、須磨の浦にお着きになった。

❷人の動きにつれてあたりにただよう香(かう)のかおり。例「君の御――いと殊(こと)なれば」〈源氏・若紫〉訳光源氏が動くたびに漂う香のかおりが特にすぐれているので。

おひかぜ-ようい【追ひ風用意】(オイカゼ)〔連語〕通(とほ)った後に、よい香りが漂うように、衣服に香をたきしめておくこと。貴族のたしなみの一つ。例「寝殿より御堂(みだう)の廊に通ふ女房の――など」〈徒然草・四四〉訳寝殿（＝正殿）から

御堂の廊下に行き来する女房の通った後によい香りが漂うようにしておくたしなみなど(気を配っている)。

おひ・く【追ひ来】(オイク)〔自カ変〕(こ・き・く・くる・くれ・こ(よ))後を追いかけて来る。追って来る。例「『海賊――・ぐ』といふこと絶えず聞こゆ」〈土佐・一月二十五日〉訳「海賊が追いかけて来る」という噂が絶えず耳に入る。

おひ-こ・る【生ひ凝る】(オイ)〔自ラ四〕(ら・り・る・る・れ・れ)草木が生い茂る。密生する。例「菖蒲(さうぶ)・菰(こも)など――・りて水もみどりなるに」〈枕草子・池ある所の〉訳ショウブやマコモなどが生い茂り、水面も緑色に見えるのに。

おひ-さき【生ひ先】(オイ)〔名〕成長していく先。期待される将来。例「いみじく――見えて美しげなる容貌(かたち)なり」〈源氏・若紫〉訳(光源氏が初めて見た若紫は)大変将来の美貌が期待される様子でかわいらしい顔かたちである。

要点 例の「――見ゆ」のほか、「――有り・無し」「――籠(こも)る(＝将来性ガアル)」などの形で用いることが多い。

おびたた・し【夥し】〔形シク〕(近世以降は「おびただし」)❶物音や騒ぎが大きい。騒がしい。例「――・しく鳴りとよむほどに、物言ふ声も聞こえず」〈方丈記・辻風〉訳(つむじ風が)騒がしく鳴り響くので、話し声も聞こえない。
❷程度がはなはだしい。激しい。ものすごい。盛んである。例「白波――・しうみなぎり落ち」〈平家・九・宇治川先陣〉訳(宇治川は)白波が盛んに立って水は流れ落ち。
❸数量がきわめて多い。沢山である。

おひ-た・つ【生ひ立つ】(オイ)〔自タ四〕(た・ち・つ・つ・て・て)育ってゆく。成長する。

おひ-なほり【生ひ直り】(オイナオリ)〔名・自サ変〕成長してよく改まること。変わって立派になること。例「――を見出でたらむ時と思されて」〈源氏・末摘花〉訳(光源氏は、末摘花(すゑつむはな)の顔が)変わって美しくなったのを見出したらその時は(どんなにうれしかろう)とお思いになって。

おひ-な・る【生ひ成る】(オイ)〔自ラ四〕(ら・り・る・る・れ・れ)育つ。成長する。成人する。例「見るままにいと美しげに――・りて」〈源氏・花宴〉訳(若紫は)見るたびに大変かわいらしく成長して。

笈の小文(おひのこぶみ)(オイ)【書名】江戸前期の俳諧(はいかい)紀行文。松尾芭蕉が一六八七年(貞享四)十月江戸を出発し、尾張を経て、郷里の伊賀上野で新年を迎え、吉野・奈良・大坂・須磨・明石などを遊歴、その旅をつづったもの。芭蕉の人生観や芸術観がうかがわれる。芭蕉の死後、一七〇九年(宝永六)に弟子の乙州(おとくに)が刊行した。

おひ-のぼ・る【生ひ上る】(オイ)〔自ラ四〕(ら・り・る・る・れ・れ)たけ高くはえ伸びる。

おひ-まさ・る【生ひ優る】(オイ)〔自ラ四〕(ら・り・る・る・れ・れ)成長するに従ってより優れてくる。例「月日に添へて、この君のうつくしうゆゆしきまで――・り給ふに」〈源氏・横笛〉訳月日がたつのにつれて、この君(＝薫(カオル))がかわいく不吉なまでにより美しく成長なさるので。

おひ-まどは・す【追ひ惑はす】(オイマドワス)〔他サ四〕(さ・し・す・す・せ・せ)追いかけていて、取り逃がす。つかまえそこなう。

おび・ゆ【怯ゆ】〔自ヤ下二〕(え・え・ゆ・ゆる・ゆれ・えよ)恐ろしさにびくびくする。恐ろしがる。こわがる。例「ゆくりかに寄り来たるけはひに、――・えて」〈源氏・玉鬘〉訳突然(人が)近付いて来た気配に、おびえて。

おひ-ゆ・く【生ひ行く】(オイ)〔自カ四〕(か・き・く・く・け・け)大きくなっていく。成長していく。例「あはれ、そのおのおの――・く末まで見果てむとすらむやは」〈源氏・横笛〉訳ああ、幼い一人ひとり(＝孫娘ト赤子ノ薫(カオル))の成人した先まで見届けられるのだろうか。

おび・る〔自ラ下二〕(れ・れ・る・るる・るれ・れよ)内気で頼りなさそうである。おっとりしている。

お・ふ【生ふ】(オウ)〔自ハ上二〕(ひ・ひ・ふ・ふる・ふれ・ひよ)生長する。はえる。育つ。例「み立たしの島の荒磯(ありそ)を今見れば――・ひざりし草――・ひにけるかも」〈万葉・二・一八一〉訳(皇子の)立っておられた(庭の池の)岸の岩々を今見ると、(皇子の生存中は)生えていなかった草が生えてしまっているよ。

お・ふ【負ふ】(オウ)〔一〕〔自ハ四〕(は・ひ・ふ・ふ・へ・へ)似合う。似つかわしい。例「文屋康秀(ふんやのやすひで)は、言葉は巧みにて、そのさま身に――・はず」〈古今・仮名序〉訳文屋康秀(＝六歌仙ノ一人)は、言葉の使い方が巧みだが、その歌の姿は中身に似合っていない。
〔二〕〔他ハ四〕❶背にかつぐ。背負う。例「例ならぬ人の前に子――・ひて出で来たる」〈枕草子・見ぐるしきもの〉訳(見苦しいもの)たまに来た人の前に子供をおぶって出て来たの。
❷(「名に負ふ」の形で)名として持っている。例「名にし――・はばいざ言問(こと)はむ都鳥(みやこどり)我が思ふ人はありやなしやと」〈伊勢・九〉訳都という名前を持っているのならば、さあ尋ねてみよう、都鳥よ、私の愛する人は都で無事でいるのかいないのかと。注「都鳥」ハ、「ユリカモメ」トイウ。
❸(被害を)身に受ける。こうむる。例「あまたさるまじき人の恨みを――・ひし果て果ては」〈源氏・桐壺〉訳多くのそうあってはならない(＝恨マレテハナラナイ)人の恨みをこの身に受けたそのとどのつまりは。
❹負債を負う。借金をする。例「その人は、わが金(こがね)を千両――・ひたる人なり」〈宇治拾遺・一・八〉訳その人は、私の金を千両借りている人です。

お・ふ【追ふ】(オウ)〔他ハ四〕(は・ひ・ふ・ふ・へ・へ)❶追いかける。例「後(しり)に立ちて――・ひ行けど、え――・ひつかで」〈伊勢・二四〉訳後から追いかけて行くが、追いつくことができず。
❷追い払う。追い出す。例「うれたきや醜(しこ)ほととぎす暁(あかとき)のうら悲しきに――・へど――・へどなほし来鳴きて」〈万葉・八・一五〇七長歌〉訳腹立たしいぞ、嫌なホトトギスめが、夜明け前のもの悲しい時に、追っても追ってもなおもやって来て鳴いて。
❸目標をめざして進む。例「暁(あかとき)に船を出だして室津(むろつ)を――・ふ」〈土佐・一月十一日〉訳夜明け前に船を出して室津(＝高知県室戸市室津)をめざして進む。
❹前を行かせる。追いたてる。例「希有(けう)の童(わらは)かな。かかる所にて御牛をば――・ふものか」〈徒然草・一一四〉訳けしからん牛飼い童だな。こんな所(＝小川)で(牛車(ぎっしゃ)の)牛を追いたててよいものか。
❺(「先を追ふ」の形で)貴人の通行に際し、人を去らせる。先払いをする。例「前駆(さき)少し――・はする車とどめて降るる人」〈枕草子・説経の講師は〉訳先払いを小人数でやらせている牛車(ぎっしゃ)を止めて降りる人。

お・ぶ【帯ぶ】〔他バ上二〕(び・び・ぶ・ぶる・ぶれ・びよ)(上代は四段活用)❶身につける。特に、腰に下げたり、巻いたりする。
❷含み持つ。含む。例「梨花(りくわ)一枝(いっし)、春、雨を――・びたり」〈枕草子・木の花は〉訳梨(なし)の花がひと枝、

時は春、雨を含んでいる。

おふ・す【生ふす】オウス〔他サ四〕{さ・し・す・す・せ・せ}はやす。成長させる。伸ばす。例「爪(つめ)を━・したり。琵琶(びわ)など弾くにこそ」〈徒然草・二三〉訳爪を伸ばしている。琵琶かなにか弾くのであろう。

お-ぶつみゃう【御仏名】オブツミョウ〔名〕《仏教語。「御仏名会(え)」の略》陰暦十二月十九日から三日間、宮中の清涼殿(せいりょうでん)で行われた仏事。諸国の寺院や貴族の家でも行われた。僧が三世(=過去・現在・未来)の諸仏の名号を唱え、六根(=人ノ六種ノ感覚器官)の罪の消滅を祈った。仏名会(ぶつみょうえ)。(季・冬)

おほ【凡】オオ〔形動ナリ〕《上代語。「おぼ」であったとも。「おほよそ」「おぼろ」「おぼめく」などの「おほ」「おぼ」と同じ語源》❶はっきりしない。ぼんやりとしている。例「梓弓(あずさゆみ)音聞く我も━・に見しこと悔しきを」〈万葉・二・二七長歌〉訳(美しいあの子の)評判を聞いていた私も、(これまで)ただぼんやりと見ていたのが悔やまれてくるのに。❷ふつうである。平凡である。いいかげんである。例「人こそは━・にも言はめわがここだ偲(しの)ふ川原(かはら)を標(しめ)結(ゆ)ふなゆめ」〈万葉・七・一二五二〉訳他人は(ここを)平凡な景色だと言うでしょう。しかし、私がこんなに賞美している(佐保川の)川原なのですから、決して(立入禁止の)しめなわを結わないで下さい。

おほ【大】オオ〔接頭〕《名詞に付く》❶大きい、広い、の意を表す。「━海」「━路(ぢ)」「━船」など。❷数量が多い、の意を表す。「━水」「━雪」など。❸程度がはなはだしい、の意を表す。「━盗人(ぬすびと)」「━をそ鳥(=大変ナアワテモノノ鳥)」など。❹尊敬、賞賛、の意を表す。「━君」「━宮」など。

大海人皇子(おほあまのみこ)オオアマノミコ《人名》天武天皇の皇子時代の名。生年未詳。六八六年(天武一五)没。兄の中大兄皇子が天智天皇として即位して皇太弟となったが、天智天皇没後、大友皇子との間に壬申(じんしん)の乱が起こり、近江朝を倒し、飛鳥浄御原(あすかのきよみはら)に遷都し即位する。「八色(やくさ)の姓(かばね)」を制定し、律令体制を強化する。万葉初期の歌人でもある。

おほい【大】オオイ〔接頭〕《「おほき(大き)」のイ音便》「おほき(大)二(接頭)」に同じ。「━君」「━殿」「━臣(まうちぎみ)」「━納言(ものまうすつかさ)」など。

おほい-ご【大子】オオイ・〔名〕長女。

おほい-ぎみ【大君】オオイ・〔名〕貴族の長女の敬称。二女を「中の君」、三女以下は「三の君」「四の君」という。

おほい-どの【大殿・大臣殿】オオイ・〔名〕❶大臣の邸宅の敬称。例「内裏(うち)にのみさぶらひようし給ひて、━には、絶え絶えまかで給ふ」〈源氏・帚木〉訳(光源氏は)宮中だけが居心地よいとおっしゃって、(葵(あおい)の上の住む)左大臣邸には、何日も間を置いておいでになる。❷大臣の敬称。例「宣耀殿女御(せんえうでんのにょうご)と聞こえけるは、小一条の左の━の御女(むすめ)におはしける」〈枕草子・清涼殿の〉訳宣耀殿女御とおっしゃった方は、小一条の左大臣のご息女でいらっしゃった。

おほい-まうちぎみ【大臣】オオイモウチギミ〔名〕《「おほきまへつぎみ」の変化した形》大臣(だいじん)。例「昔、左の━いまそがりけり」〈伊勢・八一〉訳昔、(ある)左大臣がいらっしゃった。

おほ-いらつめ【大娘・大嬢】オオ・〔名〕《「おほおみな」とも》(貴人の)長女。

おほ-うち【大内】オオ・〔名〕皇居。御所(ごしょ)。内裏(だいり)。

おほ-うちき【大袿】オオ・〔名〕ゆき・たけなどを特に大きく仕立てた袿(うちき)。祝儀・褒美(ほうび)として賜るもので、着る時は仕立て直して用いた。

おほうち-やま【大内山】オオウチ・〔名〕皇居。宮中。

大内山(おほうちやま)オオウチ・《地名》京都市右京区嵯峨(さが)にある山。仁和寺(にんなじ)の北にあり、宇多(うだ)法皇の離宮があった。

大内山

おほ-うみ【大海】オオ・〔名〕❶大きな海。❷織物・蒔絵(まきえ)などの模様の名。大波・海藻・貝などを取り合わせ、海辺の景色を表したもの。海賦(かいぶ)。

おぼえ【覚え】〔名〕《動詞「おぼゆ」の連用形の名詞化》❶評判。世間のとりざた。特に、よい評判。好評。例「次に舞ひて、━によりてにや、御衣(おんぞ)たまはりたり」〈蜻蛉・中・天禄元年〉訳(道綱は)その次に舞って、好評によってであろうか、(天皇から)お召し物をいただいた。❷(多く「御━」の形で)上の人に特別に目をかけられること。寵愛(ちょうあい)。また、信任。例「右大臣の御━ことのほかにおはしましたるに、左大臣安からずおぼしたるほどに」〈大鏡・時平〉訳右大臣(=菅原道真)に対する(醍醐(だいご)天皇の)ご信任は格別でいらっしゃいましたので、左大臣(=藤原時平)が不快にお思いなさるうちに。❸記憶。おぼえ。心当たり。❹腕前や技能に自信のあること。

おぼえ-うか・ぶ【覚え浮かぶ】〔自バ四〕{ば・び・ぶ・ぶ・べ・べ}思い出され心に浮かんでくる。例「これを見るよりほかの事なければ、おのづからなどは、空に━・ぶを」〈更級・物語〉訳これ(源氏物語)を読む以外の事はしないので、自然に、何も見ずに(その文章が)思い出され心に浮かんでくるのを。

おぼえ-かた・る【覚え語る】〔他ラ四〕{ら・り・る・る・れ・れ}思い出して話す。例「わが思ふままに、そらにいかでか━・らむ」〈更級・かどで〉訳(姉や継母(ままはは)などがいろいろな物語を)私の望む通りに、何も見ないでどうして思い出して話しなどしてくれようか。

おぼえ-ず【覚えず】〔副〕思いがけなく。思いもよらず。例「━をかしき世を見るかな」〈源氏・紅葉賀〉訳思いがけなく結構な二人の間柄を見ることよ。注「世」ハ、ココデハ光源氏ト若紫トノ仲ヲ指ス。

おぼえ-な・し【覚え無し】〔形ク〕予期していない。思いがけない。例「我が君、かう、━・き世界に、仮にても移ろひおはしましたるは」〈源氏・明石〉訳あなたさま(=光源氏)が、こうして、思いがけない所(=明石ノヨウナ田舎)に、一時的にもせよ移っておいでになりましたのは。

大江千里(おほえのちさと)オオエ・《人名》平安前期の歌人。宇多天皇の勅命により、『句題和歌』を選進した。『古今和歌集』の代表的歌人の一人。

おぼ-おぼ・し〔形シク〕《「おぼろ(朧)」の「おぼ」を重ねて形容詞化した形》❶ぼんやりしている。はっきりしない。例「たそがれ時の━・しきに」〈源氏・常夏〉訳夕方の薄暗く物がぼんやりとしか見えない時に。

❷しっかりしていない。たどたどしい。例「もうもうに、耳も――・しかりければ」〈源氏・若菜・上〉訳耄碌（もうろく）して、耳もしっかりしていなかったので。

❸よそよそしい。例「思（おぼ）し隔てて、――・しくもてなさせ給ふには」〈源氏・夢浮橋〉訳（姉の浮舟（うきふね）が）心に隔てをお置きになって、（私に）他人行儀に応対なさるのでは（何事も申し上げることはありません）。

大鏡（おほかがみ）オオカガミ【書名】平安後期の歴史物語。作者は諸説あるが未詳。成立年代も不明であるが、鳥羽天皇の時代と推察されている。文徳天皇の八五〇年（嘉祥三）から後一条天皇の一〇二五年（万寿二）までの十四代百七十六年間を、紀伝体で物語風につづる。大宅世継（おおやけのよつぎ）と夏山繁樹（なつやまのしげき）の二人の老翁が回想して語るのに、若侍（わかざむらい）が聞き役で批判者となる形をとる。藤原道長の栄華を中心として、王朝時代が最高潮に達した時代が描かれている。『世継物語』とも。

おほ-かた【大方】オオ… 類おほやう・おほよそ

> 現代語の「おおかた」と、ほぼ同じ意を表すが、下に打消しの語句を伴って、まったく…ない、の意になる用法（三③）は古語特有のもの。

一（名・形動ナリ）❶**普通のこと。ひととおりなこと。なみなみなこと。**例「世にある人の有様を、――・なるやうにて聞き集め、耳とどめ給ふ」〈源氏・末摘花〉訳（光源氏は）世間の人（＝女）の様子を、ひと通りは（聞いておこう）といったふうに聞き集め、（気になる女の話は）注意してお聞きなさる。

❷大まかなこと。大ざっぱなこと。大体。例「入道（にふだう）はただ――を取り行ふばかりでこそ候へ」〈平家・三・法印問答〉訳入道（＝私、平清盛）はただ（政治の）大まかなことを執り行っているだけでございます。

❸大部分。ほとんど。例「――の皆荒れにたれば、『あはれ』とぞ人々言ふ」〈土佐・二月十六日〉訳（数年ぶりに帰った我が家は、建物や庭の）大部分がすべて荒れてしまっていたので、「あらまあ（ひどい）」と人々は言う。

二（副）❶一般に。普通。概して。例「――いと涼しければ扇もうち忘れたるに」〈枕草子・七月ばかりに〉訳概して大変涼しかったので扇も忘れている時に。

❷おおよそ。大体。例「この大臣（おとど）は、――男子（をのこご）十一人おはしたるなり」〈大鏡・冬嗣〉訳この大臣（＝冬嗣）は、おおよそ男の子が十一人いらっしゃったようです。

❸（下に打消しの語句を伴って）**いっこうに…ない。まったく…ない。ほとんど…ない。**例「人をやりて見するに、――会へる者なし」〈徒然草・五〇〉訳（鬼がいるというので）人をつかわして見させたところ、いっこうに会った者がいない。

三（接続）改めて新しいことを言い始める時の語。そもそも。いったい。だいたい。例「――、この所に住み始めし時は、あからさまと思ひしかども、今すでに五年（いつとせ）を経（へ）たり」〈方丈記・閑居の気味〉訳そもそも、この所に住み始めた時は、ついちょっとの間と思っていたが、今ではもう五年たっている。

おほかた-は【大方は】オオカタ… 一（連語）（名詞「大方」＋助詞「は」）だいたいのことは。たいていは。例「――、知りたりとも、すずろに言ひ散らすは、さばかりの才にはあらぬにやと聞こえ」〈徒然草・一六八〉訳たいていの場合は、たとえよく知っていても、それをむやみにしゃべり散らすのは、（他人には）それほどの才学ではないのではと思われ。注「おほかたは」ハ、「知りたりとも……聞こえ」全体ニカカル。

二（副）一般的なあり方としては。だいたいの傾向は。概して言えば。例「――月をも愛（め）でじこれぞこの積もれば人の老いとなるもの」〈古今・雑上・八七九〉訳たいていのことでは秋の名月を観賞などするものか。このことこそが、回数が重なると、あの問題の人間の老化となるものなのだ。

おほ-かり【多かり】オオカリ【形容詞「おほ（多）し」の連用形・終止形】多くある。多い。例「この泊まりの浜には、くさぐさのうるはしき貝・石など――・かり」〈土佐・二月四日〉訳この港の浜辺には、種々の美しい貝や石などが沢山ある。

おほき【大き】オオキ 一（形動ナリ）❶大きい。例「――・なる檜破子（ひわりご）やうの物、あまたせさせ給ふ」〈源氏・橋姫〉訳大きな檜（ひのき）製の折り箱のような物（に入れた食物）を、沢山作らせなさる。

❷（程度が）はなはだしい。ひどい。例「六十僧の布施（ふせ）など、――・に掟（おき）てられたり」〈源氏・蜻蛉〉訳六十人の僧への布施（＝僧ニホドコス金品）などは、（薫（かおる）が）特に気を遣って指図なさった。

二（接頭）（名詞の上に付いて）❶偉大である意を表す。例「一日（ひとひ）には千度（ちたび）参りし東（ひむがし）の――御門（みかど）を入りかてぬかも」〈万葉・二・一八六〉訳以前（＝皇子在世中）には数えきれぬほどたびたび（そこを通って）参上した東のご門を、（皇子が亡くなった今）入りかねるようになってしまったことだよ。

❷同じ位階や官職のうち、上級のものを表す。ⓐ正と従の位階のうちの正（しょう）。例えば、「正三位（しょうさんみ）」は、訓読みすると「おほきみつのくらゐ」となる。ⓑ大と少の官職のうちの大。例えば、「大納言」は、「おほきものまうすつかさ」。

おほき-おとど【太政大臣】オオキ…（名）（「大き大臣」の意）太政大臣（だいじょうだいじん）。⇩だいじゃうだいじん

おほき-おほいどの【太政大臣】オオキオオイドノ（名）太政大臣（だいじょうだいじん）。⇩だいじゃうだいじん

おほき-おほいまうちぎみ【太政大臣】オオキオオイモウチギミ（名）太政大臣（だいじょうだいじん）。⇩だいじゃうだいじん

おほき-さいのみや【皇太后宮】オオ…（名）皇太后（こうたいごう）（＝天皇ノ母）の宮殿。また、皇太后。例「昔、東（ひむがし）の五条に――おはしましける」〈伊勢・四〉訳昔、左京の五条に皇太后がいらっしゃった。

おほ-きさき【大后・皇太后】オオ…（名）❶天皇の正妻。❷皇太后。

おほ-きみ【大君】オオ…（名）❶天皇・皇族に対する敬称。例「――の遠（とほ）の朝廷（みかど）と思へれど日（け）長くしあれば恋ひにけるかも」〈万葉・一五・三六六八〉訳都から遠く離れた天皇の行政官庁だと思っているが、そこに長く勤務しているので、家が恋しくなったことだよ。

❷（平安時代以後）諸王（＝親王ニナッテイナイ皇子・皇孫）に対する敬称。例「――けしきにぞ物し給ひける」〈源氏・蛍〉訳（親王というより）諸王という様子でいらっしゃ

った。

おほきみ-の【大君の】〘枕詞〙（天皇の召される御笠の意から）地名「三笠」にかかる。例「――三笠の山の黄葉（もみぢば）は今日の時雨（しぐれ）に散りか過ぎなむ」〈万葉・八・一五五四〉訳三笠山（＝奈良市ニアル山）のもみじは、今日のしぐれですっかり散ってしまうことだろうか。

おほき-やか【大きやか】〔形動ナリ〕いかにも大きな感じのする様子。大きそうである。例「――・なる岩のさまして、されたる常磐木（ときはぎ）の影茂れり」〈源氏・浮舟〉訳（島は）いかにも大きい岩のようなようすをしていて、しゃれた（枝ぶりの）常緑樹の姿が茂って見える。

おほく【多く】〔副〕〘形容詞「多し」の連用形から〙❶（「――は」の形で）たいていは。おおかたは。例「世に語り伝ふる事、まことはあいなきにや、――は皆虚言（そらごと）なり」〈徒然草・七三〉訳世間に語り伝えている事は、本当の事はおもしろくないのであろうか、たいていは皆作り事である。
❷（「――の」の形で）たくさんの。例「――の敵（かたき）の中を駆け割って、これまではのがれたるなり」〈平家・九・木曽最期〉訳たくさんの敵の中を馬で押し通って、ここまで逃げてきたのだ。

おほ-くち【大口】〔名〕（「大口袴（ばかま）」の略）束帯の時、表袴の下にはいた袴。紅の生絹・平絹などで作り、すそ口を大きく仕立てたもの。後世、武士の衣服にも取り入れられた。

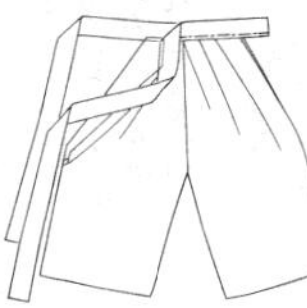
おほくち

おほくち-の【大口の】〘枕詞〙（大きな口をしている「真神（まかみ）（＝狼ノ別名）」の意から）「真神」にかかる。

大国主命（おほくにぬしのみこと）〘神名〙出雲（＝島根県東部）神話の中心的な神。素戔嗚尊の子とも子孫ともいう。兄達から疎まれながらも、因幡（＝鳥取県）の白兎を助け、須勢理毘売（＝スサノオノ娘）と結婚して国土を治めるが、邇邇芸命（＝天照大神ノ孫）の降臨（＝高天原カラ地上ヘ天降ルコト）にあたって、国を譲って隠退したという。

おほ-くび【大領・衽】〔名〕袍・狩衣などの首を囲むように作った前襟。

おほ-くら【大蔵】〔名〕❶雄略天皇の代に創設され、皇室の財物を納めた蔵。斎蔵・内蔵とともに三蔵の一つ。
❷大きな倉庫。
❸「大蔵省（しやう）」の略。

おほくら-きゃう【大蔵卿】〔名〕大蔵省の長官。正四位下に相当する。

おほくら-しゃう【大蔵省】〔名〕〘「おほくらのつかさ」とも〙律令制における八省の一つ。諸国からの調（＝税ノ一種）を収納し、銭貨、度量衡、売買価格などの事務をつかさどった。卿・大輔・少輔以下の職員が置かれた。

おほけ-な・し〔形ク〕❶身の程知らずである。身分不相応で出過ぎている。例「いと――・き心の侍（はべ）りけると思（おぼ）しとがめさせ給はむを、つつみ侍りつるになむ」〈蜻蛉・下・天延二年〉訳身の程知らずのとんでもない考えを持っていたものだとお思いになりお咎めなさるであろうからと、遠慮していたので。
❷恐れ多い。もったいない。例「腹なる児（ご）は、――・くも琉球国王の世継ぎの御子（みこ）と仰がれ」〈椿説弓張月・四三〉訳腹の中にいる胎児は、恐れ多くも琉球国の王位を継承する王子と尊敬されて。

おほ-ざう〔名・形動ナリ〕⇩おほぞう

大坂（おほさか）〘地名〙（近世では「おおざか」）現在の大阪市。古くは難波、中世には小坂といい、のち大坂となった。「大阪」と書くようになったのは明治初期。古くから、難波津・淀川から京へ通ずる交通の要地として栄えており、豊臣秀吉による大坂城築城の後は、経済の中心地として繁栄、近世前期の町人文化の中心地となった。

大坂城

おほ-さき【大前・大前駆】〔名〕先払いが、人払いの声を長く引くこと。また、その声。

おぼさ・る【思さる】〘連語〙（動詞「おぼす」の未然形＋助動詞「る」）❶（「る」が自発の場合）自然…とお思いになる。思われなさる。例「風の音虫の音（ね）につけて、物のみ悲しう――・るるに」〈源氏・桐壺〉訳風の音や虫の声につけても（帝は）ただ悲しくお思いになられるのに。
❷（「る」が尊敬の場合）お思いになる。思いなさる。例「いみじうゆかしく――・れければ」〈更級・竹芝寺〉訳（帝の姫君は）たいそう知りたくお思いになったので。

> 要点 ①の用法が基本的なもので、平安時代の例は大半が自発の用法である。②は、平安時代末期以降の用法。尊敬の語を重ねたいわゆる最高敬語であるが、すでに敬意は薄れていて、普通の尊敬表現になっている。中世以降は、ほとんどが②の用法である。

おほ・し【大し・多し】〔形ク〕❶大きい。例「――・き海の水底（みなそこ）深く思ひつつ裳引（もび）き平（なら）しし菅原（すがはら）の里」〈万葉・二〇・四四九一〉訳大きな海の水底のように深く（あなたを）愛しながら、裳の裾を引いて踏みならすほどに通い続けた（あの懐かしい）菅原の里（＝奈良市西方）よ。注男ニ離別サレタ女ノ、悲シミノ歌。
❷多い。例「いかめしき御堂（みだう）ども建てて、――・くの人なむ造り営み侍るめる」〈源氏・松風〉訳立派な仏堂を建てて、多くの大工達が造営にお仕えしているようです。

> 要点 もとは「大」「多」の両意を表したが、平安時代以降、もっぱら「多」の意で用いられ、「大」の意には「大きなり」が使われるようになった。活用形に関しては、平安時代の和文では、終止形「多し」・連体形「多き」・已然形「多けれ」が使われることは少なく、主として「多かり」「多かる」「多かれ」が用いられた。

おぼ・し【覚し・思し】〔形シク〕〘形容詞「おもほし」の変

化した形〉❶(格助詞「と」を受けて)…と思われる。…と見受けられる。例「憂(う)くて開けさせねば、例の家と──しき所に物したり」〈蜻蛉・上・天暦九年〉訳(兼家が訪ねてきたが)いやだと思って(門を)開けさせないでいると、(兼家は)いつもの女の家と思われる所へ行ってしまった。

❷(こうしたいと)思っている。(こうあってほしいと)望まれる。例「──しきこと言はぬは、腹ふくるる業(わざ)なれば」〈徒然草・一九〉訳(言いたいと)思っていることを言わないのは、腹がはっているような(いやな)ことであるから。

おぼし-あつか・ふ【思し扱ふ】(:アツカ/ワ(コ)ウ)[他ハ四]{は・ひ・ふ・ふ・へ・へ}〈「思ひ扱ふ」の尊敬語〉❶気をくばってお世話なさる。例「物など参らせ給ひて、とやかくやと──ひ聞こえさせ給へるさま」〈源氏・葵〉訳(院がやつれた光源氏に)食事などをさしあげなさって、あれやこれやと心遣い申し上げなさる様子。

❷あれこれと思い悩みなさる。御心配なさる。

おぼし-あは・す【思し合はす】(:アワス)[他サ下二]{せ・せ・す・する・すれ・せよ}〈「思ひ合はす」の尊敬語〉❶結びつけてお考えになる。お考え合わせになる。例「かれに──すれば人にもあらず」〈竹取・帝の求婚〉訳(帝が他の人よりは美しいと思っていらっしゃった人でも)このかぐや姫と比べてお考え合わせになると、人並みでもない。

❷なるほどと思いあたりなさる。合点なさる。例「『限(く)なく見集めたる人の言ひしことはげに』と──せられけり」〈源氏・帚木〉訳「余すところなく女性を体験している人が言ったことばはなるほどその通りだ」と思いあたりなさった。

おぼし-い・づ【思し出づ】(:イ/ズ)[他下二]{で・で・づ・づる・づれ・でよ}〈「思ひ出づ」の尊敬語〉お思い出しになる。例「あはれ、死ぬとも──づべきことのなきなむ、いと悲しかりける」〈蜻蛉・上・康保三年〉訳ああ、私が死んだとてお思い出しになるようなことのないのが、ひどく悲しいことだ。

おぼし-い・る【思し入る】〈「思ひ入る」の尊敬語〉㊀[自ラ四]{ら・り・る・る・れ・れ}一途(いちず)にお思いこみになる。思いつめなさる。例「月ごろは常の御悩みとのみうちたゆみたりつるを、源氏の大臣(おとど)も深く──りたり」〈源氏・薄雲〉訳この数か月はいつものご病気とばかり油断していたのを、源氏の大臣も深く思いつめて心配していらっしゃる。

㊁[他ラ下二]{れ・れ・る・るる・るれ・れよ}深く心におとどめになる。お気にかけなさる。例「とかう紛らはさせ給ひて、──れぬなむよくはべる」〈源氏・若紫〉訳何とか他の事をお思いになって、(病気を)お気になさらないのがようございます。

おぼし-おき・つ【思し掟つ】[他タ下二]{て・て・つ・つる・つれ・てよ}「思ひ掟つ」の尊敬語。ご計画なさる。心にお決めになる。⇨おもひおきつ

おぼし-お・く【思し置く】[他カ四]{か・き・く・く・け・け}〈「思ひ置く」の尊敬語〉❶心中にお決めになっておく。あらかじめお考えになる。例「我が御族(ぞう)のみ、御門(みかど)の御後見(おんうしろみ)、世の固めにて行末までと──きし時」〈徒然草・二五〉訳(藤原道長公が)自分の御一族だけが、天皇の御後見役(の摂政(せっしょう)や関白(かんぱく))、(また)天下を固く守る(重臣)として、遠い将来まで(栄えてほしいと)心中考えていらっしゃった時。

❷後に思いをお残しになる。気にかけられる。⇨おもひおく

おぼし-おと・す【思し貶す】[他サ四]{さ・し・す・す・せ・せ}〈「思ひ貶す」の尊敬語〉劣ったものとお思いになる。お見くだしになる。例「あまりこよなく──したるに、えなむしづめ果つまじき心地(ここち)し侍(はべ)る」〈源氏・夕霧〉訳あまりにひどくお見くだしになっているので、この心をおさえきることができそうもない気がいたします。

おぼし-か・く【思し懸く】[他カ下二]{け・け・く・くる・くれ・けよ}〈「思ひ懸く」の尊敬語〉あらかじめ心にかけておかれる。予期なさる。例「若けれど中納言をばえ──けずなりぬめりしを」〈源氏・若菜・上〉訳まだ若いけれど中納言を(婿(むこ)にとは)心にかけておくことがおできにならなかったらしいのに。

おぼし-かしづ・く【思し傅く】(:カシ/ズク)[他カ四]{か・き・く・く・け・け}〈「思ひ傅く」の尊敬語〉心をこめてお世話なさる。例「我を、昔より故大臣(おとど)は、とり分きて──き」〈源氏・竹河〉訳私を、昔から亡き大臣は、特別に心をこめてお世話くださり。

おぼし-かずま・ふ【思し数まふ】(:カズマ/(モ)ウ)[他ハ下二]{へ・へ・ふ・ふる・ふれ・へよ}〈「思ひ数まふ」の尊敬語〉人並みに思ってお扱いになる。

凡河内躬恒(おほしかふちのみつね)(オオシコウチ-)【人名】平安前期の歌人。三十六歌仙の一人。紀貫之(きのつらゆき)・壬生忠岑(みぶのただみね)・紀友則らとともに当時の歌壇の第一人者で、『古今和歌集』の撰者となる。

おぼし-かま・ふ【思し構ふ】(:カマ/(モ)ウ)[他ハ下二]{へ・へ・ふ・ふる・ふれ・へよ}〈「思ひ構ふ」の尊敬語〉心の中で計画をお立てになる。お企てなさる。

おぼし-くづほ・る【思し頽る】(:クズ/オル)[自ラ下二]{れ・れ・る・るる・るれ・れよ}〈「思ひ頽る」の尊敬語〉お気をお落としになる。例「尚侍(かむ)の君は、人笑へにいみじう──るるを」〈源氏・須磨〉訳尚侍の君(=朧月夜(オボロヅキヨ))は、世間の物笑いになりひどくお気を落とされているが。

おぼし-け・つ【思し消つ】[他タ四]{た・ち・つ・つ・て・て}〈「思ひ消つ」の尊敬語〉無視なさる。

おぼし-さだ・む【思し定む】[他マ下二]{め・め・む・むる・むれ・めよ}〈「思ひ定む」の尊敬語〉心をお決めになる。例「ただ人にて朝廷(おほやけ)の御後見(うしろみ)をするなむ、行く先も頼もしげなることと──めて」〈源氏・桐壺〉訳(光源氏は)臣下として朝廷をお助けすることが、将来も心強い感じであるよと(帝(みかど)は)ご判断になって。

おぼし-さわ・ぐ【思し騒ぐ】[自ガ四]{が・ぎ・ぐ・ぐ・げ・げ}〈「思ひ騒ぐ」の尊敬語〉お思い乱れになる。動揺なさる。⇨おもひさわぐ

おぼし-しづ・む【思し沈む】(:シ/ズム)[自マ四]{ま・み・む・む・め・め}〈「思ひ沈む」の尊敬語〉物思いにしずんでいらっしゃる。ふさぎこんでいらっしゃる。

おぼし-しづ・む【思し鎮む】(:シ/ズム)[他マ下二]{め・め・む・むる・むれ・めよ}〈「思ひ鎮む」の尊敬語〉乱れがちの心をお鎮めになる。心を落ち着けなさる。⇨おもひしづむ(下二)

おぼし-し・む【思し染む】〈「思ひ染む」の尊敬語〉㊀[自マ四]{ま・み・む・む・め・め}身にしむほどに深くお思いになる。心に深くお感じになる。例「大将殿は、悲しきことに事を添へて世の中をいと憂きものに──みぬれば」〈源氏・葵〉訳大将殿(=光源氏)は、悲しいこと(=妻ノ死)に更にこと(=六条ノ御息所ガ生霊(イキリョウ)トナッテ妻ヲ殺シタコト)を加えて世の中をひどくつらいものと深く心にお感じになったので。

㊁[他マ下二]{め・め・む・むる・むれ・めよ}心に深くお刻みになる。強くお思いこみになる。⇨おもひしむ

おぼし-し・る【思し知る】[他ラ四]{ら・り・る・る・れ・れ}〈「思ひ

知る」の尊敬語》十分に理解なさる。悟られる。例「行く先の身のあらむことなどまでも――・らず」〈源氏・若紫〉訳これから先のご自分の身がどうなるかということまでもよく理解なさらず。

おぼし-す・つ【思し捨つ】〔他タ下二〕{て・て・つ・つる・つれ・てよ}《「思い捨つ」の尊敬語》心にかけることをお思い切りになる。お見捨てになる。⇩おもひすつ

おほし-た・つ【生ほし立つ】〔他タ下二〕{て・て・つ・つる・つれ・てよ}(人や植物を)育てあげる。養育する。例「女子(をんなご)を――・てむことよ、いと難かるべきわざなりけり」〈源氏・若菜・下〉訳女の子を育てあげることは、いや、たいへん難しいことだったのですね。

おぼし-た・つ【思し立つ】〔他タ四〕{た・ち・つ・つ・て・て}《「思ひ立つ」の尊敬語》何かをすることを心にお決めになる。決心なさる。例「この院のかく――・ちぬること、かつは殿下の御報(ごはう)の早くおはしますに押され給へるなるべし」〈大鏡・師尹〉訳この小一条院がこのように(=皇太子ノ位ヲ退クコト)決心なされたのは、一面では道長公のご運勢が強くいらっしゃるのに圧倒されなさったのだろう。

おぼし-つつ・む【思し包む】〔他マ四〕{ま・み・む・む・め・め}《「思ひ包む」の尊敬語》胸ひとつにおおさめになる。包み隠しなさる。

おぼし-とが・む【思し咎む】〔他マ下二〕{め・め・む・むる・むれ・めよ}《「思ひ咎む」の尊敬語》不審にお思いになる。変だと心におとどめになる。例「まこと人に会ひ奉りては、――・め給ふことも侍(はべ)らむ」〈大鏡・道長・下〉訳本当の学問のある方にお会い申しあげると、(私の話には)不審にお思いになることもございましょう。

おぼし-とど・む【思し止む】〔他マ下二〕{め・め・む・むる・むれ・めよ}《「思ひ止む」の尊敬語》❶思いとどまりなさる。断念なさる。例「渡り給ふことも、余りうちしきり人の見たてまつり咎(とが)むべきほどは、心の鬼に――・めて」〈源氏・常夏〉訳(光源氏は玉鬘(たまかずら)のもとへ)お出かけになることも、余り頻繁で人が見咎め申しあげそうな時は、良心の咎めで思いとどまりなさって。
❷思いを心に残しなさる。心におとどめになる。例「かくまでも――・めたりけるを、女もよろづにあはれに思(おぼ)して」

〈源氏・澪標〉訳これほどまでにも心におとどめになっておられたことを、女性の方もなにかにつけ感動をお覚えになって。

おぼし-なげ・く【思し嘆く】〔自カ四〕{か・き・く・く・け・け}《「思ひ嘆く」の尊敬語》悲しみ嘆きなさる。例「さらずまかりぬべければ、――・かむが悲しきことを」〈竹取・かぐや姫の昇天〉訳どうしても(月へ)帰らなければなりませんので、(あなたが)嘆き悲しまれるだろうと思うと悲しくて。

おぼし-な・す【思しなす】〔他サ四〕{さ・し・す・す・せ・せ}《「思ひなす」の尊敬語》ことさらにお思いになる。お思いこみになる。

おぼし-なほ・る【思し直る】〔自ラ四〕{ら・り・る・る・れ・れ}《「思ひ直る」の尊敬語》心がもと通りにおなりになる。

おぼし-なや・む【思し悩む】〔自マ四〕{ま・み・む・む・め・め}《「思ひ悩む」の尊敬語》あれこれと気にやんで心をお痛めになる。お悩みになる。例「すべてこの世を――・まじと忍び給ふ」〈源氏・横笛〉訳一切この俗世間のことでお悩みになることはなさるまいと耐えていらっしゃる。

おぼし-な・る【思し成る】〔自ラ四〕{ら・り・る・る・れ・れ}《「思ひ成る」の尊敬語》そういうお気持ちになる。

おぼし-のたま・ふ【思し宣ふ】〔他ハ四〕{は・ひ・ふ・ふ・へ・へ}《「思ひ言ふ」の尊敬語》心に思っておっしゃる。例「思ふ人の人にほめられ、やむごとなき人などの口惜しからぬ者に――・ふ」〈枕草子・うれしきもの〉訳(自分の)愛する人が人にほめられ、高貴な方などが(その人を)まんざらでもない者だと認めてそうおっしゃるの(はうれしい)。

おぼし-はな・つ【思し放つ】〔他タ四〕{た・ち・つ・つ・て・て}《「思ひ放つ」の尊敬語》相手に対するお気持ちをお捨てになる。お見捨てになる。例「姫宮の御ことをのみぞ、なほえ――・たで」〈源氏・若菜・下〉訳姫宮のお身の上だけは、今もなおお見捨てにはなれなくて。

おぼし-はな・る【思し離る】〔自ラ下二〕{れ・れ・る・るる・るれ・れよ}《「思ひ離る」の尊敬語》お心が離れる。断念なさる。おあきらめになる。

おぼし-はばか・る【思し憚る】〔他ラ四〕{ら・り・る・る・れ・れ}《「思ひ憚る」の尊敬語》あれこれお考えになって心配なさる。気がねなさる。例「ただ世の聞こえをのみ――・り給ひしことを、大臣(おとど)は憂きものに思しおきて」〈源氏・澪標〉訳(兵部卿の宮が)ただ世間の評判だけを心配なさったことを、源氏の大臣はよくないこととお考えになって。

おぼし-へだ・つ【思し隔つ】〔他タ下二〕{て・て・つ・つる・つれ・てよ}《「思ひ隔つ」の尊敬語》心に隔てをお置きになる。分け隔てなさる。

おぼし-まう・く【思し設く】〔他カ下二〕{け・け・く・くる・くれ・けよ}《「思ひ設く」の尊敬語》あらかじめお考えになって置く。前もって準備なさる。例「何事もなべてならぬさまに――・く」〈源氏・宿木〉訳すべて並み一通りでないように前もって準備なさる。

おぼし-まど・ふ【思し惑ふ】〔自ハ四〕{は・ひ・ふ・ふ・へ・へ}《「思ひ惑ふ」の尊敬語》途方にくれておられる。困惑なさる。例「帝(みかど)・后(きさき)、御子(みこ)失せ給ひぬと――・ひ」〈更級・竹芝寺〉訳帝・后は、姫宮がいなくなってしまわれたと途方にくれておられて。

おぼし-みだ・る【思し乱る】〔自ラ下二〕{れ・れ・る・るる・るれ・れよ}《「思ひ乱る」の尊敬語》あれこれとお悩みになる。思案にお迷いになる。

おぼし-めぐら・す【思し廻らす】〔他サ四〕{さ・し・す・す・せ・せ}《「思ひ廻らす」の尊敬語》あれこれと周到にお考えになる。⇩おもひめぐらす

おぼし-めさ・る【思し召さる】【連語】《動詞「おぼしめす」の未然形＋助動詞「る」》❶《「る」が自発の場合》自然…とお思いになる。例「かくても月日は経(へ)にけりと、あさましう――・る」〈源氏・桐壺〉訳こんな状態でも(=桐壺更衣(キリツボノコウイ)ガイナクテモ)よくまあ月日は過ぎたことだと、不思議に思われなさる。
❷《「る」が可能の場合》思うことがおできになる。お思いになれる。例「あるかなきかに消え入りつつ物し給ふを御覧ずるに、来(き)し方行(ゆ)く末――・れず」〈源氏・桐壺〉訳(桐壺更衣(きりつぼのこうい)が)生きているかどうか分からないように意識も薄れがちでいらっしゃるのをご覧になって、(桐壺帝は)過去の事も将来の事も考えることがおできになれず。
❸《「る」が尊敬の場合》お思いになる。例「義経が勲功(くんこう)の賞に申しかへて、御命(おんいのち)ばかりは助け参らせ候ふべし。御心(おんこころ)やすく――・れ候へ」〈平家・一一・腰越〉訳私、義経の功績の褒美に替えて、(宗盛の)お命だけはお助け申しましょう。ご安心なさってください。

要点 ①の用法が基本的なもので、平安時代では、②のように下に打消しの表現を伴う例を除いて、大半が①の用法である。③は、平安末期以降の用法。形は尊敬の語の重なったいわゆる最高敬語であるが、すでに敬意が薄れていて、普通の尊敬表現である。

おぼし-め・す【思し召す】〔他サ四〕〔さ・し・す・す・せ・せ〕「思ふ」の尊敬語。**お思いになる。お考えになる。** 例「もとより篤(あつ)しくおはしますうちに、この度はもの心細く━・されて」〈源氏・若菜・上〉 訳（朱雀(すざく)院は）以前からご病気がちでいらっしゃるが、今回は（特に）何とも心細くお思いになって。

要点 動詞「おぼす」に動詞「めす」が付いたとも、「おもほしめす」が変化したともいわれる。「おぼす」より敬意が高い。

おぼし-やすら・ふ【思し休らふ】〔自ハ四〕〔は・ひ・ふ・ふ・へ・へ〕《「思ひ休らふ」の尊敬語》あれこれお考えになって、ためらいなさる。躊躇(ちゅうちょ)なさる。

おぼし-や・る【思し遣る】〔他ラ四〕〔ら・り・る・る・れ・れ〕《「思ひ遣る」の尊敬語》遠くへ思いをおはせになる。想像なさる。例「殿の内の栄え、人のけしきはただ━・れ」〈大鏡・道兼〉 訳 邸内のにぎやかさ、人びとの様子はただご想像になってください。

おぼし-よ・る【思し寄る】〔自ラ四〕〔ら・り・る・る・れ・れ〕《「思ひ寄る」の尊敬語》❶お考えが及ぶ。思いつきなさる。例「婿(むこ)になどは━・らで、女にて見ばやと、色めきたる御心には思ほす」〈源氏・紅葉賀〉 訳（兵部卿の宮は光源氏を）婿になどとは思いつきもなさらず、女性にして会いたいものだと、色好みのお心でお思いになる。

❷好意をお持ちになる。愛着なさる。例「さてもやと━・るばかりのけはひあるあたりにこそは、一くだりをもほのめかし給ふめるに」〈源氏・末摘花〉 訳（光源氏は）期待通りかなど好意をお持ちになるほどの様子がある女性には、手紙の一行もそれとなくお送りになるようだが。

おぼし-わた・る【思し渡る】〔他ラ四〕〔ら・り・る・る・れ・れ〕《「思ひ渡る」の尊敬語》思い続けなさる。いつもお思いになる。

おぼし-わづら・ふ【思し煩ふ】（オボシワズラ(ロ)ウ）〔自ハ四〕〔は・ひ・ふ・ふ・へ・へ〕《「思ひ煩ふ」の尊敬語》思案にお苦しみになる。例「いかがすべきと━・ふに」〈竹取・燕の子安貝〉 訳 どうしたらよかろうかと悩んでおられる時に。

おぼし-わ・ぶ【思し侘ぶ】〔自バ上二〕〔び・び・ぶ・ぶる・ぶれ・びよ〕《「思ひ侘ぶ」の尊敬語》悲しがりなさる。つらくお思いになる。例「なからむほど、心細くな━・びそ」〈源氏・椎本〉 訳 私がいない間、心細いと寂しがりなさってはなりませんよ。

おほ・す【生ほす】（オオス）〔他サ四〕〔さ・し・す・す・せ・せ〕《「生ふ」の他動詞形》❶はえさせる。大きくする。伸ばす。例「心なぐさになでしこを宿に蒔(ま)き━・し」〈万葉・一八・四一一三長歌〉 訳 心をなぐさめるのにナデシコの種を庭先にまいて生長させ。

❷成長させる。養育する。

おほ・す

【仰す】（オオス）〔他サ下二〕〔せ・せ・す・する・すれ・せよ〕

「負ほす」から変化した語で、自分の言葉を相手に「負わせる」ということから、命令する、の意になった。平安時代には、「おほせらる」「おほせたまふ」の形で用いられるのが普通。「言ふ」の尊敬語の用法（②）が発達したのは中世になってから。

❶**命令する。**（尊敬語的に使われて）お命じになる。例「鳴り果てぬるをり、大将━・せて」〈枕草子・神のいたう鳴るをりに〉 訳（雷が）鳴りやんだ時、大将が命令して。例「『急ぎ参るべき由(よし)言へ』と━・せよ」〈源氏・夕顔〉 訳「急いで来るように言え」と（使者に）言いつけよ。

❷《「言ふ」の尊敬語》**おっしゃる。** 例「『そもそも汝(なんぢ)はいかなる者ぞ』と━・せければ」〈平家・灌頂・大原御幸〉 訳「一体お前は何者だ」と（後白河法皇が）おっしゃると。

おほ・す【負ほす】（オオス）〔他サ下二〕〔せ・せ・す・する・すれ・せよ〕❶背にかつがせる。背負わせる。例「大穴牟遅神(おほなむぢのかみ)に袋を━・せ」〈古事記・上・大国主神〉 訳 大穴牟遅神に（旅行の道具や食料を入れた）袋を背負わせ。

❷責任を負わせる。罪をきせる。例「亡(な)き人に、少し浅き咎(とが)は━・せて」〈源氏・夕霧〉 訳 故人に、いささか（思慮が）浅かったという罪を負わせて。

❸名づける。例「酒の名を聖(ひじり)と━・せし古(いにし)への大き聖の言(こと)のよろしさ」〈万葉・三・三三九〉 訳 酒の名を「聖」とつけた古代の偉大な聖人の言葉のうまさよ。

❹（被害を）身に受けさせる。こうむらせる。負わせる。例「あまたして手━・せ、打ち伏せて縛りけり」〈徒然草・八七〉 訳（酒に酔って暴れる男を）多人数でもって傷を負わせ、押し倒し押さえつけて縛りあげた。

おほ・す【果す】（オオス）〔補動サ下二〕〔せ・せ・す・する・すれ・せよ〕しとげる。し終える。例「笙(しやう)は調べ━・せて持ちたれば、ただ吹くばかりなり」〈徒然草・二一九〉 訳 笙の笛は調子を整え終えて持っているから、ただ吹くだけである。

おぼ・す

【思す】〔他サ四〕〔さ・し・す・す・せ・せ〕

「思ふ」の未然形に、上代の尊敬の助動詞「す」の付いた「おもはす」から、「おもほす」を経て成立した語。「思ふ」の尊敬語。平安時代から用いられた。

「思ふ」の尊敬語。**お思いになる。お考えになる。** 例「女御(にようご)、例ならずあやしと━・しけるに」〈枕草子・清涼殿の〉 訳 女御は、いつもと違って変だとお思いになったところ。例「昔、公(おほやけ)━・して使う給ふ女の、色許されたるありけり」〈伊勢・六五〉 訳 昔、帝がご寵愛(ちょうあい)なさって召し使いなさる女で、禁色(きんじき)を許されている者がいた。

大隅（おほすみ）（オオスミ）【旧国名】西海道十二か国の一つ。現在の鹿児島県東部、大隅半島と南部の諸島。七一三年（和銅六）日向(ひゅうが)の国から分かれて一国となった。

おほせ【仰せ】（オオセ）〔名〕おっしゃること。ご命令。お言いつけ。例「おのれらは内府(だいふ)が命(めい)をば重うして、入道が━をば軽うしけるごさんなれ」〈平家・二・小教訓〉 訳 おまえ達は内大臣（＝平重盛(シゲモリ)）の命令を重んじて、（この）入道（＝平清盛）の言いつけを軽く見ているようだな。

おほせ-いだ・す【仰せ出だす】（オオセ）〔他サ四〕〔さ・し・す・す・せ・せ〕《「言ひ出(い)だす」の尊敬語》ご命令をお出しになる。

おほせ-がき【仰せ書き】（オオセ）〔名〕天皇や身分の高い人の言葉を書き記すこと。また、その文書。

おほせ-か・く【仰せ掛く】（オオセ）〔他カ下二〕〔け・け・く・くる・くれ・[illegible]〕《「言ひ掛く」の尊敬語》ご命令になる。

おほせ-くだ・す【仰せ下す】〔他サ四〕目上の人が目下の者に申しつける。命令を下す。例「目にも見えぬ変化のものつかまつれと―・さるる事、いまだ承り及ばず」〈平家・四・鵼〉訳目にも見えない妖怪変化を退治しろと御命令をお下しになる事は、今までうかがったことはない。

おほせ-ごと【仰せ言】〔名〕天皇や身分の高い人のおっしゃること。おことば。また、ご命令。例「御使ひ、―とて翁にいはく」〈竹取・かぐや姫の昇天〉訳お使いの者が、天皇のお言葉だといって竹取の翁に言うには。

おほせ-つ・く【仰せ付く】〔他カ下二〕《「言ひ付く」の尊敬語》ご命令になる。例「つかまつとも覚え候はず。他人に―・けられ候へ」〈平家・三・六代〉訳(私には六代君の首を)斬れそうに思われません。他の者にご命令下さい。

おほせ・らる【仰せらる】《連語》《動詞「おほす」の未然形＋助動詞「らる」》❶ご命令になる。お命じになる。例「『この翁丸打ち調じて、犬島へつかはせ。ただ今』と―・らるれば」〈枕草子・上にさぶらふ御猫は〉訳「この翁丸(＝犬ノ名)を打ちこらしめて、犬島(＝犬ノ流刑地)に追放せよ。今すぐに」と(帝が)ご命令になるので。
❷(転じて)おっしゃる。例「すげなう―・られて帰させ給はんこそ」〈平家・一・祇王〉訳冷淡なことをおっしゃって(遊女達を)お帰しになるのは(よくないことだ)。

おほ-ぞう〔名・形動ナリ〕おおざっぱである。通り一遍である。いいかげんである。例「御心のうち、いとあはれに思し出づること多かれど、―にてかひなし」〈源氏・関屋〉訳(光源氏は)お心の中で、(空蟬を)ほんとうにしみじみとお思い出しになることが多いけれど、(供人の手前を憚って、伝言は)通り一遍のもので何にもならない。

おほ-ぞら【大空】■一〔名〕広々とした空。天空。例「―を照り行く月し清ければ雲隠せども光消なくに」〈古今・雑上・八八五〉訳広々とした空を照らしながら行く月が清いので、雲が隠すけれども(月の)光は消えないことよ。
■二〔形動ナリ〕《空の上にあるように、とらえどころのない様子》❶通り一遍である。いいかげんである。例「徒なる心を恨みかこてども、―・にのみ聞きなして」〈雨月・吉備津の釜〉訳浮気心を恨み嘆いて訴えるけれども、(夫は)いいかげんに聞いているばかりで。
❷茫然としている様子。例「―・なるけしきにておはしけるが」〈御伽・物くさ太郎〉訳茫然としたようすでいらっしゃったが。

大田南畝(おおたなんぽ)〔人名〕江戸中・後期の狂歌師・戯作者。幕臣。蜀山人・四方赤良などの別号がある。唐衣橘州・朱楽菅江らとともに天明狂歌の中心人物。『万載狂歌集』、随筆『一話一言』などの編著がある。

おほ-ぢ【大路】〔名〕《古くは「おほち」》都などの幅の広い道。大通り。例「狂人のまねとて―を走らば、すなはち狂人なり」〈徒然草・八五〉訳狂人のまねだといって大通りを(なりふり構わずに)走ったならば、狂人にほかならない。

おほ-ぢ【祖父・翁】〔名〕《「おほちち(大父)」の変化した形》❶父母の父。祖父。対おば・おほば
❷年とった男性。爺さん。例「津国の難波の里に、―とうばと侍り」〈御伽・一寸法師〉訳摂津の国の難波の里に、おじいさんとおばあさんがおりました。

おぼつかな-が・る【覚束ながる】〔他ラ四〕待ち遠しく思う。会いたいと思う。

おぼつか-な・し

【覚束なし】〔形ク〕類うしろめたし

> はっきりしない、ぼんやりしている、がもとの意。そこから、不安だ、あるいは、もどかしい、疑わしい、などの意にもなる。

❶(形や内容が)**ぼんやりしていて、はっきりつかめない。おぼろである。**例「楽所遠くて―・ければ」〈源氏・少女〉訳奏楽する所が遠くて音楽がはっきり聞こえないので。
❷**実情がよくわからず、不安である。心配だ。**例「―・きもの、十二年の山籠りの法師の女親」〈枕草子・おぼつかなきもの〉訳気がかりなもの。十二年間比叡山にこもって修行する僧の母親(の気持ち)。
❸(長く会わない人などに)**会いたい。もどかしい気がする。**例「年ごろ、夢の中にも見奉らで、恋しう―・き御さまを」〈源氏・明石〉訳何年もの間、夢の中でもお会いせずに、恋しくお会いしたい気でいた(亡き父桐壺帝の)お姿を。
❹**不審である。疑わしい。**例「四条大納言撰ばれたる物を道風書かんこと、時代や違ひ侍らん。―・くこそ」〈徒然草・八八〉訳四条大納言(＝藤原公任)が編集されたもの(＝和漢朗詠集)を(小野)道風が書き写すということは、年代がずれていないでしょうか。(この点が)不審でございます。注公任ハ道風ノ没後ニ生マレタ。

おほ-つごもり【大晦日】〔名〕十二月の末日。おおみそか。普通の月の「つごもり(＝末日)」と区別していう。特に、江戸時代では、一年中の総決算日であった。例「―に、あらましに正月の用意をして」〈西鶴・世間胸算用・五・二〉訳大晦日に、あらかた正月の準備をして。

大津皇子(おおつのみこ)〔人名〕『万葉集』第二期の歌人。天武天皇の第三皇子。皇位継承をめぐり、謀反の罪で捕らえられ、自殺したが、詩歌に秀れ、『懐風藻』『万葉集』にその作品が見える。

おほ-て【大手】〔名〕❶敵の正面を攻撃する軍勢。対からめて② 例「揚手、如意が峰より呼びかへす。―は松坂よりとってかへす」〈平家・四・大衆揃〉訳背面攻撃の軍勢を、如意が峰から呼び返す。正面攻撃の軍勢は松坂から戻ってくる。
❷城の正面。表門。例「麓に―の跡など、人の教ゆるにまかせて涙を落とし」〈奥の細道・佐藤庄司旧跡〉訳麓にある大手門の跡などと、人が教えてくれるままに懐旧の涙を流して。

おほ-と【大門】〔名〕大きな海峡。例「ともしびの明石―に入らむ日や漕ぎ別れなむ家のあたり見ず」〈万葉・三・二五四〉訳(自分の乗っている船が)明石海峡にさしかかる日には、(大和の山々と)漕ぎ別れることになろうか、我が家のあたりを見ることもなく。注「ともしびの」ハ「明石」ノ枕詞。⇩と(門)

おほ-どか【大どか】〔形動ナリ〕(性質が)おっとりしている。おおようである。例「例の、いと若う―・なる御けはひにて」〈源氏・鈴虫〉訳(秋好中宮は)いつものように、たいそう若々しくおおらかなようすで。

おほど・く ■一〔自カ四〕おおようでおっとりし

ている。のんびりしている。例「なほいとも若く、——きてしどけなき御心にも」〈源氏・宿木〉訳今でもまだたいへん若く、のんびりしてしっかりしたところのないお心ながらも。

二〔自カ下二〕{け・け・く・くる・くれ・けよ}一に同じ。例「——けたる声に言ひなして」〈源氏・花宴〉訳おっとりした声でわざと言って。

おほ‐どし【大年・大歳】オオ‥〔名〕一年の最後の日。大晦日（おおみそか）。例「——の夜の有様も、京・大坂よりは格別静かにして」〈西鶴・世間胸算用・四・三〉訳（奈良は）大晦日の夜の様子も、京や大坂より特別静かで。

おほとなぶら【大殿油】オオトナブラ〔名〕（「おほとのあぶら」の変化した形）**宮中や貴族の御殿（ごてん）でともした油の灯火。**例「高坏（たかつき）に参らせたる——なれば、髪の筋なども、なかなか昼よりも顕証（けそう）に見えてまばゆけれど」〈枕草子・宮に初めて参りたるころ〉訳高坏灯台におともし申し上げた大殿油なので、髪の毛の筋なども、かえって昼よりもはっきりと見えて（私などは）恥ずかしいけれど。

おほ‐との【大殿】オオ‥〔名〕❶宮殿や身分の高い人の邸宅の敬称。御殿（ごてん）。寝殿。例「——のこのもとほりの雪な踏みそね」〈万葉・一九・四二二七長歌〉訳御殿のこのまわりの雪を踏んでくれるな。

❷大臣の敬称。おとど。例「——、我が御車にて、迎へ奉り給ひて」〈源氏・夕顔〉訳左大臣殿は、自分のお車で、（光源氏を自邸に）お迎え申し上げなさって。

❸現在仕えている主君の父の敬称。

おほとの‐あぶら【大殿油】オオトノ‥〔名〕⇒おほとなぶら

おほとの‐ごも・る【大殿籠る】オオトノ‥〔自ラ四〕{ら・り・る・る・れ・れ}

> 「大殿」（＝寝殿）に「こもる」（＝籠る）で、**御寝所（ごしんじょ）におはいりになる**、の意。「寝（ぬ）」「寝（い）ぬ」の尊敬語。

「寝る」意の尊敬語。**おやすみになる。眠りなさる。**例「夜いたくふけて、御前（おまへ）にも——り、人々みな寝（ね）ぬる後」〈枕草子・心にくきもの〉訳夜が随分と更けて、中宮もおやすみになり、女房達も皆寝てしまったあとで。

おほとも‐の【大伴の】オオトモ‥〔枕詞〕（「大伴（＝大阪一帯ノ地名）」の港「御津（みつ）」と同音であることから）「見つ」にかかる。例「——見つとは言はじあかねさし照れる月夜（つくよ）に直（ただ）に逢へりとも」〈万葉・四・五六五〉訳あなたに逢ったとは言いますまい、月の明るい夜に実際にお逢いしていても。注「あかねさし」ハ「照る」ニカカル枕詞。

大友黒主（おおとものくろぬし）オオトモ‥〔人名〕平安前期の歌人。六歌仙の一人。伝説化して、後世の謡曲や歌舞伎には悪役とされる。

大伴坂上郎女（おおとものさかのうえのいらつめ）オオトモノサカノウエ‥〔人名〕『万葉集』第三期の女流歌人。大伴旅人（たびと）の異母妹。穂積皇子に寵愛され、後に藤原麻呂に嫁し、さらに異母兄の宿奈麻呂（すくなまろ）の妻となり、坂上大女（おおいらつめ）・坂上二女（おといらつめ）を産む。『万葉集』に八十四首の歌が載る。

大伴旅人（おおとものたびと）オオト‥モ‥〔人名〕『万葉集』第三期の歌人。六六五年（天智四）〜七三一年（天平三）。家持（やかもち）の父。山上憶良（おくら）とともに大宰府（だざいふ）歌壇を代表する歌人。「酒を讃（ほ）むる歌」の連作は秀逸である。

大伴家持（おおとものやかもち）オオト‥モ‥〔人名〕『万葉集』第四期の歌人。三十六歌仙の一人。生年未詳、七八五年（延暦四）没。『万葉集』の編集に大きく寄与したといわれている。歌風は万葉調が薄れており、優美、繊細なところが目立つ。大伴氏没落の運命を背負い、晩年は不遇であった。

おほど・るオオトル 一〔自ラ四〕{ら・り・る・る・れ・れ}乱れ広がる。例「苣莢（ざうけふ）に延（は）ひ——れる屎葛（くそかづら）絶ゆることなく宮仕へせむ」〈万葉・一六・三八五五〉訳サイカチに這（は）い広がったクソカズラのように、絶えることなく宮仕えをしよう。

二〔自ラ下二〕{れ・れ・る・るる・るれ・れよ}❶一に同じ。例「髪のすその、にはかに——れたるやうに」〈源氏・手習〉訳（尼になって）髪のすそが、急に乱れ広がった感じで。

> 参考「おぼとる」「おほどる」とする説もあり、清濁ははっきりしない。四段活用は上代。平安時代からは下二段活用。

大中臣能宣（おおなかとみのよしのぶ）オオナカトミ‥〔人名〕平安中期の歌人。三十六歌仙の一人。伊勢神宮の祭主。村上天皇の勅命により『後撰和歌集』の選にあたり、源順（みなもとのしたごう）・清原元輔（きよはらのもとすけ）らとともに「梨壺（なしつぼ）の五人」と称された。家集に『大中臣能宣集』がある。⇒後撰和歌集（ごせんわかしゅう）

おほなめ‐まつり【大嘗祭】オオナメ‥〔名〕⇒だいじゃうゑ

おほ‐ぬさ【大幣】オオ‥〔名〕❶大きな串（くし）に付けた幣帛（へいはく）。祓（はら）えの時に用い、式がすむと人々がそれを引き寄せてけがれを移し、川に流した。例「——の引く手あまたになりぬれば思へどえこそ頼まざりけれ」〈古今・恋四・七〇六〉訳あなたは大幣のように（多くの女性から）引っぱりだこになってしまっていますから、（私が）恋しく思っていても頼りになりませんね。注『伊勢物語』四七段ニモ載ル。

❷（①の例歌から）引く手あまた。引っぱりだこ。例「我をのみ思ふと言はばあるべきをいでや心は——にして」〈古今・雑体・一〇四〇〉訳私だけを思っているというならともかくだが、いやもうあなたの心はあっちこっちに引っぱられて。

おほ‐ね【大根】オオ‥〔名〕だいこん。（季・冬）例「木鍬（こくは）持ち打ちし——、根白の白腕（しろただむき）」〈古事記・下・仁徳〉訳木のくわを持って掘りおこした大根、その根が白いように白い腕。

参考「だいこん」は、この語の漢字表記を音読したもの。

おほ‐のか【大のか】オオ‥〔形動ナリ〕❶ゆったりしている。のびのびしている。おおようである。例「——にも、かかる方を安らかに愁へ思ひ」〈夜の寝覚・三〉訳おおような態度で、こうした（＝夫ノ浮気）方面のことを平気な顔で心配し。

❷並みはずれて大きい様子。とても大きい感じである。例「車のうち返りたる。さる——なるものは、所狭（ところせ）くやあらむと思ひしに」〈枕草子・あさましきもの〉訳牛車（ぎっしゃ）のひっくり返ったのは（はあきれた思いがする）。そのような大型のものは、堂々としているかと思ったのに。

❸おおげさである。ぎょうさんである。

太安万侶（おおのやすまろ）オオ‥〔人名〕奈良前期の学者。生年未詳。天武天皇の意を継いだ元明天皇の勅命により、七一二年（和銅五）稗田阿礼が暗誦していた歴史・神話を記録して編纂（へんさん）し、『古事記』を撰進する。また、元正天皇の七二〇年（養老四）、舎人親王（とねりしんのう）のもとで、『日本書紀』の撰進にもあたる。⇒古事記（こじき）・日本書紀

（にほんしょき）・稗田阿礼（ひえだのあれ）

おほ-ば【祖母】〔名〕（「おほはは」の変化した形）父母の母。祖母。対おほぢ① 例「我が身、父方の—の家を伝へて」〈方丈記・わが過去〉訳自分は、父方の祖母の家を継いで（長くその所に住んでいる）。

大原（おほはら）《地名》京都市左京区大原一帯。比叡山の西北、山ふところに包まれた、世俗を離れ余生を送るにふさわしい地であった。平清盛の娘で安徳天皇の母である建礼門院が隠れ住んだ寂光院や三千院がある。

大原（寂光院）

大原野（おほはらの）《地名》京都市西京区大原野一帯。台地で小高い丘陵と併せて西山とも呼ばれる。平安時代の狩猟の地。藤原氏の氏神である奈良春日大社を移した大原野神社や、花の寺として知られる勝持寺がある。

おほ-はらへ【大祓へ】〔名〕陰暦六月と十二月の末日に宮中で行われる祓え。親王・大臣以下、諸役人が朱雀門前に集まり、中臣氏が祝詞をあげて、罪やけがれをはらい清めた。「中臣の祓へ」「おほはらひ」とも。

おほ-ばん【大判】〔名〕室町時代末期から、江戸時代の末にかけて用いられた大型楕円形の金貨、または銀貨。天正大判以下、慶長・元禄・享保・天保・万延の六種がある。表面に「拾両」とあるのは砂金の量目を指すもので、七両二分の時もあり、価値は時代によって変動している。主として儀礼的な贈答用に用いられた。

大原野神社

おほひ-づかさ【大炊寮】〔名〕⇩おほひれう

おほひ-どの【大炊殿】〔名〕貴族などの邸宅で、食物を調理する建物。

おほひ-れう【大炊寮】〔名〕（「おほひ」は「おほいひ（大飯）」の変化した形。「おほひづかさ」とも）令制で、宮内省に属し、諸国から運んで来る米・雑穀を納め、その種類によって各官庁に分配する事務などをつかさどった役所。頭・助・允・属以下の職員が置かれた。

おほ・ふ【覆ふ・被ふ】〔他ハ四〕{は・ひ・ふ・ふ・へ・へ}❶物の表面全体を覆いかぶせる。覆う。例「思ふ人来（こ）むと知りせば八重葎（やへむぐら）—・へる庭に玉敷かましを」〈万葉・一一・二八二四〉訳恋しいあなたがおいでになると知っていたら、雑草が覆っている庭にも玉を敷きつめておくのでしたのに。❷（他に分からないように）覆い隠す。包み隠す。例「小瑕（せうか）をもって、その功を—・ふことなかれ」〈平家・一〇・請文〉訳（家来の）小さな過ちを理由に、その手柄を包み隠してはいけません。❸全体に行き渡らせる。全体に広める。

おほぶね-の【大船の】《枕詞》意味の上から、「頼む」「思ひ頼む」「たゆたふ」「ゆくらゆくら」「ゆた」「津」「渡り」「香取（＝地名。船ノ楫取（カトリ）ト同音デ）」にかかる。例「—思ひ頼める君ゆゑに尽くす心は惜しけくもなし」〈万葉・一三・三二五一〉訳たのみに思っているあなたゆえに、あれこれ心を尽くすのは、何の惜しいこともありません。

おほほ・し【鬱し】〔形シク〕（上代語。「おぼぼし」「おぼほし」であったとも）❶ぼんやりしている。はっきりしない。例「夕月夜（ゆふづくよ）暁闇（あかときやみ）の—・しく見し人ゆゑに恋ひ渡るかも」〈万葉・一一・三〇〇三〉訳夕月の出る時間の明け方の暗い頃のようにぼんやりと見た人だから、（かえって心ひかれ）私は今も恋い続けているのです。❷心が晴れ晴れしない。うっとうしい。例「朝日照る島の御門（みかど）に—・しく人音もせねばまうら悲しも」〈万葉・二・一八九〉訳朝日が照らす（はなやかな）島の御殿（ごてん）に（主を失って今や）人の立てる音もしないので、心は晴れず心悲しいことよ。

おぼほ・す【思ほす】〔他サ四〕{さ・し・す・す・せ・せ}（「おもほす」の変化した形）⇩おもほす

おぼほ・る〔自ラ下二〕{れ・れ・る・るる・るれ・れよ}一【溺る】❶溺（おぼ）れる。❷とめどなく涙を流す。涙にむせぶ。例「ただ涙に—・れたるばかりをかごとにて、はかばかしうも答（いら）へやらずなりぬ」〈源氏・蜻蛉〉訳ただただ涙にむせんでいるのを口実にして、はっきりとはお答えせずじまいであった。

二【惚ほる】❶正気をなくす。ぼんやりする。例「細かなる灰の目鼻にも入りて、—・れてものも覚えず」〈源氏・真木柱〉訳細かな（香炉の）灰が目や鼻にも入って、ぼんやりとして何も分からない。❷知らないふりをする。とぼける。例「むげに世を思ひ知らぬやうに—・れ給ふなむ、いとつらき」〈源氏・帚木〉訳（あなたが）まるで男女の仲を理解していないようにとぼけておいでになるのが、たいへんつらいのです。

おほ-まへつぎみ【大臣】〔名〕（「まへつぎみ」は「前つ君」で、天皇の前に仕える方の意）大臣（だいじん）。

おほ-み【大御】〔接頭〕（名詞に付いて）高い尊敬の気持ちを表す。多く神や天皇に関することに使われる。「—歌」「—門（かど）」「—酒（き）」「—言（こと）」など。

おほみ-かど【大御門】〔名〕❶門の尊称。皇居の門や貴族の邸宅の総門。❷皇居。宮殿。

おほみ-き【大御酒】〔名〕（「おほみ」は接頭語）神や天皇・皇族などに献上する酒。例「—など参り給ふに夜更けぬれば」〈源氏・須磨〉訳（光源氏達は）お酒を飲んでいらっしゃるうちに夜も更けてしまったので。

おほ-みぎり【大砌】〔名〕雨だれを受けるために、寝殿の軒下に置く敷き石。例「—の石を伝ひて、雪に跡をつけず」〈徒然草・一〇六〉訳雨だれよけの敷き石を伝って、（庭の）雪に跡をつけないようにして。

おほみ-け【大御食】〔名〕（「おほみ」は接頭語）天皇の召し上がり物。供御（くご）。

おほ-みそか【大晦日】〔名〕十二月末日。「おほつごもり」とも。例「—定めなき世の定めかな」〈西鶴〉訳一年中の総決算の大晦日がやって来た。無常で定めない世の中であるが、借金を払わなければならない大晦日だけは、きちんと決まってやってくるものである。

おほみ-たから【大御宝】〔名〕(「おほみ」は接頭語。天皇の宝物の意)国民。

おほみ-み【大御身】〔名〕(「おほみ」は接頭語)天皇や高貴な人のお体。

おほ-みや【大宮】〔名〕❶皇居・神宮の敬称。例「さざなみの大津の宮に天(あめ)の下知らしめしけむ天皇(すめろき)の神の尊(みこと)の――はここと聞けども」〈万葉・一・二九長歌〉訳琵琶(びわ)湖の南部あたりの大津の宮で天下をお治めになったという天智天皇の旧都はここだと聞いているが。
❷皇太后・太皇太后・内親王の敬称。

おほ-みやすんどころ【大御息所】〔名〕(「おほみやすどころ」とも)先代の天皇の夫人。また、天皇の母。

おほみや-つかへ【大宮仕へ】〔名〕宮中に仕えること。例「掛けまくもあやに恐(かしこ)き山辺(やまのべ)の五十師(いし)の原にうち日さす――」〈万葉・一三・三二三四長歌〉訳口に出して言うのも本当に恐れ多い山辺の五十師の原に大宮仕えをしている。注「うち日さす」ハ「大宮」ノ枕詞。

おほみや-どころ【大宮所・大宮処】〔名〕皇居のある場所。また、皇居。例「泉川ゆく瀬の水の絶えばこそ――移ろひ往(ゆ)かめ」〈万葉・六・一〇五四〉訳泉川(=京都府南部ノ川)の流れ行く瀬の水の絶えるようなことがもしあるならば、皇居の地も移り変わるだろうが(瀬の水は絶えないので、皇居の地(=久邇(クニ)京)は移ることがない)。

おほみや-びと【大宮人】〔名〕(「おほみやひと」とも)宮中に仕える人。例「ささなみの志賀の唐崎(からさき)幸(さき)くあれど――の舟待ちかねつ」〈万葉・一・三〇〉訳(旧都近江(おうみ)の)志賀の唐崎は昔と変わらずにあるが、(昔ここが都だった時遊んでいた)大宮人の船は、いくら待っていてもやってこない。注大津宮跡デノ柿本人麻呂ノ作。

おほむ【御】〔接頭〕⇩おほん

おぼ-めか・し〔形シク〕(動詞「おぼめく」が形容詞化した形)❶(状態・態度・記憶などが)はっきりしない。ぼんやりしている。例「ほど経(へ)にける、――・しくやとつつましけれど」〈源氏・花散里〉訳(一度逢(あ)ったきりで)時がたってしまったので、(自分のことを)はっきり覚えていないだろうかと(光源氏は)遠慮されるけれど。
❷(はっきりしないので)気がかりである。不安である。例「――・しながら頼みかけ聞こえたり」〈源氏・夕顔〉訳(夕顔の侍女達は男(=実ハ光源氏)の身分がわからず)不安はあるもののお頼り申し上げている。
❸わざと知らぬふりをしている。とぼけている。例「何かは、そのほどのこと表しのたまふべきならねば、しばし――・しくて」〈源氏・横笛〉訳何としても、そのいきさつをはっきりおっしゃれないので、(光源氏は)しばらくわざとよくわからないふりをして。

おぼめ・く〔自カ四〕(か・き・く・く・け・け)❶実体がはっきりせず、よくわからないと思う。何だろうと思う。不審に思う。
❷知らないふりをする。そらとぼける。例「ひとところしも、あまり――・かせ給ふらむこそ、口惜しかるべけれ」〈源氏・橋姫〉訳(あなた)お一方(ひとかた)までもが、(私の深い気持ちを知りながら)あまりにそらとぼけなさるのが、残念です。

おほ-やう【大様】■一〔形動ナリ〕❶落ち着いて堂々としている。こせこせせずゆったりとしている。例「重盛(しげもり)の卿(きゃう)はゆゆしく――・なるものかな」〈平家・一・清水寺炎上〉訳重盛卿はずいぶん落ち着いていることだな。
❷けちけちせずに、おおらかである。また、細かいところに気が付かず、おおまかである。例「これらまで――・なること、天下の御城下なればこそと思はれ」〈西鶴・日本永代蔵・三・一〉訳こんな連中までがおおらかであるのは、(さすがに)将軍のお膝元(ひざもと)(=江戸)であるからこそだと思われて。
■二〔副〕だいたい。おおよそ。おおかた。例「しやせまし、せずやあらましと思ふ事は、――はせぬはよきなり」〈徒然草・九八〉訳しようか、(それとも)しないでおこうかと思(って迷)うような事は、だいたいはしない方がよいのである。

おほ-やけ【公】〔名〕

対わたくし(私)

もとの意は「大宅(おほやけ)」で、大きな建物。そこから、**皇居**、の意、そして、**天皇**、**朝廷**、の意になり、さらに「私」に対する「**公**」の意となった。

❶皇居。宮中。例「若宮の御方には、人々参り込みつつ、――のやうになりておはしますを」〈宇津保・国譲・中〉訳若宮のもとには、人々が大勢参上していて、まるで皇居のようになっていらっしゃるのを。
❷**天皇。また、皇后・中宮。**近世では、将軍。例「いみじく静かに、――に御文奉り給ふ」〈竹取・かぐや姫の昇天〉訳(かぐや姫は)とても落ち着いて、天皇にお手紙をお書き申し上げなさる。
❸**朝廷。政府。**近世では、幕府。例「――よりも、多くの物たまはす」〈源氏・桐壺〉訳朝廷からも、(光源氏の将来を占った人相見に)多く物をお与えになる。
❹公的・社会的なこと。また、表向き。例「――・私(わたくし)の大事を欠きて、煩(わづら)ひとなる」〈徒然草・一七五〉訳(酒を飲みすぎると)公私ともに大切な用件をおろそかにして、困ったこととなる。

おほやけ-ごと【公事】〔名〕❶朝廷における政治上の仕事。政務。例「――の繁(しげ)きにや、私の心ざしの深からぬにや、さしも訪(とぶら)ひものし侍(はべ)らず」〈源氏・行幸〉訳公務が忙しいのか、親孝行の心が深くないのか、(息子の内大臣は)それほど見舞いもいたしません。
❷宮中の行事・儀式。公事(くじ)。例「――どもありければ、えさぶらはで」〈伊勢・八三〉訳宮中行事がいくつもあるので、(惟喬親王(これたかのみこ)の)お側にいることができないで。
❸朝廷に対する奉仕・義務。租税や賦役(ふえき)・夫役(ぶやく)。例「生けらむ世の限り、武蔵(むさし)の国を預けとらせて、――もなさせじ」〈更級・竹芝寺〉訳生きている間中、武蔵の国を預け与えて、租税や賦役も免除しよう。
❹表向きのこと。また、形式的なこと。対わたくしごと

おほやけ-づかひ【公使ひ】〔名〕朝廷からの使者。勅使(ちょくし)。例「この御子(みこ)、――を召して」〈更級・竹芝寺〉訳この皇女は、勅使をお呼びになって。

おほやけ-ばら【公腹】〔名〕ひとごとながら、公平な立場から腹を立てること。義憤。公憤。

おほやけ-はらだた・し【公腹立たし】〔形シク〕(自分の立場を離れて)公(おおやけ)の立場から腹立たしく思う。義憤を感じる。例「――・しく、心一つに思ひ余ることなど多かるを」〈源氏・帚木〉訳(直接自分に利害関係のないのに)義憤を感じ、自分の心の中だけにおさめてはおけない

事などが多いのだが。

おほやけばら-だ・つ【公腹立つ】〔自タ四〕{た・ち・つ・つ・て・て}自分の利害にかかわりなく、公の立場からいきどおる。他人事ながら腹を立てる。義憤を感ずる。例「らうたげにうちなげきてゐたるを、見捨てて行きなどするは、あさましう──・ちて」〈枕草子・男こそなほいとありがたく〉訳いじらしく嘆いている女を、(男が)見捨てて出かけて行ったりするのは、あきれて他人事ながら腹が立ち。

おほやけ-びと【公人】〔名〕朝廷に仕える人。役人。例「さが尻をかき出でて、ここらの──に見せて、恥を見せむ」〈竹取・かぐや姫の昇天〉訳そいつの尻をまくり出して、多くの役人に見せて、恥をかかせてやろう。

おほやけ-わたくし【公私】〔名〕公的なことと私的なこと。公私。例「女といはむからに、世にあることの、公私につけて、むげに、知らず至らずしもあらむ」〈源氏・帚木〉訳いくら女だからといって、世間で起きた、公私いずれの事についても、一切、知らない通じていないですむことでしょうか。

おほ-やしま【大八州・大八洲】〔名〕《「おほやしまぐに」とも》日本国の別称。本州・四国・九州・淡路・壱岐・対馬・隠岐・佐渡の八つの島の意。例「深き御うつくしみ──にあまねく」〈源氏・明石〉訳(光源氏の)深いご慈愛が日本国中にゆきわたり。

おほ-やしろ【大社】〔名〕出雲大社。例「丹波に出雲といふ所あり。──を移して、めでたく造れり」〈徒然草・二三六〉訳丹波の国に出雲(=京都府亀岡市)という所がある。出雲大社の神を申し請け移して、立派に造ってある。

おぼ・ゆ

【覚ゆ】〔{え・え・ゆ・ゆる・ゆれ・えよ}〕《「思(も)ほゆ」の変化した形》

「思ふ」の未然形に、上代の自発・受身の助動詞「ゆ」の付いた「おもはゆ」から、「おもほゆ」を経て成立した語。(人に)…と思われる、自然にそのように思われる、がもとの意。そこから、似る、他動詞として、思い出す、などの意が生まれた。

■一〔自ヤ下二〕❶(自然に)思われる。(おのずから)感じられる。気がする。例「なほことざまの優に──・えて、物の隠れよりしばし見居(ゐ)たるに」〈徒然草・三二〉訳さらにことの様子が優雅に思われたので、物陰からしばらく(女を)見ていたところ。

❷思い浮かぶ。思い起こされる。思い出される。例「なほ、ふと──・えつつ」〈源氏・野分〉訳やはり、ふと(紫の上のことが)思い起こされて。

❸似る。似た所がある。例「少し──・えたる所あれば、子なめりと見給ふ」〈源氏・若紫〉訳少し似ている所があるので、(尼君の)子であろうと(光源氏は)ご覧になる。

❹(他の人から)…と思われる。…とされる。例「あまりむげにうちゆるべ、見放ちたるも……おのづから軽き方にぞ──・え侍るかし」〈源氏・帚木〉訳(女が男を)あまりにも拘束せず、ほったらかしにしているのも……(女は)自然に(男から)軽いものに思われて(=軽蔑サレテ)しまいます。

❺身にしみる。骨身にこたえる。例「その阿呆(あはう)め、──・えるほどくらはしゃ」〈近松・心中天の網島・中〉訳そのばかめを、骨身にこたえるほどなぐってやれ。

■二〔他ヤ下二〕❶思い出す。思い起こす。例「これに、ただ今──・えむ古き言一つづつ書け」〈枕草子・清涼殿の〉訳これ(=白イ色紙)に、たった今思い出す古歌を一首ずつ書け。

❷思い出して語る。例「いと興あることなり。いで、──・え給へ」〈大鏡・序〉訳(あなたの昔話は)とても興味深いことです。さあ、(昔を)思い出して語って下さい。

❸記憶する。また、記録する。

要点 「ゆ」は上代の自発・可能・受身の助動詞で、■一①②などには自発の、■一④には受身の意がはっきり現れている。

おほ-よそ【大凡】■一〔名〕だいたい。普通。およそ。例「さしもあるまじき──の人さへ」〈源氏・御法〉訳(縁故や関係が)それ程でもあるまいと思われる一般の人までが(紫の上をしのんで涙を落とさない者はなかった)。

■二〔副〕おおまかにみて。だいたい。一般に。例「──『珍しき禽(とり)、あやしき獣(けだもの)、国に養はず』とこそ文(ふみ)にも侍(はべ)るなれ」〈徒然草・一二一〉訳だいたい「珍しい鳥や見なれない獣は、国内に養うものではない」と古書にもあるそうだ。

おほよそ-びと【凡人】〔名〕普通の人。特別な縁故・関係のない人。

おほ-よろひ【大鎧】〔名〕❶普通よりも大型の鎧。例「太り責めたる大男の、──は着たり、馬(むま)は大きなり、たやすくも乗りえず」〈平治・中・一〉訳非常に太った大男で、大型の鎧は着ているし、馬は大きく、たやすく乗ることもできない。

❷(雑兵の着る胴丸や腹巻に対して)武将の着る正式の鎧。中世の騎射戦用として、両袖や草摺が大きく作られたもの。着背長。

おほよろひ②

おほ-らか【多らか】〔形動ナリ〕《「らか」は接尾語》❶ゆったりとした様子。おおまかである。例「御年二十(はたち)にて、かたちは──・に、児(こ)めかしきさまし給へれば」〈狭衣・一〉訳(今姫君は)御年二十歳で、顔だちがゆったりしていて、おっとりとした様子をしていらっしゃるので。

❷(分量が)多い。多量である。例「卒都婆(そとば)に血の──・につきたりければ」〈宇治拾遺・二・一三〉訳卒都婆(=墓所ニ立テル塔)に血がたくさんついていたので。

おぼ・る【溺る】〔自ラ下二〕{れ・れ・る・るる・るれ・れよ}❶おぼれる。例「水に──・れて六百余騎ぞ流れける」〈平家・四・宮御最期〉訳(宇治川の)水流におぼれて六百余騎の軍勢が流された。

❷心を奪われる。夢中になる。耽溺する。例「惑へる者はこれを恐れず。名利(みやうり)に──・れて、先途(せんど)の近きことを顧みねばなり」〈徒然草・七四〉訳迷っている者はこれ

（＝老イト死）を恐れない。名誉利益に心を奪われて、死期の近いことを顧みないからである。

おぼろ【朧】〔形動ナリ〕ぼんやりとかすむ様子。はっきりしない。（季・春）例「春の空の、たどたどしき霞(かすみ)の間より、——・なる月影に」〈源氏・若菜・下〉訳春の空の、おぼつかない霞の間からもれる、ぼんやりとした月の光のもとで。

おほ-ろか〔形動ナリ〕〔上代語。「おぼろか」とも〕（下に打消しの表現を伴って）いいかげん。おろそか。なおざり。例「この花の一枝(ひとよ)のうちに百種(ももくさ)の言ぞこもれる——にすな」〈万葉・八・一四五六〉訳（あなたに贈る）この桜の一枝の中には、たくさんの言葉がこもっている。おろそかにしてくれるな。

おぼろ-け【朧け】〔形動ナリ〕（近世以降「おぼろげ」）

> 多くが、下に打消しや反語の表現を伴って、**普通である**、の意（①）を表す。打消しを伴わない場合は、慣用的に、**おぼろけならず**、の意（②）に用いられ、**並大抵ではない**、の意になる。

❶（多くは下に打消しや反語の表現を伴って）**並一通りである。普通である。**例「『梨花(りくわ)一枝(いっし)、春、雨を帯びたり』など言ひたるは——・ならじと思ふに」〈枕草子・木の花は〉訳（楊貴妃(やうきひ)の泣き顔をたとえて）「一枝の梨(なし)の花が、春、雨にしっとり濡(ぬ)れている」と（漢詩に）うたっているのは並一通りの美しさではあるまいと思うと。
❷（「おぼろけならず」の意）**並大抵でない。格別である。**例「——の願(ぐわん)によりてにやあらむ、風も吹かず、よき日いできて、漕(こ)ぎ行く」〈土佐・一月二十一日〉訳並々ならぬ祈願によってであろうか、風も吹かず、すばらしい太陽が出て来て（＝ヨイ日和(ヒヨリ)ニナッテ）、（舟を）漕いで行く。注語幹ヲ連体修飾ニ用イテイル。

おぼろ-づくよ【朧月夜】〔名〕（「おぼろづきよ」とも）ぼんやりとかすんで見える春の月。また、その月の出ている夜。例「今はとて田の面(む)の雁(かり)もうちわびぬ——の曙(あけぼの)の空」〈新古今・春上・五八〉訳今はもう北へ帰る時だというので、田にいる雁もこの地と別れるのをつらそうにしている。このおぼろ月夜の曙の空のもとで。注寂蓮法師ノ作。

おほ-わだ【大曲】〔名〕川や湖などが陸地に大きく入りこんでいる所。例「ささなみの志賀の——淀(よど)むとも昔の人にまたも逢(あ)はめやも」〈万葉・一・三一〉訳志賀の大わだは（昔と変わらずに）よどんでいるにしても、昔の大宮人に再び逢うことができようか（できはしない）。

おほ-わらは【大童】〔名〕髪をたばねず、童髪(わらはがみ)のように、ばらばらな状態になった髪。特に、戦場で兜(かぶと)を脱いだ時の乱れ髪をいう。例「兵衛佐(ひやうゑのすけ)七、八騎にうちなされ、——に戦ひなって」〈平家・五・早馬〉訳頼朝は七、八騎にまで討たれてしまい、乱れ髪の有様で戦い。参考戦場で、乱れ髪になって奮闘することから、後世、仕事などに大忙しの様子を指すようになった。

大井川(オオイガワ)（大堰川）（おほゐがは）〔川名〕❶京都市西京区嵐山を流れる川。北西の上流を保津(ほづ)川、南へ下って桂川といい、淀(よど)川に合流する。平安時代から桜・紅葉の名所。❷駿河(するが)の国と遠江(とほたふみ)の国の間、現在の静岡県中央部を南流する川。江戸幕府の政策で架橋・渡船を許さず、人足(にんそく)・輦台(れんだい)による渡河方法のため、出水によりしばしば「川止め」となった。

大井川①

おほ-ん【御】〔（「おほみ（大御）」の撥音便。「おほむ」とも）〕❶〔接頭〕（名詞に付いて）尊敬の意を表す。例「故(こ)惟喬(これたか)の親王(みこ)の——伴(とも)に、故在原の業平(なりひら)の中将の」〈土佐・二月九日〉訳故惟喬親王のお伴に（ついていた）、故在原業平中将が。❷〔名〕接頭語「おほん」の下の名詞を省略した表現。例「大臣(おとど)の——は、すぐれてなまめかしうなつかしき香(か)なり」〈源氏・梅枝〉訳大臣（＝光源氏）の（調製した）お香(こう)は、非常に優美で親しみのある香りである。参考平安時代では「おほん(む)」が一般的で、「お」「み」「ご」は限られた語に付く。「おほん」から変化した「おん」は院政時代以後に使われる。

おほん-とき【御時】〔名〕その天皇の治めておられる時代。治世(ちせい)。御代(みよ)。例「いづれの——にか、女御(にようご)・更衣(かうい)あまたさぶらひ給ひける中に」〈源氏・桐壺〉訳どの天皇の御代のことであったか、女御や更衣が大勢お仕えなさっていた中に。注『源氏物語』ノ冒頭部。

お-まし【御座】〔名〕❶天皇や高貴な人のいらっしゃる所。天皇には、昼(ひ)の御座（＝居間）と夜の御座（＝寝所）がある。御座所(ござしょ)。例「端つかたの——に、仮なるやうにて大殿籠(おほとのごも)れば」〈源氏・帚木〉訳端近くの御座所に、（光源氏が暑いので）仮寝のようにお休みになったので。
❷天皇や高貴な人のための敷物や寝床。例「——など、ただ引きつくろふばかりにてあれば」〈源氏・若紫〉訳敷物など、ただ並べるだけでよいようになっているので。

おまし-どころ【御座所】〔名〕⇩おまし①

おまし-ま・す【御座します】〔自サ四〕（さ・し・す・す・せ・せ）（「あり」「行く」の尊敬語）いらっしゃる。例「仁和の帝(みかど)、親王(みこ)に——・しける時に」〈古今・春上・二一詞書〉訳仁和の帝（＝光孝天皇）が親王でいらっしゃった時に。

おま・す（さ・し・す・す・せ・せ）（せ・せ・す・する・すれ・せよ）❶〔他サ四・下二〕（中世以降「おまるらす」の転「おまらす」の変化した形）「与える」の意の謙譲語。さしあげる。あげる。例「まだ何ぞ——・せたいものぢゃ」〈狂言・入間川〉訳まだほかに何かさしあげたいものだ。
❷〔補動サ四・下二〕（動詞の連用形に助詞「て」の付いた形に続いて）…てさしあげる。…てあげる。例「何時なりとも見せて——・さう」〈狂言・末広がり〉訳いつでも見せてさしあげましょう。

お-まへ【御前】❶〔名〕（「前」の尊敬語）❶高貴な人や神仏の前。**御前(ごぜん)**。おそば近く。例「あながちに——去らずもてなさせ給ひしほどに」〈源氏・桐壺〉訳（帝が桐壺更衣(きりつぼのこうい)を）無理におそばから離さずにお扱いになられたので、そのうちに。
❷**お仕えしている貴人の敬称。**その人を直接指さない形で、尊敬の意を表す。「…のおまへ」の形で用いることもある。例「宮の——のうち笑ませ給へる、いとをかし」〈枕草

子・関白殿、二月二十一日に〉訳 中宮様がほほえんでいらっしゃる様子は、とても美しく心ひかれる。❸貴人に仕える者。多く、女房達をいう。

二〔代名〕《人称代名詞。対称》❶尊敬する相手に対して用いる。あなたさま。あなた。例「私が悴(せがれ)にちゃうど——程ながござれども」〈近松・夕霧阿波鳴渡・中〉訳 私の息子にちょうどあなたくらいの(年の)者がいますが。❷《近世後期以降の用法》同等、またはやや目下の相手に対して用いる。あんた。例「——の頭巾(づきん)はいつもより新しくなったやうだ」〈浮世風呂・前・上〉訳 (西光さん)あんたの頭巾はいつもより新しくなったようだね。

> 要点 高貴な人を直接指さず、婉曲に表すところから一②以下の意が生じ、二の代名詞の用法も生じた。近世後期の江戸語になると、二②のように敬意が下落し、「おまい」「おめえ」など、崩れた語形も多く見られるようになり、現代に至っている。

おみ【臣】〔名〕❶朝廷に仕える人。臣下。例「もののふの——の壮士(をとこ)は大君の任(まけ)のまにまに聞くといふものぞ」〈万葉・三・三六九〉訳 朝廷にお仕えする官人の男子は、天皇の仰せのとおりに従うものだ。❷古代の姓の名。有力な氏族として朝廷に仕え、その中心となる者は大臣の称を賜った。しかし、天武十三年(六八四)に定められた「八色の姓」では、第六位とされ、下級の姓となった。

おみごろも【小忌衣・小斎衣】〔名〕⇩をみごろも

おみづとり【お水取り】〔名〕⇩みづとり

おみな【女】〔名〕⇩をみな

おみな【嫗】〔名〕年とった女。老女。「おみな」から「おむな」、さらに「おうな」となる。対 おきな① 例「古(ふ)りにし——にしてやかくばかり恋に沈まむ手童(たわらは)のごと」〈万葉・二・一二九〉訳 年をとった女でありながらこれほどに恋に苦しむものでしょうか、まるで子供のように。

> 要点 「をみな」は、若い女性の意であるから注意すること。

おみなえし【女郎花】〔名〕⇩をみなへし

お・む【怖む】〔自マ下二〕〔め・め・む・むる・むれ・めよ〕気おくれする。おじけづく。例「このやうな所で百姓の——・めたは見苦しいものぢゃ」〈狂言・餅酒〉訳 こういう場所で百姓が気おくれしているのは見苦しいものだ。

おむな【嫗】〔名〕《「おみな」の変化した形》⇩おみな

御室(おむろ) 一《寺名》宇多天皇が建立して退位後出家して移り住んだ仁和寺の別名。のちに仁和寺の住職である法親王を指していうようにもなった。

二《地名》仁和寺の周辺の地。現在の京都市右京区御室一帯。

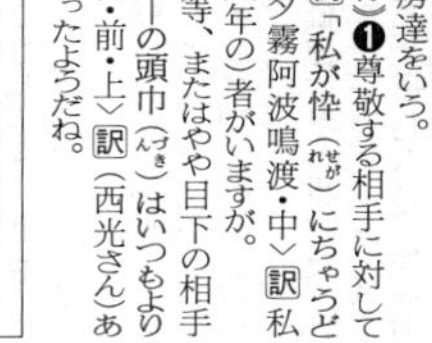

御室一

おめく【喚く・叫く】〔動〕⇩をめく

おも【母】〔名〕❶はは。母親。例「韓衣(からころむ)裾(すそ)に取り付き泣く子らを置きてそ来(き)ぬや——なしにして」〈万葉・二〇・四四〇一〉訳 韓衣の裾に取りすがり泣く子供を残して来たことだ。母親もなくて。注 防人ノ歌。❷乳母。うば。例「みどり子のためこそ——は求むと言へ乳(ち)飲めや君が——求むらむ」〈万葉・一二・二九二五〉訳 赤ん坊のためにこそ乳母はほしがるものだと言います。あなたはまだ乳を飲むおつもりで、乳母をほしがっているのでしょうか。注 ズット年下ノ若イ男ニ求婚サレタ女ノ歌。

おも【面】〔名〕❶顔面。顔つき。例「吾(あ)が——の忘れむ時(しだ)は国はふり嶺(ね)に立つ雲を見つつ偲(しの)はせ」〈万葉・一四・三五一五〉訳 もし私の顔をお忘れになったような時は、故郷にわきあがって峰に立つ雲を見ながらなつかしく思ってください。注 東歌。旅ニ出ル男ノ歌。❷表面。例「浅茅(あさぢ)は庭の——も見えず」〈源氏・蓬生〉訳 (たけの低い)チガヤは庭の表面も見えないほどで。

おもい【思い・想い】⇩おもひ

おもいやる【思い遣る】⇩おもひやる

おもう【思う・想う】⇩おもふ

おもおす【思おす】〔動〕⇩おもほす

おも-おも・し【重重し】〔形シク〕❶身分や地位が高い。例「——・しうて、常にしも参り給はず」〈源氏・蜻蛉〉訳 (第二皇子は式部卿になり)ご身分が重いので、いつもは(母明石中宮の所へ)おいでにならない。❷重要だ。主だっている。例「次の坊がねにて、いとおぼえことに——・しう」〈源氏・匂宮〉訳 (第二皇子は)東宮候補として、じつに信望も格別厚く。❸落ち着きがある。また、思慮深い。例「いといと——・しく心深きさまにもの し侍(はべ)りしを」〈源氏・澪標〉訳 (六条御息所は)じつに落ち着いていて思慮深い様子でございましたのに。

おも-がい【面繋】〔名〕《「おもがき」のイ音便》馬具の緒の名。左右の轡を固定するために、馬の頭から轡に結んだ緒。

おもがい

おも-がくし【面隠し】〔名〕❶恥ずかしがって顔を隠すこと。例「玉かつま逢(あ)はむと言ふは誰(たれ)なるか逢へる時さへ——する」〈万葉・一二・二九一六〉訳 逢いたいと言うのは誰なのですか。せっかく(こうしてやって来て)逢っている時までもきまり悪がって袖で顔を隠したりして。❷恥ずかしさをまぎらすこと。てれかくし。例「ふとも言ひ出(い)で給はぬ——にや」〈源氏・宿木〉訳 すぐにも言い出すことがおできにならないてれかくしであろうか。❸物の表面を隠すこと。例「あやしき賤(しづ)の屋も、雪にみな——して」〈枕草子・十二月二十四日〉訳 身分の低い者の粗末な家も、雪に皆表面を隠して。

おも-がく・す【面隠す】〔自サ四〕〔さ・し・す・す・せ・せ〕恥ずかしさに顔を見せないように隠す。例「あひ見ては——・さるるものからに継ぎて見まくのほしき君かも」〈万葉・一一・二五五四〉訳 逢えば恥ずかしくてつい顔を隠したくなる、そのくせに、つづけて見たく思う(いとしい)あなたよ。

おも-かげ【面影】

〔名〕❶頭に描かれる顔かたち。**顔つき。おもざし。**例「名を聞くより、やがて——は推しはからるる心地するを」〈徒然草・七一〉訳 (誰かの)名前を聞くやいなや、すぐに(その人の)顔つきは想像できるような気がするが。❷心に浮かぶ姿。**幻影。まぼろし。**例「人よりは殊(こと)なりしけはひ・かたちの、——につと添ひて思(おぼ)さるるにも」〈源氏・桐壺〉訳 (琴・歌も)他の人より上手であった(故桐壺更衣の)様子や容貌が、幻となって(帝に)ぴったり寄り添っているとお思いになるにつけても。

❸(歌論・連歌論で)言外に余情として感じられる姿・情景・風情。例「詞(ことば)のやさしく艶(えん)なるほか、心も―も、いたくはなきなり」〈後鳥羽院御口伝〉訳(この歌は)ことばが優美で深みのある上品さがあるほかは、心も余情としての風情も、たいしたことはないのである。

❹(蕉風俳論で)連句の付け方の一つ。故事・古歌に基づいて付ける時、それをはっきりと現さず、ほのかにわかるような表現で付けること。「面影付け」とも。

要点 人の顔や姿・情景など、目の前に実体がないのに、それらしい様子が浮かんでくるものをいう。

おもく・す【重くす】〔他サ変〕(せ・し・す・する・すれ・せよ) 大切なものと考える。重んじる。例「人の心皆改まりて、ただ馬・鞍をのみ―・す」〈方丈記・都遷り〉訳人の心はすっかり変わって、(優雅な牛車ではなく、機動力のある)ただ馬や鞍ばかりを重んじる。

おもし【重し・重石】〔名〕(形容詞「重し」の終止形の名詞化)❶物を押さえるために置く物。重みをかけるもの。例「昨日(きのふ)おのれが―の石を踏み返し給ひしに助けられて」〈宇治拾遺・四・五〉訳昨日私の上に乗っていた重しの石を(あなたが)踏んでひっくり返してくださったのに助けられて。注蛇ニ生マレ変ッテイタ女ノ感謝ノ言葉。

❷(「世の重し」の形で)人々を押さえしずめる力。また、その力を持っている人。重鎮。例「世の―と物し給へる大臣(おとど)の、かく世を逃れ給へば」〈源氏・賢木〉訳世の重鎮でいらっしゃった大臣が、こうして政界を逃れておしまいになったので。

おも・し【重し】〔形ク〕❶目方がある。重い。例「日ごろは何とも覚えぬ鎧(よろひ)が、今日は―・うなったるぞや」〈平家・九・木曽最期〉訳いつもは何とも思わない鎧が、今日は重く感じられるぞ。

❷(地位や評価などが)**高い。価値がある。**重要だ。例「幽玄(いうげん)の道、君臣これを―・くすといへども」〈徒然草・一二二〉訳(詩歌が上手で、音楽に優れているのは)高尚な芸道で、君主も臣下もこれを大切にするとはいうものの。

❸程度がはなはだしい。**重大である。**例「ここにおはするかぐや姫は、―・き病(やまひ)をし給へば、え出(い)でおはしますまじ」〈竹取・かぐや姫の昇天〉訳ここにおられるかぐや姫は、重い病気をなさっているので、外にお出になれますまい。

❹どっしり落ち着いている。貫禄がある。重々しい。例「おほどきてもの深く―・き方はおくれて」〈源氏・夕顔〉訳(夕顔は)おおらかで思慮深く重々しい点は劣っていて。

おもしろ・し【面白し】〔形ク〕類あはれ・をかし

> 本来の意味は、「おも(面)」が「しろ(白)し」で、**目の前がぱっと明るくなる感じ。**古くは、景色や風物について視覚的な美を表す用法(①)が多い。以後、芸能・遊宴などについても、**心が明るく楽しい**、の意(②)を表すようになる。③は中世末期以降の用法。

❶(景色などが)すばらしい。**趣がある。**例「今、参りつる道に紅葉(もみぢ)のいと―・き所のありつる」〈更級・物語〉訳今、やって参りました(足柄山の)途中に紅葉のとても美しい所がありました。

❷**興味深い。楽しい。おもしろい。**例「神楽こそ、なまめかしく―・けれ」〈徒然草・一六〉訳(宮中で行われる)神楽は、優雅でおもしろいものだ。

❸風変わりである。珍妙である。例「舟人これを見て『あら―や、いかなるものやらん』とて、河の岸へ投げ上ぐる」〈御伽・鉢かづき〉訳船頭がこれ(=鉢カヅキ姫)を見つけて「おや変なものだぞ、なんだろう」と言って、河岸へ投げ上げる。

おも-だか【沢瀉】〔名〕❶植物の名。沼・池などに自生するクワイに似た草。夏、三弁の白い花をつける。❷紋所の名。オモダカの花と葉を図案化したもの。

おもだか-をどし【沢瀉縅】(-オドシ)〔名〕鎧(よろい)の「縅(をどし)」の一種。オモダカの葉のような山形に、とじ糸の色を変えて「札(さね)」をつづり合わせたもの。

おもだかをどし

おも-だた・し【面立たし】〔形シク〕(面目が立つの意)対おもなし① 晴れがましい。名誉である。例「年ごろ、うれしく―・しきついでにて」〈源氏・桐壺〉訳長年、喜ばしく面目を施すような折に。

おもて【表】⊟〔名〕❶(内部や奥に対して)表面。例「長さ二十丈、広さ五丈ばかりなる石の―、白絹(しらぎぬ)に岩を包めらむやうになむありける」〈伊勢・八七〉訳(その滝は)長さ二十丈(=約六〇メートル)、広さ五丈四方(=約二三〇平方メートル)ほどの岩の表面を、白い絹の布で岩を包んであるようであった。

❷人に向いている面。前面。また、(家などの)正面。玄関先。例「いや、―に『物申(ものまう)』とある」〈狂言・萩大名〉訳やや、玄関先に「ごめんください」という声がする。

❸物を覆うもの。掛け布。おおい。

⊟〔接尾〕場所・地名について、そのあたりである意を表す。…方面。…地区。「国―」「江戸―」など。

おもて【面】〔名〕❶人の顔立ち。顔。顔面。例「女君は、あいなく―赤み、苦しと聞き居給ふ」〈源氏・藤裏葉〉訳女君は、間の悪い思いで顔を赤くして、困ったことだと思って聞いていらっしゃる。

❷(物の)表面。例「海の―、おもしろく見えわたるに」〈源氏・若菜・下〉訳(月の光で)海の表面が、いちめんに美しく見えている上に。

❸世間、人々への顔むけ。面目。名誉。例「いざや平家に矢ひとつ射かけて、それを―にして参らん」〈平家・九・六ヶ度軍〉訳さあさあ平家に矢を一通り射かけて、それを(源氏への)顔むけとして源氏の陣へ参ろう。注平家方デアッタ連中ガ、源氏ニ帰服シヨウトシテイル場面。

❹(「面形(おもてがた)」の略)顔に付ける面(めん)。仮面。

面を合(あ)は・す ❶顔を見合わせる。❷正面から相手に立ち向かう。対抗する。例「斬(き)ってまはるに、―・する者ぞなき」〈平家・九・木曽最期〉訳(今井四郎兼平が)斬ってまわるので、立ち向かう者もいない。

面を起(お)こ・す 面目をほどこす。名誉となる。

面を伏(ふ)・す 面目を失わせる。顔をつぶす。例「亡き親の―・せ、影を辱(はづか)しむるたぐひ多く聞こゆる」〈源氏・若菜・上〉訳死んだ親の顔をつぶし、死後の名を辱(かし)める例が多く聞かれる。

面を向か・ふ（コウ） ❶顔を合わせる。対面する。例「弓切り折り自害して、人に二たび—ふべからず」〈平家・一一・那須与一〉訳（射そこなう事があれば）弓を切り折って自殺して、人と二度と顔を合わせられません。❷立ち向かう。対抗する。例「いかなる御物の怪（け）なりとも、—・ふべしとも見えざりけり」〈平家・三・御産〉訳どんな悪霊であっても、立ち向かうことができるとも思われなかった。

おもて-うた【面歌・表歌】〔名〕歌人の代表作というべき秀（すぐ）れた歌。例「これをなむ、身にとりては—と思ひ給ふる」〈無名抄〉訳この歌こそ、私にとっては代表作であると考えております。注藤原俊成ガ源俊恵（シュンエ）ニ代表作ヲ問ワレテ、「夕されば野辺の秋風身にしみて鶉（うづら）鳴くなり深草の里〈千載・秋上〉訳夕方になると野を吹く秋風の冷たさが身にしみて感じられ、ウズラが悲しげに鳴くのが聞こえてくる。深草の里では。」ヲ挙ゲル。

おもて-おこし

【面起こし】〔名〕面目をほどこすこと。**名誉回復**。対おもてぶせ 例「わがいにしへ少しあざればみ、あだなる名を取り給うし—に」〈源氏・夕霧〉訳自分が過去にいささか乱れた生活をして、浮気な評判をお立てになったことの名誉挽回（ばんかい）にもなると。

おもて-はっく【表八句】〔名〕百韻（ひゃくいん）の連歌・俳諧で、「懐紙（かいし）」の一枚目の表に記した八句。例「—を庵の柱に懸（か）け置く」〈奥の細道・出発まで〉訳（この句会での懐紙を）表八句を（正面に）採茶庵（さいとあん）の柱に掛けて置く。

参考 二枚の懐紙を重ねたものを二つ折りにして四枚から成る冊子を作る。一枚目の初折り、以下二の折、三の折、名残りの折と呼び、それぞれの裏表計八ページに百句を配分するので、初折りの表と名残りの折の裏に八句ずつ、他は十四句ずつ書く。なお三十六句の歌仙の場合は、一枚の懐紙を二つ折りするので、初折りの表と名残りの裏は六句ずつ、他のページは十二句ずつになる。

おもて-ぶせ

【面伏せ】〔名〕面目を失うこと。不名誉。対おもておこし 例「えせなる男親を持（も）たりて、人の見るに—なりと苦しう思ひけるが」〈枕草子・右衛門の尉なりける者の〉訳ろくでなしの父親をもっていて、世間の手前恥だと悩んでいた男が。

おもて-を-あは・す【面を合はす】（ワス） ⇩「おもて（面）」子項目

おもて-を-おこ・す【面を起こす】 ⇩「おもて（面）」子項目

おもて-を-ふ・す【面を伏す】 ⇩「おもて（面）」子項目

おもて-を-むか・ふ【面を向かふ】（コウ） ⇩「おもて（面）」子項目

お-もと【御許】 ━〔名〕❶貴人のいるところ。御座所（ござしょ）。おそば。例「入鹿（いるか）—に転（まろ）び就（つ）きて」〈日本書紀・皇極・四年〉訳（子麻呂が切りつけると）入鹿は（皇極（こうぎょく）天皇の）御座所に転がりついて。❷（名や職名、また女性を表す語の下に付けて）敬愛・親愛の気持ちで呼ぶ語。…の方。…さん。例「民部の—なめり」〈源氏・空蟬〉訳民部の方のようだ。❸女性、特に「女房」を親しい気持ちでいう語。ご婦人。お方。

━〔代名〕（人称代名詞）❶（対称）女性を敬愛・親愛の気持ちでいう語。あなたさま。あなた。例「あが—にこそおはしけれ。あなうれしともうれし」〈源氏・玉鬘〉訳あなた様でいらっしゃいましたね。まあうれしいこと。❷（他称）女性を敬愛・親愛の気持ちでいう語。あの方。彼女。例「それに、かの—の力は、光遠（みつとお）二人ばかり合はせたる力にておはするものを」〈宇治拾遺・一三・六〉訳その上、彼女（＝光遠ノ妹）の力は、この光遠を二人ほど一緒にした力でいらっしゃるからなあ。

おも-な・し【面無し】〔形ク〕❶不名誉である。恥ずかしい。対おもだたし 例「齢（よはひ）の積もりには、—・くこそなるわざなりけれ」〈源氏・朝顔〉訳年をとると、面目ない目に遭うものだなあ。❷恥を知らない。あつかましい。例「かの鉢（はち）を捨てて又言ひけるよりぞ、—・きことをば、恥を捨つとは言ひける」〈竹取・仏の御石の鉢〉訳あの（にせ物の）鉢を捨ててまた言い寄ったことから、あつかましいことを、恥を捨てると言うのである。注「鉢を捨つ」ト「恥を捨つ」ヲ掛詞ニシテイル。要点「おも」は顔の意。①は人に合わせる顔がないの意、②は恥を知る顔（＝様子）がないの意。

おも-な・る【面馴る】〔自ラ下二〕｛れ・れ・る・るる・れ・れよ｝❶顔を見慣れる。顔なじみになる。例「年を経て住むべき宿の池水は星合ひの影も—・れやせむ」〈新古今・秋上・三二五〉訳年を重ねて（末永く）お住まいになるはずのこのお宿の池の水は、七夕に出会う彦星と織姫（おりひめ）星の影も映して、年を重ねて見慣れることでしょうか。❷なれなれしくなる。なじんで厚かましくなる。例「観じもてゆくに、おのづから—・れぬべし」〈枕草子・宮に初めて参りたるころ〉訳（先輩の女房達を）観察してゆく間に、自然と（宮仕えにも）慣れて平気になってしまうだろう。

おも-にく・し【面憎し】〔形シク〕顔を見るだけで憎らしい。つら憎い。例「—・きまで言へば」〈枕草子・内裏は〉訳顔を見るのも憎らしいほどに（きびしく）言うので。

お-もの【御物・御膳】〔名〕❶（貴人の、特に天皇の食事の敬称）お食事。召し上がり物。例「—参るほどにや、箸（はし）・匙（かひ）などとりまぜて鳴りたる、をかし」〈枕草子・心にくきもの〉訳お食事を召し上がる頃なのか、はしやさじなど入りまじって音のするのが、おもしろい。❷（「飯（めし）」の丁寧語）ごはん。

おもの-やどり【御物宿り】〔名〕天皇や儀式・宴会用の膳を納めておく所。紫宸殿（ししんでん）の西の廂（ひさし）にあった。

おもは-く【思はく】（オモワク） ━（連語）（「思ふ」の未然形＋準体助詞「く」）思うこと。思うことには。例「ま日（け）長く川に向き立ちありし袖（そで）今夜（こよひ）まかむと—のよさ」〈万葉・一〇・二〇七三〉訳長い間川に向かって立っていた妻の袖を、今夜枕にすると思うとうれしさよ。
━〔名〕心の中で思っていること。思いをかけること。心の中。

おもは-ざる-ほか【思はざる外】（オモワ） ⇩「おもふ」子項目

おもは・し【思はし】（オモワシ）〔形シク〕（動詞「思ふ」の形容詞化）気にいるさま。好ましく思われる。好ましい。例「ただ

【おもはし

お

口つき愛敬(あいぎやう)づき、おとがひの下、首清げに、声憎からざらむ人のみなむ――・しかるべき」〈枕草子・職の御曹司の西面の〉訳（女は）ただ口もとがかわいく、あごの下や、襟(えり)もとが美しく、声のよい人だけが好ましい。

おもは-ず【思はず】〔形動ナリ〕《動詞「思ふ」の未然形に打消しの助動詞「ず」が付いて一語化したもの》❶思いがけない。意外である。例「かくは言ふものか。うつくしければにやあらむ、いと――・なり」〈土佐・一月七日〉訳（子供が）こんなに上手に詠むものだなあ。（詠んだ子が）かわいいからだろうか、本当に意外である。
❷（悪い意味で）思いどおりでない。期待どおりでない。例「世の中さびしく、――・なることありとも、忍び過ぐし給へ」〈源氏・若菜・下〉訳（光源氏との）夫婦仲が物寂しく、思いどおりにならぬことがあっても、我慢してお過ごしなさい。

おも-はゆ・し【面映し】〔形ク〕（顔を合わせるのがまぶしい意から）きまりが悪い。おもはゆい。例「あの姿に腹巻きを着て向かはんこと、――・う恥づかしうや思はれけん」〈平家・二・教訓状〉訳（平清盛は）あの（平重盛の平服の）姿に腹巻き(＝鎧(よろい)ノ一種)を着けて対面するのは、おもはゆく恥ずかしく思われたのであろうか。

おもひ

【思ひ・想ひ】〔名〕《動詞「思ふ」の連用形の名詞化》❶心に思うこと。
❷人をいとしく思うこと。また、その気持ち。思慕の情。愛情。恋心。例「さかしらする親ありて、――もぞつくとて、この女をほかへ追ひやらむとす」〈伊勢・四〇〉訳余計なおせっかいを焼く親がいて、（息子が）恋心を抱いては大変と、この女をよそに追い払おうとした。
❸憂い・悲しみ・苦しみ・心配などの気持ち。物思い。例「思ひのほかなる――添ひて」〈源氏・蛍〉訳予想外の心労(＝苦悩)が加わって。
❹こうしたい、このようにあってほしいと思う気持ち。希望。願望。例「静かなる――、かなひゆけど」〈源氏・橋姫〉訳心静かに(仏道修行したい)という願いは、思うようになっていくけれども。
❺こうだろうと心の中に思い浮かべること。想像。予想。例「いと――のほかなる人の言へれば、人々あやしがる」〈土佐・二月六日〉訳ほんとうに予想外の人が歌を詠(よ)んだので、（そこに居合わす）人々は不思議に思う。
❻喪(も)に服すること。服喪。また、喪中。例「院の御――に、やがて尼になり給へる代はりなりけり」〈源氏・賢木〉訳（故桐壺(きりつぼ)）院の喪に服して、そのまま尼におなりになった（前任の尚侍(ないしのかみ)の）代わりであった。

思ひを懸(か)く 思いをかける。望みをかける。例「官(つかさ)・位(くらゐ)に――・け、主君のかげを頼むほどの人は、一日なりとも疾(と)く移ろはむとはげみ」〈方丈記・都遷り〉訳官職・位階に期待をつなぎ、主君の恩顧に望みを託すほどの人は、一日でも早く（福原の都に）移ろうとつとめ。

おもひ-あが・る【思ひ上がる】〔自ラ四〕{ら・り・る・る・れ・れ} 気位を高く持つ。自負する。例「はじめより我はと――・り給へる御方々」〈源氏・桐壺〉訳（宮仕えの）初めから自分こそは（天皇の寵愛(ちょうあい)を受けるのだ）と自負しておられる（女御(にょうご)・更衣(こうい)の）方々は。

おもひ-あ・つ【思ひ当つ】〔他タ下二〕{て・て・つ・つる・つれ・てよ} ❶推測して見当をつける。考え当てる。例「まだ見ぬ御さまなりけれど、いとしるく――・てられ給へる御側目(そばめ)を見過ぐさで」〈源氏・夕顔〉訳まだ見たことのないお姿であったけれど、とてもはっきりと思い当てられなさる（光源氏の）横顔を（女は）見過ごさず。
❷考えた上で、それぞれに割り当てる。

おもひ-あつか・ふ【思ひ扱ふ】〔他ハ四〕{は・ひ・ふ・ふ・へ・へ} ❶心をこめて世話をする。例「また――・ふ人もなき御身にて、いみじう心細げなりしを」〈源氏・蓬生〉訳ほかに親身な世話をする人もないお身の上で、大変心細げであったのを。
❷あれこれ考えて悩む。心配する。例「あさましく、いかがすべきと行事――・ひて」〈大鏡・道長・下〉訳意外な事に驚き、どうしようかと儀式担当の者が処置に困って。

おもひ-あなづ・る【思ひ侮る】〔他ラ四〕{ら・り・る・る・れ・れ} 軽視する。軽蔑(けいべつ)する。

おもひ-あは・す【思ひ合はす】〔他サ下二〕{せ・せ・す・する・すれ・せよ} ❶結びつけて考える。考え合わせる。例「昔語りに人の言ふを聞き、――・するに、いかなりけむ」〈枕草子・行幸にならぶものは〉訳昔話で人が語るのを聞き、あれこれ考え合わせてみるに、どんなであったろうか。
❷なるほどと思いあたる。合点がゆく。例「その時は何とも覚えざりしかども、後にこそ――・することども多かりけれ」〈平家・三・公卿揃〉訳その時は何とも思われなかったけれども、後々には思い当たることが多かったのです。

おもひ-あ・ふ【思ひ合ふ】〔自ハ四〕{は・ひ・ふ・ふ・へ・へ} 同じように思う。ともに思う。また、愛し合う。

おもひ-あま・る【思ひ余る】〔自ラ四〕{ら・り・る・る・れ・れ} どうしてよいか考えがつかない。思案に余る。例「――・りそなたの空をながむれば霞(かすみ)を分けて春雨ぞ降る」〈新古今・恋三・一一〇七〉訳恋しい思いに耐えかねて、あなたのいる方角の空を見ていると、霞を分けて春雨が降ることです。

おもひ-い・づ【思ひ出づ】〔他ダ下二〕{で・で・づ・づる・づれ・でよ}（以前のことを）思い起こす。思い出す。例「貫之が歌――・でられて」〈枕草子・神は〉訳紀貫之が詠んだ歌が思い出されて。注「られ」ハ自発ノ助動詞。

おもひ-い・ふ【思ひ言ふ】〔他ハ四〕{は・ひ・ふ・ふ・へ・へ} 思ったことを口に出して言う。例「人の――・はむこと、よからぬ童(わらは)べの口すさびになるべきなめり」〈源氏・夕顔〉訳（夕顔の死は）世間の人が思って口にする噂(うわさ)、よくない連中の話の種になってしまうだろう。

おもひ-い・る【思ひ入る】■一〔自ラ四〕{ら・り・る・る・れ・れ} 一途(いちず)に思いこむ。考えこむ。思いつめる。例「悲しと――・りしも誰(たれ)ならねば」〈蜻蛉・中・安和二年〉訳身にしみて悲しいと感じたのは誰でもないこの私なので。
■二〔他ラ下二〕{れ・れ・る・るる・るれ・れよ} 深く心にとどめる。気にかける。執着する。例「物をさしも――・れじと思へど、なほこのめでたき事をこそ、さらにえ思ひ棄つまじけれ」〈枕草子・なほめでたきこと〉訳物事にそんなに執着すまいと思うのだけれども、やはりこのすばらしい事(＝臨時ノ祭)だけは、少しも心から払いのけられそうにない。

おもひ-う【思ひ得】〔他ア下二〕{え・え・う・うる・うれ・えよ} 考えつく。悟る。例「西山に行きてその益(やく)まさるべきことを――・えたらば、門(かど)より帰りて西山へ行くべきなり」〈徒然草・一八八〉訳（東山に行き着いているとしても）西山に行く（ほうが）その利益が多いだろうと思いついたならば、（東山の家の）門から引き返して西山の方へ行くべきである。

おもひ-うつろ・ふ【思ひ移ろふ】オモイウツロウ〔自ハ四〕（は・ひ・ふ・ふ・へ・へ）気持ちが他に移る。心変わりする。例「年ごろも、かのわたりに心をかけて、ほかざまに――・ふべくも侍(はべ)らざりけるに」〈源氏・若菜・上〉訳ここ数年も、あのお方に思いを寄せて、他の女性に心変わりしそうもなかったのでございますから。

おもひ-うん・ず【思ひ倦んず】オモイ〔他サ変〕（ぜ・じ・ず・ずる・ずれ・ぜよ）わずらわしく思う。いやになる。例「尼になりて世の中を――・じて、京にもあらず遥(はる)かなる山里に住みけり」〈伊勢・一〇二〉訳尼になって俗世間をわずらわしく思って、京の都にも住まずに遠い山里に住んだのだった。

おもひ-おき・つ【思ひ掟つ】オモイ〔他タ下二〕（て・て・つ・つる・つれ・てよ）あらかじめ方針を思い定める。前もって心に決める。例「万(よろづ)に見ざらん世までを――・てんこそ、はかなかるべけれ」〈徒然草・二五〉訳何事につけ自分の死後の世のことまでをあらかじめ思い定めておくなどというのは、意味のないことであろう。

おもひ-お・く【思ひ置く】オモイ〔他カ四〕（か・き・く・く・け・け）❶心中に決めておく。考えておく。
❷後に思いを残す。未練を残す。例「我は一人(いちにん)の子なければ、この世に――・くことなきに」〈平家・一一・重衡被斬〉訳私は一人の子供もないので、この世に未練を残すことはないが。

おもひ-おこ・す【思ひ起こす】オモイ〔他サ四〕（さ・し・す・す・せ・せ）❶気持ちを奮い立たせる。気を取り直す。例「からうじて――・して、弓矢を取り立てむとすれども」〈竹取・かぐや姫の昇天〉訳ようやく気持ちを奮い立たせて、弓に矢をつがえようとするけれども(手に力もなくなって)。
❷思い出す。想起する。

おもひ-おこ・す【思ひ遣す】オモイ〔他サ下二〕（せ・せ・す・する・すれ・せよ）こちらに思いをよこす。こちらを気づかう。例「かくてながむらむと――・する人あらむや」〈更級・東山なる所〉訳このように物思いにふけってながめているだろうとこちらを思ってくれる人がいようか。

おもひ-おと・す【思ひ貶す】オモイ〔他サ四〕（さ・し・す・す・せ・せ）劣ったものと思う。見くだす。例「やがて――・されぬべし」〈枕草子・よろしき男を〉訳途端に軽蔑(けいべつ)するようになってしまうにちがいない。

おもひ-およ・ぶ【思ひ及ぶ】オモイ〔自バ四〕（ば・び・ぶ・ぶ・べ・べ）あることに思い至る。思いつく。例「世に許さるまじきほどのことは、――・ばぬものと習ひたりけむ」〈源氏・若菜・上〉訳世間で許されないようなことは、思いも至らないものとする(＝アキラメル)習わしになっていたのだろう。

おもひ-か・く【思ひ掛く】オモイ〔他カ下二〕（け・け・く・くる・くれ・けよ）❶思いをかける。恋い慕う。例「昔、いやしからぬ男、我よりは勝りたる人を――・けて、年経(へ)ける」〈伊勢・八九〉訳昔、身分のいやしくない男が、自分よりは身分の上の女性を恋い慕って、(思いも伝えずに)何年か経た。
❷前もって考えに入れておく。予期する。例「若きにもよらず、強きにもよらず、――・けぬは死期(しご)なり」〈徒然草・一三七〉訳年の若さにもよらず、体力の強さにもよらず、予測できないのは死の時期である。

おもひ-かしづ・く【思ひ傅く】オモイカシズク〔他カ四〕（か・き・く・く・け・け）大切に養育する。大事に世話する。例「すぐれて愛(かな)しきものに――・き聞こえ給ふ」〈源氏・若菜・上〉訳(朱雀(すざく)院は女三の宮を)とりわけいとしい人として心をこめて養い申し上げなさる。

おもひ-か・ぬ【思ひかぬ】オモイ〔他ナ下二〕（ね・ね・ぬ・ぬる・ぬれ・ねよ）❶恋しい思いに耐えきれない。例「妹(いも)を思ひ眠(い)の寝らえぬに秋の野にさを鹿鳴きつ妻――・ねて」〈万葉・一五・三六七八〉訳妻のことを思って眠れないでいると、秋の野に雄鹿が鳴いた、(鹿も)妻を恋しく思う心に耐えかねて。
❷考えつかない。判断に困る。例「新羅(しらき)へか家にか帰る壱岐(ゆき)の島行かむたどきも――・ねつも」〈万葉・一五・三六九六〉訳新羅(しらぎ)へ行こうか家に帰ろうか、壱岐(いき)の島よ。その名の行きではないが、(新羅へ)行こうとする方法も考えつかない。

おもひ-かは・す【思ひ交はす】オモイカワス〔自サ四〕（さ・し・す・す・せ・せ）互いに心を通わせる。愛し合う。例「――・したる若き人の仲の、せく方(かた)ありて心にもまかせぬ」〈枕草子・あはれなるもの〉訳(かわいそうなもの)愛し合っている若い人の仲が、邪魔する人があって思うようにならないの。

おもひ-かへ・す【思ひ返す】オモイカエス〔他サ四〕（さ・し・す・す・せ・せ）❶考えを改める。考え直す。例「急ぐにこそはと――・しつれど夜もさてやみぬ」〈蜻蛉・中・天禄二年〉訳急ぐのだろうと考え直したけれど夜もそのまま終わってしまった。
❷思っていたことと相違する。予想に反する。

おもひ-がほ【思ひ顔】オモイガオ〔形動ナリ〕❶(上の語句を「と」で受けて)思っているような顔つきである。例「起こしに寄り来て、いぎたなしと――・に引きゆるがしたる、いとにくし」〈枕草子・にくきもの〉訳(客に会いたくなくて寝たふりをしているのに)起こしに寄って来て、寝坊であると思っているような顔つきでゆり起こしたのは、とても憎らしい。
❷愛しているような顔つきである。例「思はぬ人を――・にとりなす言の葉多かるもの」〈源氏・総角〉訳(男というものは)恋しく思わない女を思っているかのように取り繕う言葉が多いものだ。

おもひ-かま・ふ【思ひ構ふ】オモイカマ(モ)ウ〔他ハ下二〕（へ・へ・ふ・ふる・ふれ・へよ）心の中で計画を立てる。企てる。

おもひ-き・ゆ【思ひ消ゆ】オモイ〔自ヤ下二〕（え・え・ゆ・ゆる・ゆれ・えよ）心も消えるほどに深く思う。気がめいる。例「白雪の降りて積もれる山里は住む人さへや――・ゆらむ」〈古今・冬・三二八〉訳白雪が降り積もっている山里は、人までも(心が雪で覆われて)思いに沈んでいるのだろうか。

おもひ-き・る【思ひ切る】オモイ〔他ラ四〕（ら・り・る・る・れ・れ）❶ある事に対する思いを断ち切ってかえりみない。断念する。あきらめる。例「誰も恩愛は――・られぬことにて候へば」〈平家・一一・副将被斬〉訳(人間なら)だれも(親子の)情愛は断ち切れないことでございますから。
❷種々の思いを断ち切って心を決める。決心する。特に、死ぬことを覚悟する。例「そのうへ実盛(さねもり)は今度のいくさに討ち死にせうど――・って候ふぞ」〈平家・七・篠原合戦〉訳その上実盛は今度の戦いで討ち死にしようと覚悟しているのですぞ。注「せうど」ハ「せむと」ノ変化シタ形。

おもひ-くだ・く【思ひ砕く】オモイ **一**〔自カ下二〕（け・け・く・くる・くれ・けよ）あれこれと思い悩む。思い乱れる。
二〔他カ四〕（か・き・く・く・け・け）さまざまに思案する。心をくだく。気をもむ。例「降る雨の脚とも落つる涙かなこまかに物を――・けば」〈蜻蛉・中・天禄二年〉訳降る雨の雨脚のように(激しく)流れ落ちる涙ですねえ。ことこまかに物事をあれこれと思案していると。

おもひ-くた・す【思ひ腐す】(オモイ)〔他サ四〕{さ・し・す・す・せ・せ}見下す。軽蔑(けいべつ)する。さげすむ。例「望み深きを見て、無下(むげ)に――・すは僻事(ひがごと)なり」〈徒然草・一四三〉訳欲の深いのを見て、やたらに軽蔑するのはまちがったことである。

おもひ-くっ・す【思ひ屈す】(オモイ)〔自サ変〕{せ・し・す・する・すれ・せよ}(「思ひくす」「思いくんず」とも)悲観的になる。ふさぎ込む。例「いたく面やせて物――・し給へる、いとどあてにをかし」〈源氏・若菜・上〉訳たいそう面やつれしてふさぎ込んでいらっしゃるのが、ますます気高く優美である。

おもひ-くづほ・る【思ひ頽ほる】(オモイクズオル)〔自ラ下二〕{れ・れ・る・るる・るれ・れよ}気力がなえる。気落ちする。くじける。例「我亡くなりぬとて、口惜(くちを)しう――・るな」〈源氏・桐壺〉訳私が死んでしまったといって、情けなくもくじけるようであってはならない。

おもひ-ぐま-な・し【思ひ隈なし】(オモイグマ…)〔形ク〕すみずみまで考えが行き届かない。思慮が足りない。また、思いやりがない。例「などて昔の人の御心おきてを、もて違(たが)へて、――・かりけむ」〈源氏・宿木〉訳どうして昔の人(＝大君(オオイギミ))の意向に、背いて、(中の君を失うほど)考えが足りなかったのだろう。注中ノ君ヲ匂宮(ニオウノミヤ)ニ譲ッタ事ニ対スル薫(カオル)ノ後悔。

おもひ-くら・す【思ひ暮らす】(オモイ)〔他サ四〕{さ・し・す・す・せ・せ}物思いをして日を暮らす。恋しく思って日を過ごす。

おもひ-くら・ぶ【思ひ比ぶ】(オモイ)〔他バ下二〕{べ・べ・ぶ・ぶる・ぶれ・べよ}あれこれと考えて比較する。例「一生の内、宗(むね)とあらまほしからむ事の中に、いづれかまさるとよく――・べて」〈徒然草・一八八〉訳一生の内で、主としてやりたいと思う事の中で、どれがまさっているかとよく思い比べて。

おもひ-くん・ず【思ひ屈ず】(オモイ)〔自サ変〕{ぜ・じ・ず・ずる・ずれ・ぜよ}(「思ひくす」「思ひくっす」とも)悲観的になる。ふさぎ込む。例「かくのみ――・じたるを、心も慰めむと心苦しがりて」〈更級・物語〉訳(私が)こんなふうにふさぎこんでばかりいるのを、慰めようと心配して。

おもひ-け・つ【思ひ消つ】〔他タ四〕{た・ち・つ・つ・て・て}❶心に浮かびがちの事を強いて思うまいとする。意識的に忘れる。気にかけないようにする。例「今日はこの御事を――・ちて、あはれなる雪の雫(しづく)に濡(ぬ)れ濡れ行ひ給ふ」〈源氏・賢木〉訳(光源氏は)今日は(桐壺(きりつぼ)帝の祥月(しょうつき)命日なので)この(藤壺(ふじつぼ)の)ことも忘れるようにして、趣深い雪のしずくに濡れながら勤行(ごんぎょう)をなさる。
❷相手の存在や価値を無視する。さげすむ。軽蔑(けいべつ)する。

おもひ-ご【思ひ子】(オモイ)〔名〕かわいく大事に思う子。いとし子。

おもひ-さだ・む【思ひ定む】(オモイ)〔他マ下二〕{め・め・む・むる・むれ・めよ}いくつかの考えを一つに決める。心を決める。思い決める。例「異なる事なき女をよしと――・めてこそ添ひゐたらめと、賤(いや)しくも推し量られ」〈徒然草・一九〇〉訳(きっと)たいしたこともない女をすばらしいと思い決めて一緒に暮らしているのだろうと、(その人が)安っぽく推測されるし。

おもひ-さま・す【思ひ醒ます】(オモイ)〔他サ四〕{さ・し・す・す・せ・せ}気持ちを冷静にする。心を静める。

おもひ-しづま・る【思ひ鎮まる】(オモイシズマル)〔自ラ四〕{ら・り・る・る・れ・れ}❶乱れていた心が鎮まる。心が落ち着く。冷静になる。例「しばしは夢かとのみたどられしを、やうやう――・るにしも」〈源氏・桐壺〉訳しばらくは夢かとばかり思い迷っていられたが、だんだん心が落ち着いてくると。
❷物に動ぜず平静である。落ち着きはらう。例「恥づかしげに――・り給へるを、さうざうしくて」〈源氏・帚木〉訳(光源氏が)気恥ずかしくなるほど(葵(あおい)の上が)落ち着きはらっていらっしゃるので、物足りなくて。

おもひ-しづ・む【思ひ沈む】(オモイシズム)〔自マ四〕{ま・み・む・む・め・め}物思いにしずむ。ふさぎこむ。例「女は、さらにも言はず――・みたり」〈源氏・明石〉訳女(＝明石ノ上)は、言うまでもなく物思いにしずんでいる。

おもひ-しづ・む【思ひ鎮む】(オモイシズム)〔他マ下二〕{め・め・む・むる・むれ・めよ}乱れがちの心を鎮める。心を落ち着ける。自制する。例「かうしも人に見えじと――・むれど」〈源氏・明石〉訳このように(嘆き悲しんでいると)は人に見せまいと心を落ち着けるのだが。

おもひ-しな・ゆ【思ひ萎ゆ】(オモイ)〔自ヤ下二〕{え・え・ゆ・ゆる・ゆれ・えよ}思いしおれる。元気をなくす。例「夏草の――・えて偲(しの)ふらむ妹(いも)が門(かど)見む」〈万葉・二・一三一長歌〉訳(今頃は)夏草のようにすっかり嘆きしおれて、私を慕っているであろう愛する妻の家の門を(一目)見たい。

おもひ-し・む【思ひ染む】(オモイ)■一〔自マ四〕{ま・み・む・む・め・め}身にしむほどに深く思う。心に深く感じる。しみじみ思う。例「雨は心もなきものと――・みたればにや」〈枕草子・成信の中将は〉訳雨は心ないものと身にしみて思いこんでいるからだろうか(ちょっと降るのもたいそういやなものである)。
■二〔他マ下二〕{め・め・む・むる・むれ・めよ}願望などを心に深く刻み込む。強く思いこむ。執心する。例「蔵人(くらうど)――・めたる人の」〈枕草子・四月、祭の頃〉訳蔵人になりたいと執心している人で。

おもひ-し・る【思ひ知る】(オモイ)〔他ラ四〕{ら・り・る・る・れ・れ}十分に分かる。了解する。悟る。例「孝養(けうやう)の心なき者も、子持ちてこそ、親の志は――・るなれ」〈徒然草・一四二〉訳親孝行の気持ちを持たない者も、(自分が)子供を持ってはじめて、親の情愛がわかるようだ。

おもひ-すぐ・す【思ひ過ぐす】(オモイ)〔他サ四〕{さ・し・す・す・せ・せ}(「思ひすごす」とも)心にとどめずにやりすごす。気に掛けないようにする。見すごす。例「かうまで――・すべうもなき気疎(けうと)さかな」〈源氏・真木柱〉訳これほどまでは見過ごしておけそうもない気味悪さだ。

おもひ-すご・す【思ひ過ごす】(オモイ)〔他サ四〕{さ・し・す・す・せ・せ}⇩おもひすぐす

おもひ-す・つ【思ひ捨つ】(オモイ)〔他タ下二〕{て・て・つ・つる・つれ・てよ}心に掛けることを思い切る。捨ててかえりみない。放念する。例「第一の事を案じ定めて、その外(ほか)は――・てて、一事をはげむべし」〈徒然草・一八八〉訳(成就したいと思う)一番大事な事をよくよく考えて心に決め、その他の事は断念して、その一つの事に専念すべきである。

おもひ-すま・す【思ひ澄ます】(オモイ)〔他サ四〕{さ・し・す・す・せ・せ}❶雑念を払って考える。思いを凝らす。一心に考える。
❷俗世間から離れて、仏道に専念する。ひたすら信心する。例「行ひをして後の世の事を――・しつべき山水のつらに」〈源氏・明石〉訳勤行をしてあの世の事を一心にお祈りすることのできそうな山の水のほとりに(堂を建て)。

おもひ-そ・む【思ひ初む】(オモイ)〔他マ下二〕{め・め・む・むる・むれ・めよ}心に思いを抱き始める。恋し始める。例「恋すてふ我が名はまだき立ちにけり人知れずこそ――・めしか」〈拾遺・恋一〉訳私が恋をしているという評判が早くも立ってしまった。私は人知れずひそかにあの人を思い始めたのに。注壬生忠見(ミブノタダミ)ノ作。『百人一首』所収。

おもひ-た・つ【思ひ立つ】オモイ…〔他タ四〕{た・ち・つ・つ・て・て}何かをすることを心に決める。思い立つ。決心する。例「わざと――・ちて宮仕へに出で立ちたる人の、物憂がり、うるさげに思ひたる」〈枕草子・あぢきなきもの〉訳（どうしようもないもの）わざわざ思い立って宮仕えに出ている人が、（その宮仕えを）おっくうがり、面倒くさそうに思っているの。

おもひ-たの・む【思ひ頼む】オモイ…〔他マ四〕{ま・み・む・む・め・め}心頼みにする。頼みに思う。例「我を子とも頼もしからむかげのやうに――・み」〈更級・宮仕へ〉訳（年老いた父が）私を子として頼りになりそうな寄るべのように頼みに思い。

おもひ-た・ゆ【思ひ絶ゆ】オモイ…〔他ヤ下二〕{え・え・ゆ・ゆる・ゆれ・えよ}執着する心を絶ち切る。きっぱりと思い切る。あきらめる。

おもひ-たゆ・む【思ひ弛む】オモイ…〔自マ四〕{ま・み・む・む・め・め}気がゆるむ。油断する。ほっとする。

おもひ-つ・く【思ひ付く】オモイ…〔他カ四〕{か・き・く・く・け・け}心がひかれる。好きになる。例「うとき人の、うちとけたる事など言ひたる、また、よしと――・きぬべし」〈徒然草・三七〉訳疎遠な人が、うちとけた事などを言っているのは、これまた、よい人だと心がひかれるにちがいない。

おもひ-つづ・く【思ひ続く】オモイ…〔他カ下二〕{け・け・く・くる・くれ・けよ}❶ひとつの事を絶えず思う。思い続ける。例「物語の事を、昼はひぐらし――・け、夜も目のさめたるかぎりは、これをのみ心にかけたるに」〈更級・物語〉訳物語の事を、昼間は一日中思い続け、夜も目のさめているかぎりは、この事ばかりを心にかけていたところ。❷感慨にふけって、それを歌に詠む。例「康頼入道(やすよりにふだう)は、東山双林寺にわが山荘のありければ、それに落ち着いて、まづ、――・けけり」〈平家・三・少将都帰〉訳康頼入道は、東山双林寺に自分の山荘があったので、そこに落ち着いて、まず、感慨にふけって歌を詠むのだった。

おもひ-つつ・む【思ひ包む】オモイ…〔他マ四〕{ま・み・む・む・め・め}胸ひとつにおさめる。

おもひ-づま【思ひ妻・思ひ夫】オモイ…〔名〕《上代では「つま」は妻にも夫にもいう》いとしい妻。または、大切な夫。

おもひ-つ・む【思ひ詰む】オモイ…〔他マ下二〕{め・め・む・むる・むれ・めよ}思いつめる。例「いかで物越しに対面して、おぼつかなく――・めたること、少し晴(は)るかさむ」〈伊勢・九五〉訳どうにかして物越しでもいいから（あなたに）お会いして、待ち遠しく思いつめていたことを、少しでも晴らそう。

おもひ-と・く【思ひ解く】オモイ…〔他カ四〕{か・き・く・く・け・け}理解する。事情を悟る。（意図などを）くみとる。例「――・けば、ものなむ恥づかしからぬ」〈堤中納言・虫めづる姫君〉訳事情を理解してしまえば、何事も恥ずかしくはない。

おもひ-どち【思ひどち】オモイ…〔名〕気の合う者同士。互いに思い合った者同士。また、ある人に思われている者同士。例「うへも、かぎりなき御――にて」〈源氏・桐壺〉訳帝も、（光源氏と藤壺は）いずれも深くご寵愛(ちょうあい)なさっているお二人で。注帝カラ「愛されている者同士」ノ意。

おもひ-と・る【思ひ取る】オモイ…〔他ラ四〕{ら・り・る・る・れ・れ}❶十分にわきまえる。しっかり理解する。悟る。❷心をひとつに決める。決心する。例「不幸に愁(うれ)へにしづめる人の、頭(かしら)おろしなど、ふつつかに――・りたるにはあらで」〈徒然草・五〉訳不幸にあって悲しみに沈んでいる人が、剃髪(ていはつ)などし、軽々しく決心したのではなくて。

おもひ-なが・す【思ひ流す】オモイ…〔他サ四〕{さ・し・す・す・せ・せ}ある物事に触発されて、次から次へと頭に浮かべる。思い続ける。

おもひ-なし【思ひなし】オモイ…《動詞「おもひなす」の連用形の名詞化》㊀〔名〕そうだと思いこむこと。気のせい。例「――にや、なほいとようおぼえたりかし」〈源氏・柏木〉訳気のせいであろうか、やはり（この子は柏木(かしわぎ)に）大変よく似ているよ。㊁〔副〕そう思うからか。気のせいか。何となく。例「きたなげなけれど、――疎ましく」〈源氏・玉鬘〉訳見苦しくはないものの、気のせいかうとましく。

おもひ-な・す【思ひなす】オモイ…〔他サ四〕{さ・し・す・す・せ・せ}そうと決め込む。思い込む。例「その男、身を要(えう)なき者に――・して」〈伊勢・九〉訳その男は、自分を世間には無用のつまらぬ者と決め込んで（東国に下った）。

おもひ-なずら・ふ【思ひ準ふ】オモイナズラ(ロ)ウ〔他ハ下二〕{へ・へ・ふ・ふる・ふれ・へよ}他のものと比較する。思いくらべる。例「人柄も、なべての人に――・ふれば、けはひことなくおはすれど」〈源氏・若菜・下〉訳人柄も、普通の人と比較すると、品格が類のないほどすぐれていらっしゃるが。

おもひ-なほ・る【思ひ直る】オモイナオル〔自ラ四〕{ら・り・る・る・れ・れ}気持ちや考えが本来の状態に戻る。心がもと通りになる。機嫌が直る。

おもひ-なら・ふ【思ひ慣らふ】オモイナラ(ロ)ウ〔他ハ四〕{は・ひ・ふ・ふ・へ・へ}そう思うことが習慣になる。そう思うようになる。例「君により――・ひぬ世の中の人はこれをや恋といふらむ」〈伊勢・三八〉訳あなたによって分かるようになりました。世の中の人はこういう気持ちを恋といっているのでしょうか。

おもひ-な・る【思ひ成る】オモイ…〔自ラ四〕{ら・り・る・る・れ・れ}そう思うようになる。そういう気になる。例「灰になり給はむを見奉りて、今は亡(な)き人と、ひたぶるに――・りなむ」〈源氏・桐壺〉訳（火葬にされて）灰におなりになるのを見申し上げたら、（娘の桐壺更衣(きりつぼのこうい)のことを）今は死んだ人なのだと、すっかり思うようになることでしょう。

おもひ-ね【思ひ寝】オモイ…〔名〕人や物事などを思い続けて寝ること。例「君をのみ――に寝し夢なれば我が心から見つるなりけり」〈古今・恋二・六〇八〉訳いとしいあなたのことばかりを思いつづけて眠った夜の夢だから、本当に私は心からあなたを見たのですよ。

おもひ-ねん・ず【思ひ念ず】オモイ…〔自サ変〕{ぜ・じ・ず・ずる・ずれ・ぜよ}❶一心に祈る。例「命長くとこそ――・ぜめ」〈源氏・桐壺〉訳命が長くあるようにと一心に祈りましょう。❷じっと我慢する。たえしのぶ。こらえる。

おもひ-のど・む【思ひのどむ】オモイ…〔他マ下二〕{め・め・む・むる・むれ・めよ}気持ちをのどかにする。気を落ち着かせる。例「少し――・めよと思(おぼ)されば、あはれとだにのたまはせよ」〈源氏・若菜・下〉訳少し冷静にせよとお思いになるならば、せめて、気の毒な、とだけでもおっしゃって下さい。

おもひ-の-ほか【思ひの外】オモイ…〔名・形動ナリ〕思いがけないこと。予期しないこと。また、そのようす。例「――に、御髪(みぐし)おろし給うてけり」〈伊勢・八三〉訳（親王は）思いがけなく、ご出家あそばしてしまった。

おもひ-はか・る【思ひ量る】オモイ…〔他ラ四〕{ら・り・る・る・れ・れ}あれこれと思いをめぐらす。思いめぐらす。例「よき人にあはせむと――・れど」〈竹取・火鼠の皮衣〉訳良い人と結婚させようとあれこれ思いめぐらすのだが。

おもひ-は・つ【思ひ果つ】〔他タ下二〕｛て・て・つ・つる・つれ・てよ｝❶あれこれ考えた果てに結論を出す。思案して決める。結論を出す。❷最後まで思い通す。いつまでも愛し続ける。例「吾子(あこ)はらうたけれど、つらきゆかりにこそ、え――・つまじけれ」〈源氏・空蟬〉訳(小君よ)お前はかわいいけれど、薄情な方(＝空蟬)の縁故(＝弟)なのだから、いつまでも愛しているということは出来そうにもないことだよ。

おもひ-はな・つ【思ひ放つ】〔他タ四〕｛た・ち・つ・つ・て・て｝相手に対する気持ちを断ち切る。突き放して考える。見限る。例「さりとも絶えて――・つやうはあらじと思う給へて」〈源氏・帚木〉訳いくらなんでも(女が私を)まったく見限ることはあるまいと思いまして。

おもひ-はな・る【思ひ離る】〔他ラ下二〕｛れ・れ・る・るる・るれ・れよ｝思いが離れる。断念する。あきらめる。例「あはれてふ言(こと)こそうたて世の中を――・れぬほだしなりけれ」〈古今・雑下・九三九〉訳「あはれ」という言葉こそが、心外なことに(このつらい)世の中を思い捨てられない足かせだったのだ。注「あはれ」ハ、物事ニ感動シタ時ニ発スル言葉。コノ言葉ヲ思ワズ発スル喜ビデ、世ノ中ヲ思イ切レナイノデアル。

おもひ-はばか・る【思ひ憚る】〔自ラ四〕｛ら・り・る・る・れ・れ｝あれこれ思って遠慮する。気がねする。例「さしあたりて、いちはやき世を――・りて、参り寄る人もなし」〈源氏・須磨〉訳今のところ、厳しい時勢に気がねして、(光源氏のところに)近付く人もない。

おもひ-びと【思ひ人】〔名〕恋しく思う人。愛人。例「心地などのむつかしきころ、まことまことしき――の言ひ慰めたる」〈枕草子・たのもしきもの〉訳気分などのすぐれない時、誠実な恋人が言葉をかけて慰めてくれた(のは頼もしいものだ)。

おもひ-ふ・す【思ひ臥す】〔自サ四〕｛さ・し・す・す・せ・せ｝あれこれ考えながら横になる。物思いにふけって寝る。例「目も合はず――・したるに」〈枕草子・むとくなるもの〉訳目も閉じずにあれこれ考え横になっていると。

おもひ-へだ・つ【思ひ隔つ】〔他タ下二〕｛て・て・つ・つる・つれ・てよ｝心に隔てをおく。疎外する。わけへだてする。例「中納言のいつしかとまうけたなるを、ことごとしく――・てて、まだ見せずかし」〈源氏・若菜・上〉訳(息子の夕霧)中納言はいつのまにか子供をもうけたようだが、大仰にわけへだてして、(私にその子を)まだ見せないのだよ。

おもひ-まう・く【思ひ設く】〔他カ下二〕｛け・け・く・くる・くれ・けよ｝あらかじめ考えておく。前もって準備する。

おもひ-まが・ふ【思ひ紛ふ】〔他ハ下二〕｛へ・へ・ふ・ふる・ふれ・へよ｝思い違いをする。とり違える。

おもひ-ま・す【思ひ増す】〔他サ四〕｛さ・し・す・す・せ・せ｝恋い慕う気持ちが増す。思いが深まる。例「葦辺(あしべ)より満ちくる潮のいやましに君に心を――・すかな」〈伊勢・三三〉訳葦の生えているあたりから満ちてくる潮がいよいよまさるように、あなたを恋い慕う気持ちは深まる一方ですよ。

おもひ-ま・す【思ひ優す】〔他サ四〕｛さ・し・す・す・せ・せ｝他より優れていると思う。例「待てといふに散らでしとまるものならば何を桜に――・さまし」〈古今・春下・七〇〉訳(もし桜が、散るのを)待てと言うと散らずに(枝に)とどまっているものであったならば、(何の欠点もなくなるから)いったい何を桜より優れていると思うだろうか。

おもひ-まど・ふ【思ひ惑ふ】〔自ハ四〕｛は・ひ・ふ・ふ・へ・へ｝どうしてよいかわからず、あわてる。あわてふためく。当惑する。

おもひ-まは・す【思ひ回す】〔他サ四〕｛さ・し・す・す・せ・せ｝思案をめぐらす。あれこれ考える。例「『疾(と)く疾く』、ただ――・さで、難波津(なにはづ)も何も、ふとおぼえむことを』と責めさせ給ふに」〈枕草子・清涼殿の〉訳(中宮様は)「早く早く、ただあれこれ考えずに、難波津の歌でもなんでも、さっと頭に浮かんだ歌を(お書きなさい)」とせきたてなさるので。注「難波津」ハ、手習イノ初メニ用イタ和歌。

おもひ-みだ・る【思ひ乱る】〔自ラ下二〕｛れ・れ・る・るる・るれ・れよ｝あれこれと心乱れて思う。悩む。例「めでたくもくちをしうも――・るるにも、なほ昨夜(よべ)の人ぞねたく憎ままほしき」〈枕草子・宮に初めて参りたるころ〉訳素晴らしいとも残念とも思い心乱れるにつけても、昨夜の人がしゃくで憎らしく思いたくなる。

おもひ-むすぼ・る【思ひ結ぼほる】〔自ラ下二〕｛れ・れ・る・るる・るれ・れよ｝悩みごとで胸がふさがる。ふさぎこむ。「思ひむすぼる」とも。例「なほ世に経(へ)じと深う思ひ立ちて、尼になりなむと――・れ給ふめれば」〈源氏・夕霧〉訳もう俗世間にはとどまるまいと固く決心して、尼になってしまおうとふさぎこんでいらっしゃるようなので。

おもひ-むつ・ぶ【思ひ睦ぶ】〔自バ上二〕｛び・び・ぶ・ぶる・ぶれ・びよ｝気が許せ打ち解けられると思う。気を許す。例「親しく――・ぶる筋(すぢ)は、またなくなむ思ほえし」〈源氏・夕顔〉訳(私が心から)親しく思い気を許せる方は、(あなた以外には)またとはいないと思われた。

おもひ-めぐら・す【思ひ廻す】〔他サ四〕｛さ・し・す・す・せ・せ｝いろいろと考える。思案する。

おもひ-やすら・ふ【思ひ休らふ】〔自ハ四〕｛は・ひ・ふ・ふ・へ・へ｝あれこれ考えて、ためらう。躊躇(ちゅうちょ)する。

おもひ-や・む【思ひ止む】〔自マ四〕｛ま・み・む・む・め・め｝相手を思う心が消える。思わなくなる。例「色好みといはるるかぎり五人、――・む時なく、夜昼来けり」〈竹取・貴公子たちの求婚〉訳色好みと評判の五人だけが、思いが消える時とてなく、夜も昼も(かぐや姫の所へ)やって来た。

おもひ-やり【思ひ遣り】〔名〕(動詞「おもひやる」の連用形の名詞化)❶よく考えること。思慮。分別。例「いと――深く、あらがひたる」〈枕草子・職の御曹司におはします頃、西の廂にて〉訳たいそう先々の事まで深く考えて、争ったものだな。❷人の身の上や気持ちを推察すること。気づかい。例「――少なう、御心のままならむもことわり、と思ふ」〈源氏・末摘花〉訳(光源氏は女性への)思いやりが少なく、(ご自身の)お心しだいなのも(この美しさと若さでは)道理だわ、と(命婦(みょうぶ)は)思う。

おもひ-や・る

【思ひ遣る】〔他ラ四〕｛ら・り・る・る・れ・れ｝❶悲しみや憂いの気持ちを晴らす。**思いを晴らす。**例「――・る術(すべ)のたどきも我はなし逢(あ)はずてまねく月の経(へ)ぬれば」〈万葉・一二・二八九二〉訳(恋のつらさを)晴らす方法さえも私は持っていない、(あなたと)逢わずに長く月が経てしまったので。❷**遠くへ思いをやる。思いをはせる。**例「その川のほとりに群れゐて――・れば、『限りなく遠くも来にけるかな』とわびあへるに」〈伊勢・九〉訳その川(＝隅田川)のほとりに(一行は）集まり座って（遥か故郷、都に）思いをはせて、「限りもなく遠くまで来たものだなあ」と互いにさびしがっていると。❸思いを遠方にいる相手のもとにやる。遠くの人を思いやる。例「いはけなき人をいかにと―・りつつ、もろともにはぐくまぬおぼつかなさを」〈源氏・桐壺〉訳 幼い人（＝光源氏）をどのようにしているだろうかと思いやりながら、一緒に手元において養育しないゆえの気掛かりを（口惜しく思います）。

おもひ-ゆる・す【思ひ許す】オモイ…〔他サ四〕｛さ・し・す・す・せ・せ｝❶心の中で許す。承認する。例「これもさるべきにこそはと―・して」〈源氏・総角〉訳 これもそうあるべき宿世だったのだろうと心の中で許して。❷考えて許す。顔を立てて許す。

おもひ-よ・す【思ひ寄す】オモイ…〔他サ下二〕｛せ・せ・す・する・すれ・せよ｝他の物事と結びつけて考える。思い合わせる。例「忍びて寄する車どものゆかしきを、それかかれかなど―・すれば」〈徒然草・一三七〉訳 人目を忍んでやって来る牛車の（乗り主が誰であるかと）心ひかれるので、あの人かこの人かと思い合わせていると。

おもひ-よそ・ふ【思ひ寄そふ】オモイヨソウ〔他ハ下二〕｛へ・へ・ふ・ふる・ふれ・へよ｝他の物事に重ね合わせて考える。考え合わせる。例「昔物語を聞きても、……人も、今見る人の中に―・へらるるは、誰もかく覚ゆるにや」〈徒然草・七一〉訳 昔の物語を聞いても、……（その話の中の）人物についても、今見る人の中によく重ね合わせられるのは、（私だけでなく）誰でもこのように思われるのだろうか。

おもひ-よ・る【思ひ寄る】オモイ…〔自ラ四〕｛ら・り・る・る・れ・れ｝❶考えが一点に寄り集まる。考えつく。思いつく。例「誰かは―・らざらむなれども」〈徒然草・四一〉訳（この程度の道理は）誰でも思い及ばないはずはないであろうが。❷心が自然に対象に寄る。心がひかれる。求愛する。

おもひ-よわ・る【思ひ弱る】オモイ…〔自ラ四〕｛ら・り・る・る・れ・れ｝気持ちがくじける。気弱になる。

おもひ-わ・く【思ひ分く】オモイ…■一〔他カ四〕｛か・き・く・く・け・け｝識別する。見分ける。区別する。例「いつとても月はかくこそあれとて―・かざらん人は、無下に心憂かるべき事なり」〈徒然草・二一二〉訳 いつの季節でも月はこんなものじゃないかと言って（秋の月の）違いがわからないような人は、まったく情けないと言っていいことだ。■二〔他カ下二〕｛け・け・く・くる・くれ・けよ｝区別して差をつける。差別する。分け隔てする。

おもひ-わた・る【思ひ渡る】オモイ…〔自ラ四〕｛ら・り・る・る・れ・れ｝ずっと思い続ける。恋い慕い続ける。

おもひ-わづら・ふ【思ひ煩ふ】オモイワズラ（ロ）ウ〔自ハ四〕｛は・ひ・ふ・ふ・へ・へ｝あれこれ思案して苦しむ。悩む。例「きはまりなき失礼なれども、立ち帰り取るべきにもあらず、―・はれけるに」〈徒然草・一〇二〉訳 極まりない失態だけれども、戻って（受け取り忘れた宣命を）受け取ることもできず、悩んでいた時に。

おもひ-わ・ぶ【思ひ侘ぶ】オモイ…〔自バ上二〕｛び・び・ぶ・ぶる・ぶれ・びよ｝悲しく思う。例「ここらの日頃―・び侍る心は、今日なむ落ちるぬる」〈竹取・蓬莱の玉の枝〉訳 長い間思い悲しんだ気持ちが、今日やっと落ち着きました。

おもひ-を-か・く【思ひを懸く】オモイ…⇨「おもひ」子項目

おも・ふ【思ふ・想ふ】オモウ〔他ハ四〕｛は・ひ・ふ・ふ・へ・へ｝❶心に思う。**思案する**。心を働かせる。❷人をいとしく思う。**愛する**。恋う。例「―・ふには忍ぶることぞ負けにける色には出でじと思ひしものを」〈古今・恋一・五〇三〉訳 人を恋する心には、（それを表面に出さずに）こらえようとする心が負け（恋する気持ちが表面に出）てしまった。顔には出さないようにしようと心では思っていたのに。❸心の中で悩む。苦しく思う。**悲しく思う**。**心配する**。物思いをする。例「なんでふ心地すれば、かく物を―・ひたるさまにて月を見給ふぞ」〈竹取・かぐや姫の昇天〉訳 どういう気持ちがするので、このように何か心に悩んでいる様子で月をご覧になるのですか。❹懐かしむ。追想する。回想する。例「昔―・ふ草の庵の夜の雨に涙な添へそ山ほととぎす」〈新古今・夏・二〇一〉訳 昔（＝ハナヤカニ振ル舞ッテイタ若イ頃）を懐かしく回想する（現在の）粗末な家に降る夜の雨に、（悲しい声で鳴いて）さらに涙を誘ってくれるな、山のホトトギスよ。❺心の中で願う。希望する。例「―・ふことかつがつかなひぬる心地して、涼しう思ひゐたるに」〈源氏・明石〉訳（明石の入道は）希望することがなんとか成就した感じがして、胸がすうっとする気持ちでいた時で。❻心の中で想像する。予想する。例「つひに行く道とはかねて聞きしかど昨日今日とは―・はざりしを」〈伊勢・一二五〉訳（死というものは人生の）最後に（誰もが）行く道だと（いうこと）は前から聞いて（知って）いたけれど、（まさか）昨日今日のことだとは予想していなかったよ。❼心中の思いを表情に出す。…といった顔をする。例「月出づれば、出でゐつつ嘆き―・へり」〈竹取・かぐや姫の昇天〉訳 月が出ると、部屋の端近くに出て座ってはため息をつきそうな顔をしていた。

思はざる外オモワザルホカ 予想もしないこと。思いがけないこと。思いのほか。例「―のことによりて、帥にならせ給ひて」〈大鏡・道長・上〉訳 思いがけないことによって、大宰府の長官におなりになって。

要点 漢文訓読体の文章に用いる。

おもふ-さま【思ふ様】オモウ…〔形動ナリ〕❶申し分ない様子。理想的である。例「いみじく―・なりける人をと」〈源氏・手習〉訳 ほんとうに理想的だった女の人を（尼にしてしまったことよ）と。❷意のままに振る舞う様子。勝手気ままである。例「いつしか、いかで―・にて見奉らむ」〈源氏・明石〉訳 早く、何とかして（娘を）自分の思いどおりの状態で見申したい。

おもふ-どち【思ふどち】オモウ…〔名〕（「おもひどち」とも）気の合う者同士。仲間。例「昔、男、逍遥しに、―かいつらねて、和泉の国へ二月ばかりに行きけり」〈伊勢・六七〉訳 昔、（ある）男が、気ままな旅をするために、気の合う者同士連れ立って、和泉国（＝大阪府南部）へ二月の頃に出かけた。

おもへ-ら-く【思へらく】オモエ…《連語》（動詞「おもふ」の命令形「おもへ」＋完了の助動詞「り」の未然形「ら」＋準体助詞「く」）思っていることには。

おもほえ-ず【思ほえず】オモホ（オ）エ…《連語》（動詞「おもほゆ」の未然形＋打消しの助動詞「ず」）予想もせずに。思いがけなく。例「―、古里に、いとはしたなくてありければ、心地惑ひにけり」〈伊勢・一〉訳 思いがけなく、（さびれた）古い都に、（姉妹が）たいそう似つかわしくない様子で（＝優雅に）いたので、（男は）夢中になってしまった。

おもほ・し【思ほし】オモホ（オ）シ〔形シク〕（動詞「思ふ」の形容

【おもほし】

お

詞化した形》心の中で思い望んでいる。願わしい。望ましい。例「―・しき言伝(こと)てむやと家問へば家をも告(の)らず」〈万葉・一三・三三三六長歌〉訳思い願っていること(でもあったら)伝えてやろうかと家を尋ねると、家も言わず。
参考 平安時代には、この語が変化して形容詞「おぼし」ができる。

おもほし-め・す【思ほし召す】(オモオシ・・)〔他サ四〕(さ・し・す・す・せ・せ)《「思ふ」の尊敬語》お思いあそばす。お思いになる。例「いかさまに―・せか」〈万葉・一・二九長歌〉訳いったいどのようにお思いあそばされたからか。
要点 「おもほす」より敬意が高く、主体は神か天皇である。平安時代以後は「おぼしめす」となる。

おもほ・す【思ほす】(オモオス)〔他サ四〕(さ・し・す・す・せ・せ)《「思ふ」の未然形に尊敬の助動詞「す」の付いた「思はす」の変化した形》「思ふ」の尊敬語。**お思いになる。**例「草枕旅の翁(おきな)と―・して針ぞ賜(たま)へる縫はむ物もが」〈万葉・一八・四一二八〉訳旅をしている老人とお思いになって針をくださいました。何か縫うものはないかなあ。

おもほ・ゆ【思ほゆ】(オモオユ)〔自ヤ下二〕(え・え・ゆ・ゆる・ゆれ・えよ)《「思ふ」の未然形に自発の助動詞「ゆ」の付いた「思はゆ」の変化した形》**自然に思われる。**例「瓜(うり)食(は)めば子ども―・ゆ栗(くり)食めばまして偲(しぬ)はゆ」〈万葉・五・八〇二長歌〉訳瓜を食べると子供達のことが思われる、栗を食べるといっそう恋しく思われる。

おも-むき【趣】〔名〕《四段動詞「おもむく」の連用形の名詞化》❶ある方向へ向かおうとする心の動き。また、その方向。趣意。意向。例「人の心の、とあるさま、かかる―を見るに」〈源氏・若菜・上〉訳人の心の、こういう様子やあいう心の動きを観察するのに。
❷物事のおおよその内容。事情。様子。
❸物のもつおもしろさ。情趣。風情(ふぜい)。例「病雁(やむかり)は、格高く―かすかにして、いかでかここを案じつけん」〈去来抄・先師評〉訳病む雁の句は、格調が高く情趣も幽遠な味わいがあって、どうしてこれほどまでの句を考えつけようか。
注 芭蕉ノ「病雁の夜寒(よさむ)に落ちて旅寝かな」ノ句ニツイテ評シテイル。

おも-む・く【趣く・赴く】《「面(おも)向く」の意》対そむく 一〔自カ四〕(か・き・く・く・け・け)❶その方向を向く。**向かう。向かって行く。**例「悪(あ)しき方(かた)の風にはあらず。よき方に―・きて吹くなり」〈竹取・竜の首の玉〉訳(今吹いている風は)悪い方角の風ではない。よい方向へ向かって吹くようだ。
❷心がその方向を向く。同意する。従う。例「ひたみちに行ひに―・きなむに、さはり所あるまじきを」〈源氏・御法〉訳ひたすら仏道修行に従っても、さしさわる所はないはずなのに。
二〔他カ下二〕(け・け・く・くる・くれ・けよ)❶**その方向に向ける。**向かって行かせる。おもむかせる。やる。例「たちまちに仏の道に―・けむも、尊きこととは言ひながら、あへなかるべし」〈源氏・横笛〉訳すぐに仏道におもむかせるのも、尊いことではあるが、あっけないことだろう。
❷心をその方向に向けさせる。従わせる。同意させる。
❸意思表示する。例「もてはなれて、似げなき御事とも―・け侍(はべ)らず」〈源氏・末摘花〉訳(光源氏との恋愛関係は)かけはなれて、ふさわしくない事だと(姫君に)ほのめかしたりはいたしません。

おも-むけ【趣け・赴け】〔名〕《下二段動詞「おもむく」の連用形の名詞化》心をある方向へ向けさせるようにすること。しむけること。

おも-もち【面持ち】〔名〕顔つき。表情。例「同じ舞の、足踏み、―、世に見えぬさまなり」〈源氏・紅葉賀〉訳同じ舞でも、(光源氏の)足拍子や、表情は、この世のものとは思えないほどすばらしい。

おも-や【母屋・主屋】〔名〕《近世語》(「隠居所」に対して)世帯主の住む本宅。(分家に対して)本家。(支店に対して)本店。

おも-やう【面様】(ウ ヨ)〔名〕顔の様子。顔つき。容貌(ようぼう)。例「額髪(ひたひがみ)長やかに、―よき人の、暗きほどに文を得て」〈枕草子・今朝はさしも見えざりつる空の〉訳額髪が長めで、目鼻だちの美しい女が、まだ暗い時分に手紙を受け取って(おぼつかなげに見ている様子は好ましい)。

おも-や・す【面痩す】〔自サ下二〕(せ・せ・す・する・すれ・せよ)やせ細った顔つきになる。面やつれする。例「いと匂ひやかにうつくしげなる人の、いたう―・せて」〈源氏・桐壺〉訳たいそう美しくかわいらしい人が、(今は)すっかり面やつれして。

おもり-か【重りか】〔形動ナリ〕❶重たげである。重そうである。例「つつみに、衣箱の―に古代なる、うち置きて押し出(い)でたり」〈源氏・末摘花〉訳包む布の上に、衣装箱の重そうで古風なのを、置いて(光源氏の前に)押し出した。
❷重々しく落ち着いている。重厚である。例「うち笑ひたる気配いま少し―・に由(よ)づきたり」〈源氏・橋姫〉訳(大君(おおいぎみ)が)ちょっと笑った様子は(中の君より)もう少し落ち着いていて奥床しい風情がある。

おも・る【重る】〔自ラ四〕(ら・り・る・る・れ・れ)❶重量が増す。重くなる。例「待つ人の麓(ふもと)の道は絶えぬらむ軒端(のきば)の杉に雪―・るなり」〈新古今・冬・六七二〉訳私が心待ちにしている人がたどって来るはずの麓の道は(雪に埋もれて)通行不能になってしまっているだろう。この山の家の軒先の杉に雪が積もって重くなることだ。
❷病気が重くなる。重態になる。例「病(やまひ)の―・るも、住(ぢゅう)する隙(ひま)なくして、死期(しご)すでに近し」〈徒然草・二四一〉訳病気が重くなるのも、そのままの状態にとどまっている時もなく、死期がすでに目前である。

おも-わ【面輪】〔名〕顔一面。顔。例「望月(もちづき)の満(た)れる―に花のごと笑みて立てれば」〈万葉・九・一八〇七長歌〉訳満月のようにまんまるな(愛くるしい)顔で花のように明るくほほえんで立っているので。

おや【親・祖】〔名〕❶**父母。**古くは、**特に母親**をいうことが多い。例「我と来て遊べや―のない雀(すずめ)」〈一茶〉訳こっちへやって来て、この私と遊ぼうではないか、親のない雀よ。私も親なし子だったんだ。だから、その哀しさはよくわかるのだよ。
❷祖先。先祖。例「玉葛(たまかづら)いや遠長く―の名も継ぎゆくものと」〈万葉・三・四四三長歌〉訳ますます遠く長く(いつの世までも)祖先の名を継いで行くものとして。
❸物のはじめ。元祖。例「まづ、物語の出(い)で来はじめの―なる竹取の翁(おきな)に、宇津保の俊蔭(としかげ)を合はせて争ふ」〈源氏・絵合〉訳初めに、物語が出現した始祖である竹取の翁の物語の絵に、宇津保物語の俊蔭の(巻の)

絵を合わせてその優劣を競う。❹人の上に立つ者。また、中心的な位置にあって固めとなる者。「国の——」「世の——」など。

おや-が・る【親がる】〔自ラ四〕{ら・り・る・る・れ・れ}《「がる」は接尾語》親だということを態度に表す。親ぶる。例「いづれも分かず——・り給へど」〈源氏・紅梅〉訳（実子・継子の）誰をも区別なく親のように振る舞っていらっしゃるが。要点 本当の親でないのに親のように振る舞う、親が必要以上に親の顔をするという意がこめられている。類義語「親めく」は、親として好ましい態度を示す意を表す。

おや-ざと【親里】〔名〕実の親の住むところ。実家。

おや-め・く【親めく】〔自カ四〕{か・き・く・く・け・け}《「めく」は接尾語》親らしく見えるように振る舞う。例「いささかも他人と隔てある様にも宣はず、いみじく——・きて」〈源氏・玉鬘〉訳 少しも他人として心に隔てがあるようにも仰せにはならず、たいそう親らしく振る舞って。

お・ゆ【老ゆ】〔自ヤ上二〕{い・い・ゆ・ゆる・ゆれ・いよ}❶年をとる。老いる。例「高きあり、賤しきあり。——・いたるあり、若きあり」〈徒然草・七四〉訳（身分の）高い者もいる、下賤な者もいる。年とった者もいる、若い者もいる。❷衰える。弱る。盛りを過ぎる。例「大荒木の森の下草——・いぬれば駒もすさめず刈る人もなし」〈古今・雑上・八九二〉訳 大荒木の森の下の草が盛りを過ぎてしまったので、馬も喜んで食わないし、刈り取る人もいない。注 肉体ノ柔ラカミノナクナッタ老人ノ比喩。

お-ゆどの【御湯殿】〔名〕《「お」は接頭語》❶内裏の清涼殿の西の廂の北にある部屋。湯をわかし、天皇の食膳をそろえる所。❷貴族の家の浴室。また、貴人の入浴。例「日頃——もなかりつれば」〈栄花・楚王のゆめ〉訳（衰弱のために）何日も入浴なさらなかったので。❸（「御湯殿の儀式」の略）皇子誕生の際、魔除けのために「鳴弦」「散米」を行い、読書博士の漢文朗読の中、白装束の女官二人がうぶ湯をつかわせる儀式。❹中世以降、大名の茶の湯をわかす部屋に仕える女性。また、浴室に仕える女性をいう。

おゆどの-の-ぎしき【御湯殿の儀式】〔名〕⇩おゆどの③

およ-す・ぐ〔自ガ下二〕{げ・げ・ぐ・ぐる・ぐれ・げよ}《「およすく」「およずく」とも》❶**成長する**。成人する。例「いとどこの世の物ならず清らに——・げ給へれば」〈源氏・桐壺〉訳（光源氏は）いよいよこの世の物ではないほど美しく成長なさっているので。❷おとなびる。ませる。例「いで、——・げたる事は言はぬぞよき」〈源氏・帚木〉訳 だめだめ、ませたことは言わないほうがいい。❸年寄りじみている。地味である。例「昼はことそぎ、——・げたる姿にてもありなん」〈徒然草・一九一〉訳 昼間は簡素にして、地味な姿をしていてもすむだろう。

およそ【凡そ】〔副〕《「おほよそ」の変化した形》❶一般に。おおかた。例「——君と臣とは水と魚とのごとし」〈古今著聞集・好色〉訳 一般に主君と臣下とは水と魚のように仲がよいものだ。❷まったく。少しも。例「——洞庭・西湖を恥ぢず」〈奥の細道・松島〉訳（松島は）まったく（中国の）洞庭湖や西湖（の風景）にも負けない。

およづれ【妖】〔名〕《「およづれごと」の略》人を迷わすうわさ。流言飛語。例「——の狂言とかも高山の巌のうへに君が臥やせる」〈万葉・三・四二一〉訳 人を迷わすでたらめな話なのか。高い山の岩の上に君が伏せておられる（＝亡クナッテ埋葬サレテイル）というのは。

およば・ず【及ばず】【連語】《動詞「およぶ」の未然形＋打消しの助動詞「ず」》❶そこまで届かない。達しない。例「己が分を知りて、——・ざる時はすみやかに止むを智といふべし」〈徒然草・一三一〉訳 自分の身の程を知って、手が届かないと思ったらすぐにやめるのが智といえよう。❷（「…に——」の形で）できかねる。できない。例「祇王とかうの御返事にも——・ず」〈平家・一・祇王〉訳 祇王はどのようなお返事もできない。

お-よび【指】〔名〕ゆび。例「いとをかしげなる——に捕らへて、大人などに見せたる、いとうつくし」〈枕草子・うつくしきもの〉訳（幼児が小さい塵などを）たいそうかわいい指でつまんで、大人などに見せているのは、大変かわいらしい。

および【及び】〔接続〕そして。また。…と…。例「主君・師匠、——財宝・牛馬のためにさへこれを造る」〈方丈記・閑居の気味〉訳（人は）主君・先生、そして財宝・牛馬のためにまでこれ（＝住居）を造る。

およ-び-かか・る【及び掛かる】〔自ラ四〕{ら・り・る・る・れ・れ}伸び上がってそばの人に寄りかかる。のしかかる。例「人の後ろにさぶらふは、様あしくも——・らず、わりなく見んとする人もなし」〈徒然草・一三七〉訳 貴人の背後に控えている人は、みっともなくのしかかったりもしないで、しいて（賀茂祭の行列を）見ようとする人もいない。

およ-び-な・し【及びなし】〔形ク〕身分・地位などが及びもつかない。力が及ばない。例「かく——・き心を思へる親たちも」〈源氏・明石〉訳 このように身分に過ぎた望みを考えている親たちも。

およ・ぶ【及ぶ】〔自バ四〕{ば・び・ぶ・ぶ・べ・べ}❶届く。至る。達する。例「こころよく数献に——・びて、興に入られ侍りき」〈徒然草・二一五〉訳 気持ちよく何杯か杯を重ねるに至って、いいご機嫌になられました。❷（何かに向けて）体を傾ける。届かせようとする。❸（ある状況に）なる。ついに…になる。例「ただ今漏れ聞こえて、天下の大事に——・び候ひなんず」〈平家・一・鹿谷〉訳 すぐにも（秘密が）漏れ広まって、天下の一大事になるでしょう。❹《多く打消しや反語を伴う》必要がある。❺《多く打消しを伴う》できる。⇩およばず

おらが春《書名》江戸時代後期の俳諧文集。小林一茶作。一八五二年（嘉永五）刊。一八一九年（文政二）、一茶五十七歳の正月より年末に至る一年間の見聞・感想を俳句をまじえて日記風につづる。特に長女の死にまつわる記事に、悲しみにくれる一茶の心情がよく表されている。題名は「めでたさも中くらゐなりおらが春」による。
⇩小林一茶

おり【折・居り】⇩をり

折焚く柴の記《書名》⇩をりたくしばのき（折焚く柴の記）

おり-た・つ【下り立つ】〔自タ四〕{た・ち・つ・つ・て・て}❶下りて立つ。例「泉には手足さし浸して、雪には——・ちて跡つけなど、よろづの物、よそながら見ることなし」〈徒然草・一三七〉

訳（片田舎の人は）泉には手足をひたし、雪の上には下りて立って足跡をつけたりなどし、すべての物事について、距離を置いて見るということがない。
❷みずからその場に立ってことを行う。直接行う。身を入れてする。例「人にも漏らさじと思う給ふれば、惟光(これみつ)──・ちてよろづは物し侍(はべ)り」〈源氏・夕顔〉訳（この秘密を）人にも漏らすまいと思いましたので、（この）惟光が直接すべてのことを処理いたしております。

おりふし【折節】⇩をりふし

おり-もの【織物】〔名〕いろいろな模様を浮き出すように織った絹の布。

おりゃ・る〔自ラ四〕〔ら・り・る・る・れ・れ〕《「お入りある」の変化した形》■一❶《「行く」「来(く)」の尊敬語》いらっしゃる。おいでになる。例「ちと用の事があるほどに、まずこちらへ──・れ」〈狂言・比丘貞〉訳少し用事があるから、まずこちらへいらっしゃいませ。
❷《「あり」「をり」の尊敬語》いらっしゃる。おありになる。例「武悪(ぶあく)は内に──・るか」〈狂言・武悪〉訳武悪は家にいらっしゃるか。
■二〔補動ラ四〕《「あり」「をり」の丁寧語》…でございます。…ております。

おり・ゐる【下り居る】オリ イル〔自ワ上一〕〔ゐ・ゐ・ゐる・ゐる・ゐれ・ゐよ〕❶（馬や舟などから）下りて座る。例「その沢のほとりの木の陰に──・ゐて、乾飯(かれいひ)食ひけり」〈伊勢・九〉訳その沢のほとりの木陰に（馬から）下りて座って、（旅行用の）乾(ほ)したご飯を食べた。
❷帝の位から退く。退位する。例「帝(みかど)──・ゐさせ給はむの御心づかひ近うなりて」〈源氏・紅葉賀〉訳天皇は退位なさろうとのお心の用意がさし迫ってきて。

お・る

おる【折る】〔動〕⇩をる

お・る【降る・下る】〔自ラ上二〕〔り・り・る・るる・るれ・りよ〕❶（高い所や乗り物などから）おりる。例「かばかりになりては、飛び降るとも──・りなん」〈徒然草・一〇九〉訳この程度（の高さ）になったからには、（木から）飛び下りても下りられるだろう。
❷貴人の前から退く。**退出する。さがる。**例「局(つぼね)へいととく──・るれば」〈枕草子・職の御曹司におはします頃、西の廂にて〉訳局へたいそう早く退出すると。
❸天皇などが**位を退く。**また、一般に官職などから離れる。例「陽成院の──・りさせ給ふ年は」〈大鏡・道長・下〉訳陽成院が退位なさる年は。

お・る【愚る】〔自ラ下二〕〔れ・れ・る・るる・るれ・れよ〕思慮や注意が不十分になる。愚かしくなる。間が抜ける。例「かしこがり給へど、人の親よ。おのづから──・れたる事こそ出で来(く)べかめれ」〈源氏・少女〉訳（内大臣様は）いかにも物の分かった様子をしていらっしゃるが、（やはり）人の親だ。自然と（子供かわいさから）間の抜けた事が起こるでしょう。

おれ【己】〔代名〕❶《人称代名詞。対称》目下の者にいう。おまえ。例「──、大国主神(おほくにぬしのかみ)と為(な)り、亦(また)宇都志国玉神(うつしくにたまのかみ)と為りて」〈古事記・上・大国主神〉訳おまえが、大国主神となり、また宇都志国玉神となって。
❷《人称代名詞。自称》多く目下の者に対していう。私。おれ。ぼく。

おれ-もの【愚れ者・痴れ者】〔名〕愚かな人。愚か者。⇩しれもの

おれ-ら〔代名〕■一【己等】《自称》わたし。わたしたち。例「黒戸の道を──知らぬに、教へよ」〈讃岐典侍・萩の戸の花〉訳黒戸に行く道をわたしは知らないから、教えなさい。
■二【爾等】《対称》おまえたち。おまえら。例「さらば、──、死出(しで)の山の供(とも)せよ」〈平家・一一・能登殿最期〉訳さあ、それでは貴様達は、死出の山を越える（＝冥土(メイド)ニ行ク）供をしろ。

おろ-おろ〔副〕❶不十分に。不完全に。例「天骨(てんこつ)もなく、──奏(かな)でたりければ」〈宇治拾遺・一・三〉訳生まれつきの才能もなく、へたに（舞を）舞ったので。
❷まばらに。少し（ずつ）。例「髪もはげて白きとても──ある頭に」〈宇治拾遺・一一・三〉訳髪もはげて白いもの（＝白髪）もまばらにある頭に。
❸（涙で目や声が）うるむさま。例「にらむ目の中──と」〈近松・鑓の権三重帷子・上〉訳にらむ目の中も涙でうるんで。

おろか

【疎か・愚か】〔形動ナリ〕

類いへばおろかなり・おろそか

平安時代以前では、おろそかである、いいかげんである、の意の用法が中心。考え方や見方がいいかげんであるの意から、現代語と同じ、知恵遅れ、の意が生まれる。「いふもおろかなり」「いへばおろかなり」の形で、十分に言い尽くせない、言うまでもない、などの意を表す。

❶**おろそかである。いいかげんである。**例「わづかに二つの矢、師の前にて一つを──・にせむと思はんや」〈徒然草・九二〉訳（持っているのは）たった二本の矢だ、師匠の前で（そのうちの）一本をおろそかにしようと思うだろうか。
❷ⓐ（言葉では）表しつくせない。（表現が）不十分である。例「すべていふも──・なり」〈枕草子・鳥は〉訳（ホトトギスのすばらしさは）皆言葉では言い表しつくせない。
ⓑ《「いへばおろかなり」の略》…はいうまでもない。…はもちろんのことである。例「虎(とら)は──象でも鬼でもひと拉(ひし)ぎと」〈近松・国性爺合戦・三〉訳虎はいうまでもなく象でも鬼でもひと押しでやっつけてやると。
❸知恵が足りない。愚鈍。例「心の後(おく)れて──・なりけるにこそはあらめ」〈今昔・二八・三四〉訳（屈強な男だったが）心の働きが劣っていて知恵が足りなかったのであろう。
❹不器用だ。未熟だ。例「大方(おほかた)の振る舞ひ、心づかひも、──・にして慎めるは、得(とく)の本(もと)なり」〈徒然草・一八七〉訳日常一般の挙動でも、心くばりでも、不器用で慎重にしているのが、成功のもとである。

おろがむ【拝む】〔動〕⇩をろがむ

おろし【下ろし】〔名〕《動詞「おろす」の連用形の名詞化》❶神仏の供物の取り下げた物。また、貴人の食事の余りや残り、衣服や品物の使い古しを取り下げた物。おさがり。例「とく聞こしめして、翁媼(おきなおんな)に御──をだに賜へ」〈枕草子・淑景舎〉訳早くお召し上がりになって、このじじばばにせめておさがりだけでも下さいませ。
❷山から吹きおろす風。山おろし。

おろし-こ・む【下ろし籠む】〔他マ下二〕〔め・め・む・むる・むれ・めよ〕（御簾(みす)・格子・蔀(しとみ)などを）下ろしてそこに身を閉じこめる。例「御精進(さうじ)にて、御簾(みす)──・めて行はせ給ふ」〈源

氏・澪標〉訳ご精進とて、御簾を下ろしてそこに引きこもって勤行なさる。

おろし-た・つ【下ろし立つ】〔他タ下二〕〈て・て・つ・つる・つれ・てよ〉❶低い所に降ろして、立たせる。❷身分の低い者達の間に交わらせる。例「さりとも、真人(まうと)達のつきづきしく今めきたらむに、――・てむやは」〈源氏・帚木〉訳だからといって、あなた達のように(自分こそ空蝉(うつせみ)に)ふさわしいと思い当世風ぶっている人に、(あの女を)交わらせなどしませんよ。

おろ・す

【下ろす】〔他サ四〕〈さ・し・す・す・せ・せ〉❶低い位置に移す。例「松原に御むしろ敷きて、――・し奉る」〈竹取・竜の首の玉〉訳(船酔いした大伴の大納言を)松原にむしろを敷いて、(舟から)おろし申し上げる。❷仏門に入るために頭髪をそり落とす。おろす。例「御髪(みぐし)――・し給ふほどに」〈源氏・賢木〉訳(藤壺(ふじつぼ)が仏門に入るために)髪をおろしなさっている間に。注女性ノ場合ハ、「尼そぎ」トイッテ、背中ノアタリデ切リソロエル。❸退位させる。また、官位をさげる。例「粟田(あはた)殿、花山院すかし――・し奉り」〈大鏡・道兼〉訳粟田殿(=藤原道兼)は、花山院をだまして退位させ申し上げ。❹神仏や貴人の前から退出させる。さがらせる。例「皆下屋(しもや)に――・し侍(はべ)りぬるを」〈源氏・帚木〉訳(女房達は)全員下屋にさがらせましたが。❺神仏への供え物や貴人の物などを譲り受ける。**おさがりをいただく。**例「御前(おまへ)のを――・したるとて」〈更級・梅の立枝〉訳姫君様のをおさがりをいただいたのだといって(硯の箱の蓋に入れてよこした)。❻人を悪くいう。こきおろす。けなす。例「あさましく咎(がと)め出でつつ――・す」〈源氏・少女〉訳見苦しいとあらを見つけてはけなす。❼魚や鳥などを切り分ける。調理する。例「刀をうち拭(のご)ひうち拭ひ――・しければ」〈今昔・一九・二〉訳刀をぬぐいぬぐい(雉(きじ)を)切り分けたところ。❽(金属・植物などを)道具を使ってすりくだく。すりおろす。例「――・して見ければ、きらきらとして、まことの金なりければ」〈宇治拾遺・二・四〉訳(そのかたまりを)すりくだいて見たところ、きらきらと光って、本物の金だったので。❾貯(たくは)えてあった物を取り出して使う。使い始める。❿(自動詞のように用いて)風が山頂から吹きおろす。例「三室山(みむろやま)――・す嵐の寂しきに妻問ふ鹿(しか)の声たぐふなり」〈千載・秋下〉訳三室山から吹きおろす激しい風が物寂しい上に、妻を呼び求める鹿の声が一緒になって聞こえてくることだ。

おろ-そか

【疎か】〔形動ナリ〕

> 大ざっぱでいいかげんなこと、が原義。そこからなおざりである、いいかげんである、や、粗末である、簡素であるなどの意味が生じてくる。

❶心が十分行き届いていない。**なおざりである。いいかげんである。**例「おほやけ事を――・にし、狩りのみせばこそは罪はあらめ」〈大鏡・道長・下〉訳公務をなおざりにして、狩りばかりに熱中していれば罪になるだろう。❷**粗末である。簡素である。**例「おほやけの奉り物は――・なるをもてよしとす」〈徒然草・二〉訳天皇のお召し物(=装束)は簡素なのがいい。❸(運が)つたない。劣っている。例「前生(ぜんしやう)の運、――・にして、身に過ぎたる利生(りしやう)にあづからず」〈宇治拾遺・四・三〉訳前世から定まった運が、つたなくて、身に余る御利益(ごりやく)を受けたことがない。⇩おろか

要点 現代語の「おろそか」は、①の用法だけだが、「おろ」は「粗(あら)」の変化したものといわれ、もとは、隙間(すきま)が多く、不完全なさまをいう。そこから②③の意味が出てくる。

おろち【大蛇】〔名〕⇩をろち

おわします【御座します】⇩おはします

おわす【御座す】〔動〕⇩おはす

尾張(おわり)〔旧国名〕⇩をはり(尾張)

おん

【御】〔接頭〕《「おほん」の変化した形。名詞に付く》尊敬の意を表す。「――企(くはだ)て」「――事(こと)」「――衣(ぞ)」など。⇩お(御)要点・おほん(御)参考

おん-あい【恩愛】〔名〕《連声(れんじやう)で「おんない」とも》親子・兄弟姉妹・夫婦などの親しい者の間の愛情。転じて、広く、愛の感情。なさけ。いつくしみ。例「――の道ならでは、かかる者の心に慈悲ありなんや。孝養(けうやう)の心なき者も、子持ちてこそ親の志は思ひ知るなれ」〈徒然草・一四二〉訳親子の情愛の道でなくては、このような者(=東国ノ恐ロシソウナ武士)の心に慈悲の心があるはずがあろうか。孝行の心のない者も、子を持ってはじめて親の情愛は思い知るということである。

おん……あ・り【御……あり】《「おん」は接頭語。「…」には動詞の連用形が名詞化したものが入り、全体で尊敬の複合動詞となる》例「『何事ぞ』と**おん**尋ね**あり**ければ」〈宇治拾遺・五・六〉訳(皆が笑いころげているのを大臣が見て)「何事だ」とお尋ねがあったので。参考 同種の尊敬表現に「御(ご)誕生あり」「御感(ぎよかん)あり」「出御(しゆつぎよ)あり」など、尊敬の意を含んだ漢語名詞に「あり」の付く表現がある。

おんいり-さうら・ふ【御入り候ふ】《連語》〈オンイリ(ニリ)ソウロウ〉《「あり」「居(を)り」「行く」「来(く)」の尊敬語》いらっしゃいます。おいでなさる。

おん-ぎょく【音曲】〔名〕❶能楽で、舞・働きなど視覚的なものに対して、謡・囃子など聴覚的なものの総称。❷楽器で演奏するものや人が歌うものの総称。

おん-こと【御事】■一〔名〕❶(「事」の尊敬語)高貴な人に関する事柄。例「かかる――を見給ふるにつけても、命長きは心うく思ひ給へらるる、世の末にも侍(はべ)るかな」〈源氏・須磨〉訳このたびのような事を拝見するにつけても、長生きはつらく存じられます、末世でございますな。❷貴人を指していう。お人。お方。■二〔代名〕(■一②から転じたもの)《人称代名詞。対称》尊敬の意を含む。あなたさま。例「――をのみこそ、あたらしく心苦しく悲しきものに思ひ聞こゆるを」〈源氏・総角〉訳あなた様のことばかりが、もったいなくお気の毒で悲しいことに存ぜられますから。

おん-ざうし【御曹司】〈-ゾウシ〉〔名〕❶貴族・武家の青年で、独立していない部屋住みの者に対する敬称。若殿。若様。❷(平家の「公達(きんだち)」に対して)源氏の青年の敬称。特に、源義経をいうことが多い。

要点 「曹司」は部屋の意。なお、『枕草子』などでは、「御曹司」は「みざうし」と言いならわしている。

おん-し【恩賜】〔名〕天皇から物をいただくこと。また、そのいただいた物。

おん-じき【飲食】〔名〕《呉音よみ。漢音では「いんしょく」》飲むことと食べること。食事。また、飲み物と食べ物。飲食物。例「一日のうちに、――・便利・睡眠・言語・行歩、やむ事を得ずして、多くの時を失ふ」〈徒然草・一〇八〉訳（朝からの）一日の間に、食事・用便・睡眠・談話・歩行など、やむを得ないことで、多くの時間を浪費する。

おん-しゃう【恩賞】〔名〕功労の褒美として主君から官位や領地・物などをいただくこと。また、その褒美の物。例「平治の逆乱にも、親類を捨てて参じたりしかども、――これおろそかなりき」〈平家・四・鵼〉訳平治の反乱にも、（頼政は）親兄弟を捨てて駆けつけたけれども、ご褒美は粗末なものだった。

おん-じゃう【音声】〔名〕《「音声」の呉音読み》人の声。例「大――をあげて名乗りけるは」〈平家・九・宇治川先陣〉訳大声をあげて名乗ったのは。

おん-ぞ【御衣】〔名〕衣服の敬称。貴人の着る衣服。お召し物。「みぞ」とも。

おん-でも-ない【恩でも無い】【連語】《恩に着るまでもないという意から》いうまでもない。もちろんだ。

おんな【女】〔名〕⇩をんな

おんな【嫗】〔名〕《「おみな」の変化した形。「おうな」とも》年老いた婦人。老女。老婆。例「童言にては何にかはせむ。――翁、手おしつべし」〈土佐・一月七日〉訳（秀れた歌であっても）子供の歌とあってはどうであろうか。ばあさんかじいさんが、署名捺印するとよかろう。

要点「をんな（女）」とは別語であるから注意。

おん-ない【恩愛】〔名〕《「おんあい」の変化した形》⇩おんあい

女殺油地獄【書名】⇩をんなごろしあぶらのぢごく（女殺油地獄）

女三の宮【人名】⇩をんなさんのみや（女三の宮）

おん-み【御身】■〔名〕《「からだ」の尊敬語》おからだ。例「傷害の恐れおはしますまじき――にて、仮にもかくおぼしよりて尋ね給ふ、これ既にその危ぶみの兆なり」〈徒然草・一四六〉訳傷害を受ける恐れなどおありになるはずのないお体で、かりそめにもそんな事を思いつかれてご相談になる、その事が既に傷害の危険の兆候です。

■〔代名〕《人称代名詞。対称》軽い敬意を含む。あなたさま。

おん-みゃう【陰陽】〔名〕《「おんやう」の変化した形》⇩いんやう

おん-やう【陰陽】〔名〕《「おんみゃう」「おんにゃう」「いんやう」とも》❶⇩いんやう
❷「陰陽師」の略。
❸「陰陽道」の略。

陰陽の頭 陰陽寮の長官。

おんやう-じ【陰陽師】〔名〕《「おんみゃうじ」とも》陰陽寮の役人で、占いや土地の吉凶を判定する職種。のちには、占い師のこともいうようになる。例「なほわりなく恋しうのみおぼえければ、――、巫呼びて、恋せじといふ祓への具してなむ行きける」〈伊勢・六五〉訳それでもまだむしょうに（女が）恋しく思われるばかりなので、陰陽師や、巫女を呼んで、恋をすまいという祓の道具をもって（賀茂川へ祓をしに）行った。

おんやう-だう【陰陽道】〔名〕《「おんみゃうだう」とも》中国から伝来した易の学問。陰陽五行説に基づいて、天文・暦数・方位などにより、国家の政策から個人の生活に至るさまざまな事柄を占う。例「赤舌日といふこと、――には沙汰なきことなり」〈徒然草・九一〉訳（何事を始めるにも凶であるという）赤舌日については、陰陽道では問題にしていないことである。

おんやう-の-かみ【陰陽の頭】⇩「おんやう」子項目

おんやう-れう【陰陽寮】〔名〕「陰陽道」のことをつかさどる役所。中務省に属し、建物もその東隣に位置した。天文・暦・時刻・気象などをあつかい、自然の変異にあたりその吉凶の兆候を天皇に申し上げた。

おん-り【厭離】〔名〕⇩えんり

か

か【日】■〔名〕一日を表す。日。例「――日並べて夜には九夜日には十日を」〈古事記・中・景行〉訳日を重ねて、夜では九夜、昼では十日を過ぎました。
注「十日」ノ「か」ハ次ノ■ノ用法。

■〔接尾〕日数を表す。例「秋立ちて幾――もあらねばこの寝ぬる朝明の風は手本寒しも」〈万葉・八・一五五五〉訳立秋が過ぎて何日もたたないのに、この寝ていて起きた明け方の風は、手首に冷たいことだ。

か【可】〔名〕よいことだと認めること。よいこと。例「――・不可は、一条なり」〈徒然草・三八〉訳（世間の人々が）よいこととして認めることと、いけないとして認めないこととは、（本質的には変わりのない）一つながりのことである。

か【香】〔名〕❶よいにおい。かおり。例「斧入れて――におどろくや冬木立」〈蕪村〉訳（新春の用意のため薪を伐りに冬山に入り）二、三撃、斧を打ちこむと、思いがけず新鮮な木の香がただよってハッとした。あたりはすっかり落葉した木々が寒々と立ち並んでいるだけであるが、この冬木の内には春へ向かって生命が脈々と息づいていたのだ。

❷いやなにおい。悪臭。例「取り捨つるわざも知らねば、くさき――世界に満ち満ちて」〈方丈記・飢渇〉訳（死体を）除き捨てる手だてもわからないので、臭いにおいが周囲に充満し。

か【鹿】〔名〕シカ。例「山彦の相響むまで妻恋ひに――鳴く山辺に独りのみして」〈万葉・八・一六〇二〉訳山彦が互いに響き合うほどに妻を慕って、雄鹿が鳴く山辺に私はただひとりでいて（本当に寂しい思いをしていることです）。

か【彼】〔代名〕《指示代名詞。遠称》相対的に遠い方の事物や人などを指していう。あれ。あちら。例「――の児ろと寝ずやなりなむはだすすき宇良野の山に月片寄るも」〈万葉・一四・三五六五〉訳（今夜は）あの愛しい子と寝ないで終わってしまうのだろうか。私は待ちわびて、とうとう宇良野の山に月が傾いている。

か〔副〕《多く「か…かく…」の形で》ああ。あのように。例「――行けば人に厭(いと)はえかく行けば人に憎まえ老男(およしを)はかくのみならし」〈万葉・五・八〇四長歌〉訳ああ(＝アッチへ)行くと人に嫌われ、こう(＝コッチへ)行くと人に憎まれ、老人とはこんなものらしい。

か

一〔係助〕接続 主語・連用修飾語・接続語や文末に付く。文末用法では、活用語の連体形に付く。

【疑問】❶《文中に用いられる場合》(「か」を受ける文末の活用語は連体形で結ぶ)ⓐ《疑問の意を表す》…**か**。…**のか**。…**だろうか**。例「いかなる所に**か**、この木はさぶらひけむ」〈竹取・蓬萊の玉の枝〉訳どんな所に、この木はあったのでしょうか。

ⓑ《反語の意を表す》…**か**(いや、…**ではない**)。…**ものか**。例「何せむに**か**、命も惜しからむ」〈竹取・ふじの山〉訳何をしようとて、命が惜しかろうか(命など惜しくない)。

❷《文末に用いられる場合》ⓐ《疑問の意を表す》…**か**。…**のか**。…**だろうか**。例「何事ぞや。童(わらは)べと腹立ち給へる**か**」〈源氏・若紫〉訳何事ですか。子供達と喧嘩(けんか)でもなさったのですか。

ⓑ《反語の意を表す》…**か**(いや、…**ではない**)。…**ものか**。例「心なき鳥にぞありけるほととぎす物思(も)ふ時に鳴くべき**ものか**」〈万葉・一五・三七八四〉訳思いやりのない鳥であったのだなあ、ホトトギスは、私が物思いに沈んでいる時に鳴いてよいものだろうか(そんなことはないのだ)。注ホトトギスノ声ヲ聞クト、物思イガマサルト考エラレテイタ。

❸《「…か…か」と並列的に用いられて、疑問の意を表す》…か、あるいは…か。…か、それとも…か。例「立つ波を雪**か**花**か**と吹く風ぞ寄せつつ人をはかるべらなる」〈土佐・一月十八日〉訳波立つ白波を雪なのかそれとも花なのかと(見まちがいさせるかのように)吹いている風は、波を打ち寄せ打ち寄せしながら人をだましているらしい。

二〔終助〕接続 体言や体言に準ずる語句、または活用語の連体形に付く。

❶【詠嘆】《感動・詠嘆の意を表す》…(**なの**)**だなあ**。…**ことよ**。例「『ほしきものぞおはすらむ』とは、今めくものか」〈土佐・二月五日〉訳「(荒海にした住吉明神は)ほしい物がおありなのでしょう」とは、(船頭も)当世風なことよ。

❷《打消しの助動詞「ず」の連体形「ぬ」に付いて、「ぬか」の形で、他に対する願望の意を表す》…ないかなあ。例「我が命も常にあらぬ**か**昔見し象(きさ)の小川を行きて見むため」〈万葉・三・三三二〉訳私の命も永遠なものであってくれないかなあ、昔見た象の小川をもう一度行って見るために。

要点 (1)係助詞の文中用法(一①)は、現代語訳する際には文末に移せばいい。現代語では文中用法がなくなっている。なお、一③の並列的な用法は、もともと疑問文が二つ(あるいはそれ以上)並べられたもので、一②の文末用法に含めて考えてもよい。

(2)係助詞の文中用法(一①)では、係り結びの法則によって、「か」を受ける文末の活用語は連体形で結ぶ。ただし、「か」を受ける文末の述語が省略されて、「か」で言い切った形になる場合もある。例「清げなる屋(や)・廊(らう)など続けて、木立いとよしあるは、何人(なにびと)の住むに**か**」〈源氏・若紫〉訳こざっぱりした建物やそれをつなぐ渡り廊下などを連ねて、庭の木立がとても風情があるのは、どなたが住む(屋敷な)のであろうか。注「住むにか」ノ後ニ「あらむ」(「む」ハ連体形)ガ省略サレテイル。

(3)終助詞の「か」は、係助詞の「か」から転じて成立したと説かれている。終助詞の①②の用法はともに、よく読むと、いったん自分に問いかけて、そこから詠嘆や願望の意が生じていると理解される例が少なくない。

参考 (1)係助詞「か」と似た係助詞に「や」がある。両者の違いについては、係助詞「や」の参考参照。

(2)文中用法(一①)は、平安時代以降は「何」「いかに」などの疑問語に付いて用いられるのが普通。また、文末に用いられて反語の意を表す用法(一②ⓑ)は多く係助詞「は」の付いた「かは」の形である。

か〔接頭〕(色彩や状態・性質を表す語に付いて)意味を強め、また語調を整える。「――青」「――黒し」「――易(やす)し」「――弱し」など。

か【処】〔接尾〕場所を表す。「あり――」「奥――」「住み――」など。

か…【火…・花…・果…・過…】⇩くゎ…

が【賀】〔名〕❶よろこび祝うこと。祝賀。❷長寿を祝うこと。四十歳から始めて、十年ごとに祝う。室町時代から、六十一歳の還暦(かんれき)、七十歳の古稀(こき)、七十七歳の喜寿(きじゅ)、八十八歳の米寿(べいじゅ)、九十九歳の白寿(はくじゅ)などを祝うようになった。

がの判別

①格助詞	体言・体言に準ずる語句に付く	連体格	一❶
		主格	一❷
		準主格	一❸
		同格	一❹
		希望・好意の対象	一❺
②接続助詞〔平安時代末期以降〕	活用語の連体形に付く	単純な接続	二❶
		逆接の確定条件	二❷
		逆接の仮定条件	二❸
③終助詞	文末に付く	感動・懸念	三❶
	体言＋「め」に付く 《近世語》	罵り	三❷

が

一〔格助〕接続 体言や体言に準ずる語句に付く。

❶【連体】連体修飾語であることを示す。…**の**。ⓐ《被修飾語が示されている用法》例「秀衡(ひでひら)**が**跡は田野(でんや)になりて」〈奥の細道・平泉〉訳藤原秀衡(の館(やかた))の跡は田畑や野原になって。

ⓑ《被修飾語が形容詞の語幹に接尾語「さ」の付いたものである場合》「…ことよ」というような一種の感動表現になる。例「生(む)まれしも帰らぬものを我が宿に小松のあるを見る**が**悲しさ」〈土佐・二月十六日〉訳(この家で)生まれた我が子さえ(任国、土佐で死んで)帰って来ないのに、(留守にしていた)我が家に小松が新しく生えているのを見ることの悲しいことよ。

ⓒ《「から」「まにま」「ごとし」などへ続く用法》例「松島は笑ふ**が**如く、象潟(きさがた)は恨む**が**ごとし」〈奥の細道・象潟〉訳松島は人が笑っているような明るいところがあり、象潟は恨んでいるような暗いところがある。

❷【主格】主語であることを示す。…**が**。…**の**。例「まい

て、雁(かり)などの連ねたる**が**いと小さく見ゆるは、いとをかし」〈枕草子・春はあけぼの〉訳（秋の夕暮れにはカラスでさえ風情がある）まして、雁などが列をなして飛んでいるのがとても小さく見えるのは、とても風情がある。

❸【準体】（被修飾語が省略されて、「…が」が体言相当のまとまりを作る用法）…**の**。…**のもの**。例「この歌は、ある人のいはく、柿本人麻呂**がなり**」〈古今・恋三・六七一左注〉訳この歌は、ある人が言うのには、柿本人麻呂の歌である。

❹【同格】同格であることを示す。…**で**。…**の**。例「いとやむごとなき際(きは)にはあらぬ**が**、すぐれて時めき給ふありけり」〈源氏・桐壺〉訳それほど高貴な身分ではない方で、きわだって帝の寵愛(ちょうあい)を受けておられる方があった。

❺希望・好き嫌いなどの対象を表す。…**が**。…**を**。例「『何、おのれ、命**が**助かりたいか』『なかなか、命**が**助かりたうござる』」〈狂言・伯母が酒〉訳「何、お前、命を助けてもらいたいか」「はい、命を助けてもらいとうございます」

二〔接助〕接続 活用語の連体形に付く。

❶上の事柄と下の事柄とを単に接続する。…**だが**。…**が**。例「木曽(きそ)は、越後(ゑちご)の国府(こふ)にありける**が**、これを聞いて五万余騎で馳(は)せ向かふ」〈平家・七・火打合戦〉訳木曽義仲は、（その時）越後の国の国府にいたが、これ（＝平家ノ進軍）を聞いて五万余騎で走り向かう。

❷逆接の確定条件を示す。…**けれども**。…**が**。例「昔より多くの白拍子(しらびやうし)ありし**が**、かかる舞はいまだ見ず」〈平家・一・祇王〉訳昔から多くの白拍子がいたけれども、こんな（すばらしい）舞はまだ見たことがない。

❸《近世語》（助動詞「う」「よう」「まい」に付いて）逆接仮定条件を示す。…**ても**。…**が**。例「たとへ、唐人であらう**が**、阿蘭陀(おらんだ)であらう**が**、滅多(めった)にほかへ**はやらぬ**」〈歌舞伎・韓人漢文手管始・一〉訳たとえ、中国人であろうと、オランダ人であろうと、絶対に（おまえを）他の男の所へは行かせない。

三〔終助〕《中世末期以降の用法。二②から転じて》❶（文末に用いて）話し手の感動や懸念(けねん)の気持ちを表したり、相手に注意や同意を促す意を表す。…**だが**。…**だがなあ**。例「この報いが民弥(たみや)殿へ行かずばよからう**が**」〈歌舞伎・傾城壬生大念仏・中〉訳この報いが民弥様へ及ばなければよいのだが。

❷（人を表す体言やそれに罵(のの)しりの接尾語「め」の付いたものに付いて）罵りの意を表す。…**が**。例「わしが呼ぶどいつもうせ居(を)らぬ。**へげたれめが**」〈浮世風呂・三・上〉訳（あんな役に立たない芸者はいない）わしが呼ぶたびに（他の座敷に出ていて俺の座敷へは）来やがらぬ。ばか者めが。

要点 (1) 一の格助詞は、格助詞「の」と同じく、体言と体言とを連体修飾の関係で結ぶ①ⓐが本来的な用法で、①のⓑⓒや③④などは①ⓐから派生したもの。②の主格を示す用法は、

(イ)梅**が**枝　(ロ)梅**が**咲ける枝　(ハ)梅**が**咲ける(枝)

のような過程を経て、①ⓐから成立した。したがって、②の主格を表す用法でも、「人**が**住む家」のように述語の下に体言があるなど、連体修飾用法の名残が認められる。「が」が「花が美し」のように述語が言い切りの形（終止形）になることは、平安時代末期頃まではなかった。平安時代でも、会話などで文末の述語に対する主格語を示す「が」がまれにあるが、その際の述語は、連体形で言い切るのが普通であった。

(2) 二の接続助詞の用法は、平安時代末期に主格を示す一②の用法から派生したもので、しだいに二②の逆接の関係で下へ接続させる例が多くなる。しかし、それも「ど」や「ども」のように積極的に逆接の関係を示すものではなく、上下の事柄の意味関係から逆接であることがわかるといった程度のものである。

(3) 三の終助詞の用法も、中世末に接続助詞や格助詞の用法から派生したものである。

参考 (1) 格助詞「が」は、中世以降徐々に一②の主格用法や⑤の対象を示す用法が多くなり、現代語では一般に、「の」は連体修飾に用いられ、「が」は主語や対象を示すのに用いられる。なお、一①は、連体助詞として格助詞から区別する考え方もある。また、一③を準体助詞とする考え方もある。

(2) 格助詞「が」は「の」と共通するところが多いが、次のような違いもある。まず、接続については、「が」が体言や活用語の連体形に付くのに対して、「の」は、体言のほかに形容詞・形容動詞の語幹、副詞、一部の助詞などにも付き、室町時代末期頃までは活用語の連体形には付かない。

また、「の」「が」の付く体言が人を表すものの場合、尊敬の念を伴うものには「の」が付き、親愛・軽侮・卑下などの念を伴うものには「が」が付く傾向がある。

かい【戒】〔名〕仏教信者が保つべき生活規範。信者の段階や教えによっていろいろな種類がある。いましめ。例「悪を増し、よろづの――を破りて、地獄に落つべし」〈徒然草・一七五〉訳（酒飲みは）悪行をふやし、あらゆるいましめを破って、地獄に落ちるにちがいない。

かい【貝・効・甲斐・峡・匙】〔名〕⇩かひ

甲斐(かい)《旧国名》⇩かひ(甲斐)

かい…【灰…・廻…・槐…・懐…】⇩くわい…

かい-えき【改易】〔名・他サ変〕❶公職を解くこと。解任。例「天台座主(ざす)明雲大僧正、……御持僧(ごぢそう)を――せらる」〈平家・二・座主流〉訳天台座主明雲大僧正は、……護持僧を解任される。注「御持僧」ハ宮中ニ参内シ、天皇ノ身体護持ヲ祈ル僧ノ意。❷江戸時代の武士への刑罰の一つ。士族の身分を剝奪(はくだつ)し、土地・家屋敷を没収する。切腹に次いで重く、蟄居(ちっきょ)よりも厳しい。

かい-き【開基】〔名〕❶創(つく)り始めること。創設。創始。例「かるがゆゑに朝廷――の後、数千余歳(すせんよさい)のあひだ、……敗北せずといふことなし」〈平家・五・福原院宣〉訳（我が国は神国なので）それゆえに朝廷創始以来、数千年余の間、……（朝敵が）敗退しないことは一度もない。❷宗教の一派を起こすこと。また、寺院を新しく建てること。また、それをした僧。開山(かいさん)。例「山形領に立石寺(りふしやくじ)といふ山寺あり。慈覚大師の――にして、殊(こと)に清閑の地なり」〈奥の細道・立石寺〉訳山形領内に立石寺という山寺がある。慈覚大師の創建であって、ひときわ澄みわたった静かな所である。

かい-ぎゃう【戒行】(‥ギヨウ)〔名〕《仏教語》戒律をよく守り、

正しい行いをすること。

かい-く・る【搔い繰る】〔他ラ四〕{ら・り・る・る・れ・れ}《「かきくる」のイ音便》両手でたぐり寄せる。例「手綱(たづな)——・り水際(みぎは)へ向かひて歩ませければ」〈平家・一一・那須与一〉訳手綱をたぐり寄せて引きつけ、水際へ向かって(馬を)歩ませたので。

かい-け・つ【搔い消つ】〔他タ四〕{た・ち・つ・つ・て・て}《「かきけつ」のイ音便》「かきけつ(搔き消つ)」に同じ。例「車は——・つやうに失せにけり」〈枕草子・小白河といふ所は〉訳牛車(ぎっしゃ)は(姿を)搔き消したかのようになくなっていた。

かい-げん【開眼】〔名〕❶(仏教語)新しく完成した仏像・仏画を堂に安置して、魂を迎え入れること。また、その儀式。
❷(転じて)道理・真理を悟ること。

かい-さん【開山】〔名〕《「山」は寺の意》寺を創建すること。また、その僧。⇩かいき②

かい-しゃく【介錯】〔名・自サ変〕❶身の回りの世話をしたり、付き添って介抱すること。また、その人。例「御——の女房達をも参らせず」〈平家・六・小督〉訳お世話申し上げる女房達をも(主上のおそばへ)参上させない。
❷切腹の時、傍らから首を斬(き)り落とすこと。また、その人。

かい-しら・ぶ【搔い調ぶ】〔他バ下二〕{べ・べ・ぶ・ぶる・ぶれ・べよ}《「かきしらぶ」のイ音便》弦楽器をかき鳴らして、調子を整える。また、弾奏する。例「盤渉調(ばんしきてう)に——・べて、はやりかにかき鳴らしたるを」〈堤中納言・逢坂越えぬ権中納言〉訳盤渉調の音階に(琵琶(びわ)を)調弦して、軽快にかき鳴らしたのを。注「盤渉調」ハ雅楽・唐楽ノ音階ノ一。

かい-しろ【垣代】〔名〕《「かきしろ」のイ音便。「垣の代用」の意》❶仕切りに用いる垂れ布。帳(とばり)。
❷「青海波(せいがいは)」や「踏歌(とうか)」などの舞楽の時、舞台の南側に円陣を作り、笛を吹く人達。垣のように立ち並ぶところからいう。

がい・す【害す】〔他サ変〕{せ・し・す・する・すれ・せよ}傷つける。また、殺害する。殺す。例「まして、竜(たつ)を捕らへたらましかば、また事もなく、我は——・せられなまし」〈竹取・竜の首の玉〉訳まして、竜を捕らえなどしていたら、また造作もなく、私はきっと殺されていただろう。

かい-そ・ふ【搔い添ふ】〔自ハ四〕{は・ひ・ふ・ふ・へ・へ}《「かきそふ」のイ音便》━ぴったりと寄る。そばに寄り添う。例「渡殿(わたどの)の口に——・ひて、隠れ立ち給へれば」〈源氏・空蟬〉訳渡殿の戸口にぴったりと寄って、隠れて立っていらっしゃると。
━〔他ハ下二〕{へ・へ・ふ・ふる・ふれ・へよ}そばに付き添わせる。寄り添わせる。

かい-ぞへ【介添へ】〔名〕❶付き添って身の回りの世話をすること。また、その人。
❷新婦の嫁入りから里帰りまで付き添って世話をする女性。花嫁の世話役。年輩の婦人がつとめる。

かい-だう【海道】〔名〕❶海沿いの地域を結ぶ道路。また、その沿道の地域。
❷「東海道」の略。例「——一の名人にて候へ」〈平家・一〇・海道下〉訳(平宗盛は)東海道一の(歌の)名人です。

かい-だう【街道】〔名〕主要な場所を結ぶ交通路。主要道路。
参考 本来は東海道などに準じて、「海道」と表記したが、いわゆる五街道にしても、日光街道・甲州街道・奥州街道と山中の陸路であって、「海道」ではそぐわないので「街道」の字が当てられるようになった。

海道記(かいだうき)【書名】鎌倉前期の紀行文。一二二三年(貞応二)成立か。一冊。作者不詳。年老いて出家した作者が、京都から鎌倉へ旅した理由、東海道の名所や景色、旅行中深めた信仰心などを典雅な和漢混交文でつづる。『東関紀行(とうくわんきかう)』『十六夜(いざよひ)日記』とともに鎌倉期紀行文学の代表作。

かい-だん【戒壇】〔名〕(仏教語)仏門に入る者に戒(=仏門ニアル者ガ守ラナケレバナラナイ規律)を授ける儀式を行うために設けられた、土または石で築いた壇。そこで戒師(かいし)が戒を授け、受戒者はそれに従うことを誓う。日本では、天平勝宝六年(七五四)に鑑真(がんじん)が東大寺の大仏殿の前に設けて授戒したのが最初。

かい-ちゃう【開帳】〔名・他サ変〕ふだんは公開しない秘仏を、特定の日に一般の人々に拝ませること。秘仏を納める厨子(づし)の扉を開くことからいう。「開扉(かいひ)」とも。例「かねて耳驚かしたる二堂——・す」〈奥の細道・平泉〉訳以前から話に聞いて驚嘆していた(経堂・光堂の)二堂が開帳していた。注平泉中尊寺ノ条。芭蕉ノ創作デ、曽良(そら)ノ随行日記ニヨルト、実際ハ拝観デキナカッタ。

かい-つ・く【搔い付く】〔自カ四〕{か・き・く・く・け・け}《「かきつく」のイ音便》━しがみつく。抱きつく。例「あからさまに抱(いだ)きて遊ばしうつくしむほどに、——・きて寝たる、いとらうたし」〈枕草子・うつくしきもの〉訳(かわいらしい幼児が)ちょっと抱いて遊ばせかわいがっているうちに、抱きついて寝てしまったのは、とてもかわいい。
━〔他カ下二〕{け・け・く・くる・くれ・けよ}くっつける。例「紅(べに)といふもの、いと赤らかに——・けて」〈源氏・常夏〉訳口紅というものを、たいそうまっ赤にくっつけて。

かい-つくろひ【搔い繕ひ】〔名〕《動詞「かいつくろふ」の連用形の名詞化》❶衣服や髪の乱れをきちんと整えること。とりつくろうこと。
❷着付けや髪型などの世話をする者。介添え役。例「——二人、童(わらは)よりほかには、すべて入るまじ」〈枕草子・内裏は〉訳世話役の女房二人と、童女以外は、絶対に(舞姫の部屋に)入ってはいけない。

かい-つら・ぬ【搔い列ぬ】〔他ナ下二〕{ね・ね・ぬ・ぬる・ぬれ・ねよ}《「かきつらぬ」のイ音便》並んで行く。連れ立つ。例「思ふどち——・ねて、和泉国へ二月(きさらぎ)ばかりに行きけり」〈伊勢・六七〉訳気の合う者同士連れ立って、和泉国(=大阪府南部)へ二月頃出かけた。

かい-ともし【搔い灯し】〔名〕《動詞「かいともす」の連用形の名詞化》清涼殿の「夜の御殿(おとど)」の明かり。み帳台の四隅の釣り灯籠(とうろう)にともす。例「夜の御殿(おとど)のをば、『——疾(と)うよ』などいふ、まためでたし」〈徒然草・二三〉訳帝(みかど)の御寝所の明かりを、「かいともしを早く」などというのも、また風情がある。

かいどり-すがた【搔い取り姿】〔名〕着物の裾(すそ)などをつまみ上げた姿。

かいな【腕】〔名〕⇩かひな

かいなし【効なし・甲斐なし】⇩かひなし

かい-な・づ【搔い撫づ】〔他ダ下二〕{で・で・づ・づる・づれ・でよ}

(「かきなづ」のイ音便形)手でさする。撫でる。例「この猫が向かひ居たれば―・でつつ」〈更級・大納言殿の姫君〉訳この猫が向かいにいたのでなでながら。

かい-なで【掻い撫で】〔名〕《動詞「かいなづ」の連用形の名詞化。「かきなで」とも》(表面を撫でただけで、内容のわからないことから)通りいっぺんのこと。ありふれたこと。平凡。例「かうやうの―にだにあらましかばと」〈源氏・末摘花〉訳(末摘花(すえつむはな)が)せめてこのような平凡な歌でも詠めるくらいであったなら(うれしかろう)と。

かい-ねり【掻練】〔名〕《「かきねり」のイ音便》❶絹の布を、灰汁(あく)などで煮て糊(のり)を落とし柔らかくしたもの。練り絹。紅や濃い紫のものが普通。

❷(「かいねりがさね」の略)襲(かさね)の色目の名。表・裏ともに紅。冬から春にかけて着る。

掻練襲(かいねりがさね) 襲(かさね)の色目の名。表・裏ともに紅の練絹(ねりぎぬ)。冬から春にかけて着用する。例「行事の蔵人の―、物より殊に清らに見ゆ」〈枕草子・内裏は五節の頃こそ〉訳儀式をとり行う役人の掻練襲の衣装が、他の何物よりも特別きれいに見える。

かい-はさ・む【掻い挟む】〔他マ四〕{ま・み・む・む・め・め}《「かきはさむ」のイ音便》抱えるようにはさむ。強くはさむ。例「長刀(なぎなた)をば左の脇に―・み、右の手をさしのべて」〈平家・二・弓流〉訳長刀を左の脇に強くはさみ、右の手をさしだして。

かいば-み【垣間見】〔名〕《「かいまみ」の変化した形》物のすきまからのぞき見ること。のぞき見。

かいば・む【垣間む】〔他マ四〕{ま・み・む・む・め・め}《「かいまむ」の変化した形》物のすきまからのぞき見る。のぞき見する。例「古(いにしへ)へのこと覚えたらむ人に、物の狭間(はざま)より―・ませ奉らばや」〈栄花・浅緑〉訳昔の事を思い出すような人に、物のすきまからのぞき見させてさしあげたい。

貝原益軒(かいばらえきけん)《人名》⇩かひばらえきけん(貝原益軒)

かい-ひ・く【掻い弾く】〔他カ四〕{か・き・く・く・け・け}《「かきひく」のイ音便形》(弦楽器を)かき鳴らす。(楽器を)ひく。例「箏(さう)の琴を盤渉調(ばんしきてう)に調べて今めかしく―・きたる爪音(つまおと)、かどなきにはあらねど」〈源氏・帚木〉訳箏の琴を盤渉調の調子にして現代風にひいた音色は、才気が感じられないわけではないが。

かい-ひそ・む【掻い潜む】《「かきひそむ」のイ音便》■一〔自マ四〕{ま・み・む・む・め・め}悲しみや恐れのため身動きを慎む。ひっそりとする。

■二〔他マ下二〕{め・め・む・むる・むれ・めよ}身を慎む。目だたないようにする。例「―・め、人疎(うと)うもてなしたまへば」〈源氏・末摘花〉訳(末摘花(すえつむはな)は)ひっそりと暮らして、誰とも深くおつきあいなさいませんので。

かい-びゃく【開闢】〔名〕《仏教語。開も闢も「ひらく」の意。中世末頃から「かいびゃく」とも》❶天地が初めて開けた時。世界の始まり。例「―よりこのかた、かかることあるべしとも覚えず」〈平家・八・山門御幸〉訳天地が開けて以来、このようなこと(＝都ニ天皇ノイナイ事態)が生じようとは思いもしない。

❷寺院を新しく建立(こんりゅう)すること。また、その人。「開基(かいき)」「開山(かいさん)」とも。例「当山―能除(のうじょ)大師は、いづれの代(よ)の人といふ事をしらず」〈奥の細道・出羽三山〉訳この山(＝羽黒山)の開祖能除大師は、どの時代の人物かということは不明である。

かい-ぶ【海浦・海賦】〔名〕織物や蒔絵(まきえ)の模様の名。波・魚・貝・海藻・州浜(すはま)・磯馴松(そなれまつ)などを組み合わせ、海辺の情景を表した模様。

懐風藻(かいふうそう)《書名》⇩くわいふうさう(懐風藻)

かい-ふ・す【掻い伏す】〔自サ四〕{さ・し・す・す・せ・せ}《「かきふす」のイ音便》姿勢を低くする。前傾姿勢となる。例「かなはじとや思ひけん、―・いて逃げければ」〈平家・一一・弓流〉訳かなうまいと思ったのだろうか、姿勢を低くして逃げたので。

かい-まく・る【掻い捲る】〔他ラ四〕{ら・り・る・る・れ・れ}《「かきまくる」のイ音便》まくようにして上げる。まくり上げる。例「袖―・りて」〈枕草子・あかつきに帰らむ人は〉訳袖をまくり上げて。

かい-まさぐ・る【掻いまさぐる】〔他ラ四〕{ら・り・る・る・れ・れ}《「かきまさぐる」のイ音便》指先で探すようにする。まさぐる。いじくる。例「よく装束(さうぞく)したる数珠(ずず)―・り」〈枕草子・説経の講師は〉訳立派に作り飾った数珠(ずじゅ)をいじくって。

かいま-み【垣間見】〔名・他サ変〕《動詞「かいまみる」の連用形の名詞化。「かいばみ」とも》垣根や戸などのすき間、物陰などからこっそりと内部を見ること。のぞき見。

> 参考 現代の「のぞき見」は破廉恥(はれんち)な行為とされているが、平安時代では、貴族の女性は外部の者に顔や姿を見せなかったので、男性が意中の人や評判の娘を垣間見ることは社会的な習慣であり、風流の一つであった。『竹取物語』では、大勢の人々がかぐや姫を垣間見るために、竹取の翁(おきな)の屋敷を囲むように押し寄せている。

かいま・みる

【垣間みる】〔他マ上一〕{み・み・みる・みる・みれ・みよ}物のすき間から、**のぞき見する。のぞき見る。**例「その里に、いとなまめいたる女はらから住みけり。この男、―・みてけり」〈伊勢・一〉訳その里に、たいへん若くてきれいな姉妹が住んでいた。この男は、(この姉妹を)のぞき見してしまった。

かいま・む【垣間む】〔他マ四〕{ま・み・む・む・め・め}「かいまみる」に同じ。例「立ち聞き、―・む人のけはひして、いといみじく物つつまし」〈更級・宮仕へ〉訳(部屋の外で)立ち聞きしたり、のぞき見する人の気配がして、たいそう気づまりである。注作者ノ「宮仕へ」当初ノ状況ヲ述ベタ部分。

参考「かいまみる」の連用形は「かいまみ」で四段活用の連用形と同形なので、四段に活用させたもの。「こころみる」「ゆめみる」が「こころむ」「ゆめむ」と変化するのも、同じ。

かい-もち【掻餅】〔名〕⇩かいもちひ

かい-もちひ【掻餅】〔名〕おはぎ。ぼたもち。一説に、そばがきとも。例「僧達宵(よひ)のつれづれに、『いざ、―せん』と言ひけるを」〈宇治拾遺・一・一二〉訳僧達が夜の退屈さに、「さあ、ぼたもちを作ろう」と言ったのを。

かい-や・る【掻い遣る】〔他ラ四〕{ら・り・る・る・れ・れ}《「かきやる」のイ音便》❶手でわきへのける。払いのける。例「いはけなく―・りたる額(ひたひ)つき髪(かん)ざし、いみじううつくし」〈源氏・若紫〉訳あどけなく手で払いのけた額の様子や髪の生え具合は、とってもかわいらしい。注若紫ノ描写。

❷押しやる。やる。

かい‐りつ【戒律】〔名〕《仏教語。「戒」は自発的に規律を守ろうとする心、「律」は他律的な規範の意》仏教を修行する上で守るべき規律。仏教以外でも用いた。

かい‐わぐ・む【搔い綰む】〔他マ四〕{ま・み・む・む・め・め}《「かきわぐむ」のイ音便》折り曲げる。丸める。例「緑衫(ろうさう)はしも、あとの方に━・みて」〈枕草子・心にくきもの〉訳（六位の者が着る）緑衫に限って、後ろの方に丸めこんで。

かう【更】〔名〕日没から日の出までの夜間を五等分した時間の区分。日没・日の出の時刻は季節によって変わるので、春夏は短くなり、秋冬は長くなる。およそのところは、初更(甲夜・午後七時～九時)、二更(乙夜・午後九時～十一時)、三更(丙夜・午後十一時～午前一時)、四更(丁夜・午前一時～三時)、五更(戊夜・午前三時～五時)。

かう【長官・督・守・頭】〔名〕《「かみ」のウ音便》諸官庁の上級官吏を四等官(＝長官・次官・判官・主典)に分けたその最上官。長官。衛門府・衛士府・兵衛府の「督」、国司の「守」、馬寮・雅楽寮など寮の「頭」などをいう。

かう【香】〔名〕❶香料。沈香・白檀・伽羅など の天然の香木、麝香・竜涎などの動物性のものや、各種を練り合わせたものなどがある。仏前で用いたり、衣服にたきしめたりする。例「━にしみわたる御衣(おんぞ)ども、袖(そで)いたくたきしめて」〈源氏・若菜・下〉訳お香が十分しみているご衣装の、袖は殊に(お香を)たきしめて。
❷《「香色(かういろ)」の略》赤味がかった黄色。
❸織物の色の名。縦糸が香色、横糸が白色。老人用。

かう【講】〔名〕❶仏教の経典の内容についての講義。また、法会での仏教の研究や論議。講会。法華八講・菩提講などが古典に登場する。
❷神仏を祭り、あるいは社寺に参詣したり寄進をすることを目的とした団体。信者の集まり。
参考 古くは「こう」とも書いたが、「かう」が正しい。

かう【交う・買う・替う・換う・飼う】〔動〕⇩かふ

かう【斯う】〔副〕《「かく」のウ音便》❶**このように。** 例「━あはれに悲しき事ののちは」〈更級・後の頼み〉訳このようにみじめで悲しい事(＝夫ノ死)があってから後は。
❷《叙述の内容を省略して》**これこれしかじか。** 例「入道に━とも申しも入れず」〈平家・二・烽火之沙汰〉訳入道(＝平清盛)にこれこれしかじかと申し上げもしないで。
❸《「━なり」の形で》同意を表す。そのとおり。そうだ。例「━なり、━なり。さらむ折は、必ず告げ給ふべきなり」〈大鏡・道長・下〉訳そのとおり、そのとおり。そういう折には、必ずお知らせ下さって当然だ。

かう‐い【更衣】〔名〕❶衣服を着がえること。衣がえ。
❷女官の名。后・中宮・女御の下に位置する。はじめは、名のとおり天皇の衣がえに奉仕する役であったが、平安初期には地位が上がり、天皇の后妃となった。納言家、またそれ以下の家柄の出身の女性から選ばれる。例「いづれの御時(おほんとき)にか、女御(にょうご)・━あまたさぶらひ給ひける中に」〈源氏・桐壺〉訳どの帝の御代であったか、女御・更衣が大勢お仕えなさっていた中に。

かう‐うん【高運】〔名〕運に恵まれていること。幸運。例「時にあたりて、本歌を覚悟す。道の冥加(みやうが)なり、━なり」〈徒然草・一三八〉訳時に応じて、本拠となる(先人の)歌を覚えている。(これは)歌の道の神のご加護であり、幸運である。

かう‐がい【笄】〔名〕《「髪搔(かみか)き」から変化した語》❶髪をかき整えるのに使った道具。細長い箸(はし)状のもので、男女ともに用いた。
❷刀の鞘(さや)に差し込んでおく髪上げの道具。後には、単なる装飾品になった。
❸(近世以後)女性が髪にさした装飾品。べっこうや金・銀などで作った。

かうがい‐わげ【笄髷】〔名〕江戸時代の女性の髪型の一種。髪を巻き上げて、笄をさして留める。町人の若妻や娘に多い。

かうがいわげ

かう‐かう【皓皓・皎皎】〔形動タリ〕白い様子。また、明るい様子。例「のぼれば白雲━・としてそびへ、くだれば青山峨々(がが)として岸高し」〈平家・九・老馬〉訳山に登ると白雲のかかった山が真白にそびえ、下ると青葉の山の険しいがけが高く切り立っている。

かう‐かう【斯う斯う】〔副〕《「かくかく」のウ音便》これこれしかじか。こうこう。例「『いづら、歌は』と問はせ給へば、『━』と啓すれば」〈枕草子・五月の御精進のほど〉訳「どうした、歌は」とお尋ねになるので、「これこれしかじか」と(中宮に)申し上げると。

かうが・ふ〔他ハ下二〕{へ・へ・ふ・ふる・ふれ・へよ}《「かむがふ」の変化した形。「かんがふ」とも》■一【勘ふ】罪状を法と照合して罰する。処罰する。転じて、責める。■二【考ふ】先例や文献を照合して判断を下す。判断する。

がう‐き【拷器】〔名〕拷問に用いる器具。例「犯人(ぼにん)を笞(しもと)にて打つ時は、━に寄せて結ひ付くるなり」〈徒然草・二〇四〉訳犯罪者をむちで打つ時は、拷問用の器具に(身体を)引き寄せてくくり付けるのである。

がう‐ぎ【嗷議】〔名〕《「嗷」は多くの人の罵(のの)しり騒ぐ声の意》大勢が数を頼んで無理なことを主張すること。また、乱暴、暴力。

かう‐け【高家・豪家】〔名〕❶格式の高い家。摂関家や中世武家の名族をいう。名家。名門。また、権勢のある家。権門。
❷頼みとする根拠。言いわけ。口実。
❸江戸幕府の職名。幕府の儀式関係、勅使の接待などをつかさどる。室町時代からの名門二十六家が世襲した。
参考「かうけ(高家)」と「がうけ(豪家)」を区別する考えもあるが、「豪」の漢音も「かう」なので区別するのはむずかしい。

がう‐け【豪家】〔名〕⇩かうけ参考

かう‐けち【纐纈・交纈】〔名〕《「かうけつ」「かうきつ」とも》染色の方法の一種。現在の絞り染めの一種で、布地を結んでしみ染めにし、模様を出す。上代に中国から伝えられ、女性の裳や唐衣などの染色に使った。

かう‐ざ【高座】〔名〕❶寺院で経典の講義をしたり、仏の教えを説く人が座る、一段高くした座席。例「━の上も光り満ちたる心地して、いみじうぞあるや」〈枕草子・小白河といふ所は〉訳(彼が座っている)高座の上までも光り輝いている感じで、すばらしいことだ。
❷高座で経典の講義をして、仏の教えを説くこと。

かう-ざく【警策】コウ (形動ナリ)⇒きゃうざく

かう-さつ【高札】コウ (名) 告知文を書いて、人目につくように街頭に高く立てた札。特に、幕府が法令・禁制・罪状などを民衆に示すための立て札。「たかふだ」とも。

要点 「高札」には、「かうさつ」と「たかふだ」の両形があって、漢字表記されている時は決められないことがある。

かうさつ

かう-ざま【斯様】コウ (名・形動ナリ)(「かくさま」のウ音便)前の文の内容を受けて、その状態や内容をいう。このようなようす。こういう内容。例「―のことは、親などにもさはやかに」〈源氏・胡蝶〉訳 こういう(婿(むこ)選びの)ことは、親などにさえもはっきりと(自分の思いはこうだと話を切り出し)にくいことではあるけれど。

がう-ざんぜ【降三世】ゴウ (名)(仏教語。「降三世明王」の略)五大明王の一つで、「貪(とん)」「瞋(しん)」「痴(ち)」の「三毒」の迷いを除き去り、東の方角を守る。

がうざんぜ

かう-し【格子】コウ (名)❶寝殿造りの建具の一つ。細い角材を縦横に細かく組み、黒塗りにした戸。建物の四面の柱と柱との間に上下二枚をはめる。上のは金具で外側へ釣り上げて開くことができる。下のは掛け金で留め、無用の時は取りはずすことができる。例「雪のいと高う降りたるを、例ならず御(み)―参りて、炭櫃(すびつ)に火おこして、物語などして集まりさぶらふに」〈枕草子・雪のいと高う降りたるを〉訳 雪がたいそう高く降り積もったのに、いつもと違ってお部屋の格子戸をお下ろし申して、火ばちに炭火をおこして、(私ども女房が中宮様のもとに)集まって世間話をして伺候していると。

かうし①

❷(「格子縞(じま)」の略)縦横に碁盤(ごばん)の目の形に模様のある織物や染物。

参考 格子の上の方を開くことを「格子上ぐ」といい、もとへ返して閉じることを「格子おろす」という。上下ともに取りはずす時は「放(はな)つ」という。なお、「御格子参る」は、「格子をお下ろしする」「格子をお上げする」の両意に用いられる。
風よけの意で「しとみ」とも言うが、「格子」は本来、木を直角に組んだものの意。

かう-じ【好事】コウ (名)よいこと。善行。例「―を行(ぎゃう)じて、前程(ぜんてい)を問ふことなかれ」〈徒然草・一七一〉訳 善行をはげんで、その報いなど先の事を考えてはならない。

かう-じ【柑子】コウ (名)❶植物の名。今のコウジミカン。実は小ぶりですっぱい。例「かなたの庭に、大きなる―の木の、枝もたわわになりたるが」〈徒然草・一一〉訳 むこうの庭に、大きなコウジの木で、枝もしなうほどに(多く)実がなっているのが。

❷襲(かさね)の色目の名。表裏ともに濃い朽葉色(=赤ミヲ帯ビタ黄色)。

かう-じ【勘事】コウ (名)(「かむじ」の変化した形)❶罪を問うて叱ること。譴責(けんせき)。不興(ふきょう)。例「亡(な)からむ後ろにも、この―許されたらむなむ、御徳に侍(はべ)るべき」〈源氏・柏木〉訳 (私が)死んだ後にでも、(光源氏の)不興がもし許されたなら、あなた(=夕霧)のおかげでありましょう。注 危篤ノ病床ニアッテ、柏木(カシワギ)ノ夕霧ヘノ頼ミ。

❷肉体を責めて罪を問いただすこと。拷問。

かう-じ【講師】コウ (名)❶律令時代、諸国の国分寺に置かれ、その国の僧・尼を監督し、説教や国家繁栄を祈念した僧職の名。もとは「国師」であるが、延暦年間から「講師」と改められた。

❷法会(ほうえ)などで、高座に上り、経典の講義をする僧。例「朝座(あさざ)の―清範(せいはん)、高座の上も光り満ちたる心地して、いみじうぞあるや」〈枕草子・小白河といふ所は〉訳 朝の説教の講師である清範は、(彼が座っている)高座の上までも光り輝いている感じで、すばらしいことだ。

❸詩や歌の会で、詩歌を読みあげて披露する人。例「文(ふ)など講ずるにも、源氏の君の御(おほん)をば―もえ読みやらず」〈源氏・花宴〉訳 漢詩などを披講する時にも、源氏の君の御作を講師も(出来ばえに感きわまって)読みあげられず。

かう-しゃう【江上】コウショウ (名)大きな川のほとり。また、湾や入り江のほとり。例「去年(こぞ)の秋、―の破屋(はをく)に蜘(くも)の古巣を払ひて」〈奥の細道・出発まで〉訳 昨年の秋に、隅田川のほとりの我があばら家に(久しぶりに旅から帰って)クモの巣を払い。

参考 「上」はほとりの意。漢詩文では、長江(=揚子江)のほとりの意であるのが普通である。

かう-しゃう【高声】コウショウ (名・形動ナリ)声の大きいこと。声高(こわだか)。大声である。また、その声。例「西に向かひ、―に十念唱へ」〈平家・九・忠度最期〉訳 (平忠度(ただのり)は)西方浄土に向かって、声高に十回念仏を唱え。

かう-しょく【好色】コウ (名)❶容貌の美しいこと。また、その女。美人。

❷異性を好むこと。また、その人。色好み。例「―・博奕(ばくえき)・大酒。三重戒、これ古人の掟(おきて)なり」〈風姿花伝・序〉訳 好色・ばくち・大酒。(この)三つの重大な戒めは、昔の人の定めたことである。

❸遊女。

好色一代男(かうしょくいちだいをとこ)コウショクイチダイオトコ【書名】江戸前期の小説。浮世草子の始まり。井原西鶴作。一六八二年(天和二)刊。西鶴の処女小説。『源氏物語』や『伊勢物語』の構想を借り、主人公世之介の一代記という設定のもとに当時の性風俗を活写している。⇒井原西鶴(いはらさいかく)・世之介(よのすけ)

好色一代女(かうしょくいちだいをんな)コウショクイチダイオンナ【書名】江戸前期の浮世草子。井原西鶴作。一六八六年(貞享三)刊。嵯峨(さが)の奥に隠れ住む老女が自分の過去を回想懺悔(ざんげ)して語る形式をとる。公卿(くぎょう)の娘からしだいに身を持ち崩してゆく女の生涯を描くという設定のもとに、当時の性風俗を活写している。⇒井原西鶴(いはらさいかく)

好色五人女(かうしよくごにんをんな)コウショクゴニンオンナ【書名】江戸前期の浮世草子。井原西鶴作。一六八六年(貞享三)刊。当時話題になった実際の姦通・恋愛事件に取材し、封建道徳と対決して恋に生きた女性達を描く。お夏清十郎・樽屋おせん・おさん茂右衛門・八百屋お七・おまん源五兵衛の五話から成る。⇩井原西鶴(ゐはらさいかく)

かう-しん【庚申】コウ…〔名〕❶干支の一つ。「かのえさる」とも。❷「庚申待ち」の略。

かう-じん【行人】コウ…〔名〕道を行く人。通行人。また、旅人。例「人馬いやが上に重なり死して、―路を去りあへず」〈太平記・八・一〉訳人や馬がおびただしく重なって死んでおり、道行く人も死体を避けて通ることができない。

かうしん-まち【庚申待ち】コウシン…〔名〕「庚申」の日に、青面金剛、または猿田彦を祭って、一晩中眠らないで夜を明かすこと。道教では、この夜眠ると三尸虫(=人ノ腹中ニイルトイウ三匹ノ虫)が天にのぼってその罪を天帝に告げ、人命を害するという信仰がある。

かう-す【号す】コウ…〔他サ変〕{せ・し・す・する・すれ・せよ}(「かう」は漢音)名づける。名のる。称する。例「柳原の辺に、強盗法印と―する僧ありけり」〈徒然草・四六〉訳柳原のあたりに、強盗法師と名のる僧がいた。

かう-ず【講ず】コウ…〔他サ変〕{ぜ・じ・ず・ずる・ずれ・ぜよ}仏典・漢籍などの内容や意味を説いて聞かせる。講義する。また、漢詩や和歌を読み上げる。披講する。例「文(ふみ)など―ずるにも」〈源氏・花宴〉訳漢詩などを読み上げる時も。

かう-せき【行跡】コウ…〔名〕(「ぎゃうせき」とも)行い。行状。例「名に二種あり。―と才芸との誉れなり」〈徒然草・二三二〉訳名誉には二種類ある。行いと才芸との名誉である。

かう-ぞめ【香染め】コウ…〔名〕丁字を濃く煎じた汁で染めたもの。薄紅に黄色を帯びた色。丁字染め。

がう-だう【強盗】ゴウドウ〔名〕力ずくで他人の持ち物を奪い取る者。ごうとう。例「たびたび―に会ひたるゆゑに、この名を付けにけるとぞ」〈徒然草・四六〉訳何度も強盗にあったために、この名(=強盗ノ法印トイウ名)をつけたのだということだ。

要点 古語では、連濁になることに注意。

江談抄(がうだんせう)ゴウダンショウ【書名】平安後期の説話集。六巻。大江匡房の談話を藤原実兼が筆録したものという。長治・嘉承(一一〇四〜一一〇七)ごろの成立。故事・先例・詩文などについての雑記集だが、『古今著聞集』などの中世説話集に大きな影響を与えた。

かう-ぢゃう【定考】コウジョウ〔名〕(考査して決定する意)平安時代、毎年八月に朝廷で行われた官吏昇任の儀式。六位以下の官吏について勤務評定を行い、その昇任すべき官職・位階を決定して任命した。

要点「定考」を「かうぢゃう」と逆に読むのは、順に読むと「上皇」と音が通じるからというのは、江戸時代の学者のこじつけ。中世以前には、「定考」は「ぢゃうかう」、「上皇」は「しゃうくゎう」で、発音は全く異なる。

上野(かうづけ)コウズケ【旧国名】東山道十三か国の一つ。現在の群馬県。大化改新後、毛野国が上・下に二分され、上毛野国と下毛野国となった。「かみつけの国」が「かんつけ」になり、「かうづけ」と変化したもの。上州。

かう-て【斯うて】コウ…〔副〕(「かくて」のウ音便)こうして。こんな状態で。例「―つれづれとながむるに、などか物詣でもせざりけむ」〈更級・鏡のかげ〉訳こうして所在なく物思いにふける間に、どうしてお寺参りでもしなかったのだろうか。

かう-なぎ【巫】コウ…〔名〕(「かむなぎ」のウ音便化した語)⇩かむなぎ

かう-にん【降人】コウ…〔名〕降参した人。例「我等が中へ―になり給へ」〈平家・九・樋口被討罰〉訳我々の所へ降参しておいでなさい。

かう-の-きみ【長官の君・督の君・守の君・頭の君】コウ…〔名〕「かう(長官)」の敬称。

かう-の-との【長官の殿・督の殿・守の殿・頭の殿】コウ…〔名〕「かう(長官)」の敬称。例「人々、『―なりけり』といふに、いとあさましういみじ」〈蜻蛉・下・天禄三年〉訳人々が、「(火事は)長官殿のお宅だったのだ」と言うので、たいそう驚きあわてふためいた。

かう-の-もの【剛の者】コウ…【連語】(漢音・呉音ともに「かう」。近世から「がう」とも)武勇のすぐれた者。例「あっぱれ―かな。これをこそ一人当千の兵ともいふべけれ」〈平家・八・瀬尾最期〉訳なんとまあ立派な勇者よ。この者達をこそ一人当千の武士ともいうのだろう。

かう-ばし【香し・馨し】コウバシ〔形シク〕においがよい。香りが高い。例「武蔵の国の衛士の男なむ、いと―しき物を首にひき掛けて飛ぶやうに逃げける」〈更級・竹芝寺〉訳武蔵国(=東京都・埼玉県)から来た衛士の男が、たいそう香りのよいものを首にかけてまるで飛ぶように逃げて行った。

かう-ばり【かう張り】コウ…〔名〕建物などを支えるつっかい棒。転じて、人をかばい守ること。かばいだて。庇護。

参考 諺に「かう張り強うて家を倒す」がある。家が倒れないようにと支えたつっかい棒が強すぎて、逆に家を倒す意。よかれと思ってしたことが、かえって物事を悪くするたとえに用いる。

かう-ふう【好風】コウ…〔名〕美しい風景。よい景色。例「松島は扶桑第一の―にして、およそ洞庭・西湖を恥ぢず」〈奥の細道・松島〉訳松島は日本一の美しい風景であって、まったく(中国の)洞庭湖や西湖に比べても劣るところがない。

がう-ぶく【降伏】ゴウ…〔名・他サ変〕神仏の法力で、悪魔や敵を防ぎ抑えること。調伏。例「仏力神力も―を加へまします事、などかなかるべき」〈平家・四・山門牒状〉訳仏の力神の力も敵を防ぎ抑えることに力をお貸しくださることが、どうしてなかろうか。

かうぶり【冠】

コウブリ〔名・自サ変〕(「かがふり」の変化した形)❶⇩かんむり ❷⇩うひかうぶり 例「かの高砂うたひし君も―せさせて、いと思ふさまなり」〈源氏・澪標〉訳あの高砂をうたった方も元服させて、(頭の中将は)まったく思うがままの様子である。❸(位に相当する朝服と同じ色の冠を賜ることから)位階。例「さらに官(つかさ)も―も賜はらじ」〈枕草子・蟻通の明神〉訳まったく官職も位階もいただくつもりはありません。❹(初めて冠をかぶることから)**五位に叙せられること**。叙爵。例「この女もし奉りたるものならば、翁(おきな)に――をなどか賜はせざらむ」〈竹取・帝の求婚〉訳この女(＝カグヤ姫)をもし献上したならば、翁に五位をどうしてお与えにならないことがあろうか。

> 要点 ①が原義で、②以下は冠を着ける意から転じた用法。①②は「かうぶりす」とサ変動詞の形で用い、③以下は「かうぶり(を)賜ふ」という形で主に用いる。

かうぶ・る【被る・蒙る】〔他ラ四〕(ら・り・る・る・れ・れ)「かうむる」に同じ。例「神仏の恵み――・れるに似たり」〈土佐・一月三十日〉訳神や仏の恩恵をこうむったようなものである。

かう-べ【首・頭】〔名〕くび。あたま。例「よくよく事の子細を尋ね問ひ、その後河原に引き出(い)だいて、――をはね候へ」〈平家・四・信連〉訳十分に事情を問いただし、その後に賀茂の河原に引き出して、首を切りなさい。

がう-ま【降魔】〔名〕(仏教語)悪魔を屈伏させること。

降魔の相(さう) 不動明王が悪魔を屈伏させる時に示すような、怒りの形相(ぎやうさう)。例「仙人、忽(たちま)ちに――になりて」〈今昔・五・二〉訳仙人は、たちまち怒りの形相になって。

かう-みゃう【高名】〔名〕❶名高いこと。評判が高いこと。有名。例「――の木登りといひし男(をのこ)、人を掟(おき)てて、高き木にのぼせて梢(こずゑ)を切らせしに」〈徒然草・一〇九〉訳有名な木登りだと評判だった男が、人を指図して、高い木に登らせて枝先を切らせた時に。❷戦場などで手柄をたてること。また、手柄。武勲。

かうむ・る【被る・蒙る】〔他ラ四〕(ら・り・る・る・れ・れ)(「かうぶる」とも)恩恵や罰などを上位の者から受ける。いただく。

かう-やう【孝養】〔名・他サ変〕⇩けうやう

かう-やう【斯う様】〔形動ナリ〕(「かくやう」のウ音便)このようである。例「――の折は、御遊びなどせさせ給ひしに」〈源氏・桐壺〉訳(帝は)このような(月の美しい)夜には、管弦のお遊びをなされたが。

かう-や-がみ【紙屋紙】〔名〕(「かうや」は「かみや」のウ音便。「かんやがみ」「かみやがみ」とも)平安時代、朝廷に属する紙屋院(かみやいん・かんやいん)ですいた公用紙。平安末期には、反古(ほご)紙をすき返したので、薄墨色の紙となり、さらに再生紙の称となった。

高野山(かうやさん) **一**〔山名〕和歌山県伊都(いと)郡の紀伊山地の山の一つ。弘法大師(＝空海)の建立(こんりゅう)した真言宗総本山金剛峯寺(こんごうぶじ)がある。**二**〔寺名〕「金剛峯寺」を指していう。山の名で寺院を指す例は多く、延暦寺を「比叡(ひえい)山」というのもその例。

かう-らい【高麗】〔名〕❶古代朝鮮の国名。「こま」「かうくり(高句麗)」とも。例「女帝として、鬼界・――・契丹(けいたん)まで攻め従へさせ給ひけり」〈平家・五・都遷〉訳女帝として、鬼界(＝薩南諸島)・高麗・契丹まで攻めて服従させなさった。注神功(じんぐう)皇后ニツイテ述ベタモノ。❷(「高麗縁(かうらいべり)」の略)畳のへりの一種。高麗錦(こまにしき)、すなわち白地に雲形・菊花などの模様を黒く織り出したもの。例「ことさらに御座(ござ)といふ畳のさまにて、――など、いときよらなり」〈枕草子・御前にて人々とも〉訳特別に御座(＝貴人ノ使ウ畳)という畳の様子にしてあって、高麗縁など、たいそう美しい。

かうらい②

かう-らん【高欄】〔名〕殿舎のまわりや、渡り廊下・橋の両側などに取り付けた欄干(らんかん)。参考古くは「勾欄」と考えられていたが、「勾」の字音は「こう」であり、古い写本の仮名で書いた例はすべて「かうらん」であるので、「高欄」の字を当てるのが正しい。

かう-りょう【亢竜】〔名〕天高くのぼりつめた竜。例「『――の悔(くい)あり』とかやいふこと侍(はべ)るなり」〈徒然草・八三〉訳「のぼりつめた竜は下に降りるしかないという悔いがある(＝物事ガ最盛ヲ極メルト必ズ衰エル)」とかいう諺(ことわざ)があります。

かう-ろ【香炉】〔名〕香をたく器。灰を入れ、その上に炭火をおいて、香をたく。陶磁器・漆器製のもの、金・銀・銅製のものなどがあり、形もさまざまである。火取り香炉。火取り。

香炉峰(かうろほう)〔地名〕中国江西省にある廬山(ろざん)の峰の一つ。白居易の詩の一節「香炉峰の雪は簾(すだれ)をかかげて看(み)る」によって有名である。例「『少納言よ、――の雪いかならむ』と仰(おほ)せらるれば」〈枕草子・雪のいと高う降りたるを〉訳(中宮が)「清少納言よ、香炉峰の雪はどんなであろう」とおっしゃったので。

かうろ

かうわか-まひ【幸若舞】〔名〕室町初期、桃井直詮(もものいなおあきら)(幼名、幸若丸)が作った舞曲。平曲や曲舞(くせまい)の曲節に仏教の声明(しょうみょう)の曲節を取り入れたもので、烏帽子(えぼし)・直垂(ひたたれ)姿で演じられた。

かえし【返し】〔名〕⇩かへし

かえす【反す・返す・帰す】〔動〕⇩かへす

かえり【返り・帰り・還り】⇩かへり

かえりみ【顧み】〔名〕⇩かへりみ

かえりみる【顧みる・省みる】〔動〕⇩かへりみる

かえる【蛙】〔名〕⇩かへる

薫(かをる)〔人名〕⇩かをる(薫)

かおる【薫る】〔動〕⇩かをる

かか〔名〕**一**【母】(小児語)はは。**二**【嚊・嬶】中流以下の階層で、主婦を呼ぶ語。自分の妻、他家の主婦、また水商売の家の女主人を呼ぶ場合など。

加賀(がか)〔旧国名〕北陸道七か国の一つ。現在の石川県南部。越国(こしのくに)に属していたが、大化改新で越前国となり、八二三年(弘仁十四)加賀国となる。賀州(がしゅう)。

か-かい【加階】〔名・自サ変〕❶位階が加わること。位が上がること。例「我よりは下﨟(げらふ)と思ひ貶(おと)したりしだに、みなおのおの――し昇りつつおよすけあへるに」〈源氏・少女〉訳自分よりは身分が下だと軽く思っていた者でさえ、みなそれぞれ位が上がって一人前になっているのに。❷(転じて)位。例「御賜(たう)ばりの――などをさへ」〈源氏・匂宮〉訳朝廷から賜わる位などまでを。

かがい【嬥歌】〔名〕⇩かがひ

かか・ぐ【掲ぐ】〔他ガ下二〕{げ・げ・ぐ・ぐる・ぐれ・げよ}《「かきあぐ」の変化した形》❶上の方に持ち上げる。引き上げる。特に、裾(すそ)や幕などを巻き上げる。例「烏帽子(えぼし)ゆがみ、紐(ひも)はづし、脛(はぎ)高く――・げて」〈徒然草・一七五〉訳烏帽子は曲がり、(束帯の)紐をはずし、(裾(すそ)を)脛(ねす)高くからげて。注タシナミノナイ様ヲイウ。❷灯火をかきたてて明るくする。例「短き灯台に火をともして、いと明かう――・げて」〈枕草子・きよげなる男の〉訳低い灯明の台に火をつけて、とても明るくかきたてて。

が-がく【雅楽】〔名〕平安時代、朝廷や寺社・貴族の間で行われた舞楽。日本古来の神楽(かぐら)・催馬楽(さいばら)・東遊(あずまあそび)などのほか、朝鮮や中国などから伝えられた高麗楽(こまがく)・唐楽などがある。

ががく

か-がし【彼某】〔代名〕《人称代名詞。不定称》だれそれ。「なにがし」と一緒に用いることが多い。例「一番にはなにがし、二番には――など言ひしかど、その名こそ覚えね」〈大鏡・伊尹〉訳(競馬(くらべうま)の組み合わせに)一番にはだれだれ、二番にはだれそれなどと言っていたが、その名は思い出せない。

かかづら・ふ【拘ふ】〔自ハ四〕{は・ひ・ふ・ふ・へ・へ}❶とらわれる。こだわる。例「さりがたきほだしに覚え侍(はべ)りて、――・ひ侍りつるほどに」〈源氏・夢浮橋〉訳逃れがたい(親子の)情愛ゆえの足かせと思われまして、(それに)こだわって(出家できずに)おりましたうちに。❷かかわりを持つ。かかわり合う。関係する。例「受領(ずりやう)といひて、人の国の事に――・ひ営みて」〈源氏・帚木〉訳地方長官といって、地方の政治にあくせくかかわって。❸あれこれとまといつく。まつわりつく。例「さらがへりて懸想(けさう)だち、涙を尽くし――・はむも、いと初々(うひうひ)しかるべし」〈源氏・夕霧〉訳(今さら)若返って恋情に身をまかせて、涙を流れるだけ流し尽くして(落葉の宮に)まつわりつくというのも、いかにも子供っぽいことであろう。要点①②③ともに、本来そうあるべきでない、好ましくないと判断される物事に関係を持つという含みがある。

かが-なべ-て【日日並べて】〔連語〕《「か」は二日(ふつか)・三日(みっか)などの「か」で、日の意》日数を重ねて。例「――夜には九夜(ここのよ)日(ひ)には十日を」〈古事記・中・景行〉訳日数を重ねて、夜では九夜、昼では十日を過ぎたよ。

香川景樹(かがはかげき)〔人名〕江戸後期の歌人。号は桂園(けいえん)。賀茂真淵(かものまぶち)らが復古思想により万葉調を唱えたのに対し、実物実景を情にまかせて調べを整えれば歌になると説き、古今調を重んじた。歌集『桂園一枝』、注釈に『古今和歌集正義』など多数。

かが-ひ【嬥歌】〔名〕《上代語》「歌垣(うたがき)」の東国での名。男女が一定の場所に集まって、食べたり飲んだり、歌をよみ交わしたり踊ったりして楽しむこと。茨城県筑波山のものなどが有名。

かか-ふ【襤褸】〔名〕ぼろきれ。例「わわけ下がれる――のみ肩にうち懸け」〈万葉・五・八九二長歌〉訳破れて垂れ下がったぼろきればかりを肩にかけて。注山上憶良ノ「貧窮問答歌」ノ一節。

かか・ふ【抱ふ】{へ・へ・ふ・ふる・ふれ・へよ} ■一〔他ハ下二〕❶両腕で囲うようにして持つ。抱きかかえる。抱く。例「人々あさましがりて、寄りて――・へ奉れり」〈竹取・燕の子安貝〉訳人々はびっくりして、近寄ってだきかかえ申し上げた。❷自分に課せられたものとして持つ。かかえる。例「これ程の大事を前に――・へながら、同士戦(どしいくさ)候はば、平家力尽き候ひなんず」〈平家・一一・鶏合・壇浦合戦〉訳これ程の大事を今後にかかえていながら、同士討ちなどが起こったら、平家は力が尽きてしまうでしょう。❸召使いとして雇い入れる。召しかかえる。■二〔自ハ下二〕かおりがただよう。におう。例「前(さき)にともしたる松の煙の香の、車の内に――・へたるもをかし」〈枕草子・いみじう暑きころ〉訳(牛車の)先にともしてある松明(たいまつ)の煙のにおいが、車の中にただよっているのもおもしろい。

かがふ・る【被る・蒙る】〔他ラ四〕{ら・り・る・る・れ・れ}《上代語》❶頭から覆いかぶせるようにかける。かぶる。例「寒くしあれば麻衾(あさぶすま)引き――・り」〈万葉・五・八九二長歌〉訳寒いので麻の夜具を引きかぶり。❷(命令などを)受ける。承る。例「恐(かしこ)きや命(みこと)――・り明日ゆりや草(かや)がむた寝む妹(いむ)なしにして」〈万葉・二〇・四三二一〉訳恐れ多い天皇のご命令を承り、明日からは草とともに旅寝することだろうか、妻なしに。注「草(かや)」「妹(いむ)」ハ、「かや」「いも」ノ上代東国方言。参考平安時代には「かうぶる」となり、①の用法は、更に「かぶる」と変化して現在に至っている。

かがみ【鏡】〔名〕❶顔や姿を映して見る道具。古くは青銅や鉄などで作り、表面には水銀に錫(すず)をまぜたものを塗った。方形・円形・八つ花形などがあり、裏面は中央につまみがあり、そのまわりに絵模様を浮き出しにしてある。例「なにがしの律師(りっし)とかやいふ者、ある時、――を取りて顔をつくづくと見て」〈徒然草・一三四〉訳何とかの律師とかいう者が、ある時、鏡を取って顔をしみじみと見て。❷規範。手本。参考②には、「鑑」という漢字を当てることもある。

各務支考(かがみしかう)〔人名〕江戸中期の俳人。蕉門十哲の一人。美濃の人で、師の芭蕉没後、蕉風を継ぎつつ平俗を主とし、美濃派と称される一派を開き、蕉風を大衆に伝播(でんぱ)した。『葛(くず)の松原』『笈日記(おいにっき)』『俳諧十論』などの編著がある。

かがみ-なす【鏡なす】〔枕詞〕《「なす」は「…のように」の意》(鏡のように「見る」、「愛(め)づ」の意から)「見る」「御津(みつ)」「思ふ」にかかる。例「――見れども飽かず」〈万葉・二・一九六長歌〉訳いつまで見ていても飽きることなく。

かがみ-びらき【鏡開き】〔名〕《「開き」は「割る」の忌み言葉》正月に供え飾った鏡餅を割って食べる行事。近世の武士の家で、一月二十日(後は十一日)に行ったが、後には町人の家でも行うようになった。

鏡山(かがみやま)〔山名〕滋賀県南部の野洲(やす)郡野洲町と蒲生(がもう)郡竜王町との境にある山。歌ではその名にかけて「鏡」に見立てることが多い。歌枕。

かが・む【屈む】〔他マ下二〕{め・め・む・むる・むれ・めよ}(体の一部分を)曲げる。かがめる。例「指(および)を――・めて……など数ふるさま」〈源氏・空蟬〉訳(軒端荻(のきばのおぎ)が囲碁(ごい)の目数を)指を折って……などと数える様子。

かかやか・し【輝かし・赫かし】〔形シク〕《動詞「かかや(輝)く」の形容詞化した形。近世から「かがやかし」》(顔が赤くなるほど)恥ずかしい。きまりが悪い。例「見つけて入るさまどもも――・し」〈源氏・蜻蛉〉訳(童女が薫(かお)るの姿を見つけて(案内に)入っていく様子も恥ずかしそうである。

かかやか・す【輝かす・赫かす】〔他サ四〕{さ・し・す・す・せ・せ}《「かかやく」の他動詞形。近世以降「かがやかす」》輝かせる。きらびやかにする。例「秋の草むら・蝶(てふ)・鳥などを白銀(しろかね)してつくり――・したり」〈紫式部・御湯殿の儀〉訳秋の草むら・蝶(ちょう)・鳥などの模様を銀糸で刺繡(ししゅう)してきらびやかにしている。

かかや・く【輝く・赫く】《近世以後「かがやく」》{か・き・く・く・け・け}■一〔自カ四〕❶まぶしく光る。きらきらと照る。輝く。例「朝日のはなばなとさし上がるほどに、水葱(なぎ)の花いときはやかに――・きて」〈枕草子・関白殿、二月二十一日に〉訳朝日がはなやかにさして昇る頃に、(輿(こし)の屋根の)水葱の花(の形をした飾り)がとてもくっきりと輝いて。
❷顔を赤くして恥ずかしがる。てれる。
■二〔他カ四〕恥ずかしい思いをさせる。赤面させる。例「昼も夜も来る人を、何しにかは、『無し』とも――・き帰さむ」〈枕草子・里にまかでたるに〉訳昼も夜もやって来る人を、どうして、「留守です」などと言って恥をかかせて帰せようか。

かがよ・ふ【耀ふ】〔自ハ四〕{は・ひ・ふ・ふ・へ・へ}ちらちらと光ってゆらめく。きらめく。例「ともし火の影に――・ふうつせみの妹(いも)が笑(ゑ)まひし面影に見ゆ」〈万葉・一一・二六四二〉訳灯火の火影にちらちらと光りゆらめいていた現実のあの娘の微笑が、今面影に見える。

かからは・し【懸からはし】〔形シク〕《動詞「かかる」の未然形＋反復・継続の助動詞「ふ」の未然形「は」＋接尾語「し」》かかわって離れ難い。からまりとらわれている。

かかり【懸かり・掛かり】〔名〕《動詞「かかる」の連用形の名詞化》❶女の髪の垂れかかっている様子。髪の下がり具合。また、その髪。例「少しふくだみたる髪の――など、いとをかしげなり」〈源氏・幻〉訳少し寝乱れてけばだっている髪の(肩に)垂れかかっている様子などは、たいそうかわいらしい感じである。
❷かかわり。つながり。関係。
❸物事の手がかり。きっかけ。また、(建物の)入り口。
❹何かをするのに必要な経費。入用(いりよう)。
❺蹴鞠(けまり)をする庭。また、その周囲の植木。普通、桜(北東)・柳(南東)・松(北西)・楓(かえで)(南西)の四本。
❻(能楽・連歌・俳諧(はいかい)などで)ことばや表現の調子。また、そこからにじみ出る情趣。風情(ふぜい)。

かか・り【斯かり】〔自ラ変〕{ら・り・り・る・れ・れ}《「かくあり」の変化した形》このようである。こんなである。例「――・らむとかねて知りせば越(こし)の海の荒磯(ありそ)の波も見せましものを」〈万葉・一七・三九五九〉訳こうなるだろうと前もって知っていたら、越の国の海の荒磯の波も見せるのだったのに。注大伴家持(ヤカモチ)ガ、弟ノ死ヲ聞イテ作ッタ歌。

かがり【篝】〔名〕❶かがり火をたく鉄製の籠(かご)。
❷⇩かがりび

かがりび

かかり-どころ【懸かり所】〔名〕たよりとするところ。頼みどころ。例「世おとろふる末には、人に軽めあなづらるるに、――なき事になむ侍(はべ)る」〈源氏・少女〉訳自分の権力が衰えてくるその果てには、世の中の人に軽く見られあなどられるので、頼みどころがないことでございます。

かがり-び【篝火】〔名〕夜間の警備や照明のため、また、魚をとる時などにたく火。

かか・る【皹る】〔自ラ四〕{ら・り・る・る・れ・れ}ひびやあかぎれができる。例「稲つけば――・る我(あ)が手を今宵(こよひ)もか殿の若子(わくご)が取りて嘆かむ」〈万葉・一四・三四五九〉訳(毎日)稲をつくのであかぎれになる私の手を、今夜もまた、お屋敷の若様が手に取って嘆くことだろうか。

かか・る【懸かる・掛かる】〔自ラ四〕{ら・り・る・る・れ・れ}❶**寄りかかる**。頼みにする。たよる。例「杖(つゑ)に――・りても、必ず参り会ひ申し侍(はべ)らむ」〈大鏡・道長・下〉訳杖にもたれても、必ず参ってお会いいたしましょう。
❷(ある事が)目や心にとまる。(ある事に)かかりっきりになる。例「眼交(まかひ)にもとな――・りて安眠(やす)し寝(な)さぬ」〈万葉・五・八〇二長歌〉訳(子供達の姿が)眼前にむやみとちらついて安眠させないことよ。
❸**かかわりあう。関係する**。例「かしこき御事に――・りてかたじけなけれど、あることはまたいかがは」〈枕草子・関白殿、二月二十一日に〉訳恐れ多い(中宮の)御身(おんみ)のことに関係してもったいないけれど、事実はしかしどうして(書かないでおられよう)。
❹(「手にかかる」の形で)相手に殺傷される。例「敵(かたき)の手に――・って命を失ふこと、まったく恥にて恥ならず」〈平家・一〇・千手前〉訳敵に切られて命をなくすことは、まったく恥のようであって恥ではない。
❺かかりっきりになる。熱中する。例「酒をのみ飲みつつ、大和歌(やまとうた)に――・れりけり」〈伊勢・八二〉訳酒ばかりを飲みながら、和歌に熱中していた。
❻あたる。ふりかかる。例「足掻(あがき)きの水、前板までささと――・りけるを」〈徒然草・一一四〉訳(牛が)足ではねた水が、(牛車(ぎっしゃ)の)前板までざっとはねあたったので。
❼さしかかる。通りかかる。例「遠江(とほたふみ)に――・る」〈更級・富士川〉訳遠江国(＝静岡県西部)にさしかかる。
❽攻めかかる。襲いかかる。例「八十余騎追うてぞ――・りける」〈平家・一一・志度合戦〉訳(源義経は)八十余騎で(平家を)追って攻めかかった。

かかる【斯かる】《動詞「かかり」の連体形》**このようである。こんな**。例「このもとの女、悪(あ)しと思へる気色もなくて、出(い)だしやりければ、男、異心(ことごころ)ありて――にやあらむと思ひ疑ひて」〈伊勢・二三〉訳この初めからの女(＝本妻)は、(男を)憎んでいる様子もなくて、(男を愛人の所へ)出してやったので、その男は、妻が他の男を愛したりしてこのように(平気で出すので)あろうかと疑って。

かかる-ほど-に【かかる程に】《連語》こうしているうちに。例「――、ある者の言ふやう」〈徒然草・五三〉訳こうして(＝鼎(カナエ)ガ取レズ困ッテ)いるうちに、ある人が言うには。

かかれ-ど【斯かれど】〔接続〕《動詞「かかり」の已然形＋接続助詞「ど」》逆接を表す。こうだけれども。こういう状態だけれども。「かかれども」とも。

かかれ-ば【斯かれば】〔接続〕〈動詞「かかり」の已然形＋接続助詞「ば」〉こういうわけだから。こういう次第で。例「希有(うけ)の命をこそ生きたりければ、――人は忍ぶといひながら、あやしの所には立ち寄るまじきなり」〈宇治拾遺・二・二〉訳危ない命を助かったので、こういうわけだから、人はお忍びとはいっても、変な所には立ち寄ってはならないのである。

かき【掻き】〔接頭〕〈動詞に付いて〉強意・強調の気持ちを表す。また、単に語調を整える。イ音便で「かい」とも。「――曇る」「――暮らす」「――消つ」など。

が-き【餓鬼】〔名〕❶〈仏教語〉生前の罪によって、餓鬼道に落ち、飢えと渇きに苦しむ亡者(もうじゃ)。例「相思はぬ人を思ふは大寺の――の後(しりへ)に額(ぬか)つくごとし」〈万葉・四・六〇八〉訳思ってもくれない人を思うのは、大寺の餓鬼の後ろから拝むような無意味なことです。注大キナ寺ニハ、貪欲ノ戒メトシテ、餓鬼ノ像ガ置イテアッタ。

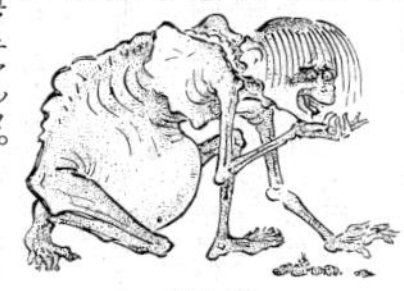

がき①

❷「餓鬼道(がきだう)」の略。例「汝(なむぢ)が母、在生(ざいしやう)の時、財(たから)を貪(むさぼ)りしが故に――の中に落ちたり」〈今昔・六・三八〉訳お前の母は、この世にいた時、財宝を欲ばったために餓鬼道に落ちたのだ。

❸〈食物を欲しがるところから〉子供を卑しめて呼ぶ語。例「乳飲みくさる――めがあるさかい、えらい難儀な目に会うたわい」〈東海道中膝栗毛・六・下〉訳乳を飲みやがるこせがれめがいるもんだから、とんでもない面倒な目に遭ったわい。

かき-あ・ぐ【掻き上ぐ】〔他ガ下二〕{げ・げ・ぐ・ぐる・ぐれ・げよ}❶上の方に持ち上げる。引き上げる。たくし上げる。例「弓の筈(はず)で御簾(みす)をさっと――・げ」〈平家・七・維盛都落〉訳弓の端で簾(すだれ)をさっと引き上げ。

❷灯火をかきたてて明るくする。例「『火かかげよ』とこそ言ひしを、今様の人は、……『――・げよ』と言ふ」〈徒然草・二二〉訳（昔は）「火かかげよ」と言っていたのを、今頃の人は、……「火かきあげよ」と言う。

かき-あつ・む【掻き集む】〔他マ下二〕{め・め・む・むる・むれ・めよ}多くのものをひとつにする。かき集める。例「御覧じ始めし年月の事さへ――・め」〈源氏・桐壺〉訳（桐壺(きりつぼ)帝は桐壺の更衣を）初めて御覧になったずっと以前の事まであれこれと思い出して。

かき-あは・す【掻き合はす】〔他サ下二〕{せ・せ・す・する・すれ・せよ}❶他の楽器に合わせて弦楽器を弾く。合奏する。例「人々、あづまをいとよく――・せたり」〈源氏・竹河〉訳女房達は、あずま琴を（歌に合わせて）実に上手に合奏した。

❷弦楽器の調子を整えて、ためしに弾いてみる。例「箏(さう)の御琴引き寄せて、――・せすさび給ひて」〈源氏・澪標〉訳箏の琴を引き寄せて、調子調べにためしに気ままにお弾きになって。

❸手で寄せ合わせる。

かき-いだ・く【掻き抱く】〔他カ四〕{か・き・く・く・け・け}〈「かき」は接頭語〉両手で引き寄せかかえる。抱きあげる。例「御帳(みちやう)の内に――・きて入り給へば」〈源氏・若紫〉訳（光源氏が紫の上を）御帳（＝貴人ノ寝所）の中に抱きあげてお入りになるので。

かき-いだ・す【書き出だす】〔他サ四〕{さ・し・す・す・せ・せ}文字にして表す。書き表す。例「言(こと)の心を男文字に様を――・して」〈土佐・一月二十日〉訳（阿倍仲麻呂の詠んだ）和歌の意味を漢字で趣旨を書き表して。

かき-い・づ【書き出づ】〔他ダ下二〕{で・で・づ・づる・づれ・でよ}❶書いて表す。書き出す。例「御願文作り、経・仏供養ぜらるべき心ばへなど――・で給へる硯(すずり)のついでに」〈源氏・総角〉訳（八の宮追善のための）御願文を（薫(かおる)の君が）作り、経典や仏像を供養なさる趣旨などを書き表しなさるその硯の機会に。

❷書くことを始める。書き始める。

かき-い・づ【掻き出づ】〔他ダ下二〕{で・で・づ・づる・づれ・でよ}手で掻くようにして、むき出しにする。例「さが尻(しり)を――・でて、ここらの公人(おほやけびと)に見せて、恥を見せむ」〈竹取・かぐや姫の昇天〉訳（天人がかぐや姫を迎えに来たら）そいつの尻をまくり出して、多くの役人に見せて、恥をかかせてやろう。

かき-お・く【書き置く】〔他カ四〕{か・き・く・く・け・け}書き置きする。書き残す。例「あの――・きし文を読み聞かせけれど」〈竹取・ふじの山〉訳（かぐや姫が）書き残した手紙を読んで聞かせたのだが。

かき-おこ・す【掻き起こす】〔他サ四〕{さ・し・す・す・せ・せ}横たわっているものを立たせる。抱き起こす。

かき-おろ・す【掻き下ろす】〔他サ四〕{さ・し・す・す・せ・せ}〈「かき」は接頭語〉牛車(ぎつしや)から牛をはずして、轅(ながえ)を下ろす。牛車をとめる。例「ここかしこの杉の下に車ども――・し」〈源氏・関屋〉訳あちらこちらの杉の木の下に数台の牛車を止めて。

かき-かぞ・ふ【掻き数ふ】一〔他ハ下二〕{へ・へ・ふ・ふる・ふれ・へよ}〈「かき」は接頭語〉数える。例「秋の野に咲きたる花を指(および)折り――・ふれば七種(ななくさ)の花」〈万葉・八・一五三七〉訳秋の野に咲いている花を指折って数えると、七種類の花だ。

二〔枕詞〕〈一つ二つと数えることから〉「二(ふた)」にかかる。例「――二上山(ふたがみやま)に神(かむ)さびて立てる栂(つが)の木」〈万葉・一七・四〇〇六長歌〉訳二上山に神々しく立っているツガの木。

かき-き・る【掻き切る】〔他ラ四〕{ら・り・る・る・れ・れ}腹や首などを刀で切る。かき切る。例「頸(くび)――・って捨ててんげり」〈平家・七・実盛〉訳首をかき切って捨ててしまった。

かき-くど・く【掻き口説く】〔自カ四〕{か・き・く・く・け・け}〈「かき」は接頭語〉くどくどと繰り返し言う。例「直衣(なほし)の袖(そで)もしぼるばかりに涙を流し――・かれければ」〈平家・二・烽火之沙汰〉訳（平重盛(しげもり)が）直衣(のうし)の袖もしぼるほどに涙を流してくどくどと言われるので。

かき-くも・る【掻き曇る】〔自ラ四〕{ら・り・る・る・れ・れ}〈「かき」は接頭語〉曇る。例「――・り日影も見えぬ奥山に心を暗(くら)すころにもあるかな」〈源氏・総角〉訳曇って日の光も見えない（宇治の）奥山に籠(こも)り、（悲しみで）心を暗くしているこの頃であるなあ。

かき-くら・す【掻き暗す】〔他サ四〕{さ・し・す・す・せ・せ}〈「かき」は接頭語〉❶空を暗くする。例「――・し雨降りて、神いとおそろしう鳴りたれば」〈枕草子・五月の御精進のほど〉訳空を暗くして雨が降り、雷がひどく恐ろしいほど鳴っているので。

❷悲しみに心を暗くする。

かき-く・る〔自ラ下二〕｛れ・れ・る・るる・るれ・れよ｝（「かき」は接頭語）■一【掻き暮る】日暮れ時のように、暗くなる。薄暗くなる。例「にはかに風吹き出でて、空も――・れぬ」〈源氏・須磨〉訳急に風が吹き出して、空も薄暗くなってしまった。■二【掻き暗る・掻き眩る】❶希望がもてず沈み込む。暗い気分に落ち込む。❷涙などで物がはっきり見えなくなる。ぼんやりとかすむ。例「水茎の跡は涙に――・れて、そこはかとは見えねども」〈平家・三・大納言死去〉訳筆跡は涙でぼんやりとかすんで、はっきりとは見えないが。

かき-け・つ【書き消つ】〔他タ四〕｛た・ち・つ・つ・て・て｝一度書いたものを消す。

かき-こ・す【掻き越す】〔他サ四〕｛さ・し・す・す・せ・せ｝背中の方に垂れるべき髪を肩越しに前方に垂らす。例「頸(ぜく)より髪を――・し給へりしが」〈枕草子・十月十よ日の月の〉訳首のところから髪を肩越しに前方に垂らしなさっていたのが。

かき-こも・る【掻き籠る】〔自ラ四〕｛ら・り・る・る・れ・れ｝（「かき」は接頭語）屋内などに閉じこもる。こもる。例「山寺に――・りて、仏に仕うまつるこそ、つれづれもなく、心の濁りも清まる心地すれ」〈徒然草・一七〉訳山寺に閉じこもって、仏にお仕えすることこそ、退屈もせず、心の濁りも清められる心地がする。

かき-さ・す【書き止す】〔他サ四〕｛さ・し・す・す・せ・せ｝書きかけて途中でやめる。書きさしにする。例「いみじうわななけば、思ふことも皆――・して」〈源氏・柏木〉訳（柏木(かしわぎ)は病気のために）手がひどく震えるので、思うことも皆書くのを途中でやめて。

かき-ざま【書き様】〔名〕書いた文字の様子。書きぶり。書風。例「陸奥国紙(みちのくにがみ)に、いたう古めきたれど、――よしばみたり」〈源氏・明石〉訳陸奥国紙（＝厚手ノ白イ上質ノ和紙）に、ひどく古風に見えるけれど、（明石の入道の）書きぶりは由緒ありげに気どっている。

かき-す・う【舁き据う】〔他ワ下二〕｛ゑ・ゑ・う・うる・うれ・ゑよ｝（車や駕籠(かご)などを）かついで運び、そこに置く。すえ置く。

かき-すさ・ぶ【書きすさぶ】〔他バ四〕｛ば・び・ぶ・ぶ・べ・べ｝気分にまかせて書く。慰みに書く。

かき-す・つ【書き捨つ】〔他タ下二〕｛て・て・つ・つる・つれ・てよ｝無造作に書き流す。また、書き捨てにする。例「とりあへぬさまして、草鞋(わらぢ)ながら――・つ」〈奥の細道・全昌寺〉訳とり急いだ様子で、草鞋をはいたまま句を書き流した。

がき-だう【餓鬼道】ガキドウ〔名〕（仏教語）六道の一つ。亡者(もうじゃ)が前世の業(ごう)によって飢えと渇きに苦しむ世界。例「潮(うしほ)なれば飲むこともなし。これまた――の苦とこそ覚(おぼ)えさぶらひしか」〈平家・灌頂・六道之沙汰〉訳（大海に浮かんでいるとはいっても）塩水なので飲むこともない。これもまた餓鬼道の苦しみと思われました。

かき-たて【書き立て】〔名〕一つ一つ書き並べたもの。箇条書きの目録。例「四人づつ――に従ひて、『それ、それ』と呼び立てて乗せ給ふに」〈枕草子・関白殿、二月二十一日に〉訳（私たち女房を）四人ずつ目録に従って、「誰それ、誰それ」と名を呼んで牛車(ぎっしゃ)にお乗せになるので。

かき-た・る【掻き垂る】｛れ・れ・る・るる・るれ・れよ｝■一〔他ラ下二〕（髪を）櫛(くし)ですいて垂らす。例「か黒し髪をま櫛もちここに――・れ」〈万葉・一六・三七九一長歌〉訳黒い髪を櫛でといてここまで垂らし。注「か黒し」ハ終止形ダガ、連体形ノ役割ヲシテイル。■二〔自ラ下二〕（「かき」は接頭語）（雨や雪が）降りやむ様子もなく降る。例「――・れいみじう降りけり」〈源氏・末摘花〉訳（ひどく心配していた雪が）降りやむ様子もなく激しく降ったのだった。参考■一の例を「かきたり」と読んで、四段活用とみる説もある。

かき-ちら・す【書き散らす】〔他サ四〕｛さ・し・す・す・せ・せ｝筆に任せて書く。無造作に書く。例「さばかりさかしだち、真名(まな)――・して侍(はべ)るほども」〈紫式部・清少納言批評〉訳（清少納言は）あれほどに利口ぶり、（女だてらに）漢字を筆に任せて書いておりますその程度も（よく見ると、不十分な所が多いのです）。

かき-つ・く【掻き付く】｛か・き・く・く・け・け｝（「かき」は接頭語）■一〔自カ四〕❶しがみつく。抱きつく。例「音に聞きし猫また、……やがて――・くままに、首のほどを食はんとす」〈徒然草・八九〉訳噂(うわさ)に聞いた猫また（＝猫ノバケモノ）が、……いきなり抱きつくやいなや、首のあたりをかもうとする。❷頼ってすがりつく。取りすがる。例「冬になり行くままに、いとど――・かむ方なく、悲しげにながめ過ごし給ふ」〈源氏・蓬生〉訳冬になって行くにつれて、ますます頼りにしてすがりつく手がかりもなく、（末摘花(すえつむはな)は）悲しそうに思い沈んでお過ごしになる。■二〔他カ四〕せがんで手に入れる。せびる。

かきつばた【燕子花・杜若】（上代には「かきつはた」）■一〔名〕❶草花の名。水辺に自生し、初夏に紫または白のハナショウブに似た花を開く。（季・夏）例「――衣(きぬ)に摺(す)りつけ大夫(ますらを)のきそひ狩りする月は来にけり」〈万葉・一七・三九二一〉訳カキツバタの色を着物にすりつけ、勇ましい男達が（狩りの着物で）着飾って、（薬草）狩りをする月がやって来たなあ。❷（襲(かさね)の色目の名）表は二藍(ふたあい)、裏は萌黄(もえぎ)。夏用。❸紋どころの名。カキツバタの花、また、花と葉を取り合わせたものを図案化したもの。■二〔枕詞〕カキツバタのように美しい意から、美しい意の「につらふ」にかかる。例「我(あれ)のみやかく恋すらむ――につらふ妹(いも)はいかにかあるらむ」〈万葉・一〇・一九八六〉訳私ばかりがこんなに恋しているのでしょうか。美しい彼女はどんな気持ちでいるのでしょうか。注「草に寄する」ト題スル一連ノ歌ノ中ノ一首。

かき-なが・す【書き流す】〔他サ四〕｛さ・し・す・す・せ・せ｝（書や絵を）深く注意せずに書く。筆にまかせて書く。

かき-な・す【書き成す】〔他サ四〕｛さ・し・す・す・せ・せ｝（「なす」は意識的にそうする意）わざと…のように書く。例「ことさら幼く――・し給へるも、いみじうをかしげなれば」〈源氏・若紫〉訳（光源氏は）わざと子供っぽくお書きになったのだが、それでもとても趣があるので。注光源氏ガ若紫ノタメニ手紙ヲ書イテヤッタ場面。

かき-な・す【掻き鳴す】〔他サ四〕｛さ・し・す・す・せ・せ｝（「鳴す」は「鳴る」の他動詞形）弦楽器を弾いて鳴らす。かき鳴らす。例「秋風に――・す琴の声にさへはかなく人の恋しかるらむ」〈古今・恋二・五八六〉訳秋風の吹く時にかき鳴らす琴の音にまで、（どうして）はかなくも人が恋しくなるのだろう。

かき-な・づ【掻き撫づ】…ナズ〔他ダ下二〕｛で・で・づ・づる・づれ・でよ｝手でさする。なでる。

かき-なら・す【掻き鳴らす】〔他サ四〕｛さ・し・す・す・せ・せ｝琴など

を弾奏する。弾き鳴らす。例「爪(つま)弾きに――・したるこそをかしけれ」〈枕草子・南ならずは東の〉訳（琵琶(びわ)を）爪の先で軽く弾く弾き方で弾き鳴らしたのこそよいものだよ。

かき-ね【垣根】〔名〕垣の根もと。また、垣。

かき-の・く【掻き退く】〔他カ下二〕{け・け・く・くる・くれ・けよ}手で払いのける。どける。例「木の葉を――・けたれど、つゆつや物も見えず」〈徒然草・五四〉訳木の葉を払いのけたが、一向に何も見えず。

かき-の-ころも【柿の衣】〔名〕柿渋で染めた着物。麻の着物で、山伏や僧が着た。

かき-の-もと【柿の本】〔名〕《歌聖柿本人麻呂にちなんだ語》❶（狂歌を「栗(くり)の本」と呼ぶのに対して）和歌。
❷（滑稽(こっけい)な俳諧連歌を「栗の本」と呼ぶのに対して）伝統的な優美な連歌。

柿本人麻呂(かきのもとのひとまろ)《人名》『万葉集』第二期の歌人。三十六歌仙の一人。生没年未詳。持統・文武両朝に下級の官人として仕えた宮廷歌人で、万葉時代の歌の第一人者。『万葉集』に多くの歌が採録されているが、『人麻呂歌集』は後人の編纂(へんさん)のために、すべてが人麻呂の作品とは信じがたい。宮廷讃歌、妻を亡くした時の挽歌(ばんか)、後の妻への愛を表現した歌、惜別の歌、旅の歌などに優れた作品を残している。雄大・荘重な歌から、リリシズム豊かな歌、浪漫的情熱にあふれた歌など、格調が高く、枕詞・序詞・対句・押韻などもふんだんに取り入れている。また、歌が人を目前にして謡う口承文学であったものを、その良さを生かしつつ文筆化させた点での史的価値も注目される。人麻呂によって、歌は、自由・想像を獲得拡大し、思想性が高められたといえる。後世、彼を崇(あが)めて歌聖という。⇩万葉集(まんえふしふ)

かき-はら・ふ【掻き払ふ】{ハラ(ロ)ウ} ■一〔他ハ四〕{は・ひ・ふ・ふ・へ・へ}残らず取り除く。払いのける。
■二〔自ハ四〕《残らず取り除いたように》そろっていなくなる。全員死ぬ。例「かく大臣(おとど)・公卿(くぎゃう)七、八人、二、三月のうちに――・ひ給ふこと」〈大鏡・道長・上〉訳（遠い昔に）このように大臣・公卿の七、八人が、二、三か月のうちにそろってお亡くなりになったことは。

かき-ふ・す【掻き伏す】■一〔自サ四〕{さ・し・す・す・せ・せ}姿勢を低くする。前傾姿勢となる。「かいふす」とも。例「――・して逃ぐるを」〈今昔・二三・一五〉訳姿勢を低くして逃げるので。
■二〔他サ下二〕{せ・せ・す・する・すれ・せよ}両手で支えるようにして寝かせる。抱いて寝かせる。例「人に――・せられ給ふ」〈源氏・澪標〉訳（御息所は）女房に支えられて横におなりになる。

かき-ほ【垣穂】〔名〕囲い。垣。例「あな恋し今も見てしが山がつの――に咲ける大和撫子(やまとなでしこ)」〈古今・恋四・六九五〉訳ああ恋しい。今すぐにでも会いたいものだ。山の粗末な家の垣根に咲いている大和撫子のようなあの娘よ。

かき-まぎ・る【掻き紛る】〔自ラ下二〕{れ・れ・る・るる・るれ・れよ}《「かき」は接頭語》まぎれる。目立たなくなる。例「ともかくも――・れたる際(きは)の人こそ」〈源氏・若菜・上〉訳何をしても人目に立たない身分の人の（外出も身軽だが）。

かき-みだ・る【掻き乱る】■一〔自ラ四〕{ら・り・る・る・れ・れ}《「かき」は接頭語》心が乱れる。混乱する。例「心地(ここち)の――・るやうにし侍(はべ)るほどためらひて、今聞こえむ」〈源氏・夢浮橋〉訳気持ちが混乱しておりますからその間すこし気を落ち着けて、すぐに（お返事を）申し上げましょう。
■二〔自ラ下二〕{れ・れ・る・るる・るれ・れよ}乱れる。例「雪・霙(みぞれ)、――・れ荒るる日」〈源氏・澪標〉訳雪や霙が降り乱れて荒れた日。

かき-もち【欠き餅】〔名〕❶正月の鏡餅(かがみもち)を、刃物で切るのを忌み、手で欠いたもの。
❷なまこ形の餅を薄く切って干したもの。
❸餅を薄く切って凍らせたもの。湯に浸して砂糖などをかけて食べる。「こほりもち」とも。

かき-や・る【書き遣る】〔他ラ四〕{ら・り・る・る・れ・れ}❶（手紙を）書いて先方へ渡す。書き送る。
❷よどみなく書き進める。例「涙の水茎(みづぐき)に先に立つ心地(ここち)して、――・り給はず」〈源氏・夕霧〉訳（落葉の宮は）涙が筆に先立って流れ落ちそうな気持ちがして、すらすらとお書き進めになれない。

かき-や・る【掻き遣る】〔他ラ四〕{ら・り・る・る・れ・れ}「かいやる」①に同じ。例「御髪(みぐし)を――・りつつ、いとほしと思(おぼ)したるさまも」〈源氏・朝顔〉訳（光源氏が、紫の上の）髪を手で払いながら、かわいいとお思いなさっている様子も〈絵に描きたいような夫婦仲である〉。

かぎり【限り】〔名〕

区切ることが本来の意味。区切った境界の内側ということで、そこから①限界・限度、②あいだ中、③あるだけ全部、④極限、⑤最後、などの意味が生じてくる。

❶限界。限度。さかい。例「幾年(いくとせ)、そのほどと、――あるにもあらず」〈源氏・須磨〉訳何年間である、これくらいの期間であるというような、期限の決まった旅でもなく。
❷ある物事の続いている範囲。あいだ中。うち。例「昼は日ぐらし、夜は目のさめたる――、火を近くともして、これを見るよりほかの事なければ」〈更級・物語〉訳昼は昼中、夜は目のさめている間中、灯火を近くに点(とも)して、これ（＝『源氏物語』）を読むこと以外の事は何もしないので。
❸ある物事の存在する範囲。あるだけ全部。すべて。例「むつましき――は、宵(よひ)よりつどひて、舟に乗りて送る」〈奥の細道・旅立〉訳仲のよい者は全員、夕方から集まっていて、舟に乗って見送りをする。
❹これ以上ないこと。極限。最大限。例「いつはとは時は分かねど秋の夜ぞ物思ふことの――なりける」〈古今・秋上・一八九〉訳いつは物思いをしないというように時の区別はしないが（＝イツモ物思イヲシテイルガ）、秋の夜はこれ以上ないほどまで物思いをする頃であったのだなあ。
❺一番終わり。最後。果て。臨終。葬送。例「――と思はば、かくわりなき物疑ひはせよ」〈源氏・帚木〉訳（二人の仲がこれで）最後と思うのなら、このように分別のない嫉妬(しっと)をするがよい。
❻そのようになる時期。機会。折。例「めぐり逢(あ)はむ――はいつと知らねども月な隔てそよその浮雲」〈新古今・恋四・一二七二〉訳今度あの人とめぐりあう機会はいつだとはわからないけれども、月日を隔てないでください、浮雲が月を隔てるようには。
❼あるものだけに限定すること。だけ。ばかり。例「されど、門(かど)の――を高う作る人もありけるは」〈枕草子・大進生

昌が家に〉訳 だけど、門だけを高く作った人もいましたよ。注 漢ノ于公(ウコウ)ガ、子孫ニ大人物ガ出テ大キナ車ガ通ルコトヲ予言シテ、門ダケ大キク造ラセタ故事ニ基ヅク。

限りあり ❶限界がある。それ以上は望めない。例「いみじき絵師といへども、筆―りければ」〈源氏・桐壺〉訳 すぐれた画家といっても、その力には限界があるので。

❷当然のこととされている。決まっている。

限りある道(みち) 寿命に限度があるために、行かなければならない道。死出の旅路。例「泣き沈み給へど、―なりければ、何のかひなし」〈源氏・椎本〉訳 (姫君たちは)泣き沈んでおられるけれども、これは死出の旅路なのだから、(嘆いても)どうにもならないことである。

限りの道(ち) ⇩限りある道

かぎり-あ・り【限りあり】⇩「かぎり」子項目

かぎり-な・し【限りなし】(形ク)❶限りがない。果てしない。例「『―く遠くも来にけるかな』とわびあへるに」〈伊勢・九〉訳「(都から)限りなく遠くまでもやって来たことだなあ」と互いに寂しがっていると。

❷(程度が)この上ない。最もすぐれている。例「美しき事―・し」〈竹取・かぐや姫の生ひ立ち〉訳 (かぐや姫の)かわいらしい事はこの上もない。

かぎり-の-みち【限りの道】⇩「かぎり」子項目

かぎ・る【限る】(ら・り・る・る・れ・れ)㊀(他ラ四)範囲を決める。(期限などを)定める。例「思ふかたの風にて、―りける日違(たが)へず入り給ひぬ」〈源氏・松風〉訳 思い通りの順風で、決めてあった日をたがえずに(都に)お入りになった。

㊁(自ラ四)それに限定される。限る。

かぎろひ【陽炎】(カギロイ)(名)(上代語)❶明け方東方に見える光。曙光(しよくわう)。例「東(ひむがし)の野に―の立つ見えてかへり見すれば月かたぶきぬ」〈万葉・一・四八〉訳 東の野に曙(あけぼの)の光が立つのが見えて、振り返って見ると月はもう(西に)傾いてしまっていることだ。

❷「かげろふ(陽炎)」に同じ。

かぎろひ-の【陽炎の】(カギロイ)〔枕詞〕「春」「心燃ゆ」などにかかる。例「味さはふ夜昼知らず―心燃えつつ悲しび別れぬ」〈万葉・九・一八〇四長歌〉訳 夜昼の区別もなく心は燃え続けて、悲しみ別れたことだ。注 田辺福麻呂(タナベノサキマロ)ガ弟ノ死去ヲ悲シンデ作ッタ歌。「味さはふ」ハ「夜」ノ枕詞。

か-きん【瑕瑾】(名)物のきず。欠点。例「天下の物の上手といへども、始めは不堪(ふかん)の聞こえもあり、無下(むげ)の―もありき」〈徒然草・一五〇〉訳 世の中の一芸の達人といっても、最初は下手だとの評判もあり、またまったくひどい欠点もあったのだ。

かく【格】(名)❶風格。品格。位。例「病雁(やむかり)は、―高く趣かすかにして、いかでかここを案じつけん」〈去来抄・先師評〉訳 病雁の句は、品格が高く情趣も幽遠な味わいがあって、どうしてこれを考えつけようか。注 芭蕉ノ「病雁の夜寒に落ちて旅寝かな」トイウ句ニツイテノ評。

❷きまり。きめ。法則。例「五字七字書くは、長歌(ちやうか)の―なり」〈三冊子・白〉訳 五字や七字で形を整えるのは、長歌のきまり(にならったもの)である。

か・く【駆く】(け・け・く・くる・くれ・けよ)(自カ下二)馬に乗って走る。馬で突進する。例「残り四騎は馬(むま)を惜しうで―・けず、見物してこそ居たりけれ」〈平家・一一・弓流〉訳 残りの四騎は馬が射殺されるのを惜しんで進まず、見物していたのだった。注「惜しうで」ハ「惜しみて」ノウ音便化シタ形。

か・く【欠く】(か・き・く・く・け・け)㊀(他カ四)一部をこわす。不足にする。おろそかにする。例「公(おほやけ)・私(わたくし)の大事を―・きて、煩(わづら)ひとなる」〈徒然草・一七五〉訳 (二日酔いは)公私ともに大切な用件をおろそかにして、さしさわりになる。

㊁(自カ下二)(け・け・く・くる・くれ・けよ)一部分がなくなる。不足する。欠ける。例「一方―・けんにおいては、いかでかその嘆きなからんや」〈平家・四・山門牒状〉訳 (延暦寺・園城寺(おんじやう)のどちらか)一方が失われてしまう場合は、どうしてそれを嘆かぬということがあろうか。

か・く【舁く】(か・き・く・く・け・け)(他カ四)(乗り物などを)肩にのせて運ぶ。かつぐ。例「片足は切られながら、輿(こし)に―・かれて古郷(こきやう)へぞ帰りける」〈平家・二・蘇武〉訳 片足は切られたままで、輿に乗せられて故郷へ帰った。注 戦(イクサ)ニ負ケ十九年目ニシテ故国ニ帰ッタ中国ノ蘇武(ソブ)ノ故事。

か・く【掛く・懸く】㊀(他カ四)(か・き・く・く・け・け)(上代の活用)ひっかける。張りめぐらす。

㊁(他カ下二)(け・け・く・くる・くれ・けよ)(㊀より新しい活用であるが、上代からすでに見られる)㊀端を固定してささえとめる。❶上端を固定して、つり下げる。例「上(かみ)つ瀬に斎杙(いくひ)を打ち……斎杙には鏡を―・け」〈古事記・下・允恭〉訳 (川の)上流の浅瀬には神聖な杭(くい)を打ち……その杭には鏡をつり下げ。

❷ひっかけてつなぐ。はずれないように固定する。例「牛弱くは、面白(おもしろ)の駒(こま)に―・け給へ」〈落窪・二〉訳 牛が弱いようなら、(牛車(ぎつしや)を)面白の駒(=兵部少輔(ヒョウブノショウ)ノアダ名)につないでおひかせなさい。

❸二つの物の間にかけ渡す。「橋を―・く」など。

❹(戸などに)かけがねをかける。施錠する。

㊁何かに全体をおおいかぶせる。また、何かに重心を預ける。❶(物の上に、別の物を)おおいかぶせる。

❷(水や湯などを)あびせかける。例「音に聞く高師(たかし)の浜のあだ波は―・けじや袖(そで)の濡(ぬ)れもこそすれ」〈金葉・恋下〉訳 有名な高師の浜(=大阪府高石市ノ海岸)の(寄せては返す)むなしい波を(私は)自分の袖にかけますまい、袖が濡れては困りますから。注『百人一首』所収、祐子内親王家紀伊(ユウシナイシンノウケノキイ)ノ歌。有名ナ浮気男ノアナタニ、私ハ思イヲ懸ケマイ、涙デ袖ヲ濡ラスコトニナルト困ルカラ、トイウ意ヲ含ム。

❸(着物・袈裟(けさ)などを)肩にかける。

❹(物に)もたれさせる。上にのせて重心を預ける。

❺(願い・命などを)託す。預ける。例「官加階に望みを―・け」〈平家・三・御産〉訳 官位昇進に希望を託して。

❻(罪などを)背負わせる。かぶせる。

㊂目標に対して、何らかの働きかけをする。❶(ある場所や時を)めざす。…になるのを待つ。例「海(わた)の原八十島(やそしま)―・けて漕(こ)ぎ出でぬと人には告げよあまの釣り舟」〈古今・羇旅・四〇七〉訳 大海原を、多くの島々をめざして漕ぎ出していったと、(都の)人に知らせてくれ、漁師の釣り舟よ。注『百人一首』所収、小野篁(タカムラ)ノ作。

❷(情愛などを、人に)注ぐ。(心や目に)かける。

❸(心にかけていることを)口に出して言う。

❹(人を、手に)かける。殺傷する。

❺(鳥獣を、わなや網に)かけて捕らえる。(比喩(ひゆ)的に用いて)人をわなにかける。うまくだます。

㊃他のものに対して、何らかの関係をもつ。❶(他のものに)

関係づける。たとえる。かこつける。例「さざれ石に例へ、筑波山(つくばやま)に━・けて君をねがひ」〈古今・仮名序〉訳 さざれ石にたとえ、筑波山にかこつけて天皇の長寿・繁栄を願って。注「さざれ石」「筑波山」ト八『古今集』三四三・一〇九五ノ歌ノコト。

❷(他のものと)**比べる。対比する。**例「筒井つの井筒に━・けしまろがたけ過ぎにけらしな妹(いも)見ざるまに」〈伊勢・二三〉訳 筒井の井戸のかこいと比べて測った私の背丈は、もう囲いの高さよりも高くなってしまったようですよ、あなたと会えないでいる間に。

❸(ある語を、音(おん)の同じ他の語と)意味をかける。二つの意味を含ませる。これを「掛詞(かけことば)」という。

❹(二つの職を)兼任する。例「権大納言(ごんだいなごん)になり給ひて、右大将━・け給ひつ」〈源氏・宿木〉訳(薫(かおる)は)権大納言(=定員外ノ大納言)におなりになって、右近衛(うこんえ)の大将を兼任なさることになった。

❺代金を後払いにする。掛買(かけが)いをする。

〓〔補動カ下二〕{け・け・く・くる・くれ・けよ}(動詞の連用形に接続して)❶その動作を、相手に積極的にしかける意を表す。例「おぼす心ばへのありながら、うちつけにも言ひ━・け給はず」〈源氏・東屋〉訳(薫(かおる)は、女を)恋しくお思いになる気持ちがありながら、ぶしつけに言い寄ろうともなさらずに。

❷その動作を、途中までする意を表す。例「琵琶(びは)をつち置きて、ただ気色(けしき)ばかり弾(ひ)き━・けて」〈源氏・若菜・下〉訳(明石の上は)琵琶を下に置いて、ほんの形だけ弾きかけて。

か・く【掻く】〔他カ四〕{か・き・く・く・け・け}❶爪(つめ)や爪状のものでこする。ひっかく。転じて、弦楽器を弾く。例「いとのきて薄(うす)き眉根(まよね)をいたづらに━・かしめつつも逢(あ)はぬ人かも」〈万葉・一二・二九〇三〉訳 とりわけ薄い眉毛(まゆげ)をむなしく(私に)かかせながら(=期待サセナガラ)逢ってくれない人だ、あなたは。注 眉ガカユイノハ、人ニ逢ウ前兆トサレテイタ。

❷かきわける。払いのける。髪をとかす。例「目に髪のおほへるを━・きはやらで」〈枕草子・うつくしきもの〉訳 目に髪の毛がかぶさっているのを払いのけもしないで。

❸(刃物で)手前に切り取る。かき切る。

❹ひっかくようにしてとりつく。とりすがる。しがみつく。例「梯立(はしたて)の倉椅(くらはし)山を嶮(さが)しみと岩━・きかねて我が手取らすも」〈古事記・下・仁徳〉訳 倉椅山が険しいので、岩にとりすがれずに私の手をお取りになるよ。注「梯立の」ハ「倉」ノ枕詞。

❺(食物を)口へ入れこむ。かきこむ。例「猫殿は小食(せうじき)におはしけるや。……━・い給へ」〈平家・八・猫間〉訳 猫殿(=猫間中納言光隆(みつたか))は少食でいらっしゃったのか。……かきこんでお食べなさい。

かく【斯く】〔副〕**このように。こんなに。**例「一年(ひととせ)の中も━の如(ごと)し。一生の間もまたしかなり」〈徒然草・一八九〉訳 一年(の月日がたつ)間もこんなものだ。一生の間もまたそうである。注「かく」ハ毎日ガ、カネテ考エルヨウニハナラナイコト。

か-ぐ【下愚】〔名〕ひどく愚かであること。低能。例「この人は━の性(しゃう)移るべからず」〈徒然草・八五〉訳 この人はきわめて愚かな生まれつきで(賢く)変わることはできない。

がく【楽】〔名〕音楽。特に、雅楽。例「文人(ぶんにん)詩を奉り、伶人(れいじん)━を奏して遷幸(せんかう)なし奉る」〈平家・一・内裏炎上〉訳 文官が漢詩を献上し、雅楽の演奏者が音楽をかなでて行幸をお迎え申し上げた。

かく-ご【覚悟】〔名・他サ変〕❶真理を会得して、悟りの知恵をひらくこと。

❷知ること。また、記憶すること。例「時に当たりて、本歌を━・す」〈徒然草・二三八〉訳 時に応じて、よりどころとなる(先人の)歌を覚えている。

❸前もって心構えをすること。心づもり。心の用意。

❹だめだと諦(あきら)めること。観念すること。例「そちが━をきはめ、首さしのべた体(てい)を見たれば」〈狂言・武悪〉訳 お前がすっかり観念して、首をさしのべている様子を見たところ。

かく-ごん【恪勤】〔名〕(「かくご」とも)❶まじめに勤めること。精勤。

❷(まじめに勤める人の意から)平安時代には院・親王家・大臣家などに仕える侍。鎌倉・室町時代には宿直(とのい)などを勤めた身分の低い侍。番衆。

かくさ・ふ【隠さふ】カクソウ〔連語〕《上代語。「隠す」の未然形「隠さ」+反復・継続の助動詞「ふ」》繰り返し隠す。隠し続ける。例「三輪山(みわやま)を然(しか)も隠すか雲だにも情(こころ)あらなも━・ふべしや」〈万葉・一・一八〉訳 三輪山をそのように隠すのか。せめて雲だけでも思いやりの気持ちがあってほしい。そのようにずっと隠し続けてよいものであろうか。

かく-しき【格式】〔名〕⇒きゃくしき

かくし-す・う【隠し据う】〔他ワ下二〕{ゑ・ゑ・う・うる・うれ・ゑよ}人に気づかれないように置く。

がく-しゃう【学生】ショウ〔名〕❶律令制で、中央の大学、地方の国学に学ぶ人。平安時代では、諸氏の大学別曹(だいがくべっそう)に学ぶ人をもいう。

❷学僧のこと。特に、高野(かうや)山・比叡(ひえい)山などの諸大寺で、十二年間真言・天台の学問を修めた人。学侶(がくりょ)。修学僧。

❸学問にすぐれた学者・有識者。

がく-しゃう【学匠】ショウ〔名〕❶仏道を修め、師匠の資格をもつ者。

❷学者。例「能書(のうじょ)・━・弁説、人に優れて宗の法灯なれば」〈徒然草・六〇〉訳(この僧都(そうず)は)能筆・博学・能弁も、人に優れており(真言)宗の重鎮(じゅうちん)であるから。

かく・す【隠す】〔他サ四〕{さ・し・す・す・せ・せ}❶物を人目につかないようにする。

❷事柄を人に知られないようにする。

がく・す【学す】〔他サ変〕{せ・し・す・する・すれ・せよ}漢学や仏教を師について学ぶ。修行する。学ぶ。例「道を━・する人、夕べには朝(あした)あらんことを思ひ、朝には夕べあらんことを思ひて、重ねてねんごろに修(しゅ)せんことを期(ご)す」〈徒然草・九二〉訳 道を学ぶ人は、夕方には朝のあることを思い、朝には夕方のあることを思い、(その時になって)再び念入りに修行しようと心中(しんちゅう)に期する。

かくそう【隠そう】〔連語〕⇒かくさふ

かく-て【斯くて】〓〔副〕このようにして。こんなふうで。例「ゆゆしき身に侍れば、━おはしますも、いまいましう、かたじけなく」〈源氏・桐壺〉訳(私は)不吉な身でございますので、(若宮が)このようにして(私と一緒に)いらっしゃるのも、縁起が悪く、恐れ多う(ございます)。

〓〔接続〕それから。こうして。例「節を隔ててよごとに金(こがね)ある竹を見つくる事かさなりぬ。━、翁(おきな)やうやう豊かになり行く」〈竹取・かぐや姫の生ひ立ち〉訳（竹取の翁が、竹を取ると）節と節との間ごとに黄金の入っている竹を見つけることが度重なった。こうして、翁はしだいに裕福になって行く。

かく-ながら【斯くながら】〔連語〕このままの状態で。このままで。例「―、ともかくもならむを御覧じ果てむと思し召すに」〈源氏・桐壺〉訳このままで、（桐壺更衣が）どのようになろうとも（＝生キルカ死ヌカ）、それを最後まで見届けようと（桐壺帝が）お思いになっていると。

かく-なわ【結果】〔名〕❶（「かくのあわ」の変化した形。「かく」は香菓の意、「あわ」は泡）紐を結んだような形にして油で揚げた菓子の名。
❷「かくのあわ」のように曲がりくねり、交錯するさま。思い乱れるさま。例「行く水の絶ゆる時なく―に思ひ乱れて降る雪の消なば消ぬべく思へども」〈古今・雑体・一〇〇一〉訳川の流れが絶える時がないように、絶えず心は「かくなわ」のようにあれこれ思い乱れて、いっそ死ぬのなら死んでしまってもいいと思うけれども。
❸「かくのあわ」が縦横に交差しているように、太刀をぐるぐる振りまわして戦うさま。例「くもで・―・十文字、蜻蛉返り・水車、八方すかさず斬ったりけり」〈平家・四・橋合戦〉訳（浄妙明秀は）くもで・かくなわ・十文字、とんぼがえり・水車などのごとく刀を振り回し、四方八方の敵をくまなく斬ったのだった。

がく-にん【楽人】〔名〕（「がくじん」とも）雅楽を演奏する人。「伶人」とも。

かく-の-ごと【斯くの如】〔連語〕（「ごと」は助動詞「ごとし」の語幹。「かくのごとく」とも）このように。こんなふうに。例「白髪し子らも生ひなば―若けむ子らに罵らえかねめや」〈万葉・一六・三七九三〉訳（今あなたたちは私を白髪の老人だと笑っているが、将来）白髪があなたたちにも生える時になったら、今の私のように、その時の若い人たちにばかにされずにいられるものでしょうか。
参考 次項「かくのごとく」や「かくのごとき」などとともに男性専用の語で女流作品には例が少ない。

かく-の-ごとく【斯くの如く】〔連語〕（「ごとく」は助動詞「ごとし」の連用形）⇒かくのごと

かく-ばかり【斯くばかり】〔副〕（副詞「かく」＋副助詞「ばかり」）こんなにも。これほどまで。例「―恋ひむとかねて知らませば妹をば見ずぞあるべくありける」〈万葉・一五・三七三九〉訳こんなにも恋しくなると前から分かっていたのなら、初めからあなたに逢わずにいるべきだった。

か-ぐは・し【香し・馨し】〔形シク〕❶香りがよい。例「―・しき花橘を玉に貫き送らむ妹はみつれてもあるか」〈万葉・一〇・一九六七〉訳香りがよい花橘を玉に通して贈ろうと思うあの娘は、やつれ疲れているだろうか。
❷美しい。すばらしい。例「見まく欲り思ひしなへに縵かけ―・し君を相見つるかも」〈万葉・一八・四一二〇〉訳会いたいと思っていたちょうどその時、縵をかけて美しいあなたにお会いしましたよ。⇒かうばし

かく-べつ【格別】〔副〕普通とは違っている様子。格段に。特別。

かく・む【囲む】〔他マ四〕（ま・み・む・む・め・め）（上代語。平安時代以降は「かこむ」）まわりを取りまく。かこむ。例「父母は枕の方に妻子どもは足の方に―・み居て」〈万葉・五・八九二長歌〉訳父母は枕の方に妻や子は足の方に私を囲んで座って。注 山上憶良ノ「貧窮問答歌」ノ一節。

がく-もん【学問】〔名〕学芸を修めること。学び習うこと。例「古今の歌二十巻を皆浮かべさせ給ふを御―にはせさせ給へ」〈枕草子・清涼殿の〉訳『古今和歌集』二十巻をすべて暗誦なさることを学問になさいませ。
参考 中世・近世では「学文」と書くことが多い。

がく-や【楽屋】〔名〕❶舞楽で、楽人が演奏をする所。例「御前に渡れる廊を―のさまにして」〈源氏・胡蝶〉訳（中宮様の）御殿に続いている廊下を演奏する場所のようにして。
❷田楽・能楽・芝居などで、舞台の裏にある役者の控室。
❸物事の裏面。楽屋裏。例「―を見ぬが花」〈浮世・傾城禁短気・二・一〉訳物事の裏は見ない方がよい。

かぐや-姫【人名】『竹取物語』の主人公。貧しい竹取の翁によって、竹の中から発見された時は三寸（＝約九センチ）ばかりだったが、三か月ほどで成長し、その比類のない美しさに求婚者が絶えなかった。しかし、執拗に迫る五人の貴公子に難題を出して失敗させ、帝の求めをも拒んで、八月十五夜の夜半に、月の世界から迎えに来た天人達に伴われて、月の世界に帰ってしまう。

香具山【山名】奈良県橿原市にある小高い山。畝傍山・耳成山とともに大和三山と呼ばれる。神話で、高天原の山が地上に降ったとされ、「天の香具山」と称される。大和三山の争いの伝説も有名。

かぐら【神楽】〔名〕神前で奏する歌舞。例「―こそ、なまめかしくおもしろけれ」〈徒然草・一六〉訳神楽というものは、優雅で趣のあるものである。

参考 天照大御神が天の岩戸に隠れた時、その前で神々が奏したのが始まりという。宮中では、夜、「庭燎」をたいて、和琴・横笛・篳篥などを奏して神楽歌を歌い、舞を舞う。民間の神社で行われるのを、特に「里神楽」と呼ぶこともある。

かぐら-うた【神楽歌】〔名〕神楽を奏する時に歌う歌。特に、内侍所の神楽の時に歌う歌。（季・冬）

かくら・ふ【隠らふ】〔連語〕（上代語。「隠る」の未然形「隠ら」＋反復・継続の助動詞「ふ」）繰り返し隠れる。隠れ続ける。例「渡る日の影も―・ひ照る月の光も見えず」〈万葉・三・三一七長歌〉訳空を渡る太陽の光もずっと山に隠れ続け、照る月の光も山のために見えないで。

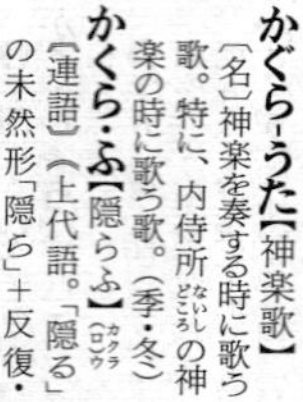
かぐら

かく・る【隠る】■一〔自ラ四〕（ら・り・る・る・れ・れ）（上代語）隠れる。例「青山に日が―・らばぬばたまの夜は出でなむ」〈古事記・上・大国主神〉訳緑の茂る山に日が隠れたら、夜には出ていらっしゃい。注「ぬばたまの」ハ「夜」ノ枕詞。
■二〔自ラ下二〕（れ・れ・る・るる・るれ・れよ）❶物陰に入ったりして、見えなくなる。身をひそめる。隠れる。例「この男、逃げて奥に―・れにければ」〈伊勢・五八〉訳この男が、逃げて奥に身を隠してしまったので。

❷「死ぬ」を避けていう語。（高貴な人が）亡くなる。例「御門（みかど）――・れさせ給ひては、心なき草木（さうもく）までも愁ひたる色にてこそあるべきに」〈平家・一・清水寺炎上〉訳天皇がお亡くなりになったからは、心のない草や木までも悲しんでいる様子であるはずなのに。

参考 上代には四段活用と下二段活用の二種があったが、平安時代以降は下二段活用だけになる。

かくれ【隠れ】〔名〕《動詞「かくる」の連用形の名詞化》❶隠れて見えないこと。人に知られないこと。例「しばしかかる事洩らさじ。――あるまじき事なれど」〈源氏・少女〉訳しばらくはこういうことを世の人に知られたくない。（やがては）人に知られないはずはないことだけれども。

❷人目につかない場所。物陰。

❸（「御（おん）――」の形で）天皇・貴人などが死ぬこと。ご逝去。例「御悩（ごなう）はつかせ給ひて、遂に御――ありけるとぞ聞こえし」〈平家・六・小督〉訳（高倉上皇は）ご病気におかかりになって、とうとうお亡くなりになったということだ。

かくれ-が【隠れ処・隠れ家】〔名〕❶隠れて見えない場所。人目につかない所。例「こなたをまことの御親にもてなし聞こえ給ひて、御方は――の御後見にて」〈源氏・若菜・下〉訳この方（＝紫ノ上）を本当の親としてお立てして、あなた（＝明石ノ君）は人目につかない所での後見人として。

❷人目を避けて隠れ住む所。また、そういう家。

かくれ-な・し【隠れなし】〔形ク〕❶すべて現れていて隠れているところがない。はっきりそれと分かる。例「――・き御匂（にほ）ひぞ、風にしたがひて」〈源氏・橋姫〉訳（気づかれないように注意しているが）はっきりその人（＝薫（カオル））とわかる衣の匂いが、追い風につれて漂って。

❷広く知れ渡っている。有名である。例「三井寺（みゐでら）にはその――・し」〈平家・四・橋合戦〉訳三井寺では広く知れ渡っているぞ。

かくれ-ぬ【隠れ沼】〔名〕草などにおおわれて上からは見えない沼。こもりぬ。例「――の下（した）より生（お）ふるねぬなはの寝ぬ名は立てじ来るないとひそ」〈古今・雑体・一〇三六〉訳隠れた沼の底から生える「ねぬなは」、その名のように「寝ない」という評判は立てまい。（私が）やって来るのをいやがらないでくださいよ。注三句マデハ「寝ぬ名は」ヲ導ク序詞。「ねぬなは」ハ「ぬなは」トモ言イ、今ノ「じゅんさい」ノコト。

かくれ-みの【隠れ蓑】〔名〕着ると姿が見えなくなるという蓑。「隠れ笠」とともに、鬼や天狗の持ち物と言われた。例「垣間見（かいまみ）の人、――取られたる心地して」〈枕草子・淑景舎〉訳（隔てとして仕切ってあった屏風も押し開けてしまったので）覗き見をしていた私は、隠れ蓑を取られたような感じがして。

か-ぐろ・し【か黒し】〔形ク〕《「か」は接頭語》黒々としている。黒い。例「蜷（みな）の腸（わた）――・き髪に何時の間か霜の降りけむ」〈万葉・五・八〇四長歌〉訳黒々とした髪にいつの間に霜が降ったのだろう（＝白髪マジリニナッタノダロウ）。

かくろ・ふ【隠ろふ】カクロウ 一〔自ハ四〕{は・ひ・ふ・ふ・へ・へ} 見えない所にひそみつづける。隠れている。例「昨日（きのふ）今日（けふ）雲の立ち舞ひ――・ふは花の林を憂（う）しとなりけり」〈伊勢・六七〉訳昨日今日、雲があわただしく動いて、山がずっと隠れているのは、（雪の）花が咲いた林を見せるのがいやだというわけだったのだなあ。

二〔自ハ下二〕{へ・へ・ふ・ふる・ふれ・へよ} 一に同じ。

要点「かくる」に、反復・継続の助動詞「ふ」が付いた「かくらふ」の変化した語。二は平安時代になってから。

かくろへ-ごと【隠ろへ事】カクロエ‥〔名〕隠している事。秘め事。秘密。

かぐわ・し【香し・馨し】〔形〕⇩かぐはし

か-くゎん【加冠】カ‥ン〔名・自サ変〕⇩うひかうぶり

かけ【掛け】〔名〕❶《動詞「掛く」の連用形の名詞化》結びつけること。口に出していうこと。また、ことば。例「児（こ）らが名に――のよろしき朝妻（あさづま）の片山岸（かたやまぎし）に霞（かすみ）たなびく」〈万葉・一〇・一八一八〉訳あの娘（こ）の名前として（あの娘に）結びつけるのにふさわしい「妻」の名を持った朝妻山（＝奈良県御所（ゴセ）市ノ山）の斜面に霞がたなびいている。

❷《「うちかけ」の略》近世の上流婦人の上着（うはぎ）。上からかけるだけで、帯でくくらない。

❸《「掛け売り」の略》代金後払いで品物などを売ること。後払い。

❹《「売り掛け金」の略》後払いの約束で売った品物の代金。未払い金。例「――どもを集めて来たらば」〈西鶴・世間胸算用・二・二〉訳売り掛け金を集金して来たら。

か-げ【鹿毛】〔名〕馬の毛色の名。体は鹿（かし）の毛のように褐色で、たてがみ、尾、足の下部が黒いもの。

かげ 〔名〕

一の漢字「影」の時の意味に要注意。まず①光、であり、②姿・かたち、また③面影という意味になる。

一【影・景】❶（太陽・月・灯などの）**光**。例「渡る日の――も隠らひ照る月の光も見えず」〈万葉・三・三一七長歌〉訳（富士の高峰を仰いで見ると、それがあまり高いので）空を渡る太陽の光も隠れ続け、空に照る月の光も見えず。

❷**物や人の姿。かたち**。例「かしこき御――に別れ奉りにしこなた」〈源氏・明石〉訳恐れ多い（父の桐壺（きりつぼ）帝の）お姿にお別れ（＝死別）申し上げてしまって以来。

❸水面・鏡などに映る姿・形。例「風吹けば落つるもみぢ葉水きよみ散らぬ――さへ底に見えつつ」〈古今・秋下・三〇四〉訳風に吹かれて池の上に落ちたもみじの葉は、水面を美しくいろどっている。そして水が清いために散らないで枝にある葉の姿までが池の底に見える。

❹心に思い浮かべる姿・形。**面影**（おもかげ）。

❺光が物や人に当たって、その反対側にできる暗い像。影法師。例「またその己（おのれ）が――の映りたりけるを見て」〈今昔・二八・四二〉訳またその自分の影が（紙障子に）映っているのを見て。

❻（影がいつも身に添うところから）いつも身に付き従って離れないもののたとえ。

❼やせ細って、やつれた姿のたとえ。例「――のやうに、あさましくやせほそり」〈浜松中納言・五〉訳影のように、あきれるほどひどくやせ細って。

二【陰・蔭】❶光の当たらない部分。例「西の大きなる垣のほとりは――にて、人の立てるも確かにも見えぬに」〈今昔・三・一五〉訳西側の大きな垣根のあたりは暗がりになっていて、人の立っているのもはっきりとは見えないのだが。

❷身を寄せたり、隠れたりすることのできる物かげ。例「駒（こま）とめて袖（そで）うち払ふ――もなし佐野のわたりの雪の夕暮れ」〈新古今・冬・六七一〉訳馬をとめて袖に積もった雪を

払う物かげもない。佐野(＝和歌山県新宮(グウ)(シン)市ノ地名トイウ)のあたりの雪の降る夕暮れよ。❸人目につかない所。隠れた場所。❹かばい、守ってくれるもの。また、その人。おかげ。例「ひとりしてなづるは袖(そで)のほどなきに覆ふばかりの――をしぞ待つ」〈源氏・澪標〉訳私一人で(姫君を)なで(育て)るにはあまりにも私の袖が狭い(＝力ガ乏シイ)ので、姫君を覆うに足りるだけのお恵み(＝光源氏ノ庇護(ヒゴ))を待っています。

かけ-あひ【駆け合ひ・懸け合ひ】イ：ア〔名〕敵味方が正面から攻めかかり合うこと。ぶつかり合い。例「――の戦(いくさ)は勢(せい)の多少による事なり」〈平家・七・願書〉訳正面からのぶつかり合いの戦いは軍勢の多少によって(勝負が)決まるものだ。

かけい【懸け樋・筧】〔名〕⇩かけひ

かけ-う・ぐ【欠け穿ぐ】〔自ガ下二〕{げ・げ・ぐ・ぐる・ぐれ・げよ}欠けて穴ができる。例「首もちぎるばかり引きたるに、耳鼻――・げながら抜けにけり」〈徒然草・五三〉訳(頭にかぶった鼎(かなえ)を抜こうと)首ももぎ取れるほど引っぱったところ、耳と鼻が欠けて穴があいた状態になって(やっと鼎は)抜けた。

かけ-かけ・し〔形シク〕(多くは男女関係について)いつも心にかけている。好色めいている。例「今は北の方も大人び果てて、かの昔の――・しき筋、思ひ離れ給ふにや」〈源氏・若菜・下〉訳今はもう北の方(＝玉鬘(タマカズラ))も成人して大人らしくなってしまったので、(光源氏も)あの昔の好色めいた気持ちは、思い切りなさるのであろうか。

かけ-がね【掛け金】〔名〕戸締まりに用いる金具。例「北の障子(じ)(きう)に――もなかりけるを」〈枕草子・大進生昌が家に〉訳北のふすまにかけがねもなかったのだが。

かけ-ご【掛け子・懸け子・懸け籠】〔名〕内部を二重にするために、外側の箱の縁に掛けて、その中に、はまるように作った箱。

かけ-ことば【掛詞】〔名〕和歌の修辞法の一種。同じ音で、意味の異なる語の全部、または一部を用いて、表現に二様の意味を持たせる方法。また、そういう二様の意味を持たせたことば。例えば、次の歌の「いなば」(「往なば」と「因幡(いなば)」)や「まつ」(「待つ」と「松」)のようなもの。例「立ち別れいなばの山の峰に生(お)ふる松とし聞かば今帰り来む」〈古今・離別・三六五〉訳あなたと別れて私の行く先は因幡国(＝鳥取県)ですが、その土地のいなば山の峰に生えている松にちなんで、私を待つとさえ言ってくだされば、私はすぐにでも帰ってくるでしょう。注『百人一首』所収ノ、在原行平(アリワラノユキヒラ)ノ作。

> **参考** 主な掛詞　地名にかかわる掛詞としては「いなば」のほか、「あふ(逢ふ・逢坂)」「うし(憂し・宇治)」「みる(見る・三保)」などがよく使われる。また、地名以外でも、「あき(飽き・秋)」「かる(離る・枯る)」「ながめ(眺め・長雨)」「ひ(思ひ・火)」「ふる(古る・降る)」「まつ(待つ・松)」などがよく知られている。

かけ-こひ【掛け乞ひ】イ：ヨ〔名〕(「かけごひ」とも)掛け売りの代金を請求すること。また、それを集金する人。かけとり。例「総じて――の、無常を観ずる事なかれ」〈西鶴・日本永代蔵・五・三〉訳そもそも売り掛け金を取りに行く者は、(相手に対して)同情心を起こしてはいけない。

かけ-こも・る【掛け籠る】〔自ラ四〕{ら・り・る・る・れ・れ}かぎをかけて中にひきこもる。とじこもる。例「ねぶたければ昼も――・りて、いかなる大事あれども、人の言ふこと聞き入れず」〈徒然草・六〇〉訳眠たい時には昼も部屋にとじこもって、どんな大切なことがあっても、人の言うことを聞き入れない。

かけ-ず〔副〕《動詞「懸く」の未然形＋打消しの助動詞「ず」》簡単に。わけもなく。ひっかからずに。例「――けおさるるこそ、本意(ほい)なきわざなれ」〈徒然草・一〉訳簡単に圧倒されるのが、まったく残念なことだ。

かけ-すずり【懸け硯】〔名〕(「かけすずりばこ」の略)「かけご」付きの硯箱。「かけご」には硯・墨や水入れなどを入れる。別に引き出しがあり、ふたをしてさげることができる。

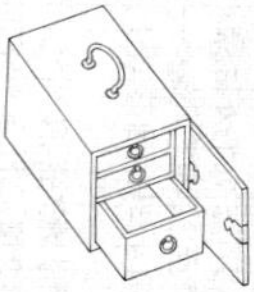

かけすずり

かけ-ぢ【懸け路】：ジ〔名〕険しい崖(がけ)に木材を柵(さく)のように吊(つ)るして造った道。また、険しい山道。「かけみち」とも。例「雲の居(ゐ)る峰の――を秋霧のいとど隔つる頃にもあるかな」〈源氏・橋姫〉訳雲がたちこめている峰の険しい道を、今は秋の霧がいっそう遠くに隔てる頃であることよ。

かけ-て【掛けて・懸けて】㊀〔連語〕❶…を兼ねて。例「五十六にて宰相になり、左近中将――いませしか」〈大鏡・道長・下〉訳五十六歳で宰相になり、左近中将を兼ねていらっしゃったのだった。❷…にわたって。例「来(こ)しかた行く末――まめやかなる御物語に」〈徒然草・一〇四〉訳過ぎ去った昔から将来にわたって心のこもったお話で。❸…を目指して。例「眉(まよ)のごと雲居(くも)(ゐ)に見ゆる阿波の山――漕ぐ舟泊まり知らずも」〈万葉・六・九九八〉訳遠い空に眉毛のように見えている阿波の国(＝徳島県)の山を目指して漕いで行く舟は、どこに停泊するのだろうか(はるかなことよ)。㊁〔副〕❶心にかけて。いつも心に思って。例「いにしへゆ今の現(をつ)(っ)にかくしこそ見る人ごとに――しのはめ」〈万葉・一七・三九八五長歌〉訳昔から今に至るまで、これだからこそ見る人すべて心にかけて感心してほめるのだろうか。❷(多く打消し・反語の表現を伴って)少しも。決して。例「御息所(みやすどころ)は――知り給はず」〈源氏・夕霧〉訳御息所は少しもご存じない。

かけて-も〔副〕❶少しでも。ちょっとでも。例「昔の御けはひに、――触れたらむ人は」〈源氏・宿木〉訳昔の人の血縁に、少しでも関係しているような人は。❷(打消しの表現を伴って)少しも。全然。例「希有(けう)に馬を取られざる、よく射たりつるものかな、といふこと、――言ひ出でずして」〈今昔・二五・一二〉訳不思議に馬を盗み取られなかった、よく(盗人を弓で)射たものだ、などということは、少しも言い出さないで。

かけ-どり【翔け鳥】〔名〕空を飛んでいる鳥。また、その鳥を射落とすこと。例「――なんどあらがうて、三つに二つは必ず射落とす者で候ふ」〈平家・一一・那須与一〉訳(那須与一は)空を飛んでいる鳥を射ることなどを競って、三羽のうち二羽は必ず射落とす者でございます。

かけ-はし【懸け橋】〔名〕崖(がけ)や川などに懸け渡した橋。かりそめの橋。例「旅人の袖(そで)吹き返す秋風に夕日寂しき山の――」〈新古今・羇旅・九五三〉訳旅人の袖をひるがえして吹く秋風の中で、夕日が旅人の孤独をいっそう高めるように射している山の懸け橋よ。

かけ-ばん【懸け盤】〔名〕膳(ぜん)の一種。四脚の台の上に「折敷(をしき)」をのせかけるようにしたことからその名がついたが、後には脚(あし)を作り付けるようになった。[例]「――して、何にかあらむ、ものの参るなるべし」〈枕草子・小白河といふ所は〉[訳]懸け盤にのせて、何なのだろうか、食物を召し上がっているようである。

かけばん

かけ-ひ【懸け樋・筧】〔名〕竹や木を地上に懸け渡して、水を導くようにした樋(とい)。[例]「木の葉に埋(うづ)もるる――の雫(しづく)ならでは、つゆおとなふものなし」〈徒然草・一一〉[訳]木の葉に埋もれている懸け樋から落ちる雫以外には、まったく音をたてるものがない。[注]「おとなふ」ニ訪レル意ヲ掛ケル。

かけ-まく-も【掛けまくも】《動詞「掛く」の未然形「掛け」＋推量の助動詞「む」の古い未然形「ま」＋準体助詞「く」＋係助詞「も」》心にかけて思うことも。また、口に出して言うことも。[例]「――ゆゆしきかも言はまくもあやに畏(かしこ)き」〈万葉・二・一九九長歌〉[訳]心にかけて思うことも慎むべきだ、(そして)口に出して言うこともまことに恐れ多い。

かけ-みち【懸け路】〔名〕⇩かけぢ

かけ-もの【賭け物】〔名〕勝負事などに賭ける品物。賞品。[例]「連歌の――取りて、扇・小箱などふところに持ちたりけるも、水に入りぬ」〈徒然草・八九〉[訳]連歌の(会で)賞品を取って、扇・小箱などふところに持っていたものも、水につかってしまった。

かけ-や・る【掛け破る】〔他ラ四〕{ら・り・る・る・れ・れ}物に引っかけて破る。かぎざきをつくる。[例]「いと細やかなる童(わらは)の、狩衣(かりぎぬ)は――・りなどして」〈枕草子・正月十よ日のほど〉[訳]とてもほっそりした子供で、狩衣にはかぎざきなどをつくったりして。

かげゆ-し【勘解由使】〔名〕《「解由状(げゆじやう)」を「勘する(=審査スル)」役の意》奈良・平安時代、国司交替の際に与えられる「解由状」を審査した役人。役所(=勘解由使庁)は太政官庁内に置かれた。⇩げゆ

かけり【翔り】〔名〕❶《能楽用語》能の囃子(はやし)の一種。大小鼓と笛で奏され、戦闘や狂乱の心持ちを表す。また、その囃子による所作。

❷《歌舞伎用語》①から転じたもので、大小鼓と笛による歌舞伎下座音楽。合戦や物狂い、時代物の幕切れなどに用いる。

❸《連歌・俳諧(はいかい)用語》はっとさせるような構想や表現。目ざましい働き。[例]「句の――、事あたらしさ、誠に秀逸の句なり」〈去来抄・先師評〉[訳]句の目ざましさといい、素材の新しさといい、本当にすばらしい出来の句である。

かけ・る【翔る・駆ける】〔自ラ四〕{ら・り・る・る・れ・れ}空高く飛ぶ。また、飛ぶように速く走る。[例]「磯(そい)に立ち沖辺(おきへ)を見れば海藻刈舟(めかりぶね)海人(あま)漕(こ)ぎ出(づ)らし鴨(かも)――・る見ゆ」〈万葉・七・一二三七〉[訳]磯に立って沖の方を見やると海藻を刈る舟を海人が漕ぎ出しているらしい。鴨が空高く飛ぶのが見える。

かげろふ【陽炎】(カゲロウ)〔名〕地表近くから、ゆらゆらとゆらめいてのぼる気。「かぎろひ」とも。転じて、はかなく消えやすい物のたとえ。(季・春)[例]「――や名も知らぬ虫の白き飛ぶ」〈蕪村〉[訳](春の野に)陽炎がゆらめいている中を、名も知らない白い虫がきらきらと飛びかっている。

かげろふ

【蜻蛉・蜉蝣】(カゲロウ)〔名〕❶トンボの古名。❷虫の名。**トンボに形が似て小さく、体・羽ともに弱々しい**。水辺を飛ぶが、生存期間が短いので、**はかない物のたとえ**とされる。(季・秋)[例]「なほものはかなきを思へば、あるかなきかの心地する、――の日記(にき)といふべし」〈蜻蛉・上・安和元年〉[訳](夫の心をつかみかねて)やはり(この世の)はかないことを思うと、生きているのかいないのかわからない気持ちがする(状態なので、それを書いた)この日記は、蜻蛉の日記と名づけるのが適当だろう。[注]上巻ノ末尾、書名ノ由来ヲ述ベタ部分。

かげろ・ふ(カゲロウ)〔自ハ四〕{は・ひ・ふ・ふ・へ・へ}❶光や姿がちらちらする。ちらつく。

❷光がさえぎられてかげになる。かげる。[例]「縒(よ)られつる野面(のもせ)の草の――・ひて涼しく曇る夕立の空」〈新古今・夏・二六三〉[訳](暑さにしおれて)縒られたようになった野一面の草がかげって涼しく曇る夕立の空よ。[注]「野面の草」ハ、野モ狭クナルホド一面ニ茂ッタ草。

蜻蛉日記(かげろふにっき)(カゲロウ)〔書名〕平安中期の日記。藤原道綱母(ふじわらのみちつなのはは)の著。九七四年(天延二)以後に成立、女流日記文学の最も初期の作品として注目される。作者が十九歳の時の藤原兼家(かねいえ)からの求婚に始まり、その後二十一年間にわたる自伝的回想記。上巻は回想による執筆で、中・下巻はその後随時書き継がれたものと考えられている。第二夫人として夫兼家との愛憎が、不安・苦悩とともに赤裸々につづられており、我が子道綱への母としての情など、女である故の人生の苦しみが如実に描かれている。⇩藤原道綱母(ふぢはらのみちつなのはは)

かげろふ-の【陽炎の】(カゲロウ)《枕詞》(地表にゆらめいて消えやすいことから)「小野」「燃ゆ」「ほのか」「あるかなきか」などにかかる。[例]「夢よりもはかなきものは――ほのかに見てし影にぞありける」〈拾遺・恋二〉[訳]夢よりももっとはかないものは、かすかに見た(あなたの)姿であることよ。

かけ-わた・す【掛け渡す】〔他サ四〕{さ・し・す・す・せ・せ}あたり一面にかける。かけつらねる。[例]「庭いときよげに掃き、紫革して伊予簾(いよす)――・し」〈枕草子・六位の蔵人などは〉[訳]庭をたいそうきれいに掃き、紫色の革をつけて伊予すだれを一面にかけて。

か-げん【下弦】〔名〕(月の下部が欠けて、弦が下にあるように見える形から)満月(=陰暦ノ十五日)の後、欠けていって半円形になった月。特に、陰暦二十三、四日頃の月をいう。(季・秋)[対]じゃうげん

かこ【水夫】〔名〕船をこぐ人。船頭。

かご【影】〔名〕《上代東国方言》かげ(影)。[例]「我が妻はいたく恋ひらし飲む水に――さへ見えて世に忘られず」〈万葉・二〇・四三二二〉[訳]私の妻はたいそう私を恋しく思っているらしいよ。飲む水に妻の面影まで映って、どうにも忘れられない。

かご【加護】〔名・他サ変〕神仏が力を加えて守り助けること。[例]「神明(しんめい)の――必ずつつがなかるべし」〈奥の細道・市振〉[訳]神様のお力できっと無事であることでしょう。

か-ご【駕籠・駕】〔名〕竹や木で作った屋形の上に一本の棒を渡し、その前後を人がかつぐ乗り物。江戸時代に特に発達した。

かご-か〔形動ナリ〕（物に囲まれて）物静かなようす。閑静である。「かごやか」とも。例「あたりは人繁(げ)きやうに侍(はべ)れど、いと――に侍り」〈源氏・夕顔〉訳（東山の）あたりは人が多いようですが、とても閑静でございます。

かこち-がほ【託ち顔】(オ・ガ)〔名・形動ナリ〕…のせいだといって恨み嘆く顔つき。恨めしそうなようす。例「嘆けとて月やはものを思はする――・なるわが涙かな」〈千載・恋五〉訳嘆けといって月が物思いをさせるのであろうか(そんなことはあるまいに)。本当は恋のせいなのに、月のせいだと言いたげに恨めしそうに流れる私の涙であることよ。注『百人一首』所収ノ、西行法師ノ歌。

かこち-よ・す【託ち寄す】〔他サ下二〕{せ・せ・す・する・すれ・せよ}無理に他の物にことよせて言う。かこつける。こじつける。例「菊の露を――・せなどやうの、つきなき営み」〈源氏・帚木〉訳菊の露を無理にこじつけて歌を詠むなどというような、時や場所に不相応なこと。

かこち-よ・る【託ち寄る】〔自ラ四〕{ら・り・る・る・れ・れ}愚痴(ぐち)をこぼして言い寄る。泣きつく。例「言い寄るたよりもいとはかなければ、この君をぞ――・りけれど」〈源氏・蛍〉訳（玉鬘(たまかずら)へ）言い寄る仲介者もはなはだ頼りないので、この君(＝夕霧)に泣きついたのだが。

かこ・つ

【託つ】〔他タ四〕{た・ち・つ・つ・て・て}類なげく・ねたがる・わぶ

> 他人のせいにする、かこつける、がもとの意。それを言い続けると、愚痴を言う、嘆く、の意になる。

❶関係のないことを無理に理由にする。かこつける。例「酔(ゑ)ひに――・ちて苦しげにもてなして、明くるも知らず顔なり」〈源氏・藤裏葉〉訳酔いにかこつけて苦しそうなふりをして、夜の明けるのも知らぬような様子である。

❷**恨みに思い、愚痴を言う。不平を言う。嘆く。**例「前世の罪の報いをば知らで、観音を――・ち申して、かく候(さぶら)ふこと、いと怪しきことなり」〈宇治拾遺・七・五〉訳前世の罪の報いを知らないで、観音を恨み愚痴を申して、こうしていますことは、まことに奇怪なことです。

か-ごと【託言】〔名〕（「かこと」とも）❶他にかこつけて言うことば。言いわけ。口実。例「分け行かむ草葉の露を――にてなほ濡衣(ぬれぎぬ)をかけむとや思ふ」〈源氏・夕霧〉訳（あなたが帰り道に）踏み分けて行かれるであろう草葉の露（に濡れるの）を口実として、やはり（私にまで）濡衣を着せようとお考えなのでしょうか（それはあまりにひどいことです）。

❷他にかこつけて恨み嘆くことば。恨みごと。愚痴(ぐち)。例「――も聞こえつべくなむ」〈源氏・桐壺〉訳（帝からお見舞いをいただいて、よけいに悲しみが増し、かえって）恨みごとを申し上げてしまいそうな気持ちです。注帝ノ使者ニ対スル、桐壺更衣(キリツボノコウイ)ノ母ノ言葉。

❸（「――ばかり」の形で）ほんの申しわけ程度。しるしだけ。例「褶(しびら)だつもの、――ばかり引きかけて」〈源氏・夕顔〉訳褶(＝腰ニ巻キ付ケテ着ル衣服ノ一種)のようなものを、申しわけ程度に（身に）まとって。

かごと-がま・し【託言がまし】〔形シク〕恨みごとを言っている様子である。嘆いているようだ。例「心のままに茂れる秋の野らは、置きあまる露に埋もれて、虫の音――・しく、遣(や)り水の音のどやかなり」〈徒然草・四四〉訳思う存分に茂っている秋の野（のような庭）は、あふれんばかり一ぱいにおりた露に埋もれて、虫の音も何か嘆き恨んでいるようで、（庭を流れる）引き入れた水の音ものどやかである。

かこ・む【囲む】〔他マ四〕{ま・み・む・む・め・め}（奈良時代は「かくむ」）周囲をとりまいて外部と遮断する。とりかこむ。例「敵(かたき)襲ひ来(き)たりて――・み攻めけるに」〈徒然草・六八〉訳敵が襲来して館をとりかこみ攻撃したときに。

かご-やか〔形動ナリ〕⇩かごか

か-さ【枷鏁・枷鎖】〔名〕（「枷」は首かせ、「鏁」はくさりの意）罪人をつなぐのに用いた刑具。首かせとくさり。

かさ【笠・傘】〔名〕雨や雪などを防ぐために、頭にかぶったり、差したりするもの。かさ。例「まめやかに降れば――もなき男子(をのこ)ども、ただ引きに引き入れつ」〈枕草子・五月の御精進のほど〉訳（雨が）本格的に降ってきたのでかさもない供の男達は、どんどん（牛車(ぎっしゃ)を門内に）引き入れてしまった。

かさ【嵩】〔名〕❶重なった物の高さや大きさ。容積。❷高い所。上手(かみて)。❸相手を威圧する勢い。威厳。優勢。

かざ-がくれ【風隠れ】〔名〕風を避けて物陰に隠れること。また、そのために作った物陰。例「風は払ふやうに吹きて、頭(かしら)さへ痛きまであれば、――作りて見出だしたるに」〈蜻蛉・中・天禄二年〉訳風は何もかも吹き飛ばすかのように吹いて、頭まで痛いほどだったので、風防ぎを作ってそこから眺めていたところ。

かさ-がけ【笠懸け】〔名〕馬上で弓を射る競技の一種。乗馬して走りながら的(まと)を射る。笠を懸けて的としたが、後には板やわらで作った。平安末頃から鎌倉時代に、武士の間に流行した。

笠置(かさぎ) ■一〔地名〕京都府相楽(そうらく)郡笠置町一帯。木津川上流で、笠置山があり、山上に笠置寺がある。■二〔寺名〕（「笠置寺」の略）笠置山上にある真言宗の寺。六八二年（天武十一）創建。元弘の変（一三三一）の折に後醍醐(ごだいご)天皇の行宮(あんぐう)(＝仮御所)が置かれた。

かささぎ〔名〕❶〔鵲〕鳥の名。カチガラス。カラスより小さく、日本では北九州に住む。七夕(たなばた)に縁のある鳥として有名。烏鵲(うじやく)。⇩かささぎのはし

❷〔笠鷺〕鳥の名。小鷺(こさぎ)か。中鷺(ちゅうさぎ)とも。

> 参考 ①は、スズメ目カラス科。「かさ」は古代朝鮮語に由来するという。②はコウノトリ目サギ科で頭の羽が笠のようであることからの名という。

かささぎ-の-はし【鵲の橋】〔名〕《和歌用語》❶陰暦七月七日の夜、牽牛(けんぎゅう)星と織女(しょくじょ)星が天の川で逢(あ)う時、カササギが翼を並べて渡すという、想像上の橋。「烏鵲(うじやく)橋」とも。転じて、男女の契りの橋渡しの意にもいう。例「いかなればとだえそめけむ天の川逢ふ瀬に渡す――」〈詞花・秋〉訳どうして行き来が絶えはじめたのだろうか、天の川で二人が逢うために渡すという鵲の橋は(＝私達二人ノ間ハ)。

❷（宮中を天上になぞらえて）宮中の御殿の階段。例「深き夜の雲居の月やさえぬらむ霜に渡せる――」〈続古今・冬〉訳夜ふけの空で月もさえざえと光っていることだろう、御殿の階段が（まっ白で）あたかも霜で橋を渡したようだから。注「雲居」ニハ、宮中ノ意ヲ掛ケテイル。

参考 『百人一首』に大伴家持(おほとものやかもち)作として載せられている「かささぎの渡せる橋に置く霜の白きを見れば夜ぞふけにける」〈新古今・冬・六二〇〉訳天の川に鵲がかけた橋に置いた霜の白々としているのを見ると、もはや夜も更けたことだ。注『百人一首』所収、大伴家持ノ作。が有名で、『新古今和歌集』の冬の部にも出ているが、この「かささぎの橋」については、①の意に解する説もある。

かざし【挿頭】〔名〕《動詞「かざす」の連用形の名詞化》花や枝などを折って髪や冠などに挿すこと。また、その挿したもの。髪飾り。例「その木のもとに降(お)り居(ゐ)て、枝を折りて——にさして」〈伊勢・八二〉訳その木の下に馬から降りて腰をおろし、その枝を折って髪飾りに挿して。

かざ・す【挿頭す】〔他サ四〕{さ・し・す・す・せ・せ} ❶花や枝などを髪や冠にさす。例「春されば霞隠(かすみがく)りて見えざりし秋萩(あきはぎ)咲きぬ折りて——さむ」〈万葉・一〇・二一〇五〉訳春になると霞に隠れて見えなかった秋萩が(今)咲いた。折って髪にさそう。❷花や枝などをさして、飾りつける。

笠取山(かさとりやま)〔山名〕京都府宇治市北東の山。その名にかけて「笠を手に取る」意で歌に用いられる。紅葉の名所。

かさな・る【重なる】〔自ラ四〕{ら・り・る・る・れ・れ} ❶物の上にさらに物がのる。重複する。例「——りたる紅梅の匂ひめでたきも、みなをかし」〈徒然草・一三九〉訳(花びらが)重複している(八重の)紅梅の香りがいいのも、みな趣がある。❷事の上にさらに事が加わる。たび重なる。例「節(ふし)を隔ててよごとに金(こがね)ある竹を見つくること——りぬ」〈竹取・かぐや姫の生ひ立ち〉訳節と節との間ごとに黄金(こがね)が入った竹を見つけることがたび重なった。❸年月の上にさらに年月が加わる。積み重なる。例「年の——るに添へて、御心の隔てもまさるを」〈源氏・若紫〉訳歳月が積み重なるにつれて、(葵(あおい)の上の光源氏に対する)お心の隔ても一層ひどくなるので。

かさ・ぬ【重ぬ】〔他ナ下二〕{ね・ね・ぬ・ぬる・ぬれ・ねよ} 上に積み加える。物事や月日を繰り返す。かさねる。例「かく度々(たびたび)——ねさせ給ふ御訪(とぶら)ひの、いとかたじけなきに」〈源氏・柏木〉訳こんなにしばしば繰り返しおいで下さるお見舞いが、とてもありがたいので。

かさね【重ね・襲】㊀〔名〕《動詞「重ぬ」の連用形の名詞化》❶重なっているもの。また、重ねたもの。例「硯(すずり)の箱は、——の蒔絵(まきゑ)に雲鳥(くもとり)の文(もん)」〈枕草子・硯の箱は〉訳硯の箱は、重ねるようになった蒔絵を施したもので雲に鶴の模様のもの。❷衣服を重ねて着ること。重ね着。また、その衣服。❸②の際の着物同士の色の組み合わせ。「襲(かさね)の色目(いろめ)」とも。季節や場面に合わせて、いろいろの種類が用いられる。「紅梅——」「山吹——」「菖蒲(あやめ)——」など。❹(「下襲(したがさね)」の略)男性が袍(はう)の下に着る、裾(すそ)の長い衣服。❺衣服の上着(うはぎ)と下着(したぎ)とがそろったもの。㊁〔接尾〕重なったものや畳んだものを数える時に用いる。例「青き色紙(しき)一(ひと)——に」〈源氏・常夏〉訳青い色紙一かさねに。

襲の色目(いろめ) 平安時代、衣服を重ねて着る時の表と裏の襲の種類。女性が五衣(いつつぎぬ)・単衣(ひとへ)などを重ねて着る時の上下の色の配合をもいう。季節により様々な色の組み合わせがあり、それぞれ固有の名で呼ばれる。

かさね-て【重ねて】〔副〕もう一度。この次にまた。例「道を学する人、……——ねんごろに修(しゅ)せむことを期(ご)す」〈徒然草・九二〉訳道を修行する人は、……もう一度念を入れて修行することを予定する。

かさね-の-いろめ【襲の色目】⇩「かさね」子項目

かざ-はな【風花】〔名〕《「かざばな」とも》初冬の頃、風に乗って雨や雪がぱらぱらと降って来ること。(季・冬)

かさ-ほこ【笠鉾・傘鉾】〔名〕《「かさぼこ」とも》祭礼・祝いなどのときに用いる飾り物の一種。大きな傘の上に、鉾・長刀(なぎなた)・造花などを付けたもの。

かざ-ま【風間】〔名〕❶風の吹くのがやんだ期間。風の絶え間。例「祈り来る——と思(も)ふをあやなくも鷗(かもめ)さへだに波と見ゆらむ」〈土佐・二月五日〉訳(海の平穏を)祈って来た(そのおかげで)風の絶え間ができたと思っているのに、変なことにどうしてカモメなんかまでが(荒れた海の)白波のように見えるのだろう。❷風の吹いている間。例「雨降り、——には、転んだり何か致さぬで」〈浮世風呂・二・上〉訳雨降りや、風の吹いている時には、(行き帰りに十分気をつけるので)かえって転んだりなんかしませんので。

かざ-まつり【風祭り】〔名〕風が静まるようにと風の神に祈る祭り。秋の収穫前に、豊作を祈って行った。

かざみ【汗衫】〔名〕《漢語の「汗衫(かんさむ)」の変化した形》❶汗取り用の衣服。❷平安時代、初夏に童女などが表着(うはぎ)の上に着た晴れ着。裾(すそ)を長くひく。

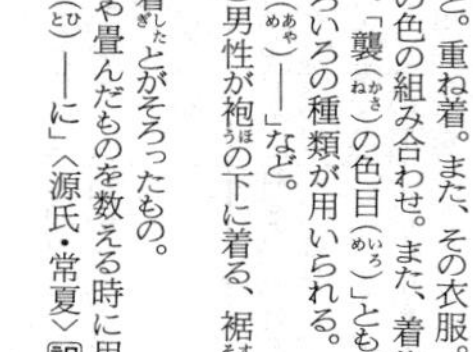

かざみ①

かざり【飾り】〔名〕《動詞「飾る」の連用形の名詞化》❶美しく整えること。かざり。装飾。例「などてか、軽々(かろがろ)しき人の家の——とはなさむ」〈源氏・蓬生〉訳(父の遺品を)どうして、身分の低い人達の家の装飾品にできようか(いや、できない)。注貧窮ニ陥ッテモ気位ノ高イ末摘花(スエツムハナ)ノ言葉。❷頭髪。髪。例「孝謙天皇も、大菩提心(だいぼだいしん)を起こし、御——を下ろさせ給ひ」〈平家・八・名虎〉訳(昔)孝謙天皇も、仏道に入ろうと決心して、御髪をお切りになって(出家され)。注「飾りを下ろす」ハ出家スルコト。

かざり-たち【飾り太刀】〔名〕《「かざりだち」とも》平安時代、節会(せちゑ)や行幸の際、勅許を得た公卿(くぎやう)が束帯につけた儀仗(ぎぢやう)用の太刀。

かざ・る【飾る】〔他ラ四〕{ら・り・る・る・れ・れ} ❶物を取り付けて美しくする。装飾する。例「山橘(やまたちばな)・ひかげ・山菅(やますげ)など、うつくしげに——りて」〈枕草子・職の御曹司におはします頃、西の廂にて〉訳ヤブコウジ・ヒカゲノカズラ・山菅などで、かわいらしげに(卯槌(うづち)の包みを)飾って。❷表面をとりつくろう。ごまかす。例「心知らぬ人目を——りて」〈源氏・行幸〉訳事情を知らない人の手前をとりつくろって。

かざをり-えぼし【風折り烏帽子】(カザオリ…)〔名〕《風に吹き折られた形の烏帽子の意》立て烏帽子の先端を折り曲げた形の烏帽子。略式のもので、狩衣(かりぎぬ)などを着たときに用いる。

かざをりえぼし

かし

〔終助〕接続 相手に言いかける語句や文末に付く。

【確認】❶相手に対して、強くもちかけたり、念を押したりする意を表す。**…ね。…よ。…なのだ。**例「翁(おきな)のあらむ限りは、かうてもいますかりなむ**かし**」〈竹取・貴公子たちの求婚〉訳私(=翁)が生きている間は、このまま(独身のまま)でもおいでになれましょうよ。

❷自分自身で確認したり、自分に言い聞かせたりする意を表す。**…なのだな。…よ。**例「これは知りたることぞ——」〈枕草子・清涼殿の〉訳これ(=『古今集』ノ中ノ歌・句)は覚えているはずのことなのですよ。

要点 大半の例は①の相手にもちかける意の用法で、①には、強くもちかけるというより、やわらかくもちかけると考えた方がよい例もある。②の用法はもちかける対象が話し手自身の場合で、相手が目の前にいる場面での「かし」は、①か②かの判定がむずかしくなる。

参考 係助詞「か」が終助詞的に用いられて感動の意を表したものに、強調の副助詞「し」が付いて一語化したものと考えられている。平安時代以降用いられるようになった語で、もともと口語に用いられ、会話の例が多い。中世には、②の例のような「ぞ＋かし」の形や「命令形＋かし」の形で用いられることが多くなる。

かじ【加持・鍛冶・楫・梶・舵】〔名〕⇩かぢ

がし 一〔終助〕《近世語。終助詞「かし」の濁音化》命令形について、念を押す意を表す。「咲け**がし**」「入れて置け**がし**」のように、命令文の文末に用いる。

二〔接尾語〕《近世語》「…といわんばかり」の意を表す。「聞け**がし**に話す」のように、「に」や「の」を伴って用いる。「これ見よ**がし**」「聞こえよ**がし**」などの形で現在も用いる。

かしかま・し

【囂し】〔形シク〕《近世以降は「かしがまし」》**やかましい。うるさい。**例「あやしき家の見所もなき梅の木などには、——・しきまでぞ鳴く」〈枕草子・鳥は〉訳(ウグイスは宮中では鳴かないのに)見すぼらしい家の見る価値もない梅の木などには、うるさいくらいに鳴いている。

かし・く【悴く】〔自カ下二〕{け・け・く・くる・くれ・けよ}《室町時代以降「かじく」》生気を失う。やつれる。しぼむ。例「——・けたる女(め)の童(わらは)を得たるなり」〈源氏・東屋〉訳やせ衰えた女の子をもらったのだそうだ。

かし・く【炊く】〔他カ四〕{か・き・く・く・け・け}《近世以降「かしぐ」》(米・麦などを)蒸したりして飯を作る。炊事する。例「甑(こしき)には蜘蛛(くも)の巣かきて飯(いひ)——・くことも忘れて」〈万葉・五・八九二長歌〉訳蒸し器には蜘蛛の巣をかけたままで飯をたくことも忘れて。

かしこ【彼処】〔名〕❶《指示代名詞。遠称》あそこ。あちら。例「命婦(みやうぶ)、——にまかで着きて」〈源氏・桐壺〉訳命婦が、(宮中から)あちら(=ココデハ故桐壺更衣(キリツボノコウイ)ノ里)に到着して。

❷《人称代名詞。他称》あちらの方。あの方。

かしこ【畏・恐】《形容詞「かしこし」の語幹》⇩あな畏(かしこ)

かしこ・し

〔形ク〕類 いみじ・ゆゆし

本来は、霊力や威力のあるものに対する、**恐れ多い、**という気持ちを表す。その後、恐れ多い対象の性質や能力を表す例が増えて、**すぐれている、**の意を生じた。また、連用形「かしこく」の形で、**はなはだしく、**と程度を表す副詞的用法もある。

一【畏し・恐し】❶恐るべきである。恐ろしい。例「海人少女(あまをとめ)玉求むらし沖つ波——・き海に船出せり見ゆ」〈万葉・六・一〇〇三〉訳海人の少女達が真珠を採っているらしい。沖の波の恐ろしい海に船出しているのが見える。

❷**恐れ多い。もったいない。**尊い。例「——・き御蔭(みかげ)をば頼み聞こえながら、おとしめ疵(きず)を求め給ふ人は多く」〈源氏・桐壺〉訳(桐壺更衣(きりつぼのこうい)は)恐れ多い(帝の)ご庇護(ひご)を頼りにし申し上げてはいるが、さげすみあら捜しをなさる人は多く。

二【賢し】❶才知がある。賢明である。例「世に知らず、聡(さと)う——・くおはすれば」〈源氏・桐壺〉訳(光源氏は)世に二人とないほど、知恵が鋭く賢明でおいでなので。

❷**すぐれている。すばらしい。**例「右大臣は才(ざえ)世にすぐれてめでたくおはしまし、御心掟(おきて)もことのほかに——・くおはします」〈大鏡・時平〉訳右大臣(=菅原道真)は学才がまことにすばらしくていらっしゃる上に、ご配慮も格別すぐれていらっしゃる。

❸運がよい。好都合である。例「やうやう暮れかかるに『風吹かず——・き日なり』と興じて」〈源氏・若菜・上〉訳だんだん(春の)日が暮れかかって来たが「風も吹かず(蹴鞠(けまり)には)ちょうどよい日だなあ」と(皆)面白がり。

❹《連用形を副詞的に用いて》**はなはだしく。たいそう。**例「男はうけきらはず呼び集へて、いと——・く遊ぶ」〈竹取・かぐや姫の生ひ立ち〉訳男はだれかれの区別なく呼び集めて、大変盛大に管弦の催しをする。

かしこ-どころ【賢所】〔名〕《形容詞「かしこし」の語幹「かしこ」＋名詞「ところ」》❶《恐れ多くかしこまる場所の意》宮中の温明殿(うんめいでん)の中にあり、天照大神(あまてらすおおみかみ)の御霊代(みたましろ)として、八咫鏡(やたのかがみ)(=三種ノ神器ノ一ツ)を祭ってある所。「内侍所(ないしどころ)」とも。

❷祭ってある(場所を指して間接的に)八咫鏡のこと。

かしこまり【畏まり】〔名〕《動詞「畏まる」の連用形の名詞化》❶恐れ多いこと。恐縮。遠慮。例「かたじけなく、きたなげなる所に年月を経て物し給ふこと、極(きは)まりたる——」〈竹取・貴公子たちの求婚〉訳もったいなくも、(こんな)きたならしい所に長い年月お通い下さいますことは、この上なく恐れ多いことです。

❷(自分より上の人への)感謝の言葉。お礼。

❸言い訳。おわび。例「ひと日まかり過ぎし——など申す」〈源氏・関屋〉訳先日立ち寄らずに通り過ぎたおわびなどを申し上げる。

❹おとがめを受けること。おしかり。例「——許されて、もとのやうになりにき」〈枕草子・上にさぶらふ御猫は〉訳おしかりも許されて、もとのようになったのだった。

かしこま・る【畏まる】〔自ラ四〕{ら・り・る・る・れ・れ}

形容詞「かしこ(畏・恐)し」と同源の語で、**恐れつつしむ**、が基本の意。そこから、**つつしんでわびる**、**つつしんで座る**、などの意になる。

❶**恐れ多いと思う。恐れ敬う。** 例「やむごとなき人の、よろづの人に――・られかしづかれ給ふ、見るもいとうらやまし」〈枕草子・うらやましげなるもの〉訳 高貴な方が、皆に恐れ敬われ大切に扱われなさるのは、見ていてもとてもうらやましい。

❷悪いと思う。わびる。謝罪する。例「心惑(まど)はし給ひし世の報いなどを、仏に――・り聞こゆるこそ苦しけれ」〈源氏・初音〉訳 (あなたが私の)心をお迷わしになったあの当時の罪の報いなどを、仏におわび申し上げるとはお気の毒なことです。

❸つつしんで居ずまいを正す。平伏する。例「甲(かぶと)をば脱ぎ高紐(たかひも)にかけ、判官(はうぐわん)の前に――・る」〈平家・一一・那須与一〉訳 甲を脱いで鎧(よろい)の高紐にかけ、判官の前に謹んで居ずまいを正した。

❹つつしんで受ける。承知する。例「『これへおこせ』『――・ってござる』」〈狂言・釣針〉訳「こっちへよこせ」「承知しました」

かしこ・む【畏む】〔自マ四〕{ま・み・む・む・め・め} ❶恐れ多いと思う。おそれ慎む。

❷つつしんで承る。例「大君の命(みこと)――・み大舟の行きのまにまに宿りするかも」〈万葉・一五・三六四四〉訳 大君のご命令を謹んで承って、大舟の行くままに旅寝することだ。

かしずく【傅く】〔動〕⇩かしづく

か-じち【家質】〔名〕金銭を借りるために家・屋敷を抵当に入れること。また、その家・屋敷。例「三十八貫目の――を取りしが、利銀積もりておのづから流れ」〈西鶴・日本永代蔵・三・一〉訳 三十八貫目の借金の抵当に家を取ったのが、利息が積もって自然に抵当流れになり。

かしづき【傅き】(カシヅキ)〔名〕❶大事に養育し、世話すること。愛育。

❷世話をする人。介添え人。特に、五節(ごせち)の舞姫を介添えする女房。例「――など親しう身に添ふべきは、いみじう選(え)り整へて」〈源氏・少女〉訳 (娘の)介添え役など親しく身近に付き添うような者は、厳しく選びそろえて。

かしづき-た・つ【傅き立つ】(カシズキ…)〔他タ下二〕{て・て・つ・つる・つれ・てよ}大切に養育する。また、一人前に育て上げる。例「さまざまに――・てむことを思(おぼ)し掟(おき)てて」〈源氏・竹河〉訳 (鬚黒(ひげくろ)は、子供達を)それぞれに立派に養育しようと心づもりなされて。

かしづ・く【傅く】(カシズク)〔他カ四〕{か・き・く・く・け・け} 類 いつく・はぐくむ

幼い人を、**大切に守り育てる**、が基本の意。多くは、この意だが、主人や愛人を、**大事に世話をする**、の意にも用いる。

❶**大切に守り育てる。愛育する。** 例「長者の家に――・く女(むすめ)のありけるに」〈宇治拾遺・九・八〉訳 長者の家に大切に育てている娘がいたのだが。

❷大事に世話をする。後見する。例「大臣(おとど)の、この頃外腹(ほかばら)の娘尋ね出でて、――・き給ふなる」〈源氏・常夏〉訳 内大臣が、近頃よその女性にできた娘を捜し出して、お世話していらっしゃるという話だ。

かしのみ-の【樫の実の】〖枕詞〗(樫の実は一つずつなることから)「ひとり」「一つ」などにかかる。

かしは【柏・槲】(カシワ)〔名〕❶木の名。カシワ。

❷上代、食物を盛りつけたり包んだりするのに用いた広くて堅い葉の総称。木の葉の食器。例「海松(みる)を高坏(たかつき)に盛りて、――をおほひて出(い)だしたる」〈伊勢・八七〉訳 ミル(=海藻)を高坏に盛りつけて、柏の葉でおおって差し出してきた。

かしは-ぎ【柏木】(カシワ…)〔名〕❶木の名。カシワ。

❷(柏の木に葉守(はもり)の神が宿ると考えられていたことから)皇居の守衛を任務とする「兵衛(ひやうゑ)」「衛門(ゑもん)」の別名。例「――、いとをかし。葉守(はもり)の神のいますらむも、かしこし」〈枕草子・花の木ならぬは〉訳 カシワの木は、とてもおもしろい。樹木の葉を守護する神が宿っておられるといわれているのも、尊いことだ。

柏木(かしはぎ)(カシワギ)〔人名〕『源氏物語』の登場人物。光源氏の親友頭中将(とうのちゅうじょう)の長男。実の妹と知らずに玉鬘(たまかずら)に恋し、後には落葉の宮(=朱雀院(スザクイン)ノ第二皇女)と結婚するが、光源氏の若い妻である女三の宮(=落葉ノ宮ノ異母妹)と過ちを犯し、罪の子薫(かおる)の出生後、罪悪感にさいなまれつつ病死する。

かしは-で【膳夫】(カシワ…)〔名〕《上代、食物を柏(かしわ)の葉に盛りつけたことから。「で」は人の意》❶食事をつかさどる人。料理人。「かしはびと」とも。

❷料理。ごちそう。

かしは-びと【膳人】(カシワ…)〔名〕「かしはで①」に同じ。例「――したり顔に魚を取り出でて」〈雨月物語・夢応の鯉魚〉訳 料理人は得意げに魚を取り出して。

橿原の宮(かしはらのみや)〖地名〗奈良県橿原市にある。記紀により初代天皇の神武天皇が即位して都と定めた地。この地に一八八九年(明治二十二)橿原神宮を創建、神武天皇とその皇后媛蹈鞴五十鈴媛(ひめたたらいすずひめ)を祭る。

か-しふ【家集】(…シュウ)〔名〕個人の歌集。私家集。「いへのしふ」とも。

が-しふ【我執】(…シュウ)〔名〕《仏教語》自分の考えや判断にとらわれて、それから離れられないこと。我意。例「世を捨てたるに似て――深く、仏道を願ふに似て闘諍(とうじやう)を事とす」〈徒然草・一二五〉訳 俗世間を捨て去ったように見えながら我意が強く、仏の教えを求めているように見えながら喧嘩(けんか)や争い事ばかりしている。

鹿島(かしま)〖地名〗茨城県鹿嶋市。鹿島神宮は武甕槌命(たけみかづちのみこと)ほかを祭神とし、香取(かとり)神宮とともに古来軍神として広く信仰された。

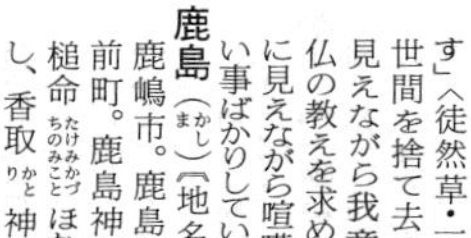

鹿島神宮

かしま・し【囂し】〔形シク〕⇩かしかまし

かしま-だち【鹿島立ち】〔名〕長い旅への出発。旅立ち。門出。例「——の日より同じ宿に泊まり」〈西鶴・好色五人女・二・三〉訳 旅立ちの日から同じ宿屋に泊まり。
参考 中世からよく用いられる語だが、語源には、①鹿島・香取の二神が、天孫降臨に先立ち、茨城県鹿島を発(たつ)て国土を平定した故事による。②防人(さきもり)・武士が旅立ち前の日、鹿島の阿須波明神に祈ったことによる、という二説があり、はっきりしない。

か-しゃく【呵責】〔名・他サ変〕責めさいなむこと。きびしく叱(かし)ること。例「母怒りて、杖(つゑ)をもって伯瑜(はくゆ)を打ちて——・す」〈今昔・九・一二〉訳 母は怒って、杖で伯瑜をたたいて責めさいなむ。

かしら【頭】一〔名〕❶あたま。例「父母(ちちはは)が——播(か)き撫(な)で幸(さき)くあれて言ひし言葉(けとば)ぜ忘れかねつる」〈万葉・二〇・四三四六〉訳 父母が頭をなでて、達者でいておくれと言った言葉が忘れられない。注「幸(さ)くあれて」「言葉(けとば)ぜ」ハ、「さきくあれど」「ことばぞ」ノ上代東国方言。
❷頭髪。髪の毛。例「海のまた恐ろしければ、——もみな白(しら)けぬ」〈土佐・一月二十一日〉訳(海賊の仕返しを心配する上に)海がまた恐ろしかったので、髪の毛もすっかり白くなってしまった。
❸物の最上部。また、最先端。例「冬の末まで——の白くおほどれたるも知らず」〈枕草子・草の花は〉訳 冬の終わりまで(ススキは)先端(=穂先)がまっ白に乱れ広がっているのも気がつかないで。
❹集団のかしら。首領。頭領。
二〔接尾〕人や仏像などを数えるのに用いる。体(たい)。例「いく——造り奉りたるぞ」〈宇治拾遺・九・五〉訳(仏様を)何体お造り申し上げたのか。

頭(を)下(お)ろ・す 頭髪を剃(そ)ったり切ったりして出家する。僧や尼になる。例「不幸に愁(うれ)へに沈める人の、——・しなど、ふつつかに思ひとりたるにはあらで」〈徒然草・五〉訳 不幸に遭って悲しみに沈んでいる人が、髪を剃って出家したりするなどのように、軽率に決心したのではなくて。

かしら-だか【頭高】〔形動ナリ〕矢が肩越しに高く出るように、箙(えびら)を高くつけるさま。例「石打(いしうち)の矢の、その日のいくさに射て少々残ったるを、——に負ひなし」〈平家・九・木曽最期〉訳 石打の矢で、その日の合戦に射て少々残っていたものを、肩越しに高く出るように背負って。

かしら-つき【頭付き】〔名〕髪の様子。髪かたち。

かしら-(を)-おろ・す【頭(を)下ろす】 ⇩「かしら」子項目

かしわで【膳夫】〔名〕⇩かしはで

か・す〔接尾サ四型〕(四段活用動詞の未然形などに付いて)動作を加える意や、使役の意を強めた他動詞を作る。二段活用動詞に付く時は、多くもとの動詞の活用語尾をア段に変えた形に付く。「怒(いか)ら——・す」「浮から——・す」「脅(おびや)——・す」「たぶら——・す」など。

かず【数】〔名〕❶数量。数。例「浜の真砂(まさご)の——多く積もりぬれば」〈古今・仮名序〉訳 浜にある砂のように数多く集まったので。
❷数が多いこと。多数。たくさん。例「山路来て向かふ城下や凧(いかのぼり)の——」〈太祇〉訳 けわしい山路をはるばるとたどって来た末に、パッと視界がひらけると、眼下には、これから向かう城下の、軒を並べた町並みが一望される。折から、春の候とて、のどかな空には、凧がいくつも上がって、物寂しい旅の心に、人なつかしい思いがこみあげてくる。
❸数えるだけの価値のある物。物の数。例「高き人は、我を何の——とも思(おぼ)さじ」〈源氏・須磨〉訳 身分の高い人は、私を何につけても物の数でもないとお思いだろう。
❹グループを構成する人数。定員。

数知(し)ら・ず (「数知れず」とも)数えきれないほど多い。非常にたくさんである。例「事に触れて、——・ず苦しきことのみまされば」〈源氏・桐壺〉訳 何かにつけて、数えきれないほど苦しいことばかりふえるので。

数添(そ)・ふ ❶(「そふ」が自動詞、四段活用の場合)数がふえる。多くなる。例「こよなうこそ、紛(まぎ)るる事も、——・ふ事も侍(はべ)りけれ」〈源氏・花散里〉訳 ここには他の場所と違って一段と、物思いが紛れることも、(また)物思いが多くなることもございますね。
❷(「そふ」が他動詞、下二段活用の場合)数をふやす。多くする。

数無(な)・し ❶物の数にも入らない。取るに足りない。はかない。例「世の中は——・きものか春花の散りのまがひに死ぬべき思へば」〈万葉・一七・三九六三〉訳 この世ははかないものだよ。春の花が散りかう時に死ぬかと思うと。
❷数え切れないほど多い。無数である。

数より外(ほか) 定員外。「かずのほか」とも。例「——の権大納言(ごんだいなごん)になり給ふ」〈源氏・明石〉訳(光源氏は)定員外の権大納言におなりになる。

数を尽(つ)く・す (「数を尽くして」の形で)あるだけ全部。残らずみんな。例「鵜飼(うかひ)——・してひと川浮きて騒ぐ」〈蜻蛉・中・天禄二年〉訳 鵜飼いの舟があるだけ全部川いっぱいに浮かんで騒がしくしている。

かす-か【幽か・微か】〔形動ナリ〕(「霞(かす)む」と同じ語源。「か」は接尾語)❶(音や光などが)やっととらえられる程度に、わずかで弱々しい様子。例「かのおはします寺の鐘の声、——・に聞こえて」〈源氏・橋姫〉訳 あの(八の宮が)おこもりしていらっしゃる寺の鐘の音が、かすかに聞こえて。
❷人けがなくて、静かな様子。ひっそりとしている。物寂しい。例「人目も絶えて、——・なる気色(けしき)はことさらなめれど」〈夜の寝覚・三〉訳 人の姿も全くなくて、物寂しいようすは格別であるようだが。
❸こっそりと忍んでいる様子。人目につかない。例「いと——・に忍びたり」〈源氏・玉鬘〉訳(この旅は一行の者も小人数で)たいそうこっそりと人目を忍んだものであった。

春日(かすが) 一〔地名〕奈良市春日野町一帯。藤原氏の氏神である春日大社がある。
二〔神社名〕「春日大社・春日神社」の略。

かず-かず【数数】一〔名〕数や種類が多いこと。あれこれ。たくさん。
二〔形動ナリ〕数や種類が多いさま。いろいろさまざま。あれやこれや。例「——・に思ひ思はず問ひがたみ身を知る雨は降りぞまされる」〈古今・恋四・七〇五〉訳 あれやこれやと、私のことを思っていて下さるのか思って下さらないのか、それをお尋ねすることもむつかしいものですけれども、雨は私の運命を知っているとみえて、このようにますます降ってきます。

春日野(かすがの)〔地名〕奈良市春日山の西麓一帯の原野。現在の奈良公園の付近。若菜・シカ・ツツジの名所で、王朝貴族の行楽の地であった。和歌では、正月最初の子(ね)の日に若菜を摘む場所として詠まれることが多い。歌枕。

「飛火野(とぶひの)」とも。例「——の若菜摘みにや白栲(しろたへ)の袖(そで)ふりはへて人の行くらむ」〈古今・春上・二二〉訳春日野の若菜を摘むために、白い衣の袖を振りながら、人々は出かけて行くのであろうか。

春日の祭(かすがのまつり)〘祭名〙奈良の春日大社の祭。陰暦二月・十一月のはじめの申(さる)の日(現在は三月十三日)に行われた。藤原氏の氏神の祭礼であるため、その栄華にともなって盛んなものとなった。「賀茂の祭」「石清水(いはしみづ)の祭」とともに三勅祭とよばれる。

かすがひ【鎹】(カスガイ)〔名〕❶戸を閉めるためのかけがね。❷太い木材の合わせ目をつなぎ止めるために使う、コの字形の大きな釘(くぎ)。

かすが-まうで【春日詣で】(‥モウデ)〔名〕奈良の春日神社に参詣(さんけい)すること。特に、藤原氏の氏長者が詣でる場合を指すことが多い。春日神社は藤原氏が一族の氏神として尊崇した。例「一の人の御ありき、——」〈枕草子・めでたきもの〉訳(すばらしいものは)摂政関白の御外出、(それに、摂関家たる藤原氏の)春日詣でである。

春日山(かすがやま)〘地名〙奈良市春日大社の後方にある一帯の山。古来、人々に親しまれ、古歌にも多く詠みこまれている。

かづく【潜く・被く】〔動〕⇩かづく

上総(かづさ)〘旧国名〙⇩かづさ(上総)

かず-しら・ず【数知らず】⇩「かず」子項目

かず-そ・ふ【数添ふ】(‥ソウ)⇩「かず」子項目

かず-なら・ず【数ならず】〘連語〙数えるだけの価値がない。取るに足りない。例「おのれが身——・ずして、権門のかたはらに居るものは」〈方丈記・世にしたがへば〉訳自分が取るに足りない身分で、権力者の家の近くに住む者は。

かず-ま・ふ【数まふ】(‥マ(モ)ウ)〔他ハ下二〕{へ・へ・ふ・ふる・ふれ・へよ}人並みの存在として数える。人並みに扱う。

春日の祭

かすみ【霞】〔名〕朝や夕方、たくさんの細かい水滴が空中に漂い、遠くがはっきり見えない自然現象。(季・春)例「ほのぼのと春こそ空に来にけらし天(あま)の香具山——たなびく」〈新古今・春上・二〉訳ほんのりと春は空に来ているらしい。天の香具山に霞がたなびいている。

> **参考**「霞」と「霧」の違い　もともと雲や霧と同じ自然現象であるが、上空に漂うものを雲、地表近く立ちこめるものを霧、その中間の高さで比較的遠くにぼんやりとかかるものを霞と呼ぶ。上代では霧と霞とを季節的に区別していないが、**平安時代以降、霞は春、霧は秋と区別されている。**そこから「春霞」「秋霧」という語が固定した。

霞の衣(ころも)〘和歌用語〙❶霞がかかるさまを衣装に見立てていう。❷(「かすみ」の「すみ」に墨の意をかけて)薄墨色の衣。喪服。

かすみ-わた・る【霞み渡る】〔自ラ四〕{ら・り・る・る・れ・れ}一面に霞む。例「やや春ふかく——・りて」〈徒然草・一九〉訳だんだんと春も深まり一面に霞んで。

かす・む【霞む】〔自マ四〕{ま・み・む・む・め・め}❶霞(かすみ)が立ちこめる。霞がかかる。例「春の日の——・める時に墨吉(すみのえ)の岸に出(い)で居て」〈万葉・九・一七四〇長歌〉訳春の日の霞がかかっている時に墨吉の岸に出ていて。❷ぼんやりと見える。かすむ。例「春霞(はるがすみ)——・みて往(い)にし雁(かりがね)は今ぞ鳴くなる秋霧の上に」〈古今・秋上・二一〇〉訳春霞の中をぼんやりとかすんで飛び去って行った雁は、今(再び)鳴く声が聞こえるよ。秋霧の中に。

かす・む【掠む】〔他マ下二〕{め・め・む・むる・むれ・めよ}❶こっそり奪い取る。盗み取る。❷それとなくぼんやり知らせる。ほのめかす。例「いかで、このことを——・め聞こえばや」〈源氏・薄雲〉訳何とかして、このことをほのめかし申し上げたい。

かすゆ-ざけ【糟湯酒】〔名〕酒糟(さけかす)を湯に溶かしたもの。貧しい人などが酒の代わりに飲んだ。例「——うちすすろひて」〈万葉・五・八九二長歌〉訳糟湯酒をすすり続けて。注山上憶良ノ「貧窮問答歌」ノ一節。

かずら【葛・鬘】〔名〕⇩かづら

かず-を-つく・す【数を尽くす】⇩「かず」子項目

かぜ【風】〔名〕❶空気の動き・流れ。例「さくら花散りぬる——のなごりには水なき空に波ぞ立ちける」〈古今・春下・八九〉訳桜の花を吹き散らした風は治まったが、まだ花びらがひらひら舞っている。それは水面に残る名残(なごり)の波にも似たものだが、水のない空に立った波である。❷ならわし。風習。例「和歌の浦に家の——こそなけれども波吹く色は月に見えけり」〈新古今・雑上・一五〇四〉訳和歌の世界に私の家の伝統はないけれども(＝私ノ家ハ歌道ノ家柄デハナイガ)、私の詠んだ歌は上皇(＝月ニタトエル)のお恵みで認めていただけるようになった。❸病気の名。風病(ふびやう)。古くは、今の風邪(かぜ)だけでなく、四時の気が人に当たって生じる病気の総称で、発熱・下痢(げり)・神経疾患など、諸種の症状についていう。

風の便(たよ)**り**　(擬人的に)風が使者として吹き伝えてくること。転じて、手紙を送るべき何かの機会。また、風聞。世間のうわさ。「風のつて」とも。例「花の香を——にたぐへてぞ鶯(うぐひす)誘ふしるべには遣(や)る」〈古今・春上・一三〉訳(梅の)花の香りを風という使者に連れ添わせて、鶯を(谷から)誘い出す案内として送ろうよ。

かせぎ〔名〕(シカの角(つの)が「桛木(かせぎ)(＝紡(つむ)イダ糸ヲ巻キツケル道具)」に似ていることから)シカの別名。例「峰の——の近く馴(な)れたるにつけても、世に遠ざかるほどを知る」〈方丈記・勝地は主なければ〉訳峰に住む鹿(しか)がそばに来て馴(な)れているのにつけても、(自分が)世間からどれほど遠ざかっているかがわかる。

かせ-づゑ【鹿杖】(‥ツエ)〔名〕地面につくほうが鹿の角(つの)のように二股(ふたまた)になっている杖。

かせづゑ

かぜ-の-たより【風の便り】⇩「かぜ」子項目

か-せん【歌仙】〔名〕❶和歌にすぐれた人。歌の名人。特に、その時代を代表する一定数のすぐれた歌人。「六——」「三十六——」など。❷(三十六歌仙にちなんで)三十六句から成る連歌、または俳諧。例「たとへば、―は三十六歩なり」〈三冊子・白〉訳たとえていえば、(俳諧の)歌仙は三十六歩(歩むようなもの)である。

かぞ【父】〔名〕(上代は「かそ」)ちち。対いろは(母)

かぞ-いろ【父母】〔名〕(上代は「かそいろ」。「かぞ」は父、「いろ」は「いろは」の略で母の意)父と母。両親。

かぞ-いろは【父母】〔名〕(上代では「かそいろは」。「かぞ」は父、「いろは」は母の意)父母。両親。

かそけ・し【幽し】〔形ク〕(光や音などが)かすかである。ほのかである。例「我が宿のいささ群竹(むらたけ)吹く風の音の―・きこの夕べかも」〈万葉・一九・四二九一〉訳我が家の少しばかり群がり生えている竹に吹く風の音が、かすかに聞こえるこの(春の)夕暮れだなあ。注大伴家持ノ繊細ナ歌ノ代表作。

かぞ・ふ【数ふ】〔他ハ下二〕〈へ・へ・ふ・ふる・ふれ・へよ〉❶数え上げる。計算する。「かずふ」とも。例「手を折りてあひ見しことを―・ふれば十(をと)といひつつ四つは経(へ)にけり」〈伊勢・一六〉訳指を折って、(妻と)連れ添った年月を勘定してみると、四十年がたっていたのだなあ。

❷拍子に合わせて歌う。例「白拍子(しらびやうし)をまことに面白く―・へすましたりければ」〈平家・一〇・千手前〉訳白拍子(=遊女ノ歌舞)を実に面白くおちついて歌ったので。

かた【方】■一〔名〕❶方向。方角。例「ここにありて筑紫(つくし)やいづく白雲のたなびく山の―にしあるらし」〈万葉・四・五七四〉訳ここ(=奈良ノ都)にあって筑紫はどちらの方角だろうか。あの白雲のたなびいている山の方向であるらしいよ。

❷場所。地点。**ところ**。例「女(むすめ)住ませたる―は、心殊(こと)にみがきて」〈源氏・明石〉訳(明石の入道が)娘を住まわせている所は、特別に気を遣って立派につくって。

❸二つに分けたものの一方。対(つい)になっているうちの片方。片側。組。

❹高貴な人などを、間接的に指す。例「殿の御―より禄(ろく)は出ださせ給ふ」〈枕草子・関白殿、二月二十一日に〉訳殿様(=藤原道隆)から祝儀の品をお出しになる。

❺(抽象的に)方面。**その方面の事柄**。例「すきずきしき―にはあらで、まめやかに聞こゆるなり」〈源氏・若紫〉訳好色な方面のことではなく、まじめに申し上げているのです。

❻やり方。手段。方法。

❼(漠然と)おおよその時を示す。ころ。例「過ぎにし―恋しきもの、枯れたる葵(あふひ)」〈枕草子・過ぎにしかた恋しきもの〉訳過ぎてしまった時が恋しく思われるものは、枯れてしまった葵(=賀茂ノ祭ノ日ニ飾リトスル)。

■二〔接尾〕(「がた」とも)❶方向を表す。例「いづ―へかまかりぬる」〈源氏・若紫〉訳(雀の子は)どっちの方向へ(逃げて)行ってしまったのでしょう。

❷二分した、その一方を表す。「右―」「片つ―」など。

❸おおよその時を表す。「暁(あかつき)―」「暮れ―」など。

❹敬意をこめて、人を数えるのに用いる。「ひと―」「おふた―」など。

方塞(ふたが)が・る 陰陽道で、天一神がいて、その方角に行けなくなる。⇩かたたがへ

かた【形】〔名〕❶物のかたち。有様。姿。

❷物のかたちをかいた絵。肖像。模様。例「荒海の―、生きたるものどもの恐ろしげなる手長、足長などをぞ書きたる」〈枕草子・清涼殿の〉訳(清涼殿の東北の隅の衝立には)荒海の絵や、生き物の恐ろしい様子の手長、足長などを描いてある。

❸あとに残るかたち。あと。形跡。また、形見。例「無量寿院(むりやうじゆゐん)ばかりぞ、その―とて残りたる」〈徒然草・二五〉訳無量寿院だけが、その(法成寺の)跡として残っている。

❹決まったかたち。形式。型。慣例。例「―のやうにまじらひをすとも」〈源氏・真木柱〉訳形式通りに宮仕えをしても。

❺占いの結果として現れたかたち。しるし。「うらかた」とも。

かた【肩】〔名〕❶肩。また、鳥の翼の付け根の部分や、獣・虫の前脚の上部。例「髪は……―にかかれるほどまことにめでたし」〈枕草子・野分のまたの日こそ〉訳頭髪は……(風で少しふくらんだのが)肩にかかっている具合は本当にすばらしい。

❷衣服の肩の部分。例「今年行く新島守(にひしまもり)が麻衣―のまよひは誰(たれ)か取り見む」〈万葉・七・一二六五〉訳今年任地におもむく新島守の麻衣にできる肩のほつれは、誰が手に取って繕ってやるのだろうか。

かた【潟】〔名〕❶遠浅の海岸で、引き潮になると現れる所。「ひがた」とも。

❷海岸の入り江。浦。また、海岸に続いている湖や沼。

かた【片】〔接頭〕(名詞や動詞の上に付く)❶一対になっているものの片一方、という意を表す。「―思ひ」「―恋」「―手」「―割れ」「―枝」「―陰」「―敷く」など。

❷不完全な、不十分の、少しも、という意を表す。「―岡」「―山」「―端(はし)」「―生(お)ひ」「―生(な)り」「―時」など。

❸一方にかたよっている、という意を表す。「―田舎(ゐなか)」「―淵(ふち)」など。

❹ひたすら、しきりに、という意を表す。「―待つ」など。

がた【方】〔接尾〕(名詞「方(かた)」が他の語に付いて複合語になる時、濁音化して接尾語になったもの)❶(人を表す名詞に付いて)…の方、…の側、という意を表す。「院―」「春宮(とうぐう)―」「女―」「あるじ―」など。

❷(人を表す名詞に付いて)尊敬の意を表す。「奥―」「殿―」など。

❸(時を表す語に付いて)…のころ、…時分、という意を表す。「明け―」「暮れ―」「あかつき―」「つごもり―」「よみはて―」など。

かたい【乞丐・乞児】〔名〕⇩かたゐ

かたいと-の【片糸の】【枕詞】(「片糸をより合わせる」ところから)「よる」「くる」「たゆ」「みだる」「あふ」「ふし」などにかかる。例「優(すぐ)れたる人も、呉竹(くれたけ)の世々に聞こえ、―よりよりに絶えずぞありける」〈古今・仮名序〉訳(歌詠みとして)優れた人も、代々の世の中に評判となり、その折々に絶えないでいたのであった。

かた-うた【片歌】〔名〕上代歌謡の形式の一つ。五七七の三句からなる。これを二つ合わせると完全なもの(旋頭歌)になるところから、この名がある。

かた-うど【方人】〔名〕(「かたひと」のウ音便)❶歌合わせなどで、左右の二組に分かれて勝負を争う時の、一方の組の人々。

❷味方をする者。味方。仲間。例「那智(なち)・新宮(しんぐう)の者どもは、さだめて源氏の―をぞせんずらん」〈平家・四・

源氏揃〉[訳]那智や新宮の者達は、きっと源氏の味方をするであろう。

かたえ【片方】〔名〕⇩かたへ

かた-おひ【片生ひ】(イ・オ) **一**〔名〕十分に成長・成熟していないこと。また、そのような人や物。未完成。未熟。[例]「紫の君、いともうつくしき――にて」〈源氏・末摘花〉[訳]若紫は、とてもかわいらしいまだ成熟しきらない人で。**二**〔形動ナリ〕十分に成長・成熟していないさま。未完成である。未熟である。[例]「まだ――・なる手の、生(お)ひ先うつくしきにて」〈源氏・少女〉[訳]まだ未熟な筆跡で、将来すばらしい字を書くようになるであろう筆跡で。

かた-か・く【片掛く】〔他カ下二〕(け・け・く・くる・くれ・けよ) ❶片側を寄せかける。片よせる。❷あてにする。頼る。[例]「かの殿の御蔭(かげ)に――・けて」〈源氏・松風〉[訳]光源氏のお力を頼りにして。

かた-かご【堅香子】〔名〕草の名。カタクリの古い名。[例]「もののふの八十少女(やそをとめ)らが汲みまがふ寺井の上の――の花」〈万葉・一九・四一四三〉[訳]多くの少女達が入り乱れて水を汲んでいる寺の水汲み場のほとりのカタカゴの花よ。[注]大伴家持(オオトモノヤカモチ)ノ歌。「もののふの」ハ「八十」ノ枕詞。

かた-かた【片方】〔名〕❶一対になっている物の片一方。かたほう。「かたつかた」とも。[例]「いま――の顔に投げつけたりければ」〈宇治拾遺・一・三〉[訳](鬼がこぶを)もう一方の顔に投げつけたので(左右にこぶを持つ者になった)。❷片すみ。かたわら。[例]「――に寄りて、寝たる由にて、出(い)で来るを待ちけるに」〈宇治拾遺・一・一二〉[訳](部屋の)片すみに寄って、寝たふりをして、(ぼたもちが)できてくるのを待っているうちに。

かた-がた【方方】 **一**〔名〕❶**あちらこちら。**ほうぼう。[例]「朝寝(あさい)なども せず、――見つつ」〈更級・かどで〉[訳](翌朝は)朝寝などしたりしないで、あっちを眺めこっちを眺めしていて。❷**あれこれ。いろいろな方面。**[例]「宮をば、――につけて、いとやむごとなく思ひ聞こえ給へるものを」〈源氏・若菜・上〉[訳]宮(=女三ノ宮)を、あれこれ(万事)につけて、たいそう大事にお思い申し上げておりますのに。❸(「人々」の意の尊敬語)かたがた。[例]「初めより我はと思ひ上がり給へる御――」〈源氏・桐壺〉[訳](宮仕えの)初めから自分こそは(天皇の寵愛を得よう)と自負なさっておられるかたがたは。**二**〔代名〕《中世以降の用法》《人称代名詞。対称》あなたがた。皆さん。**三**〔副〕❶**あれやこれや。さまざま。**[例]「恐ろしうも、かたじけなくも、うれしくも、あはれにも、――移ろふ心地して」〈源氏・紅葉賀〉[訳]恐ろしくも、恐れ多くも、うれしくも、いとしくも、(感情が)さまざまに揺れ動く思いがして。❷どの点から見ても。いずれにしても。どのみち。[例]「――恐れあるべし」〈平家・二・小教訓〉[訳]いずれにせよ(手荒いことをするとあとで)問題が起きるだろう。

かた-かど【片才】〔名〕わずかな才能。少しのとりえ。[例]「人々しう、――などにすべきものの大きさにはあらねど」〈枕草子・虫は〉[訳](ハエは)人間並みに扱って、相手にするような身体の大きさではないが。

かたき【敵】〔名〕❶相手。❷闘争の相手。敵。[例]「――に押しへだてられ、言ふかひなき人の郎等(らうどう)に組み落とされさせ給ひて」〈平家・九・木曽最期〉[訳]敵に(主従が)離ればなれにされ、つまらない人の家来に(馬から)組み落とされなさいまして。❸恨みのある相手。仇(きかた)。

> [要点] ①が原義で、その相手が何であるかにより②や③の意味になる。他に、勝負事・競技・男女関係などいろいろの相手を指す例がある。

かた-ぎ【気質・形気】〔名〕❶性格。習性。生活態度。❷(身分・職業などを表す名詞に付いて)その類の人に特有な気質を表す。「女房――」「商人(あきうど)――」など。

かた-きし【片岸・片崖】〔名〕❶両側ががけのように切り立っている所の、片方のがけ。❷隣り合わせの場所。隣。[例]「我は左近の馬場(むまば)を――にしたれば、いとはるかなり」〈蜻蛉・上・康保三年〉[訳]私は左近の馬場を隣にして(住んで)いるので、(父の家からは)とても距離がある。

かた-ぎぬ【肩衣】〔名〕❶上代の衣服の一種。袖(そで)がなく、肩と背だけをおおった、たけの短い衣服。❷室町時代以降の武家の礼服。のちには町人も着用した。袖がなく、肩と背だけをおおった、紋付きの衣服。袴(はかま)と併せて裃(かみしも)という。

かたぎぬ②

かた-くな【頑な】〔形動ナリ〕《「偏(かた)」+「くねる」と同系の「くな」》

> 素直でなく、偏屈である(①)が基本の意。そこから、物の道理や情趣を理解しない、の意(②)や、やぼったい、みっともない、の意(③)を生じる。

❶がんこで、ものわかりが悪い。**偏屈である。**[例]「虞舜(ぐしゆん)は――・なる母をうやまふと見えたり」〈平家・三・城南之離宮〉[訳](古代中国の天子)虞舜は意地悪い母をも敬って孝行をしたと(漢籍に)書いてある。❷**物の道理や情趣を理解しない。**教養がなく愚かである。[例]「――・なる人のその道知らぬは、そぞろに神のごとくに言へども」〈徒然草・七三〉[訳](各芸道の名人のことを)教養がない人でその芸道をよく知らない人は、むやみにまるで神のように敬って言うが。❸無骨である。**やぼったい。みっともない。**[例]「みづからもいみじと思へる気色(けしき)、――・なり」〈徒然草・七九〉[訳](片田舎からやって来た人にかぎって、知ったかぶりに口出しをして)自分でもすぐれていると思っているようすは、みっともないものだ。

かたくな・し【頑し】〔形シク〕❶がんこで物わかりが悪い。**偏屈である。**[例]「『ついでしてここにもおはしまさせむ』と心をやりて言ふも、――・しく見ゆ」〈源氏・須磨〉[訳]「適当な機会を作って

(光源氏を)ここにもお迎えしよう」と(明石入道が)いい気になって言うのも、がんこらしく感じられる。
❷無骨である。みっともない。見苦しい。例「いみじくしどけなく—・しく、直衣(なほし)・狩衣(かりぎぬ)などゆがめたりとも」〈枕草子・あかつきに帰らむ人は〉訳ひどくだらしなくみっともなく、直衣や狩衣などをゆがめて着ていたところで。

かた-こひ【片恋】(-コイ)〔名〕男女のいずれか一方だけが相手を恋しく思うこと。片思い。対もろこひ(諸恋)

かた-さま【方様】■一〔名〕(「かたざま」とも)❶方角。方向。例「繁樹(しげき)と名のるが—に見やりて」〈大鏡・序〉訳繁樹と名のる者の方向に目を向けて。
❷方面。むき。例「まことしき—の御心おきてなどこそは」〈源氏・宿木〉訳(政治のことなどという)真面目な方面に対するお心がまえなどは。
■二〔代名〕(近世語。人称代名詞。対称)主に女性(特に遊女)が男性を敬意をこめて呼ぶのに用いる。あなたさま。

かた-さ・る【片去る】〔自ラ四〕(ら・り・る・る・れ・れ)(「去る」は移動する意)❶片方の側に寄る。片寄る。例「ここだくに思ひけめかも敷栲(しきたへ)の枕—・る夢(いめ)に見え来(こ)し」〈万葉・四・六三三〉訳こんなにあなたが深く私を思ってお休みになったからでしょうか、枕が片方に寄って寝た夜の夢にあなたが見えたことだよ。
❷遠慮のため、一方に身を避ける。例「いづかたも、みな、こなたの御けはひには—・り憚(はばか)るさまにて」〈源氏・若菜・上〉訳どなたも、みな、紫の上様の御態度には一方へ避けて気がねする状態で。

かた・し【堅し・固し】〔形ク〕❶物や物の状態がしっかりしていて、こわれにくい。かたい。例「—・き巌(いはほ)も沫雪(あわゆき)になし給うべき御気色(おほむけしき)なれば」〈源氏・行幸〉訳堅い岩でも沫雪に砕いてしまうほどの意気込みでいらっしゃるから。
❷心や態度がしっかりしている。きびしい。強い。例「言い初(そ)めてむことはとて、—・うあらがひつ」〈枕草子・職の御曹司におはします頃、西の廂にて〉訳言い出したことには(譲れない)と思って、がんこに言い争いをしてしまった。
❸柔らかさに欠ける。堅苦しい。例「ゐり深う強う—・う書き給へり」〈源氏・行幸〉訳(老いた末摘花(すゑつむはな)の字は)彫り込んだように強く堅苦しい感じに書いておられる。

かた・し【難し】〔形ク〕(もとは「堅し」と同一の語)対やす(易)し

むずかしい、困難である、の意。「ありがたし」の略で、めったにない、の意にもなる。なお、動詞の連用形に付いて接尾語化した「がたし」は、…しにくい、の意になる。

❶むずかしい。容易でない。困難である。例「鞠(まり)も、—・き所を蹴出(けい)だしてのち、やすく思へば、必ず落つと侍(はべ)るやらん」〈徒然草・一〇九〉訳蹴鞠(けまり)でも、むずかしい所をうまく蹴ってのち、もう安心と思うと、きっと(鞠が)落ちるといわれているようです。
❷(「ありがたし」の略)めったにない。まれである。例「女どちも契り深くて語らふ人の、末まで仲よき人—・し」〈枕草子・ありがたきもの〉訳女同士でも固い約束をして付き合っている人で、最後まで仲のよい人はめったにない。

がた・し【難し】〔接尾ク型〕(形容詞「難し」の接尾語化。動詞の連用形に付く)…するのがむずかしい。…しにくい。「行き過ぎ—・し」「見捨て—・し」など。

かた-し・く【片敷く】〔自カ四〕(か・き・く・く・け・け)(古く、男女が互いに袖(そで)を敷いて共寝したことから)自分の衣服の片袖だけを敷いてひとりで寝る。ひとり寝をする。例「妹(いも)が袖別れし日より白栲(しろたへ)の衣—・き恋ひつつぞ寝(ぬ)る」〈万葉・一一・二六〇八〉訳妻の袖と別れた日から、自分の白栲の衣の袖を敷いて恋しく思いながらひとり寝をしている。

かたじけ-な・し【忝し・辱し】〔形ク〕❶もったいない。恐れ多い。例「—・く、きたなげなる所に、年月を経て物し給ふこと、極(きは)まりたる畏(かしこ)まり」〈竹取・貴公子たちの求婚〉訳恐れ多くも、きたならしい所へ、長い年月お通い下さいますことは、この上もない恐縮(でございます)。
❷身に過ぎた恩恵を受けてうれしい。ありがたい。例「御諚(ごぢやう)まことに—・う候ふ」〈平家・九・木曽最期〉訳お言葉はまことにありがとうございます。注義仲ガ最期ヲ共ニシタイト言ッタノニ対シ今井四郎兼平ガ答エタ言葉。

かた-しほ【堅塩】(-シオ)〔名〕精製していない塩のかたまり。「きたし」「かたいしほ」とも。例「寒くしあれば—を取りつづしろひ糟湯酒(かすゆざけ)うちすすろひて」〈万葉・五・八九二長歌〉訳寒いので塩のかたまりを少しずつ食べながら、酒かすを湯で溶かしたものをすすり続けて。

かた-しろ【形代】〔名〕❶祭や禊(みそぎ)・祓(はらへ)などの時に、神体や精霊の代わりとして用いる人形。
❷本物の代わりになるもの。身代わり。

かた-そば【片側】〔名〕❶(物の)一端。片端(かたはし)。片脇(かたわき)。例「御簾(みす)の—よりさしいでさせ給ひて」〈栄花・さまざまの喜び〉訳すだれの脇から出ておいでになって。
❷(事柄の)一部分。一面。例「日本紀(にほんぎ)などはただ—ぞかし。これらにこそ、道々しく、くはしきことはあらめ」〈源氏・蛍〉訳『日本書紀』(以下の正式の歴史書)などは(この世の)ほんの一部の事実しか伝えていないのです。(それに対して)これら(の物語)にこそ、道理にかなって、(人の世の真実が)くわしく書き記されているでしょう。

かた-そ・ふ【片添ふ】(-ソウ)〔他ハ下二〕(へ・へ・ふ・ふる・ふれ・へよ)片方に寄せる。片寄せる。例「このおはします所は、……海面(うみづら)よりは少し引き入りて、山陰(やまかげ)に—・へて」〈増鏡・新島守〉訳この(後鳥羽院の)いらっしゃる所は、……海岸からは少しひっこんで、山陰に寄せかけて。

堅田(かたた)〔地名〕滋賀県大津市北部の地。琵琶(びわ)湖の西南部。落雁(らくがん)で有名で、「堅田の落雁」は近江(おうみ)八景の一つ。

堅田(浮御堂)

かた-たがひ【方違ひ】(-タガイ)〔名〕⇩かたたがへ

かた-たがへ【方違へ】(-タガエ)〔名〕(「かたたがひ」とも)平安時代以降行われた陰陽道(おんようどう)に基づく風習。外出する時、天一神(なかがみ)・太白神(たいはくじん)・金神(こんじん)などの巡行する方角に行くと災いを受けるとして、それを避け、前夜に他の方角の場所で一泊し、翌日、そこからは別の方角にあたる目的地へ行くこと。例「すさまじきもの、……――に行きたるにあるじせぬ所」〈枕草子・すさまじきもの〉訳興ざめなもの、……方違えに行ったのにもてなしをしない家。注当時、方違エニ来タ客ニ対シテハ、モテナシヲスルノガ通例ダッタ。

かたち【形・容貌】〔名〕❶物のかたち。**形体**。外形。例「鏡には色・――なき故に、万(よろ)づの影来たりて映る」〈徒然草・二三五〉訳鏡には色や形がないために、いろいろなものの像がやって来て映る。
❷(抽象的に)物事の状態。有様。
❸顔かたち。容貌。また、からだの格好。容姿。例「かぐや姫、――の世に似ずめでたきことを、帝(みかど)聞こしめして」〈竹取・帝の求婚〉訳かぐや姫が、容姿が世間に類を見ないほど美しいということを、天皇はお聞きになって。
❹美しい顔かたち。また、その人。美貌。美人。例「――を好ませ給ひて」〈栄花・殿上の花見〉訳(彰子は)美人がお好きで。

形あり 容貌が美しい。例「『――・りや』『をかしや』など、若き御達(ごたち)の消えかへり心移す」〈源氏・行幸〉訳「容貌が美しいよ」「すばらしいよ」などと、若い女房達が死ぬほど心を奪われている。

形(を)変(か)ふ 剃髪して僧や尼の姿になる。出家する。「形変はる」「形をやつす」とも。例「**形を変へてむと思(おぼ)し立つを**」〈源氏・竹河〉訳(玉鬘(たまかずら)が)出家して尼になってしまおうと決心なさるのに対して。

かたち-びと【形人・容人・貌人】〔名〕顔かたちの美しい人。美人。例「若やかなる――のひたぶるにうちはなやぎ、ざればめるは、いと多く」〈源氏・若菜・上〉訳(女三の宮のもとにはお付きの女房なども)若い美人でただいちずに華やかで、しゃれている者が、たいそう多く。

かた-つ-かた【片つ方】〔名〕《「つ」は「の」の意》❶二つあるものの一方。片方。片一方。例「夏も冬も、几帳(きちゃう)の――にうちかけて人の臥(ふ)したるを」〈枕草子・心にくきもの〉訳夏でも冬でも、(衣を)几帳の片側にひっかけて人が寝ているのを。
❷(抽象的に用いて)一方。反面。例「喜ぶものから、――にはおぼつかなく悲しきことのうち添ひて絶えぬを」〈源氏・若菜・上〉訳(孫の明石女御(にょうご)の皇子出産を見て)喜びはするものの、また一方では気がかりで悲しいこと(=夫トノ生キ別レ)が身につきまとって絶えないのに。
❸片すみ。

かた-つ・く【片付く】〔自カ四〕{か・き・く・く・け・け}片側に接する。片寄る。例「雪をおきて梅をな恋ひそあしひきの山――・きて家居(いへ)せる君」〈万葉・一〇・一八四二〉訳雪をさしおいて梅を慕いますな。山に接して住んでいるあなた。

かたつぶり【蝸牛】〔名〕かたつむり。(季・夏)例「いぼじり・――などを取り集めて」〈堤中納言・虫めづる姫君〉訳かまきりやかたつむりなどを採ってきて集めて。

かた-とき【片時】〔名〕《「一時(ひととき)」の半分」の意》**ちょっとの間。わずかな時間。しばし**。例「汝(なんぢ)が助けにとて、――の程とて下(くだ)ししを」〈竹取・かぐや姫の昇天〉訳お前の助けにと思って、(かぐや姫を)ほんのちょっとの間といって天から下したのだが。

片時避(さ)らず 《「避る」は「避ける」の意》少しの間も離れずに。いつも一緒にいて。例「――相思ひけるを、人の国へ行きけるを、いとあはれと思ひて別れにけり」〈伊勢・四六〉訳少しの間も離れずに親しくしていたが、(その友人が)地方へ行くことになったのを、とてもつらいと思って別れたのだった。

かた-な【刀】〔名〕❶《「な」は刃の意》片方にだけ刃のついた小型の刀剣。ⓐ(武器としての)短刀。腰刀。例「熊谷(くまがへ)あまりにいとほしくて、いづくに――を立つべしとも覚(おぼ)えず」〈平家・九・敦盛最期〉訳熊谷直実(なおざね)は(平敦盛(あつもり)が)あんまりかわいそうで、どこに刀を突き立ててよいかも分からない。⇩つるぎ要点
ⓑ(日常生活に用いる)こがたな。例「よき細工は、少しにぶき――を使ふといふ」〈徒然草・二二九〉訳立派な細工師は、少し切れ味の鈍い小刀を使うということだ。
❷《近世語》大刀(だいとう)。脇差(わきざし)(=小刀)と合わせて「大小」といい、武士はこの二本を一緒に腰に差した。

かた-なり【片生り】〔形動ナリ〕《「片生(お)ひ」とも》❶まだ十分成長していない様子。幼少である。例「まだ――・にて、生(お)ひ先ぞおしはかられ給ふ」〈源氏・玉鬘〉訳(明石の姫君はお美しくておいでのようですが)まだまだ幼くて、(現在の問題でなく)将来が楽しみなお方でいらっしゃる。
❷力量・成果などが十分でない様子。不完全である。未熟である。例「御息所(みやすどころ)の御琴(こと)の音(ね)、まだ――・なるところありしを」〈源氏・竹河〉訳御息所の琴の音は、まだ未熟なところがあったが。

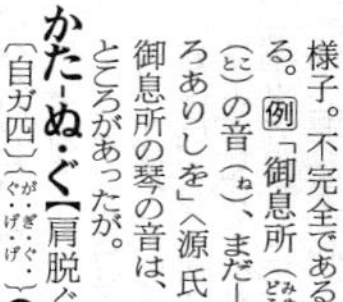
かたぬぐ①

かた-ぬ・ぐ【肩脱ぐ・袒ぐ】〔自ガ四〕{が・ぎ・ぐ・ぐ・げ・げ}❶(くつろいで)上着を半分脱いで、下着の肩を現す。例「若やかなる上達部(かんだちめ)は、――・ぎて降り給ふ」〈源氏・若菜・下〉訳若々しい上達部は、上着を半分脱いで下着の肩を出して(舞うために庭に)お降りになる。
❷着物を脱いで、上半身を現す。肌を出す。例「年老いたる法師召し出(い)だされて、黒くきたなき身を――・ぎて」〈徒然草・一七五〉訳年とった法師が呼び出されて、黒くて汚ない体なのに肌を出して。

交野(かたの)〔地名〕大阪府枚方(ひらかた)市・交野市一帯の地。古来鷹狩(たかが)りの名所で、禁野(きんや)になっていた。桜の名所としても有名。

荷田春満(かだのあづままろ)〔人名〕江戸中期の国学者・歌人。京都伏見稲荷神社の神官の子として生まれ、神道と歌学を学んで、『万葉集』・記紀をはじめとする古典を研究、復古神道を唱えた。門下生に賀茂真淵(かものまぶち)・荷田在満(ありまろ)がいる。著書に『万葉集僻案抄(へきあんしょう)』『伊勢物語童子問(どうじもん)』など、歌集に『春葉集』がある。

かた-の-ごとく【形の如く】《連語》❶きめられた形式に従って。形どおりに。例「――なむ斎(いも)ひ)の御鉢まゐるべきを」〈源氏・若菜・下〉訳しきたりどおりに精進料理のご馳走(ちそう)をさしあげなければならないのだが。
❷ほんの形ばかり。まねごとだけでも。

かた-は【片端】〔名・形動ナリ〕❶**不完全な様子。不十分な様子**。また、欠点。欠陥。難点。例「人のいと――・なるものに言ひおとすなる容貌(かたち)」〈源氏・常夏〉訳人はたいそう不器量だと言って軽蔑(けいべつ)するという(近江(おうみ)の君の)容姿だが(そうはいっても、そ

れほどひどく言うほどのものではない)。

❷身体的な障害のあること。また、その人。例「辛(から)き命生きたれど、腰斬(き)り損ぜられて、──になりにけり」〈徒然草・八七〉訳危ない命はとりとめたが、腰に切り傷をつけられて、身体障害者になってしまった。

❸道理にはずれている様子。また、そのために見苦しい様子。不都合(ふつごう)。不らち。例「いと──なり。身も滅びなむ」〈伊勢・六五〉訳(女が強引に入りこんできた男に)あなたのやり方は無茶苦茶です。身の破滅になりましょう。

❹自分の見苦しい様子を見られて恥ずかしく思う気持ち。**みっともない。きまりが悪い。**例「『いと──・なるほどになりぬ』など急げば」〈蜻蛉・上・康和三年〉訳「(男が女の家から帰る時間としては、遅くなって)ひどくみっともない時間になってしまった」などと言って急ぐので。

かた-はし【片端】〔名〕❶一方の端。一端。❷ほんの一部。ごくわずか。例「女のまねぶことにしあらねば、この──だにかたはらいたし」〈源氏・賢木〉訳女(である筆者)が筆にしてよいことではないので、ここにごく一部を書いたことだけでも気がひけるのである。

かたは-づ・く【片端付く】〔自カ四〕{か・き・く・く・け・け}体に欠陥を生ずる。例「身を損なひ、──・ける人、数も知らず」〈方丈記・辻風〉訳我が身を傷つけ、体が不自由になった人は、無数にいる。

かた-はら【傍ら】〔名〕❶片方の腹。わき腹。❷物の側面。横がわ。例「車のすだれ・──などにさし余りて」〈枕草子・五月の御精進のほど〉訳(卯の花を)牛車(ぎっしゃ)のすだれや側面などに(挿して飾るが)挿しきれずに。

❸そば。わき。すぐ近く。例「右近は──にうつぶし臥(ふ)したり」〈源氏・夕顔〉訳右近は(女君の)そばにうつぶせに寝ている。

❹そばにいる人。周囲の人。例「初めよりやむごとなき人の──も無きやうにてのみ物し給ふめればこそ」〈源氏・竹河〉訳最初から高貴なお方がそばに人がいないように振る舞っておいでのご様子ですから。

❺端に寄ったところ。端っこ。例「いとあやふく覚(おぼ)えて、──に寄りて高欄(かうらん)押さへなどして行くものを」〈枕草子・正月に寺にこもりたるは〉訳(階段の長い廊下を)たいそう危なっかしく思われて、端の方に寄って手すりをおさえたりして行くのを。

要点 現代語の「かたわら」を含めて、③の意味で使われることが最も多いが、原義は①であろう。ただし①の場合は、ずっとカタハラと読まれてきたらしい。

かたはら-いた・し【傍ら痛し】〔形ク〕類こころぐるし

傍らで見たり聞いたりしているのがつらい、の意。そこで、**気の毒である**①、**みっともない**②、の意などになる。以上は、自分が見聞きする場合で、他人から見聞きされる場合は、**恥ずかしい、きまりが悪い**③、となる。

❶(傍らで見聞きしていられないほど)**気の毒である。心が痛む。**例「この頃の御気色(けしき)を見奉る上人(うへびと)・女房(にようばう)などは──・しと聞きけり」〈源氏・桐壺〉訳最近の(悲しみに沈んでいる帝(みかど)の)ご様子を拝見している殿上人や女房達は(そんなことに無関心に鳴らす音楽を、帝に対して)お気の毒なことだと聞いていた。

❷(傍らで見聞きしていて)**みっともない。にがにがしい。**例「すべて、いとも知らぬ道の物語したる、──・く聞きにくし」〈徒然草・五七〉訳何事でも、(話し手が)たいして知ってもいない方面の話をしているのは、(傍らで聞いていても)にがにがしく聞き苦しいものである。

❸(傍らの人がどう見るか)気になる。恥ずかしい。きまりが悪い。例「そのうちとけて──・しと思(おぼ)されむこそ、ゆかしけれ」〈源氏・帚木〉訳その(手紙の中でよそゆきでなく)打ち解けて(書いてあって)見られたら恥ずかしいとお思いになるようなのこそ、拝見したい。

かたはら-め【傍ら目】〔名〕脇(わき)から見た姿。横顔。例「御──などをいとほしと思(おぼ)せば、まほにも向かひ給はず」〈源氏・初音〉訳(末摘花(すゑつむはな)の醜い)おん横顔などを(見るのも)気の毒だとお思いになるので、(光源氏は)まともに正面からお向き合いにならない。

かた-ひ・く【方引く・片引く】〔他カ四〕{か・き・く・く・け・け}目を掛け、力を添えて助ける。ひいきする。例「男も女も、けぢかき人思ひ──・き」〈枕草子・故殿の御ために〉訳男でも女でも、近しい人を思いひいきして。

かた-びら【帷・帷子】〔名〕❶几帳(きちやう)・帳(とばり)などに垂れ衣(ぎぬ)としてかけた布。夏は生絹(すずし)、冬は練絹(ねりぎぬ)を用いた。例「三尺の几帳の──いと涼しげに見えたるを押しやれば」〈枕草子・南ならずは東の〉訳三尺のやや小型の几帳で布がとても涼しそうに見えるのを(向こうへ)押しやると。

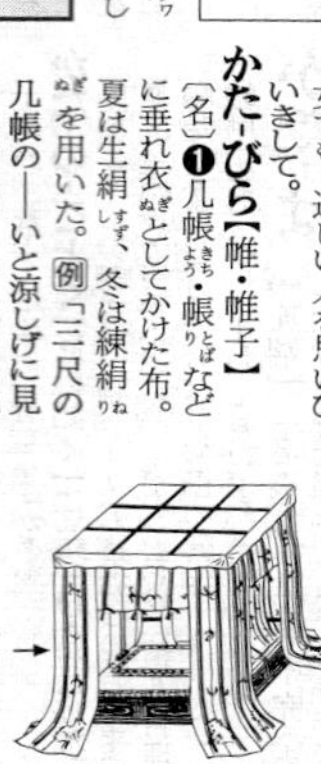
かたびら①

❷裏をつけない着物。単衣(ひとへ)に似ているが、それより短くて小さい。夏、直衣(なほし)の下に着る。例「夏などのいと暑きにも、──いとあざやかにて」〈枕草子・説経の講師は〉訳夏のたいそう暑い時でも、(おしゃれをして)かたびらをはっきりと見せて。

❸近世以後、麻などで織った単衣(ひとへ)の夏用の着物。(季・夏)

❹(「経帷子(きやうかたびら)」の略)葬式の時、経文などを書いて死者に着せる着物。例「──一つと銭(ぜに)六文を、四十九日の長旅のつかひ」〈西鶴・日本永代蔵・三・二〉訳経帷子一枚と銭六文を、四十九日の長旅の費用として。注「銭六文」ハ、冥途(めいど)ノ路用トシテ棺ニ納メタモノ。

かたぶ・く【傾く】(「かたむく」とも)

━〔自カ四〕{か・き・く・く・け・け}❶斜めに倒れかかるようになる。**傾斜する。**例「大和撫子(やまとなでしこ)の、いたう濡(ぬ)れて──・きたるを折らせて」〈狭衣・三〉訳ヤマトナデシコの、雨にひどく濡れて傾いているのを(供の人に)折らせて。

❷(太陽や月が)**西へ沈みかける。**例「東(ひむがし)の野にかぎろひの立つ見えてかへり見すれば月──・きぬ」〈万葉・一・四八〉訳東方の野にはかげろうの立つのが見えて、後をふり返ってみると月はもう(西に)傾いてしまっている。

❸(国・家・個人などが)もとの安定した状態を保てなくなる。衰えに向かう。

❹首をかしげる。思案する。不審に思う。例「外（と）を見出（い）だして、少し──き給へるほど」〈源氏・朝顔〉訳外の景色を見ながら、少し首をかしげていらっしゃる（紫の上の）様子は（比べるものがないくらいかわいらしい）。

□二〔他カ下二〕（け・け・く・くる・くれ・けよ）❶斜めに倒れかかるようにする。**かたむける。傾斜させる。**例「少し──けて歩み来るに」〈枕草子・雪高う降りて〉訳（風がひどく吹いて横向きに雪を吹きかけるので、傘を）少し傾けて歩いて来る時に。

❷**勢力を衰えさせる。**地位から引きずり降ろす。滅亡させる。

❸**非難する。けなす。**例「『あまり引きたがへたる御事なり』と、──け侍（はべ）るめるを」〈源氏・少女〉訳「あまりにも常識を外れたなされかただ」と、非難しているようですから。

要点 中世以降、「かたむく」がしだいに多用されるようになり、「かたぶく」は、やや上品で古風な感じを伴い、主として和歌などで用いられるようになっていった。

かた-ふたがり【方塞がり】〔名〕（「かたふさがり」とも）陰陽道（おんようどう）で、行こうとする方角に天一神（なかがみ）が巡行しているため、行くことができないこと。また、その時。⇩かたたがへ 例「──とて男の来ざりければ」〈後撰・恋四・詞書〉訳方塞がりだからといって男がたずねて来なかったので。

かた-ふたが・る【方塞がる】⇩「かた（方）」子項目

かた-へ【片方】エ〔名〕❶対（つい）をなすものの一方。**片側。片方。**例「夏と秋と行きかふ空の通（よ）ひ路（ぢ）は──涼しき風や吹くらむ」〈古今・夏・一六八〉訳去って行く夏とやって来る秋とがすれちがう空の通路では、今頃（秋が通る）片側にだけ涼しい風が吹いていることだろう。

❷多くある中の少し。**一部分。**例「五年（いつとせ）六年（むとせ）のうちに千年（ちとせ）や過ぎにけむ、──はなくなりにけり」〈土佐・二月十六日〉訳五、六年のあいだに松の寿命の千年がたってしまったのだろうか、松林の一部はなくなってしまっていた。

❸**かたわら。そば。身近。**例「さて、──の人にあひて」〈徒然草・三三〉訳そうして、かたわらの人にむかって。

❹**そばにいる人。仲間。**傍輩（ほうばい）。例「ある荒夷（あらえびす）の恐ろしげなるが、──にあひて『御子（おこ）はおはすや』と問ひしに」〈徒然草・一四二〉訳ある東国の荒武者の恐ろしそうなのが、かたわらの人にむかって「お子様はいらっしゃいますか」と尋ねたところ。

かたへ-は【片方は】カタエ-〔連語〕理由の一部を推測して言う語。**一つには。なかばは。**例「あまり若くもてなし給へば、──かくも物し給ふぞ」〈源氏・葵〉訳（母君があなたをあんまり子供っぽく扱われるので、一つにはそのためもあってあなたはこんな状態（＝体ノ具合ガ回復シナイ）なのですよ。注出産後、衰弱スル葵（アオイ）ノ上ヲ励マス光源氏ノ言葉。

かた-ほ【偏・片秀】オ〔形動ナリ〕**不完全な様子。不十分である。**未熟である。対まほ（真秀）① 例「いまだ堅固──なるより、上手（じゃうず）の中に交じりて」〈徒然草・一五〇〉訳まだぎこちなくて未熟なうちから、名人上手な人々と一緒に交じって。

かた-ま・く【片設く】〔自カ下二〕（け・け・く・くる・くれ・けよ）《上代語》その時節がめぐってくる。まさにその時になる。例「何時はしも恋ひぬ時とはあらねども夕──けて恋はすべなし」〈万葉・一一・二三七三〉訳いつといって恋しく思わない時はないけれど、夕方になると恋の思いはどうしようもなくつのる。

かだま・し【奸し】〔形シク〕（「かだ（奸む）」の形容詞化した語）心がねじけている。例「──しき者、朝（てう）にあって罪を犯す」〈平家・六・紅葉〉訳心のねじけた者が、市中にいて犯罪を犯す。

かた-み【形見・記念】〔名〕死んだ人、別れた人の残したもの。また、過ぎ去った昔を思い出す手がかりとなるもの。記念。遺品。例「脱ぎ置く衣（きぬ）を──と見給へ」〈竹取・かぐや姫の昇天〉訳脱いで置いて行く着物を私（＝カグヤ姫）の形見として（いつまでも）ご覧下さい。例「四面新たに囲みて、甍（いらか）を覆（おほ）ひて風雨をしのぐ。しばらく千歳（せんざい）の──とはなれり」〈奥の細道・平泉〉訳（光堂（ひかりどう）は）その周囲を壁で囲み、屋根でおおって風雨をしのいでいる。当分は古い昔をしのぶ記念物となっている。

かたみ-に【互に】〔副〕**互いに。**かわるがわる。例「また、──打ちて、男をさへぞ打つめる」〈枕草子・正月一日は〉訳また、互いに（かゆの木で）打ち合って、男までも打つようだ。注当時、「かゆをたいた木」デ女ノ腰ヲ打ツト男子ヲ産ムトイウ俗信ガアッタ。ダカラ、本来ハ男ヲ打ッテモ仕方ガナイノニ、男マデ打ッテ、遊ビ興ジテイルノデアル。

参考 和文に用いられる。漢文訓読文では「たがひに」。

かた・む【堅む・固む】〔他マ下二〕（め・め・む・むる・むれ・めよ）❶固くしっかりした物にする。**固める。**例「いざ子どもたはわざなせそ天地（あめつち）の──めし国ぞ大和島根（やまとしまね）は」〈万葉・二〇・四四八七〉訳いざ人々よ、愚かなこと（＝反逆）をするな。天地の神が造り固めた国だぞ、日本の国は。

❷かたく約束する。かたく禁じる。

❸かたく守る。守りを固める。例「七条が末は摂津（つ）の国源氏の──めたりけるが」〈平家・八・鼓判官〉訳七条大路のはずれは摂津（せっつ）の国の源氏が守りを固めていたが。

❹矢をひきしぼってねらいを定める。

かた-むすび【片結び】〔名〕帯や紐の結び方で、片方だけを輪にして結ぶもの。解けやすいもののたとえに用いられることが多い。例「葦の屋のしづはた帯の──心やすくもうち解くるかな」〈新古今・恋三・一二六四〉訳葦で葺（ふ）いた家に住む女が身に付けている縞（しま）模様の帯をとけやすいように片結びにしているように、あの女性は、隔てなくすっかりうち解けてくれたことだ。

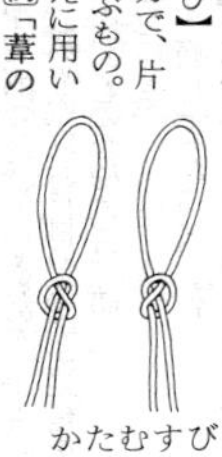

かたむすび

かため【固め】〔名〕（動詞「固む」の連用形の名詞化）❶守り固めること。また、そのもの。ⓐ敵から防ぎ守ること。防備。警戒。例「いとものはかなき──なれど、引きもあけず」〈源氏・夕霧〉訳（それは）何とも頼りない防御でしかないのだが、（夕霧のほうはそれ以上は迫らず）その襖を引きあけもしない。

ⓑ（多く「世の──」「おほやけの──」などの形で）揺るがぬように押さえ固めるもの。支え。柱石。例「朝廷（おほやけ）の──となりて、天（あめ）の下を助くるかたにて見れば」〈源氏・桐壺〉訳朝廷の柱石となって、天下の政治を補佐するという方面から（光源氏を）見ると。

❷堅い約束。特に、夫婦・主従などの結びつきを約束すること。契（ちぎ）り。誓約。

かた-もひ【片思ひ】〔名〕《上代語。「かたおもひ」の変化した形》相手の心もわからないまま、こちらから一方的に恋しく思うこと。「かたこひ(片恋)」とも。例「つれもなくあるらむ人を――に我は思へばわびしくもあるか」〈万葉・四・七一七〉訳 私のことを何とも思ってはいないらしい人を、私は片思いに恋しているので、つらいことだ。

かた-もん【固文・固紋】〔名〕織物の模様を、糸を浮かさずに堅くしめて織り出したもの。「浮き文」に比べて地味である。対 うきもん

かた-よ・る【片寄る・偏る】〔自ラ四〕〔ら・り・る・る・れ・れ〕片一方に寄る。

かたらひ【語らひ】〔名〕《動詞「かたらふ」の連用形の名詞化》❶互いに親しく話をすること。話し合い。例「寝覚(ねざ)めの――にも、身の才(ざえ)つき、朝廷(おほやけ)に仕うまつるべき道々しきことを教へて」〈源氏・帚木〉訳 (その女は)目がさめた時の会話にも、私の学問が進んで、朝廷にお仕えするのに必要な理屈っぽい事を教えてくれて。

❷夫婦の契りを結ぶこと。また、男女の仲。例「ただあだにうち見る人の浅はかなる――だに、見なれそなれて別るるほどは、ただならざめるを」〈源氏・松風〉訳 ほんの浮気な気持ちで相あう人達の浅い男女の仲でさえ、互いに見慣れて親しんだ後でさて別れる時は、平静ではいられまいものを。

❸話して同調させること。話をして仲よくすること。説得すること。

かたらひ-つ・く【語らひ付く】 一〔自カ四〕〔か・き・く・く・け・け〕(主に男が女と)話をして親しくなる。なじむ。例「――・きにける女房の便りに、御有様なども聞き伝ふるを」〈源氏・若菜・上〉訳 なじみになっていた女房からの手紙で、(女三の宮の)ご様子なども伝え聞いているのを。

二〔他カ下二〕〔け・け・く・くる・くれ・けよ〕❶親しく話して事を頼む。頼み込む。

❷言い寄って、味方に引き入れる。手なずける。例「かかる者をなむ、――・けておきためる」〈枕草子・職の御曹司におはします頃、西の廂にて〉訳 こういう者を、味方に引き入れておいているようだ。

かたらひ-と・る【語らひ取る】〔他ラ四〕〔ら・り・る・る・れ・れ〕言いくるめて味方にする。だきこむ。例「この家の二郎を――・りて、うち連れて来たり」〈源氏・玉鬘〉訳 この家の次男を味方に引き入れて、連れてきた。

かたらひ-びと【語らひ人】〔名〕親しく語り合う相手。話し相手。例「ただ心安くらうたき――にてあらせむ」〈源氏・蜻蛉〉訳 (浮舟を重々しい本妻としてでなく)ただ気やすくかわいい話し相手としておこう。

かたら・ふ

【語らふ】〔他ハ四〕〔は・ひ・ふ・ふ・へ・へ〕

> 動詞「語る」の未然形「語ら」に、上代の反復・継続の助動詞「ふ」が付いた語。話し続ける、話すことを繰り返す、がもとの意。そこで、単に話すのではなく、**親しく語り合う**①、**親しく交際する**②、**男女が契り合う**③、**説得する**④、などの意になる。

❶**互いに親しく話をする。親しく語り合う。**例「思ひつる事ども――・はばや」〈源氏・総角〉訳 (今まで)思ってきたいろいろな事を親しく語り合いたいものだ。

❷**親しく交際する。**懇意にする。例「早く親の――・ひし大徳の残れるを呼び取りて、詣(まう)でさせ奉る」〈源氏・玉鬘〉訳 以前親が懇意にしていた高徳の僧の生き残っていたのを呼び寄せて、(初瀬に)参詣(さんけい)させ申し上げる。

❸男女が親しく語り合う。睦言(むつごと)をかわす。契り合う。例「その頃は夜がれなく――・ひ給ふ」〈源氏・明石〉訳 その頃は(光源氏は)毎夜欠かさず(明石の入道の娘と)契り合っておられる。

❹言い寄って仲間に引き入れる。頼み込む。例「能ある遊び法師どもなど――・ひて」〈徒然草・五四〉訳 (かわいらしい稚児を、誘い出して遊ぼうとたくらむ僧侶(そうりょ)達がいて)芸能の才のある遊芸僧達などを仲間に引き入れて。

かたり-あは・す【語り合はす】〔他サ下二〕〔せ・せ・す・する・すれ・せよ〕互いに話し合う。親しく語らう。例「むつごとを――・せむ人もがな憂き世の夢も半(なか)ば覚むやと」〈源氏・明石〉訳 親密な話を一緒に語り合う人がいればよいのだが。つらいこの世の夢も半分は覚めるかと思うので。

かたり-ぐさ【語り種】〔名〕話の種。話題。例「恐ろしく怪しき――なりけり」〈雨月・白峯〉訳 恐ろしくて不思議な話題なのであった。

かたり-つ・く【語り付く】〔他カ下二〕〔け・け・く・くる・くれ・けよ〕つけ加えて語る。例「愚かなる人は、怪しく異なる相を――・け」〈徒然草・一四三〉訳 愚かな人間は、不思議で普通とは違った有様をつけ加えて語り。

かたり-な・す【語り成す】〔他サ四〕〔さ・し・す・す・せ・せ〕《「なす」は意識的にそうする意》わざと…のように語る。また、作りごとを加えて語る。例「年月過ぎ、境(さかひ)も隔たりぬれば、言ひたきままに――・して」〈徒然草・七三〉訳 年月がたって、場所も隔たってしまうと、(出来事を)言いたい放題に作りごとを加えて語って。

かた・る【語る】〔他ラ四〕〔ら・り・る・る・れ・れ〕❶物事を話して聞かせる。話す。例「にほ鳥の息長川(おきながかは)は絶えぬとも君に――・らむ言(こと)尽きめやも」〈万葉・二〇・四四五八〉訳 息長川は絶えてしまうことがあっても君に聞かせる言葉は尽きようか(尽きはしない)。

❷物語を節をつけて朗読する。例「その夜、めくら法師の琵琶(びは)を鳴らして奥浄瑠璃(おくじやうるり)といふものを――・る」〈奥の細道・末の松山〉訳 その夜、盲目の法師が琵琶をひき鳴らして奥浄瑠璃というものを節をつけて語る。

❸親しく交際する。懇意にする。

かたわらいたし【傍ら痛し】⇩かたはらいたし

かた-ゐ【乞丐・乞児】〔名〕《「傍居(かたゐ)」すなわち、道のかたわらにいる者の意》❶こじき。

❷人をののしって言う語。また、自分をへりくだって言う語。例「このかぢとりは日もえ測らぬ――なりけり」〈土佐・二月四日〉訳 この船頭は天候も予測できないばか者だったのだ。

かた-ゐなか【片田舎】〔名〕町から遠く離れた、辺鄙(へんぴ)な所。不便ないなか。例「昔、男――に住みけり」〈伊勢・二四〉訳 昔、一人の男が辺鄙な田舎に住んでいた。

かた-ゑ・む【片笑む】〔自マ四〕〔ま・み・む・む・め・め〕ほほえむ。微笑する。例「君、少し――・みて」〈源氏・帚木〉訳 光源氏は、少し微笑して。

かた-をか【片岡】〔名〕傾斜が一方だけ急で他方はなだらかな丘。

片岡(かたをか)《地名》❶奈良県北葛城郡王寺(わうじ)町付近

の丘陵。生駒山のふもと。歌枕。❷京都市北区、上賀茂神社付近にある山。ほととぎすの名所。

かた-をりど【片折り戸】〔名〕片開きの開き戸。一枚作りで、ちょうつがいで片側にだけ開くもの。二枚作り・両開きの「諸(もろ)折り戸」に比べて略式である。対もろをりど

かたをりど

かち【褐】〔名〕濃い紺色。「かちいろ」「かちん」とも。例「―にしろう黄なる糸をもって群千鳥(むらちどり)縫うたる直垂(ひたたれ)に」〈平家・九・重衡生捕〉訳濃紺の地によく映えるように黄色の糸で群千鳥の刺繍をした鎧直垂に。要点音が「勝」に通じるため、武具の色に用いられた。

かち【徒・徒歩】〔名〕❶乗り物に乗らず、足で歩くこと。徒歩。例「車にても、―よりも、馬(むま)にても、すべて懐(ふところ)にさし入れて持(も)たるも」〈枕草子・笛は〉訳(笛は、それを持つ人が)牛車ででも、徒歩でも、馬に乗っていても、いつも懐にさし入れて持ち歩くのだが。❷(「かちざむらひ」の略)徒歩で主人のお供をしたり、また行列の先導をしたりする下級武士。要点①は、平安時代には、格助詞「より」を伴って用いられることが多い。②は「徒士」と書くことがある。

か-ぢ【加持】〔名〕《仏教語》❶衆生の信心に対して、仏が救済を与えること。加護。❷真言・天台密教で行う祈禱の儀式。多く、病気や災難などを取り除くために行われ、護摩をたき、行者が手で印を結び、金剛杵を握って、陀羅尼を唱えながら祈る。例「よろづにまじなひ・―など参らせ給へど、しるしなくて」〈源氏・若紫〉訳(光源氏は熱病にお苦しみになって)あれこれとまじないや加持をおさせになったけれども、効果がなくて。

かぢ【楫・梶・舵】〔名〕❶船をこぐ道具。今の櫓にあたる。例「天の川―の音(と)聞こゆ彦星(ひこぼし)と織女(たなばたつめ)と今宵(こよひ)逢(あ)ふらしも」〈万葉・一〇・二〇二九〉訳天の川に(船をこぐ)櫓の音が聞こえる。彦星と織女星が今夜相逢うらしい。❷船の進行方向を定める道具。

か-ぢ【鍛冶】〔名〕(「かなうち(金打)」→「かぬち」→「かぢ」と変化した形)金属を打ち鍛えて様々な器具を作ること。また、その職人。例「暑げなるもの。……同じ頃のあかがねの―」〈枕草子・暑げなるもの〉訳暑そうなもの。……同じ頃(=七月頃)の銅の鍛冶職人。

がち【勝ち】〔接尾〕(名詞や動詞の連用形に付いて)そうなりやすい、…が多い状態である、の意を表す。例「すずろに涙―なり」〈源氏・夕顔〉訳(乳母は)何ということもなく涙をこぼすことが多い。

かち-ありき【徒歩き】〔名・自サ変〕乗り物にたよらず、自分の足で歩くこと。歩いて旅すること。例「はじめつ方は―する人はなかりき」〈枕草子・説教の講師は〉訳以前は徒歩で行く婦人はなかった。

かぢ-かうずい【加持香水】〔名〕《仏教語》密教で、香水(=諸種ノ香ヲ混ゼタ水)を「加持」によって浄化する儀式。また、その香水。これを身体に注ぐと、心身が清浄になり、果報が得られるという。例「賢助(じけんじょ)僧正にともなひて、―を見侍りしに」〈徒然草・二三八〉訳賢助僧正のお供をして、加持香水の儀式を見物しましたが。

かぢ-たくみ【鍛冶匠】〔名〕金属をうち鍛えて種々の器物を作る職人。かじや。例「その時一つの宝なりける―六人を召しとりて」〈竹取・蓬萊の玉の枝〉訳当時随一の国宝級のかじや六人を召し集めて。

かち-だち【徒立ち・歩立ち】〔名〕武士が戦場で馬に乗らずに、徒歩で戦うこと。また、馬に乗らない武士。例「馬をも射させ、―になり、打ち物抜いて戦ひけるが」〈平家・七・篠原合戦〉訳乗馬をも射られて、徒歩の戦いになり、太刀を抜いて戦ったが。

かち-ぢ【徒路・徒歩路】〔名〕徒歩で行く旅。また、船に乗らず歩いていくことから、陸上の旅。陸路。対ふなぢ 例「―もまた恐ろしかなれど、それはいかにもいかにも土に着きたれば、いとたのもし」〈枕草子・日のいとうららかなるに〉訳陸上の旅もまた(船旅と同様)恐ろしいということだが、そちらはともかくも(足が)地に着いているのだから、たいそう心強い。

かぢ-とり【楫取り】〔名〕《後世は撥音便で「かんどり」とも》船を運航させる人。船頭。例「―の言ふやう、『黒鳥(くろとり)のもとに、白き波を寄す』とぞ言ふ」〈土佐・一月二十一日〉訳船頭が言うには、「黒鳥の足もとに、白い波を打ち寄せる」と言う。注船頭ニシテハ、シャレタコトヲ言ウ、ト紀貫之ガ感心シテイルトコロ。

かち-びと【徒人・歩人】〔名〕徒歩で行く人。例「行きちがふ馬も車も―も」〈更級・初瀬〉訳行ったり来たりしている馬に乗った人も車に乗った人も徒歩の人も。

かち-より【徒より】〔連語〕(「より」は手段・方法を表す格助詞)徒歩で。歩いて。例「ある時思ひ立ちて、ただひとり、―まうでけり」〈徒然草・五二〉訳(仁和寺のある法師が)ある時思い立って、ひとりだけで、歩いて(石清水八幡宮に)お参りした。

かちん【褐】〔名〕(「かち(褐)」の変化した形)⇩かち(褐)

か・つ〔(て・て・つ・つる・つれ・てよ)〕《上代語》【補動タ下二】…できる。…たえる。例「大坂に継ぎ登れる石群(いしむら)を手越(たごし)に越さば越し―・てむかも」〈日本書紀・崇神・十年〉訳大坂山の麓から山の上まで続いているたくさんの石を大勢で手渡しで運んだら、運ぶことができるだろうなあ。要点下に、打消しの助動詞「ず」の古い連用形「に」や連体形「ぬ」および、打消し推量の助動詞「まじ」の古い形「ましじ」を伴って、「**かてに**」「**かてぬ**」「**かつましじ**」の形で用いることが多い。

か・つ【勝つ・克つ】〔自タ四〕(た・ち・つ・つ・て・て)❶戦争などで敵を打ち破る。また、競技などで相手方に優る。例「物合はせなにくれと挑(いど)むことに―・ちたる、いかでかうれしからざらん」〈枕草子・うれしきもの〉訳物合わせとか何やかやの勝負事で勝ったのは、どうしてうれしくないことがあろうか。❷欲望や誘惑を抑えて自制する。打ち勝つ。克つ。

かつ

【且つ】■〔副〕❶二つの事柄が並行して行われる意を表す。**一方では**。例「こころの中に、まことはいと少なからむを、―知る知る、かかるすずろごとに心を移し」〈源氏・蛍〉訳たくさんの(物語の)中に、本当のことはごく少ないのを、一方では知っていながら、こんな(物語のような)いい加減なことに心を動かして。

❷二つの事柄が連続的に行われる意を表す。すぐに。次から次へと。例「――現るるをも顧みず、口にまかせて言ひ散らすは、やがて浮きたることと聞こゆ」〈徒然草・七三〉訳すぐにばれるのもかまわないで、口から出まかせにしゃべり散らす話は、ただちに根拠のない話だとわかる。

三〔接続〕そのうえ。また。例「袋を解きて今宵(こよひ)の友とす。――杉風(さんぷう)・濁子(だくし)が発句(ほっく)あり」〈奥の細道・松島〉訳頭陀袋をあけて(その中の友人の詩歌を読んで)今夜の友とする。そのうえ(袋の中には)杉風や濁子(=イズレモ芭蕉ノ門人)の作った俳句もある。

かつう-は【且つうは】〔副〕《「かつは」の変化した形》一方では。例「虎、涙をおさへ、――うれしく、――悲しくて、ただ泣くよりほかの事ぞなき」〈曽我・一三・三〉訳虎御前(=人名)は、涙をおさえて、一方ではうれしく、一方では悲しくて、ただ泣くよりほかにない。

かつ-がつ【且つ且つ】〔副〕《副詞「かつ」を重ねた語》❶(不十分・不満足ではあるが)**ともかくも。どうにかやっと。かろうじて。**例「玉主(たまぬし)に玉は授けて――も枕と我はいざ二人寝む」〈万葉・四・六五二〉訳玉の主に玉は授けて(=娘ヲソノ夫トナル人ト結婚サセテ)、ともかくもさあ私は枕と二人で寝よう。❷(不十分ではあるが、また、正式のものではないが)**とりあえず。急いで。**例「――式神(しきじん)一人、内裏(だいり)へ参れ」〈大鏡・花山院〉訳とりあえず式神(=陰陽家ニ使ワレル姿ノ見エナイ鬼神)一人、宮中へ参上しろ。❸(まだその時期でもないのに)早くも。もう。例「我が山の衆徒(しゅと)、――以て承悦(しょうえつ)す」〈平家・七・返牒〉訳我が山の衆徒(=比叡山ノ僧侶達)は、(平家を破った木曽義仲の戦功を)早くも喜んでいる。

かづき【潜き】〔名〕《動詞「潜く」の連用形の名詞化》水中に潜ること。水中に潜って魚貝や海藻をとること。また、その人。例「さざなみの志賀津(しがつ)の海人(あま)は我無しに――はなせそ波立たずとも」〈万葉・七・一二五三〉訳志賀(=滋賀県大津市付近)の港の海人よ、私のいない時に水に潜ってはいけません、たとえ海が静かであっても。

かづき-すがた【被衣姿】〔名〕《「かつぎすがた」とも》「かづき」をかぶった女性の外出姿。「きぬかづき」。

かつ・ぐ【担ぐ】〔他ガ四〕{が・ぎ・ぐ・ぐ・げ・げ}❶肩にになう。❷からかって人をだます。いっぱいくわせる。

かづきすがた

かづ・く【潜く】一〔自カ四〕{か・き・く・く・け・け}水中にもぐる。また、水中にもぐって魚や貝などを取る。例「――・けども、月おぼろにて見えざりけり」〈平家・九・小宰相身投〉訳(身投げした小宰相(こざいしょう)を捜して)水中にもぐってももぐっても、月の光がおぼろで見えなかった。

二〔他カ下二〕{け・け・く・くる・くれ・けよ}水中にもぐらせる。また、水中にもぐらせて魚や貝などを取らせる。例「早き瀬に鵜(う)を――・けつつ」〈万葉・一九・四一八九長歌〉訳早瀬に鵜を水にもぐらせながら。

かづ・く【被く】類かがふる　対さづく・たまふ

活用の種類によって、意味が異なる。四段活用の場合は、頭にかぶる、の意。そこから、いただく、の意にもなる。下二段活用の場合は、(相手に)衣服・布などを与える、の意になる。

一〔他カ四〕{か・き・く・く・け・け}❶頭を覆うように布などを載せる。**かぶる。**例「傍(かた)はらなる足鼎(あしがなへ)を取りて、頭(かしら)に――・きたれば」〈徒然草・五三〉訳そばにあった足鼎(=三本足ノ釜)を取って、頭にかぶったところ。❷**ほうびや祝儀として衣服・布などをいただいて、左の肩にかける。いただく。**例「大将も物――・き、忠岑(ただみね)も禄(ろく)賜はりなどしけり」〈大和・一二五〉訳大将も物をいただき、忠岑もごほうびを賜りなどした。

かづく一②

二〔他カ下二〕{け・け・く・くる・くれ・けよ}❶**ほうびや祝儀として、衣服・布などを与える。**例「あるじののしりて、郎等(らうどう)までに物――・けたり」〈土佐・十二月二十六日〉訳大騒ぎをしてごちそうし、従者にまで贈り物を与えた。❷(相手に与え肩に載せる意から転じて)責任を押しつける。しょわせる。例「自分商(じぶんあきな)ひを仕掛け、利徳はだまりて、損は親方に――・け」〈西鶴・日本永代蔵・一・三〉訳(見よう見まねで)主人に内緒の商売をたくらんで、利益はだまって自分のものにし、損害は親方にしょわせて。

かづけ-もの【被け物】〔名〕(主として上位の者から下位の者へ)**褒美・仕事のねぎらい・祝儀などとして与える品物。纏頭。**例「御わたりの程の――どもなど、ことごとしからぬものから」〈源氏・早蕨〉訳お引越しの際の(召使い達への)祝儀などは、大げさではないが(それぞれの身分をご考慮になりながら、たくさんくださった)。

要点 実際には布地や衣類であることが多く、それを授ける者が受ける者の左肩に「かづけ(=上カラ掛ケ)」て与えたことから、その名がある。

上総(かづさ)〔旧国名〕東海道十五か国の一つ。現在の千葉県中部にあたる。もとは「総国(ふさのくに)」であったが、大化改新で上・下に分かれて「かみつふさ」と称し、それが転じて「かづさ」となった。総州(そうしゅう)。

葛飾(かつしか)〔地名〕下総(しもうさ)の国の郡の古名。今の千葉・埼玉・東京にまたがる江戸川(=昔ノ利根川)下流の地域。「真間の手児奈」の伝説で、万葉集時代から知られる。例「――の真間の井を見れば立ちならし水汲(く)ましけむ手児奈し思ほゆ」〈万葉・九・一八〇八〉訳葛飾の真間の井戸を見ると、昔ここに土を踏みならすほどに何度も立っては水を汲んだという、手児奈のことが自然と思われる。注当時、水ヲ汲ムノハ、女ノ仕事デアッタ。

甲子吟行(かっしぎんこう)〔書名〕⇩野ざらし紀行(のざらしきこう)

かっ-せん【合戦】〔名〕敵・味方の軍勢が戦うこと。いくさ。例「度々(どど)の――に命を惜しまず防ぎ戦ひけるが」〈平家・一一・遠矢〉訳たびたびの戦闘で命を惜しまず防ぎ戦ってきたが。

かっ-ちう【甲冑】〔名〕よろいとかぶと。例「――をよろひ、弓箭(きゅうせん)を帯(たい)し馳(は)せ集まる」〈平家・二・西光被斬〉訳よろいかぶとを身につけ、弓矢を持って馬を走らせて集まってくる。

かつ-て【曽て・嘗て】〔副〕❶(打消しの表現を伴って)いっこうに。まったく。ついぞ。例「**木高(こだ)くは—木植ゑじほととぎす来鳴きとよめて恋増さらしむ**」〈万葉・一〇・一九四六〉訳こんもりとは決して木を植えまい。ホトトギスが、来て鳴きたてては私の恋心をつのらせるから。
❷昔ある時に。以前に。

要点 カッテと促音に読むのは誤り。平安時代、和文には用いない。

かっ-て【勝手】〔名・形動ナリ〕(「勝つ手」の変化した形)❶有利なこと。都合のよいこと。例「**その方の広いお屋敷より、この方の狭い屋敷がやはり—でござる**」〈狂言・武悪〉訳そちらの広いお屋敷より、こちら(=コノ世)の狭い屋敷のほうがやはり住み心地がようございます。❷自分のしたいようにすること。気まま。❸事情。ぐあい。❹財政。生計。暮らしむき。❺台所。

がっ-てん【合点】〔名・自サ変〕❶和歌・連歌などの批評で、よいと判定したものの右上に「＼」「—」などの印を付けること。また、その印。例「**—して褒美の言葉など書き付け侍(はべ)りとて**」〈古今著聞集・和歌〉訳よいという印をつけて賞賛の言葉などを書き付けようとして。❷回状などで、承知したしるしに、列記された中の自分の名前の右上に印を付けること。❸(「がてん」とも)事情や相手の言い分を理解し、同意すること。了解。承諾。納得。

かつ-は【且つは】〔副〕(副詞「かつ」+係助詞「は」)一方では。一つには。例「**むせかへらせ給ひつつ、—、人も心弱く見奉るらむと**」〈源氏・桐壺〉訳帝(みかど)は激しくむせび泣きなされながら、一方では、人々も(自分を)気が弱いとお見うけ申すだろうと(気兼ねをなさらないでもない)。

かつみ〔名〕植物の名。沼や川岸に生えるマコモの古名という。カツミグサ。例「**—刈る頃もやや近うなれば**」〈奥の細道・あさか山〉訳マコモを刈る頃(すなわち、端午(たんご)の節句)もだんだん近づいてきたので。

参考 古来「あさかの沼の花かつみ」として知られ、和歌ではよく「且(か)つ(見)」などの掛詞として使われる。例の叙述は、『無名抄』などに載っている、藤原実方(さねかた)が陸奥(むつ)に左遷されて、端午の節句に「アヤメがなければ、あさかの沼の花カツミを軒にふけ」と命じたという故事による。なお芭蕉の時代にはすでにその実体はわからなくなっており、あるいはアヤメと混同されていたともいわれ、その他異説が多い。

桂(かつら)〔地名〕京都市西京区内、桂川の西岸一帯。桂離宮が作られた。

かつら【桂】〔名〕❶カツラ科の落葉高木。樹皮は灰色でたてにさけ目があり、葉はハート形で対生。春、葉に先立って紅色の花をつける。秋のもみじは美しい黄色になる。「おかつら」「かもかつら」「しろかつら」などとも。❷中国の伝説で、月世界に生えているという木。例「**久方(ひさかた)の月の—も秋はなほ紅葉(もみぢ)すればや照りまさるらむ**」〈古今・秋上・一九四〉訳秋は、月にあるカツラの木もやはり紅葉するから、(このように)月の光もますます明るく照るのだろうか。❸メカツラのこと。肉桂(にっけい)・桂皮(けいひ)の異名。シナモン。

かづら【葛】〔名〕ツル草の総称。例「**いと青やかなる—の心地よげに這(は)ひかかれるに**」〈源氏・夕顔〉訳(板塀(いたべい)に)緑濃いツル草が気持ちよさそうに生え伸びている所に。

かづら【鬘】〔名〕❶上代、ツル草や花・木の枝などを髪に巻いて飾りとしたもの。アヤメ、柳なども用いられる。例「**我が蒔(ま)ける早稲田(わさだ)の穂立ち作りたる—ぞ見つつ偲(しの)はせ我が背**」〈万葉・八・一六二四〉訳私が種を蒔いた早稲田の稲穂で作った鬘です。(これを)見ながら(私のことを)しのんで下さい、あなたよ。❷(平安時代以降、女性が)髪の毛を集めておき、自分の髪に添えるもの。髪の短い人や少ない人が用いる。「かもじ」とも。❸能楽から始まり、歌舞伎(かぶき)などで役柄に合わせて用いる、作り物の頭髪。

要点 ①は「うず」「かざし」と同様、もとは植物の生命力を移そうとするまじないの気持ちを持つが、後に単なる装飾になる。「うず」「かざし」が、花の枝などを髪に挿すのに対して、「かづら」は、髪に巻きつけたり、結んだりする。②③は後に「かつら」に変わり、現代では、能楽で「かずら」、一般には「かつら」という。

桂川(かつらがは)〔川名〕京都市西部を流れる川。上流を保津川(ほづがわ)、嵐山(あらしやま)付近では大堰川(おおいがわ)という。下流は鴨川(かもがわ)、さらに宇治(うじ)川と合流して淀(よど)川となる。アユの産地。歌枕。

葛城(かづらき)〔地名〕奈良県北葛城郡から御所(ごせ)市にかけての金剛山地の東側のふもと一帯。第二代綏靖(すいぜい)天皇の皇居の地。修験道(しゅげんどう)最古の霊場葛城山や、大津皇子の遺骸を葬った二上山(にじょうさん)がある。

葛城（二上山）

かづらき-の-かみ【葛城の神】〔名〕大和(=奈良県)の葛城山にいる神。特に、一言主神(ひとことぬしのかみ)をいう。役行者(えんのぎょうじゃ)の命令で、葛城山から吉野の金峰山(きんぷせん)へ岩橋をかけようとしたが、醜い顔を恥じて夜間しか働かなかったため、完成せず罰を受けたという伝説で有名。

参考 この伝説から、恋や物事に失敗する例、醜い顔を恥じる例、明るい所や昼間を恥じる例に引かれる。葛城の神が有名になったのは、平安時代に、金峰山へ参詣(さんけい)する「御嶽詣(みたけもうで)」が盛んになり、修験道の開祖といわれる役行者(えんのぎょうじゃ)が敬われたためである。『源氏物語』にも、柏木(かしわぎ)の病気退散の祈禱(きとう)のために葛城山の修験者が招かれたとある。

かづら-く【鬘く】〔他カ四〕{か・き・く・く・け・け}(名詞「かづら」

の動詞化)ツル草や木の枝を髪飾りとして頭に巻く。鬘とする。例「青柳(あをやぎ)の上枝(ほつえ)よぢ取り――くは君が屋戸(やど)にし千年(ちとせ)祝(ほ)くとぞ」〈万葉・一九・四二八九〉訳青柳の枝先をねじって切り取り、頭の飾りにするのは、あなたの家での千年の長寿を祝福するためなのです。

かつら-をとこ【桂男】(カツラオトコ)〔名〕「かつら(桂)②」の下に住んでいるという男。転じて、月の異称。

かつを【鰹・堅魚】(カツオ)〔名〕(「かたうを」の変化した形)魚の名。カツオ。例「鎌倉の海に――といふ魚は、かの境にはさうなきものにて、このごろもてなすものなり」〈徒然草・一一九〉訳鎌倉の海でとれるカツオという魚は、あの地方では第一等のものとして、近頃もてはやすものである。

参考 五月上旬の「初がつを」は、近世の江戸では、初夏の季節感を味わうものとして珍重され、高価だった。例は、なまのかつおを食べる習慣が始まったことを示す資料である。『万葉集』に「水の江の浦島が子がかつを釣り鯛(たひ)釣り誇り」(訳水の江の浦島の子が、かつおを釣り、鯛を釣って得意になって)」〈九・一七四〇長歌〉と浦島伝説を詠んだ長歌があるが、この時代は、蒸し、干して「なまり」や「かつおぶし」を作り、こちらも珍重され、儀式の飾り物にも用いられた。

かつを-ぎ【堅魚木】(カツオギ)〔名〕宮殿・神社の棟木(むなぎ)の上に、直角に並べて置いてある木。中ぶくれの円錐形で、カツオブシの型をしている。

かて【糧・粮】〔名〕❶旅行用の食物。例「ある時には――尽きて草の根を食ひ物とし」〈竹取・蓬萊の玉の枝〉訳ある時は食物もなくなって草の根を食物とした。
❷食物。例「――乏(とも)しければ、おろそかなる報いを甘くす」〈方丈記・閑居の気味〉訳食物が乏しいので、粗末ないただきものもうまいと思う。

かて-に【連語】(補助動詞「かつ(=デキル、タエル)」の未然形「かて」＋打消しの助動詞「ず」の古い連用形「に」)…することにたえきれないで。…できずに。例「春されば吾家(わぎへ)の里の川門(かはと)には鮎子(あゆこ)さ走(ばし)る君待ち――」〈万葉・五・八五九〉訳春になると、私の家のある村里の川の渡り場には鮎の子がすばやく動いています。あなたを待ちきれないで。

がて-に【連語】⇩かてに

がてら ■一〔接助〕接続 用言の連用形に付く。別の動作(目的など)を加える意を表す。…するのを兼ねて。…かたがた。…しながら。例「梅の花咲き散る園に我行かむ君が使ひをかた待ちがてら」〈万葉・一八・四〇四一〉訳梅の花が咲いたり散ったりしている庭園に私は行こう、あなたからの使いをひたすら待ちながら。
■二〔副助〕接続 動作的な意味を表す体言に付く。意味は■一に同じ。例「三条の宮に、御とぶらひ**がてら**渡り給ふ」〈源氏・行幸〉訳(光源氏は大宮のいる)三条の宮に、ご様子をうかがうことを兼ねて(大宮の孫、玉鬘(たまかずら)の存在を知らせに)お行きになる。

要点「がてらに」の形でも用いる。上代には、同じ意味を表して「がてり」が用いられ、混ぜる意の動詞「かて」に「あり」が結合した語という。

がてり〔接助〕(上代語。「がてら」の古い形)接続 動詞の連用形に付く。…を兼ねて。…のついでに。…ながら。例「山辺(やまのへ)の御井(みゐ)を見**がてり**神風(かむかぜ)の伊勢娘子(をとめ)ども相見つるかも」〈万葉・一・八一〉訳山辺の御井を見に来たついでに、伊勢の乙女達に逢ったことだ。

が-てん【合点】〔名・自サ変〕(「がってん」の変化した形)「がってん③」に同じ。

花伝書(かでんしょ)〔書名〕⇩風姿花伝(ふうしかでん)

かど【才】〔名〕(「角(かど)」から変化したもので、めだってすぐれている点の意)❶才能。才気。例「今めかしくかい弾(ひ)きたる爪音(つまおと)、――なきにはあらねど、まばゆき心地なむし侍(はべ)りし」〈源氏・帚木〉訳(十三弦の琴を)現代風にひいた音色は、才気が感じられないわけではないが、(私は)聴く気がしませんでした。
❷趣。見どころ。

かど【角】〔名〕❶とがって突き出た部分。
❷刀剣の背にそって、高くなっている部分。しのぎ。例「焼太刀(やきたち)の――打ち放ち丈夫(ますらを)の祝(ほ)く豊御酒(とよみき)に我酔(ゑ)ひにけり」〈万葉・六・九八九〉訳火で焼き鍛えた刀のしのぎを強く打って、勇者が祝う酒に私は酔ってしまったよ。
❸(比喩(ひゆ)的に)性格・言動などが穏和でないこと。とげのあること。

かど【門】〔名〕❶門(もん)。また、門のあたり。門前。例「家に至りて、――に入るに、月明(あか)ければ、いとよく有様見ゆ」〈土佐・二月十六日〉訳家に到着して、門内に入ると、月が明るいので、大変よく(庭の)様子が見える。
❷一族。一門。例「そこにこそは、――は広げ給はめ」〈源氏・幻〉訳(ほかならぬ)あなた(=夕霧)こそ、この一族を繁栄させなさるでしょう。

要点「か」は、「住みか」「あ(在)りか」の「か」で、場所の意、「ど」は、入り口の意の「と」が連濁したもの。

門広(かどひろ)**・し** 一族・一門が栄えた状態である。例「この世の人は、男は女にあふことをす、女は男にあふことをす。その後(のち)なむ――くもなり侍(はべ)る」〈竹取・貴公子たちの求婚〉訳この世の人は、男は女をめとる。女は男に嫁ぐ。その後一族・一門が栄えもするのです。

かど-あんどん【門行灯】〔名〕(「かどあんどう」とも)屋号などを書いて門口に掛け、目じるしとしたあんどん。

かどあんどん

加藤千蔭(かとうちかげ)〔人名〕江戸中・後期の歌人。国学者。能書家。賀茂真淵(かものまぶち)に国学と和歌を学ぶ。村田春海(はるみ)とともに江戸派の歌風を樹立した。書家としては千蔭流の祖となる。家集『うけらが花』。(一七三五～一八〇八)

かど-かど・し【才才し】〔形シク〕(名詞「才(かど)」を重ねて形容詞化した形)**才気がある。賢い。てきぱきしている。**例「そこはかとなく気色(けしき)ばめるは、うち見るに――しく気色だちたれど」〈源氏・帚木〉訳(手紙で)どことなく気取って書いてある字は、ちょっと見たところ才気があって気がきいて見えるが、

かど-かど・し【角角し】〔形シク〕《名詞「角(かど)角(かど)」を重ねて形容詞化した形》
❶(物に)かどが多い。とがっている。
❷(人の性格が)いかにも角立っている。**とげがある。けんがある。** 例「いと押し立ち、――・しきところものし給ふ御方にて」〈源氏・桐壺〉 訳(弘徽殿女御は)大変我が強くて、とげとげしいところがおありになる方で。

かど-た【門田】〔名〕門の前にある田。例「夕されば――の稲葉おとづれて葦(あし)の丸屋(まろや)に秋風ぞ吹く」〈金葉・秋〉 訳夕方になると門前の田の稲の葉をさらさらと音をたてて、葦をふいた田舎家に秋の夕風が寂しく吹きおとずれてくることだ。注源経信ノ作、『百人一首』ニ所収。風景ノ客観的描写ヲ通シテ、言外ニ閑寂ノ気分ヲ感ジサセル清新ナ叙景歌デ、新古今歌風ニ継承サレタ新風ノ和歌ノ代表歌。

かど-で【門出】〔名・自サ変〕《「かどいで」の変化した形》
❶旅行や戦いなどのために家を出ること。例「やがて別るべき――にもやと、いみじう覚(おぼ)え給へば」〈源氏・須磨〉 訳(この須磨への旅の出発が)そのまま(紫の上と)永遠に別れることになる旅の出発にでもなるのであろうかと、(光源氏は)ひどく悲しく思われなさるので。
❷旅立ちに先立って、吉日吉方を選んで、いったん仮の所に移ること。例「九月(ながつき)三日――・して、いまたちといふ所に移る」〈更級・かどで〉 訳九月三日に門出をして、「いまたち」という所に移る。

要点 陰陽道の盛んな平安時代には、実際の旅立ちの前に、吉である日や方角を選んで、一時別の所に移ってから改めて出発することが多かった。

かど-の-をさ【看督長】〔名〕検非違使の下役として、牢獄の管理や罪人の追捕に当たった役人。

かどのをさ

かど-ばしら【門柱】〔名〕門口の柱。特に、店の門口の柱。転じて、店の構え。

かど-め・く【才めく】〔自カ四〕〔か・き・く・く・け・け〕《「めく」は接尾語》才気がある。才気走る。

か-な【仮名】〔名〕《「かりな(仮名)」の撥音便「かんな」の「ん」を表記しない形。「な(名)」は字の意》漢字をもとに、我が国で成立した表音文字。万葉がな・草がな・平がな・片かなの総称であるが、特に、平がなを指すことが多い。対まな(真名) 例「――はまだ書き給はざりければ、片かんなに」〈堤中納言・虫めづる姫君〉 訳(姫君は)平がなはまだお書きになれないので、片かなで(返歌を書いて)。

要点 「仮名」と「真名」の違い **平安時代、漢字が男子の書く正式の文字とされ、「真名(まな)」または「男手」といわれたのに対し、「かな」は仮の字とされ、特に女性が用いる平がなは「女手」とも呼ばれた。**片かなは漢文訓読用で、一般に女性はあまり用いなかった。

かな〔終助〕《終助詞「か」に詠嘆の終助詞「な」が付いて一語化したもの》接続 体言や体言に準ずる語句、または、活用語の連体形に付く。
【詠嘆】感動・詠嘆の意を表す。**…だなあ。…ことだ(なあ)。** 例「『限りなく遠くも来にける**かな**』とわびあへるに」〈伊勢・九〉 訳「(都から)限りなく遠くまでもやって来たことだなあ」と互いに寂しがっていると。
参考 平安時代以降、上代の「かも」に代わって用いられた語。会話や和歌などに多く用いられた。

がな
一〔終助〕接続 体言や、体言に格助詞「を」の付いたものに付く。
【願望】❶自分の状態について、感動をこめて願望する意を表す。**…があれば(よいのに)なあ。…がほしいなあ。** 例「『かの君だちを**がな**。つれづれなる遊びがたきに』など、うち思(おぼ)しけり」〈源氏・橋姫〉 訳「あの姫君達がいてくれたらなあ。退屈している時の遊び相手に」などと、(冷泉院は)ふとお思いなさるのだった。
❷《室町時代以降の用法》(命令形に付いて)自分以外のものの動作・作用について願望する意を表す。…(し)てほしいなあ。…(し)てくれればなあ。例「橋へ廻(はま)れば人が知る湊(みなと)の川の潮が引け**がな**」〈閑吟集〉 訳橋の方へ廻ると人に気付かれる、(だから歩いて川を渡りたいから)河口の潮が引いてほしいなあ。
❸《近世の用法》(推量・疑問などの語に付いて)不確かな物事について、感動をこめて確認する意や、念を押す意を表す。…(なのだ)がなあ。…ではないかな。例「有る所には有らう**がな**。世界は広し、二百匁(め)などは、誰ぞ落としさうなものぢゃ」〈近松・女殺油地獄・下〉 訳(金というものは)ある所にはあるんだがなあ。世間は広いものだし、銀二百匁ぐらいの金は、誰か落としそうなものだ。
二〔副助〕接続 推量・疑問・意志などの表現の中で、体言や疑問語、または体言に格助詞の付いたもの、用言の連用形やそれに接続助詞「て」の付いたものなどに付く。
❶【例示】一つの例として示す意を表す。(たとえば)…でも。…かなにか。例「愚僧も、ただいまひとりごとに、似合はしい連れ**がな**ほしいと申してござる」〈狂言・宗論〉 訳私(=僧)も、ちょうど今独り言で、ちょうどよい連れでもほしいなあと申しておったのです。
❷【不定】(疑問語に付いて)不確かな物事を挙げ示す意を表す。…でも。例「何**がな**取らせんと思へども、取らすべきものなし」〈宇治拾遺・九・三〉 訳何かでも(お礼に)与えようと思うけれども、与えられるようなものもない。

要点 一は、①の用法が本来のもので、ある事物が存在してくれたらいいなあという、事物の存在に対する願望の意を表す。従って、現代語訳する際には、…があればなあ、などと「ある」という語を補うとわかりやすい。
参考 (1)一は、上代の終助詞「もが」に終助詞「も」の付いた「もがも」が、平安時代になって「もがな」となり、それが「も-がな」と意識されるようになって生まれた。
(2)二は、一の終助詞が文中に用いられるようになって成立したものと考えられる。それは、二の例も、仮に「がな」のところで文を切ってみると一の願望の意を認めることができることからもわかる。そういう願望の意とのつながりを二の用法でも押さえておくとよい。
(3)終助詞「がな」に似た意を表すものに「てしがな」「にしがな」がある。

かなう【適う・叶う】〔動〕⇩かなふ

かなえ【鼎】〔名〕⇩かなへ

かなぐり-おと・す【かなぐり落とす】〔他サ四〕〔さ・し・す・す・せ・せ〕荒々しく引っ張って落とす。引きずり落とす。例「さが髪を取りて、——・さむ」〈竹取・かぐや姫の昇天〉訳(月から迎えが来たら)そいつの髪をつかんで、引きずり落としてやろう。

かなぐ・る〔他ラ四〕〔ら・り・る・る・れ・れ〕強くつかんで荒々しく引っ張る。また、そのようにして払いのける。ひったくる。例「その死にし人の枕上(まくらがみ)に居て、死にし人の髪を——・り抜き取るなりけり」〈今昔・二九・一八〉訳(年老いた老婆で白髪がまっ白なのが)その死人の枕もとに座って、死人の髪をひったくって抜き取っているのであった。

要点 平安時代以来現代語までほぼ同じ意味で用いられており、現代語の「かなぐり落とす」「かなぐり捨てる」で大体の意味は理解できる。

仮名草子(かなぞうし)【近世小説のジャンル名】江戸初期、慶長年間(一五九六〜一六一五)頃から、井原西鶴の浮世草子『好色一代男』が出版された一六八二年(天和二)までの、約八十年間の小説・随筆類の総称。

かな・し
〔形シク〕類 いとほし・うつくし

> ある対象に対する痛切な思いで、心がかき立てられるさま、を表す。愛惜の気持ちの場合は、かわいい、すばらしい、の意(一)と、悲哀の気持ちの場合は、悲しい、かわいそうだ、の意(二)の両方を表す。

一【愛し】❶**心にしみていとしい。**かわいくてたまらない。例「わが——・しと思ふ娘を仕うまつらせばや」〈源氏・夕顔〉訳私がかわいいと思っている娘をお仕えさせたい。❷たいそう心ひかれる。すばらしい。みごとだ。例「御額(かぬ)つかせ給ひしも、見奉り侍(はべ)りき。いと——・しうあはれにこそ侍りしか」〈大鏡・伊尹〉訳(私はお供に参って、義孝様が)ご礼拝なさったお姿も、拝見いたしました。たいそう心ひかれるしみじみとした感じでございました。

二【悲し・哀し】❶**心がいたむ。せつない。悲しい。**例「かかる別れの——・しからぬはなきわざなるを、ましてあはれに言ふかひなし」〈源氏・桐壺〉訳こうした(親子の)死別が悲しくないことなどないが、(幼い光源氏が母との死別の意味も分からないので)一層かわいそうで言うべき言葉もない。❷**気の毒である。かわいそうだ。**哀れだ。例「御色も違(がた)ひおはしましたりけるなむ、いとあはれに——・しく人々見参らせける」〈大鏡・三条院〉訳(医師の言葉に従って寒中に冷水をかぶった三条院が)お顔の色もいつもと違って(真っ青になって)いらっしゃったご様子は、本当に心つまされおいたわしいと(お側(そば)の)人々は拝見した。❸《連用形を副詞的に用いる》(人から受けた仕打ちが)こちらが悲しくなるほど、ひどい。残念だ。くやしい。❹《近世の用法》生活が苦しい。貧乏だ。

かなしう・す【愛しうす】(カナシユクス)〔他サ変〕〔せ・し・す・する・すれ・せよ〕(「かなしくす」のウ音便)かわいいと思う。かわいがる。例「ひとつ子にさへありければ、いと——・し給ひけり」〈伊勢・八四〉訳その上ひとりっ子であったので、たいそうかわいがりなさった。

かなし-が・る【愛しがる】〔他ラ四〕〔ら・り・る・る・れ・れ〕(形容詞「かなし」の語幹＋接尾語「がる」)かわいいと思う。かわいがる。例「憎げなる稚児(ちご)を、おのが心地のかなしきままに、うつくしみ、——・り」〈枕草子・かたはらいたきもの〉訳憎たらしい子供を、我が子かわいさの気持ちのままに、いとしがり、かわいがって。

かなしく・す【愛しくす】〔他サ変〕〔せ・し・す・する・すれ・せよ〕かわいがる。愛す。例「娘一人より外に、また子もなかりければ、この娘をぞまたなき者に——・しける」〈宇治拾遺・九・三〉訳娘一人のほかに、また子供もなかったので、この娘をまたとないものとしてかわいがっていた。

かなしけ【愛しけ】《上代東国方言。形容詞「かなし」の連体形「かなしき」に相当》いとしい。かわいい。例「筑波嶺(つくはね)のさ百合(ゆる)の花の夜床(ゆとこ)にも——」〈万葉・二〇・四三六九〉訳筑波山に咲いている百合の花のように、夜の床でいとしい妻は、昼間でもいとしい。

かなしび【悲しび】〔名〕《動詞「かなしぶ」の連用形の名詞化》悲しみ。例「時移り事去り、楽しび——行き交ひて」〈徒然草・二五〉訳時世が移り出来事が過ぎ去り、楽しみと悲しみが行ったり来たりして。

かなし・ぶ
(形容詞「かなし」の語幹＋接尾語「ぶ」)〔他バ四〕〔ば・び・ぶ・ぶ・べ・べ〕《平安時代以降の用法》**一**【愛しぶ】**いとおしいと思う。愛する。**例「花をめで、鳥をうらやみ、霞(かすみ)をあはれび、露を——・ぶ心」〈古今・仮名序〉訳花をほめ、鳥をうらやみ、霞をあわれと思い、露を愛する心。

二【悲しぶ】**悲しいと思う。悲しむ。**例「大人(おとな)しき人の、喜び、怒(いか)り、——・び、楽しぶも、皆虚妄(こまう)なれども、誰か実有(じつう)の相に著(ぢゃく)せざる」〈徒然草・二九〉訳大人らしい人が、喜び、怒り、悲しみ、楽しむのも、皆(本当は仮の世の)実在しないことなのだが、誰が実在のものと思ってそれに執着しないだろうか。

参考 上代には上二段に活用した。平安時代までは「かなしぶ」が大半であるが、室町時代以降は「かなしむ」が多くなる。「悲しぶ」は現代語の「悲しむ」に同じ。

かなし・む
〔他マ四〕〔ま・み・む・む・め・め〕(形容詞「かなし」の語幹＋接尾語「む」)**一**【愛しむ】**いとおしいと思う。かわいがる。**例「月満ちて端正(たんじやう)美麗なる男子(なんし)を産めば、父母(ぶも)これを——・み愛して」〈今昔・二六・五〉訳月が満ちて端正で美しい男の子を産んだので、父母はこの子をかわいがり愛して。

二【悲しむ】**悲しいと思う。悲しがる。**例「親しき者、老いたる母など、枕上(まくらがみ)に寄り居て泣き——・めども」〈徒然草・五三〉訳親しい者や、年とった母などが、枕もとに集まって泣いて悲しがるのだが。

か-な-た【彼方】〔代名〕《指示代名詞。遠称》あちら。あちらの方。「あなた」とも。例「——の庭に、大きなる柑子(かうじ)の木の、枝もたわわになりたるが、回りをきびしく囲ひたりしこそ」〈徒然草・一一〉訳あちらの庭に、大きなコウジの木で、枝もしなうほどに(多くの)実がなっているのが、木の周りを厳重に囲ってあったのは。

かな・づ【奏づ】(カナズ)〔他ダ下二〕〔で・で・づ・づる・づれ・でよ〕舞を舞う。また、音楽を奏する。例「しばし——・でて後、抜かむとするに、大方抜かれず」〈徒然草・五三〉訳しばらく舞った後、

（頭にかぶった足鼎を）抜こうとするが、どうしても抜けない。

仮名手本忠臣蔵〔作品名〕江戸時代の浄瑠璃。十一段。竹田出雲・三好松洛・並木千柳合作。一七四八年（寛延元）大坂竹本座初演。赤穂義士の仇討を『太平記』の時代に移して物語構成した作品。塩谷判官の家来四十七人が、大星由良之助を中心に苦労を重ね、高師直を討つ話を大筋に、お軽・勘平、小浪・力弥、加古川本蔵・天河屋義平等の陰の話を加える。早くから歌舞伎に移され、芝居の独参湯（気付けの妙薬）と称され、最多の上演記録を持つ。

かなは-ず【叶はず】〔連語〕《動詞「かなふ」の未然形＋打消しの助動詞「ず」》❶することができない。許されない。例「物の具脱ぎ捨てて歩めども――・ざりけり」〈平家・八・瀬尾最期〉訳 武具を脱ぎ捨てて歩くけれども（余りに太っていて）歩くことができなかった。❷思うに任せない。思い通りにならない。例「乏しく――・ぬ人のみあれば、おのづから本意通らぬこと多かるべし」〈徒然草・一四一〉訳（京都の人は）貧乏で思うに任せない人ばかりが多いので、自然と本心を貫けないことが多いのでしょう。❸そのままですますことができない。いられない。❹しなくてはならない。避けられない。

かな-ふ【適ふ・叶ふ】㊀〔自ハ四〕{は・ひ・ふ・ふ・へ・へ} ❶《「心にかなふ」「思ふにかなふ」など「…にかなふ」の形で》**合致する。適合する。**ふさわしい。例「あやしき下臈なれども、聖人の戒めに――・へり」〈徒然草・一〇九〉訳（高名の木登りは）賤しい身分の者であるけれども、（言うことは）聖人の訓戒に合致している。❷**望み通りになる。**成就する。例「熟田津に舟乗りせむと月待てば潮も――・ひぬ今は漕ぎ出でな」〈万葉・一・八〉訳 熟田津（＝愛媛県松山市ノ道後温泉付近）で舟に乗って出発しようと月の出を待っていると、（月も出て）潮も望み通りになった（＝満チテ来タ）、さあ今こそ漕ぎ出そう。❸《多く下に打消しの表現を伴って》ⓐ（戦う相手に）匹敵する。かなう。例「手いたう攻められたてまって、――・はじとや思ひけん」〈平家・九・六ヶ度軍〉訳 手ひどく攻められ申して、かなわないだろうと思ったのだろうか。ⓑできる。可能である。例「及ばざる事を望み、――・はぬ事を憂へ」〈徒然草・一三四〉訳 及びもつかない事を望み、できない事を悲しみ。ⓒ《「なくて（は）かなはぬ」の形で》すまされる。我慢できる。例「朝夕なくて――・はざらむ物こそあらめ、その外は何も持たでぞあらまほしき」〈徒然草・一四〇〉訳 朝夕なくてはすまされない物は持っていてもよかろうが、その外は何も持たないでいたいものだ。㊁〔他ハ下二〕{へ・へ・ふ・ふる・ふれ・へよ} 願い通りにさせる。成就させる。例「銭を財とすることは、願ひを――・ふるが故なり」〈徒然草・二一七〉訳 銭を大切なものとするのは、（それが）所願を成就させるからなのだ。

かなへ【鼎】〔名〕食物を煮るのに用いる、金属製の器。三本足のものが普通で、今の釜に当たる。「足がなへ」ともいい、ほかに、「円がなへ」「平がなへ」がある。

かなへ

かな-まり【金椀・鋺】〔名〕金属で作ったわん。例「削り氷に甘葛入れて、新しき――に入れたる」〈枕草子・あてなるもの〉訳（上品なもの、それは）削った氷にアマズラからとった甘い汁をかけて、それを新しい金物のわんに入れたもの。

かな-やき【金焼き】〔名〕鉄を熱して、焼き印を押すこと。

かな-やま【金山・銀山】〔名〕鉱山。金山にも、銀山にもいう。例「多田の――出盛りし有様書かせける」〈西鶴・日本永代蔵・二・一〉訳（娘の婚礼屏風にも）多田の銀山の最盛期だった頃の光景を描かせた。

かならず【必ず】〔副〕❶きまって。きっと。確かに。例「えならぬ匂ひには――心ときめきするものなり」〈徒然草・八〉訳 何とも言えないよい匂いにはきまって心がときめくものだ。❷《打消し・反語の表現を伴って》絶対に…（というわけではない）。必ずしも。例「車の五つ緒は、――人によらず」〈徒然草・六四〉訳 牛車で五つ緒の簾を付けるのは、必ずしも乗る人の身分によるというわけではなく。注「五つ緒」ハ、牛車ノ簾ニ五筋ノ細長イ布ヲ垂ラシタ物。例「桐の葉も踏み分けがたくなりにけり――人を待つとなけれど」〈新古今・秋下・五三四〉訳 桐の落ち葉も、踏み分けにくいほどに深く積もってしまったことだ。必ずしも人を待っているというのではないのだけれど。

> 参考 現代語では、「必ず」は肯定文に用いられ、次項「必ずしも」は否定文に限って用いられるが、古語では「必ず」「必ずしも」ともに肯定文・否定文両方に用いられる。

かならず-しも【必ずしも】〔副〕《副詞「かならず」＋副助詞「しも」》❶きまって。きっと。確かに。例「いと重き御心なれば――うち解け世がたりにても、人の忍びて啓しけむことを漏らさせ給はじ」〈源氏・手習〉訳（明石の姫君は）たいそう慎重な性質だからきっとうちとけた世間話でも、人がこっそりと申し上げたようなことをお漏らしになることはあるまい。❷《下に打消し・反語を伴って》必ず…とは限らない。例「――わが思ふにかなはねど」〈源氏・帚木〉訳 必ずしも自分の望むようにはかなわなくても。

がに〔接助〕《上代語》接続 動詞や完了の助動詞「ぬ」の終止形に付く。《程度や状態の意を表して、下の用言を修飾する》…するほどに。…し（てしまう）ほどに。…し（てしまい）そうに。例「うれたきや醜ほととぎす今こそは声のかる**がに**来鳴きとよめめ」〈万葉・一〇・一九五一〉訳 腹立たしい、ばかなホトトギスよ、今こそ声がかれるほどに、来て大きな声で鳴くがいいのに。注 恋人カ知人ガ来タ時ノ作。例「秋田刈る仮庵もいまだ壊たねば雁が音寒し霜も置きぬ**がに**」〈万葉・八・一五五六〉訳 秋の田を刈る（ために作った）仮小屋もまだ取りこわさないのに、雁の鳴き声が寒々しく聞こえる、霜でも置きそうなほどに。参考 多く「ぬ＋がに」の形で用いられ、平安時代以降は和歌にだけ用いられた。

がに〔終助〕《上代語》接続 動詞の連体形に付く。

「がね」に同じ。例「おもしろき野をばな焼きそ古草に新草(にひくさ)まじり生(お)ひは生ふる**がに**」〈万葉・一四・三四五二〉訳景色のすばらしい野を焼かないでくれ。古草にまじって新しい草が生い育つものなら生い育つことだろうから。例「泣く涙雨と降らなむ渡り川水まさりなば帰り来る**がに**」〈古今・哀傷・八二九〉訳私の泣き悲しむ涙が雨となって降ってほしい。それがあの世に流れて、三途川(さんずのかわ)が洪水になれば、彼女がやむをえずこの世に引き返してくるだろうから。参考 終助詞「がね」の上代東国方言と考えられるが、平安時代以降は和歌に用いられ、また東国地方以外の地方でも用いられた。

かに-かくに【斯に斯くに】〔副〕あれこれと。いろいろに。何かにつけて。例「──思ひわづらひ音(ね)のみし泣かゆ」〈万葉・五・八九七長歌〉訳あれこれと思い悩んで、ただただ泣けてしまうばかりだ。注「泣かゆ」ノ「ゆ」ハ自発ノ意。

かにも-かくにも【斯にも斯くにも】〔副〕ともかくも。何はともあれ。例「何すとか使ひの来つる君をこそ──待ちがてにすれ」〈万葉・四・六二九〉訳なんだって使いの者なんか来るのだ、ともかくもあなたご自身(がおいでになるの)を待ちかねているのに。

か・ぬ【予ぬ】〔他ナ下二〕(ねぬれ・ね・ぬ・ぬる・ねよ)(「兼(か)ぬ」と同源)将来のことをあらかじめ考えておく。予期する。予測する。例「八百万(やほよろづ)千年(ちとせ)を──・ねて定めけむ平城(なら)の都は」〈万葉・六・一〇四七長歌〉訳ずっと先、千年も先を予測して定めたのであろう平城京は。

か・ぬ【兼ぬ】〔他ナ下二〕(ねぬれ・ね・ぬ・ぬる・ねよ)(「予(か)ぬ」と同源)二つあるいは二つ以上の事物を併せ持つ。兼ねる。併せ含む。

か・ぬ〔接尾ナ下二型〕《動詞の連用形に付く》思いどおりに実現できない意を表す。…しかねる。…しにくい。例「世の中を憂しとやさしと思へども飛び立ち──・ねつ鳥にしあらねば」〈万葉・五・八九三〉訳この世の中を、つらく身も細るばかりだと思うけれど、(どこかへ)飛んで行ってしまうこともできかねる。鳥ではないのだから。

かね〔名〕■一【金】❶金属の総称。例「──を隔て、首もちぎるばかり引きたるに」〈徒然草・五三〉訳(わらしべを首の回りにさしこんで)金物を離れさせて、首もちぎれるほどに強く(足鼎(あしがなえ)を)引っぱったところが。❷貨幣。おかね。また、資本。江戸時代、大坂では銀貨が主に使われたので「銀」とも表記する。例「おのづと──が、かねまうけして、その名を世上にふれける」〈西鶴・日本永代蔵・六・四〉訳(個人の才能や努力ではなく)金銭(の資本)が自然と、利益をもたらし、世間に有名になった。
■二【矩】❶曲尺(かねじやく)。直角の基準となるものさし。❷ある物に対して直角なこと。例「──に渡いて押し落とさるな」〈平家・四・橋合戦〉訳(川を)流れに直角に渡ろうとして(水流に)押し流されるな。
■三【鉦】「たたきがね」の総称。金属製で、下に置いたり、手にさげて持ったりして、木の棒の類でたたいて鳴らすもの。仏具や打楽器として用いる。例「近所の衆を頼み、太鼓(たいこ)──をたきたづね」〈西鶴・世間胸算用・五・三〉訳近所の人々に頼んで、(迷子を捜すように)太鼓やかねをたたきながら捜しまわり。

かね(鉦)

■四【鐘】❶つりがね。例「祇園精舎(ぎをんしやうじや)の──の声、諸行無常の響きあり」〈平家・一・祇園精舎〉訳祇園精舎の鐘の音には、諸行無常の響きがある。注有名ナ『平家物語』ノ冒頭ノ部分。❷つりがねの音。例「花の雲──は上野か浅草か」〈芭蕉〉訳(のどかな春日和(びより)は、この隅田川を渡った深川の草庵にも感じられ、対岸の上野・浅草あたりは)桜の花がおぼろに霞(かす)んで、まるで雲と見まちがうばかりである。折から隅田川を渡って聞こえてくる鐘の音は、上野の寛永寺の鐘であろうか、あるいは、浅草の浅草寺(せんそうじ)の鐘であろうか。(鐘もまた、おぼろに大江戸の春の響きを、この閑居に伝えてくれるようだ)。
■五【鉄漿】歯を黒く染める化粧のための、鉄を酸化させた液。おはぐろ。「はぐろめ」とも。例「あっぱれ、味方には──つけたる人はないものを、平家の君達(きんだち)でおはするにこそ」〈平家・九・忠度最期〉訳ああ、味方(=源氏方)にはおはぐろをつけている人はいないので、平家の若君でいらっしゃるに違いない。

> 参考 (1)「**かね**」は**金属**　「かね」は金属や金属製品の総称で、種類をいうには、色の名を上に付けて、**黄金は**、「きかね」から転じた「**くがね**」「**こがね**」、**銀は**「**しろかね**」、**銅は**「**あかがね**」、**鉄は**「**くろがね**」などという。また、**水銀は**「**みづがね**」である。■二〜■五は、いずれも金属製品であるために「かね」という。
> (2)■五は平安時代には上流階級の女性が用いた。平安末期には男性貴族もするようになり、例は平忠度(たいらのただのり)の場合である。さらに民間にも広まり、江戸時代には既婚女性のしるしとなった。

がね〔終助〕(上代語)接続動詞の連体形に付く。事柄の実現を期待する気持ちを表す。…する(こと)だろう(から)。例「梅の花我は散らさじあをによし奈良なる人も来つつ見る**がね**」〈万葉・一〇・一九〇六〉訳梅の花を私は散らすまい。奈良にいる人も来ては見ることだろうから。参考 上代の東国地方の方言や平安時代以降の和歌では「がに」の形を用いる。

がね〔接尾〕(名詞に付いて)やがてそうなるはずの者、その候補者、の意を添える。「后(きさき)──」「婿(むこ)──」など。

かね-ぐろ【鉄漿黒】〔名〕おはぐろで歯を黒く染めること。例「甲(かぶと)を押しあふのけて見ければ、年十六、七ばかりなるが、薄化粧して──なり」〈平家・九・敦盛最期〉訳(熊谷直実(くまがえなおざね)が、捕らえた敵の)兜(かぶと)を押して脱がせるようにして(顔を)見たところ、年齢十六、七くらいの武士で、薄く化粧をして歯を黒く染めているのである。

かね-ごと【予言】〔名〕(「かね」は、動詞「か(予)ぬ」の連用形。「かねこと」とも)未来を予想して言う言葉。約束の言葉。例「何の心ありて、明日(あす)は檜(ひ)の木とつけけむ。あぢきなき──なりや」〈枕草子・花の木ならぬは〉訳(「あすはひの木」は)どういう考えがあって、「明日は檜の木(になろう)」という名をつけたのだろうか。つまらない予言であるよ。注「あすはひの木」ハ、「あすなろ」ノコト。

かね-て【予て】■一《連語》《動詞「かぬ(=予定スル)」の連用形＋接続助詞「て」》(上の語を受けて)…**前から予想して。…以前から。**例「二、三日

——、夜(よ)に隠れて大殿(おほいどの)に渡り給へり」〈源氏・須磨〉訳（出発の）二、三日前に、（人目をはばかって）夜の暗いのに隠れて左大臣邸に（光源氏は）お越しになった。

二〔副〕❶**あらかじめ。前もって。**例「女房にだに、——さも知らせず、殿人には、ましていみじう隠して」〈枕草子・宮の五節いださせ給ふに〉訳（豊(とよ)の明かりの節会(せち)の時の衣装は）女房にさえ、前もってそうだとも知らせず、家人には、まして厳重に隠して。

❷《名詞的な用法》何かある事の起こる以前。前々。例「この御請文(うけぶみ)の趣(おもむき)は、——より思ひ設(ま)けられたりしかども」〈平家・一〇・戒文〉訳このご返書の内容は、前々から予想されていたけれど。

か-の【彼の】《連語》《代名詞「か」＋格助詞「の」》❶話し手・聞き手から離れた所にあるものを指す。あの。例「——都の人は、いとけうらに、老いをせずなむ」〈竹取・かぐや姫の昇天〉訳あの（月の）都の人は、たいそう美しく、年をとることもないのです。

❷すでに話題となったものを指す。その。前述の。例の。例「めなもみといふ草あり。くちばみにさされたる人、——草をもみて付けぬれば、則(すなは)ち癒(い)ゆとなむ」〈徒然草・九六〉訳メナモミという草がある。マムシにかまれた人が、その草をもんで付けると、すぐに治るといわれる。

❸《近世語。代名詞的用法》よく事情を知っている者同士の間で、物・人を遠まわしに指す。例のもの。例の人。

か-の-え【庚】〔名〕十干(じっかん)の七番目。「庚」を音読して「かう(コウ)」ともいう。⇩じっかん

か-の-こ【鹿の子】〔名〕《「か」はシカの古称》❶シカの子。子鹿(こじか)。例「灌仏(くわんぶつ)の日に生まれあふ——かな」〈芭蕉・笈の小文〉訳灌仏の日（＝陰暦四月八日、釈迦(シャカ)ノ誕生日）に生まれあわせた、なんと仏縁の深い鹿の子であることよ。

❷「かのこまだら」の略。

❸《「かのこしぼり」の略》絞り染めの一種。くくって染めることで、白いまだら模様を出したもの。近世に流行した。

かのこ-まだら【鹿の子斑】〔名〕シカの子の毛色のように、茶褐色の地に白い斑点が所々あること。また、そういう模様。例「時知らぬ山は富士の嶺(ね)いつとてか——に雪の降るらむ」〈伊勢・九〉訳時節をわきまえない山は富士の山だ。（今は五月末だというのに）一体今をいつと思って、鹿の子まだらに雪が降り積もっているのだろうか。

か-の-と【辛】〔名〕十干(じっかん)の八番目。「辛」を音読して「しん」ともいう。⇩じっかん

かは

〔係助〕《係助詞「か」に係助詞「は」が付いて一語化したもの》接続 主語・連用修飾語・接続語などや文末に付く。

【疑問・反語】❶《文中に用いられる場合。「かは」を受ける文末の活用語は連体形で結ぶ》ⓐ反語の意を表す。**…か(いや、…ではない)。…ものか。**例「いと恥づかしき御けはひに、何事を**かは**答(いら)へ聞こえむ」〈源氏・若紫〉訳何ともこちらが恥ずかしくなるほどご立派な（光源氏の）ご様子に対して、いったいどんな返事を申し上げたらよいのだろうか（いや、何ともご返事のしようもない）。

ⓑ疑問の意を表す。**…か。…のか。…だろうか。**例「蓮葉(はちすば)の濁りに染(し)まぬ心もて何**かは**露を玉とあざむく」〈古今・夏・一六五〉訳蓮(はす)の葉が、（泥の）濁りにも染まらないきれいな心をもっていながら、どうして（葉の上に置いた）露を玉だと言って人をあざむくのか。

❷《文末に用いられる場合》反語の意を表す。**…か(いや、…ではない)。…ものか。**例「ひがひがしからむ人の仰せらるる事、聞き入るべき**かは**」〈徒然草・三一〉訳物の情趣を解さないような人がおっしゃることなど、聞き入れることができましょうか（いや、できはしない）。例「花は盛りに、月は隈(くま)なきをのみ見るもの**かは**」〈徒然草・一三七〉訳（春の）桜は満開なのをだけ、（また、秋の）月は曇りなく照っているのをだけ見るものであろうか（そうとは限らない）。

要点 文末用法では反語の意のみに用いられ、文中用法でも大半が反語の意である。

か-ばかり

【斯ばかり】〔副〕❶**これほど。これくらい。**例「いかならん世にも、——あせ果てんとは思(おぼ)してんや」〈徒然草・二五〉訳（藤原道長は）どんな時代になろうとも、これほど荒廃してしまおうとはお考えになっただろうか。

❷これだけ。例「極楽寺・高良(かうら)などを拝みて、——と心得て帰りにけり」〈徒然草・五二〉訳極楽寺・高良の社(やしろ)などを拝んで、これだけだと思って帰ってしまった。注 麓(フモト)ダケ拝ミ、山上ノ石清水(イワシミズ)八幡宮ノ本殿ヲ拝マナイ。

かは-ぎぬ【皮衣・裘】〔名〕毛皮で作った衣(ころも)。「かはごろも」とも。例「かぐや姫の——を見ていはく、『うるはしき皮なめり』」〈竹取・火鼠の皮衣〉訳かぐや姫が毛皮の衣を見て言うことには、「立派な皮のようです」。

要点『竹取物語』では、「かはぎぬ」が地の文や会話文に用いられ、「かはごろも」は歌の中に用いられている。

かは-ご【皮籠・皮子】〔名〕まわりに皮を張った籠(かご)、また、箱。行李(こうり)の類。転じて、紙張り・竹編みのものもいう。例「黒き——三合を置けり」〈方丈記・境涯〉訳黒い皮籠を三個置いた。

かは-ごろも【皮衣・裘】〔名〕⇩かはぎぬ

がは・し〔接尾シク型〕《名詞・動詞連用形などに付いて》…らしい。…の傾向がある。「乱(みだ)り——・し」「乱(らう)——・し」など。

かは・す【交はす・替はす】〔他サ四〕{さ・し・す・す・せ・せ} ❶互いにやり取りする。互いに通わせる。また、交差させる。交わらせる。例「さも心——・さむに似げなかるまじき人のあはひなりかし」〈源氏・賢木〉訳（以前から親しい仲だったので）そのように心を通わせても不似合いではなさそうなお二人の間柄なのだよ。

❷《「主として「時(を)かはす」の形で》移す。変える。例「とみの御物なり。誰も誰も、あまたして、時——・さず縫ひて参らせよ」〈枕草子・ねたきもの〉訳急ぎのお品です。誰も誰も、大勢で、時を移さずに縫って差し上げよ。

❸《動詞の連用形に付いて》互いに…しあう。例「いひ——・したる事どもなむ、いと興ありける」〈源氏・桐壺〉訳（高麗人(こまうど)と）話し合ったいろいろの話題などは、とても面白いものであった。

かは-せ【川瀬】〔名〕川の底が浅くて流れが速い所。川の浅瀬。例「山川の清き——に遊べども奈良の都は忘れかねつも」〈万葉・一五・三六一八〉訳山中の川の清らかな浅瀬に遊んでいても、奈良の都は忘れることができないことよ。

かは-たけ【川竹・河竹】〔名〕❶竹の一種。マダケまたはメダケの異称。清涼殿(せいりょうでん)の東庭の御溝水(みかはみづ)の側に植えられていた。（図は次ページ）

❷川のそばに生えている竹。

かはたけ①

河竹黙阿弥(かはたけもくあみ)〖人名〗江戸末期・明治初期の歌舞伎脚本家。江戸歌舞伎の大成者とされる。世話物に優れたが、時代を反映して活歴物や散切物なども手がけて新趣向を工夫した。『三人吉三廓初買』、白浪五人男で知られる『青砥稿花紅彩画』、『天衣紛上野初花』など作品多数。

かは-たび【革足袋】〔名〕なめし皮(=多ク鹿皮)で作った足袋。例「――に雪踏(せった)をはきて」〈西鶴・日本永代蔵・二・一〉訳 革足袋に雪踏をはいて。注「革足袋」ハ汚レガ目立タズ、「雪踏」ハ竹ノ皮ノ草履ノ裏ニ鳥ノ皮ヲ張ッタモノデ、イズレモ丈夫。コノ二ツハ、倹約家ヲ描写スルタメノ小道具。

かはたれ-どき【彼は誰時】〔名〕(「彼(か)は誰(たれ)だ」と見分けられない時の意)うす暗い時分。明け方や夕方。例「暁(あかとき)の――に島陰(しまかぎ)を漕(こ)ぎにし舟のたづき知らずも」〈万葉・二〇・四三八四〉訳 明け方のうす暗い時分に、島の陰をこいでいった舟の様子を知る手段がわからないことだ。注 防人ノ歌。先発ノ船団ノ安否ヲ思イヤッタ歌。

> 参考 後世は、夕方を「たそがれどき」というのに対し、この語は明け方を指すのが通例となった。

河内(かはち)〖旧国名〗(古くは「かふち」)畿内五か国の一つ。現在の大阪府東部にあたる。淀川の内の意の「カハウチ」の変化した形。大和川の川筋に位置するゆえに「カハチ(川路・川道)」というとする説もある。河州。

かはづ【蛙】〔名〕❶カエルの一種。カジカ。形は小さく谷川に住み、夏から秋にかけて澄んだ声で鳴く。例「花に鳴く鶯(うぐひす)、水に住む――の声を聞けば、生きとし生けるもの、いづれか歌を詠(よ)まざりける」〈古今・仮名序〉訳 (春)梅の花にさえずる鶯、(秋)清流に住むカジカの声を聞いていると、この自然の中に生きているもので、誰が歌を詠まないだろうか(いや、すべてのものが歌を詠むにちがいない)。❷カエル。(季・春)例「古池や――飛び込む水の音」〈芭蕉〉訳 静まりかえった古池がある。カエルが水に飛び込み静寂をやぶった。春の胎動、そのあとにはいっそうの静寂が残った。例「いうぜんとして山を見る――かな」〈一茶〉訳 両足をついて静かにじっと動かないでいるその姿は、まるで悠然と落ち着きはらって春の山を眺めているかのようで、茫洋とした中にも何やら親しみを覚えるカエルの様子である。

> 要点 「かはづ」は歌語で、「かへる」は日常語といわれる。

かは-づら【川面】〔名〕❶川辺。川のほとり。例「――涼しからむはやと思ひ出(い)でて、にはかにまうで給へり」〈源氏・椎本〉訳 (その年は、いつもより暑くて人々が困っていたが)川辺は涼しいであろうなあと思いついて、急に(宇治へ)参上なさった。❷川の水面。水上。

かは-と【川門】〔名〕川で、両岸がせまって狭くなっている所。川の渡り場となる。例「天の川――に立ちて我が恋ひし君来ますなり紐(ひも)解き待たむ」〈万葉・一〇・二〇四八〉訳 天の川の渡り場に立って、私が恋い慕っていたあなたが(いよいよ今日)おいでになるという。(さあ)着物の紐を解いて待っていよう。注 織女ノ気持チヲウタウ。

かは-と【川音】〔名〕(「かはおと」の変化した形)川の水の流れる音。例「天の川――清(さや)けし彦星(ひこぼし)の秋漕(こ)ぐ舟の波の騒(さわ)きか」〈万葉・一〇・二〇四七〉訳 天の川の川音が澄んでいる。彦星が(織姫星(おりひめぼし)に会いに行くために)秋の七月七日に漕ぐ舟の波の騒ぎであろうか。

かばね【姓】〔名〕❶上代、豪族の氏や名につけた称号。もと職務を示したものだが、後に世襲するようになり、家格を表すようになる。臣(おみ)・連(むらじ)・造(みやつこ)・君(きみ)・直(あたい)・首(おびと)など数十種あった。❷七世紀末、天武天皇が各氏族の家格を表すために置いた八種類の称号。⇩やくさのかばね

かばね【屍】〔名〕死体。なきがら。「しかばね」とも。例「海行かば水漬(みづ)く――山行かば草生(む)す――大君の辺(へ)にこそ死なめ顧(かへり)みはせじと言(こと)立て」〈万葉・一八・四〇九四長歌〉訳 (戦いで)海に行って水びたしの死体、山に行って草むす死体となっても、大君のおそばで死のう、後悔はすまいと誓いを立て。

かは-ばしら【川柱】〔名〕川の中に、残って立っている家や橋の柱。例「朽(く)ちもせぬこの――残らずは昔の跡(あと)をいかで知らまし」〈更級・かどで〉訳 これまで朽ちもしなかったこの川中の柱が残らなかったら、昔の(家の)跡をどうして知ることができただろう。

かは-ほり【蝙蝠】〔名〕❶動物の一種。コウモリ。(季・夏)例「――や古き軒端(のきば)の釣(つ)りしのぶ」〈暁台〉訳 コウモリが古い家の軒先に(涼しさを呼ぶとして)つり下げられている忍ぶ草(のあたりを飛びまわっている)。❷(「かはほりあふぎ」の略)紙を片側にだけ張った扇。開くとコウモリの翼を広げた形に似るのでいう。例「昨夜(よべ)の――を落として」〈源氏・若菜・下〉訳 昨夜のかわほり扇を落としてしまって。

かは-むし【皮虫】〔名〕毛虫。蝶(ちょう)や蛾(が)などの幼虫。例「――の蝶(てふ)とはなるなり」〈堤中納言・虫めづる姫君〉訳 毛虫が蝶となるのだ。

かは-や【厠】〔名〕便所。

> 参考 側屋(かわや)、つまり家のそばに設けた家の意とも、川の上に掛け渡して作った家の意ともいう。

かは-ゆか【川床】〔名〕夏期に、納涼のため、料理屋などの座敷から川の上へ突き出して設けた桟敷(さじき)。京都の四条河原のものが有名で、現在も行われている。(季・夏)

かはゆ・し〔形ク〕(「顔映(かほは)ゆし」の変化した形)❶きまりが悪い。恥ずかしい。おもはゆい。❷(見ていられないほど)かわいそうである。気の毒である。

> 参考 室町時代から「愛らしい」の意にも用い、「かはいい」の形に転じて現代語の「かわいい」になる。

かは-よど【川淀】〔名〕川の水のよどんでいる所。よどみ。例「明日香川(あすかがは)――去らず立つ霧の思ひ過ぐべき恋にあらなくに」〈万葉・三・三二五〉訳 明日香川のよどみを離れずに立つ霧のように、(すぐに)消えるような旧都追慕の心ではないのだ。

か-はら【川原・河原】〔名〕(「かははら」の変化した形)

❶川べりの、水がなく砂や小石の多い平らな所。特に、京都の賀茂川の河原を指すことが多い。例「――などには、馬・車の行きかふ道だになし」〈方丈記・飢渇〉訳(賀茂川の)河原などには、(死体があちこちに横たわっていて)馬や車の行き違う道さえない(くらいだ)。❷近世、歌舞伎や夕涼みでにぎわった賀茂川の四条河原。例「――の役者入れ替はりて、顔見世芝居(かほみせしばゐ)の時分は、同じ人また珍しく」〈西鶴・世間胸算用・三・一〉訳四条河原の(芝居小屋の)役者が入れかわって、顔見世芝居の頃は、同じ役者でもまた新鮮な感じがして。

かはら-け【土器】〔名〕(「瓦(かは)笥(け)」の意)❶うわ薬をかけずに焼いた、素焼きの陶器。素焼き。例「あやしきもののかたなど、――に盛りて参らす」〈枕草子・二月、官の司に〉訳(天皇や中宮にも)庶民的な食べ物などを、素焼きの器に盛って差し上げる。❷素焼きの杯。また、それについだことから、酒。例「銚子(てう)に――とり添へて、持て出でて」〈徒然草・二一五〉訳銚子に杯を添えて、持って出て。❸酒杯のやりとり。また、酒宴。

かはり【代はり】〔名〕《動詞「かはる」の連用形の名詞化》❶職務などを交代して執り行うこと。また、その人。後任。あとがま。❷身代わり。例「かの人の御(おん)――に、明け暮れのなぐさめにも見ばや」〈源氏・若紫〉訳あの人(＝藤壺)のお身代わりとして、(あの少女を)毎日のなぐさめに見たいものだ。❸償い。代償。❹代金。代価。例「珍しう――を持って来たと言ふによって、これをやる」〈狂言・千鳥〉訳珍しく代金を持って来たというので、この酒を売ってやる。

かはり-ぎぬ【代はり絹】〔名〕代価として渡す絹。

かひ【卵】〔名〕(「かひ(貝)」と同源。「かひご」とも)たまご。例「同じ巣にかへりし――の見えぬかないかなる人か手に握るらむ」〈源氏・真木柱〉訳せっかく同じ巣で孵化したかいもなく、卵が見えないことだ。いったいどんな人が握っているのだろう。注光源氏ガ、養育シタ玉鬘ガ突然鬚黒大将ト結婚シテシマッタコトヲ恨ンデ詠ンダ歌。

かひ【貝】〔名〕❶貝・貝がらの総称。❷ほら貝。吹き鳴らして、時報・合図・号令などとする。例「つれづれなるに、かたはらに――をにはかに吹き出(い)でたるこそ、いみじうおどろかるれ」〈枕草子・正月に寺にこもりたるは〉訳することもなく退屈でいると、そばで(時報の)ほら貝を急に吹き出したのには、たいそう驚いてしまう。

かひ【効・甲斐】〔名〕❶効果。効き目。成果。例「その時悔(く)ゆとも、――あらんや」〈徒然草・四九〉訳その時(＝死ニ近クナッタ時)に(過去の誤りを)悔いても、何の効果があろうか。❷(それに見合う)値打ち。価値。例「互ひに言はんほどの事をば、『げに』と聞く――あるものから」〈徒然草・一二〉訳お互いに(口に出して)言おうというほどのことは、「もっともだ」と聞く価値があるものの。

甲斐なくな・る　(どうしようもない状態になるの意で)「死ぬ」を婉曲にいう言い方。亡くなる。例「もし、――・り果て侍(はべ)りなば」〈源氏・夕霧〉訳もし、(私が)死んでしまいましたならば。

かひ【峡】〔名〕山と山との間の狭い所。谷。山峡。例「桜花咲きにけらしなあしひきの山の――より見ゆる白雲」〈古今・春上・五九〉訳桜の花が咲いたらしいな。山と山の間から(桜の花が)白雲のように見えているよ。

かひ【匙】〔名〕さじ。しゃくし。しゃもじ。例「――に飯(いひ)をすくひつつ、高やかに盛りあげて」〈今昔・二八・二三〉訳しゃくしで御飯をすくっては、山もりに盛って。

甲斐(かひ)《旧国名》東海道十五か国の一つ。現在の山梨県にあたる。東を武蔵・相模、南と西を駿河、北を信濃に囲まれた山国で、「山の峡(かひ)」の意という。甲州。

かひ-あはせ【貝合はせ】〔名〕❶「物合はせ」の一種。左右二組に分かれて、それぞれ持ち寄った貝を出し合い、美しさ・珍しさ・大きさなどで優劣を競う遊戯。平安時代から始まった。❷「貝覆(かひおほ)ひ」の異称。参考「貝合はせ」と「貝覆ひ」は、ともに貝を用いる遊びであることからよく混同され、近世以降は同一視された。

かひ-うた【甲斐歌】〔名〕「東歌」の一つ。甲斐の国(＝山梨県)の民謡。

かひ-おほひ【貝覆ひ】〔名〕平安時代末頃から始まった遊戯の一つ。三百六十個のハマグリの貝がらを分配し、各自その貝がらを両片に分ける。一方を地貝、他方を出貝と呼ぶ。地貝は自席の前に伏せて並べておく。出貝を一個ずつ出して、それと合う地貝を多く選び取った者を勝ちとする。

かひ-がかり【買ひ掛かり】〔名〕代金あと払いで、品物を買うこと。掛け買い。また、その代金。つけ。例「世の習ひにて、――する事、互ひに合点(がてん)づくなり」〈西鶴・日本永代蔵・五・三〉訳世の中の慣習で、掛け買いは、(買手と売手)お互いに承知の上で行うことだ。

かひ-がひ・し【甲斐甲斐し】〔形シク〕《名詞「かひ」を重ねて形容詞化した形》❶期待した通りである。有効である。❷まめまめしい。てきぱきしている。例「兼遠(かねとほ)受け取って――・しう二十余年養育す」〈平家・六・廻文〉訳兼遠は(木曽義仲の母の頼みを)引き受けて骨身を惜しまず(幼い義仲を)二十年あまりの間養い育てた。

かひ-つ・く【飼ひ付く】〔他カ下二〕{け・け・く・くる・くれ・けよ}餌づけをして馴らす。飼い馴らす。例「池の鳥を日来(ひごろ)――・けて、堂の中まで餌をまいて」〈徒然草・一六二〉訳池の鳥をふだん飼いならしておいて、お堂の中まで餌をまいて。

かひな【腕】〔名〕❶肩からひじまでの間の称。二の腕。❷腕全体。例「君は、――を枕にて」〈源氏・浮舟〉訳君(＝浮舟)は、腕を枕にして。

かひ-なくな・る【甲斐なくなる】⇩「かひ(甲斐)」子項目

かひ-な・し

【効なし・甲斐なし】〔形ク〕❶効果がない。無益である。例「『あな、――のわざや』とのたまひけるよりぞ、思ふに違(たが)ふことをば、――・しとは言ひける」〈竹取・燕の子安貝〉訳「ああ、苦労した意味もなく、貝がないことだわい」と(中納言が)おっしゃったことから、期待とは違ってしまったことを、「かひなし」と言うようになった。注燕ノ子安貝ヲ取リニ行ッテ、燕ノ糞ヲツカンダ場面。❷価値がない。とるに足りない。例「われ故(こ)池の尼御前(あまごぜん)に――・き命を助けられ奉って候へば」〈平家・五・

福原院宣〉訳私(＝源頼朝)は亡くなった池の尼御前に生きていても望みのない命を助けていただきましたので。

かひろ・ぐ (自ガ四)｛が・ぎ・ぐ・ぐ・げ・げ｝(「かびろぐ」とも)揺れ動く。ゆらゆらする。例「昔思ひ出顔に風になびきて――・ぎ立てる」〈枕草子・草の花は〉訳(晩秋のススキが)昔の盛りを思い出しているような様子で風になびいて揺れ動いて立っているのは(人間にとてもよく似ている)。

かひ‐をけ【貝桶】 (名)「貝おほひ」の貝殻を入れる桶。蒔絵を施した六角形で、二個で一組となっている。近世、嫁入り道具の一つとされた。

かひをけ

か・ふ【交ふ】 ━(自ハ四)｛は・ひ・ふ・ふ・へ・へ｝(動詞の連用形に付いて)交差するように…する。…ちがう。例「時移り事去り、楽しび悲しび行き――・ひて」〈徒然草・二五〉訳時が移り出来事が過ぎ去り、楽しみと悲しみとが交互に行き来して。注『古今集』ノ仮名序ヲ引イタ文。
━(他ハ下二)｛へ・へ・ふ・ふる・ふれ・へよ｝交差させる。かわす。

か・ふ【買ふ】 (他ハ四)｛は・ひ・ふ・ふ・へ・へ｝❶代金を払って品物を手に入れる。買う。
❷恨み・悪評・害などを招き、自分のものとする。受ける。例「害を――・ひ、累(わづらひ)を招く仲立ちなり」〈徒然草・三八〉訳(財産は)害を受けたり、面倒なことを招いたりする媒介物である。

か・ふ【替ふ・換ふ】 (他ハ下二)｛へ・へ・ふ・ふる・ふれ・へよ｝別の物にする。取り換える。例「万事に――・へずしては、一(ひと)つの大事成るべからず」〈徒然草・一八八〉訳あらゆる事と引き換えにしなくては、ひとつの大事(＝仏道ニ入ル願イ)も成就するはずがない。

か・ふ【飼ふ】 (他ハ四)｛は・ひ・ふ・ふ・へ・へ｝動物に水や餌(ゑさ)を与える。飼育する。例「鷹(たか)に――・はんとて、生きたる犬の足を切り侍りつるを」〈徒然草・一二八〉訳鷹に餌を与えようとして、生きている犬の足を切りましたのを。

が‐ふ【楽府】 (名)漢詩の一体。叙事体が多く、毎句の字数は一定しない。抑揚の変化に重点が置かれる。

> **要点** もとは、中国漢の武帝が設置した、音楽をつかさどる官庁の名。転じて、「楽府」が採用・制定した歌曲の称、さらに、それを擬して作った漢詩の一体の称となった。日本では、『白氏文集』の「楽府(新楽府)」が広く行われ、単に「楽府」という場合には、通例『白氏文集』のそれを指す。

がふ【合】 (接尾)ふた付きの容器を数える語。例「黒き皮籠(かはご)三――を置けり」〈方丈記・境涯〉訳黒い皮籠(＝ツヅラ・コウリノ類)三合を置いた。

かふ‐か【閤下】 (名)❶身分や位の高い人に対する敬称。閣下(かっか)。
❷相手に対する敬称。あなた。例「さて、――はいかが」〈大鏡・序〉訳それで、あなた(の方)はいかがですか。

かぶき【歌舞伎・歌舞妓】 (名)(動詞「かぶく」の連用形の名詞化)❶華美異様な様子。人目につく振る舞い。
❷(転じて)歌舞伎芝居。出雲(いづも)大社の巫女(みこ)阿国(おくに)が京都で始めたと伝えられ、江戸時代の元禄(げんろく)期に基礎的形態が完成した。音曲・舞踊・科白(せりふ)等の総合された大衆演劇で、人形浄瑠璃(にんぎやうじやうるり)とともに、江戸時代を通じ、最も人気を博し、今日に伝わっている。

かぶ・く【傾く】 (自カ四)｛か・き・く・く・け・け｝❶頭をかたむける。
❷異様で目立つ服装・行動をする。

かぶし【頭】 (名)頭の格好。頭つき。例「――・かたちなど、いとよしと見えて」〈徒然草・一〇五〉訳頭つきや容姿など、たいへん美しいと見受けられて。

がふ‐し【合子】 (名)蓋(ふた)付きの椀(わん)。御器(ごき)。例「いみじうきたなきもの。なめくぢ。……殿上の――」〈枕草子・いみじうきたなきもの〉訳たいそう不潔なもの。ナメクジ。……(清涼殿の)殿上の間の椀。注「殿上の合子」ハ備エ付ケノ食器デ、五年ニ一度新調スルトイワレ、マタ、枕トシテ使ウコトモアッタトイウ。

甲州街道(かふしうかいだう) 〔街道名〕江戸時代の五街道の一つ。江戸日本橋から甲府に至る街道で、三十四の宿駅があった。

河内(かふち) 〔旧国名〕⇩河内(かはち)

かぶと【兜・甲・冑】 (名)(「甲」の字は本来「よろい」の意)❶頭にかぶる鉄製の武具。敵の攻撃から頭や首を守るもの。かぶる部分を鉢(はち)、首をおおう部分を錏(しころ)、鉢の頂上を天辺(てへん)・八幡座(はちまんざ)という。例「むざんやな――の下のきりぎりす」〈奥の細道・太田神社〉訳ああ何といたましいことよ。斉藤別当実盛(さねもり)は白髪を染めてこのかぶとをかぶり討死(うちじに)したというが、その哀れさをかき立てるかのように、こおろぎが今もかぶとの下で寂しく鳴いていることだ。
❷舞楽に用いる「鳥かぶと」。鳳凰(ほうおう)の頭部をかたどった冠(かんむり)で、種類も多い。

かぶら【鏑】 (名)(野菜のカブラ(＝カブ)に形が似ていることから)❶鏃(やじり)の一種。鏑矢の先につける。木やシカの角(つの)を丸く長い形に削り、中をくり抜いて表面に数個の穴をあける。矢が飛ぶ時、穴から風が入って高い音をたてる。
❷「鏑矢(かぶらや)」の略。例「与一、――を取ってつがひ、よっぴいてひゃうど放つ」〈平家・一一・那須与一〉訳与一は、鏑矢を取って弓の弦に当てがい、よく引きしぼってピューッと射る。

かぶら①

かぶら‐や【鏑矢・鏑箭】 (名)鏃(やじり)に鏑をつけた矢。後世では、鏑の先にさらに、雁股(かりまた)(＝二マタニ開イタ鏃)を付けることもあった。鳴り矢。

かぶり (名)━【冠】(「かうぶり」から)かんむり。例「このごろの――は、昔よりははるかに高くなりたるなり」〈徒然草・六五〉訳このごろのかんむりは、一昔前のよりもずっと(たけが)高くなっている。
━【頭】頭。頭部。

かふ‐りょく【合力】 (名・他サ変)❶力を合わせること。また、力を合わせて助けること。協力。助力。例「殊(こと)に――をいたして、当寺の破滅を助けられんと思ふ状」〈平家・四・山門牒状〉訳特別に力を合わせまして、この寺(＝園城寺(ヲンジヤウジ))の破滅をお助け下さるようにと願う手紙。
❷金品を人に施(ほどこ)し与えること。扶助。施し。

かぶろ【禿】〔名〕《「かむろ」とも》❶頭に毛のないこと。また、その頭。坊主頭。❷子供の髪型の一つ。結ばずに垂らした髪の先を、短く切りそろえたもの。おかっぱの類。転じて、そのような髪型の子供。例「十四、五、六の童部(わらはべ)を三百人揃(そろ)へて、髪を――に切りまはし」〈平家・一・禿髪〉訳十四、五、六歳の少年を三百人そろえて、髪をおかっぱのようにまわりを切って。❸近世、遊里で、太夫(たゆう)・天神(てんじん)などの高級遊女に仕える見習いの少女。七、八歳から十三、四歳頃まで。

がへ〔終助〕《上代東国方言》接続 活用語の連体形に付く。《反語の意を表す》…するか(いや、しはしない)。…するものか。例「上野(かみつけの)佐野の船橋取り放し親は放(さ)くれど我(わ)は離(さ)かる**がへ**」〈万葉・一四・三四二〇〉訳上毛野(=群馬県)の佐野にある船橋を取りはずして、親は(あなたと私を)引き離そうとするが、私は(あなたと)離れるものか。注「船橋」ハ、川ニ舟ヲ並べ板ヲ渡シテ作ッタ橋。

かへ-さ【帰さ】〔名〕帰りがけ。帰り道。「かへるさ」とも。例「祭の――見るとて、……車を立てたれば」〈枕草子・鳥は〉訳(賀茂の)祭の帰り道の行列を見ようとして、……牛車(ぎつしや)を止めたところ。

かへさ・ふ【返さふ】〔他ハ四〕《「かへす」の未然形＋反復・継続の助動詞「ふ」》❶ああでもない、こうでもないと何度も思い返す。あれこれと考え直す。例「なほ悪(わろ)の心や、かくだに思はじなど心ひとつを――・ふ」〈源氏・手習〉訳やはり(私の)悪い料簡(りようけん)なのだ、(いや)このようにだけでも思うまいなどと心ひとつを(おさめかねて)、ああでもないこうでもないと思い返す。❷何度も問い返す。反問する。例「博士の――・ふべき節々をひき出でてひとわたり読ませ奉り給ふに」〈源氏・少女〉訳(寮試を受験する際に)試験官の博士が何度も問い返すにちがいない所々を抜き出して(夕霧に)一通り読ませ申し上げなさるのに。❸《「かへさひ奏す」「かへさひ申す」「申しかへさふ」などの形で》相手の言い分を受けずに、そのまま返す。辞退する。例「とかく申し――・ふ事えあらじかし」〈源氏・行幸〉訳とやかく辞退申し上げることはとてもできないだろう。

かへ-さま【返様】〔形動ナリ〕さかさま。逆。裏返し。例「とみのもの縫ふに、……――・に縫ひたるもねたし」〈枕草子・ねたきもの〉訳いそぎのものを縫う時に、……裏返しに縫ってしまったのもしゃくにさわることだ。

かへし【返し】〔名〕《動詞「かへす」の連用形の名詞化》❶返事。返答。例「『とく来(こ)』と言ひやりたるに、『今宵はえ参るまじ』とて――おこせたるは、すさまじきのみならず」〈枕草子・すさまじきもの〉訳「はやく来い」と言ってやったのに、「今晩は参りません」と返事をよこしたのは、がっかりさせられるだけでなく(大変憎らしくて耐えがたい)。❷《「かへしうた」とも》返事としての歌。返歌。例「かの詠(よ)み給ひける歌の――、箱に入れて返す」〈竹取・火鼠の皮衣〉訳(かぐや姫は)あの(右大臣が)お詠みになった歌に対する返歌を、箱に入れて返す。❸大波・地震・大風などが、一度やんだ後、再び起こること。地震の揺りもどし、風の吹き返しなど。❹返礼。お返し。また転じて、報復。仕返し。

かへし-あは・す【返し合はす】〔自サ下二〕{せ・せ・す・する・すれ・せよ}引き返して戦う。例「源氏あそこここで――・せ防ぎけれども」〈平家・六・祇園女御〉訳源氏の軍勢はそこここで引き返しては戦い引き返しては戦いして防戦したが。注追ワレナガラノ防戦ノ状態。

かへし-うた【返し歌】〔名〕❶⇩はんか(反歌) ❷⇩かへし② ❸「神楽歌(かぐらうた)」や「東遊(あずまあそ)び歌」で、歌を二つに分けて歌う時、初めの末句を後に繰り返して歌うこと。

かへし-がたな【返し刀】〔名〕木の枝や竹などを斜めに切った切り口を整えるために、その反対側から刀を返して少しそぎ取ること。例「――五分に切る」〈徒然草・六六〉訳返し刀で(切り口を)五分(=約一・五センチ)に切る。

かべ-しろ【壁代】〔名〕《「壁の代わり」の意》平安時代、御所(ごしよ)などで用いた間仕切(まじき)りの一つ。母屋(もや)と廂(ひさし)との間を隔てるため、御簾(みす)の内側に、上の長押(なげし)から下の長押に垂らす幕。絹・綾(あや)で作り、表に模様があり、裏は白。

かへ・す【帰す・返す・反す】〔他サ四〕{さ・し・す・す・せ・せ}《「かへる」の他動詞形》❶もとの位置・場所・状態にもどらせる。帰らせる。ⓐ(人や車などを)もどらせる。帰らせる。ⓑ(もとの所や持ち主に)返却する。もどす。ⓒ(相手の手紙や歌に対して)返事する。返歌する。例「かの詠み給ひける歌の返し、箱に入れて――・す」〈竹取・火鼠の皮衣〉訳(かぐや姫は)あの右大臣がお詠みになった歌への返しを、箱に入れて返歌した。ⓓ(飲み食いしたものを)吐きもどす。❷(自動詞的に)ひき返す。もどる。例「きたなしや、――・せ、――・せ」〈平家・七・倶梨迦羅落〉訳卑怯(ひきよう)だぞ、もどれ、もどれ。❸事物の表裏、上下、左右を逆にしたり、変えたりする。ⓐ(衣服、敷物などを)裏返す。ⓑ(袖(そで)、旗などを)ひるがえす。例「のどかに袖――・すところをひとをれ、気色ばかり舞ひ給へるに」〈源氏・花宴〉訳(光源氏が)ゆったりと袖をひるがえして舞う所をひと舞い、ほんの気持ちばかりお舞いになると。ⓒ(屏風(びようぶ)や馬など立っているものを)横倒しにする。ひっくりかえす。例「屏風を――・す様(やう)に馬はどうど倒(ふた)るれば」〈平家・一一・弓流〉訳屏風をひっくりかえすように馬はどっと倒れたので。ⓓ(田や畑を)すきかえす。例「しづが山田を――・さねば、米穀の類もなく」〈平家・二・大納言死去〉訳下賤(げせん)の者が山田をすきかえさないので、米や豆の類もなく。ⓔ(ある色に染まっているものを、他の色に)染め返す。例「小桜(こざくら)を黄に――・いたる鎧(よろひ)着て」〈平家・九・一二之懸〉訳小桜の模様の革を黄色に染め返した鎧を着て。注「返いたる」ハ「返したる」ノ、イ音便。

かへす-がへす【返す返す】〔副〕❶繰り返し繰り返し。何度も。念入りに。例「親王(みこ)、歌を――誦(ず)じ給うて」〈伊勢・八三〉訳親王は、歌を繰り返し繰り返し声に出して歌われて。❷(強く感じ入った気持ちで)つくづく。重ね重ね。例「嘆かせ奉らぬほどまで侍(はべ)らで過ぎ別れぬること、――本意(ほい)なくこそおぼえ侍れ」〈竹取・かぐや姫の昇天〉訳お嘆かせ申さないほどまでおそばにおりませんで別れ去ってしまうことは、つくづく心苦しく思われます。

かへ-で【楓】〔名〕❶（葉が蛙(かへる)の手に似ていることから「かへるで」といい、それの変化した形）木の一種。カエデ。紅葉の美しさから、「もみじ」の異称もある。❷（襲(かさね)の色目(いろめ)の名）表・裏ともに萌葱色(もえぎいろ)。

かへらぬ-たび【帰らぬ旅】〔連語〕死んであの世に行き、再びこの世に帰らないこと。死出の旅。

かへらぬ-ひと【帰らぬ人】〔連語〕死んでしまって、再び帰らない人。亡くなった人。例「都へと思ふをものの悲しきは―のあればなりけり」〈土佐・十二月二十七日〉訳いよいよ都へ帰るのだと思うのに、何となくもの悲しいのは、いっしょに帰らない人（＝任地デ死ンダ我ガ子）がいるからであったよ。

かへり【返り・帰り・還り】■一〔名〕（動詞「かへる」の連用形の名詞化）❶帰ること。もどること。また、帰る時。帰り道。❷行ってすぐにもどること。例「近くあらば―にだにもうち行きて妹(いも)が手枕(たまくら)さし交(か)へて寝ても来ましを」〈万葉・一七・三九七八長歌〉訳近かったら日帰りにでもちょっと行って、妻と手枕をさしかわして寝て来るのだが。注任国越中(エッチュウ)（＝富山県）ニイル大伴家持(ヤカモチ)ノ妻ヲ恋ウル歌。❸（「かへりごと」の略）「かへりごと①」に同じ。例「今宵過ぐさず、御―奏せむ」〈源氏・桐壺〉訳今晩のうちに、（天皇のお言伝ての）ご返事を申し上げましょう。■二〔接尾〕（数詞に付いて）回数・度数を表す。…回。…度。例「二(ふた)―ばかりうたはせ給ひて」〈源氏・篝火〉訳二回ばかりお歌わせになって。

かへり-あそび【還り遊び】〔名〕⇩かへりだち

かへり-く【帰り来】〔自カ変〕{こ・き・く・くる・くれ・こ(よ)}帰って来る。ひき返す。例「落人(おちうど)―・きたり」〈平家・七・忠度都落〉訳落人が帰って来た。

かへり-ごと【返り事・返り言】〔名〕❶使者が帰ってする報告。復命。❷受け取った手紙などに対する返事。返答。また、返歌。❸贈り物やもてなしに対する返礼。答礼。例「米(よね)して―す」〈土佐・二月八日〉訳（ある人が鮮魚を持って来た）米でお返しをする。

かへり-だち【還り立ち】〔名〕❶賀茂神社や石清水(いわしみず)八幡宮などの祭が終わった後、勅使や舞人などが宮中に参上し、天皇の御前(ごぜん)で再び舞楽を演じること。また、その儀式。「かへりあそび」とも。例「賀茂の臨時の祭は、―の御神楽(かぐら)などにこそ、慰めらるれ」〈枕草子・なほめでたきこと〉訳賀茂神社の臨時の祭（の時）は、還り立ちの神楽などで、心が楽しまされる。❷正月の「賭弓(のりゆみ)」・七月の「相撲(すまひ)の節(せち)」などが終わった後、勝った方の近衛大将(このえのたいしょう)が自宅で味方の人々にごちそうをすること。

かへり-ちゅう【返り忠】〔名〕味方を裏切って、敵方に忠義を尽くすこと。裏切り。寝返り。例「他人の口よりもれぬ先に―して、命生かうど思ふ心ぞ付きにける」〈平家・二・西光被斬〉訳ほかの人の口から（平家打倒のくわだてが）もれる前に（仲間を）裏切って、自分の命は助かろうと思う心が起きた。

かへり-て【却りて】〔副〕かえって。逆に。例「つひにかくなり侍(はべ)りぬれば、―はつらくなむ、かしこき御心ざしを思ひ給へ侍る」〈源氏・桐壺〉訳とうとうこうなってしまいますと、かえって恨めしいことだと、（帝の）もったいないご愛情が（私には）思われます。注周囲ノ人々ノ嫉妬(シット)ニ堪エ切レズニ桐壺更衣(キリツボノコウイ)ガ急死シタト、母ガ嘆ク場面。

かへり-まうし【還り申し】〔名〕❶任務を果たして帰った使者が、主君に報告すること。復命。❷神仏に願を立てた人が、その願いが達せられた後でするお礼参り。例「心一つに多くの願を立て侍(はべ)りし。その―」〈源氏・若菜・上〉訳（私は）ひそかに自分一人で多くの願を立てました。そのお礼参りを。

かへり-まゐ・る【帰り参る】〔自ラ四〕{ら・り・る・る・れ・れ}（「帰り来」の謙譲語）尊い場所や人物の所に帰る。例「犬を流させ給ひけるが、―・りたるとて調(てう)じ給ふ」〈枕草子・上にさぶらふ御猫は〉訳（帝が）犬を流罪になさったのが、帰って来たといって打ちこらしめなさる。

かへり-み【顧み】〔名〕（動詞「かへりみる」の連用形の名詞化）❶後ろを振り返って見ること。例「東(ひむがし)の野にかぎろひの立つ見えて―すれば月かたぶきぬ」〈万葉・一・四八〉訳東の野にかげろうの立つのが見えて、振り返って見ると月は西に傾いている。❷自分のことを考えたり、心配したりすること。後顧(こうこ)。反省。例「大君(おほきみ)の辺(へ)にこそ死なめ―はせじと言(こと)立て」〈万葉・一八・四〇九四長歌〉訳大君のおそばで死のう。後悔はすまいと誓いを立て。❸人の面倒をみること。世話。例「親達の―をいささかだに仕(つか)うまつらで」〈竹取・かぐや姫の昇天〉訳両親のお世話を少しもしてさしあげないで（月へ参りますのも）。

かへり-みる【顧みる・省みる】〔他マ上一〕{み・み・みる・みる・みれ・みよ}❶後ろを振り返って見る。❷自分を振り返ってみる。反省する。❸心にかける。気にする。例「身を助けむとすれば、恥をも―・みず、財(たから)をも捨てて逃(のが)れ去るぞかし」〈徒然草・五九〉訳（近所が火事の時）我が身を助けようとすれば、恥ずかしさも気にしないで、財産も捨てて逃げて行くのであるよ。❹目をかける。世話をする。例「あはれなり、よう―・みてこそ候(さぶら)はせ給はめ」〈枕草子・関白殿、二月二十一日に〉訳（あなたの女房達は）すばらしい、よく目をかけてお仕えさせなさるがよいでしょう。注関白藤原道隆ガ娘ノ中宮定子(テイシ)ニ言ッタ言葉。

かへる【蛙】〔名〕カエル。和歌では「かはづ」を用いる。例「やせ―負けるな一茶これにあり」〈一茶〉訳やせた弱々しい蛙よ。他の雄に負けるな。頑張って雌をものにしろよ。この一茶様がここについておるぞ。注「蛙たたかひありけるに見にまかる」トイウ前書キガアル。ヒキガエルガ群レ集マリ、争ッテ交尾スルコトヲ軍(イクサ)ニタトエテ、「蛙戦(たたか)ひ」「蛙軍(いくさ)」ナドトイウ。「一茶これにあり」トイウノモ、武者ガ戦場デ名乗リヲアゲル時ノ口調ヲ用イタモノデ、「蛙戦ひ」ノ縁デ、軍談調トシテ、滑稽(コッケイ)味ヲ出シタ。

かへ・る【帰る・返る・反る】〔自ラ四〕{ら・り・る・る・れ・れ}（「かへす」の自動詞形）■一❶元の位置・場所・状態にもどる。帰る。ⓐ（人や車などが）もとの所へもどる。もどってくる。かえる。例「用ありて行きたりとも、その事果てなばとく―・るべし」〈徒然草・一七〇〉訳用事があって（人の家へ）行った時でも、その用事が済んでしまったならばすぐに帰るのがよい。ⓑ寄せて来た方向へもどる。ひき返す。例「渚(なぎさ)に寄る浪(みな)の、かつ——・るを見給ひて」〈源氏・須磨〉訳渚に打ち寄せる波が、寄せてはひき返すのをご覧になって。ⓒ元の状態にもどる。立ち返る。若返る。例「若々しく、いにしへに——・りて語らひ給ふ」〈源氏・若菜・上〉訳若々しく、昔にもどって語り合いなさる。ⓓ季節や年が新しくなる。改まる。例「年——・りぬれど、世の中今めかしき事なく静かなり」〈源氏・賢木〉訳年が改まったのだが、(桐壺(きりつぼ)帝が亡くなったあとゆえ)世間では華やかなこともなく静かである。❷事物の表裏・上下・左右などが逆になる。ⓐ横倒しになる。ひっくりかえる。ⓑひるがえる。例「ささなみの比良(ひら)山風の海吹けば釣りする海人(あま)の袖(そで)——・る見ゆ」〈万葉・九・一七一五〉訳比良山おろしの風が琵琶(びわ)湖の湖面を吹くので、釣りをしている漁師の袖のひるがえっているのが見える。❸色があせる。変色する。例「今はとて移り果てにし菊の花——・る色をば誰か見るべき」〈後撰・恋四〉訳今はもうすっかり変わり果ててしまった菊の花のあせた色香をいったい誰が見るでしょうか。

■二〔補動ラ四〕《動詞の連用形に付く》程度がはなはだしいことを表す。すっかり…する。例「その時はいまだ敵(かたき)の方にも静まり——・って音もせず」〈平家・九・一二之懸〉訳その時はまだ敵方(＝平家方)は静かそのものであって音もしなかった。

かへる-さ【帰るさ】〔名〕《「さ」は活用語の終止形に付いて時の意を表す接尾語》帰る時。帰り道。帰りがけ。「かへさ」とも。例「妹(いも)と来(こ)し敏馬(みぬめ)の崎を——に独りして見れば涙ぐましも」〈万葉・三・四四九〉訳妻と来たみぬめの崎を、(任地で妻を亡くし)帰りがけにひとりで見ると、涙が出そうであることよ。

かへる-とし【返る年】《連語》次の年。翌年。

がへん・ず【肯んず】〔他サ変〕{ぜ・じ・ず・ずる・ずれ・ぜよ}承諾する。できる。

参考 「がへにす(＝スルコトガデキナイ)」の撥音便形。本来の打消しの意が忘れられて、肯定の意で用いられた。漢文を読み下した文章に、多くは下に打消しの語を伴って「がへんぜず」の形で用いられた。

かほ【顔】〔名〕❶顔。また、顔だち。例「名を聞くより、やがて面影は推しはからるる心地するを、見る時は、又、かねて思ひつるままの——したる人こそなけれ」〈徒然草・七一〉訳名前を聞くやいなや、すぐに(その人の)顔かたちは推量される気持ちがするものだが、実際会ってみると、また、会う前に思っていたとおりの顔をしている人はないものだ。❷容姿。からだつき。❸(物の)表面。外面。外貌(がいぼう)。例「月の——にむら雲のかかりて、少し暗がり行きければ」〈大鏡・花山院〉訳月の表面に一群の雲がかかって、少し暗くなって行ったので。❹面目(めんもく)。ほまれ。面子(めんつ)。❺顔ぶれ。

かほ-かたち【顔形・容貌】〔名〕顔つき。容貌(ようぼう)。また、容姿、の意とも。例「——より始めて、ただ今の世には、類(たぐひ)おはせざめり」〈源氏・蜻蛉〉訳容姿を始めとして、今の世の中では、比類のない方であるようだ。

が-ほし〔助動シク型〕《上代語。格助詞「が」に形容詞「欲(ほ)し」が付いて一語化したもの》接続 動詞の連用形に付く。

未然形	連用形	終止形	連体形	已然形	命令形
がほしから	がほしく	がほし	がほし	○	○

【願望】希望の意を表す。…したい。例「神柄(かむから)やそこば貴き山柄や見がほしからむ」〈万葉・一七・三九八五長歌〉訳(二上(ふたがみ)山は、山の)神の品格のせいかはなはだ貴い、山の本性のせいか(いつまでも)見たい。

要点 「見がほし」「有りがほし」の形だけで用いられる。意味のよく似た表現に「まくほし」「まほし」がある。

かほ-づくり【顔作り】〔名・自サ変〕顔の化粧。例「女は、おのれを喜ぶ者のために——・す」〈枕草子・職の御曹司の西面の〉訳女は、自分に好意を寄せる人のために化粧をする。

か-ほど【斯程】《連語》《副詞「か」＋名詞「ほど」》これくらい。これほど。例「——の理(ことわり)、誰かは思ひ寄らざらんなれども」〈徒然草・四一〉訳これほどの道理は、誰でも思いつかないはずはないであろうが。

かほ-どり【貌鳥・容鳥】〔名〕カッコウの古称。また、美しい鳥の意とも。例「——の間(ま)なくしば鳴く春の野の草根の繁(しげ)き恋もするかも」〈万葉・一〇・一八九八〉訳貌鳥の絶え間なく鳴く春の野の草が茂っているように、絶えることのない恋をすることだよ。

かま【囂】《形容詞「かまし」の語幹》多く「あな——」の形で用いられる。⇩あな囂(かま)

かま・ふ【構ふ】〔動〕⇩かまふ

かま-ぎ【竈木・薪】〔名〕かまど用のたきぎ。たきぎ。例「御(み)——にすすけたれば、黒戸といふとぞ」〈徒然草・一七六〉訳(清涼殿の北廊の黒戸の御所は)薪(たきぎ)をたいて黒くすすけているので、黒戸ということである。

鎌倉(かまくら)《地名》現在の神奈川県鎌倉市にあたる。一一九二年(建久三)に源頼朝が幕府を開き、武家政治の中心となり、一三三三年(元弘三)北条氏が滅びるまで栄えた。室町時代には関東管領(かんれい)が置かれた。鶴ケ岡八幡宮や鎌倉五山をはじめとする神社仏閣が多い。

鎌倉(鶴ヶ岡八幡宮)

が-まし〔接尾シク型〕《名詞・副詞・動詞連用形などに付いて》…らしい。あたかも…のようだ。…の傾向がある。「かごと——・し」「わざと——・し」「をこ——・し」「得(え)——・し」など。

かま-ど【竈】〔名〕鍋(なべ)・釜(かま)をかけ、煮たきする設備。土や石で作る。「へっつい」「くど」とも。

かまびす・し【喧し・囂し】■一〔形ク〕やかましい。騒がしい。例「——・くすだきし虫も声やみて今は嵐(あらし)の音ぞ激しき」〈曽丹集〉訳やかましく集まって鳴いていた虫の声もやんで、今は嵐の音が激しく聞こえる。■二〔形シク〕■一に同じ。例「浪(みな)の音、常は——・しく潮風激しき所なり」〈平家・五・都帰〉訳(福原の都は)波の音が、いつも騒がしくて潮風の激しい所である。

> 参考 『曾丹集』の 例 は特別で、平安時代には漢文訓読文に用いられた。和文では「かしがまし」が用いられた。鎌倉時代頃からシク活用となるが、江戸時代にはまたク活用の例が認められる。

かま・ふ【構ふ】(カマ(モウ)) ■一〔自ハ四〕(は・ひ・ふ・ふ・へ・へ) ❶関係する。かかわる。例「そりゃめんめの働きちゃさかひ、ぜめの――・ふたこっちゃないはいなう」〈浮世床・二・上〉訳 それは各自の働きであるから、おれがかかわった事ではないよ。注「ぜめ」ハ人形浄瑠璃(ジョウルリ)社会デ、自分ノコトヲイウ隠語。
❷手や口を出す。面倒をみる。気にかける。
■二〔他ハ四〕(は・ひ・ふ・ふ・へ・へ) ある土地に居住することを禁ずる。追放する。
■三〔他ハ下二〕(へ・へ・ふ・ふる・ふれ・へよ) ❶建造物を構築する。**組み立てる。建てる。** 例「居屋(ゐや)ばかりを――・へて、はかばかしく屋を作るに及ばず」〈方丈記・わが過去〉訳 自分の居住する(狭い)建物だけを建てて、きちんと屋敷全体を造ることまではできない。
❷あらかじめ用意する。準備する。例「まことに御馬の草なんどをも――・へさせよ」〈平家・八・瀬尾最期〉訳 本当に馬の草なども用意させろ。
❸**策略をめぐらす。計画を立てる。** 工夫する。例「いかに――・へて、ただ心やすく迎へ取りて、明け暮れの慰めに見む」〈源氏・若紫〉訳 どのように策略をめぐらして、(若紫を)ただあっさり迎え取り、朝夕の慰めとして見よう。
❹ある態度をとる。身構える。身仕度する。例「主(しゅう)とおぼしき人は、いとゆかしけれど、見ゆべくも――・へず」〈源氏・玉鬘〉訳 主人と思われる人を、見たくてたまらないのだが、やすやすと見られそうには振る舞わない。

かまへ-いだ・す【構へ出だす】(カマエ:)〔他サ四〕(さ・し・す・す・せ・せ) 思考をめぐらして作り出す。こしらえ出す。例「ある人の、世に虚言(そらごと)を――・して人をはかる事あらんに」〈徒然草・一九四〉訳 ある人が、世間に嘘(うそ)をこしらえ出して人をだますことがあるような場合に。

> 参考 『源氏物語』や『堤中納言物語』には類義語として「かまへいづ」〔他ダ下二〕がある。

かまへ-て【構へて】(カマエ:)〔副〕《動詞「構ふ」の連用形＋接続助詞「て」。「かまひて」とも》❶**心がけて。心して。気をつけて。** 例「人はただ、歌を心が――よむべし」〈宇治拾遺・三・八〉訳 人はただ、和歌を心がけて詠むべきだ。
❷**必ず。きっと。** 例「――参り給へ」〈宇治拾遺・五・一〉訳 必ずいらっしゃい。
❸(打消し・禁止の表現を伴って)**決して。絶対に。** 例「かやうのものをば、――調(てう)ずまじきものなり」〈宇治拾遺・三・二〇〉訳 このようなもの(=狐(キツネ))を、決してからかうものではない。

かまめ【鷗】〔名〕(上代語)水鳥の名。カモメ。例「国原(くにはら)は煙(けぶり)立ち立つ海原(うなはら)は――立ち立つ」〈万葉・一・二長歌〉訳 広々とした平野には(かまどの)煙があちこちから立ち上っている。広々とした水面にはカモメがあちこちに飛び立っている。

が-まん【我慢】〔名〕《もとは「我(が)に執着する」意の仏教語》❶己を頼んで高慢になること。わがまま。自分勝手。おごり高ぶり。
❷強情。やせ我慢。意地っ張り。
❸耐え忍ぶこと。忍耐。辛抱。

かみ【上】〔名〕❶高い所。上(うへ)。上方。
❷川の源に近い方。源。上流。川上。
❸京都。また、その近辺。京坂。上方(かみがた)。例「その後は――へものぼらぬか」〈西鶴・好色一代男・五・七〉訳 その後は京都へものぼらないのか。
❹京都で皇居のある方向。北。上京(かみぎやう)。
❺古い時代。上代。昔。以前。
❻月の上旬。また、月の前半。
❼(歌の上の句、書物の上巻など)物の初めの部分。例「かきつばたといふ五文字(いつもじ)を句の――にすゑて、旅の心を詠め」〈伊勢・九〉訳 カキツバタの五つの文字を(順に)各句の最初に置いて、旅中の思いを(和歌に)詠みなさい。
❽上位者・高位者の敬称。特に、天皇・将軍。また、為政者・政府などの敬称。例「――の奢(おご)り費やす所をやめ、民を撫(な)で農を勧(すす)めば」〈徒然草・一四二〉訳 上に立つ者がぜいたくや無駄遣いをやめ、民をいつくしんで農耕を盛んにすれば(下々の者に利益があることは疑いもない)。
❾年長(者)。年上(の人)。例「七つより――のはみな殿上(てんじやう)せさせ給ふ」〈源氏・若菜・下〉訳 七歳より年上の者はみな昇殿をおさせになる。注「童殿上(わらはてんじやう)」トイッテ、公卿(クギョウ)ノ子ハ昇殿シテ、見習イヲスルノガ習ワシ。
❿上位者のいる所・席。上座。
⓫近世以降、広く、他人の妻の称。おかみ。

かみ【長官】〔名〕《「上」の意から。「かう」とも》律令制で四等官の最上位の称。各官庁の長官。

> 要点 **官庁ごとの「長官」の字** 官庁によって当てる漢字が異なる。神祇官(じんぎかん)では「伯」、省では「卿」、衛門府・兵衛府では「督」、寮では「頭」、弾正台(だんじやうだい)は「尹」、大宰府は「帥」、京職(きやうしき)は「大夫」、国司では「守」、郡司では「領」、内侍司(ないしのつかさ)では「尚侍」など。

かみ【神】〔名〕《他の語の上に付いて複合語となる時には「かむ」とも》❶天地・自然を創造・統治する偉大なもの。信仰の対象ともなる神聖な超能力的存在。神様。例「天地(あめつち)の――も助けよ草枕旅行く君が家に至るまで」〈万葉・四・五四九〉訳 天地の神様も助けたまえ。旅に出るあなたが(目的地の)家に着くまで。
❷(広く)人間を超越した存在。特に、猛獣など、人間に危害を加える恐るべきもの。
❸天皇を神格化していう語。例「聖(ひじり)の御代(みよ)ゆ生(あ)れましし――のことごと」〈万葉・一・二九長歌〉訳 神武天皇の御代以来お生まれになった天皇のすべてが。
❹(神として恐れたことから)雷。かみなり。例「――さへいといみじう鳴り、雨もいたう降りければ」〈伊勢・六〉訳 (夜もふけた上に)雷までが大変ひどく鳴り、雨もざあざあ降ってきたので。

かみ【髪】〔名〕頭の髪。髪の毛。例「容貌も限りなくよく、──もいみじく長くなりなむ」〈更級・物語〉訳（私は今は美しくはない。けれど女盛りになればきっと顔だちもこの上なく美しくなり、髪もたいへん長くなるに違いない。

髪を下ろ・す 髪をそり落として出家する。仏門に入る。

かみ-あげ【髪上げ】〔名〕❶女子が成人となったしるしとして、垂らしていた髪を一つに結び上げ、後ろに垂らすこと。女子成人式の一つの儀式。十二～十五歳ぐらいの間に「裳着（＝婦人ノ正装ヲツケル儀式）」とともに行われる。例「よき程なる人に成りぬれば、──などさうして」〈竹取・かぐや姫の生ひ立ち〉訳（かぐや姫が）一人前の大きさの人になったので、髪上げの儀式などをあれこれ手配して。

かみあげ①

❷宮中の女房が、給仕をする際、髪が食べ物につかないように、髪を結い上げ、かんざしでとめること。また、正装の時、女官達が髪を結い上げること。

かみ-が-かみ【上が上】⇩「かみ（上）」子項目

かみ-がき【神垣】〔名〕神社・神域を取り囲む垣根。その内側が聖域であることを示す。転じて、神社そのものを指す。「いがき」「みづがき」「たまがき」とも。

かみ-かぜ【神風】〔名〕⇩かむかぜ

かみ-がた【上方】〔名〕（京都を「かみ」と呼ぶことから）京都・大坂。京坂地方。

かみ-こ【紙子】〔名〕紙製の衣服。丈夫で厚い和紙に柿の渋を数回塗り、日に乾かした後、一晩露にさらしてもみやわらげて作った紙を使う。もと僧侶が用。江戸時代には庶民も用いる。安価で保温にすぐれている。（季・冬）例「──一衣は夜の防ぎ」〈奥の細道・草加〉訳 紙子一枚は夜（の旅寝の寒さ）を防ぐもの。

かみこ

かみ-さ・ぶ【神さぶ】〔自バ上二〕（「さぶ」は接尾語。「かむさぶ」とも）❶いかにも神々しい。荘厳だ。例「難波門を漕ぎ出て見れば──・ぶる生駒高嶺に雲ぞたなびく」〈万葉・二〇・四三八〇〉訳 難波の港を漕ぎ出して振り返って見ると、いかにもこうごうしい生駒山の高嶺に雲がたなびいているよ。❷（物事や建物が）古くなる。古びる。例「挿しながら昔を今に伝ふれば玉の小櫛ぞ──・びにける」〈源氏・若菜・上〉訳 髪に挿しながら昔賜ったものを今まで持ち伝えておりますから、美しい小櫛も古びてしまいました。❸年功を積む。老練である。

かみ-さま【上様】〔名〕❶貴人の妻の敬称。奥方。❷近世以降、広く他人の妻の敬称。例「与太郎殿の──は、たしか女だっけ」〈東海道中膝栗毛・初〉訳 与太郎殿のおかみさんは、たしか女性だったな。❸（近世語）特に上方で、良家の隠居した老婦人の敬称。

かみ-ざま【上様・上方】〔名〕対しもざま ❶上の方。例「額より──にさくりあげ」〈枕草子・すさまじきもの〉訳（垂れさがった髪の毛を）額より上の方へかき上げ。❷（京都で）北の方角。例「四条より──の人、みな、北をさして走る」〈徒然草・五〇〉訳 四条通より北の方の人は、みな、北をさして走る。❸上流階級。例「上達部・殿上人・──まで、おしなべて、武を好む人多かり」〈徒然草・八〇〉訳 上達部・殿上人などの上流階級の人々まで一様に、武術を好む人が多い。

かみ-しも【上下】〔名〕❶上の部分と下の部分。例「手は、さすがに文字強う……──等しく書い給へり」〈源氏・末摘花〉訳 筆跡は、さすがに力強く……（行の）上下をそろえてお書きになった。❷上位（者）と下位（者）。例「──童まで酔ひ痴れて」〈土佐・十二月二十四日〉訳 位の高い者や低い者（それに）子供までが酔っぱらって正体がなくなって。❸（上代において）上着と袴。❹（平安・中世において）狩衣・水干・直垂・素襖などの上着と袴とが、同色の同じ布地のもの。❺（近世において）武家正装の一つ。同色の同じ布地で作った肩衣と袴。紋付きの熨斗目か紋付きの小袖の上に着用。

かみしも⑤

参考 ⑤は、国字「裃」で表記されることもある。

上毛野・上野【地名】旧国名「上野」の古称。

かみ-つ-よ【上つ世】〔名〕（「つ」は「の」の意）上代。大昔。「上がりたる世」「上がりての世」とも。

かみ-な・し【上なし】〔形ク〕それより上がない。最高だ。例「国の親となりて、帝王の──・き位にのぼるべき相おはします人の」〈源氏・桐壺〉訳 国家の最高位の方となって、帝王というこの上ない位にのぼるはずの人相がおありになる人で。

かみな-づき【神無月・十月】〔名〕（「かむなづき」「かんなづき」とも）陰暦十月の称。

参考 「な」は上代の格助詞で、今の「の」に相当し、「神の月」の意からかという。また、新酒を醸み成す月とする説もある。「な」を「無」と解し、出雲に全国の神が集まり、各地を留守にするからとする俗説は、平安時代末から生じた。なお、近世以後、出雲地方では十月を「神あり月」とも呼ぶようになった。

かみ-ぶすま【紙衾】〔名〕紙製の夜具。紙でわらを包んで作った粗末な布団。「かみのふすま」「てんとくじ」とも。例「一心に余の事なし、──の上に臥しける」〈西鶴・世間胸算用・三・三〉訳（ある貧しい者は金持ちになることだけに）心を傾けてほかの事は何も考えずに、粗末な紙ぶとんの上で寝ていた。

かみ-む【上無】〔名〕雅楽の音階である「十二律」の一つ。基音が「壱越」よりも十一律、つまり五音半高い。西洋音階の嬰ハに当たる。⇩じふにりつ

かみ-よ【神代】〔名〕神々が国土を創造し、治めた時代。神々の時代。『古事記』『日本書紀』では、天地開闢から神武天皇即位以前をいう。

かみ-わざ【神事】〔名〕朝廷の内外で行われた、神楽(かぐら)など、神に関する行事。神事(じんじ)。祭典。例「五月(さつき)ばかりにぞなり給へれば、―などに事つけておはしますなりけり」〈源氏・若菜・下〉訳（明石女御は）妊娠五か月くらいにおなりになったので、宮中の神事などを口実として（お里に）お帰りになるのだった。

かみ-を-おろ-す【髪を下ろす】⇩「かみ（髪）」子項目

か・む【醸む】〔他マ四〕（ま・み・む・む・め・め）（「噛(か)む」と同源。昔、蒸(む)した米を噛んで酒を造ったことから）酒などを造る。醸造する。かもす。例「君がため―・みし待ち酒安(やす)の野に独りや飲まむ友なしにして」〈万葉・四・五五五〉訳あなたのために造った接待用の酒を安の野（＝福岡県朝倉郡夜須町）でひとり飲むのであろうか（あなたが都へ転任してしまったので）友もいなくて。

かむ-あが・る【神上がる・崩る】〔自ラ四〕（ら・り・る・る・れ・れ）神が現世から天上界へ上がる。転じて、天皇・皇族がお亡くなりになる。崩御する。お隠れになる。

かむ-かぜ【神風】〔名〕神の威力によって起こされるという、激しい風。例「渡会(わたらひ)の斎宮(いつきのみや)ゆ―にい吹き惑(まと)はし」〈万葉・二・一九九長歌〉訳渡会（＝三重県渡会郡）の神殿（＝伊勢神宮）から神風で敵を吹き飛ばして途方に暮れさせ。

かむかぜ-の【神風の】〔枕詞〕「伊勢」にかかる。例「山辺(やまのへ)の御井(みゐ)を見がてり―伊勢娘子(をとめ)ども相見つるかも」〈万葉・一・八一〉訳山辺の御井を見に来たついでに、伊勢の少女たちに逢ったことだよ。

かむ-ながら【神ながら・神随】〔副〕（「かんながら」とも）神でおありになるままに。神のお心のままに。神代(かみよ)からそのままに。例「葦原(あしはら)の瑞穂(みづほ)の国は―言挙(ことあげ)せぬ国」〈万葉・一三・三二五三長歌〉訳葦原の瑞穂の国（＝日本ノ美称）は、神のお心のままに、言挙（＝口ニ出シテ言イ立テルコト）をしない国だ。

かむ-なぎ【巫】〔名〕（「かうなぎ」「かんなぎ」とも）神に仕える人。特に、女性。巫女(みこ)。神楽(かぐら)を奏して神の心を慰めたり、神意をうかがって「神降ろし」等の神事を行う。

かむな-づき【神無月・十月】〔名〕⇩かみなづき

かむ-な-び【神奈備】〔名〕（「な」は古い格助詞。「び」は、ほとりの意）神や霊の鎮座する所。山や森などが普通。例「―の山下響(とよ)み行く水にかはづ鳴くなり秋と言はむとや」〈万葉・一〇・二一六二〉訳神の鎮座する山の下も響くほどの音をたてて行く川の流れにカジカが鳴いている。秋だと言おうとしてだろうか。

神奈備山（かむなびやま）【地名】（「かむなび」の山の意）奈良県高市郡明日香(あすか)村にある山（＝雷丘(イカヅチノオカ)トモ甘橿丘(アマカシノオカ)トモイウ）や、同県生駒(いこま)郡斑鳩(いかるが)町（＝竜田川ノ下流）にある三室山(みむろやま)の異称。

神奈備山（三室山）

かむなめ-まつり【神嘗祭】〔名〕（「かむなへ」「かむにへ」とも）伊勢神宮の収穫祭。陰暦九月十六日・十七日に宮中から勅使が派遣され、その年の新稲で造った神酒と神饌が皇太神宮（内宮）及び豊受大神宮（外宮(げくう)）に献上された。現在、十月十七日の皇室祭祀として継承。

かむり【冠】〔名〕（「かぶるもの」の意。「かんむり」とも）❶正装の時、頭にかぶるもの。時代・位階等により、種々の形がある。❷発句(ほっく)などの最初の五文字。「上五」「初五」とも。例「下京(しもぎやう)や雪積む上の夜の雨　凡兆」この句初めに―なし」〈去来抄・先師評〉訳「小家の立ち並ぶ、親しげな下京（＝京都三条通以南）の町。降り積もった雪の上には夜に入って雨が落ちはじめた。寒さも幾分やわらいだようである。凡兆」この句には初め最初の五文字がなかった。

かむり-づけ【冠付け】〔名〕雑俳(ざっぱい)の一つ。句の上(かみ)五文字を出し、これに中(なか)・下(しも)の、五文字・七文字を付け、一句にまとめるもの。例えば、「うつくしや」の出題に、「どこの嫁ごになる御子(こ)ぞ」を下に付けるのなどがその例。笠付(かさづ)け。対くつづけ

かめ【瓶・甕】〔名〕❶液体を入れる底の深い陶磁、または金属製の容器。❷徳利(とっくり)。瓶子(へいじ)。❸花をいけるかめ。花瓶(かびん)。例「―の大きなるを据(す)ゑて、桜のいみじうおもしろき枝の五尺ばかりなるを、いと多く挿したれば」〈枕草子・清涼殿の〉訳青磁のかめの大きなのを置いて、桜の花のたいそう見事な枝で五尺（＝約一五二センチ）ぐらいなのを、とてもたくさん挿してあるので。

亀山（かめやま）【地名】京都市右京区嵯峨(さが)にある、小倉山の東南の山。大堰(おほゐ)川に臨み、川をはさんで嵐山(あらしやま)に対する。後嵯峨・亀山両上皇の離宮、亀山殿があった。

かも【鴨】〔名〕水鳥の名。カモ。（季・冬）例「海暮れて―の声ほのかに白し」〈芭蕉・野ざらし紀行〉訳師走(しはす)の海辺は、しだいに暮色を濃くし、空の闇と海の闇とが一体となろうとしている。（潮騒(しほさい)に耳をすますと）どこで鳴くか、かすかに鴨の声が、もう悲しく澄みわたって聞こえてくる。（私の心の旅愁がなお一層深まって行く。）注「白し」ハ無色透明ノ感ヲ表ス。

賀茂（かも）【地名】京都の上賀茂神社、下鴨(しもがも)神社の総称。上賀茂神社は別雷命(わけいかづちのみこと)を祀(まつ)り、下鴨神社は賀茂健角身命(かもたけつのみのみこと)・玉依姫(たまよりひめのみこと)を祀る。

賀茂の競(くら)べ馬(うま) 陰暦五月五日に上賀茂神社の境内で行われる競馬。現在は六月五日に行われる。例「五月(さつき)五日、―を見侍(はべ)りしに」〈徒然草・四一〉訳五月五日に、賀茂の競べ馬を見ましたが。

賀茂の祭(まつり) 陰暦四月の第二の酉(とり)の日に行われる賀茂神社の祭。現在は五月十五日に行われる。飾りに葵(あおい)を用いたので「葵祭」といい、京都南方の石清水(いわしみず)八幡宮(はちまんぐう)の祭を「南祭」というのに対して「北祭」ともいう。また、代表的な祭であるところから、単に「祭」といえば、この賀茂の祭を指すようになった。

賀茂（上賀茂神社）

賀茂の臨時(りんじ)の祭(まつり) 陰暦十一月下旬の酉(とり)の日に行われる賀茂神社の祭。四月の例祭と区別していう。明治三年に廃絶。例「―始まる事、この御時よりなり」〈大鏡・宇多〉訳賀茂の臨時の祭が始まったのは、この（宇多天皇の）御代(みよ)からである。

かもの判別

①係助詞(上代語)　詠嘆を含んだ疑問……一
②終助詞(上代語)─┬疑問……二❶
　　　　　　　　　├詠嘆……二❷
　　　　　　　　　├反語……二❸
　　　　　　　　　└詠嘆＋願望(打消し「ぢ」の連体形「ぬ」に付く)……二❹

かも　一〔係助〕《上代語。係助詞「か」に係助詞「も」が付いて一語化したもの》接続 主語・連用修飾語・接続語などに付く。
【疑問】《詠嘆を含んだ疑問の意を表す》…かなあ。…のかなあ。例「あしひきの山鳥の尾のしだり尾の長々し夜をひとり**かも**寝む」〈万葉・一一・二八〇二或本歌〉訳 山鳥の尾の垂れた尾のように長い長い夜を(私は)一人だけで寝るのかなあ。注『百人一首』所収ノ、柿本人麻呂ノ歌。

二〔終助〕《上代語。終助詞「か」に係助詞「も」が付いて一語化したもの》接続 体言や体言に準ずる語句、または、活用語の連体形に付く。ただし、③の用法では、活用語の已然形に付く場合がある。
❶【疑問】《詠嘆を含んだ疑問の意を表す》…かなあ。…のかなあ。例「梅の花しだり柳に折りまじへ花に供(そな)へば君に逢(あ)はむ**かも**」〈万葉・一〇・一九〇四〉訳 梅の花をしだれ柳に折り混ぜて(神仏への)お花として供えたら、あなたに逢えるだろうかなあ。
❷【詠嘆】《感動・詠嘆の意を表す》…だなあ。…であることよ。例「み吉野の象山(きさやま)の際(ま)の木末(こぬれ)にはここだも騒く鳥の声**かも**」〈万葉・六・九二四〉訳 吉野の象山の谷間の梢(こずゑ)にはいっぱい鳴き騒ぐ鳥の声(が聞こえること)だなあ。注 上代、「騒く」ハ、「サワク」ト清音。
❸【反語】《助動詞「む」の已然形「め」に付いたり、「ものかも」という形で》《反語の意を表す》…ことがあろうか、いやありはしない。…ものか。例「古(いに)を仰ぎて、今を恋ひざらめ**かも**」〈古今・仮名序〉訳 (この『古今和歌集』が後の世に長く伝わったら、歌の初めて興隆した)古い時代を仰ぎ見て、(『古今集』の編まれた)今の代を恋しがらないことがあろうか。
❹《打消しの助動詞「ず」の連体形「ぬ」に付いて》《詠嘆を込めて、他に願い望む意を表す》…てほしいなあ。…てくれないかなあ。例「ぬばたまの夜渡る月は早も出(い)でぬ**かも**海原(うなばら)の八十島(やそしま)の上ゆ妹(いも)があたり見む」〈万葉・一五・三六五一〉訳 夜空を渡る月はすぐに出てくれないかなあ。大海原の多くの島々越しに妻のいるあたりを見よう。

要点 (1)一では、受ける語が活用語である場合には、係り結びの法則によって、連体形で結ぶ。現代語訳は、「かも」を文末に移して訳すとわかりやすい。
(2)二には、活用語の已然形に付く次のような場合がある。例「冬ごもり春の大野を焼く人は焼きたらね**か**も我(あ)が心焼く」〈万葉・七・一三三六〉訳 春の大野を野焼きする人は、(野を焼くだけでは)焼き足りないからか、私の心まで焼くのかなあ。
　これは、上代の已然形が、「ば」が付かなくても「已然形＋ば」と同じ確定条件を表すことができるためで、「已然形＋ば」の下に「かも」が付いているのと同じ意味に解釈していい。
(3)二では、①の疑問と②の詠嘆とが見分けにくい場合がある。例えば、「天の原ふりさけ見れば春日(かすが)なる三笠(みかさ)の山に出(い)でし月**かも**」〈古今・羇旅・四〇六〉は、「(今、唐の地で)広々とした大空を遠くはるかに見やるとこの月は、三笠の山に出た月(と同じ月)なの**だなあ**」と詠嘆に解釈されたり、「……(と同じ月)なの**かなあ**」と疑問に解釈されたりしている。このような場合、文脈や前後の状況などによって判断する以外ないが、むしろ逆に、このような例から、「かも」がそれらの両方の意味を含みもつ終助詞であることを理解しておく方が重要であろう。
参考 一二ともに上代に用いられ、平安時代では和歌にわずかに用いられるだけで、「かな」がもっぱら用いられるようになる。二③の第一例は『古今集』の仮名序の例で、和歌的表現や擬古文的表現をちりばめた特殊な文章である。

が-も〔連語〕⇩もがも

が-もう【鵝毛】〔名〕ガチョウの羽毛。白いもの、また、非常に軽いもののたとえに用いる。例「一日の命、万金(まんきん)よりも重し。牛の値(あたひ)、──よりも軽し」〈徒然草・九三〉訳 (人間の)一日の命は、万の黄金よりも重い価値がある。(突然死んで、売ることができなくなった)牛の値段(など)は、ガチョウの羽毛よりも軽いものである。

かも-かくも〔副〕どのようにでも。ともかくにも。例「秋さらば黄葉(もみち)の時に春さらば花の盛りに──君がまにまと」〈万葉・一七・三九九三長歌〉訳 秋になったら、モミジの美しい時に、春になったら、花の盛りに、どのようにでもあなたのお気に召すままと。

賀茂川(かもがは)(ガワ)【加茂川・鴨川】〔川名〕京都の東を北から南へ流れる川。北山から下流して上賀茂神社の近くを流れ、大原から流れてくる高野川と下鴨神社の南で合流し、京都の東部を南へ縦断、南西に向かい下鳥羽(しもとば)あたりで桂川にそそぐ。

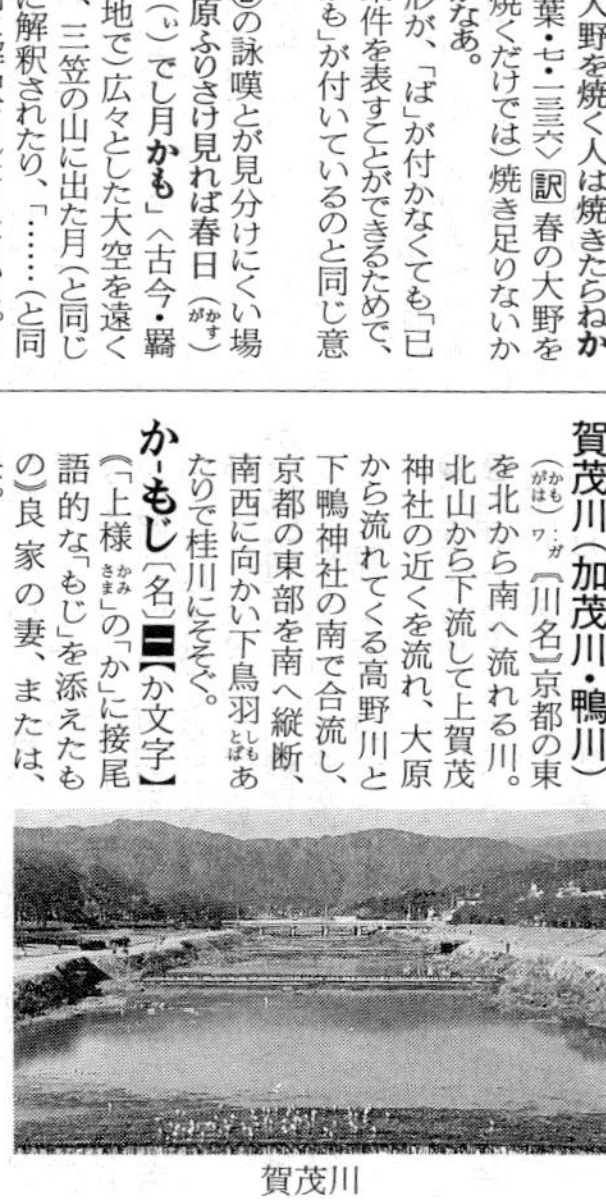
賀茂川

か-もじ〔名〕一【か文字】《「上様(かみさま)」の「か」に接尾語的な「もじ」を添えたもの》良家の妻、または、母。
二【髪文字・髢】《「髪(かみ)」または「髢(かづら)」の「か」に接尾語的な「もじ」を添えたもの》髪。また、婦人の髪に添える毛。入れ髪。

かも-の-くらべうま【賀茂の競べ馬】⇩「賀茂(かも)」子項目

鴨長明(かものちやうめい)(チョウメイ)【人名】平安末期・鎌倉初期の歌人・文筆家。一一五五年(久寿二)?～一二一六年(建保四)。下鴨神社の神官の子として生まれる。和歌を源俊恵(しゅんえ)に学び、管弦の造詣(ぞうけい)も深い。後鳥羽上皇に召されて、和歌所の寄人(よりうど)となる。『新古今和歌集』編纂(へんさん)の前後、歌人として活躍したが、神官としては不遇で、父を失ってからは神官としての道も閉ざされ、失意の中に暮らした。それが出家遁世するきっかけとなる。日野の外山に方丈の庵を結んだ。随筆『方丈記』、歌論書『無名抄』、説話集『発心集(ほっしんしふ)』などがある。⇩方丈記(はうぢやうき)・無名抄(むみやうせう)

かも-の-まつり【賀茂の祭】⇩「賀茂(かも)」子項目

賀茂真淵(かものまぶち)〘人名〙江戸中期の国学者・歌人。荷田春満に師事して、のちに田安宗武に仕える。『万葉集』を中心に古典の文献学的研究を行い、万葉調の歌を詠み、復古的な思想を唱えた。門下生に本居宣長・加藤千蔭・村田春海らがいる。主著に『万葉考』『祝詞考』など、家集『賀茂翁家集』がある。

かも-の-りんじのまつり【賀茂の臨時の祭】⇩「賀茂(かも)」子項目

かも-まうで【賀茂詣で】〔名〕賀茂神社に参詣すること。特に、賀茂の祭の前日に、摂政関白が賀茂神社に参拝する行事。

かもん-れう【掃部寮】〔名〕宮中の掃除や修理、儀式の際の式場の設営などをつかさどった役所。「かもりのつかさ」「かもりづかさ」「かんもりづかさ」「かもんづかさ」とも。

かや【萱・茅】〔名〕ススキ・スゲ・チガヤなど、屋根を葺くのに用いる草の総称。例「我が背子(せこ)は仮廬(かりほ)作らす——無くは小松が下の——を刈らさね」〈万葉・一・一一〉訳我が君は仮住まいの小屋を作っていらっしゃる。カヤがなかったら、あの小松の下のカヤをお刈りなさいませ。

かや〔終助〕《係助詞「か」に間投助詞「や」が付いて一語化したもの》接続 体言や活用語の連体形に付く。
❶【詠嘆】《感動・詠嘆の意を表す》…ことだなあ。…なあ。例「憂(う)れたきかや、大丈夫(ますらを)にして、虜(いやしきやつこ)が手を負ひて、報いずしてや死(や)みなむとよ」〈日本書紀・神武・即位前〉訳嘆かわしいことだなあ、立派な男子でありながら、つまらないやつから手傷を負わされて、仕返しもしないで死んでしまうのかと思うことだよ。
❷【疑問】《詠嘆を含んだ疑問の意を表す》…か。…かなあ。例「さては天人にてましますかや」〈謡曲・羽衣〉訳それでは(あなたは)天人でいらっしゃいますか。
❸【反語】《反語の意を表す》…ことがあろうか、いやありはしない。…ものか。例「時の間(ま)もながらふべき我が身かや」〈太平記・二一・七〉訳(夫や子供亡きあと)ほんのわずかの間も生きながらえられるような我が身であるものか。
要点 格助詞「と」の下に「かや」の付いた「とかや」は、伝え聞いたことをはっきり断定しないで述べる時に用いる語。

か-やう【斯様】〔形動ナリ〕《「かくやう」の変化した形》このようである。例「昔は、えせ者なども、皆をかしうこそありけれ。この頃は、——・なる事やは聞こゆる」〈枕草子・清涼殿の〉訳昔は、つまらぬ者も、皆風流であった。この頃は、こんな(興味深い)ことは耳にするだろうか。

か-やす・し【か易し】〔形ク〕《「か」は接頭語》❶やさしい。たやすい。
❷軽々しい。手軽である。気軽である。例「よべはうち忍びて、——・かりし御ありき、今朝(けさ)は顕(あら)はれ給ひて」〈源氏・鈴虫〉訳昨夜は人目を忍んで、手軽であった(光源氏の)お出ましが、今朝は人々に知られなさって(多くの公卿がお供する)。

か-やつ【彼奴】〔代名〕《人称代名詞。他称》卑しめる気持ちが含まれる。あいつ。きゃつ。例「ほととぎす。おれ、——よ。おれ鳴きてこそ、我は田植うれ」〈枕草子・賀茂へ参る道に〉訳ホトトギス。貴様、あいつめ。貴様が鳴くので、(夏を知らされて)私は田植えをするのだ。注清少納言ガ耳ニシタ田植歌。

かや-ぶき【萱葺き・茅葺き】〔名〕カヤで屋根を葺くこと。また、その屋根。例「——の小堂、岩の上に造りかけて」〈奥の細道・那谷〉訳カヤぶきの小さな堂が、岩の上に造りかけてあって。

かや-や【萱屋・茅屋】〔名〕カヤで葺いた屋根。また、その家。例「——ども、葦(あし)ふける廊めく屋など、をかしうつらひなしたり」〈源氏・須磨〉訳(光源氏の須磨での住まいは)カヤぶきの家、葦をふいた渡り廊下のような建物など、風情あるように造り整えてある。

かやり-び【蚊遣り火】〔名〕夏、蚊を追い払うためにいぶす火。例「あやしき家に、夕顔の白く見えて、——ふすぶるもあはれなり」〈徒然草・一九〉訳粗末な家で、夕顔の花が白く見えて、蚊遣り火をいぶしているのも趣深いものだ。

かゆ【粥】〔名〕米を水で煮たもの。堅粥と汁粥の二種があり、前者が現在の米飯、後者が現在のおかゆにあたる。蒸したものは「飯(いひ)」といって、「かゆ」と区別した。

かゆ-づゑ【粥杖】〔名〕⇩かゆのき

かゆ-の-き【粥の木】〔名〕陰暦正月十五日に、望粥をたいた時に使った燃えさしの木を削って作った杖。これで子のない女性の腰を打つと男子が生まれるという俗信があった。「かゆづゑ」とも。例「——ひき隠して、家の御達(ごたち)・女房などのうかがふを、打たれじと用意して」〈枕草子・正月一日は〉訳(正月十五日に)粥杖を隠し持って、その家の主だった女房や他の女房達が(同僚を打とうと)様子をうかがっていると、打たれまいと注意して、(絶えず背後に注意をしているのは面白い)。

かよう【通う】〔動〕⇩かよふ

かよは・す【通はす】〔他サ四〕《「かよふ」の他動詞形》❶人や手紙などを行き来させる。かよってくるのを許す。通わす。例「蔵人(くらうど)の少将をなむ——・すと聞きたまふ」〈源氏・夕顔〉訳蔵人の少将を夫として通わせるとお聞きになる。例「消息は——・し給ふや」〈源氏・若菜・上〉訳手紙はやりとりなさっていらっしゃるか。
❷行き渡らせる。知り通じさせる。

かよひ【通ひ】〔名〕❶行き来すること。往来。(手紙などの)やりとり。例「たまさかの御消息(せうそこ)の——も侍(はべ)りし」〈源氏・橋姫〉訳時折のお手紙の往復もございました。
❷行き来する通路。通い路。
❸食事などの給仕。また、給仕をする人。例「ありつる宿に——しつる郎等(らうどう)なり」〈宇治拾遺・九・一〉訳(やって来たのは)さっきの宿で給仕をしていた家来である。
❹(「通ひ帳(ちゃう)」の略)掛け売りの品名・日時・金額などを書き付ける通帳。

かよひ-す・む【通ひ住む】〔自マ四〕行き来して住みつく。男性が妻や恋人の所にかよって行って暮らす。例「よそながら、時々——・まんこそ、年月へても絶えぬ仲らひともならめ」〈徒然草・一九〇〉訳他所に住んでいるままで、時々かよって行って暮らすようなのこそ、年月がたっても男女の仲がたえない間柄ともなるであろう。

かよひ-ぢ【通ひ路】〔名〕《和歌用語》❶通う道。通路。例「夏と秋と行きかふ空の——は片方(かた)へ涼しき風や吹くらむ」〈古今・夏・一六八〉訳行く夏と来る秋とがすれちがう空の通路では、今頃(秋が通る)片側にだけ涼しい風が吹いていることだろう。

❷特に、恋人のところへ通う道。恋路。例「人知れぬ我が──の関守(せきもり)は宵々(よひよひ)ごとにうちも寝ななむ」〈伊勢・五〉訳人目を忍ぶ私の恋路で番をしている関守は、毎晩ちょっとでも眠ってしまってほしいものだ。

かよ・ふ【通ふ】(カヨウ)〔自八四〕(は・ひ・ふ・ふ・へ・へ)《定まった所へ何回も行き来する意》❶**行ったり来たりする。特に、男性が、妻や恋人のもとに行き来する。通う。** 例「新しう──・ふ婿(むこ)の君など」〈枕草子・正月一日は〉訳新しく妻のところに通うようになった婿の君などが。

❷道すじがつながっている。通じる。例「こなたに──・ふ障子(さうじ)の端の方に」〈源氏・椎本〉訳こちらの方に通じている襖(ふすま)障子の端の方に。例「女性(にょしゃう)なれども、聖人の心に──・へり」〈徒然草・一八四〉訳女ではあるが、聖人の心(構え)に通じていた。

❸よく知っている。通じている。例「女の御おきてにてはいたり深く、仏の道にさへ──・ひ給ひける御心の程などを」〈源氏・御法〉訳女のお指図としては行き届いていて、仏事にまでも通じておられる(紫の上の)お考えのほどを。

❹互いに行き来して重なる所がある。交差する。入りまじる。例「夏より既に秋は──・ひ」〈徒然草・一五五〉訳夏のうちからすでに秋はそれに重なって始まり。

❺**互いに共通点を有する。似かよう。** 例「本(もと)は相府蓮(さうふれん)、文字の──・へるなり」〈徒然草・二一四〉訳もともとは相府蓮(という字)で、(想夫恋に)文字の音が似かよっているのだ。注「相府蓮」ハ雅楽ノ曲名。誤ッテ「想夫恋」ト書イテイタ。

から【故】〔名〕《多く「からに」の形で用いる形式名詞》原因・理由を表す。ため。ゆえ。例「我が母の袖(そで)持ちなでて我が──に泣きし心を忘らえぬかも」〈万葉・二〇・四三五六〉訳私の母が(私の)袖を取ってなでながら私のために泣いた気持ちを忘れることができないなあ。注「我が母の…泣きし」全体ガ「心」ヲ修飾スル。

から【唐・漢・韓】〔名〕❶古代、中国・朝鮮半島の称。もと朝鮮半島の西南端にあった「伽羅(=任那(ミマナ))」を「韓(から)(=朝鮮)」の総称として用い、のち、中国をも指すようになった。平安時代以降は「唐」をあて、中国を指すことになった。中世以降、他の外国をも指すことがある。例「──の物は、薬の外はなくとも事欠くまじ」〈徒然草・一二〇〉訳中国の物は、薬のほかはなくても不自由しないだろう。

❷(接頭語的に)**中国から渡来した、**また、**中国風の、**という意を表す。珍しい、立派な、という語感を伴う。「──綾(あや)」「──織り」「──鏡」「──衣(ぎぬ・ごろも)」など。

参考 ②と同様な意味で、「──の綾」「──の犬」「──の歌」「──の鏡」などの形も用いられる。

から〔名〕㊀【殻】❶(草木の実、貝などの)中身を保護している外皮。外殻。

❷昆虫などのぬけがら。例「もぬけたる虫の──などのやうに、まだいと漂はしげにおはす」〈源氏・若菜・下〉訳(病床の紫の上は)脱皮した虫のぬけがらなどのように、まだ何ともふわふわした様子でいらっしゃる。

㊁【骸】魂の抜け去った身体。死骸。なきがら。例「──は、けうとき山の中に納めて」〈徒然草・三〇〉訳なきがらは、人気(ひとけ)のない山の中に埋葬して。

要点 「空(から)」と同源の語。「からだ(体)」も本来㊁と同義で、生きている体の場合には「身(み)」を用いた。

から ㊀〔格助〕《「故(ゆゑ)」の意の体言「から(故)」から転じた語》接続 体言や体言に準ずる語句、または活用語の連体形に付く。

❶【原因・理由】動作・作用の起こるもとになるものや、原因・理由を示す。**…のために。…によって。**…から。例「何心なき空の気色(けしき)も、ただ見る人**から**、艶(えん)にもすごくも見ゆるなりけり」〈源氏・帚木〉訳何ということもない空のたたずまいも、ただ見る人(の心)によって、ほのぼのと美しくも(また)ぞっと身にしみこむようにも見えるのだった。

❷【通過点】移動する動作の通過・経過する地点を示す。…を通って。…から。例「月夜(つくよ)良み妹(いも)に逢(あ)はむと直道(ただち)**から**我は来つれど夜ぞ更(ふ)けにける」〈万葉・一一・二六一八〉訳月がすばらしいので、あなたに逢おうと、近道を通って私は来たが、(もうこんなに)夜が更けてしまった。

❸【起点】動作・作用の起こる空間的・時間的な起点を示す。…から。…以後。例「去年(こぞ)**から**山籠(やまごも)りして侍(はべ)るなり」〈蜻蛉・下・天禄三年〉訳去年から(仏道修行のために)山籠りしております。

❹【手段・方法】動作の手段・方法を示す。…によって。…で。例「徒歩(かち)**から**罷(まか)りて」〈落窪・一〉訳徒歩で出かけて行って(話をして慰めましょう)。

㊁〔接助〕《格助詞「から」の転じたもの》接続 活用語の連体形や、接続助詞「て」に付く。

❶【順接確定】順接確定条件を示す。…ので。…から。ⓐあとに述べる事柄の原因・理由・根拠を示す。例「汐時(しほどき)がよう御座ります**から**、舟はたちまちで御座ります」〈洒落本・遊子方言・発端〉訳上げ潮時で(川をさかのぼるには)ちょうどいい頃合でございますから、舟はたちまち到着でございます。

ⓑ(多く「──は」の形で)判断の根拠を強調して示す。…する(した)以上は。…する(した)からには。例「見付けられた**から**は、ありやうに言はう」〈近松・阿弥陀が池新寺町・一〉訳見付けられた以上は、ありのままに言おう。

❷【逆接仮定】(「て──」「て──が」の形で、多くは否定・反語の意の文中に用いて)逆接仮定条件を示す。…したところで。…としても。例「折角(せっかく)さび落として**から**、ごまめ一ぴき切ることにはあらねども」〈西鶴・世間胸算用・二・四〉訳苦労して(包丁の)さびを落としたところで、ごまめ一ぴき切るわけではないけれども。

❸【逆接確定】逆接確定条件を示す。…けれども。…ものの。例「旅の旦那(だんな)どの、旅の旦那どのと言うて**から**、帰らず」〈浮世・傾城禁短気・四・四〉訳(死人の名を知らないので)旅のお方、旅のお方と言ったけれども、(その人は)生き返らない。

要点 ㊀㊁ともに現代語の「から」や「だから」と同じ意味で用いられる場合が多い。また、㊀の、特に③の用法は、格助詞「より」と意味が近く、「より」の方が多く用いられた。「から」が多く用いられるようになるのは室町時代頃からである。

参考 (1) ㊁の用法が生まれたのは、室町時代頃である。なお、接続助詞「ものから」は、形式名詞「もの」に格助詞の「から」が付いて一語化したものである。
(2)上代には、助詞「の」「や」「が」に付いた次のような「から」がある。これらは体言とみるべきものだが、この「から」から格助詞の用法が生まれたと考えられる。例「故郷（ふるさと）は遠くもあらず一重山（ひとへやま）越ゆるがからに思ひぞ我（あ）がせし」〈万葉・六・一〇三八〉訳故郷(=奈良)は遠いというわけでもない、山一つ越えるだけなのに、私は恋い慕っていた。

から【柄】〔接尾〕《上代は清音。後世「がら」と濁る。名詞に付く》そのものに備わった素姓・品格・性質・状態などを表す。「神（かむ）――」「人――」「川――」など。

参考「うから(親族)」「はらから(兄弟)」などに残る血筋・血縁を表す名詞「から」が起源。これが接尾語となり、さらに助詞の「から」もできた。

から‐あや【唐綾】〔名〕中国から伝来した、模様を浮き織りにした綾織物。今の綸子の類。

からあや‐をどし【唐綾縅】〔名〕鎧の縅の一種。唐綾を細く裁ち、たたみ重ねて縅の糸としたもの。実用性よりも華麗さを重んじて用いる。

柄井川柳（からいせんりゅう）【人名】⇩からゐせんりう(柄井川柳)

から‐う‐じて【辛うじて】〔副〕(「からくして」のウ音便)やっとのことで。ようやく。例「――思ひ起こして、弓矢を取り立てむとすれども、手に力もなくなりて」〈竹取・かぐや姫の昇天〉訳やっとのことで心を奮いたたせて、弓矢を取り上げようとするけれども、手に力もなくなって。

から‐うす【唐臼・碓】〔名〕地面に埋め、杵の柄の先を足で踏んで上下させて穀物をつく臼。踏み臼。

から‐うた【唐歌】〔名〕漢詩。対やまとうた 例「かの国人（くにびと）、馬のはなむけし、別れ惜しみて、かしこの――作りなどしける」〈土佐・一月二十日〉訳むこうの国の人々が、餞別をし、別れを惜しんで、むこうの国の漢詩を作ったりなどした。注阿倍仲麻呂ガ帰国シヨウトシタ時ノ話。

から‐おり【唐織】〔名〕中国から渡来した上等な織物。また、日本で中国風に織った織物。錦・金襴・緞子・綾など。例「万（よろづ）の――を常住着（じゃうぢゅうぎ）となすべし」〈西鶴・日本永代蔵・一・四〉訳(ぜいたくもここまで来ると)いろいろな唐織物をふだん着にしてしまうだろう。

から‐かがみ【唐鏡】〔名〕中国から渡来した上等な鏡。例「心ときめきするもの、……――の少しくらき見たる」〈枕草子・心ときめきするもの〉訳心がドキドキするもの、……(大切な)唐鏡が少し曇っているのを見たの。

から‐かさ【傘】〔名〕《中国風のかさの意》竹の細い骨に油紙を張った柄のあるかさ。さしがさ。

から‐かみ【唐紙】〔名〕❶中国渡来の、また、それをまねて作った上等な紙。種々の色模様が摺り出してある。
❷(「唐紙障子（じゃうじ）」の略)唐紙を張ったふすま。

から‐から〔副〕❶堅い物が触れ合ったり、転がったりして出る音の形容。カラカラ。コロコロ。
❷高く豪快な笑い声の形容。例「――と笑ひ給へば」〈平家・二・先帝身投〉訳からからと笑われるので。

から‐ぎぬ【唐衣】〔名〕平安時代以降の女官達の礼装用の衣服。錦・綾などで作った袷で、前は袖丈の長さ、うしろはそれよりも短い胴着。表着の上に着る。

からぎぬ

から‐き‐め【辛き目】〔連語〕つらい思い。苦しい体験。例「扇を取られて、――を見る」〈源氏・花宴〉訳扇を奪われて、つらい思いをしている。
要点 多く「――を見る」「――にあふ」の形で用いる。

から‐く【辛く】〔副〕《形容詞「からし」の連用形から》❶必死に。一心に。例「男・女、――神仏を祈りて、この水門（みと）を渡りぬ」〈土佐・一月三十日〉訳男も女も、一心に神仏に祈って、(船は)この海峡(=海上ノ難所デアル鳴門海峡)を渡った。
❷やっとのことで。ようやく。例「船君（ふなぎみ）の――ひねり出だして、良しと思へる言（こと）を」〈土佐・二月一日〉訳船君(=船旅ノ長デアル人)がやっとのことでひねり出して(=苦労シテ詠ンデ)、良くできたと思っている和歌だよ。

から・ぐ【絡ぐ】〔他ガ下二〕《「から」は「からむ」「からまる」の「から」に同じ》❶(ひも・縄などを)ぐるぐると巻きつける。しばりくくる。
❷(着物の裾（すそ）を)まくり上げる。しりからげをする。例「等栽もともに送らんと、裾（すそ）をかしう――・げて、路（ち）の枝折（しをり）とうかれ立つ」〈奥の細道・福井〉訳等栽(=人名)も一緒に(芭蕉を)見送ろうと着物の裾を形よくからげて、道案内だと浮き浮きとして出かける。

から‐く‐して【辛くして】〔副〕やっとのことで。かろうじて。例「――逃げて高き丘にうちのぼりにけり」〈今昔・二九・三六〉訳やっとのことで逃げて高い丘にのぼった。注水銀商人ガ盗人ニ襲ワレタ場面。

から‐くに【唐国・韓国】〔名〕⇩から(唐)①

から‐くり【絡繰・機関】〔名〕《もとの意は、糸をからげて繰ること。また、そのものの意》❶糸・ゼンマイなどであやつって動かすこと。仕掛け。あやつり。
❷(「からくり人形」の略)糸・ゼンマイなどの仕掛けで動く人形。
❸たくらみ。計略。細工。
❹(「のぞきからくり」の略)箱にはめこんだめがねを通して、中で移り変わる絵などを見せる装置。「からくりのぞき」「からくりめがね」とも。

から‐ぐるま【唐車】〔名〕檳榔毛の葉で葺いた唐破風(=緩ヤカナ八ノ字形ノ曲線ノ破風)の屋根をもつ、大型の牛車。豪華な感じで、上皇・皇后などの皇族、摂関などが、晴れの時に用いた。

から‐くれなゐ【韓紅・唐紅】〔名〕《舶来の紅の意》美しく、濃い紅色。あざやかな紅の色。例「ちはやぶる神代（かみよ）も聞かず竜田川（たつたがは）――に水くくるとは」〈古今・秋下・二九四〉訳神代にも聞いていないよ、竜田川が美しい紅色に水を絞り染めにするとは。注『百人一首』所収、在原業平ノ作。竜田川ニ紅葉ノ流レル絵ヲ描イタ屛風ヲ題ニ詠ンダモノ。

から‐ごころ【漢心・漢意】〔名〕漢学を学び尊んでそれに感化され、すべての物事を中国風の基準で判断する心。

要点 本居宣長(もとおりのりなが)など近世の国学者が、「やまとごころ(大和心)」と対比させて用いたもの。対 やまとごころ

から-ごと【唐琴】〔名〕中国から渡来した琴(きん)・箏(そう)の類。

から-ころも【唐衣・韓衣】 ━〔名〕中国風の衣服。広袖(ひろそで)で裾(すそ)が長く、上前と下前を深く合わせて着るもの。また、単に、珍しく美しい衣服の意にも用いる。例「━君にうち着せ見まく欲(ほ)り恋ひぞ暮らしし雨の降る日を」〈万葉・一一・二六八二〉訳 唐衣を我が君に着せて見たいと思い、君を恋いつつ暮らしたことである、雨の降る一日を。

二〔枕詞〕衣の縁で「着る」「裁(た)つ」「裾(すそ)」「袖(そで)」「紐(ひも)」などにかかる。例「雁がねの来鳴きしなへに━竜田の山はもみちそめたり」〈万葉・一〇・二一九四〉訳 雁がやって来て鳴くとともに、竜田山は木々が紅葉しはじめているよ。

から-ごゑ【枯声】(エ・ゴ)〔名〕しわがれた声。しゃがれ声。例「気色(けしき)ある鳥の━に鳴きたるも、ふくろふはこれにやと覚(おぼ)ゆ」〈源氏・夕顔〉訳 一くせある鳥がしゃがれ声で鳴いているのも、フクロウはこれだろうかと思われる。注 コノ例ハ、一説ニ「空声」ト解シ、ウツロナ声ノ意トスル。

唐崎

唐崎(辛崎)(からさき)〔地名〕滋賀県大津市北部の景勝地。琵琶(びわ)湖西南岸にあり、「唐崎の夜雨(やう)」は近江(おうみ)八景の一つ。唐崎の一つ松、唐崎神社がある。歌枕。例「さざなみの志賀(しが)の━幸(さき)くあれど大宮人(おほみやびと)の船待ちかねつ」〈万葉・一・三〇〉訳 志賀の唐崎は昔のまま変わらずにあるが、(以前都があった頃船を浮かべて遊んだ)大宮人のその船は、(いくら待っても)再び見ることはできないのだ。

から-ざけ【乾鮭】〔名〕鮭のはらわたを取り去り、塩を振らずにそのまま乾燥させたもの。

から・し【辛し】〔形ク〕❶(味が)からい。

❷**ひどい。むごい。残酷である。**例「疎(うと)からぬおのれらしも、恨めしく我をば煮て、━・き目を見するものかな」〈徒然草・六九〉訳 他人でもないお前達(＝豆殻(マメガラ))が、恨めしくもこの私(＝豆)を煮て、ひどい目に遭わせることよ。注 高徳ノ僧ガ、豆殻ヲ燃ヤシテ豆ヲ煮ルグツグツトイウ音ヲ、コノヨウニ聞イタトイウ。

❸**つらい。切ない。苦しい。**例「まめやかにさいなむに、いと━・し」〈枕草子・里にまかでたるに〉訳 (中将があなたの居場所について)本気で詰問されるので、実につらい。

❹いやである。不快である。例「━・しや。眉(まゆ)はしも、かは虫だちためり」〈堤中納言・虫めづる姫君〉訳 ああいやだ。眉なんか、毛虫のように見える。

❺**危ない。危うい。**例「━・き命まうけて、久しく病みゐたりけり」〈徒然草・五三〉訳 (耳と鼻の欠けた法師は)危ない命を拾って、(その後)長い間わずらっていたということだ。

> 要点 現代語の「からい」は、主に味覚について用いられるが、「あの先生は点がからい」「かろうじて」という言い方などに「きびしい」「つらい」の意味が残っている。

からす【烏】〔名〕カラス。例「かれ枝に━のとまりけり秋の暮れ」〈芭蕉〉訳 すっかり葉を落としてしまった枯れ枝に、鳥が一羽ポツンと止まっている。日も落ちようとして、秋の夕暮れは、さらに物寂しい。

から-と【唐櫃】〔名〕⇨からびつ

から-なでしこ【唐撫子】〔名〕❶セキチク(＝植物名)の別名。例「━のいみじう咲きたるに結びつけて」〈枕草子・いみじう暑き昼中に〉訳 (ひどく真っ赤な薄紙に書いた手紙を)唐撫子のとてもよく咲いたのに結びつけて。

❷(襲(かさね)の色目の名)表裏ともに紅色。一説に、表は紫、裏は紅とも。

からに〔接助〕〔格助詞「から」に助詞「に」が付いて一語化したもの〕接続 活用語の連体形に付く。

❶原因・理由・根拠など順接確定条件を示す。…ので。…(だ)から。例「安からず忍び給ふ**からに**、かたみに思ひ悩み給ふべかめるも」〈源氏・総角〉訳 (匂宮(におうのみや)が)不安な気持ちで人目を忍んでおいでになるので、(匂宮も中の君も)お互いに思い悩んでいらっしゃるようなのも。

❷それだけですぐに起こるという意で、原因・理由・根拠などを示す。(ちょっと)…(する)だけでもう。例「白妙(しろたへ)の袖(そで)をはつはつ見し**からに**かかる恋をも我はするかも」〈万葉・一一・二四一一〉訳 白い袖をちらりと見ただけでもう、私はこんな(つらい)恋をするのかなあ。

❸すぐに起こるという意を表す。…(する)とたんに。…(する)やいなや。例「吹く**からに**秋の草木のしをるればむべ山風を嵐(あらし)といふらむ」〈古今・秋下・二四九〉訳 (風が)吹くとたんに秋の草木がしおれてしまうので、なるほど「山風」を(物を荒らす風、つまり)「嵐」というのだろう。注『百人一首』所収ノ、文屋康秀(フンヤノヤスヒデ)ノ歌。

❹(「…む━」の形で)逆接確定条件を示す。…だからといって。例「帝(みかど)の御子(みこ)ならむ**からに**、見む人さへかたほならず、ものほめがちなる」〈源氏・夕顔〉訳 (光源氏が)天皇のお子様だからといって、相手にする女性まで完全無欠で、ほめることが多いということがあろうか。

から-にしき【唐錦】 ━〔名〕唐織の錦。紅色をまじえた美しい織物であるところから、紅葉などのたとえに用いることが多い。例「━秋の形見や竜田山散りあへぬ枝に嵐(あらし)吹くなり」〈新古今・冬・五六六〉訳 美しい錦のような紅葉は秋の形見であろうか、ここ竜田山には散りきっていない枝に嵐が吹いて、その形見まで吹き飛ばしてしまいそうだ。注「竜田山」ニ「絶ってしまうのか」ノ意ヲ掛ケル。

二〔枕詞〕「たつ」「織る」「縫(ぬ)ふ」など、布に縁のある語にかかる。例「思ふどちまとゐせる夜は━立たまく惜しきものにぞありける」〈古今・雑上・八六四〉訳 気の合った仲間が集まった夜は、座を立つのが惜しいものであるなあ。

から-ねこ【唐猫】〔名〕中国渡来の猫。後には、ふつうの猫にもいう。例「━の、ここに違(たが)へるさましてなむ侍(はべ)りし」〈源氏・若菜・下〉訳 (女三の宮のもとにいる猫は)唐猫で、日本のとは違った姿をしていました。

から-は〔連語〕❶(格助詞「から」＋係助詞「は」。体言に付く)…である以上は。…であるので。例「憂(う)き身**からは**、同じ嘆かしさにこそ」〈源氏・澪標〉訳 つらい我が身であるので、(あなたが帰京なさった今でも以前と)同じ嘆かわしい状態でございますのに。

❷(接続助詞「から」＋係助詞「は」。活用語の終止形に付く)…する以上は。例「世に住む**からは**、何事も案じたるが損なり」〈西鶴・日本永代蔵・四・五〉訳 この世に住ん

でいる以上は、何事も心配しすぎては損だ。

から-びつ【唐櫃】〔名〕《中世まで「からひつ」と清音》中国風に作った長方形の物入れ。外に反った脚が六本あり、衣類・調度品などを納めた。「からと」「からうど」とも。例「庁屋の――見苦しとて、めでたく作り改めらるべき由(よし)仰(おほ)せられけるに」〈徒然草・九九〉訳役所の唐櫃が(古ぼけて)見苦しいというので、立派に作り改められるようにおっしゃった折に。

からびつ

から-ひと【唐人・韓人】〔名〕中国・朝鮮の人。古くは、外国人一般をさしていった。

から・ぶ【乾ぶ】〔自バ上二〕〈び・び・ぶ・ぶる・ぶれ・びよ〉❶かわいて水分がなくなる。ひからびる。❷若々しさや華やかさが失せて、深みを持つ。例「――・びたる三井(みゐ)の仁王(にわう)や冬木立」〈其角〉訳三井寺の山門の両脇にはもはや彩色もはげ落ち、ひびわれのした金剛力士の木像が勇猛な形相で対峙している。あたりの冬枯れの木立に囲まれて。

から-ぶみ【漢文・漢籍】〔名〕中国の書物。漢籍。

から・む【絡む】〈ま・み・む・む・め・め〉■一〔自マ四〕❶(ひも・縄などが)巻き付く。からまる。❷言いがかりをつける。うるさくまつわりつく。からむ。■二〔他マ四〕(ひも・縄などを)巻き付ける。例「袴(はかま)のくくり高く――・み上げて」〈古今著聞集・相撲強力〉訳袴のくくりのひもを高く上の方へ巻き付けて。

から・む【搦む】〔他マ下二〕〈め・め・む・むる・むれ・めよ〉(ひも・縄などを)巻き付けて、自由を奪う。しばる。捕縛する。例「その身を――・めて湖に沈めよ」〈平家・一・内裏炎上〉訳その体をしばって湖に沈めよ。

から-め・く〔自カ四〕〈か・き・く・く・け・け〉《「めく」は接尾語》痩せひからびる。

から-め・く【唐めく】〔自カ四〕〈か・き・く・く・け・け〉《「めく」は接尾語》中国風に見える。異国的になる。エキゾチックだ。例「棕櫚(しゅろ)の木、――・きて、悪(わろ)き家の物とは見えず」〈枕草子・花の木ならぬは〉訳シュロの木は、中国風であって、下賤の家の物とは見えない。

からめ-て【搦め手】〔名〕《「からめで」とも》❶(敵・犯人などを)からめとる人。捕り手。❷敵の背後。また、敵の背後を攻撃する軍勢。対おほて①例「尾張(をはり)の国より大手――二手に分かって攻め上る」〈平家・九・宇治川先陣〉訳尾張国より正面から攻撃する軍勢と背後から攻撃する軍勢の二つに分かれて攻め上った。

から-もの【唐物】〔名〕中国、または、その他の外国から輸入された品物。舶来品。例「蔵人所(くらうどどころ)・納殿(をさめどの)の――ども、多く奉らせ給へり」〈源氏・若菜・上〉訳蔵人所や納殿に保管されている舶来の品々を、(冷泉帝は朱雀院に)たくさん献上なされた。

から-やう【唐様】〔名〕❶中国風であること。❷中国風の建築様式(=鎌倉時代、宋カラ伝エラレタ禅宗寺院ノ建築様式)や漢字の書体。中国様式。特に、江戸時代に流行した明風の書体をいう。

柄井川柳(からゐせんりう)〔人名〕江戸中期の前句付の選者。当時の江戸座の俳諧にならい軽妙・滑稽な風俗句を選出したのが、江戸人に好評を博し、前句付選者として名声を得た。川柳選の句からより秀逸なものを集めた『柳多留』が発刊され、これによって前句付から五・七・五の句が独立するもととなり、彼の号がジャンルの名称としてそのまま用いられるようになった。⇩誹風柳多留(はいふうやなぎだる)

がらん【伽藍】〔名〕《梵語の音写。僧園・僧院など漢訳する》僧侶が集まって修行をする清らかで静かな場所。のち、寺院の建物の総称。寺院。寺院建築。

かり【狩り】〔名〕❶山野の鳥獣をとること。特に鷹狩り。❷花・木・蛍などをとったり、観賞したりすること。「紅葉がり」「桜がり」など。

狩りの使(かつ)**ひ**　平安時代初期、鳥獣狩猟のために諸国に派遣された使い。例「その男、伊勢(いせ)の国に――に行きけるに」〈伊勢・六九〉訳その男は、伊勢国に狩りの使いとして行ったのであるが。

かり【雁】〔名〕ガンの異名。秋に渡来し、春、北へ帰る渡り鳥。(季・秋)例「――などの連ねたるがいと小さく見ゆるは、いとをかし」〈枕草子・春はあけぼの〉訳雁などが列を組んで飛んで行くのがとても小さく見えるのは、たいへん趣があって面白い。

雁の子(こ)　❶ガンやカモなどの卵。また、ひな鳥。例「あてなるもの。……――」〈枕草子・あてなるもの〉訳上品なもの。……(カモなどの)卵。❷ガンやカモなど水鳥の総称。

雁の使(かつ)**ひ**　便り。また、便りを届ける使者。

かり【仮】〔名・形動ナリ〕一時的であること。かりそめ。例「――の宿り、誰(た)がためにか心を悩まし、何によりてか目を喜ばしむる」〈方丈記・ゆく河〉訳一時の宿にすぎない住居を、いったい誰のために苦心して(作り立て)、どうして(そんなものを)見て喜んでいるのか。
要点　現世を仮のものとする仏教思想に基づき、例の「――の宿り(宿)」のほか、「――の現(うつつ)」「――の世」などの例が多い。

かり〔助動ラ変型〕《上代東国方言》⇩けり　例「旅とへど真旅(またび)になりぬ家の母(も)が着せし衣に垢(あか)付きにかり」〈万葉・二〇・四三八八〉訳(一口に)旅と言うけれど(今度の旅は)本格的な長い旅になった、家にいる母が着せてくれた着物にすっかり垢が付いてしまったなあ。

かり　形容詞の活用語尾または助動詞の活用形の一部。例「もの憂(う)げに取り寄せて縫ひ給ひしを、見やりて居たりしこそをかし**かり**しか」〈枕草子・ねたきもの〉訳(他の女房が縫い間違えた着物を、幾人かで)めんどうそうに取り寄せてお縫いになったのを、遠くに見て座っていたのはおもしろかった。注コノ「かり」ハ、形容詞「をかし」ノ活用語尾(連用形)。

がり【許】■一〔接尾〕(人を表す体言に付いて)…**の所へ。…のもとへ。**例「広橋を馬越しがねて心のみ妹(いも)――やりて吾(わ)はここにして」〈万葉・一四・三五三八〉訳広い橋なのに馬で越えることができないので、心だけを彼女のもとへやって、私はここにいるまま恋しく思っています。注馬デ越スト、ヒヅメノ音デ人ニ知ラレテシマウ。
■二〔名〕《平安時代以後の用法》(人を表す体言に格助詞「の」の付いたものに続いて)…の所(へ)。…のもと(へ)。例雪のおもしろう降りたりし朝(あした)、人の――言ふべき事ありて文(ふみ)をやるとて」〈徒然草・三一〉訳 雪が趣深く降っていた朝、人のところへ言ってやらなければならないことがあって手紙をやろうとして。

かり-いほ【仮庵・仮廬】〔名〕《「かりほ」とも》仮に作った粗末な住まい。旅寝の小屋。例「山田守(も)る秋の――に置く露は稲負(いなおほせ)鳥の涙なりけり」〈古今・秋下・三〇六〉訳 山田の番をする秋の仮小屋に置く露は、いなおおせ鳥の涙だったんだなあ。注「稲負鳥」ハ古今伝授ノ「三鳥」ノ一ツ。ドノヨウナ鳥カ、不明。

かり-うつ・す【駆り移す】〔他サ四〕{さ・し・す・す・せ・せ}加持や祈禱により、物の怪や病魔などを霊媒などに追い移す。

かり-が-ね 一【雁が音】〔連語〕ガンの鳴き声。例「天雲のよそに――聞きしよりはだれ霜降り寒しこの夜は」〈万葉・一〇・二一三二〉訳 大空の雲のかなたで鳴く雁の声を聞いて以来、薄霜が降りるようになって寒いことである、今夜は。

二【雁・雁金】〔名〕《和歌用語》カリ。⇩かり(雁) 例「春霞(はるがすみ)かすみて往(い)にし――は今ぞ鳴くなる秋霧の上に」〈古今・秋上・二一〇〉訳 春霞にぼんやりとかすんで去っていった雁は、今再び鳴くのが聞こえるよ。秋霧の中に。

かり-ぎぬ【狩衣】〔名〕もと、公家が鷹狩りの時、着た衣服。平安時代中期には日常の衣服となり、鎌倉・室町時代には、公家のあらたまった感じの平服、武家の式服として用いられるようになった。袖はうしろを少し縫い、前は縫わず、袖口にはくくり緒があって活動しやすくなっている。狩衣を着用する際は、烏帽子をかぶり、指貫または狩袴をはくのが普通であった。

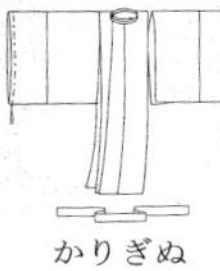

かりぎぬ

かり-くら・す【狩り暮らす】〔他サ四〕{さ・し・す・す・せ・せ}狩りをして、一日を過ごす。例「――・し織女(たなばたつめ)に宿借らむ天の河原に我は来にけり」〈古今・羇旅・四一八〉訳 一日中狩りをして、(夜になったら)織女星に宿を借りよう。天の川の河原に私はやってきたのだ。

かり-こも【刈り菰・刈り薦】〔名〕刈り取った真菰。また、それを編んで作った敷物。例「――の一重(ひとへ)を敷きてさ寝(ぬ)れども君とし寝(ぬ)れば寒けくもなし」〈万葉・一一・二五二〇〉訳 刈り菰のむしろ一重を敷いて寝るけれども、あなたと寝れば寒いこともありません。

かりこも-の【刈り菰の】《枕詞》(刈った菰は乱れやすいので)「乱る」にかかる。例「草枕旅にし居れば――乱れて妹(いも)に恋ひぬ日は無し」〈万葉・一二・三一七六〉訳 旅に出ているので、心乱れてあの娘に恋しさをつのらせぬ日はない。

かり-ごろも【狩衣】 一〔名〕《和歌用語》⇩かりぎぬ 例「秋の野の露分け来たる――葎(むぐら)茂れる宿にかこつな」〈源氏・手習〉訳 (あなたが)秋の野の露を分けて来たために狩衣をお濡らしになったのでしょう。草の生い茂っているこの宿のせいにして恨まないでください。

二《枕詞》「乱る」「ひも」「たつ」「すそ」などにかかる。例「いづくにか今夜(こよひ)は宿を――ひも夕暮れの嶺(みね)の嵐(あらし)に」〈新古今・羇旅・九五三〉訳 今夜はどこに宿を借りようか。夕暮れとなり、峰からの風も吹き下ろしてくるのに。

かり-さうぞく【狩装束】〔名〕狩りに行く時の服装。平安時代には狩衣に指貫を着用、鎌倉時代以後、武家では指貫の代わりに行縢をはき、綾藺笠をかぶった。⇩かりぎぬ

かり-そ・く【刈り除く】〔他カ下二〕{け・け・く・くる・くれ・けよ}草などを刈り取る。例「我が背子(こせ)に我が恋ふらくは夏草の――・くれども生ひしくごとし」〈万葉・一一・二七六九〉訳 私の夫に私の恋することは、あたかも夏草が刈り取っても次々と生え茂るようなものだ。

かりそめ 【仮初】〔形動ナリ〕《「かりさま(仮様)」の変化した語という》

本格的ではない、一時的なこと、の意。そこから、いいかげんである、の意も生まれる。類義語の「あからさま」が、ごくわずかな時間をいうのに対し、「かりそめ」は、本格的でないことを表すところが異なる。

❶ほんの一時的である。その場限りである。間に合わせだ。例「――・なれど、清げにしつらひたり」〈源氏・夕顔〉訳 (御座所(ござしょ)は)一時的なものだが、こざっぱりと設けてある。

❷軽はずみである。いいかげんである。

かりに-も【仮にも】〔副〕ほんの少しでも。かりそめにも。例「――賢を学ぶべからず」〈徒然草・八五〉訳 (愚かな人は)ほんの少しでも賢人をまねすることはできない。

かり-ね【仮寝】〔名〕《和歌用語。「かりまくら」とも》❶ちょっと寝ること。また、仮の契りを結ぶこと。例「秋の野の草の茂みは分けしかど――の枕結びやはせし」〈源氏・夕霧〉訳 秋の野の草の茂みを踏み分けてお尋ねはしましたが、仮の契りを結びはしたでしょうか(しませんでした)。

❷旅先で寝ること。旅寝。例「難波江(なにはえ)のあしの――のひとよゆゑみをつくしてや恋ひわたるべき」〈千載・恋三〉訳 難波の入江の葦の刈り根の一節のような、そんな短い旅の一夜の仮寝のために、この身を尽くして、ひたすら恋い続けることになるのでしょうか。注『百人一首』所収、皇嘉門院別当ノ作。「難波江のあしの」ガ「かりねのひとよ」ノ序詞。「かりね」ハ「刈り根」ト「仮寝」、「ひとよ」ハ「一節」ト「一夜」、「みをつくし」ハ「身を尽くし」ト「澪標」ノ掛詞。「葦」「刈り根」「一節」「澪標」「わたる」ガ「難波江」ノ縁語。

かり-の-こ【雁の子】⇩「かり(雁)」子項目

かり-の-つかひ【狩りの使ひ】⇩「かり(狩り)」子項目

かり-の-つかひ【雁の使ひ】⇩「かり(雁)」子項目

かり-ばね【刈りばね】〔名〕刈り取ったあとに残っている木や竹の切り株。例「信濃路(しなぬぢ)は今の墾道(はりみち)――に足踏ましむな沓(くつ)はけ我が背(せ)」〈万葉・一四・三三九九〉訳 信濃の道は新しく切り開いた道です。切り株で足を踏みぬかないでください。くつをおはきなさい。我が夫よ。

かり-ほ【仮庵・仮廬】〔名〕《「かりいほ」の変化した形》仮に作った粗末な住まい。例「秋の田の――の庵(いほ)の苫(とま)を粗(あら)み我が衣手(ころもで)は露にぬれつつ」〈後撰・秋中〉訳 秋の田の取り入れのための仮小屋の屋根の苫が粗いので、私の袖は露にぬれそぼっているよ。注『百人一首』所収ノ天智天皇ノ歌。「刈り穂」ト「仮庵」トハ掛詞。

かり-や【仮屋】〔名〕仮に作った小屋。仮小屋。例「舞

人を宿せる――より出(い)で来たりけるとなん」〈方丈記・安元の大火〉訳 舞楽の舞人を泊めていた仮小屋から出火したということである。

かりょうびんが【迦陵頻伽】〔名〕(仏教語)極楽に住み美声で鳴くという想像上の鳥。浄土教の美術では人頭鳥身の姿で表されている。例「詠(いえ)など給へるは、これや仏の御(おん)――の声ならむと聞こゆ」〈源氏・紅葉賀〉訳 (光源氏が舞いながら)詩を朗詠なさる声は、これが仏の迦陵頻伽の声かと(思えるほどすばらしく)聞こえる。

かりょうびんが

か・る　一【枯る】❶草や木が死ぬ。枯れる。例「過ぎにしかた恋しきもの。――・れたる葵(あふひ)」〈枕草子・過ぎにしかた恋しきもの〉訳 過ぎ去った昔が恋しくなるもの。枯れた葵。❷虫、魚などが死んで干からびる。例「虫などの――・れたるに似てをかし」〈枕草子・花の木ならぬは〉訳 (カエデの花の様子は)虫などが干からびたのに似ておもしろい。〔自ラ下二〕｛れ・れ・る・るる・れ・れよ｝

二【涸る】水がかわいてなくなる。かれる。例「耳無しの池し恨めし吾妹子(わぎもこ)が来つつ潜(かづ)かば水は――・れなむ」〈万葉・一六・三七八八〉訳 耳無しの池は恨めしい、いとしいあの子が来て水にもぐったならば(=投身シテ沈ンダラ)水はかれてほしかったのに。

三【嗄る】声がかすれる。しわがれる。例「ふつつかなる様したる翁(おきな)の、声――・れ」〈源氏・浮舟〉訳 太って不格好な様子をした老人で、声がかすれ。

か・る【離る】〔自ラ下二〕｛れ・れ・る・るる・れ・れよ｝類 はなる

身近にあったものが、離れ遠ざかる、の意。特に、男女の仲が疎遠になる、ことにいう場合が多い。和歌では多く「枯る」との掛詞として用いられる。

❶空間的に隔たりが生ずる。**離れる。**例「朝に日(け)に見まく欲(ほ)りするその玉をいかにせばかも手ゆ――・れずあらむ」〈万葉・三・四〇三〉訳 朝に昼に見ていたいと思うその玉を、どのようにしたならば手から離れずにあることだろうか。注「玉」ハ、恋シイ女ノコト。❷時間的・心理的に隔たりが生ずる。間遠になる。疎遠になる。例「御達(ごたち)なりける人をあひ知りたりける、ほどもなく――・れにけり」〈伊勢・一九〉訳 (御所の)女房であった人と恋仲になったが、間もなく別れてしまった。

か・る【狩る】〔他ラ四〕｛ら・り・る・る・れ・れ｝❶(鳥・獣などを)追い求めてつかまえる。狩りをする。例「交野(かたの)を――・りて、天の川のほとりに至る」〈伊勢・八二〉訳 交野の原野で狩りをして、天の川(=地名)のほとりに至る。❷花や紅葉を捜し求めて楽しむ。例「桜を――・り、紅葉を求め、わらびを折り、木(こ)の実を拾ひて」〈方丈記・勝地は主なければ〉訳 桜を捜し求めて楽しみ、紅葉を捜し、ワラビを折り取り、木の実を拾ったりして。

か・る【借る】〔他ラ四〕｛ら・り・る・る・れ・れ｝借りる。例「いかが他の力を――・るべき」〈方丈記・閑居の気味〉訳 どうして他人の力が借りられようか。

か・る【駆る】〔他ラ四〕｛ら・り・る・る・れ・れ｝動物などを無理に追い払う。追い立てる。例「集まり――・り騒ぐ」〈枕草子・上にさぶらふ御猫は〉訳 (男達が)集まって(翁丸(おきなまろ)という犬を)追い立て騒ぐ。

が・る〔接尾ラ四型〕(名詞および形容詞・形容動詞の語幹に付いて)…として振る舞う、そのような気持ちを態度に表す、そのように思う、の意を表す。「才(ざえ)――・る」「あやし――・る」「あはれ――・る」など。

かる-かや【刈萱】〔名〕❶イネ科の草の名。例「草の花は、……桔梗(ききやう)。朝顔。――」〈枕草子・草の花は〉訳 草の花でよいのは、……キキョウ。朝顔。カルカヤ。❷刈り取ったカヤ。屋根を葺(ふ)くのに用いる。

かるかや-の【刈萱の】〘枕詞〙(刈り取った萱の状態から)「束(つか)」「穂」「乱る」にかかる。

かる-が-ゆゑ-に〔接続〕(「かあるがゆゑに」の変化した形)それゆえに。だから。例「硫黄(いわう)といふ物満ち満てり。――硫黄が島とも名づけたり」〈平家・二・大納言死去〉訳 (鬼界(いきか)が島の山の中には)硫黄という物が満ち満ちている。それゆえ硫黄が島とも命名している。

かる-が-る・し【軽々し】〔形シク〕⇩かろがろし

かるみ【軽み】〔名〕芭蕉の俳諧(はいかい)における理念の一つ。晩年に説き示したもので、卑近、平淡でありながら、素直な実感のこもった作風や理念をいう。例「花見の句のかかりを少し心得て、――をしたり」〈三冊子・赤〉訳 花見の句らしい風情を幾分会得して、軽みの句を作った。

かれ【彼】〔代名〕❶(指示代名詞。遠称)あれ。例「草の上に置きたりける露を、『――は何(なに)ぞ』となむ男に問ひける」〈伊勢・六〉訳 (女は)草の上に降りていた露を、「あれは(=アノキラキラ光ル物ハ)何ですか」と男に尋ねた。❷(人称代名詞。他称)ⓐあの人。あの者。例「誰(た)そ――と我をな問ひそ長月(ながつき)の露にぬれつつ君待つ我を」〈万葉・一〇・二二四〇〉訳 誰ですあの人はと、私のことを聞かないでください。九月の露にぬれながら、我が君を待つ私のことを。ⓑ話題となっている人。その人。例「まれまれ得たる食ひ物をも、――に譲るによりてなり」〈方丈記・飢渇〉訳 (災害時には、夫婦などの間で愛情がまさって深い者の方が、必ず先に死んでいる)。ごくまれに手に入れた食べ物をも、その人(=愛スル人)に譲るからである。

参考 ②の人称代名詞の場合、現代のように男性には限らず、男女共に用いられる。②ⓐの例のような「たそかれ(誰そ彼)」から「黄昏(たそがれ)」が成立した。

かれ【故】〔接続〕(上代語。代名詞「か(彼)」に動詞「あり」の已然形「あれ」が付いた「かあれ」の変化した形)それで。そこで。それゆえ。例「『今吾(あ)が足え歩まず、たぎたぎしくなりぬ』と詔(の)り給ひき。――、そこを名づけて、当芸(たぎ)といふ」〈古事記・中・景行〉訳「今は私の足も歩けず、とぼとぼとしてはかどらなくなった」とおっしゃった。それで、その地を名づけて、当芸というのである。

かれ-いひ【乾飯】〔名〕飯(いい)を干したもの。旅行の際など持ち歩き、水にひたしてやわらかくして食べた。例「みな人、――の上に涙落としてほとびにけり」〈伊勢・九〉訳 (旅の一行は)皆、(都を思って旅行用の)干したご飯の上に涙を落とし(それが)ふやけてしまったのだった。

かれ-がれ【枯れ枯れ】〔形動ナリ〕(草木などが)枯れそうなようす。例「通ひ来(こ)し宿の道芝――・に跡(とあ)なき霜の結ぼほれつつ」〈新古今・恋四・一三三五〉訳あの人がよく通って来た我が家の道芝も枯れてしまいそうで、(また、あの人の来るのも途絶えがちになって)あの人の足跡のない道には霜が固く結んでいる。

かれ-がれ【離れ離れ】〔形動ナリ〕《動詞「かる」の連用形を重ねて形容動詞化した語》(交際が)途絶えがちなようす。疎遠である。例「――・におはせしをだに、飽かず胸痛く思ひ侍(はべ)りしを」〈源氏・葵〉訳(娘の在世中は)とぎれがちにお越しになったことをさえ、物足らなく胸が痛くなるように思っていましたのに。注娘ノ葵(アオイ)ノ上ガ死ンデ、光源氏ノ訪問ガナクナルコトヲ悲シム左大臣ノ気持チ。

かれ-これ【彼此】■一■《連語》あれとこれと。あの人この人。例「――、知る知らぬ、送りす」〈土佐・十二月二十一日〉訳あの人この人と、知っている人も、知らない人も、(私達の)見送りをする。
■二■〔副〕❶あれやこれや。何やかや。例「かやうに、人知れず――恥をさらし候ふも」〈平家・一〇・戒文〉訳このように、並はずれてあれこれと恥を人目にさらしますのも。
❷およそ。だいたい。例「――三万疋(ぎ)を芋頭(いもがしら)の銭(せ)と定めて」〈徒然草・六〇〉訳およそ三万疋を芋頭の代金と決めて。注「三万疋」ハ、銭三百貫ニ当タル。

かれ-の【枯れ野】〔名〕草木の枯れた野原。冬枯れの野。(季・冬)例「旅に病んで夢は――をかけめぐる」〈芭蕉〉訳旅の途中で病気に伏し、うとうとと眠るその夢は、(なおも風雅を思い、旅にあこがれて)寒々とした枯れ野を一人かけめぐっている。注芭蕉ノ辞世(ジセイ)ノ句。例「蕭条(せうでう)として石に日の入る――かな」〈蕪村〉訳風も冷たさを増して、寒々とした冬の夕暮れ。赤く大きな夕陽が、あたりを染めながら、石の向こうに落ちて行った。見渡す限り草木は枯れはてて、石以外に目につくものは何もない枯れ野の、物寂しい落日である。

かれ-は・つ【離れ果つ】〔自タ下二〕{て・て・つ・つる・つれ・てよ}すっかり疎遠になる。縁が切れる。

かれ-ば・む【嗄ればむ】〔自マ四〕{ま・み・む・む・め・め}《「ばむ」は接尾語》かすれたようになる。例「あやしく――・み騒ぎたる声にて」〈枕草子・大進生昌が家に〉訳(生昌(なりまさ)が)変にかすれていて耳ざわりな声で。

かれ-ひ【餉】〔名〕《「かれいひ」の変化した形》⇩かれいひ

かれ-をばな【枯れ尾花】〔名〕枯れススキ。(季・冬)例「狐火(きつねび)の燃えつくばかり――」〈蕪村〉訳夕闇につつまれた寂しい野原に、枯れススキが白く浮かんでいる。ポッと青く燃えた狐火があちこちにふえて、まるでその火は枯れススキに燃えつかんばかりである。

かろ-がろ・し【軽々し】〔形シク〕《「かるがるし」とも》❶軽率である。軽薄である。例「たゆみなく慎みて――・しくせぬと、ひとへに自由なるとの等しからぬなり」〈徒然草・一八七〉訳(専門家でも不器用な人が)気をゆるめることなく慎重にして軽率にしないのと、(素人で器用な人が)全く自分勝手であるのとは違うのである(前者が勝る)。
❷身分が低い。重々しくない。例「などてか、――・しき人の家の飾りとはなさむ」〈源氏・蓬生〉訳(父の遺品を売って)どうして、身分の低い人の家の装飾などにできようか。

かろ・し【軽し】〔形ク〕《「かるし」とも》❶目方が少ない。重くない。
❷身分が低い。重々しくない。例「おのづから――・き方(かた)にも見えしを」〈源氏・桐壺〉訳(桐壺更衣(きりつぼのこうい)は)自然と身分の低い者とも見られたが。
❸軽々しい。軽率だ。例「それはいとあるまじく――・き事ぞかし」〈源氏・浮舟〉訳それは全くあってはならぬ軽率な事なのだ。
❹大した程度でない。重大でない。例「世を――・く思ひたる曲者(くせもの)にて、よろづ自由にして」〈徒然草・六〇〉訳(盛親(じようしん)僧都(そうず)は)世間を気にしない変わり者で、何事にも気ままに振る舞って。

かろ-とうせん【夏炉冬扇】《連語》《夏のいろりと冬の扇の意》役に立たない物のたとえ。例「予が風雅は――のごとし。衆にさかひて用ふる所なし」〈芭蕉・韻塞・許六離別詞〉訳私の俳諧(はいかい)は夏の炉や冬の扇のようなものである。世間の人々の求める所とは反対で何の役にも立たない。

かろ・ぶ【軽ぶ】〔自バ上二〕{び・び・ぶ・ぶる・ぶれ・びよ}❶軽そうに見える。軽快である。例「さばかり――・びすずしげなる御中に」〈枕草子・小白河といふ所は〉訳あれほど(服装が)軽そうで涼しそうな方々の中で。
❷軽率そうに見える。軽薄である。例「――・びたる名をや流さむ」〈源氏・帚木〉訳(光源氏は)軽薄であるという浮名(=評判)を流すのではなかろうか。
❸(身分・地位などが)低い。また、軽率である。例「いと――・びたる程に侍(はべ)るめれど」〈源氏・竹河〉訳(蔵人少将(くろうどのしようしよう)は)たいそう低い身分のようでございますが。

かろ・む【軽む】■一■〔自マ四〕{ま・み・む・む・め・め}程度が軽くなる。例「よし、今はこの罪――・むばかりのわざをせさせ給へ」〈源氏・若菜・下〉訳ままよ、今は(せめて)私の罪障が軽くなるようなこと(=仏事)を営んで下さい。
■二■〔他マ下二〕{め・め・む・むる・むれ・めよ}❶程度を軽くする。例「罪――・めて物すなれば、いとよしと心安くなむ」〈源氏・夢浮橋〉訳(浮舟(うきふね)が)罪障を軽くする身(=出家シタ身)になっておられるというのだったら、(私、薫(かおる)としても)非常に結構だと安心で(ございます)。
❷人を軽く見る。軽蔑(けいべつ)する。例「祖母殿(おばおとど)の上ないたう――・め給ひそ」〈源氏・葵〉訳おばあ様のことをひどく軽蔑なさるな。

かろ-らか【軽らか】〔形動ナリ〕《「らか」は接尾語。「かるらか」とも》❶軽そうな様子。例「――・にうち乗せ給へれば」〈源氏・夕顔〉訳(夕顔を車に)軽々とお乗せになると。
❷軽々しい。軽率である。例「例の――・なる御心ざまに、物思はせむこそ、心苦しかるべけれ」〈源氏・総角〉訳(匂宮(におうのみや)が)例によって軽々しい(浮気な)お心から、(中の君に)悲しい思いをさせるとしたら、お気の毒であろう。
❸手軽なようす。無造作である。例「人に見とがめられじの心もあれば、道のほども――・にしなしたり」〈源氏・松風〉訳(明石の上の一行は)人の目にたたないようにという配慮もあるので、(上京の)道中の支度も簡素にこしらえている。
❹(身分が)低い。重々しくない。例「――・なる御身ならねば」〈源氏・宿木〉訳(匂宮(におうのみや)は)軽々しいご身分ではないので。

かろん・ず【軽んず】〔他サ変〕{ぜ・じ・ず・ずる・ずれ・ぜよ}❶程度を軽くする。軽減する。例「刑の疑はしきをば――・ぜよ。功の疑はしきをば重んぜよ」〈平家・二・小教訓〉訳刑をどうすべきかがはっきりしないものは軽くしなさい。行賞がはっきりしないものは重くしなさい。

❷軽く見る。軽視する。軽蔑する。例「命を━・じ、義を重んじて」〈平家・七・木曽山門牒状〉訳（源頼政父子は）命を惜しまず、義を大切にして。

かわ…【川…・皮…・革…】⇩かは…

かわき-すなご【乾き砂子】〔名〕かわいた砂。庭での儀式や蹴鞠などをする時、雨後のぬかるみを防ぐためにまく。例「庭の儀を奉行する人、━を設くるは故実なりとぞ」〈徒然草・一七七〉訳（蹴鞠の）庭の整備を行う人が、乾いた砂を用意するのは昔からのしきたりだという。

かわす【交わす】〔動〕⇩かはす

かわず【蛙】〔名〕⇩かはづ

河竹黙阿弥（かわたけもくあみ）『人名』⇩かはたけもくあみ（河竹黙阿弥）

かわたれどき【彼は誰時】〔名〕⇩かはたれどき

河内（かわち）『旧国名』⇩かはち（河内）

かわほり【蝙蝠】〔名〕⇩かはほり

かわや【厠】〔名〕⇩かはや

かわ-らか〔形動ナリ〕（容姿が）こざっぱりしている様子。さわやかである。例「ほめつる装束、げにいと━・にて」〈源氏・宿木〉訳（女房が理想的だと）ほめた（尼君の）身なりは、その通りに本当にこざっぱりしていて。

参考 仮名遣いは「かはらか」ともいわれるが、「乾く」と関係があると見て、「かわらか」に従う。

かわらけ【土器】〔名〕⇩かはらけ

かをり【香り・薫り】〔名〕《動詞「かをる」の連用形の名詞化》❶よい匂い。

❷顔の、つややかな美しさ。例「━をかしき顔ざまなり」〈源氏・柏木〉訳（薫の君は）つややかな美しい趣のある顔だちである。

薫（かをる）『人名』『源氏物語』宇治十帖の主人公。光源氏の子とされているが、実は女三の宮と柏木との間に生まれた不義の子。身体に香気が満ちているのでその名がある。宇治の八の宮の大君に恋するがかなわず、その面影に通う異母妹浮舟をも匂宮に取られてしまう。美しく気品があり、謹厳実直な人柄でありながら、ついに幸せをつかめない悲劇的人物として描かれている。

かを・る【薫る】〔自ラ四〕｛ら・り・る・る・れ・れ｝❶煙や霧などがほのかに立ちこめる。例「伊勢国は沖つ藻もなびきし波に潮気のみ━・れる国に」〈万葉・二・一六二長歌〉訳伊勢国は沖の藻もなびいている波に、海の潮の気だけがほのかに立ちこめている国に。

❷よい匂いがする。かおる。例「えも言はぬ匂ひの、さと━・りたるこそ、をかしけれ」〈徒然草・一〇五〉訳なんとも言えぬよい匂いが、さっと薫っているのこそ、趣があることだよ。

❸顔、特に目もとが、美しく映えて見える。美しさがただよう。例「額つきまみの━・りたる心地して」〈源氏・東屋〉訳髪の生えぎわや目もとの美しさがただようような気がして。

注中ノ君ノ見タ浮舟ノ様子。

かん【干】〔名〕❶⇩じっかん（十干）

❷横笛の七つの穴のうち、一番下の穴。

かん【長官】〔名〕《「かみ」の変化した形。「かう」とも》「かみ（長官）」に同じ。「━の君」「━の殿」の形で用いられる。

かん【官・貫】〔名〕⇩くゎん

かん【感】〔名〕感じること。感慨。感動。例「あまりの面白さに、━にたへざるにやと思しくて」〈平家・一一・弓流〉訳（扇の的を射ったのを見て）あまりの面白さに、感動をこらえかねたかと思われて。

かん…【冠…・観…・勧…・関…・管…・還…・寛…・灌…】⇩くゎん…

がん…【元…】⇩ぐゎん…

観阿弥（かんあみ）『人名』⇩くゎんあみ（観阿弥）

がん【願】〔名〕⇩ぐゎん

かん-おう【感応】〔名・自サ変〕❶信仰のまごころが通じ、神仏の加護があること。例「一乗修行の岸には、━の月くまもなく」〈平家・一〇・熊野参詣〉訳法華経の教えを修める川の岸には、神仏の加護を表す月が明るく照り。

❷心に深く感じること。感動。例「秘曲を弾き給へば、神明━にたへずして、宝殿大きに震動す」〈平家・三・大臣流罪〉訳（琵琶の）秘曲をお弾きになると、神も感動をこらえきれずに、宝殿が大いに震動した。

かんが・ふ〔他ハ下二〕｛へ・へ・ふ・ふる・ふれ・へよ｝■【考ふ】「かうがふ■」に同じ。例「宿曜の賢き道の人に━・へさせ給ふにも」〈源氏・桐壺〉訳占星術にすぐれた達人に（光源氏の将来を）判断させなさるのにも。

■【勘ふ】「かうがふ■」に同じ。例「━・へられつる事ども」〈宇治拾遺・八・四〉訳（生前、心を入れずに経を書いていた事を地獄で）糾問せられた事など。

かんが・みる【鑑みる】〔他マ上一〕｛み・み・みる・みる・みれ・みよ｝《「かがみる」の変化した形》先例や手本に照らし合わせて考える。よく考える。

かん-きょ【閑居】〔名・自サ変〕俗世間を離れて静かに生活すること。例「━の気味もまた同じ。住まずして誰か悟らん」〈方丈記・閑居の気味〉訳（魚は水に飽きることがない。魚でなければその心はわからない）閑居の味わいというのもこれと同じである。住んでみないで誰に（この気持ちが）わかろうか。

閑吟集（かんぎんしふ）『書名』室町後期の歌謡集。一巻。編者未詳。一五一八年（永正十五）成立。小歌を中心に猿楽・田楽・宴曲など三百十一首所収。人情に触れた恋をテーマとした歌謡が多く、庶民的なものを伝えている。

菅家文草（かんけぶんそう）『書名』⇩くゎんけぶんさう（菅家文草）

かんこ-どり【閑古鳥】〔名〕❶鳥の名。カッコウ。（季・夏）例「憂き我を寂しがらせよ━」〈芭蕉〉訳物思いの絶えない憂鬱な私を、もっと寂しくさせてくれ、寂しい声で鳴く閑古鳥よ。注独居ノ楽シミ、寂シサヲ愛スル心境カラノ句。

❷（①の声が寂しいところから「━が鳴く」の形で）人気がなくひっそりとしている様子のたとえ。

かん-ざし【髪ざし】〔名〕髪のはえ具合。髪の様子。例「いはけなくかいやりたる額つき━、いみじう美し」〈源氏・若紫〉訳（若紫が振りかかる毛を）あどけなく手でかき上げた額髪の様子や髪のはえ具合は、とてもかわいらしい。

かん-ざし【簪・釵】〔名〕《「かみさし（髪挿し）」の変化した形》❶横から髻に挿して、冠が落ちないようにとめる棒状のもの。

❷女性が髪に飾りとして挿すもの。例「亡き人の住みか尋ね出でたりけむしるしの━ならましかば」〈源氏・桐壺〉訳（この形見が）亡くなった人（＝楊貴妃）の魂のありかを尋ね出したとかいう証拠のかんざしであったら（うれしいのだがな

き）注桐壺更衣ノ形見ヲ受ケ取ッタ帝ノ心中。

かんじき【樏・橇・欙】〔名〕深い雪の上を歩く時、踏み込まないように、履き物の下につけるもの。

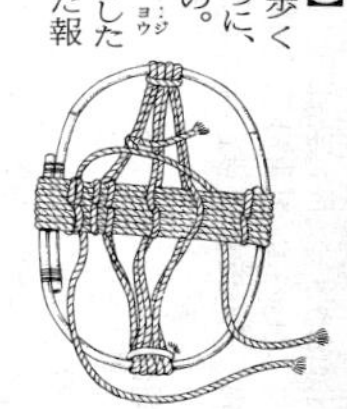

かんじき

かん‐じゃう【勘状】〔名〕調べたり占ったりした事柄について判定した報告書。判定状。

かん‐じゃく【閑寂】〔名・形動ナリ〕《「じゃく」は呉音》ひっそりと物静かなこと。「かんせき」とも。例「かく言へばとて、ひたぶるに━━を好み、山野に跡をかくさんとにはあらず」〈芭蕉・幻住庵記〉訳こう言ったからといって、ただひたすらに物静かな生活を好んで、山野にこもって隠遁(とん)の生活をしようというのではない。

かん‐しん【甘心】〔名・他サ変〕《「かんじん」とも》よいと感じること。感心。また、納得すること。例「洞院左大臣殿、この事を━━・し給ひて、相国(しゃうこく)の望みおはせざりけり」〈徒然草・八三〉訳洞院左大臣殿は、この(＝竹林院入道左大臣殿ガ太政大臣ニナレル所ヲ出家シテシマッタ)事に感心なさって、(自分も)太政大臣になろうとする望みをお持ちにならなかった。

かん‐じん【肝心・肝腎】〔名〕特に重要なこと。きわめて大切なこと。例「法華経の中に、方便・安楽・寿量・普門、この四品(しほん)は、これ、━━にまします」〈今昔・一三・三七〉訳法華経の中で、方便・安楽・寿量・普門の四品は、特に大切なものであられる。

要点　人体の中で、肝臓と心臓(または腎臓(じんざう))とが特に大切であるところからいう。

かん・ず【感ず】〔自サ変〕〈ぜ・じ・ず・ずる・ずれ・ぜよ〉❶心が動かされる。感動する。例「人、木石(ぼくせき)にあらねば、時にとりて、物に━━・ずることなきにあらず」〈徒然草・四一〉訳人間は、木や石ではないから、折にふれて、感動することがないわけではない。

❷感心する。また、その気持ちを外に表す。例「童(わらは)よりいとことなる音(ね)を吹き出でしに━━・じて」〈源氏・横笛〉訳(柏木(かしわぎ)は)子供の頃から大層優れた笛の音を吹き鳴らしたのに(故式部卿(こしきぶのきやう)宮が)感心して。

❸行為が神仏の知るところとなって、その報いが現れる。例「されば、かの信施無慙(しんぜむざん)の罪によって、今生(こんじゃう)に━━・ぜられけりとぞ見えたりける」〈平家・三・有王〉訳そうだから、(俊寛は)あの信施無慙の罪(＝僧ガ布施ヲ受ケナガラ修行ニツトメナイ罪)によって、この世で(早くも)報いが現れ罰せられたのだと見えたのであった。

かん‐せい【感情】〔名〕しみじみとした深い感動。

かん‐せき【閑寂】〔名〕⇩かんじゃく　例「仏の教へ給ふ趣(おもむき)は、事にふれて執心なかれとなり。……━━に著(ぢゃく)するも障(さは)りなるべし」〈方丈記・みづから心に問ふ〉訳仏がお教えになる趣意は、何事にも執着するなということである。……物静かな生活にとらわれるのも障害なのであろう。

観世元雅(かんぜもとまさ)〔人名〕⇩くゎんぜもとまさ(観世元雅)

かん‐だう【勘当】〔名・他サ変〕《罪を勘(かんが)え、法に当てる意》❶目上の人のおとがめ。おしかり。例「遅く参らば、我は━━蒙(かうぶ)りなん」〈宇治拾遺・一・一八〉訳遅く行ったら、私はおしかりを受けるだろう。

❷親子・主従などの縁を切ること。例「よい時に━━・して、孫右衛門は出かした、しあはせぢゃとほめられても」〈近松・冥途の飛脚・下〉訳(罪を犯すような子を)いい時に勘当して、孫右衛門はよくやった、幸運だとほめられても。

参考　②は正式には、奉行所へ願い出て、人別帳(＝戸籍)から除く手続きを経たものをいう。しかし、一般的には「内証勘当(ないしょうかんどう)」と称して、この手続きを経ない非公式な絶縁関係をいう。ほぼ同じ意に用いられた語として「きうり(久離)」がある。⇩きうり参考

かんだち‐べ【上達部】〔名〕⇩かんだちめ

かんだち‐め【上達部】〔名〕「公卿(くぎゃう)」の別称。**大臣・大納言・中納言・参議、その他三位以上の者をいう。**

⇩殿上人(てんじゃうびと)

がん‐とう【岩頭】〔名〕岩の上。岩はな。例「明月に乗じ山野吟歩(ぎんぽ)し侍(はべ)るに、━━また一人の騒客(さうかく)を見つけたる」〈去来抄・先師評〉訳明月に浮かれ出て野山を句を案じながら歩いておりますと、岩の上にもう一人の風流の士を見つけたのです。

かん‐どり【楫取り】〔名〕《「かぢとり」の変化した形》⇩かぢとり

かん‐な【仮名】〔名〕《「かりな」の変化した形》かな。特に、ひらがなを指すことが多い。対まな(真名)　例「真名(まな)も━━も悪(あ)しう書くを、人の笑ひなどすれば、隠してなむある」〈枕草子・雨のうちは降るころ〉訳漢字もかなも下手に書くのを、人が笑ったりするので、隠しているのです。

かん‐にん【堪忍】〔名・自サ変〕❶不利な情況を堪え忍ぶこと。もちこたえること。

❷がまんすること。また、怒りをこらえ、許すこと。

かん‐のう【堪能】〔名・形動ナリ〕(学問や技芸に)才能があってすぐれていること。その道に深く通じること。また、その人。例「天性その骨(こつ)なけれども、道になづまず、妄(みだ)りにせずして年を送れば、━━の嗜(たしな)まざるよりは、つひに上手(じゃうず)の位に至り」〈徒然草・一五〇〉訳生まれつきその道の才能がなくても、(稽古(けいこ)の)道で停滞しないで、(また)勝手気ままにしないで年月を送れば、才能があってすぐれている人でさっぱり精進しないのよりは、しまいには上手の芸域に達して。

かん‐ばせ【顔】〔名〕《「かほばせ」の変化した形》顔だち。顔つき。また、単に顔の意で用いられることもある。例「その気色(けしき)窅然(えうぜん)として美人の━━をよそほふ」〈奥の細道・松島〉訳(このような松島の)景色はうっとりと見とれさせるような美しさを持ち美人の顔を化粧したようだ。

かん‐ぼく【翰墨】〔名〕《「翰」は筆の意》筆と墨(すみ)。転じて、書画・詩文。文事・学問。例「我幼きより身を━━に寄するといへども」〈雨月・菊花の約〉訳私は小さい頃から書画・詩文を専門に学んでいるけれども。

かんむり【冠】〔名〕《「かがふり」の変化した形。「かうぶり」「かんぶり」「かむり」とも》❶頭にかぶるものの総称。

❷衣冠・束帯の正装の時、頭にかぶるもの。

❸俳諧(はいかい)で、発句の最初の五文字のこと。

かんもり‐づかさ【掃部寮】〔名〕《「かんもり」は「かにもり」の撥音便(はつおんびん)》⇩かもんれう

き

き【気】〔名〕❶空気。大気。また、雲・霧・霞・煙・香りなど、大気中に立ちこめるもの。
❷その物特有の味わい。けはい。例「春暮れて後夏になり、夏果てて秋の来るにはあらず。春はやがて夏の—を催し」〈徒然草・一五五〉訳春が過ぎた後で夏になり、夏が終わってから秋が来るのではない。春は春のまま(その中に)夏の気配を含んでおり。
❸気力。元気。気勢。
❹気分。気持ち。考え。例「時々—を転じ、日々に情(じゃう)を改む」〈芭蕉・笈の小文〉訳(旅の)その時その時に応じて気分を変え、(旅の)その日その日に応じて心持ちを新たにする。
❺心くばり。気づかい。配慮。また、好意。恋慕の情。

き【季】〔名〕❶春・夏・秋・冬の四季のそれぞれをいう語。例「この月は、—の果てなり」〈源氏・玉鬘〉訳今月(=三月)は、(春の)季節の終わりである。
❷奉公人の雇用期間などを表す語。一年を「一季」、半年を「半季」と呼ぶ。
❸連歌・俳諧で、句に詠みこむ季節。四季。また、季語。

き【紀】〔名〕『日本書紀』の略称。『古事記』と併せて「記紀」と呼ぶ。

き【城・柵】〔名〕とりで。城。例「しらぬひ筑紫の国は敵(あた)守るおさへの—ぞと」〈万葉・二〇・四三三一長歌〉訳筑紫国(=九州)は外敵から(日本を)守る防備のとりでだと。

き【酒】〔名〕(上代語)酒。例「帰り来む日あひ飲まむ—ぞこの豊御(とよみき)は」〈万葉・六・九七三長歌〉訳(あなた達が)帰って来る日に、ともに飲む酒だよ、この豊御酒(=酒ノ美称)は。
要点 上代でも「さけ」が普通で、「き」が単独で用いられることは少ない。現在「おみき」という「き」もこれである。

き【綺】〔名〕織物の一種。白い生地に、金糸や色糸で細かい模様を浮かせるようにして織った絹織物。

き【驥】〔名〕一日に千里を走るという名馬。駿馬。例「—を学ぶは—のたぐひ、舜(しゅん)を学ぶは舜の徒(ともがら)なり」〈徒然草・八五〉訳名馬を見習う馬は名馬と同類であり、(中国古代の聖天子である)舜を見習う者は舜の仲間である。

き【奇】〔名・形動ナリ〕普通と変わっていること。珍しいこと。また、普通と変わっていておもしろいこと。例「雨もまた—なりとせば」〈奥の細道・象潟〉訳雨が降る景色もまた普通と変わっていておもしろいとすると。

き

〔助動特活〕接続 原則として、活用語の連用形に付く。なお、要点(3)参照。

未然形	連用形	終止形	連体形	已然形	命令形
(せ)	○	き	し	しか	○

【過去】過去の事を、直接経験した事あるいは確実に存在した事として、回想する意を表す。…た。例「ある時は……鬼のやうなるもの出(い)で来て、殺さむとしき」〈竹取・蓬莱の玉の枝〉訳ある時は……鬼のようなものが出て来て、(私を)殺そうとしました。例「賀茂の競べ馬を見侍(はべ)りしに、……見えざりしかば」〈徒然草・四一〉訳上賀茂神社の競馬を見ました時に、(群衆が立ちふさがって)見えなかったので。

要点 (1)「けり」が自分では経験していない事を回想したり、過去からそうであった事に初めて気付いたことを表すのに対して、「き」は、過去の出来事を自分が直接経験した事として回想する意を表す。従って、「き」が自分の直接経験していない出来事について用いられる場合には、その出来事が確かに過去にあったことだと強調するニュアンスをもっていることも多い。
(2)未然形の「せ」は、接続助詞の「ば」を伴った「せば」の形で仮定条件を表す場合だけに用いられる。多くは反実仮想の助動詞「まし」と「…せば…まし」のように呼応して用いられ、現実と反対の事を仮に想定して述べる意を表す。例「世の中に絶えて桜のなかりせば春の心はのどけからまし」〈古今・春上・五三〉訳この世の中に、もし、まったく桜というものがなかったとしたら、春の人の心はのんびりしていただろうになあ。
なお、この「せ」は上代と平安時代の和歌の中にだけ用いられたもので、これをサ変動詞「す」の未然形と考えて、「き」には未然形を認めない考え方もある。
(3)「き」は普通は連用形に付くが、カ変・サ変の動詞には特殊な付き方をする。カ変動詞「来(く)」には、連体形「し」と已然形「しか」が未然形・連用形の両方に付くが、終止形「き」はどの活用形にも付かない。また、サ変動詞「す」には、連体形「し」と已然形「しか」が未然形に付き、終止形「き」が連用形に付く。

ぎ【義】〔名〕❶儒教の徳目の一つ。人の行うべき正しい道。
❷物事の筋道。道理。例「この—を守(まぼ)りて利を求めん人は」〈徒然草・二一七〉訳この(=富ヲ得ルタメノ)道理を守って利益を求める人は。
❸教義。教え。例「殊勝なる—なれば、老若男女(らうにゃくなんにょ)ともに参詣(さんけい)多し」〈西鶴・世間胸算用・五・三〉訳ありがたい心うたれる教えなので、老人も若者も男も女もお参りする者が多い。
❹意義。意味。

ぎ【儀】■一〔名〕こと。次第。例「なんでふ、その—あるまじ」〈平家・一・祇王〉訳とんでもない、そのような事(=仏御前ガ帰ルコト)はしてはならない。
■二〔接尾〕《自分を指す名詞・代名詞に付いてあらたまった感じ、謙譲の気持ちを表す。口上(こうじょう)・文書などに多く用いられる》…について言えば。…こと。例「私—は銀座に永々(ながなが)使はれ」〈近松・薩摩歌・上〉訳私こと銀座で永い間使用人として働き。注銀座ハ銀貨ノ鋳造所。

き-あ・ふ【来合ふ】〔自ハ四〕〈は・ひ・ふ・ふ・へ・へ〉たまたま同時に来る。来合わせる。例「暗うなりて、まだ火もともさぬ程に、ほかより人の—・ひたる」〈枕草子・さわがしきもの〉訳夕方暗くなって、まだ明かりをともさない頃に、他所(よそ)から人が来合わせた時(は騒々しい)。

紀伊(きい)《旧国名》南海道六か国の一つ。現在の和歌山県と三重県南部にあたる。紀州(きしゅう)。紀国。

き-い【奇異】〔形動ナリ〕普通と変わっていて珍しいこと。

奇妙だ。理解できない。例「熱き火の中にこの法華経を入れ奉れる筥(こは)、焼けずしてあり。——・なりと思ひて」〈今昔・三・二九〉訳熱い火の中にこの法華経を入れ申しておいた箱が、焼けないで残っている。おかしいなと思って。

きう-けい【九卿】〔名〕公卿の別称。古代中国で、国政を担当した九人の重要大臣を称したことに由来。

きう-けう【九竅】〔名〕人体にある九穴。両眼、両耳、両鼻孔、口、前陰、後陰の九つの穴。百骸と併せて、人体の全体をいう。

きう-ぞく【九族】〔名〕一門。一家。
要点 高祖父母、曽祖父母、祖父母、父母、自分、子、孫、曽孫、玄孫の九代の親族をいう。父方の四親族、母方の三親族、妻方の二親族を併せていう、との説もある。

きう-たい【裘代】〔名〕法皇・門跡・参議以上の出家した人が、参内する時など晴れの場で用いる法衣。

きうたい

きう-ぢ【灸治】〔名・他サ変〕灸をすえて病気や傷をなおすこと。「やいと」とも。例「ところどころに——・して」〈平家・四・橋合戦〉訳ところどころにお灸をして。

きう-と【旧都】〔名〕もとの都。以前、都だった所。例「——をばすでにうかれぬ」〈平家・五・都遷〉訳(人々は)もとの都(=京都)をすでにさまよい出てしまった。

きう-り【久離・旧離】〔名〕親子や親族などの縁を切ること。例「町衆(ちやうしゆ)に袴(はかま)着せて、——を切って子をひとり捨てける」〈西鶴・日本永代蔵・二・三〉訳町役の人々に礼装してもらって(奉行所へ願い出)、正式に親子の縁を切って子供を一人捨てることになった。

参考 町役人などと同行して奉行所に願い出、人別帳(=戸籍)から除いて、親族の縁を切るもの。一般的に「久離」と「勘当」は混同して用いられることが多いが、法律的には「勘当」は在宅者に対して、「久離」は家出者に対して縁を切ることをいった。また、「勘当」の場合は改心によって人別帳に再登録できたが、「久離」はできなかった。

き-え【帰依】〔名・自他サ変〕《仏教語》神仏・高僧などを深く信仰し、その力にすがること。

きえ-あへ-ず【消えあへず】《連語》《「あへず」は…できないの意》消えてしまえない。例「心ざし深く染めてし折りければ——・ぬ雪の花と見ゆらむ」〈古今・春上・七〉訳愛情を深くこめて折ったものなので、(その梅の枝に)消えきれずにいる雪が花のように見えるのだろう。

きえ-い・る【消え入る】〔自ラ四〕{ら・り・る・る・れ・れ}❶視界から去る。消えてしまう。例「灯火(ともしび)などの——・るやうにて果て給ひぬれば」〈源氏・薄雲〉訳灯火などが消えてしまうようにして(藤壺は)亡くなられてしまったので。
❷(恥ずかしさのあまり)消えてしまいたいような気持ちになる。人心地がなくなる。例「——・りつつ、えも言ひやらねば」〈枕草子・宮の五節いださせ給ふに〉訳恥ずかしさのため動転して、(その歌を)言うこともできないので。
❸激しい心身の苦痛のために正気を失う。気を失う。気絶する。例「あるかなきかに——・りつつ物し給ふを」〈源氏・桐壺〉訳(桐壺更衣が)生きているのか死んでいるのかという状態で正気を失っていらっしゃるのを。
❹息をひきとる。死んでしまう。

きえ-う・す【消え失す】〔自サ下二〕{せ・せ・す・する・すれ・せよ}❶消えてなくなる。例「面影に見えて、ふと——・せぬ」〈源氏・夕顔〉訳(夢に現れた容貌の女が)幻となって見えて、ふっと消えてなくなってしまった。
❷命が絶える。死ぬ。例「——・せたまひにしことを思(おぼ)し出(い)づるに」〈源氏・夕霧〉訳(母君が)お亡くなりになられたことをお思い出しになると。

きえ-がた【消え方】〔名〕消えそうなさま。また、その時。例「雪は、檜皮葺(ひはだぶき)、いとめでたし。少し——になりたるほど」〈枕草子・雪は〉訳雪は、檜皮葺きの(屋根に降ったの)が、とても美しい。特に、少し消えかかったところ。

きえ-がて【消えがて】〔形動ナリ〕《和歌用語》消えにくいようす。容易に消えない。例「桜散る花の所は春ながら雪ぞ降りつつ——・にする」〈古今・春下・七五〉訳今、桜が散りつつあるこの花の名所(=雲林院)では、春だというのに雪が降り続けて消えそうにもない。⇩かてに

きえ-かへ・る【消え返る】〔自ラ四〕{ら・り・る・る・れ・れ}❶(「返る」は、もとに戻る意)消えてまた現れる。例「——・り岩間にまよふ水の泡のしばし宿かる薄氷かな」〈新古今・冬・六三一〉訳消えてはまた現れて岩と岩との間に漂っている水の泡が、しばらく宿を借りる(=トドマッテ消エズニイル)薄氷であることよ。
❷(「返る」は、すっかり…する意)ⓐすっかり消えてしまう。消えてなくなる。例「いづれとか分きてながめむ——・る露も草葉の上(うへ)と見ぬ世を」〈源氏・夕霧〉訳特に誰の事といって悲しみに沈んでいるわけでもありません。(あっけなく)消えてしまう露も、草の葉の上のことだけではない(無常な)この世ですから。
ⓑ消え入るばかりに思いつめる。死ぬほど強く思う。

きえ-のこ・る【消え残る】〔自ラ四〕{ら・り・る・る・れ・れ}❶(雪などが)消えないで残る。消えずに残る。例「北の屋陰に——・りたる雪の、いたう凍りたるに」〈徒然草・一〇五〉訳北側の家の陰に消えずに残っている雪が、たいそう凍っているのに。
❷死なずにいる。生き残る。例「見し人も宿も煙(けぶり)になりにしを何とて我が身——・りけむ」〈源氏・橋姫〉訳世話した人(=妻)も邸宅も煙になって(消えて)しまったのに、どうして私は消えずに生き残ったのだろう。

きえ-は・つ【消え果つ】〔自タ下二〕{て・て・つ・つる・つれ・てよ}❶すっかり消える。例「——・つる時しなければ越路(こし)なる白山(しらやま)の名は雪にぞありける」〈古今・羇旅・四一四〉訳(雪が)完全に消えてしまう時というものがないから、越路にある白山という名は、雪にちなんだものだったのだなあ。
❷完全に息が絶える。死んでしまう。例「あひ思はで離(か)れぬる人をとどめかね我が身は今ぞ——・てぬめる」〈伊勢・二四〉訳(私は愛しているのに)私のことを愛してくれず離れていった人を引きとめることもできないで、私の身は今まさに死んでしまうように思われます。
❸(「心(魂)消え果つ」などの形で)すっかり正気でなくなる。呆然となる。例「目もくれ心も——・てて、しばしは物ものたまはず」〈平家・一一・重衡被斬〉訳目もくらみ呆然となって、しばらくは物もおっしゃらない。

きえ-まど・ふ【消え惑ふ】〔自ハ四〕｛は・ひ・ふ・ふ・へ・へ｝気を失うほどに驚き迷う。おろおろする。例「——・へる気色(けしき)、いと心苦しくらうたげなれば」〈源氏・帚木〉訳気を失いそうにおろおろしている(空蟬(うつせみ)の)様子が、たいそう気の毒であり(また)かわいらしく思われるので。

きえ-わ・ぶ【消え侘ぶ】〔自バ上二〕｛び・び・ぶ・ぶる・ぶれ・びよ｝❶なかなか消えきれない。例「床(とこ)の霜枕の氷——・びぬ結びも置かぬ人の契りに」〈新古今・恋三・一二三七〉訳床の霜や枕の氷も消えきれないでいる。また逢ぁう約束もしていないあなたとの契りのために。注「霜」「氷」ハ、涙ガ凍ッタモノ。❷死ぬほど心細く思う。

きおう【競う】〔動〕⇩きほふ

祇王・祇女(ぎおう・ぎにょ)《人名》⇩ぎわう・ぎにょ(祇王・祇女)

きかう-でん【乞巧奠】〔名〕《「きっかうでん」とも》陰暦七月七日の夜、牽牛(けんぎゅう)・織女(しょくじょ)の二星を祭る行事。七夕祭。乞巧祭会(きこうさいえ)。⇩たなばた 要点

其角(きかく)《人名》⇩榎本其角(えのもときかく)

ぎ-がく【伎楽】〔名〕❶古代に、インド・チベットから中国を経て渡来した、仮面を着けて演じる舞楽。仏寺の供養や朝廷の饗宴で行われた。❷一般に、音楽。

ぎがく（めん）

きか・す【聞かす】《連語》《上代語。「す」は上代の尊敬の助動詞》「聞く」の尊敬語。お聞きになる。「きこす」とも。例「遠々(とほとほ)し高志(こし)の国に賢(さか)し女(め)を有りと——・して」〈古事記・上・大国主神〉訳(八千矛(やちほこ)の神は)遠い越国に、賢いすぐれた女がいるとお聞きになって。

きか-まほ・し【聞かまほし】《連語》《動詞「聞く」の未然形＋希望の助動詞「まほし」》聞きたい。例「露塵(つゆちり)の事もゆかしがり、——・しうして」〈枕草子・にくきもの〉訳ほんとちょっとした事でも知りたがって、話を聞きたがって。

きき【聞き】〔名〕《動詞「聞く」の連用形の名詞化》❶聞こえ。聞いた感じ。❷聞き知っていること。見聞。❸評判。外聞。風聞。例「つらつら思へば、誉(ほまれ)れを愛するは、人の——を喜ぶなり」〈徒然草・三八〉訳よくよく考えてみれば、名誉を愛するということは、他人の評判を喜ぶということだ。❹酒、茶、香などを味わい鑑定すること。

きき-あきら・む【聞き明らむ】〔他マ下二〕｛め・め・む・むる・むれ・めよ｝聞いて明らかにする。聞いてはっきりさせる。

きき-あつ・む【聞き集む】〔他マ下二〕｛め・め・む・むる・むれ・めよ｝多くのことを聞いて心にとどめる。聞いて集める。例「つくづくと——・むらむ、心のうちはづかし」〈枕草子・はづかしきもの〉訳じっと(何から何まで)聞いているのも、気恥ずかしい。

きき-あは・す【聞き合はす】〔他サ下二〕｛せ・せ・す・する・すれ・せよ｝❶聞いて比較する。聞いて考える。例「——・するにも、ただには覚えざりけり」〈源氏・竹河〉訳(和琴(わごん)も)聞いて比較すると、普通の手並みとは思われなかった。❷聞いて悟る。聞いて思いあたる。例「人の物言ひ隠れなき世なれば、おのづから——・せて、隔てけるとおぼさむがいと苦しければ」〈源氏・夕霧〉訳人の噂(うわさ)は隠すことができない世の中だから、(夕霧の求愛を)自然他から聞いて悟り、(娘は自分を)わけ隔てしていたのだと(母君が)お思いになったらとてもつらいので。❸不審なところなどを尋ねてはっきりさせる。問い合わせる。

きき-あ・ふ【聞き敢ふ】〔他ハ下二〕｛へ・へ・ふ・ふる・ふれ・へよ｝《「あふ」は可能の意》聞くことができる。聞いて知ることができる。例「いかで——・へつらん、追ひて物したる人もあり」〈蜻蛉・中・天禄元年〉訳どのようにして聞き知ることができたのであろうか、あとを追ってやって来た人もいる。

きき-あらは・す【聞き顕す】〔他サ四〕｛さ・し・す・す・せ・せ｝聞いてはっきりと知る。聞き出す。例「なほかく忍ぶる筋を——・しけり」〈源氏・手習〉訳やはりこうして隠している事を(すっかり)探り聞いてはっきり知っていたのだ。

きき-い・づ【聞き出づ】〔他ダ下二〕｛で・で・づ・づる・づれ・でよ｝聞いて知る。聞き出す。例「年頃も人知れず尋ね侍(はべ)りしかど、え——・でなむ……過ぎにける」〈源氏・玉鬘〉訳長年ひそかに(夕顔の娘を)尋ね求めておりましたが、聞き出すことができないで……過ごしてしまった。

きき-い・る【聞き入る】㊀〔自ラ四〕｛ら・り・る・る・れ・れ｝耳を澄まして一心に聞く。熱心に聞く。㊁〔他ラ下二〕｛れ・れ・る・るる・るれ・れよ｝❶聞いて心に留める。まともに聞こうとする。耳に入れる。例「この説経の事は**聞きも入れず**」〈枕草子・説経の講師は〉訳(他の話に気をとられ)今の説経の内容などはてんで耳にも入れない。❷聞いて、その内容を受け入れる。聞き入れる。承諾する。

きき-お・く【聞き置く】〔他カ四〕｛か・き・く・く・け・け｝聞いて心にとどめる。聞いておく。例「平らかにとだにいかで——・い奉らむ」〈源氏・柏木〉訳(女三の宮が御産を)せめて無事におすませになったとだけでもどうにかしてお聞き申し上げておきたいものだ。

きき-おも・ふ【聞き思ふ】〔他ハ四〕｛は・ひ・ふ・ふ・へ・へ｝聞いたり思ったりする。例「人のうへにても、もどかしく——・ひし古人(ふるびと)のさかしらよ」〈源氏・若菜・下〉訳たとえ他人の事であっても、じれったく聞いたり思ったりした老人のおせっかいよ。

きき-およ・ぶ【聞き及ぶ】〔他バ四〕｛ば・び・ぶ・ぶ・べ・べ｝人づてに聞いて知る。伝え聞く。例「西の山寺にありと——・びて」〈竹取・火鼠の皮衣〉訳西の山寺に(火鼠(ひねずみ)の皮衣が)あると伝え聞いて。

きき-かよ・ふ【聞き通ふ】〔他ハ四〕｛は・ひ・ふ・ふ・へ・へ｝❶話や噂(うわさ)などを聞いてあちこちと伝える。聞き伝える。❷聞いて心を通わせる。例「御遊びのをりをり、琴、笛の音(ね)に——・ひ」〈源氏・桐壺〉訳管弦の催しのある折々に、(藤壺(ふじつぼ)の)琴が、(光源氏の)笛に(弾き合わせて)その音を聞いて心を通わせ。

きき-さ・す【聞き止す】〔他サ四〕｛さ・し・す・す・せ・せ｝《「さす」は接尾語》聞くのを途中でやめにする。例「異なる事なければ——・し給ひつ」〈源氏・帚木〉訳(光源氏は)格別の事もないので聞くのを途中でおやめになった。

きぎし【雉子】〔名〕《「きぎす」とも》キジの古名。例「をちかたの浅野の——とよもさず我は寝しかど人ぞとよもす」〈日本書紀・皇極・三年〉訳向こうの方の背の低い草の生えた野原に居るキジが音をたてないように、私は静かに寝たのだけれど、他人が音をたてるのです。

きき-しの・ぶ【聞き忍ぶ】〔他バ四〕｛ば・び・ぶ・ぶ・べ・べ｝《古くは上二段活用》聞いていながら聞かぬふりをする。聞いてじっとこらえる。

てわかっているような顔つき。

きき-しり-がほ【聞き知り顔】…ガオ〔名・形動ナリ〕聞いてわかっているような顔つき。

きき-し・る【聞き知る】〔他ラ四〕〔ら・り・る・る・れ・れ〕聞いてそれと理解する。聞いてわかる。聞き分ける。例「かの国人──・るまじく思ほえたれども」〈土佐・一月二十日〉訳かの国(=中国)の人は聞いてもわかるまいと思われたが。

きぎす【雉子】〔名〕⇩きぎし

きき-すぐ・す【聞き過ぐす】〔他サ四〕〔さ・し・す・す・せ・せ〕聞いても心にとめない。聞き流す。例「──・さむもいとほし」〈源氏・帚木〉訳聞き流すのも気の毒だ。

きき-そ・ふ【聞き添ふ】…ソウ〔他ハ下二〕〔へ・へ・ふ・ふる・ふれ・へよ〕聞いた上にさらに聞く。重ねて聞く。例「かく生きとまりて、果て果ては珍しき事どもを──・ふるかな」〈源氏・関屋〉訳このように生きながらえて、ついには珍しい事(=継子ママコカラノ求愛)までも重ねて聞くことだよ。

きき-つ・く【聞き付く】■一〔自カ四〕〔か・き・く・く・け・け〕一心に聞く。聞き入る。例「物の音(ね)に──・いて立てるに」〈源氏・末摘花〉訳琴の音に一心に聞き入って立っていると。注「聞き付いて」ハ「聞き付きて」ノ、イ音便。

■二〔他カ下二〕〔け・け・く・くる・くれ・けよ〕聞いて知る。聞きつける。例「どよみけれども、後陣(ごぢん)はこれを──・けず」〈平家・四・橋合戦〉訳大声をあげてあわて騒いだが、後陣の軍勢はこれを聞きつけないで。

きき-つ・ぐ【聞き継ぐ】〔他ガ四〕〔が・ぎ・ぐ・ぐ・げ・げ〕❶他の人に引き続いて聞く。聞くことを引き継ぐ。例「ほととぎす鳴き渡りぬと告ぐれども我──・がず花は過ぎつつ」〈万葉・一九・四二九四〉訳ホトトギスが鳴いて渡ってきたと人は告げるのだが、私は聞いていない。フジの花は(盛りを)過ぎてゆくのに。

❷人から人へと次々に伝え聞く。人づてに聞く。例「──・ぎつつ、御とぶらひふりはへ物し給ふ人もあり」〈源氏・総角〉訳(薫が山里に引き籠っておられるので)人づてに伝え聞いて、お見舞いにわざわざいらっしゃる人もある。

きき-つた・ふ【聞き伝ふ】…ツタ(ト)ウ〔他ハ下二〕〔へ・へ・ふ・ふる・ふれ・へよ〕人づてに聞く。噂で聞く。例「──・ふるばかりの末々は、あはれとやは思ふ」〈徒然草・三〇〉訳(先祖のことを)伝え聞いているだけの子孫は、しみじみと悲しく思うであろうか(思いはしない)。

きき-とが・む【聞き咎む】〔他マ下二〕〔め・め・む・むる・むれ・めよ〕❶聞いて問題にする。耳にして不審を抱く。例「人の──・めつべき事をのみ」〈源氏・東屋〉訳きっと人が聞いて不審を抱くことばかりを。

❷聞いて心にとめる。例「逢坂(あふさか)の夕つけに鳴く鳥の音(ね)を──・めずぞ行き過ぎにける」〈後撰・雑三〉訳人の来訪を伝える逢坂の鶏の声を聞いて心にとめることなく、(私のところを)行き過ぎてしまったことだよ。

きき-どころ【聞き所】〔名〕聞く価値があるところ。

きき-とど・む〔他マ下二〕〔め・め・む・むる・むれ・めよ〕聞いて心にとめる。聞いて分かる。

きき-と・る【聞き取る】〔他ラ四〕〔ら・り・る・る・れ・れ〕❶聞きとめる。耳にとめる。例「をさなき子どもの──・りて、その人のあるに言ひ出でたる」〈枕草子・はしたなきもの〉訳(人の悪口を)幼児が耳にとめて、その人がいる時に口にしたの。

❷聞いて覚えこむ。聞いて自分のものにする。例「しばしも弾き給はなむ、──・ることもや」〈源氏・常夏〉訳ほんの少しでもお弾きになってほしい、ひょっとして(私、玉鬘が)聞いて覚えこむことでもありはしないか。

きき-な・す【聞き做す】〔他サ四〕〔さ・し・す・す・せ・せ〕聞いてそうだと思い決める。聞いて思い込む。例「折からに忍びやかなる声(わこ)づかひなどを、よろしう──・し給へり」〈源氏・夕霧〉訳折が折だけに(返歌はよくないが)小声で口ずさむ声の出し方などを、まあまあと聞いてお思いになる。

きき-なほ・す【聞き直す】…ナオス〔他サ四〕〔さ・し・す・す・せ・せ〕聞いて誤解を解く。聞いて考えなおす。例「おのづから──・し給ひてむと笑ひてあるに」〈枕草子・頭の中将の〉訳(嘘なのだから)自然と聞いて考えをなおしになるに違いないと笑っていたところ。

きき-なら・す【聞き慣らす・聞き馴らす】〔他サ四〕〔さ・し・す・す・せ・せ〕常に聞いて聞き慣れるようにする。例「月頃、など強ひても──・さぎりつらむとくやしうおぼさる」〈源氏・明石〉訳(光源氏は)何か月の間、どうして無理にでも(明石の上の琴の音を)聞き慣れるようにしなかったのだろうかと残念にお思いになる。

きき-なら・ふ【聞き慣らふ】…ナラ(ロ)ウ〔他ハ四〕〔は・ひ・ふ・ふ・へ・へ〕普段からよく耳にしている。聞き慣れている。例「幼くより──・ひ侍(べ)れど、その心知らぬこと侍り」〈徒然草・一三五〉訳幼少の頃からよく耳にしておりますが、その意味がわからないことがございます。

きき-にく・し【聞きにくし】〔形ク〕聞いていて不快に感じる。聞き苦しい。また、聞き取りにくい。例「若き人々は、──・きまでめで聞こえ合へり」〈源氏・葵〉訳(朝顔の姫君の)若い侍女たちは、聞き苦しいまでに(光源氏を)口々におほめ申しあげている。

きき-はや・す【聞きはやす】〔他サ四〕〔さ・し・す・す・せ・せ〕聞いて盛んにほめそやす。例「──・すべき人のある時、手な残い給ひそ」〈源氏・帚木〉訳聞いてほめそやす事のできる(=聞ク耳ヲ持ッタ)人物がいる時に、知っている琴の曲は出し惜しみをなさらないで下さい。

きき-ひら・く【聞き開く】〔他カ四〕〔か・き・く・く・け・け〕聞いて不明の部分を明らかにする。聞いて理解する。

きき-ふけ・る【聞き耽る】〔他ラ四〕〔ら・り・る・る・れ・れ〕熱心に聞く。じっと聞き入る。例「この歌どもを人のなにかと言ふを、ある人──・りて詠めり」〈土佐・一月十八日〉訳この和歌などを人がなにかと批評するのを、ある人がじっと聞いていて(自分も)歌を詠んだ。

きき-みみ【聞き耳】〔名〕❶耳に聞こえる感じ。例「しかりといへどもそれはいと──遠ければ、ただ近きほどより申さむ」〈大鏡・序〉訳そうではあるがそれ(=神武天皇以来ノ話)はいかにも聞いた感じが遠い(=隔世ノ感ガスル)ことですから、ごく近い時代の事からお話ししましょう。

❷世間への聞こえ。外聞。ひときき。

❸(「──を立つ」の形で)よく聞こうとすること。注意して聞くこと。

きき-め・づ【聞き愛づ】…メズ〔他ダ下二〕〔で・で・づ・づる・づれ・でよ〕聞いて心うたれる。聞いて心ひかれる。例「いかで、このかぐや姫を得てしがな、見てしがなと、音に──・でて惑ふ」〈竹取・貴公子たちの求婚〉訳なんとかして、このかぐや姫を手に入れたい、結婚したいと、噂に聞いて心ひかれて思い乱れる。

きき-もら・す【聞き漏らす・聞き洩らす】〔他サ四〕〔さ・し・す・す・せ・せ〕❶聞いて、他人にこっそりと語る。例「人の──・さむこともことわり」〈源氏・夕霧〉訳人が聞いてこっそりと噂(うわさ)するのも無理はない。

❷話の一部を聞きそこねる。聞き落とす。聞きもらす。例「世に古(ふ)りぬることをも、おのづから━・すあたりもあれば」〈徒然草・二三四〉訳 世間で言いふるしていることも、たまたま聞きそこねる人もいるので。

きーきゃう【桔梗】〔名〕《「きちかう」とも》❶草の名。キキョウ。秋の七草の一つ。❷襲(かさね)の色目の名。表は二藍(ふたあい)、裏は青。一説に、表裏ともに縹(はなだ)色。

ききーよ・し【聞きよし】〔形ク〕聞いて快い。気持ちよく聞こえる。例「来鳴き響(とよ)もし橘(たちばな)の花を居散らし終日(ひねもす)に鳴けど━・し」〈万葉・九・一七五五長歌〉訳(ホトトギスが)来て鳴き声を響かせ、橘の花に止まってはその花を散らし、一日中鳴いているが、(その声は)耳に快い。

ききーわ・く【聞き分く】■一〔他カ四〕{か・き・く・く・け・け}聞いてどの音かを判別する。また、聞いて内容を判断する。了解する。例「その琴(こと)とも━・かれぬほどに、いと艶(えん)なり」〈源氏・賢木〉訳 何の琴とも聞いて判別できないくらい(かすか)に、楽器の音が絶え絶え聞こえたる、物の音(ね)ども絶え絶えに聞こえてくるのは、とても優雅である。■二〔他カ下二〕{け・け・く・くる・くれ・けよ}■一に同じ。参考 平安時代には四段活用が中心で、その後下二段活用がふえる。

ききーわた・す【聞き渡す】〔他サ四〕{さ・し・す・す・せ・せ}あたり一帯の音を聞く。例「峰の嵐も籬(まがき)の虫も心細げにのみ━・さる」〈源氏・総角〉訳 峰の嵐の音も垣根の虫の音もただ心細げにあたり一帯に聞かれる。

ききーわた・る【聞き渡る】〔他ラ四〕{ら・り・る・る・れ・れ}長い間ずっと聞く。聞き続ける。

ききーわづら・ふ【聞き煩ふ】〔他ハ四〕{は・ひ・ふ・ふ・へ・へ}聞いてつらいと思う。例「母北の方を責め奉れば、━・ひ給ひて」〈源氏・竹河〉訳 お母上の北の方をお責め申すので、(北の方はそれを)聞くのをつらくお思いになって。

きき・ゐる【聞き居る】〔自ワ上一〕{ゐ・ゐ・ゐる・ゐる・ゐれ・ゐよ}聞いて座っている。じっと聞き入っている。例「━・ゐたるほどに、証人にさへなされて」〈徒然草・七三〉訳 じっと聞きいっていたところが、(その話の)証人にまでされて。

きく【菊】〔名〕❶植物の名。キク科の多年草の総称で、種類が多い。中国から渡来したもので、『万葉集』などには現れないが、平安時代以後、秋を代表する花として扱われる。例「━の香や奈良には古き仏たち」〈芭蕉〉訳 九月九日、重陽(ちょうよう)の節句、折しも古都は菊の香りに包まれている。この奈良には、(菊の古雅で高貴な香りにふさわしい)古いみ仏達がおわします。❷キクの花・葉などを図案化した模様。例「内の大臣(おとど)、紫革(むらさきがは)に━を抜いたり」〈増鏡・老のなみ〉訳 内大臣(の蹴鞠(けまり)用の靴(くつ))は、紫に染めた革にキクの模様が白抜きしてある。❸(「菊がさね」の略)《襲(かさね)の色目の名》表は白、裏は青(紫・蘇芳(すおう)色とも)。秋に用いる。

きく②

き・く【利く】〔自カ四〕{か・き・く・く・け・け}❶役割や効能を十分に発揮する。役に立つ。❷腕前が巧みである。上手である。例「小刀細工(こがたなざいく)━・きければ、卯木(うつぎ)の耳掻(か)き、鼠(ねずみ)の作り物仕出して」〈西鶴・日本永代蔵・五・四〉訳 小刀細工に巧みであったので、ウツギの耳掻きや、鼠の彫刻を工夫して。

き・く【聞く】〔他カ四〕{か・き・く・く・け・け}❶音・声を耳で感じとる。耳にする。また、聞いて知る。聞いて、そうだと思う。例「この歌どもを、少しよろしと━・きて」〈土佐・一月十八日〉訳 これらの歌を聞いて、まずまず悪くはないと思って。❷言うとおりに従う。聞き入れる。承知する。例「女はこの男をと思ひつつ、親の合はすれども━・かでなむありける」〈伊勢・二三〉訳 女はこの男を(夫に)と思い続け、親が(他の男と)夫婦にさせようとしても聞き入れないでいた。❸質問する。たずねる。❹味をためす。吟味する。例「良い酒か悪(あ)しい酒か、私の一つ━・いてみずはなりますまい」〈狂言・伯母が酒〉訳 良い酒か悪い酒か、私がひとつ味を試してみなければならないでしょう。❺香やにおいをかぐ。

きくーあはせ【菊合はせ】〔名〕「物合はせ」の一種。平安時代の貴族が行ったもので、左右二組に分かれ、それぞれ持ち寄った菊の花を出し合って、その優劣を競う遊戯。菊に歌を添えるのがふつう。

きーくちば【黄朽ち葉】〔名〕❶染め色の名。赤味がかった黄色。❷織物の色の名。縦糸が紅、横糸が黄で織ったもので、秋に着る。

きくーとぢ【菊綴ぢ】〔名〕水干(すいかん)・直垂(ひたたれ)・素襖(すおう)などの縫い目にとじつける菊の形の飾り。総(ふさ)で菊の花の形をしたもの、ひもを結びつけたものなどあり、縫い目のほころぶのを防ぐはたらきもする。

きくとぢ

きくーのーえん【菊の宴】〔名〕陰暦九月九日の重陽(ちょうよう)の節句に、宮中などで行われた観菊の宴。不老長寿を祈って、酒杯に菊の花を浮かべて飲んだ。(季・秋)

きくーのーつゆ【菊の露】〔名〕菊の花の上に降りた露。これを飲むと長生きし、これを綿にしみこませて体をぬぐうと若返るとされた。例「━もこちたく、おほひたる綿などもいたく濡(ぬ)れ」〈枕草子・正月一日〉訳 菊の花に降りた露もいっぱいで、かぶせてある綿などもひどく濡れ。

きくーのーわた【菊の綿】〔名〕菊の花にかぶせておいて、その香りと露とを浸(し)みこませた綿。陰暦九月九日の重陽(ちょうよう)の節句に、これで体をぬぐうと若返るとされた。(季・秋)

きーくゎい【奇怪】〔形動ナリ〕《「きっくゎい」とも》❶不思議である。あやしい。❷よろしくない。ふとどきである。例「さがなき童(わらは)どもの仕(つか)まつりける、━・に候ふことなり」〈徒然草・二三六〉訳 いたずらな子供達がしでかしたことで、けしからぬことです。

義経記(ぎけいき)〔書名〕室町前期の軍記物語。作者、成立年代ともに未詳。源義経の生涯を描くが、不遇な幼少期と悲劇的な後半生を同情的に扱い、最も隆盛な時期はない。一代記になっている点からも、軍記物語としては異色。⇩源義経(みなもとのよしつね)

きーげつ【忌月】〔名〕⇩きづき

きーげん【譏嫌・機嫌】〔名〕❶《仏教語。「譏」はそしる、「嫌」はうたがう意》人から非難され、疑われること。

❷時機。場合。しおどき。例「世に従はん人は、先(ま)づ——を知るべし」〈徒然草・一五五〉訳 世の中にさからわずに生きていこうとする人は、第一に物事のしおどきというものをわきまえなければならない。
❸気分。気持ち。例「総じて主(うしゅ)といふものは、——のよい時もあり、また悪(あ)しい時もあるものぢゃ」〈狂言・末広がり〉訳 だいたい主人というものは、気分のよい時もあるし、また悪い時もあるものだ。

きこうでん【乞巧奠】〔名〕⇩きかうでん

きこえ【聞こえ】〔名〕《動詞「聞こゆ」の連用形の名詞化》うわさ。評判。例「天下の物の上手といへども、始めは不堪(ふかん)の——もあり、無下(むげ)の瑕瑾(かきん)もありき」〈徒然草・一五〇〉訳 世の中の名人といっても、最初は下手だという評判もあり、まったくひどい欠点もあったのだ。

きこえ-い・づ【聞こえ出づ】〔:イ ズ〕{で・で・づ・づる・づれ・でよ} 一〔自ダ下二〕《「聞こえ」は世に広く伝わる意》世間のうわさになる。例「みな世に——・でて」〈源氏・胡蝶〉訳 すべて世間にうわさが広がって。
二〔他ダ下二〕《「言ひ出づ」の謙譲語》口に出して申し上げる。例「はかなく——・づる言の葉も」〈源氏・桐壺〉訳（更衣(かうい)が）ちょっと口に出して申し上げる和歌も。

きこえ-お・く【聞こえ置く】〔他カ四〕{か・き・く・く・け・け}《「言ひ置く」の謙譲語》あらかじめ申し上げておく。

きこえ-かは・す【聞こえ交はす】〔:カワ ス〕〔他サ四〕{さ・し・す・す・せ・せ}《「言ひ交はす」の謙譲語》互いに言葉をかわし申し上げる。お手紙を差し上げあう。例「疎(うと)からず——・し給ふ御仲らひなめれば」〈源氏・宿木〉訳（薫(かをる)は中の君と）親しく互いにお話し申し上げなさるご関係のようなので。

きこえ-かへ・す【聞こえ返す】〔:カ エス〕〔他サ四〕{さ・し・す・す・せ・せ}《「言ひ返す」の謙譲語》❶問われたことなどにお答えする。返答申し上げる。例「御いらへを、いささかはづかしとも思ひたらず——・し」〈枕草子・宮に初めて参りたるころ〉訳（大納言伊周(これちか)さまへの）御返答を、（女房たちは）少しも恥ずかしいとは思わないで返答申し上げ。
❷勧められたことなどをお断りする。辞退申し上げる。例「かくあながちに、おほやけにも——・させ給へば」〈源氏・若菜・上〉訳（光源氏が）このように強いて、帝に対してさえも辞退申し上げなさるので。
❸さからうようなことを申し上げる。反対申し上げる。例「法師にて——・すべきことにあらず」〈源氏・手習〉訳（出家することは仏がたいそうおほめになることですから）僧侶の身で反対申し上げるべきことではありません。
❹これまでと反対のことを申し上げる。前言を翻し申す。

きこえ-かよ・ふ【聞こえ通ふ】〔:カ ヨウ〕〔他ハ四〕{は・ひ・ふ・ふ・へ・へ}《「言ひ通ふ」の謙譲語》お手紙を差し上げる。ご相談申し上げる。例「近かりしにつきて、時々も——・ひ給ふめりしを」〈源氏・蜻蛉〉訳（部屋が）近かったので、時々はお手紙を差し上げていらっしゃるようだったが。

きこえ-ご・つ【聞こえごつ】〔他タ四〕{た・ち・つ・つ・て・て}わざと聞こえるように言う。例「『雨降りぬべし』など——・つも、いと憎し」〈枕草子・懸想人にて来たるは〉訳（来客の供の者などが）「雨がきっと降るだろう」などと聞こえよがしに言うのも、ひどく憎らしい。

きこえ-さ・す

【聞こえさす】{せ・せ・す・する・すれ・せよ}《「聞こゆ」＋使役の助動詞「さす」》一〔他サ下二〕《「言ふ」の謙譲語》（口頭や書状で）**お耳に入れる。申し上げる。手紙を差し上げる。** 例「何とも侍(はべ)らぬ昔物語も、参り来て——・せむ」〈源氏・須磨〉訳 とりとめのない昔話でも、参上してお話し申し上げましょう。
二〔補動サ下二〕《動詞の連用形に付いて》謙譲の意を表す。**…し申し上げる。** 例「人々の語り——・せし海山の有様を」〈源氏・須磨〉訳（昔、京の北山で）供の人達がお話し申し上げた（須磨の）海や山の景色を。

> 要点 (1)「聞こゆ」よりも謙譲の意が強い。
> (2)「きこえさす」が連語（「さす」は使役の助動詞）で、「申し上げさせる」と訳すべき場合もあるので注意を要する。例「小君して、小袿(こうちぎ)の御返りばかりは——・せたり」〈源氏・夕顔〉訳（空蟬(うつせみ)は）小君に托して、（返された）小袿についてのご返事だけを申し上げさせた。

きこえ-さ・す【聞こえ止す】〔他サ四〕{さ・し・す・す・せ・せ}《「言ひ止す」の謙譲語》申し上げかけて中途でやめる。例「人々参れば——・しつ」〈源氏・玉鬘〉訳 人々が参上したので申し上げるのを中途でやめた。

きこえ-させ-たま・ふ【聞こえさせ給ふ】〔:タマ (モ)ウ〕《連語》《動詞「聞こゆ」の連用形＋尊敬の補助動詞「たまふ」》一《「聞こゆ」が動詞の場合》❶《「さす」が使役の場合》申し上げさせなさる。例「桐壺(きりつぼ)の御方より伝へて——・ひければ、参らせ給へり」〈源氏・若菜・下〉訳 桐壺の御方（＝明石ノ姫君）を通じて（猫を預かることを）申し上げさせなさったので、（女三の宮は東宮に猫を）差し上げられた。
❷《「さす」が尊敬の場合》申し上げあそばす。申し上げなさる。例「御前(おまへ)にゐさせ給ひて、物など——・ふ」〈枕草子・関白殿、二月二十一日に〉訳（関白道隆様は）中宮様の御前(ごぜん)におすわりになって、何かと申し上げなさる。
❸《「聞こえさす」が、お耳に入れる意の場合》お耳に入れることをなさる。申し上げなさる。例「いかにはかばかしき御いらへ、——・はむ」〈源氏・若紫〉訳（幼い姫、若紫は）どんなにかはきはきしたお返事を、申し上げなさることでしょう。
二《「聞こゆ」が補助動詞の場合》❶《「さす」が使役の場合》…申し上げさせなさる。例「まづ、かの弁してぞ、かつがつ案内(あない)伝へ——・ひける」〈源氏・若菜・上〉訳（朱雀(すざく)帝は）まず、あの左中弁を通して、何とかご自分の気持ちを（光源氏に）お伝え申し上げなさる。
❷《「さす」が尊敬の場合》…申し上げあそばす。…申し上げなさる。例「この御方の御いさめをのみぞ、なほわづらはしう心苦しう思ひ——・ひける」〈源氏・桐壺〉訳（桐壺帝は）このお方（＝弘徽殿女御(コキデンノニョウゴ)）のご意見だけは、やはりけむったく気がかりに思い申し上げなさっておられた。
❸《「聞こえさす」が、…申し上げる意の場合》…申し上げなさる。

> 要点「聞こえさす」とともに二人の人物を同時に敬う言い方で、動作の主を「たまふ」または「させたまふ」で敬い、動作の及ぶ相手を「聞こゆ」または「聞こえさす」で敬っている。一二いずれも②の用例が多いが、①や③と識別しにくいこともある。①は、使役の対象とし

ての人が明示されている場合であり、②は動作の主が「させたまふ」という最高敬語を用いるのにふさわしい高貴な人の場合、③は、主に会話の文に現れ、動作の主がそんなに高貴な人でない場合である。㊁③は極めて稀である。

きこえ-しら・す【聞こえ知らす】〔他サ下二〕{せ・せ・す・する・すれ・せよ}《「言ひ知らす」の謙譲語》申し上げてわからせる。言い聞かせ申し上げる。説明申し上げる。例「僧都、世の常なき御物語、後の世の事など――・せ給ふ」〈源氏・若紫〉訳 僧都は、現世が無常であるというお話や、後世(ごせ)のことなどを(光源氏に)ご説明申し上げなさる。

きこえ-つ・く【聞こえ付く】《「言ひ付く」の謙譲語》【一】〔自カ四〕{か・き・く・く・け・け}言い寄り申し上げる。声をお掛けして親密になる。
【二】〔他カ下二〕{け・け・く・くる・くれ・けよ}お言いつけ申し上げる。ご依頼いたす。例「誰にも、この宮の御ことをぞ――・け給ふ」〈源氏・柏木〉訳 (死を目前にした柏木は)どなたに対しても、この(落葉の)宮の御事をご依頼申し上げなさる。

きこえ-つた・ふ【聞こえ伝ふ】〔他ハ下二〕{へ・へ・ふ・ふる・ふれ・へよ}《「言ひ伝ふ」の謙譲語》❶申し上げて自分の意向をお伝えする。申し上げてお伝えする。例「かかる御簾(みす)の前にて、人づての御消息(せうそこ)などの、ほのかに――・ふることよ」〈源氏・夕霧〉訳 (直接ではなく)このような御簾を隔てて、人伝てのご挨拶などを、ほんの少し申し上げて気持ちをお伝えするとは(いまだ経験がありません)。
❷口伝えに他の人の意向をお伝えする。お取り次ぎ申し上げる。例「さらに人の御消息(せうそこ)などは――・ふることはべらず」〈源氏・胡蝶〉訳 いっこうに人さまのお手紙などは(姫君に)お取り次ぎ申し上げたことはございません。
❸お噂し申し上げる。口々にお噂する。

きこえ-な・す【聞こえ為す】〔他サ四〕{さ・し・す・す・せ・せ}《「言ひ為す」の謙譲語》❶意識的に申し上げる。わざと申し上げる。例「あさはかに――・し給へば」〈源氏・須磨〉訳 (光源氏が紫の上に)わざとあっさりと申し上げなさると。
❷そうであるかのように申す。まことしやかに申し上げる。例「情々しう――・し給ふことどもあんめり」〈源氏・蓬生〉訳 (光源氏は末摘花に対して)いかにも情愛こまやかであるかのように申し上げなさることなどがあるようである。

きこえ-ぬ【聞こえぬ】〔連語〕《中世以降の言い方。「ぬ」は打消しの助動詞「ず」の連体形》(聞いて理解できない意から)理がとおらない。納得できない。わけがわからない。

きこえ-や・る【聞こえ遣る】〔他ラ四〕{ら・り・る・る・れ・れ}《「言ひ遣る」の謙譲語》❶手紙や言伝てなどにより、意向を申し伝える。お伝えする。例「絶えぬ御とぶらひも――・るべき」〈源氏・夕霧〉訳 (夕霧様より)絶えずくださるお見舞いに対して(お礼の気持を)申し伝えることでございましょう。
❷《多くは打消しの語を伴う》十分に申す。申し尽くす。例「いとあはれと物を思ひしみながら、言(こと)に出でても――・らず」〈源氏・桐壺〉訳 まことにしみじみと人の世の悲しみを感じていながら、言葉に表して申し尽くすこともせず。

きこしめし-つ・く【聞こし召し付く】〔他カ下二〕{け・け・く・くる・くれ・けよ}《「聞き付く」の尊敬語》お聞きつけになる。お聞き及びあそばす。例「乗るべき車なくてえまゐらずは、おのづから――・けて、賜はせもしてむ」〈枕草子・関白殿、二月二十一日に〉訳 乗るべき牛車がなくて参上することができないなら、(中宮さまが)自然お聞きつけあそばして、きっと牛車をおまわしくださるでしょう。

きこし-め・す

【聞こし召す】〔他サ四〕{さ・し・す・す・せ・せ}

「聞く」の尊敬語「聞こす」に、尊敬の補助動詞「召す」が付いた語。お聞きになる、がもとの意だが、お治めになる、召し上がる、などの意も表す。平安時代の最高敬語の一つ。

❶《「聞く」の尊敬語》**お聞きになる。お聞き入れになる。** 例「采女(うねべ)の身投げたるを――・して、行幸などありけむこそ」〈枕草子・池は〉訳 采女(＝女官)が(猿沢の池に)身投げしたことを(帝が)お聞きになって、お出ましになったというのは(非常にすばらしいことだ)。
❷《治める意の尊敬語》**お治めになる。統治なさる。** 例「やすみししわご大君の――・す背面(そとも)の国の」〈万葉・二・一九九長歌〉訳 我が帝がお治めになる北の国(＝美濃(みの))の。
❸《「食ふ」「飲む」の尊敬語》**召し上がる。** 例「つやつや供御(ぐご)も――・されず」〈平家・三・法皇被流〉訳 (天皇は)少しもお食事を召し上がれない。

きこし-を・す【聞こし食す】〔他サ四〕{さ・し・す・す・せ・せ}《上代語。「聞こす」に尊敬を表す動詞「をす」が付いて一語化したもの》お治めになる。統治なさる。例「皇祖(すめろき)の神の命(みこと)の――・す国のまほらに」〈万葉・一八・四〇八九長歌〉訳 天皇がお治めになる国のすばらしい所に。

きこ・す【聞こす】{さ・し・す・す・せ・せ}《「聞く」の未然形に上代の尊敬の助動詞「す」の付いた「聞かす」の変化した形》【一】〔他サ四〕《「聞く」の尊敬語》お聞きになる。
【二】〔自サ四〕《「言ふ」の尊敬語》おっしゃる。例「我が背子(せこ)しかくし――・さば天地(あめつち)の神を乞(こ)ひ禱(の)み長くとぞ思ふ」〈万葉・二〇・四四九九〉訳 あなたがそうおっしゃるならば、天地の神に乞い祈って長生きしようと思う。

き-ことば【季言葉】〔名〕連歌・俳諧で、季節を表す語として句の中に詠みこむ語。季の言葉。季語。例「物憂さのあまりいひ出(い)で侍(はべ)れども、終(つひ)に――入(い)らず」〈芭蕉・笈の小文〉訳 いまいましさのあまり一句作ってみたけれども、とうとう季語が入らずじまいだった。

き-こ・む【着込む・着籠む】〔他マ下二〕{め・め・む・むる・むれ・めよ}髪を着物の内側に入れて着る。例「卯月(うづき)ののし単衣めく物――・め給へる髪の透影(すきかげ)、いとあたらしくめでたく見ゆる」〈源氏・玉鬘〉訳 四月に着るのし単衣(＝ノリヲツケ火ノシヲアテテ透ケルヨウニシタ単衣)のような物の内側に入れていらっしゃる髪の透けて見える様子が、じつにもったいないほどすばらしく見える。

きこ・ゆ

【聞こゆ】{え・え・ゆ・ゆる・ゆれ・えよ}《「聞かゆ」が変化してできた語》

動詞「聞く」に、上代の受身・可能・自発の助動詞「ゆ」の付いた「聞かゆ」が変化した語。**自然に耳に入る**、の意。人の耳に入る意から、**評判になる**、の意になり、耳に入ればわかることから、**理解できる**、の意になる。そして、貴人の耳に自然と入るように言うのが、**申し上げる**、で、「**言ふ**」の謙譲語になる。

一〔自ヤ下二〕❶(自然に)耳に入る。**聞こえる**。例「海少女(あまをとめ)棚(たな)無し小舟(をぶね)漕(こ)ぎ出(づ)らし旅の宿りに楫(かぢ)の音(と)——・ゆ」〈万葉・六・九三〇〉訳海女(あま)の少女が舟棚(＝船ベリニ付ケタ板)のない小舟を漕いで沖へ出るらしい。この海辺の旅の宿りに櫓(ろ)の音が聞こえてくる。❷人の耳に入る。世間で評判になる。例「道の後(しり)古波陀嬢子(こはだをとめ)を雷(かみ)のごと——・えしかども相枕(あひまくら)まく」〈古事記・中・応神〉訳都から遠い国の古波陀の乙女の美しさは、人々の間に雷のようにとどろいていた(＝大評判ダッタ)が、(私は)いま、その乙女と共寝をすることだ。❸わけがわかる。理解できる。思われる。例「——・えぬことども言ひつつよろめきたる、いとかはゆし」〈徒然草・一七五〉訳(酔っぱらって)わけのわからないことをいろいろ言いながらよろめいているのは、(気の毒で)とても見られたものではない。

二〔他ヤ下二〕《貴人の耳に自然と入るようにする意で、謙譲語として用いられる》❶「言ふ」の謙譲語。**申し上げる**。例「ゆゑなからず御返りなど——・えたり」〈源氏・若紫〉訳(侍女が)心得のあるご返事などを申し上げた。❷手紙で申し上げる。お便りをさし上げる。❸(世の人が、その方の名を)**…と申し上げる**。…とお呼びする。例「基経(もとつね)の大臣(おとど)、男君四人おはしけり。太郎は時平と——・えけり」〈栄花・月の宴〉訳藤原基経様には、男のお子様が四人いらっしゃった。長男は時平と申し上げた。

三〔補動ヤ下二〕《動詞の連用形に付いて》謙譲の意を添える。**…申し上げる。お…する**。例「とく参り給はむことを、そそのかし——・ゆれど」〈源氏・桐壺〉訳早く宮中に参内なさるように、お勧めするけれども。

要点 謙譲語としての「聞こゆ」は、平安時代に盛んに用いられている。二の場合、「申す」が男性的で古風なかたい感じを伴うのに対して、「聞こゆ」は女性的で柔らかい感じがあり、女流の文学作品に多用される。また、三の用法では、「たてまつる」が「見る」「す」など動作性の動詞に付きやすいのに対し、「きこゆ」は「思ふ」に代表される心的作用を表す動詞に付きやすい傾向がある。なお、二三には、より謙譲の度合の強い「聞こえさす」という語がある。

きこゆる【聞こゆる】〔連体〕《動詞「聞こゆ」の連体形から》有名な。評判の。例「——猫おろしし給ひたり」〈平家・八・猫間〉訳有名な猫おろし(＝猫ガ食べ物ヲ食べ残スコト)をなさった。

きさい【后】〔名〕《「きさき」のイ音便》⇩きさき(后)

きさい-の-みや【后の宮】〔名〕《「きさきのみや」のイ音便》「きさき」の敬称。

きさい-ばら【后腹】〔名〕《「きさきばら」のイ音便》皇后が母であること。また、皇后から生まれた皇子・皇女。例「——の、御子(みこ)玉の光り輝きて」〈源氏・紅葉賀〉訳(藤壺(ふじつぼ)は)母が皇后で、その上(藤壺のお産みになった)皇子は玉のように光り輝いて美しく。

象潟(きさかた)《地名》秋田県由利郡象潟町。かつては多くの小島や入りくんだ湾のある美しい入り江で、太平洋側の松島とともに奥羽の海の二大名勝地であった。一八〇四年(文化元)の地震で地形が変動してしまい、海は田になって、今は見るかげもない。例「——や料理何くふ神祭」〈曽良・奥の細道〉訳この象潟へ来てみると、折から神祭の最中である。ここの祭は魚肉を食べない風習だが、人々はお祭のご馳走(ちそう)に何を食べるのだろう。

きさき【后】〔名〕天皇の夫人。皇后、中宮を指すが、女御(にょうご)・更衣(かうい)などを指すこともある。また、皇太后、太皇太后を指すこともある。古くは第一夫人を「大后(おほぎさき)」といい、他の夫人達を単に「きさき」といった。

き-さき【気先】〔名〕一気に行う勢い。意気込み。気勢。例「今の俳諧は日ごろに工夫を経て、席に臨んで——を以(も)って吐くべし」〈去来抄・修行〉訳今日の俳諧は常日頃いろいろと修養を重ねておいて、(句を作る)席に出た折に一気にひらめきのままに句を吐き出すようにせよ。

きさき-がね【后がね】〔名〕《「がね」は接尾語》后と予定されている人。后の候補者。例「女君(をんなぎみ)達は——とかしづき奉り給ひしほどに」〈大鏡・道隆〉訳姫君達はお后候補として大切にお育て申し上げなさっているうちに。

きざし【萌し・兆し】〔名〕《動詞「きざす」の連用形の名詞化》❶芽生え。❷物事の起こる前兆。兆候。例「これ既にその危ぶみの——なり」〈徒然草・一四六〉訳(自分の身に災難がありはしないかと尋ねる)その事が既に傷害の危険の兆候です。

きざ・す【萌す・兆す】〔自サ四〕{さ・し・す・す・せ・せ}❶芽を出す。芽ぐむ。例「木(こ)の葉の落つるも、まづ落ちて芽ぐむにはあらず。下(した)より——・しつはるに堪へずして落つるなり」〈徒然草・一五五〉訳木の葉が落ちるのも、まず落ちて(その後に)芽を出してくるのではない。下から芽ぐみふくらむのにたえきれないで(古い葉が)落ちるのだ。注「つはる」ハ、キザシタ兆候ガ進ム意。❷物事が起こる気配がする。兆候が見える。

きざ-はし【階】〔名〕《「きざ」は「刻(きざ)む」「きざ」と同じで、段の意。「はし」は橋のこと》階段。例「御前の——を半(なか)らばかり降りさせ給へるところに」〈平家・四・鵼〉訳(左大臣が紫宸殿(ししんでん)の)正面の階段を半分くらいお降りなさいましたところに。

き-さま【貴様】〔代名〕《人称代名詞。対称》軽い敬意を含む。あなたさま。おまえさま。

参考 現代語の「貴様」は、相手を卑しめる意を含み、目下の者や相手をののしる場合に用いるが、古語の「貴様」には文字通り尊敬の気持ちが含まれる。

きざみ【刻み】〔名〕❶階層。等級。身分。例「下(しも)の——といふ際(きは)になれば、殊(こと)に耳立たずかし」〈源氏・帚木〉訳(女も)下流の階層という身分になると、特別に注意して聞く気にもならないですね。❷場合。時。折。例「今はの——に、あまたの御遺言ありし中に」〈源氏・若菜・上〉訳(桐壺(きりつぼ)帝が)ご臨終の折に、多くのご遺言があった中に。

きさらぎ

【如月・二月】〔名〕**陰暦二月**の称。(季・春)例「眺めやる四方(よも)の山辺も咲く花の匂(にほ)ひにかすむ——の空」〈玉葉・春下〉訳はるかに眺める四方の山辺も、咲きほこる桜の美しさにぼうっと霞(かす)んでいる二月の空よ。

参考「衣更着(きぬさらぎ)」の変化したもので、着物をさらに重ねて着る月の意とする説、「木草発月(きくさはりつき)」で、木や草の芽がはり出す月の意とする説もあるが、決定しがたい。

きし【岸】〔名〕❶陸と水とが接する陸の部分。川岸。海岸。湖岸。❷山などの険しく切り立った所。崖。絶壁。例「——をめぐり岩を這(は)ひて仏閣を拝し、佳景(かけい)寂寞(じゃくまく)として心澄み行くのみ覚ゆ」〈奥の細道・立石寺〉訳険しい崖をめぐり危険な岩を這って仏閣を拝観していると、景色は趣深く静まりかえっていて心が澄んでゆくのを感じる。

きじ【雉・雉子】〔名〕《「きぎし」が古い形で、その変化したもの。「きぎす」とも》鳥の名。キジ。例「鳥には——、双(さう)なきものなり」〈徒然草・一一八〉訳(食する)鳥ではキジが、最上である。

きし-かげ【岸陰】〔名〕岸の、崖などの陰になっている所。

きし-かた【来し方】《連語》❶通り過ぎて来た時間。過去。例「なかなか、——の年頃よりも、心尽くしなり」〈源氏・澪標〉訳かえって、過去の長年(の心配)よりも、もっと気苦労が大きい。❷通り過ぎて来た場所・方向。⇩こしかた要点

来し方行(ゆ)く先(さき) 過去と未来。「来し方行く末」とも。例「いと物わびしき事数知らず、——悲しき御有様に」〈源氏・明石〉訳ひどくもの寂しい事が次々と思い浮かび、過去も未来も悲しい事ばかりのご様子で。

来し方行(ゆ)く末(すゑ) ⇩来し方行(ゆ)く先(さき) 例「よろづのこと、——思ひ続け給ふに」〈源氏・須磨〉訳(光源氏は)いろいろなこと、即ち(華やかだった)過去や(希望のない)将来をお思い続けなさると。

ぎ-しき【儀式】〔名〕❶公事・神事などを執り行うための作法。例「何事の——をももてなし給ひけれど」〈源氏・桐壺〉訳(桐壺更衣の母が)どのような折の儀式でもうまく執り行いなさったけれど。❷法則。きまり。

きし・む【軋む】〔自マ四〕こすれ合ってきしきしと音を立てる。例「にくきもの……墨の中に石のきしきしと——・み鳴りたる」〈枕草子・にくきもの〉訳いやなもの……墨の中に石が(まじって)きしきしとこすれて音を立てるの。

きし-め・く【軋めく】〔自カ四〕《「めく」は接尾語》きしきしと音を立てる。きしむ。例「——・く車に乗りて歩(あり)く者。耳も聞かぬにやあらむと、いとにくし」〈枕草子・にくきもの〉訳(油でもきれているのか)きしきしと音のする牛車に乗って動きまわる人。耳も聞こえないのだろうかと、とてもしゃくにさわる。

き-しゃう【起請】〔名・他サ変〕❶事を発起し、それが行われるように主君や上級者に請い願うこと。また、それを書いた文書。❷「起請文(もん)」の略。

きしゃう-もん【起請文】〔名〕自分の言ったことや行為に、うそ偽りのないことを神仏に誓い、相手に表明する文書。例「いにしへの聖代(せいたい)、すべて——につきて行はるる政(まつりごと)はなきを」〈徒然草・二〇五〉訳昔のすぐれた帝の御代には、いっさい起請文の形式に従って行われる政治はなかったが。参考自分の守ることを書き、もしこれに背けば神仏の罰を受けることを記すのが普通。

き-しょく【気色】〔名〕《「きそく」とも》❶気持ちが顔の表情に表れること。顔色。例「父の禅門(ぜんもん)の——に恐れをなして参られず」〈平家・三・法皇被流〉訳(平宗盛は)父の入道(＝平清盛)の顔色に恐れをなして(法皇について)参ることができない。❷気分。心地。❸心中に思っていること。意向。意図。

きし・る【軋る】〔他ラ四〕❶音を立ててこする。きしませる。例「暁(あかつき)氷を——・る車の跡、遥(はる)かに門前に横だはれり」〈平家・三・城南之離宮〉訳明け方の氷をきしませる車の(わだちの)跡が、門前から遥か遠くまで続いている。❷音を立ててかむ。かじる。

きしろ・ふ【軋ろふ・競ろふ】〔自ハ四〕競い合う。競争する。例「また——・ふ人なき様にて侍(さぶら)ひ給ふ」〈源氏・匂宮〉訳ほかに競争する相手もない状態で(＝愛情ヲ独占シテ)(皇太子に)お仕えしていらっしゃる。

き-しん【鬼神】〔名〕《「きじん」と読むと別語になる》天地万物の霊魂。例「天地を動かし、——を感ぜしめ、人倫(じんりん)を化し、夫婦を和(やは)らぐること、和歌より宜(よろ)しきは莫(な)し」〈古今・真名序〉訳天地を感動させ、万物の霊魂を感激させ、人の道を教え導き、夫婦をむつまじくすること、和歌よりもすばらしいものはない。

き-しん【寄進】〔名〕神社や寺院に品物や金銭を寄付すること。例「神前に古き宝灯あり。かねの戸びらの面(おもて)に『文治三年和泉三郎——』とあり」〈奥の細道・塩釜明神〉訳(塩釜神社の)神前に古い灯籠がある。その鉄の扉の表面に「文治三年和泉三郎(＝藤原忠衡。源義経ヲ守リ兄ニ滅ボサレタ)寄進」と記されている。

き-じん【鬼神】〔名〕《「きしん」と読むと別語になる》❶超人的な働きをする存在。例「大方人のしわざとは見えず。ただ——の所為(しょゐ)とぞ見えたりける」〈平家・九・坂落〉訳(鵯越えの逆落としは)およそ人間わざとは思えない。ほとんど超人的な鬼神の所業と思われた。❷鬼。参考「きじん」は呉音。「きしん」は漢音。

き・す【帰す】〔自サ変〕従う。帰服する。帰依する。例「藤氏(とうじ)は春日(かすが)の社・興福寺(こうぶくじ)をもって氏社(うぢやしろ)・氏寺として、久しく法相(ほっさう)大乗の宗を——・す」〈平家・七・平家山門連署〉訳藤原氏は春日大社・興福寺を氏社・氏寺として、長く法相大乗の教えに帰依している。

き・す【期す】〔自サ変〕時や日を取り決める。約束する。誓う。例「月、秋と——・して身いづくか」〈枕草子・故殿の御ために〉訳月は、秋になると約束でもしたように美しくなるが、その月を賞した人(＝藤原道隆公)はどこへ行ってしまったのだろうか。

き・す【着す】〔他サ下二〕❶着物などを着させる。着せる。例「御衣(おんぞ)をとりいでて——・せむとす」〈竹取・かぐや姫の昇天〉訳(天人は)天の羽衣を取り出して(かぐや姫に)着せようとする。❷裳や袴などを身につけさせる。まとわせる。はかせる。例「すりもどろかしたる水干(すいかん)といふ袴を——・せて」〈枕草子・あはれなるもの〉訳乱れ模様を摺り込んだ水干という袴をはかせて。

きず【疵】〔名〕❶品物の破損したところ。人の体が傷ついたところ。例「かかる——さへつきぬれば、いよいよ交じらひをすべきにもあらず」〈源氏・帚木〉訳(そ

の女に指をかまれて）こんな傷までついたので、ますます朝廷の（勤めに出て）交際をするわけにもいかない。

❷不完全なところ。欠点。例「かたち・心・有様すぐれ、世に経(ふ)るほど、いささかの——なき」〈枕草子・ありがたきもの〉訳容貌・性質・態度ともに立派で、世をわたる間に、少しの欠点も持たない人（はめったにないことだ）。

❸不名誉。汚点。恥。例「最後の時不覚しつれば長き——にて候ふなり」〈平家・九・木曽最期〉訳（武士は平素どんなに勇名をとどろかせましても）臨終の時に思わぬ失態をしますと遠い将来まで悪い評判が残ります。

疵を求(と)む ことさらに他人の欠点や過失を探し求める。あらさがしをする。例「おとしめ——め給ふ人は多く」〈源氏・桐壺〉訳（桐壺更衣を）さげすみあらさがしをなさる方も多く。

き-すぐ【生直】〔形動ナリ〕（「きすくとも」）まじめで飾りけのない様子。きまじめである。例「更(さら)に更に乱れそめじの心にて、いと——にもてなし給へり」〈源氏・総角〉訳（薫(かおる)は目にとまる女房もあるが）決して決して取り乱したことはし始めまいという心持ちで、とてもきまじめに振る舞っていらっしゃる。

きずな【絆】〔名〕⇩きづな

きず-を-もと-む【疵を求む】⇩「きず」子項目

き-せい【祈誓】〔名・自サ変〕神仏に誓いをたてて祈ること。誓願。

きせ-なが【着背長】〔名〕大きな鎧。主に、大将が用いる。例「何によってか一領の御——を重うは思(おぼ)しめし候ふべき」〈平家・九・木曽最期〉訳どうして一そろいのお着背長を重くお思いになることがありましょうか。

喜撰（きせん）〔人名〕平安前期の歌人。六歌仙の一人。法師として宇治山に隠れ住む。歌学書『喜撰式』を著したと伝えられるが、伝説的な人物で詳細は不明。

きぞ【昨・昨日】〔名〕（「きそ」とも）昨日。また、昨夜。例「我が恋ふる君ぞ——の夜夢(いめ)に見えつる」〈万葉・二・一五〇長歌〉訳私の慕う大君が昨夜の夢に見えたことよ。

きそう【着装う・着襲う】〔動〕⇩きそふ

き-そく【気色】〔名・自サ変〕（「きしょく」とも）❶気持ちが顔に表れること。顔色。例「西園寺内大臣（さいおんじのないだいじん）殿、『あな尊(たふと)の気色(けしき)や』とて、信仰(しんがう)の——ありければ」〈徒然草・一五二〉訳（静然上人(じやうねんしやうにん)の腰が曲がり眉(まゆ)が白くなっているさまを見て）西園寺内大臣殿が、「ああ尊いご様子だ」と、信仰心を表情に出されたところ。

❷様子。そぶり。例「夷(えびす)は弓ひく術(すべ)知らず、仏法知りたる——•し、連歌し、管弦を嗜(たしな)み合へり」〈徒然草・八〇〉訳荒武者は弓を射る方法を知らず、仏教を理解しているふりをし、連歌を作り、音楽を楽しんでいる。

き-そ・ふ【着装ふ・着襲ふ】〔他八四〕（は・ひ・ふ・ふ・へ・へ）《上代語》重ねて着る。例「布肩衣(ぬのかたぎぬ)有りのことごと——•へども寒き夜すらを」〈万葉・五・八九二長歌〉訳布で作った粗末な袖(そで)なしをありったけ全部重ねて着ても寒い夜であるのに。注山上憶良ノ「貧窮問答歌」ノ一節。

木曽義仲（きそよしなか）〔人名〕平安末期の武将。父源義賢(みなもとのよしかた)の死後木曽（＝長野県南西部）で育ったので、木曽義仲と呼ばれる。一一八三年（寿永二）、平氏を破って京都に攻め上り、「朝日将軍」と号したが、部下の略奪行為などで都の人心を失い、のち、頼朝(よりとも)の命を受けた義経(よしつね)らの軍と戦って、近江(おうみ)国粟津(あわづ)（＝滋賀県大津市）で敗死した。『平家物語』の主要人物の一人で、特にその最期の場面では、巴御前(ともえごぜん)（＝義仲ノ妻妾(サイショウ)ノ一人）の剛勇ぶり、乳兄弟(ちきょうだい)今井兼平との主従の契りの深さなどが活写されている。

きた【北】〔名〕❶方角の一つ。北方。北。例「——に寄せて障子(さうじ)を隔てて阿弥陀(あみだ)の絵像を安置(あんぢ)し」〈方丈記・境涯〉訳北の方に寄せてふすまを間に隔てて阿弥陀如来の像を描いた絵をお据えして。

❷北から吹く風。北風。

きだ【段】〔接尾〕❶切断・分割された断片・部分を数える語。例「天照大御神(あまてらすおほみかみ)、先(ま)づ建速須佐之男命(たけはやすさのをのみこと)の佩(は)ける十拳剣(とつかつるぎ)を乞(こ)ひ渡(わた)して、三——に打ち折りて」〈古事記・上・天照大神と須佐之男命〉訳天照大御神は、まず建速須佐之男命が腰につけている十拳剣（＝刀身ノ長サガ十握リ程ノ剣）をもらいうけて、三片に折って。

❷布地を測る単位を表す語。反(たん)。例「祓(はら)へつものは馬一匹(ひとぎ)・布一——」〈日本書紀・天武・五年〉訳おはらいのために供える物は馬一頭と布一反（である）。

❸田畑の広さを測る単位を表す語。段(たん)。

き-たい【希代・稀代】〔形動ナリ〕世にもまれなようす。奇異である。珍しい。

き-たう【祈禱】〔名・自サ変〕神仏に願いをかけ、その実現を祈り求めること。また、その儀式。例「様々の——を致して雨の降らむ事を願ふといへども」〈今昔・五・四〉訳種々の祈禱を行って雨が降る事を祈願したけれども。

きた-おもて【北面】〔名〕❶北に向いている方。北に位置すること。北側。例「——の人繁(しげ)き方なる御門(みかど)は、入り給はむも軽々しければ」〈源氏・朝顔〉訳北側の人の出入りの多い門は、（光源氏が）お入りになるのも身分上軽々しいものだから。

❷北側の部屋。寝殿造りでは、南面が客用で、北面は家人や召使いなどの部屋に当てられる。例「この猫を——にのみあらせて呼ばねば」〈更級・大納言殿の姫君〉訳この猫を北側の部屋にばかり置いて呼ばないでいるので。

❸⇩ほくめん（北面）③

きた-どの【北殿】〔名〕❶敷地内に建物がいくつもある邸宅で、その北側のもの。北側の御殿(ごてん)。

❷北隣の家に住む人への敬称。北の家のお方。例「——こそ、聞き給ふや」〈源氏・夕顔〉訳北のお隣さん、聞いていらっしゃいますか。

きたな-げ【汚げ】〔形動ナリ〕清浄でなく、けがれている様子。また、見苦しい様子。例「——•なる所に、年月を経て物し給ふこと、極まりたるかしこまり」〈竹取・貴公子たちの求婚〉訳（こんな）見苦しい我が家に、長い年月お通い下さいますことは、この上なく恐縮なことです。

きたなげ-な・し【汚げなし】〔形ク〕見苦しくない。こぎれいである。例「髪いと長く、額いとよくかかりて、色白く——•くて」〈更級・足柄山〉訳（その遊女は）髪がたいそう長く、額髪が美しく垂れかかって、色が白くこぎれいで。参考単に「きたならしくない」というのではなく、「ちょっときれいだ」という感じを表す語。

きたな・し【汚し】〔形ク〕❶清浄でない。けがれている。よごれている。例「いざ、かぐや姫。——•き所にいかでか久しくおはせむ」〈竹取・かぐや姫の昇天〉訳さあ、かぐや姫よ。

けがれた所にどうしていつまでもいらっしゃることがありましょう。注 天人ノ言葉。「きたなき所」ハ「人間世界」ヲイウ。❷見た目が悪い。見苦しい。例「歯黒め、さらにうるさし、――しとて付け給はず」〈堤中納言・虫めづる姫君〉訳（姫君は）お歯黒は、まったくわずらわしい、見苦しいと言ってお付けにならない。❸卑怯（ひきょう）である。恥知らずである。例「『――しや、返せ、返せ』と言ふやから多かりけれども」〈平家・七・倶梨迦羅落〉訳「（逃げるとは）卑怯だぞ、引き返せ、引き返せ」と叫ぶ者が（平家の中に）多かったが。

北野（きたの）【地名】京都市北部、北野天満宮を中心とする一帯の地域。古くは、大内裏（だいだいり）の北端に当たる。機織（はたお）りで知られる西陣はその東にある。

北野天満宮

きた-の-かた【北の方】〔名〕（「北の対（たい）」に住んだことから）貴人の妻の敬称。奥方。令夫人。

きた-の-たい【北の対】〔名〕寝殿造りで、寝殿の北にある建物。北の対屋（たいのや）。主に正妻が住んだ。

きた-の-ぢん【北の陣】〔名〕内裏（だいり）の北の門である朔平門（さくへいもん）にあった兵衛府の陣（＝詰メ所）。転じて、朔平門の別名。

きた-の-まんどころ【北の政所】〔名〕摂政・関白の正妻の敬称。後に、大・中納言の妻にもいう。

北畠親房（きたばたけちかふさ）【人名】南北朝時代の武将・学者。建武の新政府に仕え、南朝方の勢力を高めようと努め、『神皇正統記』を著して南朝の正統性を主張した。ほかに『職原鈔』など。⇩神皇正統記（じんのうしょうとうき）

きた-まつり【北祭】〔名〕（石清水（いわしみず）八幡宮の臨時祭を「南祭」というのに対して、その北方に位置するところから）賀茂神社の祭。陰暦四月の二の酉（とり）の日の例祭、十一月の臨時祭ともにいう。俗にいう「葵（あおい）祭」。

北村季吟（きたむらきぎん）【人名】江戸前期の古典学者・歌人・俳人。俳諧（はいかい）を松永貞徳に学ぶ。古典を研究し、『徒然草文段抄』『源氏物語湖月抄』『枕草子春曙抄』『万葉集拾穂抄』などの注釈書があり、古典研究に大きな足跡を残した。また、その門から芭蕉を出した。

北山（きたやま）【山名】京都市の北方にある、船岡山・衣笠山（きぬがさやま）・岩倉山などの諸山の総称。また、その付近の称。鞍馬（くらま）寺をはじめ多くの寺院がある。

き-た・る【来たる】〔自ラ四〕（ら・り・る・る・れ・れ）❶やって来る。来る。例「死は前よりしも――・らず、かねて後ろに迫れり」〈徒然草・一五五〉訳 死は前からやって来るのではなく、いつの間にか後ろに迫っている。❷（近世語）役に立たなくなる。いたむ。例「ちと――・ったから、打ち直させうと思ふよ」〈浮世風呂・二・下〉訳（かんざしが）ちょっといたんだから、打ち直させようと思うのよ。
参考「来（き）至る」の変化した形で「来（き）」の連用形「き」に完了の助動詞「たり」の付いた「来たり」とは別語。平安時代には、和文では「来（く）」が、漢文訓読文では「来たる」が主に使われた。

きち【吉】〔名〕縁起のよいこと。めでたいこと。幸運。例「悪日（あくにち）に善を行ふに、必ず――なりと言へり」〈徒然草・九一〉訳 縁起の悪い日でも善行をすると、必ず幸運にめぐまれると言う。

きち-かう【桔梗】〔名〕⇩ききゃう

きち-じゃう【吉上】〔名〕六衛府（ろくえふ）に勤める下級の役人。内舎人（うどねり）の下位、衛士（えじ）・仕丁（じちょう）の上位。宮中の警備、犯罪者の取り締まりにあたる。

きちじゃう-てんにょ【吉祥天女】〔名〕（仏教語。「きっしゃうてんにょ」「きちじゃうてん」とも）もとは、インドのバラモン教の女神で、のち仏教に混入した天女。容貌（ようぼう）が美しく、人々に幸福をもたらすという天女。父は徳叉迦（とくしゃか）、母は鬼子母神（きしぼじん）で、毘沙門天（びしゃもんてん）の妻もしくは妹と伝えられる。頭に宝冠をつけ、天衣を着て、左手に如意宝珠（にょいほうじゅ）をのせる。

吉祥天女

きち-にち【吉日】〔名〕何かを行うのに縁起のよい日。幸運な日。対 あくにち 例「――に悪をなすに必ず凶なり」〈徒然草・九一〉訳 縁起のよい日でも悪事をはたらくと（その結果は）必ず悪いものである。

き-ちゃう【几帳】〔名〕貴人の室内で用いた仕切りを設けるための布製の家具。土居（つちい）という台に、足という二本の柱を立て、手という横木を組み合わせた丁字形に、「かたびら」という帳の布を垂らしたもの。高さ三尺（＝約九一センチ）または四尺（＝約一二一センチ）で、幅はいずれも六尺（＝約一八二センチ）である。移動することができるので、仕切りや隔てのためなどいろいろな用途があった。例「一の巻よりして、人もまじらず、――のうちにうち伏して引き出（い）でつつ見る心地」〈更級・物語〉訳（『源氏物語』を）一の巻から読み始めて、邪魔もなくたった一人で、几帳の内に伏せって（木箱から一冊ずつ）取り出して読む（幸せな）気持ちに比べると后の位も何になろうか。

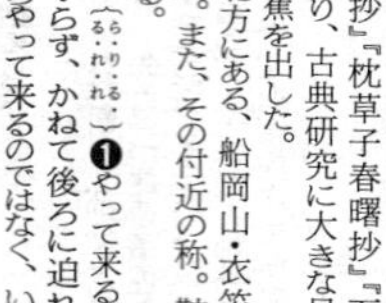
きちゃう

ぎ-ちゃう【毬打・毬杖】〔名〕（「ぎっちゃう」とも）遊戯の名。槌（つち）の形の杖（つえ）で木製の毬（まり）を打ち興じる正月の遊び。また、その杖。義長。

ぎ-ぢゃう【議定】〔名〕合議して決定すること。審議。評定（ひょうじょう）。例「前（さき）の座主（ざす）罪科のこと――あり」〈平家・二・座主流〉訳 前天台座主明雲大僧正の罪状について審議が行われる。

きちょう【几帳】〔名〕⇩きちゃう

き-づき【忌月】〔名〕（「きげつ」とも）故人の命日のある月。祥月（しょうつき）。例「八月（はづき）は故前坊の御――なれば、心もとなく思（おぼ）しつつ明け暮るるに」〈源氏・野分〉訳 八月は亡くなった前皇太子の祥月であるから、（宴遊ができなくて）落ち着かないままに日を送っていると。

きっ-きょう【吉凶】〔名〕よいことと悪いこと。慶事と凶事。例「—は人によりて、日によらず」〈徒然草・九一〉訳慶事凶事は人（のなす善悪）によるのであって、日（の良し悪し）には関係がない。

き-つ・く【来着く】〔自カ四〕（か・き・く・く・け・け）到着する。対ゆきつく 例「日よい程にたけしかば、暗くぞ京に—・きたる」〈蜻蛉・中・天禄二年〉訳日がだいぶ高くなっ（て出発し）たので、暗くなってから京に到着した。

きっ-くゎい【奇怪】（-カイ）〔形動ナリ〕（「きくゎい」を強めた形）普通と異なって、怪しい様子。不都合だ。とんでもない。例「返す返すも—・なり」〈平家・二・小教訓〉訳（二人の侍が大納言に無情な仕打ちをしたことは）なんとしてもけしからんことだ。

きっ-さう【吉左右】（-ソウ）〔名〕よい知らせ。吉報。また、縁起のよいこと。吉事。例「どうぞ無事な—を」〈近松・冥途の飛脚・下〉訳どうぞ無事であるとの吉報を（お待ちします）。

ぎっ-しゃ【牛車】〔名〕牛にひかせる乗用車。貴族の乗り物。「うしぐるま」とも。例「内に参らせ給ふには、さらなり、—にて北の陣まで入らせ給へば」〈大鏡・兼家〉訳宮中へ参上なさる時は、いうまでもなく、牛車で朔平門（さくへいもん）の中までお入りになるので。

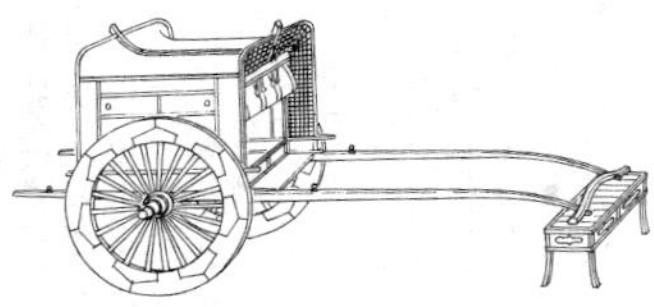

ぎっしゃ

> **参考 牛車の乗り方** 人力でひく輦車（てぐるま）があるが、単に「くるま」といえば、牛車を指す。『源氏物語』や『枕草子』ではもっぱら牛車である。乗るには、後方より榻（しぢ）を置いて乗り、降りるには、牛をはずして御簾（みす）を上げて前方より降りる。四人乗りになっており、互いに向かい合って両側を背とする。前方の右側が最も上席で、次いで前の左、後の左、右の順である。一人乗りの時は、前方に左側を背として座る。男女乗り合わせる時は、男が右側を背として向かい合う。

きっ-そう【吉左右】〔名〕⇩きっさう

ぎっ-ちゃう【毬打・毬杖】（-チョウ）〔名〕⇩ぎちゃう

きっ-と【急度・屹度】〔副〕（「きと」を強めた形）❶動作が敏速に行われる様子。すばやく。さっと。例「舟は—押し戻すが大事に候ふ」〈平家・一一・逆櫓〉訳舟は（馬と違って）すばやく引き返すのがひと苦労でございます。❷気持ちを引き締めて行う様子。きびしく。きりっと。❸確実に行う様子。間違いなく。きっと。例「申し合はすべきことあり。—立ち寄り給へ」〈平家・二・西光被斬〉訳ご相談申し上げたい事があります。必ずお立ち寄り下さい。

き-づな【絆】（-ズナ）〔名〕❶動物をつなぎとめるために首にかける綱。❷離れられない深いつながり。愛情の深い結びつき。例「無始曠劫（むしくゎうごふ）よりこのかた生死（しゃうじ）に流転（るてん）する—なるがゆゑに、仏は重う戒め給ふなり」〈平家・一〇・維盛入水〉訳（妻や子というものが）遠い昔から生と死との世界に流転させる分かちがたい結びつきだから、仏は強く（その愛情を）禁じていらっしゃるのだ。

きつね【狐】〔名〕❶動物の名。キツネ。❷（①が人を化かすといわれることから）人をだます者。特に、男客をたぶらかす遊女をいう。

き-と〔副〕❶瞬間的に行われる様子。さっと。急に。例「御輿（みこし）を寄せ給ふに、このかぐや姫、—影になりぬ」〈竹取・帝の求婚〉訳（かぐや姫を乗せるために）御輿をそばにお寄せになると、このかぐや姫は、さっと姿を消してしまった。❷確実に行われる様子。しっかりと。確かに。例「烏帽子（えぼし）の緒（を）—強げに結（ゆ）ひ入れて」〈枕草子・あかつきに帰らむ人は〉訳烏帽子（えぼし）のひもをきゅっと強く結び締めて。❸ちらっと。ちょっと。例「法師の着たる衣の袖口（そでぐち）—見ゆ」〈今昔・二九・九〉訳法師の着ている衣の袖口がちらっと見える。

き-ど【木戸】〔名〕❶城や柵（さく）に設けた門。また、柵で囲んだだけの砦（とりで）。例「—・を開いてかけ出（い）でたり」〈平家・九・一二之懸〉訳（二十余騎が一の谷の）城門を開いて馬を走らせ出て来た。❷江戸で、市中の町の境の道に保安のために設けた門。❸芝居・見世物小屋で、見物料をとる出入り口。

ぎどう-さんし【儀同三司】〔名〕（「三司」は三公のことで、太政大臣・左大臣・右大臣をいう。儀礼の格式がこの三司に同じであるの意）大納言（だいなごん）の上位で、大臣の資格を有するが、欠員がないために大臣に準じた待遇を受けること。また、その人。準大臣。平安時代、藤原伊周（これちか）が自称したのに始まる。

き-と-く【来と来】〔連語〕（「来」を重ねて強調したもの。「と」は格助詞）❶ずんずんとやって来る。せっせと来る。例「—・きては河上（かはのぼ）り路の水を浅み船も我が身もなづむ今日（けふ）かな」〈土佐・二月七日〉訳せっせと急いでやっとここまで来てみたが、川を上って行く水路の水が浅いために、船も難航するし、我が身も病に悩む今日であるよ。❷次々にどんどん来る。例「春ごとの花の盛りは我が宿に—・くる人の長居（ながゐ）せぬなし」〈和泉式部集〉訳春ごとの花の盛りの時には、我が宿に次々にやって来る人が長居をしないことはない。

き-どく【奇特】━〔形動ナリ〕❶普通でない様子。不思議だ。珍しい。例「この香の—・なるを、やうやく寄りて見れば」〈今昔・六・六〉訳その匂（にお）いが普通でないのを、どうにか近寄って見ると（草木も枯れて、鳥や獣も来ていない）。❷人に簡単にできないような、すばらしいこと。感心だ。殊勝（しゅしょう）だ。❸簡単に同意できそうにないこと。心外だ。とんでもない。
━〔名〕不思議なことのあらわれ。霊験。例「仏神（ぶつじん）の—、権者（ごんじゃ）の伝記、さのみ信ぜざるべきにもあらず」〈徒然草・七三〉訳仏や神の霊験、仏の化身（けしん）の聖者の伝記は、そう一概に信じないでよいというわけでもない。

きなき-とよ・む【来鳴き響む】〔他マ下二〕（め・め・む・むる・むれ・めよ）飛んで来てやかましく鳴き声を響かせる。やって来て鳴き立てる。例「ほととぎす何の心そ橘の珠（たま）貫（ぬ）く月に—・むる」〈万葉・一七・三九一二〉訳ホトトギスよ、いったいどういうつもりなのか、橘の花を珠として緒に貫く四月にやって来て鳴き立てるとは。

きなき-とよも・す【来鳴き響もす】〔他サ四〕〔さ・し・す・す・せ・せ〕飛んで来て鳴き声を響かせる。やって来て鳴き立てる。例「雨隠(あまごも)り物思ふ時にほととぎすわが住む里に――・す」〈万葉・一五・三七八二〉訳雨に降りこめられて物思いに沈んでいる時に、ホトトギスがわたしの住む里に飛んで来て鳴き立てる。

き-な・く【来鳴く】〔自カ四〕〔か・き・く・く・け・け〕飛んで来て鳴く。やって来て鳴く。例「我が宿の池の藤波咲きにけり山ほととぎすいつか――・かむ」〈古今・夏・一三五〉訳我が家の池のほとりの藤はもう咲いてしまった。山にいるホトトギスはいつ(庭に)来て鳴くだろうか(待ち遠しい)。

き-な・す【着成す】〔他サ四〕〔さ・し・す・す・せ・せ〕(「なす」は意識的にそうする意)わざと…のように身に着ける。例「直衣(なほし)ばかりをしどけなく――・し給ひて」〈源氏・帚木〉訳(光源氏は)直衣だけを無造作にひっかけなさって。

き-にち【忌日】〔名〕その人の死んだのと同じ日。命日。

きぬ【衣】〔名〕身に着ける物。着物。衣服。例「脱ぎ置く――を形見(かたみ)と見給へ」〈竹取・かぐや姫の昇天〉訳脱いで置いて行く着物を(私=カグヤ姫ノ)形見として(いつまでも)ご覧下さい。⇨ころも 要点

きぬ-がさ【衣笠・蓋】〔名〕❶絹張りの長い柄のかさ。天皇・皇族・貴族の行列の時、後ろから従者がさしかける。

きぬがさ①

❷仏像の頭上にかざす布製のかさ。仏像の天蓋(てんがい)。例「身の色は金色(こんじき)にして、天の童子のごとくなり、七宝の――を覆(おほ)へり」〈今昔・三・二〉訳(文殊菩薩(もんじゅぼさつ)が生まれた時は)身体の色は金色で、天界の子供のようであり、七宝の天蓋を頭上に覆いかぶせていた。

きぬ-かづき【衣被き】〔キヌカズキ〕〔名〕貴婦人の外出姿で、ひとえの小袖(こそで)を頭から背にかけてかぶること。また、その姿をした貴婦人。

きぬ-ぎぬ【衣衣・後朝】〔名〕❶脱いだ衣服を重ねてともに寝た男女が、翌朝それぞれの着物を着て別れること。また、その早朝。例「しののめのほがらほがらと明けゆけばおのが――なるぞ悲しき」〈古今・恋三・六三七〉訳朝が気持ちよく明けてゆくと、それぞれの衣を着て別れなければならないのがつらいことよ。

❷(転じて)男女が離別すること。

要点 平安時代の貴族の結婚の形は、男が女のもとへ行く通(かよ)い婚で、ともに夜を過ごして、朝には互いに別れねばならない。「きぬぎぬ」は、その悲しさ、互いのいとおしさ、逢瀬(あふせ)の翌朝の雰囲気などを、各自が自分の衣服を着て別れるという具象的な行動で象徴したのである。

きぬた【砧】〔名〕(「きぬいた(衣板)」の変化した形)布をやわらかくしたり、つやを出すために打つ木槌(きづち)と石または木の台。また、それで布を打つこと。また、その音。冬着の準備で秋の夜長の仕事として行う。(季・秋)例「――打ちて我に聞かせよや坊が妻」〈芭蕉・野ざらし紀行〉訳吉野の秋の夜更(よふ)け、さびしさが身にしみる。宿坊の妻よ、せめて砧でも打って聞かせておくれ。その音に、私は旅のさびしさをなぐさめよう。

きぬた

きぬ-なが【衣長】〔形動ナリ〕着ている着物の丈が長い様子。例「二藍(ふたあゐ)の薄物など、――・にてたすき結(ゆ)ひたるが」〈枕草子・うつくしきもの〉訳(二歳ぐらいの幼児が)紅と藍で染めた薄い着物などの、丈が長くてたすきで袖(そで)をくくり上げているのが。

きぬ-みじか【衣短】〔形動ナリ〕着ている着物の丈が短い様子。例「足高に、白うをかしげに、――・なるさまして」〈枕草子・うつくしきもの〉訳(鶏のひなが)足が長くて、(色も)白くかわいらしげに、着物が短いといったようすで。

き-の-え【甲】〔名〕(「木の兄(え)」の意)十干(じっかん)の一番目。⇨じっかん

きのえ-ね【甲子】〔名〕❶干支(えと)の一つで、その一番目。「甲子(かっし)」とも。

❷(「甲子(きのえね)待ち」の略)甲子の夜に、真夜中の子(ね)の刻(=午前零時頃)まで起きていて、商売繁盛などを願って大黒天を祭ること。大豆・黒豆・二股(ふたまた)大根を供える。

紀ノ川(きのかは)〔キノカワ〕【川名】近畿地方南部の吉野川下流の称。吉野川が紀伊山地北側を西流し、和歌山市で海に注ぐまでをいう。

紀貫之(きのつらゆき)【人名】平安前期の歌人。生年未詳、九四五年(天慶八)没。三十六歌仙の一人。醍醐(だいご)天皇の勅命により、紀友則(とものり)・凡河内躬恒(おほしかふちのみつね)・壬生忠岑(みぶのただみね)とともに『古今和歌集』の撰者として活躍。その仮名序を執筆したのが、歌論の嚆矢(かうし)とされる。歌風は理知的で技巧にすぐれ、古今調歌人の第一人者である。土佐守の任が解けて海路帰京する紀行日記『土佐日記』は、仮名書きの平安朝日記文学の先駆とされる。家集は『貫之集』。⇨古今和歌集(こきんわかしふ)・土佐日記(ときにつき)

き-の-と【乙】〔名〕(「木の弟(と)」の意)十干(じっかん)の二番目。⇨じっかん

き-の-どく【気の毒】〔形動ナリ〕❶自分のことで心を痛める様子。困ること。迷惑。

❷他人の苦労や苦痛に同情して、心を痛めること。かわいそうであること。

要点 本来は、「気の薬(くすり)」の対義語で、心にとって毒になること、つまり、①の意。のち、②の意で用いられるようにもなり、現在は専ら②の意にだけ用いられる。

紀友則(きのとものり)【人名】平安前期の歌人。三十六歌仙の一人。紀貫之の従兄(いとこ)。貫之らとともに『古今和歌集』の撰者の一人。重厚・平明な歌風。家集『友則集』がある。⇨古今和歌集(こきんわかしふ)

き-の-はし【木の端】〔連語〕(木のはし切れ、こっぱの意で)つまらないもののたとえ。人情を解さないもののたとえともいう。例「法師ばかりうらやましからぬものはあらじ。『人には――のやうに思はるるよ』と清少納言が書けるも、げにさることぞかし」〈徒然草・一〉訳法師ほどうらやましくないものはあるまい。「(法師は)人には棒っきれのように思われることよ」と清少納言が書いているのも、本当にもっともな事であるよ。

きのふ【昨日】〔名〕前の日。昨日。きのう。例「――こそ君はありしか思はぬに浜松の上に雲にたなびく」〈万葉・三・四四四〉訳昨日あなたは生きていたのに、思いがけなくも今日はもう海辺の松の木の上に(火葬の煙となって)雲のようにたなびいているのですね。

きのふ-けふ【昨日今日】〔名〕❶近ごろ。最近。例「いたう衰へさせ給へるを、――ぞ少しよろしう思されける」〈源氏・明石〉訳(朱雀帝は)大変衰弱なさっていたが、最近は少し気分がよくおなりであった。
❷さし迫った日。ごく近い未来。例「つひに行く道とはかねて聞きしかど――とは思はざりしを」〈伊勢・一二五〉訳(死というものは人生の)最後に(誰もが)行く道だと(いうこと)は前から聞いて(知って)いたけれど、(まさか)昨日今日のことだとは予想していなかったよ。

きのまる-どの【木の丸殿】〔名〕⇨きのまろどの

きのまろ-どの【木の丸殿】〔名〕(「きのまるどの」とも)荒削りの丸木のままの材木で急造した粗末な宮殿。
参考 斉明天皇が百済支援のため朝鮮へ出兵をした。その時、筑前国朝倉に造営した行宮をいう。

きは【際】〔名〕

類きはまる・きはむ・きはみ・きはめ

> **空間的・時間的な限界。**空間的には、**端**、**境目**、時間的には、**その折**、**限度**、などの意になり、また、他と区別する境目を表すことで、**身分**、**地位**、の意になる。その極限に至るのが「きはまる」「きはむ」。

❶物の端の部分。**端**。例「東の――に蕨のほどろを敷きて、夜の床とす」〈方丈記・境涯〉訳(小屋の)東端にわらびの穂の開いたのを敷きつめて、夜の寝床とする。
❷物と物との境。**境目**。仕切り。例「二間の――なる障子、手づからいと強くさして」〈源氏・末摘花〉訳二間の部屋と廂の間の仕切りのふすまを、(侍女の)命婦が自分の手でしっかりと閉めて。
❸**そば**。ほとり。かたわら。例「山の――に惣門のあるうちに入りぬ」〈徒然草・四四〉訳山のほとりの立派な構えの大門のある屋敷の中に入った。
❹物の様相の変わる時。**その折**。**当座**。例「その――ばかりは覚えぬにや、よしなしごと言ひてうちも笑ひぬ」〈徒然草・三〇〉訳亡くなった当座ほどには悲しみを感じないのか、(日がたてば)冗談などを言ってつい笑ってもしまう。
❺(近世語)盆・暮れなどの掛け買いの代金の支払いの決算期。
❻物の限り。限度。極限。例「受領の北の方にて国へ下るをこそは、よろしき人の幸ひの――と思ひてめでうらやむめれ」〈枕草子・位こそ猶めでたき物はあれ〉訳(いわゆる貴族の女は)国司の妻として任国へ下るのが、まあ普通の女の幸福の最高と思って祝福し羨望するようだ。
❼**程度**。また、**その程度の人**。分際。例「少し心ある――は、皆このあらましにてぞ一期は過ぐめる」〈徒然草・五九〉訳少し物のわかったという程度の人は、皆この(出家の)計画だけで一生を終わってしまうようだ。
❽身のほど。**身分**。**地位**。例「いとやむごとなき――にはあらぬが、すぐれて時めき給ふありけり」〈源氏・桐壺〉訳たいして高貴な身分ではない方で、ひときわ勝れて帝のご寵愛をお受けになる方がいた。

きは-ぎは【際際】〔名〕❶それぞれの身分の相違。各自の分際。例「その――を、まだ思ひ知らぬ初事ぞや」〈源氏・帚木〉訳それぞれの身の程(に応じた恋の振舞い)を、まだわきまえない初めての経験なのですよ。
❷(近世語)盆・暮れなどの掛け買い代金の支払い決算期ごと。

きは-ぎは・し【際際し】〔形シク〕❶変わり方がいかにもはっきりしている。手のひらをかえすようである。例「さても――・しかりける心かな」〈枕草子・つねに文おこする人の〉訳それにしても(きぬぎぬの文をやめたとは)はっきりした性格であることよ。
❷けじめがしっかりしている。例「いと――・しうものし給ふあまりに」〈源氏・篝火〉訳(内大臣殿という方は)ひどく物事にけじめをつけなさるあまりに。

きは-こと【際殊】〔形動ナリ〕(身分や才能などが)きわだっている様子。格別である。例「――に賢くて、直人にはいとあたらしけれど」〈源氏・桐壺〉訳(光源氏は)きわだって賢明で、臣下にするには全く惜しいけれど。

き-はだ【黄蘗】〔名〕(「黄皮」の意)ミカン科の落葉高木。木の内皮が黄色の染料となる。その果実は健胃剤として用いられる。また、この木から製した染料やその色(=赤味ヲ帯ビタ黄色)を指すこともある。

きは-だか【際高】〔形動ナリ〕❶きわだっている様子。特に、気ぐらいが高い。気性が激しい。例「あまり人にく、――なる御もてなしなりや」〈夜の寝覚・五〉訳(病気を口実に会おうとしないのは)あまりに憎らしく、気ぐらいの高いお扱いぶりであるよ。
❷(近世語。「きは」は年末の意)年末に物価があがること。例「『この――で仕舞はれぬ』と、金の足らぬ茶屋の亭主」〈浮世・世間子息気質・五〉訳「この暮の物価高のために始末がつけられない」と、金の足りない茶屋の主人は。

きは-だか・し【際高し】〔形ク〕気ぐらいが高い。気性が強い。

きは-だけ・し【際猛し】〔形ク〕気が強い。厳格である。厳しい。例「よからぬ人の言につきて、――・くおぼしのたまふも、あぢきなく」〈源氏・少女〉訳くだらない人の言葉について信用して、(ただよくないと)厳しくお考えになったりおっしゃったりするのも、つまらないことで。

きは-な・し【際なし】〔形ク〕❶果てしがない。際限がない。例「才といふもの、いづれも――・く覚えつつ」〈源氏・若菜・下〉訳才芸というものは、どれも(これでよいという)際限がないと思われて。
❷この上なくすぐれている。例「仮名のみなむ今の世はいと――・くなりにたる」〈源氏・梅枝〉訳(すべての事が、昔よりは劣り、浅薄になってゆく末世であるが)仮名だけは今の世は本当にこの上なくみごとに発達をとげた。

きは-はな・る【際離る】〔自ラ下二〕(れ・れ・る・るる・れ・れよ)水準をはるかに越える。抜きんでる。例「かれはいとかやうに――・れたる清らはなかりしものを」〈源氏・横笛〉訳あの人(=柏木)には本当にこれ(=幼イ薫)ほど抜きんでた気品のある美しさはなかったのに。

きはまり-て【極まりて】〔副〕この上もなく。極めて。例「言はむ術せむ術知らず――貴きものは酒にしあるらし」〈万葉・三・三四二〉訳言いようもなく、何ともしようもないほど、この上もなく貴いものは酒であるらしい。注大伴旅人ノ「酒を讃むる歌」ノ中ノ一首。

きはまり-な・し【極まりなし】〔形ク〕限りがない。この上ない。例「――・き放言しつと思ひける気色に て、馬ひき返して逃げられにけり」〈徒然草・一〇六〉訳この上ない悪口を言ってしまったと思った様子で、（証空上人は）馬を（もと来た方に）引き返して逃げてしまわれた。

きはま・る【極まる・窮まる】〔自ラ四〕{ら・り・る・る・れ・れ}❶極限に達する。尽きる。なくなる。例「帝運の――・る程の御事はあらじかし」〈平家・二・剣〉訳朝廷の命運が尽きるほどのことはないでしょうよ。❷行きづまる。困窮に陥る。例「人――・りて盗みす」〈徒然草・一四二〉訳人は行きづまって盗みをする。❸決まる。確かに間違いない。

きはみ【極み・窮み】〔名〕極まったところ。さいはて。限り。例「天雲の向伏す――谷蟆のさ渡る――」〈万葉・五・八〇〇長歌〉訳雲のたなびく空の果て、ヒキガエルの歩きゆく陸の果て。

きは・む

【極む・窮む・究む】{め・め・む・むる・むれ・めよ}■〔自マ下二〕極限に行きつく。極まる。例「車の五つ緒は、必ず人によらず、ほどにつけて――・むる官・位に至りぬれば、乗るものなり」〈徒然草・六四〉訳牛車で五つ緒の簾をつけたのは、必ずしも乗る人の身分によるのでなく、家柄に応じて最高の官位に至ったから、乗るものである。

■〔他マ下二〕❶極限に至らせる。果てまで推し進める。例「吾が身の栄花を――・むるのみならず、一門共に繁昌して」〈平家・一・吾身栄花〉訳（清盛）自身の栄花をきわめるだけでなく、（平家）一門がともに繁栄して。❷終わらせる。尽くす。例「何ばかりの過ちにてか、この渚に命をば――・めむ」〈源氏・明石〉訳どれほどの罪で、この（明石の）海辺で命を終えるのだろうか。❸（学問などの道の）奥深くまで達する。❹決める。決心する。

き-ば・む【黄ばむ】〔自マ四〕{ま・み・む・む・め・め}《「ばむ」は接尾語》黄色がかる。例「――・みたる単など着たる人は、いみじう心づきなし」〈枕草子・単は〉訳黄色がかった単などを着ている人は、ひどく気にくわないものだ。

きはめ【極め・窮め】〔名〕❶極まったところ。果て。❷決まったこと。決定。❸奥をきわめること。極意。奥義。例「因果の花を知ること、――なるべし」〈風姿花伝・七〉訳花が咲くにも原因があってそこから結果をもたらすという理法を知ることが、（能楽の）極意であろう。

きは-め【際目】〔名〕物事の様相の変わる時。節目。まぎわ。例「やうやう身の憂さをも慰めつべき――に、あさましうてそこなひたる身を」〈源氏・手習〉訳時が経ってしだいにこの身のいとわしさも慰められようかというまぎわに、嘆かわしくもまちがいを犯してしまった身の上を。

きはめ-たる【極めたる】〔連体〕《動詞「きはむ」の連用形＋助動詞「たり」の連体形》この上もない。はなはだしい。例「この史は、――物言ひにてなむありければ」〈今昔・二八・一六〉訳この史（の職にある人）は、この上もない口の達者な人だったので。

きはめ-て【極めて】〔副〕❶この上もなく。非常に。まったく。例「黒栗毛なる馬の、――太うたくましいが」〈平家・九・宇治川先陣〉訳黒みがかった栗色の馬で、この上もなく太くたくましいのが。❷きっと。必ず。例「こは――やうある事にこそ」〈椿説弓張月・一七〉訳これはきっとわけのある事でしょう。

きは-やか【際やか】〔形動ナリ〕《「やか」は接尾語》❶目だつ様子。きわだっている。例「こは誰そ、いとおどろおどろしう――・なるは」〈枕草子・五月ばかり〉訳これはどなたですか、たいそうおおげさにうるさいのは。❷思い切りがよい。さっぱりしている。例「いと――・に起きて、ひろめき立ちて」〈枕草子・暁に帰らむ人は〉訳（女の所に泊まった翌朝）とてもさっぱりと起き出して、ばたばた騒いで（支度して）。

き-び【気味】〔名〕「きみ（気味）②」に同じ。例「閑居の――もまた同じ。住まずして誰か悟らん」〈方丈記・閑居の気味〉訳世俗を離れたのどやかな生活の味わいもまた同様である。暮らさずして誰が（その味わいを）知ることができよう。

吉備〔旧国名〕上代の山陽地方の国。現在の岡山県と広島県東部にあたる。天武・持統朝の頃に、備前・備中・備後の三国に分かれ、さらに七一三年（和銅六）備前から美作が分かれて、四か国となった。

吉備（吉備津神社）

きび・し【厳し】〔形シク〕❶厳重である。きびしい。例「大きなる柑子の木の、枝もたわわになりたるが、まはりを――・しく囲ひたりしこそ、少しことさめて」〈徒然草・一一〉訳大きなミカンの木で、枝もしなうほど実がなっているのが、周囲を厳重に囲ってあったのには、少し興ざめがして。❷激しい。手きびしい。例「まねうちするを聞かば、ましていかに――・しく言ひとがめむ」〈枕草子・宮仕人の里なども〉訳（客の供人が家の者の）口まねをするのを（家の者が）聞いたら、ましてどんなにか激しくしかることだろう。❸けわしい。鋭い。例「刀の刃の如くに、さしも――・しき岩角の中を浮きぬ沈みぬ五、六町こそ流れたれ」〈平家・五・文覚荒行〉訳刀の刃のように、あれほど鋭い岩の間を浮いたり沈んだりして五、六町も流された。❹（近世語）すばらしい。けっこうである。

きびす【踵】〔名〕《「くびす」とも》足のかかと。また、はき物のかかとの部分。例「北海の荒磯に――を破りて、今年湖水のほとりに漂ふ」〈芭蕉・幻住庵記〉訳（昨年は）北国の荒々しい海岸を旅してかかとをすりきらし、今年は湖（＝琵琶湖）のほとりを漂泊している。

きびは〔形動ナリ〕幼くてか弱い様子。幼少である。例「いとかう――・なるほどは、上げ劣りやと疑はしく思されつるを」〈源氏・桐壺〉訳全くこんな幼少の年頃では、（元服して）髪を上げたら（かえって）見劣りがするのではないかと（帝は）ご心配になっていたが（驚くほど、美しさが加わりなさった）。注光源氏ガ十二歳デ元服シタ時ノ様子。

黄表紙〔近世小説のジャンル名〕⇩きべうし（黄表紙）

き-ひん【気稟】〔名〕先天的な優れた気質。生まれつき。例「—の清質もっとも尊ぶべし」〈奥の細道・仏五左衛門〉訳（仏五左衛門の）生まれつきの清純素朴さは最も尊ばれるべきであろう。

き・ふ【来経】〔自ハ下二〕｛へ・へ・ふ・ふる・ふれ・へよ｝年月や時が経過する。来ては去り行く。例「万代(よろづよ)に年は—・ふとも梅の花絶ゆることなく咲き渡るべし」〈万葉・五・八三〇〉訳永遠に年は経過していっても、梅の花は絶えることなく咲き続けていくにちがいない。

きふ【急】(キュウ) ━〔形動ナリ〕❶さし迫った様子。突然。火急。例「人皆死あることを知りて、待つこと、しかも—・ならざるに、覚(おぼ)えずして来たる」〈徒然草・一五五〉訳人は皆死のあることを知っているが、それを待つことが、そんなにさし迫ってはいない時に、不意に(死は)訪れて来る。

❷せっかちな様子。短気。性急。例「いと—・に物し給ふ本性(ほんじやう)なり」〈源氏・夕霧〉訳(雲居雁(くもいのかり)は)たいそうせっかちに行動なさるたちですな。

━〔名〕❶雅楽の曲の終章。三部曲、すなわち序・破・急に分けた終わりのもの。拍子がこまかく速い。例「—になり、果つるほど、飽(あ)かずおもしろし」〈源氏・胡蝶〉訳(曲が)終章の急の調子になって、終わるところは、まだ終わってほしくない感じですばらしい。

❷謡曲の最後の一段。謡曲を五段、すなわち序一段・破三段・急一段に分けた終わりのところ。

❸能の上演で、五番立てと定めた時の最後の一番。神物(かみもの)が序、男物・女物・狂物(くるいもの)が破、鬼物が急で最後。

きふ-じ【給仕】(キュウ‥)〔名・自サ変〕貴人のそばに仕えて、飲食その他の雑用に従うこと。また、その人。後には、一般に飲食の世話をすることに用いられる。

黄表紙(きべうし)(キビョウシ)《近世小説のジャンル名》江戸中期の草双紙(=絵入リ短編小説)の一形態。『金々先生栄花夢』が出された一七七五年(安永四)以降、一八〇六年(文化三)までに江戸で刊行された草双紙をいう。特にこの時期に限って黄表紙と呼ぶのは、滑稽(こつけい)、風刺、洒落(しやれ)に満ちた大人向きの絵入り小説であった内容と、その表紙が萌黄(もえぎ)色であったことに由来する。

き-へな・る【来隔る】〔自ラ四〕｛ら・り・る・る・れ・れ｝《上代語》来て遠く隔たる。例「あしひきの山—・りて遠けども心し行けば夢(いめ)に見えけり」〈万葉・一七・三九八二〉訳山をやって来て(二人は)遠く隔たっているけれども、互いに心が行き通っているので夢に見えたのだね。注「遠け」ハ「遠し」ノ上代ニダケ見ラレル已然形。

き-ぼ【規模】〔名〕❶見習うべきもの。模範。手本。例「累代(るいだい)の公物(くもつ)、古弊(こへい)をもちて—とす」〈徒然草・九九〉訳代々を経て伝わった朝廷の器物は、古びていたんでいることをもって模範とする。

❷中心、また第一となること。眼目。代表。例「『松が咲きけり』といふ言葉、この松が崎の能に—なれば」〈申楽談儀〉訳「松が咲きけり」という言葉が、この松が崎の能では眼目であるから。

ぎ-ぼうしゅ【擬宝珠】〔名〕(「ぎぼうし」「ぎぼし」とも)橋の欄干(らんかん)の柱の頭などに付ける金属製の飾り、形が葱(ぎね)の花に似ている。

ぎぼうしゅ

ぎ-ぼし【擬宝珠】〔名〕⇩ぎぼうしゅ

きほひ【競ひ】(キオイ)〔名〕《動詞「きほふ」の連用形の名詞化》❶きそいあうこと。また、そこから生じる激しい勢い。例「いと荒ましき風の—に、ほろほろと落ち乱るる木の葉の露の散りかかるも」〈源氏・橋姫〉訳すごく荒々しい風の勢いで、はらはらと落ち乱れる木の葉の露が散りかかるのも。

❷力の入れようから生じる、物のはずみ。例「『かかる—には、慕ふやうに心あわたたし』と、いさめ給ひて」〈源氏・若菜・上〉訳(朧月夜(おぼろづきよ)は尼になろうとしたが、朱雀院(すざくいん)は)「このような(=私ノ出家ニ続ク)もののはずみであっては、後を追いたてて来るようで気ぜわしい」と、おいさめになって。

きほ・ふ【競ふ】(キオウ)〔自ハ四〕｛は・ひ・ふ・ふ・へ・へ｝❶負けまいと互いに張り合う。競う。例「渡る日の影に—・ひて尋ねてな清きその道またも会はむため」〈万葉・二〇・四四六九〉訳(東から西へ)渡る日の光に負けないように張り合って尋ね求めよう、清い仏の道を。来世で再び会うために。

❷先を争うように散る。散り急ぐ。散り乱れる。例「風に—・へる紅葉(もみぢ)の乱れなど、あはれとげに見えたり」〈源氏・帚木〉訳風にきそうように散っている紅葉の散乱する様子などが、まことに情趣深く見えた。

き-み【気味】〔名〕(「きび」とも)❶香りや味。風味。

❷味わい。趣。例「人事(じにん)多かる中に、道を楽しぶより—深きはなし」〈徒然草・一七四〉訳人間生活でやることの多い中で、仏道を楽しむよりも味わいの深いものはない。

❸気持ち。心地。気分。

きみ

【君・公】 ━〔名〕❶国家の元首。君主。天皇。例「国のため、—のために、止(や)むことを得ずしてなすべきこと多し」〈徒然草・一二三〉訳国家のため、天皇のために、どうあってもしなくてはならないことが多い。

❷自分の仕える主人。主君。例「命を捨てても、おのが—の仰せごとをばかなへむとこそ思ふべけれ」〈竹取・竜の首の玉〉訳(最高の従者とは)たとえ命を捨てても、自分の主君のご命令を達成しようと思わなければならない。

❸貴人を指していう語。例「—はものも覚(おぼ)え給はず、我かのさまにておはし着きたり」〈源氏・夕顔〉訳光源氏は前後不覚で、正体を失った状態のまま(二条院に)お着きになった。

❹上代の姓(かばね)の一つ。転じて(人名や官名などの下に「…の—」の形で付いて)尊敬の意を表す。…さま。…の殿。「大将の—」「通任(みちたふ)の—」「小少将の—」など。

❺遊女。

━〔代名〕《人称代名詞。対称》あなた。例「春日野の雪間(ゆきま)を分けて生ひ出(い)で来る草のはつかに見えし—はも」〈古今・恋一・四七八〉訳春日野(かすがの)の雪の消えた所を押し分けて芽吹いてくる小さな草のように、ほんのわずか姿の見えただけのあなたは(どうしておられるか、恋しいことです)。

━〔接尾〕人を示す名詞の下に付いて尊敬の意を表す。「尼—」「姫—」「若—」など。

君が着(き)る《枕詞》(「君が着る御笠(みかさ)」から)「三笠」にかかる。

君がさす《枕詞》(「君がさす御笠(みかさ)」から)「三笠」にかかる。

君が代(よ)　主君のご寿命。天皇の統治なさる御代(みよ)。例「—を何にたとへむさざれ石の巌(いはほ)とならむ程も飽かねば」〈拾遺・賀〉訳私の仕える君のご寿命を何にたとえて祝ったらいいだろうか。小さい石が大きな岩となるような長い年月でもなお不足なので。注 清原元輔ガ藤原実頼ノ五十ノ賀ニ詠ンダ歌。

参考 国歌「君が代」は『古今集(賀・三四三)』の歌に基づくが、古今集では第一句が「わが君は」となっている。これが「君が代」の形になるのは、室町時代以降である。

きみ-が-きる【君が着る】 ⇩「きみ(君)」子項目

きみ-が-さす【君がさす】 ⇩「きみ(君)」子項目

きみ-きみ【君君】〔名〕この君、かの君。それぞれの主君たち。例「おのが―の御ことめできこえ」〈枕草子・宮仕へする人々の出で集まりて〉訳(宮仕えする人々が集まって)それぞれ自分たちの主人のことをほめ申し上げて。

きみゃう-ちゃうらい【帰命頂礼】〔名〕(仏教語)仏に帰依し、頭を仏の足にすりつけて礼拝すること。また、仏を拝むとき唱える語。

き-むか・ふ【来向かふ】〔自ハ四〕(は・ひ・ふ・ふ・へ・へ)こちらに向かって近づいて来る。やって来る。例「日並(ひなみし)の皇子(みこ)の命(みこと)の馬並(な)めて御狩(かり)立たしし時は―・ふ」〈万葉・一・四九〉訳日並の皇子の命(＝草壁皇子)が馬を並べて狩りにお出ましになった時刻が近づいてくる。

きむ-だち【公達・君達】〔名〕⇩きんだち

きむ-ぢ〔代名〕(「きんぢ」とも)(人称代名詞。対称)あなた。そなた。きみ。

きも【肝】〔名〕❶肝臓。また、内臓の総称。例「しかるに腹に病あるによりて、『猿の―なむその薬なる』と聞きて」〈今昔・五・二五〉訳ところが腹に病気があるので、「猿の肝臓がその(病気を治す)薬だ」と聞いて。❷しっかりした気持ちや考え。気力。思考力。例「参りてはいとど心苦しう、心・―も尽くるやうになむ」〈源氏・桐壺〉訳こちらのお宅に参上してみるとひどくお気の毒で、心も気力も失せるようで(ご)ざいます。

肝消(き)・ゆ 非常に驚く。「肝つぶる」とも。例「皇子(みこ)は我にもあらぬ気色(けしき)にて、―・え居給へり」〈竹取・蓬萊の玉の枝〉訳くらもちの皇子は茫然(ぼうぜん)とした様子で、肝がつぶれて座り込んでおられる。

肝潰(つぶ)・る 非常に驚く。生きた気がしない。例「おのおの―・るるやうに争ひ走り上(のぼ)りて」〈徒然草・一三七〉訳それぞれ皆驚きあわてた様子で(行列を見ようと桟敷(さじき)に)先を争って走って上り。

肝太(ふと)・し 肝っ玉が太い。大胆である。例「心ばへ賢く、―・く、おしからだちてなんおはしける」〈宇治拾遺・七・三〉訳(三条中納言という人は)気だてがすばらしく、剛胆で、押しが強くていらっしゃった。

きも-いり【肝入り・肝煎り】〔名〕❶世話をやくこと。また、それをする人。世話役。❷庄屋(しょうや)。名主。村長。

きも-き・ゆ【肝消ゆ】 ⇩「きも」子項目

きも-ごころ【肝心】〔名〕精神。正気。例「―も失(う)せて、防(ふせ)がんとするに力もなく、足も立たず」〈徒然草・八九〉訳正気も失って、(「猫また」を)防ごうとするのに力も出ず、足も立たない。

参考「きもごころ」のように連濁しなかったかもしれない。

きも-だましひ【肝魂】〔名〕❶胆力。肝っ玉。❷心。例「見る人聞く者―を痛ましめずといふことなし」〈平家・九・小宰相身投〉訳見る人も聞く人も誰もが心を痛めたのであった。

参考「きもたましひ」のように連濁しなかったかもしれない。

きも-つぶ・る【肝潰る】 ⇩「きも」子項目

きも-ふと・し【肝太し】 ⇩「きも」子項目

き-もん【鬼門】〔名〕陰陽道(おんようどう)で、たたりをする鬼の出入りする所として忌み嫌う方角。東北の方角。また、東北の角(かど)。

きゃう【京】〔名〕❶君主の住む宮殿のある所。都(みやこ)。帝都。例「昔、男、初冠(うひかうぶり)して、奈良の―、春日の里に領(し)る由して、狩りに往(い)にけり」〈伊勢・一〉訳昔、ある男が、元服して、奈良の都、春日の里に領有する土地のある縁で、そこへ狩りに出かけた。❷特に、平安京。平安時代以後の京都。例「―にて生まれたりし女子(をんなご)、国にてにはかに失(う)せにしかば」〈土佐・十二月二十七日〉訳京の都で生まれた女の子が、任国(の土佐)で急に亡くなってしまったので。

参考 京を「きゃう」と訓(よ)むのは呉音である。漢音は「けい」、唐音は「きん」である。京の字は、象形文字で丘の上に建つ高大な家を表し、宮殿を示す。

きゃう【経】〔名〕仏の言行や教えを記した書物。仏教の経典。お経。例「―を高うは聞こえぬほどに読みたるも」〈枕草子・正月に寺にこもりたるは〉訳お経を声高くは聞こえない程度に読んでいるのも。

きゃう【卿】〔名〕❶八省(中務(なかつかさ)・式部・治部・民部・兵部(ひょうぶ)・刑部(ぎょうぶ)・大蔵・宮内)の長官。❷三位、および参議以上の官人。公卿(くぎょう)。また、これらの官位の人の名の下に付ける尊称。❸事に当たる際に、長として選ばれた者。上卿(しょうけい)。

きゃう【境】〔名〕❶土地のさかい。地域。境界。❷(仏教語)思念や認識の対象。

きゃう【饗】〔名〕酒や食物でもてなすこと。饗応。

ぎゃう【行】〔名〕❶(仏教語。「修行(しゅぎゃう)」の略)僧や修験者(しゅげんじゃ)などが仏の教えのとおりに実践すること。例「念仏の時、睡(ねぶ)りにおかされて―を怠り侍(はべ)ること、いかがしてこの障りを止め侍らむ」〈徒然草・三九〉訳念仏の際、睡魔に襲われて念仏修行をおろそかにしますこと(があります)が、どのようにしてこの障害を阻止しましょうか。❷位階と官職とをともに記す時、位階が官職よりも上位の場合、位階と官職との間に置く語。「従四位上―摂津守右京大夫」など。❸書体の「行書」の略。

ぎゃう-えふ【杏葉】〔名〕(形が杏(あんず)の葉に似ていることから)❶馬具の飾りの一種。金属製または革製で鞦(しりがい)などに付ける。❷胴丸の鎧(よろい)の両肩に付ける金具。

ぎゃうえふ①

きゃう-おう【饗応】〔名・自サ変〕(「きゃうよう」とも)❶(響きが声に応ずるように)他人の言動にすぐ賛成すること。調子を合わせること。例「―・し、もてはやし聞こえさせ給ひつる興もさめて」〈大鏡・道長・上〉訳（関白道隆は、道長に）調子を合わせて、丁重にもてなし申し上げなさった楽しさもさめて。

❷酒食を出してもてなすこと。例「客人の――なども、ついでをかしきやうにとりなしたるも、まことによけれども」〈徒然草・二三一〉訳来客のためのごちそうなども、その場にぴったり合うように用意したのも、本当によいが（ただなんとなくという風に客の前に出してきたのは、大変よい）。

きゃう-か【狂歌】〔名〕構想・用語に、滑稽・洒落を盛りこみ、ユーモアを内容とする和歌。『万葉集』の「戯咲歌」や『古今集』の「誹諧歌」の系統をひき、平安時代末期には歌合わせなどの余興としても行われた。鎌倉時代の「俳諧の連歌」や、社会風刺の落首をもいう。江戸時代に大流行し、文学のジャンルとして確立した。

きゃう-がい【境界】〔名〕（仏教語）❶感覚や精神が働く対象。外界。例「――なければ、何につけてか破らん」〈方丈記・境涯〉訳（仏道修行者としての戒めを絶対守ろうとするわけではないが、話す）相手がいないので、何一つとして（無言の行を）破ることがない。

❷前世の因縁によって運命として与えられた境遇。

ぎゃう-がう【行幸】〔名・自サ変〕（「ぎゃうかう」とも）尊敬語。天皇が外出なさること。お出まし。みゆき。

> 参考　現在では「ぎょうこう」と連濁しないのが普通であるが、江戸時代初期までは「ぎゃうがう」であった。皇太后・皇后・皇太子などについては「ぎゃうけい（行啓）」、上皇・女院などについては「ごかう（御幸）」という。漢語では区別するが、和語ではいずれも「みゆき」。

きゃう-きゃう【軽軽】（形動ナリ）（「きゃう」は「軽」の呉音）言動が軽々しい。軽率である。例「さるは、いと――なりや、この事のさまよ」〈源氏・若菜・上〉訳そうはいっても、（身分の高い者にとっては）たいそう軽々しいですね、このこと（＝蹴鞠）の有様はねえ。

きゃう-く【狂句】〔名〕❶滑稽な付け方をする連歌。また、その付け句。無心の連歌。俳諧。

❷（特に、松尾芭蕉において）風狂の精神に基づく自由闊達で洗練された俳諧を卑下していう語。例「かれ、――を好むこと久し」〈芭蕉・笈の小文〉訳彼（＝芭蕉）は、昔からずっと俳諧を好んできた。

きゃう-くやう【経供養】〔名・自サ変〕経文を書写し、それを仏前に供えて法会を行うこと。

ぎゃう-けい【行啓】〔名・自サ変〕（「ぎゃうげい」とも）尊敬語。三后（太皇太后・皇太后・皇后）、または皇太子・皇太子妃が外出なさること。お出まし。

きゃう-げう【経教】〔名〕経文。また、そこに書かれてある教え。例「――にもよろづの物の譬へには亀鶴を以て譬へたり」〈今昔・五・二四〉訳仏教の教えでもすべての物のたとえに亀と鶴をもってたとえている。

きゃう-げん【狂言】〔名〕❶道理に合わない言葉。

❷ふざけた言葉。冗談。

❸室町時代に発達した笑劇。田楽・猿楽の伝統を継ぎ、現在では、多く能楽の間に演じられる。能狂言。

❹（「歌舞伎狂言」の略）歌舞伎の出し物。

きゃうげん-きぎょ【狂言綺語】〔名〕道理に合わない言葉や、表面を美しく飾った誠のない言葉。ふつう、詩歌・小説の文章をいう。例「――の理と言ひながら、つひに讃仏乗の因となるこそあはれなれ」〈平家・九・敦盛最期〉訳狂言綺語でさえ仏道に入る原因となる道理があるとは言いながら、（敦盛の笛が熊谷直実を感動させて）とうとう出家入道させる原因となったのは感銘深いことだ。

> 要点　本来、仏教の立場から、詩歌文章をいう。白楽天の文章が次の形で『和漢朗詠集』に収められていて有名になった。「願はくは今生世俗の文字の業――の誤りをもって飜して、当来世々讃仏乗の因、転法輪の縁とせむ」訳私はこの世で世俗の文学を仕事としてうそ飾った言葉で人をだます過失を犯したが、この罪を来世では仏法を賛嘆し、説法する因縁にしたいと願う。

きゃう-ご【向後・嚮後】〔名・副〕⇩きゃうこう

きゃう-こう【向後・嚮後】〔名・副〕（「きゃうご」とも）これから後。今後。例「――傍輩のため奇怪に候ふ」〈平家・八・太宰府落〉訳（その振る舞いは）今後彼らの仲間への影響を考えるとけしからんことです。

京極【地名】京都、平安京の東京極大路、西京極大路の略称。東西の端を南北に縦断している大路。特に、東京極大路をいい、現在の「寺町通り」がその一部である。

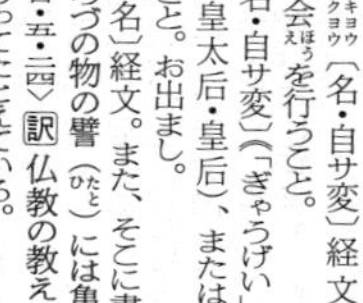

京　極

京極為兼〔人名〕鎌倉後期の歌人。藤原定家の曽孫。保守的な二条派に対抗し、沈滞した歌壇に新風を吹き込んだが、政争に巻き込まれ、佐渡・土佐（＝高知県）に流された。『玉葉和歌集』の選者。⇩玉葉和歌集

きゃう-ざく【警策】〔形動ナリ〕（「かうざく」とも）（詩文・人物・事物などが）人を驚かせるほどすぐれている様子。際立ってすばらしい。例「文ども――に、舞・楽、物の音ども調ほりて」〈源氏・花宴〉訳詩なども大変優れていて、舞も音楽も、楽器の音もよく調っていて。

きゃう-ざま【京ざま】〔名〕京都の方角。例「いみじく大きなる人魂のたちて、――へなむ来ぬる」〈更級・夫の死〉訳とても大きな人だまが出て、京都の方へ来た。

ぎゃう-じ【行事】〔名〕❶催し事。また、それを行うこと。朝廷の行事は「公事」という。「年中――」「――官」など。

❷ある事を担当すること。また、その人。担当者。責任者。例「――する者のいと悪しきなり」〈枕草子・関白殿、二月二十一日に〉訳（車に乗る順が乱れたのは）担当する役人の大変な不手際です。

❸朝廷の行事・儀式を担当する役目。また、その人。「行事官」とも。

❹江戸時代に、町内や商人の組合の事務を扱う人。

きゃう-しき【京職】〔名〕京の行政・司法・警察をつかさどった役所。左・右両京におかれ、大内裏の南、朱雀大路の東西にあった。後に検非違使庁ができて、権限が多く移った。長官は、「大夫」で、正五位

上の人が任ぜられた。

きゃう-しゃ【狂者】〔名〕❶ふざけたことを言ったり、したりする人。❷風流に徹した人。風狂の人。例「先師の意をもって見れば、少し――の感もあるにや」〈去来抄・先師評〉訳なき先生(=芭蕉)の俳諧の心で(この句を)見ると、少し風流人の感じも出てこようか。

ぎゃう-じゃ【行者】〔名〕❶仏道を修行する人。修行者。例「弥陀如来雲に乗りて、光を放ちて――のもとにおはします」〈栄花・玉の台〉訳(阿弥陀堂の扉の絵は)阿弥陀如来が雲に乗って、光を発しながら修行者のところにやって来られる(ものである)。❷苦行を修する者。特に、修験道の行者。修験者。

ぎゃう・ず【行ず】〔他サ変〕{ぜ・じ・ず・ずる・ずれ・ぜよ}行う。特に、仏道などを修行する。例「老い来たりて、初めて道を――・ぜむと待つことなかれ」〈徒然草・四九〉訳老いがやって来て、その時になって初めて仏道を修行しようと待っていてはいけない。

きゃう-ぜん【饗膳】〔名〕ごちそうの膳。また、その酒・さかな。例「出仕して――などにつく時も、……わが前に据ゑぬれば、やがてひとりうち食ひて」〈徒然草・六〇〉訳(僧都は法要などに)参上してごちそうの膳などにつく時も、……自分の前に置かれると、すぐひとりだけ食べて。

きゃう-だう【経堂】〔名〕寺院で、経典を納めておくお堂。経蔵。

ぎゃう-だう【行道】〔名・自サ変〕(仏教語)❶仏道を修行すること。❷僧が読経しながら歩き回ること。また、その儀式。例「月夜に出(い)でて――・するものは、遣(や)り水に倒れ入りにけり」〈源氏・明石〉訳(明石の入道は、ぼけてしまって)月夜に外に出て経を読みながら歩いていたから、遣り水(=庭ニ作ッタ小川)に倒れてはまってしまった。

ぎやう-でん【宜陽殿・儀陽殿】〔名〕内裏の建物の一つ。紫宸殿の東にあり、皇室の御物が納めてあり、四方の廂は大臣・公卿の宿所に当てられた。

きゃう-と【凶徒・兇徒】〔名〕(「きゃうど」とも)悪人の仲間。謀反人。例「入道、身を捨てて――を追ひ落とし」〈平家・二・教訓状〉訳(私)入道清盛は、(平治の戦いでは)命をかけて謀反人を追い払い。

京都〘地名〙平安京。現在の京都市。桓武天皇が七九四年(延暦十三)平城京から遷都して以来、一八六九年(明治二)の東京遷都まで千余年の間、日本の首都として栄え、政治・文化の中心地であった。

ぎゃう-ぶ【行歩】〔名〕歩くこと。歩行。例「一日のうちに飲食・便利・睡眠・言語・――やむことを得ずして、多くの時を失ふ」〈徒然草・一〇八〉訳一日の中で食事・便通・睡眠・会話・歩行などやむを得ないことで、多くの(貴重な)時間を費やしてしまう。

ぎゃうぶ-きゃう【刑部卿】〔名〕〘官職の名〙刑部省の長官。正四位下の人が就任する。

ぎゃうぶ-しゃう【刑部省】〔名〕「八省」の一つ。裁判・刑罰をつかさどる役所。後に、検非違使庁ができてから権限が縮小した。今の法務省に当たる。「うたへのつかさ」とも。

ぎゃう-ぼふ【行法】〔名〕(仏教語)仏道の修行。例「その後は……いよいよ――怠らずして」〈今昔・一九・二八〉訳その後は……ますます修行に励んで。

きゃう-よう【饗応】〔名・自サ変〕(「応」の漢音は「よう」、「おう」は慣用音)⇩きゃうおう

きゃう-わらはべ【京童部】〔名〕京都の若者達。「きゃうわらんべ」「きゃうわらべ」「きゃうわらは」とも。

きゃう-わらんべ【京童部】〔名〕⇩きゃうわらはべ

ぎゃく-えん【逆縁】〔名〕(仏教語)❶仏道に反した悪事が、かえって仏に救われ仏道に入る因縁となること。対じゅんえん 例「聖教に値遇せし――朽ちずして、かへって得道の因ともなる」〈平家・一一・重衡被斬〉訳(経典を滅ぼすという悪行で)仏教に出会った逆縁は朽ち果てることなく、逆に仏道に入る因ともなる。❷順当でない縁にある者が死者をとむらうこと。親が子のために行うこと、年長者が年少者のために行うこと、無縁な者が行うことなどをいう。

きゃく-しき【格式】〔名〕(「かくしき」とも)❶「格」と「式」。「格」は律令の追加法令。「式」は律令の細則。弘仁・貞観・延喜年間に格式の編集がなされたが、現存するのは「類聚三代格」と「延喜式」。❷身分・家柄により、正式に定められた儀式・服装・乗り物などの規定。例「兵仗を賜りて宮中に出入(しゅつにふ)するは、みな――の礼を守る」〈平家・一・殿上闇討〉訳武装した随身を召し連れて宮中に出入りするということは、みな公の規定を守っている。

きゃ-しゃ【花車・華奢】〔名・形動ナリ〕❶上品で優雅なこと。また、そのようす。風流。例「よろづを――・にて暮らせし身なれども」〈西鶴・世間胸算用・一・三〉訳(この女は、武家の娘で)万事を優雅に暮らした身の上だが。❷姿・形がほっそりして上品なようす。

きゃつ【彼奴】〔代名〕〘人称代名詞。他称〙いやしめていう。あいつ。例「――に、もののわびしさ知らせんと思ふなり」〈宇治拾遺・一〇・六〉訳(人を殺した猿の)あいつに、悲しさというものを思い知らせようと思うのである。

きゃら-きゃら〔副〕幼児などの笑い声の形容。キャッキャッ。例「よくしたよくしたとほむれば、誠と思ひ、――と笑ひて」〈一茶・おらが春〉訳(障子紙をむしるのを)よくやったよくやったとほめると、本当(にほめられた)と思い、キャッキャッと笑って。

き・ゆ【消ゆ】

き・ゆ【消ゆ】〔自ヤ下二〕{え・え・ゆ・ゆる・ゆれ・えよ}❶今まであったものが消えてなくなる。見えなくなる。消える。例「明け離るるほどの黒き雲の、やうやう――・えて白うなり行くも、いとをかし」〈枕草子・雲は〉訳夜が明けきる時分の黒い雲が、だんだん消え去って白くなって行くのも、実に趣がある。❷死ぬ。亡くなる。例「やがて――・え給ひなば、かひなくなむ」〈源氏・若菜・上〉訳そのままお亡くなりになってしまったら、何にもなりません。❸意識がなくなる。正気を失う。例「信俊目もくれ、心も――・えて覚ゆる」〈平家・三・大納言死去〉訳(大納言の出家姿を見た家来の)信俊は目の前もまっ暗になり、正気を失うように思われた。

きゅう【急】〔形動ナリ・名〕⇩きふ

きゅう…【久…・旧…・九…・灸…】⇩きう…

きゅう-せん【弓箭】〔名〕❶弓と矢。例「甲冑をよろひ、――を帯(たい)し馳(は)せ集まる」〈平家・二・西光被

斬〉訳よろいかぶとを着て、弓矢を身につけて走り集まる。❷弓矢を取る身。武士。❸弓矢を取ること。戦い。例「——に携はらん者の謀(はかりこと)は、もっともかうこそあらまほしけれ」〈平家・一・殿上闇討〉訳弓矢を取ることに関係するような者の計略は、本当にこうでありたいものだ。

きゅう-ば【弓馬】〔名〕❶弓術と馬術。武芸。例「武士のこと・——の業(わざ)は、生仏(しやうぶつ)東国の者にて、武士に問ひ聞きて書かせけり」〈徒然草・二二六〉訳(平家物語を書く時)武士に関することや武芸のことは、生仏(＝人名)が東国生まれで、武士に尋ね聞いて(それを行長(ゆきなが)に)書かせたのであった。注「平家物語」ノ成立ニツイテノ記述。❷武士。例「義仲(よしなか)、いやしくも——の家に生まれて」〈平家・七・願書〉訳(私)義仲は、かりそめにも武士の家に生まれて。

きょ【虚】〔名〕《②③の対義語は「じつ(実)」》❶からっぽ。空虚。例「その心(しん)は、本(もと)——にして、物に応じて跡なし」〈西鶴・日本永代蔵・一・一〉訳人間の心は、元来からっぽであって、外界の事物に応じて善とも悪ともなる。❷うそ。いつわり。例「わが心底(しんてい)は、実(じつ)か——か」〈浮世・傾城禁短気・一・三〉訳(大切な金銀を出して、おまえの身請けをする)私の心の底は、真実かうそか。❸備えがないこと。すき。油断。例「その——に乗って……攻め寄せ攻め寄せ」〈浄・鎌倉三代記・三〉訳その(退く敵の)手薄なのに乗じて……攻め寄せ攻め寄せして。

きょ【裾】〔名〕束帯の下襲(したがさね)の、後ろに長く引いた部分。長さ・色などは、官位や時代によって異なる。

きょ（裾）

きょ【挙】〔名・他サ変〕推薦すること。推挙。例「大方、昔は前(さき)の頭(とう)の——により、後(のち)の頭はなることにて侍(はべ)りしなり」〈大鏡・伊尹〉訳だいたいに、昔は前任の蔵人(くろうど)所の長官の推挙によって、後任の長官は決まるものでございました。

ぎょ【御】〔接頭〕(漢語の名詞に付いて)尊敬の意を表す。特に、天皇・上皇の動作・行為・所有物などに付けることが多い。「——衣」「——意」「——感」「——製」など。

ぎょ-い【御衣】〔名〕《尊敬語》❶天皇のご衣服。❷後世、貴人の衣服。

ぎょ-い【御意】〔名〕《尊敬語》❶お考え。ご意向。例「——の通り、あなたこなたの御参会は、おびただしいことでござる」〈狂言・末広がり〉訳お言葉の通り、あちらこちらの会合は、お盛んなことでございます。❷おいいつけ。ご命令。

ぎょ-いう【御遊】(ユウ)〔名〕《尊敬語》天皇や上皇が催される音楽のお遊び。例「——もいまだ終はらざるに、ひそかにまかり出(い)でらるるとて」〈平家・一・殿上闇討〉訳(平忠盛(たいらのただもり)は舞をからかわれてその日の)歌舞のお遊びもまだ終わらないうちに、こっそり退出なさろうとして。

き-よう【器用】〔名・形動ナリ〕《もとは、役に立つ器の意》❶役に立つ能力を持っていること。また、その人。❷振る舞いや態度がすぐれているようす。また、その態度。例「あはれ、お——や。これぞ弓矢の大将と申すとも不足よもあらじ」〈謡曲・烏帽子折〉訳ああ、立派なお姿よ。これは武家の大将軍と申しても言い過ぎではないでしょう。❸技芸にすぐれていること。❹賢いこと。賢明なこと。

きょう【興】〔名〕❶おもしろいこと。楽しさ。興味。例「月の——も覚えず、くんじ臥(ふ)しぬ」〈更級・太井川〉訳(乳母(めのと)と別れて悲しく)月を眺める興味も感じられないようになり、ふさぎこんで横になってしまった。❷たわむれ。座興。例「まづ酒をすすめて、強(し)ひ飲ませたるを——とすること、いかなる故(ゆゑ)とも心得ず」〈徒然草・一七五〉訳(何か事があるごとに)まず酒をすすめ、無理に飲ませることをその場の楽しみとすることは、どういうわけかよくわからない。❸(文学論用語)『詩経(しきやう)』の「六義(りくぎ)」の一つ。自然の物で人の心を表す比喩(ひゆ)の方法。歌論・連歌論でも用いる。

興あ・り 興趣に富む。面白みがある。例「弁もいと才(ざえ)賢き博士(はかせ)にて、言ひ交はしたる事どもなむ、いと——・りける」〈源氏・桐壺〉訳右大弁もたいへん才のすぐれた物知りで、(高麗人(こまうど)と)話し合ったいろいろの話題などは、とても面白いものであった。

興に入(い)・る おもしろがって夢中になる。例「満座——・ること限りなし」〈徒然草・五三〉訳その場の全員がおもしろがることは大変なものだ。

興(を)咲(さ)か・す 興味を催させる。例「時々につけて——・すべき渚(なぎさ)の苫屋(とまや)」〈源氏・明石〉訳四季折々について興趣を引き立てるような波打ち際の(漁師の)草葺(ぶ)きの家。

きょう【今日】〔名〕⇩けふ

きょう【経・卿・京・境・饗】〔名〕⇩きゃう

きょう…【向…・警…・狂…】⇩きゃう…

きょう…【夾…・脇…】⇩けふ…

きょう…【教…・校…】⇩けう…

ぎょ-う【御宇】〔名〕《尊敬語。「宇」は、世界の意》天皇の世の中。御代(みよ)。例「清和天皇の——、貞観(ぢやうぐわん)十八年に初めて焼けたりければ」〈平家・一・内裏炎上〉訳(大極殿(だいごくでん)は)清和天皇の御代、貞観十八年に初めて焼けたので。

ぎょう【行】〔名〕⇩ぎゃう

ぎょう…【澆…】⇩げう…

きょう-あ・り【興有り】⇩「きょう(興)」子項目

きょう-が・る【興がる】〔自ラ四〕（ら・り・る・る・れ・れ）普通と違っていておもしろい。風変わりである。珍しい。

教行信証(きやうぎやうしんしよう)【書名】⇩けうぎゃうしんしょう(教行信証)

京極為兼(きやうごくためかね)【人名】⇩きゃうごくためかね(京極為兼)

きょう-じ【凶事】〔名〕不吉(ふきつ)なこと。縁起の悪いこと。例「あへて——なかりけるとなむ」〈徒然草・二〇六〉訳まったく悪いことは起こらなかったと(いう)。

きょう・ず【興ず】〔自サ変〕（ぜ・じ・ず・ずる・ずれ・ぜよ）おもしろみを感じる。おもしろがる。例「いときなき子をすかし、おどし、言ひ恥づかしめて——・ずることあり」〈徒然草・一二九〉訳幼い子をだましたり、おどしたり、(何か言って)からかっておもしろがることがある。

ぎょう-だう【凝当】ウ・ド（名）（「当」は底の意）杯の底に残った酒。また、それを捨てること。例「――と申し侍（はべ）るは、底に凝（こ）りたるを捨つるにや候ふらむ」〈徒然草・一五八〉訳（それを）凝当と申しますのは、杯の底に固まって（沈澱（ちんでん）して）いるの（＝酒）を捨てるという意味でございましょうか。

京都（きょうと）【地名】⇩きゃうと（京都）

きょう-な・し【興なし】（形ク）おもしろみがない。つまらない。例「おほかた振る舞ひて興あるよりも、――・くてやすらかなるがまさりたることなり」〈徒然草・二三一〉訳だいたい趣向を凝（こ）らしておもしろみのある（ようにする）よりも、おもしろみがなくてもわざとらしさのないのが勝っていることだ。

きょう-に-い・る【興に入る】⇩「きょう（興）」子項目

きょう-を-さか・す【興を咲かす】⇩「きょう（興）」子項目

ぎょ-かん【御感】（名）（尊敬語）天皇・上皇などが感心なさること。叡感（えいかん）。例「上皇（しやうくわう）――のあまりに内（うち）の昇殿を許さる」〈平家・一・殿上闇討〉訳（鳥羽）上皇は感動のあまり（平忠盛（たひらのただもり）を殿上人（てんじやうびと）にして）清涼殿の殿上の間への出入りをお許しになった。

ぎょ-き【御忌】（名）貴人や祖師の年忌の法会（ほふゑ）を敬って言う語。特に、陰暦正月十九日から七日間行われる法然上人（ほうねんしやうにん）（＝浄土宗ノ開祖）の年忌の法会。京都の知恩院（ちおんいん）のものが有名。

ぎょ-き【御記】（名）天皇や貴人が記した日記・記録。

きょ-きょ（副）驚き不安に思うさま。ギョッ。ギクッ。例「さも胸つぶれて、――と覚え侍りしわざかな」〈大鏡・道長・上〉訳まったく胆（きも）がつぶれて、ギョッとしたことでした。

きょく【曲】（名）❶（変化あるもの、の意から）おもしろみ。興味。愛想。❷音楽などの調子や節（ふし）。また、その作品。例「願はくはこの――を君に授け奉り」〈平家・七・青山之沙汰〉訳どうかこの（琵琶（びは）の）曲を君（＝村上天皇）にお教え申し上げ。

玉葉和歌集（ぎょくえふわかしふ）ギョクヨウワカシュウ【書名】第十四番目の勅撰和歌集。二十巻。伏見院の院宣により京極為兼（きやうごくためかね）撰。一三一二年（正和元）成立。二条家による勅撰集の続く中で、『風雅和歌集』とともに清新な風がある。伏見院、永福門院、俊成、定家、為家、為兼らの歌二千八百一首を収める。⇩京極為兼（きやうごくためかね）

きょくすい-の-えん【曲水の宴】（名）（「曲水」は、曲がりくねった流れ。「きょくすい」「ごくすいのえん」とも）陰暦三月三日の上巳（じやうし）の節句に、宮中や貴族の邸宅で行われた行事。曲がりくねった小川に杯を流し、曲がり角にいる参会者は杯が通過する前に詩歌を作って、その杯の酒を飲む。奈良時代に中国から伝わったもので、平安時代に盛んに行われた。

きょくすいのえん

ぎょく-たい【玉体】（名）（尊敬語）天皇のお体。例「荒き浪（なみ）、――を沈め奉る」〈平家・一一・先帝身投〉訳荒い波が、（安徳）天皇のお体を沈め申し上げる。

曲亭馬琴（きょくていばきん）【人名】江戸後期の戯作者。一七六七年（明和四）〜一八四八年（嘉永元）。本名、滝沢解（とく）。山東京伝（さんとうきやうでん）に師事して、黄表紙（きびやうし）を書いていたが、読本（よみほん）に力を入れるようになる。その読本は伝奇性に富み、勧善懲悪（くわんぜんちようあく）の筋書きを借り、壮大なロマンを構築した。主著『椿説弓張月（ちんせつゆみはりづき）』『南総里見八犬伝』。⇩南総里見八犬伝（なんそうさとみはっけんでん）

きょく-ほ【極浦】（名）❶きわめて遠い所にある海岸（の地）。例「夜――の波に宿（しゅく）すれば」〈和漢朗詠集・行旅〉訳夜、都を遠く離れた海岸に宿をとると。❷遠い水際。水平線のかなた。例「――の波を分け潮に引かれて行く舟は」〈平家・七・福原落〉訳水平線のかなたの波を分け海流に引かれて進む舟は。

きょく-ろ【棘路】（名）（昔、中国で、大臣の座の左右に、九本の棘（いばら）を植えたことから）公卿（くぎやう）の異称。

きよ-げ【清げ】

（形動ナリ）（「きよし」の語幹「きよ」＋接尾語「げ」）

「きよげ」は、清潔感あふれたすっきりした美しさを表し、現代語の「きれい」に近い。「きよら」が第一級の美を表し、これが現代語の「美しい」に当たる。

❶**清潔で美しい。きれいである。**例「――・なるおとな二人ばかり、さては童（わらは）ぞ出で入り遊ぶ」〈源氏・若紫〉訳こざっぱりして美しい女房が二人ほど、それから子供達が出たり入ったりして遊んでいる。

❷きちんと整っていて美しい。きちんとしている。例「人のもとにわざと――・に書きてやりつる文（ふみ）」〈枕草子・すさまじきもの〉訳ある人の所に特別にきちんときれいに書いてやった手紙。

きよ・し【清し】

（形ク）❶**清らかで美しい。**例「ぬばたまの夜の更けゆけばひさぎ生ふる――・き川原に千鳥しば鳴く」〈万葉・六・九二五〉訳夜が更けて行くと、久木の伸びた清い川原に千鳥がしきりに鳴いている。

❷（心が）清らかである。邪念がない。例「大夫（ますらを）の――・きその名を古（いにしへ）よ今の現（うつつ）に流さへる祖（おや）の子等（こら）ぞ大伴と佐伯の氏（うぢ）は」〈万葉・一八・四〇九四長歌〉訳大丈夫たる清く汚れのない名を昔から現在まで伝えてきた祖先の子孫なのだ、大伴氏と佐伯氏は。

❸（連用形を副詞的に用いて）**残るところなく、すっかり。**例「つねにおぼえたることも、人の問ふに――・う忘れてやみぬる折ぞ多かる」〈枕草子・うれしきもの〉訳ふだんは憶えていることも、人に聞かれるときっぱり忘れてしまっている時が多い。

きょじつ-ひにく【虚実皮膜】（名）近松門左衛門の演劇理論。芸術は虚と実の間の境目の微妙なところに成立するという考え。本物に似ていて、本物そっくりでないことがおもしろさを生むと説明する。日本文芸での虚構論のさきがけとして有名であり、穂積以貫（ほづみいかん）の『難波土産（なにはみやげ）』に収める次の文に基づく。「芸といふものは、実（じつ）と虚（きよ）との皮膜（ひにく）の間（あはひ）にあるものなり」訳演技というものは、真実(=リアリティー)と虚構(=フィクション)との境目の微妙なところに成立するものである。

> 参考 「皮膜」は「ヒマク」とする説もあるが、原文に「ヒニク」のふりがながある。「皮肉」の意で、皮と肉との間のごく微妙な間隙をいう。

きょじつ-ひまく【虚実皮膜】〔名〕⇩きょじつひにく

ぎょ-しゅつ【御出】〔名〕《尊敬語》貴人の外出。おでかけ。「しゅつぎょ(出御)」とも。例「殿下(てんが)の——とも言はず、一切(いっせつ)下馬の礼儀にも及ばず」〈平家・一・殿下乗合〉訳(平資盛の一行は、摂政基房の一行に出会っても)摂政殿下のお通りとも言わず、いっさい下馬の礼もとらないで。

ぎょしん-な・る【御寝なる】〔自ラ四〕{ら・り・る・る・れ・れ}《「寝る」意の尊敬語》おやすみになる。例「白河院は北首(ほくしゅ)に——・りけり」〈徒然草・一三三〉訳白河上皇は北の方を枕にしておやすみになったのだった。注普通、天皇ハ東カ南ニ枕ヲ置イテ寝タ。

ぎょ-たい【魚袋】〔名〕儀式や行幸に際して、束帯の、石帯に下げた飾り。細長い箱を白鮫の皮で包み、金か銀の魚の模様を付ける。三位以上は金、四・五位は銀のを用いる。

ぎょ-だう【魚道】〔名〕《「凝当(ぎょうだう)」とも》杯の底に残った酒。また、それで、他の人に回す杯の飲み口をすすぐこと。

清滝川(きよたきがは)〘川名〙京都市西北部を流れる川。愛宕山の東のふもとを流れて保津川に注ぐ。栂尾・槙尾・高尾を通る美しい渓流は桜・紅葉とともに古くから京の人々を魅了した。

清滝川

清原元輔(きよはらのもとすけ)〘人名〙平安中期の歌人。三十六歌仙の一人。深養父の孫で、清少納言の父。村上天皇の勅命により、源順・大中臣能宣らとともに『後撰和歌集』の撰進にあたり、「梨壺の五人」と称された。家集『元輔集』がある。⇩後撰和歌集(ごせんわかしふ)

きよ-まは・る【清まはる】〔自ラ四〕{ら・り・る・る・れ・れ}❶物忌みして心身を清らかに保つ。潔斎する。例「この人々もみな、精進(さうじ)し——・りてあるに」〈源氏・浮舟〉訳この女房達も皆、精進して心身を清らかにしていたのに。❷不浄でなくなる。潔白になる。例「今しもけざやかに——・りて、立ちにし我が名、今さらに取り返し給ふべきにや」〈源氏・若菜・上〉訳今になってきっぱりと潔白にしたところで、いったん立ってしまった自分の浮名を、今さらお取り消しになれるものだろうか。

きよ-ま・る【清まる】〔自ラ四〕{ら・り・る・る・れ・れ}けがれが除かれて清められる。清らかになる。例「山寺にかき籠(こも)りて仏に仕うまつるこそ、つれづれもなく、心の濁りも——・る心地(ここち)すれ」〈徒然草・一七〉訳山寺に籠って仏にお仕えするのこそ、退屈もせず、心の濁りも清められる感じがする。

清見潟(きよみがた)〘地名〙静岡県清水市興津の清見寺付近の海岸。海を隔てて南に三保の松原が眺望できる景勝地であった。平安時代にはその近くに清見が関が置かれた。歌枕。

清水(きよみづ) 一〘地名〙京都市東山区の清水寺のある五条坂付近の地。二〘寺名〙(「清水寺」の略)法相宗の寺。七九八年(延暦十七)坂上田村麻呂が建立。音羽山の山腹を利用して崖の上に舞台がしつらえてある。桜・紅葉の名所でもある。

清水寺

ぎょ-ゆう【御遊】〔名〕⇩ぎょいう

きよ-ら【清ら】 一〔形動ナリ〕《「きよし」の語幹「きよ」+接尾語「ら」》❶(人の容姿などが)**清らかで美しい。気品があって美しい。**例「世になく——・なる玉の男御子(をのこみこ)さへ生まれ給ひぬ」〈源氏・桐壺〉訳たとえようもなく美しい玉のような皇子までお生まれになった。❷(服装・調度などが)華やかで美しい。すばらしい。例「立てる人どもは、装束の——・なること、物にも似ず」〈竹取・かぐや姫の昇天〉訳(月から来て空中に)立っている天人達は、服装の華麗であること、たとえようもない。二〔名〕高度の華美。ぜいたく。例「万(よろづ)に——を尽くしていみじと思ひ、所狭(せ)きさましたる人こそ、うたて思ふところなく見ゆれ」〈徒然草・二〉訳万事にぜいたくを尽くしてえらいと思い、あたり狭しといばっている人は、いやはや思慮のないように思われる。

> 要点 「きよし」の清浄感に、さらに光り輝く感じが加わった語。平安時代では「きよげ」より一段上の最高美を表す。

去来抄(きょらいせう)〘書名〙江戸中期の俳論。向井去来著。去来没後七十一年の一七七五年(安永四)刊。松尾芭蕉およびその門人の俳句についての論談を集成したもの。芭蕉が批評をした「先師評」、門弟達が互いを評した「同門評」、俳諧の本質論、修行に関することなどの「修行」の三部から成る。このほかに、俳諧の法式などを論じた「故実」篇があったが、安永版では刊行に際して省かれたらしい。⇩向井去来(むかゐきょらい)

ぎょ-りん【魚鱗】〔名〕陣立ての一種。魚のうろこのように、中央部に兵力を多くし、山形に兵士を配置するもの。

き-よ・る【来寄る】〔自ラ四〕{ら・り・る・る・れ・れ}また、寄せて来る。例「年ごろを住みし所の名にしおへば、——・る波をもあはれとぞみる」〈土佐・一月二十九日〉訳幾年かを過ごした土地の名を持っているものだから、寄せて来る波までもあ懐かしいと思ってみる。

き-ら【綺羅】〔名〕《「綺」は、あやおりの絹。「羅」は薄絹》❶美しい衣服。例「——充満して堂上(たうしやう)花のごとし」〈平家・一・吾身栄花〉訳美しい衣服(の貴族)が満ちあふれて御殿の中は花が咲いたようである。❷はなやかなこと。美しさ。例「万(よろづ)の物の——・飾り・色ふしも、夜のみこそめでたけれ」〈徒然草・一九一〉訳いろいろな物の美しさ、飾り、色合いも、夜が特に見事である。❸権勢が盛んなこと。繁栄。例「世のおぼえ、時の――めでたかりき」〈平家・一・東宮立〉訳(平時忠は)世間の評判も、当時の繁栄も立派なものであった。❹威光・威厳があること。例「武士は――を本(とも)として」〈西鶴・日本永代蔵・一・四〉訳武士は威儀を正すことを本分にして。

きら-きら〔副〕❶光り輝くさま。キラキラ。例「山は鏡を懸けたるやうに、――と夕日に輝きたるに」〈源氏・浮舟〉訳(宇治の)山は(雪が積もって)鏡を懸けたように、キラキラと夕日に輝いているので。❷光り輝くように派手に。きらびやかに。例「言葉づかひ、――と」〈源氏・若菜・下〉訳言葉遣いは、きらびやかで。❸ぶしつけな笑い声の形容。キャアキャア。ケラケラ。

きら-きら・し〔形シク〕《「きらぎらし」とも。「きらめく」などの「きら」を重ねて形容詞化した形》❶きらきら光っている。例「茎はいと赤く――・しく見えたるこそ」〈枕草子・花の木ならぬは〉訳(ユズリ葉の)茎はとても赤くてきらきらと輝いて見えるのは。❷(容姿が)整った感じで美しい。端正である。例「腰細のすがる娘子(をとめ)のそのかほの――・しきに」〈万葉・九・一七三八長歌〉訳腰がすらりとしたスガル(=ハチノ一種)のような乙女で、その容姿が整って美しい上に。❸(容姿・態度・儀式のさまなどが)堂々としていて立派である。いかめしく整った感じである。また、派手で美しい。きらびやかである。例「――・しくよきなどをば、いとさしも押しひしがず」〈枕草子・よろづのことよりも〉訳いかめしく立派な車などを、それほどひどく押しやったりはしない。❹(視覚的・聴覚的・心理的に)際立って感じられる。目立っている。格別な感じがする。例「堂童子など呼ぶ声、山びこ響きあひて――・しう聞こゆ」〈枕草子・正月に寺にこもりたるは〉訳(寺に来た使者が取次ぎを求めて)寺の小僧などを呼ぶ声が、反響して際立って大きく聞こえる。

> 要点 上代には①の意に用い、②以下は平安時代以降の用法である。同系の副詞「きらきらと」が、光線の輝いている状態をいうのに対し、「きらきらし」は①のように状態を表す用法もあるが、話し手の判断を含んで用いるのが普通である。平安時代以降の用例には、派手で目立ちすぎるものに対する軽い不快感を伴っていると見られるものもある。

き-らく【帰洛】〔名・自サ変〕《「洛」は古代中国の都「洛陽」》都に帰ること。帰京。例「日ごとに熊野詣でのまねをして、――のことをぞ祈りける」〈平家・二・康頼祝言〉訳(鬼界が島に流された平康頼(やすより)と藤原成経(なりつね)は)毎日熊野参詣(けいきん)のまねをして、帰京のことを祈った。

きら・す【霧らす】〔他サ四〕{さ・し・す・す・せ・せ}《「霧(き)る」の他動詞形》(霧や雪などが)あたり一面を曇らせる。例「あかねさす光は空に曇らぬをなどてみゆきに目を――・しけむ」〈源氏・行幸〉訳日の光は空に輝いて曇らないのに(=帝ハ曇ルコトナクオ美シイノニ)、どうしてあなたは雪に目を曇らせて、行幸の日の帝のお姿を拝見しなかったのでしょう。注「あかねさす」ハ「光」ノ枕詞。「み雪」ニ「行幸(みゆき)」ヲ掛ケル。

きらび-やか〔形動ナリ〕《「やか」は接尾語》❶派手で美しい様子。華麗である。例「宮柱太しく、彩椽(さいてん)――・に」〈奥の細道・塩釜明神〉訳(塩釜(しおがま)神社は)社殿の柱がどっしりしていて、彩色した垂木(たるき)も色鮮やかで。❷きっぱりとした様子。

きら・ふ【嫌ふ】(キロウ)〔他ハ四〕{は・ひ・ふ・ふ・へ・へ}❶いやだと退ける。いやがる。例「殿上(てんじやう)の交はりをだに――・はれし人の子で」〈平家・二・西光被斬〉訳(他の殿上人達から)殿上での交際をさえいやがられた人の子で(太政大臣まで出世したのは身に過ぎたことではないだろうか)。❷えり好みする。区別する。

きら・ふ【霧らふ】(キロウ)〔連語〕《上代語。動詞「霧る」の未然形+反復・継続の助動詞「ふ」》霧や霞(かすみ)で曇る。一面にたちこめる。例「秋の田の穂の上(へ)に――・ふ朝霞(あさがすみ)いつへの方に我(あ)が恋止(や)まむ」〈万葉・二・八八〉訳秋の田の稲穂の上にたちこめている朝霞のように、いったいどこに私の恋は消えて終わるのだろうか。

きら-め・く【煌めく】〔自カ四〕{か・き・く・く・け・け}《「めく」は接尾語》❶きらきらと光る。例「頭(かしら)は銀(しろかね)の針を磨きたてたるやうに――・き」〈平家・六・祇園女御〉訳(光る怪物の)頭は銀の針を磨きあげたようにきらきらと光り。❷はなやかに飾り立てる。盛装する。例「公卿(くぎやう)も殿上人(てんじやうびと)も今日(けふ)を晴れと――・いてこそありしか」〈平家・一・一門大路渡〉訳公卿も殿上人も今日を晴れの日とばかりに盛装していたことだ。

きらら【雲母】〔名〕雲母(うんも)。鉱物の一種。薄く剝離(はくり)し光沢があって美しいので、工芸などによく利用される。

きら-らか【煌らか】〔形動ナリ〕《「らか」は接尾語》きらきら輝いて美しい様子。きらびやかである。例「今めかしく――・ならねど」〈徒然草・一〇〉訳(身分も高く教養のある人の住まいは)当世風にきらびやかではないが。

きり【切り】《動詞「切る」の連用形の名詞化》㊀〔名〕❶区切りを付けること。段落。限度。期限。終わり。例「請人(うけにん)なしに、その一人の手形にて――も定めず貸しける」〈西鶴・西鶴織留・五・四〉訳保証人なしで、その人だけの借用証で返済期限も付けずに金を貸した。❷能で、曲の最終場面。❸歌舞伎(かぶき)や浄瑠璃(じやうるり)で、最後の幕や場。㊁〔接尾〕切った物を数える時に用いる、助数詞。きれ。

きり【霧】〔名〕《動詞「き(霧)る」の連用形の名詞化》細かい水滴が地面や水面に立ちこめる現象。(季・秋)例「霞(かすみ)も――もへだてぬ空のけしきの、何となくすずろにをかしきに」〈枕草子・四月、祭の頃〉訳(春の)霞も(秋の)霧も隔てさえぎらない(初夏の澄んだ)空の様子は、何となく心が浮きたつが。例「――しぐれ富士を見ぬ日ぞおもしろき」〈芭蕉・野ざらし紀行〉訳箱根を越える日は、山中薄く濃く霧が流れてあたりの山なみは皆霧に隠れてしまった。間近く見えるはずの富士もまったく見えないが、(霧の背後に隠れている富士の威容を心に描きつつ山路をたどるのも)また、一興である。

> 要点 上代には春の「かすみ(霞)」のことも「霧」ということもあったが、平安時代からは、秋の現象だけに用いる。一般に**「かすみ」は「たなびく」で表し、「きり」は「立つ」という。**

霧の迷(まよ)ひ(ヨイ・マ)霧が立ち込めて、周りの物が見分けられなくなること。霧の紛れ。転じて、心の迷い。例「いぶせかりし――もはるけ侍（はべ）らむ」〈源氏・橋姫〉訳うっとうしかった心の迷いも晴らしましょう。

ぎ-り【義理】〔名〕〔物事のあるべき正しい筋道や道理の意〕❶（文章や語句などの）意味。内容。例「願はくは、経の――を悟りて、衆生（しゅじゃう）のために演（の）べ説かむ」〈今昔・七・四三〉訳できることなら、経文の意味を理解して、大衆のために説明してやりたい。
❷（演劇理論において）筋の組み立て。構成。例「物まね・――を本（ほん）として」〈風姿花伝・五〉訳（大和猿楽（やまとさるがく）の芸風は）物まねや劇の筋立てを第一としていて。
❸そうあるべき正しい筋道。道義。例「弓矢の――、これにしかじ」〈曽我・二・九〉訳武士としてのあるべき道は、これ（＝討チ死ニシテ名ヲトドメルコト）に及ぶものはなかろう。
❹（対人関係・社会生活などで）ⓐ信頼に答えるべく、当然果たさねばならぬ務め。責任。義務。例「ああ、大坂（おほざか）の――は欠かれまい」〈近松・冥途の飛脚・下〉訳（我が子には会いたいが）ああ、大坂の家との関係から道にはずれるわけにはいかない。
ⓑ付き合い上、意に反しても行わねばならぬ務め。付き合い。例「ありゃ、――でした色さ」〈洒落本・傾城四十八手・やすい手〉訳あれは、仕方なしにした色事さ。

> 参考 江戸時代の文学中、西鶴や近松の作品では、多く、人間の情的な結びつきに基づいた、相手の信頼に対する呼応としての「義理」が描かれる。しかし、封建体制の確立に伴い、近松以降の文学作品では、多く、個人の私的な情愛と対立するものとして、主君や家などの公的世界への義務としての「義理」が描かれるようになった。さらに、明治以降、経済価値優先の立身出世社会にあっては、経済原則に対立する、心の純粋さとしての「義理＝人情」の世界が文学に描かれることになる。

きり-かけ【切り懸け】〔名〕板べい。柱に横板をよろい戸のようにはったもの。中庭や門と入り口の間に立てて、しきりとする。

きり-かみ【切り髪】〔名〕（「きりがみ」とも）❶切り取った髪の毛。❷肩の辺りで切り揃えた少女の髪形。振り分け髪。❸江戸時代、髷（まげ）を結わずに、短く切って束ねた髪形。未亡人などが用いた。例「根よりふっつと――を見るに」〈浄・新版歌祭文・中〉訳根元からぷっつりと切った切り髪姿を見て。

きりかみ③

きりぎりす【蟋蟀】〔名〕虫の名。コオロギの古名。例「我のみやあはれと思はむ――鳴く夕かげの大和撫子（やまとなでしこ）」〈古今・秋上・二四四〉訳私だけがきれいだと思って見るだけで（空しく散ってしまうのか）、コオロギが寂しく鳴く中で、夕日をあびた大和ナデシコ（＝河原ナデシコ）の花は。

> 要点 今のキリギリスは鳴き声が機織（はた）おりの音に似ていることから、古くは「はたおり」といった。また「きりぎりす」の鳴き声を「つづりさせ」ともいう。「冬の準備に着物をぬい合わせ、針（はり）を刺せ」と、うながすように鳴くという意味である。⇩こほろぎ要点

きり-くひ【切り杙・切り杭】（…クイ）〔名〕木の切り株。例「かの木を切られにけり。その根のありければ、『――の僧正』と言ひけり」〈徒然草・四五〉訳（あだなの原因になった）木を切ってしまわれた。その切り株が残ったので、（人々は今度は）「きりくいの僧正」と呼んだ。

キリシタン【吉利支丹・切支丹】〔名〕（ポルトガル語Christão（＝キリスト教ノ・キリスト教徒）から）カトリック派のキリスト教。また、その信者。一五四九年（天文十八）、ジェスイット派の宣教師フランシスコ・ザビエルらによって、わが国に伝えられた。天主教。

きり-そん・ず【切り損ず】〔他サ変〕（ぜ・じ・ず・ずる・ずれ・ぜよ）切って負傷させる。例「腰――・ぜられて、かたはになりにけり」〈徒然草・八七〉訳（命はとりとめたが）腰を切られ傷つけられて、身体障害者になってしまった。

きり-つぼ【桐壺】〔名〕淑景舎（しげいしゃ）の別名。「壺（＝中庭）」に桐の木が植えてあったので、この名がある。

桐壺更衣（きりつぼのかうい）（…コウイ）〔人名〕『源氏物語』の登場人物。光源氏の母。後楯（うしろだて）のない身で桐壺帝に寵愛（ちょうあい）され、光り輝くばかりの皇子（＝光源氏）を産むが、第一皇子の母弘徽殿女御（こきでんのにょうご）をはじめとする他の女御・更衣達から恨まれ、病を得て里に下った後、三歳の光源氏を残して死去してしまう。

桐壺帝（きりつぼのみかど）〔人名〕『源氏物語』の登場人物。光源氏の父。桐壺更衣（きりつぼのこうい）を寵愛（ちょうあい）して光源氏をもうけるが、弘徽殿女御（こきでんのにょうご）らの意を憚（はばか）ってこれを臣籍に下し、間もなく更衣に先立たれて悲嘆の日々を過ごす。その後、更衣の面影に通う藤壺（ふじつぼ）を女御に迎えるが、藤壺は光源氏との過ちによって皇子（＝後ノ冷泉（れいぜい）帝）を産む。しかし、帝はこの秘密に気づかぬまま、皇子の後見を光源氏に託し、やがて退位の後、死去する。

きり-づま【切妻】〔名〕❶寝殿造りで、中廊下から寝殿へ入る戸口。❷（「切妻屋根」の略）棟（むね）から両側に葺（ふ）き下ろした形の屋根。

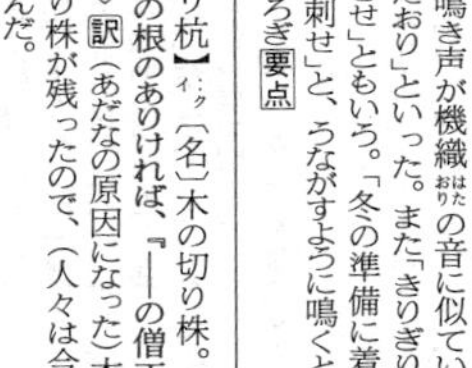

きりづま②

きり-ど【切り戸】〔名〕門の脇や、塀の途中に設けた、くぐり戸。

きり-の-まよひ【霧の迷ひ】（…マヨイ）⇩「きり」子項目

きり-ふ【切り斑・切り生】〔名〕（「ふ」は、まだらの意）タカの尾の羽で、黒と白とのまだらになっているもの。また、それを用いた矢羽。

きり-ふたが・る【霧塞る】〔自ラ四〕（ら・り・る・る・れ・れ）❶霧が立ちこめて視界がさえぎられる。霧にとざされる。例「山の蔭、いかに――・らぬらむ」〈源氏・夕霧〉訳山陰のお住まいは、どんなに霧にとざされているであろうか。
❷涙のために霧が立ちこめたようになる。涙で目がくもる。例「月頃はいとど涙に――・りて」〈源氏・葵〉訳この何か月かはひとしお（悲しみの）涙で目がくもって。

きり-まは・す【切り回す】〔他サ四〕{さ・し・す・す・せ・せ}❶周囲をぐるりと切る。切りそろえる。
❷あちらこちら巧みに切る。例「すすけたる明り障子の破ればかりを、禅尼(ぜんに)手づから、小刀(こがたな)して――・しつつ張られければ」〈徒然草・一八四〉訳すすけている紙障子の破れたところだけを、禅尼が自分の手で、小刀でもってあちらこちら切りながらお張りになったので。

き-りゃう【器量】〔名〕❶役に立つ能力、力量。また、それを持つ人。人材。例「敦盛(あつもり)――たるによって持たれたりけるとかや」〈平家・九・敦盛最期〉訳(鳥羽(とば)上皇から賜った先祖伝来の笛を)平敦盛が名人であったのでお持ちになっていたとかいう。
❷顔だち。容貌(ようぼう)。

き-りょ【羇旅・羈旅】〔名〕(「羇」「羈」ともに、旅の意)
❶旅。旅行。例「――辺土(へんど)の行脚(あんぎゃ)」〈奥の細道・飯坂〉訳旅も片田舎の徒歩旅行であり。
❷和歌・連歌・俳諧(はいかい)における分類概念の一つ。旅情を詠んだもの。

きり-わた・る【霧り渡る】〔自ラ四〕{ら・り・る・る・れ・れ}霧があたり一面にたちこめる。

き-りん〔名〕**一**【麒麟】
❶古代中国での想像上の動物。聖天子が現れる時に、めでたいしるしとして出現するという。雄を「麒」、雌を「麟」という。体は鹿(か)、足は馬、尾は牛、額は狼(おおかみ)に似て、一本の角を生やすという。

きりん一①

❷すぐれた人物のたとえ。例「日本の――これなるはと異国に武徳を照らしけり」〈近松・国性爺合戦・三〉訳日本の「麒麟」ともいうべき大人物はこの人よと(言われるほど、国性爺(こくせんや)は)外国で武勇をはせた。
二【騏驎】一日に千里も走る名馬。駿馬(しゅんめ)。

き・る【霧る】〔自ラ四〕{ら・り・る・る・れ・れ}❶霧や霞(かすみ)がかかる。曇る。かすむ。例「霞立ち春日(はるひ)の――・れる百敷(ももしき)の大宮所見れば悲しも」〈万葉・一・二九長歌〉訳霞がたち春の日がかすんでいる大宮所(の跡)を見ると悲しい。
❷(涙で)目がくもる。目がかすむ。例「思(おぼ)し出づるに、目も――・りていみじ」〈源氏・夕霧〉訳(亡くなった母上のことを)思い出しなさると、目も涙でかすんで悲しさもひとしおである。

き・る

【切る】**一**〔他ラ四〕{ら・り・る・る・れ・れ}❶切れ目をつける。切断する。
❷決着をつける。決定する。例「未だ勝負も――・らぬに」〈今昔・二八・三五〉訳まだ勝負に決着もつけていないうちに。
❸期限を決める。例「十年――・って、銭一貫から三十目までにて、好きなる子ども取りける」〈西鶴・世間胸算用・四・三〉訳(役者は)十年と期限を決めて、銭一貫から銀三十匁(もんめ)まで(の給金)で、気に入った子供を(将来歌舞伎若衆になるよう仕込むため)雇うのです。
二〔自ラ下二〕{れ・れ・る・るる・るれ・れよ}❶つながっていたものが分かれる。分断される。
❷尽きる。なくなる。
❸それる。曲がる。例「二本松より右に――・れて、黒塚の岩屋一見(いっけん)し、福島に宿る」〈奥の細道・あさか山〉訳二本松から右の方に曲がって、黒塚の岩屋をちょっと見て、福島に泊まる。
三〔補動ラ四〕{ら・り・る・る・れ・れ}完全に…する。…し尽きる。例「今宵(こよひ)悪(あ)しともよしとも定め――・りて止(や)みなむかし」〈枕草子・頭の中将の〉訳今夜こそ(あの女とつき合うのが)悪いともよいともきっぱり決めてしまおうよ。

きる【着る】〔他カ上一〕{き・き・きる・きる・きれ・きよ}身につける。はく。頭にかぶる。例「我が背子が使ひを待つと笠もきず出でつつぞ見し雨の降らくに」〈万葉・一二・三一二一〉訳あの人の使いを待って笠もかぶらずに外に出て見ていた。雨が降るのに。

きれ-う・す【切れ失す】〔自サ下二〕{せ・せ・す・する・すれ・せよ}切れてなくなる。例「たとひ耳鼻こそ――・すとも、命ばかりはなどか生きざらん」〈徒然草・五三〉訳たとえ耳や鼻が切れてなくなっても、命だけはどうして助からないはずがあろうか。

きれ-じ【切れ字】〔名〕《連歌・俳諧(はいかい)用語》発句(ほっく)の句末や句中に用いて、言い切ったり、間(ま)を置いたりする意を表す語。活用語の終止形・命令形、終助詞などが用いられる。例「――を入るるは句を切るためなり」〈去来抄・故実〉訳(発句に)切れ字を入れるのは句に切れ目を設けるためである。

> 要点 発句は、付け句と違って、一句として独立が要求されるので、切れ字の使用を原則とした。芭蕉の句を例にあげると、「五月雨(さみだれ)を集めて早し最上川」では「早し」という終止形が、「ほろほろと山吹散るか滝の音」では「か」という終助詞が、切れ字である。

きわ【際】〔名〕⇩きは

祇王・祇女(ぎおう・ぎにょ)《人名》平安末期の白拍子(しらびょうし)(＝歌舞ヲ舞ウ遊女ノ一種)の姉妹。姉祇王が平清盛の寵愛(ちょうあい)を受け母・妹ともに厚遇されたが、加賀(かが)(＝石川県)の白拍子仏御前(ほとけごぜん)にその寵を奪われ、尼となって嵯峨野(さがの)(＝京都市右京区)の奥に隠れ住んだという。『平家物語』巻一では、その後、仏御前もみずから無常を感じて出家し、四人ともども念仏の毎日を送ったとされる。現在その跡(あと)と伝える祇王寺に四人の肖像を祀(まつ)っている。

きわまる【極まる・窮まる】〔動〕⇩きはまる

きわむ【極む・窮む・究む】〔動〕⇩きはむ

ぎ-をん【祇園】〔名〕❶《仏教語。「祇樹給孤独園(ぎじゅぎっこどくをん)」の略》インドの舎衛(しゃえ)国の祇陀(ぎだ)太子の庭園を、給孤独(＝須達(スダツ)長者トモイウ)が買って、釈迦(しゃか)に寺を建てて寄進した所。「祇陀林(ぎだりん)」とも。多くの説法がここでなされた。
❷京都の東山にある祇園社(＝八坂(ヤサカ)神社)。また、その付近の地名。また、その近くの遊里。

ぎをん-しゃうじゃ【祇園精舎】〔名〕《「精舎」は寺の意》須達(すだつ)長者が、祇陀林(ぎだりん)に建てて釈迦(しゃか)に寄進した寺。釈迦が説法をした寺。例「――の鐘の声、諸行(しょぎゃう)無常の響きあり」〈平家・一・祇園精舎〉訳昔インドにあった祇園寺の鐘の音は、この世の万物が変化してやまないという道理を表す悲しい響きを持っている。注『平家物語』ノ冒頭。コレカラ「祇園精舎の鐘の声」ハ有名ニナッタガ、実際ニハ、インドノ祇園精舎ニ鐘ハナカッタ。

ぎをん-ゑ【祇園会】〔名〕京都の祇園社(＝八坂(ヤサカ)神

社)の祭礼。陰暦六月七日(=現在八七月十七日)からの七日間行われる。山鉾巡行で有名。「祇園祭」とも。

ぎをんゑ

きん【琴】〔名〕七弦の琴。琴柱はない。「きん(琴)のこと(琴)」とも。

> **要点** **「琴」と「箏」** 奈良時代に中国から伝来し、平安中期にはすたれてしまう。本来「琴」は**弦楽器の総称で、七弦のものを「琴(きん)」、四弦で胴の丸いものを「琵琶(びは)」、十三弦のものを「箏(さう)」**と区別して呼ぶ。従って、それぞれを「きんのこと」「さうのこと」「びはのこと」ともいう。「きん」が衰えてからは「琴(こと)」は、特に「箏」をいうようになる。

ぎん【吟】〔名〕❶詩歌などを声に出して歌ったり、作ったりすること。また、その作品。例「さまざまの――ども多く侍りけれど」〈去来抄・先師評〉訳(看病を詠んだ)いろいろな発句がたくさんありましたが。❷音楽の調べ。例「音曲は美しく――にかなへるが上果(じゃうくゎ)なり」〈申楽談儀〉訳(能の)謡曲は美しくて音楽的な調べに合うのが理想的である。

ぎん【銀】〔名〕❶白く光る貴金属。しろがね。❷(①を材料に用いたところから)貨幣の計量基準の一つ。通貨としては、丁銀・豆板銀などがある。例「――五百貫目よりして、これを分限(ぶげん)といへり」〈西鶴・日本永代蔵・一・一〉訳銀(で)五百貫目以上持つようになれば、これを分限(=金持チ)と呼んでいる。注 金持チノ一応ノ目安ヲ五百貫目トスル。千貫目以上ヲ「長者」トイッタ。

> **参考** 銀貨は、計量貨幣で、授受の際、天秤で目方を計って通用させる。また江戸時代、上方は銀貨が主な通貨であったので、通貨の総称として、金銭・金額などの意で「銀」の文字を用いるが、「かね」と読まれることが多い。

金葉和歌集(きんえふわかしふ)キンヨウワカシュウ〖書名〗第五番目の勅撰和歌集。十巻。白河上皇の院宣により、源俊頼が選する。俊頼、その父源経信、藤原顕季らの歌約六百五十首が採録される。印象的な叙景歌に見るべきものがあり、着想・比喩の妙、素材の広がりなど、勅撰集の中でも異色である。⇩源俊頼(みなもとのとしより)

きん-かい【禁戒・禁誡】〔名〕禁じ戒めること。また、その事柄。守るべきおきて。例「必ず――を守るとしもなくとも」〈方丈記・境涯〉訳(仏道修行者としての)戒めを絶対守ろうとするわけではないが。

金々先生栄花夢(きんきんせんせいえいぐわのゆめ)〖書名〗江戸中期の黄表紙。恋川春町作・自画。一七七五年(安永四)刊。片田舎から江戸で一旗揚げようと目黒不動までやってきた金村屋金兵衛は、さる金持ちの養子に迎えられ、放蕩三昧の末、養家を追放されるまでを夢に見て、栄華のむなしさを悟り田舎へ帰る。謡曲『邯鄲』に取材。本書をもって黄表紙の初めとする。

金槐和歌集(きんくわいわかしふ)キンカイワカシュウ〖書名〗鎌倉前期の私家集。源実朝著。一二一三年(建暦三)以前の成立か。実朝は藤原定家に歌を学んだので当世風で新古今調であるが、写実的で力強い万葉調の歌風に富み、特色のある優れた家集である。『鎌倉右大臣家集』とも。⇩源実朝(みなもとのさねとも)

きん-ざ【金座】〔名〕江戸時代の、大判以外の金貨の鋳造所。初め、江戸・京都・駿府・佐渡に置いたが、しだいに江戸に併合される。⇩ぎんざ参考

ぎん-ざ【銀座】〔名〕江戸時代の銀貨の鋳造所。初め、伏見に置かれたのが京都に移り、駿府・大坂にも置かれ、駿府のものは江戸に移った。

> **参考** 金座・銀座ともに、前代に商工業の特権を得た「座」の一種であって、幕府の金・銀を材料にして鋳造・発行し、その鋳造高によって、それぞれ「分一金」「分一銀」という手数料で運営され、勘定奉行の支配下に置かれた。

きん-しう【錦繡】ュウ〔名〕錦と刺繡。上等で美しい衣服の代表。多くは「綾羅(りょうら)――」の形で用いる。例「綾羅――の装ひもさながら夢になりにけり」〈平家・灌頂・大原御幸〉訳(建礼門院が、昔)綾織物・薄絹・錦・刺繡などの美しく立派な衣服で身を飾ったこともすっかり夢の中のことになってしまった。

きん-じう【禽獣】ュウ〔名〕鳥と獣。例「人倫(じんりん)に遠く、――に近き振る舞ひ」〈徒然草・八〇〉訳(武術の道は)人間には縁が遠く、鳥や獣に近い行いであって。

きん-じき【禁色】〔名〕《衣服での使用を禁じた色の意》❶位階によって着用する「袍」の色の規定で、使用を禁じている色。❷天皇・皇族の袍の色で、臣下の使用を禁じた色。梔子・黄丹・青・赤・深紫・深緋・深蘇芳の七色。

きん-じゃう【今上】ョウ〔名〕《「きんしゃう」「こんじゃう」とも》今の天皇。今上天皇。例「――一の宮の二歳にならせ給ふがましましけるを」〈平家・一・額打論〉訳今上天皇の第一皇子で二歳におなりの方がおいでだったのを。

きん-じゅ【近習】〔名〕❶《「きんしふ」の変化した形。「きんじふ」とも》主君のそば近く仕えること。また、その人。例「院の――なる人」〈徒然草・一三八〉訳(後伏見)上皇のそば近く仕える役人。❷鎌倉幕府以来、幕府の職名の一つ。

きん-す【金子】〔名〕《「す」は唐音》❶金貨。大判・小判・一分金などの通貨がある。例「われ江戸で見し――、欲しや欲しやと思ひ込みし一念、しばし小判顕(あら)はれしぞ」〈西鶴・世間胸算用・三・三〉訳自分が江戸で見た小判を、欲しい欲しいと思いこんだ一念で、少しの間(夢の中に)小判が現れたのだ。

【きんす】

き

ぎん-す【銀子】〔名〕（「す」は唐音）❶銀貨。多くは丁銀をいう。例「涙のひまに巾着より——一枚取り出だし」〈近松・冥途の飛脚・下〉訳 涙を流しながら財布から丁銀を一枚取り出して。❷（銀貨が主な通貨だった上方で）金銭。金額。⇩ぎん（銀）参考

ぎん・ず【吟ず】〔他サ変〕｛ぜ・じ・ず・ずる・ずれ・ぜよ｝詩歌をうたう。詩歌・俳句を作る。

近代秀歌（きんだいしうか）〔書名〕鎌倉初期の歌論書。一巻。藤原定家著。一二〇九年（承元三）成立。歌について、源実朝の質問に答えた書。和歌史を論じた後、近代歌人の秀歌を挙げつつ、古きよき言葉の使用と心に新しさを保つことを説く。

きん-だち【公達・君達】〔名〕（「きみたち」の変化した形。「きむだち」とも）

親王・摂関・大臣など高貴な家柄の子息、をいう。まれに娘をいう時もある。必ずしも複数とは限らない。

❶皇族や上流貴族の若い子息、まれに子女。貴公子。例「——に狐化けたり宵の春」〈蕪村〉訳 ハッと驚くほどの眉目秀麗な貴公子に狐がクルッと化けた。あたりは、朧に霞む、幻想的ななまめかしい春の宵である。注 蕪村ガ好ンダ王朝趣味ノ句。

❷（代名詞的に用いて）あなた様方。あなた様。例「——こそ、めざましくも思し召さめ」〈源氏・藤袴〉訳 あなた様こそ、（私を）さし出た者ともお思いになるであろうが。

要点 源氏の若君を「御曹司」というのに対して、平家一門の若い子弟を「公達」という場合もある。

きん-ぢ〔代名〕（「きみむち」の変化した形）《人称代名詞。対称》おまえ。なんじ。

要点 「むち」は尊敬の接尾語で、「な」に「むち」が付いた形「なむち」は「なんぢ（汝）」になる。「きんぢ」は初め尊敬語として用いられたが、親しんでなれなれしく呼ぶ語になる。

きん-ちゃう【錦帳】〔名〕錦の布で作った、部屋の仕切りのカーテン。にしきのとばり。

きん-ちゃく【巾着】〔名〕金銭を入れる袋。財布。例「涙のひまに——より銀子一枚取り出だし」〈近松・冥途の飛脚・下〉訳 涙を流しながら財布から銀貨一枚取り出して。

きんちゃく

きん-ちゅう【禁中】〔名〕（「禁」は人の立ち入りを許さない神の林の意）宮中。皇居。「禁裏」とも。例「順徳院の、——の事ども書かせ給へるにも」〈徒然草・二〉訳 順徳院が、宮中のいろいろの事をお書きになったものの中にも。注『禁秘抄』ヲ指ス。

きん-てい【禁廷・禁庭】〔名〕⇩きんちゅう（禁中）

きん-の-こと【琴の琴】〔名〕⇩きん（琴）

金平（きんぴら）〔人名〕架空の人物。金平浄瑠璃の主人公。源頼光の四天王の一人、坂田金時の子で、怪力無双の勇士。

きん-ぷくりん【金覆輪】〔名〕（「きぷくりん」とも）「覆輪」の一種。鞍や刀などに、装飾として金でふちどりしたもの。例「黒き馬の太うたくましいに、——の鞍置いて、かの僧に賜びにけり」〈平家・二・嗣信最期〉訳 黒い馬で太くたくましいのに、金でふちどりした鞍を置いて、（佐藤嗣信の供養をする）その僧に賜った。

きん-もん【禁門】〔名〕皇居の門。転じて、皇居。禁中。例「——を出入すといへども、姓名を尋ねらるるに及ばず」〈平家・一・禿髪〉訳 皇居の門を出入りしても、姓名を尋ねられることもない。

きん-や【禁野】〔名〕皇室の猟場として一般の狩猟を禁じた野。「標野」とも。管理のために守護・預・専当がおかれた。山城国では嵯峨野・北野、大和国では都介野などの。

金葉和歌集（きんようわかしふ）〔書名〕⇩きんえふわかしふ（金葉和歌集）

きん-り【禁裏・禁裡】〔名〕天皇の御所。宮中。皇居。

く

く【句】〔名〕❶漢詩の一節。詩句。例「御子もいとあはれなる——を作り給へるを」〈源氏・桐壺〉訳 皇子（＝光源氏）も大変すばらしい詩句をお作りになったのを。

❷（和歌で）五音または七音の一まとまり。例「かきつばたといふ五文字を——の上にすゑて、旅の心を詠め」〈伊勢・九〉訳 カキツバタという五文字を和歌の五七五七七の各句の最初に置いて、旅中の思いを詠みなさい。

❸（和歌・連歌で）五七五、または七七の部分。

❹（俳諧で）五七五全体。発句。

く【苦】〔名〕❶《仏教語》前世の報いとして受ける苦しみ。❷悩み、心配。苦痛。

く【来】〔自カ変〕｛こ・き・く・くる・くれ・こ(よ)｝ 一 ❶（空間的・時間的、また、心理的に）こちらへ近づく。来る。例「春暮れてのち夏になり、夏果てて秋の——・るにはあらず」〈徒然草・一五五〉訳 春が終わってその後に夏になり、夏が終わって秋が来るのではない。注 春ハスデニ夏ノ気配ヲハラミ、夏モマタ秋ノ気配ヲ含ンデイル。

❷（話し手が、自分をむこうに置いた気持ちで）そちらへ行く。例「吾が思へる心和ぐやと早くきて見むと思ひて大舟を漕ぎわが行けば」〈万葉・一五・三六二七長歌〉訳 （家島という名前の島に着いたら）私が家を恋しく思っている心も慰むかと（思い）早く行って見ようと思って、大舟を漕いでいくと。

二〔補動カ変〕《動詞の連用形に付いて》❶（ある動作や状態が、以前から現在まで継続していることを表す）…し続けてくる。例「なほたのみこしかひなくて、過ぎ行く」〈源氏・末摘花〉訳 （末摘花が）やはりまだ（光源氏の訪れを）頼りにし続けてきたかいもなくて、月日が過ぎていく。

❷（ある状態になり始めたり、しだいになっていったりする意を表す）…しはじめる。しだいに…になる。…てくる。例「夕潮満ちきて、入り江の鶴も声惜しまぬほどの」〈源氏・澪標〉訳 夕方の海の潮がしだいに満ちてきて、入り江の鶴

るもしきりに(悲しそうな)声を立てる頃で。

要点 命令形は、平安時代まで「こ」が普通であったが、中世以降、「こよ」の形が多くなった。

く〔準体助〕(「らく」と相補う形で、活用語に付いて)❶上の活用語を体言化する。**…すること。…こと。** 例「梅の花散らまく惜しみ我が園の竹の林に鶯(うぐひす)鳴くも」〈万葉・五・八二四〉訳 梅の花が散ろうとしていることを惜しんで、我が家の庭の竹の林でウグイスが鳴いているよ。❷(「言ふ」「思ふ」などの語に付いて)その下に引用文(句)があることを示す。**…ことに。…ことには。** 例「建速須佐之男命(たけはやすさのをのみこと)に詔(の)り給ひしく、『汝命(いましみこと)は海原を知らせ』と事依(ことよ)さしき」〈古事記・上・伊邪那岐命と伊邪那美命〉訳 建速須佐之男命におっしゃったことには、「あなたは海をお治めなさい」とご委任になった。❸(文末に用いて)体言で文を終止した時と同じく、余情を残し、あるいは、詠嘆・感動の意を表す。**…ことよ。…のことだなあ。** 例「草枕旅去(ゆ)にし君が帰り来む月日を知らむすべの知らなく」〈万葉・一七・三九三七〉訳 旅に出てしまったあなたが帰って来る(であろう)月日を知ろうにもそのすべがないことだなあ。

要点 現代語の「花が散るのは」などの「の」に相当する。接尾語とする説もある。「らく」とともに、上代には頻繁に用いられたが、平安時代以降は、「言はく」「思はく」など、一部の語に残るだけである。

ぐ【具】 ㊀〔名〕❶相手。仲間。例「姫宮の御—にていとこよなからぬ御ほどの人なれば」〈源氏・蜻蛉〉訳 皇女のお相手(=侍女)としてちょうどよいぐらいのお方なので。❷結婚相手。配偶者。例「この宮の御—には、いとよき間(あひ)なり」〈源氏・浮舟〉訳 この宮様のご結婚相手としては、大変お似合いの間柄である。❸添え物。例「齢(よはひ)を延ぶる歯固(はがた)めの—にも、もて使ひためるは」〈枕草子・花の木ならぬは〉訳 (ユズリ葉は)寿命を延ばす歯固めの添え物にも、使っているようだよ。

注「歯固め」ハ、正月三ガ日ノ間、長寿ヲ祈ッテ餅(モチ)ヤ大根ナドヲ食ベル行事。ユズリ葉(=植物名)ハ、歯固メノ品ノ下ニ敷ク物。現在デモ鏡餅ニ添エラレル。

❹家具。道具。例「かの山里の御すみかの—は」〈源氏・須磨〉訳 あの山里のご住居の家具は。㊁(接尾)一そろいになった衣服・道具類を数える単位。…そろい。「袴(はかま)一—」「移しの鞍(くら)二十—」など。

ぐ【愚】 ㊀〔名・形動ナリ〕おろかなこと。また、愚かな人。㊁〔代名〕(文章語)自分をへり下っていう語。わたくし。

くい【悔い】〔名〕(動詞「くゆ」の連用形の名詞化)後悔。例「先立たぬ—の八千度(やちたび)悲しきは流るる水の帰り来(こ)ぬなりけり」〈古今・哀傷・八三七〉訳 後悔は先に立ちませんが、いくら悔やんでもやはり幾度も悲しいのは、流れる水(=死ンダ人)が戻って来ないことです。

くう【功】〔名〕手柄。功績。年功。例「琴の声も—付きてなど弾きたれば」〈宇津保・俊蔭〉訳 琴の音も年功を積んだ様子で弾いたので。

くう【空】〔名・形動ナリ〕(仏教語)すべての物事は固定的な実体がなく、みな仮の存在であって、永遠不変のものではないということ。仮相(けさう)。有・無の対立を超えた絶対的真理の世界。例「善も悪も—なり」〈平家・二・大臣殿被斬〉訳 (この世で)善だとか悪だとかいうこともみな仮の姿であって永遠に変わらないものではない。

空海(くうかい)〔人名〕平安初期の僧侶・漢詩人・書家。真言宗の開祖。諡(おくりな)は弘法大師。八〇四年(延暦二十三)入唐(にっとう)、長安で名僧恵果(けいか)に学び、八〇六年帰朝。八一六年高野山、八二三年東寺を賜る。八二八年綜芸種智院(しゅげいしゅちいん)を創立。詩文、漢学にも秀でる。「三筆」の一人。著書『三教指帰(さんごうしいき)』『篆隷万象名義(てんれいばんしょうめいぎ)』『性霊集(しょうりょうしゅう)』『文鏡秘府論(ぶんきょうひふろん)』など。

くう-そく-ぜ-しき【空即是色】〔連語〕(仏教語)「般若心経(はんにゃしんぎょう)」にある句で、万物の本体は空(=実体ノナイモノ)であるが、仮にそれぞれ差別のある形(色)として存在するということ。

くう-づ-く【功付く・功就く】〔自カ四〕(か・き・く・く・け・け)年功が積もる。熟達する。例「老い嗄(か)れにたれど、いと—・きて頼もしう聞こゆ」〈源氏・総角〉訳 (声は)年とってしわがれているが、実に年功が積もっていて頼もしく聞こえる。

くが【陸】〔名〕(「くにか(国処)」→「くんが」→「くが」と変化した形)陸上。陸地。例「—には源氏轡(くつばみ)を並べてこれを見る」〈平家・一一・那須与一〉訳 陸上では源氏方の騎馬武者が並んでこれを見ている。

く-がい【公界】〔名〕公(おほやけ)。公共。また、その場所。

く-がね【黄金・金】〔名〕(上代語)黄金(おうごん)。こがね。例「銀(しろかね)も—も玉も何せむに勝(まさ)れる宝子にしかめやも」〈万葉・五・八〇三〉訳 銀も金も宝石もどうして優れた宝であろう。子供に及ぶことがあろうか(子にまさる宝はない)。

愚管抄(ぐかんしょう)〔書名〕⇒ぐくわんせう(愚管抄)

くぎ-ぬき【釘貫】〔名〕❶柱を立て並べて、横に細長い板を渡しただけの、簡単な柵(さく)。例「関屋どもあまたありて、海まで—したり」〈更級・足柄山〉訳 関所の建物がたくさんあって、海まで柵が続けてある。❷町の入口に関として設けた木戸。

くき-みじか【茎短】〔形動ナリ〕(「茎」は剣などの柄(つか)のこと)身軽に行動できるように槍(やり)、薙刀(なぎなた)など刀身に寄ったところを持って構えるようす。例「打ち物—にとって」〈平家・一一・能登殿最期〉訳 (能登守教経(のりつね)は)太刀の柄を短めに持って。

く-きゃう【究竟】(:キョウ)〔名・自サ変・形動ナリ〕(「くっきゃう」とも)❶物事の究極に至ること。終極。例「皆、天に生ずること得て、—解脱(げだつ)せむ」〈今昔・七・一〉訳 皆、天上に生まれ変わることができて、究極に至るまで完全に煩悩(ぼんなう)を脱して成仏するだろう。❷(仏教語。「究竟即」の略)天台宗で説く六即位(=悟リノ段階ヲ六ツニ分ケタモノ)の最上位。例「—は理即(りそく)に等し」〈徒然草・二一七〉訳 (結局)悟りの最上位である究竟即は最下位である理即と同じである。❸最高であること。非常にすぐれていること。

く-ぎゃう【公卿】(:ギョウ)〔名〕朝廷に仕える高位の役人の総称。「公(こう)」は摂政・関白・大臣、「卿(けい)」は大納言・中納言・参議およびその他の三位以上の人を指す。「上達部(かんだちめ)」に同じ。「卿相(けいしゃう)」とも。

くぎゃう-せんぎ【公卿僉議】(クギョウ:)〔名〕公卿の会議。例「この事、天下において異なる勝事(しょうし)なれば、—あり」〈平家・一・二代后〉訳 この事件は、天下の大珍事であったので、公卿の会議が行われた。

くぐつ【傀儡】〔名〕❶あやつり人形。
❷《「くぐつまはし」の略》歌に合わせてあやつり人形を舞わせる芸人。
❸《くぐつの芸をする女が、宴席で歌を歌い、売春もしたところから》歌妓(かぎ)。遊女。例「もろもろの遊女・——等の歌女(うため)を招きて」〈今昔・三・四〉訳 多くの遊女やくぐつなどの歌妓を呼んで。

くぐつ②

くぐつ-まはし【傀儡回し】(マワシ)〔名〕⇩くぐつ②

くく・む【銜む・含む】━〔他マ四〕{ま・み・む・む・め・め}包みこむ。くるむ。口に含む。
━〔他マ下二〕{め・め・む・むる・むれ・めよ}口に入れてやる。口に含ませる。例「懐(ふところ)に入れて美しげなる御乳(ち)を——・め給ひつつ」〈源氏・薄雲〉訳 (姫君を)懐に入れてかわいらしげな乳房を口にお含ませになっては。

くぐもり-ごゑ【くぐもり声】(ゴエ)〔名〕内にこもってはっきりしない声。例「物を言ふも、——に響きて聞こえず」〈徒然草・五三〉訳 物を言うのも、(頭にかぶった鼎(かなえ)の)内にこもってはっきりしない声に響いて(よく)聞こえない。

くくり【括り】〔名〕❶袋や、狩衣(かりぎぬ)の袖口(そでぐち)・指貫(さしぬき)の裾(すそ)などに通して括(くく)るためのひも。
❷鳥獣を捕らえるわなの一種。例「——をかけて鹿(しか)をとりけるほどに、ある日大鹿かかりたりける」〈古今著聞集・興言利口〉訳 わなをしかけて鹿をとっていると、ある日大きな鹿がかかった。

くくり-もの【括り物】〔名〕括(くく)り染め(=絞リ染メ)にした布。例「とくゆかしきもの。……——など染めたる」〈枕草子・とくゆかしきもの〉訳 早く知りたいもの。……絞り染めの布など染めたもの(がどんなふうに出来上がってきたか)。

くく・る【括る】〔他ラ四〕{ら・り・る・る・れ・れ}❶しばる。たばねる。例「虻(あぶ)腰を——・られて飛び迷(まど)ふ」〈今昔・二六・二八〉訳 虻は腰を(わらで)しばられて(あわてて)飛びまわる。
❷括(くく)り染め(=絞リ染メ)にする。例「ちはやぶる神代(かみよ)も聞かず竜田川(たつたがは)韓紅(からくれなゐ)に水——・るとは」〈古今・秋下・二九四〉訳 神代にも聞いたことがない、竜田川が真っ赤な色に水を絞り染めにするとは。注 在原業平(アリワラノナリヒラ)作デ、『百人一首』所収。

くぐ・る【潜る】〔自ラ四〕{ら・り・る・る・れ・れ}《平安時代までは「くくる」と清音》❶狭い隙間(すきま)を通り抜ける。また、水が漏れ流れる。例「敷栲(しきたへ)の枕ゆ——・る涙(なみだ)にぞ浮き寝をしける恋の繁(しげ)きに」〈万葉・四・五〇七〉訳 枕から漏れて流れる涙の川に浮いて寝たことだ。恋心が激しいから。
❷水中にもぐる。もぐる。例「水の底を——・って向かへの岸へぞ着きにける」〈平家・九・宇治川先陣〉訳 水の底をもぐって行って向こうの岸に着いたのだった。

愚管抄(ぐくわんせう)(グカンショウ)《書名》鎌倉初期の歴史書。慈円著。一二二〇年(承久二)成立か。神武天皇から順徳天皇に至る歴史を編年体で記述し、仏教的道義に基づく歴史論を展開している。⇩慈円(じゑん)

く-げ【公家】〔名〕❶朝廷。また、朝廷の中心的存在である天皇。
❷朝廷に仕える貴族。公家衆。

く-げん【苦患】〔名〕《仏教語》苦しみ。苦悩。

く-ご【箜篌】〔名〕《「くうこう」「くうご」とも》弦楽器の一種。インドから、中国・朝鮮を経て渡来した。現代のハープに似た形をしている。

くご（箜篌）

ぐ-ご【供御】〔名〕《「くご」とも》❶天皇の飲食物の敬称。他の皇族や、武家の将軍の飲食物についていうこともある。お召し上がり物。例「——したてて参らせけり」〈平家・四・競〉訳 お召し上がり物をこしらえて差し上げた。
❷中世以降、女性が米飯のことを上品にいう語。ごはん。

く-ごふ【口業】(ゴウ)〔名〕《仏教語》三業(=意業・身業・口業)の一つ。善悪の報いの原因となる行為のうち、口、すなわち言葉によるもの。例「ひとり居(を)れば、——を修めつべし」〈方丈記・境涯〉訳 (特に無言の行(ぎょう)をするわけではないが)一人でいると、口の行いを慎むことになろう。

くさ【草】〔名〕❶草。
❷屋根をふいたり壁の材料にするワラやカヤの類。

草の庵(いほ)(イオ)「草の庵(いほり)」に同じ。

草の庵(いほり)(イオリ)《「草庵(さうあん)」を訓読した語》草ぶきの粗末な家。世捨て人のすみかを指す場合が多い。「草の庵(いほ)」とも。例「昔思ふ——の夜(よる)の雨に涙な添へそ山ほととぎす」〈新古今・夏・二〇一〉訳 昔(の盛時)をしのびながら、(今は世を捨てて住む)草ぶきの粗末な家の夜の雨に、(悲しい声で鳴いて)さらに涙を誘ってくれるな、山ホトトギスよ。

草の陰(かげ) 墓所。あの世。草葉の陰。例「——にてもなごり惜しうや思はれけん」〈平家・三・少将都帰〉訳 あの世にあっても名残(なごり)惜しくお思いになったのだろうか。

草の戸(と) 《「草の庵(いほり)の戸」の意》草ぶきの粗末な家の戸。転じて、粗末な家。例「——も住み替はる代(よ)ぞ雛(ひな)の家」〈奥の細道・出発まで〉訳 (ちょうど、月日が移り変わりめぐり行くように、自分のような世捨て人が住んでいた)粗末な家も、住む人の替わる時が来た。(今後は新しい住人の手で)おひな様が飾られて、華やかな家となるであろう。

草の枕(まくら) 「くさまくら[一]」に同じ。例「夜を寒み置く初霜を払ひつつ——にあまたたび寝(ね)ぬ」〈古今・羇旅・四一六〉訳 夜が寒いので初霜が置く、その霜を払いのけては草の枕にずいぶん何度も旅寝したものだ。

くさ【種】━〔名〕《「くさはひ」とも》❶種類。例「唐土(もろこし)・高麗(こま)と尽くしたる舞ども——多かり」〈源氏・紅葉賀〉訳 唐楽・高麗楽と数を尽くして演じられた舞楽の種類は多い。
❷物事のもととなるもの。たね。転じて、子孫。子供。例「ただ、さるものの——の少なきを」〈源氏・行幸〉訳 ただ、(私には)そういうもののたね(つまり、子孫となるべき子供)が少ないので。
━〔接尾〕《「ぐさ」と連濁することもある》❶種類を数える助数詞。例「その六(む)——の一つには」〈古今・仮名序〉訳 その六種類の(和歌の様式の)一つには。
❷(動詞の連用形に付いて)その動作の素材・対象となるものを表す。たね。「あそび——」「なぐさめ——」「もてなやみ——」「わらひ——」など。

くさ-がくれ【草隠れ】〔名〕草の陰(かげ)。また、転じて、人目につかない草深い住まい。例「かかる——に過ぐし給ひける年月のあはれもおろかならず」〈源氏・蓬生〉訳 このような人目につかない草深い住まいで過ごされた年月の気の毒さもひと通りではなく。

くさ-ぐさ【種種】〔名〕種類の多いこと。**いろいろ。さまざま。** 例「この泊まりの浜には、——のうるはしき貝・石など多かり」〈土佐・二月四日〉 訳この港の浜には、いろいろのきれいな貝や石が多い。

くさ・し【臭し】〔形ク〕いやなにおいがする。くさい。例「——き香(か)世界にみち満ちて、変はりゆくかたち有様、目も当てられぬ事多かり」〈方丈記・飢渇〉 訳(餓死した死体を片づけないので)臭いにおいがあたり一面にただよい満ちて、(腐敗して)変わってゆく顔や姿は、目もあてられないことばかりである。注養和(ヤウワ)ノ飢饉(キキン)ノ惨状。
参考 悪臭について用いる。よい香りには「かうばし」「かんばし」を用いる。

くさ-ずり【草摺り】〔名〕《垂れ下がって草と摺れ合う部分の意》鎧(よろい)の胴の裾(すそ)に垂らして腰から下をおおうようにした部分。

くさ-の-いほ【草の庵】(オ・イ) ⇩「くさ(草)」子項目

くさ-の-いほり【草の庵】(オリ・イ) ⇩「くさ(草)」子項目

くさ-の-と【草の戸】⇩「くさ(草)」子項目

くさ-の-まくら【草の枕】⇩「くさ(草)」子項目

くさ-はひ【種】(イ・ワ)〔名〕⇩くさ(種)一

くさ-まくら【草枕】一〔名〕《草を結んで旅寝の枕とする意》旅寝。旅行。「草の枕」とも。例「君をのみ恋ひつつ旅の——露しげからぬ暁(あかつき)ぞなき」〈拾遺・別〉 訳あなただけを恋しく思いながら旅をするその旅寝には、露がたくさん降りないような暁はありません。注「露」ハ暗ニ涙ヲ指ス。
二《枕詞》「たび」「たご」「ゆふ」などにかかる。例「家にあれば笥(け)に盛る飯(いひ)を——旅にしあれば椎(しひ)の葉に盛る」〈万葉・二・一四二〉 訳家にいる時は食器に盛る飯を、旅先なので、椎の葉に盛ることよ。

くさめ〔感〕《「休息万命(くそくまんみやう)」の変化した形という》くしゃみをすると死ぬという俗信から、くしゃみをした時に唱えるまじないの語。

く・し【奇し】〔形シク〕⇩くすし(奇)

くじ【孔子】〔名〕《呉音読み》儒教の祖の名。孔子(こうし)。

孔子の倒(ふた)れ(オレ・タ) 孔子のような聖人でも、失敗したり、心を迷わしたりすることがある、の意のことわざ。「弘法(こうぼう)も筆の誤り」の類。「くじだふれ」とも。例「恋の山には——」〈源氏・胡蝶〉 訳恋の山路には孔子も倒れる(=恋ノ道ニハドンナ人デモ迷ッテシマウ)。

く-じ【公事】〔名〕《「私事」に対して、公的な用事、公務の意》❶朝廷における政務や儀式。
❷年貢(ねんぐ)のほかに領主におさめる雑税。例「国には国司(こくし)に従ひ、庄(しやう)には預所(あづかりどころ)に使はれ、——雑事(ざふじ)にかりたてられて」〈平家・四・源氏揃〉 訳国では国の長官に従い、荘園ではその管理者に使われ、労役雑務に追いまくられて。
❸訴訟。裁判。

くし-いた・し【屈し甚し】〔形ク〕ひどく心が沈む。ひどくふさぎこむ。「くんじいたし」とも。例「この夕べより——・く物思はしくて」〈源氏・若菜・上〉 訳(柏木(かしわぎ)は女三の宮をかいま見た)この夕方からひどくふさぎこみ物思いに沈んでいて。

くし-げ【櫛笥・匣】〔名〕《「け」は容器の意》櫛(くし)などの化粧道具を入れる箱。櫛箱。例「君なくはなぞ身装(よそ)はむ——なる黄楊(つげ)の小櫛(をぐし)も取らむとも思はず」〈万葉・九・一七七七〉 訳あなたがいなくてはどうして身なりを整えましょうか。櫛箱のツゲの小さな櫛も手に取ろうとも思いません。

くじゃく-みゃうわう【孔雀明王】(ミヨ・ウオウ)〔名〕《仏教語》四本の腕を持ち、金色の孔雀の背に乗っている明王。密教で、広く尊ばれている。

くじゃくみゃうわう

くじ・る【抉る】〔他ラ四〕(ら・り・る・る・れ・れ) ❶(穴を)えぐりあける。くりぬく。えぐる。例「穴を——・り、かいばみ惑ひあへり」〈竹取・貴公子たちの求婚〉 訳(かぐや姫を見たくて男達は)穴をあけて、のぞき見してうろうろしている。
❷えぐって、中にある物を抜き取る。えぐり出す。

く・す【屈す】〔自サ変〕(せ・し・す・する・すれ・せよ)《「くっす」の促音を表記しない形》気分が沈む。めいる。例「さしもあらで——・し給ひにたらむこそ心苦しけれ」〈源氏・若菜・上〉 訳(光源氏の愛情が)それほどでもなくて(女三の宮の)気持ちが沈んでいらっしゃるらしいご様子がお気の毒だ。

くず【葛】〔名〕山野に自生するツル草の名。秋の七草の一つ。葉の裏側が白く、秋風にひるがえるさまが印象的なことから、「葛の裏葉」「葛の裏風」などとして和歌の題材に用いられる。また、「裏」を「見」ることから「恨み」と掛けて用いられることがある。(季・秋) 例「秋風の吹き裏返す——の葉の恨みてもなほ恨めしきかな」〈古今・恋五・八二三〉 訳恨んでもなお恨めしい(あなたのつれなさ)ですよ。注三句マデハ「恨み」ヲ導ク序詞。

ぐ・す【具す】(せ・し・す・する・すれ・せよ)《漢語「具」に「す」の付いたサ変動詞》

> 自動詞と他動詞の違いによって、意味が異なる。自動詞は、欠けるものがなくそろう、備わる(①)、が基本の意で、つき従う(②)、などの意になる。他動詞は、引き連れる、の意。

一〔自サ変〕❶**欠けるものがなくそろう。備わる。** 例「人ざま・容貌(かたち)などいとかくしも——・したらむとは、え推しはかり給はじ」〈源氏・蛍〉 訳(玉鬘の)人柄・顔立ちなどが本当にこれほどまで備わっているだろうとは、想像もおできにならないだろう。
❷**つき従う。また、つき従って行く。** 例「髻(もとどり)切りて、やがて聖(ひじり)に——・して法師になりて」〈宇治拾遺・一・七〉 訳髻を切って、そのまま聖につき従って法師になって。注「髻」ハ髪ヲ頭ノ上ニ集メテ束ネタモノ。
❸連れ添う。縁づく。
二〔他サ変〕❶備える。そろえる。添える。例「かの奉る不死の薬にまた壺(つぼ)——・して、御使ひに賜す」〈竹取・ふじの山〉 訳あの(帝に)献上した不死の薬にさらに壺を添えて、ご使者にお与えになる。
❷**引き連れる。つき従える。** 例「武蔵坊弁慶、老翁を一人(いちにん)——・して参りたり」〈平家・九・老馬〉 訳武蔵坊弁慶が、老人を一人引き連れて(源義経の前に)参上した。

くす-し【薬師・医師】〔名〕《「くすりし」の変化した形》医者。例「京なる——のがり、率(ゐ)て行きける道すがら」〈徒然草・五三〉訳京にいる医者のもとへ、連れて行ったその道中で。

くす・し【奇し】〔形シク〕❶《上代語》神秘的で、不思議である。「くし」とも。例「わたつみは——・しきものか淡路島中に立て置きて白波を伊予(よ)に回(め)らし」〈万葉・三・三八八〈長歌〉〉訳海神は霊妙な力を持つものよ。淡路島を中に立てて置いて、白波を遠く伊予の国までめぐらして。
❷人間離れしていて、親しみにくい。また、きまじめである。例「吉祥天女(きちじやうてんによ)を思ひかけむとすれば、法気(ほふけ)づき——・しからむこそ、またわびしかりぬべけれ」〈源氏・帚木〉訳吉祥天女に恋をしようとすると、仏くさくて人間離れしてしまうのが、(これも)またやりきれないに違いない。

くす-だま【薬玉】〔名〕五月五日の節句に、邪気払いのため、体に着けたり室内に掛けたりしたもの。種々の香料を入れた袋を、ショウブなどの造花で飾り、五色の糸を長く垂らす。

くすだま

くせ【癖】〔名〕❶片寄った好み・傾向。くせ。習慣。例「心づくしなる事を御心に思(おぼ)しとどむる——なむ、あやにくにて」〈源氏・帚木〉訳(光源氏には)悩みの種になることをお心にとめられる癖が、あいにく(おありになって)。
❷よくない性質・性癖。欠点。

くせ-ぐせ・し【癖癖し】〔形シク〕ひとくせある。ひねくれている。例「父大臣(ちちおとど)よりも御心ざまわづらはしく、——・しき覚(おぼ)えまさりて」〈大鏡・師尹〉訳(この大将は)父の大臣よりも御性格が気むずかしく、ひとくせあるという評判が高くて。

くせ-ごと【曲事】〔名〕《道理に合わない変わった事の意》❶正しくないこと。けしからぬこと。
❷普通にはあり得ないこと。珍しいこと。例「この馬に乗りて二たび高名せられたりける、——になん申しあへりける」〈古今著聞集・馬芸〉訳この馬に乗って二度も名をおあげになったのは、珍しいことだと評判しあった。

❸違法として処罰すること。

く-ぜち【口舌・口説】〔名〕《「くぜつ」とも》言い争い。苦情。文句。例「ここかしこより、その人のもとへ往(い)なむずなりとて、——出(い)で来にけり」〈伊勢・九六〉訳あちこちから、(女が)その男の所へ去って行こうとしているといって、苦情が出てきてしまった。

く-ぜつ【口舌・口説】〔名〕⇨くぜち

くせ-づ・く【癖づく】〔自カ四〕{か・き・く・く・け・け}癖がある。風変わりである。例「今様歌(いまやうた)は長うて——・いたり」〈枕草子・歌は〉訳当代風の歌謡は節が長くて風変わりである。

くせ-もの【曲者・癖者】〔名〕《普通と違って変わった者の意》❶変わり者。例「世を軽(かろ)く思ひたる——にて」〈徒然草・六〇〉訳世間を軽く考えている変わり者で。
❷あやしい者。
❸奇怪なもの。怪物。
❹したたかな者。並々ならぬ巧みな者。

くそ【屎・糞】■一〔名〕❶大便。ふん。
❷かす。垢。「目——」「鼻——」「金(かな)——」など。
■二〔接頭〕憎悪・不快・侮蔑などの意を表す。

ぐ-そう【愚僧】〔名〕僧が自分をへりくだっていう語。

ぐ-そく【具足】■一〔名・自サ変〕十分に備わっていること。足りていること。
■二〔名・他サ変〕❶持つこと。所有すること。例「四天下に七宝を満(み)て千の子を——・せむとす」〈今昔・一・一〉訳四州に七宝を満たし千人の子を持つことになろう。
❷伴うこと。一緒に連れだつこと。例「——・し奉り、行くへも知らぬ旅の空にて憂きめをみせ奉らんもうたてかるべし」〈平家・七・維盛都落〉訳一緒にお連れして、行く先もわからない旅先で悲しい目をおみせするのもお気の毒でしょう。
■三〔名〕❶道具。調度品。例「手なれし——なども、心もなくて変はらず久しき、いと悲し」〈徒然草・二九〉訳(亡き人が)使いなれた道具なども、無心で変わらずに長い間そのままで残っているのは、ほんとに悲しい。
❷連れ従う者。従者。例「会ふ狐(きつね)どもを皆——にして」〈今昔・五・三〇〉訳出会う狐達を皆従者にして。
❸身につける武具。鎧や兜。近世には、特に簡略な形の鎧を指す。

くだ・く【砕く・摧く】■一〔他カ四〕{か・き・く・く・け・け}❶粉々にする。また、こわす。破壊する。例「嵐(あらし)にむせびし松も、千年(ちとせ)を待たで薪(たきぎ)に——・かれ」〈徒然草・三〇〉訳嵐にむせぶように音をたてた松も、千年たたないうちに薪に割られ。
❷(「心を砕く」の形で)思い煩って心を苦しめる。思い悩む。心を痛める。例「人知れぬ心を——・き給ふ人ぞ多かりける」〈源氏・須磨〉訳(須磨に下向する光源氏に対して)人知れず心を痛めなさる女性が多いのだった。
❸(多く「身を砕く」の形で)力の限りを尽くす。例「身を——・いて度々(どど)の逆鱗(げきりん)をば休め参らせて候へ」〈平家・三・法印問答〉訳(子の重盛が、直接事に当たって)力の限りを尽くしてたびたびの天子のお怒りをお静め申し上げました。
■二〔自カ下二〕{け・け・く・くる・くれ・けよ}❶粉々になる。砕ける。また、こわれる。くずれる。例「岩に——・けて清く流るる水の気色こそ、時をも分かずめでたけれ」〈徒然草・二一〉訳岩にぶつかって砕けて清らかに流れる水の様子は、いつも結構なものである。
❷思い乱れる。また、気が弱る。例「年頃万(よろづ)に思ひ残す事なく過ぐしつれど、かうしも——・けぬを」〈源氏・葵〉訳長い間すべてにつけて心配という心配を残す事なくして過ごしてきたが、これほどまで思い乱れはしなかったのに。注車争イデ恥ヲ受ケタ六条御息所(ミヤスドコロ)ノ苦悩。
❸整わない。しまりがない。例「まことに少し——・けたる姿にもや見ゆらん」〈徒然草・一四〉訳確かに(この歌は)少し調子が整っていない姿にも見えるだろうか。

くだ-くだ・し〔形シク〕《「くだ」は、「くだ(砕)く」と同源で、細かいものの意》❶こまごまとしている。例「今はかく、——・しき人の数々あはれなるを」〈源氏・夕霧〉訳今はこんなに、こまごまとした子供の大勢が(夕霧には)かわいいので。
❷こまかくてわずらわしい。例「このほどのこと——・しければ、例のもらしつ」〈源氏・夕顔〉訳これまでのことはくどいので、例によって省略した。注物語ヲ進メルタメノ作者ノ言葉。

くださ・る【下さる】{れ・れ・る・るる・るれ・れよ}■一〔他ラ下二〕❶

〔「る」が尊敬の意の場合〕「与える」意の尊敬語。お与えになる。(人などを)およこしになる。例「主上御感のあまりに、師子王といふ御剣を—・れけり」〈平家・四・鵺〉訳(鵺という怪物を射落とした源頼政に)天皇は感心なさったあまりに、師子王という剣をお与えになった。

❷〔「る」が受身の意の場合。「もらう」意の謙譲語〕下賜される。賜る。いただく。例「経正、御硯—・れて」〈平家・七・経正都落〉訳経正は、(親王から)硯をいただいて。

二〔補動ラ下二〕〔動詞の連用形、またはそれに接続助詞「て」の付いた形に続いて〕…くださる。例「この太郎冠者をも取り立てて—・るるでござらう」〈狂言・止動方角〉訳この太郎冠者をも引き立ててくださるでしょう。

要点 近世以降は四段に活用する。

くた・す【腐す・朽たす】〔他サ四〕(さ・し・す・せ・せ)〔「くつ」の他動詞形〕❶(物や気持ちを)腐らせる。朽ちさせる。例「須磨の浦に心を寄せし舟人のやがて—・せる袖を見せばや」〈源氏・明石〉訳須磨の浦で(あなたに)心を寄せた舟人(=私)が、あの時以来(あなたを思う涙で)朽ちさせた袖をお見せしたいものです。

❷悪く言う。けがす。例「在五中将の名をばえ—・さじ」〈源氏・絵合〉訳在五中将(=在原業平)の名をけがすことはできないだろう。

くだ・す【下す・降す】〔他サ四〕(さ・し・す・せ・せ)対のぼす ❶高い所から低い所へ移す。**おろす。さげる。**例「汝が助けにとて、片時の程とて—・ししを」〈竹取・かぐや姫の昇天〉訳お前(=翁)の手助けにと、わずかな間だけ(かぐや姫を)下界におろしたのだが。注「かぐや姫」ヲ迎エニ来タ天人ノ言葉。

❷(筆を)紙などの上におろす。例「三人の絵師、おのおの書くべき絹を広げて、三人並びて筆を—・さんとするに」〈宇治拾遺・九・二〉訳三人の絵師が、それぞれ描くべき絹布を広げて、三人並んで筆をおろそうとすると。

❸(人や物を)**都から地方へ送る。**例「やがて関東へ—・し奉る」〈平家・三・六代被斬〉訳すぐに(丹後侍従を)関東へおつかわし申し上げる。

❹(上位の者から下位の者へ物や命令を)与える。下賜する。申し渡す。例「世の政を行ふべきよし宣旨—・さしめ給へりしに」〈大鏡・時平〉訳(左右の大臣に)国の政治を行えという勅命をお下しになったが。

❺調子や程度を低くする。さげる。例「琴の緒もいとゆるに張りて、いたう—・して調べ」〈源氏・若菜・上〉訳琴の緒もたいそうゆるく張って、ずっと調子をさげて(低い音で)弾き。

くだ-たま【管玉】〔名〕細い管状の玉。ふつう、碧玉(=緑色ノ玉)で、紐に通して首飾りなどにする。

くだだま

くた・つ【降つ】〔自タ四〕(た・ち・つ・つ・て・て)〔上代語〕衰える。傾く。また、夜がふける。例「我が盛りいたく—・ちぬ雲に飛ぶ薬食むともまたをちめやも」〈万葉・五・八四七〉訳私の盛りはすっかり衰えてしまった。(飲めば)雲に乗って空を飛べるという仙薬を飲んでも、再び若返ることがあろうかなあ。

くたに【苦胆・苦丹・木丹】〔名〕植物の名。竜胆・牡丹などの異名ともいわれるが、よくわからない。

くだ-もの【果物】〔名〕❶食用となる木の実。❷木の実などで、副食物・酒のさかな・間食物になる食品の総称。例「六条院より、御酒・御—など奉らせ給へり」〈源氏・行幸〉訳六条院(=光源氏ノ居所)から、お酒や酒のさかななどを差し上げられた。

参考「く」は「木」の変化した形。「だ」は「毛だ物(獣)」の「だ」と同じで、「の」の意。

百済〔国名〕古代朝鮮の国。四世紀初め、馬韓から起こり、半島の西南部を領して、新羅・高句麗と抗争したが、六六〇年に、唐と新羅の連合軍に滅ぼされた。わが国との関係が深く、仏教や大陸文化を多く伝えた。

くだり【下り】〔名〕〔動詞「くだる」の連用形の名詞化〕対上り ❶流れの下流の方へ行くこと。また、その方向。

❷都から地方へ行くこと。下向。例「斎宮の御—近うなり行くままに」〈源氏・賢木〉訳斎宮の(伊勢への)下向が近づくにつれて。

❸町の中心からはずれの方へ行くこと。また、その方向。京都では、皇居が北に位置したことから、南の方へ行くことを指す。

❹ある刻限が終わりに近づくこと。また、その時。

くだり〔名〕二【行】文章の行。また、文章の内容。例「ただ三—ばかりに、文字少なに好ましくぞ書き給へる」〈源氏・梅枝〉訳(一首を)ただ三行ぐらいに、漢字は少なくて(仮名がちに)好ましくお書きになっておられる。

三【件】❶前に述べた事項。前述の事柄。❷(「—の」の形で)前述の。例の。⇒くだんの

くだり【領・襲】〔接尾〕衣類や武具など一そろいになっているものを数える語。…そろい。例「宮の御装束一—かづけ奉り給ふを」〈源氏・若菜・下〉訳宮(=女三ノ宮)のお召し物一そろいを(ごほうびに)肩にかけて差し上げなさったのを。

くだ・る【下る・降る】〔自ラ四〕(ら・り・る・る・れ・れ)〔「くだす」の自動詞形〕対のぼる ❶高い所から低い所へ移る。上から下へ行く。(雨などが)降る。例「みな乗りてはるばると—・る心地」〈蜻蛉・中・天禄二年〉訳(女性側が舟でというので、男も)みんな舟に乗って川を下る気持ちは。

❷**都から、地方へ移動する。**例「よき人の、男につきて—・りて住みけるなり」〈土佐・一月七日〉訳家柄も立派な女性が、夫に従って都から移って住みついたのだった。

❸時が過ぎる。**年代が下降する。**例「未—・るほどに、南の寝殿に移りおはします」〈源氏・藤裏葉〉訳(冷泉帝は)午後二時を過ぎる頃に、(六条院の)南の寝殿(=正殿)にお移りあそばされる。

❹(身分や品性などが)劣る。低くなる。落ちぶれる。例「高きをも、—・れるをも、人の心ばへを見給ふに」〈源氏・蓬生〉訳身分の高い人についても、それの劣っている人についても、(光源氏が)人の心の動きをご覧になるにつけて。

❺(天皇や目上の人から)命令がおりる。言葉や品物が与えられる。下賜される。

❻降参する。敵に降伏する。例「兵尽き、矢窮まりて、つひに敵に—・らず」〈徒然草・八〇〉訳武器がなく

なり、矢がなくなっても、最後まで敵に降参しないで。❼態度をひかえる。へりくだる。

くだん-の【件の】〔連体〕(「くだりの」の変化した形)前述の。(いま話題になった)その。例の。例「あれこそ、すは、——人よ」〈太平記・二一・一〉訳あれが、それ、(前に話した)その人だよ。

くち【口】〔名〕❶身体の部分。口。❷馬の口。また、それにつける轡(くつわ)や手綱(たづな)。例「馬の——とらへて老いを迎ふる者は、日々旅にして旅を栖(すみか)とす」〈奥の細道・出発まで〉訳馬の口綱をとって(=馬ヲ引イテ)年をとっていく者(=馬方(ウマカタ))は、毎日毎日が旅であって旅そのものをすみかとしている。❸ものを言うこと。**ことば**。また、ことばの使い方。**うわさ**。評判。例「ねんごろに——入れかへさひ給はむにこそは、負くるやうにても靡(なび)かめ」〈源氏・常夏〉訳熱心に繰り返し口添えをしてお願いなさるようであったなら、それに根(こん)負けしたようなふうをしてでも申し出に従おう。❹飲食すること。生活すること。暮らしを立てること。例「何をしたればとて、ふたり三人(みたり)の——を食ふこと心安き所ぞ」〈西鶴・世間胸算用・五・三〉訳何の商売をしても、二人や三人の暮らしを立てるくらいはたやすいところだ。❺**入り口**。先端。転じて、物事のはじめ。例「渡殿(わたどの)の——に待ちかけて」〈源氏・薄雲〉訳(紫の上は)渡り廊下の入り口に(光源氏が出て来るのを)待ち受けて。❻(物の)外へ開いた部分。開口部。また、切り口。直径。例「——六尺(ろくしやく)の銅(あかがね)の柱を」〈平家・五・咸陽宮〉訳直径六尺(=約一八〇センチ)の銅の柱を。❼就職や嫁(よめ)入りなどの先。

口固(かた)・む 他人に言わないように、口止めをする。「口を固む」とも。例「御馬副(みうまぞひ)に——・め給ひて」〈宇津保・俊蔭〉訳馬のそばに従う者に口止めをなさって。

ぐ-ち【愚痴・愚癡】〔名・形動ナリ〕❶愚かで物の道理が分からないこと。例「いかに——・なればとて、人の生死(しやうじ)をこれほどに嘆くことではござらぬ」〈西鶴・世間胸算用・一・四〉訳いかに(私が)愚か者だといっても、人の生き死にのことをこれほどに嘆くものではありません(大切な金をなくしたゆえ嘆くのです)。❷無益な繰り言をいって嘆くこと。ぐち。

くち-あ・く【口開く】〔自カ四〕{か・き・く・く・け・け}口を開く。口を利く。例「才(ざえ)のきは、……すべて——・かすべくなんはべらざりし」〈源氏・帚木〉訳(その女の)漢学の程度は、……何事につけても相手に口を利かせる余地もないほどでございました。

くち-あけ【口開け・口明け】〔名〕物事のはじめ。皮切り。口切り。

くち-あひ【口合ひ】〔名〕❶身元保証人。❷駄洒落(だじやれ)。地口。例「『花車(くわしや)様、さらば、後に青菜の浸(ひた)し物』と、——たらだら立ち帰る」〈近松・心中天の網島・上〉訳「茶屋のおかみさん、それでは、後に青菜(=「会おうな」ト掛ケル)の浸し物」と、駄洒落を言い散らして帰る。

くち-い・る【口入る】〔自ラ下二〕{れ・れ・る・るる・るれ・れよ}❶口をはさむ。口出しする。例「宿世といふもの、のがれわびぬることなり。ともかくも——・るべきことならず」〈源氏・夕霧〉訳運命というものは、どうしても(夕霧は)逃れられないものなのだ。いずれにせよ(父の私が)口をはさむべきことではない。❷口添えをする。世話をやく。例「——・れむことも人わるくおぼしとどめ」〈源氏・行幸〉訳(恋仲である夕霧と雲居雁(くもゐのかり)のことについて内大臣に)口添えをすることもきまり悪くておあきらめになり。

くち-いれ【口入れ】〔名〕借金の仲介や雇い人の周旋をすること。また、その業者。

くちおし【口惜し】〔形〕⇩くちをし

くち-おほひ【口覆ひ】〔名〕口を袖(そで)や扇などでおおい隠すこと。例「いたう恥ぢらひて、——し給へるさへ、ひなび古めかしう」〈源氏・末摘花〉訳(末摘花(すゑつむはな)が)ひどく恥じらって、口をおおい隠していらっしゃる様子まで、田舎くさく古風で。

くち-おも・し【口重し】〔形ク〕❶軽々しく物を言わない。言い方が慎重である。例「よくわきまへたる道には必ず——・く、問はぬ限りは言はぬこそいみじけれ」〈徒然草・七九〉訳よく知っている芸道については必ず言葉を慎んで、相手が質問しないうちは(こちらからは)言わないのが立派である。❷言い出すことが遠慮される。言いにくい。例「この人にも『さなむありし』など明かし給はむことは、なほ——・き心地して」〈源氏・手習〉訳(薫(かおる)は)この人にも「(実は浮舟(うきふね)と)こうだった」などと打ち明けなさるようなことは、やはり言い出しにくい気がして。

くち-かた・む【口固む】⇩「くち」子項目

くち-がる・し【口軽し】〔形ク〕軽々しく物を言う。おしゃべりである。「くちがろし」とも。例「かくまで漏らし聞こゆるも、いと——・けれど」〈源氏・宿木〉訳(妹がいるという)こんな秘密までもお耳に入れるのも、(私が)大変口が軽いせいですが。

くち-かろ・し【口軽し】〔形ク〕⇩くちがるし

くち-き【朽ち木】〔名〕枯れて腐った木。朽ちた木。世にかえりみられない人の境遇をたとえることが多い。例「すべて——などのやうにて、人に見捨てられてやみなむ」〈源氏・手習〉訳(私は)何もかも枯れて腐った木なんかのようでいて、人に見捨てられたままで終わろう。

くち-きき【口利き】〔名〕❶話がたくみなこと。また、その人。口上手。❷相談事・仲介などに慣れていて顔のきく人。顔役。例「先なは垂井端(たるゐばた)の助三郎、これも在所(ざいしよ)の——」〈近松・冥途の飛脚・下〉訳先頭にいるのは垂井端の助三郎で、この人もこの土地の顔役だ。

くち-ぎよ・し【口清し・口浄し】〔形ク〕言い方が立派である。きれいなことを言う。例「心の問はむにだに、——・う答へむと思(おぼ)せば」〈源氏・夕霧〉訳(夕霧とのことがうわさになっても)せめて自分の良心の問いにだけは、(潔白を)はっきりと答えようと(落葉の宮は)お思いになるので。

くち-ごは・し【口強し】〔形ク〕❶強く言い張って引き下がらない。例「『これは、さらにさやうにさし退(の)けなどすべき御車にもあらず』と——・くて手触れさせず」〈源氏・葵〉訳「これは、決してそのように立ち退かせられるような(身分の人の)お車ではない」と(六条御息所(みやすどころ)の供人は、葵(あおい)の上の供人に)強く言い張って手を触れさせない。❷(手綱(たづな)が自由に扱えないほど)馬の性質が荒々しい。

くち-さがな・し【口さがなし】〔形ク〕(「さがなし」は、性質が悪い意)物の言い方が悪い。悪口など勝手なことを言いふらす。例「——・きものは世の人なりけり」〈源氏・行幸〉訳 慎みなく勝手に言うのは世間の人(の常)であった。

くち-すぎ【口過ぎ】〔名〕生計を立てること。生活のための仕事。

くち-ずさび【口遊び】〔名〕《「くちずさみ」とも》❶口をつくままに詩歌などを吟ずること。例「経などのさるべき所々、しのびやかに——に読み居たるに」〈枕草子・すきずきしくて〉訳 お経などのしかるべき箇所箇所を、そっと小声で口まかせに読んでいるところに。

❷うわさ話。話の種。例「よからぬ童(わらは)べの——になるべきなめり」〈源氏・夕顔〉訳 (夕顔の死は)よくない連中の話の種になってしまうだろう。

くち-ずさ・ぶ【口遊ぶ】〔他バ四〕{ば・び・ぶ・ぶ・べ・べ}《「くちずさむ」とも》口から出るままに詩歌などを歌う。人に聞かせるともなく言う。例「『佐野の渡りに家もあらなくに』など——・びて」〈源氏・東屋〉訳「佐野の渡し場には家もないのに」など(和歌の一節を)口ずさんで。

くち-ずさみ【口遊み】〔名〕⇩くちずさび

くち-ずさ・む【口遊む】〔他マ四〕{ま・み・む・む・め・め}⇩くちずさぶ

くち-づから【口づから】〔副〕《「づから」は接尾語》自分の口から。その人自身のことばで。例「こたみの頭(とう)は、疑ひなく帝(みかど)の御——こて給へるなり」〈源氏・東屋〉訳 このたびの(左近少将が)蔵人頭(くろうどのとう)に任官することは、まちがいなく天皇がみずからのお口からおっしゃったことなのである。

くち-つき【口付き】〔名〕❶口のかっこう。口もと。例「ただ——愛敬(あいぎやう)づき」〈枕草子・職の御曹司の西面の〉訳 ただ口もとが愛らしく。

❷物の言い方。口ぶり。歌いぶり。例「よく案内(あない)知り給へる人の——にては、目馴(なめ)れてこそあれ」〈源氏・玉鬘〉訳 (歌に)よく精通していらっしゃる人の歌いぶりにしては、(この返歌は)ありふれている。

❸牛や馬の口を取って引く人。口取り。例「——の男子(をのこ)にまづ一度せさせよ」〈徒然草・八七〉訳 馬の口取りの男にまず一杯酒を飲ませよ。

くち-と・し【口疾し】〔形ク〕(返事や返歌が)すらすらと口から出る。時間を置かずに、すぐ言う。例「書きなれたる手して、——・く返り事など書き侍(はべ)りき」〈源氏・夕顔〉訳 (その女は、私の文(ふみ)に対して)書きなれた筆跡で、すぐに返事などをよこしました。

> **要点**「くちとし」が、すぐに言う意なのに対し、早口のことは「した(舌)どし」という。この両方の意に用いるのが「くちはやし」で、反対語が「くちおそし」である。

くち-なし【梔子】〔名〕❶植物名。アカネ科の常緑低木で、初夏、白色の花をつける。実は黄色の染料や漢方薬として用いられる。和歌では「口無し(=口ヲキカナイコト)」と掛けて使われることが多い。(季・夏)

❷「くちなし色(いろ)」の略。ⓐクチナシの実で染めた染色の名。濃い黄色。

ⓑ《襲(かさね)の色目の名》表裏とも黄色。

くち-なは【蛇】〔名〕(朽ちた縄に似ているところから)ヘビの異名。例「二尺ばかりなる——の、ただ同じ長さなるを」〈枕草子・蟻通の明神〉訳 二尺(=約六〇センチ)ぐらいのヘビで、まったく同じ長さのもの(二匹)を。

くち-の-は【口の端】〔名〕言葉のはしばし。口先。うわさ。

くち-ば【朽ち葉】〔名〕❶枯れ朽ちた落ち葉。例「紅葉(もみじ)の——少しはるけ」〈源氏・総角〉訳 紅葉の枯れ葉を少し払いのけ。

❷《「朽ち葉色(いろ)」の略》ⓐ赤みがかった黄色。

ⓑ襲(かさね)の色目の名。表は赤みがかった黄色、裏は黄色。

くち-は・つ【朽ち果つ】〔自タ下二〕{て・て・つ・つる・つれ・てよ}❶すっかり腐ってしまう。腐ってなくなる。

❷むなしく死ぬ。老いて死ぬ。例「難波人(なにはびと)いかなる江にか——・てむ逢(あ)ふことなみに身を尽くしつつ」〈新古今・恋一・一〇七〉訳 難波人(=私)はどのような入江(=前世ノ縁)でむなしく老いて死ぬことだろうか。逢うことがないので苦しさに消耗し続けて。

くち-はみ【蝮】〔名〕《「くちばみ」とも》まむしの異名。

くち-ひき【口引き】〔名〕《「口付き」「口取り」とも》牛馬の口に付けた綱を取って引くこと。また、その人。

くち-ふたが・る【口塞る】〔自ラ四〕{ら・り・る・る・れ・れ}口がふさがる。物が言えなくなる。例「珍しきが、なかなか——・るわざかな」〈源氏・末摘花〉訳 (お返事の)珍しさで、予期に反してかえって物が言えなくなるものですね。

くち-を・し【口惜し】

〔形シク〕類 あたら(惜)し・くやし・をし

> 期待がはずれた失望した気持ちを表す。そこから①の残念だ、くやしい、の意や、②のつまらない、の意として用いられる。

❶(期待していたことが実現せずに)がっかりしている。**残念だ。くやしい。** 例「わが心に任せつべう思(おぼ)しけるに違(たが)ひぬるは、——・しう思しけり」〈源氏・若紫〉訳 (継母である北の方は若紫を)自分の思うとおりに(育てることが)できるだろうと思っておられたのに(それが)できなくなってしまったことは、残念なこととお思いになった。

❷(対象となるものが)意に満たない。**つまらない。劣っている。** 例「いでや、いと——・しき御宿世(すくせ)なりけり」〈源氏・蓬生〉訳 いやもう、まったく不本意な(末摘花(すえつむはな)の)前世のご因縁(いんねん)であることよ。

くちをし-が・る【口惜しがる】〔他ラ四〕{ら・り・る・る・れ・れ}《「がる」は接尾語》いかにも残念そうにする。残念がる。例「限りなうこそ——・り申し給ふめりしか」〈源氏・柏木〉訳 (柏木の重態を知り光源氏は)このうえなく残念がって口にも申していらっしゃるようでした。

くちをし-さ【口惜しさ】〔名〕《「さ」は接尾語》残念なこと。残念さ。例「母君のおはせずなりにける——も」〈源氏・蛍〉訳 母君が(この世に)いらっしゃらないことの残念さも。

くつ【沓・靴・履】〔名〕皮革・木・布・ワラなどで作ったはきもの。例「信濃路(しなぬぢ)は今の墾道(はりみち)刈りばねに足踏ましむな——はけ我が背」〈万葉・一四・三三九九〉訳 信濃(=長野県)に通じる道は新しく切り開いた道です。切り株で足を踏み抜かないでください。くつをおはきなさい。我が君よ。

く・つ【朽つ】

〔自タ上二〕{ち・ち・つ・つる・つれ・ちよ}❶腐る。腐ってくずれる。また、おちぶれる。人がむなしく死ぬ。例「斧(をの)の柄(え)も——・ちぬべきなめり」〈枕草子・懸想人にて来たるは〉訳(これでは)斧の柄も腐ってしまいそうだ。注「斧の柄も朽つ」ハ故事成語。

❷すたれる。尽きる。例「人の御名の――・ちぬべき事を思(おぼ)し乱る」〈源氏・葵〉訳あの方のご名声がすたれてしまうことをお思い悩みになる。

くつ-かうぶり【沓冠】〔名〕⇩くつかぶり

くつ-かぶり【沓冠】〔名〕(「くつかうぶり」「くつかむり」とも)❶和歌や俳諧(はいかい)の折り句の一種。ある語句を、各句の初め(=冠)と終わり(=沓)に一音ずつ詠み込むもの。例えば、兼好法師の「よもすずし、ねざめのかりほ、たまくらも、ま袖(そで)の秋に、へだてなきかぜ」という和歌は、各句の初めの音を順に並べると「よねたまへ」となり、次に各句の終わりの音を逆から並べると「ぜにもほし」となる。つまり、この和歌は、「米(よね)賜(たま)へ、銭(ぜに)も欲(ほ)し」の語句が折り込まれた沓冠の和歌である。

❷雑俳(ざっぱい)の一種。七文字の題を出し、それに上五文字と下五文字とを付けて、一句の俳句とするもの。

くつがへ・す【覆す】〔他サ四〕〔さ・し・す・す・せ・せ〕(「くつがへる」の他動詞形)❶車や船などを転倒・転覆させる。ひっくりかえす。例「水よく船をうかべ、水また船を――・す」〈平家・三・城南之離宮〉訳水は船を浮かべるものだが、また船を転覆させるものでもある。

❷国家や権力などを倒す。滅ぼす。例「臣よく君をたもち、臣また君を――・す」〈平家・三・城南之離宮〉訳臣下は主君を守るものだが、臣下は主君を滅ぼすものでもある。

くつがへ・る【覆る】〔ら・り・る・る・れ・れ〕■一〔自ラ四〕ひっくり返る。倒れる。

■二〔補動ラ四〕動作を強める意を表す。ひどく…する。例「され――・る、今様(いまやう)のよしばみよりは、こよなう奥ゆかしう」〈源氏・末摘花〉訳ひどく風流がる、最近の(女の)気どり屋よりは、(身分が高くおっとりした末摘花(すゑつむはな)は)この上なく奥ゆかしく(思われる)。

くっ-きゃう【究竟】〔名・形動ナリ〕(「くきゃう」の促音化したもの)❶きわめてすぐれていること。特に、武芸にひいでていること。例「――の弓の上手どもが、矢先をそろへて、差しつめ引きつめ、さんざんに射る」〈平家・四・橋合戦〉訳すぐれた弓の名手達が、矢先をそろえて、手早く矢をつがえては弓を引き、引いてはつがえて、激しく射る。

❷好都合なこと。ちょうどよいこと。おあつらえ向き。

くづし-い・づ【崩し出づ】〔他ダ下二〕〔で・で・づ・づる・づれ・でよ〕ぽつりぽつりと話しだす。徐々に話す。例「さしも聞き置き給はぬ世の古事(ふるごと)ども――・でて」〈源氏・明石〉訳(光源氏が今まで)そんなにも詳しくお聞きになったことのない世の中のいろいろな古い出来事を(明石の入道は)ぽつりぽつりと話しだすので。

くっ・す【屈す】〔せ・し・す・する・すれ・せよ〕■一〔自サ変〕(「くす」とも)気分が沈む。めいる。例「この事に宿世(すくせ)なき日なめりと――・して」〈枕草子・五月の御精進のほど〉訳この事(=歌)に縁のない日なのだろうと気がめいって。注和歌ヲ詠モウト思ウガ、ソノ機会ガナイノデアル。

■二〔他サ変〕体の一部を折り曲げる。

くつ-づけ【沓付け】〔名〕雑俳(ざっぱい)の一つ。句の下(しも)五文字を出し、これに上(かみ)・中(なか)の五文字・七文字を付け、一句にまとめるもの。例えば、「とってみる」の出題に「道楽な息子に嫁を」を上に付けるものなど。対かむりづけ

くつ-ばみ【轡】〔名〕(「口食(くちはみ)」の変化した形)⇩くつわ① 例「陸(くが)には源氏――を並べてこれを見る」〈平家・一一・那須与一〉訳(海上では平家が)陸上では源氏方の騎馬の軍勢が並んでこれ(=与一ガ扇ヲ射ルコト)を見ている。注「くつばみを並ぶ」ハ、「くつわを並ぶ」トモ言イ、騎馬武者ガ馬ヲ横一列ニ並ベルコト。

くづ-ほ・る【頽る】〔自ラ下二〕〔れ・れ・る・るる・るれ・れよ〕❶体が弱くなる。衰える。例「いとどいたう――・れさせ給へるに」〈源氏・薄雲〉訳(藤壺(ふぢつぼ)は)いっそうひとしおお体が衰えていらっしゃったのだが。

❷気力がなくなる。気落ちする。

くづ・る【崩る】〔自ラ下二〕〔れ・れ・る・るる・るれ・れよ〕❶くだけてばらばらになる。くずれる。例「長雨に築地(ついぢ)所々――・れて」〈源氏・須磨〉訳長雨で土塀(どべい)が所々くずれて。

❷(集まっていた人が)ばらばらに散らばる。例「居籠(ゐこ)めたりつる人も皆――・れ出づるほどに紛れて」〈大鏡・道長・下〉訳ぎっしり座っていた人々も皆どやどやと散らばって出るのに紛れて。

くつろ-か【寛か】〔形動ナリ〕くつろいだ様子。ゆったりして楽である。例「女房、桜の唐衣(からぎぬ)ども――・に脱ぎ垂れて」〈枕草子・清涼殿の〉訳女房達は、桜襲(さくらがさね)の唐衣を、ゆったりした感じに片袖(かたそで)脱いで垂らして。

くつろぎ-がま・し【寛ぎがまし】〔形シク〕(「がまし」は接尾語)くつろいだ様子である。のんびりしている。例「――・しく、歌誦(ず)しがちにもあるかな」〈源氏・帚木〉訳(うわさ話に興じている侍女たちは)のんびりしていて、(ことによると)歌を吟じたりもしそうだな。

くつろ・ぐ【寛ぐ】■一〔自ガ四〕〔が・ぎ・ぐ・ぐ・げ・げ〕❶ゆるくなる。ゆるむ。例「数多くなりゆくに、上臈(じやうらふ)も乱れて、冠(かうぶり)の額(ひた)少し――・ぎたり」〈源氏・若菜・上〉訳(蹴鞠(けまり)の回数が)増えてゆくにつれ、身分の高い人も無礼講となり、冠の額のところが少しゆるくなった。

❷余地がある。余裕がある。

❸心がゆるむ。緊張がとける。くつろぐ。

■二〔他ガ下二〕〔げ・げ・ぐ・ぐる・ぐれ・げよ〕ゆるめて間をあける。広げる。例「夜になれども、装束も――・げ給はず」〈平家・一一・一門大路渡〉訳夜になったが、着物もおくずしにならず。

くつ-わ【轡】〔名〕(「口輪(くちわ)」の変化した形)❶馬の口にかませる金具。これに手綱(たづな)をつける。「くつばみ」とも。例「――・鞍(くら)の具に、危(あや)ふき事やあるとて、心にかかる事あらば、その馬を馳(は)すべからず」〈徒然草・一八六〉訳くつわや鞍の道具に、あぶなっかしいところがあるだろうかと調べてみて、気にかかるような点があったら、その馬を(=馬ニ乗ッテ)走らせてはいけない。

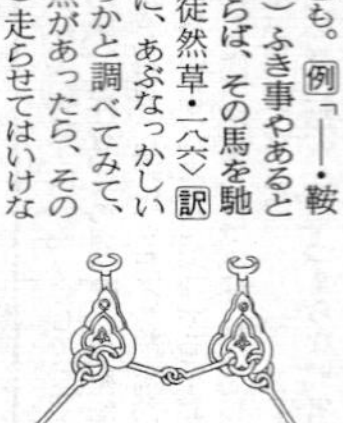

くつわ①

❷(遊女を馬になぞらえ、その自由を束縛するものの意)遊女屋。また、遊女屋の主人。

く-でん【口伝】〔名〕学問・芸能上の奥義など重要な事を、口伝えで伝授すること。口授(くじゆ)。また、その内容をしるした書物。秘伝書。例「――の上に性骨(しやうこつ)を加へて心を入るること」〈徒然草・二二九〉訳(師の教えてくれた)口伝の上に個性を加えて心を入れること(が大切だ)。

くど【竈突・竈】〔名〕❶かまどの後方に設けた煙だしの穴。

❷かまど。へっつい。

く-どく【功徳】〔名〕《仏教語》将来、神仏からよい報いを受けられるようなよい行い。例「なかんづく、出家の―莫大なれば」〈平家・一〇・維盛入水〉訳（多くの功徳ある行いの）中でも特に、出家の功徳ははかりしれないくらい大きいから（前世の罪は皆消えてしまっているでしょう）。

くど・く【口説く】{か・き・く・く・け・け} 一〔自カ四〕❶くどくどと繰り返し言う。愚痴っぽく話す。例「『せめては九国の地まで』と―・かれけれども」〈平家・三・足摺〉訳「せめて九州の地までも（連れて行ってくれ）」と（俊寛は）繰り返し言われたが。❷神仏に心中を訴える。祈願する。二〔他カ四〕《近世以降の用法》異性を思い通りにしようと言い寄る。

くない-きゃう【宮内卿】〔名〕宮内省の長官。正四位下に相当する。

くない-しゃう【宮内省】〔名〕律令制下、太政官の八省の一つ。皇室の料地・用度の管理、その他いっさいの皇室事務を担当する役所。「延喜式」によれば、大膳職と大炊・木工・主殿・典薬・掃部の五寮と正親・内膳・造酒・采女・主水の五司を所管する。

くに【国】〔名〕❶（「天」に対して）地。大地。地上の国。例「皇御孫の尊の御膳つ水は、顕し―の水に天つ水を加へて奉らむ」〈祝詞・中臣寿詞〉訳ニニギノミコト（＝天照大神ノ孫）のお飲みになる水は、現実の地上の水に天の水を加えてさし上げよう。❷国土。国家。統治権の及んでいる地域。例「既に―を生み終へて、更に神を生みき」〈古事記・上・伊邪那岐命と伊邪那美命〉訳先に国土を生み終わってから、さらに神を生んだ。❸生まれた土地。故郷。❹地方行政の単位としての一区画。例「その―より科野の―に越えて」〈古事記・中・景行〉訳その国（甲斐＝山梨県）から信濃の国（＝長野県）へ越えて。❺国府（＝国司ノイル地方行政官庁）。また、その役人。例「この人、―に必ずしも言ひ使ふ者にもあらざなり」〈土佐・十二月二十三日〉訳この人は、国司の官庁で必ずしも召し使っている者でもないようだ。❻国政。天皇の政務。または、天皇の位。

くにが-の-みち【北陸の道】〔名〕《「くにが」は「くが」で、陸の意》古代の行政区画の名称。北陸道の古称。現在の北陸地方（新潟県・富山県・石川県・福井県）のほぼ全域にあたる。越の道。

くに-から【国柄】〔名〕国の性格・性質。また、国の品格。例「玉藻よし讃岐の国は―か見れども飽かぬ神からかここだ貴き」〈万葉・二・二二〇長歌〉訳讃岐の国（＝香川県）は、国の性格（が良いせい）で、見ても飽きることがないのか、神の品格（が良いせい）で、かくも尊いのか。注「玉藻よし」ハ「讃岐」ノ枕詞。

くに-つ-かみ【国つ神】〔名〕《「つ」は「の」の意》❶国土を守護する神。地の神。対あまつかみ 例「天つ神仰ぎ乞ひ祈み―伏してぬかづき」〈万葉・一五・三六九四長歌〉訳天の神を仰いでは願い祈り、地の神を伏しては拝み。❷天孫降臨以前から、その土地に土着している神。古代豪族を神格化していったもの。例「荒ぶる―等の多なりと思ほす」〈古事記・上・葦原中国の平定〉訳（この国には）荒々しい土着の神（＝豪族）どもが多くいるとお思いになる。

くに-の-おや【国の親】〔名〕❶一国の最高位。天皇。また、天皇の父。例「―となりて、帝王の上なき位にのぼるべき相おはします人の」〈源氏・桐壺〉訳（光源氏は）一国の最高位の人となって、帝王という最高の地位にのぼるはずの人相がおありになる人であって。❷皇后。国母。また、天皇の母。

くに-の-かみ【国の守】〔名〕律令制の下で、諸国に置かれた国司の長官。「国守」とも。国の等級により相当する位階は異なる。平安中期以降は「受領」の名が一般化する。例「盗人なりければ、―にからめられにけり」〈伊勢・一二〉訳（男は、人の娘を盗んだ）盗人だったから、国の守に捕らえられてしまった。

くに-の-つかさ【国の司】〔名〕⇒こくし（国司）①

くに-の-みやつこ【国造】〔名〕上代、朝廷が任命した地方官。地方の国々を統治する世襲職。大化の改新後廃止され、郡司が置かれた。

くに-はら【国原】〔名〕国の広く平らな土地。広々とした国土。平野。例「―は煙立ち立つ海原はかまめ立ち立つ」〈万葉・一・二長歌〉訳（奈良の）平野には（民のかまどの）煙があちこちから立ちのぼる。広々とした水面にはカモメがあちこち飛び立つ。注舒明天皇ノ国見ノ歌ノ一節。「海原」ハ奈良盆地ノアチコチニアル池ヲ指ス。

くに-ひき【国引き】〔名〕（出雲の国の神話で）他国の土地を引き寄せること。参考「出雲風土記」に、八束水臣津野命が、新羅（＝古代朝鮮ノ国）など四か国の余っている土地に大綱を掛けて引き寄せて、出雲の国に縫い合わせたという神話が載っている。

くに-ひと【国人】〔名〕《「くにびと」とも》❶その土地に住んでいる人。土着の人。例「―の心の常として」〈土佐・十二月二十三日〉訳地方に住んでいる人の普通の心の持ち方として。❷国民。人民。

くに-み【国見】〔名〕為政者が高い所から、国民の生活状態や国情などを見わたすこと。例「とりよろふ天の香具山登り立ち―をすれば国原は煙立ち立つ」〈万葉・一・二長歌〉訳とりわけよい天の香具山に登って立ち、国見をすると、平野には煙があちこちに立つ。

くに-ゆづり【国譲り】〔名〕国土の統治権を譲ること。天皇の位を譲ること。譲位。

く-にん【公人】〔名〕《呉音読み》❶平安時代、宮中で雑役に当たった身分の低い「地下」の役人。❷鎌倉・室町幕府で、政所・問注所の役人。「寄人」とも。

くね-くね・し〔形シク〕ひねくれていて素直でない。例「まづ―・しく恨むる人の心破らじと思ひて」〈源氏・紅葉賀〉訳（私は）まず第一にひねくれて（私を）恨む女性の機嫌をそこねまいと思って。

くね・る{ら・り・る・る・れ・れ} 一〔自ラ四〕ひねくれて素直な応対をしない。すねる。ひがむ。例「『なほ年の初めに腹立ちな初めそ』など言へば、少しは―・りて書きつ」〈蜻蛉・中・天禄二年〉訳「やはり年の初めに腹の立て初めをなさるな」などと言うので、少しすねて（返事を）書いた。■二〔他ラ四〕すねて恨み言を言う。愚痴を言う。皮肉を言う。例「女郎花(をみなへし)のひと時を━・るにも、歌を言ひてぞ慰めける」〈古今・仮名序〉訳オミナエシのつかの間のなまめかしい美しさに皮肉を言うのにも、歌を詠んで気を晴らしたのだった。注「女郎花のひと時」ハ、「秋の野になまめき立てる女郎花あなかしがまし花もひと時」〈古今・雑体・一〇一六〉ニヨル表現。

く-のう【功能】〔名〕ききめ。効果。例「今参り侍(はべ)る供御(ぐご)のいろいろを、文字も━も尋ね下されて」〈徒然草・一三六〉訳今参っておりますお食事の品々について、どういう字かききめはどうかなどお尋ね下さいまして。

く-はワク〔感〕《相手の注意を引くために発する語》さあ。それ。ほら。例「━落とせ、義経(よしつね)を手本にせよ」〈平家・九・坂落〉訳それ馬を駆け降りさせろ、この義経を手本にしろ。

くは-がた【鍬形】クワ〔名〕かぶとの前立て物の一種。「目庇(まびさし)」の上に付ける二本の角(つの)の形をした金属板。

くは-こ【桑子】クワ〔名〕《和歌用語》蚕(かいこ)の別名。例「なかなかに人とあらずは━にもならましものを玉の緒ばかり」〈万葉・一二・三〇八六〉訳なまじっか人間でいないで、蚕にでもなったらよかったのに。ごく短い間の命であっても。注蚕ハ夫婦仲ノヨイモノトサレタ。

くは・しクワシ〔形シク〕■一【細し・美し・妙し】《上代語》こまやかで美しい。例「走り出(で)のよろしき山の出(い)で立ちの━・しき山ぞ」〈万葉・一三・三三三一長歌〉訳（泊瀬(はつせ)の山、忍坂(おさか)の山は）横に低く続いた形のよい山で、そびえ具合の美しい山であるぞ。■二【精し・詳し】❶こまかいところまで行き届いている。詳細である。くわしい。例「なほ━・しく語れ」〈源氏・夕顔〉訳（死んだ夕顔について）もっとこまかく話せ。❷（知識や能力が）くわしく通じている。精通している。

> 要点 ■一は、「うらぐはし」「かぐはし」などのような複合形容詞の形で用いることが多い。古くは山・花など自然の物の美しさを表し、次に木の枝などの、こまかい美しさを表すようになり、平安時代以降は、広く物事や様子のこまかさを表す■二の用法になる。なお、上代には「くはしいも（妹）」「くはしほこ（矛）」のように「くはし」の形で体言を修飾する用法がある。

くは・す【食はす】クワス〔他サ下二〕{せ・せ・す・する・すれ・せよ}《動詞「食ふ」の未然形に使役の助動詞「す」が付いて一語化したもの》❶食べさせる。また、くわえさせる。❷（「目を食はす」の形で）（目を）合わせる。目くばせをする。❸弓に矢をつがえる。例「十五束(そく)ありけるをうち━・せ、よっぴいてひゃうど放つ」〈平家・一一・遠矢〉訳（矢の長さが）十五束あったのをひょいとつがえて、十分に引いてヒョウッと放つ。❹（言葉や動作で）やっつける。また、いっぱいくわせる。

くはた・つ【企つ】クワタツ〔他タ下二〕{て・て・つ・つる・つれ・てよ}《近世以降「くはだつ」》❶計画する。もくろむ。例「やがて謀叛(むほん)を━・てけり」〈平家・六・廻文〉訳すぐに謀反を計画したのだった。❷計画していたことを実行する。例「法師何心なくて、例のやうにかの事━・てんとて」〈古今著聞集・相撲強力〉訳法師は何という考えもなく、いつものようにあの事を実行しようとして。

くはは・る【加はる】クワワル〔自ラ四〕{ら・り・る・る・れ・れ}❶ある物事のうえにさらに同じ物事などが添えられる。加えられる。ふえる。例「物思ひ━・りぬる心地すれど」〈源氏・真木柱〉訳物思いの種がふえてしまったような気持ちがするが。❷付着する。とりつく。例「御物の怪(け)など━・れるさまにおはしましけるを」〈源氏・若紫〉訳（わらわ病のほかに）憑物(つきもの)などもとりついている御様子でいらっしゃったので。❸ある資格で仲間入りする。参加する。例「数定まりて、くつろぐところもなかりければ、━・り給ふなりけり」〈源氏・澪標〉訳（左右の大臣の）員数が定まっていて、欠員もなかったので、（内大臣として）加わりなさったのだった。

くは・ふ【加ふ】クワ(オ)ウ〔他ハ下二〕{へ・へ・ふ・ふる・ふれ・へよ}❶事物のうえに更に事物を付け足す。加える。付加する。例「屠蘇(とうそ)・白散(びゃくさん)、酒━・へて持て来たり」〈土佐・十二月二十九日〉訳屠蘇(とそ)・白散といった漢方薬に、酒まで添えて持って来た。❷仲間の一員に入れる。参加させる。❸与える。施す。例「療治(れうぢ)を━・ふも益なからんか」〈平家・三・医師問答〉訳（私の病気がもし業の報いであるならば）治療を施すことも益がないのではないか。

くは・ふ【銜ふ】クワウ〔他ハ下二〕{へ・へ・ふ・ふる・ふれ・へよ}❶口やくちばしで軽くはさんで持つ。くわえる。例「筆のしり━・へて、思ひめぐらし給へるさま」〈源氏・梅枝〉訳筆の端を口にくわえて、（あれこれ）思いめぐらしておられる様子は。❷自分のものとして保持する。くわえ込む。例「気に入らいで往(い)なした嫁、遠州戻りに在所へ寄り、ようー・へて戻ったな」〈近松・心中宵庚申・下〉訳気に入らないので（親が）離縁した嫁を、遠州への帰りに里へ寄り、よくも連れて戻って来たな。

くば・る【配る】〔他ラ四〕{ら・り・る・る・れ・れ}❶それぞれに分け与える。分配する。例「さるべき物ども、品々━・らせ給ふ」〈源氏・須磨〉訳（いくつかの）立派な物を、身分に応じて分け与えなさる。❷それぞれに縁づける。結婚させる。嫁がせる。例「初めの腹の二、三人は、皆さまざまに━・りて、大人びさせたり」〈源氏・東屋〉訳先妻腹の娘二、三人は、皆それぞれに嫁がせて、一人前にさせた。❸（「目を配る」の形で）注意を行き渡らせる。例「人の袖(そで)の陰、膝(ひざ)の下まで目を━・る間(ま)に、前なるをば人に覆はれぬ」〈徒然草・一七一〉訳（貝覆いをして遊ぶ人が）他人の袖の陰や、膝の下まで目を届かせている間に、（自分の）前にある貝を他人に覆われてしまう。

くび【首・頸】〔名〕❶くびの部分。また、頭部そのもの。❷（比喩(ひゆ)的に）生命。

首を掻(か)・く 組み伏せて相手の首を掻くようにして切り落とす。首を掻き切る。例「とって押へて━・かんと甲(かぶと)を押しあふのけて見ければ」〈平家・九・敦盛最期〉訳取り押えて首を切ろうとして甲を無理にあげてあおむけにして見ると。

くひ-かなぐ・る【食ひかなぐる】クイ〔他ラ四〕{ら・り・る・る・れ・れ}乱暴に食べる。かぶりつく。例「いとあわたたしう取り散らして、━・りなどし給へば」〈源氏・横笛〉訳（幼い薫るがタケノコを)やたらにせわしく取り散らかし、かぶりつきなどなさるので。

くび‐かみ【頸上】〔名〕袍(ほう)・狩衣(かりぎぬ)・水干(すいかん)などの、首の回りを囲むような形の襟(えり)。盤領(ばんりょう)。

くびかみ

くびす【踵】〔名〕かかと。きびす。例「三千の衆徒――を継ぎ」〈平家・一・願立〉訳 山門三千の衆徒がかかとを接するほどに(=ヒッキリナシニ)続き。

踵を廻(めぐ)らすべからず (かかとの向きを変えて後ろを向くこともできない意で)わずかな時間に事が運ぶことのたとえ。例「もし合戦をいたさば、叡岳(えいがく)の滅亡――ず」〈平家・七・木曽山門牒状〉訳 もし(我が軍と)戦いをいたしたなら、比叡山(延暦(えんりゃく)寺)の滅亡はわずかの時間もかからず、すぐである。

くひぜ【株・杙・杭】〔名〕❶木の切り株。「くひ」とも。❷(①から転じて)土や岩に打ち込んで、支柱や目印とするもの。くい。

くひな【水鶏】〔名〕水鳥の名。クイナ。水辺に住み小魚を食べる。旧暦五月頃鳴く。鳴き声が物をたたく音に似ることから、鳴くのを「たたく」という。(季・夏) 例「五月(さつき)……――のたたくなど、心細からぬかは」〈徒然草・一九〉訳 (旧暦)五月……クイナが(物をたたくような声で)鳴くことなど、寂しくないであろうか(いや、寂しいことだ)。

くび‐ひき【首引き・頸引き】〔名〕(「くびびき」「くびっぴき」とも)向かい合った二人が、互いの首に輪にした紐(ひも)を掛けて引き合う遊戯。

くびひき

くひ‐も・つ【食ひ持つ】〔他タ四〕{た・ち・つ・つ・て・て}口にくわえる。例「春霞流るるなへに青柳(あをやぎ)の枝――・ちて鶯(うぐひす)鳴くも」〈万葉・一〇・一八二一〉訳 春霞が流れるようにたなびく折しも、青柳の枝を口にくわえて鶯が鳴くことだなあ。

くび・る【縊る】■一〔他ラ四〕{ら・り・る・る・れ・れ}首を絞めて殺す。絞殺する。例「『いはゆる宮毘羅(くびら)大将』とうち上げたるを、我を――・ると読むなりけりと思(おぼ)しけり」〈大鏡・時平〉訳 (読経に)「いわゆる宮毘羅大将」と声を張り上げたのを、私を絞め殺すと読んだのだとお考えになったのだった。■二〔自ラ下二〕{れ・れ・る・るる・るれ・れよ}首をくくって死ぬ。

くび‐を‐か・く【首を掻く】⇩「くび」子項目

く・ふ【食ふ】〔他ハ四〕{は・ひ・ふ・ふ・へ・へ}❶口にはさむ。くわえる。例「細き枝どもを――・ひて飛びちがふ」〈源氏・胡蝶〉訳 (二羽の水鳥が)細い枝を何本もくわえて飛びかう。❷食べる。飲み込む。例「薬も――・はず、やがて起きも上がらで病み臥(ふ)せり」〈竹取・ふじの山〉訳 薬も飲まず、そのまま起き上がることもできないで病床についている。❸歯をたてる。かみつく。例「翁丸(おきなまろ)、いづら。命婦(みやうぶ)のおとど――・へ」〈枕草子・上にさぶらふ御猫は〉訳 翁丸(=犬ノ名)、どこにいるの。命婦のおとど(=猫ノ名)にかみつきなさい。❹締め付ける。くい込む。❺うっかり信じる。いっぱいくう。

> **要点 「くふ」「くらふ」「はむ」「たぶ」の違い**
> 「くふ」は①が原義で、飲食する意でも広く用いられた。「くらふ」も飲食する意を表すが、がさつで下品なニュアンスがある。「はむ」は歯でかみ砕いて食べる意である。「たぶ」は上位者から頂戴(ちょうだい)する意から転じて、飲食する意の謙譲語・丁寧語になった語で、近世以後敬語的な意味は失われ現代語「たべる」に至る。

く・ふ【構ふ】〔他ハ四〕{は・ひ・ふ・ふ・へ・へ}鳥などが巣を作る。例「燕(つばくらめ)の巣――・ひたらば、告げよ」〈竹取・燕の子安貝〉訳 つばめが巣を作ったならば、(私に)報告せよ。

く・ぶ【焼ぶ】〔他バ下二〕{べ・べ・ぶ・ぶる・ぶれ・べよ}燃やすために火の中に入れる。くべる。たく。例「皮は火に――・べて焼きたりしかば」〈竹取・火鼠の皮衣〉訳 皮は火の中に入れて焼いたところ。

ぐ‐ぶ【供奉】〔名・自サ変〕❶行幸などの時にお供をすること。また、その者。例「しのびの御幸(ごかう)なりけれども、――の人々」〈平家・灌頂・大原御幸〉訳 おしのびの(後白河法皇の)お出かけであったけれども、お供の人々として(藤原実定・藤原兼雅がお仕えしていた)。❷(「内供奉(ないぐぶ)」の略)宮中の内道場(=宮中デ仏事ヲ行ウ所)に奉仕する僧。「御斎会(ごさいゑ)」の読師(とくし)などをつとめる。転じて、高徳の僧をいうこともある。

くぶつち‐の‐たち【頭椎の太刀】〔連語〕上代の刀剣の一種。柄(つか)の頭がこぶになった槌(つち)の形をしているもの。

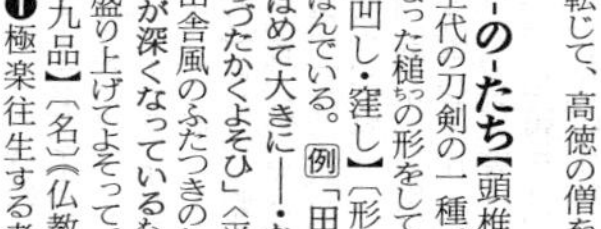
くぶつちのたち

くぼ・し【凹し・窪し】〔形ク〕中央が低い。くぼんでいる。例「田舎合子(ゐなかがふし)のきはめて大きに――・かりけるに、飯(はん)うづたかくよそひ」〈平家・八・猫間〉訳 田舎風のふたつきのわんで大変大きく中が深くなっているものに、ごはんを高く盛り上げてよそって。

く‐ほん【九品】〔名〕《仏教語。「くぼん」とも》❶極楽往生する者の性質・行為の差によって生ずる九つの階位。上品上生(じょうぼんじょうしょう)を最高とし、以下、上品中生・上品下生(げしょう)・中品(ちゅうぼん)上生・中品中生・中品下生・下品(げぼん)上生・下品中生・下品下生と続く。例「――の浄刹(じやうせつ)を行はせ給ひけん御庵室(ごあんじつ)の旧跡(きうせき)には」〈平家・一〇・熊野参詣〉訳 (花山(かざん)法皇が)九品にわかれている浄土に往生するための修行をなさったというご庵室のあとには。❷「九品浄土(=極楽浄土)」また「九品蓮台(れんだい)」の略。例「十万億の国隔てたる――の上(うへ)の望み、疑ひなくなり侍りぬれば」〈源氏・若菜・上〉訳 十万億土を隔てた(その向こうにある)極楽浄土の最上位に往生したいという望みは、(実現されることが)確実になっていますので。

九品の台(うてな) ⇩くほんれんだい(九品蓮台)

九品の念仏(ねんぶつ) 極楽浄土に生まれることを願って唱える念仏。

くほん‐れんだい【九品蓮台】〔名〕《仏教語》極楽浄土に往生した人がすわる、ハスの台(うてな)。「九品」に応じて九種あるという。「九品の蓮(はちす)」「九品の台(うてな)」とも。例「―の間(あひだ)には、下品(げぼん)といふとも」〈枕草子・御かたがた、君たち〉訳九品蓮台の中では、下品(の蓮台)であっても(それで満足です)。

くほん-わうじゃう【九品往生】(ジヨウ・・オウ)〔名〕(「くぼんわうじゃう」とも。仏教語)(九品の別のある)極楽浄土に往生すること。

くま【隈・曲】〔名〕❶川や道などで、折れ曲がっている所。曲がり角。曲がり目。

❷奥まった所。目につきにくい所。**物陰。片すみ。**例「かの浦に静やかに隠ろふべき―侍(はべ)りなむや」〈源氏・明石〉訳あの海岸(=明石)に静かに隠れていることができそうな人目につかない所がありましょうか。

❸**へんぴな所。**辺地。例「さる田舎(ゐなか)の―にて」〈源氏・常夏〉訳そんな田舎(=筑紫(ツクシ))のへんぴな所で。

❹光の当たらない所。**陰。**特に、月の雲で隠された部分。例「望月(もちづき)の―なきを、千里(ちさと)の外(ほか)まで眺めたるよりも」〈徒然草・一三七〉訳満月のかげりのない光を、はるかかなたの遠くまでも眺めわたしているよりも。

❺包み隠すこと。隠しだて。秘密。

❻歌舞伎で、「荒事(あらごと)」などをする役者が、顔にほどこす彩色。くまどり。

くま⑥

くま-ぐま【隈隈】〔名〕あちこちのすみ。すみずみ。例「紙燭(しそく)さして、―を求めし程に」〈徒然草・二一五〉訳紙燭(=照明具ノ一)をともして、あちこちのすみずみを捜し求めたところ。

くま-ぐま・し【隈隈し】〔形シク〕❶暗くてよく見えない。暗がりが多い。例「ここかしこの―・しく覚(おぼ)え給ふに」〈源氏・夕顔〉訳あちこち暗くてよくわからないふうにお感じになる時に。

❷隠しだてが多いようだ。何か隠しているようすだ。

熊襲(くまそ)《地名》九州の南半分、日向(ひゅうが)・大隅・薩摩(さつま)(=宮崎県・鹿児島県)地方をいう上代の地名。「くま」と「そ」の二つの地を総称したもの。

くま-で【熊手】〔名〕❶武器の一種。長い柄(え)の先に、熊の手のような形の、鋭い鉄の爪を並べて付けたもの。敵の鎧(よろい)などを引っ掛ける。

❷穀物などを掻(か)き集める竹製の道具。転じて、強欲なこと。また、欲深い者。

❸熊手の形をした縁起物の飾りで、お金や幸運を掻き集めるという。江戸時代から、鷲(おおとり)神社(=江戸浅草ノソレガ有名)の酉(とり)の市(=陰暦十一月ノ酉ノ日ニ行ワレタ)で売り出された。

くま-と【隈処・隈所】〔名〕曲がった所。物陰。片隅。一説に、夫婦の寝所とも。

くま-な・し【隈無し】〔形ク〕

> 「隈(くま)」は物陰や暗い所の意。その「隈」が「無い」の が「くまなし」なので、①の暗い所がない、の意となり、そして②の行き届かないところがない、抜け目がない、などの意が生まれてくる。

❶**光の当たらない所がない。暗い所がない。**例「花は盛りに、月は―・きをのみ見るものかは」〈徒然草・一三七〉訳(春の)桜の花は満開なのだけを、(また、秋の)月は陰もなく照りわたっているのだけを観賞するものだろうか(いやそうではない)。注「花は盛りに」ハ「月はくまなき」ト並立デ、両者ヲ「をのみ……」ガ受ケル。

❷(関心・配慮が)**行き届かないところがない。万事に気がつく。抜け目がない。**例「おのれも―・き好き心にて、いみじく謀(たば)かり、まどひありきつつ」〈源氏・夕顔〉訳(惟光(これみつ)は)本人も抜け目のない好色心で、何かと計画して、出歩き回って。

❸残るところがない。隠すことがない。例「さまざま好色事(すきごと)ども、かたみに―・く言ひ表し給ふ」〈源氏・葵〉訳(光源氏と頭中将(とうのちゅうじょう)とは)いろいろな女性についてのことを、お互いに隠すところなく告白なさる。

熊野(くまの) **一**《地名》和歌山県・三重県にかけて熊野川の流域、熊野灘(なだ)に面する一帯。熊野三社、那智(なち)の滝があり、古くから温泉もあり、皇族の行幸が多かった。

二《神社名》「熊野神社(=熊野三社)」の略。

熊野三社(くまのさんしゃ)《神社名》和歌山県の熊野の地に鎮座する三神社をいう。本宮(ほんぐう)町の熊野本宮大社、新宮(しんぐう)市の熊野速玉(はやたま)神社、那智(なち)勝浦町の熊野那智大社の三社。平安時代より皇族、貴族の参詣が多く、特に院政期の頃が盛んであった。「熊野三山」「三所権現」とも。

熊野本宮大社

くみ・す【与す】〔自サ変〕(せ・し・す・する・すれ・せよ)仲間に加わる。味方する。例「奸謀(かんぼう)に―・して同心をいたす源氏ら、義仲、行家以下(げい)党を結びて数あり」〈平家・七・平家山門連署〉訳(頼朝の)悪だくみに味方して協力する源氏どもは、義仲、行家以下集団を作って大勢いる。

くみ-まが・ふ【汲み紛ふ】(・・マガ(ゴ)ウ)〔自八四〕(は・ひ・ふ・ふ・へ・へ)多くの人が入り乱れて水を汲む。例「もののふの八十少女(やそをとめ)らが―・ふ寺井の上の堅香子(かたかご)の花」〈万葉・一九・四一四三〉訳多数の少女らが入り乱れて水を汲んでいる寺の井戸のほとりの堅香子(=カタクリ)の花よ。注「もののふの」ハ「八十」ノ枕詞。

く・む【組む】(ま・み・む・む・め・め) **一**〔自マ四〕相手に組みつく。取っ組み合う。例「我と思はむ人々は高綱に―・めや」〈平家・九・宇治川先陣〉訳我こそはと思う者達はこの佐々木高綱に組みついて戦え。

二〔他マ四〕❶糸などを交差させて織る。編む。

❷物を組み合わせて作る。構築する。例「土居(つちゐ)を―・み、うちおほひを葺(ふ)きて」〈方丈記・方丈〉訳土台を造り、仮の屋根を葺いて。

く・む【汲む・酌む】〔他マ四〕(ま・み・む・む・め・め)❶水などをすくい取る。つぐ。例「手をひてて寒さも知らぬ泉にぞ―・むとはなしに日ごろ経(へ)にける」〈土佐・二月四日〉訳手をぬらしても冷たさも感じない名ばかりの泉、その和泉の国で、水をくむでもなくむだに幾日も過ごすことだ。

❷人の心の中を察する。おしはかる。くみ取る。例「とまりて思ひ給はむ心地どもを―・み聞こえ給ふも」〈源氏・椎

本〉訳（父、八の宮の死後、宇治の屋敷に）とどまって悲しみをかみしめられる（姫君達の）お気持ちを（薫（かをる）が）お察し申し上げなさるにつけても。

ぐ・む〔接尾マ四型〕（体言に付いて）兆候・きざしが現れ出す。その状態になり始める意を表す。「芽――・む」「涙――・む」など。

くめ-うた【久米歌・来目歌】〔名〕古代歌謡の一つ。久米部（くめべ）（＝軍事ニ勝レタ氏族）に伝えられた戦いの歌。「古事記」・「日本書紀」の神武天皇の条に八首載る。後に、久米舞となり歌詞がなくなる。

くも【雲】〔名〕❶空に浮かぶ雲。雲。例「山際（やまぎは）少し明かりて、紫だちたる――の細くたなびきたる」〈枕草子・春はあけぼの〉訳山に接するあたりの空が少し明るくなって、紫色がかった雲が細くたなびいているの（がすばらしい）。例「畑（はた）うつやうごかぬ――もなくなりぬ」〈蕪村〉訳柔らかな春の陽射しの下で黙々と畑を耕す。ふと気がつくと、さっきまで動かずに空にかかっていた雲が、いつの間にか流れて消えてしまっている。日の長い春の午後である。
❷白く群がって雲のように見えるもの。桜の花などをたとえていう。「桜の――（＝雲ノヨウナ桜ノ花）」「花の――」など。
❸火葬の煙。また、死ぬこと。例「なき人の形見の――やしをるらむ夕べの雨に色は見えねど」〈新古今・哀傷・八〇三〉訳亡くなった人の形見となる（火葬の）煙が雨を降らすのであろうか。夕方の雨にそれらしい様子は見えないが。
❹心が晴れないこと、うっとうしいことのたとえ。例「――晴れて身にうれへなき人のみぞさやかに月のかげは見るべき」〈山家集・雑〉訳（空の雲が晴れるではないが）うっとうしい心が晴れて身に憂いがない人だけが、曇りなくすっきりと月光を見ることができるだろう。

雲の上（うへ）：ウエ ❶雲よりももっと上。
❷宮中。内裏（だいり）。例「――の住みかを捨てて夜半（よは）の月いづれの谷に影隠しけむ」〈源氏・松風〉訳雲の上の住まい（＝宮中）を捨てて、夜半の月（＝故桐壺院ヲタトエル）はどちらの谷に姿を隠したのだろう。

雲の上人（うへびと）：ウエビト ❶宮中に仕える人のたとえ。
❷（狭くは）殿上人（てんじょうびと）。「雲客（うんかく）」「雲上人（うんじやうびと）」とも。

雲の梯（かけはし） ❶雲のたなびくさまを梯に見立てていう語。
❷雲をしのぐほど高い絶壁などに、かけ渡した橋。
❸（宮中を雲の上にたとえて）宮中の御階（みはし）（＝階段）。

雲の通（かよ）ひ路（ぢ）：カヨイジ 雲の行き通う路（みち）。また、空の中を通っている路。例「天（あま）つ風――吹き閉ぢよ少女（をとめ）の姿しばしとどめむ」〈古今・雑上・八七二〉訳空を吹く風よ、雲の中を通り、この地上と通じている道を吹き閉ざしておくれ。（天の）おとめの姿をもうしばらく地上にとどめておきたいから。注舞姫ヲ天女ニ見タテタ歌。僧正遍昭（ヘンジョウ）ノ作デ、『百人一首』所収。

雲の波（みな） ❶雲を波に見立てていう語。波のような雲。例「天（あめ）の海に――立ち月の舟星の林に漕（こ）ぎ隠る見ゆ」〈万葉・七・一〇六八〉訳天の海に波のような雲が立ち、月の舟が星の林に漕ぎ入って隠れるのが見える。
❷波を雲にたとえていう語。雲のような波。

雲の峰（みね） 峰のように高くそびえている雲。多く、入道雲をいう。（季・夏）例「――いくつくづれて月の山」〈奥の細道・出羽三山〉訳日中、峰のように幾重にも高くそそり立っていた雲が、何度か、わいては消えわいては消えて行った。いつか空には、月がかかり、月山（がっさん）のみが高くそそり立っている。

雲の澪（をみ）：オミ 雲の流れて行く道筋。例「天の川――にて速ければ光とどめず月ぞ流るる」〈古今・雑上・八八二〉訳天の川は雲の水脈で流れが速いので、（その上にかかっていた）月は光もとどめずどんどん流されて行くことだ。

くも【蜘蛛】〔名〕虫の名。クモ。

蜘蛛の網（い） クモの巣。⇩い（蜘糸）

くもい【雲居・雲井】〔名〕⇩くもゐ

くも-がく・る【雲隠る】 一〔自ラ四〕〔ら・り・る・る・れ・れ〕《上代語》❶雲に隠れる。例「――・る小島（こしま）の神の畏（かしこ）けば目こそ隔てれ心隔てや」〈万葉・七・一三一〇〉訳雲に隠れている小島の神が恐ろしいので、直接逢わないでいますが、心は離れているでしょうか（離れてはいません）。
❷《「死ぬ」を間接的に言う語。多く貴人の死に対して用いる》死去する。亡くなる。例「百伝（ももづた）ふ磐余（いはれ）の池に鳴く鴨（かも）を今日（けふ）のみ見てや――・りなむ」〈万葉・三・四一六〉訳磐余の池（＝奈良県桜井市ノ西南部ニアッタ池カ）に鳴く鴨を今日を限りに見て死んでゆくのだろうか。注「百伝ふ」ハ「磐余」ノ枕詞。
二〔自ラ下二〕〔れ・れ・る・るる・るれ・れよ〕❶一①に同じ。例「月のをかしきほどに――・れたる道のほど」〈源氏・末摘花〉訳月が風情のある感じに雲に隠れている道を。
❷一②に同じ。

くも-ぢ【雲路】：ジ〔名〕《和歌用語》雲の中の道。空中を飛んで行く時に通る道。「雲居路（くもゐぢ）」「天路（あまぢ）」とも。

く-もつ【公物】〔名〕おおやけの所有物。官有の物。朝廷の調度・器物など。例「累代（るいだい）の――、古弊（こへい）をもちて規模とす」〈徒然草・九九〉訳代々伝えられてきた朝廷の器物は、古びていたんでいることをもって規範だとする。

くも-で【蜘蛛手】〔名〕《クモが足を広げた形と似ている意》❶（川の流れ・道などが）四方八方に分岐しているさま。複雑に枝わかれしている様子。例「水行く河の――なれば、橋を八つ渡せるによりてなむ、八橋（やつはし）といひける」〈伊勢・九〉訳水の流れる川がクモの足のように分岐しているので、橋を八つ架（か）けたことから、（この地を）八橋といった。
❷（戦場で）四方八方に駆けめぐるさま。また、刀などを縦横無尽に振りまわす様子。例「縦様（たてさま）・横様・――・十文字に懸けわり懸けまはり戦ひけるが」〈平家・八・法住寺合戦〉訳縦・横・四方八方・十文字と（多勢の敵を）馬で駆け破り駆けまわって戦っていたが。
❸四方八方に木などを打ちつけたり、縄で縛り上げたりする様子。また、その形をした物。
❹（「に」を伴って副詞的に用いて）あれこれと心が思い乱れる様子。

くも-の-うへ【雲の上】：ウエ ⇩「くも」子項目

くも-の-かけはし【雲の梯】 ⇩「くも」子項目

くも-の-かよひぢ【雲の通ひ路】：カヨイジ ⇩「くも」子項目

くも-の-なみ【雲の波】 ⇩「くも」子項目

くも-の-みね【雲の峰】 ⇩「くも」子項目

くもらは・し【曇らはし】：クモラワシ〔形シク〕（天候が）曇っているように感じられる。くすんでいる。例「おぼつかなき空の気色（けしき）の――・しきに」〈源氏・蛍〉訳ぼんやりとした空の様子も曇りがちな時に。

くも・る【曇る】〔自ラ四〕〔ら・り・る・る・れ・れ〕❶雲が出て暗くなる。

曇る。例「すこし——・りたる夕つ方」〈枕草子・四月、祭の頃〉訳すこし曇った夕方に。

❷光や色つやがにぶくなる。くすむ。例「いと華やかに、ここぞ——・れると見ゆるところなく」〈源氏・初音〉訳（玉鬘（たまかずら）のご器量は）ことに華やかで、ここがくすんでいると見えるところもなく。

❸悲しみなどで心が暗くなる。暗い気持ちになる。例「ひまもなき涙に——・る心にもあかしと見ゆる月の影かな」〈更級・後の頼み〉訳次々と流れ出る涙で暗くなる心であるが、そんな私の心にも明るいと見える月の光であることよ。

くも-ゐ【雲居・雲井】イ〔名〕（「ゐ」は動詞「居る」の連用形の名詞化）

本来は、**雲のある所**、つまり、空、の意。それが後には、雲、そのもの、さらに、**はるか遠くの所**、を指し、それを比喩（ゆ）的に用いて、**皇居・宮中**、を表すようになった。

❶雲のある所。空の果て。**空**。例「吉野の山は影面（かげとも）の大御門（おほみかど）ゆ——にぞ遠くありける」〈万葉・一・五二長歌〉訳吉野の山は南面の大きなご門から空の果てに遠くあることだ。

❷**雲**。例「わたの原漕（こ）ぎ出でて見ればひさかたの——にまがふ沖つ白波」〈詞花・雑下〉訳大海原（おおうなばら）に船を漕ぎ出して、ながめわたすと、はるか彼方（かなた）に、雲と見まちがえるばかりに、沖の白波が立っていることよ。注『百人一首』所収、藤原忠通ノ作。「わたの原」ハ広々トシタ海。

❸**はるか遠くの所**。**遠く離れた所**。例「遠くありて——に見ゆる妹（いも）が家（へ）に早く至らむ歩め黒駒」〈万葉・七・一二七一〉訳遠くにあるため、雲のあるかなたに見える妻の家に早く行きたい。（速く）歩け黒駒（＝毛ナミノ黒イ馬）よ。

❹**皇居**。**宮中**。また（皇居のある）都。例「思ひきや深山（みやま）の奥に住まひして——の月を他所（よそ）に見むとは」〈平家・灌頂・大原御幸〉訳かつて思ったであろうか。このような山奥に住んで、宮中で見た空の月を（今は）自分とは関係ないものとして眺めようとは。

雲居の余所（よそ） はるかに遠く隔たった所。例「限りなき——に別るとも人を心にをくらさむやは」〈古今・離別・三六七〉訳この上もなく遠い所へ別れて行っても、あなたを私の心から取り残して行くことがあろうか（いや、いつでも心の中ではあなたと一緒だ）。

く-やう【供養】ウヨ■一〔名・自サ変〕（仏教語）奉仕すること。特に、仏や死者の霊に食物・灯明・香・花などを供え、また読経などをして、とむらうこと。例「嵯峨（さが）の御堂（みだう）にて、薬師仏（やくしぼとけ）——・じ奉り給ふ」〈源氏・若菜・下〉訳（光源氏の四十歳のお祝いに）嵯峨のお堂で、薬師仏を供養し申し上げなさる。■二〔名〕修行僧にほどこされる飲食物。ほどこし物。

くや・し【悔し】〔形シク〕そうしなければよかったと悔やんでいる。残念だ。⇩くちをし 例「あだ心付きなば、後（のち）——・しき事もあるべきを」〈竹取・貴公子たちの求婚〉訳（結婚してから相手に）浮気心が付いてしまったら、後で後悔する事もあるに違いないものを。

く・ゆ【悔ゆ】〔自ヤ上二〕｛い・い・ゆ・ゆる・ゆれ・いよ｝そうしなければよかったと後で思う。悔やむ。後悔する。例「朝敵となっては、いかに——・ゆとも益あるまじ」〈平家・二・教訓状〉訳朝敵となってしまっては、どんなに後悔してもむだだろう。

く・ゆ【崩ゆ】〔自ヤ下二〕｛え・え・ゆ・ゆる・ゆれ・えよ｝くずれる。朽ちる。例「愛（うるは）しと我（あ）が思（も）ふ心早川の塞（せ）きに塞（せ）くともなほや——・えなむ」〈万葉・四・六八七〉訳あなたをいとしく思う私の心は、流れの早い川のようなもの、いくら塞き止めてもやはり（止めきれずに）くずれてしまうだろうか。

く・ゆ【蹴ゆ】〔他ヤ下二〕｛え・え・ゆ・ゆる・ゆれ・えよ｝「蹴（け）る」の古語。

くゆら-か・す【燻らかす・薫らかす】〔他サ四〕｛さ・し・す・す・せ・せ｝（「かす」は接尾語。「くゆらす」とも）煙を立ちのぼらせる。くすぶらせる。

くゆ・る【燻る・薫る】〔自ラ四〕｛ら・り・る・る・れ・れ｝煙がたちのぼる。くすぶる。

くよう【供養】〔名・自サ変〕⇩くやう

くら【座】〔名〕（一段高く設けた所の意）「——くら」の形で、座る所・物を置く台などの意を表す。「高御座（たかみくら）」「天磐座（あまのいはくら）」「御手座（みてくら）」など。

くら【鞍】〔名〕（「くら（座）」と同源）人が乗ったり、物を乗せたりするために、馬や牛の背に置く道具。

くらい【位】⇩くらゐ

くら-うど【蔵人】クロウド〔名〕（「くらひと」の変化した形。「くらんど」とも）❶「蔵人所（くらうどどころ）」の役人。「令外（りやうげ）の官」の一つ。はじめ、皇室の文書・道具などを納める蔵を管理し、訴訟なども扱ったが、後には天皇の側（そば）近く仕え、その日常生活に奉仕し、また、詔勅の伝達、天皇への奏上、除目（ぢもく）・節会（せちえ）の儀式の執行など、一切をつかさどった。四位の蔵人頭（くらうどのとう）と五位蔵人・六位蔵人があった。

❷（「女蔵人（にょくらうど）」の略）宮中で、配膳（はいぜん）・掃除・裁縫などの雑役に従事した、下級の女官。「内侍（ないし）」「命婦（みやうぶ）」の次位。

参考 ①はすべて兼職であったが、六位でも昇殿（＝清涼殿（セイリョウデン）ニ昇ルコト）を許され、また、古参で上席の者は、天皇専用の青色の衣服の着用を許されるなど特権を持っており、これに任命されることは中流以下の貴族にとって名誉なことであった。

蔵人の五位（ごゐ） イゴ 六位の蔵人で任期（＝六年）が満ちて五位に叙せられたが、定員に欠員がないため、殿上を降りた者。例「——とて、それをしも忙しう使へど」〈枕草子・説経の講師は〉訳蔵人の五位といって、その人をことさら忙しく召し使うけれども。

参考 「五位の蔵人」とは、意味が異なる。

蔵人の頭（とう） 「蔵人所」の職員を指揮・監督する役人。四位で定員二名。近衛中将（ときに少将）と大・中弁官から一名ずつ兼職で選ばれるのが普通で、それぞれ「頭（とう）の中将」「頭の弁」といわれる。宇多天皇の時代以降、その上に「蔵人の別当」が置かれるようになったが、別当は大臣との兼官で名目的なものに過ぎなかった。

くらうど-どころ【蔵人所】クロウドドコロ〔名〕「蔵人」の詰める役所。宮中の校書殿（きやうしよでん）の西廂（にしのひさし）にあり、宮中の諸事務・諸雑務をとる。嵯峨（さが）天皇の弘仁元年（八一〇）に設置。後には、東宮・上皇・摂関家などにも置かれた。

くらうど-の-ごゐ【蔵人の五位】クロウドノゴイ ⇩「くらうど」子項目

くらうど-の-とう【蔵人頭】(クロウド) ⇩「くらうど」子項目

くら-が・る【暗がる】〔自ラ四〕(ら・り・る・る・れ・れ)《「がる」は接尾語》曇って暗くなる。暗闇(くらやみ)になる。例「はやき風吹きて、世界―・りて」〈竹取・竜の首の玉〉訳激しい風が吹いて、あたり一面まっ暗になってきて。

くら・し【暗し】〔形ク〕《「く(暮)る」と同源》❶光が少なくて、くらい。例「屋のうちは―・き所なく光満ちたり」〈竹取・かぐや姫の生ひ立ち〉訳(かぐや姫のいる)家の中は暗い所はどこもなく光があふれていた。❷物事をよく知らない。愚かである。例「―・き人の人をはかりてその智を知れりと思はん、さらに当たるべからず」〈徒然草・一九三〉訳愚かな人が他人(の知恵)を推測してその程度を知ったと思うのは、決して当たっているはずがない。❸悩みのため、心が晴れない。❹心に迷いがある。悟りの心境に遠い。例「―・きより―・き道にぞ入りぬべき遥(はる)かに照らせ山の端(は)の月」〈拾遺・哀傷〉訳迷いの心のままあの世に行ってしまいそうだ。その私の足もとを遠くから照らして救ってくれ、山の稜線(りょうせん)にある月よ。注「暗き道」ハ「冥途(めいど)」ノ訓読。

くら・す【暗す・昏す】〔他サ四〕(さ・し・す・す・せ・せ)《「く(暮)らす」と同源》暗くする。心を悲しくする。例「かき曇り日影も見えぬ奥山に心を―・すころにもあるかな」〈源氏・総角〉訳(窓が)曇って日の光も見えない(宇治の)山奥にあって、(悲しみで)心を暗くしているこの頃であるよ。

くら・す【暮らす】〔他サ四〕(さ・し・す・す・せ・せ)《「暮る」の他動詞形》❶日暮れまで時を過ごす。対あかす① 例「春さればまず咲く宿の梅の花ひとり見つつや春日(はるひ)―・さむ」〈万葉・五・八一八〉訳春になるとまっ先に咲く我が家の梅の花を(たった)一人で見ながら長い春の日を日暮れまで過ごすのだろうか。❷ある期間が終わるまで過ごす。転じて生活する。例「さのみ在京して年を―・すべきにもあらず」〈平家・一二・六代〉訳こうして在京していて年を越すべきでもない。

くら-づかさ【内蔵寮】〔名〕中務省(なかつかさしょう)に属する役所。御座所(ござしょ)に近い蔵をつかさどり、金銀財宝、外国からの献上品、貴重な道具などの管理や天皇・皇后などの装束の保管、祭祀(さいし)の奉幣、佳節の御膳(ごぜん)のことなどを行った。「くらのつかさ」「くられう」とも。

くら-つぼ【鞍壺】〔名〕鞍の上部の、人がまたがって腰をおろす部分。低く平らになっている。例「―によく乗り定まって、鐙(あぶみ)を強う踏め」〈平家・四・橋合戦〉訳(馬で川を渡る時は)鞍壺によく腰を落ち着けて乗って、鐙を強く踏め。

くら・ふ【食らふ】(クラ(ロ)ウ)〔他ハ四〕(は・ひ・ふ・ふ・へ・へ)⇩くふ要点 ❶飲み食いする。例「おのれし酒を―・ひつれば」〈土佐・十二月二十七日〉訳自分が酒を飲んでしまったから。❷(被害を)受ける。こうむる。

くら・ぶ【比ぶ・較ぶ・競ぶ】〔他バ下二〕(べ・べ・ぶ・ぶる・ぶれ・べよ)❶差異や優劣を照らし合わせる。比較する。例「御心ざしのほどを―・ぶるにひとしくこそは」〈枕草子・頭の弁の、職に〉訳あなたのご厚意と比較しますと同等でしょうか。❷優劣をきそう。競争する。❸親しく交際する。例「年ごろよく―・べつる人々なむ別れがたく思ひて」〈土佐・十二月二十一日〉訳長い間心から親しくしていた人々とは別れがたく思って。

くらべ-うま【競べ馬】〔名〕《「くらべむま」とも》馬場で馬を走らせて勝敗を争う競技。古くは、二頭の馬を直線コースで走らせ勝負した。競馬(けいば)とも。(季・夏)例「胸つぶるるもの、―見る」〈枕草子・胸つぶるるもの〉訳胸がどきどきするもの、競馬を見ること。

くらべうま

参考 陰暦五月五日に催された「賀茂の競べ馬」が有名。上賀茂神社境内の馬場で今も行われている。

くらべ-ぐる・し【比べ苦し】〔形シク〕❶比較しにくい。くらべにくい。例「ただかくぞとりどりに―・しかるべき」〈源氏・帚木〉訳(男女仲というものは)ただこのように一長一短があって、比較しにくいものであろう。❷調子を合わせるのがむずかしい。つきあいにくい。例「院も―・しう、耐へがたくぞ思ひ聞こえ給ひける」〈源氏・少女〉訳朱雀院(すざくいん)も(母の大后(おおきさき)を)扱いにくく、がまんしかねるとお思い申し上げていた。

鞍馬(くらま)〔地名〕京都市左京区にある鞍馬山付近の地名。鞍馬山の山腹には毘沙門天(びしゃもんてん)を祭る鞍馬寺が建てられた。鞍馬寺は、修験道(しゅげんどう)の道場となり、平安京の北方を守護する寺として信仰を集めた。また、鞍馬山の「僧正が谷」には天狗(てんぐ)が住んでいるとされ、幼年の日の源義経(みなもとのよしつね)がこの天狗に剣術を教わったという牛若(うしわか)伝説を生んだ。

鞍馬（鞍馬寺）

くら-まぎれ【暗紛れ】〔名〕暗闇(くらやみ)に紛れること。また、暗闇の頃。

くら-れう【内蔵寮】(クラリョウ)〔名〕⇩くらづかさ

くらゐ【位】(クライ) 一〔名〕《「座居(くらゐ)」の意》❶天皇の位。皇位。帝位。例「永観二年八月二十八日、―に即(つ)かせ給ふ」〈大鏡・花山院〉訳永観二年八月二十八日、帝位におつきあそばされる。❷朝廷における席次。位階。例「三位(みつ)の―贈り給ふよし勅使来て」〈源氏・桐壺〉訳(亡くなった桐壺更衣(きりつぼのこうい)に)三位(さんみ)の位階をご追贈なさるという天皇の(お言葉を伝える)お使いが来て。⇩くゎんゐ要点 ❸地位。身分。官職。例「はかばかしからぬ身にて、かかる―に及び侍(はべ)りて」〈源氏・行幸〉訳有能でもない身で、このような(内大臣という高い)地位に昇りまして。❹(学問・技芸などにおける)等級。(上達の)段階。優劣。例「道になづまず、妄(みだ)りにせずして年を送れば……つひに上手(じょうず)の―に至り」〈徒然草・一五〇〉訳(才能がない人でも、稽古(けいこ)の)道にとどこおらず、勝手気ままにしないで年月を送れば……最後には名人の地位に達し。

❺品位。品格。❻(俳諧(はいかい)用語)連句の、付け方の一つ。前句の素材・着想などの品格とつりあうように、付け句を作ること。また、その句自身の持つ品格についていうこともある。⇩にほひ⑤ 例「この脇、発句(ほく)の──を見しめて」〈三冊子・赤〉訳この第二句は、第一句の品位を見定めて、(それに応じる)ように無理なく付けた句である)。

二(副助)(中世以降に一から転じたもの。「ぐらゐ」とも。体言や活用語の連体形に付く)❶大体の数量や程度を示す。ほど。ばかり。例「梅永刑部殿と申すは、それがしと同年──と聞く」〈歌舞伎・傾城仏の原・一〉訳梅永刑部殿という方は、私と同じくらいの年齢と聞いている。❷比較の対象を示して、それが極端な場合であることを示す。ほど。例「この痛みが何と利分──で治るものぢゃ」〈狂言・胸突〉訳この痛さがどうして(借金の)利息を負けてくれるくらいで治るものか。

くら-んど【蔵人】〔名〕(「くらひと」の変化した形)⇩くらうど

くり【栗】〔名〕木の名、またその木の実の名。クリ(の実)。例「瓜(うり)食(は)めば子ども思ほゆ──食めばまして偲(しぬ)はゆ」〈万葉・五・八〇二長歌〉訳瓜を食べると(それを好んだ)子供たちのことが思い出される。栗を食べるといっそう恋しく思われる。

くり-かへ・す【繰り返す】〔他サ四〕{さ・し・す・す・せ・せ}(糸を)たぐってはまたたぐる。例「いにしへの倭文(しづ)の苧環(をだまき)──・し昔を今になすよしもがな」〈伊勢・三二〉訳昔の美しいしずを織るために糸を巻くおだまき、そのおだまきをたぐってはまたたぐるように、昔の二人の仲をもう一度たぐりもどして(あなたと親しかった)昔を今にする手だてがあればなあ。

くり-げ【栗毛】〔名〕馬の毛色の名。毛が栗色(=赤茶色)のもの。その濃淡によって、黒栗毛・白栗毛などがある。

くり-ごと【繰り言】〔名〕(古くは「くりこと」)同じことをくどくどと繰り返し言うこと。また、その言葉。愚痴。例「四、五度も──を言ひて」〈西鶴・世間胸算用・一・四〉訳四、五回も繰り返し愚痴をこぼして。

くり-たた・ぬ【繰り畳ぬ】〔他ナ下二〕{ね・ね・ぬ・ぬる・ぬれ・ねよ}たぐり寄せて折りたたむ。例「君が行く道の長手(ながて)を──・ね焼き滅ぼさむ天(あめ)の火もがも」〈万葉・一五・三七二四〉訳あなたが行く長い道をたぐり寄せて、たたんで、焼き滅ぼすような天から降る火がほしい。注流罪ニナル恋人ヲ思ウ歌。「道」ヲ長イ絨毯(ジュウタン)ノヨウナモノニ見立テタ表現。

くり-ひろ・ぐ【繰り広ぐ】〔他ガ下二〕{げ・げ・ぐ・ぐる・ぐれ・げよ}(書物などを)順に広げる。例「論語の四・五・六の巻を──・げ給ひて」〈徒然草・二三八〉訳『論語』の第四・第五・第六の巻を繰ってお広げになり。

くりや【厨】〔名〕飲食物を調理する所。台所。また、そこで働く人。調理人。

く-りん【九輪】〔名〕(仏教語。「空輪(くうりん)」とも)塔の頂上の柱にある九つの金輪。

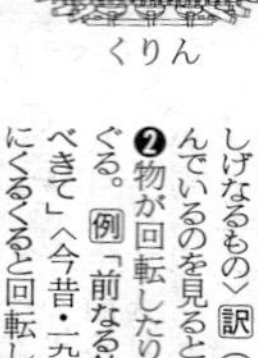
くりん

く・る〔自ラ下二〕{れ・れ・る・るる・るれ・れよ}一【暮る】❶日が沈んで暗くなる。日が暮れる。例「日──・れて惟光(これみつ)参れり」〈源氏・夕顔〉訳日が暮れてから惟光が参上した。❷年や季節などが終わりになる。例「かくて今年も──・れぬ」〈平家・一・祇王〉訳こうして今年も終わりになった。

二【暗る・眩る】❶目の前が暗くなる。目がくらむ。例「すでに御蓋(おんふた)を開かんとすれば、たちまちに目──・れ、鼻血たる」〈平家・二・能登殿最期〉訳今にも(神鏡の入った唐櫃(からびつ)の)蓋を開けようとすると、たちまち目がくらみ、鼻血が出る。❷(「涙にくる」の形で)涙で目が見えなくなる。目がかすむ。例「涙に──・れて、筆の立てどもおぼえねども」〈平家・一〇・請文〉訳涙で目が見えなくなって、筆のおろし所もわからないけれども。

く・る【呉る】〔他ラ下二〕{れ・れ・る・るる・るれ・れよ}一〔他ラ下二〕与える。やる。くれる。例「よき友三つあり。一つには物──・るる友。二つには医師(くすし)。三つには知恵ある友」〈徒然草・一一七〉訳いい友達に三種類ある。第一は物をくれる友人。第二は医師。第三は知恵のある友人。

二〔補動ラ下二〕(動詞の連用形に接続助詞「て」の付いたものに付いて)一方が他方のためにその動作をする意を表す。…くれる。…やる。例「ようこそ来て──・れた」〈狂言・武悪〉訳よく来て下さった。

く・る【繰る】〔他ラ四〕{ら・り・る・る・れ・れ}❶蔓(つる)や紐(ひも)・糸など細長い物を手元に引き寄せる。たぐる。例「女郎花(をみなへし)生ふる沢辺の真葛原(まくずはら)何時(いつ)かも──・りてわが衣(きぬ)に着む」〈万葉・七・一三四六〉訳オミナエシが生えている沢のほとりのクズの原のクズを、いつ、たぐって糸にして自分の着物として着ることができるだろうか。❷順送りに引き出す。順々にめくる。

くる-くる〔副〕❶事がなめらかに進む様子。すらすら。例「男も女も──とやすらかに読みたるこそ」〈枕草子・うらやましげなるもの〉訳(経を)男でも女でもすらすらとたやすく読んでいるのを見ると。❷物が回転したり、巻きついたりする様子。くるくる。ぐるぐる。例「前なる鉢、にはかにこまつぶりのごとく──とくるべきて」〈今昔・一九・二〉訳前にあった鉢が、突然こまのようにくるくると回転して。

くる・し【苦し】〔形シク〕❶心身に苦痛が感じられる。つらい。苦しい。例「翁(おきな)心地(ここち)悪(あ)しく──・しき時も、この子を見れば──・しき事もやみぬ」〈竹取・かぐや姫の生ひ立ち〉訳竹取の翁は気分が悪くつらい時も、この子(=カグヤ姫)を見るとつらい事も収まってしまった。❷気をつかって苦しむ。心配である。例「人や見つけむと──・しきを、女はさも思ひたらず」〈源氏・紅葉賀〉訳(源典侍(げんのないしのすけ)という老女と話しているのを)誰かに見つけられはしないかと(光源氏は)心配なのに、女は気にもしていない。❸いやな感じである。見苦しい。例「心のままならず作りなせるは、見る目も──・しくいとわびし」〈徒然草・一〇〉訳(植え込みの草木まで)自然のままでなく作り立ててあるのは、見た目もいやで全くやりきれない。❹困難である。むずかしい。例「とみにもえ干しやらず、起き居給へるも──・し」〈源氏・東屋〉訳(中の君は大変多いおぐしなので、洗髪後は)急には乾かしきれず、(それまでは)起きてお座りになることもできない。❺(多く打消しを伴って)都合が悪い。差し支えがある。例「その人ならば──・しかるまじ。入れ申せ」〈平家・七・忠度都落〉訳その人(=平忠度(タダノリ))ならば差し支えあるまい。

お入れ申し上げろ。

ぐる・し【苦し】〔接尾シク型〕《動詞の連用形に付いて形容詞を作る》…するのがむずかしい。…しにくい。…できない。「聞き──・し」「くらべ──・し」「見──・し」など。

くるし-げ【苦しげ】〔形動ナリ〕《「げ」は接尾語》❶苦しそうな様子。
❷困っている様子。例「──・なるもの、夜泣きといふわざする稚児(ちご)の乳母(めのと)」〈枕草子・苦しげなるもの〉訳 困っているふうに見えるもの、(それは)夜泣きということをする赤子を世話しているうば。

くる・ふ【狂ふ】〔自ハ四〕{は・ひ・ふ・ふ・へ・へ}❶(神霊や物の怪(け)などがとりついて)神がかりのようになったり、気が変になったりする。例「そぞろ神の物につきて心を──・はせ」〈奥の細道・出発まで〉訳 なんとなく人を誘い出す神が(私の心に)とりついて物狂おしくさせ。
❷精神が異常な状態になる。正気を失う。例「あひ見ては幾日(いくか)も経(へ)ぬをここだくも──・ひに──・ひ思ほゆるかも」〈万葉・四・七五一〉訳 (あなたと)逢ってから幾日もたっていないのに、こんなにもひどくひたすら狂おしく(あなたのことが)思われることです。
❸(気が狂ったように)あばれる。気違いじみた行動をする。例「馬をいたくあふりければ、馬──・ひて落ちぬ」〈宇治拾遺・一三・一二〉訳 馬をひどくあおったので、馬が狂ったようにあばれて落馬した。

くるま【車】〔名〕乗り物としての車。平安時代、単に「車」といえば、牛車(ぎっしゃ)を指すのが普通。

車の尻(しり) 牛車(ぎっしゃ)の後ろの座席。例「小君、御──に て、二条院におはしましぬ」〈源氏・空蟬〉訳 (光源氏は)小君を、牛車の後部座席に乗せて、二条の邸にいらっしゃった。

くるま-あらそひ【車争ひ】〔名〕祭見物の時などに、牛車(ぎっしゃ)を立てて見物する場所をめぐって起こす争い。賀茂祭の時のものが有名。例「はかなかりし所の──に、人の御心の動きにけるを」〈源氏・葵〉訳 ちょっとした牛車の置き場所をめぐる争いによって、人(=六条御息所(ロクジョウノミヤスドコロ))のお気持ちが動揺してしまったのを。注「車争ひ」ハ、直接ハ従者間デナサレルガ、主人同士ノ対立ト関ワルコトモ多カッタ。

くるま-ぞひ【車副ひ】〔名〕牛車(ぎっしゃ)の左右に付き従う供の者。例「急ぎ出でつる──などこそ」〈源氏・東屋〉訳 急いで(この邸から)出ていった車副えの従者の姿が。

くるま-の-しり【車の尻】⇩「くるま」子項目

くるま-やどり【車宿り】〔名〕❶寝殿造りの邸宅で、牛車(ぎっしゃ)を入れておく建物。車庫。中門の外、総門の内。
❷外出などの際、一時的に車を止めて置く所。

くるま-よせ【車寄せ】〔名〕貴族の屋敷で、牛車(ぎっしゃ)を寄せて、人が乗り降りする所。

くるまよせ

くるみ【胡桃】〔名〕❶クルミ科の植物。果実は薬用や食用に用いる。(季・秋)
❷紋どころの名。割ったクルミの種を図案化したもの。

くる-め・く〔自カ四〕{か・き・く・く・け・け}《「くるべく」とも》■一【転めく】❶回転する。くるくる回る。例「鉢こまつぶりのやうに──・きて」〈宇治拾遺・一三・三〉訳 鉢はこまのようにくるくる回って。
❷動揺して騒ぐ。あわてふためく。例「この男、さぐりて、あやしみ──・くに」〈宇治拾遺・九・一〉訳 この男は、探り求めて、あわてふためくと。
■二【眩く】⇩めくるめく

くる-る-ど【枢戸】〔名〕戸の端の上下の突き出た部分を穴に差し込んで開閉させる仕掛けの戸。

くれ〔代名〕《不定称》「なに」と併用して、不定・不明の人や物を指す。また、人や物を婉曲(えんきょく)にいうのに用いる。だれだれ。なにがし。「くれがし」とも。例「なにの親王(みこ)、──の源氏など数へ給ひて」〈源氏・少女〉訳 (琵琶(びわ)の名手は)何々の親王、だれだれの源氏などとお数えになって。

くれ-がし【某】〔代名〕《不定称》多く「なにがし」と並べて、だれそれとはっきり人を指定せずにいう。「くれ」とも。だれだれ。だれそれ。

くれ-がた【暮れ方】〔名〕⇩くれつかた①

くれ-ぐれ【暗暗】〔副〕《古くは「くれくれ」。多く「と」を伴う》❶心が暗い様子。思案に沈んで。悲しみにくれて。例「沖つ波来寄る浜辺を──と独りぞ我が来る妹(いも)が目を欲(ほ)り」〈万葉・一三・三三三七長歌〉訳 沖から波が打ち寄せて来る浜辺を、私は暗い気持ちで、たったひとりでやって来る、恋人に会いたくて。
❷難渋しながら道を行く様子。やっとのことで。

くれ-たけ【呉竹】〔名〕《「呉(くれ)」は中国伝来の意》「淡竹(はちく)」の別名。葉が細く節(ふし)が多い。清涼殿の庭に河竹と並べた植栽で有名。例「──は葉細く、河竹(かはたけ)は葉広し」〈徒然草・二〇〇〉訳 呉竹は葉が細く、河竹(=メダケノ異称)は葉が広い。

くれたけ-の【呉竹の】《枕詞》(竹の縁で)「よ」「ふし」などにかかる。例「──世々の古ごと思ほゆる昔語りはわれのみやせむ」〈和泉式部日記〉訳 昔の各時代の有名な話が思い出されるような(私達の悲恋の)昔話を(宮がおられず)、私だけがするのでしょうか。

くれ-つ-かた【暮れつ方】〔名〕《「つ」は今の「の」の意》❶日暮れ時。夕方。「くれがた」とも。例「時雨(しぐれ)うちして、ものあはれなる──」〈源氏・葵〉訳 時雨がやってきて、なんとなくしみじみとした感じのする夕暮れに。
❷季節・年などの末。終わり頃。例「春の──、のどやかに艶(えん)なる空に」〈徒然草・四三〉訳 晩春の頃、のどかで心も浮きたつような空で。

くれなゐ【紅】〔名〕《「呉(くれ)の藍(あゐ)」の意》❶花の名。紅花(べにばな)。末摘花(すゑつむはな)。花から紅色の染料を製する。例「──の花にしあらば衣手(ころもで)に染め付け持ちて行くべく思ほゆ」〈万葉・一一・二八二七〉訳 (あなたがもし)紅花の花であったなら、(私は)衣の袖(そで)に(あなたを)染め付けてもって行きたいと思う。
❷紅花から作った染料で染めた色。あざやかな赤色。紅(べに)色。例「春の園──匂(にほ)ふ桃の花下照る道に出(い)で立つ少女(をとめ)」〈万葉・一九・四一三九〉訳 春の庭が紅(くれない)色に輝いている。桃の花の下まで輝く道にたたずむ少女よ。

紅の薄様(うすやう) ❶紅色の薄い紙。

❷《襲(かさね)の色目の名》上から下へ紅色をしだいに薄くぼかしたもの。

紅の涙(なみだ) 《「紅涙」の訓読み》深い悲しみの時に流す涙を誇張していう。血の涙。例「――に深き袖(そで)の色を浅緑にや言ひしをるべき」〈源氏・少女〉訳(あなたを思って流す)血の涙で、くれない色に深く染まった私の袖の色を、たかが(六位の)浅緑色と(父君のように)言っておとしめていいものでしょうか。

くれなゐ-の【紅の】(クレナイ)《枕詞》「色に出(い)づ」「浅」「うつし」などにかかる。例「言ふことの恐(かしこ)き国ぞ――色にな出でそ思ひ死ぬとも」〈万葉・四・六八三〉訳物を言うのが怖い国です。顔に出さないでください。恋死(こいじ)にはしても。

くれなゐ-の-うすやう【紅の薄様】(クレナイノウスヨウ) ⇩「くれなゐ」子項目

くれなゐ-の-なみだ【紅の涙】(クレナイ…) ⇩「くれなゐ」子項目

くれ-は・つ【暮れ果つ】〔自タ下二〕{て・て・つ・つる・つれ・てよ} ❶日がすっかり暮れる。例「――・てぬれば、大殿油(おほとなぶら)近く参らせ給ひて」〈源氏・葵〉訳日がすっかり暮れてしまったので、御灯火を近くにともさせなさって。

❷年・月・季節などがほとんど終わろうとする。暮れ果てる。押しつまる。例「年の――・てて、人ごとに急ぎ合へるころぞ、またなくあはれなる」〈徒然草・一九〉訳年の瀬がおし迫って、人が皆忙しがっている頃は、またとなくしみじみとした感じがするものだ。

くれ-はとり【呉織・呉服】〔名〕《「くれはたおり」の変化した形》❶応神天皇の世に、中国南方の呉(ご)の国から渡来した機織(はたおり)工の名。

❷呉の国の織り方で織った布。

くれ-ふたが・る【暗れ塞がる・眩れ塞がる】〔自ラ四〕{ら・り・る・る・れ・れ} 心がふさいで、暗い気分に閉ざされる。うっとうしい気分になる。また、あたり一面がまっ暗になる。例「世は――・りたる心地せしものかな」〈大鏡・道長・下〉訳(冷泉天皇のご治世になってからが)世の中は暗い気分に閉ざされた気持ちがしたものだ。

くれ-まど・ふ【暗れ惑ふ】(ドウ…マ)〔自ハ四〕{は・ひ・ふ・ふ・へ・へ} 目の前がまっ暗になるほど困惑する。途方にくれる。例「目――・ひて、あさましう悲しと思(おぼ)せば」〈源氏・夕顔〉訳(夕顔の急死にあい、光源氏は)目の前がまっくらになるほど困惑し、たまらなく悲しいとお思いになるので。

くろいと-をどし【黒糸縅】(…オドシ)〔名〕鎧(よろい)の縅の一種。黒い糸で縅したもの。

くろうど【蔵人】〔名〕⇩くらうど

くろ-がね【鉄】〔名〕《「黒金」の意》鉄の和名。例「金(こがね)はすぐれたれども、――の益多きにしかざるがごとし」〈徒然草・一二二〉訳黄金は優れてはいるが、鉄の実益の多いのには及ばないのと同じことだ。⇩かね 参考

くろかみ-の【黒髪の】《枕詞》(髪の持っている性質から)「乱れ」「解け」「なが」などにかかる。

くろ-き【黒木】〔名〕❶皮のついたままの材木。対あかぎ

❷黒檀(こくたん)の別名。例「――の数珠(ずず)の小さう美しいを取り出(い)だして」〈平家・三・六代〉訳黒檀の珠(たま)の数珠(ずじゅ)で小さく美しいのを取り出して。

❸江戸時代、京都の八瀬(やせ)・大原近辺で作るたきぎ。生(なま)木をかまどでむし焼きにして作る。京都市中を女が売り歩いた。

くろ-ど【黒戸】〔名〕清涼殿の北側、滝口の西にあった、細長い部屋。仏間用。黒い板戸で区切られている。「黒戸の御所(ごしょ)」とも。また、その黒い板戸。

くろ-とり【黒鳥】〔名〕鳥の名。クロガモの異称という。例「――のもとに、白き波を寄す」〈土佐・一月二十一日〉訳クロガモの(足)もとに、白い波をうち寄せる。

くろ-ほろ【黒母衣】〔名〕《「くろぼろ」とも》矢の羽で、鷲(わし)の両翼の下にある黒い羽で作ったもの。例「廿四(にじゅうし)差いたる――の矢負ひ」〈平家・四・橋合戦〉訳(箙(えびら)に)二十四本差した黒ほろの矢を背負って。

くろ・む【黒む】 一〔自マ四〕{ま・み・む・む・め・め} ❶黒くなる。黒ずむ。例「殿上人など、なべて一つ色に――・みわたりて」〈源氏・薄雲〉訳殿上人など、みな一様に(衣服の色が)黒くなっており(=喪服ヲ着テオリ)。

❷何とか暮らせるようになる。何とか暮らしが立つ。

二〔他マ下二〕{め・め・む・むる・むれ・めよ} ❶黒くする。黒く染める。例「薪(たきぎ)には、蘇芳(すはう)を割りて、少し色――・めて」〈落窪・三〉訳(法会(ほうえ)に用いる)薪には、スオウの木を割って、少し黒くして。

❷とりつくろう。ごまかす。

くわ…【桑…・鍬…】 ⇩くは…

くゎい-きう【懐旧】(カイキュウ)〔名〕昔のことをなつかしくしのぶこと。昔をなつかしむこと。懐古。例「風景に魂(たましひ)うばはれ、――に腸(はらわた)を断(た)ちて」〈奥の細道・須賀川〉訳(白河の関では)風景に心をうばわれ、昔の事(=故事・古歌ナド)をなつかしく思い浮かべて感慨無量で。

くゎい-し【懐紙】(カイ…)〔名〕たたんでふところに入れておく紙。特に、後世、和歌や漢詩などを正式に書くのに用いる紙。「ふところがみ」「たたうがみ」とも。

くゎい-じん【灰燼】(カイ…)〔名〕灰と燃えかす。燃えて、跡形もなくなること。また、その跡。例「七珍万宝(しっちんまんぼう)さながら――となりにき」〈方丈記・安元の大火〉訳さまざまの珍しい宝物は(焼けて)ことごとく灰と燃えかすとなってしまった。

くゎい-せん【廻船】(カイ…)〔名〕近世、海上運送に用いる大型船。二、三百石(こく)以上の船で、遠距離を航行した。特に、大坂・江戸間の檜垣(ひがき)廻船(=一般貨物船)と樽(たる)廻船(=酒運搬船)が有名。「回漕船」とも。

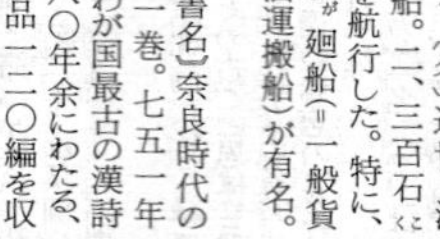

くゎいせん

懐風藻(くわいふうさう)(カイフウソウ)〔書名〕奈良時代の漢詩集。編者未詳。一巻。七五一年(天平勝宝三)成立。わが国最古の漢詩集。近江(おうみ)朝以降八〇年余にわたる、天皇以下六四人の作品一二〇編を収録。中国六朝(りくちょう)詩の影響が強い。

くゎい-もん【槐門】(カイ…)〔名〕《中国、周代、朝廷の三公の座に槐(えんじゅ)を植えた故事から》三公(我が国では太政大臣・左大臣・右大臣)つまり大臣の家柄、大臣の別名。「三槐(さんくわい)」とも。

くゎう-いん【光陰】(コウ…)〔名〕《「光」は太陽で昼、「陰」は月で夜の意》時間の経過。月日。年月。例「――何のためにか惜しむとならば」〈徒然草・一〇八〉訳時間は何のために惜しむのかというと。

くゎう-ごう【皇后】(コウ…)〔名〕天皇の正妻。きさき。

要点 律令制では皇族出身者しかなれない地位であったが、光明皇后以後、藤原氏からも出るようになる。平安時代、醍醐天皇の時から「中宮」の名称も用いられ、一条天皇の時代には、中宮定子を皇后に移し、彰子を中宮として二人の后が並ぶ例も開かれた。

くゎうごう-ぐう【皇后宮】〔名〕❶皇后の宮殿。❷皇后の敬称。「あきのみや」とも。例「御母、――安子と申す」〈大鏡・冷泉院〉訳（冷泉天皇の）母君は、皇后様安子と申し上げる。

参考 ②は、貴人の名を直接言うのを遠慮して、住む御殿の名などで表す言い方であり、皇太子を東宮・春宮という類である。

くゎう-じん【荒神】〔名〕（「三宝荒神」の略）かまどの神。

参考 仏典にはないが、修験道などで、仏・法・僧の三宝を守る荒々しい神として信仰し、民間でも、火の神・かまどの神として台所に棚を設けて祭る。

くゎう-せん【黄泉】〔名〕（大地の色を黄とするところから）❶地下の泉。❷（古代中国の信仰で）地下にあり、死者が行く所。よみの国。冥土。例「――の旅に出でなん後は、牛頭・馬頭の責めをば免れ給はじものを」〈平家・五・文覚被流〉訳（帝王でも）死後のあの世への旅に出発した後は、地獄の鬼達のせっかんをお逃れになれないものなのになあ。

くゎう-たいこう【皇太后】〔名〕天皇の母の称号。先代の天皇の皇后にも贈られた。

くゎうたいこう-ぐう【皇太后宮】〔名〕❶皇太后の住む宮殿。❷皇太后の敬称。例「この入道殿下の御一門よりこそ太皇大后宮・――・中宮三所出でおはしましたれば」〈大鏡・道長・上〉訳この入道殿下（＝藤原道長）のご一家から太皇大后様、皇太后様、中宮様のお三方がお出になられたので。

くゎう-みゃう【光明】〔名〕（「みゃう」は呉音）❶明るい光。❷（仏教語）仏の心身から発する光。仏・菩薩の知恵を象徴するものとしていう。⇩くゎうみゃうへんぜう

くゎうみゃう-へんぜう【光明遍照】〔名〕（仏教語。光明は遍く照らす意で、観無量寿経の一句）阿弥陀如来の光は広くあらゆる所を照らし、すべての念仏する人々を救うということ。阿弥陀如来の広大な慈悲を表す言葉。

くゎうもく-てん【広目天】〔名〕（仏教語）四天王の一。須弥山の西方を守護するという。

広目天

くゎう-もん【黄門】〔名〕（古代中国で宮門の扉を黄色に塗ったことから、もとは宮門、役所の意）「中納言」の唐名（＝中国風ノ名）。

くゎう-りゃう【荒涼・広量】■一〔名・形動タリ〕荒れ果ててさびしいようす。例「――たる隣月に衣を擣つ程」〈和漢朗詠集・田家〉訳月が寂しく照らす中、隣家から衣を打つきぬたの音が聞こえてくる時。■二〔名・形動ナリ〕漠然としてとりとめのないこと。また、その様子。例「五位『――の御使ひかな』と言へば」〈今昔・二六・一七〉訳五位（の役人）が「（キツネとは）当てにならない使者ですね」と言うと。■三〔名・自サ変〕❶不注意なこと。油断すること。例「――して、心知らざらむ人の前に夢語りな、この聞かせ給ふ人々、しおはしまされそ」〈大鏡・師輔〉訳軽率なことをして、道理を知らないような人の前で夢の話を、今お聞きの人々よ、決してなさってはいけません。❷大きなことを言うこと。広言すること。例「参会したる大名・小名みな『――の申しやうかな』とささやき合へり」〈平家・九・生ずきの沙汰〉訳（佐々木高綱が、「この馬で宇治川の先陣ができないなら、生きていない」と言ったので）居合わせていた大名・小名は皆「大きな口のきき方よ」と（非難して）ささやき合った。

くゎ-かく【過客】〔名〕旅人。例「月日は百代の――にして、行きかふ年もまた旅人なり」〈奥の細道・出発まで〉訳月日というものは永遠に旅をする人のようなもので、来ては去り、去っては来る年もまた旅人のようなものである。注唐ノ詩人李白ノ文章「夫レ天地ハ万物ノ逆旅ニシテ、光陰ハ百代ノ過客ナリ」ニヨル。

くゎ-きふ【火急】〔名・形動ナリ〕火がついた時のように、急を要すること。緊急。例「今――の事ありて、既に朝夕に迫れり」〈徒然草・四九〉訳今すぐにやらねばならぬことがあって、今朝か今晩かというほど間近に迫っている。

くゎ-げつ【花月】〔名〕（「花」と「月」の意から）美しい自然の現象。「花鳥風月」とも。例「糸竹・――を友とせむにはしかじ」〈方丈記・閑居の気味〉訳（人間を相手にせず）音楽や自然の美を友として楽しむのに及ぶものはあるまい。

花月草紙（くわげつさうし）〔書名〕江戸時代の随筆。六巻。松平定信著。一八一八年（文政元）成立。全一五六章から成り、自然・人生・社会等に対する見聞や感想を雅文体で記したもの。江戸時代の随筆の代表的作品。

くゎ-さ【過差】〔名〕身分不相応なぜいたく。例「世の中はわが御心にかなはぬことなく、――ことのほかに好ませ給ひて」〈大鏡・伊尹〉訳（摂政伊尹は）世の中のことはご自分の思い通りにならないことは何もなく、ぜいたくを格別お好みになって。

くゎ-ざ【冠者】〔名〕（「くゎんざ」の撥音「ん」を表記しない形）⇩くゎじゃ

くゎ-ざう【萱草】〔名〕⇩くゎんざう

くゎし【細し・美し・妙し・精し・詳し】〔形〕⇩くはし

くゎ-じつ【花実】〔名〕❶（植物の）花と実。❷（歌論用語）（外形と実質の意で）形式と内容。ことばと心。例「中ごろ古今の時、――ともに備はりて、そのさままちまちに分かれたり」〈無名抄〉訳（『万葉集』の頃は、心が主で）中頃の『古今集』の時代に、表現と内容の両方が備わり、歌の姿は（両者の関係で）いろいろに分かれた。

くゎじ-ばおり【火事羽織】カジ〔名〕江戸時代、火事現場へ行く時に着用した羽織。

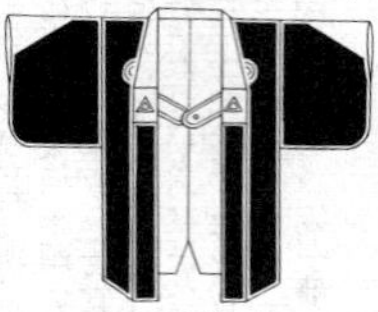
くゎじばおり

くゎ-しゃ【火車】カ〔名〕〔仏教語〕火の燃えている車。生前に悪事を行った人を地獄(ぢごく)に運んだり、地獄でこれに乗せて苦しめたりするという。「火の車」とも。

くゎ-じゃ【冠者】カ〔名〕（「くゎんじゃ」の変化した形。「くゎざ」「くゎんざ」とも。元服した若者の意から）❶若者。❷召使いの若者。例「まづ太郎——を呼び出(い)だし談合いたさう」〈狂言・末広がり〉訳まず太郎冠者を呼び出して相談しよう。

くゎ-しゃう【和尚】カシヤウ〔名〕〔仏教語。「くゎ」は漢音〕高僧の敬称。また、天台宗・華厳(けごん)宗で、「戒」を授ける師の僧。

参考 真言宗・法相(ほっそう)宗・律宗では、呉音で「わじゃう」、禅宗・浄土宗では唐音で「をしゃう」と読む。

くゎ-そ【過所・過書】カ〔名〕（「くゎしょ」とも）関所通行のための許可証。朝廷・幕府などが発行した。

くゎ-たい【過怠】カ〔名〕❶あやまち。過失。例「やがて召され候ふことは、何の——にて候ふやらん」〈平家・三・法印問答〉訳（越前国を）すぐにお取り上げになりましたのは、（子の維盛(これもり)の）何か過失が原因でございましょうか。❷過失に対して、金品や労役を課する刑罰。

くゎ-たく【火宅】カ〔名〕〔仏教語〕悩みや迷いが多くて安らかでいられない人間世界を、火のついた家にたとえていう語。迷いの深い現世(げんせ)。

参考『法華経』に「三界は安きこと無く、猶(な)ほ火宅の如し」とあるのによる。

くゎ-てう【花鳥】カチヨウ〔名〕花と鳥。自然。自然を愛する風流。

花鳥の使(かてうのつかひ) カテウ……（唐の玄宗皇帝が、天下の美人を探し求めるために遣わした使者を「花鳥使」ということから）恋文を届ける使者。恋の仲立ちをする人。

花伝書(くわでんしょ) カデン〔書名〕⇩風姿花伝(ふうしかでん)

くゎ-とう【裹頭】カ〔名〕僧が袈裟(けさ)で頭を包み、目だけ出した装い。つつみがしら。

くゎ-の-くつ【靴の沓】カ〔名〕束帯(そくたい)に用いる、礼装用の黒い皮のくつ。位階に応じて、上部に赤または青の錦のへりを付ける。

くゎのくつ

くゎ-ぶん【過分】カ〔名・自サ変・形動ナリ〕❶身分不相応なこと。また、その様子。例「父子ともに——の振る舞ひすると見しに合はせて」〈平家・二・西光被斬〉訳父と子そろって身分不相応の振る舞いをすると思ったが、その上。❷身に余る扱いを受けること。

くゎ-ほう【果報】カ〔名〕〔仏教語〕❶前世での行いが原因で、現世でその結果として受ける報い。例「——こそめでたうて、大臣の大将にいたらめ」〈平家・二・烽火之沙汰〉訳前世からの報いがよくて、大臣兼大将に上るだろう。❷報いが善いこと。幸運。例「御——尽きさせ給ふによって、今かかる御目を御覧ずるにこそ候へ」〈平家・灌頂・大原御幸〉訳善い報いが今はお尽きになったので、（前の中宮も）今はこのような出家の境遇(=仏道修行ノ身)になっておいでなのでございます。

ぐゎらり ガラリ〔副〕❶物を落としたり、ひっくりかえしたりする時の、大きな音の形容。ガラリ。ガラガラ。例「母の袷(あはせ)の懐(ふところ)より板間へ——と落ちたは何(な)んぞ」〈近松・女殺油地獄・下〉訳母親の袷の着物の懐から板の間へどさっと落ちたのは何か。注五百文ヲ盗ンダノガバレル。❷残りなくそうする様子。すっかり。ぜんぶ。❸事態が急変する様子。いちどに。

くゎ-ろ【火炉】カ〔名〕室内で、火を入れて暖をとる器具の総称。炭櫃(すびつ)や火桶(ひをけ)など。例「御前(ごぜ)んの——に火を置く時は、火箸(ひばし)してはさむことなし」〈徒然草・二一三〉訳天皇の御前の炉に炭火を置く時は、火箸ではさんで移すことはない（運んだ器から直接あければよい）。

くゎん【官】カン〔名〕❶朝廷や役所。例「——に汝(なむぢ)を召す。速(すみ)やかに参るべし」〈今昔・九・三三〉訳役所でお前をお召しだ。速く参上するがよい。❷官職。例「太政大臣(だいじやうだいじん)の——に至る人の甲冑(かつちう)をよろふこと、礼義を背(そむ)くにあらずや」〈平家・二・教訓状〉訳太政大臣(だいじょうだいじん)の官職についている人が鎧(よろい)・兜(かぶと)を着用することは、礼儀に反することではありませんか。❸「太政官(だいじやうくゎん)」の略。例「職(しき)の御曹司(みざうし)を方(かた)あしとて、——の司(つかさ)の朝所(あいたんどころ)に渡らせ給へり」〈枕草子・故殿の御服のころ〉訳職の御曹司は方角が悪いということで、（中宮定子(ていし)は）太政官庁の朝所にお移りになった。

くゎん【貫】カン〔名〕〔銭(ぜに)に千文を緡(さし)で貫いてまとめたところから〕❶銭の単位。一千文。近世では九百六十文。例「銭二百——と坊一つを譲りたりけるを」〈徒然草・六〇〉訳（師匠が死にぎわに盛親(じやうしん)僧都に、遺産として）銭二百貫と僧坊一つを譲ったのを。❷鎌倉時代以後、武家の知行高(ちぎやうだか)の単位。とれる米を銭に換算したもので、一貫は十石に当たる。❸目方の単位。千匁(もんめ)。三・七五キログラム。「貫目」とも。

要点 銭の単位としては「疋(ひき)」も用いられる。一疋は十文。③は銀貨の単位にも用いる。銀は秤量(ひやうりやう)貨幣なので目方の単位をそのまま使う。

ぐゎん【願】ガン〔名〕神仏に祈願すること。また、その願い事。例「和泉(いづみ)の国までと平(たひ)らかに——立つ」〈土佐・十二月二十二日〉訳和泉の国まで（船旅が）無事でありますようにと（神仏に）願を立てる。

要点 単に祈るだけでなく、「願いが実現したら、これこれのことをする」と、大は土地の寄進・建造物の奉納から、小は金品の奉納などを約束する。この約束を果たすことを「願を果たす」という。願を立てる際も、七日単位の日数を定めて社寺にこもってお勤めをすることが多い。これを「参籠(さんろう)」という。

観阿弥(くわんあみ) カンアミ〔人名〕南北朝時代の能役者・能作

く

者。一三三三年(元弘三・正慶二)〜一三八四年(元中元・至徳元)。伊賀(=三重県)の人で、観世流の始祖。世阿弥の父。大和猿楽四座の一つ結崎座(=後ノ観世座)を結成、将軍足利義満の支援をうけて栄える。猿楽から能への革新と基礎をなす。作品に『自然居士』『通小町』『卒都婆小町』など。

くゎん-おん【観音】〔名〕「観世音」の略。例「清水の――を念じ奉りても、すべなく思ひまどふ」〈源氏・夕顔〉訳(惟光は)清水寺の観世音菩薩にお祈りしたが、どうしようもなく途方にくれている。

くゎん-かう【還幸】〔名〕天皇がお帰りになること。

> 要点 「還幸」は天皇についてのみ用い、上皇や三后には「還御」を用いる。⇩ぎゃうがう

くゎん-ぎょ【還御】〔名〕天皇・上皇・太皇太后・皇太后・皇后がお帰りになること。将軍・公卿にも用いる。例「上皇御舟飾って――なる」〈平家・四・還御〉訳高倉上皇は出船の用意をして(厳島から)お帰りになる。

くゎん-くゎつ【寛闊】〔名・形動ナリ〕(広くゆるやかの意から)服装などが派手な様子。また、派手好きな人。

菅家文草《書名》平安前期の漢詩文集。菅原道真作。九〇〇年(昌泰三)成立。一二巻。道真が祖父清公・父是善の『菅家集』『菅相公集』を添えて醍醐天皇に献上。道真の秀抜な学才・詩才が充満している。

くゎん-げん【管弦・管絃】〔名〕《管楽器と弦楽器の意》❶楽器の総称。❷音楽。また、音楽を奏すること。糸竹。例「この暁城のうちにて――し給ひつるは」〈平家・九・敦盛最期〉訳今朝の明け方(一の谷の)城内で音楽をなさっていたのは(この人達であったのだな)。

> 参考 貴族に必要な教養の一つとされる。『徒然草』一段にも「ありたきことは、まことしき文の道・作文・和歌・――の道」(訳身につけたいものは、本格的な学問・漢詩文・和歌・音楽の道)として数え上げられている。

くゎん-ざ【冠者】〔名〕⇩くゎんじゃ

くゎん-ざう【萱草】〔名〕《「くゎざう」とも》❶ユリ科の多年草。夏、オニユリに似た橙色の花が咲く。「忘れ草」とも。❷《「萱草色」の略》染色の名。萱草の花の色で、橙色。

> 要点 ①は種類が多いが、主として、花が八重に咲くヤブカンゾウをいう。ノカンゾウは花が一重である。葉を食べると悩みを忘れられるとして、「忘れ草」という。この草を見ると忘れるからともいう。

くゎん-さく【官爵】〔名〕《「くゎんしゃく」の直音表記》官職と位階。官位。

くゎん-じゃ【冠者】〔名〕《「くゎんざ」「くゎざ」「くゎじゃ」とも。冠を着けた者の意》❶元服した若者。成人した若者。❷まだ官職を得ていない若者。例「昔は聞きけんものを木曽の――」〈平家・九・木曽最期〉訳昔は木曽の冠者と聞いたろうが(今は朝日の将軍源義仲だぞ)。❸召使いの若者。

くゎん-じゃう【勧請】〔名・他サ変〕《「勧」はすすめる、「請」はお願いする意》❶神仏においでを願うこと。例「大師――の起請といふことは、慈恵僧正書き始め給ひけるなり」〈徒然草・二〇五〉訳(延暦寺で制令を出す時)開祖の伝教大師においでを願って誓いを立てる文章は、慈恵僧正が初めてお書きになったことである。❷新たに神仏を移し迎えて、祭ること。例「熊野の三所権現を――し奉って、帰洛のことを祈り申さばや」〈平家・二・康頼祝言〉訳(この島に)熊野三山の神をお迎えして祭って、都に帰れるようにお祈り申したい。

ぐゎん-じゃう【願状】〔名〕神仏への祈願を記した文書。「願書」とも。例「木曾義仲、――に添へてこの社にこめられはべるよし」〈奥の細道・太田神社〉訳木曾義仲が祈願の文書に添えて(斎藤実盛のかぶとなどを)この太田神社に奉納されたということや。

くゎん-じゃく【官爵】〔名〕《「くゎんざく」とも。「爵」は位の意》官職と位階。官位。例「心のままなる――に昇りぬれば」〈源氏・少女〉訳(高貴な家の子が、学問もせずに)思い通りの(高い)官位に昇ってしまうと。

> 参考 「くゎんじゃく」と連濁する根拠は特にない。「くゎんしゃく」と清音に読むべきかもしれない。

くゎん-じゅ【巻数】〔名〕《「くゎんず」とも》僧が依頼されて経文や陀羅尼などを読誦したとき、その題名・巻数・回数などを記して願主に届ける文書。木の枝に結び付けて運ぶ。

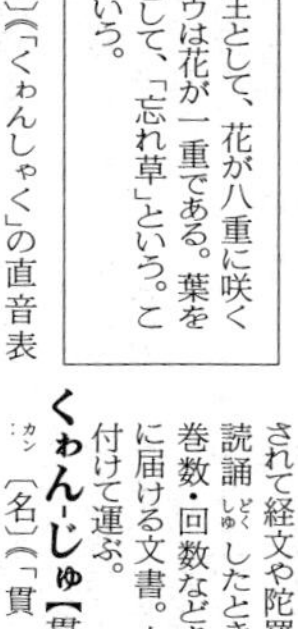
くゎんじゅ (巻数)

くゎん-じゅ【貫首・貫主】〔名〕《「貫籍(=戸籍)」のかしらの意。種々の長官をいう》❶「蔵人頭」のこと。例「――以下怪しみをなし」〈平家・一・殿上闇討〉訳(平忠盛の従者が武装しているのを)蔵人頭以下の公家がとがめて。❷「天台座主」など、大寺院の長。

くゎん-じん【勧進】〔名・自サ変〕《仏教語。人に勧めて仏道に導く意》❶社寺や仏像などを造るのに必要な金品の寄付を集めること。また、その人。「勧化」とも。❷(多く、神仏への寄付を名目にして)米や銭を請うこと。物もらい。例「息の根の続くほど流行歌を歌ひ――をすれども」〈西鶴・世間胸算用・五・三〉訳息の続くかぎり流行歌を歌って物もらいをしても。

> 参考 ①は僧侶がすることが多く、それを「勧進聖」という。勧進聖では、高野聖や、鎌倉初期に東大寺を再興した重源が有名である。中世に行われた「勧進能」や「勧進相撲」は、社寺の寄付集めのために特定の場所に人を集めて行われたもの。

くゎんじん-ちゃう【勧進帳】〔名〕《仏教語》「勧進①」の趣旨を書いた巻物。僧や山伏が人々に読み聞かせる。例「――を捧げて、十方檀那をすすめ歩りきけるほどに」〈平家・五・勧進帳〉訳(文覚が神護寺再興のために)勧進帳を捧げ持って、あちこちの寄付

する人の所を勧め回っていた時に。

くゎん-ず【観ず】 カンズ〔他サ変〕(ぜ・じ・ず・ずる・ずれ・ぜよ)❶〔仏教語〕深く思って真理を悟る。例「善も悪も空(くう)なりと─・ずるが」〈平家・二・大臣殿被斬〉訳(この世で)善だとか悪だとかいうことも皆仮の姿であって永遠のものではないと悟るのが(仏様のお心にかなう事なのです)。
❷深く考える。心に思い描く。例「心、常に風雲の思ひを─・ぜしかば」〈徒然草・一〇八〉訳心は、常に栄達しようとする望みを思い描いていたので。

くゎん-ぜおん【観世音】 カンゼオン〔名〕〔仏教語。世の人がその名をとなえる音声を観じて救う意〕菩薩の名。補陀落山に住み、三十三の姿になって現れて慈悲を垂れるという。阿弥陀三尊の一つとして勢至菩薩とともに脇侍とする。

> 要点『法華経』の普門品に書かれている。現世・来世に及ぶ幅広い利益を与える菩薩として信仰され、清水寺・石山寺・長谷寺には多くの人々が参詣した。平安末期には三十三か所の霊場めぐりも流行する。主な仏像の型としては、基本型である聖観音のほかに十一面・千手・不空羂索・馬頭・如意輪・准胝の変化した姿があり、これらを七観音と総称する。

観世元雅(くわんぜもとまさ) カンゼモトマサ〔人名〕室町初期の能役者、能作者。世阿弥の長男。優れた才能をもちながら将軍足利義教の不興を買い、地方を巡業するうち若くして世を去る。『隅田川』『弱法師』などが代表作。

くゎんぜん-ちょうあく【勧善懲悪】 カンゼンチョウアク〔名〕善を勧め悪をこらしめること。
参考 儒教を基にし、江戸時代後期の文学理念となり、特に、滝沢馬琴の読本や歌舞伎などに現れる。

くゎん-だい【館代】 カンダイ〔名〕領主の留守に館を預かる家老。留守居役。例「黒羽の─浄坊寺なにがしの方におとづる」〈奥の細道・黒羽〉訳黒羽の館の留守居役の家老の浄坊寺何とかという人の家に訪問する。

くゎん-ぢゃう【灌頂】 カンジョウ〔名・自サ変〕〔仏教語。水を頂に灌ぐ意〕(密教で)香水を頭上に注ぐ儀式。
要点 古代インドの国王即位の儀式が仏教に入ったもの。一般の人が仏道に入るためのを「結縁灌頂」といい、仏の印と真言を授ける。秘法を伝授して阿闍梨の位を授ける時のを「伝法灌頂」という。

くゎん-とう【関東】 カントウ〔名〕〔関所の東の意〕❶平安時代以降は逢坂の関から東、近江国以東の諸国の総称。また、近世からは箱根の関から東方の八か国(=関東地方)の総称。坂東。「あづま」とも。
❷関東の政治の中心地。また、その長。ⓐ鎌倉時代には、鎌倉幕府。また、将軍。例「─に参ってこの由(よし)申しければ、兵衛佐(ひやうゑのすけ)大きに驚き」〈平家・八・法住寺合戦〉訳(義経の使者が)鎌倉に参上してこの事情(=木曽義仲ガ上皇ノ御所ヲ焼イタコト)を申し上げたので、兵衛佐頼朝は大変驚いて。
ⓑ室町時代には、関東管領のこと。
ⓒ江戸時代には、江戸幕府。

ぐゎん-にち【元日】 ガンニチ〔名〕一年の初めの日。一月一日。がんじつ。例「─。なほ同じ泊まりなり」〈土佐・一月一日〉訳元日。今日もやはり(昨日と)同じ港である。

くゎん-にん【官人】 カンニン〔名〕❶役人。例「ある国の祗承(しぞう)の─の妻(め)にてなむあると聞きて」〈伊勢・六〇〉訳(もとの妻が、今は)ある国の勅使接待の役人の妻であると聞いて。
❷六位以下の役人。例「六衛府(ろくゑふ)の─の禄(ろく)ども、大将賜ふ」〈源氏・若菜・上〉訳六衛府の役人に対する祝儀の品を、大将(=夕霧)がお与えになる。
❸(中世には)検非違使庁の役人。
要点 ②は、五位以上の官人は貴族と呼ばれたので、それ以下の役人についていう言葉となったもの。③は中世の軍記物語に、流罪の人を送り届ける役人として登場し、これには検非違使庁の佐・尉が多く当たる。これを「追立の官人」ともいう。

くゎん-ねん【観念】 カンネン〔名・自サ変〕❶〔仏教語〕仏の教えや真理を悟ろうとして、仏の姿を心に描き(=観)ながら静かに考える(=念)こと。観想念仏。例「谷茂けれど、西晴れたり。─のたよりなきにしもあらず」〈方丈記・境涯〉訳(住む所は)谷は草木が茂っているが、西の方は見晴らしがよい。(だから西方浄土を)心に描いて念ずる便宜がないわけではない。
❷あきらめること。覚悟。例「これ限りこれ限りと、逢(あ)ふたびごとの─」〈近松・心中重井筒・中〉訳これっきりこれっきりと、逢うたびごとに覚悟していて。

くゎん-ばく【関白】 カンパク〔名〕〔「関」はあずかる、「白」は申す。天皇の政務に関与し、意見を申し上げる意〕天皇を補佐する最高の官職。「一(いち)の人(ひと)」「執柄(しっぺい)」とも。例「『摂政・─すべきものならば、この矢当たれ』と仰せらるるに」〈大鏡・道長・上〉訳「(私が将来)摂政や関白になるはずならば、この矢は当たれ」と(道長殿が)おっしゃられると。

> 参考 令外の官の一つ。平安時代、元慶八年(八八四)光孝天皇が即位に際して藤原基経に一切の奏上文を先に見て意見を奏上させたことに始まり、仁和三年(八八七)宇多天皇が詔で、その職務について「関白」の語を用いた。後に、天皇が幼少の時は摂政、天皇成人後は関白になる例ができる。

寛平御時后宮歌合(くわんぴやうのおほんときさいのみやのうたあはせ) カンピョウノオオントキキサイノミヤノウタアワセ〔書名〕平安前期の歌合。八九三年(寛平五)以前成立。一巻。主催者は光孝天皇の后の班子。詠者は藤原興風・紀友則・紀貫之等。優劣を競う一般の歌合とは異なる。『新撰万葉集』と全二〇〇首中一七〇首が重複。

くゎん-ぷ【官府】 カンプ〔名〕公。朝廷。官庁。太政官庁。

くゎん-ぶつ【灌仏】 カンブツ〔名〕〔仏教語〕❶釈迦の誕生の姿の仏像に香水を注ぎかけること。また、その仏像。浴仏。
❷「灌仏会(くわんぶつゑ)」の略。例「─のころ、祭のころ、若葉の梢(こずゑ)涼しげに茂りゆくほどこそ、世のあはれも、人の恋しさも勝(まさ)れ」〈徒然草・一九〉訳(四月八日の)灌仏会の頃や、(四月の中の酉の日の)葵祭の頃の、若葉のこずえが涼しそうに茂ってゆく頃こそ、世の中のしみじみとした

趣も、人を恋しく思う気持ちも強く感じられる。

くゎんぶつ-ゑ【灌仏会】〔名〕（仏教語）釈迦の誕生日の四月八日に、誕生の姿の仏像に香水を注いで祭る仏事。仏生会。花祭。（季・春）

参考 摩耶夫人が川辺の木の花を折ろうとした時、そのわきの下から釈迦が生まれ、川上から竜が甘露を流したので産湯に使ったという伝説に基づく。平安時代は宮中や貴族の邸宅でも行われた。現代は甘茶を注ぐ。

くゎん-ぽ【寛歩】〔名〕（「寛」は、ゆるやかの意）ゆっくり歩くこと。例「―駕にかへ、晩食肉よりも甘し」〈芭蕉・笈の小文〉訳（急ぐ旅ではないので）かごに乗る代わりにゆっくり歩き、（空腹になってとる）遅い夕食は（粗末であっても、魚や鳥の）肉よりもうまい。

ぐゎん-もん【願文】〔名〕神仏に願を立てる時や仏事の時、その趣旨を書いた文章。願状。例「睦まじく思す文章博士召して―作らせ給ふ」〈源氏・夕顔〉訳（光源氏は）親しく思っていらっしゃる大学の文章道の教授をお呼びになり（夕顔の四十九日の供養の）願文をお作りになる。

ぐゎん-りき【願力】〔名〕❶あらゆる人を救おうという仏の誓いの力。本願力。阿弥陀仏の四十八願についていうことが多い。❷神仏に立てた願を貫こうとする意気込み。誓いの力。

くゎん-ゐ【官位】〔名〕官職と位階。官爵。つかさくらい。例「―・俸禄皆身に余るばかりなり」〈平家・一・殿下乗合〉訳（法皇の側近く仕える貴族は）官職・位階も給料もみな身に余るほどである。

要点 **「官位」は律令国家の基本**　官と位は律令制国家の行政機構と役人の身分との基本である。官は各官庁とも「かみ」「すけ」「じょう」「さくゎん」の四等官から成る。位は一位から初位までの九つの位があり、一位から三位までは正・従の二段階、四位以下はさらに上・下の四段階に分かれる。各官職には、それに相当する位が規定してあり、これを「官位相当」という。左右大臣には正従二位が、大中納言には正従三位が相当するが、定員の関係などで、位が高く、官が低い時は、「行」の字を間に置いて「従二位行中納言」のように書き、位が低く、官が高い時は「守」を用いて「従三位守大納言」のように書く。

親王の位は、一品から四品までである。

くゑ-にち【凶会日】〔名〕暦の上で最凶とする日。何をやるにも悪い日とする。

ぐん【郡】〔名〕⇩こほり

くん-し【君子】〔名〕（もとは、君主、政治を行う人の意。儒教で高い人格を君主の条件としたことから）徳の高い人。人格者。対せうじん② 例「―に仁義あり、僧に法あり」〈徒然草・九七〉訳（取り付いてそれを駄目にするものとしては）人格の高い人には仁や義があり、僧侶には仏法がある。

ぐん-じ【郡司】〔名〕❶律令制度での地方官の一つ。国司の下にあって、郡の政務を担当する。大領・少領・主政・主帳と書く四等官で構成される。❷特に、①の長官、大領のこと。例「―の子にてあれば、我をこそ大事に思はめ」〈宇治拾遺・一三・五〉訳郡の長官の子だから、私の方を大事に思うがよい。

参考 国司が中央から派遣され、任期四年で帰京するのに対して、郡司は終身官で、現地の有力者・有能者が選ばれ、世襲化された。

くんじ-いた・し【屈じ甚し】〔形ク〕ひどく心が沈む。「くしいたし」とも。例「胸のみふたがりて、物なども見入れられず、―・くて」〈源氏・少女〉訳（夕霧は雲居雁が恋しくて）悲しみで胸がふさがってばかりいて、食事なども見向きもされず、ひどく心が沈んで。

くん-じゅ【群集】〔名・自サ変〕人が多く群がり集まること。また、その人々。ぐんしゅう。例「軒騎―・して門前市をなす」〈平家・一・吾身栄花〉訳（貴族の）車馬が群がり集まって（平家の）門前は市場のようである。

くん・ず【屈ず】〔自サ変〕（ぜ・じ・ず・ずる・ずれ・ぜよ）（「くっす」の促音「っ」を撥音「ん」と表記したことから）⇩くっす 例「面影に覚えて悲しければ、月の興も覚えず、―・じ臥しぬ」〈更級・太井川〉訳（別れてきた乳母の）面影が目に浮かんで悲しいので、月の興趣も感じられないようになり、ふさぎこんで横になった。

くん・ず【薫ず】（ぜ・じ・ず・ずる・ずれ・ぜよ）一〔自サ変〕薫りがする。薫る。におう。例「この老僧の居給へる所に異香すなはち―・じたり」〈平家・三・大塔建立〉訳この老僧が座っていらっしゃる所に珍しい薫りが即座にかおった。二〔他サ変〕薫らせる。におわせる。

ぐんだり-やしゃ【軍荼利夜叉】〔名〕（仏教語。「軍荼利」は甘露の意）密教の五大明王（＝五大尊）の一つ。南方を守り、悪鬼をこらしめて甘露を人々の心に注ぐという。怒りの顔、三つ目、八本腕の像が多い。

軍荼利夜叉

ぐんでう・ず【組んでうず】〔連語〕（「組みてむとす」から「組みてんず」を経て変化した形）組み討ちしようとする。例「あっぱれ、おのれは日本一の剛の者に―・ずな」〈平家・七・実盛〉訳ああ、お前は日本一強い者と組み討ちしようというのだな。

ぐん-びゃう【軍兵】〔名〕兵士。軍勢。「つはもの」とも。例「―内裏に参じて、四方の陣頭を警固す」〈平家・一・清水寺炎上〉訳兵士達は宮中に参上して、四方の諸門を警護する。

ぐん-りょ【軍旅】〔名〕（中国の周代に、兵一万二千を「軍」、五百人を「旅」といったことから）❶軍勢・軍隊。例「数万の―は、堂上堂下に並み居たれども」〈平家・六・入道死去〉訳数万の軍勢は、御殿の内外に並んで控えていたが。❷戦争。いくさ。例「はかりことを―にめぐらすといへども、王法の責めを免れず」〈保元・上・序〉訳（逆臣が）戦争を計画しても、天子の法のとがめを逃れられない。

け

け【日】〔名〕《上代語》日々(ひび)。日数。

け【気】 ■一 〔名〕❶ようす。けはい。例「心地ぞ、なほ静かなる──を添(そ)へばやと、ふと見ゆる」〈源氏・空蟬〉訳見た感じでは、もう少し落ち着いた雰囲気を持たせたいと、ちょっと思われる。注軒端荻(ノキバノオギ)ノ様子。❷気持ち。気分。例「恐ろしき──も覚えず、いとらうたげなるさまして」〈源氏・夕顔〉訳(夕顔の死に顔は、光源氏には)恐ろしい気持ちも感じられず、大変かわいらしげな様子をしていて(生前と変わりがない)。■二〔接頭〕(動詞・形容詞・形容動詞などの上に用いて)…の様子だ、…の感じだ、なんとなく…だ、などの意を表す。「──押さる」「──恐ろし」「──さやか」など。

け【卦】〔名〕易(えき)で物事の吉凶を占う時に、算木(さんぎ)に現れたかたち。

け【怪】〔名〕不思議なこと。怪しいこと。また、もののけ。たたり。

け【故】〔名〕ため。せい。例「千度(ちたび)ばかり申し給ふ──にやあらむ、やうやう神鳴りやみぬ」〈竹取・竜の首の玉〉訳(お祈りを)千回ほど申し上げなさったためであろうか、しだいに雷も鳴るのがおさまった。

け【笥】〔名〕物を入れる器の総称。容器。特に、食器をいうことが多い。「けこ」「けご」とも。例「家にあれば──に盛る飯(いひ)を草枕旅にしあれば椎(しひ)の葉に盛る」〈万葉・二・一四二〉訳家にいるときは食器に盛る飯を(今は思い通りにならない)旅にいるので、椎の葉に盛って食べることだ。

> 参考 「くし(櫛)」を入れるものは、「くしげ」といい、「をけ(桶)」は「を(麻)」の「け」の意。「かはらけ(土器)」も、「瓦(かはら)」の「け」の意である。「たまけ」は美称の「玉」を付けた語。

け【褻】〔名〕ふだん。日常。対はれ(晴)② 例「──晴れなくひきつくろはまほしき」〈徒然草・一九一〉訳日常と晴れの時との区別なくいつでもみなりをきちんとしていたいものだ。

け【異】〔形動ナリ〕普通と変わっているようす。また、特別すぐれているようす。例「行ひ慣れたる法師よりは──・なり」〈源氏・葵〉訳(光源氏が読経なさるようすは)読経に慣れている法師よりもすぐれている。

け【消】《歌にだけ用いられた語。下二段活用の動詞「消(き)ゆ」の未然形・連用形の「消え」の変化した形》⇩きゆ 例「残りたる雪に交じれる梅の花早くな散りそ雪は──ぬとも」〈万葉・五・八四九〉訳消え残っている雪に交じって咲いている梅の花よ、早くは散るな(たとえ)雪は消えても。

げ【夏】〔名〕《仏教語》❶陰暦四月十六日から七月十五日までの三か月間。❷①の期間、僧が一室にこもって修行すること。「夏安居(げあんご)」「夏行(げぎやう)」「夏ごもり」とも。(季・夏)⇩あんご 例「しばらくは滝にこもるや──の初め」〈奥の細道・日光〉訳(岩屋に身をかがめて)しばらくの間、滝の裏側へ入った。折から僧の夏ごもりが始まる時でもあり、(奥羽行脚(あんぎや)に旅立つ)私にとって、これぞしばしのこもりの行ということができよう。注四月一日ノ作。

げ【偈】〔名〕《仏教語。「偈陀(だげ)」の略》仏の徳をたたえ、仏法を説く詩の形の経文。多くは四句から成る。

げ〔接尾〕《体言、動詞の連用形、形容詞・形容動詞の語幹、打消しの助動詞「ず」などに付く》そのような様子である、はたから見てそのように見える、という意を表す。…の様子だ。…らしく見える。例「わざと清げに書きて遣(や)りつる文の返り事」〈枕草子・すさまじきもの〉訳わざと美しい様子に書いてやった手紙の返事を。例「いとさりげなく、ことにもあらずげにて参らせ給へる」〈大鏡・道長・上〉訳(藤原道長は)本当になんでもない様子で、大したことではないという様子でおいでになられた。

けい【卿】〔名〕⇩きゃう(卿)

けい【磬・罄】〔名〕中国伝来の打楽器の一種。への字形の石板(のちに、銅板)をつるし、槌(つち)でたたいて鳴らすもの。仏具として、寺院でも用いられた。

け-い【怪異】〔名・形動ナリ〕怪しいこと。不思議なようす。例「重き──なりとて」〈徒然草・二〇六〉訳(牛が長官の坐る場所に上ってしまったことは)重大な怪事件だといって。

げい【芸】〔名〕習って身につけた技能。芸事での技術。わざ。例「──はこれつたなけれども、人の耳を喜ばしめむとにはあらず」〈方丈記・境涯〉訳(琵琶(びわ)の)わざ(=弾ク技術)はへたであるけれども、(別に)他人に聞かせて楽しませようというわけではない(のでかまわない)。

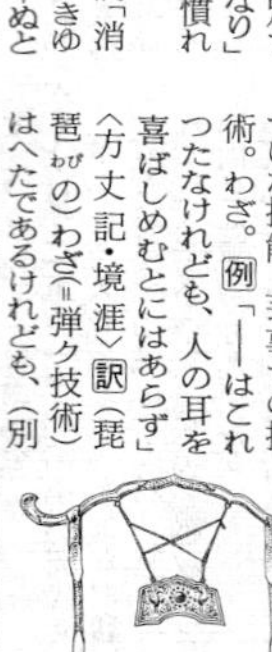

けい（磬）

けい-き【景気】〔名〕❶様子。ありさま。例「ちっとも色も変ぜず、わろびれたる──もなし」〈平家・二・西光被斬〉訳(西光(さいこう)法師は)少しも顔色を変えることもなく、気おくれしている様子もない。❷風景。景色。例「山中の──、折につけて尽くることなし」〈方丈記・勝地は主なければ〉訳山中の風景は、季節に応じて尽きることがない。❸(歌論・連歌論・俳論で)眼前の光景をそのまま詠むこと。また、その歌や句。

けい-こ【稽古】〔名・他サ変〕(古(いにしえ)を稽(かんが)える意から)❶学問すること。また、学問。例「信濃前司行長、──のほまれありけるが」〈徒然草・二二六〉訳前信濃の守(かみ)中山行長は、学問が深いという名声が高かったが。❷諸芸を学び、練習すること。例「ひとへに武芸をぞ──・せられける」〈平治・上・一〉訳(藤原信頼は)ひたすら武芸を練習なさった。

けい-こく【傾国】〔名〕(その魅力に迷って、国を危うくする意から)❶絶世の美人。傾城(けいせい)。❷(近世、転じて)遊女。❸遊廓(ゆうかく)。

> 参考 ①の出典は『漢書』の外戚伝。李延年が妹(=後ニ李夫人)を漢の武帝に推して「北方に佳人あり、絶世にして独立す、一顧すれば人城を傾け、再顧すれば人国を傾く」と言ったとある。これが白楽天の「長恨歌(ちょうごんか)」に、「漢皇色を重んじ傾国を思ふ」とう

たわれたことで有名になる。

経国集（けいこくしふ）ケイコクシユウ〘書名〙平安初期の勅撰漢詩文集。八二七年（天長四）成立。二〇巻。現存六巻。良岑安世（よしみねのやすよ）が滋野貞主（しげののさだぬし）・菅原清公（きよとも）らと編集。七〇七年から八二七年まで一二一年間一七八人の作品を収録。奈良時代以降平安初期までの秀作の集大成。唐詩の影響が顕著である。書名は中国魏（ぎ）の文帝の「文章は経国（＝国家統治）の大業、不朽の盛事なり」による。勅撰三集の第三。⇩凌雲集（りようんしふ）・文華秀麗集（ぶんくわしうれいしふ）

けい-し【京師】〔名〕（「京」は大、「師」は衆。大衆の住む所の意から）帝都。みやこ。例「――の長吏（ちゃうり）これがために目を側（そば）むと見えたり」〈平家・一・禿髪〉訳 都の高官もこれ（＝平清盛ガ雇ッタ若者ノ横暴）には見て見ぬふりをするように思われた。

けい-し【屐子】〔名〕（「けきし」のイ音便。「子」は物の意）木製のはきもの。げた・あしだの類。例「――のつややかなるが、歯に土多くつきたるをはきて」〈枕草子・ものへ行く路に〉訳（使者の女の子が）あしだの（塗りが）つやつやとしているもので、歯に土がたくさんついているのをはいて。

けいし（屐子）

けい-し【家司】〔名〕（「けし」の変化した形）❶親王・摂政・関白・三位（さんみ）以上の貴族の家で、家政を処理する職。また、その人。家令（かれい）。「いへづかさ」とも。❷鎌倉・室町幕府で、①にならって政所（まんどころ）や問注所（もんちゅうじょ）に置いた、「別当」以下の職。

けい-しゃう【卿相】ケイショウ〔名〕「くぎゃう（公卿）」に同じ。例「多くの――・雲客（うんかく）、あるいは流し、あるいは失ひ」〈平家・五・都遷〉訳 多くの公卿や殿上人を、あるいは流罪にし、あるいは殺し。

けい・す【啓す】〔他サ変〕（せ・し・す・する・すれ・せよ）（「言ふ」の謙譲語）皇后・皇太子・上皇などに対して物を言う時に用いられる。**言上する。申し上げる。**例「よきに奏し給へ、――・し給へ」〈枕草子・正月一日は〉訳 よいように天皇陛下に申し上げて下さい、皇后陛下に申し上げて下さい。

けい-せい【傾城】〔名〕（「けいこく（傾国）」と出典は同じ。その魅力に迷って城を危うくする意から）⇩けいこく 参考 ❶絶世の美人。傾国。例「大将軍矢面（やおもて）に進んで――を御覧ぜば」〈平家・一一・那須与一〉訳 大将軍源義経が矢の来る正面に進み出て美人（＝舟ノ上ノ女房達）をご覧になったら。❷遊女。近世には「けいせん」とも。例「ある男泊まりて、――と臥（ふ）したりけるに」〈宇治拾遺・一三・一四〉訳 ある男が泊まって、遊女と寝ていたが。

けいせつ-の-こう【蛍雪の功】〘連語〙（晋（しん）の車胤（しゃいん）は蛍の光で、同じく孫康（そんこう）は雪の明かりで読書し、それぞれ大成したという中国の故事から）苦学した成果。

けい-せん【傾城】〔名〕〘近世語。「けいせい」の変化した形〙遊女。

けい-ちつ【啓蟄】〔名〕冬籠（ごも）りしていた虫が、地中からはい出ること。また、その頃。陰暦の二月上旬。（季・春）

契沖（けいちゅう）〘人名〙江戸前期の国学者。摂津国（＝兵庫県）尼崎に生まれ、真言宗の僧となる。日本古典文学の注釈研究や古代の歴史的仮名遣いの研究において、実証的方法による画期的成果を示した。『万葉代匠記』『和字正濫鈔（わじしょうらんしょう）』等の著作がある。

げい-のう【芸能】〔名〕❶学問や芸術の分野での各種の技芸。音楽・舞などの芸ごと。例「――・所作（しょさ）のみにあらず。大方（おほかた）の振る舞ひ、心遣ひも、愚かにして慎めるは、得（とく）の本（もと）なり」〈徒然草・一八七〉訳（この道理は）芸能や所作だけに限ったことではない。日常一般の行いや、心遣いも、不器用でも注意深くしているのは、成功のもとである。注「所作」ハ、公式ノ定メデ音楽ヤ舞ヲスルコト。「芸能」ト同義。❷芸ごとでの技能。わざ。「芸」とも。

> 要点 **「芸能」は貴族の教養** 芸能は平安時代、貴族の教養として必要とされた。中国で六芸（りくげい）として数えられている、礼・楽・射・御（＝馬術）・数を中心に、詩歌・舞などを含む。『徒然草』一二二段では、儒学・書・医術・弓射・馬術・調理・細工を挙げ、このほかのことは、「多能は君子の恥づるところなり」とする。また、狂言（虎明本）の「鼻取相撲」には、弓・まり・包丁（＝料理）・碁（ご）・双六（すごろく）・馬・相撲が挙げられており、その内容は、いろいろである。

けい-はく【軽薄】〔名〕❶（物が軽く薄い意から）考えが浅く、行いが軽々しいこと。誠意がないこと。例「交はりは――の人と結ぶことなかれ」〈雨月・菊花の約〉訳 交わりは誠意のない人と結ぶべきではない。❷へつらうこと。おせじ。

けい-ひち【警蹕】〔名〕⇩けいひつ

けい-ひつ【警蹕】〔名〕（「けいひち」とも。「警」はいましめる、「蹕」は道行く人を払う意）天皇の食事を運ぶ時や貴人の出入りなどに際して、警戒の声を立てて先払いをすること。また、その声。

> 要点「おう」「しし」「おし」「おしおし」などと言う。

けい-ぶつ【景物】〔名〕❶四季折々に情趣の感じられる物。自然の風物。❷その時節に合った衣装や飲食物。❸連歌・俳諧などの賞金や賞品。景品。

けう【孝】キョウ〔名・自サ変〕（呉音。「けうやう（孝養）」とも）❶親によく仕えること。親孝行。孝（こう）。❷（死んだ親への孝行として）死後の供養をすること。親の喪に服すること。例「のちのちの御わざなど、――・じ仕うまつり給ふさまも」〈源氏・賢木〉訳（桐壺（きりつぼ）帝崩御の）後の七日七日の法事などを、供養申し上げなさるお姿も。

け-う【希有・稀有】〔名・形動ナリ〕❶めったにない。**不思議である。**例「いと怪しう、――のことをなむ見給へし」〈源氏・手習〉訳 大変不思議で、珍しいものを見ました。❷（多く悪いことに用いて）意外である。とんでもない。例「こは――の狼藉（らうぜき）かな」〈徒然草・一〇六〉訳 これ（＝女ノ馬ガ上人ヲ堀ニ落トシタコト）はとんでもない乱暴だな。

> 参考「けう」を重ねて「けうけう」の形でも用いる。例「まことに、けうけうの御幸ひなり」〈大鏡・道長・上〉

訳 本当に、世にもまれなご幸福である。

げう-き【澆季】(ギョウキ)〔名〕《「澆」は薄い、「季」は末の意》道徳が衰え、人情の薄っぺらになった末の世。末世。例「末代――なりとも」〈平家・二・剣〉訳 いくら今が末代・末世であっても。

教行信証(けうぎやうしんしよう/キョウギョウシンショウ)〔書名〕正式名『顕浄土真実教行証文類』。鎌倉前期の仏教書。親鸞(しんらん)作。一二二四年(元仁元)成立かという。六巻。各種経論等を引いて浄土真宗の根本教義を述べる。

けう-くゎん【叫喚】(キョウカン)〔名・自サ変〕❶わめき叫ぶこと。❷《仏教語》「叫喚地獄(ぢごく)」の略。

けう-しゅ【教主】(キョウシュ)〔名〕宗教の開祖。また、宗教での最高の地位の仏や人。例「南無(なむ)西方極楽世界――弥陀如来(みだによらい)」〈平家・九・小宰相身投〉訳 西方の極楽世界の主である阿弥陀如来様。

けう-しょ【教書】(キョウショ)〔名〕⇩みげうしょ

けうしょ-でん【校書殿】(キョウショデン)〔名〕内裏(だいり)の殿舎の一つ。清涼殿の南側にあり、宮中の歴代の書物を収納する。蔵人所(くらうどどころ)が置かれる。「ふみどの」「ふどの」とも。

け-うと・し【気疎し】〔形ク〕《「け」は接頭語。室町末期以降は「きょうとい」となる》❶親しみが感じられない。避けたい様子である。気に染まない。例「女房などもいと――・くはあらず」〈源氏・野分〉訳 侍女なども(訪問した夕霧に対して)うとうとしい態度ではない。❷人けがなくて寂しい。気味が悪い。例「骸(から)は――・き山の中に納めて」〈徒然草・三〇〉訳 死体は人けのない山中(の墓)に葬って。

けうに-して【希有にして・稀有にして】《連語》(危うく助かった時に用いる)やっとのことで。奇跡的に。例「――助かりたるさまにて、はふはふ家に入りにけり」〈徒然草・八九〉訳 (川に入って猫またを避けた法師は)奇跡的に助かったという姿で、はうようにしてわが家に入った。

けう-まん【驕慢・憍慢】(キョウマン)〔名・形動ナリ〕おごりたかぶること。例「我ばかり貴(たふと)き者はあらじと、――の心のありければ」〈宇治拾遺・一三・一三〉訳 自分ほど高貴な僧はあるまいと、おごりの心があったので。

けう-やう【孝養】(キョウヨウ)〔名・他サ変〕《「けう」は呉音。漢音で「かうやう」とも》❶親孝行。例「――の心なき者も、子持ちてこそ、親の志は思ひ知るなれ」〈徒然草・一四二〉訳 (日頃)親孝行の心のない者も、子を持ってはじめて、親の心遣いがわかるものである。❷死んだ親の後生(ごしやう)をとむらって供養をすること。また転じて、一般に死者の供養をすること。追善。例「西国のいくさと申すは、親討たれなば――・し、忌(い)み明けて寄せ」〈平家・五・富士川〉訳 (東国の、肉親が死んでもあくまで戦いぬくのと違って)西国(の武士)の戦い方というものは、親が討たれたら(子はその)追善の供養をして、服喪が済んでから敵に攻めかかり。

げう-よく【楽欲】(ギョウヨク)〔名・自サ変〕《仏教語》願い欲(ほ)すること。また、その心。欲望。例「――・する所、一つには名なり」〈徒然草・二四二〉訳 人間が欲するところのものは、第一に名声である。

けう-ら【清ら】(キョウラ)〔形動ナリ〕清らかで美しい。例「この児(ちご)のかたち――・なる事世になく」〈竹取・かぐや姫の生ひ立ち〉訳 この子の容姿の清らかで美しい事はこの世に類がなく。

参考 「きよら」が「キョーラ」と発音されるようになり、「キョー」の部分を「けう」と表記したためにできた語らしい。

け-おさ・る【気圧さる】〔自ラ下二〕(れ・れ・る・るる・るれ・れよ)《「け」は接頭語》圧倒されて気おくれする。勢いに押される。

け-おそろ・し【気恐ろし】〔形シク〕《「け」は接頭語》恐ろしそうな感じである。気味が悪い。例「狐(きつね)などやうのものの、人をおびやかさむとて――・しう思はするならむ」〈源氏・夕顔〉訳 狐などのようなものが、人をおどかそうとして恐ろしく思わせるのであろう。

け-おと・る【気劣る】〔自ラ四〕(ら・り・る・る・れ・れ)《「け」は接頭語》どことなく劣る。なんとなく劣る。

げ-かう(ゲコウ)〔名・自サ変〕一【下向】都から地方へ行くこと。例「東国へ――・せしことを思ひ出(い)でて」〈平家・五・富士川〉訳 東国へくだったことを思い出して。二【還向・下向】神仏に参拝した後、もとの所に帰ること。例「その後(のち)大臣(おとど)熊野へ参り、――・して病(やま)ひつき」〈平家・三・無文〉訳 その後大臣(=平重盛)は熊野神社に参詣(けいさん)し、(都に)帰ってきて病気になり。

けが・す【穢す・汚す】〔他サ四〕(さ・し・す・す・せ・せ)《「けがる」の他動詞形》❶よごす。また、神聖さ・名誉を損なう。不浄にする。名を傷つける。例「栖(すみか)はすなはち浄名居士(じやうみやうこじ)の跡を――・せりといへども」〈方丈記・みづから心に問ふ〉訳 住居は維摩(ゆいま)の方丈にまねをして(その名を)汚しているが。❷能力がないのに、ある地位や場所をしめる。地位を辱(はずかし)める。

け-かつ【飢渇】〔名・自サ変〕《「きかつ」「けかち」とも》飢えと渇き。食糧の欠乏。飢饉(ききん)。例「二年(ふたとせ)が間、世の中――・して、あさましきこと侍(はべ)りき」〈方丈記・飢渇〉訳 二年間にわたって、世間では食糧が欠乏して、何ともいいようのない(状態になった)ことがありました。

けがら・ふ【穢らふ・汚らふ】(ケガロウ)〔自ハ四〕(は・ひ・ふ・ふ・へ・へ)❶死などの穢(けが)れに触れる。けがれる。例「――・ひたる人とて、立ちながら追ひ返しつ」〈源氏・手習〉訳 (葬送を手伝って)けがれている人だというので、(外に)立ったままで追い返した。❷喪に服する。例「皆――・ひ給へり」〈栄花・嶺の月〉訳 みな喪に服しておられる。

けが・る【穢る・汚る】〔自ラ下二〕(れ・れ・る・るる・るれ・れよ)不浄の身となる。けがれる。よごれる。例「かぐや姫の、この世の濁りにも――・れず」〈源氏・絵合〉訳 かぐや姫が、この世の濁りにもけがれず。

> 参考 「けがる」と「よごる」 類義語**「よごる」は一時的・表面的汚染で、洗ったりしてもとに戻すことができるが、「けがる」は永続的・内面的汚染で、「清め」などによって「けがれ」を除くことになる。**また、「よごれ」は外から見てわかるが、「けがれ」は見ただけではわからない場合が多い。

けがれ【穢れ・汚れ】〔名〕《動詞「けがる」の連用形の名詞化》けがれること。不浄。不潔。また、けがれているために忌み避けられるもの。例「灸治(きうぢ)あまた所になりぬれば、神事に――ありといふこと、近く人の言ひ出だせるなり」〈徒然草・一四七〉訳お灸(きゅう)をあまりあちこちに据えると、神事にけがれがあるということは、近年人が言い出したことである。

参考 人の死・出産・女性の月経などが「けがれ」として、これらに関係する者は神仏への参詣(けい)、人との面会、宮仕えなどを避けた。

げ-き【外記】〔名〕❶令制で、太政官(だいじょうかん)に属する官職。少納言のもとで、詔勅・上奏文の起草・記録、また「除目(ぢもく)」「叙位(じょい)」などの進行をつかさどる。定員二名。大外記と少外記があり、大外記は清原・中原両家の世襲であった。⇩ないき(内記)
❷〔「外記庁(げきのちやう)」「外記局(げききょく)」の略〕外記が勤務した役所。内裏の建春門の外にあった。

げ-ぎゃう【現形・顕形】ゲギョウ〔名・自サ変〕〔「げんぎゃう」の撥音(はつおん)無表記〕神仏などが、姿を現すこと。例「おほん神――し給ひて」〈伊勢・一一七〉訳(住吉の)大神が姿を現されて。

げ-ぎょ【懸魚】〔名〕〔「げんぎょ」の撥音無表記〕破風(はふ)の下に付ける、魚の尾の形に似た飾り。棟木(むなぎ)や桁(けた)の両端を隠す役目もしている。初め火災よけのまじないから発したという。

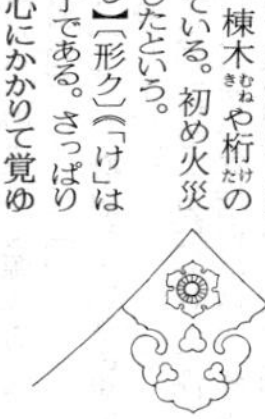
げぎょ

け-ぎよ-し【気清し】〔形ク〕〔「け」は接頭語〕清らかな様子である。さっぱりしている。例「夜昼心にかかりて覚ゆるもあるが、――う申し出(い)でられぬはいかなるぞ」〈枕草子・清涼殿の〉訳夜昼心に浮かんで思い出されることのある歌が、(下の句を問われた今)すらすらと(思い出して)申し上げられないのはどうしたことか。

げき-りょ【逆旅】〔名〕❶宿屋。旅館。例「天地は万物の――、光陰は百代(はくたい)の過客(くわかく)」〈西鶴・日本永代蔵・一・一〉訳天地は万物を泊める宿屋のようなもの(であり)、月日はその中で永久に旅を続ける旅人のようなもの(である)。
❷(転じて)旅。旅行。

げき-りん【逆鱗】〔名〕帝王の怒り。例「法皇大きに――ありけり」〈平家・二・座主流〉訳(後白河)法皇はたいそうお怒りになった。

要点 「韓非子(かんぴし)」の故事から出た語。竜ののどの下に逆さまに生えた鱗(うろこ)があり、それに触れると竜が怒って人を殺すという話から、天子を竜になぞらえたもの。

げ-げ【下々】〔名〕❶身分の低い者。しもじも。
❷(身分の低い者の履き物の意で)わら草履。例「馬にも乗らず――を履き」〈平家・九・二度之懸〉訳(河原(かはら)太郎・次郎の兄弟は)馬にも乗らず、草履をはいて。

け-けれ【心】〔名〕(上代東国方言)こころ。例「甲斐(かひ)が嶺(ね)をさやにも見しが――なく横ほり伏せる小夜(さや)の中山」〈古今・東歌・一〇九七〉訳甲斐の国(=山梨県)の山々をはっきり見たいものだ。(それなのに)無情にも(それをふさぐように)横たわり伏している(駿河(するが)の国の)小夜の中山よ。

け-ご【家子】〔名〕(「けこ」とも)その家に属する人。妻子・従者・使用人・弟子など。眷属(けんぞく)。家の者。

け-ご【笥子・笥籠】〔名〕(古くは「けこ」。単に「け」とも)飯を盛る食器。例「手づから飯匙(いひがひ)取りて、――のうつはものに盛りけるを見て」〈伊勢・二三〉訳自分でしゃもじを持って、(飯を)食器によそったのを見て。⇩け(笥)参考

げ-こ【下戸】〔名〕❶(訓読して「しもつへ」とも)律令制で「戸(こ)」の等級の一つ。家族の少ない世帯。「壮丁(そうてい)」すなわち青壮年男子が二人ないし三人いる所をいう。
❷酒の飲めないこと。また、その人。対じょうご 例「いたましうするものから、――ならぬこそ男(をのこ)はよけれ」〈徒然草・一〉訳(酒を勧められると)困ったような顔はするものの、飲めないわけでもないというのが男としてはよいのである。

げ-こく【下国】〔名〕❶令制で、諸国を大国・上国・中国・下国の四段階に格付けした、その最下位の国。和泉(いづみ)・伊賀・志摩・伊豆(いづ)・飛驒(ひだ)・淡路(あはぢ)・隠岐(おき)・壱岐(いき)・対馬(つしま)の九か国。
❷都から地方へ行くこと。国司が任国へ赴(おもむ)くこと。

け-ごろも【毛衣】〔名〕(衣のように身を覆うところから)鳥の羽毛。

け-さ【袈裟】〔名〕❶(梵語で、不正雑色の意。その染色方法からの名称)インドの僧が煩悩を捨てたしるしとして着た衣服。
❷(①をかたどって、中国・日本で発達した)僧侶(そうりょ)が衣の上につける長方形の布。左肩から右脇(わき)に掛ける。種々の色の、美しい布地を用いて作り、細長い布地を縫い合わせる製法から、五条・七条・九条の三種がある。

けさ②

❸「けさがけ」の略。⇩けさがけ

け-さう【化粧・仮粧】ケショウ〔名・自サ変〕❶よい服装をすること。着飾ること。例「御身(おんみ)の――いといたくして」〈竹取・火鼠の皮衣〉訳(あべの右大臣は)ご自身の身なりも十分に整えて。
❷特に、顔に紅(べに)・白粉(おしろい)・黛(まゆずみ)・お歯黒などをつけて飾ること。おけしょう。

け-さう【懸想】ケソウ〔名・自サ変〕(「けんさう」の撥音「ん」を表記しない形か)想(おも)いを懸(か)けること。異性を恋すること。恋慕。また、異性に結婚を申し込むこと。求婚。例「『げに――なき御文(ふみ)なりけり』と、心にも入れねば」〈源氏・夕霧〉訳(雲居雁(くもいのかり)は)「ほんとうに色恋には関係ないお手紙だったのだ」と、気にもかけないでいたので。

げ-さう【外相】ゲソウ〔名〕(仏教語)(内心に対して)言語・動作など外に現れた姿。外形。外見。例「――もし背かざれば、内証(ないしょう)必ず熟す」〈徒然草・一五七〉訳外に現れた姿が(仏法に)背いていなければ、内心の悟りも必ず成就するものだ。

け-さう-ず【化粧ず】ケショウズ〔自サ変〕{せ・し・す・する・すれ・せよ}よい身なりをする。着飾る。また、化粧する。例「この女、いとよう――じて、うちながめて」〈伊勢・二三〉訳この女は、たいそう念入りに化粧して、ものおもいにふけりながら。

けさう-だ-つ【懸想立つ】ケソウダツ〔自タ四〕{た・ち・つ・つ・て・て}(「だつ」は接尾語)恋しい気持ちが表面に現れる。例「わざと――ちてもてなさじ」〈源氏・椎本〉訳(匂宮の手紙を)ことさら恋心が現れているように扱わないのがよろしい。

けさう‐びと【懸想人】ケソウ〔名〕人に思いをかけている人。求婚者。また、恋愛を謳歌する人。色好み。例「――の長歌よみて封じこめたる心地こそすれ」〈源氏・若菜・上〉訳（何の箱ですか）あなたを思う人が長い恋歌をよんでその中に封じこめたという感じがしますね。注 大キナ文箱ニツイテノ冗談。

要点 主として、異性を恋い慕う主体を指し、いわゆる「恋人」すなわち慕う対象の意を表す用例はまれである。

けさう‐ぶ【懸想ぶ】ケソウ〔自バ上二〕{び・び・ぶ・ぶる・ぶれ・びよ}《「ぶ」は接尾語》恋心をいだく。恋をしている。恋に関係する。例「見給へよ、――・びたる文のさまか」〈源氏・夕霧〉訳よくご覧なさい、（それが）恋文に見えますか。

けさう‐ぶみ【懸想文】ケソウ〔名〕❶異性へ恋慕の思いを伝える手紙。恋文。ラブレター。

❷江戸時代、正月に京都の町で売られたお札。洗い米二、三粒を包んだ紙、または花の枝につけた紙に、恋文風の文体で、縁起を祝う文章が印刷してある。例「羽子板の絵も夫婦子あるをうらやみ、――読む女・男めづらかに思はるる」〈西鶴・好色一代男・三・四〉訳（わびしい境遇の世之介は、正月になって）羽子板の絵にも夫婦・子供がそろって描かれているのをうらやみ、懸想文を買って読む男女の姿にもあらためて心をひかれる。

けさ‐がけ【袈裟掛け・袈裟懸け】〔名〕❶袈裟を掛けること。一定の年齢に達した僧侶志望の少年が、髪を剃り、袈裟を掛けて、正式の僧侶になること。俗人の元服にあたる。

❷袈裟を掛けたように、輪の形にした物を、一方の肩から他方のわきの下にかけて斜めに物を掛けること。

❸（一方の肩から他方のわきの下にかけて）斜めに斬りおろすこと。「けさぎり」とも。

けさ‐ぎり【袈裟切り・袈裟斬り】〔名〕⇩けさがけ③

げ‐さく【外戚】〔名〕《「さく」は、「戚」の呉音「しゃく」の直音表記。「げしゃく」とも》母方の親戚。姻族。がいせき。例「無品親王の、――のよせなきにてはただよはさじ」〈源氏・桐壺〉訳（私、桐壺帝は光源氏に）無位の親王で、母方の親族の後援のない者として不安定な生涯を送らせはしないつもりだ。

戯作文学（げさくぶんがく）《近世小説のジャンル名》江戸中期以降に流行した一群の小説をいう。「けさく」「ぎさく」とも音読される。広く草双紙類から洒落本・滑稽本・人情本などを総括して呼ぶこともあり、また、その発生が知識人の余技にあったことから遊戯的内容の洒落本や初期の滑稽本に限り呼称することもある。

けざ‐けざ〔副〕きわだっている様子。はっきり。くっきり。あざやか。⇩けざやか 例「日のはなやかにさし出でたるほど、――とも清げなるさましてゐ給へり」〈源氏・野分〉訳日の光がはなやかに差し込んでいる所に、（玉鬘は）きわだって美しい様子で座っておられる。

けざ‐やか〔形動ナリ〕《「やか」は接尾語》はっきりしている様子。例「朝日いと――・にさし出でたるに」〈枕草子・九月ばかり〉訳（夜通し降った雨があがり）朝日がたいそうくっきりと（東の空に）出た時に。

けざ‐や・ぐ〔自ガ四〕{が・ぎ・ぐ・ぐ・げ・げ}はっきりとした態度を取る。きっぱりと振る舞う。

げ‐ざん【見参】〔名・自サ変〕《「げんざん」の撥音「ん」を表記しない形》⇩げんざん

け‐し【芥子・罌粟】〔名〕❶カラシナの種子。護摩をたくのに用いる。例「御衣などもただ――の香に、しみかへりたり」〈源氏・葵〉訳（生霊になり、護摩によって退散させられた証拠に、六条御息所の）お召し物もすっかり芥子の香が、しみこんでしまっている。

❷（多く「――ばかり」「――ほど」などの形で、「けし①」が小さな粒であることから）きわめて細かいもの、小さいことのたとえ。例「菩薩――ばかりも犯され給ふことなし」〈今昔・一・七〉訳菩薩はほんの少しもそれ（=天魔ノ妨害）にわずらわされなさることはなかった。注「菩薩」ハ、ココデハ如来ニナル前ノ釈迦ノコト。

❸今のケシの花。ギリシア・西南アジア原産。日本には室町時代に渡来、江戸時代に広まった。

け・し【怪し・異し】〔形シク〕❶**普通と違っている。異常である。**変だ。例「はろばろに思ほゆるかも然れども――・しき心を吾が思はなくに」〈万葉・一五・三五八八〉訳（あなたの行く新羅は）遠く思われることだ。しかし私は決して変な心（=裏切ル心）は持ちません。

❷変である。納得がいかない。例「――・しう、『心置くべきことも覚えぬを、何によりてか、かからむ』と、いといたう泣きて」〈伊勢・二一〉訳（妻が和歌を書き残して去ったのを）不思議に思って、「妻が心を隔てるような理由も思い当たらないのに、どうして、家を出て行ったのか」と、大変ひどく泣いて。

要点 基本的には、普通でない意であるが、多くは悪い方に変わっていることに用いる。平安時代以降、打消しを伴い、「けしうはあらず」「けしからず」の形で用いることが多い。

けしう【異しう】ケシュウ〔副〕《形容詞「異し」の連用形ウ音便の副詞化》❶たいそう。ひどく。例「――つつましきことなれど」〈蜻蛉・下・天禄三年〉訳まことに申し上げにくいことですが。

❷（下に打消し・反語表現を伴って）たいして（…ではない）。例「――物し給はずは、いかに嬉しからむ」〈宇津保・嵯峨院〉訳（病気と聞いていましたが）それほどはお悪くないのでしたら、どんなに嬉しゅうございましょう。

けしう‐は‐あら・ず【異しうはあらず】ケシュウワ…〔連語〕《「けしう」は、形容詞「異し」の連用形のウ音便》まあまあで、悪くはない。不都合ではない。相当なものだ。例「――・ぬ歌よみなれど、からう劣りにし事ぞかし」〈大鏡・道長・下〉訳（曽禰好忠は）下手ではない歌よみであるけれど、（詠む場合のけじめは）情けなく劣った事ですよ。

けしから・ず【異しからず】〔連語〕

形容詞「異し」（=異常である）に打消しの助動詞「ず」の付いたものであるが、意味は打消しにならず、「異し」の意味を強めた表現。

❶普通の状態からはずれている。**異常だ。**例「螺鈿・縫ひ物、――・ぬまでしてひき隠し」〈紫式部・人々のよろこび〉訳螺鈿や刺繡を、普通にはないほどまでに飾って（それを人目に触れないように）引き隠し。

❷普通の状態からはずれていて、感心できない。けしからぬ。例「よき人のおはします有様などのいとゆかしきこそ、――・ぬ心にや」〈枕草子・宮仕する人々の出で集まりて〉訳高貴なお方の日常の様子などがとても知りたくてたまらないのは、(我ながら)感心できない心なのであろうか。❸普通の状態からはずれていて、不思議だ。異様だ。怪しい。例「木魂(こだま)など、――・ぬものども所を得て、やうやうかたちをあらはし」〈源氏・蓬生〉訳(光源氏が去った末摘花(すゑつむはな)の邸(やしき)は荒れて)樹木の精霊など、怪しいものどもがはばをきかせて、だんだんと姿を現して。❹普通でなく、相当なものだ。すばらしい。

け-しき【気色】〔名〕類けはひ

表面にほのかに現れて、**視覚でとらえることができる、自然や人間のようす**、をいう。現代語は、風景の意だけだが、古語には**人のそぶり・表情**、の意もある。類義語「けはひ」は、あたりにそれとなく漂っている感じ、雰囲気をいう。

❶(自然界の)**ようす**。**動き**。**情景**。例「霞(かすみ)も霧もへだてぬ空の――の」〈枕草子・四月、祭の頃〉訳(春の)霞も(秋の)霧もさえぎらない(初夏の澄んだ)空の様子が。❷(人の)**そぶり**。**表情**。顔色。音声。例「心得ずとおぼしたる御――なり」〈源氏・薄雲〉訳合点がゆかないとお思いになっているご様子である。❸(物事の)**きざし**。兆候。特に、妊娠・出産の兆候。❹心の動き。**機嫌**。心地。例「かちとり、――悪(あ)しからず」〈土佐・一月十四日〉訳船頭は、機嫌が悪くない。❺心に抱いている考え。意向。内意。例「やがて、みなとどめさせ給ひて、宮仕へすべき御――ありけれど」〈源氏・少女〉訳(五節(ごせち)の舞姫を)そのまま、皆(宮中に)おとどめになって、宮仕えさせようとなさる(天皇の)ご意向があったけれども。❻一風(いっぷう)変わったおもむき。変な感じ。(特別な)事情。わけ。例「いささかも――をご覧じ知らずなりにしを思ふだに、いと恐ろしきに」〈源氏・賢木〉訳(桐壺(きりつぼ)帝が)少しも(藤壺と光源氏との間の)秘密の事情をお気づきにならずに終わってしまったことを思うだけでも、たいそう恐ろしい上に。注コノ「けしき」ハ、光源氏ガ父帝ノ后(キサキ)デアル藤壺ト密通シテ皇子(＝後ノ冷泉(ゼイ)帝)ガ誕生シタコトヲ指ス。

気色あ・り ❶怪しげである。ひとくせありそうだ。例「ここは盗人の家なり。あるじの女、――・る事をしてなむありける」〈更級・初瀬〉訳ここは盗人の家だ。女主人が、怪しげな事をしていた。❷趣がある。味わい深い。

気色覚(ばお)・ゆ ❶**情趣が感じられる**。おもしろく思われる。例「言葉のほかに、あはれに、――・ゆるはなし」〈徒然草・一四〉訳(最近の歌には)言外に、しみじみとして趣が感じられるものがない。❷不気味さが感じられる。怪しく思われる。例「今宵(こよひ)こそ、いとむつかしげなる夜なめれ。かく人がちなるにだに――・ゆ」〈大鏡・道長・上〉訳今夜は、大変気味の悪そうな夜のようだ。こんなに人が大勢いる所でさえ不気味な感じがする。

気色賜(たまは)・る(タマ・ワル)《「たまはる」は「受く」の謙譲語》お考えをおうかがいする。御意向をおうかがいする。例「参りて物習ひ聞こゆべく、まづ、うちうちにも――・り給へ」〈源氏・橋姫〉訳(私、薫が宇治に)参上して何かを教えていただけるように、とりあえず、内々に(八の宮の)お考えをおうかがいしてください。

けしき-だ・つ【気色立つ】〔自タ四〕{た・ち・つ・つ・て・て}

《気配が外にあらわれる意》❶その様子があらわれる。きざす。例「花もやうやう――・つほどこそあれ」〈徒然草・一九〉訳花もだんだんに咲き始める頃こそよいのだけれども。❷もったいぶった振る舞いをする。**気取る**。例「いみじう――・つ色好みどもになずらふべくもあらず」〈源氏・宿木〉訳(自然ににじみ出る薫(かをる)の魅力は)たいそう気取った色好みの男達とは比較にもならない。

けしき-たまは・る【気色賜る】(タマ・ワル) ⇩「けしき」子項目

けしき-づ・く【気色づく】〔自カ四〕{か・き・く・く・け・け} ❶様子や気配が表に現れる。きざしが見える。例「風などは吹けど、――・きてこそあれ」〈源氏・須磨〉訳(海の辺りだから)風などはよく吹くけれど、そのきざしが見えてから吹くものだ。❷奥に何かが隠されている気配が見える。ひとくせある。例「いとおほどかに女(をんな)しきものから、――・きてぞおはするや」〈源氏・野分〉訳(秋好中宮は)とてもおっとりとして女らしいけれども、どこか人とちがった所がおありになりますよ。

けしき-ど・る【気色どる】〔自ラ四〕{ら・り・る・る・れ・れ} ❶ようすを見てとる。事情を察知する。また、相手の意向を確かめる。❷機嫌をとる。例「時に従ふ世の人の、下には鼻まじろきをしつつ追従(ついしょう)し、――・りつつ従ふほどは」〈源氏・少女〉訳時流に従う世間の人が、心の中ではばかにしながらおべっかを使い、機嫌をとりながら従っている間は。

けしき-ばかり【気色ばかり】《連語》形だけ。**ほんのちょっと**。例「――舞ひ給へるに、似るべきものなく見ゆ」〈源氏・花宴〉訳ほんのちょっとだけ(光源氏が)舞をなさったが、それに似るものがないほどに(すばらしく)見える。

けしき-ば・む【気色ばむ】〔自マ四〕{ま・み・む・む・め・め}

《「ばむ」は接尾語》❶**きざしが見える**。気配が外に現れる。徴候(ちょうこう)が現れる。例「御子(みこ)二所(ふたところ)おはするを、またも――・み給ひて」〈源氏・若菜・下〉訳(明石の女御(にょうご)には)お子様がお二人おられるのに、またも(妊娠の)徴候がお見えになって。❷**思いが外に現れる**。意中や感情が顔色に現れる。例「大人(おとな)びたる人の――・み言ふをも聞き入れず」〈枕草子・はづかしきもの〉訳年かさらしい女房が(腹立ちを)顔色に出して言うのも(若い人々は)聞き入れず。❸いわくありげに振る舞う。**かっこうをつける**。もったいぶる。例「そこはかとなく――・めるは、うち見るに才々(かどかど)しく気色だちたれど」〈源氏・帚木〉訳(字を書くにしても)どことなく気取って書いてあるのは、ちょっと見ると才気があって気がきいた風な感じはするが。

け-しゃう【懸想】(シ・ヨウ)〔名・他サ変〕⇩けさう(懸想)

げ-しゃう【下生】(シ・ヨウ) ■一〔名〕《仏教語》極楽浄土における階級で、上品(じょうぼん)・中品・下品(げぼん)のそれぞれを、さらに上生・中生・下生に分けた時の下の位置。⇩くほん ■二〔名・自サ変〕神仏が、この世に姿を現すこと。

げ-しゃく【外戚】〔名〕（呉音）⇩げさく（外戚）

け-しょう【顕証】〔形動ナリ〕人目をひき、きわだっている様子。例「――・に人繁(げ)くもあるべし」〈源氏・玉鬘〉訳（紫の上のお住まいは）きわだって華やかで人の出入りも頻繁であるにちがいない。⇩けそう

け・す【化す】〔自サ変〕{せ・し・す・する・すれ・せよ}本来の姿とは異なる姿となって現れる。変身する。例「その女は、文殊(もんじゅ)の――・して」〈宇治拾遺・一四・一〉訳その女の人は、文殊菩薩が変身して（お前の心の中をご覧になろうとしているもののようだ）。

け・す【消す】〔他サ四〕{さ・し・す・す・せ・せ}❶火や光などをなくする。消す。❷あったものをないことにする。取り消す。取り去る。❸心をなくする。おどろく。例「その時、尼ども肝を――・し」〈平家・一・祇王〉訳その（＝念仏ヲシテイル）時（戸をとんとんたたく者がいたので）尼たちはびっくりぎょうてんして。❹わざと低く見る。けなす。

け・す【着す・著す】〔他サ四〕{さ・し・す・す・せ・せ}《上代語。「着る」の尊敬語》身におつけになる。お召しになる。お召しになる。例「我が背子(せこ)が――・せる衣の針目落ちずこもりにけらし我(あ)が心さへ」〈万葉・四・五一四〉訳私の夫がお召しになっている着物の針目のすべてにこもってしまったようですよ、私の心までが。

げ-す【下種・下衆】〔名〕❶身分の低い者。素姓の卑しい者。下層階級。例「いとあやしげなる――の小家(こいへ)なむある」〈更級・初瀬〉訳たいそう見苦しい身分の低い者の小家があります。❷使用人。召使い。下僕。供人。例「来困(きこう)じたる――ども、悪(あ)しげなる柚(ゆ)や梨(なし)やなどをなつかしげにもたりて食ひなどするも」〈蜻蛉・上・安和元年〉訳疲れてしまった供人達が、できの悪そうな柚や梨などを大事そうな様子で持って食べたりなどしているのも（印象深い）。

げす-げす・し【下種下種し】〔形シク〕ひどく卑しい。下品だ。例「いとむくつけく、――・しき女と思(おぼ)して」〈源氏・東屋〉訳（私を）たいそう気味の悪い、下品な女とお思いになって。

け-すさま・じ【気凄じ】〔形シク〕《「け」は接頭語》興ざめである。おもしろみがない。例「こと人のやうに、歌うたひ興じなどもせず、――・じ」〈枕草子・職の御曹司の西面の〉訳（藤原公任という人は）他の人のように、歌をうたって興じることなどもしないで、おもしろみがない。

けずる【削る・梳る】〔動〕⇩けづる

げす-をとこ【下種男】〔名〕身分の低い男。また、下働きの男。例「物聞きに、宵(よひ)より寒がりわななき居(を)りける――」〈枕草子・すさまじきもの〉訳情報を得るために、前夜から寒がって震えながら待っていた下男が。

げす-をんな【下種女】〔名〕身分の低い女。また、下働きの女。例「若くよろしき男の、――の名呼び馴(な)れて言ひたるこそ、憎けれ」〈枕草子・若くよろしき男の〉訳若くて（かなり）身分もある男が、下仕えの下女の名前を馴れ馴れしく呼んで話しているのは、いやなものである。

け-せう【顕証】〔形動ナリ〕（「せう」は慣用的表記。正しくは「しょう」「そう」）⇩けしょう・けそう参考

けそう【化粧・仮粧・懸想】〔名〕⇩けさう

け-そう【顕証】〔形動ナリ〕はっきりとあらわな様子。人目につく様子。まる見え。例「乗りつる所だにありつるを、いま少し明かう――・なるに」〈枕草子・関白殿、二月二十一日に〉訳（牛車(ぎっしゃ)に）乗った所でさえそうであったのに、（ここは）もう少し明るくまる見えな上に。

> 参考 もともと漢字音で「けんしょう」であるが、拗音「しょう」を直音化した「けんそう」も現れ、撥音「ん」を無表記にしたのがこの「けそう」。「けしょう」の例も見られる。

げそう【外相】〔名〕⇩げさう

け-だい【懈怠】〔名・自サ変〕（「けたい」「げたい」とも）怠ること。なまけること。例「――の心、みづから知らずといへども、師これを知る」〈徒然草・九二〉訳なまけ心は、自分では気づかなくても、先生はそれをよく知っているものだ。

げ-だう【外道】〔名〕❶《仏教語》仏教徒から他の宗教やその信者を異端視していう語。異端。異教徒。❷真理に反する説。また、それを説く人。邪説。邪道。❸わざわいをもたらす者。悪魔。悪神。❹人をののしっていう語。畜生。

け-たか・し【気高し】〔形ク〕《近世以降「けだかし」》❶身分が高い様子である。例「近く召し使ひ給ふこともなく、いと――・くおはする殿なり」〈源氏・蜻蛉〉訳（私、常陸介を）側近くお使いになることもなく、（薫の君は）たいそう高貴でいらっしゃる殿様である。❷気品がある。上品な様子である。例「これは――・う恥づかしげに、もてなしなどもよしめき給へり」〈源氏・玉鬘〉訳（母と違って）この姫は気品も高く（きまり悪いほど）立派で、動作なども奥ゆかしくおいでである。

けだし【蓋し】〔副〕■一 強調する意を表す。まことに。まさしく。例「『風の力――少なし』とうち誦(ず)し給ひて」〈源氏・少女〉訳「（木の葉が散るのは時節が来たためで）風の力はまことにわずかなものだ」と節をつけて口ずさまれて。

■二 ❶《文末の推量や疑問の表現と呼応して》ⓐ《確信をもって推量する意を表す》おそらく（…にちがいない）。たぶん（…だろう）。例「吾妹子(わぎもこ)が宿の籬(まがき)を見にゆかば――門(かど)より帰しなむかも」〈万葉・四・七七七〉訳愛する女性の家の垣根をのぞきに行ったら、きっと門の所で追い帰されてしまうでしょうよ。ⓑ《やや不確かな気持ちで推量する意を表す》もしかしたら（…かもしれない）。もしや（…ではないかしら）。例「百足(もも)ら(た)ず八十隈坂(やそくまさか)に手向(たむ)けせば過ぎにし人に――会はむかも」〈万葉・三・四二七〉訳曲がりかどの多い坂道で神に供え物をして祈ったら、ひょっとして死んだ人に会えるかもしれない。注「百足らず」ハ「八十」ノ枕詞。❷《仮定表現の中に用いて》もし（…なら）。仮に。例「わが背子(せこ)し――まからば白栲(しろたへ)の袖(そで)を振らさね見つつ偲(しの)はむ」〈万葉・一五・三七二五〉訳私の夫であるあなたがもし都を出て行くのなら白い袖を振ってください。それを見ながら私はあなたを恋しく思うことにしましょう。

> 要点 上代には『万葉集』など和歌に例が見られるが、平安時代以降はもっぱら漢文訓読において「蓋」の字の訓として用いられた。■一はその漢文訓読特有の用法。例も、『源氏物語』ではあるが、古い漢詩の一節を唱える場面である。■二はいわゆる陳述の副詞で、下の言い方と呼応して推量や仮定の表現を構成する

もの。①ⓐはそうなる可能性が高いと思う気持ち、ⓑはそういうこともありうると思う気持ちを表すが、区別の微妙な例も多い。

けだしく【蓋しく】〔副〕《多く係助詞「も」を伴う》❶おそらく。たぶん。例「吾妹子(わぎもこ)が形見の合歓木(ねぶ)は花のみに咲きて――実にならじかも」〈万葉・八・一四六三〉訳愛する人の記念のネムの木は、花だけ咲いて、たぶん実はならないのではないでしょうか。注恋ガ成就シソウモナイコトヲ暗示シテイル。
❷もしかしたら。ひょっとすると。例「琴取れば嘆き先立つ――も琴の下樋(したび)に妻やこもれる」〈万葉・七・一一二九〉訳琴を手に取るとまず悲しい気持ちになる。もしや琴の下側の空洞(くうどう)に、この琴をひいた妻が隠れているのではなかろうか。
❸もしも。仮に。例「人目多み直(ただ)に会はずして――もわが恋ひ死なば誰(た)が名ならむも」〈万葉・一二・三一〇五〉訳人目が多いからといって直接会わずにいて、万一私が恋しさのあまり死んでしまったら、誰の名誉になるでしょうか(誰の得にもならないでしょうに)。

げ-だつ【解脱】〔名・自サ変〕《仏教語》俗世の煩悩をたちきって、悟りの境地に入ること。世俗の迷いを捨て去ること。例「我すでに生死(しゃうじ)を離れて――を得たり」〈今昔・二・二〉訳私はすでに生死の迷いを捨てて悟りの境地に入りました。

けち【結】〔名〕❶「賭弓(のりゆみ)」で、勝負を決すること。
❷《【闕】とも表記》囲碁の終盤において、まだ所有の決まらない目。駄目。

げ-ぢ【下知】〔名・自サ変〕❶命令。さしず。例「『舟つかまつらずは、一々(いちいち)にしゃつばら射殺せ』と――・せらる」〈平家・一一・逆櫓〉訳「(水夫達が)舟を出さないのなら、一人一人そいつらを射殺せ」と(源義経は)命令なさる。
❷《「下知状(げじゃう)」の略》鎌倉・室町幕府の出した指示・命令の文書。

けち-えん【結縁】〔名・自サ変〕《仏教語》仏道に縁を結ぶこと。未来に成仏できるような因縁を作ること。例「忌(い)むこと受け給はむをだに、――にせむかし」〈源氏・柏木〉訳五戒を受けることだけでも、仏縁を得る手がかりとしようよ。注上皇ノ言葉ナノデ自己ノ動作ニ「給ふ」ヲ使ウ。

けち-えん【掲焉】〔形動ナリ〕はっきりと明らかな様子。いちじるしい。例「――・にはあらでこそ言ひまぎらはさめ」〈源氏・胡蝶〉訳(この秘密は)はっきりさせないでごまかしてもらいたい。

け-ぢか・し【気近し】〔形ク〕《「け」は接頭語》❶場所が近く感じられる。近い。例「――・き草木などは」〈源氏・夕顔〉訳(光源氏が夕顔と泊まった「なにがしの院」の建物に)近い植え込みの草木などは。
❷(近い感じで)親しみが感じられる。親しみやすい。例「――・くなつかしかりしあはれに、似る物なう恋しく思ほえ給ふ」〈源氏・末摘花〉訳(光源氏は夕顔を)親しみやすく心ひかれた愛らしさで、類(たぐ)いもなく恋しく思いなさる。

けち-ぐゎん【結願】〔名・自サ変〕《仏教語》日数を定めて立てた願や、修法が終わること。また、その最終日。満願。例「七日七夜(しちにちしちや)――には大きなる卒塔婆(そとば)を立て」〈平家・三・少将都帰〉訳七日七夜念仏を唱え写経をして、最後の日には大きな卒塔婆を立てて。

けぢめ〔名〕❶区別。相違。例「夜に入りては、ことに――も見えず」〈源氏・花宴〉訳(公卿(くぎゃう)達の舞は)夜になってからは、ことに(上手下手の)区別がつかない。
❷隔て。しきり。例「こなたかなた御几帳(みきちゃう)ばかりを――にて」〈源氏・若菜・下〉訳こちらとあちらとは几帳だけをしきりとして。
❸変動。移り変わり。例「うち継ぎて、世の中のまつりごとなど、殊(こと)に変はる――もなかりけり」〈源氏・若菜・下〉訳(皇太子が帝位を)継承して、政治には、特に変動もなかった。

け-ちゃく【家嫡】〔名〕本家の嫡子(ちゃくし)(＝跡継ギ息子)。例「――といひ、位階といひ、理運左右(さう)に及ばぬ事を」〈平家・三・法印問答〉訳(基通(もとみち)が藤原氏の)本家の嫡子であることといい、位階の高さといい、理論上まったく異論の余地のないことを。

げ-ちゃく【下着】〔名・自サ変〕都から地方へ下り、その土地に到着すること。

け・つ【消つ】〔他タ四〕{た・ち・つ・つ・て・て}《「消ゆ」の他動詞形》❶火・雪・霜・文字など光や形あるものの存在をなくす。消す。例「燃ゆる火を雪もち――・ち降る雪を火もち――・ちつつ」〈万葉・三・三一九長歌〉訳(富士山は)燃える火を雪でもって消し、降る雪を火でもって消しながら。
❷存在するのに、無いかのようにする。隠す。例「下にはおのづから漏りつつ見ゆるを、事なく――・ち給へるも」〈源氏・若菜・上〉訳(悩んでいるご様子が)自然に漏れ出て内心には見えるのを、(紫の上は)何でもない風にお隠しになっているにつけても。
❸存在を無視する。ないがしろにする。例「さすがに心うつくしろ、人をも――・たず」〈源氏・若菜・上〉訳それでいて心やさしくて、他の人をないがしろにすることもなく。
❹光や影を薄くする。圧倒する。例「かたちよき人は、人を――・つこそ憎けれ」〈源氏・東屋〉訳器量のいい人は、そばにいる人の影を薄くするのが憎いよ。

けっか-ふざ【結跏趺坐】〔名・自サ変〕《仏教語。「跏」は足の裏、「趺」は足の甲の意》右足を左のももの上に、左足を右のももの上に置いて坐ること。仏の座り方とし、座禅で用いる。

けっかふざ

けっ-き【血気】〔名〕いきいきとした気力。活力。また、向こう見ずの意気。血の気(け)。例「若き時は、――内に余り、心、物に動きて、情欲多し」〈徒然草・一七二〉訳若い時は、活力が身の内に有り余り、心は、物事にふれて動揺しやすく、欲望が強い。

げっ-けい【月卿】〔名〕公卿(くぎゃう)の別名。例「大臣殿(おほいとの)以下(げい)一門の――・雲客(うんかく)寄り合ひ給ひて」〈平家・一〇・八島院宣〉訳内大臣殿(＝平宗盛(ムネモリ))以下平家一門の公卿・殿上人(てんじょうびと)が寄り集まりなさって。要点天子を日にたとえたのにならって、公卿を月にたとえた語。多く殿上人を雲にたとえた「雲客」と並べて用いる。

けっ-こく【闕国】〔名〕国司が欠員になっている国。例「勧賞(けんじゃう)には――を賜(たま)ふべき由仰せ下されける」〈平家・一・殿上闇討〉訳その(寺院を建立(こんりゅう)した)ほうびには現在国司のいない国をお与えになるということを(上皇が)

仰せ下された。

けっ-さい【潔斎】〔名・自サ変〕（「けさい」とも）神事・仏事の前に、飲食を慎み、沐浴(もくよく)をして、心身のけがれを去ること。精進(しやうじん)。例「さばかり十戒を保ち、精進――の道なれども」〈平家・一・鱸〉訳それほどに仏の十戒を守り、身を清めての(熊野参詣(けいきん)の)道中ではあったが。

けってき-の-はう【闕腋の袍】ウ・ホ〔名〕袖付けの下からわきを縫わずに、動きやすくした袍。裾(すそ)に襴(らん)を付けない。武官や年少者が束帯の上に着用した。

けってきのはう

けづり-ぐし【梳り髪】ケズリ・・〔名〕髪をくしけずること。髪をとかすこと。例「つとめて、御――、御手水(てうづ)など参りて」〈枕草子・上にさぶらふ御猫は〉訳早朝、(中宮定子は)髪をとかしなさったり、洗面をなさって。

けづり-ひ【削り氷】ケズリ・・〔名〕氷の塊(かたまり)を刃物で削ったもの。削り氷。例「――に甘葛(あまづら)入れて、新しき金鋺(かなまり)に入れたる」〈枕草子・あてなるもの〉訳(上品なものは)削り氷にアマズラからとった甘い汁を入れ、新しい金属製のわんに入れてあるの。注氷ヲ氷室(ひむろ)ニ貯蔵シテ夏ニ用イタ。

けづ・る【削る】ケズル〔他ラ四〕（ら・り・る・る・れ・れ）❶刃物を用いて木などの表面を薄くそぎ取る。けずる。例「つやつやと丸(まろ)に美しげに――・りたる木の」〈枕草子・蟻通の明神〉訳つややかに丸くきれいに削った木の。❷削るようにして取り去る。除去する。例「つひに御簡(みふだ)――・られ、官(つかさ)も取られてはしたなければ」〈源氏・須磨〉訳とうとう御簡(＝殿上ノ間ニ出仕スル者ノ名札)も除去され、官職も召し上げられて困ってしまったので。

けづ・る【梳る】ケズル〔他ラ四〕（ら・り・る・る・れ・れ）くしで髪の毛をすく。とかす。例「髪短き人の、物取り下ろして、髪――・りたるうしろ手」〈枕草子・むとくなるもの〉訳(どうにも格好のつかないもの)髪の短い人が、何かを取り下ろして、髪をとかしている後ろ姿。

げ-でん【外典】〔名〕《仏教語》仏教の側から、仏教の経典以外の書物、主として儒教の書をいう語。外書(げしよ)。

けと-ば【言葉】〔名〕《上代東国方言》ことば。例「父母(ちちはは)が頭(かしら)搔(か)き撫(な)で幸(さ)くあれて言ひし――ぜ忘れかねつる」〈万葉・二〇・四三四六〉訳父母が(出発する私の)頭をなでて、無事でいなさいと言った言葉が今も忘れられないでいる。注防人(サキモリ)ノ歌。

け-どほ・し【気遠し】ケ・ドオシ〔形ク〕（「け」は接頭語）❶(場所や時間が)遠く離れた感じである。例「過ぎにし方、いとど――・くのみなむ侍(はべ)るを」〈源氏・手習〉訳過ぎてしまった昔の事は、いよいよ遠いものに思われるばかりですね。❷人のいる所から遠い感じである。人けがなく寂しい。例「こなたかなた――・くうとましきに、人声はせず」〈源氏・夕顔〉訳どこもかしこも人けがなく気味悪い上に、人の声はしない。❸(気持ちの上で)離れた感じである。疎遠である。よそよそしい。例「この君たちのむつび参り給ひなどするは、――・くもてなし給はず」〈源氏・竹河〉訳この若君達が仲よく参上なさったりなどすることについては、(玉鬘(たまかづら)は)よそよそしくはお扱いにならない。❹世間離れしている。世間知らずである。例「いみじく――・きものの姫君も、御心のやうにつれなくそら覚めきしたるは、世にあらじな」〈源氏・蛍〉訳大変世間離れしている何かの物語の中の姫君も、あなたのように冷淡で(私の言葉)にとぼけている人は、全くあるまいね。

け-ど・る【気取る】〔他ラ四〕（ら・り・る・る・れ・れ）（「気」を「取る」の意）正気を奪う。例「いといたく若びたる人にて、物に――・られぬるなめり」〈源氏・夕顔〉訳(夕顔という人は)たいそうひどく子供っぽい人だから、物の怪(け)に正気を奪われてしまったようです。

げな〔助動特活〕《接尾語「げ」＋断定の助動詞「なり」の「げなり」の変化した形》接続活用語の連体形に付く。

未然形	連用形	終止形	連体形	已然形	命令形
○	げ に	げ な	げ な	○	○

【推定・伝聞】❶《推定の意を表す》…らしい。…ようだ。例「清水(きよみづ)に鬼が居(ゐ)る居ると存じたれば、それがしが鬼になったげな」〈狂言・抜殻〉訳清水に鬼がいる鬼がいると思っていたら、私が鬼になったらしい。❷《伝聞の意を表す》…ということだ。…という話だ。…そうだ。例「夜、瓜(うり)を取るには、転(ころ)びを打って取るものぢゃげな」〈狂言・瓜盗人〉訳夜、瓜を盗み取る時は、わざと転んで取るものだということだ。参考室町時代末期以降用いられた。

け-ない【家内】〔名〕家の中。家の内部。また、家の中の者。家族。

け-なが・し【日長し】〔形ク〕《上代語。「け」は日数の意》日数が重なる。幾日にもなる。例「相見ずて――・くなりぬこのころはいかに幸(さき)くやいふかし我妹(わぎも)」〈万葉・四・六四八〉訳お会いしないで日数がたちました。この頃はいかが、無事ですか。あなたのことが気がかりです。注「いふかし」ハ「いぶかし」ノ古イ形。

け-なら・ぶ【日並ぶ】〔自バ下二〕（べ・べ・ぶ・ぶる・ぶれ・べよ）《上代語》日を重ねる。幾日もたつ。例「馬ないたく打ちてな行きそ――・べて見ても我が行く志賀にあらなくに」〈万葉・三・二六三〉訳馬をそうひどく鞭打つな。(急ぐな)。幾日もかけて(美しい風景を)見て行ける志賀(＝琵琶湖湖畔ノ地名)ではないのだから。

け-に【異に】〔副〕❶いつもと違って。異常に。例「妹が手を取石(とろし)の池の波の間(ま)ゆ鳥が音(ね)――鳴く秋過ぎぬらし」〈万葉・一〇・二一六六〉訳取石の池(＝大阪府高石市ニアッタ池)の波の間から、鳥の声が常と変わって聞こえる。秋ももう過ぎたらしい。注「妹が手を」ハ「取る」ノ枕詞。❷(多く「…より――」の形で)…よりもいっそう。いよいよ。一段と。例「ありしより――恋しくのみ覚えければ」〈伊勢・六五〉訳以前よりもさらに恋しく思われるばかりだったので。

げ-に【実に】〔副〕（「現(げん)に」の変化した形か）

> 前からの知識や、他人の意見などに、なるほど、本当に、と納得し同調する意を表す。

❶既述の話題や人の意見に同調する意を表す。本当に。

なるほど。そのとおりで。例「―ただ人にはあらざりけり」〈竹取・帝の求婚〉訳なるほど(彼女は)普通の人間ではなかったのだ。
❷感動をこめて下の語を強調する意を表す。本当に、まあ。まことに。実に。例「―治まれる四方(よも)の国、関の戸さきで通はん」〈謡曲・老松〉訳まことによく治まっている四方の国、関所の戸を閉ざさないで自由に行き来をしよう。注関ノ戸ノ開放ハ、平和ノ象徴。

け-にく・し【気憎し】〔形ク〕《「け」は接頭語》❶にくらしい感じがする。例「―・く心づきなき山伏(やまぶし)どもなども、いと多く参る」〈源氏・柏木〉訳(柏木(かしわぎ)の病気の祈禱(きとう)のために、優れた行者のほか)憎らしく無愛想な山伏達なども、大変多く参上する。
❷そっけない。無愛想である。例「―・くはあらで、御髪(みぐし)もたげ、御いらへなど聞こえ給ふ」〈源氏・総角〉訳(大君(おおいぎみ)は薫(かおる)の見舞いに)無愛想な態度ではなく、頭をあげて、ご返事などを申し上げなさる。
❸気づまりである。けむたい。例「せうとの家なども―・きは」〈枕草子・宮仕人の里なども〉訳兄の家なども気づまりな間柄では。

げに-げに【実に実に】《連語》なるほど、なるほど。まことにごもっともだ。例「『―』と聞こえてめでたくはべりし中にも」〈大鏡・道長・上〉訳「なるほどもっともな歌いぶりだ」と納得がいってすばらしい歌ばかりだったが。

げに-げに・し【実に実にし】〔形シク〕《副詞「げに」を重ねて形容詞化した語》❶なるほどその通りである。納得がいく。例「いと―・しくもおぼえずして」〈宇治拾遺・一四・七〉訳(呼び出されたわけが)何とも納得いかないままで。
❷(なるほどとうなずかれる、の意から)誠実である。例「なほ―・しく、よき人かなとぞ覚ゆる」〈徒然草・三七〉訳(親しい人がふとした時に特別あらたまった様子に見えるのは)やはり誠実で、よい人物だなあと思われる。
❸(外見だけが)真実らしい。**もっともらしい**。例「―・しく所々うちおぼめき、よく知らぬよしして」〈徒然草・七三〉訳いかにももっともらしく(話の)部分部分をちょっとぼやかし、よくは知らないというふりをして。

げに-は【実には】〔副〕《副詞「げに」+係助詞「は」》本当のところは。実際には。実は。例「吾妻人(あづまびと)は、我がかたなれど、―、心の色なく情けおくれ、ひとへにすくよかなるものなれば」〈徒然草・一四一〉訳関東の人は、私の仲間であるが、実は、こまやかな心づかいがなく人情味に乏しく、ただもう無骨なだけのものであるから。

け-にん【家人】〔名〕貴族・武士の家に代々仕える者。家来。特に、将軍家と主従関係にある家臣。⇩ごけにん①・いへのこ④ 例「汝(なんぢ)らは一旦(いったん)従ひ付く門客(もんかく)にあらず、累祖相伝(るいそうでん)の―なり」〈平家・七・福原落〉訳お前達は一時的に付き従うようになった家来ではなく、先祖代々からの家臣である。

げ-にん【下人】〔名〕身分の低い従者。しもべ。下男。例「―が馬を飼ふとて」〈平家・九・一二之懸〉訳下男が馬にかいばを食わせて。

げ-ば【下馬】■〔名〕下等な馬。劣った馬。
■〔名・自サ変〕馬から降りること。また、その場所。特に、寺社・貴人に敬意を表して、馬を降りること。下乗。例「上下を論ぜず、僧の来たるを見ては、遠くより―・して礼(いら)しけり」〈今昔・一七・二〉訳身分の上下を問わず、僧が来るのを見ると、遠くから馬を降りてその僧に敬礼をした。

けは・し【険し】(ケワシ)〔形シク〕❶(山や坂の)傾斜が急である。けわしい。
❷勢いが強い。激しい。例「夜の気色(けしき)、いとど―・しき風の音に」〈源氏・総角〉訳夜になるとあたりの様子も、一段と激しい風の音の聞こえる中で。
❸あわただしい。せわしい。例「女―・しく走り来て」〈西鶴・世間胸算用・五・三〉訳女があわただしく走って来て(安産を知らせた)。

け-はひ

(ケワイ)〔名〕❶音・声・匂(にお)いなどによって、あるいは、肌で感じとられる、**その場の気分。雰囲気。様子**。例「人少(ひとずく)ななる―なり」〈源氏・花宴〉訳(弘徽殿(こきでん)は)人がほとんどいない様子である。
❷**ほのかに漂ってくる、匂(にお)い・声・物音など**。例「忍びやかに急ぎ出(い)で給ふ―を聞くも、しづ心なければ」〈源氏・少女〉訳こっそりと急いで(邸(やしき)を)お出になる物音を聞くにつけても、心が落ち着かないので。
❸**人の態度や言動から感じとられる、気品・風格・人柄など**。立ち居振る舞いの感じ。例「やすらひて、ゐざり出(い)で給へる御―、いと心にくし」〈源氏・賢木〉訳ためらいながら、いざり出ていらっしゃる感じは、とても奥ゆかしい。
❹今は亡(な)き人の、面影。なごり。
❺人の有様。様子。例「げに言ふかひなの―や。さりとも、いとよう教へてむ」〈源氏・若紫〉訳なるほど(尼君の言った通り)たわいもない(若紫の)有様であるよ。そうだとしても、きっとうまく教え育てよう。
❻自然の様子。季節の感じ。
❼《室町時代以降の用法》化粧。

> 要点「気配」は、後世の当て字。類義語「けしき」が、視覚的にとらえられるものをいうのに対し、この語は、あたりにそれとなく漂っている感じ、雰囲気を指すのが原義である。

けびいし【検非違使】(ケビイシ)⇩けびゐし

けびゐ-し【検非違使】〔名〕《「けんびゐし」の撥音「ん」が表記されない形。「けんぴゐし」「げんびゐし」とも》❶平安時代の令外(りょうげ)の官(=大宝令ニ制定サレテイナイ官職)の一つ。非法・違法を検察する役の意。京都の治安維持の目的で犯人検挙・風俗粛正などを任務としたが、後には訴訟・裁判も取り扱うようになり、権限が強化された。平安初頭の弘仁年間に「衛門府」内に置かれたのが初めで、後に独立したが、平安末期には武士の台頭のため弱体化した。長官を「別当(べっとう)」といった。
❷中央にならって、地方の諸国・郡や伊勢神宮・鹿島神宮などに置かれた職。国内・神社境内の警察・司法をつかさどった。

けびゐし①

けふ【今日】(キョウ)〔名〕この日。本日。話題のその日。
今日明日(あす) きょうかあす。ごく近くに迫っていること。例「おのがかく―に覚(おぼ)ゆる命をば何とも思(おぼ)したらで」〈源氏・若紫〉訳私(＝祖母)の、このように今日か明日かと思われる命を(あなた＝若紫は)何ともお思いにならないで。

けふ-さん【夾算・夾竿】キョウ〔名〕今の栞にあたる文房具。木や竹を長さ三寸(＝約九センチ)、幅五分(＝一・五センチ)ほどに薄く削り、先端から三分の二ほどまで割れ目を入れ、糸やこよりで結んでとめたもの。この割れ目に書物や巻き物の紙をはさんで、検出の目印とする。

けふ-じ【夾侍・脇侍】キョウ〔名〕《仏教語》本尊の左右に立っている菩薩。「わきじ」「わきだち」とも。

けふ-そく【脇息】キョウ〔名〕座った時にひじを乗せ、体を支えて休むための道具。ひじかけ。例「おしまづき」とも。例「悩ましく覚(おぼ)え給ひければ、御琴(おんこと)も押しやりて、――に押しかかり給へり」〈源氏・若菜・下〉訳ご気分が悪くなられたので、お琴も向こうへ押しやり、脇息にもたれかかっておいでになった。

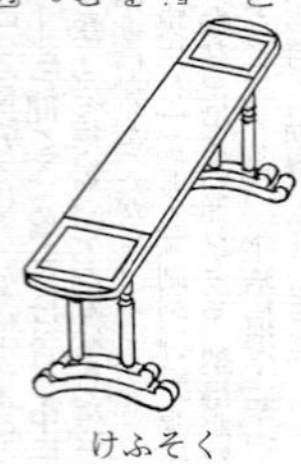
けふそく

けぶた・し【煙たし・烟たし】〔形ク〕《「けぶりいたし」の変化した形。「いたし」は、はなはだしい意》❶煙で息苦しい。けむたい。例「空薫物(そらだきもの)いと――・うくゆりて」〈源氏・花宴〉訳(室内に)漂わせた香がとてもけむたいほどにくすぶって。❷気づまりで苦しい。固苦しい。例「いと苦しき判者(はんざ)にも当たりて侍(はべ)るかな。いと――・しや」〈源氏・梅枝〉訳大変つらい(立場の)判者の役に当たったものですね。全く困ったことです。注「薫物合わせ」ノ判定役ノ蛍ノ宮ノ言葉。「けぶたし」ハ、「香」ノ縁語デ、シャレ。

けぶり【煙・烟】〔名〕《「けむり」とも》❶物が燃える時などに生じる、目に見える気体。けむり。例「あるいは――にむせびて倒(ふた)れ伏し、あるいは焔(ほのほ)にまぐれてたちまちに死ぬ」〈方丈記・安元の大火〉訳ある人は煙にむせて倒れ、ある人は炎にまかれて窒息してあっという間に死んでしまう。注安元三年(一一七七)ニ、平安京デ起キタ大火事ノ模様。例「馬に寝て残夢(ざんむ)月遠し茶の――」〈芭蕉・野ざらし紀行〉訳(まだ夜の明けやらぬうちに宿をたって)馬上、うつらうつらと醒めやらぬ夢心地に、有明けの月が遠く西の山に入り残っているように覚えている。(どれほど進んだ頃であろうか)はっと我にかえって目覚めると、あたりの民家から朝茶を煮る煙が立ち昇り、やがて夜も明けようとしている。❷特定の場合に生じるけむり。ⓐ火葬の煙。転じて、火葬、死ぬこと。例「母北の方、『同じ――に上(のぼ)りなむ』と泣きこがれ給ひて」〈源氏・桐壺〉訳(桐壺更衣の)母親の北の方は「(娘の火葬の煙と)同じ煙になって(死んで)天に上って行ってしまいたい」と泣いて慕われて。ⓑ飯をたくかまどの煙。転じて、暮らし、生計。例「――絶えて、あはれにいみじき事多かり」〈源氏・蓬生〉訳(末摘花の邸では)炊事の煙も立ち上らなくなって(＝生活ガ困窮シテ)、何とも言えない気の毒な事が多い。❸煙に似たものをたとえていう。ⓐ煙のように、立ち上り、または、たなびくもの。水蒸気・かすみ・しぶき・ほこり、など。例「霜いと白う置ける朝(あした)、遣(や)り水より――の立つこそをかしけれ」〈徒然草・一九〉訳霜がたいそう白く降りた朝、庭の小さな流れから水蒸気が立ち上るのは趣がある。ⓑ草木の芽が萌え出て、煙のようにかすんで見えるもの。

要点 はじめ「けぶり」であったが、平安時代末に「けむり」の語形を生じ、中世には両者が並存し、近世に入ってほぼ「けむり」に統一された。「けぶり」と書きながら「けむり」と発音した、とする記録もある。

けぶ・る【煙る・烟る】〔自ラ四〕{ら・り・る・る・れ・れ}❶煙が立つ。立ち昇る。❷火葬にされて煙となる。煙となって昇天する。❸煙でかすむように見える。けむるようである。例「四方(よも)の梢(こずゑ)そこはかとなう――・り渡れるほど、『絵にいとよくも似たるかな』」〈源氏・若紫〉訳あたり一面の梢が(若芽がふいて)どことなくけむっている具合は、「絵にたいそうよく似ているものだなあ」。

げ-ぼん【下品】〔名〕❶《仏教語》極楽往生の階級を三つに分け、上品・中品・下品とした、その下位のもの。世間善によって往生できる浄土とされる。各品をさらに上生・中生・下生に三分し、総称して「九品(くほん)浄土」という。⇩くほん① ❷下等。下級。

け-まり【蹴鞠】〔名〕貴族の遊びの一つ。数人の間で、鹿皮製の鞠を皮製の沓をはいた足の甲で蹴り上げて、落とさないように受け渡しする。大化改新のころ中大兄皇子が催したという記録があり、以後貴族や上級武士の間で行われ、近世まで続いた。

けまり

け-まん【華鬘】〔名〕《仏教語》❶(古代インドの風俗から)仏や天人などが付けている花の首飾り。❷仏堂の内陣にかける装飾具の一種。金・銅・皮などで作った、平たいうちわ状のものに、花鳥や天女などを透かし彫りにし、組紐などの飾りを付ける。

けみ・す【閲す】〔他サ変〕{せ・し・す・する・すれ・せよ}調べる。よく見る。例「疑ひなき千歳(せんざい)の記念(かたみ)、今眼前に古人の心を――・す」〈奥の細道・壺の碑〉訳(この壺の碑(いしぶみ)こそは)まぎれもなく千年前の様子をさながらに伝えている遺跡であって、今目の前に古人の心を見る思いがする。

け-みゃう【仮名】ミョウ〔名〕通称。俗称。対じつみゃう

げ-みゃうぶ【外命婦】ミョウブ〔名〕令制で、五位以上の役人の妻。時に、参内することがあった。

けむ〔助動四型〕《平安時代末期から「けん」とも》(推定・伝聞)」「ごとし」などを除く)の連用形に付く。
接続 用言および助動詞(「けり」「めり」「なり

未然形	連用形	終止形	連体形	已然形	命令形
(けま)	○	けむ	けむ	けめ	○

【過去推量】❶（過去の事柄を推量する意を表す）…**た**だろう。…**だったろう**。例「参りたる人ごとに山へ登りしは、何事かあり**けん**、ゆかしかりしかど」〈徒然草・五二〉訳（石清水八幡宮（いわしみずはちまんぐう）に）参詣（けいけい）した一人一人が山へ登ったのは、何事があったのであろうか、行って見たかったが。例「来（き）し方も過ぎ給ひ**けむ**わたりなれど」〈源氏・夕顔〉訳過去にも（きっと）通り過ぎられた（ことがあった）であろうあたりであるけれども。

❷（疑問語とともに用いられて）（過去の事実について、時・場所、または原因・理由・方法などを推量する意を表す）**…たのだろう。…だったのだろう**。例「など、さしも心に染（し）みて、あはれと覚（おぼ）え給ひ**けむ**」〈源氏・夕顔〉訳なぜ、それほどまでに（私の）心に深くしみて、（夕顔が）かわいいと思われたのだろう。注急死シタ夕顔ヲ思ウ光源氏ノ言葉。「覚え給ひ」ノ「給ひ」ハ、夕顔ニ対スル尊敬ヲ表ス。

❸（連体形で体言を修飾して）（過去の事柄についての伝聞・婉曲（えんきょく）の意を表す）…だったそうだ。…たとかいう。例「増賀（ぞうが）ひじりの言ひ**けん**やうに」〈徒然草・一〉訳増賀ひじりが言ったとかいうように。

参考 未然形の「けま」は、上代に準体助詞「く」に連なる「けまく」の形で現れるだけである。

けめ（過去推量の助動詞「けむ」の已然形）⇩けむ

けやけ・し

〔形ク〕❶**際立って異様である**。不快なほど変わっている。例「めざましかるべききはは——・う、などもおぼえけれ」〈源氏・胡蝶〉訳つまらぬ身分の女は異常なのだ、などとも感じたものだ。

❷**際立っている**。例「末代には、——・き寿（いのち）もちて侍る翁（おきな）なりかし」〈大鏡・道長・下〉訳末の代である今の世では、特別に長い寿命を保っている老人ですよ。

❸（不快になるほど）**際立ってはっきりしている**。例「人の言ふほどの事、——・く否（いな）びがたくて」〈徒然草・一四一〉訳（都の人は、人情があるため）人が頼んだようなことを、きっぱりと拒否しにくくて。

げ-ゆ【解由】〔名〕（「解由状（げゆじょう）」の略）国司が交替する時、会計帳簿などを改め、事務を完全に引き継いだことを証明して、新任者から前任者に引き渡す文書。前任者は、これによって、帰京後朝廷に申告し、勘解由使（かげゆし）の審査を受けた。

けら（過去の助動詞「けり」の古い未然形）上代に「けらずや」「けらく」などの形で用いられたが、平安時代以降はほとんど用いられなくなった。

けら-く（連語）（助動詞「けり」の古い未然形「けら」＋準体助詞「く」）…したこと。…したことには。例「世間（よのなか）の苦しきものにあり**けらく**恋の堪（た）へずて死ぬべく思（も）へば」〈万葉・四・七三八〉訳（恋というものは）世の中で（とりわけ）苦しいものであったのだなあ、恋に堪えきれずに死にそうなことを思うと。例「其（そ）が言ひ**けらく**、『……』と言ひて詠める歌」〈土佐・一月二十九日〉訳その女が言ったことには、『……』と言って詠んだ歌。

参考 上代特有の言い方で、平安時代以降は、『土佐日記』の例のような用例がわずかにあるだけである。

けらし

〔助動特活〕（過去の助動詞「けり」の形容詞形）接続 活用語の連用形に付く。

未然形	連用形	終止形	連体形	已然形	命令形
○	○	けらし	けらし（けらしき）	けらし	○

【過去推定】❶（過去の事柄について根拠に基づいて推定する意を表す）**…たらしい。…たようだ**。例「夕去れば小倉の山に鳴く鹿（しか）は今宵（こよひ）は鳴かず寝（い）ねに**けらし**も」〈万葉・八・一五一一〉訳夕方になると（いつもは）小倉の山で鳴いている鹿は今夜は鳴かない、もう寝てしまったらしいな。例「かれがれにのみ見せ侍（はべ）る程に、忍びて心かはせる人ぞあり**けらし**」〈源氏・帚木〉訳ごく絶え絶えに逢っておりました間に、（女は）隠れて心をかわしている男があったようです。

❷（近世の用法）（「けり」とほとんど同意に用いられ、婉曲（えんきょく）または余情の気持ちを添える）…だなあ。…たことよ。例「まことに愛すべき山の姿なり**けらし**」〈芭蕉・鹿島紀行〉訳（筑波（つくば）山は）本当に愛すべき山の姿だなあ。

要点 現在推定の助動詞「らし」の場合と同じく、推定の根拠になる事柄が示されていることが多いが（『万葉集』の例参照）、平安時代以降は根拠が示されないことも多くなる。また、はっきりした過去の事実に「けらし」が用いられている場合には、「けらし」はその事実の原因・理由などについての推定を表すことになる。これも、「らし」の場合と同じである。

参考 動詞「なつく」「のぞむ」から「なつかし」「のぞまし」という形容詞ができるように、「けり」が形容詞化したもの。同じ成立の語に「あらし」「ならし」などがある。過去の助動詞「けり」に現在推定の助動詞「らし」の付いた「けるらし」の変化したものとみる説もあるが、「る」の音の落ちる理由が説明できない。

けら-ず-や（連語）（上代語。助動詞「けり」の古い未然形「けら」＋打消しの助動詞「ず」の終止形＋係助詞「や」）（過去の事柄について、反語の言い方で強調し回想する意を表す）…てしまったではないか。…たではないか。例「妻もあらば摘（つ）みて食（た）げまし佐美の山野の上（へ）のうはぎ過ぎに**けらずや**」〈万葉・二・二二一〉訳妻でもいたなら（一緒に）摘んで食べもしたであろう、佐美の山の野の上のヨメナは（食べ時も）過ぎてしまったではないか。

げ-らふ【下臈】ゲロウ〔名〕❶年功を積むことが少なく、官位・身分の低い者。例「同じほど、それより——の更衣（かうい）達は、まして安からず」〈源氏・桐壺〉訳（桐壺更衣と）同じ程度、（あるいは）それより身分の低い更衣達は、まして心穏やかでない。

❷身分の低い、教養のない者。人に召し使われる者。下郎。例「あやしき——なれども、聖人のいましめにかなへり」〈徒然草・一〇九〉訳いやしい身分の者であるが、（その言葉は）聖人の教えにかなっている。

要点 もと仏教語で、「臈」は、僧が安居（あんご）の功（＝修行ノ年功）を積んだ年数をいう。

けり

〔助動ラ変型〕接続 活用語の連用形に付く。

【過去】❶（自分が直接経験していない過去の事を、他から伝え聞いたりして回想する意を表す）**…た。…たということだ**。例「昔、男あり**けり**。東（ひんがし）の五条わたりに、いと忍びて行きけり」〈伊勢・五〉訳昔、(ある)男がいた(ということだ)。東の京の五条あたり(の女の所)に、ごくひそかに通っていた。例「坊の傍(かた)らに大きなる榎(え)の木のありければ、人、榎の木の僧正(そうじやう)とぞ言ひける」〈徒然草・四五〉訳坊(=僧ノ住居)のそばに大きな榎の木があったので、人々は、(その坊に住む僧を)榎の木の僧正と呼んだ。

❷(今まで気付かずにいた事実に、初めて気付いて驚き詠嘆する意を表す)…だった。…だったのだなあ。例「月いとはなやかにさし出(い)でたるに、『今夜(こよひ)は十五夜なりけり』と思(おぼ)し出でて」〈源氏・須磨〉訳月がとてもきれいに出ているので、「今夜は(中秋の名月の)十五夜だったのだなあ」と思い出しなさって(光源氏は宮中を偲び感慨に浸られた)。例「さは、翁丸(おきなまる)にこそはありけれ」〈枕草子・上にさぶらふ御猫は〉訳それでは、やっぱり(この犬が)翁丸だったのだ。

❸(中世以降の用法)(自分の動作についても用いて)(単に過去を回想する意を表す)…た。例「悲しや。いかなる因果(いんぐわ)にて、田舎には生まれけるぞ」〈西鶴・日本永代蔵・三・二〉訳悲しいなあ。一体どんな前世の報いで、(私は)田舎になんか生まれたのか。

❹(連歌・俳諧(はいかい)などで、切れ字として用いて)(単なる詠嘆の意を表す)…だなあ。…ことよ。例「暑き夜の荷と荷の間(あひ)に寝たりけり」〈一茶〉訳暑い夜に、(停泊中の狭い舟の中で)いっぱいに積まれた荷物と荷物の間の狭いところで(私は今)身を横たえていることだよ。注蒸風呂(ムシブロ)ノヨウナ暑サデ、トテモ寝ラレルモノデハナイヨ、トイウ感ジ。

未然形	連用形	終止形	連体形	已然形	命令形
(けら)	○	けり	ける	けれ	○

要点 「き」が直接経験した過去の事実について回想するのに対して、「けり」は直接経験していない事実について回想するという違いがある。そこから、①のように比較的客観的に述べる場合とともに、②のような初めて気付いた驚きを表す、主観的な述べ方が生まれる。①の用法は物語などの地の文に用いられ、②の用法は会話や和歌に用いられることが多い。

参考 「けり」は、カ変動詞「来(く)」の連用形「き」に「あり」が付いた「きあり」がつづまったもの。一説に、助動詞「き」に「あり」が付いたものがつづまったものとも言われる。なお、未然形「けら」は、上代に「けらずや」「けらく」の形で用いられたが、平安時代以降は用いられなくなった。

ける【蹴る】〔他カ下一〕{け・け・ける・ける・けれ・けよ}足先で強く押し飛ばす。蹴る。例「帯刀(たちはき)どもしてけさせやせまし」〈大鏡・兼家〉訳帯刀(=東宮ノ警護ノ官人)達を使って(源頼定を)蹴とばさせようか。

参考 「くう」(ワ行下二)「くゑる」(クヮ行下一)「くゆ」(ヤ行下一)「こゆ」(ヤ行下二)などの形もある。「ける」は平安時代中期以降用いられる。古語の下一段動詞の唯一の例。近世以降は四段活用になる。

ける-なり-けり〔連語〕(助動詞「けり」の連体形+断定の助動詞「なり」の連用形+助動詞「けり」)(上の「ける」は、過去の意を表し、下の「けり」は、初めて気付いた意を表す)(いま気付いたのだが)…だったのだなあ。例「忍びて渡り給ひにけるなりけり」〈源氏・宿木〉訳(匂宮(にほふみや)は)こっそりと(中の君のもとへ)お行きになったのでしたよ。

要点 助動詞「けり」と断定の助動詞「なり」とが連接する場合、「けり」が上に来て「けるなり」となるものと、「けり」が下に来て「なりけり」となるものとがある。その場合、前者の「けり」が、過去を回想する意であるのに対し、後者の「けり」は、気付きや詠嘆の気持ちを表している。「けるなりけり」は、それらが一続きになったものである。

げろう【下臈】〔名〕⇩げらふ

けわい〔名〕⇩けはひ

けん【券】〔名〕荘園・田地・邸宅などの所有権を証明する書類。

けん【賢】〔名〕賢いこと。また、その人。例「人の―を見てうらやむは尋常(よのつね)なり」〈徒然草・八五〉訳人の賢いのを見てうらやむのは世の常である。

けん【間】〔接尾〕❶建物の柱と柱のあいだ。ま。例「半蔀(はじとみ)(=揚ゲ戸ノ一種)を四、五―ばかり上げ渡して」〈源氏・夕顔〉訳半蔀を四、五間ほどずっと上げてあって。❷長さの単位。普通は六尺(=約一・八メートル)。例「臥(ふ)し給へるところ四、五―が内へ入る者は、熱さたへがたし」〈平家・六・入道死去〉訳(熱病にかかった平清盛が)寝ておられるところ四、五間以内にはいった者は、熱さにたえがたいほどである。

要点 柱と柱のあいだをいう「ま(間)」の字を音読して用いるようになったもの。

げん【監】〔名〕❶上代、太政官が直接管轄した国。❷大宰府の三等官。大監と小監とがある。

げん【験】〔名〕❶仏道修行のしるし。信仰や祈願などのききめ。霊験。効験。例「―あらん僧達、祈り試みられよ」〈徒然草・五四〉訳霊験あらたかな坊さん方、ためしに祈ってごらんなさい。❷(転じて)ききめ。効果。例「はや揚(あ)げ屋には―を見せて、手たたきても返事せず」〈西鶴・好色五人女・一・一〉訳はやくも揚げ屋では(勘当された)ききめがあらわれて、手をたたいても返事をしない。注親ニ勘当サレテ無一文ニナッタ息子ニ、以前ト違ッテ冷タクナッタ揚ゲ屋。

けん-えい【巻纓】〔名〕(文官用の「垂纓(すいえい)」に対して)冠の纓の端を内側に巻いて、夾み木でとめておくこと。また、その纓。武官が用いた。「巻き纓」とも。

けんえい

けん-かう【験効】〔名〕神仏のご利益。効き目。効験。

げん-がた【験方】〔名〕加持・祈禱のような行法で現世の利益を願う方面のこと。例「今はこの世の事を思ひ給へねば、―の行ひも捨て忘れて侍(はべ)るを」〈源氏・若紫〉訳今は(私は)現世の事を考えませんので、加持・祈襦なども捨て忘れておりますのに。

げん-かん【阮咸】〔名〕（竹林の七賢の一人、阮咸が愛用したという）古代中国の弦楽器の一種。円形の胴に長いさおが付いていて、月琴に似ている。明時代以後のものは胴が八角形をしている。

げんかん

けん-ぎ【嫌疑】〔名〕疑わしいこと。容疑。例「『――の者やある』ととがむ」〈枕草子・似げなきもの〉訳（衛門佐は）「怪しい者はいないか」と尋問する。

げん-け【幻化】〔名〕《仏教語》幻と化。「化」は仏や菩薩の神通力によって表し出されたもの。例「物みな――なり。何事かしばらくも住する」〈徒然草・九一〉訳この世の物は皆まぼろしや変化である。何事がしばらくの間でも安定して変わらずにあろうか。

けん-げう【検校・撿挍】〔名〕❶物事を取り調べ、正すこと。また、その職。❷寺社の事務を監督する職。熊野・八幡・春日などに置かれていた。❸荘園を管理する荘官の一つ。❹盲人の官職のうちの最高位。⇩こうたう②

けん-ご【堅固】■一〔名・形動ナリ〕❶（意志などが）堅いこと。しっかりしていること。例「道心――の人なり」〈宇治拾遺・一三・四〉訳仏道に帰依する心がしっかりした人である。注「道心堅固」デ一ツノ熟語ノヨウニ用イル。❷健康であること。じょうぶ。例「福徳はその身の――にあり。朝夕（てうせき）油断することなかれ」〈西鶴・日本永代蔵・一・一〉訳幸福をつかむのはその身の健康にかかっている。つねづね油断してはならない。❸（「の」を伴って）まったくの。まちがいのない。例「――の田舎人にて、子細を知らず」〈宇治拾遺・一・一〉訳（私の父は）まったくの田舎者で、心得を知りません。（無礼な振る舞いをしたことでしょう。）■二〔副〕まったく。一向に。例「いまだ――かたほなるより、上手の中に交じりて、そしり笑はるるにも恥ぢず」〈徒然草・一五〇〉訳まだまったく未熟なうちから、上手な人の中に交じって、けなされ笑われても恥ずかしいと思わず。

けん-こん【乾坤】〔名〕❶易の陽（＝乾）と陰（＝坤）。❷天（＝乾）と地（＝坤）。天地自然。例「――の変は風雅の種なり」〈三冊子・赤〉訳天地自然の変化は俳諧の素材となるものである。❸乾と坤の方角。西北と西南。

げん-ざ【験者】〔名〕（「げんじゃ」とも）修行によって神通力を得、加持・祈禱を行って病気などを治す行者。修験者。例「――の物の怪調ずとて、いみじうしたり顔に独鈷や数珠など持たせ」〈枕草子・すさまじきもの〉訳修験者が物の怪を調伏するというので、大変得意そうな顔で独鈷や数珠などを（童女に）持たせて。

げん-ざい【現在】〔名〕❶《仏教語》過去・未来に対して、この世。現世。❷（「の」を伴って、または、直接体言に続いて）確かなこと。実際の。現実の。

げん-ざん【見参】〔名・自サ変〕《「げんざう」とも》❶祝宴に出席し、名を記帳すること。また、その名簿。❷（高貴な人に）お目にかかること。お目どおり。例「御覧ぜよ。昨日の狐（きつね）の――・するを」〈今昔・二六・一七〉訳ご覧ください。昨日の狐がお目にかかりに来ているのを。❸（身分の下の者に）対面してやること。引見。例「余りに申しすすむる間、か様に――・しつ」〈平家・一・祇王〉訳余り熱心に勧めるので、こうして対面してやったのだ。

見参に入（い）・る ❶（「入る」が四段活用の自動詞の場合）高貴な人にお目にかかる。例「鳥羽殿へ参って法皇の――・らばやと思（おぼ）し召すはいかに」〈平家・四・厳島御幸〉訳鳥羽殿に参って法皇のお目にかかりたいと思うがどうだろうか。❷（「入る」が下二段活用の他動詞の場合）人や物を高貴な人のお目にかける。ご覧に入れる。例「今取り出（い）だして、御門（みかど）の――・れたりければ」〈平家・二・蘇武〉訳（賜っていた旗を）今取り出して、天子にお目にかけたところ。

げん-じ【源氏】〔名〕❶「源（みなもと）」の姓を持つ氏族。平安時代初期、嵯峨天皇の諸皇子が臣籍に降下したことに始まり、清和源氏・村上源氏などの諸源氏が出て、藤原氏に対抗する大きな勢力となった。東国で勢力を得、「平氏」とともに武家の豪族として栄えたのは、清和源氏の流れである。❷『源氏物語』の略。

源氏物語（げんじものがたり）〔書名〕平安中期の長編物語。五十四巻（帖）。紫式部作。成立年代は未詳だが、一〇〇一年（長保三）以降の起筆と考えられ、一〇〇五年（寛弘二）には一部が世に出ており、『更級日記』の記事によると一〇二一年（治安元）には全巻が完成していたらしい。『古今和歌集』や『伊勢物語』などの影響を受けつつ、先行の『竹取物語』『宇津保物語』といった作り物語の伝統を受け継ぎ、飛躍的に発展深化させて物語文学を大成させた日本古典文学の最高傑作である。また、『狭衣物語』などの擬古物語をはじめ、連歌・謡曲・御伽草子・俳諧など、後世の諸種の文学作品に多大な影響を与えた。

①桐壺②帚木③空蟬④夕顔⑤若紫⑥末摘花⑦紅葉賀⑧花宴⑨葵⑩賢木⑪花散里⑫須磨⑬明石⑭澪標⑮蓬生⑯関屋⑰絵合⑱松風⑲薄雲⑳朝顔㉑少女㉒玉鬘㉓初音㉔胡蝶㉕蛍㉖常夏㉗篝火㉘野分㉙行幸㉚藤袴㉛真木柱㉜梅枝㉝藤裏葉㉞若菜・上㉟若菜・下㊱柏木㊲横笛㊳鈴虫㊴夕霧㊵御法㊶幻㊷匂宮㊸紅梅㊹竹河㊺橋姫㊻椎本㊼総角㊽早蕨㊾宿木㊿東屋(51)浮舟(52)蜻蛉(53)手習(54)夢浮橋の各巻から成るが、「幻」と「匂宮」との間に巻名だけの「雲隠」の巻がある。

「桐壺」から「藤裏葉」までの三十三帖では、帝と薄幸な桐壺更衣との間に生まれた主人公光源氏が、左大臣の娘で年長の葵の上との政略結婚にあきたらず、次々と愛の遍歴を重ねる。とりわけ義母である藤壺との不倫の恋は子までなすに至る。一時、不遇な身を明石に過ごすことになるが、やがては不倫の子が帝位につくにおよび、内大臣となって栄華を極めるまでを描く。続く「若菜・上」から「幻」までは、正夫人として迎えた女三の宮と柏木との密通により、二人の子薫を我が子として育てる苦悩から過去のおのれの罪の報いを思い知り、悲嘆のうちに出家を決意するまでを描く。「匂宮」以下のつなぎの三帖を経て「橋姫」以下のいわゆる宇治十帖では、光源氏の死後、薫とその親友の匂宮に、宇治八の宮の三人の姫君をからませて、成就しない暗い愛の世界を描く。

仏教的宿世観を基底にして、平安貴族の恋と政治の人生が心のひだを一枚一枚めくっていくような精密な心理描写で写実的に描かれ、独立した巻々が各々の物語を確固として示しながら、時空を自在に操って複雑に重なり合って、一大ドラマを構成している。

冒頭「いづれの御時にか、女御・更衣あまたさぶらひ給ひける中に、いとやむごとなき際にはあらぬが、すぐれて時めき給ふありけり」訳どの天皇の御代であったか、女御や更衣が大勢お仕えなさっていた中に、それほど高貴な家柄ではない方で、ひときわ帝のご寵愛を受けておられる方があったのだった。

⇩紫式部・明石の上・葵の上・浮舟・柏木・薫・桐壺更衣・桐壺帝・弘徽殿女御・惟光・玉鬘・頭中将・匂宮・光源氏・藤壺・紫の上・夕顔・夕霧・六条御息所・女三の宮

げん-じゃ【験者】〔名〕⇩げんざ

げん-じゃう【勧賞】〔名〕功績に対して、官位や物などを与えること。論功行賞。例「――には闕国を賜ふべき由仰せ下されける」〈平家・一・殿上闇討〉訳（寺院を建立した）論功行賞として国司が欠員となっている国の国司に任ずるということを（上皇が）仰せ下された。

げんじゃう-らく【還城楽】〔名〕舞楽の曲名。中国の西域に蛇を食用とする民族があり、彼らが蛇を見つけて喜ぶさまを模した舞。

げんじゃうらく

けん-しょ【見所】〔名〕❶見物する場所。観覧席。❷（「――の人」の意）見物人。観客。例「よくよく言葉を尋ね、品を求めて、――の御意見を待つべきをや」〈風姿花伝・三〉訳（貴人の）言葉遣いをよく研究し、様態を探求してまねをし、見物席の貴人方のご批評を待つのがよかろうよ。❸（「けんじょ」と発音したか）外からの見た目。また、見抜いたところ。例「目ききの見出す――にあるべし」〈花鏡〉訳（能の芸の奥義といわれる妙体のおもかげを）鑑賞眼のある人の見抜きえるところであるだろう。

要点　能楽用語として多く用いられる。①②も③と同様「けんじょ」と発音したかもしれないが不明。現在は「けんしょ」と読んでいる。

けん-しょう【顕証】〔形動ナリ〕⇩けそう

けん-ず【献ず】〔他サ変〕「与える」の謙譲語。差し上げる。献上する。例「今も年々、十符の菅菰を調へて国守に――ずといへり」〈奥の細道・壺の碑〉訳今も毎年、十符の菅菰（＝十ノ編目ノアル菅製ノ敷物）をこしらえて国守に献上するという事だ。

げん-ず【現ず】一〔自サ変〕神・仏が他の姿をとって現れる。例「多聞・持国、二人の童子に――じ」〈平家・六・慈心房〉訳多聞天と持国天とが、二人の童子の姿をとって現れ。

二〔他サ変〕出現させる。現す。また、しでかす。例「既に十二、三にならんずる者が……かやうに尾籠を――じて」〈平家・一・殿下乗合〉訳もう十二、三歳にもなろうという者が……このようなばかな事をしでかして。

げん-ぜ【現世】〔名〕（仏教語）現在のこの世。げんせ。三世の一つで、前世・来世に対していう。例「――の得意、この人に過ぐべからず」〈平家・六・祇園女御〉訳この世で持つ親友として、（誰も）この人にまさるはずがない。

けん-そう【顕証】〔形動ナリ〕⇩けそう

けん-ぞく【眷属】〔名〕❶親族。一族。例「世の人の栖を造るならひ、……あるいは妻子・――のために造り」〈方丈記・閑居の気味〉訳世間の人が住居を造る常として、……ある者は妻子や一族のために造ったり。

❷部下の者。従者。家来。例「高祖が第一の――として張良といふ者有り」〈今昔・一〇・三〉訳高祖の第一の家来として張良という者がいた。

げん-ぞく【還俗】〔名・自サ変〕いったん僧侶・尼になった者が、僧籍を離れ、俗人にもどること。例「僧尼を捕らへて失ひ、あるいは――せしめ給ふ乱に会ひ給へり」〈宇治拾遺・一三・一〇〉訳（慈覚大師は唐で、武帝皇帝が）僧や尼を捕らえて殺したり、あるいは俗人に戻らせたりなさる悪い出来事にお遭いになった。

幻住庵記【作品名】江戸時代の俳文。松尾芭蕉作。一六九〇年（元禄三）成立。『奥の細道』行脚後、近江（＝滋賀県）幻住庵に閑居した折の作。幻住庵の眺望や生活等を綴り、最後に過去を振り返って自己と俳諧との関わり方を述べる。芭蕉俳文の代表的作品とされる。

けん-どん【慳貪】〔名〕❶欲が深いこと。強欲。けち。例「――の業によりて地獄に落つべきを」〈宇治拾遺・六・三〉訳強欲のむくいで地獄に落ちるはずだったのを。

❷冷たく、そっけないこと。無愛想。邪慳。例「それはお前の――と申すもの」〈近松・夕霧阿波鳴渡・上〉訳それはあなたの思いやりのなさというものです。

❸そば・うどん・酒など、一ぱい盛り切りの食物。

けんにんじ-がき【建仁寺垣】〔名〕四つ割りにした竹を縦にすきまなしに並べ、数本の横竹で押さえつけた垣。京都の建仁寺で初めて用いたので、この名がある。

げん-ぶく【元服】〔名〕（「元」はかしら、「服」は身につける意）男子の成人の儀式。髪型を改め、冠をかぶり、衣服を成人のものに改めること。年齢は一定していないが、十二歳前後が多く、儀式も時代・身分などによって、さまざまに異なる。「初冠」とも。例「十二にて御――し給ふ」〈源氏・桐壺〉訳（光源氏は）十二歳で元服なさる。

参考　中世、武家社会では冠の代わりに烏帽子を用い、かぶせる人を「烏帽子親」、成人した本人を「烏帽子子」と呼んだ。女性の場合は、「髪上げ」「裳着」である。現代語「げんぷく」は明治以後の形。

源平盛衰記【書名】「げんぺいせいすいき」とも。鎌倉中期の軍記物語。著者、成立年代ともに未詳。四八巻。『平家物語』と似た内容だが、語り物である『平家』に対し小説・講釈的で、源平の盛衰の記述に主眼が置かれている。多数の資料・文献を利用し、出来事の詳細かつ客観的な記述を目指す反面、潤色も多い。

けん-みつ【顕密】〔名〕《仏教語》顕教(=言葉デアラワニ説キ示サレタ教エ)と密教(=言葉デ容易ニ言イ表セナイ教エ)。真言宗では自宗を密教とし、他宗をすべて顕教としている。

けん-めい【懸命】〔名〕(「一所懸命」の略)武士が、ただ一所の領地に命をかけて生活すること。

懸命の地(ち) 主家から与えられ、一家の生計を立てるべき大切な領地。一所懸命の地。例「ある時は仕官懸命の地をうらやみ」〈芭蕉・幻住庵記〉訳ある時には官職について領地をもらえる身分のことをうらやましく思い。

けん-もつ【監物】〔名〕中務(なかつかさ)省に属し、内蔵(くら)・大蔵(おおくら)の出納を監査・管理した役人。大・中・少の監物があったが、後に中監物は廃止された。「おろしもののつかさ」とも。

けん-もん【権門】〔名〕官位が高く権力のある家。権勢家。例「──のかたはらに居(を)るものは、深く喜ぶことあれども、大きに楽しむに能(あた)はず」〈方丈記・世にしたがへば〉訳(自分自身が取るにたりない身分で)権力家のそばに住んでいるとするとその者は、心中深く喜ぶことがあっても、思いきって楽しく振る舞うことができない。

建礼門院(けんれいもんゐん)〔…ィン〕《人名》高倉天皇の中宮。安徳天皇の母。平清盛の娘で、名は徳子(とくこ)。平氏一門とともに安徳天皇を伴って都落ちし、壇の浦(=山口県下関市)で入水(じゅすい)したが、源氏方に助けられて都へ戻り、出家して大原(=京都市左京区)の寂光院(じゃっこういん)で安徳天皇・平氏一門の菩提(ぼだい)を弔う余生を送った。その哀話は、『平家物語』灌頂巻(かんじょうのまき)に語られている。

建礼門院右京大夫集(けんれいもんゐんうきやうのだいぶしふ)〔…ィンウキョウノダイブシュウ〕《書名》鎌倉初期の私家集。二巻。建礼門院右京大夫の著。一二三二年(貞永元)頃に成立。歌集ではあるが、歌の詞書(ことばがき)が長く、建礼門院(=安徳天皇ノ母)への宮仕え、平資盛(すけもり)との恋愛、平家の没落・資盛の死、後鳥羽院への宮仕えが日記のように記されている。

こ

こ【子・児】一〔名〕❶(親に対する)子。子供。❷相手を親しんでいう語。男女ともに用いるが、男性から愛する女性に用いることが多い。例「この岡に菜摘ます──家聞かな名告(の)らさね」〈万葉・一・一長歌〉訳この岡で菜をお摘みの娘さん、家を聞きたい、名のっておくれ。❸(鳥などの)卵。例「あてなるもの。……雁(かり)の──」〈枕草子・あてなるもの〉訳上品なもの。……カモの卵。

二〔接尾〕❶その仕事をする人の意を表す。「田──」「舟──(ふなこ)」など。❷親愛の気持ちを表す。「背──(せこ)」「吾妹──(わぎもこ)」など。❸人の名前に付けて用いる。

こ【蚕】〔名〕カイコ。例「たらちねの母が飼ふ──の繭隠(まよごも)りいぶせくもあるか妹(いも)に逢(あ)はずして」〈万葉・一二・二九九一〉訳母が飼っているカイコがマユにこもっているように心が晴れないことだ、あの娘(こ)に逢(あ)わずにいて。

こ【籠】〔名〕❶竹などで編んだかご。例「いと幼ければ、──に入れて養ふ」〈竹取・かぐや姫の生ひ立ち〉訳(かぐや姫が)大変幼いので、かごに入れて養育する。❷⇩ふせご

こ【是・此】〔代名〕《指示代名詞。近称》話し手にとって近い関係にある事物・場所、あるいは話題としている人物や事物を指す。これ。ここ。例「──は、なでふ事、のたまふぞ」〈竹取・かぐや姫の昇天〉訳これ(=月カラ迎エガ来ルトイウコト)は一体、なんという事を、おっしゃるのか。

> 要点 指示語のコソアドの体系の基本をなすものの一つ。⇩か(彼)・そ(其)

こ【小】〔接頭〕❶(名詞に付いて)小さい、少ない、幼い、などの意を添える。「──山」「──萩(はぎ)」「──雨」「──童(わらは)」など。❷(状態を表す語に付いて)ちょっと、それほどでもないが、の意を添える。親近感や軽蔑(けいべつ)の気持ちをこめて使うことが多い。「──ざかし」「──ぎれい」など。❸(数量を表す語に付いて)もう少しでそれに達するほどの量である意を表す。「──半刻(はんとき)」「──一里」など。❹(身体の部分を表す語に付いて)それに関係した、ちょっとした動作を表す。「──首をかしぐ」「──膝を打つ」など。

こ【故】〔接頭〕(官位や氏名に付いて)その人が亡くなっている意を表す。「──君(きみ)」「──大臣(おとど)」「──在原業平(ありはらのなりひら)」など。

こ【濃】〔接頭〕色の濃いさまを表す。「──染め」「──墨(すみ)」「──紫」など。

こ【来】《カ変動詞「来(く)」の命令形。平安時代までは、命令形は「よ」を付けない「来(こ)」の形で用いるのが普通》⇩く(来) 例「さらば、そのありつる御文(おんふみ)を賜はりて──」〈枕草子・頭の中将の〉訳それならば、その先ほどのお手紙を(返して)いただいて来い。

ご【御】一〔名〕(「…の──」の形で)女性に対する敬称。本来は高い敬意を表したが、平安時代中期頃からは、軽い敬意のものとなった。例「淡路(あはぢ)の──の歌に劣れり」〈土佐・二月七日〉訳淡路のおばあさんの歌よりもまずい。

二〔接頭〕(漢語の名詞の上に付けて)尊敬の意を表す。「──恩」「──寝所」「──覧」など。

三〔接尾〕(人を表す語に付けて)尊敬の意を表す。「父(てて)──」「母──」「叔父(をぢ)──」「女──」など。

ご【期】〔名〕《呉音》❶時。おり。例「人はいづれの日、いづれの時、必ず立ち帰るべしと、その──を定めおくだにも久しきぞかし」〈平家・七・福原落〉訳人はいつの日、いつの時、必ず帰ると、その時期を決めておいてさえも(待つ時間は)長いものだ。❷限度。期限。❸最期。死ぬ時。

ご-あく【五悪】〔名〕《仏教語》仏教で在家(ざいけ)の人にいましめている五つの悪業。殺生(せっしょう)・偸盗(ちゅうとう)・邪淫(じゃいん)・妄語(もうご)・飲酒(おんじゅ)。⇩ごかい

こあ-どの【小安殿】〔名〕(「せうあんでん」とも)平安宮朝堂院の一殿。大極殿の背後にあり、天皇が大極殿へ行

幸した際の休息所。(大極殿)後殿・(大極殿)後房とも。治承元年(一一七七)、大極殿とともに焼失して以後再建されなかった。

ご……あり【御……あり】「お……あり」に同じ。例「明くれば嘉応三年正月五日、主上ご元服(ぷげん)あって」〈平家・一・鹿谷〉訳その年が明けると、嘉応三年(一一七一)正月五日に、天皇がご元服になって。

要点「お……あり」の場合には、「…」の部分に和語動詞の連用形が入るのが普通だが、「ご……あり」の場合には漢語サ変動詞の語幹が入る。

こい【恋】〔名〕⇩こひ

こ-いたじき【小板敷き】〔名〕清涼殿(せいりょうでん)の「殿上(てんじょう)の間」に南側の小庭からのぼる所にある板敷き。例「あやしの所にもありぬべき小蔀(こじとみ)・――・高遣(たかや)り戸なども、めでたくこそ聞こゆれ」〈徒然草・二三〉訳下賤(げせん)な者の家にもあるはずの格子(こうし)付きの小窓、小板敷き、高い遣り戸なども、(宮中にあるものは)まことにすばらしいものに聞こえる。

こ-いへ【小家】(エ・イ)〔名〕小さな家。粗末な家。例「かかりける種ながら、あやしき――に生(お)ひ出でけること」〈源氏・常夏〉訳(私は)このような高貴な父親の血を受けながら、みすぼらしい小家で成長したことだ。

こい-まろ・ぶ【臥い転ぶ】〔自バ四〕(ば・び・ぶ・ぶ・べ・べ)〔上代語。「こい」は「臥(こ)ゆ」の連用形〕地面に横たわってころがる。ころがり身もだえる。ころげ回る。

こう【公】■〔名〕大臣の称。太政大臣・左大臣・右大臣を併せて「三公」という。公の下が卿(きょう)。

■〔代名〕〔人称代名詞。対称〕敬意を含んで呼ぶ。

■〔接尾〕❶(人名などに付いて)敬意を表す。「菅――」「平朝臣清盛――」など。

❷(近世以降の用法)対等以下の相手に対して、親しみまたは軽い軽べつの意を表す。

こう【功】〔名〕(「くう」「く」とも)❶手柄。功績。例「まことの人は、智もなく、徳もなく、――もなく、名もなし」〈徒然草・三八〉訳絶対的境地に達した人は、(世間一般に言うような)知恵もなく、恵みもなく、功績もなく、名声もないものである。

❷信仰などの功徳。例「いましばらく念仏の――をも積むべう候へども」〈平家・三・少将都帰〉訳もうしばらく念仏をしてその功徳をも積むべきでございますが。

❸利益。効果。例「竹を取りて籠(こ)を造りて、要する人に与へて、その――を取りて世を渡りけるに」〈今昔・三一・一三〉訳竹を取ってきてかごを作って、ほしい人に与え、その代価を受け取って生計を立てていたが。

こう【劫】〔名〕⇩こふ

こう【講】〔名〕⇩かう(講)

こう【乞う・請う・恋う】〔動〕⇩こふ

こう…【広…荒…光…黄…皇…】⇩くわう…

こう…【合…】⇩かふ…

こう…【更…格…亢…行…降…高…江…幸…庚…好…】⇩かう…

こう【剛・香・講・更】⇩かう

ごう【業】〔名〕⇩ごふ

ごう…【合…】⇩がふ…

ごう…【拷…強…豪…】⇩がう…

こう-あん【公案】■〔名〕〔仏教語〕禅宗で、悟りに導くため、座禅をする者に考えさせる問題。

■〔名・自サ変〕工夫。思案。また、工夫をこらすこと。

こう-いん【後胤】〔名〕子孫。例「その先祖を尋ぬれば、……葛原(かづらはら)親王九代の――」〈平家・一・祇園精舎〉訳その(=平清盛公ノ)先祖をたどってみると、……葛原親王の九代目の子孫。

こう-ぎ【公儀】〔名〕❶公的なこと。おおやけ。表向き。

❷朝廷・幕府・役所など。

こう-ぎゃう【興行】(ギョウ)〔名・他サ変〕❶(行事・見世物などを)催すこと。「芝居――」「相撲――」など。

❷(寺などを)はじめて建てること。創建。

こう-きゅう【後宮】〔名〕《宮中で、天皇の住む正殿の後ろの建物の意》❶皇后達が住む宮殿。仁寿殿(じじゅうでん)の後ろにある承香殿(しょうきょうでん)・常寧殿(じょうねいでん)などの「七殿」と、昭陽舎(しょうようしゃ)・淑景舎(しげいしゃ)など、十二殿舎(七殿五舎)の総称。「ごぐう」とも。⇩付録・内裏図

❷(後宮に住む人の意で)皇后・中宮・女御(にょうご)・更衣(こうい)など、天皇の后(きさき)の総称。

こうざま【斯様】〔名・形動ナリ〕⇩かうざま

こうし【格子】⇩かうし

こうじ【講師・勘事・好事・柑子】〔名〕⇩かうじ

こう-しゃ【功者】〔名〕技術・技能の巧みなこと。また、その人。例「――に病(やまひ)有り」〈三冊子・赤〉訳(俳諧(はいかい)の)技術の巧みな者にはそれに伴った欠点がある。

こう-じゃう【口上】(ジョウ)〔名〕❶口で述べること。また、その言葉。例「久しう会はぬうちに、ことのほか――が上がっておりゃる」〈狂言・八句連歌〉訳しばらく会わないうちに、格別に口がうまくなっていらっしゃる。

❷劇場などで、襲名の披露をしたり、題名の由来とか、出演者の紹介などを述べること。また、その人。

甲州街道(こうしゅうかいどう)【街道名】⇩かふしうかいだう(甲州街道)

好色一代男(こうしょくいちだいおとこ)【書名】⇩かうしょくいちだいをとこ(好色一代男)

こう・ず【講ず】〔動〕⇩かうず

こう・ず【困ず】〔自サ変〕(ぜ・じ・ず・ずる・ずれ・ぜよ)

> ①の困る、が基本の意だが、②の疲れる、の意があることに要注意。

❶困惑する。困る。例「いかにいかにと、日々に責められ――じて」〈源氏・若菜・下〉訳(首尾は)どうかどうかと、毎日うるさく言われて困って。

❷疲れきる。困憊(こんぱい)する。例「この頃物の怪(け)にあづかりて――じにけるにや」〈枕草子・にくきもの〉訳(修験者が)やっと来たのだが)最近物の怪の調伏(ちょうぶく)に関係して疲れきっているのだろうか。

こう・ず【薨ず】〔自サ変〕(ぜ・じ・ず・ずる・ずれ・ぜよ)《「死ぬ」の尊敬語》皇太子・親王・女御(にょうご)、三位以上の人の死に対して用いる。お亡くなりになる。みまかる。例「小松の大臣(おとど)(=平重盛)――・ぜられぬ」〈平家・六・祇園女御〉訳小松の大臣がお亡くなりになった。

こう-せい【後世】〔名〕あとから生まれたもの。後輩。例「先達(せんだち)――を恐るといふこと、このことなり」〈徒然草・

二ナ〉訳 先輩の者が後輩を恐れるというのは、このことだ。注『論語』子罕篇ノ「後世畏(おそ)るべし」ニヨル。

こ-うた【小歌】〔名〕❶平安時代、宮廷の儀式に用いられた「大歌(=上代カラ大歌所ニ伝習サレタ)」に対して、民間で歌われた今様などの歌謡。❷鎌倉時代から室町時代にかけて、民間で流行した俗謡。❸(「小唄」とも書く)江戸時代初期に流行した隆達節・投げ節などの歌謡。また、江戸時代末期から流行した端唄の類。対 ながうた(長唄)

こう-たう【勾当】〔名〕(もっぱらその任に当たる意)❶(「勾当の内侍」の略)内侍司の女官(=三等官)、掌侍四人のうちの第一の者。天皇への奏上などをつかさどる役。❷盲人の官職の一つ。検校・別当に次ぐもので、座頭の上。

こう-ぢ【小路】〔名〕(「こみち」の変化した形)幅の狭い道。対 おほぢ(大路)

こ-うちき【小袿】〔名〕女性の通常の礼服。正装の唐衣や裳の代わりに着る最上衣で、下に打衣・単衣を着た。広袖で丈が短い。

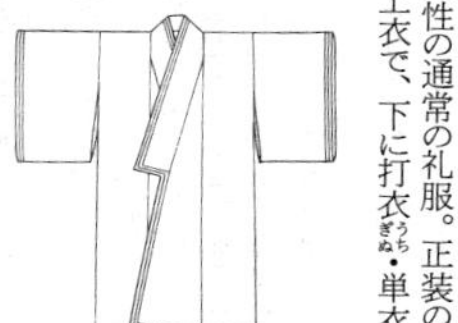
こうちき

こう-ばい【紅梅】〔名〕❶紅色に咲く梅の花。また、その木。例「木の花は、濃きも薄きも――」〈枕草子・木の花は〉訳 木に咲く花では、濃いのも薄いのも紅梅(がよい)。❷染色の名。薄い桃色。後には、紫がかった赤色。❸(襲の色目の名)表は紅色、裏は蘇芳または紫。春に用いる。例「三、四月の――の衣」〈枕草子・すさまじきもの〉訳 (興ざめなもの)三月四月の頃の紅梅襲の着物。注 旧暦三月過ギニ着ルノハ時季ハズレ。❹織物の色の名。縦糸を紫、横糸を紅、または、縦糸を紅、横糸を白で織ったもの。

こうばい-がさね【紅梅襲】〔名〕⇩こうばい③

興福寺(こうふくじ)【寺名】奈良市にある法相宗の大本山。南都(=奈良)七大寺の一つ。藤原鎌足の妻の鏡女王が京都の山科に山階寺を建てたのに始まる。その後、飛鳥に移り、さらに平城京遷都の際に藤原不比等が現在地に移した。藤原氏の氏寺として栄え、京都の比叡山延暦寺と並べて「南都北嶺」と称された。その衆徒は、奈良法師と呼ばれ、延暦寺の山法師に対して強大な勢力を誇ったが、平安時代末期、平家に反抗し、平清盛の命により攻撃を受け焼失した。「こうぶくじ」とも。

興福寺

こう-ぶり【冠】〔名・自サ変〕⇩かうぶり

こう-ふん【紅粉】〔名〕紅と白粉。例「桃顔露にほころび、――眼に媚をなし」〈平家・七・維盛都落〉訳 美しい顔は桃の花が露に濡れて咲き出したようで、べにおしろいで化粧したほほは眼にあでやかさを生み。注 平維盛ノ北ノ方ノ美シサ。

こう-べ【首・頭】〔名〕⇩かうべ

弘法大師(こうぼふだいし)【人名】⇩空海

高野山(こうやさん)【地名】⇩かうやさん(高野山)

こうらう-でん【後涼殿】〔名〕内裏の建物の一つ。清涼殿の西にあり、女御の局などがあった。「こうりゃうでん」とも。

こう-らん【勾欄】〔名〕⇩かうらん(高欄)

こうろ-くゎん【鴻臚館】〔名〕(「鴻臚」は中国漢代の役所の名。声を伝える意)外国からの重要な客を接待した館。現在の迎賓館にあたる。京都のほか難波と大宰府に設けられた。例「白梅や墨芳しき――」〈蕪村〉訳 清楚な白梅が香り高く咲き匂う早春。折から、鴻臚館では、外国の使節をもてなすため、漢詩の応酬が行われ、墨の芳しい香りが館内に漂っている。注 蕪村ガ好ンダ王朝趣味ノ句。白梅ト墨ノ白黒ノ対比ニ妙味ガアル。

ご-えふ【五葉】〔名〕(「五葉松」の略)一つのガクから針状の葉を五本出している松。例「家にありたき木は、松・桜。松は――もよし」〈徒然草・一三九〉訳 家にあってほしい木は、松・桜。松は五葉松もよい。

こおり【郡】〔名〕⇩こほり

ご-かい【五戒】〔名〕(仏教語)在家の信者が守らなければならない五つの戒め。殺生・偸盗・邪淫・妄語・飲酒の戒め。⇩かい(戒) 例「内には――を保って慈悲を先とし」〈平家・二・教訓状〉訳 仏教については五つの戒をよく守って慈悲の心を第一とし。注「内」ヲ仏教、「外」ヲ儒教ノ意ニ用イテイル。

ご-かいだう【五街道】〔名〕江戸時代、江戸を起点とする五つの主要な街道。東海道・中山道・奥州街道・日光街道・甲州街道。

小督(こがう)【人名】平安末期、高倉天皇に寵愛された女房。高倉天皇の中宮徳子(=建礼門院)の父平清盛に憎まれ、嵯峨野(=京都市右京区)に隠れ住んだ。『平家物語』によると、名月の夜、天皇を偲んで「想夫恋」の曲を琴で弾いていた時、勅命によって捜しに来た源仲国によって都へ連れ戻され、天皇との間に姫をもうけたが、清盛に捕らえられて無理に尼にされてしまったという。謡曲『小督』として戯曲化された。

ご-かう【五更】〔名〕❶夜を五分した時間の区分。初更・二更・三更・四更・五更の総称。転じて、一晩じゅう。❷特に、①のうちの第五の時刻。夜明け前の二時間ほど。

ご-かう【御幸】〔名〕上皇・法皇・女院の外出をいう尊敬語。みゆき。例「法皇夜をこめて大原の奥へぞ――なる」〈平家・灌頂・大原御幸〉訳 後白河法皇は深夜に(建礼門院の住む)大原の奥へお出ましになる。

要点 天皇の外出の場合は「行幸」、皇后・皇太子などの場合は「行啓」という。和語では「行幸」「御幸」ともに「みゆき」。

こが・す【焦がす】〔他サ四〕❶(火や太陽で)焼いて黒くする。例「奥羽象潟の暑き日に面

（おもて）を――・し」〈芭蕉・幻住庵記〉訳 奥州の象潟の暑い日で顔をまっ黒にし。

❷薫物の煙をくすぶらせる。香をたきしめる。例「白き扇のいたう――・したるを」〈源氏・夕顔〉訳 白い扇でたいそう香をたきしめたのを。

❸恋い焦がれて心を痛める。心を焦がす。例「声はせで身をのみ――・す蛍こそいふよりまさる思ひなるらめ」〈源氏・蛍〉訳 鳴くこともしないで、ただ身を焦がす蛍の方が、あなたのように上手におっしゃる人よりも、ずっと深い思いであるのでしょう。

こ-がたな【小刀】〔名〕❶紙などを切る、小さな刀。❷腰刀の鞘に差し添える、小さい刀。小柄。

こ-がね【黄金・金】〔名〕❶金。黄金。また、その色。例「銀を根とし、――を茎とし、白き玉を実として立てる木あり」〈竹取・貴公子たちの求婚〉訳（蓬萊の山には）銀を根とし、金を茎とし、白い宝玉の実をつけて立っている木があります。

❷金貨。また、貨幣としての金塊・砂金など。例「鞍馬の児して、のちには――商人の所従になり」〈平家・一二・嗣信最期〉訳（源義経は）鞍馬（寺）の稚児になり、後には金商人の家来になり。

要点 上代には「くがね」とも。「こ」「く」は黄色の意。「かね」は金属を表す。古くから高価で崇高なものとされた。

こがね-づくり【黄金作り】〔名〕黄金、または金めっきした金具で装飾すること。また、それを施した物。

こ-がひ【子飼ひ】〔名〕❶動物を子供の時から飼育すること。例「心ときめきするもの、雀の――」〈枕草子・心ときめきするもの〉訳 心がときめくもの、雀のひなを飼育すること。

❷（商家・職人の家などで）奉公人を幼い時から預かって養い育てること。例「十の年から――にて」〈近松・心中重井筒・中〉訳 十の年から養い育てた子なので（我が子のように思われて）。

こ-がらし【木枯らし・凩】〔名〕《「凩」は日本で作られた漢字》秋の末から冬にかけて、木を枯らすように吹く強い風。（季・冬）例「――に匂ひやつけし帰り花」〈芭蕉〉訳 この木枯らしの吹きすさぶ荒涼たる景色に色どりをつけようと咲いているのか、狂い咲きの花よ。注「帰り花」ハ、初冬頃ノ狂イ咲キヲシタ花。例「――の地にも落とさぬしぐれかな」〈去来・去来抄〉訳 あらゆるものを冬の景色に様変わりさせるかのように強く吹きすさぶ初冬の木枯らしは、地上にも落とさないで時雨の雨足を激しく吹き払ってしまう。時雨は折から冬の到来を告げてさっと降っては止み、止んでは降りして、上空を通りすぎるのみである。

こが・る【焦がる】〔自ラ下二〕{れ・れ・る・るる・るれ・れよ}❶（火や太陽で）焼かれ黒くなる。焦げる。

❷薫物の煙がいぶされる。香がたきしめられる。

❸思うようにならず、いらだつ。特に、恋心で胸を焦がす。恋い焦がれる。例「をりをり、人やりならぬ胸――・るる夕べもあらむ」〈源氏・帚木〉訳（女の方でも思いをたち切れず）折々、自ら求めて胸が恋に苦しむ夕方もあるだろう。

こ-き【国忌】〔名〕《「こくき」の促音便「こっき」の変化した形》天皇・天皇の父母などの命日。当日は政務を休み、音楽なども慎み、仏事を行った。例「御――なるに、雪いたう降りたり」〈源氏・賢木〉訳 先帝のご命日の時に、雪がひどく降った。

ご-き【御器】〔名〕《「合器」の変化した形》ふたの付いている器。特に、椀。

こぎ-あり・く【漕ぎ歩く】〔自カ四〕{か・き・く・く・け・け}船などを漕いで移動する。漕ぎ回る。例「はし舟とつけて、いみじう小さきに乗りて――・く、つとめてなどいとあはれなり」〈枕草子・日のいとうららかなるに〉訳「はし舟」と名付けて、たいそう小さい舟に乗って漕ぎ回るのは、早暁などは実にしみじみとした感じである。

こぎ-い・づ【漕ぎ出づ】〔自ダ下二〕{で・で・づ・づる・づれ・でよ}漕いで沖へ出て行く。例「熟田津に船乗りせむと月待てば潮もかなひぬ今は――・でな」〈万葉・一・八〉訳 熟田津で船に乗って出発しようと月の出を待っていると、（月も出たし）潮もちょうどよい具合になった。さあ舟出しよう。

こぎ-かく・る【漕ぎ隠る】〔自ラ四〕{ら・り・る・る・れ・れ}移動していた舟が物陰に隠れる。漕ぎ隠れる。例「東風いたく吹くらし奈呉の海人の釣する小舟――・る見ゆ」〈万葉・一七・四〇一七〉訳 東風がひどく吹くらしい。奈呉の入江の漁師の釣をする小舟が（風の来ない方向に）漕いで行って隠れるのが見える。

ごき-しちだう【五畿七道】〔名〕（日本全国の区分で）山城・大和・河内・和泉・摂津の畿内五か国と、東海道・東山道・北陸道・山陽道・山陰道・南海道・西海道の七道に属する国。また、日本全国。

こぎ-た・む【漕ぎ回む】〔他マ上二〕{み・み・む・むる・むれ・みよ}漕いでめぐる。漕ぎめぐる。例「いづくにか船泊てすらむ安礼の崎――・み行きし棚無し小舟」〈万葉・一・五八〉訳 どこにいったい船泊まりしているのだろうか、安礼の崎を漕ぎめぐって行ったあの棚無し（＝舟棚ノナイ）小舟は。

こき-た・る【扱き垂る】〔自ラ下二〕{れ・れ・る・るる・るれ・れよ}《和歌用語》残らずしぼり取るように（雨や涙などが）激しくこぼれ落ちる。しきりに落ちる。例「明けぬとて帰る道には――・れて雨も涙も降りそぼちつつ」〈古今・恋三・六三九〉訳 夜が明けたというので（仕方なく女のもとから）帰る道では、雨も涙もしきりに降りそそいでいるよ。

こき-ちら・す【扱き散らす】〔他サ四〕{さ・し・す・す・せ・せ}しごき落として散らす。まき散らす。例「――・す滝の白玉拾ひ置きて世の憂き時の涙にぞ借る」〈古今・雑上・九二二〉訳 しごき落として散らすような滝の水玉を拾っておいて、悲しい時の涙として借りることにしよう。

こぎ・づ【漕ぎづ】〔自ダ下二〕{で・で・づ・づる・づれ・でよ}《「漕ぎ出づ」の変化した形》⇒こぎいづ

こき-でん【弘徽殿】〔名〕内裏の建物の一つ。清涼殿の北にあり、皇后や中宮、または有力な女御などが住んだところ。後宮七殿の一つ。

弘徽殿女御（こきでんのにょうご）〔人名〕『源氏物語』の登場人物。桐壺帝の女御で、第一皇子（＝後ノ朱雀帝）の母。帝の愛を桐壺更衣に奪われたことを嫉妬し、更衣につらく当たって病気にさせ、その亡き後は光源氏を憎み、妹朧月夜との密会を知って追放しようと、父の右大臣と共に画策する。

こき-ま・ず【扱き混ず】〔他ザ下二〕{ぜ・ぜ・ず・ずる・ずれ・ぜよ}いろいろの物を混ぜ合わせる。かき混ぜる。例「見渡せば柳桜を――・ぜて都ぞ春の錦なりける」〈古今・春上・五六〉訳 見渡すと、柳の緑と桜の色を織り混ぜて、都こそが春の錦であったよ。

こ-きみ【故君】〔名〕(「こぎみ」とも)亡くなった貴人に対する敬称。例「――の常に弾き給ひし琴なりけり」〈源氏・横笛〉訳(これは)故(柏木の)君が常にお弾きになった琴であった。

こ-きゃう【故郷】〔名〕ふるさと。郷里。例「秋十とせかへって江戸をさす――」〈芭蕉・野ざらし紀行〉訳故郷(=伊賀上野)を離れ、江戸に出て来て、はや十年の秋を重ねた。今、故郷へ旅立つことになり、江戸を離れることになると、かえって、江戸のことが故郷のように、なつかしく思われてくる。(私は、もう、旅に生き、旅を宿とするような境涯に身を置いたのだという感懐が胸にせまって来る。)

ご-きゃう【五経】〔名〕儒教で四書と並んで尊重される五種の経書。詩経・易経・書経・春秋・礼記。

ご-ぎゃう【五行】〔名〕❶天地の間を流転して万物を構成するという、木・火・土・金・水の五つの要素。中国古来の五行説に基づく。木から火が、火から土が、土から金が、金から水が、水から木が生ずるとして、これを相生といい、木は土に、土は水に、水は火に、火は金に、金は木に剋つとして、これを相剋という。
❷《仏教語》菩薩が行う五つの修行。布施・持戒・忍辱・精進・止観。

ご-ぎゃく【五逆】〔名〕《仏教語》⇩五逆罪 例「囲碁・双六好みて明かし暮らす人は、四重・――にもまされる悪事とぞ思ふ」〈徒然草・一一一〉訳囲碁や双六を好んで日々を送っている人は、四重罪や五逆罪にもまさる悪い事(をしているのだ)と思う。注「四重罪」ハ、淫戒・盗戒・殺人戒・妄語戒ヲ犯スコト。

ごぎゃく-ざい【五逆罪】〔名〕《仏教語》仏教で最も重いとする五種の罪。父・母・阿羅漢(=最高位ノ修行者)を殺すこと、仏の身体を傷つけること、教団を分裂させることをいい、これを犯すと無間地獄に堕ちるとされる。

こき・る【扱きる】〔他ラ下二〕{れ・れ・る・るる・るれ・れよ}《「扱き入る」の変化した形》しごき取って入れる。例「池水に影さへ見えて咲き匂ふ馬酔木の花を袖に――・れな」〈万葉・二〇・四五一二〉訳池の水に美しい影まで見せて咲き匂っている馬酔木の花を袖にしごき取って入れよう。

こきん-でんじゅ【古今伝授】〔名〕室町時代以後、古今和歌集の中の難解な歌や語句についての解釈を、師から弟子へ秘伝として授けること。

古今和歌集

古今和歌集(こきんわかしふ)〔書名〕第一番目の勅撰和歌集。二十巻。九〇五年(延喜五)醍醐天皇の勅命によって編纂され、九一三年(延喜十三)頃の成立とされる。撰者は、紀貫之・紀友則・壬生忠岑・凡河内躬恒の四名。短歌を中心とした約千百首を、四季・賀・恋・離別・羇旅などの十三の部立てに従って収める。七五調・三句切れの歌が多く、掛詞・縁語などの修辞的技巧も目立ち、理知的で優美典雅な歌風をかたちづくっている。各巻に収められた歌は、四季の時間的推移や恋の展開、歌中の主要語句、作者などの諸種の基準によって精密に配列されており、全巻が一つの美的統一体を構成している。王朝和歌の美的感覚を確立したもので、以降の勅撰集をはじめとする和歌の世界や『源氏物語』などの諸作品に、多大の影響を及ぼした。紀淑望の真名序(=漢文体ノ序文)と紀貫之の仮名序が添えられているが、仮名序は歌論の最初のものとして高く評価されている。

こく【刻】〔名〕一昼夜を十二に分けた時間。それぞれ十二支を当て「子(ね)の刻」などとする。一刻は約二時間に当たり、それを三分して、上刻・中刻・下刻という。また、四分して、例えば「子一つ」「丑四つ」などのようにもいう。

こく【石・斛】〔名・接尾〕容積の単位。升の百倍、斗の十倍。約一八〇リットル。主として穀物などを量るのに用いられるが、船の積載量、大名や武士の禄高を表す単位としても用いられる。

こ・く【扱く】〔他カ四〕{か・き・く・く・け・け}細長い枝や紐などを指などで挟み、一方の手で引っぱる。しごく。また、このようにして、葉や実を落とす。しごき取る。例「稲といふ物をとり出でて、……五、六人して――・かせ」〈枕草子・五月の御精進のほど〉訳稲という物を取り出して、……(若い男や娘など)五、六人でしごき取らせて。

こ・ぐ【漕ぐ】〔他ガ四〕{が・ぎ・ぐ・ぐ・げ・げ}❶櫂や櫓を使って舟を進める。こぐ。
❷深い雪や泥また藪などをかき分けて進む。

こ-くう【虚空】■一〔名〕❶空間。大空。
❷《仏教語》色・形など一切の実体がないこと。「空(くう)」とも。
■二〔形動ナリ〕❶心が空しいこと。ぼんやりした状態。また、思慮分別がない様子。
❷(連用形「…に」の形で、副詞的に用いて)むやみに。わけもなく。

こく-がく【国学】〔名〕❶平安時代、都の「大学」に対し、諸国に設けられ、郡司の子弟を教育した学校。「博士」が教授に当たった。
❷江戸時代に起こった学問の一つ。儒教・仏教など外来思想を排し、日本の古典を文献学的に研究する中から、我が国固有の文化・思想を究明しようとしたもの。

> 参考 ②の代表的な学者として、荷田春満(あるいは僧契沖)・賀茂真淵・本居宣長・平田篤胤を、「国学の四大人」という。

ごく-げつ【極月】〔名〕《極まる月の意》陰暦十二月の異称。「ごくづき」とも。(季・冬) 例「台所物、前年の――に調へ置き」〈西鶴・日本永代蔵・二・五〉訳(翌年中必要な)米・味噌・塩などの食料品を、前年の十二月に買いそろえておき。

こくさう-ゐん【穀倉院・穀蔵院】〔名〕平安時代の宮中の倉庫の一つ。畿内諸国からの「調銭(=税ノ一種)」や、官有田などからの穀類を保管しておく。

こく-し【国司】〔名〕❶律令制下、各国の行政に当たった地方官。守・介・掾・目の四等官がある。任期は四年。「くにのつかさ」とも。
❷国司の守(=長官)。「国守」「受領(ずりやう)」とも。

こく-しつ【黒漆】〔名〕黒いうるし。また、それを塗ったもの。

こく-しゅ【国守】〔名〕⇩こくし② 例「――は四年過ぎぬれば、返り上りぬ」〈宇治拾遺・一三・五〉訳国司の長官は(任期の)四年が過ぎたら、都へ帰ってしまう。

国性爺合戦(こくせんやかつせん)〔書名〕江戸中期の浄瑠璃。近松門左衛門作。時代物、五段。一七一五年(正徳五)大阪竹本座初演。中国明代の史実に基づく。長崎平戸に渡った鄭芝竜(ていしりゅう)の子、和藤内(わとうない)(=国性爺)は義兄甘輝と協力し明朝の再興を図る。上演時に大評判を得てロングランを記録、後代に与えた影響は大きい。

ごく-そつ【獄卒】〔名〕(仏教語)地獄で亡者(まうじゃ)を責めたてる鬼。地獄の鬼。例「——をあひ添へて、焦熱地獄へつかはさる」〈平家・六・入道死去〉訳獄卒を伴わせて、焦熱地獄へお遣わしになる。

こく-ふ【国府】〔名〕(「こくぶ」「こふ」とも)国ごとに置かれた地方官の役所。また、その役所の所在地。府中。

こく-も【国母】〔名〕(「こくぼ」とも)❶天皇のご生母。皇太后。例「天下(てんが)の——にてましましければ、とかう申すに及ばず」〈平家・一・吾身栄花〉訳天子様のお母上でいらっしゃるから、あれこれ申し上げるに及ばない。
❷(国民の母の意で)皇后。

ごく-らく【極楽】〔名〕❶(仏教語)⇩ごくらくじゃうど
❷(仏教語。「極楽往生(わうじゃう)」の略)死後、極楽浄土に生まれ変わること。例「入道も——の願ひをば忘れて」〈源氏・明石〉訳(明石の)入道も極楽浄土に往生するという願いを忘れて。
❸(比喩的に)何の心配もない、心安らかな境地。

ごくらく-じゃうど【極楽浄土】〔名〕(仏教語)西方(さいほう)十万億土のかなたにあるという、阿弥陀仏(あみだぶつ)のいる理想の世界。何の苦しみもない満ち足りた安楽な世界。対ぢごく 例「——の不退の土(ど)に進め入れんとし給ふに」〈平家・一〇・維盛入水〉訳(諸仏はあらゆる生き物を)迷界に迷うことのない極楽浄土という世界に足を踏み入れさせよう(=導キ入レヨウ)となさるが。

こ-ぐら・し【小暗し】〔形ク〕(「こ」は接頭語)うす暗い。例「——くなりぬれば、鵜舟(うぶね)ども、かがり火さしともしつつ」〈蜻蛉・中・天禄二年〉訳うす暗くなったので、鵜飼いの舟が幾つも、かがり火をともしながら。

こ-ぐら・し【木暗し】〔形ク〕樹木が茂り合っていて暗い。(季・夏)例「二十日の月さし出(い)づるほどに、いと木高き陰ども、——く見え渡りて」〈源氏・花散里〉訳二十日の月が上ってゆくにつれて、たいそう高い木々の陰が、ずっと向こうまで暗く見えて。

こ-くゎんじゃ【小冠者】〔名〕年若く、元服をしたばかりの少年。若者。

こけ【苔】〔名〕コケ。

苔の衣(ころも) (和歌用語)❶コケの生えている状態を衣に見立てていう。コケ。
❷僧侶(そうりょ)や隠者などの粗末な衣服。

苔の下(した) (和歌用語)地下。墓の下。死後の世界。例「埋(うづ)もれぬかばねを何に尋ねけむ——には身こそなりけれ」〈更級・野辺の笹原〉訳埋もれもしないで残っていた『かばねたづぬる宮』などという不吉な物語を、姉はどうして捜し求めたのだろうか、捜した当人が墓の下の身になってしまったことよ。

苔の袂(たもと) (和歌用語)僧侶(そうりょ)や隠者などの粗末な衣服の袂。また、その衣。例「皆人は花の衣(ころも)になりぬなり——よ乾きだにせよ」〈古今・哀傷・八四七〉訳ほかの人々は皆(忌み明けとともに)華やかな衣服を再び着るようになってしまったそうだ。私の僧衣の袂よ、せめて涙で濡(ぬ)れたのが乾きだけでもしてくれ。注仁明天皇ガ亡クナッテ、出家シタ僧正遍昭(そうじょうへんじょう)ノ作。

苔の筵(むしろ) (和歌用語)苔が一面に敷きつめて、むしろのようになっていること。また、世捨人(よすてびと)の使う粗末な敷き物。「こけむしろ」とも。例「ありつる——に並みゐて」〈徒然草・一〇四〉訳先程の苔が一面に敷きつめている所に並んでいて。注「ありつる」ハ、「先程の・以前の」ノ意。

ご-けい【御禊】〔名〕❶(「みそぎ」の尊敬語)即位した天皇が、「大嘗会(だいじゃうゑ)」に先立って十月下旬に行うみそぎの儀式。主に賀茂川で行われた。例「そのかへる年の十月(かみなづき)二十五日大嘗会(だいじゃうゑ)の——とののしるに」〈更級・初瀬〉訳その翌年の十月二十五日が大嘗会の御禊だといって世間の人々が大騒ぎをしている時に。
❷賀茂祭の前に、賀茂川で行われる斎院(=賀茂神社ニ仕エル未婚ノ内親王)のみそぎ。

ご-けにん【御家人】〔名〕❶武家の臣下の称。鎌倉・室町時代、将軍に臣従し本領を安堵(あんど)された家臣。それ以外の武士を「非御家人」という。「家の子」とも。
❷江戸時代、将軍家の直参(じきさん)(=直属ノ家臣)で、将軍にお目通りする資格のないもの。

こけ-の-ころも【苔の衣】⇩「こけ(苔)」子項目

こけ-の-した【苔の下】⇩「こけ(苔)」子項目

こけ-の-たもと【苔の袂】⇩「こけ(苔)」子項目

こけ-の-むしろ【苔の筵】⇩「こけ(苔)」子項目

こけ-む・す【苔生す・苔産す】〔自サ四〕コケが生える。また、古くなる。例「ふる里の軒の板間(いたま)に——して思ひし程は漏らぬ月かな」〈平家・三・少将都帰〉訳故郷の家の軒の板の間は、さぞまばらになっているだろうと思っていたのに、コケが生えて、想像したほどには漏れて来ない月の光だなあ。

こ-こ【此処・此所】〔代名〕■一(指示代名詞。近称)❶話し手のいる所、または、それに近い所。例「——にて、三人はいとよく見侍(はべ)りぬべし」〈枕草子・関白殿、二月二十一日に〉訳この場所でも、三人は十分見物できるでしょう。
❷(外国に対して)この国。日本。
❸(来世に対して)この世。
❹話し手に近い関係にある状態・場合などを指し示す。この事。この点。この場合。例「さらに——と見ゆる所なく」〈源氏・東屋〉訳(灯火に照らされた浮舟(うきふね)の姿は)まったくこの点がといって指摘できる欠点もなく。
■二(人称代名詞。自称)わたし。例「——にも、心にもあらでかく罷(まか)るに」〈竹取・かぐや姫の昇天〉訳私の方でも、不本意に(天人に迎えられて)このようにおいとまするのですから。
■三(人称代名詞。対称)やや敬意を含めていう。あなた。また、時に、自分の近くにいる第三者を指していう(=他称)こともある。このお方。例「——に、御消息(せうそこ)やありし」〈源氏・紅梅〉訳あなた様が、(匂宮(にほふのみや)に)お手紙を差し上げたのですか。

ご-ご【御後】〔名〕(「後ろ」の尊敬語)天皇や神、またはその御殿(ごてん)の後ろをいう。特に、紫宸殿(ししんでん)の賢聖障子(けんじゃうのさうじ)の後ろ。北庇(きたびさし)。

小督(こごう)〔人名〕⇩こがう(小督)

ごこう【五更・御幸】〔名〕⇩ごかう

ここ-かしこ【此処彼処】〔代名〕このところ、あのところ。あちこち。例「うれしと思ひて、——遊びめぐりて」〈徒然草・一〇四〉訳うれしく思って、あちこち遊び回って。

こ-こく【五穀】〔名〕❶五種類の主要な穀物。米・麦・黍(きび)・粟(あわ)・豆。一説に、米・麻・粟・麦・豆とも。❷穀物の総称。例「—を断ちて年来(としごろ)になりぬ」〈宇治拾遺・一三・九〉訳（上人は）穀物を食べることをやめて長年たっていた。

こ-こ・し【子子し】〔形シク〕(「子」を重ねて形容詞化した形。「こめかし」とも)❶子供っぽい。対おとなおとなし①例「貴(あて)に—・しき人の、日ごろ物を思ひければ、少し面やせて」〈堤中納言・はいずみ〉訳上品で子供っぽい人が、(夫が来なくなって)この何日か物思いに沈んでいたので、少し顔もやつれて。

❷おっとりしている。おおようである。例「—・しう美しげなることは、なほ大殿(おほいどの)にはえ及ぶまじかりけり」〈源氏・少女〉訳おっとりしてかわいらしい点では、(大納言が奉った舞姫は)やはり大殿様(=光源氏。)の奉った舞姫にはとても及びそうもなかった。

こご・し〔形シク〕《上代語》岩がごつごつと重なっている。けわしい。例「岩が根の—・しき山を越えかねて音(ね)には泣くとも色に出(い)でめやも」〈万葉・三・三〇一〉訳岩石のごつごつした山をなかなか越えられずに声を立てて泣くことはあっても、恋しい妻のことを顔色に出そうか。

ここ-だ【幾許】〔副〕《上代語》

類ここら・そこら

> 数・量の多いさま、程度のはなはだしいさまを、こんなにもたくさん、こんなにもひどく、という気持ちで表現する語。代名詞「こ」から生まれた語といわれ、その事態を眼前にして、「こんなにも」「これほどに」と詠嘆する気持ちが含まれる。

❶数・量の多い様子。**こんなにも多く。たくさん。**例「み吉野の象山(きさやま)の際(ま)の木末(こぬれ)には—も騒く鳥の声かも」〈万葉・六・九二四〉訳吉野の象山の山あいの木々の梢(こずえ)には、こんなにもたくさんの鳥が鳴き騒いでいることだ。

❷程度のはなはだしい様子。**こんなにもひどく。**たいそう。例「多摩川にさらす手作りさらさらに何ぞこの児(こ)の—愛(かな)しき」〈万葉・一四・三三七三〉訳多摩川でさらす手作りの布の、そのさらさらした感触ではないが、更に更に思えば思うほどどうしてこの娘がこんなにいとしいのだろう。

ここ-だく【幾許】〔副〕(「—に」の形でも用いる)「ここだ」に同じ。例「思ふとも験(しるし)もなしと知るものをなにかここだく我(あ)が恋ひ渡る」〈万葉・四・六五八〉訳いくら思っても甲斐(かい)がないとは知りながら、なんでこんなに私は恋いつづけるのであろう。

ここ-ち【心地】〔名〕

❶気持ち。心持ち。気分。例「荒れも戦はで、—ただ痴(し)れに痴れて守り合へり」〈竹取・かぐや姫の昇天〉訳(武士達は)勇ましく戦うこともしないで、気持ちがただもうぼんやりして(お互いの顔を)見つめていた。

❷心。精神。また、心に思うこと。考え。思慮。例「まだいと若き—に……えしも思ひわかず」〈源氏・空蝉〉訳まだ本当に若い(女の)思慮では、……(やはり)いっこうに分別がつかない。

❸様子。感じ。例「物語の女の—もし給へるかな」〈紫式部・宰相の君の昼寝姿〉訳物語に出てくる女性のような感じでいらっしゃいますね。

❹気分の悪いこと。病気。

心地違(がた)・ふ(ガウ・タ) 気分が悪くなる。病気になる。また、気が変になる。例「貝にもあらずと見給ひけるに、御—・ひて」〈竹取・燕の子安貝〉訳(せっかく握ったものが)子安貝でもないとおわかりになったので、(石上(いそのかみ)の中納言は)ご気分が悪くなって。

心地無(な)・し 思慮が浅い。分別がない。不注意である。例「幼き人の、—・きさまにて移ろひものすらむを」〈源氏・若菜・上〉訳幼い人が、気が利(き)かない状態でお側(そば)に移って来ておられるだろうから。

心地行(ゆ)・く 気持ちが晴れ晴れする。満足に思う。例「いとよく払はれたる遣(や)り水の、—・きたるけしきして」〈紫式部・管絃の御遊び〉訳たいそうきれいに掃除されている庭の小川が、(見た目にも)晴れ晴れとした様子で。

ここ-なる《連語》(「なる」は存在の意を表す助動詞「なり」の連体形)ここにある。例「—物取り侍らむ」〈枕草子・正月一日は〉訳ここにある物を取りましょう。

ここ-に【此処に・茲に】一《連語》(代名詞+格助詞)この場合に。ここで。例「荒波に寄り来る玉を枕に置きわれ—ありと誰(たれ)か告げけむ」〈万葉・二・二二六〉訳荒波に打ち寄せられてくる玉を枕として置き、私がここにいると誰が(妻に)知らせてくれたのであろうか。

二〔副〕(ある具体的な状況を踏まえて)こういう場合に。こんな時に。今こうして。例「現(うつ)にも夢(いめ)にもわれは思はずき古(ふ)りたる君に—逢はむとは」〈万葉・一一・二六〇一〉訳現実にも夢にも私は思いもしませんでした。昔なじみのあなたに今こうしてお逢いしようとは。

三〔接続〕前の文を一括し「そういう場面で」という気持ちで続く。そこで。さて。例「歌ひ終ふる即ち崩(かむあが)りましき。—駅使(はゆまづかひ)を奉(たてまつ)りき」〈古事記・中・景行〉訳(倭建命(やまとたけるのみこと)は)歌い終わると即座にお亡くなりになった。そこで(お供の者は)早馬の使者を都に参上させた。

四〔感〕呼びかける語。もしもし。例「—、仕(つか)うさぶらふ」〈枕草子・正月に寺にこもりたるは〉訳もしもし、御用を承りましょう。注「仕うさぶらふ」ハ、「仕へさぶらふ」ノ音便デ、挨拶ノ言葉。

ここぬ-か【九日】〔名〕九日(ここのか)。毎月の九日。また、九日目。

ここの-かさね【九重】〔名〕⇩ここのへ

ここの-しな【九品】〔名〕《仏教語。「九品(くほん)」を訓読した語》「くほん①」に同じ。例「—の上(かみ)にも、さはりなく生まれ給はめ」〈源氏・夕顔〉訳(死んでからも)九品の上の位にも、無事にお生まれになってほしい。

ここの-つ【九つ】〔名〕❶数の九つ。❷時刻の名。正午または夜半。「九つ時」。

ここの-へ【九重】(エ)〔名〕❶物が多く重なること。また、そのもの。❷(転じて、何重にも門の重なっている)王城。宮中。❸皇居のある所。都。帝都。また、「—の」の形で、「都」にかかる枕詞のように用いられることもある。

ここ-ば【幾許】〔副〕⇩ここだ 例「秋の夜を長みにかあらむなぞ—寝(い)の寝(ね)らえぬも一人寝(ぬ)ればか」〈万葉・一五・三六八四〉訳秋の夜が長いからだろうか。どうしてこんなに寝られないのだろう。それとも独り寝のためだろうか。

ここ-ばく【幾許】〔副〕⇩ここだ 例「渚(なぎさ)にはあぢ群(むら)騒き島廻(しまみ)には木末(こぬれ)花咲き――も見の清(さや)けきか」〈万葉・一七・三九一 長歌〉訳 渚には味鴨(あぢがも)の群れが鳴き騒ぎ、島のまわりには梢(こずえ)に花が咲き、(ここの浜辺は)こんなにも景色がすがすがしく美しいことだ。注「見」ハ、見エルコト、スナワチ景色ノ意。

ここ-もと【此処許】〔代名〕❶(指示代名詞。近称)話し手に近い場所を指し示す。このあたり。すぐ近く。❷自分の方。こちら。転じて、わたくし。例「――に、ただ一言(ひとこと)聞こえすべきことなむ侍(はべ)るを」〈源氏・総角〉訳 私の方にも、ただ一言申し上げなければならないことがございますが。

ここ-ら【幾許】〔副〕

数・量の多いさまをいう語。そこで①のたくさん、という意や、程度のはなはだしいさまをいう②のひどく、たいそう、の意も表すようになる。

❶数・量の多いさま。**数多く。たくさん。**例「――船に乗りてまかりありくに、またかくわびしき目を見ず」〈竹取・竜の首の玉〉訳 何年も船に乗ってあちこち出歩いていますが、いまだかつてこんなにつらい目にあったことはありません。

❷程度のはなはだしいさま。**ひどく。たいそう。**例「――悲しきさまざまのうれはしさはさし置かれて」〈源氏・明石〉訳(思い出すだけでも)たいそう悲しいあれこれのつらいことは自然と捨て置かれて。

こころ【心】〔名〕■一 人間の、知的、精神的活動の根源になるもの。また、そこから生まれる種々の働き。❶心。(肉体に対する)精神。例「その人、かたちよりは――なむまさりたりける」〈伊勢・二〉訳 その女は、容姿よりは心がすぐれていた。

❷感情。気持ち。気分。例「雨隠(あまごも)り――いぶせみ出(い)で見れば春日(かすが)の山は色づきにけり」〈万葉・八・一五六八〉訳 雨に降りこめられて気分がうっとうしいので、外へ出てみると、春日山はすっかり紅葉してしまったことだ。例「義朝(よしとも)の――に似たり秋の風」〈芭蕉・野ざらし紀行〉訳 かつて愛した常磐(ときわ)の塚をさびしげに秋風が吹く。保元(ほうげん)の乱では父を敵とし、平治の乱では戦い敗れ、妻子と別れ別れに死んだ義朝の心は、この風のようにさびしかったであろう。

❸**考え。**思慮。判断。例「天気(てけ)のこと、楫取(かぢと)りの――に任(まか)せつ」〈土佐・一月九日〉訳 天候のことについては、船頭の考えに一任してしまった。

❹意志。意向。例「おのがなさぬ子なれば、――にも従はずなむある」〈竹取・貴公子たちの求婚〉訳(かぐや姫は)私の生んだ子ではないから、思いどおりにはならないのです。

❺**情愛。**思いやり。配慮。例「三輪山(みわやま)をしかも隠すか雲だにも――あらなも隠さふべしや」〈万葉・一・一八〉訳(雲はあのなつかしい)三輪山(＝奈良県桜井市ノ山)をそんなにも隠すのか。せめて雲だけでも思いやりがあってほしい、そんなにも隠し続けることがあってよいものか。

❻**情趣を解する心。**風流心。例「――あらむ人に見せばや津の国の難波(なには)わたりの春のけしきを」〈後拾遺・春上〉訳 情趣を解する人がいたら、その人に見せたいものだ、この津の国の難波(＝大阪市)の辺の春の景色を。

■二(転じて)事物に関して、人間の心に当たるもの。❶**本質。道理。真相。真意。**例「この歌、いかにいへるにかあらむ、その――、得がたし」〈古今・仮名序〉訳 この歌は、どのようなことを詠んでいるのだろうか、その真の意味がつかみにくい。

❷(事物の)おもむき。**風情**(ふぜい)。例「おぼえぬ山がつになりて、四方(よも)の海の深き――を見しに」〈源氏・絵合〉訳 思いもかけない(須磨の)田舎に住むような境遇になって、あちらこちらの海の深遠な趣を見て歩いたので。

❸(池などの)**中心。真ん中。また、最も深い部分。**例「池の――も少なくてありけるほどに」〈今昔・三一・三三〉訳 池の真ん中の深い所も小さく浅くなって(残って)いたが。

心有(あ)り ❶思慮分別がある。道理をわきまえている。例「ものの折の扇、いみじと思ひて、――りと知りたる人に取らせたるに」〈枕草子・すさまじきもの〉訳 何か晴れの場に使う扇を、これは大事だと思って、その方面にわきまえがあると聞いている人に預けておいたところ。

❷思いやりがある。人情がある。例「――る者は恥ぢずぞなむ来ける」〈土佐・十二月二十三日〉訳 真に人情のある人は(他人の思惑(おもわく)を)憚(はばか)らずにやって来た。

❸風流心がある。情趣を解する。例「年々の春の草のみぞ、――らむ人はあはれと見るべきを」〈徒然草・三〇〉訳 毎年春になると芽を出す草ばかりを、情趣を解する人は心ひかれて目をとめるだろうが。

心置(お)く 〔「心を置く」とも〕❶気にかける。思いを残す。執着する。例「とまる身も消えしも同じ露の世に――らむほどぞはかなき」〈源氏・葵〉訳 生き残った自分も死んだ妻も同様に露のようにはかない存在でしかないこの世に、執着を持つようなら、つまらないことです。

❷心の隔てを置く。冷淡な態度をとる。また、遠慮する。例「あやしうとみ給ひて、人も――くめりしを」〈源氏・若紫〉訳(若紫は、継母を)不思議なほどいやがりなさって、継母の方も気がねするようだったので。

❸警戒をもって接する。用心する。例「すきたわめらむ女に――かせ給へ」〈源氏・帚木〉訳 浮気で男にほれやすい女にはご用心ください。

心後(おく)る ❶心が劣っている。気がきかない。例「その折につきなく目にとまらぬなどを推しはからず詠み出でたる、なかなか――れて見ゆ」〈源氏・帚木〉訳 その折にあわず相手から顧みられないという事情なども察しもせずに歌を詠み出したのは、かえって気がきかないように見える。

❷気おくれがする。

心解(と)く 気を許す。うちとける。例「いと似げなきことを、さも知らでのたまふ、と思(おぼ)して、――けたる御答(いら)へもなし」〈源氏・若紫〉訳(若紫が年少で光源氏に)ひどく似つかわしくないことを、(光源氏は)そうだとも気付かずに(若紫の世話をしたいと)おっしゃるのだと、(尼君は)お思いになって、気を許したご返事もない。

心にかか・る 気にかかる。頭から離れない。

心に染(し)・む ■一(「染む」が「自マ四」の場合)しみじみと深く心に感じる。例「なほ、――みにし方(かた)の事のみぞ、あはれにおぼえ給ひける」〈源氏・須磨〉訳 やはり、(朧月夜(おぼろづきよ)は)心に深く感じた方面のこと(＝光源氏トノコト)ばかりを、しみじみと思い起こされるのだった。

■二(「染む」が「他マ下二」の場合)深く心を傾ける。心を対象に集中する。例「桜色に我が身は深くなりぬらむ——・めて花を惜しめば」〈拾遺・春〉訳私の身はすっかり桜色になってしまっていることだろう、ただひたすら心を傾けて桜の花を賞美するので。

心にもあら・ず（「に」は、断定の助動詞「なり」の連用形。連用修飾語として下へかかる時は「心にもあらで」とも）❶自分の考えに合わない。思い通りでない。意外だ。❷思わず知らず。無意識に。例「いたう困(こう)じ給ひにければ、——・ずうちまどろみ給ふ」〈源氏・明石〉訳（光源氏は）たいそうお疲れになってしまったので、思わず知らずうとうとお眠りになる。

心の秋(あき)（「秋」に「飽き」を掛けて、秋になって、木の葉の色が変わるように）飽きて心変わりすること。例「時雨(しぐれ)つつもみづるよりも言(こと)の葉の——に逢(あ)ふぞわびしき」〈古今・恋五・八二〇〉訳時雨が降り続いて紅葉していくよりも、言葉が心の秋（＝飽キ）に逢って心変わりしていく方がわびしいものだ。

心の暇(いとま)❶心の休まる時。例「秋の夕は、まして——なく」〈源氏・若紫〉訳（物思いを誘う）秋の夕刻には、常にもまして心の休まる時もなく。❷心の中でひそかにする暇乞(いとまご)い。

心の色(いろ)　深い思いを色にたとえた表現。心の深さ。こまやかな心づかい。例「吾妻人(あづまびと)は、……げには、——なく情おくれ」〈徒然草・一四一〉訳関東人は、……実は、こまやかな心づかいがなく人情味に乏しく。

心の占(うら)　心の中で占い、推しはかること。推量。

心の掟(おきて)　⇩こころおきて

心の鬼(おに)　心中で恐れて不安になること。疑心暗鬼。また、良心の責めにあうこと。良心の呵責(かしやく)。

心の做(な)**し**（「なし」は、動詞「なす」の連用形の名詞化）心でそう思う故に、そう見えること。気のせい。例「たぐひあらじと思ひ聞こえし——にやありけむ」〈源氏・紅梅〉訳（光源氏を）比類のない方だとお思い申し上げてきた気のせいだったろうか。

心の外(ほか)　❶予想・期待に反すること。意外なこと。「思ひのほか」とも。例「げに、長らへば、——に、かくあるまじき事も見るべきわざにこそは」〈源氏・総角〉訳なるほど、生き長らえていると、思いもかけず、このようにあってはならない事をも体験しなければならないのですね。❷考えに入れないこと。無関心なこと。例「今はただ——に聞くものを知らず顔なる荻(をぎ)の上風(うはかぜ)」〈新古今・恋四・一三〇九〉訳（恋をしていた昔は荻を吹く風の音を恋人の足音かと聞いたものだが）今はまったく心にとめずに聞く。それなのに荻の上風は恋の終わりも知らぬ様子で今も吹いている。

心の闇(やみ)　煩悩に迷う心や分別を失った心の状態を比喩(ゆひ)的にいう。特に、親が子供を思う心の乱れ。例「——はいとどまどひぬべく侍(はべ)れば」〈源氏・明石〉訳（娘の明石の上を思って）分別を失った私（＝明石ノ入道）の心は（今後も）ますます混乱するでしょうから。参考「人の親の心は闇にあらねども子を思ふ道にまどひぬるかな」〈後撰・雑一・一一〇二　藤原兼輔(かねすけ)〉《訳親の心は暗闇ではないのに、子を思う道では何も見えず迷って（＝理性ヲ失ッテ）しまうものです》の和歌を踏まえて用いることが多い。

心行(ゆ)**・く**　充分満足する。心が満たされる。例「公私(おほやけわたくし)おぼつかなからず、聞きよきほどに語りたる、いと——・く心地す」〈枕草子・こころゆくもの〉訳公私にわたってはっきりしていて、聞き苦しくない程度に語ったのは、たいへん心が満たされる気がする。

心を致(いた)**・す**　心をこめる。心を尽くす。

心を起(お)**こ・す**　心を奮い起こす。発奮する。特に、信仰心についていう場合が多い。例「——・して祈り聞こゆ」〈源氏・若菜・下〉訳心を励まして（病気平癒(へいゆ)を、仏に）お祈り申し上げる。

心を砕(くだ)**・く**　あれこれと気を揉(も)む。深く思い苦しむ。例「あなあさましと胸うちさわぎ、——・かれけるより病つい て」〈平家・六・新院崩御〉訳（仏像や経が燃えるのを見て）ああ情けないと激しい動悸(どうき)におそわれ、あれこれ思い苦しまれたことから病気になり。

心を付(つ)**・く**　❶心をとめる。執着する。❷物を思う心をおこさせる。例「おしなべて物を思はぬ人にさへ——・くる秋の初風」〈新古今・秋上・二九九〉訳一様に、物思いというものをしない人にさえ、物思いの心をおこさせる秋の初風よ。

心を尽(つ)**く・す**　あれこれと心配する。心を砕く。例「多くの人の——・しつる日頃の名残少しうち休みて」〈源氏・葵〉訳（葵の上の難産のため）多くの人々が心を砕いて心配したこの何日間かの名残も少し安心できるようになり。

心を取(と)**・る**　機嫌を取る。例「大和撫子(やまとなでしこ)をばさしおきて、まづ、塵(ちり)をだになど、親の——・る」〈源氏・帚木〉訳大和撫子（＝子供）のことはあと回しにして、まず、「頻繁に訪れよう床に塵も置かぬように」など、母親のご機嫌を取る。

心を遣(や)**・る**　❶心を慰める。気晴らしをする。例「道遠み行きては見ねど桜花——・りて今日は暮らしつ」〈後拾遺・春上〉訳山までの道のりが遠いので、そばまで行って見てはいないが、山桜よ、（美しく咲く様を遥かに眺めて）今日一日気晴らしをして過ごしたことだよ。❷自分の思うままにする。得意がる。例「わが心得たることばかりを、おのがじし——・りて」〈源氏・帚木〉訳（女というものは）自分の得意なことばかりを、それぞれ得意がって。

こころ-あがり【心上がり】〔名〕思い上がること。

こころ-あさ・し【心浅し】〔形ク〕対こころふかし　❶考えが浅い。思慮分別に乏しい。例「女方(をんながた)の——・きやうにおぼしなすぞ、わりなきや」〈源氏・夕霧〉訳女（＝落葉ノ宮）の方の思慮が足りないように（夕霧のしゅうと殿が）お思いになるのは、致し方のないことだ。❷愛情が薄い。薄情である。例「御有様にたがひて、——・きやうなる御もてなしの」〈源氏・総角〉訳（中の君の）ご様子に反して、薄情そうに見える（匂宮(にほうのみや)の）ご態度が。

こころ-あて【心当て】〔名〕あて推量すること。あてずっぽう。例「——に折らばや折らむ初霜の置きまどはせる白菊の花」〈古今・秋下・二七七〉訳あて推量で、もし折るとしたら折れようか。初霜が置いて（一面まっ白で、どれがそれか）私を惑わせている白菊の花は。注『百人一首』所収ノ、凡河内躬恒(おおしこうちのみつね)ノ作。

こころ-あやまり【心誤り】〔名〕❶考え違いをするこ

と。心得違い。思い違い。「心あやまち」とも。例「あはれに思ひ聞こえし人を、一節（ひとふし）憂しと思ひ聞こえさせし――に」〈源氏・須磨〉訳慕わしく思い申し上げていたお方（＝六条御息所（みやすどころ））を、あの一件でいとわしいとお思い申し上げた（私の）心得違いのために。

❷心が正常でなくなること。気分がすぐれないこと。狂乱。

こころ-あ・り【心有り】⇩「こころ」子項目

こころ-いきほひ【心勢】（イキオイ）〔名〕自分の主張を通す気力。気魄（きはく）。

こころ-い・る【心入る】■一〔自ラ四〕｛ら・り・る・る・れ・れ｝心が対象に深く入る。熱中する。例「かの紫のゆかりたづねとり給ひて、そのうつくしみに――・り給ひて」〈源氏・末摘花〉訳あの藤壺（ふじつぼ）の縁つづきの人（＝若紫）を捜して自分の手許（てもと）にお引き取りなさってからは、その人（＝若紫）をかわいがることに心を注がれて。

■二〔他ラ下二〕｛れ・れ・る・るる・るれ・れよ｝心を対象に強く向ける。熱中してやる。例「御遊びにのみ――・れ給へれば」〈源氏・紅葉賀〉訳（幼い若紫はひな人形の）お遊びにばかり熱中してやっておられるので。

こころ-いれ【心入れ】〔名〕❶心を打ちこむこと。執心。

❷心がけ。また、好意。例「さやうの――、よき事とは言ひ難し」〈西鶴・世間胸算用・五・三〉訳そのような（＝金モウケニバカリ熱心ナ）心がけは、よい事とは言いにくい。

こころ・う

【心得】〔自ア下二〕｛え・え・う・うる・うれ・えよ｝❶（中身や真意が）**理解できる。わけがわかる。** 例「あやしく例ならぬ御気色（けしき）こそ、――・えがたけれ」〈源氏・朝顔〉訳変にいつもと違ったご様子（＝紫ノ上ノ涙）は、（なぜそうなのか）合点がいかないよ。

❷（芸能・武術などの）たしなみがある。わきまえがある。例「この方（かた）に――・えたる人々に弾かせ給ふ」〈源氏・末摘花〉訳この方面（＝琴）にたしなみのある女房達にお弾かせになる。

❸（人の依頼などを）引き受ける。承知する。例「『まづそれにお待ちやれ』『――・えました』」〈狂言・末広がり〉訳「まあそこでお待ちください」「承知しました」

こころう-が・る【心憂がる】〔自ラ四〕｛ら・り・る・る・れ・れ｝（形容詞「こころうし」の語幹「こころう」＋接尾語「がる」）なげかわしいと思う。嫌悪感をおぼえる。例「――・りて行かずなりにけり」〈伊勢・二三〉訳（男は女に）嫌悪感をおぼえ通わなくなってしまった。

こころ-う・し

【心憂し】〔形ク〕（名詞「心」＋形容詞「憂し」）

> 「心」に「憂し」が付いた語で、心の中でいやな感じがする、が基本の意。そこから、①のつらい、②の恨めしい、③の不愉快だ、などの意として用いられる。

❶**つらい。** なげかわしい。残念だ。例「なほいと――・き身なりけり」〈源氏・若紫〉訳（自分は）やはりたいそうつらい宿縁を持った身の上だったのだなあ。

❷（相手の態度に関して）恨めしい。ひどい。例「あな、――。虚言（そらごと）を言ふなりけり」〈枕草子・宮に初めて参りたるころ〉訳まあ、ひどい。うそを言っているのだわ。

❸いとわしい。いやだ。不愉快だ。例「なほ顔いとにくげならむ人は――・し」〈枕草子・職の御曹司の西面の〉訳やはり顔がとてもにくらしげな女性はいやだ。

こころ-うつく・し【心愛し】〔形シク〕❶気立てがかわいらしい。例「いと若やかに、――・しう、らうたき心、はたおはする人なれば」〈源氏・夕霧〉訳（雲居雁（くもいのかり）は）大変子供っぽく、気立てはかわいらしく、愛すべき心も、またおありの人であるので。

❷心が素直で親しみ深い。例「人がらは――・しくあてはかなることを好みて、こと人にも似ず」〈伊勢・一六〉訳（紀有常（きのありつね）という人は）人柄は心が素直で親しみ深く優雅なことを好んでいて、他の人とは違っている。

こころ-おきて【心掟】〔名〕❶心の持ち方。**心構え。** 例「遂（つひ）の世のおもしとなるべき――を習ひなば」〈源氏・少女〉訳（夕霧が）将来の世で重臣となるはずの人間にふさわしい心構えをきちんと身につけることができたならば。

❷こうしようと心に決めていること。方針。意向。例「親のもてかしづき給ひし御――のままに」〈源氏・蓬生〉訳父親が（かつて）ご養育なさったご方針のとおりに。

こころ-お・く【心置く】⇩「こころ」子項目

こころ-おく・る【心後る】⇩「こころ」子項目

こころ-おくれ【心後れ】〔名・形動ナリ〕❶心がひるむこと。気おくれ。臆病。

❷心の働きが鈍いこと。愚かなこと。

こころ-おごり【心驕り】〔名〕人からほめられたりして得意になること。思いあがり。例「さても、殿の『いづれにかと思ふ』とのたまはせしになむ、我ながら――せられし」〈大鏡・頼忠〉訳それにしても、殿（＝藤原道長）が「（おまえは）どの船に（乗ろう）と思うのか」とおっしゃったのには、我ながら得意にならずにはいられませんでした。注道長カラ、漢詩・和歌・管弦ノ船ノウチドレニ乗ルカト問ワレタ藤原公任（キントウ）ノ言葉。ココカラ「三船の才」トイウ語ガ生マレタ。

こころ-おそ・し【心鈍し】〔形ク〕気がきかない。理解が遅い。心がこもらない。例「さやうのことにも――・くてものし給ふ」〈源氏・蓬生〉訳（姫は）そのような（物語などの）趣味にも関心が薄くておいでになる。↔こころとし

こころ-おとり【心劣り】〔名〕予想したよりも劣っていると感じられること。幻滅。対こころまさり 例「めでたしと見る人の、――せらるる本性見えんこそ、口惜しかるべけれ」〈徒然草・一〉訳立派だと思っている人が、幻滅させられる性質を現すようなことこそが（あったとしたら、それは）残念なことに違いない。

こころ-がまへ【心構へ】（ガマエ）〔名〕❶物事に対する心の準備。また、あらかじめ持っている考え。心づもり。

❷心に持っている計略。策謀。悪だくみ。

こころ-から【心から】〔連語〕（「から」は格助詞）自分の心がもとで。自分から望んで。例「――常世（とこよ）をすてなく雁（かり）を雲のよそにもおもひけるかな」〈源氏・須磨〉訳自ら進んで故郷の常世の国を捨てて鳴いている雁を、いままでは雲のかなたのよそごとと思っていたことです。

こころ-がら【心柄】〔名〕性格。気だて。

こころ-ぎたな・し【心汚し・心穢し】〔形ク〕（「こころきたなし」とも）（俗世間への執着・下心などを持っていて）心が純粋でない。邪念がある。例「くやしきことも多かめるに、仏も、なかなか――・しと見給ひつべし」〈源氏・帚木〉訳（尼になっても）後悔することも多いようだから、仏も、（俗人ではないだけに）かえって（執着があって）心がきたないと御覧になるに違いない。

こころ-ぎも【心肝】〔名〕❶胸の中。心。精神。❷しっかりした心。思慮。例「やをらひき隠してあるべかりける事を、—なく申すかな」〈大鏡・道長・下〉訳そっと内密にしておくべきであった事を、思慮なく申したものだ。

こころ-ぎよ・し【心清し】〔形ク〕《「こころきよし」とも》（未練・愛欲などを持たず）心が清らかである。潔白である。邪念がない。例「今なむ、阿弥陀仏の御光も、—・く待たれはべるべき」〈源氏・夕顔〉訳（お見舞いをいただいた）今はもう、（極楽浄土の）阿弥陀如来の（お迎えの）光をも、さっぱりとした気持ちで待つことができましょう。

こころ-ぐせ【心癖】〔名〕生まれつきもっている癖。性癖。例「なほ、さる御—なれば、中宮なども、いと麗しくや思ひ聞こえ給へる」〈源氏・蛍〉訳やはり、あのような（光源氏の）ご性癖だから、中宮のことなども、（果たして）きれいさっぱりとあきらめ申し上げていらっしゃるだろうか。

こころ-ぐる・し

【心苦し】〔形シク〕《名詞「心」＋形容詞「苦し」》

> 心に苦痛を感じる意を表す。自分の心の状態であれば、**心に苦しく思う**①、の意となり、他人の不幸や苦痛を思いやって苦しむのであれば、**気の毒である**②、の意となる。

❶（自分の）**心に苦しく思う。**例「『いと—・しく物思ふなるはまことか』と仰せ給ふ」〈竹取・かぐや姫の昇天〉訳「たいそうせつなく思い悩んでいると聞くが本当か」と（天皇のお使いは竹取の翁(おきな)に）おっしゃられる。

❷（相手が）**気の毒である。痛々しい。**例「消えまどへる気色(けしき)いと—・しくらうたげなれば」〈源氏・帚木〉訳気を失いそうに途方に暮れている（空蟬(うつせみ)の）様子がたいそう気の毒で（また）かわいらしげであるので。

こころぐるし-が・る【心苦しがる】〔他ラ四〕{ら・り・る・る・れ・れ}《形容詞「こころぐるし」＋接尾語「がる」》気の毒に思う。気の毒がる。例「ならはぬ御つれづれを—・り給ひて」〈源氏・葵〉訳（服喪中で）慣れておられない（光源氏の）退屈さを気の毒にお思いになり。

こころぐるし-げ【心苦しげ】〔形動ナリ〕（こちらが苦しくなるほどの）気の毒そうな様子。いたいたしい。例「立部(たてじとみ)、透垣(すいがい)などの乱れたるに、前栽(せんざい)どもいと—・なり」〈枕草子・野分のまたの日こそ〉訳（台風の翌日）立蔀という塀や透垣という垣などが壊れているところで、庭の植え込みの草木が倒されていてたいそう痛々しい。

こころ-げさう【心化粧】{ソウ・ゲ}〔名・自サ変〕よく見られようとして気を配ること。気どること。心配り。例「正身(さうじみ)は何の—もなくておはす」〈源氏・末摘花〉訳本人は何の心配りもなくていらっしゃる。

こころ-ごころ【心心】〔名・形動ナリ〕❶人それぞれの心。各自の思い。❷各自さまざま。思い思い。例「所々の御桟敷(さじき)、—にし尽したるしつらひ」〈源氏・葵〉訳あちらこちらの御桟敷（＝見物用ノ仮設ノ席）の、それぞれ思い思いに趣向を凝らした飾り付け。

こころ-こと【心異・心殊】〔形動ナリ〕❶趣が格別である。特別にりっぱ。❷心づかいが格別である。特に気をつかっている。例「この皇子(みこ)生まれ給ひて後は、いと—・に思ほしおきてたれば」〈源氏・桐壺〉訳この皇子（＝光源氏）がお生まれになってからは、（その母の桐壺更衣(きりつぼのこうい)の待遇を、帝は）特別に深く考え取り決められたので。

こころ-ざし

【志】〔名〕

> 動詞「こころざす」の連用形が名詞化したもので、「心指す」、つまり心がある方向に向かっていくことをいう。そこで、①の**意志**、や相手に心を寄せる②の**愛情**、や③の**お礼や贈り物**、などの意味を表すようになる。

❶ある事をしようとする心の動き。意志。意向。例「残りの齢(よはひ)なくは、行ひの—もかなふまじけれど」〈源氏・若菜・上〉訳余命がないとしたならば、仏道に精進したいという（私の）意志も達せられないだろうが。

❷相手に寄せる心の働き。誠意。また、好意。愛情。例「みづからの—のまたなきならひに、ただ御事のみなむあはれに覚(おぼ)えける」〈源氏・澪標〉訳私自身の（あなたへの）愛情が比類ないのが習慣になって、ただあなたのことだけがしみじみと思われるのです。

❸相手に対するお礼の気持ち。また、それを表すために贈る金品。例「いとはつらく見ゆれど、—はせむとす」〈土佐・二月十六日〉訳（家を預かってもらっていた隣人のやり方は）何ともまあ薄情だと思われるけれど、（お礼の）贈り物はしておこうと思う。

❹死者の冥福(めいふく)を祈る気持ち。また、そのための行い。追善供養。

こころ-ざ・す【志す】〔他サ四〕{さ・し・す・す・せ・せ}《「心」がある方向を「指(さ)す」意》❶目標・目的を定めて、その実現を計ろうとする。心に決める。例「一たび道を聞いて、これに—・さむ人」〈徒然草・一七四〉訳一度仏の道（＝仏教ノ教エ）を聞いて、（仏道に修業しようと）心を決めるような人は。

❷謝意や好意を表そうとして金品を贈る。

❸死者の冥福(めいふく)を祈って供養(くよう)する。追善する。例「御心のうちにまた—・し給ひて、黄金(こがね)百両をなむ別(べち)にせさせ給ひける」〈源氏・横笛〉訳（光源氏は）心ひそかに（若君の）追善供養をしようとなさって、黄金百両を別に寄進おさせになった。

こころ-ざま【心様】〔名〕物の考え方や心の持ち方。気立て。性質。

こころ-しらひ【心しらひ】{ライ・シ}〔名〕《「心しらへ」とも》心くばり。心づかい。工夫。たしなみ。例「ただ今の物の上手どもこそ、さらに、このわたりの人々の御(み)—どもにまさらね」〈源氏・若菜・下〉訳今の世の（音楽の）名手達は、まったく、この六条院（＝光源氏ノ邸(ヤシキ)）のご婦人方のおたしなみの深さに及びません。

こころ-しら・ふ【心しらふ】{シラ・(ロ)ウ}〔自ハ四〕{は・ひ・ふ・ふ・へ・へ}心遣いをする。気をきかす。

こころ-しり【心知り】〔名・形動ナリ〕❶《「こころ」は事情の意》事情を知っていること。例「—の人二人ばかり」〈源氏・賢木〉訳事情を知っている侍女が二人ほど（露見を恐れ）途方に暮れている。

❷《「こころ」は相手の心の意》相手の気心を知ること。

こころ・す【心す】〔自サ変〕{せ・し・す・する・すれ・せよ}心を働かせる。

注意する。気をつける。例「あやまちすな、――・して降りよ」〈徒然草・一〇九〉訳けがをするな、注意して下りろ。

こころ-そら【心空】〘連語〙(何かに気をとられて)心が落ち着かないさま。うわのそら。例「吾妹子(わぎもこ)が夜戸出の姿見てしより――なり地(つち)は踏めども」〈万葉・一二・二九五〇〉訳あの子の、晩に戸口に出た姿を見てしまってから、私の心はうわのそらである。足で大地は踏んでいるのだが。

こころ-だか・し【心高し】〔形ク〕(「こころたかし」とも)理想が高い。また、気位が高い。思い上がっている。例「かくはかなき夢に頼みをかけて、――・くものし給ふなりけり」〈源氏・若菜・上〉訳(父の明石の入道は)この(手紙に書いてある)ように頼りにならない(極楽に生まれ変わったという)夢に期待をかけて、(極楽往生したいと)理想を高く持っておられたのだった。

こころ-たましひ【心魂】(シイ:タマ)〔名〕(心と魂の意)心の働き。精神。思慮。例「かたちとても人にも似ず、――もあるにもあらで」〈蜻蛉・上・序〉訳容貌(ようぼう)といっても人並みでなく、思慮分別もあるわけでもなくて。

こころ-づかひ【心遣ひ】(カイ:ヅ)〔名〕他人などに気をつかうこと。心配り。気づかい。例「打たれじと用意して、常に後ろを――したる、気色(けしき)もいとをかしきに」〈枕草子・正月一日は〉訳(かゆの木で)打たれまいと注意して、常に背後に用心している、その様子もたいそうおもしろいが。

こころ-づから【心づから】(カラ:ズ)〔副〕(「づから」は接尾語)自分の心から。自分の意志で。例「春風は花のあたりをよきて吹け――やうつろふと見む」〈古今・春下・八五〉訳春風は桜の花のあたりをよけて吹いてほしい。花が(風に散らされるのでなく)自分の意志で散ってゆくのかどうかを、私は見て確かめたいのだ。

こころづき-な・し【心付きなし】〔形ク〕

「心付き」(=気に入ること)に「無し」が付いて一語化した語。つまり、**気にくわない**、**いやだ**、の意になる。

心がひかれない。興味が持てない。また、**気にくわない**。**いやだ**。例「いとどしろ――・く思ふことぞ限りなきや」〈蜻蛉・上・天暦九年〉訳「(他の女の所へ行っているのを隠しもしないとは)ますます不愉快に思うことこの上もないよ。

こころ-づ・く【心付く】(「こころつく」とも)■一〔自カ四〕{か・き・く・く・け・け}物心が付く。分別する能力が付く。また、気が付く。気づく。
■二〔他カ下二〕{け・け・く・くる・くれ・けよ}❶心を寄せる。思いを寄せる。例「御匣殿(みくしげどの)、なほ、この大将にのみ――・け給へるを」〈源氏・葵〉訳御匣殿(=朧月夜(オボロヅキヨ))が、今なお、この大将(=光源氏)にだけ思いを寄せていらっしゃるのを。
❷気づかせる。注意させる。警告する。例「若き人に見習はせて――・けんためなり」〈徒然草・一八四〉訳若い人に見習わせて注意を払わせようとするためである。

こころ-づくし【心尽くし】〔名〕さまざまに物を思うこと。あれこれ悩むこと。例「すべて、などかく――になり始めけむ身にかと」〈源氏・松風〉訳何かにつけて、どうしてこんなに物思いをする身になり始めた(自分)なのだろうかと。

こころ-づけ【心付け】〔名〕❶他人などに気を配ること。配慮。また、気を配って人に与える金品。祝儀。
❷(連歌・俳諧(はいかい)用語)連歌・連句の付け方の一つ。前句全体の意味や心情を受けて、それに応じた付け句をすること。連歌では二条良基が推賞し、俳諧では談林派が多く用いた。例「発句(ほく)は昔よりさまざま替はり侍れど、付け句は三変なり。昔は付け物を専(もっぱ)らとす。中頃は――を専らとす。今は、移り、響き、匂(にほ)ひ、位をもって付くるをよしとす」〈去来抄・修行〉訳発句は昔からいろいろ変わって来たが、付け句は三回変わった(だけである)。昔(=貞門時代)は物付(づもの)けを主とする。中頃(=談林時代)は心付けを主とする。現在(=蕉風ノ時代)は、移り、響き、匂い、位によって付けるのがいい方法である。

こころ-づよ・し【心強し】〔形ク〕❶意志が固い。がまん強い。気丈である。例「たへがたきを――・く念じかへさせ給ふ」〈源氏・桐壺〉訳(帝は)悲しみをこらえられないのを気をしっかと持ってこらえていらっしゃる。
❷情にほだされない。つれない。強情である。例「――・く承らずなりにしこと」〈竹取・かぐや姫の昇天〉訳(宮仕えを)強情にお受けしなかったことを。

❸頼れるものがあって安心である。気強い。例「わが君、――・くおぼし慰めよ」〈落窪・一〉訳姫よ、気強く思って心を慰めてください。

こころ-と【心と】〘連語〙(「と」は格助詞)自分の心から。例「つくづくと思へば安き世の中を――嘆(なげ)く我が身なりけり」〈新古今・雑下・一七七三〉訳よくよく考えてみれば生きて行きやすいこの世の中なのに、私はひとり自分の心で住みにくいと決めて、嘆いていたのであったよ。

こころ-ときめき【心ときめき】〔名〕期待や不安などで、胸がどきどきすること。わくわくすること。

こころ-と・く【心解く】⇩「こころ」子項目

こころ-と・し【心疾し】〔形ク〕(「とし」は鋭い意)❶心の働きが鋭い。察しがよい。例「ほほゑみてのたまふ御けしきを、――・き者にて、ふと思ひ寄りぬ」〈源氏・葵〉訳(光源氏が明晩餅(もち)をさしあげよと)微笑しながらおっしゃる御事情を(惟光(これみつ)は)物分かりの早い者であって、(新婚の三日の餅(もち)であることに)ふと気づいてしまった。
❷気が早い。例「一重(ひとへ)なるがまづ咲きて散りたるは、――・くをかし」〈徒然草・一三九〉訳一重咲きの梅が先に咲いて散ってしまうのは、気が早い感じでおもしろい。

こころ-なが・し【心長し】〔形ク〕長い間気持ちが変わらない。気が長い。また、(長く続くと思って)のんびりしている。安心である。例「われ、さりとも――・う見果てむ」〈源氏・末摘花〉訳私は、(末摘花(すえつむはな)が)あんな女(ひと)であるにしても気長に(末摘花の)面倒を最後まで見よう。

こころ-ながら【心ながら】〘連語〙❶自分の気持ちではあるが。われながら。例「――も、少しうつろふところあらむこそあはれなるべけれ」〈源氏・夕顔〉訳(光源氏は)いずれにしても自分の気持ち次第のことだが、(自分が)多少(他の女性に)心を移してみたりするなら、(夕顔が)よりいとしく思えるにちがいない。
❷その心のままで。その心を変えずに。例「なほ昔よかりし時の――、世の常のことも知らず」〈伊勢・一六〉訳(紀有常(きのありつね)は落ちぶれて貧しい生活を続けていても)やはり昔栄えていた時代の心のままで、世間並の生活なども知らない。

こころ-な・し【心無し】〔形ク〕対こころあり

「こころなし」の「こころ」の重要な意味は、思慮・やさしさ・理解力などで、それらが「なし」の「こころなし」なので、①の思慮がない、②の思いやりがない、③の情趣を理解しない、などの意味となるのである。

❶**思慮がない。分別がない。** 例「はては、大きなる枝――・く折り取りぬ」〈徒然草・一三七〉訳（田舎者はしつこくて）しまいには、大きな（桜の）枝を考えもなく折り取ってしまう。

❷**思いやりがない。** 人情がない。例「しばしばも見放（さ）けむ山を――・く雲の隠さふべしや」〈万葉・一・一七長歌〉訳何度でも眺めやろうと思う山（＝三輪山）なのに、無情にも雲が隠してよいものであろうか。注額田王ノ作。近江遷都ニ際シテ、三輪山ヲ通ッテ旧都トノ別レヲ惜シム。

❸**情趣を理解しない。** 無風流である。教養がない。例「――・き身にもあはれは知られけり鴫（しぎ）立つ沢の秋の夕暮れ」〈新古今・秋上・三六二〉訳物の情趣を感じる心のない出家の身（＝自分）にもしみじみとした情趣は感じられることであった。鴫の飛び立つ秋の夕暮れよ。注西行ノ作。『新古今集』ノ「三夕の歌」ノ一ツ。

こころ-ならひ【心習ひ】〔名〕習慣として心が、ある状態になること。心の習わし。くせ。例「行く末は我をも偲（しの）ぶ人やあらむ昔を思ふ――に」〈新古今・雑下・一八四五〉訳将来は私のような人間を思い慕ってくれる人があるだろうか。昔を思い懐かしむという人の心の習慣で。注藤原俊成ガ『千載集』ヲ撰シタ時、古イ歌ヲ見テ詠ンダ歌。後世ノ人モ自分ヲ偲ンデクレルダロウカ、トノ気持チ。

こころ-に-かか-る【心にかかる】⇩「こころ」子項目

こころ-にく-し

【心憎し】〔形ク〕（名詞「心」＋形容詞「憎し」）

「心憎し」の「憎し」は、憎いという気持ちはほとんどなく、**ねたましいほど、相手がすぐれている**、の意。代表的な意味は、**奥ゆかしい**、である。

❶（人柄・態度・様子に）底知れない深みがあって心ひかれる。**奥ゆかしい。** 例「――・き限りの女房、四、五人（よたりいつたり）さぶらはせ給ひて」〈源氏・桐壺〉訳（天皇は）奥ゆかしいところのある女官だけを、四、五人おそばにお置きになって。

❷期待に心がひかれる。例「こなたの人、あなたの人、みな心もとなくうちまもりて、『なぞ、なぞ』と言ふほど――・し」〈枕草子・殿などのおはしまさで後〉訳（なぞなぞ遊びで、今にも出題しそうなので）味方も、敵も、皆待ち遠しく見つめていて、「何、何」と言う時は期待で心ひかれる。

❸（中世からの用法）恐ろしい。警戒すべきである。例「――・うも候はず」〈平家・四・競〉訳（源頼政の軍勢は）それほどこわい相手でもございません。

❹（近世の用法）怪しい。いぶかしい。例「――・し。重き物を軽う見せたるは隠し銀（がね）にきはまるところ」〈西鶴・世間胸算用・四・二〉訳どうも怪しい。重い荷物を軽く見せているのは銀を隠しているにきまっている。

参考『枕草子』の「心にくきもの」の段では、次のようなものに「心にくし」という評語を付けている。
(ア)人を呼ぶ手の音に応じて侍女らしい人の参上する、物陰の気配。(イ)光沢のある衣の上に広がる髪から、髪の長さが推測されること。(ウ)人が寝静まっている時に殿上人が話したり、碁石の音を立てている。(エ)女官達の話声や衣ずれの音から、だれそれと見当がつく。(オ)薫物の香。
いずれも、①の意味があてはまる場合であり、作者は分からない部分に興味を持ち、空想力を働かせて楽しんでいる。(ウ)に続けて「なほ、寝（い）ねぬ人は心にくし」という短文を置いている。「何といってもやはり、寝ない人は心ひかれる」というのも、起きていて何をしているのだろうか、それが知りたいという気持ちである。

こころ-に-し-む【心に染む】⇩「こころ」子項目

こころ-にも-あら-ず【心にもあらず】⇩「こころ」子項目

こころ-ね【心根】〔名〕奥深い心情。心底。内心。

こころ-の-あき【心の秋】⇩「こころ」子項目

こころ-の-いとま【心の暇】⇩「こころ」子項目

こころ-の-いろ【心の色】⇩「こころ」子項目

こころ-の-うら【心の占】⇩「こころ」子項目

こころ-の-おきて【心の掟】⇩「こころ」子項目

こころ-の-おに【心の鬼】⇩「こころ」子項目

こころ-の-なし【心の做し】⇩「こころ」子項目

こころ-の-ほか【心の外】⇩「こころ」子項目

こころ-の-やみ【心の闇】⇩「こころ」子項目

こころ-ば【心葉】〔名〕❶贈物などの上を覆う綾絹（あやぎぬ）の四隅や中央に付ける梅や松の造花。❷饗膳（きょうぜん）の箱や折敷（おしき）などに飾り立てる造花。時として生花を切り立てて用いる場合にもいう。

こころ-ばせ【心ばせ】〔名〕❶気だて。性質。例「昔、山にて見つけたる。かかれば――も世の人に似ず侍（はべ）り」〈竹取・帝の求婚〉訳（かぐや姫は）昔、山で見つけた者です。ですから性質も世間並みの人間には似ておりません。❷心遣い。気ばたらき。例「『――あり』なんど仰せられて、御感（ぎょかん）ありけり」〈平家・四・還御〉訳「本当に気が利いている」などとおっしゃって、（高倉上皇は）感動なさった。

こころ-はづか-し【心恥づかし】〔形シク〕❶（相手が立派で）気おくれする。ひけめを感じる。例「あなづりやすき人ならば、『後（のち）に』とてもやりつべけれど、さすがに――・しき人、いとにくくむつかし」〈枕草子・にくきもの〉訳（急用がある時の来客が）いいかげんに扱ってもよい人ならば、「あとで」と言って帰すこともできるが、やはり遠慮が要る人の場合は、全くしゃくにさわるし煩わしい。❷ひけめを感じるほどに（相手が）立派である。例「――・しき人、住むなる所にこそあなれ」〈源氏・若紫〉訳（なにがし僧都（そうず）という）こちらが気おくれするほど立派な人が、住むという所だということだ。

こころ-ばへ

【心ばへ】〔名〕

「心ばへ」は、心が動いていく、のびていくことをいう。そこから、①の**意向**、②の**性質**、③の**趣向**、の意を生じてくる。同義語に「**心ばせ**」があるが、「心ばせ」が人の心・性質についてのみ用いるのに対して、この「**心ばへ**」は用法が広く、③のように事物の性質についても用いる。

❶**心の用い方。心遣い。意向。** 例「さる――見すなれど、さらにうけひかず」〈源氏・若紫〉訳そういう(＝明石ノ入道ノ娘ヲ妻ニシタイトイウ)意向を見せるそうだが、(入道は)いっこうに応じない。

❷**心の様子。気だて。性質。** 例「近き隣に――知れる人、出(い)づるに合はせて、かく言へり」〈蜻蛉・上・天暦十年〉訳隣近所で気心のわかっている人が、(夫の兼家(かねいえ)が私の家から)出て行くのに合わせて、次のように歌を詠んだ。

❸物事の趣。趣向。風情。例「――いふ甲斐(かひ)なくはあらぬ御答(いら)へと思(ぼ)す」〈源氏・玉鬘〉訳なかなか風情のある(玉鬘(たまかずら)の)ご返事(の仕方だ)と(光源氏は)お思いになる。

こころ-ふか・し【心深し】〔形ク〕（「こころぶかし」とも）❶思慮深い。例「母御息所(みやすどころ)、いといと重々しく、――・きさまにものし侍(はべ)りしを」〈源氏・澪標〉訳(斎宮の)母である(六条の)御息所は、大変に落ち着きがあって、思慮深いようすでおいでであったのに。❷情愛が深い。例「あまり――・く、見る人も苦しき御有様を、少し取り捨てばや」〈源氏・夕顔〉訳(六条御息所の)あまりに情が深く、世話している自分も苦しく感じるような御性質を、少し取り除きたいものだ。❸趣が深い。風情がある。例「暁近くなりて待ち出(い)でたるが、いと――・う、青みたるやうにて」〈徒然草・一三七〉訳暁近くになって出る月が、たいへん風情があって、青みがかったようすで。

要点 「心」の意味は、①②のように思慮や情愛の場合が多いが、悲しみ・物思い・真心・遠慮などに広く用いる。対こころあさし

こころぼそ-げ【心細げ】〔形動ナリ〕（形容詞「心細し」の語幹に、接尾語「げ」の付いたもの）いかにも心細そうな様子。例「――・なる御声、絶え絶え聞こえて」〈源氏・若紫〉訳(病気の尼君の)いかにも心細そうなお声が、とぎれとぎれに聞こえて。

こころ-ぼそ・し【心細し】〔形ク〕❶頼りなく不安である。心細い。例「今年こそ、なりはひにも頼む所少なく、田舎(ゐなか)の通ひも思ひかけねば、いと――・けれ」〈源氏・夕顔〉訳今年は、仕事でももうけは少なく、地方への行商もその気になれないので、何とも心配なことだ。❷寂しい。しんみりとした情緒がある。例「水鶏(くひな)のたたくなど――・からぬかは」〈徒然草・一九〉訳水鶏という鳥が戸をたたくように鳴くのなど寂しくないことがあろうか。

こころ-まうけ【心設け】〔名〕あらかじめ心の用意をすること。心づもり。

こころ-まさり【心勝り】〔名〕❶予想していたよりも実際の方がまさって感じられること。対こころおとり ❷外見よりも、心がしっかりしていること。

こころ-まどひ【心惑ひ】〔名〕心が乱れ迷うこと。心の迷い。例「朝露の置きつる空も思ほえず消え返りつる――に」〈新古今・恋三・一一七三〉訳朝露が降りていた朝、起きた時のこともはっきりとはわかりません。(あなたとの別れに)我が身も消えてしまうくらい心が思い乱れていましたので。

こころ-み【試み】〔名〕（動詞「試みる」の連用形の名詞化）何かをためしにやってみること。試し。試験・試楽(しがく)・試食・試飲など内容的にはいろいろなものがある。

こころ-みえ【心見え】〔名・形動ナリ〕心の様子を人に見られるようにすること。心中を人に見せること。例「『思ふほどよりは悪(わろ)し。――・なり』とそしられめ」〈枕草子・この草子〉訳(この草子に歌などを書いたら)「思っていたのよりはよくない。心が見えすいている」とけなされもしよう。注『枕草子』ノ跋文(ばつぶん)(＝作品ノ最後ニ記ス文)ノ一部。

こころ-みじか・し【心短し】〔形シク〕気が短い。せっかちである。また、移り気である。あきっぽい。例「たのもしげなきもの、――・く人忘れがちなる婿(むこ)の、常に夜離(よが)れする」〈枕草子・たのもしげなきもの〉訳頼りなさそうなものは、あきっぽくて相手を忘れやすい婿が、夜、妻の家にやって来ることが少なくなりがちの。

こころ・みる【試みる】〔他マ上一〕（み・み・みる・みる・みれ・みよ）（「心見る」の意）物の性質や力をためす。やってみる。試験する。試みる。例「なほこれを焼きて――・みむ」〈竹取・火鼠の皮衣〉訳やはりこれ(＝右大臣ガ火鼠(ひねずみ)ノ皮衣ト言ッテイルモノ)を焼いて試してみましょう。

こころ・む【試む】〔他マ上二〕（み・み・む・むる・むれ・みよ）⇒こころみる 例「この馬に乗り――・むるに、まことに思ふやうなりければ」〈今昔・一六・二八〉訳この馬に乗ってためすと、本当に予想した通り(良い馬)なので。参考上一段活用をする「こころみる」の連用形「こころみ」が、上二段活用の連用形のように考えられてできた語。

こころ-むき【心向き】〔名〕心の様子。性質。例「鹿毛(かげ)なる馬の並びなき逸物(いちもつ)、乗り走り、――、又あるべしとも覚(おぼ)えず」〈平家・四・競〉訳鹿毛の馬で比類ないすぐれたもので、乗り具合走り具合も、性質も、二つとあろうとも思われない。

こころ-もちゐ【心用ゐ】〔名〕他人への気配り。心づかい。心がけ。例「有職(いうそく)どもなりな。――なども、とりどりにつけてこそめやすけれ」〈源氏・常夏〉訳物事に通じた人達であるよ。心づかいなども、それぞれに関してみてもすぐれていて見苦しくないことだ。

こころもとな-が・る【心許無がる】〔自ラ四〕（ら・り・る・る・れ・れ）（「がる」は接尾語）待ち遠しく思う。待ちわびる。例「いつしかと――・らせ給ひて、急ぎ参らせて御覧ずるに」〈源氏・桐壺〉訳(帝は生まれたばかりの光源氏を)早く(見たい)と待ち遠しがりなさって、(若宮を)急いで参内(さんだい)させてご覧になると。

こころもと-な・し【心許無し】〔形ク〕

類おぼつかなし

本来は、自分の気持ちだけが先走って落ち着かない、の意。平安時代では、期待や欲望が簡単に実現しないことや、あせりの気持ちを表し、気がかりである、待ち遠しい、ぼんやりとしている、などの意味に用いられる。

❶(はっきりしなくて)不安である。**気がかりである。** 例「――・き日数重なるままに、白河の関にかかりて旅心定まりぬ」〈奥の細道・白河の関〉訳不安な日数が重なるうちに、白河の関にさしかかってやっと旅に徹する気持ちに落ち着いた。

❷（はやくはっきりさせたくて）待ち遠しい。じれったい。例「わが人をやるべきにしあらねば、いと―・くて待ち居(を)れば」〈伊勢・六九〉訳 自分が使いを送るわけにはいかないので、たいそうじれったい思いで待っていると。

❸様子がはっきりしない。ぼんやりしている。例「せめて見れば、花びらの端(はし)にをかしき匂(にほ)ひこそ、―・う付きためれ」〈枕草子・木の花は〉訳（梨(なし)の花を）よくよく見ると、花びらの端に趣深いほんのりとした色つやが、うっすらとついているようだ。

❹様子をはっきりとは知らない。事情にうとい。例「―・き身だにかく。思ひ知りたる人は袖(そで)を濡(ぬ)らさぬといふたぐひなし」〈蜻蛉・中・安和二年〉訳（左大臣源高明が流罪になった事件について）事情に不案内な自分でさえこんなに（悲しい）。（まして）よく知っている人は同情の涙で袖を濡らさない人はない。

こころ-やす・し【心安し】〔形ク〕対 こころもとなし

> 心が安らかである、安心である、の意。そこから、親しい、また、気安い、などの意にもなる。

❶**心が落ち着いている。安心である。**例「いざ、ただこのわたり近き所に―・くて明かさむ」〈源氏・夕顔〉訳 さあ、すぐこの近所でのんびりと夜を明かそう。

❷遠慮がいらない。親しい。例「人よりは―・くなれなれしく振る舞ひたり」〈源氏・帚木〉訳（妻の兄弟の中で、頭中将(とうのちゅうじょう)は）他の人にくらべて（光源氏に対して）親しくなれなれしく振る舞っている。

❸気軽である。気安い。例「―・くも取り出(い)で給はず、いといたく秘めて」〈源氏・絵合〉訳（頭中将は名人に描かせた絵を）気安く取り出してお見せすることなく、たいそう秘密にして。

こころ-やま・し【心疾し】〔形シク〕❶（どうしようもなくて）不愉快である。しゃくにさわる。例「浅葱(あさぎ)の―・しければ、内裏(うち)へ参ることもせず、もの憂(う)がり給ふを」〈源氏・少女〉訳（夕霧は、六位の袍(はう)の）薄緑色が不満なので、宮中へ参ることもせず、何事もつまらなくお思いだったが。注 光源氏ノ長男、夕霧ハ、父ノ考エデ六位ニナッタコトガ不満ナノデアル。

❷（思うようにならず）気がもめる。じれったく思う。例「―・しきほどに弾(ひ)きさしつつ」〈源氏・明石〉訳（もっと聞きたいと）じれったく思うぐらいに弾くのをやめるので。

> 参考「うら(＝心)やむ」から「うらやまし」を派生したように、「心や(病)む」を形容詞化した語である。平安末期には、「やまし」単独の形で、同じ意味を表す例が漢文訓読文に現れ、近世からは、病気である意や、現代語と共通の、後ろ暗い意でも用いる。

こころ-やり【心遣り】〔名〕不快な気持ちを外に発散させること。気晴らし。慰め。例「男どちは、―にやあらむ、漢詩(からうた)など言ふべし」〈土佐・一月十八日〉訳 男同士は、気晴らしのためだろうか、漢詩などを詠じているようだ。

こころ-ゆ・く【心行く】⇩「こころ」子項目

こころ-ゆるび【心弛び】〔名〕心の緊張がゆるむこと。のんびりすること。油断。例「世に―なく、憂しと思ひつるを」〈蜻蛉・中・天禄二年〉訳 夫婦仲は気が安まる時もなく、つらいと思っていましたが。

こころ-よ・し〔形ク〕一【心良し・心好し】性質がよい。気立てがよい。例「本性(ほんじやう)は、いと静かに―・く子めき給へる人の」〈源氏・真木柱〉訳（鬚黒(ひげくろ)の正妻は）本来のご性質は、たいそう物静かで気立てがよくおっとりとしておられた人で。

二【快し】❶気分がよい。心が楽しい。こころよい。例「―・く数献(すこん)に及びて、興に入られ侍(はべ)りき」〈徒然草・二一五〉訳（北条時頼(ときより)はみそを酒のさかなにして）気持ちよく何杯か杯を重ねて、いいご機嫌になられました。

❷病気による苦しさがない。

こころ-よせ【心寄せ】〔名〕あるものに関心を寄せること。また、好意を持つこと。期待すること。例「『いざ、掻餅(かいもちひ)せん』と言ひけるを、この児(ちご)―に聞きけり」〈宇治拾遺・一・一二〉訳（僧達が）「さあ、ぼたもちを作ろう」と言ったのを、この稚児は期待して聞いたのだった。

こころ-わか・し【心若し】〔形ク〕心が若々しい。純情である。また、（思慮が足りず）心が幼稚である。例「山鳥、友を恋ひて、鏡を見すれば慰むらむ、―・う、いとあはれなり」〈枕草子・鳥は〉訳 山鳥は、仲間を恋しがって、（鳴く時に）鏡を見せると心が慰められるというのは、純情で、大変感動を覚える。

こころ-を-いた・す【心致す】⇩「こころ」子項目

こころ-を-おこ・す【心を起こす】⇩「こころ」子項目

こころ-を-か・し【心をかし】〔形シク〕かわいらしく感じる。例「―・しく人なれたるは、あやしうなつかしき物になむ侍(はべ)る」〈源氏・若菜・下〉訳（女三の宮の唐猫のように）かわいらしく人に慣れているのは、妙に心ひかれるものです。

こころ-を-くだ・く【心を砕く】⇩「こころ」子項目

こころ-を-さな・し【心幼し】〔形ク〕考えが幼稚である。思慮が足りない。分別がない。例「若き人といひながら、―・くものし給ひけるを知らで」〈源氏・少女〉訳（雲居雁(くもゐのかり)が）若い人といいながらも、これほど無分別でいらっしゃったことを（父の私は）気がつかないで。

こころ-を-つ・く【心を付く】⇩「こころ」子項目

こころ-を-つく・す【心を尽くす】⇩「こころ」子項目

こころ-を-と・る【心を取る】⇩「こころ」子項目

こころ-を-や・る【心を遣る】⇩「こころ」子項目

ここ-を-もて【此処を以て】〔連語〕（「ここをもって」とも）こういうわけで。それで。例「―たとひ人怒るといふとも、かへって我が咎(とが)をおそれよ」〈平家・二・教訓状〉訳 こういうわけでたとえ人が怒った場合でも、（それに対抗して自分も腹を立てるのではなく）ふりかえって自分の欠点について反省してみよ。

古今著聞集(ここんちょもんじふ)〔書名〕鎌倉中期の説話集。橘成季(たちばなのなりすゑ)編。一二五四年（建長六）成立。平安中期頃からの説話を集大成したもの。七百にのぼる説話を神祇(じんぎ)・政道・文学など三十の部門に分類して年代順に構成してあり、最も体系的な説話集である。⇩橘成季

ご-ざ【御座】〔名〕❶「座」の敬称。身分の高い人の座席。貴人の席。「おまし」とも。例「冠者(くわんざ)の―、引き入れの大臣(おとど)の―、御前(おまへ)にあり」〈源氏・桐壺〉訳

元服する人(＝光源氏)のお席と、冠をかぶせる役の大臣のお席とが、(玉座の)前にある。❷貴人の部屋で、置き畳の上に重ねて敷く畳。ござ畳。例「ことさらに、——といふ畳のさまにて、高麗(かうらい)など、いと清らなり」〈枕草子・御前にて人々とも〉訳 特別に、ござという畳の様子で、高麗縁(こうらいべり)(＝畳ノヘリノ一種)など、たいそう美しい。

ござ-あ・り【御座あり】〔自ラ変〕{ら・り・り・る・れ・れ} ❶(「あり」「をり」の尊敬語)おありになる。いらっしゃる。例「御直廬(ごちょくろ)に暫(しば)く——・るべきにて」〈平家・一・殿下乗合〉訳 摂関大臣の宿所にしばらくいらっしゃるはずで。❷(「行く」「来(く)」の尊敬語)いらっしゃる。おいでになる。例「御身(おん)はいづくへ——・る人ぞ」〈太平記・二七・三〉訳 あなた様はどちらへいらっしゃる方ですか。

> 参考 名詞「御座」にラ変動詞「有り」が付いて一語化したもの。室町時代になると終止形も「ござある」の形となり、四段活用となる。また、縮約して「ござる」になる。

こ-さうじ【小障子】(コソウジ)〔名〕(「こしゃうじ」とも)高さ四尺(＝一・二メートル)の、低いついたて。例「——上(かみ)より、ほのかに見え給へる御有様を」〈源氏・帚木〉訳 (通路の中間に立てた)低いついたての上から、かすかにお見えになっている(光源氏の)お姿を。

ござ-さうら・ふ【御座候ふ】(ゴザソウロウ)〔自ハ四〕{は・ひ・ふ・ふ・へ・へ} ❶(「あり」「をり」の尊敬・丁寧語)いらっしゃいます。ございます。例「この所に岩井殿と申す人の——・ふか」〈謡曲・丹後物狂〉訳 ここに岩井殿とおっしゃる方がいらっしゃいますか。
❷〔補動ハ四〕(「あり」の丁寧語)あります。ございます。例「それがしは忠の者にて——・ふよ」〈謡曲・蘆刈〉訳 私は忠義の者でございます。

参考 尊敬語「御座あり」の「あり」の部分を丁寧語「候ふ」にしたもの。

ご-さた【御沙汰】〔名〕(「沙汰」の尊敬語)(天皇・将軍また、役所の)お指図(さしず)。ご命令。

ござ-な・し【御座なし】(中世以降の語。「ござあり」の打消しの形)❶〔形ク〕❶(「なし」の尊敬語)おいでにならない。例「まづ内裏(だいり)へ参じて見奉るに、主上(しゅしょう)は——・くて」〈太平記・二・八〉訳 (六波羅(ろくはら)の役人が)まず宮中に参上して拝見したところが、(後醍醐(ごだいご))天皇はいらっしゃらないで。❷(「なし」の丁寧語)ありません。ございません。例「定めて勧進帳の——・きことは候ふまじ」〈謡曲・安宅〉訳 絶対に勧進帳がないはずはございますまい。
❷〔補助形容詞〕…でありません。…でございません。例「別にお気遣ひなさるるほどのことにては——・い」〈謡曲・舟弁慶〉訳 格別お気遣いくださるほどのことではありません。

ござ-なれ〔連語〕(「ごさんなれ」の撥音(はつおん)「ん」を表記しない形)⇩ごさんなれ

ござ-めれ〔連語〕(「ごさんめれ」の撥音(はつおん)「ん」を表記しない形)⇩ごさんめれ

ござ・る【御座る】{ら・り・る・る・れ・れ}(「御座あり」の変化した形)❶〔自ラ四〕❶(「あり」「をり」の尊敬語)いらっしゃる。例「いまだ似合はしいお住持(ぢゅうぢ)が——・らぬ」〈狂言・腹立てず〉訳 いまだにふさわしいご住職がいらっしゃらない。❷(「行く」「来(く)」の尊敬語)いらっしゃる。おいでになる。例「この所に——・っては平六殿の商売の妨げにもなりませうほどに」〈狂言・塗師〉訳 (細工のうまいお師匠様が都から)この所においでになっては(夫である)平六殿の商売の邪魔にもなりましょうから。❸(「あり」の丁寧語)あります。ございます。例「さりながら、太郎冠者(くわじゃ)とは日ごろ申し交はいたことも——・れば」〈狂言・武悪〉訳 しかし、太郎冠者とはつね日頃口約束をしたこともありますので。
❷〔補動ラ四〕(「あり」「をり」の丁寧語)…(て)おります。…(で)ございます。例「さやうには存じて——・れども」〈狂言・萩大名〉訳 そのようには存じておりますが。

ごさん-なれ〔連語〕(「にこそあるなれ」の変化した形。「に」は断定の助動詞「なり」の連用形、「なれ」は推定・伝聞の助動詞「なり」の已然形)…ようだな。…だな。…のだな。例「おのれらは内府(だいふ)が命(めい)をば重うして、入道が仰せをば軽うしけるごさんなれ」〈平家・二・小教訓〉訳 お前達は内大臣(＝平重盛(シゲモリ))の命令を重んじて、(この)入道(＝平清盛)の言うことを軽く考えているのだな。

要点 相手の話とか噂(うわさ)などを聞いて、「それでは…だな」と判断を下す意を表す場合が多い。

ごさん-めれ〔連語〕(「にこそあるめれ」の変化した形。「に」は断定の助動詞「なり」の連用形)…であるようだ。…であるらしい。例「あっぱれ、これは斎藤別当であるござんめれ」〈平家・七・実盛〉訳 ああ、これ(＝コノ首)は斎藤別当実盛(さねもり)であるようだ。

こし【腰】❶〔名〕❶人体の一部分。腰部。❷衣服、特に袴(はかま)・裳(も)などの腰にあたる部分。例「袴の——にはさみつつ御所へぞ参り給ひける」〈平家・九・小宰相身投〉訳 (平通盛(みちもり)の手紙を)袴の腰にはさんだままで御所(ごしょ)へ参上された。❸障子・乗り物・山などの中段・中腹より少し下のあたり。例「富士の——より揚(か)ら手(で)にや回り候ふらん」〈平家・五・富士川〉訳 (敵は)富士の裾野(すその)から背面に回っているでしょうか。❹和歌の第三句の五文字。⇩こしのく
❷〔接尾〕袴(はかま)・刀など、腰につける物を数える時に用いる語。矢を盛った箙(えびら)などを数える時にも用いる。

こし【輿】〔名〕乗り物の一種。屋形(やかた)の中に人を乗せ、その下の二本の長柄(ながえ)で肩にかつぎ上げ、また、手で腰のあたりに持ち上げて運ぶもの。乗る人の身分によって種々の形式がある。鳳輦(ほうれん)・葱花輦(そうかれん)・手輿(たごし)・板輿(いたごし)・網代輿(あじろごし)・張り輿など。

越(こし)〔旧国名〕古代行政区画の名称。京都から日本海沿いに、現在の新潟まで至る街道の道筋の地を指す。越前・越中・越後に分かれ、さらに後に能登(のと)・加賀を分けた。現在の福井・石川・富山・新潟の各県にあたる。越の国、越の道とも。北陸道。

こ・し【濃し】〔形ク〕❶色が濃い。例「橘(たちばな)の葉の——・く青きに、花のいと白う咲きたるが」〈枕草子・木の花は〉訳 橘の葉が色濃く青いところに、花が真っ白に咲いているのが。❷特に、紫色、紅色が濃い。例「御覧じくらべて、——・き赤きなどさまざまをえらせ給ひつつ」〈源氏・玉鬘〉訳 (光

源氏は各種の織物を見比べなさって、紫色の濃いのや、赤いのなどいろいろなものを何度も選び分けなさって。

❸濃度が高い。濃厚である。例「見れば、沈（ぢん）、丁子（ちゃうじ）を―く煎（せん）じて入れたり」〈宇治拾遺・三・一〇〉訳（よい匂いなので）よく見ると、沈香（じんこう）という香木や、香料の丁子の実を濃厚に煮出したものが入れてある。

こ-じ【巾子】〔名〕（「こじ」とも）冠の一部。冠の頂上の後部に高く突き出ている部分で、髻（もとどり）を納める部分。

こ-じ【居士】〔名〕〔仏教語。家に居る士の意〕❶在宅のまま、仏門に入った男子。例「浄名（じゃうみゃう）―の跡をけがせりといへども」〈方丈記・みづから心に問ふ〉訳（形だけは）浄名居士のまねをして（方丈の庵（いおり）に住んでその名を）汚しているが。注「浄名居士」ハ、インドノ「維摩詰（ゆいまきつ）」ノコトデ、方丈ノ庵室ニ住ンダトイウ。
❷在家（＝僧侶（ソウリョ）デナイ一般ノ仏教信者）の男子の死後、その法名の下に付ける称号。女性は「大姉（だいし）」。

こしおれ【腰折れ】〔名〕⇩こしをれ

こ-し-かた【来し方】〔連語〕（「きしかた」とも）❶通り過ぎて来た場所・方向。通過した所。例「うち返り見給へるに、―の山は霞（かす）み、はるかにて」〈源氏・須磨〉訳（後の方を）振り返ってご覧になると、通り過ぎて来た方向の山は霞（かすみ）がかかって、遠くに見え。
❷通り過ぎて来た時間。過去。

要点　カ変動詞「来（く）」に、過去の助動詞「き」の連体形「し」が付く時は、未然形「こ」・連用形「き」のどちらにも接続するので、「こしかた」「きしかた」の両形があるが、平安中期までは、①の意味には「こしかた」が、②の意味には「きしかた」が用いられた。この使い分けは、平安末期から乱れはじめ、鎌倉期以降は一般には「こしかた」だけが用いられ、「きしかた」は歌に用いられるだけとなった。「来（こ）し方行く末（先）」という形で用いられることも多い。

こし-がたな【腰刀】〔名〕常に腰にしている、つばのない短い刀。鞘巻（さやまき）。腰差し。例「頼むところは―、ひとへに死なんとぞ狂ひける」〈平家・四・橋合戦〉訳（激戦で太刀が折れてしまい）頼りにできるのは腰刀、ただ一途（いちず）に死のうと死にもの狂いで戦った。

こしかた-ゆくさき【来し方行く先】〔連語〕（「来し方行く末」とも）過去と将来。

こしき【甑】〔名〕飯などを蒸す道具。古くは、土製だったが、のち木製のものが多くなった。例「かまどには火気（けほ）吹き立てず―には蜘蛛（くも）の巣かきて」〈万葉・五・八九二長歌〉訳かまどには湯気を立てることもなく、蒸し器には蜘蛛が巣を作って。注山上憶良ノ「貧窮問答歌」ノ一節。何日モ炊事（スイジ）ヲシナイ状態。

こしき

古事記（こじき）〔書名〕奈良時代の歴史書。日本最古の歴史書で、七一二年（和銅五）、元明天皇に献上された。壬申（じんしん）の乱の後、天皇家を中心とする日本歴史の記録をとどめようとした天武天皇の命により、稗田阿礼（ひえだのあれ）が天皇家の記録である「帝紀」と、神話・伝説などの伝承された「旧辞」を暗誦し、天武天皇の意を継いだ元明天皇の命で、それを太安万侶（おおのやすまろ）が撰録したもの。
上・中・下の三巻から成る。上巻は天地創造から鵜草葺不合命（うがやふきあえずのみこと）までの神話。中巻は神武天皇から十五代応神天皇まで、天皇達の英雄物語。下巻は仁徳天皇から三十三代推古天皇まで、各天皇の事蹟・争い・恋愛などが語られる。
歴史的な記録書というよりも、神話・伝説・英雄譚（たん）などや歌謡を含み、文学性に富む。表記は、漢字の音と訓を用いて、やまとことばによる表現を試みた部分を含む独特の漢文体である。
冒頭「天地（あめつち）初めて開けし時、高天（たかま）の原に成れる神の名は、天之御中主神（あめのみなかぬしのかみ）、次に高御産巣日神（たかみむすひのかみ）、次に神産巣日神（かみむすひのかみ）、この三柱（みはしら）の神は、みな独神（ひとりがみ）と成り坐（ま）して、身を隠し給ひき」訳天と地とが初めて開けた時、天上界にお生まれになった神の名は、天之御中主神であり、次いで高御産巣日神、そして神産巣日神である。この三人の神は、皆配偶をもたない独神としてお生まれになって、その身をお隠しになった。⇩太安万侶（おおのやすまろ）・稗田阿礼（ひえだのあれ）

ご-しき【五色】〔名〕❶〔五行説に基づくが、仏教でもいう〕青・黄・赤・白・黒の五種類の色。五彩。
❷種々の色。多種多様。いろいろ。

古事記伝（こじきでん）〔書名〕江戸時代の注釈書。四十八巻（本文四十四巻、索引四巻）。本居宣長（もとおりのりなが）著。一七六七年（明和四）起稿、一七九八年（寛政一〇）完成。古事記の注釈書。実証的方法により、古事記全巻を初めて訓（よ）み切った著作。古事記研究史上、また国学体系化上、画期的書物。

小式部内侍（こしきぶのないし）〔人名〕平安中期の女流歌人。橘道貞と和泉（いずみ）式部の間の子。母とともに一条天皇の中宮彰子（しょうし）に仕え、若くして歌の才能を認められたが、藤原公成の子を産んで間もなく亡くなる。

古事談（こじだん）〔書名〕鎌倉前期の説話集。六巻。源顕兼（あきかね）編。一二一二年（建暦二）～一二一五年（建保三）の間に成立。上代、中古の説話四六一を六編に分類・配列する。のちの『宇治拾遺物語』などの典拠となる。

こし-ぢ【越路】（：ジ）〔名〕北陸道の古称。⇩越（こし）

ご-しちにち【後七日】〔名〕〔仏教語〕正月八日から十四日までの七日間。宮中で神事の行われる前の七日間に対していう。災いを払う修法（ずほう）が行われる。

後七日の阿闍梨（あざり）「後七日の御修法（みしほ）」を勤める阿闍梨。例「―、武者を集むる事」〈徒然草・六三〉訳後七日の御修法の導師が、警固の武士を集めることは（ものものしくてよくない）。

後七日の御修法（みしほ）（「後七日のみずほ（ふ）」とも）宮中の真言院で、後七日に執り行われる重要な法会（ほうえ）。天皇の健康、国家の安泰などを祈る。

ごしちにち-の-みずほふ【後七日の御修法】（：ミズホウ）〔連語〕⇩後七日の御修法（みしほ）

こ-しつ【故実】〔名〕《近世以後、「こじつ」とも》儀式・法令・作法等の手本にすべき正しい先例。例「たやすく改められ難き由、――の諸官等申しければ、その事止みにけり」〈徒然草・九九〉訳（役所の唐櫃を新しくしようとしたが）簡単にはお改めになり難い旨を、先例に通じた役人達が申したので、その事はとりやめになってしまった。

こ-じとみ【小蔀】〔名〕格子造りの戸を付けた小形の窓。特に、清涼殿の昼の御座と殿上の間との境にあって、天皇が殿上の間をご覧になる明かりとりなどに使う。例「帝――より御覧じて御気色いと悪しくならせ給ひて」〈大鏡・時平〉訳醍醐天皇は小蔀から（華美な身なりの時平を）ご覧になって、たいそうご機嫌が悪くおなりになって。

こし-の-く【腰の句】〔名〕和歌の第三句。腰句。⇩こしをれうた 例「胸・――をえ言ひかなへず、遺恨の事なり」〈無名抄〉訳第二句・第三句をうまく言い表しえなくて、残念なことである。

こ-しば【小柴】〔名〕❶雑木の枝の小さく細いもの。例「庭中のあすはの神に――さし吾は斎はむ帰り来までに」〈万葉・二〇・四三五〇〉訳庭の中のあすはの神に小柴をさして祈り、私は身を慎んで待っていましょう。（あなたが）帰ってくるまで。❷「小柴垣」の略。例「同じ――なれど、うるはしくし渡して」〈源氏・若紫〉訳（他家と）同じ小柴垣であるが、きちんと造りめぐらして。

こしば-がき【小柴垣】〔名〕雑木の小枝を編んで造った垣根。

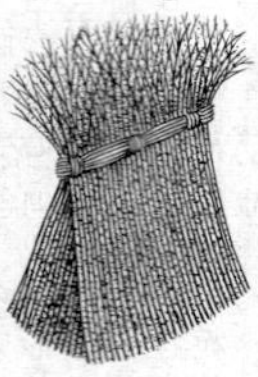
こしばがき

ごじふさん-つぎ【五十三次】〔名〕江戸日本橋から京都三条大橋に至る東海道の五十三か所の宿駅。⇩東海道

後拾遺和歌集【書名】第四番目の勅撰和歌集。二十巻。白河天皇の勅命により、藤原通俊が撰する。一〇八六年（応徳三）成立。和泉式部・相模・赤染衛門・伊勢大輔ら女流歌人の歌が圧倒的に多く、それがそのままこの勅撰集の特色といえる。歌数約千二百二十首。

こし-もと【腰元】〔名〕❶腰のあたり。また、身のまわり。側近く。❷貴人の身のまわりに仕えて雑用をする女性。

ご-しゃ【五舎】〔名〕内裏にある、女御や更衣などが住んだ五つの建物。昭陽舎（=梨壺）・淑景舎（=桐壺）・飛香舎（=藤壺）・凝華舎（=梅壺）・襲芳舎（=雷鳴壺）をいい、七殿とともに後宮の建物を構成した。

ご-しゃう【後生】〔名〕《仏教語。「前生」「今生」に対する語》❶死後に生まれ変わること。また、その世。来世。例「それぞ今生――の孝養と思はんずる」〈平家・一・祇王〉訳それこそが現世と来世にわたっての（私に対する）親孝行だと思うのだ。❷極楽に生まれて安楽を得ること。極楽往生。また、そうなることを願って、現世で功徳（=善行）を積むこと。❸《近世の用法》人に対して、何事かを懇願する時に用いる語。お願い。お願いです。例「大坂へ連れて行て下され、――でござると泣き拝む」〈近松・女殺油地獄・上〉訳（私を）大坂へ連れて行って下さい、お願いですと泣きながら拝む（ようにして懇願する）。

ご-じゃう【五常】〔名〕儒教で、人が常に守るべき五つの道。仁・義・礼・智・信。例「外には――を乱さず礼義を正しうし給ふ人なれば」〈平家・二・教訓状〉訳儒教方面では五常を乱さずに礼儀を正しく行いなさる人だから。

ごしゃう-ぼだい【後生菩提】〔名〕《仏教語》死後、極楽に生まれて幸せになること。

後拾遺和歌集【書名】⇩ごしふゐわかしふ（後拾遺和歌集）

ご-しょ【御所】〔名〕天皇・上皇・三后・皇子の住居。のちには親王・摂関・大臣・将軍家の住居についてもいう。また、そこに住む人に対する敬称。例「その程は、あやしの民屋を皇居とするに及ばねば、舟を――とぞ定めける」〈平家・八・太宰府落〉訳そのあいだ（=内裏建造中）は、卑しい民家を皇居とするわけにはいかないので、舟を（そのまま安徳天皇の）ご住居と定めたのであったよ。

ご-しょ【御書】〔名〕手紙の敬称。御書状。お手紙。

五条【地名】⇩ごでう（五条）

後白河天皇【人名】第七十七代天皇。一一五五年（久寿二）即位したが三年で譲位したものの、その後平清盛による幽閉期間を挟み、三十余年にわたって院政を行う。保元・平治の乱から源平の武門の闘争の渦中にあって、朝廷の政権確保を計った。仏教の信仰篤く、また今様に造詣が深く、自ら『梁塵秘抄』を撰集した。⇩梁塵秘抄

こしら・ふ〔他ハ下二〕㊀【慰ふ・喩ふ・誘ふ】❶あれこれ言ってなだめる。機嫌をとる。慰める。例「いみじくおぼし入りたるを――・へかね給ひて」〈源氏・若菜・上〉訳（朧月夜が）深く悲しんでいらっしゃるのを（朱雀院は）慰めあぐんでしまわれ。❷言葉巧みに誘う。説得する。とりつくろう。例「『かたみに後見むとおぼせ』と――・へ聞こえ給へば」〈源氏・真木柱〉訳「互いに面倒を見あおうというお気持ちになって下さい」とご説得申し上げなさると。㊁【拵ふ】❶工夫して思うようにする。こなす。例「折につけて――・へなびかしたる音など、心にまかせてかき立て給へるは、いと殊に物し給へ」〈源氏・若菜・下〉訳時と場合にふさわしいようにこなして整えた（和琴の）音色を、思うままにかき鳴らしておられるのは、本当にうまいものです。❷計画的に事を運ぶ。用意する。❸工夫して作りあげる。こしらえる。例「さて、宇治の里人を召して、――・へさせられければ」〈徒然草・五一〉訳そこで、宇治の住民をお呼びになり、（水車を）こしらえさせなさったところ。

こし-をれ【腰折れ】〔名〕❶年老いて腰の曲がること。また、その人。❷「腰折れ歌」「腰折れ文」の略。

こしをれ-うた【腰折れ歌】〔名〕《和歌の第三句を「腰の句」ということから》和歌の三句と四句との接続のまずいもの。転じて、へたな歌。また、自作の和歌をけんそんしていう語。

こしをれ-ぶみ【腰折れ文】〔名〕文脈の整わない、

へたな詩文。転じて、自作の詩文をけんそんしていう語。

こ-じん【古人】〔名〕昔の人。特に、昔の聖人・詩人などの尊敬される人。例「──も多く旅に死せるあり」〈奥の細道・出発まで〉訳私の敬慕する昔の先達もその多くは旅の途中で亡くなっている。注芭蕉ガココニイウ古人ハ、西行・宗祇・李白・杜甫ナドヲ指ス。

こ-じん【故人】〔名〕❶古くからの友人。また、昔の友達。旧友。例「夜静かなれば、窓の月に──を偲(しの)び、猿の声に袖(そで)をうるほす」〈方丈記・勝地は主なければ〉訳夜が静かであれば、窓外の月を仰ぎ見ては昔の友をなつかしみ、猿の鳴き声を聞いては涙にくれて袖を濡らす。

❷死んだ人。亡き人。

こ・す【越す】〔き・し・す・す・せ・せ〕━〔他サ四〕《「越ゆ」の他動詞形》(ある地点や水準・事物などを)通り過ぎる。上回る。追い越す。例「鞍壺(くらつぼ)──・す所もあり」〈平家・一〇・藤戸〉訳(瀬は深くて海水は馬の)鞍壺(=人ガ腰ヲオロス所)を越える所もある。

━〔自サ四〕行く。来る。

こす〔助動特活〕接続 動詞の連用形に付く。

【願望】《他に誂え望む意を表す》…してほしい。…してくれ。例「うれたくも鳴くなる鳥かこの鳥も打ち止(や)めこせね」〈古事記・上・大国主神〉訳憎らしくも鳴く声のする鳥だ。この鳥(=ニワトリ)も打ちたたいて鳴くのをやめさせてくれ。例「梅の花夢(いめ)に語らくみやびたる花と我(あれ)思(も)ふ酒に浮かべこそ」〈万葉・五・八五二〉訳梅の花が夢の中で語ることには、風流な花だと自分では思う、(だから、どうぞ)酒に浮かべて飲んでください。例「行(ゆ)く蛍(ほたる)雲の上まで往(い)ぬべくは秋風吹くと雁(かり)に告げこせ」〈伊勢・四五〉訳飛び行く蛍よ、雲の上まで行くのなら、(地上には)秋風が吹いていると雁に知らせてほしい。

未然形	連用形	終止形	連体形	已然形	命令形
こせ	○	こす	○	○	こそ こせ

要点 (1)主として上代に用いられた語。命令形以外は単独で用いられることはなく、未然形は「こせぬかも」「こせね」の形で、終止形は「こすな」の形で用いられ、全体で誂え望む意を表す。

(2)命令形「こそ」は終助詞とする説もある。「こせ」は平安時代にできた形。

ご・す【期す】〔せ・し・す・する・すれ・せよ〕〔他サ変〕《「ご」は「期」の呉音》❶あらかじめ考えておく。予定する。例「重ねてねんごろに修(しゆ)せんことを──・す」〈徒然草・九二〉訳(その時になって)もう一度念入りに道を学ぼうと予定する。

❷あらかじめ覚悟しておく。予期する。例「──・する所、ただ老いと死とにあり」〈徒然草・七四〉訳予期するところのものは、ただ老いと死だけである。

❸将来に希望を抱く。期待する。例「時を失ひ世に余されて──・する所なき者は、愁(うれ)へながら止まり居(を)り」〈方丈記・都遷り〉訳(栄達の)時機を失し世間から取り残されて将来に期待する所のない人は、愚痴を言いながら(旧都=平安京)にとどまっている。

こ-すあを【小素襖】〔名〕略式の「素襖」。袖幅(そではば)が狭く、袴は裾をくくった足首までの短いもの。

こ-ずゑ【梢】〔名〕《木の末の意》木の枝の先。こぬれ。例「高き木にのぼせて、──を切らせしに」〈徒然草・一〇九〉訳高い木に登らせて、梢を切らせたが。

こせ《助動詞「こす」の未然形・命令形》⇩こす

ご-せ【後世】〔名〕《仏教語》❶《「前世(ぜんぜ)」「現世(げんぜ)」に対する語》三世の一つ。死後、生まれ変わる世界。あの世。来世。例「やがて──の御供仕(つかまつ)るべう候へども」〈平家・三・僧都死去〉訳すぐにもあの世へのお供をいたしたいところでございますけれども。

❷死後、極楽浄土へ行けること。来世の幸福。例「家にあり、人に交はるとも、──を願はむに難(かた)かるべきかは」〈徒然草・五八〉訳(信仰する心さえあれば)在家のままで、世間の人とともに暮らしていても、仏の縁により死後の浄土の安楽を願うのに何の困難があろうか。注「家にあり」トハ、出家シナイコト。兼好ハコノ考エヲ否定スル。

ご-ぜ【御前】━〔名〕❶《「御前(ごぜん)」の変化した形》身分の高い女性。貴婦人。また、女性への敬称。

❷《「御前駆(ごぜんく)」の略》高貴な人の外出の折、馬に乗って先導する者。お先払い。

━〔代名〕《人称代名詞。対称》女性を敬っていう語。あなた。

━〔接尾〕女性の名や、女性を表す語に付いて、敬意を添える。「姫──」「尼──」など。

巨勢路(こせぢ)〔道名〕大和(やまと)国の巨勢地方を通る道。巨勢は現在の奈良県御所市古瀬の一帯。大和国から紀の国(=和歌山県)へ抜ける道である。

ご-せち【五節】〔名〕❶新嘗会や大嘗会で行われた、四人(大嘗会の場合は五人)の舞姫による舞楽を中心とする行事。例「口惜しきもの、──・御仏名(おぶつみやう)に雪降らで、雨のかき暗し降りたる」〈枕草子・口惜しきもの〉訳残念なものは、宮中の五節・お仏名の行事の時に雪が降らなくて、雨が空を暗くして降っているの。

❷「五節の舞姫(まひめ)」の略。

参考 「五節」の行事 新嘗会(大嘗会は天皇即位後最初の新嘗会のこと)は陰暦十一月の二度目の卯の日に行われた。五節の行事はその前後、丑の日から辰の日まで四日間つづく。丑の日に「五節の舞姫」の舞う「帳台(ちやうだい)の試み」、寅の日に「殿上の淵酔(ゑんずい)」そして夜に「御前(ごぜん)の試み」、卯の日に「童女御覧(わらはごらん)」、辰の日に「豊(とよ)の明かりの節会(せちゑ)」の儀式が行われた。

五節の局(つぼね) 五節の時、常寧殿に設けられた、舞姫とその付け人達の控え室。「五節所(ごせちどころ)」とも。

五節の舞姫(まひめ) 五節の舞をする少女。新嘗会には、公卿の娘から二人、殿上人・国司の娘から二人(大嘗会には三人)が選ばれた。

ご-せっく【五節供・五節句】〔名〕年中行事の五回の節句。陰暦正月七日の「人日(じんじつ)」、三月三日の「上巳(じやうし)」、五月五日の「端午(たんご)」、七月七日の「七夕(たなばた)」、九月九日の「重陽(ちやうやう)」の総称。⇩せっく

こせ-ぬ-かも〔連語〕《助動詞「こす」の未然形「こせ」+打消しの助動詞「ず」の連体形「ぬ」+詠嘆の終助詞「かも」》《動詞の連用形に付いて、詠嘆的に他に誂え望む意を表す》…てくれないかなあ。…てほしいなあ。例

「奥まへて我を思へるわが背子は千年五百年(ちとせいほとせ)ありこせぬかも」〈万葉・六・一〇二五〉 訳 奥深く私を思ってくれている私のいとしい人は、五百年も千年もあって生きていてくれないかなあ。

巨勢山(こせやま)【山名】奈良県高市郡高取町と御所市との境にある丘陵。歌枕。

ご-ぜん

【御前】 一 (名) ❶高貴な人の前の位置。**おんまえ**。おまえ。例「――なる人々も笑ふに」〈枕草子・職の御曹司におはします頃、西の廂にて〉訳 (中宮定子の)おんまえに(控えて)いる人達も笑うと。

❷高貴な人を尊敬していう語。例「いかにかはすべからむ、――おはしまさば、御覧ぜさすべきを」〈枕草子・頭の中将の〉訳 どうしたらいいでしょう、中宮様がいらっしゃいましたら、お見せいたしましょうが。

❸(「御前駆(ごぜんく)」の略)高貴な人の外出の折、馬に乗って先導する者。お先払い。

二 (代名) ❶(人称代名詞。対称)女性を敬っていう語。あなた。

❷(近世語)(人称代名詞。対称。また、他称)主君を敬っていう語。殿さま。

三 (接尾) ❶(固有名詞や人を表す語に付いて)敬意や親しみを添える。…さま。…さん。「父――」「祇王(ぎわう)――」など。

❷神を尊敬する意を添える。「竜王――」「恵美寿(えびす)――」など。

後撰和歌集(ごせんわかしふ)【書名】第二番目の勅撰和歌集。二十巻。九五一年(天暦五)村上天皇の勅命により、大中臣能宣・源順・清原元輔・紀時文・坂上望城の「梨壺の五人」が撰する。成立は九五六年(天暦十)頃か。『古今和歌集』の撰者達の歌も多いが、当時の高貴な貴族や女性達の私的贈答歌が多いために、詞書が長くなり、歌物語的要素が見られる点に特色がある。歌数約千四百二十首。

こその判別

①係助詞〈強調〉

「……こそ」……已然形　係り結び

例 あやうしこそものぐるほしけれ ……❶ⓐ

例 中垣こそあれ、一つ家のやうなれば

逆接で下へ続く ……❶ⓑ

係助詞「も」+「こそ」已然形　懸念・危惧

例 鳥などもこそ見つくれ ……❶ⓒ

文末にある場合(「あれ」「いはめ」などを補う)

例 むくつけき御心にこそ ……❸

②願望の助動詞「こす」(上代語)の命令形

例 夢に継ぎて見えこそ

③接尾語〈呼びかけ〉

例 北殿こそ、聞き給ふや

④カ変動詞「来」の未然形+終助詞「そ」(禁止)

例 吹く風をなこその関とおもへども

こそ

(係助) 接続 主語・連用修飾語・接続語などや文末に付く。

【強調】上の事柄を特に取りたてて指し示し、強調する意を表す。❶いわゆる係り結びの用法。「こそ」を受ける文末の活用語は已然形で結ぶ。ⓐ(普通の係り結びの場合) 例「野分(のわき)のまたの日こそ、いみじうあはれにをかしけれ」〈枕草子・野分のまたの日こそ〉訳 野分(=秋ノ台風)の翌日こそ、たいそう情趣も深く、おもしろい。

ⓑ(結びの語で意味が切れずに、逆接の意味であとに続く場合) 例「昨日(きのふ)こそ早苗(さなへ)取りしかいつの間(ま)に稲葉そよぎて秋風の吹く」〈古今・秋上・一七二〉訳 昨日早苗を取って田植えをしたばかりだというのに、いつの間にか稲葉がそよいで秋風が吹くことだ。

ⓒ(係助詞「も」の下に付いた「も――」の形で)(悪い事態の起こることに対する懸念・危惧(きぐ)の気持ちを表す)…するといけない。「もぞ」とも。例「烏(からす)などもこそ見つくれ」〈源氏・若紫〉訳 (逃げたスズメの子を)カラスなどが見つけたら(たいへんだ)。

❷「こそ」が文中にありながら、係り結びが成立していない場合。ⓐ(「こそ」を受ける結びの部分が、接続助詞をとってあとの部分に続く場合) 例「たとひ耳鼻こそ切れ失(う)すとも、命ばかりはなどか生きざらむ」〈徒然草・五三〉訳 たとえ耳や鼻が切れてなくなっても、命だけはどうして助からないはずがあろうか。

ⓑ(係り結びになっていない場合) 例「さればこそ、異物(こともの)の皮なりけり」〈竹取・火鼠の皮衣〉訳 (火に入れると焼けてしまったから)だからこそ、(やはり)別の物(=火鼠(ネズミ)ト違ウモノ)の皮だったのだなあ。

❸「こそ」が文末に来る場合。ⓐ(「こそ」を受ける結びの部分が省略されている場合。「あれ」「あらめ」「言はめ」などを補うといい) 例「『さすがにむくつけき御心にこそ』と聞こえ動かして」〈源氏・夢浮橋〉訳 「(尼になっているとはいえ)何ともやはり恐ろしく冷たいお心で(ございますね)」と(浮舟(うきふね)を)説得して。注 コノ場合ハ、「あれ」マタハ「侍(はべ)れ」ヲ補ッテミルトイイ。

ⓑ(「あらば――」などの形で)(否定・反語の意を表す)あるはずがあろうか、いや、あるはずもない。例「世に数ならぬこの尼が、たとへ病で死したりとて、子に譲るものあらばこそ」〈近松・用明天王職人鑑・三〉訳 この世でとるに足りないこの尼(=私)が、たとえ病気で死んだとしても、子供に残しておくものがあるはずもない。

要点 (1)同種の働きをする語に「ぞ」と「なむ」があるが、「こそ」の強調が最も強い。⇩ぞ参考(2)

(2)普通、係り結びの法則として、文中に「こそ」があると、それを受けて結ぶ文末の活用語は已然形になるが、上代では形容詞型活用語の已然形が未発達で、連体形で結ばれることも多い。例「難波人(なにはひと)葦火(あしひ)焚(た)く屋の煤(す)してあれど己(おの)が妻こそ常(とこ)珍しき」〈万葉・一一・二六五一〉訳 難波(=大阪)の人が葦で火を焚く家のようにすすけてはいるが、私の妻はいつ見ても新鮮で美しいよ。

(3)平安時代までは、①ⓐの、結びの語で意味が切れる場合よりも、①ⓑの逆接の意味で下に続く場合の方が中心的な用法であった。

(4)四段活用の動詞は、已然形と命令形が同じ形だから、「こそ」の結びの已然形か、命令形かを判別しなければならない場合がある。例「右近(うこん)の君こそ、まづ物見給へ。中将殿こそこれより渡り給ひぬれ」〈源氏・夕顔〉訳 右近の君さん、早くご覧なさいよ。

中将様がここをお通りになりました。この例の「ぬれ」は、「中将殿こそ」の「こそ」と係り結びをなすもので、助動詞「ぬ」の已然形だが、「給へ」は命令形である。「右近の君こそ」の「こそ」は、係助詞ではなく、呼びかけに用いる接尾語なのである。⇩こそ(接尾語)

こそ《助動詞「こす」の命令形》《上代語》《他に対して誂(あつら)え望む意を表す。一説に、終助詞とも》…してほしい。…してくれよ。例「現(うつ)には逢(あ)ふよしもなしぬばたまの夜の夢(いめ)にを継ぎて見え**こそ**」〈万葉・五・八〇七〉訳現実にはお逢いするてだてもありません。(ですから)夜の夢の中に続けて(毎夜)見えてほしいのです。

こそ〔接尾〕(人に関係のある語に付いて)呼びかけの意を表す。…さん。…よ。例「北殿(きたどの)―、聞き給ふや」〈源氏・夕顔〉訳北のお隣さん、お聞きになっていますか。

要点 自分と対等あるいはそれ以下の人に対して用いるもの。物言いを知らない子供や乱暴な言葉遣いの人が、自分よりも上の人に対して用いた例もある。
参考 (1)係助詞からの転。間投助詞とする説もある。
(2)人物の呼び名に付けて用いられるので、人名の一部のように意識される面も生じ、「…こそ」という名前が見られる。

こ-ぞ【去年】〔名〕昨年。去年(きょねん)。例「―焼けて今年作れり」〈方丈記・ゆく河〉訳(ある家は)昨年火事のために焼けて今年新築した。

こそ-あら-め《連語》《係助詞「こそ」＋動詞「あり」の未然形＋推量の助動詞「む」の已然形》⇩こそあれ ❶《文中にあって、下に続く場合》逆接の関係で下に続ける。…だろうけれども。…よいだろうが。例「思ひ出(い)でてしのぶ人あらんほど**こそあらめ**、そもまたほどなく失(う)せて」〈徒然草・三〇〉訳(死んだ人を)思い出して慕う人がいる間はよいだろうけれども、そんな人もまたすぐに死んで。
❷《文末にあって、切れる場合》適当・勧誘の意を表す。…がよいだろう。…してよい。例「いかにもいかにも、心に**こそあらめ**」〈更級・初瀬〉訳どうともこうとも、(あなたの)心しだいにしたがよいだろう。

要点 「あり」は補助動詞で「～である」の意であるので、「～」に当たる部分を、文脈から補う必要がある。

こそ-あれ《連語》《係助詞「こそ」＋動詞「あり」の已然形「あれ」》⇩こそあらめ ❶《「あれ」が本動詞の場合》逆接の関係で下に続ける。…こそはあるけれども。…はあるにはあるが。例「中垣**こそあれ**、一つ家のやうなれば」〈土佐・二月十六日〉訳(隣の家とは)間の垣根こそはあるけれども、一軒の家のようなので。
❷《「あれ」が補助動詞の場合》逆接の関係で下に続ける。…こそ…ではあるけれども。…であるが。例「花もやうやう気色(けしき)だつほど**こそあれ**、折(をり)しも雨風うち続きて」〈徒然草・一九〉訳花もだんだんと見ごろになる頃こそよいのだけれども、ちょうどその頃雨や風が続いて。

要点 ②は、「あり」が「～である」の意であるので、「～」に当たる部分は、文脈から補う必要がある。

こ-そで【小袖】〔名〕❶袖下を丸くして、袖口を狭くした着物。貴族は下着に用いたが、室町時代から表着(おもてぎ)となった。例「かの女房のもとより忠度(ただのり)のもとへ、―を一重ね遣はすとて」〈平家・五・富士川〉訳その婦人から平忠度のもとへ、小袖を一着贈るということで。
❷絹の綿入れ。江戸時代に多く用いられ、今日の着物の型となる。例「縫ひに下されました白―を、ちょろりと盗まれました」〈西鶴・世間胸算用・五・三〉訳縫いにお出し頂いた白小袖を、ちょっとのまについ盗まれました。

こそで①

こぞ・る【挙る】〔自ラ四〕{ら・り・る・る・れ・れ}❶残らずにそろう。例「舟―・りて泣きにけり」〈伊勢・九〉訳舟(の中の人)は皆そろって泣いたのだった。
❷大勢が集まる。集合する。

こ-たい【古体】〔名・形動ナリ〕古い形式。古風。昔風。例「―の故(ゆゑ)づきたる御装束なれど、なほ若やかなる女の御よそひには、似げなうおどろおどろしきこと」〈源氏・末摘花〉訳(末摘花(すゑつむはな)が着ている皮衣というのは)昔風の由緒あるご装束であるけれども、やはり若々しい女性の装いには、似つかわしくなくて大げさな感じで。

こ-だい【古代】㊀〔名〕古い時代。昔。例「かの木の道の匠(たくみ)の造れる、美しき器物(うつはもの)も、―の姿こそをかしと見ゆれ」〈徒然草・二二〉訳あの木工の名人の造った、すばらしい器物も、昔の形の方が趣があると思われる。
㊁〔名・形動ナリ〕古風。昔風。例「―・なる人ありて」〈蜻蛉・上・天暦八年〉訳昔気質(かたぎ)の人である母がいて。

ご-たい【五体】〔名〕からだ全体。全身。頭・両手・両足。また、頭・首・胸・手・足のことども、筋・脈・肉・骨・毛皮のことどもいう。例「身心を苦しめ―に汗を流いて、にはかに狂ひ出(い)でたり」〈平家・二・一行阿闍梨之沙汰〉訳(鶴丸といって、年齢十八歳になる若者が)身心を苦痛にゆがめ全身に汗を流して、急に狂い出した。

五大力恋緘(ごだいりきこひのふうじめ)【書名】歌舞伎脚本。世話物。三幕。並木五瓶(ごへい)作。一七九四年(寛政二八)京都西の芝居初演。当時の事件曽根崎五人斬りに当時流行した五大力の信仰をからませて脚色したもの。世話物の傑作。

こ-たか【小鷹】〔名〕❶小形の鷹の総称。ハヤブサ・ハイタカ・サシバなどをいう。(季・秋)
❷《「小鷹狩り」の略》小鷹を使って、ウズラやヒバリなどの小鳥の狩りをすること。

こ-だか・し【木高し】〔形ク〕こずえが高い。木立が高くなっている。例「妹(いも)として二人作りし我が山斎(しま)は―・く繁(しげ)くなりにけるかも」〈万葉・三・四五二〉訳いとしい妻と一緒に二人で造った我が家の庭園は(手入れをしない間に)木も高く葉も茂ってしまったなあ。

ご-たち【御達】〔名〕経験の豊かな上級の女官。また、貴族の家に仕える身分のある女房。例「昔、男、宮仕へしける女の方に、――なりける人をあひ知りたりける」〈伊勢・一九〉訳昔、ある男が、宮仕えしている女のもとに、（勤めていた）女房と恋仲になった。

要点「たち」は複数を示す接尾語であるが、「ごたち」は必ずしも複数ではない。右の例も明らかに一人の場合である。「友達」も同じ。

こ-たび【此度】〔名〕（「こたみ」とも）このたび。今度。今回。

こた・ふ【答ふ・応ふ】〔コタ(ト)ウ〕〔自ハ下二〕（へ・へ・ふ・ふる・ふれ・へよ）⇩いらふ ❶（問いかけに対して）返事をする。答える。例「問ひつめられて、え――・へずなり侍(はべ)りつ」〈徒然草・二四三〉訳（八歳の兼好(けんこう)に仏について）問いつめられて、（私兼好の父は）答えることが出来なくなってしまいました。
❷山彦(やまびこ)などが反響する。**こだまする**。例「三千余騎が声なれど、山彦――・へて十万余騎とぞ聞こえける」〈平家・九・坂落〉訳三千余騎の声なのだが、山彦がこだまして十万余騎と聞こえた。
❸**反応を示す**。感応する。応ずる。例「稲荷山(いなりやま)みづの玉垣うちたたきわが祈事(ねぎごと)を神も――・へよ」〈後拾遺・神祇〉訳稲荷山のめでたい玉垣を訪れてする私の祈願に対し神も応じて下さい。

こ-たま【木霊】〔名〕（近世以降「こだま」）❶木に宿るといわれる霊魂。樹木の精。例「――などいふ怪(け)しからぬかたちも現るるものなり」〈徒然草・二三五〉訳（人の住まない家には）木の精などという奇怪な形も現れるものである。
❷山彦(やまびこ)。こだま。

こ-たみ【此度】〔名〕⇩こたび 例「――は、妻戸(つまど)をたたきて入る」〈源氏・空蝉〉訳（前回は格子を上げて中に忍びこんだが）今回は、妻戸をたたいて（合図をして少女にあけさせて）中に入る。

こ-だ・る【木垂る・傾る】〔自ラ四〕（ら・り・る・る・れ・れ）❶葉が茂って枝や茎が垂れる。しなだれる。例「薪(たき)樵(こ)る鎌倉山の――・る木をまつと汝(な)が言はば恋ひつつやあらむ」〈万葉・一四・三四三三〉訳鎌倉山の茂って枝の垂れる木を松だ（待っている）とお前が言うなら、私はどうしてここで恋に苦しんでいようか（すぐにお前の所へ行くことだろう）。注「薪樵る」ハ「鎌倉」ノ枕詞。
❷（動詞の連用形に付いて）しなだれるほどに…する。例「横座(よこざ)の鬼、盃(さかづき)を左の手に持ちて笑み――・れたるさま、ただこの世の人のごとし」〈宇治拾遺・一・三〉訳上座(かみざ)に座った（頭(かしら)の）鬼が、杯を左の手に持って笑いくずれている様子は、まるでこの世の人間のようだ。

ご-だん【五壇】〔名〕❶密教の修法で、五大尊明王を供養する壇。
❷「五壇の御修法(みずほふ)」の略。
五壇の御修法(みずほふ)〔ミズホウ〕密教で、五大尊明王を本尊として行う加持(かじ)・祈禱(きとう)。天皇や国家に関する重大事の場合に、七日間にわたって行う。

こち【東風】〔名〕東から吹く風。春に多く吹くとして、春風をいう。例「――吹かば匂(にほ)ひおこせよ梅の花主(あるじ)なしとて春を忘るな」〈大鏡・時平〉訳（春になって）東風が吹いたならば、それに託して香りを（大宰府(だざいふ)まで）送り届けてくれ。梅の花よ。主人である私がいないからといって春を忘れるなよ。注菅原道真(ミチザネ)ガ左遷サレタ時ノ歌。

こ-ち【此方】〔代名〕❶（指示代名詞。近称）こちら。こっち。例「いづら、猫は。――率(ゐ)て来(こ)」〈更級・大納言殿の姫君〉訳どこかしら、猫は。こっちへ連れて来て。
❷（人称代名詞。自称）わたくし。
此方の人(こちのひと) ❶妻が夫を指していう語。うちの人。私の夫。例「どりゃ、――尋ねて来て、酒にせう」〈近松・心中天の網島・上〉訳どれ、うちの人を捜して来て、酒にしよう。
❷妻が夫に親しく呼びかける語。あなた。例「『――、――』と呼び起こしければ」〈西鶴・世間胸算用・三・三〉訳「あなた、あなた」と（夫を）呼び起こしたところ。

こち-ごち【此方此方】〔代名〕（上代語。「こち」を重ねた形）あちらこちら。あちこち。例「槻(つき)の木の――の枝(え)の春の葉の茂きがごとく思へりし妹(いも)にはあれど」〈万葉・二・二一〇長歌〉訳槻のあちらこちらの枝に春の若葉が茂っているように、いっぱい思いをかけた愛(いと)しい妻ではあるが。

こち-ごち・し【骨骨し】〔形シク〕（容姿・態度・性質が）ごつごつしていて、なめらかでない。無骨(ぶこつ)である。優しさがない。例「田舎(ゐなか)び、――・しうおはせましかば、いかに玉の傷ならまし」〈源氏・玉鬘〉訳（九州で育った玉鬘(たまかづら)が、美しいのに）振る舞いが田舎じみて、ごつごつしておいでだったら、どんなにか玉についた傷として惜しかったろう。

ごぢ-そう【護持僧・御持僧】〔ゴジ〕〔名〕天皇の安穏を祈禱(きとう)する僧。清涼殿の二間(ふたま)という仏間に奉仕する。主に東寺(とうじ)・延暦寺(えんりゃくじ)・園城寺(おんじょうじ)の僧が任じられた。

こち-た・し【言痛し・事痛し】〔形ク〕類おどろおどろし

「こといたし」の変化した形。「いたし」は、大げさではなはだしい、の意。「こと」は「言」で、**噂がはなはだしい、人の口がうるさい**、の意。また、「こと」が「事」の場合は、**数や量がはなはだしい**、の意になる。

❶人のうわさが多くて、わずらわしい。**人の口がうるさい**。例「おぼろかの心は思はじわがゆゑに人に――・く言はえしものを」〈万葉・二・二三五〉訳（あなたに対して）並一通りの愛情は持ちますまい。私のことが原因で、（あなたは）人々にうるさくうわさを立てられたのですから。
❷**うるさいほどに、はなはだしい**。**仰々しい**。例「桐(きり)の木の花、紫に咲きたるはなほをかしきに、葉の広ごりざまぞ、うたて――・けれど」〈枕草子・木の花は〉訳桐の木の花は、紫色に咲いているのはやはり風情があるが、葉の広がっている様子は、ぶざまで仰々しいけれども（他の木々と同列に論ずべきでない）。
❸（数や量が）ひどく多い。例「――・く多かる、まして口惜し」〈徒然草・一四〇〉訳（死後、遺産が）ひどく多いのは、なおのこと苦々しい。

こち-な・し【骨無し】〔形ク〕（「こつなし」とも）（「骨」は作法の意。❶無作法である。ぶしつけである。例「しひて言ふも、いと――・し」〈源氏・手習〉訳（食事を）無理にすすめるのも、たいそうぶしつけである。
❷無風流である。無骨(ぶこつ)である。優雅さがない。例

「──・くも、聞こえおとしてけるかな」〈源氏・蛍〉訳（私は物語を）無骨にもまあ、けなして申し上げたものだなあ。

こち-の-ひと【此方の人】⇒「こち(此方)」子項目

ご-ぢゃう【御諚・御定】（名）高貴な人の命令。仰せ。ご命令。単に「諚(ぢゃう)」とも。例「はづれんは知り候はず、──で候へばつかまってこそ見候はめ」〈平家・一一・那須与一〉訳（矢が当たるか）はずれるかは存じませんが、ご命令ですので射てみましょう。注「つかまって」ハ「つかまつりて」ノ音便。

ご-ぢょく【五濁】（名）（仏教語）釈迦(しゃか)から時代を隔てた末世に現れる濁り汚れた不幸な五つの現象。劫濁(こうじょく)（＝天災・疫病ナドガ起コル）・見濁(けんじょく)（＝不正ナ考エガハビコル）・命濁(みょうじょく)（＝命ガ短クナル）・煩悩濁（＝欲望ガウズマク）・衆生濁(しゅじょうじょく)（＝多クノ人ガ悪事ヲ行ウ）をいう。

ご-ぢん【後陣】（名）（「こうぢん」とも）合戦で、本陣の後方に配置した部隊。後方の備えの隊。後軍(こうぐん)。対せんぢん 例「数千人(すせんにん)の大衆(だいしゅ)先陣より──まで、皆もっともっともぞ同(どう)じける」〈平家・一・御輿振〉訳数千人の僧徒達は先頭の部隊から後方の部隊にいたるまで、（老僧の言う事に）全員がもっともだもっともだと賛同した。

こつ【骨】（名）❶火葬にした死者の骨。お骨(こつ)。例「──をば円実法眼(ゑんじつほふげん)頸(くび)にかけ、摂津の国へくだり、経の島にぞ納めける」〈平家・六・入道死去〉訳（平清盛を火葬にし）お骨(こつ)を円実法眼が首にかけて、摂津の国へ行き、経の島（＝神戸市築島）に納骨した。❷芸能などで、それを極めるかなめとなるところ。また、それを会得(えとく)する才能。例「天性その──なけれども、道になづまず、妄(みだ)りにせずして年を送れば」〈徒然草・一五〇〉訳生まれつきその道の奥義を極める才能がなくとも、（稽古(けいこ)の）道で停滞せずに、勝手気ままなことをしないで年月を過ごせば（ついには並ぶ者もいない名人となれるのである）。

ご-つ〔接尾タ四型〕（「ごと(事・言)」をタ行四段に活用させた形）名詞・動詞の連用形に付いて動詞を作る。「まつり──・つ」「ひとり──・つ」「きこえ──・つ」など。

こつ-がい【乞丐】（名）人に物をねだって生活すること。また、そうする人。こじき。例「寄りつく方なくて、かかる──をばするなり」〈今昔・二・二四〉訳身を寄せる所もなくて、こうしてこじきをしているのだ。

こつがい-にん【乞丐人】（名）⇒こつがい

滑稽本(こっけいぼん)〔近世小説のジャンル名〕江戸後期に流行した小説。風刺性をほとんど去り、滑稽おかしみを主眼とした小説。十返舎一九(じっぺんしゃいっく)の『東海道中膝栗毛』以降、式亭三馬の『浮世風呂』などがある。

こつ-じき【乞食】（名）❶（仏教語）僧が修行のために、経を読みながら家々を巡り、食物や金銭を施してもらうこと。托鉢(たくはつ)。例「かかる桑門(さうもん)の──順礼ごときの人を助け給ふにや」〈奥の細道・仏五左衛門〉訳こんな僧体の托鉢巡礼のような（私のごとき）身の者を救済なさるのだろうか。❷人に物をねだって生活すること。また、そうする人。こじき。例「──、路(みち)のほとりに多く、愁(うれ)へ悲しむ声、耳に満てり」〈方丈記・飢渇〉訳こじきが、道ばたに目立ち、嘆き悲しむ声が、あちこちに響き渡った。

こ-づたふ【木伝ふ】（自ハ四）｛は・ひ・ふ・ふ・へ・へ｝木から木へ移る。枝から枝へ飛び移る。例「落ち惑ひ、──・ひて、寝起きたる声に鳴きたるこそ、昼の目にたがひてをかしけれ」〈枕草子・夜鳥どものゐて〉訳（夜ガラスが木にとまり）落ちそうになってあわてて、枝から枝へ飛び移って、寝ぼけた声で鳴いているのこそ、昼間見た感じと違っておもしろい。

こ-つづみ【小鼓】（名）小さいつづみ。右肩に乗せ、左手で音色を変える「調べ緒(を)」を調節しながら、右手で打つ。能楽・長唄(ながうた)などに用いる。例「殿上に名を得たる──の上手にて候ふなれ」〈義経記・六・七〉訳宮中で名声を得た小鼓の達人だということでございます。参考現在普通に「つづみ」と呼ばれているもの。「大鼓(おほつづみ)」は「大革(おほかは)」とも呼ばれる。

こつづみ

こつ-にく【骨肉】（名）親子・兄弟など血族関係にある者。肉親。

こっ-ぱふ【骨法】（名）❶礼儀やしきたりについての要領。礼儀作法。例「礼儀──わきまへたる者一人(いちにん)もなし」〈平家・一・殿下乗合〉訳礼儀作法を心得た者は一人もいない。❷芸能などで、それを極める奥義。神髄。

こ-て【小手・籠手】（名）❶ひじと手首の間の部分。❷鎧(よろひ)の付属品の一つ。腕をおおう袋状の防具。布地に革・鉄片をつけて鎖でつなぎ、腕を保護する。

こ-でい【健児】（名）（「こんでい」の変化した形）役所で下働きする者。下僕。

五条(ごでう)〔地名〕京都市内を東西に走る通りの一つ。また、その通りに沿う一帯。平安京の大路の一つで、北から五番めの通り。現在の五条通りは、後世の五条大橋を移築してからの称で、平安京の六条坊門大路にあたる。

こ-てふ【胡蝶】（名）❶チョウ（蝶）。❷「胡蝶楽(こてふらく)」の略。❸羽を広げた蝶を図案化した、紋どころの名。

胡蝶の夢(こてふのゆめ)（中国古代の荘子が、夢で蝶になって楽しく舞っていたが、夢がさめて、自分が蝶になったのか、蝶が自分になったのか、わからなくなったという故事から）物とわれとの区別がわからなくなる状態。また、人の世のはかないことのたとえにも用いる。

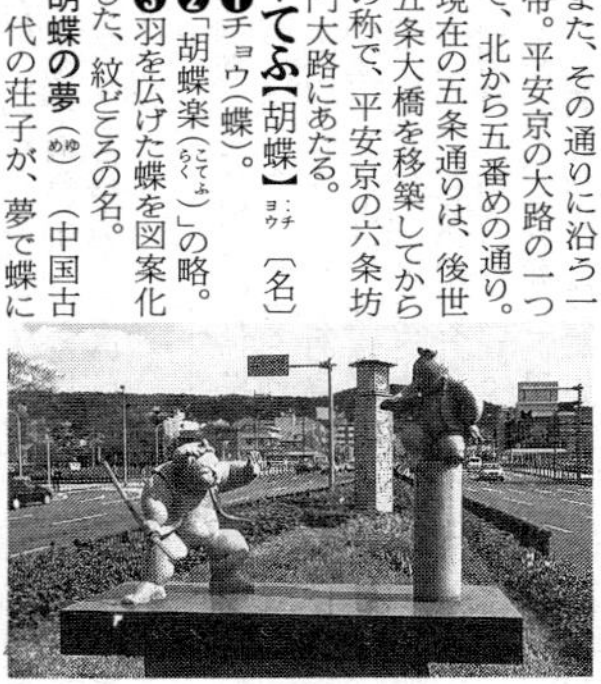

五条通り

こてふ-らく【胡蝶楽】（名）舞楽の曲の名。四人の子供が、背に蝶の羽を付けた衣装を着て、山吹の花をかざして舞う。法会(ほふゑ)の時などによく演じられた。

ご-てん【呉天】（名）（呉は中国南部の国で、長安の都から隔たっていた）遠い異郷。遠い異国の旅の空。例「──に白髪の恨みを重ぬといへども」〈奥の細道・草加〉訳遠い異郷の旅の空に老いた白髪の身の苦労の辛さ、嘆きを重ねるとはいうものの。

こと【言】（名）（「事」と同源という）❶口に出して言うこと。例「──に出でて言はばゆゆしみ朝顔のほには咲き出ぬ恋もするかも」〈万葉・一〇・二二七五〉訳 口に出して言ったらいけないものだから、朝顔のように人目につくように(咲き出たり)しないで、心の中であなたを恋い偲んでいるのですよ。

❷**ことば**。言語。例「楫取りはうつたへにわれ歌のやうなる——言ふとにもあらず」〈土佐・二月五日〉訳 船頭はことさらに自分で歌のようなことばを言おうと思っているわけでもない。

❸**うわさ**。**評判**。例「波のむたなびく玉藻の片思ひに我が思ふ人の——の繁けく」〈万葉・一二・三〇七八〉訳 波とともに(片方に)なびく玉藻のような片思いに私が恋しく思っている人のうわさがたくさん立つことだ。

❹和歌。また、詩文の章句。例「『……花をし見れば物思ひもなし』といふ——を、『君をし見れば』と書きなしたる」〈枕草子・清涼殿の〉訳「……花を見ると、何の物思いもない」という(『古今集』の)和歌(の一句)を、「君を見ると」と書き換えてあるのを。

こと【事】〔名〕(「言」と同源という)❶(世間や人の身の上に起こる、種々の)**ことがら**。**できごと**。例「近き年ごろ、——にふれて聞き見るに」〈源氏・夕霧〉訳 近年、種々の事柄につけて聞いたり見たりしていると。

❷重大な事態。**一大事**。**事件**。事故。例「わが背子は物な思ほし——しあらば火にも水にもわれ無けなくに」〈万葉・四・五〇六〉訳 いとしいあなたは心配なさらないでください。何か一大事がありましたら、火の中だろうと水の中だろうと、私がいるのですから。

❸人の行い。しわざ。

❹**仕事**。任務。また、政務。例「例の——ども皆し終へて、解由など取りて」〈土佐・十二月二十一日〉訳 おきまりの(国司としての)事務引き継ぎをすべてし終わって、解由状などを受け取って。注「解由状」トハ、事務引キ継ギガ完了シタコトヲ、後任者ガ証明スル文書。

❺**行事**。祭礼や儀式。

❻**事情**。事のなりゆき。いきさつ。一部始終。

❼(形式名詞的用法。活用語の連体形をうけて)動作・作用・存在・状態などを表す名詞句を作る。**…すること**。例「この川の絶ゆる——なく」〈万葉・一・三六長歌〉訳(吉野宮は)この(吉野の)川のようにいつまでも絶えることなく。

❽(文末に用いて)断定を強め、また、感動の意を添える。…ことよ。…ことだなあ。例「異様なる——。まことにさる事やは侍る」〈枕草子・五月の御精進のほど〉訳 ふしぎなことだなあ。ほんとうにそんな事があるでしょうか。

> 要点 「言」と「事」とは、語源的には同一の語といわれ、言葉として口に出すことによって、事を認識した古代人の考え方がうかがわれる。上代・平安時代の「こと」の用例には、「言」「事」の意味が十分に分化しておらず、どちらの意にも解せるようなものが見られる。

事と・す その事をもっぱらにする。専念する。例「銭積もりて尽きざる時は、宴飲声色を——・せず」〈徒然草・二一七〉訳 金銭が(たくさん)積もってなくなることがない時は、(かえって)酒宴で酒を飲んだり美声女色をもっぱらにせず。

事ともせ・ず 何とも思わない。問題にしない。「物ともせず」とも。例「家の人どもに物をだに言はむとて、言ひかかれども——・ず」〈竹取・貴公子たちの求婚〉訳(竹取の翁の)家の召使い達にせめて一言だけでも言おうとして、話しかけるけれども(相手は)問題にもしない。

事にもあら・ず 何程のことでもない。たいしたことでない。例「わがためには——・ねど、あのつらき人のあながちに世をつつむも、さすがにいとほしければ」〈源氏・空蟬〉訳 自分にとってはどれほどのことでもないけれど、あの自分に対して冷淡な人(＝空蟬)が(自分との浮名が立って)むやみに世をはばかるのも、やはり気の毒なので。

事の心 物事のもつ意味。趣旨。趣意。また、物事の細かな中味。内情。

事の便り 何かのついで。また、何らかの便宜。例「おのづから、——に都を聞けば」〈方丈記・閑居の気味〉訳 自然、何かのついでに都の様子を聞くと。

こと【異】一〔名〕(形容動詞の語幹が名詞化したもの)別の物。例「明日ならば——をぞ見給ひ合はするとて」〈枕草子・清涼殿の丑寅のすみの〉訳 明日になったら(后が古今集の)別の本を参照なさると(村上天皇はお考えになって)。

二〔接頭〕名詞の上に付けて、別の、違ったの意を表す。「——木」「——国」「——人」など。

こと【琴】〔名〕❶琴・箏・琵琶・和琴・大和琴・新羅琴などの弦楽器の総称。例「御前に御——ども召す」〈源氏・少女〉訳(冷泉帝は)御前に弦楽器をお取り寄せになる。⇩きん要点

❷特に、十三弦の「箏」。現代の「こと」。

こと〔形動ナリ〕一【異】**普通と違っている様子**。異なっている。別。例「衣着せつる人は、心——・になるなりといふ」〈竹取・かぐや姫の昇天〉訳 天の羽衣を着せられた人は、心が人間とは違うふうになるそうだといいます。

二【殊】特別である。**格別すぐれている**。例「はかなく聞こえ出づる言の葉も人よりは——・なりしけはひかたちの」〈源氏・桐壺〉訳 ちょっと口にしてお耳に入れる言葉も他の方々よりは格別すぐれていた(亡き桐壺更衣の)ようすや顔が。

> 要点 (1)二はいい方に普通と違っているということで、結局は一に含まれるものであり、実際の用例では、一と二の判別のむずかしいものもある。
> (2)連用形「ことに」は副詞「ことに」とまぎらわしい。「…のようすに」「…のさまで」の意味があったり、述語として用いられるのが形容動詞で、次のように単に下の用言を修飾するのは副詞である。例「山里は秋こそ**ことに**わびしけれ鹿の鳴く音に目をさましつつ」〈古今・秋上・二一四〉訳 山里は他の季節より秋が格別に心細い。鹿が鳴く声に、(夜何度も)目をさまして。

こと〔副〕(上代語。「——…ば」の形で仮定表現の中に用いて)同じ…(するなら)。どうせ…(なら)。例「——放けば沖ゆ放けなむ港より辺付かふ時に放くべきものか」〈万葉・七・一四〇二〉訳 同じ遠ざけるなら沖にいるうちから遠ざけてほしいものだ。船が河口を通って岸に着くように、二人が結ばれようとする時に遠ざけるようなことがあってよいものだ

ろうか。

要点 「こと(異)」とは別語。「如(ごと)し」はこの「こと」に形容詞を作る接尾語「し」の付いたものが濁音化したもの。

ごと【毎】〔接尾〕(名詞・動詞に付いて)その一つ一つすべて。いずれも。そうするたび、などの意を添える。例「もののあはれは秋こそまされと、人―に言ふめれど」〈徒然草・一九〉訳 情趣の深さは秋が一番だと、人はだれもが言うようだが。

ごと【如】《助動詞「ごとし」の語幹》【比況】❶「ごとし」の連用形「ごとく」に相当し、「…の(が)―」の形で連用修飾語を作る。**…のように。**例「世の常の人の**ごと**もあらず」〈伊勢・一六〉訳 (紀有常(きのありつね)の晩年は、落ちぶれて)世の普通の人並みのようにはいかない。例「飛ぶが**ごと**走りて、まうで来たる童(わらは)かな」〈宇治拾遺・二・五〉訳 飛ぶように走って、参上して来た子であることよ。

❷「ごとし」の終止形「ごとし」に相当し、述語を作る。…のようだ。例「逢(あ)ふことは玉の緒(を)ばかり名の立つは吉野の川のたぎつ瀬の**ごと**」〈古今・恋三・六七三〉訳 逢うことはほんの少しばかりの間、(それなのに)その評判が立つのは吉野の川の激しい流れの音のようだ。

参考 上代では「ごとく」「ごとし」の形と並行して用いられたが、平安時代では「ごとく」「ごとし」は漢文訓読系の文章で用いられ、和文では「ごと」が主に用いられた。

こと-あげ【言挙げ】〔名〕自分の思うことを言葉に出してはっきり言うこと。例「葦原(あしはら)の瑞穂(みづほ)の国は神(かむ)ながら―せぬ国しかれども―ぞ我がする」〈万葉・一三・三二五三長歌〉訳 葦原の瑞穂の国(＝日本)は神のみ心のままに、(人は)言葉に出して主張することをしない国である。しかし、(その禁じられた)言いたてを私がすることよ。

> 要点 上代においては、「ことあげ」はタブーとされ、あえてそれを犯すのは、重大な時に限られた。

こと-あたら・し【事新し】〔形シク〕❶ようすが改まっている。珍しい。
❷(多く連用形を用いて)新しいことのように扱っていて、わざとらしい。ことさらめいている。例「かやうのこと申せば、―しうさぶらへども」〈平家・一・祇王〉訳 このように申しあげると、わざとらしうございますが。

こと-あ・ふ【事合ふ】〔自ハ四〕{は・ひ・ふ・ふ・へ・へ}物事が都合よくいく。思いどおりになる。例「―・ひたる心地して、大臣もいとうれしういみじと思ひ聞こえ給へるに」〈源氏・葵〉訳 思いどおりになった気がして、左大臣もたいそううれしくありがたいこととお思いになられるにつけ。

こと-あやまり〔名〕■【言誤り】まちがって述べること。言いそこない。失言。
■【事誤り】事のまちがい。過失。

ことあり-がほ【事有り顔】〔名・形動ナリ〕何かありそうな顔つき。わけのありそうな様子。

こと-いみ〔名〕■【言忌み】不吉な言葉を忌み慎むこと。例「尽きせぬ御物語なども、今日は―すべくや」〈源氏・早蕨〉訳 (故大君(おおいぎみ)の思い出など)口にすれば尽きることのないあれこれの思い出話も、(前途を祝する)今日は(亡き人の話は)慎むべきでしょうよ。
■【事忌み】不吉な行いを忌み慎むこと。例「―もえし給はぬ気色なり」〈源氏・初音〉訳 (光源氏は、悲しみのあまり元日に泣くという)不吉な行いを忌み慎むことがおできにならない様子である。

こと-うけ【言承け】〔名〕言葉だけの承諾。口先の返事。例「都の人は―のみよくて、実(まこと)なし」〈徒然草・一四一〉訳 都の人は口先の返事ばかりよくて、誠実味がない。

こと-うるは・し【事美はし】〔形シク〕物事がきちんとしている。折り目正しい。

こと-うるはし-げ【事美はしげ】〔形動ナリ〕物事がきちんとしているようす。折り目正しい。

こと-えり【言選り】〔名〕言葉を選ぶこと。例「文を書けど、おほどかに―をし、墨つきほのかに心もとなく思はせつつ」〈源氏・帚木〉訳 (女は)手紙を書くにも、おっとりと言葉を選んで(態度をはっきりさせず)、墨つきの具合もかすかで(読みにくく、男に)気をもませるようにしむけて。

こと-か・く【事欠く】〔自カ下二〕{け・け・く・くる・くれ・けよ}物事が不足する。ないために不自由する。例「なきに―・けぬやうをはからひて過ぐる、最上のやうにてあるなり」〈徒然草・一八〉訳 何がなくても不自由しないように心がけて過ごすのが、(出家した人の)最上のやり方であるのだ。

こと-かた【異方・他方】〔名〕別の方面。ほかの方。例「内侍(ないし)の車などのいと騒がしければ、―の道より帰れば」〈枕草子・祭のかへさ〉訳 内侍の牛車(ぎっしゃ)などが大変騒々しいものだから、いつもと違う方の道を通って帰ると。

こと-がま・し【言がまし・事がまし】〔形シク〕口やかましい。例「さがなく―・しきも、しばしは、なまむつかしうわづらはしきやうに憚(はばか)らるることあれど」〈源氏・夕霧〉訳 嫉妬(しっと)深く口やかましい(妻)も、しばらくの間は(夫としては)ちょっと煩わしくうるさいようで遠慮されることもあるが。

こと-がら【言柄】〔名〕言葉のおもむき。言葉つき。言いまわし。例「今の世の人の詠みぬべき―とは見えず」〈徒然草・一四〉訳 (下手だと言われる紀貫之の和歌も)当世の歌人のうたいこなせる言葉の趣とは思えない。

こと-がら【事柄】〔名〕❶そのことの有様。ことのあらわれ。例「十万余騎にて都を立ちし―は、なに面(おもて)を向かふべしとも見えざりしに」〈平家・七・実盛〉訳 (平家の軍勢)十万騎ほどで都を出陣したその威勢では、誰も正面きって立ち向かうことができるとは見えなかったが。
❷(「骨柄(こつがら)」の変化した形)体格。転じて、人柄(ひとがら)。人品(じんぴん)。例「髪のかかり、姿、―、誠にあてに美しく」〈平家・三・六代〉訳 髪の垂れかかり具合、容姿、人品、実に気品があって端麗で。

こと-き【異木】〔名〕ほかの木。例「―どもと等しう言ふべきにもあらず」〈枕草子・木の花は〉訳 (桐(きり)の木は特別で)ほかの木などと同列に論じてよいものではない。

ごとき【如き】《助動詞「ごとし」の連体形》⇩ごとし

ごとく【如く】《助動詞「ごとし」の連用形》⇩ごとし

こと-ぐさ【言種・言草】〔名〕❶日頃の話の種。口にする事柄。話題。例「朝夕(あさゆふ)の―に、羽を並べ、枝を交(か)はさむと契(ぎち)らせ給ひしに」〈源氏・桐壺〉訳 (桐壺(きりつぼ)帝は更衣(こうい)に)毎日の話の種に、比翼の鳥となり、連理の枝となるように仲良くしようとお約束なさっていたが。
❷言葉。例「昔の人は、ただいかに言ひ捨てたる―も、皆いみじく聞こゆるにや」〈徒然草・一四〉訳 昔の人(の詩歌)は、ただ無造作に詠み捨てた言葉でも、(当世では)す

べてすばらしいように聞こえるのであろうか。

ごとくなり【如くなり】〔助動ナリ型〕《助動詞「ごとし」の連用形「ごとく」＋断定の助動詞「なり」》 接続 活用語の連体形や、助詞「が」「の」に付く。

未然形	連用形	終止形	連体形	已然形	命令形
ごとくなら	ごとくなり ごとくに	ごとくなり	ごとくなる	ごとくなれ	ごとくなれ

【比況】❶ある事物が他の事物と同じであるという意を表す。**…と同じである。…のとおりだ。** 例「海の上、昨日(きのふ)のごとくに風波(かぜなみ)見えず」〈土佐・二月一日〉 訳 海上は、昨日と同じで風も波も見えない。 例「すなはち地(ぢ)を掘りて封(ふう)を開く。封みな変はらずして元のごとくなり」〈今昔・九・三七〉 訳 すぐに地面を掘って(銭を入れて埋めておいた瓮(かめ)の)封を開く。封はすべて(埋めた時と)変わらないで元のとおりである。

❷ある事物が他の事物と似ているという意を表す。**…に似ている。(まるで)…のようだ。** 例「松の色は青く、磯(いそ)の波は雪のごとくに」〈土佐・二月一日〉 訳 松の色は青く、磯の波はまるで雪のように白くて。 例「富(とみ)の来たること、火の乾けるにつき、水のくだれるに従ふがごとくなるべし」〈徒然草・二一七〉 訳 富が寄り集まって来ることは、火が乾いた物につき、水が低い方へ流れるようなものだろう。

> 要点 意味・接続とも「ごとし」と同じで、「ごとし」と共に比況の助動詞と呼ばれる。平安時代以降用いられるようになり、中世には体言にも付くようになる。

こと-くに【異国・他国】〔名〕❶(日本の中で)よその国。異郷。❷外国。 例「広く――の事を知らぬ女のためとなむ覚ゆる」〈源氏・常夏〉 訳 (大和琴(やまとごと)というのは)外国の音楽を広く知らない女性のために(扱いやすく作られたのだろう)と思われる。

ごとくに【如くに】《助動詞「ごとくなり」の連用形》⇩ごとくなり

こと-くは・ふ【言加ふ】(:クワ(オ)ウ)〔自ハ下二〕{へ・へ・ふ・ふる・ふれ・へよ} ❶言葉を加える。助言する。口出しする。 例「御返りも聞こえさせやらせ給はねば、大将ぞ――・へ聞こえ給ひける」〈源氏・賢木〉 訳 (藤壺(ふじつぼ)は東宮への)ご返事もおできにならないので、大将(＝光源氏)がお言葉を添え(御返事)申し上げなさるのであった。❷いっしょに歌う。 例「あるじの大臣(おとど)も――・へ給ふ」〈源氏・胡蝶〉 訳 主人の大臣も唱和なさる。

こと-ごころ【異心・他心】〔名〕❶ほかのことを思う心。よけいな考え。他念。 例「――なくて、夜を昼になしてなむ、急ぎまうで来し」〈宇津保・吹上・上〉 訳 他のことはうちおいて、夜も昼のように歩き通して、急いで参上しました。❷よその人に思いをかけること。浮気心。 例「男、――ありてかかるにやあらむと思ひ疑ひて」〈伊勢・二三〉 訳 その男は、妻がほかの男に思いを寄せることがあってこのように(上機嫌で自分を送り出す)のであろうかと思い疑って。

こと-ごと ━【事事】〔名〕あれやこれやのさまざまな事。諸事。 例「――に悲しかりけりむべしこそ秋の心を愁ひといひけれ」〈千載・秋下〉 訳 諸事につけて悲しいことよ。なるほどそれで秋の心を「愁」と書いて「うれい」というのだなあ。

━【尽・悉】〔副〕❶すべて。すっかり。 例「悔(くや)しかもかく知らませばあをによし国内(くぬち)――見せましものを」〈万葉・五・七九七〉 訳 残念なことだ。(妻が)こんなにも早く死ぬと知っていたならば、この国(＝九州)の中をすべて見せてやったのになあ。

❷(下に打消しの語を伴って)まったく。完全に。 例「二葉(ふたば)より――疑ひなく后(きさき)がねとかしづき聞こえ給へるに」〈栄花・根合はせ〉 訳 (教通(のりみち)内大臣は梅壺女御(うめつぼのにょうご)の娘を)幼少の頃からまったく疑いもなく皇后の候補者として大事に養育申し上げなさっていたので。

こと-ごと【異事】〔名〕別の事。

こと-ごと【異異】━〔形動ナリ〕それぞれに異なる様子。別々である。まちまちである。 例「御座(おまし)なども――・にて大殿籠(おほとのごも)る」〈源氏・蛍〉 訳 (光源氏と花散里(はなちるさと)は)夜の床なども別々に設けておやすみになる。

━〔副〕別々に。まちまちに。 例「梅の香(か)の降り置ける雪にまがひせばたれか――分きて折らまし」〈古今・冬・三三六〉 訳 (梅の色は雪とまぎらわしいが)もしも降り積もっている雪に(香りがあって)梅の香りがまぎれるのだったら、だれが、これは雪、これは梅と区別して梅の枝が折り取れるだろうか。

こと-ごと・し【事事し】〔形シク〕

> 漢字表記は「事事し」で、事が重なって大げさだ、というのが原義。そこから、大げさだ、ぎょうぎょうしい、の意を表すようになる。

大げさだ。ぎょうぎょうしい。 例「唐土(もろこし)に――・しき名付きたる鳥の、選(え)りてこれにのみ居(ゐ)るらむ、いみじう心ことなり」〈枕草子・木の花は〉 訳 中国で大げさな名のついた鳥(＝鳳凰(ホウオウ))が、特に選んでこの(桐(きり)の)木にばかりとまるというのは、格別に心をゆすぶられる。

こと-ごのみ【事好み】〔名〕《動詞「事好む」の連用形の名詞化》物好き。風流を好むこと。

こと-さへく【言さへく】(:サエク)【枕詞】(「さへく」は「さへづる」に同じ)外国人が意味のわからないことを言う意で「韓(から)」「百済(くだら)」にかかる。

こと-ざま【事様】〔名〕物事の様子。また、人物の様子。人柄。 例「大方(おほかた)は、家居(いへゐ)にこそ、――は推しはからるれ」〈徒然草・一〇〉 訳 おおむね、家のたたずまいにこそ、その家の主人の人柄が推量されるものだ。

こと-ざま【異様】〔名〕❶通常とは異なる様子。違ったおもむき。 例「寝殿を失ひて、――にも造り変へむの心にて」〈源氏・宿木〉 訳 寝殿を取りはらって、違った趣に改築しようというつもりで。❷他の方面。また、他の人。 例「軽々しく――になびき給ふこと、はた世にあらじ」〈源氏・総角〉 訳 軽率に他の男になびきなさるようなことは、まさかありはしないだろう。

こと-さ・む【事醒む】〔自マ下二〕{め・め・む・むる・むれ・めよ} 興がさめる。しらける。 例「酒宴――・めて、いかがはせんとまどひけり」〈徒然草・五三〉 訳 (かぶった鼎(かなえ)が抜けず)酒宴は興ざめになって、どうしようかと途方にくれてしまった。

こと-さら【殊更】━〔形動ナリ〕❶あらためてする様子。特別。 例「――・にかくものし給へる喜びは聞こゆべき」〈源氏・若菜・下〉 訳 のちほどあらためてこうしておいで下さったお礼は申し上げましょう。
❷意図的にする様子。わざとする様子。故意である。例「格子(かうし)の壺(つぼ)などに、木の葉を――・にしたらむやうに、こまごまと吹き入れたるこそ」〈枕草子・野分のまたの日こそ〉訳 格子のます目などに、木の葉をわざとやったように、細かに吹き入れた様子は。
❸特にきわだっている様子。格別である。例「許すとも、――・なるやうにもてなしてこそあらめ」〈源氏・少女〉訳（夕霧と雲居雁(くもいのかり)との結婚を）許すとしても、格別のこととして（婿(むこ)取りの式を）はからうようにしたいものだ。
二〔副〕❶故意に。わざと。例「――幼く書きなし給へるも、いみじうをかしげなれば」〈源氏・若紫〉訳（光源氏は若紫への手紙なので）わざと子供っぽくお書きになったのだが、それでもたいそう立派なものなので。
❷特に。格別に。とりたてて。

ことさら・ぶ【殊更ぶ】〔自バ上二〕{び・び・ぶ・ぶる・ぶれ・びよ}《「ぶ」は接尾語》⇩ことさらめく 例「おのづからこはごはしき声に読みなされなどしつつ、――・びたり」〈源氏・帚木〉訳（女同士の手紙に漢字がやたらに使ってあるのは）自然とごつごつした調子に読み上げられなどして、いかにももったいぶった感じのものである。

ことさら-め・く【殊更めく】〔自カ四〕{か・き・く・く・け・け}《「めく」は接尾語》❶あらたまった態度をとる。わざとらしく振る舞う。例「かう――・きて籠(こも)り居(ゐ)、訪れ給はぬを」〈源氏・賢木〉訳（光源氏が）このようにわざとらしく引き籠って、（藤壺(ふじつぼ)を）お訪ねにならないのを。
❷気取る。思わせぶりな様子をする。意味ありげである。例「紙の香などいと艶(えん)に、――・きたる書きざまなり」〈源氏・若菜・下〉訳 手紙にたきしめた香(こう)の匂いもなまめかしく、意味ありげな書きぶりである。

ことじ【琴柱】〔名〕⇩ことぢ

ごとし

【如し】〔助動ク型〕接続 活用語の連体形や助詞「の」「が」に付く。
【比況】❶ある事物が他の事物と同じであるという意を表す。**…と同じである。…のとおりだ。**例「つひに本意(ほい)の**ごとく**会ひにけり」〈伊勢・二三〉訳 最後にはもとからの願いどおり結婚した。
❷ある事物が他の事物と似ているという意を表す。**…に似ている。（まるで）…のようだ。**例「おごれる人も久しからず、ただ春の夜の夢の**ごとし**」〈平家・一・祇園精舎〉訳 おごり高ぶった人もいつまでもそうしていることはできない、（それは）ちょうどはかない春の夜の夢のようなものである。
❸《平安時代末期以降の用法》（多く体言に直接付いて）多くの中から例として取り上げる意を表す。**たとえば…のようだ。（たとえば）…などである。**例「すなはち、和歌・管弦・往生要集(わうじやうえうしふ)**ごとき**の抄物(せうもつ)を入れたり」〈方丈記・境涯〉訳 そこには（＝黒イツヅラノ中ニハ）和歌の本や音楽の本や『往生要集』のような抜き書きが入れてある。

未然形	連用形	終止形	連体形	已然形	命令形
○	ごとく	ごとし	ごとき	○	○

参考 (1)「ごとし」は、語幹の「ごと」が単独で用いられるのと、助詞「の」「が」に付くことが他の助動詞と違っており、形式形容詞と考える説もある。なお、③の用法は、連体形の用法にほぼ限られている。
(2)「ごとし」の類義語に、「ごとくなり」と「やうなり」がある。「ごとくなり」は、「ごとし」にない補助（カリ）活用の用法を補う役割を果たし、「ごとし」より広い用法を持つ。「やうなり」は、形式名詞「やう」に断定の助動詞「なり」が付いて一語化したもので、「ごとし」や「ごとくなり」と比べると、女性的なやわらかい語感がある。「ごとし」「ごとくなり」は、男性的なかたい語感があり、漢文訓読系の文章や、改まった場合の男性の会話に用いられる。

こと-しげ・し〔形ク〕一【事繁し】仕事が多い。いそがしい。例「今の世の――・きにまぎれて、院には参る人もなきぞさびしげなる」〈徒然草・二七〉訳 新帝の御代(よみ)の公務が多いのにとりまぎれて、上皇の御所(ごしょ)に参上する人もないのは寂しい様子である。
二【言繁し】うわさがやかましい。あれこれ言われる。例「――・き里に住まずは今朝(けさ)鳴きし雁(かり)にたぐひて往(い)なましものを」〈万葉・八・一五一五〉訳 人のうわさがうるさい里に住まずに、今朝鳴いた雁に連れ立って行ってしまったらよかったのに。

こと-ずくな【言少な】〔形動ナリ〕口数が少ない。言葉少な。例「――・にて、とかく紛らはしつつ、とり隠し給ひつ」〈源氏・帚木〉訳（光源氏は）言葉少なに、あれこれごまかして、（女からの文(ふみ)を）お隠しになってしまった。

こと-そ・ぐ【事削ぐ】〔自ガ四〕{が・ぎ・ぐ・ぐ・げ・げ}物事や言葉を省略する。簡素にする。簡略にする。例「ことさら――・ぎて、いかめしうも侍(はべ)らざりし」〈源氏・手習〉訳（故八の宮の姫の葬儀は）わざと簡素にして、大がかりではございませんでした。

こと-だ・つ【事立つ】〔自タ四〕{た・ち・つ・つ・て・て}特別な事をする。例「睦月(むつき)なれば――・つとて大御酒(おほみき)たまひけり」〈伊勢・八五〉訳（出家した者もいるが）正月なので特別な事をするといってお酒をくださった。

こと-だて【言立て】〔名〕言葉に出してはっきり言うこと。誓いなどを、口に出して言うこと。

こと-だま【言霊】〔名〕古代の人々が信仰した、言葉のもつ神秘的な霊力。よい言葉は幸いを招き、呪(のろ)いの言葉は悪霊を生じさせて、人事や社会に影響を及ぼすと信じられた。例「――の八十(やそ)の衢(ちまた)に夕占(ゆふけ)問ふ占(うら)まさに告(の)る妹(いも)はあひ寄らむ」〈万葉・一一・二五〇六〉訳 言葉の霊力の働く別れ道で、夕占いをして尋ねてみる。その占いにまさしく告げる、あの娘は私に慕い寄るだろうと。
言霊の幸(さき)はふ国(くに)（サキワ（オ）ウ…）言霊が栄えて幸福の満ちあふれる国。日本の別称。

こと-た・ゆ【言絶ゆ】〔自ヤ下二〕{え・え・ゆ・ゆる・ゆれ・えよ}《「こと」は言葉の意》❶言葉では表せない。言語に絶する。例「生ける世に吾(あ)はいまだ見ず――・えてかくおもしろく縫へる袋は」〈万葉・四・七四六〉訳 いま生きているこの世にあって私はまだ見たことがないよ。言葉で言い表せないほどこんなにおもしろく縫った袋は。
❷便りが絶える。音信がなくなる。例「いと憎くて、言い返へしなどして――・えて二十余日(はつかよか)になりぬ」〈蜻蛉・中・天禄二年〉訳（夫が）たいそう憎くて、言い返しなどして便りが絶えて二十日余りになった。

こと-た・る【事足る】〔自ラ四〕{ら・り・る・る・れ・れ} 事が足りる。十分である。例「『これぞ求め得て候ふ』と申ししかば、『――・りなん』とて」〈徒然草・二一五〉訳(酒の肴(さかな)として味噌(みそ)少々を捜し出し)「これを捜し出しました」と申し上げたところ、「(それで)事が足りるだろう」とおっしゃって。

こと-ぢ【琴柱】(ジ)〔名〕琴の胴の上に立てて、弦を支えるもの。音の高低を調整する。例「なほかく物に合はする折の調べにつけて、――の立ちど乱るるものなり」〈源氏・若菜・下〉訳やはりこのように他の楽器と合奏する時の調子次第では、琴柱の立っている位置が狂うものである。

ことぢ

こと-づ・く【言付く・託く】{け・け・く・くる・くれ・けよ} ■一〔自カ下二〕ほかの事柄のせいにする。口実とする。かこつける。例「――・けて対面し給はず」〈源氏・総角〉訳(大君(おおいぎみ)はご病気に)かこつけて(薫(かおる)に)ご対面なさらない。■二〔他カ下二〕人に頼んで意向を伝えてもらう。ことづけをする。例「私(わたくし)の文(ふみ)は許されねば、人々のもとへも詞(ことば)にて――・け給ふ」〈平家・一〇・内裏女房〉訳個人的な手紙は許可されないので、(捕虜の平重衡(しげひら)は)家族のもとへも(口頭で)ことづけなさる。

こと-づけ【言付け・託け】〔名〕《動詞「ことづく」の連用形の名詞化》❶何かにかこつけること。口実。例「つきづきしき――ども作り出(い)でて」〈源氏・真木柱〉訳いかにももっともらしい口実などを作って。❷人にことづけること。伝言。例「『職(しき)へなむ参る。――やある。いつか参る』などのたまふ」〈枕草子・かへる年の二月二十日よ日〉訳「中宮職(=役所)へ参上します。伝言がありますか。あなたはいつ参上しますか」など(頭の中将が)おっしゃる。

こと-づて【言伝て】〔名〕《平安時代までは「ことつて」》言葉の取り次ぎ。伝言。ことづけ。例「山がつの垣ほに生へる青葛(つづら)人はくれども――もなし」〈古今・恋四・七四二〉訳山里の家に住む人の垣根に生えているツル草を繰る(=タグル)、その「くる」につけて、あの方は近くまで来るけれども、伝言の一つとしてないことよ。

こと-と【事と】〔副〕❶特に。とりわけ。格別に。例「このごろは――久しう見えず」〈蜻蛉・上・天暦十年〉訳この頃はとりわけ長い間顔を見せない。❷どんどん。ずんずん。例「――明(あ)かくなれば、障子口(うきちじ)まで送り給ふ」〈光源氏・帚木〉訳どんどん明るくなってきたので、(光源氏は)襖(ふすま)の戸口まで(帰って行く女を)お送りになる。

ことと・う【言問う】⇩ことどふ

こと-とき【異時】〔名〕別の時。ほかの時。「ことをり」とも。例「――は知らず、今宵(こよひ)はよめ」〈枕草子・五月の御精進のほど〉訳他の時はさておき、(ともかく)今夜は歌をよみなさい。

こと-どころ【異所】〔名〕別の場所。他の所。また、外国。例「鳥は、――の物なれど、鸚鵡(あうむ)いとあはれなり」〈枕草子・鳥は〉訳鳥の中では、異国の鳥であるけれども、オウムがなかなか興趣をそそる。

こと-と・す【事とす】⇩「こと(事)」子項目

こと-どひ【言問ひ】(ドイ)〔名〕言葉を交わすこと。話し合うこと。例「ただ今夜(こよひ)逢(あ)ひたる児(こ)らに――もいまだせずしてさ夜ぞ明けにける」〈万葉・一〇・二〇六〇〉訳ただ今夜だけ逢った織女に、言葉を交わすこともまだしないうちに夜が明けてしまったことだ。

こと-と・ふ【言問ふ】(ドウ)〔自ハ四〕{は・ひ・ふ・ふ・へ・へ} ❶言葉を交わす。**物を言う。**例「――・はぬ木にはありともうるはしき君が手馴(たな)れの琴にしあるべし」〈万葉・五・八一一〉訳物を言わない木ではあるとしても、すばらしいあなたの寵愛(ちょうあい)を受ける琴なのでしょう。❷**物を問う。尋ねる。**特に、**安否を尋ねる。**例「名にし負はばいざ――・はむ都鳥(みやこどり)我が思ふ人はありやなしやと」〈伊勢・九〉訳都という言葉を名前に持っているならば、さあ尋ねてみよう、都鳥よ、私の愛する人は都で健在かどうかと。注「都鳥」ハ、「ユリカモメ」トイワレル。❸**訪問する。**おとずれる。例「やまがつの庵(いほり)に焚(た)けるしばしばも――・ひ来(こ)なむ恋ふる里人」〈源氏・須磨〉訳しばしばおとずれて来てほしい、恋しい故郷の人よ。注「やまがつの庵に焚ける」ハ「しばしば」ヲ導ク序詞。

こと-も-せ・ず【事ともせず】⇩「こと(事)」子項目

こと-な・し【事無し】〔形ク〕❶何事も起こらない。無事平穏である。例「――・き御代(みよ)と……万代(よろづよ)に記(しる)し継がむぞ」〈万葉・一九・四二五四長歌〉訳平和な時代であったと……(人々は)万世に書き続けることであろうぞ。❷何もすべきことがない。用事がない。例「おほやけ、わたくしに、――・しや」〈源氏・若菜・上〉訳朝廷にも、個人としても、何も用事はないね。❸心配なことがない。なんでもない。気にしない。例「――・く消(け)ち給へるも」〈源氏・若菜・上〉訳(紫の上ご自身は)何もないように隠しておられるにつけても。❹困難やわずらわしさがない。やさしい。例「わづらはしかりつることは――・くて、安かるべきことはいと心苦し」〈徒然草・一八九〉訳面倒に思っていたことは簡単にすんで、やさしいはずのことは大変面倒になる。❺非難することがない。欠点がない。例「大君の御笠(みかさ)に縫(ぬ)へる有馬菅(ありますげ)ありつつ見れど――・き吾妹(わぎも)」〈万葉・一一・二七五七〉訳ずっと見ていても何一つ欠点のない妻よ。注「有馬菅」マデハ、同音ノ「ありつつ」ヲ導ク序詞。

こと-なしび【事なしび】〔名〕❶そ知らぬふりをすること。❷いいかげんなこと。なおざり。例「宰相(さいしやう)の御いらへを、いかでか――に言ひ出でむ」〈枕草子・二月つごもり頃に〉訳(立派な方々がいらっしゃる中へ)宰相(=藤原公任(キントウ))様への御返事を、どうしていいかげんに言い出すことができようか(いやできない)。

こと-なし・ぶ【事なしぶ】〔自バ上二〕{び・び・ぶ・ぶる・ぶれ・びよ} 何もなかったように振る舞う。

こと-なら-ば《連語》《「同じ」の意の副詞「こと」＋断定の助動詞「なり」の未然形＋接続助詞「ば」》同じことなら。できることなら。「ことは」とも。例「――咲かずやはあらぬ桜花見る我さへに静心(しづごころ)なし」〈古今・春下・八二〉訳同じことなら咲かないでいればいいのに、桜の花はなまじ咲くものだから見ている私までも落ち着いた心がない。

こと-な・る【事成る】〔自ラ四〕{ら・り・る・る・れ・れ} ❶事がうまくいく。成就する。成功する。例「相(あひ)とぶらひ――・りしかば」〈万葉・九・一七四〇長歌〉訳（海の神の娘に出会って）求婚して事が成就した（＝話ガマトマッタ）ので。

❷その時になる。平安時代では、多く、行列がやって来る意の成句として用いる。例「いかにぞ。――・りぬや」〈枕草子・祭のかへさ〉訳どうですか。行列はやって来ましたか。

こと-に【殊に・異に】〔副〕《形容動詞「異なり」の連用形から》❶他とは異なって。普通と違って。別に。例「八日、人のよろこびして走らする車の音、――聞こえてをかし」〈枕草子・正月一日は〉訳（正月）八日は、人々が（位階昇進の）お礼を申し上げに走らせる牛車（ぎっしゃ）の音が、平素と違って聞こえてきておもしろい。

❷とりわけて。特に。格別に。例「その院の桜――おもしろし」〈伊勢・八二〉訳そのお邸（やしき）の桜が格別に美しい。

❸その上に。かてて加えて。

こと-にが・し【事苦し】〔形ク〕おもしろくない状況である。気まずい。例「饗応（きょうおう）し、もてはやし聞こえさせ給ひつる興もさめて、――・うなりぬ」〈大鏡・道長・上〉訳（関白藤原道隆は道長に）調子を合わせて、丁重（ていちょう）にもてなし申し上げなさった楽しさもさめて、気まずい空気になってしまった。注道隆ハ、弟ノ道長ト子ノ伊周（コレチカ）トノ次期関白ヲメグル競射デ、道長ガ優勢ナノデ興ガサメタモノ。

こと-にも-あら-ず【事にもあらず】⇨「こと（事）」子項目

こ-どねり【小舎人】〔名〕宮中の雑用をつとめる者。蔵人所（くろうどどころ）に属する。「みくらのこどねり」とも。例「御倉（みくら）の――を召して、『これ賜れ』と言はれければ、大きに頭（かしら）を振って逃げ去りぬ」〈平家・四・競〉訳（蔵人（くろうど）源仲綱は蔵人所の召し使いを呼んで、「これ（＝平重盛（シゲモリ）カラ渡サレタ蛇）を受け取れ」とおっしゃると、（召し使いは）激しく首を振って逃げて行った。

こどねり-わらは【小舎人童】（：ラワ）〔名〕近衛（このえ）の中将・少将が召し使う少年。転じて、貴人の側（そば）近くで雑用を働く少年。

こ-との【故殿】〔名〕亡くなった貴人の男性。亡き殿。例「まろがもとに、いとをかしげなる笙（しゃう）の笛こそあれ。――の得させ給へりし」〈枕草子・無名といふ琵琶の御琴を〉訳私（＝中宮定子）のところに、たいそう見事な笙の笛があります。亡き父君（＝道隆）が下さったものです。

こと-の-こころ【事の心】⇨「こと（事）」子項目

こと-の-たより【事の便り】⇨「こと（事）」子項目

こと-の-は【言の葉】〔名〕❶言葉。例「まことかと聞きて見つれば――を飾れる玉の枝にぞありける」〈竹取・蓬萊の玉の枝〉訳事実かと尋ねてみたところ、言葉を飾ったにせの宝玉の枝で、言葉を飾った嘘（うそ）であったよ。

❷言葉の芸術品。和歌。例「やまと歌は、人の心を種として、よろづの――とぞなれりける」〈古今・仮名序〉訳和歌というものは、人の心（の働き）を源として、多くのいろいろな言葉つまり和歌となったものである。

こと-の-ほか【殊の外】㊀〔形動ナリ〕❶《多く不快な状態にいう》予想外である。意外である。例「――・なる御もてなしなりけるには」〈源氏・夕霧〉訳（弁の君が言い寄ったところ、落葉の宮が思いのほかのお扱いであったので。

❷格別である。例「鳥の声なども――・に春めきて」〈徒然草・一九〉訳鳥の鳴き声なども格段と春らしくなって。

㊁〔副〕格別。とりわけ。例「――多く出（い）で来たりければ」〈宇治拾遺・七・五〉訳格別（稲が）多くできたので。

こと-は〔副〕《副詞「こと」＋係助詞「は」》同じことなら。例「かき暗し――降らなむ春雨（はるさめ）に濡（ぬ）れ衣（ぎぬ）着せて君を留（とど）めむ」〈古今・離別・四〇二〉訳春雨は、同じ降るなら空をまっ暗にして激しく降ってほしいものだ。そうしたら、その雨のせいにして君の帰るのを引き止めよう。

こと-ば【言葉・詞】〔名〕❶人が話したり、文字で書いたりして表現したもの。言語。例「世の中の人の――と思ほすなまことぞ恋し逢はぬ日を多み」〈万葉・一二・二八八八〉訳世間の人のありふれた言葉とお思いにならないで下さい。本当にあなたが恋しいのです。お逢いしない日が多いものですから。

❷言語で表現されたまとまりのある具体的な文句。和歌・手紙・文章など。例「楫取（かぢとり）の言ふやう、『黒鳥のもとに、白き波を寄す』とぞ言ふ。この――、何とにはなけれども、物言ふやうにぞ聞こえたる」〈土佐・一月二十一日〉訳船頭の言うには、「黒鳥の足もとに、白い波をうち寄せる」と言う。この文句、特に何ということもないが、風雅な秀句を述べたように聞こえた。

❸和歌や絵に対して、散文で表現された部分。また、謡曲などで、節まわしをつけない部分。例「女のもとより、――はなくて」〈伊勢・六九〉訳女性のところから、手紙の文句はなくて（歌だけ贈ってきた）。

言葉に掛（か）・く 言葉に出す。話題にする。例「月日重なり、年経（へ）にし後は、――・けて言ひ出（い）づる人だになし」〈方丈記・大地震〉訳月日が（しだいに）重なり、年を経てしまった後は、（地震の恐怖を忘れて）話題にして言い出す人すらいない。

ことば-がき【詞書】〔名〕和歌に添える前書き。和歌を作った日時・場所、動機・成立事情などを述べる。

こと-はかり【事計り】〔名〕計画を立てて事を運ぶこと。はからい。

ことば-だたかひ【言葉戦ひ】（：ダタカイ）〔名〕合戦に先立って、言葉で敵を言い負かそうとすること。例「その後は互ひに――止まりにけり」〈平家・一一・嗣信最期〉訳それからは互いに言葉戦いはやんだ。

後鳥羽天皇（ごとばてんわう）（：テンノウ）〔人名〕第八十二代天皇。一一九八年（建久九）譲位し、院政を行う。一二〇一年（建仁元）藤原定家らに『新古今和歌集』の撰進を命じたが、それに向けて、歌人らに百首歌を奉じさせたり、和歌所を設置するなど、和歌の興隆に努める。一二二一年（承久三）、朝廷の政治力を高めようとして北条義時追討の院宣を下し、承久（じょうきゅう）の乱をひき起こしたものの、鎌倉幕府を倒せず、隠岐（おき）に配流の身となる。その後も『新古今和歌集』の切継ぎ作業を行い、隠岐本を成立させた。歌集『後鳥羽院御集』、歌論書『後鳥羽院御口伝（くでん）』がある。⇨新古今和歌集（しんこきんわかしゅう）

こと-はら【異腹】〔名〕父が同じで母が異なること。腹違い。

ことはり【理・断り】⇨ことわり

こと-ひと【異人】〔名〕別の人。ほかの人。他人。例「父は――にあはせむと言ひけるを、母なむ貴（あて）なる人に心つけたりける」〈伊勢・一〇〉訳父は別の人と結婚させようと言ったが、母の方は高貴な人に執心したのだった。

ことぶき【寿】〔名〕《動詞「ことほく」の連用形「ことほき」の変化した語》❶祝いの言葉を述べること。また、その言葉。祝辞。例「皆おのおの思ふことの道々あらむかし。少し聞かせよや。われ、——せむ」〈源氏・初音〉訳あなた方女房達もそれぞれに(年の始めにあたって)心ひそかに望んでいる人生設計があるでしょう。(それを)ちょっと私に聞かせなさいな。私(＝光源氏)が、祝って励ましましょう。
❷生命。また、命の長いこと。
❸祝い事。特に、婚儀。

こと-ふ・る【事古る・言古る】〔自ラ上二〕{り・り・る・るる・るれ・りよ}ことが古くなる。古めかしくなる。言い古される。例「言ひ続くれば、みな源氏物語・枕草子などに——・りにたれど、同じ事また今さらに言はじとにもあらず」〈徒然草・一九〉訳(物事の情趣についてあれこれと)言い続けてくると、皆『源氏物語』や『枕草子』などで言い古されてしまっているが、同じ事をまた今あらためて言うまいというわけでもない。

こと-ぶれ【事触れ・言触れ】〔名〕❶あれこれと世間に言いふらすこと。また、その者。例「国中に沙汰(さた)をした——は川側(かはづら)伴之丞(ばんのじょう)」〈近松・鑓の権三重帷子・下〉訳国中にうわさをまきちらしたおしゃべり野郎は川側伴之丞だ。
❷(「鹿島(かしま)の事触れ」の略)物ごい・こじきの一種。鹿島明神(＝茨城県鹿嶋市)のご託宣と称して、その年の吉凶を触れ歩き、厄よけのお札を配った下級の神職。

ことぶれ②

こと-ほ・く【言祝く・寿く】〔他カ四〕{か・き・く・く・け・け}《平安時代以降は「ことほぐ」》祝福の気持ちを言葉で表す。祝いを述べる。祝福する。例「ここに——・きて白(まを)ししく」〈古事記・中・仲哀〉訳そこでこの神の言葉を祝福して申し上げたことには。

こと-む・く【言向く】〔他カ下二〕{け・け・く・くる・くれ・けよ}言葉を用いて服従させる。説得して従わせる。例「ちはやぶる神を——・けまつろへぬ人をも和(やは)し」〈万葉・二〇・四四六五長歌〉訳荒々しい神を説き伏せ、(まだ天皇が)服従させない人々をも和らげて。

こ-ども【子供・子等】〔名〕《「子」+「ども」(複数を表す接尾語)》❶(親・おとなに対する)子ども達。幼い子ら。例「瓜(うり)食(は)めば——思ほゆ栗(くり)食めばまして偲(しぬ)はゆ」〈万葉・五・八〇二長歌〉訳瓜を食べると子どものことが思われる。栗を食べるといっそういとしく思われる。
❷自分より若い人々や、従者達を親しんで呼ぶ語。若い人達。諸君。例「いざ——早く大和(やまと)へ大伴(おほとも)の御津(みつ)の浜松待ち恋ひぬらむ」〈万葉・一・六三〉訳さあ、諸君。早く日本へ帰ろう。御津の浜の松が今頃私達を待ち遠しく思っているだろう。注「大伴の」ハ「御津」ニカカル枕詞。山上憶良ガ中国カラ帰国スル時ノ歌。

こと-も-な・し【事も無し】〔連語〕《形容詞「ことなし」の間に係助詞「も」を置いて強調した形》❶何事も起こらない。無事である。例「平らけく安くもあらむを——・く喪(も)なくあらむを」〈万葉・五・八九七長歌〉訳(生きている間は)平らかで安らかでありたいのに、(また)無事で悪いことも起こらないでほしいのに。
❷何の苦労もない。容易である。例「まして竜(たつ)を捕らへたらましかば、また——・く我は害せられなまし」〈竹取・竜の首の玉〉訳まして竜を捕らえなどしていたら、また造作もなく私はきっと殺されていただろう。
❸欠点がない。無難である。また、理想的である。例「見る目も——・くはべりしかば」〈源氏・帚木〉訳(この女は)容貌も無難でございましたから。
❹これという特徴がない。平凡である。

こと-もの【異物・異者】〔名〕別のもの。他のもの。また、別の人。例「——は食はで、ただ仏の御下ろしをのみ食ふか」〈枕草子・職の御曹司におはします頃、西の廂にて〉訳他の物は食べずに、ただ仏さまのお下がりだけを食べるのか。

こと-やう【異様】(ヨウ)〔名〕普通とは違っている様子。変な姿。風変わり。例「八重桜は——の物なり。いとこちたくねぢけたり。植ゑずともありなむ」〈徒然草・一三九〉訳八重桜は(普通の桜と違って)変な木である。たいそうくどくて素直でない。(庭に)植えなくてもよかろう。

こと-ゆ・く【事行く】〔自カ四〕{か・き・く・く・け・け}《多く打消しの表現を伴う》物事がうまく運ばれる。思い通りになる。例「——・かぬ物ゆゑ、大納言をそしり合ひたり」〈竹取・竜の首の玉〉訳うまく事が運ぶようなことではないから、(それを命じた)大納言を非難し合っている。

こと-ゆゑ【事故】(エ)〔名〕よくないことが生じること。さしさわり。事故(じこ)。

こと-よう【異用】〔名〕ほかの用事。別の用途。例「また、——に用ゐることなくて、その銭(あし)皆に成りにけり」〈徒然草・六〇〉訳また、別の使い道に用だてることもなくて、その金(＝師匠ノ遺産)の全額を(芋頭(いもがしら)に)使い果たしてしまった。

こと-よ・す【言寄す・事寄す】〔自サ下二〕{せ・せ・す・する・すれ・せよ}❶言葉を寄せる。言葉によって助力する。例「天地(あめつち)の神——・せて春花の盛りもあらむと」〈万葉・一八・四一〇六長歌〉訳天地の神が加護して下さり、春の花のような繁栄の時もあるだろうと。
❷噂(うわさ)を立てる。例「佐檜(さひ)の隈(くま)檜(ひ)の隈川の瀬を早み君が手取らば——・せむかも」〈万葉・七・一一〇九〉訳佐檜の隈の檜の隈川の瀬の流れが急だからといって、あなたの手を取ったら、人々が二人の噂を立てるでしょうよ。
❸言い訳する。かこつける。例「所去り給ふに——・せて、さるべき所に移ろはし奉らむ」〈源氏・総角〉訳場所を変えて祈禱(きとう)するのにかこつけて、(京都の)適当な所にお移し申し上げよう。

こと-わざ【事業】〔名〕営み行うこと。仕事。例「世の中にある人、——繁(しげ)きものなれば、心に思ふことを、見るもの聞くものにつけて言ひ出(い)だせるなり」〈古今・仮名序〉訳世の中の人々は、様々な事があるので、そこから生じる心情を、目に映るもの耳に届くものに託して歌として表現しているのである。

こと-わり【理・断り】━〔名〕《動詞「ことわる」の連用形の名詞化》

> 「事割り」で、物事の筋道、条理、がもとの意。「理」(①②)と「断り」(③④)は区別しにくいことがある。形容動詞の用法もある。

❶物事の筋道。道理。例「沙羅双樹(しやらさうじゆ)の花の色、盛者必衰(じやうしやひつすい)の——をあらはす」〈平家・一・祇園精舎〉訳釈迦(しやか)入滅(にゆうめつ)の時にわかに白色に変わったという

沙羅双樹の花の色は、盛んな者も必ず衰えるという道理を示す。

❷物事を判定すること。判断。例「中将は、この——を聞きはてむと、心入れてあへしらひ居給へり」〈源氏・帚木〉訳頭中将は、この理屈をよく聞こうと、熱心に(左馬頭の)話に応対していらした。

❸言い訳。弁解。例「いみじく——して聞こゆとも、いと著(しる)かるべきわざぞ」〈源氏・宿木〉訳(あなたに)一生懸命言葉で弁解申しても(よいが、それよりも)、事実はとてもはっきりしているはずのことですよ。

❹承知しないこと。辞退。例「風病(ふうびやう)——申してまかりさりぬべかめり」〈栄花・駒競べの行幸〉訳感冒も辞退を申してきっと退散することでしょう。

❺わびること。謝罪。

■二〔形動ナリ〕**当然である。道理だ。もっともだ。**例「ねたしと思ひたるも——・なり」〈枕草子・正月一日は〉訳(粥の木で打たれた女房が)くやしいと思っているのももっともだ。

注正月七日ノ望粥ヲ炊イタ木デ、女性ノ腰ヲ打ツト出産スルトイウ迷信デ、タワムレテイル場面。

こと-わ・る【判る・理る・断る】〔他ラ四〕〈ら・り・る・る・れ・れ〉《「事割る」の意》❶道理に照らして理非・是非などを明らかにする。判断する。また、裁く。判定する。例「天地(あめつち)——・り給へ」〈源氏・明石〉訳天地の神々よ理非を明らかになさって下さい。

❷事の筋を説明する。説き明かす。また、そうして了解を得る。例「にぎはひ、豊かなれば、人には頼まるるぞかしと、——・られ侍(は)べりしこそ」〈徒然草・一四一〉訳(関東の人は生活が)栄えていて、豊かなので、人々に信頼されるのだと、お説き明かしなさいましたのは。

❸あらかじめ事情を説明しておく。前もって了解を得る。予告する。

こと-をり【異折】〔名〕⇩こととき(異時)

ご-なう【御悩】〔名〕貴人の病気をいう尊敬語。ご病気。例「かやうの事どもに——はつかせ給ひて、つひに御かくれありけるとぞ聞こえし」〈平家・六・小督〉訳(高倉上皇は)このようないろいろな事のためにご病気にかかられて、とうとうお亡くなりになったとのことだ。

こな-さま【此方様】〔代名〕《「こなたさま」の変化した形》《人称代名詞。対称》あなたさま。ていねいに、親愛の気持ちをこめて呼ぶ。例「まことに今年は——も二十五歳の厄(やく)の年、わしも十九の厄年とて」〈近松・曾根崎心中・下〉訳ほんに今年はあなた様も二十五歳の厄の年、私も十九の厄年なので。

こなた【此方】〔代名〕■一❶《指示代名詞。近称》こちら。こっち。話者に近い方角・場所を指していう。例「——は、あらはにや侍(は)べらむ」〈源氏・若紫〉訳こっちは、外からまる見えではありませんか。

❷あの時から今に至るまで。あれから。以後。例「かしこき御影に別れ奉りにし——、さまざま悲しきことのみ多く侍(は)べれば」〈源氏・明石〉訳恐れ多い(父の桐壺帝の)お姿に死別し申してしまいましてよりこのかた、(私は)さまざまの悲しい出来事にいくたびも出合いましたものですから。

❸そうなる前に。それより前。以前。例「おのがあらむ——は、いと人笑へなるさまに」〈源氏・真木柱〉訳私の存命中は、ひどく物笑いの種となる生きざまで。

■二《人称代名詞》❶《他称》話題の中心人物を指していう。この人。例「——の心見果ててと思(お)ぼすほどに」〈源氏・夕顔〉訳この人(=空蟬)の気持ちを確かめてからと(光源氏が)お思いになっているうちに。

❷《対称》ややていねいな言い方。あなた。

❸《自称》ややあらたまった言い方。わたくし。

こなた-かなた【此方彼方】〔代名〕❶あちらとこちら。例「——心を合はせて、はしたなめ煩(わづら)はせ給ふ時も多かり」〈源氏・桐壺〉訳(女御や更衣たちが)向こう側とこちら側とで示し合わせて、(桐壺更衣を)気まり悪い目に合わせ困らせなさる時も多い。

❷あちこち。方々(ほうぼう)。例「居むとする所を、まづ扇して——あふぎ散らして」〈枕草子・にくきもの〉訳座ろうとする場所を、まず扇であちこちあおぎちらして。

こなた-ざま【此方様】〔名〕《「ざま」は、方角・方向を表す接尾語》こちらのほう。例「宇治の渡りに行き着きぬ。そこにもなほしも——に渡りする者ども立ちこみたれば」〈更級・初瀬〉訳宇治の渡し場に到着した。そこでもやはりこちらの(京の)方に渡る者達で混雑しているものだから。

こ-なほし【小直衣】〔名〕《小さな直衣(のうし)の意》狩衣(かりぎぬ)の裾(すそ)に袍(はう)や直衣に用いる襴(らん)という横長の布をつけたもの。平安末期から皇族や上級貴族が、狩衣よりも改まったものとして着た。「狩衣直衣」「甘(かん)の御衣(おんぞ)」とも。

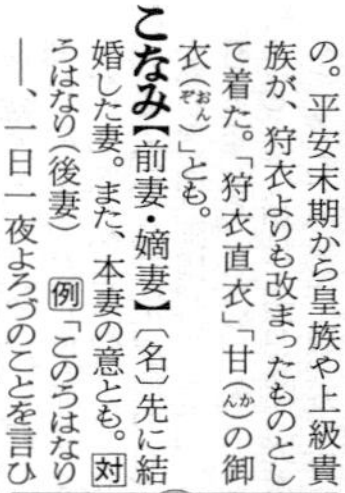

こなほし

こなみ【前妻・嫡妻】〔名〕先に結婚した妻。また、本妻の意とも。対うはなり(後妻) 例「このうはなり——、一日一夜よろづのことを言ひ語らひて」〈大和・一四一〉訳この後妻と本妻とは、一昼夜いろいろのことを語り合って。

こ-には【小庭】〔名〕❶小さい庭。壺庭(つぼにわ)。

❷紫宸殿(ししんでん)の南庭。例「殿上の——に畏(かしこ)まってぞ候ひける」〈平家・一・殿上闇討〉訳(平忠盛の家臣が)清涼殿の南庭を「大庭(おほには)」というのに対して)清涼殿の南庭に謹んで座していた。

❸《能楽用語》小規模の舞台。

こ-ぬれ【木末】〔名〕《上代語。「木の末(うれ)」の変化した形》こずえ。例「み吉野の象山(きさやま)の際(ま)の——にはここだも騒(さわ)く鳥の声かも」〈万葉・六・九二四〉訳吉野の象山の山あいの梢(こずえ)という梢には、ゆたかにさえずり騒ぐ鳥の声々(のにぎやかなこと)よ。

こ-の【此の】《連語》《代名詞「こ」+格助詞「の」》❶話し手の近くの事物や人を指し示す。この。例「——丘に菜(な)摘ます児(こ)」〈万葉・一・一長歌〉訳この丘で菜を摘んでいらっしゃるお嬢さん。

❷すでに話題になっている事物や人を、話し手に近いものとして指し示す。この。こんな。例「思ひもぞつくとて、——女をほかへ追ひやらむとす」〈伊勢・四〇〉訳(男が)この女を好きになっては大変だと、この女をよそに追い払おうとした。

❸現在に近い期間を指し示す。最近の。今までの。例「——十余年は、仏のごとくして行はせ給ふ」〈大鏡・道長・上〉訳最近の十余年の間は、仏のように(=道心堅固ニ)仏道修行しておられます。

要点 現代語では「この」の形で連体詞とされるが、古典では「こ」の下に他の助詞も付くので、連語とする。

この-あひだ【此の間】 一〘連語〙こうしているうち。例「かくて、——にこと多かり」〈土佐・一月七日〉訳そんなこんなで、こうしている間にあれこれと出来事が多い。二〔副〕❶この頃。近頃。また、先日。過日。❷そのうち。近日中。

こ-の-かた【此の方】〔名〕❶こちらのほう。例「見渡しに妹(いも)らは立たし——に我は立ちて」〈万葉・一三・三二九九長歌〉訳遥か向こう岸に妻は立ち、こちらに私が立って。❷それからのち。以来。例「かの御時(おほんとき)より——、年は百年(ももとせ)余り、世は十継(とつぎ)になむなりにける」〈古今・仮名序〉訳あの御代(みよ)(＝『万葉集』ノ時代)からそれ以後、年は百年余、(天皇の)世は十代になったのであった。

こ-の-かみ【兄】〔名〕《「子の上(かみ)」の意》❶兄弟姉妹で、年の上の者。兄、または姉。例「またこの袈裟(けさ)の——も、法師にてあれば」〈蜻蛉・上・康保元年〉訳またこの袈裟の(所有者である)兄も、法師だものだから。❷年が上であること。年長。また、その人。例「四年(よとせ)ばかりが——におはすれば」〈源氏・紅葉賀〉訳(葵(あおい)の上が光源氏より)四歳ほど年上でいらっしゃるので。❸人の上に立つ者。すぐれている者。例「その、——と思へる上手ども」〈源氏・若菜・下〉訳その道の、すぐれた者と思っている名人達にしても。

このかみ-ごころ【兄心】〔名〕兄または姉らしい心。年長者らしい心遣い。

この-ごろ【此の頃】〔名〕❶近い過去。近頃。最近。例「——の歌は、一節(ひとふし)をかしく言ひかなへたりと見ゆるはあれど」〈徒然草・一四〉訳近頃の歌は、一部分趣深く表現していると思えるのはあるが。❷近い未来。近日中。まもなく。例「今、——のほどに、参らせむ」〈源氏・野分〉訳もうすぐ、ごく近いうちに、(雲居雁(くもいのかり)を連れて)おうかがいに参上させましょう。❸今の時分。この時。例「昔、大将の御母上亡(う)せ給へりしも、——のことぞかし」〈源氏・御法〉訳昔、(夕霧の)大将の母君(葵(あおい)の上)がお亡くなりになったのも、今時分(＝秋八月)のことであった。

このした-つゆ【木の下露】〔名〕木の枝・葉からしたたる露。例「御侍(みさぶらひ)御笠(みかさ)と申せ宮城野(みやぎの)の——は雨にまされり」〈古今・東歌・一〇九一〉訳お付きの方々よ。ご主人に「お笠をお召し下さい」と申し上げなさい。(空は晴れても)宮城野の木からしたたり落ちる露は雨よりも激しいですよ。

このした-やみ【木の下闇】〔名〕樹木の枝葉が生い茂って、木陰をつくって暗いこと。木の下の陰。(季・夏)例「五月(さつき)山——にともす火は鹿の立ち処(ど)のしるべなりけり」〈拾遺・夏〉訳五月山のこんもりと茂った木の下の暗いところにともす明かりは、鹿が立つ所を示す目印であることよ。

この-ほど【此の程】〔名〕この頃。近頃。

こ-の-ま【木の間】〔名〕木と木とのあいだ。木々(ぎぎ)のすき間。例「深き山の杉の梢(こずゑ)に見えたる——の影、うち時雨(しぐ)れたるむら雲隠れのほど、またなくあはれなり」〈徒然草・一三七〉訳奥深い山の杉の梢のあたりに見えた木と木とのあいだの月の光、少し時雨(しぐれ)ている程度の群雲(むらくも)に見え隠れする月などが、比類なく印象深い。

このま・し【好まし】〔形シク〕❶好きである。心ひかれる。例「内裏住(うちずみ)み——・しうおぼえ給ふ」〈源氏・桐壺〉訳(光源氏は藤壺(ふじつぼ)のおられる)宮中暮らしばかりを素敵なものとお思いになる。❷趣があって感じがいい。好感が持てる。例「まして情けあり——・しう人に知られなどしたる人は、愚かなりと思はすべうもてなさずかし」〈枕草子・はづかしきもの〉訳まして人情がわかり感じがよいと人に知られたりしている男性は、並一通りな愛し方だと(女性に)思わせるようには(女性を)扱わないものよ。❸風流を好む。また、色好みである。例「殿上人(てんじやうびと)どもの——・しきなどは、朝夕の露分け歩(あり)くをそのころの役になむする」〈源氏・葵〉訳殿上人で風流好みの人などは、朝夕の露を分けて(野宮(ののみや)へ)通うことをその頃の仕事にしている。

このみ【好み】〔名〕《動詞「このむ」の連用形の名詞化》❶物事を好むこと。趣味。嗜好(しこう)。例「上(かみ)の——に下(しも)は従ふ間(あひだ)、世の危(あや)ふきことを悲しんで」〈平家・一・二代被斬〉訳支配者の好みとするものに下にいる者は合わせるものだから、世が乱れ傾くことをいたんで。注後鳥羽天皇ノ宴遊好ミヘノ非難。❷望み。希望。例「好き好きしき心のすさびにて、人の有様をあまた見合はせむの——ならねど」〈源氏・帚木〉訳好色めいた心のおもむくままに、女性達の有様をたくさん見比べてみようというような望みではないけれど。

このみ-な・す【好みなす】〔他サ四〕{さ・し・す・す・せ・せ}自分の好みに従ってそのようにする。趣向をこらす。例「珍しからんとて、用なき事ども添へ、わづらはしく——・せるを言ふなり」〈徒然草・八一〉訳珍しくしようというので、よけいな飾りなどをつけ加え、うるさく趣向をこらしているのを(品性が劣り幻滅させられると)言うのです。

この・む【好む】〔他マ四〕{ま・み・む・む・め・め}❶愛好する。好む。例「万(よろづ)にいみじくとも、色——・まざらん男は、いとさうざうしく、玉の盃(さかづき)の底なき心地ぞすべき」〈徒然草・三〉訳万事にすぐれていても、恋愛を好まないような男は、とても物足りなくて、まるで宝石でできた杯の底がないような気持ちがするであろう。❷好みに合うようにする。注文をつける。例「げに常よりも——・み整へたる車どもの」〈源氏・葵〉訳いかにも普段よりも趣向をこらした数々の牛車(ぎっしゃ)の。

> 参考 類義語「好(す)く」は、心の中でよいと思う心理状態を表す。それに対し、「好む」は、よいと思ってなんらかの行動をするという意味合いをもつ。

こ-の-も【此の面】〔代名〕こちら側。例「足柄(あしがら)の彼面(をても)——に刺す罠(わな)のかなるましづみ児ろ吾(あれ)紐(ひも)解く」〈万葉・一四・三三六一〉訳足柄山のあちら側こちら側にしかける罠がかかれば音を立てるが、その音が静まったならいとしい娘と私とが紐解きあって共寝をすることよ。

このも-かのも【此の面彼の面】〘連語〙❶こちらの面とあちらの面。両側。❷あちらこちら。そこここ。例「——のしはぶるひ人も、すずろはしくて」〈源氏・明石〉訳(光源氏の弾(ひ)く琴の音を聞くと)あちらこちらの(下賤(げせん)な)よぼよぼの老人たちも、何となくそわそわとして。

こ-の-もと【木の本・木の下】〔名〕樹木の根もと。木の下転して、庇護してくれる人。

この-よ【此の世】〔名〕❶（仏教語の過去世・未来世に対して）現世。人の生きている世。例「いでや、――に生まれては、願はしかるべき事こそ多かめれ」〈徒然草・一〉訳 さてさて、人がこの現世に生まれたからには、当然のことながら誰しも願うことが数多くあるようだ。例「あらざらむ――のほかの思ひ出でにいまひとたびの逢ふこともがな」〈後拾遺・恋三〉訳 病気が重いのでまもなく私は死ぬでしょう。あの世への思い出として、せめてもう一度あなたにお逢いしたいものです。注『百人一首』所収、和泉式部ノ作。病気ガ重クナリ、死ヲ予感シタ時ニ、病床カラ恋人ニ贈ッタ歌。❷今の世の中。当代。現代。例「されど、――に絶えにたることなめれば、いと口惜し」〈枕草子・行幸にならぶものは〉訳 しかし、（「五月の節の行幸」が）今の世に絶えてしまったことのようなので、大変残念なことである。❸世の中。世間。例「あすはひのき、――に近くも見え聞こえず」〈枕草子・花の木ならぬは〉訳 アスナロは、このあたりでは近くに見たことも聞いたこともない。

この-ゑ【近衛】〔名〕（「こんゑ」の変化した形）「近衛府」の略。また、そこに勤務する役人。

このゑ-づかさ【近衛司】〔名〕⇒このゑふ

このゑ-ふ【近衛府】〔名〕「六衛府」の一つ。左近衛府、右近衛府の二つがある。宮中を警備し、行幸の警固にあたる武官の役所。大将・中将・少将・将監・将曹・府生・番長などの官がある。

こ-は【此は】《連語》（近称の指示代名詞「こ」＋係助詞「は」）（意外なことに対する驚きの意を含んで、物事を指し示す意を表す）これはまあ。いったいぜんたいこれは。例「あさましう、『――、いかなる事ぞ』と、思ひ惑はるれど」〈源氏・帚木〉訳 あきれて、「これはまあ、どうした事だ」と、困っておられるが。

こは-いひ【強飯】〔名〕「甑（こしき＝セイロ）」で米を蒸して作ったためし。こわめし。

参考 現在でも、アズキをまぜた赤飯を「おこわ」というが、「こはいひ」は米だけの白く堅いめしでねばりけがない。今日のように、ねばりのあるやわらかい飯は、水を多くして米を煮たもので、「ひめいひ」といった。

ご-ばう【御坊・御房】〔名〕❶僧の住む建物や部屋の尊敬語。僧のお住まい。僧のおへや。❷僧の尊敬語。お坊さま。例「――は口惜しきことし給ひつるものかな」〈徒然草・八七〉訳 貴僧はとんでもないことをしてくださいましたね。

こ-ばかま【小袴】〔名〕❶平安時代、指貫の別名。❷中世、武士が用いた袴。指貫を細く短くしたもの。半袴（＝現代ノ袴）に似るが、裾をくくるひもがある。

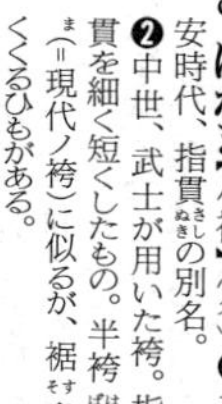
こばかま②

こ-はぎ【小脛】〔名〕袴や着物の裾を少しまくりあげて、すねが見えていること。また、そのすね。例「また、――に半靴履きたるなど、木の下に立ちて」〈枕草子・正月十よ日のほど〉訳 あるいは、（裾まくりして）すねを出して半靴をはいた者などが、（桃の）木の下に立って。

こ-はぎ【小萩】〔名〕小さな萩。また、萩の美称。例「荒き風防ぎし陰の枯れしより――が上ぞしづ心なき」〈源氏・桐壺〉訳 激しい風を防いだ木陰が枯れてからのち、小さな萩の不安なこと。母親が亡くなりまして、この若宮の身の上が心配でなりませぬ。注 桐壺更衣ノ母ノ歌。「陰」ハ更衣、「小萩」ハ光源氏ヲ指シテイル。

こは-ごは・し【強強し】〔形シク〕❶（手ざわりが）かたい感じである。ごわごわしている。例「――・しういららぎたる物ども着給へるしも、いとをかしき姿なり」〈源氏・手習〉訳（尼の家の着物なので）ごわごわとしてかど張っているものを着ておられるのも、本当に美しい姿である。❷（声や動作・様子が）滑らかでない。ごつごつしている。ぎこちない。例「おのづから――・しき声に読みなされなどしつつ、ことさらびたり」〈源氏・帚木〉訳（漢字を多く使った、女同士の手紙は）自然とごつごつした調子に読み上げられなどして、いかにももったいぶった感じのものである。❸（性格が）きつい。強情である。

こは・し【強し】〔形ク〕❶かたい。また、かたい感じである。例「いと――・くすくよかなる紙に書き給ふ」〈堤中納言・虫めづる姫君〉訳 大変ごわごわして無風流な紙に（返事を）お書きになる。❷（力や勢いが）強い。例「勢ひありとて頼むべからず。――・きものまづ滅ぶ」〈徒然草・二一一〉訳 権力があるといって頼りにできない。強い者が先に滅びる。❸（抵抗する力が）強い。手ごわい。❹（性格が）きつい。強情である。頑固である。例「この幼き者は――・く侍る者にて、対面すまじき」〈竹取・帝の求婚〉訳 この子は強情でございます者で、（勅使のあなたに）お会いしそうもありません。❺無骨で、ごつごつしている。例「この文の言葉、いとうたて――・く憎げなるさまを」〈源氏・若菜・上〉訳 この（＝明石ノ入道ノ）手紙の言葉が、（漢字が多く）何ともひどく堅苦しく親しみのない様子なのを。❻固くしっかりしている。例「さるべき人は疾うより御心魂のたけく、御守りも――・きなめりと覚え侍るは」〈大鏡・道長・上〉訳 そうなるはず（＝後ニ立派ニナルハズ）の人は早くから（＝若クカラ）精神力に優れ、（神仏の）お守りも強いようだと思われますよ。

こ-はじ【木端】〔名〕（「こはし」とも）簾を巻く時に心棒とする、細長い薄板。例「――のうち置かるる音、いとしるし」〈枕草子・にくきもの〉訳（簾の）こはじの物に当たる音が、はっきりと聞こえる。

こ-はじとみ【小半蔀】〔名〕「半蔀」の小さいもの。

こはちえふ-の-くるま【小八葉の車】〔名〕網代車の一種。小さな八葉蓮華（＝花弁ガ八ツアル蓮ノ花）の紋を付けたもの。初め、四位と五位の人の車だったが、平安時代以後、身分や男女の別なく用いられた。

小林一茶（こばやしいっさ）《人名》江戸後期の俳人。一七六三年（宝暦十三）～一八二七年（文政十）。信州柏原の人。三歳で実母が亡くなり、八歳から継母に育てられるも不和、十五歳で江戸に出て葛飾派の俳諧を学ぶ。諸国を遍歴して故郷に帰るが、晩婚であるのに妻子に先立たれるなど、家庭的には恵まれなかった。俳風は、俗語や平明な言葉を駆使したところに特色があり、その句にはこうした不幸な生涯を反映して、生き物への情愛に満ちたまなざしが光る。『おらが春』『七番日記』『父の終焉日記』

などの著作がある。⇩おらが春(るは)

こ-はる【小春】〔名〕陰暦十月の頃、初冬ではあるがぽかぽかと暖かく、春の陽気を思わせる日のこと。小春日和。例「十月は━の天気、草も青くなり、梅もつぼみぬ」〈徒然草・一五五〉訳（陰暦の）十月は小春日和の陽気で、草も青みはじめ、梅もつぼみをもつ。

こ-ばん【小判】〔名〕室町時代末期から江戸時代の末まで鋳造されて流通した楕円形の金貨または銀貨。一枚を一両に相当させる。武蔵小判・駿河小判・慶長小判・元禄小判など数種類ある。

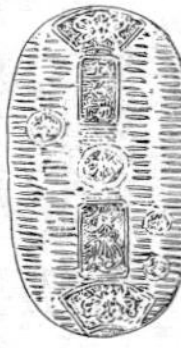
こばん

こひ【恋】〔名〕《動詞「恋ふ」の連用形の名詞化》❶なつかしく恋い慕うこと。例「幼きほどに、━やすらむ」〈源氏・若紫〉訳（若紫はまだ）幼いものだから、（故尼君を）どんなになつかしく思慕していることだろう。❷男女間で、異性に対する愛情。恋愛。例「恨みわび干さぬ袖(そで)だにあるものを━に朽(く)ちなむ名こそ惜しけれ」〈後拾遺・恋四〉訳あの人のつれないのを恨み悲しんで、涙に濡れてかわくまもない袖がやがて朽ちてしまうことだけでも堪えがたいのに、その上、この恋のために浮き名を流して、朽ちてしまう我が名が本当に惜しまれることよ。注『百人一首』所収、相模ノ作。❸和歌・連歌・俳諧などで、恋愛を題材とする作品、あるいは、部立。

恋川春町(こひかははるまち)【人名】江戸中期の黄表紙作者、狂歌師。本名倉橋格。自画作『金々先生栄花夢』で黄表紙の創始者となる。（一七四四～八九）

こ-びさし【小庇・小廂】〔名〕小さいひさし。また、廂の間の小規模なもの。例「つとめて、日さし出(い)づるまで、式部のおもとと━に寝たるに」〈枕草子・職の御曹司の西面の〉訳その翌朝、日がさし始める頃まで、（親しい同僚の）式部様と狭い廂の間に寝ていたのだが。

こひ・し【恋し】〔形シク〕（離れた状態にあるものに対して）心が強くひきつけられる。なつかしい。こいしい。例「なほ梅の匂ひにぞ、いにしへのことも立ちかへり━・しう思ひ出でらるる」〈徒然草・一九〉訳何と言っても梅の香りにこそ、昔のこともその時に戻って恋しく思い出されるものである。

> 要点 動詞「こふ」の形容詞化した語で、古くは「こほし」を用いたが、すでに奈良時代から「こひし」も広く用いられた。現代では、男女間でひきつけられる気持ちの意に狭まる傾向にあるが、本来は、離れた状態にあるもの（人に限らない）にひきつけられる気持ちを表す。

こひ-し・ぬ【恋ひ死ぬ】〔自ナ変〕{な・に・ぬ・ぬる・ぬれ・ね}恋い焦がれて死ぬ。例「━・なむ時は何せむ生ける日のためこそ妹(いも)を見まく欲(ほ)りすれ」〈万葉・四・五六〇〉訳恋い焦がれて死んだ後になって逢っても、どうしようもない。生きている日のためにこそあなたに逢いたいと思うのです。

こ-ひぢ【小泥】〔名〕どろ。「ひぢ」とも。例「浜も砂子(すなご)白くなどもなく、━のやうにて」〈更級・竹芝寺〉訳海岸も砂が白くなどはなく、どろのようで。

> 要点 和歌では、次項の例のように「恋路(こひぢ)」と掛詞にすることが多い。

こひ-ぢ【恋路】〔名〕《恋の心の動きを道にたとえた語》恋の道。恋。例「袖(そで)濡(ぬ)るる━とかつは知りながら降り立つ田子(たご)のみづからぞ憂(う)き」〈源氏・葵〉訳物思いの涙で袖が濡れる恋の道と一方で知っていながら、もう一方で、どろ田に踏みこむ農夫のように、その恋の道に足を踏み入れる自分が我ながらつらいことです。注「恋路」ニ、「小泥(こひぢ)」ヲ掛ケ、「みづから」ニ「水」ヲ掛ケル。「六条御息所」ガ光源氏ニ贈ッタ歌。

こひ-な・く【恋ひ泣く】〔自カ四〕{か・き・く・く・け・け}恋い慕って泣く。例「御子(みこ)六つになり給ふ年なれば、このたびは思し知りて━・き給ふ」〈源氏・桐壺〉訳御子（＝光源氏）は六歳になられる年なので、今度（の祖母の逝去）はおわかりになって慕ってお泣きになる。

こひねがはく-は【希はくは・冀はくは・庶幾はくは】〔連語〕心から願うことは。なにとぞ。例「━、三千の衆徒(しゅと)、……凶徒(けうと)を誅(うち)し、鴻化(こうくわ)に浴せん」〈平家・七・木曽山門牒状〉訳なにとぞ、（延暦寺の）三千人の僧兵たちが、……逆賊を討って、広大な天子の恩恵に浴しますように。

> 要点 文末を「たまへ」「ことを」「む」など願望・命令表現で結ぶ。漢文訓読体で、祈願・要請の内容を持つ文章の、しめくくりの文の冒頭に置かれる。

こひ-ねが・ふ【乞ひ願ふ・希ふ・庶幾ふ・冀ふ】〔他ハ四〕{は・ひ・ふ・ふ・へ・へ}心から望む。切に願う。

こひ-の・む【乞ひ祈む・請ひ祈む】〔自マ四〕{ま・み・む・む・め・め}神仏などに祈り願う。祈願する。例「布施(ふせ)置きて我は━・むあざむかず直(ただ)に率(ゐ)行きて天路(あまぢ)知らしめ」〈万葉・五・九〇六〉訳供え物を置いて私は祈願します。どうか間違った方角へそそのかさないでまっすぐに導いて行って、天人の道を教えてやって下さい。注愛児ノ死ニ、マッスグ天国へ行ケルヨウニ導イテホシイト祈ルノデアル。

こ-ひめ【小姫】〔名〕少女。例「一人は━にて、名をかさねといふ」〈奥の細道・那須〉訳（借りた馬に付き添う子供の）一人は少女で、名を「かさね」という。

こ-ひゃう【小兵】〔名〕❶からだが小さいこと。例「━といふ定(ぢゃう)、十二束(そく)三つ伏せ、弓は強し」〈平家・一一・那須与一〉訳体は小さいとはいっても、（矢の長さは普通より長い）十二束三つ伏せで、弓は強い弓で。注「束」ハ、ツカンダ時ノ指四本ノ幅。「伏せ」ハ指一本ノ幅。普通ノ矢ハ十二束。❷弓を引く力が弱いこと。また、その者。

こひ・らし【恋ひらし】〔連語〕《「恋ふらし」の上代東国方言》恋い慕っているらしい。例「我が妻はいたく━・らし飲む水に影(かご)さへ見えて世に忘られず」〈万葉・二〇・四三二二〉訳私の妻は（私を）ひどく恋い慕っているらしい。飲もうとする水に（妻の）面影までが見えて、決して（妻を）忘れられない。注防人ノ歌。

こひわすれ-がひ【恋忘れ貝】〔名〕《和歌用語。「忘れ貝」の「忘れ」を、恋を忘れる意に用いて作った語》手に持つと、恋の苦しさを忘れるという貝。忘れ貝。例「我が背子(せこ)に恋ふれば苦し暇(いとま)あらば拾(ひり)ひて行かむ━」〈万葉・六・九六四〉訳あの人が恋しくて苦しい。もし時間があったら拾って行こう、恋を忘れられるという忘れ貝を。

こひわすれ-ぐさ【恋忘れ草】〔名〕《和歌用語。「忘れ草」の「忘れ」を、恋を忘れる意に用いて作った語》恋の苦しさを忘れさせるという草。例「我が宿の軒のしだ草生(お)ひたれど━見れど生ひなく」〈万葉・一一・二四七五〉訳 我が家の入り口の軒のシダの草は生えたけれども、このつらい恋を忘れさせる忘れ草は、捜してもまだ生えていない。

こひ-わた・る【恋ひ渡る】〔自ラ四〕{ら・り・る・る・れ・れ}恋い続ける。ずっと恋い慕う。例「逢(あ)ふことをながらの橋の永らへて━・る間(ま)に年ぞ経(へ)にける」〈古今・恋五・八二六〉訳 お逢いすることがないままに、長柄の橋ではないが長々と生き長らえてずっと恋い続けている間に年がたってしまったことだ。

こひ-わ・ぶ【恋ひ侘ぶ】〔自バ上二〕{び・び・ぶ・ぶる・ぶれ・びよ}恋しさに苦しみ悩む。恋い悩む。例「━・びて泣く音(ね)にまがふ浦波は思ふ方(かた)より風や吹くらむ」〈源氏・須磨〉訳 都恋しさに思い悩んで泣く泣き声にまちがうような岸に寄せる波の音は、私が恋しく思う方角(=都ノ方角)から風が吹き寄せているのだろうか。

こふ【劫】〔名〕《仏教語》❶きわめて長い時間。また、その単位。永劫。対 せつな
❷《囲碁用語》(永遠に繰り返される意で)取るために置いた石がすぐ取られ、取られてもすぐ取り返せる形になり、これを繰り返していては決着がつかないので、別の所を打った後で取り返せる規則を設けて、一目を争うところ。劫争い。例「そこは持(ぢ)にこそあらめ。このわたりの━をこそ」〈源氏・空蟬〉訳 そこは引き分けでしょう。この辺の劫争い所にほら(お打ちなさい)。

こ-ふ【国府】〔名〕《「こくふ」の変化した形》⇩こくふ

こ・ふ【乞ふ・請ふ】〔他ハ四〕{は・ひ・ふ・ふ・へ・へ}❶神仏に祈り願う。祈願する。例「天地(あめつち)の神を━・ひつつ我(あれ)待たむ早来ませ君待たば苦しも」〈万葉・一五・三六八二〉訳 天地の神に祈願しながら私は待っておりましょう、早くいらっしゃって下さいあなた、これ以上待っていたら苦しくって。
❷ほしがる。願い求める。例「たとひ黄金(こがね)をまろめたる馬なりとも、それほどに人の━・はう物を惜しむべきやうやある」〈平家・四・競〉訳 たとえ黄金を丸めて作った馬だとしても、それほどまでに人が欲しがる物を惜しむことがあろうか。

こ・ふ【恋ふ】〔他ハ上二〕{ひ・ひ・ふ・ふる・ふれ・ひよ}❶異性を愛し思う。恋する。例「想夫恋(さうふれん)といふ楽(がく)は、女、男を━・ふるゆゑの名にはあらず」〈徒然草・二一四〉訳 想夫恋という雅楽は、女が、男を恋することに由来する名ではない。
❷慕い思う。思慕する。例「雨に向かひて月を━・ひ」〈徒然草・一三七〉訳 雨に対して(晴れていれば見えるはずの)月を恋しがり。⇩こひし

こ・ぶ【媚ぶ】〔自バ上二〕{び・び・ぶ・ぶる・ぶれ・びよ}相手の気に入るように振る舞う。へつらう。こびる。例「人に恐れ、人に━・ぶるは、人の与ふる恥(ち)にあらず、貪(むさぼ)る心に引かれて、自(みづか)ら身を恥づかしむるなり」〈徒然草・一三四〉訳 人を恐れ、人にこびるのは、他人から与えられる恥ではない、(自分の)欲に引きずられて、自分で自分を辱めているのである。

ごふ【業】〔名〕《仏教語》❶(身や口や心が行う)いっさいの行い。これの善悪に応じて、来世で善悪の果を招くとする。「業因(ごふいん)」とも。
❷前世での行いが因となって、この世で受ける報い。特に、悪い果報。例「━尽きにけりと思はむ」〈源氏・手習〉訳 前世の因による報いとしての寿命が尽きてしまったのだなとあきらめよう。

ごふ-いん【業因】〔名〕《仏教語》来世で苦楽の報いを招く原因となる、いっさいの行い。例「衆生(しゆじやう)の善悪の果報、皆、前世(ぜんぜ)の━によりてなり」〈今昔・一・二七〉訳 人間をはじめすべての生き物が善悪さまざまの報いを受けるのは、すべて、前の世で行った善悪さまざまの行いに原因があるのだ。

こ-ぶか・し【木深し】〔形ク〕木が奥の方まで茂って続いている。木の茂みが奥深い。例「まして、松の響き、━・く聞こえて」〈源氏・夕顔〉訳 (昼)以上に、(夜は)松の枝が風に鳴る音が、林が奥深い感じに聞こえて来て。

ごふ-く【業苦】〔名〕《仏教語》前世での悪業が原因で、この世で苦しみを受けること。また、その苦しみ。

ごふ-くゎ【業火】〔名〕《仏教語》❶前世での悪業の報いとして、地獄で罪人を焼いて苦しめる猛火。
❷(悪い行いはすべてを滅ぼすことになるので)「業」を火にたとえた語。

ごふ-くゎ【業果】〔名〕《仏教語》前世での悪業によって受ける報い。「業報(ごふほう)」とも。

ごふ-ふう【業風】〔名〕《仏教語。「業」を感じて吹く風の意》地獄で吹くという大暴風。「業の風」とも。例「かの地獄の━なりとも、これには過ぎじとぞ見えし」〈平家・三・飈〉訳 (つむじ風で鳴り響く音は)あの地獄で吹くという大風でも、これ以上ではあるまいと思えた。

こ-へい【古弊】〔名〕《「弊」は破れる意》古くていたんでいること。例「累代(るいだい)の公物(くもつ)、━をもちて規模とす」〈徒然草・九九〉訳 代々伝わった朝廷の器物は、古くて傷ついていることをもって模範とする。

ご-へい【御幣】〔名〕《「幣(へい・ぬさ)」の尊敬語》「ゆふ(木綿)」や麻布、または紙を切って垂らし、木の棒にはさんだもの。神に祈る時に供える。

ご-へん【御辺】〔代名〕《人称代名詞。対称》あなた。

こ-ほう【戸部】〔名〕《「ほう」は漢音》「民部省」の中国風の呼び名。「こぶ」とも。例「この所の郡守(ぐんしゆ)、━某(なにがし)の、『この柳見せばや』など、折々にのたまひ聞こえ給ふを」〈奥の細道・蘆野〉訳 この土地の領主、民部なにがし様が、(私に)「この(西行の歌で有名な)柳を見せたい」などと折にふれて言われていたのを。

ごぼう【御坊・御房】〔名〕⇩ごばう

ごほ-ごほ〔副〕《多く「と」を伴って》はげしく、重々しい物音の形容。ごろごろ。ごとごと。例「━と、鳴る神よりもおどろおどろしく踏みとどろかす唐臼(からうす)の音も」〈源氏・夕顔〉訳 ごろごろと、雷よりも大げさに踏み鳴り響かす踏み臼の音も。

こほ・し【恋ほし】〔形シク〕《上代語。「こひし」の古い形》こいしい。なつかしい。例「行く船を振り留(とど)みかねいかばかり━・しくありけむ松浦佐用姫(まつらさよひめ)」〈万葉・五・八七五〉訳 (夫、大伴狭手彦(おおとものさでひこ)が乗って)出て行く船を(領巾(ひれ)を)振り引き止めようとしても引き止められず、どんなに恋しく思ったことだろう、松浦佐用姫は。注 佐賀県唐津市ノ領巾振(ヒレフリ)山ノ伝説ヲ詠ンダ歌。

こぼ・す【溢す・零す】〔他サ四〕{さ・し・す・す・せ・せ}《「こぼる」の他動詞形》❶あふれさせる。こぼす。例「涙をさへ━・して伏したり」〈源氏・空蟬〉訳 (お気の毒と思うだけでなく)涙ま

であふれさせて横になっている。

❷衣服の裾(すそ)などをはみ出るようにする。はみ出させる。例「色々の衣(きぬ)ども――し出でたる人の」〈枕草子・内裏の局〉訳さまざまな色の着物の裾を出だし衣(ぎぬ)にして上着の下から出している人が。

こほ・つ【毀つ】〔他タ四〕{た・ち・つ・つ・て・て}《室町時代以降は「こぼつ」》❶作ってある物を破壊する。壊す。例「童部(わらべ)などに踏み散らさせず、――・たせで」〈枕草子・職の御曹司におはします頃、西の廂にて〉訳(雪で作った山を)子供達に踏み荒らさせず、壊させないで。

❷一時的に設置したものを取り払う。取り除く。例「修法(ずほふ)の壇(だん)――・ちて、ほろほろと出(い)づるに」〈源氏・夕霧〉訳加持祈禱(かぢきたう)のための壇を取り払って、(僧達が)ばらばら退出するが。

ご-ほふ【護法】ゴ:ホウ〔名〕《仏教語》❶仏法を守る神。四天王・五大尊明王・十二神将など。「護法神(ごほふじん)」「護法善神」とも。

❷①に仕える童子。高徳の僧や行者が法力によりこれを使って、たたりなどを払う。「護法天童」「護法童子」とも。例「蟬(せみ)の声絞り出(い)だして誦(よ)み居(ゐ)たれど、いささかさりげもなく、――も付かねば」〈枕草子・すさまじきもの〉訳(修験者が)蟬のような声を絞り出して(祈禱(きとう)の)呪文(じゅもん)を唱えて座っていたが、少しもききめはなく、護法童子も(よりましに)のり移らないので。

> 参考 病気治療などの祈禱できききめがあると、よりまし(=霊媒)が体を震わし神がかりの状態になって、何のたたりかを口走ったりする。これを、護法童子が物の怪(け)に勝ってよりましにのり移ったと考え、「護法(が)付く」という。

こ-ほふし【小法師】コ:ホウシ〔名〕年少の僧。または、下級の僧。例「――ばらの、持ち歩くべうもあらぬに、屏風(びやうぶ)の高きを、いとよく進退して」〈枕草子・正月に寺にこもりたるは〉訳小坊主達が、持ち歩けそうもないのに、ついたての高いのを、大変上手に前後に動いて運んで。

こほ-め・く〔自カ四〕{か・き・く・く・け・け}《「ごほめく」とも。「こほ」は擬声語。「めく」は接尾語》ごとごと音がする。例「こほこほと――き、沓(くつ)すり来て」〈枕草子・時奏する、いみじうをかし〉訳ごとごとと音を立てて、沓を引きずって来て。

こほり【郡】コオリ〔名〕律令制度で、国の下に属した行政区画。この下に、郷(ごう)・里などがある。

こほ・る【毀る】〔自ラ下二〕{れ・れ・る・るる・るれ・れよ}《「こほつ」の自動詞形》作ってあるものがくずれる。壊れる。例「勢多(せた)の橋――・れて、え行きやらず」〈更級・竹芝寺〉訳勢多の橋が壊れていて、進むに進めないで。

こぼ・る【溢る・零る】〔自ラ下二〕{れ・れ・る・るる・るれ・れよ}《「こぼす」の自動詞形》あふれ出る。こぼれる。例「あはれいかに草葉の露の――・るらん秋風立ちぬ宮城野の原」〈新古今・秋上・三〇〇〉訳ああ、どんなにか草葉の露がこぼれていることであろうか。秋風が吹きはじめた宮城野の原よ。

こぼれ-い・づ【零れ出づ】ズ〔自ダ下二〕{で・で・づ・づる・づれ・でよ}❶涙などがあふれ出る。例「ほろほろと――・づれば」〈源氏・須磨〉訳涙がほろほろとあふれ出るので。

❷髪や衣服の裾(すそ)などがはみ出す。例「色々の衣(きぬ)どもの――・でたるを押し入れなどして」〈枕草子・細殿の遣戸を〉訳色とりどりの着物などがはみ出しているのを押し入れなどして。

こぼれ-かか・る【零れ掛る】〔自ラ四〕{ら・り・る・る・れ・れ}❶髪の毛がさらさらと落ちて掛かる。垂れ掛かる。例「伏し目になりてうつぶしたるに――・りたる髪、つやつやとめでたう見ゆ」〈源氏・若紫〉訳伏し目になってうつむいた顔に垂れかかった髪が、つややかにすばらしく美しく見える。

❷涙などがあふれてあとをとどめる。あふれ出る。例「菅丞相(くわんしやう)御顔にはらはらと――・りける御涙を押し拭(のご)はせ給ひて」〈太平記・一二・一〉訳菅丞相(=菅原道真)は御顔にはらはらとあふれ出るお涙を押し拭いなさって。

こほろぎ【蟋蟀】コオロギ〔名〕《上代と近世以降の語》虫の名。コオロギ。例「夕月夜(ゆふづくよ)心もしのに白露の置くこの庭に――鳴くも」〈万葉・八・一五五二〉訳夕月の光にせつないほどに白露がおりているこの庭に、盛んにコオロギが鳴くことよ。

> 要点 秋鳴く虫の総称ともいう。平安時代や中世には「きりぎりす」と呼ばれ、「こほろぎ」の語は用いられない。近世から再び現れ、今のコオロギをいう。

こ-ま【木間】〔名〕木と木の間。このま。例「うちなびく春ともしるく鶯(うぐひす)は植木の――を鳴き渡らなむ」〈万葉・二〇・四四九五〉訳春になったとはっきりわかるように、鶯よ(宮中の庭に幕代わりに)植えた木々の間を鳴き渡ってくれ。

こま【高麗】■〔名〕上代、朝鮮半島北部にあった国。高句麗(こうくり)または、高麗(こうらい)。後には、朝鮮半島全土をいう。

■〔接頭〕《名詞の上に用いて》朝鮮半島の国から伝来したもの、の意を表す。「――犬」「――剣」など。

こま【駒】〔名〕《「こうま」の変化した形》❶小さい馬。子馬。

❷馬。例「――並(な)めていざ見に行かむ故里(ふるさと)は雪とのみこそ花は散るらめ」〈古今・春下・一一一〉訳馬を並べて(皆そろって)さあ見に行こう。故里(ふるさと)(=旧都奈良カ)はただ雪のように桜の花が(美しく)散っているであろう。

❸双六(すごろく)・将棋(しやうぎ)などの「こま」。

要点 ②は、平安時代以降「馬」を優雅に言う語になる。

ご-ま【護摩】〔名〕《仏教語》真言宗・天台宗の密教や修験道の修法(ずほふ)の一つ。不動明王などの本尊を安置し、その前に護摩壇を設け、ヌルデの木などを燃やして祈る。

> 要点 「護摩」の種類 火は知恵の象徴で、煩悩(ぼんなう)を知恵の働きで滅ぼすことをかたどったもの。息災(そくさい)(災難を避ける)、増益(ぞうやく)(利益を得る)、降伏(がうぶく)(敵を退ける)、敬愛(きやうあい)(人の心をひきつける)など祈禱(きたう)の目的により、壇の色・形・方角・薪(たきぎ)の種類などが異なる。護摩壇を設けて行う「外護摩」に対して、壇を設けず心中で祈るものを「内護摩」という。『徒然草』二〇六段では、「護摩焚(た)く」は良くない言い方で、「修(しゆ)す」や、サ変の「す」で言うべきだと指摘している。これは、「焚く」では「護摩」が単なる火のようになるからである。

こま-いぬ【狛犬】〔名〕《「高麗(こま)」の犬の意》古代朝鮮の「高麗」から伝来したという獣をかたどった、魔除(まよ)けの像。玉座や神社の社殿の前に、口を開いた「阿(あ)」の形と、口を結んだ「吽(うん)」の形のとを向かい合わせに置く。「阿」の形のを「獅子(しし)」ともいう。例「御前(おまへ)なる獅子・——、背(そむ)きて、後ろさまに立ちたりければ」〈徒然草・二三六〉訳(丹波(たんば)の出雲(いづも)神社の)前にある獅子と狛犬の像が、(普通と逆に)背中合わせに、後ろ向きに立っていたので。注感動シテソノイワレヲ聞クト、実ハ子供ノイタズラデアッタトイウ話ガ続ク。

こまいぬ

こ-まう【虚妄】(ウ:モ)〔名〕《仏教語。呉音》うそいつわり。実際には存在しないこと。例「大人(おとな)しき人の、喜び、怒り、悲しび、楽しぶも、皆——なれども、誰か実有(じつう)の相に着(ちゃく)せざる」〈徒然草・二九〉訳成人した人が、喜び、怒り、悲しみ、楽しむものも、すべて(仮の世の)実在しないことであるのに、誰が実在するかのような姿にとらわれないことがあろうか。

こま-うど【高麗人】〔名〕《「こまびと」の変化した形》「高麗」の国の人。また、「高麗」の国からの帰化人。例「その頃——の参れる中に、賢き相人(さうにん)ありけるを聞こし召して」〈源氏・桐壺〉訳その頃高麗の国の人が(都に)来た中に、すぐれた人相見がいたことを(帝は)お聞きになって。

こま-か【細か】

〔形動ナリ〕❶小さい様子。こまかい。例「さる——なる灰(はひ)の目鼻にも入りて」〈源氏・真木柱〉訳そんなこまかい(香炉の)灰が目や鼻にも入って。

❷**事柄がくわしい。**事こまかである。例「親しき限りさぶらひて、——に聞こゆ」〈源氏・薄雲〉訳親しい侍女が皆(藤壺(ふぢつぼ)の)お側(そば)にお仕えしていて、(その病状を光源氏に)くわしく申し上げる。

❸**配慮がゆきとどいている様子。念入りである。**例「かの宮をもいと——に清らに作らせ給ひ」〈源氏・鈴虫〉訳(出家した女三の宮の住む)宮殿をも(光源氏は)十分に念を入れて美しくお造りになり。

❹交際がこまかく行われている様子。**親密である。**例「子ある仲なりければ、——にこそあらねど、時々物いひおこせけり」〈伊勢・九四〉訳子供ができた間柄であったので、親密ではないが、(男は)折りにふれて便りをしてきた。

❺細部までよくできていて美しい。技巧が精妙である。例「その御まうけの御調度(みてうど)の、——なる清らども加へさせ給ひ」〈源氏・行幸〉訳(玉鬘(たまかづら)の裳着(もぎ)の)お支度のお道具で、精巧で立派なものを多く加えなさって。

❻容姿が、こまかいところまで整って美しい。例「ふくらかなる人の、顔いと——ににほひをかしげなり」〈紫式部・新年御戴餅の儀〉訳(宰相の君は)ふっくらとした人で、顔は細かい点まで大変整ってつやつやといかにも美しい。

こま-がね【細金・小間金】〔名〕《細かいかねの意》江戸時代の小粒の銀貨。「豆板銀(まめいたぎん)」「小玉銀(こだまぎん)」「小粒」とも。例「丁銀(ちゃうぎん)——替へ、小判を大豆板(おほまめいた)に替へ、秤(はかり)に隙(ひま)なくかけ出し」〈西鶴・日本永代蔵・一・三〉訳(銀貨の)丁銀をこまかくくずしたり、(金貨の)小判を(銀貨の)豆板銀にとりかえ、ひっきりなしに秤にかけて払い出し。

> 要点 豆板銀は、重さは一匁(もんめ)(=三・七五グラム)から五匁ぐらいで一定していない小粒の銀貨で、そのつど量る。

こま-がへ・る(:ガエル)〔自ラ四〕{ら・り・る・る・れ・れ}老人が若々しくなる。若がえる。例「まめ人の、ひき違(たが)へ、——・るやうもありかし」〈源氏・玉鬘〉訳律義者が、うって変わって、若返るような(=色ッポイ)こともあるものだ。

こまけ【細け】〔名〕細かに分けること。また、細かに分けたもの。区分。

こまごま-と【細細と】〔副〕❶たいそうこまかく。細分して。例「わらを——切りて」〈宇治拾遺・三・五〉訳わらをこまかく切って。

❷こととこまかに。くわしく。例「かぐや姫を、え戦ひ止めずなりぬること、——奏す」〈竹取・ふじの山〉訳かぐや姫を、(天人と)戦って引き留めることができなくなってしまった事情を、くわしく(天皇に)申し上げた。

❸こまかい所まで整って美しい様子。きめこまかな美しさで。例「髪の裾(すそ)のをかしげなるも、——、貴(あて)なり」〈源氏・東屋〉訳髪を切りそろえた先の魅力的な感じなどは、繊細で、上品である。

こ-まつ【小松】〔名〕❶《「小」は接頭語》松。例「君に恋ひいたもすべなみ奈良山の——が下(もと)に立ち嘆くかも」〈万葉・四・五九三〉訳あなたを恋しい気持ちが強くてどうしようもないので、奈良山の松の下に立って悲しむことだよ。

❷小さな松。

> 参考「小松引き」といって、正月の最初の子(ね)の日に、野に出て若菜をつみ小松を引き抜いて、長寿を祝う風習があった。「子の日の遊び」ともいう。

こま-つぶり〔名〕《「つぶり」は「つぶら」と同じで、丸いものの意》子供のおもちゃの「こま(独楽)」の古名。「こまつくり」とも。

こま-にしき【高麗錦】一〔名〕古代朝鮮の高句麗(こうくり)から伝来した錦。紐(ひも)・剣の袋・畳のへりなどに用いた。二〔枕詞〕〔一〕が紐に用いられたことから「ひも」にかかる。

ごまめ【鱓・田作】〔名〕片口鰯(かたくちいわし)の干したもの。「まめ(=達者)」に通じるところから、正月などに祝賀用の料理とされた。

こま-やか【細やか・濃やか】

〔形動ナリ〕類こまか 対おろか・おろそか

> 形容動詞「こまか」と同じ語源の語。基本的には、「こまか」が細かいようすを客観的にいうのに対して、「こまやか」は、やや主観的に、**細かいと感じられる様子、**をいう。

❶小さい感じである。こまごまとしている。例「——なる御調度(みてうど)は、いとしも調へ給はぬを」〈源氏・初音〉訳こまごまとした身の回りの道具は、そう十分には調えておいでではないが。

❷**事柄がくわしい。**例「いと——に有様を問はせ給ふ」〈源氏・桐壺〉訳(帝は)大変くわしく(桐壺更衣(きりつぼのかうい)の里の)ようすをご質問なさる。

❸細かいところまで心がとどいている。念が入っている。また、愛情が深い。例「まうけの物ども、━・に縫（ぬ）ひなどもせざりける」〈源氏・総角〉訳（夜の祝い事の）準備の物で、丁寧には縫いもしないであった衣類を。

❹親しみの感情をこめて笑う様子。にこやかである。例「『衣（ぬき）かづけられたりしもからくなりにき』とて、━・に笑ふ」〈大鏡・道長・下〉訳（持ち主の心を知って）「褒美の衣類をいただいたことも（かえって）つらいものになってしまいました」と言って、にっこりと笑う。

❺細部まで整っていて、すぐれている。技巧が精妙である。例「御手━・にはあらねど、らうらうじう草（さう）などをかしうなりにけり」〈源氏・賢木〉訳（斎院のご筆跡は細かいところまで立派というわけではないが、巧者らしく草仮名など上手になっていた。

❻きめ細かである。例「━・ににほひ清らなることは、こよなくおはしけり」〈源氏・浮舟〉訳（匂宮（におうのみや）は）肌のきめが細かくつやつやと美しいことは、この上なくすぐれておいでであった。

❼色が濃い様子。例「墨染めの色━・にて着つつ」〈源氏・幻〉訳（故紫の上の侍女達は喪服の）墨染めの色を濃くして着ながら。

こ-みかど【小御門】〔名〕（「小門（こもん）」の尊敬語）脇門・裏門など、正門以外の御門。

こ-みや【故宮】〔名〕亡くなられた宮様。

こ・む【籠む・込む】□一〔自マ四〕{ま・み・む・む・め・め} ❶多くの物がぎっしり集まり入る。詰まる。こむ。例「人げ多く━・みては」〈紫式部・ご安産を待ち望む人々〉訳人けが多く混雑していたのでは。

❷細かく入り組む。手がこんでいる。精密である。

❸（近世語。「のみこむ」の意）承知する。納得する。

□二〔他マ四〕{ま・み・む・む・め・め} 多くの物を集め入れる。中に詰め入れる。こめる。例「あまりに人参り集（つど）ひて、筍（たかんな）を━・み、稲麻竹葦（たうまちくゐ）のごとし」〈平家・三・公卿揃〉訳あまりに大勢の人が参集していて、タケノコを密生させ、稲・麻・竹・葦（あし）が入り乱れて生えているようだ。

□三〔自マ下二〕{め・め・む・むる・むれ・めよ} 霧や霞（かすみ）・煙などが、あたり一面に満ちる。立ちこめる。例「故ある庭の木立（こだち）の、いたく霞（かす）み━・めたるに」〈源氏・若菜・上〉訳風情のある庭の木立で、一面に霞が立ちこめているあたりに。

□四〔他マ下二〕{め・め・む・むる・むれ・めよ} ❶中に入れる。閉じ込める。例「雀（すずめ）の子を犬君（いぬき）が逃がしつる。伏せ籠（こ）の内に━・めたりつるものを」〈源氏・若紫〉訳雀の子を犬君（=童女ノ名）が逃がしてしまったの。竹籠（かご）の中に閉じ込めておいたのに。

❷外から見えないように内に包み隠す。秘める。例「かく御心に━・め給ひける事ありけるを、恨み聞こえ給ふ」〈源氏・玉鬘〉訳（光源氏が）このようにお心に秘め隠しておられる事があったのを、（紫の上は）お恨み申し上げなさる。

こ-む-よ【来む世】〔連語〕（仏教語「来世（らいせ）」を訓読した語。「む」は推量の助動詞「む」の連体形）死後の世界。あの世。後世（ごせ）。例「この世にし楽しくあらば━・には虫に鳥にも我はなりなむ」〈万葉・三・三四八〉訳この世でこそ（お酒を飲み）楽しくあるならば、あの世では虫にでも鳥にでも私はなってしまおう。

参考 右の例にもあるように、「来む世」に対するのは、「この世」である。

こ-むら【木群】〔名〕木が群がり生えている所。森や林。例「水をかしく流れたる野の、はるばるとあるに、━・のある」〈更級・子忍びの森〉訳（常陸（ひたち）の国に）川が趣深く流れている野原が、遠く続くところに、森があって。

こ-めか・し【子めかし】〔形シク〕（動詞「子めく」を形容詞化した形）❶子供っぽい。あどけない。例「━・しうつつましげに、声の有様、聞こゆべうだにあらぬほどにいと静かなり」〈枕草子・心にくきもの〉訳ういういしく遠慮がちで、お答えする声の様子が、聞こえそうもないくらいに静かだ。

❷おっとりしている。例「わがもてなし有様は、いとあてはかに━・しくて」〈源氏・夕顔〉訳当人（=夕顔）の振る舞いや様子は、大変上品でおっとりしていて。

こ-め・く【子めく】〔自カ四〕{か・き・く・く・け・け} 子供っぽく見える。おっとりしている。例「ただ御心さまのおいらかに━・きて」〈源氏・薄雲〉訳（花散里（はなちるさと）は）まったく性質がおおようで子供っぽくて。

こめ-さし【米差し・米刺し】〔名〕品質検査のために米俵に突き刺して、中の米を取り出すのに用いる竹筒。長さ二〇センチぐらいで、先端を斜めにそいでとがらせてある。

> 要点 廻船から水揚げする時の検査では、二回刺し、一回に一合の米を取り出す。この米は臨時収入になるので、一俵から五合の米が抜き取られることもあったという。この検査でこぼれる米を「つつおごめ（筒落米）」といい、これを集めて生計を立てる女もいた。

こめ-す・う【籠め据う】〔他ワ下二〕{ゑ・ゑ・う・うる・うれ・ゑよ} 家に閉じ込めておく。かくまって住まわせる。例「みそかに家のうちの土を掘りて、そのうちに屋を建てて、━・ゑて」〈枕草子・蟻通の明神〉訳ひそかに家の中の地面を掘って、そこに地下室を作って、（親を）かくまって住まわせて。

こも【菰・薦】〔名〕❶植物の名。マコモ。水辺に生える。例「三島江の玉江の━・を標（しめ）しより己（おの）がとぞ思ふいまだ刈らねど」〈万葉・七・一三四八〉訳三島の美しい入り江のマコモに標縄（しめなわ）を張ってからは、そのマコモは自分の物と思っている。まだ刈り取りはしていないが（=マダアナタト結バレテハイナイケレド）。注「三島」ハ、淀（よど）川流域ノ地名。

❷マコモで編んだむしろ。また、むしろの総称。敷物。例「独り寝（ぬ）と━・朽（く）ちめやも綾席（あやむしろ）緒（を）になるまでに君をし待たむ」〈万葉・一一・二五三八〉訳一人で寝ていてはむしろもいたむはずがない。模様を織ったむしろが糸だけになるまでも（いつまでも）あなたをお待ちしましょう。

こ-もの【小者】〔名〕❶年の若い者。

❷武家で雑用をする子供の召使い。丁稚（でっち）。小僧。

❸商家で雑用をする召使い。

こ-もり【木守】〔名〕庭の樹木などを守ること。また、その番人。例「━・といふ者の、築土（ついぢ）のほどに廂（ひさし）さして居（ゐ）たるを」〈枕草子・職の御曹司におはします頃、西の廂にて〉訳木守という者が、土塀のあたりに屋根をさしかけて住んでいたのを。

こもり-え【隠り江】〔名〕（和歌用語）隠れて見えない入り江。例「━・に思ふ心をいかでかは舟さす棹（さを）のさして知るべき」〈伊勢・三三〉訳隠れて見えない入り江のように心でひそかにお慕いしている私の心を、あなたにどうしてそのとおりだとわかるはずがありましょうか。

こもりく-の【隠り口の・隠り国の】〘枕詞〙(「こもりく」は、隠れている所の意)(その地形が山に囲まれていることから)「泊瀬」にかかる。例「――泊瀬の山は真木(まき)立つ荒山道を」〈万葉・一・四五長歌〉訳 泊瀬の山は杉・檜などの真木(=良質ノ木)が立つ荒れた山道だが。

こもり-ぬ【隠り沼】〔名〕〘和歌用語〙草などの下に隠れて水の見えない沼。また、堤などで囲まれて、水の流れ出ない沼。例「埴安(はにやす)の池の堤の――の行方を知らに舎人(とねり)は惑(まと)ふ」〈万葉・二・二〇一〉訳 (亡き宮様の御殿のあった)埴安の地の池の、堤で囲まれた沼の水がどこへ流れるかわからぬように、(お仕えする宮様を失った)舎人達はどうしてよいかわからず途方にくれている。注 柿本人麻呂ノ作。高市皇子ノ死ヲ悲シム長歌ノ反歌。

こもりぬ-の【隠り沼の】〘枕詞〙(「こもりぬ」は水が下にあることから)「下」にかかる。例「――下ゆ恋ひあまり白波のいちしろく出(い)でぬ人の知るべく」〈万葉・一七・三九三五〉訳 心の中から恋しさがあふれてきて、はっきりと外見に出てしまった。人にわかってしまいそうに。

こも・る【籠る・隠る】〔自ラ四〕{ら・り・る・る・れ・れ}❶中に包み込まれたり、囲まれたりした状態でいる。**閉じこもる**。例「この女は、蔵に――・りながら」〈伊勢・六五〉訳 この女は、蔵に閉じこもったままで。
❷表面に出ない所にある。中に含まれている。隠れている。例「打ち解けぬ気色下に――・りて、そこはかとなく恥づかしき所こそあれ」〈源氏・若菜・下〉訳 人に気を許さぬ様子が内面に隠れていて、どことなく気の置ける所のある人です。
❸人目につかないように中に潜む。**隠れる**。例「武蔵野(むさしの)は今日はな焼きそ若草のつまも――・れり我も――・れり」〈伊勢・一二〉訳 武蔵野は今日は焼かないでほしい、私の夫も(そこに)隠れていますし、私も隠れているのです。注「若草の」ハ「つま」ノ枕詞。「な…そ」ハ禁止表現。
❹祈願のために寺社に泊まりこむ。参籠する。**おこもりする**。例「正月に寺に――・りたるは、いみじう寒く、雪がちに氷りたるこそ、をかしけれ」〈枕草子・正月に寺にこもりたるは〉訳 正月に寺におこもりしているのは、とても寒く、雪も降りがちで凍りつくような時が、趣がある。

こ-や〘連語〙(代名詞「こ」+詠嘆の間投助詞「や」)これがまあ。例「憂(う)きふしを心一つに数へきて――君が手を別るべき折り」〈源氏・帚木〉訳 あなたのいやな所を私の心の中で数えあげながら耐えてきましたが、これがまあ、あなたとお別れしなければならない時と思われます。

ご-や【五夜】〔名〕❶夜を五つに分けた時間の区分。甲夜(=初更、午後七時～九時)、乙夜(=二更、午後九時～十一時)、丙夜(=三更、午後十一時～午前一時)、丁夜(=四更、午前一時～三時)、戊夜(=五更、午前三時～五時)。「五更(ごかう)」とも。
❷特に、「戊夜(五更)」のこと。

> 要点 五夜のそれぞれは、ほぼ二時間ずつになるが、夏はそれより短く、冬は長くなる。

ご-や【後夜】〔名〕❶一日を六分した「六時(ろくじ)」の一つ。夜半から早朝までの時間。大体、午前三時頃から五時頃まで。例「入道、例の――より深う起きて、鼻すすりうちして行ひいましたり」〈源氏・松風〉訳 明石の入道は、いつもの後夜より早く起きて、鼻水をすすって泣きながら仏前でのおつとめをしておられる。
❷〘仏教語〙①に行う仏事。例「――など果てて、少しうち休みたる寝耳(ねみみ)に」〈枕草子・正月に寺にこもりたるは〉訳 (寺におこもりしていて)深夜のおつとめなどが終わって、少しまどろんでいた耳もとに。

こ-やく【巨益】〔名〕(「こ」は慣用音、「やく」は呉音)大きな利益。例「称名(しようみやう)を追福(ついふく)に修(しゆ)して――あるべし」〈徒然草・二二二〉訳 仏の名を唱える念仏を死者の供養のために行って大きな御利益があるはずだ。

こや・す【臥やす】〔自サ四〕{さ・し・す・す・せ・せ}〘上代語〙「臥(こ)ゆ」の尊敬語。倒れ伏していらっしゃる。横におなりになる。例「家にあらば妹(いも)が手まかむ草枕旅に――・せるこの旅人(たびと)あはれ」〈万葉・三・四一五〉訳 家にいれば妻の手を枕にして横になるのだろうに。旅先で(亡くなって)倒れていらっしゃるこの旅人は、かわいそうだ。注 竜田山デ死人ヲ見タ聖徳太子ノ和歌。「まかむ」ノ「まく」ハ、枕ニスル意。

こや・す【肥やす・沃やす】〔他サ四〕{さ・し・す・す・せ・せ}❶肥料や養分を与え力をつける。
❷旅行や見物をして目を楽しませる。例「一時が目を――・して何にかはせむ」〈更級・初瀬〉訳 一時の目を楽しませてなんになろう。

こやす-がひ【子安貝】〔名〕安産のお守りになる貝。タカラガイ科の巻き貝。例「――取らむと思(おぼ)し召さば、たばかり申さむ」〈竹取・燕の子安貝〉訳 安産のお守りの貝を取ろうとお思いでしたら、計略を申し上げましょう。

こ・ゆ【肥ゆ】〔自ヤ下二〕{え・え・ゆ・ゆる・ゆれ・えよ}肉づきがよくなる。ふとる。例「若き人、児(ちご)どもなどは――・えたるよし」〈枕草子・若き人ちごどもなどは〉訳 若い人や、幼児などはふっくらしているのがよい。

こ・ゆ【臥ゆ】〔自ヤ上二〕{い・い・ゆ・ゆる・ゆれ・いよ}〘上代語〙横になる。倒れる。「――・いふす」「――・いまろぶ」などの複合語の形で用いられ、単独では用いられない。尊敬語として「こやす」がある。

こ・ゆ【越ゆ】〔自ヤ下二〕{え・え・ゆ・ゆる・ゆれ・えよ}(ある地点や水準・事物などを)越える。通り過ぎる。上回る。追い越す。例「いみじき事を思ひ給へ嘆く心は、さるべき人々にも――・えて侍(はべ)れど」〈源氏・柏木〉訳 (柏木の死というご不幸を悲しみ嘆きます(私、夕霧の)心は、悲しみ嘆いて当然の(身内の)人々にもまさっておりますが。

こ-ゆき【粉雪】〔名〕細かい雪。粉雪。例「『降れ降れ――、丹波(たんば)の――』といふこと、米(よね)つきふるひたるに似たれば、――といふ」〈徒然草・一八一〉訳 (童謡で)「降れ降れこゆき、丹波のこゆき」というのは、米をついてふるいにかけると白い粉が落ちてくるのに似ているので、粉雪という。

こ-ゆみ【小弓】〔名〕(遊戯用の)小さな弓。また、それを用いる遊戯。

こゆるぎ-の【小余綾の】〘枕詞〙(小余綾の磯と続くことから)「磯」と同音を含んでいる「いそぎ」などにかかる。

こゆみ

ご-よう【御用】〔名〕❶用事。入用。
❷(特に天皇・朝廷・幕府などの)公用。公務。「――金」「――船」など。

❸《近世語》注文を聞き、また品物を届ける商家(特に酒屋)の小僧。御用聞き。例「よこさずは泣けと古参(こさん)の—いふ」〈川柳・柳多留・八〉訳(相手が)代金を払わなければ、泣き出すのが一番だ、と先輩格の御用聞きが(集金の秘訣(ひけつ)を)教える。

こよ-な・し 〔形ク〕❶他とくらべて相違がはなはだしい。**格段の差がある。** 例「髪の美しげにそがれたる末も、なかなか長きよりも—・う今めかしきものかな、とあはれに見給ふ」〈源氏・若紫〉訳(尼君の)髪が美しい感じに切りそろえられている先端も、かえって(世間の女性の)長いのよりも格段と現代風だなあ、と(光源氏は)しみじみとご覧になる。

❷**普通よりはなはだしい。格別である。** 例「おのづから御心移ろひて、—・う思(おぼ)し慰むやうなるも」〈源氏・桐壺〉訳(帝は藤壺(ふじつぼ)に)自然とお心が移ってゆき、(桐壺更衣(きりつぼのこうい)の死の悲しみが)すっかりお紛れになる様子であるのも。

❸格段と優れている。例「人にもてかしづかれて、隠るること多く、自然(じねん)にその気配(けはひ)—・かるべし」〈源氏・帚木〉訳(高貴な姫は周囲の)人に大切にされるので、(欠点が)隠れることも多く、自然とその様子は特別立派に見えるであろう。

> 要点 基本的には、他と比較して隔たりが大きい意で、比較の基準が①の例のように「より」で示される以外に、「に」で示されることや、言外に示されることもある。②も普通の場合を比較の基準とするのである。③のように、優れている場合に多く用いるが、劣っている場合に用いることもある。後世には、「この上ない」の意に誤用され、現代では、「こよなく」の形が副詞として文章語に残る。

こ-よひ【今宵】(イ・ヨ)〔名〕❶今夜。今晩。例「夜いたう更(ふ)けぬれば、—過ぐさず御返り奏せむ」〈源氏・桐壺〉訳夜も大変深くなりましたので、今夜のうちに(帝に)返事を申し上げましょう。

❷(夜が明けてから、前の晩を指して)昨夜。昨晩。

> 要点 ②は、日没時からその日が始まるという考え方によるもので、中世までの用法。近世からは、日の出を一日の始まりとする考え方に統一される。

こ-よみ【暦】〔名〕(「日(か)よみ」の変化した形。「よみ」は数える意)時間の流れを、年・月・日に区切って体系化したもの。また、それを記した本。こよみ。

> 要点 **暦の歴史** 江戸時代に貞享暦(じょうきょうれき)を作るまでは、中国から伝来した暦法を用い、陰陽寮(おんようりょう)に暦博士(れきはかせ・こよみのはかせ)を置いて、暦を作ったり、学生の教育を行った。月齢で日を呼び、大の月(三十日)と小の月(二十九日)を置き、季節とのずれは閏月(うるうづき)を置いて調節する太陰暦である。陰陽道の思想により、その日の吉凶を定め、これを注として日付の下に漢字で記した具注暦(ぐちゅうれき)と、これを仮名で記した仮名暦とがある。

こ-ら【児ら】〔名〕(「ら」は接尾語)❶子供たち。

❷人、特に女性を親しんで呼ぶ語。例「松浦(まつら)なる玉島川に鮎(あゆ)釣ると立たせる—が家路(いへぢ)知らずも」〈万葉・五・八五六〉訳松浦(＝佐賀県ノ地名)にある玉島川で鮎を釣ると立っておられる娘さんの家へ行く道がわからないことだよ(知りたいものだ)。

ごらんじ-あは・す【御覧じ合はす】(…アワス)〔他サ下二〕(せ・せ・す・する・すれ・せよ)(「見合はす」の尊敬語)目と目をお合わせになる。目をお向けになる。例「我に—・せてのたまはせたる、いとうれし」〈枕草子・うれしきもの〉訳(貴人が多くの女房達の中で)私に目をお向けになってお話をなさるのは、大変うれしい。

ごらんじ-い・る【御覧じ入る】〔他ラ下二〕(れ・れ・る・るる・るれ・れよ)(「見入る」の尊敬語)❶注意してご覧になる。目をお通しになる。例「御文なども、例の—・れぬよしのみあれば」〈源氏・若紫〉訳お手紙なども、いつものようにご覧にならないという次第だけ(光源氏に)伝えてくるので。

❷注意深く見て処置なさる。お指図(さしず)になる。例「こなたかなたの御営みに、おのづから—・るる事どもあれば」〈源氏・若菜・下〉訳あれこれの御準備などで、(女主人である紫の上は)おのずとお指図になる事などがあるので。

❸召し上がる。お口になさる。例「はかなき御くだ物をだに—・れざりしつもりにや」〈源氏・総角〉訳ちょっとしたくだものをさえお口になさらなかったのが積もり積もったせいでございましょうか(驚くばかり衰弱なさいまして)。

ごらんじ-し・る【御覧じ知る】〔他ラ四〕(ら・り・る・る・れ・れ)(「見知る」の尊敬語)表面に現れた言動から真意をご推察なさる。見ておわかりになる。例「おしなべたらぬ心ざしの程を—・らば、いかにうれしう」〈源氏・若紫〉訳並みひと通りではない(私の紫の上に対する)気持ちのほどをご推察なさってくださったならば、どんなにかうれしいことで。

ごらんじ-つ・く【御覧じ付く】(「見付く」の尊敬語)

━〔自カ四〕(か・き・く・く・け・け)見慣れていらっしゃる。おなじみでいらっしゃる。例「弘徽殿(こきでん)には—・きたれば、睦(むつ)ましうあはれに心安く思ほし」〈源氏・絵合〉訳(冷泉(れいぜい)帝は)弘徽殿の女御(にょうご)とはおなじみでいらっしゃるので、親しくかわいく気がねなくお思いになり。

二〔他カ四〕(か・き・く・く・け・け)ご覧になってお気に入りになる。例「—・きて里居(さとゐ)し給ふ程」〈源氏・野分〉訳(六条院の庭の秋景色を秋好中宮が)ご覧になりお気に召してお里にとどまっていらっしゃる時に。

三〔他カ下二〕(け・け・く・くる・くれ・けよ)ご覧になってお気付きになる。お見つけになる。例「かやうの御やつれ姿を、いかでかは—・けむ」〈源氏・末摘花〉訳このようなお忍び姿を、どうして見つけることがおできになりましょうか。

ごらんじ-とが・む【御覧じ咎む】〔他マ下二〕(め・め・む・むる・むれ・めよ)(「見咎む」の尊敬語)お見咎めになる。例「はしたなかるべきやつれを、面(おも)なく、—・められぬべきさまなれば」〈源氏・橋姫〉訳きまりが悪いやつれ姿を、不面目にも、(姫君たちに)お見咎めを受けそうな有様なので。

ごらんじ-ゆる・す【御覧じ許す】〔他サ四〕(さ・し・す・す・せ・せ)(「見許す」の尊敬語)お見のがしになる。大目に見なさる。例「いとまだ言ふかひなきほどにて、—・さるる方も侍(はべ)りがたければ」〈源氏・若紫〉訳(紫の上は)まことにまだたわいもない年頃で、(欠点などを)お見のがしになっていただける点もありそうにもございませんので。

ごらん・ず【御覧ず】〔他サ変〕{ぜ・じ・ず・ずる・ずれ・ぜよ}《「見る」の尊敬語》ご覧になる。例「はじめて――・じつれば、類なくめでたくおぼえさせ給ひて」〈竹取・帝の求婚〉訳（帝は）初めてご覧になったので、たぐいなくすばらしいとお思いになられて。

参考「見給ふ」より敬意が高く、主に天皇・皇后に用いられる。中世後期以降には、「ごらうず」とも。

ごらんぜ・さす【御覧ぜさす】《連語》《動詞「御覧ず」の未然形＋使役の助動詞「さす」》ご覧に入れる。お目にかける。お見せする。例「同じ柴の庵なれど、少し涼しき水の流れも――・させむ」〈源氏・若紫〉訳（他と同じ柴ぶきの粗末な庵ですが、少しばかり涼しい泉水の流れでもご覧に入れましょう。

要点 使役の対象を敬った表現で、ご覧になるようにさせる意。謙譲語を伴った表現「見せ奉る」よりも敬意が高い。

ごらんぜ・らる【御覧ぜらる】《連語》《動詞「御覧ず」の未然形＋助動詞「らる」》❶《「らる」が受身の意の場合》ご覧になっていただく。会っていただく。お世話していただく。例「恥づかしく心づきなきことは、いかでか――・られじと思ふに」〈枕草子・細殿にびんなき人なむ〉訳（自分にとって）きまり悪く好ましくないようなことは、なんとかして（中宮定子様には）ご覧いただかないようにと思っているのに。❷《「らる」が尊敬の意の場合。中世以降の用法》ご覧になられる。ご覧あそばす。例「これほどまのあたりに――・られける御事、まことにありがたうこそ候へ」〈平家・灌頂・六道之沙汰〉訳（建礼門院が六道を）これほど目の前にご覧になられたことは、まことに珍しいことです。

こり-あつま・る【凝り集まる】〔自ラ四〕{ら・り・る・る・れ・れ}集まって一かたまりになる。寄り集まる。例「大きなる蛇、数も知らず――・りたる塚ありけり」〈徒然草・二〇七〉訳大きな蛇が無数に寄り集まっている塚があった。

こりずま-に【懲りずまに】〔副〕《「ま」は接尾語》前の失敗に懲りもしないで。しょうこりもなく。例「――またもなき名は立ちぬべし人憎からぬ世にし住まへば」〈古今・恋三・六三一〉訳しょうこりもなくまたもや（私があなたを愛しているという）事実無根のうわさが立つことでしょう、あなたが憎くは思えないこの世に生きているからには。

ごりゃう-ゑ【御霊会】〔名〕❶疫病の流行を、政争に敗れ恨みを残して死んだ人のたたりとみて、その人々の怨霊を鎮めるために行う神事祭礼。❷疫病や災いをはらう神といわれる素戔嗚尊（＝牛頭天王）を祭る、祇園感神院（＝今ノ八坂神社）の祭。陰暦六月七日（前の祭）・十四日（後の祭）に行われた（現在は両者を合わせて七月十七日に行われる）。祇園（御霊）会。祇園祭。例「心地よげなるもの、……――の馬の長」〈枕草子・心地よげなるもの〉訳気持ちよさそうなもの、（それは）……祇園会に宮中から遣わされた馬を率いる長官。

ごりゃうゑ②

要点 平安初期の貞観五年（八六三）五月、神泉苑で崇道天皇（＝早良親王）・伊予親王・橘逸勢などの霊を祭ったのに始まり、中世では氏子によって盛大な山鉾の巡行が行われるようになった。

ご-りん【五輪】〔名〕《仏教語。「りん」は呉音》❶（全ての徳を、輪のように欠けることなく持つ五つの意で）万物を構成する五つの要素。地輪・水輪・火輪・風輪・空輪。略して、地・水・火・風・空。「五大」とも。❷《「五輪卒都婆」の略》①をかたどった石塔。下から四角形・円形・三角形・半月形・宝珠形で、それぞれ地・水・火・風・空を表す。供養塔や墓標として建てられた。五輪塔。

こ・る【凝る】〔自ラ四〕{ら・り・る・る・れ・れ}❶凝固する。例「凝当と申し侍るは、底に――・りたるを捨つるにや候ふらむ」〈徒然草・一五八〉訳凝当と申しますのは、底に固まっているの（＝ココデハ酒）を捨てることでしょうか。❷氷になる。凍る。例「岩床と川の水――・り寒き夜を憩ふことなく」〈万葉・一・七九長歌〉訳平らな岩のように厚く川の水が凍って（そんな）寒い夜も休むことなく。

こ・る【懲る】〔自ラ上二〕{り・り・る・るる・るれ・りよ}失敗を反省して再びすまいと思う。こりる。こりごりする。例「もの隠しは――・りぬらむかし」〈源氏・紅葉賀〉訳隠し事（＝源典侍トノ交際）にはこりごりしただろうね。

こ・る【樵る・伐る】〔他ラ四〕{ら・り・る・る・れ・れ}（木を）切る。伐採する。例「木――・り来て筏に作り」〈万葉・一三・三三三長歌〉訳木を切って来て筏に作り。

参考「木こり」の「こり」は、この動詞の連用形から。

これ【此・是・之】■一〔代名〕❶《指示代名詞》ⓐ《近称。話し手の側にある事物や人を指示したり、話題にしている事物や人を指示する》**このもの。このこと。この人。**例「唐歌、声上げて言ひけり。……唐歌は、――にえ書かず」〈土佐・十二月二十六日〉訳（送別の宴で人々は）漢詩を、声高く吟詠した。……その漢詩は、この日記に記せない。ⓑ《近称。話し手のいる場所、話題にしている場所を指示する》この所。**ここ。**例「――より今は漕ぎ離れて行く」〈土佐・一月九日〉訳ここ（大湊）から今度は（沖へ）岸から離れて漕ぎ進んで行く。ⓒ《近称。話し手が今いる時をいう》現在。いま。例「今度の事は――より後も類あるべしとも覚えず」〈平家・一二・大地震〉訳このたびの（大地震という）事件は今後も類がないだろうと思われた。❷《人称代名詞》ⓐ《自称。話し手を指す》自分。**わたくし。**例「――は大明神の御使ひなり」〈平家・三・大塔建立〉訳自分は厳島大明神のお使いである。ⓑ《対称。話し相手を指す》**あなた。**例「『――や覚え給ふ』と言ひしを、所化皆覚えざりしに」〈徒然草・二三八〉訳（上人が悟りを妨げる八災を忘れて）「お前達は覚えていますか」と言ったが、弟子は皆覚えていなかったのに。ⓒ《他称。自分の妻や夫など、身近な者を指す》この人。例「――らが文といふことなし」〈平家・三・僧都死去〉訳私の家族からの手紙はなかった。❸(漢文の助字「之」「是」などを、「これ」と訓読したことから、漢文訓読体の文章で)語調を強めたり、整えたりする。例「芸は、——つたなけれども、人の耳を喜ばしめむとにはあらず」〈方丈記・境涯〉訳(琵琶(びわ)の)技術は、へたであるが、他人に聞かせて楽しませようというわけではない。

■二(感)《呼びかけて、相手の注意をうながす》もし。おい。例「いや、——、——、それに末広がりはござらぬか」〈狂言・末広がり〉訳や、もし、もし、そこに末広がりというものはございませんか。

此ぞ此(こ)の 《和歌用語》これこそがあの…(だ)。これが例の…(だ)。例「おほかたは月をも愛(め)でじ——積もれば人の老いとなるもの」〈古今・雑上・八七九〉訳たいていのことでは秋の名月を観賞などするものか。このことこそが、回数が重なると、人間の老化となるものなのだ。

此や此(こ)の 《和歌用語》これがまあ、あの…か。例「——行くも帰るも別れつつ知るも知らぬも逢坂(あふさか)の関」〈後撰・雑一〉訳ここがまあ、東国へ行く人も、都へ帰る人もここで別れ、知っている人も知らない人もここで会うという、あの逢坂の関なのだなあ。注第三句ヲ「別れては」ノ形ニシテ『百人一首』所収、蟬丸(セミマル)ノ作。「逢坂」ト「逢(あ)ふ」ガ掛詞。

ご-れう【御料】(ゴレウ)〔名〕貴人のご使用のためのもの。多く、衣服、飲食物、器物などについていう。

これ-かれ【此彼】〔代名〕❶この物とあの物。あれやこれや。例「朝顔の——に這(は)ひまつはれて、有るか無きかに咲きて」〈源氏・朝顔〉訳朝顔が(草木の)あれやこれやに這ってからみ付いて、ひっそりと弱々しく咲いて。
❷この人、あの人。例「守(かみ)の兄弟(はらから)、また異人(ことひと)——、酒なにと持て追ひ来て」〈土佐・十二月二十七日〉訳国守の兄弟や、また別の人のこの人あの人が、酒やなにやと持って追って来て。

これ-これ【此此・是是】《連語》いくつかの事柄を指していう。こうこう。しかじか。例「『これや覚え給ふ』と言ひしを、所花(しょけ)皆覚えざりしに、局(つぼね)の内より『——にや』と言ひ出(い)だしたれば」〈徒然草・二三八〉訳(上人(しょうにん)が、悟りを妨げる八災を忘れて)「お前は記憶していますか」と言ったが、弟子は皆覚えていなかったのに、別席の中から「これでしょうか」と外へ向かって言ったので、(人々は)たいそう感心いたしました。

これ-ぞ-この【此ぞ此の】⇩「これ」子項目

惟光(これみつ)《人名》『源氏物語』の登場人物。光源氏の乳母の子で一の家来。光源氏の信頼篤(あつ)く、常に側近として忠実に仕え、忍び歩きや須磨(すま)(=神戸市須磨区)流謫(るたく)の際にも随行している。後に摂津守(せっつのかみ)(=大阪府北部ノ長官)から参議にまで昇任する。

これ-や-この【此や此の】⇩「これ」子項目

これ-ら【此等】〔代名〕❶《「ら」は接尾語》「これ」の複数。このいくつもの物。また、この多くの人々。例「——を人の笑ふを聞きて、海は荒るれども、心は少しなぎぬ」〈土佐・一月九日〉訳(船頭達のユーモラスな)これらの歌を人が笑うのを聞いて、海は荒れているが、心は少し穏やかになった。
❷このあたり。この辺。この国。例「山ならねども、——にも、猫の経上(へあ)がりて猫またになりて、人取ることはあなるものを」〈徒然草・八九〉訳山(奥)でなくても、この辺でも、猫が年をとって猫また(という怪物)になって、人を取って食うことはあるそうだがなあ。

これ-を-もちて【是を以ちて】《連語》《漢文の「是以」を訓読みしたもので、漢文訓読文に用いる》そういうわけで。こういうわけで。⇩ここをもて

こ-ろ【子ろ・児ろ】〔名〕《「子ら」の上代東国方言》女や子供を親しんでいう語。子等(こら)。

ころ【頃・比】〔名〕❶おおよその時間や時代を表す語。時分。ころおい。例「神無月(かみなづき)の——、栗栖野(くるすの)といふ所を過ぎて、ある山里に尋ね入ること侍(はべ)りしに」〈徒然草・一一〉訳十月の時分に、栗栖野という所を通って、とある山里に(人を)尋ねて深く入って行くことがありましたが。
❷時節。季節。折。例「——は、正月・三月・四月・五月・七八九月・十一二月」〈枕草子・頃は〉訳時節は、正月・三月・四月・五月・七八九月・十一二月(が趣深い)。
❸(多くは、「日——」「月——」「年——」の形で)長い一定の期間。例「敷島の大和にはあらぬ唐衣(からごろも)——も経(へ)ずして逢(あ)ふよしもがな」〈古今・恋四・六九七〉訳日本の国にはない中国伝来の唐衣の「ころも」、つまり長い時間も経過することなく、あなたに逢える方法がほしいなあ。

> 要点 ①で、動詞が修飾する場合は、今という頃、この頃の意となる。例「砕けて物を思ふ——かな」〈詞花・恋上〉訳心は千々に乱れて物思いにひたる今日この頃であるよ。

ころおい【頃おい】〔名〕⇩ころほひ

ころ-しも【頃しも】《連語》《「しも」は強調の副助詞。「ころ」を強めた表現》ちょうどそのころ。例「一人歩(あり)かん身は心すべきことにこそと、思ひける——」〈徒然草・八九〉訳一人で出歩くような者は(猫またという怪物に)注意しなければならないことだと、思っていたちょうどその頃。

ころ・ふ【嘖ふ】〔他ハ四〕{は・ひ・ふ・へ・へ}叱責(しっせき)する。叱る。例「誰(たれ)そこのわが屋戸(やど)に来喚(よ)ぶたらちねの母に——・はえ物思ふわれを」〈万葉・一一・二五二七〉訳一体誰だろう。我が家の戸口に来て呼ぶよ、母に叱られてふさぎこんでいる私を。注「ころはえ」ノ「え」ハ、上代ノ受身ノ助動詞「ゆ」ノ連用形。

ころ-ほひ【頃ほひ】(イ・オ)〔名〕❶時分。頃。ころおい。例「いと忍びて、五月(さつき)の——より物し給ふ人なむあるべけれど」〈源氏・夕顔〉訳大変ひっそりと、五月頃から住んでおられる人があるようだけれども。
❷今の時節。今の時世。現代。例「中の品のけしうはあらぬ、選(え)り出(い)でつべき——なり」〈源氏・帚木〉訳(受領(ずりょう)の)中流階級のそう悪くない女を選び出すことができるにちがいない今の時世です。

ころも【衣】〔名〕❶着物。衣服。例「春過ぎて夏来たるらし白栲(しろたへ)の——干したり天(あめ)の香具山」〈万葉・一・二八〉訳春が過ぎて夏が来たらしい。白い衣が干してある、天の香具山には。注持統(ジトウ)天皇ノ作。
❷僧や尼の着物。法衣(ほうえ)。例「袈裟(けさ)・——などすべて、一領(ひとくだり)のほどづつ、ある限りの大徳(だいとこ)達に賜ふ」〈源氏・橋姫〉訳(八の宮は)袈裟や法衣などをまとめて、

一そろいぐらいずつ、寺の全部の僧達にお与えになる。

要点 平安以降①は和歌用語に限定され、「衣更(が)へ」「衣箱」など、行事や物の名に残る程度になる。衣服一般をいうには「きぬ」、尊敬語では「おんぞ」を用いる。

衣打(う)・つ つやを出したり、柔らかくするために、布を「砧(きぬた)」で打つ。(季・秋) 例「み吉野の山の秋風さ夜ふけてふるさと寒く──・つなり」〈新古今・秋下・四八三〉 訳 吉野山の秋風が夜ふけに寒々と吹き、古都吉野では寒々と衣を打つきぬたの音が聞こえている。注 藤原雅経ノ作。『百人一首』所収。⇩きぬた

衣片敷(かたし)・く 《和歌用語》着物の片袖を敷いて、寂しく独り寝をする。また、自分の着物だけを敷いて、寂しく独り寝をする。例「きりぎりす鳴くや霜夜のさむしろに──・きひとりかも寝む」〈新古今・秋下・五一八〉 訳 コオロギが(悲しげに)鳴く霜の降りる寒い夜、敷物の上に自分の着物だけを敷いて、ただ一人寂しく寝なければならないのだろうか。注 藤原良経ノ作、『百人一首』所収。古語ノ「きりぎりす」ハ、今ノ「こおろぎ」ノコト。

衣を返(かへ)・す (こうすると恋しい人の夢を見られるという俗信から)着物を裏返しに着て寝る。例「いとせめて恋しき時はむばたまの夜の──・してぞ着る」〈古今・恋二・五五四〉 訳 何とも切実に恋しい時は、(せめて夢にでも会いたいと)夜着を裏返しに着て寝るのです。

ころも-がへ【衣更へ】〔名〕季節にふさわしい着物に着がえること。特に陰暦四月一日と十月一日のをいい、近世以降は、多く四月一日のをいう。(季・夏) 例「剃(そ)り捨てて黒髪山に──」〈曽良・奥の細道〉 訳 黒髪を剃り捨て、俗衣を墨染めの法衣に着かえて、自分は今度の旅に出たのだが、この黒髪山まで来たら、ちょうど衣更えの日になった。黒髪を剃り、僧衣に着かえた思い出が新たになることである。例「越後屋(ゑちごや)にきぬさく音や──」〈其角〉 訳 (現金売り・切り売りの新商法で繁盛をしている)越後屋では、反物の切り売りの際のきぬ地を裂く快い音が、あちこちで聞こえる。さわやかな初夏、新しい袷を仕立てる衣更えの季節である。注「越後屋」ハ、江戸日本橋ニアッタ呉服店(＝現在ノ三越)。当時、呉服物ハ、一反売リヲ原則トシタガ、越後屋デハ客ノ必要ニ応ジテ切リ売リヲスルトイウ新商法デ大繁盛シタ。

要点「衣更へ」の内容 もと宮中の行事であったが、のち民間にも普及した。平安時代には、衣服だけでなく、几帳・畳などの家具もかえた。実際の衣更えは、夏から秋にかけて細かく行われる。四月一日に、冬の小袖から袷に、五月五日からは帷子に、八月十五日から生絹に、九月一日から袷に、九月九日から綿入れに、十月一日から練り絹にかえる。

ころも-で【衣手】〔名〕《平安時代以降は和歌用語》袖。例「君がため春の野に出(い)でて若菜摘む我が──に雪は降りつつ」〈古今・春上・二一〉 訳 あなたに差し上げようと、春の野に出て若菜を摘んでいる私の着物の袖に雪がしきりに降りかかりました。注『百人一首』所収ノ、光孝天皇ノ歌。

ころも-を-かへ・す【衣を返す】 ⇩「ころも」子項目

こわし【強し】〔形〕⇩こはし

こわ-だか【声高】〔形動ナリ〕声をはり上げる様子。例「今宵(こよひ)、『かかること』と、──・に物も言はせず」〈土佐・二月十六日〉 訳 今夜は、「こんな有様よ」と、(供の人々が)大きな声で言うのを抑えた。

こわ-づかひ【声遣ひ】〔名〕声の出し方。声の様子。例「御声のいと若う貴(あて)なるに、うち出(い)でむ──も恥づかしけれど」〈源氏・若紫〉 訳 (光源氏の)お声が大変若々しく上品なので、(侍女は)お返事を申し上げる声も恥ずかしいが。

こわ-づく・る【声作る】〔自ラ四〕{ら・り・る・る・れ・れ} ❶相手の注意を促すために咳ばらいをする。例「──・り給へば、貴(あて)なる咳(しはぶ)きと聞き知りて」〈源氏・浮舟〉 訳 (薫(かおる)になりすました匂宮が)咳ばらいをなさると、(右近は)上品な咳ばらいだと聞き分けて。
❷警戒や魔よけなどのために特定の言葉を声高く発する。例「随身(ずいじん)も弦打(つるうち)して、絶えず──・れ」〈源氏・夕顔〉 訳 供の護衛の者も(魔よけとして)弓の弦を鳴らし、絶えず(警戒の)声をあげよ。

こ-わらは【小童】〔名〕幼い子供。例「みづからが──にてありし時」〈大鏡・序〉 訳 私が幼い子供であった時。

ご-ゐ【五位】〔名〕位階の五番目。また、その人。正五位と従五位に各上・下がある。

要点 律令制度では四位・五位を通貴といい下級貴族。平安時代以降は四位・五位の人を殿上人といい、蔵人を除く六位以下の地下人との差は大きい。五位になることを叙爵といい、五位の人を「大夫(たいふ)」という。

ごゐ-の-くらうど【五位の蔵人】〔名〕蔵人所の職員で、頭の次の位。定員三人。

要点 蔵人には五位と六位の者から選ばれる。特に五位の蔵人は名家の者で将来有望の者である。六位の蔵人で退官に際して五位に上った者は「蔵人の五位」と呼ばれる。

こ-ゐん【故院】〔名〕亡くなった上皇や法皇。例「──、ただおはしましさまながら、立ち給ひて」〈源氏・明石〉 訳 (光源氏の夢に父の)今は亡き上皇が、生きておいでのお姿のままで、お立ちになって。

こゑ【声】〔名〕❶人や動物の声。例「鳥の──なども、ことのほかに春めきて」〈徒然草・一九〉 訳 鳥の鳴き声なども格別に春らしくなって。
❷楽器など、物が立てる音。例「祇園精舎(ぎをんしやうじや)の鐘の──、諸行(しよぎやう)無常の響きあり」〈平家・一・祇園精舎〉 訳 昔インドにあった祇園寺の鐘の音色には、万物は流転し永遠なものは何もないという道理を表す悲しい響きがある。
❸発音。例「この聖(ひじり)、──うちゆがみあらあらしくて」〈徒然草・一四一〉 訳 この上人は、発音になまりがあって武骨であり。
❹漢字の音。字音。

声有(あ)り よい声を持っている。声がよい。例「かひなくて、御供(おんとも)に――る人して、歌はせ給ふ」〈源氏・若紫〉訳（門をたたいても起きて来ないので、光源氏は）仕方なく、お供でよい声の人に命じて、（作った和歌を）歌わせなさる。

声立(た)つ （「立つ」は他動詞下二段）声として出す。声をはり上げる。例「わざとの――てぬ念仏ぞする」〈源氏・夕顔〉訳特に声をたてない念仏をしている。

こん【献】 ■一■〔名〕客をもてなす酒肴(しゅこう)。■二■〔接尾〕一つの肴(さかな)で酒を三杯と決めて、それを数える助数詞。また、酒杯を飲み干す回数についてもいう。

ごん【権】〔接頭〕（多く「の」を伴う）❶「実」に対して「仮の」の意。官位を示す語に付いて、令制の定員外に仮に任ずる官位を表す。「――大納言」「――中将」など。
❷一般の地位を示す語に付いて、それに準じた地位であることを表す。第二の。次位の。準。副。「――の北の方(=第二夫人、側室)」など。

こんがう-しょ【金剛杵】(コンゴウ)〔名〕（仏教語）密教で用いる、杵(きね)の形をした金属製の法具。古代インドの武器をとり入れて、煩悩を打破する仏の心の象徴としたもの。にぎりの両端の刃の数により、独鈷(とっこ)・三鈷(さんこ)・五鈷(ごこ)という。

こんがう-どうじ【金剛童子】(コンゴウ)〔名〕（仏教語）密教で、護法の神として祭る、怒りの相を持った童子形の像。金剛杵(こんごうしょ)を手にするのでその名がある。

こんがうどうじ

ごんぐ-じょうど【欣求浄土】(ゴング・ジョウド)〔名〕（仏教語）死後、極楽浄土に生まれることを願い求めること。例「さすが――の望みもおはしけり」〈平家・三・少将都帰〉訳（亡き父大納言(だいなごん)は生前に）やはり極楽往生を求めるお気持ちをお持ちだったよ。

ごん-げ【権化】〔名〕（仏教語。「権」は仮の意）仏や菩薩(ぼさつ)が人間を救うために、仮に人の姿になってこの世に現れること。また、その人。仏の化身(けしん)。「権現(ごんげん)」とも。
要点 多く、奇跡を行ったといわれる僧や、高徳の僧をいう。権化の者の意で「権者(ごんじゃ)」という語もある。

こん-げん【根元・根源】〔名〕❶物事のおおもと。根本。❷物事の始まり。原因。例「事の――いちいち次第に申しければ」〈平家・四・信連〉訳（後に）事件の始まりから一つ一つ順々に申し上げたので。

ごん-げん【権現】〔名〕（仏教語。「権」は仮の意）❶⇨ごんげ。❷特に、仏や菩薩(ぼさつ)が日本の神に姿をかえて現れたもの。また、その神の称号。例「平家かやうに繁昌(はんじょう)せられけるも、熊野の――の御利生(ごりしょう)とぞ聞こえし」〈平家・一・鱸〉訳平家がこのようにお栄えになるのも、熊野権現のお恵みだとうわさされた。

ごん-ご【言語】〔名〕ことば。言語(げんご)。例「一日のうちに、飲食(おんじき)・便利・睡眠(すいめん)・――・行歩(ぎょうぶ)、やむことを得ずして、多くの時を失ふ」〈徒然草・一〇八〉訳一日の中で、食事・便通・睡眠・会話・歩行という、やむをえないことで、多くの（貴重な）時間を費やす。

ごん-ざ【権者】〔名〕⇨ごんじゃ

こん-じ【金字】〔名〕（「きんじ」とも）金泥(こんでい)(=金粉ヲニカワデ溶カシタ液)で書いた文字。紺色の紙に写経する時によく用いられた。

こん-じき【金色】〔名〕黄金の色。きんいろ。

ごん-じゃ【権者】〔名〕（仏教語。「ごんざ」とも。権化(ごんげ)の者の意）仏や菩薩(ぼさつ)が人間を救うために、仮に人の姿になって現れたもの。例「仏神の奇特(きどく)、――の伝記、さのみ信ぜざるべきにもあらず」〈徒然草・七三〉訳仏や神の霊験や、仏の化身(けしん)といわれる高僧の伝記は、そう一概に信じないでよいというものでもない。

こん-じゃう【今上】(コンジョウ)〔名〕⇨きんじゃう（今上）

こん-じゃう【今生】(コンジョウ)〔名〕（仏教語）この世に生きている間。現世(げんせ)。⇩ぜんしゃう・ごしゃう 例「弓矢取る身は――の面目(めんぼく)、冥途(めいど)の思ひ出にて候へ」〈平家・二・嗣信最期〉訳（主君の身代わりになったと話の種にされることは）武士にとってはこの世での名誉であり、あの世へ行ってのよい思い出でございます。

こん-じゃう【紺青】(コンジョウ)〔名〕鮮やかな青色の顔料(がんりょう)。

今昔物語集(こんじゃくものがたりしゅう)【書名】平安後期の説話集。編者、成立年代ともに未詳。一千を越す説話から成り、天竺(てんじく)(=インド)、震旦(しんたん)(=中国)、本朝(=日本)の三国の説話に分かれる。仏教説話が主であるが、本朝篇では世俗の説話が採られ、話の舞台も全国に及び、また登場人物も貴族・僧侶・武士から盗賊・乞食(こじき)に至る全階層にわたるため、当時の社会生活全般が反映されている。「今ハ昔」に始まり「トナム語リ伝ヘタルトヤ」で結ばれる形で、漢字混じり片仮名書きの漢文訓読体で書かれる。

ごん-だいなごん【権大納言】〔名〕（「権」は、仮の意）定員外に任ぜられた大納言。例「ほどもなくもとの御位改まりて、数よりほかの――になり給ふ」〈源氏・明石〉訳（明石から帰京した光源氏は）まもなく以前の官位から昇進して、定員外の権大納言におなりになる。

こん-だう【金堂】(コンドウ)〔名〕（仏教語）寺院で、本尊を安置する建物。本堂。例「大門・――など近くまでありしかど、正和(しょうわ)のころ南門は焼けぬ」〈徒然草・二五〉訳（藤原道長の建てた法成(ほうじょう)寺の）総門や金堂などは最近まで残っていたが、正和の頃に南門は焼けてしまった。

こん-でい【金泥】〔名〕（「きんでい」とも）金粉をニカワの液で溶かしたもの。画や豪華な写経に用いた。例「鳳輦(ほうれん)の中に――の経一巻おはしましたり」〈宇治拾遺・四・三〉訳（夢で行幸に会うと）天子の御輿(みこし)の中には金泥で書いた経一巻がお座りになっていた。

こん-でい【健児】〔名〕（強い若者の意。「こでい」とも）❶奈良時代、強健で武芸にひいでているとして、特に選ばれた兵士。❷平安初期の兵制で、律令制の兵士に代わって任用された郡司などの子弟。❸役所や、貴族・武家の下級の召使い。「こんでいわらは（健児童）」とも。

こんどう【金堂】〔名〕⇨こんだう

こんにっ-た【今日た】〔連語〕きょうは。
要点 [konnit]と発音されていた「今日」と助詞「は」[wa]が融合して（連声(れんじょう)という）、室町時代にできた形。謡曲・狂言などに多く見られる。

ごん-の-かみ〔名〕■一【権の守】守(=国司)の権官。守の次位、介(=次官)の上位にあり、実質的に守を補佐する場合と、単に名目上任命される場合とがあった。■二【権の頭】頭(=図書寮・左右馬寮ナド諸寮ノ長官)の権官。頭の下、助(=次官)の上の地位。

ごん-の-そち【権の帥】〔名〕(「ごんのそつ」とも)帥(=大宰府ノ長官)の権官。納言以上の人が任命された。

金春禅竹〔人名〕室町中期の能役者・能作者。世阿弥の女婿。世阿弥の指導を受けて、大和猿楽の円満井座に属して金春流を盛んにした。『定家』『雨月』『芭蕉』『玉葛』などが禅竹作のものとされている。

こん-ぴら【金毘羅】〔名〕《仏教語。梵語の音訳。「宮毘羅」とも。鰐の意》インドの霊鷲山に住む仏法の守護神。薬師如来を守る十二神将の中の「宮毘羅」。

参考 日本では、大物主神となって現れたと考え、金毘羅権現として祭り、海神として信仰する。

こんめいち-の-しゃうじ【昆明池の障子】〔名〕清涼殿の広廂に置かれた衝立の障子。表には昆明池、裏には嵯峨野の小鷹狩りが描かれていた。昆明池は、漢の武帝が水軍訓練のため長安に作らせた池。

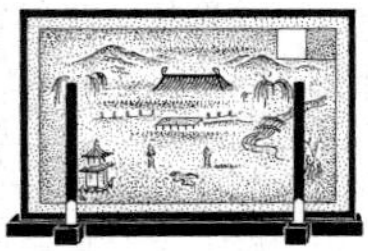
こんめいちのしゃうじ

こん-りふ【建立】〔名・他サ変〕(「こん」は呉音)寺院・堂塔などを建てること。

こんりん-ざい【金輪際】〔名〕《仏教語。宇宙は、大地を支える金輪、その下の水輪・風輪・虚空から成ると考えて、金輪の最下底の意》❶金輪が水輪と接する所。大地の底。例「その中に――より生ひ出でたる水精輪の山あり」〈平家・七・竹生島詣〉訳その(湖の)中には地の底から生えている水晶の山がある。

❷(副詞的に用いて)底の底まで。どこまでも。例「――聞いてしまはねば、気がすまぬ」〈東海道中膝栗毛・六・下〉訳とことんまで聞いてしまわないと、すっきりしない。

さ

さ〔代名〕《人称代名詞。他称》それ。そいつ。⇩し(其)例「――が髪を取りて、かなぐり落とさむ」〈竹取・かぐや姫の昇天〉訳(月から迎えが来たら)そいつの髪をつかんで、ひきずり落としてやろう。

要点 上代の代名詞「し」と関係のある語。格助詞「が」を伴って、「――が」の形で連体修飾語として用いられる。

さ【然】〔副〕前に述べられたことを指示していう語。**そう。そのように。**例「――もなかりしものをと言はんも詮なくて」〈徒然草・七三〉訳(皆がおもしろがるうそを)そうでもなかったのにと言ってもしかたがないので。

> 参考 上代の「しか」に代わって、平安以降、比較的柔軟な調子の仮名文で頻用された。「しか」はその後は主として漢文訓読体の文や、改まった調子の和文に用いられた。なお、現代語の「そう」は、この「さ」が変化した形。

さ【小】〔接頭〕(名詞・動詞・形容詞に付いて)語調を整える。「――霧」「――百合」「――走る」「――迷ふ」「――数多し」など。

さ〔接尾〕❶《名詞、また動詞の連体形に付いて》方向を表す。「縦――」「横――」など。例「月の入る――の山の端を」〈平家・九・小宰相身投〉訳月が沈み入る方角の山の稜線を。

❷《動詞の終止形に付いて》時・場面を表す。「往く――」「来――」など。

❸《形容詞・形容動詞の語幹(シク活用形容詞は終止形)に付いて》ⓐ程度・状態を表す名詞を作る。「おもしろ――」「あはれ――」「悲し――」など。

ⓑ「…の(が)…さ」の形で、詠嘆を表す。…が…だなあ。…ことよ。例「防人に行くは誰が背と問ふ人を見るが羨し――物思ひもせず」〈万葉・二〇・四四二五〉訳防人に行くのは誰のご主人ですかと聞く人を見るのはうらやましいことだなあ、(自分の夫を出征させる私と違って)物思いもしないで。

ざ【座】〔名〕❶すわる場所。また、そこに置く敷物の総称。

❷(講義・詩歌・音楽などの)集会の席。例「談義の――にても、大きなる鉢にうづ高く盛りて、膝元に置きつつ」〈徒然草・六〇〉訳仏典の講義の席上でも、大きな鉢に(芋頭を)うず高く盛って、膝のそばに置いて。

❸中世、朝廷・貴族・社寺などの保護を受けて、特定の商品の製造・販売の独占権を持つ同業者の組合。

❹中世の田楽・猿楽などの団体。社寺の保護を受け、その神事・仏事に演じた。

❺近世、歌舞伎・浄瑠璃の団体。また、その劇場。「竹本――」「市村――」など。

❻近世、幕府が貨幣などの特許品を造らせた所。「金――」「銀――」「秤――」など。

さい【釆・賽・骰子】〔名〕《上代には「さえ」》すごろくなどに用いるさいころ。例「盃を取れば酒を思ひ、――を取れば攤打たんことを思ふ」〈徒然草・一五七〉訳(人の常として)杯を持つと酒が飲みたくなり、さいころを手にすると(何となく)すごろくがしてみたくなる。

さい-えい【細纓】〔名〕「纓」の一種。六位以下の武官と六位の蔵人が使用。もとは細い織物を、後には鯨のひげを輪の形にして用いた。

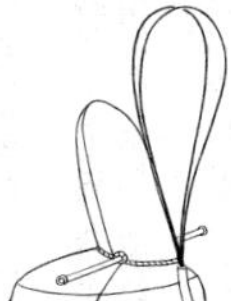
さいえい

さい-かい【西海】〔名〕西の海。西国の海。例「今は――の浪の底に沈まば沈め」〈平家・七・忠度都落〉訳(思い残すことのない)今は西国の海の波の底に沈んで(死んで)もよい。

西海道〔古代の行政区画名〕五畿七道の内の一つ。以下の九州地方の十二か国。筑前・筑後(福岡県)・豊前(福岡県・大分県)・豊後(大分県)・肥前(佐賀県・長崎県)・肥後(熊本県)・日向(宮崎県)・大隅(鹿児島県)・薩摩(鹿児島県)・壱岐(長崎県)・対馬(長崎県)・琉球(沖縄県)。

さい-かく【才覚】〔名〕━〔名〕❶学識。知識。❷思いつき。工夫。機知。例「又五郎男(をのこ)を師とするよりほかの——候はじ」〈徒然草・一〇二〉訳（儀式の順序については、衛士の）又五郎を師として学ぶ以外の知恵はありません。注「男」ハ身分ノ低イ者ニ付ケル呼称。━〔名・他サ変〕工夫して物品を手に入れること。工面。やりくり。例「千代(よち)の腹帯(はらおび)・子安貝(こやすがひ)、左の手に握るといふ海馬(かいば)を——・するやら」〈西鶴・世間胸算用・二・二〉訳（出産が近いというので）腹帯や、（安産のまじないの）子安貝や、（産婦がまじないとして）左手に握るというタツノオトシゴを工面するやら。━〔形動ナリ〕工夫・思いつきにすぐれている様子。例「親の譲りを受けず、その身——・にしてかせぎ出し」〈西鶴・日本永代蔵・一・一〉訳親の遺産をもらわずに、本人が才知にすぐれてかせぎ出して。

西鶴(さいかく)〔人名〕⇩井原西鶴(いはらさいかく)

さい-がく【才学】〔名〕（「さいかく」とも。「かく」は漢音）学問。特に、漢学。また、その学識。例「——といふもの、世にいと重くするものなれば」〈源氏・絵合〉訳漢学の学識というものは、世間では大層重視するものだから。

西行(さいぎやう)〔人名〕平安末期の僧・歌人。一一一八年（元永元）～一一九〇年（文治六）。俗名、佐藤義清(のりきよ)。鳥羽上皇の北面の武士であったが、二十三歳で出家。日本全国を行脚して生涯を旅に暮らす。その間、自然と人生、心情が見事に一つになった秀歌を多く詠んだ。『新古今和歌集』に九十四首と最も多く入集する。家集に『山家集』がある。⇩山家集(さんかしふ)

さい-く【細工】〔名〕❶手先の細かい技術で器具を作ること。また、そのもの。例「その男、尼が——によもまさり侍らじ」〈徒然草・一八四〉訳その男も、（障子(しやうじ)張りでは）尼であるこの私の技術よりすぐれているはずはありますまい。❷手のこんだ細かい器具を作る職人。細工師。例「よき——は、少しにぶき刀を使ふといふ」〈徒然草・二二九〉訳上手な細工師は、ちょっと切れ味の悪い刃物を使うという。❸物事に細かい工夫をすること。また、その工夫。計画。

さい-ぐう【斎宮】〔名〕伊勢神宮に仕える未婚の皇女。斎王。また、その居所。「いつきのみや」とも。

ざい-くゎ【罪科】〔名〕犯罪。また、それに対する刑罰。例「かへって叡感(えいかん)に預かっし上は、あへて——の沙汰(さた)もなかりけり」〈平家・一・殿上闇討〉訳（平忠盛の振る舞いは）かえって上皇に感心していただいたほどで、全く処罰の話は起こらなかった。

ざい-け【在家】〔名〕《仏教語》❶出家せず、この世で生活すること。また、その人。在俗。対しゅっけ❷民家。例「嵯峨(さが)の——いくほどかあるべき」〈平家・六・小督〉訳（小督を探すのに）嵯峨の民家はどれほどあろうか（いくらもあるまい）。

さい-げい【才芸】〔名〕才能と技芸。また、学識と芸能。例「品(しな)の高さにても、——のすぐれたるにても」〈徒然草・一六七〉訳家柄の高さの点でも、才能と技芸の優れている点でも。

さい-ご【最後・最期】〔名〕❶物事の終わり。最終。例「——のいくさして見せ奉らん」〈平家・九・木曽最期〉訳（お側(そば)から離れる前に）最後の合戦をして（殿に）お見せ申し上げよう。注木曽義仲ガ寵愛スル巴御前ノ言葉。❷命の終わる時。臨終。末期。例「——の時不覚しつれば、長き疵(きず)にて候ふなり」〈平家・九・木曽最期〉訳（武士は）臨終の時に思わぬ失態をしてしまうと、遠い将来まで悪い評判が残ります。

在五が物語(ざいごがものがたり)〔書名〕⇩伊勢物語(いせものがたり)

さい-こく【西国】〔名〕対とうごく❶西の方の国。畿内以西の諸国をいう。例「平家は——に、兵衛佐(ひやうゑのすけ)は東国に、木曽は都に張り行ふ」〈平家・八・法住寺合戦〉訳平家は西方の諸国で、源頼朝は東の諸国で、木曽義仲は都で勢力を張る。❷特に、九州地方の諸国。西海道の諸国。例「鎮西(ちんぜい)の謀叛(むほん)平らげに——へ発向(はつかう)す」〈平家・六・嗄声〉訳（平貞能(さだよし)は）九州の反乱を平定するために九州へ出発する。❸（「西国三十三所」「西国巡礼」の略）近畿地方で観音を祭った三十三か所の霊場。また、それを巡礼すること。

ざい-ごふ【罪業】〔名〕《仏教語。罪となる「業」の意》（来世で悪報を受ける）罪となる悪い行い。例「日ごろ作り置かれし——ばかりや獄卒(ごくそつ)となって迎へに来たりけん」〈平家・六・入道死去〉訳（平清盛公が）平素お作りになった罪となる悪行だけが地獄の鬼となってお迎えに来たのであったろうか。

ざいざい-しょしょ【在在所所・在在処処】〔名〕あちらこちら。ここかしこ。いたる所。例「都のほとりには、——堂舎塔廟(だうしやたふめう)、一つとして全(また)からず」〈方丈記・大地震〉訳（大地震のため）都の周辺では、どこもかしこも社寺の建物も塔も、一つとして無事なものはない。

さい-し【妻子】〔名〕❶妻と子。家族。❷妻。例「若き——の思ひわびぬべきにより」〈源氏・若紫〉訳（深い山里に住むのは）若い妻がつらくさびしく思うはずだから。

さい-し【釵子】〔名〕平安時代、宮中で婦人が正装する時に、髪を上げて止めるのに用いた髪飾り。金属製のかんざしの類。

さい-しゃう【宰相】〔名〕（「宰」はつかさどる、「相」はたすける意）❶古代中国で、天子を助けて政治をつかさどった最高の官職。「丞相(じようしやう)」「相国(しやうこく)」とも。❷「参議(さんぎ)」の中国風の呼び名。「相公(しやうこう)」とも。

ざい-しゃう【罪障】〔名〕《仏教語》成仏・往生の妨げとなる悪い行い。例「冬は雪をあはれぶ。積もり消ゆるさま、——にたとへつべし」〈方丈記・境涯〉訳冬は雪を感慨深く見る。（雪が）積もってそして消えるさまは、往生の妨げになる行い（が迷いにより生じ、悔い改めて消えるの）にたとえることができよう。

ざい-しょ【在所】〔名〕❶住んでいる所。ありか。例「その後(のち)は——をいづくとも知り参らせざりつるに」〈平家・一・祇王〉訳その（＝都ヲ出タ）後はお住まいをどことも存じませんでしたが。❷都会を離れた地方。いなか。例「節季(せっき)師走(しはす)に、この——は傾城(けいせい)ごとで煮(に)え返る」〈近松・冥途の飛脚・下〉訳年末十二月（という忙しい時）に、このいなか（＝新口村）は遊女の事件でごった返している。❸いなかの実家。故郷。

さいしょう-かう【最勝講】〔名〕五月の吉日の五日間、清涼殿で、金光明最勝王経を講説して、国家安泰を祈る法会。東大寺・興福寺・延暦寺・

園城寺などの高僧が選ばれ、全十巻を朝夕各一巻ずつ読む。長保四年（一〇〇二）に始まったとされる。

さい-じん【才人】〔名〕❶学問のある人。ことに漢詩文にすぐれた人。例「殿にも文作り繁く、博士・——ども、所得たり」〈源氏・少女〉訳（光源氏の）邸でも漢詩文を作ることが多く、文章博士や学者達は、羽振りがよかった。
❷有識者や技能にすぐれた人。例「大臣・公卿・諸道の——らに仰せ合はせ」〈平家・五・都遷〉訳（桓武天皇は）大臣・公卿・各方面のすぐれた人達に相談なさって。

さい-だ・つ【先立つ】《「さきだつ」のイ音便》{た・ち・つ・つ・て・て} ■一〔自タ四〕⇩「さきだつ」□一①　例「いと近くさし歩み、——・つ者などを」〈枕草子・正月に寺にこもりたるは〉訳（女主人の）たいそう近くをしずしずと歩いたり、前に立って行く者などがあるのを。
■二〔他タ四〕⇩「さきだつ」□二①　例「人はみなおくらかし、——・てなどして、かすかにて歩み行けば」〈蜻蛉・中・天禄元年〉訳ともの者はみな後にしたり、先に行かせたりなどして、ひっそりと歩いていくと。

さい-つ-ころ【先つ頃】〔名〕《「さきつころ」のイ音便。「つ」は今の「の」の意。「さいつごろ」とも》さきごろ。先日。例「——賀茂へ詣づとて見しが、あはれにもなりにけるかな」〈枕草子・八月つごもり〉訳ついこの前賀茂神社へ参詣しようとして（田植えを）見たのが、しみじみと趣深くなってしまった（＝稲刈リヲスル秋ニナッテシマッタ）ことだよ。

さい-で【裂帛】〔名〕裁断した余りの布。布の切れ端。例「二藍・葡萄染などの——の、押し圧されて草子の中などにありける見つけたる」〈枕草子・過ぎにしかた恋しきもの〉訳（過ぎ去った昔が恋しくなるもの）濃い紫色や薄い紫色などの布の切れ端が、押しつぶされて本の中などにあったのを見つけたの。

さい-ど【済度】〔名・他サ変〕《仏教語。「済」は救う、「度」は渡す意》仏が、衆生を生死にこだわる「苦海」から救って、悟りの世界である「彼岸」へ渡すこと。安楽な極楽世界に導くこと。例「三界・六道の衆生をあまねく——・し給へ」〈平家・三・灯炉之沙汰〉訳（阿弥陀如来様）この世のあらゆる生きものを一つ残らず苦しみからお救いください。

さいな・む【苛む・嘖む】〔他マ四〕{ま・み・む・む・め・め}《「さきなむ」のイ音便化した形》❶過失などを責め叱る。叱りつける。例「馬の命婦をも——・みて」〈枕草子・上にさぶらふ御猫は〉訳（帝は）馬の命婦をもお叱りつけになって。
❷つらく当たって苦しめる。いじめる。虐待する。

さい-はう【西方】〔名〕❶西の方。例「春は藤波を見る。紫雲のごとくして、——に匂ふ」〈方丈記・境涯〉訳春は波のような藤の花を見る。（阿弥陀如来の乗る）紫色の雲のようで、（極楽の方角である）西の方に美しく咲く。
❷《仏教語》「西方浄土」の略。

さいはう-じゃうど【西方浄土】〔名〕《仏教語》極楽浄土。阿弥陀如来の浄土で、西方十万億土（＝十万億モノ国ヲ隔テタホド遠イ、ノ意）のかなたにあるという。例「——の来迎にあづからんと思し召し、西に向かはせ給ひて、御念仏さぶらふべし」〈平家・二・先帝身投〉訳西方の極楽浄土からのお迎えをいただこうとお思いになり、西方にお向きになって、念仏なさいませ。注壇ノ浦ノ合戦ニ敗レ、幼イ安徳天皇ヲ抱イテ入水スル清盛ノ妻、二位ノ尼ノ言葉。

さいはひ【幸ひ】〔名・形動ナリ〕《「さきはひ」のイ音便》しあわせ。幸福。幸運。例「いたう進みぬる人の、命・——と並びぬるはいと難きものになむ」〈源氏・絵合〉訳（学問を）深く究めた人で、長命と幸福とを兼ねそなえるということは非常にむずかしいことである。

さいはひ-びと【幸ひ人】〔名〕❶幸せな人。幸運な人。例「——におはしますこの御有様申さむと思ふほどに」〈大鏡・序〉訳幸運な人でおられるこの（藤原道長公の）ご様子を申し上げようと思ううちに。
❷特に、高貴な人の愛情を一身に受けている幸運な女性。例「祇園女御と聞こえし——おはしける」〈平家・六・祇園女御〉訳祇園女御と申し上げていた幸運な女性がいらっしゃった。

さいばら【催馬楽】〔名〕古代歌謡の一つ。奈良時代に民間で歌われていた歌謡で、平安時代に雅楽の中に取り入れられて、宮廷歌謡となった。宴席や儀式の際に、笛・笙・箏・琵琶・ひちりきなどの伴奏で歌われた。

さい-まぐ・る【先まぐる】〔自ラ四〕{ら・り・る・る・れ・れ}《「さきまぐる」のイ音便化した形。「さいまくる」とも》先走りをする。でしゃばる。例「さし出でして我ひとり——・る者」〈枕草子・にくきもの〉訳（にくらしいものは、話をしている時に）でしゃばって自分だけ（話の）先回りをする者。

在民部卿家歌合（ざいみんぶきやうのいへのうたあはせ）《書名》『在原民部卿家歌合』とも。平安初期の歌合。二題一二番。一巻。在原行平が民部卿だった八八四年（元慶八）から八八七年（仁和三）頃、同家で同人主催で催されたとされる。現存最古の歌合だが、形式は整備されている。

さい-もん【祭文】〔名〕❶祭の時に神仏に願いや賛嘆を申し上げることば。
❷室町時代以降、俗曲の一種。山伏が錫杖を振り、法螺貝を吹いて、神仏の霊験や祭のいわれなどを語った。江戸時代には、心中・犯罪など、世間の出来事を語った。

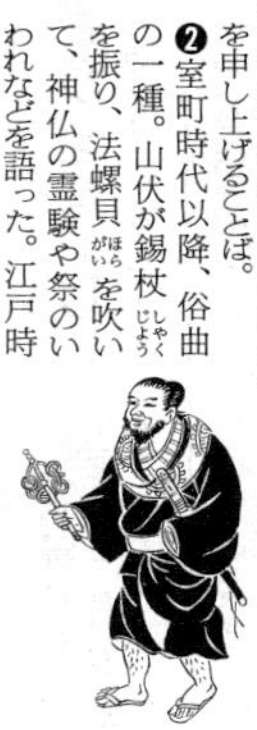
さいもん②

さい-りゃう【宰領】〔名〕❶荷物運送の人夫を支配・監督する役。また、その人。
❷多人数の旅行で、世話などをする役。また、その人。

さい-ゐん【斎院】〔名〕平安時代、京都の賀茂神社に仕える未婚の皇女。斎王。また、その居所。「いつきのゐん」とも。

> **要点**「斎院」と「斎宮」　嵯峨天皇の弘仁元年（八一〇）に皇女有智子内親王を斎院としたのが始まりで、原則として天皇即位の度に新しく選ばれたが、五代にわたって奉仕し、大斎院と呼ばれた村上天皇の皇女選子内親王のような例もある。賀茂神社は、平安遷都以来平安京の守護神とされ、そのためにその神に仕える斎院を皇室から選んだのである。また、皇室の氏神が祭られている伊勢神宮にも未婚の皇女が仕えていて、それを「斎宮」と呼んだ。

さ-う【左右】〔名〕❶左と右。さゆう。また、側(そば)近く。側近の者。例「山の――より、月日の光さやかにさし出(い)でて世を照らす」〈源氏・若菜・上〉訳（夢の中で須弥(しゅみ)山(せん)の左側と右側から、月と太陽の光が明るくさし出て世の中を照らす。
❷あれこれ言うこと。とやかく言うこと。例「九条殿の御はからひの上は、――に及ばず」〈平家・四・還御〉訳（紫宸殿(ししんでん)での即位式は）九条殿のおとりはからいの上のことだから、あれこれ言うに及ばないことであった。
❸あれこれのさしず。指示。例「刀の実否(じっぷ)について咎(とが)の――あるべきか」〈平家・一・殿上闇討〉訳刀について本物だったかどうかを確かめてから罪にするかしないか指示があるべきではないでしょうか。
❹あれこれの知らせ。便り。音信。
❺あれこれの様子。状況。

さう【相】〔名〕❶姿。かっこう。様子。例「愚かなる人は、怪しく異なる――を語りつけ」〈徒然草・一四三〉訳（人の臨終の様子を語るのに）愚かな人は、不思議で異様な有様まで付け加えて語り。
❷外面に現れた、将来や運命を示すもの。人相・家相など。例「帝王の上(かみ)なき位にのぼるべき――おはします人の」〈源氏・桐壺〉訳（光源氏は）この上ない帝王の位にのぼるはずの人相がおありになる人で。

さう【草】〔名〕❶漢字書体の一種。行書(ぎょうしょ)をさらに崩したもの。草書。例「表のかたには楽府(がふ)をうるはしく真に書き、裏には御筆とどめて――にめでたく書きて」〈大鏡・伊尹〉訳（扇の）表の方には「楽府」の詩句を端正に楷書(かいしょ)で書き、裏には筆の力をゆるめて草書で上手に書いて。注「楽府」ハココハ『白氏文集(はくしもんじゅう)』中ノ新楽府。
❷「草仮名(がな)」の略。例「みだれたる――の歌を、筆にまかせて乱れ書き給へる、見所限りなし」〈源氏・梅枝〉訳くずした字体の草仮名の歌を、自由自在に散らし書きなさったのは、いくら見ても見飽きないほどのよさがある。
❸草稿。草案。下書き。例「常在光院のつき鐘(がね)の銘は、在兼(ありかね)卿(きゃう)の――なり」〈徒然草・二三八〉訳常在光院(=京都市知恩院ノ境内ニアッタ寺)のつき鐘の銘文は、在兼卿の下書きによるものだ。

さう【荘・庄】〔名〕(「しゃう」とも)⇩しゃうゑん

さう【笙】〔名〕⇩しゃう(笙)

さう【証】〔名〕証拠。証明。根拠。

さう【箏】〔名〕(「しゃう」とも)弦楽器の一種。糸が十三本ある琴。「箏の琴(こと)」とも。例「怪しう昔より――は女なむ弾(ひ)き取る物なりける」〈源氏・明石〉訳ふしぎなことに昔から箏は女性が弾き方を会得するものでした。
要点 奈良時代に中国から伝来した。現代の琴(こと)はこれにあたる。⇩きん(琴)要点

さう【候】〔補助動特活〕(さう・さう・さう・さう・さうへ・さうへ)(活用語の連用形、または接続助詞「にて」に付いて、軽い丁寧の意を表す)…ます。…です。例「腹帯(はるび)ののびて見えさうぞ。締め給へ」〈平家・九・宇治川先陣〉訳（馬の）腹帯がゆるんで見えますよ。お締めなさい。
参考 「さうらふ」の変化した形。中世以降、くだけた表現として多く男性が用いる。命令形には「そひ」「そへ」の形もある。

さう-あん【草庵】〔名〕草で屋根をふいた庵(いお)り。草ぶきの小屋。粗末な家。例「いま、――を愛するも、とがとす」〈方丈記・みづから心に問ふ〉訳いま、（自分の住む）草庵を好みそれに執着するのも、罪となることである。注物事ニトラワレルノハ、仏教デハ罪ノ一ツ。

さう-か【早歌】〔名〕（やや早いテンポで歌うことから）「宴曲」の別称。「はやうた」とも。例「法師の無下(むげ)に能なきは、檀那(だんな)すさまじく思ふべしとて、――といふことを習ひけり」〈徒然草・一八八〉訳（酒をふるまわれて）法師がまるで無芸なのでは、施主が興ざめに思うにちがいないというので、早歌というものを習った。

さう-が【唱歌】〔名・自サ変〕⇩しゃうが

さう-かく【騒客】〔名〕(「騒」は古代中国の詩の一体)詩文を作る風流人。文人。詩人。例「明月に乗じ山野吟歩(ぎんぽ)し侍るに、岩頭(がんとう)また一人の――を見つけたる」〈去来抄・先師評〉訳明月に誘われて山野で句を案じながら歩いておりますと、岩の上に（私のほかに）もう一人の風流人を見つけたのです。

さう-がち【草勝ち】〔名・形動ナリ〕歌や文章に草仮名が多く使われているさま。
要点 普通、仮名だけの文章についていうが、漢字仮名混じり文の場合は、漢字が少なく仮名が多いさまをいう。

さう-がな【草仮名】〔名〕仮名字体の一つ。万葉仮名(=真仮名)を草書体のようにくずしたもの。これが更に簡略化されて平仮名となった。「草(さう)」「草の仮名」とも。例「人の――書きたる草子など、取り出(い)でて御覧ず」〈枕草子・宮に初めて参りたるころ〉訳誰かが草仮名で書いた草子などを、（中宮は）取り出してご覧になる。

ざう-くゎ【造化】〔名〕万物を造り出し、それを変化させること。また、その力を持つもの。創造神。造物主。例「――の天工(てんこう)、いづれの人か筆をふるひ詞(ことば)をつくさむ」〈奥の細道・松島〉訳造物神の霊妙な巧みさは、いったい誰が筆で書き表しまた言葉を用いて表現し尽くせようか（いや、決してできるものではない）。注松島ノ風景ノ美シサニ感嘆シタ言葉。

さう-くゎん【主典・佐官】〔名〕⇩さくゎん 例「前(さき)の甲斐(かひ)の――、凡河内躬恒(おほしかふちのみつね)」〈古今・仮名序〉訳先の甲斐国(=山梨県)の四等官、凡河内躬恒。

さう-ざう・し〔形シク〕(漢語「索々(さくさく)」または「寂々(さくさく)」を形容詞化した「さくさくし」のウ音便といわれる)（当然あるべきものがなくて）物足りない。心寂しい。例「『などかう音もせぬ。もの言へ。――・しきに』と仰せらるれば」〈枕草子・職におはします頃〉訳「なぜこう黙っているの。何か言いなさい。寂しいから」と（中宮が）おっしゃったので。例「この酒をひとり食(た)うべむが――・しければ、申しつるなり」〈徒然草・二一五〉訳この酒を一人で飲むのが物足りないので、お呼びしたのです。

現代語のそうぞうしいとは別の語。あるべきものがなくて、物足りない、の意。

ざう-さく【造作】〔名・他サ変〕❶家を建てること。建物。建築。例「――は、用なき所を造りたる、見るもおもしろく、万(よろづ)の用にも立ちてよし」〈徒然草・五五〉訳建物(=家)は、格別な用途のない箇所を造ってあるのが、見た

目も興味深く、またいろいろな役にも立ってよい。❷建物の建具・調度・装飾など。また、それらを取りつけること。内装。

さう-し【草子・冊子・草紙・双紙】ソウ〔名〕❶（巻物に対して）紙を重ねて糸でとじたもの。とじ本。例「この―、目に見え心に思ふことを……書き集めたるを」〈枕草子・この草子〉訳この本（＝『枕草子』）は、目にうつりまた心に浮かぶことを……（人が見ることはないだろうと思って）書き集めたものを。❷物語・日記・歌書など、仮名書きの書物の総称。例「古今の―を御前（おまへ）に置かせ給ひて」〈枕草子・清涼殿の〉訳『古今和歌集』の本を前にお置きになって。❸室町時代以降、絵草子・草双紙など、絵入りの通俗的な読み物の略称。

参考「冊子（さくし）」のウ音便という。「冊」は、文書・書物の意、「子」は「帽子」の「子」などと同じく、物の名に添える接尾語。

さう-じ【障子】ソウ〔名〕⇩しゃうじ

さう-じ【精進】ソウ〔名〕《「さうじん」の撥音「ん」の無表記》⇩しゃうじん

ざう-し【曹司】ゾウ〔名〕（「部屋」の意）❶宮中に設けられた、役人や女官のための部屋。「局（つぼね）」とも。❷貴族や上流武家の邸内に設けられた、その子弟や従者などのための部屋。例「この院の内に御―作りて」〈源氏・少女〉訳この院（＝光源氏ノ邸宅デアル二条院）の内に（我が子夕霧のための）お部屋を造って。❸貴族や高級武士の子弟で、まだ独立せず部屋住みをしている者。❹平安時代の大学寮の教室・勉強室。東曹・西曹などと分け、菅原・大江両氏がそれぞれで教えていた。

さうじ-ぐち【障子口】ソウジ〔名〕「障子」で開け閉（た）てする出入口。

さう-じみ【正身】ソウ〔名〕《「さうしん」の変化した形》その人自身。本人。当人。例「―も、いささかうち靡（なび）きて、思ひ知り給ふこともあるべし」〈源氏・総角〉訳（中の君）自身も、いくらかうち解けて、（匂宮（にほふのみや）の愛情を）お感じ取りになることがあるらしい。

さう-じゃ【相者】ソウ〔名〕人相を見る人。人相見。「相人（さうにん）」とも。

さう-じん【精進】ソウ〔名〕⇩しゃうじん

さう-す【左右す】ソウ〔他サ変〕{せ・し・す・する・すれ・せよ}あれこれ手配する。例「よき程なる人に成りぬれば、髪上げなど―して」〈竹取・かぐや姫の生ひ立ち〉訳（かぐや姫が）程よい大きさの一人前の人間になったので、髪上げの式などあれこれ手配して。

さう-す【相す】ソウ〔他サ変〕{せ・し・す・する・すれ・せよ}人相・手相・家相などで吉凶を判断する。占う。例「人の形の有様を見て、行く先にあるべき身の上の善悪を―し」〈今昔・六・三〉訳人の顔だちの様子を見て、将来起こるはずの身の上の善悪を占い。

さう-ず【請ず】ソウズ〔他サ変〕{ぜ・じ・ず・ずる・ずれ・ぜよ}《「しゃうず」とも》願って来てもらう。招待する。例「おほかた世に験（しるし）ありと聞こゆる人の限り、あまた―じ給ふ」〈源氏・総角〉訳（薫は）およそ世間で効験があると評判されている人を残らず、（重体の大君のために）大勢お招きになる。

さう-ず【候ず】ソウ《連語》㊀《「さうらふ」の変化した「さう」＋打消しの助動詞「ず」》…ません。…でありません。例「いやいや、これまでは思ひも寄りさうず」〈平家・二・烽火之沙汰〉訳いえいえ、そこまでは思いも寄りません。㊁《「さうらふ」の変化した「さう」に推量の助動詞「うず」が付いて変化したもの》…ましょう。…でしょう。例「それはさもさうず」〈義経記・七・七〉訳それはそうでもありましょう。

さう-ぜん【生前】ソウ〔名〕《仏教語。「しゃうぜん」とも》この世に生まれる前。前世（ぜんぜ）。また、生きている間。存命中。例「『―の親ならむ、な騒ぎそ』とわななかし」〈堤中納言・虫めづる姫君〉訳「（この蛇は私の）存命中の親であろう、騒ぎなさいますな」とふるえ声で言って。

さうぞき-た・つ【装束き立つ】ソウゾキ ㊀〔自タ四〕{た・ち・つ・つ・て・て}美しく装う。着飾る。例「まことに寅（とら）の時かと―ちてあるに、明けはて日もさし出（い）でぬ」〈枕草子・関白殿、二月二十一日に〉訳（中宮定子（ていし）のお出かけが）本当に寅の時刻（＝午前四時頃）かと思って着飾って待機していたのに、すっかり夜も明けて太陽も出てしまった。㊁〔他タ下二〕{て・て・つ・つる・つれ・てよ}美しく装わせる。着飾らせる。例「大きにはあらぬ殿上童（てんじやうわらは）の、―てられて歩（あり）くもうつくし」〈枕草子・うつくしきもの〉訳そう大きくはない殿上童が、きれいに飾りたてられて歩き回るのもかわいらしい。注「殿上童」ハ、元服前ニ見習イノタメ昇殿ヲ許サレタ公卿（クギョウ）ノ子弟。

さう-ぞく【装束】ソウ〔名・自サ変〕《「しゃうぞく」とも》❶衣服。衣装。例「姫宮の御方の童（わらは）べの―つかうまつるべきよし仰（おほ）せらるるに」〈枕草子・大進生昌が家に〉訳（中宮定子（ていし）が）姫君（＝定子ノ娘）のお付きの童女の衣装をお作りするようにとお言いつけになった時。❷衣服を身に着けること。装うこと。例「男君起き給ひて、御―し給ひて」〈落窪・一〉訳男君はお起きになって、衣服をお着けになって。❸支度を整えること。用意。例「御琴どもの―などして」〈源氏・梅枝〉訳（明日の管弦のお遊びの下稽古（したげいこ）に）弦楽器の支度などをして。

さうぞ・く【装束く】ソウゾク〔自カ四〕{か・き・く・く・け・け}《名詞「装束」を動詞に活用させた形》❶装束を着ける。装う。例「裳（も）・唐衣（からぎぬ）など、ことごとしく―きたるもあり」〈枕草子・正月に寺にこもりたるは〉訳裳や唐衣などを、おおげさに装って（正装して）いる女房もいる。❷支度する。また、装備する。例「唐（から）めいたる舟作らせ給ひける、急ぎ―かせ給ひて」〈源氏・胡蝶〉訳唐風の船を（光源氏がかねて）お作らせになったのを、急いで装備を整えさせなさって。

さう-そつ【早卒・倉卒】ソウ〔形動ナリ〕あわただしいようす。急いで落ち着かないさま。例「けふは越前の国へと、心―にして」〈奥の細道・全昌寺〉訳今日は越前の国（＝福井県）へ行こうと、心あわただしく（寺を退出しようと）した。

さう-でう【双調】ソウジョウ〔名〕雅楽の「十二律（じふにりつ）」の一つ。第六音。西洋音階のトの音に近い。⇩じふにりつ

さう-でん【相伝】ソウ〔名・自サ変〕肉親・師弟などの間で、代々受け継ぐこと。受け伝えること。例「経盛（つねもり）

――・せられたりしを、敦盛(あつもり)器量たるによって持たれたりけるとかや」〈平家・九・敦盛最期〉訳(平忠盛(ただもり)の笛を)平経盛が受け継いでおられたのを、平敦盛が(笛の)名人だということでお持ちになっていたのだとかいうことだ。

さうど・く【騒どく】ソウドク〔自カ四〕(か・き・く・く・け・け)《「騒動」を活用させた語》騒ぐ。はしゃぐ。例「水飯(すいはん)などどりどりに――・きつつ食ふ」〈源氏・常夏〉訳水にひたした飯などをそれぞれにはしゃぎながら食べる。

さうな ソウナ〔助動特活〕《接尾語「さう」に、断定の助動詞「なり」の変化した「な」が付いて、一語化したもの》接続 体言、動詞の連用形、形容詞・形容動詞の語幹などに付く場合(一)と、活用語の連体形に付く場合(二)とがある。

未然形	連用形	終止形	連体形	已然形	命令形
○	さうに	さうな	さうな	さうなれ	○

【推定・伝聞】一(体言、動詞の連用形、形容詞・形容動詞の語幹などに付いて)《推定する意を表す》…(である)と思われる。…のようだ。…らしい。例「わごりょもだんだん快(ここよ)さ**さうな**によって、少しも早う出勤をしたならばよからう」〈狂言・武悪〉訳お前さんもしだいに病気も回復しているようだから、少しでも早くお勤めに出たらよいだろう。

二(活用語の連体形に付いて)❶《伝聞の意を表す》…ということだ。…(だ)そうだ。例「江戸も昔は踊った**さうな**が」〈浮世風呂・四・上〉訳江戸でも昔は(盆踊りを)踊ったそうだが。

❷《推定する意を表す》…(である)らしい。…のようだ。例「ゴンゴン。『明ける**さうな**。帰らう、帰らう』」〈洒落本・辰巳之園〉訳(鐘の音が)ゴーンゴーン。「夜が明けるらしい。帰ろう、帰ろう」。

> 参考 室町時代末期以降の語。江戸時代中期頃からは、終止形に「さうだ」の形が生まれ、それが現代語の助動詞「そうだ」につながる。意味・接続ともに現代語の「そうだ」とほぼ同じだが、二②の用法は現代語ではなくなった。

さう-な・し【双無し】ソウ〔形ク〕《「双」は「二つ」または「並ぶ」意》並ぶものがないくらいに優れている。くらべるものがない。例「悲田院(ひでんゐん)の尭蓮(げうれん)上人は、俗姓(ぞくしやう)は三浦のなにがしとかや、――・き武者なり」〈徒然草・一四一〉訳悲田院の尭蓮上人は、出家前の姓は三浦の何々とかいって、くらべる者がないほどの優れた武士である。

さう-な・し【左右無し】ソウ〔形ク〕《「左右」は「あれこれ」の意》❶あれかこれかが定まらない。決着がつかない。例「なほこのこと――・くて止(や)まむ、いとわろかるべし」〈枕草子・清涼殿の〉訳やはりこのことが勝負がつかずに終わりになるのは、どうにもよろしくなかろう。

❷あれこれ考えることがない。無造作である。例「古くよりこの地を占(し)めたるものならば、――・く掘り捨てられがたし」〈徒然草・二〇七〉訳(その蛇が)昔からこの土地に住んでいるものならば、考えもなく簡単に掘ってお捨てになるわけにいかない。

さう-にん【相人】ソウ〔名〕⇩さうじゃ(相者)

さう-の-こと【箏の琴】ソウ〔名〕《「しゃうのこと」とも》⇩さう(箏)

さう-はく【糟粕】ソウ〔名〕(酒のかすの意から)良いところを取り去った後の残りかす。また、先人のしたことの残りかす。例「道の日記といふものは、紀氏・長明・阿仏(あぶつ)の尼の文をふるひ情を尽くしてより、余(よ)は皆俤(おもかげ)似通ひて、その――を改むることあたはず」〈芭蕉・笈の小文〉訳紀行文というものは、紀貫之・鴨長明・阿仏尼らが立派な文章を書いて旅の情緒を述べ尽くして以来、その後のものは皆印象が似通っていて、それらの残りかすであることを脱け出ることができていない。

さう-び【薔薇】ソウ〔名〕《「しゃうび」とも》❶植物の名。野バラ。イバラ。

❷襲(かさね)の色目の名。表は紅、裏は紫。夏に用いる。

さう-ぶ【菖蒲】ソウ〔名〕《「しゃうぶ」とも》❶植物の名。ショウブ。「あやめ」とも。例「草は、――。菰(こも)。葵(あふひ)、いとをかし」〈枕草子・草は〉訳草は、ショウブ。マコモ。アオイは、たいそう興が深い。

❷襲(かさね)の色目の名。表は青、裏は紅梅。夏に用いる。

> 参考 ①は、邪気を払うものとして、陰暦五月五日の端午の節句に軒(のき)に挿したり髪に挿したりした。

菖蒲の鬘(かづら) ソウ…カズラ 陰暦五月五日の端午の節句に、邪気を払うため、男は冠、女は髪に挿した菖蒲。例「五月(さつき)の節(せち)のあやめの蔵人(くらうど)、――、赤紐(あかひも)の色にあらぬを」〈枕草子・なまめかしきもの〉訳五月の節句のあやめの蔵人は、菖蒲の髪飾りをつけ、(新嘗祭(にいなめさい)の時ほど)派手ではない紅色の紐を。注「あやめの蔵人」ハ、菖蒲ヲ親王・公家達ニ取リツケル女官。

菖蒲の輿(こし) 五月五日の節句に、軒(のき)に挿したり髪につけたりするための菖蒲を宮中に運んだ輿。

菖蒲の挿(さ)**し櫛**(ぐし) 五月五日の節句に、邪気を払うため、挿し櫛(＝カンザシトシテ挿ス櫛)のように髪に挿した菖蒲。

さうふれん【相府蓮・想夫恋】ソウフレン〔名〕《古くは「さうぶれん」とも》雅楽の曲名。平調(ひやうじやう)の唐楽(＝中国ノ曲)で、舞はない。例「――といふ楽(がく)は、女、男を恋ふる故(ゆゑ)の名にはあらず。本(もと)は相府蓮、文字の通へるなり」〈徒然草・二一四〉訳想夫恋という曲は、女が、男を恋うことに由来する曲名ではない。もともとは相府蓮(と書く)、文字(の音)が似通っている(ため想夫恋とも書く)のだ。要点 日本では「想夫恋」と解されて有名になったが、『徒然草』の説が正しい。もと、中国晋(しん)の大臣王倹が、家にハスを植えて楽しんだ折の曲という。

さう-まき【鞘巻・左右巻】ソウ〔名〕⇩さやまき

ざう-め【象馬】ゾウ〔名〕(「め」は呉音。インドで象と馬は大切な家畜だったことから)貴重な家畜。貴重な財産。例「――・七珍(しつちん)もよしなく」〈方丈記・閑居の気味〉訳(心が安らかでなかったら)高価な家畜も七種の宝物も値打がないし。

さう-もん【相聞】ソウ〔名〕《「相聞歌(さうもんか)」の略》和歌の類別の一種。互いに消息を述べ合う歌。肉親・恋人・友人などの間での贈答の歌であるが、恋の気持ちを相手に訴えたものが多い。『万葉集』では、挽歌(ばんか)・雑歌(ざふか)と並ぶ三大部立(ぶだて)(=分類)の一つになっており、『古今集』以後の恋の部がこれに相当する。

さう-もん【桑門】〔名〕僧。出家。沙門(しやもん)。

さうもん-か【相聞歌】〔名〕⇩さうもん(相聞)

さうらはんずらん【候はんずらん】〔連語〕《動詞「さうらふ」の未然形＋推量の助動詞「んず」の終止形＋推量の助動詞「らむ」の終止形。「あらんずらん」の丁寧(ていねい)な言い方》❶(「さうらふ」が動詞の場合)ございましょう。例「世静まり候ひなば、勅撰の御沙汰――」〈平家・七・忠度都落〉訳世の中が平和になりましたならば、勅撰集を選ぶご命令がございましょう。❷(「さうらふ」が補助動詞の場合)…でございましょう。…ましょう。例「さて御上(のぼ)りの時、御名残(なごり)惜しみ参らせ――」〈平家・二・徳大寺之沙汰〉訳そして(藤原実定(しつてい)が)ご上京の時は、(厳島(いつくしま)神社の舞姫は)お名残惜しみ申すことでございましょう。

さうら・ふ

【候ふ】〔自ハ四〕{は・ひ・ふ・ふ・へ・へ} ■一 ❶《「あり」「をり」「仕ふ」の謙譲語》目上の人のそばに控える。**お仕えする。** 例「そのならん様(やう)を見んとて、かくて――・ふ」〈平家・一・殿上闇討〉訳その事の成り行きを見届けようと思って、こうして控えております。❷「あり」「をり」の丁寧語。**ございます。あります。** 例「しかしかの宮のおはしますころにて、御仏事など――・ふにや」〈徒然草・四四〉訳これこれの宮様がおいでになっている時分で、ご法事などがございますのでしょうか。

■二〔補動ハ四〕《活用語の連用形および接続助詞「て」に付いて》丁寧の意を表す。**…(で)ございます。…ます。** 例「大納言がことをばいかが聞こし召され――・ふ」〈平家・二・少将乞請〉訳大納言のことはどうお聞きになりましたか。

> 参考 中世に「さぶらふ」から変化してできた語。『平家物語』では、男性は「さうらふ」を、女性は「さぶらふ」を用いている。また、謡曲では、女性が「さむらふ」を用いる。「さうらふ」が更に変化した「さう」「す」「そうろ」「そろ」などの語形もある。

ざうら・ふ【候ふ】〔補動ハ四〕{は・ひ・ふ・ふ・へ・へ}《断定の助動詞「なり」の連用形「に」に「さうらふ」の付いた「にさうらふ」の変化した形。「ぞうろ」とも》…でございます。…です。例「いつも我が山の力にてこそ、かやうの御願(ごぐわん)は成就(じやうじゆ)すること――・へ」〈平家・三・頼豪〉訳いつも我が比叡(ひえい)山の力によってこそ、このようなご祈願は成就するのでございます。

ざえ

【才】〔名〕《呉音「ざい」の転》対やまとだましひ

> もとは、素材・素質の意。平安時代の男性貴族は漢学を素養としたので、**ざえは漢学を中心とする学問や学識**(①)をいう。また、音楽を素養として扱ったので、**音楽を中心に芸術の才能**(②)をもいう。

❶**学問。**特に、**漢学。**また、教養・学識。例「博士(はかせ)の――あるは、いとめでたしといふもおろかなり」〈枕草子・めでたきもの〉訳博士で学識のある人は、たいそうすばらしいのは言うまでもない。❷芸術方面の才能。技能。例「いで、弾き給へ。――は人になむ恥ぢぬ」〈源氏・常夏〉訳さあ、(あなたも琴を)お弾きなさい。芸能の腕前は人に恥ずかしがっては上達しないものですよ。注光源氏ガ玉鬘(タマカズラ)ニ琴ヲ教エル場面。❸「才の男(をのこ)」の略。

ざえ-が・る【才がる】〔自ラ四〕{ら・り・る・る・れ・れ}学識ありげに振る舞う。知識をひけらかす。例「男(をのこ)だに――・りぬる人は、いかにぞや、はなやかならずのみ侍(はべ)るめるよ」〈紫式部・日本紀の御局〉訳男でさえ学識をひけらかしている人は、どうしてだか、派手に出世はしないようですよ。

さえ-こほ・る【冴え凍る】〔自ラ四〕{ら・り・る・る・れ・れ}冷え冷えとして凍りつく。寒気が厳しい。例「寒く――・りて、打ちたる衣(きぬ)も冷たう」〈枕草子・なほめでたきこと〉訳寒々と寒気が厳しくて、打衣(うちぎぬ)も肌に冷たく。

ざえざえ・し【才才し】〔形シク〕いかにも学問がある様子である。例「ただ走り書きたる趣(おもむき)の、――・しくはかばかしく、仏・神も聞き入れ給ふべき言の葉明らかなり」〈源氏・若菜・下〉訳(明石の入道の)ほんの走り書きふうの(願文の)筆跡が、いかにも学識がある様子でしっかりしていて、仏も神も(その願いを)お聞き入れになりそうな言葉がはっきり書かれている。

さ-えだ【小枝】〔名〕木の枝。また、小枝。

ざえ-の-をのこ【才の男】〔名〕《略して、「ざえのを」「ざえ」とも》内侍所(ないしどころ)の神楽(かぐら)などで歌を歌う人。また、余興に滑稽(こつけい)な芸を演ずる人。のちには「細男(せいなう)」とも書かれる。

さえ-まさ・る【冴え勝る】〔自ラ四〕{ら・り・る・る・れ・れ}寒さがいっそう厳しくなる。ますます冷える。例「笹(ささ)の葉に置く霜よりもひとり寝(ぬ)る我が衣手ぞ――・りける」〈古今・恋二・五六三〉訳笹の葉に置く霜よりも、ひとり寝をする私の袖(そで)はよりいっそう冷えている。

さえもん【左衛門】〔名〕⇩さゑもん

さえ-わた・る【冴え渡る】〔自ラ四〕{ら・り・る・る・れ・れ}❶あたり一面冷え冷えとする。すっかり冷え込む。例「我が衣手に置く霜も氷(ひ)に――・り」〈万葉・一三・三二八一長歌〉訳私の袖(そで)に降りる霜も氷のようにすっかり冷え冷えとし。❷(光・音などが)一面に澄み切る。例「星の光に、空さすがに隈(くま)なく――・りたる夜の限り」〈更級・宮仕へ〉訳星明かりで、空もさすがに残る所なく一面に澄み切っている夜もすがら。

さおしか【小牡鹿】〔名〕⇩さをしか

さおとめ【早乙女・早少女】〔名〕⇩さをとめ

さが

〔名〕■一【性・相】

> 持って生まれた性質や運命など、人間の力では変えられない、そのもの本来の性質をいう。関連する形容詞にさがなし(=性質ガヨクナイ)がある。

❶生まれつき持っている**運命。**天命。**宿命。**例「ただこれ天にして、汝(なんぢ)が――のつたなさを泣け」〈芭蕉・野ざらし紀行〉訳ただただこれは天命であって、おまえの身の不運を嘆きなさい。注富士川ノホトリデ、芭蕉ガ三歳位ノ捨テ子ガ泣イテイルノニ出会ッタ時ノ言葉。❷生まれつき備わっている性質。**性格。生まれつき。**例「いと隈(くま)なき御心の――にて」〈源氏・椎本〉訳(匂宮

は）ひどく抜け目のないご性質で。❸本来持っているあり方。実相。実体。例「遅れ先立つほどの定めなさは、世の——と見給へ知りながら」〈源氏・葵〉訳（一方は）死に遅れ（一方は）先に死ぬというようなこの世の定めなさは、人間の世の実相だと存じておりますものの。

■二【祥】あることの起こるのを予想させるしるし。前触れ。前兆。

さ-が【己が・汝が】《連語》（他称の人称代名詞「さ」＋連体の格助詞「が」）そいつの。それの。例「——髪を取りて、かなぐり落とさむ。——尻(しり)をかき出(い)でて、ここらの公人(おほやけびと)に見せて、恥を見せむ」〈竹取・かぐや姫の昇天〉訳（月から迎えが来たら）そいつの髪をつかんで、ひきずり落としてやろう。そいつの尻をひきめくって、多くの役人に見せて、恥をかかせてやろう。注「竹取の翁(おきな)」ノ言葉。「そいつ」トハ、月カラ、カグヤ姫ヲ迎エニ来タ人々ヲ指ス。

さかい【境・界】〔名〕⇩さかひ

さかき【榊・賢木】〔名〕（「栄(さか)木」の意か）木の名。ツバキ科の常緑樹。五、六月頃黄白色の小さい花をつける。古来、神聖な木として、木や枝葉が神事に用いられる。また、神域に植える常緑樹の総称。例「——、臨時の祭の御神楽(みかぐら)の折など、いとをかし」〈枕草子・花の木ならぬは〉訳榊は、賀茂神社の臨時の祭のお神楽の時などは、（舞人が手に取って舞うのが）たいそうおもしろい。

さか-さま【逆様・倒様】〔名・形動ナリ〕（「さかしま」とも）❶逆の状態。逆の方向。逆の順序。例「天(あめ)の下を——になしても、思ひ給へよらざりし御有様を見給ふれば」〈源氏・須磨〉訳（たとえ）世の中を逆さにひっくり返しても、思いもよりませんでしたこんな御有様（＝光源氏ノ没落ノ様）を見申し上げると。❷道にはずれること。道理・道徳に反すること。

さか・し

【賢し】〔形シク〕

類かしこし・めでたし

> 基本的には、物事を理性的に判断し、手ぎわよく処理する能力のある、の意。類義語の「かしこし」には、恐れ敬う気持ちが含まれるが、「さかし」にはない。利口ぶっているという、こざかしい、の意味にも使われる。

❶知恵・分別が優れている。**賢明である。かしこい。**例「『退きて咎(とが)なし』とこそ、昔の——・しき人も言ひ置きけれ」〈源氏・明石〉訳「人の先に立たず後ろに引き下がっていれば万事に過失はない」と、昔の賢人も言い残した。

❷**判断力がしっかりしている。**強気である。例「中に心——・しき者、念じて射むとすれども、ほかざまへ行きければ」〈竹取・かぐや姫の昇天〉訳中でも気のしっかりした兵士は、（手のしびれを）我慢して（天人を）射ようとするが、（矢は）あらぬ方向へ飛んで行くので。

❸気がきいていて、優れている。巧みである。例「こと人々のもありけれど、——・しきもなかるべし」〈土佐・十二月二十六日〉訳（この時に）他の人々の和歌もあったが、上手な歌はないようである。

❹知恵を示して、生意気である。利口ぶっている。こざかしい。例「——・しみと物言ふよりは酒飲みて酔(ゑ)ひ泣きする優(まさ)りたるらし」〈万葉・三・三四一〉訳偉そうに物を言うよりは、酒を飲んで酔い泣きするほうがましであるらしい。

さ-かし【然かし】《連語》（指示の副詞「さ」＋念を押し意味を強める終助詞「かし」）相手の言葉に同意する意を表す。その通りだ。そうだ。

さが・し

【険し・嶮し】〔形シク〕❶（山などが）険しい。傾斜が急である。

❷危ない。危険だ。例「橋より落ちぬべければ、『いで、この葛城(かつらぎ)の神こそ——・しうし置きたれ』とむつかりて」〈源氏・夕顔〉訳橋から落ちそうになったので、（女達は）「まあ、この（橋をかけた）葛城の神が危なっかしく造っておいたのだ」と腹を立てて。注「葛城の神」ハ、奈良ノ葛城山ト金峰山(きんぷせん)ノ間ノ橋ノ工事ニ積極的ニ参加セズ、ソノタメニ橋ハ完成シナカッタトイウ伝説ガアル。ソノ神ニ八ツ当タリシテイル。

さかし-が・る【賢しがる】〔自ラ四〕{ら・り・る・る・れ・れ}才知や分別がいかにもあるように振る舞う。利口ぶる。例「かく——・り申すにこそあれ」〈大鏡・道長・下〉訳このように利口ぶってお話し申すのです。

さかし-だ・つ【賢し立つ】〔自タ四〕{た・ち・つ・つ・て・て}賢そうに振る舞う。利口ぶる。例「さばかり——・ち、真名(まな)書き散らして侍(はべ)るほども、よく見れば、まだいと足らぬこと多かり」〈紫式部・清少納言批評〉訳（清少納言は）あれほどに利口ぶり、（女だてらに）漢字を書き散らしておりますが、よく見ると、まだひどく不十分な点が多いのです。

さか-しま【倒しま・逆しま】〔名・形動ナリ〕⇩さかさま

さかし-ら【賢しら】〔名・形動ナリ〕（「ら」は接尾語。「さかし」の状態にある意）❶利口ぶったこと。分別ありげなこと。例「あな醜(みにく)——をすと酒飲まぬ人をよく見ば猿にかも似る」〈万葉・三・三四四〉訳ああみっともない。賢そうにして酒を飲まない人をよく見たら、猿に似ているだろうな。注大伴旅人(たびと)ノ「酒を讃(ほ)むる歌」ノ中ノ一首。

❷さし出がましいこと。おせっかい。例「——・に柳の眉(まゆ)の広ごりて春の面(おもて)を伏する宿かな」〈枕草子・三月ばかり〉訳（細くてこそよいのに）おせっかいにも柳の葉がぶざまに広がって、春の面目をつぶしている宿だこと。注「柳の眉」ハ柳ノ葉ヲイウ。「眉」ト「面」ハ縁語。

❸人をおとしいれるための密告。告げ口。例「人の——にあひて領所(しるところ)をも失ひ」〈雨月・吉備津の釜〉訳他人の密告にあって所領(しょりょう)をも失い。

さか・す【栄す】〔他サ四〕{さ・し・す・す・せ・せ}能力や心の動きなどを盛んにする。高揚する。特に、興をもよおす。例「時々につけて興——・すべき渚(なぎさ)の苫屋(とまや)」〈源氏・明石〉訳（四季）折々につけて興をもよおすように（特にしつらえた）海辺の苫(とま)ぶきの小屋。

さか-づき【杯・盃・盞】〔名〕❶酒をついで飲むのに用いる器。さかずき。例「——を取れば酒を思ひ」〈徒然草・一五七〉訳杯を手にすると酒を飲みたくなり。

❷（「杯事(ごと)」の略）さかずきを取り交わすこと。酒をくみ交わすこと。酒宴。

さか-て【逆手】〔名〕❶のろいをかける時の、手の打ち方。あまのさかて。詳細不明。例「かのをとこは、天(あま)の——を打ちてなむのろひをるなる」〈伊勢・九六〉訳その男は、天の逆手を打って（約束を破った女を）のろっているようである。

❷刀剣などの柄(え)を逆さまに持つこと。

さか-な〔名〕■一【肴】（「酒(さか)菜(な)」の意。「な」は副食物の総称)❶酒を飲む時の副食物。酒のさかな。つまみ。❷酒宴に興を添えるための歌や踊り。酒席の余興。

二【魚】うお。例「今日(けふ)の夷講(えびすかう)は、万人――を買ひはやらかし」〈西鶴・日本永代蔵・六・三〉訳今日のえびす講には、すべての商人が魚を買いあさって。

参考 一は、上代から中世にかけて堅塩・橘(たちばな)の実・スモモ・味噌(みそ)など種々の例があって、魚類に限られていない。

さが-な・し

〔形ク〕《名詞「さが(性)」＋「無し」》

> 性質の意のさがに無しが付いてできた形容詞。よい性質がない、たちが悪い、の意。現代語のくちさがないに残る。

❶(よい性質がない意から)**性質がよくない。意地が悪い。**例「春宮(とうぐう)の女御(にょうご)のいと――・くて、桐壺更衣(きりつぼのかうい)の、あらはにはかなくもてなされにし例(ためし)もゆゆしう」〈源氏・桐壺〉訳皇太子の母である(弘徽殿(こきでんの))女御が大変意地が悪くて、桐壺更衣が、露骨に物の数でもなく扱われた例も忌まわしいことだ。

❷(多く「物言ひさがなし」の形で)口のきき方でたちが悪い。**口が悪い。**口やかましい。例「――・く許しなかりしも」〈源氏・帚木〉訳(嫉妬(しっと)深い女が)口うるさく(私の行動について)大目に見ることもなかったのも。

❸(たちの悪い)いたずらをする。例「――・き童(わらはべ)どもの仕(つかまつ)りける、奇怪に候ふことなり」〈徒然草・二三六〉訳(獅子(しし)と狛犬(こまいぬ)を背中合わせに置いたのは)いたずら好きな子供達がいたしたことで、けしからぬことでございます。

さがな-め【さがな目】〔名〕《「さがな」は形容詞「さがなし」の語幹》意地悪く欠点を捜す目。意地悪な目。あら捜しをするような見方。例「翁(おきな)らが――にも、ただ人とは見えさせ給はざめり」〈大鏡・道長・上〉訳(藤原道長は)我々老人達の厳しいあら捜しの目にも、(その並びなき人柄は)普通の凡人にはとてもお見えなさらないようです。

さがな-もの【さがな者】〔名〕《「さがな」は形容詞「さがなし」の語幹》口やかましい人。うるさ型。また、性悪な人。例「この大北(おほきた)の方(かた)ぞ――なりける」〈源氏・真木柱〉訳この大北の方(=紫ノ上ノ継母)は口うるさい人なのであった。

坂上郎女(さかのうへのいらつめ)〔人名〕⇩大伴坂上郎女(おほとものさかのうへのいらつめ)

さかひ

【境・界】(サカイ)〔名〕❶土地のさかい目。くぎり。**境界。**例「国の――の内はとて見送りに来る人あまたが中に」〈土佐・一月九日〉訳国の境界の内まではといって見送りに来る人がたくさんいる中で。

❷物事・時間などの区切り。**分かれ目。**例「降る雪を空に幣(ぬさ)とぞたむけける春の――に年の越ゆれば」〈貫之集〉訳降る雪を空に(正月の)供え物として供えたのだなあ。(冬と)春の移り目にすでに新年が来ているから。

❸**場所。地域。**ところ。例「まして年月過ぎ、――も隔たりぬれば、言ひたきままに語りなして」〈徒然草・七三〉訳まして年月が過ぎ、場所も隔たってくると、言いたいように作り話をして。

❹境地。境遇。特に、「――に入る」の形で、すばらしい境地。佳境。例「二つのわざ、やうやう――に入りければ、いよいよよくしたく覚えて嗜(たしな)みけるほどに」〈徒然草・一八八〉訳(法師の身で)二つの技能(=乗馬ト早歌(ソウカ))が、だんだん熟達の域に達したので、ますます上手にしたく思って(熱心に)稽古(けいこ)にはげむうちに(肝心な説経を習う時間もなく年をとってしまった)。

堺(さかひ)(サカイ)〔地名〕現在の大阪府堺市。中世から港湾都市として栄え、室町時代には外国貿易の中心地となり、自由都市を形成した。

堺（鉄砲鍛冶屋敷）

さか-びん【逆鬢】〔名〕江戸時代、男性のくずれた髪形をいう。鬢に油気がなくなり、毛がそそけた様子。病人や人足など、よく髪の手入れができない場合、この状態となる。

さか・ふ【逆ふ】(サカ(ゴ)ウ) **一**〔自ハ四〕{は・ひ・ふ・ふ・へ・へ}すんなりと行かない。さえぎられる。障る。例「ついで悪(あ)しき事は、人の耳にも――・ひ、心にもたがひて、その事成らず」〈徒然草・一五五〉訳時機に合わない事は、人の耳にも入り難く、心にも背いて、その事は成就しない。

二〔自ハ下二〕{へ・へ・ふ・ふる・ふれ・へよ}**一**に同じ。例「片言(へんげん)耳に――・ふれば、公卿(くぎやう)といへどもこれをからむ」〈平家・四・南都牒状〉訳(平清盛は)ちょっとした言葉でも耳に障ると、たとえ公卿であってもこれを捕縛する。

三〔他ハ下二〕{へ・へ・ふ・ふる・ふれ・へよ}反抗する。逆らう。例「下(しも)として上(かみ)に――・ふる事、豈(あに)人臣(じんしん)の礼たらんや」〈平家・三・法印問答〉訳臣下として主上に逆らうことが、どうして臣下の者としての礼でありえましょうか。

相模(さがみ)〔人名〕平安中期の女流歌人。相模守(さがみのかみ)大江公資(きんより)の妻。能因などと交渉があった。斬新な意匠による技巧的な歌風。家集『相模集』。生没年未詳。

相模(さがみ)〔旧国名〕東海道十五か国の一つ。現在の神奈川県にあたる。相州(そうしゅう)。「さがむ」とも。

さか-もぎ【逆茂木】〔名〕敵の侵入を防ぐために、とげのある木の枝をさかさに立てて結びつけた柵(さく)。例「堀に橋渡し、――引きのくるなんどしける程に」〈平家・四・大衆揃〉訳(攻め込むために)堀に橋を渡し、逆茂木を引きのけたりしていた間に。

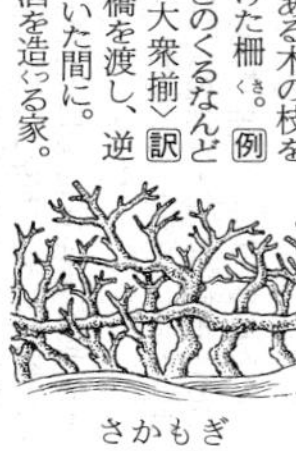
さかもぎ

さか-や【酒屋】〔名〕酒を造(つく)る家。また、酒を売る家。

さか-やき【月代・月額】〔名〕❶男子の髪形の一つ。烏帽子(えぼし)や冠(かんむり)などをつけた時、髪のはえぎわが見えないように、額ぎわの髪を半月形にそり上げるもの。「額月(ひたひづき)」とも。

❷中世以後の成人男子の調髪の風習の一つ。額から頭頂にかけて、半円形に髪をそり上げるもの。また、その部分。例「万人(ばんにん)ともに、――剃(そ)って髪結うて、衣装着かへて出た所は」〈西鶴・世間胸算用・二・三〉訳すべての人が、月代を剃り髪を結って、着物を着がえて外出している様子は(すっかり正月の風情である)。

さか・ゆ【栄ゆ】〔自ヤ下二〕{え・え・ゆ・ゆる・ゆれ・えよ}❶繁茂する。咲き満ちる。例「春日野(かすがの)に斎(いつ)く三諸(みもろ)の梅の花——・えてあり待て帰り来るまで」〈万葉・一九・四二四一〉訳春日野に祭る社(やしろ)の梅の花よ、ずっと咲き満ちて待っていなさい。私が帰って来るまで。

❷繁栄する。栄える。例「この四家よりあまたのさまざまの国王・大臣・公卿(くぎやう)多く出で給ひて——・えおはします」〈大鏡・道長・上〉訳この四家(＝藤原氏ノ南家・北家・式家・京家)から数多くのいろいろな天皇・大臣・公卿がたくさんお出になられ繁栄していらっしゃる。

さか-ゆ・く【栄行く】〔自カ四〕{か・き・く・く・け・け}ますます栄える。繁栄してゆく。例「夕べの陽(ひ)に子孫を愛して、——・く末を見んまでの命をあらまし」〈徒然草・七〉訳傾く夕方の日のような老年に子や孫をかわいがり、繁栄してゆく将来を見届けるまでの命を期待し。

さかり【盛り】〔名・形動ナリ〕❶勢いの盛んなこと。最高の状態にあること。また、その時期。最盛期。例「青丹(あをに)よし奈良の都は咲く花の匂(にほ)ふがごとく今——・なり」〈万葉・三・三二八〉訳奈良の都は、咲いている花が美しく輝いているように、今まさに全盛を誇っている。

❷(特に人間について)若々しく元気のあるさま。また、その時期。青壮年期。若い盛り。例「——にならば、容貌(かたち)も限りなくよく、髪もいみじく長くなりなむ」〈更級・物語〉訳(私も)女盛りになったら、きっと顔だちもこの上なく美しくなり、髪もとても長くなるに違いない。

さがり【下がり】〔名〕《動詞「さがる」の連用形の名詞化》❶さがること。また、さがったもの。下降。例「寒暑に従ひてあがり——あるべき故に」〈徒然草・二二〇〉訳(鐘の音は)寒さ暑さに従って高くなったり低くなったりするはずだから。

❷物価や価値などの下落。値下がり。例「買ひ置きすればば——を受け、……ほどなく家ばかりになりぬ」〈西鶴・日本永代蔵・六・一〉訳(商品の)買い置きをすると値下がりに遭って、……(財産は)すぐに家だけになってしまった。

❸ある時刻を過ぎること。また、その時。例「日すでに西(にし)の——になりて」〈太平記・三一・二〉訳太陽はすでに西(＝午後六時)を過ぎた頃になっていて。

さがり-ば【下がり端】〔名〕女性の「額髪(ひたひがみ)」の先端。また、それを切りそろえたさま。

さか・る【離る】〔自ラ四〕{ら・り・る・る・れ・れ}《「さ(離・放)く」の自動詞形》遠ざかる。隔たる。例「大和(やまと)をも遠く——・りて岩が根の荒き島根に宿りする君」〈万葉・一五・三六八八長歌〉訳大和の国から遠く隔たって、大岩の険しい島に旅寝する君よ。

さがりば

さが・る【下がる】〔自ラ四〕{ら・り・る・る・れ・れ}《「さぐ」の自動詞形》❶下に垂れる。ぶら下がる。例「海松(みる)のごとわわけ——・れるかかふのみ肩にうち懸け」〈万葉・五・八九二長歌〉訳海草のようにぼろぼろに破れて垂れ下がったぼろ布だけを肩にかけ。

❷低い所へ移動する。低くなる。くだる。

❸位置が後ろになる。遅れる。例「——・らう者をば弓の筈(はず)に取り付かせよ」〈平家・四・橋合戦〉訳遅れるような者は弓の先につかまらせろ。注急流ヲ渡ル注意。

❹(時間的に)遅くなる。遅れる。また、時代がくだる。例「——・るといふ定(ぢやう)、午未(うまひつじ)の時には渡らんずらんものを」〈宇治拾遺・二・五〉訳(午前八時に催しはあるということだったが)いくら遅れるとはいっても、十二時から午後の二時には行列がやってくるはずだ。

❺目上の人の所から退く。退出する。

❻程度が低くなる。劣る。例「上がるは三十四、五までの頃、——・るは四十以来なり」〈風姿花伝・一〉訳(能が)上達するのは三十四、五歳までの頃で、劣ってくるのは四十歳以後である。

さか-ろ【逆櫓】〔名〕舟の艫(とも)と舳先(へさき)の両方に櫓(ろ)をつけて、前後どちらにも進むようにすること。また、その櫓。

さき【幸】〔名〕さいわい。幸福。例「大夫(ますらを)の心思ほゆ大君(おほきみ)の命(みこと)の——を聞けば貴(たふと)み」〈万葉・一八・四〇九五〉訳立派な男の心とはこういうものだと知った、天皇の幸せに満ちたお言葉を聞くと、尊くて(しかたがない)。

さき【前・先】〔名〕■一空間的に前の意。❶一番前のところ。先頭。先端。

❷進んで行く方向・所。前方。例「闇(やみ)の夜の行く——知らず行く我をいつ来まさむと問ひし児(こ)らはも」〈万葉・二〇・四四三六〉訳行き先(＝赴任地)も知らずに(防人(さきもり)として)出て行く私に、いつお帰りになりますかと尋ねたあの娘よ。注「闇の夜の」ハ、「行く先知らず」ノ枕詞。

❸(「さき追ひ」「さき払ひ」の略)貴人の外出の際、先頭で声をあげて先にいる通行人などを追い払い、警固すること。また、その者。例「遠くなるまで聞こゆる——の声々」〈源氏・総角〉訳遠くになるまで聞こえる(匂宮(にほうのみや)一行の)先払いの声々(を宇治山荘では悲しくお思いになる)。

■二時間的に前の意。❶以前。まえ。過去。例「——のやうに悔(くや)しきこともこそあれ」〈蜻蛉・中・天禄二年〉訳以前のように悔しい目に遭うかもしれない。

❷順序・順位が早いこと。まえ。例「物にも争はず、己(おのれ)を曲げて人に従ひ、我が身を後(のち)にして人を——にするにはしかず」〈徒然草・一三〇〉訳(何かにつけて)人と争わないで、自分を抑えて人に従い、自身のことは後にして他人のことをまず第一にするのがもっともよい。

❸行く末。将来。未来。例「万(よろづ)の事、——のつまりたるは、破れに近き道なり」〈徒然草・八三〉訳何事であれ、行く末が行きづまっているのは、破綻(はたん)に近い道のりである。

先を追(お)・ふ{ウ・オ} 貴人が通行する時、随身などが行列の前方の人々を追い払う。先払いをする。「さきおふ」に同じ。例「この殿、大将にて——・はれけるを」〈徒然草・一九六〉訳この殿が、近衛の大将で行列の先払いをさせなさったのを。

さき【崎・埼】〔名〕《「先」の意》❶海・湖などに突き出た陸地。また、その突端。岬。例「磯(いそ)の——漕(こ)ぎ廻(た)み行けば近江(あふみ)の海(み)八十(やそ)の港に鶴(たづ)さはに鳴く」〈万葉・三・二七三〉訳(先端が)磯になっている岬を漕ぎ巡って行くと、近江の海(＝琵琶(びわ)湖)の数多い港に鶴(つる)がたくさん鳴いている。

❷山や丘が平地に突き出た部分。例「岡の——い廻(た)むるごとに万度(よろづたび)顧みしつつ」〈万葉・二〇・四四〇八長歌〉訳丘の突き出た所で(道が)曲がるたびに(見送る父母や妻達の姿が見えるので)、何度も後ろを振り返りながら。

さき-あ・ふ【咲き合ふ】{ウ・ア(オ)}〔自ハ四〕{は・ひ・ふ・ふ・へ・へ}時を合わせて咲く。同時に咲く。例「遅き梅は桜に——・ひて、覚え劣り」〈徒然草・一三九〉訳遅咲きの梅は桜と一緒に咲いて、(そのために)人の覚えが(桜より)めでたくなく。

さき-お・ふ【先追ふ・前追ふ】〔自ハ四〕｛は・ひ・ふ・へ・へ｝貴人が通行する時、前方の人などを追い払う。先払いをする。例「行きちがふ車の音、――ふ声々も、昔の事思ひ出でられて」〈源氏・竹河〉訳行きちがう車の音や、先払いをする声々にも、昔の事が思い出されて。

さき-く【幸く】〔副〕無事に。変わりなく。つつがなく。例「我が背子は――いますと帰り来我に告げ来む人も来ぬかも」〈万葉・一一・二三八四〉訳私の夫は無事でおられると、帰って来て、私に知らせてくれる人が来てくれないものか。例「さざなみの志賀の唐崎――あれど大宮人の船待ちかねつ」〈万葉・一・三〇〉訳(旧都近江の)志賀の唐崎は昔と変わらずにあるが、(その昔ここをにぎわした)宮廷の貴人達の船は、もういくら待っても見ることはできないのだ。注柿本人麻呂ノ歌。

> 参考 右の二例からも知られるように、同源の語「さきはひ」などに比して、積極的に幸福・幸運というよりも、消極的に変化・凶事がない、という意を表したようである。

さき-くさ【三枝】〔名〕(「幸草」の意)植物の名。枝が三つに分かれているものというが、未詳。フクジュソウ・ミツマタ・ヒノキなどの諸説がある。例「春さればまづ――の幸くあらば後にも逢はむな恋ひそ我妹」〈万葉・一〇・一八九五〉訳春になると最初に咲くサキクサのように無事でいられたら、あとでも逢えるだろう。あまり恋しがるなおまえ。

さきくさ-の【三枝の】〔枕詞〕「三つ」「中」などにかかる。

さき-ざき【先先】〔名〕以前。まえまえ。過去。さっき。例「――も申さむと思ひしかども、必ず心惑ひし給はむものぞと思ひて、今まで過ごし侍りつるなり」〈竹取・かぐや姫の昇天〉訳まえまえからお話ししようと思っていましたが、(あなた方が)きっと途方に暮れなさるだろうと思って、今まで(言い出せずに)過ごしてきたのです。

さき-そ・ふ【咲き添ふ】〔自ハ四〕｛は・ひ・ふ・へ・へ｝他の花に咲き加わる。咲き並ぶ。例「卯の花の白妙に、茨の花の――ひて、雪にも越ゆる心地ぞする」〈奥の細道・白河の関〉訳(白河の関は)卯の花の白妙のような白さに、白い茨の花が咲き加わって、(まるで)雪の折にでも(関を)越えている感じがする。

さき-だ・つ【先立つ】■一〔自タ四〕｛た・ち・つ・つ・て・て｝❶前に立つ。先に行く。例「この紛れに、宮は南都へや――たせ給ふらん」〈平家・四・宮御最期〉訳この混乱に乗じて、高倉の宮以仁王は奈良へ先にお行きになったのだろう。
❷先に行動を起こす。先にする。例「つひに尼になりて、姉の――ちてなりたる所へ行くを」〈伊勢・一〇六〉訳とうとう尼になって、姉が先立って尼になっている所へ行くことになったが。
❸人より先に死ぬ。先立つ。例「されば、親子ある者は、定まれることにて、親ぞ――ちける」〈方丈記・飢渇〉訳それで(=飢饉ニ際シ、愛情ノ深イ方ガ我ガ身ヲ犠牲ニシテ食ベサセルノデ)、親子一緒にいる者は、決まって、親が先に亡くなるのであった。
■二〔他タ下二〕｛て・て・つ・つる・つれ・てよ｝❶前に行かせる。先行させる。例「大衆は官軍を――てんとし」〈平家・三・山門滅亡・堂衆合戦〉訳大勢の僧徒達は官軍を先に行かせようとし。
❷先に死なせる。先立たせる。

さぎ-ちゃう【三毬杖・左義長】〔名〕(「さぎっちょう」とも)(「毬杖」を三本たてたところから)陰暦正月十五日の朝行われる悪魔払いの儀式。宮中では、清涼殿の庭に扇子・短冊や天皇の書き初めなどを結びつけた青竹を三本束ねて立て、「陰陽師」達が歌いはやしながらそれを焼く。(季・新年)例「――は、正月に打ちたる毬杖を、真言院より神泉苑へ出だして、焼きあぐるなり」〈徒然草・一八〇〉訳三毬杖というのは、正月に打って(遊んだ)毬杖を、真言院(=宮中ニアル修法ノ場所)から神泉苑(=京都市中京区ニアル名苑)へ持ち出して、焼き燃え上がらせるのである。

さぎちゃう

> 参考 中世以降は広く民間でも行われ、書き初め・しめなわ・門松などを焼く。今日も、「とんど」「どんど(ん)焼き」「さいと焼き」「ほっけんぎょ」などと呼ばれて各地で行われている。

さき-にほ・ふ【咲き匂ふ】〔自ハ四〕｛は・ひ・ふ・へ・へ｝(「にほふ」は色美しく映える意)美しく咲く。咲き乱れる。例「今もかも――ふらむ橘の小島の崎の山吹の花」〈古今・春下・一二一〉訳今頃は美しく咲いているだろうか、橘の小島の崎の山吹の花は。

さき-の-よ【先の世・前の世】〔名〕(仏教語)この世に生まれ出る前にいた世。「前世」とも。対後の世② 例「――にも、御契りや深かりけむ、世になく清らなる玉の男御子さへ生まれ給ひぬ」〈源氏・桐壺〉訳(桐壺帝と桐壺更衣とは)前世でも、ご因縁が深かったのだろうか、またとないほど美しい玉のような男の御子(=光源氏)までもお生まれになった。

> 要点 仏教の「輪廻」の思想では、生き物は、ある世界からある世界へ、とどまることなく生まれかわり死にかわりするという。

さき-は・ふ【幸ふ】■一〔自ハ四〕｛は・ひ・ふ・へ・へ｝幸福になる。栄える。例「言霊の――ふ国」〈万葉・五・八九四長歌〉訳言霊が栄えて幸せになる国。
■二〔他ハ下二〕｛へ・へ・ふ・ふる・ふれ・へよ｝幸福をもたらす。栄えさせる。

さき-もり【防人】〔名〕(「崎守」の意)上代から平安時代にかけて、辺境の防備についた兵士。主として、東国地方の農民が徴発されて壱岐・対馬・筑紫などに配置された。三年交代。例「――に行くは誰が背と問ふ人を見るが羨しさ物思ひもせず」〈万葉・二〇・四四二五〉訳防人に行くのはどなたのご主人かと尋ねる人を見るとうらやましくなってしまう。(自分の夫を出征させる私と違って)物思いもしないで。

参考「防人」に徴発されることは、右の歌に見られるように、当人や家族達にとってつらいことであった。その心を歌ったのが「防人の歌」で、『万葉集』巻二〇などに数多く集められている。

さきもり-うた【防人歌】〔名〕(「さきもりのうた」とも) 防人やその家族などが詠んだ歌。家族との別れの悲哀、思慕の思い、残される者の苦しみなどを、東国方言を用いて率直に詠んでいる。「万葉集」の巻十四と巻二十に、長歌一首、短歌九十七首収める。

さ-きゃう【左京】(・キョウ)〔名〕藤原京・平城京・平安京などの都城で、朱雀大路(すざくおおじ)を境として東西に分けた東側の区域。「東(ひむがし)の京」とも。平安京は右京が早くすたれ、左京を中心に発達した。対うきゃう
参考 内裏で南面する天皇にとっての左右で、東側が左京になる。

さきゃう-しき【左京職】(サキョウ・・)〔名〕左京の司法・行政・警察などを担当した役所。⇩きゃうしき

さきら〔名〕すぐれた才気。また、その現れ。例「才(ざえ)もすぐれ、ゆたけき——を」〈源氏・鈴虫〉訳(法会の講師が)学識もすぐれ、豊かな弁舌の巧みなのを(一層念を入れて)。
参考「口さき」「筆さき」などの「さき」と関係するか。弁舌・筆力、時には知恵についていう語。

さきわう【幸う】〔動〕⇩さきはふ

さき-わた・る【咲き渡る】〔自ラ四〕(ら・り・る・る・れ・れ) 空間的・時間的に広い範囲にわたって咲く。ずっと咲き続ける。一面に咲く。例「蓮(はちす)の花——・れるに、葉はいと青やかにて、露きらきらと玉のやうに見え渡る」〈源氏・若菜・下〉訳蓮の花が一面に咲いていて、葉は実に青々として、(葉の上の)露はきらきらと宝石のように(光って)見える。

さき-を-お・ふ【先を追ふ】(・・オ・ウ) ⇩「さき(先)」子項目

さく【朔】〔名〕陰暦で、月の第一日。ついたち。

さ・く【放く・離く】■一〔他カ四〕(か・き・く・く・け・け) 遠くへやる。離す。遠ざける。例「行くさには二人我が見しこの崎を一人過ぐれば心悲しも(一に云ふ『見も——・かず来(き)ぬ』)」〈万葉・三・四五〇・一云〉訳行く時には(妻と)二人で見たこの岬(みさき)を、(妻が死んだ今は)一人で通り過ぎるので心悲しいことだ(別の伝えでは「見やりもしないで来た」)。
■二〔他カ下二〕(け・け・く・くる・くれ・けよ) ■一に同じ。例「汝(な)をと吾(あ)を人ぞ——・くなるいで我が君人の中言(なかごと)聞きこすなゆめ」〈万葉・四・六六〇〉訳あなたと私との間を他人が遠ざけているということです。どうかあなた、他人の中傷をお聞きにならないで、決して。

さ・く【割く・裂く】■一〔他カ四〕(か・き・く・く・け・け) ❶切り離す。切り裂く。割る。
❷一部を取り分ける。分割する。分ける。例「官物(くわんもつ)の初穂(はつほ)——・き奉らせ給ふめり」〈大鏡・師尹〉訳(朝廷でも、早良(さわら)親王の御陵(ごりょう)に)貢ぎ物の新米をさいて献上なさっているようです。
■二〔自カ下二〕(け・け・く・くる・くれ・けよ) 切り離れる。分かれる。裂ける。例「大地(だいぢ)——・けて水湧(わ)き出(い)で、磐石(ばんじゃく)割れて谷へまろぶ」〈平家・一二・大地震〉訳大地は裂けて水が噴き出し、大岩が割れて谷へ転が(り落ち)る。

さく【幸く】〔副〕(上代東国方言)「さきく」に同じ。例「父母(ちちはは)が頭(かしら)かきなで——あれて言ひし言葉(けとば)ぜ忘れかねつる」〈万葉・二〇・四三四六〉訳父母が出発する私の頭をなでながら、無事でいよと言った言葉が忘れられない。
注 防人(サキモリ)ノ歌。「あれて」「言葉(けとば)ぜ」ハ、ソレゾレ「あれと」「ことばぞ」ノ東国方言。

さ・ぐ【下ぐ】〔他ガ下二〕(げ・げ・ぐ・ぐる・ぐれ・げよ)(「さがる」の他動詞形) ❶下に垂らす。下げる。つり下げる。例「男は烏帽子(えぼし)もせず、女(をうな)は髪も——・げざりけり」〈平家・二・大納言死去〉訳(俊寛(しゅんかん)が流罪にされた鬼界が島の人は)男は烏帽子もつけておらず、女は髪も垂らしていなかった。
❷低い所へ移す。低くする。降ろす。例「鼎(かなへ)の上より、手とり足とりして、——・げおろし奉る」〈竹取・燕の子安貝〉訳(鼎の上に落ちて気を失った主人を)鼎の上から、手を持ったり足を持ったりして、下へお降ろしする。
❸地位・席次などを低くする。格下げする。例「座敷をさへ——・げらるることの心憂(う)さよ」〈平家・一・祇王〉訳座席まで格下げされることのつらいことよ。
❹目上の人の所から退かせる。退出させる。例「心地悩ましければ、人々——・げず、押さへさせてなむ」〈源氏・帚木〉訳気分がすぐれないので、女房達を退出させないで、(体を押しもませております)。
❺低いものと見なす。見下げる。見くだす。例「ただし、わ殿を——・ぐるにはあらず、存ずるむねがあれば名乗るまじいぞ」〈平家・七・実盛〉訳ただし、あなたを見下げるわけではなく、思う所があるから(私は)名乗るまい。

さく-い【作意】〔名〕❶詩歌・物語などにおける創作上の意図。例「そのものより自然に出(い)づる情にあらざれば、物我二つになりて、その情まことに至らず。私意のなす——なり」〈三冊子・赤〉訳そのもの(＝描コウトスル対象)から自然に誘発された感情でなければ、対象と自分とが二つに分かれてしまって、その感情は真実に到達しない。つまり自己流のこしらえものにすぎない。
❷工夫。機転。たくらみ。

さく-さく【索索】〔形動タリ〕(風や琴などの)音が響くようす。例「北には青山(せいざん)峨々(がが)として、松吹く風——・たり」〈平家・一〇・海道下〉訳北には青々とした山が険しくそびえ、松の木を吹く風はひゅうひゅうと音を立てている。
参考 漢文では、心の安んじないようすをも表し、この語から「さうざうし」が生まれたといわれる。

さくじ・る〔自ラ四〕(ら・り・る・る・れ・れ) さしでた言動をする。こざかしくする。例「いと——・りおよずけたる人立ち交りて」〈源氏・少女〉訳(姫の近くに)ひどくこざかしく振る舞うませた人が出入りしていて。

さくたん-とうじ【朔旦冬至】〔名〕陰暦一一月一日が冬至に当たること。二〇年に一度のことから、平安時代以来めでたいしるしとされ、宮中では「朔旦の旬(じゅん)」という祝宴が行われた。

さく-ぢゃう【錫杖】(・・ジョウ)〔名〕⇩しゃくぢゃう

さく・む〔他マ四〕(ま・み・む・む・め・め)(上代語)踏み分ける。例「岩根——・みてなづみ来(こ)し」〈万葉・二・二一〇長歌〉訳岩を踏み分けて苦労してやってきた。

さく-もん【作文】〔名〕❶**漢詩を作ること。また、その漢詩。**例「——・詩序など、いみじく書く人なり」〈徒然草・

…ス七〉訳（この人は）漢詩・詩の序文などを、大変うまく書く人である。
❷（近世以降の用法）文章を作ること。さくぶん。

さくら【桜】〔名〕❶植物の名。サクラ。桜の木。桜の花。❷襲(かさね)の色目の名。表は白、裏は紫など、諸説あり。

> 要点 『日本書紀』や『万葉集』にも桜は出てくるが、『万葉集』では梅を詠んだ歌の方がずっと多い。桜が花の代表的な位置を占めるのは、平安時代の『古今集』あたりからである。

さくら-がさね【桜襲】〔名〕《襲(かさね)の色目(いろめ)の名》⇩さくら②

さくら-がり【桜狩り】〔名〕桜の花を尋ねて山野を遊び歩くこと。例「またや見む交野(かたの)の御野(みの)の――花の雪散る春のあけぼの」〈新古今・春下・一一四〉訳（こんなすばらしい光景を）再び見ることがあるだろうか（難しいことだ）。交野の狩り場での桜狩りでは桜の花が雪のように散っている。時は春のあけぼのである。注「交野」ハ大阪府枚方(ヒラカタ)市・交野(カタノ)市付近ノ平野。桜ノ名所。「交(かた)」に「難(かた)し」ノ意ヲ掛ケテイル。

さくら-ばな【桜花】〔名〕桜の花。桜花(おうか)。（季・春）

さくり【噦り・吃逆】〔名〕❶しゃっくり。❷（多く、「さくりもよよと」の形で）しゃくりあげて泣くこと。例「――もよよと泣き給ふ」〈源氏・総角〉訳しゃくりあげておいおいとお泣きになる。

さくり-あ・ぐ【噦り上ぐ】〔自ガ下二〕〈げ・げ・ぐ・ぐる・ぐれ・げよ〉しゃっくりをするようにして泣く。しゃくりあげる。例「――・げてよよと泣きければ」〈宇治拾遺・一・一三〉訳（子供が）しゃくりあげてしくしくと泣いたので。

さぐり-あし【探り足】〔名〕（暗い夜などに）足先で道を探りながら進むこと。また、その足。例「この道に――して、新古二道(ふたみち)に踏み迷ふといへども、道しるべする人しなければと」〈奥の細道・最上川〉訳この道（＝俳諧(ハイカイ)ノ道）に（踏み込んで）探り足している状態で、新しい句風と古い句風のどちらの道を進んだものかと迷っているというのも、導いてくれる人がいないからなのですと。

さくり-も-よよと〔連語〕⇩さくり②

さぐ・る【探る】〔他ラ四〕〈ら・り・る・る・れ・れ〉❶手足で捜し求める。さわって確かめる。❷尋ね求める。尋ね捜す。例「諸宗の奥旨(あうし)――・り極めずといふことなし」〈古今著聞集・釈教〉訳諸宗派の奥深い教義も尋ね求め尽くしていない事柄はない。

さ-くゎん【主典】〔名〕《上司を佐(たす)ける官の意の「佐官」の字音から》大宝令の官制で、四(し)等官の最下位。主として、文案作成・公文書管理などをつかさどった。「さうくゎん」とも。

> 参考 役所ごとの「主典」の字　役所によって当てる漢字が異なる。太政官・神祇(じんぎ)官では「史」、省では「録」、弾正台では「疏」、使では「主典」、職・坊・寮では「属」、司・署では「令史」、近衛府では「将曹」、兵衛府・衛門府では「志」、大宰府では「典」、鎮守府では「軍曹」、国司では「目」、郡司では「主帳」などと書く。官位の相当も役所によって異なる。

さけ【酒】〔名〕酒。「き」とも。例「下部(しもべ)に――飲まする事は、心すべきことなり」〈徒然草・八七〉訳下僕に酒を飲ませるのは、注意してやらなければならない。

さけ【鮭】〔名〕魚の名。さけ。しゃけ。例「乾鮭(からざけ)といふものを供御(くご)に参らせられたりけるを……『――といふ魚参(まう)らぬ事にてあらむにこそあれ――白乾(しらぼし)、なんでふ事かあらむ』」〈徒然草・一八二〉訳（四条大納言が）乾物(ひもの)の鮭を天皇のお食膳に献上なさったところ……（批難されたので）「鮭という魚をさしあげないと決まっているのならばともかく、鮭の白乾（＝塩ヲ加エナイ乾物）の、何のさしさわりがあるものか」

さ-こそ【然こそ】■〔連語〕《副詞「さ」＋係助詞「こそ」》❶そのように。そんなに。そう。例「人の国よりおこせたる文(ふみ)の物なき。京のをも――思ふらめ、されど」〈枕草子・すさまじきもの〉訳地方の諸国からよこした手紙で品物の添えてないもの（は興ざめだ）。京からの手紙についてもそう思うだろうが、しかし。注京カラノ手紙ニハ、知リタイ世間ノ出来事ガアルカラヨイノダ、ト続ケル。
❷（逆接の条件句に用いられて）いくらそのように…といっても。いくら（…でも）。例「――世を捨つる御身(おんみ)といひながら、御(おん)いたはしうこそ」〈平家・灌頂・大原御幸〉訳いくら世を捨てた身の上だとはいいながら、まことにおいたわしいことです。
■〔副〕（下に推量の表現を伴って）さぞかし。さだめし。きっと。例「――物悲しう、昔恋しうもおはしけめ」〈平家・二・内侍所都入〉訳さぞかし物悲しく、昔恋しくもおありになったことだろう。

さこそ言(い)へ　そうはいうものの。さすがに。例「この女をほかへ追ひやらむとす。――、まだ追ひやらず」〈伊勢・四〇〉訳この女をよそへ追い出そうとする。そうはいっても、まだ追い出してはいない。

さ-ごろも【狭衣】〔名〕《和歌用語。「さ」は和歌用語を作る接頭語》ころも。衣服。

狭衣物語(さごろもものがたり)〔書名〕平安後期の物語。作者は源頼国の娘である禖子(ばいし)内親王宣旨(せんじ)とする説が有力であるが、大弐三位(だいにのさんみ)説もあり、未詳。狭衣大将とその従妹(いとこ)源氏宮とのとげられぬ恋を中心にそのほかの悲恋を織り混ぜて物語られる。『源氏物語』の影響を受けた最初の頃の作品であるが、それに迫ることはできず、その後物語は衰退する。

さ-こん【左近】〔名〕「左近衛府(さこんゑふ)」の略。

さこん-の-さくら【左近の桜】〔名〕紫宸殿(ししんでん)の正面階段の下の東側に植えてある桜。もとは梅であったが、平安初期に枯れたのを機に桜に植えかえられた。対うこんのたちばな

さこん-の-つかさ【左近の司】〔名〕「左近衛府(さこんゑふ)」の別名。

さこん-の-ばば【左近の馬場】〔名〕「左近衛府(さこんゑふ)」の管理する馬場。京都の一条西洞院(にしのとういん)の東にあった。

さこんゑ-ふ【左近衛府】〔名〕六衛府の一つ。「右近衛府」とともに、宮中の警備や行幸の警護などに当たった。陽明門と上東門の間にあった。

ささ【酒】〔名〕《女房詞(にょうぼうことば)》酒。

ささ〔副〕❶水が勢いよく流れたり、物にかかったりするさま。

ざあざあ。ざぶり。例「足搔(あが)きの水、前板まで――とかかりけるを」〈徒然草・一一四〉訳牛が足で蹴立(けた)てた水が、牛車(ぎっしゃ)の前板までざざっとかかったので。
❷多くの人が口々に物を言うさま。ざわざわ。がやがや。例「人々の――と走れば」〈大鏡・道長・下〉訳人々ががやがや言いながら走って行くので。
❸多くの人が一時に笑うさま。どっと。わっと。例「――と笑ひののしりて」〈栄花・月の宴〉訳わっと笑い騒いで。

さ-さ【然然】〔副〕(「さ」を重ねた言い方)《具体的に説明せずに省略して言うのに用いる語》これこれ。しかじか。例「今はかたちをも異(こと)になしてむとてなむ、――の所に月ごろはものせらるる」〈蜻蛉・下・天禄三年〉訳今はもう姿を変えて(＝出家シテ)しまおうというわけで、これこれの所に最近は行っておられます。

ささ【細】〔接頭〕《「さざ」とも》(名詞に付いて)小さな、細かい、少しの、などの意を表す。「――波」「――蟹(がに)(＝蜘蛛(クモ)ノ別名)」「――貧鉤(まぢち)(＝持ッテイルト貧シクナル釣リ針)」など。

ささ-がに【細小蟹】〔名〕(形が小さいカニに似るところから)クモの異称。また、クモの巣。例「今しはとわびにしものを――の衣(ころも)にかかり我を頼むる」〈古今・恋五・七七三〉訳今はもうだめだと悲観していたのに、クモが私の着物にかかって、なお私に期待を持たせることだ。注クモガ巣ヲカケルコトハ、待チ人ガ来ル前兆トサレタ。
参考「ささがに(の)」はもとクモの枕詞で、のち、クモそのものをも指すようになった。

ささがに-の【細小蟹の】〔枕詞〕「くも」「いと」「い」などにかかる。例「わが背子(せこ)が来べき宵(よひ)なり――くものふるまひかねてしるしも」〈古今・墨滅歌・一一一〇〉訳今夜は私の夫がやって来るにちがいない晩だ。(なぜなら)クモの動きが今から前もってはっきりしているから。注「くものふるまひ」ニツイテハ「ささがに」ノ例ノ注ヲ参照。

さざき〔名〕鳥の名。みそさざいの古い呼び名。

ささ-ぐ【捧ぐ】〔他ガ下二〕(げ・げ・ぐ・ぐる・ぐれ・げよ)《「さしあぐ」の変化した形》❶両手に持って高く上げる。例「我が背子(せこ)が――げて持てる厚朴(ほほがしは)あたかも似るか青き蓋(きぬがさ)」〈万葉・一九・四二〇四〉訳我が君が捧げ持っているホオの枝は、ちょうど似ているよ、青い蓋に。注「蓋」ハ貴人ノ後ロカラサシカケル傘。
❷高い位置へ上げる。かかげる。例「燕(つばくらめ)の子産まむとする時は、尾を――げて七度(しちど)めぐりてなむ産み落とすめる」〈竹取・燕の子安貝〉訳燕(つばめ)が卵を産もうとする時は、尾を上げて七度回って産み落とすらしい。
❸神仏や目上の人に物を差し上げる。献上する。奉る。例「御幣紙(ごへいし)もなければ、花を手折(たを)りて――げつつ」〈平家・二・康頼祝言〉訳御幣(ごへい)の紙もないので、花を折ってそれを神に奉って。

さざ-なみ【細波・小波】〔名〕(古くは「ささなみ」)風によって立つ、小さく細かな波。例「――の波越す畔(あぜ)に降る小雨(こさめ)間もおきてわが思はなくに」〈万葉・一二・三〇四六〉訳さざ波の波が越える畔に降る小雨のように、間をおいて私は(あなたを)思っているわけではないのに(たえず思っているのだ)。注「小雨」マデハ序詞。

ささなみ-の【小波の】〔枕詞〕大津・志賀・比良(ひら)など「楽浪(ささなみ)」にある地名にかかる。また、波に文(あや)があることから「あやし」、波が寄ることから「寄る」「夜」などにもかかる。例「――志賀の唐崎(からさき)幸(さき)くあれど大宮人(おほみやひと)の舟待ちかねつ」〈万葉・一・三〇〉訳志賀の唐崎は(近江京の昔と)変わらずそのままあるが、(ここが都だった頃はいた)宮廷に仕える人々の舟はいくら待っていても来ない。

ささなみ-や【小波や】〔枕詞〕⇩さざなみの 多くは「志賀」にかかる。例「――志賀の唐崎(からさき)風寒(さ)えて比良(ひら)の高嶺(たかね)にあられ降るなり」〈新古今・冬・六五六〉訳志賀の唐崎に風が寒く吹いているが、比良の高い山々にはあられが降っているだろうなあ。

ささ-はら【笹原】〔名〕笹の茂った原。

ささ-ふ【支ふ】(ササウ)〔他ハ下二〕(へ・へ・ふ・ふる・ふれ・へよ)❶倒れたり落ちたりしないように持ちこたえる。支える。また、人を支持する。例「身の後(のち)には金(こがね)をして北斗を――ふとも、人のためにぞ煩(わづら)はるべき」〈徒然草・三八〉訳死後に黄金を積んで北斗七星を支えるほど財産が残ったとしても、残された人には迷惑がられるだろう。
❷(相手を)防ぎとめる。くいとめる。はばむ。例「根井(ねのゐ)の小弥太が二百騎ばかりで――へたる川原坂の勢(せい)の中へ」〈平家・八・法住寺合戦〉訳根井の小弥太が二百騎ほどで防ぎとめていた川原坂の軍勢の中へ。

ささめき-あ・ふ【ささめき合ふ】(アフ→オウ)〔自ハ四〕(は・ひ・ふ・ふ・へ・へ)ひそひそと語り合う。ささやきあう。例「――・へるを、ただならず思へり」〈源氏・明石〉訳人々がささやき合っているのを、心外に思っている。

ささめき-ごと【私言】〔名〕ひそひそと小声でささやく話。ないしょ話。「ささめごと」とも。例「――の人々は」〈源氏・少女〉訳内緒話をしていた女房達は。

ささ-め・く〔自カ四〕(か・き・く・く・け・け)ひそひそと語る。ささやく。例「『などかうはおはするぞ』などぞ――・くなる」〈枕草子・宮の五節いださせ給ふに〉訳「なぜこのようにして(＝返歌ヲシナイデ)いらっしゃるのか」などとささやいている様子だ。

ざざ-め・く〔自カ四〕(か・き・く・く・け・け)(「さざめく」とも)ざわざわと音をたてる。がやがやと騒ぐ。例「兵(つはもの)ども、四、五百騎、――・いてうち帰りける中に」〈平家・四・宮御最期〉訳兵士どもが、四、五百騎、がやがや騒ぎながら帰ってきた中に。

ささ-め-ごと【私言】〔名〕⇩ささめきごと

ささ-やか【細やか】〔形動ナリ〕形が小さい様子。こぢんまりとしている。小柄である。例「――・なる童(わらは)ひとりを具(ぐ)して」〈徒然草・四四〉訳(貴公子が)小柄な子供の従者をひとり連れて。

ささら【簓・編竹・編木】〔名〕《さらさら鳴る音によるか》❶日本古来の楽器の一つ。竹の先を細かく割った長さ三〇センチほどのもの。これを、細長い棒に刻み目をつけた「簓子(ささらこ)」にすりつけて音を出す。古くは田楽(でんがく)などに用いられ、後世は「歌祭文(うたざいもん)」や「門説経(かどせっきやう)」や獅子舞などの拍子とりに使われた。

ささら②

❷(「びんささら」の略)専業の田楽者や「歌比丘尼(うたびくに)」

などが用いた打楽器。

ささら【細ら】〔接頭〕「小さい」「細かい」の意を添える。「ささら波」「ささら荻（をぎ）」など。

ささら・ぐ〔自ガ四〕（が・ぎ・ぐ・ぐ・げ・げ）（水が）さらさらと音をたてる。「ささらめく」とも。例「心地（ここち）よげに━・ぎ流れし水も、木（こ）の葉に埋（うづ）もれて」〈更級・東山なる所〉訳気持ちよさそうにさらさらと音をたてて流れていた水の流れも、（今は）木の葉に埋まって。

さざれ【細れ】〔接頭〕「ささ（細）」に同じ。「━石」「━波」など。

さざれ-いし【細れ石】〔名〕小さい石。小石。「さざれし」とも。例「我が君は千代（ちよ）に八千代（やちよ）に━の巌（いはほ）となりて苔（こけ）の生（む）すまで」〈古今・賀・三四三〉訳私の主君は、（その命が）いついつまでも長く（続くことでしょう）、小さな石が大きな岩となって（それに）苔が生えるまで。注「君」ハ歌ヲ贈ル相手。天皇トハ限ラナイ。国歌「君が代」ノ基ニナッタ歌。

さざれ-し【細れ石】〔名〕⇩さざれいし

さざれ-なみ【細れ波】━〔名〕小さく立つ波。小波。「さざなみ」「ささらなみ」とも。例「━浮きて流るる泊瀬川（はつせがは）寄るべき磯（いそ）のなきがさぶしさ」〈万葉・一三・三二二六〉訳小さな波が浮かんで流れる泊瀬川に、（舟を）寄せることのできそうなよい磯がないのが寂しいことだ。

━《枕詞》小波が立つ様子から「立ちても居ても」に、間断なく立つ様子から「間（ま）なく」「頻（し）きて」「止（や）まず」などに、また、波が磯を越すことから「磯」「越路（こしぢ）」にかかる。例「妹（いも）が目を見まくほり江の━しきて恋ひつつありと告げこそ」〈万葉・一三・三二三四〉訳いとしいあの娘に逢いたいと思い、（堀り江の小波が絶え間なく立つように）しきりに恋い慕い続けていると告げてください。

さ・し【狭し】〔形ク〕《上代語》せまい。例「天地（あめつち）は広しといへど吾（あ）がためは━・くやなりぬる」〈万葉・五・八九二長歌〉訳天地は広いというが、この私にとってはせまくなってしまったのか。

さし【差し】〔接頭〕《動詞「差す」の連用形から》動詞に付いて、意味を強めたり、語調を整えたりする。「━並ぶ」「━集（つど）ふ」など。

ざし【差し】〔接尾〕（名詞に付いて）物の姿・状態を表す。「面（おも）━」「枝━」「目（ま）な━」など。

さしあたり-て【差し当たりて】〔副〕さしあたって。当面。例「親うち具し、━世のおぼえはなやかなる御方々にも」〈源氏・桐壺〉訳両親がそろっていて、目下のところは世間の評判がはなやかな御方々にも。

さし-あた・る【差し当たる】〔自ラ四〕（ら・り・る・る・れ・れ）❶（光が）じかに当たる。直射する。例「日の━・りたるに、うち眠（ねぶ）りて居たるを」〈枕草子・上にさぶらふ御猫は〉訳日光が直射している所で、（猫が）眠っているのを。❷その時に行き当たる。当面する。例「まづ━・りたる目の前の事にのみ紛れて月日を送れば、ことごと成すことなくして、身は老いぬ」〈徒然草・一八八〉訳まず当面している目の前の事にだけ気をとられて月日を送っていると、どれもこれも成就することがなくて、（我が）身は老いてしまう。

さし-あ・つ【差し当つ】〔他タ下二〕（て・て・つ・つる・つれ・てよ）❶じかに当てる。押しつける。例「よからぬ人はさかな取りて口に━・て、みづからも食ひたる、様あし」〈徒然草・一七五〉訳上品でない人は酒のさかなを取って（相手の）口に押しつけて、自分も食っているのは、みっともない。❷指名して任務に当たらせる。例「宿直（とのゐ）に━・てなどしつつ」〈源氏・浮舟〉訳宿直の役に当たらせなどしながら。

さし-あは・す【差し合はす】（せ・せ・す・する・すれ・せよ）━〔他サ下二〕一つに重ね合わせる。例「御心を━・せて宣（のたま）はむこと」〈源氏・行幸〉訳（母の大宮が夫の光源氏と）お心を一つにしておっしゃろうとすること（なのだ）。

━〔自サ下二〕一つに重なる。かちあう。例「公けごと━・せたる日なれば、急ぎ出で給ふに」〈大鏡・師尹〉訳公務が重なっている日なので、急いで退出なさる時に。

さし-あ・ふ【差し合ふ】〔自ハ四〕（は・ひ・ふ・ふ・へ・へ）《「さし」は接頭語》❶いくつかの事物が集まり重なる。重なり合う。かちあう。例「東山に花見にまかり侍（はべ）るとて、これかれ誘ひけるを、━・ふ事ありて」〈新古今・雑上・一四七一詞書〉訳東山に花見に参りますといって、何人かの人が誘ってくれたが、（その日は）かち合う用事があって。❷人と人とが行き合う。出会う。また、人が集まり合う。例「車なども例ならでおはしますに━・ひて」〈源氏・東屋〉訳牛車なども普段とは変えておいでになるのに行き合って。❸向かい合う。

さし-あふ・ぐ【差し仰ぐ】〔自ガ四〕（が・ぎ・ぐ・ぐ・げ・げ）《「さし」は接頭語》上の方を向く。見上げる。例「え止（とど）むまじければ、ただ━・ぎて泣きをり」〈竹取・かぐや姫の昇天〉訳（かぐや姫を）とどめることができそうにもないので、（老婆は）ただ（かぐや姫が昇天するのを）見上げて泣いている。

さし-あぶら【差し油】〔名〕灯火用の油皿に油をつぎたすこと。また、その油。

さし-い・づ

【差し出づ】（で・で・づ・づる・づれ・でよ）━〔自ダ下二〕❶外に姿を現す。人前に出る。例「内々（うちうち）よく習ひ得て━・でたらんこそ、いと心にくからめ」〈徒然草・一五〇〉訳（芸能を身につけようとする人は）こっそりとよく習得してから人前に出るようなのが、まことに奥ゆかしいであろう。❷分を越えてしゃしゃり出る。**出しゃばる。**例「━・でてこそ打たざらめ、御碁には負けじかし」〈源氏・手習〉訳（私は）出しゃばって（碁を）打つことはしないだろうが、あなたの碁には負けないだろうよ。❸（光が）さし始める。光り出す。例「月のいとおもしろく━・でたりけるを見て」〈古今・羇旅・四〇六左注〉訳（夜になり）月が大変美しく光り始めているのを見て。

━〔他ダ下二〕前に出す。**差し出す。**例「『かくな急ぎそ』と扇を━・でて制するに」〈枕草子・祭のかへさ〉訳「こんなにも急ぐな」と扇を差し出して止めるのに。

参考 ━③は「射し出づ」と表記することも多い。

さし-いで【差し出で】〔名〕《「さしで」とも》出過ぎること。出しゃばり。例「すべて━は、童（わらは）も大人（おとな）もいとにくし」〈枕草子・にくきもの〉訳総じて出しゃばりというものは、子供でも大人でもたいそうしゃくにさわる。

さし-いらへ【さし答へ】〔名〕《「さし」は接頭語》❶返答すること。受け答えすること。返答。返事。例「かた田舎（ゐなか）よりさし出（い）でたる人こそ、万（よろづ）の道に心得たるよしの━はすれ」〈徒然草・七九〉訳かた田舎から出てきた人に限って、すべての方面を心得ているなどといった返答をするものだ。

❷(演奏などの)相手をすること。合奏。合唱。

さし-い・る【差し入る】■一〔自ラ四〕{ら・り・る・る・れ・れ}❶(光が)差し込む。例「日の影も暑く、車に――・りたるもまばゆければ、扇して隠し」〈枕草子・祭のかへさ〉訳 日の光も暑く、車に差し込んでいるのもまぶしいので、扇で顔を隠し。❷中へはいる。はいりこむ。例「くろがねの門の内へ――・れば、流星なんどの如(ごと)くに炎空へ立ち上がり」〈平家・六・入道死去〉訳 (焦熱地獄(しょうねつじごく)の)鉄の門の中へはいると、流星か何かのように炎が空へ立ちのぼり。

■二〔他ラ下二〕{れ・れ・る・るる・るれ・れよ}中へ入れる。差し込む。例「燕(つばくらめ)の巣に手を――・れさせて探(さぐ)るに」〈竹取・燕の小安貝〉訳 (家来に)燕(つばめ)の巣に手を入れさせて手探りさせるが。

参考 ■一①は「射し入る」と表記することも多い。

さし-う・く【差し受く】〔他カ下二〕{け・け・く・くる・くれ・けよ}(「さし」は接頭語)受ける。例「酒を出(い)だしたれば、――・け、よよと飲みぬ」〈徒然草・八七〉訳 酒を出したところ、何杯も受けて、ぐいぐいと飲んだ。

さし-お・く【差し置く】〔他カ四〕{か・き・く・く・け・け}(「さし」は接頭語)❶置く。例「帝(みかど)御琵琶(びは)を――・かせ給ひて」〈平家・七・青山之沙汰〉訳 天皇は琵琶をお置きになって。❷そのままにしておく。放っておく。あと回しにする。例「人は万(よろづ)を――・きて、ひたぶるに徳をつくべきなり」〈徒然草・二一七〉訳 (ある大富豪が言うには)人は万事をあと回しにして(も)、ひたすら富を身につけるべきである。

さし-かく・す【差し隠す】〔他サ四〕{さ・し・す・す・せ・せ}(扇や袖(そで)を)かざして顔を見えなくする。例「透影(すきかげ)もやと扇を――・すに」〈枕草子・宮に初めて参りたるころ〉訳 隙間(すきま)から姿が見えたらいけないと扇をかざして顔を隠すのに。

さし-かた・む【鎖し固む】〔他マ下二〕{め・め・む・むる・むれ・めよ}❶(門や戸を)固く閉じる。戸締まりを固める。例「かく――・めたる。あな埋(むも)れや」〈源氏・横笛〉訳 (どうして)このように戸締まりを固めているのだ。ああうっとうしい。❷厳重に守りを固める。警備する。例「泰衡(やすひら)らが旧跡は、衣が関を隔てて南部口を――・め、夷(えぞ)を防ぐと見えたり」〈奥の細道・平泉〉訳 泰衡ら(藤原一族)の旧跡は、衣が関を隔てた向こうにあって南部口の守りを固め、蝦夷(えぞ)を防ぐためのように見える。

さ-じき【桟敷】〔名〕❶祭や催し物などの見物のため、一段高く造った床・席。賀茂祭(＝葵(アオイ)祭)に摂関家、祇園(ぎおん)祭に室町将軍家の桟敷が造られたのが有名。❷近世、芝居などで、土間の左右に高く造った、上等の見物席。

ざ-しき【座敷】〔名〕❶すわる場所。居る所。居場所。例「先々召されける所へは入れられず、はるかに下がりたる所に――しつらうて置かれたり」〈平家・一・祇王〉訳 以前に呼ばれた(時控えた)所へは入れてもらえず、ずっと下がった末座に座る場所が設けられていてそこへ座らされた。❷客と応対する部屋。応接間。❸会席。宴席。また、その席でのとりもち。客あつかい。

要点 昔の部屋の床は板張りのままで、畳・しとね・円座などを敷いて座ったことからできた語。室町時代、書院造りが発達し、畳が敷きつめられるようになってから、よく用いられるようになる。②③は、中世以降の用法。

さし-ぐし【挿し櫛】〔名〕女性が髪飾りとして挿した櫛。例「――も落ち、用意せねば折れなどして、わらふもまたをかし」〈枕草子・正月一日は〉訳 (牛車(ぎっしゃ)がゆれ、乗っている者の頭がはちあわせして)挿し櫛も落ち、注意していないので折れたりして、笑うのもまたおもしろい。

さしくみ-に〔副〕(「さしぐみに」とも)深い用意もないままに。いきなり。例「――、古物語(ふるものがたり)にかかづらひて夜を明かし果てむも、ことごとしかるべければ」〈源氏・橋姫〉訳 会ったばかりですぐに、昔の話に夢中になって夜を明かしてしまうというのも、無作法だろうから。

さし-ぐ・む【差し含む】〔自マ四〕{ま・み・む・む・め・め}(涙が)わき出てくる。涙ぐむ。例「うちも笑(ゑ)まれ、涙も――・み」〈源氏・帚木〉訳 自然と(善い事には)笑みも浮かび、(悪い事には)涙もわいて出て。

さし-こ・む【差し込む】〔自マ四〕{ま・み・む・む・め・め}込み合う。入りまじる。

さし-こ・む【鎖し籠む】〔他マ下二〕{め・め・む・むる・むれ・めよ}❶戸を閉めて中に閉じ込める。例「またある時には、え避(さ)らぬ馬道(めだう)の戸を――・め」〈源氏・桐壺〉訳 またある時には、(桐壺更衣(きりつぼのこうい)が天皇の所に参るのに)避けることのできない渡り廊下の戸を閉めて(更衣を)閉じ込め。❷戸を閉めて、自分を閉じ込める。門を閉じて引き籠(こも)る。例「あるかなきかに門(かど)――・めて」〈徒然草・五五〉訳 いるのかいないのかわからない様子で(＝ヒッソリト)門を閉ざして引き籠って。

さし-こも・る【鎖し籠る】〔自ラ四〕{ら・り・る・る・れ・れ}戸を閉めて中に閉じこもる。例「天の石屋戸(いはやと)を開きて――・りましき」〈古事記・上・天照大神と須佐之男命〉訳 (天照大神(あまてらすおおみかみ)は)天の石屋戸を開いて中に閉じこもりなさった。

さし-す・ぐ【差し過ぐ】〔自ガ上二〕{ぎ・ぎ・ぐ・ぐる・ぐれ・ぎよ}(「さし」は接頭語)❶程度を越す。度を越える。出過ぎる。例「足らず、また――・ぎたることなく物し給ひけるかな」〈源氏・帚木〉訳 (藤壺(ふじつぼ)は、左馬頭(さまのかみ)の女性論に照らしてみて)足りないことも、また出過ぎた点もなくて(＝ピッタリデ)いらっしゃるものだ。❷通り過ぎる。通過する。例「明日(あすか)の社(やしろ)ふし拝み、佐野の松原――・ぎて」〈平家・一〇・熊野参詣〉訳 明日の神社を参拝し、佐野の松原を通り過ぎて。

さし-すぐ・す【差し過ぐす】〔自サ四〕{さ・し・す・す・せ・せ}(「さし」は接頭語)程度を越す。でしゃばる。

さ-したる〔連体〕(副詞「さ」＋サ変動詞「す」の連用形＋完了の助動詞「たり」の連体形)❶特にとりたてた。深く心にかけた。大事な。❷(下に打消しの表現を伴って)これというほどの。例「――事なくて、人のがり行くは、よからぬことなり」〈徒然草・一七〇〉訳 たいした用事もないのに、人のところへ行くのは、よくないことである。

さし-だる【指し樽】〔名〕高さ三〇センチほどの箱型の酒樽。黒の漆が塗ってあるが、板の切口だけは朱の漆。儀式や贈答に用いる。

さしだる

さし-ちが・ふ【刺し違ふ】〔自ハ下二〕{へ・へ・ふ・ふる・ふれ・へよ}互いに相手を刺す。刺し違える。例「引っ組んで海に入るもあり、——・へて死ぬるもあり」〈平家・八・水島合戦〉訳取っ組み合って海に入る者もいれば、互いに刺し違えて死ぬ者もいる。

さし-ちが・ふ【差し違ふ】ヂガ(ゴ)ウ〔他ハ下二〕{へ・へ・ふ・ふる・ふれ・へよ}二つ以上の物を互い違いにする。交差させる。例「三尺の御几帳(みきちやう)ひとよろひを——・へて、こなたの隔てにはして」〈枕草子・関白殿、二月二十一日に〉訳三尺の御几帳ひと組みを互い違いにして、こちらの女房たちとの隔てにして。

さし-づ【指図・差図】ズ〔名〕❶図面。設計図。地図。❷指示。命令。いいつけ。❸見つもり。推測。取り沙汰。

さし-つぎ【差し次ぎ】〔名〕すぐ次に位する者。その次。例「大弐(だいに)の——におぼいたるが女(むすめ)、大輔(たいふ)の命婦(みやうぶ)とてさぶらふ」〈源氏・末摘花〉訳(光源氏が)大弐の乳母(めのと)の次に大切に思っていらっしゃる人の娘が、大輔の命婦と呼ばれて(宮中に)仕えている。

さし-つ・く【差し着く】**一**〔自カ四〕{か・き・く・く・け・け}棹(さを)を差して舟が岸に着く。舟が着く。例「かの岸に——・きており給ふに」〈源氏・浮舟〉訳対岸に舟が着いて(浮舟(うきふね)が)お下りになる時に。

二〔他カ下二〕{け・け・く・くる・くれ・けよ}棹を差して岸に舟を着ける。舟を着ける。例「岸に——・くるほど見れば」〈源氏・澪標〉訳岸に舟を着ける時に(あたりの様子を)見ると。

さし-つ・く【差し付く】〔他カ下二〕{け・け・く・くる・くれ・けよ}《「さし」は接頭語》押し付ける。押し当てる。くっつける。例「紙燭(しそく)——・け焼き」〈枕草子・方弘は、いみじう人に〉訳(立派な衣装に)紙燭(=手ニ持ツ灯火)をくっつけて焼き(こげを作り)。

さし-つど・ふ【差し集ふ】ドウ〔自ハ四〕{は・ひ・ふ・ふ・へ・へ}《「さし」は接頭語》寄り集まる。例「女房達は——・ひて、ただ泣くよりほかの事ぞなき」〈平家・一〇・藤戸〉訳(平家は一谷(いちのたに)でも負け)女房達は寄り集まって、ただ泣くばかりである。

さ-して〔副〕❶はっきりこれと。それと限って。特別に。例「隠(こも)り江に思ふ心をいかでかは舟さす棹(さを)の——知るべき」〈伊勢・三三〉訳隠れて見えない入り江のようにあなたをひそかに慕っている私の心を、そのとおりだとどうしてあなたにわかるはずがありましょうか。

❷《下に打消しの表現を伴って》これといって。格別に。さほど。例「——重き罪にはあたるべきならねど」〈源氏・若菜・下〉訳たいして重い罪にはならないだろうけれど。

さ-しながら【然しながら】〔副〕⇩さながら

さし-なは【差し縄・指し縄】ナワ〔名〕**一**【差し縄・指し縄】❶馬の口に付けて引く縄。手綱(たづな)と一緒に轡(くつわ)に付け、馬を引いたり、つなぎとめたりする。❷罪人を捕らえて縛る縄。捕り縄。

二【緡縄】《「緡(さし)」「銭差し」とも》真ん中に穴のあいた銅銭を貫くための細い縄。

さし-ぬき【指貫】〔名〕袴(はかま)の一種。「衣冠(いくわん)」「直衣(なほし)」「狩衣(かりぎぬ)」の時つける。本来は狩猟用だったが、平安時代には、貴族の平常服また略礼服として用いられた。裾(すそ)のまわりに紐(ひも)をさし通し、はいてからそれをしぼってくるぶしの上でくくる。「指貫の袴」「奴袴(ぬばかま)」とも。例「——を足でぬぐ夜や朧月(おぼろづき)」〈蕪村〉訳春の夜を思いのままに楽しみ、ほろ酔い気分で帰って来た貴公子が、遊びの余韻に心地よくふらふらとしながら、足で指貫を脱いでいる。空には春の月が霞(かす)み、なまめいた朧夜である。注蕪村ガ好ンダ王朝趣味ノ句。

さしぬき

さし-の・く【差し退く】《「さし」は接頭語》**一**〔自カ四〕{か・き・く・く・け・け}❶引き下がる。退く。例「——・きて側(そば)みて居ぬ」〈今昔・一四・四〉訳(女は)引き下がって脇(わき)に寄って座っていた。

❷関係が薄くなる。縁が遠くなる。

二〔他カ下二〕{け・け・く・くる・くれ・けよ}引き下げる。取りのける。例「みな——・けさする中に」〈源氏・葵〉訳(混雑する牛車(ぎつしや)を葵(あおい)の上の一行が)皆取りのけさせる中に。

さし-のぞ・く【差し覗く】〔他カ四〕{か・き・く・く・け・け}《「さし」は接頭語》❶すき間や物陰などから様子をうかがい見る。のぞいて見る。例「狐(きつね)人のやうについ居て、——・きたるを」〈徒然草・二三〇〉訳狐が人間のように膝(ひざ)まずいて、のぞきこんでいるのを。

❷ちょっと訪問する。顔を出す。例「そぼれ合へるに、大臣(おとど)の君——・き給へれば」〈源氏・初音〉訳(女房達が)はしゃぎあっている所に、大臣の君(=光源氏)が顔をお出しになったので。

さし-のぼ・る【差し昇る】《「さし」は接頭語》**一**〔自ラ四〕{ら・り・る・る・れ・れ}上に向かって進む。のぼる。例「かくて——・るに、東(ひんがし)の方(かた)に山の横ほれるを見て」〈土佐・二月十一日〉訳このようにして(川を)さかのぼっていく時に、東の方に山が横たわっているのを見て。

二《枕詞》日がのぼることから「日(ひ)」にかかる。

さし-は【翳】〔名〕柄(え)の長い大きなうちわのような形をした道具。顔が見えないよう、高貴な人の顔にお付きの者がかざす。鳥の羽や薄絹などで作る。

さしは

さし-はさ・む【挿し挟む】〔他マ四〕{ま・み・む・む・め・め}❶差し込んで挟む。挟む。例「えよくも隠し給はで、御しとねの下に——・み給ひつ」〈源氏・若菜・下〉訳(手紙を)うまく隠すことがおできにならず、お布団の下にお挟みになった。

❷《相手に敵対する心を、相手との間に挟み持つ意》心に隠し持つ。心に抱く。例「野心を——・んで朝威(てうゐ)を滅ぼさんとする輩(ともがら)」〈平家・五・朝敵揃〉訳野心を胸に抱いて朝廷の権威を滅ぼそうとする連中。

さし-はな・つ【差し放つ】〔他タ四〕{た・ち・つ・つ・て・て}《「さし」は接頭語》手元から放し、捨ててかえりみない。遠ざける。放っておく。例「隔てて今は誰も誰も——・ち、さかしらなど宣(のたま)ふこそ幼けれ」〈源氏・若菜・上〉訳(私に)隔てをおいてこの頃は誰もが(私を)遠ざけ、おせっかいなどとおっしゃるのは大人げないことです。

さし-はな・る【差し離る】〔自ラ下二〕{れ・れ・る・るる・るれ・れよ}《「さし」は接頭語》❶地理的に離れている。遠ざかる。例「外(ほか)の——・れたらむはおぼつかなしとて」〈源氏・若菜・上〉訳郊外の遠ざかった所は気がかりであると言って。

❷血縁的に離れている。他人である。例「よその――・れたらむ人にこそ、よしともあしともおぼえられ給はめ」〈源氏・東屋〉訳よその他人に、よくも悪くも思われなさった方がよろしゅうございましょう。

さし-は・ふ【差し延ふ】(ハウ)〔自ハ下二〕{へ・へ・ふ・ふる・ふれ・へよ}わざわざする。それとめざしてする。例「――・へたる御文にはあらで、畳紙(たたうがみ)に手習のやうに書きすさび給ふ」〈源氏・空蝉〉訳わざわざお書きになるお手紙というのではなくて、ふところ紙に手習をするように気の向くままにお書きになる。

さし-むか・ふ【差し向かふ】(ムカウ)〔自ハ四〕{は・ひ・ふ・ふ・へ・へ}(「さし」は接頭語)❶向かい合う。対座する。例「隔てなきどち――・ひて多く飲みたる、いとをかし」〈徒然草・一七五〉訳気の合った者同士が差し向かいになって(酒を)たっぷり飲むのは、とてもおもしろい。

❷(夫と対座するの意から)正妻である。例「なほ――・ひたる劣りの所には、人も思ひおとし」〈源氏・薄雲〉訳やはり正妻である(素姓の)劣った所の子よりは、(世間の)人も軽く見。

さ-しも 〔副〕

基本の意は、①のあれほど、そんなに、だが、打消しや反語と呼応すると、②のそうでも、それほども、たいして、の意となるので注意が必要である。

❶**あれほど。そんなに。**例「入道相国(にふだうしやうこく)、――日ごろはゆゆしげにおはせしかども」〈平家・六・入道死去〉訳入道相国(=平清盛)は、あれほど日頃は偉そうにしていらっしゃったのに。

❷(下に打消し・反語の表現を伴って)**そうでも。それほども。たいして。**例「女などこそさやうの物忘れはせね、男は――あらず」〈枕草子・故殿の御服のころ〉訳女なんかはそういう物忘れはしないが、男はそうでもない。

さしも-な・し そうでもない。それほどでもない。例「夜(よる)鳴くもの、なにもなにもめでたし。児(ちご)どものみぞ――・き」〈枕草子・鳥は〉訳夜鳴くものは、(ホトトギスなど)なんでも皆すばらしい。赤ん坊(の夜泣くの)だけはそうでもない。

さし-もぐさ【さしも草】〔名〕ヨモギの異称。若葉は草餅(くさもち)に入れ、生長した葉はもぐさにして、灸(きゅう)に使う。「させもぐさ」「させも」「もぐさ」とも。例「かくとだにえやは伊吹(いぶき)の――さしも知らじな燃ゆる思ひを」〈後拾遺・恋一〉訳これほど(恋い慕っている)とすら申し上げることはできませんから、(あなたは)そうであるともご存じないでしょうね、私の燃えるような思いを。注「伊吹」ニ「いふ」ヲ掛ケ、「伊吹のさしも草」ハ次ノ「さしも」ヲ導ク序。『百人一首』所収ノ、藤原実方(サネカタ)ノ歌。

さしも-な・し ⇒「さしも〔副〕」子項目

さし-もの【差し物・指し物・挿し物】〔名〕❶中世から近世にかけて用いられた武具の一種。戦場で武士が自分の隊の目じるしとし、また自分の存在を目立たせようとして、鎧(よろい)の背の受け筒に立てたり、従者に持たせたりした小旗や吹き流しなど種々の飾り物。

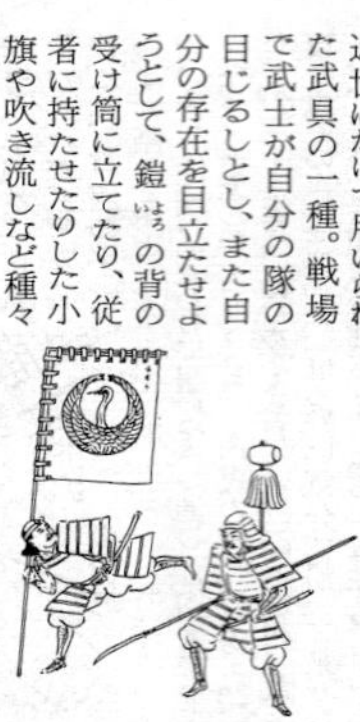
さしもの①

❷机・箱・たんすなど、木を組み合わせて作った器具。また、それを作ること。例「この所は、桑の木の――・竹細工(たけざいく)、名人あり」〈西鶴・日本永代蔵・三・五〉訳この所(=駿河(スルガ))には、桑の木の指し物・竹細工(が有名)で、その名人がいる。

❸女性が髪に挿す飾り物。かんざし・くしなど。

さし-や【差し矢・指し矢】〔名〕やつぎばやに矢を射ること。すばやく射ること。また、その矢。例「あるは遠矢(とほや)に射る舟もあり、あるは――に射る舟もあり」〈平家・一一・嗣信最期〉訳一方には遠方から矢を射る舟もあるし、一方にはやつぎばやに矢を射る舟もある。

さし-よ・す【差し寄す】〔他サ下二〕{せ・せ・す・する・すれ・せよ}(「さし」は接頭語)近づける。例「船を汀(みぎは)に――・せたり」〈平家・九・落足〉訳船を波打ち際に近づけた。

さし-よ・る【差し寄る】〔自ラ四〕{ら・り・る・る・れ・れ}(「さし」は接頭語)物や人などに近寄る。そばへ行く。例「几帳(きちやう)のもとに――・りたれば」〈枕草子・方弘は、いみじう人に〉訳几帳のそばに近寄ったところ。

さし-わ・く【差し分く】《「さし」は接頭語》■一〔他カ四〕{か・き・く・く・け・け}ことさらに他と区別して取り扱う。特別にする。例「盃(さかづき)など常の作法よりも――・かせ給ひて」〈源氏・幻〉訳酒宴などをいつもの作法よりも格別になさって。■二〔他カ下二〕{け・け・く・くる・くれ・けよ}❶ことさらに他と区別する。❷いくつかに分ける。分割する。

さし-わた・す【差し渡す】{さ・し・す・す・せ・せ}■一〔自サ四〕(「さし」は接頭語。近世語)❶直接向かい合う。面と向かう。❷人を介さず直接行動する。自分で…する。例「――・して弟(おとと)をつれて」〈西鶴・世間胸算用・四・三〉訳(相手を知っているので、人を介さず)直接自分で弟を連れて(弟のことを頼みに行った)。

■二〔他サ四〕❶岸から岸、端から端へかけ渡す。渡しておく。例「下(しも)つ瀬に小網(さで)――・す」〈万葉・一・三八長歌〉訳下流の瀬に小網(=スクイ網)をずっと仕掛ける。

❷棹(さを)を差して舟を渡す。例「車かきすゑて、ののしりて――・す」〈蜻蛉・上・安和元年〉訳(牛をはずした)車を(舟に)固定して、大騒ぎして舟を渡す。

さし-わた・る【差し渡る】〔自ラ四〕{ら・り・る・る・れ・れ}棹(さを)を差して舟で渡る。例「小さき舟に乗り給ひて、――・り給ふほど」〈源氏・浮舟〉訳小さい舟にお乗りになって、棹を差してお渡りになる間。

さ・す

{さ・し・す・す・せ・せ}［一］〔自サ四〕■一【指す・差す】自然の力が、ある方向に作用する。❶(日光などが)直射する。例「わたつみの豊旗雲(とよはたくも)に入り日――・し今夜(こよひ)の月夜(つくよ)さやけかりこそ」〈万葉・一・一五〉訳海上の(旗のように)美しくなびく雲に夕陽がさしている。今夜の月もさやかに照ってほしい。

❷(潮が)満ちてくる。

❸(雲などが)わき上がる。

❹(草木の枝などが)伸びる。例「瑞枝(みづえ)――・し繁(しじ)に生(お)ひたる栂(とが)の木のいや継ぎ継ぎに万代(よろづよ)にかくし知らさむ」〈万葉・六・九〇七長歌〉訳みずみずしい枝が伸び

てぎっしり茂っているトガの木(=松科ノ高木、ツガ)のように、次から次へと万代まで永久にこのようにしてお治めになるであろう。

二【障す】《近世の用法》さしさわりがある。支障がある。また、(連歌・俳諧で)「さしあひ」(=前句ニアルノト同音・同語ナドヲ避ケルコト)が出る。

[二]〔他サ四〕**一**力や意志を、ある方向に働かせる。❶(指や物で)それと指し示す。指さす。例「『かしこにあり』と倉の方(かた)に指を――・しぬ」〈今昔・二六・一七〉訳(狐に化かされた男は)「あそこに(私の子が)いる」と言って倉の方を指さした。

❷(目的とする方向を)目ざす。例「若の浦に潮満ち来れば潟をなみ葦辺(あしへ)を――・して鶴(たづ)鳴き渡る」〈万葉・六・九一九〉訳和歌の浦(=和歌山市ノ海岸)に潮が満ちて来ると、干潟がなくなるので、葦の生えているあたりを目ざして、鶴が鳴きながら飛んで行くよ。

❸(人をして、ある方向へ)向かわせる。派遣する。例「使ひを――・して、多くの財物(ざいもつ)を持たしめて」〈今昔・一六・一九〉訳使者を派遣して、多くの宝物を持たせて。

❹(それと)指定する。指摘する。また、(その人と)指名する。任命する。密告する。評判する。

❺(旗などを)掲げる。(傘などを)かざす。

❻(杯などを)人に向かって差し出す。

❼(物差しを)当てて計る。転じて、(箱などを)作る。

二【刺す・挿す】細いものや先のとがったものを、突きこむ。突き入れる。❶(針・刀などで)突き刺す。(ハチなどが、針で)刺す。

❷(針を入れて)縫う。(糸・紐などで)通してつづる。

❸(舟を進めるために、棹を水底に)突き立てる。例「夏の夜は道たづたづし船に乗り川の瀬ごとに棹――・しのぼれ」〈万葉・一八・四〇六二〉訳夏の夜は(暗くて)道がおぼつかない。(だから、船に綱をつけて引っぱったりしないで)船に乗って川の浅瀬ごとに棹をさしてのぼれよ。

❹(花・矢など、細いものを)容器に立てて入れる。

❺(刀などを)帯の間に入れて腰につける。

❻(花や櫛などを)頭髪に挟み入れる。例「平群(へぐり)の山の熊樫(くまかし)が葉を髻華(うず)に――・せその子」〈古事記・中・景行〉訳平群の山の大きな樫の木の葉を髪飾りとして挿しなさい、お前達よ。

三【鎖す】棒などを隙間にさしこんで、動かないようにする。❶桟をさしこんだりして、(戸などが)開かないようにする。例「かうてなむ、かたう――・したる」〈蜻蛉・下・天禄三年〉訳このようなわけ(=物忌ミ)で、(戸が開かないように)厳重に桟をさしてあります。

❷(戸などを)ぴったりと閉ざす。

四【注す・点す】❶(容器などに)液体を注ぎこむ。また、(顔などに)何かを塗る。色合いをつける。

❷(火)をともす。例「まづ紙燭(しそく)――・して来(こ)」〈竹取・燕の子安貝〉訳まず紙燭(=手ニ持ツ灯火)をつけて持って来い。

> 要点「さす」は、いろいろな意味に分化しており、ここに挙げた以外に種々の用法があるから注意を要する。

さす

〔助動下二型〕接続 上一段・上二段・下一段・下二段・カ変・サ変活用の動詞の未然形に付く。

未然形	連用形	終止形	連体形	已然形	命令形
させ	させ	さす	さする	さすれ	させよ

【使役】❶《他の者に動作をさせる意(使役)を表す》…**させる**。例「月の都の人まで来(こ)ば、捕らへ**させむ**」〈竹取・かぐや姫の昇天〉訳月の都の人がやって来たら、捕らえさせよう。

❷(「おはします」「給ふ」などの尊敬語とともに用いられて)《尊敬の意を強める》**お…あそばす。お…になる。**例「七つになり給へば、書(ふみ)始めなどせ**させ**給ひて」〈源氏・桐壺〉訳(光源氏が)七歳におなりになったので、(帝は)初めて漢籍の読み方を習う儀式などをおやりになって。

❸(受身の表現が用いられるべきところに用いられて)《他の人がするのにまかせる意(放任・許容)を表す》…させておく。…される。例「三位(さんみ)の中将、馬(むま)の三頭(さうづ)を篦深(のぶか)に射**させ**て、弱るところに」〈平家・九・重衡生捕〉訳三位の中将(=平重衡(タイラノシゲヒラ))は、馬の後足の上部の骨に矢を深く射られて、(馬が)弱るところへ。

> 要点 (1)①が本来の用法。②は、身分の高い人は、自分ではせず、人を使ってさせることが多いところから、使役が尊敬と見なされるようになったもの。③は、自分に害が及ぶような動作を、あえてそうするままにしておく、そうさせておく、の意。中世の軍記物語などに例が多く、武士らしい気強い言い方とされている。
> (2)②の用法は、あとに尊敬の補助動詞「給ふ」や「おはします」などが付いていわゆる二重敬語になる場合である。天皇・皇后やそれに準ずる特に身分の高い人の動作に、特に敬意を払う場合の用法である。ただし、「させ給ふ」の「さす」が使役の意を表すこともあるから、実際に動作をする人が誰かということに注意して、混同しないようにする必要がある。
> 参考 (1)「さす」と「す」とは接続する動詞の種類が違うだけで(「す」は四段・ナ変・ラ変動詞に付く)、意味・用法は全く同じである。「しむ」が漢文を読み下した漢文訓読系の文章に主として用いられるのに対して、「さす」と「す」は和歌や物語などの和文系の文章に広く用いられた。
> (2)謙譲の意を表す「聞こゆ」に「さす」が付いた「聞こえさす」は、申し上げる、…申し上げる、といった謙譲の意を表すが、全体で一語の動詞あるいは補助動詞と考えられている。

さ・す【止す】〔接尾四型〕{さ・し・す・す・せ・せ}《動詞の連用形に付く》❶動作を中途で打ち切る意を表す。…しかけてやめる。最後まで…しないでやめる。例「心もなき事啓してけりと思ひて、くはしくもその程の事をばいひ――・しつ」〈源氏・手習〉訳思いやりのない事を申し上げてしまったと思って、くわしくはその時の事情を最後まで言わないでやめてしまった。

❷動作が中途でとまる意を表す。…しかける。…しかかる。例「花はほのかに開け――・しつつ、をかしき程の匂(にほ)ひなり」〈源氏・幻〉訳(紅梅の)花はかすかにほころびかけながら、(なんとも言えず)風情のある匂いである。

ざ-す【座主】〔名〕一山の寺務を統括する最高の僧職。

比叡山延暦寺(ひえいざんえんりゃくじ)などの大寺の最高責任者の称。

要点 寺の管長の名称は各寺で異なり、興福寺は別当(べっとう)、東寺(とうじ)は長者(ちょうじゃ)という。

ざ・す【座す】〔自サ変〕{せ・し・す・する・すれ・せよ}座をしめる。すわる。例「この寺の方丈に━・して簾(すだれ)を捲(ま)けば、風景一眼(いちがん)のうちに尽きて」〈奥の細道・象潟〉訳この寺(＝蚶満(カンマン)寺)の座敷に座って簾を巻くと、風景が一目の中にすべて収まり(＝一目デ見渡セテ)。

さす-が【刺鉄】〔名〕鐙(あぶみ)をつるし留める金具。多く、副詞の「さすが」とかけて用いられる。

さすが【流石】■一〔形動ナリ〕❶前に述べた内容と矛盾するようす。**そうはいっても、やはり…だ。**やはりそうはゆかない。例「━・なる御気色(みけしき)うちまぜつつ」〈源氏・真木柱〉訳(柏木は腹違いの玉鬘(たまかずら)を)やはりあきらめきれず恋しく思う様子を時折示しながら。

❷やはりどうかと思われる。感心しない。例「月だに宿るすみかを過ぎむも━・にて、降(お)り侍(はべ)りぬかし」〈源氏・帚木〉訳月でさえ宿るその家を(この私が)通り過ぎるのもどうかと思われて、(牛車(ぎっしゃ)から)降りてしまいましたよ。

■二〔副〕《副詞「さすがに」の「に」を省略した形》❶前に述べた内容と矛盾する様子。**そうはいうものの。それでもやはり。**例「━憎しと思ひたるにあらずと知りたるを、いと怪しくなむ覚ゆる」〈枕草子・故殿の御ために〉訳(なぜ、本気で親しく話してくださらぬのか)それでもやはり(私を)嫌いに思っているのではないことはわかるのだが、実に不思議に思われる。注頭ノ中将斉信(タダノブ)ノ作者ヘノ言葉。

❷なんといってもやはり。どうしてもやはり。例「中納言、召さでも━あしかるべければ、箸(はし)とって召すよししけり」〈平家・八・猫間〉訳猫間中納言は、(木曽義仲のすすめる田舎風の食事を)召し上がらないのもやはり具合が悪いので、箸を手に召し上がるそぶりをした。

❸予想された通りで納得する意を表す。なるほど、やはり。いかにも。例「福原は、山隔たり江(え)重なって、ほども━遠ければ」〈平家・五・都帰〉訳福原は、(南都・北嶺(ほくれい)との)間に山もあり川も幾つもあり、道ののりもなるほど遠いので(僧兵の乱入(いれ)もあるまい)。

さすが-に【流石に】〔副〕類しかすがに

さ(副詞)＋す(動詞サ変)＋がに(助詞)が一語化したもの。それはそれとして一応認めるが、それとは別の点を重視して、やはりそうもゆかない、の意。「に」を省略したさすがも同じ意に用いる。

❶**そうは言ってもやはり。それでもやはり。**例「さりがたき餞(はなむけ)などしたるは、━うち捨てがたくて」〈奥の細道・草加〉訳断りきれない餞別(せんべつ)などしてくれたのは、(荷物になって邪魔ではあるが)そうは言ってもやはり捨てにくくて。

❷当然のこととはいえやはり。例「もろ声に鳴きたるこそ、━をかしけれ」〈枕草子・鳥は〉訳(ホトトギスとウグイスが)声を合わせて鳴いているのは、当然のこととはいえやはり興趣がある。

さすたけ-の【刺す竹の】《枕詞》「大宮人」「君」「皇子(みこ)」などにかかる。例「━大宮人の家と住む佐保の山をば思ふやも君」〈万葉・六・九五五〉訳宮廷人が自分の家として住む佐保の山を(なつかしく)思うでしょうか、あなたは。

さすら・ふ【流離ふ】(サスラ(ロ)ウ)■一〔自ハ四〕{は・ひ・ふ・ふ・へ・へ}故郷や家を離れてあてもなく歩き回る。放浪する。

■二〔自ハ下二〕{へ・へ・ふ・ふる・ふれ・へよ}■一に同じ。例「漂泊(へうはく)の思ひやまず、海浜に━・へ」〈奥の細道・出発まで〉訳あてどない旅へさすらい出たい気持ちがおさまらず、(歌枕などになっている)海辺をあちこち歩き回って。

さすれ《助動詞「さす」の已然形》⇩さす

させ《助動詞「さす」の未然形・連用形》⇩さす

させ-おはしま・す【させ御座します】(・・オワシマス)《連語》《尊敬の助動詞「さす」の連用形＋補助動詞「おはします」》(きわめて強い尊敬の意を表す)お…になる。お…あそばす。例「御年六十二にて失(う)せ━・しけるを」〈大鏡・冷泉〉訳(冷泉(れいぜい)天皇は)年六十二歳でお亡くなりあそばされたのを。

要点 連語「せおはします」と、接続する動詞の種類が違うだけで、意味・用法はまったく同じ。⇩せおはします要点

させ-たま・ふ【させ給ふ】(・・タモ(ウ))《連語》《「助動詞「さす」の連用形＋尊敬の補助動詞「給ふ」》❶(「さす」が尊敬の場合)(きわめて強い尊敬の意を表す)**お…あそばす。お…になる。…なさる。**例「新院のおり━・ひての春、詠ませ給ひけるとかや」〈徒然草・二七〉訳新院(の花園上皇)が御退位なさってその年の春、次のような歌をお詠みになったとか。注「詠ませ給ひける」ノ「せ給ふ」モ同ジ二重敬語。

❷(「さす」が使役の場合)(使役と尊敬の意を表す)お…させになる。…させなさる。例「右近(うこん)を召し出(い)でて、随身(ずいじん)を召させ給ひて、御車引き入れ━・ふ」〈源氏・夕顔〉訳(光源氏は)右近をお呼び出しになって、護衛の者をお呼ばせになり、牛車(ぎっしゃ)を(夕顔の屋敷の中に)引き入れさせなさる。

要点 連語「せたまふ」と、接続する動詞の種類が違うだけで、意味・用法はまったく同じ。⇩せたまふ要点

させ-たまへ【させ給へ】(・・タマエ)《連語》《連語「させたまふ」の命令形。多くは感動詞「いざ」とともに、「いざさせたまへ」の形》(尊敬の気持ちをこめて、人をうながしたり、誘ったりする意を表す)…なさいませ。…なさいませんか。例「いざ、━、湯浴(ゆあ)みに。大夫(たいふ)殿」〈宇治拾遺・一・一八〉訳さあ、おいでになりませんか、お風呂に。大夫殿。

させよ《助動詞「さす」の命令形》⇩さす

さ-せる【然せる】〔連体〕《連語「然せり」の連体形が固定したもの。多く下に打消しの表現を伴う》それほどの。これといった。例「御方(みかた)にて先をかけたりしかども、━賞にもあづからず」〈平家・四・鵼〉訳(源頼政(よりまさ)は天皇方の)味方でまっ先に戦ったのだが、これといった恩賞をいただくこともない。

さ-せん【左遷】〔名・他サ変〕低い官職や遠方の地方官などに地位を落とすこと。

さ-ぜん【作善】〔名〕《仏教語》仏道でのさまざまな善行をなすこと。仏像を作ったり、寺を建てたり、写経をしたりすること。例「願文(ぐわんもん)に━多く書きのせたる」〈徒然草・七二〉訳(下品な感じがするものは)願文に自分のした善行をたくさん記していること。注「願文」ハ、仏事ノ際ニ、

施主ノ祈願ノ主旨ヲ述ベタ文。

さ-ぞ【然ぞ】 一〔連語〕(副詞「さ」＋係助詞「ぞ」)❶(文中にある場合)そのようにも。そうも。例「――おぼさるらむかし」〈源氏・朝顔〉訳(実際にも)そうもお思いになっておられるのだろうなあ。❷(文末にある場合)そうだ。そうなのだ。確かにそうだ。

二〔副〕(下に推量の表現を伴って)さだめし。さぞかし。例「奥(おき)は――吹いて候ふらん」〈平家・一一・逆櫓〉訳沖はさだめし吹き荒れておりますでしょう。

さそ・ふ【誘ふ】〔他ハ四〕{は・ひ・ふ・ふ・へ・へ}❶一緒に連れて行く。連れ去る。また、一緒に行くように勧誘する。例「秋のころ、聖海上人(しやうかいしやうにん)、その外も、人あまた――・ひて」〈徒然草・二三六〉訳秋の頃に、聖海上人や、そのほかにも、(出雲(いずも)大社参詣(さんけい)に)人を大勢誘って。❷そうするようにそそのかす。促す。誘う。例「鶯(うぐひす)の鳴きつる声に――・はれて花の許(もと)にぞ我は来にける」〈後撰・春上〉訳ウグイスが鳴いている声にそそのかされて、この梅の花のそばに私はやってきてしまったよ。

さ-た【沙汰】〔名・他サ変〕

> もとは、砂金や米を水で流して選別することの意。それが変化して、**ある事物に対する判定**、また、それに伴う対応・処置、の意になる。

❶**評議。判定。**特に訴訟・裁判を指すこともある。例「この歌も、衆議判(しゆぎはん)の時、よろしき由(よし)――ありて」〈徒然草・一四〉訳この和歌も、衆議判の時、悪くない歌だという判定があって。注「衆議判」ハ、歌合ワセデ、参加者全員デ評議シテ判定ヲ下スコト。❷**処置。始末。**例「同じくは、かの事――・しおきて」〈徒然草・五九〉訳同じことなら(＝ドウセ出家スルノナラ)、あの事を処置しておいて。❸手配。したく。例「倫言(りんげん)なれば、雑色(ざつしき)・牛・車きよげに――・して」〈平家・六・小督〉訳天皇のご命令なので、下働きのお供や牛や車をきれいに支度して。❹命令。教示。例「あへて罪科(ざいくわ)の――もなかりけり」〈平家・一・殿上闇討〉訳全く処罰の命令もなかった。❺音信。知らせ。例「『さらんには力なし』とて、その後(のち)――もなかりしを」〈平家・四・競〉訳「それでは仕方がない」と言って、その後音信もなかったのだが。❻評判。うわさ。例「都の――になりしに」〈西鶴・日本永代蔵・二・一〉訳都の評判になったのだが。

沙汰無(な)・し 話題にしない。問題にしない。例「赤舌日(しやくぜつにち)といふ事、陰陽道(おんみやうだう)には――・き事なり」〈徒然草・九一〉訳(何事を始めるにも凶である)赤舌日という事は、陰陽道では問題にしない事である。

沙汰の限(かぎ)り 言語道断(ごんごどうだん)。もってのほか。例「そのやうな――なことがあるものでおりゃるか」〈狂言・千鳥〉訳そのような言語道断なことがあるものですか。

さだ〔名〕(多く「――過ぐ」の形で用いられて)時機。また、特に、盛りの年齢。例「年はやや――過ぎ行くに」〈更級・夫の死〉訳年齢はしだいに盛りを過ぎてゆくのに。

さ-だ【蹉跎】〔形動タリ〕つまずく様子。転じて、思うにまかせぬさま。時機を失うさま。例「わが生(しやう)、すでに――・たり」〈徒然草・一一二〉訳自分の生涯は、もう時機を失って終わりに近い。

定家(さだいえ) サダイエ〔人名〕⇩藤原定家(ふぢはらのていか)

さ-だいしゃう【左大将】 サ・ダイショウ〔名〕(「左近衛(さこんゑ)の大将」の略)左近衛府の長官。対うだいしゃう

さ-だいじん【左大臣】〔名〕「太政官(だいじやうくわん)」の長官。太政大臣の次位で、右大臣の上位。太政大臣は常置の官ではなく、実際には左大臣がいっさいの朝廷政務を統括した。「ひだりのおほいまうちぎみ」「ひだりのおとど」「いちのかみ」とも。対うだいじん

さ-だいべん【左大弁】〔名〕太政官に属する左弁官局の長官。「中務(なかつかさ)」「式部(しきぶ)」「治部(ぢぶ)」「民部(みんぶ)」の四省を支配監督する役。対うだいべん

さだ-か【定か】〔形動ナリ〕確かである。はっきりしている。例「むばたまの闇(やみ)のうつつは――・なる夢にいくらもまさらざりけり」〈古今・恋三・六四七〉訳(夢にまで見た恋しい人と現実に会えたが、暗闇の中の逢瀬(おうせ)は、はっきりと姿を見た夢の中にくらべてそれほども勝っていなかったことよ。

さだ-す・ぐ【時過ぐ】〔自ガ上二〕{ぎ・ぎ・ぐ・ぐる・ぐれ・ぎよ}❶時機が過ぎる。好機が去る。例「沖つ波辺波(へなみ)の来寄る左太(さだ)の浦のこの――・ぎて後恋ひむかも」〈万葉・一一・二七三二〉訳このよい時機が(むざむざ)過ぎてしまった、後で恋しく思うことだろうなあ。注第三句マデハ「このさだ」以下ヲ導ク序詞。❷盛りの年齢が過ぎる。老いる。

さた-な・し【沙汰無し】 ⇩「さた」子項目

さた-の-かぎり【沙汰の限り】 ⇩「さた」子項目

さだま・る【定まる】〔自ラ四〕{ら・り・る・る・れ・れ}(「さだむ」の自動詞形)❶決まる。決定する。例「四季はなほ――・れるついであり」〈徒然草・一五五〉訳四季にはやはり(春・夏・秋・冬という)決まっている順序がある。❷慣例となる。決まったこととなる。例「御産(ごさん)の時、甑(こしき)落とすことは、――・れることにはあらず」〈徒然草・六一〉訳高貴の方のお産の時、甑(＝セイロノヨウナ蒸シ器)を(屋根から)落とすということは、必ずすると決まっていることではない。❸(世の中が)治まる。落ち着く。また、(風などが)しずまる。例「奈良の京は離れ、この京は人の家まだ――・らざりける時に」〈伊勢・二〉訳奈良の京は遠ざかり(衰え)、(新たに移った)この京は人家がまだ落ち着かなかった時に。

さだ・む【定む】〔他マ下二〕{め・め・む・むる・むれ・めよ}(「定まる」の他動詞形)❶決める。決定する。例「帝(みかど)にはかに日を――・めて、御狩りに出(い)で給うて」〈竹取・帝の求婚〉訳天皇は急に日を決めて、(かぐや姫を見に行くために)狩りにお出かけになって。❷論じ合う。議論する。批評する。例「しばし船をとどめて、とかく――・むることあり」〈土佐・二月十一日〉訳しばらく船を停泊させて、あれやこれやと合議することがある。❸治める。しずめる。平定する。例「天(あめ)の下治め給ひ食(を)す国を――・め給ふと」〈万葉・二・一九九長歌〉訳(天武天皇は)天下をお治めになり、統治するこの国を平定なさろうとして。

参考 ①は現代語の「決める」の意味に等しいが、この語に相当する古語「決(き)む」にはこの意味がない。

さだめ【定め】〔名〕❶決めること。決定。評定。例「昔より春秋の――は、えし侍(はべ)らざなるを」〈更級・春秋のさ

だめ〉訳 昔から春と秋のどちらがまさっているかを決めることは、できなかったということですのに。

❷あらかじめ決められたこと。きまり。規則。運命。例「秋の司召(つかさめ)しあるべき——にて、大殿(おほいとの)も参り給へば」〈源氏・葵〉訳 秋の官吏任官会議があるきまりで、大殿(=ココデハ左大臣様)も内裏に参上なさったので。

さだめ-あ・ふ【定め合ふ】(:::ア (オ)ウ)〔他ハ四〕{は・ひ・ふ・ふ・へ・へ} 議論し合って決める。議論し合う。例「『これは、かれは』など——・へるを、この頃の事にすめり」〈源氏・絵合〉訳「これは、あれは」など(絵の巧拙を)論じ合っているのを、この頃の日課にしているようである。

さだめ-て【定めて】〔副〕きっと。必ず。例「この児(ちご)、——驚かさんずらんと、待ち居(ゐ)たるに」〈宇治拾遺・一・一二〉訳 この稚児は、きっと(誰かが)起こすだろうと、(寝たふりをして)待っていたところ。

さだめ-な・し【定め無し】〔形ク〕一定しない。無常だ。例「世は——・きこそいみじけれ」〈徒然草・七〉訳 この世は無常であるからこそすばらしいのだ。

さち【幸】〔名〕❶弓矢や釣り針など、獲物を取る道具。例「各(おのおの)——を相易(か)へて用ゐむ」〈古事記・上・火遠理命〉訳 それぞれ獲物を取る道具を取り換えて使おう。

❷狩りや漁で獲物があること。また、その獲物。

❸さいわい。しあわせ。

さ-ちゅうじゃう【左中将】(::チユウ ジヨウ)〔名〕《「左近衛(さこんゑ)の中将」の略》左近衛府の次官。対 うちゅうじゃう

さ-ちゅうべん【左中弁】〔名〕太政官に属する弁官の次官。国政に関する事務処理を担当した。左大弁の下に位する。対 うちゅうべん

さ-つき【五月・皐月】〔名〕陰暦五月の別名。(季・夏)例「——、菖蒲(あやめ)ふくころ、早苗(さなへ)取るころ」〈徒然草・一九〉訳 五月の、(端午(たんご)の節句の)菖蒲を軒に挿し連ねる頃、早苗を(苗代(なわしろ)から)取る頃。

さつき-あめ【五月雨】〔名〕さみだれ。梅雨。例「日の道や葵(あふひ)傾く——」〈芭蕉〉訳 太陽の通る道筋なのだ、葵の花が傾いて咲いているその方向は。葵の花も日の光を慕っているのだ、この降り続くさみだれの中で。

さづ・く【授く】(サズ ク)〔他カ下二〕{け・け・く・くる・くれ・けよ} ❶上位者が下位者に与える。授与する。例「霊剣を尊(みこと)に——・け申し給ふ」〈平家・一一・剣〉訳(天照大神(あまてらすおおみかみ)が)霊力を持った剣を日本武尊(やまとたけるのみこと)にお授け申し上げなさる。

❷(学問・教理などを)教え伝える。伝授する。例「大乗妙経(だいじょうめうきやう)を公家(くげ)に——・け奉り」〈平家・二・座主流〉訳(明雲大僧正は)法華経を公家(=高倉天皇)に伝授申し上げ。

さっ-さつ【颯颯】〔形動タリ〕風が軽く音を立てて吹くようす。例「三五夜中(さんごやちゅう)、新月白くさえ、涼風(りやうふう)——・たりし夜なかばに」〈平家・七・青山之沙汰〉訳 十五夜の、上り始めた月が白くさえ、涼しい風がさあっと吹いた真夜中に。

ざっ-しき【雑色】〔名〕⇩ざふしき

ざっ-てい【雑体】〔名〕『古今集』巻十九の部立ての名。長歌・旋頭歌(せどうか)・誹諧歌(はいかいか)の総称。

ざっ-と〔副〕❶行動や動作が勢いよく行われる様子。ざあっと。どっと。例「深田ありとも知らずして、馬を——うち入れたれば、馬の頭(かしら)も見えざりけり」〈平家・九・木曽最期〉訳(木曽義仲は)深い泥田があるとも知らないで、馬を(勢いよく)ざあっと乗り入れたので、馬の頭も見えなくなってしまった。

❷簡略なさま。さらっと。

ざっ-ぱい【雑俳】〔名〕《「雑体の俳諧(はいかい)」の意》本格的な俳諧に対して、通俗化して言語遊戯化したもの。「前句(まへく)付け」「冠(かむり)付け」「沓(くつ)付け」「折り句」などの総称。元禄時代にすでに広く行われたが、江戸時代中後期にますます流行した。

薩摩(さつま)《旧国名》西海道十二か国の一つ。現在の鹿児島県西部にあたる。薩州(さっしゅう)。

さつ-や【猟矢】〔名〕《「さつ」は「さち」の転》狩りに用いる矢。例「あしひきの山にも野にも御狩人(みかりびと)——手挟(たばさ)み騒きたり見ゆ」〈万葉・六・九二七〉訳 山にも野にも、天皇の狩りに奉仕する狩人達が、矢を手にはさんで持って盛んに狩りをしているのが見える。

さつ-ゆみ【猟弓】〔名〕狩りに用いる弓。

さつ-を【猟夫】(:オ)〔名〕猟師。かりうど。例「むささびは木末(こぬれ)求むとあしひきの山の——にあひにけるかも」〈万葉・三・二六七〉訳 ムササビは、梢(こずえ)を求めようとして(飛び回って、結局)山の猟師に出会ってしまったよ。

さ-て(副詞「然(さ)」+接続助詞「て」)

> 一の副詞の場合は、そういう状態で、の意。二の接続詞の場合は、そこで、そうして、の意。「さて」の「さ」が具体的に指示するか否かで、指示すれば一、しなければ二になる。

■一〔副〕そのままで。**そういう状態で。**例「し残したるを、——うち置きたるは、おもしろく、生き延ぶるわざなり」〈徒然草・八二〉訳 し残したところを、そのままでおいておくのは、おもしろく、寿命が延びる気持ちがするやり方である。

■二〔接続〕❶(前文の内容を受けて)**そこで。そうして。**そういうしだいで。例「——、宇治の里人を召して、こしらへさせられければ」〈徒然草・五一〉訳 そこで、宇治の住民を呼んで、(水車を)作らせなさったところが。

❷(文脈上、逆接になって)そうは言うものの。ところが。例「——、心劣りするやうもありかし」〈枕草子・うれしきもの〉訳(読みたかった物語の続きを見つけたのはうれしいが)そうは言うものの、がっかりすることもあるものだ。

❸(話題を転換させて)ところで。例「——、池めいてくぼまり、水漬(つ)ける所あり」〈土佐・二月十六日〉訳 ところで、池みたいにくぼんで、水がたまっている所がある。

さ-で【小網】〔名〕魚をすくいとる柄(え)のついた網。さで網。

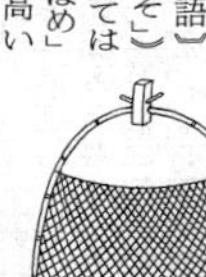
さで

さて-こそ【然てこそ】〔連語〕(副詞「さて」+係助詞「こそ」)

❶そうしてこそ。そのようにしてはじめて。例「——取らしめ給はめ」〈竹取・燕の子安貝〉訳(高い足場を組みあげて)そのようにしてはじめてお取りになれるでしょう。

❷まさにそういうわけで。そんなしだいで。案の定(じょう)。例「——粟津(あはづ)の戦(いくさ)はなかりけり」〈平家・九・木曽最期〉訳(木曽義仲の軍勢はほとんど壊滅されてしまった)。

まさにそういうわけで、粟津の戦い(と呼べるような華々しい戦い)はなかった。

さて-さて【然て然て】 **一**〔感〕驚いたりあきれたりした時に発する語。いやあまったく。これはこれは。例「──、をかしかりける女かな」〈源氏・帚木〉訳いやあまったく、おもしろい女だねえ。
二〔副〕「それで、それで」と次々に問いかける語。そうしてそれから。例「『──』と問ひ聞こえさせ給ひて」〈栄花・わかばえ〉訳「そうしてそれから」とおうかがいなさって。

さて-しも《連語》《副詞「さて」＋強調の副助詞「しも」》
❶そのようにして。そのままで。例「熊谷(くまがへ)あまりにいとほしくて、……──あるべきことならねば、泣く泣く首をぞ掻いてんげる」〈平家・九・敦盛最期〉訳熊谷直実は(敵の平敦盛が)あまりに不憫で(思い乱れたが)、……そのままでいるわけにもいかないので、泣きながら(敦盛の)首を切ったのであった。
❷それにしても。ところで。例「──臥(ふ)したる妻は、いづち行きけん、見えず」〈雨月・浅茅が宿〉訳それにしてもそばに寝ていた妻は、どこへ行ったのか、姿が見えない。

さて-は **一**〔副〕**そのままでは。そういう状態では。**例「まさに──過ぐし給ひてむや」〈源氏・末摘花〉訳(光源氏のことだから)当然そのままでは(＝女ト深イ関係ニナラズニ)お過ごしになるはずがあろうか(そんなはずがない)。
二〔接続〕❶**それでは。それならば。**例「──、もののあはれは知り給はじ」〈徒然草・一四二〉訳それでは、人情味というものはおわかりでないでしょう。
❷**そしてまた。そのほかに。**例「清げなるおとな二人ばかり、──童(わらは)べぞ出(い)で入り遊ぶ」〈源氏・若紫〉訳こざっぱりとした様子の年配の女房が二人いて、そしてまた子供達が(部屋を)出たり入ったりして遊んでいる。

さて-また〔接続〕《接続詞「さて」と「また」を重ねた語》そうしてまた。それからまた。

さて-も **一**〔副〕**そういう状態でも。そうであっても。**例「──あるべきならねば」〈平家・六・入道死去〉訳(平清盛入道の遺体をいつまでも)そのままにもしておけないので。
二〔接続〕**ところで。それはそうと。**例「──、いくつにかなり給ひぬる」〈大鏡・序〉訳ところで、おいくつになられましたか。
三〔感〕**それにしてもまあ。ほんとにまあ。**例「──義臣すぐってこの城にこもり、功名一時(いちじ)の叢(くさむら)となる」〈奥の細道・平泉〉訳それにしてもまあ(源義経が)忠義の臣下をえりすぐってこの城にたてこもり、功名を立てたがそれも一時のことで今ではただの草むらとなっている。

さても-さても《「さても三」を重ねた語》ほんとにどうも。いやどうも。例「──、こちの頼うだ人のように、物を急に仰せ付けらるるお方はござらぬ」〈狂言・粟田口〉訳ほんとにどうも、私の主人のように、急にものを言いつけられるお方はありません。

さと【里】〔名〕❶(山地などに対して)人家のある所。人里。集落。上代の地方行政区画では、人家五十戸を一つの「里(郷)」として、「郡(こほり)」の下に置いた。例「奈良の京(きやう)、春日(かすが)の──に、領(し)る由(よし)して、狩に往(い)にけり」〈伊勢・一〉訳奈良の都、春日の里に、領地がある縁で、狩に出かけて行った。
❷(旅先や移住先に対して)本来の居住地。郷里。いなか。例「春霞(はるがすみ)立つを見捨てて行く雁(かり)は花なき──に住みやならへる」〈古今・春上・三一〉訳春霞が立つのを見捨てて北へ帰って行く雁は、花のない郷里に住みなれているのだろうか。
❸**(勤め先や嫁ぎ先に対して)自宅。**実家。親もと。例「小宰相(こざいしやう)殿は、折節(をりふし)わが──より御所へぞ参り給ひける」〈平家・九・小宰相身投〉訳小宰相様は、その時ご自宅から御所へ参上なさった。
❹(寺に対して)在家。俗人の住む所。
❺子供を預けて育ててもらう家。養家。
❻《近世語》遊里。色里。

さ-と〔副〕❶すばやく動作したり、現象が急に起こったりする様子。さっと。さあっと。例「──吹く風に灯籠(とうろ)も吹きまどはして」〈源氏・幻〉訳さっと吹く風に灯籠も吹き乱して。
❷人の声などがいっせいに起こる様子。どっと。わっと。

佐渡(さど)《旧国名》北陸道七か国の一つ。現在の新潟県佐渡が島。日本海に浮かぶ島で、古来流刑の地として有名。順徳上皇・日蓮上人・日野資朝・世阿弥らが流された。江戸時代には金の産出地として知られた。渡州。

ざ-とう【座頭】〔名〕❶盲人琵琶法師の地位の一つ。検校・別当・勾当に次ぐ最下位。
❷僧形の盲人で、琵琶・琴・三味線などを弾いて歌を歌ったり、また、あんま・はりを職業とした者の総称。

さとおさ【里長】〔名〕⇩さとをさ

さと-がち【里がち】〔形動ナリ〕(宮仕えする人などが)実家に帰っていることが多い様子。里居がちである。例「いとあつしくなりゆき、もの心細げに──・なるを」〈源氏・桐壺〉訳(桐壺更衣は病気が)とても重くなっていって、頼りなげな様子で実家に帰っていることが多いのを。

さとし【諭し】〔名〕《動詞「さとす」の連用形の名詞化》(神仏の)お告げ。前兆。例「立たむ月に死ぬべしといふ──もしたれば」〈蜻蛉・下・天禄三年〉訳来月になったら死ぬだろうというお告げもあったので。

さと・し【聡し】〔形ク〕頭のはたらきがよい。理解が早い。賢い。例「世に知らず、──・うかしこくおはすれば」〈源氏・桐壺〉訳(光源氏が七歳で学問始めをなさると)世に二人とないほど、理解が早く賢明でおいでなので。

さと・す【諭す】〔他サ四〕〈す・せ・せ〉《「悟る」の他動詞形》道理などを告げ知らせる。悟らせる。例「天変(てんぺん)しきりに──・し、世の中静かならぬは、この気(け)なり」〈源氏・薄雲〉訳気象の異変などが頻繁に起こって異常を告げ知らせ、世の中が不安定なのは、このためです。

さと-ずみ【里住み】〔名〕❶**自宅で過ごすこと。**家庭で暮らすこと。対うちずみ　例「上(うへ)の常に召しまつはせば、心安く──もえし給はず」〈源氏・桐壺〉訳(光源氏は)天皇がいつもおそばに置いてお離しにならないので、気楽に自宅でお過ごしにもなれない。
❷俗世間で暮らすこと。対やまずみ　例「人に言ひさまたげられて、今までかかる──をして」〈蜻蛉・中・天禄二年〉訳人に何やかや言われ(出家を)邪魔されて、今までこんな俗世間の暮らしをして。

さと-だいり【里内裏】〔名〕本来の皇居(＝内裏)が火

災にあうなどの事情によって、京中(＝里)にある貴族の私邸が当てられた仮の皇居。

要点 里内裏のはじめは貞元(じょうげん)元年(九七六)五月に内裏が焼けた際、円融天皇が移った太政大臣藤原兼通(かねみち)の堀河邸。現在の京都御所(ごしょ)は里内裏の一つ、東洞院(ひがしのとういん)土御門(つちみかど)殿の後身で、鎌倉末期に皇居として固定したもの。

さと-ばな・る【里離る】〔自ラ下二〕{れ・れ・る・るる・れ・れよ}人里から離れる。辺鄙(へんぴ)である。例「かの須磨は、昔こそ人の住処(すみか)などもありけれ、今はいと――・れ心すごくて」〈源氏・須磨〉訳 あの須磨という所は、昔は人の住居もあったのだが、今は大層辺鄙で物寂しくて。

さと-びと【里人】〔名〕対 みやびと(宮人)

> 里にいる人のこと。みやびと(＝宮仕エヲシテイル人)の対義語。「さと」は、人の集まり住む場所をいい、本来の居住地をいう。

❶その土地の住民。土地の者。例「宇治の――を召して、こしらへさせられければ」〈徒然草・五一〉訳 宇治の村人を呼んで、(水車を)こしらえさせなさったところが。
❷宮廷の外の住民。宮仕えをしていない民間人。また、宮仕えをしてはいるが、一時自宅に帰っている人。例「――は車清げにしたてて見に行く」〈枕草子・正月一日は〉訳 宮中から里へ下がっている人々は牛車(ぎっしゃ)をきれいに整えて(宮中へ)見に行く。
❸自宅や実家に居る身内の人。妻・兄弟などの家族や召し使う者など。

さと・ぶ【里ぶ・俚ぶ】〔自バ上二〕{び・び・ぶ・ぶる・ぶれ・びよ}〔「ぶ」は接尾語〕田舎(いなか)風である。田舎じみる。ひなぶ。対 みやぶ 例「みな見し人は――・びにたるに、心得がたくなむ」〈源氏・玉鬘〉訳 逢(あ)った人は皆田舎じみていたから、(玉鬘(たまかずら)とのあまりの違いが)納得しにくく思われるのである。

さとり【悟り・覚り】〔名〕❶深く理解すること。明察。例「心に――ありて文(ふみ)を読むに愚かなることなし」〈今昔・二〇・二四〉訳 心中に深く理解していて書物を読み解くにも至らない所がない。
❷(仏教語)迷いを去って、仏の教えの真理を会得すること。例「成仏得脱(じょうぶつとくだつ)して――を開き給ひなば」〈平家・一〇・維盛入水〉訳 死んで煩悩を脱し迷いを去って仏の教えの真理を会得なさったならば。

さと・る【覚る・悟る】〔自ラ四〕{ら・り・る・る・れ・れ}〔「諭す」の自動詞形〕❶物事の道理などを理解する。わかる。例「鳥は林を願ふ。鳥にあらざればその心を知らず。閑居の気味もまた同じ。住まずして誰か――・らむ」〈方丈記・閑居の気味〉訳 鳥は(居住地として)林にいることを願う。鳥でなくてはその気持ちはわからない。閑居のよさもまた同じだ。住んでみなくて誰がわかるだろうか。
❷(仏教語)仏教の真理などを体得する。悟りを開く。悟る。例「過去未来の因果を――・らせ給ひなば、つやつや御嘆きあるべからず」〈平家・灌頂・大原御幸〉訳 過去の出来事や行いが原因となって現在の様々な結果となり、又それらの現在の結果が原因となって未来の結果を引き起こすという因果関係をお悟りになったならば、決してお嘆きなさるべきではありません。

さと-ゐ【里居】(ィ)〔名〕宮仕えの人が、内裏や主家から退出して、自宅に帰っていること。例「つれづれなる――のほどに書き集めたるを」〈枕草子・この草子〉訳 自宅に帰っているひまな間に書き集めたものを。

さと-をさ【里長】(サ・オ)〔名〕人家五十戸を一まとまりとする上代の行政区画「里」の長。村長。例「しもと取る――が声は寝屋戸(ねやど)まで来立ち呼ばひぬ」〈万葉・五・八九二長歌〉訳 むちを持った村長の声は、寝屋まで来てわめきたてている。

さなえ【早苗】〔名〕⇩さなへ

さな-かづら【さな葛】(カ・ズラ) 一〔名〕⇩さねかづら一
二〔枕詞〕ツルが複雑に長くのびるさまから、「ありさりて」「いや遠長く」「のちも会はむ」などに、また、音の類似から、「さ寝ずは」などにかかる。例「木綿畳(ゆふたたみ)田上(たなかみ)山のさな葛――ありさりてしも今ならずとも」〈万葉・一二・三〇七〇〉訳 田上山(＝大津市南部ノ地)のさな葛が長くのびるようにこのまま時がたっても、今でなくとも(きっと会ってください)。注「ゆふたたみ」ハ、「た」ノ音ニカカル枕詞。

さ-ながら〔副〕〔副詞「さ(然)」＋接尾語「ながら」〕

> ながらは、…ままで、の意。したがって「さながら」は、そのままの状態で、の意(①)になる。現代語では、まるで、の意(④)にしか用いないが、古語では①の意が中心。

❶**そのままの状態で。それなりに。**例「出(い)でし日使ひし泔坏(ゆするつき)の水は、――ありけり」〈蜻蛉・上・康保三年〉訳 出ていった日使った泔坏(＝洗髪ノ水ヲ入レル器)の水は、そのままの状態であるのだった。
❷**ことごとく。すっかり。**例「七珍万宝(しっちんまんぽう)――灰燼(くわいじん)となりにき」〈方丈記・安元の大火〉訳 多くのすばらしい宝物がことごとく灰や燃えがらになってしまった。
❸(下に打消しの表現を伴って)全く。全然。例「人に交はれば、言葉よその聞きに従ひて、――心にあらず」〈徒然草・七五〉訳 人と付き合えば、(自分の)言葉が他人の思惑に左右されて、全く(自分の)心(からの言葉)でなくなる。
❹(中世以降の用法)まるで。ちょうど。例「今や――天人も、羽なき鳥のごとくにて」〈謡曲・羽衣〉訳 (天(あま)の羽衣を取られて)今はまるで天女も羽のない鳥のようで。

さ-なき-だに【然なきだに】〔連語〕〔「さ」は副詞、「なき」は形容詞「なし」の連体形、「だに」は副助詞〕そうでなくてさえ。ただでさえ。

さ-な-なり【然ななり】〔連語〕〔副詞「さ」＋連語「ななり」〕そのようだ。そうらしい。例「来る音すれば、『さななり』と、人々出(い)でて見るに」〈枕草子・すさまじきもの〉訳 車の帰って来る音がするので、「来たらしい」と、人々が出て見ると。

さ-なへ【早苗】(エ・ナ)〔名〕苗代(なわしろ)から田へ移し植える頃の稲の苗。(季・夏)例「昨日(きのふ)こそ――取りしかいつの間(ま)に稲葉そよぎて秋風の吹く」〈古今・秋上・一七二〉訳 昨日早苗を取って田植えをしたばかりだというのに、いつの間にか稲葉がそよいで秋風が吹くことだ。

さ-なら-ぬ【然ならぬ】〘連語〙《副詞「さ」＋断定の助動詞「なり」の未然形「なら」＋打消しの助動詞「ず」の連体形「ぬ」》❶そうではない。それほどでもない。例「宮仕(みやづか)へ人、**さならぬ**人の女(むすめ)なども、はからるるあり」〈堤中納言・はなだの女御〉訳宮仕えの女、そうではない(＝宮仕エニ出テイナイ)人の娘なども、(この好色者の男に)だまされる者がある。
❷そうあるべきでない。普通でない。例「様異(こと)に、**さならぬ**うち解けわざもし給ひけり」〈源氏・末摘花〉訳(光源氏は)普通の場合とは違い、そうすべきではないような内々の隔てのないことまでも(末摘花をお世話)なさるのだった。

さ・なり【然なり】〘連語〙《副詞「さ」＋断定の助動詞「なり」》そうだ。そうあるべきだ。

ざ-なり〘連語〙《打消しの助動詞「ず」の連体形「ざる」に推定・伝聞の助動詞「なり」の付いた「ざるなり」の変化したもの》❶(「なり」が推定の場合)…ないようだ。…ないらしい。例「この人、国に必ずしも言ひ使ふ者にもあら**ざなり**」〈土佐・十二月二十三日〉訳この人は、国司の庁で必ずしも召し使っている者でもないようである。
❷(「なり」が伝聞の場合)…ないということだ。…ないそうだ。例「多くの人の身をいたづらになして、あは**ざなる**かぐや姫は、いかばかりの女ぞ」〈竹取・帝の求婚〉訳多くの男の身を滅ぼして、それでも結婚しないということであるかぐや姫は、どれほどの女か。

> 要点 「ざなり」は「ざるなり」が撥音便化した「ざんなり」の「ん」を表記しない形。読む時には、「ざんなり」と「ん」を入れて読む。

さ-に-つらふ〘枕詞〙《「さ」は接頭語、「に」は丹(＝赤色)、「つら」は面、「ふ」は動詞を作る接尾語という》赤い頰をしている意で「君」「妹(いも)」、赤く美しい意で「色」「もみち」「紐(ひも)」にかかる。例「──色には出(い)でず少なくも心の内に我が思はなくに」〈万葉・一一・二五二三〉訳顔色には出しませんが、心の内には浅くなど思ってはいないのです。注「出でね」ハ「出でねど」ノ意デ、逆接。

さ-に-ぬり【さ丹塗り】〔名〕《「さ」は接頭語》赤く塗ること。また、塗ったもの。

さ・ぬ【さ寝】〔自ナ下二〕{ぬれ・ね・ぬ・ぬる・ねよ}《「さ」は接頭語》❶眠る。寝る。例「春べ咲く藤の末葉(うらば)のうら安に──・ぬる夜ぞなき子ろをし思(も)へば」〈万葉・一四・三五〇四〉訳心安らかに寝る夜がないことだ、いとしいあの娘を思っているので。注第二句マデハ、同音ノ「うら」ヲ導ク序詞。
❷特に、男女が共寝する。例「明日香川(あすかがは)下濁れるを知らずして背なな二人──・ねて悔しも」〈万葉・一四・三五四四〉訳明日香川は底の方が濁っているのがわからない、ちょうどそれと同じようにあなたの本心も知らずに共寝してしまって後悔しています。注「背なな」ハ、女性カラ夫ナドノ親シイ男性ヲ呼ブ語。

讃岐(さぬき)〘旧国名〙南海道六か国の一つ。現在の香川県にあたる。讃州。

讃岐典侍日記(さぬきのすけのにっき)〘書名〙平安後期の日記。讃岐典侍作。一一〇七年(嘉承二)六月から翌年の十二月末までの日記。上巻は堀河天皇の発病から崩御まで、下巻は鳥羽天皇に仕えながら、ありし堀河帝をしのぶ心のうちがつづられている。

さね【札】〔名〕鉄または革で作った小さな板。これをつづり合わせて鎧(よろい)を作る。例「いくさといへば、──よき鎧(よろひ)着せ」〈平家・九・木曾最期〉訳合戦となると、(木曾義仲は巴御前に)材料のよい(丈夫な)鎧を着せて。

さね（札）

さ-ね【さ寝】〔名〕《「さ」は接頭語》寝ること。特に男女が共寝すること。例「ま愛(かな)しみ──に我(わ)は行く鎌倉の水無瀬川(みなのせがは)に潮満つなむか」〈万葉・一四・三三六六〉訳(あの人が)いとしいので一緒に寝に私は行く、(その途中の)鎌倉の水無瀬川(＝稲瀬川)に潮が満ちて(通れなくなって)いるだろうかなあ。

ざね〔接尾〕(名詞に付いて)主となるもの、その中で中心となるもの、の意を添える。「使ひ──(＝使イノ中デオモダッタ人。正使)」「まらうど──(＝客ノ中デオモダッタ人。主客)」など。

さね-かづら【真葛】〔名〕ツル草の名。今のビナンカズラ。《「さなかづら」とも》
■〘枕詞〙ツルの複雑に長くのびるさまから、「のちも会ふ」に、また、ツルを「繰(く)る(＝タグル)」ということから、同音の「来る」にかかる。例「──のちもあはむと大船の思ひ頼みて」〈万葉・二・二〇七長歌〉訳後になってでも会おうと頼みに思って。注「大船の」ハ「思ひ頼む」ノ枕詞。

さね-さし〘枕詞〙地名「相模(さがむ)」にかかる。例「──相模の小野に燃ゆる火の火中(ほなか)に立ちて問ひし君はも」〈古事記・中・景行〉訳相模の野に燃えさかる火の中に立って、(私の安否を)尋ねてくださったあなたよ。

佐野(さの)〘地名〙❶紀伊(きい)国三輪(みわ)の崎の近くの地。現在の和歌山県新宮市に属する。「狭野」とも書く。例「苦しくも降り来る雨か三輪の崎──の渡りに家もあらなくに」〈万葉・三・二六五〉訳困ったことに降って来る雨だなあ、三輪の崎の狭野の渡し場には(雨宿りする)家もないのに。
❷上野(こうずけ)国の地。現在の群馬県高崎市に属する。船橋(＝船ヲツナゲテ橋トシタモノ)があったので有名。歌枕。

狭野弟上娘子(さののおとがみのをとめ)〘人名〙(「弟」を「茅」とする古写本もあるので、「さののちがみのをとめ」とする説もある)奈良時代、万葉集第四期の女流歌人。斎宮寮の下級女官で、禁を破って中臣宅守(なかとみのやかもり)と通じ、そのため宅守は越前に流された。その別離の悲しみをよんだ清新で情熱的な相聞歌が『万葉集』巻一五に見える。生没年不詳。

さ-のみ【然のみ】〘連語〙《副詞「さ」＋副助詞「のみ」》❶ただそのようにばかり。そのようにだけ。そうむやみに。例「よき人は、知りたることとて、──知り顔にやは言ふ」〈徒然草・七九〉訳立派な人は、知っていることだからといって、そうむやみに物知り顔に言うだろうか(言いはしない)。
❷(下に打消しの語を伴って)それほど。たいして。例「仏神(ぶつじん)の奇特(きどく)、権者(ごんじゃ)の伝記、──信ぜざるべきにもあらず」〈徒然草・七三〉訳仏や神の霊験や、仏や菩薩が仮の姿でこの世に現れた者の伝記は、それほど信じていけないというわけでもない。

さ-のみ-やは【然のみやは】〘連語〙(下に「べき」「む」など推量の語を伴って)そうばかり…か(いやそんなことはな

い)。そうむやみに…か。例「絶えて上(のぼ)る物なければ、——みさをもつくりあへん」〈方丈記・飢渇〉訳(田舎からの米すら)まったく(京の都に)届いて来ないので、そうむやみに世間体をつくろってばかりいられようか。

さは【多】〔副〕数多く。たくさん。例「天(あめ)の下に国はしも——にあれども」〈万葉・一・三六長歌〉訳この国土に、国こそ数多くあるけれども。

さ‐は【然は】■一《連語》《副詞「さ」＋係助詞「は」》そのようには。そうは。例「——申さで」〈源氏・夕顔〉訳そうは申し上げないで。

■二〔接続〕それでは。それなら。例「——得てよ」〈枕草子・この草子〉訳それなら(そなたに)取らせよう。

さ‐ば【生飯・散飯】〔名〕《仏教語》食事の時、飯を少し取り分けて鬼神に供え、鳥獣に施すもの。例「鳥(からす)の、斎(とき)の——食ふ」〈枕草子・さわがしきもの〉訳鳥が、僧が朝食の際に施した飯を食べる。

さは‐いへど【然は言へど】《連語》《前を受けて逆説の意を表す》そうは言うものの。しかしながら。何といっても。例「年月経(へ)ても、つゆ忘るるにはあらねど、去る者は日々に疎(うと)しと言へることなれば、——その際(きは)ばかりは覚えぬ」〈徒然草・三〇〉訳(人が亡くなって)年月を経ても、少しも忘れるわけではないのだが、遠ざかる者は、日ごとに縁遠くなると言っていることであるから、そうはいうけれど、亡くなった当座ほどには悲しみを感じないのであろうか。

さ‐ばかり〔副〕《副詞「さ」＋副助詞「ばかり」》❶《前文の内容や既知の事柄を受けて》その程度。それぐらい。例「この殿の御心——にこそとて、その後(のち)は参らざりける」〈徒然草・一〇〉訳この殿様のお心はその程度のものだったのだと言って、(西行法師は)その後は参上しなかった。

❷《程度のはなはだしさを強調して》あんなに。とっても。例「——寒き夜もすがら、ここかしこに眠り居たるこそをかしけれ」〈徒然草・二三〉訳あんなに寒い夜どおし、(宮中の)そこここで(下役人達が)眠っているのがおもしろい。

さは‐さは【爽爽】〔副〕《「さはやか」の「さは」を重ねた語》さっぱりと。すっきりと。例「御心地(ここち)——となりて、いささか心苦しき御こともなく」〈宇治拾遺・八・三〉訳ご気分がさっぱりとなって、少しも具合の悪いこともなくて。

さ‐ばし・る【さ走る】〔自ラ四〕{ら・り・る・る・れ・れ}《「さ」は接頭語》すばやく動く。走る。例「春されば吾家(わぎへ)の里の川門(かはと)には鮎子(あゆこ)——・る君待ちがてに」〈万葉・五・八五九〉訳春になると私の家のある村里の川の渡り場には鮎の子がすばやく動いています。あなたを待ちきれないで。

さは‐だ・つ【爽だつ】〔自タ四〕{た・ち・つ・つ・て・て}《「だつ」は接尾語》爽快(そうかい)になる。

さ‐はふ【作法】〔名〕❶物事を行うやり方。方法。

❷しきたりとして定まっている正しいやり方。方式。例「勅勘(ちよくかん)の所に靫(ゆぎ)掛くる——、今は絶えて知れる人なし」〈徒然草・二〇三〉訳天皇のおとがめを受けた所(＝家)に靫(＝矢ヲ入レテ背負ウ道具)を掛ける正しいやり方は、今は全く知っている人がいない。

> 参考　仏教関係については「さほふ」(呉音)といい、一般の場合には「さはふ」(漢音)という。

さばへ‐なす【五月蠅なす】《上代語。「さばへ」はハエ、「なす」は「…のように」の意》■一〔副〕騒がしいさま。数多いさま。

■二《枕詞》「さは(騒)く」「あら(荒)ぶ」などにかかる。

さは‐やか【爽やか】〔形動ナリ〕❶気分がさっぱりする様子。すがすがしい。例「御髪(みぐし)すまして、少し——・にもてなし給へり」〈源氏・若菜・下〉訳(女君は)髪を洗って、少しさっぱりした様子でいらっしゃる。

❷はっきりしている様子。明白である。例「ともかくもおぼし分くらむさまなどを——・に承りにしがな」〈源氏・総角〉訳ともかくもお考えになっていらっしゃるところをはっきりとお聞きしたいものです。

❸あざやかな様子。鮮明である。

> 参考　「さは」の仮名遣いは「さわ」ともいう。同じ「さは」に「らか」の付いた「さはらか」が目に見えたようすを表して客観的なのに対して、「さはやか」は感じたようすを表して主観的であるという説がある。

さは‐や・ぐ【爽やぐ】〔自ガ四〕{が・ぎ・ぐ・ぐ・げ・げ}さわやかになる。気分がよくなる。例「五月などは、まして晴れ晴れしからぬ空の気色(けしき)に、え——・ぎ給はねど」〈源氏・若菜・下〉訳五月などは、(五月雨で)なおさら晴れ晴れとしない空模様なので、(紫の上は)気分もさわやかにおなりにならないが(以前よりは少しよくなったご様子である)。

さは‐らか【爽らか】〔形動ナリ〕さっぱりしている様子。すっきりしている様子。例「白きに、けざやかなる髪のかかりの、少し——・なる程に薄らぎにけるも」〈源氏・初音〉訳白い衣装に、くっきりとした黒髪の流れがかかっているのが、少しすっきりした程度に薄くなっているのも。

さはり【障り】〔名〕❶障害となる物事。さしさわり。例「待つ人は——有りて、頼めぬ人は来たり」〈徒然草・一八九〉訳待っている人はさしさわりがあって(来ず)、あてにしない人はやって来て。

❷女性の生理。月経。

さは・る

【障る】〔自ラ四〕{ら・り・る・る・れ・れ}

> 漢字表記「障る」が示すように、障害となる、の意。そこで、**妨げとなる、さしつかえる、**が生じる。

自由な行動などの妨げとなる。さしつかえる。例「——・る事ありてまからで」〈徒然草・一三七〉訳さしつかえる事があって(花見に)出かけないで。

さはれ

〔感〕《「さばれ」とも》

> さはあれの変化した形で、「そうであってもよい」の意から、**なんとでもなれ、**の意になる。また、逆接の意(②)にも用いる。

❶せっぱつまった時や、やけっぱちになった時に発する語。**ええ、ままよ。えい、どうともなれ。**例「——、このついでにも死なばや」〈源氏・柏木〉訳ええ、ままよ、この機会に死んでしまいたい。

❷《接続詞的に用いて》**それはそうだけれど。それにしても。**例「『さて、この歌はここにてこそ詠(よ)まめ』など言へ

に・――　道にても』など言ひて　皆乗りぬ。」〈枕草子・五月の御精進のほど〉訳「ところで、この(ホトトギスを詠む)和歌はここで詠みましょう」などと言うので、「それはそうだけれど(=ココデ詠ムノモヨイケレド)、道の途中でも(よいでしょう)」などと言って、皆(牛車(ぎっしゃ)に)乗った。

さび【寂】〔名〕《俳諧(はいかい)用語》句の色調のうえに自然と現れるような閑寂で枯れた趣。芭蕉に重んぜられ、「しをり」「ほそみ」とともに蕉風俳諧での根本的な美的理念の一つとされる。例「――は句の色なり。閑寂なる句をいふにあらず。……にぎやかなる句にも、静かなる句にもあるものなり」〈去来抄・修行〉訳さびは句の色調である。閑寂な(素材を扱ったというだけの)句をいうのではない。……にぎやかな句にも、静かな句にも(さびというものは)あるものだ。

さび・し【寂し・淋し】〔形シク〕❶(あるべきものがなくて)物足りない。心が楽しくない。例「――・しうつれづれなる昼つ方」〈源氏・柏木〉訳何か物足りなく所在ない気分の昼頃に。

❷ひっそりとしている。何もなく寒々としている。心細い。例「広うものふりたる所の、いとど人少なに――・しければ」〈源氏・若紫〉訳広くて古びた感じの所が、人影も少なくてひっそりしているので。

> 参考　動詞「さぶ」の形容詞化した語で、上代には「さぶし」の形で用いた。のちに「さみし」の形も生ずる。

さ-ひゃうゑ【左兵衛】サヒョウエ〔名〕《「左兵衛府(さひやうゑふ)」の略》皇居の警固や、行幸・行啓の護衛を任務とする役所。また、そこに勤める官人。

さ-ふ【左府】〔名〕「左大臣」の唐名。

さ・ふ【障ふ】サ(ソ)ウ〔へ・へ・ふ・ふる・ふれ・へよ〕■一〔自ハ下二〕先へ進めない状態になる。つかえる。例「あさましきもの。刺櫛(さしぐし)すりて磨(みが)くほどに、物に突き――・へて折りたる心地」〈枕草子・あさましきもの〉訳あきれ驚くもの。刺櫛をこすって磨いている時に、何かにつかえて折ってしまった気持ち。

■二〔他ハ下二〕先へ進めない状態にする。妨害する。例「一生は、雑事(ざふじ)の小節(せうせつ)に――・へられて、空しく暮れなん」〈徒然草・一二三〉訳人間の一生というものは、雑事のつまらない事に義理を立てることに妨げられて、(何をすることなく)空しく終わってしまうだろう。

さ・ぶ〔自バ上二〕〔び・び・ぶ・ぶる・ぶれ・びよ〕■一【荒ぶ・寂ぶ】❶気持ちが荒れてすさぶ。また、寂しがる。例「まそ鏡見飽かぬ君におくれてや朝夕(あしたゆふべ)に――・びつつ居(を)らむ」〈万葉・四・五七二〉訳いつまで見ていても飽きることのないあなたに先に都へ行かれてしまって、(私はあとに残されて)朝夕寂しく思い続けるのでしょうか。注「まそ鏡」ハ「見る」ノ枕詞。

❷人気(ひとけ)がなくて荒れる。古くなる。古びる。例「塵(ちり)積もり床の枕も――・びにけり恋する人の寝(ぬ)る夜なければ」〈伊勢大輔集〉訳塵が積もって床の枕も古びてしまった、恋するあなたがいらっしゃって一緒に寝る夜がないので。

❸古びて趣が出る。閑寂である。例「岩に苔(こけ)むして――・びたる所なりければ、住まほしうぞ思(おぼ)し召す」〈平家・灌頂・大原入〉訳(寂光院(じゃっこういん)は)岩に苔がはえて古びた趣がある所だったので、(建礼門院はいつまでも)住みたいとお思いになる。

❹光や色が衰えを見せる。あせる。例「長月も幾有明(いくありあけ)に成りぬらむ浅茅(あさぢ)の月のいとど――・び行く」〈新古今・秋下・五三一〉訳九月も深くなり幾度有明けの月を眺めたことであろう。浅茅にさす月の光も大層衰えて行くことだ。

■二【錆ぶ】金属が酸化して腐食する。さびる。さびつく。例「錠(ぢゃう)のいといたく――・びにければ開かず」〈源氏・朝顔〉訳錠がとてもひどくさびついているので門が開かない。

さ・ぶ〔接尾バ上二型〕(名詞に付いて)…らしくなる、…らしく振る舞う、…のようになる、の意を表す。「翁(おきな)――・ぶ」「神(かむ)――・ぶ」「少女(をとめ)――・ぶ」など。

ざふ【雑】ゾウ〔名〕和歌・俳諧の分類項目の一つ。和歌では、他の分類項目に属さない雑多な歌を集めたものを「雑の部」といい、俳諧では、無季の句を「雑の句」という。

ざふ-か【雑歌】ゾウ〔名〕和歌の分類項目の一つ。『万葉集』では、相聞(さうもん)・挽歌(ばんか)に属さない和歌。『古今集』以後では、春・夏・秋・冬・賀・離別・羇旅(きりょ)・物名(もののな)・恋・哀傷などに属さない雑多な和歌。

さぶ・し【寂し・淋し】〔形シク〕《上代語》⇩さびし　例「家に行きていかにか我(あ)がせむ枕づくつま屋――・しく思ほゆべしも」〈万葉・五・七九五〉訳(任地から帰って)家に行ったところで私は何としよう。枕を並べてある、妻と寝る部屋は(妻の死んだ今は)きっと物寂しく思われるだろう。

ざふ-し【雑仕】ゾウ〔名〕宮中や上流貴族の私宅で、雑役や走り使いを勤めた下級女官。行幸・行啓のお供もした。「ざふしめ(雑仕女)」とも。

ざふ-じ【雑事】ゾウ〔名〕さして重要でないこまごまとした事柄。雑事(ざつじ)。雑用。例「一生は、――の小節(せうせつ)に障(さ)へられて、空しく暮れなん」〈徒然草・一二三〉訳一生は、雑事のつまらない事に義理を立てることに妨げられて、空しく終わってしまうだろう。

ざふ-しき【雑色】ゾウ〔名〕《「ざっしき」とも》❶蔵人所(くろうどどころ)・院の御所・東宮の御所・摂関家などで、雑役に従事した無位の役人。例「――の蔵人(くらうど)になりたる、めでたし」〈枕草子・身をかへて、天人などは〉訳蔵人所に所属する雑役係の役人が(上位の官である)蔵人に昇進したのは、めでたいことだ。

❷一般の公家(くげ)や武家に仕え、雑役に従事した下男。

ざふ-にん【雑人】ゾウ〔名〕身分の低い者。例「よき人を ば乗すとも、――どもをば乗すべからず」〈平家・九・坂落〉訳身分の高い人を(船に)乗せても、身分の低い者どもを乗せてはいけない。

ざふ-ひゃう【雑兵】ゾウヒョウ〔名〕身分の低い兵士。歩卒。

さぶらい【侍】〔名〕⇩さぶらひ

さぶらは・す【侍はす・候はす】サブラワス《連語》《動詞「さぶらふ」＋使役の助動詞「す」》❶貴人や目上の人のおそばに控えさせる。仕えさせる。伺候させる。例「四五人(よたりいつたり)――・せ給ひて、御物語せさせ給ふなりけり」〈源氏・桐壺〉訳(帝(みかど)は奥ゆかしい女房ばかり)四、五人おそばに控えさせなさって、お話をしていらっしゃるのだった。

❷貴人や目上の人に、物をさしあげる。奉る。献上する。例「かの浦々の巻は、中宮に――・せ給へ」〈源氏・絵合〉訳あの海岸を描いた巻は、中宮様にさしあげなさい。

さぶらひ【侍】サブライ〔名〕《動詞「さぶらふ」の連用形の名詞化。「さむらひ」とも》❶身分の高い人のそばに仕えて雑用をする者。従者。

❷公家や武家に仕えて警固・戦闘に従事する者。武士。例「――五騎、童(わらは)一人(いちにん)、我が身ともに七騎とって返し」〈平家・七・忠度都落〉訳家来の武士五騎、召使いの男の子一人、自分も一緒に七騎で引き返して。

❸「侍所(さぶらひどころ)」の略。

さぶらひ-だいしゃう【侍大将】 サブライダイショウ〔名〕《「さむらひだいしゃう」とも》侍の身分で、一軍を指揮する者。総指揮官である「大将軍(たいしやうぐん)」の下にある部隊長。例「越中前司(ゑつちゆうのぜんじ)盛俊(もりとし)は、山の手の――にてありけるが」〈平家・九・越中前司最期〉訳越中の国の前の国司の平盛俊は、山の方面の部隊長であったが。

さぶらひ-どころ【侍所】 サブライ〔名〕《「さむらひどころ」とも》❶皇族や上流貴族の家などに置かれた侍臣・従者の詰め所で、その家の事務を管理した所。

❷鎌倉・室町幕府に置かれた役所の一つ。鎌倉幕府では、武士の統制を主につかさどり、室町幕府では、さらに京都の警備などをもつかさどった。

さぶら・ふ

【候ふ・侍ふ】サブラ(ロ)ウ〔自ハ四〕{は・ひ・ふ・ふ・へ・へ}《「さもらふ」の変化した形》

■一 ❶(貴人や目上の人の)**お側にお仕えする。控えている。**伺候する。例「宮の御前(おまへ)近く――・ひて、もの啓しなど」〈枕草子・五月の御精進のほど〉訳中宮のお側近くお仕えして、何かと申し上げたりなど(して)。

❷《「行く」「来」の謙譲語》(貴人や目上の人のもとに)**お伺いする。参上する。**例「初夜(そや)いまだ勤め侍(はべ)らず。過ぐして――・はむ」〈源氏・若紫〉訳初夜の勤行(ごんぎやう)(=午後六時カラ八時頃ニ行ウ、仏ニ対スルオ勤メ)をまだしておりません。それをしてから(また)ここへ参りましょう。

❸《「あり」の謙譲語》(貴人の)おそばにある。ございます。例「御前(ごぜん)に――・ふ物は、御琴も御笛も、みな珍しき名つきてぞある」〈枕草子・無名といふ琵琶の御琴を〉訳天皇のお手許(てもと)にございます物は、弦楽器も管楽器も、皆珍しい名がついている。

❹《「あり」「をり」の丁寧語》**あります。おります。ございます。**例「物語の多く――・ふなる、ある限り見せ給へ」〈更級・かどで〉訳(都には)物語がたくさんあるということですが、(それらを)残らずお見せ下さい。

■二〔補動ハ四〕《動詞・助動詞「る」「らる」「す」「さす」「しむ」・形容詞型または形容動詞型活用語の連用形に直接、あるいは「て」を介して付いて》丁寧の意を表す。**…ます。…(で)ございます。**例「けふしも、かしこく参り――・ひにけり」〈宇治拾遺・九・三〉訳今日という今日に、ちょうど都合よく参ったことでございます。

> 要点 丁寧語の用法は、平安時代末期から現れ、それまで用いられていた「侍(はべ)り」に代わり、中世にかけて盛んに用いられた。後、「さむらふ」「さうらふ」と語形が変化する。なお、『平家物語』では、「さぶらふ」は女性が用い、「さうらふ」は男性が用いるというように使い分けがあり、謡曲では、「さむらふ」が女性の言葉に集中する傾向がある。

さへ

エサ〔副助〕 接続 主語や連用修飾語に付く。

【添加】❶《あるものの上に、さらに別のものが加わる意を表す》(…ばかりでなく)**…まで。(その上)…までも。**例「雨風、岩も動くばかり降りふぶきて、神さへ鳴りてとどろくに」〈更級・初瀬〉訳雨や風が岩も動くほど吹き荒れて、その上雷までも鳴り響くので。

❷《ある事物を程度の軽いものや特殊なものとして挙げて、より程度の重いものや一般的なものを、なおさらだと類推させる意を表す》**…さえ。…さえも。**例「まさしき兄弟さへ似たるは少なし。まして従兄弟(いとこ)に似たるものはなし」〈曽我・四・四〉訳本当の兄弟でさえも似ている者は少ない。まして従兄弟には似ている者はない。

❸《順接の仮定条件を示す句の中に用いられて》(それだけで、その条件が満たされる意を表す)**…だけでも。…なりと。…さえ。**例「頭(かしら)丸めしとて、金さへあれば、色里の太夫(たいふ)も、それにはかまはず、自由になる」〈西鶴・本朝二十不孝・四・二〉訳頭を丸め(て僧の姿になっ)たとしても、金さえあれば、遊里の太夫(=最高位ノ遊女)も、そんなこと(=僧ノ姿デアルコト)を気にしないで、思いどおりになる。

> 要点 「添(そ)へ」の変化したもので、平安時代までは大半の例が①の添加を表す用法である。「さへ」の用いられた部分だけでは添加の意がはっきりしない例もあるが、周囲の文脈をよく読むと添加の意があり、しかもそれが正確な解釈に欠かせない場合が少なくないので、注意を要する。

> 参考 類義の副助詞に「だに」と「すら」がある。上代は三語が明確に使い分けられていたが、平安時代には「すら」が衰えて「だに」がその意味まで表すようになり、さらに時代が下ると、「すら」や「だに」が表していた意味を「さへ」が表すようになる。②③の用法はそれで、②は本来「すら」が表していた意味、③は本来「だに」が表していた意味である。そして、これが現代語の「さえ」に引き継がれている。一方、「さへ」が本来表していた①の添加の意は、室町時代以降「まで」が表すようになり、現代に至っている。「さへ」「すら」「だに」の本来の意味については、「だに」の項の 要点 参照。

さ-べき〔連体〕《「さるべき」の撥音便形「さんべき」の「ん」を表記しない形》しかるべき。それ相応な。例「――折はひと所に集まりゐて物語し」〈枕草子・宮仕する人々の出で集まりて〉訳しかるべき機会には(親しい者達で)一か所に集まって話をして。

さへづ・る【囀る】 サエズル〔自ラ四〕{ら・り・る・る・れ・れ}❶小鳥が鳴く。さえずる。例「百千鳥(ももちどり)――・る春は物ごとに改まれども我ぞ古(ふ)り行く」〈古今・春上・二八〉訳多くの小鳥が(楽しそうに)さえずる春には物は皆それぞれに新しくなるのだが、私一人年老いて古びて行くよ。

❷(外国語や方言、または早口のせいで)意味が聞きとれぬことをしゃべる。ペラペラしゃべる。

さへ-に サエニ〔副助〕《副助詞「さへ」に接尾語「に」が付いて一語化したもの》 接続 主語や連用修飾語に付く。

【添加】…までも。例「花見れば心さへにぞ移りける色には出(い)でじ人もこそ知れ」〈古今・春下・一〇四〉訳(散り移ろいゆく)花を見ると(自分の)心までも(他の人へ)移っていってしまう。(そんな心を)顔色には出すまい。人が知ったら大変だもの。

> 要点 例の「心さへにぞ」は明らかに「移りける」の主

格だから、「さへに」の「に」は格助詞ではない。副詞を作る接尾語と考えられる。

さへ-の-かみ【塞の神】 サエ 〔名〕《「さへ」は、動詞「障(さ)ふ」の連用形の名詞化。「さいのかみ」とも》悪霊や疫病の侵入を防いだり、通行人を守ったりする神。村境・十字路・峠などの境に祭られる。道祖神(どうそじん)。

佐保川(さほがは) サホ:ガワ《川名》奈良市の春日(かすが)山に発し、市内北部（=古ク佐保ト呼バレタ一帯）を西流し、奈良盆地を南流、大和(やまと)川に注ぐ川。

佐保姫(さほひめ)《神名》奈良市東方の佐保山を神格化して称したもの。佐保山の女神。東の方角は五行思想で春の季節にあたるので、春の女神となる。春霞(はるがすみ)はこの女神が織りなすとされる。

佐保川

さ-ほふ【作法】 サ:ホウ 〔名〕《仏教語》葬礼など、仏事のやり方、しきたり。⇒さはふ 参考 例「限りあれば、例の——に納め奉るを」〈源氏・桐壺〉訳（別れを惜しむのにも）限度があるので、習わしどおりのやり方（=火葬）で（桐壺更衣(きりつぼのこうい)の遺体を）葬り申し上げるのだが。

佐保山(さほやま)《山名》平城京の北東佐保の地にある丘陵。ふもとを佐保川が流れる。現在の奈良市の北にあたる。紅葉の名所として知られる。山体は神格化され、佐保姫(さほひめ)という春をつかさどる神とされた。

さ-ま【狭間】 〔名〕❶狭く開いた所。すき間。❷城壁・塀(へい)・櫓(やぐら)などをくり抜いて作った窓。そこから外の様子を見たり、鉄砲・矢などを撃つ。「はざま」とも。

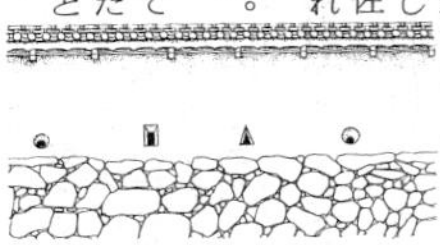

さま（狭間）②

❸小窓。

さま

【様】 □一〔名〕❶物事や場所の様子。状態。有様。例「都の内とも見えぬ所の——なり」〈更級・梅の立枝〉訳（旅から帰った我が家は）都の内にある所とも思えない（荒れた）有様だ。
❷人や動物の様子。姿。身なり。例「この君の十ばかりにもなり給へる——の、ゆゆしきまでをかしげなるを」〈源氏・玉鬘〉訳この姫君の十歳ぐらいにおなりになったお姿が、不吉な感じがするほど美しいのを。
❸体裁。趣。様式。例「僧正遍昭(へんぜう)は、歌の——は得たれども、まこと少なし」〈古今・仮名序〉訳僧正遍昭（=歌人。六歌仙ノ一人）は、和歌の体裁は会得しているけれども、真情が足りない。
❹やり方。方法。例「いと鄙(ひな)び、あやしき下人(しもびと)の中に生(お)ひ出(い)で給へれば、物言ふ——も知らず」〈源氏・常夏〉訳大変田舎くさく、身分の卑しい人達の中で成長なさったので、物の言い方も知らない。
□二〔代名〕《近世語》《人称代名詞》親愛の気持ちをこめた敬称。❶（対称）あなたさま。例「大事の物ながら、——になに惜しかるべし」〈西鶴・好色一代男・一・三〉訳大事な物ですが、あなた様に（差し上げるなら）なんで惜しいことがありましょう。
❷（他称）あのおかた。

様悪(あ)し 体裁が悪い。みっともない。見苦しい。例「人の後ろにさぶらふは、——・しくも及びかからず」〈徒然草・一三七〉訳人（=貴人）の後ろに控えている者は、みっともなく（他人に）のしかかったりもしないで。

様変(か)ふ カ:ウ ❶普通と様子を違える。変わった趣にする。例「——・へたる春の夕暮れなり」〈源氏・玉鬘〉訳普通と様子を違えた春の夕暮れである。
❷（元服・出家などをして）姿を変える。例「みづら結(ゆ)ひ給へる頰(ほほ)つき、顔の匂(にほ)ひ、——・へ給はむこと惜しげなり」〈源氏・桐壺〉訳少年の髪型に結っておられる（光源氏の）顔つき、顔の気品ある色つやは、（元服して）姿をお変えになることが惜しいほどの様子だ。

さま-あ・し【様悪し】 ⇒「さま〔名〕」子項目

さま-かたち【様形・様貌】 〔名〕姿と顔かたち。容姿。例「声より始めて、——も、さばかり貴(あて)に美しきほどよりは」〈枕草子・鳥は〉訳（ウグイスは）鳴き声をはじめとして、容姿も、あんなに上品で愛らしいわりには。

さま-か・ふ【様変ふ】 カ:ウ ⇒「さま〔名〕」子項目

さま-こと【様異】 〔形動ナリ〕普通と違う様子である。風変わりである。格別である。例「かれがれに——に咲きて」〈枕草子・木の花は〉訳（棟(あふち)の花は）枯れたような感じで風変わりに咲いて。

さま・す【冷ます】 〔他サ四〕（さ・し・す・す・せ・せ）《「冷む」の他動詞形》❶高温・高熱のものをもとの低い温度に戻す。冷ます。❷高まった感情・感興をもとの状態に戻す。やわらげる。例「思ひ慰まむ方(かた)ありてこそ、悲しさをも——・すものなめれ」〈源氏・椎本〉訳心が慰められるようなことがあってこそ、悲しさをやわらげてくれるもののようだ。

さま・す【覚ます・醒ます】 〔他サ四〕（さ・し・す・す・せ・せ）《「さむ」の他動詞形。覚めた状態にする意》❶眠りや夢から覚めるようにする。目覚めさせる。覚ます。例「いたう睡(ねぶ)りて、落ちぬべき時に目を——・すことたびたびなり」〈徒然草・四一〉訳ひどく眠りこんで、（今にも木から）落ちてしまいそうな時に目を覚ますことが何度もある。
❷迷いや物思いなどから覚めるようにする。平静にする。例「年積もりぬる人は、しひて心強う——・し侍(はべ)るを」〈源氏・柏木〉訳年をとった人は、（女婿(むすめむこ)の急死にも）無理にでも心をしっかり保って平静になるよう努めるものだが。

さ-まで【然まで】 《連語》《副詞「さ」+副助詞「まで」》❶それほどまで。そうまで。そんなに。例「さまでゆゆしき所へ行くらむとこそ思はざりつれ」〈堤中納言・はいずみ〉訳それほどまでひどい所へ行っているだろうとは思わなかった。
❷（下に打消しの語を伴って）それほど。たいして。例「さまで心留(とど)むべき事のさまにもあらず」〈源氏・夕顔〉訳それほど（夕顔を）気にかけるような事柄でもない。

さま-の-かみ【左馬頭】 〔名〕「左馬寮(さまれう)」の長官。ひだりのうまのかみ。⇒めれう（馬寮）

さまよ・ふ【吟ふ】 サマ:ヨウ 〔自ハ四〕（は・ひ・ふ・ふ・へ・へ）《上代語》嘆き悲しんでため息をつく。嘆息する。例「父母は枕の方(かた)に妻子(めこ)どもは足(あと)の方に囲(かく)み居て憂へ——・ひ」〈万葉・五・八九二長歌〉訳父母は私の枕の方に、妻や子は足の方に、囲んで座って愚痴を言い、つらいと嘆息し。

さまよ・ふ【彷徨ふ】(サマヨウ)〔自ハ四〕(は・ひ・ふ・ふ・へ・へ)❶所定めず行ったり来たりする。歩き回る。ぶらつく。例「人遠(ほど)く、水草清き所に――・ひ歩(あり)きたるばかり、心慰む事はあらじ」〈徒然草・二一〉訳人里離れて、水や草が美しい所を歩き回ることほど、心が慰められることはないだろう。❷心が落ち着かない。移り気である。例「色めかしう――・ふ心さへ添ひて」〈源氏・真木柱〉訳好きがましくて移り気なところも加わって。

要点 現代語の「さまよう」は困惑して歩き回る、うろうろする意であるが、古語には困惑の気持ちは含まれない。

さ-まれう【左馬寮】(…リョウ)〔名〕⇩めれう(馬寮)

さみだ・る【五月雨る】〔自ラ下二〕(れ・れ・る・るる・るれ・れよ)(和歌用語)五月雨(さみだれ)が降る。例「同じくは調へて葺(ふ)けあやめ草――・れたらば漏りもこそすれ」〈金葉・夏〉訳あやめ草を同じ葺くならきちんと調えて葺きなさい。葺き方が乱れていたら、五月雨が降った時に雨が漏る恐れがありますよ。

参考 多く「さ乱る」と掛けて用いられる。

さ-みだれ【五月雨】〔名〕❶梅雨。つゆ。陰暦五月頃の長雨。例「――の降りのこしてや光堂」〈奥の細道・平泉〉訳(中尊寺が建てられて以来、五百年にもわたって)毎年毎年降り続けて来た(万物を腐らせる)五月雨も、この光堂だけは降り残したのであろうか、今もなお(低くたれこめた空の下に)燦然(さんぜん)と光を放って、昔の栄光をさながらにとどめている。例「――や大河を前に家二軒」〈蕪村〉訳五月雨が幾日も幾日も降り続く。水量を増して激しく流れる大河の濁流を前に、二軒の家が心細く寄りそうように建っている。❷「さみだれ」の季節。つゆ。

さ・む【冷む】〔自マ下二〕(め・め・む・むる・むれ・めよ)(「冷ます」の自動詞)❶高温・高熱のものがもとの低い温度に戻る。冷める。❷高まった感情・感興がもとの状態に戻る。興ざめる。例「あはれも――・めてをかしかりけり」〈徒然草・一三五〉訳感動も冷めておかしかった。

さ・む【覚む・醒む】〔自マ下二〕(め・め・む・むる・むれ・めよ)(「さます」の自動詞形。覚めた状態になるの意)❶眠りや夢から覚める。覚める。例「目の――・めたらむほど、念仏し給へ」〈徒然草・三九〉訳目が覚めている間、念仏をお唱えなさい。❷迷いや悲しみなどから覚める。平静になる。例「焦がるる胸も、少し――・むる心地し給ひける」〈源氏・蜻蛉〉訳(薫(かおる)は、浮舟(うきふね)を)思い焦がれる胸も、少々平静になる気持ちがなさるのであった。

さむ-け・し【寒けし】〔形ク〕寒そうである。寒々としている。例「見る人もなき月の、――・く澄める二十日あまりの空こそ、心細きものなれ」〈徒然草・一九〉訳見る人もない月が、寒々と澄んでいる(陰暦十二月の)二十日過ぎの空は、物寂しいものだ。注コノ月ハ、夜更ケテ遅ク出ル。

さむ・し【寒し】〔形ク〕❶気温が低い。寒い。冷たい。例「天井の高きは、冬――・く、灯(ともし)火暗し」〈徒然草・五五〉訳天井の高い部屋は、冬寒く、灯火が暗い。❷貧乏である。貧弱である。例「酒は呑(の)みたし、身は――・し」〈西鶴・世間胸算用・五・三〉訳酒は飲みたいが、我が身は貧乏である。

さ-むしろ【狭筵】〔名〕幅の狭いむしろ。和歌では、「さ」は接頭語的に使われ、単に、むしろ、敷物の意。例「きりぎりす鳴くや霜夜の――に衣片敷きひとりかも寝む」〈新古今・秋下・五一八〉訳コオロギが悲しげに鳴く霜の降りる寒い夜、敷物の上に自分の着物だけを敷いて、ただ一人寂しく寝なければならないのだろうか。注『百人一首』所収ノ、藤原良経(ヨシツネ)ノ歌。

さむらひ【侍】(サムライ)〔名〕「さぶらひ」に同じ。例「それは平家(へい)の――、弓取っての名将」〈謡曲・実盛〉訳その人(=斎藤実盛(サネモリ))は平家に仕えた武士で、戦闘においては名指揮官だった人だ。注コレハ「さぶらひ②」ノ意。

さむらひ-えぼし【侍烏帽子】(サムライ…)〔名〕烏帽子の一種。武士が素襖(すおう)を着る時に常用したが、もとは広く一般に用いられた。厚紙で作った黒漆塗りの平たい形のもので、頂(いただき)を三角に折り曲げ髻(もとどり)を入れた。

さむらひえぼし

さむらひ-どころ【侍所】(サムライ…)〔名〕⇩さぶらひどころ

さむら・ふ【候ふ・侍ふ】(サムラ(ロ)ウ)〔自ハ四〕(は・ひ・ふ・ふ・へ・へ)(「さぶらふ」の変化した語)「さうらふ」に同じ。

さ-め・く〔自カ四〕(か・き・く・く・け・け)(「さ」は擬声語。「めく」は接尾語。「ざめく」とも)騒がしくする。ざわめく。例「からすの集まりて飛びちがひ、――・き鳴きたる」〈枕草子・にくきもの〉訳(不快なものは)カラスが集まって飛びかい、騒がしく鳴いているの。

ざ-めり【連語】(打消しの助動詞「ず」の連体形に推定の助動詞「めり」の付いた「ざるめり」の変化したもの。「ざ」は「ざる」の撥音便形「ざん」の撥音無表記)…ないように見える。…ないようだ。例「この頃となりては、ただごとにも侍(はべ)らざめり」〈竹取・かぐや姫の昇天〉訳(かぐや姫は、ふだんも月を恋しがっておられたけれども)近頃になってからは、(月に対する様子が)ただごとではないようでございます。

さ-も【然も】

■一〔連語〕(副詞「さ」+係助詞「も」)**そのようにも。そうも。**例「いと似げなきことを、――知らでのたまふ」〈源氏・若紫〉訳(若紫がまだ年少で光源氏にひどく似つかわしくないことを、(光源氏は)そうだとも気付かずに(若紫を世話したいと)おっしゃるのだ。

■二〔副〕❶**いかにも。まったく。**例「――きよらにおはしける大臣(おとど)かな」〈源氏・宿木〉訳(夕霧様は)いかにも美しくていらっしゃる大臣ですねえ。❷(下に打消しの語を伴って)**それほどにも。たいして。**例「ただこちたき御物慎(ものいみ)みなれば、――むつび給はぬを」〈源氏・蓬生〉訳(末摘花(すえつむはな)は)ただ大変な遠慮深さのために、(叔母(おば)にも)それほどにも親しくなさらないのを。

さもあら・ず そんなことはない。そうではない。例「いな、――・ず。御眼(まなこ)二つに、杏(すもも)のやうなる玉をぞ添へていましたる」〈竹取・竜の首の玉〉訳いや、そうではない。お目二つに、(竜の首の玉ではなく)杏のような玉をつけていらっしゃったよ。注大伴ノ大納言ガ風病ニカカッタ様子ヲカラカッテイル。

さも言はれ・たり(…イワレタリ)(「さも」+動詞「言ふ」の未然形+尊敬の助動詞「る」の連用形+完了の助動詞「たり」)あなたのおっしゃった通りだ。いかにもその通りだ。もっともだ。例「『なほこれを焼きて試みむ』と言ふ。翁

（翁（おきな））」、『それ、――・たり』と言ひて」〈竹取・火鼠の皮衣〉訳（かぐや姫は）「やはりこの火鼠（ひねずみ）の皮衣を焼いて（本物かどうか）ためそう」と言う。竹取の翁は、「それは、いかにもその通りだ」と言って。

さも-あらば-あれ【然も有らば有れ】〔連語〕（「あれ」は「あり」の命令形で、放任の意を表す）❶望ましいことではないが、そうなったらやむをえない。どうとでもなれ。ままよ。例「思ふには忍ぶることぞ負けにける逢ふにしかへば――」〈伊勢・六五〉訳あなたを恋い慕う思いには人目を忍ぼうとする気持ちも負けてしまいました。あなたとお逢いすることと引き換えならばどうなってもかまいません。

❷それはともかくも。なにはともあれ。

さも-あ・り【然も有り】〔連語〕（副詞「さ」＋強調を表す副助詞「も」＋動詞「あり」。「さあり」の強調）❶そうである。そのとおりである。例「『竜（たつ）の首の玉や取りておはしたる』『いな、――・らず』」〈竹取・竜の首の玉〉訳「（大伴の大納言は）竜の首の玉をとって来られたのか」「いや、そうではない」。

❷（相手の発言や眼前の事態に対して強く同意・肯定する意を表す）いかにもそのとおりだ。もっともなことだ。例「まことに――・る事なり」〈今昔・二九・二四〉訳なるほどそれはよい考えだ。

さも-あれ【然も有れ】〔連語〕（「あれ」は「あり」の命令形。放任の意を表す）❶（望ましいことではないが、そうなったらやむをえない、という決意の気持ちを表す）どうとでもなれ。仕方がない。ままよ。例「――、ただ走り出（い）でて舞ひてん。死なばさてありなむ」〈宇治拾遺・一・三〉訳ええいままよ、ただ（鬼たちの前へ）走り出て舞ってやろう。（殺されて）死んだらそれまでのことだ。

❷それはともかくも。それはそうとして。

さも-いはれ-たり ⇒「さも」子項目

さも-さう・ず【然も候ず】〔連語〕いやそうではない。とんでもない。例「――・ず。還俗（げんぞく）の国王の例（ためし）、異国にも先蹤（せんぞう）あるらん」〈平家・八・名虎〉訳いやそうではない。僧侶から戻られた国王の例は、異国にも先例があるだろう。

さ-もら・ふ【侍ふ・候ふ】（サモロウ）〔自ハ四〕（は・ひ・ふ・ふ・へ・へ）（「さ」は接頭語。「もらふ」は「守（も）る」の未然形＋反復・継続の助動詞「ふ」）❶機会を待ったりして様子を見る。機会をうかがう。見守る。例「夕潮に船を浮（う）け据（す）ゑ朝凪（あさなぎ）に舳（へ）向け漕（こ）がむと――・ふと」〈万葉・二〇・四三九八長歌〉訳夕潮に船を浮かべ、朝なぎに舳先（へさき）を向けて出発の時機をうかがって海の様子を見守っていると。

❷貴人のそば近くに仕える。伺候（しこう）する。例「東（ひむがし）の滝（たぎ）の御門（みかど）に――・へど昨日も今日も召すこともなし」〈万葉・二・一八四〉訳東の滝の門に伺候しているのだが、（草壁皇子（くさかべのみこ）は亡くなられてしまったので）昨日も今日もお召しになることはない。注皇子ノ薨去（コウキョ）ヲ近侍シテイタ舎人（トネリ）等ガ悲シンデ作ッタ歌。⇒さぶらふ

さや〔副〕（動詞「さやぐ」と同源）擬声語。ざわざわ。さらさら。例「笹（ささ）の葉は深山（みやま）も――に乱るとも我は妹（いも）思ふ別れ来ぬれば」〈万葉・二・一三三〉訳笹の葉は深山（の静けさ）をざわざわと音させて乱しているけれど、私の（思いは乱れないで）ただ妻のことを思っている。（妻と）別れて来たのであるから。

さや【清・明】〔副〕（形容詞「さやけし」、形容動詞「さやか」と同源）はっきり。すっきり。例「時となく雲居（ゐ）雨降る筑波嶺（つくはね）を――に照らして」〈万葉・九・一七五三長歌〉訳時を決めずに（いつも）雲がかかり雨が降る筑波山を（今日は）はっきりと照らして。

さ-や【然や】〔連語〕（副詞「さ」＋疑問の係助詞「や」）そのように…か。そう…か。例「来むとありしを、――あると目をかけて待ちわたるに」〈更級・梅の立枝〉訳（継母が梅の花の咲く頃に）来ようと言っていたので、そうかしらと梅を見守って待ち続けていたのに。

さ-やう【然様・左様】（サヨウ）〔名・形動ナリ〕（前に述べた内容を受けて）そのよう。そういうふう。そのとおり。例「――の者は、人のもとに来て、居（ゐ）むとする所を、まづ扇してこなたかなたあふぎ散らして、塵（ちり）掃き捨て」〈枕草子・にくきもの〉訳そのような者（＝年ヲ取ッテ遠慮ノナクナッタ者）は、人のところに来て、（自分が）座ろうとする場所を、まず扇であっちこっちあおぎちらして、塵を払いのけて。

さや-か

【分明か・清か】〔形動ナリ〕❶（視覚的に）**はっきりとした様子。明瞭（めいりよう）である。**例「秋来（き）ぬと目には――に見えねども風の音にぞおどろかれぬる」〈古今・秋上・一六九〉訳秋が来たと目にははっきりと見えないけれども、秋風の音に自然と気づいたことだ。

❷**明るい様子。**例「山の左右（さう）より、月日の光――にさし出（い）でて世を照らす」〈源氏・若菜・上〉訳（夢の中で）須弥山（しゅみせん）（＝仏教デイウ世界ノ中心ニアル山）の左右から、月と太陽の光が明るくさし出て世の中を照らす。

❸（音が）澄んで高い様子。さえてよく聞こえる。

さや・ぐ〔自ガ四〕（が・ぎ・ぐ・ぐ・げ・げ）木の葉などがざわざわ音を立てる。ざわめく。例「葦辺（あしべ）なる荻（をぎ）の葉――・ぎ秋風の吹き来るなへに雁（かり）鳴き渡る」〈万葉・一〇・二一三四〉訳葦のほとりに生えている荻の葉がざわざわして、秋風が吹いて来るとともに雁が鳴きながら渡ってゆくことだ。

さや-け・し【分明けし・清けし】〔形ク〕❶はっきりしている。明るい。例「めぐり来て手に取るばかり――・きや淡路の島のあはと見し月」〈源氏・松風〉訳月日もめぐり、都にまた帰って来て、手に取るようにはっきり見えるこの月は、かつて（明石で）「あれは都の月か」と見た月と同じものなのだろうか。

❷澄みきっている。さえて清い。すがすがしい。例「さえわたる池の鏡の――・きに見なれし影を見ぬぞ悲しき」〈源氏・賢木〉訳昔ながらに池は鏡のようにさえて澄みきっているのに、見なれた父帝の面影をその鏡の上に見ないのが悲しい。

小夜の中山（さやのなかやま）【地名】遠江（とおとうみ）の国にあった峠で、東海道の難所の一つであった。現在の静岡県掛川（かけがわ）市と榛原（はいばら）郡金谷（かなや）町との境にあたる。歌枕。後世転じて「さよのなかやま」とも。例「年たけてまた越ゆべしと思ひきや命なりけり――」〈新古今・羇旅・九八七〉訳年老いてからまた越えようとは、かつて思っただろうか（いや思いもかけなかったことだ）。命があったからこそのことなんだなあ、小夜の中山よ（こうして再び越えるとは）。

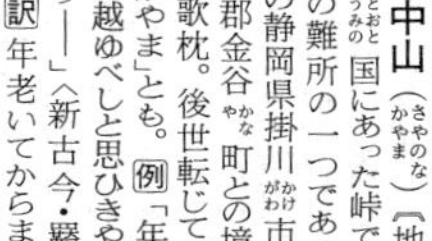

小夜の中山

さ-や-は【然やは】〔連語〕（副詞「さ」＋反語の係助詞

「やは」)そのように…か(いや…でない)。そうは…ない。例「我は、——思ふ」〈徒然草・一三〉訳私は、そのようには思わない。

さや-まき【鞘巻】〔名〕つばのない短刀。鞘に刻み目があり、長い「下げ緒（を）」で腰に結び付ける。

さや・る【障る】〔自ラ四〕{ら・り・る・る・れ・れ}ひっかかる。さしつかえる。支障となる。例「術（すべ）もなく苦しくあれば出で走り去（い）ななと思へど子らに——・りぬ」〈万葉・五・八九九〉訳どうしようもなく苦しいので逃げ出して走って行ってしまおうと思うのだが(それも出来ない)、子供らが気にかかってしまう。

さ・ゆ【冴ゆ】〔自ヤ下二〕{え・え・ゆ・ゆる・ゆれ・えよ}❶しんしんと冷える。冷えこむ。例「大小寒のころほひ、いみじう雪降り——・えたる夜は」〈大鏡・道長・下〉訳小寒から大寒までの寒中の頃、大層雪が降って冷えこんだ夜には。
❷光・音などがはっきりとする。澄みきる。さえる。例「大江山かたぶく月の影——・えて鳥羽田（とば）の面（おも）に落つる雁（かり）が音（ね）」〈新古今・秋下・五〇三〉訳大江山に沈みかかった月の光が澄みきって、鳥羽の地の田んぼにおりる雁の声がしきりにすることよ。

さ-よ【小夜】〔名〕(「さ」は接頭語)夜。例「わが背子を大和（やまと）へやると——更けて暁（あかとき）露にわが立ち濡れし」〈万葉・二・一〇五〉訳私の弟(＝大津皇子)を大和の国へ帰し遣るとて、夜が更けて、明け方のまだ暗い時分の露に、(私は見送りに立ったまま)すっかり濡れてしまったことだ。

さ-よなか【小夜中】〔名〕真夜中。夜中。例「——と夜はふけぬらしかりがねの聞こゆる空に月渡る見ゆ」〈古今・秋上・一九二〉訳もう真夜中にまで夜はふけてしまったらしい。雁の鳴き声の聞こえる空に月が渡っていくのが見える。

さら
【更】〔形動ナリ〕
類さらにもいはず

> 多く、言へばさらなり・言ふもさらなりの形で用いて、何か言うと、いまさらという感じがする、の意。②は「更なり」だけで、①の意味を表す用法。類似の言い方に言へばおろかなりがある。

❶(「言へば」「言ふも」を受けて)**いまさらという感じがする。**例「渡り給ふ儀式、言へば——・なり」〈源氏・若菜・上〉訳(女三の宮の)おこし入れの儀式(の盛大さ)は、話せば何もいまさらという感じがする。
❷(「言へば」「言ふも」などの省略された形)**あらためていうまでもない。もちろんである。**例「夏は夜。月の頃は——・なり」〈枕草子・春はあけぼの〉訳夏は夜がいい。月の出ている頃はいうまでもない。

さら-さうじゅ【娑(沙)羅双樹】〔名〕⇩しゃらさうじゅ

さら-さら〔副〕物が触れ合って出る音。また、水の流れる音や波立つ音。さらさら。ざわざわ。例「伊予簾（いよす）は——と鳴るもつつまし」〈源氏・浮舟〉訳(のぞき見をしようとすると)伊予簾(＝伊予国産ノスダレ)はさらさらと音をたてて鳴るのも(音を聞かれはしまいかと)気がひける。

さら-さら【更更】〔副〕(「更に更に」の意)❶ますます。あらためて。いまさら。例「多摩川に晒（さら）す手作り——に何ぞこの児（こ）のここだ愛（かな）しき」〈万葉・一四・三三七三〉訳多摩川にさらす手織りの布の、そのさらさらした感触ではないが、更に更に(＝マスマス)どうしてこの子(＝愛スル人)がこんなにひどくいとしいのだろう。
❷(下に打消しの表現を伴って)決して。全く。

更科・更級（さらしな）〔地名〕信濃（しなの）国千曲（ちくま）川沿いの地名。現在の長野県更級郡および更埴市の一部にあたる。月の名所で、階段状の水田の一枚一枚に月が映ずる「田毎（たご）の月」、棄老伝説の「姥捨（おばすて）山」などで有名。ソバの産地としても名高い。

更級日記（さらしなにっき）〔書名〕平安中期の日記。菅原孝標の娘の作。一〇六〇年(康平三)頃成立か。作者十三歳の時、父が任国上総から帰京するところから始めて、夫の橘俊通と死別するまでの四十年間の生涯を回想的にまとめたもの。『源氏物語』への憧憬、近親者の逝去、宮仕え、仏教への傾斜が感覚的、心理的に克明に描かれている。⇩菅原孝標女（すがはらのたかすゑのむすめ）

さら・す【晒す・曝す】〔他サ四〕{さ・し・す・す・せ・せ}❶日光・風雨などが直接当たるままにする。例「かばねをば一の谷で——・さんと思ひきったる直実（なほざね）ぞや」〈平家・九・一二之懸〉訳屍を一の谷でさらそうと覚悟した(熊谷)直実だぞ。
❷布などを水洗いしたり日光に当てたりして白くする。例「多摩川に——・す手作りさらさらに何ぞこの児（こ）のここだ愛（かな）しき」〈万葉・一四・三三七三〉訳多摩川の水でさらす手織りの布のそのさらさらした感触ではないが、更に更にどうしてこの子(＝愛スル人)がこんなにひどくいとしいのだろう。注東歌（アズマウタ）。「多摩川にさらす手作り」ハ「さらす」ト同音ノ「さらさらに」ヲ導ク序詞。
❸多くの人の目にあたるようにする。人目にさらす。例「かれこれ恥を——・し候ふも」〈平家・一〇・戒文〉訳あれこれと恥を人目にさらしますのも。

さら-ず【然らず】〔連語〕(「然（さ）あらず」の変化した形)そうではない。例「——・ずとていく世もあらじいざやさは法（のり）に替へつる命と思はむ」〈新古今・釈教・一九四九〉訳そうでなくても幾世も生きられる命ではないだろう、それならば、さあ、仏様の教えと引き換えた命と思おうではないか。

さら・ず【避らず】〔連語〕避けることができない。やむをえない。例「世の中に——・ぬ別れのなくもがな千代もと祈る人の子のため」〈伊勢・八四〉訳この世に避けることができない別れ、すなわち死別というものがなければいい、親が千年も万年も長生きしてほしいと祈る子供のために。

さら-ず-とも【然らずとも】〔連語〕(「さらずともありなむ」の意)そんなことをしなくても(よいだろう)。例「人多く行き訪（とぶら）ふ中に、聖（ひじり）法師の交じりて、言ひ入れたたずみたるこそ、——と見ゆれ」〈徒然草・七六〉訳人々がたくさん見舞いに行っている中に、修行僧が交じって、案内を乞うて(門口に)立ち止まっているのは、そんなことをしなくてもよいだろうにと思われる(しかるべき理由があっても、法師というものは世間の人に疎遠なのがよい)。

さら-ず-は【然らずは】〔連語〕そうでなければ。そうしないと。例「女あるじに土器（かはらけ）取らせよ。——飲まじ」〈伊勢・六〇〉訳女主人に杯を取って酒をすすめさせなさい。そうでないと(私は)飲まない。

さら-で【然らで】〔連語〕(「然（さ）あらで」の変化した形。「で」は打消しの意を表す接続助詞)そうでなくて。例「——、よろしかるべき人、誰（たれ）ばかりかはあらむ」〈源氏・若菜・上〉訳そうでなくて、適当に違いない人は、誰がいるだろうか。

さらで-だに【然らでだに】《連語》（動詞「さり」の未然形＋接続助詞「で」＋副助詞「だに」）そうでなくてさえ。例「―見るかひある御有様を、いよいよあはれにいみじと人の心に占(し)められむと」〈源氏・浮舟〉訳（匂宮(におうのみや)は、自分の）ただでさえ見ばえのするご様子を、いっそう「何ともすばらしい」と相手の心に印象づけようと。

さらで-も【然らでも】《連語》そうでなくても。例「霜のいと白きも、また―いと寒きに」〈枕草子・春はあけぼの〉訳（冬の朝）霜がたいそう白いのも、またそうでなくても（＝霜ハ降リテイナクテモ）たいそう寒い中で。

さら-に

【更に】〔副〕 類 さらさら

> 現代語と同様、**あらためて・ますます**、の意を表す。古語には、打消しの表現と呼応して、**全然…な**い、という意を表す用法③がある。

❶**あらためて。新たに。**例「―、夜さりこの寮(つかさ)にまうで来(こ)」〈竹取・燕の子安貝〉訳 あらためて、夜になった頃この役所にやって来い。

❷**ますます。重ねて。**例「またかかる事さへ侍(はべ)りければ、―いと心憂(う)くなむ思ひなり侍(はべ)りぬる」〈源氏・賢木〉訳 またこんな事までございましたので、ますます不愉快に思うようになりました。

❸（下に打消しの表現を伴って）**全然。決して。どうしても。**例「―まだ見ぬ骨のさまなり」〈枕草子・中納言参り給ひて〉訳 全然まだ見たこともない（見事な）扇の骨の様子だ。

さらにも言(い)はず ワズ・イ あらためて言うまでもない。もちろんのことだ。例「若き人々、悲しきことは―」〈源氏・桐壺〉訳 若い女房達は、悲しいことはあらためて言うまでもなく。

さらにも-あら-ず【更にもあらず】《連語》（「さらなり」を、「…どころの話ではない」の意の「（…に）もあらず」を付けて強調した言い方）いうまでもない。例「―・ず、一百九十歳にぞ今年はなりはべりぬる」〈大鏡・序〉訳（「お年を憶えていますか」と問われて）もちろんのこと（憶えていま す）。今年は百九十歳になりました。

さらにも-いはず ⇩「さらに」子項目

さら-ぬ

【然らぬ】《連語》（「然(さ)あらぬ」の変化した形）

> **そうではない・それほどでもない**、の意で、連体詞のように用いられる。同音の語に、「避けられない、やむをえない」の意の「さ（避）らぬ」があるので注意。

❶**そうでない。そのほかの。**例「鳥部野(とりべの)・舟岡(ふなをか)、―野山にも、送る数多かる日はあれど、送らぬ日はなし」〈徒然草・一三七〉訳 鳥部野や舟岡、そのほかの野山にも、葬送する遺骸(いがい)の数が多い日はあるけれど、葬送しない日はない。

❷**それほどでもない。たいしたことでもない。**例「―はかなき事をだに、傷を求むる世に」〈源氏・紅葉賀〉訳 たいしたことでもないどくつまらないことにさえ、あら捜しをするような世の中に。

さら-ぬ【避らぬ】《連語》（動詞「避(さ)る」の未然形「さら」＋打消しの助動詞「ず」の連体形「ぬ」）どうしても避けることのできない。どうしようもない。やむをえない。例「え―馬道(めだう)の戸を鎖(さ)し籠(こ)め」〈源氏・桐壺〉訳（桐壺更衣(きりつぼのこうい)が天皇の所に参るのに）避けることのできない渡り廊下の戸を閉めて（更衣を）閉じ込め。

さら-ぬ-がほ【然らぬ顔】オ・ガ〔名・形動ナリ〕何事もなかったような顔つき。そ知らぬ顔つき。例「―にのみ、のどかに見えさせ給へるを」〈源氏・浮舟〉訳（まわりの人々には）すべて何事もなかったような顔つきで、平静な様子にお見せになったのに。

さら-ぬ-だに【然らぬだに】《連語》そうでなくてさえ。ただでさえ。例「―秋の旅寝(たびね)は悲しきに松に吹くなりとこの山風」〈新古今・羇旅・九六七〉訳 ただでさえ秋の旅寝は物悲しいものなのに、松に吹き渡る音が（物悲しく）聞こえてくるよ、とこの山の山風は。注「とこ」ハ「鳥籠」ト書ク地名デ、旅寝ノ「床」ヲ掛ケル。

さらぬ-わかれ【避らぬ別れ】《連語》どうしても避けることのできない別れ。死ぬこと。死別。例「世の中に―のなくもがな千代(よち)もと祈る人の子のため」〈伊勢・八四〉訳 この世の中に避けきれぬ別れ、すなわち死別というものがなければいいのになあ。（母上の命が）千年もあるようにと強く願っている人の子（である私）のために。

さら-ば

【然らば】《「さあらば」の変化した形》

一〔接続〕❶順接の仮定条件を表す。**そうしたら。それならば。**例「和歌一つづつかうまつれ。―許さむ」〈紫式部・八千歳の君が御代〉訳（お祝いの）和歌を一首ずつお詠みなさい。そうしたら許してあげよう。

❷（下に打消しの表現を伴って）逆接の確定条件を表す。それなのに。そのくせ。例「―急ぎも歩(あゆ)み給はで、あそこここに立ちとどまり」〈平家・八・鼓判官〉訳 それなのに急いでもお歩きにならないで、あちらこちらで立ち止まって。

二〔感〕別れの時に言う語。さようなら。例「『身どももやがてお見舞ひ申さう』『―、―』」〈狂言・岩橋〉訳「私もすぐにお訪ねいたします」「さようなら、さようなら」

> 参考「さらば」と「さようなら」 二は一①が慣用化したもので、相手の話を受け、「それならば、お別れ」ということで、別れの言葉となったもの。現代語の「さようなら」も「さ様ならば」の意で、同じ意味。「じゃあね」も、「ではね」の意で同様。

さらぼ・ふ サラ・ボウ〔自ハ四〕{は・ひ・ふ・ふ・へ・へ}骨が目立つほどにやせる。やせ衰える。例「痩(や)せ給へる事、いとほしげに―・ひて」〈源氏・末摘花〉訳（末摘花(すえつむはな)が）おやせになっていることと言ったら、気の毒になるほど骨ばっていて。

ざら-まし《連語》（打消しの助動詞「ず」の未然形＋反実仮想の助動詞「まし」）（もし…だったら）…でなかっただろうに。例「思ひつつ寝(ぬ)ればや人の見えつらむ夢と知りせば醒(さ)めざらましを」〈古今・恋二・五五二〉訳（あの人のことを）恋しく思いながら寝たのであの人が夢に現れたのだろうか、夢だともし知っていたら覚めずにいただろうになあ。

ざら-む《連語》（打消しの助動詞「ず」の未然形＋推量の助動詞「む」。「平安末期以後「ざらん」とも）…ないだろう。…ないような。例「かたかどにても、いかが思ひの外(ほか)にをかしからざらむ」〈源氏・帚木〉訳（それが）ほんのわずかな才能であっても、どうして予想外でおもしろくないことがありましょうか。例「げには、少しかこつ方もわれと等しからざらん人は」〈徒然草・一三〉訳本当のところは、少し不満に思う点でも自分と気持ちが同じでないような人は。

さら-む-に-は【然らむには】ワ《連語》《「然（さ）あらむには」の変化した形》そのようなことであるなら。「む」は推量の助動詞「む」の連体形。そういうことなら。例「『――力なし』とて、その後（のち）沙汰（さた）もなかりしを」〈平家・四・競〉訳「そういうことなら仕方がない」と言って、その後音信もなかったが。

さら-めか・す〔他サ四〕（さ・し・す・す・せ・せ）《「さら」は擬声語。「めかす」は接尾語》さらさらと音を立てる。さらさらさせる。例「それを、また同じ湯に入れて――・し沸かすに」〈宇治拾遺・二・七〉訳それ（＝善珍内供（ゼンチンナイグ）ノ鼻）を、また同じ湯に入れてさらさらと音を立てて煮立てると。注善珍内供ハ鼻ノ長イ僧デアッタ。ソノ鼻ヲ一時的ニ小サクシボマセテイル場面。コノ話カラ芥川竜之介ノ『鼻』ガ生マレタ。

さら-め・く（か・き・く・く・け・け）《「さら」は擬声語。「めく」は接尾語》■一〔他カ四〕さらさらと音を立てる。例「それをまた同じ湯にさし入れて――・き、湯にはじめのごとく茹（ゆ）づれば」〈今昔・二八・二〇〉訳それ（＝禅智内供（ゼンチナイグ）ノ鼻）をまた（先程と）同じ湯にさし入れてさらさらと音を立てて（煮立て）、湯で初めのようにしてゆでると。
■二〔自カ四〕さらさらと音がする。ざわめく。

さ・り【然り】〔自ラ変〕（ら・り・り・る・れ・れ）《副詞「さ」に動詞「あり」の付いた「さあり」の変化した形》❶そのようである。そうである。例「あはれ、――・るめり」〈徒然草・一四〉訳ああ、そうである（＝真実デナイ）ようだ。❷（肯定の応答）そうだ。いかにも。例「『おい、――・り。おい、――・り』とうなづきて」〈源氏・玉鬘〉訳「おお、そうだ。おお、そうだ」とうなずいて。
参考「さり」は和文系の作品で使用される。漢文訓読系の作品では「しかり」。

ざり《助動詞「ず」の連用形》⇩ず

ざり《連語》《係助詞「ぞ」に動詞「あり」の付いた「ぞあり」の変化した形》…である。…だ。例「照る月の流るる見れば天の川出（い）づる水門（みなと）は海にざりける」〈土佐・一月八日〉訳照っている月が空を流れて海に沈んで行くのを見ると、天の川が流れ出る川口は（地上の川と同じように）まさしく海であったのだなあ。注「ざりける」ト連体形デ結ンデイルノハ、「ざり」ノ中ニ「ぞ」ガ含マレルカラ。

さり-あへ・ず【避り敢へず】アエズ《連語》どうしても避けきれない。避けられない。例「道もさりあへずひしめき集まる」〈宇治拾遺・一一・六〉訳（竜が現れると聞いて）道も避けて通れないほど人々がひしめき集まっている。
要点 連用形「さりあへず」の形で用いることが多く、中でも、例に見られるように「道もさりあへず」という形が多い。

さり-がた・し【去り難し】〔形ク〕捨てられない。別れられない。例「――・き妻（め）男持ちたる者は、その思ひまさりて深き者必ず先立ちて死ぬ」〈方丈記・飢渇〉訳（災害時には）別れられない妻または夫を持っている者は、その愛情のより深い者の方が決まって先に死ぬ。

さり-がた・し【避り難し】〔形ク〕❶避けられない。のがれられない。辞退できない。例「おぼし捨てつとも、――・き御回向（ゑかう）のうちには、まづこそはとあはれになむ」〈源氏・若菜・下〉訳私を捨てて出家なされても、やらざるをえない回向の中には、まず（私の事を）お祈りして下さるものとうれしく存じます。
❷断りにくい。例「――・き餞（はなむけ）などしたるは、さすがにうち捨てがたくて」〈奥の細道・草加〉訳断りにくい餞別（せんべつ）などをしてくれた物は、（邪魔でも）やはり捨てにくくて。

ざり-き《連語》《打消しの助動詞「ず」の連用形＋過去の助動詞「き」。活用語の未然形に付く》…なかった。例「初めよりおしなべての上宮仕（うへみやづか）へし給ふべき際（きは）にはあらざりき」〈源氏・桐壺〉訳（桐壺更衣（きりつぼのかうい）は）初めからごく普通の上宮仕えをなさるような（低い）身分ではなかった。注「上宮仕へ」ハ、天皇ノ側（ソバ）デ日常身辺ノ雑用ヲスルコト。

さりげ-な・し【然りげなし】〔形ク〕《「さりげ」は「さありげ」の変化した形》そんなことがあった様子でない。何もなかった様子だ。例「庭の面（おも）はまだかわかぬに夕立の空――・く澄める月かな」〈新古今・夏・二六七〉訳庭の上はまだ乾かないのに、夕立を降らせた空はそのような様子もなく澄み、また同じように澄んでいる月であるよ。

ざり-けむ ケン《連語》《打消しの助動詞「ず」の連用形＋過去推量の助動詞「けむ」。活用語の未然形に付く。平安末期「ざりけん」とも》…なかっただろう。…なかったのであろう。例「なほや忘れざりけむ」〈伊勢・三〉訳（女は、昔の男が）やはり忘れられなかったのだろうか。

ざり-けり《連語》《打消しの助動詞「ず」の連用形＋過去の助動詞「けり」。活用語の未然形に付く》…なかった。例「げにただ人にはあらざりけり」〈竹取・帝の求婚〉訳なるほど普通の人ではなかったのだ。
参考「ざりけり」で終止する場合には、右の例のように、あることにはじめて気付き詠嘆する意を伴う場合がある。

ざり-ける《連語》《連語「ざり」＋過去の助動詞「けり」の連体形「ける」》…であった。…だったのだ。例「秋萩の下葉に宿る白露も色には出（い）づるものにざりける」〈宇津保・嵯峨院〉訳秋萩の下葉についている白露でさえも、（時には心に思っていることが）外に現れるものだったのだ。
要点「にざりける」という形で平安時代の和歌に用いられる。「ける」と連体形になるのは「ざり」に係助詞「ぞ」が含まれているからである。⇩ざり（連語）

さりけれ-ど【然りけれど】〔接続〕そうではあったけれど。しかしながら。例「――、このもとの女、悪（あ）しと思へる気色（けしき）もなくて、出（い）だしやりければ」〈伊勢・二三〉訳そうではあったけれども、この以前からの女（＝本妻）は、（男を）憎んでいる様子もなくて、（新しい女の所へ）送り出してやったので。

ざり-つ《連語》《打消しの助動詞「ず」の連用形＋完了の助動詞「つ」》…なかった。例「かやうのなみなみまでは思ほしかからざりつるを」〈源氏・夕顔〉訳（光源氏は以前）こんな（空蝉（うつせみ）のような）平凡な身分（の女）のことまではお考えもしなかったのだが。

さりどころ-な・し【避り所無し】《連語》のがれようがない。まぬがれがたい。避けられない。例「あまりもの言ひさがなき罪、――・く」〈源氏・夕顔〉訳（作者の）あまり意地の悪いおしゃべりの罪は、まぬがれがたいことで。

さり-とて【然りとて】〔接続〕《「さありとて」の変化した形》前文の内容を受けて逆接で後文に続ける。そうかといって。そうだからといって。例「――、し出（い）ださんを待ちて寝ざらんもわろかりなんと思ひて」〈宇治拾遺・一・一二〉訳そうかといって、(ぼたもちを)作り上げるのを待って寝ないのも良くなかろうと思って。

さり-とも【然りとも】〔接続〕(「さありとも」の変化した形)❶(前に述べた内容を受けて)そうだとしても。そうはいっても。例「げに言ふかひなのけはひや。——、いとよう教へてむ」〈源氏・若紫〉訳なるほどたわいもない様子だなあ。そうだとしても、よくよく教えてやろう。
❷(副詞的に用いて)いくらなんでも。それにしても。例「妹のあらむ所、——知らぬやうあらじ。言へ」〈枕草子・里にまかでたるに〉訳妹の居る所を、いくらなんでも知らないなんてことはないだろう。言え。

さり-ながら【然りながら】〔接続〕しかしながら。そうではあるが。例「よく知らぬよしして、——、つまづま合はせて語る虚言(そらごと)は、恐ろしきことなり」〈徒然草・七三〉訳よく知らないふりをして、しかしながら、つじつまを合わせて話すうそは、(だまされやすいから)恐ろしいことだ。

さり-ぬ・べし【然りぬべし】〖連語〗(動詞「さり」の連用形＋完了の助動詞「ぬ」の終止形＋推量の助動詞「べし」)❶そうあるのが適当である。そうなるはずだ。よさそうだ。例「——・べき物やあると、いづくまでも求め給へ」〈徒然草・二一五〉訳(酒の肴(さかな)に)よさそうな物はないかと、(台所中)どこまでもお捜しください。
❷相当なものである。**立派だ。**例「なほ——・べからむ人の娘などは、さしまじらはせ、世の有様も見せならはさまほしう」〈枕草子・おひさきなく〉訳やはり相当な(身分の)人の娘などは、宮仕えをさせ、世間の様子も見慣れさせたく。

さり-や【然りや】〖連語〗(「然(さ)り」＋間投助詞「や」)そのとおりである。いかにもそうだ。まったくだ。例「いみじう泣けば、——、あな苦しと思(おぼ)して」〈源氏・薄雲〉訳(明石の上が)ひどく泣けば、(光源氏は)まったくだ、あつらいことよとお思いになって。

さる【申】〔名〕❶十二支の九番目。⇩じふにし
❷方角の名。西南西。
❸時刻の名。午後四時、およびその前後二時間。一説には、午後四時からの二時間。

さる【猿】〔名〕❶動物の名。サル。例「——を聞く人捨て子に秋の風いかに」〈芭蕉・野ざらし紀行〉訳猿の鳴き声を聞いて旅愁を一層深くした中国の詩人達よ。独り捨てられて泣く捨て子に蕭々(しょうしょう)たる秋風が吹き過ぎる哀れさに、断腸の思いをなして旅をするこの私を、いかが思われるであろうか。注漢詩デハ、急流ニ叫ブ哀猿ニ断腸ノ思イヲ感ジル様ガ、多ク詠マレテイル。ココデハ、富士川ノホトリニ捨テラレタ捨テ子ノ声ニ哀レヲ感ズル設定トシタ。
❷ずるがしこい者、こざかしい者、すばしっこい者などをののしって呼ぶ語。
❸「湯女(ゆな)」の別名。江戸時代、風呂屋にいて、客の体を洗い、また、売春もした女。

さ・る【去る】〔ら・り・る・る・れ・れ〕

> 時間的・空間的に推移・移動する、が基本的な意。現代語の「さる」は狭く、離れて行く(一①)だけに用いるが、古語には季節や時刻が近づいて来る(一⑤)の意の用法があることに注意。

■一〔自ラ四〕《時間的・空間的に推移・移動する意》❶そこから離れて行く。立ち去る。例「知る人なくて漂はむことのあはれに、——・りがたうおぼえしかば」〈源氏・柏木〉訳(残された娘が)知った人もない状態で世の中に漂泊するだろうことがかわいそうで、立ち去りにくく思われたので。
❷(「世を去る」の形で)出家する。また、死去する。例「今はと世を——・り給ふべき程近くおぼし設くるに」〈源氏・幻〉訳(光源氏は紫の上の一周忌も終えて)いよいよ今こそはと出家なさるべき時機が近いと心の用意をなさるにつけ。
❸**位などから退く。**身を引く。例「かしこき帝(みかど)の君も、位を——・り給ひぬるに」〈源氏・若菜・下〉訳おそれ多い天皇様(＝冷泉(れいぜい)帝)も退位なさったのに。
❹**隔たる。**遠ざかる。例「宮の北に二里を——・りて方丈の室を造りて」〈今昔・三・一四〉訳宮殿の北に二里隔たって方丈(＝約三メートル四方)の小さな部屋を造って。
❺(季節や時刻などが)**やって来る。…になる。**例「夕——・ればひぐらし来鳴く生駒(いこま)山越えてぞ吾(あ)が来る妹(いも)が目を欲(ほ)り」〈万葉・一五・三五八九〉訳夕方になると、ヒグラシが来て鳴く生駒山を越えて、私はやって来ることだ。妻に逢(あ)いたくて。
❻移り行く。変化する。経(た)つ。例「時移り事——・り、楽しび悲しび行き交ひて」〈徒然草・一五五〉訳時が移り出来事も過ぎ去り、楽しみと悲しみが行ったり来たりして。
■二〔他ラ四〕❶遠ざける。離れさせる。例「なほしばし身を——・りなむと思ひ立ちて、西山に例の物する寺あり、そちら物しなむ」〈蜻蛉・中・天禄二年〉訳やはりしばらく(夫、兼家(かねいえ)から)身を遠ざけようと思い立って、西山にいつもお参りする寺がある、そちらへ行こう。
❷夫婦の関係を断つ。離縁する。例「もとの妻をば——・りつつ、若く形よき女に思ひつきて」〈宇治拾遺・四・七〉訳もとの妻を離縁して、若くて美人の女に心を寄せて。
要点 一は「世を去る」「位を去る」のように、格助詞「を」を受ける場合があるが、自動詞である。次項の、避ける意の「さ(避)る」も、二から転じたものである。

さ・る【避る・謝る】〔他ラ四〕〔ら・り・る・る・れ・れ〕❶避ける。よける。例「世の中に——・らぬ別れのなくもがな千代(ちよ)もとなげく人の子のため」〈古今・雑上・九〇一〉訳この世の中に避けられない別れ(＝死別)というものがなければよいのに。(親が)千年も生きてほしいと強く乞い願っている子供のために。
❷譲る。例「みな国は大国主神に——・りき」〈古事記・上・大国主神〉訳(兄弟に大ぜいの神がいらっしゃったが)すべて国を大国主神に譲った。

さ・る【曝る】■一〔他ラ四〕〔ら・り・る・る・れ・れ〕日光や風雨が当たるままにする。さらす。
■二〔自ラ四〕〔ら・り・る・る・れ・れ〕日光や風雨が当たるままである。さらされる。例「一つの髑髏(どくろ)あり。久しきを歴(へ)て日に——・りたるも、その舌爛(ただ)れずして生きて著(つ)きてあり」〈日本霊異記・下・一〉訳一つのどくろがある。(見ると)久しい年月がたち日にさらされていたにもかかわらず、その舌はただれ腐ることはなく生きてついている。
■三〔自ラ下二〕〔れ・れ・る・るる・るれ・れよ〕二に同じ。

さる【然る】〔連体〕❶(前の語句や文を受けて)**そのような。そんな。**例「——物を我も知らず」〈徒

然草・六〇〉訳そのような物は自分も知らない。❷しかるべき。かなり立派な。相当な。例「この度(たび)は——体(てい)にして」〈宇治拾遺・五・三〉訳今度はしかるべき準備をして。❸ある。例「またこの在所に——子細(しさい)あって」〈謡曲・隅田川〉訳またこの土地である理由があって。

ざ・る【戯る】〔自ラ下二〕{るれ・れ・る・るる・}対まめだつ ❶うかれたわむれる。冗談(じょうだん)を言い合う。はしゃぎ騒ぐ。ふざける。例「旅立ちたる所にて、下衆(すげ)ども——・れゐたる」〈枕草子・かたはらいたきもの〉訳外泊した先で、(お供の)下衆達がうかれふざけているの(は見ていておかしい)。❷あだっぽく見える。色っぽい。また、しゃれて風情がある。例「さすがに男の御具(おんぐ)さへほのぼのあるを、——・れてをかしと見給ふ」〈源氏・末摘花〉訳(光源氏が通うようになり、何かと行き届かない末摘花(すえつむはな)の邸(やしき)だが)そうはいっても男性のための品々が少しあるので、しゃれていておもしろいとご覧になる。❸世慣れている。気が利く。例「年の程よりは——・れてやありけむ」〈源氏・少女〉訳(惟光(これみつ)の娘は)年齢の割には世慣れていたのだろうか。

さる-あひだ【然る間】■一〘連語〙《「さり」の連体形「さる」＋名詞「間」》そうこうするうちに。そのうち。例「——に、思ひはいやまさりにまさる」〈伊勢・四〇〉訳そうこうしているうちに、(女を思う男の)心はますます激しくつのる。■二〔接続〕《中世以降の用法》そこで。そのために。

さる-がう【散楽・猿楽】〔名〕《「さるがく」の変化した語》❶⇩さるがく①　❷おどけた振る舞い。戯れ。例「口をひき垂れて、『知らぬことよ』とて——しかくるに」〈枕草子・殿などのおはしまさで後〉訳口をわざとゆがめて、(やさしい謎々(なぞなぞ)を)「一向にわからないよ」と言っておどけたしぐさをしかけると。

さるがう-ごと【散楽言・猿楽言】〔名〕たわいないことを言ってふざけること。また、その言葉。冗談(じょうだん)。例「——など給ふを、笑ひ興じ」〈枕草子・宮に初めて参りたるころ〉訳(関白様が)冗談などをおっしゃるのを、(女房達は)おもしろがって笑って。

さる-がく【散楽・猿楽・申楽】〔名〕《「散楽(さんがく)」の変化した形。「さるがう」とも》❶平安時代、相撲(すまい)の節会(せちえ)・神楽(かぐら)・殿上淵酔(てんじょうのえんずい)などに余興的に行われた咒師(のろんじ)・侏儒舞(ひきひとまい)・滑稽(こっけい)な物真似(ものまね)などの雑多な芸能の総称。また、その演者。中国伝来の散楽と我が国古来の戯技とが融合して生じたといわれる。❷中世前期、①のうち、滑稽(こっけい)物真似(ものまね)的なものが優雅な歌舞・演劇的要素を取り入れて発展した芸能。また、その演者。興福寺・春日神社・日吉神社などの保護を受け、所属寺社の境内などで演じられた。❸中世後期、観阿弥(かんあみ)・世阿弥(ぜあみ)父子らによる、②を洗練させた舞台芸能。また、その演者。明治以降「能楽」と称される。例「——とは神楽(かぐら)なれば、舞歌二曲をもって本風と申すべし」〈申楽談儀・序〉訳猿楽とは本来神楽であるから、舞と歌との二つの演技をもって基本的な芸と言うべきであろう。

さるがく③

申楽談儀(さるがくだんぎ)〘書名〙室町時代前期の能楽書。一四三〇年(永享二)成立。世阿弥晩年の芸談を、次男の七郎元能が聞き書きしたもの。世阿弥の能芸観や当時の能の実情を伝える貴重な芸能資料である。

さる-かた【然る方】〘連語〙《「さり」の連体形「さる」＋名詞「方」》❶(前を受けて)そういう方面。そういうふう。例「——の後見(うしろみ)にてはぐくまむと思ほしとりて」〈源氏・末摘花〉訳(光源氏は)そういう方面(＝末摘花(スエツムハナ)ノ暮ラシ向キ)の世話役として力になろうと考えられて。❷それ相応であること。それなり。例「あるかなきかに門(かど)さしこめて、待つこともなく明かし暮らしたる、——にあらまほし」〈徒然草・五〉訳いるのかいないのかわからない様子で門を閉ざし引き籠って、何かを期待するということもなく明かし暮しているのは、それなりに望ましいものだ。

さる-が・ふ【散楽ふ・猿楽ふ】〔自ハ四〕{は・ひ・ふ・ふ・へ・へ}《名詞「さるがう」をハ行四段動詞のウ音便形のように見立てて動詞化したもの》滑稽(こっけい)な振る舞いをする。おどける。冗談(じょうだん)を言う。例「男などのうち——・ひ、ものよく言ふが来たるを、物忌みなれど入れつかし」〈枕草子・つれづれなぐさむもの〉訳(すべき事がなく手持ち無沙汰(ぶさた)な時は)男性などで冗談を言い、よくしゃべる者が来た時は、物忌みであっても入れてしまうことだよ。

さる-から【然るから】〔接続〕そうだから。そういう理由なので。例「『——さぞ』ともうち語らはば、つれづれ慰まめと思へど」〈徒然草・一二〉訳「そうだからそうなんだ」とでも(相手と)語り合うようなことがあったら、やるせない寂しさも慰められるだろうと思うが。

さる-こと【然る事】〘連語〙《「さり」の連体形「さる」＋名詞「事」》❶(前を受けて)そういう事。そんな事。❷それ相応に理由のあること。もっともな事。例「清少納言が書けるも、げに——ぞかし」〈徒然草・一〉訳清少納言が書いているのも、本当にもっともな事であるよ。❸言うまでもない事。もちろんの事。

さること-あ・り【然る事あり】〘連語〙相手の言葉に同感である意を表す。いかにもそのとおりだ。ほんとうにそうだ。例「げに、——。いざや参らん」〈平家・七・竹生島詣〉訳本当に、いかにもそのとおりだ。さあ参詣(さんけい)しよう。

さる-に【然るに】〔接続〕《逆接を表す》それなのに。ところが。しかるに。例「——、十二月(しはす)ばかりに、とみのことて御文(ふみ)あり」〈伊勢・八四〉訳(母の所へなかなか行けない)。ところが、十二月ぐらいに、急の用事だといって(母の)手紙が来た。

さるにて-も【然るにても】〔接続〕それにしても。それはそれとしても。例「——、かかることなむと知らせ給ひて」〈源氏・少女〉訳それはそれとしても、このような事情だと(父の私に)お教えくださって。

さる-は【然るは】〔接続〕《「さあるは」の変化した形》類さるに・されど・されば

> 前に述べた内容を受けて、さらに説明を加える場合に用いる。原義に近いのは、順接(①)だが、逆接(②)も多いので、要注意。

❶《順接を表す》**それというのも実は。そうであるのは。**例

「ねびゆかむさまゆかしき人かなと目とまり給ふ。――、限りなう心を尽くし聞こゆる人に、いとよう似たてまつれるが」〈源氏・若紫〉訳成長してどんな(美しい人)になるかを知りたくなる人だなあと(若紫に)目をお留めになる。それというのも実は、(光源氏が)この上もなくお慕い申し上げる人(=藤壺(フジツボ))に、とてもよく似ているので(見つめられてしまう)。❷《逆接を表す》**そのくせ実は。そうではあるが。**例「望みて預かれるなり。――便りごとに、物も絶えず得させたり」〈土佐・二月十六日〉訳(隣人が)望んで(紀貫之の家を)預かったのだ。そのくせ実は(預けた私の方から)ついでのあるごとに、お礼の金品もしょっちゅうやっていたのだった。

さる-ひと【然る人】《連語》(「さる」は動詞「さり」の連体形)❶《前の語句や文を受けて》そのような人。例「をかしき事も、世のはかなき事も、うらなく言ひ慰まんこそうれしかるべきに、――あるまじければ」〈徒然草・一三〉訳(気の合う人と)おもしろい事も、世間のちょっとしたことでも、隔てなく話して心が慰められるのはうれしいだろうが、そのような(気の合う)人はいそうもないから。

❷しかるべき人。相当な人。立派な人。例「皆人(みなひと)、別当入道の庖丁(はうちやう)を見ばやと思へども、たやすくうち出でんもいかがとためらひけるを、別当入道――にて」〈徒然草・二三一〉訳一同の者が、別当入道の包丁さばきを見たいと思ったが、軽々しく言い出すのもどうかとためらっていたところ、別当入道は相当に心得た人であって(こちらの意を察して)。注コノ後、別当入道ハ包丁サバキヲ見セル。

さる-べき【然るべき】〔連体〕(「さべき」「さんべき」とも)

> 漢文訓読から生まれた語の「しかるべき」と同じで、意味としては、①のしかるべき、適当な、や②のそうなる運命の、③の立派な、などを生じる。

❶そうするのが最もふさわしい。**しかるべき。適当な。**例「娘をば、――人にあづけて」〈源氏・夕顔〉訳娘を、しかるべき人にあずけて(=適当ナ人ト結婚サセテ)。

❷そうなるのが当然であるような。**そうなる運命の。**例「――契(ぎち)りこそはおはしましけめ」〈源氏・桐壺〉訳(桐壺(きりつぼ)帝には、更衣との間に)そうなる(=死別スル)のが当然であるような前の世からの約束でもおありだったのだろう。

❸相当な。立派な。えらい。例「――人は、疾(と)うより御心魂(こころだましひ)の猛(けた)く」〈大鏡・道長・上〉訳(藤原道長のように)立派な人は、早くから(=若イ時カラ)精神力がおありで。

さるべきにや-ありけむ【然るべきにやありけむ】《連語》そうなる運命だったのであろうか。例「――、負ひ奉りて下(だ)るに」〈更級・竹芝寺〉訳そうなる運命だったのであろうか、(男は、姫君の仰せのとおりに)背負い申し上げて東国へ下って行くと。

さるべく-て【然るべくて】《連語》当然そうなる運命で。そうなるはずで。

ざる-べし《連語》《打消しの助動詞「ず」の連体形「ざる」+推量の助動詞「べし」》…ないだろう。…ないにちがいない。例「例の、なつかしう語らひ給ふも、思(おぼ)さぬことにはあらざるべし」〈源氏・花散里〉訳いつものように、親密に話し相手になって下さるのも、お口の先ばかりではないのであろう。

さるほど-に【然る程に】〔接続〕❶《前に述べた内容を受けて》そうするうちに。例「――、少将や判官入道も出(い)で来たり」〈平家・三・足摺〉訳そうするうちに、少将(成経)や判官入道(康頼)も出て来た。

❷《話題を変える時や文章の冒頭に用いて》さて。ところで。例「――、嘉応(かおう)元年七月十六日、一院御出家あり」〈平家・一・殿下乗合〉訳さて、嘉応元年七月十六日に、一院(=後白河上皇)がご出家なされた。

❸《感動をこめ、副詞的に用いて》それにつけても。それはそれは。例「――憎い鼠(ねずみ)め」〈西鶴・世間胸算用・一・四〉訳それにつけても憎らしい鼠め。

さる・まじ【然るまじ】《連語》《動詞「さり」の連体形+打消し推量の助動詞「まじ」の終止形》❶そうあるべきでない。適当でない。例「ただこの人の故(ゆゑ)にて、あまた――・まじき人の恨みを負ひし果て果ては」〈源氏・桐壺〉訳ただこの人(=桐壺更衣(キリツボノコウイ))のことが原因で、いろいろとそうあってはならない人の恨みを受けたその結果は。

❷そうする必要がないようである。そうしなくてもよい。例「――・まじき人のもとに、あまりかしこまりたるも、げに悪(わろ)きことなり」〈枕草子・文ことばなめき人こそ〉訳(手紙を書くのに)そうする必要もないような人の所に、あまり恐れ慎んだ言葉を使うのも、本当によくないことである。

猿蓑(さるみの)《書名》江戸前期の俳諧(はいかい)選集。向井去来・野沢凡兆(のざわぼんちよう)選。一六九一年(元禄四)刊。芭蕉七部集の第五番目。芭蕉やその門人の発句や連句、および「幻住庵記(げんじゆうあんのき)」などが収められている。「不易流行(ふえきりゆうこう)」「さび」「しほり」「にほひづけ」など蕉風の理念の最も熟達した選集といわれている。⇩向井去来(むかゐきよらい)

さる-もの【然る物・然る者】《連語》(「さり」の連体形「さる」+名詞「もの」)❶そのような物、また、そのような者。そんなもの。例「人の許(とも)に――包みて贈るやうやはある」〈枕草子・里にまかでたるに〉訳人のもとにそんな物(=海藻ノ切レ端)を包んで贈り物をするということがあるか。

❷そのとおりであること。もっともなこと。例「人の仰せられしこそ、げに――なれ」〈徒然草・一九〉訳ある方がおっしゃったのは、まことにもっともなことだ。

❸それ相当のもの。しかるべきもの。立派なもの。例「世のこととして、親をばなほ――におき奉りて」〈源氏・若菜・下〉訳世間のならわしとして、親はやはりそれ相当のしかるべきものとしてあつかい申し上げて。

さるもの-にて【然る物にて】《連語》❶それはそれで一応もっともだが。それはともかくとして。例「『もののあはれは秋こそまされ』と人ごとに言ふめれど、それも――、いま一きは心も浮き立つものは、春の気色にこそあめれ」〈徒然草・一九〉訳「情趣の深さは秋が一番だ」とだれもかれもが言うようだが、それもそれはそれで一応もっともだが、もう一段と心がうきうきするものは、春の景色であるようだ。

❷言うまでもないこととして。もちろんのこととして。例「わざとの御学問は――、琴・笛の音(ね)にも雲居(くも)を響かし」〈源氏・桐壺〉訳(光源氏は)本格的な学問は申すまでもなく、琴や笛の演奏でも宮中に評判を高くして。

さる-やう【然るやう】(ヨウ)《連語》それ相当の理由。しかるべき事情。例「おのづから、――ありて聞こゆるならむ」〈源氏・若紫〉訳たまたま、それ相当の理由があって申し上げるのであろう。

さる-を【然るを】〔接続〕❶《逆接を表す》だが。ところが。例「——、いかなることかありけむ、いささかなることにつけて世の中を憂(う)しと思ひて」〈伊勢・二一〉訳（昔、男と女が深く愛し合っていた）。だが、どうしたことがあったのだろうか、（女は）ささいなことにつけてお互いの間柄をいやに思って。注「世の中」ハ、男女間ノ愛情ノコト。

❷《話題を換える時に用いて》さて。ところで。例「——、筑紫高良山(かうらさん)の僧正は、加茂の甲斐なにがしが厳子(げんし)にて」〈芭蕉・幻住庵記〉訳さて、筑紫の高良山の僧正は、加茂の甲斐何とか（という人）のご令息で。

ざれ-こと【戯れ事・戯れ言】〔名〕ふざけてする事。また、ふざけて言う言葉。冗談。例「——をせずと末広がりを見せい」〈狂言・末広がり〉訳ふざけた事をしないで末広がり（＝扇）を見せろ。

要点 中世までは「ざれこと」とは連濁しないのが一般。実際には、「戯れ事」と「戯れ言」の区別の困難なものが多い。

され-ど【然れど】〔接続〕《逆接を表す》そうではあるけれど。**しかし**。例「腰なむ動かれぬ。——子安貝(こやすがひ)をふと握り持たれば」〈竹取・燕の子安貝〉訳腰を動かせない。そうではあるけれど（幸いなことに）子安貝をふっと握って持っているので。

され-ども【然れども】〔接続〕《逆接を表す》そうではあるけれども。しかし。例「——、その人、道の掟(おきて)正しく、これを重くして放埒(はうらつ)せざれば」〈徒然草・一五〇〉訳（世に名人といわれる人も最初は欠点があった）しかし、その人が、その芸道の規律を正しく（守り）、これを尊重して勝手なことをしないでいると。

され-ば【然れば】《「さあれば」の変化した形》一〔接続〕❶**だから。それゆえ。**例「人の心を動かす種(くさはひ)になむあるべき。——、罪の深きにやあらむ」〈源氏・椎本〉訳（女性は）人の心を悩ませる種(たね)であるようだ。だから、（女の身は）罪が深いのであろうか。

❷話題を転換したり、あらたまって話を始めようとする時に用いる語。さて。ところで。例「世間に此(この)類あまた有り。——、和歌は和朝の風俗にして」〈西鶴・西鶴織留・三・二〉訳世間には、こうした（無駄な習い事をする）例が多い。さて、和歌は我が国特有の歌で。

❸《事の意外さに驚く気持ちで》これはまあ。一体全体。そもそも。例「こは、——、何事さぶらふぞや」〈平家・一・祇王〉訳これは、一体全体、どうしたことなのでしょうか。

二〔感〕《相手の質問に答えて》だからさ。そのことだが。例「『そなたに頼むことがある』『それはいかやうなことぢゃ』『——、そのことぢゃ』」〈狂言・武悪〉訳「おまえさんに頼むことがある」「それはどんなことだ」「だからさ、そのことなのだ（が）」。

されば-こそ【然ればこそ】〔連語〕❶《予想が的中した時にいう》やっぱり、思った通り。だから言ったのだ。「さればよ」とも。例「『——、異(こと)物の皮なりけり』と言ふ」〈竹取・火鼠の皮衣〉訳（皮衣は火に焼けた）「思った通りだ。（火鼠(ひねずみ)でなくて）別物の皮であったよ」と言う。

❷《相手の言葉に応答して》（待ち受けていたかのように）そのことですよ。（制止するように）いえねえ。それよりもですよ。

ざれ-ば・む【戯ればむ】〔自マ四〕{ま・み・む・む・め・め}《「ばむ」は接尾語》しゃれた風に見える。風流めく。例「世の中をまだ思ひ知らぬ程よりは、——・みたるかたにて、あえかにも思ひ惑はず」〈源氏・空蟬〉訳（軒端荻(のきばのおぎ)は）男女の仲の事をまだよくわからない年の割には、風流めいた人であって、かよわくうろたえることもしない。

されば-よ【然ればよ】〔連語〕⇩さればこそ①

さわ【多】〔副〕⇩さは〔副〕

さわが・し【騒がし】〔形シク〕《動詞「さわぐ」が形容詞化した形》❶騒々しい。やかましい。例「空うち曇りて、風のいと——・しく吹きて」〈枕草子・九月つごもり〉訳空が曇ってきて、風が大変騒々しく吹いて。

❷おだやかでない。落ち着かない。例「所、河原近ければ水難も深く、白波(しらなみ)のおそれも——・し」〈方丈記・わが過去〉訳場所は、河原に近いので水難も多く、盗賊の心配もあって落ち着かない。注「白波」ハ盗賊ノ別名。

❸忙しい。せわしい。たてこんでいる。例「いで、この返りごと——・しうとも我せむ」〈源氏・行幸〉訳どれ、この（＝末摘花(スエツムハナ)ノ歌ヘノ）返事は忙しくても私がしよう。

参考 ②の意で、「世の中さわがし」の形で用いる場合は、多く流行病などで世間が騒然としていることにいう。

さわぎ【騒ぎ】〔名〕《上代では「さわき」》❶騒がしいこと。ざわめき。例「『あなや』と言ひけれど、神鳴る——に、え聞かざりけり」〈伊勢・六〉訳（女は鬼に食われ）「あれえっ」と言ったけれど、雷の鳴る音の騒がしさに、（男には）聞き取れなかった。

❷あわただしく落ち着かないこと。とりこみ。混雑。例「防人(さきもり)に立たむ——に家の妹(いも)がなるべきことを言はず来(き)ぬかも」〈万葉・二〇・四三六四〉訳九州の警備にあたる防人(さきもり)に出発する際のとりこみで、家に残るいとしい女がどうやって暮らしていけばいいかということを言わないで来てしまったよ。注「防人(さきむり)」「妹(むい)」ハ、上代東国方言。

❸戦乱。騒乱。

❹酒席などで、にぎやかに遊ぶこと、遊興。

さわ・ぐ【騒ぐ】〔自ガ四〕{が・ぎ・ぐ・ぐ・げ・げ}《上代では「さわく」》❶耳ざわりな音や声を立てる。騒がしくする。また、様々に囀(さへづ)る。例「み吉野の象山(きさやま)の際(ま)の木末(こぬれ)にはここだも——・ぐ鳥の声かも」〈万葉・六・九二四〉訳み吉野の象山の山あいの梢(こずゑ)には、こんなにもたくさん騒がしくする鳥の声だよ。

❷平静さを失う。あわてる。動揺する。例「入道相国(にふだうしゃうこく)ちっとも——・がず、ちゃうどにらまへておはしければ」〈平家・五・物怪之沙汰〉訳入道相国（＝平清盛）は少しも動揺せず、はったとにらみつけていらっしゃったので。

さわさわ【爽爽】〔副〕⇩さはさは

さわやか【爽やか】〔形動〕⇩さはやか

さ-わらび【早蕨】〔名〕芽の出たばかりの若いワラビ。例「石走(いはばし)る垂水(たるみ)の上の——の萌(も)え出(い)づる春になりにけるかも」〈万葉・八・一四一八〉訳石の上を激しく流れる滝のほとりの若いワラビが、芽を出す春になったなあ。

さわる【障る】〔動〕⇩さはる

さわれ〔感〕⇩さはれ

さゐ-さゐ・し(サイサイシ)〔形シク〕さわさわと、または、ざわざわと音を立てている。例「光もなく黒き掻練(かいねり)の、——・しく張りたる一かさね」〈源氏・初音〉訳つやもなく（紅色があせて）黒くなった練絹(ねりぎぬ)で、ざわざわと音がするほど洗い張りでのりをきかした一枚（の上に）。

さ-ゑもん【左衛門】(サエモン)〔名〕「左衛門府(さゑもんふ)」の略。⇩ゑもんふ

左衛門の陣(さゑもんのぢん)(ジン) 左衛門府の役人の詰め所。内裏(だいり)

の建春門にある。

さゑもん-の-かみ【左衛門督】〔名〕「左衛門府」の長官。

さゑもん-の-ぢん ⇩「さゑもん」子項目

さを【竿・棹】━〔名〕❶舟を進ませるための細長い棒。❷衣を掛ける竹の棒。衣紋掛け。
━〔接尾〕❶旗を数える語。❷簞笥・長持などを数える語。

さ-をしか【小牡鹿】〔名〕《「さ」は接頭語》雄の鹿。例「――のわきて立ち馴らすらむも、心ことなり」〈枕草子・草の花は〉訳（萩は）雄の鹿がとりわけ（その花のもとに）いつも来て馴れ親しむというのも、格別な趣のものだ。

さ-をととし【一昨昨年】〔名〕さきおととし。例「――の二月の十日頃に、難波より船に乗りて」〈竹取・蓬莱の玉の枝〉訳さきおととしの二月十日頃に、難波（＝大阪）から船に乗って。

さ-をとめ【早乙女・早少女】〔名〕《和歌用語。「さ」は接頭語》田植えをする女。（季・夏）

さん【産】〔名〕❶生業による収入。財産。例「人、恒の――なき時は、恒の心なし」〈徒然草・一四二〉訳人は、安定した収入がない時は、安定した心が持てない。❷子を産むこと。出産。

さん【賛・讃】〔名〕❶漢文の文体の一つ。人や事物をほめたたえる文。多く四字一句で、韻をふむ。❷絵に書き添える詩歌・文章。絵の題材にちなんだ内容を持つ。画賛。❸仏の徳をほめたたえる韻文。❹《近世語》批評。転じて、けちをつけるような時にもいう。

さん-あく【三悪】〔名〕《仏教語》「三悪道」の略。

さんあく-だう【三悪道】〔名〕《「さんなくだう」「さんまくだう」とも。仏教語》生前の悪業の結果、死後に落ちるという三つの苦しみの世界。地獄道・餓鬼道・畜生道。三悪趣。

山陰道（さんいんだう）【古代の行政区画名】《「せんおんだう」とも》五畿七道の一つ。京都から西、中国山脈の北側、日本海沿いの地域。丹波（＝京都府・兵庫県）・丹後（＝京都府）・但馬（＝兵庫県）・因幡・伯耆（＝以上、鳥取県）・出雲・石見・隠岐（＝以上、島根県）。また、それらの国を通って西へ向かう道。

さん-がい【三界】〔名〕《仏教語》❶悟って成仏することのできないいっさいの衆生が、生まれ変わり、死に変わる三つの迷いの世界。欲界・色界・無色界。例「――は、ただ心一つなり」〈方丈記・閑居の気味〉訳生まれ変わり死に変わる三つの迷いの世界は、ただ人の心によって存在し心を離れては存在しないものだ。❷三千世界。全世界。例「――広しといへども、五尺の身の置き所なし」〈平家・三・大臣流罪〉訳この世の全世界は広いといっても、五尺の（自分の）体の置き所はない。注「五尺」ハ、成人男子ヲ平均的身長デアス。❸過去・現在・未来の三世。❹（多く地名に付いて）遠い場所である意を添える。くんだり。また、単に強調する気持ちを添える。

さん-かう【三更】〔名〕一夜を五分したうちの、第三の時刻。だいたい午前零時前後の二時間。子の刻。⇩かう（更）

山家集（さんかしふ）【書名】平安末期の私家集。西行法師の歌を収める。編者、成立年代ともに未詳。六家集本山家集の系列は約千六百首、異本山家集系は約六百首を収める。心境と一体化した平明な自然詠がことに優れる。⇩西行（さいぎやう）

さん-ぎ【参議】〔名〕国政の重要事項を審議する官で、四位以上の者から五ケ国の国司歴任者などの有資格者が任命された。大臣・納言に次ぐ要職であった。定員は八名。宰相。「八座」とも。

ざん-ぎ【慙愧】〔名・自サ変〕《仏教語。近代以降は「ざんき」とも》❶行うべきことなどをせず自ら深く恥じ入ること。❷他人の非情なふるまいなどを見て恥ずかしく思い批判する。

さん-きょく【三曲】〔名〕❶箏（＝琴）・三味線・胡弓または尺八の称。また、これらの合奏。❷琵琶の三つの秘曲。流泉・啄木・楊真操。例「三年が間歩みを運び、立ち聞きて、かの――を伝へけん」〈平家・一〇・海道下〉訳三年の間（歩いて）出向いて、立ち聞きをして、かの三曲を受け伝えたという。

ざん-ぎり【散切り】〔名〕男の髪型で、結い上げずに、後ろへ切り下げたもの。

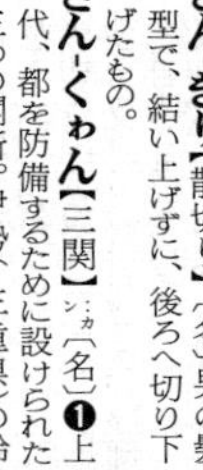

ざんぎり

さん-くゎん【三関】〔名〕❶上代、都を防備するために設けられた三つの関所。伊勢（＝三重県）の鈴鹿の関、美濃（＝岐阜県）の不破の関、越前（＝福井県）の愛発の関。平安時代以後、愛発の代わりに近江（＝滋賀県）の逢坂の関。なお、天皇の譲位・崩御や不穏な動きがある時、三関（＝鈴鹿・不破・愛発）を閉ざしたのを「固関」という。❷蝦夷の防備のため、奥羽地方に設けられた三つの関所。磐城（＝福島県東部）の勿来の関、同じく磐城の白河の関、出羽（＝山形県）の念珠が関。例「中にもこの関は――の一にして、風騒の人、心をとどむ」〈奥の細道・白河の関〉訳中でもこの（白河の）関所は三関の一つであって、詩人・文人が、関心を寄せていた所である。

さん-げ【懺悔】〔名・自サ変〕《近世の中頃から一般には「ざんげ」》❶《仏教語》過去に犯した罪を仏の前などで告白し、悔い改めること。❷（転じて）心の中を打ち明けること。包み隠さずに話すこと。

ざん-げん【讒言】〔名・他サ変〕人をおとしいれるために、事実を偽り、悪く告げること。中傷。告げ口。

さん-こ【三鈷】〔名〕「金剛杵」の一種で、両端が三つ股に分かれたもの。密教の修法に用いる。

さんこ

さん-こう【三公】〔名〕太政大臣・左大臣・右大臣の総称。のちには、左大臣・右大臣・内大臣。

さん-こう【参候】〔名・自サ変〕身分の高い人のもとに参上して、控えていること。例「ひそかに――の条」〈平家・一・殿上闇討〉訳（家来の者が）こっそり参上しておりました点は。

さん-ごく【三国】〔名〕日本・唐（＝中国）・天竺（＝インド）の三か国。

要点 昔の人にとって、三国が空間意識の広がりを示し、全世界という意識で用いられた。世界一、天下第一の意味で「三国一」という。

さん-ざう【三蔵】〔名〕❶上代、朝廷にあった三つの蔵。内蔵・斎蔵・大蔵。❷（仏教語）三分類した仏教の聖典。経蔵（＝説法集）・律蔵（＝戒律集）・論蔵（＝経典ノ解説集）の総称。❸②に深く通じている高僧。例「優に情けありける――かな」〈徒然草・八四〉訳やさしく人間味のある三蔵（＝法顕三蔵ノコト）だな。

三冊子（さんざうし）【書名】江戸中期の俳論書。三冊。服部土芳著。一七〇二年（元禄十五）に成立。芭蕉の談話を俳論的に系統立てたもの。第一部「白双紙」は俳諧史・概論を述べる。第二部「赤双紙」は不易流行・風雅の誠・軽みを論じる。第三部「忘水（＝黒双紙）」は作句作法・修養について記している。

さん-ざうらふ【さん候ふ】〔連語〕（副詞「さ」に「なり」の連用形「に」が付き、「あり」の丁寧語「候ふ」の付いた「さに候ふ」の変化した形）かしこまって肯定の答えをする時に用いる語。さようでございます。例「『汝は花方か』『――ふ』」〈平家・一〇・請文〉訳「お前は花方（＝人名）か」「さようでございます」

さん-ざん【三山】〔名〕❶（「大和三山」の意）香具山・畝傍山・耳成山。❷（「熊野三山」の意）熊野本宮・熊野新宮・熊野那智の三つの大社。❸（「出羽三山」の意）月山・湯殿山・羽黒山。

さん-ざん【散散】〔形動ナリ〕❶散り散りの様子。ばらばらである。例「東国の大勢皆渡いて攻めければ、――に駆けなされ」〈平家・九・宇治川先陣〉訳（木曽方の軍勢は）東国の大軍が皆（宇治川を）渡って攻めて来たので、散り散りに追い散らされて。❷はなはだしい様子。激しい。例「射残したる八筋の矢をさしつめ引きつめ――に射る」〈平家・九・木曽最期〉訳（今井四郎は）射残してあった八本の矢をつがえては引きつがえては引きと激しく射る。❸見苦しい様子。ひどい。

さんじふさん-しょ【三十三所】〔名〕観世音菩薩（＝観音）を本尊とする三十三か所の霊場。観音が衆生を救うため、三十三体に姿を変えて現れるという教えによる。近畿地方中心の西国三十三か所の霊場が最も有名。

さんじふろく-かせん【三十六歌仙】〔名〕一条天皇の時代に、藤原公任が選んだとされる、三十六人の有名な歌人。

三条（さんじょう）【地名】⇩さんでう（三条）

さん・す（近世上方の女性語）㊀（他サ特活）「さしゃんす」㊀に同じ。例「せんかたなさに怖ひとなど――せぬか」〈近松・女腹切〉訳どうしようもなくて怖いことなどなさいませんでしたでしょうね。㊁（助動特殊型）（動詞の未然形（カ変動詞は連用形）に付いて）「しゃんす」に同じ。例「くくみ水でなと洗うてあげ――せ」〈東海道中膝栗毛・八・中〉訳（こぼれたお酒を）含み水（＝口ニ含ンダ水ヲ霧ノヨウニ吹キカケル）でなりと洗ってあげなさいませ。

参考 もとは遊女の用いた遊里語であったが、元禄年間頃からは一般の女性も使うようになった。

さん・ず【参ず】〔自サ変〕（「行く」の謙譲語）参上する。参る。例「――ぜむとするを、今日明日の御物忌みにてなむ」〈枕草子・故殿の御服のころ〉訳内裏に参上しようと思うのですが、今日明日は（帝の）物忌みでありますので。

さん-ぜ【三世】〔名〕❶（仏教語）過去・現在・未来。また、前世・現世・来世の三つの世。例「悪心を捨てて善心を発しまさんこと、――の諸仏もさだめて随喜し給ふべし」〈平家・一〇・戒文〉訳悪い心を捨ててよい心をおこされることは、過去・現在・未来の仏様もきっとお喜びになるでしょう。❷（親子の縁を一世、夫婦を二世、主従を三世のつながりとすることから）主従の関係。「――の縁」「――の恩」「――の契り」など。

さん-せき【三蹟】〔名〕平安時代中期の三人の書道の達人。小野道風・藤原佐理・藤原行成。⇩さんぴつ（三筆）

さんせき-の-わか【三夕の和歌】〔連語〕『新古今集』の中で、秋の夕暮れを詠んだ三首の有名な和歌。◎寂蓮の「寂しさはその色としもなかりけり真木立つ山の秋の夕暮れ」訳寂しさはその色がそうだというのではない（＝ドコガドウトイウコトハナイ）ことである。真木が茂っている山の秋の夕暮れよ。◎西行の「心なき身にもあはれは知られけり鴫立つ沢の秋の夕暮れ」訳（世を捨てて）情趣を感じる心のない身にも、しみじみとした情趣は感じられることであった。鴫の飛び立つ水辺の秋の夕暮れよ。◎藤原定家の「見渡せば花も紅葉もなかりけり浦の苫屋の秋の夕暮れ」訳遠く見渡すと（美しい）花も紅葉もないことであるよ。浦の苫で葺いた家のあたりの秋の夕暮れよ。

これらの三首をいう。

さんぜん-せかい【三千世界】⇩さんぜんだいせんせかい

さんぜん-だいせんせかい【三千大千世界】〔名〕（仏教語）無数の世界を含む全宇宙。全世界。「三千世界」「三千界」「大千世界」とも。

参考 須弥山を中心にした世界の千倍を「小千世界」、その千倍を「中千世界」、その千倍を「大千世界」という。

ざん-そう【讒奏】〔名・他サ変〕❶天子に嘘の告げ口をすること。例「北野天神は時平のおとどの――にて憂き名を西海の浪にながし」〈平家・二・小教訓〉訳北野天神（＝菅原道真）は左大臣藤原時平の嘘の告げ口により、悲しい左遷の汚名を西海の波に流し。❷当人の居ないところで悪口を言うこと。陰口。

三冊子（さんぞうし）【書名】⇩さんざうし（三冊子）

さん-ぞん【三尊】〔名〕（仏教語）中央の主たる仏（＝中尊）とその両脇の菩薩（＝脇侍）。弥陀三尊は阿弥陀如来と観音・勢至菩薩、釈迦三尊は釈迦如来と文殊・普賢菩薩、薬師三尊は薬師如来と日光・月光菩薩をいう。

さん-だい【参内】〔名・自サ変〕内裏に参上すること。

宮中に出仕すること。例「—のはじめより、大きなる鞘巻(さやまき)を用意して」〈平家・一・殿上闇討〉訳内裏に参上する前から、大きなつばのない短刀を用意していて。

さんだい-しふ【三代集】(‥シユウ)〔名〕平安初期の、古今・後撰・拾遺の三勅撰和歌集。

さん-だん【讃歎・讃嘆・讃談】〔名・他サ変〕❶(仏教語)仏・菩薩の徳をほめたたえること。❷(仏教語)仏前で唱える仏教讃歌の一つ。平安初期から行われたもので、法華讃歎・百石讃歎などがある。❸評判・うわさ。また、批判。

さん-づ【三途】(‥ズ)〔名〕(仏教語)❶この世における悪業の報いとして死後に行く三つの場所。猛火に焼かれる火途(=地獄道)、刀剣で責められる刀途(=餓鬼道)、互いに食い合う血途(=畜生道)をいう。三悪道。❷「三途の川」の略。

三途の川(かは)(‥カワ) 死者が冥途に行く途中にあり、初七日を過ぎて渡るという川。緩急の差のある三つの瀬があり、生前の業によって渡る場所が異なるという。また、川のほとりに奪衣婆などがいて、死者の衣服を奪うという。三瀬川。

三途の闇(やみ) 冥途。死後の世界。例「たちまちに—に向かはんとす」〈方丈記・みづから心に問ふ〉訳(この私も)たちまちのうちに死後の闇の世界に向かおうとしている。

さん-てう【三鳥】(‥チョウ)〔名〕「古今伝授」(=『古今和歌集』ノ中ノ、特定ノ語句ノ解釈ニ関スル秘伝)の中の、三種の鳥。呼子鳥・稲負鳥・百千鳥または都鳥の三種。

三条(さんでう)(サンジョウ)『地名』❶平城京の、北から三番目の東西に走る大通り(三条大路)。また、その通りに沿う地帯。❷平安京の北から三番目の東西に走る大通り。三条大橋は交通がにぎわい、江戸日本橋を起点とする東海道五十三次の終点。

三条②

山東京伝(さんとうきやうでん)(‥キョウデン)『人名』江戸後期の戯作者。北尾重政に学び浮世絵師となり、後に黄表紙・洒落本の第一人者となるが、寛政の改革の出版取締令で処罰されて以後は読本に力を注ぐ。代表作は、黄表紙『江戸生艶気樺焼』、洒落本『通言総籬』、読本『桜姫全伝曙草紙』など。弟子に曲亭馬琴がいる。

さんど-がさ【三度笠】〔名〕(もと「三度飛脚」がかぶったところから)深く頭をおおうように作った菅の笠。

ざん-なり〘連語〙(打消しの助動詞「ず」の連体形に推定・伝聞の助動詞「なり」が付いた「ざるなり」の撥音便化した形。「ざなり」と表記されるのが普通である)…ないそうだ。…ないようだ。

三人吉三廓初買(さんにんきちさくるわのはつがひ)(サンニンキチサクルワノハツガイ)『書名』歌舞伎脚本。世話物。七幕。河竹黙阿弥作。一八六〇年(安政七)江戸市村座初演。和尚吉三・お坊吉三・お嬢吉三と異名をとる三人の盗賊を中心に、百両の金と名刀庚申丸の行方をめぐる因果のドラマが展開する。黙阿弥の代表作の一つ。「三人吉三」とも。

さん-ぬる〔連体〕(「さりぬる」の撥音便形)過ぎ去った。去る。以前の。例「—応保のころほひ、一院御幸の時」〈平家・四・還御〉訳去る応保年間の頃、一院(=後白河法皇)がおいでになった時に。

さんば-そう【三番叟】〔名〕(「叟」は翁の意)❶能の最初に舞う三つの祝言の曲(=式三番)の一つで、千歳・翁の舞のあと、三番目に舞うもの。黒い老人の面をかぶる。❷歌舞伎・人形浄瑠璃で、顔見世興行の時、序幕の前に行う祝儀としての舞。

さんばそう①

さん-ぴつ【三筆】〔名〕平安時代初期の三人の書道の達人。嵯峨天皇・橘逸勢・空海(=弘法大師)。⇩さんせき(三蹟)

さん-ぷく【三伏】〔名〕(古くは「さんぶく」)❶夏至のあとの第三の庚の日を初伏、第四の庚の日を中伏、立秋のあとの第一の庚の日を末伏といい、この三つの総称。❷夏の暑い盛りの期間。極暑。(季・夏)

> 要点 五行思想で、夏至から立秋にかけては金の気(=秋)が火の気(=夏)におさえられて伏し、庚の日には特にそれが著しいという。

さん-ぶつじょう【讃仏乗】〔名〕(仏教語。「仏乗」は衆生を悟りの世界に導く仏の教えを、乗り物にたとえたもの)仏の教えをほめたたえること。例「狂言綺語の理といひながら、つひに—の因となるこそあはれなれ」〈平家・九・敦盛最期〉訳文学でさえ仏道にはいる機縁となるという道理があるとは言いながら、(平敦盛の笛が熊谷直実を感動させて)とうとう出家入道させる原因となったことは感慨深いことである。

さん-べき【然んべき】〔連体〕(「然(さ)り」の連体形「さる」に推量の助動詞「べし」の連体形「べき」の付いた「さるべき」の撥音便化した形。「さべき」とも)そうするのが最もふさわしい。しかるべき。適当な。⇩さるべき 例「—折節参りて、つれづれなる—人と物語などして」〈更級・宮仕へ〉訳しかるべき折々にお伺いして、なすことがなく手持ち無沙汰なしかるべき人とお話などして。

さん-ぼう【三宝】〔名〕(仏教語)❶仏(=悟リヲ開イタ人)・法(=仏ノ教エ)・僧(=仏ノ教エヲ信奉スル集団)の三つを世の宝として尊んでいう語。❷(転じて)仏。例「—の、いとかしこくほめ給ふことなり」〈源氏・手習〉訳(浮舟が出家を思い立たれたことは)仏が、たいそうおほめになることである。

三宝絵詞(さんぽうゑことば)(サンボウエコトバ)『書名』平安中期の仏教説話集。三巻。源為憲作。九八四年(永観二)成立。『今昔物語集』や古本説話集の先駆をなすもの。本来は絵をともなったらしいが散逸して本文だけ現存。『三宝絵』とも。

さん-まい【三枚】〔名〕❶魚の料理法で、頭を取った後、背骨を境として、両側の身を切り離すこと。「三枚に下ろす」という。❷(「三枚肩」の略)一つの駕籠に、駕籠かきが三人付くこと。

❸(「三枚がるた」の略)かるた遊戯の一種で、三枚の合計が十九、または、これに近い数になると勝ちとするもの。

さん-まい【三昧】〔名〕❶心が一つの対象に集中され、乱されていない状態。一心不乱で他念のないこと。「禅定(ぜんぢやう)」とも。例「かの行ひ給ふ―、今日(けふ)果てぬらむ」〈源氏・椎本〉訳あの(八の宮が)お勤めなさる念仏三昧の行は、今日で終わってしまうであろう。❷(「三昧場(さんまいば)」の略)墓場。火葬場。❸(他の語に付いて「ざんまい」と濁音化し)その事に専念・熱中すること。かってきままに行うこと。「悪業―」「遊蕩(いうたう)―」など。

さんまい-そう【三昧僧】〔名〕(仏教語)法華経読誦や称名念仏など、三昧の修行をする僧。例「高倉院の法華堂(ほつけだう)の―、なにがしの律師とかやいふ者」〈徒然草・一三四〉訳高倉院の法華堂の三昧僧で、何とかの律師とかいう者。

さんまい-だう【三昧堂】〔名〕(仏教語)僧がこもって法華三昧または念仏三昧の修行をする堂。例「わが身思ふさまになりたらば、―建てむと」〈大鏡・道長・上〉訳自分が思い通りに出世したならば、(先祖の供養のため)法華三昧の堂を建てようと。

さん-み【三位】〔名〕(「さんゐ」の変化した形)宮中の位階の第三番目。正三位と従三位とがある。また、その位にある人。

三位の中将(ちゆうじやう) 近衛の中将で三位にのぼった人。本来中将は四位に相当し、三位にのぼるのは、大臣の子や孫などに限られていて特別待遇であった。

> 参考 律令では、三位以上を貴、四、五位を通貴といい、あわせて貴族とする。

さん-みつ【三密】〔名〕(仏教語)密教で、身密(=手ニ印ヲ結ビ、威儀ヲ正ス)・口密(=口ニ真言ヲ唱エル)・意密(=心ニ本尊ヲ念ジル)の三つを総称していう語。

さんみ-の-ちゅうじゃう⇩「さんみ」子項目

さんみゃく-さんぼだい【三藐三菩提】〔名〕(仏教語。「阿耨多羅三藐三菩提(あのくたらさんみやくさんぼだい)」の略)仏の正しい悟り。完全な悟り。

ざん-めり〔連語〕(打消しの助動詞「ず」の連体形に推量の助動詞「めり」の付いた「ざるめり」の撥音便化した形。「ざめり」と表記されるのが普通である)⇩ざめり

さん-もん【山門】〔名〕❶寺院の正門。仏教では、寺は清浄な山に建てられるものとし、市街地にあっても山と呼ぶ。禅宗寺院では「三門」といった。例「橋を渡って―に入る」〈奥の細道・雲岸寺〉訳橋を渡って(雲岸寺の)門にはいった。❷比叡山延暦寺の称。例「―のことをことにゆゆしく書けり」〈徒然草・二二六〉訳(『平家物語』には)比叡山延暦寺のことを特に立派に書いてある。

山陽道(さんやうだう)〔古代の行政区画名〕(「せんやうだう」とも)五畿七道の一つ。畿内の西、中国山脈の南側、瀬戸内海沿いの地域。播磨(=兵庫県)・美作・備前・備中(=以上、岡山県)・備後・安芸(=以上、広島県)・周防・長門(=以上、山口県)。また、それらの国を通って西へ向かう道。

さん-よう【算用】〔名〕❶計算すること。勘定。例「江戸に下りて奉公するに、『銀(かね)見るか、―か』と言へば」〈西鶴・日本永代蔵・六・二〉訳江戸に下って奉公しようとすると、「銀貨の鑑定ができるか、そろばん勘定ができるか」と(実務的な能力のみを)要求されるので。❷見積もり。目算。❸支払い。返済。

さん-らく【参洛】〔名・自サ変〕⇩じゃうらく(上洛)

さん-り【三里】〔名〕灸点の名。膝頭の下の外側よりにあるくぼんだ場所。ここに灸をすえると万病にきき、健脚になるという。例「―に灸(きう)すゆるより、松島の月まづ心にかかりて」〈奥の細道・出発まで〉訳(旅立ちに備えて)三里に灸をすえると、もう(心待ちにしている名所の)松島の月が心にかかって。

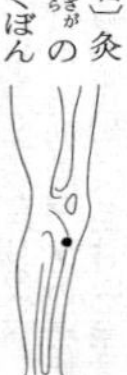
さんり

さん-ろう【参籠】〔名・自サ変〕一定の期間寺社にこもって祈願すること。おこもり。

さん-ゐ【三位】〔名〕⇩さんみ

し【士】〔名〕❶学問・道徳にすぐれた立派な人。例「この大事は……博学の―もはかるべからず」〈徒然草・一四三〉訳この(=人ノ臨終ガ立派カドウカトイウ)大事は……立派な学者であってもあらかじめ予想できない。❷男子。例「『女はおのれをよろこぶ者のために顔づくりす。―はおのれを知る者のために死ぬ』となむ言ひたる」〈枕草子・職の御曹司の西面の〉訳「女は自分を愛してくれる者のために化粧をする。男は自分をよく理解してくれる人のために死ぬ」と言われている。注『史記』刺客伝ノ言葉。❸武士。さむらい。

し【子】㊀〔名〕聖人・賢者に対する敬称。『論語』では特に孔子を指す。「―曰(い)はく」。㊁〔接尾〕(姓の下に付けて)尊敬の意を表す。「孔―」「孟―」など。

し【史】〔名〕❶令制で、神祇官の主典(=四等官)。文書をつかさどる。大史・少史各一人。❷太政官の主典。文書をつかさどり、庶務を扱う。左・右の大史・少史それぞれ四人で、計八人。

し【師】〔名〕先生。師匠。例「懈怠(けだい)の心、みづから知らずといへども、―これを知る」〈徒然草・九二〉訳なまけ心というものは、自分では気がつかなくても、先生にはわかっているのである。

し【詩】〔名〕漢詩。和歌を「やまとうた」というのに対し、「唐歌(からうた)」とも。例「―をいとをかしう誦(ず)じ侍(はべ)るものを」〈枕草子・故殿の御服のころ〉訳(あの方は)漢詩をたいそう上手に吟誦いたしますのに。

> 参考 漢詩の一句は普通五字または七字からなり、これを五言・七言という。一定の平仄があり、句末には同じ韻を踏む規則がある。句の数により、古詩・絶句・律・排律などの種類がある。

し【其】〔代名〕《中称》人または物を指す。それ。その者。格助詞を伴って「しが」の形で用いる。例「老人(おいひと)も女童(をみなわらは)も――が願ふ心足らひに」〈万葉・一八・四〇九四長歌〉訳老人も女子供も、その願う心が満足するように。

しの判別

①サ変動詞「す」の連用形「し」
例夜ふくるまで遊びをぞし給ふなる

②助動詞「き」の連体形「し」、已然形「しか」の一部
例賀茂の競べ馬を見侍りしに

③助動詞「す」(上代語)の連用形「し」
例水汲ましけむ手児奈し思ほゆ

④助動詞「まし・らし・べし・たし」などの一部
例春過ぎて夏来たるらし

⑤副助詞「し」(強調)
例はかばかしき後見しなければ

⑥形容詞の一部
例ほのかにうち光りて行くもをかし

し《助動詞「き」の連体形》⇩き(助動)

し〔副助〕接続 主語や連用修飾語に付く。【強調】《上の事柄を強調したり、強く指し示したりする意を表す》例「大和(やまと)は国のまほろば畳(たた)なづく青垣山隠(やまごも)れる大和しうるはし」〈古事記・中・景行〉訳大和は日本中で最もすばらしい所だ。周囲には幾重にも重なる青い垣根のような山々、その山に包まれている大和は本当に美しい。例「取り立ててはかばかしき後見(うしろみ)しなければ」〈源氏・桐壺〉訳(桐壺更衣(きりつぼのこうい)には)これといってしっかりした後見人もいないので。

> 要点 上代には、第一例のように終止する文の中に用いられるなど、比較的自由に用いられたが、平安時代には、単独では「…し…ば」という条件句の中でしか用いられなくなり、「しも」「しぞ」「しこそ」など係助詞の付いた形で用いられるようになる。⇩しも〔副助〕

じ【持】〔名〕⇩ち

じ【時】〔名〕❶時刻。とき。❷《仏教語》勤行(ごんぎょう)の時刻。一日を六回にわけて行う。また、その勤行。

じ〔助動特活〕接続 活用語の未然形に付く。【打消し推量】❶《打消しの推量を表す》…**ないだろう。…まい。**例「月ばかりおもしろき物はあらじ」〈徒然草・三二〉訳月くらい趣の深い物はないだろう。❷《打消しの意志を表す》…**ないつもりだ。…ないようにしよう。…まい。**例「我(あれ)をおきて人はあらじと誇ろへど」〈万葉・五・八九二〉訳自分をさし置いて能ある人間はあるまいとうぬぼれているのだが。例「寝殿に鳶(とび)居(ゐ)させじとて、縄を張られたりけるを」〈徒然草・一〇〉訳正殿に鳶をとまらせないようにしようというので、縄をお張りになっていたが。

未然形	連用形	終止形	連体形	已然形	命令形
○	○	じ	じ	じ	○

> 要点 (1)主語が二人称や三人称の場合は①の意となり、一人称の場合は②の意となる傾向が強い。ただし、次のような例外もある。
> 例「我は、三巻四巻(みまきよまき)をだに、え見はてじ」〈枕草子・清涼殿の〉訳私は、(『古今集』二十巻のうち)三、四巻でさえ、読破することはできないだろう。
> (2)「じ」は、おおよそ、推量の助動詞「む」に打消しの意が加わった意味を表すと考えてよい。
> 参考 (1)上代では終止形の例が大部分であるが、平安時代になると連体形の例も多くなる。已然形の例は、ごくわずかである。
> (2)陳述の副詞と呼応する「よも…じ」「え…じ」「さらに…じ」などの例が多い。

じ…【地…・治…】⇩ち…

し-あはせ【仕合はせ】(ア・ワセ) ■一〔名〕❶めぐりあわせ。運。❷幸運。幸福。例「この道必ず不用(ぶよう)のことあり。つつがなう送り参らせて――したり」〈奥の細道・尿前の関〉訳この道はいつも(追いはぎなど)乱暴なことがあるのです。無事にお送りできて幸いでした。■二〔形動ナリ〕運のよい様子。幸福な様子。例「わごりょは――・な人ぢゃ」〈狂言・末広がり〉訳お前さんは運のよい人だ。

> 要点 本来一①のように運のよい場合にも悪い場合にも用いる語であり、「――よし」「――悪し」の形での例が多い。のちしだいに一②および二の幸運・幸福の意に用いられるようになった。

し-あ・ふ【為敢ふ】(ア・(オ)ウ)〔他ハ下二〕{へ・へ・ふ・ふる・ふれ・へよ}最後までやり通す。なし遂げる。例「いつの間にか――・へけむと見えたり」〈源氏・明石〉訳(明石の入道は)いつの間に(これほどまでに)やり遂げたのだろうかと思われた。

し-あり・く【為歩く】〔自カ四〕{か・き・く・く・け・け}❶何かをしながら歩き回る。歩き回る。例「庭に雀(すずめ)の――・きけるを」〈宇治拾遺・三・一六〉訳庭に雀が歩き回っているのを。❷あれこれとして回る。動き回る。例「下には思ひ砕くべかめれど、誇りかにもてなして、つれなきさまに――・く」〈源氏・須磨〉訳(前(さき)の右近の丞(じょう)は)心の中では思い悩んでいるようであるが、(表面は)得意そうに振る舞って、なんでもないように(見えるように)あれこれと動き回る。

し-い【私意】〔名〕主観的な考え。ひとりよがりな意見。例「『松のことは松に習へ、竹のことは竹に習へ』と師の詞(ことば)のありしも、――を離れよといふことなり」〈三冊子・赤〉訳「松のことは松をよく見て習いなさい、竹のことは竹に習いなさい」と師(=芭蕉)が言われたのも、ひとりよがりの主観を離れよということである。

しい【椎】〔名〕⇩しひ

しいか-あはせ【詩歌合はせ】(ア・ワセ)〔名〕同じ題のもとに、二組で漢詩と和歌とを詠み合い、優劣を競う遊戯。

しい-じ【四時】〔名〕《「しじ」の慣用的な読み》春夏秋冬。四季。例「――の押し移ることく物あらたまる、皆かくのごとし」〈三冊子・赤〉訳四季の移り変わるように物事はあらたまるのであり、万物皆(俳諧(はいかい)もまた)このように変化するものである。

しいず【為出ず】〔動〕⇩しいづ

し-いだ・す【為出だす】〔他サ四〕{さ・し・す・す・せ・せ}❶作って差

し出す。作り上げる。例「―・さんを待ちて寝ざらんもわろかりなん」〈宇治拾遺・一・一三〉訳（ぼた餅を）作り上げるのを待って寝ないでいるのもよくないだろう。❷なし遂げる。しでかす。例「させる―・したることもおはせず」〈平家・五・五節之沙汰〉訳（討手の大将であったの に平維盛は）これといってなし遂げたこともおありでなく。❸やってみせる。

しーい・づ【為出づ】〔他ダ下二〕《で・で・づ・づる・づれ・でよ》❶作り出す。例「難なく―・づることなむ、なほまことの物の上手はさまことに見え分かれ侍（はべ）る」〈源氏・帚木〉訳（調度品の飾りを）無難に作り出すことこそ、やはり真の名人は他と異なっていると見分けがつくものでございます。❷そろえ整える。調達する。例「衣がへの御装束（おんさうぞく）、御帳（みちやう）の帷子（かたびら）など、よしあるさまに―・づ」〈源氏・明石〉訳（明石の入道は、光源氏の）衣替えのためのお着物、み帳台の垂れ絹などを、風情ある様に調達する。❸行為としてあらわす。しでかす。例「心強からぬ過（あやま）ちは―・づるなりけり」〈源氏・若菜・下〉訳（女の）意志が強くない（がゆえの）過失は（男が）しでかすのであったよ。

しう【強う】〔動〕⇩しふ

しう-いつ【秀逸】〔名・形動ナリ〕（文芸や芸能などに）特にすぐれていること。また、そのもの。

しう-きく【蹴鞠】〔名〕⇩けまり

しう-か【秀歌】〔名〕すぐれた和歌。例「日ごろ読みおかれたる歌どもの中に、―とおぼしきを百余首書き集められたる巻物を」〈平家・七・忠度都落〉訳日ごろ（忠度卿が）読みためておかれた歌の中で、すぐれた和歌と思われるのを百余首書き集められた巻物を。

しう-く【秀句】〔名〕❶すぐれた詩歌。また、その語句。❷掛詞などを用いた巧みな言いまわし。気のきいた洒落（しゃれ）。地口・軽口の類。例「『御坊をば寺法師とこそ申しつれど、寺はなければ、今よりは法師とこそ申さめ』と言はれけり。いみじき―なりけり」〈徒然草・八六〉訳「あなたを寺法師と呼んでおりましたが、（焼けて）寺がなくなったので、今からは（寺を取って）法師と申しましょう」と言われた。うまい洒落であった。注延暦寺ノ僧ヲ山法師ト言ッタノニ対シテ、園城寺（＝三井寺）ノ僧ヲ寺法師ト言ッタ。❸すぐれた俳句。

しう-そ【愁訴】〔名・自サ変〕困窮している実情を訴え理解を求めること。嘆願。例「仏神（ぶつじん）の御助けにあらずより外は、いかでか―を達せん」〈平家・一一・腰越〉訳仏神のお助けでなければ、どうしてこの（義経の）嘆願の思いを届けることができようか。

しうと〔名〕■一【舅】夫の父、または妻の父。対しうとめ 例「ありがたきもの。―にほめらるる婿」〈枕草子・ありがたきもの〉訳めったにないもの。舅にほめられる婿。■二【姑】「しうとめ」に同じ。

しう-とく【宿徳】〔名・形動ナリ〕《「しうとこ」とも》❶修行を積んで徳が高いこと。また、その僧。例「気遠げなる―の僧都（そうづ）・僧正（そうじやう）の際（きは）は、世にいとまなく」〈源氏・橋姫〉訳親しみにくそうな高徳の僧都や僧正の階級の者は、多忙で。❷経験豊かで重みのあること。貫禄があること。また、そのようす。

しうと-め【姑】〔名〕妻から夫の母、夫から妻の母をいう。対しうと■一 例「ありがたきもの。……―に思はるる嫁の君」〈枕草子・ありがたきもの〉訳めったにないもの。……姑によく思われる嫁君。

しうふうらく【秋風楽】〔名〕雅楽の曲名。四人の舞人が、常装束で両肌（もろはだ）を脱いで舞う。

しうふうらく

し-うん【紫雲】〔名〕紫色の雲。めでたい雲。念仏者の臨終の際、阿弥陀仏がそれに乗ってきて、極楽浄土に迎えるという。例「春は藤波を見る。―のごとくして、西方に匂（にほ）ふ」〈方丈記・境涯〉訳春は波のような藤の花を見る。紫色の雲のようで、（極楽の方角である）西の方に美しく咲く。

慈円（じえん）〔人名〕⇩慈円（じえん）

しお…【塩…】⇩しほ…

しお【潮・汐・入】⇩しほ

し-おき【仕置き】〔名〕❶物事をしておくこと。処置。❷法や規則によって取り締まり、また、それを犯した者を処罰すること。処刑。

しおたる【潮垂る】⇩しほたる

し-おほ・す【為果す】〔他サ下二〕《せ・せ・す・する・すれ・せよ》完全に成し遂げる。うまくやってのける。例「この事―・せつるものならば、国をも庄をも所望によるべし」〈平家・一・俊寛沙汰・鵜川軍〉訳この事（＝平家討伐）を成し遂げたならば、国でも荘園でも望みのままに与えよう。

しおり【枝折り・栞】〔名〕⇩しをり

しおり【撓り】〔名〕⇩しほり

しおる【萎る・枝折る・栞る】〔動〕⇩しをる

しか【鹿】〔名〕獣の名。シカ。秋の風物を代表する一つとして、雄鹿が妻恋いする鳴き声などが和歌にしばしば取り上げられる。例「世の中よ道こそなけれ思ひ入る山の奥にも―ぞ鳴くなる」〈千載・雑中〉訳世の中というものは、遁（のが）れたいと思ってもどこにも道はないことだ。世を捨てようと深く思いこんで入って来たこの山の奥にも、鹿が悲しげに鳴く声が聞こえる。注『百人一首』所収、藤原俊成ノ作。

しかの判別

①副詞「しか」　そういうふうに。
例 上も**しか**なむ

②カ行四段動詞「しく」の未然形「しか」
例 まされる宝子に**しか**めやも

③助動詞「き」の已然形「しか」　—活用語の連用形に付く
例 さてはいみじくとこそ覚え**しか**

④終助詞「しか」（上代語）　願望を表す　—動詞の連用形などに付く
例 まそ鏡見**しか**と思ふ妹も逢はぬかも

⑤副助詞「し」＋係助詞「か」　疑問・反語を表す
例 今さらに何**しか**思はむ

⑥助動詞「き」の連体形「し」＋係助詞「か」
例 官爵の心もとなく覚え**しか**

⑦助動詞「まし」の已然形「ましか」
例 この木なからま**しか**ば

しか【然】〔副〕前に述べられた内容を指示する語。そう。そういうふうに。例「上(う)も——なむ」言はむ、と思ひける心ばせ、さらに人の思ひ寄るべきことにあらず」〈源氏・桐壺〉訳 帝（のお心）もそうでございます。例「——言はむ、と思ひける心ばせ、さらに人の思ひ寄るべきことにあらず」〈今昔・二八・一六〉訳 そういうふうに言おう、と思ったその心くばりは、とても普通の人の思いつけることではない。

しかあら・じ そうであるまい。例「『それ、——・じ』と、そらにいかがは推しはかり思ひくたさむ」〈源氏・帚木〉訳「それは、そうではあるまい」と、（本人を）実際に見ずにどうして当て推量で（その話を）悪く考えられましょうか。

しかあれど そうではあるけれども。そうだけれど。例「この四家よりあまたのさまざまの国王・大臣・公卿(くぎゃう)多く出で給ひて栄えおはします。——、北家の末、今に枝広ごり給へり」〈大鏡・道長・上〉訳（藤原氏の）この四家から数多くのいろいろな天皇・大臣・公卿（＝貴族ノ上位ノ者）が多くお出なさってお栄えなさっている。そうではあるけれども、（中でも）北家の子孫が、今の世に栄え広がっていらっしゃる。注「四家」トハ、南家・北家・式家・京家ヲ言ウ。

しかはあれど そうではあるが。例「年経(ふ)れば齢(よはひ)は老いぬ——花をし見ればもの思(も)ひもなし」〈古今・春上・五二〉訳 年月がたったので（自分は）年老いてしまった。そうではあるが、（みごとな桜の）花を見ているので何の心配もない。注「花」ハ、皇后トナッテ栄エテイル自分ノ娘ヲタトエテイル。藤原良房ノ作。

しか〘助動詞「き」の已然形〙⇩き（助動）

しか〔終助〕〘上代語〙接続 動詞の連用形や完了の助動詞「つ」の連用形「て」に付く。【願望】〘自己の願望を表す〙…したい。…したいものだなあ。例「まそ鏡見**しか**と思ふ妹(いも)も逢(あ)はぬかも玉の緒の絶えたる恋の繁(け)きこのころ」〈万葉・一一・二三六六〉訳 見たいと思うあの娘は逢ってくれないかなあ、途絶えていた恋心がしきりに感じられるこの頃だから。

し-か〘連語〙〘副助詞「し」＋係助詞「か」〙〘強い疑問または反語を表す〙例「今さらに何——思はむ梓弓(あづさゆみ)引きみゆるへみ寄りにしものを」〈万葉・一二・二九八九〉訳 今さらいったい何を思い悩むことがあろうか。梓弓を引いたりゆるめたりするようにいろいろ考えてあなたに寄り添ったのだから。

志賀(しが)〘地名〙近江(おうみ)の国の琵琶(びわ)湖西南岸の地名。現在の滋賀県滋賀郡および大津市一帯。七世紀後半、天智天皇の皇居の大津の宮が置かれたが、数年で廃都となった。和歌では、旧都への懐古の情とともに詠まれる。

志賀（近江神宮）

しが〔終助〕〘終助詞「しか」の濁音化したもの〙接続 動詞の連用形や完了の助動詞「つ」「ぬ」の連用形「て」「に」に付く。【願望】〘自己の願望を表す〙…したい。…したいものだなあ。例「思ふどち春の山辺にうち群れてそことも言はぬ旅寝して**しが**」〈古今・春下・一二六〉訳 親しい者同士で春の野山に集まり寄って、どこと決まったわけではない気楽な旅寝がしたいものだなあ。参考 平安時代以降、主として「てしが」「てしがな」「にしが」「にしがな」という形で用いられた。

しか-あら・じ ⇩「しか（然）」子項目

しか-あれど ⇩「しか（然）」子項目

し-かい【四海】〔名〕❶四方の海。❷日本の国。世の中。例「度々(どど)平家を攻め落とし、今年の春滅ぼし果てて、一天を鎮(しづ)め、——を澄ます」〈平家・一二・土佐房被斬〉訳（源義経は）たびたび平家を攻め破り、今年の春には完全に滅ぼして、天下を鎮め、国内を平穏にする。

参考 天下泰平の意で「四海波静か」という。また、「一天」と「四海」とを対にして用いることが多い。

じ-がい【自害】〔名・自サ変〕自殺すること。自刃(じじん)。例「あの松の中で御——候へ」〈平家・九・木曽最期〉訳 あの松原の中で御自害なさいませ。

し-かう【四更】〔名〕夜を五分したうちの、第四の時刻。だいたい午前二時前後の二時間。⇩かう（更）

しかう-して【而して・然して】〔接続〕〘漢文「而」の訓読「しかくして」の音便〙そうして。それから。例「百済(くだら)の国より博士経典をあひ具して来たる。——後(のち)、経史わが国に学び伝へたり」〈古今著聞集・文学〉訳 百済の国から博士が経典を持って来た。そうして後、経史を我が国に学び伝えた。注 博士ノ名ハ和邇吉師(ワニキシ)、「経典」ハ『論語』十巻、「千字文」一巻ノ計十一巻。「経史」ハ経書（四書五経ノ類）ト歴史書。

し-か・く【為掛く・仕掛く】〔他カ下二〕〔け・け・く・くる・くれ・けよ〕❶衣服などを衣紋(えもん)掛けなどに掛ける。掛ける。例「例のやうに——・けたるに」〈源氏・葵〉訳（光源氏の正月の晴着が）例年の通り（仕立てて）掛けられてあるのに。❷息や水などを掛ける。ひっ掛ける。❸行為を他に及ぼす。しかける。例「口をひき垂れて、『知らぬことよ』とて、猿楽(さるがう)——・くるに」〈枕草子・殿などのおはしまさで後〉訳 口をわざとゆがめて、（やさしい謎々(なぞなぞ)を）「わからないよ」と言って、おどけたしぐさをしかけると。❹用意や装置などをする。しかける。

し-がく【試楽】〔名〕宮中の行事として行われる舞楽の予行演習。

し-かけ【為掛け・仕掛け】〔名〕❶行為を他に及ぼすこと。また、その方法。やり方。❷装置。❸仕組んで事を行うこと。また、その方法。策略。たくらみ。ごまかし。例「銭(ぜに)の——、銀(かね)のかる目もかまはず、拾うた物の心地して」〈西鶴・日本永代蔵・五・二〉訳 銭の相場のごまかし、銀貨の目方が軽いのもかまわずに、拾った物のような気持がして。注「銭の仕掛け」トハ、相場ノ変動ヲ利用シテ少ナク払ウコト。

しかけ-やまぶし【仕掛け山伏】〔名〕〘近世語〙祈禱(きとう)などの時、細工をして人を欺く山伏。いんちき山伏。

しか・じ【如かじ・及かじ】〘連語〙〘漢文訓読から生じた言い方。動詞「しく」の未然形＋推量の助動詞「じ」〙（…に）及ぶことはないだろう。（…に）越したことはあるまい。例「——・じ、憂(う)き世をいとひ、まことの道に入りなん」

〈平家・一〇・横笛〉訳（それに）越したことはあるまい、（無常で）つらいこの世を嫌い、本当の道（＝仏道）に入ってしまおう。注「…入りなむにはしかじ」ヲ倒置シタ形。

しか-しか【然然】━（副）（「しかじか」とも）具体的な表現を省略して言う時の語。これこれ。こうこう。例「――の事、人の嘲(あざけ)りやあらん、行く末難なくしたためまうけて」〈徒然草・五九〉訳これこれの事は、人がばかにするかもしれない、将来非難されないようにちゃんと始末しておいて。

━（感）相づちを打つ時の語。そうそう。そのとおり。例「――、さ侍(はべ)りしことなり」〈大鏡・序〉訳そうそう、その通りでございました。

しか-して【而して・然して】（接続）（漢文訓読体の文章に用いる）⇩しかうして

しかし-ながら【然しながら】━（副）❶そのままそっくり。すべて。例「心清く誠を至して精進(しやうじん)にて書きたる経は、――竜宮に納まりぬ」〈今昔・一四・二九〉訳心を清浄に誠意を尽くしてけがれに触れずに書いたお経は、すべて竜宮に納まった。注「竜宮」ハ、竜王（＝仏法ノ守護神）ノ宮殿。大海ノ底ニアッテ経巻ヲ収蔵スルトイウ。

❷要するに。とりもなおさず。例「人のために恨みを残すは、――我が身のためにてこそありけれ」〈宇治拾遺・一一・一〇〉訳他人のせいで恨みを残すというのは、要するに自分自身のせいで（恨みを残すので）あった。

━（接続）（中世以降の用法）そうではあるが。しかし。

しか-しふ【私家集】シ‥シュウ（名）個人の歌を集めたもの。「家集(かしふ)」「家(い)への集(しふ)」とも。

しか・ず【如かず・若かず・及かず】（連語）（漢文訓読から生じた言い方。動詞「しく」の未然形＋打消しの助動詞「ず」。「…に（は）しかず」の形で用いる）❶…に及ばない。…にかなわない。例「大地震(おほなゐ)ふりて東大寺の仏の御首(みぐし)落ちなど、いみじきことども侍(はべ)りけれど、なほこの度には――・ずとぞ」〈方丈記・大地震〉訳（昔）大地震があって東大寺の大仏のお首が落ちるなど、大変なことがいろいろありましたが、やはり今度（のひどさ）には及ばないということです。注「とぞ」ノ後ニ「言ふ」ナドガ略サレテイル。

❷…に越したことはない。…が一番である。例「西光法師、『首を取るには――・ず』とて、瓶子(へいじ)の首を取ってぞ入りにける」〈平家・一・鹿谷〉訳西光法師が、「（平氏(へいじ)は）首を切るに越したことはない」と言って、瓶子の首を取って（宴席から立って奥へ）入ってしまった。注「瓶子」ハ、酒ヲ入レテ杯(サカヅキ)ニ注グ器。ココデハ、同音ノ「平氏」ヲ掛ケテフザケテイル。

しか-すがに【然すがに】（副）そうはいうものの。それはそうだがしかし。例「風交へ雪は降りつつ――霞(かすみ)たなびく春さりにけり」〈万葉・一〇・一八三六〉訳風交じりに雪は降ったりしているが、そうはいうものの霞がたなびく春になったなあ。注「春さりにけり」ノ「さる」ハ、ヤッテ来ルノ意。

> 参考 語構成は、副詞「しか」＋「あり」の意のサ変動詞「す」＋接続助詞「がに」、と考えられるが、異説もある。平安時代以降、「しか」が「さ」に替えられて「さすがに」が多く用いられるようになる。

し-かた【仕方】（名）❶物事をする手段・方法。やり方。

❷身ぶり手ぶり。しぐさ。

参考 身ぶり手ぶりをまじえた落語などを、「仕方話(しかたばなし)」という。

しか-と【確と】（副）❶はっきりと。ちゃんと。例「――あらぬ鬚(ひげ)かきなでて」〈万葉・五・八九二長歌〉訳ちゃんと生えてもいない鬚をさすって。

❷確かに。まちがいなく。例「――まかり帰るまじいか」〈謡曲・夜討曽我〉訳確かに帰るつもりはないのか。

しが-な（終助）（終助詞「しが」＋感動の終助詞「な」）

接続 動詞の連用形や完了の助動詞「つ」「ぬ」の連用形「て」「に」に付く。

【願望】（自己の願望を表す）…したいなあ。…したいものだ。例「いかで、このかぐや姫を得て**しがな**、見て**しがな**」〈竹取・貴公子たちの求婚〉訳なんとかして、このかぐや姫を自分のものにしたいものだ、結婚したいものだ。

参考 平安時代以降の用法で、「てしがな」「にしがな」の形で用いられることが多い。

しか・なり【然なり】（連語）（副詞「しか」＋断定の助動詞「なり」）そうである。例「生(しやう)あるもの、死の近きことを知らざること、牛、すでに――・なり」〈徒然草・九三〉訳生命のあるものが、死の近いことを知らないという点では、（売る契約をした晩に死んだ）牛が、現にそうである。

しか-は-あれど⇩「しか（然）」子項目

しか-ばかり【然ばかり】（副）（副詞「しか」＋副助詞「ばかり」）それほどまでに。そんなにまで。例「――思(おぼ)しなびく人のあらましかば」〈源氏・蜻蛉〉訳それほどまでに思いを寄せてくれる人が（自分にも）あったならば。

し-かばね【屍】（名）（「しにかばね」の変化した形）死体。なきがら。「かばね」とも。

しか-め-やも【如めやも】（連語）（動詞「如く」の未然形「しか」＋推量の助動詞「む」の已然形「め」＋反語の係助詞「やも」）及ぼうか、いや及びはしない。例「銀(しろかね)も金(くがね)も玉も何せむに勝(まさ)れる宝子に――」〈万葉・五・八〇三〉訳銀も金も宝石もどうして優れた宝であろう。それらが子供に及ぼうか（いや及びはしない）。

> しかもの判別
>
> ①副詞「しか」＋係助詞「も」 ……━
> 例三輪山をしかも隠すか
>
> ②接続詞「しかも」（中世以降の用法）……━
> 例ゆく河の流れは絶えずして、しかも、
>
> ③終助詞「てしかも」（上代語）
> 例 ―「てしがな」に同じ
>
> ④《連語》 副助詞「し」＋係助詞「か」＋係助詞「も」
> 例酒壺になりにてしかも
> 例何しかも目言をだにもここだ乏しき

しか-も【然も】（副詞「しか」＋係助詞「も」）━（副）そのように。そんなにも。例「三輪山(みわやま)を――隠すか雲だにも情(こころ)あらなも隠さふべしや」〈万葉・一・一八〉訳三輪山をそのようにも隠すのか。せめて雲だけでも（やさしい）心があってほしい。そのようにずっと隠しつづけるということがあってよいものか。注「情あらなも」ノ「なも」ハ他ニ対スル願望ノ意ノ終助詞。

━（接続）（中世以降の用法）それでいて。そのうえ。例「ゆく河の流れは絶えずして、――、もとの水にあらず」〈方丈記・ゆく河〉訳流れゆく川の流れはとぎれることなく、それでいて、（その流れる水は）もとの水ではない。注『方丈記』ノ冒頭ノ一節。

信楽(しがらき)〖地名〗近江(あふみ)国甲賀郡の地名。現在の滋賀県甲賀郡信楽町。七四二年(天平十四)、聖武(しょうむ)天皇の離宮が置かれた。室町時代以降は、陶器や茶器の産地として名高い。

しから-ず-は【然らずは】〖連語〗《動詞「しかり」の未然形＋打消しの助動詞「ず」の連用形＋係助詞「は」》そうでないならば。さもなければ。例「法皇を鳥羽(とば)の北殿へ移し奉るか、――、これへまれ御幸(ごかう)をなし参らせんと思ふはいかに」〈平家・二・教訓状〉訳(後白河)法皇を鳥羽の北殿にお移し申し上げるか、さもなければ、ここへでもおいでになるようにしたいと思うがどうだろう。

しから-ば【然らば】〔接続〕《動詞「しかり」の未然形＋接続助詞「ば」》順接の仮定条件を表す。そうであるならば。そうしたら。例「三種の神器を都へ返し入れ奉れ。――八島(やしま)へ返さるべし」〈平家・一〇・内裏女房〉訳三種の神器を都へお返し申し上げなさい。そうしたら屋島へ(あなたを)お返しになるだろう。注平重衡(シゲヒラ)ヲ屋島ニ帰シテヤロウトイウ、院ノ意向ヲ伝エテイル場面。

しがらみ【柵】〔名〕《動詞「しがらむ」の連用形名詞》❶川の流れをせきとめるために、くいを打ち並べて竹・柴(しば)などをからませたもの。例「瀬をせけば淵(ふち)となりてもよどみけり別れを止(と)むる――ぞなき」〈古今・哀傷・八三六〉訳瀬をせきとめると深い淵となって流れはよどむことだ。(しかし)人との別れ、死別というものをとめるしがらみはないのだ(あの世へと、流れ去って行くばかりだ)。
❷物事にからみつくもの。まつわりつくもの。

しか・り【然り】〔自ラ変〕{ら・り・り・る・れ・れ}《「しかあり」の縮約形》そうである。そのとおりである。例「人皆か吾(あれ)のみや――・る」〈万葉・五・八九二〉訳人は皆(そう貧しいのだろう)か、(それとも)自分だけがそうなのだろうか。

しかる-あひだ【然る間】(アイダ) 一〖連語〗《漢文訓読から生じた言い方》そうしている間に。そのうち。例「頼良(よりよし)を討(う)たむがために、すでに陸奥(むつ)国に下りぬ。――にはかに天下大赦(たいしゃ)ありて頼良許されぬれば」〈今昔・二五・一三〉訳(源義家らは)頼良(＝人名)を討伐するために、すでに陸奥国に下った。そうしている間に急に国家の大赦があって頼良が許されてしまったので。

二〔接続〕《一の転。中世以降の用法》そういうことで。そうだから。例「非常の赦(しゃ)行はる。――鬼界の島の流人(るにん)、少将成経(なりつね)・康頼(やすより)法師赦免(しゃめん)」〈平家・三・足摺〉訳特別の恩赦が行われる。そういうことで鬼界が島の流罪人、(前)少将の成経、康頼法師は赦免になる。

しかる-に【然るに】〔接続〕《漢文訓読から生じた語。動詞「しかり」の連体形＋接続助詞「に」》❶《逆接の意を表す》そうであるのに。そうなのに。ところが。例「千余日に力をつくしたること少なからず。――禄(ろく)いまだ賜らず」〈竹取・蓬莱の玉の枝〉訳(玉の枝を作るにあたり)千余日にわたって力を尽くしたことは並々ではありません。ところが(その)褒美をまだいただいておりません。
❷《話題を変える意を表す》さて。ところで。例「互ひに面(おもて)を合はせつつ、泣くばかりなる有様かな。――、義経、弓馬の家に生まれ来て」〈謡曲・安宅〉訳(主従は)互いに顔を見合わせて、ただただ泣くばかりの様子だよ。ところで、(主人の)義経は、武士の家に生まれて。

しかる・べし【然るべし】〖連語〗《漢文訓読から生じた言い方。動詞「しかり」の連体形＋推量の助動詞「べし」》❶それが適当であろう。ふさわしい。似つかわしい。例「坊の傍(かたは)らに大きなる榎(え)の木のありければ、人、榎の木の僧正(そうじやう)とぞ言ひける。この名――・べからずとて、かの木を伐(き)られにけり」〈徒然草・四五〉訳坊(＝僧ノ住居)のそばに大きな榎(えのき)があったので、人々は、(その坊に住む僧を)榎の僧正と呼んだ。(ところが、本人は)この名前は自分にふさわしくないと言って、その木をきってしまわれた。
❷立派である。申し分ない。例「さも――・べき人々は、必ず相人(きうにん)としもにあらねども、かうこそめでたかりしか」〈平家・四・通乗之沙汰〉訳本当に立派な人々は、必ずしも専門の人相見だというわけではないが、このように(＝聖徳太子ノ占イノヨウニ)すばらしかった。
❸そうなるはずである。そうなることに決まっている。例「われ――・べき宿世(すくせ)ありて、君を得たり」〈今昔・一六・九〉訳私はそうなることに決まっている前世からの宿命があって、あなたを得たのだ。

しかる-を【然るを】〔接続〕《漢文訓読から生じた語。動詞「しかり」の連体形＋接続助詞「を」》❶《逆接の意を表す》そうであるのに。けれども。ところが。例「帝都を出(い)で、波の上に漂ふ落人(おちうど)となれり。――鎮西(ちんぜい)の者どもが受け取って、もてなすなるこそ奇怪(きっくわい)なれ」〈平家・八・緒環〉訳(平家は)帝都を出て、(西海の)波の上を放浪する落人となった。それなのに九州の者達が迎え入れて、大事に扱うのはけしからんことである。
❷《順接の意を表す》そういうことで。そういう状態で。例「勝つことを咫尺(しせき)のもとに得たり。――討(う)てば必ず伏し、攻むれば必ず降(くだ)る」〈平家・七・木曽山門牒状〉訳勝利を目前で得た。そういう状態で(敵を)討てば必ず従い、攻めれば必ず降参する。注「咫尺」ハ、キワメテ近イ距離ノ意。

しかれ-ども【然れども】〔接続〕《動詞「しかり」の已然形＋接続助詞「ども」》《逆接を表す》そうではあるが。けれども。例「楫取(かぢとり)、『今日風雲の気色(けしき)はなはだ悪(あ)し』と言ひて、船出(い)ださずなりぬ。――、ひねもすに波風立たず」〈土佐・二月四日〉訳船頭は、「今日は風や雲の様子がひどく悪い」と言って、船を出さずじまいになった。けれども、一日中波風は立たない。
参考 平安時代以降、漢文訓読系の文章に用いられる語。和文では普通「されども」が用いられる。

しかれ-ば【然れば】〔接続〕《動詞「しかり」の已然形＋接続助詞「ば」》❶《順接の確定条件を表す》そうであるから。だから。例「悪(あ)しき事も良き事も、長くほめられ、長くそしられず。――、わが好みに従ひふるまふべきなり」〈宇治拾遺・一五・一三〉訳悪い事も良い事も、(ともに)長い間ほめられも、長い間非難されもしない。だから、自分の好きなように振る舞うのがよいのだ。
❷《多く手紙や口上などで》話題を変える時に用いる語。さて。ところで。

詞花和歌集(しかわかしふ)(シカワカシュウ)〖書名〗第六番目の勅撰和歌集。十巻。崇徳(すとく)上皇の院宣により、藤原顕輔(あきすけ)撰。一一五一年(仁平元)頃成立か。それまでの勅撰集に採られない歌に留意してあり、曽根好忠(よしただ)・和泉式部・大江匡房(まさふさ)の歌が多いように、清新な歌風に、奇抜な比喩(ひゆ)の歌も見られる。

しき【式】〔名〕❶一定のやり方。とりきめ。型。例「何事

【しき】

し

の——といふことは、後嵯峨の御代までは言はざりけるを、近きほどよりいふ詞なり」〈徒然草・一六九〉訳何々の「式（＝シキタリ）」ということは、後嵯峨天皇のご治世までは用いなかったのを、近頃から言い出した言葉である。注兼好ハ『建礼門院右京大夫集』ノ例ヲアゲテコノ説ヲ否定シテイル。
❷事情。事柄。
❸「式神」の略。

しき【職】〔名〕平安時代の役所の一つ。省に属し、中宮職・春宮職・大膳職・左右の京職・修理職などがある。

しぎ【鴫】〔名〕シギ。水辺に棲む渡り鳥。くちばし・足が長い。例「白き鳥の嘴と脚と赤き、——の大きさなる」〈伊勢・九〉訳白い鳥でくちばしと脚の赤い、シギの大きさの（鳥）が。

じき【食】〔名〕（呉音）食物。例「病に臥しては漢の——を願ひ給ひけることを聞きて」〈徒然草・八四〉訳（インドに渡った法顕三蔵が）病気で臥しては故郷中国の食べ物をほしがられたということを聞いて。

しき-がみ【式神・識神】〔名〕陰陽道で、陰陽師の命令に従いさまざまなわざをなすという鬼神。変幻自在で呪力を持つという。「式の神」「式」とも。

しき-し【色紙】〔名〕❶（白も含めて）薄く色のついた紙。和歌などを書いたり、屛風の張り紙に用いたりする。例「ゑなどやうなるものを白き——に包みて」〈枕草子・頭の弁の御もとより〉訳絵のようなものを白い色紙に包んで。注「ゑ」ハ「絵」ト解釈シタガ、一説ニ「餌」ト見ル説モアル。
❷書や絵などを書くための四角形の厚紙。多くは色や模様、金銀の箔などが施されている。

しき-じ【職事】〔名〕❶位階を持ち、職務についている者。職事官。
❷「蔵人」の頭、および五位・六位の蔵人。

式子内親王（しきしないしんわう…ナイシンノウ）〔人名〕平安末期・鎌倉初期の女流歌人。後白河天皇の第三皇女で、賀茂斎院となるが病気のため退き、やがて出家する。『新古今和歌集』に女流最多の四十九首を選せられたように、当時の女流歌人の第一人者である。繊細で清澄な歌はその右に出るものがなく、情熱を内に秘めた秀歌も多い。家集『式子内親王集』がある。「しょくしないしんわう」とも。

しき-しま【敷島・磯城島】〔名〕❶大和国にあって、崇神・欽明の両天皇が都した地。今の、奈良県桜井市付近。
❷（転じて）大和国。また、日本の別称。
❸「敷島の道」の略。

しきしま-の【敷島の】〔枕詞〕「大和」にかかる。例「——日本の国は言霊の幸はふ国ぞま幸くありこそ」〈万葉・一三・三二五四〉訳日本の国は、言霊が幸をもたらす国だ。ご無事でいらしてください。

しきしま-の-みち【敷島の道】〔名〕和歌の道。歌道。

しきしま-や【敷島や】〔枕詞〕（「敷島」は、大和の国の地名、磯城島。）「大和」やその地名、また「山」「道」にかかる。例「——大和島根も神代より君がためとや固めおきけん」〈新古今・賀・七三六〉訳日本の国をも、（これを作った）神々の時代から、わが君のためになると思ってしっかと固めておいたのだろうか。

し-きせ【仕着せ】〔名〕（多く「お——」の形で用いる）❶盆暮れなどの時期に主人が奉公人に衣服を与えること。また、その衣服。
❷決まりきった事柄・やり方。おさだまり。

しき-そく-ぜ-くう【色即是空】〔名〕（仏教語。般若心経の句。「色」は形あるものの意）この世に存在するすべてのものには、実体がないということ。参考対句の「空即是色」は、万物の本体は空であるが、千差万別の仮りの現象としては存在する意。

しき-だい【式台・敷き台】〔名〕江戸時代の武家屋敷で、玄関先の一段低くなった板敷きの所。

しき-だい【色代・色体・式体】〔名・自サ変〕（「しきたい」とも）❶頭を下げて挨拶すること。会釈。例「『後日にこそまた見参に入らめ』と——・して」〈太平記・八・七〉訳「後日またお目にかかりましょう」と挨拶して。
❷お世辞を言うこと。また、お世辞。おべっか。例「『勝浦と申し候ふ』。判官笑って『——な』とのたまへば」〈平家・一一・勝浦付大坂越〉訳（源義経が「ここは何という所か」とお尋ねになると、「勝浦と申します」と答えた）。義経が笑って「お世辞だな」とおっしゃると。注戦イニ勝ツ意ヲ掛ケテ「勝浦」ト言ッタト思ッタ。

じき-だう【食堂】（…ドウ）〔名〕寺院の食堂。法隆寺に日本最古の遺構がある。例「鐘板鳴って、——に入る」〈奥の細道・全昌寺〉訳（食事の合図の）鐘板が鳴ったので、食堂にはいっていく。

しき-たへ【敷き栲・敷き妙】（…タエ）〔名〕寝床の敷物にする布。一説に、織り目の細かい布とも。

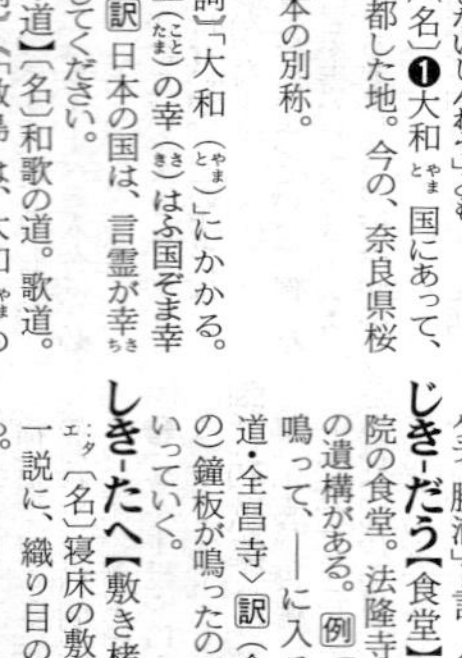
食堂（東大寺）

しきたへ-の【敷き栲の】（シキタエ…）〔枕詞〕（「しきたへ」が寝具として用いられるところから）「枕」「袖」「衣」「床」「黒髪」などにかかる。例「直に逢はずあらくも多く——枕去らずて夢にし見えむ」〈万葉・五・八〇九〉訳直接お逢いせずにいることも多いのですから、あなたの枕を離れず毎夜夢に見えるようにいたしましょう。注昔ハ、心ニ思ッテイル相手ノ夢ニ現レルト考エラレテイタ。

式亭三馬（しきていさんば）〔人名〕江戸後期の戯作者。江戸の人。初め黄表紙・洒落本を書いていたが、のち滑稽本で真価を発揮した。江戸庶民のはつらつとした生き方を、会話体で見事に描き出した。代表作は滑稽本『浮世風呂』『浮世床』。⇩浮世風呂・浮世床

しき-なみ【頻波】〔名〕あとからあとからしきりに寄せてくる波。例「宇治川の瀬々の——しくしくに妹は心に乗りにけるかも」〈万葉・一一・二四二七〉訳宇治川のあちこちの瀬に次々と、しきりに寄せてくる波のように、しきりにあの娘のことが私の心に浮かんでくるよ。

志貴皇子（しきのみこ）〔人名〕『万葉集』第二期の歌人。天智天皇の第七皇子。光仁天皇の父。現在伝わっている歌はわずかに六首であるが、その明るくのびやかな歌風は、『万葉集』らしさの典型として後人に親しまれている。

しき-ふ【職封】〔名〕令制で、太政大臣から大納言（のち、中納言・参議）に至るまで、職に応じて与えられた「封戸」。

しき-ぶ【式部】〔名〕❶「式部省（しきぶしやう）」の略。❷宮中の女房の呼び名の一つ。父・兄など一族の者が式部省の役人である場合に付けられる。「紫—」「和泉—」など。

しきぶ-きゃう【式部卿】〔名〕式部省の長官。正四位相当官。平安時代になると親王が任ぜられた。

しきぶ-しゃう【式部省】〔名〕太政官（だいじょうかん）に置かれた八省の一つ。朝廷の儀式、六位以下の文官の採用や昇任などの人事、大学の学問などを担当した。

しきぶ-の-たいふ【式部の大夫・式部の大輔】〔名〕式部の丞（じょう）（＝式部省ノ三等官デ正六位相当）で、五位に昇進してもそのまま留任したもの。

しきみ【樒】〔名〕木の名。モクレン科の常緑樹。葉はだ円形で光沢があり、春に黄白色の花を開く。全体に香気があり、葉の付いた枝を仏前に供える。また、葉から抹香（まっこう）や線香が作られる。

しきみ【閾・閫】〔名〕門や部屋のくぎりのために置いてある横木。敷居（しきい）。例「足をそろへて—をゆらりと越ゆるを見ては」〈徒然草・一八五〉訳（その馬が）両足をそろえて敷居をひらりと越えるのを見て。

しき-もく【式目】〔名〕（「式」は法式、「目」は条目の意）❶武家時代における法令。通常箇条書きにされる。「貞永（ぢやうえい）—」「建武（けんむ）—」など。❷連歌・俳諧（はいかい）の作法・規則を記したもの。

しき-よく【色欲】〔名〕《仏教語》五欲の一つ。男女間の情欲。色情。例「世の人の心惑はす事、—にはしかず」〈徒然草・八〉訳世間の人の心を混乱させることで、色情にまさるものはない。

しきり-に【頻りに】〔副〕《動詞「しきる」から派生した語》❶同じ事がたび重なるさま。たびたび。しばしば。引き続いて。例「今年こそ天変—し」〈大鏡・道長・上〉訳今年は天空の異変（＝凶事ノ前兆）がたびたび起こり。❷程度がはなはだしいさま。むやみに。やたらに。例「物事自由に手のまはるが—うるさく」〈黄表紙・莫切自根金生木・上〉訳物事が思いのままにうまく運ぶのがむやみにわずらわしくて。

参考『土佐日記』に「日しきりに」という例があるが、この場合は文脈上から「一日中」の意に解するのが適当。

しき・る【頻る】〔自ラ四〕｛ら・り・る・る・れ・れ｝（波が押し寄せるように）何度も繰り返す。たび重なる。例「東宮の御使ひ—・りてあるほど、いと騒がし」〈枕草子・淑景舎〉訳皇太子からのお使いがたび重なってある間、大層騒がしい。

し-く【四苦】〔名〕《仏教語》人生の苦しみの根本的原因、生・老・病・死の四つ。⇨はっく

し・く ｛か・き・く・く・け・け｝ 一〔自カ四〕敷きつめたように一面に広がる。広くおおう。例「霞（かすみ）—・く春の潮路（しほぢ）を見渡せば緑を分くる沖つ白波」〈千載・春上〉訳霞が一面にかかる春の潮路を見渡すと、海の水の緑を区切るようにして寄せて来る沖の白波であるよ。

二〔他カ四〕【敷く】平らに広げる。敷く。例「蜑（あま）の家（や）や戸板を—・きて夕涼（ゆふすずみ）」〈低耳・奥の細道〉訳海岸の漁夫の家々は、簡素な生活を営んでいて、夕方になると、海辺に戸板を敷いて涼（りょう）をとっている。

三〔他カ四〕【領く・敷く】❶（多く尊敬語の「ます」を伴って）力を広く及ぼす。治める。例「天地（あめつち）に足（た）らはし照りてわご大君—・きませばかも楽しき小里（をと）」〈万葉・一九・四二七二〉訳天と地にあまねく照り輝いて我が大君がお治めになるからだろうか、楽しいこの小里です。❷強い影響を全体に及ぼす。広める。例「禹（う）の行きて三苗（さんべう）を征せしも、師（いくさ）を班（か）へして、徳を—・くには及（し）かざりき」〈徒然草・一七一〉訳禹が遠征して三苗を征伐したのも、兵を帰して、徳を広めたのには及ばなかった。

し・く【頻く】〔自カ四〕｛か・き・く・く・け・け｝❶何度も繰り返す。たび重なる。例「新（あら）たしき年の初めの初春の今日（けふ）降る雪のいや—・け吉事（よごと）」〈万葉・二〇・四五一六〉訳新しい年の始めの初春の今日（次から次にと）降る雪のように、いよいよたび重なれ、めでたいことが。❷（「しき降る」「しき鳴く」など接頭語的に用い）しきりに…する。例「鳴く鶏（とり）はいや—・き鳴けど降る雪の千重（ちへ）に積めこそ我立ちかてね」〈万葉・一九・四二三四〉訳鳴く鶏は（夜明けだと）いよいよしきりに鳴くけれど、降る雪が高く積もっているので私は立ち（帰り）かねています。❸（動詞の連用形に付き補助動詞的に用い）しきりに…する。例「ひさかたの雨は降り—・く思ふ子が宿に今夜（こよひ）は明かして行かむ」〈万葉・六・一〇四〇〉訳雨はしきりに降る、思う人の家で今日は夜を明かして行こう。

し・く【及く・如く・若く】〔自カ四〕｛か・き・く・く・け・け｝❶追いつく。例「後（おく）れ居て恋ひつつあらずは追ひ—・かむ道の隈廻（くまみ）に標（しめ）結（ゆ）へわが背（せ）」〈万葉・二・一一五〉訳あとに残っていて恋い慕っていないで、追って行って追いつこう。道の曲がり角に目印を結びつけて下さい、あなた。❷（多く、打消しや反語の意の表現を伴って）及ぶ。匹敵する。例「節（せち）は五月に—・く月はなし」〈枕草子・節は五月に〉訳節句は五月（五日）の節句に及ぶ月はない。注「節」トハ節句（セック）ノコトデ、一月一日、三月三日、五月五日、七月七日、九月九日ノ五節日ヲ指ス。

し-く【連語】《上代語。過去の助動詞「き」の連体形＋準体助詞「く」》…（し）たこと。…（し）たことには。例「沼河比売（ぬなかはひめ）の家に至りて歌ひ給ひ—」〈古事記・上〉訳（大国主神（おおくにぬしのみこと）が）沼河比売の家に行ってお歌いなさったことには。

しく-しく〔副〕《動詞「しく」を重ねた語》後から後から続いて起こるさま。しきりに。たび重ねて。例「春雨（はるさめ）の—降るに高円（たかまと）の山の桜はいかにかあるらむ」〈万葉・八・一四四〇〉訳春雨がしきりに降るが、高円山（＝奈良市東南部ノ丘陵地帯）の桜はどんなであろうか（気にかかる）。

しぐら・ふ【時雨ふ】〔自ハ四〕｛は・ひ・ふ・ふ・へ・へ｝《「しぐらむ」とも》❶時雨（しぐれ）の降る時のように薄暗くぼんやりする。もうろうとする。例「蹴（け）上ぐる潮の霞（かすみ）とともに—・うだる中より、白旗ざっと差し上げたれば、平家は運尽きて大勢とこそ見てんげれ」〈平家・一一・勝浦付大坂越〉訳馬が蹴上げる潮煙が霞とともにもうろうとしている中から、白旗をざざっと差し上げたので、平家は運が尽きてしまい（源氏を）大勢と見てしまった。注「白旗」ハ源氏方ノ旗。❷ひとむらの時雨（しぐれ）のように集まっている。密集する。例「ここに—・うで見ゆるは誰が手やらん」〈平家・九・木曽最期〉訳あそこに密集して見えるのは誰の軍勢であろうか。

参考「しぐらうで」と「で」が濁音であるところからすると、バ行四段の「しぐらぶ」であったとも考えられる。ただし、「しぐらふ」「しぐらむ」という形のあったことも証

拠があるから、「しぐらふ」「しぐらぶ」の二つの形があったのであろう。

しぐ・る【時雨る】〔自ラ下二〕{れ・れ・る・るる・るれ・れよ} ❶晩秋から初冬の頃雨が降ったりやんだりする。時雨(しぐれ)が降る。しぐれる。例「――・れつつもみづるよりも言(こと)の葉の心のあきに逢(あ)ふぞわびしき」〈古今・恋五・八二〇〉訳時雨が降りつづき紅葉していくよりも、言葉が心の秋(飽き)に逢って変化していく方がわびしいものだ。
❷**涙でくもる。涙がちになる。**例「まみのあたりうち――・れて、ひそみ居たり」〈源氏・若菜・上〉訳まゆ毛のあたりは涙でくもり、べそをかいて座っていた。

しぐれ【時雨】〔名〕**秋から初冬にかけて降ったりやんだりする小雨。**「しぐれの雨」とも。(季・冬) 例「旅人とわが名呼ばれん初――」〈芭蕉・笈の小文〉訳(旅に生き旅に死んだ過去の詩人達のように)「旅人」という名で私も呼ばれたいものだ。初時雨に濡(ぬ)れて漂泊の旅に出ることによって。

し-くゎん【止観】〔名〕《仏教語》❶心を静寂にし、正しい知恵をもって物事の真実を見ること。天台宗で根本の教義とする。例「天台――の月明らかに」〈奥の細道・出羽三山〉訳澄み切った悟りの心境のような月がこうこうと照っていて。
❷《「摩訶(まか)止観」の略》天台宗の根本教典。

し-くゎん【仕官】〔名〕官職につくこと。役人になること。

しげい-しゃ【淑景舎】〔名〕《「しげいさ」とも》内裏(だいり)の東北隅にある殿舎で、女御(にょうご)や更衣(こうい)の住居とされる。庭に桐の木があったので、「桐壺(きりつぼ)」ともいわれる。

しげ・し

【繁し】〔形ク〕❶**草や木が生い茂っている。**例「木々の木の葉、まだいと――・うはあらで、若やかに青みわたりたるに」〈枕草子・四月、祭の頃〉訳木々の木の葉が、まだそんなに茂ってはいず、若々しく青みがかっている時に。
❷**多い。**たくさんある。例「人――・くもあらねど、度(たび)重なりければ」〈伊勢・五〉訳人目が多いわけではないが、(男が築地(ついじ)のくずれた所から通う)回数が重なったので。
❸**絶え間ない。**しきりである。例「うちより御使ひ、雨の脚よりけに――・し」〈源氏・夕顔〉訳宮中からの使者が、雨脚(あまあし)よりも一段とまさってしきりである。
❹(「人目」「事」などに付いて)多くてわずらわしい。うるさい。例「人目――・ければ、え逢(あ)はず」〈伊勢・六九〉訳人の目が多くてわずらわしいので、(男と女は)逢うことができない。

しげ-どう【重籐・滋籐】〔名〕籐(とう)で幾重にも巻いた弓。例「――の弓、脇(わき)にはさみ、甲(かぶと)をば脱ぎ」〈平家・一一・那須与一〉訳(那須与一は)重籐の弓を、脇にはさみ、かぶとを脱いで。

しげり【茂り・繁り】〔名〕しげっていること。しげみ。例「物思ひの深さくらべに来てみれば夏の――もものならなくに」〈蜻蛉・中・天禄二年〉訳物思う心の悩みの深さと比べながら山道を来てみると、夏草のしげっているのなど比べものにならないほど悩みは深い。

しげり-わた・る【茂りわたる】〔自ラ四〕{ら・り・る・る・れ・れ} 木々が一面に茂る。例「足柄山(あしがらやま)といふは……えも言はず――・りて、いと恐ろしげなり」〈更級・足柄山〉訳足柄山(=相模(サガミ)ト駿河(スルガ)ノ国境ノ山)という山は……言いようなく木々が一面に茂っていて、大層無気味である。

しげ・る【茂る・繁る】〔自ラ四〕{ら・り・る・る・れ・れ} ❶草や木の枝葉などが伸び重なる。繁茂する。例「浮草・水草(みくさ)など――・りて」〈枕草子・昔おぼえて不用なるもの〉訳浮草や水草が繁茂して。
❷《近世語》男女が仲むつまじく情を交わす。情交する。

じ-げん【示現】〔名・自サ変〕❶神仏がその不思議な力を示し現すこと。例「いかなる――にかあらむ」〈今昔・二四・三五〉訳(これは)どういう意の仏のお告げであろうか。
❷仏がこの世の人々を救うために姿を現すこと。例「いかなる仏の、濁世塵土(ぢよくせぢんど)に――・して」〈奥の細道・仏五左衛門〉訳いったいどんな仏が、濁り汚れたこの世に(仏五左衛門として)姿を現して、(私(=芭蕉)ごとき者を助けてくださるのだろうか)。

しこ【醜】〔名〕❶ぶこつなこと。がさつなこと。醜悪であること。例「今日よりは顧(かへり)みなくて大君の――の御楯(みたて)と出(い)で立つ我は」〈万葉・二〇・四三七三〉訳今日からはあとの事は何も考えず、(恥ずかしながら)大王のつたない警護役として出発するぞ、私は。
❷うとましいこと。いやなこと。例「うれたきや――ほととぎす暁(あかとき)のうら悲しきに追へど追へどなほし来鳴きて」〈万葉・八・一五〇七長歌〉訳しゃくにさわる嫌なホトトギスめが、明け方の物悲しい時に、追っても追ってもなお来て鳴いて。

> **要点** 大国主命(おおくにぬしのみこと)の別名が「葦原醜男(あしはらのしこを)」であることからもわかるように、「醜」はみにくいというよりは、強大でごつごつしているのが本来の意味。そこから転じて自分を卑下する①の意味や、他人をののしる②の意味が生じた。用法は、直接に、または助詞「の」「つ」を伴って連体修飾するだけであって、形容動詞の語幹、あるいは接頭語に近い。

し-ご【死期】〔名〕死ぬ時。臨終。いまわ。例「若きにもよらず、強きにもよらず、思ひかけぬは――なり」〈徒然草・一三七〉訳年が若いことにもよらず、体力が強いことにもよらず、予想できないのは死ぬ時期である。

し-こう【伺候・祇候】〔名・自サ変〕❶貴人のそば近くに仕えること。謹んで貴人のそばに居ること。例「朝(あした)より夕(ゆふべ)に及ぶまで――・す」〈平家・四・競〉訳朝から夕方になるまで控えている。
❷目上の人のご機嫌をうかがいに訪問すること。

し-ごく【至極】■〔名・自サ変〕❶行きつくところ。極まるところ。また、行きつくこと。極まること。例「――の大聖すらに、なほし子を愛(うつく)しびたまふ心あり」〈万葉・五・八〇二序〉訳至上の大聖人(=釈迦如来(シャカニョライ))でさえ、やはり子に執着する心がおありなのだ。
❷もっともだと思うこと。納得すること。例「法皇も道理――・して、仰せ下さるる方(かた)もなし」〈平家・三・大臣流罪〉訳法皇も道理であると納得して、特にお言いつけになる向きもない。
■〔形動ナリ〕❶この上ない。最上である。至当である。例「これは狼藉(らうぜき)――・なやつぢゃと言うて」〈天草本伊曽保〉訳これは乱暴この上ないやつだと言って。
❷もっともである。かなっている。例「『名月に明の字書くは未練』と言へり。この論――・なり」〈去来抄・故実〉訳

「中秋の『名月』を『明月』と書くのはまだ研究不足である」と(許六(きょりく)が)言った。この論はもっともである。

三〔副〕この上なく。きわめて。完全に。例「食後(じきご)の菓子まで――せめ食ひて」〈沙石集・三〉訳食後の菓子まで全部食いつくして。

しこ-な【醜名】〔名〕(つまらない名の意で)自分の名をへりくだっていう語。

し-こ・む【為籠む】〔他マ下二〕{め・め・む・むる・むれ・めよ}まわりを取り囲んで構え作る。囲みを作る。例「あなたの御前(おまへ)は、竹編める透垣(すいがい)――・めて」〈源氏・橋姫〉訳(姫君達のいる)あちらのお庭先は、竹を編んだ透垣(=垣根)を囲むように作って。

しころ【錏・錣】〔名〕かぶとの鉢の左右と後ろに垂れた半円形の部分。皮や鉄板をつづりあわせたもので、首を守る。

しころ

じこん-いご【自今以後】《連語》今から後。今後。例「――も、汝(なんぢ)らよくよく心得(こころえ)べし」〈平家・一・殿下乗合〉訳これから後も、諸君は十分に注意しなさい。

し-さい【子細・仔細】〔名〕❶くわしいこと。くわしい事情。わけ。例「其(そ)れに――を尋ね問ひて答ふべし」〈今昔・九・三六〉訳その人にくわしいことを尋ねて答えよう。❷さしつかえること。具合の悪いこと。支障。異議。例「少しも――を存ぜん人は、とうとうこれより帰らるべし」〈平家・一一・那須与一〉訳少しでも異議のある人は、とっととここからお帰りになるがよい。

子細な・し さしつかえない。めんどうなことがない。わけない。例「男(をのこ)しもなむ――・き者は侍(はべ)るめる」〈源氏・帚木〉訳男というものは(女にかかると)まったくたわいもない者のようでございます。

子細に及(およ)ば・ず とやかく言えるものではない。やむを得ない。言うまでもない。例「その身朝敵となりにし上は、――・ずと言ひながら」〈平家・七・忠度都落〉訳朝敵の身分となってしまった以上、とやかく言えるものではないと言いながら(悲しく残念なことであった)。

子細ら・し 何か事情がある様子である。わけありげである。わけ知り顔である。例「おのれ一人あとに残り、ものを――・しく、人のすることを狂言とは」〈西鶴・世間胸算用・三・四〉訳おまえ一人あとに残って、わけ知り顔に、人のすることをいんちき芝居だとは(何を言うか)。

し-ざい【死罪】〔名〕死刑。例「その法師めからめとって――に行へ」〈平家・七・願書〉訳その法師めをひっつかまえて死刑にせよ。

> 要点 律(りつ)に定められた五刑(笞(ち)・杖(じょう)・徒・流・死)のうち最も重いもの。打ち首と縛り首があった。

し-ざい【資財】〔名〕資産。財産。例「身一つからうじて逃るるも、――を取り出づるに及ばず」〈方丈記・安元の大火〉訳体だけやっとのことで(火災から)逃れた人も、財産を持ち出す余裕はなく。

しさい-な・し【子細なし】⇩「しさい」子項目

しさい-に-およば・ず【子細に及ばず】⇩「しさい」子項目

しさい-ら・し【子細らし】⇩「しさい」子項目

し-さ・す【為止す】〔他サ四〕{さ・し・す・す・せ・せ}途中までやってやめる。やりかけて中止する。例「――・したる事の、今日(けふ)過ぐすまじきをうち置きて」〈枕草子・小白河といふ所は〉訳やりかけた仕事で、今日一日を(そのままにして)過ごすべきでないのを放っておいて。

しざ・る【退る】〔自ラ四〕{ら・り・る・る・れ・れ}《「しさる」とも》あとずさりする。後ろへ引きさがる。例「蔵人(くらんど)うしろなる塗籠(ぬりごめ)の内へ――・り入らんとし給へば」〈平家・一二・泊瀬六代〉訳蔵人(=人名)が背後にある納戸(なんど)の内側へさがりつつ入ろうとなさるので。

じ-さん【自讃】〔名・自サ変〕自分で自分のことをほめること。自慢。例「昔の人はいささかのことをもいみじく――・したるなり」〈徒然草・二三八〉訳昔の人はちょっとしたことでも随分と自慢したものである。

しし〔名〕**一【肉・宍】**にく。例「わが皮は御箱の皮にわが――は御なますはやし」〈万葉・一六・三八八五長歌〉訳私の皮は箱の皮として、私の肉はなます(=料理ノ一種)の材料としてお役に立ちましょう。注鹿(シカ)ノ言葉。**二【獣】**その肉が食用になるけだもの。主にイノシシやシカを指す。「猪(ゐ)のしし」「鹿(か)のしし」などと区別した使われ方もする。

し-し【獅子】〔名〕❶ライオン。❷狛犬(こまいぬ)と一対(いっつい)にして、神社の前などに並べてある獅子の像。例「この御社(みやしろ)の――の立てられやう、さだめてならひあることにはべらん」〈徒然草・二三六〉訳この神社の獅子の像を(背中合わせに)お立てになるやり方は、きっといわれのあることでございましょう。

し-じ【四時】〔名〕⇩しいじ

しじ【榻】〔名〕⇩しぢ

ししこらか・す〔他サ四〕{さ・し・す・す・せ・せ}(病気を)こじらせる。悪化させる。例「――・しつる時はうたて侍(はべ)るを、とくこそ試みさせ給はめ」〈源氏・若紫〉訳病気をこじらせてしまった時はよくございませんから、(ともかく)早く(聖(ひじり)の祈禱(きとう)を)おためしなさいませ。

しじ-に【繁に】〔副〕数多いさま。また、草木などのよく繁(しげ)ったさま。びっしりと。いっぱいに。例「五百枝(いほえ)さし――生(お)ひたるつがの木の」〈万葉・三・三二四長歌〉訳たくさんの枝がすきまもなく生(お)い茂っているツガの木のように。

しじ-ぬ・く【繁貫く】〔他カ四〕{か・き・く・く・け・け}《「しじ」は密なる様をいう語》(船の櫂(かい)などを)多数貫き通す。例「大船に真櫂(まかい)――・き」〈万葉・二〇・四三三一長歌〉訳大きな船に櫂を多数貫き通して(装備し)。

しし-びしほ【肉醤・醢】(シシ・ビシオ)〔名〕塩漬けにした肉。また、人体を塩漬けにする、古代中国の刑罰。

しじふ-の-が【四十の賀】(シジュウ)〔名〕四十歳になったことを初老として、長寿を祈る祝い。

しじま【黙】〔名〕黙っていること。無言。

しじま・る【縮まる・蹙まる】〔自ラ四〕{ら・り・る・る・れ・れ}短くなったり、小さくなったりする。ちぢまる。例「鼻いと小さく萎(しぼ)み――・りて、例の人の小さき鼻になりぬ」〈今昔・二八・二〇〉訳(大きかった)鼻がたいそう小さくしぼみ縮まって、普通の人のような小さな鼻になった。

しし-むら【肉叢】〔名〕肉のかたまり。

し-しゃう【四生】〔名〕(仏教語)生物の出生の四つの形態。母胎から生まれる胎生、卵から生まれる卵生、湿気によって生まれる湿生(＝魚・蛙ナド)、業の力で化成する化生(＝天人ヤ地獄ノ鬼ナド)の四つで、すべてのものが、このようにして生まれ変わり、六道を輪廻すると考えられる。

し-じゅう【始終】㊀〔名〕❶始めと終わり。ⓐ始めから終わりまで。始めから終わりまでの全体。例「いかに申すとも——の事はかなふまじ」〈平家・一・願立〉訳どんなに申しても全部の願い事をかなえてやるわけにはいかない。ⓑ始めから終わりまでの成りゆき。全体的な事の経過。例「言ひつる事の——も覚えで」〈今昔・一九・一四〉訳(恐怖のあまり)話した事の一部始終もわからなくなって。❷物事の終わり。最後。例「とてもかくても——の勝ちこそ肝要にて候へ」〈太平記・一六・一〇〉訳(合戦というものは)とにかく最後の勝利こそが大切でございます。㊁〔副〕❶始めから終わりまでずっと。絶えず。いつも。❷最後は。結局のところ。例「たとへ一旦よくとも、——罰を当たるべし」〈申楽談義・神事奉仕の事〉訳たとえ一時はよくても、最後にはばちが当たるにちがいない。

じ-じゅう【侍従】〔名〕❶天皇のそば近くに仕えて雑用をする役人。例「秋の司召しに、かうぶり得て——になり給ひぬ」〈源氏・少女〉訳秋の諸官任命式に、五位の位を得て侍従におなりになった。❷薫き物の名。

参考 ①は、本来は中務省に属し、従五位下相当の官で、定員八人であったが、のち増加した。他の官職と兼任する。②は、沈、丁字、甘松、鬱金または麝香などをねり合わせて作る。

じじゅう-でん【仁寿殿】〔名〕古くは(「しんしゅうでん」「じんじゅでん」)平安京の内裏の殿舎。南の紫宸殿(南殿・前殿)に対して北殿・後殿といい、紫宸殿と承香殿の間に位置することから中殿とも呼ばれた。当初天皇の日常居所とされたが、嵯峨天皇の時、西に清涼殿が設けられてからは東殿とも呼ばれた。宇多天皇の時、清涼殿が御在所に定まってからは内宴や相撲など儀式行事の場となった。

じ-じょう【治定】〔名〕⇩ぢぢゃう

し-しょく【四職】〔名〕❶(「ししき」とも)令制で、左京職・右京職・大膳職・修理職の総称。❷室町時代、侍所の所司に任ぜられた、山名・一色・京極・赤松の四家。

ししん-でん【紫宸殿】〔名〕(「ししいでん」とも)平安京内裏の正殿。古くは「紫震殿」とも。仁寿殿の南に位置することから南殿・前殿とも呼ばれた。即位・朝賀・節会など晴儀の場とされた。殿前の広場は南庭といい、左右に植えられた桜(はじめ梅)と橘は、儀式の際、近衛の官人が陣したことから左近(衛府)の桜、右近(衛府)の橘と称された。

紫宸殿

しず【倭文・賤】〔名〕⇩しづ

しず…【静…】⇩しづ…

じす【治す】〔動〕⇩ちす

じ・す【辞す】〔せ・し・す・する・すれ・せよ〕㊀〔自サ変〕いとまごいをして帰る。辞去する。例「『いま静かに御局にさぶらはむ』と——・して去(い)ぬれば」〈枕草子・大進生昌が家に〉訳「後日ゆっくりとあなたのお部屋に伺いましょう」と言って辞去したので。㊁〔他サ変〕❶職・官位からおりる。辞職する。退く。例「その頃右大将、病して——・し給ひけるを」〈源氏・若菜・上〉訳その当時右大将だった方が、病気をなさって退かれていたのを。❷すすめを断る。辞退する。例「与一かさねて——・せば悪(あ)しかりなんとや思ひけん」〈平家・一一・那須与一〉訳与一はもう一度辞退したら悪いだろうと思ったのだろうか。

し-す・う【為据う】〔ゑ・ゑ・う・うる・うれ・ゑよ〕〔他ワ下二〕位置を固定して、そこに置く。また、居させる。例「ただ絵にかきたる、物の姫君のやうに——・ゑられて」〈源氏・若紫〉訳(葵の上は父君に)ただ絵に描いた、物語の姫君のようにじっとさせられて(身動きなさるのも困難で)。

しずえ【下枝】〔名〕⇩しづえ

しずむ【沈む・鎮む・静む】〔動〕⇩しづむ

じ-せつ【時節】〔名〕❶時候。季節。❷時。時期。また、機会。好機。例「我らが生けるけふの日、何ぞその——に異ならん」〈徒然草・一〇八〉訳私たちが生きている今日という日が、どうしてその(明日死ぬという)日と異なることがあろうか。❸時世。時代。また、時勢。

し-ぜん【自然】〔副〕もしも。万一。例「——の事候はば、頼盛かまへて助けさせ給へ」〈平家・七・一門都落〉訳もしもの事がございましたら、頼盛をぜひともお助け下さい。

要点 「しぜん」は「自然」を漢音で読んだもので、呉音で「じねん」とも読む。読み方によって意味が違う。現代語「自然」には「じねん」の方が相当する。

し-そく【紙燭・脂燭】〔名〕照明具の一つ。五〇センチほどの松の木の棒の先を焦がして油をぬり、そこに火を点すもの。手に持つ方に紙が巻いてある。「ししょく」とも。

し-ぞく【氏族】〔名〕祖先を共通にする人々の集団。その首長を氏上(平安時代では氏長者)といい、氏族を統括し、氏神を祀り、氏寺を営んで結合をはかった。平安中期以降は氏の分化が進んで家に分かれ、藤原氏の場合、九条(家)や近衛(家)など家名を称するようになった。

し-ぞ・く【退く】〔か・き・く・く・け・け〕〔自カ四〕後方へ戻る。退く。例「ゆくりなく風吹きて、漕(こ)げども漕げども、後(し)へ——・きに——・きて」〈土佐・二月五日〉訳思いがけず風が吹き出し、漕いでも漕いでも(船は)どんどん後方に戻って。

し-そ・ふ【為添ふ】〔へ・へ・ふ・ふる・ふれ・へよ〕〔他ハ下二〕つけ加える。加えてする。例「珍しからんとて、用なき事ども——・へ」〈徒然草・八一〉訳珍しくしようというので、無用の飾りなどをつけ加え(うるさく趣向をこらしているのを)。

しーそ・む【為初む】〔他マ下二〕(め・め・む・むる・むれ・めよ) 行為を開始する。しはじめる。

した【下】〔名〕対うへ ❶下の方。下部。(位・身分などが)低いこと。(年齢が)若いこと。❷内側。内部。例「我妹子(わぎもこ)が——にも着よと贈りたる衣のひもをあれ解かめやも」〈万葉・一五・三五八五〉訳貴女が肌身に着けてくださいと贈ってくれた衣のひもを、私は解くものか(また逢う日まで)。❸心の中。内心。例「——にのみ恋ふれば苦し玉の緒の絶えて乱れむ人なとがめそ」〈古今・恋三・六六七〉訳心の中でばかり恋すれば苦しい。(玉の緒が切れて乱れるように)思い切って人目かまわず乱れよう。人よ、とがめてくれるな。❹古くなった同種の品を代金の一部にあてること。また、その品。下取り。

した【舌】〔名〕❶舌。べろ。❷弁舌。ことば。話し方。❸形が似ているところから、小判の俗称。

舌を振(ふ)る・ふ 舌を振るわせて驚き恐れる。

舌を転(まろ)が・す 舌を巻く。ひどく驚く。例「——・し顔を振りつつ恐(お)ぢ居たるに」〈今昔・二八・四〉訳舌を巻き顔を振っては恐れているところへ。

しだ【時】〔名〕《上代東国方言》時。例「吾(あ)が面(おも)の忘れむ——は国はふり嶺(ね)に立つ雲を見つつ偲(しの)はせ」〈万葉・一四・三五一五〉訳私の顔を忘れてしまった時は、故郷からわきあがり峰に立つ雲を見ては思い出して下さい。

参考 現代の「帰りしな」「寝しな」などの「しな」の古い形。

しーだい【四大】〔名〕《仏教語》❶ⓐあらゆる物体を構成する四つの元素。四大種。地・水・火・風。ⓑ(ⓐの意から転じて)人体。身体。からだ。四界。❷《「四大天王」の略》四天王。持国天・増長天・広目天・多聞天。

しーだい【次第】㊀〔名〕❶(守るべき)順序。順位。ならび方。例「——をあやまたぬにて、いましばしの程も残りとまる限りあらば」〈源氏・若菜・上〉訳年齢の順序をまちがえないで行って、少しでも長く私が生き残るようなことがあれば。❷事情。現状。成り行き。例「忠盛に知られずしてひそかに参候の条、力及ばざる——なり」〈平家・一・殿上闇討〉訳平忠盛に知られないでひそかに様子をうかがいに参りましたことは、やむをえない成り行きです。❸《能楽用語》謡曲の中の一つの詞章。ワキ・シテ・ツレの登場の際に歌う。その曲の概要を暗示するような内容。㊁〔接尾〕❶事の成り行きまかせ。例「何事も運——よ」〈浮世床・初・下〉訳何事も運まかせだよ。❷動作が行われたらすぐに。例「鯨網をこしらへ、見つけ——に取り損ずることなく、今浦々にこれを仕出しぬ」〈西鶴・日本永代蔵・二・四〉訳鯨をとる網をこしらえたので、見つけたらすぐに捕獲できて取り損なうことがなくなり、今では浦ごとにこの網を使うようになってきた。

じーだい【時代】㊀〔名〕❶年代。❷《「時代物」の略》年代がたって古くなっているもの。古くて値打ちが出た品。㊁〔形動ナリ〕昔風である様子。古風な様子。

しだいーしゅ【四大種】〔名〕⇩しだい(四大)①ⓐ 例「——の中に、水・火・風(ふう)は常に害をなせど、大地に至りては異なる変をなさず」〈方丈記・大地震〉訳四大種の中で、水・火・風の三つはいつも災いをなすが、大地だけはいつも動かず変わったことはしない(と思っていたのに)。

したう【慕う】〔動〕⇩したふ

したーうづ【下沓・襪】(シタ(ト)ウズ)〔名〕束帯を着る時にはく靴下。

参考「したぐつ」の変化した形。足袋と異なり、指が分かれていない。白平絹で作る。

したーがさね【下襲】〔名〕束帯の時、一番上に袍、次に半臂を着、さらにその下に着る服。例「——の尻(しり)短くて随身(ずいじん)のなきぞいと悪(わろ)きや」〈枕草子・をのこは〉訳下襲の裾が短くてお供のいないのがまるで感心しない。

参考 後ろに「裾(きょ)」または「尻(しり)」と呼ぶ裾があり、これを袍の下に出してひきずって歩く。身分が高いほど裾が長い。また、柄や色も身分や季節によって異なる。

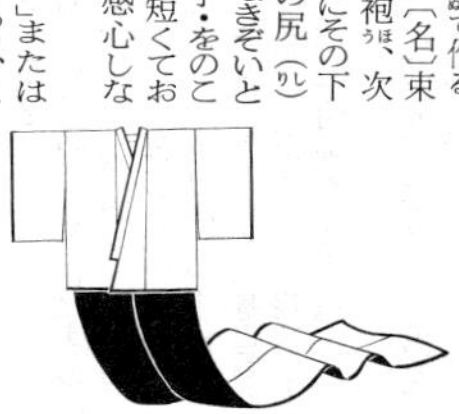
したがさね

したーかぜ【下風】〔名〕草木の下を吹き通る風。例「——涼しかるべく」〈源氏・少女〉訳(呉竹を)下風が涼しく通うように(植えて)。

したが・ふ【従ふ・随ふ】(シタゴウ) ㊀〔自ハ四〕(は・ひ・ふ・ふ・へ・へ) ❶逆らわずに意のままになる。服従する。従う。例「女は三つに——・ふものにこそあなれど」〈源氏・藤袴〉訳女は三つのものに従うものであるようだが。注 中国の『儀礼(喪服伝)』ニ、結婚以前ハ父ニ、結婚後ハ夫ニ、夫ナキアトハ子ニ従ウノガ女性ノ生キ方デアルト説ク。❷伴われる。従属する。例「唐土(もろこし)に許由(きょいう)といひつる人は、さらに身に——・へる貯(たくは)へもなくて」〈徒然草・一八〉訳(昔)中国の許由という人は、まったく身についた財産もなくて。❸相手や時・所などにふさわしく対応する。応ずる。例「装束(さうぞく)時に——・ひ、裳(も)唐衣(からぎぬ)などいまめかしくて歩(あり)かせばや」〈枕草子・主殿司こそ〉訳服装を時節に応じて、裳や唐衣など今風にして歩き回らせたいものだ。㊁〔他ハ下二〕(へ・へ・ふ・ふる・ふれ・へよ) ❶服従させる。従わせる。例「義仲も東山(とうせん)北陸(ほくろく)両道を——・へて」〈平家・七・清水冠者〉訳木曽義仲も東山道・北陸道の両道を征服して。❷伴わせる。つき従わせる。例「大殿の内を、朝夕に出で入りならし、人を——・へ」〈源氏・玉鬘〉訳(玉鬘は出入りする縁もないと思っていた光源氏の)御殿の内を、朝夕いつも出入りし、人をつき従わせて。

したーぎえ【下消え】〔名〕降り積もった雪の下の方が融けて消えること。例「かき暗し降る白雪の——に消えてもの思ふころにもあるかな」〈古今・恋二・五六六〉訳空を暗くして降る雪の下の方が融けて消えるように、すっかりめいいって物思いに沈む今日この頃であるよ。

しーたく【仕度・支度】〔名〕❶あらかじめ考えておくこと。あらかじめ用意しておくこと。心づもり。❷腹ごしらえ。食事。

しだ・く(か・き・く・く・け・け) ㊀〔自カ四〕草木が風などに乱される。乱れる。㊁〔他カ四〕(「踏む」「嚙(か)む」などに付いて)乱す。ぐちゃぐちゃにする。例「指貫(さしぬき)を長う踏み──・きて」〈枕草子・大納言殿参り給ひて〉訳指貫を長くはいて踏み荒して。注指貫ノ下ノ部分ヲククリ、袋状ニシ、足ヲ出サズニ歩ク状態ヲイウ。

した-くさ【下草】〔名〕木陰に生えている草。例「枯れたる──の中に、竜胆(りんだう)・撫子(なでしこ)などの咲き出(い)でたるを折らせ給ひて」〈源氏・葵〉訳(光源氏は)木陰の霜枯れた草の中に、竜胆・撫子などが咲いて顔を出しているのをお折らせになって。

した-ぐつ【下沓・襪】〔名〕《「したうづ」とも》束帯を着用する時、靴の中にはく靴下のようなもの。白の平絹(ひらぎぬ)製。

したぐつ

した-ぐみ【下組み】〔名〕《「したくみ」とも》心の中で計画すること。用意。準備。例「守り戦ふべき──をしたりとも、あの国の人を、え戦はぬなり」〈竹取・かぐや姫の昇天〉訳守り戦う準備をしても、あの月の国の人とは、戦うことはできないのです。

した-ごこち【下心地】〔名〕心の中。内心。例「──はいとうれしけれど」〈枕草子・頭の中将の〉訳内心はたいへんうれしいけれども。

した-ごころ【下心】〔名〕❶内心。かくれている心のうち。本音。例「天雲(あまくも)のたなびく山の隠(こも)りたる我が──木の葉知るらむ」〈万葉・七・一三〇四〉訳大空の雲がたなびく山のように内に秘めた私の本心は、山の木の葉が知っているだろう。注第二句目マデハ「隠る」ヲ導ク序詞。「木の葉」ハ恋人ヲ暗示スル。
❷かねてからのたくらみ。ひそかに考えていたこと。

した-ざま【下ざま】〔名〕下向き。例「この谷につき落せば、石の面(おもて)──に伏したり」〈奥の細道・忍ぶの里〉訳この谷に(忍ぶもぢ摺りの石を)突き落としたので、石の表面が下向きになった。

した・し【親し】〔形シク〕対うとし ❶血縁が近い。近親関係にある。例「──・しき者、老いたる母など、枕上(まくらがみ)に寄り居て泣き悲しめども」〈徒然草・五三〉訳近親の者や年老いた母などが、枕もとに集まって泣き悲しむけれども。

❷仲がよい。懇意である。また、身近にいる。例「国の守(かみ)も──・しき殿人なれば」〈源氏・須磨〉訳国守も懇意に屋敷に出入りしている人なので。

し-だし【仕出し】〔名〕《近世語。動詞「しだす」の連用形の名詞化》❶新しく工夫すること。新案。新趣向。
❷おしゃれ。身なり。装い。例「都の呉服店(だな)の奥さまと言はるる程の人、みな遊女に取り違へる──なり」〈西鶴・世間胸算用・二・三〉訳都の呉服店の奥様と言われるような人は、みな遊女とまちがえるようなおしゃれぶりである。
❸仕出し料理。注文に応じて料理を作ること。また、その料理。
❹芝居の幕あきなどに、本筋に関係なくちょっと出て、その場の雰囲気づくりなどをする役者。

し-だ・す【仕出す】〔他サ四〕{さ・し・す・す・せ・せ}❶用意して出す。整えて出す。例「かたのごとく御湯(おゆ)──・いて参らせたり」〈平家・三・法皇被流〉訳(やっと)かた通りにお湯を用意して差し上げた。注「しだい」ハ「しだし」ノ、イ音便形。
❷予想外の事をやってしまう。しでかす。
❸作り出す。考え出す。例「安部川紙子(あべがはかみこ)に縮緬(ちりめん)を──・し」〈西鶴・日本永代蔵・三・三〉訳安部川紙子にちりめん(のようなしわをつけること)を考案して。

した-すだれ【下簾】〔名〕牛車(ぎっしゃ)のすだれの内側から車外に垂らして内部が見えないようにする布。例「ここはいと心ことに見ゆれば、すだれ巻き上げて、──押しはさみて見れば」〈蜻蛉・上・安和元年〉訳ここは格別の趣のように見えるので、(牛車の)すだれを巻き上げて、下すだれを左右に寄せて傍らに押しはさんで(外を)見ると。
参考 長さ約三メートルのものを、牛車の前後に各二筋並べて垂らす。下は地に届くくらいになる。取り外し式で、納言(なごん)以上の貴人か女性が乗る時にかける。

したすだれ

したたか〔形動ナリ〕❶しっかりしている。確かである。例「さしもはかばかしく、──・なる御後ろ見は」〈源氏・帚木〉訳このようにてきぱきとして、しっかりしたお世話役は。
❷頑丈(がんじょう)である。力がある。例「弓の強さも──・なる者五、六人して張り候ふ」〈平家・五・富士川〉訳(使用する)弓の強さも大の男が五、六人で(弦(つる))を張るほどです。
❸おおげさである。程度がはなはだしい。

したたか-もの【したたか者】〔名〕気丈な者。しっかりとした者。例「さばかりの──と聞こえし高間の三郎も、大事の手負ひしかば」〈保元・中・二〉訳あんなにもしっかり者と評判だった高間の三郎も、重傷を負ったので。

したた・む【認む】〔他マ下二〕{め・め・む・むる・むれ・めよ}

しっかりしているの意のしたたかと語源は同じ。基本的には、しっかりと手抜かりなく処理する、の意で、いろいろな仕事について用いる。現代語では、主に手紙を書きしるす(③)に用いる。

❶**処理する。始末する。**例「その事も今くはしく──・めむ」〈源氏・松風〉訳その事(=土地ヤ建物ノ事)もいま詳細に調べて処理しよう。
❷準備する。支度する。例「──・むべき事どものいと多かるを」〈落窪・四〉訳準備すべき事などが大層多いのに。
❸書きしるす。したためる。例「先(ま)づまかり上(のぼ)りて、やがて──・めて参らすべう候ふ」〈平家・八・征夷将軍院宣〉訳まず(本人が)参上してから、すぐに書きしるして差し出しましょう。
❹食事をとる。飲食する。

したため【認め】〔名〕《動詞「したたむ」の連用形の名詞化》❶処理。処置。始末。例「後(のち)の──などもいとはかなくしてけるを」〈源氏・蜻蛉〉訳(浮舟の)死後の処置など(=葬式ナド)もほんとうに簡略にしてしまったことを。
❷準備。用意。
❸食事。

したため-い・る【認め入る】〔他ラ下二〕{れ・れ・る・るる・るれ・れよ}丁寧に入れる。例「風流の破子(わりご)やうのもの、ねんごろに営み出(い)でて、箱風情(はこぜい)の物に──・れて」〈徒然草・五四〉訳しゃれた折り箱のようなものを、丹念に作り上げ、箱のような物の中に丁寧に納めて。

した-ため-まう・く【認め設く】〔他カ下二〕{け・け・く・くる・くれ・けよ} あらかじめきちんとしておく。前もって処理する。例「行く末難なく━━・けて」〈徒然草・五九〉訳 将来非難されることがないように前もって処理して(から出家しよう)。

した-たる・し【舌たるし】〔形ク〕(ものの言い方が)甘ったれている。また、(しぐさが)べたべたしている。しつこい。

した-ぢ【下地】〔名〕❶本来の性質。素質。❷心底。本心。例「━━よりなじみたる男に添はせよとの御意(いぎょ)」〈東海道中膝栗毛・発端〉訳 心底親しんだ男と一緒にさせよとの(殿の)ご意向。❸基礎。下ごしらえ。素地。❹(吸い物の素地の意から)出し汁。また、しょう油。おしたぢ。

し-た・つ【仕立つ】━〔他タ下二〕{て・て・つ・つる・つれ・てよ} ❶きちんと作り上げる。整える。仕立てる。例「あまたくだりいと清らに━━・て給へるを」〈源氏・少女〉訳 (正月の装束を)何着もとても美しく仕立てなさったのを。❷きちんと準備や用意をする。支度する。例「いみじう━━・てて婿(むこ)取りたるに」〈枕草子・いみじうしたてて婿取りたるに〉訳 大層きちんと支度して婿を取ったのに。❸必要な事を身に付けさせて一人前にする。したてあげる。教育する。例「舞ならはしなどは、里にていとよう━━・て」〈源氏・少女〉訳 舞の練習などは、実家で十分よく教育して。
━〔他タ四〕{た・ち・つ・つ・て・て} 完全に整える。すっかり…し終える。例「みな装束(さうぞく)━━・ちて」〈枕草子・宮の五節いださせ給ふに〉訳 一同が装束をすっかりつけ終わって。

した-つゆ【下露】〔名〕草木からしたたり落ちる露。多く「…の下露」の形で用いられる。例「風吹けば玉散る萩(はぎ)の━━にはかなく宿る野べの月かな」〈新古今・秋上・三八六〉訳 風が吹くと、玉が散るようにこぼれる萩の下葉の露にはかなく映る野辺の月の光であるよ。

した-て【下手】〔名〕(「したで」とも)❶下の方。特に、川下・風下。例「強き馬をば上手(うはて)に立てよ。弱き馬をば━━になせ」〈平家・四・橋合戦〉訳 強い馬を川上の方に並べ立てよ。弱い馬を川下の方にせよ。❷人より低い地位。人に劣ること。

した-で・る【下照る】〔自ラ四〕(「したてる」とも){ら・り・る・る・れ・れ} 花が咲いていて、その下が明るくなる。木の下が美しく照りはえる。例「春の園紅(くれなゐ)匂(にほ)ふ桃の花━━・る道に出で立つ少女(をとめ)」〈万葉・一九・四一三九〉訳 春の庭園はくれない色に美しく輝いている。桃の花の木の下まで照り輝いている道に出て立つ少女(の美しさ)よ。

した-ど・し【舌疾し】〔形ク〕(「どし」は「とし」の濁音化)言葉のテンポが速い。早口である。例「『小賽(せうさい)、小賽』と祈(こ)ふ声ぞ、いと━━・きや」〈源氏・常夏〉訳 (近江(あふみ)の君が、手をこすり合わせながら)「小賽、小賽」と祈る声は、何とも早口なことよ。注「小賽」ハ双六(スゴロク)ノサイノ目ノ数ガ小サイコト。⇩くちとし 要点

した-なが【舌長】〔形動ナリ〕口が過ぎること。言い過ぎ。広言。

した-ば【下葉】〔名〕草や木の下の方にある葉。例「白露も時雨(しぐれ)もいたくもる山は━━残らず色づきにけり」〈古今・秋下・二六〇〉訳 白露も時雨もひどく漏る守山(もるやま)(＝滋賀県守山市付近ノ山)は、下葉が残らず紅葉したことだ。注「守山」ヲ「漏る山」ニミタテタ趣向ガオモシロイ。

した-は・し【慕はし】〔形シク〕心ひかれる。恋しい。懐かしい。例「何事も、古き世のみぞ━━・しき」〈徒然草・二二〉訳 何事でもすべて、古い時代ばかりがなつかしいよ。

した-ば・ふ【下延ふ】〔自ハ下二〕{へ・へ・ふ・ふる・ふれ・へよ} 心の内に思う。人知れず思う。例「さ百合花後(ゆり)も逢はむと━━・ふる心しなくは今日も経(へ)めやも」〈万葉・一八・四一一五〉訳 後にでも逢いたいと人知れず思っていなければ、(辛(つら)くて)今日一日でも独りで過ごせようか。注「さ百合花」ハ同音ノ「後(ゆり)」ニカカル枕詞。

した-ひも【下紐】〔名〕(上代には「したびも」)下裳(したも)や下袴(したばかま)などの紐。人に恋されると解けると信じられた。例「結びおきしわが━━の今までに解けぬは人の恋ひぬなりけり」〈後撰・恋二〉訳 結んでおいた私の下紐が今まで解けないのは、あなたが私を恋していないからだったのですね。

した・ふ【慕ふ】〔他ハ四〕{は・ひ・ふ・ふ・へ・へ} ❶恋い慕ってあとを追う。例「泣く児(こ)なす━━・ひ来まして」〈万葉・三・四六〇長歌〉訳 泣く幼子のように、恋い慕ってあとを追っておいでになり。❷恋しく思う。なつかしく思う。例「花の散り、月の傾(かたぶ)くを━━・ふ習ひはさることなれど」〈徒然草・一三七〉訳 花が散り、月が傾くのを惜しんで慕う習わしはもっともなことではあるけれど。❸師事して学ぶ。ついて学ぶ。

した-へ【下方】〔名〕死後に行く世界。黄泉(よみ)の国。例「若ければ道行き知らじ賂(まひ)はせむ━━の使ひ負ひて通らせ」〈万葉・五・九〇五〉訳 (死んだ我が子は)若かったので(あの世への)道を知らないだろう。贈り物はします(ので)、黄泉の国の使いよ、背負って連れていってください。

した-ま・つ【下待つ】〔他タ四〕{た・ち・つ・つ・て・て} 心ひそかに待つ。心待ちにする。例「帰りや出で給ふと━━・つなりけり」〈源氏・末摘花〉訳 戻って出ていらっしゃりはしないだろうかと心待ちにするのであった。

したみ〔名〕《動詞「したむ」の連用形の名詞化》❶【籭】底が四角で、上が丸い、大きなざる。酒などをこす。❷【湑み】《「したみ酒」の略》枡(ます)などからしたたってたまった酒。

した-みづ【下水】〔名〕物の下を流れる水。多く「…の下水」の形で用いられる。例「三室山(みむろやま)谷にや春の立ちぬらむ雪の━━岩たたくなり」〈千載・春上〉訳 三室山の谷には春が訪れたのだろう、雪の下を流れる雪解けの水が岩を打つ音がすることだ。

した-もえ【下燃え】〔名〕燃えずに下でくすぶること。心の中で思い焦がれることのたとえ。

した-もひ【下思ひ】〔名〕《「したおもひ」の変化した形》表面に出さない気持ち。心の中の思い。

した-もみぢ【下紅葉】〔名〕下の方の葉が紅葉すること。また、その葉。例「━━かつ散る山の夕時雨(ゆふしぐれ)濡(ぬ)れてやひとり鹿の鳴くらむ」〈新古今・秋下・四三七〉訳 下の方の葉が紅葉する一方、また散ってもゆく山の夕時雨に濡れて、たった独りで鹿が鳴いているのだろうか。

した-も・ゆ【下萌ゆ】〔自ヤ下二〕{え・え・ゆ・ゆる・ゆれ・えよ} 地中から芽を出す。芽ばえ始める。例「春日野(かすがの)の━━・えわたる草の上につれなく見ゆる春の淡雪(あはゆき)」〈新古今・春上・一〇〉訳 春日野の人知れず春を思い焦がれて生え出る草の上に、まだ消え残って無情に見える春の淡雪だよ。

参考 和歌では「下燃ゆ②」に掛けることが多い。

した・も・ゆ【下燃ゆ】〔自ヤ下二〕(え・え・ゆ・ゆる・ゆれ・えよ) ❶積み上げた草木などの下の部分が燃える。くすぶる。例「小野山は焼く炭がまの――えて煙の上に積もる白雪」〈風雅・冬〉訳小野山を見ると焼いている炭窯(すみがま)がくすぶって黒い煙を上げ、その煙に積もる白雪が降りかかっている。

❷人知れず思い焦がれる。例「我が恋は海人(あま)のたく藻の――えてまたほのめかす程もなきかな」〈新続古今・恋二〉訳私の恋は海人が焼く藻塩がくすぶるように、人知れず思い焦がれるので、あらわにほのめかすこともないものだよ。

志太野坡(しだやば)〔人名〕江戸中期の俳人。越前(=福井県)の人。江戸に出て越後屋両替店に勤め、芭蕉の教えを受ける。蕉門十哲の一人。師亡き後は大坂に移り、中国・九州地方に蕉風を広める。『炭俵(すみだわら)』の撰者の一人。⇩炭俵

じ・だらく【自堕落】〔名・形動ナリ〕しまりがなく、だらしがない様子。

し・たり〔感〕物事が実現・実行されたことに感動して発する語。❶(得意な、または賞賛する気持ちで)うまくいった。でかした。やった。

❷(悔恨(かいこん)あるいは非難の気持ちで)しまった。いけない。まずい。

❸(単純に驚きを表して)ああ驚いた。

> 要点 サ変動詞「す」の連用形「し」に完了の助動詞「たり」が付いたもので、①のように「思いどおりに物事をやってのけた」という得意の意を表すのが本来の用法。平安時代から用いられ、「したり顔」といった熟語もできているが、感動詞化するとともに、種々の意味(②③)に用いられるようになった。②③は「これはしたり」の形で使われることが多い。

したり・がほ【したり顔】(オ:ガ)〔名・形動ナリ〕うまくやったと自慢する様子。得意顔。例「われはなど思いて――なる人はかり得たる」〈枕草子・うれしきもの〉訳われこそはなどと思って得意顔をしている人をだますことができた(時は、うれしい)。

しだり・を【し垂り尾】(オ:)〔名〕長くたれ下がった尾。例「あしひきの山鳥の尾の――の長々し夜をひとりかも寝む」〈万葉・一一・二八〇二或本歌〉訳山鳥の長くたれ下がった尾のように長い夜を、私はひとりで寂しく寝ることであろうか。

注「あしひきの」ハ「山」ノ枕詞。『百人一首』ニ所収、柿本人麻呂ノ作。

し・だ・る【垂る】〔自ラ四・下二〕(ら・り・る・る・れ・れ／れ・れ・る・るる・るれ・れよ) 枝状のものが下にたれる。垂れ下がる。垂れ落ちる。例「垂氷(たるひ)いみじう――り」〈枕草子・十二月二十四日〉訳つららが大層垂れ下がり。

> 要点 平安まで四段活用。下二段活用は中世以降。

した・わらび【下蕨】〔名〕春、古草の下などに生え出したわらび。

した・ゑ【下絵】(エ:)〔名〕紙、絹などに描かれた絵。その上に漢詩や和歌を書く。

し・たん【紫檀】〔名〕インド原産の樹木の名。材は赤色を帯び、質が堅く、器具調度用に珍重される。

しち【質】〔名〕❶金銭の代わりとなる物品。特に、約束や借金の保証として、相手に預けておく物品。例「もし金賜はぬものならば、かの衣の――返し給(た)べ」〈竹取・火鼠の皮衣〉訳もし(残りの)お金をくださらないなら、その代わりにあの皮衣の現物を返してください。

❷人質。例「その妹を――に取りて」〈今昔・二三・二四〉訳(追われている男が)その妹を人質としてとらえて。

しぢ【榻】(ジ)〔名〕牛車(ぎっしゃ)を牛からはずす時、車の轅(ながえ)を載せる台。乗り降りの踏み台としても用いた。

じち【実】〔名〕(「じつ」とも)実際のこと。真実。事実。例「いま姫君は、ようせずは、――の御子(みこ)にもあらじかし」〈源氏・常夏〉訳新参の姫君(=玉鬘(タマカズラ))は、ひょっとすると、(光源氏の)実のお子様ではないかもしれない。

し・ちく【糸竹】〔名〕(「糸」は弦楽器、「竹」は管楽器のこと)楽器の総称。また、音楽。例「詩歌に巧みに、――に妙(たへ)なるは、幽玄(いうげん)の道」〈徒然草・一二二〉訳漢詩や和歌にすぐれていて、音楽が上手なのは、優雅な風流の道である。

しち・だいじ【七大寺】〔名〕奈良にある七つの大きな寺。東大寺・興福寺(こうふくじ)・西大寺(さいだいじ)・元興寺(がんごうじ)・大安寺(だいあんじ)・薬師寺・法隆寺の総称。南都七大寺。

しち・だう【七道】(ウ:ド)〔名〕(「道」は地方の意)東海道・東山道・北陸道・山陰道・山陽道・南海道・西海道の総称。例「いかにいはむや、――諸国をや」〈方丈記・飢渇〉訳(飢饉(ききん)による死者は都周辺だけでも無数にいたが)まして、七道の諸国ではどれほど多かったであろうか。

> 要点 「五畿七道(ごきしちどう)」という形でよく用いられる。律令時代の地方の行政区画。都に近い五国(=大和・山城・河内(カワチ)・摂津・和泉(イズミ))を畿内、他の諸国を七道に分けた。

しちだう・がらん【七堂伽藍】(シチドウ:)〔名〕(仏教語)七堂を備えた寺院。七堂はふつう、金堂(こんどう)・講堂・塔・鐘楼・経蔵・僧坊・食堂(じきどう)をいうが、時代・宗派により内容が異なる。

しち・とく【七徳】〔名〕物事が持つ七つの功徳。ことに、武の備える七つの徳。暴を禁ず、兵を治む、大を保つ、功を定む、民を安んず、衆を和す、財を豊かにす、の七つ。

しち・ふくじん【七福神】〔名〕福徳の神として信仰される、七柱の神。恵比須(えびす)・大黒天・毘沙門天(びしゃもんてん)・弁財天・福禄寿(ふくろくじゅ)・寿老人(じゅろうじん)・布袋和尚(ほていおしょう)。

しち・ほう【七宝】〔名〕(仏教語。「しっぽう」とも)七種の宝物。無量寿経では金・銀・瑠璃(るり)・玻璃(はり)・硨磲(しゃこ)・珊瑚(さんご)・瑪瑙(めのう)をいい、法華経では金・銀・瑠璃・硨磲・瑪瑙・真珠・玫瑰(まいかい)をいう。経典によって多少の相違がある。七珍。例「――散りうせて、珠(たま)の扉(とびら)風にやぶれ」〈奥の細道・平泉〉訳(藤原氏三代の棺(ひつぎ)を納める光堂は)七宝も散りうせて、珠玉をちりばめた扉は多年の風にさらされてこわれ。

し・ちゃう【使庁】(チョウ:)〔名〕⇩けびゐしちゃう

じ・ちゃう【仕丁】(ヨウ:チ)〔名〕❶諸国から徴集されて、諸官庁の雑役に従事したもの。

❷貴族の家などで雑役に使われた者。例「『――やある。ひとり』など言ひおこせたるこそありがたくうれしけれ」〈徒然草・二六〉訳「仕丁はいませんか、ひとり(貸してください)」などと言ってきたのは珍しくうれしいものだ。

じち-よう【実用】〔名・形動ナリ〕（「じち」は「じつ」の直音化）まじめ。実直。律義。例「いとまめに―にて、あだなる心なかりけり」〈伊勢・一〇三〉訳（その男は）大変まじめで実直で、浮気な心はなかった。

しつ【失】〔名〕❶過失。失敗。例「巧みにしてほしきままなるは、―の本（もと）なり」〈徒然草・一八七〉訳手先が器用でも自己流なのは、失敗のもとである。

❷欠点。例「他にまさる事のあるは、大きなる―なり」〈徒然草・一六七〉訳他人にまさっている事のあるのは、大きな欠点である。

❸弊害。例「これみな、争ひを好む―なり」〈徒然草・一三〇〉訳（他人から恨みを受けるのは）すべて、勝負事を好むことの弊害である。

❹損失。例「自他のために―多く、得少なし」〈徒然草・一六四〉訳（噂や批評をするのは）自他ともに損失が多く、得るものは少ない。

しづ【倭文】〔名〕（上代では「しつ」）唐から輸入された綾に対して、日本固有の織物のこと。コウゾや麻などの横糸を青・赤などに染めて、乱れ模様に織ったもの。

倭文の苧環（をだまき）「倭文」を織るのに用いる「苧環」。和歌で「くる」などの序詞として用いる。例「いにしへの―繰（く）りかへし昔を今になすよしもがな」〈伊勢・三二〉訳昔の美しい倭文を織るために糸を巻く苧環、その苧環を回すように、昔の二人の仲をもう一度繰り返して、今によりを戻す手だてがあればなあ。

しづ【賤】〔名〕身分が低く卑しいこと。また、身分の低い者。例「わづかに言（こと）問ふものとては、峰に木伝（こづた）ふ猿の声、―がつま木の斧（をの）の音」〈平家・灌頂・大原御幸〉訳（建礼門院の大原の住まいを）わずかに訪れてくるものとしては、峰の木々を伝う猿の声と、身分の卑しい者が薪を切る斧の音（ぐらいである）。

賤の女（め） 卑しい女。身分の低い女。

賤の家・屋（や） 身分の低い者の住む、粗末な家。「賤が家・屋」とも。

賤の男（を） 卑しい男。身分の低い男。例「隣の家々、あやしき―の声々」〈源氏・夕顔〉訳隣の家々（に）、卑しい身分の低い男の声（がして）。

じつ【実】〔名〕❶真実。まこと。例「一人は―あって、偽（いつは）り多し」〈西鶴・日本永代蔵・一・一〉訳人間は誠実さがあって、（しかもまた）偽りの多いものだ。

❷本性。本体。例「風流のしれ者、ここに至りてその―をあらはす」〈奥の細道・仙台〉訳風流におけるしたたか者（＝北野加右衛門）は、ここに至って（遺憾なく）その本性を発揮した。

じつ-う【実有】〔名〕《仏教語》真実にあること。実在。実態。この世の物はすべて因縁によって仮にある（仮有（けう））のに、衆生は「実有」であると錯覚している。例「皆虚妄（こまう）なれども、誰か―の相に著（ぢゃく）せざる」〈徒然草・一三九〉訳（喜怒哀楽は）すべて（本当は仮の世の）実在しない迷いであるけれど、いったい誰が実在のものとしてそれに心をとらわれないことがあろうか。

しづ-え【下枝】〔名〕下の方の枝。したえ。例「我が宿の梅の―に遊びつつうぐひす鳴くも散らまく惜しみ」〈万葉・五・八四二〉訳我が家の梅の木の下枝に飛び遊んでは、ウグイスが鳴いている、梅の花が散ってしまうのを惜しんで。

しづ-か【静か・閑か】〔形動ナリ〕❶物音がしない様子。騒がしくない。例「花散りてまた―なる園城寺（をんじゃうじ）」〈鬼貫〉訳入相（いりあひ）の鐘の音に、折から満開の桜もハラハラと散って、鐘の響きがおさまると、またもとの春の静かな夕暮れに帰った。琵琶湖を望む山あいに、夕日をうけて、おぼろに霞む、園城寺の春である。

❷落ち着いている様子。冷静である。例「いみじく―に公（おほやけ）に御文奉り給ふ」〈竹取・かぐや姫の昇天〉訳（かぐや姫は）大変落ち着いていて天皇にお手紙を差し上げなさる。

❸穏やかな様子。平穏である。例「ただ―なるを望みとし、憂へなきを楽しみとす」〈方丈記・閑居の気味〉訳ただ（心が）穏やかなのを願い、心配がないのを何よりのことと思っている。

じっ-かい【十戒】〔名〕《仏教語》仏道を修行する人が守らなければならない十のいましめ。「十善戒」とも。してはならないものとして、殺生・偸盗・邪淫、口にしてはならないものとして、妄語・綺語・悪口・両舌、思ってはならないものとして、貪欲・瞋恚・邪見をいう。その他、小乗沙弥の十戒として、教典により種々の十戒がある。

じっ-かん【十干】〔名〕「陰陽道（おんやうだう）」の説で、宇宙の形成要素である木・火・土・金・水の五行をそれぞれ兄弟（＝陽ト陰）に分けて当てたもの。木兄（＝甲）・木弟（＝乙）・火兄（＝丙）・火弟（＝丁）・土兄（＝戊）・土弟（＝己）・金兄（＝庚）・金弟（＝辛）・水兄（＝壬）・水弟（＝癸）の十をいう。これに十二支を組み合わせ、干支（＝エト）として、年・月・日を表すのに用いる。

十訓抄（じっきんせう）〔書名〕鎌倉時代の説話集。編者は六波羅二﨟左衛門入道か。一二五二年（建長四）成立。幼少の者達に教訓的な説話を十項目の道徳教義別に集めて編してある。

し-つ-く【為付く】 ■〔自カ四〕（か・き・く・く・け・け）その行為が身に付く。し慣れる。例「犬防（いぬふせぎ）に簾（すだれ）さらさらとうち掛くる、いみじう―・きたり」〈枕草子・正月に寺にこもりたるは〉訳（若い法師達が）犬防（＝格子ノツイタテ）にすだれをさらさらとうち掛けるのは、実にし慣れた感じだ。

■〔自カ下二〕（け・け・く・くる・くれ・けよ）し慣れる。やりつける。

■〔他カ下二〕（け・け・く・くる・くれ・けよ）❶行為を始める。し始める。

❷作り付ける。しかける。例「蛇（くちなは）の形（かた）をいみじく似せて、動くべきさまなど―・けて」〈堤中納言・虫めづる姫君〉訳蛇の形に上手に似せて、動くしかけをしかけて。

❸片を付ける。嫁がせる。一人前にする。

❹負かす。やっつける。

しづく【雫】〔名〕したたり落ちる水滴。「袖（そで）の雫」などの形で、涙を指すことも多い。

しづ-く【沈く】〔自カ四〕（か・き・く・く・け・け）❶水の底に沈む。底深く沈む。例「藤波の影なす海の底清み―・く石をも珠（たま）とぞわが見る」〈万葉・一九・四一九九〉訳藤の花房が（ゆれて）波のように影を落としている海の水が清らかなので、沈んでいる石も真珠かと私は見ることだ。

❷水面に影が映る。映る。例「水の面（おも）に―・く花の色さやかにも君がみ影の思ほゆるかな」〈古今・哀傷・八四五〉訳池の水面に映じる花の色のように、はっきりと君（＝天皇）の面影が思い出されることだよ。

しづ-け-し【静けし】〔形ク〕静かである。例「暁

（あかとき）と夜烏（よがらす）鳴けどこのもりの木末（こぬれ）が上はいまだ―・し」〈万葉・七・一二六三〉訳「（もう）夜明けだ」と夜烏は鳴いているが、この山のこずえのあたりはまだ静かだ。

じつ-げつ【日月】〔名〕太陽と月。月日。歳月。例「雲霧山気の中に氷雪を踏んで登ること八里、さらに―行道（ぎゃうだう）の雲関に入るかと怪しまれ」〈奥の細道・出羽三山〉訳雲や霧のたちこめる山気の中を氷雪を踏んで登ること八里、身はさながら日月の運行する雲の関所にはいって行くかと疑われるほどで。注芭蕉一行ノ月山（ガッサン）登山ノ様子。

しっ-けん【執権】〔名〕❶政権を握ること。また、その人。例「故少納言入道信西（しんぜい）が―の時」〈平家・二・小教訓〉訳故少納言入道信西が政権を握っていた時。❷院政で「院の庁」の長官である別当。❸鎌倉幕府の「政所（まんどころ）」の長官。将軍を補佐し、政務を統轄した。

じっ-けん【実検】〔名・他サ変〕打ち取った首が本物か否かなどを検査すること。首実検。例「内裏にて賊首（ぞくしゅ）の―・せられんこと然（しか）るべからず」〈平家・一一・勝浦付大坂越〉訳神聖な内裏で賊の首実検をなさることは穏当ではございません。

しづ-ごころ【静心】（シズ）〔名〕**静かな心。落ち着いた気持ち。**例「ひさかたの光のどけき春の日に―なく花の散るらむ」〈古今・春下・八四〉訳陽光がのどかにさす春の日に、桜の花はどうして落ち着いた心もなくあわただしく散っているのだろう。注『百人一首』所収、紀友則（キノトモノリ）ノ作。

じつ-ごと【実事】〔名〕❶歌舞伎で、写実的演技をすること。分別があり常識をわきまえた人物を演ずること。また、その役柄、場面。❷真剣なこと。誠意のあること。

しっ-す【執す】〔他サ変〕（せ・し・す・する・すれ・せよ）深く心にかける。執着する。例「先祖の帝（みかど）のさしも―・し思（おぼ）し召されたる都を」〈平家・五・都遷〉訳先祖の天皇（＝桓武天皇）がそれほど執着しお思いになった都（＝平安京）を。

しっ-ちん【七珍】〔名〕⇨しちほう

しっ-ちん-まんぼう【七珍万宝】〔名〕いろいろの宝物。あらゆる財宝。例「―さながら灰燼（くわいじん）となりにき」〈方丈記・安元の大火〉訳（安元三年四月二十八日の大火で、都中の）あらゆる種類の宝物はすべて灰と燃えかすになってしまった。

じっ-てい【十体】〔名〕❶歌論で、和歌の基本的な十種の表現様式。藤原定家の唱えた定家十体が有名。❷能楽論で、いろいろな種類の役柄。例「―を得たらん人は、その中（ちう）の故実・工夫にては、百色（ももいろ）にもわたるべし」〈風姿花伝・七〉訳能の十体を会得した人は、十体それぞれの中でさらに工夫すれば、百種の役柄をも演ずることができよう。

じっ-てつ【十哲】〔名〕（「哲」は知、十人の賢者の意）❶孔子門下の十人の高弟。❷（①にならって）芭蕉（ばせう）門下の十人の優れた俳人。服部嵐雪・榎本其角（きかく）・森川許六（きょりく）・向井去来（きょらい）・各務支考（かがみしこう）・内藤丈草（じょうそう）・杉山杉風（さんぷう）・立花北枝・志太野坡（やば）・越智越人（おちえつじん）の十人。

じっ-とく【十徳】〔名〕衣服の名。素襖（すおう）に似て、わきを縫いつけたもの。室町時代に平服・旅行着として用い、武士のものには胸のひもがあり、中間（ちゅうげん）・小者（こもの）のものには、胸のひもがなく、帯を締め、ひざまでの短い袴（はかま）をはく。江戸時代には、腰から下にひだをつけ、袴ははかずに、儒者・医師・絵師などが外出着として用いた。

しづ-の-め【賤の女】（シズ）⇨「しづ（賤）」子項目

しづ-の-や【賤の家・屋】（シズ）⇨「しづ（賤）」子項目

しづ-の-を【賤の男】（シズノオ）⇨「しづ（賤）」子項目

しづ-の-をだまき【倭文の苧環】（シズノオダマキ）⇨「しづ（倭文）」子項目

じっ-ぱう【十方】（ジッポウ）〔名〕東西南北の四方に、艮（うしとら）（＝北東）・巽（たつみ）（＝東南）・坤（ひつじさる）（＝南西）・乾（いぬゐ）（＝西北）の四隅と、上下とを加えた称。あらゆる所。十方世界。

しづ-はた【倭文機】（シズ）〔名〕（上代では「しつはた」）「倭文（シツ）」を織る機械。また、それで織った布。

じっ-ぷ【実否】〔名〕真実か、否（いな）か。事の真偽。例「刀の―について、咎（とが）の左右（さう）あるべきか」〈平家・一・殿上闇討〉訳（殿上で抜いた）刀が本物であったかどうかによって、処分をお決めになるべきではありませんか。

十返舎一九（じっぺんしゃいっく）【人名】江戸後期の戯作者。駿河の人、大坂で浄瑠璃（じょうるり）作者となり、江戸に出て黄表紙・洒落本（しゃれぼん）・滑稽本（こっけいぼん）などを多作した。代表作は滑稽本『東海道中膝栗毛』。⇨東海道中膝栗毛（とうかいどうちゅうひざくりげ）

しっ-ぽう【七宝】〔名〕⇨しちほう

しづま・る【鎮まる・静まる】（シズマル）〔自ラ四〕（ら・り・る・る・れ・れ）〔「しづむ」の自動詞形。静かで落ち着いた状態になる意〕❶神が鎮座する。鎮まる。例「神ながら―・りましぬ」〈万葉・二・一九九長歌〉訳（高市皇子（たけちのみこ）は）神としてそこに鎮座してしまわれた。❷兵乱、騒動などが治まる。鎮まる。例「兵革（へいがく）―・らば、大神宮へ行幸（ぎゃうがう）なるべき由仰せ下さる」〈平家・七・玄昉〉訳戦乱が鎮まったならば、大神宮（＝伊勢神宮）へ行幸されるであろうことを仰せ下しになる。❸騒がしい状態だったのが、静かになる。静まる。例「やうやう人―・りて」〈源氏・賢木〉訳やっと人（の気配）が静かになって。❹寝て静かになる。寝静まる。例「人は―・りぬらむ」〈徒然草・二五〉訳人は寝静まってしまったろう。❺（性格や行動が）物静かになる。落ち着く。例「女君は、日頃の程に、ねびまさり給へる心地して、いといたう―・り給ひて」〈源氏・賢木〉訳女君（＝紫ノ上）は、ほんの数日の間に、おとなびなさったように（光源氏には）思われ、大層落ち着きなさって。❻勢力が衰える。落ち目になる。例「心地よげに物し給ひしを、こよなう―・りて」〈源氏・賢木〉訳（左大臣家の人々は）幸せそうに過ごしていらっしゃったのに、すっかり落ち目になって。

じつ-みゃう【実名】（ジツミョウ）〔名〕ほんとうの名。本名。対けみゃう

しづ・む【沈む】（シズム）

■〔自マ四〕（ま・み・む・む・め・め）❶水の中に没する。しずむ。例「今は西海の浪（なみ）の底に―・まば―・め」〈平家・七・忠度都落〉訳今は西国の海の波の底に沈むのだったら沈んでもよい。❷（月や太陽が）没する。また、隠れる。例「いかり下ろす波間に―・む入り日こそ暮れゆく春の姿なりけれ」〈右京大夫集〉訳いかりを下ろすその波間に隠れる入り日の有様こそが、暮れゆく春の姿なのだったよ。❸よくない状態に落ち込む。沈潜する。例「不幸に愁（うれ）

へに――・める人の、かしらおろしなど」〈徒然草・五〉訳不幸に遭って悲しみに沈んでいる人が、髪を剃って出家したりするなどのように。

❹恵まれない状態にいる。不遇である。落ちぶれる。例「この源氏のかく――・み給ふとて、いとあたらしうあるまじきことなれば」〈源氏・明石〉訳あの光源氏がこのように不遇でいらっしゃるのは、実にもったいなくあるべからざることなので。

二〔他マ下二〕{め・め・む・むる・むれ・めよ}❶水に沈むようにする。沈める。例「終(つひ)に海にぞ――・めける」〈平家・九・小宰相身投〉訳(死体を)とうとう海に沈めた。

❷月や太陽を飲み込むように隠す。沈める。例「波西日(せいじつ)を――・めて紅(くれなゐ)にして隠淪(いんりん)たり」〈平家・七・火打合戦〉訳波は入り日を飲み込んで紅色の波紋を描いている。

❸不遇な状態にする。逆境に落とす。落ちぶれさせる。例「浮かべ――・め、いと賢くこそは思ひわたい給ふめれ」〈源氏・真木柱〉訳(光源氏は、須磨に流されていた頃の自分に対する態度によって、人を)取り立てたり落ちぶれさせたり、まことに賢明に考えが行き届いておられるようだ。

しづ・む【鎮む・静む】(シズム)〔他マ下二〕{め・め・む・むる・むれ・めよ}《「しづまる」の他動詞形。静かで落ち着いた状態にする》❶神などの霊を鎮めまつる。鎮座させる。

❷兵乱・騒動などを治める。鎮圧する。例「日本国を――・むる事、義仲・義経が仕業にあらずや」〈平家・一一・腰越〉訳(乱れている)日本を鎮める事は、義仲・義経の仕事ではないでしょうか。

❸(音や動きを)静かにする。静まらせる。鎮める。例「加持の僧ども、声――・めて法華経を読みたる、いみじう尊し」〈源氏・葵〉訳祈禱(きとう)する僧侶(そうりょ)達が、声を低くして法華経を読んでいるのは、大層尊厳である。

❹寝せて静かにさせる。寝静まらせる。例「今宵(こよひ)だに人――・めて、いと疾(と)く逢(あ)はむ」〈伊勢・六九〉訳(せめて)今夜だけは人を寝静まらせて、できるだけ早く(恋人に)逢おう。

❺心を落ち着かせる。自制する。例「安からず思へど――・めて」〈源氏・紅葉賀〉訳心穏やかならず思うのだが自制して。

❻増長するのを抑える。鎮静させる。例「過差(くゎさ)をばえ――・めさせ給はざりしに」〈大鏡・時平〉訳度を越えた華美ぜいたくをどうしてもお抑えになることができないでいらっしゃったところ。

しづ-やか【静やか】(シズ)〔形動ナリ〕《聴覚的なものだけでなく、人柄や性質についてもいう》おだやかで落ち着いている。もの静か。例「めでたくをかしげにて、――・になまめい給へれば」〈源氏・少女〉訳(夕霧は)美しく上品で、もの静かで優艶でいらっしゃるから。

しづ-やまがつ【賤山賤】(シズ)〔名〕山里に住む身分の卑しい者。木こりなどをすることが多い。例「あやしき――も力尽きて」〈方丈記・飢渇〉訳(飢えのため)身分の低い木こりなども力が尽きて(仕事ができず)。

しつらひ(シツライ)〔名〕《動詞「しつらふ」の連用形の名詞化》飾りつけること。設備。装飾。例「さすがに寝殿のうちばかりは、ありし御――変はらず」〈源氏・蓬生〉訳(末摘花(すゑつむはな)の邸(やしき)は荒れ果てたがそれでも寝殿の中だけは、以前の装飾そのままである。

しつら・ふ(シツラ(ロ)ウ)〔他ハ四〕{は・ひ・ふ・ふ・へ・へ}部屋などを設備する。飾りつける。例「さし離れたる廊(らう)の方に、いとようとりなし――・ひて」〈蜻蛉・上・康保三年〉訳母屋から離れた渡殿(わたどの)の方に、(席を)よく設け整えて。

しづ-を【賤男】(シズオ)〔名〕身分の低い男。⇩しづ(賤)

し-て【仕手・為手】〔名〕❶能楽・狂言で、役者。また特に、主人公を演ずる役。前後二場に分かれる曲では、前場の主人公を前ジテ、後場の方を後(のち)ジテという。

❷する人。やり手。

し-て〔接続〕相手の話を聞いた上で、さらに説明を求める時に発する語。それで。そうして。例「いかに身共が愚鈍なというて、物によそへて覚えられぬことはあるまい。――、何によそゆるぞ」〈狂言・萩大名〉訳いくらおれが愚かだといっても、物に託して覚えられぬことはあるまい。それで、何にことよせるのか。

しての判別

①《連語》サ変動詞「す」の連用形「し」＋接続助詞「て」……………一❶
　例のどかに物語して帰りぬる

②格助詞「して」
　―体言・体言に準ずる語句に付く
　例人して惟光召させて　使役……………二❶
　例指の血して書きつける　手段・方法……二❷
　例一人二人して行きけり　共同……………二❸

③接続助詞「して」
　―形容詞・形容詞型活用助動詞などの連用形に付く
　例ゆく河の流れは絶えずして、しかも、もとの水にあらず　並列……三❶
　例我が御家へも寄り給はずして、おはしたり　連用修飾……三❷
　例いたり賢くして、時の人に思すなりけり　条件接続……三❸

し-て

一《連語》《サ変動詞「す」の連用形「し」＋接続助詞「て」》❶(何かの動作を)して。例「のどかに物語して帰りぬる、いとよし」〈徒然草・一七〇〉訳のんびりと世間話をして帰ったのは、大変よい。

❷(上代語)《場所を示す名詞に格助詞「に」が付いたものに付いて》…(に)あって。…(に)いて。例「家にして恋ひつつあらずは汝(な)が佩(は)ける大刀(たち)になりても斎(いは)ひてしかも」〈万葉・二〇・四三四七〉訳家にあって(防人(さきもり)に行ったお前を)恋い慕っていないで、お前が腰につけている刀になってでも、一緒に行ってお前を守護してやりたいよ。注防人ノ父ノ歌。

要点　②については、接続助詞とみるもの、「にして」で格助詞とみるものなどがあるが、この「し」には、まだ何らかの動作や存在の意が残っていると思われるので、サ変動詞の連用形＋「て」とみておきたい。

二〔格助〕《一から転じたもの》接続　体言、または体言に相当する語に付く。

❶【使役】《使役の対象を表す》…を使って。…に命じて。…に。例「人して惟光(これみつ)召(め)させて」〈源氏・夕顔〉訳(光源氏は)人に命じて惟光を呼び出させて。

❷【手段・方法】《動作の手段・方法・材料・道具などを

表す》…で。…によって。…を用いて。例「そこなりける岩に、指(および)の血して書きつけける」〈伊勢・二四〉訳そこにあった岩に、(歌を)指の血で書き付けた。
❸【共同】《動作を一緒にする人の人数や範囲を表す》…で。…と(ともに)。…を伴って。例「もとより友とする人一人二人して行きけり」〈伊勢・九〉訳以前から友人になっている人一人二人とともに(東国へ)行った。

要点 ⊟は⊟の「し」が動作の意味をなくして成立したものである。従って、⊟と⊟は識別がむずかしい場合もあるが、次の例のように「し」に「する」という動作の意味がはっきりある場合は⊟である。例「宿りして春の山辺に寝たる夜は夢のうちにも花ぞ散りける」〈古今・春下・一一七〉訳旅の宿りをして春の山辺で寝た夜は、夢の中にまで(昼間見た)花が舞い散っていた。
参考 ⊟は、格助詞「に」「を」に付いて「にして」「をして」の形で用いられることがある。全体で一語の助詞に相当する働きをするが、「にして」には時を表す用法と場所を表す用法があり、「をして」は多く「…をして…(せ)しむ」の形で使役の対象を表す(①の用法に同じ)。例「桑門(さうもん)の蓮胤(れんいん)、外山(とやま)の庵(いほり)にしてこれを記(しる)す」〈方丈記・みづから心に問ふ〉訳僧侶(そうりょ)の蓮胤(=鴨長明ノ法名)が、外山の草庵でこれを書く。注『方丈記』ノ末尾部。例「人をしてかかる目を見すること、慈悲もなく、礼儀にもそむけり」〈徒然草・一七五〉訳人をこのような目にあわせること(=無理ニ酒ヲ飲マセ、種々ノ害ヲ及ボスコト)は、思いやりの心もなく、礼儀にもそむいている。

⊟〔接助〕(⊟から転じたもの)接続形容詞・形容動詞の連用形、および、形容詞・形容動詞型活用の助動詞・打消しの助動詞「ず」の、連用形に付く。上の事柄を軽く確認して、あとの事柄に続ける意を表す。
❶《並列の関係で続ける》…て(で)。…、そうして。例「ゆく河の流れは絶えずして、しかも、もとの水にあらず」〈方丈記・ゆく河〉訳流れて行く川の流れは絶えないで、しかも、もとの水ではない。注『方丈記』ノ冒頭ノ一節。

❷《連用修飾の関係で続ける》…て(で)。…の状態で。…のようすで。例「我が御家へも寄り給はずしておはしたり」〈竹取・蓬萊の玉の枝〉訳ご自分のお屋敷へもお寄りにならないでいらっしゃったのです。
❸《条件接続の関係のように続ける》…ので。…のに。例「いたり賢くして、時の人に思すなりけり」〈枕草子・蟻通の明神〉訳思慮深さが大変なものなので、(天皇もこの人を)時勢にとって大事な人だとお思いになるのであった。例「格子(かうし)どもも、人はなくして開きぬ」〈竹取・かぐや姫の昇天〉訳格子も皆、人はいないのに開いてしまった。

要点 接続助詞「て」と同じく、上の事柄を軽く確認して下に続けるだけで、①②③のような関係を積極的に示す働きは本来持っていない(「て」の項の要点参照)。平安時代の和文では、和歌以外にはほとんど用いられず、主として漢文訓読文に用いられた。和文では、形容詞・形容動詞には「て」が付くのが普通で、打消しの助動詞「ず」に「して」が付いた「ずして」の言い方は、接続助詞「で」で表すのが一般である。

し-で【四手】〔名〕(「垂(し)で」の意。「四手」は当て字)玉串(たまぐし)・注連縄(しめなわ)などに付けて垂らすもの。古くは「木綿(ゆふ)」を用いたが、後には紙で代用した。神前に供える「幣(ぬさ)」の一種。

し-で【死出】〔名〕死んで冥途(めいど)に行くこと。例「娘は──の断末魔」〈浄・神霊矢口渡・四〉訳娘は死にぎわの苦しみ。

死出の田長(たをさ)〔…タオサ〕ホトトギスの別名。例「名のみ立つ──は今朝ぞ鳴く庵(いほり)あまたと疎(うと)まれぬれば」〈伊勢・四三〉訳(浮気だという)評判ばかりが立つホトトギス(=私)は、今朝は声をあげて鳴いています。(飛び回る)家が多い(=恋スル相手ガ多イ)といってあなたから嫌われてしまったので。

死出の山(やま) 死後の世界にあるという険しい山。例「もろともにいざとは言はで──などかはひとり越えむとはせし」〈大和・一二九〉訳一緒にさあ(いらっしゃい)ともおっしゃらずに、どうして(あなたは)死出の山をひとりで越えよう(=一人ダケ死ンデシマオウ)となさったのでしょう。

死出の山路(やまぢ)〔…ヤマジ〕「死出の山」の山道。例「夏はほととぎすを聞く。語らふごとに、──を契る」〈方丈記・境涯〉訳(日野山の奥の自分の閑居では)夏はホトトギスの鳴く声を聞く。(そのホトトギスと自分と)語り合うごとに、(自分が死ぬ時には)死出の山の山道の道案内をしてくれるようにと約束する。注ホトトギスハ冥土(メイド)ノ鳥ト考エラレタ。

して-う-の-わかれ【四鳥の別れ】〔シチョウ…〕〔連語〕親と子の悲しい別れ。親子の離別。
参考 中国の桓山(かんざん)という山で生まれた四羽のひなが成長して飛び去る時に、母鳥が悲しみ嘆いたという、「孔子家語」の故事からできた言葉。

してん-わう【四天王】〔…ノウ〕〔名〕❶《仏教語》帝釈天(たいしゃくてん)に従い、須弥山(しゅみせん)の中腹に住む四天の主。持国(じこく)天(東)・増長(ぞうちょう)天(南)・広目(こうもく)天(西)・多聞(たもん)天(北)の四神の総称。仏法を守護し、国家を鎮護するという。
❷(転じて)臣下・門弟、またはある特定の方面で最も優れた四人の称。

しと【尿】〔名〕小便。例「蚤(のみ)虱(しらみ)馬の──する枕もと」〈奥の細道・尿前の関〉訳一晩中蚤や虱にせめられ、枕もとでは馬がおしっこをするような旅の宿りをすることである。

しとう-くゎん【四等官】〔…カン〕〔名〕律令に定められた各役所内の四つの等級。長官(かみ)・次官(すけ)・判官(じょう)・主典(さかん)をいい、用字は役所によって異なるが、呼び方は同じ。それぞれ役所ごとに定員と、相当する位階が定められていた。

持統天皇(じとうてんのう)〔人名〕⇩ぢとうてんわう(持統天皇)

しどけ-な・し

〔形ク〕❶**しまりがない。だらしない。秩序がない。**例「世もいまだ静まり候はねば、──・き事もぞ候ふとて御迎へに参って候ふ」〈平家・一二・六代〉訳世の中もまだ静まっておりませんので、目にあまる事があるかもしれないと思ってお迎えに参りました。
❷くつろいでいる。無造作にしている。気楽にしている。例「直衣(なほし)ばかりを──・く着なし給ひて、紐(ひも)なども打ち

捨てて」〈源氏・帚木〉訳直衣だけを無造作にひっかけなさって、紐なども結ばないで。

しとど〔形動ナリ〕ひどくぬれる様子。びっしょりである。例「汗も——になりて、我かの気色(けしき)なり」〈源氏・夕顔〉訳(夕顔は)汗もびっしょりになって、正気を失ってしまったようすである。

しとね【茵・褥】〔名〕座ったり寝たりする時に敷く敷物。例「御——・脇息(けふそく)など、すべてその御具ども、いと清らにせさせ給へり」〈源氏・若菜・上〉訳(光源氏のお部屋は、四十歳の賀を迎える準備で)敷物や脇息など、(お祝いのための)あらゆる調度品を、たいそう立派に調えさせなさった。

しとね

しとみ【蔀】〔名〕日よけや風雨よけのために、格子(こうし)の片面に板を張った戸。上下二枚からなり、下一枚を固定し、上一枚を押し上げて開ける「半蔀(はじとみ)」をいうことが多い。

しとみ

しと・む〔自マ四〕(ま・み・む・む・め・め)(水に)つかる。水が染み込む。例「水——・まば三頭(さんづ)の上に乗りかかれ」〈平家・四・橋合戦〉訳(川が深くなって鞍などが)水につかるようになったならば(鞍からずりさがって)三頭(=馬ノ尻ノ方)に乗りかかれ。

しどろ〔形動ナリ〕秩序のない様子。乱雑な様子。例「朝寝髪乱れて恋ぞ——・なる逢ふよしもがな元結(もとゆひ)にせむ」〈後拾遺・恋一〉訳朝起きた時の髪が乱雑なように、私の恋も千々(ちぢ)に乱れています。あなたにお逢いする手だてがほしい。(逢えば恋の乱れもおさまるでしょうから)それを乱れた髪の元結い(=髪ヲツカネ結ブモノ)にしましょう。

しな【品・級】〔名〕❶種類。例「弓といへば——なきものを梓弓(あづさゆみ)真弓(まゆみ)槻弓(つきゆみ)——も求めず——も求めず」〈神楽歌〉訳弓には多くの種類があるのではないから、いずれも結構なものだ、梓で作った弓、檀(まゆみ)で作った弓、槻で作った弓、いずれも結構なものだ。
❷地位。身分。家柄。例「人の——高く生まれぬれば、人にもてかしづかれて」〈源氏・帚木〉訳人が身分高く生まれてしまっていると、(まわりの)人に大事にされて。
❸品位。人柄。例「父大臣(ちちおとど)の筋さへ加はればにや、——高く美しげなり」〈源氏・玉鬘〉訳父の大臣のお血筋を引いているせいであろうか、上品でかわいらしい。
❹階段。例「御階(みはし)の中の——のほどに居(ゐ)給ひぬ」〈源氏・若菜・上〉訳(夕霧は)階段の中の段あたりに腰を掛けていらっしゃった。
❺事情。事のなりゆき。立場。

しな-かたち【品形・品貌】〔名〕家柄と容貌(ようぼう)。品位と容姿。例「——こそ生まれつきたらめ、心はなどか、賢きより賢きにも移さば移らざらん」〈徒然草・一〉訳家柄や容貌は生まれつきのもので(どうにもならないで)あろうが、精神は、賢いのをよりいっそう賢く向上させようとすれば(努力しだいで)どうして向上しないということがあろうか。

しな-さだめ【品定め】〔名〕人品などの優劣を批評し評価すること。品評。例「ありし雨夜の——の後(のち)」〈源氏・夕顔〉訳先日の雨の夜の(女性についての)批評をし合って以来。

しな-じな【品品】■一〔名〕❶さまざまな身分や階級。等級。例「その——やいかに」〈源氏・帚木〉訳その階級はどんなか。
❷いろいろな種類。さまざまな品物。例「伝はれる御物(おんもの)ども——、つかさづかさ受け取って」〈平家・四・厳島御幸〉訳代々皇室に伝わっている御物(ぎょぶつ)のいろいろを、それぞれの役人が受け取って。
■二〔副〕身分に応じて、いろいろと。それぞれに。例「さるべき物ども、——配らせ給ふ」〈源氏・須磨〉訳(いくつかの)立派な物を、身分に応じて分け与えなさる。

しな-じな・し【品品し】〔形シク〕上品である。品(ひん)がいい。例「色も白く、かたちも愛敬(あいぎやう)付きて、髪長くて、田舎人の娘とも見えず——・しくて」〈今昔・二六・七〉訳色も白く、顔もかわいらしさがあり、髪も長くて、田舎の人の娘とも見えず品がよくて。

し-な・す【為成す・為做す】〔他サ四〕(さ・し・す・す・せ・せ)(上に状態を表す語を伴って)その状態にする。作り上げる。例「情けありて——・さば、をかしかりぬべき所かな」〈源氏・松風〉訳風情あるように手を加えたら、見所のありそうな所だよ。

信濃(しなの)〔旧国名〕東山道十三か国の一つ。現在の長野県にあたる。古来、馬の産地として有名。信州(しんしゅう)。「しなぬ」とも。

しなひ【撓ひ】(シナイ)〔名〕しなやかに曲線をなしていること。また、その様子。柳や藤の花房、また、女性の姿態などについていう。

しな・ふ【撓ふ】(シノウ)〔自ハ四〕(は・ひ・ふ・ふ・へ・へ)❶木や枝が風などでしなやかにたわむ。しなう。例「真木(まき)の葉の——・ふ勢能山(せのやま)偲(しの)はずてわが越えぬるは木の葉知りけむ」〈万葉・三・二九一〉訳真木の葉が風でしなっている勢能山を賞美するゆとりもなく越えてしまったが、木の葉が私の気持ちを分かってくれたろう。
❷しなやかな曲線美をなす。しなやかである。例「立ち——・ふ君が姿を忘れずは世の限りにや恋ひ渡りなむ」〈万葉・二〇・四四四一〉訳(私は)しなやかなあなたの姿を忘れないで、命の限り恋い続けることでしょうか。
❸逆らわずに従う。例「水に——・うて渡せや渡せ」〈平家・四・橋合戦〉訳水の流れに従うようにして渡れや渡れ。

しな・ゆ【撓ゆ・萎ゆ】〔自ヤ下二〕(え・え・ゆ・ゆる・ゆれ・えよ)草木が生気を失って折れ曲がる。しおれる。比喩(ひゆ)的に、人にも用いる。例「夏草の思ひ——・えて偲(しの)ふらむ妹(いも)が門(かど)見むなびけこの山」〈万葉・二・一三一長歌〉訳(今頃は)すっかり嘆きしおれて、私を慕っているであろう愛する妻の家の門を(一目)見たい。平らになれよ、この高い山。

し-なん【指南】〔名〕教え導くこと。指導すること。また、その人。例「数百(すひやく)人子供を預かりて——いたして」〈西鶴・世間胸算用・五・二〉訳数百人の子供を預かって(読み書きなどの)指導をして。

参考 古代中国で作られた「指南車」の故事から出た語で、指南車は、車上に仙人の像をのせ、手の指が常に南の方位を指したところから、指し示す、指導する、の意となった。

しに-い・る【死に入る】〔自ラ四〕{ら・り・る・る・れ・れ}まったく息をしなくなる。気絶する。また、死ぬ。例「物いたく病みて、――・りたりければ、面(おもて)に水そそきなどして」〈伊勢・五九〉訳(男が)ひどい病気になって、まったく息をしなくなってしまったので、顔に水をかけたりなどして。

しに-かへ・る【死に返る】〔自ラ四〕{ら・り・る・る・れ・れ}❶死ぬことを繰り返す。繰り返し死ぬ。例「恋するに死にするものにあらませば我が身は千度(ちたび)――・らまし」〈万葉・一一・二三九〇〉訳恋をすると死ぬものであるならば、私の身は千回も繰り返して死ぬことでしょう。
❷いまにも死にそうである。死に瀕する。例「親の――・るをばさしおきて、持て扱ひ嘆きてなむ侍りし」〈源氏・夢浮橋〉訳親が死に瀕しているのをほうっておいて、(浮舟の)介抱に心をわずらわせておりました。
❸(連用形を副詞的に用いて)死にそうなくらい。死ぬほど。例「――・り思ふ心は知り給へりや」〈源氏・夕顔〉訳死にそうなくらい恋い慕っている私の気持ちはご存じでしょうか。

しに-てんがう【死にてんがう】〔名〕いたずらで、死ぬ真似をすること。狂言自殺。

しに-びかり【死に光り】〔名〕《近世語》人柄や人徳が讃えられるような死に方、また、葬られ方をすること。

し・ぬ【死ぬ】〔自ナ変〕{な・に・ぬ・ぬる・ぬれ・ね}❶息が絶える。気絶する。例「帰りける人来たれりと言ひしかばほとほと――・にき君かと思ひて」〈万葉・一五・三七七二〉訳(流罪を許されて)帰って来た人がいると(人が)言ったので、(うれしさのあまり)ほとんど息が絶えるところでした。あなたかと思って。
❷寿命が尽きる。死ぬ。例「長くとも、四十(よそぢ)に足らぬほどにて――・なんこそ、めやすかるべけれ」〈徒然草・七〉訳長生きしても、四十歳になるかならないかぐらいで死ぬのが、見苦しくないであろう。

しぬは・ゆ【偲はゆ】〔連語〕「しのはゆ」に同じ。例「瓜(うり)食(は)めば子ども思ほゆ栗食めばまして――・ゆ」〈万葉・五・八〇二長歌〉訳瓜を食べると子供達のことが思われる。栗を食べると一層恋しく思われる。

じ-ねん【自然】〔名〕本来そうであること。おのずからそうなる様子。しぜん。⇩しぜん要点 例「我がはからはざるを、――と申すなり。これすなはち、他力にてまします」〈歎異抄〉訳自分であれこれ考えをめぐらさないのを、自然というのです。これがすなわち、他力(=阿弥陀如来ノ慈悲ニオスガリスル事)ということでございます。

じねん-に【自然に】〔副〕しぜんに。おのずから。例「人にもてかしづかれて、隠るること多く、――その気配(けはひ)こよなかるべし」〈源氏・帚木〉訳(女性は身分高く生まれてしまうとまわりの)人に大事にされるので、(欠点が)隠れることも多く、しぜんとその感じが格別立派に見えるだろう。

しの【篠】〔名〕群生する細くて小さい竹の総称。メダケ・ヤダケの類。

しの・ぐ【凌ぐ】〔他ガ四〕{が・ぎ・ぐ・ぐ・げ・げ}❶押し伏せる。押さえつける。例「高山の菅(すが)の葉――・ぎ降る雪の消(け)ぬと言ふべくも恋のしげけく」〈万葉・八・一六五五〉訳高山の菅の葉を押し伏せるようにして降る雪が消えるように、(私が)消えてしまいそうだと言うほど、恋の苦しみが絶え間のないことだ。注「降る雪の」マデハ序詞。
❷障害や困難を乗り越える。耐え忍ぶ。例「ある時は漫々たる大海(だいかい)に風波の難を――・ぎ」〈平家・二・腰越〉訳ある時は広々とした大海で風波の難を耐え忍び。
❸踏みつけにする。いじめる。
❹優位に立つ。凌駕する。

しの-に〔副〕❶(草などが)しおれなびく様子。しんなり。また、心が沈み、感傷にひたる様子。しみじみと。例「近江(あふみ)の海夕波千鳥汝(な)が鳴けば心も――古(いにしへ)思ほゆ」〈万葉・三・二六六〉訳近江国(=滋賀県)の湖の夕方の波の上を飛ぶ千鳥よ、お前が鳴くと私は心もしおれて、昔(=大津京ノ時代)のことが思われるのだ。
❷数多く。何度も。例「会ふことはかたのの里の笹(ささ)の庵(いほ)――露散る夜半(よは)の床かな」〈新古今・恋三・一二一〇〉訳(愛する人に)会うことができない、この交野の里の笹ぶきの草庵の中、篠に散る露とともに、夜半の一人寝の床でしきりに涙の露が散ることだ。注「かたの」ハ「難し」ニ地名ノ「交野」ヲ掛ケ、「しの」ニ「篠」ヲ掛ケル。

しののめ【東雲】〔名〕夜が明ける頃。明け方。あけぼの。例「いにしへもかくやは人の惑ひけむ我がまだ知らぬ――の道」〈源氏・夕顔〉訳昔もこのように人は惑いながら歩いたのであろうか、私には今まで経験のない(恋のために行く)夜明け方の道を。

> 要点「あけぼの」と同義で、和歌用語。類義語に「あかつき」「朝ぼらけ」がある。⇩あかつき要点

しのは・ゆ【偲はゆ】〔連語〕《上代語。動詞「しのふ」の未然形＋上代の自発の助動詞「ゆ」》自然と思い出される。しのばれる。例「印南野(いなみの)の浅茅(あさぢ)押し並(な)べさ寝(ぬ)る夜(よ)の日(け)長くしあれば家し――・ゆ」〈万葉・六・九四〇〉訳印南野(=兵庫県加古郡・加古川市・明石市ノ一帯)の丈の低いチガヤを押し倒して寝る、夜の日数が増してくるので、我が家がしのばれることだ。

しの-はら【篠原】〔名〕篠竹の生い茂った野原。例「浅茅生(あさぢふ)の小野の――忍ぶれどあまりてなどか人の恋しき」〈後撰・恋一〉訳(恋しさを)忍びこらえていますが、その思いが余って(忍び切れず)、どうしてこのようにあなたが恋しく思われるのでしょうか。注『百人一首』ニ所収、源等ノ作。「浅茅生の小野の篠原」ハ「忍ぶ」ヲ導ク序詞。

しのび【忍び】〔名〕《動詞「しのぶ」の連用形の名詞化》❶人目を避けること。内緒。例「――なる所なりければ、門(かど)よりしもえ入らで」〈古今・恋三・六三二詞書〉訳ひそかに通って行く所だったので、門を通って入ることもできず(塀の崩れた所から邸内に入っていったが)。
❷ひそかに出歩くこと。忍び歩き。

しのび-あへ・ず【忍び敢へず】〔連語〕《「あへ」は動詞「敢(あ)ふ」の未然形》こらえきれない。耐えきれない。隠し通せない。例「――・ぬさま、目もあてられず」〈平家・灌頂・大原御幸〉訳(悲しみを)こらえきれない様子は、(かわいそうで)見ていられない。

しのび-ありき【忍び歩き】〔名〕貴人などが、人目を避けて外出すること。例「六条わたりの御――のころ」〈源氏・夕顔〉訳(光源氏が)六条あたり(=恋人ノ六条御息所ノ邸ニ)にこっそりとお通いなさっていた頃。

しのび-ごと〔名〕■一【忍び事】隠しごと。秘事。例「かかる御——により、山里の御ありきも、ゆくりかに思(おぼ)し立つなりけり」〈源氏・総角〉訳 このような秘事(＝愛人ヲ置クコト)のために、(匂宮(におうのみや)は、愛人の中の君のいる)宇治の山里のご遊覧も、ひょいとお思い立ちなさるのであった。

■二【忍び言】内緒話。

しのび-こ・む【忍び籠む】〔他マ下二〕{め・め・む・むる・むれ・めよ}口外せずに胸のうちに秘め置く。胸にしまいこむ。例「一言うち出できこゆるついでなく、——・めたりけれど」〈源氏・椎本〉訳 一言もお耳に入れる機会がなく、胸にしまいこんでいたのであったけれども。

しのび-しのび【忍び忍び】〔副〕人に見つからないように。こっそりと。例「——の御方違(かたたがへ)所は、あまたありぬべけれど」〈源氏・帚木〉訳(光源氏には)人目を忍んで訪ねるような方違えの時のお泊りの家は、きっとたくさんあるのだろうが。

しのび-すぐ・す【忍び過ぐす】〔他サ四〕{さ・し・す・す・せ・せ}❶胸のうちに秘めて年月を過ごす。秘密にしとおす。例「みづから——・したまひしことを、亡き御後に口さがなくやは」〈源氏・夕顔〉訳(夕顔様)ご自身で秘密にしとおしていらっしゃったことを、亡くなられた後に、どうしてつつしみなく漏らしましょうか。

❷じっと耐え忍んで年月を過ごす。我慢しとおす。例「世の中さびしく、思はずなることありとも、——・し給へ」〈源氏・若菜・下〉訳(光源氏との)夫婦仲が物寂しく、思いどおりにならぬことがあっても、我慢してお過ごしなさい。

❸人目を避けて隠れすむ。人目を忍んで生きる。例「もし不思議にこの世を——・すとも」〈平家・九・小宰相身投〉訳 もし意外な幸運で人目を忍んで生きるとしても。

しのび-どころ【忍び所】〔名〕人目を避けて通う所。例「いといたう色めき給ひて、通ひ給ふ——多く」〈源氏・紅梅〉訳(匂宮(におうのみや)は)まったくたいへん色好みのご様子でいらっしゃって、忍んでお通いになる所(＝愛人)も多く。

しのび-ね【忍び音】〔名〕❶人知れず泣くこと。声を抑えて泣くこと。例「心の内に恋しくあはれなりと思ひつつ、——をのみ泣きて、その年も返りぬ」〈更級・梅の立枝〉訳(去った継母(ままはは)のことを)心の中で恋い慕い悲しいと思っては、声を立てずに泣いてばかりいるうちに、その年も改まってしまった。

❷ホトトギスの初音(はつね)。陰暦四月頃に鳴く声をいう。例「ほととぎす世に隠れたる——をいつかは聞かむ今日も過ぎなば」〈和泉式部〉訳 ホトトギスよ、世を忍んで鳴く忍び音をいつ聞けるでしょうか、今日も過ぎてしまったら(明日は五月になってしまいます)。注「ほととぎす」ハ和泉式部ノ恋人ヲ指ス。イツ私ノ家ニイラッシャイマスカ、トイウコト。

しのび-やか【忍びやか】〔形動ナリ〕(「やか」は接尾語)他人にわからないようにしている様子。ひそやかである。例「——・に、心にくきかぎりの女房四、五人(よたりいつたり)さぶらはせ給ひて」〈源氏・桐壺〉訳(帝は)人目につかないようにして、奥ゆかしい女官だけを四、五人そばにお置きになって。

しのび-やつ・す【忍び窶す】〔他サ四〕{さ・し・す・す・せ・せ}人目を避けて目立たない様子をする。

しのぶ【忍・葱】〔名〕❶「しのぶ草」の略。❷「しのぶ摺(ず)り」の略。例「春日野(かすがの)の若紫の摺(す)り衣——の乱れ限り知られず」〈伊勢・一〉訳 春日野に生える紫草で染めたしのぶ摺りの摺り衣の乱れ模様のように、あなたを偲(しの)ぶ(＝恋イ慕ウ)私の心はこの上なく乱れて、限りがありません。

しの・ぶ【忍ぶ】■一〔他バ上二〕{び・び・ぶ・ぶる・ぶれ・びよ}

> 基本的には、他人に気付かれないようにする、の意。上二段活用だったが、平安時代以降、懐かしく思う意味の「偲ぶ」と混同されて、四段に活用するようにもなった。

❶**感情が表に現れないようにこらえる。**我慢する。特に、恋心を包み隠す。例「——・ぶれど色に出(い)でにけり我が恋は物や思ふと人の問ふまで」〈拾遺・恋一〉訳 包み隠すのだが顔色にそれと現れてしまった、私の恋は。物思いをしているのかと人が尋ねる程に。注『百人一首』所収、平兼盛ノ作。

❷**人目につかないようにする。人目を忍ぶ。**例「人の中らひは、——・ぶることと思へど、隠れなきものなれば」〈源氏・真木柱〉訳 男と女との関係というものは、人目につかないようにすることだと思うのだが、(自然と)知れわたるものであるから。

■二〔他バ四〕{ば・び・ぶ・ぶ・べ・べ}《平安時代に□一から変化したもの》❶□一①に同じ。例「ほととぎすも——・ばぬにやあらむ、鳴くに」〈枕草子・鳥は〉訳 ホトトギスも(折からの情趣に催され)我慢できないのか、鳴くと。

❷□一②に同じ。例「都へ上り法性寺(ほっしょうじ)の一の橋なる所に——・んでおはしけり」〈平家・三・六代被斬〉訳 都へ上って法性寺の一の橋に人目を忍んでいらっしゃった。

しの・ぶ【慕ぶ・偲ぶ・賞ぶ】

> 上代はしのふであったが、平安時代にしのぶと濁音化した。恋しく懐かしく思う、の意を表す。「忍ぶ」と混同されて、上二段に活用する例も現れる。

■一〔他バ四〕{ば・び・ぶ・ぶ・べ・べ}《上代は「しのふ」》❶眼前にいない人や昔の事などを懐かしく思いやる。**恋い慕う。懐かしむ。**例「浅茅(あさぢ)が宿に昔を——・ぶこそ、色好むとは言はめ」〈徒然草・一三七〉訳 チガヤが生い茂って荒れ果てた家で(恋人と語らった)昔を思いやったりするのこそ、恋愛の情趣をよく理解していると言えよう。例「長らへばまたこのごろや——・ばれむ憂しと見し世ぞ今は恋しき」〈新古今・雑下・一八四三〉訳 生き長らえるならば、また同じように、この頃が思い慕われるのであろうか。辛いと思った昔の世が、今は恋しいことだ。注『百人一首』所収ノ、藤原清輔ノ歌。

❷美しさ素晴らしさをほめたたえる。嘆賞する。**賞美する。**例「黄葉(もみち)をば取りてぞ——・ふ」〈万葉・一・一六長歌〉訳 黄色く色づいた葉を手に折り取っては素晴らしいと賞美する。

■二〔他バ上二〕{び・び・ぶ・ぶる・ぶれ・びよ}《平安時代に□一から変化したもの》□一①に同じ。例「あひ見ずて——・ぶるころの涙をもなべての空の時雨(しぐれ)とや見る」〈源氏・賢木〉訳 お逢(あ)いできずに恋い慕って泣いている(私の)涙を、(季節がらあなたは)ありふれた秋の時雨だとご覧になるのでしょうか。

しのぶ-ぐさ【忍草】〔名〕❶植物の名。羊歯(しだ)植物の一種。ノキシノブ。例「御廟（ごべう）年経てしのぶは何を——」〈芭蕉・野ざらし紀行〉訳 長い年月がたち、御陵は荒れて忍草がおい茂っている。この忍草は一体何を思いしのんでいるのだろうか。
❷「忘れ草」の別名。例「『忘れ草を——とやいふ』とて出（い）ださせ給へりければ」〈伊勢・一〇〇〉訳「忘れ草を忍草というのですか」と言って差し出しなさったので。

しのぶ-ずり【忍摺り・信夫摺り】〔名〕織物の模様の摺り方の一つ。「忍草」を布に摺りつけて模様としたもの。信夫郡（＝福島市アタリ）から産出したともいわれる。

しのぶ-もぢずり【忍綟摺り】〔名〕⇩しのぶずり「もぢずり」は、乱れ髪のように不規則な乱れ模様に摺ったものともいわれる。例「陸奥（みちのく）の——誰（たれ）ゆゑに乱れそめにし我ならなくに」〈伊勢・一〉訳 陸奥で産するしのぶもじ摺りの乱れ模様のように、（あなた以外の）誰かのせいで心が乱れ初めた私ではないのに（すべてあなたのせいなのです）。注 第二句マデハ、「乱れ」ヲ導ク序詞。『古今集・恋四』デハ、第四句目「乱れむと思ふ」トナッテイル。『百人一首』ニ所収、源融（ミナモトノトオル）ノ作。

しば【柴】〔名〕山野に生える小さな雑木。また、その枝を切って、薪（たきぎ）や垣根としたもの。例「おはします後ろの山に——といふもの、ふすぶるなりけり」〈源氏・須磨〉訳（海士（あま）が塩を焼く煙かと見えたのは、光源氏の）いらっしゃる（須磨あたりの邸（やしき）の）後ろの山で柴というものを、いぶしているのであった。

柴の庵（いほり）柴で屋根を葺（ふ）いた粗末な小屋。例「同じ——なれど」〈源氏・若紫〉訳（私の家は他と）同じ柴ぶきの粗末な家ですが。

柴の戸（と）柴を編んで造った粗末な戸。例「寄せかへる波荒きを、——押し開けてながめおはします」〈源氏・明石〉訳 寄せ返してくる荒い波を、（居間の）柴の戸を押し開けて（光源氏は）眺めていらっしゃる。

柴の枢（とぼそ）⇩柴の戸

しば【莱草】〔名〕荒地・道端などに茂る雑草。しばくさ。

しば【屢】〔副〕しばしば。たびたび。しきりに。例「ぬばたまの夜のふけ行（ゆ）けば久木生（お）ふる清き河原に千鳥（ちどり）——鳴く」〈万葉・六・九二五〉訳 夜がふけて行くと、久木の生えているきれいな河原で、千鳥がしきりに鳴くことだ。

> 参考「しば立つ」「しば鳴く」のように、動詞に冠して用いられることが多いので、接頭語とする説もある。

し-はう【四方】〔名〕❶東西南北。すべての方向。転じて、天下。よも。
❷物を載せて供える台。「三方（さんぼう）」に似て、四面すべてにくりぬいた穴がある。

しはう-はい【四方拝】〔名〕宮中の年中行事の一つ。一月一日の早朝に、天皇が束帯で清涼殿の東庭に出て、天地四方・祖先の御陵（ごりょう）などの神霊を拝み、国家の平安、五穀の豊作を祈願する儀式。例「追儺（ついな）より——に続くこそ、おもしろけれ」〈徒然草・一九〉訳（大晦日（おおみそか）の）追儺（＝疫病（ヤクビョウ）ノ鬼ヲ追イ払ウ行事）から（元旦（がんたん）の）四方拝の儀式に続いていくのは、おもしろいものだ。

しば-がき【柴垣】〔名〕柴を編んで造った垣根。例「——し渡してある家どもを見るに」〈蜻蛉・上・安和元年〉訳 柴垣を周囲にめぐらした家々を見ていると（物語に登場する家を思い出し感慨深かった）。

しばし【暫し】〔副〕ある程度の時間。しばらく。例「——待て」〈竹取・かぐや姫の昇天〉訳 しばらく待ってください。例「なほ——こころみよ」〈源氏・桐壺〉訳 もうしばらく（療養を）やってみよ。

しば-しば【屢】〔副〕（「しば」を重ねた形）たびたび。幾度も。例「君が家の池の白波磯に寄せ——見とも飽かむ君かも」〈万葉・二〇・四五〇三〉訳 あなたのお邸（やしき）の池の白波が岸辺にうち寄せるようにたびたび見ても、見飽きるようなあなたでしょうか、いやけっして見飽きたりはしません。

し-はす【師走】〔名〕陰暦十二月の別名。（季・冬）例「それの年の——の二十日余り一日（ひとひ）の日の戌（いぬ）の時に門出す」〈土佐・十二月二十一日〉訳 その年の十二月二十一日の日の戌の時（＝午後八時頃）に出発する。

しば-たた・く【屢叩く】〔他カ四〕（か・き・く・く・け・け）激しい悲しみや驚きのために目をしきりに開閉させる。しきりにぱちぱちさせる。例「顔を赤くなして、目を——・きて」〈宇治拾遺・一〇・六〉訳（殺されそうになった猿は）顔を真赤にさせて、目をしきりにぱちぱちさせて。

しば-た・つ【屢立つ】〔自タ四〕（た・ち・つ・つ・て・て）音や波がしきりに起こり立つ。しきりにする。しきりに立つ。

しばつみ-ぶね【柴積み舟】〔名〕⇩しばぶね

しば-な・く【屢鳴く】〔自カ四〕（か・き・く・く・け・け）しばしば鳴く。しきりに鳴く。例「かほ鳥の間（ま）なく——・く春の野にすみれを摘むと」〈万葉・一七・三九七三長歌〉訳 カオ鳥が絶え間なく鳴く春の野でスミレを摘もうと。

しば-の-いほり【柴の庵】⇩「しば（柴）」子項目

しば-の-と【柴の戸】⇩「しば（柴）」子項目

しば-の-とぼそ【柴の枢】⇩「しば（柴）」子項目

しは-ぶか・ふ【咳かふ】〔連語〕《動詞「しはぶく」の未然形＋反復・継続の助動詞「ふ」》しきりにせきをする。例「糟湯酒（かすゆざけ）うちすすろひて——・ひ鼻びしびしに」〈万葉・五・八九二長歌〉訳 酒のかすを湯でといたものをすすり続け、しきりにせきをして鼻をぐしゅぐしゅさせ。

しは-ぶき【咳き】〔名〕《動詞「しはぶく」の連用形の名詞化》❶せき。例「日ごろ、悩ましうて、——などいたうせらるるを」〈蜻蛉・上・応和二年〉訳 この何日間か、気分がすぐれずに、せきなどがしきりに出るので。
❷咳（せき）ばらい。例「声作（こわづく）り給へば、貴（あて）なる——と聞き知りて、殿のおはしたるにやと思ひて」〈源氏・浮舟〉訳（薫（かおる）になりすました匂宮（におうのみや）が）咳ばらいなさると、（右近は）上品な咳ばらいだと聞きわけて、殿（＝薫）がいらっしゃったのだろうかと思い。

しはぶき-やみ【咳き病】〔名〕風邪（かぜ）など咳（せき）の出る病気。「しはぶきやまひ」とも。例「この暁より、——にや侍（はべ）らむ、頭（かしら）いと痛くて苦しく侍れば」〈源氏・夕顔〉訳 今朝の明け方から、風邪でございましょうか、頭がとても痛くて苦しゅうございますので。

しは-ぶ・く【咳く】〔自カ四〕（か・き・く・く・け・け）❶咳（せき）をする。
❷咳（せき）ばらいをする。多く接頭語「うち」が付く。例「ただ心を得させてうち——・き給へるにぞ、やをら引き入り給ふ」〈源氏・若菜・上〉訳（夕霧は）ただそれと気付かせるように咳ばらいをなさったので、（女三の宮は）そっと奥に引きこもられた。

しば-ぶね【柴舟】〔名〕柴を積んで運ぶ舟。柴積み舟。

例「暮れて行く春の湊は知らねども霞に落つる宇治の—」〈新古今・春下・一六九〉訳暮れて行く春という季節の行き着く果てはどこだか知らないが、柴を積んで宇治川を下る舟が、夕霞の中に没するように消えて行くよ(あの行く先が、春の行き着く所なのだろうか)。

しはぶ・る【咳る】 シワブル〔自ラ下二〕{れ・れ・る・るる・るれ・れよ}語義未詳。咳き込む意か。または、咳ばらいをする意か。

> 参考 咳をする、咳ばらいをするの意を表す「しはぶく」と同源であろう。

しばらく【暫く】〔副〕(上代は「しまらく」)❶あまり長くない、ある程度の時間。少しの間。例「手の裏に据ゑてさし上げさしおろし、—見るほどに」〈今昔・一九・九〉訳(硯を愛して)手のひらにのせて上げたり下げたりしながら、しばらく見ているうちに。
❷一時的に。その場だけのこととして。とりあえず。かりそめに。例「—衣裳に薫物すと知りながら、えならぬ匂ひには必ず心ときめきするものなり」〈徒然草・八〉訳仮にちょっと着物に香をたきしめているだけだとは知っていても、何ともいえないよい匂いには胸がときめくものである。

しば-ゐ【芝居】 イ〔名〕❶芝生に座ること。芝生にいること。例「—する山松かげの夕涼み秋思ほゆるひぐらしの声」〈夫木・夏三〉訳山の松の木陰の芝に座って夕涼みをしていると、ヒグラシの声がして秋の涼しさが思われるよ。
❷歌舞伎などの演劇興行。また、それを行う劇場。

> 参考 「芝居」の起源 古く、猿楽・田楽などの芸能は、野外で演じられた。そこでは、舞台と桟敷(=貴人用ノ見物席)との間の地面が一般庶民用の見物席で、「芝居」とは、もともとそこを指した。能や歌舞伎などが、小屋掛けで上演されるようになっても、「芝居」の語が使われ、転じて、劇場や一座全体を指し、さらに演劇全般の称となった。

しひ【椎】 イシ〔名〕木の名。小さな実がなり、食用となる。例「家にあれば笥に盛る飯を草枕旅にしあれば—の葉に盛る」〈万葉・二・一四二〉訳家にいる時にはいつも食器に盛る御飯を、今は旅の途中にいるので、椎の葉に盛ることだ。

し-び【鴟尾】〔名〕宮殿・仏殿などの棟の両端の飾り。魚の尾の形をしている。

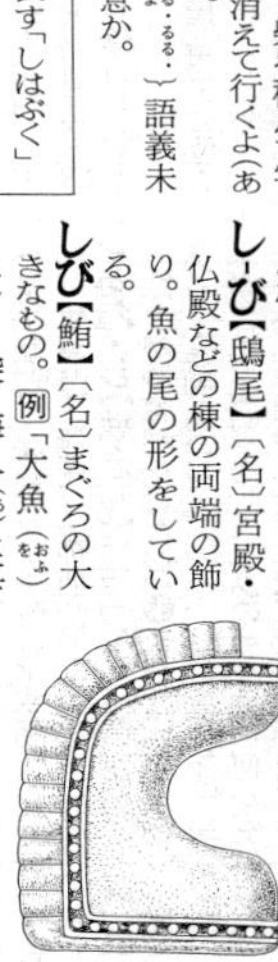
しび（鴟尾）

しび【鮪】〔名〕まぐろの大きなもの。例「大魚よし—突く海人よ其が離れば心恋しけむ」〈古事記・下・清寧天皇〉訳鮪を(鉾で)突いて捕る漁師よ、その鮪(である乙女)が離れていったら心に恋しく思うことだろう。注「大魚よし」ハ、「しび」ニカカル枕詞。

じ-ひ【慈悲】〔名〕❶(仏教語)仏・菩薩が人々に楽しみを与え、苦しみを除くこと。万人に対する愛。いつくしみ。あわれみ。例「仏のし給ふ方便は、—をも隠して」〈源氏・蜻蛉〉訳仏が人々を教え導かれる方法は、いつくしみをも隠して(なさることもある)。
❷思いやり。例「これを悩まして興ずること、—の心にあらず」〈徒然草・一二九〉訳これ(=幼イ子供)を苦しめておもしろがるのは、思いやりの気持ちに欠けることだ。

しひ-ごと【誣ひ言】 シイ〔名〕事実を曲げて言うこと。こじつけ。

しひ-しば【椎柴】 シイ〔名〕❶椎の木。椎の小枝。例「—・白樫などのぬれたるやうなる葉の上にきらめきたるこそ」〈徒然草・一三七〉訳椎の木や白樫などのぬれたような葉の上に(月の光が)きらめいているのは(身にしみて趣が感じられる)。
❷(椎は喪服の染料に用いられたので)喪服の色。喪服。例「諸人の花咲く春をよそに見てなほ時雨るる—の袖」〈千載・雑中〉訳世間の人々が花の咲く春を(喜び迎えるのを)よそごととして見て、依然として時雨が降るように涙でぬれているのは私の喪服の袖である。注「時雨」ハ秋カラ冬ニカケテ降ル。重イ喪ニ服シテイル作者ニハ、イマダ春ガ訪レナイ。

しひ-て【強ひて】 シイ〔副〕❶(動詞「強ふ」の連用形＋接続助詞「て」)無理に行うさま。むりやりに。押して。例「分を知らずして—励むは、おのれが誤りなり」〈徒然草・一三一〉訳身のほどをわきまえないで無理に一途にうちこむのは、自分の誤りである。
❷程度がきわめてはなはだしいさま。むしょうに。むやみに。ことさらに。例「(夕霧は)—悲しと覚え給ひけり」〈源氏・柏木〉訳(夕霧は)むしょうに悲しいとお思いになられた。

しびら【褶】〔名〕衣の上に、腰から下に着ける衣服。男は袴の上に、女は唐裳の上にまとった。

しふ【執】 シュウ〔名〕深くとらわれて忘れないこと。執着すること。執念。執心。

しふ【集】 シュウ〔名〕漢詩・和歌・文章などを集めた書物。例「花山の法皇は、さきの二つの—に入らざる歌をとり拾ひて、拾遺集と名づけ給へり」〈後拾遺・序〉訳花山法皇は、前代の二集(=古今集・後撰集)に入らなかった歌を拾い集めて(歌集を作り)、『拾遺集』と名づけられた。

し・ふ【強ふ】 ウ〔他ハ上二〕{ひ・ひ・ふ・ふる・ふれ・ひよ}無理に…させる。無理じいする。しいる。例「人に酒勧むるとて、己まづ食べて人に—・ひ奉らんとするは、剣にて人を斬らむとするに似たることなり」〈徒然草・一七五〉訳人に酒を勧めるといって、自分がまず飲んで(それから)人に無理に飲ませてあげようとするのは、剣で人を斬ろうとするのに似ていることだ。

し-ぶ【四部】〔名〕(仏教語。「四部の弟子」の略)仏の四種の弟子の総称。男女の僧、すなわち比丘・比丘尼と、在俗のまま仏門に帰依し戒を受けた男女、すなわち優婆塞・優婆夷とをいう。例「—の弟子はよな、比丘よりは比丘尼は劣り、比丘尼より優婆塞は劣り、優婆塞より優婆夷は劣れり」〈徒然草・一〇六〉訳四部の弟子はだね、比丘よりは比丘尼は劣り、比丘尼より優婆塞は劣り、(さらに)優婆塞より優婆夷は劣っている。

じふ-あく【十悪】 ジュウ〔名〕❶古代の十種の重罪。謀反・謀大逆・謀叛・悪逆・不道・大不敬・不孝・不睦・不義・内乱。中国の隋・唐の制度によっている。
❷(仏教語)身・口・意の三業による十種の罪悪。殺生・偸盗・邪淫・妄語・綺語・両舌・悪口・貪欲・瞋恚・邪見。

しぶ-げ【渋げ】〔形動ナリ〕なめらかでない。くすんでいる。例「けづりつくろはねばにや、——・に見ゆるを」〈堤中納言・虫めづる姫君〉訳（髪は）くしで手入れをしないからか、ばさばさに見えるが。

じふご-や【十五夜】〔名〕❶陰暦で、毎月十五日の夜。❷陰暦八月十五日の夜。特に、月見によいとされ、この夜の月を「中秋の名月」「芋名月」などという。例「今宵は——なりけりと思し出でて」〈源氏・須磨〉訳今夜は（中秋の名月の）十五夜だったのだなあと思い出しなさって（光源氏は宮中を偲び感慨に浸られた）。

じふさん-や【十三夜】〔名〕❶陰暦十三日の夜。❷特に、陰暦九月十三日の夜。八月十五夜の「中秋の名月」に次いで、月見によい夜とされ、観月の宴が催された。「後の月」「栗名月」「豆名月」などともいう。

しふ-しん【執心】〔名〕《仏教語》深く心にかけること。執着すること。例「仏の教へ給ふ趣は、事にふれて——なかれとなり」〈方丈記・みづから心に問ふ〉訳仏が（衆生に）お教えになる（その）趣旨は、何事にも執着するなということである。

しふ・す【執す】〔自サ変〕{せ・し・す・する・すれ・せよ}深く心にかける。執着する。「しっす」とも。例「君のさしも——・し思し召されつる紅葉を、かやうにしけるあさましさよ」〈平家・六・紅葉〉訳高倉天皇があれほど深く心にかけてお思いになっておられた紅葉を、このようにしてしまった（＝薪ニシテシマッタ）とはあきれはてた振る舞いよ。

じふ-ぜん【十善】〔名〕《仏教語》❶「十善戒」を守り、「十悪」を犯さないこと。例「先世の——戒行の御力によって、今万乗の主と生まれさせ給へども」〈平家・一一・先帝身投〉訳（安徳天皇は）前の世で十善の戒をよく守り修行したおかげで、今天皇としてお生まれなさったが。❷（前世に十善を行った報いとして、この世で天子の位を授かるということから）天子の位。天皇。

じふに-し【十二支】〔名〕陰陽道の語。子・丑・寅・卯・辰・巳・午・未・申・酉・戌・亥の十二の称。日本では、鼠（子）・牛（丑）・虎（寅）・兎（卯）・竜（辰）・蛇（巳）・馬（午）・羊（未）・猿（申）・鶏（酉）・犬（戌）・猪（亥）の動物を配するようになった。方位・時刻に割り当ててその名称とする。また、十干と組み合わせて用い、「えと」と称して、暦法に用いる。

参考「十二支」の方位と時刻　(1)《方位》子＝北、丑＝北北東、寅＝東北東、卯＝東、辰＝東南東、巳＝南南東、午＝南、未＝南南西、申＝西南西、酉＝西、戌＝西北西、亥＝北北西。
(2)《時刻》子＝午後十一時～午前一時、丑＝午前一時～午前三時、寅＝午前三時～午前五時、卯＝午前五時～午前七時、辰＝午前七時～午前九時、巳＝午前九時～午前十一時、午＝午前十一時～午後一時、未＝午後一時～午後三時、申＝午後三時～午後五時、酉＝午後五時～午後七時、戌＝午後七時～午後九時、亥＝午後九時～午後十一時。なお、時刻については、「子＝午前零時～午前二時」のように、一時間後にずらして考える説もある。

じふに-ひとへ【十二単】〔名〕女官・女房の正装の俗称。単衣の上に袿十二枚を重ねて着ること。後には、下から順に、白小袖・紅袴・単衣・五衣・表衣・打ち掛け・唐衣を着て、腰に裳を着けることをいう。「十二の御衣」とも。

じふに-りつ【十二律】〔名〕雅楽・舞楽に用いられる十二種の音律。十二音によって、八度音にわたる音律を形成する。我が国では、低い音から順に、壱越・断金・平調・勝絶・下無・双調・鳧鐘・黄鐘・鸞鏡・盤渉・神仙・上無をいう。

しふね・し【執念し】〔形ク〕《漢語の名詞「執念」が形容詞化した形》❶執念深い。しつこい。例「例の——・き御物の怪一つ、さらに動かず」〈源氏・葵〉訳（どんな祈禱をしても）あの執念深い何かのたたりだけは、全く（光源氏の正妻葵の上から）離れない。❷強情である。頑固である。

じふ-ねん【十念】〔名〕《仏教語》南無阿弥陀仏の念仏を続けて十回唱えること。例「高声に——唱へつつ、首を延べてぞ斬らせられける」〈平家・一一・重衡被斬〉訳（平重衡は）声高く念仏を十ぺん唱えながら、（自分の）首をさしのべて斬らせなさった。

しふはう-しゃ【襲芳舎】〔名〕後宮十二殿舎の一つ。内裏の西北隅にあり、主に後宮の局として用いられた。雷の際の天皇の避難所になったので、「かみなりのつぼ」ともいう。「しはうしゃ」とも。

じふ-もつ【什物】〔名〕❶日常に用いる器具。道具。❷家の宝として代々伝えられる器物。什宝。

じふ-もんじ【十文字】〔名〕❶「十」の字の形。❷からだや武器を、前後左右にすばやく動かす様子。例「縦さま・横さま・蜘蛛手・——に駆けわって」〈平家・九・木曽最期〉訳（木曽の軍勢は）縦横八方十文字に走り（敵を）突破して。❸《「十文字槍」の略》穂先が十文字になった槍。

じふ-や【十夜】〔名〕浄土宗の寺で、陰暦十月六日から十月十五日まで十昼夜の間、経を読み念仏を唱える法要。「お十夜」「十夜念仏」とも。

しぶ・る【渋る】〔自ラ四〕{ら・り・る・る・れ・れ}❶気が進まず、ぐずぐずする。ためらう。例「『今宵はえなむ』など——・らせ給ふに」〈枕草子・淑景舎〉訳（中宮様が）「今夜はどうも（だめです）」などと（参内を）ためらっていらっしゃると。❷事がなめらかに運ばない。とどこおる。渋滞する。例「なほ好句あらむとすればかへって句——・り、不出来なるものなり」〈去来抄・修行〉訳（連句の最後の方になると作者達は疲れても）なお良い句を作ろうとするとかえって付け句がとどこおり、不出来になるものだ。

拾遺愚草（しふゐぐさう）《書名》鎌倉初期の私家集。藤原定家の自撰集。本編三巻と員外四巻から成る。一二一六年（建保四）成立し、その後、一二三三年（嘉禎三）頃まで追加される。歌数三千八百首。六家集の一。

拾遺和歌集（しふゐわかしふ）《書名》第三番目の勅撰和歌集。撰者、成立ともに未詳。十一世紀初めの寛弘年間の成立で、花山院もしくは藤原公任が撰進したとする説がある。名前の示すように、『古今和歌集』『後撰和歌集』の撰にもれた作品約千三百五十首を集めた。

じ-ぶん【時分】〔名〕❶時期。また、よい時期。ころあい。❷食事どき。
時分の花(はな) 能楽で、美を花にたとえる語。役者の若さから生じる一時的な芸の魅力。対 真(まこと)の花(はな) 例「この花はまことの花にはあらず。ただ──なり」〈風姿花伝・二〉訳 この(幼さゆえの)美は真実の美ではない。ただ一時的な芸の美である。注 十二、三歳カラ十七、八歳マデノ能役者ニツイテ述ベタモノ。

しへた・ぐ【虐ぐ・冤ぐ】〔他ガ下二〕{げ・げ・ぐ・ぐる・ぐれ・げよ} ❶むごい扱いをする。虐待する。いじめる。例「すべて、人を苦しめ、物を──・ぐること、賤(いや)しき民の志をも奪ふべからず」〈徒然草・一二九〉訳 総じて、人を苦しめ、生き物を虐待することや、身分の低い人々の意向を奪ったりすることをしてはならない。
❷屈服させる。征服する。例「毎度に御方(みかた)追ひ落とされて、敵(かたき)を──・ぐるに及ばず」〈平家・三・六代被斬〉訳 攻める度ごとに味方は追い払われて、敵を屈服させることが出来ない。

しほ【潮・汐】〔名〕❶海水。海水の干満。例「沖の干潟(ひがた)遥かなれども、磯より──の満つるがごとし」〈徒然草・一五五〉訳 (死の訪れが思いがけず速いのは、)沖の干潟は遥かに遠いけれども、磯から(思いがけなく)潮が満ちて来るのと同じだ。
❷(ある行動をするのに)よい機会。しおどき。
❸あいきょう。愛らしさ。

しほ【入】〔接尾〕染色の時、布を染料に浸す回数を数える語。また、酒を何度も醸造しなおして芳醇(ほうじゅん)にする、その回数にも用いる。例「紅(くれなゐ)の八(や)──の衣朝な朝な慣れはすれどもいやめづらしも」〈万葉・一一・二六二三〉訳 紅色の何度も染めた衣のように(あなたには)毎朝会い慣れてはいますが、それでもますます心をひかれるのです。

要点 多く「八──」「千(ち)──」などの形で、染色の正確な回数よりも、回を重ねて染め上げられた色の鮮やかさ、また比喩(ひゆ)的に松・紅葉などの色の濃さの表現に用いられる。

しぼ【皺】〔名〕紙・なめし皮などの表面に付ける、しわ。

しほ-うみ【潮海】〔名〕(淡水の「あはうみ」「みづうみ」に対して)潮の海。

しほ-がひ【潮貝】〔名〕海にすむ貝類。

しほ-がま【塩釜・塩竈】〔名〕❶海水を煮つめて塩を作るのに用いる釜。例「──二つ取らせけるに」〈御伽・文正草子〉訳 塩釜を二つ与えたところ。
❷宮城県松島湾内にある浦で、陸奥(みちのく)有数の歌枕。例「陸奥(みちのく)の──の形(かた)を作りて、潮(うしほ)を汲(く)みよせて塩を焼かせなど」〈宇治拾遺・一二・一五〉訳 (右大臣源融(とおる)は河原院(かわらのいん)に)陸奥の塩釜の浦の風景をまねて庭を作り、海水を汲んで運ばせ塩を焼かせるなど。

しほがま①

しほ-くみ【潮汲み・汐汲み】〔名〕塩を作るため潮水を汲むこと。また、その人。

しほ-さゐ【潮騒】〔名〕潮がさしてくる時、潮流がざわめくこと。例「──に伊良虞(いらご)の島辺漕(こ)ぐ船に妹(いも)乗るらむか荒き島廻(しまみ)を」〈万葉・一・四二〉訳 潮がざわざわと波立ち騒いでいる今、伊良虞の島のあたりを漕ぎゆく船に恋しいあの娘は乗っているだろうか、あの荒い島のまわりを。

しほ-しほ〔副〕❶泣きぬれる様子。涙にぬれる様子。びっしょり。例「──と泣き給ふ」〈源氏・行幸〉訳 涙にぬれてお泣きになる。
❷(「萎(しを)る」と同源の語で、正しくは「しをしを」)気落ちしたさま。しょんぼり。

しほ-じ・む【潮染む】〔自マ四〕{ま・み・む・む・め・め} ❶(海辺での生活が長くて)潮水・潮気が衣服や体にしみこむ。潮気がしみこむ。例「世をうみにここら──・む身となりてなほこの岸をえこそ離れね」〈源氏・明石〉訳 俗世間がいやなので世間をのがれて大層潮気がしみこむ海辺の生活を送る身となりましたが、やはりあの世には行けずこの世(=明石ノ浦)であくせくしています。注 明石ノ入道ノ歌。「うみ」ハ「憂(う)み」ト「海」トヲ掛ケル。「この岸」ハ「此岸(しがん)(=現世)」ノ意ト明石ノ浦ノ意ヲ併セ表ス。
❷物事に経験を積む。世なれる。例「年うちねび、世の中のとある事と、──・みぬる人こそ、ものの折節は頼もしかりけれ」〈源氏・夕顔〉訳 年を取り、世の中の何かにつけて、経験を積んだ人こそ、まさかの時は頼もしいものだよ。

しほ-じり【塩尻】〔名〕塩田で砂を円錐(えんすい)形に積み上げたもの。これに潮水をくみかけ天日(てんぴ)で乾燥し塩分を固着させる。例「なりは──のやうになむありける」〈伊勢・九〉訳 (富士山の)形は塩尻のようであった。

しほ-た・る【潮垂る】〔自ラ下二〕{れ・れ・る・るる・るれ・れよ} ❶潮水に濡れてしずくが垂れる。潮水に濡れる。例「──・るる海人(あま)の衣に異なれや浮きたる波に濡るる我が袖(そで)」〈源氏・早蕨〉訳 潮水がしたたっている海人の衣服とどこが違うだろうか、波にただよう不安な身の上に泣き悲しむ涙で濡れた私の袖は。
❷衣服がぐっしょり濡れる。濡れそぼつ。例「露霜に──・れて、所定めず惑(まど)ひ歩(あり)き」〈徒然草・三〉訳 (色好みの男が、ひたむきな恋心から夜)露や(早朝の)霜でぐっしょり濡れながら、行く先も定めずさまよい歩き。
❸涙で袖(そで)が濡れる。涙を流す。多く、和歌で①の意を掛けて用いられる。例「──・るることをやくにて松島に年ふるあまもなげきをぞ積む」〈源氏・須磨〉訳 潮水に濡れる(=涙ヲ流ス)ことを仕事にして、(塩を焼いて)松島で(=アナタヲ待ッテ)長年過ごしている海人(=尼)もまた投げ木(=嘆キ)を積む(=重ネル)ことです。注「投げ木」ハ塩ヲ焼クタメノ薪(タキギ)。

しほたれ-がち【潮垂れがち】〔形動ナリ〕悲しみの涙を流すことが多い様子。例「御──・にのみおはします」〈源氏・桐壺〉訳 (桐壺更衣(きりつぼのこうい)が死んで帝(みかど)は)涙にひたってばかりおいでです。

しほ-ぢ【潮路】〔名〕❶潮の流れる道。潮流。
❷海上の路(みち)。航路。また、海上。例「難波潟(なにはがた)──はるかに見渡せば霞(かすみ)に浮かぶ沖の釣り船」〈千載・雑上〉訳 難波潟に立って海上はるか遠くを見渡すと、

（空と海とが一つにとけあって）まるで霞の中に浮かんでいるように見えるよ、沖の釣り船は。

し-ぼち【新発意】〔名〕⇩しんぼち

しほ-ひ【潮干・汐干】〔名〕潮が干ること。引き潮。また、潮の引いたあとの海岸。例「わが袖(そで)は━に見えぬ沖の石の人こそ知らね乾く間もなし」〈千載・恋二〉訳 私の袖は、引き潮の時にも見えない沖の石のように、人は知らないだろうが、あの人を思う恋の涙のために、乾く間とてないのです。注『百人一首』所収、二条院讃岐ノ作。

しほひる-たま【潮干る珠】〔名〕⇩しほふるたま

じ-ほふ【実法】〔名・形動ナリ〕（「じっぽふ」とも）きまじめであること。誠実。

しほぶね-の【潮船の】〔枕詞〕（潮船の浮かぶさまから）「並ぶ」「置く」にかかる。例「━置かれば悲しさ寝つれば人言(ひとごと)しげし汝(な)を何(ど)かも為(し)む」〈万葉・一四・三五五六〉訳（お前をひとりで）置いておくと悲しいし、共寝をすると人の噂(うわさ)がうるさい。さて、お前をどうしようか。

しほふる-たま【潮干る珠】〔名〕潮を引かせる霊力があるという神話上の珠。対 しほみつたま

しほほ-に〔副〕（「しほしほに」の変化した形）涙などで濡れるさま。びっしょり。例「葦垣(あしかき)の隈処(くまと)に立ちて我妹子(わぎもこ)が袖も━泣きしそ思(も)はゆ」〈万葉・二〇・四三五七〉訳（防人(さきもり)として出発する私を送って）葦で作った垣根のすみの所に立って、わが妻が袖を濡らして泣いていた姿が思い出される。

しほみつ-たま【潮満つ珠】〔名〕潮を満ちさせる霊力があるという神話上の珠。対 しほふるたま 例「━を出(い)だして溺(おぼ)らし」〈古事記・上・火遠理命〉訳 潮満つ珠を取り出し満潮にして溺れさせ。

しほ-や【塩屋】〔名〕塩焼きをする海辺の作業小屋。例「さる━のかたはらに過ぐしつらむことを、思(おぼ)しのたまふ」〈源氏・松風〉訳 あのような漁村の塩焼き小屋の傍らに（明石の姫君が）これまで過ごしてきたであろうことを、（光源氏は）気の毒に思いまた口に出しておっしゃる。

しほ-やき【塩焼き】〔名〕海水を煮つめて塩を作ること。また、その人。例「葦(あし)の屋の灘(なだ)の━いとまなみつげの小櫛(をぐし)もささず来にけり」〈伊勢・八七〉訳 葦屋の灘の地の葦ぶき小屋の塩焼き女は、仕事の暇がなくて、つげの小櫛を挿すほどのおめかしもしないで（男に逢ぁいに）やってきたのだった。

しほやき-ぎぬ【塩焼き衣】〔名〕（「しほやきごろも」とも）塩を焼く人が着る、粗末な着物。

しほら・し〔形シク〕⇩しをらし

しほり【撓り】〔名〕蕉風俳諧(はいかい)の理念の一つ。人事や自然に対する作者の細やかな心が余情として句に自然に現れるもの。例「━は自然の事なり。求めて作(な)すべからず」〈去来抄・同門評〉訳 しおりは自然に現れるものである。求めて作り出してはいけない。

しぼ・る【絞る・搾る】〔他ラ四〕{ら・り・る・る・れ・れ}❶布などねじるようにして水分を出す。しぼる。例「偽りの涙なりせば唐衣(からころも)忍びに袖(そで)は━・らざらまし」〈古今・恋三・五七六〉訳 もし（これが）偽りの涙だったら、着物の袖をこっそり絞るようなことはしないだろう。注「唐衣」ハ「袖」ノ枕詞。
❷のどを狭(せ)ばめて無理に声を出す。例「蟬(せみ)の声━・り出(い)だして誦(よ)み居(ゐ)たれど」〈枕草子・すさまじきもの〉訳（修験者が）蟬の鳴き声のような声を絞り出して呪文(じゅもん)を唱えて座っているのだが。
❸弓を十分に引き張る。引きしぼる。

し-ほん【四品】〔名〕❶親王の位階の第四位で、まず最初に叙せられる位階。
❷臣下の位階で、四位の俗称。例「海賊の張本(ちゃうぼん)三十余人からめ進ぜられし賞に、━して」〈平家・二・西光被斬〉訳 海賊の首謀者三十余人をからめとって差し出された恩賞に、四位に叙せられ。

しま【島・山斎】〔名〕❶周りを水にかこまれた陸地。島。例「大和路の━の浦廻(うらみ)に寄する波間(あひだ)もなけむわが恋ひまくは」〈万葉・四・五五一〉訳 大和への途中にある島の浦に寄せくる波が絶え間ないように、あなたを恋しく思う私の心は絶える間とてもないことであろう。
❷築山・泉水などの趣向をこらした庭園。例「妹(いも)として二人作りし我が━は木高(こだか)く繁(しげ)くなりにけるかも」〈万葉・三・四五二〉訳 いとしい妻と二人で造った我が家の庭園は、（手入れをしない間に）なんと木高く生ぉい茂ってしまったことだよ。注 大伴旅人ガ妻ヲ任地デ失ッテ帰京シタ時ノ作。
❸《近世語》特定の限られた地域。界隈(かいわい)。例「この━中に一銭も指し引きなしの男」〈西鶴・世間胸算用・二・二〉訳 この界隈に一銭も貸し借りのない男。

志摩(しま)《旧国名》東海道十五か国の一つ。現在の三重県志摩半島の地域。志州(ししゅう)。

しま-がく・る【島隠る】■一〔自ラ四〕{ら・り・る・る・れ・れ}島陰に隠れる。例「わたつみの沖つ白波立ち来(く)らし海人娘子(あまをとめ)ども━・る見ゆ」〈万葉・一五・三五九七〉訳 海原の沖の白波が波立って来ているらしい、海人の娘達が島陰に隠れるのが見える。
■二〔自ラ下二〕{れ・れ・る・るる・るれ・れよ}■一に同じ。例「愛(は)しけやし妻も子どもも高々(たかたか)に待つらむ君や━・れぬる」〈万葉・一五・三六九二〉訳 ああ、いたわしいことだ、妻も子供も今か今かと待っている君は、どうしてこの島陰に隠れてしまったのか。注「島隠れぬる」ハココデハ「死ぬ」ノ意。

> 参考 四段と下二段の二種がある。意味・用法は同じ。上代では四段が多く、下二段は前掲の一例のみで、平安時代では下二段だけになる。

しまし【暫し】〔副〕《上代語》⇩しばし 例「春されば散らまく惜しき梅の花━は咲かず含(ふふ)みてもがも」〈万葉・一〇・一八七一〉訳 春が来ると散ってしまうのが惜しい梅の花よ、しばらくの間は咲かずに、つぼみのままでいてほしい。

しましく【暫しく】〔副〕《上代語》しばらくの間。例「秋山に落つるもみぢ葉━はな散りまがひそ妹(いも)があたり見む」〈万葉・二・一三七〉訳 秋山に散るもみじ葉よ、しばらくは散り乱れてくれるな、私は愛する妻の家のあたりを見たいのだ。

し-まつ【始末】〔名〕❶初めから終わりまでの成り行き。事情。
❷事の始終を整えること。しめくくり。

しま-づた・ふ【島伝ふ】〔自ハ四〕{は・ひ・ふ・ふ・へ・へ}船に乗り島から島へと移動する。島伝いに進む。例「大君の命(みこと)かしこみ愛(うつく)しけ真子(まこ)が手離(はな)り━・ひ行く」〈万葉・二〇・四四一四〉訳 天皇のご命令を謹しんでお受け

して、いとしい妻のもとを離れて島伝いに任地に赴くことだ。[注]防人(サキモリ)ノ歌。「愛しけ」「手離り」ハ上代東国方言。

しま-と【島門】〔名〕島と島、または島と陸地との間の、狭い海峡。島の瀬戸。

しま-ね【島根】〔名〕《「ね」は接尾語》島。また、島国。[例]「大和をも遠く離(かさ)りて石(いは)が根の荒き—に宿りする君」〈万葉・一五・三六八八長歌〉[訳]大和の国からも遠く離れて、岩ばかりの荒涼とした島に旅寝する君よ。

し-まひ【仕舞ひ・終ひ・了ひ】(イ:マ)〔名〕《動詞「しまふ」の連用形の名詞化》❶(物事を)し終えること。終わり。最後。

❷(物事を)しめくくること。しめくくり。特に、商家での一年の総決算。「仕舞勘定(かんぢやう)」とも。[例]「—の見事なるはまれなり」〈西鶴・世間胸算用・二・三〉[訳](遊興費の)精算(=支払イ)の見事な人はめったにいないものだ。

❸身づくろいをすること。化粧。「身じまひ」とも。

し-ま・ふ【仕舞ふ・終ふ・了ふ】(ウ:マ)〔他ハ四〕{は・ひ・ふ・ふ・へ・へ}《中・近世語》❶やり終える。なし遂げる。終わりにする。[例]「さし引き四つ切りに奈良中が—・うて」〈西鶴・世間胸算用・四・二〉[訳](大晦日(おおみそか)は)差引勘定は午後十時限りで奈良中の店が終わりにして。[注]「四つ切り」トハ「四つ時を限りに」ノ意。

❷精算する。決算する。[例]「万事を—・ひけるに」〈西鶴・日本永代蔵・二・三〉[訳]一年分の収支を決算したところ。

❸置くべき所へ納める。しまう。かたづける。

しま-み【島廻・島回】〔名〕❶島のめぐり。[例]「渚(なぎさ)にはあぢ群(むら)騒き—には木末(こぬれ)花咲き」〈万葉・一七・三九九一長歌〉[訳]渚には味鴨(あぢがも)の群れが鳴き騒ぎ、島のまわりには梢(こずえ)に花が咲き。

❷島をめぐること。[例]「—すと磯(いそ)に見し花風吹きて波は寄すとも取らずは止(や)まじ」〈万葉・七・一一一七〉[訳]島めぐりをしようとして磯でふと見たあの花(=女ヲタトエル)を、たとえ風が吹き波が寄せてきても、取らずにはおくまい。

しま-もり【島守】〔名〕島を管理する人。島の番人。[例]「俊寛僧都(そうづ)一人(いちにん)、憂(う)かりし島の—になりにけるこそうたてけれ」〈平家・三・有王〉[訳]俊寛僧都一人が(赦免にもれ)、つらい思いをした島の番人となってしまったのはこの上なく悲惨であった。

しま-やま【島山】〔名〕❶島の中の山。山になっている島。[例]「鳥総(とぶさ)立て船木伐(き)るといふ能登(のと)の—今日見れば木立繁(しげ)しも幾代神(かむ)びぞ」〈万葉・一七・四〇二六〉[訳](山の神に対して)とぶさ(=枝葉ノ茂ッタ梢(コズエ))を立てて船材を伐るという能登島(=石川県鹿島郡能登島町)の山よ。今日見ると木立が茂っている。幾代を経た神々しさであろうか。[注]五七七・五七七ノ旋頭歌(セドウカ)。

❷庭園の池の中に造った山。築山。

しまらく【暫く】〔副〕《上代語》⇩しばらく [例]「—は寝つつもあらむを夢(いめ)のみにもとな見えつつ吾(あ)を音(ね)し泣くる」〈万葉・一四・三四七一〉[訳]しばらくの間は寝続けてもいたいのに、(あなたの姿が)夢にむやみに現れて、私をむせび泣かせる。

しみ【紙魚・衣魚】〔名〕和紙や衣類を食いあらす虫の名。[例]「—といふ虫の住みかになりて」〈源氏・橋姫〉[訳](その手紙は)シミという虫のすみかとなって(食いあらされ)。

しみ-かへ・る【染み返る】(:カ エル)〔自ラ四〕{ら・り・る・る・れ・れ}❶たっぷりと染まる。色や香が充分にしみつく。[例]「またの日まで、御簾(みす)に—・りたりしを、若き人などの世に知らず思へる」〈枕草子・五月の長雨のころ〉[訳](中将の移り香が)翌日まで、御簾にたっぷりしみついていたのを、若い女房たちがまたとない程に(すばらしく)思ったのも(もっともなことである)。

❷心に深くしみこむ。深く感動する。

しみ-じみ(と)〔副〕深く心にしみ通るようす。しんみりと。[例]「さし入りたる月の色も、一きは—と見ゆるぞかし」〈徒然草・一〇〉[訳]さし込んでいる月の光も、一段としみじみとしたものに見えるものだ。

し-みづ【清水】(:ミ ズ)〔名〕澄みきった水。多く「わき水」を指す。[例]「道の辺に—流るる柳陰しばしとてこそ立ちどまりつれ」〈新古今・夏・二六二〉[訳]道のほとり清水の流れている柳の緑陰に、ほんのちょっと休もうと立ちどまったのに(涼しさについ時を過ごしてしまったよ)。[注]西行ノ歌。

しみみ-に【茂みみに】〔副〕《「しみしみに」の変化した形》よく茂って。すき間もなく。[例]「見まく欲(ほ)りわが待ち恋ひし秋萩(あきはぎ)は枝も—花咲きにけり」〈万葉・一〇・二一二四〉[訳]私が見たいと思って待ちこがれていた秋萩は、今、枝いっぱいに花が咲いたことだ。

しみら-に〔副〕《「しめらに」とも》一日中。終日。[例]「あかねさす昼は—ぬばたまの夜はすがらに眠(い)も寝ずに」〈万葉・一三・三二九七長歌〉[訳]昼は昼間中、夜は夜通し、眠りもせずに(いとしい恋人に恋いこがれていると)。

し-みん【四民】〔名〕❶すべての民衆。人民。

❷江戸時代、士・農・工・商の四つの身分。

し・む

【染む・浸む】 ■一〔自マ四〕{ま・み・む・む・め・め}❶液体や色・香りなどが衣服などに浸透する。しみ込む。ひたる。[例]「なかなかに人とあらずは酒壺(さかつぼ)に成りてしかも酒に—・みなむ」〈万葉・三・三四三〉[訳]中途半端に人間でいずに酒壺になってしまいたいものだ。そうしたら酒にたっぷりひたっていられるであろう。

❷(「心(身)に染む」などの形で)情趣や人物の印象などが心に染み込む。印象深く思う。痛切に感じる。[例]「など、さしも心に—・みてあはれと覚え給ひけむ」〈源氏・夕顔〉[訳]なぜ、あれほど(夕顔が)深く感じていとしいと(私、光源氏に)思われたのであろう。

❸深く思い入る。熱心になる。ひたる。[例]「紛(まぎ)れなく行ひに—・み給ひにたなり」〈源氏・若菜・下〉[訳](朝顔の姫君は)余念なく仏道修行にひたっておられるようだ。

■二〔他マ下二〕{め・め・む・むる・むれ・めよ}❶液体や色・香りなどが衣服などに浸透するようにする。しみ込ませる。[例]「香(かう)の紙のいみじう—・めたる、にほひいとをかし」〈枕草子・七月ばかりいみじう暑ければ〉[訳]香色(=黄色味ヲ帯ビタ薄赤色)の薄様(うすよう)の紙の大層香を浸み込ませたのは、匂(にお)いがとてもよい。

❷(「心(身)に染む」などの形で)情趣や人物の印象などを深く心に刻み込む。印象深いものとする。[例]「かかる方を心に—・めて聞こゆ」〈源氏・早蕨〉[訳]このような(薫(かおる)の実生活上の気遣いを)印象深いものとして(中の君に)申し上げる。

❸(物事に)強い関心を示す。執着する。[例]「世の中に心を—・むる方なかりつるを」〈源氏・総角〉[訳](私、薫(かおる)は)この世の中に執着することはなかったのだが。

し・む【凍む】〔自マ上二〕{み・み・む・むる・むれ・みよ}寒気で凍りつく。凍る。また、恐怖・困惑などでぞっとする。例「朝夕涼みもなき頃なれど、身も━・むる心地して、言はむ方なく覚ゆ」〈源氏・若菜・下〉訳（柏木(かしわぎ)は光源氏に対して恥ずかしくてきまりが悪いので）朝夕の涼しさもない暑い頃なのだが、（冷気に）身も凍るような気持ちがして、なんとも言いようもなく思われる。注 光源氏ノ妻デアル女三ノ宮ト密通シテシマッタ後ノ、柏木ノ心理。

し・む【占む・標む】〔他マ下二〕{め・め・む・むる・むれ・めよ}❶自分の所有を示してしるしをつける。占める。例「明日よりは春菜摘まむと━・めし野に昨日も今日も雪は降りつつ」〈万葉・八・一四二七〉訳 明日から春菜を摘もうと占有のしるしをつけた野に、昨日も今日も雪が降り続いていることだ。

❷居住地として占有する。敷地とする。例「山里ののどかなるを━・めて、御堂(みだう)を造らせ給ふ」〈源氏・絵合〉訳 山里ののどかな所を敷地として、御堂を造らせなさる。

❸雰囲気、性格などを自分のものとして持つ。身に備える。例「いとあはれと人の思ひぬべきさまを━・め給へる人柄なり」〈源氏・浮舟〉訳（薫(かおる)は）とても魅力的だと誰もがきっと思うような雰囲気をお持ちの人柄である。

し・む〔他マ下二〕{め・め・む・むる・むれ・めよ}━【締む】❶紐(ひも)や帯などを巻きつけて固く結ぶ。しめる。しばる。例「腹帯(はるび)ののびて見えさうぞ。━・め給へ」〈平家・九・宇治川先陣〉訳（馬の）腹帯(＝鞍(くら)ヲ固定スル帯)がゆるんで見えますよ。お締めなさい。

❷しめつける。例「突かれながら━・めたりけり」〈平家・五・文覚被流〉訳（安藤武者は）突かれながらも（相手の文覚(もんがく)を）しめつけたのだった。

❸懲らしめる。

❹決着をつける。話をまとめる。また、事の決着や成就を祝って手打ち式をする。

❺（金銭の出入りを）合計する。決算する。

━【閉む】（戸・窓などを）閉じる。閉める。

しむ〔助動マ下二型〕接続 用言の未然形に付く。

【使役】❶《他の者に動作をさせる意（使役）を表す》…させる。例「我負けて人を喜ば**しめ**んと思はば、さらに遊びの興(きょう)なかるべし」〈徒然草・一三〇〉訳 自分が負けて相手を喜ばせようと思ったら、全く遊びの面白さはないだろう。

❷《平安時代以降、他の尊敬語の上に付けて、尊敬の意を強める》（下に続く尊敬語とともに）**お…あそばされる。お…になる。**例「公(おほやけ)も行幸(ぎやうかう)せ**しめ**給ふ」〈大鏡・時平〉訳 天皇も行幸にお出かけになる。

❸《平安時代末期以降、他の謙譲語の下に付けて、謙譲の意を強める》（上の謙譲語とともに）お…申し上げる。…させていただく。例「家貧ならむ折は、御寺に申文(まうしぶみ)を奉ら**しめ**むとなむ」〈大鏡・道長・上〉訳 家が貧しくなるような時は、お寺（＝藤原道長ガ京都ニ建テタ法成寺(ホウジョウジ)）に願いを書いた文書を差し上げさせていただこうと。

未然形	連用形	終止形	連体形	已然形	命令形
しめ	しめ	しむ	しむる	しむれ	（しめ）しめよ

要点 ⑴「す」「さす」が平安時代の女流文学作品などの和文に多用されたのに対し、「しむ」は、漢文訓読系の文章や老人の言葉などに、古風な感じを伴って用いられた。
⑵「…しめ給ふ」とある場合、その「しめ」が使役か、尊敬かは、前後の文脈から判断するほかない。なお、③の用例は極めてまれである。⇩しめたまふ
⑶命令形「しめ」は上代だけのものである。

しめ【標】〔名〕❶《「占め」の意》土地の領有を示し、立ち入りを禁ずるために張りめぐらす縄などの標識。例「ささ波の大山守(おほやまもり)は誰(た)がためか山に━結(ゆ)ふ君もあらなくに」〈万葉・二・一五四〉訳 ささ波の地（＝琵琶(ビワ)湖南西岸）の大山守はいったい誰のために山に標を張るのか。（山の）持ち主でいらっしゃった天智天皇ももはや生きておいでにならないのに。

❷「しめなは」の略。

しめ《尊敬の助動詞「しも」の命令形》《軽い尊敬の意をこめて、命令や依頼をする意を表す》…なさい。…てください。例「頼うだ人の帰らせられたならば、何かをさしおいて泣か**しめ**」〈狂言・附子〉訳 ご主人が帰ってこられたら、何をさしおいてもまず泣きなさい。⇩しも

しめ-じめ〔副〕《多く「と」を伴って》❶静かに深く心にしみ入る様子。また、心にしみ入るほどに物静かな様子。しめやか。しみじみ。ひっそり。例「この御前(おまへ)は人げ遠くもてなして、━と物語聞こえ給ふ」〈源氏・総角〉訳 このお二人（＝薫(カオル)ト大君(オオイギミ)）のそばには人を近づけないようにして、（お二人は）しんみりとお話しなさる。

❷あることに傾倒し、没入する様子。心から。ひたすら。

❸しめり、うるおっているさま。また、雨が静かに降る様子。じめじめ。しとしと。

しめ・す【示す】〔他サ四〕{さ・し・す・す・せ・せ}❶表して見せる。さし示す。見せる。例「潮(しほ)干(ひ)なば玉藻刈り蔵(こ)め家の妹(いも)が浜づと乞(こ)はば何を━・さむ」〈万葉・三・三六〇〉訳 潮が引いてしまったら、玉藻を刈って蓄(たくわ)えておけ。（そうしなかったら）家で待っている妻が浜のみやげをほしがったら、他に何を出して見せようか。

❷告げ知らせる。教え示す。教える。例「必ず雨風やまば、この浦にを寄せよと、重ねて━・すことの侍りしかば」〈源氏・明石〉訳 必ず雨や風がおさまったら、この浦（＝須磨ノ浦）に（船を）漕(こ)ぎ寄せよと、（夢に）重ねて告げ知らせることがございましたので。

しめ-たま・ふ【しめ給ふ】{タマ(モ)ウ}〔連語〕《助動詞「しむ」の連用形＋尊敬の補助動詞「たまふ」。用言の未然形に付く》❶《「しむ」が使役の場合》…させなさる。…させあそばす。例「この幣(ぬさ)の散る方(かた)に、御船(みふね)すみやかに漕(こ)が━・へ」〈土佐・一月二十六日〉訳 この幣（＝神ニ捧ゲル布・紙ナドノ小片）の散る方向に、お船を速く漕ぐようにおさせ下さい。

❷《「しむ」が尊敬の場合》動作の主に対する高い尊敬の意を表す。…なさる。…あそばす。例「駅(むまや)の長(をさ)のいみじく思へる気色(けしき)を御覧じて作ら━・ふ詩、いとかなし」〈大鏡・時平〉訳（明石の）宿場の長が大変気の毒だと思っている気配をご覧になって（菅原道真(すがわらのみちざね)様が）お作りあそばした漢詩は、たいそう悲しいものだった。

要点 ②の用法は、天皇・皇后・皇子・大臣など、特に高貴な人に対する敬語として用いられる。普通は

「せ給ふ」「させ給ふ」が用いられ、「しめ給ふ」は儀礼的で改まった場面に用いられるが、平安時代の女流作品中にはあまり現れない。

しめ-なは【標縄・注連縄】(ナワ)〔名〕不浄なものや災いが入らないように神前や神事の場に張りめぐらす藁(わら)縄。

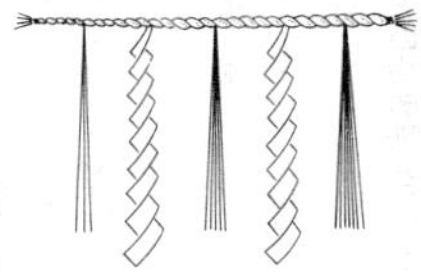

しめなは

しめ-の【標野】〔名〕《「しめ」は縄などを結び占有の証(あかし)とするしるし》上代、皇室や貴人が領有して一般の人の立ち入りを禁じた野。禁野。例「あかねさす紫野(むらさきの)行き――行き野守(のもり)は見ずや君が袖(そで)振る」〈万葉・一・二〇〉訳 紫草の生えている野原を行き、一般人の立ち入りできない野を行って、野守が見るではありませんか、あなたが(=大海人皇子(オオアマノミコ))そんなに袖をお振りになっているのを。注 天智天皇ガ薬草採リヲシタ時ニ額田王(ヌカタノオオキミ)ガ詠ンダ歌。ココノ「標野」ハ、天皇領ノ紫草栽培園。

しめ-やか〔形動ナリ〕《動詞「し(湿)める」の語幹＋接尾語「やか」》❶(有様・態度・性質などが)静かで落ち着いている様子。しっとりとしている。しとやかである。例「わざとならぬ匂(にほ)ひ、――・にうちかをりて」〈徒然草・三二〉訳 (来訪を知って)特に準備したとは思われない(身だしなみとしてのさりげない)香(かう)の匂いが、しっとりとただよって。❷(感動が)心に深く感じる様子。しみじみと感じる。しんみりとしている。例「同じ心ならん人と――・に物語して」〈徒然草・一二〉訳 気の合った人(がいて、その人)としみじみと話をして。

しめ・る【湿る】〔自ラ四〕{ら・り・る・る・れ・れ}❶湿気を帯びる。例「霧にいたう――・りたるを脱ぎ」〈枕草子・七月ばかりいみじう暑ければ〉訳 霧で大層湿った衣服を脱ぎ。❷火・雨・風などの勢いが弱まる。衰える。例「やうやう風なほり、雨の脚――・り、星の光も見ゆるに」〈源氏・明石〉訳 しだいに風がおさまり、雨脚も衰えて、星の光が見えてきたので。❸物思いに沈む。沈む。例「思ふ事の筋々嘆かしくて、例よりも――・りて居給へり」〈源氏・野分〉訳 (夕霧は)思いわずらう事のあれこれが悲しくて、いつもより沈んでいらっしゃった。❹物静かである。落ち着いている。例「これは人ざまもいたう――・り恥づかしげに」〈源氏・絵合〉訳 この方はお人柄もたいそう落ち着いていて気のおける感じであって。

し-めん【四面】〔名〕❶四つの面。まわり。周囲。例「像の――に各々七歩(ふ)ばかりを去りて木の勾欄(こうらん)を立てたり」〈今昔・四・六〉訳 (観音)像の周囲にそれぞれ七歩くらいずつ隔てて木の手すりを立ててある。❷四つの方向。東西南北。四方。

しも【下】〔名〕❶空間的に、低い方。末の方。下(しも)の方。ⓐ(高い所に対し)低い所。例「このつづら折りの――に」〈源氏・若紫〉訳 この曲がりくねった坂道のすぐ下の方に。ⓑ川の下流。川下(かはしも)。ⓒ(体や衣装について)下半身。腰から下の部分。例「腰より上(かみ)は人にて、――は蛇なる女、清げなるがゐて」〈宇治拾遺・四・五〉訳 腰から上は人間で、下半身は蛇の形をした、きれいな女がいて。ⓓ(家や部屋の中で)入り口などに近い部分。端近(はしぢか)の所。例「長押(なげし)の――に人々臥(ふ)して答(いら)へすなり」〈源氏・帚木〉訳 (母屋(もや)の)長押より端近な所(=廂(ヒサシ)ノ間)に女房達は横になっていて返事をしているようである。❷時間的に、後(あと)の方。末の方。現在に近い方。ⓐ一月(ひとつき)のうちで、月末に近い部分。下旬。ⓑ後の時代。現代に近い時。❸地位・身分・価値・順序などについて、低い方。下(しも)の方。後(あと)の方。ⓐ地位・身分の低いこと。また、その人。例「上(かみ)・中・――の人、われもわれもとこの道に志し集まれば」〈源氏・少女〉訳 身分の高い人も中ほどの人も低い人も、(皆)我も我もとこの道(=学問)に志を立てて集まるので。ⓑ身分の低い人の席。下座(しもざ)。ⓒ宮中や貴人の邸内で、女房の部屋。召使いの部屋。また、座敷などに対して、自分の部屋。例「少将の尼は、兄(せうと)の阿闍梨(あざり)の来たるに会ひて、――にゐたり」〈源氏・手習〉訳 少将の尼は、自分の兄の阿闍梨が来たのに対面して、自分の部屋に座っていた。ⓓ和歌の、下(しも)の句。七七の部分。また、連歌(れんが)で七七の句。短句。ⓔ俳句の最後の五字の部分。下五(しもご)。❹皇居や都から離れた方。ⓐ平安京の中で、南の方。皇居が北にあったのでいう。京都では、現代でも、普通にこの呼称を用いている。ⓑ京都から見て、西にあたる地方。特に、大坂を指す。

しも【霜】〔名〕霜。また、白髪をたとえていう。

しも〔助動特活〕《軽い尊敬の意を表す》…なさる。接続 四段・ナ変動詞の未然形につく。例「陽関をも出でて、安西へもいら**しま**ば」〈三体詩絶句抄〉訳 陽関を通過して、安西へ行かれたら。例「これも、代王の帝となら**しも**たほどに、大后とは言ふぞ」〈史記抄〉訳 これも、代王が帝におなりになったから、大后とは言うのだ。⇩しめ

要点 「しま」「しも」「しむ」などの形がある。命令形「しめ」が謡曲や狂言に数多く用いられている。四段・ナ変以外の動詞には「さしも」が付く。

しも〔副助〕《副助詞「し」＋係助詞「も」》接続 主語や連用修飾語に付く。

【強調】❶上の事柄を強調したり、強く指し示したりする意を表す。例「今日(けふ)**しも**端におはしましけるかな」〈源氏・若紫〉訳 (光源氏一行がお忍びで来ている)今日に限って端近な所(=表ニ近イ所)にいらっしゃることですね。❷(下に打消しの語を伴って)部分否定の意を表す。必ずしも…でない。例「この人、国に必ず**しも**言ひ使ふ者にもあらざなり」〈土佐・十二月二十三日〉訳 この人は、国司の役所で必ずしも召し使っている者でもないようだ。例「みな人、物佗(わ)びしくて、京に思ふ人なきに**しも**あらず」〈伊勢・九〉訳 一行すべての人は、なんとなく悲しくて、(それぞれ)都に恋しく思う人がいないわけではない。❸(動詞・助動詞の連体形、または、それに「に」の接したものに付いて)「…にもかかわらず、かえって」という逆接的な感

じを添える。例「ことさらに、田舎びもてなし給へる**しも**、いみじう見るに笑(ゑ)まれて清らなり」〈源氏・須磨〉訳(光源氏が)特別に、いなかふうに振る舞っていらっしゃるのは、(それが、かえって)そばで見るとほほえまれるくらいで美しいのである。

要点 副助詞「し」よりも強い強調・指示の意を表す。①が基本的な用法で、②③は特殊な用法。③は前後の文脈から逆接的なニュアンスが生じるにすぎないので、もともと①に含められる用法である。上代に盛んに用いられた副助詞「し」が平安時代になると単独ではあまり用いられなくなり、代わって「しも」が広く用いられるようになった。

しも-うど【下人】〔名〕《「しもびと」のウ音便》身分や位の低い人。下役。下っぱ。例「諸司の――どもの、したり顔に、馴(な)れたるもをかし」〈徒然草・二三〉訳(宮中の)諸役所の下っぱ達が、得意顔で、ものなれて(振る舞って)いるのもおもしろい。

下河辺長流(しもかうべちやうりう)〔人名〕江戸前期の歌人、国学者。大和(奈良県)の人。和歌、歌学に通じ、国学の復興に尽力。著に注釈書『万葉集管見』家集『晩花和歌集』など。(一六二四～八六)

しも-が・る【霜枯る】〔自ラ下二〕{れ・れ・る・るる・るれ・れよ} 霜にあって草花が枯れる。霜枯れる。例「こと花どもの皆――・れたるに」〈枕草子・草の花は〉訳他の花がみな霜で枯れてしまったのに。

じもく【除目】〔名〕⇩ぢもく

しも-けいし【下家司】〔名〕下級の家司。四位・五位の家司を「上家司(かみけいし)」というのに対し、六位以下の家司。

しも-ざま【下様】〔名〕❶下の方。❷身分の低い階層。例「――の人の物語は、耳驚くことのみあり」〈徒然草・七三〉訳身分の低い(教養のない)人の話は、(不思議で)聞いて驚くようなことばかり多い。❸(時間的に)後の時代。後世。

しも-つ-かた【下つ方】〔名〕《「つ」は「の」の意》❶(身体の)下の方。例「立ちさまよふらむ――思ひやるに、あながちにたけ高き心地ぞする」〈源氏・夕顔〉訳(垣のかげで)立って動きまわっているらしい下半身を想像すると、ひどく背が高い感じがする。❷(京都の)下の方。下京。例「――の京極わたりなれば」〈源氏・澪標〉訳下京の京のはずれあたりなので。❸(身分の)低い階層の者。例「それより――は、ほどにつけつつ」〈徒然草・一〉訳それより低い階層の者は、(それぞれの)身分に応じて。

しも-づかへ【下仕へ】〔名〕院の御所・宮家・摂関家などで、雑用に従事した、身分の低い女官。

しも-つき【霜月】〔名〕陰暦十一月。例「――ばかりになれば、雪・霰(あられ)がちにて」〈源氏・蓬生〉訳十一月の頃になると、雪や霰の日が多くて。

しも-つけ【下野・繍線菊】〔名〕《もと「下野国」に産したからという》バラ科の落葉低木。夏、淡紅色の小さな花が、茎の先に群がって咲く。

下野(しもつけ)〔旧国名〕東山道十三か国の一つ。現在の栃木県にあたる。もとの毛野国が二分されて、上毛野国(=転ジテ「かうづけのくに」)と下毛野国となり、大化の改新の時、下野国と表記が改められ、やがて「しもつけ」が国名と考えられるようになった。野州。

しも-つ-やみ【下つ闇】〔名〕(陰暦の)月の下旬の闇夜。例「九月の――のころほひなれば、極めて暗くして、いかにも物見えず」〈今昔・二七・二三〉訳九月下旬の闇夜の頃なので、大変暗くて、どんなにしても物の影も見えない。

しもと〔名〕■一【細枝・楉】細く伸びた若枝。例「生(お)ふ――この本山(もとやま)のましばにも告(の)らぬ妹(いも)が名象(かた)に出(い)でむかも」〈万葉・一四・三四八八〉訳若枝の生い茂っているこの山麓のシバ(=雑木)ではないが、そうしばしば口に出したことのないあの人の名が、占形(=占イノ結果)に出て(人に知られて)しまうだろうか。注「ましば」ニ、「雑木」ノ意ノ「真柴」ト、「しばしば」ノ意ノ副詞「ましば(に)」ガ掛ケラレテイル。■二【笞】刑罰の具。罪人を打つのに用いる、木の枝などで作ったむち。また、杖。例「――取る里長(さとをさ)が声は寝屋戸(ねやど)まで来立ち呼ばひぬ」〈万葉・五・八九二長歌〉訳(賦役を催促する)むちを持った村長の声は、寝室までやって来て呼びたてている。

しもと-がち【細枝がち】〔形動ナリ〕《「がち」は接尾語》若く細い枝がたくさん伸びている様子。例「桃の木の若だちて、いと――・にさし出(い)でたる」〈枕草子・正月十よ日のほど〉訳桃の木に若い枝が生え出て、細枝をたくさん出しているのは。

じ-もの〔接尾〕(名詞に付いて)…のようなもの、…のように、の意を表す。「鳥――」「犬――」「鹿(しし)――」など。

参考「時じ」などの形容詞を作る接尾語「じ」に、形式名詞「もの」が付いた形といわれる。

しも-の-や【下の屋】〔名〕⇩しもや

しも-びと【下人】〔名〕❶身分の卑しい人。下層階級の人。例「いと鄙(ひな)び、あやしき――の中に生(お)ひ出(い)で給へれば、物言ふさまも知らず」〈源氏・常夏〉訳(近江の君は)大変田舎くさく、身分の卑しい階層の中に成長なさったので、物の言い方も知らない。❷召使い。下人。下男や下女。

下総(しもふさ)〔旧国名〕東海道十五か国の一つ。現在の千葉県北部と茨城県の一部にあたる。もとの総の国が二分されて上総(=転ジテ「かづさ」)と下総となったもの。総州。「しもつふさ」とも。

しも-べ【下部】〔名〕❶雑用に使われる者。召使いの下人。例「――どもなど遣はして蓬(よもぎ)払はせ」〈源氏・蓬生〉訳(光源氏は自分の)召使い達を(末摘花邸に)遣わして庭のヨモギを刈り払わせ。❷身分の卑しい人。下層階級の人。例「頭(かしら)は――も食はず」〈徒然草・一一九〉訳(鰹の)頭は下層階級の者でも食べない。

しも-ぼふし【下法師】〔名〕雑役などに使われる身分の低い僧。例「――に狐(きつね)三つ飛びかかりて食ひつきければ」〈徒然草・二一八〉訳その雑役僧に狐三匹が飛びかかって食いついたので。

しも-む【下無】〔名〕十二律の一つ。洋楽の嬰ヘ(変ロ)に当たる。例「五の穴は――調(てう)なり」〈徒然草・二一九〉

訳（横笛の）五の穴は下無調である。⇩じふにりつ

しも-や【下屋】〔名〕寝殿造りで、寝殿（=母屋）の後ろにあって、女房や下人などの住む建物。

しも-よ【霜夜】〔名〕霜が降る寒い夜。

じゃ-いん【邪淫】〔名〕〔仏教語〕五悪または十悪の一つ。妻以外の女、または夫以外の男と通じる、よこしまな男女の交わり。

しゃう【正】一〔名〕❶内膳司など諸司の長官。かみ。
❷計数上の記号で五つ。
二〔形動ナリ〕❶まちがいのないこと。本当。
❷よく似ている様子。そっくり。
三〔接頭〕❶きっちり、ちょうど、などの意を表す。例「明朝は━七つ時に御登城、御苦労千万」〈浄・仮名手本忠臣蔵・三〉訳明日の朝は四時ちょうどにご登城、まことにご苦労様でございます。
❷（「じゃう」とも）一つの位階を二つに分けて、その上位の階級を表す。下位は「従（じゅ）」。例「その夜、源氏の中将━三位し給ふ」〈源氏・紅葉賀〉訳その夜、光源氏の中将は正三位に昇進された。注中将ハ従四位相当ナノデ、コレハ異例ノ昇進。

しゃう【生】〔名〕❶物が生ずること。生まれること。⇩しゃうぢゅういめつ
❷生きていること。また、生き物。例「━を苦しめて目を喜ばしむるは、桀（けつ）・紂（ちう）が心なり」〈徒然草・一二八〉訳生きている物を苦しめそれを見て（心を）楽しませるのは、（古代中国の暴君の）桀王や紂王のような（残忍非道な）心である。
❸生命。いのち。例「━あるもの、死の近きことを知らざること、牛すでにしかなり。人、また同じ」〈徒然草・九三〉訳生命あるものが、（自分の）死はすぐ近くにあることを知らないという点で、牛が現にそうである。人間も、また同じことだ。

しゃう【姓】〔名〕（「さう」とも）氏（うじ）。苗字（みょうじ）。例「一人はその国に住む男、━はむばらになむありける」〈大和・一四七〉訳一人はその国（=摂津国）に住む男で、氏は菟原（むばら）氏であったそうだ。

しゃう【性】〔名〕❶持って生まれた性質。生まれつき。本性。例「女の━はみなひがめり」〈徒然草・一〇七〉訳女の本性はすべての点で偏りがひどくねじけている。
❷心。魂。

しゃう【省】〔名〕令制で、太政官（だいじょうかん）の統轄する中央官庁。中務（なかつかさ）・式部（しきぶ）・治部（じぶ）・民部（みんぶ）・兵部（ひょうぶ）・刑部（ぎょうぶ）・大蔵（おおくら）・宮内（くない）の八省。

しゃう【荘・庄】〔名〕❶（「さう」とも）「荘園（しょうえん）」の略。例「この事しおほせつるものならば、国をも━をも所望によるべし」〈平家・一・俊寛沙汰・鵜川軍〉訳この事（=平家討伐）が成就したならば、国でも荘園でも望みのままに与えよう。
❷かつての荘園の名を残している土地。例「駒（こま）に助けられて大垣（おほがき）の━に入れば、曽良も伊勢より来たりあひ」〈奥の細道・大垣〉訳馬に助けられて（道中を急ぎ）大垣の荘（=岐阜県大垣市）に入ると、曽良も伊勢からやって来ておちあい。

しゃう【笙】〔名〕雅楽に用いる管楽器の一つ。環状に立てならべた長短十七本の竹管と吹き口のついた匏（ほう）とからなり、吹奏する。

しゃう【箏】〔名〕⇩さう（箏）

じゃう【状】〔名〕書状。手紙。

じゃう【城】〔名〕城。城郭。とりで。

じゃう【情】〔名〕❶物に感動する心の働き。例「行く春丹波にゐまさば、もとよりこの━浮かぶまじ」〈去来抄・先師評〉訳（「行く春を近江（あふみ）の人と惜しみけり」の句について）晩春の頃丹波にいらっしゃったのなら、決してこのような感動は浮かんでこなかったでしょう（琵琶湖に近い近江にいてこそ生まれたものです）。
❷なさけ。情愛。例「南谷の別院に舎（やど）して、憐愍（れんみん）の━こまやかにあるじせらる」〈奥の細道・出羽三山〉訳（羽黒山の）南谷の別院に泊まって、心をこめて情愛もこまやかにおもてなしされた。

じゃう【鎖】〔名〕戸やふたなど、あけたてする箇所にさして締りとする金具。例「惣門は━のさされて候ふぞ」〈平家・五・月見〉訳正門は錠がおろされていますよ。

じゃう-え【浄衣】〔名〕❶白い布や生絹（すずし）で仕立てた狩衣（かりぎぬ）。神事・祭礼などに着用した。
❷僧の着る白い衣服。

しゃう-が【唱歌】〔名・自サ変〕（「さうが」とも）❶さまざまな楽器の曲の譜を口ずさむこと。例「あるいは歌をうたひ、あるいは━をし、あるいはうそぶき」〈竹取・貴公子たちの求婚〉訳（貴公子達の）ある者は歌をうたい、ある者は旋律を口ずさみ、ある者は低い声で歌や詩句を朗誦し。
❷楽にあわせて歌をうたうこと。例「秋風楽（しうふうらく）にかきあはせて、━し給へる声、いと面白ければ」〈源氏・少女〉訳（雲居雁（くもゐのかり）が）秋風楽を奏するのに合わせて、（父の内大臣が）お歌いなさる声が、大変趣があったので。

じゃう-か【城下】〔名〕大名の居城を中心に形作られた町。城下町。例「羽黒を立ちて、鶴が岡の━、長山氏重行といふ武士（もののふ）の家に迎へられて、俳諧一巻あり」〈奥の細道・酒田〉訳羽黒山を出発して、鶴が岡（=現在ノ山形県鶴岡市）の城下町（に住む）、長山重行という武士の家に迎えられて、連句一巻がある（=ヲ巻イタ）。

しゃう-がく【正覚】〔名〕〔仏教語〕一切の迷妄を断ち切って、正しい悟りを開くこと。また、その悟り。

しゃう-ぎ【床机・床几・将机】〔名〕主として屋外で用いた一人用の腰掛け。座る部分に皮革や布を張り、脚をX字に組んで折りたたむようにし、携帯に便利に作ってある。例「とてものことにゆるりと居て見よう、━をくれい」〈狂言・萩大名〉訳どうせ（庭を）見るのならいっそのことゆっくりと座って見よう、床机をくれ。

しゃうぎ

じゃう-ぐわい【城外】一〔名〕城の外。また、町の郊外。町はずれ。例「大聖寺（だいしやうじ）の━、全昌寺といふ寺に泊まる」〈奥の細道・全昌寺〉訳大聖寺町（=石川県加賀市）の町はずれにある、全昌寺という寺に泊まる。
二〔名・自サ変〕城外に出ること。郊外へ出かけること。例「━やし給へりし」〈大鏡・道長・下〉訳都の外に出たことがございますか。

しゃう-くゎう【上皇】〔名〕天皇の譲位後の称。太上天皇。「おりゐのみかど」とも。
参考 漢音でよんだ語で、呉音ならば「じゃうわう」となる。室町末期の頃から「じゃうくゎう」と濁るようになる。出家した場合には「法皇」という。

じゃう-くゎく【城郭】〔名〕城とその周囲に築いた外郭。とりで。例「夜に入りて、奈良坂・般若寺二か所の——ともにやぶれぬ」〈平家・五・奈良炎上〉訳 夜に入って、奈良坂(=山城カラ大和へ入ル道)・般若寺(=奈良県奈良市カ)の二か所のとりではともに敗れた。

しゃう-くゎつ【生活】〔名〕日常の暮らし。生活。例「——・人事・伎能・学問等の諸縁をやめよ」〈徒然草・七五〉訳 生活・世間づきあい・諸種の技術・学問など種々の世間とのかかわりあいを絶て。

しゃう-くゎん【賞翫】〔名・他サ変〕❶愛好しもてはやすこと。珍しがりもてはやすこと。❷尊重すること。重んずること。❸味わい楽しむこと。賞味すること。

しゃう-ぐん【将軍】〔名〕❶一軍を統率し指揮する武官。例「今度は李広といふ——に仰せて、百万騎をさしつかはす」〈平家・二・蘇武〉訳 今度は李広という将軍にお命じになって、(胡国に)百万騎を派遣する。❷勅命を受け一軍を統率して出征する臨時派遣の職名。出征地によって、鎮東将軍、征夷将軍、征西将軍などという。❸幕府主宰者としての「征夷大将軍」の略。建久三年(一一九二)源頼朝が鎌倉幕府を開き征夷大将軍に任じられて以後は、もっぱらこの意味に用いられた。

じゃう-げ【上下】〔名〕❶上と下。かみとしも。例「公卿・殿上人、——の北面に至るまで、官位俸禄皆身に余るばかりなり」〈平家・一・殿下乗合〉訳 上は公卿や殿上人から、上北面下北面の武士にいたるまで、官位や俸給は皆身に余るくらいである。❷身分の高い人々と低い人々。世間の人達すべて。例「京中の——、老いたるも若きも、鬼界が島の流人の歌とて、口ずさまぬはなかりけり」〈平家・二・蘇武〉訳 京中の人々は、老人も若者も、鬼界が島に流された人の歌だといって、(流れ着いた卒都婆に書かれた康頼の歌を)口ずさまぬ者はなかった。

しゃう-けい【上卿】〔名〕宮中での公事や勅使などの使者派遣に際し、その執行の長や首席者として臨時に任じられた者。大臣、大・中納言の中から選ばれた。

しゃう-げう【聖教】〔名〕釈迦の説いた教法。仏教の経典。経文。例「——の細やかなる理、いとわきまへずもやと思ひしに」〈徒然草・一四一〉訳 仏教の精細な道理など、十分には心得ていないであろうと思ったが。

しゃう-げん【将監】〔名〕「近衛府」の判官(=三等官)。

じゃう-げん【上弦】〔名〕陰暦の七日前後の月。一日(新月)と十五日(満月)との間に、右半円状に見える月。対 かげん

しゃう-ご【鉦鼓】〔名〕雅楽や念仏に用いる打楽器。青銅製の丸い鉦で、台につるして撞木でたたく。

じゃう-ご【上戸】〔名〕酒を多く飲む人。酒好き。大酒家。対 げこ②

しゃう-こく【相国】〔名〕(国の政を相ける意)太政大臣・左大臣・右大臣の唐名。例「入道——の御娘なるうへ、天下の国母にてましましければ」〈平家・一・吾身栄花〉訳 出家した太政大臣平清盛の娘である上、天子の母君でいらっしゃるから。

しゃう-こつ【性骨】〔名〕人が本来備えている技芸の素質・才能。

しゃう-ごん【荘厳】〔名・他サ変〕(仏教語)仏像や堂塔をおごそかに美しく飾ること。また、その飾り。例「七堂甍改まりて、金壁、——光を輝かし」〈奥の細道・瑞巌寺〉訳 七堂(=寺全体)が改築されて、金色の四方の壁、仏前の装飾がまばゆい光を輝かせ。

しゃう-し【尚侍】〔名〕(「しゃうじ」とも)⇩ないしのかみ

しゃう-じ【生死】〔名〕❶生き死に。また、特に死をいう。例「——の掟に従ふならひ」〈平家・一・願立〉訳 この世での生き死にのきまり(=生アルモノハ必ズ死ヌトイウキマリ)に従うというならわしは。❷(仏教語)生・老・病・死の四苦の初めと終わり。さまざまの苦にさまよう衆生の迷いの世界。例「げにはこの世をはかなみ、必ず——を出でんと思はんに」〈徒然草・五八〉訳 ほんとうに現世のたよりにならないことを思い、必ず迷いの世界をぬけ出そうと思うならば。

しゃう-じ【床子】〔名〕宮中などで用いた腰掛けの一種で、机のような形をしたもの。敷物などを敷いて用いた。

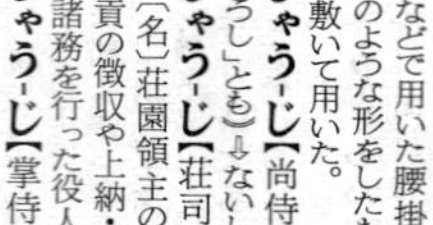
しゃうじ（床子）

しゃう-じ【尚侍】〔名〕(「しゃうし」とも)⇩ないしのかみ

しゃう-じ【荘司・庄司】〔名〕荘園領主の命を受けて、年貢の徴収や上納・治安維持などの諸務を行った役人。荘官。

しゃう-じ【掌侍】〔名〕⇩ないしのじょう

しゃう-じ【障子】〔名〕(「さうじ」とも)室内の仕切りのために立てる建具。明かり障子・衝立障子・襖障子などの種類がある。
参考 現在いう障子は「明かり障子」にあたるが、平安時代の物語などに出てくる障子は、ほとんど「襖障子」か「衝立障子」のことである。

しゃう-じ【精進】〔名・自サ変〕(「しゃうじん」の末尾の撥音を表記しない形)⇩しゃうじん 例「あはれなるもの。孝ある人の子。よき男の若きが御嶽——したる」〈枕草子・あはれなるもの〉訳 しみじみと感じられるもの。親の喪に服している子。身分の高い若者が御嶽精進をしているさま。

じゃう-し【上巳】〔名〕「五節句」の一つ。陰暦三月初めの巳の日。平安時代の貴族達は禊祓をして不吉なものを祓い、「曲水の宴」を行った。後世は陰暦三月三日の称となり、民間では女子の祝日としてひな祭が行われた。桃の節句。(季・春)

しゃうじ-ぢゃうや【生死長夜】〔名〕(仏教語)衆生が悟れないで、生死の苦しみに迷っているこの世を、長い闇夜にたとえた語。

しゃう-じゃ【精舎】〔名〕(仏教語)仏道を修行する

所。寺。例「須達長者(しゅだつちゃうじゃ)、この——を造りし間に」〈今昔・二・二二〉訳須達長者(=仏教伝説上ノ人物)が、この寺を造った間に。

じゃうしゃ-ひっすい【盛者必衰】ジョウシャ《連語》《仏教語》勢いの盛んな者もいつかは必ず衰えるということ。例「娑羅双樹(しゃらさうじゅ)の花の色、——の理(ことわり)をあらはす」〈平家・一・祇園精舎〉訳(仏教伝説にある)娑羅双樹の花の色は、勢いの盛んな者も必ず衰えるという道理を表している。

しゃうじゃ-ひつめつ【生者必滅】ショウジャ《連語》《仏教語》生命のあるものは必ず死ぬということ。この世の無常をいう言葉。例「——、会者定離(ゑしゃぢゃうり)は、浮き世の習ひにて候ふなり」〈平家・一〇・維盛入水〉訳命ある者は必ず死に、会う者は必ず別れるのは、この世のならわしです。

しゃう-じゅ【聖衆】ショウ〔名〕《仏教語》仏の弟子などの聖なる人々。特に、極楽浄土にいる菩薩(ぼさつ)達。例「——虚空の星のごとくに光を散らす」〈今昔・六・三〇〉訳菩薩達が空の星のように輝いている。

じゃう-じゅ【成就】ジョウ〔名・自サ変〕すっかり成しとげられること。完成。達成。成功。

しゃう-じょ【生所】ショウ〔名〕生まれた場所。出生地。

しゃう-じんショウ〔名〕**㊀【生身】❶**仏・菩薩(ぼさつ)が、この世の人を救うために、人間となってこの世に現れた姿。例「当時、西天(さいてん)に——の如来(にょらい)出世し給ひて、説法利生(りしゃう)し給ふなるに」〈平家・一〇・高野御幸〉訳ただ今、天竺(てんじく)(=インド)で人の姿をとった如来様が出現なさって、仏法を説き人々を救っておられるそうだが。❷生きているからだ。なまみ。

㊁【正身】本人。当人。本物。和文では「さうじみ」と表記されることが多い。

しゃう-じん【精進】ショウ〔名・自サ変〕《仏教語。「さうじん」「さうじ」とも》❶一心に仏道に励むこと。例「一生——にて読経うちして」〈徒然草・八六〉訳(惟継(これつぐ)中納言は)一生涯仏道に励んで経を読み続けて。❷身を清め、不浄を避けること。例「にはかに——始めつつ、厳島(いつくしま)へぞ参られける」〈平家・二・徳大寺之沙汰〉訳(徳大寺の大納言実定卿(しっていきゃう)は)急に身を清め不浄を避けることをし始めて、厳島へ参詣(さんけい)なさった。❸魚や肉類を断ち、菜食すること。

しゃうじん-けっさい【精進潔斎】ショウジン《連語》身を清め物忌みをすること。

しゃう・す【賞す】ショウス〔他サ変〕{せ・し・す・する・すれ・せよ}ほめたたえる。また、ほめて賞を与える。例「この中にむねと射返したるものども記(しる)して、公家に奏せられたりしかば、みな——・せさせ給ひき」〈大鏡・道隆〉訳(刀伊(とい)国の賊と戦った)この武士の中で中心となって(敵を)矢で追い返した者たちの名前を書いて、朝廷に奏上なさったので、(朝廷は彼らの)全員に恩賞をお与えになった。

しゃう・ず【請ず】ショウズ〔他サ変〕{ぜ・じ・ず・ずる・ずれ・ぜよ}《「さうず」とも》請い招く。招待する。例「四十九日の仏事に、ある聖(ひじり)を——・じ侍(はべ)りしに」〈徒然草・一二五〉訳四十九日の法事に、ある高徳の僧をお迎えしましたが。

じゃう-ず【上衆・上種】ジョウ〔名〕身分の高い人。貴人。

じゃう-ず【上手】ジョウ〔名・形動ナリ〕❶物事にたくみなこと。また、その人。達人。名人。例「そのころ都に聞こえたる白拍子(しらびゃうし)の——、祇王祇女(ぎわうぎぢょ)とておとといあり」〈平家・一・祇王〉訳その頃都で評判になっている白拍子の名人に、祇王祇女という姉妹がいた。注「白拍子」ハ平安末期ニ流行シタ歌舞ノ一種。❷おせじのうまいこと。口じょうず。

じゃう・ず【成ず】ジョウズ〔他サ変〕{ぜ・じ・ず・ずる・ずれ・ぜよ}願い事などをなし遂げる。成就する。例「生(しゃう)の中に多くの事を——・じて後、閑(しづ)かに道を修(しゅ)せん」〈徒然草・二四一〉訳生きているうちに多くの事を成就した後、心静かに仏道を修行しよう。

じゃうず-めか・し【上衆めかし】ジョウズ〔形シク〕《動詞「上衆めく」を形容詞化した形》高い身分の人のようである。上流階級の人らしく見える。例「覚(おぼ)えいとやむごとなく、——・しけれど」〈源氏・桐壺〉訳(桐壺更衣(きりつぼのかうい)は)評判も大変高く、(ご様子も)いかにも高貴な人のようであったが。

じゃうず-め・く【上手めく】ジョウズ〔自カ四〕{か・き・く・く・け・け}《「めく」は接尾語》いかにも上手らしく振る舞う。例「万(よろづ)のとがは、馴(な)れたるさまに——・き、所得たるけしきして、人をないがしろにするにあり」〈徒然草・二三三〉訳すべての過失(の原因)は、物なれたようにいかにも上手らしく振る舞い、得意顔になって、人を無視することにある。

じゃうず-め・く【上衆めく】ジョウズ〔自カ四〕{か・き・く・く・け・け}《「めく」は接尾語》身分の高い人のように見える。また、貴人らしく振る舞う。例「忍びやかに調べたるほど、いと——・きたり」〈源氏・明石〉訳(明石の上が)物静かに琴を奏(かな)でている様子は、貴人のような気品が大層感じられた。

しゃう-ぞく【装束】ショウ〔名・自サ変〕《平安時代では多く「さうぞく」。また、「さうずく」とも》❶正装すること。また、その衣服など。装い。いで立ち。例「九郎義経その日の——には、赤地の錦(にしき)の直垂(ひたたれ)に、紫裾濃(むらさきすそご)の鎧(よろひ)着て」〈平家・九・河原合戦〉訳源九郎義経のその日の服装としては、赤地の錦の直垂に、紫の裾濃(=上ガ淡ク、下ヘ行クホド色ガ濃イモノ)の鎧を着て。❷衣冠・束帯・直衣(なほし)の総称。❸衣類。着物。例「仲国、女房の——をば肩にうちかけ」〈平家・六・小督〉訳仲国は、女官の着物を肩にかけ。❹室内・庭・牛車(ぎっしゃ)などを飾りつけること。また、その飾り。装飾。

しゃうぞ・く【装束く】ショウ〔自カ四〕{か・き・く・く・け・け}装束を身につける。装う。例「前駆(せんぐ)御随身(みずいじん)どもが今日を晴れと——・いたるを」〈平家・一・殿下乗合〉訳先払いや護衛のお供の者達が今日こそ晴れの日だと着飾ったのを。注「装束い」ハ連用形「装束き」ノ、イ音便形。

> 参考　名詞「装束」の「く」を終止形の活用語尾に見立てて動詞化したもの。「敵対」から生じた「敵たふ」、「政(まつりごと)」から生じた「政つ」など同じ類の言葉。

じゃう-ぢゅう【常住】ジョウジュウ〔名〕❶《仏教語》三世(=過去・現在・未来)にわたり、永久不変であること。対むじゃう(無常)① 例「——ならんことを思ひて、変化(へんげ)の理(ことわり)を知らねばなり」〈徒然草・七四〉訳(老いと死を悲しむのは、人生が)永久不変であること(ばかり)を願い思っていて、(万物は流転するという)変化の道理を知らないからである。

❷ふだん。日常。いつも。例「──の仏前にいたり、例のごとく脇息(けふそく)に寄りかかって念仏読経(どくきやう)す」〈平家・六・慈心房〉訳いつも念仏する仏像の前に行き、いつものようにひじかけによりかかって念仏をし経を読む。❸常にそこに住むこと。例「──の僧ども」〈平家・七・竹生島詣〉訳いつもそこに住んでいる僧達が。

しゃう-ぢゅう-い-めつ【生住異滅】〔連語〕《仏教語》物が生じ、とどまり、変化し、そしてなくなるという、すべての物に認められる四つの相。例「──の移り変はるまことの大事は、猛(たけ)き河のみなぎり流るるがごとし」〈徒然草・一五五〉訳すべての物が生じ、とどまり、変化して衰え、そして滅亡するという(四相を示して)変移する本当の大事は、ちょうど水勢の激しい川が満ちあふれて流れるような(速さで実現していく)ものだ。

しゃう-つき-めいにち【祥月命日】〔名〕死後毎年めぐってくる、その人の死んだ月日と同じ月日。祥月。

正徹物語(しやうてつものがたり)《書名》室町時代の歌論書。二巻。正徹著。上下二巻は別々の成立と見られる。定家崇拝の立場をとり、歌作の心得などを随筆風に記したもの。

じゃう-ど【浄土】〔名〕《仏教語》❶迷いや汚れのない清浄な世界。仏の住む国土。対ゑど① 例「などか──へ参り給はざるべき」〈平家・一〇・維盛入水〉訳(あなたは=平維盛(コレモリ))どうして(西方)浄土へおいでにならないはずがありましょう。❷(「浄土宗」の略)鎌倉時代、法然により起こされた。
参考 浄土は、あらゆる仏が持つものとされるが、中でも阿弥陀仏の西方極楽浄土や、観世音菩薩の補陀落浄土が、日本では深く信仰された。

じゃう-とう【常灯】〔名〕❶神仏の前に常にともしておく灯明。常夜灯。例「御(み)あかしの──にはあらで、内にまた人の奉れるが、恐ろしきまで燃えたるに」〈枕草子・正月に寺にこもりたるに〉訳仏前の灯明で常夜灯ではなくて、奥の方に(ある)また別の人が奉納した灯明が、恐ろしいほどに燃えているのに。❷銀千貫目以上の資産家が、金蔵に常にともしておく灯火。例「この商人(あきんど)、内蔵(うちぐら)には──の光、その名は網屋とて武蔵(むさし)にかくれなし」〈西鶴・日本永代蔵・一・一〉訳この商人は、内蔵には常夜灯の光(がきらめくほどの大金持ち)、その名は網屋といって武蔵の国で知らない者はない。

じゃう-とうしゃうがく【成等正覚】〔連語〕《仏教語》等正覚(=迷イヲ去ッタ正シイ悟リ)を成し遂げること。成仏。例「難行苦行の功によって、つひに──し給ひき」〈平家・灌頂・大原御幸〉訳(お釈迦様は)難行苦行の努力の成果で、とうとう正しい悟りを開かれました。

しゃう-とく【生得】〔名〕生まれつき。天性。

しゃう-にん【聖人・上人】〔名〕❶知徳を兼ね備えたすぐれた僧。高僧。❷僧に対する敬称。浄土真宗などでは、「聖人」は「上人」よりも重い意味を持っている。例「悲田院(ひでんゐん)の尭蓮(げうれん)──は、俗姓(ぞくしやう)は三浦のなにがしとかや、双(さう)なき武者なり」〈徒然草・一四一〉訳悲田院の尭蓮上人は、俗人だった時の姓は三浦の何々とかいったそうで、並ぶ者のないすぐれた武士である。

しゃう-ね【性根・正根】〔名〕❶基本。根底。中核。❷心構え。根性。❸意識。魂。

じゃうねい-でん【常寧殿】〔名〕後宮十二殿舎の一つ。承香殿の北、貞観殿の南にあり、皇后や女御などの主な居所とされたことから、「后町(きさいまち)」ともいう。

しゃう-ねん【生年】〔名〕生まれてからの歳。年齢。

しゃう-ねん【正念】〔名〕《仏教語》❶仏教の修行である八正道の一つ。正法を心に思い続けること。❷取りみださない心。正気。平常心。

しゃう-の-こと【箏の琴】〔名〕(「さうのこと」とも)十三弦の琴。例「── いとめでたし。調べは想夫恋(さうふれん)」〈枕草子・弾くものは〉訳箏の琴はとてもすばらしい。(その)曲調は想夫恋(がよい)。⇩きん(琴)要点

しゃう-の-ふえ【笙の笛】〔名〕雅楽の管楽器の一つ。笙。例「──は月の明かきに車などにて聞き得たる、いとをかし」〈枕草子・笛は〉訳笙の笛は月の明るい夜に車などの中で吹いているのを聞くことができたのは、とても風情がある。

じゃう-び【状日】〔名〕書状の着く日。飛脚が到着する日。例「江戸棚の──を見合はせ、毎日万事を記(しる)し置けば」〈西鶴・日本永代蔵・二・一〉訳江戸の店(=上方(カミガタ)商人ノ江戸支店)からの書状の着く日を見はからって、毎日何事でも(帳面に)書き付けておくので。

しゃう-ぶ【菖蒲】〔名〕(「さうぶ」とも)サトイモ科の多年草。アヤメ草。水辺に群生し、葉は剣状で初夏に淡黄色の小さい花をつける。香気があり、邪気を払うものとして、陰暦五月五日の端午の節句には、軒に挿したり、菖蒲湯を作ったりした。江戸時代には「尚武(=武ヲ尚(トウト)ブ)」にかけて、男児の祝い物とされた。

しゃう-ふう【正風】〔名〕❶和歌・連歌で、伝統的な正規の表現様式。正しい芸風。❷俳諧で、特に芭蕉の系統をいう。蕉風。

正法眼蔵(しやうぼふげんざう)《書名》鎌倉前期の仏教書。道元著。九十五巻。曹洞宗の根本教典。一二三三年(天福元)から五三年(建長五)の間に道元の説いた、宗門の教義や規則、公案の検討、日常の規範等を詳述し、禅宗の真髄を説く。

じゃう-ぼん【上品】〔名〕❶《仏教語》極楽浄土の九つの等級(「九品(くほん)」)のうち、上位の三等級の総称。対げぼん① 例「日ごとに四十八巻を誦(じゆ)せよ。然(しか)らば一千日の後、まさに──の地(ち)に生まるべし」〈今昔・六・四四〉訳毎日(経を)四十八巻唱えなさい。そうすれば一千日の後に、必ず上品の地に生まれるでしょう。❷一級品。上等。

上品上生(じやうぼんじやうしやう)〔名〕《仏教語》九品(くほん)の最上位。極楽世界の最高位。

上品蓮台(じやうぼんれんだい)〔名〕蓮(はす)の高殿で、極楽世界の最上級のもの。

しゃう-みゃう【声明】〔名〕《仏教語》仏の教えをたたえる音楽。例「善観房といふ僧、節博士(ふしはかせ)を定めて、──になせり」〈徒然草・二二七〉訳善観房という僧が、(経文を集めたものの)音譜を決めて、讃歌に作った。

しゃう-みゃう【称名】〔名・自サ変〕⇩しょうみゃう

しゃう‐や【庄屋・荘屋】〔名〕江戸時代における村里の長。代官などの下にあって、徴税などの事務に当たった。参考「庄屋」は主として関西地方の語。東国では「名主」。九州・東北では「肝煎り」。

じゃうやう‐じん【上陽人】〔名〕唐の上陽宮にいた宮廷の女性。楊貴妃が玄宗皇帝の寵愛を独占したため、一生を上陽宮で過ごした不幸な宮女達。

しゃうらう‐びゃう‐し【生老病死】〔連語〕《仏教語》人間としてまぬがれることのできない四つの苦（誕生・老衰・病気・死）。四苦。例「――の移り来たること、またこれに過ぎたり」〈徒然草・一五五〉訳誕生・老衰・病気・死が次々に入れ替わって来ることは、これ（＝四季ノ移リ変ワリ）よりも更に甚だしく早い。

じゃう‐らく【上洛】〔名・自サ変〕《「しゃうらく」とも。「洛」は、都を古代中国の都、洛陽になぞらえた語》京都へ上ること。例「木曽義仲――の時」〈平家・四・通乗之沙汰〉訳木曽義仲が上京した時。

じゃう‐らふ【上臈】〔名〕《「臈」は修行を重ねた年数を表す語》❶年功を積んだ僧。高徳の僧。例「上に僧都、僧正、――どもおはしけれども」〈宇治拾遺・二・一〉訳上には僧都や僧正といった、年功を積んだ僧達がおられたが。❷階級の上の者の総称。上席者。上位者。身分の高い人。例「数輩の――を超越して、右に加はられけるこそ、申す計りもなかりしか」〈平家・一・鹿谷〉訳（平宗盛が）何人かの上席者を飛び越して、右大将の身分につかれたのは、言い尽くせないほど（あきれたこと）だった。❸《「上臈女房」の略》地位や身分の高い女官。御匣殿・尚侍・二位や三位の典侍など。❹身分の高い婦人。ご婦人。❺美しい遊女。

上臈女房 ⇩じゃうらふ③

性霊集『書名』「せいれいしゅう」とも。平安前期の漢詩文集。空海の詩・碑文などを弟子の真済が編集。八三五年（承和二）頃成立。一〇巻。八・九・一〇の三巻は散逸したが、済暹が『補闕鈔』を作り補った。仏教思想の影響が見られる。『遍照発揮性霊集』。⇩空海

しゃうりゃう‐ゑ【聖霊会・精霊会】〔名〕《仏教語》❶陰暦二月二十二日、聖徳太子の命日に行われる法会。法隆寺・四天王寺などで行われる。❷⇩うらぼんゑ

しゃうりゃうゑ

しゃう‐るい【生類】〔名〕生きもの。生物。

じゃう‐るり【浄瑠璃】〔名〕❶人形劇で、三味線に合わせて語る語り物。室町時代にできた牛若丸と浄瑠璃姫の物語を語り物にしたことから始まったと伝えられる。後に、琉球から渡来した三味線と操り人形とを結合して人形浄瑠璃となった。元禄時代には竹本義太夫が義太夫節を案出し、近松門左衛門と組んで人形浄瑠璃を隆盛に導いた。義太夫節以外の流派には河東・宮薗・常磐津・富本・清元・新内などがある。また、義太夫節以前のものを古浄瑠璃という。❷義太夫節の俗称。

しゃう‐ゑん【荘園・庄園】〔名〕《「さうゑん」とも》平安時代から戦国時代にかけて存続した、皇族・貴族・有力社寺の領有した土地。未墾地を開墾したり（＝自墾地系荘園）、寄進を受けたり（＝寄進地系荘園）して広大化した。個々には「…庄」と呼び、不輸権（＝課税免除）・不入権（＝治外法権）の特権も許されるようになり、律令制度の崩壊を招く一因となった。

釈迦《仏名》仏教の開祖。紀元前四八三年頃の出生（諸説あり）。父は古代インドの迦毘羅城主の浄飯王、母は摩耶夫人。姓は喬答摩、名は悉達多。「釈迦」は本来は彼が属した種族の呼称。二十九歳で出家し、三十五歳で悟りを開き、各地で多くの人々を教化し、八十歳で沙羅双樹の下で入滅。その入滅の日が二月十五日と伝えられる。釈迦を尊敬して「釈迦牟尼仏」「釈迦如来」「釈尊」という。

しゃか‐むに【釈迦牟尼】〔名〕⇩釈迦

しゃかむに‐ぶつ【釈迦牟尼仏】〔名〕⇩釈迦

しゃく【尺】〔名〕長さの単位。約三〇・三センチ。寸の十倍、丈の十分の一。

しゃく【笏】〔名〕宮中の礼装である束帯の時に右手に持つ薄い板。もとは心覚えを書き付けたが、後には儀式の用具となった。象牙やイチイ・ヒイラギ・サクラなどの木を用い、長さ約三六センチ、幅六センチが普通。参考「笏」の音はコツだが、「骨」と同じ音になるのをきらい、長さが約一尺であることから「尺」の音を借りたもの。

しゃく‐し【釈子・釈氏】〔名〕（出家した人は姓がなくなり、釈氏を称したことから）釈迦の弟子。僧。例「法師になし奉り、――に定まらせ給ひて」〈平家・四・若宮出家〉訳ご出家をさせ申し、釈迦の弟子とお決まりになって。

しゃくぜつ‐にち【赤舌日】〔名〕暦の六曜の一つ。陰陽道で凶とする日。赤口。赤舌神が六大鬼に正月一日から一日ずつ順番に守護させる中で、三番目の鬼の羅刹が当番する日をいう。羅刹は極悪のゆえに、この日はすべてに凶であるとして忌み嫌われた。六日ごとにめぐり、年六十日ある。

しゃく‐せん【借銭】〔名〕借りた金。借金。

しゃくせん‐こひ【借銭乞ひ】〔名〕借金取り。例「世の中に、――に出会ふほど恐ろしきものはまたもなきに」〈西鶴・世間胸算用・三・四〉訳世の中で、借金取りに出会うことほど恐ろしいものは他にないことだが。

しゃく‐ぢゃう【錫杖】〔名〕《「さくぢゃう」とも》❶僧や修験者が持つ杖。例「――を振りて、大きなる蛇に向かひていはく」〈今昔・六・二〇〉訳錫杖を振って（魔よけの音を立てながら）、大蛇に向かって言うことには。❷祭文語りの芸人が、語りの調子を整えるために用いた道具。僧の持つ錫杖の鐶を取り去ったもの。

錫杖①

しゃ‐くび【しゃ首】〔名〕《「しゃ」は接頭語》首をののしっていう語。

しゃく‐びゃうし【笏拍子】〔名〕神楽・催馬楽などで使う打楽器。笏を縦に二つ割りにした形の木の板で、打ち合わせて拍子をとる。「さくはうし」また「拍子

(ひゃうじ)」とも。

じゃく-まく【寂寞】〔名・形動タリ〕《仏教語。「せきばく」とも》寂しく、ひっそりしていること。静寂。例「佳景(かけい)—として、心澄みゆくのみ覚ゆ」〈奥の細道・立石寺〉訳美しい光景が静まりかえっていて、心が(しだいに)澄みゆくのが感じられる。

じゃく-めつ【寂滅】〔名〕《仏教語》❶煩悩(ぼんのう)の境地を離れ去り、悟りに至った状態。涅槃(ねはん)。❷消え失せること。死ぬこと。

しゃくや-うけじゃう【借家請け状】〔名〕江戸時代、借家をする時に、家賃や明け渡し条件などの細目を記した書状に、「請け人(=保証人)」が連署して町役人へ差し出した証文。

寂蓮(じゃくれん)【人名】平安末期・鎌倉初期の歌人。俗名は藤原定長(さだなが)。藤原俊成の甥(おい)にあたり、俊成の養子となるが、後に出家した。藤原定家らとともに『新古今和歌集』の撰者に任ぜられたが、撰進を前に没する。優艶(ゆうえん)な歌風で新古今調。家集『寂蓮法師集』がある。

じゃ-けん【邪見】 ■一〔名〕《仏教語》まちがった考え。妄見。因果の道理を無視すること。例「心に—のみありて善根(ぜんこん)を断ぜりき」〈今昔・二・四一〉訳心にまちがった考えばかりあって正しい行いが絶えていた。■二〔形動ナリ〕《「邪慳」「邪険」とも表記》意地悪く思いやりがないこと。無慈悲である。例「—放逸(はういつ)なる戎(えびす)のありけるが」〈太平記・三七・八〉訳無慈悲でむごたらしい異国人がいたが。

しゃ-さん【社参】〔名〕神社に参詣(さんけい)すること。宮参り。例「最明寺(さいみゃうじ)の入道、鶴岡(つるがをか)の—の次(ついで)に」〈徒然草・二一六〉訳最明寺の入道(=北条時頼(トキヨリ))は、(鎌倉の)鶴岡八幡宮に参詣するついでに。

しゃ-しょく【社稷】〔名〕《「社」は土地の神。「稷」は五穀の神》国家。朝廷。

しゃ-しん【捨身】〔名〕《仏教語》❶身を捨てて仏に供養すること。仏教では最上の布施(ふせ)行為とされる。❷世俗の身を捨てて仏門に入ること。出家。例「—無常の観念、道路に死なん、これ天の命(めい)なり」〈奥の細道・飯坂〉訳世俗の身を捨てて世の無常を覚悟しているからは、(旅で)路傍に死んでも、それは天命である。❸肉体を捨てること。死ぬこと。

捨身の行(ぎゃう) 現世において、肉体を捨てて仏道を求める、きびしい修行。

沙石集(しゃせきしふ)【書名】鎌倉時代の仏教説話集。無住(むじゅう)の編著。一二八三年(弘安六)成立。庶民にわかりやすく仏法を教えるための説話集で、笑話や動物説話などに特色がある。「させきしふ」とも。

しゃつ【奴】〔代名〕《人称代名詞。他称》ののしったり卑しめていう語。あいつ。きゃつ。例「—が首、左右(さう)なう斬(き)るな」〈平家・二・西光被斬〉訳そいつ(=謀反(ムホン)ヲ企テタ西光(サイコウ)法師)の首は、簡単には斬ってしまうな。

しゃ-てい【舎弟】〔名〕実の弟。弟。例「おとどは—宗盛卿(むねもりのきゃう)の座上(ざしゃう)につき給ふ」〈平家・二・教訓状〉訳大臣(=ココデハ内大臣ノ平重盛(シゲモリ))は実弟の宗盛卿の上座(かみざ)にお着きになる。

しゃ-ば【娑婆】〔名〕《仏教語》人間界。俗世間。現世。例「つくづく物を案ずるに、—の栄華は夢の夢、楽しみ栄えて何かせん」〈平家・一・祇王〉訳つくづくと考えてみるに、現世での栄華は夢の中で見る夢(のようにはかない)、楽しみ栄えてもどうなるものか。

しゃ-み【沙弥】〔名〕《仏教語。「さみ」とも》仏門に入り、剃髪(ていはつ)、得度(とくど)を終えたばかりの未熟の僧。

しゃ-めん【赦免】〔名・他サ変〕罪を許すこと。過失を許すこと。例「鬼界(きかい)の島の流人(るにん)、少将成経(なりつね)、康頼法師(やすよりぼふし)—」〈平家・三・足摺〉訳鬼界が島にいる流刑人、少将成経と康頼法師の罪を許す。

しゃ-もん【沙門】〔名〕《仏教語。「さもん」とも》出家して仏道を修める人。僧。桑門(さうもん)。

しゃら-さうじゅ【娑(沙)羅双樹】〔名〕《「さらさうじゅ」とも。「娑羅」はインド原産の樹木名》釈迦(しゃか)が入滅(にゅうめつ)(=死ヌコト)した時、その床の四方に二本ずつ生えていた、計八本の娑羅の木。釈迦の死を悲しんで、にわかに白色に変わったという。この世の無常を説く比喩(ひゆ)に用いられる。例「—の花の色、盛者(じゃうしゃ)必衰の理(ことわり)をあらはす」〈平家・一・祇園精舎〉訳(釈迦入滅の時、にわかに白色に変わったという)娑羅双樹の花の色は、ひとたび栄える者も必ず衰える時が来るという道理を示している。

しゃ-り【舎利】〔名〕《梵語で、火葬後の粒状の骨の意》❶(仏教語)仏陀(ぶっだ)の骨。仏舎利。例「焼き終はり奉りつれば—を拾ひ集めて」〈今昔・三・一〉訳焼き終わったので遺骨を拾い集めて。❷(形が①に似ているところから)米の粒。米。

し-やる【為遣る】〔他ラ四〕〔ら・り・る・る・れ・れ〕満足に事を行う。十分に…する。例「物望みなる人など暇なくまうづるを見る程に、行ひも—らず」〈枕草子・正月に寺にこもりたるは〉訳(正月は)願い事をする人々が次から次へとお参りするのを眺めているので、仏道修行も満足に行えない。

しゃる〔助動下二・四型〕《近世語。尊敬の助動詞「す」の未然形＋尊敬の助動詞「らる」の「せらる」が変化した形》接続 四段・ナ変動詞の未然形に付く。軽い尊敬の意を表す。…なさる。例「いやいや、今宵(こよひ)はわしと一緒に帰らっ**しゃれ**」〈歌舞伎・助六所縁江戸桜〉訳いやいや、今晩は私と一緒に帰りなさい。

しゃれ-ぼん【洒落本】〔名〕江戸時代中期以後、上方(かみがた)に起こり、安永・天明年間を中心に江戸で刊行された小説。遊里を題材とし、会話文を主体にした風俗小説。

しゃんす〔助動特活型〕《近世上方(かみがた)の女性語》接続 四段・ナ変動詞の未然形に付く。

【尊敬丁寧】《尊敬・丁寧の意を表す》…なさいます。お…になります。「さんす」とも。例「道で此方(こち)の人に会は**しやんし**たら、本堂に待ってゐると言うてくださんせ」〈近松・女殺油地獄・上〉訳途中でうちの人にお会いになりましたら、本堂で待っていると言ってください。

しゅ【朱・銖】〔名〕❶重さの単位。一両の二十四分の一。❷江戸時代の貨幣の単位。一両の十六分の一。一分(ぶ)の四分の一。❸利率の単位。一割の十分の一。一パーセント。

しゅ【衆】〔名・接尾〕⇩しゅう(衆)

じゅ【従】〔接頭〕《位階を表す数詞に付いて》同じ位階を上下に区分した時の、下の方であることを表す。例「左右(さう)を経(へ)ずして、内大臣より太政大臣(だいじゃうだいじん)—一位に上がる」〈平家・一・鱸〉訳(平清盛は)左大臣・右大臣を通り越して、内大臣から(いきなり)太政大臣従一位に昇進する。

しゅう【主】〔名〕《「しゅ」の変化した形》主人。自分が仕える人。例「諸国七道修行して、―の後世を弔ひける」〈平家・三・僧都死去〉訳（有王は）全国各地で仏道修行して、主人（＝俊寛）が極楽往生することを願い祈った。

しゅう【宗】〔名〕仏教の各流派が守る根本義。宗旨。また、宗門。宗派。例「久しく法相大乗の―を帰す」〈平家・七・平家山門連署〉訳（藤原氏は）長く法相大乗の根本義に帰依している。注「法相大乗」ハ、法相宗（＝本山ハ興福寺）ノ教エ。

しゅう【執・集】〔名〕⇩しふ

しゅう【衆】《「しゅ」とも》■一〔名〕❶大勢の人。人々。例「人に愛楽せられずして―に交はるは、恥なり」〈徒然草・一三四〉訳人々に好かれてもいないのに大勢の中に出てつきあうのは、恥である。

❷《「所の衆」の略》御所などに詰めている侍。

■二〔接尾〕人を表す語に付いて、尊敬・親愛の意を添える。「旦那―」「女房―」「役人―」など。

しゅう…【秀…】⇩しう…

じゅう…【十…】⇩じふ…

じゅう…【重…・住…】⇩ぢゅう…

拾遺愚草〘書名〙⇩しふゐぐさう（拾遺愚草）

拾遺和歌集〘書名〙⇩しふゐわかしふ（拾遺和歌集）

しゅう-えん【終焉】〔名〕死にぎわ。臨終。末期。例「人の―の有様のいみじかりしことなど、人の語るを聞くに」〈徒然草・一四三〉訳人の死にぎわの態度が立派であったことなどを、誰かが話しているのを聞くと。

じゅう-わう【縦横】〔名・形動ナリ〕❶縦と横。南北と東西。例「江の―一里ばかり」〈奥の細道・象潟〉訳入り江の南北・東西それぞれ一里ばかりで。

❷自由自在。勝手気まま。例「気力いささかとり直し、路―に踏んで、伊達の大木戸を越す」〈奥の細道・飯坂〉訳気力を少しとり直して、路をだてに（＝気取ッテ）あちこち気ままに踏みしめて、（その名も）伊達（＝地名）の関所を越した。

じゅ-かい【受戒】〔名・自サ変〕《仏教語》仏門に入る者が戒を受けること。また、その儀式。

しゅぎ-はん【衆議判】〔名〕《「しゅうぎはん」とも》歌合わせの時、特定の判者（＝審判）の判定によらず、左・右の「方人」（＝和歌ノ詠ミ手）全員の合議によって和歌の優劣を判定すること。

しゅ-ぎゃう【修行】〔名・自サ変〕《「すぎゃう」とも》❶《仏教語》仏の道を修めること。例「ひとへに仏道―したう候へども」〈平家・一〇・戒文〉訳ただひたすら仏の道を修めたいのですが。

❷行脚。巡礼。托鉢。例「日本国を―して求法の志いとねんごろなり」〈源平盛衰記・一九・一〉訳日本中を行脚して仏法を会得しようという志が大変強い。

❸学問や技芸などをみがき修めること。例「徳をつかんと思はば、すべからく、まづその心遣ひを―すべし」〈徒然草・二一七〉訳富を身につけようと思うならば、当然、まずその心遣いを勉強しなければならない。

しゅ-ぎゃう【執行】〔名〕《「しっかう」「しぎゃう」とも》❶事務を執り行うこと。例「帥殿に天下―の宣旨下し奉りに」〈大鏡・道隆〉訳帥殿（＝藤原伊周）に天下の政務を執り行わせるという内容の宣旨（＝天皇ノゴ命令）をお伝えするために。

❷寺院の事務や法会を統括する僧。例「これに都より流され給ひし法勝寺の―御房と申す人の御行くへや知りたる」〈平家・三・有王〉訳ここに都から流されなさった法勝寺の執行のお坊様と申す方（＝俊寛ノコト）の行方をご存じか。

じゅ-ぎょ【入御】〔名〕《「にふぎょ」とも》天皇・皇后などが内裏にお入りになること。対しゅつぎょ 例「郁芳門より―あるべきにて」〈平家・一・殿下乗合〉訳郁芳門からお入りになるおつもりで。

しゅ-ぎょく【珠玉】〔名〕《「珠」は海の産、「玉」は山の産》真珠と玉。宝石。例「金銀・―の飾りを営み」〈徒然草・一六六〉訳金銀や宝石の飾りを作りつけ。

しゅく【宿】〔名〕❶宿ること。泊まること。例「清見が関に―したりける夜」〈平家・五・五節之沙汰〉訳清見が関（＝静岡県清水市）に宿をとった日の夜。

❷泊まる所。宿場。宿駅。例「その日やうやう草加といふ―にたどり着きにけり」〈奥の細道・草加〉訳その日ようやく草加という宿場にたどり着いたのだった。

❸星座。星宿。例「八月十五日、九月十三日は婁宿なり。この―、清明なる故に、月をもてあそぶに良夜とす」〈徒然草・二三九〉訳（陰暦）八月十五日と九月十三日は婁宿に当たる。この星宿（の日）は、清く明るいので、月を観賞するのに良い夜とする。

しゅく-い【宿意】〔名〕❶以前からの考え・望み。例「新大納言成親卿は、山門の騒動によって、私の―をばしばらく押さへられけり」〈平家・二・西光被斬〉訳新大納言成親卿は、比叡山の騒動のため、私的な以前からの望み（＝謀反）をしばらく抑えられた。

❷以前からの恨み、意趣。遺恨。例「その―によって、大衆を語らひ、訴訟をいたさる」〈平家・二・座主流〉訳（明雲大僧正は）その（＝寺領ヲ廃止サレタ）遺恨によって、（延暦寺の）衆徒を扇動して、訴えを起こされた。

しゅく-うん【宿運】〔名〕《仏教語》前世から定まっている運命。宿命。宿世。例「骨肉同胞の義すでに絶え、―きはめて空しきに似たるか」〈平家・一一・腰越〉訳血を分けた兄弟の信義はすでに絶え、前世からの運命は尽きて消失したものか。注源義経ガ兄ノ頼朝ヘノ仲介ヲ大江広元ヘ依頼シタ書状、腰越状ノ一部。

しゅく-えん【宿縁】〔名〕《仏教語》前世からの因縁。

しゅく-ぐゎん【宿願】〔名〕以前からの強い願い。

しゅく-ごふ【宿業】〔名〕《仏教語》前世からの報い。宿世の業因。現世の果報の原因としての前世の善悪の行為。例「たちまちに―滅して必ず富饒を得べし」〈今昔・四・三八〉訳（前世の悪業を懺悔したので）たちまちに前世からの報いを打ち消して必ず富を得るであろう。

しゅく-しふ【宿執】〔名〕《仏教語》前世からの因縁・因果。

しゅくしふ-かいほつ【宿執開発】〔名〕《仏教語》前世で行った善根・功徳が現世で幸福な結果をもたらすこと。

しゅく-しょ【宿所】〔名〕❶宿泊する所。例「あれはたが家ぞ、これは何者が―ぞ」〈平家・八・鼓判官〉訳あれは誰の家か、これは何者の宿泊所か。❷住居。住まい。例「俊成卿の──におはして見給へば、門戸を閉ぢて開かず」〈平家・七・忠度都落〉訳（平忠度が）俊成卿の住居にいらっしゃってご覧になると、門戸を閉じて開けない。

しゅ-げん【修験】〔名〕（「修」は身につける、「験」は祈禱のききめの意）❶山野で修行して、祈禱のききめを現す法力を身につけること。例「──を好みて、もろもろの山を廻り海を渡りて、難行苦行す」〈今昔・一七・一八〉訳（阿清という僧は）霊験を現す修行を好み、多くの山や海を回って、身を苦しめる修行をした。❷「修験道」の略。❸「修験者」の略。例「僧坊棟を並べ、──行法を励まし」〈奥の細道・出羽三山〉訳（羽黒山では）僧の住む建物が棟を並べ、山伏達が仏法の修行に励み。

しゅげん-じゃ【修験者】〔名〕「修験道」を修行する者。長髪に、兜巾をかぶり、篠懸を着て、脛巾をはき、笈を背負い、金剛杖・法螺貝などを持つ。山野で修行するので山伏ともいう。

しゅげんじゃ

しゅげん-だう【修験道】〔名〕山野での苦行により、加持・祈禱で霊験を現す法力を身につけようとする、仏教の一派。密教に山岳信仰を加えたもので、奈良時代の役小角を開祖と称する。天台宗寺門派の聖護院を中心とする本山派は和歌山県熊野三山を修行の地とし、真言宗醍醐寺の三宝院を中心とする当山派は奈良県大峰山で修行する。

しゅ-ご【守護】━〔名・他サ変〕守ること。警護。例「近う候ひて──つかまつれ」〈平家・八・法住寺合戦〉訳近くにいて（我々を）護衛いたせ。
━〔名〕鎌倉・室町幕府の職名。国ごとに配置され、治安維持に当たる。守護職。例「諸国に──を置き、庄園に地頭を補せらる」〈平家・一二・吉田大納言沙汰〉訳（頼朝は）諸国に（幕府の役人の）守護を置き、（私有地の）庄園には（同じく）地頭を任命なさる。

> 参考 ━は、源頼朝が、文治元年（一一八五）に「地頭」とともに置いたのに始まり、初め、「総追捕使」と呼ばれた。南北朝時代以後は守護大名と呼ばれ、数国を領有するものも現れた。

じゅ-さんぐう【准三宮】〔名〕（「じゅ」は「じゅん」の撥音の無表記）平安時代以降、三宮（＝太皇太后・皇太后・皇后）に準じて、親王・諸王・女御・外祖父母などを優遇するために授けた称号。

じゅ-さんごう【准三后】〔名〕⇩じゅさんぐう

しゅ-しゃう【主上】〔名〕（近世からは「しゅじゃう」とも）その時の天皇をいう語。おかみ。今上。「うへ」とも。例「神璽を脇にはさみ、宝剣を腰に差し、──を抱き奉って」〈平家・一一・先帝身投〉訳（平清盛の妻の二位の尼は三種の神器の）曲玉を脇にはさみ、宝剣を腰に差し、（安徳）天皇をお抱き申し上げて。注二位ノ尼ガ幼イ安徳天皇ト共ニ海ニ身ヲ投ゲル場面。

しゅ-じゃう【衆生】〔名〕（仏教語。「すじゃう」とも）仏の救済の対象であるすべての生き物。特に、すべての人間。例「三世の諸仏は、一切──を一子のごとくに思し召して」〈平家・一〇・維盛入水〉訳過去・現在・未来の三世の諸仏は、あらゆる生き物を我が子のようにお思いになって。

しゅ-じゃく【朱雀】〔名〕⇩朱雀

しゅじゃく-もん【朱雀門】〔名〕⇩朱雀門

しゅ-しょう【殊勝】〔名・形動ナリ〕❶特にすぐれている様子。例「元良親王、元日の奏賀の声、はなはだ──にして」〈徒然草・一三二〉訳元良親王は、元日のお祝いを奏上する声が、大層立派で。
❷（すぐれていて）神秘的な様子。こうごうしい様子。例「いかに殿ばら、──のことは御覧じとがめずや」〈徒然草・二三六〉訳なんと皆さん、（背中合わせの狛犬の）ありがたい姿にお目がとまりませんか。
❸感心な様子。けなげな様子。例「さすがに辺土の遺風忘れざるものから、──に覚えらる」〈奥の細道・末の松山〉訳（奥浄瑠璃は、やかましいが）やはり片田舎に残る伝統を忘れずに伝えているので、感心なものに思われた。

しゅ・す【修す】〔他サ変〕❶仏法を守ってそれを修める。修行する。身につける。例「止まん人は止み、──・せん人は──・せよとなり」〈徒然草・一〇八〉訳（それだけで）満足する人は満足するがいいし、（さらに）仏道修行しようと思う人は修行しなさいというのである。
❷行う。する。例「『称名を追福に──・して巨益あるべし』と説ける経文」〈徒然草・二二二〉訳「念仏を死者の供養として行って大きな御利益があるはずだ」と説いている経文。

じゅ・す【誦す】〔他サ変〕⇩ずず

じゅ-ず【数珠】〔名〕（「ずず」とも）仏を拝んだり、念仏や陀羅尼を唱える時に持つ仏具で、玉を糸で通して輪にしたもの。数をかぞえる時に用いることもある。玉は、ムクロジの種・さんご・水晶などで作り、その数は、本来は煩悩の数を表す百八個であるが、宗派により異なる。

じゅ-すい【入水】〔名・自サ変〕死ぬために水中に入ること。身投げ。例「那智の奥にて──・す」〈平家・一〇・維盛入水〉訳（平維盛は）那智（＝和歌山県東牟婁郡那智勝浦町）の沖で水に入って死ぬ。

じゅ-ぜん【受禅】〔名・自サ変〕（「禅」は、天子が位を譲ること）譲られて、天皇の位につくこと。例「にはかに親王の宣旨下されて、やがてその夜──ありしかば」〈平家・一・額打論〉訳（二条天皇の病気が重くなり、わずか二歳の皇子に）急に親王とする仰せが下されて、すぐにその夜譲位を受け天皇の位につかれたので。

じゅ-そ【呪詛・呪咀】〔名・他サ変〕（室町時代以前は「しゅそ」「ずそ」とも）政敵などの死や不幸を願い、神仏に祈ったり、まじないをしたりすること。のろい。例「関白殿を──・し奉る」〈平家・一・願立〉訳（比叡山では）関白殿をおのろい申した。

じゅ-だい【入内】〔名・自サ変〕（内裏に入る意）皇后・中宮・女御などに決まった女性が、正式の儀式によって宮中に入ること。例「御──の後は、麗景殿にぞましましける」〈平家・一・二代后〉訳皇后として宮中に入られてからは、麗景殿にお住まいになられた。

しゅつ‐ぎょ【出御】〔名〕《「御(ぎょ)」は天子に関することを表す接尾語》天皇・皇后などがお出ましになること。対じゅぎょ 例「夜は南殿(なんでん)に──なって、月の光を御覧じてぞ慰ませ給ひける」〈平家・六・小督〉訳(高倉天皇は)夜は紫宸殿にお出ましになって、月の光をご覧になって心を慰めていらっしゃった。

十訓抄《書名》⇩じっきんせう(十訓抄)

しゅっ‐くゎい【述懐】〔名・自サ変〕《近世からは「じゅっくゎい」》❶心中の思いを述べること。例「──の和歌一首詠うでこそ、昇殿をば許されけれ」〈平家・四・鵼〉訳(源頼政は)思いを述べた和歌一首を詠んで、清涼殿へ上ることを許された(=殿上人ニナッタ)。❷不平・不満を述べること。愚痴。例「事新しき申し状、──に似たりといへども」〈平家・二・腰越〉訳今改めて申し上げたこのお願いは、愚痴に似ていますが。

しゅっ‐け【出家】〔名・自サ変〕《仏教語。「すけ」とも》この世間での生活を離れて、仏門に入ること。また、その人。

しゅっ‐し【出仕】〔名・自サ変〕❶民間から出て、官に仕えること。仕官。出身。❷勤めに出ること。出勤。例「官加階(くわんかかい)したる者の、直垂(ひたたれ)で──・せんこと、あるべうもなかりけり」〈平家・八・猫間〉訳官位を得た者が、(武士の着る)直垂で(御所へ)勤めに出ることは、とんでもないことであった。❸特定の席に出ること。例「──・して饗膳(きやうぜん)などにつく時も、皆人の前据(す)ゑわたすを待たず」〈徒然草・六〇〉訳(盛親僧都は)法事の席に出てごちそうの膳などにつく時も、全員の前に並べるのを待たず(自分だけ食べて)。

しゅっ‐せ【出世】〔名・自サ変〕《仏教語》❶神や仏がこの世に現れること。❷世間を捨てて仏道に入ること。❸貴族の出身で妻帯しない身分の高い僧の職名。

> 参考 禅宗の寺院で、住職になることや紫の衣を賜ることを「出世」といったことから、ある社会で立派な身分になる、栄える意に使われるようになった。

出世景清(しゅっせかげきよ)《書名》江戸前期の浄瑠璃。近松門左衛門作。時代物、五段。初演は大坂竹本座、一六八五年(貞享二)のこととされる。『平家物語』中の悪七兵衛景清と観音利生譚を結合させたもの。観音信仰のあつい景清は源頼朝の命をねらい失敗、斬首されるが観音が身代わりとなって生き返り、許されて日向宮崎へ下る。近松門左衛門と竹本義太夫の提携第一作。

しゅっ‐たい【出来】〔名・自サ変〕《「しゅつらい」の変化した形》❶出て来ること。事件が起こること。❷できあがること。完成。

じゅつ‐な・し【術なし】〔形ク〕どうにも方法がなくて困る。どうしようもなくて苦しい。例「われら飢ゑ疲れて──・し。まづ命を助けよ」〈今昔・四・一五〉訳我々は腹がへり疲れてどうしようもなくつらい。何はともあれ命を助けてくれ。

> 要点 上代から「すべなし」が用いられていたが、平安時代から「術」の字音による「じゅつなし」が発生した。ただし、平安時代には、「ずちなし」の形が多い。「じゅつなし」「ずちなし」が会話に用いられるのに対して、「すべなし」は文章語として用いる。⇩すべなし要点

しゅつ‐なふ【出納】〔名〕蔵人所の職の一つ。文書や雑具の出し入れ、その他の雑務を行う。

しゅつ‐り【出離】〔名・自サ変〕《仏教語》迷いの境地を離れて、悟りの境地に入ること。仏門に入ること。例「──の道まちまちなりといへども、末法濁乱(まつぽふぢよくらん)の機には、称名(しようみやう)をもってすぐれたりとす」〈平家・一〇・戒文〉訳迷いの境地を離れる方法はいろいろあるというけれども、末法の世で乱れている時代には、南無阿弥陀仏と唱えるのをすぐれた方法としている。

しゅ‐と【衆徒】〔名〕《「しゅうと」とも》大きな寺で修行する下級の僧。平安時代中期以降は、武芸を身につけ僧兵となる。「大衆(だいしゅ)」「堂衆(だうじゅ)」とも。特に、興福寺(=奈良市)のそれが有名。

しゅ‐び【首尾】〔名〕❶始めと終わり、または、始めから終わりまで。❷始めからの経過や結果。なりゆき。❸事情。都合。具合。例「内方(うちかた)の──を知らねば、便宜(びんぎ)もならず」〈近松・曽根崎心中・上〉訳お宅の事情がわからないので、便りもできない。❹うまく事を運ぶこと。❺よい機会。

しゅ‐ひつ【執筆】〔名〕《筆を執る意》記録する役。書記。「右筆(いうひつ)」「物書き」とも。例「平家の思ひ忘れかや、──の誤りか」〈平家・三・足摺〉訳(赦文の中に俊寛の名がないのは)平家が忘れたのか、(それとも)書記の書き誤りか。

しゅ‐ほふ【修法】〔名〕《仏教語。「すほふ」「ずほふ」とも》密教で、国家や個人のために加持・祈禱する儀式。護摩壇を設け、本尊を安置し、手に印を結び、真言を唱えたりして行う。例「護摩(ごま)の煙(けぶり)御所中に満ち、鈴(れい)の音雲を響かし、──の声身の毛よだって」〈平家・三・御産〉訳(建礼門院の安産の祈禱で)護摩の煙は御所の中に満ち、(高僧が振る)鈴の音は宮中に響き、祈禱の声はぞっとするほどで。

> 参考 「修法」の種類 尊敬語を用いて、「みずほふ」「みしほ」ともいう。目的により、敵を退ける「降伏法」、病気を治す「息災法」、愛情を得る「敬愛法」などがある。『平家物語』には、建礼門院の出産に、あらゆる大法・秘法を修したとし、孔雀経の法・七仏薬師の法・金剛童子の法などを例示している。

しゅみ‐せん【須弥山】〔名〕《仏教語。「しゅみ」は梵語の音写、意訳は「妙高」。「すみせん」とも》世界の中央にあるという高山。高さは八万由旬(=一由旬ハ四十里)、頂上に帝釈天、中腹に四天王が住み、日や月はこの中腹の周囲を回るという。この山を七つの香海と七つの金の山が取り巻き、この外の海の四方に四大州があり、人間は南方の瞻部州(=閻浮提トモ)に住むとする。

しゅもく‐づゑ【撞木杖】〔名〕手で握る部分が、撞木のようにT字型になった杖。

しゅ‐ら【修羅】〔名〕《仏教語》「阿修羅(あしゅら)」の略。⇩あしゅら 例「──の闘諍(とうじやう)、帝釈(たいしやく)の諍(あらそ)ひも、かくやとこそ覚(おぼ)えさぶらひしか」〈平家・灌頂・六道〉

之沙汰〉訳（一門の人が鎧・甲を着け、毎日合戦の叫びが続いたさまは）あの阿修羅王の闘争、（それを撃つ）帝釈天の戦いも、こんなかと思われました。

じゅ-らく【入洛】〔名・自サ変〕都に入ること。京都入り。

しゅら-だう【修羅道】〔名〕《仏教語。「阿修羅道（あしゅらだう）」の略》「六道（ろくだう）」の一つ。「阿修羅」の住む世界。ねたみ、憎しみの心が盛んで、常に帝釈天と戦う苦しみを受ける。

しゅ-り【修理】〔名・他サ変〕《「すり」とも》修繕すること。しゅうり。例「物は破れたる所ばかりを—・して用ゐることぞ」〈徒然草・一八四〉訳品物は破損した所だけを修理して用いるものだ。

しゅり-しき【修理職】〔名〕《「すりしき」とも》平安時代以降、木工寮とともに、内裏や官衙・官寺の修理・保繕や造営にあたった役所。長官を大夫という。

じゅ-りゃう【受領】〔名〕⇩ずりゃう

しゅ-れう【衆寮】〔名〕禅宗の寺で、修行する僧たちが宿泊する建物。読経や法話も行う。例「秋風を聞きて、—に臥（ふ）せば」〈奥の細道・全昌寺〉訳（裏山に響く）秋風を（さみしく）聞いて、（全昌寺の）衆寮に泊まると。

しゅんあうでん【春鶯囀】〔名〕雅楽の曲名。壱越調の唐楽で、四人が舞う。

しゅんあうでん

じゅん-えん【順縁】〔名〕《仏教語。順当な縁の意》善い行いが仏道に入るきっかけになること。対ぎゃくえん

しゅんきょう-でん【春興殿】〔名〕《「しゅんこうでん」とも》内裏の建物の一つ。紫宸殿の東南、宜陽殿の南にあり、武具などを収める。

しゅん-じう【春秋】〔名〕《「しゅんしう」とも。春と秋の意から》一年。年月。歳月。例「帝王三十二代、星霜（せいざう）は三百八十余歳の—を送り迎ふ」〈平家・五・都遷〉訳（長岡京から平安京へ都を遷されてから）天皇は三十二代、年月は三百八十余年の歳月を過ごす。

春色梅児誉美（しゅんしょくうめごよみ）〔書名〕江戸後期の人情本。為永春水作。一八三二年（天保三）から翌年にかけて刊行された。江戸深川の花柳界を舞台に主人公丹次郎をめぐって芸者米八・仇吉、お長が織りなす恋愛模様を情緒的に描いた作品。その情緒的作風は当時の婦女子に歓迎された。「いき」「あだ」の美意識がよく表れている風俗小説。人情本の最高傑作とされる。

じゅん-れい【巡礼・順礼】〔名・自サ変〕《「じゅんらい」とも》社寺を巡り拝むこと。また、その人。西国三十三番の観音霊場巡りや、四国八十八か所の弘法大師の霊場巡りが有名。

じ-よ【自余・爾余】〔名〕《「自」「爾」は、それの意》そのほか。それ以外。例「—の源氏どもはいかがあらんずらん」〈平家・七・一門都落〉訳その他の源氏の人々はどうであろうか。

しょ【書】〔名〕❶字を書くこと。書道。
❷文書。書物。例「君に不忠なき様（やう）を一巻の—に作りて参らせたりければ」〈平家・二・蘇武〉訳（胡の国に残った李陵は）主君に対して不忠の心がないことを一巻の文書にして（漢王に）差し上げたので。
❸手紙。例「漢家の蘇武（そぶ）は—を雁（かり）の翼につけて旧里（きうり）に送り」〈平家・二・蘇武〉訳漢の朝廷の蘇武は手紙を雁の翼につけて（胡の国から）故郷へ送り。

じょ【序】〔名〕❶作った趣旨などを述べて、本文の前に置いた文章。序文。例「願文（ぐわんもん）・表（へう）・物の—など作り出（い）だしてほめらるるも、いとめでたし」〈枕草子・めでたきもの〉訳（学識者が）神仏への願いの文章や天皇へ奉る文章や詩文の序文などを作って（できばえを）ほめられるのも、大変すばらしい。
❷和歌などの修辞法の一つ。ある語を引き起こすために、前置きとして述べる語句。序詞。「あしひきの山鳥の尾のしだり尾の長々し夜をひとりかも寝む」〈拾遺・恋三〉の場合、「あしひきの…しだり尾の」までが「長々し」を引き出す序。
❸序・破・急の一つ。雅楽などの曲や、能の番組構成で、テンポのゆるやかな最初の部分。
❹（浄瑠璃や歌舞伎で）第一場や第一幕。

しょう【小】〔名〕⇩せう

しょう…【少…・抄…・消…・笑…】⇩せう…

しょう…【床…・声…・相…・尚…・将…・唱…・菖…・装…・聖…・鉦…・障…・精…・請…・賞…・上…・掌…】⇩しゃう…

しょう【姓・性・笙・箏・正・生・荘・庄・省】⇩しゃう

じょう【条】〔名〕⇩でう

じょう【判官】〔名〕《「はうぐゎん」とも》令制で、四等官のうちの第三等官。次官の下、主典の上。官庁によって、当てる漢字が異なる。

じょう【尉】〔名〕《「ぞう」とも》❶兵衛府・衛門府・検非違使庁の第三等官。⇩じょう（判官）
❷老人。また、老翁の能面。例「みづからこれを洗ひたれば、白髪の—にぞなりにける」〈源平盛衰記・三〇・一〉訳（水を持って来させて）自分で（斎藤実盛の首を）洗ったところ、（墨が落ちて）白髪の老人に変わってしまった。

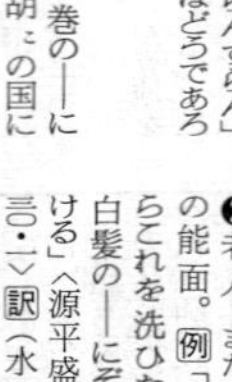
じょう（尉）②

❸（白髪の老人にたとえて）燃えた炭が白い灰になったもの。

じょう【情】〔名〕⇩じゃう

じょう…【上…・城…・浄…・常…・盛…・成…】⇩じゃう…

じょう【定・掟・丈】⇩ぢゃう

じょう…【貞…】⇩ぢゃう…

しょう-か【証歌】〔名〕《歌論用語》証拠となる和歌。

しょうきゃう-でん【承香殿】〔名〕《「じょうきゃうでん」「そきゃうでん」とも》後宮十二殿舎の一つ。仁寿殿の北、常寧殿の南にある。内宴・御遊などが行われた。

しょう-し【勝事】〔名〕《「しょうじ」とも》❶大変すばらしい出来事。非常にすぐれたこと。例「この事希代（きたい）の—、天下（てんが）の荘観（さかんなるみもの）」〈平家・八・名虎〉訳この（=競馬・相撲ニヨッテ二人ノ皇子ノ即位スル運ヲ決メル）事は世にも珍しいすばらしい出来事であり、またこの世のすばらしい見ものであって。

❷異常な出来事。とんでもないこと。例「ことなる——なれば、公卿僉議（くぎやうせんぎ）あり」〈平家・一・二代后〉訳まれな事件なので、公卿の会議があった。

しょう-じゃう【丞相】〔名〕《「じょうしょう」とも。「丞」「相」ともに、助ける意》❶（中国で）天子を助けて政務をとる大臣。総理大臣に当たる。宰相（さいしやう）。❷（日本で）「大臣」の中国風の呼び名。例「中納言・大納言に経（へ）上がって、あまっさへ——の位に至る」〈平家・一・鱸〉訳（平清盛は）中納言・大納言にしだいに昇進して、それどころか大臣の位に至る。注コノ場合ハ内大臣。

じょう-しゃう【縄床】〔名〕縄、または木綿のひもを張った簡単な椅子（いす）。主に禅僧が座禅に用いる。例「散乱の心ながらも、——に座せば、覚えずして禅定（ぜんぢやう）成るべし」〈徒然草・一五七〉訳乱れた心のままでも、座禅の椅子に座れば、知らぬまに無念無想の境地ができ上がるだろう。

じょう・ず【乗ず】〔自サ変〕（ぜ・じ・ず・ずる・ずれ・ぜよ）うまく利用して事を運ぶ。乗ずる。例「運に——・じて敵（あた）を砕く時、勇者（ようしや）にあらずといふ人なし」〈徒然草・八〇〉訳好運に乗じて敵を打ち破る時は、勇者でないという人はいない。

しょう-せつ【勝絶】〔名〕「十二律」の第四音。西洋音階の「ファ」の音に当たる。⇩じふにりつ

しょう-そく【消息】〔名〕⇩せうそこ

しょう-ち【勝地】〔名〕《すぐれている土地の意》❶地形などがすぐれている土地。例「多くの都をたてられしかども、かくのごとくの——はなし」〈平家・五・都遷〉訳（代々の天皇が）多くの都をお造りになったが、このような（都として）すぐれた所は他にない。注平安京ノ地相ニツイテイウ。❷景色のよい土地。例「——は主（しゅ）なければ、心を慰むるに障（さは）りなし」〈方丈記・勝地は主なければ〉訳景色のよい土地は持ち主がいるわけでないので、（見て）楽しむのをさまたげるものはない。注白楽天ノ詩句ニヨル。

しょう-でん【昇殿】〔名・自サ変〕平安時代以降、清涼殿の「殿上（てんじやう）の間（ま）」に昇ることを許されること。

> **要点** **「昇殿」の実態**　平安時代には、五位以上の中から選ばれた人と六位の蔵人（くらうど）が昇殿を許され、**そのうち三位（さんみ）以上の人（四位の参議も）は「上達部（かんだちめ）」と呼ばれ、四、五位の人（六位の蔵人も）は「殿上人（てんじやうびと）」と呼ばれる。**元来は天皇の代ごとに選び直された。数も一定でなく数十人、多い時は百人にも及んだ。**昇殿を許されない人を「地下（ぢげ）（人）」と**いい、これとの社会的地位の差は大きい。

しょう-とく【所得】〔名・自サ変〕《「しょとく」の変化した形》得をすること。もうけること。例「布一疋（ひとむら）取らせたれば、男、思はずなる——・したりと思ひて」〈宇治拾遺・七・五〉訳（死んだ馬と引き換えに）布一段を取らせたところ、その男は、思いもかけないもうけをしたと思って。

肖柏（しょうはく）《人名》⇩せうはく（肖柏）

しょう-はく【松柏】〔名〕《「はく」は、このてがしわ・柏槙（びやくしん）などヒノキ科の常緑樹》松や柏のような常緑樹。例「——年古（ふ）り、土石老いて苔（こけ）滑らかに」〈奥の細道・立石寺〉訳マツやヒノキなどの常緑樹は年を経て老木となり、土や石も年を重ねてコケが滑らかに覆っていて。

しょう-ばん【鐘板】〔名〕禅寺で、食事の合図などに打つ板。青銅や鉄で雲の形に作る。雲板（うんぱん）。

しょう-ぶ【勝負】〔名・自サ変〕❶勝つことと負けること。勝ち負け。❷勝敗を決すること。例「畠山、今井四郎、はじめは互に五騎十騎づつ出しあはせて——をせさせ」〈平家・七・篠原合戦〉訳畠山（重能（しげよし））と、今井四郎とは、最初互いに五騎ずつ十騎ずつと出して勝負をさせ。❸物を賭けたりして勝ち負けを競うこと。勝負事。例「——の負けわざにことつけなどしたる、むつかし」〈徒然草・二三一〉訳（人に物を与える際に）勝負事で負けた方が勝った方をもてなすのを口実として物を与えたりするのは、いやなものだ。

蕉風（しょうふう）《俳諧流派名》⇩せうふう（蕉風）

正法眼蔵（しょうぼうげんぞう）《書名》⇩しゃうぼふげんざう（正法眼蔵）

しょうまん-ぎゃう【勝鬘経】〔名〕仏教の経典の一つ。インドの勝鬘夫人（ぶにん）が父母の導きにより仏徳を賞賛して、悟りを得たことを説く。

しょう-みゃう【称名】〔名・自サ変〕《仏教語》仏の名を唱えること。特に、阿弥陀仏（あみだぶつ）の名を唱えること。称名念仏。例「——を追福（ついふく）に修（しゆ）して巨益（こやく）あるべし」〈徒然草・二二二〉訳念仏を死者の供養として行って大きな御利益があるはずだ。

しょうめい-もん【承明門】〔名〕内裏（だいり）の南面中央の正門。紫宸殿（ししんでん）の正面に当たる。

しょう-り【勝利】〔名〕《仏教語。「勝」はすぐれている意》すぐれた御利益（ごりやく）。例「亡者（まうじや）の追善には、何事か——多き」〈徒然草・二二二〉訳死者の供養には、何をするのが御利益が多いでしょうか。

性霊集（しょうりょうしゅう）《書名》⇩しゃうりゃうしふ（性霊集）

しょ-えん【諸縁】〔名〕《仏教語。もろもろの因縁の意》外界とのいろいろのつながり。心を迷わせるものになる。例「生活（しやうくわつ）・人事（にんじ）・伎能（ぎのう）・学問等の——をやめよ」〈徒然草・七五〉訳生活・人とのつきあい・芸能・学問等の世間とのいろいろな関係を絶ち切れ。

しょ-かう【初更】〔名〕一夜を五つに分けた「五更」の第一。午後七時頃から九時頃まで。甲夜（かうや）。戌（いぬ）の刻。⇩かう（更）

しょ-ぎゃう【所行】〔名〕《「行ふところ」に当てた漢字の音読》行い。振る舞い。例「碁（ご）を打つより外（ほか）に、他の——なくして年月を送れり」〈今昔・四・九〉訳（老僧二人は）碁を打つこと以外には、何もしないで年月を過ごしていた。

しょぎゃう-むじゃう【諸行無常】《連語》《仏教語。「諸行」は、もろもろの変化・流動するものの意で、万物》万物は移り変わるもので、永遠・不変なものは何もないということ。例「祇園精舎（ぎをんしやうじや）の鐘の声、——の響きあり」〈平家・一・祇園精舎〉訳（古代インドの）祇園の寺の鐘の音には、万物は変化し永遠なものは何もないというこの世の道理を表す響きがある。

> **要点**　仏教の根本思想を表す語で、「涅槃経（ねはんぎやう）」の偈（げ）に「諸行無常、是生滅法（ぜしやうめつぽふ）、生滅滅已（しやうめつめつい）、寂滅為楽（じやくめつゐらく）」とあることで有名。

しょくかう-の-にしき【蜀江の錦】〔名〕古代

中国の蜀の成都(せいと)で生産した錦。赤地に黄と濃い藍(あい)をまじえた精巧なもの。

式子内親王(しょくしないしんわう)(しきしないしんわう) ⁝ナイシンノウ〘人名〙⇩しきしないしんわう(式子内親王)

しょく-だい【燭台】〔名〕(「しょく」は漢音。呉音で「そくだい」とも)ろうそくを立てておく台。ろうそく立て。

しょくだい

しょ-くゎ【所課】⁝カ〔名〕課せられること。負担。例「大納言入道、負(け)になりて、——いかめしくせられたりけるぞ」〈徒然草・一三五〉訳 大納言入道は、(賭(か)けが)負けになり、罰(としてのごちそう)を盛大になさったということだ。

しょ-ぐゎん【所願】⁝ガン〔名〕願い事。願望。例「人の世にある、自他につけて——無量なり」〈徒然草・二一七〉訳 人がこの世に生きている間は、自分の事他人の事につけて願望は無限にある。

しょ-け【所化】〔名〕《仏教語。教化される者の意》弟子の僧。修行中の僧。

しょ-さ【所作】〔名〕❶しわざ。行い。例「化人(けにん)の——と知りて、寺の人、皆、貴びけりとなむ語り伝へたるとや」〈今昔・一五・一八〉訳 化人(=仏ガ人ノ姿デコノ世ニ現レタモノ)のしわざと知って、寺の人は、皆、貴んだと語り伝えられたということだ。

❷仕事。例「常に狩猟(かり)・漁捕(すなどり)をもって——とする国なり」〈今昔・三・二六〉訳 常に狩猟や漁業を仕事とする国である。

❸演技の動作。身ぶり。特に、楽器の演奏や舞踊。歌舞伎(かぶき)では、長唄(ながうた)を伴奏とする舞踊または舞踊劇を「所作事(しょさごと)」という。

しょ-ざい【所在】〔名〕❶あり場所。ありか。例「これを聞きて、恵秖(えみ)法師の——を問ふ」〈今昔・七・四三〉訳 (官の人は)これを聞いて、恵秖法師の居所を問う。

❷しわざ。行為。

❸身分。境遇。

❹(「所在なし」の略)たいくつである。やるせない。例「『辛(つら)』や——と恨むらん」〈近松・冥途飛脚・中〉訳 つらい、やるせないと恨むのだろう。注 梅川ガ、忠兵衛ト結バレナイ身ヲ嘆ク場面ノ描写。

じょ-さい【如在・如才】〔名〕❶目の前に神がいるように敬うこと。

❷手落ち。手ぬかり。

しょ-し【所司】〔名〕❶鎌倉時代の制度で、侍所(さむらいどころ)の次官。長官は別当(べっとう)という。室町時代では侍所の長官。

❷寺務をつかさどる僧官。別当の次の位。

しょし-だい【所司代】〔名〕❶室町時代、「所司①」の代理として実際の事務を取り扱った者。

❷江戸幕府の職名。京都所司代。「代」の字をつけるが、長官。

しょ-じゅう【所従】〔名〕家来。従者。例「子息・——、朝恩に誇れり」〈平家・一・鹿谷〉訳 子息や従者達は、朝廷の恩寵(おんちょう)を誇りとしている。

しょ-しん【初心】〔名〕❶学問・芸能などの習いはじめ。例「——の人、二つの矢を持つことなかれ」〈徒然草・九二〉訳 弓を習いはじめの人は、二本の矢を持ってはならない。

❷特に能楽論で、初々しく新鮮な演技経験。

❸もの慣れないこと。世慣れぬこと。

しょ-せん【所詮】一〔名〕結果として落ち着くところ。

二〔副〕結局。つまるところ。例「——身を全うして君に仕ふるは忠臣の法といふことあり」〈源平盛衰記・一・三〉訳 つまるところ(自分の)身を完全に保って(=粗末ニセズ)主君に仕えるのは忠実な臣下の定めだということがある。

しょ-ぞん【所存】〔名〕心に思うところ。考え。

しょ-だいぶ【諸大夫】〔名〕❶摂関・大臣などの家司(けいし)。大夫すなわち四位・五位まで昇進したことから、この称がある。

❷武家で五位の侍。

しょ-だう【諸道】⁝ドウ〔名〕いろいろの専門の道。例「その人、道の掟(おきて)正しく、これを重くして放埒(はうらつ)せざれば、世の博士(はかせ)にて万人の師となること、——変はるべからず」〈徒然草・一五〇〉訳 その人が、その専門のきまりを正しく(守り)、これ(=キマリ)を重んじて勝手なことをしないでいると、その道の指導者で人々の師となることは、どの専門の道でも変わりはないはずである。

しょ-てん【諸天】〔名〕《仏教語》もろもろの天上界。また、天上界の神々。すなわち欲界の六天、色界の十八天、無色界の四天、および日天、月天、韋駄(いだ)天など諸種の天神。

じょ-は-きふ【序破急】⁝キュウ〔名〕音楽・舞楽の表現形式の三段階。「序」は最初で静かな気分を表し、「破」は中間部で変化に富み、「急」は最後で激しい盛り上がりを表す。後に能楽理論・連歌・俳句にも応用された。

しょ-まう【所望】⁝モウ〔名〕望むところ。願い。例「また、花山院の中納言兼雅卿(かねまさのきやう)も——あり」〈平家・一・鹿谷〉訳 また、花山院の中納言兼雅卿も(大将の位につく)望みを持っている。

しょ-や【初夜】〔名〕《「そや」とも》❶一日を六分した「六時(ろくじ)」の一つ。日没から夜半まで。大体、午後六時頃から九時頃まで。

❷戌(いぬ)の刻。午後七時から午後九時まで。⇩ろくじ(六時)

❸《仏教語》戌(いぬ)の刻に行う勤行(ごんぎょう)。

しょ-らう【所労】⁝ロウ〔名〕わずらい。病気。例「——いよいよ大事なる由(よし)その聞こえあり」〈平家・三・医師問答〉訳 (平重盛(しげもり)の)病気がますます重いといううわさがある。

しょ-りゃう【所領】⁝リョウ〔名〕領地。例「国郡半ば過ぎて一門の——となり」〈平家・二・教訓状〉訳 (日本中の)国や郡の半分以上は(平家)一門の領地となり。

しょ-ゐ【所為】⁝イ〔名〕しわざ。行為。例「これ、ひとへに天魔の——とぞ見えし」〈平家・一・鹿谷〉訳 これ(=平家ノオゴリタカブル様子)は、まったく魔王のしわざと思われた。

じょ-ゐ【叙位】⁝イ〔名〕平安時代以降、陰暦正月五日または六日に、五位以上の位を授ける宮中の儀式。

しょ-ゐん【書院】⁝イン〔名〕❶書院造りの座敷で、床の間のわきに設けられた、明かり取りの窓付きの棚。文具を置いたり、机代わりに使う。付け書院。

❷書院造りの表座敷。客間。

❸書斎。

しら-あしげ【白葦毛・白蘆毛】〔名〕白毛の多い「葦毛」。⇩あしげ

しら-あわ【白泡】〔名〕白い泡。

白泡嚙(か)ま・す 「白泡嚙む」と自動詞で表現すべきと

ころを、勇ましく「嘶ます」と使役形で表現したもの。馬が勇みたつさま。口から白い泡を吹き出させる。例「――・せ、舎人(とねり)あまた着いたりけれども、なほ引きもためず、躍(をど)らせて出で来たり」〈平家・九・生ずきの沙汰〉訳(生ずきという荒馬が)口から白い泡を吹き出させ、下人が大勢着いていたのだが、それでも(綱で)引きおさえられず、(体を)躍らせて出て来た。

しら-がさね【白襲・白重ね】〔名〕《襲の色目の名》表裏ともに白いもので、陰暦四月一日の衣がえの日などに着用した。

白河(しらかは)《地名》比叡山に源を発し、京都市を西南流して、祇園付近で賀茂川に注ぐ川。また、その川の流域で、賀茂川と東山との間一帯の呼称。平安時代から開けた地で、中世を通じて栄えた。「白川」とも書く。

白　河

しらかは-よふね【白川夜船】〔名〕熟睡していて、その間のことを何も知らないこと。参考 京都の地名「白川」について聞かれた者が、川の名と思い「夜船で通ったから知らない」と答えたことから。

しらが・ふ〔自ハ四〕{は・ひ・ふ・ふ・へ・へ}《動詞の連用形に付けて補助動詞的に用いる》❶わざと…する。例「常に見えけて補助動詞的に用いる」――・ひ歩(あり)く」〈枕草子・職の御曹司におはします頃、西の廂にて〉訳(粗末な身なりの女法師は)いつもわざと人目につくように歩き回る。
❷争って…する。例「羅刹(らせつ)、奪(ば)ひ――・ひて、これを破り食ひけり」〈宇治拾遺・六・九〉訳悪鬼は、争って奪い取って、これ(=海ニ落チタ男)をばらばらにして食った。

しら・く【白く】{け・け・く・くる・くれ・けよ}■一〔自カ下二〕❶髪の毛などが白くなる。白髪になる。例「黒かりし髪も――・けぬ」〈万葉・九・一七四〇長歌〉訳(玉手箱を開けると白雲が中から出て来て)黒かった髪も白くなってしまった。
❷興がさめる。しらける。例「恋に浮世を投げ首の酒も――・けて醒(さ)めにけり」〈近松・冥途の飛脚・中〉訳恋におぼれてこの世を捨てるほどの思案のさまに酒の座もしらけて酔いも醒めてしまった。
❸きまりが悪くなる。具合が悪くなる。
■二〔他カ下二〕明白にする。隠さず打ち明ける。

しら・ぐ【白ぐ・精ぐ】〔他ガ下二〕{げ・げ・ぐ・ぐる・ぐれ・げよ}❶玄米をついて、白くする。精白する。
❷磨きをかけて仕上げをする。仕上げる。

しらくも-の【白雲の】《枕詞》白雲が立ったり絶えたりするところから、「たつ」「たゆ」「上(へ)」にかかる。

しらし-め・す【領らし召す・知らし召す】〔他サ四〕{さ・し・す・す・せ・せ}《上代語。中古以後は「しろしめす」》「領(し)る」の尊敬語。お治めになる。例「天(あめ)の下――・しける天皇(すめろき)の」〈万葉・二〇・四四六五長歌〉訳天下を統治なさった天皇の。
要点 「知る」の未然形に尊敬の助動詞「す」の付いた「知らす」に、さらに尊敬の補助動詞「めす」の付いたもの。

しら-じら・し【白白し】〔形シク〕❶白く見える。例「――・し白(らし)けたる歳(とし)月影に雪かき分けて梅の花折る」〈和漢朗詠集・白〉訳すべてが真っ白で何か面白くない。白髪の年齢で白い月光のもと、積もった白雪をかき分けて白梅の枝を折ることは。注②ノ意ヲ掛ケテ用イル。白イ物バカリヲ集メテ詠ミ込ンダ歌。
❷興ざめな感じがする。おもしろくない。例「いみじう美々(びび)しうて、をかしき君たちも、随身(ずいじん)なきはいと――・し」〈枕草子・をのこは〉訳大変華やかで、立派な貴公子達も、護衛の者を連れていないのは何とも興ざめな感じだ。
❸そらぞらしい。

しら-す【白州・白洲】〔名〕❶白い砂の州。例「かもめゐる沖の――に降る雪の晴れ行く空の月のさやけさ」〈金槐集・冬〉訳カモメが羽を休めている沖の白砂の州に降る雪があがって、晴れて行く空にかかる月の冴えてくっきりと澄んでいることよ。注「白といふことを」トイウ題詞ガアリ、白色ノ景物ヲ列挙シテ詠ミコンダ歌。
❷玄関先や庭の白い砂や小石を敷いてある所。転じて、玄関先。
❸奉行所の取り調べをする所。

しら・す【知らす・領らす】《連語》《上代語。統治する意の「知る」(他ラ四)の未然形＋尊敬の助動詞「す」》お治めになる。統治なさる。例「天の下――・しいませと」〈万葉・六・一〇四七長歌〉訳天下を治めておいでになるようにと。

しら・ず【知らず】《連語》❶わからない。見当がつかない。例「飢ゑ死ぬる者の類(たぐひ)、数も――・ず」〈方丈記・飢渇〉訳飢えて死ぬ人々は、数もわからない(ほど多い)。
❷《副詞のように用い、下に疑問の助詞「か」を伴って》さあねえ(…だろうか)。はてさて(…かしら)。例「――・ず、われ餓鬼道(がきだう)に尋ね来たるかと思ふほどに」〈平家・三・有王〉訳(有王はやつれ果てた俊寛僧都に出会い)はてさて、私は餓鬼道(=飢エト渇キニ苦シム死後ノ世界)に迷って来たのだろうかと思っているうちに。
❸《「…は知らず」の形で》…はともかく(として)。…はいざしらず。例「馬(むま)にて海を渡すこと、天竺(てんぢく)・震旦(しんだん)は――・ず、我が朝(てう)には希代(きたい)のためしなり」〈平家・一〇・藤戸〉訳馬で海を渡ることは、インドや中国はいざしらず、我が国では珍しい例である。

しらず-がほ【知らず顔】〔名・形動ナリ〕《「しらぬがほ」とも》知らないふりをすること。対しりがほ

しら-たま【白玉・白珠】〔名〕❶白い玉。愛人・愛児などをたとえていう。例「忘れ貝拾ひしもせじ――を恋ふるをだにもかたみと思はむ」〈土佐・二月四日〉訳(死んでしまったあの子を忘れるために)忘れ貝を拾うなどということは決してすまい。白い宝石(のようだったあの子)を恋しく思う気持ちだけでもせめて形見と思おう。
❷真珠。例「――は人に知らえず知らずともよし知らずとも我し知れらば知らずともよし」〈万葉・六・一〇一八〉訳真珠は、その真価を人に知られていない。知らなくてもかまわない。(世人がその価値を)知らなくても、自分が自分の価値を知っていれば(世間の人が)知らなくてもかまわない。注歌体ハ五七七・五七七デ、旋頭歌。

しらたま-の【白玉の】《枕詞》美しく貴重な白い玉の意から、「君」「人」「わが子」などに、また白く丸い玉から「涙」にかかる。

しら-つゆ【白露】〔名〕《和歌用語》(白く光って見える)

露。例「——に風の吹きしく秋の野はつらぬきとめぬ玉ぞ散りける」〈後撰・秋中〉訳草の葉の上にたまっている白露に、風の吹きしきる秋の野は、糸に貫きとめてない真珠がはらはらと散りこぼれるように見えて、趣深い光景であることよ。注『百人一首』所収、文屋朝康(アサヤス)ノ作。

例「——やいばらの刺(はり)にひとつづつ」〈蕪村〉訳朝露が庭におりている。花や葉をすっかり落とした秋の茨(いばら)のそのとげの一つ一つに、露がきらきらと玉のように光っている。

しらつゆ-の【白露の】〔枕詞〕露が置くこと、また、消えやすいことから、「お(置・起)く」「消(け)」にかかる。例「つれもなき人をやねたく——おくとは嘆き寝(ぬ)とは偲(しの)ばむ」〈古今・恋一・四八六〉訳私に冷たい態度をとるあの人を、しゃくにさわることだけど、起きたといっては思い出して嘆き、寝たといっては恋しく思えてしまうのだろうか。

しら-なみ【白波・白浪】〔名〕❶立ち騒いで白く見える波。例「天の川——しのぎ落ち激(たぎ)つ早瀬渡りて」〈万葉・一〇・二〇八九長歌〉訳天の川の白波を乗り越えて激しく流れ落ちる早瀬を渡って。

❷(『後漢書』にある「白波賊」から)盗賊の異称。例「所、河原近ければ、水難も深く、——のおそれも騒がし」〈方丈記・わが過去〉訳場所が、河原に近いので、水難も多く、盗賊の心配もあって落ち着かない。

しらなみ-の【白波の】〔枕詞〕「よる」「かへる」「浜」「いちしろし」などにかかる。

しら-に【知らに】〔連語〕(上代語。「に」は打消しの助動詞「ず」の古い連用形)知らないで。知らないので。例「鴨山(かもやま)の岩根し枕(ま)ける我をかも——と妹(いも)が待ちつつあるらむ」〈万葉・二・二二三〉訳鴨山の岩を枕にして(寝て)いる私のことを知らないで、妻は(私を)ずっと待っていることであろう。注柿本人麻呂ノ臨終ノ歌。

しらぬ-がほ【知らぬ顔】(・ガオ)〔形動ナリ〕⇩しらずがほ

しらぬひ(シラヌイ)〔枕詞〕「筑紫(つくし)」にかかる。例「——筑紫の綿は身につけていまだは着ねど暖けく見ゆ」〈万葉・三・三三六〉訳筑紫(=九州ノ総称)の真綿はまだ実際に身にまとって着てはいないが暖かそうに見える。

しら-はた【白旗】〔名〕❶白い旗。戦いで降伏(こうふく)を表す標識とした。

❷源平合戦で、源氏が用いた旗。源氏の旗。

しら-びゃうし【白拍子】(・ビョウシ)〔名〕(もと雅楽の拍子の名から)平安末期に起こった歌舞の名。また、それを舞う遊女。男装で舞った。例「そのころ都に聞こえたる——の上手、祇王(ぎわう)祇女(ぎによ)とておとといあり」〈平家・一・祇王〉訳そのころ都で評判の白拍子の名人で、祇王・祇女という姉妹がいた。

しらびゃうし

しら-ふ〔接尾ハ四型〕(名詞・動詞の連用形に付く)

❶適当に処理する意を表す。…をうまく使う。あしらう。「心——ふ」など。

❷互いにする意を表す。…し合う。「あひ——ふ」など。

しら・ぶ【調ぶ】〔他バ下二〕(べ・べ・ぶ・ぶる・ぶれ・べよ)❶楽器の音律を調整する。調律する。例「律(りち)にいとよく——べられたり」〈源氏・常夏〉訳律の調子によく調律されてある。

❷楽器を演奏する。奏(かな)でる。弾く。例「忍びやかに——べたるほど、いと上衆(じやうず)めきたり」〈源氏・明石〉訳(明石の上が)物静かに琴を奏でている様子は、貴人のような気品が大層感じられた。

❸図に乗る。調子づく。例「わづかに聞きえたる事をば、我もとより知りたることのやうに、こと人にも語り——ぶるもいとにくし」〈枕草子・にくきもの〉訳ちょっと聞きかじった事を、自分が前々から知っていたことのように、他人に調子づいて語るのもとてもいやらしい。

しらべ【調べ】〔名〕❶楽器の調子。音律。例「この御琴どもの——変へず待たせ給はむや」〈源氏・横笛〉訳このお琴などの調子を変えないでお待ち下さいますか。

❷演奏すること。また、その曲。楽曲。例「——は想夫恋(さうふれん)」〈枕草子・弾くものは〉訳楽曲は想夫恋(が最高だ)。

❸(「調べの緒(を)」の略)鼓(つづみ)の調子を整えるためのひも。

しらべ-あは・す【調べ合はす】(・アワス)〔他サ下二〕(せ・せ・す・する・すれ・せよ)楽器を調律して音程や調子を合わせる。また、そのようにして合奏する。例「とりどりに物の音(ね)ども——せて遊び給ふ」〈源氏・花宴〉訳各自思い思いにいろいろな楽器の音を響き合わせて楽しんでおられる。

しら-ぼし【白干し】〔名〕魚肉、野菜などを、塩につけずに干すこと。また、その物。例「鮎(あゆ)の——は参らぬかは」〈徒然草・一八二〉訳(天皇が)鮎の白干しは召し上がらないであろうか(いや召し上がるはずだ)。

しら-まゆみ【白真弓・白檀弓】□一〔名〕白木の檀(まゆみ)の木で作った弓。例「天の原ふりさけ見れば——張りて懸けたり夜路(よみち)は吉(よ)けむ」〈万葉・三・二八九〉訳大空を振りあおいで見ると白木の真弓を張ったように月がかかっている。この分なら夜道は歩いて行くのによいだろう。

□二〔枕詞〕(弓を射る・引く・張る、の意から)同音の「い」「ひく」「はる」などにかかる。例「——今春山に行く雲の行きや別れむ恋しきものを」〈万葉・一〇・一九二三〉訳今、春山を流れていく雲のように私はあなたと別れて行くのだろうか、こんなにも恋しくてならないのに。注「白真弓を今張る」ノ意カラ「今春山」ニ言イ掛ケタモノ。

しら・む【白む】〔自マ四〕(ま・み・む・む・め・め)❶(日や月の光などで)明るくなる。しらむ。例「清見潟(きよみがた)月はつれなき天の戸を待たでも——む浪(なみ)の上かな」〈新古今・夏・二五九〉訳清見潟よ、月は無情にまだ出てこない。天の戸(=空)の開くのを待たないで(=月ノ出ヲ待チキレナイデ)明るくなって来る波の上であることだよ。

❷衰弱する。衰える。

❸勢いがくじける。ひるむ。「しろむ」とも。

しら-め【白眼・白目】〔名〕しろめ。気を失い白目がちになった状態。

しらゆふ-はな【白木綿花】(シラユウ・)〔名〕白い木綿で作った造花。

しり【尻・後】〔名〕❶腰の後ろの下の部分。臀部(でんぶ)。

❷あと。うしろ。後方。例「小君(こぎみ)、御車の——にて二条院におはしましぬ」〈源氏・空蝉〉訳小君(=空蝉(ウツセミ)ノ弟)を、お車の後ろに乗せて(光源氏は)二条院にいらっし

やった。注 牛車デハ、前ノ方ガ上席、後方ハ末席。❸ものの末端。例「筆の―くはへて、思ひめぐらし給へるさま、飽く世なくめでたし」〈源氏・梅枝〉訳 筆の端を口にくわえて、(あれこれ)思いめぐらしておられる(光源氏の)様子は、見飽きることもないほどすばらしい。❹器物の底部・裏面。❺衣服の裾。例「下襲（したがさね）の―引き散らして」〈枕草子・めでたきもの〉訳 下襲の裾を長く引いて。

しりに立（た）・つ 後ろにつく。あとを追う。例「女、いと悲しくて、―・ちて追ひ行けど」〈伊勢・二四〉訳 女は、大変悲しくて、(男の)あとを追って行ったが。

じ-り【事理】〔名〕《仏教語》事と理。事はさまざまな現象。理は絶対の真理。例「―もとより二つならず」〈徒然草・一五七〉訳 現象とその本体である真理は本来二つのものではない。

しりう-ご・つ【後言つ】〔自タ四〕《「しりうごと」を動詞化した語》当人のいない所で悪口を言う。陰口をきく。例「『いま一際は心苦しく』と―・ち聞こえ給ふにつけても」〈源氏・若菜・上〉訳「(女三の宮は紫の上より)もう一段高い身分であるだけに(それがかえって)おいたわしく思われます」と陰口を申し上げなさるにつけても。

しりう-ごと【後言】〔名〕当人のいない所でする悪口。陰口。例「いとなめげなる―なりかし」〈源氏・若菜・下〉訳 大層無礼な陰口であるなあ。

しりえ【後方】〔名〕⇩しりへ

しり-がい【鞦・尻繫】〔名〕《「しりがき」のイ音便》馬具の一つ。馬の頭・胸・尾にかけるひも。また、牛馬の尻にかけるひも。例「思ひ思ひの鞍（くら）置いて、色々の―かけ」〈平家・九・生ずきの沙汰〉訳 思い思いの鞍を(馬に)置いて、いろんな色の鞦をかけ。

しり-がほ【知り顔】〔名・形動ナリ〕知っているような顔つき、そぶりをすること。対 しらずがほ 例「これが末を、―・にたどたどしき真名（まんな）に書きたらむも、いと見苦し」〈枕草子・頭の中将の〉訳 この詩句のあとを、いかにも知ったふうに未熟な漢字で書いたなら、たいそう見苦しい。

じ-りき【自力】〔名〕《仏教語》自分自身の修行によって悟りを得ようとすること。

しり-くち【後口・尻口】〔名〕車などの後ろの乗り口。

しりくべ-なは【注連】〔名〕《「しりくめなは」とも》入ることを禁止するしるしとして張り渡した縄。しめなわ。

しり-こた・ふ【後答ふ・尻答ふ】〔自ハ下二〕しばらくして反応がある。矢を射てのちに当たった音がする。手ごたえがある。例「弓の音すなり。―・へぬと聞くに合はせて」〈今昔・二五・一三〉訳 (暗闇の中で)弓を射る音が聞こえた。手ごたえがあったと聞くと同時に。

しり-さき【後前・尻前】〔名〕あとさき。前と後ろ。例「人の―に立ちて歩（あり）くもをかし」〈枕草子・うつくしきもの〉訳 (ひよこが)人の前や後ろに立ってついて歩くのもかわいらしい。

しり-ぞ・く【退く】㊀〔自カ四〕❶後の方へさがる。ひきさがる。退く。❷退出する。帰る。例「禄（ろく）を出（い）ださるれば、肩に掛けて、拝して―・く」〈徒然草・六六〉訳 ご褒美（ほうび）(の衣)を出されたので、それを肩に掛けて、拝舞の礼をして退出する。❸官職などを辞する。引退する。例「拙（つたな）きを知らば、なんぞやがて―・かざる」〈徒然草・一三四〉訳 (芸が)下手なのを知ったのなら、どうしてすぐに引退しないのか。

㊁〔他カ下二〕引きさがらせる。退ける。例「人は、おのれをつづまやかにし、奢（おご）りを―・けて、財（たから）を持たず世をむさぼらざらんぞ、いみじかるべき」〈徒然草・一八〉訳 人間というものは、自らをつつましくし、ぜいたくを退け、財産を持たず貪欲（どんよく）にならないのこそ、すばらしいことであろう。

しり-に-た・つ【尻に立つ】⇩「しり」子項目

しり-へ【後方】〔名〕❶後ろの方。例「―の山にたち出（い）でて京の方を見給ふ」〈源氏・若紫〉訳 後ろの山に出かけて(光源氏は)京の方をご覧になる。❷競技や物合わせの時の右方の組。例「幼き人―のかたにとられて出でにたり」〈蜻蛉・中・天禄元年〉訳 幼い人(=藤原道綱)は(弓の競技会の)右方の組に(射手として)選ばれて出場することになった。

しり-め【後目・尻目】〔名〕眼球だけを動かしてわきの方を見やること。流し目。例「女君―に見おこせて」〈源氏・澪標〉訳 女君は流し目でみつめて。

し-りゃう【死霊】〔名〕死者の霊魂。怨霊（おんりょう）。例「太政（だいじゃう）入道、生霊（しゃうりゃう）も―もなだめらるべし」〈平家・三・赦文〉訳 太政入道(=平清盛)は、生きている者の怨霊も死者の怨霊もおなだめになるべきだ。

し・る【痴る】〔自ラ下二〕❶心の働きがにぶくなる。ばかのようになる。ぼける。例「荒れも戦はで、心地（ここち）ただ―・れに―・れて、守りあへり」〈竹取・かぐや姫の昇天〉訳 (人々は)いさましく戦いもしないで、心持ちがただもうぼんやりして、皆(天人達を)ぼうっと見つめていた。❷《助動詞「たり」を伴った「痴れたり」の形で》風変わりで愚かしい。物好きである。例「―・れたる女房ども、若き男たちの参らるるごとに、『ほととぎすや聞き給へる』と問ひて試みられけるに」〈徒然草・一〇七〉訳 物好きな女房達が、若い男達が参内なさるごとに、「ホトトギスの声をお聞きになりましたか」と尋ねてごらんになったところ。

し・る【知る】㊀〔他ラ四〕❶理解する。わきまえる。知る。例「懈怠（けだい）の心、みづから―・らずといへども、師これを―・る」〈徒然草・九二〉訳 なまけ心は、自分で気が付いていなくても、先生はそれを知っている。❷関係を持つ。つきあう。特に、男女の交際をする。例「―・りたりける人の家ありけるに」〈源氏・手習〉訳 (宇治のあたりに)つきあいのあった人の家があったので。

㊁〔自ラ下二〕《多く「人に知る」「人知れず」などの形で》人に知られる。例「人―・れぬ仲などは」〈枕草子・八月ばかりに〉訳 人知れず愛し合っている仲などの場合は。

し・る【領る・治る】〔他ラ四〕類 しろしめす

> 「知る」から意味が変化した語。対象を認識して心にしっかりとらえることは、それを支配することでもあるから、**支配する**、**領有する**、の意を表すようになる。

❶政治的に支配する。**統治する**。**治める**。例「賢しとても、一人二人世の中をまつりごち―・るべきならねば」〈源

氏・帚木〉訳いくら賢いからといっても、一人や二人でこの世の中を統治し治めていくこともできないから。
❷領地として所有する。**領有する**。例「しだのなにがしとかや――・る所なれば」〈徒然草・三六〉訳(丹波(たんば)の出雲(いずも)は)しだの某(なにがし)とかいう人が領有している所なので。

しるし〔名〕■一【験】**神仏の御利益(ごりやく)。霊験**。例「必ず仏の御――を見む」〈更級・初瀬〉訳必ず仏の御利益をいただくであろう。
■二【標・印】目じるし。例「無紋の御衣(おんぞ)なれば、何を――にてか、直す人たれもあらむ」〈枕草子・ねたきもの〉訳(表と裏を見分けにくい)模様のないお召し物ですので、一体何を目印にして(縫うのでしょう)、縫い直す人がいるでしょうか、誰もいませんよ。
■三【証】証拠となるもの。例「風そよぐ楢(なら)の小川の夕暮れは禊(みそぎ)ぞ夏の――なりける」〈新勅撰・夏〉訳風がそよそよと楢の葉を吹いているこの楢の小川の夕暮れは、秋のように涼しいが、みそぎをしているのが夏であることの証拠であるよ。注『百人一首』所収、藤原家隆ノ作。「楢の小川」ハ、京都市北区ノ上賀茂神社ノ近クヲ流レル御手洗川(ミタラシガワ)。木ノ「楢(なら)」ヲ掛ケル。「禊(みそぎ)」ハ、ココデハ、六月祓(ミナヅキバラエ)ノ神事。
■四【璽】三種の神器の一つ。神璽(しんじ)。八尺瓊曲玉(やさかにのまがたま)。
■五【徴】きざし。前兆。例「そのころおしなべて二三日(ふつかみか)人のわづらふことと侍りしをぞ、かの鬼の虚言(そらごと)は、この――を示すなりけりと言ふ人も侍(はべ)りし」〈徒然草・五〇〉訳その頃一般に二日三日と人が病気にかかることがありましたのを、あの鬼の流言(=鬼ガイルトイウ根拠ノナイ噂(ウワサ))は、この(病気流行の)前兆を示すものだったのだと言う人もありました。

しる・し【著し】〔形ク〕類いちしるし

「しろ(白)し」と語源が同じであるとされ、**はっきりしている**、の意。現代語の「いちじるしい」は、この「しるし」に強調の接頭語「いち」の付いたもの。

❶**はっきりしている。著(いちじる)しい**。例「いといたうやつれ給へれど、――・き御さまなれば」〈源氏・若紫〉訳(光源氏は)大変ひどく身なりを落としておいでだが、(高貴な身分が)はっきりとわかるご様子なので。
❷(多く「…もしるく」の形で)**予想通りである**。ぴたりと当たっている。例「世の乱るる瑞相(ずいそう)とか聞けるも――・く、日を経つつ世の中浮き立ちて」〈方丈記・都遷り〉訳(風俗の乱れは)世の中の乱れる前兆だとか聞いていたが確かにその通りで、日がたつにつれて世の中が動揺して。

しる・す〔他サ四〕(さ・し・す・す・せ・せ)■一【徴す】きざしを見せる。前兆を示す。例「新(あら)たしき年の初めに豊(とよ)の年――・すとならし雪の降れるは」〈万葉・一七・三九二五〉訳新しい年の初めに豊作の前兆を示すということのようだ、雪が降っているのは。
■二【記す】書きしるす。記録する。例「喚子鳥(よぶこどり)は春の物なりとばかり言ひて、いかなる鳥ともさだかに――・せる物なし」〈徒然草・二一〇〉訳喚子鳥は春の鳥であるとだけ言って、どんな鳥であるともはっきり書きしるした物がない。

しる-へ【後方】エ〔名〕(上代東国方言)⇩しりへ①

しる-べ【導・知る辺】〔名〕❶手びき。導き。例「知る知らぬ何かあやなくわきて言はむ思ひのみこそ――なりけれ」〈古今・恋一・四七七〉訳私を知っているとかいないとか、どうして(そんな)無用な区別をつけて言うのでしょうか。人を思う思いだけが、(人に会わせる)手びきなのですよ。
❷知り合いの人。

しれ-がま・し【痴れがまし】〔形シク〕(「がまし」は接尾語)愚かに見える。ばかげている。⇩をこがまし 例「世の中の――・しき名をとりしかど」〈源氏・夕霧〉訳(私は)世間で愚か者のようだという評判を立てられたが。

しれ-ごと【痴れ言・痴れ事】〔名〕ばかなこと。愚かなこと。例「何事のあるべきと思ひあなづって、平家の人どもがさやうの――を言ふにこそあんなれ」〈平家・四・競〉訳(我々に)何ができるものかとみくびって、平家の者どもがそんなばかなことを言うのだろうよ。

しれ-もの【痴れ者】〔名〕❶ばか者。愚かな者。例「なにがしは――の物語をせむ」〈源氏・帚木〉訳私は愚かな者の話をしましょう。
❷物事に打ちこんで、夢中になっている人。例「風流の――ここに至りてその実を顕(あら)はす」〈奥の細道・仙台〉訳風流にひたりきった者がここに至ってその本性を発揮した。

痴れ者狂(ぐる)ひ 気の狂ったようなこと。また、その人。

しろ【代】〔名〕❶代わりとなるもの。例「たな霧(ぎ)らひ雪も降らぬか梅の花咲かぬが――に添へてだに見む」〈万葉・八・一六四二〉訳空一面に曇って雪が降らないものか。梅の花が咲かないかわりに、せめて梅になぞらえてそれを見るのに。
❷物の代わりとして渡す金銭。例「その草履(ぞうり)雪踏(せきだ)を盗み取りて、酒の――にせんと心がけしに」〈西鶴・世間胸算用・五・三〉訳その草履や雪踏(せった)を盗んで、酒の代金にしようとたくらんだのに。

しろ【城】〔名〕敵の襲来を防ぐために築いたとりで。例「――のうちには音もせず。人を入れて見せければ、『皆落ちて候』と申す」〈平家・一・俊寛沙汰・鵜川軍〉訳城の中には物音もしない。人を城内に入れて見せること、「皆逃げてしまいました」と申した。

しろい-もの【白い物】〔名〕(「しろきもの」のイ音便化したもの)おしろい。

しろ-かね【銀】〔名〕(近世以後「しろがね」)❶銀。⇩かね参考 例「――も金(くがね)も玉も何せむに勝(まさ)れる宝子にしかめやも」〈万葉・五・八〇三〉訳銀も金も宝石もどうして優れた宝であろう。それらが子供に及ぼうか(及びはしない)。
❷銀貨。例「銭は水のごとく流れ、――は雪のごとし」〈西鶴・世間胸算用・五・四〉訳銭は水のように流れ、銀貨は雪のように(降る)。注江戸ノ年末ノ市ノ景気ノヨサヲ述ベタトコロ。

しろき-もの【白き物】〔名〕(「しろいもの」とも)おしろい。例「まことに黒きに、――行き付かぬ所は、雪のむらむら消え残りたるここちして」〈枕草子・正月一日は〉訳本当に黒い(顔)に、おしろいが行きわたらない所は、雪がまだらに消え残っている感じがして。

しろ・し〔形ク〕■一【白し】❶白色である。しろい。
❷明るい。しらんでいる。例「ひま――・くなれば」〈徒然草・一〇四〉訳(朝になり)戸のすきまが明るくなったので。例「み吉野の高嶺(たかね)の桜散りにけり嵐も――・き春のあけぼ

の」〈新古今・春下・一三三〉訳 吉野の高嶺に桜の花が散ったことだ。嵐までも白々としている春のあけぼのよ。
二【著し】(平安時代以降の用法)はっきりしている。いちじるしい。例「――く院方へ参る由を言ひて」〈保元・上・五〉訳 はっきりと上皇側へ参上することを言って。

> 参考 『枕草子』の冒頭部分、「春はあけぼの。やうやう――・くなりゆく、山際(やまぎは)少し明かりて」(訳 春は明け方がよい。だんだんと白くなってゆくうちに、その山と接するあたりの空が少し明るくなって)の「しろし」は、一の例と見るべきところだが、一説に二の意ととり、「しろくなりゆく」は「山際」にかかるともする。

しろし-め・す【知ろし召す・領ろし召す】〔他サ四〕〈さ・し・す・す・せ・せ〉(「知らしめす」の変化した形)❶(「知る」の尊敬語)知っていらっしゃる。ご存じである。例「御前(おまへ)にも啓し、また、さ――・したるを」〈枕草子・職の御曹司の西面の〉訳(藤原行成は深みがあると)中宮にも申し上げ、また、(中宮様も)そのようにご承知でいらっしゃるのだが。
❷(「領る」の尊敬語)お治めになる。ご統治あそばす。例「天皇(すべらぎ)の、天(あめ)の下――・すこと、四つの時、九(ここの)返りになむなりぬる」〈古今・仮名序〉訳 天皇(＝醍醐(ダイゴ)天皇)が、天下をご統治あそばすことは、四季が、九回(＝九年目)になられた。

しろ-たへ【白栲・白妙・白拷】〔名〕❶コウゾの皮の繊維で織った白い色の布。例「春過ぎて夏来(き)たるらし――の衣干したり天(あめ)の香具山(かぐやま)」〈万葉・一・二八〉訳 春が過ぎて夏がやって来たらしい。白い衣が干してある。天の香具山に。注 持統天皇ノ作。第二句「夏来にけらし」、第四句「衣干すてふ」ノ形デ、『新古今和歌集』『百人一首』ニ収メル。
❷白い色。白いこと。例「梅が枝に鳴きて移ろふ鶯(うぐひす)の羽――に沫雪(あわゆき)ぞ降る」〈万葉・一〇・一八四〇〉訳 梅の枝で鳴いては枝から枝へ移っていく鶯の羽に、白く沫雪が降っている。

しろたへ-の【白栲の】〔枕詞〕白いものであるところから「衣」「袂(たもと)」「袖(そで)」「雲」「雪」「波」などにかかる。例「わが背子(せこ)しけだしまからば――袖(そで)を振らさね見つつ偲(しの)はむ」〈万葉・一五・三七二五〉訳 私の夫であるあなたがもし都を出て行くのなら袖を振ってください。それを見ながら私はあなたをしのぶことにしましょう。

しろ・ふ〔接尾八四型〕〈は・ひ・ふ・ふ・へ・へ〉(動詞の連用形に付いて)互いに…し合う。例「つき――・ひ、目くはす」〈源氏・夕顔〉訳 互いにつつき合い、目くばせする。

しろ・む【白む】一〔自マ四〕〈ま・み・む・む・め・め〉❶白みを帯びる。白っぽくなる。例「まだ暗うてよくも見えざりつるを、――・みたる者の侍(はべ)りつれば」〈枕草子・関白殿、二月二十一日に〉訳 まだ暗くてよく見えなかったが、白っぽく(見える)者がございましたので。
❷勢いがくじける。ひるむ。「しらむ」とも。例「双方――・みて控へたり」〈近松・出世景清・二〉訳 両方ともしりごみして互いの様子をうかがっていた。
二〔他マ下二〕〈め・め・む・むる・むれ・めよ〉白くする。例「衣(きぬ)も――・めず、同じすすけにてあれば」〈枕草子・職の御曹司におはします頃、西の廂にて〉訳 着物も白いのに着がえず、前と同じすすけたのを着ているので。

し-わざ【仕業】〔名〕したこと。行為。所業。例「これは竜(たつ)の――にこそありけれ」〈竹取・竜の首の玉〉訳 これは竜のしたことであったのだ。

しわす【師走】〔名〕⇩しはす

し-わた・す【為渡す】〔他サ四〕〈さ・し・す・す・せ・せ〉(垣などを)端から端までずっと作りもうける。作りめぐらす。例「同じ小柴(こしば)なれど、うるはしく――・して」〈源氏・若紫〉訳(他の家と)同様の小柴垣(＝木ヤ竹ノ小枝デ編ンダ垣根)ではあるが、きちんと作りめぐらして。

しわぶき【咳き】〔名〕⇩しはぶき

しわぶく【咳く】〔動〕⇩しはぶく

し-ゐ【四位】〔名〕位階で、四番目の位。五位とともに殿上人。

慈円(じえん)〔人名〕平安末期・鎌倉初期の僧・歌人。諡(おくりな)は慈鎮。関白藤原忠通(ただみち)の子。天台座主(ざす)をつとめ、当時の一流歌人藤原俊成・定家父子らと親交があった。『新古今和歌集』には西行に次ぐ九十二首の歌が採られている。歴史書『愚管抄(ぐくわんせう)』を著し、家集『拾玉集』がある。⇩愚管抄

しをら・し〔形シク〕❶優美である。例「――・しき名や小松吹く萩(はぎ)薄(すすき)」〈奥の細道・太田神社〉訳(地名が)小松とは実にかれんな名であるよ。小松の生える野を吹く秋風はやさしくハギやススキをなびかせて吹き過ぎてゆく。
❷かれんである。愛らしい。
❸控え目で慎み深い。
❹健気(けなげ)である。感心である。例「この娘、――・しくかしこまり、灯心を一筋にして」〈西鶴・日本永代蔵・二・一〉訳 この娘は、感心にも(倹約家である)親の言いつけを守って、(座敷の明かりの)灯心を一本にして(倹約し、来客があってから元の明るさに戻して)。

し-をり【枝折り・栞】〔名〕山道などで、木の枝を折っておいて、あとから来る人や帰る時のための道しるべとすること。例「吉野山去年(こぞ)の――の道変へてまだ見ぬ方(かた)の花を尋ねむ」〈新古今・春上・八六〉訳 吉野山の去年の道しるべのある道を変えて、まだ見ない方の桜の花を尋ね歩こう。注 西行法師ノ作。

しをり【撓り】〔名〕⇩しほり

しをり-ど【枝折り戸】〔名〕竹または木の枝などで作った簡単な開き戸。

しを・る【萎る】一〔自ラ下二〕〈れ・れ・る・るる・るれ・れよ〉❶花や草などが生気を失う。しおれる。例「――・るるは何かあんずの花の色」〈貞徳〉訳 しょんぼりと愁いに沈んでいるかのように、色あせてきたのは、何事かを案じているのだろう。可憐(かれん)な様子で春を色どった杏子(あんず)の花であったが。注「あんず」ニ「案ず」ト「杏子」ヲ掛ケル。
❷気落ちして元気をなくす。意気消沈する。ぐったりする。例「女君、あやしう悩ましげにのみもてない給ひて、すくよかなる折もなく――・れ給へるを」〈源氏・真木柱〉訳 女君(＝玉鬘(タマカズラ))は、(好きでもない髭黒(ひげくろ)と結婚させられ)妙に苦しそうにばかりしていらっしゃって、元気でいる時もなくぐったりとしていらっしゃるのだが。
❸(衣服などが)ひどく濡(ぬ)れてぐったりする。ぐっしょり濡れる。例「降り積もる雪踏む磯(いそ)の浜千鳥浪(なみ)に――・れて夜半(よは)に鳴くなり」〈金槐集・冬〉訳 降り積もる雪を踏む磯の浜千鳥は、波にぐっしょり濡れて、夜中に鳴い

ているようだ。

㊁〔他ラ四〕{ら・り・る・る・れ・れ}花や草などの生気を奪う。しおれさせる。例「―・りつる風は籬(まがき)に静まりて小萩(こはぎ)が上に雨そそくなり」〈玉葉・秋上〉訳（草花を）しおれさせた風は垣根に妨げられて静かになり、（今度は）小萩の上に雨が降りそそいでいるようである。

し-を・る【枝折る・栞る】シオル〔他ラ四〕{ら・り・る・る・れ・れ}❶（山道などで）木の枝を折って道しるべとする。例「降る雪に―・りし柴(しば)も埋もれて思はぬ山に冬ごもりぬる」〈山家集・冬〉訳降る雪のために枝を折って道しるべにした木の小枝が埋もれてしまい、予期せぬ山に冬ごもりすることだ。

❷道案内する。例「咲きぬやと知らぬ山路に尋ね入る我をば花の―・るなりけり」〈千載・春上〉訳（梅は）もう咲いただろうかと、道を知らない山路に尋ね入る私を、花が（ちらちらと咲いて）道案内することであったよ。

し-を・る【責る】シオル〔他ラ四〕{ら・り・る・る・れ・れ}責めさいなむ。折檻(せっかん)する。例「蔵にこめて―・りたまうければ」〈伊勢・六五〉訳（女を）蔵に押し込めて折檻なさったので。注「たまう」ハ「たまひ」ノ音便形。

し-をん【紫苑】シオン〔名〕（「しをに」とも）キク科の草本。茎の高さ一、二メートルになり、秋に薄紫の花をつける。

しをん-いろ【紫苑色】シオンイロ〔名〕（襲(かさね)の色目(いろめ)の名）表は薄紫、裏は青。また表は紫、裏は蘇芳(すおう)。秋に着る。

しん【信】〔名〕❶偽らないこと。信義。例「―をも守らじ。礼義をも思はじ」〈徒然草・二三〉訳信義をも守るまい。礼儀をも思うまい。

❷信用すること。信頼。例「深く―をいたしぬれば、かかる徳もありけるにこそ」〈徒然草・六八〉訳深く信頼していたから、このような功徳(くどく)もあったのであろう。

❸信仰すること。信心。例「おのおの拝みて、ゆゆしく―起こしたり」〈徒然草・二三六〉訳おのおの拝んで、深く信心を起こした。

しん【神】〔名〕❶神(かみ)。神霊。例「さてこそ瀬尾(せのを)太郎兼康(かねやす)をば『―にも通じたる者にてありけり』と、大臣(おとど)も感じ給ひけれ」〈平家・三・無文〉訳それ（＝平家ノ運命ヲ夢ニ見タ）で瀬尾太郎兼康を「神霊にも通じた者だったのだ」と、大臣（＝平重盛(シゲモリ)）も感心なさったのだった。

❷精神。魂。心。例「この間九日、暑湿の労に―を悩まし、病おこりて事をしるさず」〈奥の細道・越後路〉訳この間九日、暑さや雨の苦労で心を悩ませ、病気になってしまって（旅中の）出来事を（ここには）書き記さない。

しん【真】〔名〕❶（仏教語）真諦(しんたい)。宗教的真理。世俗的真理の「俗諦(ぞくたい)」の対。

❷漢字の書体の一つ。楷書(かいしょ)。例「表のかたには『楽府(がふ)』の文句をうるはしく―に書き」〈大鏡・伊尹〉訳表の方には「楽府」の詩句を端正に楷書で書き。

じん【仁】〔名〕❶儒教での中心道徳「五常」の一つ。すべての徳の根源となる博愛の心。

❷（広く）情け深いこと。慈愛。

❸人。人物。例「射つべき―はみかたに誰かある」〈平家・一一・那須与一〉訳射ることのできる人はみかたに誰かいるか。

じん【沈・陣】〔名〕⇩ちん

しん-い【瞋恚・嗔恚】〔名〕（仏教語。「しんに」とも）人間の善心を害する「三毒」の一つ。怒り恨むこと。例「―の炎は同じやうに燃ゆれども」〈宇治拾遺・一一・一〇〉訳恨み憤りの炎は（昔と）同じように燃えるけれども。

しん-えん【宸宴】〔名〕天皇が主催する酒宴。

しん-かう【深更】シンコウ〔名〕夜ふけ。

しん-がう【信仰】シンゴウ〔名・他サ変〕神仏を信じ尊ぶこと。

しん-がく【心学】〔名〕江戸時代後期、石田梅巌(ばいがん)により唱えられ、庶民の間に広まった実践道徳の教義。儒教を根本として神道・仏教を融合し平易に説いたもの。石門心学(せきもんしんがく)。

じん-ぎ【仁義】〔名〕❶儒教の「五常」の中の「仁」と「義」。博愛の心と正しい道義。

❷人の守るべき道。例「殊更(ことさら)世の―を本(もと)として、神仏をまつるべし。これ、和国の風俗なり」〈西鶴・日本永代蔵・一・一〉訳特に世間の道義を重んじ、神仏をおまつりしなければならない。これが、日本の風俗である。

じん-ぎ【神祇】〔名〕天神と地祇(ちぎ)。天神(あまつかみ)と地神(くにつかみ)。天地の神々。

じんぎ-くゎん【神祇官】ジンギカン〔名〕令制で定められた官庁。神祇の祭儀をつかさどり、諸国の官社を管理した。

しん-く【親句】〔名〕和歌で、歌の第一句から第五句までの続き具合が、縁語を用いて、または音韻の類似などで密接でわかりやすいこと。

じん-ぐ【神供】〔名〕（「じんく」とも）神への供え物。

じん-ぐゎん【神官】ジンガン〔名〕（「しんくゎん」とも）神社に奉仕する人。

じん-こう【人口】〔名〕世間の評判。うわさ。

新古今和歌集（しんこきんわかしふ）シンコキンワカシュウ〔書名〕第八番目の勅撰和歌集。二十巻。一二〇一年（建仁元）の後鳥羽上皇の院宣(いんぜん)によって、源通具(みちとも)・藤原有家(ありいえ)・藤原定家・藤原家隆(いえたか)・藤原雅経(まさつね)らが撰した。寂蓮(じゃくれん)も撰者の一人であったが、成立前に没した。後鳥羽院自らの加除・切継ぎの改訂も行われたが、一二〇五年（元久二）約千九百八十首の歌集として一応成立した。短歌だけで、初句切れ・三句切れ・体言止めの歌が多く、『源氏物語』や『伊勢物語』を背景に取り入れる手法や、古歌を踏まえた本歌取りの技法などの修辞的技法が最大限に駆使されて、重層性のある繊細・微妙な世界を創り出している。また、藤原俊成の幽玄、その子定家の有心(うしん)という美的理念に裏付けられた、象徴的・絵画的・幻想的・感覚的な歌も多く、芸術至上主義の極致ともいうべき歌集となっている。『古今和歌集』に範を取った、各部立てごとの複雑・微妙な和歌の配列も一層の洗練を示し、歌集全体としての統一の美をかたちづくっている。

しん-ごん【真言】〔名〕（仏教語）❶真実の言葉。仏の言葉。例「仏のいさめ守り給ふ―の深き道をだに」〈源氏・薄雲〉訳仏が他に漏らすのを禁じいましめてお守りなさる真言の意味深い秘法に対してでも。

❷梵語(ぼんご)のままで読みあげる呪文(じゅもん)。密教で、仏・菩薩(ぼさつ)やその働きを表す秘密の言葉。呪。陀羅尼(だらに)。例「さるべき―を読み印をつくりて」〈源氏・手習〉訳しかるべき（効験を持つ）真言を唱えて印を結んで。注「印」ハ、種々ノ悟リヤ誓願ヲ、両手ノ指ノ形デ示シタモノ。

❸「真言宗(しゅう)」の略。例「日本へ帰り給ひて―をひろめ給ひけりとなん」〈宇治拾遺・一三・一〇〉訳（慈覚大師は）日本へ帰られて真言宗を広められたということだ。

しん-じ【神事】〔名〕神を祭ること。祭祀。例「十月を神無月といひて、━に憚るべきよしは記したる物なし」〈徒然草・二〇二〉訳十月を神無月と言って、神をまつることを遠慮すべきであるということは書き記してある物はない。

しん-じ【神璽】〔名〕《「しんし」とも》❶三種の神器の一つ。八尺瓊曲玉。例「とまらせ給ふべきやう侍らず。━・宝剣渡り給ひぬるには」〈大鏡・花山院〉訳(そうはいっても退位を)おどりやめになるわけには参りません。曲玉と宝剣が(次の帝に)お渡りになってしまっていては。❷三種の神器の総称。

しん-じ【進士】〔名〕令制で、式部省で行う試験(＝文官登用試験)に合格した者。文章生。

しん-じゃう【進上】〔名・他サ変〕❶人に物をさしあげること。また、その物。❷敬意を表すために、目上の人へ出す書状の宛名の上に書き添える語。謹上。例「━平大納言殿へ、とぞ書かれたる」〈平家・一〇・八島院宣〉訳(その院宣は)謹上平大納言殿へ、と書かれてあった。

しんじゃう-ゑ【新嘗会】〔名〕にいなめまつり。陰暦十一月の中の卯の日、新穀を供えて神を祭る儀式。

心中天の網島(しんぢゆうてんのあみしま)【書名】⇩しんぢゅうてんのあみじま(心中天の網島)

じん-しん【人臣】〔名〕家来。臣下。例「忽ちに王氏を出でて━につらなる」〈平家・一・祇園精舎〉訳(高望王は平の姓を賜り、上総守となると)すぐに皇族を離れて臣下の列に入った。

しん・ず【進ず】〔ぜ・じ・ず・ずる・ずれ・ぜよ〕━〔他サ変〕《「与ふ」の謙譲語》進上する。差し上げる。

━〔補動サ変〕(動詞の連用形に「て」の付いた形に付いて)…て差し上げる。例「着る物洗うて━・ぜたさへ不義したと疑はれ」〈近松・女殺油地獄・下〉訳着物を洗ってさし上げたのさえ密通したと疑われ。

しん-すい【薪水】〔名〕(薪を拾い、水をくむことから)炊事。例「芭蕉の下葉に軒をならべて、予が━の労を助く」〈奥の細道・日光〉訳(曽良は)芭蕉庵の近くに住み、私の炊事の仕事を助けてくれた。

しん-せつ【深切・親切】〔名・形動ナリ〕心をこめてすること。ねんごろ。

しん-せん【神仙】〔名〕❶仙人。例「その女、遂に心直なる故に、━これを哀れびて、━に仕ふ」〈今昔・二〇・四二〉訳その女は、心が素直だったので、仙人がこれに情をかけて、(とうとう)仙人に仕えた。❷音律の名称。十二律の一つ。⇩じふにりつ 例「中と六との間に━調あり」〈徒然草・二一九〉訳(横笛の)中の穴と六の穴とのあいだに神仙調がある。

新撰犬筑波集(しんせんいぬつくばしふ)【書名】室町末期の俳諧集。山崎宗鑑編。一五三九年(天文八)頃成立。卑俗・滑稽を旨とする俳諧を連歌から独立させ、その文芸性が認められる大きな契機となった。⇩山崎宗鑑

新撰髄脳(しんせんずいなう)【書名】平安中期の歌論書。藤原公任著。成立年未詳。一〇〇一、二年頃か。一冊。広く、和歌の本質、作家、秀歌などを論じ、深い情趣および巧みな着想＝「心」と、流麗な形＝「姿」の調和を説く。歌論の体裁を整えた初めての書で、紀貫之の『古今集』序と藤原俊成・定家の歌論とを結ぶものとして重要。

新撰菟玖波集(しんせんつくばしふ)【書名】室町中期の連歌集。二十巻。関白一条冬良の命によって飯尾宗祇らが撰する。一四九五年(明応四)成立し、勅撰に準じられる。付句・発句約二千句を集める。

神泉苑(しんせんゑん)【地名】《「しんぜんゑん」とも》平安京の大内裏の南に接してあった広大な庭園。天皇の遊覧地であったが、空海がここで雨乞いをしたといわれ、池中に竜王を祭り、たびたび雨乞いが行われた。現在では二条城の南にわずかな跡地をとどめるのみであるが、神泉苑町や神泉苑に由来する御池通などにその名をとどめている。

神泉苑

しん-ぞく【真俗】〔名〕《仏教語》❶真諦(＝不変ノ真理)と俗諦(＝世俗ノ現象)。例「されば、━につけて、必ず果たし遂げむと思はんことは、機嫌を言ふべからず」〈徒然草・一五五〉訳だから、仏道修行の上でも俗生活の上でも、必ず成し遂げようと思うようなことは、時機を問題にすべきではない(すぐにやるべきである)。❷僧侶と俗人。

しん-だい〔名〕━【進退】❶進むことと退くこと。しんたい。❷一挙一動。立ち居振る舞い。例「━安からず、立ち居につけて恐れをののくさま、たとへば、すずめの鷹の巣に近づけるがごとし」〈方丈記・世にしたがへば〉訳一挙一動につけて気が楽でなく、何をするにもびくびくしてふるえている様子は、たとえば、スズメが鷹の巣のそばにいるようだ。❸思いどおりに扱うこと。例「我らが━にかからぬ者はなし」〈今昔・二〇・三〉訳我らの思いどおりにできない者はない。

━【身代】❶財産。❷身分。地位。

しん-だん【震旦】〔名〕《「しんたん」とも》中国の別名。例「今は昔、━の後漢の明帝の時に」〈今昔・六・三〉訳今となっては昔の事だが、中国の後漢の明帝の時代に。

しん-ぢつ【親昵】〔名〕親しみなじむこと。また、その人。例「あるいは━・朋友のために造る」〈方丈記・閑居の気味〉訳(世間の人が家を造るのは)あるいは親しい者や友人のために造る。

しん-ぢゅう【心中】〔名〕❶心の中で考えていること。❷相愛の男女が、愛情の変わらないことを示すあかし。指を切ったり、爪を抜いたり、髪を切ったりする。「心中立て」とも。❸情死。

心中天の網島(しんぢゆうてんのあみじま)【書名】江戸中期の浄瑠璃。近松門左衛門作。一七二〇年(享保五)大坂竹本座初演。同年、天満の紙屋治兵衛と曽根崎新地の紀伊国屋抱え小春とが網島の大長寺で情死した実話を脚色した際物。世話物、三段。近松の世話狂言、心中物の代表作。

新勅撰和歌集(しんちよくせんわかしふ)【書名】鎌倉前期の

勅撰歌集。一二三二年(貞永元)後堀河天皇の勅命による、藤原定家晩年の撰。一二三五年(文暦二)成立。二〇巻。二一代集の一つ。第九勅撰集。歌数一三七四首。藤原家隆・俊成・良経等、新古今時代の歌人の歌が中心だが、歌風は『新古今集』の妖艶から平淡に移っており、後の二条家の歌風の基盤となった。

じん-でう【晨朝】(名)夜明け時。今の午前六時頃。また、早朝に行う勤行。

しん-でん【寝殿】(名)平安時代の貴族の住宅。「寝殿造り」の中央南面の建物。主人の居間・表座敷が置かれる。

しんでん-づくり【寝殿造り】(名)平安時代の貴族の邸宅の建築様式。中央に寝殿があり、東・西・北に対の屋、南に庭・池があり、池に面して釣殿・泉殿がある。各殿舎は渡殿・細殿と呼ばれる廊で連絡している。

しん-とう【心頭】(名)心の中。例「――に落とすべからず」〈去来抄・修行〉訳(ひらめきのままに一気に句を作れ)心中で思案にふけってはいけない。

しん-にょ【真如】(名)(仏教語)永久不変の真理。悟りの境地に至って得られる絶対的真理。

神皇正統記(じんのうしょうとうき)【書名】⇩じんわうしゃうとうき(神皇正統記)

しん-べう【神妙】(名・形動ナリ)(「しんめう」とも)❶人間の力をこえているさま。❷感心すべき様子。殊勝。けなげ。例「木刀を帯しける用意のほどこそ――なれ」〈平家・一・殿上闇討〉訳(あらかじめ本物の刀でなく)木刀を帯びていた(平忠盛の)心くばりのぐあいは感心すべきである。❸素直な様子。穏やか。

じん-べん【神変】(名)(「しんぺん」「じんぺん」とも)人知では計り知ることができない不思議な変化。神技の不思議。例「飛びて虚空に昇りて――を現ず」〈今昔・二・三〉訳(辟支仏は)飛び上がって空中に昇っていき、不思議な変化を(王様の)目の前に見せた。

しん-ぼち【新発・新発意】(名)(仏教語)出家して間もない人。新たに仏門に入った人。「しぼち」とも。

しん-みゃう【身命】(名)(「しんめい」とも)からだと命。また、身体。生命。例「私もこの猿を以て、――をつなぐ者でござる」〈狂言・靭猿〉訳私もこの猿(の芸で得た金)で、生活を続けている者でございます。

しん-めい【神明】(名)❶神。神祇。例「――三宝の威光も消え、諸天も擁護し給はず」〈平家・六・入道死去〉訳神様仏様のご威光も消え、もろもろの神々もご加護なさらない(ために平清盛は死んだ)。❷天照大御神の称。また、それを祭る神社(＝神明宮)。

しん-めう【神妙】(名・形動ナリ)⇩しんべう

しん-よ【神輿】(名)(「じんよ」とも)神霊をのせる輿。みこし。おみこし。

しん-りょ【神慮】(名)神のみ心。神意。

じん-りん【人倫】(名)(「倫」は仲間・ともがらの意)人間。人類。例「一切の有情を見て、慈悲の心なからんは、――にあらず」〈徒然草・一二八〉訳あらゆる生き物を見て、慈悲の心を持たないような者は、人間ではない。

しん-るい【親類】(名)❶父方の血族。これに対し、母方の血族は、「縁家」「縁者」と区別した。❷血のつながる一族。血族と姻族。親戚。江戸時代では、祖父母から孫までと、伯父・伯母から甥・姪、いとこまでをいい、相互扶助の義務があるとされた。

しん-れい【神霊】(名)神。神のたましい。霊妙な神徳。

しん-わう【親王】(名)令制で、天皇の兄弟・姉妹・皇子・皇女などの皇族の称号。また、特に、天皇の姉妹・皇女を内親王、皇孫・曽孫などを王・女王というのに対し、兄弟・皇子のみをいう。奈良時代末期以降は、親王宣下を必要とした。

神皇正統記(じんのうしょうとうき)【書名】南北朝時代の史論書。北畠親房の著。一三三九年(延元四)成立、一三四三年(興国四)修訂。日本の建国から後村上天皇即位に至る二千年の通史によって、南朝が正統であることを主張する。国体論・神道論を展開し、後の皇国史観に大きな影響を及ぼした。⇩北畠親房

しん-ゐん【新院】(名)上皇が同時に二人以上いる時、遅く上皇になった方の称。最初の上皇である「本院」に対していう。

す

す【州・洲】(名)海・湖・川などで、土砂が積もって水面上に現れた所。中州。

す【簾・簀】(名)竹や葦などを荒く編んだもの。すだれ。また、すのこ。例「女のもの柔らかにかき鳴らして――の内より聞こえたるも」〈源氏・帚木〉訳その女性がゆったりと(和琴を)弾いて(その音が)すだれの中から聞こえているのも。

要点 「すだれ」の意の時は「簾」、「すのこ」の時は「簀」の字をあてる。⇩すだれ・すのこ・みす

すの判別

①サ変動詞
- Ⓐ自動詞
  - ⓐ身にしむ心地**す** (～が)する。ある。
  - ⓑ沖辺の方に楫の音**す**なり (～が)起こる。する。
- Ⓑ他動詞
  - ⓐ速やかに**す**べきことを緩くし (～を)する。行う。
  - ⓑをかしき物取らせなど**する**に ―上の動詞を行う
  - ⓒ檜垣といふもの新しう**し**て ―ある状態におく
  - ⓓ閑かに過ぐすを楽しみと**す** (～と)見なす。

②助動詞
- Ⓐ尊敬の助動詞「す」(上代語) 例この岡に菜摘ま**す**児
- Ⓑ使役の助動詞「す」 例人に語れとて聞か**する**ぞ

す

す【為】(せ・し・す・する・すれ・せよ)■(自サ変)❶(ある動作・状態などが)ある。(…の感じが)する。例「昼つ方、犬いみ

じう鳴く声のすれば」〈枕草子・上にさぶらふ御猫は〉訳昼頃、犬がひどく鳴く声がするので。例「名を聞くより、やがて面影（おもかげ）は推（お）しはかるる心地するを」〈徒然草・七一〉訳名前を聞くやいなや、すぐに（その人の）顔かたちが想像される気がするのだが。

❷（ある動作・状態などが）発生する。起こる。する。例「長雨（ながあめ）、例の年よりもいたくして」〈源氏・蛍〉訳長雨が、いつもの年よりもひどく降り続いて。例「ある時には、来（き）し方行く末も知らず、海にまぎれむとしき」〈竹取・蓬莱の玉の枝〉訳ある時には、やって来た方角も行く先も分からず、海に入りまじってわからなく（＝行方不明ニ）なりそうになった。

二（他サ変）❶ある行為をする。行う。する。例「月の面白きに、夜ふくるまで遊びをぞし給ふなる」〈源氏・桐壺〉訳月が美しいので、夜が更けるまで管弦の遊びをしなさっているようである。

❷（動詞の連用形に助動詞や係助詞が接続したものに付いて）上の動作を行う意を表す。…する。例「問ひけれども、応（いら）へもせず」〈徒然草・四七〉訳尋ねたけれども、（それに）答えもしないで。

❸（状態を表す語に付いて）ある状態におく。する。例「なまめきたる様（さま）して、貴人（あてびと）と見えたり」〈源氏・帚木〉訳（空蝉（うつせみ）の弟の小君（こぎみ）は）かわいらしい様子をしていて、高貴な人のように見えた。例「炬（たちあかし）しろくせよ」〈徒然草・二三〉訳炬（＝タイマツ）を明るくしなさい。

❹（形容詞の連用形や助詞「と」「に」に付いて）そう思って接する。扱う。みなす。例「いと愛（かな）しくし侍（はべ）りけるを」〈源氏・帚木〉訳（亡き父小君（こぎみ）を）とてもかわいがっておりましたが。

参考「愛す」「害す」「啓す」などのように漢語や、「心す」「物す」など和語の名詞に付いて、複合動詞を作る。

す

（助動四型）（上代語）接続 四段・サ変動詞の未然形に付く。

未然形	連用形	終止形	連体形	已然形	命令形
さ	し	す	す	せ	せ

【尊敬】（軽い尊敬の意や親しみの意を表す）**お…になる。**…**なさる。**例「この岡に菜摘（つ）ます児（こ）家聞かな名告（の）らさね」〈万葉・一・一長歌〉訳この丘で菜をお摘みの娘さんよ、家を聞きたい、お名前をおっしゃってくださいよ。例「葛飾（かつしか）の真間（まま）の井（ゐ）を見れば立ちならし水汲（く）ましけむ手児奈（てごな）し思ほゆ」〈万葉・九・一八〇八〉訳葛飾の真間（＝千葉県市川市ニアル）の井戸を見ると、（昔そこを）やすみなく行き来して（道を）平らにしてしまうほど何度も水をお汲みになったという、真間の手児奈（＝伝説上ノ美少女）という少女がしのばれることだ。

参考（1）「思ふ」「知る」「聞く」などに「す」が付く時は、「思はす」「知らす」「聞かす」となるが、変化して「思ほす」「知ろす」「聞こす」などとなることがある。「思ほす」は、さらに変化して平安時代には「おぼす」となる。（2）「す」は、一般に四段・サ変活用の動詞以外には付かないが、「見る」「着る」「寝（ぬ）る」「臥（こ）ゆ」などには付き、「見（め）す」「着（け）す」「寝（な）す」「臥（こ）やす」となる。（3）平安時代になると、この「す」は用いられなくなった。平安時代では、わずかに、「召（め）す」「聞こしめす」「思ほす」「おぼす」「遣（つか）はす」などの語の語尾の部分に形をとどめているにすぎない。

す

（助動下二型）接続 四段・ナ変・ラ変動詞の未然形に付く。

未然形	連用形	終止形	連体形	已然形	命令形
せ	せ	す	する	すれ	せよ

【使役】❶（他の者に動作をさせる意（使役）を表す）**…せる。…させる。**例「『かれに物食はせよ』と言ひければ、食はするに、うち食ひてけり」〈宇治拾遺・一・一八〉訳（藤原利仁（としひと）が）「あれ（＝キツネ）に物を食べさせよ」と言ったので、（芋粥（いもがゆ）を）食べさせると、すぐに食べてしまった。

❷（「おはします」「給ふ」などの尊敬語とともに用いられて）（尊敬の意を強める）お…あそばす。お…になる。例「夜の殿に入らせ給ひても、まどろませ給ふことかたし」〈源氏・桐壺〉訳（帝は）ご寝所（じん）にお入りになっても、（桐壺更衣（きりつぼのこうい）との死別の悲しみで）うつらうつらなさることもむずかしい。

❸（受身の表現が用いられるべきところに用いられて）（他の人がするのにまかせる意（放任・許容）を表す）…させておく。…される。例「わが身手負ひ、家の子・郎等（らうどう）多く討たせ、馬（むま）の腹射させて引き退（しりぞ）く」〈平家・一二・判官都落〉訳（太田太郎頼基（おおだのたろうよりもと）は）自分は負傷し、（義経の軍勢に）家臣や従者は数多く討ち取られ、（乗っていた）馬の腹を射られて引きさがる。

❹（「奉る」「申す」「参る」などの謙譲語とともに用いられて）（謙譲の意を強める）⇨奉らす①・申さす③・参らす二

要点「す」は「さす」と接続する動詞の種類が違うだけで、意味・用法は全く同じである。⇨さす 参考（1）

参考 ②では「のたまふ」や「賜（たま）ふ」に付いて強い尊敬の意を表す場合があるが、これらは「のたまはす」「賜（たま）はす」全体を一語の動詞とするのが普通である。例「万（よろづ）の事を泣く泣く契（ちぎ）りのたまはすれど」〈源氏・桐壺〉訳（帝は桐壺更衣（きりつぼのこうい）に）さまざまな事を泣く泣く約束してお話しになるけれども。
④も「す」の付いた全体を一語とする考えもある。

す

（助動特活）（「候（さう）ふ」の変化した「さう」がさらに変化したもの。室町時代の語）（動詞・形容動詞の連用形、接続助詞「て」などに付いて）（丁寧の意を表す）…ます。…です。例「今朝（けさ）の嵐（あらし）は嵐ではなげにすよの大井川の川の瀬の音ぢゃげにすよなう」〈閑吟集・二八〉訳今朝の嵐は嵐ではないようですよね、大井川の川瀬の音のようですよねえ。

ず

（助動特活）接続 活用語の未然形に付く。

【打消し】（打消しの意を表す）**…ない。**例「京には見えぬ鳥なれば、皆人見知らず」〈伊勢・九〉訳（隅田川にいる都鳥（みやこどり）は）京には見慣れない鳥なので、（一行の者は）誰も見知らない。例「この川、飛鳥川（あすかがは）にあらねば、淵瀬（ふちせ）さらに変はらざりけり」〈土佐・二月十六日〉訳この川（＝京都ノ桂（かつら）川）は、飛鳥川ではないから、淵も浅瀬も（昔と）まったく変わっていなかった。

未然形	連用形	終止形	連体形	已然形	命令形
(な)	(に) ず	ず	ぬ	ね	
ざら	ざり		ざる	ざれ	ざれ

参考 (1)「ず」には、三系列の活用がある。一つは、ナ行四段型に活用するもので、連体形「ぬ」・已然形「ね」のほかに上代では未然形に「な」、連用形に「に」という形があった。なお、「な」は平安時代の和歌でも用いられた。⇩なく〈連語〉・なくに・に

二つ目は「ず」〈連用形・終止形〉の系列で、三つ目の「ざら」「ざり」「ざる」「ざれ」のラ変型活用の系列〈補助活用〉は、「ず」の連用形にラ変動詞「あり」の付いた「ずあり」からできたものである。

(2)連体形「ざる」に推量の助動詞「なり」「めり」が付く場合には、「る」が撥音便化して「ざんなり」「ざんめり」となるのが普通で、この撥音「ん」が表記されないで「ざなり」「ざめり」という形になることが多い。

す-あを【素襖】〔名〕直垂から変化してできた服。麻製で裏地はなく、袴の紐も直垂や大紋のように白ではなく、同色。室町時代は庶民のふだん着であったが、江戸時代には武士の礼服となった。胸紐・菊綴じ・露なども組み紐でなく革紐なので、「革緒の直垂」ともいった。なお、素襖を着る時は必ず烏帽子をかぶった。

すあを

すい【粋】〔名・形動ナリ〕〈近世語〉物事に精通してすぐれていること。特に、遊里の事情に通じて、言動や姿が洗練されていること。また、そのさま。対やぼ

要点 遊里を背景に、江戸時代前期の上方で発達した美的理念。浮世草子・浄瑠璃などの文芸作品に描かれる。「水」「推」「帥」の字を当てたりもする。⇩つう〈通〉・いき〈意気〉②

すい-えき【水駅】〔名〕舟着き場。

すい-がい【透垣】〔名〕〈「すきがき」のイ音便〉板と板、また竹と竹との間を少しあけて〈=透カシテ〉作った垣根。例「わざとならぬ庭の草も心あるさまに、簀（す）の子・――のたよりをかしく」〈徒然草・一〇〉訳特に手を入れたようではない庭の草も趣ある様子で、簀の子や透垣の配置の具合もおもしろく。

すいがい

すい-がき【透垣】〔名〕⇩すいがい

すい-かん【水干】〔名〕男性用衣服の一つ。狩衣の一種。菊の花に似た菊綴という飾りを胸と袖と両肩下の縫い目に付け、丸組みの紐を前は襟の上の角、後ろは襟の中央に付けるのを特色とする。色は白が多く、古くは庶民のふだん着、後には公家の私服や元服前の少年の晴れ着などにも用いられた。なお、白拍子と呼ばれる女性の芸人もこれを着た。

すいかん

ずい-き【随喜】〔名・自サ変〕〈仏教語〉❶喜んで仏に帰依すること。人の善行に随順して、これを喜ぶこと。❷〈転じて〉心からありがたく思うこと。深く感謝すること。例「この由（よし）申したりければ、――感嘆して」〈平家・三・金渡〉訳この事〈=三千両ノ寄進〉を〈使者が〉申し伝えると、〈宋の禅師は〉深く感謝しまた感嘆して。

すい-くゎ【水火】〔名〕水と火。また、水難と火難。洪水と火災。

すい-さう【水晶・水精】〔名〕鉱物の一種。すいしょう。例「――の数珠（ずず）。藤の花」〈枕草子・あてなるもの〉訳〈上品なもの〉水晶の数珠。藤の花。

ずい-さう【瑞相】〔名〕❶〈「瑞」はめでたいしるし〉吉兆。例「君も国母（こくも）といはれ、愚老（ぐらう）も外祖（ぐわいそ）と仰（あふ）がるべき――にてもや候ふらん」〈平家・一・二代后〉訳あなたも国母〈=天皇ノ母〉といわれ、私も外祖〈=母方ノ祖父〉として仰ぎ見られるようになるめでたいしるしでありましょうか。❷〈転じて、吉凶いずれにも用いて〉前ぶれ。前兆。例「世の乱るる――とか聞けるもしるく」〈方丈記・都遷り〉訳〈新しい福原の都がちっとも栄えないことは〉世の乱れる前兆とか聞いていたが確かにその通りで。

すい-さん【推参】㊀〔名・自サ変〕おしかけること。招かれないのに訪問すること。また、突然訪問することを謙遜していう語。例「何か苦しかるべき。――してみん」〈平家・一・祇王〉訳何の不都合なことがありましょうか。〈こちらから〉参上してみましょう。㊁〔名・形動ナリ〕さしでがましいこと。出しゃばり。出すぎ。また、無礼なこと。例「――な。汝（なんぢ）が分として古歌だてを言ひ居（を）る」〈狂言・舟船〉訳出しゃばり者め。お前の〈ような家来の〉分際で古歌の知識をひけらかすわい。

すい-じゃく【垂迹・垂跡】〔名〕〈仏教語。近世中期頃まで「すいしゃく」〉本地である仏・菩薩が衆生を救うために仮に神や人間などの姿となって現れること。本地垂迹。例「かの権現（げん）は、地蔵菩薩（ぼさつ）の――、大智明菩薩と申す」〈今昔・一七・一五〉訳あの権現は、地蔵菩薩のなりかわったお方で、大智明菩薩と申します。

すい-しゅ【水手】〔名〕船頭。水夫。船乗り。かこ。

ずい-じん【随身】〔名〕❶平安時代、貴人外出の際、朝廷の命令で警護に従った近衛府（このゑふ）の「舎人（とねり）」。精兵が任ぜられ、弓矢を持ち剣を帯びた。上皇には十四人、摂政・関白には十人、大臣・大将には八人など人数が定められていた。「みずいじん」とも。❷〈上位者に〉つき従うこと。また、その人。随従。従者。

すい・す【推す】〔他サ変〕〈せ・し・す・する・すれ・せよ〉おしはかる。推量する。例「さまざまに――・し心得たるよしして、賢げにうちうなづきほほ笑みて居たれど」〈徒然草・一九四〉訳あれこれとあて推量して分かったふりをして、〈一向に分かっていない人が〉利口そうにうなずいてほほ笑んでいるけれど。

ずい-そう【瑞相】〔名〕⇩ずいさう

すい-たい【翠黛】〔名〕〈「翠」はみどり、「黛」は眉墨（まゆずみ）

❶緑色の眉墨。また、眉墨を施した美しい眉。美人の眉。例「清嵐肌を犯し、――紅顔の色やうやう衰へ」〈平家・八・太宰府落〉訳潮風は肌を荒らし、美しい眉と血色のよい顔の色もしだいに衰え。注平家ガ舟デ九州・屋島ト逃ゲタ場面。
❷緑にかすむ山の色。緑色の美しい山のさまをいう語。例「緑蘿の垣、――の山、絵に描くとも筆も及びがたし」〈平家・灌頂・大原御幸〉訳緑色のツタのからまった垣や、緑色にかすむ山は、絵に描こうとしても筆も及ばない（ほど美しい）。注「緑蘿の垣」ハ近景、「翠黛の山」ハ遠景。

すい-ちゃう-こうけい【翠帳紅閨】スイチヤウ:〔名〕緑色の垂れ幕と紅色の寝室。貴婦人の寝室。

ずい-なう【髄脳】ヅイナウ〔名〕❶髄と脳。脳髄。脳。例「わが身の――砕きてぞ菩薩の位得たりける」〈梁塵秘抄・二五三〉訳（喜見菩薩は）自分自身の脳髄を砕いて薬王菩薩の地位を得たのである。
❷（転じて）重要な部分。奥義。秘訣。特に、古典の解釈や和歌の法則・奥義などを述べた書物。例「和歌の――いと所狭う」〈源氏・玉鬘〉訳和歌の奥義がたいそうぎっしりと（書いてあり）。

参考「髄脳②」の書としては、和歌について述べた藤原公任の『新撰髄脳』や源俊頼の『俊頼髄脳（俊頼口伝）』などが名高い。

すい-はん【水飯】〔名〕乾飯を水につけたもの。また、水をかけた飯。夏の食物。例「――などとりどりにさうどきつつ食ふ」〈源氏・常夏〉訳水飯などを（皆が）それぞれに騒ぎながら食べる。

すい-び【翠微】〔名〕《「翠」は緑色の意》❶薄緑色に見える遠方の山。例「蚊帳つりて――つくらん家の内」〈蕪村〉訳（私は遠くの山へは行けないから緑色の）蚊帳をつって翠微を家の中につくろう。
❷山頂から少し下った所。中腹。八合目あたり。例「――に登ること三曲二百歩にして、八幡宮たたせ給ふ」〈芭蕉・幻住庵記〉訳中腹を登ること三曲り（この間）二百歩、そこに八幡宮がお立ちになっている。

すい-ふろ【水風呂】〔名〕桶の下にかまどを取り付け、水からわかすようにした風呂。例「年に一度の――を焼かれしに」〈西鶴・世間胸算用・一・四〉訳（倹約のための）年に一度の風呂を沸かした時に。

参考「蒸し風呂」などに対していう。「据風呂」から変化したものとも。

すいふろ

ずい-ぶん【随分】〔副〕❶分相応な様子。分に応じて。それなりに。例「出家――の功徳とは今に始めたることにはあらねども」〈宇治拾遺・二・三〉訳出家をすればその人なりに功徳が得られるということは今始まったことではないけれども。
❷程度・数量が限度いっぱいである様子。できるだけ。精一杯。ありったけ。例「中納言闕の候ひし時、二位の中将の所望候ひしを、入道――執り申ししかども」〈平家・三・法印問答〉訳中納言に欠員がありました時、二位の中将（＝藤原基通）が希望しましたのを、私、入道（＝平清盛）が力を尽くしてご推薦申し上げましたが。
❸程度がかなりはなはだしい様子。すこぶる。なかなか。かなり。例「忠宗・景宗も――血気の勇者にて」〈平治・下・三〉訳長田忠宗・景宗父子もなかなか血気にはやる勇士であって。
❹（下に打消しの表現を伴って）決して。どうしてどうして。例「――見あらはさるることではござりませぬ」〈狂言・仁王〉訳決して露見されることではございません。

すい-めん【睡眠】〔名〕《「めん」は呉音》眠り。眠ること。睡眠。例「一日のうちに、飲食・便利・――・言語・行歩、やむことを得ずして多くの時を失ふ」〈徒然草・一〇八〉訳（人間は）一日のうちに、食事・用便・睡眠・談話・歩行（というような事）に、やむをえず多くの時間を浪費している。

すい-れん【水練】〔名〕水泳の技術。泳ぎ方。また、水泳の上手な者。泳ぎの達人。

す・う【据う】〔他ワ下二〕{ゑ・ゑ・う・うる・うれ・ゑよ}❶人や物を一定の場所に位置させる。置く。すえる。例「火桶を中に――・ゑて物語などするほどに」〈枕草子・雪のいと高うはあらで〉訳（二、三人で）火鉢を中に置いて話をしているうちに。
❷妻などとして住まわせる。囲う。例「かぐや姫を――・ゑむには、例のやうには見にくし」〈竹取・竜の首の玉〉訳かぐや姫を妻として住まわせるには、いつものようでは見苦しい。
❸人を一定の地位につかせる。例「坊にもえ――・ゑ奉らずなりにしを」〈源氏・紅葉賀〉訳（桐壺帝は光源氏を）皇太子の位にもつかせ申し上げることができずじまいになってしまったことを。
❹建築物を構える。設ける。例「御桟敷の前に陣屋――・ゑさせ給へる、おぼろげのことかは」〈枕草子・関白殿、二月二十一日に〉訳（法会で、中宮のご座席の前に（近衛の）警護の詰所を設けていらっしゃるとは、並大抵のことだろうか（いやすばらしいことだ）。
❺印・判を押す。
❻灸をすえる。

ずう・ず【誦ず】〔他サ変〕{ぜ・じ・ず・ずる・ずれ・ぜよ}《「ずず」「ずんず」とも》声をあげ調子を整えて唱える。吟詠する。朗詠する。例「詩をいとをかしう――・じ侍るものを」〈枕草子・故殿の御服のころ〉訳（あの方は）漢詩をたいそうおもしろく吟詠いたしましたものを。

すゑ…【末…】⇩すゑ…
末摘花〘人名〙⇩すゑつむはな（末摘花）
末の松山〘山名〙⇩すゑのまつやま（末の松山）
周防〘旧国名〙⇩すはう（周防）
す-おう【素襖】⇩すあを
すが【菅】〔名〕⇩すげ

すが-がき【清搔き・菅搔き】〔名〕❶和琴の弾き方の一つ。詳しくは不明。本格的でない弾き方。例「心にまかせてただ搔き合はせたる――に、よろづの物の音整へられたるは、妙におもしろく」〈源氏・若菜・上〉訳（柏木が）心にまかせてただ（他の楽器と）合奏した清搔き（の音）に、すべての楽器の音が調子を揃えているのは、神秘的でおもしろく。

❷三味線の弾き方の一つ。江戸時代、遊里で客寄せなどの際に用いた。❸歌舞伎で、遊廓気分を出す時や幕あけ・幕ひきの時などに演奏する下座音楽。軽く早めに弾く三味線の曲。

すが-ごも【菅薦・菅菰】〔名〕菅の細い縄で編んだ薦(=ムシロノ一種)。古くから東北各地で産したが、後には陸前利府の名産となる。例「山際に十符の菅あり。今も年々十符の――を調へて国守に献ずといへり」〈奥の細道・壺の碑〉訳山際に(菅菰を作るのに使う)十符の菅が生えている。今でも毎年十符の菅菰を作って国守(=仙台藩主)に献上しているということだ。注「十符」ト八、編ミ目ガ十筋アルコト。

すがし-め【清し女】〔名〕清らかな女性。すがすがしい女。

すか・す【空かす・透かす】〔他サ四〕(き・し・す・す・せ・せ)(「すく」の他動詞形)❶数量を減らす。間引く。❷透けて見えるようにする。例「二藍の指貫、直衣、浅葱の帷子どもぞ――・し給へる」〈枕草子・小白河といふ所は〉訳二藍色の指貫や、直衣を着て、(その下には)薄青色の帷子などを透けて見えるようにしていらっしゃる。❸心にすき間を作る。手ぬかりをする。

すか・す【賺す】〔他サ四〕(き・し・す・す・せ・せ)❶上手に言って相手をその気にさせる。おだてる。機嫌をとる。例「『さてさてをかしかりける女かな』と――・い給ふを」〈源氏・帚木〉訳「いやあまったく面白い女だな」とおだてなさると。❷上手に言って相手の落胆や悲しみを柔らげる。なだめる。例「いとよう――・し給ふ」〈源氏・行幸〉訳(内大臣は)大層上手に(近江の君を)なだめすかしなさる。❸うそを言う。だます。例「いときなき子を――・し、おどし、言ひはづかしめて興ずることあり」〈徒然草・一二九〉訳幼い子をだましたり、おどしたり、からかったりして面白がるということがある。

すが-すが【清清】〔副〕(多く「と」を伴って)❶とどこおりのない様子。すらすらと。問題なく。例「沼尻といふ所も――と過ぎて」〈更級・富士川〉訳沼尻という所も支障なく通り過ぎて。❷こだわりや未練のない様子。気前よく。あっさりと。例「いと後ろめたう思ひ聞こえ給ひて、――ともえ参らせ奉り給はぬなりけり」〈源氏・桐壺〉訳(母君は若宮と会えないのが)とても心配だとお思い申し上げなさって、思い切って宮中へ参内させ申し上げることもおできにならないのだった。

参考 形容詞「すがすがし」は、この語に「し」が付いたもの。

すが-すが・し【清清し】〔形シク〕❶さっぱりとして気持ちがよい。さわやかである。例「吾ここに来て、我が御心――・し」〈古事記・上・天照大神と須佐之男命〉訳私はこの地に来て、我が心はさわやかだ。注「御心」ハ、自分ヲ敬ウ尊敬語。❷未練やためらいがない。思い切りがよい。例「――・しうもおぼし立たざりけるほどに、后も失せ給ひぬ」〈源氏・桐壺〉訳(姫の入内を)さっぱりと決心なさらないでいた間に、(母の)后もお亡くなりになってしまった。❸物事がすらすらと運ぶ様子。例「わたり給はむこと、――・しくもいかでかはあらむ」〈源氏・玉鬘〉訳(玉鬘が光源氏の御殿に)お移りになることは、すらすらとはどうして運ぼうか。

すがた【姿】〔名〕❶からだの形。からだつき。容姿。❷服装。装い。身なり。例「壺装束などいふ――にて」〈源氏・葵〉訳壺装束などという装いで。❸物の形。外形。形状。例「夕顔は、……いとをかしかりぬべき花の――に、実の有様こそいと口惜しけれ」〈枕草子・草の花は〉訳夕顔は、……たいそう趣深い花の形をしているのに、実のなる様子は非常に物たりない。❹趣のある形状。味わい深いさま。例「――なけれど、棕櫚の木、唐めきて、悪き家の物とは見えず」〈枕草子・花の木ならぬは〉訳味わい深い形ではないけれど、シュロの木は、中国風で、下賤の家の物とは見えない。❺和歌や俳諧における表現。また、表現のしかた。例「やすく素直にして、――も清げに、あはれも深く見ゆ」〈徒然草・一四〉訳(昔の人が和歌に用いた言葉や歌枕などは)むずかしくなく素直であって、表現もすっきりしており、しみじみとした趣も深いように思われる。

要点 人についての場合、「すがた」は姿態・身体など全体的な容姿をいい、「かたち」は顔つき・容貌などをいう。

すがた-かたち【姿形】〔名〕身なりと顔立ち。服装と容貌。容姿。また、体全体の様子。姿態。例「世にありとある人は、みな――心ことにつくろひ」〈枕草子・正月一日は〉訳(正月一日には)世の中のあらゆる人が、皆姿かたちに特に気を付けて身づくろいをして。

すが-たたみ【菅畳】〔名〕菅で編んだ敷物。うすべりの類。

すがのね-の【菅の根の】〘枕詞〙スゲの根が長く、乱れているところから、「長し」「乱る」「ねもころ」などにかかる。例「おほほしく君をあひ見て――長き春日を恋ひ渡るかも」〈万葉・一〇・一九二一〉訳はっきりと見ることもできず、おぼろげにあなたにお会いできただけなので、この長い春の一日を恋い続けていることです。

すが-はら【菅原】〔名〕(「すげはら」とも)菅の生え茂っている野原。

菅原伝授手習鑑(すがはらでんじゅてならひかがみ)〘作品名〙江戸時代の浄瑠璃。五段。竹田出雲・並木千柳・三好松洛・竹田小出雲の合作。一七四六年(延享三)大坂竹本座初演。九州に配流された菅原道真が雷神と化して藤原時平一派に報いる話を大筋にし、梅王・松王・桜丸の三つ子の兄弟の物語、また道真から筆法伝授を受けた武部源蔵の忠義等を描く。歌舞伎にも移され、特に「車曳」「寺小屋」の段は、度々上演される。

菅原孝標女(すがはらのたかすゑのむすめ)〘人名〙平安中期の女流文学者。一〇〇八年(寛弘五)生、没年未詳。父の孝標は、菅原道真の五世に当たる。『蜻蛉日記』の作者の藤原道綱の母は伯母に当たる。祐子内親王に仕えた後、橘俊道と結婚し、夫に死別後、筆を執る。十三歳の少女時代の『源氏物語』への憧憬から始まり、近親者との死別、宮仕え、夫に先立たれる生涯を回想して、『更級日記』をしたためた。『浜松中納言物語』『夜の寝覚』の作者にも擬せられている。⇩更級日記

菅原道真(すがはらのみちざね)〘人名〙平安前期の政治家・学者。八四五年(承和十二)～九〇三年(延喜三)。宇多・醍醐両天皇に仕え、重用されて右大臣に昇るが、藤原時平の中傷によって大宰権帥として、筑紫の大宰府に左遷される。詩文集に『菅家文草』『菅家

後草』があり、『日本三代実録』『類聚国史(るいじゅうこくし)』を編著する。道真のたたりを恐れて祭った天満宮は、後に学問の神とされるようになる。

すが・ふ【次ふ】(スガ(ゴ)ウ)〔自ハ四〕{は・ひ・ふ・ふ・へ・へ}(「次(す)ぐ」＋継続の助動詞「ふ」)❶あとに続き並ぶ。次々に連なる。例「かう、いま、幸(さい)ひ人の腹の后(きさき)がねこそ、また、おひ――・ひぬれ」〈源氏・少女〉訳このように、今、幸運な人(＝明石ノ上)の生んだ后の候補者が、また、あとに続いて来ました。

❷肩を並べる。匹敵する。例「中の君もうち――・ひて、あてになまめかしう」〈源氏・紅梅〉訳中の君も(大君に)肩を並べて、気品があって美しく。

すが・む【眇む】㊀〔自マ四〕{ま・み・む・む・め・め}瞳(ひとみ)が一方へ片寄る。斜視である。また、片目が細い。例「忠盛目の――・まれたりければ」〈平家・一・殿上闇討〉訳平忠盛は目が斜視でいらっしゃったので。

㊁〔他マ下二〕{め・め・む・むる・むれ・めよ}瞳(ひとみ)を一方へ寄せる。また、片目を細くする。

すが-め【眇】〔名〕❶やぶにらみ。斜視。例「『伊勢平氏(へいじ)は――なりけり』とぞはやされける」〈平家・一・殿上闇討〉訳「伊勢の平氏(＝平忠盛)はやぶにらみであったよ」とからかわれた。注「平氏」ト「徳利ノ意ノ「瓶子」、「眇」ト「酢瓶(すがめ)」ヲ入レル瓶ノ意ノ「酢瓶」トヲ掛ケル。

❷瞳(ひとみ)を片方に寄せて見ること。横目。流し目。

すが-やか【清やか】〔形動ナリ〕❶未練やためらいがない。さっぱりと思い切りがよい。例「――・におぼし立ちけるほどよ」〈源氏・柏木〉訳(女三の宮は)さっぱりと思い切りよく(出家を)ご決心なさったことよ。

❷物事が滞りなく運ぶ様子。すらすらと進む様子。例「帥(そち)のおとどの、大臣までかく――・になり給へりしを」〈大鏡・道長・上〉訳藤原伊周(これちか)殿が、内大臣までこんなにさっさと昇進なさったことを。注伊周八十八歳デ参議、二十一歳デ内大臣ニナッタ。

すがら ㊀〔副〕その間じゅう。始めてから終わりまでずっと。例「ぬばたまの夜は――に赤らひく日も暮るるまで嘆けどもしるしを無み」〈万葉・四・六一九長歌〉訳夜は一晩じゅう、昼も日が暮れるまで嘆いても、効果がないので。注「ぬばたまの」ト「赤らひく」ハ枕詞。

㊁〔接尾〕❶…の初めから終わりまで。…じゅう。例「長き夜――よろづのことを思ひ明かして」〈宇津保・俊蔭〉訳長い夜の間じゅういろいろなことを考えて夜を明かして。

❷…の途中で。…のついでに。例「ねたさに『その田を刈りて取れ』とて人をつかはしけるに、まづ道――の田をさへ刈りもて行くを」〈徒然草・二〇九〉訳(訴訟に負け)くやしまぎれに「その田を刈り取ってしまえ」といって人をやったところ、まず途中の(関係のない)田までも刈り取って行くので。

❸そのままで。ただそれだけで。例「ただ身――にと出(い)で立ち侍るを」〈奥の細道・草加〉訳ただもう体一つでと出発したのであるが。

参考 時が過ぎて行く状態を示す意の「過ぐら」の変化した形かという。

すがる【蜾蠃】〔名〕虫の名。ジガバチの古称。例「――鳴く秋の萩原(はぎはら)朝立ちて旅行く人をいつとか待たむ」〈古今・離別・三六六〉訳ジガバチの羽音が盛んな秋の萩の原を朝出発して旅に行くあの人を、いつ(お帰りになる)と思って待ちましょうか(長いお別れです)。

> 要点 腹部がきわめて細いことから、「――のごとき腰細に」〈万葉・一六・三七九一長歌〉のように、女性の細腰のたとえにいう。また、鹿(しか)の腰が細いからか、時に鹿の異称ともされる。

す-が・る【酸がる】〔自ラ四〕{ら・り・る・る・れ・れ}(「す」は「酸し」の語幹。「がる」は接尾語)すっぱそうにする。例「歯もなき女の梅(めむ)くひて――・りたる」〈枕草子・にげなきもの〉訳歯もない(老)女が梅干しを食べてすっぱそうにしているの(は似合わない)。

菅原伝授手習鑑(すがわらでんじゅてならいかがみ)《作品名》⇩すがはらでんじゅてならひかがみ(菅原伝授手習鑑)

菅原道真(すがわらのみちざね)《人名》⇩すがはらのみちざね(菅原道真)

すき【好き・数寄】〔名〕《動詞「好(す)く」の連用形の名詞化。「数寄」はあて字》❶好きなこと、もの。好むこと。好み。

❷異性への関心が強いこと。色好み。好色。例「いにしへの――は、思ひやり少なき程のあやまちに、仏神も許し給ひけむ」〈源氏・薄雲〉訳過去の好色ざた(＝継母デアル藤壺(フジツボ)トノ恋)は、分別のない頃のあやまちとして、仏や神もお許し下さったであろう。

❸和歌・音楽など、風流・風雅な方面に心を寄せること。深く興味を持つこと。また、転じて、物好き。

❹茶の湯のこと。室町・戦国時代、茶の湯をする人が茶碗(ちゃわん)をはじめ各種道具の美やその取り合わせに執心したことから、これを「茶数寄」といい、単に「数寄」というだけで茶の湯を意味するようになった。

> 要点 「すき」と「このみ」の違い 平安時代頃の「すき」には、男女関係における心のかたむき具合を表すだけで、現代語の「好色」が持つような非道徳的なニュアンスは少ない。また、「このみ」は、具体的な行動や言葉を伴う意味あいが強いのに対し、「すき」は気持ち・態度をいう気分が強い。

すぎ【杉】〔名〕木の名。常緑高木で、建築用材・酒樽(さかだる)などに用いられた。古来、神木として崇拝の対象とされることも多い。例「うまさけを三輪(みわ)の祝(はふり)が斎(いは)ふ――手触れし罪か君に逢(あ)ひかたき」〈万葉・四・七一二〉訳三輪の神官が(神木として)祭っている杉に手を触れた罰でしょうか。あなたに逢うのがむずかしいのは。

すき-かげ【透き影】〔名〕すき間や薄い衣などを通して見える姿・かたち。また、すき間などから漏れてくる光。例「をかしき額(ひたひ)つきの――あまた見えて」〈源氏・夕顔〉訳(すだれ越しに)美しい額の(女の)姿が何人も見えて。

すぎ-がて-に【過ぎがてに】《連語》行き過ぎることができず。通り過ぎにくく。⇩かてに 例「我が宿に咲ける藤波立ち帰り――のみ人の見るらむ」〈古今・春下・一二〇〉訳私の家の庭に咲いている藤の花を、どうして、引き返して来て行き過ぎることもできないで、人は眺めているのだろうか。注ソレホド我ガ家ノ藤ハ美シイトイウ趣旨。

すき-がま・し【好きがまし】〔形シク〕好色らしい。浮気っぽい。例「この君もいと物うくして、――・しきあだ人なり」〈源氏・帚木〉訳この若君(=頭中将)も(正妻の家に通うことは)気が進まなくて、好色らしい浮気者である。

すき-ごこち【好き心地】〔名〕好色な心。色好みの気持。浮気心。「すきごころ」とも。例「若きほどの――には、この人を『この人をとまりにも』とも思ひとどめ侍らず」〈源氏・帚木〉訳若いころの色好みの心では、「この女性を本妻に(しよう)」などとは(心に)思いとどめません。

すき-ごと【好き事】〔名〕❶色好みの行い。色事。恋愛沙汰。例「あふなかりし――どものそれはそれとして」〈蜻蛉・上・天暦八年〉訳口先だけで実のない色事(=恋歌ノヤリトリ)などはそれはそれとして。

❷ひどく物好きな行為。例「『かかる――をし給ふこと』と、そしり合へり」〈竹取・竜の首の玉〉訳(家来達は)「(よくもまあ)こんな物好きな事をなさることだよ」と、(大伴の大納言を)非難し合った。

すぎ-すぎ【次次】〔副〕つぎつぎ。例「君達(きんだち)、同じ程に、――大人(おとな)び給ひぬれば」〈源氏・紅梅〉訳姫君たちが、同じくらいの年頃で、相次いで成人なさったので。

すき-ずき・し

【好き好きし】〔形シク〕類すきがまし

名詞「好き」を重ねて形容詞化した語。異性に対してひたむきな関心を寄せる態度や、風流に愛着するようすを表す。

❶異性に関心が深い。**好色である。** 例「なほ知るべせよ。われは――・しき心などなき人ぞ」〈源氏・橋姫〉訳やはり(姫君達の演奏の見える所に)案内せよ。私(=薫カオル)は好色な心など持たない者だぞ。

❷風流を好む心が強い。**物好きである。** 例「月ごろいつしかと思ほえたりしだに、わが心ながら――・しとおぼえしに」〈枕草子・故殿の御服のころ〉訳何か月もの間いつ(七夕たなばた)にはどんな詩を吟じるかと言ってやろうかと気になっていただけでも、我ながら物好きだと思われたのに。

❸風流である。例「――・しうあはれなることなり」〈枕草子・清涼殿の〉訳(これは)風流で感動的な出来事である。注宣耀殿女御センヨウデンノニョウゴガ『古今集』二十巻ヲ暗記シテイルカドウカヲ、村上天皇ガ夜更ケマデ試験サレタガ、女御ハ間違エルコトガナカッタコトヲイウ。

要点「すきがまし」は非難する場合にのみいうが、「すきずきし」は褒める場合にもいう。異性に関心の深い態度を、恋の情趣を理解する風流の一種として評価するのである。枕草子「すきずきしくて」の段に、「すきずきしくて一人住みする人(=異性ニ関心ガ深クテ独身ノ人)」が登場する。この人は、夜どこかに泊まって、暁に帰り、すぐ起きて、眠そうな様子をしながらも墨を濃くすって、おざなりでなく心をこめて何かを書く。前夜の女に後朝きぬぎぬの文(=男女ガ共寝シタ翌朝ニ、別レテ帰ッタ男性ガ出ス手紙)でも書いている打ち解けた姿を、清少納言は「をかしう見ゆ」と述べている。

すぎ-はひ【生業】〔名〕生計をたてるための職業。暮らしの手だて。なりわい。例「――は草箒(くさぼうき)の種なるべし」〈西鶴・日本永代蔵・一・三〉訳生計をたてる職業は(ほうきを作る)ほうき草の種ほどに多いものだ。注「すぎはひは草の種」ハ、生活ヲナリタタセル道ハイクラデモアルノ意ノ当時ノ諺。「身過ぎは草の種」トモイウ。

すぎはら-がみ【杉原紙】〔名〕播磨はりまの国(=兵庫県)杉原産の紙。奉書紙に似ているが、やや薄く柔らかい。手紙などに用いた。楮こうぞに米糊こめのりを加えて漉すくことから、「糊入れ紙」とも。

すき-びたひ【透き額】〔名〕男子の冠(かんむり)の一つ。若者が用いる。額(ひたい)に当たる部分に半月形の穴を開け、中が透けて見える薄い布を張ったもの。

すきびたひ

すき-もの【好き者・数寄者】〔名〕❶異性に強い関心を持つ人。好色な人。色好み。例「誰(たれ)ならむ。心かけたる――ありけり」〈源氏・末摘花〉訳誰だろうか。(よりによって、末摘花すえつむはなに)思いを寄せている色好みの人がいた。

❷風流・風雅な面に強い関心を持つ人。風流人。例「笙(しょう)の笛を(供の者に)持たせたる――などあり」〈源氏・若紫〉訳笙の笛を(供の者に)持たせている風流人などもいた。

❸趣味的な面に異様に関心を持つ人。物好きな人。

すき-や【数寄屋】〔名〕茶会のために設けた小さな家。茶室。または、茶室風の建物。

す-ぎゃう【修行】〔名・自サ変〕⇩しゅぎゃう(修行)

ず-きゃう【誦経】〔名〕(仏教語)❶経をそらで覚えていて、声を出して読むこと。また、僧に経を読み上げさせること。例「かかる頓(とみ)の事には、――などをこそはすなれと」〈源氏・夕顔〉訳このような急な出来事(=夕顔ノ急死)には、僧に経を読ませたりなどするそうだといって。注「物の怪」ニ襲ワレタ時ハ、マズ加持祈禱カジキトウヲシタ。

❷(「誦経物(ずきゃうもの)」の略)①の際に、僧に礼として施す金品。布施。

参考経を見ながら声を出して読むのを「読経(どきゃう)」というのに対して、経を暗誦あんしょうすることをいう。

すぎゃう-ざ【修行者】〔名〕諸国をめぐり歩いて仏道修行に励む僧。例「物心細く、すずろなる目を見ることと思ふに、――あひたり」〈伊勢・九〉訳(山道で)なんとなく心細く、とんでもない目に会うのではないかと思っている時に、修行者が出会った。

杉山杉風(すぎやまさんぷう)【人名】江戸前・中期の俳人。江戸の人。幕府の魚御用商。芭蕉の経済的後援者。誠実温厚な人柄ゆえ芭蕉の信頼は厚かった。著に『常盤屋句合』など。(一六四七～一七三二)

ずきょう【誦経】〔名〕⇩ずきゃう

すぎわい【生業】〔名〕⇩すぎはひ

すき-わざ【好き業】〔名〕⇩すきごと

す・く【好く】〔か・き・く・く・け・け〕■一〔自カ四〕❶異性に興味を抱く。好きになる。例「ことの心を知らで、内の大殿(おほいどの)の中将などは、――・きぬべかめり」〈源氏・胡蝶〉訳事情(=玉鬘タマカズラガ異母妹デアル事)も知らずに、内大臣の中将(=柏木カシワギ)などは、好きになりそうである。

❷浮気である。好色である。例「――・きたる罪おもかるべし」〈源氏・帚木〉訳浮気であることの罪は重いだろう。

❸**風流にふける。こる。** 例「げにも――・きたるかなと、めざま

しう見給ふ」〈源氏・明石〉訳本当にこっているなあと、(光源氏は)目を見張る思いでご覧になる。

二〔他カ四〕よいと思って求める。このむ。

要点 一②③の意の場合、多く、完了の助動詞「たり」「り」を伴う。⇩このむ参考

す・く【空く・透く】〔自カ四〕{か・き・く・く・け・け} ❶すき間があく。すく。例「歯はうち――・きて、愛敬(あいぎやう)なげに言ひなす女あり」〈源氏・総角〉訳歯は(抜けて)すき間があいていて、かわいげなく物を言う女がいる。

❷物を通して他の物が見える。透ける。例「涼しげに――・きて見ゆる母屋(もや)に」〈枕草子・松の木立高き所の〉訳涼しそうに透けて見える母屋に。

❸物の間を通って向こうへ達する。通り抜ける。例「風――・くまじく引きわたしなどしたるに」〈更級・太井川〉訳風が通り抜けないように(幕などを)張りまわしてあるのに。

す・く【食く】〔他カ四〕{か・き・く・く・け・け} 飲み込む。食べる。例「さるべきもの作りて――・かせ奉り」〈源氏・若紫〉訳しかるべきもの(=仏徳ヲ表ス梵字(ボンジ)ヲ書イタ護符)を作って(聖(ひじり)は病気の光源氏に)飲ませ申し上げて。

す・く【梳く】〔他カ四〕{か・き・く・く・け・け} 櫛(くし)で髪の毛をとかす。くしけずる。例「毎日、髪頭(かしら)を自ら――・きて、丸曲(まるわげ)に結ひて」〈西鶴・日本永代蔵・三・一〉訳毎日、頭の髪も自分でとかして、丸曲に結って(身支度は他人の手を借りない)。注倹約家ノ娘ノケナゲサ。

す・く【鋤く】〔他カ四〕{か・き・く・く・け・け} 鋤(すき)で土を掘り返す。すく。例「古き墳(つか)は――・かれて田となりぬ」〈徒然草・三〇〉訳古い墳墓は鋤で掘り返されて田となってしまった。

す・ぐ【過ぐ】{ぎ・ぎ・ぐ・ぐる・ぐれ・ぎよ} 一〔自ガ上二〕❶(空間的に)通り過ぎる。通過する。例「栗栖野(くるすの)といふ所を――・ぎて、ある山里に尋ね入ること侍(はべ)りしに」〈徒然草・一一〉訳栗栖野という所を通って、とある山里に(人を)尋ねて深く入って行くことがありましたが。

❷(時間・年月が)過ぎ去る。経過する。例「年月――・ぎ、境(さかひ)も隔たりぬれば」〈徒然草・七三〉訳年月が経過し、場所も隔たってしまうと。

❸(物が)消え去る。(人が)死ぬ。例「紅葉葉(もみちば)の――・ぎにし子らと携(たづさ)はり遊びし磯(そい)を見れば悲しも」〈万葉・九・一七九六〉訳もみじの葉のようにあっけなく散ってしまった(=死ンデシマッタ)子供と手を携えて遊んだ磯を見ると何とも悲しいことだ。

❹ある程度を超える。超過する。まさっている。例「あるにも――・ぎて人は物を言ひなすに」〈徒然草・七三〉訳事実ある以上に人は物事を大げさに言うものであるのに。

❺世を過ごす。暮らす。生活する。

二〔補動ガ上二〕《動詞の連用形に付いて》その動作・状態が度を越す意を表す。必要以上に…する。…すぎる。例「父の年老い、ものむつかしげに太り――・ぎ」〈源氏・帚木〉訳父親が年をとって、みっともないほど太り過ぎて。

す・ぐ【挿ぐ】〔他ガ下二〕{げ・げ・ぐ・ぐる・ぐれ・げよ} ❶紐(ひも)・糸などを穴などにさし通す。すげる。例「とみの物縫ふに、なま暗うて針に糸――・ぐる」〈枕草子・心もとなきもの〉訳急ぎの物を縫う時に、うす暗い中で針に糸を通すこと(はいらいらする)。

❷柄(え)・鏃(やじり)などをすえ付ける。はめこむ。例「大の雁股(かりまた)――・げて」〈義経記・五・五〉訳(矢に)大きな雁股(=鏃ノ一種)をはめこんで。

すぐ【直】〔形動ナリ〕❶まっすぐである。例「ここなる聖目(ひじりめ)を――・に弾(はじ)けば、立てたる石必ず当たる」〈徒然草・一七一〉訳(碁石(ごいし)を弾(はじ)いて当てる遊びで、目標の石を見ず、自分の手もとをよく見て)手もとの聖目(せいもく)の点のところをまっすぐに弾けば、(正面に)置いてある石に必ず当たる。注「聖目」ハ、碁盤(ゴバン)ノ目ノ上ニ記サレタ九ツノ黒点。

❷正直である。例「神国の日月まことを照らし給へば、世に万人の心――・なる道に入りて」〈西鶴・西鶴織留・一・三〉訳我が神国日本の太陽と月は真実を照らし出しなさるので、世の中の万人の心は正直の道に入って。

❸ありのままである。例「――・に知らせ奉っては悪(あ)しかりなん」〈平家・二・阿古屋之松〉訳(父君のおられる所までの道のりを)ありのままにお知らせしてはよくないだろう。

すく-えう【宿曜】〔名〕《「しゅくえう」の変化した形》星の運行によって、人の運勢や吉凶などを占う術。占星術。例「――の賢き道の人に考へさせ給ふにも、同じさまに申せば」〈源氏・桐壺〉訳占星術の達人に(光源氏の将来を)占わせなさっても、(高麗(こま)の人相見の見解と)同じように申し上げるので。

すぐ・す【過ぐす】{さ・し・す・す・せ・せ} 一〔他サ四〕《「過ぐ」の他動詞形。「すごす」とも》❶時の過ぎるのに任せる。年月を送る。また、生活する。例「十五日にも、例のごとして――・しつ」〈蜻蛉・上・安和元年〉訳(正月)十五日にも、例のようにして(=小豆粥(アズキガユ)デ祝ウナドシテ)日を過ごした。

❷そのままにしておく。かかわらないでおく。見逃す。やり過ごす。例「秋の野に露負へる萩(はぎ)を手折(たを)らずてあたら盛りを――・してむとか」〈万葉・二〇・四三一八〉訳秋の野で露の降りている萩を手で折りもせずに、惜しくもその花盛りを見逃してしまおうとするのだろうか。注花盛リノ萩ヲ見ナイノハ惜シイコトダ、トイウ気持チ。

❸事を終わらせる。済ませる。例「賭弓(のりゆみ)・内宴(ないえん)など――・して、心のどかなるに」〈源氏・浮舟〉訳(正月十八日の)競射や(一月下旬の子(ね)の日の)内宴などを済ませて、のんびりしている時に。

❹年をとる。ふける。例「女君も、御年こそ――・し給ひにたるほどなれ」〈源氏・胡蝶〉訳女君(=玉鬘(タマカズラ))も、お年こそとっていらっしゃるが。

❺ある程度を越す。まさっている。例「げに、いと――・してかい弾きたり」〈源氏・明石〉訳なるほど、普通よりもずっと上手に(箏(そう)の琴を)かき鳴らした。

二〔補動サ四〕《動詞の連用形に付いて》度を越す意を表す。限度以上に…する。…しすぎる。「思ひ――」「寝――」など。

すく-すく・し〔形シク〕《「すくずくし」「すぐすぐし」とも》⇩すくよか ❶(性格・態度が)きまじめである。実直である。例「かばかり――・しう愚(お)れて、年経(ふ)る人はたぐひあらじかし」〈源氏・夕霧〉訳(この年齢で)この私(=夕霧)ほどくそまじめで愚(おろ)かで、年月を過ごす人は他にはあまりおるまいよ。

❷(性質・態度が)無愛想である。優しさがない。例「ものに情けおくれて、――・しき所つき給へるあまりに」〈源氏・葵〉訳(葵(あおい)の上は)何かと思いやりが少なく、無愛想なところがおありだった結果。

❸（事物に）飾りがなく、地味である。例「白き紙の、うはべはおいらかに——・しきに、いとめでたう書い給へり」〈源氏・胡蝶〉訳（光源氏からの文は）白い紙で、見たところ穏やかで派手でない紙に、大変立派にお書きになってある。

すく-せ【宿世】〔名〕（仏教語。「しゅくせ」とも）❶先の世。前世。例「いかがはせむ、たへがたくとも、我が——の怠（おこた）りにこそあめれなど」〈蜻蛉・上・応和二年〉訳（うまくいっていない私達夫婦のことを）今さらどうしようか、どんなにつらくても、（それは）自分の前世の拙さのせいであろうなどと。❷前世からの因縁。宿縁。宿命。例「これも前（きき）の世に、この国に跡を垂るべき——こそありけめ」〈更級・竹芝寺〉訳（私が）こんな事になったのも前世で、この（武蔵の）国に下って住むべき宿命があったのでしょう。

参考 人の力ではどうしようもない物事を「宿世」また「宿業」「宿縁」などといい、仏教では、すべて過去の業によってそれが決定されると考える。平安時代の女流文学には、こういう思想が色濃く出ている。

すく-ね【宿禰】〔名〕（「少兄（すくなえ）」の変化した形。皇子を「大兄（おほえ）」というのに対する語）❶上代、臣下の称。人名につけ、親しみ尊ぶ意を添える。例「大前（おほまへ）小前（をまへ）——が金門蔭（かなとかげ）かく寄り来（こ）ね雨立ち止めむ」〈古事記・下・允恭〉訳大前小前の宿禰の（家の）金具の錠のついている門にこう近寄って来い。雨が降るのをやませよう（＝ヤムマデ待トウ）。注「大前小前」ヲ『日本書紀』デハ兄弟ノ名トシ、『古事記』デハ一人ノ名トスル。❷「姓（かばね）」の一つ。天武天皇の時に定めた「八色の姓」の第三位。

すく・ふ【掬ふ】〔他ハ四〕{は・ひ・ふ・ふ・へ・へ}❶手や網などで液体や小さな物をしゃくりとる。例「人々、水を——・ひ入れ奉る」〈竹取・燕の子安貝〉訳人々は水をすくって（主人の口に）入れ申し上げた。❷しゃくるように持ち上げる。取り上げる。❸手前に引く。引き寄せる。

すぐ-みち【直道】〔名〕まっすぐな道。また、近道。例「那須の黒羽（くろばね）と云ふ所に知人（しるひと）あれば、これより野越（のごえ）にかかりて、——を行かんとす」〈奥の細道・那須〉訳那須の黒羽という所に知人がいたので、ここから野原を越える道にとりかかって、近道を行こうとする。

すく・む【竦む】■〔自マ四〕{ま・み・む・む・め・め}❶（恐怖や寒さなどで）体が萎縮し固くなる。すくむ。縮む。例「いかなるにかあらむ、足手などただ——・みに——・みて、絶え入るやうにす」〈蜻蛉・上・康保元年〉訳どういうわけであろうか、足や手がどうしようもなくすくんで、死にそうな様子をする。❷紙や布などが縮んでこわばる。ごわつく。例「唐（から）の紙のいと——・みたるに、草（さう）書き給へる」〈源氏・梅枝〉訳唐製の舶来の紙でたいそうごわごわしたのに、草仮名をお書きになったのが。❸人柄・態度がこわばっている。かたくなである。例「けざやかに、いと物遠く——・みたるさまには見え給はねど」〈源氏・椎本〉訳（大君は）際立って、たいそう近づき難くかたくなである様子とはお見えにならないが。■〔他マ下二〕{め・め・む・むる・むれ・めよ}縮める。すくめる。例「さるまじきどちの女文（をんなぶみ）に、なかば過ぎて書き——・めたる、あなうたて」〈源氏・帚木〉訳漢字を用いるべきではない女同士の手紙に、（漢字を）半分以上も書いて（手紙の長さを）縮めてあるのは、なんともうとましい。

すく-やか【健やか】〔形動ナリ〕⇩すくよか

すく-よか【健よか】〔形動ナリ〕《中世以降「すぐよか」とも》

「すく」は「すくすく」の「すく」と同じで、まっすぐな感じや、堅い感じがする様子を表す。人の性質については、まじめ一方であることをいい、長所としてほめたり、短所としてやや非難したりする用法がある。現代語の「すこやか」は健康の意だけになっている。

❶（心・身が）まっすぐでしっかりしている様子。元気である。気丈である。例「いとどぼけられて、昼は日一日（ひひとひ）寝（い）をのみ寝暮らし、夜は——・に起きゐて」〈源氏・明石〉訳（明石の入道は）いよいよもうろくして、昼は一日中寝てばかり過ごし、夜は体もしゃんと起きて座っていて。❷（性質や態度が）きまじめである。実直である。例「これは、いと——・に重々しうをしきけはひして」〈源氏・柏木〉訳この人（＝夕霧）は、全くきまじめでどっしりと落ち着きがあり男らしい態度をしていて。❸（性質や態度が）そっけない。無愛想である。例「げには、心の色なく情けおくれ、ひとへに——・なるものなれば」〈徒然草・一四一〉訳（東国の人は）実は、心に優しさがなく人情味に乏しく、ただただ一本気で愛想がないから。❹（物に）飾りがない。地味である。例「無紋（むもん）の唐衣（からぎぬ）——・にして」〈紫式部・女房たちの服装〉訳模様のない唐衣（＝女子ノ正装ノ表着）を地味に着て。

すぐ・る【勝る】〔自ラ下二〕{れ・れ・る・るる・るれ・れよ}他よりもまさる。すぐれる。例「人は、かたち・有様の——・れたらんこそ、あらまほしかるべけれ」〈徒然草・一〉訳人は、容貌や、風体が他よりもすぐれているのこそ、望ましいことであろう。

すぐ・る【過ぐる】〔自ラ四〕{ら・り・る・る・れ・れ}《上代語》過ぎる。例「橘（たちばな）の末枝（ほつえ）を——・り」〈万葉・一三・三三〇九長歌〉訳橘の木の上枝をこえる（背たけになるまで）。

すぐ・る【選る】〔他ラ四〕{ら・り・る・る・れ・れ}すぐれたものを選び出す。選ぶ。例「四万余騎が中より馬や人を——・って、二万余騎で馳（は）せ向かふ」〈平家・七・倶梨迦羅落〉訳四万を越える騎馬軍の中からすぐれた馬や人を選び出して、二万余の騎馬軍で駆け向かう。

すぐれ-て〔副〕《動詞「すぐる」の連用形＋接続助詞「て」》特に。とりわけ。例「いとやむごとなき際（きは）にはあらぬが、——時めき給ふありけり」〈源氏・桐壺〉訳たいして高貴な身分というわけでもないお方で、特別に帝のご寵愛を受けておいでの（お方が）あった。

すぐ-ろく【双六】〔名〕「すごろく」に同じ。例「つれづれなぐさむもの。碁（ご）。——。物語」〈枕草子・つれづれなぐさむもの〉訳所在なさがまぎれるもの。碁。双六。物語。

す-け【出家】〔名〕《仏教語》「しゅっけ」に同じ。例「一日（いちにち）の——の功徳（くどく）はかりなきものなれば」〈源氏・夢浮橋〉訳たった一日の出家でもその功徳は測りしれない（ほど大きい）ものだから。

すけ【次官】〔名〕令制で四等官の第二位。第一位である長官の補佐および代理をつとめる。官庁によって、当てる漢字が異なる。

すげ【菅】〔名〕植物の名。スゲ。山野や沼辺に自生し、笠や蓑などの材料となる。例「かきつはた佐紀沼(さきぬ)の——を笠に縫ひ着む日を待つに年ぞ経(へ)にける」〈万葉・一一・二八一八〉訳佐紀沼の菅を笠に編んで身に着ける日を待っているうちに、年が過ぎてしまった。注「佐紀沼」ハ、奈良市佐紀町ニアル沼。菅ヲ笠ニ縫ウコトハ、女性ト関係ヲ結ブコトノ比喩。

すげ-な・し〔形ク〕愛想がない。冷淡である。例「様悪(あ)しき御もてなしゆゑこそ、——・うそねみ給ひしか」〈源氏・桐壺〉訳(帝の)見苦しいほどのお扱い方のせいで、(女御達は桐壺更衣を)冷淡にねたみなされた。

すげ・む〔自マ四〕{ま・み・む・む・め・め}歯が抜け落ちて頰にしわがよる。すぼむ。

すご-げ【凄げ】〔形動ナリ〕《形容詞「すごし」の語幹＋接尾語「げ」》❶ぞっとするほど恐ろしいようす。気味悪いようす。例「もの恐ろしう、——・に思ひたれば」〈源氏・夕顔〉訳(女が、あたりの様子を)何か恐ろしく、気味悪そうに思っているので。

❷ぞっとするほど寂しそうなようす。例「その琴(こと)とも聞き分かれぬ物の音(ね)ども、いと——・に聞こゆ」〈源氏・橋姫〉訳(薫(かおる)が宇治八の宮の山荘に近づいた時に)どういう琴かは聞き分けられないが何か楽器の音が、大変寂しそうに聞こえる。注「琴(こと)」ハ弦楽器ノ総称。

すこし【少し】〔副〕ちょっと。少々。例「鳴る神の——とよみてさし曇り雨も降らぬか君をとどめむ」〈万葉・一一・二五一三〉訳雷が少し鳴って空が曇り雨が降らないかなあ。(そうなったら)あなたを帰さないでおこう。

要点 形容詞「すくなし」と同源の語。「すこし」は多くはないが存在するという肯定的意味、「すくなし」は少ししかないという否定的意味、という差異がある。

少しも 〔副〕❶(下に打消しの表現を伴って)ちっとも。まったく。例「達人の人を見る眼(まなこ)は、——誤る所あるべからず」〈徒然草・一九四〉訳人生を達観した人が人物を見抜く眼力には、少しもまちがうところのあるはずがない。

❷少しでも、わずかでも。例「——益(やく)のまさらむことを営(いとな)みて」〈徒然草・一八八〉訳少しでも利益の多いようなことに精を出して。

すご・し【凄し】〔形ク〕対えん(艶)

ぞっとするほどの強い感じがするようすを表す。気味の悪さや寂しさだけでなく、すばらしさにもいう。

❶**ぞっとするほど恐ろしい。気味が悪い。**例「あたりさへ——・きに、板屋のかたはらに堂建てて行へる尼の住まひ、いとあはれなり」〈源氏・夕顔〉訳あたりの様子までが寂しく気味が悪い上に、板小屋のそばにお堂を建てて修行をしている尼の住居は、たいそうしみじみともの悲しい。

❷**ぞっとするほど寂しい。**例「古畑(ふるはた)の岨(そば)の立つ木にゐる鳩(はと)の友呼ぶ声の——・き夕暮れ」〈新古今・雑中・一六七四〉訳古い荒れた畑のあるがけの立木に止まっている鳩の、友を呼んで鳴くホウホウという声が寂しく聞こえる夕暮れよ。注西行法師ノ作。

❸**ぞっとするほど美しい。**すばらしい。例「なまめかしく、——・う」〈源氏・若菜・下〉訳(舞楽の東遊(あずまあそ)びは)優雅で、すばらしく。

要点 西行などの歌に扱われて、中世には和歌の美の一つとされ、寂しい感じの美をいう。

すこしき【少しき】一〔副〕少し。ちょっと。例「尾に至りて剣(つるぎ)の刃——欠けぬ」〈日本書紀・神代上〉訳(素戔嗚尊(すさのおのみこと)が八岐大蛇(やまたのおろち)をずたずたに斬っていくと)尾の部分になって剣の歯が少し欠けた。

二〔形動ナリ〕少しだ。小さい。例「奉加(ほうが)——・なり」〈平家・五・勧進帳〉訳(寺院建立のための)寄付金は少額である。

すご・す【過ごす】〔他サ四〕{さ・し・す・す・せ・せ}❶時間や季節などが過ぎていくままにまかせる。過ごす。「すぐす」とも。例「そこはかとなく煩(わづら)ひて月日を——・し給ふ」〈源氏・葵〉訳(六条御息所(みやすどころ)は)どことなく加減が悪くて月日をお過ごしになる。

❷生計をたてる。生活する。例「いかならん岩木の間(はざま)にても——・さんことやすかるべし」〈平家・一・祇王〉訳(お前達は若いから)どのような岩木の間の荒れた土地でも生活することは容易だろう。

❸生活の糧(かて)を与え育てる。養う。例「一人の働きにて大勢を——・すは、町人にても大かたならぬ出世」〈西鶴・日本永代蔵・六・五〉訳(主人)一人の働きで多人数の者を養うというのは、町人としても大変な出世で。

❹通り過ぎさせる。やりすごす。例「先に出でたれば、——・し立てて、太刀を抜きて打ちければ」〈宇治拾遺・二・八〉訳(走って来た勢いで盗人が私の)先に出たので、やりすごしておいて、太刀を抜いて打ったところ。

❺(動詞の連用形に付いて)適当な程度を越えさせる。…すごす。例「少し大殿籠(おほとのごも)り——・して」〈源氏・松風〉訳(光源氏は)少し寝過ごしなさって。

参考 平安時代までは「すぐす」が圧倒的に優勢であるが、中世以降「すごす」が多用されるようになり、中世末期には「すごす」専用となって、「すぐす」は文語となる。

すこぶる【頗る】〔副〕❶少しばかり。いささか。例「皆こそ忘れ侍(はべ)りにけれ。これはただ——覚え侍るなり」〈大鏡・時平〉訳皆忘れてしまいました。この話はほんのちょっと記憶しているだけです。

❷相当程度に。かなり。ずいぶん。例「侍(さぶらひ)ども皆馬より取って引き落とし、——恥辱に及びけり」〈平家・一・殿下乗合〉訳(平資盛(すけもり)を始め)侍達をみんな馬から引きずり落として、ひどく恥をかかせた。

すご-ろく【双六・雙六】〔名〕《「すぐろく」の変化した形》中国伝来の室内遊戯。二人で行う。長さ約四〇センチ、幅約二〇センチの盤と、白・黒の石(＝馬マタハ駒(こま)トイウ)各十二個、二個の賽(さい)、一個の木または竹の筒とを使う。盤は横に引いた中央境界線で敵・味方の陣に分割され、双方の陣はたての罫(けい)でさらにそれぞれ十二に区分される。二個の賽を筒の中に入れて交互に振り出し、その目の数によって馬を進め、自軍の馬

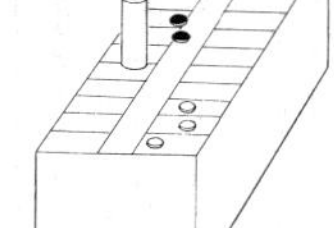

すごろく

を早く敵陣に入れ終わった方を勝ちとする。老若男女を問わず行われ、賭け事にもよく用いられた。

参考 今日の「すごろく」は、近世から起こった。

ず-さ【従者】〔名〕(「ずんざ」とも)お供の者。家来。例「わがむつましき──もなし。尋ねさすべき方（かた）もなし」〈大和・一四八〉訳私の親しい供の者もいない。(そのため前の夫を)捜させる方法もない。

す-さき【洲崎】〔名〕水底に土砂が積もってできた洲が、陸地とつながって水中に長く突き出た所。

朱雀（すざく）〔地名〕(「しゅじゃく」「すざか」とも)本来、南方をつかさどる神名から転じて、南方の称。平安京では、大内裏（だいだいり）の朱雀門から平安京南端の羅城門（らじょうもん）に至る大通りを朱雀大路（おほぢ）と呼び、この大路を中心として東を左京、西を右京と呼んだ。朱雀大路に沿って、三条大路の南、朱雀大路の西に朱雀院があり、嵯峨（さが）天皇以後歴代天皇の退位後の住居となった。

朱雀大路（すざくおほぢ）スザクオオジ〔地名〕(「しゅじゃくおほぢ」とも)⇩朱雀（すざく）

朱雀門（すざくもん）〔地名〕(「しゅじゃくもん」とも)大内裏（だいだいり）の南面中央にあった門。大内裏十二門の一つで正門にあたる。

すざく-ゐん【朱雀院】スザクイン〔名〕(「しゅじゃくゐん」とも)嵯峨（さが）天皇以後、歴代の天皇が譲位後に住まわれた御座所（ごしょ）。三条の南、朱雀大路の西にあった。

すさび【荒び・遊び】〔名〕❶心がある方向にどんどん進むこと。また、物事の勢いにまかせてその気になること。気まぐれ。例「好き好きしき心の──にて、人の有様をあまた見合はせむの好みならねど」〈源氏・帚木〉訳好色めいた心のおもむくままに、女性達の有様をたくさん見比べてみようというような望みではないけれど。

❷気の向くままに行うこと。なぐさみ半分にすること。もてあそび。慰み。例「筆にまかせつつ、あぢきなき──にて、かつ破（や）り捨つべきものなれば」〈徒然草・一九〉訳筆にまかせて(書き進み)、つまらない慰みものであって、書くそばから破り捨てるべきものだから(人が見るようなものではない)。

すさび-ごと〔名〕一【遊び事】気まぐれにすること。慰みごと。例「はかなき古歌・物語などやうの──にてこそ、つれづれをも紛らはし」〈源氏・蓬生〉訳取るに足りない古歌や物語などを読んだりする慰みごとで、退屈しのぎをして。

二【遊び言】気まぐれに言う言葉。ちょっとした冗談。

すさ・ぶ

【荒ぶ・遊ぶ】〔自バ上二・四〕{び・び・ぶ・ぶる・ぶれ・びよ}{ば・び・ぶ・ぶ・べ・べ}

物事が勢いのままにすすむ、意を表す。自然のなりゆきに任せた動きをいうので、勢いが激しくなることだけでなく、勢いが衰えることも意味する。

❶**勢いのままに事がすすむ。つのる。**例「朝露に咲き──・びたる月草（つきくさ）の日くたつなへに消（け）ぬべく思ほゆ」〈万葉・一〇・二二八一〉訳朝露に咲き誇っているツユクサが日が傾くにつれてしぼむ、そのように我が身も日暮れになると(あの人を恋しく思う)苦しさで消えてしまいそうに思われる。

❷気が向くままに事をなす。**気ままに…する。興にまかせてする。**例「絵はなほ筆のついでに──・びさせ給ふあだ事とこそ思ひ給へしか」〈源氏・絵合〉訳絵はやはり筆のついでに興にまかせてお描きあそばす余技とばかり思っていました。

❸勢いが衰えてやむ。衰えやむ。例「思ひかねうち寝（ぬ）る宵（よひ）もありなまし吹きだに──・べ庭の松風」〈新古今・恋四・一三〇四〉訳ひたすら待ち続ける苦しい思いに耐えかねて思わず寝入ってしまう晩もあることであろう、(そのような折には睡眠を妨げないように)吹き衰えてくれ、庭の松風よ。

参考 上代は上二段。平安時代には四段も生ずるが、連用形・終止形の例が多く、どちらの活用の形であるか判定しがたい。①③の例のように、他の動詞の連用形や、それに副助詞・係助詞が付いたものに付いて補助的に用いられることもある。

すさま・じ

【凄じ・冷じ】〔形シク〕(動詞「すさむ」の形容詞化。「すさまし」とも)

時期や周囲の状況と不調和になって、興味や面白みがなくなる感じを表す。現代語の「すさまじい」は、勢いの激しいようすや程度のひどすぎる意(④)に用いられる。

❶**不調和でおもしろくない。興ざめである。**例「──・じきもの。昼ほゆる犬。春の網代（あじろ）」〈枕草子・すさまじきもの〉訳興ざめなもの。(それは)昼間にほえている犬。春になっても残っている網代。注「網代」ハ、秋カラ冬ニカケテ、川ニシカケテ氷魚（ひを）ヲ捕ルモノ。

❷**さむざむとしている。**殺風景である。例「──・じきものにして、見る人もなき月の、寒けく澄める二十日（はつか）余りの空こそ、心細きものなれ」〈徒然草・一九〉訳殺風景なものであって、見る人もない(冬の)月が、寒そうに澄んで光っている(陰暦十二月の)二十日過ぎの空は、物寂しいものである。

❸寒い。冷たい。例「風──・じかりける朝なれば」〈平家・六・紅葉〉訳風の冷たかった朝なので。

❹激しい。ものすごい。

要点 古くは、清音の「すさまし」であったか。平安時代の辞書に「すさまじ」が現れ、中世末期の辞書には、両方の形が収めてあり、浄瑠璃（じょうるり）本にも両方が用いられる。また、上田秋成は、「すさまし」としている。

すさまじ-げ【凄じげ・冷じげ】〔形動ナリ〕(「げ」は接尾語)見るからに「すさまじ」と感じられる様子。殺風景に見える。興ざめに見える。例「来年の国々、手を折りてうち数へなどして、ゆるぎありきたるも、いとほしう──・なり」〈枕草子・すさまじきもの〉訳(官職が得られなかった人の家で、古参の家来が)来年の(国司の交替のある)国々を、指を折って数えなどして、体をゆすって動き回っているのも、気の毒であり興ざめに見える。

すさ・む

【荒む・遊む】一〔自マ四〕{ま・み・む・む・め・め} ❶**勢いのままに事がすすむ。つのる。**例「松にはふまさの葉かづら散りにけり外山（とやま）の秋は風──・むらむ」〈新古今・秋下・五三八〉訳松にからまりついて這（は）い上る正木（まさき）の葉カズラが散ってしまったよ、外山の秋は風が吹き荒れているのだろう。

❷気が向くままに事をなす。**気ままに…する。**例「筆さし

ぬらして書き——・み給ふほどに」〈源氏・初音〉訳筆に墨をつけて気ままにお書きになっているうちに。

二〔自マ下二〕{め・め・む・むる・むれ・めよ}勢いが衰えてやむ。

三〔他マ四〕{ま・み・む・む・め・め}なるがままにしておく。うち捨てておく。

四〔他マ下二〕{め・め・む・むる・むれ・めよ}❶気のむくままに愛し楽しむ。もてはやす。賞美する。例「山高み人も——・めぬ桜花いたくな侘(わ)びそ我見はやさむ」〈古今・春上・五〇〉訳山が高いので誰も(わざわざ来て)もてはやすことのない桜の花よ、あまりくよくよするな、私が眺めてもてはやそうではないか。

❷なるがままにしておく。ないがしろにする。避ける。例「兵部卿宮(ひやうぶきやうのみや)に近づき聞こえにけり。むべ我をば——・めたり」〈源氏・紅梅〉訳(若君は)兵部卿宮(＝匂宮(ニオウノミヤ))にお近づき申し上げているのだな。なるほど私(＝春宮(トウグウ))をないがしろにしていた(はずだ)。

参考 一三は「すさぶ」から変化したもの。一①と二は意味がほぼ正反対になるので、注意を要する。

すし【鮓・鮨】〔名〕《「酸(す)し」の意》魚肉や貝などを酢や塩につけたもの。また、魚肉などを飯にまぜて発酵させ、酸味を出した食べ物。保存食の一つ。酸し物。

すじ…【筋…】⇩すぢ…

ず-して《連語》《打消しの助動詞「ず」の連用形＋接続助詞「して」》…ないで。…なくて。例「おもしろしと見るにたへ——、船人の詠める歌」〈土佐・一月九日〉訳(景色が)すばらしいと(思いながら)眺めているだけでは我慢できなくて、船中の人が詠んだ歌。

参考 同義語に「ずて」「で」がある。「ずして」は、主に漢文訓読文や和歌に用いられた。

ず・ず【誦ず】〔他サ変〕{ぜ・じ・ず・ずる・ずれ・ぜよ}《「ずす」「ずうず」「ずんず」「じゅす」とも》漢詩などを朗詠する。吟ずる。口ずさむ。例「親王(みこ)、歌をかへすがへす——・じ給うて、返しえし給はず」〈伊勢・八二〉訳(惟喬(これたか)の)親王は、(馬の頭(かみ)の)歌を繰り返し繰り返し朗詠なさっていて、(その巧みさに)返歌がおできにならない。

すず-かけ【篠懸け】〔名〕修験者が服の上に着る麻の衣。「篠懸け衣(ごろも)」とも。

すず-かぜ【涼風】〔名〕すずしい風。夏の終わりに秋の訪れを告げて吹く涼しい風。(季・夏)例「——の曲がりくねって来たりけり」〈一茶〉訳夏も終わりに近づき、時折涼しい風が吹いて来る季節となった。私の住んでいる裏長屋は、家並もたてこんでいるので、涼風もさわやかに吹きこんでくれるというわけには行かないが、それでも、あっちに突き当たり、こっちに突き当たって、やっとのことで、長屋の一番奥にある我が家へも、かすかな涼を届けてくれる。

鈴鹿山(すずかやま)【山名】伊勢(いせ)の国と近江(おうみ)の国との境(＝三重県ト滋賀県トノ県境)にある鈴鹿峠付近の山々の称。古代には関所が置かれたが、山賊なども出没し、東海道の難所の一つとされた。

鈴鹿山

すすき【芒・薄】〔名〕草の名。ススキ。秋の七草の一つで、野原・土手などに群生するイネ科の多年草。秋に「尾花(をばな)」と呼ばれる白い毛の大きく長い穂を出す。葉と茎は屋根をふく材料となる。(季・秋)例「秋の野のおしなべたるをかしさは、——こそあれ」〈枕草子・草の花は〉訳秋の野原の全体を通しての情趣は、(何といっても)ススキである。

鈴木正三(すずきしやうさん)【人名】江戸前期の僧、仮名草子作者。本名は重三。三河(愛知県)の人。曹洞宗を修めた。仏教教化を目的とした仮名草子を著す。著『二人比丘尼(ににんびくに)』『因果物語』など。(一五七九〜一六五五)

すす・く【煤く】〔自カ下二〕{け・け・く・くる・くれ・けよ}❶すすのために黒くなる。すすける。例「御薪(みかまぎ)に——・けたれば、黒戸といふぞ」〈徒然草・一七六〉訳(黒戸の御所(ごしよ)は)薪(たきぎ)をたいて黒くすすけているので、黒戸ということである。

❷すすけたように黒くなる。うすよごれる。例「白き衣(きぬ)の言ひ知らず——・けたるに」〈源氏・末摘花〉訳白い着物が言いようもなくうすよごれている上に。

すす・ぐ【濯ぐ・雪ぐ・漱ぐ】〔他ガ四〕{が・ぎ・ぐ・ぐ・げ・げ}《上代は「すすく」》❶水で汚れを洗い清める。すすぐ。例「露とくとくこころみに浮世——・がばや」〈芭蕉・野ざらし紀行〉訳いまもなお、とくとくと流れ落ちるこの雫(しずく)で、俗世間の塵(ちり)を洗いすすいでみたいものだなあ。

❷汚名や罪などを除く。すすぐ。例「この一つ事にてぞ、この世の濁りを——・ぎ給はざらむ」〈源氏・朝顔〉訳(藤壺(ふじつぼ)は勤行(ごんぎよう)をなさって、すべての点で罪を軽められたようなご様子であったが)この一つの事(＝義理ノ息子、光源氏トノ密通)で、現世の濁り(＝罪障)をすすぐこともできずにいらっしゃるのであろう。

すずし【生絹】〔名〕練られていない(＝灰汁(アク)ナドデ煮テナイ)生糸で織った絹の布。軽くて薄いが、ごわごわしている。主に夏服用。

すず・し【涼し】〔形シク〕❶程よく冷ややかで、爽快である。涼しい。例「秋——・し手毎(てごと)にむけや瓜(うり)茄子(なすび)」〈奥の細道・金沢〉訳風趣のあるこの草庵のもてなしで、残暑も忘れ、秋の涼しさを感じることだ。さすがに風流なもてなしである瓜や茄子を、みんなでめいめい勝手に皮をむいて食べようではないか。

❷清らかに澄んでいる。例「秋の夜の月影——・しきほど」〈源氏・常夏〉訳秋の夜の月光が清らかな時に。

❸気持ちがすがすがしい。さっぱりしている。例「いかばかり心のうち——・しかりけん」〈徒然草・一八〉訳(何も家財を持たず水を飲む器さえ捨てた許由(きよゆう)という人は)どんなに心の中がすがすがしかったことだろう。

❹潔白である。

すずしき-かた【涼しき方】《連語》《邪念のない清らかな所の意》極楽世界。

参考 極楽浄土は、「清涼地(しようりようち)」ともいい、極楽への道の意で「涼しき道」ともいう。

すず-しろ【清白・蘿蔔】〔名〕ダイコンの異称。正月の春の七草(ななくさ)でいう時の呼び名。(季・春)

すす-ど・し【鋭し】〔形ク〕❶動作・行動が機敏である。すばやい。例「九郎は——・き男(をのこ)にてさぶらふなれば」〈平家・一一・勝浦付大坂越〉訳九郎(＝源義経)は機敏な男だそうでございますから。

❷悪がしこい。抜け目がない。例「若年の時より——・く、無用の欲心なり」〈西鶴・世間胸算用・五・二〉訳子供の時から抜け目がないのは、(子供には)いらない欲の心である。

すす-はき【煤掃き】〔名〕正月準備のため、年末に行う大掃除。江戸時代には、年中行事の一つとして、陰暦十二月十三日に行った。「煤払ひ」とも。（季・冬）

すす-ばな【洟】〔名〕《「すすはな」とも》鼻汁。また、それをすすり込むこと。

すす-はらひ【煤払ひ】〔名〕⇩すすはき（季・冬）例「毎年（まいねん）――は極月（ごくげつ）十三日に定めて」〈西鶴・世間胸算用・一・四〉訳毎年大掃除は極月（＝十二月）十三日に決めていて。

すすはらひ

すす・む 一【進む】〔自マ四〕（ま・み・む・む・め・め）❶前の方へ移動する。前進する。例「まっ先にこそ――みけれ」〈平家・九・木曽最期〉訳先頭を切って前進した。❷程度がひどくなる。つのる。例「恥づかしさは、例のよろづよりもさし――むを」〈夜の寝覚・四〉訳恥ずかしい気持ちは、いつものように何にも増してひどくなるので。❸段階が上がる。上達する。上手である。例「真名（まんな）の――みたるほどに、仮名（かんな）はしどけなき文字こそ混じれ」〈源氏・梅枝〉訳漢字が上手になっているわりには、仮名は整わない書きぶりの字が混じるようである。❹心が勇み高ぶる。乗り気になる。例「ひたおもむきに――み給へる御心にて、人の御心動きぬべきこと多かり」〈源氏・真木柱〉訳（鬚黒（ひげくろ）は）一途（いちず）に心はやったご気性（きしょう）で、夫人のお心が動揺して（＝腹ヲ立テ）しまうようなことが多かった。

二【勧む・薦む】〔他マ下二〕（め・め・む・むる・むれ・めよ）❶人を誘い促して、何かをさせるようにする。勧誘する。例「――め給ひける身を、心強く過ぐして」〈源氏・御法〉訳（仏道に入るよう）ご勧誘くださった我が身（＝光源氏）であるのに、（出家せずに）気強く（俗世で）日を送って。❷（飲食物を出して）とるように促す。例「――め聞こゆる杯などを、いとめやすくもてなし給ふめりつるかな」〈源氏・宿木〉訳お勧め申し上げる酒杯などを、（匂宮（におうのみや）は）いかにも感じのよい仕方でさばいておいでのようだったな。❸（「薦む」の字を当てて）（人や物を）採用するように人に説く。推薦する。

すず-むし【鈴虫】〔名〕虫の名。マツムシ・スズムシの類。（季・秋）例「げに声々聞こえたる中に、――のふり出（い）でたるほど、はなやかにをかし」〈源氏・鈴虫〉訳まことにいろいろな虫の鳴き声が聞こえている中でも、鈴虫が鳴き出したのは、はなやかで趣がある。

すずり【硯】〔名〕《「墨（すみ）磨（す）り」の変化した形》❶石などで作った、墨をする台となる道具。すずり石。例「――に髪の入（い）りてすられたる」〈枕草子・にくきもの〉訳（いやなもの）硯に髪の毛が入ったまま（墨が）すられたもの。❷すずり箱。例「かたへなる――に、文（ふみ）をおしまきてうち入れて」〈蜻蛉・上・天暦八年〉訳身近にある硯箱（のふた）に、手紙を巻いて入れて。要点②の場合、例のように、多く、すずり箱のふたを指す。これは、人に物を与える際に、物を載せる台としてよく用いられた。

すずろ【漫ろ】〔形動ナリ〕 類すぞろ・そぞろ

これといったはっきりした根拠や原因がないままに、事や心が進む様子を表す。そこから、予想外であること、無関係であること等の意にもなる。平安時代には「すずろ」が多く用いられるが、時代が下るにつれて「そぞろ」が用いられた。

❶**なんということもない。あてがない。**例「――に旅寝せむも、人の咎（とが）むる事やと、あいなければ」〈源氏・早蕨〉訳何という理由もなく（宇治に）泊まるようなことも、人が非難することもあろうかと（考えると）、おもしろくないので。❷関係がない様子。**何の縁もない。**また、無関心である。例「かう心憂くなおはせそ。――なる人はかうはありなむや」〈源氏・若紫〉訳こんなに（私に対して）つらくなさいますな。（あなたに対して）無関心な人（＝愛情ヲ持タナイ人）はこんなに（親切に）するでしょうか（いや、しないはずです）。❸**思いがけない。**予想外である。とんでもない。例「もの心細く――なる目を見ることと思ふに」〈伊勢・九〉訳何とも心細くてとんでもない目にあうことよと思っている時に。❹心に任せて**むやみやたらにする様子。**例「逃げんとするを捕らへて、ひきとどめて――に飲ませつれば」〈徒然草・一七五〉訳逃げようとするところをつかまえて、無理に引きとめてむやみに（酒を）飲ませたので。

すずろ・く【漫ろく】〔自カ四〕（か・き・く・く・け・け）《「く」は接尾語。「すずろぶ」「そぞろく」とも》「すずろ」な様子をする。そわそわする。例「この男、いたく――きて」〈源氏・帚木〉訳この男は、大層そわそわして。

すずろ-ごころ【漫ろ心】〔名〕《「そぞろごころ」とも》そわそわと落ち着かない心。浮ついた気持ち。例「いとよしなかりける――にても、ことのほかに違（たが）ひぬる有様なりかし」〈更級・宮仕へ〉訳まったくたわいもない（私の）浮ついた心であったとしても、（現実の結婚生活は）思いのほか（予想とは）違っている有様であったことだよ。

すずろ-ごと【漫ろ言】〔名〕とるにたらない言葉。つまらない話。冗談。例「――をさへ言はせまほしうし給ふを」〈源氏・柏木〉訳（以前は、必要な話だけでなく）むだ話までも（私に）言わせたがっていらしたのに。

すずろ-ごと【漫ろ事】〔名〕とるにたらない事。つまらない事。浮ついた事。例「かかる――に心を移し、はかられ給ひて」〈源氏・蛍〉訳（本当のことは少ないと、よく分かっていながら）このようなつまらないこと（＝絵物語ナド）に気をとられ、つりこまれなさって。

すずろ-は・し【漫ろはし】〔形シク〕《形容動詞「すずろ」を形容詞化した形。「そぞろはし」「すぞろはし」とも》❶楽しくて浮き浮きしている。そわそわする。例「聞く人ただならず、――・しきまで愛敬（あいぎやう）づきて」〈源氏・若菜・下〉訳（紫の上が奏でる箏（そう）の音は）聞く人が平静でおられず、心が浮き浮きするほどにおもしろさがあって。❷不快・不安で、心が落ち着かない。心おだやかでない。例「なまもの憂（う）く、――・しけれど」〈源氏・若菜・下〉訳何となく気が進まず、心が落ち着かないが。

すそ【裾】〔名〕❶衣服の下の端(はし)。下の方。例「あみの浦に舟乗りすらむ乙女(をとめ)らが玉裳(たまも)の―に潮満つらむか」〈万葉・一・四〇〉訳今頃あみの浦に舟遊びしているであろう、(女官の)少女達の美しい裳の裾に潮が満ち寄せているだろうか。
❷物の下部。また、先端や末端。例「髪の―少し細りて」〈源氏・初音〉訳髪の先端が少し細くなって。
❸足。特に、馬の脚。
❹山のふもと。山すそ。
❺川の下流。川下。

すそ-ご【裾濃・末濃】〔名〕❶衣などの染め方の一種。同じ色で、上の方を淡く、下の方になるほど濃く染めたもの。例「今めきたる―の御几帳(みきちやう)ども立てわたし」〈源氏・蛍〉訳当世風の下の方が濃く染められた几帳などを一面に立てて。
❷鎧(よろひ)の「縅(をどし)」の一種。同じ色で、上を淡く、下になるほど濃く作ったもの。
参考「裾濃」に対し、「匂(にほひ)」は逆に下の方を薄くしたもの。また、「斑濃(むらご)」は濃淡がまだら模様になっている。

すそ-み【裾廻・裾回】〔名〕山のふもとの周囲。また、山すそのあたり。

すぞろ【漫ろ】〔形動ナリ〕⇩すずろ　例「聖(ひじり)もこれを見奉って―に墨染(すみぞめ)の袖(そで)をぞしぼりける」〈平家・三・六代〉訳上人(しょうにん)(＝文覚(モンガク))もこれ(＝若君ノ涙グムノ)を拝見してむやみに(涙が流れて濡れた)僧衣の袖をしぼったのであった。

すそ-わ【裾廻】〔名〕⇩すそみ

ずだ【頭陀】〔名〕⇩づだ

すだ・く【集く】〔自カ四〕{か・き・く・く・け・け}

> 本来、**鳥や虫などが群れ集まる**、の意。**鳥や虫が鳴く**(③)の意は、それを誤解して生まれたもの。類義語つどふがあるが、これは多く人間についていう。

❶群れて騒ぐ。**集まって騒がしくする。**例「夏麻引(なつそび)く海上潟(うなかみがた)の沖つ洲(す)に鳥は―・けど君は音もせず」〈万葉・七・一一七六〉訳海上潟の沖の洲に水鳥は群がって騒いでいるが、あなたは少しも訪れてくださらない。注「海上潟」ハ千葉県市原市ニアッタ。「夏麻引く」ハ枕詞。
❷群れ集まる。群がる。
❸虫などが鳴く。すだく。例「人をまつ虫枕(まくら)に―・けど寂しさのまさる秋の夜すがら」〈閑吟集・一七五〉訳人を待つかのように鳴く松虫が、枕もとで鳴くが、(あなたは訪れることもなく)ますます寂しさがつのる、秋の夜長だ。

すた・る【廃る】㊀〔自ラ下二〕{れ・れ・る・るる・るれ・れよ}❶勢いがなくなる。衰える。すたれる。例「わが威勢すでに―・れたり」〈平家・一〇・千手前〉訳私の武威・勢力はもはや衰えてしまった。
❷用いられなくなる。捨て置かれる。例「一たび道を聞きて、これに志さん人、いづれのわざか―・れざらん」〈徒然草・一七四〉訳一度仏教の教えを聞いて、(仏道に精進しようと)心を決める人は、それ以外のどんなことが捨て置かれないでいようか(＝スベテヲ捨テテシマウ)。
㊁〔自ラ四〕{ら・り・る・る・れ・れ}❶勢いがなくなる。衰える。
❷用いられなくなる。捨て置かれる。
参考 中世から近世にかけて四段活用が発生し、下二段と共存したが、現代ではまた、下二段だけとなった。

す-だれ【簾】〔名〕(「簀(す)垂れ」の意)❶すだれ。細く削った竹や葦(あし)などを糸で編み、室外との隔てや日よけ、室内の仕切りなどのために上から垂らす。例「―をいと高う上げたれば、奥までさし入りたる月に」〈枕草子・十二月二十四日〉訳すだれを高々と巻き上げてあるので、(車の)奥までさし込んでいる月の光に。
❷牛車(ぎっしゃ)や輿(こし)などの前後に垂らしたすだれ。例「御車(みくるま)は―おろし給ひて」〈源氏・関屋〉訳お車は前後のすだれをお下ろしになって。

すぢ【筋】(ジス) ㊀〔名〕❶細長く続いているもの。線。糸。体のすじなど。例「髪も少し落ち細りたる心地すれど……―なども、いとこまかにうつくしげなり」〈源氏・手習〉訳(浮舟(うきふね)は)髪も(分量が)少し減って少なくなった感じがするが……毛筋なども、たいそうこまやかで美しい感じである。
❷血筋。家柄。また、系統。系列。例「もとはやんごとなき―なれど、世に経(ふ)るたづき少なく」〈源氏・帚木〉訳もともとは高貴な家柄であるが、世渡りの手づるが少なく。
❸物事のすじ道。道理。例「物思ふらむ―、何事と知らねど」〈源氏・手習〉訳物思いの理由は、何の事とは知らないけれど。
❹方面。方向。また、その方面の物事や人。例「二条の院にも同じ―にて、いづくにか違(たが)へむ」〈源氏・帚木〉訳(宮中からは左大臣邸は塞(ふさ)がりの方向にあるが)二条院も同じ方向だから、どちらへ方違(かたたが)えをしようかしら。
❺気質。性分(しょうぶん)。例「女もえをさめぬ―にて、指(および)一つを引き寄せて食(く)ひて侍(はべ)りしを」〈源氏・帚木〉訳女の方も我慢のできない性分で、(嫉妬(しっと)のあまり私の)指を一本引き寄せて食いついてきましたのを。
❻物事のおもむき。趣向。また、作風。例「袂(たもと)に例の同じ―の歌ありける」〈源氏・行幸〉訳(末摘花(すゑつむはな)の)袂に例の同じ趣向の歌が入っていた。
❼(芝居、物語などの)大略。あらすじ。
㊁〔接尾〕細長い物を数える語。…本。…条。例「その竹の中に、もと光る竹なむ一(ひと)―ありける」〈竹取・かぐや姫の生ひ立ち〉訳その(取りに行った)竹の中に、根元が光っている竹が一本あった。

すぢ-か・ふ【筋交ふ・筋違ふ】(スジカ(コ)ウ) ㊀〔自ハ四〕{は・ひ・ふ・ふ・へ・へ}❶斜めに交差する。斜めになる。筋かいになる。例「行(くだ)りの程、端ざまに―・ひて、倒れぬべく見ゆるを」〈源氏・常夏〉訳(近江(おうみ)の君の書いたものは)行の具合が、端の方に斜めになって、倒れそうに見えるのを。
❷斜めの所に位置する。斜めに向かい合う。例「女君は、ただ、この障子口(さうじぐち)―・ひたる程にぞ臥(ふ)したるべき」〈源氏・帚木〉訳女君(＝空蟬(ウツセミ))は、ちょうど、(光源氏がいる)この障子口の斜めに位置するあたりに臥しているにちがいない。
❸時流からそれる。背く。
㊁〔他ハ下二〕{へ・へ・ふ・ふる・ふれ・へよ}(㊀の他動詞形)斜めになるようにする。斜めにする。

すぢ-な・し【筋無し】(スジ)〔形ク〕❶道理に合わない。わけがわからない。
❷家柄・血筋がよくない。下賤である。

ずち-な・し【術無し】〔形ク〕《「ずち」は「術（じゅつ）」の直音表記》⇩じゅつなし 例「『妹のあり所申せ、申せ』と責めらるるに、——・し」〈枕草子・里にまかでたるに〉訳「妹の居所を申せ、申せ」と（藤原斉信（ただのぶ）殿に）責め立てられるので、（私、橘則光（たちばなののりみつ）は）どうしようもなくて困る。

すぢ-め【筋目】スジ〔名〕家柄。血筋。素姓（すじょう）。例「さのみ——もいやしからぬ人なれども」〈西鶴・世間胸算用・四・三〉訳それほど家柄もいやしくない人であるけれども。

すぢ・る【捩る】スジル〔他ラ四〕{ら・り・る・る・れ・れ}身をくねらせる。よじる。例「目もあてられず——・りたるを、興じ見る人さへ、うとましく憎し」〈徒然草・一七五〉訳（老法師が酒を飲んで）見ていられないほどみっともなく身をくねらせて（踊って）いるのを、面白がって見る人まで、いやらしく憎らしい。

す・つ【捨つ・棄つ】〔他タ下二〕{て・て・つ・つる・つれ・てよ}❶捨てる。放り出す。例「金（こがね）は山に——・て、玉は淵（ふち）に投ぐべし。利に惑ふは、すぐれて愚かなる人なり」〈徒然草・三八〉訳黄金は山に捨て、宝玉は淵に投げこむべきだ。利欲に迷うのは、きわめて愚かな人である。

❷つながりを断ち切って放置する。見捨てる。見限る。例「我をいかにせよとて、——・てては昇り給ふぞ」〈竹取・かぐや姫の昇天〉訳あなた（＝カグヤ姫）は私（＝翁（オキナ））をいったいどうしろというつもりで、見捨てて（天へ）昇りなさるのか。

❸（「世を捨つ」「身を捨つ」などの形で）俗世間から離れる。出家する。例「かう世を——・つるやうにて明かし暮らす程に」〈源氏・若菜・上〉訳（私、光源氏は）このように出家したようにして日を送るうちに。

❹（「身を捨つ」「命を捨つ」などの形で）命を投げ出す。犠牲にする。例「一の谷、壇の浦に至るまで、命を——・てて平家を攻め落とし」〈平家・一一・腰越〉訳一の谷、壇の浦の合戦に至るまで、（私、義経は）命を投げ出して平家を攻め破り。

❺（動詞の連用形に接続助詞「て」の付いたものに続けて）…してしまう。例「言はずは、斬（き）って——・てん」〈平家・一二・泊瀬六代〉訳（行長（ゆきなが）の居所を）言わないなら、斬ってしまうぞ。

ず-て【連語】《打消しの助動詞「ず」の連用形＋接続助詞「て」》…ないで。…なくて。例「松が枝（え）の地（つち）に着くまで降る雪を見——や妹（いも）が隠（こも）り居（を）るらむ」〈万葉・二〇・四四三九〉訳松の枝が（雪の重みで）地に着くほどまで降り続いている雪を見ないで、あなたはどうして閉じこもっているのだろうか（出てご覧なさい）。

す-て-か・く【捨て書く】〔他カ四〕{か・き・く・く・け・け}無造作に書く。例「白き紙に——・い給へるしもぞ、中々をかしげなる」〈源氏・末摘花〉訳白い紙に無造作にお書きになっていらっしゃるのが、かえって趣があると感じられる。

すで-に【既に】〔副〕❶残りなく実現しているさま。すべて。まったく。例「天（あめ）の下——覆（おほ）ひて降る雪の光を見れば貴くもあるか」〈万葉・一七・三九二三〉訳地上の世界をすっかり覆って降った雪の白い光（＝世ノ中ヲスッカリ覆ッテイル天皇ノ威光）を見ると、まことに尊く思われることです。

❷（下に完了・過去の表現を伴って）その事が実現し終えているさま。もはや。とうに。例「今火急の事ありて、——朝夕（てうせき）に迫れり」〈徒然草・四九〉訳今すぐにやらねばならぬことがあって、もはや今朝か今晩かというほど間近に迫っている。

❸（多く下に推量の表現を伴って）事の実現が迫ったさま。もう少しで。今にも。すんでのことに。例「珠（たま）の扉（とびら）風に破れ、金（こがね）の柱霜雪に朽ちて、——頽廃（たいはい）空虚の草むらとなるべきを」〈奥の細道・平泉〉訳珠玉をちりばめた扉も風にいたみ、黄金の柱は霜や雪のために腐って、もう少しで何もかもくずれて何もない草むらになってしまうところを。

❹（多く下に断定の表現を伴って）確定した明白な事実を強調して言うのに用いる。現に。まさしく。確かに。例「この少将は——かの大納言が嫡子（ちゃくし）なり」〈平家・二・少将乞請〉訳この少将はまぎれもなくあの大納言の正妻の子息である。

ず-とも【連語】《打消しの助動詞「ず」の終止形＋接続助詞「とも」》…なくても。…ないでも。例「花の色は雪に混じりて見え——香をだに匂（にほ）へ人の知るべく」〈古今・冬・三三五〉訳花の色は雪の白さと混じりあって識別できなくても、せめて香りだけでも匂わしてくれ。（そこにあると）人が知ることができるように。

す-なご【砂子・沙子】〔名〕《古くは「すなこ」》❶砂。真砂（まさご）。「いさご」とも。

❷金箔・銀箔の粉末。蒔絵（まきえ）・色紙・襖紙（ふすまがみ）などに吹きつける。

すな-ど・る【漁る】〔他ラ四〕{ら・り・る・る・れ・れ}魚や貝をとる。漁をする。例「流れを尽くして——・る時は、多くの魚（うを）を得（う）と言へども、明年に魚なし」〈平家・七・実盛〉訳川にいるすべての魚をとる時は、多量の魚を手に入れることができるが、その翌年には一匹の魚もいない。

すなはち【即ち・則ち】スナワチ 類やがて

> 本来は、**即刻・当時**の意の名詞㈠だが、時を表す名詞は用言を修飾するので、**即座に**の意の副詞㈡の用法が生まれた。接続詞の用法㈢は漢文訓読から生じたもの。

一〔名〕❶**その時。即座。即刻。**例「ほととぎす鳴きし——君が家に行けと追ひしは至りけむかも」〈万葉・八・一五〇五〉訳ホトトギスが鳴いたその時に、あなたの家に飛んで行けと追いやりましたが、そのホトトギスは行き着いたでしょうか。

❷そのころ。当時。その当座。

二〔副〕**すぐに。即座に。ただちに。**例「閉（た）て籠（こ）めたる所の戸、——ただ開（あ）きに開きぬ」〈竹取・かぐや姫の昇天〉訳（かぐや姫を）閉じ込めてあった所の戸は、すぐにただただきっと開いてしまった。

三〔接続〕❶**とりもなおさず。言いかえれば。つまり。**例「近き世にその名聞こえたる人は、——僧正遍昭（そうじゃうへんぜう）は、歌のさまは得たれども、まこと少なし」〈古今・仮名序〉訳近い時代でその名が知られている人は、つまり僧正遍昭は、和歌の体裁は得ているけれども、真情が足りない。

❷そこで。そういうわけで。例「おのづから短き運を悟りぬ。——、五十（いそぢ）の春を迎へて、家を出（い）で世を背（そむ）けり」〈方丈記・わが過去〉訳自然に幸せうすい運命を悟った。そこで、五十歳になった春に、出家して遁世（とんせい）した。

す-なほ【素直】スナオ〔形動ナリ〕❶ありのままで飾らない。素朴である。例「ちはやぶる神代には、歌の文字も定まらず——・にして、言（こと）の心分きがたかりけらし」〈古今・仮名序〉訳 神代には、歌の(各句の)字数も(五字や七字にまだ)一定せず素朴であって、歌っている意味も分かりにくかったようである。

❷心が正しい。正直である。例「人の心——・ならねば、偽(いつは)りなきにしもあらず」〈徒然草・八五〉訳 人間の心というものは正直でないので、うそがないわけではない。

❸人に逆らわず、おだやかである。従順である。例「帝と聞こゆれど、ただ——・に公(おほやけ)ざまの心ばへばかりにて」〈源氏・若菜・下〉訳 (夫に当たる人が)天皇と申し上げる人ではあっても、(その女性が)ただ従順に朝廷の方面の奉公の気持ちだけで(お仕えし)。

すなわち【即ち・則ち】〔名・副・接続〕⇩すなはち

す-の-こ【簀の子】〔名〕❶竹などを編んで作った敷物。また、床(ゆか)。「簀(す)」とも。❷(寝殿造りで)廂(ひさし)の外に、細い板や竹を少しずつ間をあけて打ちつけて、雨露がたまらないように作った縁。例「わざとならぬ庭の草も心あるさまに、——・透垣(すいがい)のたよりをかしく」〈徒然草・一〇〉訳 特に手をかけたようには見えない庭の草も(いかにも)趣のある様子で、簀の子や透垣の配置も趣深く。

すのこ②

すは(スワ)〔感〕❶相手に注意をうながすために発する語。そら。ほら。例「——、稲荷(いなり)より賜(たま)はるしるしの杉よ」〈更級・初瀬〉訳 そら、稲荷の神様がくださるご利益(りやく)のある杉の枝ですよ。❷突然の出来事に驚いて発する語。あっ。さあ、大変。例「——、きゃつを手延べにして謀(たばか)られぬるは」〈平家・四・競〉訳 あっ(しまった)、あいつを処置せずにおいてだまされてしまったぞ。

ず-は(ワ)《連語》《打消しの助動詞「ず」の連用形＋係助詞「は」》❶…ではなくて。…しないで。…(も)せずに。例「なかなかに人とあら**ずは**酒壺(さかつぼ)になりにてしかも酒に染(し)みなむ」〈万葉・三・三四三〉訳 なまじっか人間でなんかいないで酒壺になってしまいたいなあ。(そうしたら)酒にひたっていられるであろう。注 大伴旅人ノ「酒を讃(ほ)むる歌」ノ一。❷(順接の仮定条件を表す)もし…(で)ないと。…なかったなら。…ないとすると。例「女あるじに土器(かはらけ)取らせよ。さら**ずは**飲まじ」〈伊勢・六〇〉訳 女主人に杯(さかずき)を取って酒をすすめさせなさい。そうでないと(私は)飲まない。

> 参考 中世以降には、「ずんば」という形でも用いられる。なお、この「ずは」は「ず」の未然形に接続助詞「ば」の付いた「ずば」と考えられていたが、「は」が清音であったことは、『万葉集』では清音の万葉仮名で表記されていること、謡曲で「ズワ」と発音されていること、キリシタン文献では「zuwa(ズワ)」と書かれていることなどから明らかである。ただし、近世では、②の用法からの類推で、「ずば」の形でも用いた。

す-はう【素襖】(ウ:オ)〔名〕⇩すあを

す-はう【蘇芳】(ウ:オ)〔名〕❶木の名。「いちい」の別名。アララギ。イチイ科の常緑高木で、建材・家具材として用いる。例「紫檀(したむ)の箱に——の花足(けそく)」〈源氏・絵合〉訳 (絵を)紫檀の箱に(納め、その箱を)イチイ製の飾り机(の上にのせ)。❷木の名。インド・マレー産のマメ科の落葉低木。心材の削りくずや実のさやから染料をとる。❸(染色の名。「蘇芳色」の略)②を染料とした、黒みをおびた紅色。例「穂先の——にいと濃きが、朝霧に濡れてうちなびきたるは」〈枕草子・草の花は〉訳 (ススキの)穂先の暗紅色でとても濃いのが、朝霧に濡れてなびいているのは。❹《襲(かさね)の色目(いろめ)の名》表は薄茶色、裏は濃赤色。蘇芳襲(すおうがさね)。冬用。

周防(すはう)(ウ:オ)《旧国名》現在の山口県東部にあたる。山陽道八か国の一つ。防州(ぼうしゅう)。

すはう-いろ【蘇芳色】(スホウ)〔名〕⇩すはう③

すはう-がさね【蘇芳襲】(スホウ)〔名〕⇩すはう④

す-はえ【楚・楉】(エ:ワ)〔名〕《「すばえ」「すはい」とも。近世は「ずばえ」》❶木の枝や幹からまっすぐに生え伸びた若枝。例「二つを並べて、尾の方(かた)に細き——をしてさし寄せむに、尾はたらかさむを女(め)と知れ」〈枕草子・蟻通の明神〉訳 (雄雌)二匹の蛇を並べて、尾の方に細い若枝を近づけた時、尾を動かす方を雌だと思いなさい。❷(刑罰用の)むち。「しもと」とも。

す-はま【州浜・洲浜】〔名〕❶土砂が積もってできた州(す)が海に突き出したもの。また、その形を庭園に造ったもの。❷①の形に似せて作った台の上に、木石・花鳥などを飾り付けて、四季の景色や名所の風景などを表した飾り物。歌会・宴席などで用い、後世の島台(しまだい)は、これをまねる。

すは-や(スワ)〔感〕《「すは」に間投助詞「や」を付けて強調した語》⇩すは 例「——、宮こそ南都へ落ちさせ給ふなれ」〈平家・四・橋合戦〉訳 それっ、高倉宮は奈良へお逃げになるということだ。

すばる【昴】〔名〕星座の名。牡牛座(おうしざ)に属するプレアデス星団。肉眼で六個見えるところから、別名「六連星(むつらぼし)」。「すばるぼし」とも。例「星は、——。彦星(ひこぼし)」〈枕草子・星は〉訳 星は、すばる。彦星(＝牽牛星(ケンギュウセイ))(などが趣深い)。参考 動詞「統(す)ばる」からの名。数個の星が一まとまりになっているの意。

す-びつ【炭櫃】〔名〕いろり。一説に、大型の角火鉢とも。例「火おこさぬ——」〈枕草子・すさまじきもの〉訳 (興ざめなもの)火をおこしてないいろり。

す・ぶ【統ぶ】〔他バ下二〕{べ・べ・ぶ・ぶる・ぶれ・べよ}❶多くのものをひとつにまとめる。一括する。❷まとめ支配する。統括する。例「有智(うち)の得業(とくごふ)にして、並びに衆才を——・べたり」〈日本霊異記・下・三〇〉訳 (老僧の観規は)知恵のある学僧であって、また多くの(才能ある)人々を統括していた。

すべ【術】〔名〕手段。方法。やり方。例「法師は兵(つはもの)の道を立て、夷(えびす)は弓引く——知らず、仏法知りたる気色(きそく)し」〈徒然草・八〇〉訳 法師は武術を本職のようにし、荒武者は弓を射る方法を知らずに、仏法を知っているような顔をし。注 人ハ、自分ニ縁遠イ事ヲ好ムトイウ例。

すべから-く【須く】〔副〕《サ変動詞「す」の終止形＋推量の助動詞「べし」の未然形＋準体助詞「く」》当然。しなければならないこととして。例「徳をつかんと思はば、——、まづその心づかひを修行すべし」〈徒然草・二一七〉訳富を得ようと思うなら、当然、まずその心がまえを勉強しなければならない。

要点「すべくあること」「すべきこと」の意。漢文訓読から生じた語で、文末には通常、助動詞「べし」が来る。

すべし-がみ【垂髪】〔名〕女性の髪型の一種。前髪にふくらみを持たせ、後頭部で揃（そろ）えて束ね、その先を背中に長く垂らしたもの。

すべしがみ

すべ-て【総て】〔副〕《動詞「統（す）ぶ」の連用形＋接続助詞「て」》❶全部合わせて。とりまとめて。例「―千歌（ちうた）、二十巻（はたまき）、名づけて古今和歌集といふ」〈古今集・仮名序〉訳全部で千の歌、二十巻、名づけて『古今和歌集』という。❷総じて。大体。およそ。例「―さしいでは、童（わらは）も大人（おとな）もいとにくし」〈枕草子・にくきもの〉訳総じてでしゃばりは、子供でも大人でも皆ひどくしゃくにさわる。❸（下に打消しの表現を伴って）まったく。全然。例「塵（ちり）を煙のごとく吹き立てたれば、―目も見えず」〈方丈記・辻風〉訳（つむじ風が）ごみを煙のように吹き上げたので、まったく見ることができない。

すべ-な・し【術無し】〔形ク〕《「すべ」は手段・方法の意》どうにも方法がなくて困る。どうしようもなく苦しい。例「ひしひしとただ食ひに食ふ音のしければ、―・くて」〈宇治拾遺・一・一二〉訳（僧達が）ムシャムシャとただもう盛んに（ぼた餅（もち）を）食う音がしたので、（やせ我慢していた稚児（ちご）は）どうしようもなくて。

要点 平安時代からは、「術」を音読した「じゅつなし」「ずちなし」が一般に用いられるようになるが、文章語としては「すべなし」も使われる。⇩じゅつなし要点

すべら【皇】〔名〕⇩すめら

すべら-かし【垂髪】〔名〕⇩すべしがみ

すべら-がみ【皇神】〔名〕《「すめがみ」とも》皇室の祖先の神を尊んで言う語。

すべら-ぎ【天皇】〔名〕《「すべらき」とも》⇩すめろき

すべり-い・づ【滑り出づ】〔自ダ下二〕｛で・で・づ・づる・づれ・でよ｝滑るようにして出る。そっと退席する。例「ひまなくをりつる者ども、一人二人―・でて往（い）ぬ」〈枕草子・すさまじきもの〉訳（除目（ぢもく）で官職に就けないことがはっきりし）すき間も無いほど控えていた者達が、一人二人とこっそり座をはずして立ち去ってしまう。

すべり-い・る【滑り入る】〔自ラ四〕｛ら・り・る・る・れ・れ｝滑るようにしてはいる。こっそりはいる。例「強ひて引き入り給ふにつきて、―・りて」〈源氏・若紫〉訳（若紫が）無理に奥の間に引っ込みなさるのについて、（光源氏も一緒に）そっとはいって。

すべ・る【滑る】〔自ラ四〕｛ら・り・る・る・れ・れ｝❶なめらかに移動する。滑る。例「馬（むま）より―・り降りて」〈源氏・夕顔〉訳（光源氏は）馬から滑り降りて。❷そっと退席する。こっそり座をはずす。例「女も、夜更くる程に―・りつつ、鏡取りて、顔などつくろひて出づるこそをかしけれ」〈徒然草・一九一〉訳女も、夜が更ける頃にそっと座をはずして、鏡を手に取り、化粧を直して（また再び）出仕するのは良いものである。❸天皇の位などから降りる。退位する。例「帝王（ていわう）位を―・らせ給ひて」〈平家・四・厳島御幸〉訳天皇が皇位からお降りあそばされて。

すほう【修法】〔名〕⇩すほふ

すぼ・し【窄し】〔形ク〕《「末細（すゑぼそ）し」の変化した形》❶すぼんで細い。狭い。例「眼裏（がんり）に塵（ちり）あって、三界―・く」〈謡曲・清経〉訳見る者の眼に（迷いという）ごみがあると、広い世界も狭く見え。❷肩身が狭い。みすぼらしい。例「貧しくして、富める家の隣に居（を）る者は、朝夕―・き姿を恥ぢて、へつらひつつ出（い）で入る」〈方丈記・世にしたがへば〉訳貧乏で、金持ちの家の隣に住んでいる者は、朝晩（自分の）みすぼらしい姿を恥ずかしく思い、（隣家の人に）お世辞を言いながら（卑屈になって自分の家に）出入りする。

す-ほふ【修法】〔名〕《仏教語。「ずほふ」とも》⇩しゅほふ 例「たのもしきもの。心地（ここち）悪（あ）しきころ、伴僧（ばんそう）あまたして―したる」〈枕草子・たのもしきもの〉訳頼りになるもの。気分が悪い時、お供の僧をたくさん連れて加持祈禱（かじきとう）してくれる（こと）。

須磨（すま）【地名】摂津（せっつ）の国と播磨（はりま）の国とが境を接するあたりの海岸地帯。現在の兵庫県神戸市須磨区一帯にあたる。古代には関所が置かれた。明石（あかし）と並ぶ月の名所で、海岸は須磨の浦と呼ばれる白砂青松の景勝地であった。また、ここで海人（あま）の塩焼くさまが古くから和歌の題材にとられ、源平の古戦場となった一の谷がある。在原行平（ありわらのゆきひら）が流された地としても名高く、『源氏物語』では、主人公光源氏が、都を退いて一時侘（わ）び住まいする所として描かれる。例「淡路島かよふ千鳥の鳴く声にいく夜寝ざめぬ―の関守（せきもり）」〈金葉・冬〉訳（対岸の）淡路島に飛び通うチドリの鳴く声に幾夜目をさましただろうか、須磨の関所の番人は。注『百人一首』所収、源兼昌（かねまさ）作。

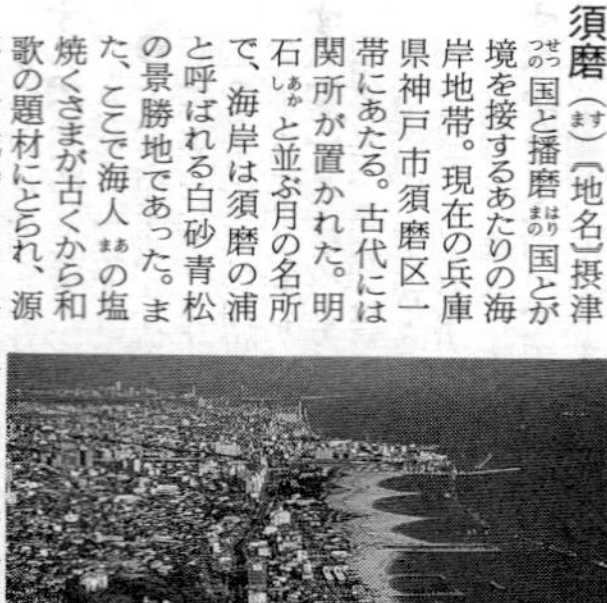

須 磨

すまう【相撲】〔名〕⇩すまひ

すまう【争う・辞う・住まう】〔動〕⇩すまふ

すまし【清まし】〔名〕《動詞「清（す）ます」の連用形の名詞化》❶洗ろこと。洗い清めること。洗濯（せんたく）、洗髪など。例「御―の事などせさせ奉り給へ」〈宇津保・国譲・中〉訳お洗濯などを（下女達に）させ申し上げなさいませ。❷宮中で、洗濯や湯殿（ゆどの）・便器の清掃などに仕える下級の女官。「すましめ」とも。例「おほやけ人、―・長女（をさめ）などして、たえずいましめにやる」〈枕草子・職の御曹司におはします頃、西の廂にて〉訳（雪で作った山が心配で）宮仕えの女官、清ましや長女（＝下級女官ノ長タル老女）などを使って、たえず注意しに行かせる。

すま・す【清ます・洗ます・澄ます】｛さ・し・す・す・せ・せ｝〔他サ四〕《「すむ」の他動詞形》一❶洗い清める。洗ろ。例「盥（たらひ）して御手―・す事なかりき」〈大

鏡・時平〉訳（右大臣藤原顕忠は召使いの運ぶ）たらいで手を洗い清めることがなかった。（用意した水で自分で洗った）。注藤原顕忠ハ大臣ブラズ人ヲ使ワナイ。

❷（心・音・水などの）不純なものを取り除く。澄ませる。例「心を――・してうそぶき歩（り）きなど」〈徒然草・六〇〉訳（雑念を払って）心を澄ませ詩歌を吟じて歩き回るなど。

❸（「目をすます」「耳をすます」などの形で）注意を集中する。例「諸人目を――・しけり」〈平家・一・殿上闇討〉訳その場の人々は目を見開いた。

❹（「四海をすます」の形で）平穏にする。鎮める。例「一天を鎮（ち）め、四海を――・す」〈平家・三・土佐房被斬〉訳天下を鎮め、国内を平穏にする。

二〔補動サ四〕（動詞の連用形に付く）❶心を統一して…する。例「広陵（くわうりよう）といふ手をある限り弾き――・し給へるに」〈源氏・明石〉訳広陵という曲を精一杯心をこめて弾きなさると。

❷うまく…をやってのける。例「さしも御秘蔵（ごひきう）候ふいけずきを盗み――・いて上り候（うき）はいかに」〈平家・九・生ずきの沙汰〉訳（頼朝が）あれほど大切にしていらっしゃったいけずき（＝馬ノ名）を（私＝佐々木四郎高綱が）まんまと盗んで上京しましたのにはさぞ（驚いたことでしょうね）。

すまひ【相撲】〔名〕（動詞「争（ま）ふ」の連用形の名詞化）❶二人が組み合って力勝負をする競技。すもう。例「――の勝ちたるには、負くる方（かた）をば手たたきて笑ふこと、常の習ひなり」〈今昔・二三・二五〉訳相撲で勝った時には、負けた方を手をたたいて笑うことが、いつもの習慣である。

❷（「すまひ人（とび）」の略）相撲をとる人。すもうとり。力士。例「――の負けて居るうしろで」〈枕草子・むとくなるもの〉訳（ぶざまなものは）相撲取りが負けてすわっている後ろ姿。

❸（「すまひの節（ちせ）」の略）平安時代の宮中行事の一つ。毎年陰暦七月の三日間に、諸国から召集された相撲取りが、天皇の御前で相撲を取る。

> **参考** 「相撲」の起源　『日本書紀』垂仁天皇七年に、野見宿禰と当麻蹶速対決の記事があり、これが相撲のはじめとされる。平安時代には、年中行事の一つとされ、後世の相撲の様式の原型ができた。娯楽のための職業相撲が盛んになったのは、室町時代末期以降。

すまひ-の-せち【相撲の節】〔名〕⇩すまひ③

すまひ-びと【相撲人】〔名〕⇩すまひ②

すま・ふ【争ふ・辞ふ】〔自ハ四〕

> 相手からの働きかけをいやがり、**抵抗すること**。現代語の「すもう（相撲）」は、「すまふ」の連用形「すまひ」が名詞化したもの。

❶**抵抗して争う。抵抗する。**例「女も卑（やい）しければ――・ふ力なし」〈伊勢・四〇〉訳女も下女で身分が低いので（男の親に）抵抗する力がない。

❷**辞退する。断る。**例「いみじう書きにくう、――・ひ申す人々ありけるに」〈枕草子・清涼殿の〉訳（和歌が）大層書きにくいので、辞退申し上げる人々がいたのだが。

すま・ふ【住まふ】〔自ハ四〕（「住む」の未然形に反復・継続の助動詞「ふ」が付いて一語化したもの）❶住み続ける。居所と定めて住む。例「――・ひ給へる様、言はむ方なく唐（らか）めいたり」〈源氏・須磨〉訳（光源氏が）居宅を構えてお住みになっていらっしゃる様子は、言いようもないほど中国風である。

❷（歌舞伎などの舞台で）役者が着座する。

すみ【炭】〔名〕木が燃えてあとに残った黒い物。消し炭。例「続松（ついまつ）の――して、歌の末を書き継ぐ」〈伊勢・六九〉訳たいまつの燃え残りの炭を使って、歌の末（の句）を書き継いだ。

❷木を蒸し焼きにして作る燃料。木炭。また、炭火。例「火など急ぎおこして――持てわたるも、いとつきづきし」〈枕草子・春はあけぼの〉訳火などを急いで起こして炭火を持ってやって来る光景も、（冬の朝に）大変よく調和した感じである。

すみ-う・し【住み憂し】〔形ク〕住みづらい。住みにくい。例「京や――・かりけむ、東（あづま）のかたに行きて住み所求むとて」〈伊勢・八〉訳都は住みづらかったのだろうか、東国の方に行って住む所を捜そうということで。

すみ-がき【墨書き】〔名〕墨で絵を描くこと。また、その絵。「すみゑ」とも。あるいは、それを書く役目の人。例「絵所（ゑどころ）に上手多かれど、――に選ばれて」〈源氏・帚木〉訳絵所に上手な絵師は多いけれども、（その中から）墨書きの役に選ばれて。注「絵所」ハ、宮中デ絵ニ関スル事ヲツカサドル役所。

> **参考** 大和絵と「墨書き」　大和絵の作成は、構図を決めて下絵を描き、それに彩色をし、最後に人物の目鼻立ちや衣服・調度などの輪郭を描いて仕上げる。この最初と最後の段階が「墨書き」で、主任級の絵師が担当する。なお、「墨書き」の下絵だけで鑑賞することもあった。

すみ-ぞめ【墨染め】〔名〕❶黒または灰色に染めること。また、その色。特に、喪服・僧衣の色。例「深草の野辺の桜し心あらば今年ばかりは――に咲け」〈古今・哀傷・八三二〉訳深草（＝京都市伏見区深草）の野辺の桜よ、もし（お前に）心があるならば、（太政大臣を葬った）今年だけは（喪服の）黒い色に咲け。

❷墨染めの衣。黒または灰色に染めた喪服・僧衣。「すみごろも」「すみぞめのころも」「すみぞめごろも」とも。例「かたちよき尼君（あまぎみ）たちの――にやつれたるぞ、……さる方にてあはれなりける」〈源氏・野分〉訳顔かたちのよい尼君達が墨染めの衣で質素な姿をしているのが、……それなりに風情があるものだったよ。

すみぞめ-の【墨染めの】《枕詞》（「墨染め」の色との関係から）「夕」「たそがれ」「暗し」などにかかる。例「――夕べになればひとり居て」〈古今・雑体・一〇〇一長歌〉訳（闇（やみ）に包まれる）夕方になるとただひとりで居て。

墨染めの衣（ころも）　墨染めの衣、すなわち僧衣。また、喪服。「すみぞめごろも」「すみごろも」また単に「すみぞめ」とも。

墨染めの袖（そで）　「墨染め衣」の袖。

隅田川（すみだがは）〔川名〕（「墨田川」とも書く）東京都の東部を流れ、東京湾に注ぐ川。古くは武蔵（むさし）の国と下総国との境をなしていた。『伊勢物語』九段に見え、在原業平(ありわらのなりひら)が都鳥(みやこどり)の和歌を詠んだ所として有名で、観世元雅(かんぜもとまさ)の作とされる謡曲の狂女物の傑作『隅田川』の舞台ともなった。近世には、白魚(しらうお)・浅草のりを産出、交通路としても盛んに利用され、東岸は桜の名所となり、江戸文学に多くの題材と舞台を提供した。下流を大川とも呼ぶ。例「なほ行(ゆ)き行きて、武蔵の国と下総の国との中に、いと大きなる川あり。それを――といふ」〈伊勢・九〉訳さらにどんどん行って、武蔵国と下総の国との間に、大変大きな川があった。それを隅田川という。

隅田川

炭俵（すみだはら）【書名】江戸中期の俳諧(はいかい)選集。志太野坡(やば)・小泉孤屋(こおく)・池田利牛(りぎゅう)選。一六九四年(元禄七)刊。芭蕉七部集の第六番目。晩年の芭蕉が高悟帰俗(こうごきぞく)を唱えて理念とした「かるみ」の境地が最もよく表れている。⇩志太野坡(しだやば)

すみ-つき【墨付き】〔名〕❶手紙・文書などの、墨の付き具合い。筆跡。墨の濃淡。例「紫の紙に書い給へる、――のいとことなるを取りて見居給へり」〈源氏・若紫〉訳紫色の紙にお書きになってある、ご筆跡の大変すばらしいのを手に取って見ていらっしゃる。
❷武家時代、将軍や大名などが臣下に後日の証明のために与えた文書。黒印が押されているところから、この名がある。「お墨付き」とも。

すみ-つ・く【住み着く】〔自カ四〕{か・き・く・く・け・け}❶ある土地や家を定住の所とする。住み着く。例「所につけたるよすがども出で来て、――・きにけり」〈源氏・玉鬘〉訳その土地相応の夫や妻ができて、住み着いてしまった。
❷妻の家に住み着く。婿(むこ)になる。例「今は――・かれにたりとな」〈源氏・若菜・上〉訳今はすっかり婿として落ち着かれたそうですね。

すみ-つぼ【墨壺】〔名〕大工道具の一種。「墨縄」に墨を付ける装置。木をくり抜いた凹みに、墨汁(ぼくじゅう)を含ませた綿を入れ、糸車から繰り出される墨縄がここを通るようにしたもの。

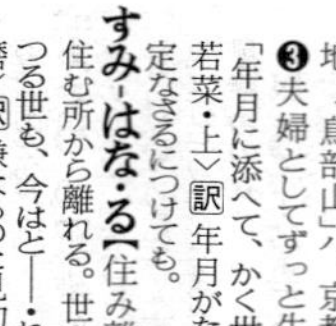
すみつぼ

すみ-な・す【住み成す】〔他サ四〕{さ・し・す・す・せ・せ}(「なす」は意図的に行う意)思う通りの状態にして住む。好み通りに整えて住む。例「遥(はる)かなる苔(こけ)の細道を踏み分けて、心細く――・したる庵(いほり)あり」〈徒然草・一一〉訳遥かに向こうまで苔むした細道を踏み分けて、心細くなるような感じにして住んでいる庵があった。

住吉（すみのえ）【地名】(「住江」「墨江」とも書く)「すみよし」の古名。例「――の岸に寄る波夜(よる)さへや夢の通ひ路人目避(よ)くらむ」〈古今・恋二・五五九〉訳住吉の岸辺に寄る波ではないけれど、夜までも(あの人は)夢の中で通って行く道では人目を避けているのだろうか(夢でも会うことができない)。注『百人一首』所収ノ藤原敏行(トシユキ)ノ歌。

すみのえ-の【住江の・住吉の】【枕詞】住江が松の名所であることから「待つ」に、また、住江は岸辺にあることから「岸」にかかる。例「久しくもなりにけるかな――まつは苦しきものにぞありける」〈古今・恋五・七七八〉訳久しい時がたってしまったものだ。「久しい」といえば「住江の松」がすぐ思い出されるが、「待つ」とはこんなに苦しいものだったのだ。

すみ-は・つ【住み果つ】〔自タ下二〕{て・て・つ・つる・つれ・てよ}❶ある所に死ぬまで住む。住み通す。例「この山里に――・てなむと思(おぼ)いたり」〈源氏・夕霧〉訳(亡き御息所(みやすどころ)を偲(しの)んで)この山里に死ぬまでずっと住んでいようとお思いになられた。
❷生き通す。生き続ける。例「あだし野の露消ゆる時なく、鳥部山(とりべやま)の烟(けぶり)立ちさらでのみ――・つる習ひならば、いかに、もののあはれもなからむ」〈徒然草・七〉訳(もしも)あだし野の露が消える時がなく、鳥部山の煙が立ち去らないで(そのように人間が死ぬことがなくずっと)生き続ける習わしであるならば、どんなにか、物の情趣もないであろう。注「あだし野」ハ、京都市右京区ノ嵯峨野(サガノ)ニアッタ墓地。「鳥部山」ハ、京都市東山ニアッタ火葬場。
❸夫婦としてずっと生活する。夫婦仲が安定する。例「年月に添へて、かく世に――・て給ふにつけても」〈源氏・若菜・上〉訳年月がたつにつれて、このように夫婦仲が安定なさるにつけても。

すみ-はな・る【住み離る】〔自ラ下二〕{れ・れ・る・るる・るれ・れよ}❶住む所から離れる。世を離れる。例「憂きものと思ひ捨つる世も、今はと――・れなむ事を思(おぼ)すには」〈源氏・須磨〉訳嫌なものと見切りをつけていたこの世の中(=都)も、いよいよ今は離れて行こうとお思いになると、(光源氏は、)やはりたいそうあきらめ難い事が多くあり、その中でも)。
❷離れて住む。別居する。例「母、尼になりて、同じ家の内なれど、方異(かたこと)に――・れてあり」〈更級・宮仕へ〉訳母は、尼になって、同じ屋敷内ではあるが、(父とは)別の所に離れて住んでいる。

すみ-まへがみ【角前髪】〔名〕(「すみ」は角ばったの意)江戸時代の、元服(げんぷく)前の少年の髪型の一種。額の生え際を剃り込んで角ばらせたもの。単なる「前髪」の時期よりも元服に近づいた者がする。「角額(すみびたひ)」とも。

すみまへがみ

すみ-やか【速やか】〔形動ナリ〕❶(速度が)速い。例「御(み)舟――・に漕(こ)がしめ給へ」〈土佐・一月二十六日〉訳お舟を速く漕ぎ進ませてください。
❷(時期的に)早い。例「――・にすべきことを緩(ゆる)くし、緩くすべきことを急ぎて」〈徒然草・四九〉訳早くやるべきことをゆっくりやり、ゆっくりでよいことを急いでやって。

要点 主として漢文訓読体の文章に用い、和文では「とし」「はやし」を用いる。

住吉（すみよし）【地名】摂津(せっつ)国の地名(=大阪市住吉区一帯)。もと「すみのえ」といい、「住吉」の字を当てたものを、平安初期頃から「すみよし」と読んだもの。海岸地帯で、古くから港があり、松林は「すみのえの松」として歌枕とされた。住吉神社（現在の住吉大社）があり、全国の住吉社の総本宮として信仰を集める。住吉の神は、神功皇后の三韓出兵の時に軍船を守護したと伝えられ、海上安全の神あるいは和歌の神として信仰された。

住吉（住吉大社）

すみ-わた・る【住み渡る】〔自ラ四〕{ら・り・る・る・れ・れ} ❶住み続ける。ずっと住む。例「橘（たちばな）の林を植ゑむほととぎす常に冬まで――・るがね」〈万葉・一〇・一九五八〉訳 橘の林を植え作ろう、ホトトギスが常に冬までずっと住むように。
❷妻の家に通い続ける。

すみ-わた・る【澄み渡る】〔自ラ四〕{ら・り・る・る・れ・れ} 月や空が一点の曇りもなく澄む。一面に澄み渡る。例「月は入り方の、空清う――・れるに」〈源氏・桐壺〉訳 月は沈もうとする頃で、空は清らかに澄み切っていて。

すみ-わ・ぶ【住み侘ぶ】〔自バ上二〕{び・び・ぶ・ぶる・ぶれ・びよ} 住みにくく思う。住んでいるのをつらく思う。例「それもいと見苦しきに――・び給ひて」〈源氏・夕顔〉訳 そこも大層みっともない所なので住みにくくお思いになり。

す・む【住む】〔自マ四〕{ま・み・む・む・め・め} ❶生活の場とする。居住する。例「花やかなりしあたりも人――・まぬ野らとなり」〈徒然草・二五〉訳（屋敷が並び）はなやかに栄えた所も（時がたつと）人が住まない荒れ野原となり。
❷妻のもとに通い住む。（夫として）通う。例「いみじうしたてて婿（むこ）取りたるに、ほどもなく――・まぬ婿の」〈枕草子・いみじうしたてて婿とりたるに〉訳 大層立派に支度をして婿を取ったのに、間もなく（そこに）通わなくなった婿が。
要点 平安時代では男が女のもとに通っていくという結婚形態（＝妻問イ婚）であったので、②の用法が成立する。

す・む【澄む】〔自マ四〕{ま・み・む・む・め・め} ❶（液体の）濁りがとれて清くなる。（月などの）曇りがとれて明るくなる。例「すさまじきものにして、見る人もなき月の、寒けく――・める二十日あまりの空こそ、心細きものなれ」〈徒然草・一九〉訳 殺風景なものであって、見る人もない（冬の）月が、寒々と光っている二十日過ぎの空は、（実に）心細いものである。
❷（音響が）さえる。例「ゆの音（ね）深くいみじく――・みて聞こえつるを」〈源氏・若菜・下〉訳（箏の）ゆの音に深みがあり大層さえて聞こえたが。注「ゆの音」ハ余韻ヲ出スタメニ左手デ弦ヲ揺スッテ出ス音。
❸清音で発音する。例「行法（ぎやうぼふ）も、法の字を――・みて言ふ、わろし。濁りて言ふ」〈徒然草・一六〇〉訳 行法（という言葉）も、法の字を（「ほふ」と）清音で発音するのは、よくない。（「ぼふ」と）濁音で言う。
❹人気がなくなる。静かになる。
❺（雑念が去って）清い心になる。例「思ひたつ程は、いと心――・める様にて」〈源氏・帚木〉訳（出家を）思いたった時は、大層心が清くなったようで。
❻すました態度をとる。例「いとあてに――・みたるものの、なつかしきさま添ひて」〈源氏・常夏〉訳 とても上品ですました態度をとるけれども、心ひかれる様子が加わって。
❼（筆跡が）あかぬけしている。例「筆の掟（おきて）――・まぬ心地して、いたはり加へたる気色なり」〈源氏・梅枝〉訳（左衛門の督の筆跡は）筆法にあかぬけしない感じがあって、（それを隠そうと）取り繕っている様子である。

すむや-け・し【速やけし】〔形ク〕《上代語》すみやかである。早い。例「他国（ひとくに）は住みあしとぞ言ふ――・くはや帰りませ恋ひ死なぬとに」〈万葉・一五・三七四八〉訳 他国は住みにくいといいます。すみやかに早くお帰りなさい、（私が）恋い死なぬうちに。

すめ-かみ【皇神】〔名〕《「すべがみ」「すべらがみ」とも》❶神々の敬称。例「山科（やましな）の石田（いはた）の社（もり）の――に幣（ぬさ）取り向けて」〈万葉・一三・三二三六長歌〉訳 山科の石田の神社の神様に捧げ物を捧げて。
❷皇室の先祖の神。特に、天照大神。例「我（わ）が大君（おほきみ）物な思ほし――の継ぎて賜へる我がなけなくに」〈万葉・一・七七〉訳 我が大君（＝天皇）よ。ご案じなさいますな。皇祖神から後継ぎを賜っている私がいないわけではないのですから。

すめ-みま【皇孫・皇御孫】〔名〕天照大神の孫の瓊瓊杵尊の敬称。また、広く、天照大神の子孫。皇統の子孫。天皇。

すめら【皇】〔名〕《「すべら」とも》天皇を尊んでいう語。例「――朕（わ）がうづの御手（みて）もちかき撫（な）でぞ労（ね）ぎ給ふ」〈万葉・六・九七三長歌〉訳 天皇である私の尊い手で撫でさすってねぎらってあげよう。

> 参考 独立した名詞としての用例は少数で、多くは「すめらみくさ」「すめらみこと」など天皇に関係する事物の上に付けて、天皇に対する尊敬・称賛の気持ちを添える接頭語的用法である。また「ら」を伴わない「すめ」という形も接頭語的に用いられた。

すめら-ぎ【天皇】〔名〕⇩すめろき

すめら-みこと【皇尊・天皇】〔名〕天皇の敬称。例「――みづからもろもろの皇子（みこ）達・舟師（いくさ）を帥（ひき）ゐて東（ひむがし）を征（う）ち給ふ」〈日本書紀・神武・即位前〉訳 天皇はみずから多くの皇子達と水軍を率いて東方（の敵）をお討ちになる。

すめろ-き【天皇】〔名〕天皇。「すべらぎ」「すめらぎ」とも。例「――の食（を）す国なれば」〈万葉・一七・四〇〇六長歌〉訳 天皇のお治めになる国であるから。

> 参考 「すめろき」と「おほきみ」の違い 平安時代になると「すめろぎ」と濁音化する。「おほきみ」が主として現在の天皇をいうのに対し、「すめろき」は、主として皇祖である天皇をいう。また、「おほきみ」が臣下が忠節を尽くす対象としての天皇を意味するのに対し、「すめろき」は能動的な支配者・統治者としての意を表すともいわれる。

す-もり【巣守り】〔名〕ほかの鳥が巣立ったあとも孵化（かへ）し

ないで、巣に残っている卵。そのことを巣を守っていることに見立てた語。また、あとに取り残されること。取り残された人や物。

ず‐もん【誦文】〔名・自サ変〕まじないの文句。また、それを唱えること。呪文(じゅもん)。例「はなひて――・する」〈枕草子・にくきもの〉訳くしゃみをしてまじないの文句を唱えるの(は、にくらしい)。注当時、「くしゃみ」ハ不吉ナモノトサレタガ、ソノ後デ呪文ヲ唱エルト災厄ヲ免レルト信ジラレテイタ。ココデハ無遠慮ナ「くしゃみ」ヲ非難シテイル。

ず‐や〔連語〕(打消しの助動詞「ず」の終止形＋係助詞「や」)❶(下に推量の表現を伴って)(打消しの疑問の意を表す)…ないで…(だろう)か。例「しやせまし、せ**ずや**あらましと思ふことは、おほやうは、せぬはよきなり」〈徒然草・九八〉訳しようか、しないでおこうかと思うことは、たいていは、しない方がよいものである。
❷(文末に用いて)(打消しの疑問、または反語の意を表す)…ないだろうか。…ではないか。例「あかねさす紫野(むらさきの)行き標野(しめの)行き野守(のもり)は見**ずや**君が袖(そで)振る」〈万葉・一・二〇〉訳紫草の生えている野を行ったり、一般の立ち入りできない野を行ったりして、あなたが袖を振るのを、野の番人が見るではありませんか。

す‐やつ【其奴】〔代名〕(「そやつ」の変化した形)人称代名詞。他称。相手をいやしめ、またののしっていう。そいつ。そんなやつ。例「――ばらを、ひとしなみにはし侍(はべ)りなむや」〈源氏・玉鬘〉訳そいつら(＝身分ノ低イ女ドモ)を、(私の求婚している玉鬘(たまかずら)と)同列に扱うでしょうか。

す・ゆ【据ゆ】〔他ヤ下二〕〔え・え・ゆ・ゆる・ゆれ・えよ〕(中世以降、「すう」(ワ行下二段)がヤ行に変化したもの)すえる。例「三里に灸(きう)――・ゆるより、松島の月まづ心にかかりて」〈奥の細道・出発まで〉訳三里に灸をすえるやいなや、(行ってみたい)松島の月のことが真っ先に気にかかって(＝旅ノ事デ心ガ一杯ニナリ)。注「三里」ハ、膝頭(ヒザガシラ)ノ下ノ少シクボンダ所。ココニ灸ヲスエルト健脚ニナルトイワレテイル。

すら〔副助〕接続 主語や連用修飾語に付く。
❶【類推】(ある事物を程度の軽いものや特殊なものとして挙げて、より程度の重いものや一般的なものを、なおさらだと類推させる意を表す)…さえ。…さえも。…でも。例「言問(こと)はぬ木**すら**妹(いも)と兄(せ)ありといふをただ独(ひと)り子にあるが苦しさ」〈万葉・六・一〇〇七〉訳物を言わない木でさえも兄妹(きょうだい)があるというのに、私がまったくのひとりっ子であるというのは本当につらいことだよ。例「聖(ひじり)など**すら**、前(さき)の世のこと夢に見るはいと難(かた)かなるを」〈更級・宮仕へ〉訳徳の高い僧侶などでさえ、前世(ぜんせ)の事を夢に見るのはとても難しいということであるが。
❷【強調】(ある事物を特殊な極端なものとして挙げて、強調する意を表す)…さえ。…まで。…でも。例「越(こし)を治(をさ)めに出(い)でて来(こ)し大夫(ますら)われ**すら**世の中の常しなければうちなびき床(こと)に臥(こ)い伏し」〈万葉・一七・三九六九長歌〉訳(大君の任命のままに)越(こし)の国(＝北陸地方)を治めに(都を)出て来た勇ましい男子である私まで、この世が無常なものだから病気になって床に横たわり。

> 要点 ①の用法が本来的な用法で、②の用法は、他の事物を類推させる意味が認められないものである。「だに」の②の用法とよく似ているが、「だに」が強調して示す事柄は、話し手がせめてそれだけでもと願望する事柄で、実際には実現しない事柄である、という意味合いが含まれている。
> 参考 「すら」は、上代では盛んに用いられたが、平安時代以降は漢文訓読系の文章や和歌の中で、古めかしい感じの語として用いられる程度になった。「だに」や「さへ」の意味が広くなったり変化したりして、「すら」と同じ意味を表すようになったからである。『更級日記』の例は、平安時代以降の散文では極めて珍しい例である。なお、平安時代末期の『今昔物語集』では「そら」という形でも用いられている。⇩さへ 参考

ず‐らう【受領】ウ:ロ〔名〕⇩ずりゃう

すら‐に〔連語〕(副助詞「すら」＋「に」)…さえ。…でさえも。例「軽の池の浦廻(うらみ)行き廻(み)る鴨(かも)――玉藻の上にひとり寝なくに」〈万葉・三・三九〇〉訳軽の池(＝奈良県橿原(カシワラ)市ノ池)の湾曲した水辺を泳ぎまわっているカモでさえも、美しい藻の上でひとり寝ることはないのに。

すら‐を〔連語〕(副助詞「すら」＋間投助詞「を」)(ある事物を特殊な極端なものとして挙げて、強調する意を表す)…さえも。…までも。例「麻衾(あさぶすま)引き被(かがふ)り布肩衣(ぬのかたぎぬ)ありのことごと着襲(きそ)へども寒き夜**すらを**我よりも貧しき人の父母は飢(う)ゑ寒(こご)ゆらむ」〈万葉・五・八九二長歌〉訳粗末な麻の夜具を引きかぶって、布で作った粗末な袖(そで)なし衣などあるものすべてを重ね着しても寒いような夜までも、私よりも貧しい人の両親は飢えてこごえているだろう。

す‐り【修理】㊀〔名・他サ変〕⇩しゅり 例「もの賢げになだらかに――・して、門(かど)いたく固め」〈枕草子・女のひとり住む所は〉訳(女性が一人で住んでいる家は)気の利いたふうに体裁よく手を入れてあって、門をきつく閉ざし(きわだってきちんとしてあるのは、たいそういやらしく思われる)。
㊁〔名〕「修理職(しき)」の略。⇩しゅりしき

すり‐うす【磨り臼】〔名〕籾(もみ)をすって、もみがらを取り除くのに用いる臼。

すり‐ぎぬ【摺り衣】〔名〕⇩すりごろも

すり‐こ【磨り粉】〔名〕米をすりくだいた粉。湯にとかし、母乳の代わりにする。例「――に地黄煎(ぢわうせん)入れて焚(た)き返し、竹の管(くだ)にて飲ますことを教へ」〈西鶴・世間胸算用・三・三〉訳(夜がふけて、母のいない子が泣きやまないので)磨り粉に地黄煎(＝アメノ一種)を入れて煮返し、竹の管で飲ませることを(隣の女房達が)教え。

すりうす

すり‐ごろも【摺り衣】〔名〕ヤマアイ・ツキクサ(＝ツユクサ)などの汁で種々の模様を染めつけた衣服。すりぎぬ。

すり‐しき【修理職】〔名〕⇩しゅりしき 例「里の殿(との)は、――・内匠寮(たくみづかさ)に宣旨(せんじ)下りて、二(に)なう改め造らせ給ふ」〈源氏・桐壺〉訳(桐壺更衣(きりつぼのこうい)の)里の邸(やしき)には、修理職と内匠寮に勅命が下って、二つとないほど(立派に)改造させなさる。

すり‐の‐だいぶ【修理大夫】〔名〕(「す」は「しゅ」の直

音表記』ー修理職（しゅりしき）」の長官。「すりのかみ」とも。

ず-りゃう【受領】 〔名〕官人が前任者から事務を受け継ぎ、交替すること。特に地方官についていい、実際に任国に下った国守のこと。親王任国の場合は介をいう。受領国守の略称。「じゅりゃう」「ずらう」とも。

> **参考 「国守」と「受領」の関係** 国守は本来任国へ下向すべきものであるが、平安中期頃から、赴任を前提としない国守の任命が、主として上流貴族に対する給与の一形式として行われ、「遥任」の国守が現れて来たことから、実際に赴任した国守を、ことさら受領と呼ぶようになったもの。平安後期には受領も下向せず、代わりに目代を派遣するようになる。
> 受領は一般に任期が四年であったから、次の就職を求めて、権門貴族へ経済的な奉仕を余儀なくされ、そのために任国で私腹を肥やす者が少なくなかった。「受領は倒るる所に土をつかめ」（転んでもただで起きない）ということわざ（『今昔物語集』二八・三八）は、その強欲ぶりをよく伝えている。

ずりゃう-がみ【受領神】 〔名〕受領であることを誇って、いばりちらす態度。また、その心。

す・る 〔他ラ四〕（ら・り・る・る・れ・れ） 一【摺る・刷る】❶（型木に模様を彫り、それに染料をつけ、布地を）押し当てて染める。例「古（いにしへ）にありけむ人の求めつつ衣（きぬ）に——・りけむ真野（まの）の榛原（はりはら）」〈万葉・七・一一六六〉訳（ここは）昔の人が捜し求めては衣に押し当てて染めつけたという真野の榛の（生い茂った）原だ。
❷（版木を用いて）印刷する。
二【磨る・擦る】❶二つの物を触れ合わせて動かす。こする。例「ふし拝み手を——・りのたまへど」〈竹取・貴公子たちの求婚〉訳伏し拝み手をこすりあわせておっしゃるが。
❷より固い物にこすりつけて、削り取る。ⓐこすってみがく。例「刺櫛（さしぐし）——・らせたるに、をかしげなるもまたうれし」〈枕草子・うれしきもの〉訳挿し櫛をみがかせたところ、きれいにでき上がって来たのもまたうれしい。ⓑ墨をする。例「硯（すずり）に髪の入（い）りて——・られたる」〈枕草子・にくきもの〉訳硯に髪の毛が入ったまま（気づかないで）墨がすられたの（は、不快である）。

駿河（するが）【旧国名】現在の静岡県東部（伊豆半島を除く）にあたる。東海道十五か国の一つ。駿州。

するが-まひ【駿河舞】 〔名〕雅楽「東遊（あづまあそび）」の一種。駿河国（＝静岡県）の風俗歌に合わせて舞うもので、有度浜に天人が天降って舞ったさまを写したという。

するす-み【匹如身】 〔名〕資産も親族もない、裸一貫の身の上であること。無一物。例「世を捨てたる人の、万（よろづ）に——なるが、なべてほだし多かる人の、万にへつらひ、望み深きを見て、無下（むげ）に思ひくたすは僻事（ひがこと）なり」〈徒然草・一四二〉訳世を捨てた出家の身で、あらゆる面で資産や係累などのない人が、一般に係累の多い人で、さまざまの事で（人に）へつらい、欲の深いのを見て、むやみに軽蔑するのはまちがったことである。

すゑ【末】 〔名〕❶物の先端。末端。弓の上端・木の梢・山の頂・頭髪の末端など。例「髪のまだ丈（けた）には外れたる——の、ひき広げたるやうにて」〈源氏・野分〉訳髪のまだ身長に届かないでいる末端が、（ふさふさと扇を）広げたようで。
❷距離的にずっと向こうの方。道の果てなど。
❸ある期間・季節・寿命などの終わり。例「夏・秋の——まで老い声に鳴きて」〈枕草子・鳥は〉訳（ウグイスが）夏や秋の終わりまで老いぼれた声で鳴いて。
❹将来。後の世。また、子孫。例「——遠き二葉（ふたば）の松にひき別れいつか木高（こだか）きかげを見るべき」〈源氏・薄雲〉訳これから将来の長い、二葉の芽を出したばかりの松（＝幼イ明石ノ姫君）とお別れして、いつまた高くなった木の姿（＝成長シタ姫ノ姿）を見ることができるのだろうか。
❺順序・順位などの下方。下の子・末席など。
❻何かが行われた、その結果。あげくの果て。
❼短歌の第四・五句の七七の部分。下の句。例「歌どもの本（もと）を仰せられて、『これが——いかに』と問はせ給ふに」〈枕草子・清涼殿の〉訳（中宮様が『古今和歌集』の）いくつもの歌の上の句をおっしゃって、「これの下の句はどうだったか」とお尋ねになる時に。

末の世（よ） ❶のちの時代。後世。例「ほけにたらむ身の有様、……——の人にもて悩まれむ」〈源氏・幻〉訳ぼけてしまったような我が身の状態では、……後世の人にまで迷惑がられるだろう。
❷人生の終わりがた。晩年。例「——に思ひかけぬこと出で来て」〈源氏・松風〉訳人生も終わり近くなって意外な事が出てきまして。
❸仏法が衰えて、人々が不幸に陥る末法の世。末世。

すゑ-ずゑ【末末】 〔名〕❶（物の）先の方。末端。先端。例「心もとなき花の——手折りて、もてあそびけり」〈源氏・蜻蛉〉訳弱々しい（女郎花の）花の枝先の方を折って、おもちゃにしていた。
❷将来、行く末。後々。例「かかる人々の——いかなりけむ」〈源氏・末摘花〉訳このような人々（＝光源氏ノ恋人達）の将来はどうなったことだろうか。
❸子孫。末裔。例「聞き伝ふるばかりの——は、あはれとやは思ふ」〈徒然草・三〇〉訳（先祖のことを）伝え聞いているだけの子孫は、しみじみと悲しく思うであろうか（思いはしない）。
❹一番年下の者。もっとも若い（幼い）者。例「弟の君達（きんだち）も、また——の若きは、親とのみ頼み聞こえ給へるに」〈源氏・柏木〉訳弟君達はもとより、またずっと年下の若い弟君は、（兄柏木を）ただただ親とばかり頼りにし申し上げなさっているのに。
❺身分の低い人。しもじも。例「若く——なるは、宮仕へに立ち居（ゐ）……わりなく見んとする人もなし」〈徒然草・一三七〉訳若く身分の低い者達は、貴人にお仕えして立ったり座ったり（で忙しく）……（賀茂祭を）しいて見ようとする人もいない。

すゑ-つ-かた【末つ方】 〔名〕❶物事の終わり方。終わる頃。例「秋の——、いともの心細くて、嘆き給ふ」〈源氏・若紫〉訳秋の終わり頃、たいそう物寂しい感じがして、お嘆きなさる。
❷一続きの物事の終末の部分。終わりの方。例「さきくさの——、いとなつかしうめでたく聞こゆ」〈源氏・初音〉訳「さきくさ（＝催馬楽ノ曲名）」の終わりの部分は、たいそう心ひかれる感じですばらしく聞こえる。
❸一生の終わり頃。晩年。例「故院の——、一品（いっぽん）の

宮の好み給ふことにて、賜はり給へりけるを」〈源氏・若菜・上〉訳 亡くなられた上皇(＝桐壺院)の晩年に、一品の宮(＝桐壺院ノ娘)が(音楽を)お好みなさるというので、(家宝の琴を)下賜なさったのを。

❹末座の方。下座。

すゑつむ-はな【末摘花】〔名〕(茎の末の方から咲き始める花を、順に摘み取ることから)ベニバナの別名。

末摘花(すゑつむはな)〔人名〕『源氏物語』の登場人物。常陸宮の娘。あまりにも古風な性格と、人並み外れた大きな赤鼻とが、滑稽の対象として描かれる。

末の松山(すゑのまつやま)〔山名〕陸奥にあったという山。現在の宮城県多賀城市にあったとも、岩手県一戸町と二戸市との境ともいわれる。歌枕。絶対に起こり得ないことのたとえとして「末の松山を波が越える」ことがひかれ、和歌では、男女が別の相手に心変わりすることのたとえに使われる。例「契りきな互(かた)みに袖(そで)をしぼりつつ——波越さじとは」〈後拾遺・恋四〉訳 約束しましたよね。お互いに(涙でぬれた)袖をしぼりながら、末の松山を波が越すことのないように、私達も心変わりすまいと(それなのにあなたは心変わりしてしまったのですね)。注『百人一首』所収ノ、清原元輔(＝清少納言ノ父)ノ作。

すゑ-の-よ【末の世】〔名〕⇩「すゑ」子項目

すゑ-は【末葉】〔名〕❶草木の先の方の葉。先端についている葉。例「昨日までよそに忍びし下荻(したをぎ)の——の露に秋風ぞ吹く」〈新古今・秋上・二九八〉訳 昨日まで人目につかずにいた物陰の荻の末葉の露に、(立秋の今日は)秋風が吹くことだ。

❷子孫。末裔。例「帝(みかど)の御位(おほんくらゐ)は、いともかしこし。竹の園生(そのふ)の——まで、人間の種ならぬぞやんごとなき」〈徒然草・一〉訳 天皇様の位は、本当におそれ多いものだ。皇族のご子孫まで、人間の血筋でないのはこの上なく尊いことである。注 中国前漢ノ文帝ノ子ノ梁ノ孝王ガ、庭園ニ竹ヲ植エテ竹園ト称シタ故事ニヨリ、皇族ヲ「竹の園生」トイイ、ソノ縁デ、子孫ヲ「末葉」トイッタ。

末葉の宿り(すゑばのやどり) 晩年になってから住む家。例「ここに六十(むそぢ)の、露消えがたに及びて、更に——を結べることあり」〈方丈記・方丈〉訳 ここに六十歳の、露のような消えかかりそうな命にまでなって、まだ最後の(はかない)露の命を宿す住まいを作った。

すゑ-ひろ【末広】〔名〕❶末の方がしだいに広がっていること。末ひろがり。例「吹き迷ふ風にとかく移り行くほどに、扇を広げたるがごとく——になりぬ」〈方丈記・安元の大火〉訳 吹き乱れる風のために(火は)あっちこっちへ移って行くうちに、扇を広げたように末広がりの形で広がった。

❷(開くと末端が広がることから)扇の別名。「末広がり」とも。子孫繁栄の意の「末広(すゑひろ)し」に掛けた言い方で、本来は、祝賀の進物に用いる時の扇をいう。

❸(たたんでも上の端が半開きの形であることから)「中啓(＝扇ノ一種)」の異称。

すゑ-ひろがり【末広がり】〔名〕⇩すゑひろ②

すゑ-へ【末方・末辺】〔名〕(上代語)末の方。末端。また、山の頂。頂上のあたり。

すん【寸】〔名〕❶長さの単位の一つ。尺の十分の一。約三・〇三センチ。例「それを見れば、三——ばかりなる人、いと美しうてゐたり」〈竹取・かぐや姫の生ひ立ち〉訳 それ(＝光ッテイル竹ノ筒ノ中)を見たところ、三寸ぐらいの人が、大変かわいらしい様子で座っていた。

❷(多く刀剣について)長さ。寸法。

❸わずかなことのたとえ。ほんの少し。ちょっぴり。

すん-いん【寸陰】〔名〕ほんのわずかの時間。寸暇。例「——惜(を)しむ人なし。これよく知れるか、愚かなるか」〈徒然草・一〇八〉訳 わずかな時間を惜しむ人はいない。これは(惜しまなくてもよい道理を)よく知っていて惜しまないのか、(それともただ)愚かであるためなのか。

ずん-ざ【従者】〔名〕⇩ずさ

ずん・ず【誦ず】〔他サ変〕{ぜ・じ・ず・ずる・ずれ・ぜよ}⇩ずず

ずん-なが・る【順流る】〔自ラ下二〕{れ・れ・る・るる・るれ・れよ}(「ずん」は「じゅん」を直音的に表記したもの)酒宴の席で、杯や詩歌の順番が回る。

ずん-ば【連語】(「ずは」を強調した形)⇩ずは② 例「利益(りやく)の地を頼まずんば、いかが歩(あゆ)みを嶮難(けんなん)の道に運ばん」〈平家・二・康頼祝言〉訳 (衆生に)ご利益を与える大地(のような菩薩)を頼みにしなくては、どうして険しい道を歩めましょう。

せ

せ【兄・夫・背】〔名〕夫・恋人・兄弟、また他の男性など、男性を女性から親しんで呼ぶ語。例「信濃路(しなぬぢ)は今の墾(は)り道刈りばねに足踏ましむな沓(くつ)はけ我が——」〈万葉・一四・三三九九〉訳 信濃の道は今できた道です。切り倒した木の株で足を踏みぬかないで下さい、くつをはきなさい、あなた。

せ【背】〔名〕❶体のせ。背中。

❷背たけ。身長。

❸物の後ろ側。裏側。例「御——合はすれば、はやくたがひたりけり」〈枕草子・ねたきもの〉訳 (お召し物の)お後ろの方を合わせようとすると、はじめっからちがってしまっていたのだった。

せ【瀬】〔名〕❶川や海などの浅くなっている所。浅瀬。対 ふち(淵) 例「世の中は何か常なる飛鳥川(あすかがは)昨日の淵(ふち)ぞ今日は——になる」〈古今・雑下・九三三〉訳 この世の中では何がいつまでも変わらないものなのか(そんなものは何もない)。飛鳥川(＝奈良県大和川ノ支流)は、昨日は淵であった所が今日は浅瀬になっている。

❷物事に出会う時。折。機会。例「この——にも漏れさせ給ひて、御(おん)上(のぼ)りも候はず」〈平家・三・有王〉訳 (俊寛は)この(特赦の)機会にもお漏れなさって、(京都へ)お上りなさることもございません。

❸物事に出会う場所。地点。例「聞かずともここを——にせむほととぎす山田の原の杉の群(むら)立ち」〈新古今・夏・二一七〉訳 もし(その鳴き声を)聞くことができないとしても、ここを(聞く)場所としよう。ホトトギスよ。この山田の原(＝三重県伊勢市ノ地名)の杉の群生するここを。

❹(形式名詞的に用いて)こと。節。その点。例「憂きにも嬉(うれ)しき——はまじり侍(はべ)りけり」〈源氏・柏木〉訳 (柏木死後の)つらい事の中にも(夕霧が使いをよこすような)嬉しい事はまじっておりました。

せの判別

①尊敬の助動詞「す」(上代語)の已然形・命令形
例わが背子が着せる衣の
②使役の助動詞「す」の未然・連用形
例声高に物も言はせず ―使役
例夜の殿に入らせ給ひても
例家の子・郎等多く討たせ ―尊敬の意を強める
例これ、奉らせむ ―放任・許容
③サ変動詞「す」の未然形 ―謙譲の意を強める
例いかにもせむ・いざ、かひもちいせん
④過去の助動詞「き」の未然形
例夢と知りせば・絶えて桜のなかりせば
⑤反実仮想の助動詞「まし」の
未然形「ませ」(古形)の一部
例あらませば・知らませば

せ ■一■〘尊敬の助動詞「す」の已然形・命令形〙⇩す(助動四型)

■二■〘使役の助動詞「す」の未然形・連用形〙⇩す(助動下二型)

■三■〘サ変動詞「す」の未然形〙⇩す(動)

■四■〘助動詞「き」の未然形〙⇩き

世阿弥(ぜあみ)〘人名〙室町前期の能役者・能作者。生没年は、一三六三年(正平十八)〜一四四三年(嘉吉三)の頃か。観阿弥の子。父を継いで観世座を率いて、能を優れた芸術に大成させる。将軍足利義満からはこの上もない待遇を受けるが、将軍義教の不興をかい、長男元雅に先立たれ、さらに老いた身の七十二歳で佐渡へ配流となる。謡曲『高砂』『忠度』『敦盛』『井筒』など数多くの傑作を創る。また、能楽論書『風姿花伝』『花鏡』を著した。⇩風姿花伝(ふうしくわでん)

せい【制】〔名〕❶おきて。定め。禁制。例「この殿、――を破りたる御装束の、事のほかにめでたきをして、内に参り給ひて」〈大鏡・時平〉訳この殿(=藤原時平)が、禁制を破ったご装束で、格別に立派なものを身につけて、宮中に参内されて。注コノ「制」ハ、ゼイタクヲ戒メル定メ。
❷制止。命令。例「まろが――に従ふべくもあらねばなむ、忍びて奏する」〈宇津保・忠こそ〉訳(父の大臣は)私の制止に従いそうもないので、そっと申し上げるのです。

せい【勢】〔名〕❶勢い。力。勢力。
❷軍勢。兵力。例「よくよく外にはかり事をめぐらして――をもよほし、後日に寄せさせ給ふべうや候ふらん」〈平家・四・永僉議〉訳(平家の守りは堅いので)十分にほかの計略をめぐらして軍勢を集め、後日(六波羅に)押し寄せられるべきでしょう。

せい-たいしゃうぐん【征夷大将軍】〔名〕❶律令制で、蝦夷を征伐するために総大将として派遣された臨時の職。「征夷将軍」「征夷使」「征東使」とも。
❷源頼朝が任じられて以来、足利氏・徳川氏が代々、この職についた。武家政権の最高権力者。幕府の首長で、

せい-うん【青雲】〔名〕立身出世して地位が高いことのたとえ。高位・高官。

せい-が【笙歌】〔名〕《「しゃうが」とも》笙の笛(=雅楽ニ用イル管楽器)に合わせて、歌を歌うこと。また、その歌。

せいがいは【青海波】〔名〕❶雅楽の曲名。唐楽の一つで、二人の舞い人が、鳥甲をかぶり、剣を帯びて舞う。
❷①の舞い人が着る衣服の染め模様。海の波と千鳥を図案化したもの。

せいがいは②

せい-かん【清閑】〔名・形動ナリ〕清らかで静かなこと。特に、世俗に煩わされないこと。例「慈覚大師の開基にして、ことに――の地なり」〈奥の細道・立石寺〉訳(立石寺は)慈覚大師の開いた寺で、とりわけ(世俗を離れて)清らかで静かな土地である。

せい-ぐゎ【清華】〔名〕《「清華家」の略》公卿の家柄の名称。摂家(=摂政・関白ニ任ゼラレル家柄)の下、大臣家の上。大臣・大将を兼ね、太政大臣にまで昇進することができるが、摂政・関白にはなれない。三条・西園寺・徳大寺・花山院などの家が含まれる。清華家。華族。

せい-さう【星霜】〔名〕《「せいざう」とも》(星が一年に天を一周し、霜が毎年降りることから)歳月。年月。例「帝王三十二代、――は三百八十余歳の春秋を送り迎ふ」〈平家・五・都遷〉訳(平安京遷都後)天皇は三十二代、年月は三百八十余年の歳月を過ごす。

せい-し【青侍】〔名〕⇩あをざむらひ

せい-じ【青磁・青瓷】〔名〕鉄分を含む淡緑色・淡青色の釉を全体に掛けた磁器。中国の唐代に発達し、平安時代、わが国に伝えられた。「あをし」とも。

せいし-ぼさつ【勢至菩薩】〔名〕《仏教語》阿弥陀仏の右側の脇侍で、知恵をつかさどる。

せいしぼさつ

せい-しょく【声色】〔名〕音楽と色事。例「宴飲、――を事とせず、居所を飾らず」〈徒然草・二七〉訳宴会と飲酒、音楽と色事に熱中せず、住まいを飾らず。

せい-じん【聖人】〔名〕❶知識や徳望に優れ、万人の手本と仰がれる人。最高の人格者。例「あやしき下﨟なれども、――のいましめにかなへり」〈徒然草・一〇九〉訳(高名の木のぼりは)いやしい身分の者であるが、(その言葉は)聖人の教えにかなっている。
❷(濁酒を「賢人」というのに対して)清酒の別名。
参考「聖人」を「しゃうにん」とよむ時は、高僧の意となり、区別される。

せい・す【制す】〔他サ変〕{せ・し・す・する・すれ・せよ}おさえとどめる。制止する。例「ある人の『月の顔見るは忌むこと』と――・しけれども」〈竹取・かぐや姫の昇天〉訳(そばに)いる人が「月を見ることは忌むべきことですよ」とおさえとどめたけれど。注月ヲ見ルト不吉ナ事ガ起コルトイウ俗信ガアッタラシイ。

清少納言(せいせうなごん)〘人名〙平安中期の女流文学者。生没年未詳。清原元輔の娘。学者・歌人の家系に生まれ、幼時から和漢の学に通じ、後、一条天皇の中宮定子に女房として仕え、その厚い信頼を得た。紫式部と対照的に性格は明るく社交的で、才気にあふれた女性であったらしい。宮仕え生活の体験・見聞に、自然に対する感想などを交えて書いたのが『枕草

子』である。宮仕え前後に二度結婚したようだが、定子没後の消息は明らかでない。家集『清少納言集』があるが、歌の方面はあまり優れているとは言いがたい。

せい-だい【聖代】〔名〕《「せいたい」とも》すぐれた天皇が治める世。すばらしい治世。例「いにしへの――、すべて起請文(きしやうもん)につきて行はるる政(まつりごと)はなきを、近代この事流布(ふる)したるなり」〈徒然草・二〇五〉訳昔のすぐれた帝の御代には、すべて起請文の形式によって行われる政治はなかったのに、近頃になってこの形が一般的になったのである。

せい-てう【青鳥】〔名〕《前漢の奇人東方朔が、三本足の青い鳥を見て、仙女西王母の使者だといった故事から》手紙を届ける使者。例「――飛び来たりて芳簡(はうかん)を投げたり」〈平家・四・南都牒状〉訳使者がやって来てお手紙を届けてくれた。注「芳簡」ハ、他人ノ手紙ニ対スル敬称。

せい-なう【細男】〔名〕神楽で、人長(にんじやう)(＝指揮者ノ舞)の後、滑稽な舞をする人。また、その舞。現在も春日大社の「若宮の御祭(おんまつり)」などに伝えられている。

せいなう

せい-ばい【成敗】〔名・自サ変〕❶政治を行うこと。執政。例「いかなる賢王賢主の御政(おんまつりごと)も、摂政関白の御――も」〈平家・一・禿髪〉訳どのようなすぐれた王や君主の政治も、摂政関白の執政も(世間から見捨てられたような者などから非難されるものだ)。❷とりはからうこと。処置すること。計画。例「南都炎上の事、故入道の――にもあらず」〈平家・一〇・千手前〉訳南都(＝奈良)が炎上したことは、故入道(＝平清盛)の計画でもない。❸処罰すること。特に、死罪・斬罪に処すること。

せい-びゃう【精兵】〔名〕優秀な武士。特に、強い弓を引く者。対こひゃう② 例「競(きほ)はもとよりすぐれたる強弓(つよゆみ)――」〈平家・四・競〉訳競(＝人名)はもともとすぐれた強い弓を引くよりぬきの武士。

せい-めい【清明】■〔名〕「二十四気(にじゆうしき)」の一つ。陰暦三月の節で、冬至から百五日、春分後十五日目に当たる。この節に至ると、すべての物がいよいよ清くあざやかで多くの花の咲く好時節になることから、この名がある。■〔形動ナリ・タリ〕清らかで明るいこと。澄みわたっていること。例「この宿(しゆく)、――・なる故に、月をもてあそぶに良夜とす」〈徒然草・二三九〉訳この星座(＝婁宿(ロウシユク))は、清らかで明るいために、月を観賞するのによい夜としている。

せい-もん【誓文】■〔名〕神にかけて誓う言葉や文書。誓約の文書。■〔副〕神にかけて。誓って。きっと。例「わしが心は――かうちゃとひったり抱き寄せ」〈近松・女殺油地獄・上〉訳私(＝小菊)の気持ちは神にかけてこのとおりだと(与兵衛を)ぴったりと抱き寄せ。

せい-らん【青嵐・晴嵐】〔名〕❶よく晴れた日に立ちのぼる山気。晴れた日のかすみ。❷夏に強く吹く風。強風。例「――梢(こずゑ)をならして、夕日(せきじつ)の影静かなり」〈平家・一〇・高野巻〉訳強風が木の枝を吹き鳴らして、夕日の光は静かである。

せいりゃう-でん【清涼殿】〔名〕《「せいらうでん」とも》平安京内裏の殿舎。仁寿殿の西方に、天皇の御在所・常居所として嵯峨天皇の時に造営された。以後天皇ごとに仁寿殿と交互に用いたが、宇多天皇の時、清涼殿に固定した。平安中期頃からは叙位・除目の他、四方拝・小朝拝などの諸行事も行われた。

せう【小】〔名〕小さいこと。短いこと。細いこと。少ないこと。狭いこと。軽いこと。劣っていること。また、そういうもの。例「人に先立ちて、――を捨て大につくがごとし」〈徒然草・一八八〉訳(他の事は断念し、利益の多い大事な事だけに励むのは、碁を打つ人が)相手に先んじて、小さな利益(＝石)を捨てて大きな利益(＝石)につくようなものだ。

せう-えう【逍遥】〔名・自サ変〕気ままにあちこち歩きまわること。行楽。遊覧。例「殊(こと)なる御――などなくて、急ぎ入り給ひぬ」〈源氏・明石〉訳(光源氏は)特別など遊覧などもなく、急いで(都に)お入りになった。

> 参考 単なる散歩・散策ではない。景色を観賞したりするために、川や海などの水辺に出かけることをいう場合が多い。

せう-かうじ【小柑子】〔名〕小さな「柑子」。コウジミカンの小さいもの。例「その石の上に走りかかる水は、――栗の大きさにてこぼれ落つ」〈伊勢・八七〉訳その石の上にいきおいよく流れかかる水は、小さなコウジミカンか、栗ほどの大きさの(水玉となって)こぼれ落ちていた。

せう-こん【招魂】〔名〕死者の霊を招いて祭ること。

せう-し【笑止】〔名・形動ナリ〕❶困ったこと。不都合なこと。❷気の毒なこと。かわいそうなこと。❸おかしいこと。笑うべきこと。滑稽なこと。

> 参考 「勝事(しようじ)」が本来で、大変なこと、大事件の意がもとの意。「笑止」はあて字という。

せう-しゃう【少将】〔名〕近衛府の次官で、「中将」の次に位する者。正五位下相当の官で、定員は左右各二名。

せう-しん【少進】〔名〕大膳職・中宮職・修理職・京職・春宮坊などの判官(＝三等官)。「大進(だいしん)」の次に位する。

せう-じん【小人・少人】〔名〕❶少年。こども。❷品性の卑しい人。心のせまい人。小人物。対くんし 例「――に財(たから)あり、君子に仁義あり」〈徒然草・九七〉訳(そのものに付いていて、そのものを弱らせるものは)小人物には財産があり、立派な人物には仁義があり。❸身分の低い人。庶民。例「大人(たいじん)――の違ひ格別」〈西鶴・日本永代蔵・一・三〉訳身分の高いお方と低い者との違いははなはだしい。

せうすい-の-うを【小水の魚】〔連語〕《『法華経』に見える語》少ない水の中にいる魚のように、余命いくばくもないことのたとえ。

せう-そく【消息】〔名・自サ変〕⇒せうそこ

せう-そこ

【消息】〔名・自サ変〕(「せうそく」とも)

> 「消」は死、「息」は生の意で、本来は安否の意。そこから、安否を尋ねる手紙や伝言など、また訪問などの意になった。

❶**手紙。便り。**また、伝言。例「昔、そこにはありと聞けど、――をだにいふべくもあらぬ女のあたりを思ひける」〈伊勢・七三〉訳昔、そこにはいると聞くが、便りさえすることができない女のことを(男が)思っていた。

❷**訪問すること。**また、取り次ぎを頼むこと。例「『入りて――・せよ』とのたまへば、人入れて案内(あない)せさす」〈源氏・若紫〉訳「邸(やしき)の中に入って取り次ぎを頼め」と(光源氏が)おっしゃるので、(家来の惟光(これみつ)は)使いの者を邸の中に入れて取り次ぎをさせる。

せうそこ-ぶみ【消息文】〔名〕手紙に書かれた文。手紙の文。例「――にも仮名(かんな)といふもの書きまぜず」〈源氏・帚木〉訳手紙の文章にも仮名というものを書きまぜないで。

せ-うと

【兄人】〔名〕(「せひと」のウ音便化した形)対いも・いもうと ❶女性から男の兄弟を指していう語。**兄弟。**例「女の――、にはかに迎へに来たり」〈伊勢・九六〉訳この女の兄弟が、急に(女を)迎えにやって来た。

❷一般に、**男の兄弟。**特に、**兄。**例「公世(きんよ)の二位の――に、良覚僧正(りやうがくそうじやう)と聞こえしは、きはめて腹悪(あ)しき人なりけり」〈徒然草・四五〉訳(藤原の)公世の二位という人の兄弟で、良覚僧正と申した人は、たいそうおこりっぽい人であった。

❸(①の意から)女性から親しい関係の男性を指していう語。例「この、いもうと・――といふことは、上までみな知ろしめし」〈枕草子・頭の中将の〉訳この(=橘則光(タチバナノノリミツ))話ニ出タ)妹・兄ということは、天皇にいたるまで皆さんご存知で。注「いもうと・せうと」ハ、清少納言ト、橘則光ノコトデ、二人ハ離婚後モ互イニソウ呼ビ合ウ間柄デアッタ。

参考 平安時代までは①の用法が普通で、男同士の兄弟の間では、兄を「このかみ」、弟を「おとうと」といった。

せう-とく【所得】〔名・自サ変〕得をすること。もうけ。

せう-なごん【少納言】〔名〕太政官(だいじょうかん)の判官(じょう)(=三等官)。参議の下にあって、小事の奏上・官印の管理をつかさどり、中務省(なかつかさしょう)の侍従を兼任した。定員三名で、天皇の側(そば)近く仕える重要な役職であったが、蔵人所(くろうどどころ)の設置後は有名無実に近い職になった。

せう-に【少弐】〔名〕大宰府(だざいふ)の次官。帥(そち)・大弐(だいに)の下で、庶務をつかさどる。定員二名。

肖柏(せうはく)【人名】室町後期の連歌師。牡丹花(ぼたんか)などと号した。宗祇(そうぎ)の弟子で、『水無瀬三吟百韻(みなせさんぎんひゃくいん)』などで知られる。家集『春夢草(しゅんむそう)』、連歌論書『肖柏口伝(くでん)抜書』などを残している。

蕉風(せうふう)〔俳諧(はいかい)流派名〕松尾芭蕉とその門弟の築いた俳風。「正風」とも書く。中世以来の幽玄を受けつぎ、閑寂枯淡(かんじゃくこたん)の色あいを深めたもので、対象となる自然に没入し、それと一体になった時に生まれる、深いしみじみとした情趣を余情として表出することに意をくだき、「さび」「しほり」「ほそみ」「かるみ」の理念を重視した。また、連句の付合(つけあい)には、「にほひ」を重んじることを主張した。貞門談林風の俳風に比して、精神性が強調されたもので、後の俳諧に大きな影響を与えた。門弟の手になる『三冊子(さんぞうし)』『去来抄』は蕉風の俳論を知るための資料。

せう-べん【少弁】〔名〕太政官(だいじょうかん)の判官(じょう)(=三等官)。中弁の次に位し、定員は左右各一名。

せう-みゃう【小名・少名】〔名〕❶私有地の少ない者。中世では、領地の少ない豪族武士。❷江戸時代、大名のうちで領地の少ない者。対だいみゃう

せう-もち【抄物】〔名〕⇒せうもつ

せう-もつ【抄物】〔名〕(「せうもち」とも)書物の一部分などを抜き書きしたもの。転じて、注釈書。例「和歌・管弦(くわんげん)・往生要集(わうじやうえうしふ)ごときの――を入れたり」〈方丈記・境涯〉訳(黒いつづらの中には)和歌や音楽に関する書物や『往生要集』のような抜き書きを入れてある。

蕉門十哲(せうもんじってつ)〔名〕松尾芭蕉の門下で十人のすぐれた人々。ふつう、榎本其角(えのもときかく)・服部嵐雪(はっとりらんせつ)・各務支考(かがみしこう)・森川許六(きょりく)・向井去来(きょらい)・内藤丈草(じょうそう)・杉山杉風(さんぷう)・志太野坡(しだやば)・越智越人(おちえつじん)・立花北枝(ほくし)の十人をいう。

せう-らん【照覧・昭覧】〔名・他サ変〕神仏がご覧になること。

せ-おはしま・す【せ御座します】〔連語〕(尊敬の助動詞「す」(サ下二型)の連用形＋補助動詞「おはします」)きわめて強い尊敬の意を表す。お…になる。お…あそばす。例「はやおはしまして、夜更けぬさきに帰ら――・せ」〈源氏・夕顔〉訳早くおいでになって、夜が明けないうちにお帰りなさい。注惟光(コレミツ)ノ光源氏ニ対スル言葉。

> 要点 尊敬語の二つ重なった、いわゆる最高敬語で、天皇やそれに準ずる位の人の動作に用いることが多い。ただ、会話や手紙文のように相手のある場合には、それほど身分の高くない人にも用いることがある。

せ-かい【世界】〔名〕❶(仏教語)仏の住む場所、人間の住む場所などを全体としていう語。宇宙。世界。例「上方の恒河沙(ごうがしゃ)の――を過ぎて、仏の――あり」〈今昔・三・三〇〉訳上の方の無限無数の世界を過ぎると、仏の世界がある。

❷世の中。世間。

❸そのあたり一帯。例「暁ごとに、地蔵見奉らんとて、ひと――まどひありくに」〈宇治拾遺・一・一六〉訳毎朝、地蔵菩薩(ぼさつ)を拝み申し上げようと思って、そのあたり一帯をさまよい歩いていたが。

❹地方。土地。田舎。例「若うより、さる東(あづま)の方の、遥かなる――に埋(う)もれて」〈源氏・東屋〉訳(常陸介(ひたちのすけ)は)若い時から、そうした東国地方の、(都から)遠く隔たった田舎に埋もれて(過ごし)。

> 要点 もとは仏教語①で、過去・現在・未来を「世」といい、東西南北と上下とを「界」ということからできた語。基本的には、ある同種のものの存在する範囲を全体としてとらえて、他の地域と区別する意で、

同種というその性質の違いで①〜④に分かれる。

せ-がい【船枻】〔名〕船の両側のふなべりに渡した板。これを踏んで櫓(ろ)をこぐ。ふなだな。例「みな紅(くれなゐ)の扇の日出(い)だしたるを、舟の──にはさみ立てて」〈平家・一一・那須与一〉訳 真紅(しんく)の地の扇で(中央に金色の)日の丸を描いたのを、船棚にはさんで立てて。

せがい

瀬川如皐(せがはじょかう)(セガワジョコウ)〔人名〕(三世)江戸末期から明治にかけての歌舞伎作者。五世鶴屋南北に師事。江戸の市川小団次と組んで江戸中村座の座付き作者として活躍。代表作『与話情浮名横櫛(よわなさけうきなのよこぐし)』。(一八〇六〜八一)

せき【関】〔名〕(動詞「塞(せ)く」の連用形の名詞化)❶物事をせきとめること。また、そのもの。例「出(い)でて行く道知らませばあらかじめ妹(いも)を留(とど)めむ──も置かましを」〈万葉・三・四六八〉訳 あの世へ旅立って行く道がわかっていたら、前もって妻をとどめる関を置いたのに。注 妻ヲ亡クシタ悲シミヲ詠ンダ大伴家持(オオトモノヤカモチ)ノ歌。
❷国境などに門を設けて、通行人を検査する所。関所。例「──は逢坂(あふさか)。須磨の──。鈴鹿(すずか)の──」〈枕草子・関は〉訳 関所は逢坂の関(=近江ト山城ノ境)。須磨の関(=神戸市)。鈴鹿の関(=三重県)。例「卯(う)の花をかざしに──の晴れ着かな」〈曽良・奥の細道〉訳 白河の関あたりには、折から初夏の候とて(白河の関とともに古歌に詠まれた)卯の花が白く咲き乱れている。(昔、竹田大夫国行という人は、能因法師の名歌に敬意を表し、冠を正し衣装を改めて、この白河の関を越えたというが)改めるべき衣冠装束を持たないこの私は、せめて、(白河の関にゆかりのある)この卯の花をかざしにし、これを晴れ着として関を越えよう。⇩さんくゎん

せき②

せき-あ・ぐ【咳き上ぐ】〔自ガ下二〕{げ・げ・ぐ・ぐる・ぐれ・げよ}❶息もつまりそうなほどせきをする。むせかえる。例「にはかに例の御胸を──・げて、いといたう惑ひ給ふ」〈源氏・葵〉訳 (葵(あおい)の上は)急にいつものように胸がむせかえって、大層ひどくお苦しみなさる。
❷悲しみで息がつまるようになる。こみ上げる。例「つらくや思はむと、心惑ひの中にも思ほすに、御胸──・ぐる心地し給ふ」〈源氏・夕顔〉訳 (夕顔が自分のことを)情けない男だと思うだろうかと、気が転倒している最中でもお思いになると、(光源氏は)胸がこみ上げてくる気持ちがなさる。注 光源氏ハ、一緒ニイテ死ンダ夕顔ノ葬送ニ立チ合ワズニ帰邸シテシマッタ。

せき-あ・ぐ【塞き上ぐ】〔他ガ下二〕{げ・げ・ぐ・ぐる・ぐれ・げよ}流れをせきとめて、水かさを増す。例「佐保川の水を──・げて植ゑし田を刈る早飯(わさいひ)は独りなるべし」〈万葉・八・一六三五〉訳 佐保川の水の流れをせきとめて(水かさを増して)植えた田、それを刈って炊いた早稲(わせ)の飯を食べるのは、ただ一人なのであろう。注 尼ノ作ッタ上(カミ)ノ句(=「植ゑし田を」マデ)ニ、大伴家持ガ下(シモ)ノ句(=「田を刈る早飯は」カラ)ヲ付ケタモノ。連歌ノ最初ノ例トサレル。

せき-あ・ふ【塞き敢ふ】(アウ・オウ)〔他ハ下二〕{へ・へ・ふ・ふる・ふれ・へよ}(打消しの語を伴って)こらえて、せきとめる。せきとめられる。例「女御、──・へず悲しと思したり」〈源氏・若菜・下〉訳 (病床の紫の上を見舞って)女御(=明石ノ姫君)は、(涙があふれるのを)こらえることができずに悲しくお思いになった。

せき-おくり【関送り】〔名〕❶京を離れて旅に出る人、特に伊勢参りの人を逢坂(あふさか)の関まで送ってゆくこと。対 せきむかへ
❷旅立つ人を見送ること。例「其角亭(きかくてい)において──せんともてなす」〈芭蕉・笈の小文〉訳 (深川にある)其角の家で(私、芭蕉の)旅立ちの見送りをしようともてなす。

せき-か・ぬ【塞きかぬ】〔他ナ下二〕{ね・ね・ぬ・ぬる・ぬれ・ねよ}せきとめかねる。こらえることができない。例「色々に深く思ひ給へまさるに──・ねて」〈源氏・若菜・下〉訳 さまざまに深く思い募るばかりでございまして(それらの気持ちを)せきとめかねて。

せき-ぞろ【節季候】〔名〕(「節季(せっき)に候(さうら)ふ」の意。「せっきぞろ」とも)近世の遊芸こじき。年末に歯朶(しだ)の葉をさした編み笠(がさ)をかぶり、赤い布で顔をおおい、三人で家々を回り「せきぞろ」と唱え、歌を歌い、踊って米銭を求めた。(季・冬)例「師走になりても人の足音忙しからず、上方のごとく──も来ねば」〈西鶴・世間胸算用・四・四〉訳 (長崎は)年末になっても人の動きが忙しくなく、京大坂のようにせきぞろも来ないので。

せきぞろ

せき-だ【席駄・雪駄】〔名〕⇩せった

せき-たい【石帯】〔名〕(「しゃくたい」とも)束帯のとき、「袍」に締める帯。黒漆を塗った革製の帯で、飾りの玉や石、模様などは儀式や官位などにより異なる。

せき-ぢ【関路】(ジ)〔名〕関所に通じている道。関所のある道。例「──の鶏(にはとり)鳴きあへり」〈平家・四・大衆揃〉訳 (夜明け近くなり、逢坂(あふさか)の)関所に通じている道の鶏が鳴きあっている。

せき-とど・む【塞き止む・堰き止む】〔他マ下二〕{め・め・む・むる・むれ・めよ}❶流れをさえぎりとめる。
❷涙や気持ちを抑える。抑制する。例「いとあはれと思ひ給へるけしきなるに、いよいよ──・めがたくて」〈源氏・総角〉訳 たいそう悲しいとお思いになる(大君(おほいぎみ)の)ご様子なので、(薫(かをる)は)ますます涙を抑えがたくて。

せき-と・む【塞き止む・堰き止む】〔他マ下二〕⇩せきとどむ

せき-もり【関守】〔名〕関所を守る役人。関所の番人。例「人知れぬ我が通ひ路(ぢ)の――は宵々(よひよひ)ごとにうちも寝ななむ」〈伊勢・五〉訳人目を忍ぶ私の（恋人の許(もと)への）通い路で番をしている関守は、毎夜毎夜ちょっとでも眠ってしまってほしいものだ。注「通ひ路」トノ関連デ、見張リノ番人ヲ「関守」トイッタモノ。

せき-や【関屋】〔名〕関守の住む家。関所の番小屋。

せき-やう【夕陽】(ヨウ)〔名〕夕日。日没のころ。夕方。

せき-やま【関山】〔名〕関所のある山。特に、「逢坂(あふさか)の関」の置かれた逢坂山（＝大津市）を指すことが多い。例「――をも打ち越えて、大津の浦にもなりにけり」〈平家・三・六代〉訳逢坂山も越えて、大津の琵琶湖(びわこ)の岸に行き着いた。

せ-きゃう【説経】(キョウ)〔名・自サ変〕《「せっきゃう」の促音「っ」を表記しない形》⇩せっきゃう

せ-く【節供・節句】〔名〕《「せっく」の促音「っ」を表記しない形》⇩せっく

せ・く【塞く・堰く】〔他カ四〕{か・き・く・く・け・け}❶せきとめる。例「いと――・きがたき涙の雨のみ降りまされば」〈源氏・幻〉訳（光源氏は紫の上を思い出して）本当にせきとめかねる涙の雨が降りまさるので。

❷（男女の仲などを）邪魔する。例「思ひ交はしたる若き人の仲の、――・く方(かた)ありて心にもまかせぬ」〈枕草子・あはれなるもの〉訳（しみじみとした情感のあるもの）愛し合っている若い男女の仲が、その間を邪魔する人があって思うようにならないの。

せ-けん【世間】〔名〕❶《仏教語》命あるものが生きている世界。

❷人間が生きている世の中。社会。例「――の事もおぼつかなしや」〈源氏・常夏〉訳世の中のこともはっきり承知してはおりませんよ。

❸周囲の自然環境。外界。あたり一帯。例「にはかに霧立ち、――もかい暗がりて侍(はべ)りしに」〈大鏡・道長・下〉訳急に霧がかかって、あたりもまっ暗になりましたので。

❹人間が生きてゆく環境や状態。境地。境涯。

❺人間の経済的環境。暮らし向き。財産。

世間胸算用（せけんむねさんよう）〔書名〕江戸前期の浮世草子。井原西鶴作。一六九二年（元禄五）刊。二十話から成る短編集。一年の総決算日である大晦日(おおみそか)をいかにして切り抜けるかという、町人達の悲喜劇を描く。庶民の哀れでたくましい生活ぶりが活写されており、『日本永代蔵(にっぽんえいたいぐら)』と並んで、町人物の傑作とされる。

せ-こ【兄子・夫子・背子】〔名〕《「こ」は親愛の情を表す接尾語》❶女性が自分の夫や、恋人である男性を親しんで呼ぶ語。例「わが――が衣(ころも)の裾(すそ)を吹き返しうらめづらしき秋の初風」〈古今・秋上・一七一〉訳私の夫の着物の裾を風が吹きかえしているが、その裏が美しいように、うら珍しい（＝心ヒカレル）秋の初風であるよ。

❷女性が兄または弟を親しんで呼ぶ語。例「わが――を大和へやるとさ夜更(ふ)けて暁(あかとき)露にわが立ち濡(ぬ)れし」〈万葉・二・一〇五〉訳私の弟（＝大津皇子）を大和へ帰しやろうとて（見送っていると）、夜がふけて、明け方の露に私は濡れながら立っていたことだ。注弟ノ大津皇子ヲ案ジル姉ノ大伯皇女(オオクノヒメミコ)ノ歌。

❸男同士が互いに親しんで呼ぶ語。例「沖つ波辺波(へなみ)立つともわが――が御船(みふね)の泊まり波立ためやも」〈万葉・三・二四七〉訳沖の波や岸の波が立っていようともあなたの乗った舟の着く港に波が立つことがあろうか。

せ-ざい【前栽】〔名〕⇩せんざい

せ-さ・す《連語》《サ変動詞「す」の未然形「せ」＋助動詞「さす」》❶《「さす」が使役の場合》させる。やらせる。例「物持て来る人に、なほしもえあらで、いささけわざ――・す」〈土佐・一月四日〉訳（船へ）贈り物を持って来る人に、そのまま（もらいっぱなし）でいるわけにいかないので、心ばかりの返礼をさせる。

❷《「さす」が尊敬の場合》なさる。あそばされる。常に「せさせ給ふ」「せさせらる」などの形で下に尊敬語を伴い、いわゆる最高敬語として天皇や特別高貴な人々にのみ用いられる。⇩せさせたまふ[一]②

せ-させ-たま・ふ【せさせ給ふ】(タモウ)《連語》■一《サ変動詞「す」の未然形＋助動詞「さす」の連用形＋尊敬の補助動詞「たまふ」》❶《「さす」が使役の場合》させなさる。例「御誦経(みずきやう)などあまた――・ひて、そなたに向きてなむ念じ暮らし給ひける」〈枕草子・清涼殿の〉訳（父君は娘、女御(にようご)の成功を祈って）読経などたくさんさせなさって、そちら（＝宮中）に向かって一日中念じていらっしゃった。

❷《「さす」が尊敬の場合》なさる。あそばす。例「古今の歌二十巻(はたまき)を皆浮かべさせ給ふを御学問には――・へ」〈枕草子・清涼殿の〉訳『古今和歌集』二十巻をすべて暗記なさるのを（あなたの）ご学問になさいませ。

■二《使役の助動詞「す」の未然形＋尊敬の助動詞「さす」の連用形＋尊敬の補助動詞「たまふ」》…させなさる。…させあそばす。例「下(しも)などにあるをわざと召して、御硯(すずり)取りおろして書か――・ふもうらやまし」〈枕草子・うらやましげなるもの〉訳下局(しもつぼね)などに（控えて）いる女房をわざわざお召しになって、（中宮などがご自分の）硯を取りおろして書かせなさるのもうらやましい。

せ・し【狭し】〔形ク〕せまい。⇩ところせし

せ-じ【世事・世辞】〔名〕❶世の中の事。俗事。例「内に思慮なく、外(ほか)に――なくして」〈徒然草・一〇八〉訳心には雑念なく、身のまわりでは世の中の俗事にかかわらず。

❷《仏教語》僧が常食以外にとる食事。「非事(ひじ)」とも。

❸人と応対する際、愛想よくあしらうこと。おせじ。

ぜ-じ【禅師】〔名〕《「ぜんじ」の撥音(はつおん)無表記》⇩ぜんじ

ぜ-じゃう【軟障】(ジョウ)〔名〕《「ぜんじゃう」の撥音(はつおん)「ん」を表記しない形。「ぜざう」とも》寝殿造りの家で、壁や簾(すだれ)などに添えて垂らした幕。普通は、絹地に名所や風景などを描き、周囲を紫色で縁(ふち)取りする。

ぜじゃう

ぜじょう【軟障】〔名〕⇩ぜじゃう

せ-ぜ【瀬瀬】〔名〕❶あちこちの瀬。多くの瀬。例「宇治川の――のしき波しくしくに妹(いも)は心に乗りにけるかも」〈万葉・一一・二四二七〉訳宇治川のあちこちの瀬に次から次へとしきりに寄せる波のように、あの人のことがしきりに私の心に浮かんできてしまうことだ。

❷その時その時。おりおり。例「見し人の形代(かたしろ)ならば身に添へて恋しき――の撫(な)で物にせむ」〈源氏・東屋〉

訳 昔逢ったお方の形代といわれるのならば、肌身はなさずにおいて、恋しい折々にその思いをはらう撫で物にいたしましように。注「撫で物」ハ、ソレデ身ヲナデ、身ノ罪ヤ汚レナドヲ移シテ水ニ流ス、紙製ノ人形。「かたしろ」トモイウ。

せせらぎ【細流】〔名〕《古くは「せせらき」「せぜらき」とも》浅い瀬などを水がさらさら流れること。また、その流れ。小川。浅瀬。

せせ・る【挵る】〔他ラ四〕〔ら・り・る・る・れ・れ〕❶もてあそぶ。いじる。つつく。
❷(虫などが)刺す。くう。例「夜に入りて、雷(みか)鳴り、雨しきりに降りて、臥(ふ)せる上より漏り、蚤(のみ)蚊(か)に―・られて眠らず」〈奥の細道・飯坂〉訳 夜になって、雷が鳴り、雨がしきりに降って、寝ている上から雨漏りがして、(さらに)蚤や蚊にくわれて眠れない。

せ-ぞく【世俗】〔名〕❶世の中のならわし。世間の風習。
❷世の中。世間。例「―の事にたづさはりて生涯を暮らすは、下愚(かぐ)の人なり」〈徒然草・一五一〉訳 世の中のことにかかわって一生を送るのは、たいそう愚かな人だ。

せ-たま・ふ

【せ給ふ】(モ)タマウ〔連語〕(助動詞「す」(サ下二型)の連用形「せ」+尊敬の補助動詞「給ふ」)❶(「す」が尊敬の場合)きわめて強い尊敬の意を表す。**お…になる。お…あそばす。**例「玉の男御子(をのこみこ)さへ生まれ給ひぬ。いつしかと心もとながら―・ひて」〈源氏・桐壺〉訳 (桐壺更衣(きりつぼのこうい)には)玉のような美しい男の皇子(＝光源氏)までお生まれになった。(帝は)早く(見たい)と待ち遠しがりなさって。
❷(「す」が使役の場合)使役と尊敬の意を表す。…させなさる。おさせになる。…させあそばす。例「夜うち更(ふ)くるほどに、題出だして、女房にも歌詠ま―・ふ」〈枕草子・五月の御精進のほど〉訳 (内大臣伊周(これちか)は)夜がふけた頃に、歌の題を出して、女房にも歌を詠ませなさる。

要点 (1)①はいわゆる最高敬語で、一般に、天皇や皇后・皇太子など特別に身分の高い人の動作に用いる。ただ、会話や手紙文では、それほど身分の高くない相手に対しても用いることがある。
(2)①か②か区別のむずかしい場合があるが、だれがその動作を実際にするかを考えると分かりやすい。

せ-ち【世智】㊀〔名〕《仏教語》❶世俗一般の知恵。
❷世渡りのたくみなこと。処世の才能。
㊁〔形動ナリ〕勘定高いさま。抜け目のないさま。けちなさま。例「親の―・なることを見習ひ、八才より墨に袂(たもと)を汚さず」〈西鶴・日本永代蔵・二・一〉訳 (娘は)親の倹約ぶりを見習って、八歳から(手習いをしても)墨で袂を汚さない。

せち【節】〔名〕《「せつ」とも》❶季節の変わり目。また、季節。時節。
❷(「節会(せちゑ)」「節句(せちく)」「節日(せちにち)」の略)季節の変わり目などにするお祝いの行事。元日、三月三日、五月五日、七月七日、九月九日などがある。例「―は五月にしく月はなし」〈枕草子・節は五月に〉訳 節句は五月(五日)の節句にまさる月はない。
❸(「節(せち)振る舞ひ」の略)節句の日のごちそう。

せち

【切】〔形動ナリ〕

「親切」「切実」などに用いられる漢語「切」が日本語化したもの。程度がはなはだしいということで、心に強く感じたり、心にいちずに思う様子を表す。

❶(喜怒哀楽を)心に深く感じる様子。身にしみて感じる。**きわめて強い。痛切である。切実である。**例「嘆き―・なる時も、声を上げて泣くことなし」〈方丈記・世にしたがへば〉訳 (権力者のそばに住む者は)悲しみが深い時も、(遠慮して)声を出して泣くこともできない。
❷心に深く思い込んでいる様子。**いちずである。**ひたすら。例「―・に隠れ給へど、おのづから漏り見奉る」〈源氏・桐壺〉訳 (藤壺(ふじつぼ)は)ひたすら顔をお隠しになるが、(光源氏は)自然と物のすき間からちらりと見申し上げる。
❸心をこめてする様子。ねんごろである。熱心である。
❹重大である。大切である。切迫している。

せちえ【節会】〔名〕⇩せちゑ

せち・に〔形容動詞「せちなり」の連用形〕⇩せち(切)

せち-にち【節日】〔名〕《「せつじつ」とも》季節の変わり目などに祝いの行事をする日。元旦・白馬・踏歌・端午・相撲・重陽・豊の明かりなどがある。

せち-ぶん【節分】〔名〕《「せちぶ」とも》季節の移り変わる時。すなわち、立春・立夏・立秋・立冬の前日の夜のことをいう。例「方違(かたたが)へに行きたるに、あるじせぬ所。まいて―などはいとすさまじ」〈枕草子・すさまじきもの〉訳 (興ざめなもの)方違えに行った時に、もてなしをしない家。まして節分の日の方違えなどの場合はたいそう興ざめである。注 節分ノ日ノ方違エハ、前モッテ分カッテイルカラ、一層興ザメナノデアル。

せちぶん-たがへ【節分違へ】タガエ〔名〕「節分」の日にする方違え。例「―などして夜深く帰る、寒きこといとわりなく」〈枕草子・節分違へなどして〉訳 節分の方違えなどをして夜遅く帰るのは、寒いことはまことにこの上なく。

せち-み【節忌】〔名〕《「せちいみ」の略》毎月、八日・十四日・十五日・二十三日・二十九日・三十日の六日を斎日として、精進潔斎することを。また、精進する一定の日。例「今日―すれば、魚不用(ふよう)」〈土佐・二月八日〉訳 今日は定例の精進をしているので、(せっかくもらったが)魚は無駄だ。

せち-ゑ【節会】エ〔名〕「節日(せちにち)」やその他重要な公事のある日に、天皇が群臣を朝廷に集めて酒食をたまわる宴会。元旦・白馬・踏歌・端午・豊の明かりなど恒例のものと、立后・立太子・任大臣など臨時のものとがあった。

せつ【切】〔形動ナリ〕⇩せち(切)

せっ-かく【折角・切角】㊀〔名〕一生懸命に努力すること。力を尽くすこと。ほねをおること。
㊁〔副〕一生懸命に努力して。ほねをおって。苦心して。

せっ-き【節季】〔名〕❶陰暦十二月の称。年の暮れ。歳末。(季・冬)
❷盆・暮れ、または節句前などの決算期。

せっき-じまひ【節季仕舞ひ】ジマイ〔名〕盆や暮れなどの決算期に借りていた金の支払いを済ませること。総決算。例「これある手ながら、手の悪い―なり」〈西鶴・世間胸算用・二・四〉訳 これ(＝狂人ヲヨソオッテ、借金取リヲ追イ返シタコト)はよくあるやり方だが、たちの悪い支払いの済ませ方である。

せっ-きゃう【説経】〔名・自サ変〕経文の意味や仏教の教えを平易に説き聞かせて、民衆を教化すること。説法。唱導。例「学問して因果(いんぐわ)の理(ことわり)をも知り、―などして世渡るたづきともせよ」〈徒然草・一八八〉訳学問をして因果応報の道理をも知って、説経などをして生活する手だてにもせよ。

せっきゃう-し【説経師】〔名〕《「せっきゃうじ」とも》経文の意味を説き聞かせる僧。説経者。例「―にならんために、先づ馬に乗りならひけり」〈徒然草・一八八〉訳説経師になるために、まず最初に馬に乗ることをならった。

せっ-く【節供・節句】〔名〕《「せく」「せちく」とも》❶季節の変わり目に供え物をささげて祝う行事。また、それをする日。節日。人日(一月七日)・上巳(三月三日)・端午(五月五日)・七夕(七月七日)・重陽(九月九日)の五つがある。❷①の日に供える膳。一月七日の七種粥、三月三日の草餅、五月五日の粽、七月七日の索餅、九月九日の菊酒・栗飯など。

ぜっ-こん【舌根】〔名〕《仏教語》「六根(ろくこん=人間ノ迷イヲ生ジル六ツノ根源。眼・耳・鼻・舌・身・意)」の一。舌。

せっ-しゃ【拙者】〔代名〕《拙い者の意》《人称代名詞。自称》私。それがし。本来、武士などが自分を謙遜して言う語であるが、むしろ尊大な態度で用いていることもある。

せっ-しゃう【殺生】〔名〕《仏教語》❶生き物の命を奪うこと。殺すこと。仏教の五大罪の一つ。例「年来(としごろ)の―の罪を悲しび悔ゆるなり」〈今昔・六・一二〉訳長年の生き物を殺した罪を悲しみ後悔しているのである。❷むごいこと。罪作り。

せっ-しゃう【摂政】〔名〕天皇が幼少、もしくは女性である時、天皇に代わって政治を行う職。

> 参考 九世紀の段階(藤原良房・基経)では、摂政と関白の権限は明確に区別されていなかった。十世紀に入って、天皇幼少時は摂政、成人後は関白という慣例が確立する。

殺生石〔地名〕栃木県那須温泉の近くにある岩。有毒ガスを出して鳥や虫などを殺すという。例「―は温泉(いでゆ)の出(い)づる山陰にあり」〈奥の細道・殺生石〉訳殺生石は温泉の出ている山陰にあった。

せっ-しゅ【摂取】〔名〕《仏教語》仏が慈悲によってすべての人を救うこと。特に、極楽往生させること。

殺生石

せっしゅ-ふしゃ【摂取不捨】《連語》《仏教語》仏が、慈悲の光の中に、すべての念仏する衆生を迎え入れ、ひとりも見捨てないこと。

せっ-た【雪踏・雪駄】〔名〕竹の皮の草履の裏側に牛や馬の皮を張り付けたはき物。丈夫で湿気が通らない。例「革足袋(かはたび)に―を常住(じやうぢゆう)はかるる心からは、分限(ぶげん)にもなり給はん」〈西鶴・日本永代蔵・三・一〉訳なめし皮で作った足袋に雪踏をいつもおはきになる倹約心があるなら、金持ちにもおなりになるでしょう。注「革足袋」モ丈夫デ長持チスル。

摂津(せっつ)《旧国名》現在の大阪府北西部と兵庫県東南部にあたる。畿内五か国の一つ。古くは「津の国」といい、国名を漢字二字でそろえるために「摂」を加えた。摂州。

せつど-し【節度使】〔名〕❶中国の唐および宋時代の初め、辺境地方の防備などをつかさどった職。❷奈良時代、唐の制度にならって臨時に設置された、地方の行政・防備などをつかさどった職。東海・東山・山陰・西海などに置かれた。❸中世以降、天皇または幕府から命じられて地方の平定に当たった職。

せつ-な【刹那】〔名〕《仏教語》非常に短い時間。瞬間。対こふ(劫)① 例「―覚(おぼ)えずといへども、これを運びて止まざれば、命を終ふる期(ご)、たちまちに至る」〈徒然草・一〇八〉訳一瞬という短い時間は意識されないでも、これが過ぎて行くのをとめなければ、命を終える期限は、たちまちにやってくる。

せつ-ぶん【節分】〔名〕《「せちぶ」「せちぶん」とも》❶⇩せちぶん ❷《中世以降》立春の前日。(季・冬) 例「宝船を敷き寝にして、―大豆(まめ)をも、『福は内に』と、随分打つかひもなく」〈西鶴・日本永代蔵・四・一〉訳宝船を敷いて寝、節分の大豆も、「福は内に」と、ずいぶんまくのだがそのかいもなくて(貧乏なままである)。注「宝船」ハ、七福神等ヲ乗セタ宝船ノ刷リ物。コレヲ節分ノ夜、枕ノ下ニ敷イテ、吉夢ヲ願ッタ。

せっ-ぽふ【説法】〔名〕宗教の教義を説いて聞かせること。説教。例「故仲胤僧都(ちゆういんそうづ)とて、―並びなき人いましけり」〈宇治拾遺・一・一二〉訳故仲胤僧都といって、説法が比べる者がないほど上手な人がいらっしゃった。

せ-と【瀬戸】〔名〕《「せ」は「狭」、「と」は「所」の意》❶両側から岸がせまっている狭い海峡。例「隼人(はやひと)の薩摩(さつま)の―を雲居なす遠くも我は今日見つるかも」〈万葉・三・二四八〉訳隼人の住む薩摩(=鹿児島県)の瀬戸を、空の果ての雲のように、はるかに私は今日見たことだ。❷《「瀬戸際(はぎ)」の略》勝敗や事の成否の分かれ目。運命の分岐点。機会。

せ-ど【背戸】〔名〕(表門に対し)裏にある門。裏口。「背戸口」とも。例「―の方(かた)に、米の散りたるを食ふとて、すずめの躍りありくを」〈宇治拾遺・三・一六〉訳裏口の方で、米が散らばっているのを食おうとして、スズメが躍るように歩いているのを。

せどう-か【旋頭歌】〔名〕《頭句(五七七の三句)をめぐらす(旋)歌の意》五七七・五七七から成る形式の和歌。例えば「白珠(しらたま)は人に知らえず知らずともよし知らずとも我し知れらば知らずともよし」訳真珠はその価値を人に知られない。知らなくてもよい。世人が知らなくても私さえ知っていたら人が知らなくてもよい)」〈万葉・六・一〇一八〉。『万葉集』には多く見られるが、平安時代以降衰えた。

せ-な【夫な・兄な】〔名〕《「な」は親しみの意を表す接尾語》❶《女性の側から、親しみをこめて夫や恋人などを呼ぶ語》あなた。例「夜も明けばきつにはめなでくたかけのまだきに鳴きて――をやりつる」〈伊勢・一四〉訳夜が明けたら(鶏を)水槽に放り込んでやろう。鶏がまだそんな時間でもないのに(=夜明ケ前ナノニ)鳴いて、あなたを帰してしまったんだもの。注「きつ」ハ水槽ノ意。「くたかけ」ハ、鶏ヲノノシッテイウ語。「はめなで」ノ「なで」ハ「なむ」ノ東国方言。❷(近世東国方言。「せなあ」とも)兄。

せな-な【夫なな・兄なな】〔名〕《「な」は親しみの意を表す接尾語》⇩せな①

せな-の【夫なの・兄なの】〔名〕《「の」は親しみの意をこめる接尾語》⇩せな①

せ-に【狭に】〖連語〗《「…もせに」の形で用いる》ふさがるほどに。いっぱいに。例「山も――咲ける馬酔木のあしからぬ君を」〈万葉・八・一四二八長歌〉訳山いっぱいに咲いた馬酔木の花のようにあしからぬ(=嫌イニナレナイ)あなたを。

ぜに【銭】〔名〕《「銭」の字音の変化した形》鉄・銅などでできた、中央に穴のあいた丸い貨幣。近世の上方では、高額貨幣である「かね」に対して、一文銭などの小額の貨幣を指す。

ぜに-さし【銭差し・銭緡】〔名〕穴のあいた銭を差し通して一束にまとめる細いなわ。「さし」とも。

ぜにさし

ぜに-みせ【銭店・銭見世】〔名〕江戸時代、金銀と銭を替える店。一般の両替屋に対して、少額の金銭を取り扱った。小規模の両替屋。

せ-の-きみ【背の君・兄の君】〔名〕《女性から親愛感をこめて男子(=特ニ夫)を指し示す語》あの方。あなた。例「流らふる妻吹く風の寒き夜に我が――は独りか寝らむ」〈万葉・一・五九〉訳(夫を待って)日々が空しく流れるようなうつろな日々を過ごしている妻(=私)を吹く風が寒い夜に、私のあの方(=夫)は一人で寝ているのだろうか。

せは・し【忙し】〔形シク〕❶次々と事が起こってひまがない。忙しい。❷余裕がない。狭い。例「袖下――・しく、裾回り短く」〈西鶴・日本永代蔵・一・一〉訳(時代遅れの着物で)袖の下の部分も狭く、裾回しも短く。❸経済的に余裕がない。例「よくよく――・しければこそ、芝居並みの利銀にて何ほどでも借らるるなり」〈西鶴・世間胸算用・二・一〉訳かなりやりくりが忙しいからこそ、芝居興行の借金並みの高利でいくらでもお借りになるのだ。注法定利息ハ最高年二割ノ制限ガアッタガ、芝居興行ノ資金ノ時ハ、ソレ以上ノ高利ヲ取ッタ。❹忙しくて落ち着きがない。せわしない。

せば・し【狭し】〔形ク〕《「せまし」の古い形》せまい。例「ほど――・しといへども、夜臥す床あり、昼居る座あり」〈方丈記・閑居の気味〉訳(この家は)せまいけれども、夜寝るための床もあるし、昼間座る時の場所もある。

ぜ-ひ【是非】■一〔名〕是と非。正しい事と誤った事。善悪。例「進退これ窮まれり。――いかにもわきまへがたし」〈平家・二・烽火之沙汰〉訳(父の平清盛につくべきか、後白河法皇につくべきか)進退は窮まってしまった。正しいか誤りかを判断できない。注平重盛ガ悩ム場面。■二〔名・他サ変〕善悪の判断をすること。批評すること。例「おのれが境界にあらざる物をば、争ふべからず、――・すべからず」〈徒然草・一九三〉訳自分の専門とする領域でないものについて、争ってはならないし、批評してはならない。■三〔副〕どうあろうと。必ず。例「大事ちゃぞ、そこな人。――いねか。いなずに、いんで見しよ」〈西鶴・世間胸算用・二・四〉訳大変なことになりますよ、あなた。どうしても出て行けというのですか。(それなら)出て行かずにいるものですか、出て行って見せましょう。注夫婦喧嘩ノ場面。

ぜひ-な・し【是非無し】〔形ク〕❶良い悪いに関係ない。無茶苦茶だ。強引だ。例「――・く御坪のうちへ破り入り」〈平家・五・勧進帳〉訳(文覚上人は)強引に(法皇の御所の)中庭へ(警護を)破って入り込み。❷仕方がない。やむをえない。例「さりとては入婿口惜しく、堪忍ならぬ所なれども、――・く日を重ね」〈西鶴・世間胸算用・五・三〉訳それにしても自分が入婿で(妻に頭の上がらない人間で)あることがくやしくて、我慢できないところだが、仕方なく月日を過ごし。

ぜひ-も-な・し【是非も無し】〖連語〗⇩ぜひなし

せふ【少輔・少副】〔名〕《「少輔」の字音の変化した形》諸省および神祇官の次官。「大輔」に次ぐ。省では「少輔」、神祇官では「少副」と表記する。

せ-ぶみ【瀬踏み】〔名〕これから渡ろうとする川の瀬が深いか浅いかを、中に踏み込んで測ること。例「足利又太郎忠綱は、鬼神で渡しけるか、重忠――仕らん」〈平家・九・宇治川先陣〉訳足利又太郎忠綱は、鬼神で(あったから)ここを渡ったというのですか(そうではありますまい)、(この畠山)重忠が瀬踏みしてみましょう。

せ-まくら【瀬枕】〔名〕《水面の盛り上がった状態を枕と見なしていった語》速い川の流れが物にぶつかって、枕のように盛り上がっている所。

せま・る【迫る・逼る】〔自ラ四〕(ら・り・る・る・れ・れ)❶(空間的に)せばまる。狭くなる。❷(時間的に)近づく。例「人はただ、無常の身に――・りぬる事を心にひしとかけて、束の間も忘るまじきなり」〈徒然草・四九〉訳人はただ、無常(=死)が(我が)身に近づいていることを心にしっかりととめておいて、ほんの少しの間も(それを)忘れてはならないのである。❸(生活に)行きづまる。貧窮する。例「――・りたる大学の衆とて、笑ひ侮る人も、よも侍らじ」〈源氏・少女〉訳貧窮した大学の学生だと言って、笑って軽くあしらう人も、まさかないでしょう。

せみ【蟬】〔名〕❶虫の名。セミ。(季・夏)例「閑かさや岩にしみ入る――の声」〈奥の細道・立石寺〉訳何という静かさだろう。この静寂の中、ふとセミの鳴き声がジーッと聞こえて、まるであたりの岩山に深くしみとおって行くような気がする。(私の心もこの静寂の中に深く融け込んで行くかのように思われる)。❷(形が木にとまったセミに似ていることから)旗ざおや帆柱に取り付けられた小さな滑車。

せみ-ごゑ【せみ声】〔名〕《「蟬声」の意とも「責め声」の意ともいう》しぼりだすような苦しげな声。例「――にのたまふ声の、いみじうをかしければ」〈堤中納言・虫めづる姫君〉訳しぼり出すような声でおっしゃる声が、たいそうおかしいので。注蛇(=実ハソレニ似セタ仕掛ケ)ガ、コワイノヲ我慢シテ強カリラ言ッテイル姫君ノ様子。

せみ-をれ【蟬折れ】レ・オ〔名〕❶鳥羽天皇の時代に唐から渡来した、横笛の名器。後に、蟬の形をした節が折れたので、この名があるという。「平家物語・巻四」に登場。❷江戸時代の、男の髪型の一つ。髷の先を上にそらして蟬のような形にしたもの。

せみをれ②

せ・む【迫む・逼む】〔め・め・む・むる・むれ・めよ〕■一〔自マ下二〕おしつまる。近づく。例「かく年も―・めつれば」〈源氏・若菜・下〉訳このように年もおしつまってしまったので。■二〔他マ下二〕ぴったりと身に着ける。例「黒糸縅（をどし）の腹巻の、白金物（しろがねもの）打ったる胸板―・めて」〈平家・二・教訓状〉訳（平清盛は）黒糸縅の鎧の、銀の金具を打ってある胸板をぴったりと身に着けて。

せ・む【責む】〔他マ下二〕〔め・め・む・むる・むれ・めよ〕❶苦しめる。悩ます。例「秋は時雨（しぐれ）に袖（そで）を貸し冬は霜にぞ―・めらるる」〈古今・雑体・一〇〇三長歌〉訳秋は時雨に袖を貸し（＝涙デ濡ヲラシ）、冬は霜に苦しめられる。

❷（過失や罪などを）とがめる。責める。例「あしひきの山沢（やまさは）ゑぐを摘（つ）みに行かむ日だにも逢（あ）はせ母は―・むとも」〈万葉・一一・二七六〇〉訳（せめて）山の沢に生えているエグを摘みに行く日だけでも逢ってください。（たとえ）お母さんがとがめても。注「ゑぐ」ハ塊茎ガ「くわい」ニ似テ食ベラレル草。

❸強要する。催促する。せがむ。例「『少しづつ語り申せ』と―・めらる」〈源氏・帚木〉訳（頭中将は式部丞に）「少しずつ（女性論を）語り申せ」と強要なさる。

❹真剣に追求する。例「―・むるものは、その地に足を据（す）ゑがたく、一歩自然に進む理（ことわり）なり」〈三冊子・赤〉訳（風雅の誠というものを）真剣に追求する者は、同じ場所にとどまることに満足できないから、一歩自然に前進することになる理屈である。

❺（馬を）調教する。乗りならす。

せ・む【為む】ン・ム〘連語〙（サ変動詞「す」の未然形＋助動詞「む」。平安末期から「せん」とも）❶（「む」が推量の場合）するだろう。例「夜など、忍びたるほととぎすの……たどたどしきを聞きつけたらむは、なに心地か―・む」〈枕草子・四月、祭の頃〉訳夜などに、（声を）しのばせているホトトギスが……おぼつかない声で鳴いているのを聞きつけたような時は、いったいどんなにすばらしい気持ちがすることだろう。

❷（「む」が意志の場合）しよう。するつもりである。例「わづかに二つの矢、師の前にて一つをおろかに―・んと思はんや」〈徒然草・九二〉訳（持っている矢は）わずかに二本の矢（しかない）、師匠の前でその（中の）一本をいいかげんにしようと思うだろうか（いや、思いはしない）。

せ-む-かた【為む方】〘連語〙（「せむ」はサ変動詞「す」の未然形＋助動詞「む」の連体形。平安末期から「せんかた」とも）なすべき方法。とるべき手段。例「―もなくて、ただ泣きに泣きけり」〈伊勢・四一〉訳（女は夫の正装の上衣を破ってしまったが）どうしようもなくて、ただただ泣きに泣いた。

せむかたな・し なすべき手段や方法がない。**どうしようもない。仕方がない。**例「夜深（よぶか）くうち出（い）でたる声の、らうらうじう愛敬（あいぎやう）づきたる、いみじう心あくがれ、―・し」〈枕草子・鳥は〉訳夜の深いうちに（突然）鳴き出した（ホトトギスの）声が、いかにも上品で魅力があるのは、たいそう心がひかれて、どうしようもない。

せ-む-すべ【為む術】〘連語〙（「せむ」はサ変動詞「す」の未然形に助動詞「む」の連体形が付いたもの）なすべき方法。とるべき手段。例「言はむ術（すべ）―知らず極（きは）まりて貴（たふと）きものは酒にしあるらし」〈万葉・三・三四二〉訳何とも言いようも、しようもないほどこの上なく貴いものは酒であるらしい。

せめ【責め】〔名〕（動詞「責（せ）む」の連用形の名詞化）❶罪やあやまちを責めること。とがめ。例「後世の―を思へばとて、のぼり参られたりけるに」〈大鏡・道長・上〉訳（ある上人が、これだけ立派な法会に出なければ）来世でとがめを（受けるだろうと）思うといって、（法成寺金堂供養に）参上なさったところ。

❷責任を負うこと。責任。例「―一人（いちにん）に帰すとかや申し候ふなれば」〈平家・一〇・戒文〉訳責任は一人に帰するとか申しますので。

せ・め・ぐ【閲ぐ】〔他ガ四〕〔が・ぎ・ぐ・ぐ・げ・げ〕（古くは「せめく」）恨み嘆く。例「老いぬとてなどか我が身を―・ぎけむ老いずは今日（けふ）に会はましものか」〈古今・雑上・九〇三〉訳年老いたからとどうして自分を恨み嘆いてきたのだろうか。年老いなければ今日のうれしさに巡り会うことがあっただろうか。

せめ-て

〔副〕（動詞「迫（せ）む」の連用形に接続助詞「て」が付いて副詞化した語）

> 基本的には、**相手に迫るように行う様子**をいう。類義語の**しひて**は無理に行う様子、**あながちには**他人の事を少しも考えずに行う様子をいう。現代語の「せめて」は⑤の意だけに用いる。

❶**しいて。むりに。**例「―思ひ静めてのたまふ気色（けしき）、いとわりなし」〈源氏・葵〉訳「（娘に先立たれたのがつろうございますよと）しいて心を落ち着けておっしゃる様子はたいそう苦しげである。

❷しきりに。一心に。熱中して。例「人やあるとも思（おぼ）したらで、―ひき給ふを」〈大鏡・道長・下〉訳そばに人がいるともお思いにならず、夢中になって（琴を）お弾きになっているのを。

❸**痛切に。身にしみて。ひどく。**この上なく。例「―恐ろしきもの。夜鳴る神。近き隣に盗人の入りたる」〈枕草子・せめて恐ろしきもの〉訳たまらなく恐ろしいもの。夜の雷。すぐ近所に強盗が押し入ったの。

❹しいて言えば。無理に考えるなら。

❺（多く「せめては」の形で、下に願望・命令・意志などの表現を伴って）多くは望まないが、少なくとも。なんとか…だけでも。例「ただ理をまげて乗せ給へ。―は九国（くこ）の地まで」〈平家・三・足摺〉訳ただもう無理を押して（船に）乗せて行ってください。（都が無理なら）せめて九州までても。

せめ-ふ・す【責め伏す】〔他サ下二〕〔せ・せ・す・する・すれ・せよ〕❶しいて屈伏させる。説き伏せる。

❷問いつめる。詰問する。例「ことばを以（も）て―・せて問はんずるものをと思（おぼ）し召しけり」〈義経記・六・五〉訳ことばで詰問して問いただそうとお思いになったのだ。

❸ひどく疲れさせる。酷使する。例「馬も人も―・せて候ふ」〈平家・五・富士川〉訳馬も人もひどく疲れさせてしまいました。

❹(演奏や演技を)激しい調子で演ずる。例「万秋楽はゆるるかに吹くべしと人は皆知りけれども、真実は―・せて吹くべきなり」〈古今著聞集・管絃歌舞〉訳万秋楽(=雅楽ノ曲名)はゆるやかに吹くのがよいと人は皆心得ているけれども、本当は調子を速くして吹くべきなのだ。

せめ-まどは・す【責め惑はす】〔他サ四〕責めたてて困惑させる。あわてるほどせきたてる。例「たどたどしき真名に書きたらむも、いと見苦しと、思ひまはすほどもなく―・せば」〈枕草子・頭の中将の〉訳未熟な漢字で書いたなら、何ともみっともないと、思案するひまもないほど(返事を)せきたてるので。

せ-ろ【夫ろ・兄ろ】〔名〕(上代東国方言)⇩せな①

せ-わ【世話】一〔名〕❶世間で言われていること。世間のうわさ。ことわざ。

❷人に力を貸してやること。面倒を見ること。

❸俗語。口語。

二〔形動ナリ〕世話がやけて困ること。やっかいなこと。例「酒が過ぎるとたわいがない、ほんに―でござらうの」〈浄・仮名手本忠臣蔵・九〉訳酒量が度を越すと分別がない。本当に世話がやけて困るでございましょうね。

せん【詮】〔名〕❶あれこれ考えて最終的に行き着いたところ。つきつめたところ。結局。例「申し受くるところの―は、ただ重盛が首を召され候へ」〈平家・二・烽火之沙汰〉訳お願いするところの要点は、ただこの平重盛の首をお取りください。

❷何とかしようとする方法。手段。

❸ききめ。効果。

❹眼目。要点。

せん【銭】一〔名〕金銭。硬貨。

二〔接尾〕貨幣の単位。⇩文　一貫の千分の一。

せ・ん【為ん】〔連語〕⇩せむ(連語)

せんえう-でん【宣耀殿】〔名〕(「せんにゃうでん」とも)平安京の内裏の後宮十二殿舎の一つ。麗景殿の北、貞観殿の東にある。後宮の女御の居所。

せん-か【泉下】〔名〕(「黄泉の下」の意)死後の世界。あの世。冥途。

せん-かう【浅香】〔名〕香木の一種。「沈香」が重いのに対して、材質が柔らかく軽いもの。

せん-かう【遷幸】〔名・自サ変〕❶天皇・上皇が他の場所に移ること。遷御。例「すでに―の日近くなりけるに」〈徒然草・三三〉訳(新しい皇居が完成して)いよいよ天皇がお移りになる日が近くなった時。

❷天皇が新しい都へ移って行くこと。天皇が都を移すこと。遷都。例「十一月十三日―と定めらる」〈平家・五・月見〉訳十一月十三日に天皇がお移りになることと定められる。

せん-ぎ【僉議・詮議】〔名・自サ変〕(「僉」は皆の意。「詮」は事理を明らかにする意。中世では「僉」を当て、近世では「詮」を当てる例が多い)❶全員で評議すること。また、その評議。衆議。例「南都の大衆、とやせまし、かうやせましと―・する所に」〈平家・一・額打論〉訳奈良の僧達が、こうしようか、ああしようかと評議している際に。

❷評議して物事を明らかにすること。討論。協議。

❸犯罪や罪人などを取り調べること。吟味。例「ただ今よりあれへ参り、―致いてもらはうと存ずる」〈狂言・横座〉訳ただいまからあちらに参って、取り調べをしてもらおうと思います。

せん-ぐ【前駆・先駆】〔名・自サ変〕(「ぜんく」「ぜんぐ」とも)行列などの前方を馬に乗って先導すること。また、その者。さきがけ。先乗り。先走り。

せんぐ

せん-ぐう【遷宮】〔名・自サ変〕神宮や神社の社殿を造営、改修する時、神体を移すこと。また、その儀式。遷座。宮移し。例「長月六日になれば、伊勢の―拝まんと、また舟に乗りて」〈奥の細道・大垣〉訳九月六日になったので、伊勢神宮の遷座式を拝もうと、また舟に乗って。

> 参考　本殿から仮殿に移すのを仮遷宮(=下遷宮)、仮殿から新社殿に移すのを正遷宮(=上遷宮)という。伊勢の遷宮は二十年ごとに行われる(=式年遷宮)。

せんぐり-に【先繰りに】〔副〕(「せんくりに」とも)順を追って次第に。順ぐりに。例「この道を知るとて、二百目に足らぬ元銀にて、―利を得て」〈西鶴・日本永代蔵・三・三〉訳この(商売の)道を心得ていたので、銀二百匁に足らない元手から始めて、次第次第に利益を得て。

せん-くゎう【先皇】〔名〕先代の天皇。先帝。

せん-げ【宣下】〔名・自サ変〕❶天皇・上皇がお言葉を宣べ下すこと。宣旨を下すこと。

❷定期の除目以外に、臨時に宣旨が下って官職に任ぜられること。「親王―」「将軍―」など。

せん-げ【遷化】〔名・自サ変〕(仏教語。菩薩がこの世の教化の縁が尽きて、他の世に遷る意。元来は儒家の語で、「せんくゎ」とも)高僧や隠者などが死ぬこと。入寂。円寂。

千五百番歌合(せんごひやくばんうたあはせ)【書名】『仙洞百首歌合』とも。鎌倉初期の歌合。一二〇一年(建仁元)作品が詠進され、三年春ごろ成る。二〇巻。主催者は後鳥羽院。判者は後鳥羽院・藤原俊成・藤原良経・藤原定家・顕昭・慈円以下当代きっての歌人一〇人。作者も院・俊成以下三〇人、当時の代表的歌人を網羅。各自百首を詠み歌合とした。『新古今集』時代の歌論が実践に移されている。史上最大の歌合。

ぜん-こん【善根】〔名〕(仏教語。「ぜんごん」とも)諸善を生み出す根本となるもの。来世で善い果報を招く原因となる善い行い。慈善の行為。具体的には、写経、造像、供養などをすること。善業。

せん-ざい【千載・千歳】〔名〕❶千年。転じて、長い年月。千代。ちとせ。

❷能楽の「翁」で、侍烏帽子をかぶり、素襖をつ

け、小刀を帯びて、翁に付き従って登場し、謡い舞うツレの役。

せん-ざい【前栽】〔名〕《「せざい」とも》❶庭さきに植えた草木。庭木。例「――の露こぼるばかりぬれかかりたるも、いとをかし」〈枕草子・九月ばかり〉訳(夕べの雨で)庭の草木の露がこぼれるほどにぬれているのも、たいそう趣深い。❷草木を植えた庭。植え込み。例「昔、男、人の――に菊植ゑけるに」〈伊勢・五一〉訳昔、(ある)男が、他人の家の庭に菊を植えた時に。❸《「近世語。前栽物(せんざいもの)」の略》野菜。青物。

千載和歌集(せんざいわかしふ)〔書名〕第七番目の勅撰和歌集。二十巻。約千三百首。藤原俊成撰。一一八七年(文治三)成立。『後拾遺和歌集』に漏れた歌を中心に、自然を深く見つめる歌が多く、俊成の唱える「幽玄」の歌風につながるものを持っている。⇩藤原俊成(ふぢはらのしゅんぜい)

せん-さく【穿鑿】〔名・他サ変〕《「穿」「鑿」ともに、うがち掘る意。「せんざく」とも》❶細かい点まで探り求めること。尋ね捜すこと。例「方々(はうばう)と――致いて、淀(よど)一番の大鯉(おほごひ)を求めましてござる」〈狂言・鱸包丁〉訳あちらこちら尋ね求めまして、淀で一番の大鯉を手に入れました。❷あれこれ究明・調査すること。吟味すること。詮議(せんぎ)。糾明。❸事の次第。なりゆき。物事の有様。

せん-し【先師】〔名〕《「せんじ」とも》亡くなった師匠・先生・大家。例「――重ねていはく『角・来が弁皆理屈なり』」〈去来抄・先師評〉訳先生(=芭蕉)が重ねておっしゃるには「其角(きかく)・去来(きょらい)の言うことは皆(ただの)理屈である」。

せん-じ【前司】〔名〕《後世「ぜんじ」とも》前任の国司。前の国守。

せん-じ【宣旨】〔名〕《勅旨を宣(の)べ伝える意》❶天皇の命令(=勅命)の趣旨を述べ伝えること。また、その公文書。例「御前(おまへ)より、内侍(ないし)、――承り伝へて、大臣(おとど)参り給ふべき召しあれば」〈源氏・桐壺〉訳天皇から、内侍が、勅命を承り(蔵人(くろうど)を通して左大臣に)伝えて、(左)大臣が参上するようにとのお召しがあるので。❷天皇のお言葉・命令を蔵人(くろうど)に伝える宮中の女房。また、中宮・東宮・斎宮・斎院・関白などの家の女房。

> 参考 「宣旨」の伝達経路　詔勅が表向きなのに対して、宣旨はうちわのもの。手続きが簡単で、天皇→内侍(ないし)→蔵人(くろうど)→太政官の上卿(しょうけい)→少納言または弁官→外記(げき)または大史(たいし)の順に伝えられ、文書に記されて宣下された。時にその伝達経路の一部が省略されることもあった。特に蔵人が伝えるものを「綸旨(りんし)」という。

ぜん-じ【禅師】〔名〕《仏教語》❶「禅定(ぜんぢやう)」に達した高僧。転じて、僧の敬称。僧侶(そうりょ)。法師。例「俗なる、――なる、あまた参り集まりて」〈伊勢・八五〉訳俗人も、僧も、(君のもとへ)大勢参り集まって。❷知徳の高い禅僧に朝廷から賜る称号。

せんしう-らく【千秋楽】〔名〕❶雅楽の曲名。唐楽。盤渉調(ばんしきちょう)の小曲で、舞がないもの。❷(法会(ほうえ)の雅楽などの終わりに、「千秋楽」を演奏することから)能狂言・芝居・相撲などの興行の最終日。

せんじ-がき【宣旨書き】〔名〕《「せじがき」とも》❶宣旨の文書。⇩せんじ参考 ❷(宣旨は勅命を代書したことから)代筆すること。また、代筆した手紙。

せん-じふ【撰集】〔名〕詩・和歌・連歌・俳句など文学作品をえらび集めて編集すること。また、その集。勅撰のものと私撰のものとがある。例「――のあるべき由(よし)承り候ひしかば、生涯の面目(めんぼく)に、一首なりとも御恩をかうぶらうど存じて候ひしに」〈平家・七・忠度都落〉訳勅撰集の編集があるだろうということをお聞きしましたので、(我が)生涯の名誉に、(たとえ)一首でもご恩をこうむり入れていただこうと思っておりましたのに。注『千載集』編纂(ヘンサン)ヲ聞イタ平忠度(タダノリ)ガ、和歌ノ師、藤原俊成(シュンゼイ)ニ述ベタ言葉。

ぜん-しゃう【前生・先生】〔名〕《仏教語。「ぜんじゃう」とも》現世に生まれてくる前の世。先の世。前世(ぜんぜ)。対ごしゃう①・ごせ① 例「今は昔、八幡(やはた)大菩薩(だいぼさつ)、――にこの国の帝王(みかど)とおはしける時」〈今昔・一二・一〇〉訳今は昔、八幡大菩薩が、前の世でこの日本の国の帝王(=応神天皇)としておいでになった時。

ぜん-じゃう【軟障】〔名〕《「ぜん」は「軟」の漢音》⇩ぜじゃう

せんじゅ-くゎんおん【千手観音】〔名〕❶《仏教語》多くの衆生(しゅじょう)を救う慈悲(じひ)と、円満な知力を持つとされる、観世音菩薩(かんぜおんぼさつ)。普通、頭部は十一面で、左右に二十本ずつの手があり、掌中(しょうちゅう)にそれぞれ眼を一箇ずつ有する像となっている。❷(形が①に似ることから)虱(しらみ)の異称。

せんじゅくゎんおん①

せん-しょう【先蹤】〔名〕《「蹤」は跡(あと)、先人の足跡(そくせき)の意。「せんじょう」とも》先人の行跡。先例。前例。例「都遷(うつ)りは、これ――なきにあらず」〈平家・五・都遷〉訳遷都という事は、先例がないわけではない。

ぜんじょう【禅定】〔名〕⇩ぜんぢゃう

せんず-まんざい【千秋万歳・千寿万歳】〔名〕正月、法師姿の者が家々を訪ねて、家門繁栄を祈る祝言(しゅうげん)を述べ、舞を舞って、祝儀(しゅうぎ)をもらい歩いたもの。平安時代、正月四日に紫宸殿(ししんでん)の庭で行われた行事に始まり、鎌倉・室町時代から江戸時代にかけて、民間に広まった。

せんずる-ところ【詮ずる所】〔副〕つまるところ。結局。例「――、身を全(まった)うして君に仕(つか)ふといふ本文(ほんもん)あり」〈平家・一・殿上闇討〉訳(あれこれ考えたが)結局のところ、命をまっとうして主君に仕えることが大切だという格言がある(ので、それに従うことにしよう)。

ぜん-ぜ【前世】〔名〕《仏教語》「三世(さんぜ)」の一つ。(「現世」「後世(ごせ)」に対して)**この世に生まれる前の世。**先の世。前生(ぜんしやう)。例「たとひ――の悪業(あくごふ)拙(つたな)しといふとも、仏、慈悲を垂れ給へ」〈今昔・一二・一九〉訳たとえ(私の)前の世での悪業がひどいものであっても、仏よ、慈悲をかけて下さい。

> 参考 現代では「ぜんせ」というが、これは近世以降の

ことで、室町時代以前は、「ぜんぜ」と発音された。

せん-せき【仙籍】〔名〕（「仙」は殿上、「籍」は簡の意）宮中で、殿上の間に出仕する者の姓名を記して、その日の当番を表示した簡。清涼殿の殿上の間の北西の壁にかけられた。「日給の簡」「殿上の御簡」とも。また、転じて、殿上人であること。殿上人の資格。

せん-だい【先帝】〔名〕（「せんてい」とも。「たい」は呉音。「てい」は漢音）先代の天皇。前の天皇。先皇。対 たうだい② 例「——の皇女たちがならむ」〈蜻蛉・中・天禄元年〉訳 前の天皇（＝村上天皇）の皇女達の（一人の）もとに通っているのでしょう。

ぜん-だい【前代】〔名〕❶前の時代。前の世の中。先代。例「——になき事、これは都の今聖人なるべし」〈西鶴・本朝桜陰比事・三・四〉訳 先の世に（＝今マデニ）ない事、これ（＝コノ二人）は京都の現代版聖人であろう。❷（「前代未聞」「前代未見」の略）今まで見たり聞いたりしたことがないような、珍しい事。めったにない事。例「その丈三十三尋二尺六寸、千味といへる大鯨、——の見はじめ」〈西鶴・日本永代蔵・二・四〉訳 その体長約六〇メートル、背美鯨という大鯨で、前代未聞の（大きな）鯨（だった）。

せん-だち【先達】〔名〕（「せんだつ」とも）❶学問・技能・芸術・修行などで、先にその道に達した人。先輩。先人。❷修験道で、勤行を積み、「峰入り」などの時に、同行の者達を先導する修験者。先導の山伏。例「康頼入道——にて、丹波の少将あひ具しつつ、日ごとに熊野詣のまねをして」〈平家・二・康頼祝言〉訳 康頼入道（＝平康頼）が先導者になって、丹波の少将（＝藤原成経）を伴い、毎日熊野参詣のまね事をして。注 鬼界ガ島ニ流サレタ時ニ、帰京デキルコトヲ祈ッタ行動。❸指導者。案内人。例「少しの事にも、——はあらまほしきことなり」〈徒然草・五二〉訳 ほんのちょっとした事にも、指導者は持ちたいものである。

せん-だつ【先達】〔名〕⇒せんだち

せん-だん【栴檀】〔名〕❶インド産の香木の名。白檀の異称。香気が強く、薫き物、仏像彫刻、薬などの材料に用いた。例「仏の生まれ給ひし日より、昨日まで栄えたる——の樹、にはかに枯れぬ」〈三宝絵・下・八〉訳 仏様がお生まれになった日から、昨日まで繁茂していた栴檀の木が、（仏様が亡くなった時）急に枯れた。❷（「栴檀の板」の略）鎧の付属具。右肩から胸にかけて着け、胸板と袖とのすき間をおおう板。左肩に着けるのを「鳩尾の板」という。❸「棟」の別名。センダン科の落葉高木。果実は薬用に、材は建築に用いた。中世では獄門の絞首の木として使用した。

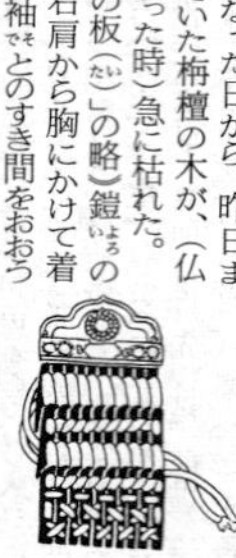
せんだん②

ぜん-ちしき【善知識】（仏教語。「ぜんぢしき」とも）㊀〔名〕❶よき友。親友。善道に導く友。また、仏道に導き入れる人。❷仏道に導き入れる機縁となる物・事。結縁となる物・事。例「——のために、清き水をもってこの経を書く墨に加ふ」〈今昔・一四・二六〉訳 仏縁を結ぶために、清浄な水を汲んでこの経を書く墨に加えた。❸人を導いて、仏道に入らせる高徳の僧。高僧。名僧。例「滝口入道をも——のために具せられけり」〈平家・一〇・維盛出家〉訳（平維盛は）滝口入道をも仏道に導いてくれる高僧として（屋島へ）連れて行かれた。㊁〔名・他サ変〕仏道に導くこと。例「——せられたりける」〈源平盛衰記・三九・二〉訳（法然上人は平重衡を）仏道に導かれた。

ぜん-ぢゃう【禅定】〔名〕❶（仏教語）心を統一して雑念を払い、絶対の境地に入ること。また、その瞑想。座禅して無念無想の境地になること。座禅。❷修験道などで、駿河（＝静岡県）の富士山、加賀（＝石川県）の白山、越中（＝富山県）の立山など、特定の霊山に登って修行すること。❸転じて、霊山の頂上。

せん-ぢん【先陣】〔名〕❶陣立てで、本陣の前に進む部隊。先頭の部隊。先鋒。先備え。さきて。対 ごぢん（後陣）例「後陣に落とす人々の鐙の鼻は、——の鎧甲に当たるほどなり」〈平家・九・坂落〉訳 後陣で（坂を）下る人々の鐙（＝鞍ノ脇ニ垂ラシテ足ヲ踏ミカケル馬具）の先端は、先鋒隊の者の鎧や甲にぶつかるほど（急な坂）である。注 源義経ノ鵯越ノ様子。❷一番乗り。さきがけ。先登り。例「武蔵の国の住人、熊谷の次郎直実、子息の小次郎直家、一の谷の——ぞや」〈平家・九・一二之懸〉訳 武蔵の国の住人、熊谷次郎直実、その息子の小次郎直家が、一の谷の一番乗りであるぞ。注 熊谷父子ノ名ノリアゲ。

せん-と【遷都】〔名・自サ変〕都をほかの土地に移すこと。都うつり。例「かかる世の乱れに、——、造内裏、少しも相応せず」〈平家・五・都遷〉訳 このような世の乱れの際に、都をよそに移すことや、内裏を新築することなどは、まったく不適当である。

せん-ど【先度】〔名〕さきごろ。せんだって。この間。

せん-ど【先途・前途】〔名〕（「せんと」とも）❶行く先。目的の場所。落ち着く先。例「追ひ出されたりければ、——を失ひ」〈平家・一二・六代被斬〉訳（養父母から）追い出されたので、行く先を失って。❷将来。例「——後栄を存じて、当家に奉公いたさんとや思ふ」〈平家・四・競〉訳 将来の出世や後の繁栄を考えて、当家に奉公しようと思うのか。❸目的。例「すなはち霊剣のたたりなりとして、罪を謝して——を遂げず、もとのごとく返し納め奉る」〈平家・一一・剣〉訳（船が転覆しそうなのは）とりもなおさず霊剣（＝草薙ノ剣）のたたりだとして、罪をわびて（自分の宝にしようという）目的をはたさず、もとのように（盗んだ剣を熱田神宮へ）返納申し上げた。❹物事の終局。最後。死。例「名利に溺れて、——の近きことをかへりみねばなり」〈徒然草・七四〉訳 名誉と利益に目がくらみ、人生の終局（＝死）が近いことを考えないからである。❺勝敗、成否を決する分かれ目。瀬戸際。大事な時。例「必ず——と思ふことの折にぞ、取り出でて着ける」〈宇治拾遺・一一・七〉訳 必ず大事な場合だと思う時には、取り出して着たという。❻その家柄の先例によって、それ以上は昇進できない最高の官職。極官。

せん-とう【仙洞】〔名〕❶仙人の住まい。
❷上皇の御所(ごしょ)。院の御所。仙洞御所。仙院。
❸上皇。院。

せん-な-し【詮無し】〔形ク〕無益である。しかたがない。例「ひとり『さもなかりしものを』と言はんも―くて」〈徒然草・七三〉訳(皆が面白がっているのに)自分一人が、「(本当は)そうではなかったのに」と言ってもしかたがないので。

ぜん-に【禅尼】〔名〕〔仏教語〕仏門にはいった女性。禅定尼(ぜんじょうに)。男性の場合は「禅門(ぜんもん)」という。

せんにち-まうで【千日詣で】〔名〕祈願のため、千日間欠かさずに神社や寺に参詣(さんけい)すること。千日参り。また、一日で千日分の功徳(くどく)があるという、特に定められた日に参詣すること。この日は寺社によって異なる。

せん-にん【仙人・僊人】〔名〕❶道教(どうきょう)で理想とした想像上の人。人間界を離れて、山中に住み、霞(かすみ)や松の葉などを食べて、不老不死の法を体得し、仙楽を奏したり、神変自在の術を使う人。
❷仏教で、俗世間を離れて山中に入り、飛行の術、飛鉢(ひばち)の術など不思議な術を修めて悟りを得た人。例「寺に二(ふた)りの人籠(こも)り居て仙の法を行ひけり。その―の名をば、一人をあづみといふ、一人をば久米(くめ)といふ」〈今昔・一一・二四〉訳寺(=竜門寺)に二人の人がこもっていて仙法を修行していた。その仙人の名を、一人はあずみといい、一人を久米といった。

ぜん-ばう【前坊】〔名〕〔「坊」は「東宮坊(とうぐうぼう)」の略。「せんばう」とも〕皇太子の地位を退いた人。また、皇太子の地位にあって亡くなった人。前の皇太子。

せん-ばん【千万】〔「せんまん」とも〕□一〔名〕数・量が非常に多いこと。数えきれないほどの数量。例「兼康(かねやす)は―の敵(かたき)に向かって軍(いくさ)するは」〈平家・八・瀬尾最期〉訳(瀬尾(せのお)太郎)兼康は数多くの敵を相手に戦(いくさ)をする場合は。
□二〔形動ナリ〕程度のはなはだしい様子。この上もない様子。至極。多く、「無礼―」「迷惑―」「狼藉(ろうぜき)―」「笑止―」などの形で用いる。
□三〔副〕❶状態のさまざまなこと。いろいろ。あれこれ。さまざま。例「―砕く気の働き、胸の吹子(ふいご)に怒りの火炎(くわえん)」〈浄・生玉心中・上〉訳あれこれ思い苦しむ気持ちの動揺、胸のふいご(=送風器)によって起こる怒りの炎。
❷もしも。万一。例「これは―、駆け合ひの軍(いくさ)にうち負くることあらば」〈太平記・一八・三〉訳これは(=米ヲ沢山積ンダノハ)万が一、両軍の主力戦に負けることがあったならば(の用意である)。

せんぶ-にち【先負日】〔名〕陰陽道(おんようどう)(=天文・暦数・方位ナドニモトヅイテ吉凶・禍福ヲ占ウ学問)で、急用や公事(くじ)などを避けるべき日。「せんまけ」とも。

せん-みゃう【宣命】〔名〕〔「命(みこと)」を「宣(の)る」こと、つまり勅命を述べ伝える意〕勅命を国語で書いた文書。漢字の音訓を使って、主に自立語は漢字で大きく書き、付属語・活用語尾は万葉仮名で二行に小書きする。この書き方を「宣命書き」「宣命体」という。漢文体で書かれた勅命は「詔勅(しょうちょく)」という。

> 参考 奈良時代には、元日の朝賀・即位・改元・立后・立坊(=立太子)などの国家的儀式に用いたが、平安時代からは、主として、神社・山陵・任大臣・贈位などの告文(こうもん)に用いるようになった。

ぜん-もん【禅門】〔名〕〔仏教語〕❶仏門に入った男性。在家のまま剃髪(ていはつ)して僧になった者。入道。女性の場合は「禅尼(ぜんに)」という。例「父の―の気色(きしょく)に恐れをなして参られず」〈平家・三・法皇被流〉訳(平宗盛(むねもり)は)父の入道(=平清盛)の顔色に恐れをなして(後白河法皇のお供をして)参ることができない。
❷禅宗。

せん-り【千里】〔名〕一千里。遠い所。長い距離。

川柳(せんりゅう)〔近世文芸のジャンル名〕江戸時代中期に始まる十七音の短詩。雑俳(ざっぱい)の一様式である前句付(まえくづけ)から付句(つくく)の五・七・五だけが独立して詠まれるようになったもの。点者柄井(からい)川柳の号にちなむ名称で、江戸時代はおもに「川柳点(せんりゅうてん)」と呼ばれ、明治以降「川柳」に定着した。人の見逃しがちな人事・世相・歴史等の断面を面白く指摘してみせる句風。『柳多留(やなぎだる)』が、代表的川柳句集。

そ

そ【十】〔名〕「とを(十)」の意で、三十から九十までの、十の位を表す。「み―」「よ―」「い―」のように接尾語的に用いる。

そ【衣】〔名〕きぬ。ころも。着物。

> 参考 平安時代では、「御衣」の形が多く、「みそ」と読む以外に、「みぞ」「おんぞ」「おほんぞ」と濁る。

そ【背】〔名〕〔上代語。複合語の構成要素となる〕背(せ)。「そがひ(背向)」「そむ(背)く」など。

そ【其・夫】〔代名〕〔指示代名詞。中称〕それ。例「我がやどに花ぞ咲きたる―を見れど心もゆかず」〈万葉・三・四六六長歌〉訳私の家の庭に花が咲いている、それを見ても心も慰められない。

そ〔係助〕⇒ぞ

そ〔終助〕接続 動詞および助動詞「す」「さす」「しむ」「る」「らる」の連用形に付く。ただし、カ変・サ変活用の動詞には未然形に付く。
【禁止】❶〔禁止の意の副詞「な」と呼応して「な…そ」の形で〕〔禁止の意を表す〕(どうか)…しないでくれ。(どうか)…してくれるな。(どうか)…しないでほしい。例「なにか射(い)る。な射(い)そ。な射そ」〈大鏡・道長・上〉訳(道長に負けると分かっているのに)どうして(弓を)射るのか。射ないでくれ。射ないでくれ。
❷〔院政期頃から、「な」との呼応なしで「…そ」の形で〕〔禁止の意を表す〕…しないでくれ。…してくれるな。…しないでほしい。例「今はかく馴(な)れぬれば、何事なりとも隠しそ」〈今昔・二九・二八〉訳今は(私もあなたと)このように深い関係になってしまったので、どんなことでも隠してくれるな。

> 要点 禁止の意を表す終助詞「な」(終止形接続)と比べると、「な…そ」による禁止の方が穏やかで、物柔

らかに相手に頼み込むようなニュアンスがある。

参考 上代には、「そ」と呼応しないで、「な＋動詞連用形」だけの形で禁止の意を表す言い方もあった。そこから、「そ」はもともとは禁止の意を表したのではない、と考えられている。

ぞ

■一〔係助〕 接続 主語・連用修飾語・接続語などに付く。

《上の事柄を特に取り立てて強く指し示し、強調する意を表す》【強調】❶いわゆる係り結びの用法。「ぞ」を受ける文末の活用語は連体形で結ぶ。ⓐ普通の係り結びの場合。例「万(よろ)の遊びを**ぞ**しける」〈竹取・かぐや姫の生ひ立ち〉訳（かぐや姫の命名式を祝って）種々さまざまな音楽の遊びをした。ⓑ結びの語で意味が切れずに、逆接の意味であとに続く場合。例「緑なる一つ草と**ぞ**春は見し秋は色々の花にぞありける」〈古今・秋上・二四五〉訳緑色の同じ種類の草だと春には見ていたけれども、秋になって見ると（実はそれらも）色とりどりの別々の花だったのだなあ。注「花にぞありける」ノ「ぞ」ハ、ⓐノ用法。ⓒ（係助詞「も」の下に付いた「もぞ」の形で）悪い事が起こるのに対する懸念・危惧(ぐ)の気持ちを表す。…するといけない。例「雨も**ぞ**降る。御車は門の下に」〈徒然草・一〇四〉訳雨でも降るといけない。車は門の下に（入れなさい）。

❷「ぞ」を受ける結びの部分が省略された用法。例「中将の君はいづくに**ぞ**。人げ遠き心地して、もの恐ろし」〈源氏・帚木〉訳中将の君（＝女房ノ名）はどこにいるの。人けのない心細い気がして、なんだかこわいわ。注「いづくにぞ」ノ下ニ「ある」「侍(はべ)る」ナドガ省略サレテイル。例「たびたび強盗(がうだう)に会ひたるゆゑに、この名を付けにけると**ぞ**」〈徒然草・四六〉訳たびたび強盗に会ったので、この名前（＝強盗法印(ゴウドウノホウイン)）を付けたという話だ。注「とぞ」ノ下ニ「言ふ」「聞く」ナドガ省略サレテイル。

❸「ぞ」を受ける結びの部分が、接続助詞をとってあとへ続く用法。例「桐(きり)の木の花、……葉の広ごりざま**ぞ**、うたてこちたけれど、異木(ことき)どもと等しう言ふべきにもあらず」〈枕草子・木の花は〉訳桐の木の花は、……葉の広がったかっこうは、いやで仰々しいけれども、ほかの木々と同列に論じられる（ようなつまらない）木ではない。注「うたてこちたけれど」ノ部分ガ「ぞ」ノ結ビデ、連体形「こちたける」デ言イ切ルハズガ、「…けれど」ト下ニ続イテイル。

■二〔終助〕 接続 体言や体言に準ずる語句に付く。

❶【断定】（強く断定する意を表す）…だ（ぞ）。…なのだ。例「うまし国**ぞ**秋津島大和(やまと)の国は」〈万葉・一・二長歌〉訳なんの不足もなく立派な国だ、大和国は。注「秋津島……は」ト「うまし国ぞ」ガ倒置サレテイル。例「犬君(いぬき)がこれをこぼち侍(はべ)りにければ、つくろひ侍る**ぞ**」〈源氏・紅葉賀〉訳犬君（＝童女ノ名）がこれ（＝雛(ひな)人形）をこわしてしまいましたので、（私、若紫が）修理しているのですよ。

❷【疑問】（疑問の語と呼応したり、疑問の語に付いて）（相手に強く問いかける意を表す）…か。例「何事思ひ給ふ**ぞ**。思(おぼ)すらむこと、何事**ぞ**」〈竹取・かぐや姫の昇天〉訳（私の大切なかぐや姫よ）どんな事を思い悩んでおられるのですか。思い悩んでおられる事は、どんな事ですか。

要点 (1) 一では、①ⓐの用法が多く、係助詞ということでそれだけだと考えられがちだが、②③の用法も少なくないので注意を要する。②は一般に結びの省略と呼ばれているが、省略されている述語を補って解釈する必要がある。「にぞ（ある）」「とぞ（言ふ・聞く）」という省略の場合が多い。③の用法は、結びの流れなどと呼ばれるが、「ぞ」の強調がどの範囲まで及んでいるかをしっかり読み取ることが大切である。

(2) 一は、上代では已然形だけで確定条件を示すことができたので、活用語の已然形に「ぞ」が直接付いて、接続助詞「ば」に付いた「ばぞ」の場合と同じ意味を表すことがある。例「朝髪の思ひ乱れてかくばかり汝(な)ねが恋ふれ**ぞ**夢(いめ)に見えける」〈万葉・四・七二四〉訳朝の寝起きの髪が乱れているように思い乱れて、こんなにまであなたが（私を）恋い慕っているからこそ（私の）夢に（あなたが）見えたのですねえ。

(3) 一は、和歌では「ぞ」にラ変動詞「あり」の付いた「ぞあり」が変化して「ざり」の形になることがある。

(4) 中世以降、一の「ぞ」が疑問の語に付いて、それを強調する用法が生まれた。この「ぞ」を疑問の意を表すと説明するものがあるが、疑問の語を強調しているだけで、ほかの「ぞ」の用法と変わりはない。例「あれへ参(まゐ)り、何**ぞ**食(く)ふ物をもらうて、食(た)べうと存ずる」〈狂言・節分〉訳あちらへ行って、何か食べる物をもらって、食べようと思います。

(5) 終助詞の「ぞ」は、強調の意を含むけれども、「うまし国ぞ」（二①の『万葉集』の例）のように体言などに付いて断定の意を表す点で、断定の助動詞「なり」と似たところがある。「ぞ」の方が早くからあったが、活用を持ち種々の言い方が可能な「なり」が成立してからは、次第に「なり」が多く用いられるようになった。

参考 (1)「ぞ」はもとは清音「そ」だったとも言われ、上代には「そ」と「ぞ」の両形が見られる。平安時代以降は大体「ぞ」だけになるが、「誰(た)そ」という言い方では後世でも「そ」である。現代語の「たそがれ（時）」というのは、「誰(た)そ、彼(かれ)」から来ている。

(2) 同類の係助詞に、「なむ」「こそ」があるが、「こそ」と比べると、「ぞ」と「なむ」は取り出して指し示す意味が弱い。また、「ぞ」と「なむ」とでは、「ぞ」がわずかに「なむ」より指し示す力が強いと言われており、「ぞ」が散文にも和歌にも会話にも用いられる（散文の例が多い）のに対して、「なむ」は会話の文に多く用いられるという点でも違いがある。「こそ」も会話に多く使われることが多く、この点から、「なむ」と「こそ」は主観的な強調であり、「ぞ」は客観的・論理的な強調だとされる。

そう【叟】〔名〕老人。翁(おきな)。また、老人に対する敬称。

そう【証】〔名〕証拠。しるし。あかし。例「――のなければ、用ゐる人もさぶらはじ」〈大鏡・道長・下〉訳証拠もないことだから、信用する人もありますまい。

そう【僧】〔名〕《仏教語。和合して仏道を修行する団体の意》三宝(さんぼう)の一つ。出家して仏門に入った男性。僧侶(そうりょ)・比丘(びく)・法師・出家・沙門(しゃもん)・坊主などの総称。

参考 梵語(ぼんご)では修行集団の意であったが、中国・日本ではその集団を構成する個人を指すようになっ

た。比丘を僧、比丘尼を尼といい、僧尼と併称する。対ぞく(俗)②

そう【添う・副う】〔動〕⇩そふ
そう【障う】〔動〕⇩さふ
そう【庄・荘・笙・箏・相・草・左右】〔名〕⇩さう
そう…【双…・早…・桑…・曹…・候…・糟…】⇩さう…
ぞう【判官】〔名〕⇩じょう(判官)
ぞう…【造…】〔名〕⇩ざう…
ぞう【族】〔名〕《「ぞく」の変化した形》一族。一門。子孫。例「さらぬ御──にはあらねば、わがひとり持たる人、もし覚えぬ幸ひもやとぞ、心のうちに思ふ」〈蜻蛉・下・天禄三年〉訳そういう(大臣・公卿(=藤原道綱)を出すべき)ご一族でなくはないので、私の一人息子(=藤原道綱)が、もしかしたら思いがけぬ幸運でもつかむのではないかと、心ひそかに思う。
ぞう【贈】〔接頭〕(官位の上に付けて)死後に贈られた官位であることを示す。「左大臣──正一位太政大臣」など。
ぞう…【雑…】⇩ざふ…
そう-が【奏賀】〔名〕元旦の朝賀の儀式で、諸臣の代表者が大極殿で天皇にお祝いの言葉を申し上げること。また、その人。四位以上の人が選ばれる。例「元良親王、元日の──の声、はなはだ殊勝にして、大極殿より鳥羽の作り道まで聞こえけるよし」〈徒然草・一三二〉訳元良親王(=陽成天皇ノ第一皇子)が、元旦に天皇に申し上げる祝賀の声が、大変立派で、大極殿から鳥羽の作り道まで聞こえたということ。注「鳥羽の作り道」ハ、羅城門カラ洛南鳥羽ヘ向カウ道。
そう-がう【僧綱】〔名〕《僧尼の綱維(=規律)をつかさどる意》全国の僧尼を取り締まり、仏法の維持につとめる僧官。律令制では僧官である僧正・僧都・律師の三官についていい、後には僧位である法印・法眼・法橋についてもいった。
そうかく【騒客】〔名〕⇩さうかく
宗祇〔人名〕室町後期を代表する連歌師。姓を飯尾とする。一四二一年(応永二十八)〜一五〇二年(文亀二)。宗砌、心敬らに連歌を、一条兼良に古典を学び、飛鳥井雅親に和歌を学ぶ。全国を行脚して各地に連歌を広め、関白一条冬良の命により連歌集『新撰菟玖波集』を撰進した。連歌集『竹林抄』、連歌論『吾妻問答』などがある。
そうし【草子・冊子・草紙・双紙】⇩さうし
そうじ【障子・精進】〔名〕⇩さうじ
そうじ-て【総じて・惣じて】〔副〕❶すべて。全部で。例「──四人、一つ車に取り乗って」〈平家・一・祇王〉訳合計四人、一つの車に乗り込んで。❷一般に。大体。およそ。
そうじみ【正身】〔名〕⇩さうじみ
そう-じゃう【僧正】〔名〕「僧綱」の一つ。朝廷から任命される僧官の最高位。また、その人。推古天皇三十二年(六二四)に初めて置かれた時は一人であったが、後には大僧正・正僧正・権僧正の三階級に分かれ、員数も十余人にふえた。後世では、単に各宗派で僧階を示す称号となった。
僧正遍昭〔人名〕平安前期の歌人。六歌仙の一人。桓武天皇の孫。俗名は良岑宗貞。紀貫之が「歌のさまは得たれどもまこと少なし」〈古今・仮名序〉と評するごとく、その歌は軽妙さに特徴がある。『古今和歌集』以下の勅撰集に入集。家集に『遍昭集』がある。

そう・す【奏す】〔他サ変〕{せ・し・す・する・すれ・せよ} 類けい(啓)す

> 「言ふ」の謙譲語で申し上げる、の意(①)であるが、相手が、天皇または上皇の場合にだけ用いる。相手が、皇后・中宮あるいは春宮(=皇太子)の場合は、「けい(啓)す」を用いる。

❶(天皇または上皇に対して)申し上げる。例「あはれなりつること、忍びやかに──・す」〈源氏・桐壺〉訳(亡き桐壺更衣の里から帰った命婦は、桐壺帝に対して)しみじみとした感じだったことを、ひそやかに申し上げる。
❷演奏する。例「楽の舟ども漕ぎまひて、調子ども──・する程の山風の、響きおもしろく」〈源氏・少女〉訳楽の船どもが池を漕ぎめぐり、調子などを演奏するちょうどその時吹きおろす山風が、響きもおもしろく。注「調子」ハ舞楽ヤ管弦ノ最初ニ奏スル一種ノ曲。

そうず【僧都】〔名〕⇩そうづ
そうぞうし〔形シク〕⇩さうざうし
そうぞく【装束】〔名〕⇩さうぞく
そう-ぞく【僧俗】〔名〕僧侶と俗人。仏家の人と在俗の人。
そうぞく【装束く】〔動〕⇩さうぞく
ぞう-ぢゃう【増長】 一〔名・自サ変〕《仏教語》増大成長すること。広がり栄えること。はなはだしくなること。例「才能は煩悩の──・せるなり」〈徒然草・三八〉訳才能というものは人間の迷いが増大成長したものである。二〔名〕《仏教語。「増長天」の略》四天王の一人。須弥山の中腹に住み、南方を守護する神。
そう-づ【僧都】〔名〕「僧綱」の一つ。朝廷から任命される僧官で、僧正に次ぐもの。また、その人。後世では、単に各宗派で僧階を示す称号となった。例「これは、なにがし──の、この二年籠り侍るかたに侍りける」〈源氏・若紫〉訳ここが、あの何々の僧都が、この二年の間こもっております所でございますよ。
そうなし【双無し・左右無し】⇩さうなし
そう-ばう【僧坊・僧房】〔名〕僧や尼が日常生活をする寺院付属の建物。
そうび【薔薇】〔名〕⇩さうび
そうぼう【僧坊・僧房】〔名〕⇩そうばう
そう-もん【総門・惣門】〔名〕❶邸宅などの外郭にある最も大がかりな正門。総構えの大門。「大門」とも。❷江戸時代、特に江戸の遊里、根津遊廓の入り口の門。
そう-もん【奏聞】〔名・自サ変〕天皇・上皇に申し上げること。奏上。
そう-らん【奏覧】〔名・他サ変〕上奏してご覧に入れること。天皇にお見せすること。
そうろう【候う】〔動〕⇩さうらふ
そがい【背向】〔名〕⇩そがひ
ぞ-かし〔連語〕《終助詞「ぞ」+終助詞「かし」》(文末に

用いて)強く指示し、また念を押しつつ断定する意を表す。…なのだよ。…であるね。…だぞ。例「これは知りたることぞかし。などかう、つたなうはあるぞ」〈枕草子・清涼殿の〉訳これ(=『古今集』ノ中ノ歌・句)は覚えているはずのことなのですよ。どうしてこのように、頭が悪いのでしょう。

そ-がひ【背向】(ィ:ガ)〔名〕背後。うしろの方。うしろむき。例「雑賀野(さひかの)ゆ――に見ゆる沖つ島清き渚(なぎさ)に風吹けば白波騒ぎ」〈万葉・六・九一七長歌〉訳雑賀野(=和歌山市南部ノ平地)からうしろの方角に見える沖の島の美しい渚に風が吹くと白波が立ち騒ぎ。

曽我物語(そがものがたり)〔書名〕室町中期頃までに成立した軍記物語。作者未詳。曽我十郎・五郎の兄弟が、十八年の苦心の末、父の敵(かたき)工藤祐経(くどうすけつね)を討つ話で、その悲劇性が人々の心をとらえ、伝説化されて、謡曲や近世の小説・戯曲類に多大の影響を与えている。

そ・く【退く】■〔自カ四〕(か・き・く・く・け・け)離れる。退く。例「倭方(やまとへ)に西風(にし)吹き上げて雲離れ――き居りとも我忘れめや」〈古事記・下・仁徳〉訳大和の方に西風が吹き上げて雲が離れる、そのように遠く離れていても私はあなたを忘れようか(忘れはしません)。
■〔他カ下二〕(け・け・く・くる・くれ・けよ)離す。取り除く。例「我が背子に我が恋ふらくは夏草の刈り――くれども生(お)ひしくごとし」〈万葉・一一・二七六九〉訳あなたに私が恋することは、夏草が、刈って取り除いても、あとから伸びてくるようなものです。

そく【束】〔接尾〕❶たばねたものを数える語。たば。把(わ)。
❷矢の長さを表す単位。親指を除いた指四本の幅。例「大矢と申すぢゃうの者の、十五――に劣って引くは候はず」〈平家・五・富士川〉訳強弓と言われるほどの者で、十五束以下の矢を使う者はございません。
❸近世、八百屋・魚屋などの用語で、品物を数える時の百個ずつのまとまり。

参考 ②で、通常の矢の長さは十二束である。また「束」より短い単位には指一本の幅の「伏(ふ)せ」を用い、「十三束三伏(みつ)せ」などと言い表した。

そ・ぐ【削ぐ・殺ぐ】〔他ガ四〕(が・ぎ・ぐ・ぐ・げ・げ)❶(端を)切り落とす。例「まみのほど、髪の美しげに――がれたる末も」〈源氏・若紫〉訳(尼君の)目もとのあたりや、髪がきれいな感じで切り落とされている端なども。注肩カラ背中ノアタリデ切リソロエルノガ尼ノ髪型デ、「尼そぎ」トイウ。
❷(切り落として)省く。簡略にする。例「事どもをば――がせ給ひて、静かなる御物語の深き御願ひかなはせ給はむなむ、まさりて侍(はべ)るべき」〈源氏・若菜・下〉訳何事も簡略になさって、静かに話し合いをなさりたいという(朱雀(すざく)院の)深いご希望をかなえてさしあげるほうが、(仰々しい儀式に)勝っておりましょう。

ぞく【俗】〔名〕❶世間一般。世俗。世の中。
❷僧でない人。俗人。世俗の人。対そう(僧) 例「――なる、禅師(ぜんじ)なる、あまた参り集まりて」〈伊勢・八五〉訳俗人も、僧も、(君のもとへ)大勢参り集まって。
❸習俗。風俗。習慣。例「また本寺・本山を離れぬる顕密(けんみつ)の僧、すべて我が――にあらずして、人に交はれる、見苦し」〈徒然草・一六五〉訳また(住み慣れた)本寺・本山を離れてしまった顕密各宗の僧(などのように)、総じて自分の本来の習俗の中にいないで、他の世界の人と交わっているのは、見苦しいものだ。
❹(「雅」に対して)俗っぽいこと。風流でないこと。低俗。下品。
❺(幽霊・神・鬼に対して)現在生きている人間。人。

ぞく-がう【辱号】(ゥ:ゴ)〔名〕(「じょくがう」とも)はずかしめられた名前。恥辱を受けたという評判。例「無益(むやく)のことをも言ひてけるかな。いみじき――取りつる」〈大鏡・道隆〉訳つまらぬことを言ってしまったことだなあ。(おかげで)ひどい恥辱の名をとってしまったことだ。

そく-さい【息災】■〔名〕(仏教語。「息」はとどめるの意)仏の力で衆生(しゅじょう)の災いをとどめること。災難を防ぎとめること。例「さぶらふ人も『いみじうやすき――の祈りななり』などいふ」〈枕草子・御前にて人々とも〉訳(そこに)いる人も「(そんなことで気分が変わるとは)ひどく簡単な災いよけのお祈りのようだね」などという。
■〔名・形動ナリ〕身体が健康なこと。無事で元気なこと。例「――なる人も、目の前に大事の病者となりて、前後も知らず倒(ふた)れ伏す」〈徒然草・一七五〉訳(酒をむやみに飲ませると)健康な人も、見るまに重病人(のよう)になり、正体を失って倒れ込んでしまう。

ぞくさん-へんぢ【粟散辺地】(:ヘンジ)〔名〕(仏教語。「ぞくさんへんぢ」とも)辺鄙(へんぴ)な所にある、粟粒(あわつぶ)を散らしたような小国。インド・中国などの大国に対して、日本をいう。「粟散辺土(ぞくさんへんど)」「粟散国(ぞくさんこく)」とも。

ぞく-しゃう【俗姓】(:ショウ)〔名〕(「ぞくせい」とも)❶僧が俗人であった時の名字(みょうじ)。俗名(ぞくみょう)。例「――は佐伯(さへき)の氏(うじ)」〈今昔・一一・九〉訳(弘法大師は)俗人だった時の姓は佐伯氏。
❷氏素姓(うじすじょう)。家柄。家系。

そく-たい【束帯】〔名〕平安時代以降、朝廷の儀式・行事に、天皇以下文武百官が着用した正式の礼服。衣冠(いかん)・直衣(のうし)など略式の「宿直装束(とのゐさうぞく)」に対して、「昼(ひ)の装束」という。下には大口袴(おおぐちばかま)・表(うえ)の袴を着け、単衣(ひとえ)・衵(あこめ)・下襲(したがさね)・半臂(はんぴ)・袍(うえのきぬ)の順に重ねて着て、石帯(せきたい)をしめ、魚袋(ぎょたい)を帯にさげ、襪(しとうず)の上に沓(くつ)をはき、太刀(たち)を腰に帯び、平緒(ひらお)を垂れ、笏(しゃく)を右手に持って、冠(かんむり)をかぶる。なお、袍には文官用の「縫腋(ほうえき)の袍(うえのきぬ)」と武官用の「闕腋(けってき)の袍(うえのきぬ)」がある。色は身分によって異なった。

ぞく-ぢん【俗塵】(:ジン)〔名〕俗世のちり。この世の煩(わずら)わしさ。例「他の――に馳(は)することをあはれむ」〈方丈記・閑居の気味〉訳他人がこの世であくせくしていることを憐(あわ)れに思う。

そくばく【許多・若干】〔副〕⇒そこばく 例「木津川の逆巻(さかま)く水に追ひ浸(ひた)され、討たるる者、その数――なり」〈太平記・三一〉訳木津川の激流の中へ追い落とされ

そくたい

て、戦死する者は、その数が多大である。

そく-ひ【続飯】(イ:)〔名〕《「そくいひ」の変化した形》飯粒を押しつぶし、練って作った糊(のり)。また、その糊づけ。例「遠き所より思ふ人の文(ふみ)を得て、固く封(ふ)じたる――など開(あ)くるほど、いと心もとなし」〈枕草子・心もとなきもの〉訳遠い所から恋しい人の手紙をもらって、固く封をしている糊などを開ける間は、たいそうじれったい。

ぞく-ひじり【俗聖】〔名〕出家しないで、俗人の姿のまま仏道を修行し、戒を保つ人。有髪(うはつ)の僧。俗人姿の僧。男性を「優婆塞(うばそく)」、女性を「優婆夷(うばい)」という。例「――とか、この若き人々の付けたなる」〈源氏・橋姫〉訳(八の宮を)俗聖とか、ここの若い人々が名付けているそうだが。

ぞく-らう(ウ:ロ)〔名〕《「そくらう」「しょくらう」とも》■一【続労】奈良時代、官職を離れた後も、財物・金銭を納めて、継続して在任していること。また、その財物・金銭。平安時代以降では二と同意。
■二【贖労】平安時代、財物・金銭を官庁に納めて、官位を得たり、昇進を願うこと。また、その財物・金銭。売官。

そ-くゎい【素懐】(イ:カ)〔名〕《「素」は平素、「懐」は志の意》❶平素の願い。以前からの願い。本望。素志。「素願(そぐわん)」とも。例「源氏の年来(としごろ)の――を遂げんとす」〈平家・六・廻文〉訳(木曽義仲(よしなか)は)源氏の長年の本望を遂げようとする。
❷特に、出家しようとする願い。また、極楽浄土に往生したいという願い。例「四人の尼ども、皆往生(わうじやう)の――を遂げけるとぞ聞こえし」〈平家・一・祇王〉訳四人の尼達は、皆極楽往生の願いを遂げたということであった。

そこ【底】〔名〕❶(海・池・川など)くぼんだ物のいちばん下の部分。
❷一般に、物の最も下の部分。例「いとかく地の――徹(とほ)るばかりの氷(ひ)降り」〈源氏・明石〉訳まったくこんなに地中にまで突き通るほどの雹(ひょう)が降って。
❸最も奥深い部分。奥底。例「もてなしなど気色(けしき)ばみ恥づかしく、心の――ゆかしきさまして」〈源氏・若菜・下〉訳(明石の上は)身のこなしなど意味ありげでこちらが恥ずかしくなるくらいで、その心の奥底を知りたくなるような深みがある様子をしていて。
❹真実の力量・能力。底力。

そ-こ【其処・其所】〔代名〕■一《指示代名詞。中称》❶話し手から少し離れている場所や事物を指し示す。その所。そこ。
❷すでに話題になった場所や事物を指し示す。ⓐ場所。その場所。そこ。例「三河(みかは)の国、八橋(やつはし)といふ所に到りぬ。――を八橋といひけるは」〈伊勢・九〉訳三河の国の八橋という所に到着した。そこを八橋といったのは。
ⓑ事物。その事。その点。例「秋山の木(こ)の葉を見ては黄葉(もみち)をば取りてぞしのふ青きをば置きてぞ嘆く――し恨めし」〈万葉・一・一六長歌〉訳秋の山の木の葉を見て、黄色く色づいた葉を手に取っては美しいと賞美し、青い葉は手にも取らずに嘆息する。その点が残念だ。
❸具体的に明示せずに、漠然と場所を指し示す。しかじかの所。どこそこ。例「名月に鞭(むち)をあげ、――とも知らずあこがれ行く」〈平家・六・小督〉訳(仲国は)名月に向かって鞭を振り上げ、どこというはっきりした目当てもなくさまよい出て行く。
■二《人称代名詞。対称》目下の者や親しい間柄の相手に対していう。あなた。きみ。また、あなたの所。例「忍ぶべきことなれば、――にもまた人には漏らし給はじと思ふに」〈源氏・若菜・上〉訳人に知られないようにしなければならないことなので、あなたの方でも私と同じく他人にはお漏らしにならないだろうと思うので。
要点「そ」は中称の指示代名詞、「こ」は場所の意の接尾語。二は一からの派生で、多くは「そこに」の形で用いる。

そこ-そこ【其処其処】〔代名〕❶《指示代名詞。不定称》はっきりどこと指さずに、ある場所・箇所をいう。どこそこ。どこどこ。例「『町の小路(こうぢ)なる――になむ、止まり給ひぬる』とて来たり」〈蜻蛉・上・天暦九年〉訳「町の小路のどこそこに、(藤原兼家(かねいえ)の牛車(ぎっしゃ)は)お止まりなさいました」と報告してきた。
❷全体に限(くま)なく行きわたっていることを示す。どこからどこまで。そこもここも。なにもかも。

そこ-とも-わか-ず【其処とも分かず】《連語》《「そことも知らず」とも》どこともわからない。例「人跡(じんせき)稀(まれ)に、雉兎蒭蕘(ちとすうぜう)の往(ゆ)きかふ道、――・ず、つひに路踏みたがへて」〈奥の細道・石の巻〉訳人もめったに通らず、猟師や木こり(だけ)が行き来する道で、どこがどこやら分からないで、とうとう道に踏み迷ってしまい(石の巻という港に出た)。

そこ-な【其処な】〔連体〕《中世語》そこにいる。そこの。例「なう、――人」〈狂言・今参〉訳おい、そこの人。

要点「そこにある」→「そこなる」→「そこな」と変化して生じた語。多く「そこなやつ」「そこな者」などの形で、相手をおとしめて呼ぶ二人称代名詞のように用いる。

そこな・ふ【損なふ・害ふ】(ソコナ(ノ)ウ)〔は・ひ・ふ・ふ・へ・へ〕■一〔他ハ四〕❶(物を)傷つける。破る。こわす。例「唐絵(からゑ)の屏風(びやうぶ)の黒み、おもて――・はれたる」〈枕草子・昔おぼえて不用なるもの〉訳唐絵の屏風のすすけて、表面が傷つけられたもの(は華やかな往時がしのばれるが、役に立たない)。
❷(人を)傷つける。殺傷する。例「家の損亡(そんまう)せるのみにあらず、これを取り繕ふ間に、身を――・ひ、かたはづける人、数も知らず」〈方丈記・辻風〉訳家がこわれたりなくったりしたばかりでなく、その家を修理する間に、我が身を傷つけ、不具になった人は、その数も知れない。注ツムジ風ニヨル被害。
❸衰えさせる。(体を)やつれさせる。例「民の愁(うれ)へ、国の――・はるるをも知らず」〈徒然草・一二〉訳民衆が嘆き、国が衰運に向かわせられるのも知らないで。
■二〔補動ハ四〕…し誤る。…し損じる。例「『書き――・ひつ』と恥ぢて隠し給ふをせめて見給へば」〈源氏・若紫〉訳「書きそこないました」と(若紫が)恥じてお隠しになるのを(光源氏が)強要してご覧になると。注光源氏ガ若紫ニ手習イヲ教エテイルトコロ。

そこはか-と〔副〕《下に打消しの表現を伴って》どこがどうであると、はっきり(…しない)。明らかに(…しない)。確かに(…ない)。例「――知りて行かねど先に立つ涙ぞ道のしるべなりける」〈更級・野辺の笹原〉訳(墓が)どこにあると知って行ったわけではないが、まず出てくる涙が道案内をしてくれたことだ。注「そこはかと」ハ、副詞ト「そこ墓と(=ソコガ墓デアルト)」トノ掛詞。

参考 平安中期以降、語中語尾のハ行音はワ行音に転ずるが、この語は例からもソコハカで、ソコワカとはならなかったと考えられ、珍しい例外とされる。

そこはか-と-な・し 〔連語〕（副詞「そこはかと」＋形容詞「なし」）❶どこといってはっきりしない。とらえどころがない。例「―き虫の声々聞こえ、蛍（ほたる）繁（しげ）く飛びまがひて、をかしきほどなり」〈源氏・帚木〉訳どこで鳴くとも知れない虫の声があちこちから聞こえ、蛍が多く飛びかって、みごとな（庭の）さまである。

❷理由・基準・程度などが不明確なさま。根拠がない。**とりとめもない。どうということもない。**例「心にうつり行くよしなし事を、―く書き付くれば、怪しうこそ物狂ほしけれ」〈徒然草・序〉訳心に次々に浮かんでくるつまらない事を、特に順序だてもせずに何となく書きつけていくと、妙に正気を失った気持ちになってくる。

そこば-く【許多・若干】〔副〕（上代の副詞「そこば」＋接尾語「く」）❶数の多い様子。多く。たくさん。例「あるいは猪（ゐ）の頭（かしら）、あるいは竜（たつ）の頭、このやうの恐ろしき形のたぐひ―あり」〈今昔・一・六〉訳あるいはイノシシの頭をし、あるいは竜の頭をしているなどと、こういう恐ろしい姿の者が多数いた。

❷程度のはなはだしい様子。たいそう。ひどく。

そこ-ひ【底ひ】〔名〕きわまる所。果て。限り。奥底。例「棹（さを）させど―も知らぬわたつみの深き心を君に見るかな」〈土佐・十二月二十七日〉訳棹をさしても、奥底をはかり知ることのできない海のように、深いご好意をあなた方に感じることです。

底ひな・し 果てしない。限度がない。例「池の内―く深ければ」〈今昔・二〇・二一〉訳池の中はこの上もなく深いので。

底ひも知（し）らず ⇩底ひなし 例「―ず深き河なれば」〈今昔・二・二六〉訳この上もなく深い川なので。

そこ-ほど【其処程】〔代名〕（指示代名詞。中称）そこらあたり。その辺。例「昔物語を聞きても、このごろの人の家の、―にてぞありけんと覚え」〈徒然草・七一〉訳昔の物語を聞いても、（その事が）現在の人の家の、そのあたりであったのだろうと思われ。

そこ-もと【其処許】〔代名〕❶（指示代名詞。中称）そこらへん。そのところ。そのあたり。そこ。例「―に、紙の端（はし）に書きて、かく押し付く」〈蜻蛉・下・天延二年〉訳（絵に、松を見つめている女性が描かれている）そのところに、紙の端に（歌を）書いて、このように貼り付ける。

❷（人称代名詞。対称）あなた。そなた。例「なう、―へ物を問（と）お」〈狂言記・三・法師物狂〉訳あのう、あなたにお尋ねしたい。

そこ-ら 〔副〕（「そこ」に「ら」（数量・程度を示す接尾語）が付いたもの）❶数量の多い様子。**そんなにたくさん。それほど多く。**例「―の年頃、―の金（こがね）賜ひて、身を変へたるがごとなりにたり」〈竹取・かぐや姫の昇天〉訳ずいぶん長い年月の間、あれほど多くの黄金を賜わって、別人のようになってしまっている。

❷程度のはなはだしい様子。**そんなにも。それほどひどく。**例「―遥（はる）かに、いかめしう占（し）めて造れるさま」〈源氏・若紫〉訳（明石の入道が）ずっと遠くまで、堂々と土地を専有して（邸宅を）造営している有様は。

要点 「そこば」「そこばく」などと同源で、「そこ」に「いくら」「ここら」などの「ら」（数量・程度を示す接尾語）が付いたもの。その原義から、①②とも多くは、すでに聞き手の意識にあることや話題に出たことを指し示す意味を伴う。同じく指示語的な「ここら」に比べると、話し手からやや遠いものについて用いられるようである。なお①は、第一例のように連体修飾の格助詞「の」を伴って連体修飾語になることが多い。

そしり【謗り】〔名〕（動詞「そしる」の連用形の名詞化）悪口を言うこと。非難すること。誹謗（ひぼう）。例「世の―のみ多かれど」〈源氏・桐壺〉訳世間からの非難ばかりが多いけれど。

そし・る【謗る】〔他ラ四〕（ら・り・る・る・れ・れ）悪口を言う。非難する。例「上手（じやうず）の中に交じりて、―り笑はるるにも恥ぢず」〈徒然草・一五〇〉訳上手な人々の中に交じって、悪口を言われ笑われても恥ずかしいと思わず。

そ・す【過す】〔補動サ四〕（さ・し・す・す・せ・せ）動作が度を過ぎる意を表す。…しすぎる。熱心に…する。例「人々に酒強（し）ひ―・しなどして」〈源氏・明石〉訳（明石の入道は、光源氏の供の）人々に酒を無理に勧めすぎたりなどして。

そ・ず【損ず】〔補動サ変〕（ぜ・じ・ず・ずる・ずれ・ぜよ）（「そんず」の「ん」の無表記）…しそこなう。

そ-せい【蘇生】〔名〕生き返ること。よみがえること。例「親しき人々日夜とぶらひて、―の者に会ふがごとく、かつ喜びかついたはる」〈奥の細道・大垣〉訳親しかった人々が日夜訪ねて来て、まるで生き返った者に会うように、一方では喜び一方では気を使って大事にしてくれる。

そそ・く 〔自カ四〕（か・き・く・く・け・け）忙しそうに振る舞う。そそくさとする。例「西面（にしおもて）の格子（かうし）―・き上げて、人々のぞくべかめり」〈源氏・帚木〉訳西側の部屋の格子を忙しそうにそそくさと引き上げて、（庭を眺める光源氏を）女房達がのぞくらしい。

そそ・く 〔自カ下二〕（け・け・く・くる・くれ・けよ）ほつれて乱れる。けばだつ。例「鯉（こひ）のあつもの食ひたる日は、鬢（びん）―・けずとなん」〈徒然草・一一八〉訳鯉の熱い吸い物を食べた日は、耳のあたりの髪の毛がほつれて乱れたりはしない（という）。

そそ・く【注く・灌く】（か・き・く・く・け・け）（「そそぐ」となるのは江戸時代以降）■一〔自カ四〕❶流れる。流れこむ。❷（雨や雪が）降る。例「日ごろ降りつる名残（なごり）の雨、いま少し―・きて、をかしき程に月さし出でたり」〈源氏・蓬生〉訳ここ数日降り続いたなごりの雨（＝上ガリカケノ雨）が、まだ少しばかり降ってきて、風情のある（空模様の）時に月が出ている。

■二〔他カ四〕注ぎかける。例「死に入りたりければ、面（おもて）に水―・きなどして」〈伊勢・五九〉訳息をしなくなってしまったので、顔に水を注ぎかけたりして。

そそのか・す【唆かす】〔他サ四〕（さ・し・す・す・せ・せ）❶よい事として相手に勧める。勧める。例「御粥（かゆ）など、―・し聞こゆれど」〈源氏・夕顔〉訳ごはんなどを、（光源氏に）お勧め申すのだが。

❷急いでした方がよいとして強く勧める。せきたてる。例「『疾（と）く』と―・し聞こゆ」〈枕草子・淑景舎〉訳「早く（ご参内なさい）」と（中宮を）せきたてて申し上げる。

参考 おだてて悪い方に誘う意の用法は、近世以降。

そそ-め・く〔自カ四〕〔か・き・く・く・け・け〕❶忙しそうに振る舞う。ざわめく。例「起き出(い)でて——・き騒ぐもほどなきを」〈源氏・夕顔〉訳(それぞれの仕事のために)起き出して忙しそうに振る舞い騒ぐのもすぐそばのことなので。❷うきうきする。落ち着きがない。

そそ-や〔感〕《感動詞「そそ」＋助詞「や」》(「そそ」を強めた言い方)そりゃ。あら、まあ。そうそう。例「『——』など言ひて、火取り直し、格子放ちて入れ奉る」〈源氏・末摘花〉訳(光源氏が格子をたたくと、女房たちは)「そら(おいでになった)」などと言って、灯火をつけ直し、格子を上げて中にお入れ申し上げる。

そそ・る〔ら・り・る・る・れ・れ〕■一〔自ラ四〕❶そびえる。例「白雲の千重(ちへ)を押し別(わ)け天(あま)——・り高き立山(たちやま)」〈万葉・一七・四〇〇三長歌〉訳白雲が千重に重なる中を押し分けて天にそびえる高い立山は。❷浮かれ騒ぐ。うきうきする。
■二〔他ラ四〕揺り動かす。

そぞろ【漫ろ】■一〔形動ナリ〕⇩すずろ 例「かたくなる人のその道知らぬは、——・に神のごとくに言へども」〈徒然草・七三〉訳教養のない人でその芸道を知らない人は、(名人のことを)むやみと神のように敬って言うが。
■二〔副〕《近世以降の用法》理由もなく。むやみに。例「甘輝(かんき)も道理に至極(しごく)して、——涙にくれけるが」〈近松・国性爺合戦・三〉訳甘輝将軍も(妻とその母の言い争う)道理に同感して、やたらにあふれてくる涙に目もかすんでいたが。

そぞろ-がみ【漫ろ神】〔名〕なんとなく人の心を誘いそそのかす神。また、えたいの知れない神。一説に旅歩きの神とも。例「春立てる霞(かすみ)の空に白河の関越えんと、——の物につきて心を狂はせ、道祖神(だうそじん)の招きにあひて」〈奥の細道・出発まで〉訳新春になって霞がたなびく空を眺めると(あの能因法師の歌のように、私も霞とともに江戸を旅立って)白河の関を越えたいと願い、なんとなく心を誘惑する神が(私に)とりついて心を狂ったようにさせ、道祖神の(旅への)招きにあって。注能因法師ノ「都をば霞とともに立ちしかど秋風ぞ吹く白河の関」ノ歌ヲ踏マエタ表現。

参考 「そぞろ神」を二語に分け、「そぞろ」を下の「狂はせ」にかかる副詞と考える説もある。しかし訳のように「道祖神」との対句的表現とみるのが一般的。

そぞろ・く【漫ろく】〔自カ四〕〔か・き・く・く・け・け〕《「すずろく」とも》浮き足立ちそわそわする。もじもじする。例「兵仗(ひやうぢやう)を帯(いた)したる者どもも、皆——・いてぞ見えける」〈平家・二・小教訓〉訳武器を帯びた者どもも、皆浮き足立ちそわそわしているように見えた。

そぞろ-ごと ■一〔名〕《「すずろごと」とも》■一【漫ろ言】とりとめのない話。例「ある御所さまの古き女房の——言はれしついでに」〈徒然草・一三八〉訳御所(ごしょ)に勤めているある老女房がとりとめのない話をなさったついでに。
■二【漫ろ事】とりとめのない事。例「これは——なれば言ふにも足らず」〈徒然草・一三五〉訳これはとりとめのない事なので言うほどのことでもない。

そぞろ-さむ・し【漫ろ寒し】〔形ク〕❶なんとなく寒い。例「ほのぼのと明けゆくに、雪やや散りて、——・きに」〈源氏・初音〉訳(夜が)ほんのりと明けてくる頃、雪が少し降ってきて、なんとなく寒い時に。
❷ぞくぞくするほどすばらしい。例「入綾(いりあや)のほど——・く、この世の事とも覚えず」〈源氏・紅葉賀〉訳(光源氏の)舞いながら退場する様子はぞくぞくするほどすばらしく、人間界のものとも思えない。

そぞろ-は・し【漫ろはし】〔形シク〕⇩すずろはし 例「いとど及びなき心地し給ふに、——・しきまでなむ」〈源氏・紅葉賀〉訳(藤壺(ふじつぼ)が中宮になられると)全く手が届かない所に離れるお気持ちがして、(光源氏は)そわそわと落ち着かないほどである。

そち【帥】〔名〕《「そつ」「だざいのそち」とも》大宰府(だざいふ)の長官。⇩だざいのそち

参考 帥は親王が任ぜられる官で、これを帥宮と呼ぶ。帥宮は実際には大宰府へ赴任せず、権帥(ごんのそち)が代行する。権帥が任ぜられていない時は大弐(だいに)が執務する。故に大弐を帥と呼ぶこともある。

そ-ち【其方】〔代名〕❶《指示代名詞。中称》そちら。そっち。その方。例「なほしばし身をさりなむと思ひ立ちて、西山に例の物する寺あり、——物しなむ」〈蜻蛉・中・天禄二年〉訳やはりしばらく(夫、兼家から)身を隠そうと思い立って、西山にいつも参籠(さんろう)する寺がある、そちらへ行こう。❷《室町時代以降の用法》《人称代名詞。対称》自分より目下の者を呼んでいう。そなた。おまえ。

そ-ちん【訴陳】〔名・自サ変〕訴訟(そしよう)の申し立てをすること。また、その申し立ての文書。

そつ【帥】〔名〕⇩そち(帥)

そつ-じ【卒爾】〔名・形動ナリ〕❶突然であること。いきなり。にわか。だしぬけ。例「明日の御幸(ごかう)もあまり——・に存じ候ふ」〈平家・一〇・高野御幸〉訳明日上皇が(高野山に)お出ましになるのもあまりに突然に思われます。❷軽率であること。軽々しいこと。❸失礼であること。無礼。例「『こりゃ誰ぞ、——せまい』と引き分くる」〈近松・女殺油地獄・下〉訳「これ誰だい、無礼なさるな」と(森右衛門と客を)引き離す。

そで【袖】〔名〕❶衣服の、両腕をおおう部分。その下に垂れる袂(たもと)を含めていうこともある。例「寄する波に添へて——濡れがちなり」〈源氏・松風〉訳打ち寄せる波のしぶき(で濡れるの)に加えて(涙で私の)袖は濡れがちである。
❷鎧(よろい)の、肩から肘(ひじ)をおおう部分。例「泰時(やすとき)も鎧(よろひ)の——をしぼる」〈増鏡・新島守〉訳北条泰時も鎧の袖をしぼる(くらい涙を流す)。

そで②

❸牛車(ぎつしや)や輿(こし)などの、前後の出入り口の左右の部分。例「——には置き口にて蒔絵(まきゑ)をしたり」〈栄花・ひかげのかづら〉訳(中宮の乗る牛車(ぎつしや)の)車の袖には金銀で縁取(ふちど)りをして蒔絵をほどこしてある。

❹文書のはじめの、余白の部分。

袖の柵（しがらみ） （流れる涙を川にたとえて）流れる涙を袖で抑えること。例「まして、――せきあへぬまであはれに」〈源氏・幻〉訳（他の人にも）まして、涙が袖で抑えきれないほどしみじみと悲しくて。

袖の雫（しづく）ソデノシズク 衣服の袖に落ちかかる涙。「袖の露（つゆ）」とも。

袖の露（つゆ） ⇩袖の雫（しづく） 例「――やいかがこぼるる葦垣（あしがき）を吹き渡るなる風のけしきに」〈建礼門院右京大夫集〉訳（あなたは）涙をどれほど流しておられることでしょうか、葦で作った垣根を吹きぬけて、露をこぼしていく風のように、心変わりしてしまった男のために。

袖の別（わか）れ 夜、男女が共寝する時、互いの袖を敷き合っていたのを、翌朝、解き合って別れること。例「白妙（たへ）の――に露落ちて身にしむ色の秋風ぞ吹く」〈新古今・恋五・一三三六〉訳 袖を分かつ暁（あかつき）の別れに、露が落ち、涙も落ちて、身にしみる色の秋風が吹くことだ。

袖を絞（しぼ）・る 「袖（を）濡（ぬ）らす」を強めた言い方。ひどく泣く。

そで-ぐち【袖口】〔名〕着物の袖の端の、手首の出る所。多く、殿中や牛車（ぎっしゃ）で、簾（すだれ）の下から押し出されたものを言う。例「出（いだ）し車どもの、――・色あひも目なれぬさまに」〈源氏・賢木〉訳 女房が袖口を出す牛車などの、その袖口・色合いもありきたりでなく（立派な）様子で。

そで-ふくりん【袖覆輪】〔名〕着物の袖口が傷（いた）まないように、布で覆（おほ）ったり、裏地を表に縫い返したりしたもの。

そと【外】〔名〕❶外部。外面。❷（仏教を「うち」というのに対して）仏教以外の教え、特に儒教。

要点「うち」の対義語であるが、「そと」は中世から用いられた語で、平安時代までは「と」であった。

そ-と〔副〕❶そっと。静かに。例「夜中ばかりに、細々とある手にて、この男が顔を――、――撫（な）でけり」〈宇治拾遺・三・三〉訳（化け物が）夜半、ほっそりした手で、この男の顔をそろり、そろりと撫でたものだ。❷ちょっと。すこし。

そと-ざま【外様】〔名〕⇩ほかざま（外様）

そとば【卒塔婆・卒都婆】〔名〕《仏教語》❶仏舎利（ぶっしゃり）（＝死者ノ骨）を安置し、また死者を供養するために建てる塔。例「骸（から）は、けうとき山の中に納めて、さるべき日ばかり詣（まう）でつつ見れば、ほどなく――も苔（こけ）むし」〈徒然草・三〇〉訳 死骸（しがい）は、人里離れた山の中に納めて（＝埋葬シテ）、決まった日だけに墓参して見ていると、間もなく供養塔にも苔が生えて。❷経文や戒名（かいみゃう）を書いて、墓のうしろに立てる五輪（ごりん）塔の形の細長い板。

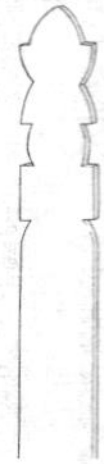
そとば②

そと-も〔名〕■一■【背面】《上代語。「背（そ）つ面（おも）」の変化した形》日の当たらない側。北側。うしろ側。例「耳梨（みみなし）の青菅山（あをすがやま）は――の大御門（おほみかど）によろしなへ神さび立てり」〈万葉・一・五二長歌〉訳 耳梨の青く茂った菅の山は、北側の皇居によい形で神々しく立っている。注「耳梨」ハ奈良県橿原（カシハラ）市ニアリ、大和三山ノ一ツ。■二■【外面】外側。外部。例「我が宿の――に立てる楢（なら）の葉の茂みに涼む夏は来にけり」〈新古今・夏・二五〇〉訳 私の家の戸外に立っているナラの木の葉の茂みの下で涼む夏がやってきたことだ。

そなた【其方】〔代名〕❶《指示代名詞。中称》そっちの方。**そちら**。例「戸放ちつる童（わらは）べも、――に入りて臥（ふ）しぬれば」〈源氏・空蟬〉訳（先ほど）戸を開けた子供も、そちらの方に入って寝たので。❷《室町時代以降の用法》《人称代名詞。対称》主に、自分より目下の者を呼んでいう。おまえ。そのほう。

そなは・る【備はる・具はる】ソナワル〔自ラ四〕{ら・り・る・る・れ・れ}❶不足なくそろう。身につく。❷《「…にそなはる」の形で》…の地位につく。例「女院（にょうゐん）は十五にて女御（にょうご）の宣旨（せんじ）をくだされ、十六にて后妃（こうひ）の位に――・り」〈平家・灌頂・女院出家〉訳（建礼門院は）十六歳で皇后の地位につき。

そな・ふ【備ふ】ソノウ〔他ハ下二〕{へ・へ・ふ・ふる・ふれ・へよ}❶揃（そろ）え調える。準備する。❷性質を具有している。身につける。❸神仏・貴人に献上する。お供え物をする。例「朝夕、仏前に花・香を――・へ、余念なく願ひければ」〈平家・一・祇王〉訳 朝も夕も、仏前に花・香を献じて、一心に往生を願ったので。

そ-ね《連語》《上代語。禁止の副詞「な」に呼応する終助詞「そ」＋終助詞「ね」》（「な…そね」の形で）…しないでくれ。…しないでほしい。例「埼玉（さきたま）の津に居（を）る舟の風をいたみ綱は絶ゆとも言（こと）な絶え**そね**」〈万葉・一四・三三八〇〉訳 埼玉（＝埼玉県行田市付近）の渡し場につないである舟が、風が強いために、綱は切れることはあっても、私へのお便りは決して絶やさないでほしい。

曾根崎心中（そねざきしんぢゅう）ソネザキシンジュウ《書名》江戸前期の浄瑠璃。近松門左衛門作。世話物、一段（三巻＝三場構成）。一七〇三年（元禄一六）、大坂竹本座で初演。遊女お初と醬油（しょうゆ）屋の手代徳兵衛は深い仲だったが、油屋九平次に偽判で金をだまし取られた上に、悪人に仕立て上げられた徳兵衛の身の潔白を訴えるべく、二人は曾根崎の森で心中する。近松最初の世話浄瑠璃で、同年に起こった事件を脚色した際物（きわもの）。

そねみ【嫉み】〔名〕《動詞「そねむ」の連用形の名詞化》うらやみ憎むこと。ねたむこと。例「人の――重くて、うせ給ひにしかど」〈源氏・須磨〉訳（桐壺更衣（きりつぼのこうい）は）人（＝弘徽殿女御（コキデンノニョウゴ）ナド）のうらやみ憎むことがひどくて、お亡くなりになってしまったが。

そね・む【嫉む】〔他マ四〕{ま・み・む・む・め・め}うらやみ憎む。ねたむ。例「はじめより我はと思ひ上がり給へる御かたがた、めざましき者におとしめ――・み給ふ」〈源氏・桐壺〉訳（宮仕えの）初めから私こそは（天皇の寵愛（ちょうあい）を得よう）と思い上がっていらっしゃる方々は、（桐壺更衣（きりつぼのこうい）を）気にくわない者と軽蔑（けいべつ）しうらやみ憎みなさる。

曾禰好忠（そねよしただ）《人名》平安中期の歌人。生涯を丹後掾（たんごのじょう）で送ったため「曾丹後」とからかわれた。新しい連作形式を生み出すなど、歌壇に新風をもたらした。生没年未詳。家集『曾丹集』

その【園・苑】〔名〕《「そのふ」とも》野菜、花、果樹などを植えた庭。菜園。庭園。例「春の――紅（くれなゐ）匂（にほ）ふ桃の花下照る道に出（い）で立つ少女（をとめ）」〈万葉・一九・四一三九〉訳 春の庭園が赤く輝いている。桃の花の木の下まで照り輝いている道に立っている少女よ。

そ-の【其の】〘連語〙（代名詞「そ」＋格助詞「の」）❶聞き手の側(そば)にある事物や人などを指し示す。その。例「――衣(ぬき)一つ取らせて、とくやりてよ」〈枕草子・職の御曹司におはします頃、西の廂にて〉訳そこにある着物を一枚与えて、早く帰してしまいなさい。❷すでに話題になった事物や人を指し示す。その。前述の。例「昔、男ありけり。――男、身を要(えう)なき者に思ひなして」〈伊勢・九〉訳昔、男がいた。その男は、自分を世間には無用のつまらぬ者だと思い込んで。❸はっきりしない、または、はっきりさせたくない事物や人を、その名称を明示しないで指し示す。ある。例の。例「――月、何の折、――人の詠(よ)みたる歌はいかに」〈枕草子・清涼殿の〉訳あの月、あの折に、あの人の詠んだ歌はどういう歌か(とお尋ねになる)。❹《多く、下に打消しの表現を伴って》不定の事物や人を指し示す。何の。どういう。例「花は散り――色となく眺むればむなしき空に春雨ぞ降る」〈新古今・春下・一四九〉訳花は散っており、何の色を眺めるというのでもなく眺めていると、眺める物とて何もない空に春雨だけが降っているよ。要点 現代語では連体詞とされているが、古語では「そ」の下に他の助詞も付くので、連語である。

そのう【園生】〔名〕⇩そのふ

そ-の-かみ【其の上・往昔】〔名〕❶その頃。その時。当時。例「今見れば良くもあらざりけり。――はこれやまさりけむ、あはれがりけり」〈伊勢・七七〉訳今見れば良い歌でもなかった。その当時はこれが他よりも優れていたのだろうか、(人々は)しみじみと感動したのだった。❷昔。過去。例「――この御山を二荒山(ふたらやま)と書きしを、空海大師開基の時、日光と改め給ふ」〈奥の細道・日光〉訳昔このお山を二荒山と書いたのを、空海大師が寺を創建する時に、日光とお改めになった。注実際ニ寺ヲ開イタノハ勝道上人。

そのことと-な・し【其の事と無し】〘連語〙❶特に理由や目的などがない。例「――・くて、対面もいと久しくなりにけり」〈源氏・若菜・下〉訳特に用事もなくて、(そのため)対面も全く久し振りになってしまいました。❷そのことと限らない。何事につけても。例「――・く過差(くわさ)を好み給ひけり」〈徒然草・九九〉訳(堀川の太政大臣は)何事につけても度をこえたぜいたくをお好みになった。

そのことに-さうら・ふ【其の事に候ふ】〘連語〙（「そのことなり」の丁寧表現）(応答に用いて)そのことでございます。そのことです。例「――。さがなき童(わらはべ)どもの仕(つかまつ)りける、奇怪に候ふことなり」〈徒然草・二三六〉訳そのことでございます。(獅子(しし)と狛犬(こまいぬ)を背中合わせに置いたのは)いたずら好きな子供達がいたしたことで、けしからぬことでございます。

そ-の-はう【其の方】〔代名〕❶《指示代名詞。遠称》そちら。そっち。その方向。❷《室町時代以降の用法》《人称代名詞。対称》武士や僧が、自分より目下の者に対して用いるやや固い響きの語。おまえ。きさま。

そ-の-ひと【其の人】〘連語〙❶わざと名前を伏せて、その人物を表す。また、名前などがわからない人物を表す。例「――の御もとにとて、文(ふみ)書きてつく」〈伊勢・九〉訳そのお方の所にということで、手紙を書いてことづける。❷そのことに適した人。しかるべき人。例「――ならぬを奉りてとがめありけれど」〈源氏・少女〉訳(五節(ごせち)の舞姫として)ふさわしい人でない娘をさし上げておしかりがあったが。

その-ふ【園生】〔名〕⇩その(園)

そのものと-も-な・し【其の物となし】〘連語〙取りたててこれというほどのものではない。たいしたものではない。例「――・けれど、宿り木といふ名、いとあはれなり」〈枕草子・花の木ならぬは〉訳取りたてていうほどのものではないけれども、宿り木という名前は、(ほかの木に宿るというのが)とてもしみじみと趣がある。

そのものと-も-な・し【其の物ともなし】〘連語〙取りたててそれだと言い切ってしまえない。えたいの知れない。例「宴(えん)の松原のほどに、――・き声どもの聞こゆるに」〈大鏡・道長・上〉訳(大内裏の中の広場である)宴の松原あたりで、えたいの知れない声が聞こえるので。

そは【岨】〔名〕（「そば」とも）山の急斜面。険しい崖(がけ)。

そば【側・傍・稜】〔名〕❶かたわら。近く。わき。例「東(ひむがし)の対(たい)の南の――に立ちて、お前の方(かた)を見やり給へば」〈源氏・野分〉訳東の対の屋の南わきに立って、(秋好(あきこのむ))中宮のいらっしゃる(寝殿の)方をご覧になると。❷物のすみ。かど。端。❸袴(はかま)の左右のわきの開いている部分。股(もも)立ち。例「指貫(さしぬき)なめりと見ゆる袴の――わきはさみて」〈今昔・二三・一七〉訳指貫のように見える袴の股立ちをわきにはさんで(裾(すそ)を上げて歩きやすくして)。

そば-ざま【側方・側様】〔名〕横向き。横のほう。側面。例「にはかに――に急ぎて寄りたれば、追ふ者走り早まりて、えとどまりあへずして我が前に出(い)で来たるを」〈今昔・二三・一五〉訳だしぬけに横のほうへ(さっと)寄ったので、追跡者は走る勢いがついて、止まることができないで自分の前に出て来たのを。

そば-そば【側側】〔名〕はしばし。ところどころ。例「その頃ほひ聞きし事の、――思ひ出(い)でらるるは、ひが事にやあらむ」〈源氏・行幸〉訳その時分聞いた事の、ところどころが思い出されるのは、(もしかしたら)誤りであろうか。

そばそば・し【稜稜し】〔形シク〕《「そば」は、かどの意》❶かどばっている。ごつごつしている。❷とげとげしい。親しめない。例「この宮とも御仲――・しきゆゑ、うち添へてもとよりの憎さも立ち出(い)でて」〈源氏・桐壺〉訳(弘徽殿女御(こきでんのにょうご)は)この(藤壺(ふじつぼ)の)宮様とも仲が円満でなくいらっしゃるために、これに加えて(光源氏に対する)昔からの憎さも出て来て。

そば-だ・つ【峙つ・欹つ・敧つ】《「稜(そば)立つ」の意。古くは「そばたつ」とも》━〔自タ四〕❶高くそびえ立つ。例「島々の数を尽くして――・つものは天を指さし、伏すものは波に腹ばふ」〈奥の細道・松島〉訳(松島は)様々な島が無数にあって高くそびえ立つものは天を指さしているし、低く横になっているものは波の上に腹ばっている(ように見える)。❷(恐怖や怒りで髪が)上を向いて立つ。さか立つ。━〔他タ下二〕❶高くそびえ立たせる。❷(一方の)端を持ち上げる。斜めに傾ける。例「西坂より山へ登る時は、身を――・てて歩む」〈宇治拾遺・五・四〉訳(その僧は、極楽浄土があるという西を背にしないため)西の坂から山へ登る時は、身体を斜めに傾けて歩く。

そば-つき【側付き】〔名〕そばから見た様子。見た目。見かけ。例「――ざればみたるも、げにかうもしつべかりけり」〈源氏・帚木〉訳（木工品が）見た目のしゃれているのも、なるほどこうも作れるものだな（と思われて）。

そば-ひら【側平】〔名〕かたわら。わき。側面。例「その山の――をめぐれば、世の中になき花の木ども立てり」〈竹取・蓬萊の玉の枝〉訳その山の側面を回ると、この世の中に見られない花の木がたくさん立ちならんでいた。

そば・む【側む】一〔自マ四〕{ま・み・む・む・め・め}❶横を向く。❷（横を向いて）ひがむ。すねる。例「今めかしう心憎きさまに――・み恨み給ふべきならねば心やすげなり」〈源氏・澪標〉訳（花散里(はなちるさと)は）当世風に奥ゆかしい様子でひがんだり恨んだりなさるわけではないので（光源氏も）気兼ねがなさそうである。❸正道からはずれる。かたよる。例「歌もことさらめき、――・みたる古言(ふるごと)どもを選(え)りて」〈源氏・梅枝〉訳歌も特別らしく、かたよった古歌などを選んで。
二〔他マ下二〕{め・め・む・むる・むれ・めよ}❶かたよせる。ゆがめる。例「旗竿(さを)どもひき――・めひき――・め」〈平家・二・教訓状〉訳旗竿などを（手もとへ）引き寄せ引き寄せ。❷（見たくないものに対して）視線をそらす。例「上達部(かんだちめ)・上人(うへびと)なども、あいなく目を――・めつつ」〈源氏・桐壺〉訳公卿(くぎやう)や殿上人なども、不快に感じて視線をそらしそらしして。

そば-め【側目】〔名〕❶横から見ること。例「この文を広げながら、端(はし)に手習ひすさび給ふを――に見れば」〈源氏・末摘花〉訳（光源氏が）この手紙を広げながら、すみの方に落書きなさるのを横から見ると。❷横から見た姿。横顔。例「髪のかかり給へる――、言ひ知らずあてにらうたげなり」〈源氏・若菜・上〉訳髪のかかっていらっしゃる横顔は、何とも言えないほど上品でかわいらしい。注柏木(カシワギ)ガ女三ノ宮ヲ垣間(カイマ)見ル場面。

そひ-ぶし【添ひ臥し】〔名〕❶添い寝すること。寄り添って寝ること。例「殿の内の人々も、あやしと思ひけれど、いとかう世づかぬ御――ならむとは思はざりけり」〈源氏・紅葉賀〉訳二条院の内の人々も、おかしいとは思ったが、全くこのように世間並みでない添い寝だろうとは思わなかった。注光源氏ト夫婦ニナッタ若紫ノ子供ッポイ様子。❷東宮や皇子などの元服の夜、そのそばに添い寝をする女性。公卿(くぎやう)などの娘が選ばれた。例「三条院の東宮にて御元服せさせ給ふ夜(よ)の御――に参らせ給ひて」〈大鏡・兼家〉訳三条天皇が（まだ）皇太子であって元服なさる夜の添い寝をする女性として（綏子(すいし)が）お上がりになって。

そひ-ふ・す【添ひ臥す】〔自サ四〕{さ・し・す・す・せ・せ}❶寄り添って寝る。添い寝する。例「御琴を枕にて、もろともに――・し給へり」〈源氏・篝火〉訳（光源氏と玉鬘(たまかづら)は）お琴を枕にして、一緒に寄り添って寝ていらっしゃる。❷（脇息(けふそく)などに）寄りかかって楽な姿勢をとる。例「紐(ひも)なども打ち捨てて、――・し給へる御火影(ほかげ)いとめでたく」〈源氏・帚木〉訳（直衣(なうし)の）紐なども結ばないで、（物に）寄りかかっていらっしゃる灯火に照らし出された（光源氏の）お姿は大層すばらしく。

そび-やか【聳やか】〔形動ナリ〕《動詞「そびゆ」の語幹＋接尾語「やか」》背が高い様子。例「ただ、かの人の御ほどと見えて、いま少し――・に」〈源氏・少女〉訳（五節(ごせち)の舞姫は）ちょうど、あの人（＝雲居雁(クモイノカリ)）ぐらいの年齢に見えて、もう少し背が高めで。

そび・ゆ【聳ゆ】〔自ヤ下二〕{え・え・ゆ・ゆる・ゆれ・えよ}❶（山などが）高くそびえる。そびえ立つ。例「堂舎(だうじや)高く――・えて」〈平家・二・山門滅亡〉訳（比叡山(ひえいざん)延暦寺(えんりやくじ)は）堂塔が高くそびえ立って。❷背がすらりと高い。例「人ざまいと貴(あて)に、――・えて、心恥づかしきけはひぞしたる」〈源氏・明石〉訳（明石の上は）人柄がとても優美で、背がすらりと高くて、こちらが気恥ずかしくなるほどの気品を持っている。

そびら【背】〔名〕《「背(そ)平(ひら)」の意》背中。

そひ・ゐる【添ひ居る】〔自ワ上一〕{ゐ・ゐ・ゐる・ゐる・ゐれ・ゐよ}❶そばについている。付き添う。例「この人を生け果てて見まほしう、惜しみてうちつけに――・ゐたり」〈源氏・手習〉訳この人（＝浮舟）の命をとりとめてあげたいと、（死なせるのを）惜しがってぴったりとそばについていた。❷（夫婦として）ともに暮らす。例「異なる事なき女をよしと思ひ定めてこそ――・ゐたらめと、賤(いや)しくも推(お)し量られ」〈徒然草・一九〇〉訳なんの取り柄(え)もない女をよいと思い決めて（夫婦として）ともに暮らしているのだろうと、（人間が）安っぽいと推量され。

そ・ふ【添ふ・副ふ】一〔自ハ四〕{は・ひ・ふ・ふ・へ・へ}❶加わる。例「日長き頃なれば、追ひ風さへ――・ひて」〈源氏・須磨〉訳日の長い頃（＝春）であるので、（それに）追い風まで加わって（まだ午後四時頃にあの浦にお着きになった）。❷そばにいる。付き添う。例「かくいまいましき身の――・ひ奉らむも、いと人聞き憂かるべし」〈源氏・桐壺〉訳このような（＝娘ニ先立タレタ）不吉な身の私が（若宮に）付き添い申し上げるのも、大層外聞が良くないに違いありません。❸（夫婦として）ともに暮らす。
二〔自ハ下二〕{へ・へ・ふ・ふる・ふれ・へよ}《「年月にそへて」「日にそへて」などの形で》伴う。従う。例「年月に――・へて、御息所(みやすどころ)の御事を思し忘るる折(をり)なし」〈源氏・桐壺〉訳年月がたつに伴って、（帝は）御息所（＝桐壺更衣(キリツボノコウイ)）のことをお忘れになる時がない。
三〔他ハ下二〕{へ・へ・ふ・ふる・ふれ・へよ}❶付け加える。例「月の夜、雪の朝(あした)、花の本(もと)にても、心長閑(のどか)に物語して盃(さかづき)出だしたる、万(よろづ)の興を――・ふるわざなり」〈徒然草・一七五〉訳月の夜、雪の朝、花の下でも、心のどかに話でもしながら盃を取り出したりすることは、いろいろな興味を付け加えることだ。❷なぞらえる。例「たな霧(ぎ)らひ雪も降らぬか梅の花咲かぬが代(しろ)に――・へてだに見む」〈万葉・八・一六四二〉訳空が一面に曇って雪が降らないものか。梅の花が咲かない代わりに、せめて梅になぞらえてでも見るのに。

そ-ぶり【素振り】〔名〕顔色や動作などの様子。例「ひいき目に見てさへ寒い――かな」〈一茶〉訳坊主頭のこの私の様子は、どうひいき目に見ても、冬の寒さの中で、いかにも貧相な寒々しい表情に違いなかろうよ。

そへ-ごと【諷言】〔名〕《「そへこと」とも》遠回しに言う、機知に富んだ言葉。何かにことよせた気のきいた言い回し。例「『男やある』『いづくにか住む』など口々問ふに、をかしき言(こと)、――などをすれば」〈枕草子・職の御曹司におはします頃、西の廂にて〉訳「亭主がいるのか」「どこに住んでいるのか」などと口々に聞くと、おもしろい言葉や何かにことよせた気のきいた言い回しなどをするので。

そほ【赭・朱】(ソホ/ソオ)〔名〕(塗料として使う)赤い粘土。また、その色。例「旅にして物恋しきに山下の赤(あけ)の―船沖を漕ぐ見ゆ」〈万葉・三・二七〇〉訳 旅に出て(家が)なんとなく恋しい時に、山すそにいた朱塗りの舟が(都へ行くのだろうか)沖へ漕いで行くのが見えて、いっそう寂しくなってくる。

そほ-づ【案山子】(ソオズ)〔名〕《上代は「そほど」》かかし。例「あしひきの山田の―おのれさへ我を欲しと言ふうれはしきこと」〈古今・雑体・一〇二七〉訳 山田のかかしさん。おまえまでが私を妻に欲しいと言う。まあ嫌なことよ。注「あしひきの」ハ「山」ノ枕詞。「かかし」ハ男ヲ軽ベツシテ言ッタモノ。

そぼ・つ【濡つ】〔自タ四・上二〕{た・ち・つ・つ・て・て / ち・ち・つ・つる・つれ・ちよ}《古くは「そほつ」とも》⇩ふりそぼつ ❶濡(ぬ)れて、びしょびしょになる。例「御指貫(さしぬき)の裾(すそ)は、いたう―・ちぬ」〈源氏・蓬生〉訳 指貫の裾は、大層濡れてびしょびしょになってしまった。

❷(雨などが)しめやかに降りそそぐ。

そほ-ぶね【赭舟】(ソオ)〔名〕「そほ(=顔料ニ用イタ赤土)」で赤く塗った舟。

そぼ-ふ・る【そぼ降る】〔自ラ四〕{ら・り・る・る・れ・れ}《古くは「そほふる」》小雨がしとしとと降る。例「生けるかひありつる幸ひ人の光失ふ日にて、雨は―・るなりけり」〈源氏・若菜・下〉訳 この世に生きていたかいのあった幸せな人(=紫ノ上)が亡くなる日なので、雨はしとしとと降るのですね。

そぼ・る【戯る】〔自ラ下二〕{れ・れ・る・るる・るれ・れよ}❶ふざける。例「笑ひなど―・るれば、匂(ほに)ひ多く見えて」〈源氏・空蟬〉訳 (軒端荻(のきばのおぎ)は)笑ったりなどしてたわむれると、(若々しい)つややかさがあふれて。

❷きどる。しゃれる。例「院の内侍(ないし)のかみこそは、今の世の上手(じやうず)にはおはすれど、あまり―・れて癖ぞ添ひ給へる」〈源氏・梅枝〉訳 院の内侍のかみ(=朧月夜(オボロヅクヨ))こそ、今の世の(書の)名手でいらっしゃるけれども、あまりにきどって癖がおありです。

そま【杣】〔名〕❶植林して材木として切り出す山。例「おほけなく憂(う)き世の民におほふかなわが立つ―にすみぞめの袖(そで)」〈千載・雑中〉訳 身分不相応にも、僧侶の身として、憂き世の人々の上におおいかけることであるよ。比叡山に住みはじめて身につけたこの墨染(すみぞめ)の袖を。注『百人一首』所収、慈円(ジエン)ノ作。「わが立つ杣」ハ、最澄ガ比叡山ニ根本中堂ヲ建立スル時ニ詠ンダ歌ニヨル表現デ、比叡山ノコト。

❷杣山から切り出した材木。「そまぎ」とも。

❸⇩そまびと

そま-びと【杣人】〔名〕そま山から木を切り出す人。木こり。「そま」とも。例「―は宮木ひくらしあしひきの山の山彦(やまびこ)呼びとよむなり」〈古今・墨滅歌・一一〇二〉訳 木こりが宮殿を造る材木を切っているらしい。山に山彦が鳴り響いているのが聞こえている。

そまびと

そ・む【染む】━〔自マ四〕{ま・み・む・む・め・め}❶染まる。色がしみこむ。例「その涙、岸の竹にかかって、まだらにぞ―・みたりける」〈平家・六・祇園女御〉訳 その涙が、岸の竹にかかって、(その竹は)まだらに染まったのだった。

❷影響を受けて、それに感染する。感化される。例「この世に―・みたるほどの濁り、深きにやあらむ」〈源氏・若菜・上〉訳 この俗世に影響を受けてそれに感染している間の煩悩(ぼんのう)や迷いが、深いからであろうか。

❸心に深く感じる。例「歓喜涙こぼれて渇仰(かつがう)肝に―・む」〈平家・七・願書〉訳 歓喜で涙がこぼれて仏神のありがたさを心に深く感じる。

二〔他マ下二〕{め・め・む・むる・むれ・めよ}❶色をしみこませる。染める。例「とくゆかしきもの。巻き染め・斑濃(むらご)・括(くく)り物など―・めたる」〈枕草子・とくゆかしきもの〉訳 (でき上がりを)早く知りたいもの。巻き染めや斑濃やくくり物など染めたもの。

❷(心を)深く寄せる。傾ける。例「心こそうたて憎けれ―・めざらば移ろふことも惜しからましや」〈古今・恋五・七九六〉訳 心というものはいやに憎いものだ。あの人に心を傾けなかったら、あの人が心変わりすることも惜しいと嘆いただろうか。

そむき【背き】〔名〕《動詞「そむく」の連用形の名詞化》❶反対すること。敵対すること。

❷出家すること。例「多うは思ひなり給ひにし御世(みよ)の―なれば」〈源氏・鈴虫〉訳 (光源氏に会いたくない心が)主な理由で御決心なさった(女三の宮の)御出家であるので。

❸後ろ。背面。

そむ・く【背く】《「背(そ)向く」の意》━〔自カ四〕{か・き・く・く・け・け}❶**背を向ける。**後ろを向く。例「まろがれたる御額髪(ひたひがみ)ひき繕ひ給へど、いよいよ―・きて物も聞こえ給はず」〈源氏・朝顔〉訳 (涙で)もつれた額髪を(光源氏が)繕っておやりになるが、(紫の上は)ますます背を向けて物もおっしゃらない。

❷**従わない。**逆らう。反する。例「鎌倉をたって西国へ赴かん殿ばらは、義経が命を―・くべからず」〈平家・一一・那須与一〉訳 鎌倉をたって西国へ出向く貴殿達は、義経の命令に逆らってはならぬ。

❸別れる。離れる。例「御心ざし深かりける御仲を、―・き給ひて」〈源氏・夢浮橋〉訳 愛情が深かった夫婦仲だったのに、お別れになって(出家なさったとは)。

❹《「世を背く」の形で》出家する。世を捨てる。例「世を―・きぬべき身なめり」〈源氏・帚木〉訳 出家してしまうべき身のようだ。

二〔他カ下二〕{け・け・く・くる・くれ・けよ}❶後ろや横を向かせる。遠ざける。例「火ほのかに壁に―・け」〈源氏・帚木〉訳 火は薄暗くして壁の方に遠ざけ。

❷離反する。

> 参考 一の「そむく」の対象は、奈良時代には格助詞「を」で表されたが、「そむく」の意味の変化等により、平安時代以降は「に」と「を」が併用されるようになり、江戸時代に入ると主に「に」が用いられるようになる。

そめ-がみ【染め紙】〔名〕お経。例「経(きやう)・仏(ほとけ)など忌みて、なかご・―など言ふなるもをかし」〈徒然草・二四〉訳 経や仏など(の仏教用語)を忌みきらって、なかご・染め紙などと言うそうだがそれも面白い。

要点 経文を書くのに黄色や紺色に染めた紙を用いることから言う。斎宮が、神をはばかって、仏教用語の使用を避けるために、言いかえた語。

そめき【騒き】〔名〕(「ぞめき」とも)うかれ騒ぐこと。にぎわうこと。例「むなしく春返し夏植うる営みありて、秋刈り冬収むる――はなし」〈方丈記・飢渇〉訳(凶作のため)春は無駄に田を耕し夏は苗を植える仕事をしているが、秋に(稲を)刈りとり冬に(米を)収穫するにぎわいはない。

ぞめ・く【騒く】〔自カ四〕{か・き・く・く・け・け}❶(古くは「そめく」とも)浮かれまわる。騒ぐ。❷遊里をひやかしながら歩く。

そめ-どの【染め殿】〔名〕❶宮中や貴族の屋敷内で、布を染める仕事をした建物。❷藤原良房の邸宅。良房を「染め殿の大臣(おとど)」、娘の明子(=文徳天皇ノ女御)を「染め殿の后(きさき)」という。

そ-も【其も】 一〔連語〕(代名詞「そ」+係助詞「も」)それも。そのことも。例「思ひ出(い)でてしのぶ人あらんほどこそあらめ、――またほどなく失(う)せて」〈徒然草・三〇〉訳(故人を)思い出して懐かしむ人がいるうちはいいが、その人もまた間もなく亡くなって。

二〔接続〕(一から転じて)上に述べたことを受けて、以下に説き起こす意を表す。それにしても。それはそうと。そもそも。例「――参りたる人ごとに山へ登りしは、何事かありけん、ゆかしかりしかど」〈徒然草・五二〉訳それにしても(石清水八幡宮(いわしみずはちまんぐう)に)参詣(けいきん)した一人一人が山へ登ったのは、何事があったのであろうか、行って見たかったが。

ぞ-も〔連語〕一(強調の終助詞「ぞ」+係助詞「も」)(文中に用いて)(詠嘆を含んだ強い取りたての意を表す)…がまあ。…こそまあ。例「よく渡る人は年にもありといふをいつの間(ま)にぞも我(あ)が恋ひにける」〈万葉・四・五二三〉訳よく堪えて年月を過ごす人は一年でも(逢ぁわずに)いられるというのに、いつの間にまあ、私は(こんなに)苦しい恋をしてしまったのだ。

二(強調の終助詞「ぞ」+詠嘆の終助詞「も」)(多く疑問を表す語とともに文末に用いて)(詠嘆を含んだ疑問の意を表す)…かなあ。…だろうかなあ。例「沫雪(あわゆき)かはだれに降ると見るまでに流らへ散るは何の花ぞも」〈万葉・八・一四二〇〉訳泡のような消えやすい雪がはらはらと降っているのかと見えるほどに、(空に)流れて散っているのはいったい何の花かなあ。

そ-もじ【其文字】〔代名〕(女房詞(にょうぼうことば))(人称代名詞。対称)あなた。そなた。おまえ。例「お軽か、――はそこに何してぞ」〈浄・仮名手本忠臣蔵・七〉訳お軽か、そなたはそこで何をしているのか。

そも-そも【抑】

一〔接続〕(「そも」を重ねた語)あらためて話題を切り出す時に用いる語。いったい。さて。例「――いかやうなる心ざしあらむ人にか、会はむと思(おぼ)す」〈竹取・貴公子たちの求婚〉訳いったいどのような誠意のある人と、結婚しようとお思いですか。

二〔名〕(一からの転)初め。起こり。物の由来を述べる文の初めに一を用いることから)初め。起こり。発端(ほったん)。

そも-や〔副〕(接続詞「そも」+間投助詞「や」)❶物事の発端を示す語。そもそも。元来。まずは。❷下の叙述を強調して言う語。だいいち。ぜったいに。何がどうあろうと。例「――、勝手知らぬ者の取る事ではござらぬ」〈西鶴・世間胸算用・一・四〉訳(金包みが盗まれたが)どう見ても、事情を知らぬ者が盗むはずはございません。

そ-や【初夜】〔名〕⇩しょや

そ-や【征矢・征箭】〔名〕戦闘用の普通の矢。例「太刀の身のよきをも、――の尻(り)のかねよきをも、鎌倉殿の御ためとてこそこしらへ」〈平家・一二・六代被斬〉訳太刀の刀身のよいのも、矢の矢尻の鉄のよいのも、鎌倉殿(=源頼朝)を討ち申し上げるためにとこしらえて。

ぞ-や〔連語〕一(終助詞「ぞ」+間投助詞「や」)(文末に用いて)(感動をこめて強く指示する意を表す)…だなあ。…ことだ。…だぞ。例「日ごろは何とも覚えぬ鎧(よろひ)が、今日は重うなったるぞや」〈平家・九・木曽最期〉訳常日頃はなんとも思わない鎧が、今日は重く感じられるぞよ。

二(終助詞「ぞ」+係助詞「や」)(多く疑問の語に付いて文中に用いて)(不確かな疑問の意を表す)…だったろうか。…だろうか。…だか。例「いで、何事ぞやありし」〈源氏・幻〉訳さあ、どんなことがあったであろうか。

そよ〔副〕(擬声語)風が静かに吹くさま。静かな風に吹かれて物がかすかに音を立てるさま。平安以降の和歌では「其よ」と掛詞にすることが多い。

そ-よ【其よ】 一〔連語〕(代名詞「そ」+終助詞「よ」)それだよ。例「『御行方(おんゆくへ)や知りたる』と問ふに、……『これこそ――』といひもあへず」〈平家・三・有王〉訳「(俊寛僧都(そうず)様の)行方を知っていますか」と尋ねたところ、……(その人は)「私がそうなんだ」と最後まで言うこともできず。

二〔感〕ふと思い出したり、軽くあいづちを打ったり、何か言い出したりする時にいう語。そうそう。それそれ。例「――、たが習はしにかあらむ」〈源氏・澪標〉訳それそれ、(その嫉妬(しっと)は)いったいだれのしつけでしょうか。

参考 和歌では、荻(おぎ)などの葉ずれの音の「そよそよ」と掛けて用いることが多い。

ぞ-よ〔連語〕(終助詞「ぞ」+終助詞「よ」)「ぞや」一に同じ。例「それは、いともて離れたる事ぞよ。おのづから見給ひてむ」〈源氏・朝顔〉訳あなたの邪推は、全く見当違いなことですよ。(いつか)自然とお分かりになるでしょう。

そよ・ぐ【戦ぐ】〔自ガ四〕{が・ぎ・ぐ・ぐ・げ・げ}(風によって)そよそよという音を立てる。例「昨日(きのふ)こそ早苗取りしかいつの間に稲葉――・ぎて秋風の吹く」〈古今・秋上・一七二〉訳昨日早苗をとって田植えをしたばかりだというのに、いつの間にか稲葉がそよそよという音をたてて秋風が吹くことだ。

そよ-そよ〔副〕物が軽く触れ合って立てる連続的な音。特に人のひそやかな身動きや、風による木の葉のそよぎなどの形容。ざわざわ、さらさら、さやさや、など。例「――と音する」〈源氏・浮舟〉訳さらさらと衣(きぬ)ずれの音がしている。

そよ-め・く〔自カ四〕{か・き・く・く・け・け}❶風で草木がそよぐ。さやさやと音がする。例「風の音の、竹に待ち取られてうち――・くに」〈源氏・少女〉訳風の音が、竹に待ち迎えられてさやさやと鳴るうえに。❷人の動く気配がする。衣(きぬ)ずれの音がする。例「女房も南面(みなみおもて)にみな――・き往(い)ぬめり」〈枕草子・淑景舎〉訳女房達も南面の部屋に衣ずれの音を立てて去ったようである。❸人々がざわめく音がする。活気づく。例「渡らせ給ふとて、人々うち――・き、御几帳(みきちやう)ひき直しなどす」〈源氏・野分〉訳(明石の姫君が)おいでなさるというので、女房達はざわざわと動き回って、几帳を直したりする。

そよ-ろ〔副〕(「そより」とも)軽い物が触れ合って立てる音の形容。かさっ。がさっ。例「物は言はで、御簾(みす)をもたげて——とさし入るる、呉竹(くれたけ)なりけり」〈枕草子・五月ばかり〉訳何も言わないで、すだれを持ち上げてがさりと中へ入れたのは、呉竹であった。

そら【空・虚】㊀〔名〕❶天と地との間の、空間。空中。また、天空。例「——行く雲もただよひぬ」〈土佐・十二月二十七日〉訳空を飛ぶ雲も足をとめてしまった。
❷空模様。天候。例「頭(かしら)さし出(い)づべくもあらぬ——の乱れに、出で立ち参る人もなし」〈源氏・明石〉訳頭を外へ出すこともできないひどい天候で、(都を)出立して(明石にいる光源氏のもとへ)参上する人もいない。
❸(落ち着かない、不安な感じを伴って)所。方向。または、境遇。例「かかる旅の——にていかがなるべきにか、あやしく心細くおぼゆるかな」〈今昔・二六・二〇〉訳こんな旅の境遇で(これから)どうなるのだろうか、何ともわからない心細い気がすることだ。
❹気持ち。心。分別。
❺(山や木などの)上の部分。てっぺん。
㊁〔形動ナリ〕❶**うわのそらである。**心がうつろな状態である。例「人知れず、御心も——・にて」〈源氏・総角〉訳人にはそれらしい様子を見せないが、(女を思うと)心もうわの空で。
❷**根拠がない。**いいかげんである。例「『それ、しかあらじ』と、——・にいかがは推しはかり思ひくたさむ」〈源氏・帚木〉訳「それは、そうではないだろう」と、見もしないでどうして推量でけなすことができようか。
❸空虚である。はかない。
❹(「そらに」の形で)ⓐ物を見ないで。記憶だけで。暗記で。例「わが思ふままに、——・にいかでか覚え語らむ」〈更級・かどで〉訳(ますます物語に対する興味がつのるけれども)私の望む通りに、(継母や姉などが)どうして何も見ないで思い出して話してくれようか(いや、話してくれない)。
ⓑ(誰からかそのわけを聞いたわけでもないのに)ひとりでに。神通力で。霊感で。例「菩薩(ぼさつ)、——・にその心を知りて」〈今昔・一一・二〉訳菩薩(＝行基(ギョウキ)ヲ指ス)は、霊感でその心をつかんで。
㊂〔接頭〕❶根拠のないこと、あてにならないことを表す。「——頼め」など。
❷うそのこと、偽りのことを表す。「——言」「——泣き」。

> 要点 この語のもとの意味は、天と地との間の、何もない広々とした空間であるが、そこから種々の意を派生し、精神的な空虚さをも表すようになる。

曽良(そら)〖人名〗江戸前期の俳人。姓は河合。芭蕉の弟子として師によく仕え、『奥の細道』の旅にも同行を許された。その時の随行記『奥の細道随行日記』は、研究上の貴重な資料とされる。

そら〔副助〕(「すら」が音韻変化した形)⇩すら 程度の低いものを挙げて言外に高いものを類推させる。…でさえ。例「小さき蛇(くちなは)**そら**恐ろし」〈今昔・五・一九〉訳小さい蛇でさえ恐ろしい。(ましてこんな大きな蛇をどうしてこの船に乗せられようか)。
要点 平安時代末期から鎌倉時代にかけて、漢文訓読系の文章、特に『今昔物語集』など和漢混交文体の説話で多く用いられた。

そら-おそろ・し【空恐ろし】〔形シク〕天罰が恐ろしい。例「伊予(いよ)のかたのみ思ひやられて、夢にや見ゆらむと——・しく、つつまし」〈源氏・帚木〉訳(空蟬(うつせみ)は夫)伊予の介(すけ)のことばかりが自然気になって、(自分の光源氏との過ちが夫の)夢に現れているだろうかと天が恐ろしく、気がひけている。
参考 自分に道徳的な罪や過失があって、天の神の目を意識して恐れる気持ちをいう。「そら」は名詞で、助詞「も」を伴って「空も恐ろし」の形で用いる。

そ-らく【粗略・疎略】〔名・形動ナリ〕(「そりゃく」とも)おろそかに扱うこと。ぞんざい。例「ゆめゆめ——を存ずまじう候ふ」〈平家・七・忠度都落〉訳(形見の巻物を)決しておろそかに扱おうとは思いません。

そら-ごと【空言・虚言】〔名〕作りごと。**うそ。偽り。**対まこと㊀① 例「『——』とて笑ひ給ふ」〈源氏・帚木〉訳「作り話だ」と言ってお笑いになる。

そら-さま【空様】〔名〕(「そらざま」とも)上の方。空の方。例「髪は——へ生(お)ひあがり、よろづの藻くづとり付いて、おどろをいただいたるが如(ごと)し」〈平家・三・有王〉訳髪は空へ向かって生えあがり、種々の藻くずがくっついて、イバラを頭にかぶったようである。注鬼界ガ島ニ流罪ニナッタ俊寛(シュンカン)ノ姿。

そら-しらず【空知らず】〔名〕知っていながら知らないふりをすること。そらとぼけ。例「少々は知りたれども、——して、資盛朝臣(すけもりのあつそん)を始めとして、侍(さぶらひ)どもみな馬より取って引き落とし」〈平家・一・殿下乗合〉訳(平清盛の孫だと)少しは知っていたけれども、知らぬふりをして、資盛様をはじめ、(その部下の)武士達をみんな馬から引きずり落として。

そら-だき【空薫き】〔名〕❶(来客のもてなしなどのために)どこから薫ってくるのかわからないように、それとなく香(かう)をたくこと。例「簾(すだれ)の内より——の香(か)かうばしく匂ひ出(い)でぬ」〈今昔・二四・六〉訳すだれの中からさりげなくたいた香(かう)の匂いが香ばしく薫り出ていた。
❷どこからともなく匂ってくるかおり。

そらだき-もの【空薫き物】〔名〕⇩そらだき

そら-だのみ【空頼み】〔名〕(「頼み」は動詞「頼む」の連用形の名詞化)あてにならないことを頼りにすること。

そら-だのめ【空頼め】〔名〕あてにならないことを頼りにさせること。から約束。例「西へ行くしるべと思ふ月影の——こそかひなかりけれ」〈新古今・釈教・一九七六〉訳西方浄土へ行く道案内だと思っていた月の光のから約束は、まことに頼みがいのないことでしたよ。
参考「たのめ」は下二段動詞「頼む」の連用形。相手にあてにさせること。四段の連用形「たのみ」の場合は、自分があてにすること。

そら-なき【空泣き】〔名〕泣きまねをすること。うそ泣き。

そら-なげき【空嘆き】〔名〕嘆くふりをすること。

そら-ね【空音】〔名〕❶実際にはない音を聞いたように思うこと。そらみみ。幻聴。例「夜など、忍びたるほととぎすの、遠く——かと覚ゆばかり、たどたどしきを聞きつけたらむは、なに心地かせむ」〈枕草子・四月、祭の頃〉訳夜など、声をひそめて鳴くホトトギスの、遠くてそら耳かと思われるくらいに、かすかな鳴き声を聞きつけたとしたら、どんなにすばらしい気持ちがするだろう。

❷鳴きまね。うそ鳴き。こわいろ。例「夜を籠(こ)めて鳥の——は謀(かは)るとも世に逢坂(あふさか)の関は許さじ」〈枕草子・頭の弁の、職に〉訳 夜が明けないうちに、ニワトリの鳴きまねは(夜が明けたかのように函谷関(かんこくかん)の番人を)だましたけれど、決して(男女が相逢うという)この逢坂の関は許しませんよ(私はあなたのうまいお口に乗ったりしませんよ)。注『百人一首』所収、清少納言ノ作。

そら-ね【空寝】〔名〕眠ったふりをすること。たぬき寝入り。例「——をしたるを」〈枕草子・にくきもの〉訳(会わないでいようと思う人が来た時に)たぬき寝入りをしているのを。

そら-みつ〖枕詞〗「やまと(大和・倭)」にかかる。例「——大和国はおしなべて我こそ居(を)れ」〈万葉・一・一長歌〉訳 大和国は、一面に従えて私こそいるのだが。

そら-め【空目】〔名〕見まちがえること。見そこなうこと。例「光ありと見し夕顔の上露(うはつゆ)はたそがれ時の——なりけり」〈源氏・夕顔〉訳 光り輝いていると思って見た夕顔の花の上の露は、夕暮れ時の私の見まちがいでした。

そり【反り】〔名〕〖動詞「反る」の連用形の名詞化〗❶そること。弓なりになること。

❷刀剣で、峰の反っている部分。また、その反り具会。

❸弦の張ってない弓で、反って弧状になっている部分。また、その反り具合。

そり-さげ【剃り下げ】〔名〕江戸時代の男の髪型の一つ。頭の上の部分の毛を広くそりおろし、残った両鬢(びん)の毛を細く結い上げる。「いとびん」とも。

そ・る【逸る】〔自ラ四〕〔ら・り・る・る・れ・れ〕違った方に向かう。離れる。それる。

それ【其れ・夫れ】㊀〔代名〕■一〖指示代名詞。中称〗❶話し手から少し離れた、あるいはすでに話題になった人や事物を指し示す。**そのこと。その人。それ。**例「筒の中光りたり。——を見れば、三寸ばかりなる人、いと美しうて居(ゐ)たり」〈竹取・かぐや姫の生ひ立ち〉訳 竹の筒の中が光っている。それをのぞいて見ると、三寸(=九センチ)くらいの人が、とてもかわいらしい様子で座っている。

❷すでに話題になった場所を指し示す。**その所。そこ。**例「九条わたりまで御車にて、——より……御馬に奉るほど」〈増鏡・むら時雨〉訳 九条のあたりまではお車(=牛車(ギッシャ))で、そこから……お馬にお乗りになる頃には。

❸すでに話題になった時を指し示す。**その時。**例「——よりなむ、少しうれしきことをば、かひあるとは言ひける」〈竹取・燕の子安貝〉訳 その時から、少しうれしいことを、かいがあると言うようになった。

❹事物・場所・時などを、漠然と指し示す。しかじか。どこそこ。ある。例「——の年の十二月(しはす)の二十日(はつか)余り一日(ひとひ)の日の戌(いぬ)の時に、門出(かどで)す」〈土佐・十二月二十一日〉訳 ある年の十二月二十一日の日の午後八時頃に、出発する。

■二〖人称代名詞。対称〗あなた。例「——にもうちとけ給ふまじ」〈平家・一・清水寺炎上〉訳 そなたも決して油断なさってはいけません。

㊁〔接続〕〖代名詞「それ」から転じた用法〗(文章や段落のはじめに用いて)改まった感じで、新しいことを述べはじめる意を表す。さて。そもそも。いったい。例「——、三界(さんがい)は、ただ心一つなり」〈方丈記・閑居の気味〉訳 さて、三界(=欲界・色界・無色界トイウ迷イノ世界)は、ただ心の持ち方によって存在するのである。例「——雄剣を帯(たい)して公宴に列し、兵杖(ひやうぢやう)を賜りて宮中を出入(しゆつにふ)するは、みな格式の礼を守る」〈平家・一・殿上闇討〉訳 そもそも大剣をさして公の宴に列席し、武装した随身(ずいじん)を召し連れて宮中に出入りするということは、みな公式の規定を守っている。注「兵杖」ハ武器ノ意デ、武器ヲ持ッタ護衛兵、随身・内舎人ナドノコトヲイウ。

要点 主として漢文訓読系の文で、詠嘆をこめて一文を説き起こすような場合に用いられる。

それ〔感〕〖代名詞「それ」から転じた用法〗相手の注意をひいたり、動作をうながしたりする時に発する、呼びかけの語。そら。ほら。さあ。例「——、お見やれ。これは私の勝ちでござる」〈狂言・佐渡狐〉訳 そら、ごらんなさい。この賭(か)けは私の勝ちです。

それか-あらぬ・か【其れかあらぬか】〖連語〗それか、それとも、それではないのか。例「ただ、物よりのぞきなどして、——と見定めむとなむ思ふ」〈源氏・浮舟〉訳 ただ、物陰からのぞくなどして、その女かそれとも別の女かを見極めたいと思う。

それ-がし【某】〔代名〕〖人称代名詞〗❶〖不定称〗名前のわからない、または、わざと名を伏せた人や物事を指し示す語。だれそれ。なになに。某(ぼう)。例「行啓(ぎやうけい)には、入道殿、——といふ御馬に奉りて」〈大鏡・道長・下〉訳 上東門院(じやうとうもんいん)彰子(しやうし)のお出かけの時には、入道(=藤原道長)殿は、何とかというお馬にお乗りになって。

❷〖自称〗男性が対等の者に対して、改まって自分を言う語。わたくし。拙者(せつしや)。例「——、多くの丈六(ぢやうろく)を作り奉れり」〈宇治拾遺・四・二〉訳 私は、多くの一丈六尺(=約五メートル)の仏像をお作り申し上げました。

参考 ②は中世以降の用法。室町時代以降は、①の意味では「なにがし」が用いられるようになり、「それがし」は②の意味でのみ用いられた。

それ-かれ【其彼】〔代名〕〖人称代名詞。不定称〗人の名を言う代わりに用いる。だれそれ。「それがしかれがし」とも。例「『たれたれかありつる』と人の問へば、『——』など四・五人ばかり言ふに」〈枕草子・方弘はいみじう人に〉訳 (御殿には)「だれだれがいたか」と人が問うと、「だれそれ」などと四・五人ばかり(の人の名を源方弘(まさひろ)が)言うと。

それ-それ【其れ其れ】■一〔代名〕〖指示代名詞。不定称〗その人とあの人と。だれかれ。例「『誰々(たれたれ)か』と問へば、『——』と言ふ」〈枕草子・二月つごもり頃に〉訳「(ご同席は)どなたとどなたか」と尋ねると、「その人とあの人」と言う。

■二〔感〕❶(相手の注意をうながして)そら。さあさあ。ほらほら。

❷(ふと思いついて)そうそう。そうだ。例「——、いと興に侍(はべ)りしことなり」〈大鏡・道長・下〉訳 そうそう、大変に興味深いことでございましたよ。

❸(相手に同感の意を表して)そのとおり。そうですとも。

それ-に〔接続〕❶〖逆接を表す〗しかるに。それなのに。例「いと覚えおはしきかし。——、いかがしけむ」〈大鏡・道隆〉訳 たいそう人望がおありでしたよ。ところが、どうしたことか。

❷〖順接を表す〗それゆえ。その結果。例「——こそ菅原の

大臣、御心のままに政ごち給ひけれ」〈大鏡・時平〉訳（左大臣藤原時平がげらげら笑いころげて、今日は右大臣にまかせる、と言ったので）そのため菅原の大臣（＝道真）が、お思いのままに政治をなさったということです。

❸《添加を表す》その上に。さらに。例「すでに我が家に入らむずる盗人にてあり。――我がもとに心安く思ひて使ふ侍の仲することぞ」〈今昔・二九・一三〉訳まさしく私の家に押し入ろうとしている盗人なのだ。その上私の手もとで信頼して召し使っている侍がその手引きをしていることだ。

そん-じゃ【尊者】〔名〕《「そんざ」とも》❶偉い人。身分の高い人。目上の人。例「父の前にて、人と物言ふとて、史書の文を引きたりし、賢しくは聞こえしかども、――の前にてはさらずともと覚えしなり」〈徒然草・二三三〉訳（ある人の子が）父の前で、人と話をする時に、中国の歴史書の文句を引用したのは、利口だとはわかるけれど、目上の人の前でそうまでしなくてもと思われたのだった。

❷大臣の催す大饗の正客として、上座に座る貴人（＝年長デ位ノ高イ人）。例「やがて大饗行はる。――には大炊御門の右大臣経宗公とぞ聞こえし」〈平家・一・俊寛沙汰・鵜川軍〉訳（平重盛の内大臣就任披露の祝宴で）主賓には大炊御門右大臣経宗公をお迎えするということだ。

❸（②になぞらえて）裳着の儀式の時、腰のひもを結ぶ役。腰結い。

❹仏教の修行を積んで知徳をそなえた人。例「仏の従弟は疎からず親しきことは誰よりも阿難――ぞおはしける」〈梁塵秘抄・九四〉訳仏のいとこでは、疎遠でなく親しいことは誰よりもまさっている阿難尊者がいらっしゃった。

そん・ず【損ず】〔ぜ・じ・ず・ずる・ずれ・ぜよ〕■一〔自サ変〕いたむ。こわれる。例「首の――・ぜぬ様にはからひ、京近うなって斬らんずるにこそ」〈平家・一一・大臣殿被斬〉訳（このように暑い時節だから斬ったあと）首がいたまないように取りはからって、都に近くなって斬ろうとするのであろう。

■二〔他サ変〕いためる。こわす。例「――・ぜざらんためとて、品なく見にくきさまにしなし」〈徒然草・八一〉訳（道具類を）いためないためにというので、（わざと）下品に体裁悪くこしらえて。

■三〔補動サ変〕…しそこなう。例「これを射――・ずるものならば、弓切り折り自害して、人に二たび面を向かふべからず」〈平家・一一・那須与一〉訳これを射そこなうような事があれば、弓を切り折って自殺して、人に二度と顔を合わせられません。

ぞん・ず【存ず】〔ぜ・じ・ず・ずる・ずれ・ぜよ〕〔自サ変〕❶存在する。生存する。例「はからざるに牛は死し、はからざるに主は――・ぜり」〈徒然草・九三〉訳思いもかけないのに牛は死に、思いもかけないのにその持ち主は生きている。

❷思う。考える。例「助け参らせんとは――・じ候へども、御方の軍兵雲霞のごとく候ふ」〈平家・九・敦盛最期〉訳（敵のあなたを）お助け申そうとは思いますけれども、我が方の軍兵は雲霞のごとく大勢おります。

❸知る。承知する。例「――・じてをればつっかけて参れども、――・ぜぬによってかやうに呼ばはって歩きまする」〈狂言・末広がり〉訳（末広がりというものを）知っていますならば勢いよく参りますが、知りませんのでこのように（末広がりが買いたいと）叫んで歩きます。

要点 ②③は謙譲語または丁寧語として用いられる。

ぞん-ぢ【存知】〔名・他サ変〕《「ぞんち」とも》❶知っていること。承知。例「後日の訴訟を――・して」〈平家・一・殿上闇討〉訳（平忠盛は）後日訴えられることを承知していて。

❷心がまえ。心得。覚悟。例「いにしへ、朝敵をほろぼさんとて都を出づる将軍は、三の――あり」〈平家・五・富士川〉訳昔、朝廷の敵をほろぼそうとして都を出発する将軍は、三つの心がまえがあった。注「三の存知」トハ、天皇カラ将軍ノ印トシテノ刀ヲ賜ッタ時ニ家ノ事ヲ忘レ、家ヲ出ル時ニ妻子ノ事ヲ忘レ、戦場デ敵ト戦ウ時ハ我ガ身ヲ忘レルトイウ覚悟。

そん-まう【損亡】〔名・自サ変〕壊れたり無くなったりすること。「そんばう」とも。例「家の――・せるのみにあらず、これを取り繕ふ間に、身を損なひ、かたはづける人、数も知らず」〈方丈記・辻風〉訳（つむじ風で）家がこわれたり無くなったりしたばかりでなく、その家を修理する間に、我が身を傷つけ、不具になった人は、その数も知れない。

た

た【他】〔名〕❶ほか。別。例「一事を必ずなさんと思はば、――の事の破るるをもいたむべからず」〈徒然草・一八八〉訳一つの事を必ずなしとげようと思うなら、（それによって）ほかの事がだめになることを悲しんではならない。

❷ほかの人。他人。例「人としては、善にほこらず、物と争はざるを徳とす。――に勝ることのあるは、大きなる失なり」〈徒然草・一六七〉訳人間としては、善行を自慢せず、人と争わないのを美点とする。他人よりすぐれていることがあるのは、むしろ大きな欠点である。

た【田】〔名〕稲を植えて育てる土地。たんぼ。

た【誰】〔代名〕（多く、「たが」「たそ」などの形で用いられて）だれ。例「仮りの宿り、――がためにか心を悩まし、何によりてか目を喜ばしむる」〈方丈記・ゆく河〉訳仮りの宿にすぎない住居を、いったい誰のために苦心して（作り立て）、どうして（そんなものを見て）喜んでいるのか。

た〔接頭〕（動詞・形容詞に付いて）語調を整える。「――ばしる」「――もとほる」「――やすし」など。

だ【攤】〔名〕❶賭け事の一種。銭を投げて、出た面の裏・表で勝負を決めるもの。攤銭。銭打ち。

❷双六の一種。さいころと銭でする賭け事。例「盃を取れば酒を思ひ、賽を取れば――打たんことを思ふ」〈徒然草・一五七〉訳盃を持てば酒を（飲もうと）思い、賽を手にすれば双六がしたくなる。

たい【体】■一〔名〕❶からだ。身体。

❷すがた。かたち。有様。状態。「てい」とも。

❸本質。本性。本体。もととなるもの。

■二〔接尾〕仏像などの数え方。例「丈六の仏九――、いと尊くて並びおはします」〈徒然草・二五〉訳（立ったとしたら）一丈六尺の阿弥陀如来像が九体、たいへん尊いご様子で並んでいらっしゃる。

要点 ■一③は働きのもとになる中心的なものをいい、そ

の働きを「用」という。文法で、体言・用言というのはこれにもとづいている。⇩よう(用)④

たい【対】〔名〕❶対等であること。同等であること。例「まことには御製(ぎょせい)と文時(ふみとき)が詩と――におはします」〈今昔・二四・二六〉訳本当は(村上)天皇の作品と(私)文時の詩と同等のできでございます。
❷「対の屋(や)」の略。

対の屋(や) 平安時代の寝殿造りで、寝殿(=母屋)に向かい合って位置する別棟。寝殿の左右のを東の対・西の対、後ろのを北の対と呼び、寝殿と渡殿(=渡リ廊下)で結ぶ。普通、北の対に正夫人(=北ノ方)が住み、その他に家族が住む。

だい【代】■一〔名〕❶位や家を受け継いで、その地位にある期間。
❷特に、天皇の御代。治世。
❸かわり。
❹代金。代価。
❺(地位を表す名詞の下に用いて)その人に代わってその地位の仕事をする人。代理。「判官――」「別当――」など。
■二〔接尾〕(数詞の下に付いて)位や家を受け継いだ順位を表す。例「五十六――清和天皇」〈大鏡・清和〉訳五十六代清和天皇。

だい【台】〔名〕❶高い建物。高楼。転じて、役所。
❷(「露台(ろだい)」の略)紫宸殿と仁寿殿の間にある板敷きで屋根のない台。
❸物をのせるもの。特に、食物をのせる台。転じて、食物。食事。

だい-えい【題詠】〔名〕決められた題に従って和歌を詠むこと。前もって題が示される「兼題」と、その場で示される「即題」とがある。平安時代に流行し、後には贈答歌以外は題詠がほとんどになった。

だい-おんじゃう【大音声】〔名〕大きな声。大声。例「――をあげて名乗りけるは」〈平家・四・橋合戦〉訳大声をあげて名乗ることには。

だい-がく【大学】〔名〕❶「大学寮(れう)」の略。
❷中国の経書の名。「四書」の一つ。

大学の衆(しゅう) 大学寮の学生。「学生(がくしゃう)」とも。律令では定員四百人であった。

だい-かぐら【太神楽・代神楽】〔名〕❶(「だいだいかぐら」とも)祈願・報謝のために、伊勢神宮に奉納する神楽。
❷(①から転じて)江戸時代の大道芸の一つ。数人で獅子舞・品玉・皿回しなどを演ずる曲芸。

だいかぐら②

だいがく-れう【大学寮】〔名〕地方の「国学」に対して中央の教育機関。紀伝道(歴史・文学)・明経道(儒学)・明法道(法律)・算道(数学)などを教え、それに関する事務をつかさどった。式部省に属し、官吏のほか、文章博士、明経博士、明法博士などがいた。「ふんやのつかさ」とも。

たい-かふ【太閤】〔名〕❶摂政または太政大臣の敬称。後に、関白の位を辞任して「内覧の宣旨(せんじ)」を賜った人、または関白を子に譲った人を呼ぶようになった。
❷特に、豊臣秀吉のこと。

だいかん【代官】〔名〕⇩だいくゎん

たい-ぎ【大儀】■一〔名〕大きな儀式。重要な儀式。大典。大礼。
■二〔名・形動ナリ〕❶費用のかかること。大変なこと。大げさなこと。
❷やっかいなこと。骨が折れること。苦労なこと。
❸他人の骨折りをねぎらい慰める語。ご苦労。

だい-きゃう【大饗】〔名〕(「たいきゃう」とも)❶大宴会。特に、正月に恒例として行われる「二宮(=中宮ト東宮)の大饗」と「大臣の大饗」および臨時に行われる大臣就任祝いの宴会のこと。
❷宴会などのごちそう。料理。

だい-きゃうじ【大経師】〔名〕朝廷のご用で経や仏画などを表装した職人。のち、単に表具師・経師屋のこと。

たいきょく-でん【大極殿】〔名〕⇩だいこくでん

だい-ぐうじ【大宮司】〔名〕大きい神社の神官の長。伊勢・熱田・宇佐・阿蘇・香椎・宗像・気比・鹿島・香取などの神宮・神社に置かれた。「おほみやづかさ」とも。

たい-くつ【退屈】〔名・自サ変〕❶気力がなくなること。うんざりすること。
❷ひまをもてあますこと。することがなくて困ること。

たい-くゎうたいこう【太皇太后】〔名〕先々代の天皇の后。「太皇太后宮」とも。

だい-くゎん【代官】〔名〕❶ある官職の代理をする役人。例「子息頼経(よりつね)朝臣(あそん)を――に置かれたり」〈平家・八・緒環〉訳(豊後守藤原頼輔は)息子の頼経殿を国司の代理としてお置きになっていた。
❷特に、中世の守護・地頭の代理。守護代・地頭代。
❸江戸幕府の直轄地を支配し、年貢・公事・戸籍などの民政をつかさどった役人。

だい-ぐゎん【大願】〔名〕(「たいぐゎん」とも)❶(仏教語)この世のあらゆる生き物を救おうとする、仏の誓願。
❷神仏に対してかける大きな祈願。例「われ当社に百日参籠(さんろう)の――あり。今日は七十五日になる」〈平家・一・鹿谷〉訳私はこの神社に百日間こもってお参りする大きな祈願がある。今日は七十五日目になる。

たいけん-もん【待賢門】〔名〕平安京大内裏の十二門の一つ。外郭東側中央にある。⇩付録・大内裏図

だい-ご【醍醐】〔名〕牛か羊の乳の濃度を高め、よく精製して作った液。薬用などに用いる。この上なく濃厚で甘美な味(=醍醐味)がすることから、最上の仏法にたとえられる場合もある。

たいこう【太閤】⇩たいかふ

大黒天(だいこくてん)〔神名〕❶天竺(=インド)の神。密教では、仏教の守護神として、逆立つ髪に、忿怒(=怒リ)の形相をしている。顕教では、施福神(=幸福ヲモタラス神)として、愛楽の相で台所に祭られる。

大黒天①

❷七福神の一つ。狩衣のような服、ベレー帽のような頭

巾 左肩に袋を背負い、右手に打手の小槌(こづち)を持って米俵の上に乗る。幸福をもたらす神。大国主命(おおくにぬしのみこと)信仰と習合し、「恵比寿(えびす)」と共に台所に祭られ、民衆から親しまれる。

だいごく-でん【大極殿】〔名〕《「だいごくでん」「たいきょくでん」とも》大内裏(だいだいり)の正殿。朝堂院(＝八省院)の北側中央にあった。「高御座(たかみくら)」があり、天皇が政務を執ったり、元旦の拝賀や「大嘗祭(だいじゃうさい)」など重要な儀式を行った。⇩付録・大内裏図

たい-さい【大才】〔名〕すぐれた才能。また、その持ち主。例「無智にして――に交はり、不堪(ふかん)の芸をもちて堪能(かんのう)の座につらなり」〈徒然草・一三四〉訳無知でありながら博学の人と交際し、(また)見るにたえないような芸をもって達人たちとひざを並べ。

たい-し【太子】〔名〕❶天皇の位を継ぐ皇子。皇太子。古代中国では、天子や諸侯の長男をいった。❷特に、「聖徳太子」の称。

だい-し【大姉】〔名〕《仏教語》❶出家した女性(＝尼)、また地位・身分のある在家の女性仏教信者の敬称。❷女性の戒名(かいみょう)に添える称号。対こじ(居士)

だい-し【大師】〔名〕《仏教語》❶仏や菩薩(ぼさつ)に対する敬称。偉大な師。高僧に対する敬称。❷大師号。朝廷から高徳の僧をたたえて(多くは死後)おくる称号(諡(おくりな))。❸特に、弘法大師空海のこと。例「――は承和(じょうわ)の初めにかくれ給へり」〈徒然草・一七三〉訳弘法大師は承和年間の初めにお亡くなりになった。

だい-じ【大慈】〔名〕《仏教語》生きるものすべての苦しみを救う、仏・菩薩(ぼさつ)の大きな慈愛。例「衣の上の御情けに、――の恵みをたれて結縁(けちえん)せさせ給へ」〈奥の細道・市振〉訳法衣(ほうえ)を着ている上の(＝出家トシテノ)お情けで、仏様のお恵みをお与え下さって仏道に入る縁を結ばせてください。

要点「大慈」は、生きるものすべての苦しみを取り去る愛。これに対して「大悲(だいひ)」は、安楽を与える愛。

だい-じ【大事】〔名・形動ナリ〕❶重大な事件。重要な事柄。例「などこれほどの御――に、軍兵(ぐんびやう)どもをば召し具せられ候はぬぞ」〈平家・二・小教訓〉訳なぜこれほどの重大事件(＝大納言成親卿(ナリチカキョウ)ヲ捕ラエタコト)に、兵隊達を連れておいでにならないのですか。❷重大な事態。容易ならぬ状態。危険な状態。例「息災(そくさい)なる人も、目の前に――の病者(びやうじや)となりて、前後も知らず倒れ伏す」〈徒然草・一七五〉訳健康な人も、(無理に酒を飲まされると)見るまに重い病人となって、正体を失って倒れ込んでしまう。❸《「一大事(いちだいじ)」の略》仏道に入って悟りをひらくこと。例「――を思ひ立たん人は、去りがたく心にかからんことの本意(ほい)を遂げずして、さながら捨つべきなり」〈徒然草・五九〉訳仏道に入って悟りを開くことを思い立つような人は、(世俗の)捨てがたく心にかかる事を実現しようとしないで、そのままきっぱり捨てるべきである。❹手厚く扱うこと。大切なこと。また、そのもの。

だいじ-だいひ【大慈大悲】〔名〕《仏教語》広大無辺の仏の慈悲。例「観音(くわんおん)の――は、罪あるも罪なきをも助け給へば」〈平家・一二・泊瀬六代〉訳観音菩薩の広大無辺の慈悲は、罪ある者も罪のない者をもお助け下さるから。

だい-しゃう【大将】〔名〕❶《中世以降「たいしゃう」とも》近衛府(このえふ)の長官。例「一つ余りてや宰相にて――かけ給へりけむ」〈源氏・若菜・上〉訳(光源氏は二十歳を一つ越えて(つまり、二十一歳の時に)参議で近衛府長官を兼任なさっただろうか。❷全軍の指揮者。司令官。

だいじゃう-くゎん【太政官】〔名〕《「だじゃうくゎん」とも》令制で定められた、すべての役所を統括する国政の最高機関。現在の内閣にあたる役所。「おほいまつりごとのつかさ」とも。

たい-しゃうぐん【大将軍】〔名〕《「だいしゃうぐん」とも》❶官軍の総大将。朝廷の命令で軍勢の総指揮をとる武将。❷全軍の総大将。例「大手は伊豆守(いづのかみ)を――にて、悪僧ども六波羅に押し寄せ」〈平家・四・永僉議〉訳正面は伊豆守(＝源仲綱)を総大将にして、強い僧兵達が六波羅に押し寄せ。

❸集団のかしら。頭領。頭目。首領。例「昔、袴垂(はかまだれ)とて、いみじき盗人の――ありけり」〈宇治拾遺・二・一〇〉訳昔、袴垂といって、すごい盗人の首領がいた。❹陰陽道(おんようどう)の八将軍の一つ。その神のいる方角へ向かうことは万事縁起がよくないとされた。❺《「征夷(せいい)大将軍」の略》将軍。

だい-しゃうこく【大相国】〔名〕「太政大臣」の唐名。特に、平清盛を指すことがある。

だいじゃう-さい【大嘗祭】〔名〕⇩だいじゃうゑ

だい-しゃうじ【大床子】〔名〕天皇の用いる、背もたれやひじかけのない四本脚の腰掛け。

大床子の御物(おもの) 天皇の正式の食事。「大床子」に座って召し上がるお食事。例「朝餉(あさがれひ)の気色ばかり触れさせ給ひて、――などはいと遥(はる)かに思(おぼ)し召したれば」〈源氏・桐壺〉訳(帝(みかど)は)略式のお食事に形だけ手をおつけになって、正式のお食事などはとても召し上がる気になれないとお思いであるので。注最愛ノ人、桐壺更衣(キリツボノコウイ)ヲ失ッテ悲嘆ニクレル帝ノ様子。

だいしゃうじ

だいじゃう-だいじん【太政大臣】〔名〕《「だじゃうだいじん」とも》大臣の最高位。太政官の長官。例「左右(さう)を経(へ)ずして内大臣より――従一位にあがる」〈平家・一・鱸〉訳(平清盛は)左大臣右大臣を経験せずに内大臣から太政大臣従一位に昇進する。

> 参考「太政大臣」の職務　太政大臣は天子の師範であり、天下の模範とされた。従って、適任者がない時は欠員としたので、「則闕(そっけつ)の官」ともいう。訓読して、「おほきおほいまうちぎみ」「おほきおほいどの」「おほきおとど」とも。唐名は「大相国」。

だいじゃう-ゑ【大嘗会】〔名〕(毎年行われる「新嘗祭(にひなめさい)」に対して)新しく天皇が即位した時に、初めて行われる新嘗祭。その年の新穀を、天皇みずから神々に供える儀式で、一代に一度の最大の儀式。式の日は、陰暦

十一月の中の卯の日で、即位が七月以前ならばその年に、八月以後ならば翌年行われる。

大嘗会の御禊 大嘗会を行う前、陰暦十月の下旬に、天皇が賀茂川で身を清める儀式。

たい-しゃく【帝釈】〔名〕「たいしゃくてん」の略。

たいしゃく-てん【帝釈天】〔名〕梵天と共に、仏法を守護して阿修羅と戦う神。須弥山の頂上の忉利天にある喜見城に住み、四天王および三十二天を従えているという。天帝。

たいしゃくてん

たい-しゅ【太守】〔名〕❶上総・常陸・上野の三国（のち陸奥を加えて四国）の守。親王が任ぜられた。これを親王任国という。ただし、親王は実際には現地へ赴かず、介（＝次官）が任務を代行する習慣であった。
❷一国の領主。国主。

だい-しゅ【大衆】〔名〕大寺院における多数の僧。高貴な身分の出身である長老・学侶などに対して一般の僧をいう。衆徒。平安時代の末、武装化して僧兵の中心となった。

だい-じょう【大判官】〔名〕令制で役所の規模により判官（第三等官）が大（判官）少（判官）にわけられた中の上位の判官。用字は役所によって異なる。⇩官位相当表

だい-じん【大尽・大臣】〔名〕❶大金持ち。富豪。
❷遊里で、金を惜しまずに豪遊する客。大尽客。

だい-じん【大臣】〔名〕「太政官」の上官。太政大臣・左大臣・右大臣・内大臣などをいう。「おとど」「おほいどの」「おほいまうちぎみ」とも。次位は「納言」。

だい-じん【大進】〔名〕（「たいしん」「だいしん」とも）大膳職・中宮職・皇太后宮職・春宮坊などの三等の上の官。大判官。

だい-じんぐう【大神宮・太神宮】〔名〕伊勢神宮。特に、天照大神を祭ってある内宮をいう。例「伊勢は南なり。——の御方を御跡にせさせ給ふ事いかが」〈徒然草・一三三〉訳伊勢（神宮）は（京都の）南にある。（天皇が）大神宮の方向を足の向きにして（寝て）おられる事はいかがなものか。

たい・す【帯す】〔他サ変〕｛せ・し・す・する・すれ・せよ｝身につける。所持する。例「庭上には四国鎮西の兵ども、甲冑弓箭を——して雲霞のごとくになみ居たり」〈平家・八・緒環〉訳庭には四国・九州の兵どもが、甲冑・弓矢を身につけて雲霞のようにたくさん並んでいる。

たい-せち【大切】〔名・形動ナリ〕⇩たいせつ

たい-せつ【大切】〔名・形動ナリ〕（「たいせち」とも）❶緊急を要すること。さしせまっていること。例「——なる事ありて、夜を昼にて上れば」〈今昔・二六・二〇〉訳緊急の事があって、夜を日についで急いで上京したところ。
❷貴重であること。大事であること。例「何としても命は——のことなれば」〈平家・三・足摺〉訳何としても命はかけがえのないものであるから。
❸大事にすること。愛情。

だい-そうじゃう【大僧正】〔名〕僧綱（＝僧官）の最高位。僧正の上位。貴族の二位大納言に相当。聖武天皇の天平一七年（七四五）、奈良薬師寺の行基に初めて与えられた。

たい・だい・し【怠怠し】〔形シク〕よろしくない。不都合である。とんでもない。例「今はた、かく世の中のことをも、思ほし捨てたるやうになりゆくは、いと——しきわざなり」〈源氏・桐壺〉訳（桐壺更衣の死後の）今もまた、（帝が）このように世の中（＝政治）のことをも、さっぱりお考えにならないようになっていくのは、全く困ったことだ。
要点 人の行為・態度などを非難したり嘆いたりしていう語。多く男性の会話に用いられる。語源は不明、「怠怠し」は当て字。

だい-だいり【大内裏】〔名〕宮城のこと。皇居（＝内裏）とそのまわりの諸官庁のある区域。

参考 一般的にいって、大膳職・大蔵省のように「大」が付くのは一般官庁（＝外廷）で、内膳職・内蔵寮のような「内」は、天皇に直接かかわる機関（＝内廷）をいう場合に付ける。

だい-とく【大徳】〔名〕（仏教語）⇩だいとこ

だい-とこ【大徳】〔名〕（「だいとく」とも）修行を積んだ徳の高い僧の敬称。のち、単に、僧の敬称。例「この尼君の子なる——の声尊くて経うち読みたるに」〈源氏・夕顔〉訳この尼君の子である高僧が声も尊い様子で経を読むのに。

だい-ないき【大内記】〔名〕⇩ないき

だい-なごん【大納言】〔名〕太政官の次官。右大臣の下、中納言の上の位。大臣とともに国政を執り、宣旨を伝える仕事をするが、大臣の代理をすることがあるので、「亜相」とも呼ぶ。三位相当の官で、定員は四名。「おほいものまうすつかさ」とも。例「右大将の君、——になり給ひ」〈源氏・若菜・下〉訳右大将の君（＝夕霧）は、大納言におなりになって。

だい-に【大弐】〔名〕（「大宰の大弐」の略）大宰府の次官。
参考 長官である権帥が空席の時に帥の下に置かれた官で、実質的に長官の役割を果たした。⇩そち（帥）

だいにち-にょらい【大日如来】〔名〕（仏教語）真言宗の本尊。宇宙の万物を通じて存在する最高の理知の本体。すべての仏、菩薩などの源となる。理を象徴する胎蔵界大日如来と、智を象徴する金剛界大日如来との二体がある。摩訶毘盧遮那仏。

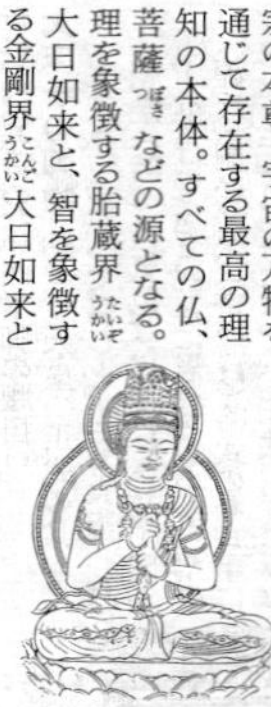
だいにちにょらい

だい-ねんぶつ【大念仏】〔名〕❶大勢が集まって「南無阿弥陀仏」と念仏を唱える仏事。
❷特に、京都嵯峨の清涼寺釈迦堂で、毎年陰暦三月六日から十五日まで行われる大念仏の法会。

たい-の-や【対の屋】⇩「たい（対）」子項目

だい-ばん【台盤】〔名〕（「だいはん」とも）宮中や貴族の家で用いた、食べ物を盛った皿をのせる長方形の食卓。四脚で、表面はふちが高く、中がくぼんでいる。

だいばん-どころ【台盤所】〔名〕❶台所。台盤を置く

部屋で、女房の詰め所。

だい-ひ【大悲】〔名〕《仏教語》❶生きているものすべての苦しみを救う、仏・菩薩の大きな慈悲。⇩だいじ(大慈) ❷(台盤所をとりしきるところから)貴人の夫人。奥方。

要点 例「我、観音の――の利益(りやく)の内に入るまじき身にこそあらめ」〈今昔・一六・一八〉訳 私は、観音のお慈悲のご利益の中に入ることのできない身であるに違いない。

❷(「大悲菩薩(ぼさつ)」の略)観世音菩薩の別名。

たい-ふ〔名〕㊀【大夫】律令制で、五位以上の官人の称。転じて、五位の官人の通称。例「今日ぞ――につけて、文(ふみ)ある」〈蜻蛉・下・天禄三年〉訳 今日になって大夫にことづけて、(夫、兼家から)手紙が来る。注 コノ「大夫」ハ作者ト兼家ノ子、道綱。当時、従五位下。

㊁【大夫・太夫】❶伊勢神宮の下級神官である御師のこと。❷能・狂言・歌舞伎などの芸能を職業とする人の中で、わざのすぐれた人。例「きのふも初芝居がならぬと言うて、さる――が……嘆きしに」〈西鶴・世間胸算用・四・一〉訳 昨日も新春の芝居興行ができないと言って、さる一座の座頭が……嘆願すると。❸遊女の最上位。

たいふ㊁③

たい-ふ【大副】〔名〕令制で、神祇官の次官。従五位に相当する。大中臣・斎部・卜部の三姓の人が任じられた。

たい-ふ【大輔】〔名〕令制で、八省の次官。正五位に相当する。

だい-ふ【内府】〔名〕《「ないふ」とも》内大臣の唐名。

だい-ぶ【大夫】〔名〕令制で、職・坊の長官。例「――は、ただ今なむ参りつる道に御車引き出(い)づる見侍(はべ)りつ」〈源氏・東屋〉訳 中宮職の長官は、たった今(私が)こちらへ参りました道の途中で(参内のため)お車を引き出しているのを拝見しました。

要点 同じ字を書いても「たいふ」とは別語。

だいふく-ちゃう【大福帳】〔名〕商家で掛け売りの記録をしておく帳簿。元帳。例「最前のすり鉢の音は、――の上紙(うはがみ)に引く糊(のり)をすらした」〈西鶴・日本永代蔵・二・一〉訳 さっきのすり鉢の音は、大福帳の表紙に(紙を張るための)糊をすらせた音だ。

太平記(たいへいき)〔書名〕室町前期の軍記物語。四十巻。作者は小島法師かといわれる。建武の中興を中心に、一三一八年(文保二)の後醍醐天皇の北条氏討伐計画から、一三六七年(正平二十二)の室町幕府三代将軍義満の時代まで、約五十年間にわたる南北朝の争乱のさまを描いている。文体は漢文臭が強く、叙情味に乏しいきらいがあるが、物語僧の語りによって民間に広められ、近世の小説や戯曲に多くの題材を提供した。

たいへい-らく【太平楽】〔名〕❶雅楽の曲名。天下泰平を祝う舞楽で、即位の大礼などで行われる。よろいかぶと、太刀を付けた四人が舞う武の舞。⇩万歳楽(ばんざいらく) ❷気楽に勝手なことをやったり言ったりすること。いいかげん。でたらめ。

たいへいらく①

だい-べん【大弁】〔名〕⇩べん

たい-まつ【松明】〔名〕《「焚(た)き松」のイ音便》やにの多い松、または、竹・葦などを束ねて火を付け、屋外の照明具とするもの。「うちまつ」「ついまつ」「まつ」とも。

たい-まつ・る【奉る】〔他ラ四〕〈ら・り・る・る・れ・れ〉《「たてまつる」の変化した形》㊀差し上げる。例「かぢとりして幣(ぬさ)――・らするに」〈土佐・一月二十六日〉訳 船頭に命じて幣(=神ニ祈ル時ノ捧ゲ物)を差し上げさせたところ。㊁〔補動ラ四〕《謙譲の意を表す》…申し上げる。例「宰相をば見――・りしかど」〈大鏡・道長・下〉訳 宰相を見申し上げたことはあるが。

だい-みゃう【大名】〔名〕《「大名主(だいみやうしゆ)」の意》❶平安時代末期、多くの名田(みやうでん)を耕作した田堵・名主(みやうしゆ)など有力農民や土豪のこと。対 せうみゃう ❷中世、多くの領地を持って勢力のあった守護・地頭のこと。❸江戸時代、一万石以上の禄高(ろくだか)の領主。諸侯。藩主。例「つぶぬれの――を見る炬燵(こたつ)かな」〈一茶〉訳 冷たい雨の降る冬の日、気の毒に、ずぶ濡れになって大名行列が表を通って行く。私は、宿のあたたかい炬燵にあたりながら、障子の隙間からそれを眺めている。(何の栄耀(えいよう)栄華もないかわり、また何の気苦労もない、思えば暢気(のんき)な生活である)。

だい-みゃうじん【大明神】〔名〕神の呼び方の一つ。「明神」をさらに敬っていう語。

たい-め【対面】〔名・自サ変〕《「たいめん」の撥音「ん」を表記しない形》顔を合わせること。対面。例「かへすがへすうれしく――・したるかな」〈大鏡・序〉訳 お会いできて本当にうれしく思います。

たい-めん【対面】〔名・自サ変〕《「たいめ」とも》顔を合わせること。面会。例「いかで物越しに――・して、おぼつかなく思ひつめたること、少し晴(は)るかさむ」〈伊勢・九五〉訳 どうにかして物越し(=几帳ヤ簾ナドデ隔テテイルコト)でもいいから(あなたに)お会いして、待ち遠しく思いつめていたことを、少しでも晴らそう。

だい-もく【題目】〔名〕❶本の表題。外題(げだい)。❷物につける名。名称。名号。❸条件。箇条。例「九条相国伊通(くでうのしやうこくこれみち)公の款状(くわんじやう)にも、ことなることなき――をも書きのせて、自讃(じさん)せられたり」〈徒然草・二三八〉訳 九条太政大臣藤原伊通公の官位を望む嘆願書にも、どうということのない箇条まで記載して、自分をおほめになっている。❹《仏教語》日蓮宗では「法華経」の表題に「南無」の二字を加えて、「南無妙法蓮華経」の七字を「お題目」といい、それを唱えることで「法華経」に対する信仰を表す。

だい-もん【大門】〔名〕(寺院などの)全体の正門。総門。例「――の跡は一里こなたにあり」〈奥の細道・平泉〉訳 (平泉館(ひらいずみだち)の)総門の跡は一里ほど手前にある(ほどの大きな構えであった)。

だい-もん【大紋・大文】〔名〕❶大形の紋どころ。また、大形の紋の付いた衣服の柄。❷大形の家紋を五か所に染めつけた直垂(ひたたれ)。上着(うはぎ)の背筋の部分に一つ、両袖(そで)の外側中央、両胸の部分に各々一つずつの紋を付け、下には長袴(ながばかま)を着用する。室町時代に始まり、江戸時代には諸大夫（しょだいぶ）（＝五位ノ武家）以上の身分の者の礼服とされた。

だい‐もんじ【大文字】〔名〕❶大きな字。また、「大」の字。
❷（「大文字の送り火」の略）陰暦七月十六日（＝現在八月十六日）の夜、東山（京都市左京区）の如意岳（にょいがたけ）の中腹で大の字の形に焚（た）く送り火。例「——や近江（あふみ）の空もただならね」〈蕪村〉訳大文字の送り火がともされた。こんなにあかあかと照らされていると、さぞかし山向こうの近江の空もただごとではあるまい。

だいもんじ②

たい‐や【逮夜】〔名〕葬式または命日の前夜。

平敦盛（たいらのあつもり）【人名】⇩たひらのあつもり（平敦盛）

平忠度（たいらのただのり）【人名】⇩たひらのただのり（平忠度）

だい‐り【大理】〔名〕「検非違使庁（けびゐしちゃう）」の長官。「別当」の唐風の呼び名。

だい‐り【内裏】〔名〕❶天皇の住む御殿（ごてん）。皇居。禁裏。御所（ごしょ）。⇩付録・内裏図 例「何者のしわざにやありけん、古い都の——の柱に、二首の歌をぞ書いたりける」〈平家・五・都遷〉訳何者のやったことだろうか、昔の都の皇居の柱に、二首の歌が書いてあった。
❷天皇のこと。例「——に奏すべき事あるによりなむ急ぎ上りぬる」〈源氏・明石〉訳天皇に申し上げることがあるので急いで都に上ります。
❸（「内裏雛（びな）」の略）天皇・皇后に似せた一対のひな人形。（季・春）

だい‐りゃう【大領】〔名〕（「たいりゃう」とも）平安時代、郡の長官。多くその地の豪族がなった。「郡領（こほりのみやつこ）」とも。

たう【党】〔名〕中世、地方の豪族が自己保全のために結成していた同族的な武士集団。例「——も豪家（がうけ）も、七条朱雀（しゅしゃか）へ四塚（よつか）さまへ馳（は）せ向かふ」〈平家・九・樋口被討罰〉訳地方武士の集団も名門の武士集団も、七条朱雀へそして四塚方面へ急いで向かった。
注「豪家」ハ、由緒アル武家ノ集団。

参考 武士団のなかでも、渡辺党・湯浅党・隅田党・松浦党など、党が付くものは上下関係よりも横の結合関係の強いことを特色とする。

たう【唐】 ㊀〔名〕❶中国の王朝の名（六一八〜九〇七）。
❷（転じて）中国。もろこし。から。唐土。震旦（しんたん）。
㊁〔接頭〕❶中国製の。中国風の。中国渡来の。「——人」「——茶」「——船」など。
❷外国の。舶来の。「——犬」「——桟（さん）」など。

だう【堂】 ㊀〔名〕❶接客や儀礼などを行う御殿。表御殿。正殿。
❷神や仏などを祭る建物。例「板屋の傍らに——建てて行なへる尼のすまひ」〈源氏・夕顔〉訳（粗末な）板葺（いたぶ）き屋根の家の傍らに仏様を祭るお堂を建てて修行する尼の住居は。
㊁〔接尾〕❶敬称。多く他人の母を敬って用いる。
❷雅号・屋号などの名に添える。「池大雅——」。

たう‐か【堂下】〔名〕（「だうか」とも）❶堂の下。建物の下。
❷（「堂上（たうしゃう）」に対して）昇殿を許されない身分の低い者。「地下（ぢげ）」とも。

たう‐か【踏歌】〔名〕⇩たふか

たう‐ぎん【当今】〔名〕当代の天皇。今上（きんじゃう）天皇。例「この入道相国（しゃうこく）と申すは、かけまくもかたじけなく——の外祖にておはします」〈平家・五・奈良炎上〉訳この入道相国と申し上げる方（＝平清盛）は、恐れ多くも今上天皇（＝安徳天皇）の祖父でいらっしゃいます。

たう‐げ【峠】〔名〕⇩たむけ㊁

たう‐ざ【当座】〔名〕❶その場。その席。例「——の公卿（くぎゃう）みな長方（ながかた）の義に同ずと申し合はれけれども」〈平家・二・座主流〉訳その場の公卿達は皆藤原長方の提案に同意すると話し合われたけれども。
❷即座。即刻。すぐ。
❸その当時。しばらくの間。一時。
❹その場で即座に出される和歌や俳諧（はいかい）などの題。また、そうして和歌などを詠むこと。即題。即吟。

たうざ‐がし【当座貸し】〔名〕少額の金を短期間、高利で融資すること。例「たしかなる方（かた）へ、日貸しの小判、——のはした銀（がね）」〈西鶴・日本永代蔵・一・三〉訳（倹約家の未亡人の息子は）信用のおける人へ、一日貸しの高利の小判や、当座貸しの小銭（を貸してもうける）。

たうざ‐ぎん【当座銀】〔名〕その場で金銭の受け渡しをすること。現金取引。例「昔は掛け算、今は——」〈西鶴・日本永代蔵・一・四〉訳昔は掛け売りしたが、今は現金売り。

たうざ‐さばき【当座捌き】〔名〕その場だけを考えた処理。一時しのぎの処置。

たうざ‐ばらひ【当座払ひ】〔名〕その場で代金を支払うこと。現金払い。即金。例「万事を——にして、銭（ぜに）のない時は肴（さかな）も買はぬがよし」〈西鶴・世間胸算用・五・三〉訳（借金取りがこわいので）すべての買い物を現金払いにして、銭のない時は酒のさかなも買わないのがよい（と決め）。

たう‐じ【当時】〔名〕❶現在。今。当今。例「——都に聞こえ候ふ仏御前（ほとけごぜん）こそ参って候へ」〈平家・一・祇王〉訳今都で評判になっております白拍子（しらびゃうし）の仏御前が参上しております。
❷その頃。その時。

だう‐し【導師】〔名〕（仏教語。人々を悟（さと）りに導く者の意）❶仏や菩薩（ぼさつ）。
❷法会（ほふゑ）・供養（くやう）などの時、僧達の首席として儀式を行う僧。
❸葬式をつかさどり、死者に引導を渡す僧。

だう‐しゃ【堂舎】〔名〕大きな建物と小さな建物。また転じて、寺院の建物。例「都のほとりには、在々所々（ざいざいしょしょ）——塔廟（たふめう）一つとして全（まった）からず」〈方丈記・大地震〉訳（大地震のため）都の周辺では、どこもかしこも社寺の建物も塔も、一つとして無事なものはない。

だう‐しゃ【道者】〔名〕❶道教を修行した者。道士。道人。
❷仏道を修行する者。僧。例「あるは無依（えむ）の——の跡

を慕ひ、風情(ふぜい)の人の実(じつ)をうかがふ」〈芭蕉・笈の小文〉訳 また一切の執着を捨てた仏道修行者の跡を慕い、風雅を愛した人々の心を探る。❸連れ立って神社・寺・霊場を参拝して歩く旅人。巡礼。

たう-しゃう【堂上】 〔名〕《「だうしゃう」「だうじゃう」とも》❶堂の上。御殿の内。殿上。高い席。例「綺羅(きら)充満して、――花の如(ごと)し」〈平家・一・吾身栄花〉訳 美しい衣服を着た人がいっぱいで、(平家の)御殿の内は花のようである。❷昇殿を許された四位以上の公卿や殿上人。例「すべて――堂下(たうか)一同にあっと悦(よろこ)び合へる声、門外までどよみて」〈平家・三・御産〉訳 (中宮徳子の皇子出産の知らせに)殿上人・昇殿を許されない者達が皆異口同音にわっと喜び合う声は、(邸(やしき)の)門の外まで響いて。❸昇殿すること。例「内記(ないき)の持ちたる宣命(せんみやう)を取らずして――せられにけり」〈徒然草・一〇一〉訳 詔勅や宣命を作る役人の持っている(大臣任命の)宣命を受け取らずに昇殿なさってしまった。❹《近世の用法》一般に、公家のこと。

だう-じゅ【堂衆】 〔名〕《「だうしゅ」とも》大寺院の雑役をする身分の低い僧。のちに僧兵となる。「大衆(だいしゅ)」よりも身分が低い。例「――の中に筒井の浄妙明秀(じやうめうめいしう)といふ一人当千(いちにんたうぜん)の兵(つはもの)ぞや」〈平家・四・橋合戦〉訳 堂衆の中で筒井の浄妙明秀という千人力の勇士であるぞ。

たう-じん【唐人】 〔名〕《「唐」は中国の意》❶中国人。からびと。また転じて、外国人。異国人。例「近く渡りたりける――の身の才賢きありけり」〈今昔・二四・三〉訳 近年(日本に)渡ってきた中国人で学才のすぐれた(者が)いた。❷物の道理の分からない者をののしっていう語。わからずや。

だう-しん【道心】 〔名〕《仏教語》❶仏教を信仰する心。仏道を求める心。菩提心。例「ぬかづき虫、またあはれなり。さる心地に――起こしてつき歩(ありく)くらむよ」〈枕草子・虫は〉訳 ヌカズキ虫(=米ツキ虫)も、またしみじみとした感じである。そんな虫の心にも菩提心を起こしてぬかずき(=拝ミ)回っているようだよ。❷十三歳あるいは十五歳以上になってから仏門に入った人。

だうしん-じゃ【道心者】 〔名〕《仏教語。「だうしんざ」とも》仏教を心から信仰している者。例「まことにありがたき――なり」〈徒然草・六〇〉訳 本当にめったにない信仰心の厚い人だ。

たう-せい【当世】 〔名〕❶今の世。現代。その当時の世。例「これは当家の棟梁(とうりやう)、――の賢人にておはしければ」〈平家・三・医師問答〉訳 この人(=重盛)は当家(=平家)の棟梁(=支エデアル重要ナ人)で、今の世の賢人でいらっしゃったから。❷《「当世風(たうせいふう)」の略》その時代の流行の風俗。はやり。いまふう。例「――の下げ島田」〈西鶴・好色一代女・三・四〉訳 当時流行の下げ島田(=根ノ部分ヲ低クシタ島田髷)。

桃青(たうせい) 《人名》⇩松尾芭蕉(まつをばせう)

たう-せん【唐船】 〔名〕中国の船。また、中国風の船。からふね。もろこしぶね。例「平家の船は千余艘(うき)、――少々あひ混じれり」〈平家・二一・壇浦合戦〉訳 平家の船は千余艘で、中国風の船も少々混じっていた。

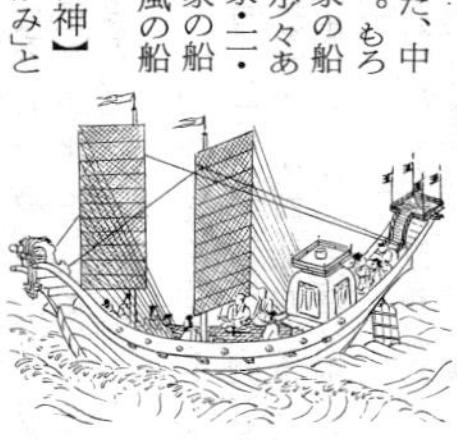
たうせん

だうそ-じん【道祖神】 〔名〕《「さへのかみ」とも》道の邪神・悪霊から通行人を守り、旅の安全を守る神。村境や峠・橋のたもと・四つ辻などに、石に彫って祭る。例「――の招きにあひて、取るもの手につかず」〈奥の細道・出発まで〉訳 道祖神の誘いを受けて(旅に出ようと思い立ち)、取るものも取りあえず。

たう-だい【当代】 〔名〕❶現代。当世。今の世。❷現在の天皇。今上天皇。「当今(たうぎん)」とも。例「神武天皇を始め奉りて、――まで六十八代にぞならせ給ひにける」〈大鏡・序〉訳 神武天皇を初代の天皇として、今上天皇まで六十八代におなりになった。

だう-たふ【堂塔】 〔名〕堂と塔。寺院の建物と塔。例「昔は――軒を並べたりしかども」〈平家・二・山門滅亡〉訳 (愛宕護山権現社・高尾神護寺は)昔は堂と塔とが軒を並べて(荘厳だった)けれども。

だう-ぢゃう【道場】 〔名〕❶僧が仏教を修行する場所、建物。寺。❷武道を修行する場所、建物。

だう-ちゅう【道中】 〔名〕❶旅行の途中。旅中。また、旅行。旅。❷おいらん道中。一定の日に遊女達が盛装して、遊廓の中を練り歩くこと。

だうちゅう-すごろく【道中双六】 〔名〕東海道五十三次を絵に描き、品川を振り出し、京都を上がりにした双六。さいころの目の数だけ宿駅を進め、早く上がった方が勝ちとなる。旅双六。

たう-ど【唐土】 〔名〕我が国から中国を呼んだ名称。中国。唐(から)の国。「もろこし」とも。

だう-にん【道人】 〔名〕《「だうじん」とも》仏教の悟りをひらいた人、また、悟りを得ようと仏教を修行している人。例「――は遠く日月(にちぐわつ)を惜しむべからず。ただ今の一念、むなしく過ぐることを惜しむべし」〈徒然草・一〇八〉訳 仏道修行者は遠い将来の月日を惜しむべきでない。今のこの一瞬が、無駄に過ぎることを惜しむべきである。

たう-ばり【賜ばり】 〔名〕《動詞「たうばる」の連用形の名詞化》特別の恩恵によって地位やほうびをいただくこと。また、いただいた物。例「御――の御封(みふ)などこそ皆同じごとおりゐの帝(みかど)と等しく定まり給へれど」〈源氏・若菜・上〉訳 (光源氏が)特別にいただいていらっしゃる封戸などは皆上皇と同等に定められていらっしゃるが。

たう-ば・る【賜ばる】 〔他ラ四〕{ら・り・る・る・れ・れ}《「たまはる」の変化した形》「もらう」の謙譲語。たまわる。いただく。

> 参考 「たうばる」は「たまはる」よりも古風な、改まった感じを伴うものとして用いられたらしい。

たう・ぶ【食ぶ】 〔他バ下二〕{べ・べ・ぶ・ぶる・ぶれ・べよ}❶《「食ふ」

「飲む」の謙譲語》いただく。例「東宮のさぶらひにて、男ども酒——・べけるついでに詠み侍りける」〈古今・雑下・九三詞書〉訳春宮坊の侍所にて、男達が酒をいただいた時に詠みました(歌)。

❷《「食ふ」「飲む」を改まっていう丁寧語》いただく。食べる。飲む。例「この酒をひとり——・べんがさうざうしければ、申しつるなり」〈徒然草・二一五〉訳この酒を一人でいただくのが寂しくて物足りないので、お呼びしたのです。

たう・ぶ【賜ぶ・給ぶ】〔ば・び・ぶ・ぶ・べ・べ〕《「たまふ」の変化した形》━〔他バ四〕《「与ふ」「授く」の尊敬語》くださる。お与えになる。「たまふ」に比べると敬意は低い。例「それは、隆円に——・べ」〈枕草子・無名といふ琵琶の御琴を〉訳それ(=笙ノ笛)は、隆円にお与えになってください。

━〔補動バ四〕《尊敬の意を表す》お…になる。例「御館より出で——・びし日より、ここかしこに追ひ来る」〈土佐・一月九日〉訳(前土佐守である紀貫之が)官舎を出発なさった日から、(この人々は見送りに)ここあそこと後を追って来る。

たう-みゃう【唐名】〔名〕日本の官職名を中国風、特に唐風に呼んだもの。大臣を丞相・丞相、大納言を亜相、中納言を黄門などというもの。唐名。

たう-め【専女】〔名〕❶老女。例「翁人一人、——一人、あるが中に心地悪しみして、物も物したばでひそまりぬ」〈土佐・一月九日〉訳老人一人と、老女一人が、みんなの中で特に気分を悪くして、物も召し上がらないで寝込んでしまった。

❷《「伊賀たうめ」の略》老いた狐のこと。

たう-らい【当来】〔名〕《仏教語》まさに来ようとしている時。未来。来世。

たうらい-だうし【当来導師】〔名〕《仏教語》釈迦の入滅の五十六億七千万年後に、この世に現れて衆生を導くことになっている者。弥勒菩薩のこと。

たう-り【桃李】〔名〕モモとスモモ。例「——もの言はねば、誰とともにか昔を語らん」〈徒然草・二五〉訳(昔と同じように咲いてはいるが)モモもスモモも言葉を話すわけではないから、いったい誰と一緒に昔の事を語り合おうか。

たえ【妙】〔形動ナリ〕⇩たへ

たえ-い・る【絶え入る】〔ら・り・る・る・れ・れ〕〔自ラ四〕❶気を失う。気絶する。例「今日の入相ばかりに——・りて、又の日の戌の時ばかりになむ、からうじて生き出でたりける」〈伊勢・四〇〉訳今日の日没頃に気を失って、次の日の午後八時頃に、なんとか息を吹き返したのだった。

❷命が絶える。死ぬ。例「書きはつる、——・り給ひぬ」〈竹取・燕の子安貝〉訳(石上の中納言は和歌を)書き終わるとともに、絶命なさった。

たえ-こも・る【絶え籠る】〔自ラ四〕〔ら・り・る・る・れ・れ〕世の中との縁を絶って山などにひきこもる。例「まして女は、さる方に——・りて」〈源氏・椎本〉訳まして女は、そういう所に世間との縁を絶ってひきこもって(世間の非難を負わないようにするのがよいでしょう)。

たえ・す【絶えす】━〔自サ変〕〔せ・し・す・する・すれ・せよ〕絶える。尽きる。例「時々見給ふるにつけては、心惑ひの——・せぬもありなきに」〈源氏・宿木〉訳(山荘を)時々訪ねてみますにつけて、(故八の宮を思い出し)悲しみに心の乱される事が絶えないのも不本意ですので。

━〔他サ四〕〔さ・し・す・す・せ・せ〕絶えてしまうようにする。絶やす。

たえ-ず【絶えず】〔副〕絶えることなく。常に。例「随身も弦打ちして、——声づくれ」〈源氏・夕顔〉訳お供の護衛官も(魔よけのために)弓の弦を鳴らして、絶えることなく声をたて(て警戒せ)よ。

たえ-だえ【絶え絶え】〔副〕とぎれとぎれに。例「山深み春とも知らぬ松の戸に——かかる雪の玉水」〈新古今・春上・三〉訳山が深いので春になったとも知らない(山奥の家)の松の戸に、とぎれとぎれにかかる雪解けの美しい水のしずくよ(これだけが春を感じさせる)。

たえ-て【絶えて】〔副〕《動詞「絶ゆ」に接続助詞「て」が付いて一語化したもの》

> 現代語にも「絶えて」はあるが、全然…ない、の意で否定表現と呼応する用法は、古語独特のもの。②も否定的悲観的状態を強調するのに用いる。

❶《下に打消しの表現を伴って》全然。少しも。例「世の中に——桜のなかりせば春の心はのどけからまし」〈古今・春上・五三〉訳世の中に全然桜がなかったとしたら、春の(人の)心はのどかなものだったろうになあ(桜があればこそ、花の散るのが心配で気がそわそわしてしまうのだよ)。

❷すっかり。まったく。はなはだしく。例「過ぎにし方の事は——忘れ侍りにしを」〈源氏・手習〉訳過ぎ去った昔の事はすっかり忘れてしまいましたのに。

たえ-は・つ【絶え果つ】〔自タ下二〕〔て・て・つ・つる・つれ・てよ〕❶すっかり絶える。例「はかなきひとくだりの御返りのたまさかなりしも、——・てにけり」〈源氏・若紫〉訳(藤壺からの)ほんの一行くらいの御返事が今まではまれにあったのも、すっかりとだえてしまった。

❷すっかり息が絶える。死ぬ。例「夜半うち過ぐるほどになむ——・て給ひぬる」〈源氏・桐壺〉訳夜中を過ぎた頃に(桐壺更衣が)お亡くなりになった。

たおやか【嫋やか】〔形動ナリ〕⇩たをやか

たおやめ【手弱女】〔名〕⇩たをやめ

たか【高】━〔名〕❶知行・扶持などの、給与の額。禄高。

❷程度。ほど。限度。

❸あげくのはて。結局は。どうせ。

━〔接頭〕高い、立派な、などの意を添える。

た-が【誰が】〔連語〕《代名詞「誰」に格助詞「が」の付いたもの》だれが。だれの。

た-かい【他界】━〔名〕他の世界。別の世界。

━〔名・自サ変〕《この生の世界から他の世界に行くことの意から》死ぬこと。死亡。過去。例「故頭殿の御——の間、みなし子となり」〈平家・一一・腰越〉訳故守殿(=父義朝)が御逝去したため、(その子である私義経は)みなし子となりました。

たがいめ【違い目】〔名〕⇩たがひめ

たがう【違う】〔動〕⇩たがふ

たか-がり【鷹狩り】〔名〕タカやハヤブサを使って、野鳥や小さいけものを捕らえる狩猟。秋の「小鷹狩り」、冬の「大鷹狩り」がある。

高砂〔地名〕播磨国の加古川河口の地名。現在の兵庫県高砂市。「高砂の松」で有名。長寿のものとして和歌でこの「高砂の松」がひきあいに出されたことから、「相生(=トモニ生育シテ年齢ヲ重ネル意)の松」とも呼ばれ、後には夫婦が共に仲むつまじく長生きすることを祝う題材となった。現在、尾上神社(=高砂神社)境内にある根もとが合した二本の松を「高砂の松(相生の松)」と称する。結婚式で歌われる謡曲『高砂』の舞台である。例「誰(たれ)をかも知る人にせむ──の松も昔の友ならなくに」〈古今・雑上・九〇九〉訳私はいったい誰を知友としたらいいんだろう。高砂の松も老齢ではあるが、しょせん松では昔からの友達にはなれないのだから。注長生キハシタガ、昔カラノ友達ガ皆死ンデシマッタ孤独ナ老人ノ寂シサヲ詠ンダ歌。『百人一首』所収ノ藤原興風ノ作。

たか・し【高し】〔形ク〕対ひきし ❶上の方にある。高い。例「天井の──・きは、冬寒く灯(ともしび)暗し」〈徒然草・五五〉訳天井の高い家は、冬は寒く灯火が暗い。

❷**音や声が大きい。**例「おほかた、人の家の男主(をとこしゆう)ならでは、──・くはなひたる、いとにくし」〈枕草子・にくきもの〉訳大体に、一家の男主人でなくては、大声でくしゃみをしたのは、大変気にくわない。

❸広く知られている。例「御かたちすぐれ給へる聞こえ──・くおはします」〈源氏・桐壺〉訳ご容姿が優れておられるという評判が広まっておられる。

❹身分・地位が上である。**高貴である。**例「玉敷(たまし)きの都のうちに棟(むね)を並べ甍(いらか)を争へる、──・きいやしき人の住まひは」〈方丈記・ゆく河〉訳美しい都の中にぎっしり並び甍の高さを争(うように建)っている、身分の高い人や低い人の住居は。

❺考えがすぐれている。立派である。例「男は、口惜(くちを)しき際(きは)の人だに、心を──・うこそ使ふなれ」〈源氏・少女〉訳男というものは、低い身分の人でさえ、自尊心を高く持つものである。

❻時間が離れている。年月がたっている。年老いている。例「年──・くなりて、西の京に住みけり」〈宇治拾遺・二・六〉訳老年になって、西の京に住んでいた。

要点 空間的な意味がもとで、高貴などの意の比喩(ひゆ)的用法が生まれる。高価の意を表すのは近世以降である。

たか-し・く【高敷く】〔他カ四〕〔か・き・く・く・け・け〕立派に治める。例「やすみしし我が大君の──・かす大和(やまと)の国は」〈万葉・六・一〇四七長歌〉訳我が大君が立派にお治めになっている大和の国は。注「やすみしし」ハ「我が大君」ノ枕詞。

高師の浜(たかしのはま)〔地名〕和泉(いずみ)の国にあった海岸。現在の大阪府高石市付近。松林のある景勝地であった。歌枕。

たか-しほ【高潮】〔名〕風や地震などで、潮が高くなって陸に押し寄せて来ること。また、その潮。例「──におぢて、このごろ女(むすめ)などは岡辺(をかべ)の宿に移して」〈源氏・明石〉訳高潮を恐れて、(明石の入道は)近ごろ娘達を小高い丘の麓の家に移して住まわせていたので。

たか-し・る【高知る】〔他ラ四〕〔ら・り・る・る・れ・れ〕❶立派に造る。立派に建てる。例「やすみししわご大君(おほきみ)の──・らす吉野の宮は」〈万葉・六・九二三長歌〉訳我が大君が立派にお造りになった吉野の宮は。

❷立派に治める。例「やすみししわご大君(おほきみ)の神(かむ)ながら──・らします印南野(いなみの)の」〈万葉・六・九三八長歌〉訳我が大君が神そのままに立派にお治めになる印南野の。

たか-つき【高坏】〔名〕❶食物を盛る台で、円形または方形の盆に一本の脚が付いたようなもの。古くは土製であるが、木製となり、漆塗りが用いられる。

たかつき①

❷〔「高坏灯台(たかつきとうだい)」の略〕「たかつき①」を逆さに立てて、灯明皿(とうみょうざら)をのせて灯台としたもの。通常の灯台よりも低い所を照らす。例「──に参らせたる御殿油(おほとなぶら)なれば」〈枕草子・宮に初めて参りたるころ〉訳高坏の灯台にともし申し上げた寝殿の灯火なので。

たか-てらす【高照らす】〔枕詞〕空高くお照らしになるの意で、「日」にかかる。例「やすみしし我(わ)ご大王(おほきみ)──日の皇子(みこ)」〈万葉・一・四五長歌〉訳我々の大王である、天照大神の皇子(=軽皇子)は。注「やすみしし」ハ「我ご大王」ノ枕詞。

高橋虫麻呂(たかはしのむしまろ)〔人名〕奈良時代の万葉歌人。下級官吏として東国へ赴任、『常陸国風土記』の編纂にかかわったとされる。伝統や土地の風俗を題材にしたものが多い。『万葉集』中の歌は『高橋虫麻呂歌集』が出典。生没年未詳。

たか-ひかる【高光る】〔枕詞〕空高く光る意で、「日」にかかる。例「──我が日の皇子(みこ)の万代(よろづよ)に国知らさまし島の宮はも」〈万葉・二・一七一〉訳我が皇太子(=草壁皇子)が、万代まで国をお治めになるはずだったこの島の宮よ。

たがひ-に【互ひに】〔副〕二人、あるいは二つ以上のものが、同じようなことをする様子。相互に。かわるがわる。例「これかれ──、国の境の内はとて見送りに来る人あまたが中に」〈土佐・一月九日〉訳あの人もこの人も一緒に、国境より中まではといって見送りに来る人が大勢いる中で。参考中古では主に漢文訓読の文章で使用し、和文では「かたみに」を用いた。

たがひ-め【違ひ目】〔名〕計画や予定と異なる事態。行き違い。食い違い。

たが・ふ【違ふ】■〔自ハ四〕〔は・ひ・ふ・ふ・へ・へ〕❶**くいちがう。合わない。**例「この世の人には──・ひておぼすに」〈源氏・夕顔〉訳(空蝉(うつせみ)が冷淡なのを)この世間の女とは違っているとお思いになるにつけて。

❷**背く。さからう。**例「名聞(みやうもん)苦しく、仏の御教へに──・ふらんとぞ覚ゆる」〈徒然草・一〉訳(僧であって)世間的名声があるのは(かえって)つらくて、仏のお教えに背いているだろうと思われる。

❸普通でなくなる。かわる。例「宮、化粧じ給へる御顔の色──・ひて、御目も大きになり給ひぬ」〈源氏・少女〉訳大宮は、化粧なさったお顔の色も普通ではなくなり、目も大きく見開きなされた。

■〔他ハ下二〕〔へ・へ・ふ・ふる・ふれ・へよ〕❶相手の意向と**くいちがうようにする。背く。**例「院の思(おぼ)しのたまはせし御心を──・へつるかな」〈源氏・須磨〉訳(故桐壺(きりつぼ)院のご遺言なさったお気持ちに背いてしまったことだ。

❷まちがえる。誤る。例「『必ずその日──・へずまかり着け』とのたまへば」〈源氏・澪標〉訳「必ずその日にまちがえずに到着いたせ」とおっしゃるので。

❸方違(かたたが)えをする。例「二条院にも同じ筋にて。いづくに

か――・へむ」〈源氏・帚木〉訳二条院も同じ方角だから、どちらに方違えをしよう。

高円山（たかまとやま）【山名】（「たかまどやま」とも）奈良市の東、春日山の南にある山。古代、聖武天皇の離宮、「高円の尾上の宮」が置かれた。歌枕。

高天原（たかまのはら）【地名】（「たかあまのはら」の変化した形。「たかまがはら」とも）日本神話で、天照大神をはじめとする神々が住むとされる天上の世界。「葦原の中つ国（＝地上ノ世界。人間界）」「根の国（＝地下ノ世界。死者ノ霊界）」に対する。転じて、大空を指すこともある。

たか-みくら【高御座】〔名〕❶天皇の座席。玉座。即位・朝賀等の儀式に大極殿または紫宸殿の中央の一段と高い所に設ける。例「――の南面の柱のもとを削りて候ふなり」〈大鏡・道長・上〉訳（行った証拠として）大極殿の高御座の南側の柱の根もとを削って持って参ったのです。❷天皇の位を象徴的に言い表した語。皇位。例「――天の日嗣ぎと天皇の神の命の聞こし食す国のまほらに」〈万葉・一八・四〇九八長歌〉訳帝の玉座にいらっしゃる皇帝として、天皇が支配あそばす国のすばらしい所に。

たかみくら①

たか-むな【筍・笋】〔名〕（「たかうな」「たかんな」とも）たけのこ。例「あてまた冷泉院に――奉らせ給へる折は」〈大鏡・伊尹〉訳さてまた（花山院が父の）冷泉院にたけのこをさしあげなさった折には。

たか-むら【竹叢・篁】〔名〕竹が群生している所。竹の林。竹やぶ。例「翁、籠（こ）を造らむがために――に行き竹を切りけるに」〈今昔・三一・三三〉訳おじいさんが籠を造るために竹やぶに出かけて竹を切っていたところ。

たから【宝・財】〔名〕❶大切なもの。財宝。例「銀（しろかね）も金（くがね）も玉も何せむに勝れる――子にしかめやも」〈万葉・五・八〇三〉訳銀も金も宝石もどうしてすぐれた宝である子に及ぼうか（及びはしない）。❷財産。資産。例「――多ければ、身を守るに貧（まど）し」〈徒然草・三八〉訳財産が多いと、（それを守るのに気をとられ）我が身を守り保つことがおろそかになる。

たから-ぶね【宝船】〔名〕❶宝物を積み、七福神を乗せた帆かけ船。❷紙に①を描いたもの。正月二日の夜に、枕の下に敷くと、縁起のよい夢を見るとされた。（季・新年）

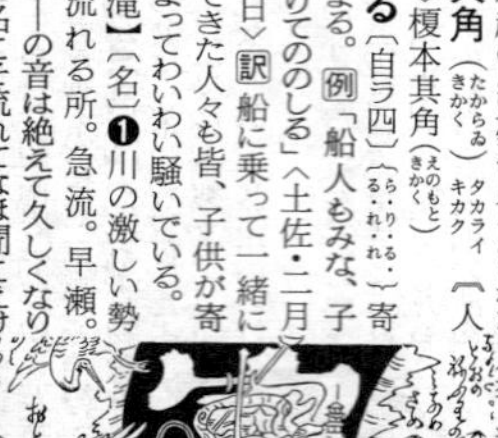
たからぶね②

宝井其角（たからゐきかく）タカライキカク【人名】⇩榎本其角（えのもときかく）

たか・る〔自ラ四〕｛ら・り・る・る・れ・れ｝寄り集まる。例「船人もみな、子――・りてののしる」〈土佐・二月十六日〉訳船に乗って一緒に帰ってきた人々も皆、子供が寄り集まってわいわい騒いでいる。

たき【滝】〔名〕❶川の激しい勢いで流れる所。急流。早瀬。例「――の音は絶えて久しくなりぬれど名こそ流れてなほ聞こえけれ」〈千載・雑上〉訳この滝の音は、とだえてからかなりの歳月がたってしまったけれども、みごとな滝だったという評判は流れ伝わって、今でもやはり聞こえ渡っていることだ。注『百人一首』所収、藤原公任ノ作。❷高い所、崖などから流れ落ちる水。滝。瀑布。例「その山科の宮に、――落とし、水走らせなどして」〈伊勢・七八〉訳（親王のいらっしゃる）その山科の御殿に、滝を落とし、水の流れを造ったりして。

> 要点 古くは「たぎ」という。「滾つ」「滾る」と同じ語源。②の意味では、上代では「垂水」といい、①②は区別されていた。

た-ぎ【弾碁】〔名〕（「たんぎ」の撥音「ん」の無表記）中国伝来の遊戯。中高の盤の両すみに碁石を置き、対座した二人が指で石を弾いて、中央の高い所を越えて相手の石に当てて勝負を競う。

だ-きう【打毬】ダキュウ〔名〕❶古代の遊戯。唐人の装束をした男子が、馬上から木製の杖でまりを打って争う。❷中国伝来の近世の遊戯。場内に紅白のまりを置き、紅白二組に分かれて乗馬した者が、相手方を妨げながら杖で味方のまりをすくい取り、所定の所に投げ入れることを競う。

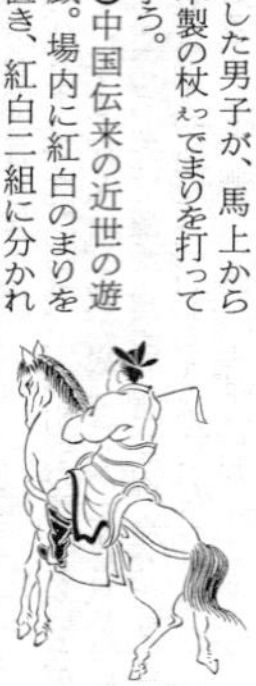
だきう①

たきぎ【薪】〔名〕（「焚き木」の意）燃料にする木。まき。例「嵐にむせびし松も、千年を待たで――にくだかれ、古き墳はすかれて田となりぬ」〈徒然草・三〇〉訳嵐にむせぶように音をたてた松も、千年たたないうちに薪に割られ、古い墳墓は鋤で掘り返されて田となってしまった。注兼好法師ノ物ノ滅ビルコトニ対スル嘆キ。

たきぎ-こ・る【薪樵る】■❶薪にする木を切る。薪を伐採する。❷（仏教語）仏の教えを信じる。仏道に心を寄せる。例「――・る思ひは今日を初めにてこの世に願ふ法（のり）ぞはるけき」〈源氏・御法〉訳仏様の教え（＝法華経）を信じる思いは今日を初めとして、今後、この世で（あなた様が）願いなさる仏法（の成就するの）ははるか後のことでございましょう。注アナタ様ハマダマダ長生キナサルハズデスノ意。❸薪の「行道（ぎゃうだう）」をする。例「――・ることは昨日に尽きにしを」〈枕草子・小原の殿の御母上とこそは〉訳薪の行道をするのは昨日で終わってしまっているのに。■（枕詞）薪にする木を切る鎌ということから「鎌倉山」にかかる。例「――・る鎌倉山の木垂る木をまつと汝が言はば恋ひつつやあらむ」〈万葉・一四・三四三三〉訳鎌倉山の茂って枝の垂れる木を松だ（待っている）とお前が言うなら、私はどうしてここで恋に苦しんでいようか（すぐにお前の所へ行くことだろう）。

たき-ぐち【滝口】〔名〕❶滝の水の落ちる所。❷清涼殿の周囲の「御溝水（みかはみづ）」が、その東北で一段低く水が落ちて流れる所。「滝口の陣」があった。

❸「滝口の陣」に詰めて警護にあたる武士。これは「六衛府(りくゑふ)」ではなく、「蔵人所(くらうどどころ)」の所轄である。

滝沢馬琴(たきざはばきん)【人名】⇩曲亭馬琴(きよくていばきん)

たき-し・む【薫き染む・焚き染む】〔他マ下二〕{め・め・む・むる・むれ・めよ}香をたいて衣服にしみこませる。例「御火取り召して、いよいよ――・めさせ奉り給ふ」〈源氏・真木柱〉訳火取りを取り寄せて、いつもより一層(香を衣服に)しみこませておあげになる。注「火取り」ハ銅ノカゴデ覆ッタ香炉。

たぎ-たぎ・し〔形シク〕《上代語》❶地面がでこぼこしている。例「道狭(さ)く、地(つち)――・しかりき」〈常陸風土記・行方郡〉訳道は狭く、地面はでこぼこであった。❷とぼとぼと足がはかどらない。例「今、吾(あ)が足え歩まず、――・しくなりぬ」〈古事記・中・景行〉訳今、私(＝倭建命(ヤマトタケルノミコト))の足は歩くことができなくなり、とぼとぼとはかどらなくなった。

たぎち【滾ち・激ち】〔名〕川の激流。転じて、水しぶき。例「富士川と人の渡るもその山の水の――ぞ」〈万葉・三・三一九長歌〉訳富士川といって人々が渡るのも、その(霊妙な富士の)山の水の激しい流れであるぞ。

たぎ・つ【滾つ・激つ】〔自タ四〕{た・ち・つ・つ・て・て}(「たきつ」とも)❶水が激しく流れる。水が激しくわき上がる。例「――・つ瀬の中にもよどはありてふをなど我が恋のふち瀬ともなき」〈古今・恋一・四九三〉訳水が激しく流れる瀬の中にも、よどんで水のほとんど流れない所もあるというのに、どうして私の恋は淵(ふち)や瀬がなくて激しいばかりなのだろうか。❷(比喩(ひゆ)的に)心が激しく動揺する。感情が激する。例「あしひきの山下水の木隠(こがく)れて――・つ心をせきぞかねつる」〈古今・恋一・四九一〉訳山の麓(ふもと)にわき出る水が木に隠れているように、人知れず激しく動く私の心をおさえかねたことだ。

たき-つ-せ【滝つ瀬】〔名〕川の瀬の流れの激しい所。

たきつせ-の【滝つ瀬の】《枕詞》(「つ」は今の「の」の意の格助詞)急流の意から、「早し」にかかる。

たき-もの【薫き物】〔名〕沈(ぢん)・白檀(びやくだん)・丁子(ちやうじ)などの種々の香料を調合して練り合わせたもの。香(かう)。例「蘭(らん)の香や蝶(てふ)の翅(つばさ)に――す」〈芭蕉・野ざらし紀行〉訳馥郁(ふくいく)たる秋の蘭の香りがただよう。その芳香は、蘭の花に慕い寄る蝶のうすく上品な羽根に、(名香さながらの)香りを薫(た)きしめているかのようである。

たぎ・る【滾る・激る】〔自ラ四〕{ら・り・る・る・れ・れ}❶水が激しく流れる。水が激しくわきかえる。例「――・りて流れ行く水、水晶を散らすやうにわきかへるなど、いづれにもすぐれたり」〈更級・初瀬〉訳激しくわきかえって流れて行く(急流の)水が、水晶をまき散らすように逆巻いているなど、どこの景色よりもすぐれている。注鞍馬(クラマ)寺ヘノ途中ノ景。❷湯が煮えたつ。沸騰する。❸気持ちが激しくわき上がる。

た・く【長く・闌く】〔自カ下二〕{け・け・く・くる・くれ・けよ}❶(日や月が)高くのぼる。高くなる。例「日――・くるままに、いかならむと思(おぼ)したるを」〈源氏・若紫〉訳(光源氏は)日が高くなるにつれて、(自分の病気は)どうなるのだろうかとお思いであったけれども。❷高い程度に達する。盛りになる。円熟する。例「つひに上手の位に至り、徳――・け、人に許されて、並びなき名を得ることなり」〈徒然草・一五〇〉訳ついには上手と言われる境地に達し、人格も円熟し、世間の人にも認められて、並ぶ者のない名声を得るのである。❸盛りを過ぎる。例「年のやうやう――・くるほどに、鼻の中ふたがりて、息も出(い)でがたかりければ」〈徒然草・四二〉訳(行雅僧都(ぎやうがそうず)にはのぼせる持病があって)年がだんだん盛りを過ぎるにつれて、鼻の中がふさがって、息も出にくくなったので。

た・く【焚く】〔他カ四〕{か・き・く・く・け・け}❶燃やす。例「柴(しば)――・く香(か)のいみじうあはれなるこそをかしけれ」〈枕草子・清水などに参りて〉訳柴を燃やす煙のにおいがとても趣深いのがおもしろい。❷香をたく。例「よき薫(た)き物――・きて一人伏したる」〈枕草子・心ときめきするもの〉訳上等の香をたいて一人で横になっているの(は、胸がときめく)。

た・く【綰く】〔他カ四〕{か・き・く・く・け・け}《上代語》❶(髪などを)かき上げる。たばねる。例「振り分けの髪を短み青草を髪に――・くらむ妹(いも)をしぞ思ふ」〈万葉・一一・二五四〇〉訳振り分けの髪が短いので、青草を髪に添えてたばねているであろう妻を恋しく思う。注幼妻ヲ思ウ男ノ歌。

❷馬の手綱(たづな)をあやつる。例「秋づけば萩(はぎ)咲きにほふ石瀬野(いはせの)に馬――・き行きて」〈万葉・一九・四一五四長歌〉訳秋になれば萩が美しく咲いている石瀬野に馬をあやつって行き。❸舟の櫓(ろ)や櫂(かい)をあやつる。舟をこぐ。例「大船を荒海(あるみ)に漕(こ)ぎ出弥船(やふね)――・け我が見し児(こ)らが目見(まみ)は著(しる)しも」〈万葉・七・一二六六〉訳大船を荒海に漕ぎ出して(ますます)漕いで行くけれども、私が見たあの子の目もとの様子が、いよいよはっきりと眼前に見えてくる。参考「手(て)」を動詞化した語で、手で操作するの意。

たぐい【類】〔名〕⇩たぐひ

たぐう【類う・比う】〔動〕⇩たぐふ

たく-せん【託宣】〔名〕神が人にのり移るとか、夢に現れるとかして、その意志を告げ知らせること。神のお告げ。例「やうやう御――こそ恐ろしけれ」〈平家・一・願立〉訳さまざまのお告げがあったのはまことに恐ろしいことであった。

たくづの-の【栲綱の】《枕詞》(「たくづの」は楮(こうぞ)の繊維で作った綱(つな)。色が白いことから)「しろ」「しら」にかかる。例「――新羅(しらき)の国ゆ人言(ひとごと)をよしと聞(き)こして」〈万葉・三・四六〇長歌〉訳新羅の国から、人伝てに日本をよい国だとお聞きになって。

たく-なは【栲縄】ナワ〔名〕楮(こうぞ)の繊維で作った白い縄(なわ)。例「舟に男は乗りて、歌などうち歌ひて、この――を海に浮けて歩(あり)く」〈枕草子・日のいとうららかなるに〉訳夫の方は舟に乗って、歌などを歌って、(海女である妻の腰に結んだ)この白い栲縄を海に浮かべて漕(こ)ぎまわる。

たくなは-の【栲縄の】タクナワ《枕詞》(「たくなは」が長いことから)「長し」「千尋(ちひろ)」にかかる。例「――永き命を欲(ほ)りしくは絶えずて人を見まく欲りこそ」〈万葉・四・七〇四〉訳永遠の命を欲しいと思ったのは、いつまでも絶えることなくあなたに逢(あ)いたいと思ったからにほかなりません。

たく-はつ【托鉢】〔名〕⇩こつじき①

たくは・ふ【貯ふ・蓄ふ】タクワ(オ)ウ ■〔他ハ四〕{は・ひ・ふ・ふ・へ・へ}集めてしまっておく。ためる。例「海神(わたつみ)の神の命(みこと)の御櫛笥(みくしげ)に――・ひ置きて斎(いつ)くとふ玉にまさりて」〈万葉・一九・四二二〇長歌〉訳海の神が櫛箱にしまっておいて大切にするという真珠にまさって。

三〔他八下二〕〔へ・へ・ふ・ふる・ふれ・へよ〕□一に同じ。例「よからぬ物—・へ置きたるもつたなく、よき物は心をとめけんとはかなし」〈徒然草・一四〇〉訳つまらない品物を集めて置いて(死後)残してあるのも見苦しく、よい物の場合は執着していたのだろうと思われあさはかである。

たぐひ【類】(イタグ)〔名〕❶一緒にいる人。仲間。同僚。例「同じさまに物し給ふなるを、—になさせ給へ」〈源氏・若紫〉訳(若紫は私、光源氏と)同じ境遇で(幼くして母を失って)いらっしゃるそうですから、(私を姫君の)仲間にして下さい。❷よく似た同じような物事。同類。類例。例「世の中にまた—あることとも覚(おぼ)えず」〈更級・夫の死〉訳この世の中に同じようなことがまたあるとも思えない。❸同じ境遇の人々。同じ階級の人々。例「まして、その数ならぬ—、尽くしてこれを知るべからず」〈方丈記・閑居の気味〉訳(高貴な方がお亡くなりになったのも多く聞こえてくる)まして、取るに足りない人々については、全部の数を知ることができない。❹(「の」を伴って)…といったもの。…のようなもの。…の種類。例「男女(なんにょ)死ぬる者数十人、馬・牛の—辺際(へんさい)を知らず」〈方丈記・安元の大火〉訳(平安京の安元の大火で)男女合わせて亡くなった人は数十人、馬・牛のような家畜類(で焼け死んだ数)は限りない。

たぐひ-な・し【類無し】(タグイ…)〔形ク〕並ぶものがない。例「かたじけなき御(み)心ばへの—・きを頼みにて交らひ給ふ」〈源氏・桐壺〉訳(桐壺更衣(きりつぼのこうい)は、帝(みかど)の)もったいない愛情の類がないのをたよりとして(宮中での)交際をなさっている。

たくひれ-の【栲領巾の】〔枕詞〕(「たくひれ」は楮(こうぞ)の繊維で作った、首にかける飾り布。色が白いところから)「白(しら)」「鷺(さぎ)」に、また(首にかけるところから)「かく」にそれぞれかかる。例「—白浜波の寄りもあへず荒ぶる妹(いも)に恋ひつつぞ居(を)る」〈万葉・一一・二八二三〉訳白い砂浜を洗う波のようで近寄ることもできず、私をうとんずるあなたにそれでもずっと恋しい気持ちを抱いております。

たぐ・ふ【類ふ・比ふ】(タグウ)一〔自八四〕〔は・ひ・ふ・ふ・へ・へ〕❶一緒にいる。添う。例「人もなき国もあらぬか我妹子(わぎもこ)とたづさひ行きて—・ひて居(を)らむ」〈万葉・四・七二八〉訳人のいない国でもどこかにないものだろうか。あなたと手をつないで行って一緒にいよう。❷**一緒に行動する。伴う。**例「冬は、雪・霰(あられ)などの、風に—・ひて降り入りたるもいとをかし」〈枕草子・内裏の局〉訳冬は、雪や霰などが、風が吹くのにつれて降りこんで来るのも大変おもしろい。❸**つり合う。にあう。**例「さても人ざまは、いづ方につけてかは、—・ひてものし給ふらむ」〈源氏・藤袴〉訳それにしても(玉鬘の)人柄は、(宮仕えするのと、ただの北の方になるのと)どちらの方に落ち着かれるのが、お似合いでしょうか。

二〔他八下二〕〔へ・へ・ふ・ふる・ふれ・へよ〕❶**一緒にいさせる。添わせる。**例「思へども身をし分けねば目に見えぬ心を君に—・へてぞやる」〈古今・離別・三七三〉訳あなたのことをいくら思っても、身を二つに分けることはできないから、せめて目に見えない私の心をあなたに添わせて行かせるのです。❷一緒に行動させる。伴わせる。例「この頃の風に—・へむには、さらにこれにまさる匂(にほ)ひあらじ」〈源氏・梅枝〉訳この頃の初春の風に伴わせるとすれば、これに勝る匂いは決してあるまい。❸つり合わせる。まねる。倣(なら)う。

たく-ぶすま【栲衾】一〔名〕楮(こうぞ)の繊維で作った布団(ふとん)。例「苧衾(むしぶすま)柔(にこ)やが下に—さやぐが下に」〈古事記・上・大国主神〉訳絹の布団の柔らかな下で、楮で作った布団のさやさやと鳴る下で。

二〔枕詞〕(「たくぶすま」□一の色が白いことから)「しろ」「しら」にかかる。例「—新羅(しらき)へいます君が目を今日か明日かと斎(いは)ひて待たむ」〈万葉・一五・三五八七〉訳(海を渡って)新羅へいらっしゃるあなたにお目にかかるのを、今日かしら明日かしらと身を清めて待っていましょう。

たくみ【工・匠・巧み】一〔名〕❶彫金・木工などの細工師。職人。例「かまどを三重(みへ)にしこめて、—らを入れ給ひつつ、……玉の枝を作り給ふ」〈竹取・蓬萊の玉の枝〉訳細工用のかまどを三重にも厳重に囲み籠めて、細工師達をお入れになって、……玉の枝をお作りになる。❷大工。❸工夫。趣向。❹よく考えて計画すること。企画。たくらみ。

二〔形動ナリ〕技巧がすぐれている。上手だ。例「—・にしてほしきままなるは、失の本(もと)なり」〈徒然草・一八七〉訳手先が器用でも勝手気ままなのは、失敗のもとである。

要点 □一も巧みな人、巧みにすることの意から成立したもので、□二と語源は同じ。

たくみ-どり【巧み鳥】〔名〕鳥の名。ミソサザイの別名。巧みに巣を作ることからの名という。(季・冬)

たく・む【工む・巧む】〔他マ四〕〔ま・み・む・む・め・め〕企(くわだ)てる。計画する。企(たくら)む。例「御室(おむろ)にいみじき稚児(ちご)のありけるを、いかで誘ひ出(い)だして遊ばむと—・む法師どもありて」〈徒然草・五四〉訳仁和(にんな)寺に大変かわいらしい稚児がいたのを、なんとかして(それを)誘い出して遊ぼうとたくらむ法師達があって。

たけ【丈・長】〔名〕❶人の背の高さ。身長。例「筒井つの井筒にかけしまろが—過ぎにけらしな妹(いも)見ざるまに」〈伊勢・二三〉訳丸い井戸の囲いと比べ測った私の背丈も、囲いの高さを過ぎてしまったようですよ、長い間あなたにお目にかからないうちに(もう大人として逢いたいものです)。❷縦に測る尺度。高さ。長さ。深さ。例「二十日のほどに雨降れど、消ゆべきやうもなし。少し—ぞ劣りもて行く」〈枕草子・職の御曹司におはします頃、西の廂にて〉訳二十日頃に雨が降ったけれども、(雪で作った山は)一向に消えそうにもない。わずかに高さが低くなってゆく。❸(「…の—」の形で)…のすべて。…の限り。例「浮き世とはいつもさこそは思へども心の—を月に知りぬる」〈秋篠月清集〉訳つらい世の中とは平生からそうだとは思っているけれども、我が心の限りをあのわびしい秋の月にはっきりと見知ったことよ。

たけ【竹】〔名〕植物の名。タケ。

竹植(う)うる日(ひ) 陰暦五月十三日。中国の伝説で、「竹酔日(ちくすいにち)」といい、竹をこの日に植えると必ず根付くとされた。(季・夏)例「降らずとも—は蓑(みの)と笠」〈芭蕉〉訳たとえ雨が降らなくても、竹を植える日は梅雨(つゆ)の頃らしく蓑を着て笠をかぶっていたいものだ。

竹の園生(そのふ)(…ノウ) (中国の漢の時代に、梁(りよう)の孝王が宮殿の庭園に竹を植えて、「修竹苑(しゆうちくえん)」と名づけた故事による)皇族。例「――の末葉(すゑ)まで、人間の種ならぬぞやんごとなき」〈徒然草・一〉訳皇族の子々孫々に至るまで、(神の後裔であって)人間の血統でないことが尊いことである。

たけ【茸】〔名〕植物の名。キノコの古名。(季・秋)例「――のありつるを見つけて、……それを取りて焼きて食ひつるに」〈今昔・二八・二八〉訳キノコがあったのを見つけて、……それを取って焼いて食べたところ。

たけ・し

【猛し】〔形ク〕❶**勇ましい。強い。**例「――く思ひつるみやつこまろも、物に酔ひたる心地して、うつ伏しに伏せり」〈竹取・かぐや姫の昇天〉訳勇ましく(天人と戦おうと)思っていたみやつこまろ(=竹取ノ翁)も、何かに魅入られたような気持ちで、うつ伏しに伏している。

❷**勢いが激しい。勢力が盛んである。**例「――き河のみなぎり流るるがごとし」〈徒然草・一五五〉訳(流れの)激しい川が満ちあふれて流れるようなものだ。例「――き者も遂(つひ)には滅びぬ」〈平家・一・祇園精舎〉訳権勢の盛んな人も最後には滅んでしまう。

❸強気である。意地を張っている。例「人は――く思ふらむかし、そら寝して知らぬ顔なるさまよ」〈枕草子・むとくなるもの〉訳相手は意地を張っているのだろうよ、寝たふりで知らん顔をしているよ。

❹すぐれている。よい。例「逃げ隠れ給ふとも、何の――きことかはあらむ」〈源氏・玉鬘〉訳(姫がよその土地に)逃げ隠れなさっても、どんなよいことがあるというのでしょう。

❺(「たけきこと」の形で)精一杯である。やっとやれる。例「面影添ひて忘れがたきに、――きこととはただ涙に沈めり」〈源氏・明石〉訳(光源氏の)面影が眼前から離れず忘れられないので、(明石の上は)精一杯できることとして涙を流して悲しんでいる。

竹田出雲(たけだいづも)〔人名〕江戸中期の浄瑠璃(じょうるり)作者。近松門左衛門に師事し、父の初代竹田出雲の後をうけて二代目出雲を名乗り、「竹本座」(=大坂ニアッタ)の座元兼作者として活躍、代表作(合作)に『菅原伝授手習鑑(すがわらでんじゅてならいかがみ)』『義経千本桜』『仮名手本忠臣蔵(かなでほんちゅうしんぐら)』などがある。

たけ-だち【丈立ち】〔名〕背たけ。身のたけ。また、背かっこう。立ち姿。

高市黒人(たけちのくろひと)〔人名〕『万葉集』第二期の歌人。生没年未詳。持統・文武朝に仕えた下級官吏か。船旅を主とする旅の歌に孤独の寂寥(せきりょう)感をうたい、自然を客観的にうたうのが特徴。『万葉集』に短歌十八首を残す。

竹取物語(たけとりものがたり)〔書名〕平安前期の物語。作者未詳。『竹取の翁(おきな)の物語』『かぐや姫の物語』とも。かぐや姫が、貧しい翁の手で竹の中から発見され、わずか三か月で美しく成長したが、しつこく求婚する五人の貴公子に難題を持ち出していずれも失敗させ、帝の求婚をも拒んで、やがて、八月十五夜に天人に迎えられて、月の世界へ帰っていくという話。内外の古伝説に取材し、美しいロマンの世界を描く一方、当時の貴族社会に対する痛烈な風刺をも含んでいる。『源氏物語』に「物語の祖(おや)」と呼ばれていて、当時すでに最古の仮名物語とされていたことがわかる。

たけ-の-そのふ【竹の園生】⇩「たけ(竹)」子項目

たけ-ぶ【猛ぶ】〔自バ上二〕(び・び・ぶ・ぶる・ぶれ・びよ)勇ましく振る舞う。ふるいたつ。例「ますらをの思ひ乱れて隠したる妻天地(あめつち)に通り照るとも顕(あら)はれめやも(一に云ふ『ますらをの思ひ――びて』)」〈万葉・一一・二三五四・一云〉訳立派な男子が思い乱れて隠したその妻だ。天地に光が隈(くま)なく照り渡っても人に知られないだろう(別の伝えでは「立派な男子が心もふるいたって」)。注「一に云ふ」トハ、第二句ガ違ッテ伝エラレテイルモノヲ示シテイル。

竹本義太夫(たけもとぎだいふ)〔人名〕江戸前期の浄瑠璃(じょうるり)の大夫(たゆう)(=語リ手)。義太夫節(ぶし)の始祖。「竹本座」(=大坂道頓堀(どうとんぼり)ニアッタ)を開き、近松門左衛門作の人形浄瑠璃を語って、大いに名声を博した。

たけ-を【猛男】〔名〕強くて勇ましい男。⇩ますらたけを

た-ご【田子】〔名〕田を作る人。農夫。例「いかばかり――の裳裾(もすそ)も濡(そぼ)つらむ雲間も見えぬころの五月雨(さみだれ)」〈新古今・夏・二二七〉訳(折からの田植え時ゆえ)どんなにか農夫の衣のすそも濡(ぬ)れていることだろう。雲の切れ間も見えない時候の五月雨の中で。

たごう【違う】〔動〕⇩たがふ

た-ごし【手輿】〔名〕(「てごし」とも)前後二人で、両腕で腰の高さに持ち上げて運ぶ輿。

田子の浦(たごのうら)〔地名〕(「田児の浦」とも書く)富士川が駿河(するが)湾に注ぐ河口付近の海岸。古くは、現在の静岡県庵原(いはら)郡由比(ゆい)町・蒲原(かんばら)町あたりの海岸(=富士川河口ヨリ西側)を指したという。現在は、静岡県富士市の海岸(富士川河口ヨリ東側)の地名となっている。歌枕。

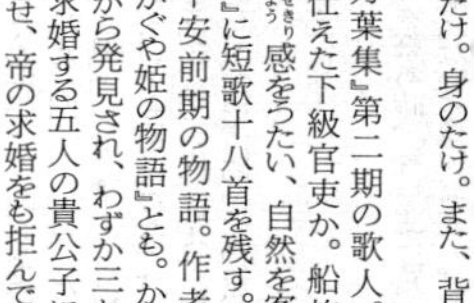
田子の浦

だ-ざい【大宰・太宰】〔名〕(古くは「ださい」)「大宰府」の略。

だざい-の-ごんのそち【大宰の権の帥】〔名〕(「だざいのごんのそつ」とも。「権」は仮りの意)「大宰府」の次位の官。⇩だざいのそち参考

だざい-の-そち【大宰の帥】〔名〕大宰府の長官。

参考 平安時代の弘仁十四年以降、親王が任命されることが多くなり(これを「帥の宮」という)、その場合は次位の「大宰の権(ごん)の帥」や次官の「大弐(だいに)」が実務を執った。菅原道真(すがわらのみちざね)は右大臣から「大宰の権の帥」に左遷されたが、このような場合も「大弐」が実務を代行する。

だざい-ふ【大宰府・太宰府】〔名〕律令制で、筑前(ちくぜん)の国(=福岡県)に置かれた官庁。九州の九か国と壱岐(いき)・対馬(つしま)の二島を管理し、朝鮮・中国に対する国防・外交をつかさどる。中世に鎮西探題(ちんぜいたんだい)が設置されるまで存続した。「大宰の帥(そち)」を長官とし、「大宰の権(ごん)の帥」「大弐(だいに)」「少弐(せうに)」「大監(だいげん)」「少監(せうげん)」「大判事(だいはんじ)」らが置かれた。

たし

〔助動ク型〕接続 動詞および助動詞「す」「さす」「しむ」「る」「らる」の連用形に付く。

未然形	連用形	終止形	連体形	已然形	命令形
たから	たく たかり	たし	たき たかる	たけれ	○

【願望】❶(話し手の願望を表す)ⓐ話し手自身の行動についての願望。…たい。例「敵(かたき)に会うてこそ死にたけれ。悪所(あくしよ)に落ちては死にたからず」〈平家・九・老馬〉訳(どうせ死ぬのなら)敵に会って(戦って)死にたい。(この鵯越えのような)険しい難所に落ちては死にたくない。ⓑ他のものの存在や動作についての願望。…(であって)ほしい。例「同じ遊び女(をんな)とならば、誰(たれ)も皆あのやうでこそありたけれ」〈平家・一・祇王〉訳同じ遊び女(=歌舞ヲ舞ウ女)となるなら、誰も皆あの(平清盛に寵愛されている祇王の)ようでありたいよ。❷(話し手以外の人の願望を表す)…たい。例「屋島へ帰りたくは、一門の中へ言ひ送って、三種(さんじゆ)の神器(しんぎ)を都へ返し入れ奉れ」〈平家・一〇・内裏女房〉訳屋島へ帰りたいなら、(お前の)平氏一門の内に連絡して、三種の神器を都にお返し申し上げなさい。注平重衡ヲ屋島ニ帰シテヤロウトイウ、院ノ意向ヲ伝エテイル場面。

> 要点 (1)「たし」は平安時代末期頃からのもので、それまでは「まほし」が用いられた。徐々に「たし」が勢力を増し、ついには「たし」だけが用いられるようになる。現在の「たい」は、この「たし」が活用を変えたもの。
> (2)②の用法は、言い切りに用いられない。現代語の「たい」で、「彼が行きたいなら、行かせよう」とは言えても、「彼が行きたい」とは言わないのと同じである。

たし-か【確か】〔形動ナリ〕❶間違いや危うさがなく、しっかりしている様子。確実。確固。例「つかうまつる人の中に、心——・なるを選びて」〈竹取・火鼠の皮衣〉訳(右大臣は)お仕えしている人の中で、判断力がしっかりしている人を選んで。❷あいまいさがなく、はっきりしている様子。明確。正確。例「ことばかすかにして、始め終り——・ならず」〈古今・仮名序〉訳(喜撰法師の和歌は)言葉が不明瞭で、始めから終りまでがはっきり示されていない。

要点 上代語の「たしに(副詞)」や「たしけし(形容詞)」の「たし」に、接尾語「か」をつけた語。

たしなみ【嗜み】〔名〕(動詞「たしなむ」の連用形の名詞化)❶芸能・教養を日頃から練習・稽古して、ある水準に達していること。芸や教養を習得していること。❷日頃から心がけておくこと。心構え。心がけ。

たしな・む【嗜む】〔他マ四〕{(ま・み・む・む・め・め)}❶愛好する。好んで精を出して励む。例「上手の中に交じりて、そしり笑はるるにも恥ぢず、つれなく過ぎて——・む人」〈徒然草・一五〇〉訳上手な人々の中に交じって、(自分の芸を)けなされ笑われても恥じず、(そんなことを)気にかけずに押し通して精を出して励む人(は最後には上手になる)。❷前もって用心する。用意する。❸慎む。我慢する。

但馬(たじま)《旧国名》⇩たぢま

た-しゃう【他生】〔名〕(仏教語。「今生(こんじやう)=現世」に対し、ほかの世の意)過去世、または未来世。前世(ぜんせ)、または後世(ごせ)。また、その両者。例「これまた——の功力(くりき)なれば」〈謡曲・敦盛〉訳これ(=称名念仏)もやはり後世成仏の力になることなので。

た-しゃう【多生】〔名〕(仏教語)輪廻(りんね)して、何度も死んでは生まれかわること。

多生の縁(えん) 何度も生まれかわる間に、互いが結ばれる因縁。

参考 本来はこの字だが「他生の縁」と書くことも多い。

たしゃう-の-えん【多生の縁】⇩「たしゃう(多生)」子項目

た-しょ【他所】❶〔名〕ほかの場所。よそ。例「代々の帝王、都を他国——へ移さるる事三十度あまり、四十度におよべり」〈平家・五・都遷〉訳代々の帝王が、都を他国他所へお遷しになる事は三十度を越え、四十度に及んだ。❷〔名・自サ変〕よそに移ること。例「それさへ——・せられなば、まいていかにいかに、何事につけても物思ひなぐさめ侍(はべ)らん」〈栄花・衣の殊〉訳その中納言までもよそに行ってしまわれたら、ましてどのようにして、何かにつけて物思いを慰めましょうか。

たしょう【他生・多生】〔名〕⇩たしゃう

たず【田鶴・鶴】〔名〕⇩たづ

た-すき【手繦・襷】〔名〕❶神を祭る時、袖をたばねて肩にかける紐。お供え物に袖が触れないようにしたもの。❷袖をたばねて肩にくくりあげる紐。手が楽に動かせるので、仕事の際にたすきがけをする。例「衣長(きぬなが)にて——結ひたるが這(は)ひ出(い)でたるも……うつくし」〈枕草子・うつくしきもの〉訳(二歳ぐらいの幼児が)着物の丈が長めであって袖を紐でくくり上げているのがはい出たのも……かわいい。❸(たすきがけの背の紐の形から)紐や線などを斜めに交差させること。また、その模様。例「経文(きやうもん)などの紐(ひも)を結(ゆ)ふに、上下(かみしも)より——にちがへて」〈徒然草・二〇八〉訳経文(の巻物)などの紐を結ぶ時に、上下からたすきがけに交差させて。

たす・く【助く・輔く】〔他カ下二〕{(け・け・く・くる・くれ・けよ)}❶うまく行くように力を貸す。手助けする。補佐する。例「上(かみ)は下(しも)に——・けられ、下は上に靡(なび)きて」〈源氏・帚木〉訳上にいる者は下にいる者に補佐され、下にいる者は上にいる者に従って。❷危険や困難から逃れさせる。救う。例「人に捕らへられて死なむとするを見て——・けざらむは、いと悲しかるべし」〈源氏・手習〉訳(魚や鹿でさえも)人に捕らえられて死のうとしているのを見ていながら救わないのは、とても悲しいことだろう。

たずさわる【携わる】〔動〕⇩たづさはる

た-そ【誰そ】〔連語〕(「そ」は係助詞「ぞ」に同じ)どういう人かを問う言葉。だれか。どなたですか。例「ふと人の影見えければ、『またおはするは——』と問ふ」〈源氏・空蝉〉訳さっと人の影が見えたので、「もう一人いらっしゃるのはだれですか」と(女房達が)聞く。

要点 係助詞「ぞ」は、上代には「そ」と表記されることが多く、「たそ」はその「そ」が残ったものといわれる。⇩たそかれ

たそ-かれ【黄昏】〔名〕日が暮れる頃。夕暮れ。薄暮。例「寄りてこそそれかとも見め——にほのぼの見つる花の夕顔(がほ)」〈源氏・夕顔〉訳近寄って見て初めてこんな方だとわかりましょう。夕暮れにほのかに見た美しそうな顔では、はっきり(誰)とは分かりかねます。

要点 「誰そ彼」、つまり、誰だあれはの意で、人の姿が見分けにくくなる夕方をいう語。後に、「たそがれ」と濁音化した。⇩かはたれどき参考

たそかれ-どき【黄昏時】〔名〕⇩たそかれ

ただ

この「ただ」は、どのような漢字があてられるかによって意味が違ってくるので要注意。「直」のときは、ほんの近くに。「唯・只」のときは、ひたすら、もっぱらに。「徒・常」のときは、ふつうである。むだである、の意にそれぞれなる。

[一]〔副〕■一**【直】**《「ただに」とも》❶(へだてるものがなく)まっすぐに。直接に。じかに。[例]「――に逢(あ)はば逢ひかつましじ石川に雲立ちわたれ見つつ偲(しの)はむ」〈万葉・二・二二五〉[訳]直接に逢おうと思ってもとうていできますまい。石川(=川ノ名、所在未詳)のあたりに一面に雲が立ちこめてほしい。(その雲を)見ながら(あなたを)お偲びしよう。

❷(距離的に)**ほんの近くに。**すぐの所に。[例]「――このつづら折の下(しも)に、……木立(こだち)いとよしあるは、何人(なにびと)の住むにか」〈源氏・若紫〉[訳]この曲がりくねった道のすぐ下に、……木立がとても風情(ふぜい)のある家は、どういう人の住んでいる(家な)のだろう。

❸(時間的に)すぐ。**ほんの最近に。**[例]「――今日(けふ)も君には逢(あ)はめど人言(ひとごと)を繁(しげ)み逢はずて恋ひわたるかも」〈万葉・一二・二九二三〉[訳]すぐに今日にでもあなたにお逢いしたいけれども、人の噂(うわさ)がうるさいのでお逢いせずに、恋しく思い続けていることです。

❹直接結びつくほど、よく似ている様子。ちょうど。まるで。[例]「おごれる人も久しからず。――春の夜の夢のごとし」〈平家・一・祇園精舎〉[訳]勢力を誇っている人も長くは続かない。ちょうど春の夜の夢のよう(にはかないもの)だ。

■二**【唯・只】**❶一つの事だけを考えたり、したりする様子。他の事でなく、ただ単に。**ひたすら。もっぱら。**[例]「――、つくづくと音(ね)をのみ泣き給ひて」〈源氏・葵〉[訳](他の事はせずに)もっぱら、しみじみと声を立ててお泣きになって。

❷単純な様子、数や程度がごくわずかである様子。ほんのわずかに。単に。[例]「何の、いたり深き隈(くま)はなけれど、――海の面(おもて)を見渡したるほどなむ」〈源氏・若紫〉[訳](明石の浦は)これといって趣(おもむき)深い所はないが、わずかに海面を見渡した景色が(ゆったりとした感じのする所でございます)。

❸(「――泣きに泣く」などの形で)その動作が、激しいことを表す。ただひたすらに。むやみに。[例]「――言ひに言へば、若き人々は『あなかまや』などと制す」〈源氏・宿木〉[訳](他の女房達が)むやみに言い立てるので、若い女房達は「まあやかましい」などとおさえる。

[二]〔形動ナリ〕**【徒・常・只】**❶(程度や状態が)特に変わったこともない。**ふつうである。**平凡だ。[例]「かやうなる人のしるしあらはさぬとき、はしたなかるべきも、――・なるよりはいとほしう」〈源氏・若紫〉[訳]こんな高僧が(祈禱(きとう)の)効験を現さない場合は、当然具合が悪いに違いないにしても、平凡な僧よりは(いっそう)お気の毒に(思いまして)。

❷**何の効果もない。むだである。**むなしい。[例]「降りぬとていたくなわびそ春雨の――・にやむべきものならなくに」〈後撰・春中〉[訳](春雨が)降ったからといって、それほど悩みなさるなよ。(どうせ)春雨が(人の心を悩ませずに)何もなしに止(や)むはずもないのだから。

ただ-あり【直有り】〔形動ナリ〕❶格別の情趣もない様子。平凡である。[例]「艶(えん)なるほどなれば、――のあはつけ人だに寝覚めしぬべき空の気色を」〈源氏・夕霧〉[訳](あたりは)風情(ふぜい)の感じられるようすなので、(恋などしていない)平凡な心の浅い人でさえきっと眠りから覚めてしまいそうな空のようすであるのに。

❷飾ったりせず、ありのままの様子。[例]「をかしき筋など立てたることはなう、――・なるやうなるを」〈枕草子・職の御曹司の西面の〉[訳](藤原行成は)風流を気どることもなく、ありのままに振る舞う人のようであるのを。

ただ-いま【唯今】■一〔名〕現在。目下(もっか)。今。[例]「――の関白殿、三位(さんみ)の中将と聞こえける時」〈枕草子・清涼殿の〉[訳]現在の関白殿(=藤原道隆。中宮定子(テイシ)ノ父)が、(まだ)三位の中将と申し上げていた時分。

■二〔副〕❶ちょうど今。現在。また、つい今しがた。たった今。[例]「昨夜(よべ)より六条院に候(さぶら)ひて、――なむまかでつる」〈源氏・夕霧〉[訳]昨晩から(光源氏の邸宅である)六条院にうかがっていて、たった今帰ってきたところです。

❷今すぐ。すぐさま。直ちに。[例]「我らが生死(しやうじ)の到来、――にもやあらん」〈徒然草・四一〉[訳]我々の死の到来は、今すぐであるかもしれない。

たたう-がみ【畳紙】(タトウ)〔名〕《「たたみがみ」の変化した形》折りたたんで、懐(ふところ)に入れておく紙。ふところがみ。懐紙(かいし)。鼻紙には杉原紙が、歌を書くのには檀紙(みちのくがみ)が多く用いられた。

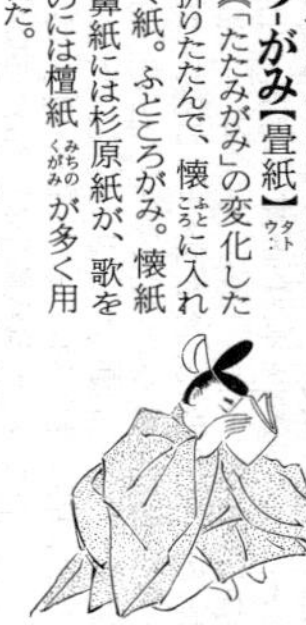

たたうがみ

ただ-うど【直人・徒人】(タドウド)〔名〕《「ただびと」の変化した形》⇩ただびと

たたか・ふ【戦ふ】(タタカウ)〔自ハ四〕{は・ひ・ふ・ふ・へ・へ}相手と争う。勝負する。[例]「守り――・ふべき下組(したく)みをしたりとも、あの国の人をえ――・はぬなり」〈竹取・かぐや姫の昇天〉[訳](私を)守り(天人と)争うような準備をしても、あの月の都の人とはとても争えないのです。

たた・く【敲く・叩く】{か・き・く・く・け・け}■一〔他カ四〕❶くりかえし打つ。門戸をたたいて来訪を告げる。[例]「門(かど)をほとほとと――・けば」〈平家・六・小督〉[訳]門をとんとんと叩くと。

❷打撃を加える。強く打つ。ぶつ。

■二〔自カ四〕《鳴き声が戸などをたたく音に似ていることから》水鶏(くいな)(=鳥名)が鳴く。[例]「五月(さつき)、あやめふくころ、早苗(さなへ)とるころ、水鶏(くひな)の――・くなど、心細からぬかは」〈徒然草・一九〉[訳]五月、軒に(端午の節句の)アヤメをさす頃、早苗をと(って田植えす)る頃、水鶏がたたくように鳴く(声)など、物寂しい感じがしないことがあろうか(いや、寂しいことだ)。

ただ-こと【直言】〔名〕《「ただごと」とも》比喩(ひゆ)を用いたり、技巧をこらしたりしない、ありのままの言葉。修辞を用いない語。普通の言葉。

ただ-こと【徒事】〔名〕世間によくある常の事。普通の事。[例]「かぐや姫の、例も月をあはれがり給へども、このごろとなりては、――にも侍(はべ)らざめり」〈竹取・かぐや姫の昇天〉[訳]かぐや姫は、いつも月を恋しがるようにしておられたが、最近では、(その様子が)並大抵のことではないようです。

ただこと-うた【直言歌】〔名〕『古今集』仮名序で説くところの和歌の「六義(りくぎ)」の一つ。技巧をこらさず、修辞を排して、直接に歌ったもの。また、一説に、純正さを詠むものともいう。

ただ-さま【縦様】〔形動ナリ〕❶たてになっている様子。例「琵琶(びは)の御琴(こと)を——・に持たせ給へり」〈枕草子・上の御局の御簾の前にて〉訳(中宮は)琵琶を縦にして持っておられる。注琵琶ハ横ニシテ弾ズルモノデ、ココハ手ヲ休メテイルトコロ。
❷直線の状態である。まっすぐである。例「長々と——・に行けば」〈枕草子・五月ばかりなどに〉訳ずっとまっすぐに進んで行くと。

ただ・し【正し】〔形シク〕❶形や向きがまっすぐである。例「——・しく行くべき道を、かかることを言ひ出でてより横道するに」〈今昔・二七・一三〉訳まっすぐ行くべき道を、こんなことを言い出してから脇道にそれたので。
❷形がきちんと整っている。乱れていない。例「束帯——・しき老者が、髻(もとどり)放ってねり出(い)でたりければ」〈平家・三・公卿揃〉訳礼服をきちんと着た老人が、(冠が脱げて)髻をあらわにしたままますまして歩き出したものだから。
❸道理・道徳・決まりなどに合っている。正しい。例「目の前なる人の愁へをやめ、恵みを施し、道を——・しくせば」〈徒然草・一七一〉訳目の前にいる人の心配をなくし、恩恵をほどこし、政道を正しくしていけば。

ただ-し【但し】〔接続〕(副詞「ただ」+副助詞「し」)❶前文を受けて、説明を補足したり、条件を付け加えたりする語。しかしながら。とはいうものの。さて。例「仰せのことはいとも尊し。——、この玉たはやすくえ取らじを」〈竹取・竜の首の玉〉訳お言いつけはまったく尊重すべきことです。しかしながら、この玉は簡単に取ることができないはずなのに。
❷前文に対して、推量や疑問を付け加える語。もしかしたら。あるいは。例「——、当月、諸社の祭なきゆゑに、この名あるか」〈徒然草・二〇二〉訳もしかしたら、当月(=十月ノ一カ月ニ)、あちこちの神社の祭がないから、この名(=神無月(カンナヅキ)トイウ呼ビ名)があるのだろうか。
❸相反することを並べて問う語。それとも。

ただ・す〔他サ四〕{さ・し・す・す・せ・せ} [一]【正す】本来の状態にもどす。きちんと整える。例「古人冠(かんむり)を——・し、衣装を改めしことなど、清輔(きよすけ)の筆にもとどめおかれしとぞ」〈奥の細道・白河の関〉訳昔の人が(白河の関を通るのに)冠を整え、衣服をきちんと整った物に替えたことなどが、藤原清輔の『袋草子』にも書きとどめられてあったという。
[二]【糺す】事実をはっきりさせる。問いただす。例「かかることは返す返すよく——・して、まこと空事(そらごと)あらはして行はせ給ふべきなり」〈宇治拾遺・一〇・一〉訳こういうことは何度も問いただして、事実と嘘(そう)とをはっきりさせて対処なさるべきです。

糺の森(ただすのもり)〔地名〕京都市左京区にある下鴨(しもがも)神社境内の森。和歌では動詞「糺(ただ)す・正す」と掛詞で用いられることが多い。近世には、納涼の場としてにぎわった。歌枕。

たたずまひ【佇まひ】(タタズマイ)〔名〕(動詞「たたずまふ」の連用形の名詞化)(動かずに静止しているものの)有様。様子。例「霞(かすみ)の——もをかしう見ゆれば」〈源氏・若紫〉訳霞のたなびいている様子も趣のあるように見えるので。

糺の森

たたずま・ふ【佇ふ】(タタズマ(モ)ウ)〔自ハ四〕{は・ひ・ふ・ふ・へ・へ}(「たたずむ」に上代の反復・継続の助動詞「ふ」が付いて一語化したもの)じっと立ち止まっている。例「奥の方に——・ふを」〈枕草子・正月一日は〉訳(女房が)奥の方にじっと立ち止まっているのを。

たたずみ-あり・く【佇み歩く】〔自カ四〕{か・き・く・く・け・け}あちらこちらで立ち止まっては、歩いてゆく。例「鹿(かし)の——・くも、珍しく見給ふに、なやましさも紛れはてぬ」〈源氏・若紫〉訳鹿があちらこちらで立ち止まっては歩いてゆくのを、(光源氏は)珍しいものとご覧になっていると、気分の悪さもすっかり紛れてしまう。

たたず・む【佇む・イむ】〔自マ四〕{ま・み・む・む・め・め}❶しばらく立ち止まる。❷その辺をぶらつく。

ただ-ち【直路・直道】〔名〕まっすぐに進む最も近い道。一直線の道。例「月夜(つくよ)良み妹(いも)に逢(あ)はむと——から我は来つれど夜ぞ更けにける」〈万葉・一一・二六一八〉訳月がすばらしいので、あなたに今宵(こよい)逢おうと、真っすぐに近道を通って(急いで)私はここまで来たけれども、もう夜が更けてしまったことだ。

ただち-に【直ちに】〔副〕すぐに。直接に。例「何(なん)ぞ、ただ今の一念において、——することのはなはだ難き」〈徒然草・九二〉訳どうして、現在の一瞬において、すぐに実行することがひどくむずかしいのだろうか。

たたな-づ・く【畳なづく】(タタナズク)〔自カ四〕{か・き・く・く・け・け}(上代語)畳み重ねたように幾重にも重なっている。重なり続く。重なり合う。例「——・く青垣山の隔(へな)りなばしばしば君を言問(こと)はじかも」〈万葉・一二・三一八七〉訳幾重にも重なり続いている青々とした垣根のような山々が(二人の間を)隔てたら、しばしばあなたに言葉をかけることもできなくなるのだろうか。

たたな-は・る【畳なはる】(タタナワル)〔自ラ四〕{ら・り・る・る・れ・れ}畳み重ねたように幾重にも重なり続く。折り重なる。例「登り立ち国見をせせば——・る青垣山(あをかきやま)」〈万葉・一・三八長歌〉訳(天皇が高殿に)登り立って国見をなさると、幾重にも重なり続いた青々とした垣根のような山々。

ただなら-ず【徒ならず】〔連語〕(形容動詞「ただなり」の未然形+打消しの助動詞「ず」)❶(様子が普通でない意で)わけありげである。いわくがあるようだ。例「実方(さねかた)の中将寄りて繕(つくろ)ふに、——・ず」〈枕草子・宮の五節いださせ給ふに〉訳実方の中将が近寄って(女房の赤ひもを)結び直したが、(彼の態度は)わけありげだ。
❷(興味・心配・不快感などで気持ちが普通でない意で)心が平静でない。ひとかたでない。例「いとどしく清らに見え給ふを、女君、——・ず見奉り送り給ふ」〈源氏・薄雲〉訳(これから明石の上を訪ねる夫の光源氏が)この上なく美しくお見えになるのを、女君(=紫ノ上)は、平穏ではない気持ちで(=嫉妬(シット)ヲ覚エテ)お見送りなさる。
❸すぐれている。すばらしい。例「もの古(ふ)りたる森の気色(けしき)も——・ぬに、玉垣し渡して、榊(さかき)に木綿(ゆふ)かけたるなど、いみじからぬかは」〈徒然草・二四〉訳いかにも長

い年月を経たような森の様子もすばらしい上に、美しい垣を造りめぐらして、榊の枝に白い布をかけてあるのなどは、心を打たないことがあろうか。

❹(「ただならずなる」の形で)体が普通でない。妊娠している。例「男夜な夜な通ふほどに、年月(としつき)も重なるほどに、身も——・ずなりぬ」〈平家・八・緒環〉訳男が毎晩毎晩通っているうちに、(そして)年月も積もっていくうちに、(女の)身も妊娠した。

ただ-に【唯に】〔副〕単に。普通に。⇩ただ㊁〔形動ナリ〕

たた・ぬ【畳ぬ】〔他ナ下二〕{ね・ね・ぬ・ぬる・ぬれ・ねよ}たたむ。⇩くりたたぬ

たたは・しタタワシ〔形シク〕❶満ち足りている。完全無欠である。例「天下(あめのした)知らしめしせば春花の貴(たふと)からむと望月(もちづき)の——・しけむと」〈万葉・二・一六七長歌〉訳(皇太子草壁(くさかべ)皇子が天皇となって)天下をお治めになったならば、春の花のように立派であろう、(また)満月のように完全なものであろうと(人々が期待していた)。注柿本人麻呂ノ挽歌(バンカ)。「たたはしけ」ハ、上代ニノミ見ラレル未然形。

❷いかめしく、おごそかである。例「これぞ、——・しきやうにて、餞(むまのはなむけ)したる」〈土佐・十二月二十三日〉訳この人は、いかめしく立派な態度で、餞別(せんべつ)をしてくれた。

ただ-びと【直人・徒人】〔名〕(「ただうど」「ただのひと」とも)❶(神や仏、化身(けしん)などに対して)普通の人間。例「このかぐや姫、きと影になりぬ。はかなく、くちをしと思(おぼ)して、げに——にはあらざりけり」〈竹取・帝の求婚〉訳このかぐや姫は、さっと姿を消してしまった。(帝は)空(むな)しく、無念だとお思いになり、なるほど普通の人ではないのだ(とかぐや姫を連れ帰るのを断念なさる)。

❷ⓐ(天皇・皇后・皇族に対して)臣下。臣民。

ⓑ(摂政・関白に対して)一般の貴族。官位の低い者。例「——の上達部(かんだちめ)の北の方になり、上達部の御むすめ后(きさき)にゐ給ふこそは、めでたきことなめれ」〈枕草子・位こそ猶めでたき物はあれ〉訳一般貴族(の娘)が公卿(くぎょう)の正妻となり、公卿の令嬢が皇后に立たれることは、(なにはさておき)すばらしいことであるようだ。

たた・ふ【湛ふ】タトウ ㊀〔自ハ四〕{は・ひ・ふ・ふ・へ・へ}いっぱいに満ちる。充満する。例「海ならず——・へる水の底までに清き心は月ぞ照らさむ」〈大鏡・時平〉訳(海も深いが、その)海どころでなくもっと深くまで満ちている水の底までも月は照らすだろう。潔白な私の心を天は照覧くださるだろう。注菅原道真(スガワラノミチザネ)ノ歌。『新古今和歌集』ニモ収メル。

㊁〔他ハ下二〕{へ・へ・ふ・ふる・ふれ・へよ}いっぱいに満たす。充満させる。例「比叡山(ひえいさん)より千手井(せんじゅゐ)の水を汲(く)みくだし石の舟に——・へて」〈平家・六・入道死去〉訳比叡山から千手堂の清水を汲みおろし石の浴槽に満たして。注熱病ノ平清盛ヲ、コノ冷水ニ入レルノデアル。

たた・ふ【称ふ】タトウ〔他ハ下二〕{へ・へ・ふ・ふる・ふれ・へよ}ほめたたえる。称賛する。例「故(かれ)またその御名(みな)を——・へて建沼河耳命(たけぬなかはみみのみこと)といふ」〈古事記・中・神武〉訳そこでまたそのお名前をほめたたえて建沼河耳命という。

たたみ【畳】〔名〕❶上代では、敷物の総称。毛皮、むしろ、こも、絹製の敷物などをいう。

❷平安時代では、ござに縁(ふち)を付けた敷物。薄縁(うすべり)。平安時代の部屋は板の間なので、要所にこれを敷いた。

> 参考 室町時代以降、現在と同じ畳をいう。この時代から書院造りの部屋内に畳が敷きつめられるようになり、座敷と呼ばれた。

たたみ-こも【畳薦】【枕詞】(「たたみこも」はコモを編んで作った敷物。コモを「いくへ(幾重)」に重ねる意から)「へ」の音を含む地名「平群(へぐり)」や「隔(へだ)つ」にかかる。例「命の全(また)けむ人は——平群(へぐり)の山の熊樫(くまかし)が葉を髻華(うず)に挿せその子」〈古事記・中・景行〉訳命の無事な人は、平群の山の大きな樫(かし)の木の葉をかんざしにしなさい。お前達よ。

たた・む【畳む】㊀〔自マ四〕{ま・み・む・む・め・め}幾重にも重なる。積み重なる。例「月冴(さ)ゆる明石の瀬戸に風吹けば氷の上に——・む白波」〈山家集・秋〉訳月が澄んで明るい明石の海峡に、風が吹くので、氷のような海面に白波が積み重なっているよ。

㊁〔他マ四〕❶折り重ねる。たたむ。

❷責めつけて弱らせる。勢いをくじく。

ただむき【腕】〔名〕《上代語》うで。

たた-むつき【立たむ月】タタンツキ〔連語〕(「む」は推量の助動詞)この次の月。来月。

ただ-もの【唯物・唯者】〔名〕ごくありふれた普通の人。また、ごく普通の物。

ただよは・し【漂はし】タダヨワシ〔形シク〕《動詞「ただよふ」の形容詞化した形》しっかりと定まらない。不安定である。落ち着かない。例「御後見(うしろみ)なくて、——・しくおはしまさむよりは、親ざまにと、譲り聞こえ給ひしかば」〈源氏・若菜・下〉訳お世話する人がなくて、(女三の宮が)頼りなくお過ごしになるよりは、(光源氏に)親代わりに(お世話願おう)と、(父の上皇が)お譲り申し上げなさったので。

ただよは・す【漂はす】タダヨワス〔他サ四〕{さ・し・す・す・せ・せ}漂う状態にする。不安定な状態におく。例「無品親王(むほんしんわう)の、外戚(げさく)のよせなきにては——・さじ」〈源氏・桐壺〉訳(我が子光の君を)無位の親王で、母方の親族の後援のない者として不安定な生涯を送らせはしないつもりだ。

ただよ・ふ【漂ふ】タダヨウ〔自ハ四〕{は・ひ・ふ・ふ・へ・へ}❶(空中や水上に)浮かんで揺れ動く。ただよう。例「船の行くに任せて海に——・ひて」〈竹取・蓬萊の玉の枝〉訳船が進むのに任せて海上にただよっていて。

❷拠(よ)り所がなく不安定な状態にある。ふらふらする。さまよう。例「なま浮かびにては、かへりて悪(あ)しき道にも——・ひぬべくぞ覚ゆる」〈源氏・帚木〉訳中途半端な悟りでは、かえって(地獄・餓鬼・畜生の)三悪道にもさまようことになるだろうと思われます。

たたら【踏鞴】〔名〕足踏み式の大型のふいご(=火ヲオコスタメニ、押シテ風ヲオクル器具)。鋳物師(いもじ)が用いたもので、数人が足で踏んで空気を送る。

たたら

たち【太刀・大刀】〔名〕❶上代、刀剣の総称。

❷平安時代以降、儀礼用、または戦闘用の大きな刀。長剣。

たち【館】〔名〕❶貴人や役人などが居住したり宿泊する建

物。官舎。例「守(かみ)の——より呼びに文(ふみ)持て来たなり」〈土佐・十二月二十五日〉訳 (新任の)国司の官舎から私(=作者)を招待するために手紙を持って来たようだ。❷貴族・豪族などの住む屋敷。邸宅。「やかた」とも。例「この浜の——に心やすくおはします」〈源氏・明石〉訳 この浜辺の(入道の)邸宅に(光源氏は)気楽にお越しになる。❸防備の施設がある武士の居宅。小規模な城。「たて」とも。例「貞任(さだたふ)が——栗屋川(くりやがは)の城(じやう)焼けぬ」〈平家・七・願書〉訳 貞任の屋敷である栗屋川のとりでが焼けてしまった。

たち【立ち】〔接頭〕《動詞「立つ」の連用形から》動詞に付いて、その動詞の意味や語勢を強める。「——入る」「——隠る」「——まさる」など。

たち【達】〔接尾〕《「だち」とも》(神や人を表す名詞・代名詞に付いて)敬意を含んだ複数の意を表す。…がた。「神——」「卿大夫(まへつぎみ)——」「御乳母(めのと)——」など。

たち-あかし【立ち明かし】〔名〕《「たてあかし」とも》地上に立てて火をともすたいまつ。人にかかげ持たせることもあった。例「——の光の心もとなければ」〈紫式部・御五十日の祝い〉訳 たちあかしの光が不十分なので。

たち-あか・す【立ち明かす】〔自サ四〕(さ・し・す・す・せ・せ) 立ったままで夜を明かす。例「居るべきやうもなくて——・すもなほをかしげなるに」〈枕草子・内裏の局〉訳 (人が多すぎて)座るすべもなく立ったままで夜を明かすのもやはりおもしろいが。

たちい【立ち居】⇩たちゐ

たち-い・づ【立ち出づ】〔自ダ下二〕(で・で・づ・づる・づれ・でよ) ❶立って出る。出て行く。立ち去る。例「——・でて御方(おんかた)に入り給へれば」〈源氏・葵〉訳 (左大臣の所を)立ち出てお部屋へお入りになると。❷表面に出る。現れ出る。

たち-い・る【立ち入る】〔自ラ四〕(ら・り・る・る・れ・れ) ❶中にはいる。はいり込む。例「主人(あるじ)なき所には、道行き人みだりに——・り」〈徒然草・二三五〉訳 主人のいない家には、通行人がやたらにはいり込んだり。❷立ち寄る。例「——・られたりけるに」〈徒然草・二一六〉訳 (北条時頼が足利義氏の所に)お立ち寄りになった時に。

たち-え【立ち枝】〔名〕《和歌用語》高く伸び立った枝。例「我が宿の梅の——は見えつらむ思ひの外に君が来ませる」〈拾遺・春〉訳 我が家の梅の高く伸びた枝が見えたのだろうか、思いがけなくあなたが訪ねていらっしゃったよ。

たち-おく・る【立ち後る・立ち遅る】〔自ラ下二〕(れ・れ・る・るる・るれ・れよ) ❶他より遅れて行動する。遅れる。例「この花の、ひとり——・れて夏に咲きかかるほどなむ、あやしう心にくくあはれにおぼえ侍(はべ)る」〈源氏・藤裏葉〉訳 この花(=藤ノ花)だけが、(春の花に)遅れて夏まで咲き続く風情が、妙に奥ゆかしくしみじみとしたものに思われます。❷特に、先に死なれる。死に遅れる。例「むつましかるべき人にも——・れ侍(はべ)りにければ」〈源氏・若紫〉訳 仲むつまじくあるはずの母にも先に死なれてしまいましたので。❸他に遅れをとる。ひけをとる。劣る。例「夜昼、学問をも遊びをももろともにして、をささを——・れず」〈源氏・帚木〉訳 (頭中将(とうのちゆうじやう)は光源氏と)昼も夜も、学問でも遊びでも一緒になさって、少しも(光源氏に)ひけをとらず。

たち-がく【立ち楽】〔名〕「節会(せちゑ)(=朝廷デ「節日」ソノ他公事ノアル日ニ群臣ニ酒食ヲ賜ル宴会)」の日に、楽人が庭に立ったまま音楽を演奏すること。また、その音楽。

たちがく

たち-かく・す【立ち隠す】〔他サ四〕(さ・し・す・す・せ・せ) (霧や霞(かすみ)が)たちこめて他の物を隠す。例「誰(たれ)しかも尋(と)めて折りつる春霞——・すらむ山の桜を」〈古今・春上・五八〉訳 いったい誰が捜し求めて折ってきたのだろう。春霞がたちこめて隠していたはずの山の桜を。

たち-かく・る【立ち隠る】［一］〔自ラ四〕(ら・り・る・る・れ・れ)《上代語》物陰に身を隠す。隠れる。例「佐保川の岸のつかさの柴(しば)な刈りそねありつつも春し来たらば——・るがね」〈万葉・四・五二九〉訳 佐保川の岸の高い所の柴を刈らないで下さい。このままにしておいて春が来たら(それに)隠れて(あの人と)逢(あ)うために。注 五七七・五七七ノ旋頭歌(セドウカ)。［二］〔自ラ下二〕(れ・れ・る・るる・るれ・れよ) ［一］に同じ。例「しばし、少し——・れて聞くべき物の隈(くま)ありや」〈源氏・橋姫〉訳 しばらくの間、ちょっと隠れて聞くことのできる物陰はあるか。

たち-かへり【立ち返り】〔副〕❶(多く、手紙の返事などを出す場合に用いて)折り返し。すぐに。例「とてやり給ふ。——、……とあり」〈源氏・紅葉賀〉訳 と(和歌を添えて)お送りになった。折り返し、……と返事があった。❷繰り返し。再び。例「——またも来て見む松島や雄島(をじま)の苫屋(とまや)波に荒らすな」〈新古今・羇旅・九三三〉訳 再びまた来て眺めよう。松島の雄島(=地名。歌枕)の磯辺(いそべ)の粗末な小屋を波に荒れさせないでおくれ。

たち-かへ・る【立ち返る】〔自ラ四〕(ら・り・る・る・れ・れ) ❶(波が)寄せては返す。例「風の吹く事止(や)まねば、岸の波——・る」〈土佐・二月三日〉訳 風が吹きやまないので、岸の波もうち寄せては返している。❷もとの位置や状態に立ち戻る。引き返す。戻る。例「もし不思議に運命開けて、また都へ——・る事候はば」〈平家・七・経正都落〉訳 もし思いがけなく運が開けて、もう一度都へ戻る事がございましたら。❸(「年たちかへる」の形で)年が改まる。新年を迎える。例「あらたまの年——・る朝(あした)より待たるる物はうぐひすの声」〈拾遺・春〉訳 新年を迎えたその朝からどうしても待ち望んでしまうのは、(春の到来を告げる)ウグイスの声だよ。

た-ぢから【手力】〔名〕手の力。腕力。例「岩戸割る——もがも手弱(たよわ)き女(をみな)にしあれば術(すべ)の知らなく」〈万葉・三・四一九〉訳 (河内王(こうちのおおきみ)の眠っていらっしゃる)お墓の岩の戸を破るほどの手の力がほしいの。手の力の弱い女ですから、どうしてよいやらわからないわ。

たち-き・く【立ち聞く】〔他カ四〕(か・き・く・く・け・け) ❶立ったまま聞く。例「軽の市にわが——・けばたまだすき畝火(うねび)の山に鳴く鳥の声(こゑ)も聞こえず」〈万葉・二・二〇七長歌〉訳 (生前、妻がいつも見に行っていた)軽の市に私が立ったままで聞いていると畝火山に鳴く鳥のように(いとしい妻の)声も聞こえず。注「たまだすき」ハ「うね」ニカカル枕詞。❷こっそりと聞く。盗み聞く。例「——・き、垣間(かいま)む人の気配して、いといみじく物つつまし」〈更級・宮仕へ〉訳 立ち聞きしたり、のぞき見する人の気配がして、たいそう気づまりである。

たち・く【立ち来】〔自カ変〕{こ・き・く・くる・くれ・こ(よ)} ❶(波や雲などが)わきたってくる。例「波の——・くる音なひ、風の吹き惑ひたるさま」〈更級・初瀬〉訳 波が押し寄せる音、風が吹き荒れる様子。
❷出立してくる。やってくる。例「大君の任(ま)けのまにまに島守(しまもり)にわが——・くれば」〈万葉・二〇・四四〇八長歌〉訳 天皇のご任命のままに防人(さきもり)として私が出立したので。

たち-こ・む【立ち込む・立ち籠む】 ━〔自マ四〕{ま・み・む・む・め・め} (人や車・馬などが)込み合う。たてこむ。混雑する。例「院の御桟敷(さじき)のあたり、更(さら)に通り得(う)べうもあらず——・みたり」〈徒然草・五〇〉訳 上皇の(賀茂祭見物のための)桟敷のあたりは、少しも通ることができそうにないほどに(人が)たてこんでいる。
━〔自マ下二〕{め・め・む・むる・むれ・めよ} (霧や煙が)一面にたちこめる。一面におおう。例「春は霞(かすみ)に——・められ、秋は霧にまじはり」〈平家・五・勧進帳〉訳 (神護寺(じんごじ)は)春は霞におおわれ、秋は霧に(包まれて)入り交じり。

たち-さ・ふ【立ち障ふ・立ち塞ふ】〔他ハ下二〕{へ・へ・ふ・ふる・ふれ・へよ} 行く手をさえぎる。立ちふさぐ。例「波——・へて入れずもあらなむ」〈土佐・一月八日〉訳 波が立ちふさがって(月を海に)入れないでほしい。

たち-さわ・ぐ【立ち騒ぐ】〔自ガ四〕{が・ぎ・ぐ・ぐ・げ・げ} 騒ぎ立てる。大きな音や声を立てて騒ぐ。例「暮るるまでかく——・ぎて、はては闘諍(とうじやう)起こりて」〈徒然草・五〇〉訳 日が暮れるまでこのように(鬼を見ようと)騒ぎ立てて、しまいには喧嘩(けんか)が起きて。

たち-そ・ふ【立ち添ふ】〔自ハ四〕{は・ひ・ふ・ふ・へ・へ} ❶そばに寄り添って立つ。付き添う。例「馬に乗せむとすれど、さらに聞かねば、衣(きぬ)の裾(すそ)を取りて——・ひて行く」〈源氏・浮舟〉訳 (暗いので女を慣れない)馬に乗せようとするけれども、どうしても承知しないので、着物の裾を手に持って付き添って行く。
❷付き加わる。加わる。例「親の御ゆかしさ——・ひて」〈源氏・常夏〉訳 (玉鬘(たまかずら)は、実の親の琴を聞きたいのに)実の親に会いたい思いも加わって。
❸他人のあとを追って死ぬ。続いて死ぬ。あとを追う。例「程もなくまた——・ひぬべきが、口惜しくもあるべきかな」〈源氏・夕顔〉訳 間もなく(私、光源氏も)また(夕顔の)あとを追って死んでしまいそうなのが、残念なことだ。

たち-つけ【裁ち着け】〔名〕(「たっつけ」とも)袴(はかま)の一種。袴の膝(ひざ)から下の部分をしぼって、脚絆(きゃはん)のように仕立てたもの。動きやすく、旅行時などに着用。裁っ着け袴。

たちつけ

たち-ど【立ち処】〔名〕立っている場所。立っている足元。ありどころ。例「青柳(あをやぎ)の張らろ川門(かはと)に汝(な)を待つと清水(せみど)は汲(く)まず——ならすも」〈万葉・一四・三五四六〉訳 青柳の芽の吹いた春だから、川の狭まった(例の)所で、あなたを待つと約束をして、清水を汲まずに(=汲ムドコロデナク)、足元を踏みならして(=行ッタリ来タリシテ待チコガレテ)いる。

たち-なほ・る【立ち直る】〔自ラ四〕{ら・り・る・る・れ・れ} 悪くなった状態からもとのよい状態にもどる。回復する。例「この度もし——・りて命を全(まった)くせば、夜を日につぎてこの事かの事怠らず成(じゃう)じてん」〈徒然草・二四一〉訳 今度もし病気が回復して寿命をまっとうしたら、夜も昼もこの事あの事を怠けずに成しとげてしまおう。

たち-なら・す【立ち馴らす】〔他サ四〕{さ・し・す・す・せ・せ}(「立ち馴る」の他動詞形)馴れ親しませる。なじませる。例「などて今まで——・さざりつらむと、過ぎぬる方(かた)悔しうおぼさる」〈源氏・賢木〉訳 (ご心中(しんちゅう)にもこの嵯峨野(さがの)の野宮(ののみや)に)どうして今までしばしば訪ねて来なかったのだろうと、空(むな)しく過ぎたこれまでを悔しくお思いになる。

たち-なら・ぶ【立ち並ぶ】 ━〔自バ四〕{ば・び・ぶ・ぶ・べ・べ} ❶一緒に並ぶ。並び立つ。例「熊谷(くまがへ)親子は中を割られじと——・んで」〈平家・九・一二之懸〉訳 熊谷親子は(敵に)二人の間に割り込まれないように並び立って。
❷同じぐらいである。互角である。匹敵する。例「我が丈(たけ)——・ぶまで養ひ奉りたる我が子を、何人か迎へ聞こえむ」〈竹取・かぐや姫の昇天〉訳 私の身長と同じぐらいになるまでお育てした私の子(=カグヤ姫)を、(いったい)誰が迎え申し上げようというのだ。

━〔他バ下二〕{べ・べ・ぶ・ぶる・ぶれ・べよ} 同じ程度に扱う。同列にみる。例「さりとも明石の並(なみ)には——・べ給はざらまし」〈源氏・玉鬘〉訳 そうであっても(=光源氏ガ玉鬘(タマカズラ)ノ世話ヲスルトハ言ッテモ)明石の上と同列にはお扱いにならないでしょう。

たち-な・る【立ち馴る】〔自ラ下二〕{れ・れ・る・るる・るれ・れよ} そこにいることに馴れる。なじむ。例「さても宮仕への方(かた)にも——・れ」〈更級・宮仕へ〉訳 そのまま宮仕えの生活にもなじみ。

たち-ぬ・ふ【裁ち縫ふ】〔他ハ四〕{は・ひ・ふ・ふ・へ・へ} 布地を裁断して衣服に仕立てる。裁縫する。例「弓袋(ゆぶくろ)の料(れう)に贈られたりける布どもをば、直垂(ひたたれ)・帷子(かたびら)に——・はせて」〈平家・二・西光被斬〉訳 弓袋の材料として贈られた布を、直垂や帷子に仕立てさせて。

たち-ぬ・る【立ち濡る】〔自ラ下二〕{れ・れ・る・るる・るれ・れよ} 立っていて雨などで濡れる。濡れながら立っている。例「わが背子(せこ)を大和(やまと)へやるとさ夜更けて暁(あかとき)露にわが——・れし」〈万葉・二・一〇五〉訳 かわいい弟(=大津皇子)を大和(やまとの)国に帰すということで(ずっと見送っていて)、夜が更けて明け方の露に私は濡れながら立っていたよ。

たち-はき【帯刀】〔名〕❶(「帯刀舎人(たちはきとねり)」の略)春宮坊(とうぐうぼう)の舎人監(とねりのつかさ)に所属する、皇太子護衛の武官。
❷鎌倉・室町の幕府で、将軍の身辺を護衛する武士。帯刀役。

たちはき-の-ぢん【帯刀の陣】〔名〕「たちはき①」の詰め所。

たち-はし・る【立ち走る】〔自ラ四〕{ら・り・る・る・れ・れ} 立ち上がって走る。走り回る。例「——・りて、散りかひたる物ども、ただ取りにつつ」〈蜻蛉・中・天禄二年〉訳 (道綱は)立ち上がり走って、散らかっている物(=衣類ナド)を、ひたすら取り(集め)ながら(下山の用意をする)。

たち-ばな【橘】〔名〕木の名。初夏に咲く白い花は香りが高く、冬には黄色の果実が実る。例「五月(さつき)待つ花たちばなの香をかげば昔の人の袖(そで)の香ぞする」〈古今・夏・一三九〉訳 陰暦五月を待って咲くタチバナの花の香をかぐと、昔親しんだ人の袖にたきしめた香りがすることだ。

> **参考** 右近の「橘」 橘はホトトギスと取り合わせて歌に詠まれて、人々から親しまれた。また、例の古歌が有名で、昔の人を思い出すよすが、懐旧の情のシンボルとしてその花の香が賞された。
> 内裏の紫宸殿(ししんでん)の南の庭に、左近の桜と並び右近の橘(たちばな)が植えられていた。三月の雛祭(ひなまつ)りの雛壇に飾られるのも、桃色は桜で、緑は橘である。

橘曙覧(たちばなあけみ)〘人名〙江戸末期の歌人。一八一二年(文化九)～一八六八年(明治元)。万葉調の率直な歌を詠んだ。越前(=福井県)の人。歌集に『志濃夫廼舎(しのぶのや)歌集』『沽哉(こきや)集』などがある。

橘成季(たちばなのなりすゑ)(…ナリスエ)〘人名〙鎌倉時代の学者。生没年未詳。定家の日記『明月記』にその名が見えるが、伝記は明らかでない。その編著になる説話集『古今著聞集』は、当時の生活・風俗を知る好資料。

たち-はな・る【立ち離る】〔自ラ下二〕〔れ・れ・る・るる・るれ・れよ〕離れゆく。遠ざかる。隔たる。例「かやうに――・れたる物詣でをしても」〈更級・初瀬〉訳 このように都から遠ざかった物詣でをしても。

但馬(たぢま)(タジマ)〘旧国名〙現在の兵庫県北部にあたる。山陰道八か国の一つ。但州(たんしゅう)。

たち-まさ・る【立ち勝る】〔自ラ四〕〔ら・り・る・る・れ・れ〕他よりまさる。すぐれる。例「――・る人また御本意(ほい)ありて見給ふとも」〈源氏・澪標〉訳 (私よりも)すぐれている人(=光源氏)がもう一度あなた(=朧月夜(オボロヅキヨ))のお望み通りお世話なさるとしても。

たち-まじ・る【立ち交じる】〔自ラ四〕〔ら・り・る・る・れ・れ〕中に入り交じる。仲間にはいる。例「品(しな)下り、顔にくさげなる人にも――・りて」〈徒然草・一〉訳 (容姿や気立てのよい人も、教養がないと)品位が劣り、顔がみにくい人の仲間に入って(圧倒されるのは残念なことだ)。

たちまち-づき【立ち待ち月】〔名〕陰暦十七日の夜の月。(季・秋)

たちまち-の-つき【立ち待ちの月】〘連語〙(立ったままで待っている間にほどなく出る月の意)陰暦十七日の夜の月。「たちまちづき」とも。(季・秋)

たち-ま・ふ【立ち舞ふ】(…マ(モ)ウ)〔自ハ四〕〔は・ひ・ふ・ふ・へ・へ〕❶立って舞う。例「もの思ふに――・ふべくもあらぬ身の袖(そで)うち振りし心知りきや」〈源氏・紅葉賀〉訳 (あなた=藤壺(フジツボ)への)恋の悩みのために世間で立派に振る舞うこともできそうもないこの私(=光源氏)が、(思いのたけをこめて)袖を振って舞った心中をわかっていただけましたか。注「立ち舞ふ」ニハ②ノ意ヲ掛ケ、「袖うち振りし」ニハ、舞ノ所作ニ、愛情ヲ相手ニ伝エル動作ノ意ヲ掛ケル。❷人中に立ちまじって立派に振る舞う。世間にまじわる。たちまじわる。例「見知り給はぬ世の憂さに、――・ふべくも思(おぼ)されず」〈源氏・賢木〉訳 経験なさったことのない世の中のつらさに、(光源氏は)世間に立ちまじわろうともお思いにならない。❸雲が舞うようにあちこちと動く。立ち動く。例「昨日(きのふ)今日(けふ)雲の――・ひ隠ろふは花の林を憂しとなりけり」〈伊勢・六七〉訳 昨日今日、雲があわただしく立ち動いて、(山が)ずっと隠れているのは、(雪が降り積もって)花かと見まがう林を見せるのが嫌だと思ってのことだったのだなあ。

たち-むか・ふ【立ち向かふ】(…ムカ(コ)ウ)〔自ハ四〕〔は・ひ・ふ・ふ・へ・へ〕❶立って向かう。面と向かう。例「ますらをのさつ矢手挟(たばさ)み――・ひ射る的形(まとかた)は見るにさやけし」〈万葉・一・六一〉訳 勇者が矢を手に挟み持ち、面と向かって射る的というわけではないが、的形の地は眺めているとすがすがしい。注「射る」マデハ「的形(=三重県松阪市)」ヲ導ク序。❷敵対して戦う。手向かいする。立ち向かう。例「この男――・ひて……太刀(たち)を引き抜きければ」〈徒然草・八七〉訳 この男が(大勢の武士に)立ち向かって……太刀を引き抜いたところ。

たち-もとほ・る【立ち徘徊る】(…モトオル)〔自ラ四〕〔ら・り・る・る・れ・れ〕あちこちを歩き回る。徘徊(はいかい)する。例「木(こ)の間より移ろふ月の影を惜しみ――・るにさ夜ふけにけり」〈万葉・一一・二八二一〉訳 木の間を移って行く月の光が惜しくて歩き回っているうちに、夜は更けてしまった。

たち-やく【立ち役】〔名〕(もとは、能・狂言で舞台に座っている囃方(はやしかた)に対して、立って舞う役者の意)歌舞伎(かぶき)の男役。特に、老役(ふけやく)・敵役(かたきやく)・道化(どうけ)役ではない、善良で立派な男の役。

たち-やすら・ふ【立ち休らふ】(…ヤスラ(ロ)ウ)〔自ハ四〕〔は・ひ・ふ・ふ・へ・へ〕立ちどまって進むのをためらう。たたずむ。例「雪降りたりし暁に――・ひて、我が身も冷え入るやうに覚えて」〈源氏・幻〉訳 雪の降った夜明け方に(光源氏は外に)たたずんでいて、自分の体も冷えきるように思われて。

たち-よ・る【立ち寄る】〔自ラ四〕〔ら・り・る・る・れ・れ〕❶波が立って寄せる。打ち寄せる。例「ありし世の名残だになき浦島に――・る波の珍しきかな」〈源氏・賢木〉訳 過ぎた昔の名残さえないこの浦島に、打ち寄せる波が珍しいことです。❷そば近くに来る。近よる。例「門を開かれずとも、この際(きは)まで――・らせ給へ」〈平家・七・忠度都落〉訳 門をおあけにならないまでも、(せめて)このそばまで近よって下さい。❸よそへ行くついでに訪れる。例「先(ま)づなつかしく――・るほどに」〈奥の細道・松島〉訳 (どんな人が住んでいるのかと)ともかくも心ひかれるので立ち寄ってみると。

たち-わか・る【立ち別る】〔自ラ下二〕〔れ・れ・る・るる・るれ・れよ〕別れて行く。例「――・れなむことを、……同じ心に嘆かしがりけり」〈竹取・かぐや姫の昇天〉訳 (使用人もかぐや姫と)別れて行ってしまうことを、……(翁(おきな)と)同じ気持ちで悲しがるのだった。

たち-わた・る【立ち渡る】〔自ラ四〕〔ら・り・る・る・れ・れ〕(霧などが)一面に立ちこめる。(車などが)一面に立ち並ぶ。例「大野山霧――・る我が嘆くおきその風に霧――・る」〈万葉・五・七九九〉訳 大野山に霧が一面に立つ。私の嘆く息吹(いぶ)きの風で霧が立ちこめる。

たち-わづら・ふ【立ち煩ふ】(…ワズラ(ロ)ウ)〔自ハ四〕〔は・ひ・ふ・ふ・へ・へ〕❶立っていることに苦しむ。立ちくたびれる。例「御使ひの――・はむもいとほしう」〈源氏・蓬生〉訳 (末摘花(すえつむはな)の返歌が遅れて)使者が立ちくたびれることになるのも気の毒で。❷立ち去りにくく思う。出発しかねる。例「――・ひ給ふも軽々しう」〈源氏・夕霧〉訳 (夕霧が高貴の身分で、御息所(みやすどころ)の葬儀の場を)立ち去りかねてぐずぐずなさるのも軽々しいし。

たち-ゐ【立ち居】(…イ)〔名〕立ったり座ったりすること。立ち居振る舞い。日常のなにげない所作。例「――のけはひ、堪(た)へ難(がた)げに行ふ」〈源氏・夕顔〉訳 おつとめの立ったり座ったりする動作も、つらそうに勤行(ごんぎょう)している。

たち・ゐる【立ち居る】〔自ワ上一〕(ゐ・ゐ・ゐる・ゐる・ゐれ・ゐよ) ❶立ったり座ったりする。忙しく動き回る。例「若く末々なるは、宮仕へに—・ゐ」〈徒然草・一三七〉訳若くて身分の低い者達は、(貴人の)用事で忙しく動き回り。❷(雲などが)現れ出てとどまっている。空に浮かぶ。例「中空に—・ゐる雲のあともなく身のはかなくもなりにけるかな」〈伊勢・二一〉訳空の中ほどに浮かんでいる雲が跡形もなく消えるように、私はよるべのない身の上になってしまったことです。

たつ【辰】〔名〕❶十二支の五番目。⇩じふにし❷方角の名。東南東。❸時刻の名。午前八時およびその前後二時間。一説に、午前八時からの二時間。例「—の時に舟出し給ふ」〈源氏・松風〉訳(明石の上のご一行が)午前八時に舟出なさいます。

たつ【竜】〔名〕想像上の動物の名。リュウ。五本の指のついた四本足の大蛇の姿で、頭に二本の角がある。水神(すいじん)に擬せられ、水を支配し、水にもぐり、空へ昇り、雲を巻き起こし、大雨を降らせるという。例「この国の海山より、—はおりのぼる物なり」〈竹取・竜の首の玉〉訳この国の海や山から、竜は降りたり昇ったりするものである。

た・つ【立つ・起つ・建つ・発つ】**一**〔自タ四〕(た・ち・つ・つ・て・て) **一**確かな位置を占めて、縦(たて)にまっすぐに体を保つ。❶(人などが)足で立つ。例「二柱(ふたはしら)の神、天(あま)の浮橋に—・たして」〈古事記・上・伊邪那岐命と伊邪那美命〉訳お二方の神は、天の浮橋(＝天空ニ架カル橋)にお立ちになって。❷(木や草が)大地から生えている。例「照りかかやく木ども—・てり」〈竹取・蓬萊の玉の枝〉訳光り輝く木が何本も立っている。❸(建物などが)造られている。建っている。❹(車などが)止まった状態で置かれている。

二(自然現象や季節などが)現れる。起こる。❶(雲・霧などが)**わき起こる**。例「愛(は)しけやし吾家(わぎへ)の方(かた)よ雲居(くもゐ)—・ち来(く)も」〈古事記・中・景行〉訳ああ懐かしいことよ。我が家の方角から雲がわき起こってくることだ。❷(煙などが)下の方から立ちのぼる。❸(風・波などが)起こる。❹(月・虹(にじ)などが)**空に姿を現す**。例「朝づく日向かひの山に月—・てり見ゆ遠妻を持てらむ人し見つつ偲(しの)はむ」〈万葉・七・一二九四〉訳向こうの山に新月が出ているのが見える、遠くに妻を持っている人はさぞ、見てしのんでいることだろう。注五七七・五七七ノ旋頭歌(セドウカ)。❺(月・季節などが)始まる。例「春—・ちける日よめる」〈古今・春上・二詞書〉訳立春になった日に詠んだ歌。

三(上に向かって)立ち上がる。❶(座ったりしていたものが)立ち上がる。(静止状態から)動き出す。起立する。例「その木のもとは—・ちて帰るに」〈伊勢・八二〉訳その木のもとから立ち上がって帰る時に。❷(鳥などが)飛び立つ。❸(旅などに)**出発する**。例「そのつとめて、そこを—・ちて、……松里の渡りの津に泊まりて」〈更級・太井川〉訳その翌朝、そこを出発して、……松里の渡し場に宿泊して。

❹(地位などに)つく。例「東宮(とうぐう)に—・ち給ふ、御年十六」〈大鏡・文徳〉訳皇太子の位におつきになる、(時に)ご年齢は十六歳(であった)。❺(建物などが)建立(こんりゅう)される。新しく造られる。

四(物事や現象などが)盛んになる。きわ立って、目立つようになる。❶(音や声が)高く響く。❷(噂(うわさ)や評判が)立つ。広く知れ渡る。例「恋すてふ我が名はまだき—・ちにけり人知れずこそ思ひそめしか」〈拾遺・恋一〉訳私が恋をしているという評判が早くも立ってしまった。私は人知れずひそかにあの人を思い始めたのに。注壬生忠見(ミブノタダミ)ノ作。『百人一首』所収。❸(幻影や気配などが)見える。

五(特徴などが)生かされる。(生活・名誉などが)保たれる。❶役に立つ。例「万(よろづ)の用にも—・ちてよし」〈徒然草・五五〉訳(家は、特に用途のない所のある方が)種々の役にも立ってよい。❷面目が保たれる。❸生活が成り立つ。暮らしが保てる。

❹(刀などが)**よく切れる**。例「妙観(めうくわん)が刀はいたく—・たず」〈徒然草・二二九〉訳妙観が使った小刀はあまりよく切れない。注「妙観」ハ、八世紀ノ彫刻ノ名人。

六(時などが)経過する。過ぎてしまう。(盛りの状態から)衰えに向かっていく。❶時が経過する。月日が過ぎる。過ぎ去る。例「—・ちぬる月より、物きこしめさで、いたく青みそこなはれ給ふ」〈源氏・若菜・下〉訳(女三の宮は)過ぎた月(＝先月)より、何もお召し上がりにならず、ひどく青ざめてやつれた状態でいらっしゃる。❷(蠟燭(らうそく)などが)燃え尽きる。

七《他の動詞の連用形に下接し、複合動詞を構成して》上の動詞の意味を強める。盛んに…する。特に…する。「言ひ立つ」「浮き立つ」など。

二〔他タ四〕(た・ち・つ・つ・て・て) ❶(何かを)設ける。設備する。例「上(かみ)つ瀬に鵜川(うかは)を—・ち下(しも)つ瀬に小網(さで)さし渡す」〈万葉・一・三八長歌〉訳上流の瀬に鵜川(＝鵜ヲ使ッテ魚ヲ捕ル設備)を設け、下流の瀬に小網(＝魚ヲ捕ル網ノ一種)を一面に張っている。❷(「名を立つ」の形で)有名になる。評判を高める。例「いとあるまじき名を—・ちて」〈源氏・若菜・下〉訳絶対にあってはならない男と女の評判を立ててしまって。❸(「腹を立つ」の形で)腹を立てる。立腹する。例「いたう腹を—・ちて」〈今昔・一九・二六〉訳ひどく腹を立てて。

三〔他タ下二〕(て・て・つ・つる・つれ・てよ)《**一**の他動詞形》**一**(人や物などに)確かな位置を占めさせる。縦(たて)にまっすぐに体を保たせる。❶(人や馬などを)足で立たせる。立ったままの姿勢を保たせる。❷(高い物・どっしりした物を)据(す)える。しっかりと立てる。例「屏風(びやうぶ)など—・てて、かりそめのしつらひなるに」〈源氏・少女〉訳屏風などを立てて、ほんの間に合わせのこしらえをしてある所に。❸(車や馬などを)止める。止めたままで置く。

二(自然現象などを)新たに起こさせる。❶(風や波などを)起こさせる。例「飽き満ちて、船子(ふなこ)どもは腹鼓(はらつづみ)を打ちて、海をさへ驚かして波—・てつべし」〈土佐・一月七日〉訳満腹して、水夫達は(いい気になって)腹つづみを打ち、海をまでも驚かして波を起こさせてしまいそうだ。

❷(煙・砂塵(さじん)などを)立ちのぼらせる。例「かまどには火気(けぶり)吹き―・てず」〈万葉・五・八九二長歌〉訳 かまどには湯気(ゆげ)を吹き上がらせることもなく。

三(低い姿勢から)立ち上がらせる。(静止した状態から)新たに行動を起こさせる。(建物などを)新しく造る。❶(横になったり、座ったりしていたものを)立ち上がらせる。起立させる。例「近う呼び寄せて、『立て』とて―・てたれば」〈蜻蛉・下・天禄三年〉訳 (姫を)近くへ呼び寄せて、「お立ち」といって起立させたところ。

❷(鳥などを)飛び立たせる。

❸(旅などに)出発させる。派遣する。

❹(地位などに)つける。身を置かせる。

❺(建物などを)建てる。建設する。

四(物事や現象などを)盛んにさせる。きわ立たせる。❶(音や声を)高く響かせる。例「楽器を取れば、音(ね)を―・てんと思ふ」〈徒然草・一五七〉訳 楽器を手にとると、音を響かせたいと思う。

❷(噂(うわさ)や評判を)立てる。広く知れわたるようにする。

❸(湯を)沸かす。たぎらせる。また、(茶を)入れる。抹茶をたてる。

❹(人を)先に立てる。先頭に立たせる。

❺(誓いや願いを)立てる。例「御社(みやしろ)の方に向きて、さまざまの願(ぐわん)を―・て給ふ」〈源氏・明石〉訳 お社の方に向かって、いろいろの祈願をお立てになる。

❻(目・耳に)注意力を集中する。例「若やかなる殿上人(てんじやうびと)などは、目を―・てて気色(けしき)ばむ」〈源氏・蛍〉訳 若い殿上人(=五位以上ノ者)などは、(童女に)目をつけて気のある様子を見せる。

❼(「立てて」の形で、副詞的に用いて)特に。もっぱら。きわ立って。例「すべて女は、―・てて好める事まうけてしみぬるは、様よからぬことなり」〈源氏・玉鬘〉訳 何事によらず女(というもの)は、特に好きな事を作ってそれに凝ってしまうのは、見た目によくないことです。

五(特徴などを)生かす。(生活・名誉などを)保たせる。❶役に立てる。役立たせる。

❷面目を保たせる。

❸生活していけるようにする。暮らしを保たせる。

❹専門にする。仕事とする。例「学匠(がくしやう)を―・てず、ただ明け暮れ念仏して」〈徒然草・一二四〉訳 (是法(ぜほう)法師は)学問僧たることを専門としないで、ひたすら朝から晩まで念仏を唱えて。

六時を経過させる。日を過ごす。

七(他の動詞の連用形に下接し、複合動詞を構成して)上の動詞の意味を強める。しきりに…する。盛んに…する。例「よくも調べで、心の限り弾き―・てたる」〈枕草子・かたはらいたきもの〉訳 (いたたまれない感じのもの)よく調律もしないで、(琴を)いい気になって盛んに弾いているの。

た・つ【断つ・絶つ・裁つ】〔他タ四〕(た・ち・つ・つ・て・て)❶切り離す。たち切る。また、(布を)裁断する。例「人間の望みを―・ちて、貧(ひん)を憂(うれ)ふべからず」〈徒然草・二一七〉訳 人間としての(世俗的な)望みを断ち切って、貧乏を悲しんではならない。

❷(習慣などを)やめる。特に、断ち物をする。例「五穀―・ちて、千余日に力を尽くしたること少なからず」〈竹取・蓬莱の玉の枝〉訳 五穀の断ち物をして、千余日の間努力したことは尋常ではありません。注「五穀だち」トハ、祈願ノ成就ノタメニ米・麦・粟(アワ)・黍(キビ)・豆ノ五穀ヲ断食スルコト。

たづ【田鶴・鶴】(タズ)〔名〕鳥の名。ツル。例「桜田へ―鳴き渡る年魚市潟(あゆちがた)潮干にけらし―鳴き渡る」〈万葉・三・二七一〉訳 桜田の方へ鶴(つる)が鳴きながら飛び渡って行く。桜田のある年魚市潟の潮が引いたらしい。(その桜田をめざして)鶴が鳴いて飛び渡って行くよ。

> 参考 上代から、「つる」という語もあったが、上代では歌には「たづ」が用いられた。

だ・つ〔接尾タ四型〕(名詞・副詞・形容詞語幹などに付いて)そのような様子である、そのような属性を持つ、などの意を表す。…めく。…がかる。…のようになる。例「山際(やまぎは)少し明かりて、紫―・ちたる雲の細くたなびきたる」〈枕草子・春はあけぼの〉訳 山と接するあたりの空が少し明るくなって、紫がかった雲が細くたなびいている(のは何とも美しい)。

たづか-な・し(タズカ…)〔形ク〕⇩たづきなし

た-づき(…ズキ)〔名〕

> 「手(た)付き」が語源と思われ、本来、物事にとりかかる手がかり、の意。古くは多く、下に「知らず」「なし」などの否定表現を伴って用いられた。

❶**とりつく手がかり**。手段。方法。例「学問して因果(いんぐわ)の理(ことわり)をも知り、説経などして世渡る―ともせよ」〈徒然草・一八八〉訳 (仏道の)学問をして因果応報の道理を理解し、仏教を説く説経をして生活する手だてともせよ。

❷様子を知る手がかり。たより。見当。状況。例「をちこちの―も知らぬ山中におぼつかなくも呼子鳥(よぶこどり)かな」〈古今・春上・二九〉訳 どこがどことも見当もつかない深い山中で、心もとなくも人を呼ぶように鳴く呼子鳥の声を聞くといっそう不安になる。注「呼子鳥」ハ『古今集』三鳥ノ一ツ。郭公(カッコウ)ノコトカ。

たづき-な・し(タズキ…)〔形ク〕(「たづかなし」とも)何かする手段がない。頼るものがない。例「この人の、―・しと思ひたるを、もてなし助けつつさぶらはす」〈源氏・夕顔〉訳 この人(=右近)が、(主人の夕顔に死なれて)頼る人がいないと思っているので、(惟光(これみつ)が)世話をし助けて(光源氏に)お仕えさせる。

たづさは・る【携はる】(タズサワル)〔自ラ四〕(ら・り・る・る・れ・れ)❶手を取り合う。連れだつ。連れ添う。例「思ふどち馬うち群れて―・り出(い)で立ち見れば」〈万葉・一七・三九九三長歌〉訳 親しい仲間同士馬を並べて連れだって出かけて見ると。

❷関係する。従事する。例「世俗の事に―・りて生涯を暮らすは、下愚(かぐ)の人なり」〈徒然草・一五一〉訳 世俗の事にかかわって一生を送るのは、たいそう愚かな人だ。

たづさ・ふ【携ふ】(タズサウ)一〔自ハ四〕(は・ひ・ふ・ふ・へ・へ)手を取り合う。連れだつ。連れ添う。例「人もなき国もあらぬか我妹子(わぎもこ)と―・ひ行きてたぐひて居(を)らむ」〈万葉・四・七二八〉訳 他人のいない国はないものか。(もしそのような国があったら)あなたと連れだって行って一緒にいよう。

二〔他ハ下二〕(へ・へ・ふ・ふる・ふれ・へよ)手に持つ。携帯する。たずさえる。例「樫(かし)の杖(つゑ)を―へて、我々が先に立ちて行く」〈奥の細道・尿前の関〉訳 樫の杖を手に持って、我々の前に立って案内して行く。

たっ-しゃ【達者】 一〔名〕学問・技術・芸能などにすぐれていること。また、その人。「たつじん」とも。例「しかれば、末代には諸々(もろもろ)の道(みち)に―は少なきなり」〈今昔・二四・三〉訳（近頃は芸道に執心することがなくなった）そうなると、後の世には諸芸に秀でた人がわずかになるだろう。
二〔形動ナリ〕からだが頑健であること。じょうぶ。壮健。

たつ-じん【達人】〔名〕⇩たっしゃ一　例「―の人を見る眼(まなこ)は、少しも誤る所あるべからず」〈徒然草・一九四〉訳 人生を達観した人が人物を見抜く眼力には、いささかも間違う点のあろうはずがない。

竜田川(たつたがは)〔川名〕奈良県の生駒(いこま)山地東側を南流し、大和(やまと)川に合流する川。上流は生駒川と呼ぶ。紅葉の名所。歌枕。例「ちはやぶる神代も聞かず―韓紅(からくれなゐ)に水くくるとは」〈古今・秋下・二九四〉訳（珍しいことが色々あったという）神代にも（こんなことは）聞いたことがない。竜田川が川水を（紅葉で）真っ赤に絞り染めにするとは。注『百人一首』所収ノ、在原業平(ありはらのなりひら)ノ作。

竜田川

たづ-たづ-し〔形シク〕（上代語）「たどたどし」の古い形。

竜田姫(たつたひめ)〔神名〕奈良西方の竜田山（＝奈良県生駒郡ニアル山）を神格化して称したもの。竜田山の女神。西の方角は五行思想で季節の秋にあたるので、秋の女神となる。木々の紅葉はこの女神が染めるという。

竜田山(たつたやま)〔山名〕生駒(いこま)山地南部、信貴山(しぎさん)の南にある山。大和(やまと)国（＝奈良県）と河内(かはち)国（＝大阪府ノ東部）との境にあり、古来両国を結ぶ交通の要地であった。ふもとを竜田川・大和川が流れ、紅葉の名所として有名。山体は神格化され、竜田姫(たつたひめ)という秋をつかさどる神とされた。歌枕。例「風吹けば沖つ白波―夜半(よは)にや君が一人越ゆらむ」〈伊勢・二三〉訳 風が吹くと沖の白波が立つ、その「たつ」を名に持つ竜田山を夜中にあなたはたった一人で越えていくのだろうか。

たづ・ぬ【尋ぬ・訪ぬ】〔他ナ下二〕{ね・ね・ぬ・ぬる・ぬれ・ねよ} ❶捜し求める。追い求める。例「老いたる父母(ちちはは)の隠れ失(う)せて侍(はべ)る、―・ねて」〈枕草子・蟻通の明神〉訳 年とった父母が行方知れずになっておりますのを、捜し求めて。
❷事情を調べて明らかにする。詮索(せんさく)する。例「我が朝(てう)に朝敵のはじめを―・ぬれば」〈平家・五・朝敵揃〉訳 我が国において朝敵のはじまりを調べてみると。
❸訪れる。訪問する。例「つれづれと籠(こも)り居たるを、ある人……忍びて―・ねおはしたるに」〈徒然草・一〇四〉訳（女が）所在なく引きこもっているのを、ある人が（夕月のほの暗い頃に）……ひそかに訪れておいでになったところ。
❹問いただす。質問する。例「今朝、ここに大将殿の物し給ひて、御有様―・ね問ひ給ふに」〈源氏・夢浮橋〉訳 今朝、ここに大将殿（＝薫(かをる)）がお越しになられて、あなた（＝浮舟(うきふね)）のご様子をお尋ねになりますので。

たづね-い・る【尋ね入る】〔自ラ四〕{ら・り・る・る・れ・れ}（人などを）捜し求めて山などに分け入る。例「ある山里に―・ること侍(はべ)りしに」〈徒然草・一一〉訳 とある山里に人を訪ねて分け入ることがありましたが。

たづね-き・く【尋ね聞く】〔他カ四〕{か・き・く・く・け・け} わからないことを聞きただす。問い聞く。例「我も死に、聖(ひじり)も失せなば、―・きてんや」〈徒然草・一八〉訳 私も死に、聖もなくなってしまったら、聞きただせようか。

たづね-と・る【尋ね取る】〔他ラ四〕{ら・り・る・る・れ・れ} ❶捜し出して手に入れる。尋ね求めて引き取る。例「かの若草―・り給ひてしを」〈源氏・紅葉賀〉訳（光源氏が）あの若草のような幼女（＝若紫）を捜し出してお引き取りになったことを。
❷学び取る。習得する。例「この琴(こと)は、まことに跡のままに―・りたる昔の人は、天地を靡(なび)かし、鬼神の心をやはらげ」〈源氏・若菜・下〉訳 この七弦琴は、ちゃんと定まった手法の通りに習得した昔の人は、天地を揺るがし、鬼神の心をやわらげ。

たづね-わ・ぶ【尋ね侘ぶ】〔他バ上二〕{び・び・ぶ・ぶる・ぶれ・びよ} 捜し出せないで困る。捜しあぐむ。例「山彦の答(こた)へありとは聞きながらあとなき空を―・びぬる」〈蜻蛉・中・安和二年〉訳 山彦のようにすぐお答えがあったとはうかがいましたが、（拝見したいと思っても）跡形もなく消えてしまいましたので、尋ねあぐねております。注 使イガマチガエテ、手紙ヲ他所(よそ)ニ届ケテシマッタノデアル。

たつ-み【辰巳・巽】〔名〕❶十二支で表した方角で、辰と巳の間。東南。例「我が庵(いほ)は都の―しかぞ住む世を宇治山と人は言ふなり」〈古今・雑下・九八三〉訳 私のあばら家は都の東南にあって、このように住んでいます。（その宇治山も）世を憂しとして逃れ住む宇治山だと人は言っているようです。注『百人一首』所収ノ喜撰法師ノ歌。「宇治山」ノ「う」ト「憂(う)し」ノ「う」トヲ掛ケル。
❷（江戸城の東南にあたるところから）深川の遊里。

たて【経・縦・竪】〔名〕❶（左右の方向の「横」に対して）上下の方向。たて。
❷（「緯(ぬき)」という横糸に対して）織物の縦糸。例「霜の―露の緯(ぬき)こそ弱からし山の錦(にしき)の織ればかつ散る」〈古今・秋下・二九一〉訳 霜の縦糸も、露の横糸もどうも弱いものらしい。紅葉の山の錦は、織るそばから次々と散ることよ。

たて【楯・盾】〔名〕武具の防具の一つ。敵の射る矢や、撃つ弾丸などから身を守るために厚い板で作ったもの。儀式の装飾にも用いられた。

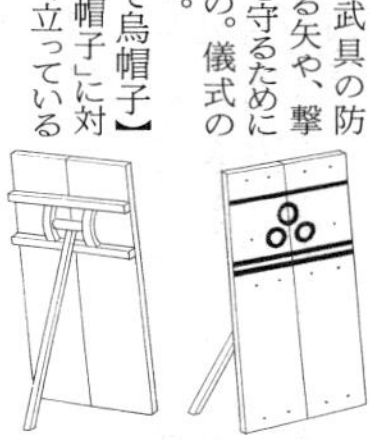
た て（楯）

たて-えぼし【立て烏帽子】〔名〕（「折(を)り烏帽子」に対して）中央部が高く立っている烏帽子。⇩えぼし

たて-こ・む【閉て籠む・閉て込む】〔他マ下二〕{め・め・む・むる・むれ・めよ} 戸や障子を締めて閉ざす。締めきる。例「―・めたる所の戸、すなはちただ開(あ)きに開きぬ」〈竹取・かぐや

姫の昇天〉訳（かぐや姫を）閉じ込めて締めきってあった所の戸は、すぐに開ききってしまった。

たて-さま【縦様】〔名〕（「横様」に対して）縦の方向。縦向き。例「巻物などは──に置きて、木の間（あはひ）より紙ひねりを通して、ゆひつく」〈徒然草・二三七〉訳巻物などは縦に置いて、（柳箱の）木と木との間からこよりを通して、結びつける。

たて-じとみ【立て蔀】〔名〕「蔀（しとみ）」の一つ。細い木を縦横に組んで格子（かうし）とし、それに板を張ったもの。庭先に置いて目隠しにしたり、室内にしきりとして用いた。

たてじとみ

たて-て【立てて】〔副〕主として。もっぱら。ことに。例「学問を──し給ひければ」〈源氏・少女〉訳学問をもっぱらになさったので。

たて-ぬき【経緯】〔名〕機（はた）で布を織る、その縦糸と横糸。例「竜田川（たつたがは）錦（にしき）織りかく神無月（かんなづき）しぐれの雨を──にして」〈古今・冬・三一四〉訳（散った紅葉が浮かび流れて）竜田川が美しい錦を織っている。（陰暦）十月の降りそそぐしぐれを縦糸・横糸として。

たて-はき【帯刀】〔名〕⇨たちはき

たて-ぶみ【立て文・竪文】〔名〕書状の包み方の一つ。正式なもの。手紙を「礼紙（らいし）」で巻き包み、さらに「表巻（うはまき）」という白紙で包んで上下それぞれを折り返す。そこにこよりをかけることもある。

たてまつら・す【奉らす】〔連語〕❶（謙譲語「奉る」の未然形＋謙譲の意を強める助動詞「す」）差し上げる。献上する。例「白き木に立文（たてぶみ）をつけて『これ──・せむ』と言ひければ」〈枕草子・円融院の御はての年〉訳白く削った木に立文をつけて「これを差し上げます」と言ったので。❷（尊敬語「奉る」＋使役の助動詞「す」）お召しになるようにする。お召しになっていただく。例「御前（おまへ）にはかかるをこそ──・すべけれ」〈源氏・手習〉訳この方（＝浮舟（ウキフネ））にはこのような（きれいな）着物をこそお召しになっていただくべきだ。注尼ノ墨染メノ衣ヲ着ル浮舟ニ言ッタモノ。

たてまつら-せ-たま・ふ【奉らせ給ふ】（…タマ（モ）ウ）〔連語〕一❶（謙譲の動詞「奉る」の未然形＋尊敬の助動詞「す」の連用形＋尊敬の補助動詞「たまふ」）お差し上げあそばす。お差し上げになる。例「院にも、かかる事聞かせ給ひて、梅壺（むめつぼ）に御絵ども──・へり」〈源氏・絵合〉訳朱雀（すざく）院も、このような事（＝絵合ワセノ計画）をお聞きになって、梅壺に絵の数々をお差し上げなさった。❷（連語「奉らす①」の連用形＋尊敬の補助動詞「たまふ」）差し上げなさる。例「中納言参り給ひて、御扇──・ふに」〈枕草子・中納言参り給ひて〉訳中納言が参上なさって、（中宮定子（ていし）に）扇を差し上げなさるのに。二（謙譲の補助動詞「奉る」の未然形＋尊敬の助動詞「す」の連用形＋尊敬の補助動詞「たまふ」）（動詞の連用形に付いて）お…申し上げあそばす。お…申し上げになる。例「院に別れ──・ひしほどは、いといはけなくて、もの深くも思されざりしを」〈源氏・薄雲〉訳（冷泉（れい）帝は父桐壺（きりつぼ）院の死にお遭い申し上げあそばした頃は、とても幼くて、さほど深くはお悲しみでもなかったけれども。

要点 (1)一の①と②は区別しにくいが、次のように考えるとよい。①の『源氏物語』の例の場合、「奉る（差し上げる）」動作をするのは院（＝上皇）であるため、「せ」と「たまふ」の二つ尊敬語が重ねられた最高敬語が用いられている。一方、②の『枕草子』の例の場合、差し上げるという動作をする人が中納言であり、最高敬語が使われる地位ではない。従って、「せたまふ」を用いたのではなく「たまふ」だけで尊敬を表し、「奉らせ」までが謙譲の連語と考えるわけである。
(2)「たてまつらせたまふ」は、謙譲語と尊敬語から成っている。作者（または話し手）にとって、動作をした人も、その動作を受けた人も敬意を払うべき身分の人なので、動作をした人への敬意を表すのに、「たまふ」や「せたまふ」を用い、動作を受ける人への敬意を「たてまつる」や「たてまつらす」で表している。

たてまつり-もの【奉り物】〔名〕❶貴人などに献上する品物。貢（みつ）ぎ物。❷貴人が身につける物。お召し物。例「おほやけの──はおろそかなるをもてよしとす」〈徒然草・二〉訳天皇のお召し物（＝装束）は簡素なのがいい。

たてまつるの判別

①**動詞**
- Ⓐ**ラ行四段動詞〈他〉**
  - 差し上げる。献上する。（「与ふ」の謙譲語）……一一❶
  - 参上させる。お伺いさせる。……一一❷
  - 召し上がる。お召しになる。（「食ふ」「着る」の尊敬語）……一一❸
- Ⓑ**ラ行四段動詞〈自〉**
  - お乗りになる。（「乗る」の尊敬語）……一二
- Ⓒ**ラ行下二段動詞（未然形・連用形のみ）**
  - （人を介して、物を）差し上げさせる。献上させる。……二❶
  - （人のもとへ、使者を）差し上げる。お伺いさせる。……二❷

②**補助動詞　ラ行四段補助動詞**
- 〜申し上げる。お〜する。……一三

たてまつ・る【奉る】類き（聞）こゆ・まゐ（参）る

本来は、「与ふ」の謙譲語で、**差し上げる**、の意。**食ふ・着る・乗るの尊敬語になる用法もある。**貴人は、これらの動作を他の人の奉仕によって行うところから、**奉仕を受けてなさるの意で尊敬語となる。**

一（ら・り・る・る・れ・れ）一〔他ラ四〕❶（「与ふ」の謙譲語）（人に、物を）**差し上げる。献上する。**例「聖（ひじり）、御守りに独鈷（とこ）──・る」〈源氏・若紫〉訳（京都・北山の）高僧は、（光源氏に）お守りとして独鈷（＝祈禱（キトウ）ニ用イル仏具）を差し上げる。❷（人を、人のもとへ）参上させる。（使者を）お伺いさせる。（娘などを、配偶者として）差し上げる。例「仰せのごと──・らむは、易（やす）きことなれど」〈源氏・東屋〉訳おっし

やいますように娘を差し上げますようなことは、たやすいことですけれども。

❸（「食ふ」「着る」の尊敬語）（飲食物を）召し上がる。お摂(と)りになる。（衣服などを）お召しになる。身におつけになる。例「ことさらにやつして、無文(むもん)を――・れり」〈源氏・幻〉訳ことさらに目立たないようにして、無地のものをお召しになっていた。

■二（自ラ四）（「乗る」の尊敬語）（乗り物に）お乗りになる。例「同じ十三日に、御船に――・り給ふ」〈増鏡・新島守〉訳同じ月の十三日に、お船にお乗りになる。

■三（補動ラ四）（動詞・受身・使役の助動詞の連用形に付いて）謙譲の意を添える。…申し上げる。お…する。例「出で給ふを、待ち――・るとて」〈源氏・賢木〉訳（内裏(だいり)から）出ていらっしゃるのを、お待ち申し上げるというので。

二（他ラ下二）{○れ・○れ・○る・}（未然形・連用形のみ）❶（人を介して、物を）差し上げさせる。献上させる。例「御文は、たびたび――・れ給ふ」〈源氏・若紫〉訳（光源氏は）お手紙を、（人を介して、紫の上に）たびたび差し上げさせなさる。

❷（人のもとへ、使者を）差し上げる。お伺いさせる。

> 要点 謙譲の補助動詞のうち、「きこゆ」は「思ふ」に代表される心的作用を表す動詞に付きやすいのに対し、「たてまつる」は、「見る」「す」など、動作性の動詞に付きやすい。平安時代に盛んに用いられたが、院政期以後急激に衰え、「まゐらす」が代わって用いられるようになる。
>
> 二の用例のほとんどは「たてまつれたまふ」の形のもので、意味上、四段のものと区別できないものもある。

たてまつ・れ【奉れ】 ⇩たてまつる二

たて-わた・す【立て渡す】（他サ四）{さ・し・す・す・せ・せ}一面に立てる。立て並べる。例「大路(おほち)のさま、松――・して、はなやかにうれしげなるこそ、またあはれなれ」〈徒然草・一九〉訳都大路の様子は、（どの家も）門松を立て並べて、にぎやかでうれしそうなのが、また趣深いものだ。

たとうがみ【畳紙】（名）⇩たたうがみ

たどうど【直人・徒人】（名）⇩ただびと

た-どき（名）（上代語）⇩たづき

たとしへ-な・し【譬へ無し】（形ク）❶違い過ぎて比較しようがない。例「――・きもの、夏と冬と。夜と昼と」〈枕草子・たとしへなきもの〉訳違い過ぎてくらべようがないもの、（それは）夏と冬と。（また）夜と昼と。

❷（連用形の用法）形容のしようもない。たとえようがない。例「――・く静かなる夕べの空を眺め給ひて」〈源氏・夕顔〉訳たとえようもなく大変静かな夕方の空を（光源氏は物思いから）ぼんやりご覧になって。

たど-たど・し（形シク）❶（上代語「たづたづし」の変化した形）（その内容に）よく通じていない。未熟である。不案内である。例「これが末を、いと見苦し」〈枕草子・頭の中将の〉知り顔に――・しき真名(まんな)に書きたらむも、いと見苦し」〈枕草子・頭の中将の〉訳この詩句の下の句を、物知り顔で未熟な漢字で書いたなら、何ともみっともない。注「真名」ハ漢字。当時ハ男性ノ書クモノトサレタノデ、白楽天ノ詩句ノ続キヲ問ワレタ清少納言ハ、続キヲ知ッテイテモ書クコトガ、タメラワレル。

❷（内容に通じていないために）滑らかに進まない。たどたどしい。例「経など習ふとて、いみじう――・しく忘れがちに、返す返す同じ所を読むに」〈枕草子・うらやましげなるもの〉訳経などを習おうとして、（私は）たいそうもたもたと所々忘れたりして、何度も何度も同じ所を読むのに。

❸（見たり聞いたりしたものが）はっきりしない。ぼんやりしている。かすかである。例「夜など、忍びたるほととぎすの、遠く空音(そらね)かと覚ゆばかり、――・しきを聞きつけたらむは」〈枕草子・四月、祭の頃〉訳夜など、声をひそめて鳴くホトトギス（の初音(はつね)）が、遠く空耳かと思われるくらい、かすかなのを聞きつけたとしたら。

> 要点 「たどる」「たづぬ」と同源で、内容によく通じていない様子や、そのために、たどりたどり行う様子をいう。

たとひ【縦ひ・仮令】（副）❶（下に助詞「ば」などを伴って）順接仮定条件を表す。もし…（ならば）。例「――汝(いまし)この国を治(し)らば、必ず損(そこな)ひ破るところ多けむ」〈日本書紀・神代・上〉訳もしあなたがこの国を治めるならば、きっと（国を）だめにしてしまうことが多いだろう。注性格ノ悪イ素戔嗚尊(スサノオノミコト)ニ対スル伊奘諾(イザナギ)・伊奘冉尊(イザナミノミコト)ノ言葉。

❷（下に助詞「とも」などを伴って）逆接仮定条件を表す。仮に…（しても）。たとえ…（しても）。例「――耳鼻こそ切れ失(う)すとも、命ばかりはなどか生きざらむ」〈徒然草・五三〉訳仮に耳や鼻が切れてなくなっても、命だけはどうして助からないことがあろうか。

たと・ふ【譬ふ・喩ふ】（他ハ下二）{へ・へ・ふ・ふる・ふれ・へよ}分かりやすくするために、共通点をもつ別の事物を引いていう。なぞらえる。たとえる。例「先年この人々を花に――・へ候ひしに、この三位(さんみ)の中将をば牡丹(ぼたん)の花に――・へて候ひしぞかし」〈平家・一〇・千手前〉訳数年前この人々（＝平家代々ノ歌人・才人達）を花にたとえて説明しました時に、この三位の中将（＝平重衡(シゲヒラ)）は牡丹の花にたとえていましたよ。

たとへ【譬へ・喩へ】（名）（動詞「たとふ」の連用形の名詞化。「たとひ」とも）具体的な表現、あるいは趣向をこらした表現として、他のものにたとえて言うこと。例。たとえ話。例「事の――候ふぞかし。故郷へは錦(にしき)を着て帰れといふ事の候ふ」〈平家・七・実盛〉訳事のたとえにございます。故郷へは錦を着て帰れということがございます。

たとへ-うた【譬へ歌】（名）『古今集』の仮名序に説いている和歌の「六義(りくぎ)（＝六種ノ歌体）」の一つ。物にたとえて詠んだ歌。

たとへ-ば【譬へば・例へば】（副）（動詞「たとふ」の未然形＋接続助詞「ば」）❶物にたとえて言えば。例をあげるなら。例「僧正遍昭(そうじゃうへんぜう)は、歌のさまは得たれども、まこと少なし。――、絵にかける女(をうな)を見て、いたづらに心を動かすがごとし」〈古今・仮名序〉訳僧正遍昭（＝歌人ノ名、六歌仙ノ一人）は、和歌の体裁を会得(えとく)してはいるけれども、真情は少ない。物にたとえて言えば、絵に描いてある女を見て、無益に心を動かすようなものだ。

❷仮に。たとえ。例「ただ頼め――人の偽りを重ねてこそはまたも恨みめ」〈新古今・恋三・一二二三〉訳ひたすら信頼しなさい。仮に人が偽りを重ねたら（＝アナタヲ裏切ルヨウナ事ガ重ネテアッタラ）、その時あらためて恨みなさい。

たどり【辿り】（名）物事の道理に沿って深く追究すること。探究。詮索。また、手さぐりで進むこと。例「心若き――少なさに」〈源氏・常夏〉訳思慮も浅くて詮索が不十分だったからであろうよ。

たど・る【辿る】（ら・り・る・る・れ・れ）■一〔自ラ四〕考え迷う。途方にくれる。例「しばしは夢かとのみ――・られしを」〈源氏・桐壺〉訳しばらくの間は（桐壺更衣(きりつぼのこうい)の死を）夢ではないかとばかり思い迷われたが。

■二〔他ラ四〕❶迷いながら進む。道をさぐりながら行く。例「やうやう草加(さうか)といふ宿(しゅく)に――・り着きにけり」〈奥の細道・草加〉訳ようやく草加という宿場にたどり着いたのだった。

❷筋に沿って考える。詮索(せんさく)する。例「幼心地(ごこち)に深くしも――・らず」〈源氏・帚木〉訳（小君(こぎみ)は）子供心に（姉の空蟬(うつせみ)と光源氏との関係を）深くも詮索しないで。

たな【店】〔名〕❶（「店棚(みせだな)」の略）商店。例「塩鯛(しほだひ)の歯ぐきも寒し魚(うを)の――」〈芭蕉〉訳少しばかり並べられた塩びきの鯛の白い歯ぐきが冬空の下、いかにも寒そうに見える。鮮魚の少ない冬の魚屋の物寂しい店先で。

❷自分が勤める店。おたな。

❸貸家。借家。

たな【棚】〔名〕❶品物を置くために壁面や角に設けた横板。例「台所の――に、小土器(こがはらけ)に味噌の少しつきたるを見出でて」〈徒然草・二一五〉訳台所の棚に、小さな素焼きの皿にみそが少々ついたのを見つけて。

❷船の左右の舷にかけて板を横にしたもの。船棚。

たな〔接頭〕（動詞に付いて）すっかり、一面に、十分に、などの意を添える。「――霧(ぎ)らふ」「――曇(ぐも)る」「――知る」など。

たな-ぎら・ふ【棚霧らふ】（ロウ・ギラ）〔自ハ四〕（は・ひ・ふ・ふ・へ・へ）《上代語》一面に霧がかかる。また、一帯に曇る。例「――・ひ雪も降らぬか梅の花咲かぬが代(しろ)に添へてだに見む」〈万葉・八・一六四二〉訳空一面に曇って雪でも降らないかなあ。梅の花が咲かない代わりにせめて雪を梅の花だと見なして眺めるのに。

た-な-ごころ【掌】〔名〕《「な」は「の」の意で「手の心」の意》てのひら。例「あきらかならん人の、惑へる我らを見んこと、――の上の物を見んがごとし」〈徒然草・一九四〉訳賢明な人が、あれこれと思い悩んでいる私どもを見るについては、てのひらの上の物を見るようなものだ。

たな-し・る【たな知る】〔他ラ四〕（ら・り・る・る・れ・れ）《上代語。「たな」は接頭語》よくわきまえる。深く知る。例「葦垣(あしかき)の末かき別けて君越ゆと人にな告げそ言(こと)は――・れ」〈万葉・一三・三二七九〉訳葦でできた垣の上をかき分けてあの人が乗り越えると人に教えるな。私の言うことをよくわきまえなさい。注飼イ犬ニ向カッテ注意シテイルノデアル。

た-な-すゑ【手な末】（エ・ス）〔名〕《「な」は「の」の意で「手の末」の意》手の先。指先。

たななし-をぶね【棚無し小舟】（ブネ・オ）〔名〕《「たな」は船棚(ふなだな)、両舷(りょうげん)にとりつけた横板のこと》船棚のない小舟。例「いづくにか船泊(ふなは)てすらむ安礼(あれ)の崎漕(こ)ぎたみ行きし――」〈万葉・一・五八〉訳今頃はどこに船泊まりしているであろうか。さっき安礼の崎を回って漕ぎめぐっていった、あの棚のない小船は。

たな-はし【棚橋】〔名〕欄干(らんかん)がなく、板を棚のように渡しただけの橋。例「天の川――渡せ織女(たなばた)のい渡らさむに――渡せ」〈万葉・一〇・二〇八一〉訳天の川に棚のような橋をかけよ。（七夕に）織女がお渡りになるだろうから、棚のような橋をかけよ。

たな-ばた【棚機・七夕】〔名〕❶「たなばたつめ」の略。

❷五節供(ごせっく)の一つ。陰暦七月七日の夜、織女星と牽牛(けんぎゅう)星を祭る行事。「たなばたまつり」とも。（季・秋）例「――祭るこそなまめかしけれ」〈徒然草・一九〉訳たなばたを祭る行事は本当に優美なものである。

要点「棚機」の伝説　本来は織機の意であろうが、その用例はない。「たな」は水辺に渡した棚で、そこで機(はた)を織って神を迎えた日本の古い習慣があったという。

中国の伝説で、牛飼いと結婚した織女が仕事を怠けた罰として、天の川の両岸に離され、七月七日の夜だけ逢(あ)うことを許されたというのに基づく。織女は鵲(かささぎ)の翼を渡した橋で天の川を渡るという。この夜、庭の水辺の棚に供えものをして、女性が裁縫などの技芸の上達を願い、「乞巧奠(きこうでん)」ともいう。日本には七世紀後半に渡来し、古来の「棚機」の信仰と結びつく。和歌では、牽牛星が船で天の川を渡って

織女を訪問するとすることも多い。

たなばた-つ-め【棚機つ女・織女】〔名〕《機(はた)を織る女の意》織女星を人に見たてた語。（季・秋）例「天の川楫(かぢ)の音(と)聞こゆ彦星(ひこぼし)と――と今宵(こよひ)逢(あ)ふらしも」〈万葉・一〇・二〇二九〉訳天の川に（船をこぐ）櫓(ろ)の音が聞こえる。彦星と織女星とが今晩逢うらしいなあ。

たなばた-まつり【棚機祭・七夕祭】〔名〕⇩たなばた②

たな-び・く【棚引く】（か・き・く・く・け・け）■一〔自カ四〕（雲や霞(かすみ)などが）横に長く引く。例「佐保山に――・く霞見るごとに妹(いも)を思ひ出で泣かぬ日はなし」〈万葉・三・四七三〉訳佐保山に横に長く引いている霞を見るたびに、妻を思い出して泣かない日はない。

■二〔他カ四〕長く連ねる。引き連れる。たなびかせる。例「数千騎(すせんぎ)の軍兵(ぐんびやう)を――・いて、都へ入り給ふ由(よし)聞こえしかば」〈平家・三・法印問答〉訳（清盛が）数千騎の兵を長く連ねて、都へお入りになるという噂(うわさ)が聞こえてきたので。

た-なり〔連語〕《「たんなり」の撥音「ん」を表記しない形。「たンなり」と読む》❶（「なり」が推定の場合）…たらしい。…いるようだ。例「守(かみ)の館(たち)より呼びに文(ふみ)持て来たなり」〈土佐・十二月二十五日〉訳（新任の）国司の官舎から（私＝作者を）招待するために手紙を持って来たようだ。

❷（「なり」が伝聞の場合）…たということだ。…ているそうだ。例「この寺にありし源氏の君こそおはしたなれ」〈源氏・若紫〉訳あのお寺にいらっしゃった光源氏の君がいらしたのですって。

だに〔副助〕接続 主語や連用修飾語に付く。

【類推】❶（「だに」の付いた語句を受ける述語が、命令・意志・願望・仮定などの表現である場合）《ある事物をせめてこれだけは、というような我慢できる最低限としてあげて、それ以上のものを暗示する意を表す》**せめて…だけでも。せめて…なりと。**例「我に今一度、声をだに聞かせ給へ」〈源氏・夕顔〉訳私にもう一度、せめて声だけでも聞かせて下さい。

❷(「だに」の付いた語句を受ける述語が、主として打消しの表現である場合)(せめてそれだけでもと思っている、ある事物を程度の軽いものとしてあげて、程度の重いものを暗示する意を表す)…**さえ**。…**すら**。例「かぐや姫、光やあると見るに、蛍ばかりの光**だに**なし」〈竹取・仏の御石の鉢〉訳かぐや姫は、(石作りの皇子の持って来た鉢に)光があるかと思って見るが、蛍ほどの光さえない。

要点 (1)一つの事柄をあげて、そのほかの事柄を暗示し類推させる表現には、「だに」のほかに、「さへ」「すら」がある。しかし三者には、微妙な違いがある。「さへ」は、その事柄がさらに加えられた物事であることを示して、もとの物事を暗示する添加の意の用法で、「…までも」という訳語が当たる。「すら」は、現代語で「…さえ」「…すら」と言うのに相当し、ある事柄を程度の軽いものとしてあげ、もっと重い物事があることを暗示する。「すら」は「だに」の②の用法と極めて近い意味を表すが、「だに」には本来、強調してあげる事柄が、話し手がせめてそれだけでもと願うものであるという意味合いがあり、さらにそれが実際には実現しないという意味合いもある(「だに」の付いた語句を受ける述語は打消しの表現であるのが普通)。
(2)平安末期になると、「さへ」(…までも)の意味に近い用法が現れる。例「如夢僧都は、大井川の御幸(みゆき)に、三衣箱(さんえばこ)の底に烏帽子(えぼし)を**だに**も用意して」〈沙石集・八・二三〉訳如夢僧都は、大井川の御幸に、三衣箱の底に(僧侶(そうりょ)には必要のないはずの)烏帽子までも用意して。
参考 上代では①の用法だけで、これがもともとの用法。②の用法は平安時代初期に成立したもので、上代ではこの意味は「すら」が表した。「すら」は平安時代以降、物語や日記などの和文ではほとんど用いられなくなった。平安時代の末期頃からは、「さへ」と「だに」の意味が同じようになって、室町時代には「さへ」がもっぱら用いられるようになった。こうして成立したのが、現代語の「さえ」である。⇩さへ 参考

だに-あ-り《連語》(副助詞「だに」+動詞「あり」)…だけでも…である。…さえ…である。例「一事のすぐるる——・るに、かくいづれの道も抜け出で給ひけむは、いにしへも侍(はべ)らぬことなり」〈大鏡・頼忠〉訳一つの事に優れているのさえまれなことなのに、このようにどの道にも優れていらっしゃったことは、昔にもないことであります。注藤原公任ガ、和歌・漢詩・音楽ノ三ツノ道ニ優レテイタコトヲ、ホメタ言葉。

参考「あり」は「…である」の意であり、具体的な状態を文脈に応じて補う必要がある。

たに-ぐく【谷蟇】〔名〕ヒキガエルの古名。

だに-も《連語》(副助詞「だに」+係助詞「も」)…さえも。せめて…だけでも。例「家の人どもに物を**だにも**言はむとて」〈竹取・貴公子達の求婚〉訳(貴公子達は、かぐや姫の)家の人たちにせめて言葉だけでもかけてみようと思って。例「治まれる世**だにも**かくのごとし」〈平家・七・主上都落〉訳治まった世でさえも、このようである(＝都トハアワタダシイ土地デアル)。

たね【種】〔名〕❶植物の種子。❷血筋・子孫。例「竹の園生(そのふ)の末葉(すゑば)まで、人間の——ならぬぞやんごとなき」〈徒然草・一〉訳皇族の子孫に至るまで、(神の血筋を引いていて)人間の血筋でないのは尊いことである。注「竹の園生」ハ、中国ノ梁(リョウ)ノ孝王ガ庭園ニ竹ヲ植エタコトカラ、皇族ヲ指ス。❸物事の起こるもと。例「やまと歌は、人の心を——として、よろづの言の葉とぞなれりける」〈古今・仮名序〉訳和歌というものは、人間の心(の働き)を源として、数々の言葉つまり和歌となったものである。

種彦(たねひこ)《人名》⇩柳亭種彦(りゅうていたねひこ)

たのう-だ-ひと【頼うだ人】《連語》(「頼みたる人」の変化した形)頼みとしている人。主人として頼る人。主人。「頼うだ者」とも。

たのう-だ-もの【頼うだ者】《連語》(「頼みたる者」の変化した形)「たのうだひと」に同じ。

たの・し【楽し】〔形シク〕❶心が満ち足りている。たのしい。例「銭(ぜに)積もりて尽きざる時は、……心とこしなへに安く——・しと申しき」〈徒然草・二一七〉訳(ある大金持ちが)金がたまって尽きない時は、……心は永久に安らかで楽しい、と申した。❷物が満ちている。豊かである。裕福である。例「堀川の相国(しやうこく)は、美男の——・しき人にて」〈徒然草・九九〉訳堀川の太政大臣は、美男で裕福な人で。

たのし-び【楽しび】〔名〕楽しみ。例「時移り事去り、——・悲しび行き交ひて」〈徒然草・二五〉訳時世が移り出来事が過ぎ去り、楽しみと悲しみが行ったり来たりして。

たのし・ぶ【楽しぶ】〔自バ四〕{ば・び・ぶ・ぶ・べ・べ}楽しむ。例「山沢(さんたく)に遊びて、魚鳥を見れば、心——・ぶ」〈徒然草・二一〉訳山や沢で遊んで、魚や鳥を見ると、心が楽しくなる。

たのし・む【楽しむ】{ま・み・む・む・め・め}■一〔自マ四〕❶快く思う。例「権門(けんもん)のかたはらに居(を)る者は、深く喜ぶことあれども、大きに——・むにあたはず」〈方丈記・世にしたがへば〉訳(とるに足りない身分で)権勢家のそばに住んでいるとするとその者は、心から喜ぶことがあっても、思いきって楽しく振る舞うことができない。❷豊かになる。裕福になる。例「婆娑(ばしや)の栄華は夢の夢、——・み栄えて何かせん」〈平家・一・祇王〉訳現世での栄華は夢で見る夢(のようにはかない)、富み栄えてもどうなるものか。
■二〔他マ四〕(それを行うことを)楽しく感じる。例「人皆生(しやう)を——・まざるは、死を恐れざるゆゑなり」〈徒然草・九三〉訳人が皆生を楽しまないのは、死を恐れないためである。

た-の-み【田の実】〔名〕《和歌用語》稲の実。多く「頼み」をかける。例「のちまきの後(おく)れて生(お)ふる苗なれどあだにはならぬ——とぞ聞く」〈古今・物名・四六七〉訳おそ播(ま)きのために遅れて芽が出た苗だけれど、むだにはならない頼みの田の実になるということだ。

たのみ【頼み】〔名〕《動詞「たのむ■一」の連用形の名詞化》❶たよること。また、頼りとするものや人。たより。信頼。例「かたじけなき御(み)心ばへのたぐひなきを——にてまじらひ給ふ」〈源氏・桐壺〉訳(桐壺更衣(きりつぼのかうい)は、帝(みかど)の)もったいないご愛情の類がないのを頼りとして(宮中での)交際をなさっている。

❷(近世の用法)結婚の結納(ゆいのう)。例「吉日を見て──をつかはしける時、角樽(つのだる)一荷(か)・鯛(たひ)二枚・銭一貫文、これを贈る」〈西鶴・日本永代蔵・六・一〉訳縁起のよい日を選んで結納を贈った時、角樽一つ・鯛二枚・銭一貫文を贈った。

参考 ②は、相手の家を頼りにする気持ちを表すからという。結納の酒樽(さかだる)を「たのみ樽」という。

た-の-む【田の面】〔名〕(和歌用語。「たのも」の変化した形)⇩たのも

たの・む【頼む】

> 活用で意味が異なる。四段活用ならば、こちらが相手を頼りにする、の意、下二段活用ならば、相手がこちらを頼みに思うようにさせる、の意。

一〔他マ四〕{ま・み・む・む・め・め} ❶**頼りにする。信頼する。あてにする。** 例「伴ふべき人もなく、──・むべき奴(やっこ)もなし」〈方丈記・閑居の気味〉訳連れて一緒に住むような人もなく、頼りにすることができる下僕もいない。❷主人として身を託す。仕える。例「頼朝を──・まば助けて使はんは、いかに」〈平家・三・六代被斬〉訳(私)頼朝に仕えるならば助けて家臣として使ってやるが、どうだ。

二〔他マ下二〕{め・め・む・むる・むれ・めよ} **頼みに思わせる。期待させる。** 例「この世のみならぬ契りなどまで──・め給ふに」〈源氏・夕顔〉訳(光源氏は)この世だけでなく来世での夫婦の約束などまでも(夕顔に)頼みに思わせなさるのに。

た-の-も【田の面】〔名〕(和歌用語。「田の面(おも)」の変化した形)田の表面。「たのむ」とも。例「坂越えて安倍(あへ)の──にゐる鶴(たづ)のともしき君は明日さへもがも」〈万葉・一四・三五二三〉訳坂を越えて安倍の田の表面に下りている鶴(たづ)のように、慕わしいあなたは明日もまた来てほしいものです。注「安倍」ハ、静岡市ノ安倍(アベ)川河口付近。

たのも・し【頼もし】

〔形シク〕(動詞「たのむ」の形容詞化した形)❶**頼りに思われる。頼みになる。** 例「法師などをこそは、かかる方の──・しきものには思(おぼ)すべけれど」〈源氏・夕顔〉訳法師などをこそ、こうした(人が死んだ)時の頼みになるものとはお思いになるだろうが。

❷頼れて心強い。気強い。例「太刀(たち)うちはきてかひがひしげなれば、──・しく覚えて」〈徒然草・八七〉訳(その男は)太刀を腰につけ強そうであるから、心強く思われて。例「絶頂の城──・しき若葉かな」〈蕪村〉訳山の頂き高く、白亜の雄姿をそびえ立たせている天守閣が、明るい陽光の中で、ことさら頼もしく感じられる。折から、初夏の候とて、全山は百万の大軍をも圧するかのような生命感にあふれた、みずみずしい若葉に包まれている。❸楽しみに思われる。期待ができる。例「春は家を立ち去らでも、月の夜は閨(ねや)のうちながらも思へるこそ、いと──・しうをかしけれ」〈徒然草・一三七〉訳春(の桜)は家から出かけないで、(また、秋の)満月は寝室の中にいたままで想像しているのも、実に楽しみなもので趣深い。❹豊かである。裕福である。例「さてまことに──・しき人にぞなりにける」〈宇治拾遺・三・一六〉訳そうして(=ヒサゴカラ米ガ続々出テ)実に裕福な人になってしまった。

たのもし-げ【頼もしげ】〔形動ナリ〕(「げ」は接頭語)たよりになりそうな様子。心強い感じである。例「行く先も──・なることと、思し定めて」〈源氏・桐壺〉訳将来も心強い感じであるよと、(帝は)ご判断になって。

たのもしげ-な・し【頼もしげ無し】〔形ク〕頼りになりそうもない。心細い。不安である。例「などかく──・く申すぞ」〈竹取・竜の首の玉〉訳なぜこう頼りがいのない心細いことを言うのか。

たのもし-びと【頼もし人】〔名〕頼みに思う人。頼りにする人。例「あやしき身ひとつを──にする人なむ侍(はべ)れど」〈源氏・若紫〉訳とるにたらぬこの私一人を頼る者にしている人はおりますが。

た-ばかり【謀り】〔名〕❶計画・方策などをめぐらすこと。工夫。手だて。例「開(あ)くべき──をしつつ、蔵を開けさせ給ふに、さらに開かず」〈宇津保・蔵開・上〉訳(蔵が)開くはずの手だてを尽くして、蔵を開けさせなさるが、全然開かない。❷欺くこと。計略。例「この女の──にや負けむと思して」〈竹取・帝の求婚〉訳この女(=カグヤ姫)の計略に負けていられようかと(帝は)お思いになって。

た-ばか・る【謀る】

〔他ラ四〕{ら・り・る・る・れ・れ}(動詞「はかる」に接頭語「た」が付いた語)

> 本来、計画する、の意。現代語では、計略を用いてだます(②)の意だけだが、古語では悪い意味だけに限らない。

❶**計画・方策などを考えめぐらす。工夫する。また、その手だてをする。** 例「いと賢く──・りて、難波(なには)にみそかに持て出でぬ」〈竹取・蓬莱の玉の枝〉訳(くらもちの皇子は蓬莱(ほうらい)の玉の枝を)とても上手に工夫して、難波にひそかに持ち出した。❷謀略をめぐらす。だます。例「すは、きゃつを手延(てのべ)にして、──・られぬるは」〈平家・四・競〉訳ややっ、あいつの処置にてまどっていて、だまされてしまったぞ。

たは・く【戯く】タワク〔自カ下二〕{け・け・く・くる・くれ・けよ} ❶非常識なことをする。特に、ふしだらなことをする。不倫な関係を結ぶ。例「その妹(いも)軽大郎女(かるのおほいらつめ)に──・けて」〈古事記・下・允恭〉訳(軽太子(かるのひつぎのみこ)は自分と)同腹の妹の軽大郎女と密通して。❷ばかばかしい行為をする。ふざける。

たは-け【戯け】タワケ〔名〕ばかげた行為。たわむれ。また、その行為をする者。愚か者。

たは-こと【戯言】タワ〔名〕正気を失って口走る言葉。たわごと。うわごと。例「あづきなく何の──今さらに童言(わらはごと)する老人(おいひと)にして」〈万葉・一一・二五八二〉訳にがにがしくも、何というたわごとか。(年がいもなく恋に狂って)この年になって子供のようなくだらないことを言っている、(分別あるべき)老人の身でありながら。

た-ばさ・む【手挟む】〔他マ四〕{ま・み・む・む・め・め}手や脇(わき)にはさんで持つ。例「ある人、弓射る事を習ふに、諸矢(もろや)を──・みて的に向かふ」〈徒然草・九二〉訳ある人が、弓を射る事を習う時に、二本の矢を手にはさみ持って的に向かった。

たは・し【戯し】タワシ〔形シク〕みだらである。好色である。

た-ばし・る【た走る】〔自ラ四〕{ら・り・る・る・れ・れ}(「た」は接頭

詞)激しい勢いで飛び散る。ほとばしる。例「我が袖(そで)に霰(あられ)——・る巻き隠し消(け)たずてあらむ妹(いも)が見むため」〈万葉・一〇・二三一二〉訳私の袖に霰が激しく飛び散る。袖で包み隠して融(と)かさないでおこう、妻が見るために。

たば-せ-たま・ふ【賜ばせ給ふ】(タマ(モ)ウ)《連語》《謙譲の補助動詞「たぶ」の未然形＋尊敬の助動詞「す」の連用形＋補助動詞「たまふ」》(「…て」の形に付いて)お…になってくださる。…なさってくださる。例「願はくはあの扇の真中射させて——・へ」〈平家・一一・那須与一〉訳(神よ)なにとぞあの扇のまんなかを射当てるようになさってください。

参考「…てくださる」意の「たぶ」に「せたまふ」が付いて強い尊敬を表した形であって、「たぶ」に「たまふ」が付いた「たびたまふ」よりさらに敬意を強めた言い方。多く命令形の「たばせたまへ」の形で会話に用いられる。

たはぶ・る【戯る】(タワブル)〔自ラ下二〕{れ・れ・る・るる・るれ・れよ}❶たわむれる。冗談を言う。からかう。例「人に——・れ、物に争ひ、一度(ひとたび)は恨み、一度は喜ぶ」〈徒然草・七五〉訳(俗世間に順応してしまうと)他人にたわむれ、何かの事で争い、ある時は恨んだり、ある時は喜んだりする。

❷異性にみだらな振る舞いをする。たわむれかかる。例「とかく——・れ給ひて」〈源氏・澪標〉訳(光源氏が乳母に)あれこれと色めいた振る舞いをなさって。

❸遊び興じる。楽しむ。例「世界の栄花(えいぐわ)にのみ——・れ給ふべき御身をもちて」〈源氏・少女〉訳この世の栄華を楽しまれるだけでよいお身の上でありながら。

たはぶれ【戯れ】(タワブレ)〔名〕《動詞「たはぶる」の連用形の名詞化》❶本気でなく遊びの心で、したり言ったりすること。ふざけること。「たはむれ」とも。例「ただ心一つに、おのづから思ふ事を、——に書きつけたれば」〈枕草子・この草子〉訳ただ自分一人の心に、自然と思い浮かんだ事を、遊び半分で書きつけたので。注『枕草子』ノ跋文(バツブン)(＝序文ニ対シ、作品ノ最後ニ記ス文)ノ一部。

❷遊び興じること。遊び。例「遊びをせんとや生まれけむ——せんとや生まれけん遊ぶ子供の声聞けばわが身さへこそ動(ゆる)がるれ」〈梁塵秘抄・三五九〉訳(子供というものは)遊びをしようとして生まれたのだろうか、たわむれをしようとして生まれたのだろうか。遊んでいる子供の声を聞いていると、(うきうきして)自分の体までが自然に動き出してしまう。

たはぶれ-ごと【戯れ言】(タワブレ…)〔名〕ふざけて言った言葉。冗談。例「はかなく人に——を言ふも、所せう取りなし」〈源氏・夕顔〉訳ちょっと冗談を言ったことも、(人々が)大げさに考えて。

たは-やす・し【たは易し】(タワ…)〔形ク〕《「たは」は接頭語》❶容易である。たやすい。例「——・く人寄り来(く)まじき家を作りて」〈竹取・蓬萊の玉の枝〉訳(くらもちの皇子は)容易には人が寄って来られそうもない家を造って。

❷軽々しい。軽率である。例「なみなみの——・き御振る舞ひならねば、心苦しきを」〈源氏・末摘花〉訳(光源氏のご訪問は)ありふれた軽々しいお振る舞いでありませんから、(ただお帰しするのは)お気の毒ですし。

要点「たやすし」と同義であるが、平安時代には「たはやすし」は主に和文体に、「たやすし」は漢文訓読文や和漢混交文に用いる。

たは・る【戯る・狂る】(タワル)〔自ラ下二〕{れ・れ・る・るる・るれ・れよ}❶みだらなことをする。色恋にふける。例「さりとて、ひたすら——・れたる方(かた)にはあらで」〈徒然草・三〉訳(男は色好みなのがよいが)だからといって、いちずに恋にふけっているというのではなく。

❷態度がくだける。ふざける。例「公(おほやけ)ざまは、——・れてあざれたる方(かた)なりし、ことわりぞかし」〈源氏・藤裏葉〉訳(光源氏が)表向きの方では、くだけて儀式ばらない方であったのも、(あの人柄からすると)ごく当然のことなのだ。

たば・る【賜る・給る】〔他ラ四〕{ら・り・る・る・れ・れ}《上代語。平安時代以降は「たまはる」》《「もらふ」の謙譲語》いただく。たまわる。例「我が君にわけは恋ふらし——・りたる茅花(つばな)を食(は)めどいや痩(や)せに痩す」〈万葉・八・一四六二〉訳我が君に私は恋しているらしい。いただいたチガヤの花を食べるけれども、ますます痩せてゆく。注「わけ」ハ自称ノ代名詞。「茅花」ハ、早春、ツボミガ食用トナル。

たび【度】■一〔名〕❶時。おり。例「持(も)て来たりし——は、いかならむと胸つぶれて」〈枕草子・頭の中将の〉訳(二度目に、使者が返事を)持って来た時には、どんな返事だろうかと胸がどきどきして。

❷回数。例「あまたの年ごろ、この道を行きかふ——、重なるを思ふに」〈源氏・東屋〉訳長年の間に、この(宇治への)道を行き来する回数が、重なったことを思うと。

■二〔接尾〕《助数詞》…度。…回。「二(ふた)——」「千(ち)——」「幾——」など。

たび【旅】〔名〕自分の家を離れて、臨時に別の所にいること。また、その途中にいること。例「人もなき空しき家は草枕——にまさりて苦しかりけり」〈万葉・三・四五一〉訳(つらい旅をして帰京したのに)妻がいないからっぽの家は、旅以上に苦しいものであったよ。

要点現代語の「旅行」より意味が広く、よその土地に行くと限らず、近くに行くことにもいう。⇩たびね

旅の空(そら)❶旅をしている土地の空。例「初雁(はつかり)は恋しき人のつらなれや——飛ぶ声の悲しき」〈源氏・須磨〉訳初めて渡って来た雁は、私が恋しく思う都の人の仲間なのであろうか、旅の空を飛ぶ声が悲しく聞こえることだ(私の恋人も都で私を思って泣いているだろう)。

❷旅先。また、旅の途中の心細い境遇。例「——に助け給ふべき人もなき所に、いろいろの病をして」〈竹取・蓬萊の玉の枝〉訳旅の途中でお助けくださるような人もない所で、いろいろの病気をして。

だび【茶毘・茶毗】〔名〕《梵語の音写。漢訳は、焼身(しょうしん)、焚焼(ふんしょう)》火葬。

たび-ごろも【旅衣】〔名〕《和歌用語》旅で着る衣服。「たびゆきごろも」とも。例「寄る波に裁(た)ち重ねたる——しほどけしとや人のいとはむ」〈源氏・明石〉訳(海岸育ちの私が)布を裁断し重ね合わせて縫い上げた旅の衣服は、(岸に)寄せる波に濡(ぬ)れ、私の涙で濡れていると、あなたはお嫌いになるでしょうか。注光源氏ノ帰京ニ際シテ、明石ノ上ガ贈ッタ衣服ニ添エタ歌。

たびし-かはら【礫瓦】(…カワラ)〔名〕《「たびし」は、小石の意》小石やかわらのような、取るに足らない者。身分の低い者。例「——などまで、喜び思ふなる御位改まりなどするを」〈源氏・蓬生〉訳低い身分の者などまでが、喜びに思うとかいう(光源氏の)官位が昇進などすることを。

たび-だ・つ【旅立つ】〔自タ四〕{た・ち・つ・つ・て・て}❶旅先にある。

外泊する。例「いづくにもあれ、しばし―・ちたるこそ目覚むる心地すれ」〈徒然草・一五〉訳どこであろうと、しばらく旅に出ているというのは目の覚めるように新鮮な感じがするものである。

❷旅に出て行く。旅だちする。例「―・つ暁、髪を剃りて墨染めに様を変へ」〈奥の細道・日光〉訳旅に出発する朝、髪を剃って墨染めの僧衣に姿を変え。

たび-たまへ【賜び給へ】《連語》(動詞「たぶ」の連用形+尊敬の補助動詞「給ふ」の命令形。中世に用いられた語)❶(「たぶ」が動詞の場合)お与えください。例「男子(なんし)にてましませば、わらはに―」〈曾我・一・三〉訳(生まれた子が)男子でいらっしゃったら、私にください。❷(「たぶ」が補助動詞の場合)…してください。例「さりとては乗せて―」〈謡曲・隅田川〉訳とにかく(舟に)乗せてください。

たび-と【旅人】〔名〕《上代語。「たびびと」の変化した形》旅をしている人。例「家にあらば妹(いも)が手まかむ草枕旅に臥(こ)やせるこの―あはれ」〈万葉・三・四一五〉訳家にいれば、妻の手を枕にしているであろうに。旅先で行き倒れになって亡くなられたこの旅人はかわいそうに、ああ。

旅人(たびと)《人名》⇩大伴旅人(おほとものたびと)

たび-ね【旅寝】〔名〕自分の家を離れて、よそで寝ること。外泊。例「死にもせぬ―の果てよ秋の暮」〈芭蕉・野ざらし紀行〉訳どうやら死にもしないで、長い旅路をすぎ、無事ここに落ち着くことができた。この夕暮れ、秋もまさに果てようとしている。例「病雁(びやうがん)の夜寒に落ちて―かな」〈芭蕉〉訳病気なのか、弱った鳴き声の雁が一羽、この秋の夜の寒さの中に、列から離れて舞い降りた様子である。私もその雁のように、旅中孤独に病身を横たえ、しみじみと旅の哀れを感じることである。注季語「夜寒」デ秋。

たび-まくら【旅枕】〔名〕⇩たびね

たひら【平ら】〔形動ナリ〕高低がない様子。ひらたい。例「おしなべて峰も―・になりななむ山の端(は)なくは月も入らじを」〈伊勢・八二〉訳どの峰も一様に平たくなってしまってほしいものだ。山の稜線(りょうせん)がないなら月も沈んで隠れないだろうになあ。

たひら-か【平らか】〔形動ナリ〕(「か」は接尾語)❶高低がない様子。平らである。例「王―・なる道を示して」〈今昔・一四・三〇〉訳王は平らな道を指し示して。❷おだやかである。安らかである。例「昔は人の心―・にて」〈源氏・若菜・上〉訳昔は人の心が穏やかで。❸無事である。平穏である。例「和泉(いづみ)国までと、―・に願(ぐわん)立つ」〈土佐・十二月二十二日〉訳和泉国までは、(船旅が)無事であるようにと(神仏に)願を立てる。注「と」ノ位置ガ問題ダガ、「和泉国まで平らかにと」ノ意ニ解釈スル。一説ニ、②ノ例トシテ「心静かに願を立てる」意トスル。

たひら・ぐ【平らぐ】㊀〔自ガ四〕❶平らになる。例「山の頂(いただき)の少し―・ぎたるより、煙(けぶり)は立ち上る」〈更級・足柄山〉訳(富士の)山の頂上の少し平らになっているあたりから、煙は立ち上っている。❷穏やかになる。静まる。例「世の過差(くわさ)は―・ぎたりしか」〈大鏡・時平〉訳世間の過度のぜいたくは静まったのだった。❸(病気が)なおる。例「朱雀(すざく)院の御薬の事、なほ―・ぎ果て給はぬにより、楽人(がくにん)などは召さず」〈源氏・若菜・上〉訳朱雀上皇のご病気は、まだすっかり全快なさらなかったので、(光源氏の四十の賀に派手なことは控えて)楽人などはお召しにならない。

㊁〔他ガ下二〕❶平らにする。ならす。例「朝庭に出(い)で立ち平(なら)し夕庭に踏み―・げず」〈万葉・一七・三九五七長歌〉訳(弟は)庭に朝出て踏みならすこともなく、夕方の庭も踏みならさず。注大伴家持ガ弟ノ死ヲ悲シンダ長歌ノ一節。「立ち平し」ト「踏み平らげ」ヲ、文末ノ「ず」ガ否定スル。❷鎮(しず)める。平定する。例「われ、保元(ほうげん)・平治よりこのかた、度々(どど)の朝敵を―・げ」〈平家・六・入道死去〉訳私(=平清盛)は、保元・平治(の戦い)以来、たびたびの朝廷の敵を平定して。

たひら-け・し【平らけし】〔形ク〕《上代語。「けし」は接尾語》おだやかだ。無事だ。例「たまきはる現(うつ)の限りは―・く安くもあらむを」〈万葉・五・八九七長歌〉訳この世に生きている間は、平らかで安らかでありたいのに。

平敦盛(たひらのあつもり)《人名》平安末期の武将。清盛の甥(おい)。一の谷(=神戸市須磨区)の合戦で、源氏の武将熊谷直実(くまがいなおざね)に討たれた。『平家物語』の登場人物の一人で、笛の名手として知られ、直実は敦盛を討ったことにあわれを感じ、その菩提(ぼだい)を弔うために出家したといわれる。これを世阿弥が戯曲化したものが、謡曲『敦盛』で、近世には浄瑠璃(じょうるり)などにもされた。

平清盛(たひらのきよもり)《人名》平安末期の武将。一一一八年(元永元)~一一八一年(治承五)。平忠盛の長男であるが、実の父は白河法皇ともいわれる。保元・平治の乱で勝利をおさめ、一一六七年(仁安二)、太政大臣(だいじょうだいじん)となって平氏の政権を樹立した。娘徳子(とくこ)を高倉天皇の中宮とし、安徳天皇の外祖父となって権力を恣(ほしいまま)にしたが、専横ぶりが反感を買い、各地に平氏追討の動きが活発になる中で、熱病にかかって病死した。『平家物語』前半部には、彼を中心とする平氏一門の栄華が描かれており、死の床での高熱のさまを皮肉った川柳に、「清盛の医者は裸で脈をとり」〈柳多留・初〉がある。

平忠度(たひらのただのり)《人名》平安末期の武将・歌人。清盛の弟。薩摩守(さつまのかみ)(=鹿児島県西半ノ長官)。一の谷(=神戸市須磨区)の合戦で戦死。藤原俊成(しゅんぜい)に師事して和歌をよくしたが、都落ちする際、途中から引き返し、自作の歌巻を師に託して去る話が『平家物語』に語られている。勅撰集に約十首入集、家集として『平忠度朝臣集』がある。なお、世阿弥作の謡曲『忠度』がある。

たび-ゐ【旅居】〔名〕自分の家を離れて、よそで生活すること。

たふ【塔】〔名〕(「卒塔婆(そとば)」の略)寺院で舎利(しゃり)(=仏骨)を安置する高層の建築物。また、その形を模したもの。死者の最高の供養として建造され、形態・種類は多様で、三重・五重など、多宝塔・五輪塔などがあり、石や木の板でも作る。「塔婆(たふば)」とも。

たふ【答】〔名〕❶返事。また、返礼。答拝。❷仕返し。例「これが―は必ずせむと思ふらむ」〈枕草子・うれしきもの〉訳(得意顔な人をだました時はうれしい。相手は)この仕返しをきっとしようと思っているだろう。

答の拝(いは) 先方の拝礼に答えて行う拝礼。「答拝」とも。例「下りて――し給ふ御有様ども、とりどりにめでたし」〈源氏・宿木〉訳（薫(かおる)の昇進のあいさつに対して、匂宮(におうのみや)が南の階段を）下りてお返しの拝礼をなさるお姿は、二人ともそれぞれに美しい。

答の矢（や） 敵の射た矢に応じて、こちらからも射る矢。例「――を射て、その敵(かたき)を射落とし」〈平家・九・二度之懸〉訳（左の眼を射られながらも）お返しの矢を放って、その相手を（馬から）射落として。注十六歳ノ鎌倉権五郎(ゴンゴロウ)景正(カゲマサ)ノ奮戦ヲイウ。

たふ【堪ふ・耐ふ】（タ(ト)ウ）〔自ハ下二〕｛へ・へ・ふ・ふる・ふれ・へよ｝❶**じっと我慢する。**こらえる。耐える。例「女房などの、悲しびに――・へず泣き惑ひ侍らむに」〈源氏・夕顔〉訳女房達が、悲しみをこらえきれず泣いて取り乱しましょうが。
❷もちこたえる。支え止める。例「命さへ――・へ給はずなりにしのち」〈源氏・夕顔〉訳（心労に）命までもちこたえられずお亡くなりになったのち。
❸事に応ずる能力を持つ。すぐれる。例「その道に――・へたる人々を乗せさせ給ひしに」〈大鏡・頼忠〉訳それぞれの道にすぐれている人々をお乗せになられたところ。

た・ぶ【食ぶ】〔他バ下二〕｛べ・べ・ぶ・ぶる・ぶれ・べよ｝❶（「飲む」「食ふ」の謙譲語）**いただく。**例「などか異物(こともの)も――・べざらむ」〈枕草子・職の御曹司におはします頃、西の廂にて〉訳どうして他の物もいただかないことがありましょう。
❷（「飲む」「食ふ」を上品にいう語）いただく。例「さびしさうなることかな。少し酒(ささ)などこれより――・べまして」〈西鶴・好色一代男・一・七〉訳寂しそうですね。少し酒などこれからいただきましょうよ。

た・ぶ【賜ぶ・給ぶ】｛ば・び・ぶ・ぶ・べ・べ｝**一**〔他バ四〕（「与ふ」の尊敬語）**お与えになる。お下しになる。**例「顔かたちよしと聞こし召して、御使ひを――・びしかど」〈竹取・帝の求婚〉訳（かぐや姫の）容貌(ようぼう)がすばらしいと（帝は）お聞きになって、勅使をお送りになったけれども。
二〔補動バ四〕（動詞の連用形に付いて）動作の主を尊敬する意を表す。**…なさる。お…になる。…てください。**例「船君(ふなぎみ)のからくひねり出(い)だして、良しと思へる言(こと)を。怨(ゑ)じもこそし――・べ」〈土佐・二月一日〉訳船君（＝船旅ノ長サデアル人）がやっとひねり出して、うまくできたと思っている和歌だよ。（悪く言うのが聞こえて）お恨みになっては大変だ。

> 要点 「たぶ」と「たまふ」との成立過程については、相反する二つの説がある。一方は、「たまふ」が、「たむぶ」（「たうぶ」「たんぶ」）を経て「たぶ」となったとするもの、他方は「たぶ」の未然形「たば」に、反復・継続の上代の助動詞「ふ」が付いた「たばふ」の変化したものとする説である。

たふ-か【踏歌】（トウ）〔名〕（足を踏み鳴らして歌うことの意）平安時代、正月の行事として宮中で行われた舞踏。都の男女を召して年始の祝詞(とのり)を舞い歌わせる。
参考 中国の隋(ずい)・唐の行事が伝来し、持統天皇の七年に行われたのが始まりという。正月十四日、または十五日に男踏歌を、十六日に女踏歌を行い、はやしことばに由来して、「あらればしり」ともいう。

たふか（熱田神宮）

た-ぶさ【髻】〔名〕髪の毛を頭の上に集めて束ねた部分。⇒もとどり

たふと-し【尊し・貴し】（トウトシ）〔形ク〕❶あがめ敬うべきである。けだかい。高貴である。例「神さびて高く――・き駿河(するが)なる富士の高嶺(たかね)を」〈万葉・三・三一七長歌〉訳神々しくて高く気高い、駿河(するが)の国にある富士の高峰を。
❷価値が高い。すぐれている。すばらしい。例「言はむ術(すべ)せむ術(すべ)知らず極まりて――・きものは酒にしあるらし」〈万葉・三・三四二〉訳何とも言いようもなく、どうしようもなく最高にすばらしいものは酒であるようだ。注大伴旅人(タビト)ノ「酒を讃(ほ)むる歌」十三首ノ一ツ。

たふと-ぶ【尊ぶ・貴ぶ】（トウトブ）**一**〔他バ上二〕｛び・び・ぶ・ぶる・ぶれ・びよ｝貴い物として大切にする。尊重する。例「目を卑しみ、耳を――・ぶるあまり」〈新古今・仮名序〉訳目（に見える現在）を軽視し、耳（に聞く昔）を尊重するあまりに。
二〔他バ四〕｛ば・び・ぶ・ぶ・べ・べ｝（平安時代以降の用法）**一**に同じ。例「まことに我を――・ぶ志のあれば、かくは絶えず来たるなりけり」〈今昔・三〇・六〉訳本当に私を尊敬する気持ちがあるから、こうして絶えずやって来るのだ。

たふと-む【尊む・貴む】（トウトム）〔他マ四〕｛ま・み・む・む・め・め｝「たふとぶ」に同じ。例「それ、人の友とある者は、富めるを――・み、ねんごろなるを先とす」〈方丈記・閑居の気味〉訳そもそも、人が友人だとする者は、裕福な者を尊重し、追従する者を優先する。

たふ-の-はい【答の拝】（トウ）⇒「たふ（答）」子項目

たふ-の-や【答の矢】（トウ）⇒「たふ（答）」子項目

たふ-ば【塔婆】（トウ）〔名〕（「卒塔婆(そとば)」の略）⇒たふ（塔）

たぶらか-す【誑かす】〔他サ四〕｛さ・し・す・す・せ・せ｝（「たぶる」の他動詞形。「かす」は接尾語）心を惑わす。狂わせる。だます。例「天魔波旬(てんまはじゅん)の我が心を――・さんとて言ふやらん」〈平家・三・足摺〉訳天の魔王が私の心を惑わそうとして言うのだろうか。注「言ふやらん」ハ「言ふにやあらん」カラ変化シタ中世ノ語法。

たふ・る【倒る】（タオル）〔自ラ下二〕｛れ・れ・る・るる・るれ・れよ｝❶横になる。倒れる。例「大きなる木どもも――・れ、枝など吹き折られたるが」〈枕草子・野分のまたの日こそ〉訳大きな木々も倒れ、枝などの（風に）吹き折られたのが。
❷活動しなくなる。滅びる。死ぬ。破産する。
❸圧力に屈して我(が)を折る。折れて出る。屈従する。

たぶ・る【狂る】〔自ラ下二〕｛れ・れ・る・るる・るれ・れよ｝気が狂う。気違いのようになる。例「よからぬ狐(きつね)などいふなる物の――・れたるが」〈源氏・若菜・下〉訳たちの悪い狐などというもので気の狂ったのが。

たふれ-ふ・す【倒れ伏す・倒れ臥す】（タオレ）〔自サ四〕｛さ・し・す・す・せ・せ｝倒れてうつぶせになる。例「あるいは煙にむせびて――・し、あるいは焔(ほのほ)にまぐれてたちまちに死ぬ」〈方丈記・安元の大火〉訳ある人は煙にむせて倒れ伏し、ある人は炎にまかれて窒息してあっという間に死んでしまう。

たへ【栲】（タエ）〔名〕（上代語）「たく（＝楮(コウゾ)ノ古名）」の樹皮の

繊維で織った布。また、布の総称。

たへ【妙】 エタ〔形動ナリ〕❶神秘的ですぐれている様子。霊妙である。例「海神（わたつみ）の神の宮の内の重（へ）の――なる殿に携はり二人入り居て」〈万葉・九・一七四〇長歌〉訳海の神の宮殿の、奥の方の立派な御殿（ごてん）に、手を取り合って（浦島の子と海神の乙女の）二人は入って住んで。注水江（ミズノエ）ノ浦島ノ子ノ伝説ヲ詠ンダ長歌。

❷（転じて）上手（じょうず）である。巧妙である。例「詩歌（しいか）に巧みに、糸竹（しちく）に――なるは、幽玄（いうげん）の道、君臣これを重くすといへども」〈徒然草・一二二〉訳詩歌が優れ、音楽が上手なことは、奥の深い芸道であって、君臣ともにこれを重要視するが。

たへ-がた・し【堪へ難し】 タエ：〔形ク〕（苦しさを）こらえきれない。我慢できない。例「御心（みこころ）をのみ惑（まど）はして去りなむことの、悲しく――く侍（はべ）るなり」〈竹取・かぐや姫の昇天〉訳お心を乱してばかりいて（月の世界に）帰ってしまうことが、悲しくて我慢できないのでございます。

たま【玉・珠】 ━〔名〕❶（装飾品に用いる）美しい丸い小石の総称。宝石。例「銀（しろかね）も金（くがね）も――も何せむに勝れる宝子にしかめやも」〈万葉・五・八〇三〉訳銀も金も宝石もどうしてすぐれた宝であろう。子というものに及ぼうか。

❷特に、真珠。白玉（しらたま）。例「海人少女（あまをとめ）――求むらし沖つ波かしこき海に船出せり見ゆ」〈万葉・六・一〇〇三〉訳海人の少女達が真珠を採っているらしい。沖の波の恐ろしい海に、船を出しているのが見える。

❸（「――の」の形で体言を修飾して）美しいもののたとえ。例「世になく清らなる――の男御子（をのこみこ）さへ生まれ給ひぬ」〈源氏・桐壺〉訳（帝と桐壺更衣（きりつぼのこうい）の間に）世に類がなく美しい玉のような男の御子までもお生まれになった。

❹（形が①に似るところから）美しく丸く小さいもの。露・涙などをいう。例「数珠（ず）の数にまぎらはしてぞ、涙の――をばもて消ち給ひける」〈源氏・御法〉訳（夕霧は念仏の回数を）数珠（じゅず）の玉で数えることで気持ち（＝紫ノ上ノ死ニヨル悲シミ）をまぎらわして、涙の玉が落ちないようになさった。

━〔接頭〕玉を飾った、または、玉のように美しい意を表す。「――垣」「――勝間（かつま）」「――櫛笥（くしげ）」など。

玉の台（うてな） 美しく立派な御殿（ごてん）。例「――と求め給はましかば、答（いら）へてまし」〈枕草子・頭の中将の〉訳（私のことを草の庵（いお）と呼ばずに）美しい御殿は（どこだ）と（言って）お捜しになったら、返事をしたでしょうに。

玉の小琴（をごと） ゴト：オ〔和歌用語〕玉で飾った琴。または、美しい琴。例「ひざに伏す――の事なくはいとここだくに我恋ひめやも」〈万葉・七・一三二八〉訳ひざの上に置いた美しい琴、その事が何もないなら、どうしてこんなに激しく私は（あなたを）恋い慕おうか（妨げが多いから余計恋しい）。

たま【魂・霊】〔名〕人間や生物の体内に宿って、心の働きをつかさどるもの。たましい。霊魂。例「亡き人の来る夜（よ）とて――祭るわざは、このごろ都にはなきを」〈徒然草・一九〉訳（大みそかは）死んだ人がこの世にやって来る夜だといって霊魂を祭る行事は、近年都では行わないのに。

たま-あ・ふ【魂合ふ】 ：アウ（オウ）〔自ハ四〕（は・ひ・ふ・ふ・へ・へ）男女の魂が一つになる。思う心が合致する。例「――はば相寝むものを小山田（をやまだ）の鹿猪田（ししだ）守（も）るごと母し守（も）らすも」〈万葉・一二・三〇〇〇〉訳（あなたと私の）心が合えば共寝しようものを、小山田の猪が荒らす田を見張るように母が見張っていらっしゃる。

たまう【賜う・給う】〔動〕⇩たまふ

たま-がき【玉垣】〔名〕（「たま」は接頭語）神社の垣根。「斎垣（いがき）」「瑞垣（みづがき）」とも。例「もの古（ふ）りたる森の気色（けしき）もただならぬに、――し渡して」〈徒然草・二四〉訳いかにも長い年月を経たような森の様子もすばらしい上に、美しい垣根をずっとめぐらして。

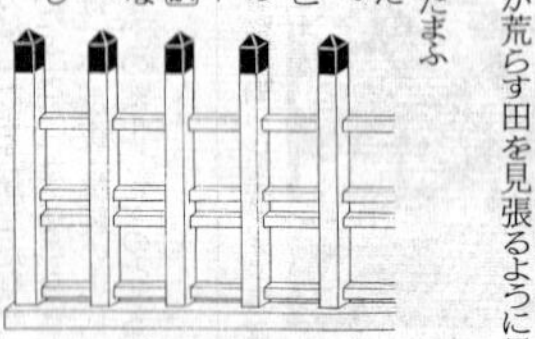

たまがき

たま-かぎる【玉かぎる】〔枕詞〕玉がほのかに光り輝く意で、「日」「夕」「ほのか」「磐垣淵（いはかきふち）」などにかかる。例「――ほのかに見えて別れなばもとなや恋ひむ逢（あ）ふ時までは」〈万葉・八・一五二六〉訳ほんのわずか逢っただけで別れてしまったならば、わけもなく恋いこがれるであろうか、また逢う時までは。

たま-かつま【玉勝間】 ━〔名〕（「たま」は接頭語）目の細かい竹かごをほめたたえていう語。

━〔枕詞〕竹かごは、ふたと身とが合わさることから、「あふ」や地名の「安倍（あべ）」にかかる。例「――逢（あ）はむと言ふは誰（たれ）なるか逢へる時さへ面（おも）隠しする」〈万葉・一二・二九一六〉訳逢いたいと言うのは誰なのですか（あなたではありませんか）。せっかく（こうしてやって来て）逢っている時までも顔を隠している。

玉勝間（たまかつま）【書名】江戸後期の随筆集。本居宣長著。一七九四年（寛政六）から一八一二年（文化九）にかけて刊行。宣長が一七九三年（寛政五）から書き始め、没した一八〇一年（享和元）まで綴（つづ）り続けたもの。宣長の人生観・文学観・学問の姿勢などが知られる。⇩本居宣長（もとをりのりなが）

たま-かづら【玉葛】 ：カズラ━〔名〕（「たま」は接頭語）「かづら」をほめたたえていう語。ツル草の総称。例「――はふ木あまたになりぬれば絶えぬ心のうれしげもなし」〈伊勢・一一八〉訳ツル草が多くの木には上るように、あなたはたくさんの女に通うようになりましたから、絶えず私を思っているというあなたのお心のほどを聞いてもうれしくはありません。

━〔枕詞〕「実ならぬ樹」「花のみ咲き」「長し」「絶ゆ」などにかかる。例「――絶ゆることなくありつつも止まず通はむ明日香（あすか）の古き都は」〈万葉・三・三二四長歌〉訳絶えることなく、常にやむことなく通いたいと思う明日香の旧都は。

たま-かづら【玉鬘・玉縵】 ：カズラ━〔名〕玉を糸で通した髪飾り。例「その礼物（ゐやじろ）の――を盗み取りて」〈古事記・下・安康〉訳（使者は、天皇への）敬意の品である玉の髪飾りを盗み取って。

━〔枕詞〕頭に懸けることから、「かけ」「かげ」「おもかげ」にかかる。例「人はいさ思ひやすらむ――面影にのみいとど見えつつ」〈伊勢・二一〉訳彼女は今頃私を思っているだろうか、さあわかりはしない。しかし、私はあの人の姿がいよいよ目の前に浮かんで見えて（忘れられない）。

玉鬘（たまかづら） タマカズラ【人名】『源氏物語』の登場人物。光源氏の親友頭中将（とうのちゅうじょう）が夕顔と契って生まれた娘。幼くして乳母に伴われて九州へ下りそこで成長するが、しつこく求婚する大夫監の手を逃れて都へ帰り、やがて光源氏に引きとられ様々の男性の求愛を受けるが、髭黒と結婚して幸せな日々を送る。

多摩川(たまがは)〘川名〙(「多麻川」「玉川」とも書く)山梨県に源を発し、東京都を東南流して東京湾に注ぐ川。下流は神奈川県との県境をなす。古代の武蔵国の国府の近くを流れ、近世には江戸の上水道の水源とされた。

多摩川

たま-きはる【魂きはる】〔枕詞〕(「魂極まる」で、一生をかけての意という)「命」「うち」「幾世」などに掛かる。例「――命惜(を)しけどせむすべもなし」〈万葉・五・八〇四長歌〉訳命は惜しいけれども、なすすべもない。

たま-ぎ・る【魂消る】㊀〔自ラ四〕{ら・り・る・る・れ・れ}気を失うばかりに驚く。たまげる。例「主上(しゅしゃう)夜な夜なおびへ――・らせ給ふ事ありけり」〈平家・四・鵼〉訳帝が夜ごとおびえて気を失うほどにお驚きになることがあった。㊁〔自ラ下二〕{れ・れ・る・るる・るれ・れよ}びくびくする。びくつく。

たま-ぐし【玉串】〔名〕(「たま」は接頭語)サカキの枝に「木綿(ゆふ)」をつけて、神に供えるもの。また、そのサカキ。例「濡(ぬ)れて干す――の葉の露霜に天(あま)照る光幾代経(へ)ぬらむ」〈新古今・賀・七三七〉訳濡れては乾く(を繰り返す)神前の榊に下りた露霜に、天で輝く光が当たることは、どれほどの時代続いているのであろうか。注天照大神ヲ祭ル伊勢神宮ノ永遠ヲ祝福シタ歌。

たまぐし

たま-くしげ【玉櫛笥】㊀〔名〕(「たま」は接頭語。和歌用語)「くしげ」をほめたたえていう語。くしを入れる箱。例「――少し開くに白雲の箱より出(い)でて」〈万葉・九・一七四〇長歌〉訳(浦島の子が)美しい櫛箱を少し開くと、白雲が箱から出て。㊁〘枕詞〙「ふた」「み」「あく」「おほふ」「奥」「箱」などにかかる。例「――明けまく惜しきあたら夜を衣手(ころもで)離(か)れてひとりかも寝む」〈万葉・九・一六九三〉訳明けるのがいつもは惜しい、もったいない夜を、妻の袖を離れて一人で寂しく寝ることだろうか。

たま-くしろ【玉釧】㊀〔名〕玉で飾った腕輪。㊁〘枕詞〙「手に取り持つ」「纏(ま)く」にかかる。例「――纏(ま)き寝(ぬ)る妹(いも)もあらばこそ夜の長けくも嬉(うれ)しかるべき」〈万葉・一二・二八六五〉訳手を枕にして共に寝る妻がいるのなら、夜の長いのもうれしいであろうが。注上代デハ、「こそ」ノ結ビガ、「べけれ」デハナク「べき」トナル。

た-まくら【手枕】〔名〕(和歌用語)腕を枕にすること。てまくら。例「春の夜の夢ばかりなる――にかひなく立たむ名こそ惜しけれ」〈千載・雑上〉訳短い春の夜のはかない夢のような一時のたわむれで、あなたの腕を枕にしたなら、本当は何もないのにうわさが流れるかも知れない、それが残念です。注『百人一首』所収、周防内侍ノ作。作者ガ夜、人々ト物語シテイテ、「枕がほしい」ト言ッタノデ、大納言忠家ガ、「これを枕に」ト言ッテ、腕ヲ御簾ノ下カラ差シ入レタノデ詠ンダ。「かひなく」ハ、「腕」ヲ掛ケ、「手枕」ノ縁語。

たま-さか〔形動ナリ〕❶(めったに会えないものに)偶然会う様子。例「海神(わたつみ)の神の乙女に――・にい漕(こ)ぎ向かひ」〈万葉・九・一七四〇長歌〉訳(浦島の子は)海神の娘に、舟を漕いでいて偶然出会って。❷まれである。例「はかなきひとくだりの御返りの、――・なりしも、絶え果てにけり」〈源氏・若紫〉訳ちょっとした一行ほどの(藤壺からの)返事が、(以前は)まれにはあったのも、(今は)すっかり途絶えてしまった。❸(連用形を仮定の文中に用いて)めったにない様子。万一。例「もし天竺(てんぢく)に――・に持て渡りなば」〈竹取・火鼠の皮衣〉訳(火鼠の皮衣を)もしインドに万一にも持って来ていたならば。

たま-さか・る【魂離る】〔自ラ四〕{ら・り・る・る・れ・れ}魂が体から離れる。自分を失いぼんやりする。正気を失う。例「御子(みこ)の御供に隠し給はむとて、年ごろ見え給はざりけるなりけり。これをなむ『――・る』とは言ひ始めける」〈竹取・蓬莱の玉の枝〉訳(皇子が恥ずかしがって)ご家来の前から(自分の身を)お隠しなさろうとして、何年もの間お姿をお見せになりません。このこと(=玉ノ事件)をきっかけにして「たまさかる」と言い始めました。

たま-しき【玉敷き】〔名〕(和歌用語。多く「――の」の形で用いる)玉を敷いたように、美しいこと。また、その所。例「――の都のうちに棟(むね)を並べ甍(いらか)を争へる、高き卑しき人の住まひは」〈方丈記・ゆく河〉訳美しい都の中にぎっしり棟を並べ瓦の高さを競い合っている、身分の高い人や卑しい人の住居は。

たましひ【魂】〔名〕❶霊魂。精霊。例「物思ふ人の――は、げにあくがるるものになむありける」〈源氏・葵〉訳物思いをしている人の霊魂は、(世間でいうように)本当に身体から浮かれ出るものであったよ。注葵ノ上ニ取り付イタ霊ノ言葉。「ける」ハ初メテ気ヅイタ意ヲ表ス。❷心の働き。精神。知恵。例「少し至らぬことにも、御――の深くおはして、らうらうじうしなし給ひける御根性にて」〈大鏡・伊尹〉訳(藤原行成は)少し不得意なことにも、お知恵が深くおいでで、上手におやりになるご性質で。❸素質。天分。才能。例「筆とる道と碁(ご)うつこととぞ、あやしう――のほど見ゆるを」〈源氏・絵合〉訳絵筆を持つ芸道と碁をうつこととは、不思議なことに天分というものが現れるものですね。

たまずさ【玉梓】〔名〕⇩たまづさ

たま-すだれ【玉簾】〔名〕玉で飾ったすだれ。また、すだれをほめたたえていう語。例「吹く風に我が身をなさば――ひま求めつつ入るべきものを」〈伊勢・六四〉訳もし、我が身を吹く風に変えられるならば、(あなたのいる部屋の)すだれのすきまを捜しては、中に入っていけるのになあ。

たま-だすき【玉襷】㊀〔名〕(「たま」は接頭語)たすきをほめたたえていう語。例「海神(わたつみ)の手に巻かしたる――かけてしのひつ大和島根(やまとしまね)を」〈万葉・三・三六六長歌〉訳海の神が手に巻いておられるたすきは掛けるものだが、心にかけて恋しく思った、大和の国土を。注「たまだすき」マデハ、「かけ」ヲ導ク序詞。笠金村ノ作。㊁〘枕詞〙項(うなじ)にかけることから、「かく」や「うね」にかかる。

例「――畝傍(うねび)の山に鳴く鳥の声(こゑ)も聞こえず」〈万葉・二・二〇七長歌〉訳畝傍山に鳴く鳥のように(いとしい妻の)声も聞こえず。

たま-たま【偶・適】〔副〕❶たまに。ときたま。まれに。例「――換ふるものは、金(こがね)を軽(かろ)くし、粟(ぞく)を重くす」〈方丈記・飢渇〉訳たまに(財宝を食料と)交換するものは、金の価値を軽く見て、穀物の価値を重く見る。注飢饉(キキン)ノタメ食料ノ方ガ高クナッテイル。
❷偶然。ふと。例「――おほやけに数(かず)まへられ奉りては」〈源氏・朝顔〉訳(謀反の濡(ぬ)れ衣(ぎぬ)が晴れて)偶然朝廷に認められて人の数のうちに入れていただいてからは。

たま-だれ【玉垂れ】〔名〕(和歌用語)「たますだれ」に同じ。例「鴨長明(かものちやうめい)が四季物語にも『――に後の葵(あふひ)はとまりけり』とぞ書ける」〈徒然草・一三八〉訳鴨長明の著『四季物語』にも「(部屋の)すだれに賀茂祭の後の葵の枯れ葉が残っていて祭をしのばせることだ」と書いてある。例「――の小簾(をす)のすけきに入り通ひ来(こ)ねたらちねの母が問はさば風と申さむ」〈万葉・一一・二三六四〉訳玉垂のすだれのすき間に入り通(かよ)って来てください。母(かあ)さんが聞いたら、風よと申しましょう。

たまだれ-の【玉垂れの】〔枕詞〕玉を緒(を)(=糸)に通して垂らしたことから、地名「越智(をち)」など「を」の音を含む語にかかる。例「――越智(をち)の大野の朝露に玉裳(たまも)はひづち」〈万葉・二・一九四長歌〉訳越智の広い野の朝露に裳のすそはびっしょりと濡れて(通って)。

たま-づさ【玉梓】(タマヅサ)〔名〕(「たまあづさ」の変化した形。使者が手紙を、アズサの枝に結んで運んだ)❶使い。使者。例「いつしかと待つらむ妹(いも)に――の言(こと)だに告げず往(い)にし君かも」〈万葉・三・四四五〉訳いつ帰って来るかと待っているであろう妻にあてて、使者に言伝てさえもしないで死んで行った君であるよ。
❷手紙。消息。例「秋風に初雁(はつかり)が音(ね)ぞ聞こゆなる誰(た)が――をかけて来つらむ」〈古今・秋上・二〇七〉訳秋風に乗って初めて渡って来た雁の鳴き声が聞こえる。(雁は手紙を運ぶといわれるが)この雁はだれの手紙を身につけて来たのだろうか。注紀友則ノ作。中国ノ蘇武(ソブ)ノ故事ニ、雁ハ手紙ヲ運ブトサレ、手紙ヲ「雁信(がんしん)」トモイウ。

たまづさ-の【玉梓の】(タマヅサ)〔名〕〔枕詞〕「使ひ」「妹(いも)」にかかる。例「黄葉(もみちば)の散り行くなへに――使ひを見れば逢ひし日思ほゆ」〈万葉・二・二〇九〉訳紅葉が散ってゆく折りしも、使いを見ると、妻に逢った日のことが思い出される。注柿本人麻呂ガ妻ノ死ヲ詠ンダ歌。

玉津島(たまつしま)〔地名〕紀伊(きい)の国和歌浦にあった島。現在では、島ではなくなり、和歌山市和歌浦の玉津島神社の背後の奠供(てんぐ)山となっている。玉津島神社は和歌の神として尊ばれた。歌枕。

玉津島神社

たま-の-うてな【玉の台】⇩「たま(玉)」子項目

玉の浦(たまのうら)〔地名〕紀伊国にあった海岸。現在の和歌山県東牟婁(ひがしむろ)郡那智勝浦町粉白(このしろ)付近。歌枕。

たま-の-を【玉の緒】(タマノヲ)〔名〕(和歌用語)

> 「緒」は「ひも」の意。「たまのを」は、宝石を貫き通す細いひものこと。また、「魂の緒」つまり「魂をつなぎとめるひも」の意で、命のことをいう。

❶玉を貫き通すひも。例「――をあわ緒によりて結べらばありて後にもあはざらめやも」〈万葉・四・七六三〉訳玉のひもをあわ緒のようにしっかり結んでおけば(=オ互イノ仲ガシッカリト結バレテイレバ)、いつか逢(あ)えないことがなくはないはずです。
❷短いことのたとえ。例「さ寝(ぬ)らくは――ばかり恋ふらくは富士の高嶺(たかね)の鳴沢(なるさは)のごと」〈万葉・一四・三三五八〉訳一緒に寝たのは玉のひもぐらいの短い間だった、なのに恋しい心は富士山の鳴沢の(落石の)ようにとどろいています(=激シイモノデス)。
❸(「魂(たま)の緒」で、霊魂が肉体から離れないようにつないであるひもの意から)命。生命。例「――よ絶えなば絶えね長らへば忍ぶることの弱りもぞする」〈新古今・恋一・一〇三四〉訳我が命よ、絶えるのだったら絶えてしまえ、もし生き長らえていると、恋心をこらえることが弱り、外に現れてしまうといけないから。注『百人一首』所収、式子内親王ノ作。

たま-の-をごと【玉の小琴】(タマノヲゴト)⇩「たま(玉)」子項目

たまのを-の【玉の緒の】(タマノヲノ)〔枕詞〕(玉を貫き通すひも、に関連して)「長し」「短し」「絶ゆ」「乱る」などにかかる。例「――絶えたる恋の乱れなば死なまくのみぞまたもあはずして」〈万葉・一二・三〇八九〉訳仲の絶えた恋の苦しさに心が乱れてどうしようもなくなってしまったならば、死のうと思うばかりです。もう会ったりはしないで。

たまは・す【賜はす・給はす】(タマワス)〔他サ下二〕{せ・せ・す・する・すれ・せよ}(動詞「たまふ」の未然形＋尊敬の助動詞「す」。「与ふ」の尊敬語)「たまふ」よりも尊敬の度合が高い。お与えになる。お下しになる。例「このたびの綾(あや)・薄物などは、人々に――・す」〈源氏・梅枝〉訳このたびの(大宰大弐(だざいのだいに)が献上した)綾(=模様ヲ織リ出シタ絹ノ布)や薄物(=薄ク織ッタ布)などは、女房達にお与えになる。

たま-ばはき【玉箒】〔名〕(「たまははき」とも)❶ほうきを作る草の別名。ほうきぐさ。また、高野箒とも。例「――刈り来(こ)鎌麻呂むろの木と棗(なつめ)が本(もと)とかき掃かむため」〈万葉・一六・三八三〇〉訳ほうき草を刈って来い、鎌麻呂よ(=鎌ヲ擬人化シタモノ)、ムロの木とナツメの木の下を掃除するために。
❷上代、正月の初子(はつね)の日に、蚕室を掃除するのに用いた、玉の飾りのついた儀礼用のほうき。(季・春)

たまばはき②

たまは・る【賜はる・給はる】(タマワル)〔他ラ四〕{ら・り・る・る・れ・れ}(「もらふ」「受く」の謙譲語)一❶いただく。頂戴(ちやうだい)する。例「小碓命(をうすのみこと)、その姨(をば)倭比売命(やまとひめのみこと)の御衣御裳(みそみも)を――・り」〈古事記・中・景行〉訳 小碓命(=後ノ倭建命(ヤマトタケルノミコト))は、その叔母に当たる倭比売命のご衣装を頂戴して。❷《中世以後、尊敬語に転じて》お与えになる。例「御随身(みずいじん)ども召して、禄(ろく)かづけ、暇(いとま)——・るほど」〈増鏡・草枕〉訳(後深草院が)護衛役の舎人(とねり)をお呼びになって、(これまでの労に報いるための)ほうびを授け、お暇(いとま)をお与えになる時。

二〔補動ラ四〕《平安末期以後、動詞の連用形や、それに「て」の付いたものに付いて》動作を受ける自分がへり下り、動作の主を尊敬する意を添える。…していただく。例「具覚坊(ぐがくばう)手を摺(す)りて、『……まげて許し——・らん』と言ひければ」〈徒然草・八七〉訳 具覚坊(=僧ノ名)は両手をこすり合わせて、「……(理を)まげてどうぞお許しいただきたい」と言ったので。

たまふの判別

①ハ行四段
- 動詞 例 大御酒**たまひ**、禄たまはむと ——「与ふ」の尊敬語 **一**❶
- 例 いざ**たまへ**、出雲拝みに ——(命令形で)人を誘う **一**❷
- 補助動詞(尊敬) 例 御簾を高くあげたれば笑はせ**給ふ** …… **二**

②ハ行下二段
- 動詞 「飲む」「食ふ」「受く」の謙譲語 例 魂は朝夕べに**たまふれ**ど …… **三**
- 補助動詞(謙譲) 例 内々に、思ひ**たまふる**さまを奏し給へ …… **四**

たま・ふ

【賜ふ・給ふ】(タ(モ)ウマ) **一**〔他ハ四〕{は・ひ・ふ・ふ・へ・へ}

類 たうぶ・たぶ

> 身分の上位の人が下位の人に物をお与えになること。また、補助動詞として、…なさる、の意を表す。いずれも尊敬語で四段活用。**三**の下二段活用の「たまふ」との違いに注意。

❶《「与ふ」の尊敬語》**お与えになる。お下しになる。**例「大御酒(おほみき)——・ひ、禄(ろく)——・はむとて、つかはさざりけり」〈伊勢・八三〉訳(惟喬親王(これたかのみこ)は男に)お酒をお与えになり、(その上に)ほうびの品をお下しになろうとして、お帰しにならなかった。❷(命令形で)軽い尊敬の気持ちをこめて、人を誘ったり、人に何かを頼んだりする意を表す。例「人あまた誘ひて、『いざ——・へ、出雲(いづも)拝みに。掻餅(かいもちひ)召させむ』とて、具しもて行きたるに」〈徒然草・二三六〉訳 人を大勢誘って、「さあいらっしゃい、出雲神社(=京都府亀岡市)を拝みに。(そうしたら)掻餅(=ボタモチ、一説ニ、ソバガキ)をごちそうしましょう」と言って、連れて行ったところが。

二〔補動ハ四〕{は・ひ・ふ・ふ・へ・へ}《動詞・助動詞「る」「らる」「す」「さす」「しむ」の連用形に付いて》動作の主を尊敬する意を表す。**…なさる。お…になる。**例「え起き上がり——・はで、舟底に伏し——・へり」〈竹取・竜の首の玉〉訳(しけで弱った大納言は)起き上がりなさることができずに、舟の底で横たわっておいでになった。

三〔他動ハ下二〕{へ・へ・ふ・ふる・ふれ・へよ}《上代語。「飲む」「食ふ」「受く」の謙譲語》いただく。頂戴(ちょうだい)する。例「魂は朝(あした)夕べに——・ふれど吾(あ)が胸痛し恋の繁(しげ)きに」〈万葉・一五・三七六七〉訳(あなたの)魂(=真心)は朝な夕なにいただいて(=感ジテ)いますが、(それでも)私の胸は痛みます、恋の激しさのために。

四〔補動ハ下二〕{へ・へ・(ふ)・ふる・ふれ・へよ}《主として平安時代に、動詞「思ふ」「見る」「聞く」などの連用形に付いて》動作の主自身のへり下りの気持ちを表す。**…せ(させ)ていただく。…ております。**例「内々に、思ひ——・ふるさまを奏し給へ」〈源氏・桐壺〉訳 表立たないようにして、私の思っております事を(天皇に)申し上げてください。

> 要点 **一****二**の「たまふ」は、「たうぶ」となることもある。また、連用形「たまひ」が、助詞「て」・助動詞「けり」「たり」などに連なる時、「たまうて」とウ音便化することがある。
>
> **四**の「たまふ」は、会話や手紙の中で、話し手(書き手)自身、または、話し手側の者の動作にのみ付き、地の文には用いられない。この点、他の謙譲語と異なっており、これを丁寧語に入れる考え方もある。また、この**四**の用法には、命令形はなく、終止形の用例もほとんどない。なお、これが複合動詞(=例エバ「思ひ知る」)に付く時は、その間に割り込む形(=例エバ「思ひたまへ知る」)をとる。

たまぼこ【玉桙・玉矛】〔名〕(枕詞「たまぼこの」が「道」にかかるところから転じて)道。例「この程は知るも知らぬも——の行き通ふ袖(そで)は花の香ぞする」〈新古今・春下・一一三〉訳 この頃は私の知っている人も知らない人も、道を行きかう人の袖は花の香がする。

たまぼこ-の【玉桙の】《枕詞》《上代は「たまほこの」と清音》「道」に、また、道が続くところから「里」にかかる。例「——道に出で立ち別れなば見ぬ日さまねみ恋しけむかも」〈万葉・一七・三九九五〉訳 旅路について別れたならば、逢(あ)えない日が多いので恋しいことであろう。

たま-まつり【魂祭り・霊祭り】〔名〕祖先など死者の霊を迎えて祭る行事。例「行く先の七月、——の送り火の時」〈西鶴・世間胸算用・一・二〉訳 来たる七月(十六日)、霊を祭る(盂蘭盆(うらぼん)の)送り火の時に。

たま-みづ【玉水】(・ミズ)〔名〕《和歌用語。「たま」は接頭語》❶水をほめたたえていう語。清らかな水。また、それの流れている川。例「山城の井手の——手にむすびたのみしかひもなき世なりけり」〈伊勢・一二二〉訳 山城の国の井手(=地名)の清流の水は手に汲(く)んで飲むが、約束を結び頼みにしたかいがない二人の間柄でしたね。注「むすび」ハ「掬(むす)び」ト「結び」ノ掛詞。「たのみ」ハ「手飲(たの)み」ト「頼み」ノ掛詞。❷しずくを玉にたとえていう語。例「山深み春とも知らぬ松の戸に絶え絶えかかる雪の——」〈新古今・春上・三〉訳 山が深いので春が来たとわからないでいる(山中の家の)松の戸にとぎれとぎれにかかる美しい雪どけのしずくよ(これだけが春を感じさせる)。注 式子内親王ノ作。

たま-むすび【魂結び】〔名〕肉体から遊離した霊魂をもどして離れないようにするまじない。鎮魂(ちんこん)。例「思ひあまり出(い)でにし魂(たま)のあるならむ夜深く見えば——せよ」〈伊勢・一一〇〉訳 あなたが恋しいあまりに私の体から出て行ってしまった霊魂があるのでしょう。夜が更(ふ)けてまた夢に見えたなら結びとめるまじないをしてください。

たま-も【玉裳】〔名〕《和歌用語》「裳」をほめたたえていう語。⇩も(裳) 例「あみの浦に舟乗りすらむ乙女(をとめ)らが——の裾(すそ)に潮満つらむか」〈万葉・一・四〇〉 訳 今頃あみの浦で船遊びをしているであろう(女官の)少女達の美しい裳の裾を、満ちてきた潮がぬらしているだろうか。

たま-も【玉藻】〔名〕《和歌用語。「たま」は接頭語》「藻」をほめたたえていう語。例「にきたづの荒磯(ありそ)の上にか青く生ふる——沖つ藻朝羽振る風こそ寄せめ」〈万葉・二・一三一長歌〉 訳 にきたづ(=島根県江津市付近カ)の荒磯のあたりに、青々と生い茂る美しい藻や沖の藻に、鳥が羽ばたくように激しく朝の風が吹き寄せるだろう。

たまも-かる【玉藻刈る】《枕詞》(藻を刈る所の意で)「敏馬」「辛荷」「沖」などにかかる。例「——敏馬を過ぎて夏草の野島の崎に舟近づきぬ」〈万葉・三・二五〇〉 訳 敏馬(=神戸市灘区岩屋町付近)を通過して淡路島の野島の崎に(自分の乗った)舟は近づいた。

たまも-なす【玉藻なす】《枕詞》(藻の様子をしている意で)「浮かぶ」「寄る」「なびく」などにかかる。例「——寄り寝し妹(いも)を露霜の置きてし来れば」〈万葉・二・一三一長歌〉 訳 寄り添って寝た妻を(石見の角の里に)置いて来たので。

たまも-よし【玉藻よし】《枕詞》(「よ」「し」は詠嘆の助詞。藻の揺れる所の意で)「讃岐(さぬき)」にかかる。

たま-ゆら【玉響】〔副〕ほんのわずかの間。ほんのしばらく。例「いづれの所を占めて、いかなるわざをしてか、しばしもこの身を宿し、——も心を休むべき」〈方丈記・世にしたがへば〉 訳 どんな所に住んで、どんな事をしたら、少しの間も自分のこの身をとどめ、ほんのわずかの間も心を(のどかに)休ませることができようか。例「——の露も涙もとどまらずなき人恋ふる宿の秋風」〈新古今・哀傷・七八八〉 訳 ほんのしばらくの草木の露も私の涙もとどまらず乱れこぼれる。亡き母を恋い慕う宿を吹く秋風で。

たま・る【溜まる】〔自ラ四〕{ら・り・る・る・れ・れ}《「たむ」の自動詞形》❶一か所に集まり寄る。積もる。たまる。例「包めども袖(そで)に——・らぬ白玉は人を見ぬ目の涙なりけり」〈古今・恋二・五五六〉 訳 (袖で)包み隠そうとしても袖に溜まりきれない(=流レ落チル)白玉は、あなたにお目にかかれない(私の)目から流れる涙なのです。❷同じ所にいる。とどまる。静止する。例「錐(きり)の袋に——・らぬ風情(ふぜい)にて」〈平家・三・六代被斬〉 訳 錐が何事もなく袋におさまっていないようなもので。注 袋ヲ破リ出ル意デ、物事ガ露顕シヤスイコトノタトエ。❸(打消しや反語の表現を伴って)同じ状態であるようにこらえ支える。もちこたえる。保つ。例「しばしも——・らず、馬よりさかさまにどうど落つ」〈平家・二・嗣信最期〉 訳 (矢に射られて)少しの間ももちこたえきれず、馬からさかさまにどさりと落ちる。

たまわす【賜わす・給わす】〔動〕⇩たまはす

たまわる【賜わる・給わる】〔動〕⇩たまはる

たみ【民】〔名〕(君主に支配される)人民。また、(貴族以外の)庶民。例「宮木(みやき)引く泉の杣(そま)に立つ——の休む時なく恋ひ渡るかも」〈万葉・一一・二六四五〉 訳 宮殿を造る用材を伐り出す泉(=京都府相楽郡木津町・加茂町アタリ)の山に働く民が休む時がないように、私はやむ時もなく(あなたを)恋し続けることであるよ。

たみ-くさ【民草】〔名〕《人民を草にたとえていった語》人民。人々。

た・む【廻む・回む】〔自マ上二〕{み・み・む・むる・むれ・みよ}ぐるっと回る。曲がる。めぐる。例「沖つ鳥鴨(かも)とふ船は也良(やら)の崎——・みて漕(こ)ぎ来(く)と聞こえ来(こ)ぬかも」〈万葉・一六・三八六七〉 訳 鴨という船は也良の崎を回って漕いで来ると知らせて来てほしい。

た・む【訛む】〔自マ四〕{ま・み・む・む・め・め}《後には「だむ」》音声になまりがある。なまる。例「物うち言ふ、少し——・みたるやうにて」〈源氏・東屋〉 訳 ちょっとものを言うのにも、少しなまっているようで。

た・む【溜む・留む】〔他マ下二〕{め・め・む・むる・むれ・めよ}《「たまる」の他動詞形》❶一か所に集める。ためる。例「摘(つ)み——・むる事の難(かた)きは鶯(うぐひす)の声する野辺の若菜なりけり」〈拾遺・春〉 訳 摘み取って集めためることがむずかしいのは、ウグイスの声が聞こえる野原で摘む若菜だったんだなあ。注 ウグイスノ声ガスバラシイノデ、聞キホレテシマウトイウ意。❷同じ所に動かずにいさせる。とめておく。留める。

た・む【矯む・揉む】〔他マ下二〕{め・め・む・むる・むれ・めよ}木や竹を伸ばしたり曲げたりして形を整える。例「枝葉(しえふ)潮風に吹きたわめて、屈曲おのづから——・めたるがごとし」〈奥の細道・松島〉 訳 (松の)枝葉は潮風に吹き曲げられて、曲がり具合は自然のうちにことさら形を整えたようである。

た-む・く【手向く】〔他カ下二〕{け・け・く・くる・くれ・けよ}❶神仏に供え物をする。たむける。例「若かりける時、常に百首の歌を詠みて、かの二つの社(やしろ)の御前(みまへ)の水にて書きて——・けられけり」〈徒然草・六七〉 訳 (今出川院近衛という歌人は)若かった時、いつも百首の歌を詠んで、その二つの神社の神前の水で(墨をすって)書いてお供えになったということだ。注「かの二つの社」トハ、上賀茂神社ノ末社ノ岩本・橋本ノ二社。ソレゾレ歌人トシテ名高イ在原業平・藤原実方ヲ祭ル。❷旅立つ人にはなむけをする。餞別を贈る。例「老いぬとともまたも逢(あ)はむと行く年に涙の玉を——・けつるかな」〈新古今・雑上・一五八四〉 訳 年とってしまったが、また(新しい年に)逢おうと思って、過ぎ行く年に涙の玉を餞別として贈ったことだ。注 年月ヲ擬人化シタ和歌。

た-むけ〔名〕■一【手向け】❶旅の安全を祈って、道中の神に幣などを供えること。また、その供え物。例「夜中ばかりより船を出(い)だして漕(こ)ぎ来る道に、——する所あり」〈土佐・一月二十六日〉 訳 (海賊を恐れて)夜中頃から船を出して漕ぎ進んで来る途中に、神に船旅の安全を祈る場所があった。❷餞別。はなむけ。

■二【峠】(「たむけ①」を行う所があるところから)山路を登りつめたところ。とうげ。例「かしこみと告(の)らずありしをみ越路(こし)の——に立ちて妹(いも)が名告(の)りつ」〈万葉・一五・三七三〇〉 訳 慎むべきことだからと、(今までは)あなたの名を言わなかったのだが、越の国への道の峠に立って、(恋しいあまりに)あなたの名を口にしてしまった。注 流罪デ越前(=福井県)へ旅スル中臣宅守ノ作。コノ「たむけ」ハ、近江ト越前ノ国境デ、愛発ノ関ノアッタ所。

要点 ■一①は、本来旅人が土地の道祖神にその旅の安全を祈るもので、旅人は幣としての木綿・布・紙などを幣袋に入れて持参する。後世は、単に物を供えて神仏に祈る意にもなる。②は餞別の品として、旅で用いる幣を贈ったことからいう。㊁の意では、中世以降「たむけ」から「たうげ」にウ音便化し、その地勢から「峠」という国字を作って当てる。

たむけ-ぐさ【手向け草】〔名〕《「くさ」は材料の意》神に手向ける品。供え物。例「白波の浜松が枝(え)の──幾代までにか年の経(へ)ぬらむ」〈万葉・一・三四〉訳 白波の打ち寄せる浜辺の松の枝にかけてある神への供え物は、何年ぐらい年が経っているものだろうか。

たむけ-やま【手向山】〔名〕道の神に旅の安全を祈って、幣(ぬさ)などを供える所。また、その山。例「このたびは幣(ぬさ)も取りあへず──紅葉(もみぢ)の錦(にしき)神のまにまに」〈古今・羇旅・四二〇〉訳 今回の旅は、自分の用意した供え物を(美しい紅葉を前にして)捧(ささ)げることができません。この山の錦のように華麗な紅葉を供えますので、神様のお気に召すままに(受け取ってください)。注 宇多上皇ノ奈良行幸ノ供ヲシタ菅原道真(ミチザネ)ノ作。『百人一首』所収。「たび」ハ、「度(たび)」ト「旅」ノ掛詞。

要点 本来普通名詞であるが、近江(おうみ)や京都から奈良に入る所にある奈良山が特に有名で、例の「手向山」も奈良山を指す。また、『枕草子』の「山は」の段に挙げた「手向山」もこれを指す。

ため【為】〔名〕❶利益となるようにすること。…のため。例「君が──春の野に出(い)でて若菜摘む我が衣手に雪は降りつつ」〈古今・春上・二一〉訳 あなたにあげるために春の野原に出て若菜を摘んでいる私の着物の袖(そで)には雪がしきりに降りかかりました(その寒さをこらえて摘んだのです)。注『百人一首』所収、光孝天皇ノ作。❷目的。目あて。例「この時雨(しぐれ)いたくな降りそ吾妹子(わぎもこ)に見せむが──に黄葉(もみち)取りてむ」〈万葉・一九・四二二二〉訳 この時雨よ、激しく降るな。我が妻に見せるために、美しいもみじを取ろうと思うから。❸その人に関すること。…にとって。例「わが──面目(めんぼく)あるやうに言はれぬる虚言(そらごと)は、人いたくあらがはず」〈徒然草・七三〉訳 自分にとって名誉あるように言われたうそに対しては、人間はそう激しくは反論しない。❹原因。理由。…のせい。例「すでに敵(かたき)の──に討たれにけり」〈今昔・二五・一三〉訳 (国の守(かみ)は)もう敵のせいで討たれてしまったのだ。

ためし【例し・試し】〔名〕以前にあった事柄。前例。例「楊貴妃(やうきひ)の──も引き出(い)でつべくなりゆくに」〈源氏・桐壺〉訳 (桐壺更衣(きりつぼのこうい)が帝の愛を独占したことを非難して、中国の)楊貴妃の前例(まで)もきっと引き合いに出しそうになっていくので。注「楊貴妃のためし」ハ、唐ノ玄宗(ゲンソウ)皇帝ガ楊貴妃ヲ溺愛(デキアイ)シ、国政ヲ顧ミナカッタタメニ安禄山(アンロクザン)ノ乱ガ起コッタトイウコト。白楽天ノ「長恨歌(ちょうごんか)」デ有名。

為永春水(ためながしゅんすい)【人名】江戸後期の戯作者。式亭三馬などに弟子入りして作家となり、『春色梅児誉美(しゅんしょくうめごよみ)』などを刊行して、人情本のジャンルを確立した。その作品の描写が風紀を乱したとして処罰され、失意のうちに翌年病没した。後に、永井荷風に強い影響を与えた。⇩

ためら・ふ【躊躇ふ】(タメラ(ロ)ウ)〔は・ひ・ふ・ふ・へ・へ〕

現代語の「ためらう」は、決心がつかずぐずぐずするの意の自動詞㊁であるが、古語には、**高ぶった感情をおさえ、気を静める**、の意の他動詞㊀の用法がある。

㊀〔他ハ四〕❶感情をおさえる。気を静める。例「悲しく止(と)めがたく思さるれば、とみにもえ──・ひ給はず」〈源氏・若菜・上〉訳 (兄朱雀(すざく)院の出家姿を見た光源氏は)悲しくて(涙を)おさえにくくお思いになるので、すぐには気を静めることもおできにならない。❷病状を落ち着かせる。静養する。例「かぜ起こりて──・ひ侍(はべ)るほどにて」〈源氏・真木柱〉訳 かぜをひいて静養しております時でして。㊁〔自ハ四〕決心がつかずぐずぐずする。躊躇(ちゅうちょ)する。ためらう。例「たやすくうち出でんもいかがと──・ひけるを」〈徒然草・一三〇〉訳 (庖丁(ほうちょう)さばきを見たいと)気安く言い出すのもどうかとためらっていたところが。

た-めり〔連語〕《「たンめり」と読む》…ているようだ。…ているように見える。例「せめて見れば、花びらの端(はし)にをかしき匂(にほ)ひこそ、心もとなう付きた**めれ**」〈枕草子・木の花は〉訳 (梨(なし)の花を)よくよく見ると、花びらの端に美しいほんのりとした色つやが、うっすらと付いているようだ。

だも〔副助〕《副助詞「だに」に係助詞「も」の付いた「だにも」の変化した形》接続 主語や連用修飾語に付く。

【類推】…でさえも。せめて…だけでも。例「夢に**だも**逢ふと見るこそうれしけれ残りの頼み少なけれども」〈和泉式部集〉訳 夢にでさえも(あなたと)逢うと見るのはうれしいことです、残りの頼みにして安心できることは少ないけれども。

たも・つ【保つ】〔他タ四〕〔た・ち・つ・つ・て・て〕❶そのままの状態を長く続ける。維持する。たもつ。例「花も心ありければ、二十日(はつか)の齢(よはひ)を──・ちけり」〈平家・一・吾身栄花〉訳 花(=桜)にも心があったから、二十日間の命をたもったのであった。❷守るべきものとして大切にする。保持する。例「出家せぬ人も戒を──・つことは世の常の習ひなり」〈平家・一〇・戒文〉訳 出家をしない人でも戒律を守ることは世間によくあることだ。❸統治する。治める。例「必ず世の中──・つべき相ある人なり」〈源氏・賢木〉訳 (光源氏は)必ず世の中を治めることのできる人相のある人だ。

た-もと㊀【手本】《上代語。手の根元の意》ひじから肩までの部分。二の腕。一説に、手首とも。㊁【袂】着物の袖(そで)の袋状にたれた部分。また、袖。例「うれしきを何に包まむ唐衣(からころも)──豊かに裁(た)てと言はましを」〈古今・雑上・八六五〉訳 このうれしさを何に包んでしまっておこうか。(こうと知っていたら)衣の袖をゆったりと仕立てよと言うのだったが。

た-もとほ・る【た徘徊る】(…モトオル)〔自ラ四〕〔ら・り・る・る・れ・れ〕《上代語。「た」は接頭語》同じ場所を歩き回る。うろつく。

た-やす・し【た易し・容易し】〔形ク〕《「た」は接頭語》❶容易である。たやすい。例「打ち割ら

⇩たはやすし要点

んとすれど、――く割れず」〈徒然草・五三〉訳（頭にかぶって抜けなくなった足鼎を）たたき割ろうとするけれども、容易に割れない。

❷軽々しい。軽率である。例「――くうち出でんもいかがとためらひけるを」〈徒然草・三二〉訳気安く言い出すのもどうかとためらっていたところが。

た・ゆ【絶ゆ】〔自ヤ下二〕（え・え・ゆ・ゆる・ゆれ・えよ）❶切れる。絶える。例「綱を引き過ぐして、綱――ゆるすなはちに」〈竹取・燕の子安貝〉訳綱を引き過ぎて、綱が切れると同時に。

❷絶命する。死ぬ。例「今朝よりこの嘆きをうち添へては、すでに命も――えなんず」〈平家・二・少将乞請〉訳（子を宿している私の娘は今朝からこの（＝夫ガ捕ラエラレタコトノ）嘆きをつけ加えて、もう絶命するばかりです。

たゆう【大夫・太夫・大副・大輔】〔名〕⇩たいふ

たゆ-げ【弛げ】〔形動ナリ〕（形容詞「たゆし」の語幹＋接尾語「げ」）だるそうである。例「まみなどもいと――にて」〈源氏・桐壺〉訳（重病の桐壺更衣は）目もとなども大変だるそうで。

たゆ・し【弛し・懈し】〔形ク〕❶疲れて力がない。だるい。例「――からずしもあらねど、人を従へ人を顧みるよりやすし」〈方丈記・閑居の気味〉訳（自分の体を使うと）だるくないことはないが、他人を使い他人に気を遣って（働かせる）よりは気楽である。

❷心の働きがにぶい。のんびりしている。例「我が――く世づかぬ心のみくやし、御胸いたく覚え給ふ」〈源氏・蜻蛉〉訳（薫は）自分ののんびりしていて世間並みでない（色恋についての）心だけが残念で、つらいと思われなさる。

たゆた・ふ【揺蕩ふ】〔自ハ四〕（は・ひ・ふ・ふ・へ・へ）❶揺れ動く。漂う。例「大き海に島もあらなくに海原の――ふ波に立てる白雲」〈万葉・七・一〇八九〉訳大海には島もないのに、海原に漂っている波の上に立っている白雲よ。

❷心が動揺する。ためらう。例「常やまず通ひし君が使ひ来ず今は逢はじと――ひぬらし」〈万葉・四・五四二〉訳いつもは絶えることなく通って来たあの人の使いが来ない。今はもう逢うまいとためらっているらしい。

たゆみ-な・し【弛み無し】〔形ク〕心にゆるみがない。油断しない。例「――く慎みて軽々しくせぬと、ひとへに自由なるとの等しからぬなり」〈徒然草・一八七〉訳（専門家でも不器用な人が）怠りなく慎重に（修行して）いいかげんにやらないのと、（しろうとで器用な人が）ひたすら気ままであるのとは同じではない（前者が勝る）。

た・ゆ・む【弛む】■〔自マ四〕（ま・み・む・む・め・め）緊張がゆるむ。油断する。例「――まるるもの。精進の日の行ひ」〈枕草子・たゆまるるもの〉訳自然と気がゆるむもの。精進の日（＝一心ニ仏道ヲ修行スル日）の勤行。

■〔他マ下二〕（め・め・む・むる・むれ・めよ）緊張をゆるめさせる。油断させる。例「かくらなく――めて這ひ隠れなば、いづこをはかりとか我も尋ねむ」〈源氏・夕顔〉訳（女＝夕顔が）このように無邪気に振る舞って（私＝光源氏を）油断させておいてそっと隠れてしまったら、どこを目当てにして私も捜すことができようか。

参考 四段の「頼む」「生く」が自動詞であるのに対し、下二段の「頼む」「生く」は他動詞で「頼みに思わせる」「生きさせる」と使役の意を表す。「たゆむ」の四段と下二段の関係もこれらと同様である。

たゆら〔形動ナリ〕（「たよら」とも）（物や心が）揺れ動いて定まらない様子の意か。例「筑波嶺の岩もとどろに落つる水世にも――に我が思はなくに」〈万葉・一四・三三九二〉訳筑波山の岩も鳴り響くほどに落ちる水の（滝つぼで揺れる）ように（二人の仲については）決して不安には私は思っていないのに。

たより【便り・頼り】〔名〕（動詞「たよる」の連用形の名詞化）

縁を求め、頼みとするの意の動詞「たよる」の連用形が名詞化したもの。頼みとなる人や物事を表して、広く用いる。

❶頼れるもの。頼みにできるもの。よりどころ。例「女、親なく――なくなるままに」〈伊勢・二三〉訳女は、親が死に頼れるものがなくなったので。

❷縁故。てづる。例「さるべき――をたづねて、七月七日言ひやる」〈更級・大納言殿の姫君〉訳（「長恨歌」という漢詩を物語風にしたものが借りたくて）適当なつてをたどって、（詩に関係のある）七月七日に言い送った。
注『長恨歌』ノ終ワリノ段落ガ「七月七日長生殿」トイウ言葉デ始マッテイル。

❸都合がよい機会。ついで。例「――ごとに物も絶えず得させたり」〈土佐・二月十六日〉訳ついでのあるたびに贈り物もしょっちゅう与えてきた。

❹都合がよいこと。便利。便宜。また、都合のよい状態。具合。例「わざとならぬ庭の草も心あるさまに、簀の子・透垣の――をかしく」〈徒然草・一〇〉訳特別に手を加えたというのでもない（自然な感じの）庭の草も趣深い様子で、縁側やすきまのある垣根の作り具合も風流で。

❺使者。⇩風の便り

❻知らせ。消息。手紙。例「語らひつきにける女房の――に、御有様なども聞き伝ふるを」〈源氏・若菜・上〉訳（柏木は）親しく話して（味方にして）しまった侍女からの知らせで、（女三の宮の）ご様子などを伝え聞くのを。

たら■〔断定の助動詞「たり」の未然形〕⇩たり（助動・断定）

■〔完了の助動詞「たり」の未然形〕⇩たり（助動・完了）

た-らう【太郎】〔名〕❶長男。例「御兄人堀河の大臣、――国経の大納言、まだ下﨟にて内へ参り給ふに」〈伊勢・六〉訳（女の）兄君の堀河の大臣（基経）と、（その兄の）長男国経の大納言が、まだ官位が低い身分で宮中へ参上なさる時に。

❷（他の名詞と複合して用いられ）物事の初めや第一のもの、すぐれたもの、大きなものなどの意を表す。「――月（＝正月ノ別名）」「――冠者」「坂東――（＝利根川ノ別名）」など。

たらう-くわじゃ【太郎冠者】〔名〕（「くわじゃ」は若い従者）中世、武家などで走り使いをする若い召使いのうち、筆頭格の者。「狂言」で、大名や主人の従者として次郎冠者とともに登場する。

たら-ず【連語】■（完了の助動詞「たり」の未然形＋打消しの助動詞「ず」）…ていない。例「御懐に入り居

（こ）て いささか…恥づかしとも思ひ たらず」〈源氏・若紫〉訳（若紫は光源氏の）懐に抱かれなさって、少しも、親しみがたく恥ずかしいとも思っていない。

■二《断定の助動詞「たり」の未然形＋打消しの助動詞「ず」》…でない。例「君(き)君たらずといふとも、臣(し)もって臣たらずんばあるべからず。父(ち)たらずといふとも、子もって子たらずんばあるべからず」〈平家・二・烽火之沙汰〉訳主君が主君でない（＝主君ニ値シナイ）といっても、その家臣はまことの家臣でなくてはならない。父が父でない（＝父トシテ不適格ダ）といっても、その子はまことの子でなくてはならない。注『古文孝経』ノ一節。悪イ主君ヤ悪イ父ニ対シテモ、家臣ヤ子ハ忠義ヲ尽クスベキダノ意。

参考 □一と□二とは、□一が活用語の連用形に付き、□二が体言に付くことで区別できる。また、□一は主に和文で、□二は漢文訓読体で用いられる。

たらち‐ね【垂乳根】〔名〕《和歌用語》❶母。「たらちめ」とも。例「――の消えやらで待つ露の身を風より先にいかで訪(と)はまし」〈増鏡・新島守〉訳（私に会うまではと）死ぬに死ねずに待っている母の、露のようにはかない身を、露を吹き散らす無常の風、すなわち死が訪れる前に何とかお見舞いできたらなあ。注隠岐島(オキノシマ)デノ後鳥羽上皇ノ作。

❷親。例「昔だに昔と思ひし――のなほ恋しきぞはかなかりける」〈新古今・雑下・一八一五〉訳（自分が若かった）昔でさえ、早くに亡くなってしまった親のことを昔の人として恋しがったが、（老年の今でも）やはり恋しく思われるのは、何ともはかないことだ。

> 要点 枕詞「たらちねの」から転じて、そのかかる語「母」「親」をいう。女の意の「め」を用いた「たらちめ」の形で母をいうようになると、これに対して父を「たらちね」ともいう。さらに男の意の「を」を用いた「たらちを」で父をいうようにもなる。

たらちね‐の【垂乳根の】《枕詞》❶「母」にかかる。例「――母が飼ふ蚕(こ)の繭隠(まよごも)りいぶせくもあるか妹(いも)に逢(あ)はずして」〈万葉・一二・二九九一〉訳母が飼っている蚕(かい)こがまゆを作ってこもり、身動きできないように、私の心は晴れないことだ、あなたに逢う時がなくて。

❷《平安時代からの用法》「親」にかかる。例「――親の守りと相添ふる心ばかりは関なとどめそ」〈古今・離別・三六八〉訳（辺境の地に赴任する）我が子を守りたいと、ついて行く親心だけは、関所も止めてくれるな。

たらち‐め【垂乳女】〔名〕《「たらちね」に女の意の「め」をあてて作った語》母。対たらちを 例「――はかかれとてしもむばたまの我が黒髪をなでずやありけむ」〈後撰・雑三〉訳（自分は今出家しようとしているが）母は、将来こうなれ（＝髪ヲ切レ）と言って私の黒髪をなでて育てたのではなかったであろう。注僧正遍昭(ソウジョウヘンジョウ)ノ作。

たらち‐を【垂乳男】〔名〕《母をいう「たらちめ」に対して、男の意の「を」を用いて作った語》父。

だらに【陀羅尼】〔名〕《仏教語》梵語(ぼん)を漢文に翻訳せずそのまま音読する経文。梵字や漢字をあてて表される。仏の教えの精髄で神秘的な力をもつと信じられる。短い章句を特に「真言(しん)」ということもある。

> 参考 「陀羅尼」の例として、「般若心経(はんにゃしんぎょう)」の終章を掲げる。
> 「掲帝掲帝般羅掲帝般羅僧掲帝菩提僧莎訶(ぎゃあていぎゃあていはらぎゃあていはらそうぎゃあていぼだいそわか)」訳往ける者よ、往ける者よ、彼岸に往ける者よ、彼岸に全く往ける者よ、悟りよ、幸あれ（金岡秀友訳）。

たらひ【盥】〔名〕《「手洗ひ」の変化した形》水や湯を入れて、手や顔を洗うのに用いる平たい器。多くは、持つための棒が左右二本ずつついている。

たらひ

たら・ふ【足らふ】〔自ハ四〕《「足る」の未然形に反復・継続の助動詞「ふ」が付いて一語化したもの》❶欠ける所なく備わる。完全である。例「かく――・ひぬる人は必ずえ長からぬことなり」〈源氏・若菜・下〉訳このようにすべて備わっていた人（＝紫ノ上）は必ず長生きできないものだ。

❷その資格が備わる。

たら‐む《連語》《完了の助動詞「たり」の未然形＋推量の助動詞「む」。平安末期以後「たらん」とも》❶《過去に起こった動作・作用やその結果がずっと続いているだろうと推量する意を表す》…**ているだろう。…ているのだろう。…ただろう**。例「『亡(な)からむ後も』など、一言うちほのめかしてしかば、さやうにて、心そめた**らむ**」〈源氏・橋姫〉訳「私（＝八ノ宮）が死んだらその後も（娘達をよろしく）」などと、（薫(かおる)に）ひと言ほのめかしてしまったので、そのようなきっかけで、（薫は娘達に）心ひかれているのだろう。

❷《多く連体修飾や準体言の用法で》《ある動作・作用やその結果がずっと続いていることを、仮に想定していう意を表す》（仮に）…**たとしたら、その。**（もし）…**ているとしたら、その。…たような**。例「つゆ違(たが)はざらんと向ひゐた**らん**は、ひとりある心地(ここち)やせん」〈徒然草・一二〉訳（相手の心に）少しでもくいちがうまいと（心がけて）対座しているとしたら、まるで一人でいるのと同じようなさびしい気持ちがするであろう。

たりの判別

①助動詞
　断定の助動詞「たり」―体言に付く
　　例法を益する軌則**たり**
　完了の助動詞「たり」
　　―動詞・一部の助動詞の連用形に付く
　　例京にて生まれ**たり**し女子
②タリ活用形容動詞の活用語尾
　例岸打つ波も茫々**たり**
③ラ行四段動詞「足る」「垂る」の連用形
　例その心早く**足り**ぬべし
　例先の方少し**垂り**て

たり〔助動タリ型〕《格助詞「と」にラ変動詞「あり」の付いた「とあり」が変化してできた語》接続 体言に付く。

未然形	連用形	終止形	連体形	已然形	命令形
たら	たり と	たり	たる	たれ	たれ

【断定】《断定の意を表す》…**だ。…である**。例「下(しも)と

して上(かみ)に逆(さか)ふる事、豈(あに)人臣(じんしん)の礼たらんや」〈平家・三・法印問答〉訳臣下として主上に逆らう事は、どうして臣下の者としての礼であろうか。例「清盛、嫡男(ちやくなん)たるによって、その跡(あと)を継ぐ」〈平家・一・鱸〉訳清盛は、長男であるということで、亡き父忠盛(ただもり)の地位(=刑部卿(ギヤウブノキヤウ))を継ぐ。

要点 連用形の「と」は、一般に下に助詞「して」を伴って、「…であって」「…として」のような意を表し、人の資格についていう場合が多い(第一例参照)。意味上のこの傾向は「たり」全体にも言え、もう一つの断定の助動詞「なり」との違いとして注意される。

参考 平安時代には漢文訓読の文章に用いられるのが普通で、『源氏物語』などの和文にはほとんど見られない。中世以降、特に軍記物語・説話集などに一般に用いられるようになった。

たり〔助動ラ変型〕《接続助詞「て」にラ変動詞「あり」の付いた「てあり」が変化してできた語》接続 動詞および動詞型活用の助動詞の連用形に付く。ただし、ラ変型活用の動詞と助動詞「つ」には付かない。

【完了】❶(動作・作用が引き続いて行われている意(継続)を表す)…**ている**。…**てある**。例「寄りて見るに、筒の中光り**たり**」〈竹取・かぐや姫の生ひ立ち〉訳近寄って見ると、(竹の)筒の中が光っている。例「紫だちたる雲の細くたなびき**たる**」〈枕草子・春はあけぼの〉訳紫がかった雲が細くたなびいている風情(がすばらしい)。

❷(動作・作用の結果が引き続いて存在している意(結果の存続)を表す)…てある。…ている。例「おもしろく咲き**たる**桜を長く折りて、大きなる瓶(かめ)にさし**たる**こそ、をかしけれ」〈枕草子・三月三日は〉訳美しく咲いている桜を長めに折って、大きな瓶にさしてあるのは、風情がある。

❸(動作・作用がすでに終わっている意(完了)を表す)…**た**。…**てしまった**。例「泣く泣く告げ**たり**ければ、まどひ来**たり**けれど」〈伊勢・四〇〉訳(死の床にある娘の男への思いの言葉を、親が)泣きながら知らせたので、(男は)心も空にやって来たけれども。例「梶原(かぢはら)、たばかられぬとや思ひけん、やがて続いてうち入れ**たり**」〈平家・九・宇治川先陣〉訳梶原(源太景季(かげすゑ))は、だまされたと思ったのであろうか、すぐに(佐々木四郎高綱に)続いて(宇治川に)馬を乗り入れた。

❹(中世以降の用法。「…たり…たり」の形で)(二つ(以上)の動作・作用が並列的に行われる意(並列)を表す)…たり、…たり。例「走りまはり、掃い**たり**拭(のご)う**たり**、塵(ちり)拾ひ、手づから掃除(さうぢ)せられけり」〈平家・一一・先帝身投〉訳(知盛(とももり)は帝(みかど)がお乗りの船中を)走り回って、掃いたりふいたり、塵を拾ったりして、ご自身が先頭に立って掃除をなさった。注戦イハ負ケト観念シテ、敵ニ見ラレテ見苦シイ物ガナイヨウニ、掃除スルノデアル。

未然形	連用形	終止形	連体形	已然形	命令形
たら	たり	たり	たる	たれ	たれ

要点 (1)「たり」は、「ぬ」「つ」「り」とともに完了の助動詞として一括されることが多いが、「ぬ」「つ」の完了に対して、「たり」と「り」の中心的な意味は継続・存続である。例えば、「花を植ゑつ」と「花を植ゑたり」とを比較すると、「植ゑ**つ**」の方は、花を植える動作がいま完了したことを表現しているが、「植ゑ**たり**」は、植える動作が完了したことよりも、その結果として植えられた状態が継続・存続しているという、現在の状態を表現するのに重点がおかれている。

(2)継続・存続の意を表す「たり」と「り」の間には、意味上の違いはほとんどなく、主に時代的な相違があるだけのようである(参考参照)。また、「り」が四段・サ変の動詞にしか付かないのに対して、「たり」にはそういう接続上の制約がないという違いもある。四段・サ変の動詞には「たり」「り」ともに付くが、四段活用の動詞の中には、「り」を付けるのが普通で、あまり「たり」を付けないものもある。例えば、「給ふ」では、「給へ**り**」が普通で、平安時代までは「給ひ**たり**」はまれである。

参考「たり」は、上代ではまだ十分に発達しておらず、もとの形である「てあり」の形も多く見られるが、平安時代になると、「り」に接続上の制約があったこともあって(要点(2)参照)、「り」は徐々に用いられなくなる。中世以降は、「たり」が、完了の助動詞「つ」「ぬ」や過去の助動詞「き」「けり」などの用法をも吸収して、過去から完了・継続に至る広い範囲の意味を表す唯一の助動詞として用いられるようになった。現代語の過去の助動詞「た」は、この「たり」が変化して成立した。

た-りき【他力】〔名〕❶他人の力。他人の助け。❷《仏教語》阿弥陀如来(あみだにょらい)の衆生(しゆじやう)を救おうとする本願の力。また、それにすがること。対じりき 例「自力(じりき)の心をひるがへして、——を頼み奉れば、真実報土(しんじちほうど)の往生を遂(と)ぐるなり」〈歎異抄〉訳(善を行って)自力で往生しようという考えを変えて、阿弥陀の本願の力を頼り申し上げると、真実の浄土への往生が果たせるのである。

たりきの判別

①《連語》完了の助動詞「たり」連用形＋過去の助動詞「き」……… 例 消息など遣はしたりき …… ━

②《連語》断定の助動詞「たり」連用形＋過去の助動詞「き」……… 例 主君たりき・六代は諸国の受領たりしかども …… ━

③タリ活用形容動詞の連用形活用語尾「～たり」＋過去の助動詞「き」 例 堂々たりき・茫々たりき

たり-き〔連語〕━《完了の助動詞「たり」の連用形＋過去の助動詞「き」》…ていた。…た。…だった。例「雪のおもしろう降り**たりし**朝(あした)、人のがり言ふべき事ありて文(ふみ)をやるとて」〈徒然草・三一〉訳雪が趣深く降っていた朝、人のもとへ言ってやるべきことがあって手紙をやろうとして。

━《断定の助動詞「たり」の連用形＋過去の助動詞「き」》…であった。…だった。例「六代は諸国の受領(じゆりやう)**たりしか**ども、殿上の仙籍(せんせき)をばいまだ許されず」〈平家・一・祇園精舎〉訳(平家の初期の)六代の人々は諸国の受領(=国府ノ長官)であったのだが、清涼殿の殿上の間への出入りをまだ許されなかった。

参考 ㊀は活用語の連用形に、㊁は体言に接続する。

たりき-ほんぐゎん【他力本願】〔名〕(仏教語)自分の修行の功徳によらず、阿弥陀如来の衆生を救おうという誓願(=本願)の力を信じて極楽へ生まれ変わろうとすること。

たり-けむ【連語】(完了の助動詞「たり」の連用形+推量の助動詞「けむ」。「たりけん」とも)…ていたであろう。…ただろう。例「さて、返しはいかがし**たりけむ**、知らず」〈大和・一四八〉訳それで、返歌はどうしただろうか、わからない。

たりけりの判別

①《連語》完了の助動詞「たり」連用形+過去の助動詞「けり」　㊀
例 火など起こして待ち居**たりけり**

②《連語》断定の助動詞「たり」連用形+過去の助動詞「けり」　㊁
例 具平親王家の作文の序者**たりける**に

③タリ活用形容動詞の連用形活用語尾+過去の助動詞「けり」
例 索索**たりけり**

④ラ行四段動詞「たる」連用形+過去の助動詞「けり」

たり-けり【連語】㊀(完了の助動詞「たり」の連用形+過去の助動詞「けり」)…た。…たのだった。…ていたのだった。…ていた。例「罷でたれば、父母、炭櫃に火など起こして待ち居**たりけり**」〈更級・宮仕へ〉訳(宮中から)退出してきたところ、父と母は、炭櫃(=火鉢ノ一種)に火をおこしたりして待っていたのだった。

㊁(断定の助動詞「たり」の連用形+過去の助動詞「けり」)…であった。…だった。例「具平親王家の作文の序者**たりける**に」〈古今著聞集・文学〉訳(橘正通が)具平親王様の漢詩の序の作者であった時に。

参考 ㊀は活用語の連用形に、㊁は体言に接続する。

たりしの判別

①《連語》完了の助動詞「たり」連用形+過去の助動詞「き」連体形　㊀
例 雪のおもしろう降り**たりし**朝

②《連語》断定の助動詞「たり」連用形+過去の助動詞「き」連体形　㊁
例 かの殿大納言**たりし**時

③ラ行四段動詞「たる」連用形+過去の助動詞「き」連体形

たり-し【連語】㊀(完了の助動詞「たり」の連用形+過去の助動詞「き」の連体形)⇩たりき(連語)㊀

㊁(断定の助動詞「たり」の連用形+過去の助動詞「き」の連体形)⇩たりき(連語)㊁

たり-つ【連語】(完了の助動詞「たり」の連用形+完了の助動詞「つ」)…た。…ていた。例「この昼、殿おはしまし**たりつ**」〈蜻蛉・中・天禄元年〉訳今日の昼に、ご主人様がいらっしゃいました(と迎えの者が言う)。例「上に引き**たりつる**墨など消えて」〈枕草子・すさまじきもの〉訳(手紙を汚してけばだたせてしまい、封じ目の)上に引いてあった墨なども消えて(いるのは興ざめだ)。

た・る【足る】〔自ラ四〕❶十分である。一定の数量に達する。例「その地、ほど狭くて条里を割るに——・らず」〈方丈記・都遷り〉訳その土地は、面積が狭くて条里の区画をつけるのに十分でない。注「その地」トハ摂津国ノ新シイ都デ、福原ノコト。今ノ神戸市内。

❷(心が)満ち足りる。安心する。例「求むる所はやすく——・りぬべし」〈徒然草・五八〉訳(僧は欲望が少ないので)求めるものは容易に手に入り、その心はすぐに満足してしまうにちがいない。

❸価値がある。値する。例「万事は皆非なり。言ふに——・らず、願ふに——・らず」〈徒然草・三八〉訳(人間界の)種々さまざまの事はすべて無である。言うだけの価値もなく、(熱心に)願い望むに値しない。

参考「足りる」(上一段)は近世以降、江戸で使われた。

た・る【垂る】㊀〔自ラ四〕ぶら下がる。垂れる。例「物のあはれ知らせ顔なるもの、鼻——・り、間もなうかみつつ物言ふ声」〈枕草子・物のあはれ知らせ顔なるもの〉訳しみじみとした趣を人に知らせるように見えるもの、鼻水が垂れて、たえず鼻をかんでは何か言う声。注ココハ、カナリ諷刺的ナ言イ方。

㊁〔他ラ下二〕❶ぶら下げる。垂らす。例「眉には霜を——・れ、額に浪を畳み」〈平家・三・大塔建立〉訳(どこから来たともわからない老僧が)眉には霜のような眉毛を垂らし、額には波のようなしわをよせ。

❷(神仏が恩恵や姿などを)あらわし示す。例「願はくは憐みを——・れさせおはしまして、故郷へ帰し入れさせ給へ」〈平家・二・康頼祝言〉訳どうか憐れみをお示しになられて、故郷へ帰して都入りさせて下さい。

たる㊀《断定の助動詞「たり」の連体形》⇩たり(助動・断定)

㊁《完了の助動詞「たり」の連体形》⇩たり(助動・完了)

だ・る【疲る】〔自ラ四〕くたびれる。だれる。

たる-ひ【垂氷】〔名〕(垂れ下がった氷の意)つらら。例「日さし出でて、軒の——の光り合ひたるに」〈源氏・浮舟〉訳朝日が出て光がさして、軒先のつららが皆光りきらめくので。

要点 平安時代には、「つらら」は板状の氷をいった。それが、後に柱状の氷をいうようになり、「たるひ」は用いられなくなった。

たる-み【垂水】〔名〕垂れ落ちる水。滝。例「石走る——の上のさわらびの萌え出づる春になりにけるかも」〈万葉・八・一四一八〉訳石の上を激しく流れる滝のほとりの若いワラビが芽を出す春になったなあ。

たれ【誰】〔代名〕(「た」とも)《人称代名詞。不定称》どの人。だれ。例「——とも知らせ給はず、いといたうやつれ給へれど、しるき御さまなれば」〈源氏・若紫〉訳(光源氏は)自分が誰だともお知らせにならず、(また)ひどく身なりも粗末になさっているが、(高貴な身分だと)はっきりわかるご様子なので。

要点「た」が、和文の中で、助詞「が」を伴って用いられることが多いのに対して、「たれ」は用法が広く、漢文訓読文の中でも、またいろいろな助詞を伴っても用いられる。近世からは「だれ」ともいう。

たれ㊀《完了の助動詞「たり」の已然形・命令形》⇩たり(助動・完了)

㊁《断定の助動詞「たり」の已然形・命令形》⇩たり(助動・断定)

たれ-がし【誰某】〔代名〕人称代名詞。不定称。名を明示しないで人を表す語。だれそれ。例「――が婿(むこ)になりぬ」〈徒然草・一九〇〉訳だれそれの(家の)婿になった。

たれ-こ・む【垂れ籠む】(自マ下二)(め・め・む・むる・むれ・めよ)**すだれや垂れ衣(ぬぎ)などをおろして、部屋の中に閉じこもる。**例「――めて春の行方も知らぬ間に待ちし桜も移ろひにけり」〈古今・春下・八〇〉訳すだれなどをおろして閉じこもっていて春の変化も知らない間に、待ち望んでいた桜も散ってしまったのだなあ。

たわ【撓】一(名)❶(「たをり」とも)山の尾根の線のくぼんで低くなった所。鞍部(あんぶ)。例「山の――より御船を引き越して、逃げ上(のぼ)り出(い)でまじき」〈古事記・中・垂仁〉訳(垂仁天皇の子は)山の鞍部からお船を引き上げ、山を上って(大和へ)逃げ出しなさった。
❷寝ぐせで髪型に付いたくぼみ。例「ただ大殿ごもりなば、御ぐしに――つきなむず」〈宇津保・蔵開・中〉訳そのまま(=濡レタママ)お休みになったら、お髪に寝ぐせが付くのではないでしょうか。
二(形動ナリ)⇩たわわ

たわけ【戯け】⇩たはけ

たわぶる【戯る】(動)⇩たはぶる

たわ・む【撓む】一(自マ四)(ま・み・む・む・め・め)❶(花の重さなどで)しなやかに曲がる。たわむ。例「花は、去年(こぞ)の古雪思ひ出でられて、枝も――むばかり咲き乱れたり」〈源氏・若菜・下〉訳(梅の)花は、(その花の白さから)去年の雪が思い出されるくらい、枝も曲がるほどに咲き乱れている。
❷気持ちが弱る。例「かく少し――みに給へる御気色(けしき)を、宰相の君は聞き給へど」〈源氏・梅枝〉訳このように少し(内大臣の夕霧を拒む)気持ちが弱っておしまいになったご様子を、宰相の君(=夕霧)はお耳になさるが。
二(他マ下二)(め・め・む・むる・むれ・めよ)しなやかに曲げる。しなわせる。例「藤の先は……牛の角のやうに――むべし」〈徒然草・六六〉訳藤の先は……牛の角のように曲げるのがよい。

たわや-め【手弱女】(名)(「手弱」は当て字。「たをやめ」とも)しなやかな感じで、かよわい女性。対ますらを 例「丈夫(ますらを)の心はなしに――の思ひたわみてたもとほり我はぞ恋ふる船楫(かぢ)を無み」〈万葉・六・九三五長歌〉訳男らしい心もなくて、かよわい女のように沈んだ心であたりを歩き回って(海の向こうの淡路島にいる少女を)私はただ恋しく思うだけである。船や櫓(ろ)がないので。

たわ・る【戯る・狂る】(動)⇩たはる

たわ-わ【撓】(形動ナリ)(枝が)しなう様子。「たわたわ」「とをを」とも。例「大きなる柑子(かうじ)の木の、枝も――になりたるが」〈徒然草・一一〉訳大きなミカンの木で、枝もしなうほどに実のなっているのが。

た-をさ【田長】(名)農夫の長。

たをたを-と(副)しなやかに。なよなよと。例「御髪(ぐし)、色にて、柳の糸のやうに――見ゆ」〈源氏・竹河〉訳髪の毛(のご様子)は、つやつやと美しく、糸のように細い柳の枝みたいにしなやかに見える。

たを-やか【婀やか】(形動ナリ)(「たを」は動詞「たわむ」の語幹「たわ」の変化した形。「やか」は接尾語)❶(物の姿・形が)やわらかである。しなやかである。例「萩(はぎ)、いと色深う、枝――に咲きたるが」〈枕草子・草の花は〉訳萩(の花)が、大変色濃く、枝がしなやかに咲いているのが。
❷(態度や性質が)しとやかである。穏やかである。優しい。例「心ばへも、――なる方はなく物誇(ほこ)りかになどやあらむ」〈源氏・宿木〉訳(夕霧の六の君は)気立ても、しとやかな点はなく何となく高慢なふうであろうか。

たを-や・ぐ【婀やぐ】(自ガ四)(が・ぎ・ぐ・ぐ・げ・げ)物柔らかである。しなやかである。例「――ぎたるけはひ、親王(みこ)たちと言はむにも足りぬべし」〈源氏・松風〉訳(明石の上の)物柔らかな物腰は、親王(=皇女)と言ったとしても不足ないだろう。

たをや-め【手弱女】(名)⇩たわやめ

た-を・る【手折る】(他ラ四)(ら・り・る・る・れ・れ)手で折る。例「磯(そ)の上に生(お)ふる馬酔木(あしび)を――らめど見すべき君がありと言はなくに」〈万葉・二・一六六〉訳岩の上に生えている馬酔木を手で折ろうとはするが、それを見せるべきあなた(=大津皇子)がこの世にいるとは誰も言わないことだ。

たん(名)一【段・反】❶田畑の面積の単位。太閤(たいこう)検地以前は六尺四方を一歩(ぶいち)とし、三百六十歩(=約一二アール)、以後は三百歩(=約一〇アール)。
❷距離の単位。六間(けん)(=約一一メートル)。例「海へ一――ばかりうち入れたれども」〈平家・一一・那須与一〉訳(那須与一は、馬を)海へ一段ぐらい乗り入れたが。
二【反・端】布を数える単位。一巻(ひとまき)をいう。種類・時代などで変動がある。例「奈良の京の七大寺に御誦経(みずきやう)、布四千――」〈源氏・若菜・上〉訳奈良の京の七大寺に読経(の布施として)、布を四千反(を納め)。

> 要点 二は養老令の規定では、調としての布は幅二尺四寸(=七二センチ)で長さ五丈二尺(=一五・六メートル)、庸の代わりに納める布は二丈六尺を一端とした。近世初期まで曲尺(かねじゃく)で計測し、幅一尺三寸(=三九・四センチ)、長さ三丈四尺(=一〇・三メートル)としたこともあるが、後に鯨尺(くじらじゃく)を用い、幅一尺(=三三・三センチ)長さ二丈八尺(=九・三メートル)の一人分の着物に要する長さをいい、この長さの布地を「反物(たんもの)」という。

だん【段】(名)(階段の意から)❶段落。条項。例「この心、二の巻の物狂ひの――に申したり」〈風姿花伝・六〉訳この心得は、第二巻の物狂いについての段落で(すでに)述べてある。
❷(連体修飾語によって修飾されて)ⓐ…のこと。件(けん)。例「その――、勅定(ちょくぢやう)に従ふべし」〈保元・中・三〉訳そのことは、天皇の仰せに従いましょう。
ⓑ…の場合。…のとき。例「手付け取って手形して、渡す――に変改(へんがい)して、職人が立ちますか」〈近松・心中刃は氷の朔日・上〉訳手付け金を受け取って証文を書いて、(客に)渡す時に(取引を)変えて、職人の面目が立ちますか。

だん【緂】(名)色の名。赤または紫、紺、青などを、白と交互に組み合わせたもの。白と赤の組み合わせを赤緂、白と紫の組合わせを紫緂、などという。

だん【壇】(名)神事・仏事を行うために、土を高く盛り上げた所。例「御修法(みずほふ)の――ひまなく塗りて」〈源氏・若菜・上〉訳(明石の姫君の安産の)ご祈禱(きとう)の護摩(ごま)壇をすき間なく(どろを)塗って作って。

> 要点 多く、護摩壇をいい、寺では作りつけのも用い

るが、貴族の邸宅では祈禱のたびに土を塗って作り、終わるとこわす。

だんおち【檀越】〔名〕⇒だんをち

たん-か【短歌】〔名〕❶和歌の歌体の一つ。五・七・五・七・七の五句から成る。三十一音で成るところから「三十一文字(みそひともじ)」とも。広く行われたため、和歌というと短歌を指すようになる。対ちゃうか
❷「反歌(はんか)」をいう。

だん-ぎ【談義】〔名〕❶相談。例「相模(さがみ)の土肥(どひ)へ越え給ひ、ここにて軍(いくさ)の——あり」〈源平盛衰記・三〇・三〉訳(頼朝殿は)相模国の土肥へお越えになり、ここで合戦の相談があった。
❷意味・内容を解説すること。講義。
❸(仏教語)仏典の講義や説法。例「——の座にても、大きなる鉢にうづ高く盛りて、……食ひながら文(ふみ)をも読みけり」〈徒然草・六〇〉訳(盛親僧都(じょうしんそうず)は)仏典の講義の席でも、(芋頭(いもがしら)を)大きな鉢にうず高く盛って、……食べながら(仏教の)書物(=経文)も読んだ。
❹意見を言うこと。こごと。

たん-ぎん【断金】〔名〕「十二律(じふにりつ)」の一つ。西洋音階の嬰(えい)ニの音にほぼ相当する。⇒じふにりつ

だん-きん【断金】〔名〕(『易経』に、「二人心を同じうすれば、その利(と)きこと金をも断つ」とあることから)深い友情で結ばれていること。断金の交わり。

たん-ご【端午】〔名〕五節句の一つ。陰暦五月五日の節句。邪気を払うために、菖蒲(しょうぶ)(=古クハ、「あやめ」トモイウ)・ヨモギを軒に挿し、ちまき(=後ニハ柏餅(カシワモチ)モ)を食べる。あやめの節句。重五(ちょうご)。端陽。(季・夏)

参考 **「端午」の行事**　「端」は初めの意、「午」は「五」を表記したもの、または午(うま)の日ともいう。宮中では節会(せちえ)が催され、人々は菖蒲(しょうぶ)の鬘(かずら)(=髪飾リ)にして武徳殿に集まり、菖蒲を献上し薬玉(くすだま)を賜った。宴の後、左右近衛府(このえふ)の騎射(きしゃ)の行事がある。小弓の遊びや菖蒲の根合わせも行う。『枕草子』「節は五月に」の段は、「節(せち)は五月にしく月はなし」訳(節供は五月(五日)の節句に及ぶ月はない)とあり、菖蒲・ヨモギを宮中から民家まで屋根に飾るさま、菖蒲の根を衣服に飾ったり、手紙に入れたりする情景を描いている。
近世には、三月三日を女児の節句とするのに対して、男児の節句として、甲冑(かっちゅう)・太刀(たち)・武者人形・鯉幟(こいのぼり)などを飾り、健康と出世を祝うようになる。

丹後(たんご)『旧国名』現在の京都府北部日本海沿岸一帯にあたる。山陰道八か国の一つ。丹州(たんしゅう)。

たん-ざく【短冊・短籍・短尺】〔名〕(「たんじゃく」とも)
❶何かを書いたり、物にしるしとしてつける細長い紙片。
❷和歌などを書く細長い厚手の料紙。例「——を一枚持ちて、『送行の歌一首承り候はん』とて、予に賜りし」〈正徹物語・下〉訳和歌を書く短冊を一枚手にして、「私の旅立ちを送る歌を一首読んでいただきたい」と言って、私にくださったが。

だんじゃう-だい【弾正台】(ダンジョウ…)〔名〕律令制度における警察機関。都の内外を巡察し、犯罪を取り締まり、風俗を正した役所。九世紀はじめ「検非違使(けびいし)庁」ができてから、権限の多くはそれに移った。

だん-じり【檀尻・楽車・山車】〔名〕祭礼用の大きな車。車の上に屋台などを組んで飾り立て、囃子(はやし)ながら引き回す。だし。

だんじり

だん-ず【弾ず】〔他サ変〕{ぜ・じ・ず・ずる・ずれ・ぜよ}(弦楽器を)かき鳴らす。弾く。例「菊亭大臣(きくていのおとど)、牧馬(ぼくば)を——・じ給ひけるに」〈徒然草・七〇〉訳菊亭の大臣(=藤原兼季)が、牧馬(の琵琶(びわ))をお弾きになった時に。注「牧馬」ハ琵琶ノ名器ノ名。

だん-だん【段段】■〔名〕(「…の段段」の形で)事柄の一つ一つ。事の次第。■〔副〕❶(「に」や「と」を伴っても用いる)順を追って進む様子。しだいに。例「——できまする。あとを承りたうござる」〈狂言・萩大名〉訳(和歌が)しだいにでき上がって来ます。続きをうかがいとうございます。
❷次々と重なる様子。いろいろと。

だん-な【檀那・旦那】〔名〕❶(仏教語。本来、布施(ふせ)の意だが、我が国では、施主(せしゅ)の意の「檀越(だんをつ・だんをち)」と同じ)仏教を信仰して、寺・僧に金品を寄付する人を寺の側からいう語。例「法師の無下(むげ)に能なきは、——すさまじく思ふべしとて」〈徒然草・一八八〉訳(酒を振る舞われて)法師が全く無芸なのは、施主が興ざめに思うに違いないというので。
❷使用人などが、主人を敬っていう語。例「みどもは——に棒使ひを持っているによって」〈狂言・鈍太郎〉訳私は棒を使う達人を主人として持っているので。
❸(近世の用法)商人・役者・芸人などがひいき客を、妻が夫を敬っていう語。

だんな-でら【檀那寺・旦那寺】〔名〕その家が信仰して「檀家(だんか)」になっている寺。江戸時代には、すべての家が寺に属することが制度化された。菩提寺(ぼだいじ)。例「親仁(おやぢ)の祥月(しゃうつき)とて——に参りて」〈西鶴・日本永代蔵・一・三〉訳父親の祥月命日(=亡クナッタ日ト同月同日)というわけで菩提寺に参詣(さんけい)して。

たん-なり〔連語〕(完了の助動詞「たり」の連体形に伝聞・推定の助動詞「なり」の付いた「たるなり」が撥音便化した形。多くは「たなり」と表記)❶(「なり」が推定の場合)…ているらしい。…たようだ。例「君は小督(こがう)ゆゑに思(おぼ)し召し沈ませ給ひ**たんなり**」〈平家・六・小督〉訳天皇はあの(最愛の)小督の(居なくなった)ために思い沈んでいらっしゃるらしい。
❷(「なり」が伝聞の場合)…ているということだ。…たそうだ。例「祇王(ぎわう)こそ、入道殿より暇(いとま)賜って出(い)で**たんなれ**」〈平家・一・祇王〉訳祇王は、入道殿(=平清盛)からお暇をいただいて(屋敷から)出たということだ。

要点　断定の助動詞「なり」が「たり」に付く場合は、「たるなり」の形で用いて「た(ん)なり」にはならない。

たん-のう【堪能】〔名・自サ変〕❶十分にすること。満

足。「たんぬ」「たんの」とも。例「――・するほど振る舞ひはせいで」〈狂言・悪太郎〉訳満足するほど(酒の)もてなしはしてくれないで。
❷気を晴らすこと。気がすむこと。納得。例「せめてのことに様子を語り、――・させてたべかし」〈近松・雪女五枚羽子板〉訳少なくとも事情を話して、納得させてください。

丹波(たんば)《旧国名》現在の京都府中部と兵庫県の一部にまたがる山国。山陰道八か国の一つ。丹州。

たん-めり《連語》(完了の助動詞「たり」の連体形「たる」に推量の助動詞「めり」の付いた「たるめり」が撥音便化した形。多く「ためり」と表記)⇩ためり

たん-りつ【単律】〔名〕音楽で、「律(りつ)」の音階だけで、「呂(りょ)」の音階がないこと。例「唐土(たうど)は呂(りょ)の国なり。律の音なし。和国は――の国にて呂の音なし」〈徒然草・一九九〉訳中国は呂の音階の国である。律の音階はない。日本は律だけの音階の国で呂の音階はない。

談林俳諧(だんりんはいかい)《江戸時代の俳諧流派名》西山宗因を中心とする。貞門俳諧の古典的・保守的俳風に対し、現実的で自由な俳風を特色として興った。自由で軽妙な軽口俳諧、スピードと量を競う矢数俳諧もこの派の特色。特に自由新奇な西鶴等の一派はオランダ流等とも呼ばれた。「談林派」「談林」とも。

たん-れんが【短連歌】〔名〕(長連歌に対して)五・七・五(または七・七)から成る前句と、七・七(または五・七・五)から成る付け句だけで完成する連歌。

> 要点 連歌の初期の形態で、上の句と下の句を分担して、二人で一つの和歌を合作したもの。

たん-ゐん【探韻】〔名〕文学遊戯の一つ。一座の各自が韻字を探り取って、その韻をふんで漢詩を作ること。

だん-をち【檀越】〔名〕《仏教語。「だにをち」「だんをつ」とも》⇩だんな①　例「――や然(しか)もな言ひそ里長(さとをさ)が課役(えだち)徴(はた)らば汝(いまし)も泣かむ」〈万葉・一六・三八四七〉訳檀家さん、そんなにおっしゃいますな。里長が課役を強制したら、あなた達も泣くでしょう。

ち

ち【千】〔名〕千。また、数の多いこと。例「百(もも)に――に人は言ふとも月草(つきくさ)の移ろふ心我持ためやも」〈万葉・一二・三〇五九〉訳なんだかんだといろいろに他の人達が言っても、(すぐに色が変わってしまう)ツキクサ(=ツユクサノ古名)のような変わりやすい心を私が持ちましょうか(決して心変わりはいたしません)。

ち【血】〔名〕血。血液。例「そこなりける岩に、指(および)の――して書きつけける」〈伊勢・二四〉訳そこにあった岩に、指の血でもって(和歌を)書きつけた。

血の涙(なみだ)　血が出るほど深く悲しんで流す涙。例「翁(おきな)・嫗(おうな)、――を流して惑(まど)へど、かひなし」〈竹取・ふじの山〉訳おじいさんもおばあさんも、深く悲しんで血が出るほどの涙を流して泣き惑ったが、どうにもならない(=カグヤ姫ハ帰ッテ来ナイ)。

ち【乳】〔名〕❶ちち。母乳。また、乳房。例「母の命尽きたるを知らずして、いとけなき子の、なほ――を吸ひつつ臥(ふ)せるなどもありけり」〈方丈記・飢渇〉訳母親が死んでしまったのを知らないで、幼い子供が、なお(母親の)ちちを吸いながら横たわっているようなこともあった。
❷(形が乳首に似ていることから)蚊帳・旗・羽織・幕・わらじなどのへりに、ひもや竿を通すために付いている輪。

ち【知・智】〔名〕事物を認識し、是非や善悪などを判断する能力。知恵。知能。例「その――を人に勝(まさ)らんと思ふべし」〈徒然草・一三〇〉訳(ひたすら学問を学んで)自分の知恵を人より優れたものにしようと考えるべきだ。

ち〔接尾〕❶(体言に付いて)方角・場所を表す。「いづ――」「こ――」「遠(をち)――」など。
❷(数詞に付いて)数を表す語であることを示す。現代語の「つ」に相当する。「五百(いほ)――」「はた――(=二十)」など。

ぢ【地】〔名〕❶(空や海に対して)大地。陸地。地面。
❷その土地。その地方。地元。
❸本来の素質。本性。
❹布や紙の生地。例「黄なる――の袈裟(けさ)着たるが来て」〈更級・物語〉訳(夢の中にとても美しい僧で)黄色の地の袈裟を着たのが出て来て。
❺(「地紙」の略)扇などに張る紙。
❻(文章で、人の言葉や心中の思いを述べた部分に対して)作者が話を描写した部分。地の文。
❼歌や踊りにつれて伴奏する歌曲。
❽謡曲の「地謡(ぢうたひ)」の略。
❾狂言の「地狂言」の略。
❿飾らない、もとのままの状態。実際。実地。

ぢ〔接尾〕(「ち」の連濁した形)■一【路】❶(地名などに付いて)そこに通じる道やそこを通る道、また、その方面や地方、などの意を表す。「東(あづま)――」「家――」「海――」「木曽――」「信濃(しなの)――」「山――」など。
❷(日数に付いて)その日数だけかかる道程であることを表す。「二日――」「二十日――」など。
❸(そこに通じる道の意から)その名詞の表す動き・状態の中にあることを表す。「恋――」「夢――」など。
■二【箇】(数詞に付いて)数を表す語であることを示す。多く、年齢を表す時に用いられる。現代語の「つ」に相当する。「七十(ななそ)――」「八十(やそ)――」など。

ちいほ-あき【千五百秋】〔名〕限りなく長い年月。永遠。

ちうせ・い【小せい】《形容詞「ちひさし」の連体形「ちひさき」の変化した形か》小さい。一説に、漢語「中勢」で、少し背が低い意。例「――・い折敷(をしき)に、――・い高坏(たかつき)などこそよく侍(はべ)らめ」〈枕草子・大進生昌が家に〉訳(姫君のお食事の器には)小さい折敷の上に、小さい高坏などがよろしいでしょう。

ぢ-うたひ【地謡】〔名〕謡曲の地の部分を舞台の右横に並んでうたうこと。また、その謡、また、その人。

ちえ【千重】〔名〕⇩ちへ

ちかい【誓い】〔名〕⇩ちかひ

ちか-おとり【近劣り】〔名〕近くで見ると、遠くから見たり、推量していたよりも劣って見えること。対ちかまさり　例「心ばせの、――するやうもや」〈源氏・総角〉訳気だてが、実際会ってみると劣って見えることはないだろうか。

ちかき-まもり【近衛】〔名〕《「近衛」を訓読みした語》⇩このゑ

ちか-ごろ【近頃】■一〔名〕最近。このごろ。例「──は源氏の運かたぶき」〈平家・四・永僉議〉訳 最近は源氏の運が衰えてきて。■二〔副〕(「最近になく」の気持ちで)たいへん。はなはだ。

ちか・し【近し】対とほし ■一〔形ク〕❶(空間・距離の)へだたりが少ない。例「『いづれの山か天に──・き』と問はせ給ふに」〈竹取・ふじの山〉訳「どの山が天に近いか」と(帝が)ご質問になったところ。❷(時間の)へだたりが少ない。例「大門・金堂など──・くまでありしかど」〈徒然草・二五〉訳(藤原道長の建てた法成寺の)総門や金堂などは最近まで残っていたが。例「秋──・き心の寄るや四畳半」〈芭蕉〉訳 暑い夏もようやく去ろうとして、折々おとずれる風のそよぎに、一座の人々は皆等しく秋の気配がしのび寄って来ることを感じ、その繊細な互いの気持ちが一層寄り添うのである。このしっとりと落ち着いた四畳半の部屋で。❸(心理的に)へだたりが少ない。親しい。例「山川を中に隔(へな)りて遠くとも心を──・く思ほせ吾妹(わぎも)」〈万葉・一五・三七六四〉訳 山や川を間にして、距離は遠く離れていても心はへだてなく思っていてください、我が妻よ。❹血縁関係が深い。例「尚侍の君の御──・きゆかり」〈源氏・竹河〉訳 尚侍(=玉鬘)のご近親の縁者は。❺縁が深い。似ている。例「人倫に遠く、禽獣に──・き振る舞ひ」〈徒然草・八〇〉訳(武芸は)人間には縁が遠く、鳥や獣(の行い)に似た行為であって。■二〔形シク〕《「親し」への類推からシク活用になったもの》仲がよい。親しい。

ちか-つ-あふみ【近つ淡海】〔名〕《「ちかつあはうみ」の略》(「遠つ淡海」に対して)琵琶湖。また、「近江の国」。⇩近江・遠江

ちか-づ・く【近付く】■一〔自カ四〕{か・き・く・く・け・け}❶(距離や時間が)近くなる。せまる。❷近づきになる。親しくなる。例「──・かまほしき人の、上戸にてひしひしと馴れぬる、またうれし」〈徒然草・一七五〉訳 親しくなりたい人が、酒飲みであってすっかりうちとけてしまうのは、またうれしいものだ。■二〔他カ下二〕{け・け・く・くる・くれ・けよ}身近に寄せる。近寄らせる。例「帝のとりわきせちに──・けてむつび給ふべきにもあらじものを」〈源氏・宿木〉訳 帝が特に熱心に(薫を)身近に寄せて親しくおなりになるはずもあるまいから。

ちかひ【誓ひ】〔名〕❶神仏にかけた約束。誓約。例「深き──を破りて、人の願ひを満(み)て給はむこそ尊からめ」〈源氏・東屋〉訳 仏への深い誓約(=世俗ヲ一切断チ仏道ニ専念スルトイウ誓イ)を破ってまで、人の願いをお聞き入れになるようなことこそ尊いのでしょう。❷衆生を救おうとする仏の誓願。弘誓。例「不動尊の御本の──あり」〈源氏・若菜・下〉訳 不動尊のご本願の誓いがある。注 不動尊ノ本願ノ誓イトハ、寿命ガ尽キテモ、ソノ後サラニ六カ月延命デキルトイウモノ。

ちか・ふ【誓ふ】〔他ハ四〕{は・ひ・ふ・ふ・へ・へ}神仏に対して、ある事を固く約束する。また、人に対して約束する。誓約する。例「山籠りして里に出でじと──・ひたるを」〈源氏・夕霧〉訳 比叡山にこもって里には出まいと仏に誓約していた僧を。

ちが・ふ【違ふ・交ふ】■一〔自ハ四〕{は・ひ・ふ・ふ・へ・へ}❶数多く行きかう。交差する。例「夏は夜。月のころはさらなり。闇もなほ、蛍の多く飛び──・ひたる」〈枕草子・春はあけぼの〉訳 夏は夜(がよい)。月の頃はいうまでもない。闇夜の頃もやはり、蛍が多く飛びかっているの(が趣深い)。❷ぶつからないようにする。行き違う。例「とかく──・ひて」〈平家・一一・能登殿最期〉訳 あれこれと行き違って。❸相違する。反する。■二〔他ハ下二〕{へ・へ・ふ・ふる・ふれ・へよ}❶交わるようにする。交差させる。例「経文などの紐を結ふに、上下よりたすきに──・へて」〈徒然草・二〇八〉訳 経文などの(巻物の)紐を結ぶのに、上と下からたすきがけに交差させて。❷悪い夢を夢占いでよい夢に変える。夢ちがえをする。例「しばしば夢のさとしありければ、──・ふるわざもがなとて」〈蜻蛉・上・安和元年〉訳 たびたび(悪い)夢のお告げがあったので、よい夢に変え(て災いを避け)る方法があればなあと言って。

近松半二【人名】江戸中期の浄瑠璃作者。大坂の人。穂積以貫の子。竹田出雲の門人。雄大で技巧的な構想をもつ作品を書いた。『本朝二十四孝』『妹背山婦女庭訓』『傾城阿波鳴門』『新版歌祭文』など。(一七二五〜八三)

近松門左衛門【人名】江戸前期の浄瑠璃・歌舞伎脚本作者。一六五三年(承応二)〜一七二四年(享保九)。若くして京都へ出て作家となり、竹本義太夫と結んで浄瑠璃を、名優坂田藤十郎のために歌舞伎の脚本を書いた。浄瑠璃においては古浄瑠璃を抜け出た、新しい作風を確立し、その時代物は後世に大きな影響を与えた。特に、世話物では封建社会における義理と人情の葛藤から心中に至るという、独特の悲劇的ドラマを形成した。代表作として、時代物に『出世景清』『国性爺合戦』、世話物に『曽根崎心中』『丹波与作待夜の小室節』『冥途の飛脚』『心中天の網島』『女殺油地獄』などがある。

ちから【力】〔名〕❶体力。腕力。例「手に──もなくなりて」〈竹取・かぐや姫の昇天〉訳 腕の力もなくなって。❷気力。精神力。❸能力。働き。例「車の──を酬(む)くふほかには、さらに他の用途いらず」〈方丈記・方丈〉訳(引っ越しには)車の働きに対する報酬(=運賃)のほかには、全然他の費用はいらない。❹効力。ききめ。例「多く立てつる願の──なるべし」〈源氏・須磨〉。訳(暴風雨と雷がおさまったのは、供人達が)たくさん立てた願のききめなのだろう。❺力頼み。たより。例「夕ぐれは鐘を──や寺の秋」〈風国・去来抄〉訳 物寂しい夕暮れは、ただ入相の鐘の音だけが、この寂しさを救ってくれる頼みの綱である。人里離れた山寺の秋の寂寥感の中で。注 風国ハ、実体験ニ基ヅイテ、山寺ノ秋ノ夕暮レノ鐘ヲ寂シクナイトイウフウニ詠ンダトコロ、去来ハ、ソレニ反対シ、秋ノ夕暮レハ寂シイモノトスル伝統的表現方法ヲトラナケレバナラナイトシテ、コノ句形トナッタ。

力無(な)・し どうしようもない。しかたがない。例「なさけ

なう恨めしけれども、——・う涙をおさへて帰りけり」〈平家・一〇・横笛〉訳なさけなく恨めしいけれども、どうしようもなくて涙をおさえて帰った。

力を立（た）**・つ** 力をこめる。力を入れる。例「ただ——・てて引き給へ」〈徒然草・五三〉訳ただ力をこめてお引きなさい。

ちから-あし【力足】〔名〕❶力をこめて足を踏みしめること。また、その足。例「二人が踏みける——に、山の片岸崩れて」〈太平記・一七・二〉訳二人が足を踏みしめた力で、山道の崖が崩れて（足もとが危なくなったので）。❷相撲の四股。

ち-ぎ【千木】〔名〕上代の建築様式の一つ。屋根の両端の木材を棟のところで交差させ、屋根の上に高く突き出させた部分。現在でも神社建築に残る。

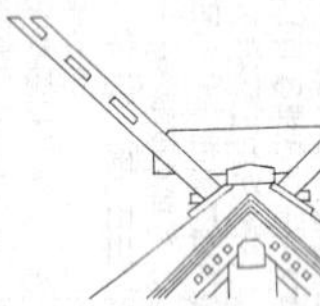
ちぎ（千木）

ち-ぎ【杠秤】〔名〕（「ちぎり」とも）一貫目（＝約三・七五キロ）以上の重さの物をはかるさおばかり。

ぢき【直】〔形動ナリ〕（呉音）間に何も置かない様子。直接。じか。例「——の御返事（おんぺんじ）を承らで帰り参らんことこそ、世に口惜しう候へ」〈平家・六・小督〉訳（あなたからの）直接の御返事をお聞きしないで（宮中に）帰り参ることは、大変残念でございます。

ち-ぎゃう【地形】〔名〕土地の様子。地形。

ち-ぎゃう【知行】〔名・他サ変〕❶土地を領有し、支配すること。また、その土地。平安末期までは、貴族や寺社に国家から与えられた土地およびその管理権を意味したが、実質上、私有地化した者もいる一方、中世以降、武士の勢力増大とともに、多くは衰微した。例「末寺・庄園、もとのごとく——・すべき由（よし）仰せ下さる」〈平家・六・祇園女御〉訳支配下の寺・領地も、もとのように領有・支配してよろしいとのご許可がおりた。❷江戸時代、幕府や大名が、家臣に分け与えた土地。また、転じて、俸禄。扶持。

ぢ-きゃう【持経】〔名〕深く信仰して、常に身につけて大切にしている経典。例「——・本尊に至るまで、良き物を持つ、よしなきことなり」〈徒然草・九八〉訳肌身離さず持っているお経や守り本尊に至るまで、上等な物を持つのは、くだらないことだ。

ちぎょう【知行】〔名・他サ変〕⇩ちぎゃう

ちぎり

【契り】〔名〕（動詞「契る」の連用形の名詞化）

> 約束するの意味の動詞「ちぎる」の連用形が名詞化したもの。特に、**夫婦としての約束、前世からの約束、因縁などの意**で用いられる。

❶言いかわすこと。約束。例「日ごろの——を変ぜず、一所（いっしょ）にて死にけるこそ無慚（むざん）なれ」〈平家・四・宮御最期〉訳常々の約束をたがえず、同じ所で死んでしまったのは痛ましいことだ。

❷**前世から決まっている因縁。**宿縁。例「昔の——ありけるによりなむ、この世界にはまうで来たりける」〈竹取・かぐや姫の昇天〉訳（私、かぐや姫は）前世からの因縁があったので、（月の世界から）この人間界に参上して来たのです。

❸**男女の結びつき。**男女の逢瀬。例「逢（あ）はでやみにし憂（う）さを思ひ、あだなる——をかこち」〈徒然草・一三七〉訳一緒になる（＝結婚スル）ことなく終わってしまったつらさを思い、はかない逢瀬を嘆き。

ちぎり-お・く【契り置く】〔他カ四〕{か・き・く・く・け・け}固く約束しておく。誓いあっておく。例「——・きしさせもが露を命にてあはれ今年の秋も去（い）ぬめり」〈千載・雑上〉訳約束しておいてくれた「ただ私を頼みにせよ、サセモ草だ」という言葉を、命の露として待っていましたが、その望みもかなわず、ああ、今年の秋もむなしく過ぎ去ってしまうようです。注『百人一首』所収ノ、藤原基俊ノ歌。「させも草」ハ「さしも草」ト同ジデ、蓬ノコト。作者基俊ガ我ガ子ノ栄誉ヲ願ッテ、氏ノ長者デアッタ前太政大臣藤原忠通ニ愁訴シタ折、承諾シタ旨ノ返事ヲ古歌ニ託シテ伝エラレタガ、ソノ古歌ノ一節「なほ頼めしめぢが原のさせも草」ヲ踏マエタ表現。シカシ、約束ハ果タサレナカッタタメニ、作者基俊ガソレヲ恨ンデ再ビ訴エタノガコノ歌。

ちぎ・る【契る】〔自ラ四〕{ら・り・る・る・れ・れ}❶固く約束する。誓う。例「重盛が身に代はり、命に代はらんと——・りたる侍（さぶらひ）ども少々候ふらん」〈平家・二・烽火之沙汰〉訳（この私）重盛の身に代わり、命に代わろうと誓っている侍どもが少しはおりましょう。❷夫婦の約束をする。将来を誓う。

ちぎ・る【捩る・千切る】■〔他ラ四〕{ら・り・る・る・れ・れ}手で引っ張って細かく切る。引き切る。例「海松（みる）の引き干しの短く——・りたるを結（ゆ）ひ集めて」〈蜻蛉・上・安和元年〉訳海松の干したのを短く引き切ったのを集めて束ねて。■〔自ラ下二〕{れ・れ・る・るる・るれ・れよ}引っ張られて離れる。もがれて切れる。例「首も——・るばかり引きたるに、耳鼻欠けうげながら抜けにけり」〈徒然草・五三〉訳（頭にかぶった鼎を抜こうと）首ももぎ取れるほど引っぱったところ、耳と鼻が欠けて穴があいた状態になって（やっと鼎は）抜けた。注「ちぎる」ヲ「もぎとる」ノ意ノ四段他動詞トミル説モアル。■〔補助ラ四〕{ら・り・る・る・れ・れ}（動詞の連用形について、その語の表す動作を強調する）さかんに…する。強く…する。例「歯をくひ合はせて念珠（ずねん）をもみ——・る」〈宇治拾遺・三・四〉訳歯をくいしばって数珠を強くもむ。

筑後（ちくご）〔旧国名〕現在の福岡県南部にあたる。西海道十二か国の一つ。筑州。

ち-ぐさ【千草】〔名〕（「ちくさ」とも）❶いろいろの草。多くの草。例「庭の——露重く、籬（まがき）に倒れかかりつつ」〈平家・灌頂・大原御幸〉訳庭のいろいろの草は露をしっとりと受けて、垣根に倒れかかり。❷（「千草色」の略）緑色。もえぎ色。例「浅黄（あさぎ）の上を——に色あげて」〈西鶴・日本永代蔵・五・二〉訳（着物の）浅黄色（＝薄イ青色）の表を緑色に染めなおして。

ち-ぐさ【千種】〔名・形動ナリ〕（「ちくさ」とも）種類が多いこと。さまざま。いろいろ。例「春霞（はるがすみ）色の——・に見えつるはたなびく山の花のかげかも」〈古今・春下・一〇二〉訳春の霞の色がさまざまに見えたのは、（その霞がたなびいている）山に咲く花の色が映っていたのであったよ。

ちく-しゃう【畜生】〔名〕❶鳥獣・虫魚の総称。けだもの。例「恩を知るを人とは言ふぞ。恩を知らぬを―とぞ言へ」〈平家・二・小教訓〉訳恩(を受けたの)を知るのを人間と言うのだぞ。恩を知らないのはけだものと言うのだ。
❷〔仏教語〕。「畜生道」の略。

ちくしゃう-ざんがい【畜生残害】〔名〕けだものが互いに殺し合うこと。また、そのけだもの。例「生けるものを殺し、痛め、闘はしめて遊び楽しまん人は、―の類(たぐひ)なり」〈徒然草・一二八〉訳生きているものを殺し、傷つけ、闘わせて遊び楽しむような人は、食い合い殺し合うけだものと同類である。

筑前(ちくぜん)〔旧国名〕現在の福岡県北部にあたる。西海道十二か国の一つ。古代から、大陸との交渉や国防上の要地として大宰府(だざいふ)が置かれ、鎌倉時代には鎮西探題(ちんぜいたんだい)が置かれた。筑州(ちくしう)。

ちく-てん【逐電】〔名・自サ変〕(電(いなづま)を逐(お)う意)❶極めて速いこと。敏速なこと。❷行方をくらまして逃亡すること。失跡。例「かの夢見たる青侍(せい)、やがて―・してけり」〈平家・五・物怪之沙汰〉訳あの夢を見た侍は、すぐさま逃亡してしまった。

ぢ-くゎろ【地火炉】〔名〕いろり。主に料理用に使われたものという。例「すさまじきもの。……火おこさぬ炭櫃(すびつ)・―」〈枕草子・すさまじきもの〉訳興ざめなもの。……火を入れてない暖房用のいろり・料理用のいろり。

ぢ-げ【地下】〔名〕❶内裏の清涼殿(せいりやうでん)の「殿上(てんじやう)の間」に昇殿を許されない人。また、その家柄。ふつう、六位から下の官人など。対てんじゃう③ 例「殿上人(てんじやうびと)・―なるも、陣に立ち添ひて見るも、いとねたし」〈枕草子・大進生昌が家に〉訳昇殿を許された高級貴族や、昇殿を許されない下級官人も、警護所のところに立ち並んで(私達を)見ているのも、ひどく感じ悪く憎らしい。❷宮中に仕える者以外の人々。一般庶民。

ぢげ-にん【地下人】〔名〕❶⇒ぢげ(地下)② ❷支配下・管轄下の土着民。領民。

ち-ご【児・稚児】〔名〕❶赤ん坊。幼児。例「二つ三つばかりなる―の、急ぎて這(は)ひ来る道に」〈枕草子・うつくしきもの〉訳(数え年の)二、三歳ぐらいの赤ん坊が、急いではって来る途中に。
❷勉学や行儀見習いのために**寺に預けられている少年**。美少年の稚児(ちご)は、僧達にかわいがられ、大事にされた。例「比叡(ひえ)の山に―ありけり」〈宇治拾遺・一・一三〉訳比叡山の延暦寺(えんりやくじ)に(一人の)稚児がいた。

ちご-おひ【児生ひ】〔名〕幼時の様子・姿・顔つき。幼顔。例「大将などの―、ほのかに思(おぼ)し出(い)づるには、似たまはず」〈源氏・柏木〉訳(兄である夕霧の)大将などの幼時の様子の、ほのかに思い出すのには、(薫(かおる)は)似ておられない。

ぢ-ごく【地獄】〔名〕〔仏教語〕六道の一つ。この世で悪事をはたらいた者が、死後そこに落ち、さまざまな刑罰を受ける世界。焦熱地獄・無間(むけん)地獄などがある。地獄道。対ごくらくじゃうど 例「悪を増し、よろづの戒を破りて、―に落つべし」〈徒然草・一七五〉訳(酒を飲むと)悪い行いを(さらに)増し、あらゆる守るべき戒めを破って、(死後はその罪によって苦痛を受ける)地獄に落ちるだろう。

ぢこく-てん【持国天】〔名〕〔仏教語〕「四天王(してんわう)」の一つ。須弥山(しゆみせん)に住み、東の方角を守護するとされる。「東方天」とも。

ぢ-ざう【地蔵】〔名〕〔仏教語。「地蔵菩薩(ぼさつ)」の略〕釈迦(しやか)の死後、弥勒仏(みろくぶつ)が現れるまでの間、人々を救い、教え導く菩薩。平安末期以降、広く民間に信仰され、地獄の罪人を救い、また、子供を守護する菩薩として親しまれた。

ち-さと【千里】〔名〕❶数多くの村里。❷たいへん遠い道のり。はるかかなた。例「望月(もちづき)のくまなきを、―の外(ほか)まで眺めたるよりも」〈徒然草・一三七〉訳満月のかげりのない光を、はるかかなたの遠くまで眺め渡したのよりも。

ぢ-ざん【地算】〔名〕(「ぢさん」とも)初歩的な計算法。足し算や引き算。例「―も子守の片手に置き習ひ」〈西鶴・日本永代蔵・一・三〉訳(商家の丁稚(でつち)は)初歩的な計算法も子守の片手間に練習して学習し。

ち-じ【致仕】〔名〕❶官職をやめること。退職。辞職。例「太政大臣(おほきおとど)、―の表(へう)奉りてこもり居給ひぬ」〈源氏・若菜・下〉訳太政大臣は、退職の届け出を(天皇に)お出し申して隠居なさった。
❷(中国で、七十歳になると官職をやめるのが認められたことから)七十歳の別称。

ち-しほ【千入・千汐】〔名〕何回も念入りに染めること。例「しぐれけり染むる―の果てはまた紅葉(もみぢ)の錦(にしき)色変へるまで」〈十六夜〉訳時雨(しぐれ)が降ったことよ。何回も念入りに染めて、しまいにはまた錦のように美しかった紅葉が色を変えてしまうまで。

ぢ-す【治す】〔他サ変〕{せ・し・す・する・すれ・せよ}❶(病気を)なおす。治療する。例「衆病(しゆびやう)をいやすといふとも、あに先世(ぜんぜ)の業病(ごふびやう)を―・せんや」〈平家・三・医師問答〉訳もろもろの病気を治すとしても、どうして前世の悪い行いの報いによる病気を治せようか。❷統治する。治める。例「かたきを滅ぼして、天下を―・することを得たりき」〈平家・九・樋口被討罰〉訳(劉邦(りうほう)は)敵を滅ぼして、天下を統治することができた。

ち-ぢ【千ぢ・千千】〔名〕❶数が多いこと。たくさん。例「―の黄金(こがね)を捨てて」〈源氏・絵合〉訳数多くの黄金を捨てて。❷数多くさまざまであること。あれこれ。いろいろ。例「月見れば―に物こそ悲しけれ我が身一つの秋にはあらねど」〈古今・秋上・一九三〉訳月を見るとあれこれと限りもなく物悲しい思いがする。(別に)自分一人だけの(ための)秋というわけではないのだけれど。注『百人一首』所収、大江千里ノ作。

ちち-おとど【父大臣】〔名〕父親である大臣。例「―の教へ聞こえ給ひけることは」〈枕草子・清涼殿の丑寅の隅の〉訳父親である大臣がお教え申し上げなさったことは。

ちち-ぎみ【父君】〔名〕父親を敬っていう語。父上。例「母は筑前守(ちくぜんのかみ)の妻(め)にて下りにければ、―のもとを里にて行き通ふ」〈源氏・末摘花〉訳母親は筑前の守の妻になって(筑前に)下って行ってしまったので、父上の家を実家として(そこから宮中へ)通って行く。

ちちのみ-の【ちちの実の】〔枕詞〕(「ちち」は乳のような汁を出す実の意か。また、「いちょう(銀杏)」とも)同音で「父」にかかる。例「―父の命(みこと)ははそばの母の命」〈万葉・一九・四一六四長歌〉

ちち-みや【父宮】〔名〕父親である宮。例「―の尋ね出

(い)で給へらむも、はしたなうすずろなるべきを」〈源氏・若紫〉訳(もし)父親である宮が(若紫を)捜し出しておしまいになったら、きまりが悪いしとんでもないことなので。

ぢ-ぢゃう【治定】ヂヂャウ 一(名・自他サ変)❶決定すること。決まること。
❷決まっていること。確実であること。
二(副)きっと。必ず。例「今日の軍(いくさ)には—勝つべきいはれ候ふ」〈太平記・一〇・三〉訳今日の戦闘にはきっと勝つはずの理由がございます。

ち-と【些と】(副)程度・量・時間などがわずかであるさま。ちょっと。少し。例「定めてならひあることに侍(はべ)らむ。—承らばや」〈徒然草・二三六〉訳(獅子(しし)と狛犬(こまいぬ)が背中合わせなのには)きっといわれのあることでしょう。ちょっと聞かせてもらいたいものです。

ぢ-とう【地頭】ヂトウ(名)❶公領や荘園(しょうえん)の現地管理にあたった職名。
❷鎌倉時代、幕府から公領・荘園に配置された御家人(ごけにん)。その土地の徴税・管理を職とし、京・鎌倉の警備および軍務などにも従事した。後、しだいに在地領主化した。
❸室町時代末期以降、幕府や大名から比較的小規模な土地を給付され、その領主となった者。

持統天皇(ぢとうてんわう)ジトウテンノウ【人名】『万葉集』第二期の女流歌人。六四五年(大化元)～七〇二年(大宝二)。天智天皇の第二皇女で、天武天皇の皇后。平易で優雅な歌を残す。

ち-と-すうぜう【雉兎芻蕘】チトスウジョウ(名)(「雉兎」はキジとウサギ。転じて、それをとる猟師のこと。「芻」は草刈り、「蕘」は木こりのこと)猟師と草刈りと木こり。山野を往来して生活する人を並べあげた語。例「人跡まれに、—の行き交(か)ふ道、そこども分かず」〈奥の細道・石の巻〉訳人の通った跡もめったになく、猟師や草刈りや木こりの行きかう道も、どこがどこやら(さっぱり)わからず。

ち-とせ【千年・千歳】(名)千年(ねん)。限りなく長い年月。例「—を過ぐすとも、一夜(ひとよ)の夢の心地こそせめ」〈徒然草・七〉訳千年もの長い年月を(生きて)過ごしたとしても、(たった)一夜の夢の(ように短い)感じがするだろう。例「三十日(みそか)月なし—の杉を抱く嵐」〈芭蕉・野ざらし紀行〉訳(伊勢神宮に詣でたが)今宵(こよい)は三十日のこととて月もなく、あたりは(灯明の光がところどころに見えるだけで)真っ暗の闇である。その暗い夜空に鬱蒼(うっそう)とそびえ立ち並ぶ千年の老杉を抱き包むように、嵐がゴウゴウと杉の梢(こずえ)を吹き渡って行く。

ち-どり【千鳥】(名)❶数多くの鳥。
❷水辺に群れ住む鳥の名。チドリ科に属する鳥の総称。(季・冬)例「ぬばたまの夜のふけ行けば久木(ひさき)生(お)ふる清き川原に—しば鳴く」〈万葉・六・九二五〉訳夜がふけてゆくと、久木の生えている清い河原に千鳥がしきりに鳴く。

ちなみ【因み】(名)❶関連すること。縁故。ゆかり。例「丸岡天竜寺の長老、古き—あれば尋ぬ」〈奥の細道・汐越の松〉訳丸岡の天竜寺の住職は、古くからの縁故のある人なので尋ねた。
❷(夫婦や恋人の)結びつき。契り。

ち-の-なみだ【血の涙】⇒「ち(血)」子項目

ち-ばな【茅花】(名)「つばな」のもとの形。⇒つばな

ちはや-ぶる【千早ぶる】一(動詞「ちはやぶ」の連体形)あらっぽく勢いがある。荒々しい。例「この沼の中に住める神、いと—神なり」〈古事記・中・景行〉訳この沼の中に住んでいる神は、とても荒々しい神である。
二(枕詞)神の威力がある意で、「神」「宇治」にかかる。例「我妹子(わぎもこ)にまたも逢(あ)はむと—神の社(やしろ)を祈(の)まぬ日はなし」〈万葉・一一・二六六二〉訳あの娘にもう一度逢いたいと、神の社に祈らない日はありません。

ち-びき【千引き】(名)千人で引くほどの重いもの。

ちひさ-やか【小さやか】チイサヤカ(形動ナリ)(形容詞「ちひさし」の語幹＋接尾語「やか」)小さい感じがする様子。例「いと—なれば、かき抱(いだ)きて」〈源氏・帚木〉訳(空蟬(うつせみ)が)大変小さい感じなので、(光源氏は)抱き上げて。

ち-ひろ【千尋】(名)(「ひろ」は長さ・深さの単位。両手を広げた長さ。中世・近世では「ちいろ」とも)きわめて長いこと。また、きわめて深いこと。例「相構へて思(おぼ)し召し立つならば、—の底までも引きこそ具せさせ給はめ」〈平家・九・小宰相身投〉訳心から(身投げを)思い立たれるならば、深い深い海の底までも(私を)連れていってください。

ちふチュウ(チ)【連語】(上代語。「と言ふ」の変化した形)…という。例「穿沓(うけぐつ)を脱き棄(つ)るごとく踏み脱きて行くちふ人は石木(いはき)より生(な)り出(で)し人か」〈万葉・五・八〇〇長歌〉訳穴のあいた沓(くつ)を脱ぎ棄(す)てるように蹴(け)って脱いで(家族を棄てて)行くという人は、石や木から生まれ出た人か。
要点 上代では「とふ」の形も用いられ、平安時代以降は「てふ」が用いられた。⇒てふ・とふ

ぢ-ぶ【治部】ヂブ(名)「治部省(ぢぶしゃう)」の略。また、そこに勤める役人。

ぢぶ-しゃう【治部省】ジブショウ(名)律令制度における「太政官(だいじゃうくわん)」の「八省(はっしゃう)」の一つ。五位以上の者の戸籍や、婚姻・葬送などの吉事・凶事に関することを取り扱い、また、外国使節の接待なども司(つかさど)った役所。

ぢ-ぶつ【持仏】ヂブツ(名)常に身近に置いて信仰する仏像。例「ただこの西面(にしおもて)にしも、—据ゑ奉りて行ふ、尼なりけり」〈源氏・若紫〉訳(のぞいて見ると)すぐ(目の前の)この西に面した(＝極楽浄土ニ向イタ)部屋に、常に身近に置いて信仰する仏像を安置申して勤行(ごんぎょう)する、(それは)尼であった。

ぢぶつ-だう【持仏堂】ジブツドウ(名)「持仏」や祖先の位牌(いはい)を安置する堂、または部屋。仏間(ぶつま)。

ちぶり-の-かみ【道触りの神】(名)旅の安全を守る神。

ち-へ【千重】チエ(名)たくさん重なっていること。例「我(あ)が恋ふる—の一重も慰むる情(こころ)もありやと」〈万葉・二・二〇七長歌〉訳私が(死んだ妻を)恋しく思う気持ちのたくさん重なっている中の一つでも慰められるであろうかと。注柿本人麻呂ノ作

ち-まき【粽・茅巻】(名)(古くチガヤの葉で巻いて作ったのでこの称がある)餅(もち)を笹(ささ)の葉などで巻いて、円錐(えんすい)形に固め、蒸して作った食べ物。五月五日の端午(たんご)の節句に食べる。五色の糸で飾り立てたものを「かざりちまき」という。

ちまき

ち-また【岐・巷・衢】(名)(「道(ち)股(また)」の意)❶道の分かれ

る所。分かれ道。例「道の——の分かれんことを嘆く人もありけむかし」〈徒然草・二六〉訳 道が離れ離れに分かれていくことを嘆いた(昔の)人もあったということだ。❷街路。町なか。転じて、世間。この世。例「前途三千里の思ひ胸にふさがりて、幻の——に離別の涙をそそく」〈奥の細道・旅立〉訳 これからのはるかな旅路を思いやると感慨が胸にせまって、幻のようにはかないこの世での別れと知りつつも思わず分かれ道で離別の涙を流す。注 コノ「ちまた」ニハ、①ノ意ガ掛ケラレテイル。❸ある物事が行われている場所。

ぢ-もく【除目(ジ:モク)】〔名〕《前任者を「除」き、新任者を「目」録に記す意》平安時代以降、**大臣以外の諸官職を任命する儀式**。地方官庁の役人を任命する春の「**県召**(あがため)**し**」の除目と、中央官庁の役人を任命する秋の「**司召**(つかさめ)**し**」の除目があり、他にも臨時に行われることがあった。例「——に司(つかさ)得ぬ人の家」〈枕草子・すさまじきもの〉訳 (興ざめなものは)除目で官職を得ることができなかった人の家。

ぢゃ 〔助動特活〕《室町後期以降の口語。「である」の変化した形》接続 体言、活用語の連体形、副詞、助詞「の」「から」「て」などに付く。

未然形	連用形	終止形	連体形	已然形	命令形
ぢゃら	で ぢゃっ	ぢゃ	な ぢゃ ぢゃる	○	○

【断定】❶《断定の意を表す》…だ。…である。…のだ。例「打ち開いた景のよい庭**ぢゃ**なあ」〈狂言・萩大名〉訳 見晴らしのきいた景色のよい庭だなあ。❷《連体形の用法。「父」「母」など、肉親を表す名詞に付いて》《資格・続き柄などを示す》…に当たる(人)。…である(ところの)。例「伯父(をぢ)**ぢゃ**人の方より」〈狂言・悪太郎〉訳 伯父に当たる人の所から。❸《疑問を表す語を受けて》ⓐ《疑問の意を表す》…か。…なのか。例「それへ出たは何者**ぢゃ**」〈狂言・松脂〉訳 そこに現れたのは何者か。ⓑ《反語の意を表す》…か(いや、そうではない)。例「こなたの舞を、誰(た)が誉(ほ)むるものぢゃ」〈狂言・素袍落〉訳 あなたの(まずい)舞を、誰が褒めるものですか(誰も褒める者はありますまい)。❹《助詞「て」に付いて》《軽い敬意を伴いながら断定する意を表す》…ておいでだ。例「そなたもおれにほれて**ぢゃ**げな」〈近松・曾根崎心中・中〉訳 おまえさんもおれに好意をもっておいでのようだからね。

ちゃう【庁(チョウ)】〔名〕❶官庁。役所。例「八月七日、官の——にて大仁王会(だいにんわうゑ)行はる」〈平家・六・横田河原合戦〉訳 八月七日、太政官(だいじょうかん)の役所で大仁王会が行われた。注「仁王会」ハ、国家安穏ヲ祈ッテ、仁王経ヲ読ム行事。❷特に、「検非違使(けびゐし)庁」の略称。

ちゃう【帳(チョウ)】〔名〕❶室内をくぎったり、人目をさえぎったりするために垂れ下げる布。とばり。垂れ布。例「——の内よりも出(い)ださず、いつき養ふ」〈竹取・かぐや姫の生ひ立ち〉訳 (囲いの)垂れ布の中からさえも外へ出さず、大切に育てる。注 ココデハ、「帳台①」ノ四囲ニ垂ラシタ布ヲ言ウノデアロウ。❷帳面。帳簿。

ちゃう【張(チョウ)】〔接尾〕弓・琴(こと)・琵琶(びわ)など、弦(つる)の張ってある物を数える語。例「傍らに、琴・琵琶おのおの一——を立つ」〈方丈記・境涯〉訳 脇(わき)に、琴と琵琶それぞれ一つずつを立てて置いてある。

ぢゃう【定(ジョウ)】〔名〕━《普通名詞としての用法》❶定まったこと。真実。本当。❷とりきめ。約束。❸《仏教語》「禅定(ぜんぢやう)」に同じ。⇩ぜんぢゃう ━《形式名詞としての用法》❶…のとおり。例「その里の人の夢にも、この——に見えたり」〈宇治拾遺・一・三〉訳 その村里の人々の夢にも、このとおりに見えた。❷…のようす。…の分(ぶん)。例「この——では、舞もさだめて良かるらん」〈平家・一・祇王〉訳 この分では、舞もきっと見事だろう。❸…の範囲。…のほど。例「大矢と申す——の者の、十五束(そく)に劣って引くは候はず」〈平家・五・富士川〉訳 大矢(=長イ矢ヲ使イコナス人)と申しますほどの者で、十五束の長さよりも短い矢を引く者はおりません。注「一束」ハ、手ノ一握リノ長サ。━《接続助詞的に用いて》…とはいっても。…ではあるものの。例「小兵(こひやう)といふ——、十二束(そく)三つ伏せ、弓は強し」〈平家・一一・那須与一〉訳 体の小さい武者であるとはいっても、(矢の長さは)十二束三つ伏せもある長いもので あり、弓は強い弓で。

ぢゃう【諚(ジョウ)】〔名〕主君のおことば。命令。例「御——まことにかたじけなう候ふ」〈平家・九・木曽最期〉訳 お言葉本当にありがたくもったいないことでございます。

ぢゃう【丈(ジョウ)】〔名・接尾〕長さの単位。一尺の十倍。約三メートル。

長安(ちゃうあん)《地名》中国の古都。現在の陝西(せんせい)省西安市。副都の洛陽とともに国際都市として発展、八世紀後半の最盛時には人口百万人をこえたという。わが国からもたびたび役人が派遣され、留学生・留学僧多数が修学し、その知識は日本の古代国家の形成に大きな影響を与えた。嵯峨天皇代、殿舎の名称を唐風に改め、平安京の右京(=西京)を長安(城)・左京(=東京)を洛陽(城)と名づけたのも遣唐使の進言による。

ちゃう-か【長歌(チョウカ)】〔名〕和歌の形式の一つ。五音の句と七音の句を交互に連ね、最後に七音の句を繰り返して結ぶもの。長さに一定のきまりはない。ふつう、反歌と呼ばれる短歌形式の和歌が添えられる。『万葉集』に最も多く見られ、平安時代以降衰えた。対 たんか①

ちゃう-ぎん【丁銀(チョウギン)】〔名〕江戸時代の銀貨の一種。長円形で、大黒天の像や鋳造者の名・鋳造年次などの極印(ごくいん)が打ってある。重さは四十匁(もんめ)(=約一五〇グラム)前後で一定していない。秤(はかり)で重さを量ったり、小粒の銀貨と合わせて一定量(=四十三匁)の一包みにしたりして通用させた。

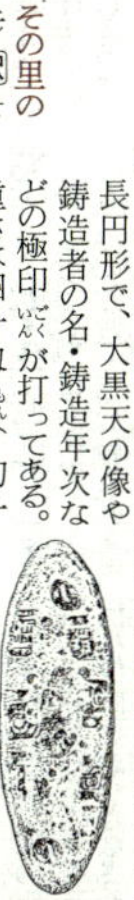

ちゃうぎん

ぢゃうぐゎん-でん【貞観殿(ジョウガンデン)】〔名〕平安京後宮十二殿舎の一つ。皇后宮の正殿で、後宮管理の事務局があった。「御匣殿(みくしげどの)」とも。

ちゃう-けん【長絹(チョウケン)】〔名〕❶絹織物の一種。硬く張りがあり、光沢がある。「狩衣(かりぎぬ)」「水干(すいかん)」「直衣(なほし」「直垂(ひたたれ)」などに用いる。❷「長絹①」で作られた衣服。「直垂」に似て袖ぐくりがある。武家が用いた。後には、「長絹①」以外でも作られた。

長恨歌(ちゃうごんか)【書名】中国、唐の詩人白居易(=白楽天)の作った長編の七言古詩。唐の玄宗皇帝がその愛する楊貴妃を失った悲しみを歌ったもの。平安時代に愛読され、『源氏物語』をはじめ、日本文学に多くの影響を与えた。

ちゃう-じゃ【長者】〔名〕❶年長者。長老。❷指導者。一族の長。❸宿駅の長。特に、宿駅で、遊女を旅人に世話した女主人。❹福徳に恵まれた人。大金持ち。例「千貫目の上を——とはいふなり」〈西鶴・日本永代蔵・一・一〉訳(財産が)銀千貫目以上ある者を大金持ちとはいうのだ。

ちゃう-ず【長ず】〔自サ変〕{ぜ・じ・ず・ずる・ずれ・ぜよ}❶成長する。育つ。❷年が上まわっている。年長である。例「五歳——・じたれば兄たるべき礼義ををさめて」〈雨月・菊花の約〉訳五歳年長であったので兄としての礼儀を受けて。❸ある事にすぐれる。例「道に——・じぬる一言(ひとこと)、神の如(ごと)しと人思へり」〈徒然草・一四五〉訳その道にすぐれた人の一言は、神の言葉のようだと人々は思った。

ちゃう-ず【打ず】〔他サ変〕{ぜ・じ・ず・ずる・ずれ・ぜよ}こらしめに打つ。なぐる。例「くらもちの皇子(みこ)、血の流るるまで——・ぜさせ給ふ」〈竹取・蓬莱の玉の枝〉訳くらもちの皇子は、(職人達を)血の流れるまでなぐらせなさる。

ちゃうせい-でん【長生殿】〔名〕中国、唐代の離宮「華清宮」の中にある宮殿の名。「華清宮」は、驪山にあり、温泉が湧いていた。白居易(=白楽天)の詩『長恨歌』では、玄宗と楊貴妃がしばしば「華清宮」に遊び、七月七日の夜半「長生殿」でお互いの変わらぬ愛を誓ったという。

ちゃう-だい【帳台】〔名〕❶寝殿造りの母屋に一段高く台を設け、その四方に帳(=垂レ布。幕)を垂らしたもの。貴人の座所・寝所として用いた。❷(「帳台の試み」の略)十一月の中の丑の日、内裏の常寧殿に設けられた「帳台①」で、天皇が「五節の舞」の試楽をご覧になる行事。

ちゃう-ど【丁ど・打ど】〔副〕(「ちゃうと」とも)物と物とが激しく打ち当たる音の形容。ガチンと。ガチリと。バンと。例「あまりに強う打ち当てて、目貫(めぬき)の元より——折れ」〈平家・四・橋合戦〉訳(刀を)あまりに強く打ち当てたので、目貫(=刀身ヲ柄ニ止メル金具)のところからガチリと折れて。

ちゃう-ぼん【張本】〔名〕悪事の首謀者。張本人。例「今度、神輿(しんよ)内裏(だいり)へ振り奉る衆徒(しゅと)の——を召されけり」〈平家・二・座主流〉訳(天台座主明雲大僧正は)このたび、みこしをかついで宮中へ乱入しようとした比叡山の僧兵の首謀者をお召しになった。

長明(ちゃうめい)【人名】⇩鴨長明(かものちゃうめい)

ちゃう-もん【聴聞】〔名・他サ変〕説教や講話などを聞くこと。

ちゃう-り【長吏】〔名〕❶かしら立つ役人。役人の長。例「京師(けいし)の——、これがために目をそばむと見えたり」〈平家・一・禿髪〉訳(平清盛が京中に密偵を置いたので)都のかしらだつ役人も、このために恐れて(平家の横暴を)横を向いて見ないふりをするようであった。❷寺を統轄する首長。三井寺(=園城寺)などで用いられる呼称。

ぢゃう-ろく【丈六】〔名〕❶(「一丈六尺(=約四・八五メートル)」の略)(仏の身長が一丈六尺とされることから)仏像の標準的大きさ。転じて、立ったとしたら一丈六尺になる大きさの仏の座像。❷(仏の座像が結跏趺坐していることから)あぐら。

丈六の仏(ほとけ) ⇩ぢゃうろく① 例「——九体、いと尊くて並びおはします」〈徒然草・二五〉訳一丈六尺の阿弥陀如来像が九体、たいへん立派にありがたい様子で並んでいらっしゃる。

ちゃく-し【嫡子】〔名〕正妻の生んだ子で、家を継ぐ男子。跡取り。世継ぎ。嫡男。

ちゃく-す【着す・著す】{せ・し・す・する・すれ・せよ}[一]〔自サ変〕到着する。着く。例「天童十人出現して、舟をになひて岸に——・しけり」〈古今著聞集・釈教〉訳天の童子が十人出現して、舟をかついで岸に到着した。注天童トハ、仏教ノ守護神等ガ子供ノ姿ニナッテ人間界ニ現レタモノ。[二]〔他サ変〕身につける。着る。例「少女(をとめ)は衣(ころも)を——・しつつ、霓裳羽衣(げいしゃううい)の曲をなし」〈謡曲・羽衣〉訳天女は羽衣を着て、霓裳羽衣の曲を舞って。

ぢゃく-す【着す・著す】〔自サ変〕{せ・し・す・する・すれ・せよ}心がとらわれる。執着する。例「閑寂(かんせき)に——・するも障(さは)りなるべし」〈方丈記・みづから心に問ふ〉訳静かな生活に執着するのも(仏道の)障害であろう。

ちゃく-ぢん【着陣】〔名・自サ変〕公卿が陣の座に着くこと。例「近衛殿——し給ひける時、軾(ひざつき)を忘れて」〈徒然草・一〇二〉訳近衛殿は定位置におつきなさる時に、軾(=下ニ敷ク敷物)を忘れて。

ちゃく-なん【嫡男】〔名〕⇩ちゃくし

ちゃせん-がみ【茶筅髪】〔名〕❶男の髪型の一つ。髻を紐や元結などで巻き上げ、その先を茶筅のように開いたもの。❷未亡人などが結った髪型の一つ。髪を切り下げて結び、その先を茶筅のような形にし、鬢と髱をつけたもの。

ちゃ-ぶね【茶船】〔名〕❶運送用の川船の一種。大型運送船から米などの積み荷を荷揚げするのに多く用いられた。「上荷(うはに)船」よりも小型で、十石積み。❷他の便船の船客に飲食物を売る川船。

ちゃせんがみ①・②

ちゃ-や【茶屋】〔名〕❶峠・道端・観光地・寺社の境内などで、旅人や行楽客に茶や菓子などを出して休ませる店。茶店。❷遊里の内外にあって、遊興飲食を業とする店。下級遊女を呼んだり、揚げ屋・遊女屋へ客を案内したりして、遊女遊びを取りもった。色茶屋・引き手茶屋などの総称。❸「茶屋②」にやとわれた女。茶屋女。茶屋者。

ちゅう【中】〔名〕❶中くらい。中程度。❷(「中の穴」の略)横笛の吹き口の方から二番目の穴。

例「中の穴盤渉調、——と六との間に神仙調あり」〈徒然草・二二九〉訳（横笛の）中の穴は盤渉調、中の穴と六の穴（＝吹キ口ニ最モ近イ穴）の間に神仙調がある。注「盤渉調・神仙調」ハ共ニ、音律ノ名。❸空。空中。虚空。例「馬より取って引き落とし、——に括って西八条へ下げて参る」〈平家・二・西光被斬〉訳（西光法師を）馬からつかんで引きずり落とし、宙吊りにしばりつけて（平清盛のいる）西八条へぶらさげて参上する。

ちゅう-いん【中陰】〔名〕《仏教語》人の死後の四十九日間。この間は、死者はまだ次の生を受けないで、霊魂がさまよっているとされる。「中有」とも。

ちゅう-う【中有】〔名〕《仏教語》「ちゅういん」に同じ。例「まづ——と言ひて生いまだ定まらぬ程は」〈今昔・三・二八〉訳まず中有といって次の生がまだきまらない間は。

ちゅう-ぐう【中宮】〔名〕❶奈良時代、宮門の内部。皇居。内裏。❷律令制で、「三宮」（＝皇后・皇太后・太皇太后）の総称。❸醍醐天皇の時代以降、皇后の別名。また、その居所。❹一条天皇の時代以降、皇后と同じ資格の、天皇の后きさき。また、その居所。例「女君は、一条院の御時に、……十三にて后に立ち給ひて、——と申ししほどに」〈大鏡・道長・上〉訳（藤原道長の）姫君（＝彰子）は、一条天皇の御代に、……十三歳で立后なさって、中宮と申した間に。

> **要点** 二人の「中宮」　②の用法は、平安時代初期までその用例が見られる。③は、醍醐天皇（在位八九七～九三〇）が、その后藤原穏子を、中宮と称したことから、天皇在位中の后をいうようになった。④は、一条天皇（在位九八六～一〇一一）の時代に、藤原定子を皇后、彰子を中宮とされ、二人の后が並立するようになってからの称である。

ちゅうぐう-しき【中宮職】〔名〕中務省に属し、皇后・皇太后・太皇太后の三宮の事務をつかさどった役所。後には「中宮④」の事務を扱った。略して「職」とも。「なかのみやのつかさ」とも。

中宮定子〔人名〕⇩藤原定子

ちゅう-げん【中元】〔名〕陰暦七月十五日の呼び名。もと、中国の道教で、「上元（一月十五日）・下元（十月十五日）」に対する節日として祝ったことが一般化し、仏教の盂蘭盆と混同して、仏に物を供え死後の冥福を祈るようになった。

ちゅう-げん【中間】㊀〔名〕❶あいだ。中間。例「二月涅槃会より聖霊会までの——を指南とす」〈徒然草・二二〇〉訳二月の涅槃会（＝十五日ノ釈迦入滅ノ日ニ行ウ法会）から聖霊会（＝二十二日ノ聖徳太子忌ノ法会）までのあいだ（の鐘の音）を（舞楽の音調の）標準とする。❷「中間男」の略。
㊁〔形動ナリ〕中途半端な様子。どっちつかず。例「——なる折に、『大進まづ物聞こえむとあり』と言ふを」〈枕草子・大進生昌が家に〉訳中途半端な時に、「大進（＝中宮職ノ役人）が（清少納言に）急いでお話し申し上げたいと言っています」と（取り次ぎの者が）言うのを。

ちゅうげん-ほふし【中間法師】〔名〕（僧侶と小者との中間の）地位の低い法師。

ちゅう-ごく【中国】〔名〕❶大宝律令の制度で、租・庸・調の納期を決めるに際し、都からの遠近により全国を三つに分けたもののうちの一つ。他の二つは「遠国」「近国」。延喜式によれば、遠江・駿河・伊豆（＝以上、静岡県）・甲斐（＝山梨県）・飛騨（＝岐阜県）・信濃（＝長野県）・越前（＝福井県）・越中（＝富山県）・加賀・能登（＝以上、石川県）・伯耆（＝鳥取県）・出雲（＝島根県）・備中（＝岡山県）・備後（＝広島県）・阿波（＝徳島県）・讃岐（＝香川県）の十六か国。❷平安時代、国の等級を、人口・面積等で四つに分けたもののうちの第三位。他は「大国」「上国」と「下国」。安房（＝千葉県）・若狭（＝福井県）・能登（＝石川県）・佐渡（＝新潟県）・丹後（＝京都府）・石見（＝島根県）・長門（＝山口県）・土佐（＝高知県）・日向（＝宮崎県）・大隅・薩摩（＝以上、鹿児島県）の十一か国。❸《山陰道と南海道との、また、畿内と九州との間にある国の意》山陽道の称。後には、山陰道も含めていう。

ちゅう-しう【中秋・仲秋】〔名〕《秋の三か月のうちで、中の月の意》陰暦八月の別名。なかの秋。（季・秋）
参考 後世は、「中秋の名月」などと、陰暦八月十五日の意にも使われた。

ちゅう-じゃう【中将】〔名〕「近衛府」の次官。大将に次ぐ位で、正と権とがあり、左・右に分かれる。少将と併せて次将または「介」とも呼ばれる。

> **参考** 従四位下相当の官職であるが、三位でこの職にある者の場合、特に「三位の中将」という。また、蔵人頭を兼職する者を「頭中将」、参議を兼ねる者を「宰相の中将」と呼ぶ。

ちゅうしょ-わう【中書王】〔名〕《「中書」は「中務省」の唐名》親王で「中務卿」に任じられた者の称。

ちゅう-しん【注進】〔名・他サ変〕事件の内容などを朝廷や主君に詳しく報告すること。大事を急いで申し上げること。例「平氏調伏のよし——・したりけるぞ恐ろしき」〈平家・六・横田河原合戦〉訳（祈禱の目的が）平氏征伐ということを報告しているのは恐ろしいことだった。

ちゅう・す【誅す】〔他サ変〕{せ・し・す・する・すれ・せよ}罪のある者を殺す。死刑にする。成敗する。例「すでに——・せらるべかりしを、小松殿やうやうに申して首を継ぎ給へり」〈平家・一・鹿谷〉訳（藤原成親は）あやうく死刑にされるはずだったのを、小松殿（＝平重盛）があれこれ（父清盛に）とりなして首をおつなぎなさった。

ぢゅう・す【住す】〔自サ変〕{せ・し・す・する・すれ・せよ}❶一定の所に住む。定住する。住み着く。例「その木の空に——・して」〈今昔・一一・二七〉訳（慈覚大師は）その木（＝大キナ杉）のほら穴に住み着いて。❷一定の状態にとどまる。停滞する。例「望月のまどかなることは、暫くも——・せず、やがて欠けぬ」〈徒然草・二四一〉訳満月がまん丸でいることは、少しの間もとどまらず、すぐに欠けてしまう。

ちゅう‐ぞん【中尊】〔名〕(仏教語)いくつかの仏像のうち、中央に位置する像。壇上で、左右に「脇立(わきたち)」を従え、まん中に立つ仏の像。「中台(ちゅうだい)」とも。

ぢゅう‐だい【重代】〔名〕❶代を重ねること。先祖から代々伝わっていること。❷先祖から伝わっている大切な物。家宝。❸(能楽で)後継者に代々伝えていくこと。「重代相伝」。

ちゅう‐たう【偸盗】〔名・他サ変〕❶(仏教語)仏教で戒律の対象とされる「五悪」また「十悪」の一つ。人の物を盗むこと。❷(転じて)盗人。どろぼう。[例]「ある所に━入りたりけり」〈古今著聞集・偸盗〉[訳]ある所に盗人が入った。

ちゅう‐だう【中堂】〔名〕(仏教語)本尊を安置する堂。本堂。金堂。特に、比叡山延暦寺の根本中堂をいう。

ぢゅう‐ぢ【住持】〔名・他サ変〕(仏教語)❶この世に安住し、仏法を保持すること。❷一寺の主僧として、その寺の管理運営に当たること。[例]「多かる中に寺をも━・せらるるは、かくやはらぎたるところありて、その益(やく)もあるにこそと覚(おぼ)え侍りし」〈徒然草・一四一〉[訳](僧が)多い中で(尭連(ぎょうれん)上人(しょうにん)が)一寺の住職でおられるのは、このように人柄の穏やかなところがあって、そのおかげもあるのに違いないと思われました。

ぢゅう‐ぢゅう【重重】━〔名〕❶何重にも重なっていること。また、そのおのおのの重なり。各層各層。❷いくつかの段階。階級。[例]「また同じ上手(じゃうず)なりとも、その内にて━あるべし」〈風姿花伝・三〉[訳]また同じ上手であっても、その中でいくつかの段階があるはずである。━〔副〕かさねがさね。何度も何度も。なおその上に。[例]「地頭、領家(りやうけ)の代官と━問答して」〈沙石集・三〉[訳]地頭が、領家の代官と何度も何度も話し合って。

ちゅう‐なごん【中納言】〔名〕「太政官(だいじょうかん)」の次官。「大納言」に次ぐ位。令外(りょうげ)の官で、従三位相当。正と権(ごん)とがある。職務は大納言と同じ。唐名「黄門(こうもん)」。

ちゅう‐ぼん【中品】〔名〕(仏教語)「浄土(じゃうど)」における「九品(くほん)」のうち、中位の三つの「品(ほん)」。すなわち、「中品上生」「中品中生」「中品下生」の総称。

ちゅう‐もん【中門】〔名〕❶寝殿造りで、表門と寝殿との間に設けた門。東西の対(たい)の屋(や)から、泉殿・釣殿に通じる長い廊下の中ほどを切り通したもの。屋根はあるが、牛車(ぎっしゃ)で通行できる。❷神社や寺院で、楼門と拝殿との間にある門。

ちゅうもん

ちゅう‐や【中夜】〔名〕昼夜を六分した「六時(ろくじ)」の一つで、初夜と後夜の間。季節によって異なるが、だいたい午後九時頃から午前三時頃まで。

ちゅう‐らふ【中﨟】〔名〕(中級の女官の意)❶後宮などに仕えた女官のうち、内侍(ないし)以外で、「上﨟(じょうろう)」と「下﨟(げろう)」との間に位置した者。❷江戸時代、大奥の女中。また、大名の女中。[参考]①は一般には「命婦(みやうぶ)」ともいった。普通、殿上人(てんじょうびと)の子女がなる。呼び名も、父や兄の官職にちなんで「中将」「少納言」「右近」などと付けられた。

ち‐よ【千代・千世】〔名〕千年。また、非常に長い年月。永遠。[例]「我が君は━に八千代(やちよ)にさざれ石の巌(いはほ)となりて苔(こけ)の生(む)すまで」〈古今・賀・三四三〉[訳]我が主君は、(その命が)いつまでも長く(続くことでしょう)、小さな石が大きな岩となって(それに)苔が生えるまで。

ち‐よ【千夜】〔名〕千もの多くの夜。[例]「秋の夜の━を一夜(ひとよ)になずらへて八千夜(やちよ)し寝ばや飽く時のあらむ」〈伊勢・二二〉[訳]夜長の秋の千の夜を一夜とみなして、八千の夜共寝したならば、満足する時があるのだろうか。

ちょう【庁・帳】⇩ちゃう

ちょう【朝・調】〔名〕⇩てう

ちょう【蝶】〔名〕⇩てふ

ちょう【寵】〔名〕特別にかわいがること。特に深く愛すること。寵愛。[例]「君の━をも頼むべからず」〈徒然草・二一一〉[訳]主君の寵愛をも頼りにしてはならない。

ちょう…【丁…・打…・長…・張…】⇩ちゃう…

ちょう…【鳥…・調…・銚…】⇩てう…

長恨歌(ちょうごんか)【書名】⇩ちゃうごんか(長恨歌)

ちょうず【手水】〔名〕⇩てうづ

ちょう・ず【調ず】〔動〕⇩てうず

ちょう・ず【懲ず】〔他サ変〕{ぜ・じ・ず・ずる・ずれ・ぜよ}罰してこりごりさせる。こらしめる。[例]「中納言殿を、吹く風につけても侮(あな)りて━・じ給ふことも多かれど」〈落窪・三〉[訳]中納言様を、何かにつけて軽んじてこらしめなさることも多いが。

ちょうど【調度】〔名〕⇩てうど

ちょう‐やう【重陽】〔名〕(易で陽の数である「九」が重なるところから)陰暦九月九日の節句。五節句の一つ。「菊の節句」「重句(ちょうく)」とも。宮中では、天皇と臣下が詩歌を作り、菊酒(=菊ノ花ヲ浸シタ酒)を飲んで宴を開く。(季・秋)

ちょく【勅・敕】〔名〕天皇の命令。仰せ。みことのり。[例]「━なればいともかしこし鶯(うぐひす)の宿はと問はばいかが答へむ」〈大鏡・道長・下〉[訳]天皇のご命令ですからまことにおそれ多いことです(お受けするほかありません)。(でも)鶯が(私の)宿は(どこへ行ったのか)と尋ねたらどのように答えましょうか。[注]「宿」トハ梅ノ木。天皇カラ庭ノ梅ノ木ヲ望マレテ、紀貫之ノ娘ガ自分ノ思イヲ鶯ニ託シテ詠ンダ歌。

ぢょく‐あく【濁悪】〔名〕(仏教語)「五濁(ごじょく)」と「十悪」。種々の汚れと罪悪。[例]「━世(せ)にしも生まれ合ひて、かかる心憂きわざをなむ見侍(はべ)りし」〈方丈記・飢渇〉[訳]この汚濁(おだく)や罪悪の満ちあふれた末法の世に生まれ合わせて、このような情けないこと(古寺ノ仏像・道具ナドヲ盗ミ、タキギトシテ売ルコトナド)をも見ました。

ちょく‐かん【勅勘】〔名〕勅命によって勘当(かんどう)されること。天皇のおとがめ。天子の勘気。[例]「━の人なれば、名字(みやうじ)をばあらはされず、……歌一首ぞ、読人(よみひと)知らずと入れられける」〈平家・七・忠度都落〉[訳](平忠度(ただのり)は)天皇のおとがめを受けている人なので、(歌集に)氏名を表に出すことはできず、……(藤原俊成(しゅんぜい)は)歌一首を、読人知らずとして(千載集に)お入れになった。

ちょく‐し【勅使】〔名〕勅命を伝えるための使者。天皇の使い。[例]「━来て、その宣命(せんみやう)読むなむ、悲しきことなりける」〈源氏・桐壺〉[訳](亡くなった桐壺更衣(きりつぼのこうい)に三位の位を贈りなさるということで)天皇の使者が来て、その命令書を読むのは、悲しいことだった。

ちょく‐しょ【勅書】〔名〕天皇の命令をしるした文書。天皇の出す公文書。例「――を馬の上ながら捧げて見せ奉るべし。下るべからずとぞ」〈徒然草・九四〉訳 勅書は(勅使が)馬の上に乗ったまま頭上にさしあげて見せ申し上げるべきである。(馬から)おりてはいけないということだ。参考「勅書」は、普通の事を知らせるのに用いられ、「詔勅」は、多く臨時の大きな事に用いられる。

ぢょく‐せ【濁世】〔名〕《仏教語。「五濁悪世」の略》濁り汚れた世。人間界。人の世。例「汝ひとへに法華経を持ちて、――に法を護る人とあり」〈今昔・一三・一三〉訳 おまえはひたすら法華経を信心して、汚れた人間の世で仏法を保護する人である。

ちょく‐せん【勅撰】〔名〕天皇や院が詩歌・文章を選ぶこと。また、天皇や院の命令で詩歌・文章を選ぶこと。また、そうしてできた書物。例「世静まり候ひなば、――の御沙汰候はんずらん」〈平家・七・忠度都落〉訳 世の中が静まりましたなら、勅撰のご命令がございましょう。

勅撰三集〔書名〕平安初期に勅撰された三つの漢詩文集、『凌雲集』『文華秀麗集』『経国集』の総称。

ちょく‐ぢゃう【勅諚】〔名〕天皇のおおせ。勅命。みことのり。例「――の趣を仰せ含めんとするに」〈平家・三・頼豪〉訳 天皇のおおせの趣旨を(天皇に代わり)話して納得させようとすると。

ち‐よろづ【千万】〔名〕数のきわめて多いこと。数限りないこと。無数。例「――の軍なりとも言挙げせず取りて来ぬべき男とぞ思ふ」〈万葉・六・九七二〉訳 (敵が)無数の大軍であろうとも、言葉に出して(とやかく)言いたてないで捕らえて来ることのできる男子だと(あなたのことを)思っています。

ちら・す【散らす】〔他サ四〕《「散る」の他動詞形》❶ふりまく。散らかす。❷落とし物をする。なくす。散失する。例「――・すまじき文どもを一合、判官に取られてあるぞとよ」〈平家・一一・文之沙汰〉訳 なくしてはならない手紙を一箱、判官(=源義経)に取られているということだ。

❸言いひろめる。口外する。例「かう申したりとな――・し給ひそ」〈枕草子・御前にて人々とも〉訳 こう私が申していたと口外なさいますな。

〓〔補動サ四〕(動詞の連用形に付いて)し放題に…する。やたらに…する。例「入道相国――・されたれども」〈平家・三・城南之離宮〉訳 入道相国(=平清盛)はこのようにさんざんし放題になされたが。

ちら・ふ【散らふ】【連語】《「散る」の未然形＋反復・継続の助動詞「ふ」》散り続ける。しきりと散る。例「もみち葉の――・ふ山辺ゆ漕ぐ船のにほひに愛でて出でて来にけり」〈万葉・一五・三七〇四〉訳 紅葉した葉がしきりと散る山のあたりを漕ぐ船の照り映える色の美しさに心ひかれて(私は)出て来たのだ。

ちり【塵】〔名〕❶ほこり。小さなごみ。例「清滝や波に――なき夏の月」〈去来抄・先師評〉訳 その名のとおり清滝川(=京都市北部ノ川)は、その流れの波間に塵一つなく清らかに流れている。折から夏の月光の下で。❷ほんの少しの汚れ。小さな汚点や欠点。少しの傷。例「かたちきたなげなく若やかなるほどの、おのがじしは――もつかじと身をもてなし」〈源氏・帚木〉訳 顔は美しく若々しい年頃で、各自めいめい(自分には)小さな欠点もないと振る舞い。注 女性評ノ一節。❸世の汚れ。また、汚れた世。例「世に従へば、心、外の――に奪はれて惑ひやすく」〈徒然草・七五〉訳 世の中に順応すれば、心は外界の汚れにとらわれて迷いやすく。注「外の塵」トハ眼・耳ナドヲ通ジテ入ッテクル外界ノ刺激。❹ほんの少しの物事のたとえ。わずか。僅少。例「かやうに様をかへておはしたれば、日比の科は露――ほども残らず」〈平家・一・祇王〉訳 このように(尼に)姿をかえて来られたので、日頃の罪科は少しも残りません。

ちり‐がた【散り方】〔名〕まさに散ろうとする頃。散り始めの頃。散り際。

ちりかひ‐くも・る【散り交ひ曇る】〔自ラ四〕曇ったように見えるほど散り乱れる。例「桜花――・れ老いらくの来むと言ふなる道まがふがに」〈古今・賀・三四九〉訳 桜の花よ、曇るばかりに散り乱れよ。老いがやって来ると人が言う道が入り乱れ(隠れ)て、わからなくなるように。注 太政大臣藤原基経ノ四十ノ賀ニ、在原業平ガ詠ンダ歌。四十歳ハ初老トサレタ。

ちり‐か・ふ【散り交ふ】〔自ハ四〕入り交じって散る。散り乱れる。例「春の野に若菜摘まむと来しものを――・ふ花に道はまどひぬ」〈古今・春下・一一六〉訳 春の野に若菜を摘もうと思って来たのに、散り乱れる花のために道を迷ってしまった。注「花」ヲソノママ桜ト解スルト、桜ハ三月ノ花、若菜ハ初春(=正月)ノ草デ季節ガ合ワナイ。コノ「花」ハ単ニ女性ニタトエタモノトスル説モアル。

ちり‐しを・る【散り萎る】〔自ラ下二〕散ってしおれる。散りしぼむ。例「咲きぬべきほどの梢、散りしをれたる庭などこそ見所多けれ」〈徒然草・一三七〉訳 今にも咲いてしまいそうな頃の梢、花が散ってしおれている庭などにこそ見所は多いのである。

ちり‐す・ぐ【散り過ぐ】〔自ガ上二〕すっかり散る。散ってしまう。例「花見にまかれりけるに、早く――・ぎにければ」〈徒然草・一三七〉訳 花見に出かけたところが、すでに(すっかり)散ってしまっていたので。

ちり‐づか【塵塚】〔名〕ごみ捨て場。ごみため。例「多くて見苦しからぬは、文車の文、――の塵」〈徒然草・七二〉訳 多くても見苦しくないものは、文車(=室内デ書物ヲ運搬スル車)に載っている書物、ごみ捨て場のごみ。

ちり‐ぼ・ふ【散りぼふ】〔自ハ四〕❶散ってばらばらになる。散らばる。例「庭の面になづなの花の――・へば春まで消えぬ雪かとぞ見る」〈曽丹集〉訳 庭一面に白いナズナの花が一面に散らばっているので、それを春まで消えずに残っている雪かと見ることだ。❷一緒にいた人が散り散りになる。離散する。また、落ちぶれてさすらう。例「さすがに――・ひ給はむ有様どもの、悲しうもあべいかな」〈源氏・真木柱〉訳 やはり落ちぶれてさすらいなさるであろう有様が、(覚悟しているとはいいながら)悲しいことであるだろうよ。

ちり‐まが・ふ【散り紛ふ】〔自ハ四〕花や葉などがしきりに散る。散り乱れる。例「――・ふ花のよそめはよし野山嵐に騒ぐ嶺の白雲」〈新古今・春下・一三三〉訳 散り乱れる桜の花の遠くからの眺めはすばらしい吉野山である。花が嵐で立ち騒ぐ嶺の白雲のようだ。

ち・る【散る】〈自ラ四〉(ら・り・る・る・れ・れ) ❶(花や葉・雪などが)散り落ちる。散る。例「久方(ひさかた)の光のどけき春の日にしづ心なく花の――・るらむ」〈古今・春下・八四〉訳日の光がのどかな春の日に、どうして落ち着いた心もなくあわただしく桜の花は散っているのだろう。

❷ばらばらになる。散らばる。散乱する。例「ありつる御手習ひどもの――・りたるを御覧じつけて」〈源氏・藤裏葉〉訳(太政大臣は)さっきの(娘雲居雁(くもいのかり)と夕霧の)手習いの紙片が散らばっているのを見付けなさって。

❸(知られたくないことが)多くの人々に知れ渡る。広まる。例「見苦しきこと――・るがわびしければ、御文(ふみ)はいみじう隠して、人につゆ見せ侍(はべ)らず」〈枕草子・頭の弁の、職に〉訳(あなたの)見苦しい言葉が知れ渡るのが気の毒なので、お手紙はしっかり隠して、他人には少しも見せません。

❹注意力などが集中しない。心が散漫になる。気が散る。例「いろいろ目移ろひ心――・りて」〈源氏・若菜・下〉訳あれこれと目移りがし心が散漫になって。

ち-ゑ【知恵・智慧】(エ:)〈名〉❶物事の道理を知り、是非・善悪をわきまえる心のはたらき。智。例「良き友三つあり。一つには物くるる友。二つには医師(くすし)。三つには――ある友」〈徒然草・一一七〉訳良い友には三つの種類がある。一つには物をくれる友。二つには医者。三つには知恵のある友。

❷(仏教語)迷いを絶って悟りを開く力。真理を会得(えとく)するはたらき。例「昔、西天竺(にしてんぢく)に竜樹菩薩(りゅうじゅぼさつ)と申す上人(しゃうにん)まします。――甚深(じんじん)なり」〈宇治拾遺・一三・一〉訳昔、西インドに竜樹菩薩とおっしゃる高僧がおられた。(その方の)知恵はたいそう深かった。

ぢん【沈】(ジン)〈名〉「沈香(ぢんかう)」の略。

ぢん【陣】(ジン)〈名〉❶戦いのため、兵士を並べて隊列・隊形を編制すること。また、その隊列・隊形。陣形。例「魚鱗(ぎょりん)・鶴翼(かくよく)の――、官軍利を得ず」〈平家・七・平家山門連署〉訳(敵の源氏に対して)魚鱗・鶴翼の隊形(を組んだが)、官軍(=平氏)には勝ち目がない。注「魚鱗」ハ魚ノウロコノヨウニ中央部ガ、「鶴翼」ハ反対ニ両端ガ突キ出タ隊形。

❷軍勢が集結している所。陣営。陣屋。軍営。例「あなおびたたしの源氏の――の遠火(とほび)の多さよ」〈平家・五・富士川〉訳ああものすごい源氏の陣営の遠火の多いことよ。注土地ノ人々ノ煮タキスル火ヲ源氏ノ火ト誤認スル。

❸宮中や貴族の邸宅で、警固の者の詰めている所。また、その者。宮中には、左右の近衛府・衛門府・兵衛府の六か所ある。例「殿上人(てんじゃうびと)・地下(ぢげ)なるも、――に立ち添ひて見るも、いとねたし」〈枕草子・大進生昌が家に〉訳昇殿を許された者や、許されていない者まで、警固所のそばに立ち並んで見ているのも、ひどくいまいましい。

❹宮中での節会(せちえ)や法会(ほうえ)などの際、上卿(しゃうけい)など高位の者がつく席。「陣の座」とも。紫宸殿(ししんでん)の東側の左近の陣と西側の右近の陣とがある。例「上達部(かんだちめ)――に集まって」〈平家・四・厳島御幸〉訳公卿(くぎゃう)達は陣の座に集まって(東宮即位の儀式を行う)。

❺いくさ。戦い。合戦。

ぢん-かう【沈香】(ジンコウ)〈名〉木の名。ジンコウ。熱帯地方に産するジンチョウゲ科の常緑高木。高さ約一〇メートル。花は白色。材は、芯(しん)が堅く重く水に沈み、香料、また高級調度品に用いる。光沢のある黒色の優良品を、特に「伽羅(きゃら)」という。「かほりぎ」「沈水香」「沈」とも。

ちんじゅ-ふ【鎮守府】〈名〉平安時代、蝦夷(えぞ)の鎮圧や辺境防備のため、陸前(りくぜん)の国(=宮城県)の多賀城に置かれた役所。後には、陸中(りくちゅう)の国(=岩手県)の胆沢城(いさわじょう)・平泉(ひらいずみ)などに移された。

参考 長官は将軍、次官は副将軍、三等の官は軍監(ぐん)、四等の官は軍曹(そう)といった。三位以上の者が将軍となった時は、「鎮守府大将軍」と称した。

ちん・ず【陳ず】〈他サ変〉(ぜ・じ・ず・ずる・ずれ・ぜよ) ❶申し開きをする。弁解する。例「あなにくや。この上をば何と――・ずべき」〈平家・二・小教訓〉訳ああ憎らしい。この(ように証拠があがっている)上で何と弁解することが出来ようか。

❷その場しのぎのことを言う。ごまかしを言う。

ぢん-すい【沈水】(ジン)〈名〉⇒ぢんかう(沈香)

ちん-ぜい【鎮西】〈名〉(上代、一時大宰府(だざいふ)を鎮西府と呼んだことから)九州の別名。例「――はわづかに平らげども、東国・北国の戦(いくさ)いかにも静まらず」〈平家・七・主上都落〉訳九州はやっと平定したけれども、東国や北国の戦いはどうしても静まらない。

参考 九州は、古くは「西海道」「筑紫(つくし)」などと呼ばれたが、中世では「鎮西」、南北朝以降は「九州」と呼ばれることが多かった。

椿説弓張月(ちんせつゆみはりづき)【書名】江戸後期の読本。曲亭馬琴(ばきん)作。葛飾北斎画。一八〇七年(文化四)～一八一一年刊。源為朝伝説を主軸に、『保元物語』『太平記』『水滸後伝』など和漢の古典に構想を仰ぎ、舞台を京都から伊豆七島・琉球へと転変させ、波乱に富む為朝の活躍を雄大なスケールで描いた馬琴の長編読本の初作。

ちん-ちょう【珍重】〈名・他サ変〉❶珍しいものとして大切にすること。貴重なものとしてもてはやすこと。例「この句は我も――して、笈(おひ)の小文(こぶみ)に書き入れける」〈去来抄・先師評〉訳この句(=岩鼻やここにもひとり月の客)はわたし(=芭蕉)も他にないすばらしい句として大切にし、「笈の小文」に書き入れた。注「笈の小文」は、一般ニイウ芭蕉ノ紀行文デハナイ。現存シテイナイ。

❷めでたいこと。結構なこと。

ぢん-ばおり【陣羽織】(ジン)〈名〉陣中で鎧(よろひ)や具足の上に着た、袖なしの羽織。絹・羅紗(らしゃ)など上等の布地で作る。具足羽織。

ぢんばおり

ぢん-や【陣屋】(ジン)〈名〉❶軍勢の集まっている所。軍営。陣所。

❷警護の者の詰め所。例「御桟敷(さじき)の前に――据ゑさせ給へる、おぼろけのことかは」〈枕草子・関白殿、二月二十一日に〉訳(法会で、中宮の)ご座席の前に(近衛(この)えの)警護の詰所を設けていらっしゃるのは、並大抵のことだろうか(いや、すばらしいことだ)。

❸地頭や郡代・代官などの役所・居所。

つ【津】〔名〕船着き場。港。渡し場。例「沖つ波辺波な越しそ君が船漕ぎ帰り来て――に泊(は)つるまで」〈万葉・一九・四二四六〉訳沖の波よ岸辺に寄せる波よ、船を越えるな。我が君の船が漕ぎ帰って来て港に停泊する日まで。

つの判別

①完了の助動詞「つ」

例 問ひつめられて、え答えずなり侍りつ　　実現・完了…❶

例 命限りつと、思ひ惑はる　　確述・強調…❷

例 乗っては降りつ、降りては乗っつ　　継起・継続…❸（中世以降）

②格助詞「つ」《上代語》　――体言や形容詞の連体形に付く

例 沖つ白波立ちし来らしも

つ〔助動下二型〕接続 活用語の連用形に付く。

【完了】❶《動作・作用が実現・完了した意を表す》**…た。…てしまう。…てしまった。** 例「雀(すずめ)の子を犬君(いぬき)が逃がしつる。伏せ籠(ご)の内に籠(こ)めたりつるものを」〈源氏・若紫〉訳雀の子を犬君(=召使イノ童女ノ名)が逃がしてしまったわ。伏籠の中に閉じ込めておいたのに。例「問ひつめられて、え答えずなり侍りつ」〈徒然草・二四三〉訳(八歳の息子、兼好に仏について)問いつめられて、(父である私は)答えることができなくなってしまいました。

❷《動作・作用の実現や存在を確かなことと認める意(確述・強調)を表す》ⓐ《単独で用いられる場合》**まちがいなく…する。…てしまう。** 例「門(かど)よくさしてよ。雨もぞ降る」〈徒然草・一〇四〉訳門をよくしめてしまえ。雨でも降るといけない。注「もぞ」ハ、悪イコトヲ予測シテ、心配スル意。例「風の吹き惑(ま)ど)ひたるさま、恐ろしげなること、命限りつと、思ひ惑はる」〈更級・初瀬〉訳風がひどく吹き荒れている様子など、その恐ろしそうなことは、もうこれでまちがいなく命もおしまいだと、うろたえてしまうのだった。ⓑ《「てむ」「つべし」など、推量の助動詞を下に付けた場合》**きっと…だろう。必ず…しよう。** 例「この酒を飲みてむとて、よき所を求め行くに」〈伊勢・八二〉訳この酒を飲んでしまおうと、それに適した場所を捜して行くうちに。

❸《中世以降の用法》《二つの動作・作用が、同時に、または継続して実現する意(継起・継続)を表す》…たり…たり。例「僧都(そうづ)、乗っては降りつ、降りては乗っつ、あらまし事をぞし給ひける」〈平家・三・足摺〉訳(いよいよ舟を出そうとした時、俊寛)僧都は、舟に乗っては降りたり、降りてはまた乗ったり、(舟に乗せてもらって都へ)帰りたいという気持ちを行動に表された。

未然形	連用形	終止形	連体形	已然形	命令形
て	て	つ	つる	つれ	てよ

要点 (1)「つ」と「ぬ」とは、似た意味を表すが、「つ」は、人為的・意志的な動作を表す動詞に付く場合が多く、意志的動作の完了の意を表す。これに対して、「ぬ」は、自然的・無意志的な作用を表す動詞に付くことが多く、話し手の関与できない自然的作用の完了の意を表す。「散らしつ」と「散りぬ」の違いや「石を投げつ」と「花咲きぬ」の違いなどに注意するとよい。⇩たり(ラ変型)要点(1)

また、「つ」には、動作・作用がすでに終わったことを表す、完了・終結の意を表す傾向が強いのに対して、「ぬ」には、動作・作用が実現し、その結果が存続していること、つまり状態の発生の意を表す傾向が強い。例えば、「石を投げつ」は、「投ぐ」という動作の終結に中心があり、「花咲きぬ」は、「咲く」作用が実現して「咲いている」という状態の発生を意味する。

(2)「つ」は、過去・回想の助動詞と同類に見られることがあるが、完了は本来、過去などという時とは関係がない。②の用法で、現在や未来の動作・作用に「つ」が付く例があるのも、そのことをよく示している。ただ、すでに実現・完了した事柄について表現する時は、「き」や「けり」と似たような意味になることもある。その場合は、「き」「けり」より「つ」の方が現在に近い時のことを表すのが普通である。例えば、「ありし人」「ありつる人」では、前者が過去の人の意であるのに対して、後者はついさっきの人の意である。

つ〔格助〕《上代語》接続 体言や形容詞の語幹に付く。

【連体】《連体修飾語であることを表す。所有・所属などの意を表す》…の。例「かしふ江に鶴(たづ)鳴き渡る志賀(しか)の浦に沖つ白波立ちし来らしも」〈万葉・一五・三六五四〉訳かしふの入り江に鶴(つる)が鳴きながら飛んで行く。志賀の浦に沖の白波が立って来ているらしい。

要点 「天(あま)つ神」「国つ神」「先つ頃」「夕つ方」「秋つ方」「遠(ほと)つ国」のように、さまざまに使われる。「の」と同じく、連体修飾語を構成するが、「の」に比べて用法が限られており、平安以降は「…つ…」の全体で一つの複合語として扱う。「まつげ」「ときつかぜ」「たなばたつめ」などの「つ」も、もとはこの助詞である。

づ【図】ズ〔名〕❶地図。絵図。図面。❷音律の標準となる調子を定める図竹(けずた)。調子笛などの類。例「当寺の楽(がく)は、よく――を調べ合はせて、ものの音(ね)のめでたく調(とと)のほり侍ること、外(ほか)よりもすぐれたり」〈徒然草・二二〇〉訳この寺(=大阪ノ天王寺)の舞楽は、よく図竹と調子を合わせてあって、楽器の音が美しく調和しておりますことは、他(の寺)よりもすぐれています。❸様子。光景。❹前もって考えた手だて。もくろみ。ねらい所。

づ【出】ズ {で・で・づ・づる・づれ・でよ}《上代語。「いづ」の「い」の脱落したもの》■一〔自ダ下二〕出る。例「武蔵野(むざしの)に占部(うらへ)かた焼き真実(まさで)にも告(の)らぬ君が名占(うら)にでにけり」〈万葉・一四・三三七四〉訳武蔵野で占い師が骨を焼いて占ったところ、決して口に出していないあなたの名前が占いに出てしまった。■二〔他ダ下二〕出す。取り出す。例「鮑玉(あはびたま)さはに潜(かづ)きでと」〈万葉・六・九三三長歌〉訳真珠をたくさん(海の中に)もぐって取り出して。

つい【終・遂】〔名〕⇩つひ

つい〔接頭〕《動詞「突く」の連用形のイ音便》《動詞に付いて》動作が、突然に、また、なにげなく行われる意を添える。「―くぐる」「―立つ」「―居る」など。

つい-ゐる【突い居る】〔動〕⇩ついゐる

つい-え【費え・弊え】〔名〕⇩つひえ

つい-がき【築垣・築墻】〔名〕《「つきがき」のイ音便。古くは「ついかき」》⇩ついぢ(築地)

つい-がさね【衝重ね】〔名〕《「つきがさね」のイ音便》ヒノキの白木で四角形に作った「折敷」に台をつけたもの。食器をのせるのに用いる。

つい-く・ぐる【突い潜る】〔自ラ四〕《「つい」は接頭語》さっとくぐる。例「但馬少しも騒がず、上がる矢をば―・り、下がる矢をば躍り越え」〈平家・四・橋合戦〉訳但馬(という荒法師)は少しもあわてずに、頭上に来る矢をさっとくぐり、足もとに来る矢を飛び越えて。

つい-じ【築地】〔名〕⇩ついぢ

つい-しょう【追従】〔名・自サ変〕《「ついそう」とも》❶あとにつき従うこと。つきまとうこと。例「童なれば、宿直人などもことに見入れ―・せず」〈源氏・空蟬〉訳(小君は)子供なので、宿直の人なども、特に気をつけてあとにつきまとうこともしない。

❷こびへつらうこと。おもねること。

参考 現在では、①の場合は、「ついじゅう」という。

つい-ぜん【追善】〔名〕《仏教語》死者の冥福を祈り、年忌などに法事を営むこと。「追福」とも。例「亡者の―には、何事か勝利多き」〈徒然草・二二二〉訳死者の追善供養には、どういうことをするのが御利益が多いでしょうか。

つい-たち【朔日・月立ち】〔名〕《「月立ち」のイ音便》対つごもり ❶月の初め。月の上旬。例「四月のつごもり、五月の―の頃ほひ、橘の葉の濃く青きに」〈枕草子・木の花は〉訳四月の下旬、五月の上旬の時分、橘の葉が色濃く青いところに。

❷月の第一日目。いちじつ。例「卯月―、御山に詣拝す」〈奥の細道・日光〉訳(陰暦)四月一日、御山(=日光山東照宮)に参詣する。

ついたち-さうじ【衝立ち障子】〔名〕⇩ついたてさうじ

つい-た・つ【突い立つ】〔自タ四〕《「つい」は接頭語》すばやく立ち上がる。さっと立つ。例「―・って中門に出でて」〈平家・二・烽火之沙汰〉訳(平清盛が)さっと立って中門に出て。

ついたて-さうじ【衝立て障子】〔名〕《「ついたて」は「つきたて」のイ音便、「さうじ」は「しゃうじ」の直音表記。「ついたちさうじ」とも》「襖障子」に台を付けたような作りで、室内の仕切りなどに用いる道具。ついたて。

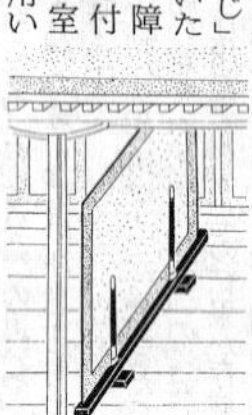
ついたてさうじ

つい-ぢ【築地】〔名〕《「築泥」のイ音便「ついひぢ」の変化した形》❶どろを塗り固めて作った塀。土塀。古くは、土手のように土をつき固めただけだったが、後には、柱を立て板を芯にした。その上にかわら屋根をのせたものも作られた。「ついがき」とも。

❷(「築地」の塀は上流貴族の家だけに用いられたことから)「公卿」「堂上」の別名。

ついで

【序】〔名〕❶物事の順序。順番。例「四季はなほ定まれる―あり。死期は―を待たず」〈徒然草・一五五〉訳四季(の推移に)はそれでも決まった順序がある。(しかし人の)死期は順序を待たない。

❷機会。おり。場合。例「京に出でたる―に参りて」〈源氏・橋姫〉訳(僧は)京に出た機会に(冷泉院に)参上して。

つい-で【次いで・尋いで】〔接続〕《「次ぎて」のイ音便。漢文訓読体の文章に用いられる》次に。つづいて。それからまもなく。

序無・し きっかけがない。特に理由がない。例「人に物を取らせたるも、―・くて、『これを奉らん』と言ひたる、まことの志なり」〈徒然草・二三一〉訳人に物をあげるのも、特にこれといった理由がないまま、「これをさしあげましょう」と言うようなのが、本当の志なのだ。

ついで-に【序に】〔副〕《「ついで(序)②」+格助詞「に」》その機会を利用して。その折に合わせて。例「有房―物習ひはべらん」〈徒然草・一三六〉訳私、有房もこの機会に一つ教えていただきましょう。

つい-な【追儺】〔名〕「鬼遣らひ」に同じ。例「―より四方拝に続くこそ、おもしろけれ」〈徒然草・一九〉訳(大晦日の)追儺から(元日の)四方拝(=元日ノ朝廷ノ儀式)へと続くのは、面白い。

ついに【遂に・終に】〔副〕⇩つひに

つい-ひぢ【築地・築泥】〔名〕《「つきひぢ」のイ音便「ついぢ」に同じ。土塀。例「女の一人住む所は、いたくあばれて―なども完からず」〈枕草子・女のひとり住む所は〉訳女が一人で住んでいる所は、ひどく荒れはてて土塀なども完全でなく。

ついひぢ

つい-ぶ【追捕】〔名・他サ変〕《「ついほ」「ついぶく」とも》❶役人をつかわして、賊や罪人を追いかけ捕らえること。例「やがて―の官人参って、御内の人々搦め取り」〈平家・三・僧都死去〉訳すぐに追捕の役人が参上して、(俊寛の)ご家族の方々を捕らえ。

❷奪い取ること。没収すること。取り上げること。例「その家に乱入し、資財雑具を―・し」〈平家・一・禿髪〉訳(平家の悪口を言った)その家に乱入し、財産や種々の家具類を没収し。

つい-ぶ-し【追捕使】《「ついぶくし」とも》武家の職名の一つ。国司・郡司の中から武芸・才能の秀でた者が選ばれ、その管内の盗賊や罪人などを逮捕・鎮圧する役。平安後期以降は、神社・仏閣の荘園にも置かれた。守護の制の施行後は廃止された。

つい-まつ【続松・松明】〔名〕《「継ぎ松」のイ音便》「松明」に同じ。例「その杯の皿に、―の炭して、歌の末を書きつぐ」〈伊勢・六九〉訳（上の句の書いてある）その杯の台皿に、松明の炭でもって、歌の下の句を書き継いだ。注「杯」ハ、古クハ素焼キ。

つい・ゐる【突い居る】〔自ワ上一〕{ゐ・ゐ・ゐる・ゐる・ゐれ・ゐよ}❶膝をついて座る。かしこまって座る意を表す。例「経正（つねまさ）、明神（みやうじん）の御前に――・ゐ給ひつつ」〈平家・七・竹生島詣〉訳平経正は、竹生島の明神様の前に膝をついてかしこまりなさりながら。❷《「つい」は接頭語》ちょこっと座る。例「法師の、登りて木の股（また）に――・ゐて物見る、あり」〈徒然草・四一〉訳（向こう側にあるセンダンの木に）法師で、登って木の股にちょこっと座って（競馬を）見物しているのが、いる。

つう【通】〔名〕❶⇩つうりき（通力）例「久米（くめ）の仙人の、物洗ふ女の脛（はぎ）の白きを見て、――を失ひけんは」〈徒然草・八〉訳久米の仙人が、物を洗っている女のすねの白いのを見て、神通力を失っ（て空から落ち）たというのは。❷《近世語》その事やその道によく通じていること。また、その人。特に、人情の機微や花柳界などに精通し、洗練されていること。また、その人。対やぼ

参考 ②は、江戸時代中期以降、江戸で発達した美的理念。洒落本・黄表紙などに描かれ、主に吉原などの遊里を背景に形成された。

つう-りき【通力】〔名〕すべての事に通じなんでもできる、自由自在の不思議な力。神通力。単に「つう」とも。例「仙人、夫人（ぶにん）の貴（あて）なる音（こゑ）を聞きて心の穢（けが）れければ、たちまちに仙の――失（う）せて」〈今昔・五・三〇〉訳仙人は、（帝釈天の妻）舎脂夫人の上品で美しい声を聞いてけがらわしい心を起こしたので、すぐさま仙人の神通力を失って（普通の人間になってしまった）。

つか【束・柄】〔名〕❶親指以外の四本の指で握ったほどの長さ。上代では、長さの単位の一つとした。例「佩（は）ける十（と）――剣（つるぎ）を乞（こ）ひ渡して」〈古事記・上・天照大神と須佐之男命〉訳（須佐之男命が）腰につけている十束の剣を頼んでもらって。❷束ねた物。また、束ねた物を数える時の単位。束ね。❸（器具や刀などで）手で握る部分の称。

つか【塚】〔名〕土や石などを高く盛った所。また、そうして作った墓。例「――も動け我（わが）泣く声は秋の風」〈奥の細道・金沢〉訳私の泣く声は秋風となって塚を吹いてゆく。塚よ、この秋風にわが無限の慟哭がこもっているのだ。塚よ、秋風に吹かれている塚よ、わが深い哀悼の心に感じてくれ。

つかう-まつ・る【仕うまつる】{ら・り・る・る・れ・れ}《「つかへまつる」のウ音便。「つかまつる」のもとの形》

本来、「仕ふ」の謙譲語で、お仕え申し上げるの意。また、貴人のために楽器を演奏したり、和歌を詠んだりするなど、動作を表す謙譲語（現代語ではいたす）としても用いられる。

━〔自ラ四〕《「仕ふ」の謙譲語》貴人のそば近くでお世話申し上げる。**お仕え申し上げる。**例「かほどの者、いかでか君に――・り候ふべき」〈徒然草・九四〉訳この程度の（＝勅書ヲ持ッタママ下馬シテシマウヨウナ）者が、どうして院にお仕え申し上げることができましょうか。

━〔他ラ四〕《「為（す）」「行ふ」などの謙譲語》**いたす。**例「この女（め）の童（わらは）は、絶えて宮仕へ――・るべくもあらず侍（はべ）るを、もてわづらひ侍り」〈竹取・帝の求婚〉訳この娘子（＝カグヤ姫）は、まったく宮仕えいたしそうにございませんので、もてあましております。

━〔補動ラ四〕（動詞の連用形に付いて）謙譲の意を表す。**お…いたす。…申し上げる。**例「すべらぎの御祖父（おほぢ）にて、うちそひ――・らせ給へる殿の御有様、御かたちなど」〈大鏡・道長・上〉訳天皇（＝後一条天皇）の祖父で、（天皇のそばに）付き添い申し上げなさっていらっしゃる殿（＝藤原道長）のご様子、ご容貌など。

つかえまつる【仕え奉る】⇩つかへまつる

つかさ【司・官・寮】〔名〕❶役所。官庁。例「かの――の官人（くわんにん）、くらつ麿（まろ）と申す翁（おきな）」〈竹取・燕の子安貝〉訳例の役所（＝大炊寮）の役人で、くらつ麿という老人。❷官職。公の役目。例「除目（ぢもく）に――得ぬ人の家」〈枕草子・すさまじきもの〉訳除目（＝官職任命ノ儀式）で官職に就くことができなかった人の家（は寒々としている）。❸役人。官吏。「司人（つかさびと）」とも。例「近き所どころの御庄（みさう）の――召して」〈源氏・須磨〉訳（光源氏は須磨の住居に）近いあちこちの荘園の役人をお召しになって。❹役所・官職などの長。主だった者。

要点 ④は①～③の転義。「長・首」などの漢字をあてる。

つかさ-かうぶり【司冠・官爵】《連語》❶官職と位階。官位。例「――も、わが子を見たてまつらでは何にかはせむ」〈竹取・帝の求婚〉訳（たとえ）官位（をいただいて）も、大切な娘であるあなた（＝カグヤ姫）のお姿を拝見できなくなったのでは何の役に立とうか。❷「年官（ねんくわん）」と「年爵（ねんしやく）」。

つかさ-くらゐ【司位・官位】《連語》官職と位階。⇩つかさかうぶり

つかさ-ど・る【司る・掌る】〔他ラ四〕{ら・り・る・る・れ・れ}職務として取り行う。担当する。例「天児屋根尊（あまのこやねのみこと）の御末、朝（てう）の政（まつりごと）を――・り給ひしよりこのかた」〈平家・二・教訓状〉訳天児屋根尊の末裔が、朝廷の政務を担当なさって以来。

つかさ-びと【司人】〔名〕官職についている人。役人。官吏。

つかさ-めし【司召し】〔名〕《「司召しの除目（ぢもく）」の略》京都の諸官を任命する年中行事。古くは春、後には秋に行われた。（季・秋）例「秋の――に、かうぶり得て侍従（じじゆう）になり給ひぬ」〈源氏・少女〉訳秋の諸官任命式で、（夕霧は）五位に叙せられて侍従におなりになった。

要点 地方官を任命するのは「県（あがた）召し」で、普通、春行われた。なお、「除目」の総称として「司召し」を使うこともあるが、時には「県召し」をいうこともある。

つかさめし-の-ぢもく【司召しの除目】〔名〕⇩つかさめし

つか・ぬ【束ぬ】〔他ナ下二〕{ね・ね・ぬ・ぬる・ぬれ・ねよ}❶（髪の毛や木の枝などの細長い物を）一つにまとめてくくる。たばねる。❷（腕や手などを）組み合わせる。つかねる。

つがのき‐の【栂の木の】〘枕詞〙(栂の木はマツ科の常緑高木。類似の音の反復で)「つぎつぎ」にかかる。例「生(あ)れまし神のことごと――いやつぎつぎに天(あめ)の下領(し)らしめししを」〈万葉・一・二九長歌〉訳(神武天皇の昔から)お生まれになった天皇すべてが、次から次へと(この大和で)天下をお治めになったのに。

つか‐の‐ま【束の間】〔名〕きわめて短い時間。ほんのちょっとの間。「つかのあひだ」とも。例「人はただ、無常の身に迫りぬることを心にひしとかけて、――も忘るまじきなり」〈徒然草・四九〉訳人はひたすら、死が自分の身に迫っていることをしっかり心に留めて、ほんのちょっとの間も忘れてはならないのだ。

つか‐は・す ツカワス 〈さ・し・す・す・せ・せ〉 ■一【使はす】〘連語〙(「使ふ」の未然形＋尊敬の助動詞「す」)お使いになる。例「――・し御門(みかど)の人も」〈万葉・二・一九九長歌〉訳(高市皇子(たけちのみこ)が)お使いになっておられた臣下の者達も。■二【遣はす】〔他サ四〕❶(「遣(や)る」の尊敬語)(使いとして人を)おやりになる。おつかわしになる。派遣なさる。例「靫負(ゆげひ)の命婦(みやうぶ)といふを――・す」〈源氏・桐壺〉訳(桐壺(きりつぼ)帝は)靫負の命婦という者をおつかわしになる。❷(「与ふ」の尊敬語)お与えになる。お贈りになる。例「御身に馴(な)れたるどもを――・す」〈源氏・明石〉訳(光源氏は別れ際に)着慣れた衣服などをお与えになる。❸(①②の敬意のない用法)やる。行かせる。与える。例「この翁丸(おきなまろ)打ち調(てう)じて、犬島へ――・せ。ただ今」〈枕草子・上にさぶらふ御猫は〉訳この翁丸(=犬ノ名)を打ちこらしめて、犬島へやってしまえ。今すぐ。注天皇ノ飼イ猫ニ飛ビカカロウトシタ犬ヲ怒ッタ、天皇ノ言葉。■三〔補動サ四〕(室町時代以降の用法。「…てつかはす」の形で、自分の動作について用いて)…てやる。例「支度(したく)をして――・さうから、相応な所を見立てろ」〈浮世風呂・二・下〉訳(結婚の)支度はしてやるから、ふさわしい相手を見つけなさい。

つかひ【使ひ】 ツカイ〔名〕(動詞「使ふ」の連用形の名詞化)❶使者。使い。例「足利左馬入道(あしかがさまのにふだう)のもとへ、まづ――を遣はして」〈徒然草・二一六〉訳(北条時頼(ときより)は)足利左馬入道(=義氏ヨシウジ)のところに、先に使者をおやりになって。❷召使い。また、そばめ。例「御――とおはしますべきかぐや姫の要(えう)じ給ふべきなりけり」〈竹取・蓬萊の玉の枝〉訳(くらもちの皇子(みこ)の)側室でいらっしゃるはずのかぐや姫が(蓬萊(ほうらい)の玉の枝を)必要となさっているのだった。

つがひ【番ひ】 ツガイ〔名〕❶一つに組み合わされるべき二つのもの。特に、一対の雄(おす)と雌(めす)。例「水鳥どもの、――を離れず遊びつつ」〈源氏・胡蝶〉訳水鳥達が、つがいで離れることなく遊びながら。❷二つのものをつなぐ部分。つなぎめ。❸折節。時節。

つかひ‐ざね【使ひ実】 ツカイ…〔名〕使者の中の、主だった人。正使。例「――とある人なれば、遠くも宿さず」〈伊勢・六九〉訳(男は)正使として来た人であるから、御殿から離れた所に泊めたりはしない。

つか・ふ【仕ふ】 ツコウ〔自ハ下二〕〈へ・へ・ふ・ふる・ふれ・へよ〉❶貴人のそば近くにあって、その用を行う。つかえる。例「身を全(まつた)うして君に――・ふといふ本文あり」〈平家・一・殿上闇討〉訳(武人は)自分の命をまっとうして主君につかえるのが第一だという古い文句がある。❷官職につく。仕官する。勤務する。例「今は公(おほやけ)に――・へ」〈源氏・玉鬘〉訳(光源氏は)今は(太政大臣として)朝廷に仕官し。

つか・ふ【使ふ】 ツコウ〔他ハ四〕〈は・ひ・ふ・ふ・へ・へ〉❶物・道具・手段などを自分の用に役立てる。利用する。使う。例「野山にまじりて竹を取りつつ、よろづの事に――・ひけり」〈竹取・かぐや姫の生ひ立ち〉訳(竹取の翁(おきな)は)野山に分け入っていつも竹を取っては、いろいろな事に使っていた。❷人などに自分の用をさせる。使役する。使う。例「上の近う――・はせ給ふを見るには、ねたくさへこそ覚ゆれ」〈枕草子・めでたきもの〉訳天皇が(蔵人(くらうど)を)お側(そば)近くお使いあそばされるのを見る時には、ねたましくさえ思われる。❸(多く「心つかふ」の形で)心を働かせる。その気を起こす。例「女は、心高く――・ふべきものなり」〈源氏・須磨〉訳女というものは、心を気高く保つべきものである。❹(受身の形で)自由にする。追い使う。あやつる。例「名利(みやうり)に――・はれて、閑(しづ)かなる暇(いとま)なく、一生を苦しむるこそ愚(おろ)かなれ」〈徒然草・三八〉訳名誉欲や利欲にあやつられて、のどかな時もなく、一生を苦しく思いながら過ごすことはまことにばかげたことだ。

つが・ふ【番ふ】 ツゴウ〈は・ひ・ふ・ふ・へ・へ〉■一〔自ハ四〕組み合わされて一つになる。特に、動物などの雄(おす)と雌(めす)が対(つい)になる。つがう。例「打ち払ふ友なきころの寝覚めには――・ひし鴛鴦(をし)ぞ夜半(よは)に恋しき」〈紫式部・里居の物憂い心〉訳(羽の上に置いた霜を)払ってくれるような(仲の良い)友がないこの頃の夜半の寝覚めには、あの仲良く一緒になっていた鴛鴦(おしどり)(=アナタ)が恋しいことだ。■二〔他ハ四〕❶二つのものを組み合わせる。対(つい)にする。例「表着(うはぎ)・裳(も)・唐衣(からぎぬ)など、やがてその色々にて――・ひつつ」〈狭衣・三〉訳上着・裳・唐衣などを、そのままその(季節の)色で組み合わせながら。❷矢を弓の弦(つる)にあてる。つがえる。例「まづ大鏑(おほかぶら)を取って――・ひ、鵺(ぬえ)の声しつる内裏(だいり)の上へぞ射上げたる」〈平家・四・鵺〉訳(源頼政は)まず大鏑矢を取ってつがえ、鵺の声がした内裏の上の空へ向かって射上げた。注「鏑矢」ノ出ス鋭イ音デ驚カソウトシタ。❸「先駆(さきおひ)」や「車副(くるまぞひ)」を左右に立てる。例「御ありきの折は、おぼろげにて御前(ごぜん)――・ひ給はず」〈大鏡・時平〉訳(藤原顕忠(あきただ)公は)外出の際は、並大抵の事では先払いの者を車の左右にお立てにはならない。❹かたく約束する。誓う。例「ぜひなく言葉を――・ひし」〈西鶴・武道伝来記・五・四〉訳やむなく言葉でかたく約束し。

つ‐がふ【都合】 ツゴウ〔副〕(「都」はすべての意)みんな合わせて。ひっくるめて。全部で。例「――その勢三百余騎」〈平家・四・信連〉訳みんな合わせて三百余騎。

つが・ふ【継がふ】 ツゴウ〘連語〙(「継ぐ」の未然形＋継続の助動詞「ふ」)長いこと継ぎ続ける。例「千世にも偲(しの)ひわたれと万代(よろづよ)に語り――・へと」〈万葉・一三・三三九長歌〉訳千年も思い続けよ、万代も語り継ぎ続けよと。

つかへ‐まつ・る【仕へ奉る】 ツカエ…〈ら・り・る・る・れ・れ〉(上代語。平安時代以降は、「つかうまつる」「つかまつる」となる)■一〔自ラ四〕(「仕ふ」の謙譲語)貴人の側(そば)近くでお世話申し上げる。お仕え申し上げる。例「降る雪の白髪(しろかみ)までに大君に――・れば貴くもあるか」〈万葉・一七・三九二二〉[訳]降る雪のような白髪になるまで大君にお仕え申し上げて来たので、大層畏(おそ)れ多く貴く思われます。
[二]〔他ラ四〕《「為(す)」「造る」などの謙譲語》お造り申し上げる。造って差し上げる。[例]「天地(あめつち)と久しきまでに万世(よろづよ)に――・らむ黒酒(くろき)白酒(しろき)を」〈万葉・一九・四二七五〉[訳]天地とともに永久に万代までもお造り申し上げよう、(儀式に)お供えする黒酒白酒を。

つか-まつ・る【仕る】〔ら・り・る・る・れ・れ〕《「つかうまつる」の変化した形》[一]〔自ラ四〕《「仕ふ」の謙譲語》貴人の側(そば)近くでお世話申し上げる。**お仕え申し上げる。**[例]「堀河の左大臣殿は、御社(みやしろ)まで――・らせ給ひて」〈大鏡・道長・下〉[訳]堀河の左大臣殿は、お社までお仕え(=オ供)申し上げなさって。
[二]〔他ラ四〕❶《「為(す)」「行ふ」などの謙譲語》**して差し上げる。し申し上げる。**[例]「院参の御供をも――・るべからず」〈平家・二・烽火之沙汰〉[訳](父=清盛の)院の御所を攻めるお供をもし申し上げますまい。[注]平重盛ノ言葉。
❷《「為(す)」「行ふ」などの丁寧語》いたす。します。[例]「あやまちはやすき所になりて、必ず――・ることに候ふ」〈徒然草・一〇九〉[訳]過失は簡単な所になって、きっといたすものでございます。[注]最後マデ気ヲユルメルナ、トノ注意。

> [参考] 上代は「つかへまつる」。平安時代は「つかうまつる」と「つかまつる」が併存。後に「つかまつる」のみになる。併存する時期においては、「つかうまつる」が[一]の自動詞を主として担当し、「つかまつる」が[二]の他動詞を担当するという傾向があったようである。

づから〔ヅカ・ラ〕〔接尾〕《上代の格助詞「つ」に名詞「から(故)」が付いて接尾語化したもの》❶(名詞に付いて)そのもの自身で、の意を表す。…で。…から。…のまま。「己(おの)――」「心――」「手――」「身(み)――」など。
❷(特に、人間関係を表す名詞に付いて)その関係にあることを表す。…の間柄にある。…同士である。「従弟(いとこ)――」「隣――」など。

つかわす【使わす・遣わす】⇩つかはす

つき【月】〔名〕❶月。月光。特に、秋の澄みきった月。(季・秋)[例]「――に柄(え)をさしたらばよき団扇(うちは)かな」〈宗鑑〉[訳]まあるい夏の月が夜空に澄み渡って涼しげな光を投げかけている。あの月に柄を付けたならば、涼しい風を送るのにちょうどよい団扇ができるであろう。
❷月がまったく見えない夜から、次の見えない夜までの期間。一か月。陰暦では、二十九日または三十日。一年は十二か月。ただし、閏月(うるふづき)のある年は十三か月。[例]「かくて――果てぬれば」〈蜻蛉・下・天延二年〉[訳]このようにしてその月も終わってしまったので。

月に異(け)に 月ごとに。毎月毎月。[例]「いやしくしくに――日に日に見とも」〈万葉・六・九三一長歌〉[訳]ますますしきりに月ごと日ごとに見ても。

月の頃(ころ) 満月前後の、月の眺めのよいころ。[例]「夏は夜。――はさらなり」〈枕草子・春はあけぼの〉[訳]夏は夜がいい。月の出ている頃はいうまでもない。

つき【坏・杯】〔名〕飲食物を盛る器(うつは)。上代では土器だったが、後には陶器・木器・金属器なども作られた。
[参考] 蓋(ふた)のあるのを「蓋坏(ふたつき)」、ないのを「片坏(かたつき)」、高足付きを「高坏(たかつき)」、酒に使うのを「酒杯(さかづき)」という。

つぎ【次】〔名〕❶あとに続くこと。また、そのもの。[例]「ひとへに高き官(つかさ)・位を望むも、――に愚かなり」〈徒然草・三八〉[訳]ただただ高い官職や位階を望むのも、(利益のみの追求に)続いて愚かなことだ。
❷あるものより一段低い地位。すぐ下の地位。次位。
❸劣ること。また、劣ったもの。
❹次の間。
❺江戸時代、街道筋で馬や駕籠(かご)の継ぎ立てを行う中継所。駅。宿場。「東海道五十三――」の類。

つぎ【継ぎ】[一]〔名〕❶あとを継ぐこと。続きぐあい。[例]「三諸(みもろ)のその山並(やまなみ)に児(こ)らが手を巻向山(まきむくやま)は――のよろしも」〈万葉・七・一〇九三〉[訳]三輪山(みわやま)のあの山並みに巻向山は続き具合(=並ビ具合)が好ましいことだよ。[注]「児らが手を」ハ「巻向山」ニカカル枕詞。
❷跡を継ぐ子。跡継ぎ。世継ぎ。
❸子。子供。[例]「何事も、上手(じゃうず)の――といひながら、かくしもえ継がぬわざぞかし」〈源氏・若菜・上〉[訳]何事においても、いくら名人の子といっても、これほどには(親の芸を)受け継ぐことはできないものだ。
[二]〔接尾〕在位の数を数えるのに用いる。代。[例]「かの御時(おほんとき)よりこの方(かた)、年は百年(ももとせ)余り、世は十(と)――になむなりにける」〈古今・仮名序〉[訳]あの御代(みよ)(=『万葉集』ノ時代)からそれ以後、年は百年余、(天皇の)世は十代になったのであった。

つき-あり・く【突き歩く】〔自カ四〕〔か・き・く・く・け・け〕額を地面につけつけして動き回る。ぬかずきながら動き回る。[例]「ぬかづき虫、またあはれなり。さる心地に道心(だうしん)起こして――・くらむよ」〈枕草子・虫は〉[訳]ヌカズキ虫(=米ツキ虫)も、またしみじみとした感じである。そのような虫の心に信心を起こしてぬかずきながら(=仏ヲ拝ミナガラ)動き回るようだよ。

つき-かげ【月影】〔名〕❶月の光。月明かり。[例]「めぐり逢(あ)ひて見しやそれとも分かぬ間に雲隠れにし夜半(よは)の――」〈新古今・雑上・一四九七〉[訳]めぐり逢って見た月が、前に見た月であったか分からないうちに、雲に隠れてしまった夜中の月の光よ。――めぐり逢って見た人が、その人であったともわからないうちに、姿を隠してしまった人よ。[注]第五句ヲ「月かな」トシテ『百人一首』所収、紫式部ノ作。
❷月の光に照らし出された人や物の姿。[例]「ほの見奉りし――の御(おほん)かたち」〈源氏・賢木〉[訳]ちらっと見申し上げた(光源氏の)月光の中のお姿や。

つき-くさ【月草】〔名〕❶草の名。ツユクサの古名。夏、チョウの形をした薄青色の花をつける。古来この花の汁を染料としたが、それが変色しやすいことから、変わりやすくはかないことのたとえに用いられる。(季・秋)[例]「――に衣(ころも)ぞ染むる君がため斑(まだら)の衣摺(す)らむと思ひて」〈万葉・七・一二五五〉[訳]月草で衣を染めます。あなたのために、まだら模様の美しい衣を染め出そうと思って。
❷襲(かさね)の色目の一つ。表は、はなだ色(=薄イ藍(アイ)色)、裏は薄はなだ色。秋に着用。

つきくさ-の【月草の】《枕詞》(月草の花の性質から)「移る」「消(け)ぬ」などにかかる。[例]「朝(あした)咲き夕べは消

(け)ぬる——消ぬべき恋もわれはするかも」〈万葉・一〇・二二九一〉訳(朝咲いて夕方消える月草のように)身も消え入りそうな苦しい恋を私はすることだ。

つき-げ【月毛・鴾毛】〔名〕(「つき」はトキ(=鳥ノ名)の古称)馬の毛色の名。トキの羽の裏のように、赤くて白味を帯びたもの。また、その毛色の馬。

つき-ごろ【月頃】〔名〕数か月このかた。また、この数か月間。例「——風病(ふびやう)重きに堪へかねて」〈源氏・帚木〉訳数か月来かぜが重いのにたえきれず。

つぎ-ざま【次様】〔名〕一段劣ること。二流。また、下層。例「——の人どもはさのみ引きしろふに及ばねば」〈平家・七・福原落〉訳(都から落ちて行く平家一門の大臣以下は妻子をお連れになったが、それより)一段下の(地位の)人達はそんなにまで引き連れて行くこともできないので。

つき-しろ・ふ【突きしろふ】(・シ ロウ)〔自ハ四〕{は・ひ・ふ・ふ・へ・へ}(「しろふ」は、「互いに…し合う」の意)互いにそっと突っつき合う。例「お前なる人々——・ふ」〈源氏・宿木〉訳御前にいる女房たちは互いにそっと突っつき合う。

つき・す【尽きす】〔自サ変〕{せ・し・す・する・すれ・せよ}(「尽く」の連用形にサ変動詞が付いて一語化したもの。打消しの形で用いる)すっかりなくなる。尽きる。例「古き世の御宝物、祖父大臣(おほぢおとど)の御処分(そうぶん)、何やかやと——・すまじかりけれど」〈源氏・橋姫〉訳(八の宮には)昔からの宝物、祖父大臣のご遺産(など)、何やかやと(手もとに残ったものも)尽きそうにもなかったが。

つぎ-つぎ【次次・継継】■一〔名〕❶第二番目以下の物事。あるものの次に位置するもの。例「——の人も、さるべき限りは、もとの官(つかさ)返し賜(たま)はり」〈源氏・明石〉訳(光源氏)以下の人々も、しかるべき人々は皆、もとの官位を返していただき。

❷子孫。例「いよいよかの御(おん)——になり果てぬる世にて、えまじらひ給はず」〈源氏・橋姫〉訳いよいよあの方(かた)の(=光源氏ノ)ご子孫の代になってしまっている世の中なので、(八の宮は源氏方とは)交際なさらず。

■二〔副〕(「——に」とも)つぎつぎと。順次。絶えることなく。例「——よからぬ人のせさせたるならむかし」〈源氏・葵〉訳(車争いの乱暴は、葵の上の気風を受けて)次々と不心得な者がさせたことなのであろうよ。

つき-づき・し

〔形シク〕対つきなし

「つき」は形容詞「つきなし」の「つき」と同じ。ある物事と他の物事との付き具合がぴったりだの意。すなわち、いかにも似つかわしい、の意。

似つかわしい。ふさわしい。よく調和している。例「いと寒きに、火など急ぎ起こして炭持て渡るも、いと——・し」〈枕草子・春はあけぼの〉訳大変寒い時に、火などを急いで起こして炭を持ってやって来る光景も、(冬の朝に)大変よく調和した感じである。

つき-な・し

【付き無し】〔形ク〕❶とりつきようがない。手がかりがない。例「逢(あ)ふことの今ははつかになりぬれば夜深からでは——・かりけり」〈古今・雑体・一〇四八〉訳(人目がうるさくて)あの人に逢うことが今はわずかになってしまったので、夜が更けてでなければ(逢う)手がかりがないことだ。注「はつか」ハ、「わずか」ト「二十日」ノ掛詞。「つきなかり」ニハ、二十日過ギデ「月無かり」ノ意ヲ掛ケル。

❷似つかわしくない。ふさわしくない。対つきづきし 例「親君と申すとも、かく——・きことを仰せ給ふこと」〈竹取・竜の首の玉〉訳親や主君とはいっても、こんな似つかわしくない(無理な)ことをおっしゃることよ。

つき-なみ【月並み・月次】〔名〕❶毎月。月ごと。例「——の御屏風(びやうぶ)もをかし」〈枕草子・坤元録の御屏風こそ〉訳月ごとの行事を描いた屏風も興味深い。

❷(「月次の祭」の略)陰暦六月と十二月の十一日に、神祇官(じんぎかん)で行った神事。「六月(みなづき)の月次」にはその年の七月から十二月までの分を、「十二月(しはす)の月次」には翌年の正月から六月までの分の「幣帛(へいはく)」を、伊勢神宮はじめ全国三百四の神社に奉り、天皇家の繁栄と国家の平安を祈る。

つき-な・む【着き並む】〔自マ四〕{ま・み・む・む・め・め}並んで席に着く。居並ぶ。例「いかでか、さ女官(にようくわん)などのやうに——・みてはあらむ」〈枕草子・五月の御精進のほど〉訳どうして、(そんなに)下役の女官などのように(お膳の前に)並んで座ったりしましょうか。

つき-に-けに【月に異に】⇩「つき(月)」子項目

つき-の-かつら【月の桂】〔名〕(中国の古い伝説で)月に生えているという、高さ五百丈(=約一五〇〇メートル)もある桂の木。例「秋来れど——の実やはなる光を花と散らすばかりを」〈古今・物名・四六三〉訳秋の季節が来るけれども、月に生えている桂の木の実がなるだろうか(いや、なりはすまい)。ただ美しい光を花のように散らすだけなのだ。

つき-の-ころ【月の頃】⇩「つき(月)」子項目

つき-の-みやこ【月の都】〔名〕❶月の世界の宮殿。月にあると想像していう。例「おのが身はこの国の人にもあらず。——の人なり」〈竹取・かぐや姫の昇天〉訳私の身(=カグヤ姫)は人間界のものではありません。月の世界の宮殿の(=月世界ノ)者です。

❷都の美称。

つき-ひ【月日】〔名〕❶月と太陽。例「——の光の空に通ひたるやうにぞ、世の人も思へる」〈源氏・紅葉賀〉訳(光源氏と若宮とが共にいることを)月と太陽が大空で似通って並んでいるようなものだと、世間の人も思った。

❷年月。歳月。例「目の前の事にのみ紛れて——を送れば、ことごと成すことなくして、身は老(お)いぬ」〈徒然草・一八八〉訳眼前の事だけに気をとられて年月を送るので、どれもこれもなしとげることがなくて、身は老いてしまう。

つぎ-びは【継ぎ琵琶】(・ビ ワ)〔名〕柄(え)の取りはずしができる組み立て式の琵琶。例「かたはらに、琴・琵琶おのおの一張(ちやう)を立つ。いはゆる折(を)り琴・——、これなり」〈方丈記・境涯〉訳そばに、琴と琵琶をそれぞれ一張立ててある。いわゆる折り琴(=折リタタミ式ノ琴)と継ぎ琵琶が、これである。

つぎ-め【継ぎ目】〔名〕❶(物事と物事の)つなぎ目。例「うちおほひを葺(ふ)きて、——ごとに掛け金(がね)を掛けたり」〈方丈記・方丈〉訳仮の屋根を葺いて、(材木の)つなぎ目ごとに(とりはずしできるように)掛け金を掛けた。

❷関節。例「——あらはれて皮ゆたひ」〈平家・三・有王〉訳(やせたので)関節がはっきり見え皮膚はたるんで。

❸跡継ぎ。家督相続。

つき-ゆみ【槻弓】〔名〕槻(つき)の木で作った丸木の弓。

つき-よ【月夜】〔名〕《上代は「つくよ」》❶月。月光。例「——良し夜(よ)良しと人に告げやらば来(こ)てふに似たり待たずしもあらず」〈古今・恋四・六九二〉訳月が美しい、よい夜だとあの人に言ってやるならば、(何だかこちらに)いらっしゃいと言うのに似ています。(私は本当は)待っていないわけではないのです。
❷月の明るい夜。月の出ている夜。例「——には来(こ)ぬ人待たるかき曇り雨も降らなむわびつつも寝む」〈古今・恋五・七七五〉訳月の明るい夜には、来るはずのない人が(来はしないかと)待たれる。曇って雨でも降ってほしい。そうしたらつらい思いをしつつも、(あきらめて)寝ることにしよう。
❸特に、中秋(＝陰暦八月十五日)の月の夜。(季・秋)

つ・く【付く・着く・就く】■一〔自カ四〕{か・き・く・く・け・け}❶(あるものと、別のあるものとが)一体となって、離れない状態になる。合わさって一つになる。接し合う。付着する。例「小土器(こかはらけ)に味噌(みそ)の少し——・きたるを見出(い)でて」〈徒然草・二一五〉訳小さな素焼きの皿に味噌が少し付着しているのを見つけ出して。
❷(性質・才能などが)身に備わる。(印象・感情などが)心から離れない状態になる。例「わが身つらくて、尼にもなりなばやの御心——・きぬ」〈源氏・柏木〉訳(女三の宮は)自分自身がつらくて、尼にもなってしまいたいというお気持ちが生まれた。
❸(ある人・物に)身を寄せる。ⓐ(人・物の)側(そば)に寄る。付き従う。心を寄せる。また、結婚する。例「よき人の、男に——・きて下(くだ)りて住みけるなり」〈土佐・一月七日〉訳家柄も立派な女性が、夫に付き従って都から移って住みついたのだった。
ⓑ(ある一方に)属する。味方する。同調する。
❹【着く】(ある地点・場所に)到着する。行き着く。例「明石(あかし)に——・き給ひぬ」〈源氏・明石〉訳(光源氏の舟は)明石(＝兵庫県明石市)にお着きになった。
❺着席する。着座する。例「『左近の中将、みな——・き給ふ』といへど」〈枕草子・五月の御精進のほど〉訳「左近衛府(さこんえふ)の次官や、(その他)ご一同ご着座になっている」というけれども(そのような人も見えない)。
❻【就く・即く】(ある地位・官職などに)身を置く。就任する。(天皇として)即位する。例「御位に——・きおはしましまで」〈源氏・薄雲〉訳(冷泉(れいぜい)帝が)ご即位あそばされた時まで。
❼【憑く】(心霊や物の怪(け)などが)乗り移る。とりつく。例「恐ろしき神ぞ、——・き奉りたらむ」〈源氏・総角〉訳(薫の求婚を拒むとは)恐ろしい神霊が、(大君に)おとりつき申し上げているのだろう。
❽(「…につきて」の形で)…に関して。…にことよせて。…に従って。…が原因で。例「さぶらふ人に——・きてなど、かかることは出で来るなり」〈狭衣・三〉訳お仕えする女房によってなど、(貴人方の)こういう方面のこと(＝男女関係)は起こってくるものだ。
■二〔他カ四〕{か・き・く・く・け・け}《中世以降の用法》(何かを)身につける。(芸能などを)習得する。自分のものとする。また、名づける。例「能をも——・き、学問をもせんと」〈徒然草・一八八〉訳芸能をも身につけ、学問をもしようと。
■三〔他カ下二〕{け・け・く・くる・くれ・けよ}❶(あるものに、別のあるものを加えて)一体として離れない状態にする。合わせて一つにする。付着させる。例「布を白き犬にかけ、鈴を——・けて」〈古事記・下・雄略〉訳布を白い犬にかぶせ、(それに)鈴をつけて。
❷(何かに、火を)つける。例「その国造(くにのみやつこ)、火をその野に——・けき」〈古事記・中・景行〉訳その(相模(さがみ)の国の)豪族が、火をその(倭建命(やまとたけるのみこと)のいる)野原に放った。
❸(身に)まとう。着用する。備える。(心に)印象づける。その気にさせる。例「しらぬひ筑紫(つくし)の綿は身に——・けていまだは着ねど暖けく見ゆ」〈万葉・三・三三六〉訳筑紫(＝九州ノ総称)の綿は、まだ実際に身にまとって着てはいないが、暖かそうに見える。
❹(名を)つける。命名する。例「俗名をぞ——・けられける」〈平家・二・座主流〉訳(僧から俗人にお戻し申し上げて)俗名(＝僧以外ノ一般人ノ名)をおつけになった。
❺付き従わせる。後をつけさせる。また、一緒にいさせる。例「心得で、人を——・けて見すれば」〈蜻蛉・上・天暦九年〉訳心に納得できずに、人に命じて(夫の)後をつけさせて(様子を)見させたところ。
❻後に続ける。特に、和歌・連歌・俳諧などで、後に句を続ける。
❼(ある場所に)至らせる。到着させる。例「この船に乗せて九国(くこく)の地へ——・け給へ」〈平家・三・足摺〉訳この船に乗せて九州まで行かせてください。
❽(手紙などを)人に託す。ことづける。例「京に、その人の御もとにとて、文(ふみ)書きて——・く」〈伊勢・九〉訳(男は)都に向けて、そのお方のお手もとにと思って、手紙を書いて(修行僧に)託す。
❾(ある地位・官職などに)就任させる。(天皇として)即位させる。
❿(「…につけて」の形で)「…につきて」に同じ。前後の文脈によって、種々の意味に解釈できる。例「ほどほどに——・けて、わがかなしと思ふ女(むすめ)を仕うまつらせばやと願ひ」〈源氏・夕顔〉訳(人々は)その身分身分に応じて、自分の愛している娘を(光源氏に)ご奉仕させたいと希望し。

つ・く【尽く】〔自カ上二〕{き・き・く・くる・くれ・きよ}《極限まで達する意》❶すっかりなくなる。尽きる。例「財(たから)は——・くる時期(ご)あり」〈徒然草・二一七〉訳財物はすっかりなくなる時が(必ず)ある。
❷極まる。尽くされる。終わる。例「かくて世は——・きぬるにやと心細く思ひ惑(まど)ふに」〈源氏・須磨〉訳(急な嵐(あらし)に)これでこの世は終わってしまうのだろうかと心細く困惑していると。

つ・く【漬く】〔自カ四〕{か・き・く・く・け・け}水中に浸る。つかる。例「広瀬川袖(そで)——・くばかり浅きをや心深めてあが思へるらむ」〈万葉・七・一三八一〉訳広瀬川は着物の長い袖が水につかりそうなほど浅いのに、心を深めて(どうして)私はこんなに思いつめているのだろう。注相手ノ心ヲ浅イ川ニタトエル。

つ・く【突く・衝く・撞く】〔他カ四〕{か・き・く・く・け・け}❶手や棒・槍(やり)などで強く鋭く押す。例「人——・く牛をば角(つの)を切り、人くふ馬をば耳を切りて、その標(しるし)とす」〈徒然草・一一三〉訳人を突く牛は角を切り、人にかみつく馬は耳を切って、その目印とする。
❷撞木(しゅもく)で鐘をつき鳴らす。鐘をつく。例「入相(いりあひ)——・くほどにぞ、至りあひたる」〈蜻蛉・下・天延二年〉訳入相(＝日暮レ)の鐘をつく頃に、うまい具合に到着した。

❸杖をつく。例「杖——・きも——・かずも我は行かめども君が来まさむ道の知らなく」〈万葉・一三・三三一九〉訳杖をついてもつかなくても、私はお迎えに行きたいのだが、あなたが(帰って)いらっしゃりそうな道が分からないことだ。❹膝や手を地面に押し立てる。つく。❺礼拝などのために、額を床や地面に押しあてる。額ずく。例「額(ぬか)を——・きし薬師仏の立ち給へるを、見捨て奉る悲しくて、人知れず打ち泣かれぬ」〈更級・かどで〉訳ぬかずいて礼拝した薬師如来の立っていらっしゃるのを、見捨て申し上げるのが悲しくて、人知れず泣けてしまった。

つ・く【搗く・舂く】〔他カ四〕{か・き・く・く・け・け}杵と臼を用いて穀物を突いて押しつぶしたり、皮を取ったりする。つく。例「米(よね)——・きふるひたるに似たれば、粉雪(こゆき)といふ」〈徒然草・一八一〉訳米をきねでつき篩に掛けたのに似ているので、粉雪と言う。

つ・く【築く】〔他カ四〕{か・き・く・く・け・け}土や石を盛り上げ突き固めて、垣、築地・墓などを造る。きずく。例「聖徳太子の、御(み)墓をかねて——・かせ給ひける時も」〈徒然草・六〉訳聖徳太子が、(ご自分の)お墓をあらかじめきずかせなさった時にも。

つ・ぐ【継ぐ・続ぐ・嗣ぐ】{が・ぎ・ぐ・ぐ・げ・げ}㊀〔自ガ四〕同じ物事や状態が切れ目なく続く。継続する。持続する。例「旅に去(い)にし君しも——・ぎて夢(いめ)に見ゆ吾(あ)が片恋の繁(しげ)ければかも」〈万葉・一七・三九二九〉訳旅に出てしまったあなたのことが(毎夜毎夜)引き続いて夢に現れます。私の片思いの気持ちが頻繁だからでしょうか。㊁〔他ガ四〕❶物事や状態が切れ目なく続くようにする。継続させる。続ける。例「海の貝を取りて命を——・ぐ」〈竹取・蓬萊の玉の枝〉訳海の貝を取って食べて命をつなぐ。❷同種の物をつなぎ合わせる。つなぐ。継ぎ足す。例「色々の紙を——・ぎつつ、手習ひをし給ふ」〈源氏・須磨〉訳(光源氏は)さまざまな色の紙を継ぎ足し継ぎ足しして、和歌をお書きになる。❸地位・家・技能などを受け継ぐ。跡を継ぐ。継承する。例「禅師が娘、静(しづか)と言ひける、この芸を——・げり」〈徒然草・二二五〉訳磯の禅師の娘の、静(=源義経ノ妾)といった娘が、この芸(=男舞)を継承した。

つ・ぐ【告ぐ】〔他ガ下二〕{げ・げ・ぐ・ぐる・ぐれ・げよ}知らせる。教え伝える。告げる。

づ・く〔接尾カ四型〕(名詞に付いて)そういう状態になる、そういう趣を帯びる、の意を表す。「秋——・く」「夕——・く」「老い——・く」「愛敬(あいぎやう)——・く」など。

筑紫(つくし)【地名】筑前・筑後(=共ニ福岡県)の総称。また、転じて、九州地方全体の称。

つく・す【尽くす】〔他サ四〕{さ・し・す・す・せ・せ}(「尽く」の他動詞形。極限まで達するようにする意)❶すっかりなくならせる。出し尽くす。例「内蔵寮(くらづかさ)納殿(をさめどの)の物を——・して、いみじうせさせ給ふ」〈源氏・桐壺〉訳内蔵寮や納殿の衣服・宝物を出し尽くして、(帝は光源氏の袴着の儀式を)盛大に行いなさる。❷極限まで至らせる。限りを尽くす。きわめる。例「万(よろづ)に清らを——・していみじと思ひ」〈徒然草・二〉訳すべての事に華美の限りを尽くして(それを)立派だと思い。

つく-づく【熟】〔副〕❶物思いに沈む様子。しみじみ。しんみり。例「昼は、——とながめ暮らして」〈源氏・若紫〉訳(藤壺の女御を思って)昼の間は、しみじみと物思いに沈んで過ごして。❷することもなく手持ちぶさたな様子。ぽつねん。ぼんやり。例「——暇(いとま)のあるままに」〈落窪・一〉訳ぽつねんとして暇のあるにまかせて。❸思考や感覚を集中する様子。よくよく。じっと。例「仲国(なかくに)、——と物を案ずるに」〈平家・六・小督〉訳仲国(=人名)は、よくよく考えてみると。

筑波(つくば)【地名】茨城県南西部、筑波山のある一帯。上代は「つくは」。『古事記』『常陸風土記』『万葉集』などにその名が見え、和歌の中にもしばしば詠まれている。歌枕。例「新治(にひばり)——を過ぎて幾夜か寝つる」〈古事記・中・景行〉訳(常陸の)新治や筑波を通り過ぎて、(ここまで)幾晩寝た(=幾日過ギタ)ことだろうか。注甲斐国デ倭建命ガ詠ンダコノ歌ニ対シ、火焼ノ翁ガ、「日日(かが)並(な)べて夜には九夜(ここのよ)日(ひ)には十日を」(=日数ヲ重ネテ、夜デハ九夜、昼デハ十日ヲ過ギマシタ)ト答エタトイウ話ヲ連歌ノ始メトミテ、連歌ノコトヲ「筑波の道」トモイウ。タダシ、コレハ片歌(=五七七ノ歌)ニヨル問答デアッテ、連歌トハ直接関係ガナイ。

筑波山

菟玖波集(つくばしふ)【書名】南北朝時代の連歌集。二十巻。一三五六年(正平十一)成立。二条良基が救済の協力を得て選び、勅撰に準じられた。古代から当代に至る五百三十人の作、約二千二百句を収め、最初の連歌集として、大きな意味を持つ。⇩二条良基(にでうよしもと)

筑波嶺(つくばね)【地名】茨城県南西部にある山。筑波山。標高八七六メートル。山頂が女体・男体の二峰からなる秀麗な山で、嬥歌(=歌垣トモ。男女ガ集マッテ歌イ踊ル古代ノ行事。男女交際ノ場トモナッタ)の行われたことで古くから知られ、山岳信仰の対象ともなった。筑波山神社は縁結びの神とされている。

つくばの-みち【筑波の道】〔名〕連歌。

つくば・ふ【蹲ふ・踞ふ】〔自ハ四〕{は・ひ・ふ・ふ・へ・へ}❶両手両膝を地面につける。よつんばいになる。❷うずくまる。しゃがむ。

つくも-がみ【江浦草髪・九十九髪】〔名〕老女の白髪。また、転じて老女。例「百年(ももとせ)に一年(ひととせ)足らぬ——我を恋ふらし面影(おもかげ)に見ゆ」〈伊勢・六三〉訳百歳に一歳足りないほどの白髪の老女が私を恋しているらしい。目の前にその姿が幻となって見えることだ。注「百年……足らぬ」ニハ、「白髪」ノ「白」ノ字ガ「百」ニ一画足リナイコトガ掛ケラレテイル。参考「つくも」は海藻の名。老いた女の短い髪、または乱れた髪が「つくも」に似るところからの語という。

つくも-どころ【作物所・造物所】〔名〕(「つくりものどころ」の変化した形)宮中の調度品を製作する役所。蔵人所に属し、別当・預・史生などの職員がいた。

つく-よ【月夜】〔名〕(上代語。平安時代以降は「つきよ」とも』❶月。月光。例「雪の上に照れる——に梅の花折りて送らむ愛(は)しき児もがも」〈万葉・一八・四一三四〉訳雪の上に照っている月のもとで梅の花を折って送ってやれる、可愛いい子がいたらなあ。
❷月の出ている夜。月の明るい夜。月夜(つきよ)。例「——には門(かど)に出(い)で立ち夕占(ゆふけ)問ひ足占(あしうら)をぞせし行かまくを欲(ほ)り」〈万葉・四・七三六〉訳月の照る夜には門口に出ていって夕占を問うたり、足占をしたりした。(あなたの所へ)行きたく思って。注「夕占」ハ、夕方ノ道端ニ立ッテ通ル人ノ言葉ヲ聞キ吉凶ヲ占ウ占イ。「足占」ハ、足踏ミニヨル占イ。

つくり【作り】〔名〕❶物を作ること。また、作ったもの。作る人。あるいは、その出来具合。❷身づくろい。化粧。また、その様子。

つくり‐いだ・す【作り出だす】〔他サ四〕{さ・し・す・す・せ・せ}❶作り出す。❷架空の物を作り出す。考え出す。

つくり‐い・づ【作り出づ】〈イズ〉〔他ダ下二〕{で・で・づ・づる・づれ・でよ}作り出す。「つくりいだす」とも。例「かぐや姫のたまふやうにたがはず——・で」〈竹取・蓬莱の玉の枝〉訳(蓬莱(ほうらい)の玉の枝を)かぐや姫がおっしゃる通りに違わずに作り出して。

つくり‐えだ【作り枝】〔名〕金や銀で作った木の枝。造花の枝。献上品、贈り物などを付けるのに用いる。

つくり‐ごと〔名〕㊀【作り事】人が作った物。人工の物。作り物。例「この岩根の松も、こまかに見れば、えならぬ——どもなりけり」〈源氏・少女〉訳この(=歌ニ添エラレタ)岩根の松も、よく見ると、なんとも言えないほどすばらしい作り物であったのだった。㊁【作り言】作り話。うそ。例「それも、むげに心ざしなからむには、げに何しにかは、——にても、見えむとも思はむ」〈枕草子・成信の中将は〉訳それにしても、全然愛情のないような女には、全くどうして、たとえ嘘(そう)でも、逢(あ)おうと思うだろうか。

つくり‐た・つ【作り立つ・造り立つ】〔他タ下二〕{て・て・つ・つる・つれ・てよ}❶建造物を完成させる。作り上げる。例「東の院——・てて」〈源氏・松風〉訳東の院を作り上げて。
❷《「たつ」は接尾語的用法》しきりに手を加える。盛んに飾る。飾り立てる。例「ただ筆の飾り、人の心に——・てられて」〈源氏・絵合〉訳(紙絵は)もっぱら筆先の技巧や、絵師の趣向によって飾り立てられて。

つくり‐な・す【作りなす】〔他サ四〕{さ・し・す・す・せ・せ}(ある状態を表す語句を受けて)その状態に作る。ことさらに作る。例「前栽(せんざい)の草木まで心のままならず——・せるは、見る目も苦しく、いとわびし」〈徒然草・一〇〉訳庭先の草や木まで自然のままではなくことさらに形を付けて作り上げてあるのは、見た目にも見苦しく、全くいやになってしまう。

つくり‐ばな【造り花】〔名〕紙や布で作った草木の花。造花。例「錦(にしき)の袋に入れて——の枝につけて」〈竹取・仏の御石の鉢〉訳(鉢を)錦の袋に入れて造花の枝につけて。注平安時代、人ニ物ヲ贈ル時ニハ、普通花ノ枝ナドニツケテ贈ッタ。

つくり‐みが・く【作り磨く】【連語】りっぱに作る。例「御堂(みだう)殿の——・かせ給ひて」〈徒然草・二五〉訳藤原道長様がりっぱに造営なさって。

つくり‐もの【作り物】〔名〕❶人が作った物。人工の物。特に、耕作物。❷能や歌舞伎の舞台などで用いる大道具。舞台装置。

つくり‐ゑ【作り絵】〈エ〉〔名〕墨書きした下絵に彩色すること。また、その絵。彩色画。

つく・る【作る・造る】

〔他ラ四〕{ら・り・る・る・れ・れ}❶ものを製造する。製作する。つくる。例「かしこき玉の枝——・らせ給ひて」〈竹取・蓬莱の玉の枝〉訳立派な玉の枝をお作らせになって。
❷詩句や文章を作製する。つくる。例「平家物語を——・りて、生仏(しやうぶつ)といひける盲目に教へて語らせけり」〈徒然草・二二六〉訳(この行長入道は)『平家物語』を作って、生仏という盲目の人に教えて語らせた。注「平家物語」ノ成立ニツイテノ有力ナ資料。
❸罪や功徳のもととなることを行う。なす。例「かぐや姫は、罪を——・り給へりければ」〈竹取・かぐや姫の昇天〉訳かぐや姫は、(天上界で)罪を犯しなさったので。
❹《「田をつくる」の形で》耕作する。つくる。例「兵粮米(ひやうらうまい)尽きぬれば、田——・り、刈り収めて寄せ」〈平家・五・富士川〉訳(西国の軍勢はのんびりしたもので)兵粮米が底をつくと、田を耕作して、刈り取ってから攻め寄せ。
❺魚・鳥などを料理する。例「いざ、この雉子(きじ)、生けながら——・りて食はん」〈宇治拾遺・四・七〉訳さあ、この雉子を、生かしたままで料理して食おう。
❻《「鬨(とき)をつくる」の形で》軍勢が戦闘開始や勝利の際などに大喚声を挙げる。鬨の声をあげる。例「時をぞ三ケ度(さんかど)——・りける」〈平家・五・富士川〉訳(天地も揺れ動くほどに)三度にわたり鬨の声をあげた。
❼家屋・車などを飾る。飾りたてる。例「御車は二なく——・りたれども、所せしとて、御馬(おんむま)にて出で給ふ」〈源氏・明石〉訳車はこれ以上ないくらいに飾りたてたけれども、(光源氏は)窮屈だと言って、馬でお出かけになる。
❽装う。ふりをする。例「用意せむも煩(わづら)はしければ、知らず顔を——・る」〈源氏・葵〉訳わざわざ事を構えるのも面倒なので、知らないふりをする。

つくろひ‐た・つ【繕ひ立つ】〈ツクロイ〉〔他タ下二〕{て・て・つ・つる・つれ・てよ}手入れしてきちんと整える。体裁よく手入れをする。また、身なりを美しく飾る。例「雛(ひひな)の中の源氏の君——・てて」〈源氏・紅葉賀〉訳(若紫は)人形の中の光源氏の人形を美しく飾りたてて。

つくろ・ふ【繕ふ】〈ツクロウ〉〔他ハ四〕{は・ひ・ふ・ふ・へ・へ}《「作る」の未然形に反復・継続の助動詞「ふ」の付いた「つくらふ」の変化した形》❶こわれた所やほころびを直す。修繕する。例「犬君(いぬき)がこれをこぼち侍(はべ)りにければ、——・ひ侍るぞ」〈源氏・紅葉賀〉訳犬君(=童女ノ名)がこれ(=雛人形)をこわしてしまいましたので、私(=若紫)が直しているのですよ。
❷衣服や化粧の乱れを正す。きちんと身づくろいをする。例「世にありとある人は、みな姿かたち心異(こと)に——・ひ」〈枕草子・正月一日は〉訳(正月一日には)世の中のあらゆる人が、皆姿かたちに特に気を付けて身づくろいをして。
❸体裁などをとりつくろう。格好をつける。例「若き人々は、ただ言ひに見苦しきことどもなど、——・はず言ふに」〈枕草子・職の御曹司の西面の〉訳若い人達は、そのまま言うと聞き苦しい事なども取りつくろわずに言うので。
❹体の悪い所を手当する。治療する。例「さまざまに——・ひけれど、わづらはしくなりて」〈徒然草・四二〉訳あれこれと

治療したれども、病気がひどくなって。

つけ-あひ【付け合ひ】イ:ア〔名〕❶連歌・俳諧などで、前句の題材や心情等と関連性を持った付け句を付ける際の契機とする語句。

❷連歌や俳諧などで、前句に対して付け句を付け合わせること。また、その方法。また、そうして付け合わされた前句と付け句。

つけ-く【付け句】〔名〕連歌・俳諧などで、前句に続けて付ける句。連句では発句以外は付け句のかたちとなる。⇩つけあひ② 例「――は付くるものなり。今の俳諧、付かざる多し」〈去来抄・修行〉訳付け句は前句と関連性をもたせて付けるものである。(しかし)今の俳諧では、前句との関連性をもたないものが多い。

つけ-もの【付け物】〔名〕❶京都の賀茂祭の際に、鉾持ちに出る放免(=検非違使ノ下級官吏)が、袖や袴につける飾り物。飾り。

❷連歌・俳諧で「つけあひ②」をする時、前句で取り上げられた物や言葉の縁によって「付け句」をすること。例「昔は、――をもっぱらとす」〈去来抄・修行〉訳昔(=貞門俳諧)は、言葉の連想による物付けをもっぱらにしていた。

つげ-や・る【告げ遣る】〔他ラ四〕{ら・り・る・る・れ・れ}口頭や書面で、知らせてやる。言い送る。例「かの故郷の人に――・らむ」〈源氏・夕顔〉訳あの(夕顔の)家の人に(夕顔の死を)知らせてやろう。

つこうまつる【仕うまつる】〔動〕⇩つかうまつる

つ-ごもり【晦日】〔名〕(「月隠り」の変化した形)**陰暦で、月の末。月末。**また、月の最後の日。「みそか」とも。対ついたち 例「三月の――なれば、京の花、盛りはみな過ぎにけり」〈源氏・若紫〉訳陰暦三月の末なので、京都の(桜の)花の、盛りはすっかり過ぎてしまっていた。

要点 十二月の末日は、特に「おほつごもり」という。また、誤って「つもごり」ともいう。

つごもり-がた【晦日方】〔名〕月末の頃。例「神無月の――、菊の花移ろひ盛りなるに」〈伊勢・八一〉訳陰暦の十月の末頃、菊の花の色が(薄紅色に)変わり(美しさの)盛りである上に。

づ-し【厨子】ズ:〔名〕❶置き戸棚の一種。日常品や書画などを載せておくもの。通常二段で、下段には戸が取り付けてある。例「近き御――なる、いろいろの紙なる文どもを引き出でて」〈源氏・帚木〉訳(頭中将は)手近の戸棚に置いてある、いろいろの色の紙に書かれた(女達から光源氏にあてた)手紙を取り出して。

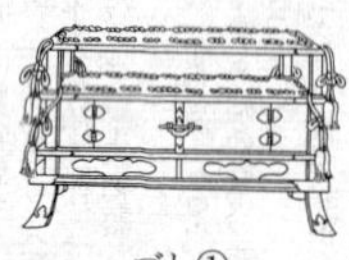
づし①

❷仏像・遺骨・経典などを安置する両扉の付いた入れ物。

❸平安時代の家造りで、両開きの二枚扉のついた、作り付けの棚。今の押し入れに近いもの。

つじ-かぜ【辻風】〔名〕つむじ風。旋風。例「中御門京極のほどより大きなる――起こりて六条わたりまで吹けること侍りき」〈方丈記・辻風〉訳中御門大路と京極大路(の交差した)あたりから大きなつむじ風が起こって六条大路あたりまで吹いたことがございました。

つじ-が-はな【辻が花】〔名〕帷子の染め模様の名。白地に紅と藍とで花と葉の形を染め出したもの。

対馬【旧国名】西海道十二か国の一つ。古くは「津島」と書く。九州と朝鮮半島との中間にあり、二つの島から成る。その南にある壱岐とともに、古くから大陸への交通の要衝。いま、長崎県の一部。対州。

づし-やかズシ:〔形動ナリ〕重々しく落ち着きがある様子。どっしりしている。例「御心・本性の、重く――・なるにはあらねど」〈源氏・柏木〉訳(光源氏は)お心やご性質が、重々しくどっしりしてはいないが。

づしょ-れう【図書寮】ズショ:リョウ〔名〕中務省に属する役所の一つ。

つた【蔦】〔名〕ブドウ科のツル性植物の名。ツタ。吸盤を持つ茎が、木などにからみつく。カエデ・モミジなどとともに秋には美しく紅葉する。(季・秋)例「――植ゑて竹四五本の嵐かな」〈芭蕉・野ざらし紀行〉訳(廬牧という人の閑居を訪ねてみると)その庭は蔦が植わって、四、五本の小さな竹むらにほどよくはいかかっているばかりの閑雅な趣である。(折から吹き過ぎる秋風は、この閑雅な庭園にとって)四、五本の竹をそよがして行く嵐である。注竹ハ、風流清雅ノ士ノ好ンデ植エルモノトサレテイタ。

づだ【頭陀】ズダ〔名〕(仏教語)仏道修行のために、托鉢しながら諸国をめぐり歩き旅をすること。また、その僧。「行脚」「遊行」とも。

つたな-し【拙し】〔形ク〕

類おろか・おろそか

知恵や技能が不十分で劣るもの、の意。現代語では、主に技術・能力に劣る意に用い、武運つたなくの言い方に、②の用法がわずかに残る。

❶才能・知恵が劣る。**愚かである。**例「――・き人の、碁打つことばかりにさとく巧みなるは」〈徒然草・一九三〉訳愚かな人で、碁を打つことだけに頭が働き上手な人が。

❷**運に恵まれない。不運である。**例「前の世の契り――・くてこそ、かく口惜しき山がつとなり侍りけめ」〈源氏・明石〉訳(私は)前世からの宿命に恵まれなくて、このように情けない山人になったのでしょう。注明石ノ入道ガ自分ヲ「山がつ」ノヨウナ者トシテ卑下シテイウ。

❸技芸が劣る。へたである。例「手など――・からず走り書き」〈徒然草・一〉訳筆跡など下手でなくすらすら書き。

❹見苦しい。みっともない。例「よからぬ物たくはへ置きたるも――・く」〈徒然草・一四〇〉訳つまらない品物を集めて置いて(死後)残してあるのも見苦しく。

つたは・る【伝はる】ツタ:ワル〔自ラ四〕{ら・り・る・る・れ・れ}(「伝ふ」の自動詞形)❶ある状態で存在し続ける。ずっと…でいる。例「三代の宮仕へに――・りぬるに、え見奉りつけぬに」〈源氏・桐壺〉訳三代の天皇にずっとお仕えしていますが、見たことがありませんのに。

❷受け継がれて今日に至る。伝わる。例「この唐櫃は、上古より――・りて」〈徒然草・九九〉訳この唐櫃は、上代から受け継がれて。

❸世間に伝えられ広がる。流布する。例「女楽にえことまでなむ逃げにけると――・らむ名こそ惜しけれ」〈源氏・若菜・下〉訳(演奏がうまくないので)女性の音楽会に仲間入りが出来なくて逃げ出したと噂が広がるであろう

その評判が残念です。

❹経路、道筋などをたどってやってくる。つたう。例「遥かなる世界より──・りまうで来て」〈源氏・橋姫〉訳遥か遠くの国(=筑紫(ツクシノ)国)から(縁故をたより)道をつたって京にやって来て。

つた・ふ【伝ふ】(ツ(ト)ウタ) ━〔自ハ四〕{は・ひ・ふ・ふ・へ・へ}ある物に沿って移動する。伝わる。例「春されば妻を求むと鶯(うぐひす)の木(こぬ)れを──・ひ鳴きつつもとな」〈万葉・一〇・一八二六〉訳春がやってきたので、妻を求めようとしてウグイスが梢を移り飛んでむやみに鳴いているよ。

━〔他ハ下二〕{へ・へ・ふ・ふる・ふれ・へよ}❶(後世に)伝え残す。(他の人に)伝授する。例「唐土(もろこし)の人は、これをいみじと思へばこそ、記(しる)しとどめて世にも──・へけめ、これらの人は語りも──・ふべからず」〈徒然草・一八〉訳中国の人は、これを尊いと思うからこそ、書き記して後世にも伝え残したのだろう、我が国の人は(それを)語り伝えもしないだろう。

❷中に立って取り次ぎをする。伝える。渡す。例「弁のおもとといふに──・へさすれば、消え入りつつ、えも言ひやらねば」〈枕草子・宮の五節いださせ給ふに〉訳弁のおもとという女房に取り次がせたところ、恥ずかしがって、言い伝えることもできないので。

❸他からの物事を伝え受ける。受け継ぐ。伝承する。例「父方の祖母(おほば)の家を──・へて、久しくかの所に住む」〈方丈記・わが過去〉訳父方の祖母の家を受け継いで、長い間あそこに住んでいた。

づだ-ぶくろ【頭陀袋】(ズダ) 〔名〕《仏教語》諸国を巡り歩いて仏道修行をする者が、日用品や施し物などを入れて首に掛ける袋。転じて、死者を葬る時死出の旅の用意にその首にかける袋。「頭陀」とも。⇩づだ

つたへ【伝へ】(ツタエ) 〔名〕❶伝えること。伝授。例「嵯峨(さが)の御──にて、女五の宮、さる世の中の上手にものし給ひけるを」〈源氏・明石〉訳嵯峨天皇のご伝授で、女五の宮は、その方面(=箏(ソウ)ノ琴)での名人であられたが。

❷言づて。伝言。例「いささかの──だになくて年月重なりにけり」〈源氏・関屋〉訳(光源氏と空蟬(うつせみ)の間は)ほんのちょっとした言づてさえもなくて年月がたってしまった。

❸言い伝え。伝説。例「『夜語らず』とか、女ばらの──に言ふことなり」〈源氏・横笛〉訳(夢の話は)夜は語らぬものだ」とかは、女房達の言い伝えに言うそうだ。

つたへ-し・る【伝へ知る】(ツタエ) 〔他ラ四〕{ら・り・る・る・れ・れ}言い伝えなどによって知る。聞き伝えて知る。

つち【土・地】〔名〕❶大地。地面。地上。対あめ(天) 例「──裂けて水涌(わ)き出(い)で」〈方丈記・大地震〉訳大地が裂けて水が涌き出し。注地震ノ描写。

❷土。土くれ。人の容貌(ようぼう)の醜さのたとえに用いられる。例「まことに──などの心地ぞするを」〈源氏・蜻蛉〉訳(女一の宮の御前(ごぜん)にいる女房は)本当に(化粧も)土などでも塗ったかのような(みにくい)感じがするが。

❸⇩ぢげ

❹《「土公(つちぎみ)」の略》「陰陽道(おんやうだう)」で、地の神。

つち-いみ【土忌み】〔名〕「陰陽道(おんやうだう)」で、地の神である「土公(つちぎみ)」あるいは「土公神(どくじん)」のいる方角・場所を犯して工事・旅行・普請などをすることを避けること。例「三月(やよひ)つごもり方(がた)、──に、人のもとに渡りたるに」〈更級・物語〉訳三月の月末の頃、土忌みで、ある人の家に移ったところ。

つち-おほね【土大根】(オオネ) 〔名〕大根(だいこん)の別名。「おほね」とも。(季・冬) 例「──を万(よろづ)にいみじき薬とて、朝ごとに二つづつ焼きて食(く)ひけること、年久しくなりぬ」〈徒然草・六八〉訳大根をすべてによくきく薬として、毎朝二つずつ焼いて食べる習慣が(続いて)、長年になった。

つち-か・ふ【培ふ】(カ(コ)ウ) 〔他ハ四〕{は・ひ・ふ・ふ・へ・へ}《「土で養(か)ふ」の意》植物の根元に土を掛けて養う。栽培する。育成する。例「人なき日藤に──・ふ法師かな」〈蕪村〉訳誰ひとり訪れる人もない日に、一人の僧が藤の根元に(肥料をやり)せっせと土を掛けていることだ。

つち-の-え【戊】〔名〕《「土の兄(え)」の意》「十干(じっかん)」の五番目。ぼ。⇩じっかん

つち-の-と【己】〔名〕《「土の弟(と)」の意》「十干(じっかん)」の六番目。き。⇩じっかん

つち-ふ・る【土降る】〔自ラ四〕{ら・り・る・る・れ・れ}風で吹き上げられた土が降る。例「雲端(うんたん)に──・る心地して」〈奥の細道・尿前の関〉訳雲の端から土まじりの風が吹き降ろしてくる気持ちがして。

土御門(つちみかど) 『地名』大内裏(だいだいり)の東側北寄りにある上東門と、それに対する西側北寄りの上西門の別名。築地(ついじ)(=土塀(ドベイ))を切り抜いただけの門であった。また、この両門を挟んで東西に伸びる平安京の大通りを、土御門大路(おおじ)という。⇩付録・大内裏図

つち-ゐ【土居】(イ) 〔名〕❶どろを築きめぐらせた所。築地(ついじ)・土塀(どべい)の類。例「軒に朽ち葉深く、──に苔(こけ)むせり」〈方丈記・閑居の気味〉訳(仮住まいのつもりだった小さな家も)軒に枯れ朽ちた落ち葉が深く積もり、築地に苔が生えた。

❷「帳台(ちゃうだい)①」の基底部の台。

つつ【筒】〔名〕❶円く細長い形で、中が空洞になっているもの。竹筒など。また、その形をした容器。

❷井戸の、丸い囲い。井筒。

つつ

〔接助〕接続 動詞および助動詞「す」「さす」「しむ」「る」「らる」の連用形に付く。

【反復・継続】❶《動作・作用が反復して行われる意を表して、あとの事柄に続ける》**繰り返し…して。しきりに…して。** 例「野山にまじりて竹を取り**つつ**、よろづの事に使ひけり」〈竹取・かぐや姫の生ひ立ち〉訳(竹取の翁(おきな)は)野山に分け入って竹を取っては、(それを)さまざまな物を作るのに使っていた。

❷《複数の動作・作用が同時に並行して行われる意を表して、あとの事柄に続ける》ⓐ《動作・作用の主体が複数の場合》**それぞれが…して。みんなが…して。** 例「人ごとに折り挿頭(かざ)し**つつ**遊べどもいやめづらしき梅の花かも」〈万葉・五・八二八〉訳人皆それぞれ(梅の花を)折り髪にさして遊んでいるけれども、ますます心ひかれる梅の花であることだ。

ⓑ《動作・作用の主体が単数の場合》…ながら。…つつ。例「水の上に遊び**つつ**魚(いを)を食ふ」〈伊勢・九〉訳(白い鳥が)水の上を泳ぎながら、魚を食べている。

❸《動作・作用が継続して行われる意を表して、あとの事柄に続ける》…し続けていて。ずっと…していて。例「天離(あまざか)る鄙(ひな)に五年(いつとせ)住まひ**つつ**都の手振り忘らえにけり」〈万葉・五・八八〇〉訳遠い田舎に五年の間住み続けていて、(奈良の)都の風習も忘れてしまいました。

❹(接続助詞「て」と同じように用いて)《単純にあとの事柄

に続ける》…て。例「『やがて参らん』とて、にはかに精進(しやうじん)始めつつ、厳島(いつくしま)へぞ参られける」〈平家・二・徳大寺之沙汰〉訳「すぐに参詣(さんけい)しよう」と言って、急に身を清める行いをし始めて、厳島へ参詣なさった。

> **要点** (1)完了の助動詞「つ」の終止形を二つ重ねたものが一語化したものといわれる。
> (2)①がもとの意味で、②は①の複数の動作・作用が並行して行われる意から生じたもの。③も①の繰り返しが連続して、継続の意を表すようになったものと考えられる。④は、平安時代にもごくわずかな例があるが、中世以降に多く見られるようになる。
> (3)和歌の末尾に「つつ」が用いられた場合は、詠嘆などの意味を伴った、余情表現になる。下に言いさした部分が考えられる場合も多い。例「春霞(はるがすみ)立てるやいづこみ吉野の吉野の山に雪は降りつつ」〈古今・春上・三〉訳 春霞がもう立っているというのはどこのことかしら、ここ吉野の吉野山にはまだ雪が降り続いていて(いっこうに春の気配が感じられない)。

づつ【宛】ヅツ〔接尾〕(数量を表す語に付いて)一定の数量を割り当てたり、繰り返したりする意を添える。…ずつ。副助詞とする説もある。例「朝ごとに二つ——焼きて食ひけること、年久しくなりぬ」〈徒然草・六八〉訳(大根を)毎朝二きれずつ焼いて食べる習慣が(続いて)、長年になった。

つつお-ごめ【筒落米】〔名〕米の品質検査の際、俵に突き刺して米を抜き取る竹筒から、こぼれ落ちる米。例「こぼれすたれる——をはき集めて、その日を暮らせる老女ありけるが」〈西鶴・日本永代蔵・一・三〉訳 こぼれて無駄になってしまう米をはき集めて、その日暮らしの生活の元手にしている老女があったが。

つつが【恙】〔名〕病気などの災難。わずらいごと。例「事に触れて、我が身に——ある心地するも」〈源氏・匂宮〉訳 何かにつけて、自分の身にわずらいごとがある気のするのも。

つつが-な・し【恙無し】〔形ク〕⇩つつみなし

つづ・く【続く】■一〔自カ四〕{か・き・く・く・け・け} とぎれずに連続する。続く。つながる。例「一(いち)の御車は唐車(からぐるま)なり。それに——・きてぞ尼の車」〈枕草子・関白殿、二月二十一日に〉訳 第一のお車(＝女院ノ車)は唐車(＝大型ノ美シク飾ッタ車)である。それに続いて尼の乗った車。■二〔他カ下二〕{け・け・く・くる・くれ・けよ} とぎれずに連続させる。続ける。つなげる。例「立ち返り、——・けて勝つべき時の至れると知るべし」〈徒然草・一二六〉訳(ばくちの運が)逆転して、(相手が)続けて勝つはずの時が来ていると知るべきである。

つつじ【躑躅】〔名〕❶植物の名。春から夏にかけて赤・白などの花をつける低木。ツツジ。(季・夏) ❷(襲(かさね)の色目(いろめ)の名)表は蘇芳(すおう)(＝暗紅色)、裏は青または紅。または、表は白、裏は蘇芳。

つつしみ【慎み】〔名〕❶神・仏の怒りや祟(たた)りなどを避けるために身を慎んだり、祈禱(きとう)などをすること。斎戒(さいかい)。例「さまざまの御——せさせ奉り給ふ」〈源氏・葵〉訳(葵(あおい)の上のご妊娠中の苦しみを見て)様々のご祈禱や斎戒などを(葵の上に)させ申し上げなさる。❷責任をとって身を慎むこと。謹慎。例「兵乱(ひやうらん)——の故とぞ聞こえし」〈平家・六・横田河原合戦〉訳 兵乱の責任をとっての謹慎のためということであった。

つつし・む【慎む・謹む】〔他マ四〕{ま・み・む・む・め・め} ❶慎重にする。用心する。身をはばかる。例「落馬の相ある人なり。よくよく——・み給へ」〈徒然草・一四五〉訳 落馬の相がある人です。よくよく慎重になさい。❷(厄年(やくどし)や物忌(ものい)みの際など)神・仏の怒りや祟(たた)りを恐れて身を慎む。斎戒(さいかい)する。例「——・ませ給ふべき御年(おんとし)なるに」〈源氏・薄雲〉訳(藤壺(ふじつぼ)は今年三十七歳で)斎戒なさるべきお年(＝厄年(ヤクドシ))であるのに。

つづし・る【嘰る】〔他ラ四〕{ら・り・る・る・れ・れ} 少しずつ物事をする。ぽつりぽつりする。多く、物を食べたり、歌を口ずさんだりする動作をいう。例「鮭(さけ)鯛(たひ)塩辛(しほから)醤(ひしほ)などの塩辛き物どもを——・るに」〈今昔・二八・五〉訳 鮭・鯛・塩辛・醤(＝塩ヅケニシタ肉ヤ魚ノ類)などの塩辛い物などを少しずつ口にする折に。

つづしろ・ふ【嘰ろふ】ツヅシロウ〔他ハ四〕{は・ひ・ふ・ふ・へ・へ}(「つづしる」の未然形に継続の助動詞「ふ」が付いた「つづしらふ」の変化した形)少しずつ物事をする。ぽつりぽつりする。例「寒くしあれば堅塩(かたしほ)を取り——・ひ」〈万葉・五・八九二長歌〉訳 寒いので塩のかたまりを手に取っては少しずつ食べ。

つつま・し【慎まし】〔形シク〕(動詞「つつ(慎)む」の形容詞化した形)

> 基本的には、出来事や感情を人に知られずに、つつみ隠しておきたい気持ちを表す。そこから、**遠慮される**、**気がひける**などの意が生じる。

❶**気がひける**。気がねされる。例「夢にや見ゆらむと空恐ろしく、——・し」〈源氏・帚木〉訳(光源氏との情事が夫の)夢に現れているだろうかと(空蟬(うつせみ)は)天が恐ろしく、気がひける。

❷**遠慮される**。**はばかられる**。例「そのことと候(さぶら)はでは、慣れ慣れしきさまにやと、——・しう候ふうちに」〈和泉式部〉訳(お伺(うかが)いするのに)何かの用事でございませんと、慣れ慣れし過ぎないかと、遠慮しておりますうちに。

❸**きまりが悪い**。恥ずかしく思う。例「物の——・しきほどにて、ともかくもあへしらひ聞こえ給はず」〈源氏・桐壺〉訳(左大臣が娘との結婚をほのめかすが、光源氏は)何かときまり悪く思う年頃(＝十二歳)で、どうともこうともご返答申し上げない。

❹気乗りがしない。気が進まない。例「さやうならむ道のほどにも、いかなど——・しうなむ」〈源氏・手習〉訳(私、浮舟(うきふね)は気分が悪くて)そんなに遠い道中で、どうなることかと(初瀬(はつせ)参詣(けいさん)は)気が進まないのです。

つつまし-げ【慎ましげ】〔形動ナリ〕(「げ」は接尾語) ❶遠慮深い様子。つつしみ深い様子。例「殿上人・宰相などを、ただ名乗る名をいささか——・ならず言ふは、いとかたはなるを」〈枕草子・文ことばなめき人こそ〉訳 殿上人や参議などを、ただその本名を少しも遠慮なげに言うのは、ひどく聞き苦しいものだが。❷きまり悪そうな様子。恥ずかしそうな様子。例「御しとねうち置き、ひきつくろふを、いと——・に思(おぼ)したれど」〈源氏・末摘花〉訳(侍女が光源氏の)敷物を置き、(あたりを)整えるのを、(末摘花(すゑつむはな)は)大変きまり悪そうにお思いになったが。

つづま-やか【約まやか】〔形動ナリ〕(「つづま」は「つづ

む」「つつまる」と同じ語源で「縮めたさまの意」倹約している様子。質素である。例「人はおのれを――・にし、おごりを退けて」〈徒然草・一八〉訳人間は自分自身を質素にし、ぜいたくを避けて。

つづま・る【約まる・縮まる】〔自ラ四〕{ら・り・る・る・れ・れ}❶小さくなる。短くなる。ちぢまる。例「虎(とら)、――・りゐて、物をうかがふ」〈宇治拾遺・三・七〉訳（海岸の高い所で）虎が、身をちぢめてすわり、獲物をうかがっている。
❷集中しかたまる。集約される。

つつみ【包み】〔名〕《動詞「包む」の連用形の名詞化》❶物を包むこと。また、包んだもの。
❷物を包むのに使うもの。特に、衣類などを包む、今の風呂敷(ふろしき)の類。例「よき――・袋などに衣(きぬ)ども包みて」〈枕草子・細殿に人あまたゐて〉訳立派な風呂敷や袋などに衣類を何枚も包んで。

つつみ【堤】〔名〕土手。堤防。例「――の程にて馬よりすべりおりて」〈源氏・夕顔〉訳（光源氏は賀茂(かも)川の）土手のあたりで馬からすべるようにしておりて。

つつみ【慎み】〔名〕《動詞「つつ（慎）む」の連用形の名詞化》遠慮。つつしみ。用心。

つづみ【鼓】〔名〕❶胴に皮を張って打ち鳴らす打楽器の総称。太鼓の類。例「御軍士(みいくさ)をあどもひ給ひ整ふる――の音は」〈万葉・二・一九九長歌〉訳兵士達を徴集なさり、隊列を整えるために鳴らす太鼓の音は。
❷中世以降、特に比較的小型で胴の中央が細くなっているもの。つづみ。

堤中納言物語（つつみちゅうなごんものがたり）《書名》平安末期の短編物語集。独立した十編の短い物語から成り、うち、「逢坂越えぬ権中納言」は、小式部が一〇五五年（天喜三）に書いたものとされるが、それ以外の成立年代・作者は未詳。題名の由来も不明。奇抜な構想のもとに人生の一断面を巧みにとらえ、皮肉をも交えて鋭く描いているところに、近代の短編小説に通じる新しさが見られる。姫と老尼をまちがえて盗み出す「花桜折る少将」、気味悪い虫を集めて楽しむ「虫めづる姫君」などが、よく知られている。

つつみ-な・し【恙無し】〔形ク〕《上代語。「つつみ」は動詞「つつ（恙）む」の連用形の名詞化》さしさわりがない。無事である。「つつがなし」とも。例「――・く幸(さき)くいまさば」〈万葉・一三・三二五三長歌〉訳もしさしさわりなく無事でおいでならば（後で会いたい）。

つつみ-ぶみ【包み文】〔名〕「薄様(うすやう)」の紙などで包んだ手紙。恋文などに多く用いられた。

つつ・む【恙む・障む】〔自マ四〕{ま・み・む・む・め・め}《上代語》障害が起こる。さしつかえる。また、病気になる。例「大船を荒海(あるみ)に出(い)だしいます君――・むことなく早帰りませ」〈万葉・一五・三五八二〉訳大船を荒海に漕ぎ出して（新羅(しらぎ)へ）行かれるあなた、さしさわりなく無事で早くお帰りください。

つつ・む【包む】〔他マ四〕{ま・み・む・む・め・め}❶物全体を覆い隠す。周囲を取り囲む。くるむ。例「脱ぎ置く衣(きぬ)に――・まむとすれば、ある天人――・ませず」〈竹取・かぐや姫の昇天〉訳（不死の薬の壺(つぼ)をかぐや姫が）脱いで置いた衣服で包もうとすると、そこにいた天人が包ませない。
❷人に知られないようにする。包み隠す。秘す。例「いみじう――・み給へど、忍びがたき気色(けしき)の漏り出(い)づる折々」〈源氏・若紫〉訳（光源氏は藤壺(ふじつぼ)への想(おも)いを）懸命に包み隠しなさるのだが、抑えきれない様子が漏れ出るような折々。

つつ・む【慎む】〔他マ四〕{ま・み・む・む・め・め}他人の目や思惑などを気づかう。遠慮する。憚(はばか)る。例「人目も今は――・み給はず泣き給ふ」〈竹取・かぐや姫の昇天〉訳（かぐや姫は）人目もはばかりなさらずにお泣きになる。

つづ・む【約む】〔他マ下二〕{め・め・む・むる・むれ・めよ}小さく、短くする。ちぢめる。例「幸(さい)はひある人こそ、命は――・むれと思ふに」〈蜻蛉・下・天禄三年〉訳幸せな人こそ、寿命は短いものであると思っていると。

つつ-め・く【囁く】〔自カ四〕{か・き・く・く・け・け}《「つつ」は擬声語、「めく」は接尾語》こそこそと小声で話す。ひそひそ言う。「つつやく」とも。例「『怨(ゑ)じもこそしたべ』とて、――・きてやみぬ」〈土佐・二月一日〉訳「（悪く言うのが聞こえて）お恨みになっては大変だ」と、こそこそと小声で言ってやめにした。

つづら〔名〕■一【葛】比較的太めで丈夫なツル草の総称。弓や太刀(たち)に巻いたり、籠(かご)を作るのに用いる。
■二【葛籠】《「つづらこ」とも》「つづら■一」や竹を編んで作った籠(かご)。衣服などを入れる。

つづら-をり【葛折り・九十九折り】〔名〕（「葛(つづら)」のツルのようにくねくねと折れ曲がっていることから）曲がりくねった坂道。例「ただこの――の下(しも)に」〈源氏・若紫〉訳この曲がりくねった坂道のすぐ下に（どんな人が住んでいるのか）。

つづ・る【綴る】〔他ラ四〕{ら・り・る・る・れ・れ}❶継ぎ合わす。つなぎ合わす。つくろう。例「ももひきの破れを――・り、笠(かさ)の緒(を)付けかへて」〈奥の細道・出発まで〉訳（旅の準備として）股引(ももひき)の破れをつくろい、笠の紐(ひも)を付け替えて。
❷文章・詩句を作る。つづる。例「今にても申文(まうしぶみ)を取り――・りて」〈源氏・行幸〉訳今からでもよいから、願書をとり認(したた)めて（見事に書いて提出なさい）。

つつ-ゐ【筒井】〔名〕井戸の一種。円筒形に掘った井戸。井戸とも、井戸の上の囲いを筒の形に作った井戸ともいう。例「――つの井筒にかけしまろがたけ過ぎにけらしな妹(いも)見ざるまに」〈伊勢・二三〉訳筒井の井戸の囲いと比べて測った私の背丈は、もう囲いの高さよりも高くなってしまったようですよ、あなたと会わないでいる間に（もう大人としてあなたに逢(あ)いたいものです）。注「筒井つの」ノ「つ」ハ未詳。「つつゐづつ」トスル伝本モアリ、ソノ場合ハ、「筒井筒（＝筒井ノ井筒）」デ、「筒井の囲い、その囲いとくらべて測った……」ト解サレル。

つつゐ-づつ【筒井筒】〔名〕⇩つつゐ

つて【伝て】〔名〕❶人づて。ことづて。例「たづね行く幻もがな――にても魂(たま)のありかをそこと知るべく」〈源氏・桐壺〉訳（亡き桐壺更衣(きりつぼのこうい)の魂のありかを）捜しに行ってくれる幻術師でもいてくれたらなあ。たとえ人づてでも、（更衣の）魂のあり場所をどこだと知ることができるように。注更衣ノ病死ヲ悲シム帝(ミカド)ガ、「長恨歌(ちょうごんか)」ノ内容ヲ踏マエテ詠ンダ歌。
❷もののついで。たより。

つ・て【伝て】《未然形と連用形しかない動詞。終止形は「つつ」か》伝える。言づてする。例「春来れば雁(かり)帰るなり白雲の道行きぶりに言や――・まし」〈古今・春上・三〇〉訳春が来ているので雁は北へ帰るようである、白雲の中を雁は飛んで行くのだが道中で出会った時に（越（こし）の国にいる人に）伝言を伝えてくれるだろうか。

つと【苞・苴】〔名〕❶物をわらなどで包んで持ち運びやすいようにしたもの。

つと（苞）①

❷みやげ。贈り物。その土地の産物。例「都の━━にしつべき御贈り物ども、故（ゆゑ）づきて思ひよらぬ限（くま）なし」〈源氏・明石〉訳（明石の入道が光源氏のために用意した）都へのおみやげになりそうな贈り物の品々は、趣があるものばかりで行き届かないところがない。

つ-と〔副〕❶そのまま。じっと。ぴったりと。例「面影に━━添ひて思（おぼ）さるるにも」〈源氏・桐壺〉訳（故桐壺更衣（きりつぼのこうい）が）幻となって（帝に）じっと付き添っているようにお思いになられるにつけても。
❷急に。さっと。すっと。例「涙の━━出（い）で来（こ）ぬ、いとはしたなし」〈枕草子・はしたなきもの〉訳（悲しい話を聞きながら）涙がさっと出て来ないのは、ひどく体裁悪い。

つどう【集う】〔動〕⇒つどふ

つと-に【夙に】〔副〕朝早く。早朝から。例「━━起き遅く伏して」〈雨月・貧富論〉訳朝早く起き夜遅く寝て。

つど・ふ【集ふ】ウッド ㊀〔自ハ四〕（は・ひ・ふ・ふ・へ・へ）一箇所に集まる。寄り合う。例「女御（にょうご）・御息所（みやすどころ）たち、みな院に━━ひ給へりつるを」〈源氏・賢木〉訳女御や御息所達が、みな桐壺院に集まっていらっしゃったのだが。
㊁〔他ハ下二〕（へ・へ・ふ・ふる・ふれ・へよ）一箇所に集める。寄せる。例「右大殿の弓の結（けち）に、上達部（かんだちめ）・親王（みこ）たち多く━━へ給ひて」〈源氏・花宴〉訳右大臣邸での弓の勝負に、上達部や皇子達を多数お集めになって。

参考 **「そろふ」「あつまる」「つどふ」の違い**　「つどふ」の類義語に「群がる」「そろふ」「あつまる」などがある。いずれも、多数のものが、同じ場所に存在する。または存在するようになることを表すが、「群がる」は、多数のものが無秩序に存在することを表し、「そろふ」は、同類のものが一箇所に整然と存在していることを表す。また、「あつまる」は、必ずしも同種・同類でないものが一箇所に集中する意を表し、「つどふ」は、同種・同類のものが一箇所に集中する意を表す。

つと-む【勤む・勉む・務む】〔他マ下二〕（め・め・む・むる・むれ・めよ）❶励み行う。精励する。努力する。例「道を知る者は植うることを━━む」〈徒然草・二二四〉訳道理をわきまえている人間は（野菜・穀類などを）植えることを熱心に行う。
❷仕事、任務として行う。勤める。例「ある人、任大臣の節会（せちゑ）の内弁を━━められけるに」〈徒然草・一〇一〉訳ある人が、大臣新任の儀式にあたり諸事の指揮をする役目をお勤めになった時に。
❸仏道に励む。読経や念仏などを熱心に行う。例「水・草清き山の末（すゑ）にて━━め侍（はべ）らむ」〈源氏・若菜・上〉訳水や草が清らかな山の奥で仏道に励みましょう。

つとめ【勤め・務め】〔名〕❶励み行うこと。精励。例「身を養（やしな）ひ、人を助け、忠孝の━━も、医にあらずは、あるべからず」〈徒然草・一二二〉訳我が身の健康を保ち、人の命を助け、忠孝の道に精励することも兼ね行うのは、医術でなくては、ほかにあるはずがない。
❷任務として行うこと。仕事。役目。例「犬は、守り防ぐ━━人にも勝（まさ）りたれば、必ずあるべし」〈徒然草・一二一〉訳犬は、守ったり敵を防いだりする役目においては人よりも勝っているから、必ず飼うのがよい。
❸読経、念仏などをして、仏道に励むこと。勤行（ごんぎょう）。

つとめ-て〔名〕（早いを意味する「つと（夙）」と語源が同じ）

本来、早朝、の意。また、**何か出来事のあった翌早朝**、の意にも用いられる。

❶**早朝。朝早く。**例「冬は━━」〈枕草子・春はあけぼの〉訳冬は早朝（が一番よい）。
❷**翌早朝。あくる朝早く。**例「雨うち降りたる━━などは、世になう心あるさまにをかし」〈枕草子・木の花は〉訳（前の晩に）雨が降ったあくる朝早くなどは、またとなく趣がある様子で心ひかれる。注「雨が降っている早朝」デハナイ。

つな・ぐ【繋ぐ・踵ぐ】〔他ガ四〕（が・ぎ・ぐ・ぐ・げ・げ）❶綱・紐（ひも）などで結び留めて拘束する。つなぐ。例「女の髪筋（かみすぢ）をよれる綱には、大象（だいざう）もよく━━がれ」〈徒然草・九〉訳女の髪の毛をより合わせて作った綱には、大きな象もしっかりとつながれるし。
❷長く続くようにする。絶えないようにする。
❸足跡などによって跡をたどる。つける。例「さらば男の帰らん時、印（しるし）を付けて、行かん方を━━いでみよ」〈平家・八・緒環〉訳だったら男が帰る時に、何か印となるものを付けて、帰って行く所を見つけてみなさい。

つな-で【綱手】〔名〕川や海岸ぞいに船を進ませる時に、陸上から船を引っぱる引き綱。例「朝北（あさきた）の出（い）で来（こ）ぬ先に、━━早引け」〈土佐・二月五日〉訳朝がた吹く北風が出て来ないうちに、引き綱を早く引け。

つね【常・恒】㊀〔名〕❶ふだん。平常。例「━━よりも思（おぼ）し出（い）づること多くて」〈源氏・桐壺〉訳（帝（みかど）は）ふだんよりも（亡き桐壺更衣（きりつぼのこうい）を）お思い出しになることが多くて（更衣の里に使いをやる）。
❷いつものこと。普通。あたりまえ。例「のちは世かはり時うつりにければ、世の━━の人のごともあらず」〈伊勢・一六〉訳（紀有常（きのありつね）は）晩年は御代（みよ）もあらたまり時勢も移り変わったので、世の普通の人並みのようにはいかない。
㊁〔名・形動ナリ〕変わらないこと。永久不変。例「世の中は何か━━なる飛鳥（あすか）川昨日の淵（ふち）ぞ今日は瀬になる」〈古今・雑下・九三三〉訳この世の中では何がいつまでも変わらないものなのか（そんなものは何もない）。（なにせ）飛鳥川は、昨日深い淵だったところが今日は浅瀬になる（のだもの）。注「飛鳥川」ノ「あす」ニ「明日」ガ掛ケテアル。

つね-な・し【常無し】〔形ク〕永久不変でない。変わりやすい。はかない。例「うつせみの世は━━しと知るものを秋風寒み偲（しの）ひつるかも」〈万葉・三・四六五〉訳この世ははかないと知ってはいるものの、秋風の寒さに（亡き人を）恋しく思ったことよ。
要点「無常」の訓読からできた語。多くは、仏教的人生観を表して、「世」の特性としている。

つねなら・ず【常ならず】【連語】変わりやすく一定しない。無常だ。例「飛鳥（あす）川（か）の淵瀬（ふちせ）━━ぬ世にしあれば」〈徒然草・二五〉訳（昨日の淵が今日は瀬になると古歌にうたわれた）飛鳥川（＝奈良県高市（タカイチ）郡地方）の淵

と瀬のようにはかなく変わりやすい世の中であるから

つね-に【常に】〔副〕❶いつも。始終。例「をかしき物取らせなどするに、慣らひて――来つつ、居(ゐ)入りて」〈枕草子・にくきもの〉訳(子供たちに)好きそうな物をやったりしたところ、慣れてて始終やって来て、上がり込んで。❷いつまでも。永久に。ずっと。例「我が命も――あらぬか昔見し象(きさ)の小川を行きて見むため」〈万葉・三・三三二〉訳私の命も永遠に続かないかなあ、昔見た象の小川を(もう一度)訪ねて行って眺めるために。

津の国(つのくに)《地名》「摂津(せっつ)の国」の古名。現在の大阪府と兵庫県の一部にあたる国名。⇩せっつ

つの-ぐ・む【角ぐむ】〔自マ四〕{ま・み・む・む・め・め}《「ぐむ」は接尾語》(アシやマコモなどの)角のような芽が出始める。例「難波潟(なにはがた)浦吹く風に波立てば――・む葦(あし)の見えみ見えずみ」〈後拾遺・春上〉訳難波潟(=大阪付近ノ海)の浦を吹く風で波が立つと、新芽の出た葦が見えたり見えなかったりする。

つのさはふ《枕詞》「石(いは)」にかかる。かかり方は諸説があるが、未詳。

海柘榴市(つばいち)《地名》「椿市」とも書く。現在の奈良県桜井市金屋にあたる。古代から交通の要衝として栄え、歌垣の場としても知られる。平安時代には、長谷寺(=観音信仰ノ霊場)参詣の入り口として大いに賑わった。『日本書紀』『万葉集』『枕草子』『源氏物語』など、多くの文学作品にその名が見える。

海柘榴市

つばくら-め【燕】〔名〕《「つばくら」とも》鳥の名。ツバメ。

つ-ばな【茅花】〔名〕《「ちばな」の変化した形》チガヤ。また、その花。つぼみを食用にした。例「あるいは――を抜き、岩梨(いはなし)を採り」〈方丈記・勝地は主なければ〉訳時にはチガヤの花を抜き取り、コケモモの実を採取し。

つは-もの【兵】〔名〕❶兵器。武器。例「――尽き矢窮(きは)まりて、つひに敵に降(くだ)らず」〈徒然草・八〇〉訳武器がなくなり、矢がなくなっても、最後まで敵に降参しないで。❷兵士。武士。例「夏草や――どもが夢の跡」〈奥の細道・平泉〉訳この平泉一帯は、昔、源義経の一党や藤原氏の一族らが、あるいは功名を夢み、あるいは栄華に耽った跡である。だが、その功名・栄華もむなしく一場の夢と化して、今はただ夏草が無心に残っているばかりである。❸勇者。豪傑。

つばら【委曲】〔形動ナリ〕《上代語》細かくくわしい様子。つまびらかである。「つばらか」とも。例「道の隈(くま)い積もるまでに――にも見つつ行かむを」〈万葉・一・一七長歌〉訳(三輪山を)山道の曲がり角がいくつも重なるまでに、詳しく見ながら行こうと思うのに。

つばら-か【委曲か】〔形動ナリ〕⇩つばら

つは・る〔自ラ四〕{ら・り・る・る・れ・れ}❶草木の芽が出始める。芽ぐむ。例「木(こ)の葉の落つるも、まづ落ちて芽ぐむにはあらず。下よりきざし――・るに堪へずして落つるなり」〈徒然草・一五五〉訳木の葉が散り落ちるのも、先に葉が落ちて(それから)芽が出るのではない。下から芽ぶいてくる力に堪えきれないで(古い葉が)散り落ちるのである。❷妊娠の兆候が現れる。つわりになる。

つひ【終・遂】〔名〕終わり。最後。究極。例「さしあたりては心もとなきやうに侍(はべ)りとも、――の世のおもしとなるべき心おきてを習ひなば」〈源氏・少女〉訳さしあたってはもどかしいようでございましても、(夕霧が)究極の(=結局ハ)重臣となるにふさわしい心構えを習ったならば。

つひの住み処(か) 最後に住む所。終生住む所。例「これがまあ――か雪五尺」〈一茶〉訳これがまあ私がこれから終生住む所なのか。雪が五尺(=約一・五メートル)も積もっている、このふるさとが。

つひの別(わか)れ 最後の別れ。死別。例「世の事として、――を逃(のが)れぬわざなめれど」〈源氏・椎本〉訳この世の習いとして、(人は)死別を逃れられないもののようですが。

つひえ【費え・弊え】〔名〕消耗。浪費。損失。例「せつかく口をたたいても世の――なり」〈西鶴・世間胸算用・五・三〉訳一生懸命おしゃべりをしても全くの浪費だ。

つひ-に【遂に・終に】〔副〕❶しまいに。最後に。例「横ざまなるやうにて、――かくなり侍(はべ)りぬれば」〈源氏・桐壺〉訳まっとうでない有様で、しまいにこうなって(=死ンデ)しまいますと。注桐壺更衣(キリツボノコウイ)ノ非業ノ死ヲ指ス。❷《多く下に打消しの表現を伴って》最後まで。とうとう。例「みづから明らかにその非を知る故に、志常に満たずして、――物に伐(ほこ)ることなし」〈徒然草・一六七〉訳自分自身で明確に自分の欠点を知っているから、常に目標に対して満足せず、最後まで(増長し)自慢することがない。❸《下に打消しの表現を伴って》今まで一度も。いまだに。例「――大道(だいだう)を走り歩(あり)きしことなし」〈西鶴・日本永代蔵・二・一〉訳(倹約して、履物がすりへらないように)今まで一度も道路を走り回ったことがない。

つひ-の-すみか【終の住み処】⇩「つひ」子項目

つひ-の-わかれ【終の別れ】⇩「つひ」子項目

つひや・す【弊やす・費やす】〔他サ四〕{さ・し・す・す・せ・せ}《「つひゆ」の他動詞形》❶疲れ衰えさせる。消耗させる。例「その物につきて、その物を――・し損(そこ)なふ物、数を知らずあり」〈徒然草・九七〉訳その物にとりついて、その物を疲れ衰えさせる物は、無数にある。❷使って減少させる。無駄に消費する。例「さしも危ふき京中(きやうぢゆう)の家を作るとて、宝を――・し心を悩ますことは、すぐれてあぢきなくぞ侍(はべ)る」〈方丈記・安元の大火〉訳それほどあぶない京の街中に家を建てるといって、財産を無駄に消費し心を悩ませることは、とりわけ無益なことです。

つひ・ゆ【弊ゆ・費ゆ】〔自ヤ下二〕{え・え・ゆ・ゆる・ゆれ・えよ}❶疲れ衰える。やせる。弱る。例「年ごろ、いたう――・えたれど、なほもの清げによしあるさまして」〈源氏・蓬生〉訳(侍従(じじゆう)は)この何年かで、大層疲れ衰えているのだが、やはり美しく風情ある様子であって。❷使用して減る。消費する。

つぶさ【具さ・備さ】〔形動ナリ〕❶完全に備わっている様子。❷細かくくわしい様子。例「いつしかまのあたりにて、――・

なる御物語（ものがたり）も申し給はらむ」〈宇津保・祭の使〉訳早くお目に掛かって、事細かなお話を申し上げたりうかがったりしたいものです。

つぶつぶ-と〔副〕❶水・涙・血などが粒のようになって流れ出る様子。ポロポロと。ポタポタと。❷豊満な様子。ふっくらと。例「いとよく肥えて、—をかしげなる胸をあけて、乳（ち）などくくめ給ふ」〈源氏・横笛〉訳（雲居雁（くもゐのかり）は）とても肉づきよく、ふっくらと魅力的な胸をはだけて、（赤ん坊に）乳などをおふくませになる。❸事細かな様子。こまごまと。つぶさに。例「いかで—言ひ知らするものにもがな」〈蜻蛉・上・天徳二年〉訳なんとかこまごまと言ってやることができないものかなあ。❹胸が高鳴る様子。胸騒ぎする様子。ドキドキと。例「胸—鳴る心地す」〈源氏・若菜・下〉訳胸がドキドキと音を立てるような心地がする。❺つぶやく様子。ブツブツと。❻物が煮える音の形容。また、水に分け入る音の形容。グツグツと。ズブズブと。例「豆を煮ける音の—鳴るを聞き給ひければ」〈徒然草・六九〉訳豆を煮ていた音のグツグツと鳴るのをお聞きになると。

参考 ①は「つぶ（粒）」、②は「つぶら（円）」、③は「つぶさ（審）」とそれぞれ関係があるか。④⑤⑥は音の印象から生まれた擬音語。少なくとも、①②③と④以下とは、語源的には別語と思われる。

つぶて【飛礫】〔名〕小石を投げつけること。また、その小石。

つぶ-と〔副〕❶ぴっしりと。ぴたりと。例「陸奥紙（みちのくにがみ）を—押させ給へりけるが」〈大鏡・伊尹〉訳陸奥紙（＝上質ノ和紙ノ一種）をぴっしりと貼（は）らせなさったが。❷すっかり。まったく。例「袖をもちて顔を—隠して行くに」〈今昔・二六・七〉訳袖で顔をすっかり隠して行くと。

つぶね【奴】〔名〕召使い。しもべ。転じて、人に奉仕すること。

つぶら-か【円らか】〔形動ナリ〕（「つぶ（粒）」と同源の「つぶら」＋接尾語「か」）小さくて、丸々としている様子。つぶらである。

つぶ・る【潰る】〔自ラ下二〕｛れ・れ・る・るる・るれ・れよ｝❶無理な力が加わって形がくずれ、その物の機能を失う。つぶれる。例「うみ柿（がき）の落ちけるが、この弓取りの法師が頂（いただき）に落ちて、—れてさんざんに散りぬ」〈古今著聞集・偸盗〉訳熟した柿の落ちたのが、この弓を射る役の僧の頭上に落ちて、つぶれてちりぢりばらばらにとび散った。❷（多く「胸つぶる」の形で）驚きなどで激しく動悸（どうき）する。どきんとする。例「昨夜（よべ）来はじめたる人の今朝（けさ）の文の遅きは、人のためにさへ—る」〈枕草子・胸つぶるるもの〉訳昨夜はじめて通って来た男の、今朝の手紙が遅いのは、他人のことでさえどきんとする。注男ガ女ノ所ニ通イハジメタ翌朝ノ男ノ手紙ハナルベク早ク贈ルノガ礼儀。

つ-べし〔連語〕（完了の助動詞「つ」の終止形＋推量の助動詞「べし」）❶**きっと…してしまうに違いない。…してしまいそうだ。**例「あやまちして、見む人のかたくなる名をも立て**つべき**ものなり」〈源氏・帚木〉訳（そんな浮気っぽい女が）間違いを起こして、世話をしている男が愚か者だとの評判をきっと立ててしまうに違いないものなのだ。❷きっと…できるに違いない。例「いとをかしきことかな。詠（よ）みてむやは。詠み**つべく**は、はや言へかし」〈土佐・一月七日〉訳（もし子供が返しの歌を詠むなら）とてもおもしろいことだね。うまく詠めるかしら。かならず詠むことができるならば、早く言いなさいよ。❸必ず…すべきだ。例「かやうの事こそは、かたはらいたきことのうちに入れ**つべけれ**ど」〈枕草子・中納言参り給ひ〉訳こんな事（＝自慢話メイタ事）は、聞き苦しいことの中に入れるべきだけれど。❹…するつもりだ。

要点 「つ」は「べし」で表す判断に確信をもっていることを表す、強調の用法。

つぼ〔名〕■一【壺】❶口がつぼまっている容器。つぼ。例「銀（しろかね）の—に金（こがね）入れて賜（たま）へり」〈源氏・蜻蛉〉訳銀製のつぼに黄金を入れてくださった。❷（岩のくぼみや滝つぼなど）深くくぼんだ所。❸戸の掛け金を受ける金具。つぼがね。❹あらかじめ見当をつける所。ねらいどころ。急所。例「かねてより思うた—へあたりしと」〈近松・心中重井筒・中〉訳前々から予想していた通りになったと。■二【坪・壺】❶建物に囲まれた庭。中庭。内庭。例「前は—なれば、前栽（せんざい）植ゑ、籬（ませ）結ひて、いとをかし」〈枕草子・一条の院をば〉訳（その御殿（ごてん）の）前は中庭なので、庭木を植え、垣根をこしらえて、大変趣深い。❷格子のますめの一つ一つ。例「格子の—などに、木の葉をことさらにしたらむやうに、こまごまと吹き入れたるこそ」〈枕草子・野分のまたの日こそ〉訳（台風の翌日）格子のますめの一つ一つなんかに、木の葉をわざとしたみたいに、こまごまと吹き入れてあるのが（風のせいとは思えない）。❸面積の単位。古代条里制で、一町（＝約一〇九メートル）四方。約一一九アール。中世以降、六尺（＝約一・八メートル）四方。約三・三平方メートル。

つぼ-さうぞく【壺装束】（…ソウゾク）〔名〕平安鎌倉時代、女性が旅行や外出する際の服装。小袖（こそで）を着、市女笠（いちめがさ）をかぶり、後ろに垂れた髪を小袖の中に入れ、上着の両褄（りょうづま）（＝着物ノ裾（すそ）ノ左右ノ両端）を歩きやすいように折って腰帯にはさむもの。

つぼさうぞく

つぼ-すみれ【壺菫】〔名〕（上代は「つほすみれ」）草の名。タチツボスミレ。紫色の花をつける一般的なスミレ。（季・春）例「草の花は、……菊。—」〈枕草子・草の花は〉訳草の花では、……菊。ツボスミレ（がかわいい）。

つぼ-せんざい【坪前栽・壺前栽】〔名〕中庭に植えた草木。

つぼね【局】〔名〕（仕切りをする意の動詞「つぼぬ」の連用形の名詞化）❶宮中や貴族の邸宅の建物の中を、板やついたてなどで仕切って設けた**部屋**。多く、上級の女官・女房（にょうぼう）の**私室**として用いる。例「かの右近を召し寄せて、—など近く給ひて侍（さぶら）はせ給ふ」〈源氏・夕顔〉訳（病床の光源氏は）あの（夕顔の侍女の右近をお呼び寄せになり、部屋などを(寝殿の)近くの所にお与えなさって(侍女として)お仕えさせなさる。❷部屋をいただいて仕える上級の女官を敬っていう語。例「日本紀の御(み)——とぞ付けたりける」〈紫式部・日本紀の御局〉訳(私、紫式部に)「日本紀の御局」と(あだ名を)付けた。注「日本紀」ハ、『日本書紀』、ココデハ、ソレ以下ノ六国史ノ総称。後一条天皇ガ、「紫式部は日本紀を読むようだ」トオッシャッタコトカラ、意地悪イ女房ガカラカイ半分ニ「漢文を読むお方」ノ意デ付ケタアダ名。❸(近世語)「局女郎」といわれる下級の遊女の部屋。また、局女郎の略称。

要点 「局」の種類　多くは女官の部屋であるが、后や女御の部屋として、清涼殿には「弘徽殿の上の御局」「藤壺の上の御局」が設けてある。また、『源氏物語』では、更衣の住む建物を指して「御局は桐壺(=淑景舎ノ別名)なり」と用いた例もある。臨時に設けることもあり、『源氏物語』では、花の宴に際して、后と東宮の「御局」を清涼殿の玉座の左右に設けたとある。寺に参籠する時に堂内を屏風等で仕切って生活する所をもいう。また、局をいただいて住むことを「つぼね住み」、局の並ぶ所を「つぼねまち」(近世からは、「ながつぼね」)という。

つぼ・む【窄む】〔自マ四〕{ま・み・む・む・め・め}(「壺」を活用させた語)❶花がつぼみの状態にある。つぼみをつける。例「十月は小春の天気、草も青くなり、梅も——・みぬ」〈徒然草・一五五〉訳(陰暦)十月は小春日和の天気で、早くも草は青くなり、梅の木もつぼみをつけてしまう。❷狭い所に小さくかたまる。引きこもる。

つぼ-やなぐひ【壺胡籙】〔名〕「やなぐひ」の一種。矢を七本入れて背負う筒形の道具。譲位・節会などの警護に、近衛の武官が用いる。例「装束(さうぞく)し、——負ひたる随身(ずいじん)の出(い)で入りしたる、いとつきづきし」〈枕草子・よき家の中門あけて〉訳正装して、壺胡籙を背負った(護衛の)近衛の舎人が(貴族の邸宅の門を)出たり入ったりしている光景は、実に似つかわしい。

参考 奈良時代に矢を入れる武具として胡籙が採用されてから、古代以来の「靫」が儀式用に装飾化したもの。

つま【夫・妻】〔名〕❶配偶者の一方である男性。妻から夫を呼ぶ語。例「物部(もののふ)の八十伴(やそとも)の雄(を)と出(い)で行きしうるはし——は」〈万葉・四・五四三長歌〉訳(行幸に従って)お仕えする多くの人々と出発して行ったいとしい(我が)夫は。❷配偶者の一方である女性。夫から妻を呼ぶ語。例「我が——はいたく恋ひらし飲む水に影(かご)さへ見えて世に忘られず」〈万葉・二〇・四三二二〉訳我が妻はひどく(私)を恋い慕っているらしい。飲む水にその姿まで見えて、全然忘れられない。注防人歌。❸動物のつがいの一方をいう語。例「吉隠(よなばり)の猪養(ゐかひ)の山に伏す鹿(しか)の——呼ぶ声を聞くがともしさ」〈万葉・八・一五六一〉訳吉隠の猪養の山に寝る鹿が妻を呼ぶ声を聞くのはうらやましいことよ。

要点 (1)妻問い婚の時代に、妻の家の「つま(端)」に妻屋を建てて、夫がここに通ったところから、配偶者の一方をいう。夫婦が互いに相手をいい、第三者がいうこともある。恋人の関係にも用いるが、「妹」よりも強く結ばれた関係である。
(2)動物の場合にも用い、さらに「萩」を鹿の妻というなど、密接な関係が感じられるものに比喩的に用いる。平安時代以降は、現代語と同じく、②の用法に限られるようになるが、和文では、女の意から転じた「め」を用いる。

つま〔名〕**一【端】**❶物のはし。へり。例「寝殿とおぼしき屋の西の——に人々居(ゐ)たり」〈源氏・花散里〉訳寝殿と思われる建物の西の端に(侍女の)人達が座っている。注建物ニツイテ「端」トハ、簀子ノ部分ヲイウコトガ多イ。❷軒先。軒端。例「梅の木の、——近くていと大きなるを」〈更級・梅の立枝〉訳梅の木で、軒先近くて大変大きな木を。❸物事のきっかけ。はじまり。手がかり。例「なかなか物思ひの——なるべきを」〈源氏・須磨〉訳(紫の上を須磨に伴うことは)かえって心配の種であるから。

二【褄】(「着物のへり」の意)襟先から下のへりの部分。また、裾の左右の端の部分。例「唐衣着つつなれにし——しあればはるばる来ぬる旅をしぞ思ふ」〈伊勢・九〉訳唐衣も着ていると、のりがとれ軟らかくなる、その褄と同じ音のなれ親しんだ妻が(都に残って)いるので、はるかに遠くやって来た旅をしみじみと(悲しく)思う。注コノ「つま」ハ衣ノ縁語ノ「褄」ト「妻」ヲ掛ケル。

つま-おと【爪音】〔名〕(琴爪で)琴を弾く音。例「少しも紛(まが)ふべうもなき小督(こがう)の殿の——なり」〈平家・六・小督〉訳全く聞き誤るはずもない(捜している)小督様の弾く琴の音である。注「小督」ハ、高倉天皇ニ愛サレタ女官ノ名。

つま-ぎ【爪木】〔名〕(爪で折り取った木の意。一説に、木の「つま(端)」とも)たきぎにする小枝。例「林の木近ければ、——を拾ふにともしからず」〈方丈記・境涯〉訳(住まいである方丈は)林も近いので、たきぎにする枝を拾うのに不自由しない。

つま-ごひ【妻恋ひ】〔名〕夫が妻を、また妻が夫を恋い慕うこと。動物の場合にもいい、多くは雄鹿が雌鹿を呼んで鳴くことをいう。例「遠つ人松浦佐用比売(まつらさよひめ)——に領巾(ひれ)振りしより負へる山の名」〈万葉・五・八七一〉訳松浦佐用比売が(船出する)夫を恋い慕って、肩にかけた布を振ったことからついた山の名(である)。注「領巾麾の嶺」ノ伝説ヲ詠ンダ歌。

つま-づま【端端】〔名〕❶物事のはしばし。例「よく知らぬよしして、さりながら、——合はせて語る虚言(そらごと)は、恐ろしきことなり」〈徒然草・七三〉訳よくは知らないふりをして、そのくせ、(話の)はしばしを(=ツジツマヲ)合わせて語るうそは、(真実らしく聞こえるから)恐ろしいものである。❷着物のはしばし。多くの着物のはし。例「色々こぼれ出(い)でたる御簾(みす)の——、透影(すきかげ)など」〈源氏・若菜・上〉訳(女房達の衣装の)各種の色に御簾からこぼれ出ているはしばしや、透いて見える姿などが。

つま-ど【妻戸】〔名〕(「つま(端)」に設けた戸の意)寝殿造りで、建物の四隅に設けた両開きの戸。(図版次頁)

つま-どひ【妻問ひ】〔名〕(動詞「つまどふ」の連用形

の名詞化)恋い慕って言い寄ること。求婚。動物が相手を求めることにもいう。例「いにしへのますら壮士(をとこ)のあひ競(きほ)ひ——しけむ葦屋の菟原処女(うなひをとめ)の奥つ城(き)を」〈万葉・九・一八〇一長歌〉訳昔の立派な男達が競争して求婚したという葦屋の菟原処女の墓を。

つまど

つま-ど・ふ【妻問ふ】〔自ハ四〕{は・ひ・ふ・ふ・へ・へ} ❶求婚する。言い寄る。例「稲置娘女(いなきをとめ)が——・ふと我に遣(おこ)せし遠方(をちかた)の二綾下沓(ふたあやしたぐつ)」〈万葉・一六・三七九一長歌〉訳稲置娘女が求婚しようと私によこした遠来の二色の綾の靴下に。❷雄が番いとなる雌を求める。妻を捜し求める。例「小牡鹿(さをしか)の——・ふ声もいかなれや夕べはわきて悲しかるらむ」〈千載・秋下〉訳牡鹿の妻を捜し求める声もいかばかりであろうか。夕方は特に悲しいことであろう。

つま-はじき【爪弾き】〔名〕(不快・不満・嫌悪・非難などの気持ちを表して)人さし指や中指の先を親指の腹に当てて、はじいて音を立てること。例「日一日(ひひとひ)風止(や)まず。——して寝ぬ」〈土佐・一月二十七日〉訳一日中風が止まない。(船が出せないので、面白くなくて)指先をはじいて寝てしまった。

つまびら-か〔形動ナリ〕(古くは「つまひらか」)❶細かくくわしい様子。❷はっきりわかっている様子。

つま-や【妻屋・嬬屋】〔名〕(古代、妻問い婚の時代に、妻の家の「つま(端)」に夫が通う家を建てたことから)夫婦のための家。夫婦の寝室。

つまり【詰まり】〔名〕物事の極まった所。行きどまり。例「ここの——に追っつめては、ちゃうど斬る」〈平家・四・信連〉訳ここの行きどまりに追い詰めては、ガチリと斬る。

つま・る【詰まる】〔自ラ四〕{ら・り・る・る・れ・れ} ❶詰まった状態になる。ふさがる。つかえる。例「傍(かた)はらなる足鼎(あしがなへ)を取りて、頭(かしら)に被(かづ)きたれば、——・るやうにするを」〈徒然草・五三〉訳そばにある足鼎(=物ヲ煮ル三本足ノ釜)を手に取って、頭にかぶったところ、つかえるようであるので(鼻を押してむりに平らにして顔をつっこんで)。❷返答などが出来ないで窮する。困る。例「大納言入道、はたと——・りて」〈徒然草・一三五〉訳大納言入道は、はたと返答に窮して。❸生活が困窮する。苦しくなる。❹筋が通る。納得できる。

つまをり-がさ【端折り傘・爪折り傘】〔名〕傘の骨の先端を内側に折り曲げた長柄の傘。

つまをりがさ

つみ【罪】〔名〕❶してはならないことを犯す行為。罰に値すること。罪。例「かぐや姫は、——を作り給へりければ」〈竹取・かぐや姫の昇天〉訳かぐや姫は、(天上界で)罪を犯されたので。❷仏教で禁じた戒めを破る行為。仏罰に値すること。罪業。例「人の上にては、——深うゆゆしきを」〈源氏・葵〉訳(人に祟りをなすことは)他人にそういうことがあれば、罪業深いもので恐ろしく思われるのに。❸非難すべきところ。欠点。例「御志(こころざし)ひとつの浅からぬに、よろづの——許さるるなめりかし」〈源氏・夕顔〉訳(光源氏の夕顔を愛される)お気持ちはひたすらに深いので、(貧しい女の家の)もろもろの欠点が許されるのであろうか。

つみ・す【罪す】〔他サ変〕{せ・し・す・する・すれ・せよ} 罪をとがめる。罰する。処罰する。例「そのほか、六親(ろくしん)をみな——・せらる」〈平家・二・蘇武〉訳そのほかに、(李少卿の)両親・兄弟・妻子を皆(漢王は)処罰なさった。

つみ-な・ふ【罪なふ】〔他ハ四〕{は・ひ・ふ・ふ・へ・へ}(「なふ」は接尾語)罰する。処罰する。例「人を苦しめ、法を犯さしめて、それを——・はんこと、不便(ふびん)のわざなり」〈徒然草・一四二〉訳人民を困窮させ、(そのために)法律を犯させておいて、それを処罰することは、かわいそうなことである。

つ・む【詰む】{め・め・む・むる・むれ・めよ} ■一〔自マ下二〕(主君の前や勤務の場所で)事に備えて控えている。つめる。例「これのは今朝から庄屋殿へ——・められ、今は留守でござる」〈近松・冥途の飛脚・下〉訳うちの(主人)は今朝から庄屋様のお屋敷へつめておられ、今は留守でございます。■二〔他マ下二〕❶内部を完全に満たす。いっぱいにする。❷すき間に物を差し込む。つめ込む。例「打ち叩(たた)き、押し引けど、内外(うちと)に——・めてければ、ゆるぎだにせず」〈落窪・三〉訳打ったり叩いたり、押したり引いたりするのだが、戸の内側と外側につっかえ棒を押し込んであるので、ゆるぐことさえしない。❸間隔をせばめる。ちぢめる。迫る。❹短くする。

つ・む【積む】{ま・み・む・む・め・め} ■一〔自マ四〕雪などが積み重なる。積もる。例「鳴く鶏(とり)はいやしき鳴けど降る雪の千重(ちへ)に——・めこそ我立ちかてね」〈万葉・一九・四二三四〉訳鳴くニワトリは(夜明けだと)しきりに鳴くのだが、降る雪が大層積もっているので私は立ち帰りかねている。■二〔他マ四〕❶上に重なるようにする。積み重ねる。例「転び落ちぬやうに、心得て炭を——・むべきなり」〈徒然草・二一三〉訳(火種の炭が)転がって落ちないように、注意して炭を積み重ねなければならないのだ。❷舟・車・馬などに荷物を載せる。積載する。例「鋸(のこぎり)のくづを車に——・みて」〈徒然草・一七七〉訳鋸をひいて出来る木のくずを車に載せて。

つ・む〔他マ四〕{ま・み・む・む・め・め} 前歯で嚙んで、木の実の皮をむき取って食べる。一説に、拾って食べる意とも。例「鬚(ひげ)がちなる者の椎(しひ)——・みたる」〈枕草子・にげなきもの〉訳あごひげの多く生えている老人が椎の実を拾って歯で皮をむいて食べている姿は(似合わない感じだ)。

つ・む【抓む】〔他マ四〕{ま・み・む・む・め・め} ❶指の先で軽くはさむ。つまむ。例「ははそ葉(ば)の母の命(みこと)は御裳(みも)の裾(すそ)——・み上げ掻(か)き撫(な)で」〈万葉・二〇・四四〇八長歌〉訳母上はお着物の裾をつまみ上げ、(私を)かき撫で。注「裳の裾」ハ、マジナイヲスル所デアッタトイワレ、ソレヲツマミ上ゲルノハ呪術(ジュジュツ)ノ一種ラシイ。❷爪や指の先で強く挟んでひねる。つねる。例「太刀(たち)抜きたる腕(かひな)を捕らへて、いといたう——・み給へれば」〈源氏・紅葉賀〉訳太刀を抜いた(相手の)腕をつかみ、とてもきつくつねりなさると。

つ・む【摘む】〔他マ四〕{ま・み・む・む・め・め}指先でつまんで取る。摘む。例「君がため春の野に出(い)でて若菜——・む我が衣手(ころもで)に雪は降りつつ」〈古今・春上・二一〉訳 あなたのために春の野に出て若菜を摘んでいる私の着物の袖(そで)に、雪がしきりに降りかかりました。注『百人一首』ニ所収、光孝天皇ノ作。

つむじ【旋風】〔名〕うずを作って吹く風。つむじかぜ。つじかぜ。旋風(せんぷう)。例「み雪降る冬の林に——かもい巻き渡ると思ふまで」〈万葉・二・一九九長歌〉訳（軍勢の弓弭(ゆはず)の音が）雪の降る冬の林につむじ風が巻き上がって吹いていくと思われるほどに（恐ろしく聞こえ）。
要点 頭の「つむじ」と同源。近世以降、大きなものを特に「竜巻(たつまき)」という。

つめ【爪】〔名〕❶手足の先の角質の部分。例「長き——して眼(まなこ)をつかみつぶさむ」〈竹取・かぐや姫の昇天〉訳 この長いつめで（天人の）目の玉をつかみつぶしてやろう。
❷琴を弾く時に指先につけるもの。琴爪(ことづめ)。例「この琴(きん)弾く人は別の——作りて、指にさし入れて弾くことにて侍りし」〈大鏡・道長・上〉訳 この（七弦の）琴を弾く人は特別のつめを作って、指にさしこんで弾いたのでございます。

つめ〔名〕■一【頭・詰】《「つま（端）」の変化した形。橋についていう》端(はし)。きわ。橋のたもと。例「大橋の——に家あらばま悲しくひとり行く児(こ)に宿貸さましを」〈万葉・九・一七四二〉訳（河内(かわち)＝大阪府東部の）大橋のたもとに我が家があったら、いとしくもひとり（渡って）行くあの子に宿を貸すのだが。
■二【詰】《動詞「つ（詰）む」の連用形の名詞化》❶すきまにつめこむもの。
❷（能で）重要な部分。見せ場。例「風情を持ちたる——をたしなみて書くべし」〈風姿花伝・六〉訳（能の作者は）趣のある演技の（できる）見せ場を工夫して書くべきである。
❸《近世語。振袖(ふりそで)に対する「詰袖(つめそで)」の略》今の男物の着物の袖のように、わきをぬって袋状にした短い袖。また、それを着る年輩の女性。年増(としま)女。

つ-めり〔連語〕《完了の助動詞「つ」の終止形＋推定の助動詞「めり」》…たようだ。…たように見える。例「人はみな春に心を寄せ**つめり**我のみや見む秋の夜(よ)の月」〈更級・春秋のさだめ〉訳 人は皆春に心を寄せたようだ。でも私だけは秋に心を寄せ、秋の夜の月を見よう。

つもり【積もり】〔名〕❶物事が積み重なること。また、その結果。蓄積。例「横笛はその思ひの——にや」〈平家・一〇・横笛〉訳 横笛（＝人名）はその（悲しい）思いが積み重なったためだろうか（ついに死んでしまったのだった）。
❷見積もること。推測。予想。見当。
❸賃金などの額。限度。

つも・る【積もる】{ら・り・る・る・れ・れ}■一〔自ラ四〕❶雪・塵(ちり)・努力・年齢などが重なる。積もる。例「つとめて、雪のいと高う——・りたるに」〈源氏・浮舟〉訳 早朝、雪が大層高く積もった時に。
❷年・月などが積み重なる。たつ。例「はかなくも——・る年月かな」〈源氏・宿木〉訳 空(むな)しくもたってしまう年月であることだ。
❸恋心や悲しみの程度が増す。つのる。例「秋の夜を長しと言へど——・りにし恋を尽くせば短くありけり」〈万葉・一〇・二三〇三〉訳 秋の夜は長いというけれど、つのった恋の思いを晴らすには（＝恋人ト語ラウニハ）短いものだ。
■二〔他ラ四〕❶あらかじめ数量を計算する。見積もる。例「年中入帳(いりちやう)の銀高(かねだか)——・りて、世帯(せたい)まかなふことなり」〈西鶴・世間胸算用・三・四〉訳 一年中いつも収入簿に記載される金額を見積もった上で、（支出を考え）家計の切り盛りをすることである。
❷（人物の器量などを大ざっぱにとらえて評価を加えるところから）見くびる。愚弄(ぐろう)する。例「ようもようも、この左近を——・りしな」〈近松・夕霧阿波鳴渡・中〉訳 よくもよくも、この（私）左近を見くびったな。

つや-つや〔副〕❶すっかり。きれいさっぱり。例「——と世の失(う)せ侍(はべ)りぬるぞとよ」〈愚管抄・七〉訳 すっかり世が滅びてしまいますよ。
❷《下に打消しの表現を伴って》全然。少しも。例「翁(おきな)顔をさぐるに、年ごろありしこぶ、跡なく、かいのごひたるやうに——なかりければ」〈宇治拾遺・一・三〉訳 おじいさんが顔をさぐると、長年あったこぶが、あとかたもなく、ぬぐいさったように全然なかったので。注「瘤(こぶ)取り爺(じい)さん」ノ話。
❸つくづく。⇩つらつら

つやつや-と【艶艶と】〔副〕光沢があって、美しい様子。つややかに。例「こぼれかかりたる髪、——めでたう見ゆ」〈源氏・若紫〉訳（若紫がうつむいたので、顔の前の方に）こぼれかかった髪が、つややかにすばらしく美しく見える。

つや-め・く【艶めく】〔自カ四〕{か・き・く・く・け・け}《「めく」は接尾語》つやつやと美しく見える。色つやを帯びる。光沢がある。例「箸(はし)のいときはやかに——・きて、筋交(すぢか)ひ立てるもいとをかし」〈枕草子・心にくきもの〉訳（火桶(ひおけ)の中の火ばしが大層くっきりとつやを帯びて、交差して立っているのもとても美しい。

つや-やか【艶やか】〔形動ナリ〕表面が美しく光っている様子。光沢がある様子。つやつや。例「木(こ)の間(ま)より水の面(おも)——・にて、いとあはれなる心地す」〈蜻蛉・上・安和元年〉訳 木の間から（宇治川の）水面がつやつやと光っていて、大変美しい感じがする。

つゆ【露】

> 「露」が小さいところから、**少しのこと**をいい、さらに副詞として用いられ、打消し表現と呼応して、**少しも**…ない、の意を表す。

■一〔名〕❶大気中の水蒸気が冷えて、物に付着した水滴。また、単に水滴をもいう。（季・秋）例「草の上に置きたりける——を」〈伊勢・六〉訳（川岸の）草の上に降りていた露のことを。
❷（形が似るところから）涙をたとえていう語。多く①の意を含める。例「いとどしく虫の音(ね)しげき浅茅生(あさぢふ)に——置き添ふる雲の上人」〈源氏・桐壺〉訳 虫の鳴き声の盛んな（＝娘ノ死デ泣キ声ノ絶エナイ）草の茂る（荒れた）我が家に、ますます露（＝涙）を加える宮中のご使者よ。
❸（露が小さいところから）**わずかのもの。少しのこと。**例「ありがたきもの。……——の癖なき」〈枕草子・ありがたきもの〉訳 めったにないもの。……一つの癖も持たない人。
❹（露が消えやすいところから、「——の」の形で用いて）命が短いこと、はかないこと。「——の命」「——の世」など。
❺狩衣(かりぎぬ)・直垂(ひたたれ)などの袖(そで)くくりのひもの垂れ下がった部

分。❻(近世語。「露銀(つゆぎん)」の略)豆板銀で小粒のもの。

二〔副〕(下の打消しの語と呼応して)**少しも。全く。全然。** 例「年月経(へ)ても、——忘るるにはあらねど」〈徒然草・三〇〉訳年月が経過しても、(亡き人を)決して忘れるのではないが。

露の命(いのち) 露のようにはかない命。露命(ろめい)。例「磯(いそ)の苔(こけ)に——をかけてこそ、今日までも長らへたれ」〈平家・三・有王〉訳海岸の海藻にはかない命を託して、今日まで(やっと)生き延びている。

露の身(み) 露のように消えやすくはかない身。例「ながらへんとしも思はぬ——のさすがに消えむ事をこそ思へ」〈新古今・雑下・一七三四〉訳長く生きようとも思わない露のようなはかないわが身が、それでも死ぬことを思うと悲しいものだ。注重病ノ床ニアル人ノ歌。

露の世(よ) 露のようにはかないこの世の中。例「——は——ながらさりながら」〈一茶・おらが春〉訳この世は秋の露のようにはかないものだと知ってはいるものの、娘を失ったことはあきらめきれない。注晩年ニ得タ女児ノ死。

> **要点**「露」と紅葉 本来、秋の自然現象としての露をいうが、その形状や性質からの比喩(ひゆ)の用法が多い。和歌では、草木を紅葉させるものとして扱うことが多い。例「雁(かり)が音(ね)の寒き朝明(あけ)の——なし春日(かすが)の山を黄葉(もみ)たすものは」〈万葉・一〇・二一八一〉訳雁の鳴き声が寒く聞こえる朝の露であるらしい、春日山(=奈良市東方ノ山)を紅葉させるものは。
>
> 現代では「露が降りる」というが、古語では「置く」で表す。

つゆ-くさ【露草】〔名〕草の名。夏、藍(あい)色の花が朝咲いて夕方しぼむ。また、その花の汁で染めた色。古名は「つきくさ」。例「見るにことなることなきものの、文字に書きてことごとしきもの、いちご・——」〈枕草子・見るにことなることなきものの〉訳(その実物を)見ると格別のことはないもので、漢字に書くと仰々しいもの、(それは)イチゴ・ツユクサ。注古クハ「鴨頭草」ト書イタコトヲイウ。「いちご」ハ「覆盆子」ト書イタ。

つゆ-け・し【露けし】〔形ク〕露にぬれてしっとりとしている。露がたくさんおりている。例「ただ涙にひちて明かし暮らさせ給へば、見奉る人さへ——・き秋なり」〈源氏・桐壺〉訳(帝は桐壺更衣(きりつぼのこうい)が死んで)ただただ涙にぬれて日々を過ごしておられるので、見申し上げる人までもが涙がちになる露の多い秋である。要点和歌などでは、例のように、多く涙がちである意を含ませて用いる。

つゆ-しも【露霜】〔名〕(中世以降は「つゆじも」とも)❶露や霜。例「——にしほたれて、所定めず惑ひ歩(あり)き」〈徒然草・三〉訳露や霜にぐっしょり濡(ぬ)れて、訪問する(女の)家もどこと定まらずにうろつき回って。❷露が凍って、霜のようになったもの。水霜(みずじも)。一説に①に同じともいう。(季・秋)例「ひさかたの天(あま)の——置きにけり家なる人も待ち恋ひぬらむ」〈万葉・四・六五一〉訳気がつくと、もう露が霜のようになって降りている。家にいる人も(私同様に)恋しく思って私を待っていることだろう。❸年月。星霜(せいそう)。例「——は改まるとも」〈新古今・仮名序〉訳年月が新しくなり、つまり時が経過しても。

つゆしも-の【露霜の】〔枕詞〕「置く」「消(け)」「降る」や、「秋」などにかかる。例「玉藻なす寄り寝し妹(いも)を——置きてし来れば」〈万葉・二・一三一長歌〉訳寄り添って寝た妻を、(角(つの)の里に)置いて来たので。

つゆ-ちり【露塵】〔名〕極めてわずかなことのたとえ。例「——の事もゆかしがり、聞かまほしうして」〈枕草子・にくきもの〉訳ほんのわずかな事でも知りたがり、聞きたがって。

つゆ-の-いのち【露の命】⇩「つゆ」子項目

つゆ-の-み【露の身】⇩「つゆ」子項目

つゆ-の-よ【露の世】⇩「つゆ」子項目

つゆ-ばかり【露ばかり】〔連語〕(「ばかり」は副助詞)ほんの少し。ごくわずか。例「——も御覧じ入れず」〈保元・中・七〉訳少しも召し上がらない。

つゆ-も【露も】〔連語〕(副詞「つゆ」+係助詞「も」)❶ほんの少しでも。ちょっとでも。例「——物空にかけらば、ふと射殺し給へ」〈竹取・かぐや姫の昇天〉訳ちょっとでも何かが空を飛んだら、すぐ射殺して下さい。❷(打消しの語を伴って)少しも。ちっとも。例「胸せきあぐる心地して、——まどろみ給はぬが」〈平家・三・六代〉訳胸が一杯になるような気持ちがして、少しもうとうとなさらなかったが。

つよ-ゆみ【強弓】〔名〕(音読みして「がうきゅう」とも)(多く「——精兵(せいびゃう)」の形で)張りの強い弓。また、それを使う人。例「ありがたき——精兵(せいびゃう)、……一人当千(いちにんたうぜん)の兵(つはもの)なり」〈平家・九・木曽最期〉訳(木曽義仲に仕える巴御前(ともえごぜん)は)めったにない剛弓を引く優れた武者で、……一人で千人に当たる武者である。

つよ・る【強る】〔ら・り・る・る・れ・れ〕**一**〔自ラ四〕強くなる。勢いづく。例「平家にむすぼほれたりし人々も、源氏の世の——・りし後は」〈平家・三・吉田大納言沙汰〉訳平家に縁故があった人々も、源氏の勢力が強くなった後は(あれやこれやと光源氏にへつらいなさったのだが)。**二**〔他ラ四〕強くする。勢いづかせる。例「苦しき御心地を思(おぼ)し——・りて、御対面あり」〈源氏・若菜・上〉訳(朱雀(すざく)院は)ご気分がすぐれなかったのだが気持ちをふるいおこして、(光源氏と)ご対面なさる。

つら【列・連】〔名〕❶連なること。列(つれ)。例「はねうちかはす雁(かり)がねも——を離れぬ、うらやましく聞き給ふらむかし」〈源氏・横笛〉訳翼をはばたかせて飛ぶ雁の鳴き声も仲間の列から離れないのを、(夫の柏木(かしわぎ)に死なれた落葉の宮は)うらやましくお聞きになっているだろうよ。❷同列のもの。同類。仲間。例「初雁(はつかり)は恋しき人の——なれや旅の空飛ぶ声の悲しき」〈源氏・須磨〉訳初雁は、私が恋しく思う都の人の仲間なのかなあ、旅の空を飛びながら鳴く声が悲しく聞こえることよ。(私の恋人も都で私を思って泣いているだろう)。

つら【面・頰】〔名〕❶**ほお。また、顔。** 例「影をば踏まで、——をやは踏まぬ」〈大鏡・道長・上〉訳(藤原公任(きんとう)の)影法師など踏まないで、顔を踏みつけにしてやるぞ。注父ノ兼家ガ、子供ラハ公任ノ影サエ踏メナイト嘆イタノニ反発シタ、若イ道長ノ言葉。❷**物の表面。おもて。** ❸**かたわら。あたり。** 例「山水の——にいかめしき堂を建てて」〈源氏・明石〉訳（明石の入道は）山の水のあたりに立派な堂を建立して。

❹あるものに面している側(がわ)をいう。

要点 ほおづえのことを「つらづゑ」というように、①は本来顔の側面であるほおをいい、やがて顔全体をいうようになる。近世からは顔をいやしめていう語になる。「川づら」「海づら」の「つら」には②と③の両方の用法がある。

つら・し【辛し】〔形ク〕類 から(辛)し

現代語の「つらい」は、苦痛に感じるの意で用いられるが、本来は、**相手の仕打ちのむごい状態や、それをひどいと非難する気持ち**を表す。

❶仕打ちがむごい。**薄情である。思いやりがない。**例「いとは――・く見ゆれど、志はせむとす」〈土佐・二月十六日〉訳（家を預かっていた隣人のやり方は）何ともまあ大変薄情に思われたが、（お礼の）贈り物はしようと思う。

❷苦痛に感じる。恨めしい。つらい。例「命長さのいと――・う思ひ給へ知らるるに」〈源氏・桐壺〉訳（娘の死後も）長生きしていることが大変苦痛に思われますのに。

つら-つき【面つき・頰つき】〔名〕ほおのあたりの様子。また、顔つき。例「いと白うあてに、やせたれど、――ふくらかに」〈源氏・若紫〉訳（尼君は）大変色が白く上品で、（体は）やせているが、ほおのあたりはふっくらとしていて。

つら-つら〔副〕念入りに物事を観察したり、考えたりするさま。つくづく。よくよく。例「――人界(にんがい)を観じ給ふうちに」〈西鶴・世間胸算用・五・三〉訳つくづく人間の世界（のあさましさ）をお思いめぐらしになるうちに。

つら-づゑ【頰杖】エ：ッ〔名〕ほおづえ。例「物も言はで、――をつきて、いみじう嘆かしげに思ひたり」〈竹取・蓬萊の玉の枝〉訳（かぐや姫は）何も言わず、ほおづえをついて、ひどく悲しそうに考えこんでいる。

要点 「――をつく」の形で、ぼんやり考えこむ姿勢をいう。

つら-な・る【連なる・列なる】〔自ラ四〕〔ら・り・る・る・れ・れ〕《「つらぬ」の自動詞形》❶列をなす。並ぶ。つながる。例「不堪(ふかん)の芸をもちて堪能(かんのう)の座に――・り」〈徒然草・一三四〉訳未熟な芸をもって練達の人々の座に列席し。

❷連れ立つ。一緒に並び行く。例「同じ郷(さと)の者三人と――・りて、水銀(みづがね)を掘る所に行きぬ」〈今昔・一七・一三〉訳同郷の者と三人連れ立って、水銀を掘る所へ行った。

つら・ぬ【連ぬ・列ぬ】〔ね・ね・ぬ・ぬる・ぬれ・ねよ〕■一〔自ナ下二〕❶列をなす。並ぶ。例「まいて雁(かり)などの――・ねたるがいと小さく見ゆるはいとをかし」〈枕草子・春はあけぼの〉訳（秋の夕暮れにはカラスでさえ趣がある）まして雁などの列をなして飛んでいくのがとても小さく見えるのは大変趣がある。

❷連れ立つ。一緒に行く。例「男ども六人――・ねて庭に出で来たり」〈竹取・蓬萊の玉の枝〉訳男達六人が連れ立って庭に出て来た。

■二〔他ナ下二〕❶列を作らせる。並べる。例「七社の神人(じにん)袖(そで)を――・ぬ」〈平家・一・願立〉訳山王七社の神職の者達が袖を並べて集まる。

❷引き連れる。ともなう。例「これを――・ねて歩きけると思ひて」〈源氏・空蟬〉訳（老女房は、小君(こぎみ)（＝民部トイウ女房）を伴って歩いているのだと思って。

❸言葉を並べる。文章や詩句を作る。例「それがし一首――・ねてまかり帰らう」〈謡曲・安宅〉訳私が一首作って帰りましょう。

つら-ぬき【貫・頰貫】〔名〕《動詞「つらぬく」の連用形の名詞化。「つなぬき」とも》猟師や乗馬する武士などがはく毛皮製の靴。貫(ぬ)き緒を土踏まずに回して甲の上で結ぶ。

つらぬき

つらぬ・く【貫く】〔他カ四〕〔か・き・く・く・け・け〕さし通す。通す。つらぬく。例「白き玉を――・きたるやうなるこそ、いみじうあはれにをかしけれ」〈枕草子・九月ばかり〉訳（クモの巣の糸に雨滴がついたのが）白い玉を糸で通したようであるのは、とても情趣がありおもしろい。

つ-らむ《連語》《完了の助動詞「つ」の終止形＋推量の助動詞「らむ」。平安末期以後「つらん」とも》❶**…ているだろう。…ただろう。**例「石見(いはみ)のや高角山(たかつのやま)の木(こ)の間より我(わ)が振る袖(そで)を妹(いも)見**つらむ**か」〈万葉・二・一三二〉訳石見国（＝島根県）の高角山の木々の間から、私が（別れを惜しんで）振る袖を妻は見ているだろうか。

❷**…ているのだろう。…たのだろう。**例「思ひつつ寝(ぬ)ればや人の見え**つらむ**夢と知りせば醒(さ)めざらましを」〈古今・恋二・五五二〉訳（あの方を）思いながら寝たのであの方が夢に現れたのだろうか。夢だと知っていたら、覚めずにいただろうになあ。

参考 「つ」に強調の意の含まれる場合がある。「つらむ」は「らむ」単独の用法に比べると、現在に近い過去の事態を推量するのに用いられることが多い。中世以降は「つらう」さらには「つら」などに変化した。

つらら〔名〕■一【氷】（平らに張った）こおり。例「朝日さす軒の垂氷(たるひ)はとけながらなどか――の結ぼほるらむ」〈源氏・末摘花〉訳朝日のさしこむ軒から下がるつららはもはや溶けていながら、どうして地表の氷が張っているのだろうか。

■二【氷柱】水滴が凍って柱状に下がったもの。つらら。

要点 本来は、■一の、池など地表に張った氷をいうので、動詞も「閉づ」「結ぶ」「ゐる」を用いる。■二は、室町末期以降の用法で、古くは「垂氷(たるひ)」といった。

つり-どの【釣殿】〔名〕寝殿造りで、池に臨んで建てた建物。母屋(おもや)と廊で結ばれ、池にのぞむ。泉殿(いずみどの)と対している。

つりどの

つり-なは【釣り縄】ワ：ナ〔名〕❶魚を釣るために、釣り針をいくつも付けて、川などに長く延ばしておく縄。

❷物を釣り下げておく縄。

つる【鶴】〔名〕鳥の名。ツル科の鳥の総称。例「松島や――に身を借れほととぎす」〈曽良・奥の細道〉訳月光に照らされた松島の夜景は大自然の壮麗な広がりを見せて感動的である。（古人は、千鳥がツルの毛衣(けごろも)を借りることを歌に詠んでいるが、この松島の景色には、まさしくツルが似つかわしい)。そうだ、お前もツルの毛衣を身に借りて優雅に夜の松島を舞い遊ぶがよい。夏の夜を一声するどく鳴いて、はや姿の見えなくなってしまったホトトギスよ。注「身にぞ知る真野の入江に冬の来て千鳥も借るや鶴の毛衣」トイウ古歌ヲフマエル。

> 要点 和歌では「たづ」という。千年の寿命を保つめでたい鳥とされ、長寿とされる松と取り合わせて、歌や画の題材になる。

鶴の林(はやし) (「鶴林(かくりん)」の訓読。悲しみのために、その葉がたちまち鶴の羽のような白色に変わって枯れたという故事から)釈迦が入滅(=死去)した場所である、沙羅双樹の林。例「二月(きさらぎ)の中の五日は、――にたきぎ尽きにし日なれば」〈増鏡・序〉訳二月十五日は、沙羅双樹の林が滅んでたきぎがなくなった日(=釈迦入滅ノ日)なので。注『増鏡』ノ序ノ冒頭。

つ・る【連る】〘れ・れ・る・るる・るれ・れよ〙 一(自ラ下二)❶列をなす。つらなる。例「朝ぼらけの空に、雁(かり)――・れて渡る」〈源氏・須磨〉訳明るくなった朝空に、雁が列をなして渡る。❷同行する。連れ立つ。例「北へゆく雁(かり)ぞ鳴くなる――・れてこし数はたらでぞ帰るべらなる」〈古今・羇旅・四一二〉訳春が来て北国に飛び帰る雁の鳴き声が聞こえてくる。あの悲しそうな鳴き声は、日本に来る時に連れ立って来た数が足りないで帰るからなのだろう。❸(多く「つれて」の形で)…に従う。…に伴う。

二(他ラ下二)引きつれる。例「これを――・るるほどの者を軽く思ふは、心の働かぬゆゑぞ」〈西鶴・好色一代男・五・六〉訳これ(=有名ナ美少年ノ草履取リ)を引きつれるほどの者を身分が低いと思うのは、気がきかないからだ。

つる 完了の助動詞「つ」の連体形。⇩つ(助動)

つる-うち【弦打ち】〔名〕魔よけのまじないとして、弓の弦をはじいて鳴らすこと。また、儀式などにそれを行う役。鳴弦。例「『随身(ずいじん)も――して、絶えず声(こわ)づくれ』と仰せよ」〈源氏・夕顔〉訳「お供の護衛官も弓の弦を鳴らして、ひっきりなしに(警戒の)声をあげよ」と命ぜよ。

つるぎ【剣】〔名〕(上代には「つるき」とも)諸刃(=両刃)の刀剣。

> 要点 「つるぎ」と「かたな」と「たち」 上代の刀剣はすべて諸刃(=両刃)であり、大刀の意の「たち」と同義であったので、「つるぎの太刀」「つるぎ太刀」ともいう。後に片刃の刀剣ができて、これを「かたな」といい、初め小刀に作ったので、平安時代の辞書『倭名類聚抄』では、小刀を「かたな」といって、「たち」の対義語としている。さらに、片刃の大刀もでき、これも「かたな」というので、「たち」と同義語になる。「つるぎ」を身に着けることを「佩(は)く」といい、刀剣の尊敬語は、身にお着けになるものの意で「みはかし」という。「つるぎ」は腰につり下げて着用した。このため、「つりはき」が転じて「つるき」になったとする説もある。

つるぎ-たち【剣太刀】 一〔名〕(同じ意味の語を重ねて強調した形。「つるぎのたち」とも)諸刃の大刀。例「丈夫(ますらを)の男さびすと――腰に取り佩(は)き」〈万葉・五・八〇四長歌〉訳立派な男子が男らしく振る舞うというわけで、諸刃の大刀を腰に着け。

二〔枕詞〕「身」「名」「とぐ」などにかかる。例「常世(とこよ)へに住むべきものを――汝(な)が心から鈍(おそ)やこの君」〈万葉・九・一七四一〉訳不老不死の世界に住んでいられたのに、自分自身の心のせいで何と愚かなことよ、このお方は。

つる-の-はやし【鶴の林】⇩「つる(鶴)」子項目

つる-はぎ【鶴脛】〔名〕❶鶴のすね。例「汐越(しほごし)や――濡(ぬ)れて海涼し」〈奥の細道・象潟〉訳ここ汐越では、下り立っている鶴の長い脚が、寄せる波に濡れていて、いかにも涼しそうな海の景色である。注「汐越」ハ地名。季語ハ「涼し」デ夏。❷(鶴のすねのように)脚を長く露出すること。また、そのすね。衣が短かったり、すそをたくし上げたりした姿。

つるばみ【橡】〔名〕(上代には「つるはみ」)❶ドングリの古名。例「恐ろしげなるもの、――のかさ」〈枕草子・恐ろしげなるもの〉訳恐ろしい感じがするものは、ドングリのかさ。❷染色の名。ドングリのかさを煮た汁で染めた色。濃いねずみ色。また、その色の衣服。ⓐ(上代に)身分の低い人の衣服の色。例「紅(くれなゐ)は移ろふものぞ――の馴(な)れにし衣(きぬ)になほ及(し)かめやも」〈万葉・一八・四一〇九〉訳美しい紅色はあせるものである。ドングリで染めた地味な色のなれ親しんだ衣(つまり妻)には、やはり及ぶはずはない。ⓑ(平安時代に)四位以上の人の袍の色。また、喪服の色。「にびいろ」とも。

つる-ぶくろ【弦袋】〔名〕予備の弓弦を巻いておく道具。皮や藤づるで輪の形に作り、太刀などにつける。「弦巻(つるまき)」とも。

つるぶくろ

つる-まき【弦巻】〔名〕予備の弓弦を巻いておく道具。葛藤や籐などで輪の形に作り、箙の腰革に下げた。

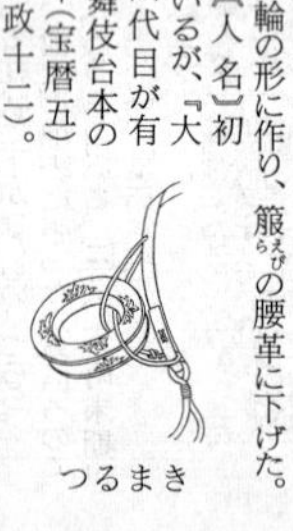
つるまき

鶴屋南北(つるやなんぼく)〘人名〙初代から五代目までいるが、『大南北』と称された四代目が有名。江戸後期の歌舞伎台本の作家。一七五五年(宝暦五)〜一八二九年(文政十二)。舞台技巧に優れ、奇抜な着想で知られるが、生世話物(きぜわもの)と言われる町人社会を描いた現実的、写実的な作品を創始する。代表作に『東海道四谷怪談』『於染久松色読販(おそめひさまつうきなのよみうり)』がある。

つれ【連れ】〔名〕(動詞「連る」の連用形の名詞化)❶一緒に行く者。同行する者。道づれ。❷(普通は「ツレ」と表記)能・狂言で、主人公のシテや相手役のワキに連れ添う役柄。前者をシテヅレ(単にツレとも)、後者をワキヅレという。❸(「その――」「この――」などの形で)程度。たぐい。

つれ-づれ【徒然】(下二段動詞「連る」の連用形を重ねた語)

> もとは、その状態が長々と続くことの意。することがなくて退屈なことや、孤独で満たされない、寂しい気持ちをいう。

一〔名・形動ナリ〕❶**することがなく単調な状態が続いて、退屈なこと。所在ないこと。** 例「――わぶる人は、いかなる心ならん。まぎるる方なく、ただ一人あるのみこそよけれ」〈徒然草・七五〉訳 することもなく(話し相手もなく)所在ないことを寂しく思う人は、いったいどんな考えを持っているのだろう。他の事に心を奪われるようなこともなく、たった一人でいるのが一番いい。注「つれづれ」ハ名詞。例「――・なるままに、日暮らし、硯(すずり)に向かひて、心にうつりゆくよしなし事を、そこはかとなく書きつくれば」〈徒然草・序〉訳 することもなく退屈なのにまかせて、一日中、硯に向かって、心に浮かんでくるつまらない事を、とりとめもなく書きつけてみると。注「つれづれ」ハ形容動詞

❷**一人寂しく物思いに沈むこと。また、しんみりと寂しい気持ち。** 例「山里の――、ましていかにと思しやるは、いとほしけれど」〈源氏・薄雲〉訳 (嵯峨(さが)の)山里の(明石の上の)寂しさは、ましてどんなにか(寂しかろう)と(光源氏が)思いやりなさるにつけても、気の毒ではあるが。注「つれづれ」ハ名詞。

二〔副〕《近世の用法》しみじみ。つくづく。例「顔を――眺むれば」〈近松・冥途の飛脚・下〉訳 (孫右衛門が)顔をつくづく眺めるので。

参考 『枕草子』の「つれづれなるもの」の段では、「所避(さ)りたる物忌(いみ)み。馬下りぬ双六(すぐろく)。除目(ぢもく)に司(つかさ)得ぬ人の家。雨うち降りたるは、まいていみじう――なり」(訳 よそへ避難して物忌みをすること。駒の進まない双六(すごろく)のゲーム。除目(=地方官ノ任命式)で官職が得られなかった人の家。雨が降っている日は、まして大変退屈である)とある。

徒然草

(つれづれぐさ)《書名》鎌倉末期の随筆。吉田兼好著。成立は一三三〇年(元徳二)頃か。序段のほか二百四十三段から成り、出家隠遁(いんとん)した作者が、心に去来することを思いつくままに述べたものとされる。内容は、自然観照・芸術論・人生論・処世訓などから、故実の考証・伝え聞いた説話に至るまで、多方面に及んでおり、仏教・儒教・道教にも通じた作者の深い学識と、豊かな人間性が溢(あふ)れ出たものとなっている。文章は、和漢混交文と流麗な和文とを題材によってうまく使い分け、簡潔にして格調高い名文となっている。我が国随筆文学の代表作とされている。

冒頭「つれづれなるままに、日暮らし、硯(すずり)に向かひて、心にうつりゆくよしなし事を、そこはかとなく書きつくれば、あやしうこそ物狂ほしけれ」訳 何もすることがなく所在ないのにまかせて、一日中、硯に向かって、心に浮かんでは消えていくつまらないことを、とりとめもなく書きつけていると、何か正気を失ったような感じがする。⇩吉田兼好(よしだけんかう)

つれづれ-と【徒然と】〔副〕❶長々と。例「――降り暮らして、しめやかなる宵の雨に」〈源氏・帚木〉訳 長々と降り続けて日が暮れて、しめやかな夜の雨のために。❷することがなく退屈で。また、寂しく。例「――いとものは悲しくておはしましければ」〈伊勢・八三〉訳 (惟喬皇子(これたかのみこ)は)手持ちぶさたで大変悲しくおいでだったので。

つれ-な・し

〔形ク〕類 つら(辛)し・うし

漢字を当てれば、「連れ無し」で、基本的には、関連して何かを起こさない、あるいは何かが起きない状態をいう。そこから、冷淡である、そ知らぬふうである、などの意が生じる。

❶働きかけに対して相手が関心を示さない。**薄情である。冷淡である。**つれない。例「昔、男、――・かりける女に言ひやりける」〈伊勢・五四〉訳 昔、(ある)男が、冷淡であった女に歌を詠んで贈った。

❷周囲の事態から影響を受けない。**平気である。**何の変化もない。さりげない。例「上手の中に交じりて、そしり笑はるるにも恥ぢず、――・く過ぎてたしなむ人」〈徒然草・一五〇〉訳 上手な人々の中に交じって、(自分の芸を)けなされ笑われても恥じずに、平気で押し通して(芸道に)励む人(は最後には上手になる)。

❸感情などを表面に出さない。**無表情である。そ知らぬふうである。**例「下には思ひ砕くべかめれど、誇りかにもてなして、――・きさまにしありく」〈源氏・須磨〉訳 心中には思い悩んでいるようだが、(表面は)誇らしく振る舞って、何でもないふうにして立ち回っている。

❹(多く「命」について、死にたいと思っても)思うにまかせない。情けない。例「かかる御消息(せうそこ)にて見奉る、かへすがへす――・き命にも侍(はべ)るかな」〈源氏・桐壺〉訳 このような(娘が死んだ)お見舞いのご使者としてお会いするとは、どうもこうも思うに任せない(私の)命でございますよ。

つれなし-がほ【つれなし顔】〔名・形動ナリ〕そしらぬ顔つき。何でもない様子。「つれなし」とも。例「――・なるしもこそいたけれ」〈源氏・東屋〉訳 (薫(かおる)が浮舟に心を寄せながらも)そしらぬようすでいることは本当に立派である。

つれなし-づく・る【つれなし作る】〔自ラ四〕(ら・り・る・る・れ・れ)なんでもないという様子をする。平気なふりをする。例「――・り給へど、物思(ぼお)し乱るるさまのしるければ」〈源氏・若菜・下〉訳 (光源氏は)平気なふりをなさるが、何かとお悩みになられるようすがはっきりわかるので。

つれ-も-な・し【連語】(「つれ」は関係、つながりの意)❶関係がない。縁がない。ゆかりがない。例「いかさまに思ほし召せか――・き真弓(まゆみ)の岡(をか)に宮柱(みやばしら)太敷(ふとし)き坐(まい)し」〈万葉・二・一六七長歌〉訳 (帝は)どのように考えられてか、ゆかりもない真弓の岡に(皇子の遺体を安置する)宮の柱をしっかりとお立てになり。❷無関心である。つれない。冷淡だ。例「――・く離(か)れにしものと人はいへど逢(あ)はぬ日まねみ思ひぞ我(あ)がする」〈万葉・一九・四一九八〉訳 冷淡に去っていったのだと人(=アナタ)は言うけれど、逢わない日が多いので私は物思いをしているのですよ。

つわもの【兵】〔名〕⇩つはもの

つゑ【杖】〔名〕❶歩く助けに用いる棒。竹や木で作る。例「いと疲れませるによりて、御(み)――をつきてややに歩み給ひき」〈古事記・中・景行〉訳 (倭建命(やまとたけるのみこと)は)大変お疲れになったので、つえをついてそろそろとお歩きになった。❷上代の長さの単位。「丈(じょう)」に同じ。約三メートル。例「身長(みたき)一(ひと)――」〈日本書紀・景行・二年〉訳 (日本武尊(やまとたけるのみこと)は)身長一丈。

て

て【手】〔名〕❶人体の一部。手首を指すことが多いが、腕を含めていう場合や、手のひら・手の指など特定の部分を指していう場合もある。例「水をも――してささげて飲みけるを見て」〈徒然草・一八〉訳水さえも手ですくいあげて飲んでいたのを(ある人が)見て。❷器物の一部や部品で、人間の手と形や機能が似ているもの。❸(何かをするための)技量。腕前。わざ。また、(そのための)手段。方法。ⓐ文字を書く技量。**筆跡**。**書風**。転じて、**文字**。例「――よく書き、歌よく詠(よ)みて」〈枕草子・うらやましげなるもの〉訳文字をうまく書き、和歌をじょうずに作って。ⓑ楽器を演奏する技術。奏法。また、楽曲。ⓒ碁(ご)・双六(すごろく)などの石や駒(こま)の進め方。ⓓ能楽・舞・相撲などの、一定の型。❹手下。部下。配下の軍勢。また、一方面の軍勢。例「これは一年(ひととせ)平治の合戦の時、故左馬頭(さまのかみ)義朝(よしとも)が――に候ひて」〈平家・四・大衆揃〉訳この者は先年平治の乱の時に、今は亡き左馬頭源義朝の部下としてお仕えして。❺(刀や矢などによる)**傷**。**負傷**。❻(「――を切る」「――を分かつ」などの形で)交際。交友関係。例「五月雨(さみだれ)の晴れ間に――を分かちて、十日余りを経(へ)て古郷(ふるさと)に帰り着きぬ」〈雨月・浅茅が宿〉訳梅雨(つゆ)の晴れ間に(皆との)交際を断って(=別レテ)、十日余りを費やして故郷に帰り着いた。

手の奴(やっこ)足(あし)の乗(の)り物(もの)（手という召使い、足という乗り物の意で）他人の力を借りずに、何事もすべて自分で処理することのたとえ。例「――、よくわが心にかなへり」〈方丈記・閑居の気味〉訳他の人・物の代わりの役目をする自分の手足は、よく自分の意のままに動いてくれる。

ての判別

①**完了の助動詞「つ」の未然形・連用形「て」、命令形「てよ」**
例この酒飲み**て**むとて、よき所を求めに行くに
例門よくさし**てよ**。雨もぞ降る

②**格助詞「て」（上代東国方言。格助詞「と」に相当）**
例父母が頭かき撫で幸くあれ**て**

③**接続助詞「て」**――活用語の連用形に付く
例うるわしうわたし**て**、清げなる屋廊など続け**て**　並列❶
例三寸ばかりなる人、いと美しう**て**ゐたり　連用修飾❷
例八日、障ることあり**て**、なほ同じ所なり　条件接続❸

④**終助詞「て」（近世語）**――動詞・助動詞の終止形に付く
例夕べは寝そびれて、困りきった**て**

て〔完了の助動詞「つ」の未然形・連用形〕⇩つ（助動・完了）

て〔格助〕《上代東国方言で、格助詞「と」に相当する》…と。例「父母(ちちはは)が頭(かしら)かき撫(な)で幸(さ)くあれ**て**言ひし言葉(けとば)ぜ忘れかねつる」〈万葉・二〇・四三四六〉訳父と母が(出発する私の)頭をなでて、無事でいなさいよと言った言葉が忘れられない。注防人(サキモリ)ノ歌。

て〔接助〕《完了の助動詞「つ」の連用形「て」が助詞化したもの》接続 活用語の連用形に付く。
《上の事柄を軽く確認して、あとの事柄に続ける意を表す。上下の事柄相互の関係から、いくつかの用法に分けられる》❶《並列の関係で続ける》…て(で)。…、そうして。例「同じ小柴(こしば)なれど、うるはしうわたし**て**、清げなる屋(や)・廊(らう)など続け**て**」〈源氏・若紫〉訳(他の家と)同じ小柴垣(=木ヤ竹ノ小枝デ編ンダ垣根)だけれど、きちんと周囲にめぐらして、(そして)こざっぱりした建物や渡り廊下などを連ねて。❷《連用修飾の関係で続ける》…て。…の状態で。…の様子で。例「三寸ばかりなる人、いと美しう**て**ゐたり」〈竹取・かぐや姫の生ひ立ち〉訳(竹の中に)三寸(=約九センチ)ぐらいの人が、とてもかわいらしい様子で座っていた。例「ただ涙にひち**て**明かし暮らさせ給へば」〈源氏・桐壺〉訳(帝は桐壺更衣(きりつぼのこうい)の死のために)ただもう涙にひたった状態で日を送っておられるので。❸《条件接続の関係で続ける》…ので。…のに。例「八日、障(はき)ることあり**て**、なほ同じ所なり」〈土佐・一月八日〉訳八日、(船の進行に)差し支えることがあったので、依然として同じ所にいる。例「花の名は人めき**て**、かうあやしき垣根になむ、咲き侍りける」〈源氏・夕顔〉訳花の名前(=夕顔ノコト)はいかにも人並みのようですのに、こんなにみすぼらしい垣根に、咲いているのです。

> 要点 (1)基本的に現代語の「て」と変わらないもので、①の並列の関係を表す場合が最も多い。その点で単純接続の助詞とか並列(=並立)の助詞などと呼ばれることもあるが、なんらの特定の関係も表さないことに特に注意したい。
> (2)「て」には、①～③の用法のほかに、補助動詞や体言を伴う場合がある。例「この上の山へ花摘(つ)みに入らせ給ひ**て**候(さぶら)ふ」〈平家・灌頂・大原御幸〉訳(建礼門院は)この上の山へ花を摘みにお入りになっています。例「雨降り**て**後、いまだ庭のかわかざりければ」〈徒然草・一七七〉訳雨が降った後で、まだ庭が乾いていなかったので。
> また、副詞の「かく」「さ」「など」に付いて「かくて」「さて」「などて」という副詞を作ったり、助詞の「と」「に」に付いて「とて」「にて」という複合助詞を作る。
> (3)意味だけを見ると完了の助動詞「つ」の連用形の「て」と識別しにくいことがある。「て」の下に助動詞「む」「まし」「き」「けり」「たり」などが付く場合は完了の助動詞「つ」の連用形「て」で、それ以外は接続助詞の「て」だと考えればいい。

て〔終助〕《近世語》接続 動詞・助動詞の終止形に付く。《感動の意をこめて軽く言い張るような意を表す》…ぞ。…ぜ。…よ。

て【手】〔接尾〕《付く語によって「で」と連濁することもある》

❶道。例「君が行く道の長—を繰り畳(たた)ね焼き滅ぼさむ天(あめ)の火もがも」〈万葉・一五・三七二四〉訳あなたが旅行く遠いはるかな道のりをたぐり寄せて、たたみ束ねて、焼き滅ぼすような天の火があればよいのに。
❷方面。また、それぞれの方面に分かれて向かう集団を数える。「大—」「搦(から)め—」「二—」など。
❸傷。例「痛—負うて腹かき切り」〈平家・四・橋合戦〉訳重傷を負って腹をかき切って。注「いたで」ト連濁スル。
❹矢二本を一組として数える語。対(つい)。
❺碁・将棋などの競技の着手の回数を数える語。
❻楽器の演奏や舞などの回数を数える語。

で〔格助〕《格助詞「にて」の変化したもの》接続 体言や体言に準ずる語句に付く。
《動作・作用の行われる時や場所、あるいは手段・道具・原因・理由などを示す》…で。…によって。…のために。例「六波羅(ろくはら)ではこの様(やう)を申させ給へ」〈平家・三・行隆之沙汰〉訳(平清盛の居所である)六波羅ではこの様子(=邸ヤシキニ自ラ火ヲツケ切腹スル様)をお話し申し上げてください。例「都をば三万余騎で出(い)でしかど」〈平家・五・富士川〉訳都を三万余騎で出て来たけれども。

> 要点 意味・用法とも、「にて」と同じ。⇩にて(格助)
> 参考 院政時代頃に成立し、それ以降の口語で広く用いられるようになり、現代に至る。

で〔接助〕《打消しの助動詞「ず」の連用形「ず」に接続助詞「て」の付いた「ずて」の変化したもの》接続 活用語の未然形に付く。
【打消し】打消しの意を表して、あとの事柄に続ける。…ないで。…ずに。例「鬼ある所とも知らで、……あばらなる倉に、女をば奥に押し入れて」〈伊勢・六〉訳鬼が住みついている所とも知らないで、……(雷が鳴り雨も降るので)荒れ果てた倉に、女を奥の方に押し入れて。
要点 もとの形である「ずて」と意味・用法も接続も変わりがないので、「ず＋て」だと覚えておけば便利である。

①助詞　での判別
Ⓐ格助詞—体言・体言に準ずる語句に付く
(格助詞「にて」の変化したもの)
例都をば三万余騎で出でしかど
Ⓑ接続助詞—活用語の未然形に付く
(打消しの助動詞「ず」＋接続助詞「て」の変化したもの)
例物のあはれも知らで
Ⓒ接続助詞「て」が連濁したもの
②《連語》「にて」(断定の助動詞「なり」の連用形＋接続助詞)の変化したもの(中世以降)

て-あはせ【手合はせ】(ワセ:ア)〔名〕❶初めて、相手と勝負すること。例「平家の一族追討のために上洛(しやうらく)せしむる—に、木曾義仲を誅戮(ちゆうりく)の後」〈平家・二・腰越〉訳平家の一族を討つために(私を)上京させた最初の合戦で、木曾義仲を殺した後。
❷相手との勝負。
❸(薬や香などを)自分で調合すること。例「—念を入れ、これを朝夕呑み込むからは」〈西鶴・日本永代蔵・三・一〉訳調合に十分注意して、この薬を朝夕飲めば。
❹契約を結ぶこと。手打ち。

て-あ-り〔連語〕《完了の助動詞「つ」の連用形＋動詞「あり」》❶《動作などが反復・継続中であることを表す》…(し)ている。例「『あなうらやまし。などか習はざりけん』と言ひ—りなん」〈徒然草・一六七〉訳「ああ、うらやましい。どうして(私はその別の道を)習わなかったのだろう」ときっと言っていることだろう。
❷《一定の状態が継続中であることを表す》…ている。…までいる。例「子といふものなく—りなん」〈徒然草・六〉訳子どもというものがないままでいるのがよいだろう。

てい【体・躰】㊀〔名〕《漢音。呉音で「たい」とも》姿。形。有様。様子。例「事の—何となうあはれなり」〈平家・七・忠度都落〉訳(平忠度(ただのり)と、和歌の師藤原俊成の)対面の様子は何となくしみじみとしたものである。
㊁〔接尾〕(体言に付いて、多く、相手を見下したり、自分を卑下していう)…の類のもの。…のようなもの。例「蓑(みの)・笠・着物—のものを持ちて」〈平治・下・五〉訳(主人の)蓑・笠・着物の類のものを持って。

てい【亭】㊀〔名〕❶屋敷。例「入道相国(しやうこく)の西八条の—に参りて」〈平家・二・西光被斬〉訳(多田行綱は)仏門に入った太政大臣(=平清盛)の西八条にある屋敷に参上して。
❷《唐音で「ちん」とも》庭園に休憩所として設けた、囲いのない小家。あずまや。
❸《「亭主(ていしゆ)」の略》その家の主人。
㊁〔接尾〕(㊀②に見たてていう)文人の家、寄席(せよ)などの屋号、また、文人・芸人などの号に用いる。「夜半—(やはんてい)」(=蕪村ノ号)、「曲—(きよくてい)」(=馬琴ノ号)など。

定家(ていか)〔人名〕⇩藤原定家(ふぢはらのていか)

てい-きん【庭訓】〔名〕親が子に与える教訓。その家の教え。「にはのをしへ」とも。例「ただ子孫の—を残すのみなり」〈風姿花伝・三〉訳(この『風姿花伝』は)ただ子孫のための家の教えを書き残したに過ぎない。
要点 孔子が庭を走る我が子伯魚(はくぎよ)を呼びとめて、詩と礼を学ぶべきことを教えた『論語』季氏篇の故事による。

てい-け【天気】〔名〕《「てい」は「てん」の「ん」を「い」と表記したもの。「け」は呉音》天気(てんき)。天候。例「—のことにつけて祈る」〈土佐・一月二十六日〉訳天候のことに関して(神仏に)祈る。

> 参考 『土佐日記』一月九日の項に「てけ」とある。撥(はつ)音「ん」の表記法が一定しなかったためで、「てけ」「ていけ」いずれも「てんけ」と発音したと考えられる。「ん」を「い」と表記する語には、「しいでん(紫宸(しん)殿)」「めいぼく(面目(めんぼく))」「めいめい(面面(めんめん))」などがある。

定子(ていし)〔人名〕⇩藤原定子(ふぢはらのていし)

てい-しゅ【亭主】〔名〕❶一家の主人。あるじ。例「その座には、—夫婦、隆弁(りゆうべん)僧正、主方(あるじがた)の人にて座せられけり」〈徒然草・二一六〉訳(最明寺(さいみやうじ)入道時頼(ときより)を接待する)その席には、主人(=足利義氏)夫婦と、隆弁僧正が、主人側の人として着席なさった。
❷茶の湯で、客に茶をたてて接待する人。また、広く、一座の主人役の人。

て-いた-し【手痛し】〔形ク〕《「いたし」は、はなはだしい意》(やり方や扱いが)激しい。荒々しい。例「あれ御覧候へ。橋の上の軍——う候ふ」〈平家・四・橋合戦〉訳あれをご覧ください。(宇治)橋の上の戦闘は激しゅうございます。

てい-たらく【為体】〔名〕姿。様子。例「覚明が——、褐の直垂に黒革縅の鎧着て」〈平家・七・願書〉訳覚明(法師)の有様は、濃い藍色の鎧直垂の上に黒革でつづった鎧を着て。

要点 「ていたらく」は、もと「そのようなてい(=様子)であること」の意。近世以後、よくない様子や、その様子を見下して言うようになる。

てい-ど(副)(「ていと」とも)❶《擬声語》固い物が割れる音などの形容。パチッと。❷確かに。きっと。例「——しそこなはうと思うて」〈狂言・武悪〉訳きっとやりそこなうだろうと思って。

でい-ど【泥土】〔名〕(「でいと」とも)泥。また、けがれたもの・価値がないもののたとえ。例「一庭に敷かれて、——のわづらひなかりけり」〈徒然草・一七七〉訳(おがくずを、)雨上りの庭全体にお敷きになって、(蹴鞠の時に)ぬかるみで困ることもなかった。

貞徳《人名》⇒松永貞徳

てい-ばう【亭坊】〔名〕あるじである僧。寺の住職。

てい-はつ【剃髪】〔名・自サ変〉❶髪を剃って仏門に入ること。落飾。❷(「剃髪の祝ひ」の略)誕生した幼児の、産毛を剃る祝い。うぶぞり。❸江戸時代の女性に対する刑。髪を剃り落とした上で、親族に下げ渡した。姦通の罪を犯した者などに科した。

ていはつ①

貞門俳諧《江戸時代の俳諧流派名》松永貞徳を祖とする。俳諧を俳言(=俗語ヤ漢語)のある連歌と規定し、言葉に滑稽を求めて、古典の通俗化を基調とする俳風であった。俳諧における最初の流派で、俳諧を連歌から独立させ、俳諧普及を促した。「貞門」とも。

てう【朝】〔名〕❶天子が政務を執る所。朝廷。例「——に仕へ身を立て、大中納言を経ても何かはせん」〈平家・三・城南之離宮〉訳(平家の栄える時代に)朝廷に仕え出世して、大・中納言を歴任しても何の意味もない。❷同じ系統の天子が統治している期間。王朝。「漢——」「宋——」など。❸国家。国。我が国を「本朝」、外国を「異朝」という。❹(「市朝」の略)市中。まち中。例「かだましき者、——にあって罪を犯す」〈平家・六・紅葉〉訳心のねじけた者が、市中にいて犯罪を犯す。

てう【調】〔名〕❶律令制度での税の一つ。絹・綿・布など、穀物以外の物産を納めること。また、その物。稲など田の収穫物を納める「租」、労力を提供する「庸」とともに税制の基本を成す。❷(双六で、「半」に対して)二つの賽に同じ目が出ること。例「調半に、——多くうち出でたる」〈枕草子・心ゆくもの〉訳(双六の)調半の遊びで、調の目が多く出たのは(気持ちがよい)。

でう【条】〔名〕(筋道の意から)❶平城京と平安京での行政区画の一つ。左京・右京のそれぞれを北から南へ九つに分けたもの。一つの条には、四つの坊(=大路デ四方ガ囲マレタ区域)が東西に並ぶ。❷(連体修飾語を受けて)…の事柄。…の事。例「その沙汰なく候ふ——、ただ一身の嘆きと存じ候ふ」〈平家・七・忠度都落〉訳(勅撰集を作る)ご命令がございませんことは、私(=薩摩守忠度)にとって大きな悲しみでございます。

要点 ①は大路の名称にも用いるために、道路の意に誤解しやすいが、行政上の区域である。役人を条令、または坊令といい、左右京の京職に属する。唐の長安を模倣したもので、条と坊より成るので「条坊制」という。

てう-おん【朝恩】〔名〕朝廷から受[illegible]恩み。例「越後の守に任ずる——のかたじけなさに」〈平家・六・嗄声〉訳(自分を)越後の国(=新潟県)の長官に任命した朝廷の恩がありがたくて。

てう-か【朝家】〔名〕天皇の家。皇室。また、朝廷。

てう-きん【朝覲】〔名・自サ変〕(「覲」は天子が会う意)天皇が上皇や皇太后の御所に行幸すること。平安初期に始まったもので、年始に行う恒例の儀式と即位・元服などによる場合がある。

てう-し【銚子】〔名〕酒を入れて杯につぐための器。長い柄がある。例「——に土器とり添へて、持て出でて」〈徒然草・二一五〉訳(北条時頼入道が)銚子に杯を添えて、持って現れて。

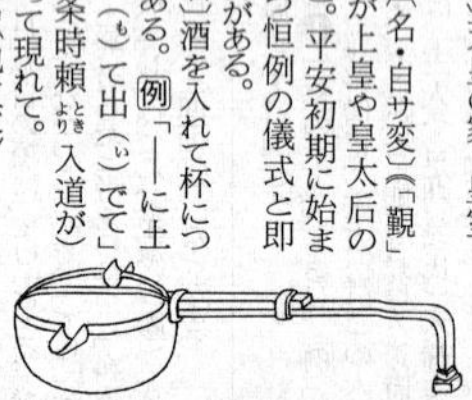
てうし

てう・ず【調ず】〔他サ変〕{ぜ・じ・ず・ずる・ずれ・ぜよ}

ととのえるの意の漢語「調」をサ変動詞として用いた語。調達する、調理するなどのほか、調伏、すなわち、悪霊などを抑え鎮める、意も表す。

❶布などに手を加えて衣料とする。こしらえる。例「女房どもに小袖に——・ぜさせて」〈徒然草・二一六〉訳(色々な染め物を三十本)女房達に小袖にこしらえさせて。❷野菜・魚・鳥などに手を加えて食用にする。調理する。例「若菜など——・じてや」〈源氏・若菜・下〉訳若菜など調理してはどうか。❸悪霊などを抑え鎮める。調伏する。例「験者の物の怪——・ずとて」〈枕草子・すさまじきもの〉訳修験者が物の怪を調伏するといって。❹打ちこらしめる。懲罰を加える。例「犬を流させ給ひけるが、帰り参りたるとて——・じ給ふ」〈枕草子・上にさぶらふ御猫は〉訳(帝が)犬を流罪になさったのが、帰って来たといって打ちこらしめなさる。

て-うち【手打ち・手討ち】〔名〕❶直接自分の手で相手を討って殺すこと。例「宗との侍二人——にして、まかり出(い)づるぞや」〈保元・中・二〉訳（源為朝(ためとも)の）主な家来二人を我が手で討って、出て行くぞ。❷身分のある武士が、自分の手で家臣など地位の低い者を斬(き)り殺すこと。例「御━の夫婦なりしを更衣(ころもがへ)」〈無村〉訳若侍と奥女中との恋愛は不義とされ、殿様に直接殺されても仕方ないところを、奥方のとりなしか、特に許されて、別の所で夫婦として生活し、今四月の更衣を迎えたことよ。注季語ハ「更衣」デ夏。

て-う・つ【手打つ】（自タ四）〈た・ち・つ・つ・て・て〉❶手を打って、祝福や喜びの気持ちを表す。喜び祝福する。❷売買の契約や仲直りなどが成立したしるしに、手を打つ。手打ちをする。

てう-づ【手水】チョウズ（名）《「てみづ」の変化した形》手や顔を洗い清めること。また、それに使う水。例「つとめて、御けづり髪(ぐし)、御━など参りて」〈枕草子・上にさぶらふ御猫は〉訳翌朝、ご整髪や、ご洗顔などをなさって。

てう-てき【朝敵】チョウテキ（名）朝廷に反抗する敵。例「われ、保元(ほうげん)・平治よりこのかた、度々(どど)の━を平らげ」〈平家・六・入道死去〉訳私（＝平清盛）は、保元・平治（の戦い）以来、たびたびの朝廷の敵を平定して。

てう-ど【調度】チョウド（名）《中世までは「でうど」》❶日常使う道具。**身の回りの道具**。例「慣らひて常に来つつ、ゐ入りて━うち散らしぬる、いとにくし」〈枕草子・にくきもの〉訳（ちょっと来た子供をかわいがると）慣れていつもやって来て、（室内に）入り座りこんで道具類を散らかしてしまうのは、大変にくらしい。❷（武家の場合、特に）弓矢。❸《「調度懸け」の略》主人の弓矢を持って供する者。例「利仁(としひと)が供にも、━一人、舎人(とねり)の男一人ぞありける」〈今昔・二六・一七〉訳（藤原の）利仁の供にも、弓矢を持つ者が一人と、馬の口取りの男が一人いた。

参考 比喩(ゆ)に用いて、顔の各部分をいうこともある。例「人のかたちはをかしうこそあれ。にくげなる━の中にも、一つよき所のまもらるるよ」〈枕草子・人の顔に〉訳人の容貌(ぼう)というものはおもしろいものである。ぶかっこうな各部分の中にも、（どこか）一つよい所が目にとまることよ。

てうど-がけ【調度懸け】チョウドガケ（名）主人の弓矢を持って供する者。

てうどがけ

てう-ばみ【調半・調食・重食】チョウバミ（名）《「ちょうばみ」とも》双六(すごろく)で、二つの賽(さい)の目の数がそろうのを争う遊び。例「調(うて)多くうち出(い)でたる」〈枕草子・心ゆくもの〉訳（気持ちのよいものは）「てうばみ」の遊びで同じ目をたくさん出したこと。

参考「調(うて)」は同じ目を出すこと。「はみ」は「半」の字音「はに」の転で、目がそろわない意。目がそろうと相手のコマを食うからとして「食」の字を当てる説もある。後世には、「丁半(ちょうはん)」と書いて、偶数と奇数を表すようになる。

てう-ぶく【調伏】チョウブク（名・他サ変）《仏教語。「でうぶく」とも》❶身(しん)・口(く)・意、三つの業(ごう)を調和統一して、すべての悪行(あくぎょう)を征服すること。❷（特に、密教で）心身を統一して、仏・菩薩(ぼさつ)・明王(みょうおう)などに祈り、たたりをする魔物や敵などを降伏させること。例「━の法承って修(しゅ)せられける高僧達に、勧賞(けんじょう)行はる」〈平家・四・通乗之沙汰〉訳降伏させるいろいろの法を祈禱(きとう)なさった高僧達に、恩賞を行いなさる。❸人をのろい殺すこと。呪詛(じゅそ)。

でう-り【条里】ジョウリ（名）❶古代の平野部の耕地の区画。条里制。三十六町（一町は約一一〇メートル）四方の土地の南北を六つの条、東西を六つの里(り)に分ける。❷（転じて、「条坊」をいう）都の市街区画。例「その地、ほど狭(せば)くて、━を割るに足らず」〈方丈記・都遷り〉訳その地（＝新シイ福原ノ都）は、地域が狭くて、（平安京のように）縦横に区画するのに十分な土地がない。注『平家物語』ニハ、五条マデ割ッタガ、ソノ先ハ海デ土地ガナカッタトアル。⇒でう（要点）

て-おひ【手負ひ】テオイ（名）戦いで傷を受けること。また、負傷者。例「━のただ今落ち入るに、一日経(いちにちぎやう)書いてとぶらへ」〈平家・二・嗣信最期〉訳負傷者がたった今息を引きとったので、一日経を書いて供養せよ。

て-かき【手書き】（名）❶書道の達人。能書家。❷書くことを役目とする人。書記。例「━に具(ぐ)せられたる大夫房(たいふばう)覚明(かくめい)を召して」〈平家・七・願書〉訳（木曽義仲は）書記として引きつれていらっしゃった大夫房覚明をお呼びになり。

てか・く【手書く】（自カ四）〈か・き・く・く・け・け〉文字を書く。特に、達筆に書く。例「次には━・くこと、むねとすることはなくとも、これを習ふべし」〈徒然草・一二二〉訳（人間の才能で大切なものは、聖人の教えを知っていること）次には字を達筆に書くことで、専門にすることはないにしても、書道を習うべきである。

て-か・く【手掻く】《連語》（制止・禁止などの合図として）手を振る。例「よろしき大人出(い)で来て『あなかま』と━・くものから」〈源氏・夕顔〉訳年輩の女房が出て来て「うるさい」といって手を振るものの。

でか・す【出来す】〈さ・し・す・す・せ・せ〉━（他サ四）作り出す。こしらえる。例「明日の今頃━・すは」〈狂言・仏師〉訳（注文の品を）明日の今頃（きっと）こしらえるよ。━（自サ四）うまくやる。巧みに振る舞う。

て-がた【手形】（名）❶牛車(ぎっしゃ)の屋形の出入り口の左右にある「方立(はうだて)」という柱の中央部のくぼみ。手を掛けやすいようにくり抜いたもの。❷鞍(くら)の前輪(まえわ)の左右にある、波形のきりこみ。乗る際に手掛かりにする。❸（墨(すみ)を塗った手の形を文書に押し、証拠としたので）証文や契約書。

で-がはり【出替はり・出代はり】デガワリ（名）近世、下男・下女など、一年または半年契約の奉公人が、雇用期間が終わって入れ替わること。また、その時期。初め二月と八月であったが、寛文九年（一六六九）から、三月五日と九月五日になる。後、九月は十日に改められた。例「三月の━より飯炊(めした)きを置かず、女房に前垂れさせて」〈西鶴・世間胸算用・五・三〉訳（倹約のために）三月で奉公人の契約が切れてからは（新たに）台所の女中を雇わずに、妻に前掛け（姿の台所仕事）をさせて。

て-き【連語】（完了の助動詞「つ」の連用形＋過去の助動詞「き」）…てしまった。確かに…してしまったのだ。例「うたた寝に恋しき人を見**てし**より夢てふものは頼みそめ**てき**」〈古今・恋二・五五三〉訳うたた寝の（はかない）夢の中で恋しいあの人を見てしまってからというもの、夢というものを頼みに思い始めてしまったのです（現実には、なかなか会えないので）。注小野小町ノ作。「てし」ノ「し」ハ連体形。

て-きき【手利き】〔名〕技術がすぐれている人。腕前がすぐれた人。例「与一宗高(よいちむねたか)こそ、小兵(こひやう)で候へども、——で候へ」〈平家・一一・那須与一〉訳（那須の）与一宗高は、体は小柄ですが、（弓の）達人です。

てぐすね-ひ-く【手薬練引く】【連語】（「くすね」は松脂(まつやに)を油で煮て練り合わせたもの。これを塗ると、射た反動で弓が手からはずれるのを防げるところから）❶手のひらにつばをつけて弓を持つ。
❷十分に準備して待ち構える。

て-ぐるま【手車・輦車】〔名〕人が手で引く乗り物としての車。輿(こし)を台車に乗せた形のもので、牛が引く牛車(ぎっしゃ)にくらべて、車輪は小さく、屋形の幅も狭く、側面から乗り降りする。内裏(だいり)の中は歩行するのが普通であるが、皇族・貴族・高僧などで特に天皇の許可があった者がこれに乗って通行した。例「御——など許され給ひて、女御(にょうご)の御有様に異ならぬを」〈源氏・藤裏葉〉訳（紫の上が、宮中の出入りに）手車などを許されなさって、（きさきである）女御のご様子と変わらないほどであるのを。

てぐるま

てぐるま-の-せんじ【手車の宣旨】【連語】（「宣旨」は、天皇の仰せの意）「てぐるま」に乗って宮中に出入りすることを許すという、天皇のお言葉。例「——など宣(のた)はせても、また入らせ給ひては、さらにえ許させ給はず」〈源氏・桐壺〉訳（桐壺更衣の退出には）手車を使用してよいという仰せなどをおっしゃってからも、（帝は）また更衣の局(つぼね)にお入りになると、（離れにくくて、退出を）どうしてもお許しにならない。

て-け【天気】〔名〕（「てんけ」の撥音「ん」を表記しない形。「け」は呉音）天候。てんき。例「——のこと、楫取(かぢと)りの心に任(まか)せつ」〈土佐・一月九日〉訳天候のことは、船頭の判断に任せてしまった。⇒ていけ 参考

て-けむ【連語】（完了の助動詞「つ」の連用形＋推量の助動詞「けむ」。「てけん」とも）（きっと）…しただろう。…してしまっただろう。例「沖つ波高く立つ日に逢(あ)へりきと都の人は聞き**てけむ**かも」〈万葉・一五・三六七五〉訳沖の波が高く立つ日に遭って恐ろしい目を（私が）見たと、都の妻はもう聞いただろうか。

て-けり【連語】（完了の助動詞「つ」の連用形＋過去の助動詞「けり」）…てしまった。…てしまったのだった。例「その里に、いとなまめいたる女はらから住みけり。この男、垣間(かいま)み**てけり**」〈伊勢・一〉訳その（春日(かすが)の）里に、とても美しい姉妹が住んでいた。この男は、（その姉妹を）のぞき見てしまった。

て-こ【手児】〔名〕（上代東国方言。「てご」とも）❶（手に抱かれている）赤子。幼児。
❷少女。おとめ。

てこ-な【手児名・手児奈】〔名〕（上代東国方言。「な」は人を表す接尾語。「てごな」とも）少女。おとめ。一説に、固有名詞で、葛飾(かつしか)の真間(まま)（＝千葉県市川市真間）にいた少女の名とも。例「葛飾(かつしか)の真間の井を見れば立ちならし水汲(く)ましけむ——し思ほゆ」〈万葉・九・一八〇八〉訳（ここ）葛飾の真間の井戸を見ると、昔、いつもここを行き来して足場を平らにするほど何度も水を汲んだとかいう、あの少女のことが思われる。注高橋虫麻呂ノ作。真間ノ手児奈ノ伝説ヲ詠ンダ長歌ノ反歌。コノ少女ヲ扱ッタ歌ニ、巻三・四三一〜三（山上憶良ノ作）、巻一四・三三八四〜五（東歌）ガアル。

て-しか【終助】（上代語）接続 動詞・助動詞の連用形に付く。【願望】自己の願望を表す。…したらいいなあ。…たいものだ。例「朝なさな上がるひばりになり**てしか**都に行きてはや帰り来(こ)む」〈万葉・二〇・四四三三〉訳毎朝毎朝空に上がるヒバリになりたいものだなあ、都に行ってすぐに帰って来ようものを。
参考 助動詞「つ」の連用形に願望を表す終助詞「しか」が付いて一語化したもの。平安以降は、多く和歌に用いる。平安以降「てしが」と濁音化したといわれるが、鎌倉時代にもまだ「てしか」であったことを示す資料があり、濁音化したのは、かなり後かと思われる。

て-しが【終助】（「てしか」の濁音化した形）「てしか」に同じ。例「思ふどち春の山辺にうち群れてそことも言はぬ旅寝し**てしが**」〈古今・春下・一二六〉訳親しい者同士が春の山のあたりに集まり寄って（興のままに歩き回り）、どこと決まったわけではないよそで寝るということをしたいものだ。

て-しが-な【終助】（終助詞「てしが」に、詠嘆の終助詞「な」の付いたものが一語化したもの）自己の願望を詠嘆をこめて表す。…たいものだ。例「いかで、このかぐや姫を得**てしがな**、見**てしがな**」〈竹取・貴公子たちの求婚〉訳なんとかして、このかぐや姫を自分のものにしたいものだ、結婚したいものだ。

て-すさび【手遊び】〔名〕（「てずさび」とも）気晴らしにやる手の遊び。手なぐさみ。

てずつ【手ずつ】〔形動〕⇒てづつ

て-ぜい【手勢】〔名〕直接率いる軍勢。部下の兵士。例「——三十騎ばかりで都へ引っ返す」〈平家・七・一門都落〉訳部下の兵士三十騎ぐらいで都へ引き返す。

て-だい【手代】〔名〕❶近世、郡代・代官や諸奉行(ぶぎやう)に属して、雑務を扱った下級の役人。
❷近世、商家で、番頭の下にあって店の業務を担当した使用人。例「四十余人、利発——を追ひまはし、一人一色(ひといろ)の役目」〈西鶴・日本永代蔵・一・四〉訳四十人余りの、気がきく手代を自由に操り、（手代）一人に一種類の品物を担当させた。

要点 本来、人の代理として実務を処理する役を広くいう語で、平安時代の『御堂関白記(みどうかんぱくき)』に「手

代の僧」という語が見られる。②は、丁稚（でっち）としての十年の年季奉公が終わって、手代に昇進し、給金の出る十年の奉公をする。初め二、三年は「手代分（てだいぶん）」という見習いを勤める。

て-だて【手立て】〔名〕事を行う方法。やり方。手段。例「双六（すぐろく）の上手（じゃうず）といひし人に、その——を問ひ侍りしかば」〈徒然草・一一〇〉訳 双六の名人と言われた人に、そのやり方を質問したところが。

て-だり【手足り・手垂り】〔名〕《「たり」は十分の意》技術がすぐれている者。腕きき。「てだれ」とも。

て-だれ【手足れ・手垂れ】〔名〕⇩てだり 例「——に狙（ねら）うて射落とせとの謀（はかりこと）と覚え候ふ」〈平家・一一・那須与一〉訳（源義経が正面に出たら弓の）上手な者に狙って射落とせと（命ずる敵）の計略と思われます。

て-つがひ【手番】〔名〕《射手を一人ずつ組み合わせることの意》平安時代、近衛府（このえふ）の官人が行う、騎射（きしゃ）・射礼（じゃらい）・賭弓（のりゆみ）の儀式。また、その前日の予行。

> 要点 予行を「あらてつがひ」、当日のを「まてつがひ」という。射手は左方右方から各一人ずつ出て競う。騎射は端午（たんご）の行事で、五月三日に左近衛府、四日に右近衛府の官人が、近衛の馬場で「あらてつがひ」を行い、五日は左近衛府、六日は右近衛府が、大内裏の馬場で「まてつがひ」を行う。

て-づから【手づから】〔副〕《「づから」は接尾語》❶他人の手をわずらわさずに自分で行うさま。自分の手で。例「上の衣（きぬ）を洗ひて、——張りけり」〈伊勢・四一〉訳（妻は大の）正装用の上着を洗って、自分の手で板に張って干した。❷自分の力で積極的に行うさま。自分で。みずから。

て-づくり【手作り】〔名〕❶自分の手で作ること。また、そのもの。手製。❷手織りの布。例「多摩（たま）川にさらす——さらさらに何ぞこの児（こ）のここだ愛（かな）しき」〈万葉・一四・三三七三〉訳 多摩川でさらす手織りの布のさらさらとした感触ではないが、更に更に（＝マスマス）どうしてこの児（＝愛スル人）[illegible]かわいいのであろうか。注 東歌（アズマウタ）。

でっ-ち【丁稚】〔名〕《「弟子（でし）」の変化した形》❶近世、商家や職人の家に十年の年季奉公をして、雑用に使われる少年。「小僧（こぞう）」とも。例「野道にて、——もろとも苦参（たうやく）を引いて」〈西鶴・日本永代蔵・三・一〉訳（葬礼の帰りに）野道で、（供の）小僧と一緒にセンブリ（＝胃薬ニナル草）を引き抜いて。注 一代デ長者ニナッタ主人公ノ万事ニ抜ケ目ノナイ生活態度。❷少年をいやしめていう語。小僧。

> 要点 商家の奉公人は丁稚・手代（てだい）・番頭の階級に分かれ、丁稚には主人と使用人に縁故のある者の二、三男が選ばれて、十歳前後から十年の年季奉公をする。無給で、衣類と小遣いだけが与えられる。

て-づつ【手づつ】〔形動ナリ〕（技術が）へたな様子。不器用である。例「一といふ文字をだに書きわたし侍（はべ）らず、いと——にあさましく侍り」〈紫式部・日本紀の御局〉訳 一という（簡単な）漢字でさえ最後まで書きませんで、大変（漢字には）不調法であきれるほどでございます。注 紫式部ガ漢字ノ教養ヲ人前ニ出サナカッタコトヲイウ。

てて【父】〔名〕ちち。例「——なりし人も、『めづらかにあはれなることなり。大納言に申さむ』などありしほどに」〈更級・大納言殿の姫君〉訳 父も、「（亡き姫君が猫に生まれ変わって来たとは）不思議で悲しい話である。（姫君の父の）大納言に申し上げよう」などと言っておられた時で。

> 要点「ちち」の母音が交替した語。子供や女性の会話や女性の文章に多く、「ちち」よりも親しみがこもる。

てて-き【父君】〔名〕お父さま。父君（ちちぎみ）。

て-なが【手長】〔名〕❶（長股（ちょうこ）国に住むという「足長」と並べて用いる）古代中国の山海経（せんがいきょう）で、長臂（ちょうひ）国に住むという、手が極めて長い人。清涼殿の「荒海の障子」に描かれて有名。⇩あらうみのさうじ ❷宮中や貴族の家の酒宴で、膳（ぜん）を運ぶ役。例「今日の斎会（さいえ）には——入るべからず」〈今昔・一九・二〉訳 本日の法会（ほうえ）には配膳の者は入ってはいけない。

て-ならひ【手習ひ】〔名〕❶文字を書く練習。習字。例「小さき人には、——・歌よみなど教へ」〈蜻蛉・下・天禄三年〉訳 小さい姫には、習字や和歌などを教えて。注 平安貴族ノ女子教育デハ、コノ二ツガ中心デアッタ。

てならひ①

❷（習字を兼ねて）思いつくままに和歌を書くこと。また、それを書いたもの。例「つれづれなるままに、色々の紙を継ぎつつ、——をし給ふ」〈源氏・須磨〉訳（光源氏は）退屈なのにまかせて、各種の色の紙を継ぎ足し継ぎ足しして、（それに）和歌をお書きになる。

て-なら・ふ【手習ふ】〔自ハ四〕❶文字の書き方を学ぶ。習字をする。例「この二歌（ふたうた）は、歌の父母のやうにてぞ、——・ふ人の始めにもしける」〈古今・仮名序〉訳 この二首は、和歌の父母のようであって、（仮名の）手習いをする人が最初に書く手本ともした。❷思い浮かぶままに、無雑作に文字を書く。慰み書きをする。例「反古（ほうご）など破（や）り捨つる中に、亡き人の——・ひ、絵かきすさびたる見出でたるこそ」〈徒然草・二九〉訳 不要になった紙などを破り捨てている中に、亡くなった人が何気なく文字を書いたり、絵を慰み書きしたものを見付け出したのは。

て-な・る【手馴る・手慣る】〔自ラ下二〕使い慣れる。また、慣れて上手（じょうず）になる。例「——・れし具足なども心もなくて変はらず久しき」〈徒然草・二九〉訳（亡き人が）使い慣れた道具なども、無心に変わらずに長い間そのまま残っているのは（悲しい）。

て-に-を-は【手爾乎波】〔名〕《「てには」とも》❶漢文を訓読する時に漢字の次に補って読むような語。文法でいう助詞・助動詞、用言の活用語尾などの総称。❷文法でいう助詞・助動詞などの用法。言葉遣い。

> 要点 平安時代、漢文訓読に際して、補う語を示す記号として、漢字の四隅（よすみ）やその中間などに点をつけ

た。これをヲコト点という。ヲコト点のつけ方は寺や家によって各種あるが、博士家点では、四隅の点を左下から右回りに読むと「てにをは」となるところからいう。また、東大寺点を左下から上に順に読んで、「てには」ともいう。

て-のべ【手延べ】〔名〕《「てのび」とも》適当な手だてを講じるのが遅れて、時機を逸すること。手遅れ。例「すは、きゃつを——にしてたばかられぬるは」〈平家・四・競〉訳あっ、あいつを処置せずにおいてだまされてしまったぞ。

て-の-やっこ-あし-の-のりもの【手の奴足の乗り物】⇩「て(手)」子項目

て-は《連語》《接続助詞「て」＋係助詞「は」》❶《「て」の付いた語句を取り立てて強調する》…て(は)。…の状態で(は)。例「さりとも、うち捨てては、え行きやらじ」〈源氏・桐壺〉訳いくらなんでも、(私をこの世に)残しては、(あの世へ)行けないでしょう。❷《順接の確定条件を示す》…ので。…たからには。例「かばかりになりては、飛び降るとも降りなむ」〈徒然草・一〇九〉訳これくらい(の高さ)になったからには、(木から)飛び下りても下りられるだろう。❸《順接の仮定条件を示す》…たら。…なら。例「貧しくては生けるかひなし。富めるのみを人とす」〈徒然草・二一七〉訳貧しいなら生きているかいがない。富んでいる人だけが人間といえるのだ。注アル大富豪ノ言葉。❹《二つ(以上)の動作や作用が密接に関係して引き続いて行われる意を表す》…たかと思うと、また。…ては。例「故郷の扇(あふぎ)を見ては悲しび、病に臥(ふ)しては漢の食(じき)を願ひ給ひけることを聞きて」〈徒然草・八四〉訳(三蔵法師がインドへ行って)故郷(漢)の団扇を見ては悲しく思い、病気で寝込んでは漢の国の食べ物を欲しがられたということを聞いて。❺《ある条件のもとでは決まってそうなるという意を表す》…(する)と、決まって。…(する)と、いつでも。例「月満ちては欠け、物盛りにしては衰ふ」〈徒然草・八三〉訳月は満ちると決まって欠け、物は盛りになると決まって衰える。

て-ば【連語】《完了の助動詞「つ」の未然形＋接続助詞「ば」》(下に推量の表現を伴って)…たならば。…ているならば。例「梅が香を袖(そで)に移して留(と)めてば春は過ぐとも形見ならまし」〈古今・一・四六〉訳梅花の香りを袖にしみこませて残しておけるならば、春は過ぎても(それが春の)思い出の品となるであろうに。

出羽(では)【旧国名】東山道八か国の一つ。現在の秋田・山形両県にあたる。一八六八年(明治元)には、羽前(=山形県)・羽後(=秋田県)に分かれた。古くは、蝦夷の地。羽州。

て-ばこ【手箱】〔名〕身のまわりの小道具などを入れる箱。

て-はん【手判】〔名〕江戸時代の関所の通行証。居住地の名主や五人組などの証印が押してある。

参考 江戸時代、「入り鉄砲に出女」といわれ、江戸に持ちこまれる鉄砲と、江戸から出ていく女については、関所での検問が特に厳しかった。いずれも幕府に対する謀反を恐れたためである。女については、人質として江戸の邸に住まわせられている諸大名の妻が変装して自藩へ脱出するのを防ぐためである。

てふ【蝶】〔名〕虫の名。チョウ。(季・春)例「大原や——のいで舞ふ朧月(おぼろづき)」〈丈草〉訳建礼門院が出家をして晩年を過ごされたという大原の里。可憐な蝶が、朧月夜の中にヒラヒラと舞い出る様は、まるで夢・幻の中に平家の悲話が浮かんで来るかのようである。

てふ【連語】《「と言ふ」の変化した形》…という。例「うたた寝に恋しき人を見てしより夢——ものは頼みそめてき」〈古今・恋二・五五三〉訳うたた寝の夢に恋しいあの人を見てから、(はかない)夢というものを頼みに思い始めてしまいました(現実にはなかなか会えないので)。
要点 四段に活用するが、「てふ(終止形・連体形)」「てへ(已然形・命令形)」だけが用いられる。

て-ぶり〔名〕[一]【手風】ならわし。風習。例「天離(あまざか)る鄙(ひな)に五年(いつとせ)住まひつつ都の——忘らえにけり」〈万葉・五・八八〇〉訳田舎に五年も住んでいて、(奈良の)都のならわしを忘れてしまったよ。
[二]【手振り】❶供として行く人。従者。例「下[illegible]へ・——などが具し行けば」〈蜻蛉・上・安和元年〉訳下仕えの女房や従者などがつき従って行くので。❷手に何も持っていないこと。手ぶら。❸元手のないこと。無資本。例「——でかかる事は、今の世の中に、……銀(かね)になるものなし」〈西鶴・日本永代蔵・三・一〉訳元手なしで商売にとりかかっては、今の世の中では、……まるで金にならない。

てへ【連語】《「てふ」の已然形・命令形。「といへ」の変化した形》…といえ。例「今さらに訪ふべき人も思ほえず八重葎(やへむぐら)して門させりてへ」〈古今・雑下・九七五〉訳今さら私を訪ねてくれそうな人も思い浮かばない。八重むぐらで門が閉ざされて入れないといっておくれ。

て-まさぐり【手弄り】〔名〕手先でもてあそびいじくること。手なぐさみ。例「数珠(ず)かいまさぐり、——にして」〈枕草子・説経の講師は〉訳数珠をいじくって、手なぐさみにして。

て-まし《連語》《完了の助動詞「つ」の未然形＋反実仮想の助動詞「まし」》きっと…しただろうに。きっと…だったろうに。例「昼ならましかば、のぞきて見奉りてまし」〈源氏・帚木〉訳もし昼であったら、きっと(隙間から)のぞいて(光源氏のお姿を)拝見しただろうに。

て-まへ【手前】[一]〔名〕❶自分の目の前。こちら。❷他人の目の前。面目。体面。❸腕前。手並み。❹(「点前」とも書く)お茶をたてる作法。❺暮らしむき。生計。例「惣(そう)じて大坂の——よろしき人、代々続きしにはあらず」〈西鶴・日本永代蔵・一・三〉訳そもそも大坂の暮らしむきのいい人は、代々続いて来たものではない。
[二]〔代名〕《人称代名詞》❶《自称》わたくし。❷《対称》おまえ。多く目下の者に対して用い、江戸の下層社会では「てめえ」となる。ただし、「お」を上に付けて、目下でない者に対して用いることもある。

て-む【連語】《完了の助動詞「つ」の未然形＋推量の助動詞「む」。平安末期以後「てん」とも》❶《将来実現することを推量する意を表す》きっと…するに違いない。…してしまうだろう。例「まことならばこそあらめ、おのづから聞きなほし給ひてむ」〈枕草子・頭の中将の〉訳（悪い噂が）本当ならともかく、（嘘なのだから）そのうちに自然と誤解をお解き下さるに違いない。

❷《実現可能なことを推量する意を表す》…することができるだろう。例「春日野の飛ぶ火の野守出でて見よ今幾日ありて若菜摘みてむ」〈古今・春上・一九〉訳春日野の飛火野の見張り番よ、外に出て野の様子を見なさい。あと何日したら若菜を摘むことができるだろうか。

❸《適当・当然の意を強く表す》当然…してしまうのがいい。例「心づきなき事あらん折は、なかなかそのよしをも言ひてん」〈徒然草・一七〇〉訳気が乗らない事があるような時は、かえってそのわけを言ってしまうのがいい。

❹《強い意志・決意を表す》…してしまおう。例「とまれかうまれ、疾く破りてむ」〈土佐・二月十六日〉訳何はともあれ、（こんな私の日記など）早く破り捨ててしまおう。注『土佐日記』末尾ノ作者ノ謙遜ノ言葉。

て-も《連語》《接続助詞「て」＋係助詞「も」》❶…ても。…の状態でも。例「朝夕の宮仕へにつけても、人の心をのみ動かし」〈源氏・桐壺〉訳（桐壺更衣は帝の寵愛を一身に受けたため）朝夕の天皇の御用をつとめることにつけても、お妃達の嫉妬心をかきたてるばかりで。

❷《逆接の仮定条件を示す》…ても。…としても。例「年月経ても、つゆ忘るるにはあらねど」〈徒然草・三〇〉訳年月はたっても、（亡くなった人のことを）少しも忘れるわけではないけれども。

❸《逆接の確定条件を示す》…けれども。…のに。例「夜の御殿に入らせ給ひても、まどろませ給ふことかたし」〈源氏・桐壺〉訳（帝は）御寝所にお入りになるけれども、（桐壺更衣との死別の悲しみで）うつらうつらなさることもむずかしい。

て-もと【手許・手元】〔名〕❶手の届くあたり。手近。例「わが──をよく見て、ここなる聖目をすぐに弾けば、立てたる石必ず当たる」〈徒然草・一七一〉訳自分の手の辺りをよく見て、そこの筋目をまっすぐに弾くと、（碁盤のすみに）立てた石は（向こう側にある石に）必ずあたる。注「聖目」トハ、碁盤ノ目ノ上ニ記シタ九ツノ黒イ点ノコト。

❷物を持って握る部分。

❸腕まえ。技量。手並み。

てやの判別

①接続助詞「て」＋係助詞「や」（〜して〜か）……一
例なほさだかにと思ひてや問ふらん

②接続助詞「て」＋終助詞「や」（〜してください）…二
例駕籠の衆早う連れましてや

③終助詞「て」＋終助詞「や」（〜な・〜だよ）……三
例まだその上に確かなことがあるてや

て-や《連語》一《接続助詞「て」＋疑問の係助詞「や」》…して…か。例「知りたることも、なほさだかにと思ひてや問ふらん」〈徒然草・二三四〉訳知っていることも、もっとはっきり（知りたい）と思って尋ねるのかもしれない。

二《接続助詞「て」＋終助詞「や」》他に対して願望する意を表す。…してください。例「駕籠の衆早う連れましてや」〈近松・博多小女郎波枕・下〉訳駕籠の衆（私は先に行きますがあの人も）早くお連れ申して下さい。注「まし」ハ「まうし（申）」ノ変化シタ形デ、謙譲語。

三《終助詞「て」＋終助詞「や」。近世の用法》感動をこめ相手を軽くおさえるような意を表す。…な。…だよ。例「まだその上に確かな事があるてや」〈浄・仮名手本忠臣蔵・六〉訳まだその上に確かな事があるのだよ。

てよ《完了の助動詞「つ」の命令形》⇩つ（助動）

てら【寺】〔名〕❶寺院。

❷（比叡山の延暦寺を「山」というのに対して）特に、三井寺（＝園城寺）をいう。例「宮は宇治と──との間にて、六度まで御落馬ありけり」〈平家・四・橋合戦〉訳宮（＝以仁王）は宇治と三井寺との間で、乗っている馬から六回もお落ちになった。

❸「寺子屋」の略。

てらう【衒う】〔動〕⇩てらふ

てらこ-や【寺子屋】〔名〕江戸時代、特にその中期以後普及した、庶民の子供のための教育機関。初期には僧侶が寺の中で開いたが、後には浪人・医師なども自宅に子供を集めて教えるようになった。主に、読み・書き・算盤など、実用的な学問の基礎を授けた。

てら・ふ【衒ふ】〔他ハ四〕〔は・ひ・ふ・ふ・へ・へ〕誇りに思って人に示す。ひけらかす。誇示する。例「山辺の小島子ゆゑに人──ふ馬の八匹は惜しけくもなし」〈日本書紀・雄略・十三年〉訳山辺の地の小島子（＝女性ノ名）のためには、人が自慢する良馬の八頭ぐらいは惜しいとも思わない。注原文ハ「涅羅賦」トアリ、「ねらふ」ト読ム説モアル。

てら-ほふし【寺法師】〔名〕《「てら」は三井寺のこと》三井寺の僧徒。三井寺の法師。対やまぼふし

てり-はたた・く【照り霹靂く】〔名〕太陽がギラギラと輝き、また、雷鳴が響き渡る。例「六月の──くにも、障らず来たり」〈竹取・貴公子たちの求婚〉訳六月の真夏の太陽がギラギラと照りつけ雷が激しく鳴りとどろく時にも、休まずにやってきている。

て・る【照る】〔自ラ四〕〔ら・り・る・る・れ・れ〕❶太陽・月が光を発する。照る。

❷美しく輝く。照りはえる。例「雨降れば笠取山のもみち葉はゆきかふ人の袖さへぞ──る」〈古今・秋下・二六三〉訳笠取山（＝京都府宇治市ニアル）の紅葉は、（それが美しいばかりでなく）そこを行き来する人の袖までも照り輝いているよ。注「雨降れば」ハ「笠取山」ノ枕詞。

出羽《旧国名》⇩では（出羽）

で-ゐ【出居】〔名〕《「いでゐ」とも》客を通す部屋。客間。例「『客人の御──、さぶらひ』と、しつらひ騒げば」〈源氏・東屋〉訳「客人のお部屋、お供の部屋（を早く）」と、大慌てで仕度するので。

てん【天】〔名〕❶空。大空。

❷（中国古代の思想で）天地万物を支配する神。造物主。例「罪重くて、──の眼恐ろしく思ひ給へらるることを」〈源氏・薄雲〉訳（実の父である光源氏を臣下におくことは冷泉帝にとって）罪が重くて、神の眼が恐ろしく思われますことを。

❸（中国古代の思想で）自然の道理。自然の法則。天命。例「ただこれ──にして、汝が性の拙きを泣け」〈芭蕉・野ざらし紀行〉訳ただこれは天命であって、お前の持って生まれた身の不運を泣け。注富士川ノホトリノ捨テ子ヲ見タ、芭蕉ノ言葉。

❹（仏教語）六道の一つ。人間界の上にあり、六道のうち最も理想的で清浄な想像上の世界。天上界。

⑤(仏教語)天上界に住み仏教を守護する神。「帝釈天(たいしゃくてん)」など。

てん【点】〔名〕❶漢文を訓読するためにつける傍訓や返り点などの総称。訓点。❷漢字の字画のうち、一点で示すもの。また、画をもいう。❸和歌・連歌・俳諧(はいかい)などで、すぐれた作品につけるしるし。また、評価。例「こころみの――を乞(こ)ひける時、この句を長(ちゃう)をかけたり」〈去来抄・先師評〉訳(出来具合はどうかと)試しに評価をもとめた時、(許六が)この句に長点(=良イ句ニツケルシルシ)をつけた。❹刻限。時刻。

点付(つ)か・る 欠点をつかれる。非難される。例「人に――・るべき振る舞ひはせじ」〈源氏・若菜・下〉訳人から非難されるような行為はしないでおこう。

点付(つ)・く (多く、受身の助動詞「る」のついた「点付かる」の形で用いて)欠点を指摘する。非難する。「点打つ」とも。例「この姫君の――・かれ給ふまじくと、よろづに思(おぼ)しのたまふ」〈源氏・蛍〉訳この(明石の)姫君が非難されたりなさらないようにと、(光源氏は)いろいろとお考えになっておっしゃる。

てん〔連語〕⇩てむ(連語)

でん【殿】〔名〕(「てん」とも)大きくて立派な建物。高貴な人の邸宅、寺・神社などの建物。例「――をば長生(ちゃうせい)と名づけて長き住みかと定め」〈平家・二・先帝身投〉訳御殿(ごてん)を長生殿と命名して永遠のすみかと決め。

てん-が【天下】〔名〕(「てんか」「てんげ」とも)❶天のおおっている下。世界。「あめがした」とも。❷一国の全土。全国。例「この一門を滅ぼして、――を乱らんとする企てあり」〈平家・二・少将乞請〉訳この(=平家ノ)一門を滅ぼして、全国を乱そうとする計画がある。❸世の中。世間。❹国を支配し治めること。また、その人。摂政・関白、特に、江戸時代の将軍を指すことが多い。

でん-か【殿下】〔名〕(「宮殿の下」の意。「てんが」とも)皇族や、摂政・関白・将軍などに対する敬称。例「このただ今の入道――の御有様をも申し合はせばや」〈大鏡・序〉訳この現在(栄華の絶頂におられる)入道様(=藤原道長)のご様子をもお話し申したいものです。

でん-がく【田楽】〔名〕❶平安時代から行われた民間の舞楽。もと、田植えの時に笛・太鼓をならしながら田のあぜで歌い踊ったことから始まるという。後に遊芸化し、平安後期から室町時代にかけ大流行し、「猿楽(さるがく)」と影響し合った。❷田楽に用いる鼓(つづみ)。例「あるいはひた黒なる――を腹に結(ゆ)ひつけて」〈今昔・二八・七〉訳ある者は一面にまっ黒な田楽用の太鼓を腹にしばりつけて。❸田楽を舞うことを仕事とする者。田楽法師。

でんがく③

てんが-に【天下に】〔連語〕(副詞的に用いて)世に比べるものがないほど、この上もなく。非常に。例「――いみじきこととおぼしたりしかど」〈源氏・宿木〉訳(北の方は、自分の薫(た)き物の腕前を)世に比類ないくらい勝(す)ぐれたものとお思いになっていたけれども。

要点 「天下の」の形で体言に連なり、「世の中で比べるものがないくらいの」「大変な」の意に用いられることもある。「天下の痴(し)れ者」など。

てん-き【天気】〔名〕(「ていけ」「てんけ」とも)❶天候の様子。空模様。例「十月は小春の――、草も青くなり、梅もつぼみぬ」〈徒然草・一五五〉訳(陰暦の)十月は小春日和(こはるびより)になり、草も青くなり、梅もつぼみをつけてしまう。❷天皇のご機嫌。天皇のお気持ち。例「――ことに御心よげにうち笑(ゑ)ませ給ひて」〈平家・六・紅葉〉訳天皇のご機嫌は格別よさそうで愉快そうにお笑いになって。

てん-ぐ【天狗】〔名〕❶中国古代の天文で流星の一種。天狗星。❷自由に空を飛び、人にとりついたりする魔物。例「――・木魂(こだま)などやうの物の、あざむき率(ゐ)て奉りたりけるにや」〈源氏・夢浮橋〉訳天狗や樹木の霊よ[illegible]ものが、あざむいて(浮舟を)お連れ申したのであろうか。❸深山の奥に住むという想像上の怪物。形は人に似るが、赤い顔で鼻が高く、翼を持っていて空を飛び、また、神通力を持つと考えられていた。特に、鞍馬山(くらまやま)(=京都市北部ノ山)は天狗の住んだ山として有名。❹(③の鼻が高いことから)高慢なこと。うぬぼれること。また、その人。

てんぐ③

てん-け【天気】〔名〕⇩てんき

てん-げり〔連語〕(「てけり」の変化した形)…てしまった。…てしまったのだった。例「教長(のりなが)重ねて申すに及ばず、泣く泣く退出して**てんげり**」〈保元・上・七〉訳教長は重ねて申し上げることができず、泣く泣く退出してしまった。

要点 院政期以降の軍記物語や説話に多く用いる。

てん-こつ【天骨】〔名〕生まれつき。生まれつき巧みであること。持って生まれた才能。

てん-じ【典侍】〔名〕⇩ないしのすけ

てん-じく【天竺】〔名〕⇩てんぢく

天智天皇(てんぢてんのう)〔人名〕⇩てんぢてんわう(天智天皇)

てん-じゃ【点者】〔名〕連歌・俳諧(はいかい)などで、作品の優劣を批評し評点をつける人。判者。

てん-じゃう【殿上】〔名〕❶清涼殿の殿上の間(ま)。例「――にさぶらひける在原なりける男の、まだいと若かりけるを」〈伊勢・六五〉訳清涼殿の殿上の間に出仕していた在原氏だった男で、まだたいそう若かったのを。❷清涼殿や紫宸殿(ししんでん)に昇ることを許されること。昇殿。❸「殿上人(びと)」の略。対ちげ①

てんじゃう-びと【殿上人】〔名〕四位・五位で、清涼殿の殿上の間(ま)にのぼることを許された人。蔵人(くらうど)は六位でも許された。

てんじゃう-わらは【殿上童】〔名〕公卿(くぎゃう)の子弟で、元服以前に宮中の作法を見習うため、特に許されて殿上に出仕している少年。「うへわらは」とも。例「大きにはあらぬ――の、装束(さうぞく)きたてられて歩(あり)くもうつくし」〈枕草子・うつくしきもの〉訳 そう大きくはない殿上童が、きれいに飾りたてられて歩くのもかわいらしい。

てん-しん【天心】〔名〕❶空のまん中。中天。例「月――貧しき町を通りけり」〈蕪村〉訳 夜も更けて、秋の美しい月が高く中天にかかっている。ふだんごみごみとした小家の続く貧しい町並みを通りかかると、清らかな月光は、寝静まった貧家に、青く静かに降りそそぎ、もの悲しいような寂寥(せきりょう)感を誘うのである。
❷天帝の心。また、天皇の心。例「――は蒼々(さうさう)としてはかりがたし」〈平家・三・法印問答〉訳 天帝の心は青空のように果てしなく推察しにくいものだ。

てん-じん【天神】〔名〕❶天上界にいる神。天(あま)つ神。
❷菅原道真(すがわらのみちざね)を祭る天満宮。また、その祭神としての道真。
❸江戸時代、遊女の階級で、大夫(たゆう)に次ぐもの。揚げ代が二十五文(もん)だったので、天満宮の縁日二十五日に掛けて言った。のち、「転進(てんじん)」とも称した。

てん-ず【点ず】〔他サ変〕(ぜ・じ・ず・ずる・ずれ・ぜよ)❶点を打つ。特に、漢文に訓点を付ける。例「昔から『雨と聞く』と――・じたるを見て」〈正徹物語・上〉訳 昔から「雨と聞く」と訓点を付けて(読んで)いるのを見て。
❷時・所などを一点に定める。指定する。例「畝傍(うねび)の山を――・じて、帝都を建て」〈平家・五・都遷〉訳 畝傍山の地を指定して、(神武天皇はそこに)都を造り。
❸(一つ一つ印を付けて)不備の有無を調べる。点検する。
❹火をつける。点火する。

てん-だい【天台】〔名〕❶(中国、浙江(せっこう)省にある「天台山」の略)日本では比叡山(ひえいざん)を指す。
❷仏教の宗派「天台宗」の略。例「さしもやんごとなかりつる――の仏法も、治承の今に及んで、滅びはてぬるにや」〈平家・二・山門滅亡〉訳 あれほど尊かった天台宗の教えも、治承年間の現在になって、滅びてしまったのだろうか。

てんだい-ざす【天台座主】〔名〕天台宗総本山、比叡山(ひえいざん)延暦寺(えんりゃくじ)の最高位の僧職。例「あはれ、――、戒和尚(かいわじゃう)の一(いち)やとこそ見え給ひけれ」〈大鏡・道長・上〉訳 あっぱれな、天台座主、(すなわち)出家をする[illegible]を授ける師僧のうちの第一の人とお見えになったよ。

てん-たう【天道】〔名〕(「てんだう」とも)天地を支配する神。天の神。また、その神の掟(おきて)。自然の理。例「うれしきわざかな、――の我に物をたぶなりけり」〈宇治拾遺・三・一〉訳 うれしいことだな、天の神様が私に物をお与えになったのだなあ。

てん-ぢく【天竺】〔名〕❶(我が国および中国で)インドの古名。例「昔、――に一寺あり」〈宇治拾遺・三・一〉訳 昔、インドに一つの寺があった。
❷非常に高い所。天空。例「さりとも見奉りなば、――へもあくがれじ」〈狭衣・一〉訳 最近の(狭衣が)そうはいっても(=イクラ昇天シタクテモ)(女二の宮を)拝見したならば、天にも昇れないだろう。

天智天皇(てんぢてんわう)〔人名〕『万葉集』第一期の歌人。六二六年(推古三十四)?～六七一年(天智十)。舒明(じょめい)天皇の第一皇子。はじめ中大兄皇子(なかのおおえのおうじ)と称した。中臣鎌足(なかとみのかまたり)と謀(はか)って蘇我(そが)氏を滅ぼし、大化の改新を断行して律令政治の基礎を築いた。近江(おうみ)の大津宮に遷都。『万葉集』におおらかな歌を残す。

てん-つか・る【点付かる】⇩「てん(点)」子項目

てん-つ・く【点付く】⇩「てん(点)」子項目

てんで-に【手手に】〔副〕(「手に手に」の変化した形)それぞれ。各自。めいめい。例「まづ内裏に乱れ入り、――火を放って片時(へんし)の煙と焼き払ふ」〈平家・一・嗣信最期〉訳 まず内裏に乱入し、めいめいが火を放って一瞬のうちに焼き払った。

てん-なが【点長】〔形動ナリ〕上手ぶって、文字の点や画を長く引いて書く様子。例「手を書きたるにも、深きことはなくて、ここかしこの、――・に走り書き」〈源氏・帚木〉訳 文字を書いた場合でも、深い教養はなくて、(文字の)あちこちが、達筆そうに長く伸ばして走り書きして。

てん-にん【天人】〔名〕天上界に住むといわれる想像上の人。多くは「天女(てんにょ)」を指す。頭に髪飾りをつけ、羽衣を着て飛行し、音楽や舞が上手だといわれる。「あまつをとめ」とも。例「車に乗りて、百人ばかり――具して昇りぬ」〈竹取・かぐや姫の昇天〉訳 (かぐや姫は)車に乗って、百人ほど天人を引き連れて(月へ)昇って行った。

てん-びん【天秤】〔名〕はかりの一種。支点の左右に皿をつるし、片方の皿には分銅、もう片方の皿には量ろうとする物をのせて、重さを量る器具。主に、銀貨を量るのに用いられた。例「――の響きわたり、金銀もある所には、瓦石(ぐわせき)のごとし」〈西鶴・日本永代蔵・二・二〉訳 (一日中)天秤で銀をはかる音が響きわたるほどの繁盛で、金銀も沢山ある所では、(どこにでもある)瓦や石のように(無価値な感じに)思われるほどである。注「天秤の響き」ハ、天秤ノ平衡ヲ示ス針ノ動キヲナメラカニスルタメ、小槌デ針口ヲタタク音ノコト。商家ノサマヲ示ス形容トシテ使ワレル。

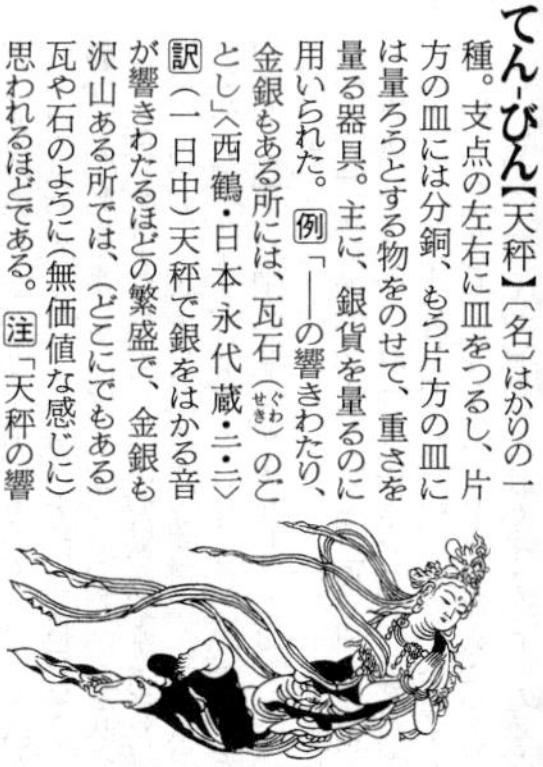
てんにん

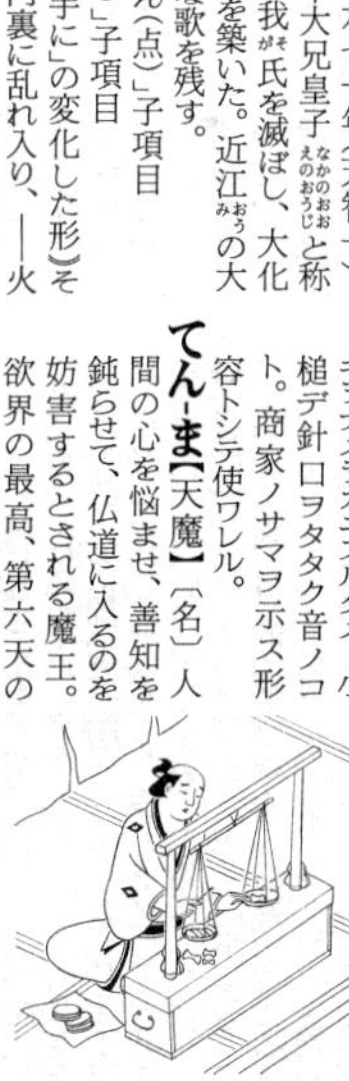
てんびん

てん-ま【天魔】〔名〕人間の心を悩ませ、善知を鈍らせて、仏道に入るのを妨害するとされる魔王。欲界の最高、第六天の魔王で、名を「波旬(はじゅん)」という。例「およそは――の所為(しょゐ)とぞ見えたりける」〈平家・五・奈良炎上〉訳 (奈良の僧兵の行いは)ほとんど天魔のしわざと思われた。

天武天皇(てんむてんわう)〔人名〕『万葉集』第一期の歌人。生年未詳。六八六年(天武十五)没。兄の中大兄皇子(なかのおおえのおうじ)が天智天皇として即位して皇太弟となったが、天智天皇没後、大友皇子との間に壬申(じんしん)の乱が起こり、近江朝を倒し、飛鳥浄御原(あすかのきよみはら)に遷都して即位する。「八色(やくさ)の姓(かばね)」を制定し、律令体制を強化する。

てん-めい【天命】〔名〕❶天の命令。人間の力ではどうしようもない定め。天理。
❷天から定められた寿命。天寿。

てんやく-れう【典薬寮】〔名〕令制で、宮内(くない)省に属し、宮中の医薬に関することを司(つかさど)った役所。

と

と【外】〔名〕そと。外側。ほか。対 うち(内)① 例「男どもぞ、御簾（みす）の――にありける」〈源氏・若紫〉訳（番人の）男達が、簾（すだれ）の外側にいた。⇩そと(外)要点

と【門・戸】〔名〕❶家の出入り口。門口（かどぐち）。また、とびら。戸。例「閉（た）て籠（こ）めたる所の――、すなはちただ開（あ）きに開きぬ」〈竹取・かぐや姫の昇天〉訳（かぐや姫を）閉じ込めて締めきってあった所の戸は、たちまちすっかり開ききってしまった。

❷両側がせばまった水の流れが出入りする所。海峡。瀬戸。例「天離（あまざか）る鄙（ひな）の長道（ながぢ）ゆ恋ひ来れば明石の――より大和島見ゆ」〈万葉・三・二五五〉訳遠い田舎からの長い道のりを(故郷大和を)恋しく思いながら旅してくると、明石海峡から大和の山々が(島のように)見えるよ。

と【音】〔名〕おと。声。響き。例「風の――の遠き我妹（わぎも）が着せし衣（きぬ）手本（たもと）のくだりまよひ来にけり」〈万葉・一四・三四五三〉訳はるか遠くにいる妻が着せてくれた衣は、手首のあたりがほつれ始めた。注「風の音の」ハ、遥カニ風ノ音ガ聞コエルコトカラ「遠し」ノ枕詞。

との判別

①副詞「と」（「かく」と対にして）そう。そのように。
　例 **と**まれかくまれ、まづ請じ入れ奉らむ

②断定の助動詞「たり」の連用形
　例 鏡をすりて世を過ぐす人**と**ありき

③格助詞――体言・体言に準ずる語句、活用語の連体形に付く
　例 同じ心ならむ人**と**しめやかに物語して　共同❶
　例 古き墳はすかれて田**と**なりぬ　結果❷
　例 雪**と**のみこそ花は散るらめ　比喩❸
　例 かの昔の夕顔**と**劣らじや　基準❹
　例『かれは何ぞ』**と**なむ男に問ひける　引用❺
　例『同じ煙に上りなむ』**と**泣きこがれ給ひて　目的❻
　例 生き**と**し生けるもの　強調❼
　例 白き鳥の、嘴**と**脚**と**赤き、鴫のおおきさなる　並列❽

④接続助詞――活用語の終止形、または連用形に付く
　逆接仮定条件❶
　順接仮定条件❷
　順接恒常条件❸

と〔副〕《多く「かく(かう)」と対（つい）にして、慣用的に用いられる》そう。そのように。ああ。あのように。例「『――やれ、かくやれ』と言ひつつ」〈大和・一四八〉訳「(牛車（ぎっしゃ）を)ああやれ、こうやれ(＝アチラヘ行ケ、コチラヘ行ケ)」と言っては。

と《断定の助動詞「たり」の連用形》体言に付いて、断定の意を表す。…で。…であって。例「鏡をすりて世を過ぐす人**と**ありき」〈今昔・二・二七〉訳鏡をみがいて生活を立てている人であった。

> 要点 (1)「とあり」「と侍（はべ）り」「といます」「として」という形で用いられ、人の身分・地位・境涯などを示す場合が多い。
> (2)この「と」は本来は格助詞で、これとラ変動詞「あり」とが熟合して助動詞「たり」が成立した。従って、この「と」を格助詞の方に含めてしまうこともできなくはないが、断定(…である)の意が認められ、単なる格助詞とは考えにくい。「と」の下にくる「あり」「侍り」「す(として)」などに、具体的な動作の意が認められず、「と」を含めた全体で断定の意を表していると解釈されるのである。この点は、同じ断定の助動詞「なり」の連用形「に」の場合も同じ。

と〔格助〕接続 体言および体言に準ずる語句、活用語の連体形に付く。また、⑤⑥の用法では、文相当の単位に付く。

❶【共同】《動作の相手や共同でする相手を表す》…と。…とともに。例「何事ぞや。童（わらは）べ**と**腹立ち給へるか」〈源氏・若紫〉訳何事ですか。子供達とけんかでもなさったのですか。例「同じ心ならん人**と**しめやかに物語して」〈徒然草・一二〉訳気の合った人(がいて、その人)としみじみと話をして。

❷【結果】《変化してそうなる結果を表す》…と。…に。例「古き墳（つか）はすかれて田**と**なりぬ」〈徒然草・三〇〉訳古い墳墓は鋤（すき）で掘り返されて田になってしまった。

❸【比喩】《比喩（ひゆ）の意を表す》…のように。例「駒（こま）並（な）めていざ見に行かむ故里（ふるさと）は雪**と**のみこそ花は散るらめ」〈古今・春下・一一一〉訳馬を並べて、(皆で)さあ見に行こう。旧都(＝奈良)はまるで雪のように桜の花が散っているでしょう。

❹【基準】《比較や対比の基準を表す》…と。…に比べて。例「かたちなどは、かの昔の夕顔**と**劣らじや」〈源氏・玉鬘〉訳（玉鬘（たまかずら）の）容貌（ようぼう）などは、あの昔の夕顔に比べて劣っていないだろうか。

❺【引用】《引用を表す》…と。例「草の上に置きたりける露を、『かれは何（なに）ぞ』**と**なむ男に問ひける」〈伊勢・六〉訳（女は）草の上に降りていた露を、「あれ(＝キラキラスルモノ)は何ですか」と男に聞いた。例「かくてもあられけるよ**と**、あはれに見るほどに」〈徒然草・一一〉訳こんなふうでも住むことができるのだなと、しみじみとした思いで見ているうちに。

❻【目的】《「と思って」「と言って」「として」などの意で、あとに述べる事柄の目的・原因・理由・状況などを示す》…として。…と言って。…と思って。例「母北の方、『同じ煙に上（のぼ）りなむ』**と**泣きこがれ給ひて」〈源氏・桐壺〉訳（桐壺更衣（きりつぼのこうい）の）母親の北の方は、「(死んだ娘を火葬にするのと)同じ煙になって天に上って行ってしまいたい(＝一緒ニ死ンデシマイタイ)」と言って泣いて慕われて。

❼【強調】動詞を重ねた間に入って、その動詞の意味を強める。例「生き**と**し生けるもの、いづれか歌を詠まざりける」〈古今・仮名序〉訳生きているものはすべて、どれが歌を詠まなかったといえようか。例「人を殺すこと、懲（こ）り**と**も懲りぬ」〈宇治拾遺・一〇・六〉訳人を殺すことは、しんそこりごりした。

❽【並列】《並列を表す》…と、…と。例「白き鳥の、嘴（はし）**と**脚（あし）**と**赤き、鴫（しぎ）の大きさなる」〈伊勢・九〉訳白い鳥で、くちばしと脚とが赤い、鴫くらいの大きさのが。例「同じ人ながらも、心ざしあるをり**と**、変はりたるをりは、まことに異人（ことひと）とぞ覚ゆる」〈枕草子・たとしへなきもの〉

訳 同じ人でありながら、愛情のある時と、心変わりしてしまった時とでは、ほんとに別人のように思われる。

> 要点 現代語の「と」とほとんど同じである。⑧は、並立助詞とも呼ばれる。この用法には、最後の「と」だけが言われて、途中の「と」が省略されている場合があるので、注意を要する。例「狩衣(かりぎぬ)、袴(はかま)、烏帽子(えぼし)、帯**と**を入れて」〈大和・一四七〉訳 狩衣と袴と烏帽子と帯とを入れて。

と〔接助〕接続 動詞型・形容動詞型活用の語の終止形、形容詞型活用の語および打消しの助動詞「ず」の連用形に付く。

❶《ある仮定条件をあげ、それと関係なくあとに述べる事柄が起こる意(逆接の仮定条件)を表す》たとえ…であっても。…ても。例「嵐(あらし)のみ吹くめる宿に花薄(はなすすき)穂に出(い)でたり**と**かひやなからむ」〈蜻蛉・上・天暦十一年〉訳 嵐ばかり吹いているような家で尾花が穂を出したとしても、なんのかいもないように、あなたに冷たくされてばかりいる私が、あなたに来て下さいと申しましても、なんのかいもないのではないでしょうか。

❷《室町時代以降の用法。活用語の終止形に付く》ⓐある仮定条件をあげ、それに伴ってあとに述べる事柄が起こる意(順接の仮定条件)を表す。…たら。例「母(かか)さまを悪う言ふ**と**、たたくぞよ」〈歌舞伎・傾城浅間嶽・中〉訳 お母さんを悪く言ったら、たたくわよ。ⓑある条件を示し、その条件のもとではいつも決まってあとに述べる事柄が起こる意(順接の恒常条件)を表す。例「私の留守になる**と**、酒ばかり飲うで」〈狂言・吃り〉訳 私が家をあけるといつも、酒ばかり飲んで。

> 要点 ①だけが古語独特の用法。①は、接続助詞の「とも」とほとんど変わらない。平安時代以降に用いられて、用例数も少ないが、和歌に集中している。

ど〔接助〕接続 活用語の已然形に付く。

❶《ある事柄をすでに成り立っているものとして示し、それと関係なく、あるいはそれに反して、あとに述べる事柄が起こる意(逆接の確定条件)を表す》…けれども。…が。…のに。例「いとはしたなきこと多かれ**ど**、かたじけなき御心ばへのたぐひなきを頼みにてまじらひ給ふ」〈源氏・桐壺〉訳(桐壺更衣(きりつぼのこうい)には)とてもいたたまれないことが多いけれども、(桐壺帝の)もったいないご愛情の他に並ぶものがないほど深いのを頼りにして宮仕えをしていらっしゃる。

❷《ある条件を示し、その条件のもとではいつも決まってそれに照応しない事柄が起こる意(逆接の恒常条件)を表す》…ても、いつも。…たところで、きまって。例「二人行け**ど**行き過ぎがたき秋山をいかにか君が一人越ゆらむ」〈万葉・二・一〇六〉訳(私と弟と)二人で行ってもいつもきまって越えにくいあの秋の山を、(今日は)どのようにして弟は一人で越えているだろうか。

> 参考 (1)接続助詞「ども」も同じ意味で、上代から用いられている。平安時代には、物語や日記などの和文系統の文章では「ど」が圧倒的に多く、漢文訓読文系統の文章では「ども」が用いられた。中世になると、徐々に「ども」が広い範囲で用いられるようになって、「ど」の例は少なくなる。
> (2)上代では、形容詞には、「…け」(ク活用)「…しけ」(シク活用)という古い已然形の形に付くことが多い。例「あをによし奈良の大路(おほぢ)は行きよけ**ど**この山道は行き悪(あ)しかりけり」〈万葉・一五・三七二八〉訳 奈良の都の大通りは歩きやすいけれども、この山道は歩きにくいものだ。

> とありの判別
> ①《連語》副詞「と」＋ラ変動詞「あり」 例 天下のことは、**とあり**ともかかりとも
> ②格助詞「と」＋ラ変動詞「あり」 例『いとどしろめたう』**とあり**
> ③断定の助動詞「たり」の連用形「と」＋ラ変動詞「あり」 例 御弟子**とあり**

と-あ・り〔連語〕《副詞「と」＋ラ変動詞「あり」》ああである。あんなふうである。例「天下の事は、—・りともかかりとも」〈竹取・帝の求婚〉訳 世間の事は、ああであろうともこうあろうとも。

要点「かくあり(かかり)」と組みで「とありかかり」、「ともあれかくもあれ(とまれかうまれ)」などの形の慣用句を作る。

とあり-かかり〔連語〕(「とありかくあり」の変化した形。「と」は副詞)ああだ、こうだ。例「—と、物ごとに言ひて」〈徒然草・一三七〉訳 ああだこうだと、見る物ごとに言って。

とう【答・塔】〔名〕⇩たふ

とう【問う・訪う】〔動〕⇩とふ

とう【疾う】〔副〕(「とく」のウ音便)「疾(と)く」に同じ。例「さるべき人は、—より御心魂(みこころだましひ)のたけく」〈大鏡・道長・上〉訳(道長のように)そうなるはず(=後ニ偉クナルハズ)の人は、早くから(=若イ時カラ)精神力が強くて。

とう【党・唐】⇩たう

とう…【堂…・当…】⇩たう…

とう…【踏…】⇩たふ…

どう【胴】〔名〕❶鎧(よろい)。具足(ぐそく)の胴をおおう部分。例「鎧の草摺(くさずり)かなぐりすて、—ばかりきて」〈平家・一一・能登殿最期〉訳(平教経(のりつね)は)鎧の草摺をほうり出し、胴だけ身につけて。❷太鼓・鼓・三味線などの、音の共鳴するように設けられた中空の主部。

どう…【堂…・道…・導…】⇩だう…

とうか【踏歌】〔名〕⇩たふか

東海道(とうかいだう) ウ‥ド 一《古代の行政区画名》七道の一つ。本州中央部の太平洋沿岸の地方。伊賀・伊勢・志摩(=以上三重県)・尾張(おわり)・三河(みかわ)(=以上愛知県)・遠江(とおとうみ)・駿河(するが)・伊豆(いず)(=以上静岡県)・甲斐(かい)(=山梨県)・相模(さがみ)(=神奈川県)・武蔵(むさし)(=東京都ト神奈川・埼玉県ノ一部)・安房(あわ)・上総(かずさ)・下総(しもうさ)(=以上千葉県)・常陸(ひたち)(=茨城県)の十五か国。武蔵は七七一年(宝亀二)に東山道から編入された。
二《街道名》江戸時代の五街道の一つ。江戸の日本橋から京都の三条大橋に至る。五十三の宿駅が置かれ、これを「東海道五十三次」といった。

東海道中膝栗毛(とうかいだうちゅうひざくりげ) トウカイドウチュウ‥《書名》江戸後

期の滑稽本。十返舎一九作。一八〇二年(享和二)〜一八一四年(文化十一)刊。弥次郎兵衛・喜多八を伴って江戸を発ち、伊勢参宮をして京都・大坂に至る道中、様々な失敗を重ねる滑稽話。駄洒落・狂歌を交えつつ、地方色を巧みに織り込んで、その地方の風俗・言語を笑いの対象とした描写は、好評を博し、その後、続編が書きつがれた。⇩十返舎一九

東海道四谷怪談(とうかいだうよつやくわいだん)【作品名】江戸時代の歌舞伎狂言。五幕。四世鶴屋南北作。一八二五年(文政八)江戸中村座初演。塩冶家の浪人民谷伊右衛門が妻お岩を裏切って死に追いやり、その亡霊に苦しめられる話、またお岩の妹お袖に恋慕する直助権兵衛の話等を、忠臣蔵の世界を大枠としてからみあわせた作品。江戸の下層社会を舞台に、人間の持つ残忍さや猥雑さを写実的方法で描いた、南北怪談物の代表作。

どう-ぎゃう【同行】〔名〕❶志を同じくして、仏道の修行をする仲間。特に、浄土真宗で、信者仲間をいう。❷連れだって寺社に参詣に行く人々。❸連れだって行くこと。また、その人。道連れ。例「室の八島に詣す。——曽良が曰く」〈奥の細道・室の八島〉訳室の八島(=栃木市ノ大神神社)にお参りする。同行者の曽良(=芭蕉ノ門弟)が言うには。

どう-ぎゃう【童形】〔名〕(「とうぎゃう」とも)❶まだ結髪していないおかっぱ頭の子供。また、その姿。❷貴人の元服以前の称。

とう-ぐう【東宮・春宮】〔名〕❶皇太子の宮殿。例「——にも弘徽殿にも作られたりつ」〈枕草子・職の御曹司におはします頃、西の廂にて〉訳(雪の降った日)皇太子の宮殿でも弘徽殿でも(雪の山を)お作りになった。❷(転じて)皇太子の敬称。「はるのみや」とも。

> 要点 皇太子の御殿が皇居の東にあるのでいう。また、中国の五行説では、東が春に当たるので、「春宮」の字も当てる。

とうぐう-の-だいぶ【東宮の大夫・春宮の大夫】〔名〕「東宮坊」の長官。

とうぐう-ばう【東宮坊】〔名〕皇太子に関する一切の事を司った役所。「みこのみやのつかさ」とも。

とうくゎ-でん【登華殿・登花殿】〔名〕平安京の内裏にある殿舎の一つ。皇后や女御などの住まいに当てられ、弘徽殿の北、貞観殿の西にあった。

東関紀行【書名】鎌倉中期の紀行文。作者未詳。一二四二年(仁治三)成立か。一巻。隠遁者の作者が都と鎌倉を往復する間の見聞や感興、遊覧等を記す純粋の紀行。対句を駆使した流麗な和漢混交文。『海道記』と並び称せられる。

とう-ごく【東国】〔名〕都から見て東方の国々。古くは遠江(=静岡県西部)・信濃(=長野県)以東を指すが、後には足柄・箱根以東をいうことが多い。「あづまのくに」「あづま」とも。対さいこく 例「生仏、——の者にて」〈徒然草・二二六〉訳生仏(という盲人)は、東国の者であって。

とうざ【当座】〔名〕⇩たうざ

とう-ざい【東西】〖一〗〔名〕❶東と西。転じて、方角。例「山の中にして道にまどひて——を失ひつ」〈今昔・二三・一〉訳山の中で道に迷って方角を見失ってしまった。❷あちらやこちら。あたり一面。周囲。〖二〗〔名・自サ変〕自由に体を動かすこと。身動き。例「袖をとらへて、——せさせず」〈枕草子・頭の中将の〉訳袖をつかまえて、身動きさせないで。〖三〗〔感〕(「東西東西」の形で)芝居・相撲などの興行で、まわりの客のざわめきをしずめ、または口上を述べる時、最初にいう語。例「——・——、やかましいわえ」〈黄表紙・孔子縞于時藍染・下〉訳東西東西、やかましいぞ。注歌舞伎ノ舞台番ガ騒ガシイ見物客ヲ制スル言葉。

東山道【古代の行政区画名】七道の一つ。本州中央部の山岳地帯から北端の東北部にわたる地方。近江(=滋賀県)・美濃・飛驒(=以上岐阜県)・信濃(=長野県)・上野(=群馬県)・下野(=栃木県)・陸奥(=福島・宮城・岩手・青森県)・出羽(=山形・秋田県)の八か国。一八六八年(明治元)に、陸奥が磐城・岩代・陸前・陸中・陸奥に、出羽が羽前と羽後に分かれて、十三か国となった。

とう-し【藤氏】〔名〕藤原の姓を持っている氏族。藤原氏一族。例「——のことに栄ゆるを思ひて詠める」〈伊勢・一〇一〉訳藤原氏がとりわけ栄えるのを心において詠んだのです。

とう-じ【刀自】〔名〕⇩とじ

どう-じ【童子】〔名〕❶子供。わらべ。例「びんづら結ひたる——の御車の前をつと走り通るを御覧ずれば」〈平家・七・主上都落〉訳髪を角髪に結った子供がお車の前をさっと走って通ったのをご覧になると。❷寺で、僧になる前の、勉強しながら雑用に従う少年。「大——」「中——」などの区別がある。❸(仏教語)仏・菩薩などが少年の姿をとって現れたもの。また、それらに仕える少年。「金剛——」など。

とう-じみ【灯心】〔名〕⇩とうしん

とう-じゃう【闘諍】〔名〕戦い争うこと。闘争。けんか。例「世を捨てたるに似て我執深く、仏道を願ふに似て——を事とす」〈徒然草・一一五〉訳この世を捨てているかのように見えながら執着心が強く、仏道を願っているかのように見えながら闘争を仕事としている。

とう-しん【灯心】〔名〕(「とうじみ」とも)灯油に浸して火をともす細い紐状のもの。細藺の芯や綿糸を用いる。例「——を一筋にして、物申の声する時、もとのごとくにして」〈西鶴・日本永代蔵・二・一〉訳(客の来ない内は座敷の明かりの)灯心を一本にして(暗くしておき)、ごめんくださいという客の声がした時に、もとのように(明るく)した。注灯心ヲ一筋ニシタノハ油ヲ倹約スルタメ。

どう-しん【同心】〔名・自サ変〕❶考えが同じであること。同じ心を持つこと。味方すること。❷鎌倉・室町時代、「与力」と同じく、武家に付属した兵卒。後には、騎馬の者を「与力」、徒歩の兵卒を「同心」と区別した。❸江戸時代、「与力」の下にあって、幕府の諸奉行などの配下に属し、庶務・警察などを司った下級の役人。

とう-そ【屠蘇】〔名〕「とそ」に同じ。例「医師ふりはへて、——・白散、酒加へて持て来たり」〈土佐・十二月二十九日〉訳医者がわざわざ、屠蘇・白散(といった漢方薬)に、酒まで添えて持って来た。

とう-たい【凍餒】〔名〕こごえ飢えること。衣食に不自由すること。例「世治まらずして、―の苦しみあらば」〈徒然草・一四二〉訳世の中がよく治まらないで、こごえや飢えの苦しみがあるならば。

とう-だい【灯台】〔名〕木製の脚のついた台の上に油皿を置いて火をともす器具。室内の照明に用いる。

とうだい

とう・づ【取う出】〔他ダ下二〕{で・で・づ・づる・づれ・でよ}《「取り出づ」の変化した形》取り出す。引き出す。また、子を産む。例「わが御二種(ふたくさ)のは、今ぞ―・でさせ給ふ」〈源氏・梅枝〉訳(光源氏)ご自身が調合なさった二種類のお香は、いまこそお取り出しになる。

とう-とう【疾う疾う】〔副〕《「とくとく」のウ音便》⇩とくとく

どう-な・し【動無し】〔形ク〕動じる様子がない。変化がない。例「さらに例の―・きに、せめて言はれて」〈源氏・明石〉訳(明石の上は)例によって全く動じる様子もないけれども、(父に)無理に言われて。

とう-の-ちゅうじゃう【頭の中将】〔名〕近衛(このえ)府の中将(=次官)で、「蔵人(くらうど)の頭(とう)」の兼任者。

頭中将〔人名〕『源氏物語』の登場人物。光源氏の親友で、ライバル。左大臣の長男で、光源氏の妻葵(あおい)の上の兄。若い頃から光源氏と特に親しく、恋のライバルである反面、須磨(すま)(=神戸市須磨区)に身を避けた彼を見舞ったりもする。光源氏と契った夜に急死した夕顔とは子供(=玉鬘(タマカズラ))をもうけた仲であり、後に光源氏の妻となった女三の宮と密会する柏木(かしわぎ)の父でもあるが、政治的にも常に光源氏のライバルとして複雑な関係を持つ存在である。

とう-の-べん【頭の弁】〔名〕太政官の弁官で「蔵人(くろうど)の頭(とう)」を兼任している者。例「―の、職(しき)に参り給ひて、物語などし給ひしに」〈枕草子・頭の弁の、職に〉訳頭の弁が、中宮職に参上なさって、お話などなさった時に。

とう-ぶ【食ぶ・賜ぶ・給ぶ】〔動〕⇩たうぶ

とう-りゃう【棟梁】〔名〕❶屋根の棟(むね)と梁(はり)。❷(転じて)一国をささえる重要な人物。また、一門・一族などを統轄する中心的地位にある人。かしら。❸大工のかしら。

とう-ろ【灯籠】〔名〕《「とうろう」とも》木・竹・石・金属などの枠(わく)に紙を張った火屋(ほや)に、火を入れてともす器具。置き灯籠・釣り灯籠などの種類があり、屋外の照明に用いる。

とう-ろう【灯籠】〔名〕⇩とうろ

とお…【十…】⇩とを…

とお…【遠…】⇩とほ…

遠江(とおとうみ)〔旧国名〕⇩とほたふみ(遠江)

とおる【通る・徹る】〔動〕⇩とほる

とが【咎・科】〔名〕❶人から非難されるような行為や欠点。あやまち。過失。例「他人(ことひと)の言はむやうに、―な現されそ」〈源氏・末摘花〉訳他の人が言うように、(私の)欠点をあばいたりなさるでないよ。❷罪となる行為。犯罪。例「世治まらずして、凍餒(とうたい)の苦しみあらば、―の者絶ゆべからず」〈徒然草・一四二〉訳世の中がよく治まらないで、凍えや飢えの苦しみがあるならば、罪を犯す者が絶えるはずはない。

とうろう（春日大社）

参考「つみ」が、悪意をもった行為をいうのに対し、「とが」は、生まれつきの欠点や不用意でおかしたあやまちをいう。しかし、平安時代以降は混同された。

と-かう〔副〕《「とかく」のウ音便》「とかく」に同じ。例「―紛らはさせ給ひて」〈源氏・若紫〉訳何やかやと(気を)お紛らわしになって。例「わが身のことは、―申しがたし」〈西鶴・世間胸算用・五・三〉訳私のことは、あれこれと申し上げようがない(=オ話ニナラナイ)。

と-かく〔副〕❶**あれこれと。何やかやと。**とやかく。例「―つくろひたてて」〈源氏・桐壺〉訳あれこれと手入れして整えて。❷どうしても。いずれにせよ。**とにかく。**例「一句おもしろければしばらく案じぬれど、―詮(せん)なかるべし」〈去来抄・先師評〉訳(この)一句(の素材)は面白いのでしばらく(うまく直せないかと)思案したけれど、どうしてもしょうがないだろう(=直シヨウガナカロウ)。❸ともすれば。ややもすれば。

と-かく・す〔連語〕《副詞「とかく」+サ変動詞「す」》❶ああしたり、こうしたりする。例「直垂(ひたたれ)のなくて―・せしほどに」〈徒然草・二一五〉訳(着て行く)直垂がなくてぐずぐずしているうちに。❷死者を葬る意の婉曲(えんきょく)表現。

とが・む【咎む】〔他マ下二〕{め・め・む・むる・むれ・めよ}❶あやまちや過失を取り上げて、責任を追及する。非難する。責める。例「聖(ひじり)の馬を堀へ落としてげり。聖いと腹悪(あ)しく―・めて」〈徒然草・一〇六〉訳(馬の口をひいていた男が)僧が乗っていた馬を堀へ落としてしまった。僧はひどく腹を立てて男を非難して。❷不審に思う。怪しがる。また、不審に思って問いただす。例「忍びて尋(た)ねおはしたるに、犬のことごとしく―・むれば」〈徒然草・一〇四〉訳(ある人が女の所へ)ひそかに訪ねていらっしゃったところ、犬がはなはだしく怪しがりほえたので。例「限りなき思ひのままに夜(よる)もこむ夢路をさへに人は―・めじ」〈古今・恋三・六五七〉訳あなたを思う限りない思いを案内の灯火として、せめて暗い夜でも行きましょう。夢路を通って行くことまでは、誰もとがめないでしょうから。

とがめ【咎め】〔名〕過ちや欠点を取り上げて責めること。非難。とがめだて。例「やがて月頃参り給はぬをも―なし」〈源氏・若菜・下〉訳そのまま数か月参上なさらないことについてもおとがめがない。

と-か-や〔連語〕《格助詞「と」+係助詞「か」+間投助詞「や」。伝聞したことを断定を避けていう意を表す》❶《文末に用いて》…とかいうことである。例「新院のおりゐさせ給ひての春、詠ませ給ひける**とかや**」〈徒然草・二七〉訳新院(=花園上皇)がご退位になられた春に、お詠みになったとかいうことである。

❷(文中に用いて)…とかいう所(人・物・事)。例「この程聞けば、有木(ありき)の別所**とかや**におはすなり」〈平家・二・大納言死去〉訳このほど聞くと、(新大納言成親(なりちか)卿(きょう)は)有木の別所とかいう所にいらっしゃるということです。

と-がり【鳥狩り】(名・自サ変)タカを使って鳥を捕らえること。鷹(たか)狩り。

とき【時】(名)❶(過ぎていく)時間。時の流れ。例「妹(いも)が見し屋前(やど)に花咲き―は経(へ)ぬ我が泣く涙いまだ干(ひ)なくに」〈万葉・三・四六九〉訳いとしい妻が(いつも)見ていた我が家の庭には(美しく)花が咲き、(妻の死後)早くも時が流れてしまった、私の悲しみの涙はまだ乾いてもいないのに。

❷(連体修飾語を受けて)ある行為が行われたり、ある状態になったりする時点。一つの時。例「剣(つるぎ)もちてその胸より刺し通し給ひし―」〈古事記・中・景行〉訳(倭建命(やまとたけるのみこと)が)その剣でもってその(=熊曽建(クマソタケル)ノ)胸を貫き通しなさった時に。

❸一定の基準によって定められた時間。時刻。要点参照。例「宵(よひ)うち過ぎて、子(ね)の―ばかりに」〈竹取・かぐや姫の昇天〉訳夜も更けて、午前零時頃に。

❹時期。時節。季節。例「おしなべて緑になりたる中に、―も分かず濃(こ)き紅葉のつやめきて」〈枕草子・花の木ならぬは〉訳あたり一面に新緑になってしまった中で、時節にもお構いなく濃い紅葉がつやつやとして。

❺時代。世。(「御」を付けて)天皇の御代(みよ)。治世。例「いづれの御―にか、女御(にょうご)・更衣(かうい)あまたさぶらひ給ひける中に」〈源氏・桐壺〉訳どの天皇の御代のことであったか、女御や更衣が大勢お仕えなさっていた中に。

❻盛んな時。栄えている時。また、都合のよい時期。よい機会。例「山城の久世(くせ)の社の草な手折(たを)りそわが―と立ち栄ゆとも草な手折りそ」〈万葉・七・一二八六〉訳山城(=京都府南部)の久世の社(=城陽市ニアル神社)の草を手で折らないでおくれ。(草が)自分達の全盛の時期と誇らしげに茂っていても、(どうか)手で折らないでおくれ。

❼その当時。例「これは貞数(さだかず)の親王(みこ)、―の人、中将の子となむいひける」〈伊勢・七九〉訳これは貞数親王(=清和天皇ノ皇子)のことで、その当時の人は、(この皇子を実は)中将(=在原業平(アリワラノナリヒラ)ノ)の子であると噂した。

❽わずかの時間。ちょっとの間。「―のま(間)」とも。

> 要点 **時をはかる二つの方法** 一定の基準に従って時をはかる方法には、平安時代以来、二つの方法があった。
>
> (1)**定時法** 一日を十二等分して、それぞれに十二支(=子(ネ)・丑(ウシ)・寅(トラ)・卯(ウ)・辰(タツ)・巳(ミ)・午(ウマ)・未(ヒツジ)・申(サル)・酉(トリ)・戌(イヌ)・亥(イ))を当てる。真夜中の午前零時前後の二時間が子(ね)の時で、以下順次二時間ずつを一時(いっとき)とする。
>
> (2)**不定時法** 昼と夜とをそれぞれ六等分する方法で、季節によって一つの時の長さに違いが生じる。名称は定時法と同じである。江戸時代にはこの方法が一般化し、日の出と日没を、それぞれ「明け六つ」「暮れ六つ」と呼ぶ。

時として ❶時には。たまには。

❷(打消しを伴って)一瞬も。例「心念々に動きて、―安からず」〈方丈記・世にしたがへば〉訳心が瞬間瞬間に動揺して、一時もおだやかでない。

時となく いつと時を決めないで。いつも。例「―雲居(くもゐ)雨降る筑波嶺(つくはね)を」〈万葉・九・一七五三長歌〉訳いつともなくいつも雲がかかって雨が降る筑波山(=茨城県西南部ニアル山)を。

時にとりて ❶場合によって。例「人、木石(ぼくせき)にあらねば、―物に感ずる事なきにあらず」〈徒然草・四一〉訳人間は、木や石ではないから、折にふれて感動することがないわけではない。

❷その時に当たって。

時の簡(ふだ) 清涼殿(せいりょうでん)の殿上の間(ま)の小庭に立てて、時刻を示す札。

時の間(ま) ほんのわずかの間。ちょっとの間。「ときのほど」とも。例「思へば、ただ―に隔たりぬべき世の中をあながちにならひ侍(はべ)りけるも、悔しきまでなむ」〈源氏・夕霧〉訳考えてみると、ほんのわずかの間に死に別れてしまうに違いない(この)世の中なのに思いのままに慣れ親しみましたことも、(今となっては)悔やまれる程です。

とき【斎】(名)❶(仏教語。食事をすべき「時」の意)僧が正午以前にする食事。僧の食事。⇩ひじ② 例「―・非時(ひじ)も」〈徒然草・六〇〉訳僧として決められた朝の食事も、そうでない午後の食事も。

❷法事などで檀家(だんか)が、僧に出す食事。また、寺で信徒などに出す食事。

とき【鬨・鯨波】(名)合戦の初めに、全軍が一斉に発する大声。開戦を告げ、将兵の士気を奮い立たせるために挙げる。ときの声。例「四、五十騎門の前に押し寄せて、―をどっとぞ作りける」〈平家・一二・土佐坊被斬〉訳四、五十騎が門前に押しかけてきて、ときの声を一斉にあげた。

とぎ【伽】(名)❶話の相手をして退屈を慰めること。また、その人。

❷寝所の相手をつとめること。

とき-じ【時じ】(形シク)(上代語)❶その時節でない。時期はずれである。例「我が宿の―・じき藤のめづらしく今も見てしか妹(いも)が笑(ゑ)まひを」〈万葉・八・一六二七〉訳我が家の庭先の時期はずれに咲いた藤の花のように新鮮な感じで今も見たいものだ、あなたの笑顔を。

❷時期に関係がない。いつもある。例「―・じくぞ雪は降りける」〈万葉・三・三一七長歌〉訳(富士山には)時期に関係なく雪が降り積もっているよ。

ときしり-がほ【時知り顔】(名・形動ナリ)時節を、よくわきまえているという顔つき。得意げな顔。

とき-つ-かぜ【時つ風・時津風】㊀(名)(「つ」は「の」の意)❶満潮の時に吹く風。例「―雲居(くもゐ)に吹くに沖見ればとゐ波立ち辺(へ)見れば白波さわく」〈万葉・二・二二〇長歌〉訳時つ風が大空に吹いて、沖を見るとざわめく波が立ち、岸べを見ると白波が激しく打ち寄せている。

❷時にかなって期待通りに吹く風。例「四海波静かにて、国も治まる―、枝を鳴らさぬ御代(みよ)なれや」〈謡曲・高砂〉訳四方(よも)の海の波も静かで、国もめでたく治まる時とて折よく吹く風は、枝を鳴らさない泰平の御代であるよ。

㊁(枕詞)「吹く」にかかる。例「―吹飯(ふけひ)の浜に出

(ぃ)で居つつ贖(かあ)ふ命は妹(もい)がためこそ」〈万葉・一三・三二〇一〉訳吹飯の浜に出て(みそぎをして)は、お供えをして神に(長かれと)祈る命は、いとしいあの娘のためなのだよ。

とき-と-して【時として】⇩「とき(時)」子項目

とき-と-なく【時となく】⇩「とき(時)」子項目

とき-な・し【時なし】〘連語〙時を定めない。いつもである。絶え間なく。例「――・くぞ雪は降りける」〈万葉・一・二五長歌〉訳絶え間なく雪は降っていた。

とき-の-ま【時の間】⇩「とき(時)」子項目

ときは【常磐・常盤】〔名・形動ナリ〕〘「常盤(とこいは)」の変化した形〙❶常に変わらぬ大岩のように、永久に変わらないこと。また、そのようす。とこしえ。例「皆人の命も我もみ吉野の滝の――の常ならぬかも」〈万葉・六・九二二〉訳すべての人の命も私の命も、吉野川の滝のあたりの大岩のように、永久不変であってくれないかなあ。

❷常緑樹の葉が、年中その色を変えないこと。また、そのようす。常緑。例「――・なる松の緑も春来れば今ひとしほの色増さりけり」〈古今・春上・二四〉訳いつも色が変わらないその松(の緑)までも、(新しい)春が来たので、今日は一段と色が濃くなったことだよ。

とき-めか・し【時めかし】〔形シク〕〘動詞「時めく」の形容詞化した形〙(権力を得て)栄えている。はぶりがいい。例「騒がしう――・しき所に」〈枕草子・すさまじきもの〉訳にぎやかに栄えている人の所に。

とき-めか・す【時めかす】〔他サ四〕〘「時めく」の他動詞形〙寵愛する。例「国王すぐれて――・し給ふこと並びなかりける程に」〈源氏・須磨〉訳国王(=桐壺帝)が(桐壺更衣を)大層ご寵愛なさることは他と比べようがなかったほどであるので。

とき-め・く【時めく】〔自カ四〕〘他動詞は「ときめかす」〙

基本的には、**時にあって栄える**、の意。そこから、**盛りになる**、**寵愛を受ける**、の意となる。現代語の、胸がどきどきするの意は、古語では**心ときめき(す)**が表す。

❶盛りの時期らしい様子を示す。盛りになる。例「なべての月には見えぬものの、師走(すしは)のつごもりのみ――・きて」〈枕草子・花の木ならぬは〉訳(年末の儀式に用いるユズリハは)普通の月には見えない物ではあるが、十二月の末だけは盛りの時期らしい様子を示して。

❷もてはやされる。寵愛を受ける。例「いとやむごとなき際(はき)にはあらぬが、すぐれて――・き給ふありけり」〈源氏・桐壺〉訳それほど高貴な身分というわけでもない人で、たいそう帝から寵愛を受けていらっしゃる方がいたのだった。

ど-きゃう【読経】〔名・自サ変〕声に出して経文を読むこと。例「――・しつる法師の布施(せふ)ども、まうけの物ども」〈源氏・若紫〉訳読経を勤めた法師への施し物や。

とき-よ【時世】〔名〕❶時世。時代。例「――へて久しくなりにければ、その人の名忘れにけり」〈伊勢・八二〉訳時代が経過して長いことたってしまったので、その人の名前を忘れてしまった。

❷その時の世の中の状態。時代の風潮。また、その時の世間の人々。例「人柄のいとよければ、――のおぼえ重くて物し給へど」〈源氏・須磨〉訳(頭中将は)人柄がたいそう立派であるので、当時の世間の人々からの声望が高くていらっしゃるが。

どきゃう【読経】〔名〕⇩どきゃう

ときわ【常盤・常磐】〔名・形動ナリ〕⇩ときは

と-きん【兜巾・頭巾】〔名〕〘「とうきん」の変化した形〙山伏などがかぶる布製の頭巾。

ときん

とく〔名〕■一■【徳】❶心が正しく、人の道にかなっていること。道徳。また、人に感化を及ぼす高い人格。人徳。例「人にいとはれず、万(ずよろ)許されけり。――の至れりけるにや」〈徒然草・六〇〉訳(盛親僧都は)人から嫌われないで、(勝手な行動を)すべて許されていた。人徳がすぐれていたからだろうか。

❷将来や来世のためにする善行。功徳。

❸(神仏・帝王などから与えられる)恵み。恩恵。また、(他人の)お蔭。例「今は、宮の御――に、いと睦(つむ)ましくやむごとなく思(ぼお)しなりにたり」〈源氏・若菜・上〉訳現在では、若宮のお蔭で、たいそう仲良く大切にお思いになるようになっていた。

❹(生まれつきの)優れた性質。能力。天性。例「よく味はひを調(のとと)へ知れる人、大きなる――とすべし」〈徒然草・一二二〉訳十分調理に通じている人は、すぐれた天性を持っているとしなければならない。

❺(人から受ける)良い評判。名望。

■二■【得・徳】❶財産。富。経済的な力。

❷富を得ること。有利になること。利益。もうけ。成功。例「毎年――を得て、人知らぬ金銀たまり」〈西鶴・日本永代蔵・三・二〉訳毎年利益を手にして、人にはわからぬほどお金がたまって。

と・く【解く】■一■〔自カ下二〕❶帯や紐が自然にゆるくなる。ほどける。例「赤紐(ひもあか)の――・けたるを」〈枕草子・宮の五節いださせ給ふに〉訳赤紐がほどけてしまったのを。

❷恨みや心のわだかまりがなくなる。晴れる。例「上はつれなくて、恨み――・けぬ御中(なかおん)なれば」〈源氏・藤裏葉〉訳(内大臣と夕霧とは)表面は何事もないようであるが、恨みが晴れない間柄であるので。

❸うちとける。くつろぐ。例「君は――・けても寝られ給はず」〈源氏・帚木〉訳光源氏はくつろいでやすむこともおできにならずに。

❹公職から離れる。解任になる。例「かの――・けたりし蔵人(うどくら)も、返りなりにけり」〈源氏・松風〉訳あの解任になっていた蔵人も、復職したのだった。

■二■〔他カ四〕❶帯や紐など結んであるものをゆるくする。ほどく。例「直衣(しなほ)、紐(もひ)――・かぬほどよ」〈源氏・常夏〉訳(暑いのに宮仕えの若い人達が)直衣の、紐をほどかないでいるなんて(まじめなことですよ)。

❷髪のほつれなどを櫛でなおす。とかす。例「――・き果てたれば、つやつやと清(うけ)らなり」〈源氏・手習〉訳すっかり(櫛で)とかしてしまったところ、髪はつやつやとして美しい。

❸結びつけてあるものを取りはずす。はずす。例「弓をばからと投げ捨て、箙(らえび)も――・いて捨ててんげり」〈平家・四・橋合戦〉訳弓をからりと投げ捨て、箙(=矢ヲ入レル背負イ具)もはずして捨ててしまった。

❹謎(なぞ)や問題の答えを出す。とく。例「近習(きんじゅ)の人ども、なぞなぞを作りて―・かれける所へ」〈徒然草・一〇三〉訳おつきの人達が、なぞなぞを作って解いておられた所へ。

と・く【説く】〔他カ四〕{か・き・く・く・け・け}道理や教えなどをわかるように説明する。教えさとす。例「正(さま)しく『称名(しょうみゃう)を追福(ついふく)に修(しゅ)して巨益(こやく)あるべし』と―・ける経文を見及ばねば」〈徒然草・二二二〉訳はっきりと『念仏を追善供養のために行って大きな御利益(ごりやく)が(きっと)あるはずだ』と説明している経文を見ていないので。

とく【疾く】〔副〕《形容詞「とし」の連用形から》早く。さっそく。急いで。例「―帰るべし」〈徒然草・一七〇〉訳早く帰るべきだ。例「―御覧じつけて」〈枕草子・うれしきもの〉訳さっそくお見つけになって。

と・ぐ【遂ぐ】〔他ガ下二〕{げ・げ・ぐ・ぐる・ぐれ・げよ}目的や願い事などを実現する。なしとげる。例「耳をふたぎて念仏して、つひに往生(わうじやう)を―・げけり」〈徒然草・四九〉訳(昔のある聖人は)耳をふさいで(雑念が起きないようにして)念仏し、とうとう往生(=極楽浄土ニ生マレルコト)をなしとげた。

とく-い【得意】〔名〕《「意を得る」の意》❶よく心を知っている知人。心の友。親友。例「入道はかの国の―にて、年頃あひ語らひ侍(はべ)りつれど」〈源氏・明石〉訳(明石の)入道はあの国(=播磨(ハリマ))での(私の)親友で、何年も親しくしておりましたが。❷ひいきにすること。また、その人。例「御―なり」〈枕草子・職の御曹司におはします頃、西の廂にて〉訳(聞いたところではその者は)ごひいきの者だそうですね。❸よく熟練して自信が持てること。すぐれていて自慢できること。また、そのもの。十八番。得手。❹常に商取引きのある相手。得意先。

どく-ぎん【独吟】〔名・他サ変〕❶詩歌を一人で(声に出して)うたうこと。例「平生の作文(さくもん)の席に連(つら)なり侍(はべ)りしと思(おぼ)し召し出(い)でて、―・せさせ給ひける」〈古今著聞集・哀傷〉訳(故人が)常日頃漢詩文を作る会に列席していたことを(藤原良経(よしつね)卿(きょう)は)お思い出しになって、(故人の家の前で漢詩を)ひとり声に出しておうたいなさった。❷(連歌・俳諧(はいかい)で)他の人と「付け合ひ」をせずに、一人で発句(ほっく)から挙(あ)げ句まで作ること。また、その作品。

とく-こ【独鈷】〔名〕《仏教語。「とこ」「どくこ」「どっこ」とも》仏具の名。「金剛杵(こんがうしょ)」のうち、両端が分かれずにとがっているもの。中央部分を握る。真言宗などの密教で、煩悩をくだく菩提(ぼだい)心の象徴として用いられる。

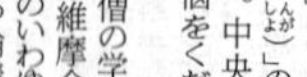
とくこ

とく-ごふ【得業】〔名〕《仏教語》僧の学問上の階級の名。奈良では、興福(こうふく)寺の維摩会(ゆいまえ)・法華会(ほっけえ)、薬師寺の最勝会(さいしょうえ)のいわゆる三会(さんえ)に参列し、教義についての問答や論議を修了した僧の位。延暦寺では、横川(よかわ)の四季講と定心房の三講を修了した者。

とくさ【木賊】〔名〕《「砥(と)(=磨ク)草」の意》❶草の名。シダの一種。茎は、かたくて縦に細いみぞがあり、乾燥させて、物を磨くのに用いる。❷《「とくさいろ」の略》襲(かさね)の色目の名。表は黒ずんだ青、裏は白。一説に、表は萌黄(もえぎ)、裏は白または表と同色とも。老人が着用する。

とく-しつ【得失】〔名〕《「とくしち」とも》❶得ることと失うこと。損得。利害。例「分別みだりに起こりて、―やむ時なし」〈徒然草・七五〉訳ああでもないこうでもないと思う気持ちがむやみやたらと起こって来て、損得を計算する心がなくなる時がない。❷成功と失敗。例「毎度ただ―なく、この一矢(ひとや)に定むべしと思へ」〈徒然草・九二〉訳(弓を射る時には)そのたびごとにただただ(矢の)当たり外(はず)れを考えることなく、この一本の矢で勝負しようと思いなさい。

とく-ど【得度】〔名・自サ変〕《仏教語。「度」を得るの意。「度」は生死の苦海を渡って悟りの境地に至ること》出家すること。また、出家して修行すること。

とく-とく【疾く疾く】〔副〕早く早く。さっさと。急いで。

とく-にん【徳人】〔名〕《「とくじん」とも》富裕な人。金持ち。例「―は貧になり、能ある人は無能になるべきなり」〈徒然草・九六〉訳金持ちは貧乏になり、能力のある人は無能にならなくてはならない。注驕(オゴ)リヲ捨テヨトイウコト。

とこ【床】〔名〕❶寝床。寝所。例「妹(いも)が寝(ぬ)る―のあたりに岩ぐくる水にもがもよ入りて寝まくも」〈万葉・一四・三五五四〉訳愛するあの娘(こ)が寝る寝床のあたりで、岩の間をくぐりぬけて行く水であったらな、(水のように)床に入って一緒に寝たいことだ。❷牛車(ぎっしゃ)の屋形(やかた)。車体。❸(「涼(すず)み床」の略)納涼のために川の上などに設けた桟敷(さじき)。

床離(はな)・る 夫婦が寝所を共にしなくなる。夫婦関係が絶える。例「年ごろ相馴(な)れたる妻(め)、やうやう―・れて、つひに尼になりて」〈伊勢・一六〉訳長年親しみあった妻が、だんだん寝床を共にしなくなって、とうとう尼になって。

と-こ【独鈷】〔名〕《「とくこ」の促音便「とっこ」の促音を表記しない語》⇩とくこ

とこ・し【常し】〔形シク〕《上代語》永久に変わらない。常である。例「いや―・しくにわれ帰り見む」〈万葉・七・一一三三〉訳いよいよいつまでも変わることなく、私は(この吉野の離宮を)やって来ては眺めよう。

とこし-なへ【常しなへ】〔形動ナリ〕永久に変わらないようす。「とこしへ」とも。例「心―・に安く楽し」〈徒然草・二一七〉訳心は永久に安らかで楽しい。要点上代語「とこし」から成立。主に平安時代の漢文訓読体や中世以後の和漢混交体に用いる。

と-こそ〔連語〕《格助詞「と」＋係助詞「こそ」》❶格助詞「と」を強めた言い方。…と。例「能ある人、かたち良き人も、常よりはをかしとこそ見ゆれ」〈徒然草・一五〉訳(旅先で見かける)芸を身につけている人や、容貌(ようぼう)の美しい人も、常日頃よりずっとすばらしいと思えるものである。❷《中世以降の用法》命令表現の文末に用いて、命令を強める。…しろよ。…しろというのだ。例「いかに、これなる強力(がうりき)、止まれとこそ」〈謡曲・安宅〉訳これ、そこの強力、止まれというのだ。

とこ-なめ【常滑】〔名〕川床の岩石に水苔(みずごけ)などが付いて、滑らかなこと。また、その岩石・場所。例「見れど飽か(あ)ぬ吉野の川の―の絶ゆることなくまた帰り見む」〈万葉・一・三七〉訳いつまで見ても見飽きない吉野の川の常滑のように絶えることなく(吉野の宮を)再び戻って来て見よう。参考例のように、歌では多く「―に」「―の」の形で、永久・永遠の意を表す「常(とこ)」にかけて用いられる。

とこ-は【常葉】〔名〕⇩ときは②

とこ-はな・る【床離る】⇩「とこ(床)」子項目

とこ-みや【常宮】〔名〕永遠に変わらずに栄えている宮殿。永久不変の宮殿。例「御食(けみ)向かふ城上(きのへ)の宮を――と定め給ひて」〈万葉・二・一九六長歌〉訳城上の宮を永久不変の宮殿とお定めになって。注「御食向かふ」ハ「城上」ノ枕詞。「常宮」ハ、コノ歌デハ陵墓ヲ指シテイル。

とこ-やみ【常闇】〔名〕永久に暗闇であること。永遠の暗闇。常夜(とこよ)。

とこ-よ【常世】〔名〕❶永遠に変わらないこと。永久不変。例「胡床居(あぐら)の神の御手(みて)もち弾く琴に舞する女(をみな)――にもがも」〈古事記・下・雄略〉訳一段高い席に座っておられる神の手で弾く琴(の調べ)に合わせて舞を舞う女よ。永遠に(美しく)あってほしい。
❷(「常世の国」の略)海のはるかかなたにあると古代人が想像した、不老不死の理想の楽園。例「泣く泣くも帰りにしかなかりの世はいづくもつひの――ならぬに」〈源氏・幻〉訳雁が鳴きながら(故郷の)常世の国へ帰るように、(私も)泣きながら帰ってしまったことだ。(この)仮の世は、どこ(に行っ)ても永遠の常世の国ではないのに。
常世の国(くに) はるか海上にあるという、不老不死の仙郷。

とこ-よ【常夜】〔名〕永久に夜ばかり続くこと。「とこやみ」とも。例「葦原(あしはら)の中つ国ことごとに暗し。これによりて――往(ゆ)きき」〈古事記・上・天照大神と須佐之男命〉訳葦原の中つ国(=日本)も残るところなくまっ暗である。このためにいつまでも夜ばかりが続いた。

とこよ-の-くに【常世の国】⇩「とこよ(常世)」子項目

ところ

【所・処】■〔名〕❶場所。地点。また、ある部分。例「いかなる――にか、この木はさぶらひけむ」〈竹取・蓬莱の玉の枝〉訳どんな場所に、この木はあったのでしょうか。
❷その土地。在所。また、住んでいる家。住所。例「けふある人、――に似たる歌よめり」〈土佐・二月九日〉訳今日居合わせた人が、その土地にふさわしい和歌を詠んだ。
❸地位。官位。例「京にてこそ――得ぬやうなりけれ」〈源氏・若紫〉訳(明石の入道は)京都ではたいした地位を得られなかった(=不遇ダッタ)ようだが。
❹役所名、特に、蔵人所(くらうどどころ)・武者所(むしゃどころ)の略称。例「御仏名(ぶつみやう)などの御装束(さうぞく)の――の衆」〈枕草子・えせ者の所得るをり〉訳お仏名会(=諸仏ノ名号ヲ唱エル法会(ホウエ))などの(式場の)飾りつけをする蔵人所の職員。
❺(形式名詞的用法。連体修飾語をうける)ⓐ事・点・時・場合などの意を表す。例「民間の愁ふる――を知らざっしかば」〈平家・一・祇園精舎〉訳世間の人達が悲しむことを知ら(=気付カ)なかったので。
ⓑ「――の」の形で下の体言へ接続する。漢文訓読の「所」…」から生じた用法。例「殺す――の鳥を首に掛けさせて」〈徒然草・一六二〉訳(法師が)殺した鳥を首に掛けさせて。
■〔接尾〕(婉曲(えんきょく)にいう用法)貴人を数える時に用いる。…方。…人。例「女御子(をんなみこ)達二(ふた)――、この御腹におはしませど」〈源氏・桐壺〉訳皇女達がお二方(ふたかた)、この(女御(にょうご)の)お産みになった子でいらっしゃるが。

ところ-あらはし【所顕し】〔名〕(男が、その通う女の家を公表する意)平安時代、結婚を披露(ひろう)する宴。新婦の家で行い、その両親・親戚などが、婿(むこ)や従者を接待した。

ところ-う【所得】〔他ア下二〕{え・え・う・うる・うれ・えよ}よい場所を占める。よい地位を手に入れて、得意になる。例「京にてこそ――えぬやうなりけれ」〈源氏・若紫〉訳(明石の入道は)京都ではたいした地位を得られなかったが。

ところえ-がほ【所得顔】〔名・形動ナリ〕よい場所や地位を得て満足している顔つき・様子。得意顔。例「狐(きつね)・ふくろふやうの物も、人気(ひとげ)にせかれねば、――に入り住み」〈徒然草・二三五〉訳(持ち主のいない家には)狐やフクロウのようなものも、人の気配にさまたげられないので、得意顔で入り込んで住み。

ところ-お・く【所置く】〔自カ四〕{か・き・く・く・け・け}相手との間に距離を置く。遠慮する。

ところ-から【所柄】〔名〕その場所の性質。場所柄。例「御供なる好き者ども、――さへ身にしみて思へり」〈源氏・賢木〉訳お供の風流者は、(嵯峨野(さがの)という)場所柄までも身にしみてすばらしいと思っていた。

ところ-せ・し

【所狭し】〔形ク〕(「狭(せ)し」はせまい意)

> 場所が狭い、の意。精神的なものであれば、不自由で窮屈だ、気づまりである、の意となり、存在が大きくて場所が狭く感じられるようなものであれば、重々しい、の意となる。

❶(空間的に)狭くて窮屈だ。物がいっぱいで入る余地がない。例「雪もいと――きに、よろしき人だに見えずなりにたるを」〈源氏・椎本〉訳雪も道いっぱいに積もっているので、ふつうの人さえ訪れて来なくなってしまっているのに。
❷(精神的に)不自由で窮屈だ。気づまりである。例「――き身の程を」〈源氏・浮舟〉訳(薫の君は自由に出歩けない)窮屈な身分で。
❸うっとうしい。面倒だ。例「雨降り出(い)でて――くもあるに」〈源氏・末摘花〉訳雨が降り出して(出かけるのが)面倒でもあるから。
❹(存在が大きく、場所が狭く感じられる意)重々しい。堂々としている。また、仰々(ぎやうぎやう)しい。

ところ-たがへ【所違へ】〔名〕行き先など、場所を間違えること。

ところ-どころ【所所】〔名〕❶いくつかの場所。あちこち。別々の所。諸所。例「――で討(う)たれんよりも、一所(ひとところ)でこそ討ち死にをもせめ」〈平家・九・木曽最期〉訳別々の場所で討ち取られるよりも、同じ場所で(一緒に)討ち死にをしよう。
❷(複数の貴人を婉曲(えんきょく)に指して)人々。かたがた。例「うち忍びて通ひ給ふ――は」〈源氏・葵〉訳(光源氏が)こっそりと通っていらっしゃる女性達(の中には)。

土佐(とさ)【旧国名】南海道六か国の一つ。現在の高知県。平安前期に紀貫之(きのつらゆき)が国司として赴任、帰路の船旅を『土佐日記』に書いた。都から遠く隔絶した地として、流刑地に選ばれることも多かった。土州(どしゅう)。

ど-ざ【土座】〔名〕土間。例「湯に入りて宿を借るに、――に莚(むしろ)を敷きて、あやしき貧家なり」〈奥の細道・飯坂〉訳温泉に入って宿を借りるのだが、(そこは)土間に莚を敷いてあって、ひどいあばらやである。

と-ざし【鎖し】〔名〕(動詞「とざす」の連用形の名詞化。「戸閉(とざ)し」の意)❶門や戸を閉め切ること。また、閉め切るための、錠・掛け金(がね)。例「夢ばかり見てしばかりに惑ひつつあくるぞ遅き天(あま)の——は」〈蜻蛉・下・天禄三年〉訳夢のようにちらっと見ただけで心が迷い続けて、天の鎖しがあけるのは本当に遅く感じられることだ。注「天のとざし」ハ、物忌(ものいみ)ノコト。ココデハ、ソレガ開ケルノト、夜ガ明ケルノトヲ掛ケテ言ッテイル。❷(転じて)門。関。例「門をば不老と号して、老いせぬ——と説きたれども」〈平家・二・先帝身投〉訳(宮殿の)門を不老門と名づけて、老いを防ぐ関だと説明したが。

土佐日記(とさにっき)《書名》平安中期の紀行日記。紀貫之著。成立は九三五年(承平五)頃。国司の任を終えた作者が、九三四年(承平四)十二月土佐(=高知県)の官舎を出て、翌年二月に都の自邸へ帰り着くまでの旅を、和歌まじりにつづった旅日記。自身を女性に仮託して、仮名日記の最初の作品として文学史上に大きな位置を占める。簡潔平明な文章で、随所にユーモアや諧謔(かいぎゃく)を交えつつ、船旅での恐怖・道中の風景・帰京の喜びなどをつづるが、任地で失った娘への追慕の情がその底を流れている。

冒頭「男もすなる日記(にき)といふものを、女もしてみむとてするなり。それの年の十二月(しはす)の二十日余り一日(ひとひ)の日の戌(いぬ)の時に門出す。その由、いささかに物に書きつく」訳男も書くという日記というものを、女(の自分)も書いてみようと思って書くのである。某年の十二月二十一日の日の午後八時頃に出発する。その(旅の)様子を、少々ものに書きつける。注「すなる」ノ「なる」ハ、伝聞ノ助動詞「なり」ノ連体形、「するなり」ノ「なり」ハ、断定ノ助動詞「なり」ノ終止形。⇩紀貫之(きのつらゆき)

と-ざま【外様・外方】〔名〕❶ほかの方。よその方。また、そとの方。例「……と責められて、少し——に向きて」〈源氏・夢浮橋〉訳……と(浮舟(うきふね)は尼君から)とがめられて、少しよその方を向いて。❷おおやけ。表立った場所。人前。世間。❸鎌倉幕府以降、将軍の一族や譜代(ふだい)ではない臣下。

とざま-かうざま(コウザマ)〔連語〕(「とさまかくさま」とも)あれやこれや。ああしたりこうしたり。例「——に試み聞こゆるほど」〈源氏・若紫〉訳あれやこれやとおためし申し上げているうちに。

とし【年・歳】〔名〕❶一年。十二か月。❷長い年月。多年。例「浦に——経(ふ)るさまなど問はせ給ふに」〈源氏・須磨〉訳海辺で長年暮らしている様子などを(漁師に)お問わせになると。❸年齢。例「この秋は何で——よる雲に鳥」〈芭蕉〉訳(旅先で何度ももの寂しい秋にめぐりあってきたのに)今年の秋は、ことに年取って滅入(めい)るようなもの寂しい思いがするのはどうしたことであろうか。空を仰ぐと、晩秋の雲の中に、遠く飛び去って行く鳥の姿が見える(その消え入るような孤独な姿に、底知れぬ旅の愁いが感じられることだ)。❹季節。時節。❺(古代、稲作によって、年の区切りを考えたことから)穀物。特に、稲。また、稲が実ること。例「わが欲(ほ)りし雨は降り来(き)ぬかくしあらば言挙(ことあ)げせずとも——は栄えむ」〈万葉・一八・四一二四〉訳私が望んでいた雨は降って来た。この調子でいけば、言挙げ(=願イゴトヲ言葉ニ出シテ祈ルコト)をしなくても、きっと稲は豊作だろう。

年返(かへ)・る(カエル) 一年がめぐって、また新しい年となる。年が変わる。「年あらたまる」とも。例「あらたまの——・るまで相見ねば心もしのに思ほゆるかも」〈万葉・一七・三九七九〉訳年が変わるまで(長い間)、互いに逢(あ)うことがないのでしみじみ(妻のことが)思われることだなあ。

年長(た)・く 年をとる。いい年になる。例「——・けてまた越ゆべしと思ひきや命なりけり小夜(さや)の中山」〈新古今・羇旅・九八七〉訳年老いてから再び越えるだろうと一体思ったことだろうか。(再び越えられるのも)命あればこそなのだ、小夜の中山よ。

年の端(は) 毎年。年ごと。例「——に梅は咲けどもうつせみの世の人我し春なかりけり」〈万葉・一〇・一八五七〉訳年ごとに梅の花は咲くけれども、この世の人である私には春がめぐって来ないことだなあ。注「うつせみの」ハ「世」ニカカル枕詞。「我し」ノ「し」ハ強意ノ副助詞。

年・経(ふ) 長い年月が経過する。何年もたつ。また、年齢を重ねる。例「——・ふれば齢(よはひ)は老(お)いぬしかはあれど花をし見れば物思ひもなし」〈古今・春上・五二〉訳長い年月が経ったので(私も)年老いてしまいました、そうではありますが、このすばらしい桜の花を拝見したので(あなたの立派なお姿を拝見したので)もう思いわずらうこともありませんよ。

と・し〔形ク〕**一【利し・鋭し】**よく切れる。するどい。対にぶし 例「剣刀(つるぎたち)諸刃(もろは)の——・きに足踏みて死なば死ぬとも君によりなむ」〈万葉・一一・二四九八〉訳両刃(もろは)の大刀でよく切れるのを足で踏んで死ぬように、たとえ死のうともあなたに寄り添いたいものです。**二【疾し】**❶勢いが激しい。また、速度が速い。例「ぬばたまの夜(よる)さり来れば巻向(まきむく)の川音(かはと)高しも嵐(あらし)かも——・き」〈万葉・七・一一〇一〉訳夜がやって来ると巻向川の川音が高い。嵐が激しいのだろうか。❷時期が早い。例「春や——・き花や遅きと聞き分かむ鶯(うぐひす)だにも鳴かずもあるかな」〈古今・春上・一〇〉訳春の来るのが早いのか、(それとも、梅の)花の咲くのが遅れているのかと、(鶯に)聞いて確かめたい(のだけれど、その)鶯さえも鳴いてくれないのだなあ。**三【敏し・聡し】**❶動作がすばやい。敏速である。例「——・き時は則(すなは)ち功あり」〈徒然草・一八八〉訳(実行の)すばやい時は成功する。❷感覚が鋭敏である。また、理解が早い。例「大蔵卿(おほくらきやう)ばかり耳——・き人はなし」〈枕草子・大蔵卿ばかり耳とき人はなし〉訳大蔵卿(=藤原正光)ほど耳の早い人はいない。

> 要点 和語の「とし」に対して、漢文訓読では「するどなり」を用いたが、近世に「すすどし」と混同して、「するどし」という形容詞ができ、現代語の「するどい」になる。三②は、「心——」「耳——」「口——」「舌どし」などの複合形容詞を作って用いる。

と-じ【刀自】〔名〕❶(「とうじ」とも)家事を主としてとり行

う婦人。主婦。例「我が子の——をぬばたまの夜昼といはず思ふにし我が身は痩（ゃ）せぬ」〈万葉・四・七二三長歌〉訳私の娘で（留守居の）主婦であるお前のことを、夜となく昼となく思うにつけて、私の身は痩せてしまった。❷女性に対する敬称。特に、老女や身分の高い婦人に用いることが多い。例「吹茨（ふふきの）——の作る歌」〈万葉・一・二三題詞〉訳吹茨（＝人名）刀自が作った歌。❸平安時代、宮中の「御厨子所」「台盤所」などで、調理に関する雑用をつとめた下級の女官。例「台盤所の——といふ者のもとなりけるを」〈枕草子・円融院の御はての年〉訳（使いの子供は）台盤所の刀自という役の者の召使いだったのだが。

とし-かへ・る【年返る】⇩「とし（年）」子項目

と-じき【屯食】〔名〕⇩とんじき

と-じきみ【戸閾】〔名〕❶門や部屋の障子・戸などの下に、仕切りとして敷き渡した横木。敷居。単に「閾（しきみ）」とも。例「車清げにしたてて見に行く。中御門（なかのみかど）の——引き過ぐる程」〈枕草子・正月一日は〉訳牛車をきれいにしたてて（宮中に白馬節会を）見に行く。中御門（＝待賢門）の敷居を行き過ぎる頃。❷（「軾」とも書く）牛車の前後の出入り口に敷き渡した、低い仕切りの横木。

としごひ-の-まつり【祈年祭】〔名〕毎年春、農耕の初めにその年の豊作を神に祈る祭。古くから民間で行われていたが、国家的行事としては、陰暦二月四日、中央では神祇官、地方では国司の庁で行われた。「きねんさい」とも。

とし-ごろ【年頃】〔名〕《古くは「としころ」とも》

「ころ（頃）」は、長い一定の時間を表す。**としごろは長年の間**、の意。これを副詞的に用いて、**何年も前から**、の意となる。

❶これまで何年かの間。長年の間。例「——訪れざりける人の、桜の盛りに見に来たりければ」〈伊勢・一七〉訳何年も前から訪れなかった人が、桜の満開の時に見に来たので。❷年齢の程度。年配。年かっこう。特に[illegible]。

とし-た・く【年長く】⇩「とし（年）」子項目

とし-つき【年月】〔名〕❶年月。歳月。❷長い年月。多年。長年月。例「見奉（みまつ）りていまだ時だに変はらねば——のごと思ほゆる君」〈万葉・四・五七九〉訳お逢いし申し上げてからまださほど時が過ぎていないのに、長い年月（を経たか）のように思われるあなたです。❸（副詞的に用いて）何年も前から。数年来。年頃。例「をさをさ睦（む）びも見侍（はべ）らずして、——侍りつるを」〈源氏・行幸〉訳（私、光源氏は）ほとんど親身にも（玉鬘の）お世話をしないで、何年も過ごしてしまいましたが。

とし-なみ【年並み・年次】〔名〕❶毎年。年ごと。❷年数。年齢。歌では多く「波」にかけて用いる。また、年寄ることを波が寄せるのにたとえていうこともある。

とし-の-は【年の端】⇩「とし（年）」子項目

とし-より【年寄り】〔名〕❶年をとった者。老人。年輩者。例「鎌倉の——の申し侍りしは、『この魚（うを）おのれら若かりし世までは、はかばかしき人の前へ出（い）づること侍らざりき』」〈徒然草・一一九〉訳鎌倉の老人の申しますことには、「この魚（＝鰹（カツオ））は自分達が若かった年代までは、相当な身分の人の食膳に出すことはありませんでした」。❷武家社会で、政務をあずかる重臣。室町幕府では評定衆・引き付け衆を、江戸幕府では老中、また各藩では家老をいう。また、江戸時代、大奥の女中頭をいうこともある。❸江戸時代、町や村で、運営者として公用・雑事を担当した者。庄屋・組頭などと並ぶ役職。

と-せい【渡世】〔名〕暮らしを立てること。世渡り。生業。例「今は銀（かね）が銀をまうくる時節なれば、なかなか油断して——はなりがたし」〈西鶴・日本永代蔵・五・四〉訳今は金が金をもうける時節（＝資本ガナイト金モウケガ出来ナイ時代）だから、けっして油断して暮らしていてはいけない。

と-そ【屠蘇】〔名〕《「とうそ」とも》元旦に、酒に浸して飲む薬。もと、中国から伝わったもので、肉桂・山椒・白朮・桔梗・防風・赤小豆などを調合し、紅絹の三角形の袋に入れ、酒や味醂に浸す。一年の邪気を払い、長寿を得るという。

と-ぞ〔連語〕《格助詞「と」＋係助詞「ぞ」》❶（文中に用いて）格助詞「と」を強めた言い方。…と。例「忘れては夢か**とぞ**思ふおもひきや雪ふみわけて君を見むとは」〈伊勢・八三〉訳（今のお姿を拝見していると）ふと現実を忘れて、夢を見ているのではないかという気がします。深い雪を踏み分けて、このような所でわが君にお会いしようとは、思ってもみませんでした。❷（文末に用いて）伝聞、あるいは不確かな断定の意を表す。…ということだ。…とさ。例「天下を保つほどの人を、子にて持たれける、まことに、ただ人にはあらざりける**とぞ**」〈徒然草・一八四〉訳天下を治めるほどの人（＝北条時頼）を、子としてお持ちになった（松下禅尼は）、本当に、並々の人ではなかったということだ。

要点 ②の用法は、「言ふ」などが省略された形で、説話や物語などの最後の部分に用いられることが多い。同じような言い方に、「となむ」「とかや」などがある。

と-だえ【跡絶え】〔名・自サ変〕《動詞「とだゆ」の連用形の名詞化》とだえること。とぎれること。例「春の夜の夢の浮き橋——して嶺（みね）に別るる横雲の空」〈新古今・春上・三八〉訳春の夜の短くてはかない夢がとぎれて、（目を覚ましてふと見ると）山の峰から横にたなびいている雲が今しも別れ行く、曙の空であったよ。

と-だ・ゆ【跡絶ゆ】〔自ヤ下二〕｛え・え・ゆ・ゆる・ゆれ・えよ｝（訪問・音信などが）とだえる。行き来がなくなる。例「久しく——え給はむことは、いと物恐ろしかるべく覚え給へば」〈源氏・宿木〉訳（夫の匂宮の訪れが）長らくとだえておしまいになることは、とても恐ろしくお感じになるので。

どち ■一〔名〕（上に修飾語を伴って）…である仲間。…する者どうし。例「見渡せば松の末（うれ）ごとに住む鶴は千代の——とぞ思ふべらなる」〈土佐・一月九日〉訳（松原を）見渡すと松の梢ごとに住んでいる鶴は、（松を）永遠の友達だと思っているようだ。■二〔接尾〕…仲間、…どうし、の意を添える。例「女——も、契り深くて語らふ人の、末まで仲よき人難（かた）し」〈枕草子・ありがたきもの〉訳女どうしでも、固い約束をしてつき合っている人で、最後まで仲のよい人はめったにいない。

とぢ・む【閉ぢむ】〔他マ下二〕｛め・め・む・むる・むれ・めよ｝《「閉づ」をマ行に再活用させた語》❶閉じた状態にする。終わりにする。済ます。例「よき程にてかくて――・めてむ」〈源氏・空蟬〉訳ちょうどよいところでこのような関係で終わりにしてしまおう。注光源氏ニ対スル空蟬ノ思イ。❷《「死ぬ」の婉曲表現》命を終える。例「重き病者(びやうざ)の、にはかに――・めつるさまなりつるを」〈源氏・若菜・下〉訳重病であった病人が、急に息を引き取ってしまったようでしたが。

とぢめ【閉ぢめ】〔名〕《動詞「閉ぢむ」の連用形の名詞化》❶物事の終わり。最後。例「院の御事、この度こそ――なれ」〈源氏・若菜・上〉訳朱雀院の催し事は、今度が最後である。❷命の終わり。最期。臨終。例「今はの――になり給ひて」〈源氏・橋姫〉訳(柏木が)今はこれまでという臨終におなりになり。

と・づ【閉づ】｛ぢ・ぢ・づ・づる・づれ・ぢよ｝**一**〔自ダ上二〕❶人の行き来などがさえぎられる。とじられる。とじこもる。例「すべて道――・ぢて、政事(まつりごと)も絶えてなむ侍(はべ)る」〈源氏・明石〉訳(雨風が激しくて)すべての道が閉鎖されて、政治のこともとだえてございます。❷水などが動きをとめて氷やつららになる。張る。結ぶ。例「池にはつらら――・ぢ重ねて」〈平家・三・城南之離宮〉訳池には氷が張り重なって(群れていた水鳥も見えなかった)。注「つらら」ハ、氷ノ意。

二〔他ダ上二〕❶開いているものをしめる。とじる。例「四方の関々皆――・ぢたれば」〈平家・八・法住寺合戦〉訳都の四方の関所関所を皆閉じているので。❷門や戸をしめて、出られないようにする。とじこめる。例「らうたげならむ人の――・ぢられたらむこそ」〈源氏・帚木〉訳かわいらしい人が(荒れ果てた家に)とじこめられているのこそ。❸自由な行動や流動をおさえる。とざす。ふさぐ。

とつか-の-つるぎ【十拳の剣・十握の剣】〔連語〕《「つか」は親指を除く四本の指で握った長さ。「とつかつるぎ」とも》刀身の長さが十握りの剣。かなり長い剣である。例「その御佩(は)かせる――を抜きて、その蛇(をろち)を切り散(ふは)り給ひしかば」〈古事記・上・天照大神と須佐之男命〉訳その腰におつけになっている十拳の剣を抜いて、その大蛇をずたずたにお切りになったところ。

と-つ-くに【外つ国】〔名〕《「つ」は「の」の意》❶畿内(=京都府・大阪府・奈良県ト兵庫県ノ一部)以外の諸国。畿外。「外国(げこく)」とも。❷日本以外の国。外国。異国。

とっ-こ【独鈷】〔名〕《「どっこ」とも》⇨とくこ

と-つ-みや【外つ宮】〔名〕《「つ」は「の」の意》❶離宮。また、離宮のある所。❷伊勢神宮の外宮。豊受大神宮。

とて〔格助〕《格助詞「と」に接続助詞「て」が付いて一語化したもの》接続 格助詞「と」に同じ。❶【引用】「…と言って」「…と思って」などの意で、引用を示す。例「『何事ぞや。童(わらは)べと腹立ち給へるか』とて、尼君の見あげたるに」〈源氏・若紫〉訳「何事ですか。子供達とけんかでもなさったのですか」と言って、(少女=若紫を)尼君が見上げた(顔だちに)。❷【原因・理由】《原因・理由を表す》…からといって。…からということで。例「春ごとに咲くとて、桜をよろしう思ふ人やはある」〈枕草子・節は五月に〉訳毎年春ごとに咲くからといって、桜をいいかげんに考える人などいるだろうか、いはしない。例「勢ひありとて頼むべからず」〈徒然草・二一一〉訳権力があるからといってそれを頼りにできない(強力な者がまず滅びる)。❸【目的】《意図・目的を示す》…として。例「鳥(からす)の寝どころへ行くとて、三つ四つ、二つ三つなど飛び急ぐさへ、あはれなり」〈枕草子・春はあけぼの〉訳鳥がねぐらに帰ろうとして、三羽四羽、二羽三羽など(思い思いに帰りを)急いで飛んでいる姿までも、しみじみとした感じがする。❹【地位・名称】《人名などを受けて》《地位・身分・境遇などを示す》…といって。…として。例「真乗院に、盛親僧都(じやうしんそうづ)とて、やむごとなき智者(ちしや)ありけり」〈徒然草・六〇〉訳真乗院に、盛親僧都といって、並々でない知識の深い高僧がおられた。❺《前後の事柄を、逆接仮定条件のような関係で続ける》たとえ…としても。…からといって。例「我亡(な)くなりぬとて、口惜(くち)しう思ひくづほるな」〈源氏・桐壺〉訳私(=桐壺更衣ノ父)が死んでしまったとしても、(娘の宮仕えの志が)情けなくもくじけるようであってはならない。

要点「とて」で表現される関係は、接続助詞に近い性質がある。⑤はその傾向が最も強いもので、これだけを接続助詞とする考え方もある。②や③にしても、かなり接続助詞的な関係を表している。これは、「とて」の中に「て」が含まれていることによる。

とて-も〔連語〕《格助詞「とて」+係助詞「も」》❶「とて」を強めた言い方。…と言って(も)。…として(も)。例「『げにこそ心細き夕べに侍(はべ)れ』とても、泣き給ひぬ」〈源氏・葵〉訳「なるほど本当に心細い夕暮れでございます」と言って、(葵の上の父の左大臣は)お泣きになった。❷《接続助詞的な用法》逆接の仮定条件を表す。…としても。…ても。例「思(おぼ)す人ありとても、それをばさるものにて、御文(ふみ)など奉り給へ」〈落窪・二〉訳思いをかけておられる人がいらっしゃっても、それはそれとして、(この方にも)お手紙などを差し上げなさってください。

とても-かくても〔連語〕《「と」「かく」は指示の副詞。「て」は接続助詞。「も」は係助詞》どのようにしても。どっちみち。結局。例「おのれは――経(へ)なむ」〈大和・一四八〉訳私はどのようにしてでも(なんとか)暮らしていけよう。

とと【父】〔名〕❶《小児語》ちち。とうちゃん。例「もとの――様恋しやと泣け泣け」〈西鶴・世間胸算用・五・三〉訳前のお父様(=死ンダ実ノ父)が恋しいといって泣け泣け。❷(転じて)夫。主人。亭主。

> 要点「とと」と「ちち」と「てて」 平安時代、「ちち」に対する小児語・女性語として「てて」があった。ところが、江戸時代では、「てて」は「ちち」の意の俗語となり、幼児語として「とと」ができた。対義語に「かか」がある。

ど-ど【度度】〔副〕たびたび。例「――の高名(かうみやう)、肩を並ぶる者なし」〈平家・九・木曽最期〉訳(女性の巴(ともえ)の)

たびたびの（戦場での）手柄には、かなう者がない。

とどこほり【滞り】〔名〕《動詞「とどこほる」の連用形の名詞化》進行や流れをさまたげること。さしさわり。支障。例「太政大臣にあがり給はんに何の――かおはせんなれども」〈徒然草・八三〉訳 太政大臣に昇進なさるのに何の支障もおありにならないことなのだが。

とどこほ・る【滞る】〔自ラ四〕〔ら・り・る・る・れ・れ〕❶つかえてうまく進まない。停滞する。例「たけき河のみなぎり流るるがごとし。しばしも――・らず」〈徒然草・一五五〉訳 激しい河が満ちあふれて流れるようなものだ。少しの間もとどこおらず。❷ためらう。躊躇する。例「いと心幼く――・る所なかりける軽々（かろがろ）しさ」〈源氏・蜻蛉〉訳 大層考えが幼稚で躊躇するという所がない軽々しさ。

ととの・ふ【調ふ・整ふ・斉ふ】〓〔自ハ四〕〔は・ひ・ふ・ふ・へ・へ〕❶きちんとそろう。よくまとまる。整う。例「人柄もあるべき限り――・ひて」〈源氏・紅葉賀〉訳（頭中将は君達として）人柄も備わるべき条件がすべてそろっていて。❷音程・調子が合う。例「いと賢く――・ひてこそ侍りつれ」〈源氏・若菜・下〉訳（今宵の紫の上の演奏は）大層立派に調子が合っておりました。〓〔他ハ下二〕〔へ・へ・ふ・ふる・ふれ・へよ〕❶きちんとそろえる。整える。例「殿に茅（かや）ふきてその軒をだに――・へず」〈方丈記・都遷り〉訳 宮殿（の屋根）を茅でふいてその軒先をきちんと切りそろえず。❷音楽の調子を合わせる。例「よろづの物の音（ね）――・へられたるは、妙（たへ）におもしろく、あやしきまで響く」〈源氏・若菜・上〉訳 他のすべての楽器の音色が一つに合わせられて響くのは、見事で趣があり、不思議なほどに響いている。❸縁組をまとめる。結婚させる。

ととのほ・る【調ほる・整ほる・斉ほる】〔自ラ四〕〔ら・り・る・る・れ・れ〕《「ととのふ」（他ハ下二）の自動詞形》❶きちんとそろう。完全に備わる。調子が合う。例「すべて何も皆、ことの――・りたるは、あしき事なり」〈徒然草・八二〉訳 およそ何事も皆、ことが完全に備わっているのは、悪いことである。❷乱れずに正しい状態になる。安定する。例「近年朝廷静かならずして、人の心も――・らず」〈平家・三・法印問答〉訳 近年は朝廷が平穏でなく、人の心も安定していない。

とどま・る【留まる・止まる・停まる】〔自ラ四〕〔ら・り・る・る・れ・れ〕《「とどむ」の自動詞形》❶動かずに同じ場所にいる。とどまる。また、後に残る。残存する。例「山吹は、いたはりあって都に――・りぬ」〈平家・九・木曽最期〉訳 山吹（＝人名）は、病むところがあって（そのまま）都を動かずにいた。❷動きがとまる。停止する。例「その来たること速やかにして、念々の間に――・らず」〈徒然草・一五五〉訳 それら（＝老イト死）が来ることは急速であり、どの瞬間も停止することがない。❸滞在する。宿泊する。例「詣（まう）でて帰りける道に、宇治院といふ所に、――・りて侍（はべ）りけるに」〈源氏・夢浮橋〉訳（初瀬に）参詣して帰る途中に、宇治院という所に、宿泊しておりました時に。❹途中でとりやめになる。中止になる。❺（心や耳に）残る。興味や関心が持たれる。例「ある聖（ひじり）の申し事、耳に――・りて、いみじく覚えける」〈徒然草・一二〉訳 ある高僧の言ったことが耳に残って、結構なことだと思われました。

とど・む【止む・留む・停む】〓〔他マ上二〕〔み・み・む・むる・むれ・みよ〕《連用形の用例だけである》とどめる。とめる。例「行く船を振り――・みかねいかばかり恋ほしくありけむ松浦佐用比売（まつらさよひめ）」〈万葉・五・八七五〉訳（夫が乗って）去り行く船を、領巾（＝白イ布）を振ってとどめようとしてもとどめられず、どれほど恋しく思ったことだろう、松浦小夜姫は。〓〔他マ下二〕〔め・め・む・むる・むれ・めよ〕❶動きをやめさせる。制止する。とめる。例「よき男の車――・めて、案内し、問はせたる」〈枕草子・心ときめきするもの〉訳 高貴な男性が牛車を（家の前に）とめて、（従者に）取り次ぎを乞わせ、何か尋ねさせているの（も、胸がときめく）。❷とりやめる。中止する。❸あとに残す。例「御子（みこ）をば――・め奉りて、忍びてぞ出（い）で給ふ」〈源氏・桐壺〉訳（桐壺更衣は）御子を宮中にお残しして、人目を避けて退出なさる。❹（「目」「耳」「心」に）とどめる。注意を集中する。気をつける。例「心――・めて書くまびろけ姿も、をかしう見ゆ」〈枕草子・すきずきしくて〉訳 心を集中して（手紙を）書くくつろいだ姿も、風流に感じられる。

とどろ【轟】〔副〕とどろきわたる音の形容。どうどう。どんどん。ごろごろ。例「大海（おほうみ）の磯（いそ）も――に寄する波割れて砕けて裂けて散るかも」〈金槐集・雑〉訳 大海原の磯辺もどうどうとどろくばかりに寄せる波が、（岩にあたって）割れて砕けて裂けてしぶきとなって散るよ。注「かも」ハ上代語。『万葉集』ヲ理想トシタ源実朝ガ、意識的ニ用イタ。

とどろ・く【轟く】〔自カ四〕〔か・き・く・く・け・け〕❶大きな音が鳴り響く。鳴動する。例「その夜、雨風、岩も動くばかり降りふぶきて、神さへ鳴りて――・くに」〈更級・初瀬〉訳 その夜、雨風が、岩も動くほどひどく降り吹き乱れて、雷まで鳴り響く上に。❷（胸が）どきどきする。例「後（あと）に聞きてさへ胸――・くのみなり」〈奥の細道・尿前の関〉訳 あとから聞いてさえも胸がどきどきするばかりである。注 自分ガ来タ道筋ガ、追イハギナドノ出ソウナ道中ダッタコトヲ、聞イテノ感想。

とどろ-め・く【轟めく】〔自カ四〕〔か・き・く・く・け・け〕《「めく」は接尾語》大きな音で響く。鳴り響く。例「谷へ――・きて逃げ行く音す」〈宇治拾遺・八・六〉訳 谷の方向に大きな音が響いて逃げていく音がする。

とな・ふ【唱ふ・称ふ】〔他ハ下二〕〔へ・へ・ふ・ふる・ふれ・へよ〕（経文・呪文などを）声を立てて言う。となえる。例「『南無（なむ）』と――・ふる声ともに、海にぞ沈み給へる」〈平家・九・小宰相身投〉訳（通盛の妻は）「南無」と唱える声とともに、海にお沈みになった。

とな・ふ【整ふ・調ふ】〔他ハ下二〕〔へ・へ・ふ・ふる・ふれ・へよ〕一つに整える。落ち着かせる。すます。例「耳を――・へて聞くに、知る人の名のあるは、ふと例の胸つぶるらむかし」〈枕草子・殿上の名対面こそ〉訳（殿上人の点呼を）耳をすまして聞いていると、（その中に）深い仲の男性の名前がある時は、よくあることだが胸がはっと騒ぐことであろうよ。

となぶら【殿油】〔名〕《「とのあぶら」の変化した形》⇩おほとなぶら

となみ-はる【鳥網張る】〔枕詞〕（鳥網を張る場所か

ら」「坂」にかかる。例「——坂手を過ぎ石走(いはばし)る神南備山(かむなびやま)に」〈万葉・三・三三〇長歌〉訳坂手(=奈良県磯城郡田原本町)を過ぎて神南備山(=奈良県生駒郡ノ山)に(向かい)。

とに-かくに《連語》(「と」「かく」は指示の副詞。「に」は格助詞)❶あれこれと。何やかやと。例「生きてゐて——人を恋しと思はんより、ただ水の底へ入らばや」〈平家・九・小宰相身投〉訳生きていてあれこれと(先に死んだ)夫を恋しいと思うよりも、ただもう水の底へ身を投げて死にたい。

❷いずれにせよ。どちらにしても。

とにも-かくにも《連語》(「と」「かく」は指示の副詞。「に」は格助詞。「も」は係助詞)❶あのようにも、このようにも。ああとも、こうとも。例「世の中にいともはかなく、——つかで世に経(ふ)る人ありけり」〈蜻蛉・上・序〉訳世の中にまことに頼りなく、ああともこうともつかずこの世に生きている人(=作者、道綱母)があった。

❷いずれにしても。ともかくも。例「——、虚言(そらごと)多き世なり」〈徒然草・七三〉訳いずれにしても、うその多い世の中である。⇩とかく

と-ね【刀禰・刀根】〔名〕❶主典(=四等官)以上の役人。

❷村や里の長。

❸伊勢神宮・賀茂神社などに置かれた神職。転じて、神官。

とねり【舎人】〔名〕❶天皇や皇族の身辺に仕えて、雑事や警護をつとめる者。摂政・関白以下、特に許された貴族にも仕えた。内舎人・大舎人・東宮舎人・中宮舎人などがあった。

❷牛車の牛飼い。また、馬の口取り。例「利仁(としひと)が供には、調度懸(てうどがけ)・——・雑色(ざふしき)一人ぞありける」〈宇治拾遺・一・一八〉訳藤原利仁の供の者としては、調度懸け(=武具ナドノ持チ役)・馬の口取りの男・走り使いの下男一人が付いていた。

舎人親王(とねりしんわう)〔人名〕奈良前期の皇族政治家。天武天皇の皇子。太安万侶らの協力を得て『日本書紀』を編纂。『万葉集』に短歌が残されている。⇩日本書紀(にほんしょき)

との

【殿】〔名〕❶貴人の家。邸宅。御殿。例「——におはして、とばかりうち休み給ふ」〈源氏・松風〉訳(光源氏は)御殿へおいでになって、少しの間ご休息なさる。

❷貴人の男性の敬称。特に、摂政・関白の敬称。殿下か。例「この——を頼み聞こえさせてなむ、過ぐし侍(はべ)りぬる」〈源氏・手習〉訳このお方(=薫)を頼りにし申し上げて、(これまで)日を過ごしておりました。

❸妻・子がその夫・父を指して呼ぶ語。例「あくる日、幼き人、——へと出(い)で立つ」〈蜻蛉・中・天禄元年〉訳あくる日、幼い人(=道綱)は、(私の夫である)父の所へといって出発した。

❹家来が主君を、使用人が主人を指して呼ぶ語。御主人。例「——は何にかならせ給ひたる」〈枕草子・すさまじきもの〉訳(今回の任官の儀式で、お屋敷の)ご主人は何のお役におつきになったのですか。

❺一般に、敬意をもって男性の相手を呼ぶ語。旦那。

とのい【宿直】〔名〕⇩とのゐ

との-うつり【殿移り】〔名〕貴人の転居。引越し。家移り。

との-ぐも・る【との曇る】〔自ラ四〕(「との」は接頭語で、「たな」と同じく一面にの意)空一面に曇る。例「——・り雨ふる川のさざれ波間(ま)無くも君は思ほゆるかも」〈万葉・一二・三〇一二〉訳空一面に曇り、雨が降る布留川のさざ波が止むことのないように、絶えずあなたのことが思われることだなあ。注「雨ふる」ハ、雨ガ降ル意ニ「布留(川)」ヲ掛ケ、「さざれ波」マデハ、「間無く」ヲ導ク序。

との-ごも・る【殿隠る・殿籠る】〔自ラ四〕❶(「死ぬ」の尊敬語)おかくれになる。例「大殿を仕へ奉(まつ)りて——・り隠(こも)りいませば」〈万葉・二・三二六長歌〉訳御殿をお造らせになって、(皇子は御殿に)姿を隠していらっしゃるので。注「大殿」ハ、ココデハ「殯宮(あらきのみや)(=埋葬スルマデ遺骸ヲ仮ニ安置スル御殿)」ヲイウ。

❷(「寝(ぬ)」の尊敬語)おやすみになる。大殿籠る。

との-ばら【殿原】〔名〕(「ばら」は複数を表す接尾語)複数の貴人や武士に対する敬称。敬意の度合いはそれほど高くない。皆様方。例「これを見給へ、東国の——、日本一の剛(かう)の者の自害する手本」〈平家・九・木曽最期〉訳これをご覧なさい、東国の(武士の)皆様、日本一の勇者(=今井四郎)の自害する手本だぞ。

との-びと【殿人】〔名〕貴人の家にしばしば出入りする人。また、そこに仕えている人。高貴な家の家人。例「国の守(かみ)も親しき——なれば」〈源氏・須磨〉訳(摂津の)国司も(光源氏の)家へよく出入りしている親しい人なので。

とのも【主殿】〔名〕⇩とのもりづかさ

とのも-づかさ〔名〕(「とのもりづかさ」の撥音便形「とのんづかさ」の「ん」を表記しない形)⇩とのもりづかさ

主殿の伴(とも)**の御奴**(みやつこ)　主殿寮の下級の職員。

とのもり-づかさ〔名〕(「とのもづかさ」とも)一【主殿司・殿司】後宮十二司の一つ。後宮の清掃・湯浴み・灯火・燃料などを司る役所。また、その女官。

二【主殿寮】宮内省に属し、宮中の乗り物・調度、庭の清掃、沐浴・灯火・燃料などを司る役所。また、その役人。

> 要点 一と二とは、役目はほぼ同じであるが、一の職員が女性であるのに対し、二の職員は男性である。

とのも-れう【主殿寮】〔名〕(「とのもりれう」の撥音便形「とのもんれう」の「ん」の無表記)⇩とのもりづかさ二

との-ゐ【宿直】〔名〕(「殿居」の意)❶宮中や役所などに泊まりこんで、仕事の処理や夜間の警備をすること。今でいう宿直。

❷夜間、天皇や貴人の側に控えて、お相手をすること。例「宮は、やがて御(お)——なりけり」〈源氏・紅葉賀〉訳(藤壺の)宮は、(自分の局には帰らず)そのまま(天皇の)夜のお相手となった。

とのゐ-どころ【宿直所】〔名〕「宿直①」をする際の控え室。宿直所。

とのゐ-びと【宿直人】〔名〕宮中で官人が「宿直①」をする人。宿直役の人。例「渡殿(わたどの)なる——起こして、『紙燭(しそく)さして参れ』と言へ」〈源氏・夕顔〉訳渡り廊下にいる

宿直の者を起こして、「紙燭(=室内用ノ照明具)を掲げてこっちへ持って来い」と言いなさい。

とのゐ-まうし【宿直奏し】〔名〕宮中で、「宿直①」をしている者が、定まった時刻に、点呼に応じてその氏名を名のること。例「右近の司の―の声聞こゆるは、丑になりぬるなるべし」〈源氏・桐壺〉訳右近衛府の役人の点呼に答える声が聞こえるということは、丑の刻(=午前二時頃)になったのであろう。

とのゐ-もの【宿直物】〔名〕「宿直①」の時に使う衣服や夜具など。例「里に―取りにやるに」〈枕草子・方弘はいみじう人に〉訳(源方弘は)自分の家に宮中での宿直の際の夜着を取りに行かせるのに。

とは【永久・常】〔形動ナリ〕長く変わらない様子。永遠である。つねのこと。例「風吹けば―・に波越す岩なれやわが衣手の乾く時なき」〈伊勢・一〇八〉訳風が吹くと常に波の越す岩だからでしょうか、私の袖は乾く時がありません(あなたのことで泣いてばかりいます)。

土芳〔人名〕⇩服部土芳

と-ばかり 一〔副〕《副詞「と」+副助詞「ばかり」》少しの間。しばらく。例「―物も宣はで、いみじう思しし案ずるさまにもてなして」〈大鏡・伊尹〉訳少しの間物もおっしゃらないで、たいそう深刻に思案なさる様子をして。
二《連語》《格助詞「と」+副助詞「ばかり」》…とだけ。…と、それだけ。例「今はただ思ひ絶えなむ―を人づてならで言ふよしもがな」〈後拾遺・恋三〉訳今はただ、あなたへの思いをあきらめましょうと、それだけを、人づてではなく直接あなたに言う手だてはないものかなあ。

と-ばし・る【迸る】〔自ラ四〕{ら・り・る・る・れ・れ}飛び散る。ほとばしる。例「内供が顔にも童の顔にも、粥―・りてひと物かかりぬ」〈宇治拾遺・二・七〉訳内供の顔にも童の顔にも、粥が飛び散ってたくさんかかった。

とはず-がたり【問はず語り】〔名〕人が尋ねもしないのに、自分から話すこと。例「あさましきことまで、―に言ひ出だす」〈徒然草・一〇七〉訳(つつましいと見える女でも)あきれはてることまで、尋ねられもしないのに(自分の方から)言い出す。注吉田兼好ノ女性批判。

とはずがたり《書名》鎌倉後期の日記。後深草上皇に愛された二条(=源雅忠ノ娘)の著。十四歳で上皇の寵愛を受けて以来の恋の遍歴と、三十二歳で出家した後、西行の跡を慕って諸国を旅するさまを描く。深い自照性があり、作者の魂の歩みが浮き彫りにされている。

と-ばり【帳・帷】〔名〕《「とはり」とも》室内の仕切りや外部との仕切りに用いる大きな垂れ布。「たれぎぬ」とも。

とび-か・ふ【飛び交ふ】〔自八四〕{は・ひ・ふ・ふ・へ・へ}あちこちに飛びまわる。入り交じって飛びちがう。例「雲近く―・ふ鶴も空に見よ我は春日の曇りなき身ぞ」〈源氏・須磨〉訳空の雲近くを飛び交っている鶴も空で私を見てほしい。私は春の日のように曇りない潔白な身なのだ。

とび-ちが・ふ【飛び違う】〔自八四〕{は・ひ・ふ・ふ・へ・へ}乱れ飛ぶ。例「蛍のおほく―・ひたる」〈枕草子・春はあけぼの〉訳蛍がたくさん乱れ飛んでいる。

とひ-まる【問丸】〔名〕室町時代から江戸時代にかけて、船商人の宿屋、貨物の水上輸送や物品の斡旋・販売などをした業者。例「数千軒の―甍を並べ」〈西鶴・日本永代蔵・一・三〉訳(大坂の難波橋の西には)数千軒の問丸が(びっしりと)屋根を並べ。

とひ-や【問屋】〔名〕《近世の上方語。「とんや」とも》❶中世の問丸から発展したもので、商品を集荷し、卸売りする業者。卸売業者。
❷《「問屋場」の略》江戸時代、街道の宿駅で、人足・馬・駕籠などを継ぎ替える所。また、その業者。「とんやば」とも。

と・ふ【問ふ・訪ふ】〔他八四〕{は・ひ・ふ・ふ・へ・へ}❶尋ねる。問い聞く。例「恥づかしき人の、歌の本末―・ひたるに、ふと覚えたる、我ながらうれし」〈枕草子・うれしきもの〉訳こちらが気恥ずかしくなるような立派な人が、和歌の上の句とか下の句を尋ねた時に、ふと思い出したのは、我ながらうれしい。
❷訪れる。訪問する。見舞う。例「猶頼め梅の立ち枝は契りおかぬ思ひのほかの人も―・ふなり」〈更級・梅の立枝〉訳やはりあてにして待っていらっしゃい。梅の高く伸びた枝には、約束していない意外な人も(見かけて)訪れてくるといいますから。
❸死者の霊を慰める。弔う。例「跡―・ふわざも絶えぬれば、いづれの人と名をだに知らず」〈徒然草・三〇〉訳(死後、年月がたつと)あとを弔う法事などもしなくなってしまうと、(墓の主が)どこの誰だか名前さえもわからなくなり。

と-ふ《連語》《上代語。「と言ふ」の変化した形》…という。例「葛飾の真間の手児名を」〈万葉・一四・三三八四〉訳葛飾の真間の手児名をまことかも我に寄す―真間の手児名を、本当だろうか、ほかの人達が私と関係あるものとして噂しているという、真間の手児名を。注「葛飾の真間の手児名」ハ、今ノ千葉県市川市アタリニイタトサレル伝説上ノ美人。例「時々の花は咲けども何すれそ母―花の咲き出来ずけむ」〈万葉・二〇・四三二三〉訳四季折々の花は咲くのに、なんとして母という花は咲き出さないのだろうか。

とぶとり・の【飛ぶ鳥の】《枕詞》地名「あすか」にかかる。例「―明日香の里を置きて去なば君があたりは見えずかもあらむ」〈万葉・一・七八〉訳明日香の里を離れて行ってしまったら、君の(眠るお墓の)あたりはもはや見えないことだろうかなあ。参考天武天皇の時代に、「浄御原」の宮に「とぶとりの」を冠したところから、その所在地の「明日香」にかかる枕詞となった。のち、「飛鳥」の表記をも「あすか」と読むようになった。

とぶ-ひ【飛ぶ火】〔名〕古代、非常事態を知らせるため、火を燃やし煙をあげる装置。また、その火。のろし。天智三年(六六四)、唐制にならって壱岐・対馬・筑紫に置いたのがはじめ。

とぶひ

とぶひ-の-のもり【飛ぶ火の野守】〔名〕奈良市の春日野にあるのろしの装置の番人。例「春日野の―出でて見よ今幾日ありて若菜摘みてむ」〈古今・春上・一九〉訳春日野ののろしの装置の番人よ、野に出て見なさい。あと何日たつと若菜が摘めるだろうか。

とぶらひ【訪ひ】〔名〕訪れること。見舞い。訪問。例「尼君の―に物せむついでに、垣間見せさせよ」〈源氏・夕顔〉訳尼君の見舞いに(私、光源氏が)行く機会に、（隣の女の家を）のぞき見できるようにはからえ。

とぶら・ふ トブラ（ロ）ウ〔他ハ四〕｛は・ひ・ふ・ふ・へ・へ｝

「とぶらふ」は「問ふ」に近い語で、意味としても、①の訪れる、②の見舞う、や③の様子を尋ねる、などがある。また、「弔ふ」の漢字をあて、死をいたむ、の意にもなる。

一【訪ふ】❶**訪れる**。訪問する。例「大后（おほきさい）の宮おはしますかたをよきて——・ひ聞こえさせ給はざらむ」〈源氏・少女〉訳 皇太后宮のいらっしゃる所を素通りしてご訪問申し上げなさらないのも。
❷心配して様子を聞く。**見舞う**。例「胸をいみじう病めば、友だちの女房など数々来つつ——・ひ」〈枕草子・八月ばかりに〉訳 胸をひどくわずらっているので、友達の女房などがたくさんやって来ては見舞い。
❸**様子を尋ねる**。捜す。例「遠く異朝を——・へば」〈平家・一・祇園精舎〉訳 遠く外国（での例）を尋ねてみると。
二【弔ふ】死をいたむ。供養する。弔問（ちょうもん）する。例「後（のち）のわざなどにもこまかに——・はせ給ふ」〈源氏・桐壺〉訳（帝（みかど）は）丁重に弔問なさる（＝勅使ヲ遣ワス）。（桐壺更衣（きりつぼのこうい）の）死後七日ごとの供養などにも。

とほ・し【遠し】トオシ〔形ク〕対 ちかし ❶距離の隔たりが大きい。遠い。例「大江山いく野の道の——・ければまだふみも見ず天（あま）の橋立（はしだて）」〈金葉・雑上〉訳 母のいる丹後の国は、大江山を越え、生野（いくの）を通って行く道が遠いので、まだ天の橋立を踏んでみたこともなく、母からの文（ふみ）も見ていません。注『百人一首』所収ノ、小式部内侍（コシキブノナイシ）ノ歌。作者ノ母ハ、歌人トシテ著名ナ和泉式部（イズミシキブ）。
❷時間の隔たりが大きい。過去にも未来にもいう。久しい。例「——・き代にありける事を昨日（きのふ）しも見けむがごとも思ほゆるかも」〈万葉・九・一八〇七長歌〉訳 古い時代にあったという出来事を、昨日見たかのように思われることだなあ。
❸心理的に離れている。親しくない。例「近うて——・きもの、……はらから・親族（しぞく）の中」〈枕草子・近うて遠きもの〉訳 近くて（実は）遠いもの、……兄弟や親族の間柄。

❹関心を持たない。心が向かない。例「学問などに身を苦しめむことは、いと——・くなむ覚ゆべかめる」〈源氏・少女〉訳（身分高く生まれ、出世すると）学問などで我が身を苦しめることは、全く興味がないものに思われるらしい。
❺関係が離れている。縁がない。

とほ・す【通す・徹す・透す】トオス〔他サ四〕｛さ・し・す・す・せ・せ｝❶通るようにする。通過させる。例「これに緒（を）——・して賜（た）はらむ」〈枕草子・蟻通の明神〉訳 これ（＝曲リクネッタ玉ノ穴）に糸を通してお返し下さい。注 中国ノ帝（ミカド）ガ日本ノ帝ニ出シタ難題ノ一ツ。
❷透（す）き通るようにする。透かす。例「白き生絹（すずし）に紅（くれなゐ）の——・すにこそはあらめ」〈枕草子・七月ばかりいみじう暑ければ〉訳 白い生絹の単衣（ひとえ）に下の紅色を透かして見せているのであろう。
❸ある期間を過ごす。越す。例「夜を——・して昔物語も聞こえ明かさむとせしを」〈枕草子・頭の弁の職に〉訳 夜を通して昔話でも申し上げて夜を明かそうとしたのですが。
❹（動詞の連用形に付いて）最後までしとげる。やり通す。例「ほととぎす飼ひ——・せらば今年経て来向かふ夏はまづ鳴きなむを」〈万葉・一九・四一八三〉訳 ホトトギスを飼い通せたら、今年をすぎて来年の夏は、真っ先に鳴くだろうに。

と-ぼそ【枢】〔名〕（「戸臍（とほぞ）」の意。「臍」はへそ）❶「とまら（＝戸ノ上下ノ突キ出タ部分）」を差し込むために、梁（はり）と敷居（しきい）とにあけた穴。
❷（転じて）戸。扉（とびら）。

遠江（とほたふみ）トオトウミ〔旧国名〕東海道十五か国の一つ。現在の静岡県西部。琵琶湖（びわこ）を「近つ淡海（あはうみ）」（＝近クノ淡水湖）というのに対し、浜名湖を「遠つ淡海」と称し、そのつづまった形が国名となったもの。遠州（えんしゅう）。

遠江（浜名湖）

とほ-つ【遠つ】トオ‥〔連体〕（「つ」は上代の格助詞で、「の」の意）遠くにある。はるかな。

とほつ-おや【遠つ祖】トオツ‥〔名〕先祖。

とほつ-かみ【遠つ神】トオツ‥〔枕詞〕「大君」にかかる。

とほつ-くに【遠つ国】トオツ‥ **一**〔名〕遠く隔たった国。**二**〔枕詞〕「黄泉（よみ）」にかかる。

とほつ-ひと【遠つ人】トオツ‥〔枕詞〕「まつ」「かり」にかかる。例「——松浦佐用比売（まつらさよひめ）夫恋（つまごひ）に領巾（ひれ）振りしより負へる山の名」〈万葉・五・八七一〉訳（領巾振りの嶺（みね）という名は）松浦小夜姫が（船出する）夫を恋い慕って領巾（＝白イ布）を振ったことから、名付けられた山の名だ。

とほ-とほ・し【遠遠し】トオトオシ〔形シク〕❶いかにも遠方である。非常に遠い。
❷いかにも疎遠である。うとうとしい。例「うたて——・しくのみもてなさせ給へば……うらめしくなむ」〈源氏・総角〉訳（大君（おおいぎみ）は私を）ひどくうとうとしくばかりお扱いになるので……恨めしく思います。

とほ・る【通る・徹る・透る】トオル〔自ラ四〕｛ら・り・る・る・れ・れ｝❶中を突き抜けて向こう側へ行く。貫く。突き通る。例「七曲（ななわた）にわだかまりたる玉の、中——・りて左右に口あきたるが小さきを奉りて」〈枕草子・蟻通の明神〉訳 七曲がりにくねくね曲がった玉で、中を穴が突き抜けていて左右に口のあいた小さいのを献上して。
❷難関を突破して達せられる。うまくいく。例「吉日（きちにち）を選びてなしたるわざの、末——・らぬを数へて見んも、また等しかるべし」〈徒然草・九一〉訳 吉日を選んでしたことで、結局うまくいかなかったことを数えてみても、（凶日（きょうじつ）にしてうまくいかなかったことと）また同じくらいあるに違いない。
❸透（す）き通る。透けて見える。例「夜に入りぬれば、御前（ごぜん）の松の光に——・りて見ゆるに」〈大鏡・道隆〉訳（もう）夜になっているので、先導の者の持ったいまつの光で（牛車（ぎっしゃ）の中が）透き通って見えているのに。
❹通路などに沿って向こうへ行く。通行する。通る。例「仁和寺（にんなじ）にて、夜、本寺の前を——・る下法師（しもぼふし）に」〈徒然草・二三〇〉訳 仁和寺で、夜、本堂の前を通っている下法師（＝雑役ヲ務メル身分ノ低イ僧）に。
❺到達する。届く。例「をりに合ひたる調子、雲居——・るばかり吹き立てたり」〈源氏・梅枝〉訳（横笛で春の）季節に合った曲を、空に届くばかりにお吹き立てになる。

とま【苫】〔名〕スゲ・カヤなどを、むしろのように編んだもの。

小屋や舟の屋根を葺(ふ)いたり周囲をおおったりするのに用いる。例「——といふ物を一重(ひとへ)うち葺(ふ)きたれば」〈更級・太井川〉訳 苫という物を一枚葺いただけ(の屋根)なので(月光がすみずみまで差し込んでいる所に)。

と ま-や【苫屋】〔名〕スゲやカヤなどで屋根を葺(ふ)いた粗末な小屋。例「見渡せば花も紅葉(もみぢ)もなかりけり浦の——の秋の夕暮れ」〈新古今・秋上・三六三〉訳 あたり一面見渡してみると、(美しい)花も紅葉もないことだ。浦の苫屋の見える秋の夕暮れよ。注 藤原定家ノ作。「三夕(さんせき)の歌」ノ一ツ。色ハナヤカナモノハ何モナイガ、シミジミトシタ趣ノアル情景ヲ詠ンダモノ。

とまり〔名〕■一【止まり・留まり】❶最後。果て。例「年ごとに紅葉(もみぢば)流す竜田川水門(みなと)や秋の——なるらむ」〈古今・秋下・三一一〉訳 毎年のことながらもみじの葉を流す竜田川、そのもみじが最後に流れつく竜田川の河口は、秋の行き着く果てなのだろうか。注 竜田川ハ紅葉ノ名所。❷最後に落ち着く所。また、最後までつれそう人。例「若き程の好き心地には、この人を——にとも思ひとどめ侍らず」〈源氏・帚木〉訳 若い頃の浮気心では、この人を終生の妻にとも思い決めもせず。■二【泊まり】❶船着き場。港。例「よんべの——より、異(こと)——を追ひて行く」〈土佐・一月二十二日〉訳 昨夜停泊した港から、別の港をめざして行く。❷宿泊すること。また、その場所。

とま・る 〔自ラ四〕{ら・り・る・る・れ・れ} ■一【止まる・留まる】❶動きがやむ。立ち止まる。例「日暮れにたる山中に、あやしきぞ。——・り候へ」〈徒然草・八七〉訳 日の暮れた山の中で、あやしいぞ。立ち止まりなさい。❷中止になる。とりやめになる。例「いつしかと待つことの、さはりあり、にはかに——・りぬる」〈枕草子・口惜しきもの〉訳 早くその日が来ないかと待っていたことが、支障ができて、急に中止になったの(は、残念なものである)。❸そのままあとに残る。生き残る。例「今まで——・り侍(はべ)るがいと憂(う)きを」〈源氏・桐壺〉訳 今まで生き長らえておりますのが(私＝桐壺更衣(キリツボノコウイ)ノ母君は)大層つらいのに。❹心や目がとまって動かない。注目される。例「ねびゆかむさまゆかしき人かなと、目——・り給ふ」〈源氏・若紫〉訳 これから先成長する様子を見ていたい人だなと、(光源氏は若紫を)じっと見つめなさる。■三【泊まる】❶船が港に停泊する。例「風浪やまねば、なほ同じ所に——・れり」〈土佐・一月十六日〉訳 風や浪(なみ)がやまないので、やはり同じ所に停泊している。❷宿泊する。宿直する。例「御宿直所(とのゐどころ)にやがて——・り給ひぬるやうにて」〈源氏・末摘花〉訳 (光源氏は自分の)宿直所にそのまま宿直なさるように見せておいて。

と-まれ-かう-まれ《連語》「とまれかくまれ」の変化した形。

と-まれ-かく-まれ《連語》《「ともあれかくもあれ」の変化した形。「と」「かく」はともに副詞》ともかくも。どうであるにせよ。「とまれかうまれ」とも。例「——、まづ請(しゃう)じ入れ奉らむ」〈竹取・火鼠の皮衣〉訳 ともかくも、まず(あべの右大臣を)招き入れ申し上げよう。

とみ【富】〔名〕❶富むこと。豊かになること。また、金持ち。財産。例「夢に——したる心地(ここち)し侍(はべ)りてなむ」〈源氏・行幸〉訳 夢の中で富を得た気持ちがしましたのに。❷《「富くじ」の略》番号を記入した札(ふだ)を売り、抽選で当たった人に賞金を与える。今の宝くじ。江戸時代に流行。

とみ【頓】〔名・形動ナリ〕にわかであること。急なこと。また、その様子。例「十二月(しはす)ばかりに、——のこととて御文(おんふみ)あり」〈伊勢・八四〉訳 十二月頃に、急な用事だといってお手紙があった。

と-み-かう-み【と見かう見】《連語》《「とみかくみ」の変化した形。「と」「かう」はともに副詞》あっちを見たりこっちを見たり。例「いづかたに求め行(ゆ)かむと門(かど)に出(い)でて、——見けれど」〈伊勢・二一〉訳 (男は女を)どちらの方向に探し求めて行こうかと門に出て、あちらを見たりこちらを見たりしたけれど。

とみ-に【頓に】〔副〕《多く下に打消しの表現を伴って》急には。すぐには。例「母君も、——え物ものたまはず」〈源氏・桐壺〉訳 母上も、急にはお話をなさることもできない。

ど-みん【土民】〔名〕その土地に住み着いている人。土着の住民。百姓。例「大井の——に仰(おほ)せて、水車(みづぐるま)を造らせられけり」〈徒然草・五一〉訳 大井川の近くの住民に命じて、水車をお造らせになった。

と・む【富む】〔自マ四〕{ま・み・む・む・め・め}❶財産がふえて裕福になる。金持ちになる。例「——・める家の隣りに居(を)る者は、朝夕すぼき姿を恥ぢて」〈方丈記・世にしたがへば〉訳 金持ちの家の隣りに住んでいる者は、朝晩(自分の)貧しい姿を恥ずかしく思って。❷能力・知識などが豊富になる。例「惟継(これつぐ)の中納言は風月の才に——・める人なり」〈徒然草・八六〉訳 平惟継中納言は詩や文章を作る才能に富んだ人である。

と・む【止む・留む・停む】〔他マ下二〕{め・め・む・むる・むれ・めよ}《「とまる」の他動詞形》❶行かせないようにする。制止する。とめる。例「車——・めて湯参りなどし給ふ」〈源氏・手習〉訳 (所々で)車をとめて煎(せん)じ薬を差し上げたりなさる。❷あとに残す。とどめる。例「世の中に跡——・めむとも覚えずなりにたりや」〈源氏・椎本〉訳 この世の中に跡を残そう(＝生キ延ビヨウ)とも思わなくなってしまったよ。❸心や目を対象にとどめる。注目する。注意を払う。例「いとまばゆきまでねび行く人の容貌(かたち)かな。神などは目もこそ——・め給へ」〈源氏・葵〉訳 本当にまばゆいほどまでに美しくなってゆく光源氏のお顔だな。神などが目をおつけになるかもしれない。

とめ・く【尋め来】〔自カ変〕{こ・き・く・くる・くれ・こ(よ)} 尋ね求めて来る。例「花散れる水のまにまに——・くれば山には春もなくなりにけり」〈古今・春下・一二九〉訳 花びらが散って浮いている川の水の流れに沿って春を尋ね求めて来たところ、山にはもう春はなくなっていたよ。注「もこそ」ハ危惧(キグ)ノ意ヲ表ス。

とも【供・伴】〔名〕主人などに付き従って行くこと。また、その人。従者。例「なにがしも御——にさぶらふべくなむ思ひ給ふる」〈源氏・藤袴〉訳 私も(光源氏の)お供をするのが良いと思っております。

とも【鞆】〔名〕弓を射る時、左の肘(ひぢ)に結びつける革製の用具。弓の弦(つる)が肘を打つのを防ぎ、また、弦が触れて鳴る音を高くして相手を威嚇(いかく)する。上側に巴(ともゑ)の絵をかいた。

とも【艫】〔名〕船の後部。船尾。対 へ(舳)　例「大舟の——にも舳(へ)にも寄する波寄すとも我は君がまにまに」〈万葉・一一・二七四〇〉訳 大舟の船尾にも船首にも寄せてくる波のように、たとえ(口うるさい人々の噂(うわさ)が私のところへ)寄せて来ても私はあなたの心のままです。

ともの判別

①**接続助詞**—活用語の終止形、または連用形に付く
例 千年を過ぐす**とも**、一夜の夢の心地こそせめ
—逆接仮定条件❶
例 わが身は女なり**とも**、敵の手にはかかるまじ
—仮定的に述べる強調❷

②**終助詞**—活用語の終止形に付く
例 おう、なる**とも**、なる**とも**
—強く応じ同意する

③《**連語**》**格助詞「と」＋係助詞「も」**
例 鬼ある所**とも**知らで

とも

〔接助〕〔接続〕動詞型・形容動詞型活用の語の終止形、形容詞型活用の語および打消しの助動詞「ず」の連用形に付く。

❶《ある仮定条件をあげ、それと関係なくあとに述べる事柄が起こる意(逆接の仮定条件)を表す》たとえ…であっても。…ても。例「千年(ちとせ)を過ぐす**とも**、一夜(ひとよ)の夢の心地こそせめ」〈徒然草・七〉訳千年もの長い年月を(生きて)過ごしたとしても、(たった)一夜の夢の(ように短い)感じがするだろう。

❷《すでに存在している事実に対して、それを認めた上で、あえてそれを仮定的に述べる、強調の表現》(確かに…だが)たとえそうであっても。たとえ…としても。例「かくさし籠(こ)めてあり**とも**、かの国の人来(こ)ば、皆開(あ)きなむとす」〈竹取・かぐや姫の昇天〉訳たとえこのように鍵(かぎ)をかけて閉じ込めていたとしても、あの月の国の人が来たら、(戸は)皆自然に開こうとします。例「わが身は女なり**とも**、敵(かたき)の手にはかかるまじ」〈平家・一一・先帝身投〉訳我が身は(確かに)女であっても、敵(てき)の手にはかからないつもりです。注幼イ安徳天皇ヲ抱イテ、入水(ジュスイ)ショウトスル、平清盛ノ妻、二位ノ尼ノ言葉。

要点 接続助詞の「とも」と、格助詞の「と」に係助詞の「も」の付いた「とも」とを、混同しないようにしたい。

「知る」「言ふ」「思ふ」「見る」「聞く」などのような、外界の事柄を判断したり知覚したりする意味の動詞が「とも」の下に付く場合は、大半は後者である。

参考 (1)「とも」は、格助詞「と」に係助詞「も」が付いたものが、「としても」の意で用いられるようになって成立したと説かれるが、接続助詞「と」に係助詞「も」が付いて一語化したものと考える説もある。
(2)上代では、動詞「見る」に付く時に、「見(み)とも」の形になることがあった。例「あしひきの八峰(やつを)の椿つらつらに見**とも**飽(あ)かめや植ゑてける君」〈万葉・二〇・四四八一〉訳つくづく見ても見飽きることがあるでしょうか。この椿をお植えになったあなたを。
(3)中世になると、活用語の連体形に付く例も見られるようになる。例「かばかりになりては、飛び降(お)るる**とも**降りなむ」〈徒然草・一〇九〉訳これくらいの高さになれば、きっと飛び降りても降りられるだろう。

とも〔終助〕〔接続〕活用語の終止形に付く。
《相手の言葉に強く応じ、同意する意を表す》もちろん…さ。…(だ)とも。例「おう、なる**とも**、なる**とも**」〈狂言・附子〉訳(あれを引き裂いたら、言い訳になるか)ああ、なるとも、なるとも。

と-も〔連語〕《格助詞「と」＋係助詞「も」》❶格助詞「と」の表す意味を強調したり、含みをもたせてやわらげたりする。…とも。例「鬼ある所—知らで」〈伊勢・六〉訳鬼が住みついている所とも知らないで。例「時の間(ま)の煙(けぶり)—なりなむとぞ、うち見るより思はるる」〈徒然草・一〇〉訳(火事にでもなれば)またたく間に焼けて煙ともなってしまうのだろうと、(立派な住居を)見るとすぐに思われる。
❷《同じ動詞や形容詞を重ねた間に用いて》意味を強める。まったく…だ。…でたまらない。例「あな、うれし—うれし。いづこより参り給ふぞ」〈源氏・玉鬘〉訳まあ、うれしいったらない。どこから(ここに)おいでになりましたか。

ども

〔接助〕《接続助詞「ど」＋係助詞「も」》〔接続〕活用語の已然形に付く。

❶《ある事柄をすでに成り立っているものとして示し、それと関係なく、あるいはそれに反して、あとに述べる事柄が起こる意(逆接の確定条件)を表す》…けれども。…が。…のに。例「親のあはすれ**ども**、聞かでなむありける」〈伊勢・二三〉訳(幼なじみの二人は)親が(他の男と)結婚させようとしたけれど、聞き入れないでいたのだった。

❷《ある条件を示し、その条件のもとではいつも決まってそれに照応しない事柄が起こる意(逆接の恒常条件)を表す》…ても、いつも。…たところで、きまって。例「いかなる大事あれ**ども**、人の言ふこと聞き入れず」〈徒然草・六〇〉訳(盛親(じょうしん)僧都は)どんな大切なことがあっても、人の言うことを聞き入れない。

参考 (1)接続助詞「ど」と同じ意味を表す。両者の関係については、「ど」の参考(1)を参照。
(2)鎌倉時代には、漢文訓読から発生した「といへども」が、「ども」とほとんど同じ意味で用いられるようになった。また、室町時代には「けれども」という言い方が生じて、近世になると「ども」に代わって広く用いられるようになった。
(3)上代では、形容詞には、「…け」(ク活用)「…しけ」(シク活用)という古い已然形の形に付くことが多い。例「陸奥(みちのく)の真野の草原(かやはら)遠けど**ども**面影にして見ゆといふものを」〈万葉・三・三九六〉訳陸奥の真野の草原は遠いけれども、(恋しい人なら直接逢(あ)えなくても)面影として見えると言われているのに(近くにいながらあなたは私に面影も見せてくれないのですね)。

ども【共】〔接尾〕❶《名詞に付いて》複数を表す。人を表す名詞に付いた場合は、「たち」よりも敬意が低い。「歌—」「子—」「事—」「人—」「物—」など。
❷《単数の人を表す名詞に付いて》見下した感じや親近感を添える。多く呼びかけに用いる。例「いざ給へ、おうな—」〈今昔・三〇・九〉訳さあ参りましょう、婆(ばあ)さんや。
❸《自分や自分の側の者を表す語に付いて》謙譲・卑下の意を添える。「私—」「親—」など。

と-も-ある〔連語〕《副詞「と」＋係助詞「も」＋動詞「あり」の連体形。連体修飾語として用いられる》何か事のある。ちょっとした。例「朝夕隔てなく馴(な)れたる人の、

—時、我に心置き」〈徒然草・三七〉訳朝夕隔てなく馴れ親しんでいた人が、ちょっとした時に、私に気を遣って。

と-も-あれ〔連語〕《「ともあれかくもあれ」の略》どのようであっても、それはさておいて。ともかく。

と-も-あれ-かく-も-あれ〔連語〕《「と」「かく」は指示の副詞。「も」は係助詞。「あれ」は動詞「あり」の命令形》どのようであっても、それはさておいて。ともかく。例「―、夜の明け果てぬ先に御舟に奉れ」〈源氏・明石〉訳ともかく、夜が明けきってしまわないうちにお舟にお乗り下さい。注「奉る」ハ「乗る」ノ尊敬語。

要点 現代語でも「何はともあれ」などの言い方をする。

ともえ【鞆絵・巴】⇩ともゑ

と-も-かう-も〔連語〕「ともかくも」の変化した形。

とも-がき【友垣】〔名〕友人達。友達。

と-も-かく-も〔連語〕《「と」「かく」は指示の副詞。「も」は係助詞。「ともかうも」とも》❶どのようにでも。なんとでも。とにかく。例「かくながら、―ならむを御覧じ果(は)てむと思(おぼ)しめすに」〈源氏・桐壺〉訳このまま、(死にかかっている桐壺更衣(きりつぼのこうい)が)どのようになろうとも(=生キルカ死ヌカ)それを見届けようと(桐壺帝が)お思いになっていると。例「―あなたまかせの年の暮れ」〈一茶〉訳どのようになっても、もうすべて一切は、信ずる阿弥陀仏(あみだぶつ)様にお任せするほかはない。色々なことのあったこの一年も終わろうとしている今、どうもがいても仕方のないことである。❷《下に打消しの語を伴って》どうとも。なんとも。例「さすがに恥づかしうて、―答(いら)へ聞こえ給はず」〈源氏・紅葉賀〉訳(紫の上は)そうはいってもやはり恥ずかしくて、なんともお答え申し上げなさらない。

とも-がら【輩・徒】〔名〕同種の人々。同類。仲間。例「驥(き)を学ぶは驥のたぐひ、舜(しゅん)を学ぶは舜の―なり」〈徒然草・八五〉訳名馬を見習う馬は名馬と同類であり、(中国古代の聖天子の)舜を見習う者は舜の仲間である。

ともし〔名〕■一【灯し】ともし火。あかり。例「車なりける人、この蛍(ほたる)のともす火にや見ゆらむ、―消(け)ちなむずるとて」〈伊勢・三九〉訳車に乗っている女性が、このホタルのともす火で見えてしまうかもしれない、あかりを消してしまおうと(同乗の男は)思って。■二【照射】夏山の夜の鹿狩りで、松明(たいまつ)をともして鹿を寄せて射ること。また、そのあかり。例「五月闇(さつきやみ)端山にたつ鹿は―にのみぞ人に知らるる」〈千載・夏〉訳しげき梅雨どきの闇の濃いふもとの山に立つ鹿は、鹿狩りのあかりによって初めて人にわかることである。

とも・し【乏し・羨し】〔形シク〕❶心ひかれる。新鮮に思われて、飽きない。例「見まくほり来(こ)しくもしるく吉野川音のさやけさ見るに―・しく」〈万葉・九・一七二四〉訳見たいと思い、やって来たかいがあって、吉野川の川音の清らかさよ。見るとますます心ひかれる。❷うらやましく思う。例「風をだに恋ふるは―・し風をだに来(こ)むとし待たば何か嘆かむ」〈万葉・四・四八九〉訳せめて風でも恋しく思う人はうらやましい。風なりとも訪ねて来るだろうと待っているなら、どうして嘆くことがあろう(私の方は風さえも来てくれない)。❸不足している。少ない。とぼしい。例「芋頭(いもがしら)を―・しからず召しけるほどに」〈徒然草・六〇〉訳(僧都(そうず)は)芋頭(=里イモノ親イモ)を少なからず(=十分ニ)お食べになっていたので。❹財産が少ない。貧しい。例「―・しくかなはぬ人のみあれば、おのづから本意(ほい)通らぬこと多かるべし」〈徒然草・一四一〉訳(京都の人は)貧乏で思うようにいかない人ばかりいるので、自然と本心を貫けないことが多いのであろう。

> 要点 求める意の「とむ」に「し」が付いて形容詞化した語。もとは、求めたい意で、「ともし妻(づま)」の語も、会うことがまれで、もっと会いたいと思う妻の意で、多く織女星を指していう。

ともし-び【灯し火・灯】〔名〕ともした火。明かり。例「ひとり―のもとに文(ふみ)を広げて」〈徒然草・一三〉訳ひとり灯火のそばで書物をひらいて。

ともしび-の【灯火の】〔枕詞〕(灯し火が明るいことから)地名「あかし(明石)」にかかる。例「―明石大門(おほと)に入らむ日や漕(こ)ぎ別れなむ家のあたり見ず」〈万葉・三・二五四〉訳(自分の乗っている船が)明石海峡にさしかかる日には、(大和の山々と)漕ぎ別れることになろうか、我が家のあたりを見ることもなく。

とも・す【点す・灯す】〔他サ四〕〔さ・し・す・す・せ・せ〕点火する。明かりをつける。例「この蛍の―・す火にや見ゆらん、灯(とも)し消(け)ちなむずる」〈伊勢・三九〉訳この蛍がともす火で(姿が外に)見えるかもしれない、あかりを消してしまおう。

とも-すぎ【共過ぎ】〔名〕《近世語》(夫婦の)共稼(ともかせ)ぎ。共働き。例「色白にたくましければ、―にして世を渡り」〈西鶴・世間胸算用・五・三〉訳色白(で魅力的)な上に体つきががっしりしていたので、(その女と結婚を決め)共稼ぎをして生計をたて。

とも-すれば〔副〕《「と」は副詞。「も」は係助詞》どうかすると。なにかというと。例「―人間(ひとま)にも月を見ては、いみじく泣き給ふ」〈竹取・かぐや姫の昇天〉訳(かぐや姫は)どうかすると人のいない間にも月を見ては、ひどく泣いておられる。

とも-ちどり【友千鳥】〔名〕群れている千鳥。群れをなしている千鳥。「むらちどり」「むれちどり」とも。

とも-づな【纜】〔名〕《「とも」は船尾》船尾につけてある、船をつなぎ止める綱。

とも-な・ふ【伴ふ】〔は・ひ・ふ・ふ・へ・へ〕■一〔自ハ四〕一緒に行動する。連れ立つ。連れ添う。例「民部卿入道親範(みんぶきやうにふだうちかのり)は大原の霜に―・ひ」〈平家・三・城南之離宮〉訳民部卿入道親範は大原に住んで(出家して)霜に連れ添い(=霜ヲ友トシ)。■二〔他ハ四〕連れて行く。引き連れる。

とも-の-みやつこ〔名〕■一【伴の造】上代、専門の職業で朝廷に仕える「品部(ともべ)」を統率する長。また、その家柄。中臣部(なかとみべ)を率いて祭祀(さいし)に当たった中臣氏、物部(もののべ)・大伴部をそれぞれ率いて軍事を司(つかさど)った物部氏・大伴氏などがその代表。■二【伴の御奴】主殿寮(とのもりょう)の下役人。庭掃除や節会(せちえ)の灯火などを担当した。

とも-の-を【伴の緒】〔名〕上代、専門の職業に従事した部族。また、その首長。普通は、朝廷に仕えたものをいう。例「靫(ゆき)掛くる―広き大伴(おほとも)に国栄えむと月は照るらし」〈万葉・七・一〇八六〉訳靫を背負って朝廷に仕える部族の多い大伴の地に国が栄えるしるしとして月は照っているらしい。注第二句マデハ、地名「大伴」ヲ導ク序詞。

とも-びと【供人】〔名〕供の者。従者。大伴氏ハ軍事ヲ司(ツカサド)ル氏族。

とも-ゑ【鞆絵・巴】(ヱ) 〔名〕❶弓具の「鞆(とも)」の表側に描いた模様。水が渦を巻いて巴字形になったもの。⇩とも(鞆)

ともゑ②

❷紋どころの一つ。

とやかくや-と〔副〕あれやこれやと。何やかやと。例「――思(おぼ)しあつかひ聞こえさせ給へるさま、あはれにかたじけなし」〈源氏・葵〉訳あれやこれやと心配してお世話申し上げなさる様子は、感動的でありがたくもったいない。

と-やま【外山】〔名〕人里に近い山。連山の麓(ふもと)近くにある山。例「高砂(たかさご)の尾の上(へ)の桜咲きにけり――のかすみ立たずもあらなむ」〈後拾遺・春上〉訳あの遠く高い山の峰の桜が咲いたことだ。花が見えなくなるので、近い山の霞(かすみ)よ、どうか立たないでほしいものだ。注『百人一首』所収、大江匡房(マサフサ)ノ作。

と-よ《連語》《格助詞「と」＋間投助詞「よ」。多く文末に用いる》❶(「と」の下に「言ふ」「思ふ」などが省略された気持ちで)念を押す意を表す。…と思うよ。…ということだぞ。例「まことは、うつし心かとよ。たはぶれにくしや」〈源氏・紅葉賀〉訳実際のところ、正気の沙汰ですか。(うっかり)冗談もできない。

❷強い感動を表す。…だよ。…だなあ。例「明日(みやうにち)のいくさには、一定(いちぢやう)討たれなんずと覚ゆるとよ」〈平家・九・小宰相身投〉訳明日の合戦では、(私は)必ず討たれるだろうと思われるのだよ。

とよ-あきづしま【豊秋津島】〔名〕日本国の美称。豊かに穀物の実る大和(やまと)の国。

とよ-あしはら【豊葦原】(…アシハ(ワ)ラ)〔名〕(「とよ」は接頭語)(葦が豊かに生い茂った野原の意で)日本国の美称。例「神代(かみよ)より三種(みくさ)の宝伝はりて――のしるしとぞなる」〈玉葉・神祇〉訳神代から三種の神器(＝八咫鏡(ヤタノカガミ)・八坂瓊曲玉(ヤサカニノマガタマ)・天叢雲剣(アメノムラクモノツルギ))が伝わって日本の国の象徴となっている(ことだ)。

豊葦原の中(なか)つ国(くに) 日本国の美称。豊かな葦原の中の国。

豊葦原の瑞穂(みづほ)の国(くに)(…ミズホ…) 日本国の美称。豊かな葦原のみずみずしく稲穂の実る国。

とよ-の-あかり【豊の明かり】〔名〕(「とよ」は接頭語。「あかり」は赤らむことの意)❶酒を飲んで、顔が赤くなること。

❷宴会。特に、宮中で行われるものをいう。饗宴(きょうえん)。例「この後、――し給はむとする時、氏々(うぢうぢ)の女(をみな)どもみな朝参(みかどまゐ)りしき」〈古事記・下・仁徳〉訳この後、饗宴をなさろうとする時に、諸氏族の女性達がみんな宮中に参内した。

❸(「豊の明かりの節会(せちゑ)」の略)新嘗祭(にいなめのまつり)の翌日、天皇がその年新しくとれた穀物を召し上がり、群臣にも賜わる公式の宴。(季・冬)

参考 ③は「五節会(ごせちゑ)」の一つで、陰暦十一月の中の辰(たつ)の日に豊楽殿(ぶらくでん)で、「五節の舞」が演じられる。

豊の明かりの節会(せちゑ)(…セチエ) ⇩とよのあかり③

とよ-はたぐも【豊旗雲】〔名〕(「とよ」は接頭語。「旗」は、たなびいているさま)美しく大きくたなびいている雲。例「わたつみの――に入り日さし今夜(こよひ)の月夜(つくよ)さやけかりこそ」〈万葉・一・一五〉訳大海原(おおうなばら)の上に美しくなびいている雲に夕日がさしているのを見た。今夜は月もさわやかに照ってほしいものだ。

とよみ【響み】〔名〕(動詞「とよむ」の連用形の名詞化。後世には「どよみ」とも)鳴り響くこと。騒ぎ。例「――になりて、まかり出(い)でにけり」〈徒然草・二三六〉訳(つまらない答えだったので)どっと(大笑いに)なって、(恥をかいた医師は)退出してしまった。

とよ・む【響む】■一〔自マ四〕{ま・み・む・む・め・め}(「どよむ」とも)あたりに鳴り響くほどの大きな音を立てる。大声を立てて騒ぐ。例「おびたたしう鳴り――・むこと、かの地獄の業風(ごふふう)なりとも、これには過ぎじとぞ見えし」〈平家・三・辻風〉訳(辻風が)ひどく大きな音を立てていることは、あの地獄で吹くという大暴風でも、これ以上ではないと思われた。

■二〔他マ下二〕{め・め・む・むる・むれ・めよ}鳴り響かす。例「春過ぎて夏来向かへばあしひきの山呼びとよめさ夜中に鳴くほととぎす」〈万葉・一九・四一八〇長歌〉訳春が過ぎて夏がやって来ると、山全体に鳴り響かせて夜中に鳴くホトトギス。

どよ-め・く【響めく】〔自カ四〕{か・き・く・く・け・け}大声で騒ぐ。例「陸(くが)には源氏、えびらをたたいて――・きけり」〈平家・一一・那須与一〉訳(沖では平家が、船べりをたたいてほめたたえ)陸上では源氏が、えびら(＝矢ヲ差シテ背ニ負ウモノ)をたたいて大声をあげて騒いだ。注沖ノ小舟ノ扇ノ的ヲ那須与一ガ見事ニ射落トシタノデアル。

とよも・す【響もす】〔他サ四〕{さ・し・す・す・せ・せ}(「とよむ」の他動詞形)鳴り響かす。例「ほととぎす来鳴き――・す卯(う)の花の共にや来(こ)しと問はましものを」〈万葉・八・一四七二〉訳ホトトギスが来て鳴いて声を響かせている。卯の花と一緒に来たのかと尋ねもしように。

とら【寅】〔名〕❶十二支の三番目。⇩じふにし

❷方角の名。東北東。

❸時刻の名。午前四時およびその前後二時間。一説に、午前四時からの二時間。例「――の時ばかりに出(い)で立つに、月いと明かし」〈蜻蛉・中・天禄元年〉訳午前四時頃に出発する時に、月がたいそう明るい。

とら・す【取らす】〔他サ下二〕{せ・せ・す・する・すれ・せよ}❶与える。やる。例「あからさまに来たる子供・童(わらは)べを、見入れらうたがりて、をかしきもの――・せなどするに」〈枕草子・にくきもの〉訳ちょっと(遊びに)やって来た子供や幼児達を、目をかけかわいがって、好きそうな物を与えなどすると。

❷(「…てとらす」の形で)…てやる。例「いかにも判断をして――・せうほどに」〈狂言・佐渡狐〉訳言うとおり(佐渡に狐(きつね)がいるかどうか)判断をしてやるから。

とらのを-を-ふ・む【虎の尾を踏む】(トラノオ…)〔自マ四〕{ま・み・む・む・め・め}非常に危険なことをすることのたとえ。

とら・ふ【捕らふ・捉ふ・執らふ】(トラ(ロ)ウ)〔他ハ下二〕{へ・へ・ふ・ふる・ふれ・へよ}❶手でつかむ。握る。例「いとをかしげなる指(および)に――・へて大人などに見せたる、いとうつくし」〈枕草子・うつくしきもの〉訳(幼児が小さな塵(ちり)を目ざとく見つけて)たいへん愛らしい指でつまんで大人に見せたりしているのは、とてもかわいらしい。

❷取りおさえて自由にさせない。捕(つか)まえる。例「逃げんと

草・一七五〉訳（酒が飲めないので）逃げようとするのを捕まえて引きとどめて、むやみに飲ませてしまうと。❸取り上げる。問題にする。要点「取る」から派生した語。①は、手による具体的動作であるが、②は必ずしも手による動作ではない。また、③は抽象的な事柄に対してのもの。

とり【酉】〔名〕❶十二支の十番目。⇩じふにし ❷方角の名。西。❸時刻の名。午後六時およびその前後二時間。一説に、午後六時からの二時間。

とり【鳥】〔名〕❶鳥類の総称。❷特に、ニワトリ。また、ニワトリの鳴き声。例「——も鳴きぬ。人々起き出(い)でて」〈源氏・帚木〉訳ニワトリも鳴いた。（お供の）人々も起き出して。❸特に、キジ。例「盛りなる紅梅の枝に、——一双(いっさう)を添へて」〈徒然草・六六〉訳満開に咲いている紅梅の枝に、キジの雌雄一対を付けて（献上せよ）。

鳥の跡(とあ)（蒼頡という人が、鳥の足跡を見て文字を作ったという中国の故事から）文字。また、筆跡。例「——、久しく留(とど)まれらば」〈古今・仮名序〉訳（この集の歌を書いた）文字が、長い間残っているならば。

鳥の空音(そらね) ニワトリの鳴きまね。中国で斉の孟嘗君が秦を逃れて函谷関を脱出する時、ニワトリの鳴きまねで関の番人に時間をまちがえさせ、無事通過した故事による。

とり【取り】〔接頭〕（動詞に付いて）その動詞の意味や語勢を強める。「——上ぐ」「——重ぬ」「——つくろふ」など。

とり-あ・ぐ【取り上ぐ】〔他ガ下二〕{げ・げ・ぐ・ぐる・ぐれ・げよ}❶手に取って上げる。例「蓮(はちす)の浮葉のいと小さきを、池より——・げたる」〈枕草子・うつくしきもの〉訳（かわいらしいもの）蓮の浮葉のごく小さいのを、池から取り上げたの。❷取って自分のものにしてしまう。取り上げる。❸子供を分娩させる。また、育て上げる。❹髪を結い上げる。また、元服させる。例「髻(もとどり)——・げ、木曽次郎義仲とこそ付いたりけれ」〈平家・六・廻文〉訳髻を結い上げて元服し、木曽次郎義仲と名が付いた。

特に問題とする

とり-あつ・む【取り集む】〔他マ下二〕{め・め・む・むる・むれ・めよ}❶多数の物を集める。例「なまめきたるさまざまの香りも——・め、めでたき盛りに見え給ふ」〈源氏・若菜・上〉訳優美なさまざまの香り（＝美シサ）をも多く集めて、（紫の上は今が）美しい盛りとお見受けされる。❷いろいろな物事を一緒にする。例「早稲田(わさだ)刈り干すなど、——・めたる事は秋のみぞ多かる」〈徒然草・一九〉訳早稲田の稲を刈って干すなど、いろいろな事がひと時に行われるということは特に秋に多いものだ。

とり-あはせ【鶏合はせ】〔名〕雄鶏を戦わせて勝負を争う遊戯。闘鶏。宮中では陰暦三月三日に清涼殿で行われた。

とりあはせ

とり-あ・ふ【取り合ふ】〔自ハ四〕{は・ひ・ふ・ふ・へ・へ}❶相手になる。かかわり合う。❷調和する。釣り合う。例「これはこちらの道具とは——・はぬ品ぢゃが」〈狂言・子盗人〉訳これ（＝小袖）はこちらの道具と釣り合わない品物だが。

二〔他ハ四〕{は・ひ・ふ・ふ・へ・へ}先を争って奪い合う。例「倉どもみな開けて、かく宝どもみな人の——・ひたる」〈宇治拾遺・六・三〉訳倉をみんな開けて、このように多くの宝物を人々が奪い合ったことは。

三〔他ハ下二〕{へ・へ・ふ・ふる・ふれ・へよ}❶その場によく調和させる。❷問題として取り上げる。相手とする。

とり-あ・ふ【取り敢ふ】〔自ハ下二〕{へ・へ・ふ・ふる・ふれ・へよ}《多く打消しの表現を伴う》❶（取るべきものを）取ることができる。取るのに間に合う。用意する。例「皆帰り給はむとするに、笠(かさ)も——・へず」〈源氏・須磨〉訳（にわか雨が降ってきて）皆お帰りになろうとするけれども、笠を用意することもできない。❷予期する。予想する。例「高潮(たかしほ)といふ物になむ、——・へず人そこなはるるとは聞けど」〈源氏・須磨〉訳津波といふものに、予期もできずに（あっという間に）人は（命を）奪われるとは聞いているけれども。❸こらえる。耐える。例「心ありて風の避(よ)くある花の木に——・へぬまで吹きや寄るべき」〈源氏・梅枝〉訳（花を）思いやる気持ちがあって（散らさないように）風がわざわざ避けて吹いているらしい（梅の）花の木に、（ウグイスが）いたたまれないほど（不用意）に（笛を）吹きながら寄っていってよいものでしょうか。

とりあへ-ず【取り敢へず】〔副〕すぐに。何はさておき。例「女の物言ひかけたる返り事、——よきほどにする男はありがたきものぞ」〈徒然草・一〇七〉訳女が何か言葉を言いかけたのに対する返事を、すぐにうまいぐあいにできる男はめったにいないものだ。

とり-い・づ【取り出づ】〔他ダ下二〕{で・で・づ・づる・づれ・でよ}取り出す。例「頭中将、懐(ふところ)なりける笛——・でて吹きすましたり」〈源氏・若紫〉訳頭中将は、懐に入れていた笛を取り出して澄んだ音色で吹き鳴らした。

とり-い・る【取り入る】一〔自ラ四〕{ら・り・る・る・れ・れ}❶とらえてその中に入り込む。はいる。とりつく。また、かかわる。❷相手に気に入られるようにする。こびへつらう。とりいる。

二〔他ラ下二〕{れ・れ・る・るる・るれ・れよ}❶取って中に入れる。特に、手紙や贈り物を受け取る。例「御文——・れて、殿・上(うへ)・宮など御覧じ渡す」〈枕草子・淑景舎〉訳お手紙を受け取って、関白様（＝中宮ノ父道隆）・母北の方・中宮様などが順にご覧になる。❷悪霊などがとりついて、その心身を自分の方に引き入れ悩ます。例「御物の怪(け)のたびたび——・れ奉りしを思(おぼ)して」〈源氏・葵〉訳悪霊が（葵の上に）たびたびとりついて悩ませ申し上げたことをお思いになって。❸農作物などを刈り入れる。とりいれをする。

とり-お・く【取り置く】〔他カ四〕{か・き・く・く・け・け}とっておく。保存する。例「さかしらにこれを——・きけるよなど、漏(も)り聞き給はむこそ、恥づかしけれ」〈源氏・浮舟〉訳こざかしくこれ（＝匂宮カラノ手紙）を取っておいたのかなどと、（薫が）漏れ聞きでもなさったら、恥ずかしいことです。

とり-おこな・ふ【執り行ふ】〔他ハ四〕{は・ひ・ふ・ふ・へ・へ}（ある物事を）する。行う。例「つれづれなる日、思ひの外に友の入り来て——・ひたるも、心なぐさむ」〈徒然草・一七五〉訳 所在なく思われる日に、思いがけなく友人がやって来て(酒を一杯)やるのも、心が慰められる。

とり-おひ【鳥追ひ】‥オイ〔名〕❶農村の年中行事の一つ。正月十五日の暁(あかつき)に、田畑に害を及ぼす虫や鳥獣を追うために、若者が棒を打ち歌をうたって家々を回ること。❷江戸時代に、女太夫(おんなだゆう)が家々を回り、鳥追い歌をうたった芸能の一種。編み笠をかぶり、三味線を弾き、金銭を乞うた。

とりおひ②

とり-か・く【取り掛く】〔他カ下二〕｛け・け・く・くる・くれ・けよ｝❶取って身体に掛ける。身に着ける。❷代価として支払う。例「楫取(かぢと)りの昨日釣りたりし鯛(たひ)に、銭なければ米(よね)を——・けて」〈土佐・一月十四日〉訳 楫取りが昨日釣った鯛に、銭がないので米を代価として支払って。

とり-かさ・ぬ【取り重ぬ】〔他ナ下二〕｛ね・ね・ぬ・ぬる・ぬれ・ねよ｝あれこれ重ねる。加える。例「秋の頃ほひなれば、物のあはれ——・ねたる心地して」〈源氏・松風〉訳 (折しも季節は)秋なので、もの悲しい気分をあれこれと重ねたような気持ちがして。

とり-が-なく【鶏が鳴く】【枕詞】「あづま(＝東国)」にかかる。東国の言葉は、大和地方の人にとっては、わかりにくくて鶏の鳴くように聞こえたところからという。例「——あづまの国の御軍士(みいくさ)を召し給ひて」〈万葉・二・一九九長歌〉訳 東国の兵士をお召しになって。

とり-かぶと【鳥兜・鳥甲】〔名〕雅楽の「伶人(れいじん)」がかぶった冠。鳳凰(ほうおう)をかたどり錦でつくったもの。

とりかぶと

とり-かへし【取り返し】‥カエシ〔副〕はじめに返って。改めて。例「思(おぼ)しまぎるる折もありつる昔のこと、——悲しく思(おぼ)さる」〈源氏・桐壺〉訳 (帝(みかど)は)思いまぎれなさる寺もあった昔の事(＝亡キ桐壺更衣(キリツボノコウイ)ノコト)を、改めて悲しくお思いになる。

とりかへばや物語(とりかへばやものがたり)トリカエバヤモノガタリ【書名】物語。平安時代後期成立か。作者不詳。四巻。父の権大納言に「とりかへばや(兄妹の性別をとりかえたい)」と嘆かせた兄妹の物語。女性的な兄は女として、男性的な妹は男として育てられ、成人の後ともに仕官、困難を経てそれぞれ本来の女、男に戻り、栄えたという筋。

とり-ぐ・す【取り具す】〔他サ変〕｛せ・し・す・する・すれ・せよ｝備えとりそろえる。例「このさまざまのよき限りを——・し、難ずべき種(くさはひ)まぜぬ人は、いづこにかはあらむ」〈源氏・帚木〉訳 この色々なよい点を(すべて)備え、非難すべき種(＝欠点)を交ぜていない女など、どこにいるでしょうか。注「雨夜の品定め」ノ女性論ノ一節。

とり-こ【取り子】〔名〕養子。もらい子。

とり-こ・む【取り込む・取り籠む】■一〔他マ四〕｛ま・み・む・む・め・め｝取って中に入れる。例「をかしき古事(ふること)をもはじめより——・みつつ」〈源氏・帚木〉訳 趣のある古歌を初句から(自分の歌の中に)取りこんでは、(こちらの迷惑するような時に詠みかけてくるのは)。■二〔他マ下二〕｛め・め・む・むる・むれ・めよ｝閉じ込めて逃げられないようにする。とり囲む。例「中に——・め、雨の降るやうに射けれども、鎧(よろひ)よければ裏かかず」〈平家・九・木曽最期〉訳 (今井兼平(かねひら)を)中にとり囲んで、雨が降るように(矢を)射るけれども、鎧の質がよいから(矢が)裏まで通らず。

とり-さた【取り沙汰】〔名・他サ変〕(「とりざた」とも)❶とりさばくこと。処理。世話。❷世間の人のうわさ。評判。

とり-したた・む【取り認む】〔他マ下二〕｛め・め・む・むる・むれ・めよ｝(「とり」は接頭語)きちんとかたづける。整理する。例「見苦しき物ども——・めて、出づべきにこそさだまりけれ」〈平家・一・祇王〉訳 (祇王(ぎおう)は)見苦しい物などをきちんとかたづけて、出て行くことになった。

とり-じもの【鳥じもの】【枕詞】(鳥のように、の意で)「朝立つ」「浮く」「なづさふ」などにかかる。参考 枕詞としないで、副詞とする説もある。

とり-す・つ【取り舎つ】〔他タ下二〕｛て・て・つ・つる・つれ・てよ｝取って捨てる。取り除く。例「夜の程に、人の憎みて——・てて侍るにや」〈枕草子・職の御曹司におはします頃、西の廂にて〉訳 夜の間に、誰かが(私の予想の当たるのを)憎んで、(残っていた雪を)取って捨てたのでしょうか。

とり-たが・ふ【取り違ふ】‥タガ(ゴ)ウ〔他ハ下二〕｛へ・へ・ふ・ふる・ふれ・へよ｝取り違える。まちがえる。例「人のもとに、さるもの包みて贈るやうやはある。——・へたるか」〈枕草子・里にまかでたるに〉訳 人の所へ、そんな物を包んで贈ることなどあるものか。取り違えたのか。

とり-た・つ【取り立つ】〔他タ下二〕｛て・て・つ・つる・つれ・てよ｝❶取って上にあげる。取り上げる。例「弓矢を——・てむとすれども、手に力もなくなりて」〈竹取・かぐや姫の昇天〉訳 弓矢を取り上げようとするけれども、手に力もなくなって。注 月カラ天人ガ、カグヤ姫ヲ迎エニ来タ場面。❷特別に取り上げる。特に数えたてる。例「——・てはかばかしき後見(うしろみ)しなければ」〈源氏・桐壺〉訳 (桐壺更衣(きりつぼのこうい)は)特に数えたてるような頼りがいのある後見人がないので。❸作りたてる。調える。仕立てる。❹建てる。築く。例「かたのごとく——・てたりつるに、又ものぐるはしう都帰りありければ」〈平家・五・都帰〉訳 (一応、福原に新都を)形だけは建てたのだったが、またばかばかしいことに(もとの平安京に)都帰りが行われたので。❺抜擢(ばってき)する。登用する。

とり-つ・く【取り付く】■一〔自カ四〕｛か・き・く・く・け・け｝❶すがりつく。例「——・きながらいたう睡(ねぶ)りて、落ちぬべき時に目を醒(さ)ますことたびたびなり」〈徒然草・四一〉訳 (木に)すがりついたままでぐっすり眠って、今にも落ちそうな時に目を覚ますことがたびたびである。❷(霊魂などが)乗り移る。❸とりかかる。始める。■二〔他カ下二〕｛け・け・く・くる・くれ・けよ｝❶取り付ける。付着させる。例「奥山の賢木(さかき)の枝に白香(しらか)つけ木綿(ゆふ)——・けて」〈万葉・三・三七九長歌〉訳 山奥の榊(さかき)の枝に白香をつけ、木綿(ゆう)を取り付けて。注 白香・木綿ハ共ニ、神事ニ用イル。❷(霊魂などを)乗り移らせる。

とり-つくろ-ふ【取り繕ふ】〔他ハ四〕{は・ひ・ふ・ふ・へ・へ} ❶手入れをする。修理する。例「—・ふ人もなきままに、草青やかに茂り」〈源氏・橋姫〉訳（邸内の）手入れをする人もないままに、草が青々と茂り。❷服装を整える。威儀を正す。着飾る。例「御方をも、頭（かしら）洗はせ、—・ひて見るに」〈源氏・東屋〉訳御方（＝浮舟（ウキフネ））にも、髪を洗わせ、身なりを整えてみると。

とり-て【捕り手・取り手】〔名〕❶罪人を召し取る役人。「捕り方（かた）」とも。❷（「とりで」とも）武術の一種。柔術。例「手振りでかかる事は、今の世の中に、—の師匠か取り上げ婆（ばば）より外（ほか）に、銀（かね）になる物なし」〈西鶴・日本永代蔵・三・一〉訳元手なしでとりかかれるものは、今の世の中では、捕り手の先生か産婆より外に、お金になる商売はない。

とり-どころ【取り所】〔名〕❶とりえ。長所。例「げに遅うさへあらむは、いと—なければ」〈枕草子・二月つごもり頃に〉訳なるほど（返歌が下手な上に）遅くさえなってしまうのは、まったくとりえがないので。❷器物のとって。つまみ。

とり-どり【取り取り】〔形動ナリ〕それぞれに違っている様子。また、思い思いにやる様子。さまざまである。例「おごれる心も猛（たけ）き事も、皆—・にこそありしかども」〈平家・一・祇園精舎〉訳（平将門（まさかど）・藤原純友（すみとも）たちは）おごり高ぶる心も勇ましさも、皆さまざまだったが。

とり-な-す【取り成す・執り成す】〔他サ四〕{さ・し・す・す・せ・せ} ❶ある状態や形を別の状態や形にする。例「いときたなげに—・しふくだめて、上に引きたりつる墨など消えて」〈枕草子・すさまじきもの〉訳（手紙を）とても汚してけばだたせてしまい、（封じ目の）上に引いてあった墨なども消えて（持ち帰ったのは興ざめだ）。❷（そのように）扱う。考える。例「人の言ひ古したる様に—・し給ふなめり」〈枕草子・弘徽殿とは〉訳世間の人が言い古した通りにお考えになるらしい。❸言いたてる。取り沙汰（ざた）する。例「作りごとめきて—・する人物し給ひければなむ」〈源氏・夕顔〉訳（この『源氏物語』を）作り話であるかのように取り沙汰する人がどうもいらっしゃるので（作者はこうして書いたのである）。❹うまく調子を合わせる。例「あまり情けにひきこめられて、—・せばあだめく」〈源氏・帚木〉訳（ものやさしく女らしい女性は）度はずれて情愛にとらわれていて、（こちらが）うまく調子を合わせると浮気っぽく振る舞う。

とり-な-づ【取り撫づ】〔他ダ下二〕{で・で・づ・づる・づれ・でよ} 手に取ってなでる。大事にする。例「朝（あした）には—・で給ひ夕べにはい倚（よ）り立たしし御執（と）らしの梓（あづさ）の弓の」〈万葉・一・三長歌〉訳朝には手に取っておなでになり、夕にはそばに寄ってお立ちになって愛用なさった梓の弓の。

とり-なほ-す【取り直す】〔他サ四〕{さ・し・す・す・せ・せ} ❶持ち直す。持ちかえる。例「筆—・し、用意し給へる様さへ、見知らむ人はげにめでぬべき御気色なり」〈源氏・梅枝〉訳筆を持ち直し、注意してお書きになるご様子までが、見る目のある人ならばまったく賞賛しそうなお姿である。❷改める。訂正する。例「これこそは手づからの御事の限りなめれ。侍従こそ—・すべかめれ」〈源氏・末摘花〉訳これこそは（末摘花（すゑつむはな））自身での精一杯のところなのであろう。（いつもは侍女の）侍従がきっと作り直しているのだろう。注末摘花ノ歌ノ稚拙サニアキレル光源氏ノ言葉。

とり-の-あと【鳥の跡】⇩「とり（鳥）」子項目

とり-の-こ【鳥の子】〔名〕❶（鳥の）卵。特に、ニワトリの卵。例「—を十（とを）づつ十は重（かさ）ぬとも思はぬ人を思ふものかは」〈伊勢・五〇〉訳卵十個を、十回積み重ねるほどむつかしいことができたとしても、（自分を）愛してくれない人を（こちらから）愛するものか。❷（「鳥の子紙（がみ）」の略）和紙の一種。雁皮（がんぴ）と楮（こうぞ）との液に三椏（みつまた）をまぜてすく良質紙。淡黄色で、紙質はなめらかで光沢がある。書簡用などにする。

とり-の-そらね【鳥の空音】⇩「とり（鳥）」子項目

とり-はづ-す【取り外す】〔他サ四〕{さ・し・す・す・せ・せ} ❶うっかりして取り落とす。取りそこなう。例「心なかりける御前（ごぜん）の—・して、遣（や）り水に落とし入れたりけるを」〈宇治拾遺・七・六〉訳うっかり者の従者が（贈り物を）取りそこなって、遣り水の中に落としてしまったが。❷うっかりして失敗する。やりそこなう。例「おのづから—・して見奉るやうもありなむ」〈源氏・若菜・上〉訳（あなた、女三の宮は）ついうっかりして（夕霧があなたのお姿を）お見かけ申し上げるような事態もあるかもしれません。

とり-ばみ【鳥食み・取り食み】〔名〕宴会の料理の残り物を投げ与えて、下人などに食べさせること。また、それを食べる者。乞食（こじき）。

とり-はや-す【取り囃す】〔他サ四〕{さ・し・す・す・せ・せ} 座を取り持って、興を添える。例「御果物参りなど—・して、御前にも参らせ給ふ」〈枕草子・宮に初めて参りたるころ〉訳（大納言は）果物などを召し上がって座を取り持ち、中宮にもお進めなさる。

鳥部野（とりべの）〘地名〙現在の京都市東山区の東山西麓、清水寺（きよみず）の南あたり。「鳥辺野」とも書く。平安時代以降ここに火葬場が設けられ、遺骸（いがい）を焼く煙が空に立ちのぼった。『源氏物語』『今昔物語集』『徒然草』などにしばしばその名が見える。歌枕。

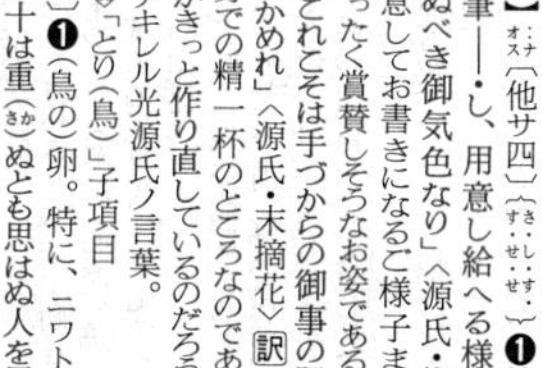
鳥部野

鳥部山（とりべやま）〘山名〙「鳥部野」あたりの山。歌枕。

とり-まう-す【執り申す・取り申す】〔他サ四〕{さ・し・す・す・せ・せ} ❶取り次いで申し上げる。例「入道随分—・ししかども、遂（つひ）に御承引（しょういん）なくして」〈平家・三・法印問答〉訳私、入道（＝清盛）が力を尽くして取り次いで申し上げましたのに、（法皇は）とうとうご承知なさらず。❷取り立てて申し上げる。申し上げる。例「事の有様は、詳しく—・しつ」〈源氏・夢浮橋〉訳その人（＝浮舟（ウキフネ））に関する事情は、詳しく申し上げた。

とり-まかな-ふ【取りまかなふ・とり賄ふ】〔他ハ四〕{は・ひ・ふ・ふ・へ・へ} 世話をする。例「すべてよその人の—・ひたらん、うたて心づきなき事多かるべし」〈徒然草・二四〇〉訳すべて第三者が世話をしたようなの（＝結婚）は、まことに気に添わないことが多いことであろう。

とり-まはし【取り廻し】〔名〕❶とりなし。やりくり。処置。例「万事の—、人の鑑（かがみ）にもなりぬべき願ひ」

〈西鶴・日本永代蔵・二・一〉訳 やりくりすべてにわたって、(倹約家として)人の模範ともなりたいという願い。❷なりふり。身なり。風体。例「――のいやしからずとて、国なる独り子の嫁にしても苦しからじと」〈西鶴・好色一代女・二・三〉訳 (女の)身なりが下品でないので、故郷にいる一人息子の嫁にしてもさしつかえあるまいと。

とりもう・す【執り申す・取り申す】〔動〕⇩とりまうす

とり-も・つ【取り持つ・執り持つ】〔他タ四〕{た・ち・つ・つ・て・て} ❶手に取って持つ。持つ。例「春の日に張れる柳を――・ちて見れば都の大路（おほち）思ほゆ」〈万葉・一九・四一四二〉訳 春の日に芽ぶいた柳を手に持って見ると、奈良の都の大路が思い出されることだ。注 作者ノ大伴家持ハ任国ノ越中(=富山県)ニ居タ。❷引き受けて行う。取り仕切ってする。責任をもって行う。例「大君の任（まき）のまにまに――・ちて仕ふる国の」〈万葉・一八・四一一六長歌〉訳 大君の任命のままに従って、責任をもってお仕えする国の。❸間に立って世話をする。例「かの殿は、かく――・ちて何やかやと思（おぼ）して」〈源氏・蜻蛉〉訳 (浮舟の死後)あの殿(=薫（カオル）)は、このように(残された人を)世話してああもしようこうもしようとお思いになり。❹(多く「とりもて」の形で)さらって行く。奪い取る。例「たとひまことに人なりとも、狐（きつね）・木魂（こだま）やうのものの欺（あざむ）きてとりもて来たるにこそ侍（はべ）らめ」〈源氏・手習〉訳 たとえ本当に人間であっても、狐や木の精霊のようなものが欺いて奪い取って来た人でございましょう。注「とりもて」ハ「とりもって」ノ促音ヲ表記シナイ形。

とり-もの【採り物】〔名〕❶祭事の時、神官などが手に持つ道具。特に、神楽で、人長(=舞イ人ノ長)が手に持って舞うもの。榊・幣・弓・剣・鉾など。❷(「採り物の歌」の略)神楽歌の一種。①にちなんで歌う歌。

とり-よ・す【取り寄す】〔他サ下二〕{せ・せ・す・する・すれ・せよ} ❶手もとに引き寄せる。例「火近う――・せて物語など見るに」〈枕草子・虫は〉訳 灯を近く引き寄せて物語などを見ていると。❷持って来させる。取り寄せる。例「十貫づつ――・せて、芋頭（いもがしら）を乏（とも）しからず召しけるほどに」〈徒然草・六〇〉訳 銭を十貫ずつ取り寄せて、(その金で)里芋をたっぷり召し上っていたので。❸人を近くに呼び寄せる。また、人を近付ける。例「――・せもてかしづき給ふ」〈源氏・真木柱〉訳 親しく近付けて大切につき合っていらっしゃる。

とり-よそ・ふ【取り装ふ】ヨソウ〔他ハ四〕{は・ひ・ふ・ふ・へ・へ} 装う。支度をする。例「妻別れ悲しくはあれど大夫（ますらを）の心振り起こし――・ひ門出をすれば」〈万葉・二〇・四三九八長歌〉訳 妻と別れるのは悲しいけれど、男児の心をふるい立たせて、支度をして門出をすると。

とり-よろ・ふ ヨロウ〔自ハ四〕{は・ひ・ふ・ふ・へ・へ}(上代語)語義未詳。装い飾る意とも、とりわけ良い、の意ともいう。例「大和（やまと）には群山（むらやま）あれど――・ふ天（あめ）の香具山」〈万葉・一・二長歌〉訳 大和には多くの山があるけれど、とりわけ良い天の香具山。注 舒明天皇ノ歌。

とり-わき【取り分き】〔副〕⇩とりわきて 例「――仰せ言ありて、清らを尽くして仕うまつれり」〈源氏・桐壺〉訳 特に(天皇の)ご命令があって、華美の限りを尽くして(光源氏の元服の儀式を)行って差し上げた。

とりわき-て【取り分きて】〔副〕(四段動詞「とりわく」の連用形＋助詞「て」)特に。とりわけ。例「神の御前のものと生ひはじめけむも、――をかし」〈枕草子・花の木ならぬは〉訳 (サカキだけが)神の御前のものとして生えはじめたというのも、とりわけおもしろい。

とり-わ・く【取り分く】〔他カ四〕{か・き・く・く・け・け} 他と区別して特別に扱う。特別扱いする。

とり-わた・す【取り渡す】〔他サ四〕{さ・し・す・す・せ・せ} 持って来る。運ぶ。例「地獄絵の屛風（びやうぶ）――・して、宮に御覧ぜさせ奉らせ給ふ」〈枕草子・御仏名のまたの日〉訳 地獄絵の屛風を持って来て、(帝が)中宮にご覧にお入れになる。

とり-ゐ・る【取り率る】イル〔他ワ上一〕{ゐ・ゐ・ゐる・ゐる・ゐれ・ゐよ} 無理に連れて行く。召し連れる。例「許さぬ迎へまうで来て、――・ゐてまかりぬれば、口惜しく悲しきこと」〈竹取・かぐや姫の昇天〉訳 (拒むことを)許さぬ(天からの)迎えがやって来て、(私を)召し連れて参りますので、残念であり悲しいことです。注 カグヤ姫カラ帝ヘノ手紙。

と・る【取る・執る・採る・捕る】〔他ラ四〕{ら・り・る・る・れ・れ} ❶手にとって持つ。しっかりと握る。例「筆を――・れば物書かれ、楽器を――・れば音（ね）をたてむと思ふ」〈徒然草・一五七〉訳 筆を手にとると自然とものが書かれ、楽器を手にとると音を響かせたいと思う。❷(植物などを)採集する。(農作物を)収穫する。例「野山にまじりて竹を――・りつつ、よろづの事に使ひけり」〈竹取・かぐや姫の生ひ立ち〉訳 (竹取の翁は)野や山へ分け入っていつも竹を採っては、種々の用途に使っていた。❸(人や獣を)とらえる。つかまえる。例「追ひて、その室（むろ）の椅（はし）のもとに至りて、その背の皮を――・りて」〈古事記・中・景行〉訳 追いかけて、その部屋のはしごの下で追いついて、その(=熊曽建（クマソタケル）ノ)背中の皮をつかんで。❹(他人の持ち物などを)取り上げる。盗む。また、(命を)奪う。(賊などを)退治する。例「つまどりの里、人に――・られたるにやあらむ、わがまうけたるにやあらむと、をかし」〈枕草子・里は〉訳 つまどりの里(=宮城県古川市アタリカ)は、(妻を)人に取られたのだろうか、自分が得たのであろうか(どちらの理由でこの名が付いたのか)と、おもしろい。❺(付属物などを)取り去る。取りのぞく。❻調えて行う。拍子などをとる。例「弁の少将、拍子――・りて、梅（むめ）が枝（え）いだしたるほど、いとをかし」〈源氏・梅枝〉訳 弁の少将が、(笏（しゃく）で)拍子をとりながら、梅が枝(=催馬楽ノ曲名)を謡い出した時の感じは、たいそう風情がある。❼(「…にとりて」の形で)…に関して。…について。例「ただ我が身一つに――・りて、昔今とをなぞらふるばかりなり」〈方丈記・閑居の気味〉訳 ただ私一人の身の上について、昔と今とを比べるだけである。

とわ【永久・常】〔形動ナリ〕⇩とは

と-わた・る【門渡る】〔自ラ四〕{ら・り・る・る・れ・れ}(「と」は水門の意)瀬戸や海路を航行する。例「淡路島――・る船の楫間（かぢま）にも我は忘れず家をしぞ思ふ」〈万葉・一七・三八九四〉訳 淡路島の海峡を航行する船の櫓をこぐ(わずかの)間でさえも、私は忘れずに故郷の家のことを思っている。

とを-だんご【十団子】トオ〔名〕(「とをだご」とも)駿河の国(=静岡県)の宇津谷峠の麓で売っていた名物

の団子。赤・黄・白などに染めた小さな団子を、十個ずつ竹ぐしや麻糸に通して売っていた。

とをを〔形動ナリ〕⇩たわわ 例「あしひきの山道（やまぢ）も知らず白橿（しらかし）の枝も――に雪の降れれば」〈万葉・一〇・二三一五〉訳 山道もどこかわからない。白橿の枝もしなうほどに雪が降り積もっているので。

とん-じき【屯食・頓食】〔名〕《「とじき」とも》「強飯（こはいひ）」の握り飯。また、強飯を盆の上に卵形に盛り固めたもの。平安時代、宮中や貴人の邸での饗宴の際、庭先に並べて、下人などに弁当として与えた。

とん-せい【遁世】〔名・自サ変〕《「とんぜい」「とんせ」とも》俗世間を離れて、仏門に入ること。例「学問を捨てて――・したりけるを」〈徒然草・二二六〉訳（中山行長は世俗の）学問を捨てて仏門に入ったが。

遁世者《「とんぜいしゃ」とも》俗世間を離れた人。遁世した人。世捨て人。例「――は、なきにことかけぬやうをはからひて過ぐる、最上のやうにてあるなり」〈徒然草・九八〉訳 世捨て人は、何がなくても不自由しないように心がけて過ごすのが、最上のやり方であるのだ。

とん-と〔副〕まったく。すっかり。きっぱりと。

とん-ばう【蜻蛉・蜻蜓】〔名〕虫の名。トンボ。「とうばう」とも。（季・秋）例「――や村なつかしき壁の色」〈蕪村〉訳 秋の夕空にトンボが低く群れをなして飛んでいる。あたりの白壁は夕日に栄えて、そぞろに故郷の村がなつかしく思われる。

とんばう-がへり【蜻蛉返り】〔名〕（トンボが空を飛びながら急に身をひるがえす動作に似ていることから）軽く身をひるがえすこと。そのような刀のさばき方。また、宙返りすること。とんぼがえり。

とん-よく【貪欲】〔名〕《仏教語。近世末期から「どんよく」とも》「十悪」の第八番目。欲の非常に深いこと。強欲。例「さすがに一度（ひとたび）道に入りて世を厭（いと）はむ人、たとひ望みありとも、勢ひある人の――多きに似るべからず」〈徒然草・五八〉訳 何といっても一度仏道に入って世俗をきらって離れるような人は、たとえ願望があっても、（世の）権勢盛んな人の欲望の限りなさとは全然違う。

な

な【名】〔名〕❶（人・物などの）名称。名前。例「我こそは告（の）らめ家をも――をも」〈万葉・一・一長歌〉訳 私こそは告げよう、（私の）家をも名前をも。❷名声。また、評判。噂。例「この世に――を得たる舞の男（をのこ）どもも」〈源氏・紅葉賀〉訳 今の世の中で名声を博している舞人たちも。❸虚名。実質を伴わない単なる名目。例「秋の夜（よ）も――のみなりけり逢（あ）ふといへば事ぞともなく明けぬるものを」〈古今・恋三・六三五〉訳（長いという）秋の夜も名目だけだったよ。（恋しい人と）逢っていると、これということもなく明けてしまったものだから。注 小野小町ノ作。

名立（た）つ 世間の評判になる。特に、浮き名が立つ。

名に負（お）ふ ⇩名にし負ふ

名にし負（お）ふ《「し」は、強調の副助詞》名前として持っている。また、有名である。例「――・はば逢坂山のさねかづら人に知られで来る由もがな」〈後撰・恋三〉訳（「逢ふ」「さ寝」という語を）名前として持っているのなら、あの逢坂山のサネカズラ（＝ツル草ノ一種）を手繰るように、人に知られないであなたの所へ逢いに来る方法があればよいのに。注『百人一首』所収ノ藤原定方ノ歌。「来る」ニ「繰る」ヲ掛ケル。

名を立（た）つ 名声をあげる。また、評判を立てられる。「名を取る」とも。例「大きなる利を得むがために、少しきの利を受けず、偽り飾りて――・てむとす」〈徒然草・八五〉訳 大きな利益を得ようとするために、僅かな（目先の）利益を受けずに、（我が身を）偽り飾って（＝ヨイ格好ヲシテ）名声をあげようとしている。注 愚カナ人ガ賢イ人ヲ批判スル言葉。

な〔名〕**一【肴】**植物、魚、肉などを食用にしたもの。副食物。おかず。例「――に合はすばかりの食味（じきみ）なし」〈今昔・一・三一〉訳 惣菜にあえるほどのたれ（さえ）ない。**二【菜】**食用の草の総称。野菜。山菜。例「この岡に――摘ます児（こ）」〈万葉・一・一長歌〉訳 この岡で菜をお採りになっているお嬢さん。**三【魚】**食用の魚類をいう。魚。例「帯日売（たらしひめ）神の命（みこと）の――釣らすとみ立たしせりし石を誰（たれ）見き」〈万葉・五・八六九〉訳 神功皇后様が魚をお釣りになろうとしてお立ちあそばした石を誰が見たというのか。

な【儺】〔名〕❶⇩おにやらひ ❷「追儺（ついな）」の時に追いはらう鬼。例「――やらはむに、音高かるべきこと、何わざをせさせむ」〈源氏・幻〉訳 鬼を追い払おうと思うが、（追い払うための）音は高くなくてはならないものだ、どんなことをさせようか。

な【汝】〔代名〕《人称代名詞。対称》目下の者や親しい者に対して用いる。おまえ。きみ。例「近江（あふみ）の海夕波千鳥――が鳴けば心もしのに古（いにしへ）思ほゆ」〈万葉・三・二六六〉訳 近江（＝滋賀県）の湖（＝琵琶湖）の夕方の波をかすめて飛ぶ千鳥よ。おまえが鳴くと、私はしみじみと心もうちひしがれて、過ぎた昔のことが思われる。

なの判別

①**副詞「な」**――動詞・動詞＋助動詞の連用形の上に付く
- 例 沖へ**な**離り ……――禁止《上代の用法》
- 例 **な**起こし奉りそ ……――禁止（終助詞「そ」と呼応して）

②**助詞**
- Ⓐ**格助詞「な」**――体言・体言に準ずる語句に付く
  - 例 大き海の水**な**底深く …………連体
- Ⓑ**終助詞「な」**――文が終止する形、引用の格助詞「と」に付く
  - 例 花の色は移りにけり**な** …………詠嘆
- Ⓒ**終助詞「な」**――動詞・動詞型活用助動詞の終止形などに付く
  - 例 かぐや姫に住み給ふと**な** …………確認
  - 例 あやまちす**な**、心して降りよ …………禁止
- Ⓓ**終助詞「な」**《上代語》――動詞・動詞型活用助動詞の未然形に付く

例 沖つ白玉拾ひて行かな……自身の行為に対する願望
例 潮もかなひぬ今は漕ぎ出な……勧誘
例 諸々救い渡し給はな……相手の行為に対する願望

Ⓔ間投助詞「な」―文中・文末の種々の切れ目に付く
例 野べにてたびたび会ふよりはな……念を押す

③助動詞
- Ⓐ完了の助動詞「ぬ」の未然形「な」
  例 髪もいみじく長くなりなむ
- Ⓑ打消しの助動詞「ず」の未然形「な」（古い形）
  例 松も昔の友ならなくに……多く「く(に)」をともなう
- Ⓒ《連語》「ななり」―「なンなり」の撥音の無表記（断定の助動詞「なり」の連体形＋推定・伝聞の助動詞「なり」）
  例 秋の夜は思し捨てつるななりな

な〔副〕《動詞連用形（カ変・サ変動詞は未然形）、または、動詞＋助動詞連用形の上に付く》❶《上代の用法》動詞の表す動作を禁止する意を表す。…**するな**。…**してくれるな**。例「我が船は比良(ひら)の湊(みなと)に漕(こ)ぎ泊(は)てむ沖へ―離(さか)りさ夜更けにけり」〈万葉・三・二七四〉訳 私の乗った船は、比良の港に漕いで行って停泊しよう。もう沖へ離れて行くな。夜も更けてしまった。注「比良」ハ、滋賀県滋賀郡志賀町。
❷《終助詞「そ」と呼応して、「な…そ」の形で》動詞の表す動作を禁止する意を表す。…**するな**。…**してくれるな**。例「や、―起こし奉りそ」〈宇治拾遺・一・一二〉訳 これ、お起こし申すな。

> 要点 終助詞「な」による禁止表現よりも、やや柔らかい禁止を表す。①は上代だけの用法で、②は上代から上古・中世にかけて広く用いられた。平安時代の末以降、終助詞「そ」のみで禁止を表す用法も見られる。なお、「な…そ」で一つの終助詞とする説もある。

⇩そ(終助)・な…そ

な《打消しの助動詞「ず」の古い未然形》「なく」「なくに」などのように、「く」を伴って用いられることが多い。⇩ず(助動)

な〔格助〕（上代語）接続 体言や体言に準ずる語句に付く。
【連体】連体修飾語を作る。…の。例「大(ほお)き海の水(み)な底深く思ひつつ裳引(もび)き平(なら)しし菅原(すがはら)の里」〈万葉・二〇・四四九一〉訳 大海の水の底が深いように深くあなたを思いつつ、裳裾(もすそ)を引いて地面も平らになるほど（あなたにお逢(あ)いしに）通った菅原の里よ。

> 要点 「波―音(と)」「瓊(ぬ)―音(と)」「眼(ま)―交(かひ)」「田―上」「百(も)―人」「手(た)―末(すゑ)」など、用例は限られている。平安時代以降も、「水(み)―門(と)」（港）「目(ま)―子(こ)」（眼）「手(た)―心(ごころ)」（掌）「水(み)―元(もと)」（源）などがあるが、これらの「な」は助詞とは認めがたい。

な 一〔終助〕接続 活用語の終止形・命令形、終助詞など、文が終止する形に付く。また、引用句を受ける場合の格助詞「と」に付く。
❶【詠嘆】（感動・詠嘆の意を表す）…**なあ**。…**のだなあ**。例「花の色は移りにけりないたづらにわが身世にふるながめせし間(ま)に」〈古今・春下・一一三〉訳 花の色も（私の美しさも）あせてしまったのだなあ、むなしく私が俗事にかかずりあって、物思いに沈んでいた間に（長雨で花を賞美するひまもないままに）。注『百人一首』所収ノ小野小町ノ歌。「ふる」ニ、「降る」ト「経(ふ)る」ヲ掛ケ、「ながめ」ニ「長雨(ながめ)」ト物思イニ沈ム意ノ「眺め」トヲ掛ケル。
❷【確認】（念を押したり確認したりする意を表す）…（だ）**ね**。…（だ）**ぞ**。例「かぐや姫に住み給ふとな」〈竹取・火鼠の皮衣〉訳（あべの右大臣が）かぐや姫のところに夫として通っていらっしゃるというのだね。例「憎しとこそ思ひたれな」〈源氏・夕顔〉訳（おまえは私のことを）憎らしいと思っているのだね。
二〔間投助〕接続 文中・文末の種々の切れ目に付く。

（相手に念を押したり、軽い詠嘆の気持ちを表したりする）…**ね**。例「野べにてたびたび会ふよりはな、いざ給へ聖(ひじり)こそ」〈梁塵秘抄・三〇三〉訳 野原で何度もお会いするよりもですね。さあ、私の家へおいでなさい、聖人(しょうにん)さんよ。

⇩よな(間投助)

な〔終助〕接続 動詞や動詞型に活用する助動詞の終止形に付く。ただし、ラ変型活用の語には連体形に付く。
【禁止】（禁止の意を表す）…（する）**な**。例「竜(たつ)の首の玉取り得ずは、帰り来(く)な」〈竹取・竜の首の玉〉訳 竜の首の玉を取ることができなかったら、帰って来るな。例「あやまちすな。心して降りよ」〈徒然草・一〇九〉訳 けがをするな、注意して（木を）降りなさい。

> 参考 副詞の「な」と終助詞「そ」による「な…そ」の方が少し柔らかい言い方であったようである。⇩な…そ

な〔終助〕（上代語）接続 動詞や動詞型に活用する助動詞の未然形に付く。
【願望】❶（自分の行為について）希望する意を表す）…**したい**。…**しよう**。例「帰るさに妹に見せむにわたつみの沖つ白玉拾(ひり)ひて行かな」〈万葉・一五・三六一四〉訳 帰りがけに妻に見せるために、海の沖の白玉を拾って行こう。
❷（自分を含む何人かの行為について）呼びかけ誘う意を表す）…**しようよ**。例「熟田津(にきたつ)に舟乗りせむと月待てば潮も適(かな)ひぬ今は漕(こ)ぎ出(い)でな」〈万葉・一・八〉訳 熟田津で舟出をしようとして月の出を待っていると、（月も出て）潮も満ちてきた、さあ今こそ漕ぎ出そうよ。
❸（相手の行為について）願い求める意を表す）…**してほしい**。例「この御足跡(みあと)八万光(やよろづひかり)を放ち出(い)だし諸々(もろもろ)救ひ渡し給はな救ひ給はな」〈仏足石歌・四〉訳 この仏様のお足跡がたくさんの光を放って、多くの人々を（浄土へ）お救い渡し下さいませ、お救い下さいませ。

ない【地震】〔名〕⇩なゐ

ないがしろ【蔑】〔形動ナリ〕（「無きが代(しろ)」のイ音便）❶無視する様子。あなどり軽んじる様子。例「よろづのとがは、馴(な)れたるさまに上手めき、所得たる気色(けしき)

して、人を――・にするにあり」〈徒然草・二三〉訳すべての間違いは、慣れたかのように上手ぶり、得意顔をして、他人を無視することから起こる。

❷(人目を気にせず)うち解けている様子。無造作。例「あやしき馬に狩衣(かりぎぬ)姿の――・にて、来ければ」〈源氏・末摘花〉訳(頭中将(とうのちゅうじょう)は)粗末な馬で狩衣姿の無造作なかっこうで、やって来たから。注「狩衣姿」ハ、狩リナド遠出スル姿。訪問ニハ「直衣(なほし)」ヲ着ル。

要点「が」は「の」の意、「代」は、それに相当するもの。「無きが代」は、価値がないに等しいものの意。

ない-き【内記】〔名〕律令制で、「中務省(なかつかさしょう)」に属し、詔勅や宣命を筆記し、叙位の辞令を書き、それを記録する職。文章力があり、達筆な学者を選任する。大内記・中内記・少内記それぞれ二名。⇩げき①

ない-ぎ【内儀】〔名〕他人の妻をいう語。もとは身分の高い人に用いたが、後に一般化し、近世では町人の妻にもいう。奥方。奥様。

ない-ぐ【内供】〔名〕《「内供奉(ないぐぶ)」の略》宮中の内道場に奉仕する僧職。「御斎会(ごさいゑ)」の講師を勤め、宿直である「夜居(よゐ)」に任じ、天皇の壮健を祈る。十人の高僧が選任され、これを「内供奉十禅師」という。

ない-げ【内外】〔名〕❶物事の内と外。いずれにもわたること。例「――につけたる執権の臣(しん)とぞ見えし」〈平家・一・東宮立〉訳(平時忠は)宮中の内外にわたりしっかりと政権をとった臣下と思われた。

❷朝廷や高貴な人の家に出入りすること。特に、簾中への出入り。例「今は――も許させ給ひてむ」〈源氏・朝顔〉訳もう今は御簾の内への出入りもお許し下さるでしょう。

❸仏教にかかわることと、仏教外のこと。また、それぞれの書物である「内典」と「外典(げてん)」。

ない-し【内侍】〔名〕❶「内侍司(ないしのつかさ)」の女官。天皇への取り次ぎ、天皇の言葉の伝達、後宮の管理、下級女官の指導監督などを勤めた。特に「掌侍(ないしのじょう)」をいう。

❷伊勢の斎宮、賀茂の斎院に仕える女官。例「女別当・――などいふ人々、あるは離れ奉らぬ王家統流などにて」〈源氏・澪標〉訳(斎宮様に仕えているのは)女別当や内侍などという人々や、あるいは(斎宮と)ご縁つづきの皇族につらなる方々などなので。

❸厳島神社に仕える巫女。例「かの社(やしろ)には、――とて、優なる舞姫ども多く候ふ」〈平家・二・徳大寺之沙汰〉訳あの神社には、内侍といって、美しい舞姫達が大勢います。

ないし-どころ【内侍所】〔名〕❶宮中の賢所のこと。内侍達がそこに奉仕していたところからいう。平安時代には温明殿に置かれた。

❷「賢所(かしこどころ)」に安置してある「八咫鏡(やたのかがみ)」。例「――・神璽(しんじ)・宝剣渡し奉る」〈平家・四・厳島御幸〉訳神鏡八咫鏡・神璽(=曲玉)・宝剣(の三種の神器)を(新帝に)お渡し申し上げる。

ないし-の-かみ【尚侍】〔名〕《「しゃうし」「かんの君」とも》「内侍司(ないしのつかさ)」の長官。定員は一名。本来は天皇への取り次ぎをする、従五位相当の女官であるが、日常天皇の近くに仕えることから、寵愛を受けることが多く、平安時代には、女御・更衣に準ずる、従三位相当の地位になる。

ないし-の-じょう【掌侍】〔名〕《「しゃうじ」とも。単に「ないし」とも》女官。「内侍司(ないしのつかさ)」の三等官。定員は初め四名であったが平安時代は六名。第一人者を「勾当(こうたうの)内侍」という。

参考 例えば、関白藤原道隆の妻、高階貴子(=一条皇后定子ノ母)は結婚前、宮仕えし、掌侍であったので高内侍と呼ばれた。

ないし-の-すけ【典侍】〔名〕《「てんじ」「すけ」とも》「内侍司(ないしのつかさ)」の次官。公卿・殿上人の娘が任ぜられる。定員は四名。

ないし-の-つかさ【内侍司】〔名〕後宮十二司の一つ。天皇への取り次ぎ、天皇の言葉の伝達及び宮中の礼式をつかさどる役所。内侍・典侍・掌侍・女嬬・命婦・采女などが属して、職員はすべて女性。

ない-しょう【内証】〔名〕❶《仏教語》仏教の真理を、心のうちにしっかりとわきまえること。内心の悟り。例「外相(うげさ)もし背(そむ)かざれば、――必ず熟す」〈徒然草・一五七〉訳(言動など)外部に現れた姿が(仏法に)反していなければ、内心の悟りも必ず成就するものだ。

❷外部に出さない、うちわだけの事情。内密。

❸主婦のいる奥向きの部屋。転じて、その主婦。奥様。おかみ。

❹家庭内の経済事情。家計。ふところぐあい。

❺遊廓の主人の居室。転じて、その主人。

ない-しんわう【内親王】〔名〕天皇の姉妹・皇女で、親王の宣下を受けた者。「うちのみこ」「ひめみこ」とも。一品から四品の位階が与えられ、職員が配され家政に当たった。

ない-だいじん【内大臣】〔名〕太政官の官名。大宝令以前は、左・右大臣の上位であったが、光仁天皇の宝亀八年(七七七)以後復活した時は、下位となった。左・右大臣の不在の時、その職務を代行する。「うちのおほいどの」「うちのおとど」とも。また、唐名で「内府(だいふ・ないふ)」とも。

ない-でん【内典】〔名〕《仏教語。「ないてん」とも》仏教の側で、仏教に関する書物をさす語。仏教の経典。

内藤丈草(ないとうぢやうさう)《人名》江戸前期の俳人。蕉門十哲の一人。尾張(愛知県)の人。『猿蓑』に後序を書き著名となる。芭蕉の「さび」の本質を伝える。著に『ねころび草』など。(一六六二〜一七〇四)

ない-ない【内内】〔副〕ひそかに。こっそりと。例「――は先に心をかけたりければ」〈平家・九・宇治川先陣〉訳内心では先陣を心に期していたので。

ない-らん【内覧】〔名〕文書を天皇に先立って見ること。また、その権限。また、それを行う者。宣旨により認められた。摂政の権限にはふくまれていたので、関白または大納言に宣旨が下された。

参考 藤原道長は権大納言の時、一条天皇から「内覧」の宣旨を下された。以後、一条天皇・三条天皇の関白となるべきであったのに「内覧」の立場に固執したのは、この「内覧」の権限保持のため。

なうウノ〔感〕❶《呼びかける時に発する語》ねえ。もし。例「——、物賜(た)べ。——お僧、——」〈謡曲・卒都婆小町〉訳もうし、何かください。ねえお坊さん、ねえ。❷《感動した時に発する語》ああ。まあ。例「——、これは夢かや」〈謡曲・隅田川〉訳ああ、これは夢(でも見ているの)か。

なう〔終助〕《中世以降の語》接続 活用語の終止形や終助詞など、文が終止する形に付く。❶【詠嘆】《感動・詠嘆の意を表す》…なあ。例「さてもさても、久しう見ぬうちに恐ろしい山伏におなりやったなう」〈狂言・腰折〉訳ほんとにまあ、長い間見ないうちに驚くほど立派な山伏におなりでしたなあ。❷【呼びかけ】《相手に同意を求めて呼びかける意を表す》…ねえ。例「これは入れられまいことぢゃなう」〈狂言・謀盛〉訳(富士山を火打ち袋に入れたと言うが)そんなものは入れられないだろうねえ。

なう-なうノウノウ〔感〕❶呼びかける時に発する語。ねえねえ。もしもし。例「——、旅人、あれご覧ぜよ」〈謡曲・頼政〉訳もしもし、旅の人、あれをご覧なさい。❷(ほっとした時などに)感動を表す語。ああ、ああ。やれやれ。例「——、うれしや、うれしや、うれしや」〈狂言・末広がり〉訳やれやれ、うれしいな、うれしいな、うれしいな。

なえ-ば・む【萎えばむ】〔自マ四〕{ま・み・む・む・め・め}(着なれて)柔らかになる。よれよれになる。⇩なゆ② 例「直衣(なほし)の——・めるを着給ひて」〈源氏・橋姫〉訳直衣(のうし)の着なれて柔らかくなったのをお召しになって。

なえ-やか〔形動ナリ〕⇩なよよか

なお【直】〔名・形動ナリ・副〕⇩なほ

なお【猶・尚】〔副〕⇩なほ

なおざり【等閑】〔形動ナリ〕⇩なほざり

なおし【直衣・直し】⇩なほし

なか【中・仲】〔名〕❶(空間的・時間的、または抽象的に)両端から等しい距離にあるあたり。まん中。中央。例「上(かみ)・——・下(しも)の人も」〈土佐・一月二十日〉訳上流・中流・下流どの階層の人も。❷(事物の)内部。また、ある範囲に含まれるもの。例「我、朝ごと夕ごとに見る竹の——におはするにて」〈竹取・かぐや姫の生ひ立ち〉訳私(＝竹取ノ翁(オキナ))が、毎日朝に夕に見ている竹の中に(あなた＝カグヤ姫が)いらっしゃるので。❸(人と人との)関係。間柄。特に、男女の仲。例「契り交はし聞こえ給ひて、頼みをかけ給ふ御——なれど」〈源氏・御法〉訳(光源氏と紫の上とは)互いに約束をし申し上げなさり、信頼していらっしゃる(夫婦の)間柄であるが。❹《近世語。遊里の廓門(かくもん)の中にあることから》江戸の吉原・大坂の新町の両遊廓(ゆうかく)の別称。

中絶(た)・ゆ　(男女の)交際などが絶える。例「忘らるる身を宇治橋の——・えて人も通はぬ年ぞ経(へ)にける」〈古今・恋五・八二五〉訳あの人に忘れられてしまった我が身がつらい。まるであの宇治橋が中途で渡れなくなって人も通れないまま年が過ぎてしまったように、私も(あの人との)交際が絶えてしまい、使いの人も通わぬままに年月を送ってしまった。注「憂(う)し」ト「宇治」ヲ掛ケル。

中の君(みき)　次女の敬称。姉妹の中で二番目の姫君。長女は大君(おほいぎみ)、三女以下は三の君・四の君と呼ぶ。例「宮の——も同じほどにおはすれば」〈源氏・澪標〉訳兵部卿宮(ひょうぶきょうのみや)の二番目の姫君も(冷泉(れいぜい)帝と)お年が同じくらいでいらっしゃるので。

なが-え【轅】〔名〕牛車(ぎっしゃ)の前方に付いている二本の長い柄(え)。先端に軛(くびき)という横木を渡して牛に引かせる。

なが-えぼし【長烏帽子】〔名〕普通の「立て烏帽子」のたけの長いもの。例「忍びくる所に、——して、さすがに人に見えじとまどひ入るほどに」〈枕草子・にくきもの〉訳人目をはばかってこっそりやって来る所に、(目立つような)長烏帽子をかぶって、(そうはいっても)やはり人には見られまいとあわてて入って来るうちに。

なか-がき【中垣】〔名〕隣家などとの間に作った垣。例「——こそあれ、一つ家のやうなれば」〈土佐・二月十六日〉訳隣家と隔てる垣はあるが、一軒の屋敷のようなので。

なか-がみ【天一神・中神】〔名〕神の名。陰陽道(おんようどう)の神で、八方を周回し、その位置により、人の吉凶、幸・不幸が定まるとされる。天一神(てんいちじん)。例「今宵(こよひ)、——、内裏(ちう)よりは塞(たふ)がりて侍(はべ)りけり」〈源氏・帚木〉訳今夜は、天一神が巡り、宮廷から(行こうとする左大臣邸の方角へ)は方塞(かたふた)がりに当たっています。

参考 天一神は干支(えと)と組み合わさり、六十日で一周する。己酉(つちのととり)の日から、東・西・南・北には五日ずつ、北東・東南・南西・西北には六日ずつ、四十四日間地上にとどまり、癸巳(みずのとみ)の日から十六日間は天上にいる。地上にとどまる方角を、「塞(たふ)がり」といって、その方角へ向かうことを忌む。そちらへ止(や)むを得ず行く時は、「方違(かたたが)へ」をする。

なか-ぐろ【中黒】〔名〕矢羽の模様の名。上下が白で、中央が黒く染めてあるもの。黒の部分の大小により、大中黒・小中黒と区別する。

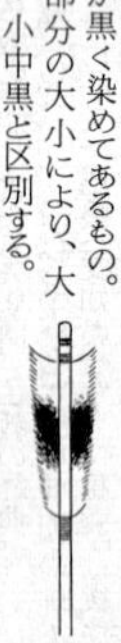

なか-ご【中子】〔名〕❶中に押し込め入れる部分のことで、刀剣では柄(つか)に入る刀身の部分、矢では矢柄(やがら)に入る鏃(やじり)の根の部分をいう。❷斎宮の忌み言葉で、仏のこと。仏像は堂や厨子(ずし)の中に安置することからいう。神道なので仏教語を避ける。例「経・仏など忌みて、——・染め紙など言ふなるもをかし」〈徒然草・二四〉訳(神社で神に仕えているので)経や仏など(の仏教用語)を忌み避けて、中子・染め紙(＝経)などと言うそうだが、それもおもしろい。

なが-ごと【長言】〔名〕くどくどと長い時間、話をすること。長ばなし。例「急ぐ事あるをりに来て——するまらうど」〈枕草子・にくきもの〉訳(にくらしいものは)急ぎの用事のある時に来て長ばなしをする訪問客。

なが-こひ【長恋】イ:コ〔名〕長い間恋すること。

なか-ごろ【中頃】〔名〕昔と今との中間の頃。そう遠くはない昔。例「——、身のなきに沈み侍(はべ)りしほど」〈源氏・薄雲〉訳少し昔、私(＝光源氏)がこの世にない者同様に(須磨・明石に)落ちぶれておりました時。

なが・し【長し・永し】〔形ク〕❶(空間的に)ながい。例「花房——・く咲きたる藤(ふぢ)の花の松にかかりたる」〈枕草子・めでたきもの〉訳花の房が長く咲いた藤の花が松にかかっているの(は立派だ)。

❷(時間的に)ながい。「ひさし」とも。例「命――・ければ恥多し」〈徒然草・七〉訳長く生きていると恥も多い。

ながし-つかは・す【流し遣はす】〔他サ四〕{す・せ・すす・せ・せ}流刑に処して配所に送る。例「帝聞こし召しつけて、この男をば――・してければ」〈伊勢・六五〉訳天皇は(この事を)お聞きつけになって、この男を流刑に処して配所に送ってしまわれたので。

なか-じま【中島】〔名〕寝殿造りの庭園の池の中に作った島。例「――の松をまぼりたる女あり」〈蜻蛉・下・天延二年〉訳(その絵には)中島の松を見つめている女が(描かれて)いる。

なが・す【流す】〔他サ四〕{さ・し・す・す・せ・せ}《「流る」の他動詞形》❶流れるようにする。流す。例「一旦恥ぢ恐るることあれば、必ず汗を――・すは、心のしわざなりといふことを知るべし」〈徒然草・一二九〉訳ひとたび恥じたり恐れたりすることがあると、必ず冷や汗を流すのは、心の動きによるのだということを知らなければならない。

❷流罪に処する。島流しにする。例「これに都より――・され給ひし丹波少将殿、法勝寺執行御房、平判官入道殿やおはする」〈平家・三・足摺〉訳ここに都から流罪に処せられなさった丹波少将殿、法勝寺執行御房、平判官入道殿はいらっしゃいますか。

❸《「名を流す」の形で》評判や噂を世間に伝え広める。例「嘆き侘び身をば捨つとも亡き影にうき名――・さむことをこそ思へ」〈源氏・浮舟〉訳嘆いて思いに沈み、我が身を捨てる(=入水スル)にしても、死んだあとでつらく情けない噂(=浮名)を世間に広めてしまうことが気にかかる。

❹思いをめぐらす。及ぼす。例「身のならむやうまでは、思しも――・されず」〈源氏・椎本〉訳(父に行く末のことを説かれても、姫君達は)我が身がどうなるのか今後の有様までは、思いをめぐらすこともできず。

❺受け流す。聞き流す。

中仙道(なかせんだう)『街道名』江戸時代の五街道の一つ。「中山道」とも書く。江戸の日本橋から中部山岳地帯を通り、草津(=滋賀県草津市)で東海道と合流して京都に至るもので、途中六十七の宿駅があった。一部は木曽街道と重なる。東海道の裏道に当たり、道はけわしく、距離も長いが、川止めがない利点もある。

なが-そで【長袖】〔名〕❶長い袖。また、長い袖の着物。❷(武士が袖を短くして鎧を着たのに対して、長い袖の着物をいつも着ていることから)公卿・僧侶・医師などをいう。転じて、軽蔑して文弱者をいう。長袖者。

なか-ぞら【中空】■〔名〕❶空のさほど高くないあたり。空の中ほど。例「――に立ちゐる雲のあともなく身のはかなくもなりにけるかな」〈伊勢・二一〉訳空の中ほどに浮かんでいる雲が跡形もなく消えるように、私はよるべのない身の上になってしまったことです。

❷道のりの中ほど。旅の途中。例「京まではまだ――や雪の雲」〈芭蕉・笈の小文〉訳はるか遠くの京の都までは、まだ道程の半ばに過ぎない。旅の心細さに加えて、空をどんよりと雪もよいの雲がおおうことだ。

■〔形動ナリ〕❶心の落ち着かない様子。うわのそら。例「初雁のはつかに声を聞きしより――・にのみ物を思ふかな」〈古今・恋一・四八一〉訳(空に聞こえる初雁の声のように)ほんの少しあなたの声を耳にしてからというもの、私の心は上の空で恋いこがれておりますよ。

❷中途半端な様子。どっちつかず。例「――・なる御ほどにて」〈源氏・若紫〉訳(若紫は)中途半端なご年齢で。注若紫ハ、コノ時十歳。

なか-だち【仲立ち】〔名〕❶二つの間をとり結ぶこと。仲介。媒介。例「害をかひ、累を招く――なり」〈徒然草・三八〉訳(財産が多いということは)害を我が身にとりいれ(る媒介であり)、不幸をおびきよせる媒介である。

❷男女の間をとり結ぶ人。仲人。例「――のかく言よくいみじきに、女はましてすかされたるにやあらむ」〈源氏・東屋〉訳仲人役がこのように言葉巧みなので、女はなおさらだまされたのであろうか。

なか-た・ゆ【中絶ゆ】⇩「なか」子項目

なが-ぢ【長道】〔名〕長い道のり。遠路。例「天離る鄙の――ゆ恋ひ来れば明石の門より大和島見ゆ」〈万葉・三・二五五〉訳遠い田舎からの長い道のりをたどって(故郷の大和に)心を寄せつつ来ると、明石海峡から(なつかしい)大和国の山々が見える。

なか-づかさ【中務】〔名〕「中務省」、または「中務卿」の略。

なかづかさ-きゃう【中務卿】〔名〕「中務省」の長官。正四位に相当する。適任者がいない時は欠員とするが、親王を任命することが普通であった。親王の中務卿を「中書王」という。

なかづかさ-しゃう【中務省】〔名〕八省の一。天皇の側近に奉仕する役所。詔勅・宣命の文案にたずさわり、位記・叙位を司り、女官人事などを担当する。

なが-つき【長月・九月】〔名〕《中世には「ながづき」とも》陰暦九月をいう。例「――晦日なれば」〈源氏・関屋〉訳九月の末なので。

なが-て【長手】〔名〕長い道のり。遠路。「ながち」とも。例「君が行く道の――を繰り畳ね焼き滅ぼさむ天の火もがも」〈万葉・一五・三七二四〉訳あなたが旅行く遠いはるかな道のりをたぐり寄せて、たたみ束ねて、焼き滅ぼすような天の火があればよいのに。

長門(ながと)『旧国名』山陽道八か国の一つ。現在の山口県西部。鎌倉時代、中国地方の行政を司り、外国からの攻撃に備えて、「長門探題」が置かれた。長州。

なか-なか【中中】《語源は、名詞「中」を重ねた「なかなか」》

> 基本的には、**中途半端でどっちつかずの状態**をいう。中途半端であるよりは、いっそないほうがよいということから、なまじっか、かえって、の意になる。

■〔形動ナリ〕❶中途半端である。**なまじっかである。**例「――・に人とあらずは酒壺になりにてしかも酒に染みなむ」〈万葉・三・三四三〉訳なまじっか人間でいないで酒壺になってしまいたいものだ。(そうしたら)酒にひたっていられるであろう。注大伴旅人ノ「酒を讃むる歌」ノ一ツ。

❷中途半端でよくない。なまじっかしない方がましである。例「逢ふことの絶えてしなくは――・に人をも身をも恨みざらまし」〈拾遺・恋一〉訳逢うということがまったく

ないものならば、かえって相手の無情も我が身のつらさも恨むようなことはないであろうに。注『百人一首』所収ノ、藤原朝忠(アサタダ)ノ歌。

二〔副〕❶**なまじっか。**例「――この御有様をはるかに見奉るも、身のほど口惜(くちを)しう覚ゆ」〈源氏・澪標〉訳なまじっかこの(光源氏の華やかな住吉参詣(けい)の)ご様子を遠く拝見するにつけても、(明石の上は)自分の身分の低さが残念に思われる。

❷**(なまじっか…より)かえって。**例「心づきなき事あらん折は、――そのよしをも言ひてん」〈徒然草・一七〇〉訳(人と話すのが)気乗りしないことがあるような時は、(なまじっか続けるより)かえってその事を言ってしまう方がよい。

❸(中世以降の用法)ずいぶん。相当に。かなり。

❹(中世以降の用法)(下の打消しと呼応して)容易には。とても。

三〔感〕(謡曲・狂言で、相手の言葉を肯定する時に用いる)いかにも。さよう。例「『恋の重荷といふことがあるが、知ってゐるか』『――、聞き及うだ』」〈狂言・文荷〉訳「恋の重荷という言葉があるが、知っているか」「はい、聞いて知っている」。

> 要点 上代には「なかなかに」の形で副詞として用いたが、平安時代には、「あり」を伴って活用し、形容動詞となる。このため、上代の「なかなかに」も形容動詞の連用形として扱う。一方、平安時代には、「なかなか」だけで副詞に用いる二の用法が生じ、中世以降生じた二の③④は現代語にも残る。

なが-なが・し【長長し】〔形シク〕(「長し」の語幹を重ねて強調した形)長い長い。非常に長い。例「あしひきの山鳥の尾のしだり尾の――・し夜をひとりかも寝む」〈拾遺・恋三〉訳山鳥の尾で垂れ下がった尾のように長い長い秋の夜を、(恋しい人と離れて)ただひとりで(寂しく)寝なければならないのかなあ。注『百人一首』所収、柿本人麻呂ノ作。万葉・一一・二八〇二ノアル本ノ歌デハ、作者未詳。第三句マデハ「長々し」ヲ導ク序詞。上代デハ形容詞ノ活用ガ未発達デ、「長々し」ノ形デ体言ヲ修飾シタモノ。

なか-の-きみ【中の君】⇩「なか」子項目

なか-の-みかど【中の御門】〔名〕皇居の外郭(がいかく)の中央にある門。待賢門(たいけんもん)の別名。

なか-ば【半ば】一〔名〕❶半分。例「――隠したりけむは、えかくはあらざりけむかし」〈枕草子・上の御局の御簾の前にて〉訳(顔を)半分隠していたという美人も、こんなに(すばらしく)はなかったでしょうよ。注白楽天ノ『琵琶行』デ描カレタ美人ト比ベテ、中宮ヲホメテイル。

❷中間点。中央。まん中。例「枝の――に鳥を付く」〈徒然草・六六〉訳枝の中央に(狩りで得た)鳥を付ける。

❸最中。まっさかり。例「つごもりの日、春の――にもなりにけり」〈蜻蛉・中・天禄元年〉訳月末の日、すっかり春たけなわにもなったこと。注前文ニ逸脱ガアルヨウデ不明ダガ、「二月のつごもり」ト見ルベキデアロウ。

二〔副〕かなり。おおかた。ほとんど。例「獅子(し)は、なほ音(こゑ)を聞くそら、諸(もろもろ)の獣(けだもの)、皆心をまどはし肝(きも)を砕きて、――は死ぬる者なり」〈今昔・五・二〇〉訳獅子は、やはり吠(ほ)え声を聞くだけでも、すべてのけだものは、皆心を惑わし肝をつぶして、ほとんど死んだ状態となるものだ。

なが-はし【長橋】〔名〕❶長い橋。❷宮中の清涼殿から紫宸殿(ししんでん)へ通じている板の橋。ここにある局(つぼね)につめた内侍司(ないしのつかさ)の掌侍(ないしのじょう)を「長橋の局」ともいう。

なが-びつ【長櫃】〔名〕ふたをかぶせる、長方形の木製の大きな箱。衣服や道具を納めたり、運んだりするためのもの。長持ちの類。

ながびつ

なか-へだて【中隔て】〔名〕あいだに仕切りをして二つに分けること。また、その中仕切り。例「――の壁に穴をあけて、のぞかせ給ひけるに」〈大鏡・師輔〉訳(局(つぼね)の間の)中仕切りの壁に穴をあけて、おのぞきなさいましたところ。

なか-みかど【中御門】〔名〕⇩なかのみかど

なが・む【眺む】〔他マ下二〕{め・め・む・むる・むれ・めよ}(形容詞「なが(長)し」と語源は同じ)

> 現代語の「ながめる」と同じ遠方を見渡す、の意もあるが、平安時代には、物思いにふけりながら、ぼんやりと見つめる、の意に多く用いられる。

❶**物思いにふけりながら、ぼんやりと見つめる。**例「夕月夜(ゆふづくよ)のをかしきほどに、出(い)だし立てさせ給ひて、やがて――・めおはします」〈源氏・桐壺〉訳夕方の月の美しい頃に、(命婦(みやうぶ)を桐壺更衣(きりつぼのかうい)の里へ)出立させなさって、(帝(みかど)は)そのまま物思いにふけりながら(=亡キ桐壺更衣ヲシノンデ)ぼんやりと(月を)見ておいでになる。

❷遠方を見渡す。ながめる。例「ほととぎす鳴きつる方(かた)を――・むればただ有明けの月ぞ残れる」〈千載・夏〉訳ホトトギスが鳴いた。その声の方に目をやると(ホトトギスの姿はなく)明け方の空にはかすかに月が残っているばかりである。注『百人一首』所収、藤原実定(サネサダ)ノ歌。

なが・む【詠む】〔他マ下二〕{め・め・む・むる・むれ・めよ}声を長く引いて、節をつけて**詩歌をよみあげる。吟ずる。**また、**詩歌を作る。**詠(よ)む。例「かの在原(ありはら)のなにがしの『唐衣(からころも)着つつなれにし』と――・めけん三河(みかは)の国八橋(やつはし)にもなりぬれば」〈平家・一〇・海道下〉訳あの在原のなにがしが「唐衣着つつなれにし」と吟じたという三河国の八橋にまで着くと。

なか-むかし【中昔】〔名〕それほど古くはない昔。

なが-め【長雨】〔名〕(「ながあめ」の変化した形)長く降り続く雨。例「――になりぬれば、草どもおひこりてあるを」〈蜻蛉・中・天禄二年〉訳(梅雨の)長雨になったので、(前栽(せんざい)の)草花が生い茂っているのを。

> 要点 和歌では「眺め①」に掛けて詠むことが多い。用例はあえて、掛詞ではないものを選んだ。

なが-め【眺め】〔名〕(動詞「眺む」の連用形名詞)❶物思いにふけりながら見るともなくぼんやりと見ていること。物思い。和歌では多く「長雨(ながめ)」との掛詞で用いられる。例「花の色は移りにけりないたづらに我が身世にふるながめせし間に」〈古今・春下・一一三〉訳花の色も(そして私の美しさも）あせてしまっていたのだなあ、むなしく私が俗事にかかずりあって、物思いに沈んでいた間に（長雨で花を賞美するひまもないままに）。注 小野小町ノ作。「百人一首」所収。❷はるか遠くに目を向けること。眺望。例「月海にうつりて、昼の——またあらたむ」〈奥の細道・松島〉訳（夜になると）月が海に映って、昼間の眺望がすっかりさまがわりする。

ながめ【詠め】〔名〕《動詞「詠む」の連用形の名詞化》吟詠（ぎんえい）すること。詩歌をつくること。また、詩歌。例「摂政公の——に奪はれ、西行の枝折（しをり）にまよひ」〈芭蕉・笈の小文〉訳 摂政公の和歌に心を奪われ、西行の枝折りの歌に心を惑わし。

ながめ-あか・す【眺め明かす】〔他サ四〕{さ・し・す・す・せ・せ}物思いにふけりながら夜を明かす。例「御格子（みかうし）も参らで——・し給うければ」〈源氏・須磨〉訳（紫の上は）格子も降ろさずに、物思いに沈みつつ夜を明かしなさったので。

ながめ-や・る【眺め遣る】〔他ラ四〕{ら・り・る・る・れ・れ}物思いにふけって遠くを見る。ぼんやり遠くを見る。例「月のいとあはれなるに、——・りてゐたれば」〈蜻蛉・上・康保二年〉訳 月がとても趣深いので、ぼんやりとながめて座っていると。

なか・めり【無かめり】《連語》《形容詞「なし」の連体形「なかる」の撥音便形「なかん」に推量の助動詞「めり」が付き、撥音「ん」が表記されない形》ないように見える。ないようだ。例「家の中（ちう）に足（た）らぬことなど、はた——・めるままに」〈源氏・帚木〉訳 家の中には不足ということなど、決してないように見えるのにまかせて。

なが-もち【長持ち】〔名〕かぶせぶたの長方形の木製の大きな箱。衣服や道具を納めたり、運んだりするためのもの。「ながびつ」とも。

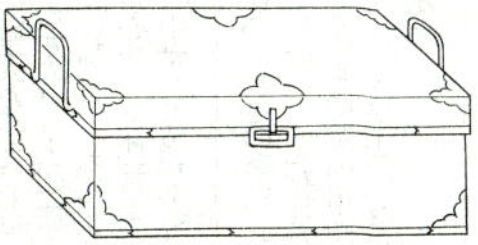
ながもち

なが-や【長屋】〔名〕❶一方向に棟（むね）を長く作った家。細長い家。例「つれづれなるままに、南の半蔀（はじとみ）ある——に渡り来つつ」〈源氏・夕顔〉訳（夕顔の女房達は）暇にまかせて、南の方の格子組みの戸がはめてある細長い家にたびたびやって来ていて。❷一棟（ひとむね）を仕切って数世帯が住む細長い家。棟割（むねわり）長屋。

なが-やか【長やか】〔形動ナリ〕《「やか」は接尾語》長く感じられる様子。例「『なほかく思ひ侍（はべ）りしなり』とて、——・によみ出（い）づ」〈枕草子・職の御曹司におはします頃、西の廂にて〉訳「やはりこう思ったのです」と言って、長く語尾を引いて（次の和歌を）詠んで示す。

なか-やどり【中宿り】〔名〕外出の途中で休んだり、宿泊すること。また、その場所。例「内裏（うち）よりまかで給ふ——に」〈源氏・夕顔〉訳 宮中よりお出かけなさる途中の休憩所として。

なから【半ら・中ら】〔名〕《副詞的にも用いられる》❶半分。半ば。❷中ほど。例「山の——ばかりの、木の下のわづかなるに」〈更級・足柄山〉訳 山の中ほどの、木の下の狭い所に。❸まん中。中心。例「同じものを——には当たるものかは」〈大鏡・道長・上〉訳（なんと）同じ当たるといっても的の中心に当たるではないか。

ながら

一〔接助〕接続 動詞・動詞型活用の助動詞・打消しの助動詞「ず」などの連用形に付く。また、体言や形容詞・形容動詞の語幹などに付く。

【並行】❶《動詞の連用形に付く場合》ⓐ《動作や状態がそのまま続いている意を表す》…ままで。例「取りつき**なが**らいたう睡（ねぶ）りて、落ちぬべき時に目を醒（さ）ますこと、たびたびなり」〈徒然草・四一〉訳（賀茂の競（くら）べ馬を見ようとして、木の股（また）に腰かけている法師が、木に）取りついたままですっかり眠り込んで、落ちてしまいそうな時に目を醒ますことが、たびたびあった。ⓑ《後の動作・作用が前の動作・作用と並行して同時に行われる意を表す》…ながら。…つつ。例「食ひ**ながら**文（ふみ）をも読みけり」〈徒然草・六〇〉訳（芋頭（いもがしら）を食べながら（仏教の）書物（＝経文）をも読んだ。ⓒ《同時に行われにくい二つの動作・作用が並行して行われる意を表す。逆接のような意になる》…けれども。…のに。…くせに。例「かしこき御蔭（かげ）をば頼み聞こえ**ながら**、おとしめ疵（きず）を求め給ふ人は多く」〈源氏・桐壺〉訳（桐壺更衣（きりつぼのかうい）は帝（みかど）の）ありがたいご愛情をお頼り申し上げてはいるけれども、見下しあら捜しをなさる方々は多く。

❷《体言や、形容詞・形容動詞の語幹、また、打消しの助動詞「ず」の連用形に付く場合》《同時に並存しにくい状態が並存する意を表す。逆接のような意になる》…けれども。…のに。例「身はいやし**ながら**、母なむ宮なりける」〈伊勢・八四〉訳（男の）身分は低いのであるが、母親は皇女（という高貴な女性）なのだった。

> 要点 接続助詞の「ながら」は、二の接尾語の「ながら」から派生した語で、意味・用法ともに極めてよく似ている。取り扱いには諸説があるが、体言などに付いて連用修飾語を作る「ながら」は接尾語、主として動詞の連用形に付いて動作や状態の継続・並行の意を表す「ながら」は接続助詞と考えられる。ただし、体言や形容詞・形容動詞の語幹に付く場合も、②の例のように並存しにくい状態の並存を表して、逆接のような意になるものは、接続助詞に含めるべきであろう。
>
> ①のⓐⓑの用法は、「それがあるままに」「そのままで」という接尾語の「ながら」の意味に極めて近いもので、連用修飾語を作ると考えてもよいものである。また、①のⓒや②の逆接的な意味になる場合も、「そのままで」とか「…のままの状態で」という接尾語の「ながら」に由来する意味は残っている。例えば、例「日は照り**ながら**雪の頭（かしら）にかかりけるを」〈古今・春上・八詞書〉訳 日は照っているのに雪が頭に降りかかってくるのを。などは、「…のに」と訳して接続助詞とされているが、「日が照っている、そのままの状態で」というニュアンスはあり、前後の関係から「それなのに」という逆接の関係が生じると考えられる。

二〔接尾〕《体言や体言に準ずる語句、また、指し示す意の副詞などに付いて、連用修飾語を作る》❶《それが本来もっている本質として、あるいはその本質のままに、の意を表す》本来それがあるままに。…の本質として。例「高山と海とこそは山**ながら**かくも現（うつ）しく海**ながら**しか直（ただ）ならめ」〈万葉・一三・三三三二長歌〉訳 高山と海とだけは、こんなにも山の本質のままにしっかりと存在し、海の本質のままにこんなになんの変わりもなく存在しているのだろう。❷《(人や物などの状況・様子などについて)そっくりそのまま、の意を表す》そのままで。例「旅の御姿ながらおはしたり」〈竹取・蓬萊の玉の枝〉訳(くらもちの皇子が)旅のお姿のままで(かぐや姫のところに)おいでになった。例「すべて折(をり)につけつつ、一年(ひととせ)ながらをかし」〈枕草子・頃は〉訳すべてその時々に応じて、一年中ずっと趣がある。

参考 「ながら」は古い格助詞「な」に、それそのもの、その本質、などの意の名詞「から」が付いて、一語化したもの。□二①がもとの用法で、□二②や接続助詞の用法□一は、この用法から派生した。なお、この接尾語「ながら」を接続助詞に含める考え方もある。

なか-らひ【仲らひ】〔名〕人間関係。間柄。例「くだくだしきなほ人の——に似たることに侍れば」〈源氏・行幸〉訳混み入ってわずらわしい世間並みの人間関係に類したことでございますので。

なかり-せ-ば【無かりせば】《連語》《「せ」は助動詞「き」の未然形》(下の「まし」と呼応して)もしなかったならば。⇩き(助動)要点(2)

なが・る【流る】〔自ラ下二〕{れ・れ・る・るる・るれ・れよ}《「流す」の自動詞形》❶流れる。例「上も御涙のひまなく——・れおはしますを」〈源氏・桐壺〉訳(桐壺更衣が亡くなり)帝も涙がとめどなく流れていらっしゃるのを。❷時がしだいに移る。例「昨日といひ今日(けふ)と暮らして飛鳥川(あすかがは)——・れて早き月日なりけり」〈古今・冬・三四一〉訳昨日はああだった、今日はこうだと暮らして明日を迎えていたが、(もう年末だ)飛鳥川の流れるように時の移るのが早い月日であるよ。注「飛鳥川」ニハ「明日」ガ掛ケテアリ、「流れて早き」ヲ導ク序詞的ニ働ク。❸しだいに伝わる。しだいに広まる。例「妹(いも)が名は千代に——・れむ姫島の小松がうれに苔(こけ)生(む)すまでに」〈万葉・二・二二八〉訳この乙女の名は長く伝わるだろう、姫島の小松の梢(こずゑ)に苔が生えるほど長く。❹順々に次へまわる。例「土器(かはらけ)あまた度(たび)——・れ、みな酔ひになりて」〈源氏・行幸〉訳杯が何度も順ぐりに回り、皆酔ってしまい。❺流罪になる。例「——・れゆく我は水屑(みくづ)となり果てぬ君しがらみとなりてとどめよ」〈大鏡・時平〉訳流罪となって配所へ行く私は、水中のごみ同然になってしまいました。我が君よ、(ごみを止める)柵(しがらみ)となって私を引きとどめて下さい。

なかれ【勿れ・莫れ・毋れ】《形容詞「なし」の命令形》…してはいけない。…するな。例「初心の人二つの矢を持つこと——」〈徒然草・九二〉訳(的(まと)に向かう時)初心者は二本の矢を持ってはいけない。要点「なくあれ」の変化した形。漢文訓読から出た語で、多く「…ことなかれ」の形で、禁止の意を表す。

ながれ【流れ】〔名〕❶流れること。また、流れるもの。流れ。例「ゆく河の——は絶えずして、しかも、もとの水にあらず」〈方丈記・ゆく河〉訳流れてゆく川の流れは絶えることがなく、それでいて、(目の前を流れる水は)もとの水ではない。注『方丈記』ノ冒頭ノ部分。❷杯に残る酒のしずく。例「——を残して、口のつきたる所をすすぐなり」〈徒然草・一五八〉訳杯に酒のしずくを残して、(自分の)口のついた所を(それで)洗い清めるのである。❸子孫。血統。例「石清水(いはしみづ)の御(おん)——いまだ尽きざるうへに」〈平家・一一・剣〉訳石清水のご血統がまだ尽きていない上に。注石清水八幡ハ応神天皇ヲ祭ル。❹流儀。流派。

なかん-づく【就中】〔副〕《「中に就(つ)く」の変化した形》中でも特に。とりわけ。例「——御出家の御身なり」〈平家・二・教訓状〉訳とりわけ(あなたは)仏門にお入りになった身なのですよ。注平重盛ノ、父清盛ニ対スル言葉。

なぎさ【渚】〔名〕海・湖・川などの岸辺で波の打ち寄せる所。波打ちぎわ。例「世の中は常にもがもな——漕(こ)ぐ海人(あま)の小舟の綱手かなしも」〈新勅撰・羇旅〉訳世の中はいつまでも変わらないであってほしいものだなあ。この渚を漕いでゆく漁夫の小舟の、その綱手を引いてゆく様子に、しみじみ心が動かされることよ。注『百人一首』所収、源実朝(サネトモ)ノ作。

渚の院(なぎさのゐん)〔地名〕現在の大阪府枚方(ひらかた)市にあった惟喬(これたか)親王(=文徳天皇ノ子)の別荘。『古今集』『伊勢物語』『土佐日記』などに、その名が見える。「渚の家」とも。

なき-とよ・む【鳴き響む・泣き響む】《「なきどよむ」とも》■一〔自マ四〕{ま・み・む・む・め・め}❶あたりに響きわたるほど、大きな声で鳴く。鳴き立てる。例「夏山の木末(こぬれ)の繁(しげ)にほととぎす——・むなる声の遥けさ」〈万葉・八・一四九四〉訳夏山の梢(こずゑ)の繁みでホトトギスが鳴き立てている声が遠く聞こえてくるよ。❷おおぜいの者がいっせいに声を上げて泣く。泣き騒ぐ。■二〔他マ下二〕{め・め・む・むる・むれ・めよ}鳴き声をあたりに響かせる。「なきとよもす」とも。例「ほととぎす花橘の枝にゐて——・むれば花は散りつつ」〈万葉・一〇・一九五〇〉訳ホトトギスが橘の枝にとまって鳴き声を響かせるので、花がしきりに散ってゆく。

なき-とよも・す【鳴き響もす】〔他サ四〕{さ・し・す・す・せ・せ}鳴き声をあたりに響かせる。⇩なきとよむ□二 例「雨隠(あまごも)り物思(ものも)ふ時にほととぎすわが住む里に来——・す」〈万葉・一五・三七八二〉訳雨に降りこめられて物思いに沈んでいる時に、ホトトギスが私の住んでいる里にやって来て(私の悲しい思いをかき立てるかのように)鳴き声を響かせることだ。

なき-な【無き名】《連語》根拠のない噂(うわさ)。身に覚えのない評判。例「人はいさ我は——の惜しければ昔も今も知らずとを言はむ」〈古今・恋三・六三〇〉訳あなたはどうお思いか、さあ知らないけれど、私は根も葉もない噂を立てられると名前にかかわるから、昔も今も(あなたを)知らないと言っておきましょう。注「知らずとを」ノ「を」ハ、間投助詞。

なぎ-なた【薙刀・長刀】〔名〕武器の一つ。幅の広いそり身の刃に、長い柄(え)の付いたもの。

なぎなた

なき-ののし・る【泣きののしる・鳴きののしる】〔自ラ四〕{ら・り・る・る・れ・れ}(人あるいは鳥・獣などが)なき騒ぐ。例「この猫を北面(きたおもて)にのみあらせて呼ばねば、かしがましく——・れども」〈更級・大納言殿の姫君〉訳 この猫を北側の部屋にばかり置いて呼ばないでいるので、やかましく鳴き騒ぐけれども。

なき-まど・ふ【泣き惑ふ】ドウ：マ〔自ハ四〕｛は・ひ・ふ・ふ・へ・へ｝前後のわきまえもなく、取り乱して泣く。ひどく泣き悲しむ。例「さぶらふ人々の――・ひ」〈源氏・桐壺〉訳（桐壺更衣（きりつぼのこうい）が亡くなり）おそばにいる人々がひどく泣き悲しみ。

な・く【泣く・鳴く】**一**〔自カ四〕｛か・き・く・く・け・け｝現代語の「なく」と同じ。**二**〔他カ下二〕｛け・け・く・くる・くれ・けよ｝《上代東国方言》泣かせる。例「しまらくは寝つつもあらむを夢（いめ）のみにもとな見えつつ吾（あ）を音（ね）し――・くる」〈万葉・一四・三四七一〉訳 しばらくの間は寝続けてもいたいのに、（あなたの姿が）夢にむやみに現れて、私をむせび泣かせる。

な-く

《連語》《打消しの助動詞「ず」の古い未然形「な」＋準体助詞「く」》…ないこと。例「天の川去年（こぞ）の渡り瀬（ぜ）荒れにけり君が来まさむ道の知らなく」〈万葉・一〇・二〇八四〉訳 天の川の、去年あなた（＝彦星（ヒコボシ））が渡って来られた浅瀬が荒れてしまった、あなたが（今年）おいでになる道が分からなくなったことよ。

> 要点 例のように文末で用いられる場合は、詠嘆の意味が加わる。助詞「に」を付けた「なくに」の形で多く用いられる。形容詞「なし」の連用形にも「なく」の形があるが、この連語の「なく」は活用語の未然形に付くので、識別は容易。

な・ぐ【和ぐ・凪ぐ】〔自ガ上二〕｛ぎ・ぎ・ぐ・ぐる・ぐれ・ぎよ｝❶心が平静になる。なごむ。例「海は荒るれども、心は少し――・ぎぬ」〈土佐・一月九日〉訳（人々の笑う声を聞いて）海は荒れているが、心は少しなごやかになった。❷風がなく波が静かになる。穏やかになる。例「海の面（おもて）うらうらと――・ぎわたりて」〈源氏・須磨〉訳 海面はうららかで一面穏やかであり。

な・ぐ【投ぐ】〔他ガ下二〕｛げ・げ・ぐ・ぐる・ぐれ・げよ｝❶遠くへほうる。投げる。また、投げ捨てる。例「金（こがね）は山に捨て、玉は淵（ふち）に――・ぐべし」〈徒然草・三八〉訳 黄金は山に捨て、宝玉は淵に投げこむべきだ。❷（「身を投ぐ」の形で）投身自殺をする。

な・ぐ【薙ぐ】〔他ガ四〕｛が・ぎ・ぐ・ぐ・げ・げ｝刃物で横に払って切る。例「尊（みこと）佩（は）き給へる霊剣を抜いて草を――・ぎ給へば」〈平家・一一・剣〉訳 日本武尊（やまとたけるのみこと）が身におつけになっていた霊剣を抜いて草を横に払ってお切りになると。

なぐさ【慰】〔名〕心をいやすもの。慰め。

なぐさ・む【慰む】**一**〔自マ四〕｛ま・み・む・む・め・め｝不快な感情がなくなって、心が晴れる。なごむ。和らぐ。例「この子を見れば苦しき事もやみぬ。腹立たしき事も――・みけり」〈竹取・かぐや姫の生ひ立ち〉訳 この子（＝カグヤ姫）を見るとつらい事も治ってしまった。腹立たしい事があっても心がなごんだのだった。**二**〔他マ四〕｛ま・み・む・む・め・め｝❶気分を晴らす。楽しませる。例「人に本意（いほ）なく思はせて我が心を――・まむ事、徳に背けり」〈徒然草・一三〇〉訳（勝負事に勝って）人に残念な思いをさせて自分の気持ちを晴らそうとすることは、道徳に反している。❷からかう。なぐさみものにする。**三**〔他マ下二〕｛め・め・む・むる・むれ・めよ｝❶気持ちを晴らす。心を楽しませる。例「猛（たけ）き武士（もののふ）の心をも――・むるは、歌なり」〈古今・仮名序〉訳 勇猛な武士の心をも楽しませるのは、歌である。❷（他人の心を）なだめる。ねぎらう。例「かくのみ思ひくんじたるを、心も――・めむと心苦しがりて」〈更級・物語〉訳（私が）こんなにふさぎ込んでばかりいるのを、慰めようと心配して。

なぐさめ-ぐさ【慰め種】〔名〕心の慰めとなる材料。

なぐさ・もる【慰もる】《「なぐさむ」（他マ下二）の連体形「なぐさむる」の変化した形》心を穏やかにする。気を晴らす。なぐさめる。例「草枕旅の憂へを――事もありやと」〈万葉・九・一七五七長歌〉訳 旅のわびしさをなぐさめてくれることもあろうかと。

なく-な・す【無くなす・亡くなす】《連語》❶亡（な）くす。死なせる。（死なれて）失う。例「乳母（めのと）なる人は、夫（をとこ）なども――・して」〈更級・太井川〉訳（私の乳母（うば）は）夫なども亡くして。❷権力・勢力などを奪う。失脚させる。❸ないようにする。紛失する。なくす。

な-く-に

《連語》《打消しの助動詞「ず」の古い未然形「な」＋準体助詞「く」＋格助詞「に」》❶《文末に用いて》《詠嘆の気持ちを含んだ打消しを表す》…ないことだなあ。…ないことよ。例「いかにして忘れむものぞ吾妹子（わぎもこ）に恋はまされど忘らえなくに」〈万葉・一一・二五九七〉訳 どうしたら忘れられるものだろうか、愛するあの女（ひと）への恋心はさらに強くなる一方で、忘れることができないことだなあ。❷《文中に用いて》《詠嘆の気持ちを含んだ逆接確定条件を示す》…ないのに。…ないことだのに。例「深山（みやま）には松の雪だに消えなくに都は野辺（のべ）の若菜摘（つ）みけり」〈古今・春上・一九〉訳（私のいる）深い山の中では松の雪さえもまだ消えないのに、都ではもう野辺の若菜をつんでいるのだなあ。注「けり」ハ、ココデハ詠嘆ノ意。❸《文中に用いて》《詠嘆の気持ちを含んだ順接確定条件を示す》…ないのだから。…ない以上は。例「誰（たれ）をかも知る人にせむ高砂（たかさご）の松も昔の友ならなくに」〈古今・雑上・九〇九〉訳 私は誰を昔から知っている友人としようか。（あの有名な）高砂の松も老齢ではあるが、しょせん松では昔からの友人にはなれないのだから。注『百人一首』所収、藤原興風（オキカゼ）ノ歌。

な-ぐは・し【名美し・名細し】グ：ワシ〔形シク〕《「くはし」はこまやかで美しい意》名が美しい。名高い。例「――・しき印南（いなみ）の海の沖つ波千重（ちへ）に隠りぬ大和島根は」〈万葉・三・三〇三〉訳 その名も美しい印南の海の沖の波が幾重にも立って、それに隠れてしまった、大和の山々は。注「印南の海」ハ兵庫県明石市カラ加古川市ニカケテノ海。

な-げ【無げ】〔形動ナリ〕《形容詞「なし」の語幹＋接尾語「げ」》❶（多く体言に付いて）存在しないように感じられるようす。なさそうである。例「心解けて夢をだに見るべきほども――・に、すごく吹き払ひたり」〈源氏・橋姫〉訳（夜も）心のどかに夢を見ることさえできそうもないようすで、（川風は）ひどく吹きまくっている。❷（多く「なげの」の形で）言葉・動作・態度などに、真心が感じられないようす。誠意がない。かりそめである。例「――

の言葉なれど、切（ちせ）に心に深く入らねど」〈枕草子・よろづのことよりも情あるこそ〉訳ちょっとした言葉であっても、（また）強く心にしみこむ言葉でなくても。

なげか・し【嘆かし】〔形シク〕《動詞「なげく」の形容詞化した形》悲しい。嘆かわしい。例「まことに頼みける者は、いと――・しと思へり」〈枕草子・すさまじきもの〉訳（主人の任官を）心からあてにしていた者は、たいそう悲しいことだと思っている。

> 参考 ①は「思ふこと――・なり（＝心配ガナサソウダ）」「たぐひ――・なり（＝類ガナイホドダ）」「情け――・なり（＝情緒ガナサソウダ）」など、体言に直接付く。

なげき【嘆き・歎き】〔名〕《「長息（ながいき）」の変化した形》❶なげくこと。ため息をつくこと。ため息。❷悲しみ。悲嘆。例「都出でし春の――に劣らめや年経（ふ）る浦を別れぬる秋」〈源氏・明石〉訳かつて都を出た時の悲嘆に劣るだろうか（劣りはしない）。長い年月を過ごした明石の浦と別れてしまう秋は。❸強く乞（こ）い願うこと。嘆願。例「さだめてよろしき親類ありて、――をいふ」〈西鶴・日本永代蔵・三・五〉訳（旅先に）きっとよい親類があって、無心をする（のだろう）。

なげき-わた・る【嘆き渡る】〔他ラ四〕{ら・り・る・る・れ・れ}長い年月、嘆いて過ごす。

なげ・く【嘆く・歎く】〔自カ四〕{か・き・く・く・け・け}❶（心が満たされず）ため息をつく。嘆息する。例「君が行く海辺（うみへ）の宿に霧立たば吾（あ）が立ち――・く息と知りませ」〈万葉・一五・三五八〇〉訳あなたが行く海辺の宿に霧が立ったならば、それは、私が立ちつくして嘆息する息だと思って下さい。❷悲しむ。悲しんで泣く。悲嘆する。例「この事を――・くに、鬚（ひげ）も白く、腰もかがまり、目もただれにけり」〈竹取・かぐや姫の昇天〉訳（竹取の翁（おきな）は）この事（＝カグヤ姫ガ月ニ帰ル時ガ近ヅイテイルコト）を悲嘆しているので、ひげも白くなり、腰も曲がり、目も（涙で）ただれてしまった。❸強く乞（こ）い願う。嘆願する。例「世の中にさらぬ別れのなくもがな千代（ちよ）もと――・く人の子のため」〈古今・雑上・九〇一〉訳この世の中に避けられない別れ（＝死別）というものがなければよいのに。（親が）千年も生きてほしいと強く乞い願っている子供のために。

なげし【長押】〔名〕部屋の境の柱と柱の間で、上の鴨居（かもい）、下の敷居に添えて横に渡した板。寝殿造りでは、母屋（もや）と廂（ひさし）の間（ま）との境となる。

な-ごし【夏越し】〔名〕「夏越の祓（はらへ）」の略。

夏越しの祓（はら）へ 陰暦六月三十日に、川原・海辺で行う民俗行事。茅（ち）の輪をくぐったり、人形（ひとがた）を作って体をなでたものを水に流したりして、半年間の罪や汚れを除き払う。「水無月（みなづき）祓へ」とも。

なご・し【和し】〔形ク〕❶おだやかである。なごやかである。例「猫のいと――・う鳴いたるを、驚きて見れば」〈更級・大納言殿の姫君〉訳猫が大変のんびりと鳴いたのを、驚いて見ると。❷やわらかである。例「高麗（こま）の紙の、はだこまかに、――・うなつかしきが」〈源氏・梅枝〉訳高麗から渡来した紙で、きめこまかで、柔らかく親しみのある紙で。

夏越しの祓へ

なごし-の-はらへ【夏越しの祓へ】⇩「なごし（夏越し）」子項目

勿来の関（なこそのせき）《関所名》古代に、蝦夷（えぞ）の侵入に備えて設けられた関所。現在の福島県いわき市勿来町にあった。もと「菊多の関」とも。白河・念珠（ねず）とともに、奥州三関の一つ。景勝の地にあり、和歌では「な来そ」と掛けて用いられることが多い。歌枕。

勿来の関

名児の海（なごのうみ）《地名》「奈呉の海」「那古の海」とも書く。波のおだやかな海の意を含み、各地に同名で呼ばれた海があるが、大阪市住吉区付近にあった海と、富山県新湊（しんみなと）市付近の海を指すのが多く歌に詠まれる。

なご・む【和む】㊀〔自マ四〕{ま・み・む・む・め・め}なごやかになる。やわらぐ。例「なほざりごとは見給ひながら、おのづから――・みつつ物し給ふを」〈源氏・夕霧〉訳（雲居雁（くもいのかり）は夫の慰めを）いいかげんな事とはお思いになるものの、自然と（気持ちが）なごやかになっておいでになるのを。㊁〔他マ下二〕{め・め・む・むる・むれ・めよ}なごやかにする。やわらげる。

なごり〔名〕

> 「波残り」の変化した語。波の引いたあとに残っている魚や海藻のことをいうのが原義で、そこから物事の過ぎた後に残る物事をいうようになる。そして余情などの意に変化してきた。

㊀【余波】❶海の潮が引いた後に、所々残っている海水。また、そこに残されている魚や海藻など。例「難波潟（なにはがた）潮干の――よく見てむ家なる妹（いも）が待ち問はむため」〈万葉・六・九七六〉訳大阪湾の岸辺の干潮の後に残された海水のたまりの様子をよく見ておこう、家にいる妻が私の帰りを待っていて尋ねるだろうから。❷風が静まった後も、まだしばらくは海面に立っている波。例「その夜、南の風吹きて、――の波いと高し」〈土佐日記〉訳その夜、南風が吹いて、（吹きやんだ後も）なごりの波がたいそう高い。

㊁【名残】（㊀から転じて）❶**物事の過ぎた後、なおその気配や影響が残ること。**また、**その気配や影響。余情。**例「夕立して、――涼しき宵（よひ）のまぎれに」〈源氏・紅葉賀〉訳夕立が来て、その名残が涼しい宵闇に紛れて。❷人と別れた後、なお心の中に残っているもの。また、人との別れ。例「――もただならず、あはれに思ふ」〈源氏・初音〉訳別れの後に残る心が普通でなく、しみじみと寂しく思う。❸遺児。子孫。❹遺産。形見の品物。例「大臣（おとど）の御――、内々の

御宝物、領じ給ふ所々など」〈源氏・竹河〉訳 故太政大臣(＝鬚黒)のご遺産である、邸内の宝物や、領有していらっしゃる荘園など。

❺(「――の折」の略。連歌・俳諧で)連句を書き記す懐紙のうち、最後の一枚。例「一巻表より――まで一体ならんは見苦しかるべし」〈去来抄・修行〉訳 連句一巻が初折(＝第一葉)の表から最後の折まで同じ調子であるようなのは見苦しいだろう。注 芭蕉ノ言葉。

なごり-な・し【名残無し】〔形ク〕❶まったく後に残るものがない。跡形もない。例「しか――・きわざはいかがせむ」〈源氏・蓬生〉訳 そのように(邸を売って他へ移り親の時代の)跡形もなくするようなことはどうしてできましょうか。

❷心残りがない様子である。さっぱりと思い切った感じだ。

なごろ【余波】〔名〕⇩なごり一❷

なさけ【情け】〔名〕

「なさけ」は、**思いやり**、が原義だが、**男女間の愛情**の意もある。ただ、古典で重要なのは、**風流心**、**風情**、の意で、「なさけなし」は、**風情がない**、の意。

❶人情。思いやり。いたわり。例「よろづのことよりも――あることそ、男はさらなり、女もめでたくおぼゆれ」〈枕草子・よろづのことよりも情あることそ〉訳 どんなことよりも思いやりの心があることこそ、男はいうまでもなく、女でもすばらしく思われる。

❷**男女間の愛情**。恋心。例「中将・中務やうの人々には、程々につけつつ――を見え給ふに」〈源氏・澪標〉訳 (光源氏は)中将や中務(＝共ニ光源氏ノ侍女デ、カツ、愛人デモアル)のような人達には、それぞれの身の程に応じて愛情をお示しになるので。

❸**物の情趣を理解する心**。**みやびごころ**。**風流心**。例「――ある人にて、瓶に花をさせり」〈伊勢・一〇一〉訳 (主人は)風流心のある人で、瓶に花をさしてある。

❹**物の情趣**。**風情**。おもむき。例「ここかしこの立石どもも、みな転び失せたるを、――ありてしなさば、をかしかりぬべき所かな」〈源氏・松風〉訳 (庭の)あちこちの立石(＝庭石ノ立テテアルモノ)も、みな転がって見えなくなっているが、風情のある様子に整えたならば、きっと趣深いに違いない所だよ。

なさけ-だ・つ【情け立つ】〔自タ四〕{た・ち・つ・つ・て・て}❶いかにも人情味があるように振る舞う。好意ありげな様子を見せる。例「わざとならねど――・ち給ふわか人は、恨めしと思ふもありけり」〈源氏・藤裏葉〉訳 特に目立ってではないが(夕霧に)好意ありげなさまをお見せになる若い女房達は、(夕霧と雲居雁との結婚を)恨めしいと思う者もいた。

❷風流を解しているように振る舞う。風流ぶる。

なさけ-なさけ・し【情け情けし】〔形シク〕情愛が深い。例「あはれ知るばかり――・しくのたまひ尽くすべかめれど」〈源氏・帚木〉訳 (空蟬が)愛情をわかるように(光源氏は)情愛深く思いのすべてをおっしゃるようだが。注 光源氏ガ空蟬ノ寝所ニ忍ビ込ンダ場面。

なさけ-な・し【情け無し】〔形ク〕

❶**思いやりの心がない**。人情味に欠ける。薄情である。例「などか、――・くはもてなすなるらむ」〈源氏・紅葉賀〉訳 (お前は)どうして、(葵の上を)冷淡に扱うのであろうか。注 光源氏ニ対スル、父帝ノ言葉。

❷**風情がない**。**情緒に欠ける**。**興ざめである**。例「無下に後れたる筋のなきや、あまり――・からむ」〈源氏・葵〉訳 (紫の上のは)全然後れ毛(＝短イ毛)のないのは、あまりに(きれいにそろいすぎて)風情がないのではあるまいか。

❸嘆かわしい。あきれるほどである。

なさけ-ば・む【情けばむ】〔自マ四〕{ま・み・む・む・め・め}(「ばむ」は接尾語)情け深いようにふるまう。愛情をこめているように行う。例「しばしは――・まむ」〈源氏・夕霧〉訳 当分の間は(人目にも)夫婦の情があるようにふるまおう。

なし〔名〕(動詞「なす(生す・成す・為す)」の連用形の名詞化)一【生し・成し】産むこと。例「父母が――のまにまに箸向かふ弟の命は」〈万葉・九・一八〇四長歌〉訳 父母が産んだ順序に箸のように(二人)そろって育った弟は。

二【為し・成し】(「心のなし」の形で)心がそうさせること。心なし。気のせい。例「心の――にやあらむ、今少し重々しくやむごとなげなる気色さへ添ひにけりと見ゆ」〈源氏・宿木〉訳 気のせいだろうか、(薫は)以前よりやや重々しく高貴そうな態度さえ加わったように見える。

な・し【無し・亡し】〔形ク〕

❶物や人が存在しない。ない。いない。例「道知れる人も――・くて、まどひ行きけり」〈伊勢・九〉訳 (東国への)道を知っている人もいないで、迷いながら行った。

❷不在である。留守である。例「老いらくの来むと知りせば門さして――・しと答へて会はざらましを」〈古今・雑上・八九五〉訳 老いというものが来るだろうとわかっていたならば、門を閉じて「不在だ」と答えて会わなかったのに。

❸この世にいない。死んでいる。例「人の――・きあとばかり悲しきはなし」〈徒然草・三〇〉訳 人が死んだ後ほど悲しいものはない。

❹ない同様の状態である。世間から忘れられている。例「中ごろ、身の――・きに沈み侍りしほど」〈源氏・薄雲〉訳 少し昔、私が世にない者同様に落ちぶれておりました時。注 光源氏ガ須磨ニ引退シテイタ時ヲ言ウ。

❺またとない。

❻(補助形容詞的用法。形容詞・形容動詞および断定の助動詞「なり」の連用形や、副詞「さ」「かく」などに、また、これらに「も」が付いた形に付いて、打消しを表す)…(で)ない。例「下の心こそ、いとねんごろに深くも――・かりしが」〈源氏・柏木〉訳 (柏木は妻に対して)内心は、そんなに親切で愛情深くはなかったが。例「ここに使はるる人にも――・きに」〈竹取・燕の子安貝〉訳 この屋敷で使われる人でもないのに。

要点 ①は、現代語では人については「いない」、物については「ない」と使い分けるが、古語では、人も物も「なし」を用いる。存在の場合も、人・物ともに「あり」で表す。人についてだけ「いる」「いない」というのは、「ゐる(＝座ル意)」を転用した後世の用法である。
⑥は、「人しげくもあらねど」〈伊勢・五〉(訳 人目が多くはないが)のように「あらず」を用いるのが普通であったが、後に、この「なし」を用いる方が一般化して、現代語の「…(で)ない」に至る。

なじか‐は〔副〕（「なにしかは」の変化した形）❶疑問の意を表す。なぜ。どうして。例「さばかりならば、――捨てし」〈徒然草・五八〉訳それほどならば、なぜ（世を）捨てたのか（＝出家遁世(トンセイ)シタノカ）。❷反語の意を表す。なんで（…ものか）。どうして（…ものか）。例「声よく節(ふし)も上手でありければ、――舞も損ずべき」〈平家・一・祇王〉訳（仏御前(ほとけごぜん)は）声もよく歌い方も上手であったので、なんで舞い損なうはずがあるものか。

なし‐つぼ【梨壺】〔名〕内裏(だいり)の後宮の建物の一つ。「昭陽舎(せうやうしや)」のこと。中庭には梨の木が植えてある。

梨壺の五人(ごにん) 天暦(てんりやく)五年（九五一）、梨壺に設置された和歌所で、勅命により『万葉集』の訓読、『後撰集』の編纂(へんさん)を行った五人の歌人。坂上望城(もちき)・紀時文(ときぶみ)・大中臣能宣(おおなかとみのよしのぶ)・清原元輔(もとすけ)・源順(したごう)。

なじょう ⇩なでふ

な・す【寝す】（上代語）{さ・し・す・す・せ・せ}㊀〔自サ四〕（「寝(ぬ)」の未然形に上代の尊敬の助動詞「す」が付いたものの変化した形）おやすみになる。例「沖つ波来寄る荒磯(ありそ)を敷栲(しきたへ)の枕と枕(ま)きて――・せる君かも」〈万葉・二・二二二〉訳沖の波がうち寄せる荒磯を枕としておやすみになっているあなたよ。注「敷栲」ハ「枕」ノ枕詞。㊁〔他サ四〕（「寝(ぬ)」に対する他動詞形）寝かす。眠らす。例「眼交(まなかひ)にもとなかかりて安眠(やすい)し――・さぬ」〈万葉・五・八〇二長歌〉訳（子供の姿が）目の前にむやみにちらついて少しも安眠させてくれない。

な・す【生す】〔他サ四〕{さ・し・す・す・せ・せ}産む。生ずる。例「おのが――・さぬ子なれば、心にも従はずなむある」〈竹取・貴公子たちの求婚〉訳私が産んだ子ではないので、思った通りにはならないのです。

な・す【為す・成す】{さ・し・す・す・せ・せ}㊀〔他サ四〕（「なる」の他動詞形）❶行う。する。例「今日はその事を――・さんと思へど、あらぬ急ぎまづ出(い)で来て、まぎれ暮らし」〈徒然草・一八九〉訳今日はこれこれのことをしようと思っていても、意外な急用が先に出て来て、（その事に）気をとられて日を暮らし。❷（あるものを他のものに）変える。…にする。ならせる。例「思はむ子を法師に――・したらむこそ、心苦しけれ」〈枕草子・思はむ子を〉訳かわいく思う子を法師にしたとしたら、まことに気の毒だ。❸用いる。…にする。例「鳥が音(ね)の聞こゆる海に高山を障(へだ)に――・して沖つ藻を枕に――・し」〈万葉・一三・三三三六長歌〉訳鳥の声の聞こえる海で高山を風除ょけに用いて、沖の藻を枕にし。❹作る。…にする。例「東(ひんがし)の門(かど)は四足(よつあし)に――・して、それより御輿(みこし)は入らせ給ふ」〈枕草子・大進生昌が家に〉訳東門は四足門に作って、そこから（中宮の）御輿はお入りになる。㊁〔補動サ四〕（動詞の連用形に付き、その上にある状態を表す語句を受けて）その状態に…する。ことさら…する。例「仲人(なかうど)、何方(いづかた)も心にくき様に言ひ――・して」〈徒然草・二四〇〉訳男女の仲をとりもつ人が、どちらをも奥ゆかしい様子にことさら言い繕(つくろ)って。

な・す【鳴す】〔他サ四〕{さ・し・す・す・せ・せ}（上代語。「鳴る」の他動詞形）鳴らす。例「時守(ときもり)の打ち――・す鼓数(よ)み見れば時にはなりぬ逢(あ)はなくも怪し」〈万葉・一一・二六四一〉訳時を知らせる番人が打ち鳴らす鼓の数を数えてみると、もうその時（＝約束ノ時刻）になった。それなのに（あなたに）逢わないのは気がかりだ。

なす〔接尾〕（上代語）（多く名詞、まれに動詞の連体形に付いて）…のように、…のような、の意を表す。「くらげ――」「鏡――」「玉藻(たまも)――」など。

なず・む【泥む】〔動〕⇩なづむ

なずら・う【準う・准う・擬う】〔動〕⇩なずらふ

なずらひ【準ひ・准ひ・擬ひ】(ナズライ)〔名〕（動詞「なずらふ」の連用形の名詞化）同じような程度のこと。また、もの。同類。例「――に思(おぼ)さるるだに、いとかたき世かな」〈源氏・桐壺〉訳（桐壺更衣(きりつぼのこうい)と）肩を並べる程度の人だと（帝が）自然とお思いになるような方でさえ、めったに得難い世の中であるよ。

なずら・ふ【準ふ・准ふ・擬ふ】(ナズラ(ロ)ウ)（「なぞらふ」とも）㊀〔自ハ四〕{は・ひ・ふ・ふ・へ・へ}同列に並ぶ。類する。準ずる。なぞらえる。例「――・ひ給ふべきだにぞなかりける」〈源氏・桐壺〉訳（光源氏の美しさと）肩をお並べになることとすらできなかった。㊁〔他ハ下二〕{へ・へ・ふ・ふる・ふれ・へよ}同じようにみなす。準ずる。例「今はなほ、昔のかたみに――・へてものし給へ」〈源氏・桐壺〉訳（桐壺更衣(きりつぼのこうい)の亡くなった）今はやはり、（光源氏を）亡き人の形見とみなして（光源氏を連れて）参内なさいませ。

な‐せ【汝兄】〔名〕（上代語）女性から男性を親しく呼ぶ語。あなた。対なにも 例「愛(うつく)しき我(あ)が――の命(みこと)、入り来坐(ま)せる事恐(かしこ)し」〈古事記・上・伊邪那岐命と伊邪那美命〉訳いとしいあなたよ、あなたが（この黄泉国(よみのくに)に）入っていらっしゃったことは尊いことです。

な……そ（「な」は副詞、「そ」は終助詞。間には動詞の連用形（カ変・サ変動詞は未然形）が入る）禁止の意を表す。（どうか）…**してくれるな**。（どうか）…**しないでくれ**。例「物知らぬことなのたまひ**そ**」〈竹取・かぐや姫の昇天〉訳物の道理をわきまえないことをおっしゃらないで下さい。例「**な**起こし奉り**そ**。幼き人は寝入り給ひにけり」〈宇治拾遺・一・一二〉訳お起こし申すな。幼い人は寝入ってしまわれました。

な……そで禁止を表すが、終助詞「な」による禁止に比べると、おだやかに頼みこむような感じが強い。例えば、「行くな」に対して「な行きそ」は、行かないでください、のような感じになる。従って、女性が多く用いた。

> 要点 「な……そ」が複合動詞とともに用いられる時は、「な」が複合動詞の間に入って、「動詞＋な＋動詞＋そ」の形になるのが普通。例「恋しくは見てもしのばむ紅葉(もみぢば)を吹き**な**散らし**そ**山おろしの風」〈古今・秋下・二八五〉訳恋しくなったら眺めてなりとも（あの人のありし日のことを）しのぼう、紅葉の葉を吹き散らさないでおくれ、山おろしの風よ。

な‐ぞ【何ぞ】（「なにぞ」の変化した形）㊀〔連語〕（不明の事物・状態、またはその原因などについて問いかける意を表す》❶《文末に用いて》何か。何者か。何ごとか。**なぜか。どうしてか。** 例「気色(けしき)ある真人(うまと)かな。物隠しは──」〈源氏・浮舟〉訳(そぶりが)変なあなたですね。隠しだてするのはなぜですか。
❷《「なぞの」の形で》**何の。何とした。どういう。** 例「あな、まがまがし。──の物か憑(つ)かせ給はむ」〈源氏・総角〉訳まあ、縁起が悪い。(いったい)どんな物が(大君(おおいぎみ)に)とりつき申しましょう(何もついてはいません)。
二〔副〕❶《疑問の意を表す》**どうして…か。なぜ…か。** 例「──とは奉らぬ」〈源氏・蜻蛉〉訳どうして、この着物をお召しにならないのか。注「奉る」ハ「着る」ノ尊敬語。
❷《反語の意を表す》**どうして…か(いや、そうではない)。** 例「君なくは──身装(みよそ)はむ櫛笥(くしげ)なる黄楊(つげ)の小櫛(をぐし)も取らむとも思はず」〈万葉・九・一七七七〉訳あなたがいなくてはどうして身を飾る気になりましょうか。櫛箱の中にある黄楊の小櫛も手にしようとも思いません。
要点 ほとんどは疑問の意の用例で、反語の意の用例はきわめて稀である。二の用法では、係助詞「も」「や」を付けて意味を強めた「なぞも」「なぞや」も用いられる。

なぞ-の【何ぞの】《連語》《平安時代の口語》《眼前のものを怪しんで》いったいどんな。例「──犬の、かく久しう鳴くにかあらむ」〈枕草子・上にさぶらふ御猫は〉訳いったいどんな犬が、こんなに長い間鳴いているのであろうか。

なぞ・ふ【準ふ・准ふ・擬ふ】(ナゾウ)〔他ハ下二〕{へ・へ・ふ・ふる・ふれ・へよ}《上代は「なそふ」》同じように見なす。なぞらえる。例「秋といへば心ぞ痛きうたて異(け)に花に──・へて見まく欲(ほ)りかも」〈万葉・二〇・四三〇七〉訳秋というと心が痛む。我が愛する人を特に花になぞらえて見たいとしきりに思うからだろうか。

なぞら・ふ【準ふ・准ふ・擬ふ】(ナゾラ(ロ)ウ) **一**〔自ハ四〕{は・ひ・ふ・ふ・へ・へ}⇩なずらふ一 例「見ぬ人の形見がてらは折らざりき身に──・へる花にしあらねば」〈後撰・春中〉訳(その桜の花は)お逢(あ)いしていないあなたへの(私の)形見にすることを兼ねて折り取ったのではありません。私などと肩を並べるような(つまらない)花ではありませんから。
二〔他ハ下二〕{へ・へ・ふ・ふる・ふれ・へよ}⇩なずらふ二 例「今の世の有様、昔に──・へて知りぬべし」〈方丈記・都遷り〉訳今の世の有様は、昔と比べてみるとよく分かるだろう。

なそり【納蘇利】〔名〕《「なっそり」とも》舞楽の曲名。

なそり

なだ【灘・洋】〔名〕海で、波または潮流が激しくて航海しにくい所。海洋の難所。例「ひびきの──もなだらかに過ぎぬ」〈源氏・玉鬘〉訳(舟は)響の灘(という海の難所)も無事に通過した。

な-だいめん【名対面】〔名〕❶宮中で、夜の「亥(ゐ)」の一刻(=午後九時頃)に、宿直の殿上人が点呼に応じて姓名を名のること。「宿直奏(とのゐまうし)」「名謁(みやうえつ)」とも。例「殿上の──こそなほをかしけれ」〈枕草子・殿上の名対面こそ〉訳清涼殿の名対面というのはなんといっても興味深い。
❷(宮中以外の高貴な場や戦場などで)姓名を声高に告げること。名のり。例「──を聞き給ふにも、その人かの人など耳とどめて聞かれ給ふ」〈源氏・御法〉訳(光源氏邸で公卿(くぎやう)達の)名のりの声をお耳になさっても、(紫の上は)この方だわあの人だわとつい耳をおとめになってお聞きなさる。

なだ・む【宥む】〔他マ下二〕{め・め・む・むる・むれ・めよ}❶取り扱いをゆるやかにする。寛大に取り扱う。例「例あらむにまかせて、──・むる事なく厳しう行へ」〈源氏・少女〉訳前例があるならそれに従って、手加減することなく厳しく行いなさい。
❷穏やかな状態にする。やわらげる。とりなす。

なだ-らか〔形動ナリ〕❶物の表面が滑らかな様子。
❷心や性質が穏やかな様子。温和である。円満である。例「心ばせの、──・にめやすく憎みがたかりしことなど、今ぞおぼし出(い)づる」〈源氏・桐壺〉訳(物のわかった人は亡き桐壺更衣(きりつぼのこうい)の)気立てが、温和で感じがよくとても憎めなかったことなどを、今になって思い出しなさる。
❸平穏である。無事である。例「ひびきの灘(なだ)も──・に過ぎぬ」〈源氏・玉鬘〉訳(舟は)響という海の難所(=玄界灘ノ東)も無事に通過した。
❹欠点が目立たない様子。ていさいがよい。無難である。
❺(言葉や文字などが)滑らかな様子。すらすらとしている。

なつ【夏】〔名〕四季の一つ。陰暦では、四月・五月・六月をいう。例「蛸壺(たこつぼ)やはかなき夢を──の月」〈芭蕉・笈の小文〉訳この静かな海の底で、蛸は明日の生命も知らず、人の沈めた蛸壺の中に、はかない夢を結んでいるという。折から、明けやすい夏の月はもう中空にあって、この世のものならぬ蒼白(あおじろ)い光を海面に投げかけている。

な・づ【撫づ】(ナズ)〔他ダ下二〕{で・で・づ・づる・づれ・でよ}❶なでる。例「酒飲みてあめき、口をさぐり、ひげある者はそれを──・で」〈枕草子・にくきもの〉訳酒を飲んでわめき、口のあたりをぬぐい、ひげのある者はそれをなでて。
❷いつくしむ。いたわる。例「上(かみ)の奢(おご)り費やすところをやめ、民を──・で農を勧(すす)めば、下(しも)に利あらむ事疑ひあるべからず」〈徒然草・一四二〉訳上に立つ者がぜいたくや無駄遣いをやめ、民をいつくしんで農耕を盛んにすれば、下々の者に利益があるだろうことは疑いもないことである。

なつか・し【懐かし】〔形シク〕《動詞「なつく」の形容詞化した形》類ゆかし

> 動詞「なつ(懐)く」(=なれ親しむ)からできた形容詞。基本的には、その人や物に心がひかれ、離れたくない、もっとそばに置きたい、という気持ちを表す。そこから、好ましい、いとしい、の意になる。現代語との違いに注意。

心がひかれる。親しみが持てる。好ましい。いとしい。 例「──・しうらうたげなりしをおぼし出(い)づるに、花・鳥の色にも音(ね)にもよそふべきかたぞなき」〈源氏・桐壺〉訳(亡き桐壺更衣の)いとしくて愛らしかったのを思い出しなさると、(その美しさは)花の色にも鳥の声にもたとえようがない。

な-づき【名付き・名簿】〔名〕任官・大学入学・寮試・有試の際とか、家臣または弟子になる時、官庁や主人・師匠に提出する文書。姓名・官位・履歴などを記す。履歴書。「名簿(みやうぶ)」とも。

なづき【脳・髄】(ナズキ)〔名〕脳。脳髄。転じて、頭。

なつ・く【懐く】一〔自カ四〕{か・き・く・く・け・け}なれ親しむ。
二〔他カ下二〕{け・け・く・くる・くれ・けよ}なれ親しませる。なじませる。なつかせる。例「かたはら寂しき慰めにも──・けむ」〈源氏・若菜・下〉訳独り寝の寂しさを紛らわすためにも(あの猫を)なれ親しませてみよう。

な-づ-く【名付く】〔他カ下二〕(け・け・く・くる・くれ・けよ)名前を付ける。例「つはものどもあまた具して山へ登りけるよりなむ、その山を富士の山とは—けける」〈竹取・ふじの山〉訳兵士達を大勢引き連れて山へ登って以来、その山を富士の山と名付けた。注「士(ツワモノ)」ニ富ムノデ富士トイウシャレ。

なつくさ-の【夏草の】〔枕詞〕(夏草が野に深く茂り、暑い日にはしおれ、刈ることもあることから)「野」「深し」「しげし」「思ひ萎(しな)ゆ」「かりそめ」などにかかる。例「—思ひ萎(しな)えて偲(しの)ふらむ妹(いも)が門(かど)見むなびけこの山」〈万葉・二・一三八長歌〉訳(今頃は)すっかり嘆きしおれて、私を慕っているであろう愛する妻の家の門を(一目)見たい。平らになれよ、この高い山。

なつ-ごろも【夏衣】 ■一〔名〕(和歌用語)夏に着る衣服。薄くて涼しい。例「—着て幾日(いくか)にかなりぬらむ残れる花は今日も散りつつ」〈新古今・夏・一七八〉訳夏の着物に更衣(ころもがえ)して何日になったろうか。梢(こずえ)に残っていた桜の花は今日も少しずつ散りゆくことだ。■二〔枕詞〕夏の衣はひとえで薄いところから、「ひとへ」「うすし」「かとり」にかかる。また、「衣」の縁語の「着る」「裁(た)つ」「うら」などにもかかる。例「蝉(せみ)の声聞けば悲しな—薄くや人のならむと思へば」〈古今・恋四・七一五〉訳蝉の鳴き声を聞くとしみじみと悲しみがつのることよ。人の心にも秋(飽き)がきて、私への思慕の情が薄くなるだろうと思うと。

なづさ-ふ(ナズサウ)〔自ハ四〕(は・ひ・ふ・ふ・へ・へ)❶(上代語)水に浮かびただよう。水にひたる。例「夕されば葦辺(あしべ)に騒き明けくれば沖に—ふ鴨(かも)すらも」〈万葉・一五・三六二五長歌〉訳夕方になると葦の生えているあたりで騒ぎ、夜が明けると沖で浮かびただよう鴨でさえも。
❷なれ親しむ。なつく。まつわりつく。例「いときなきより—ひし者の、今はのきざみにつらしとや思はむ」〈源氏・夕顔〉訳(見舞わないと)幼い時からなれ親しくしてきた者(=乳母)が、臨終の際に(私を)薄情だと思うかもしれない。

なつそ-びく【夏麻引く】〔枕詞〕「うなかみ」「うなひ」「いのち」にかかる。例「—海上潟(うなかみがた)の沖つ洲(す)に鳥はすだけど君は音(おと)もせず」〈万葉・七・一一七六〉訳海上潟(=千葉県ノ海岸)の沖の洲に鳥が群がり騒いでいますけれども、あなたからは何の音沙汰もない。

なづ-な【薺】(ナズ)〔名〕草の名。春の七草の一つ。ナズナ。ペンペングサ。シャミセングサ。(季・春)例「よく見れば—花咲く垣根かな」〈芭蕉〉訳(今まで気づかなかったが、ふと)目をこらしてよく見ると、ナズナが白く小さな花をつけている。垣根の中でひっそりと人知れず。

なつびき-の〔枕詞〕(夏に蚕(かいこ)や麻の糸を引くことから)「いと」「いとほし」「いとま」などにかかる。

なづ-む【泥む】(ナズム)〔自マ四〕(ま・み・む・む・め・め)❶**足をとられて進行が滞る。行き悩む。**例「白栲(しろたへ)ににほふ真土(まつち)の山川に我が馬—む家恋ふらしも」〈万葉・七・一一九二〉訳真っ白に照り映える真土山(=地名)の川で私の乗った馬が行き悩んでいる。(あとに残して来た)家の者が私を恋い慕っているらしい。注「白栲ににほふ」ハ「真土」ニカカル序。「家恋ふらしも」ニハ「馬が家を思っているらしい」トスル解釈モアル。
❷元気がなくなる。悩み苦しむ。例「色づける葉の—みて立てるを見れば、いとかなしくて」〈蜻蛉・中・天禄元年〉訳(稲の)色づいた葉が元気もなくなって立っているのを見ると、大層悲しくて。
❸**執着する。こだわる。**例「死を軽くして少しも—まざる方(かた)の、いさぎよく覚えて」〈徒然草・一一五〉訳死を軽んじて少しも(生死に)執着しない点が、快く思われて。
❹(近世上方語)ひたむきに思いこがれる。打ち込む。

なつ-むし【夏虫】〔名〕夏の虫の総称。ホタル。セミ。ガ。ヒトリムシ。カなど。例「—の身をいたづらになすことも一つ思ひによりてなりけり」〈古今・恋一・五四四〉訳(飛んで火に入る)夏の虫が身を焼き滅ぼしてしまうのも、私と同一の思いという火によってだったのだなあ。注「思ひ」ノ「ひ」ニ「火」ヲ掛ケル。

なでし-こ【撫子・瞿麦】〔名〕❶草の名。秋の七草の一つ。ナデシコ。初秋の山野に淡紅色の花を開く。(季・秋)例「かさねとは八重—の名なるべし」〈曽良・奥の細道〉訳馬のあとをついて夏の野原を走ってくる女の子の名前を聞くと、「かさね」という。鄙(ひな)には珍しい優雅な名を答えた。王朝の文学では、愛する子供を、撫でるように慈(いつく)しむところから、「撫子」と呼んだりするが、「かさね」というのは、さらにさらに撫で慈しむというところから、「八重撫子」の意をこめた名前なのであろう。
❷(襲(かさね)の色目の名)表は紅梅、裏は青色。撫子襲(なでしこがさね)。夏に用いる。
❸(「撫でし子」の意で)愛(いと)しい子。愛児。例「かの—の生ひたつ有様聞かせまほしけれど」〈源氏・夕顔〉訳あのいとけない子(=夕顔ノ遺児)が無事に成長している様子を(その子の父である頭中将(とうのちゅうじょう)に)聞かせたいと(光源氏は)思うけれども。

なで-つくろ-ふ【撫で繕ふ】(・ツクロウ)〔他ハ四〕(は・ひ・ふ・ふ・へ・へ)髪を撫でて整える。

なでふ(ナジョウ)(「なにといふ」→「なにてふ」→「なんでふ」→「なでふ」と変化してできた語)

「なにといふ」が変化してできた語。それゆえ、連体詞の場合、なんという、なにほどの、の意に、また、副詞として、どうして、の意で反語表現に用いられる。

■一〔連体〕なんという。なにほどの。例「こは、—ことのたまふぞ」〈竹取・かぐや姫の昇天〉訳これはまあ、なんということを、おっしゃるのですか。
■二〔副〕(多く反語表現に用いて)なんだって。どうして。例「いまさらに—さることか侍(はべ)るべき」〈源氏・椎本〉訳いまさらなんだってそんなことがございましょうか。

なでふことかあらむ どれほどのことがあろうか、どうということはない。例「ただ清き衣(きぬ)を着て詣(まう)でむに—」〈枕草子・あはれなるもの〉訳(皆が粗末な衣服で詣でる金峯山(きんぷせん)に)ただもうきれいな衣服を着て参詣したとしてどうということはない。

な-でん【南殿】〔名〕⇒なんでん②

南殿の桜(さくら) ⇒さこんのさくら

などの判別

①**副詞「など」**—「なにと」の変化した形
例**など**かう、つたなうはあるぞ　疑問(なぜ。どうして)❶
例**など**か最後のいくさせざるべき

反語（どうして〜ものか）❷

②副助詞「など」
例親しき女房、御乳母などをつかはしつつ　同類の事物の暗示❶
例「様もよき人におはす」など言ひゐたり　引用❷
例いと寒きに、火など急ぎ起こして　婉曲・ぼかし❸
例かくのごとく優婆夷などの身にて　強調❹

など〔副〕《「なにと」の変化した形》❶《疑問の意を表す》**なぜ。どうして。** 例「――から、つたなうはあるぞ」〈枕草子・清涼殿の〉訳なぜこう、できが悪いのだろう。❷《反語の意を表す》**なんで（…ものか）。どうして（…ものか）。** 例「この勢（せい）あらば、――か最後のいくさせざるべき」〈平家・九・木曽最期〉訳この軍勢があるならば、なんで最後の戦いができないことがあろうか。

など〔副助〕接続 体言や活用語の連用形・連体形などに付く。また、引用する語句に付く。

【例示】❶《一、二の例を挙げて、ほかにも同類の事物のあることを暗示する意を表す》…**など**。例「親しき女房、御乳母（めのと）**など**をつかはしつつ、ありさまを聞こしめす」〈源氏・桐壺〉訳（桐壺（きりつぼ）帝は）腹心の女房や、乳母などを（亡き桐壺更衣の里に）おやりになりつつ、（更衣の母親の）様子をお聞きになる。

❷《引用語句を受けて、おおよそこのようなこと、という意を表す》…**など**。…**などと**。例「『様（さま）もよき人におはす』**など**言ひゐたり」〈竹取・蓬莱の玉の枝〉訳「（くらもちの皇子は）人柄もよい人でいらっしゃる」などと言って（翁（おきな）はかぐや姫の前に）座っている。

❸《それと限らずにぼかして言う意を表す》…**なんか**。…**など**。例「いと寒きに、火**など**急ぎ起こして、炭持て渡るも、いとつきづきし」〈枕草子・春はあけぼの〉訳とても寒い時、火などを大急ぎで起こして、炭を持って（御殿から御殿へ）渡って行くのも、いかにも（冬の早朝の景として）ふさわしい。

❹《打消し・軽蔑（けいべつ）・卑下などの表現に用いて》《強調して言う意を表す》…**なんか**。…**なんて**。例「かくのごとくの優婆夷（うばい）**など**の身にて、比丘（びく）を堀へ蹴入（けい）れさする、未曽有（みぞう）の悪行（あくぎやう）なり」〈徒然草・一〇六〉訳こんないやしい優婆夷なんかの分際で、比丘僧（のような尊い身）を堀へ蹴落とさせるなんて、かつてない悪行だ。

要点 (1)「など」は、「これかれ、酒**なにと**持（も）て追ひ来て」〈土佐・十二月二十七日〉（訳この人とかあの人とかが、酒や何やと持って追いかけて来て。）のような「何と（名詞＋格助詞）」から、「なんど」を経てできた。従って、すでに格助詞「と」を含むから、平安時代までは、「など」の下に「と」が付かないのが普通。平安時代以降に用いられた語で、平安時代は和歌には用いられなかった。
(2)「など」は、複数を表す語ではない。複数を表す「ども」（接尾語）と違って、次のように表現する例があることからも分かる。例「女ども**など**を具して、食物などせさせて」〈今昔・二九・三六〉訳女達などを引き連れて、食物などを食べさせて。

など-か《連語》《副詞「など」＋係助詞「か」》❶《原因や理由について疑う意を表す》**どうして…か。なぜ…か。** 例「――、いと夜深（よぶか）うは出（い）でさせ給へる」〈源氏・若紫〉訳どうして、こんな真夜中になってお出かけになったのですか。❷《反語を表す》**どうして…か（いやそうではない）。** 例「おのづから正直の人、――なからん」〈徒然草・八五〉訳なかには正直だというような人も、どうしていないことがあろうか。

要点 下に打消しの表現を伴うことが多く、文末は連体形で結ぶ。

など-か-は《連語》《副詞「など」＋係助詞「か」＋係助詞「は」》❶《原因や理由について疑う意を表す》**どうして…か。なぜ…か。** 例「ここにても、人は見るまじうやは。――、さしもうち解けつる」〈枕草子・大進生昌が家に〉訳ここでも、人が見ないということがあろうか。どうして、そんなに気を許したのか。注女房達ガ髪ノ手入レモセズ車ニ乗ッタコトニツイテノ中宮ノ言葉。❷《反語を表す》**どうして…か（いやそうではない）。** 例「――、むげにさしのぞかではあらむ」〈枕草子・説経の講師は〉訳どうして、（説経の場に）全然顔出しをしないでいられようか（いやいられるわけはない）。

要点 下に打消しの表現を伴うことが多く、文末は連体形で結ぶ。同じ意の言い方に「などか」がある。

な-どころ【名所】〔名〕❶**有名な所。名所。歌枕。** 例「この者、年ごろさだかならぬ――を考へおき侍（はべ）ればとて、一日（ひとひ）案内す」〈奥の細道・仙台〉訳この人が、所在のはっきりしなくなった（古歌に詠まれる）名所旧跡を長年調べておきましたのでといって、一日中私どもを案内する。❷**名称のこと。** 道具や武具などの部分の名称。「刀の――」のように用いる。

などての判別
①副詞「などて」―疑問・反語
例などて、かくはかなき宿りは取りつるぞ
②《連語》副助詞「など」＋格助詞「とて」、の変化したもの
例「さらば、暮れに」などて帰りぬ

など-て〔副〕《副詞「など」＋接続助詞「て」》《疑問・反語の意を表す》**なんで。どうして。** 例「――、かくはかなき宿りは取りつるぞ」〈源氏・夕顔〉訳なんで、こんな頼りなく心細い所に泊まったのか。

など-て《連語》《副助詞「など」に格助詞「とて」の付いた「などとて」の変化した形》《多くの中から一つ二つを取りあげて、例として引用する意を表す》…**などと言って**。…**などと思って**。例「『さらば、暮れに』**などて**帰りぬ」〈蜻蛉・中・天禄二年〉訳「それでは、夕方に（また来ましょう）」などと言って帰って行った。

など-や《連語》《副詞「など」＋係助詞「や」》《原因・理由について疑う意を表す》**どうして…か。なぜ…か。** 例「――苦しき目を見るらむ」〈更級・竹芝寺〉訳（私は）どうして（こんな）苦しい目にあうのだろうか。

など-やう【など様】ヨウ《連語》《「など」は副助詞》《多

くの中から一つ二つを取りあげて、例として示す意を表す)…などのよう。…というよう。例「姉、継母(ままはは)——の人々の、その物語、かの物語、光源氏のあるやうなど、所々語るを聞くに」〈更級・かどで〉訳姉や継母などといった人達が、その物語、あの物語、(『源氏物語』での)光源氏の様子などを、所々物語るのを聞いていると。

名取川(なとりがは)ナトリガワ【川名】宮城県南部を流れて、仙台湾に注ぐ川。上流は渓谷をなし、滝や早瀬が多い。歌枕。

名取川

なな-くさ【七草・七種】〔名〕❶七種類。転じて、いろいろとあること。例「世の人の貴(たふと)び願ふ——の宝も我は何せむに」〈万葉・五・九〇四 長歌〉訳世間の人があがめ重んじて求める七種類の宝も、私には何の役に立とうか。
❷春の七草。芹(せり)・薺(なずな)・御形(ごぎやう)・繁縷(はこべ)・仏(ほとけ)の座・菘(すずな)・清白(すずしろ)をいう。
❸秋の七草。萩(はぎ)・尾花(をばな)・葛花(くずはな)・撫子(なでしこ)・女郎花(をみなえし)・藤袴(ふぢばかま)・朝顔(あさがお)をいう。
要点 御形はハハコグサ、菘はカブ、清白はダイコン、朝顔は現代のキキョウである。

ななそ-ぢ【七十・七十路】ジ〔名〕七十。七十歳。七十年。例「翁(おきな)、年——に余りぬ。今日とも明日とも知らず」〈竹取・貴公子たちの求婚〉訳じじい(=私)は、歳が七十を越えました。(寿命は)今日明日とも知れません。

なな-つ【七つ】〔名〕❶七(しち)。また、七歳。
❷(「七つ時」の略)時の名。明けの「七つ」(=午前四時頃)と暮れの「七つ」(=午後四時頃)がある。例「あれ数ふれば、暁(あかつき)の——の時が六つ鳴りて、残る一つが今生(こんじやう)の鐘の響きの聞き納め」〈近松・曽根崎心中・下〉訳(今鳴る)あれ(=アノ鐘)を数えると、暁の七つを告げる鐘の音が六つ鳴って、残る一つの鐘の音が、この世の鐘の聞きおさめ。注『曽根崎心中』ノ名場面ノ中ノ名セリフ。

なな-なぬか【七七日】〔名〕(仏教語)人の死後、四十九日目の法事を行う日。

な-なむ〔連語〕(完了の助動詞「ぬ」の未然形「な」+他に対する願望の終助詞「なむ」)…してしまってほしい。…してしまってくれ。例「おしなべて峰も平らになりななむ山の端(は)なくは月も入(い)らじを」〈伊勢・八二〉訳(どこも)一様に峰も平らになってしまってほしい、山の端(=稜線リョウセン)というものがなかったら月も沈んで隠れないだろうになあ。

な-なり〔連語〕(断定の助動詞「なり」の連体形「なる」に推定・伝聞の助動詞「なり」の付いた「なるなり」が「なんなり」と撥音便化し、その撥音「ん」が表記されない形。「なンなり」と読む)…であるようだ。…だということだ。例「さは秋の夜は思し捨てつるななりな」〈更級・春秋のさだめ〉訳それでは(=春ノ夜ノ月ノ歌ヲ詠ンダトイウコトハ)秋の夜はお見捨てなさったようですね。

なに【何】㊀〔代名〕(指示代名詞。不定称)名称や実体の不明な物事にいう語。**どのようなもの。なにごと。**例「すべて——も皆、ことの調(ととの)ほりたるは、あしき事なり」〈徒然草・八三〉訳すべて何事も皆、ことが完全に備わっているのは、悪いことである。
㊁〔副〕疑問・反語を表す語。**どうして。なぜ。**例「見渡せば山もと霞(かす)む水無瀬川(みなせがは)夕べは秋と——思ひけむ」〈新古今・春上・三六〉訳まわりを見渡すと、山のふもとに霞がかかり、(その中を)水無瀬川が流れている春の夕景色のすばらしいことよ。夕暮れのよさは秋に限るとどうして今まで思いこんでいたのであろうか。
㊂〔感〕聞いて驚き、確かめるために問い返す語。えっ、なんと。なんだって。なになに。例「『あれは鬼瓦(おにがはら)でござる』『——、鬼瓦』」〈狂言・鬼瓦〉訳「あれは鬼瓦でございます」「えっ、なんだって、鬼瓦(だと)」

何にかはせ-む :カワセム 反語を表す。何になろうか、いや何にもならない。どうしようか、いやどうにもならない。例「源氏を一の巻よりして、人もまじらず、几帳(きちやう)の内にうち臥(ふ)して引き出(い)でつつ見る心地(ここち)、后(きさき)の位(くらゐ)も——む」〈更級・物語〉訳『源氏物語』を第一巻から始めて、誰にも邪魔されず几帳の中に寝そべって(櫃ひつから一冊ずつ)取り出して読む気持ち(の幸せに比べたら)、皇后の位も何になろうか、問題でない。

なに-お・ふ【名に負ふ】ウ・オ⇩「な(名)」子項目

なに-か【何か】(「か」は係助詞)㊀〔連語〕❶(疑問を表す)どうして…か。なぜ…か。例「霍公鳥(ほととぎす)思はずありき木(こ)の暗(くれ)のかくなるまでに——来鳴かぬ」〈万葉・八・一四八七〉訳ホトトギスよ。思いもかけなかったなあ。木立の茂みがこんなに深くなるまでに、どうして来て鳴かないのか。
❷(反語を表す)どうして…か、いや…ではない。例「藤衣(ふぢごろも)にも——やつれ給ふ」〈源氏・若菜・上〉訳(この父が死んだと聞いても、娘のそなたは)どうして喪服に姿をやつしなさる必要があろうか(その必要はありません)。
㊁〔感〕上に述べた語や相手の言葉をやわらかく否定して、反対のことを述べようとする時に用いる語。いや、なあに。どうしてどうして。例「——。この歌よみ侍(はべ)らじとなむ思ひ侍るを」〈枕草子・五月の御精進のほど〉訳まあ、どういたしまして。私はこの歌というものをもう作りますまいと思っておりますのに。注作者ガ中宮カラ、歌ノ詠ミップリヲヒヤカサレテ、謙遜ケンソン弁解シタ言葉。

なに-がし【何某・某】㊀〔名〕❶人名や地名、事物などが不明の時、または具体的なことを省略する時に用いる語。**だれそれ。どこそこ。何とかいう。**例「北山になむ、——寺(でら)といふ所に、かしこき行ひ人侍(はべ)る」〈源氏・若紫〉訳北山にですね、何とか寺という所に、優れた修行者がいます。
❷人名、地名、事柄など、一般によく知られているためにかえってぼかしていう時に用いる語。例「かの在原(ありはら)の——の『唐衣(からころも)きつつなれにし』とながめけん三河(みかは)の国八橋(やつはし)にもなりぬれば」〈平家・一〇・海道下〉訳あの在原のなにがしが「唐衣きつつなれにし」と歌に詠んだとかいう三河国の八橋にまでも着くと。
㊁〔代名〕(人称代名詞。自称)男性があらたまった気持ちで謙譲的にいう語。わたくし。拙者(せつしや)。小生(せうせい)。後世の「それがし」に該当する。例「——がいやしき諫(いさ)めにて、すきたわめらむ女に心おかせ給へ」〈源氏・帚木〉訳私ふぜいのつたない意見ですが、浮気で男にほれやすい女にはお気をつけになるがよろしい。

なに-か-は【何かは】〔連語〕❶(疑問・反語を表す)何が…か。どうして…か。例「鳶(とび)のゐたらんは、——苦しかるべき」〈徒然草・一〇〉訳 鳶がとまっていたとしても、どうして不都合なことがあろうか、一向に差し支えない。

❷《感動詞的に用いて》いや、なあに。どうしてどうして。例「——。心ぼそくとも、しばしはかくておはしましなむ」〈源氏・若紫〉訳 いいえ、どういたしまして。（若紫は）心細くても、もうしばらくはこうしてここにおいでなさるがよいでしょう。

なに-くれ【何くれ】〔代名〕❶《人称代名詞。不定称》だれかれ。誰やらかれやら。例「山の座主(ざす)、——やむごとなき僧ども、したり顔に汗おしのごひつつ急ぎまかでぬ」〈源氏・葵〉訳 延暦寺(えんりやくじ)の座主、誰かれの尊い僧侶(そうりよ)達が、得意顔に汗をふきぬぐいながら急いで退出した。

❷《指示代名詞。不定称》どれそれ。何やかや。例「水竜(すいろう)・小水竜・宇陀(うだ)の法師・釘打(くぎうち)・葉二(はふた)つ・——など、おほく聞きしかど忘れにけり」〈枕草子・無名といふ琵琶の御琴を〉訳（宮中の笛の名は風変わりで）水竜・小水竜・宇陀の法師・釘打・葉二つ・その他何やかや、数多く聞いたけれども忘れてしまった。

なに-ごこち【何心地】〔名〕❶《サ変の動詞「す」を伴うことが多い》どのような心地。どんな気持ち。例「我が君をさるいみじき者の中にはふらかし奉りては、——かせまし」〈源氏・玉鬘〉訳 我が君(=玉鬘(タマカズラ))をあんなひどい田舎者の中にほうっておき申すようなことをしたら、どんな気持ちがすることでしょう。

❷どんな病気。どんな具合。例「——ともおぼえ侍(はべ)らず。ただ、いと苦しく侍り」〈源氏・東屋〉訳 どんな病気ともはっきりしません。ただ、たいそう苦しゅうございます。

なに-ごころ【何心】〔名〕どのような心。どんな気持ち。例「——ありて海の底まで深う思ひ入るらむ」〈源氏・若紫〉訳（明石入道は）どんな気持ちがあって、海の底にとまで(=娘ニ入水ヲ命ズルホド)深く思いつめているのだろう。

なに-ごと【何事】〔名〕❶どのような事柄。どんな事。例「夜もすがら——をかは思ひつる窓うつ雨の音を聞きつつ」〈和泉式部〉訳 一晩中どんなことを考えたでしょうか(私はただあなたのことばかり考えていたのです)。窓をたたく雨の音をせつなく聞きながら。

❷不定のことを不定のままにいう語。なになに。なんとか。例「——の式といふことは、後嵯峨(ごさが)の御代(みよ)までは言はざりけるを、近きほどよりいふ詞(ことば)なり」〈徒然草・一六九〉訳 何々式ということは、後嵯峨天皇の御代までは言わなかったが、近年より用いる言葉である。

> 要点 ①の用法は、基本的に現代語と同じである。下に伴う助詞によって、ニュアンスが異なる。つまり、「も」を伴うと、「何事も」で万事・すべてを意味し、「ぞ」を伴うと、現代語の「何事か」にあたり、とがめる気持ちが含まれる。

なに-し-お・ふ【名にし負ふ】ウ・オ ⇨「な(名)」子項目

なに-し-か【何しか】《連語》《副詞「なに」+副助詞「し」+係助詞「か」》どうして…か。なぜ…か。例「神風(かむかぜ)の伊勢国にもあらましを——来けむ君もあらなくに」〈万葉・二・一六三〉訳（そのまま）伊勢の国にいればよかったものを、どうして（私は大和へ帰って）来たのであろうか。もう弟(=大津皇子)も生きてはいないのに。

なに-し-に【何しに】《連語》《代名詞「なに」+サ変動詞「す」の連用形+格助詞「に」》❶《原因・理由・目的などについて疑う意を表す》何のために。どうして。例「露(つゆ)の御命(おんいのち)、——今まで永らへて、かかる憂(う)き目を見るらん」〈平家・灌頂・女院出家〉訳 露のようにはかない(私の)命が、どうして今まで生き長らえて、こんなに悲しい目を見るのだろうか。注「御命」ハ語リ手ノ敬意。

❷《反語を表す》どうして…か(いや…ない)。例「——、悲しきに見送り奉らむ」〈竹取・かぐや姫の昇天〉訳 どうして、悲しいのにお見送り申し上げられましょうか。注 昇天スルカグヤ姫ニ対スル竹取ノ翁(オキナ)ノ言葉。

なに-せ-む-に【何せむに】《連語》《代名詞「なに」+サ変動詞「す」の未然形+推量の助動詞「む」の連体形+格助詞「に」》❶《目的・理由などについて疑う意を表す》何のために。どうして。例「——命継(つ)ぎけむ我妹子(わぎもこ)に恋ひざる先に死なましものを」〈万葉・一一・二三七七〉訳 何のために生き続けてきたのだろうか、あの娘に恋をしない前に死んでしまえばよかったのになあ。

❷《反語を表す》どうして…か(いや…ない)。例「銀(しろかね)も金(くがね)も玉も——まされる宝子にしかめやも」〈万葉・五・八〇三〉訳 銀も金も宝石もどうして優(すぐ)れた宝物であろう。子供に及ぶことがあろうか(いや及びはしない)。

なに-ぞ【何ぞ】《連語》一《代名詞「なに」+終助詞「ぞ」》何であるか。何か。例「草の上に置きたりける露を、『かれは——』となむ、男に問ひける」〈伊勢・六〉訳（女は）草の上に降りていた露を、「あれは(=アノキラキラスルモノハ)何ですか」と、男に尋ねた。

二《副詞「なに」+係助詞「ぞ」》《疑う意を表す》どうして。なぜ。例「多摩川にさらす手作りさらさらに——この児(こ)のここだ愛(かな)しき」〈万葉・一四・三三七三〉訳 多摩川に晒(さら)す手織りの布の、そのさらさらした感触ではないが、更(さら)に更にいまさらながらどうしてこの娘がこうもいとしいのか。

なに-と【何と】一《連語》《代名詞「なに」+格助詞「と」》なんと。どうと。例「いささか——も思ひたらず、つれなきもいとねたきを」〈枕草子・頭の中将の〉訳 少しも何とも思っておらず、平気でいるのも大変しゃくにさわるので。

二〔副〕《副詞「なに」+格助詞「と」》《状態について疑う意を表す》どのように。どう。例「さても維盛卿(これもりのきやう)の子息は——候(さうら)ふやらん」〈平家・一二・六代被斬〉訳 それで平維盛卿のお子様はどんなふうにしているでしょうか。

三〔感〕《感動詞「なに」+格助詞「と」》❶《確認のために問い返す意を表す》なんだって。なに。例「——、……いかにも見苦しき武者に参れと候ふや」〈謡曲・鉢の木〉訳 なんですって、……見るからに見苦しい武士に来いとおっしゃるのですか。

❷《相談・質問などを相手にもちかける意を表す》どうだ。例「——、内へ入(い)って一杯飲むまいか」〈狂言・武悪〉訳 どうだ、中へ入って(酒を)一杯飲まないか。

なに-と-して【何として】《連語》❶《動機・理由などについての疑問を表す》どのようにして。なぜ。なんのために。例「人は——仏になり候ふやらん」〈徒然草・二四三〉訳 人間はどのようにして仏になるのでしょうか。

❷《反語を表す》どうして…か。例「身どもがためにも継子(ままこ)ぢゃものを、——食ふものぢゃ」〈狂言・鬼の継子〉訳 自分にとっても義理の子であるのに、どうして食うはずがあろうか。

なに-と-な・し【何と無し】《連語》《代名詞「なに」+

格助詞「と」＋形容詞「なし」》❶特別な事柄はない。特にどうということもない。例「かやうに——・けれど、さまざまなる人々の御佗(わ)び言(ごと)も多かり」〈源氏・藤袴〉訳（玉鬘に来た恋文は）このように特にどうということもないけれど、（その中には）さまざまな方々からの恨み言も多い。❷取り立てるほどの特徴やよさがない。どうというほどのこともない。平凡だ。例「位(くら)浅く、——・き身のほど、うち解け心のままなる振る舞ひなど、ものせらるな」〈源氏・梅枝〉訳位も低く、どうというほどのこともない身分（だからといって）、気を許し思いのままに振る舞うことなどは、なさいますな。❸特定な所や物に限られない。どこがどうというわけでない。すべてにわたっている。例「御前(おまへ)の前栽(せんざい)の、——・く青みわたれる中に」〈源氏・紅葉賀〉訳お庭先の植え込みが、すべてにわたって一面に青々としている中に。❹特別な目的がない。なんということもない。無意識である。例「あからさまに聖教(しゃうげう)の一句を見れば、——・く前後の文(もん)も見ゆ」〈徒然草・一五七〉訳ちょっと仏典の一句を見ていると、なんということもなくその前後の文章も見える。

なに-と-に-は-な・し【何とには無し】《連語》《連語「なにとなし」の間に、断定の助動詞「なり」の連用形「に」と係助詞「は」が入り強調されたもの》特別にどれということではない。何ということはない。例「この言葉、——・けれども、物言ふやうにぞ聞こえたる」〈土佐・一月二十一日〉訳この（船頭の）言葉は、特に何ということはないけれど、気の利いたこと（＝風流ナ秀句）を言うように聞こえた。

なに-と-は-な・し【何とは無し】《連語》《「なにとなし」の間に係助詞「は」を入れて強調したもの》⇩なにとなし

なに-に-か-は-せ・む【何にかはせむ】⇩「なに」子項目

なに-の【何の】《連語》《代名詞「なに」＋格助詞「の」》❶（「の」が主格の場合）誰が。何が。例「——言ふにかあらむとて、立ち出(い)でて見るに」〈枕草子・職の御曹司におはします頃、西の廂にて〉訳誰が話しているのだろうかと思って、外に出て見ると。❷（「の」が連体の場合）ⓐどういう。どんな。例「さることには、——いらへをかせむ」〈枕草子・五月ばかり〉訳あんな見事な（あなた、清少納言の）応対には、どんな答えをすることができましょうか。ⓑ（漠然という言い方）何々の。何々という。例「——前司にこそは」〈枕草子・すさまじきもの〉訳（私の仕える主人は）何々の前の国守ですよ。ⓒ（下に打消しの語を伴って）なにほどの。どれほどの。少しの。例「聞こえさせ知らせ給ふとも、さらに——しるしも侍(は)べらじものを」〈源氏・若紫〉訳（光源氏が）言い聞かせなさっても、（紫の上はまだ幼すぎて男女の道を知らず）まったくどれほどのかいもありませんでしょうに。❸なんという…か。例「——よきこと、と思ひて、行き通ひければ」〈伊勢・六五〉訳なんというよいことだろうか、と（男は好都合に）思って、（今度は女の実家へ）通い続けたので。

難波(なには)【地名】（「浪速」「浪華（花）」とも書く）大阪市のあたり一帯の古称。仁徳・孝徳両帝の皇居の地であり、「難波江（潟）」（＝ソノ海岸）は、古くから西国と都を結ぶ水上交通の要衝として知られた。「難波津」は、その港の船着き場のことである。あたり一面に「難波草」とも呼ばれた葦が生い茂り、港内には澪標（＝水路ノ指標）が立てられていた。近世では経済の発展がめざましく、町人の町として栄えた。西鶴・近松などの作品にもその舞台としてたびたび登場し、上方文化の中心の一つでもあった。歌枕。例「わびぬれば今はた同じ——なる身をつくしてもあはむとぞ思ふ」〈後撰・恋五〉訳あなたとのことが噂となって、つらい思いに悩んでいるので、今となってはもう身を捨てたも同じことだ。あの難波（の港）にある澪標ではないが、身を尽くし、命をかけても逢いたいと思う。注『百人一首』所収ノ、元良親王ノ歌。

難波江(なにはえ)【地名】難波（＝現在ノ大阪市）一帯の海の古称。

難波潟(なにはがた)【地名】大阪市淀川河口付近の海の古い呼び名。「難波江(なにはえ)」。

なに-ばかり【何ばかり】《連語》《代名詞「なに」＋副助詞「ばかり」》❶どれくらい。どれほど。例「——の事をかと思ふに、いみじうこそ言ひ続け侍(は)べりしか」〈大鏡・序〉訳（世継の翁が言う事はわざとらしく、おおげさに聞こえるが）そうは言ってもどれほどの事を言えるものかと思っていますと、（なんと）大変な事を語り続けたことでございました。❷（打消しの表現を伴って）それほど。たいした。例「それは、——の人ならねど」〈枕草子・かたはらいたきもの〉訳それは、たいした身分の人ではないけれども。

なには-づ【難波津】〔名〕❶難波潟の港。古くから栄えていた。❷（「難波津の歌」の略）「難波津に咲くやこの花冬ごもり今は春べと咲くやこの花」〈古今・仮名序〉訳難波津に咲く梅の花よ。もう今は春だといって咲く梅の花よ。」の歌。手習いの初歩の手本として有名。例「——をだに、はかばかしう続け侍(は)べらざめればかひなくなむ」〈源氏・若紫〉訳「難波津の歌」さえ、しっかりと続けて書くことができないようですので、（お手紙をいただいても）かいのないことでございまして。注源氏ノ手紙ニ対スル幼イ若紫ノ様子。

難波宮(なにはのみや)【地名】現在の大阪市東部にあった古代の皇居。仁徳天皇の難波高津宮、孝徳天皇の難波長柄豊碕宮、聖武天皇の難波宮をいう。

難波土産(なにはみやげ)【書名】江戸中期の演劇書。一七三八年（元文三）刊。三木定成の著。発端に、穂積以貫の手になる近松芸術論の聞き書きがあり、芸は虚と実との境に成立するという「虚実皮膜論」を紹介する。

なに-ひと【何人】〔名〕どういう人物。何者。例「我が丈(たけ)立ち並ぶまで養ひ奉りたる我が子を、——か迎へ聞こえむ」〈竹取・かぐや姫の昇天〉訳私の背丈に並ぶまでにお育て申し上げた我が子（＝カグヤ姫）を、（いったい）誰が迎え申し上げようというのだ。

な-にも【汝妹】〔名〕（上代語）男性から女性を親しみを込めて呼ぶ語。あなた。対なせ　例「愛(うつく)しき我(あ)が——の命(みこと)、吾(あれ)と汝(いまし)と作れる国、未(いま)だ作り竟(を)へず」〈古事記・上・伊邪那岐命と伊邪那美命〉訳いとしいあなた、私とおまえとが作っている国は、まだ完成していない。

なに-もの【何者・何物】〔名〕どのような人物。または、どういう品物。例「この殿上の墨・筆も、——の盗み隠したるぞ」〈枕草子・方弘は、いみじう人に〉訳この（清涼殿の）殿上の間の墨も筆も、いかなる人物が盗み隠したのか。

なにわ【難波】《地名》⇩難波(なには)

なぬ-か【七日】〔名〕❶月の第七日。なのか。特に、正月七日、または、七月七日をいう。例「―、雪間の若菜摘み」〈枕草子・正月一日は〉訳(正月)七日、(七草粥(ななくさがゆ)のために)積もった雪の間の(土に見える)若菜を摘み。❷七日間。例「―候(さぶら)ふほども、ただ東路(あづまぢ)のみ思ひやられて、よしなし」〈更級・子忍びの森〉訳七日の間(太秦(うづまさ)の広隆寺に)お籠(こも)りしております間中も、もっぱら(遠い)東国に旅立った父のことが思いやられて、どうにもしかたがない。❸子供が誕生して七日目の夜。また、その祝い。「しちや」とも。

な-ね【汝ね】〔代名〕《上代語。「ね」は親愛の意を示す接尾語》《人称代名詞。対称》相手を親しんで呼ぶ語。女性を呼ぶことが多いが、男性にも用いられる。あなた。おまえ。例「朝髪の思ひ乱れてかくばかり―が恋ふれぞ夢(いめ)に見えける」〈万葉・四・七二四〉訳朝の寝起きの乱れた髪のように思い乱れてこれほどに、おまえが(私を)恋しがっているので(私の)夢に(おまえが)現れたよ。注「朝髪の」ハ「乱る」ノ枕詞。母ガ娘ニ贈ッタ歌。

なのめ 【斜め】〔形動ナリ〕

「なのめ」は、**普通である、平凡である**、の意。また、普通であるのはよくないことから、**いいかげんである**、の意にもなる。なお「なのめならず」(並一通りでない)の形で用いられることが多く、そのため「なのめ」のみで、**並一通りでない**、の意に使われるようになる。

❶**ありふれている様子。普通である。平凡である。**例「などか、―・なることだにうち交じり給はざりけむ」〈源氏・若紫〉訳(藤壺(ふぢつぼ)はすべて立派で)なぜ、平凡なところさえ交じっておいでにならなかったのだろう。

❷(普通でよくない意で)**いいかげんである。おざなりである。**例「世を―・に書き流したる言葉のにくきこそ」〈枕草子・文ことばなめき人こそ〉訳(無礼な手紙は)世間をいかげんに(見て)書き流している言葉遣いが憎らしい。

❸《中世以降の用法》「なのめならず」に同じ。

> 要点 平安時代の和文にのみ用いた。中世以降は、「ななめ」に転じ、「なのめ」は「なのめならず」の形にだけ残る。このため、漢文訓読に用いていた傾斜の意の「ななめ」と混同して、「なのめ」の表記に「斜」を用いるようになる。

なのめ-なら・ず【斜めならず】《連語》《中世以降は「ななめならず」とも》並一通りでない。格別である。例「家内(けいない)富貴(ふっき)して、楽しいこと―・ず」〈平家・一・祇王〉訳(祇王(ぎわう)の)家中は富貴になって、繁栄は並一通りでない。

な-のり【名告り・名乗り】〔名〕❶自分の姓名を相手に告げること。名乗ること。例「なほ―し給へ。いかでか聞こゆべき」〈源氏・花宴〉訳やはりお名前をおっしゃって下さい。(おっしゃって下さらなければ)どうやってお便りを差し上げられましょう。❷公家や武家の男子が元服する時、幼名に代えて付ける名前。実名。例「やがて主(しゅ)が―を金焼(かなやき)にせよ」〈平家・四・競〉訳すぐに持ち主の実名を焼き印にして(馬に)つけろ。❸売り物の名を呼んで歩くこと。また、その声。

な-のり-そ【名告藻・なのり藻】〔名〕ホンダワラの古名。褐色の海草で食用・肥料にするほか、新年の飾り物とする。歌では「名告(の)りそ」(=名前ヲ告ゲルナ)「な告りそ」(=告ゲルナ)の意をかけることが多い。例「打ちなびき繁(しじ)に生ひたる―がなどかも妹(いも)に告(の)らず来にけむ」〈万葉・四・五〇九長歌〉訳名告藻がなびいて一面に茂っているが、あの名告藻のように、どうして妻に別れの言葉も言わずに来てしまったのだろう。

な-の・る【名告る・名乗る】〔自ラ四〕{ら・り・る・る・れ・れ}❶自分の名前や素性(すじょう)を相手に告げる。例「そもそもいかなる人にてましまし候ふぞ。―・らせ給へ」〈平家・九・敦盛最期〉訳いったい(あなたは)どのような人でいらっしゃるのですか。名前をお名乗り下さい。❷名前として付ける。称する。例「三歳(さんざい)にて初冠(うひかうぶり)着せて、義宗(よしむね)とぞ―・らせける」〈平家・一・副将被斬〉訳三歳で元服させて、義宗と称させた。注「初冠(うひかぶり)着せ」デ、元服サセ、ノ意。❸自分の存在を知らせるかのように、鳥や虫などが声や音を立てる。例「蚊(か)の細声にわびしげに―・りて、顔のほどに飛びありく」〈枕草子・にくきもの〉訳蚊が細くやるせなげにブーンと音を立てて、顔のあたりを飛びまわるのは(憎らしい)。

なは-て【縄手・畷】ナワ〔名〕❶なわ。なわの筋(すじ)。❷田と田の間の道。あぜ道。

なびか・す【靡かす】〔他サ四〕{さ・し・す・す・せ・せ}❶なびくようにする。なびかせる。例「人の従ひつくこと、吹く風の草木(さうもく)を―・すが如(ごと)し」〈平家・一・禿髪〉訳(平清盛に)人が従いつくことは、吹く風が草木をなびかせるようなものである。❷相手をこちらの思うようにする。従わせる。例「時の有職(いうそく)と、天(あめ)の下を―・し給へるさま殊(こと)なめれば」〈源氏・賢木〉訳(光源氏は)当代の識者として、天下を従わせていらっしゃる様子も格別のようですので。

なび・く【靡く】□一〔自カ四〕{か・き・く・く・け・け}❶風や水などの動きに押されて横に傾き伏す。例「昔思ひ出顔に風に―・きてかひろぎ立てる」〈枕草子・草の花は〉訳(晩秋のススキが)昔の盛りを思い出しているような様子で風になびいてゆれ動きながら立っているのは。❷心を寄せる。同意する。例「忍びて我が心の入る方(かた)に、―・き給ふにこそは侍(はべ)らめ」〈源氏・賢木〉訳(朧月夜(おぼろづきよ)は)こっそりと自分の気に入っている光源氏の方に、心を寄せているのでございましょう。□二〔他カ下二〕{け・け・く・くる・くれ・けよ}❶横に傾き伏させる。なびかせる。例「凡(おほ)ならば誰(た)が見むとかもぬばたまの我が黒髪を―・けて居(を)らむ」〈万葉・一一・二五三二〉訳通り一遍の気持ちであるならば、誰が見るだろうと私の黒髪をなびかせておりましょうか(すべてあなたのためです)。❷従わせる。随順させる。

な・ふ【萎ふ】ナウ(ノウ)〔自ハ下二〕{へ・へ・ふ・ふる・ふれ・へよ}《「萎ゆ」をハ行に活用させた形》❶手足に力が入らず、へなへなになる。なえる。

❷（衣服が着なれて）柔らかくなる。よれよれになる。例「――・へたる直垂（ひたたれ）、うちうちのままにてまかりたりしに」〈徒然草・二一五〉訳 よれよれになっている直垂を着て、ふだんのままで参上しましたところ。

なふ ナ（ノ）ウ〔助動特活〕《上代東国方言》接続 動詞の未然形に付く。

未然形	連用形	終止形	連体形	已然形	命令形
なは	○	なふ	なへ のへ	なへ	○

【打消し】《打消しの意を表す》…ない。例「武蔵野（むざしの）の小岫（をぐき）が雉（きぎし）立ち別れ去（い）にし宵（よひ）より夫（せ）ろに逢（あ）は**なふ**よ」〈万葉・一四・三三七五〉訳 武蔵野の小岫の雉がそうであるように、別れて去って行ったあの晩から、夫に逢っていないことだ。

参考 『万葉集』の巻十四の東歌（あずまうた）に多く用いられる。平安時代以降は見られなくなるが、現代語の打消しの助動詞「ない」は「なふ」が変化したものとする説もある。

な・ふ ナ（ノ）ウ〔接尾ハ四型〕《名詞・副詞・形容詞語幹などに付いて》その動作・行為をする意の動詞を作る。「あき――・ふ（商ふ）」「甘――・ふ」「うべ――・ふ」「とも――・ふ（伴ふ）」「荷――・ふ」など。

な・ぶ【並ぶ】〔他バ下二〕｛ぶれ・ぶる・べ・べ・べよ・ぶ｝⇩なむ（並む）

なへ エナ《打消しの助動詞「なふ」の連体形・已然形》⇩なふ〔助動〕

なへ〔接助〕《上代語》接続 活用語の連体形に付く。《あることに伴って、他のことが行われる意を表す》…につれて。…と同時に。…とともに。例「秋風の寒く吹く**なへ**わが宿の浅茅（あさぢ）がもとにこほろぎ鳴くも」〈万葉・一〇・二一五八〉訳 秋風が寒々と吹いてくるとともに、我が家の浅茅の根元でコオロギが鳴いているよ。

なべ-て【並べて】〔副〕《動詞「並（な）ぶ」の連用形＋接続助詞「て」》

> 基本的には、同列に並べて、の意。そこから、総じて、一般に、普通、の意になる。

❶**おしなべて。総じて。一般に。**例「――心柔らかに、情けあるゆゑに」〈徒然草・一四一〉訳（都の人は）総じて心が柔和で、人情があるから（気弱に承知してしまうのだ）。

❷**普通。なみひととおり。**例「いと若うをかしげなる声の、――の人とは聞こえぬ」〈源氏・花宴〉訳 たいへん若く魅力的な声で、普通の人（の声）とは聞かれぬ（声が）。

なべて-なら・ず【並べてならず】《連語》並み一通りでない。格別だ。例「――・ぬ法ども行はるれど、さらにそのしるし（しるし）なし」〈方丈記・飢渇〉訳 並み一通りではない修法などが行なわれたが、一向にそのきき目がない。

なへ-に ナエニ〔接助〕《上代語。接続助詞「なへ」＋格助詞「に」》接続 活用語の連体形に付く。《あることに伴って、他のことが行われる意を表す》…につれて。…と同時に。…とともに。例「あしひきの山川（やまがは）の瀬の鳴る**なへに**弓月（ゆつき）が岳（たけ）に雲立ち渡る」〈万葉・七・一〇八八〉訳 山の中を流れる川の浅瀬が激しく音を立てるにつれて、弓月が岳（＝奈良県巻向山（マキムクヤマ））に雲が一面に立ちこめてくる。

なほ【直】オナ 一〔名・形動ナリ〕まっすぐな様子。正しく偽りのない様子。

二〔副〕❶**普通に。平凡に。**例「天（あめ）の下の色好みの歌にては、――ぞありける」〈伊勢・三九〉訳 天下の（＝世間ニ隠レモナイ）色事好きの男の和歌にしては、平凡であった。

❷**そのまま。何もしないで。**例「このかうやうに物持て来る人に、――しもえあらで」〈土佐・一月四日〉訳 このころいうふうに贈り物を持って来る人に、（私の方も）そのまま（もらいっぱなし）にもしておけないで。

なほ【猶・尚】オナ〔副〕❶もとのまま。依然として。例「そこに忘れ給ひし御刀（みはかし）、失（う）せずて――ありき」〈古事記・中・景行〉訳 そこにお忘れになったお刀が、なくならないでもとのままあった。例「あるいは花しぼみて露――消えず」〈方丈記・ゆく河〉訳 ある場合は花がしぼんでも露は依然として消えない。

❷（それでも）**やはり。なんといっても。**例「月の頃はさらなり。闇（やみ）も――。蛍の多く飛びちがひたる」〈枕草子・春はあけぼの〉訳 月の出ている頃はいうまでもない。闇夜の頃もやはり（いい）。蛍がたくさん飛び交っているのや。

❸**さらに。いっそう。ますます。**例「東路（あづまぢ）の道の果てよりも、――奥つ方に生（お）ひ出（い）でたる人」〈更級・かどで〉訳 京から東国へ通う道の尽きる所（＝常陸（ヒタチ））よりも、もっと奥の方（＝上総（カズサ））で生まれ育った人。注『更級日記』ノ冒頭部分。

❹ふたたび。また。例「同じき年の冬、――この京に帰り給ひにき」〈方丈記・都遷り〉訳（天皇は）同じ年の冬に、また再びこの平安京にお帰りになった。

なほざり【等閑】ナオザリ〔形動ナリ〕特別に心に留めない様子。**本気でない。いいかげんである。**例「よき人は、ひとへに好けるさまにも見えず、興ずるさまも――・なり」〈徒然草・一三七〉訳 教養のある人は、むやみに趣味に打ち込んでいる様子にも見えずに、面白がるようすにしてもあっさりしている。

要点 「なほ」は「直」で、「なほざり」は基本的には、何もしないで、そのままにしておく意。

なほし【直衣】ナオシ・ノウシ〔名〕天皇・上流貴族の平常服。「袍（うは）」よりも短く、位階による色別の規定はない。烏帽子（えぼし）・指貫（さしぬき）とともに着用する。直衣姿で参内することを許されることは特別な名誉とされた。

なほし

なほ・し【直し】ナオシ〔形ク〕❶まっすぐである。例「いと――・き木をなむ押し折りためる」〈枕草子・小白河といふ所は〉訳（女からの返事は）ごくまっすぐな木を押し折ったようなものだ。注 ツマラナイ返事ニ、興ザメシタコトヲイウ。

❷正しい。例「世の静かならぬことは、必ず政（まつりごと）の――・くゆがめるにもより侍（はべ）らず」〈源氏・薄雲〉訳 世の中の騒がしいこと（＝天変凶事）は、必ずしも政治が正しいか正しくないかによるわけではありません。

❸整っている。平らである。例「荒畠といふものの、土うるはしうも――・からぬ」〈枕草子・正月十よ日のほど〉訳 荒れた畑というもので、土がきちんと平らでない所に。

❹普通である。

なほし-すがた【直衣姿】ノウシ〔名〕「直衣」を着た姿。

なほ・す【直す】ナオス〔他サ四〕｛さ・し・す・す・せ・せ｝❶（誤りやゆがみ

を)正しいものにする。また、もどす。例「とかく―・しければ、つひに回らで」〈徒然草・五一〉訳(水車を)あれこれ修理したけれども、とうとう回らないで。

❷(さらによい方や美しい方へ)変える。例「これや―・したる言(こと)」〈枕草子・小白河といふ所は〉訳これは言い直した方の返事か。

❸正しい位置に置く。また、もどす。例「あるじの御座は下れるを、宣旨(せんじ)ありて―・させ給ふほど、めでたく見えたれど」〈源氏・藤裏葉〉訳主人(＝光源氏)の御席は下座になっていたのを、帝のお言葉があって(帝と同列に)直させなさることは、結構に思えたが。

❹とりなしをする。調停する。例「この人の―・しなだめられつればこそ、世もおだしかりつれ」〈平家・三・医師問答〉訳この人(＝平重盛)が(父清盛を)とりなしてなだめなさったからこそ、世の中もおだやかであったのだが。

なほ-なほ【直直】 ナオナオ〔形動ナリ〕まっすぐである。また、すなおである。例「ひさかたの天路(あまぢ)は遠し―・に家に帰りて業(なり)をしまさに」〈万葉・五・八〇一〉訳(この世を離れて)天に昇る道は遠い。(だから)すなおに家に帰って生業に励みなさい。

なほ-なほ【猶猶・尚尚】 ナオナオ ■一〔副〕《「なほ」を重ねて強調した形》❶なおやはり。例「―同じ事のやうにおぼえはべれど」〈大鏡・伊尹〉訳(この話も義孝少将のすばらしさを語って)なおやはり同じことのように思われますが。

❷ますます。なおいっそう。

■二〔感〕《■一の用法で下の叙述を省略した形が慣用化したもの》それでもやはりと無理に勧める語。ぜひぜひ。さあさあ。例「渡らせ給はぬを、たびたび『―』と御消息(みせうそこ)ありければ」〈大鏡・師輔〉訳帝がお越しにならないので、何度も「ぜひぜひ」と(女御(にようご)から)お申し入れがあったので。

なほ-なほ・し【直直し】 ナオナオシ〔形シク〕❶普通である。平凡である。例「ただ人の、すくよかに―・しきをのみ、今の世の人のかしこくする、品なきわざなり」〈源氏・若菜・下〉訳臣下の、まじめで平凡な男をばかり、今の世間の人が(婿(むこ)として)ありがたがるのは、いやしいことである。

❷平凡でつまらない。劣っている。例「さる―・しき心地にも、いとめでたくかたじけなく覚(おぼ)ゆれば」〈源氏・橋姫〉訳(宿直(とのい)の男の)そんな平凡で無風流な心にも、(薫(かおる)の様子が)ひどく立派でもったいなく思われたから。

なほ-びと【直人】 ナオ：〔名〕普通の身分の人。平凡な家柄の人。「ただびと」とも。例「―の上達部(かんだちめ)などまでなり上りたる」〈源氏・帚木〉訳平凡な家柄の人で上達部まで昇進した人が。注「上達部」ハ公卿(クギョウ)ノコト。

なほらひ【直会】 ナオライ〔名〕《「斎(いみ)」を解いて平常に戻るの意》神事が終わった後、神への供え物を下げて飲食すること。また、その供え物。

参考「なほりあひ」の約とも、「直る」に助動詞「ふ」のついた「なほらふ」の連用形の名詞化ともいう。

なほ・る【直る】 ナオル〔自ラ四〕{ら・り・る・る・れ・れ}❶もとの正常な状態に戻る。回復する。正しくなる。例「からうじて、今日は日の気色(けしき)も―・れり」〈源氏・帚木〉訳やっと今日は天気の状態も回復した。

❷きちんと座る。正座する。例「宗清(むねきよ)居(ゐ)―・り、畏(かしこ)まって申しけるは」〈平家・一〇・三日平氏〉訳宗清はきちんと座り、かしこまって申したことは。

なま【生】 ■一〔名〕❶食物などが、調理や加工を加えられていないこと。

❷《近世語》「なまいき(生意気)」の略。

■二〔接頭〕不十分・不完全の意を添える。❶(名詞に付いて)不完全な、未熟な、中途半端な、などの意を添える。「―学生(がくしやう)」「―受領(ずりやう)」「―女房」「―宮」「―覚え」「―聞き」など。

❷(用言に付いて)中途半端に、なんとなく、いくらか、などの意を添える。「―恐ろし」「―白し」「―むつかし」「―暖かなり」「―老ゆ」「―隠す」など。

なま-おぼえ【生覚え】〔名〕いいかげんに記憶していること。うろ覚え。例「女などこそさやうのもの忘れはせね、男はさしもあらず、詠みたる歌などをだに―なるものを」〈枕草子・故殿の御服のころ〉訳女はそういう物忘れはしないが、男はそうでもなく(忘れっぽくて)、(自分の)作った歌などをさえうろ覚えであるのに。

なま-がくしゃう【生学生】 ：ガクショウ〔名〕《「学生」は大学寮で修学中の者》学問の未熟な学生。学生になったばかりの若い人。

なま-ごころ【生心】〔名〕なまはんかな気持ち。はっきりこうだと定まらない心。例「昔、―ある女ありけり」〈伊勢・一八〉訳昔、なまじっかの風流心をもった女がいた。

なま-さぶらひ【生侍】 ：サブライ〔名〕若くて官位の低い侍。青侍。

なま・し【生し】〔形シク〕❶生である。新鮮である。例「大きなる―・しき栗あり」〈今昔・一四・四〇〉訳大きな生の栗がある。

❷未熟で不十分である。

な-まし《連語》《完了の助動詞「ぬ」の未然形＋反実仮想の助動詞「まし」》❶反実仮想を強調して表す。きっと…だっただろう。例「まして、竜(たつ)を捕らへたらましかば、また事もなく、我は害せられ**なまし**」〈竹取・竜の首の玉〉訳(竜の首の玉を取ろうとするだけでも、殺されかけたのに)まして、竜を捕らえていたら、また造作もなく、私はきっと殺されていただろう。

❷《上の疑問の語を受けて》(いっそのこと)…てしまおうか。例「これより深き山を求めてや、跡絶え**なまし**」〈源氏・明石〉訳ここよりも(もっと)奥深い山を捜し求めて、姿をくらましてしまおうか。

要点 ①は「…なましかば」や「…なまし」の形で用いる。②は「まし」が推量の意に変化したものであるが、「む」とは違って、「もしできることならば」という気持ちが強い。

なま-じひ【生強ひ・憖】 イ：ジ ■一〔形動ナリ〕《「なま」は中途半端、「しひ」は無理する意》《「なましひ」とも》❶できそうもないのに、無理にする様子。無理である。しいて…する。例「物思ふと人に見えじと―・に常に思へりありぞかねつる」〈万葉・四・六一三〉訳物思いをしていると人に見られまいと思って、しいて普通にしていましたが、(苦しくて)死んでしまいそうでした。

❷気が進まず、しぶしぶする様子。例「―・に池の辺(とほ)りに具して行きぬ」〈今昔・一六・一五〉訳(女が無理に言うので、男は)しぶしぶ池のそばにつれて行った。

❸しなくてもよいのに、してしまう様子。なまじっか。例「よくせざらむほどは―・に人に知られじ」〈徒然草・一五〇〉訳(芸道を身につけようとする人は)よくできないようなうちは(習っていることを)なまじっか人に知られまいとする。

❹中途半端。例「今生(こんじゃう)も後生(ごしゃう)も——・に損じたる心地にてありつるに」〈平家・一・祇王〉訳(出家しても人を恨んでいては)この世のことも来世(らいせ)のことも中途半端にやりそこなった気持ちでいたのに。

🈔〔副〕(近世以降の用法)🈩③に同じ。なまじっか。なまじ。例「——親が隠まふと聞こえては」〈近松・大経師昔暦・上〉訳なまじっか親がかくまうとうわさが立ったら。

なま-なま【生生】〔形動ナリ〕❶不本意。❷中途半端。未熟である。例「才(ざえ)のきは、——の博士(はかせ)恥づかしく」〈源氏・帚木〉訳(その女の)漢学の程度は、いいかげんな学者は恥ずかしくなるほどで。

なま-はしたな・し【生はしたなし】〔形ク〕(「なま」は接頭語)なんとなくきまりが悪い。例「さし驚かしけるを、いらへ給はでほどへにければ、——・きに」〈源氏・夕顔〉訳(女は和歌を贈って)びっくりさせたが、(光源氏が)返歌をなさらないで時間がたったので、なんとなくきまりが悪く思うところに。

な-まほし【連語】(完了の助動詞「ぬ」の未然形+願望の助動詞「まほし」)《強い希望の意を表す》…てしまいたい。どうしても…したい。例「立ちも帰りなまほしく、さま悪(あ)しきまで思せど」〈源氏・総角〉訳どうしても(中の君のいる宇治へ)立ち帰りたいと、みっともないくらい(恋しく)お思いになるけれど。

なま-みやづかへ【生宮仕へ】(ナマミヤヅカエ)〔名〕(「なま」は接頭語)形ばかりで仕事はあまりない宮仕え。閑職の宮仕え。例「この男、——しければ」〈伊勢・八七〉訳この男が、形だけの閑職の宮仕えであったので。

なま-めか・し

【生めかし・艶めかし】〔形シク〕(動詞「なまめく」の形容詞化)

> 動詞「生めく」からできた形容詞。まだ未熟ではあるが、若々しい美しさを表す。それが若い女性の美しさを表すところから、上品である、優美である、の意になり、物や情景については、優雅である、の意となる。

❶(容姿や態度が)**上品である。優美である。** 例「今より——・しう恥づかしげにおはすれば」〈源氏・桐壺〉訳(光源氏は六歳の)今のうちから上品で(こちらが)きまり悪いほど美しくていらっしゃるので。

❷(物や情景などが)**しっとりとして美しい。優雅である。** 例「神楽(かぐら)こそ——・しくおもしろけれ」〈徒然草・一六〉訳(宮中で行われる)神楽は優雅で趣深いものである。

❸色っぽい。つやっぽい。例「いと昔思ひ出(い)でつつ、古(ふ)りがたく——・しきさまにもてなして」〈源氏・朝顔〉訳(典侍(ないしのすけ)という老女は)ますます昔(の光源氏との恋愛)を懐かしく思い出して、昔と変わらず(光源氏と逢った)色っぽい様子で振る舞って。

なま-め・く

【艶く】〔自カ四〕{か・き・く・く・け・け}❶**みずみずしく美しい。** 清新に見える。例「その里に、いと——・いたる女はらから住みけり」〈伊勢・一〉訳その里に、とても若くて美しい姉妹が住んでいた。

❷**しっとりとして優美である。** 上品である。例「うす物の裳(も)、あざやかに引き結(ゆ)ひたる腰つき、たをやかに——・きたり」〈源氏・夕顔〉訳薄絹の裳をくっきりと結んでいる腰つきは、しなやかで優美であった。

❸しみじみと物静かな感じがする。例「月は霧に隔てられて、木(こ)の下も暗く——・きたり」〈源氏・総角〉訳月の光は霧に隔てられて、木陰も暗く物静かな感じがする。

❹あだっぽい振る舞いをする。例「引き返し、懸想(けさう)ばみ——・かむもまばゆし」〈源氏・夕霧〉訳うって変わって、気がありそうな様子をして好色めいた振る舞いをするのもきまりが悪い。

なま-もの【生者】〔名〕未熟で一人前ではない者。また、身分の低い者。例「京にきはめて身貧しき——ありけり」〈今昔・三〇・五〉訳都に大変貧乏で身分の低い男がいた。

なみ【並み】🈩〔名〕(動詞「並む」の連用形の名詞化)❶(「山なみ」「家なみ」のように、名詞に付いて)それが並ぶこと。また、そのもの。並び。続き。例「山——のよろしき国と」〈万葉・六・一〇五〇長歌〉訳山の並んだ姿のよろしい国として。

❷同等。同列。たぐい。例「さりとも明石の——には立ち並べ給はざらまし」〈源氏・玉鬘〉訳それにしても(光源氏は玉鬘(たまかづら)を)明石の上と同列にはお扱いにならないでしょうね。

❸一般に持っている性質。通性。

🈔〔形動ナリ〕並一通りである。普通である。例「若鮎(わかゆ)釣る松浦(まつら)の川の川波の——・にし思(も)はば我恋ひめやも」〈万葉・五・八五八〉訳若鮎(わかあゆ)を釣る松浦川の川波のように、並一通りの思いならば、私はなんでこんなに恋しく思いましょう。

なみ【波・浪】〔名〕❶海や川などの水面に生じる波。❷波のような起伏や動きのあるものをたとえていう語。「藤(ふぢ)——」「雲の——(=波ノヨウナ雲)」

❸年老いて肌に生じるしわをたとえていう語。例「年ごとに鏡のかげに見ゆる、雪と——とを嘆き」〈古今・仮名序〉訳毎年毎年鏡に映る、白髪としわとが増すのを嘆き。

波の通(かよ)ひ路(ぢ)(カヨイジ)船の行き来する波の上の道。船路(ふなぢ)。例「見し人の面影とめよ清見潟(きよみがた)袖にせきもる——」〈新古今・恋四・一三三三〉訳逢ったあの人の面影をとどめて見せてくれ、清見潟よ。関所を守るようにせきとめようとしても袖でせきとめられないで漏れる、波の上の船路のような涙の通り道に。

な-み【無み】〔形容詞「なし」の語幹+接尾語「み」〕(多く「…をなみ」の形で)…が、ないので。…が、なくて。例「若の浦に潮満ち来れば潟(かた)を——葦(あし)辺をさして鶴(たづ)鳴き渡る」〈万葉・六・九一九〉訳若の浦に潮が満ちて来ると、干潟(ひがた)がなくなったので、葦の生えている辺りを目ざして鶴が鳴きながら飛んで行く。

なみじ【波路】〔名〕⇩なみぢ

なみ・す【無みす・蔑す】〔他サ変〕{せ・し・す・する・すれ・せよ}ないがしろにする。あなどる。軽んずる。例「安元、治承の今はまた君を——・し奉る」〈平家・三・城南之離宮〉訳安元・治承(=年号)の今はまた天皇をないがしろにし申し上げている。

なみだ【涙】〔名〕(上代には「なみた」とも)涙。例「思ひわびさても命はあるものを憂(う)きに耐へぬは——なりけり」〈千載・恋三〉訳つれない人への恋に思い悩んで、その苦しさに死ぬかと思われたが、それでも命だけは永らえているのに、つらさに堪えきれずに、こぼれ落ちるのは涙であることだ。注『百人一首』所収、道因法師ノ作。

涙に暗(く)・る 涙のために暗く見える。泣き悲しんで途方にくれる。例「雲の上も——・るる秋の月いかで澄むらむ浅茅生(あさぢふ)の宿」〈源氏・桐壺〉[訳]「雲の上」と呼ばれる内裏も涙で暗く見える秋の月であるのに、どうして月が澄みわたっているであろうか、浅茅の茂る(桐壺更衣(きりつぼのこうい)の母の)家では(どんなにかつらく住み暮らしていることやら)。[注]「すむ」ニ「澄む」ト「住む」ヲ掛ケル。

なみだ-がは【涙川】ガワ〔名〕《和歌用語。「涙の川」とも》涙の多く流れるさまを川にたとえていう語。[例]「——なに水上(みなかみ)をたづねけむ物思ふ時の我が身なりけり」〈古今・恋一・五一一〉[訳]流れる涙の川の水上をどうして尋ねていたのだろう。(その源は)思い悩む時の私自身であったのだった。

なみだ-に-く・る【涙に暗る】⇩「なみだ」子項目

なみ-ぢ【波路】ジ〔名〕船の通るみち。航路。[例]「吹く風の絶えぬ限りし立ち来れば——はいとどはるけかりけり」〈土佐・一月二十七日〉[訳]吹く風が止ゃまない限りその風に伴って波が立って来るので、(いつまでも船出ができず)都への船の旅路はいよいよはるかなことだ。

なみ-なみ【並み並み】■一〔名〕❶同様であること。同類。同等。[例]「何すと違(たが)ひは居(を)らむ否(いな)も諾(を)も友の——我も寄りなむ」〈万葉・一六・三七九八〉[訳]どうして自分だけ別の態度を取りましょう。「いいえ」も「はい」も友と同様、私もあなたになびき寄りましょう。❷平凡なこと。普通のこと。また、そのもの。[例]「かやうの——までは思ほしかからざりつるを」〈源氏・夕顔〉[訳](今までの光源氏は)このような(=空蟬(ウツセミ)ノヨウナ)平凡な身分の女にまでは思いをかけなかったのに。■二〔形動ナリ〕並一通りである。普通である。[例]「女も、——・ならずかたはらいたしと思ふに」〈源氏・空蟬〉[訳]女(=空蟬(ウツセミ))も、並一通りでなく失礼なことをしたと思っているのに。

なみ-の-かよひぢ【波の通ひ路】カヨイジ ⇩「なみ(波)」子項目

なみ-の-はな【波の花】〔名〕❶波の白い泡やしぶきを花にたとえていう語。[例]「海荒げにて、磯に雪降り、——咲けり」〈土佐・一月二二日〉[訳]海が荒れぎみで、磯に波の雪が降って、波の花が咲いている。❷《女房詞》食塩。

なみ-まくら【波枕】〔名〕船中に旅寝をすること。また、海や川などの水辺近くに旅寝すること。

なみ・ゐる【並み居る】イル〔自ワ上一〕{ゐ・ゐ・ゐる・ゐる・ゐれ・ゐよ}並んで座る。列座する。[例]「岩がくれの苔(こけ)の上に——・ゐて、かはらけ参る」〈源氏・若紫〉[訳]岩陰の苔の上に並んで座って、お酒を召し上がる。

なむ【南無】〔名〕《仏教語。梵語(ごぼん)の音写。「なも」とも》仏に対する帰依(きえ)(=仏ヲ信仰シ、仏ノ教エニ従ウコト)を表明する語。多く、仏の名号(みやうごう)や経文の名などの上に付ける。「——阿弥陀仏(あみだぶつ)」「——妙法蓮華経(めうほふれんげきやう)」「——八幡大菩薩(はちまんだいぼさつ)」など。

な・む【並む】■一〔自マ四〕{ま・み・む・む・め・め}一列に並ぶ。連なる。[例]「松の木(け)の——・みたる見れば家人(いはびと)の我を見送ると立たりしもころ」〈万葉・二〇・四三七五〉[訳]松の木が一列に並んでいるのを見ると、家の人が私を見送るといって立っていたのと同じに見える。[注]「木(け)」「家人(いはびと)」「立たり」ハ上代東国方言。■二〔他マ下二〕{め・め・む・むる・むれ・めよ}一列に並べる。連ねる。「なぶ」とも。[例]「たまきはる宇智(うち)の大野に馬——・めて朝踏ますらむその草深野(くさぶかの)」〈万葉・一・四〉[訳]宇智の広々とした野原に馬を連ねて、朝の野を踏ませて(狩りをして)いらっしゃるでしょう、その草深き野を。

なむの判別

①助動詞(現在推量)——上代東国方言
[例] 水無瀬川に潮満つ**なむ**か

②係助詞(強調)
[例] しのぶずりの狩衣を**なむ**着たりける

③終助詞(願望)
[例] いつしか梅咲か**なむ**

④《連語》完了の助動詞「ぬ」の未然形＋推量の助動詞「む」
[例] 髪もいみじく長くなり**なむ**

⑤ナ変動詞の未然形活用語尾＋推量の助動詞「む」
[例] 願はくば花の下にて春死**なむ**

なむ〔助動特活〕《上代東国方言》[接続]動詞の終止形に付く。《助動詞「らむ」と同じく、現在の事柄に対して推量する意を表す》…ているだろう。「なも」とも。[例]「ま愛(なか)しみさ寝(ね)に我(わ)は行く鎌倉の水無瀬川(みなのせがは)に潮満つなむか」〈万葉・一四・三三六六〉[訳](あの人が)いとしいので一緒に寝に私は行く、(その途中の)鎌倉の水無瀬川(=稲瀬川)に潮が満ちて(通れなくなって)いるだろうかなあ。

未然形	連用形	終止形	連体形	已然形	命令形
○	○	なむ	なむ	なめ	○

なむ

〔係助〕《平安末期以後は「なん」とも表記》[接続]主語・連用修飾語・接続語などに付く。

【強調】《上の事柄を特に取りたてて強調する意を表す》❶いわゆる係り結びの用法。「なむ」を受ける文末の活用語は連体形で結ぶ。[例]「母**なむ**藤原なりける。さて**なむ**、あてなる人にと思ひける」〈伊勢・一〇〉[訳](父は普通の身分の人で)母の方が藤原氏の出身なのであった。それでもって、身分の高い人に(娘を縁づけたい)と思ったのであった。

❷「なむ」を受ける結びの部分が省略された用法。[例]「この隣の男のもとよりかく**なむ**」〈伊勢・一三〉[訳]この隣の男のところからなんとこんなふうに(言ってよこした)。

❸「なむ」を受けて結びになるべき部分が、接続助詞を付けてあとへ続く用法。[例]「年ごろよくくらべつる人々**なむ**、別れがたく思ひて、日しきりにとかくしつつ、ののしるうちに夜更(ふ)けぬ」〈土佐・十二月二十一日〉[訳]長年よく親しんだ人々は、別れにくく思って、一日中あれこれと別れを惜しみながら、騒いでいるうちに夜が更けてしまった。

[要点] ①②③は、意味の違いはない。②は、いわゆる結びの省略で、この場合は、省略されている結びの部分を補って解釈する必要がある。③は、いわゆる結びの流れで、この場合、「なむ」の結びになるはずの部分を正確におさえることが大切である。

[参考] (1)同類の係助詞に、「ぞ」「こそ」があるが、「ぞ」「なむ」は「こそ」に比べて強調が少し弱いといわれ、「ぞ」と「なむ」では、「ぞ」が論理的客観的な強調であり、「なむ」が心情的主観的な強調を表す傾向が強いといわれる。「ぞ」が、物語などを描いていくいわゆる地の文に多く用いられ、「なむ」が会話の文に多く用いられているのは、その傾向を反映している。

(2)上代には「なも」という形もあった。しかし、『万葉集』ではすでに「なむ」の方が多く用いられている。平安時代では会話や手紙文に多く用いられ、和歌では使わないのが普通であった。「なむ」には、話し言葉的な性格があったらしい。しかし、平安時代末期以降は、しだいに文語化していき、中世では、軍記物語などにはあまり用いられず、平安時代の文章をまねて書かれた擬古文などで用いられるぐらいになった。

(3)「なむ」という語形には次の四種があり、活用語に付く場合は見分けにくいので、注意を要する。次のような基準で判別するのが便利である。

㋐連体形に付いた「なむ」（係助詞）
㋑未然形に付いた「なむ」（終助詞）
㋒連用形に付いた「なむ」（連語）
㋓終止形に付いた「なむ」（助動詞・上代語）

なむ

〔終助〕《上代では「なも」。平安後期以後は「なん」とも》【接続】活用語の未然形に付く。

【願望】《相手に対して願い望む意を表す》**…てほしい。…てもらいたい。…てくれ。** 例「いつしか梅咲か**なむ**」〈更級・梅の立枝〉訳 早く梅が咲いてほしい。

【要点】 終助詞「ばや」が自己の行動についての願望を表すのに対して、他に対する願望の意を表す。なお、係助詞「なむ」や連語の「なむ」との判別については、係助詞「なむ」の項の【参考】(3)を参照。

な-む

〔連語〕《完了の助動詞「ぬ」の未然形「な」＋推量の助動詞「む」。平安後期以後は「なん」とも》❶《確実に実現すると思われる事柄に対する推量の意を表す》**…てしまうだろう。きっと…するだろう。…するにちがいない。** 例「盛りにならば、容貌(かたち)も限りなくよく、髪もいみじく長くなり**なむ**」〈更級・物語〉訳（私も）女盛りになったらきっと、顔だちもこの上なく美しくなり、髪もとても長くなるにちがいない。

❷《適当・当然を強く表す》**当然…すべきだ。ぜひ…するのがよい。** 例「子といふもの、なくてありな**ん**」〈徒然草・六〉訳 子というものは、ないままでいるのがよい。

❸《強い意志を表す》**…してしまおう。きっと…しよう。** 例「明け果てぬなり。帰り**なむ**」〈枕草子・故殿の御服のころ〉訳 もう夜も明けきったようだ。帰ってしまおう。

❹《実現可能な事柄に対する推量を表す》**…できそうだ。…できるだろう。** 例「まさに世に住み給はむ人の、承り給はであり**なむや**」〈竹取・帝の求婚〉訳（国王のご命令を）まさにその国王の治世に住んでおられる人が、どうしてお受け申し上げなさらないでいることができようか。

❺《（多く「なむや」の形で）相手を誘ったり、軽く命令したりする意を表す》…たらどうか。…てくれないか。例「忍びては参り給ひ**なむや**」〈源氏・桐壺〉訳 そっと宮中に参内して下さいませんか。

【参考】 (1)④は、打消しや反語の表現とともに用いられ不可能な事柄に対する推量の意を表す場合が多い。
(2)係助詞「なむ」や終助詞「なむ」との判別については、係助詞「なむ」の項の【参考】を参照。

なむ-あみだぶつ【南無阿弥陀仏】〔名〕《仏教語》仏を礼拝(らいはい)する時に唱える言葉の一つ。ひとえに阿弥陀仏に帰依(えき)し助けを願う意を表し、これを唱えるのが「念仏」である。六字の名号ともいう。「なむあみだ」「なんまいだぶつ」などともいう。

なむ-さんぼう【南無三宝】■一■〔連語〕《仏教語》仏・法・僧の三宝に対する帰依(えき)を表明する語。■二■〔感〕驚いたり、失敗したりした時に発する語。あらあら。しまった。さあ大変。例「―。食はせをった」〈狂言・今参〉訳 しまった。みごとにやられた。

なむぢ【汝】(ナンジ)〔代名〕《古くは「なむち」。「なんぢ」と表記することが多い》《人称代名詞。対称》おまえ。上代では尊敬の気持ちを含んでいるが、平安時代は同等か目下の者を、中世はもっぱら目下の者を呼ぶようになる。

なめ-げ

〔形動ナリ〕《形容詞「なめし」の語幹＋接尾語「げ」》無礼である。失礼である。例「心強く承らずなりにしこと、―・なるものに思(おぼ)し召しとどめられぬるなむ」〈竹取・かぐや姫の昇天〉訳（宮仕えを）強情にお受けしなかったことを、（帝(みかど)が）無礼な者だとお心に留めてしまわれることが（心残りでございます）。

なめ・し

〔形ク〕

「なめし」は、無礼である、の意。ルールを無視したり、相手の立場を考えないかなり非礼な態度である。

（相手を軽んじていて）**無礼である。** 例「文ことば―・き人こそ、いとにくけれ」〈枕草子・文ことばなめき人こそ〉訳 手紙の言葉遣いの無礼な人は、大変いやなものだ。

なめ-て【並めて】〔副〕⇩なべて 例「吹く風の―梢(こずゑ)に当たるかなばかり人の惜しむ桜に」〈山家集・春〉訳 風が（桜の木の）梢に一面に吹きつけていることだ、これほど人々が散るのを惜しむ桜であるのに。

な-めり〔連語〕《断定の助動詞「なり」の連体形「なる」に推定の助動詞「めり」の付いた「なるめり」が撥音便化して「なんめり」となり、その撥音「ん」が表記されない形。「なんめり」と読む》…であるようだ。…であると見える。例「坊にも、ようせずは、この皇子(みこ)の居(ゐ)給ふべき**なめり**」〈源氏・桐壺〉訳 東宮にも、悪くすると、この皇子（＝光源氏）がおなりになるようだ。

なも【南無・南謨】〔感〕⇩なむ（南無）

なもの判別

①助動詞「なも」《上代語東国方言》―意味・接続は「らむ」に同じ
例 立ち乱え我をか待つ**なも**

②係助詞「なも」《上代語》―意味・接続は係助詞「なむ」に同じ
例 何時は**なも**恋ひずありとはあらねども

③終助詞「なも」《上代語》―意味・接続は終助詞「なむ」に同じ
例 雲だにも情あら**なも**隠さふべしや

なも〔助動特活〕《上代東国方言》【接続】活用語の終止形に付く。ただし、ラ変型活用の語には連体形に付く。《助動詞「らむ」と同じく、現在の事柄に対する推量の意を表す》…ているだろう。「なむ」とも。例「比多潟(ひたがた)の磯

(そい)の若布(めか)の立ち乱え我(わ)をか待つなも昨夜(そき)も今宵(こよひ)も」〈万葉・一四・三五六三〉訳 比多潟の磯の若布が海の中に立ちながら乱れ動いているように、(あなたは)思い乱れながら私を待っているのだろうか、ゆうべも今夜も。

未然形	連用形	終止形	連体形	已然形	命令形
○	○	なも	なも	○	○

なも〔係助〕《上代語。係助詞「なむ」の古い形》接続 主語・連用修飾語・接続語などに付く。
《係助詞「なむ」に同じ》例「何時(つい)はなも恋ひずありとはあらねどもうたてこのころ恋し繁(げ)しも」〈万葉・一二・二八七七〉訳 いつだって恋しくないということはないのだけれど、妙にこの頃恋しい気持ちが激しいことだ。

なも〔終助〕《上代語。終助詞「なむ」の古い形》接続 活用語の未然形に付く。
《終助詞「なむ」に同じ》…てほしい。…てもらいたい。例「三輪山をしかも隠すか雲だにも情(ここ)ろあらなも隠さふべしや」〈万葉・一・一八〉訳 (大和国がしのばれるあの)三輪山を、そんなにも隠すのか。せめて雲だけでも思いやりがあってほしい、隠してよいものか、隠してはならないのだよ。

なやま・し【悩まし】〔形シク〕《動詞「なやむ」の形容詞化した形》❶からだが疲れて苦しい。大儀である。例「宮は、慣らひ給はぬ御ありきに、——・しく思(おぼ)されて」〈源氏・椎本〉訳 匂宮は、お慣れにならない遠出のために、疲れて苦しくお感じになって。
❷病気で、気分が悪い。例「御心地も——・しければ、人に目も見合はせ給はず」〈源氏・夕顔〉訳 (光源氏は夕顔を亡くした悲しみに)ご気分も悪いので、だれにもお会いにならない。

なやまし-げ【悩ましげ】〔形動ナリ〕《「げ」は接尾語》気分が悪そうな様子。だるそうである。例「脇息(けふそく)の上に経を置きて、いと——・に読みゐたる尼君、ただ人(びと)と見えず」〈源氏・若紫〉訳 (机代わりに)ひじかけの上に経を置いて、ひどくだるそうに読経して座っている尼君は、並みの身分の人とは見えない。

なやみ【悩み】〔名〕《動詞「悩む」の連用形の名詞化》苦しみ。病気。例「御目の——さへ、この頃重くならせ給ひて」〈源氏・明石〉訳 (良くなりかかっていた)目の病気までが、この頃は重くおなりになって。

なや・む

【悩む】〔自マ四〕{ま・み・む・む・め・め}

類 なやまし

> 現代語の「なやむ」は主として精神的な苦痛を表すが、古語では、病気で苦しむ、わずらうなど、肉体的な苦痛をも表す。

❶心を痛める。苦労する。難儀する。例「漕(こ)ぎのぼるに、川の水干て、——・み煩ふ」〈土佐・二月七日〉訳 (淀川を)漕ぎのぼるが、川の水が干上がっていて、難儀してのぼり悩む。
❷病気で苦しむ。わずらう。例「身にやむごとなく思ふ人の——・むを聞きて」〈枕草子・うれしきもの〉訳 自分にとって大切に思う人が病気で苦しんでいると聞いて。
❸非難する。とやかく言う。

な・ゆ【萎ゆ】〔自ヤ下二〕{え・え・ゆ・ゆる・ゆれ・えよ}❶力が抜けてぐったりとする。なえる。例「弓矢を取り立てむとすれども、手に力もなくなりて、——・えかかりたり」〈竹取・かぐや姫の昇天〉訳 弓矢を取って持ち上げようとするけれども、手に力もなくなって、ぐったりとして物に寄りかかっていた。
❷(衣服が着なれて)柔らかくなる。例「御衣(ぞ)はいと——・えてと、心苦しげに思(おぼ)いたり」〈源氏・若紫〉訳 お召し物はひどくくたびれて柔らかくなってしまってと、(父宮は別に住む若紫を)痛々しくお思いである。
❸(植物が)しおれる。例「葵(あふひ)、桂(かつら)もうちー・えて見ゆ」〈枕草子・見ものは〉訳 (飾り付けてある)葵や桂(の葉)もしおれて見える。

なゆ-たけ【萎竹】〔名〕⇩なよたけ

なよ-たけ【弱竹】〔名〕《「なゆたけ」とも》細くしなやかな竹。若竹。例「人柄のたをやぎたるに強き心をしひて加へたれば、——の心地して、さすがに折るべくもあらず」〈源氏・帚木〉訳 (空蝉(うつせみ)は)人柄が柔和なところに強情さを意識的に添えているので、しなやかな竹のような感じがして、さすがに(光源氏も無理に)折ることができそうにもない。

なよたけ-の【弱竹の】〖枕詞〗「なよたけ」の性質から「とをよる」「起き伏し」にかかる。また、縁語の関係から「節(よ)」、それと同音の「夜」などにかかる。

なよび-か〔形動ナリ〕《動詞「なよぶ」の連用形+接尾語「か」》❶(衣服などの)やわらかな様子。例「うち解け給へるままの御袖(そで)のあたりも——・に」〈源氏・夕霧〉訳 くつろいでおられるお召し物の袖のあたりも柔らかで。
❷(心や物事などの)やさしくやわらかな様子。また、上品で優美な様子。
❸好色めいている様子。色っぽい。例「まめだち給ひけるほど、——・にをかしきことはなくて」〈源氏・帚木〉訳 (光源氏が)まじめに心がけておられた時は、つやっぽい風情ある話はなくて。

なよ・ぶ〔自〕《連用形の用法だけで、活用はバ行上二段か四段か未詳》❶(衣服などが)なよなよする。しなやかになる。例「——・びたる御衣(ぞ)ども脱い給うて」〈源氏・夕霧〉訳 (着古したため)なよなよとしているお召し物などをお脱ぎになって。
❷なよなよと柔弱な感じがする。しとやかに振る舞う。例「手づかひ少し——・びたる撥音(ばちおと)などなむ、大臣(おとど)には及び給はず」〈源氏・紅梅〉訳 手の使い方の少ししとやかな感じがする(薫(かおる)の君・匂宮(にほうのみや)の琵琶(びわ)の)撥の音などは、とても大臣(=夕霧)には及びません。

なよ-よか〔形動ナリ〕《「なよらか」とも》❶(衣服の糊(のり)がとれて)なよなよとやわらかなようす。例「白き衣(きぬ)どもの——・なる、あまた着て」〈源氏・薄雲〉訳 (明石の上は)白いお召し物でしなやかなのを、何枚も重ねて着て。
❷(性質や態度が)ものやわらかなようす。例「——・にをかしばめることを好ましからず思(おぼ)す人は」〈源氏・夕霧〉訳 (夕霧のように)物柔らかで風流じみていることを好ましくないとお考えになる(まじめな)人には。

なよ-らか〔形動ナリ〕❶⇩なよよか① 例「桜の直衣(なほし)の少し——・なるに」〈枕草子・清涼殿の〉訳 桜襲(ねがさ)の直衣で少し(糊がとれて)柔らかなのに。
❷⇩なよよか② 例「衣(きぬ)の音もせず、いと——・に心苦しうて」〈源氏・橋姫〉訳 (大君(おおいぎみ)と中の君が静かに奥に隠れてしまった様子は)衣ずれの音も立てず、大変物柔らかでいじらしく感じられて。

なら【楢】〔名〕木の名。ブナ科の落葉高木。（季・秋）

奈良（なら）〔地名〕大和国の北端、現在の奈良市。「寧楽」「平城」とも書く。元明天皇の七一〇年（和銅三）、この地に平城京がつくられ、七八四年（延暦三）、桓武天皇が長岡京に遷都するまで、約七十年間帝都として栄えた。その後も、興福寺・東大寺・春日大社の門前町として繁栄した。なお、軍記物語などでは、興福寺のことを「奈良」と呼ぶことがある。「南都」とも。

ならい【慣らい・習い】〔名〕⇩ならひ

ならく【奈落】〔名〕❶〔仏教語。梵語の音写〕地獄。❷〔転じて〕歌舞伎劇場の舞台や花道の床下。諸設備、装置、通路、地下室などがある。

なら-く〔連語〕〔推定・伝聞の助動詞「なり」の未然形＋準体助詞「く」〕…こと。…ことには。例「言ふ**ならく**、奈落（ならく）の底に入りぬれば、刹利（せつり）も首陀（しゅだ）も変はらざりけり」〈十訓抄・五・一七〉訳（地獄で帝が）言うことには、地獄の底に落ちてしまったら、身分の高い者も低い者も変わらないのだった。

参考 漢文訓読系の文に、「言ふ——」「聞く——」などの形でのみ用いる。「言ふ」「聞く」とともに用いる点に「なり」の伝聞の意がわずかに残って働いていることが知られる。

奈良坂（ならざか）〔地名〕奈良市北方の奈良山を越えて、京都府へ至る坂。もとは平城京の大内裏の北（＝奈良市佐紀町）から越える歌姫越えの坂をいったが、後には東大寺の西から般若寺を経て越える道の坂をいう。『源氏物語』『平家物語』などに登場する。

奈良坂（般若寺）

ならし〔助動特活〕〔断定の助動詞「なり」の形容詞形〕

接続 体言や体言に準ずる語句に付く。

【推量】❶〔断定した上で推量する意を表す〕…であるらしい。例「新しき年の初めに豊（とよ）の年しるすと**ならし**雪の降れるは」〈万葉・一七・三九二五〉訳 新しい年の初めに豊作の前触れをするということであるらしい、雪が降っているのは。

注 雪ハ豊年ノ前兆トサレル。

❷〔中世以降の用法〕〔はっきり断定せずに、余情をこめて遠回しに言う意を表す〕…である。…だなあ。例「強（し）ひてその真似（まね）せむとにはあらねど、例の腹ふくるるわざなれば**ならし**」〈俳文・鶉衣〉訳 強いてそのまねをしようというわけではないが、（兼好法師が言った）例の（言うべきことを言わないと）腹がふくれることだから（私も）するのである。

参考 (1)成立については、「けらし」の 参考 参照。(2)ほとんどが文末に用いられ、②は近世の文語調の文に主に用いられた。

なら・す【馴らす・慣らす】〔他サ四〕（さ・し・す・す・せ・せ）〔「なる（馴・慣）」の他動詞形〕❶なれ親しませる。なれさせる。例「例も、け近く——・させ給ふ人少なければ」〈源氏・賢木〉訳 ふだんも、（藤壺が）側近くなれ親しませていらっしゃる女房は少ないので。

❷物事になれるようにさせる。練習させる。習わせる。例「十余日と定めて舞ども——・し」〈源氏・若菜・下〉訳（朱雀院の五十のお祝いの日取りを十二月）十余日と決定して舞踏などを練習させて。

なら-ず〔連語〕〔断定の助動詞「なり」の未然形＋打消しの助動詞「ず」〕…ではない。例「すさまじきのみ**ならず**、いとにくくわりなし」〈枕草子・すさまじきもの〉訳 興ざめなだけでなく、大変にくらしくどうしようもない。

❷…どころではない。…以外である。例「これ**ならず**多かれども書かず」〈土佐・一月九日〉訳（船歌は）これ以外にもたくさんあったがここには書かない。

なら-で〔連語〕〔断定の助動詞「なり」の未然形＋打消しの接続助詞「で」〕…ではなくて。…以外に。例「君**ならで**誰（たれ）にか見せむ梅の花色をも香をも知る人ぞ知る」〈古今・春上・三八〉訳 あなたではなくて誰に見せようか、この梅の花は、色にしろ香りにしろ、物の美しさを知っているあなただけが（この花のよさも）分かってくれるのです。

なら-で-は〔連語〕〔断定の助動詞「なり」の未然形＋打消しの接続助詞「で」＋係助詞「は」〕…でなくては。…以外には。例「木（こ）の葉に埋（うづ）もるる懸け樋（ひ）の雫（しづく）**ならでは**、つゆおとなふものなし」〈徒然草・一一〉訳 木の葉にうずもれている懸け樋から落ちるしずくの音のほかには、まったく音を立てる物もない。

なら-な-く-に〔連語〕〔断定の助動詞「なり」の未然形＋打消しの助動詞「ず」の古い未然形＋準体助詞「く」＋助詞「に」〕❶〔文末に用いて〕…ではないことだなあ。…ではないのだよ。例「陸奥（みちのく）のしのぶもぢ摺（ず）り誰（たれ）ゆゑに乱れそめにし我**ならなくに**」〈伊勢・一〉訳 陸奥で産するしのぶもじ摺りの乱れ模様のように、（あなた以外の）誰かのせいで思い乱れ始めた私ではありません（みんなあなたのせいなのです）。

❷〔文中に用いて〕…ではないのに。例「めづらしき声**ならなくに**ほととぎすここらの年を飽（あ）かずもあるかな」〈古今・賀・三五九〉訳 目新しい声ではないのに、ホトトギスは長年にわたって飽きずに鳴き続けているものだなあ。

参考 ②の用法の「に」は接続助詞と考える説もある。

楢の小川（ならのをがは）〔川名〕京都市北区の上賀茂神社境内を流れる御手洗川（＝参拝者ガ手ヲ洗イ、身ヲ清メル川）をいう。歌枕。

楢の小川

ならはし【慣らはし・習はし】〔名〕〔動詞「ならはす」の連用形の名詞化〕❶習慣。ならわし。例「里は荒れぬむなしき床のあたりまで身はならはしの秋風ぞ吹く」〈新古今・恋四・一三一二〉訳 恋人が来なくなって私の住んでいる里は荒れ果ててしまった。わびしくひとり寝をしている床のあたりまで、身体にはもういつものことになってしまった秋風が吹いている（でも、あなたの飽きの気持ちは耐えがたく悲しい）。

❷学問や教養などを身につけさせること。しつけ。教育。例「そよ。誰（た）が——にかあらむ」〈源氏・澪標〉訳 それそれ。（あなた、紫の上のその嫉妬は）誰のしつけであろうか。

ならは・す【慣らはす・習はす】〔他サ四〕（さ・し・す・す・せ・せ）

（「ならふ」の他動詞形）❶習慣がつくようにする。慣れさせる。例「今はいとよう――・されて」〈源氏・花宴〉訳以前と違って今はとてもよく（夜の外出に）慣れさせられて。❷学問や教養などを身につけさせる。学ばせる。しつける。

ならひ【慣らひ・習ひ】ナライ〔名〕❶慣れること。習慣。例「花の散り、月の傾(かたぶ)くを慕ふ――はさることなれど」〈徒然草・一三七〉訳桜が散るのを、また月が西の山に傾くのを惜しむ（世の）習慣はもっともなことだが。❷さだめ。きまり。例「朝(あした)に死に、夕べに生まるる――、ただ水の泡にぞ似たりける」〈方丈記・ゆく河〉訳朝に死ぬ人があるかと思えば、夕暮れに生まれる子があるという（人間の生死の）さだめは、まるで水に浮かぶ泡（が消えたりできたりするの）に似ているのだった。❸秘事などの言い伝え。格別な由緒(ゆいしょ)。例「この御社(みやしろ)の獅子(しし)の立てられやう、さだめて――あることに侍(はべ)らむ」〈徒然草・二三六〉訳この社の獅子の立てられ方は、きっと格別な由緒があることでございましょう。

ならび【並び・双】〔名〕並ぶこと。隣。

ならび-な・し【並び無し・双び無し】〔形ク〕並ぶものがない。とびぬけている。「双(さう)なし」とも。例「つひに上手(じゃうず)の位に至り、徳たけ、人に許されて、――・き名を得ることなり」〈徒然草・一五〇〉訳（天分がなくても稽古(けいこ)に励めば）最後には名人の地位に達し、人徳も高くなり、世人に認められて、天下第一という名声を得るものである。

なら・ふ【馴らふ・慣らふ・習ふ】ナラ(ロ)ウ 一〔自ハ四〕{は・ひ・ふ・ふ・へ・へ}❶経験を積んでよく知る。**慣れる**。例「――・はぬ鄙(ひな)の住まひこそ、かねて思ふも悲しけれ」〈平家・一・祇王〉訳なれない田舎の生活は、あらかじめ想像することすら悲しいことだ。注祇王(ギオウ)ノ母ノ言葉。❷人に慣れ親しむ。**なじむ**。例「ここには、かく久しく遊び聞こえて――・ひ奉れり」〈竹取・かぐや姫の昇天〉訳この国では、このように長い間楽しく過ごしまして（あなたがたにも）慣れ親しみ申し上げました。注カグヤ姫ノ、竹取ノ翁(オキナ)夫妻ニ対スル言葉。
二〔他ハ四〕経験を積む。経験する。学習する。学ぶ。例「まだかやうなる事を――・はざりつるを」〈源氏・夕顔〉訳私（＝光源氏）はまだこんな（＝女ヲ連レ出シテ逢(ア)ウヨウナ）事を経験しなかったのだが。

なら・ぶ【並ぶ】一〔自バ四〕{ば・び・ぶ・ぶ・べ・べ}❶同列に位置する。ならぶ。例「雪の頭(かしら)を頂(いただ)きて、盛りなる人に――・び」〈徒然草・一三四〉訳雪のように白い髪を頭の上にのせて、元気いっぱいの若い人と同席し。❷優劣がつかない。匹敵(ひってき)する。例「行幸に――・ぶものは何かはあらむ」〈枕草子・行幸にならぶものは〉訳（見事さにおいて）行幸に匹敵するものは一体何があるだろうか（何もありはしない）。
二〔他バ下二〕{べ・べ・ぶ・ぶる・ぶれ・べよ}❶ならべる。例「五百余騎ひしひしとくつばみを――・ぶるところに」〈平家・九・宇治川先陣〉訳五百騎以上がぎっしりと馬のくつわを並べている（＝勢ゾロイスル）ところに。❷並べて比較する。くらべる。例「これを有りし住まひに――・ぶるに、十分(じふ)が一なり」〈方丈記・わが過去〉訳この庵(いほり)を昔の住居とくらべると十分の一の大きさである。

なら-ほふし【奈良法師】ナラホウシ〔名〕（延暦寺(えんりゃくじ)の「山法師」、三井寺(みいでら)の「寺法師」に対して）奈良の東大寺・興福寺の僧。僧兵として有名で、恐れられた。

ならほふし

奈良山(ならやま)〔山名〕平城京（＝奈良市）の北方に横たわる丘陵。山城(やましろ)の国（＝京都府）との境をなしている。この山を越える奈良坂は、古代から交通の要路であった。

ならわし【慣らわし・習わし】〔名〕⇨ならはし

なり【形・態】〔名〕❶かたち。かっこう。形状。例「――は塩尻(しほじり)のやうになむありける」〈伊勢・九〉訳（富士山の）形は円錐(えんすい)形の塩尻のようであった。❷着物を着た姿。身なり。服装。例「若くかたちよからむが、――などよくてあらむは、ましてよからむかし」〈枕草子・主殿司こそ〉訳若くて顔だちのよい（主殿司(とのもづかさ)の）女官が、身なりなどきれいであるならば、なおすばらしいでしょう。

なり【業】〔名〕（動詞「な（業）る」の連用形から）生活のために日常的に従事している仕事。職業。生業。「なりはひ」とも。例「ひさかたの天路(あまぢ)は遠しなほなほに家に帰りて――をしまさに」〈万葉・五・八〇一〉訳自由になる天へ昇る道ははるかに遠い。（だから）素直に家に帰って、家業に励みなさい。

なりの判別

①**助動詞**
　Ⓐ**断定の助動詞**―体言・活用語の連体形などに付く
　　例 月の都の人**なり**・御局は桐壺**なり**
　Ⓑ**推定・伝聞の助動詞**―活用語の終止形に付く
　　例 男もす**なる**日記といふものを
　　例 扇のにはあらで、くらげの**なり**
②**ナリ活用形容動詞の活用語尾（連用形・終止形）**
　例 月の頃はさら**なり**・言ふもおろか**なり**
③**ラ行四段動詞「なる」の連用形**
　例 鬼の顔に**なり**て・子と**なり**給ふべき人

なり

〔助動ナリ型〕（格助詞「に」にラ変動詞「あり」の付いた「にあり」が変化したもの）接続 体言や体言に相当する語句、活用語の連体形に付く。

未然形	連用形	終止形	連体形	已然形	命令形
なら	なり に	なり	なる	なれ	（なれ）

【断定】❶（断定の意を表す）…である。…だ。例「おのが身はこの国の人**に**もあらず、月の都の人**なり**」〈竹取・かぐや姫の昇天〉訳私の身（＝カグヤ姫）はこの人間の世のものではありません。月の都の者なのです。例「強からぬは、女(をうな)の歌**なれ**ばなる**べし」〈古今・仮名序〉訳（小野小町の歌が）強くないのは、女の歌だからであろう。❷（存在の意を表す）…にある。…にいる。例「壺(つぼ)**なる**御薬奉れ」〈竹取・かぐや姫の昇天〉訳壺に入っているお薬を召し上がれ。❸（近世での連体形の用法）（人名・資格の意を表す）…という（名の）。例「信濃(しなの)の俳諧(はいかい)寺一茶**なる**者の草稿にして」〈一茶・おらが春・跋〉訳この信濃国の俳諧寺一茶という者の書いたものであって。

要点 (1)中心的な用法は①で、②は大半が連体形の用法である。なお、「なり」は、大半が体言や活用語の連体形に付くが、一部の副詞や助詞にも付く。①の『古今集』の例は、接続助詞の「ば」に付いているが、副詞の「かく」「しか」「さ」「なべて」「わざと」などや、助詞の「て」「と」「のみ」「ばかり」などにも付く。
(2)断定の助動詞には「なり」と「たり」との二つがある。「なり」は「にあり」から、「たり」は「とあり」から成立したものである。両者に意味の違いはほとんどないが、「なり」は物語や和歌などの和文系の文章で主に用いられ、「たり」は漢文訓読系の文章で用いられる。

なり

〔助動ラ変型〕接続 活用語の終止形に付く。ただし、ラ変型活用の語には、連体形あるいは連体形の撥音便に付く。なお、参考(1)参照。

【推定・伝聞】❶《音や声が聞こえる、と推定する意を表す》**…の音(声)が聞こえる。…の音(声)がする。…ようだ。** 例「吉野なる夏美(なつみ)の川の川淀(かはよど)に鴨(かも)ぞ鳴く**なる**山かげにして」〈万葉・三・三七五〉訳 吉野にある夏美の川の流れの淀んだあたりで鴨が鳴いている声が聞こえる、山の陰で。

❷《音や声によって推定する意を表す》**…している様子である。…しているようだ。…しているらしい。** 例「『火危ふし』と言ふ言ふ、預かりが曹司(ざうし)の方(かた)に去(い)ぬな**り**」〈源氏・夕顔〉訳 (滝口の武士が)「火の用心」と何度も言いながら、管理人の部屋の方に去って行く様子である。注 小サクナル声ヲ基ニ去ルト推定スル。

❸《相手の話を基にして推定する意を表す》(…とすると)**…する(である)のであろう。…する(である)にちがいない。** 例「『まことに、かばかりのは見えざりつ』と言(こと)高くのたまへば、『さては、扇のにはあらで、くらげのな**なり**』と聞こゆれば」〈枕草子・中納言参り給ひて〉訳「まったく、これほどすばらしい(扇の)骨は見たこともない」と声高(こわだか)におっしゃるので、「そういうことでしたら、(それはさしずめ)扇のではなくて、クラゲの骨でございましょうね」と申し上げると。注「ななり」ノ「な」ハ、断定ノ助動詞「なり」ノ連体形「なる」ノ撥音便形「なん」ノ、「ん」ガ表記サレナイ形。

❹《人から伝え聞いたこととして述べる意(伝聞)を表す》**…ということだ。…と聞いている。…だそうだ。** 例「男もすなる日記(にき)といふものを、女もしてみむとてするなり」〈土佐・十二月二十一日〉訳 男の人が書いていると聞いている日記というものを、女の私も書いてみようと思って書くのである。注『土佐日記』ノ冒頭部。「するなり」ノ「なり」ハ連体形ニ付イテイルカラ断定ノ助動詞。

❺《近世の用法》《詠嘆の意を表す》**…ことだ。…だなあ。** 例「月清み酒はと問へど少女(をとめ)ども笑みて答へもなげに見ゆ**なり**」〈草径集・上〉訳 月がきれいだから酒はないかなと尋ねたけれど、少女達はただほほえむだけで、答えをするようでもなさそうに見えることだ(酒はなさそうで、残念だ)。

未然形	連用形	終止形	連体形	已然形	命令形
○	(なり)	なり	なる	なれ	○

要点 (1)「なり」は、聴覚による推定を表すが、これは、語源が「音(ね)」ないし「音(な)」にラ変動詞「あり」の付いたものであることに由来する。
(2)「なり」は、活用・意味などいろいろな点で「めり」とよく似ている。「めり」は、「見(み)」にラ変動詞「あり」が付いて成立した助動詞で、視覚による推定を表す。

参考 (1)推定・伝聞の「なり」は、ラ変動詞やラ変型活用語には連体形に付くが、大半は、「あんなり」のように撥音便化した形に付く。ただし、「あなり」のように撥音「ん」は表記されていないことが多い。
なお、上代では、ラ変型活用語にも終止形に付いた。例「葦原(あしはら)の中つ国は、いたくさやぎてありな**り**」〈古事記・中・神武〉訳 日本は、ひどく騒々しいようである。

(2)**断定の助動詞「なり」との識別**は、基本的には、推定・伝聞の「なり」は終止形に付き、断定の「なり」は連体形に付くことで区別される。ラ変型活用語には推定・伝聞の「なり」も連体形に付き、四段型活用語は終止形と連体形が同形なので、ラ変・四段型活用語に付く「なり」は接続で識別できないが、次のような識別法がある。

A 推定・伝聞の「なり」は、話し手自身が主語となる述語の文には用いられない。疑問を表す語と一緒にも用いられない。

B 推定・伝聞の「なり」は、未然形・命令形の用法はなく、連用形もごくまれに用いられるだけである。また、下に付く語も限られていて、「なりつ」「なりき」「なりな」「なりや(感動)」くらいである。

C 推定・伝聞の「なり」は、ラ変型活用語には、大半が連体形撥音便(撥音無表記の場合も)の形に付き、断定の「なり」は撥音便形に付かない。

D 形容詞および形容詞型活用語に付く場合、断定の「なり」は「良きなり」のように本活用の連体形に付き、推定・伝聞の「なり」は「良かるなり」のように補助活用の連体形に付き、その大半が「良かんなり」「良かなり」のような撥音便(無表記)の形に付く。

E 連体修飾をする連体形「なる」は推定・伝聞。

F 係助詞「ぞ」「なむ」などの結びの連体形「なる」や、係助詞「こそ」の結びの「なれ」は推定・伝聞。

なり-あが・る【成り上がる】〔自ラ四〕{ら・り・る・る・れ・れ}官位などが高くなる。昇進する。また、貧しかった人が大金持ちになる。出世する。例「次々の人々━━・りて、この薫(かをる)中将は中納言に、三位の君は宰相になりて」〈源氏・竹河〉訳 人々は次々に昇進して、この薫中将は中納言に、三位の君は宰相になって。

なり-あ・ふ【成り合ふ】(オ)ウ ア〔自ハ四〕{は・ひ・ふ・ふ・へ・へ}❶成熟して整う。成熟する。例「まだ幼く━━・はぬ人を」〈源氏・東屋〉訳 まだ幼くて成熟していない人を。
❷手が加えられて整う。完成する。
❸他のものと一緒になる。一体となる。

なり-い・づ【成り出づ・生り出づ】ズ イ〔自ダ下二〕{で・で・づ・づる・づれ・でよ}❶生まれ出る。生まれる。例「何の契(ちぎ)りにて、かう安からぬ思ひ添ひたる身にも━━・でけむ」〈源氏・匂宮〉訳 一体何の因果で、このように心配のつきまとう身に生まれたのであろうか。
❷成長する。おとなになる。例「そのさま━━・づるを、取り出(い)でて見せ給へり」〈堤中納言・虫めづる姫君〉訳

(姫君は)その様が(毛虫から蝶へ)成長変化するのを、(平気で)取り出してお見せになる。
❸立派に成長する。出世する。例「男はなほ若き身の──・づるぞいとめでたきかし」〈枕草子・位こそ猶めでたき物はあれ〉訳男はやはり若い身で出世するのがとてもすばらしいことだ。

なり-けり〘連語〙《断定の助動詞「なり」＋助動詞「けり」》❶《「けり」が過去を表す場合》…であった。…であったということだ。例「良覚(りやうがく)僧正と聞こえしは、きはめて腹悪(あ)しき人**なりけり**」〈徒然草・四五〉訳良覚僧正と申し上げたお方は、たいそう怒りっぽい人であった。
❷《「けり」が気付きを表す場合》…であったのだなあ。…であるなあ。例「三、四日吹きて、吹き返し寄せたり。浜を見れば、播磨(はりま)の明石(あかし)の浜**なりけり**」〈竹取・竜の首の玉〉訳(風は)三、四日吹いて、(舟を浜辺に)吹き返し寄せた。(舟の着いた)浜を見ると、そこは播磨の明石の浜(＝兵庫県明石市)であったのだなあ。

なり-たか-し【鳴り高し】〘連語〙《音や声が高い意で、騒ぎを制止する語》やかましいぞ。静まれ。例「──・し、鳴り止(や)まむ。はなはだ非常(ひざう)なり」〈源氏・少女〉訳騒々しい、静かになさるがよい。まったくもって論外であります。注大学入学ノ式ノ際、作法ヲ心得ナイ君達(キンダチ)ヲ儒家ガ居丈高ニシカル場面。

なり-のぼ-る【成り上る】〔自ラ四〕{ら・り・る・る・れ・れ}官位などが上の地位になる。昇進する。「なりあがる」とも。

なり-は-つ【成り果つ】〔自タ下二〕{て・て・つ・つる・つれ・てよ}❶完全にある状態になる。すっかり…になってしまう。例「夜に入り果てて、何事も見えず──・てぬ」〈源氏・蛍〉訳夜になってしまって、何事もすっかり見えなくなってしまった。
❷完全に事がすむ。完了する。例「平らかに事──・てぬれば」〈源氏・葵〉訳無事に事(＝葵ノ上ノ出産)が終わったので。
❸成り行きが極限に達する。変わりはてる。

なり-はひ【生業】(イ・ワイ)〔名〕❶農業。農耕。また、その作物。例「万調(よろづつき)奉(まつ)るつかさと作りたるその──を雨降らず日の重なれば植ゑし田も蒔(ま)きし畑も朝ごとにしぼみ枯れ行く」〈万葉・一八・四一二二長歌〉訳貢ぎ物(すなわち)朝廷に納める第一のものとして作ったその農作物だが、雨が降らずに日が重なるので、苗を植えた田も種をまいた畑も朝の来るたびにしぼんで枯れて行く。
❷生活のための日頃の仕事。職業。「なり」とも。例「今年こそ、──にも頼む所少なく」〈源氏・夕顔〉訳今年は、商売にももうけは少なくて。

なり-ひさご【生り瓢】〔名〕植物の名。ヒョウタン。例「水をも、手して捧(ささ)げて飲みけるを見て、──といふ物を人の得させたりければ」〈徒然草・一八〉訳(昔、中国の許由(きよゆう)という男が貧乏で)水さえも、手ですくって飲んだのを見て、ヒョウタンというものをある人が与えたところ。参考単に「ひさご」とも。「生(な)り」はツルに実ること。室町時代までは「なりひさご」、または「なりびさご」ともいった。

業平(なりひら)《人名》⇩在原業平(ありはらのなりひら)

なり-まさ-る【成り勝る・成り増さる】〔自ラ四〕{ら・り・る・る・れ・れ}ある状態の程度が一層増す。ますます…となる。つのる一方である。例「この児(ちご)、養ふ程に、すくすくと大きに──・る」〈竹取・かぐや姫の生ひ立ち〉訳この子供は、養い育てているうちに、ぐんぐんと大きく成長していく。

なり-もて-ゆ-く【成りもて行く】〘連語〙次第に…となって行く。なって行く。例「ただ言ふ言葉も、口惜しうこそ──・くなれ」〈徒然草・二二〉訳直接口で言う言葉も、(時代と共に)次第に残念な状態になって行くようだ。

なりわい【生業】〔名〕⇩なりはひ

な・る

〔自ラ四〕{ら・り・る・る・れ・れ}■一【生る】❶生まれ出る。この世に現れる。例「是(ここ)に左の御目を洗ひ給ふ時に──・れる神の名は、天照大御神(あまてらすおほみかみ)」〈古事記・上・伊邪那岐命と伊邪那美命〉訳そこで左の目をお洗いになる時に現れた神の名は、天照大御神。
❷(植物の)実ができる。結実する。例「玉葛(たまかづら)花のみ咲きて──・らざるは誰(た)が恋にあらめ吾(あ)は恋ひ思(も)ふを」〈万葉・二・一〇二〉訳花だけ咲いて実らない(＝不誠実ナ)のはどなたの恋なのかしら。私は(これほどまでに)お慕いしていますのに。

■二【成る】❶(あるものや状態に)変化する。例「鬼の顔に──・りて」〈徒然草・四二〉訳(病気がひどくなって)鬼のような顔になって。
❷(ある地位や役職に)就く。
❸(ある時期・季節・年齢などに)至る。達する。例「三月(やよひ)にも──・りぬ」〈蜻蛉・上・安和元年〉訳三月にもなってしまった。
❹(何かが)できあがる。完成する。また、(願い事などが)実現する。成就する。例「思ふこと──・らでは、世の中に生きて何かせむ」〈竹取・蓬莱の玉の枝〉訳願いが実現しなくては、この世に生きていても何になろうか。
❺(何かをすることが)できる。(酒が)飲める。暮らしが立つ。例「亭主駈(か)け出(い)で『堪忍(かんにん)──・らぬ』と言ふ」〈西鶴・世間胸算用・二・四〉訳家の主人が飛び出してきて「(借金取りのやり方に)我慢できない」と言う。
❻《主として、中世の用法。動詞の連用形、または、動作性の名詞に付いて》貴人の動作を尊敬する意を表す。まれに、「なる」単独で。…なさる。…あそばされる。(何かの行為を)なさる。例「明年の秋のころ、必ず崩御(ほうぎよ)──・るべし」〈保元・上・一〉訳(鳥羽法皇は)来年の秋頃、きっとお隠れあそばされるであろう。

な・る【業る】〔自ラ四〕{ら・り・る・る・れ・れ}(農耕などをして)生計を立てる。生業とする。営む。例「防人(さきむり)に立たむ騒きに家の妹(いむ)が──・るべきことを言はず来(き)ぬかも」〈万葉・二〇・四三六四〉訳防人に出発する騒ぎにまぎれて、家に残る妻がどうやって生計を立てていけばいいかということを言わないで来てしまったことだ。注「防人(さきむり)」「妹(いむ)」ハ、上代東国方言。

な・る〔自ラ下二〕{れ・れ・る・るる・るれ・れよ}■一【慣る・馴る】❶習慣になる。慣れる。例「老いたる衛士(ゑじ)の、よく公事(くじ)に──・れたる者にてぞありける」〈徒然草・一〇二〉訳年とった衛士で、よく宮中の行事に慣れている者であった。
❷慣れ親しむ。うちとける。なじむ。例「隔(へだ)てなく──・れぬる人も、ほど経(へ)て見るは、恥づかしからぬかは」〈徒然草・五六〉訳隔てなく慣れ親しんだ人でも、しばらく時がたってから会うのは、きまりが悪く思わないことがあろうか。

■二【萎る・褻る】❶衣服が身体になじむようになる。着ふるす。例「白き衣(きぬ)、山吹(やまぶき)などの──・れたる着て」〈源氏・若紫〉訳白い下着に、山吹襲(やまぶきがさね)などの上着の着古したのを着て。

❷使いふるす。くたびれる。例「網代(あじろ)の、少し――れたる」〈源氏・葵〉訳網代車で、少し使い古した車で。

なる-かみ【鳴る神・雷】〔名〕かみなり。雷鳴。

なるかみ-の【鳴る神の】〔枕詞〕「音(おと)のみ聞く」にかかる。例「――音のみ聞きし巻向(まきむく)の檜原(ひばら)の山を今日見つるかも」〈万葉・七・一〇九二〉訳評判だけは耳にしていた(かの有名な)巻向(＝奈良県桜井市ニアル)の檜原の山を今日こそは見たことだ。

鳴門(なると)〔地名〕四国徳島県と淡路島との間にある海峡で、渦(うず)を巻いて流れる激流で有名。歌枕。

なる-べし〔連語〕《断定の助動詞「なり」の連体形＋推量の助動詞「べし」》…であるに違いない。…であるはずだ。…であろう。例「閼伽棚(あかだな)に菊・紅葉など折り散らしたる、さすがに住む人のあれば**なるべし**」〈徒然草・一一〉訳仏に花や水を供える棚(たな)に菊や紅葉などを折り散らしてあるのは、そうはいってもやはり住む人があるからであろう。

なる-ほど【成る程】〔副〕❶できるだけ。可能な限り。例「御仏供(おぶく)などは――念を入れて上げさしめ」〈狂言・金津地蔵〉訳お供え物などは精一杯心をこめてしなさい。
❷じゅうぶん。確かに。ぜったい。例「『何とその柿(かき)は渋うはないか』『いやいや――甘うござる』」〈狂言・合柿〉訳「なあその柿は渋くはないか」「いやいや十分甘いですよ」。
❸相手の言うことを肯定する語。また、応諾する語。はい。いかにも。そのとおり。がってんだ。例「『男と見こんで頼む』とのぼせば、こいつがのぼされて『――盗んでくれう』と言ふ」〈近松・丹波与作待夜の小室節・中〉訳「(大名の金を)盗んでくれないか。)男と見込んで頼む」とおだてると、こいつがおだてられて「がってんだ。盗んでやろう」と言う。
❹言われるとおりであると納得する時の語。いかにも。おっしゃるとおり。

> 要点 語構成から、①②の原義は「成立する限度いっぱい」、③④は「それは成立しうることである」と納得する意、と考えられる。中世から近世にかけて慣用的にいろいろな意味に用いられた。現代語には④の意味だけが残る。

鳴海(なるみ)〔地名〕現在の名古屋市緑区鳴海町。旧東海道五十三次の宿場町。昔は海に近く、「鳴海潟(がた)」は古来千鳥(ちどり)の名所とされ、和歌の中で、動詞「成る」「鳴る」などを掛けて用いる。

なる-や【鳴る矢】〔名〕《「なりや」とも》⇩かぶらや

なれ【汝】〔代名〕《人称代名詞。対称》親しい人、目下の者に対して用いる。おまえ。例「ちはやぶる宇治の橋守(はしもり)――をしぞあはれとは思ふ年の経ぬれば」〈古今・雑上・九〇四〉訳宇治橋の橋番よ。おまえをふびんだと思うよ。年が経ってすっかり老けこんだものなあ。

なれ-がほ【馴れ顔】〔形動ナリ〕なれていて親しそうな様子。例「いと――に御帳(みちやう)のうちに入り給へば」〈源氏・若紫〉訳(光源氏は)大変物なれた様子で(若紫と一緒に)御帳台の中にお入りになったので。

なれ-ごろも【馴れ衣】〔名〕着なれた衣服。

なれ-ばむ〔自マ四〕(ま・み・む・む・め・め)着古してよれよれになる。

なれ-むつ-ぶ【馴れ睦ぶ】〔自バ上二〕(び・び・ぶ・ぶる・ぶれ・びよ)なれ親しみ仲むつまじくする。親密にする。例「年頃――・び聞こえ給ひつるを」〈源氏・桐壺〉訳長年なれ親しみ申し上げなさっていたのに。

なれ-や〔連語〕《断定の助動詞「なり」の已然形＋助詞「や」》❶(疑問の意を表す。下に疑問の根拠となる事柄が示される)…なのだろうか。…なのかしら。例「浮草の上は繁(しげ)れる淵(ふち)**なれや**深き心を知る人のなき」〈古今・恋一・五三八〉訳(私の心は)表面は浮草が繁っている深い淵なのだろうか。深い心の底をわかってくれる人が誰もいない。
❷(反語を表す)…だろうか(いやそうではない)。例「山の際(ま)ゆ出雲(いづも)の児(こ)らは霧**なれや**吉野の山の嶺(みね)にたなびく」〈万葉・三・四二九〉訳出雲娘子(いずものおとめ)という人は霧なのだろうか。(いやそうではないのに火葬の煙となって)吉野の山の峰にたなびいている。
❸(詠嘆の意を表す)…だなあ。…なのだなあ。例「かくて明かし暮らし給ふほどに、二十日(はつか)の過ぐるは夢**なれや**。聖(ひじり)はいまだ見えざりけり」〈平家・三・六代〉訳(六代(ろくだい)の母親が)こうして一日一日を過ごされているうちに、(六代の助命期間である)二十日間が過ぎたのは夢なのだなあ(＝夢ノヨウニ過ギタナア)。(だが、助命嘆願に行った)聖(＝文覚(モンガク)上人(ショウニン))はまだ現れなかった。

> 要点 ①②は「なればや」と同じ意味で、「や」は係りの語とする説もあるが、文末が連体形でなく終止形になっている例もあるので、「なれや」で切れ、「や」は文末の用法とみる説に従うべきである。「や」の結びのように見える文末の連体形は、連体止めと扱う。

な-ゐ【地震】〔名〕地震。例「恐れの中に恐るべかりけるは、ただ――なりけりとこそ覚え侍(はべ)りしか」〈方丈記・大地震〉訳恐ろしいものの中で特に恐れなければならないのは、まさに地震だったと痛感した。

な-を-た・つ【名を立つ】⇩「な(名)」子項目

なん【難】〔名〕❶非難すべき点。欠点。難点。例「あまり情けにひきこめられて、とりなせばあだめく。これを初めの――とすべし」〈源氏・帚木〉訳(やさしくて女らしい女は)度はずれて情愛にとらわれて、機嫌をとると、あだっぽくなる。これを第一の欠点とせねばならない。
❷欠点を責め立てること。非難。難くせ。例「春宮(とうぐう)、悟りある御子(みこ)なり。物の師せむ人の――致すべき御子にあらず」〈宇津保・俊蔭〉訳皇太子は、理解のよい子供だ。師匠が非難できるような子供ではない。
❸災難。わざわい。例「もし辺地にあれば、往反(わうへん)わづらひ多く、盗賊の――はなはだし」〈方丈記・世にしたがへば〉訳もし辺鄙(へんぴ)な所に住んだとすると、(都との)行き来に苦労が多く、強盗による災難もひどい。
❹困難。苦労。例「羇旅(きりよ)の――をいたはらんと」〈奥の細道・日光〉訳旅の苦労をいたわろうと。

なん《「なむ」の後世の表記》㊀〔係助〕⇩なむ(係助) ㊁〔終助〕⇩なむ(終助)

なん〔連語〕⇩なむ(連語)

なん-えんぶだい【南閻浮提】〔名〕⇩えんぶだい

南海道(なんかいだう)〔古代の行政区画名〕日本を五畿七道(ごきしちだう)に分けた時の一つ。紀伊(＝和歌山県・三重県)・淡路(＝兵庫県)・阿波(＝徳島県)・讃岐(さぬき)(＝香川県)・伊予(いよ)(＝愛媛県)・土佐(＝高知県)の六か国。

なん-ぎ【難儀・難義】〔名・形動ナリ〕❶むずかしいこと。

困難なこと。一大事。❷苦しいこと。苦しみ。大儀。困苦。❸めんどうなこと。迷惑。

なん-くゎ【南華】（名）❶《「南華」は荘子の別名》荘子の著した書物。『荘子』。例「文は……老子のことば、――の篇」〈徒然草・一三〉訳漢文は……老子の言葉、荘子の書物（などがよい）。❷《遊里語》愚か者、野暮天、間抜けなどの称。

なん-じょ【難所】（名）《「なんしょ」とも》道の険しい所。山道や海岸などで通行困難な場所。

なんじょう【何じょう】⇩なんでふ

なん・ず【難ず】（他サ変）｛ぜ・じ・ず・ずる・ずれ・ぜよ｝欠点があると指摘する。非難する。例「――・ずべき種（くさはひ）まぜぬ人は、いづこにかはあらむ」〈源氏・帚木〉訳非難すべきところを交え持っていないような女は、一体どこにいるだろうか。

な-んず《連語》《完了の助動詞「ぬ」の未然形＋推量の助動詞「んず」》…てしまおう。

なん-ぞ【何ぞ】《「なぞ」とも。「なにぞ」の変化した形》■一《連語》何であるか。なんだ。例「『宣旨とは――』とて」〈平家・四・信連〉訳「宣旨とは何を言うか」と言って。

■二（副）❶《疑問を表す》どうして。なぜ。例「――、ただ今の一念において、ただちにすることの、はなはだ難（かた）き」〈徒然草・九二〉訳どうして、この現在の一瞬において、すぐ実行することが、（こんなに）ひどく困難なのか。

❷《反語を表す》どうして…か、いやそうではない。例「――志を遂げざらん」〈宇治拾遺・五・四〉訳（心を西方浄土に傾けているので）どうして極楽往生の望みを遂げないであろうか。

❸何かしら。何か。例「――一物（いちもつ）無うては富貴（ふうき）にはなりがたきに」〈西鶴・世間胸算用・四・一〉訳胸中に何か一つの（商売の）もくろみがなくては富貴になるのはむずかしいが。

南総里見八犬伝（なんそうさとみはっけんでん）《書名》江戸後期の読本（よみほん）。曲亭馬琴作。九十八巻百六冊の大長編小説で、一八一四年（文化十一）に刊行を開始し、二十九年がかりで一八四二年（天保十三）刊行を終えた。南総（＝千葉県）里見家の興亡に取材し、壮大な構成のもとに、家臣八犬士の活躍を和漢混交文で描く。勧善懲悪（かんぜんちょうあく）を説く儒教倫理が全編に一貫して流れている。中国の小説『水滸伝（すいこでん）』の影響が強い。⇩曲亭馬琴（きょくていばきん）

なん-ぞ-の【何ぞの】《連語》どういう。どんな。例「かれは――人ぞ」〈宇津保・俊蔭〉訳あなたはどういう人か。

なん-だいもん【南大門】（名）宮城や寺などの南に位置する正門。

南大門（法隆寺）

なん-ぢ【難治】（名）❶むずかしいこと。困難。例「彼といひこれといひ、かたがた――のやうに候ふ」〈平家・一・御輿振〉訳あれといいこれといい、どちらにしても難しい（問題の）ようでございます。❷治めにくいこと。統治しがたいこと。❸病気が直りにくいこと。

なんぢ【汝】⇩なむぢ

なん-つ・く【難付く】■一（他カ下二）｛け・け・く・くる・くれ・けよ｝欠点を指摘する。難を付ける。非難する。例「女の、これはしもと――・くまじきは、かたくもあるかな」〈源氏・帚木〉訳女の中で、これこそは（申し分ない）と非難できないような女は、めったにいないものだなあ。

■二（自カ四）｛か・き・く・く・け・け｝難が付く。けちが付く。例「家に――・かず」〈近松・心中刃は氷の朔日・上〉訳（あなたの）家名にはきずは付かない。

なん-でふ【何でふ】《「なでふ」とも》■一（連体）何という。どういう。どんな。例「――心地すれば、かく物を思ひたるさまにて月を見給ふぞ」〈竹取・かぐや姫の昇天〉訳どんな気持ちがするので、このように物思わしげな様子で月をご覧になるのですか。

■二（副）《反語を表す》どうして。何だって。例「――さることとかし侍（はべ）らむ」〈竹取・貴公子たちの求婚〉訳どうしてそんなこと（＝結婚）を致しましょうか（いやでございます）。

■三（感）相手の言うことを強く否定する語。何を言うか。とんでもない。例「――、その儀あるまじ。祇王（ぎわう）とうとうまかり出（い）でよ」〈平家・一・祇王〉訳とんでもない、そんなことをしてはならぬ。祇王のほうがさっさと出て行け。注祇王ニ代ワッテ平清盛ノ寵愛（チョウアイ）ヲ得タ仏御前（ホトケゴゼン）ガ、遠慮シテ身ヲ引コウトシタノニ対スル、清盛ノ言葉。

なん-でん【南殿】（名）❶南向きの御殿。南側の御殿。❷《「なでん」とも》紫宸殿（ししんでん）の別名。例「――の桜は盛りになりぬらむ」〈源氏・須磨〉訳紫宸殿の前の左近の桜は（今頃は）きっと盛りになっているだろう。

なん-と【南都】（名）❶（北の京都に対して）奈良の都。❷（「北嶺（ほくれい）（＝比叡山（ヒエイザン）延暦寺（エンリャクジ））」に対して）奈良の興福寺。

なん-と【何と】《「なにと」の変化した形》■一（副）❶《疑問の意を表す》どう。どのように。例「これはまづ――したことでござる」〈狂言・千切木〉訳これはまたどうしたことですか。❷《反語の意を表す》どうして（…ものか）。例「――食ふことがなるものか」〈狂言・附子〉訳どうして食べたりなどできるものか。❸《相手に同意・共感を求める形で、詠嘆の意を表す》なんとまあ。

■二（感）相手に問いかける語。また、同調・同意を求めて呼びかける語。どうだ。どうだい。ねえ。

> 要点 一③と二はよく似た形で用いられるが、後者が、独立語として他の語句とは無関係に呼びかけに用いられる感動詞であるのに対して、前者は下の語句の状態のはなはだしさに対する詠嘆を表しているので、副詞とする。

なん-ど（副助）《「なに（代名詞）＋と（格助）」の変化した形》⇩など 例「『忠隆（ただたか）・実房（さねふさ）**なんど打つ**』と言へば」〈枕草子・上にさぶらふ御猫は〉訳「（翁丸（おきなまろ）という犬を）忠隆や実房などが打っている」と言うので。

なんと-しちだいじ【南都七大寺】（名）奈良にある七つの大きな寺。東大寺・興福寺・元興（がんごう）寺・大安（だいあん）寺・薬師寺・西大（さいだい）寺・法隆寺の総称。

なんと-して【何として】（副）《「なんと」＋動詞「す」の連用形＋接続助詞「て」》❶原因・理由または手段・方法

などを問う意を表す。どういうわけで。どのようにして。❷反語の意を表す。どうして(…ものか)。

なんと-ほくれい【南都北嶺】〔名〕奈良の興福寺と比叡山(ひえいざん)の延暦寺(えんりゃくじ)。

なん-な・し【難無し】《連語》(名詞「なん」+形容詞「なし」)非難すべき点がない。欠点がない。例「行く末――・くしたためまうけて」〈徒然草・五九〉訳将来に非難されることがないように前もって処理しておいて(出家しよう)。

なん-にょ【男女】〔名〕《呉音読み》男と女。男女(だんじょ)。また、人々。例「――死ぬるもの数十人」〈方丈記・安元の大火〉訳(都の大火で)男女合わせて死者数十人。

なん-ばん【南蛮】〔名〕❶南方の野蛮人。南方の異民族。❷(室町時代末から)ルソン・ジャワ・タイなどの東南アジア諸国や、そこに植民地を持っていたポルトガル・スペインなどの称。❸「南蛮人」の略。また「南蛮②」から渡来した物の称。

南部(なんぶ)《地名》近世南部藩の領地であった岩手県の大部分・青森県の一部にまたがる地域の称。中心は城下町であった盛岡。昔、この地方で、文字の読めない人のために作った絵暦(えごよみ)(=スベテ絵デ表シタ暦)を「南部暦」という。

なん-ぼう【何ぼう】〔副〕(「なにほど」の変化した形。「なんぼ」とも)❶程度を問う語。どれほど。どのくらい。例「稽古の際(はき)をば――御見せ候ふぞ」〈謡曲・鞍馬天狗〉訳稽古で磨いた腕前をどれぐらいお示しになりましたか。❷(譲歩して仮定する意を表す)たとえ、どんなに(…でも)。いくら(…でも)。❸(感動詞のように用いて)程度のはなはだしさに詠嘆する意を表す。なんとまあ。いやもう。まったく。

なん-めり《連語》「なめり」に同じ。例「かぐや姫の、皮衣(かはぎぬ)を見ていはく『うるはしき皮**なんめり**』」〈竹取・火鼠の皮衣〉訳かぐや姫が、皮衣を見て言うには「立派な皮であるようです」。

なん-めん【南面】〔名・自サ変〕❶南に向くこと。南を向いた場所。みなみおもて。❷(古代中国で、天子は南を向いて臣下と対面したことから)天子の位につくこと。天子として国を治めること。

に

に【丹】〔名〕顔料・染料として用いる赤土。また、赤い色。例「黄なる紙に――して濃くうるはしく書かれたり」〈更級・富士川〉訳黄色い紙に(文字が)赤で濃くきちんと書かれている。

にの判別

- ①ナリ活用形容動詞の活用語尾(連用形)
  - 例 目にはさやかに見えねども
- ②助動詞
  - Ⓐ断定の助動詞「なり」の連用形
    - 例 この国の人に**も**あらず
  - Ⓑ完了の助動詞「ぬ」の連用形
    - 例 大方のみな荒れにたれば
  - Ⓒ打消しの助動詞「ず」の連用形(古形)
    - 例 せむすべのたどきを知らに
- ③助詞
  - Ⓐ格助詞(時間・場所・方向・対象など)
    - 例 この岡に菜摘ます子
  - Ⓑ接続助詞(原因・理由、機会・契機など)
    - 例 焼かせ給ふに、めらめらと焼けぬ
  - Ⓒ終助詞(願望)(上代語)
    - 例 家に帰りて業をしまさに

に《形容動詞(ナリ活用)の活用語尾、連用形の一つ。連用法・中止法、助詞「して」を伴う用法がある》例「かくてもあられけるよと、あはれ**に**見るほどに」〈徒然草・一一〉訳こんなふうでも住むことができるのだなと、しみじみとした思いで見ているうちに。注ココハ連用法。

に《断定の助動詞「なり」の連用形》《体言および体言に相当する語、活用語の連体形に付いて、断定の意を表す》…で。…であって。例「これは竜(たつ)のしわざ**に**こそありけれ。……悪(あ)しき方の風**に**はあらず」〈竹取・竜の首の玉〉訳これは竜のしわざであったのだ。……悪い方向に吹く風ではない。例「父は直人(なほびと)**にて**」〈伊勢・一〇〉訳父は普通の身分の人であって。

> 要点 格助詞の「に」や「にて」と識別しにくい場合があるが、…である、の意に解釈されるのを、断定の助動詞「に」と考えればよい。

に《完了の助動詞「ぬ」の連用形》⇩ぬ(助動)

に《打消しの助動詞「ず」の古い連用形。上代語》《活用語の未然形に付いて、打消しの意を表す》…ないので。…ないで。例「昨日(きのふ)今日(けふ)君に逢(あ)はずてする術(すべ)のたどきを知ら**に**音(ね)のみしぞ泣く」〈万葉・一五・三七七七〉訳昨日も今日もあなたにお逢いしないで、どうしたらよいかわからないので、声をあげて泣くばかりです。

に

一〔格助〕接続 体言や体言に準ずる語句に付く。

❶【時間・場所】《動作・作用の行われる時間・場所を示す》…に。…で。…から。例「朝(あした)**に**死に、夕べ**に**生まるるならひ」〈方丈記・ゆく河〉訳朝に死ぬ人があるかと思うと、(一方で)夕方に生まれる人があるという(この世の)さだめ。例「田子の浦**に**うち出(い)でて見れば白妙(しろたへ)の富士の高嶺(たかね)**に**雪は降りつつ」〈新古今・冬・六七五〉訳田子の浦に出て見ると、まっ白な富士の高嶺に、雪は降り続けているよ。注『百人一首』所収ノ、山部赤人ノ歌。

❷【方向】《動作・作用の行われる方向・方角・方面を示す》…の方に。…へ。…に。例「東西**に**急ぎ、南北**に**走(わし)る」〈徒然草・七四〉訳(人が蟻(あり)のように集まって)東へ西へ急ぎ、南へ北へ走る。

❸【対象】《動作・作用の対象を示す》…に。…に対して。例「『かれは何(なに)ぞ』となむ、男**に**問ひける」〈伊勢・六〉訳「あれは(=アノキラキラスルモノハ)何ですか」と、(女は)男に尋ねた。例「つれづれなるままに、日暮らし、硯(すずり)**に**向かひて」〈徒然草・序〉訳なすこともなく退屈なのにまかせて、一日中、硯に向かって。

❹【原因・理由】《動作・作用の原因・理由となるものを示す》…のために。…によって。例「近き火など**に**逃ぐる人は、『しばし』とや言ふ」〈徒然草・五九〉訳近所の火事などのために逃げる人は、「ちょっと待って」などと言うだろうか。

❺【結果】(変化の結果を示す)…に。…と。例「昼になりて、ぬるくゆるびもていけば、火桶(ひをけ)の火も白き灰がちになりて、わろし」〈枕草子・春はあけぼの〉訳昼になって、気温がだんだん暖かくゆるんでいくと、火桶の火も白く灰が多い姿になって、みっともない。例「嵐(あらし)にむせびし松も、千年(ちとせ)を待たで薪(たきぎ)にくだかれ」〈徒然草・三〇〉訳嵐に吹かれて音をたてていた松も、千年たたないうちに薪として打ち割られ。

❻【目的】(動作・作用の目的を示す)…のために。…に。例「奈良の京(きやう)、春日(かすが)の里に領(し)る由して、狩りに往(い)にけり」〈伊勢・一〉訳奈良の都、春日の里に領地がある縁で、狩りに出かけて行った。例「白馬(あをうま)見にとて、里人(さとびと)は車清げにしたてて見に行く」〈枕草子・正月一日は〉訳白馬の節会を見るためといって、宮中から里へ退出している女房は牛車(ぎつしや)をきれいによそおいたてて(宮中へ)見物に出かける。

❼【使役・受身】(使役の対象、受身の相手を表す)…に。…によって。例「ありがたきもの。舅(しうと)にほめらるる婿、また姑(しうとめ)に思はるる嫁の君」〈枕草子・ありがたきもの〉訳めったにないもの。舅にほめられる婿、そして姑にかわいがられるお嫁さん。

❽【手段・方法】(手段・方法を示す)…で。…によって。例「この皮衣(かはぎぬ)は、火に焼かむに、焼けずはこそ真(まこ)とならめ」〈竹取・火鼠の皮衣〉訳この皮衣は、火で焼いた場合に、焼けなかったら本物であろう。例「などか、翁(おきな)の手におほし立てたらむものを、心に任せざらむ」〈竹取・帝の求婚〉訳どうして、翁の手で育て上げてきたものを、思いどおりにならないのか。

❾【内容】(「見る」「思ふ」「聞く」「知る」などの知覚動詞の内容を示す)…と。…として。…であると。例「この継母(ままはは)の有様をあたらしきものに思ひて」〈源氏・帚木〉訳(紀伊守(きのかみ)は)この(自分の)継母(＝空蟬(うつせみ))の(年若い)様子をもったいないと思って。

❿【基準】(比較・対比の基準を示す)…と比べて。…より。…と。例「子(ね)の時ばかりに、家のあたり昼の明かさにも過ぎて光りわたり」〈竹取・かぐや姫の昇天〉訳夜中の十二時頃になると、(竹取の翁(おきな)の)家のあたりは昼の明るさより明るく一面に光って。例「この人々の深き心は、この海にも劣らざるべし」〈土佐・一月九日〉訳この人たちの深い厚意は、この海の深さにも劣らないだろう。

⓫【主語】(場所で示すことによって)(間接的に主格を示す。動作の主を尊敬していう場合に用いる)…におかれては。…が。例「御前(おまへ)にもいみじううち笑はせ給ふ。……上(うへ)にも聞こしめして、渡りおはしましたり」〈枕草子・上にさぶらふ御猫は〉訳中宮様におかれてもたいへんお笑いになる。……天皇におかれてもお聞きになって、おいであそばされた。例「そこにこそ、多く集(つど)へ給ふらめ」〈源氏・帚木〉訳あなた様こそ、(女性からの手紙を)たくさん集めておられるでしょう。

⓬【比喩】(比喩(ひゆ)の意を表す)…のように。例「幾世(いくよ)しもあらじ我が身をなぞもかく海人(あま)の刈る藻(も)に思ひ乱るる」〈古今・雑下・九三四〉訳そんなに長く生きてもいないだろう我が身なのに、どうして私はこのように、漁師の刈る海藻のように、思い乱れているのか。

⓭【強調】(同じ動詞を重ねた間に入って)(意味を強める)ただもう…する。ひたすら…する。例「閉(た)てて籠(こ)めたる所の戸、すなはちただ開(あ)きに開きぬ」〈竹取・かぐや姫の昇天〉訳(かぐや姫を)閉じ込めて締めきっていた所の戸は、すぐにただもうどんどん開いてしまった。

二(接助)(格助詞の「に」の転じたもの) 接続 活用語の連体形に付く。

❶(下に述べる事柄の起こる原因・理由を表す)…ので。…から。例「この事を嘆くに、鬚(ひげ)も白く、腰もかがまり、目もただれにけり」〈竹取・かぐや姫の昇天〉訳この事(＝カグヤ姫ガ月ニ帰ル時ガ近ヅイテイルコト)を思い嘆いているから、(竹取の翁(おきな)は)あごひげも白くなってしまい、腰も曲がってしまい、目も(涙で)ただれてしまった。

❷(下に述べる事柄の起こる機会・契機・状況などを表す)…たところ。…たら。…と。例「火の中にうちくべて焼かせ給ふに、めらめらと焼けぬ」〈竹取・火鼠の皮衣〉訳(あべの右大臣が火鼠(ひねずみ)の皮衣(かはぎぬ)といって用意したものを)火の中にくべて焼かせなさったところ、(焼けぬはずの皮衣が)めらめらと焼けてしまった。

❸(逆接の確定条件を示す)…のに。…けれども。例「方違(かたたがへ)に行きたるに、あるじせぬ所」〈枕草子・すさまじきもの〉訳(興ざめなものは)方違えに行っているのに、もてなしをしない家。

❹(逆接的に添加する意を表す)…のに(その上に)。…のにさらに。例「霧も深く露けきに、すだれをさへあげ給へれば、御袖(そで)もいたう濡(ぬ)れにけり」〈源氏・夕顔〉訳朝霧が深くたちこめて露が一面におりているのに、その上に(牛車(ぎつしや)の)すだれまでも巻き上げなさっているので、(光源氏の)お袖もひどく濡れてしまった。

❺(上の事柄と下の事柄とを単に接続(単純接続)する意を表す)…が。例「ころは二月十八日の酉(とり)の剋(こく)ばかりのことなるに、をりふし北風激しくて、磯(いそ)打つ浪(なみ)も高かりけり」〈平家・一一・那須与一〉訳時は二月十八日の午後六時頃のことであるが、ちょうど北風が激しくて、磯に打ちつける波も高かった。

に(終助)(上代語) 接続 活用語の未然形に付く。

【願望】(他に対して願い望む意を表す)…してほしい。…してもらいたい。例「ひさかたの天路(あまぢ)は遠しなほなほに家に帰りて業(なり)をしまさに」〈万葉・五・八〇一〉訳(すべてが自由になる)天への道のりは遠い、素直に家に帰って家業にお励みになってほしい。

に-あり〔連語〕一【に有り・に在り】(格助詞「に」＋動詞「あり」)(その場所に存在する意を表す)…にある。…にいる。例「七十(ななそぢ)八十(やそぢ)は、海にあるものなりけり」〈土佐・一月二十一日〉訳七十八十という老齢は、海にあるものなのだった。注海ガ恐ロシクテ白髪ニナッタトイウ、ユーモア。

二(断定の助動詞「なり」の連用形「に」＋動詞「あり」)(断定の意を表す)…である。…だ。例「日入りはてて、風の音、虫の音(ね)など、はたいふべきにあらず」〈枕草子・春はあけぼの〉訳日がすっかり沈んでしまって、風の音や、虫の声など(がするのも)、また言うまでもなくいいものだ。

要点 (1)一の用法で、場所を表す語に付いた場合はつづまって「なる」の形になる場合がある。これは断定の助動詞の指定の用法として扱う。例「春日なる三笠の山に出でし月かも」〈古今・羇旅・四〇六〉。

(2)㊁は、大半が「にはあらず」「にだにあらば」のように、間に係助詞や副助詞などの入った形で用いられる。
断定の助動詞「なり」に「ず」や「む」などの助動詞や係助詞を付けるために、「なり」を「にあり」と分解するのだから、「にあり」と終止形に用いることは少ない。「ず」を付けた場合も「にあらず」の形で用いることは少なく、係助詞「は」や「も」を間にはさんだ「にはあらず」「にもあらず」の形が多い。従って「に-あり」全体で断定を表すと扱うべきである。

にい【新】〔接頭〕⇩にひ

にえ【贄・牲】〔名〕⇩にへ

贄野の池（にへのいけ）〔地名〕⇩にへのいけ（贄野の池）

にお【鳰】〔名〕⇩にほ

におい【匂い】〔名〕⇩にほひ

に-おい-て【に於て】〔連語〕（「おいて」は「置きて」のイ音便）❶（時・所・事柄などを示す）…で。例「何（なん）ぞ、ただ今の一念—、ただちにすることのはなはだ難（かた）き」〈徒然草・九二〉訳なぜ、現在の一瞬で、（なすべきことを）すぐに実行することがひどくむずかしいのだろうか。
❷（「—は」の形で）（条件を強調的に示す）…の場合は。…ならば。例「還幸（くわんかう）なからん—は、三種（さんじゅ）の神器（しんぎ）いかでか玉体（ぎょくたい）をはなち奉るべきや」〈平家・一〇・請文〉訳天皇がお帰りにならないならば、どうして三種の神器を天皇のお体からお離し申すことができようか。

要点 漢文の「於」が「在」や「居」と同じ意味に使われ、それを、「置く」を用いて「において」「における」と読み下した。また、時や所を示す「於」も、訓読は「に」で十分なのに、そろえて「において」と読んだことから、漢文訓読体の文章で、和文の「に」「にて」に当たる言い方として用いる。

におう【匂う】〔動〕⇩にほふ

匂宮（にほふのみや）〔人名〕⇩にほふのみや（匂宮）

に-かい【二階】〔名〕❶二段の厨子（づし）。また、その特に扉のないものを「二階」と言うこともある。❷二階建て。また、その建物。

にかい①

に-かう【二更】（ニコウ）〔名〕日没から日の出までを五等分した時の第二番目。だいたい、午後九時から十一時にあたる。乙夜（いつや）。亥（ゐ）の刻。

にが・し【苦し】〔形ク〕❶味が苦い。
❷不愉快である。おもしろくない。にがにがしい。例「饗応（きやうおう）しもてはやし聞こえさせ給ひつる興もさめて、事—うなりぬ」〈大鏡・道長・上〉訳（藤原道隆は、弟道長にご機嫌をとり調子を合わせ申し上げなさっていた楽しさもさめて、気まずくなってしまった。

にが-にが・し【苦苦し】〔形シク〕大変不愉快である。ひどくおもしろくない。例「世の中—・しうぞ見えし」〈平家・一・鹿谷〉訳世の中（の情勢）はひどく面白くない状態に思えた。

にが・む【苦む】㊀〔自マ四〕（ま・み・む・む・め・め）不快や困惑の気持ちを顔に表す。にがにがしい顔をする。しかめっ面（つら）をする。例「『暑きに』と—み給へば、人々笑ふ」〈源氏・帚木〉訳（左大臣があいさつに来ると）「この暑い時に」と（光源氏が）しかめっ面をなさるので、女房達は笑う。注間ニ几帳（キチヤウ）ガアルノデ、光源氏ノ顔ハ大臣ニハ見エナイ。
㊁〔他マ下二〕（め・め・む・むる・むれ・めよ）しわを寄せる。しかめる。

にが・る【苦る】〔自ラ四〕（ら・り・る・る・れ・れ）不快の気持ちを顔に表す。顔をしかめる。苦い顔をする。例「しからざらむ人は極めて—・りてともかくも言はで居たらむは」〈今昔・二六・一〇〉訳そうでない人は大層苦い顔をして何とも言えずに座っていたであろうが。

にき【日記】〔名〕（「にっき」の促音を表記しない形）日々の出来事や感想を記した記録。漢文で書いた公的なものと、主として和文で書かれた私的なものとがあるが、後者に文学的価値の高いものが多く見られる。例「男もすなる—といふものを、女もしてみむとてするなり」〈土佐・十二月二十一日〉訳男性も書いているという日記というものを、女（である私も）書いてみようと思って書くのである。注『土佐日記』冒頭ノ文。作者紀貫之（キノツラユキ）ガ自己ヲ女性ニ仮託シテイル。コノ例ハ漢字表記ナノデ「ニッキ」ノ可能性モアル。

要点 日記といっても、必ずしも月日を明記せず、だいたい年月を追って、回想記風に書かれたものもある。

にき【和】〔接頭〕（平安時代以降は「にぎ」）（名詞に付いて）柔らかい、おだやかな、細かい、整った、などの意を表す。「—稲（ね）」「—膚（だ）」など。

に-き〔連語〕（完了の助動詞「ぬ」の連用形＋過去の助動詞「き」）…てしまった。…たのだった。例「名に愛（め）でて折れるばかりぞ女郎花（をみなへし）我落ちにきと人に語るな」〈古今・秋上・二二六〉訳オミナエシという名前に感心して折ってみただけなのだよ、オミナエシよ、（僧である）私が堕落してしまったなどと人に話してはならないぞ。

熟田津（にきたつ）〔地名〕愛媛県松山市道後温泉近くの船着き場。具体的な所在は諸説がある。のち「にぎたづ」。斉明天皇に従った額田王（ぬかたのおおきみ）の歌〈万葉・一・八〉で有名。

にき-たま【和魂】〔名〕⇩にきみたま

にぎは・し【賑はし】（ニギワシ）〔形シク〕⇩にぎははし

にぎはは・し【賑はは し】（ニギワワシ）〔形シク〕（動詞「にぎはふ」の形容詞化した形）❶富み栄えている。豊かである。
❷物が多い。例「硯（すずり）のあたり、—・しく草子ども取り散らしけるを」〈源氏・初音〉訳硯の近くに、たくさん本を散らかしてあるのを。
❸（人の性質や物事の様子が）明るく陽気である。にぎやかである。例「こよなく—・しくもなりたるかな」〈更級・宮仕へ〉訳この上なくにぎやかになりましたね。

にぎは・ふ【賑はふ】（ニギワ（オ）ウ）〔自ハ四〕（は・ひ・ふ・ふ・へ・へ）❶富み栄える。裕福である。例「—・ひ、豊かなれば、人には頼まるるぞかし」〈徒然草・一四一〉訳（関東の人は）裕福であり、豊かなので、人に信頼されるのだよ。
❷にぎやかになる。盛んになる。にぎわう。

にき・ぶ【和ぶ】〔自バ上二〕（び・び・ぶ・ぶる・ぶれ・びよ）なれ親しむ。くつろぐ。

にき-みたま【和御魂】〔名〕（「にきたま」とも）静かで穏やかな神の霊。

にき-め【和海藻】〔名〕ワカメなど、柔らかな海草。例「角（つの）島の迫門（せと）のわかめは人の共（た）荒かりしかど我が共は—」〈万葉・一六・三八七一〉訳角島の狭い海峡のワカメ(=アノ女性)は、他人には荒々しいけれど私には柔らか(=素直)だ。

に・ぐ【逃ぐ】〔自ガ下二〕{げ・げ・ぐ・ぐる・ぐれ・げよ}のがれる。逃げる。例「——・げて入る袖をとらへ給へば」〈竹取・帝の求婚〉訳(かぐや姫が)逃げて奥に入ろうとする袖を(帝が)とらえなさるので。

にくから・ず【憎からず】《連語》❶「にくし」と感じる有様ではない。感じがよい。例「男君も——・ずうち笑みたるに」〈枕草子・正月一日は〉訳(新婚の)婿の方も感じよくほほえんでいるが。
❷「にくし」と思う気持ちではない。情愛が深い。愛情がこまやかである。例「御返り、さすがに——・ず聞こえ交はし給ひて」〈竹取・帝の求婚〉訳(かぐや姫からの)お返事は、そうは(=天皇ノオ召シニ応ジナカッタトハ)いうもののやはり情愛深くやりとりなさって。

にく-げ【憎げ】〔形動ナリ〕《形容詞「にくし」の語幹＋接尾語「げ」》❶憎らしく感じられる様子。憎らしげ。例「腹立たしくなりて、——・なることどもを言ひ励まし侍るに」〈源氏・帚木〉訳(私も)腹が立ってきて、憎まれそうなことをあれこれ激しく言い立てますと。
❷(見たり聞いたりして)感じが悪い。みにくい。聞きづらい。例「木のさま——・なれど」〈枕草子・木の花は〉訳木のかっこうは醜いが。
❸(多く「——・に思ふ」の形で)憎らしそうである。にくにくしげである。

にくさ-げ【憎さげ】〔形動ナリ〕《形容詞「にくし」の語幹＋接尾語「さ」「げ」》❶いやな感じである。みにくい。例「品下り、顔——・なる人にも立ちまじりて」〈徒然草・一〉訳身分が低くて、顔も醜い人にまじって。
❷憎らしそうである。にくにくしげである。

にく・し【憎し】〔形ク〕❶**気にいらない。しゃくにさわる。**いやである。例「紫草のにほへる妹を——・くあらば人妻ゆゑにわれ恋ひめやも」〈万葉・一・二一〉訳紫草のように美しく輝いているあなたをいやに思うなら、(あなたが)人妻であるのに(どうして)私が恋い慕おうぞ。注大海人皇子(=後ノ天武天皇)カラ額田王ヘノ返歌。

❷**見て感じが悪い。**みにくい。例「ひげがちにつなし——・き顔を、鼻などうち赤めつつ」〈源氏・松風〉訳(管理人は)ひげが多く冷淡な醜い顔を、鼻などを赤くしながら(文句を言う)。注「つなし」ハ「つれなし」ノ略トイウ。
❸(しゃくにさわるほど立派だの意で)**感心である。**あっぱれである。例「——・い剛の者かな」〈保元・中・三〉訳あっぱれな勇者よ。
❹(動詞の連用形に付いて)…することがむずかしい。…しにくい。例「いと立ち離れ——・き草のもとなり」〈源氏・桐壺〉訳(使者である命婦が)まことに立ち去りにくい草深いこの屋敷である。

にく・む【憎む】〔他マ四〕{ま・み・む・む・め・め}❶憎らしいと思う。憎む。嫌う。例「白きと黒きと。思ふ人と——・む人と」〈枕草子・たとしへなきもの〉訳(比べようがないほど違うもの)白いのと黒いのと。愛する人と憎む人と。
❷憎む気持ち、嫌がる気持ちを口にする。非難する。例「『例の、君の』など——・まる」〈枕草子・関白殿、二月二十一日に〉訳「いつものように、あなたという人は」などと非難される。

にげ-な・し【似気無し】〔形ク〕(似た様子がない意から)似合わない。ふさわしくない。例「——・きもの、下衆の家に雪の降りたる」〈枕草子・にげなきもの〉訳似合わないものは、(きたない)下層の者の家に(美しい)雪が降り積もっている(様子である)。

に-けむ《連語》《完了の助動詞「ぬ」の連用形＋推量の助動詞「けむ」》…てしまっただろう。…ただろう。例「夏山に恋しき人や入りにけむ声ふりたてて鳴くほととぎす」〈古今・夏・一五八〉訳(仏道修行のために)夏の山に恋しい相手が入ってしまいでもしたのだろうか。声をふりしぼって鳴くホトトギスであるよ。

に-けらし《連語》《完了の助動詞「ぬ」の連用形＋助動詞「けらし」》…てしまったらしい。…たらしい。例「春過ぎて夏来にけらし白栲の衣干すてふ天の香具山」〈新古今・夏・一七五〉訳春も過ぎて夏がやって来たらしい、まっ白な夏衣を干すという天の香具山(=大和三山ノ一ツ。奈良県橿原市ニアル)に。注持統天皇作。『百人一首』所収。『万葉集』ニ原歌ガアリ、第二句「夏来たるらし」、第四句「衣干したり」トスル。

に-けり《連語》《完了の助動詞「ぬ」の連用形＋助動詞「けり」》❶(「けり」が過去を表す場合)…てしまったということだ。…てしまった。例「限りなくかなしと思ひて、河内へもいかずなりにけり」〈伊勢・二三〉訳(男は妻を)この上なく愛しいと思って、河内国(の女の所)へも行かなくなってしまった。
❷(「けり」が気付きを表す場合)…てしまっていたのだった。…てしまったことだ。例「涙落つともおぼえぬに、枕浮くばかりになりにけり」〈源氏・須磨〉訳涙が落ちたとも思われないのに、涙で枕が浮くばかりになってしまっていたのだった。

にごり【濁り】〔名〕《動詞「濁る」の連用形の名詞化》❶濁っていること。不透明なこと。また、そのもの。にごり。例「蓮葉の——に染まぬ心もて何かは露を玉とあざむく」〈古今・夏・一六五〉訳蓮の葉が、(泥水の中にいながら、その)濁りに染まらない清い心を持っているのに、どうして(葉の上に置く)露を玉だといって人をあざむくのか。
❷心が濁っていること。不純。例「——無き心に任せてつれなく過ぐし侍らむも、いとはばかり多く」〈源氏・須磨〉訳やましいことひとつ無い私の心にまかせて何事もない顔で過ごしますのも、まことに気がねばかり多く。注光源氏ガ須磨退去ヲ決意スル場面。
❸仏道修行のさまたげとなる欲望。煩悩。例「——にしめるほどよりも、なま浮かびにては、かへりて悪しき道にも漂ひぬべくぞ覚ゆる」〈源氏・帚木〉訳煩悩に染まっているのよりも、中途半端な悟りでは、かえって悪道地獄にさまようことになりそうだと思われます。

にごり-え【濁り江】〔名〕水の濁っている入り江。例「——の澄まむことこそかたからめいかにほのかに影を見せまし」〈新古今・恋一・一〇五三〉訳水の濁っている入り江が澄むことは非常に難しい(=住ミニクイ)。なんとか一目でも(あの人に私の)姿を見せたいものだ。

にご・る【濁る】〔自ラ四〕{ら・り・る・る・れ・れ}対すむ(澄む)❶水・酒などの液体が不透明になる。にごる。例「験なき物を思はずは一坏の——・れる酒を飲むべくあるらし」〈万葉・三・三三八〉訳思ってもかいのないことを思い悩まずに一杯の濁り酒を飲む方がよいらしい。

❷心が不純になる。けがれる。例「澄み果てたりし方(かた)の心も――・りそめにしかば」〈源氏・宿木〉訳澄みきっていた(仏道をめざす)方面の心も(大君(おおいぎみ)への思慕のために)けがれ始めたので。

にし【西】〔名〕❶方角の一つ。太陽の沈む方角。❷西から吹く風。西風。❸(西方(さいほう)にあるという)極楽浄土。

にし【辛螺】〔名〕巻き貝の総称。タニシ・イワニシなど。

にし-おもて【西面】〔名〕❶西の方角。ま西。例「わが生(お)ひ出(い)でし国にては――に見えし山なり」〈更級・足柄山〉訳(富士の山は)私の育った国(＝上総(カズサ))では西の方角に見えた山である。❷家の西側。また、西向きの部屋。例「――には、御格子(みかうし)参りたれど」〈源氏・朝顔〉訳西向きの部屋には、蔀(しとみ)格子が下ろしてあったけれども。❸(「西面(さいめん)の武士」の略)後鳥羽上皇の時、「北面の武士」に対して院の西面につかえる武士。院中の警護をつかさどった。

にしが〔終助〕(平安時代以降の語) 接続 動詞の連用形に付く。

【願望】(話し手の願い望む意を表す)…したいものだ。…したいなあ。例「伊勢の海に遊ぶ海人(あま)ともなり**にしが**波かき分けて海松藻(みるめ)潜(かづ)かむ」〈後撰・恋五〉訳伊勢の海で浮かび遊ぶ海人になりたいものだ、波をかき分けて海松藻をもぐって取ろう(こっそり人目を忍んで恋しい人に会おう)。注 海藻ノ「みるめ」ニ、「見る目」ヲ掛ケル。

> 参考 完了の助動詞「ぬ」の連用形「に」に願望の終助詞「しが」の付いたもの。同じような語に、「にしがな」「てしが」「てしがな」がある。⇩しが

にしがな〔終助〕(平安時代以降の語。願望の終助詞「にしが」＋感動の終助詞「な」) 接続 動詞の連用形に付く。

【願望】(話し手の願い望む意を表す)…したいものだなあ。…したらいいなあ。例「いかで、鳥の声もせざらむ山に籠(こも)り**にしがな**」〈宇津保・俊蔭〉訳なんとかして、鳥の声もしないような山奥に引きこもってしまいたいものだなあ。

にしき【錦】〔名〕❶金・銀など五色の糸で種々の模様を織り出した厚地の絹織物。例「嵐吹く三室(みむろ)の山のもみぢ葉は竜田(たつた)の川の――なりけり」〈後拾遺・秋下〉訳激しい嵐の吹く三室山のもみじ葉は、やがて、竜田川に流れ入って、竜田川を飾る錦なのであったよ。注『百人一首』所収、能因法師ノ作。❷(転じて)美しく華やかなもののたとえ。例「見渡せば柳桜をこきまぜて都ぞ春の――なりける」〈古今・春上・五六〉訳見渡したところ、柳の緑や桜の色をみごとに織り混ぜて、この平安の都が春の錦(を敷き延べたよう)であったよ。

にしての判別

①断定の助動詞「なり」の連用形「に」＋接続助詞「して」
例 わが身一つはもとの身**にして**

②格助詞「に」＋接続助詞「して」
例 旅**にして**物恋ひしきに

に-して〔連語〕(断定の助動詞「なり」の連用形＋接続助詞「して」)…であって。…で。…でありながら。例「月やあらぬ春や昔の春ならぬ我が身一つはもとの身――」〈伊勢・四〉訳月は昔のままの月でないのか、春も昔のままの春でないのか、(そんなことはないのに)我が身だけが昔のままの我が身であって(他のすべてが変わってしまったように思われる、あの人を失って)。

にし-の-きゃう【西の京】〔名〕平城京・平安京の朱雀大路(すざくおおじ)を中心に分けた西半分。右京。例「かの――にて生(お)ひ出(い)で給はむは、心苦しくなむ」〈源氏・夕顔〉訳(女児が、乳母のいる)あの右京でご成長なさるのは、心配なことです。注「西の京」ハサビレタ所ガ多イ。

にし-の-たい【西の対】〔名〕寝殿造りの西側の「対(たい)の屋」。⇩の対。

にし-の-むかへ【西の迎へ】〔名〕西の方にあるという極楽浄土から阿弥陀如来(あみだにょらい)が迎えに来ること。

にじふし-き【二十四気】〔名〕陰暦の季節区分の称。五日を一候、三候を一気として一年間を二十四に分ける。春は立春・雨水・啓蟄(けいちつ)・春分・清明・穀雨と、夏は立夏・小満・芒種(ぼうしゅ)・夏至(げし)・小暑・大暑と、秋は立秋・処暑・白露・秋分・寒露・霜降と、冬は立冬・小雪・大雪・冬至(とうじ)・小寒・大寒とする。

西山宗因(にしやまそういん)【人名】江戸前期の連歌・俳諧(はいかい)師。熊本の武家に生まれたが、のち上京し、連歌を学ぶ。その後、俳諧に転じ、伝統的な貞門に対抗して、軽妙・奇抜な「談林俳諧」を樹立した。井原西鶴はその弟子。

二条良基(にじょうよしもと)【人名】⇩にでうよしもと(二条良基)

にじ・る【躙る】〔ら・り・る・る・れ・れ〕■一〔自ラ四〕座ったまま、ひざを床面に擦るようにして動く。貴人の前から退出する時などの動作。■二〔他ラ四〕物を押しつぶすようにじりじりとすり動かす。にじる。

に・す【似す】〔他サ下二〕〔せ・せ・す・する・すれ・せよ〕(「似る」の他動詞形)似るようにする。似せる。模倣する。例「かの人の御けはひに――・せてなむ、もて紛(まぎ)らはしける」〈源氏・浮舟〉訳あの人(＝薫(カオル))のご様子に似るようにして、ごまかしたのだった。注 匂宮(ニオウミヤ)ガ浮舟ノ所ニ忍ンデ行ッタ場面。

に-せ【二世】〔名〕(仏教語)この世と死後の世(＝アノ世)。現世と来世。⇩さんぜ(三世)①

二世の契(ぎ)**り**(親子は一世(＝現世ノミ)、夫婦は二世、主従は三世(＝過去・現在・未来)の契りがあるという仏教の思想による)夫婦の縁。夫婦の固い結びつき。二世の縁。

修紫田舎源氏(にせむらさきいなかげんじ)【書名】江戸時代の合巻(ごうかん)。三十八編(三十九・四十編は草稿のまま未刊)。柳亭種彦作。歌川国貞画。一八二九年(文政十二)～一八四二年(天保十三)刊。『源氏物語』を室町期に移して、歌舞伎的発想により翻案した作品。将軍の大奥を描いたとの噂により絶版となる。合巻の代表作。

に-たり〔連語〕(完了の助動詞「ぬ」の連用形＋完了の助動詞「たり」)…てしまっている。…てしまった。例「大方(おほかた)の皆荒れ**にたれ**ば、『あはれ』とぞ人々言ふ」〈土佐・二月十六日〉訳(数年ぶりに帰った我が家は、建物や庭の)大部分がすべて荒れてしまっていたので、「あらまあ(ひどい)」と人々は言う。

につか-は・し【似付かはし】〔形シク〕(動詞「につく」に接尾語「はし」が付いて形容詞化した形)似合ってい

る。ふさわしい。例「漢詩(からうた)ども、時に──・しき言ふ」〈土佐・十二月二十七日〉訳(人々は)漢詩で、(船出というこの)今の時にふさわしいものをいくつも口にする。

にっ-き【日記】〔名〕⇩にき

にっ-きふ【日給】〔名〕殿上人がその日の当番として、宮中に出仕すること。宮中での日直。「上日(じゃうにち)」とも。

日給の簡(だふ) 宮中で、出仕する殿上人の姓名を記入した木札。姓名の下に当直の日を書いた紙片を貼(は)りつけて、「殿上の間」の北西の壁に立てかけた。「ひだまひのふだ」「殿上の簡(だふ)」「仙籍(せんせき)」とも、また、単に「ふだ」「みふだ」ともいう。

にっ-しふ【入集】〔名・他サ変〕歌集・句集などに作品を選んで入れること。例「つひに両句ともに乞(こ)うて──・す」〈去来抄・先師評〉訳とうとう二句とも(芭蕉に)頼んで句集に入れることになった。

にっ-たう【入唐】〔名・自サ変〕《「にふたう」とも》中国へ行くこと。

日本永代蔵(にっぽんえいたいぐら)【書名】江戸前期の浮世草子。井原西鶴作。一六八八年(貞享五)刊。三十話からなる短編集。才知と勤勉努力によって成功する町人の話を、失敗談などを交えて描く。金欲に生きる庶民の姿が活写されていて、『世間胸算用(せけんむねさんよう)』とともに西鶴町人物の傑作とされる。⇩井原西鶴(いはらさいかく)

にての判別

①格助詞「にて」(時間・場所、手段・方法、原因・理由、資格・事情)
　例 潮海のほとりにて……場所
　例 竹の中におはするにて知りぬ……理由
②断定の助動詞「なり」連用形「に」＋接続助詞「て」
　例 父は直人にて、母なむ藤原なりける
③完了の助動詞「ぬ」連用形「に」＋接続助詞「て」
　例 継ぎて咲くべくなりにてあらずや
　──唯一、連用形に付く
④ナリ活用形容動詞の連用形活用語尾「に」＋接続助詞「て」
　例 清らにてゐたる人あり

にて

〔格助〕《格助詞「に」に接続助詞「て」が付いて一語化したもの》接続 体言や体言に準ずる語句に付く。

❶【時間・場所】《動作・作用の行われる時間・場所を示す》…で。…において。例「潮海(しほうみ)のほとりにてあざれあへり」〈土佐・十二月二十二日〉訳海のそばでふざけあっている。例「長くとも、四十(よそぢ)に足らぬほどにて死なんこそ、めやすかるべけれ」〈徒然草・七〉訳長生きしても、四十歳になるかならないかぐらいで死ぬのが、見苦しくないであろう。

❷【手段・方法】《動作・作用の手段・方法・材料などを示す》…で。…によって。例「深き川を舟にて渡る」〈更級・かどで〉訳深い川を舟で渡る。例「女のはける足駄(あしだ)にて作れる笛には、秋の鹿、必ず寄るとぞ言ひ伝へ侍(はべ)る」〈徒然草・九〉訳女のはいたはき物で作った鹿笛(ししぶえ)(の音(ね))には、秋の雄鹿は、必ず寄ってくると言い伝えています。注 情欲ノ迷イハ断チガタイ、トイウタトエ。

❸【原因・理由】《動作・作用の原因・理由・根拠・動機などを示す》…で。…によって。例「我、朝ごと夕ごとに見る竹の中におはするにて、知りぬ」〈竹取・かぐや姫の生ひ立ち〉訳私(＝竹取ノ翁(オキナ))は、毎朝毎晩見る竹の中にいらっしゃったことで、知りました。例「御物の怪(け)にて時々悩ませ給ふこともありつれど」〈源氏・若菜・上〉訳人に取りつく悪霊によって時々ご病気におなりになることもあったけれど。

❹【資格・事情】《動作・作用の行われる時の、資格・事情などを示す》…で。…として。例「内裏(うち)の御使にて参れりければ」〈伊勢・七二〉訳天皇の勅使として参上したところが。例「ただ人(うど)にて朝廷(おほやけ)の御後見(うしろみ)をするなむ」〈源氏・桐壺〉訳(第二皇子の光の君が)臣下として朝廷をお助けするのが(将来も心強い感じのようだよ)。

要点 「にて」には、ほかに断定の助動詞「なり」の連用形「に」に接続助詞「て」の付いたものや、形容動詞の連用形語尾の「に」に接続助詞「て」の付いたものがある。前者には、格助詞「にて」と区別しにくいものがあるので、特に注意を要する。
④の用法は、断定の助動詞連用形の「に」に「て」の付いたものとする考え方もある。④の『源氏物語』の例は、「臣下として」と解釈すれば格助詞であるが、「臣下であって」と解釈すれば断定の助動詞の連用形「に」に「て」が付いたものということになる。これらは、結局、個々の用例について、どちらの解釈が適切かを判断して決定するしかない。
参考 院政時代頃から音の変化によって「で」という形になる。

に-て《連語》《断定の助動詞「なり」の連用形＋接続助詞「て」》❶…であって。…という状態で。…という形で。例「父は直人(なほびと)──、母なむ藤原なりける」〈伊勢・一〇〉訳父親は普通の身分の人であって、母の方が藤原氏(の出身)なのであった。

❷(「──あり」などの形で)断定の意を表す。…で(ある)。例「みなし子──ありしを、三位入道養子(やうじ)にして、不便(ふびん)にし給ひしが」〈平家・四・宮御最期〉訳(仲家は)みなし子であったが、三位入道(頼政)が養子にして、かわいがっておられたが。

要点 「にて」は中世には「んで」を経て「で」に変化し、現代語の「で」につながる。

に-て《連語》《完了の助動詞「ぬ」の連用形＋接続助詞「て」》…てしまって。…て。…てしまっていて。例「梅の花咲きて散りなば桜花継ぎて咲くべくなりにてあらずや」〈万葉・五・八二九〉訳梅の花が咲いて散ってしまったら、桜の花がそのあと続いて咲くようになってしまっているのではないか。

要点 他の「にて」とは、連用形に付くことで区別ができる。

二条良基(にでうよしもと)【人名】南北朝時代の公卿(くぎやう)・歌人・連歌作者。北朝方の重臣。摂政・関白。和歌を頓阿(とんあ)に、連歌を救済(ぐさい)に学ぶ。救済と共に選した連歌集『菟玖波集』で連歌の文学的地位を確立した。歌論書『近来風体抄(ふうていしょう)』、連歌論集『連理秘抄』『筑波(つくば)問答』なども著した。⇩菟玖波集(つくばしふ)

に-な-し【二無し】〔形ク〕二つとない。類がない。ぬきんでている。例「げに及ばぬ磯（そい）のたたずまひ、――くかき集め給へり」〈源氏・須磨〉訳なるほど（都では）想像もできなかった海岸の風景を、（光源氏は）類がないほど上手に（絵に）いくつもお書きになった。

にな・ふ【担ふ・荷ふ】〔他ハ四〕(は・ひ・ふ・へ・へ)肩に上げて運ぶ。かつぐ。例「青き草多くいとうるはしく切りて、左右（ひだりみぎ）に――・ひて」〈枕草子・五月四日の夕つかた〉訳（五月五日の節句に使う菖蒲（しょうぶ）の）青い草を沢山大層きちんと切りそろえて、左右の肩にかついで。

にの【布】〔名〕（上代東国方言）布（ぬの）。

に-の-ひと【二の人】〔名〕宮中での席次が第二番目の人。「一（いち）の人」は摂政・関白をいった。

に-の-まち【二の町】〔名〕（「町」は区画の意）第二級。二流。例「これは――の心やすきなるべし」〈源氏・帚木〉訳これ（＝恋文）は二流品だから（誰に見せても）心配ないものだろう。注光源氏ハ、数々ノ自分アテノ恋文ヲ見セル。

に-の-まひ【二の舞】〔名〕❶舞楽（ぶがく）で、案摩（あま）の舞の次に演じる滑稽（こっけい）な舞。翁（おきな）と老婆の奇怪な面を着け、案摩の舞の動作をまねして舞う。例「目・眉（まゆ）・額（ひたひ）なども腫（は）れまどひて、うちおほひければ、物も見えず、――の面（おもて）のやうに見えけるが」〈徒然草・四二〉訳（行雅（ぎょうが）僧都は）目・眉・額などもひどく腫れあがって、（はれが）顔一面をおおったので、物も見えず、二の舞の面のように見えたが。

にのまひ①

❷（転じて）人のまねをすること。前の人の失敗を繰り返すこと。

に-の-みや【二の宮】〔名〕❶天皇の第二皇子。または、第二皇女。皇女の場合は「女（をんな）二の宮」ということもある。例「そののち、姫宮の御方より、――に御消息（せうそこ）ありけり」〈源氏・蜻蛉〉訳そののち、姫宮の方から、（妹の）第二皇女にお手紙があった。

❷その国で、一の宮の次に格式の高い神社。

には【庭】ニワ〔名〕❶家の中にある空地。のち、庭園。例「花誘ふあらしの――の雪ならでふりゆくものはわが身なりけり」〈新勅撰・雑一〉訳花を誘って散らす嵐が、庭一面を雪の降るように真白にしているが、その降る雪でなくて、年々古（ふ）りゆく（＝年ヲ取ッテユク）のは、じつは我が身だったのだなあ。注『百人一首』所収、藤原公経（キンツネ）ノ作。

❷物事が行われる場所。

❸波の静かな水面。例「いざ子どもあへて漕（こ）ぎ出む――も静けし」〈万葉・三・三八八長歌〉訳さあみんな、押し切って（＝元気ニ）漕ぎ出そう。海面も静かだ。

庭の訓（をしへ） 家庭教育。親の教訓。庭訓（ていきん）。

にはの判別

①《連語》断定の助動詞「なり」連用形「に」＋係助詞「は」

例いとやむごとなき際にはあらぬが

②《連語》格助詞「に」＋係助詞「は」

例人には木の端のやうに思はるるよ

に-は〔連語〕一（断定の助動詞「なり」の連用形「に」＋係助詞「は」）…では。例「いとやむごとなき際（きは）にはあらぬが、すぐれて時めき給ふありけり」〈源氏・桐壺〉訳たいへん身分が高いというわけではない方で、とりわけ帝の愛情を受けておられるそんなお方があったのだった。

二（格助詞「に」＋係助詞「は」）…には。例「『人――木の端（はし）のやうに思はるるよ』と清少納言が書けるも」〈徒然草・一〉訳「（法師は）人には棒っきれのように思われることよ」と清少納言が書いているのも（もっともなことだ）。

には-か【俄】〔形動ナリ〕急である。突然である。だしぬけである。例「京にて生まれたりし女子（をんなご）、国にて――に失（う）せにしかば」〈土佐・十二月二十七日〉訳都で生まれていた女の子（＝作者ノ娘）が、任国（＝土佐、今ノ高知県）で急に死んでしまったので。

二〔名〕（「俄狂言（きゃうげん）」の略）座敷や街頭で即席の芸として行われた、おもしろおかしい寸劇。江戸後期から明治前期にかけて盛んに行われた。

には-たづみ【庭潦・行潦】ニワタズミ 一〔名〕雨が降って、地面にたまって流れる水。例「はなはだも降らぬ雨ゆゑ――いたくな行きそ人の知るべく」〈万葉・七・一三七〇〉訳そんなにひどく降らない雨なのに庭にたまる水よ、それほどひどく流れるな。人が知ってしまうほどに。注タイシテ逢ッテイナイノニ、噂（ウワサ）ダケハ高イコト。

二〔枕詞〕「流る」「川」にかかる。例「常もなく移ろふ見れば――流るる涙とどめかねつも」〈万葉・一九・四一六〇長歌〉訳（人間も）無常に変化するのを見ると流れる涙は止めようもない。

には-のり【庭乗り】ニワ〔名〕馬を慣らすために庭などで乗りまわすこと。例「『今朝も――し候ひつる』なんど申しければ」〈平家・四・競〉訳「（いや）今朝も庭で乗り慣らしていましたよ」などと申したので。

には-の-をしへ【庭の訓へ】ニワノオシエ ⇩「には（庭）」子項目

には-び【庭火・庭燎】ニワ〔名〕照明のために、庭でたく火。特に、宮中で、神楽（かぐら）の時にたくかがり火。（季・冬）例「――の煙の細く上りたるに、神楽の笛のおもしろくわななき吹き澄まされて上るに」〈枕草子・なほめでたきこと〉訳庭のかがり火の煙が細く立ち上っているところへ、神楽の笛が趣深くふるえるような音で吹き澄まされて上ると。

にび【鈍】〔名〕「鈍色（にびいろ）」の略。⇩にびいろ

にび-いろ【鈍色】〔名〕（「にぶいろ」とも）濃いねずみ色。喪服（もふく）などに用いる。例「――の紙のいとかうばしう艶（えん）なるに、墨つきなどまぎらはして」〈源氏・澪標〉訳濃いねずみ色の紙でとてもよい香りがして優美なものに、（墨の色を薄くして）墨のつき具合などが（紙の色と）見分けがつかないようにして（歌を書く）。

にひ-たまくら【新手枕】ニイ〔名〕⇩にひまくら

にひ-なへ【新嘗】ニイナエ〔名〕⇩にひなめ

にひ-なめ【新嘗】ニイ〔名〕（「にひなへ」とも）陰暦十一月の中の卯（う）の日に宮中で、その年収穫した新米を神に供え、天皇自身も食する儀式。新嘗祭（しんじょうさい・にいなめまつり・にいなめさい）。

参考 この神事は、新穀を神に供えて祭る古代の民間行事から始まった。天皇即位後、初めての新嘗祭は、特に、「大嘗祭（だいじょうさい）」と呼ばれる。

にひ-ばり【新治・新墾】ニイ〔名〕新しく開墾したこと。また、その田や道。例「――の今作る道さやかにも聞きてける

かも妹(もい)が上のことを」〈万葉・一二・二八五五〉訳新開の今作った道のようにはっきりと聞いてしまった、あの娘のことを。注「作る道」マデハ「さやか」ヲ導ク序詞。

にひ-まくら【新枕】〔名〕男女がはじめて一緒に寝ること。初夜。「にひたまくら」とも。例「あらたまの年の三年(みとせ)を待ちわびてただ今宵(こよひ)こそ――すれ」〈伊勢・二四〉訳三年もの間待ちくたびれて、ちょうど今夜(新しい夫と)初めて一緒に寝るところです。注音信不通デ三年目ニ帰ッテキタ夫ニ対シテ妻ガ詠ンダ歌。令制デハ、子ノナイ妻ハ、夫ノ行方(ユクエ)ガ知レナイ時、三年タテバ別ノ男ト再婚シテモヨイコトニナッテイタ。

にひ-むろ【新室】〔名〕新しく作った家、また、部屋。

にぶ・し【鈍し】〔形ク〕対とし ❶鋭利でない。切れ味が悪い。例「いと――き刀して切るさまは」〈枕草子・さかしきもの〉訳(御幣(ごへい)を作るのに紙を)そんなによく切れない刀で切る様子は。❷感覚がにぶい。また、動作がのろい。例「足をのべて閾(しきみ)に蹴(け)当てぬれば、『これは――くしてあやまちあるべし』とて」〈徒然草・一八五〉訳(馬乗りの名人の安達泰盛は、馬が)足を伸ばして敷居に蹴当ててしまうと、「この馬は鈍感で間違いが起きるだろう」と言って(乗らなかった)。

にふ-じゃく【入寂】〔名〕高僧が死ぬこと。入定(にゅうじょう)。

にふ-たう【入唐】〔名〕⇩にったう

にふ-だう【入道】〔名・自サ変〕《仏教語》❶仏道に入って修行すること。僧や尼になること。また、その人。例「――の御本意(ほい)は、昔より深くおはせしかど」〈源氏・椎本〉訳仏道に入りたいという(八の宮の)ご希望は、昔から深くていらっしゃったのだが。❷髪を剃(そ)り、僧衣を着ているが、寺に入らず、家にいる人。例「良清(よしきよ)の朝臣(あそん)、かの――の娘を思ひ出(い)でて文などやりけれど」〈源氏・須磨〉訳(良清の朝臣(あそん)は)あの(明石の)入道の娘を思い出して手紙などを送ったのだが。

にふ-ぢゃう【入定】〔名・自サ変〕《仏教語》❶座禅(ざぜん)をして心を統一し、無我の境地に入ること。「禅定(ぜんぢゃう)」の境地に入ること。❷高僧が死ぬこと。遷化(せんげ)。入寂(にゅうじゃく)。入滅。

にふ-ぶ【入部】〔名・自サ変〕自分の支配地に入ること。特に、領主や国司が自分の領地に初めて入ること。例「昔よりこの所は国方(くにがた)の者――することなし」〈平家・一・俊寛沙汰・鵜川軍〉訳昔からこの寺は国府の役人が立ち入ったことがない。

にふ-めつ【入滅】〔名〕《仏教語》人間の迷いを離れて悟りの境地に入ること。特に、釈迦(しゃか)や高僧がなくなること。「入定(にふぢゃう)」とも。

にへ【贄・牲】〔名・他サ変〕❶古代、収穫を感謝して、その年の新穀を神に供えること。また、その供え物。例「鳰鳥(にほどり)の葛飾早稲(かつしかわせ)を――すともその愛(かな)しきを外(と)に立てめやも」〈万葉・一四・三三八六〉訳葛飾(＝東京都・千葉県・埼玉県ニマタガル江戸川流域ノ一帯)産の早場米を神に供える神聖な夜だとしても、あのいとしい人を家の外に立たせておけようか(いや、おけない)。注東国地方ノ習俗トシテ、コノ祭ノ夜ハ娘ダケガ家ニ残ッテ「贄」ヲ行イ、家人ハミナ戸外ニ出ナケレバナラナイトサレテイタ。❷神・天皇などに献上する神聖な食物。穀物・野菜・魚鳥など。❸(転じて)儀礼としての贈り物。進物。みやげ。

にへ-どの【贄殿】〔名〕❶宮中の収納庫の一つ。「内膳司(ないぜんのつかさ)＝天皇ノ食事ノ調理ヲ司ル役所)」にあり、諸国から朝廷に奉られる、鳥や魚などの産物を納めておいた。❷貴族の家などで、食料の保存また調理などに使った所。

贄野の池(にへのいけ)《地名》京都府綴喜(つづき)郡井手町にあった池。奈良から京都への道筋に当たり、『蜻蛉(かげろう)日記』『枕草子』『更級(さらしな)日記』などにその名が見える。

にほ【鳰】〔名〕水鳥の一種。カイツブリ。鴨(かも)に似るが、少し小さい。湖などに住み、水にもぐって魚をとる。「にほどり」とも。

鳰の浮(う)き巣(す) 葦(あし)などの間の水面にカイツブリが草などで作った浮き巣。頼りない状態のたとえ。(季・夏)例「水の上に――の浮きながら住めば住まるるあはれ世の中」〈新千載・雑上〉訳水の上に漂っている鳰の浮き巣のように頼りない状態のままで、ああこの世の中というものは、住めば住むことができるものなのだなあ。

にほてる-や【鳰照るや】《枕詞》琵琶湖(びわこ)(＝鳰の海)周辺の地名、「志賀」「八橋(やばせ)」などにかかる。例「――志賀の浦風春かけてさざ波ながら立つ霞(かすみ)かな」〈新千載・春上〉訳志賀の浦に吹く風は春をめがけてさざ波を立ててはいるけれども、すでに春霞が立ちこめているよ。

にほ-どり【鳰鳥】〔名〕⇩にほ

にほどり-の【鳰鳥の】《枕詞》鳰鳥の動作・習性から、(「かづく」と同音で)「葛飾(かつしか)」、「なづさふ」「息長(おきなが)」「二人並びゐ」にかかる。

にほ-の-うきす【鳰の浮き巣】⇩「にほ」子項目

にほ-の-うみ【鳰の海】〔名〕《和歌用語》琵琶湖(びわこ)の別名。例「――や月の光のうつろへば波の花にも秋は見えけり」〈新古今・秋上・三八九〉訳琵琶湖よ、秋の色に変わった月の光が映るので、いつもと同じような白い色の波という花にも秋の色が見えるようだよ。例「四方(しは)より花吹き入れて――」〈芭蕉〉訳春風にさそわれて四方の峰々に咲く桜の花が湖上に舞い散る。この広い琵琶湖も花吹雪に匂いたつばかりである。

にほは・す【匂はす】〔他サ四〕{さ・し・す・す・せ・せ}(「匂ふ」の他動詞形)❶美しく照り映えさせる。美しく輝かせる。例「馬並(な)めて多賀(たか)の山辺(やま)を白妙(しろたへ)に――・したるは梅の花かも」〈万葉・一〇・一八五九〉訳多賀の山辺を真っ白に美しく輝かせているのは梅の花であろうか。注「馬並めて」ハ、「多賀」ニカカル枕詞。❷においを漂わせる。かおらせる。❸それとなく示す。ほのめかす。例「今なむとだに――・し給はざりける辛(つら)さを、浅からず聞こえ給ふ」〈源氏・若菜・下〉訳今すぐ(出家する)とだけでもほのめかしなさらなかった冷たさを、(光源氏は)心から申し上げなさる。

にほひ【匂ひ】〔名〕《動詞「匂ふ」の連用形の名詞化》❶**色が美しく照り映えること。色つや。**例「ふりはへていざふる里の花見むと来(こ)しを――ぞ移ろひにける」〈古今・物名・四四一〉訳わざわざ、さあ旧都奈良の花を見ようとやって来たのに、花の色つやは変わってしまっている。❷**つややかな美しさ。魅力。**例「かどかどしうらうらうじう、――多かりし心ざま」〈源氏・幻〉訳(紫の上の)才気に富み機転がきき、つややかな魅力にあふれた気性。❸華やかな様子。栄華。威光。例「人となりゆく齢(よはひ)に添へて、官位(つかさくらゐ)、世の中の――も何ともおぼえずなむ」〈源氏・椎本〉訳成人してゆく年齢につれて、(私=薫(カオル)には)官位や、世間での栄華も何とも思われないでいます。注「なむ」ノ後ニ「侍る」ナドヲ補ウトワカリヤスイ。❹かおり。香気。例「荒れたる庭の露しげきに、わざとならぬ――、しめやかにうちかをりて」〈徒然草・三二〉訳荒れた庭の露が一面においている所に、わざわざたいたのではない香(こう)のかおりが、しっとりとかおって。❺《俳諧(はいかい)用語》(特に、蕉風において、前句から感じられる)余韻。余情。例「発句(ほっく)は昔よりさまざま替はり侍(はべ)れど、付句(つけく)は三変なり。昔は付物を専(もっぱ)らとす。中頃は心付けを専らとす。今は移り・響き・――・位(くらゐ)を以て付くるをよしとす」〈去来抄・修行〉訳発句は昔からさまざまに移り変わりましたが、付句は三度の変化である。昔(=貞門俳諧)は付物を中心とした。中期(=談林俳諧)は心付けを中心とした。そして今(=蕉風俳諧)は「移り(=対照)」「響き(=呼応)」「匂ひ(=余情)」「位(=品格)」で(前句に)付けるのをよしとする。注「付物」ハ「物付」ト同義。前句ノ詞ヤ事物ニ縁ヲ求メテ付ケル付ケ方。「心付け」ハ前句ノ句意ニ縁ヲ求メテ付ケル付ケ方。

にほひ-やか【匂ひやか】(ニオイ…)(形動ナリ)つやつやと美しい様子。はなやかに美しい様子。「にほやか」とも。例「いと――にうつくしげなる人の、いたう面(おも)やせて」〈源氏・桐壺〉訳たいそう美しくかわいらしい人(=桐壺更衣(キリツボノコウイ))が、(今は)すっかり顔もほっそりとして。

にほ・ふ【匂ふ】(ニオウ)(は・ひ・ふ・ふ・へ・へ)㊀(自ハ四)

「に」は、赤土や赤い色の意の「丹(に)」で、本来は、赤く色づく、の意。目で見た色の美しさを表し、視覚に関する語であったが、やがて嗅覚(きゅうかく)に関する「かをる」の意にも用いられるようになった。

❶(花などが)美しく照り映える。美しく輝く。例「春の園紅(くれなゐ)――・ふ桃の花下照る道に出(い)で立つ少女(をとめ)」〈万葉・一九・四一三九〉訳春の庭園が赤く輝いている。桃の花の木の下まで照り輝いている道に立っている少女よ。❷(衣服などが)美しい色に染まる。また、染まる。例「我が背子が白たへ衣(ころも)行き触れば――・ひぬべくももみつ山かも」〈万葉・一〇・二一九二〉訳我が夫の白たえの衣が行き触れたら、染まるばかりに紅葉した山だ。❸(人が)輝くように美しい。華麗である。例「容貌(かたち)もさかりに――・ひて、いみじく清らなるを」〈源氏・若菜・上〉訳(夕霧は)顔立ちも今を盛りと輝くばかりに美しく、実に気品があるのを。❹恩恵が及ぶ。おかげをこうむる。例「人ひとりを思ひかしづき給はむ故は、ほとりまでも――・ふ例(ため)しこそあれ」〈源氏・真木柱〉訳(紫の上)一人を大事に愛されるからには、その縁につながる私達まで恩恵をこうむるといった例は(世間にも)多いのに。❺香りがただよう。かおる。例「人はいさ心も知らずふるさとは花ぞ昔の香に――・ひける」〈古今・春上・四二〉訳あなたは、さあ、(私に対する)気持ちもわからない。(だが)昔来たこの地は、花が昔の香りのままにかおっていたのだった。注『百人一首』所収、紀貫之(キノツラユキ)ノ作。

㊁(他ハ下二)(へ・へ・ふ・ふる・ふれ・へよ)美しく色づける。染める。例「住吉(すみのえ)の岸野の榛(はり)に――・ふれど匂はぬ我や匂ひて居(を)らむ」〈万葉・一六・三八〇一〉訳住吉の岸辺の野原に生えているハンノキで染めても染まらない私が、どうして(友達の気持ちに)染まっているのか。

匂宮(にほふみや)(ニオウ…)【人名】『源氏物語』の登場人物。今上帝(きんじょうてい)の第三皇子。母は光源氏の娘明石の姫君。幼時より匂うような美貌(びぼう)で知られ、その名がある。紫の上に養育され、長じて宇治の八の宮の中の君と結ばれるが、薫(かおる)が宇治に隠し据えていた浮舟(うきふね)とも契り、浮舟を投身未遂・出家の道へ追いやってしまう。薫と対照的に、光源氏の色好みの面を受け継いだ人物として描かれている。

にほ-やか【匂やか】(ニオ…)(形動ナリ)⇩にほひやか

日本書紀(にほんしょき)【書名】奈良前期の歴史書。七二〇年(養老四)成立。元正天皇の命により、舎人親王が太安万侶らの協力を得て撰進。六国史(りっこく)の第一。古くは『日本紀(にほんぎ)』といった。神代から持統天皇の時代までの歴史が漢文で編年体に記述してあり、天皇の系譜・治績、国内・国際状況などを、朝廷の正史として内外に示そうとした意図が明瞭である。『古事記』に比して文学的感動に乏しいが、諸説を並記するなど歴史史料として優れている。⇩古事記(こじき)・太安万侶(おほのやすまろ)・舎人親王(とねりしんわう)

日本霊異記(にほんりやういき)(…リョウイキ)【書名】我が国最古の仏教説話集。『日本国現報善悪霊異記』の略で、『霊異記(りやういき)』とも。弘仁年間(八一〇～八二四)に成立。僧景戒(きやうかい)編。奈良時代を主とする説話百十余編を集め、因果応報の理を漢文体で説いている。

にもの判別

①《連語》断定の助動詞「なり」連用形「に」＋係助詞「も」
例我にもあらぬ気色にて

②《連語》格助詞「に」＋係助詞「も」
例幼心地にもあはれに見ゆ

に-も《連語》㊀(断定の助動詞「なり」の連用形＋係助詞「も」)…でも。例「皇子(みこ)は我――あらぬ気色(けしき)にて、胆(きも)消え居(ゐ)給へり」〈竹取・蓬萊の玉の枝〉訳くらもちの皇子は(自分が)自分でもないような(=茫然(ボウゼン)トシタ)様子で、肝をつぶして座り込んでおられる。㊁(格助詞「に」＋係助詞「も」)…にとっても。…につけても。…でも。例「行くもとまるも、みな泣きなどす。幼心地――あはれに見ゆ」〈更級・太井川〉訳(京へ)旅立って行く者もあとに残る者も、みな泣いたりする。子供(である私)の幼い心にもしみじみとした様子に見える。

にやの判別

①《連語》断定の助動詞「なり」連用形「に」＋係助詞「や」
例異心ありてかかるにやあらむ
例まことはあいなきにや（「あらむ」を省略した形）

②《連語》格助詞「に」＋係助詞「や」
例かぐや姫にすみ給ふとな、ここにやいます……疑問
例この女のたばかりにや負けむと思して……反語

に-や 《連語》■一《断定の助動詞「なり」の連用形＋係助詞「や」》❶（「―あらむ」「―ありけむ」などの形で）**…であろうか。…であったろうか。** 例「男、異心ありてかかる―あらむと思ひ疑ひて」〈伊勢・二三〉 訳 男は、（妻に）他に好きな男でもいてこのように（平気で自分を他の女の所へ送り出す）のであろうかと疑って。 ❷（下の「あらむ」を省略した形で）ⓐ**…であろうか。…であったろうか。** 例「世に語り伝ふる事、まことはあいなき―、多くは皆虚言なり」〈徒然草・七三〉 訳 世間に語り伝えている事は、本当の事はおもしろくないのであろうか、たいていは皆作りごとである。 ⓑ《近世の用法》（わかっていることをわざとぼかして）…だろうか。 例「今年、元禄二年―、奥羽長途の行脚、ただかりそめに思ひ立ちて」〈奥の細道・草加〉 訳 今年、（それは）元禄二年にあたろうか、奥羽のあたりへの長い行脚の旅をすることを、ふと思い立って。 ■二《格助詞「に」＋係助詞「や」》❶（「や」が疑問の場合）…であろうか。 例「かぐや姫にすみ給ふとな、ここ―います」〈竹取・火鼠の皮衣〉 訳（あべの右大臣は）かぐや姫の所にお通いになっているのですね、こちらにおいでですか。 ❷（「や」が反語の場合）…であろうか、いやそうではない。 例「この女のたばかり―負けむと思して」〈竹取・帝の求婚〉 訳 この女が（自分に会うまいとしてめぐらす）計略に負けるものかと（帝は）お思いになって。

要点 ■一は補助動詞「あり」「侍り」「候ふ」などにかかるが、■二は本動詞にかかる。

にゅう…【入…】⇩にふ…

にょいりん-くゎんおん【如意輪観音】〔名〕六観音、また七観音の一つ。人々の願いを成就させると言う。腕が六本で、左に如意宝珠、右に宝輪と呼ばれる仏具を持つ。「如意輪」とも。

如意輪観音

にょう-くゎん【女官】〔名〕宮中に仕える女性の役人。 例「ないがしろなるもの、―どもの髪上げ姿」〈枕草子・ないがしろなるもの〉 訳 無作法なものは、女官達が（働く時に）髪を上げて束ねた姿。

にょう-ご【女御】〔名〕后の一種。中宮と更衣の中間の位。上皇や皇太子の妃についてもいうことがある。 例「いづれの御時にか、―・更衣あまたさぶらひ給ひける中に」〈源氏・桐壺〉 訳 どの天皇の御代であったか、女御や更衣が大勢お仕えなさっていた中に。 注『源氏物語』ノ冒頭ノ部分。

> 参考 「女御」と「更衣」 『後宮職員令』に定められた「きさき」は皇后・妃・夫人・嬪であるが、后が多かった桓武天皇の時、后を一括して「女御」と称した。その後、嵯峨天皇の時、**母親の身分の高い者を「女御」、低い者を「更衣」**と区別した。

にょう-じゅ【女孺】〔名〕⇩にょじゅ

にょう-ばう【女房】〔名〕《「房」は部屋の意》❶**宮中で、局を与えられ后に奉仕した女性。** 女官と違い、私的な存在。清少納言・紫式部などがこれにあたる。女官の俸禄は国家から支給されたが、女房の場合は奉仕する后の実家から出された。 例「心にくき限りの―四人五人さぶらはせ給ひて、御物語りせさせ給ふなりけり」〈源氏・桐壺〉 訳（帝は）奥ゆかしいところのある女房だけ四、五人をおそばに控えさせなさって、お話をなさっていらっしゃるご様子であった。 ❷**貴族などの家に仕える女性。** 例「童に侍りし時、―などの物語読みしを聞きて」〈源氏・帚木〉 訳（私が）子供でありました時に、（邸の）女房などが物語を読んだのを聞いて。 ❸女性。婦人。 例「先の旦那殿がきれいなる―を使ふことが好きぢゃ」〈西鶴・世間胸算用・三・三〉 訳 奉公先の旦那様はきれいな女性を使うのが好きだ。 ❹妻。

にょうばう-ことば【女房詞】〔名〕室町初期から、宮中に仕えた女房達が使い始めた一種の隠語。上品な言葉として、将軍家に仕える女性や、庶民の女性にも広まり、一部は、現代語の中にも名残をとどめている。髪を「かもじ」、寿司を「すもじ」、杓子を「しゃもじ」、湯巻きを「ゆもじ」などという「もじ言葉」や、豆腐を「おかべ」、餅を「かちん」というたぐいのものをいう。

にょう-ぼう【女房】⇩にょうばう

にょう-ゐん【女院】〔名〕《「にょゐん」とも》天皇の生母や后、内親王などで、上皇に準ずる待遇を受ける女性。また、その敬称。

にょ-くらうど【女蔵人】〔名〕宮中で、衣装関係の雑務を担当した女官。地位は内侍・命婦に次ぐ。

にょ-くゎん【女官】〔名〕⇩にょうくゎん

にょ-ご【女御】〔名〕⇩にょうご

にょ-しゃう【女性】〔名〕女性。女。 例「―なれども、聖人の心に通へり」〈徒然草・一八四〉 訳（北条時頼の母、松下禅尼は）女性ではあるが、聖人の心（構え）に通じていた。

> 参考 「じょせい」が漢音であるのに対して、「にょしゃう」は呉音。仏教では呉音で呼ぶ。

にょ-じゅ【女孺】〔名〕《「にょうじゅ」とも》宮中の内侍司に属し、清掃などの雑務をした下級の女官。⇩めのわらは②

にょ-にん【女人】〔名〕女の人。女性。

によ・ふ【呻吟ふ】〔自八四〕苦しんで声を上げる。うめく。うなる。 例「手輿作らせ給ひて、―・ふ―・ふ担はれ給ひて家に入り給ひぬるを」〈竹取・竜の首の玉〉 訳（大納言は）手輿をお作らせになって、うめきうめきかつがれなさって家にお入りになったのを。

にょ-ほふ【如法】■一〔形動ナリ〕《仏教語》❶定められた法式のとおりであること。形式どおりである。 ❷おだやか。穏当。 ■二〔副〕まったく。文字どおり。 例「―、夜半のことなれば、内侍も女官も参りあはずして」〈平家・一一・鏡〉 訳 まったくの、夜中のことなので、内侍（＝内侍所ニ仕エル女官）も（雑用をする）女官も参上することができなくて。

にょ-らい【如来】〔名〕《仏教語。「如」は「真如（＝絶対ノ真理」の意》仏の敬称。釈迦如来、阿弥陀如来、薬師如来など。

にら・ぐ【焠ぐ】〔他ガ四〕{が・ぎ・ぐ・ぐ・げ・げ}熱した鉄を水にひたして鍛える。焼きを入れる。例「かの竜泉(りようせん)に剣(つるぎ)を――・ぐとかや」〈奥の細道・出羽三山〉訳あの中国では〈名工の夫妻、干将・莫耶が〉竜泉の水で剣を鍛えたという故事があるそうだ。

にる【似る】〔自ナ上一〕{に・に・にる・にる・にれ・によ}❶形や性質などが同じようである。ほとんど同じに見える。似る。例「あな醜(みにく)賢(さか)しらをすと酒飲まぬ人をよく見れば猿にかも**にる**」〈万葉・三・三四四〉訳ああみっともない。賢そうにして酒を飲まない人をよく見たら猿に似ているだろうなあ。❷…と見える。…のようだ。例「医師(くすし)ふりはへて、屠蘇(とうそ)、白散(びやくさん)、酒加へて持て来たり、心ざしあるに**にたり**」〈土佐・十二月二十九日〉訳医師がわざわざ、屠蘇、白散といった漢方薬に、酒まで添えて持って来た。好意があるように見えた。❸調和する。似合う。例「着たる物のさまに**にぬ**」〈源氏・玉鬘〉訳着ている物が(着ている人の)人柄に調和していないのは。

に-わう【仁王・二王】〔名〕《仏教語》寺の門の両脇に守護神として祭られる、金剛力士の異称。

にわか【俄】〔名・形動ナリ〕⇩にはか

にわたずみ【庭潦・行潦】〔名・枕詞〕⇩にはたづみ

にんが-の-さう【人我の相】〔連語〕《仏教語》自分本位の利己的な考え。我執。例「女の性(しやう)は皆ひがめり。――深く、貪欲(とんよく)はなはだしく、物の理(ことわり)を知らず」〈徒然草・一〇七〉訳女の本性はみなゆがんでいる。自分本位の考え方が強く、欲の深いことははなはだしくて、物の道理をわきまえない。

にん-げん【人間】〔名〕❶(「じんかん」とも)人の住む世界。世の中。「人中(にんぢゆう)」。❷(転じて)人。

にん-じ【人事】〔名〕人間界のこと。世間的なつきあい。人間のすること。例「――多かる中に、道を楽しぶより気味深きはなし」〈徒然草・一七四〉訳人間のなすべき仕事が多い中で、仏道を楽しむ以上に味わい深いものはない。

にん-じゃう【刃傷】〔名・他サ変〕刃物で人を傷つけること。

人情本(にんじやうぼん)〔近世小説のジャンル名〕江戸後期の小説。洒落本・滑稽本の影響を強く受け、一八一八年(文政一)頃から刊行が始まり、天保年間(一八三〇～一八四四)に最盛期を迎えた。主に婦女子を読者対象にした恋愛写実小説。刊行は明治初年(一八六七)にまで及ぶ。代表作者に為永春水がいる。

にん-じゅ【人数】〔名〕(「にんず」とも)人数。人員。

にん-じん【人身】〔名〕(「じんしん」とも)人として生まれた身。人間の体。

仁和寺(にんなじ)〔寺名〕京都市右京区御室にある真言宗御室派の本山。八八八年(仁和四)の創建。宇多法皇が入山して御室(=御所)を営んだので、「御室御所」と呼ばれ、その後、代々の住職は法親王(=僧籍ニ入ッタ皇子)がつとめた。門跡寺院として格式が高く、多くの寺宝がある。『徒然草』『平家物語』などにもしばしば登場する。「にんわじ」「にわじ」とも。

仁和寺

にん-ぴにん【人非人】〔名〕《仏教語。人にして人にあらずの意》まともな人間でない者。ろくでなし。例「この一門にあらざらん人は、皆――なるべし」〈平家・一・禿髪〉訳この一門(=平家)でない人は、皆ろくでなしに違いない。注オゴル平家一族ノ時忠ノ言葉。

にんわう-ゑ【仁王会】〔名〕国の平和と安全を祈るため、宮中の大極殿、紫宸殿、清涼殿などで「仁王護国般若経」を講義した行事。毎年三月と七月に行われたが、臨時に行うこともあった。

ぬ

ぬの判別

①動詞
- Ⓐナ行下二段動詞「寝(ぬ)」 例嘆きつつひとり**ぬる**夜の明くる間は
- Ⓑナ変動詞「往ぬ」「死ぬ」の活用語尾 例一人二人すべり出で往**ぬ**

②助動詞
- Ⓐ完了の助動詞「ぬ」
  - 例秋来**ぬ**と目にはさやかに見えねども ―完了❶
  - 例今度のいくさには相違なく勝ち**ぬ**と ―確述❷
  - 例浮き**ぬ**沈み**ぬ**揺られければ ―継起・継続(中世以降)❸
- Ⓑ打消しの助動詞「ず」連体形「ぬ」 例京には見え**ぬ**鳥なれば

ぬ【寝・寐】〔自ナ下二〕{ね・ね・ぬ・ぬる・ぬれ・ねよ}横になって眠る。寝る。例「嘆きつつひとり**ぬる**夜の明くる間はいかに久しきものとかは知る」〈蜻蛉・上・天暦九年〉訳(夫が通って来ないのを)嘆きながらひとりで寝る夜が明けるまでの時間がどれほど長いものか、あなたは知っておいでですか。注『百人一首』所収ノ、藤原道綱ノ母ノ歌。

ぬ〔助動ナ変型〕接続活用語の連用形に付く。

【完了】❶(動作・作用・状態の実現・発生を、確かに完了したと認める意(完了)を表す)…た。…てしまう。…てしまった。例「秋来(き)**ぬ**と目にはさやかに見えねども風の音にぞおどろかれ**ぬる**」〈古今・秋上・一六九〉訳秋が来たと目で見てははっきり見えないけれども、風の音で(秋の訪れが)自然と感じられたことだよ。例「暮れかかり**ぬれ**ど、起こらせ給はずなり**ぬる**にこそはあめれ」〈源氏・若紫〉訳日も暮れかかってきたけれど、病気の発作もお起こりにならなくなってしまわれた様子でございます。

❷(動作・作用・状態の実現・発生を、確かだと確認し強調する意(確述・強意)を表す)ⓐ(単独で用いられる場

合)**確かに…する(だ)**。**まちがいなく…なる(だ)**。例「いかさまにも、今度のいくさには相違なく勝ち**ぬ**と覚ゆるぞ」〈平家・七・願書〉訳どうあっても、今度の戦いには間違いなく勝つと思われるぞ。

ⓑ(「なむ」「ぬべし」など、推量の助動詞を下に付けた場合)**きっと…する(だ)**。**必ず…なる(だ)**。例「これをかぐや姫聞きて、我は皇子(みこ)に負け**ぬ**べしと、胸うちつぶれて思ひけり」〈竹取・蓬萊の玉の枝〉訳この話をかぐや姫は聞いて、私はこの(くらもちの)皇子にきっと負けるに違いないと、胸がつぶれるような気持ちで思った。例「盛りにならば、容貌(かたち)も限りなくよく、髪もいみじく長くなり**な**む」〈更級・物語〉訳(私も)女盛りになったら、顔だちもこの上なく美しく、髪もきっとたいそう長くなるでしょう。

❸(中世以降、終止形の用法)(二つの動作・作用が同時に、あるいは継続して実現・発生する意(継起・継続)を表す)…たり…たり。例「白波の上にただよひ、浮き**ぬ**沈み**ぬ**揺られければ」〈平家・二一・那須与一〉訳(扇は)白波の上にただよって、浮いたり沈んだり揺られていたので。

未然形	連用形	終止形	連体形	已然形	命令形
な	に	ぬ	ぬる	ぬれ	ね

要点 (1)「ぬ」や「つ」は一般に完了・強意の助動詞と言われているが、本質的には、動作・作用・状態の実現を確かなことだと認める、確認・確述の意を表す。完了の用法(①)と強意の用法(②)との共通性もそこにあり、「ぬ」や「つ」は、過去の事にも現在の事にも、未来の事についても用いられる。
(2)「つ」は動作・作用などの実現を意志的・人為的なものと認める傾向が強く、「ぬ」はそれを自然的・無意志的なものとして認める傾向が強い。「ぬ」と「つ」の区別に関しては、「つ」の項の要点の欄を参照。
(3)終止形の「ぬ」は、打消しの助動詞「ず」の連体形「ぬ」と同形でまぎらわしいが、完了の「ぬ」は連用形に付き、打消しの「ぬ」は未然形に付く。

ぬ《打消しの助動詞「ず」の連体形》⇩ず(助動・特活)

ぬえ【鵺・鵼】〔名〕❶夜、不吉な声で鳴く鳥。トラツグミとする説がある。例「青山に――は鳴きぬさ野つ鳥雉(きぎし)はとよむ庭つ鳥鶏(かけ)は鳴く」〈古事記・上・大国主神〉訳木の茂る山にヌエが鳴いた。野の鳥の雉(きじ)は鳴き騒ぐ。庭の鳥のニワトリは鳴く。
❷源頼政が退治したという伝説上の怪獣。頭は猿、体はタヌキ、尾はヘビ、手足はトラ、声はトラツグミに似ているという。世阿弥の能にもなっている。

ぬえどり-の【鵺鳥の】《枕詞》(鵺の悲しげに鳴く声から)「のどよふ」「うらなく」「片恋」に掛かる。例「飯(いひ)炊(かし)くことも忘れて――のどよひ居(を)るに」〈万葉・五・八九二長歌〉訳(食糧が尽きたために)飯を炊(た)くことも忘れて、力ないうめき声をたてている時に。

ぬか【額】〔名〕❶ひたい。
❷深く頭を下げて礼拝すること。ぬかずくこと。例「たてへだて居てうち行ひたる暁の――など、いみじうあはれなり」〈枕草子・あはれなるもの〉訳家族と離れて住んで修行している(人の)明け方の礼拝などは、非常に感動的である。

ぬ-か《連語》(上代語。多く「…も…ぬか」の形で用いる)(他に対する願望の意を表す)…ないかなあ。…てほしい。例「二上(ふたがみ)の山にこもれるほととぎす今も鳴か**ぬか**君に聞かせむ」〈万葉・一八・四〇六七〉訳二上山に隠れているホトトギスよ今すぐ鳴いてほしいなあ、あの人にお聞かせしよう。

参考 (1)「ぬ」は打消しの助動詞「ず」の連体形、「か」は終助詞であるが、『万葉集』では「ぬか」を「糠」「額」などと表記しており、打消しを意識せず、一語とみなしていたようである。
(2)平安時代以降の「ぬか」は、願望の意とは関係なく、打消しに疑問の添った意の用法である。

額田王(ぬかたのおほきみ)《人名》『万葉集』第一期を代表する女流歌人で、才気に富み、優美で力強い歌を詠んだ。生没年未詳。はじめ大海人皇子(おおあまのみこ)(=後ノ天武天皇)に愛されたが、後には天智天皇の妃となった。彼女をめぐる両者間の確執が壬申(じんしん)の乱の遠因になったともいわれる。

ぬか-づき【酸漿】〔名〕草の名。ホオズキ。例「などさはた生(お)ひ出(い)でけむ。――などいふ物のやうにだにあれかし」〈枕草子・草の花は〉訳(ユウガオの実は)どうしてそう不格好に生まれついたのだろう。せめてホオズキなどという物のようであればよいのに。

ぬかづき-むし【額突き虫】〔名〕虫の名。コメツキムシ。例「――、またあはれなり。さる心地(ここち)に道心おこして、つき歩くらむよ」〈枕草子・虫は〉訳ヌカズキ虫も、またしみじみとした感じである。そんな虫の心にも菩提心を起こして(あんなに)ぬかずき(=拝ミ)歩いているのだろうよ。

ぬか-づ・く【額突く】〔自カ四〕{か・き・く・く・け・け}額(ひたい)を地につけて拝む。ていねいに拝礼する。例「ただ翁(おきな)びたる声に――・くぞ聞こゆる」〈源氏・夕顔〉訳ただ年寄りじみた声で仏前に額をつけて拝む声だけが聞こえる。

ぬ-か-も《連語》❶(打消しの助動詞「ず」の連体形＋終助詞「か」「も」)…ないなあ。…ないことよ。例「ひな曇り碓氷(うすひ)の坂を越えしだに妹(いも)が恋しく忘らえ**ぬかも**」〈万葉・二〇・四四〇七〉訳碓氷の坂(=群馬県ト長野県ノ境ニアル坂)を越えた時に、(出がけに)名残を惜しんで妻が恋しがっていたことが忘れられないなあ。
❷(上代語。連語「ぬか」＋感動の終助詞「も」)…ないかなあ。…くれないかなあ。例「梅の花今咲けるごと散り過ぎず我が家(へ)の園にありこせ**ぬかも**」〈万葉・八・八一六〉訳梅の花よ、今咲いているように、散ってしまわないで、我が家の庭に咲き続けていてくれないかなあ。

ぬき〔名〕❶【貫】柱と柱の間をつらぬく横木。用いる場所により、胴貫・小屋貫・腰貫・水貫などの名称がある。
❷【緯】織物の横糸。例「春の着る霞(かすみ)の衣――を薄み山風にこそ乱るべらなれ」〈古今・春上・二三〉訳春が着ている霞で作った衣は、横糸が薄いので、山風によって乱れるものらしい。

ぬぎ-か・く【脱ぎ掛く】〔他カ下二〕{け・け・く・くる・くれ・けよ}❶衣服を脱いで物に掛ける。例「主(ぬし)知らぬ香(か)こそ匂(ほに)へれ秋の野に誰(た)が――・けし藤袴(ふぢばかま)ぞも」〈古今・秋上・二四一〉訳だれのものかわからない香りがしている。秋の野に咲く藤袴とはだれが脱いでかけた袴なのだろう。
❷着物を肩のあたりまで脱ぎすべらして着る。例「衣(ぬき)――・けたる様態(やうだい)ささやかに、いみじう児(こ)めいたり」

〈堤中納言・花桜折る少将〉訳 着物を肩まで脱ぎすべらして着ている身体つきは小柄で、ひどく子供じみている。

ぬき-す【貫簀】〔名〕細く削った竹で編んだ簀(す)。手を洗う水が飛ばないよう、たらいなどに掛けた。例「女の、手洗ふ所に——をうち遣りて」〈伊勢・二七〉訳 女が、手を洗う所で(そこの)貫簀が取り除(の)けてあって。

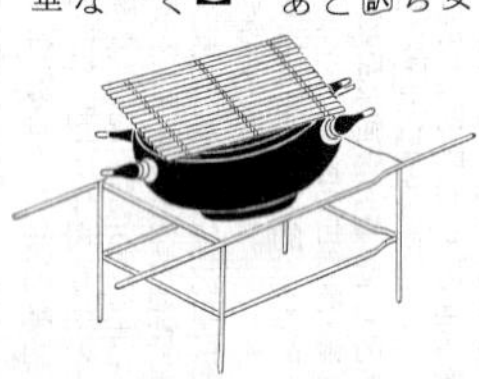
ぬきす

ぬき-た・る【貫き垂る】〔他ラ四〕｛ら・り・る・る・れ・れ｝多くの玉に紐(ひも)などを通して一連のものとし、これを枝などに掛けて垂らす。貫き垂らす。

ぬき-みだ・る【貫き乱る・抜き乱る】〔他ラ四〕｛ら・り・る・る・れ・れ｝貫いている緒を抜き取って玉を散らす。例「——・る人こそあるらし白玉の間(ま)なくも散るか袖(そで)の狭(せば)きに」〈古今・雑上・九二三〉訳 糸を抜いて玉を散らす人がいるようだ。真珠が絶え間なく散ることよ。それを受けとめる袖は狭いのに。注 滝カラ流レ落チル飛沫(ヒマツ)ヲ真珠ニ見立テタ歌。『伊勢物語』八七段ニモ載セル。

ぬ・く【抜く】㊀〔自カ下二〕｛け・け・く・くる・くれ・けよ｝❶付いているものが取れる。抜ける。例「ありがたきもの。……毛のよく——・くる銀(しろかね)の毛抜き」〈枕草子・ありがたきもの〉訳 めったにないもの。……毛のよく抜ける銀(ぎん)の毛抜き。
❷脱出する。のがれ出る。
❸他よりとび離れて優れる。抜きんでる。例「齢(よはひ)足らで官位(つかさくらゐ)高くのぼり、世に——・けぬる人の、長くえ保たぬわざなりけり」〈源氏・絵合〉訳 若くして高位高官にのぼり、世間に抜きんでた人は、長生きできぬものなのだ。
㊁〔他カ四〕｛か・き・く・く・け・け｝❶付いている物を取り離す。抜く。例「太刀——・きたる腕(かひな)を捕らへて」〈源氏・紅葉賀〉訳 刀を抜いた(相手の)腕をおさえて。
❷出し抜く。だます。ごまかす。

ぬ・く【貫く】〔他カ四〕｛か・き・く・く・け・け｝(和歌用語)突き通す。つらぬく。例「白露(しらつゆ)は消(け)なば消ななむ消えずとて玉に——・くべき人もあらじを」〈伊勢・一〇五〉訳 白露は消えるなら(=死ヌ)なら消えてしまってほしい。たとえ消えなくてもそれを玉にして糸をつらぬいて大切にする(=アナタノ恋ヲカナエル)ような人もいないでしょうから。

ぬさ【幣】〔名〕神に祈る時に供える捧(ささ)げ物。「和幣(にきて)」「みてぐら」「へいはく」とも。

要点 古くは、麻・木綿(ゆう)などをそのまま用いたが、後には織布・紙なども用いた。旅の安全を祈って道祖神などに供える時は、布や紙を細かく切ってまき散らした。時代が下ると、細長く切った布・紙を棒につけて用いるようになる。

ぬさ-ぶくろ【幣袋】〔名〕幣を入れておく袋。旅の安全を祈って携帯した。

ぬし【主】㊀〔名〕❶人を尊敬し、親しみをこめて呼ぶ語。お方。お人。例「かの——たちをば、いかが、いときはしたなめむ」〈源氏・胡蝶〉訳 あの方達を、どうして、ほんとにそんなふうにきまり悪い目にあわせようか(いや、あわせまい)。
❷(「…のぬし」「…ぬし」の形で)…さま。…さん。例「貫之(つらゆき)の——の御娘(みむすめ)の住む所なりけり」〈大鏡・道長・下〉訳 紀貫之さんの娘さんの住んでいる所であった。
❸主人を尊敬していう語。ご主人。「しゅう」とも。例「うたてある——の御許(みもと)に仕(つか)うまつりて」〈竹取・竜の首の玉〉訳 いやなご主人のもとにお仕えして。
❹夫。主人。例「いま一方(ひとかた)は、——強くなるとも、変はらずうちとけぬべく見えしさまなるを」〈源氏・夕顔〉訳 もう一人(=軒端荻(ノキバノオギ))は、しっかりした夫ができても、これまでと変わらず(光源氏に)心を許して逢(あ)ってくれそうに見える様子であったのを。
❺持ち主。所有者。例「勝地(しょうち)は——なければ、心を慰むるに障(さは)りなし」〈方丈記・勝地は主なければ〉訳 景色のすぐれた所は所有者がいないから、(見て)心をなぐさめるのに問題は(起こら)ない。
❻山・川・池などに古くから住みついていて、不思議な力を持つと信じられるもの。
㊁〔代名〕(人称代名詞。対称)軽い敬意をこめて相手を呼ぶ語。あなた。例「さても、——の御名(みな)はいかにぞや」〈大鏡・序〉訳 それにしても、あなたのお名前は何と申されましたか。

ぬし-どの【主殿】〔代名〕(人称代名詞。対称)多く同等かそれ以下に用いる。あなた。お前さん。例「『いかに、——は拝み奉るや』と言ひければ」〈宇治拾遺・八・六〉訳 (聖(ひじり)が)「どうだ、お前様は(普賢菩薩(ふげんぼさつ)を)拝み申し上げているか」と言ったので。

ぬす-びと【盗人】〔名〕❶人の物を盗み取る人。どろぼう。
❷人をののしっていう語。悪いやつ。曲者(くせもの)。例「かぐや姫てふ大——の奴(やつ)が、人を殺さむとするなりけり」〈竹取・竜の首の玉〉訳 かぐや姫という大悪人が、人を殺そうとするのだった。

ぬす・む【盗む】〔他マ四〕｛ま・み・む・む・め・め｝❶ひそかに他人の物を自分の物とする。こっそり奪い取る。例「人の娘を——・みて」〈伊勢・一二〉訳 人の娘をひそかに自分のものにして。
❷こっそりと行う。人目をごまかす。
❸こっそりと学び取る。まねる。例「岡の屋に行き交(か)ふ船を眺めて、満沙弥(まんしゃみ)が風情(ふぜい)を——・み」〈方丈記・境涯〉訳 岡の屋に往来する船を眺めて、沙弥満誓(まんぜい)の風雅の趣をまねて(歌を詠み)。注「岡の屋」ハ宇治川ノ舟着キ場。「満沙弥」ハ万葉歌人。

ぬなりの判別

①《連語》完了の助動詞「ぬ」＋推定・伝聞の助動詞「なり」
例 近く寄れば消え失せ**ぬなり** ——連用形に付く

②《連語》打消しの助動詞「ず」連用形「ぬ」＋断定の助動詞「なり」
例 あの国の人をえ戦は**ぬなり** ——未然形に付く

③ナ変動詞の終止形活用語尾「ぬ」＋推定・伝聞の助動詞「なり」
例 曹司の方に往**ぬなり**

ぬ-なり〔連語〕㊀(完了の助動詞「ぬ」の終止形＋推定・伝聞の助動詞「なり」)…てしまったそうだ。…てしまうそうだ。…てしまったようだ。例「近く寄れば消え失(う)せぬなり」〈蜻蛉・上・康保元年〉訳（死んだ人の姿が見られる所があるが、その姿は）近寄ると消え失せてしまうそうだ。
■二《打消しの助動詞「ず」の連体形「ぬ」＋断定の助動詞「なり」》…ないのだ。例「あの国の人をえ戦はぬなり」〈竹取・かぐや姫の昇天〉訳あの国（＝月ノ国）の人を相手にしては戦うことができないのです。
要点 ■一は連用形に付き、■二は未然形に付く。

ぬの【布】〔名〕麻・葛などで織った粗い織物の総称。

ぬの-かたぎぬ【布肩衣】〔名〕布で作った袖のない衣服。下層の人が着る粗末なもの。例「麻衾(あさぶすま)引き被(かがふ)り――有りのことごと着襲(そき)へども寒き夜すらを」〈万葉・五・八九二長歌〉訳麻製の夜着を引っかぶり、布製の袖なしの衣服をあるだけみんな重ね着しても寒い夜なのに。

ぬの-こ【布子】〔名〕袷（＝裏付キノ着物）や綿入れの着物。近世では木綿の綿入れをいう。（季・冬）

布引の滝(ぬのびきのたき)《地名》神戸市、六甲山地の南側を流れる生田川にある滝。上流に雄滝、下流に雌滝がある。歌枕。

ぬばたま-の【射干玉の・野干玉の】《枕詞》「ぬばたま」はヒオウギという草の実で、それが丸くて黒いところから、「黒」「夜」「闇」「夕」「髪」などに掛かり、転じて、夜に関連する「夢」「月」などにもかかる。例「――黒き御衣(みけし)をまつぶさに取り装(よそ)ひ」〈古事記・上・大国主神〉訳黒いお召し物をきちんと身に着け。
参考 平安時代には「うばたまの」「むばたまの」という形でも用いられる。

ぬひ-どの【縫殿】〔名〕「縫殿寮(ぬひどのれう)」の略。

ぬひどの-れう【縫殿寮】〔名〕中務省に属する役所。裁縫関係のことや、女官の勤務評定を司った。「ぬひ」「ぬひどの」「ぬひどののつかさ」「ぬひれう」とも。

ぬひ-もの【縫ひ物】〔名〕❶裁縫。また、その材料。❷縫いとり。刺繡。例「むつかしげなるもの、――の裏」〈枕草子・むつかしげなるもの〉訳見苦しい感じのするもの、（それは）縫いとりをした（布の）裏側（である）。

ぬ・ふ【縫ふ】〔他ハ四〕{は・ひ・ふ・ふ・へ・へ}❶布をぬう。ぬって衣服を作る。例「とみの物――・ふに、かしこう縫ひつと思ふに、針を引き抜きつれば、はやく尻を結ばざりけり」〈枕草子・ねたきもの〉訳急ぎ物を縫う時に、上手に縫ったと思って、針を引っぱって抜いたところ、なんと（糸の）尻を結んでいなかった。
❷編む。編んで作る。例「真野(まの)の池の小菅(こすげ)を笠に――・はずして人の遠名(とほな)を立つべきものか」〈万葉・一一・二七七二〉訳真野（＝神戸市ニアッタ地名）の池の菅を笠に編まないまま（＝女性ト関係ヲ結ンデイナイノニ）人が（二人の）噂を立ててよいのでしょうか。
❸縫い取りをする。刺繡する。例「鶴――・うたる直垂(ひたたれ)に」〈平家・九・敦盛最期〉訳鶴を刺繡した直垂（＝衣服ノ一種）に。

ぬ-べし

《連語》《完了の助動詞「ぬ」の終止形＋推量の助動詞「べし」》❶《「べし」が推量の場合》**きっと…だろう。…してしまうにちがいない。** 例「潮満ちぬ。風も吹きぬべし」〈土佐・十二月二十七日〉訳（船出に都合よく）満潮になった。風もきっと吹くだろう。
❷《「べし」が当然・義務の場合》**当然…するはずである。…してしまわなければならない。** 例「古今あまた書き写しなどする人は、みなも覚えぬべきことぞかし」〈枕草子・清涼殿の〉訳『古今和歌集』の歌をたくさん書き写したりなどする人は当然、全部の歌でも思い出すはずのことなのだ。
❸《「べし」が意志の場合》**…してしまうつもりだ。きっと…しよう。** 例「今、いとくまかでぬべし」〈蜻蛉・中・天禄二年〉訳まもなく、すぐに（寺から）帰るつもりです。
❹《「べし」が可能の場合。下に打消しや反語の表現を伴って》**確かに…できる。…できそうだ。** 例「殊(こと)に人多く立ちこみて、分け入りぬべきやうもなし」〈徒然草・四一〉訳特別に人がたくさんたてこんでいて、それを分けて中に入ることがとてもできそうな方策もない。

> 要点 この場合の「ぬ」は、「べし」の表す意を強調するはたらきをする。右には「べし」の意味によって分けたが、「べし」単独の場合同様、実際には判別しにくい場合もある。

ぬ-めり《連語》《完了の助動詞「ぬ」の終止形＋推定の助動詞「めり」》…てしまったようだ。…てしまったとみえる。例「日も暮れ方(かた)になりぬめり」〈更級・初瀬〉訳日も夕暮れ時になってしまったようだ。

ぬめ・る【滑る】〔自ラ四〕{ら・り・る・る・れ・れ}《中・近世語》ぬるぬるする。すべる。

ぬ-らし《連語》《完了の助動詞「ぬ」の終止形＋推量の助動詞「らし」》…てしまっているらしい。例「印南野(いなみの)は行き過ぎぬらし天(あま)づたふ日笠(ひかさ)の浦に波立てり見ゆ」〈万葉・七・一一七八〉訳すでに印南野（＝兵庫県加古郡オヨビ加古川・明石両市ノ一帯）は通り過ぎてしまっているらしい。日笠の浦で波が立っているのが見える。

ぬ-らむ《連語》《完了の助動詞「ぬ」の終止形＋推量の助動詞「らむ」。平安末期以後「ぬらん」とも》今は、きっと…てしまっているだろう。例「いざ子ども早く日本へ大伴(おほとも)の御津(みつ)の浜松待ち恋ひぬらむ」〈万葉・一・六三〉訳さあ諸君、早く日本へ帰ろう。大伴の御津の浜の松が、今頃すっかり私達を待ち焦がれているだろう。

ぬり-ごめ【塗籠】〔名〕❶周囲を厚く壁で塗りこめ、明かり窓を設け、妻戸から出入りする部屋。衣服・調度類を納める納戸として用い、また寝室にも用いた。
❷「塗籠籐(ぬりごめどう)」の略。

ぬりごめ-どう【塗籠籐】〔名〕弓の幹を籐ですき間なく巻いて、その上を漆で塗り固めた弓。

ぬり-の【塗り篦】〔名〕漆を塗った篦（＝矢ノ竹ノ部分）。

ぬ・る【濡る】〔自ラ下二〕{れ・れ・る・るる・るれ・れよ}❶水気をおびる。濡れる。例「合ひに合ひて物思ふころの我が袖(そで)に宿る月さへ――・るる顔なる」〈古今・恋五・七五六〉訳よくもぴったり符合したもので、物思いに沈む時の私の袖の涙に映っている月までが涙に濡れたような顔つきをしているよ。
❷《近世語》情を交わす。色事をする。例「松島や雄島(をじま)の人にも――・れてみむと」〈西鶴・好色一代男・三・七〉訳松島や雄島の女とでも情を交わしてみようと。注「松島や雄島の海士(あま)に尋ね見む濡れては袖(そで)の色や変はると」〈続千載〉ニヨル表現。

ぬる《完了の助動詞「ぬ」の連体形》⇩ぬ（助動）

ぬる【寝る】《動詞「ぬ（寝）」の連体形》⇩ぬ

ぬる・し【温し】〔形ク〕❶（水温や気温が）なま暖かい。例

「昼になりて、——・くゆるびもていけば」〈枕草子・春はあけぼの〉訳昼になって、気温がだんだん暖かくゆるんでいくと。
❷(風や水流などが)ゆるやかである。例「これは、風——・くこそありけれ」〈源氏・若菜・下〉訳この檜扇(ひおうぎ)は、起きる風もゆるいものだ。
❸熱心でない。情けが薄い。例「世のおぼえのほどよりは、うちうちの御心ざし——・きやうにはありけれ」〈源氏・若菜・上〉訳(女三の宮への)世間の評判の程度にくらべて、うちうちでの(光源氏の)ご愛情は薄いようであったよ。
❹働きがにぶい。のろい。例「心のいと——・きぞくやしきや」〈源氏・若菜・下〉訳(自分の)心が大変にぶいのが残念なことだ。注夕霧ガ、女三ノ宮トノ結婚ノ機会ヲ失ッタコトヲ後悔シタ言葉。

ぬる・む【温む】〔自マ四〕{ま・み・む・む・め・め}温度が少し上がる。なまあたたかくなる。少し熱が出る。例「御身も——・みて、御心地もいと悪(あ)しけれど」〈源氏・若菜・下〉訳(紫の上は)お身体も少し熱が出て、ご気分もひどく悪いけれど。

ぬるる-かほ【濡るる顔】オ・カ《連語》濡れているようなようす。涙に濡れたような顔つき。⇩ぬる(濡)①

ぬれ〔完了の助動詞「ぬ」の已然形〕⇩ぬ(助動)

ぬれ【寝れ】《動詞「ぬ(寝)」の已然形》⇩ぬ

ぬれ-ぎぬ【濡れ衣】〔名〕❶濡(ぬ)れた衣服。例「あぶり干す人もあれやも——を家には遣(や)らな旅のしるしに」〈万葉・九・一六八八〉訳火に当てて干してくれる人もいないことだ、(旅先で)雨に濡れてしまった衣服を家に送ってやろう、旅にいるしるしとして。
❷無実の罪。根拠のないうわさ。例「目も見えず涙の雨のしぐるれば身の——は干(ひ)るよしもなし」〈後撰・恋五〉訳目も見えなくなるくらい涙が時雨(しぐれ)のように流れるので、(濡(ぬ)れてしまった私の袖(そで)は、そしてあなたから受けた)無実の浮き名は晴らしようもありません。

ぬれ-ば・む【濡ればむ】〔自マ四〕{ま・み・む・む・め・め}(「ばむ」は接尾語)濡れた感じである。濡れて見える。例「穴のあたり——・みたるは、すす鼻をのごはぬなめりと見ゆ」〈宇治拾遺・一・一八〉訳(芋粥(いもがゆ)好きの侍は)穴のあたりが濡れた感じであるのは、水ばなを拭(ぬぐ)わないのだろうと見える。

ね

ね【子】〔名〕❶十二支の一番目。⇩じふにし
❷方角の名。北。
❸時刻の名。午前零時およびその前後の二時間。一説に午前零時からの二時間。例「——の時ばかりに」〈竹取・かぐや姫の昇天〉訳夜中の十二時頃に。

ね【音】〔名〕おと。声。人の泣き声。鳥・虫の鳴き声。例「風のおと、虫の——につけて、物のみ悲しう思(おぼ)さるるに」〈源氏・桐壺〉訳(愛する人の死後、帝(みかど)は)風のおとや、虫のねを聞くにつけても、ただ悲しくお思いになられるのに。

> **要点**　「ね」と「おと」
> 「おと」が、風の音、鐘の音など比較的大きい音をいうのに対し、「ね」は、楽器の音、人の泣き声、鳥・虫の鳴き声など心にしみる音声をいったが、後しだいに区別なく用いられた。

ね【根】〔名〕❶植物の根。
❷物事の根源。もと。例「まことに、愛着(あいぢやく)の道その——深く、源遠し」〈徒然草・九〉訳本当に、男女間の愛に執着するということはその根源が深く、はじまりが古い。

ね【嶺・峰】〔名〕山の頂上。みね。例「時知らぬ山は富士の——いつとてか鹿(か)の子まだらに雪の降るらむ」〈伊勢・九〉訳時節をわきまえない山は富士の山だ。(今は五月末なのに)一体今をいつと思って、鹿の子まだら(＝鹿(カ)ノ白イ斑点(ハンテン))のように雪が降り積もっているのだろうか。

ねの判別

①終助詞(願望)(上代語)
　例家聞かな名告らさね
②助動詞
　Ⓐ完了の助動詞「ぬ」の命令形
　　例玉の緒よ絶えなば絶えね
　Ⓑ打消しの助動詞「ず」の已然形
　　例目にはさやかに見えねども

ね〔終助〕(上代語)接続動詞および動詞型活用の助動詞の未然形に付く。また、「な」と呼応して禁止の意を表す終助詞「そ」に付く。
【願望】(他に対して願い望む意を表す)…てほしい。…てくれ。例「この丘に菜摘(つ)ます児(こ)家聞かな名告(の)らさね」〈万葉・一・一長歌〉訳この丘で菜をお摘みの娘さん、家を聞きたい、名のっておくれ。注古代、男ガ女ニ名前ヲ尋ネルコトハ、求婚ヲ意味シタ。例「高円(たかまと)の野べの秋萩(あきはぎ)な散りそね君が形見に見つつしのはむ」〈万葉・二・二三三〉訳高円の野辺の秋萩よ、散らないでくれ、皇子の形見として(お前を)見ながら(皇子を)なつかしもう。

ね-おび・る【寝おびる】〔自ラ下二〕{れ・れ・る・るる・るれ・れよ}寝ぼける。また、夢を見ておびえる。例「三つばかりなる稚児(ちご)の——・れてうちしはぶきたるも、いとうつくし」〈枕草子・正月に寺にこもりたるは〉訳三歳ほどの幼児が寝ぼけて咳(せき)をしているのも、実にかわいらしい。

ねがは-く-は【願はくは】ネガワ《連語》《動詞「ねがふ」の未然形＋準体助詞「く」＋係助詞「は」》願うことは。どうか。なにとぞ。例「——あの扇(あふぎ)の真中射させてたばせ給へ」〈平家・一一・那須与一〉訳(神様)どうかあの扇の真ん中を射当てるようにして下さい。
要点　漢文の訓読からできた語。文末は命令や意志の表現で結ぶ。

ねがは・し【願はし】ネガワシ〔形シク〕《動詞「願ふ」の形容詞化した形》願っている状態である。そうありたい。望ましい。例「いでや、この世に生まれては、——・しかるべき事こそ多かめれ」〈徒然草・一〉訳さて、(人間として)この世に生まれたからには、こうありたいと願うはずの事が多いようである。

ねがひ【願ひ】ネガイ〔名〕❶願うこと。望み。願望。例「銭(ぜに)を財(たから)とすることは、——をかなふるが故なり」〈徒然草・二一七〉訳金銭を大切なものとするのは、(それが自分の)願望をかなえてくれるからである。
❷神仏に願(がん)をかけること。祈願。例「いでや、その本尊、——満(み)て給ふべきはこそ尊からめ」〈源氏・東屋〉訳まったくのところ、その本尊も、願をかけたことをかなえてくださることができるからこそ尊いはずである。

ねが・ふ【願ふ】ネ(ゴ)ウ〔他ハ四〕{は・ひ・ふ・ふ・へ・へ}《「祈(ね)ぐ」の未

然形に反復・継続の助動詞「ふ」が付いて一語化したもの》❶心の中で請い求める。望む。例「しひて智を求め賢(けん)を――・ふ人のために言はば」〈徒然草・三八〉訳しいて智恵を求め賢さを願う人のために言うとすれば。❷願望がかなえられるように神仏に願い祈る。祈願する。例「十九にて様をかへ、姉と一所(いっしょ)に籠(こも)り居て、後世(ごせ)を――・ふぞ、あはれなる」〈平家・一・祇王〉訳(祇王(ぎおう)の妹祇女(ぎにょ)が)十九歳で尼に姿をかえ、姉と一緒に籠っていて、来世の幸福を祈願しているのは、あわれである。

ねぎ【禰宜】〔名〕《動詞「祈(ね)ぐ」の連用形の名詞化》神官の一つ。神宮・神社に奉仕し、宮司(ぐうじ)や神主(かんぬし)に次ぎ、祝(はふり)の上に位する神官。

ねぎ

ねぎ-ごと【祈ぎ事】〔名〕神仏に祈願する事柄。願い事。例「試みごとにねむごろがらむ人の――に、な暫(しば)し靡(なび)き給ひそ」〈源氏・常夏〉訳人の気持ちをためすつもりで親しげに見せるような人の願い事(=恋情)には、当分の間心を許しなさるな。

ね・ぐ【労ぐ】〔他ガ上二〕{ぎ・ぎ・ぐ・ぐる・ぐれ・ぎよ}労苦をいたわる。ねぎらう。例「東男(あづまをのこ)は出(い)で向かひ顧みせずて勇みたる猛(たけ)き軍士(いくさ)と――・ぎ給ひ」〈万葉・二〇・四三三一長歌〉訳(天皇は)東国の男は戦いに出たら、後ろを顧みることなく血気盛んで勇猛な兵士だとおねぎらいになり。

要点 現代語の「ねぎらう」は、この語から派生したもの。

ね・ぐ【祈ぐ】〔他ガ四〕{が・ぎ・ぐ・ぐ・げ・げ}神の心を安め、その加護を願う。願い祈る。祈願する。例「小山田(をやまだ)の水絶(みだ)えせしより天(あめ)にます岩戸の神を――・がぬ日ぞなき」〈好忠集〉訳山あいの田に水がなくなってから、天にいらっしゃる岩戸の神をお祈りしない日はない。

参考 上二段活用の「労(ね)ぐ」と同源とされ、神職の位である「禰宜(ねぎ)」はこの語の名詞化した語。

ね-くた・る【寝腐る】〔自ラ下二〕{れ・れ・る・るる・るれ・れよ}寝たために髪や衣服が乱れる。寝乱れてしどけなくなる。例「人――・れたるほど見え、この月ぞすこしあやしと見えたる」〈蜻蛉・下・天延元年〉訳(夫の兼家が)みなが寝乱れてしどけな[illegible]ている時分に来て、この月はすこし変だと見[illegible]いに(たびたび)姿を見せる。

ね-くたれ【寝腐れ】〔名〕《動詞「寝腐る」の連用形の名詞化》寝乱れてしどけなくなること。寝乱れ。例「殿おはしませば、――の朝顔も、時ならずや御覧ぜむとひき入る」〈枕草子・関白殿、二月二十一日に〉訳関白(道隆)様がおいでになるので、寝乱れたままの朝の顔をお見せするのも、時はずれたものと御覧あそばすのではないかと奥へひっ込んだ。

ねくたれ-がみ【寝腐れ髪】〔名〕寝たために乱れてしまった髪。寝乱れ髪。例「わぎもこの――を猿沢の池の玉藻(たまも)と見るぞかなしき」〈大和・一五〇〉訳(昔、帝(みかど)への愛ゆえに猿沢の池に身を投げた)あのいじらしい乙女の寝乱れた髪を猿沢の池の藻と見るのは本当に悲しいことだよ。

ね-ぐら【塒】〔名〕鳥の寝る所。巣。

ねこ-また【猫股】〔名〕想像上の化け物。年をとった古猫で、尾が二つに分かれ、化けて人を害するといわれる。例「これらにも、猫の経上(へあ)がりて、――になりて、人取ることはあなるものを」〈徒然草・八九〉訳この辺でも、猫が年をとって、猫股になって、人を取って食うことがあるということなのに。

ね-ごめ【根込め・根籠め】〔名〕根ぐるみ。根も一緒。根こそぎ。例「垣越しに散り来る花を見るよりは――に風の吹きも越さなむ」〈後撰・春下〉訳(隣から)垣根越しに散ってくる花を見るよりは、(いっそ花を)根ぐるみにして風が(こちらに)吹き寄せてほしいものだ。

ね-ざし【根差し】〔名〕❶地中に根を深くのばすこと。根ののびぐあい。例「岩に生(お)ひたる松の――も、心ばへあるさまなり」〈源氏・明石〉訳岩に生えている松の根ののびぐあいも、風情のある様子である。❷家柄。素姓(すじょう)。生まれつき。

ね-ざめ【寝覚め】〔名〕眠りからさめること。目をさますこと。

ねじけがまし【拗けがまし】〔形シク〕⇩ねぢけがまし

ねじよる【捩じ寄る】〔動〕⇩ねぢよる

ねず-なき【鼠鳴き】〔名〕ネズミの鳴き声に似た声を出すこと。また、その声。例「雀(すずめ)の子の、――するに躍(をど)り来る」〈枕草子・うつくしきもの〉訳(かわいらしいもの、それは)雀の子が、(人が)ネズミの鳴き真似(ねま)をすると跳ねながら来るの。

ねた【妬】〔名〕《形容詞「ねたし」の語幹》ねたましく思うこと。恨みに思うこと。例「我こそ、かかる目も見むと思ひしか。――のわざや」〈源氏・宿木〉訳自分こそ、こうした光栄に浴したいものだと願っていたのだ。ねたましいことだなあ。

ねた-が・る【妬がる】〔自ラ四〕{ら・り・る・る・れ・れ}《「がる」は接尾語》ねたましく思う。くやしがる。例「言少(ことずく)なに心にくきほどなるを――・りて」〈源氏・竹河〉訳(薫(かおる)が)口数少なく奥ゆかしい様子であるのを(女房は)くやしがって。

ねた-げ【妬げ・嫉げ】〔形動ナリ〕《形容詞「ねたし」の語幹＋接尾語「げ」》❶憎らしく思われる様子。しゃくにさわる様子。例「受領(ずりやう)などの家に、さるべき所の下部(しもべ)などの来て、なめげに言ひ、……いと――・なり」〈枕草子・ねたきもの〉訳地方官などの家に、かなりのお屋敷の家来などが来て、無礼なことを言う(のは)、……実に憎らしく思われる。❷憎らしく思っている様子。また、残念に思っている様子。例「――・に言ふに、腹立たしくなりて」〈源氏・帚木〉訳憎く思っているようすで言うので、腹が立って来て。❸憎らしいほどすぐれている様子。例「卯(う)の花、花橘(はなたちばな)などに宿りをして、はた隠れたるも、――・なる心ばへなり」〈枕草子・鳥は〉訳(ホトトギスが)卯の花や、橘の花などに宿をとって、半分ほど姿を隠しているのも、憎らしいほどすばらしいやり方である。

ねた・し【妬し・嫉し】

〔形ク〕類にくし・くちをし・くやし

❶ひけ目を感じたり、無視されたりして、相手に反感を持つ気持ち。**憎らしい。しゃくにさわる。ねたましい。**例「いかでなほ少しひがごと見つけてを止まむと、――・きまで思しめしけるに、十巻(とまき)にもなりぬ」〈枕草子・清涼殿の〉訳(天皇は)何とかして少しでも(女御(にょうご)の)記憶違いを見つけてやめにしようと、しゃくにさわるほどお思いになって、(とうとう『古今集』の半分の)十巻になってしまった。注宣耀殿女御(センヨウデンノニョウゴ)ガ、『古今集』ノ和歌全部ヲ暗記シテイルカドウカヲ、村上天皇ガ試シタ話。

❷相手にうまくやられたり、思い通りにいかなかったりして、くやしがる気持ち。**残念である。くやしい。**例「さても、

――く見つけられにけるかな。さばかり戒めつるものを」〈枕草子・関白殿、二月二十一日に〉訳それにしても、見つけられたとは残念だなあ。あれほど注意したのになあ。

❸ねたましいほどにすぐれている。例「これはあくまで弾（ひ）き澄まし、心にくく――き音（ね）ぞまされる」〈源氏・明石〉訳この方（＝明石ノ上）はどこまでも見事に（琴を）弾き、奥ゆかしくねたましくなるほど美しい音色が優れている。

ねた・む【妬む・嫉む】（他マ四）｛ま・み・む・む・め・め｝嫉妬（しっと）する。にくむ。例「『うるはしき姿したる使ひにも障（さは）らじ』と、――・みをり」〈竹取・かぐや姫の昇天〉訳（竹取の翁（おきな）は）「美しい姿をした（月からの）使者にも（かぐや姫との生活を）じゃまされたくない」と、（迎えの使者を）にくんでいる。

ねぢ・く【拗く】ネジク（自カ下二）｛け・け・く・くる・くれ・けよ｝（「ねづ」の自動詞形）❶曲がりくねる。ねじれる。

❷人の心がひねくれる。素直でない。例「八重桜は異様（ことやう）の物なり。いとこちたく――・けたり」〈徒然草・一三九〉訳八重桜は変わった桜である。ひどくごてごてとしてひねくれた感じである。

ねぢけ-がま・し【拗けがまし】ネジケ（形シク）《動詞「ねぢく」の連用形＋接尾語「がまし」》❶ひねくれている傾向にある。素直でない。例「いと口惜（くちを）しく、――・しきおぼえだになくは」〈源氏・帚木〉訳まったく情けないと思うほど、ひねくれた感じさえなければ。注「雨夜の品定め」デ、妻ニスルナラ家柄ヤ容姿ヨリモ性格ガ大切ダト述ベル箇所。

❷異常である。正しくない。例「縁睦（ゆかりむつ）び――・しきさまにて、大臣（おとど）も聞き思（おぼ）すところ侍（はべ）りなむ」〈源氏・少女〉訳血縁（の男女）が親しくすることは正しくない姿であって、（光源氏の）殿も聞いて（不快に）お思いになることがきっとございましょう。

ねぢけ-びと【佞人】ネジケ（名）心のひねくれた人。

ねぢ-よ・る【捩ぢ寄る】ネジ（自ラ四）｛ら・り・る・る・れ・れ｝じわじわと近寄る。にじり寄る。例「片田舎の人こそ……花の本（もと）には、――・り立ち寄り、あから目もせずまもりて」〈徒然草・一三七〉訳片田舎の人は……花のそばには、にじり寄るようにして近付き、わき目もふらずに見つめて。

ね・づ【捩づ・捻づ】ネズ（他ダ上二）｛ぢ・ぢ・づ・づる・づれ・ぢよ｝（「ねぢく」の他動詞形）ひねりまげる。ねじる。

ね-ど【寝所】（名）⇩ねどころ

ね-どころ【寝所】（名）❶（動物の）ねぐら。例「烏（からす）の――へ行くとて」〈枕草子・春はあけぼの〉訳カラスがねぐらへ帰ろうとして。

❷寝る所。寝間。寝床。例「――とおぼしき所に、五位入りて寝んとするに」〈宇治拾遺・一・一八〉訳寝床と思われる所に、五位（のその男）が入って寝ようとしたところ。

ね-な・く【音泣く・音鳴く】（自カ四）｛か・き・く・く・け・け｝声をあげて泣く。（鳥獣が）声をあげて鳴く。例「故由（ゆゑよし）聞きて知らねども新喪（にひも）のごとも――・きつるかも」〈万葉・九・一八〇九長歌〉訳（墓を作った）いきさつを聞いて、事実は知らないけれども、今その人が死んだかのように声をあげて泣いてしまったよ。

ねぬなは-の【根蓴の】ネヌナワ（枕詞）ジュンサイの根の長いところから、「長き」「繰る」に、また音の方から「ね」「寝ぬ名」にかかる。

ね-の-ひ【子の日】（名）❶十二支の子（ね）にあたる日。例「日を数ふれば、今日は――なりければ、切らず」〈土佐・一月二十九日〉訳日を数えると、今日は子の日だったので、（爪（つめ）は）切らない。注爪ハ丑（うし）ノ日ニ切ル、トサレテイタ。

❷正月の最初の子（ね）の日に、人々が野外に出て、小松を引いたり若菜を摘んだりして遊ぶ行事。後には正月七日に行うようになった。「子の日の遊び」とも。

❸「子の日の松」の略。例「君が植ゑし松ばかりこそ残りけれいづれの春の――なりけむ」〈後拾遺・雑四〉訳（あなたは亡くなって）あなたの植えた松だけが残ったことだ。（この松は）いったいいつの年の春の子の日の松だったのだろう。（寿命を延ばすはずの松なのに、植えたあなたが死んでしまうとは）

子の日の松（つま）正月最初の子の日に長寿を祈って引く松。例「引きて見る――は程なきをいかで籠（こ）もれる千代にかあるらむ」〈拾遺・雑春〉訳引いて見てみると、子の日の松はたいして長くもないのに、（この短い松に）どうして千年の寿命がこめられているのだろう。

ね-ば（連語）《打消しの助動詞「ず」の已然形＋接続助詞「ば」》❶「ば」が順接の確定条件を表す場合ⓐ…ないから。例「人、木石（ぼくせき）にあらねば、時にとりて、物に感ずることなきにあらず」〈徒然草・四一〉訳人間は、木や石ではないから、折にふれて、感動することがないわけではない。

ⓑ「ば」が単純な接続を表す場合…なかったところ。…ないと。例「足代（あて）へ行く小為手（をすて）の山の真木の葉も久しく見ねば苔（こけ）生（む）しにけり」〈万葉・七・一二一四〉訳足代へ行く道の小為手の山の真木の葉も、長い間見ないでいたところ苔が生えてしまっていたよ。

❷「ば」が恒常条件を表す場合…ないと。…ない場合にはいつも。例「鼻ひたる時、かくまじなはねば、死ぬるなり」〈徒然草・四七〉訳くしゃみをした時、このように（＝クサメ、クサメト）おまじないをしないと、死んでしまうのだ。

❸「ば」が逆接の確定条件を表す場合…ないのに。例「我が宿の萩（はぎ）の下葉は秋風もいまだ吹かねばかくぞ紅葉（も）てる」〈万葉・八・一六二八〉訳私の家の庭の萩の下葉は、まだ秋風も吹かないのに、こんなに紅葉しているよ。

> 要点　③は、多く「…も…ねば」の形で用い、平安時代初期までの和歌と中世の軍記物・謡曲などに見られる。「秋風も吹かず」という状態と「紅葉している」という事柄を必然的な関係でなく続けたもので、逆接の関係を認識して用いる「ど」「ども」とは異なる。

ねはん【涅槃】（名）《仏教語。本来は燃えつきるという意》❶一切の煩悩（ぼんのう）から解脱（げだつ）して悟りの境地に入ること。また、その境地。

❷釈迦（しゃか）の入滅（にゅうめつ）。また、人の死。例「八十にして――に入り給ふ」〈栄花・鶴の林〉訳（釈迦如来は）八十歳でこの世をお去りになった。

❸「涅槃会（ねはんゑ）」の略。（季・春）

ねはん-ゑ【涅槃会】エ（名）（仏教語）陰暦二月十五日、釈迦（しゃか）の入滅（にゅうめつ）の日に行う追悼の法会。涅槃忌。常楽会（じょうらくえ）。

ねび-ととの・ふ【ねび整ふ】ノウ（自ハ四）｛は・ひ・ふ・ふ・へ・へ｝成長して立派な大人の容姿になる。立派に成熟する。例「――・ひ給へる御容貌（かたち）、いよいよ異物（こともの）ならず」〈源氏・鈴虫〉訳（冷泉帝の）立派に成熟なさったお顔立ちは、いよいよ（異母兄の光源氏に）そっくりである。注冷泉帝ハ、実ハ光源氏ノ子。

ねび-びと【ねび人】〔名〕年寄り。ふけた人。特に、年を取った経験豊かな人。

ねび-まさ・る【ねび勝る】〔自ラ四〕{ら・り・る・る・れ・れ}成長するにつれて立派になる。年とともに美しくなる。例「見し折よりも——・り給へらむ有様ゆかしきに」〈源氏・若菜・下〉訳(夕霧は)かつて見た時よりも年とともに美しくなられたであろう(紫の上の)お姿が見たくて。

ねび-ゆ・く【ねび行く】〔自カ四〕{か・き・く・く・け・け}成長して行く。おとなびて行く。例「いとまばゆきまで——・く人の容貌(かたら)かな」〈源氏・葵〉訳実にまばゆいほど美しく成長して行く光源氏のお顔立ちであるよ。

ねび・る〔自ラ下二〕{れ・れ・る・るる・るれ・れよ}老人くさくなる。年寄りじみる。ふける。例「鼻なども鮮(あざ)やかなるところなう——・れて」〈源氏・空蟬〉訳鼻筋などもすっきり通ったところもなくふけた感じで。

ねぶ【合歓】〔名〕植物の名。ネムノキの異名。マメ科の落葉高木。対生した葉が、夜になると眠るように閉じて垂れるのでこの名がある。例「象潟(きさがた)や雨に西施(せいし)が——の花」〈奥の細道・象潟〉訳象潟の雨に煙るネムの花の眺めは、あの西施(=中国春秋時代ノ美女ノ名)が悩ましげに目をつむっている姿を思い浮かばせる。注「ねぶ」ニ「眠(ねぶ)る」ガ掛ケテアル。

ね・ぶ〔自バ上二〕{び・び・ぶ・ぶる・ぶれ・びよ}❶**年をとる。ふける。**例「——・びにたれど、いと清げに由(よし)ありて」〈源氏・手習〉訳(妹尼は)年老いてしまっているけれど、実に清らかで奥ゆかしさがあり。❷(年齢以上に)おとなっぽくなる。ませる。例「御年(おんとし)の程よりはるかに——・びさせ給ひて」〈平家・一一・先帝身投〉訳(安徳天皇は今年八歳になられるけれど)ご年齢よりはるかにおとなびていらっしゃって。

ね-ぶか【根深】〔名〕(根が深いところから)ネギの別名。例「——白く洗ひたてたる寒さかな」〈芭蕉〉訳根深ネギの泥を落とし、冷たい冬の水で真っ白に洗いあげてある。その白く清潔な様子に、冬の寒さが一層身にしみて感じられるよ。

ねぶた・し【眠たし・睡たし】〔形ク〕《「ねぶりいたし」の変化した形か。「いたし」は、はなはだしい意》ひどくねむい。ねむたい。例「——・しと思ひて伏(ふ)したるに」〈枕草子・にくきもの〉訳ねむたいと思って横になっている時に。

ねぶ・る【眠る・睡る】〔自ラ四〕{ら・り・る・る・れ・れ}目をつぶる。また、ねむる。例「かく危ふき枝の上にて、安き心ありて——・るらむよ」〈徒然草・四一〉訳こんな危ない枝の上で、よく安心してねむっていられるものだな。

ね-ほ・る【寝惚る】〔自ラ下二〕{れ・れ・る・るる・るれ・れよ}ねぼける。

ね-まち-の-つき【寝待ちの月】〔名〕(月の出がおそいので、寝て待つという意から)陰暦十九日の夜の月の称。「臥(ふ)し待ちの月」とも。例「——の、山の端(は)出(い)づるほどに、出でむとする気色(けしき)あり」〈蜻蛉・上・天暦十一年〉訳寝待ちの月が、山の端から出ようとする時分に、(夫が)外出するような様子を見せた。

ね-まど・ふ【寝惑(ドウ・マ)ふ】〔自ハ四〕{は・ひ・ふ・ふ・へ・へ}寝ぼける。例「老いたる男の——・ひたる」〈枕草子・にげなきもの〉訳(ふさわしくないものは)年とった男の寝ぼけた様子。

ねま・る〔自ラ四〕{ら・り・る・る・れ・れ}《室町時代以降の語》❶横になる。寝そべる。例「涼しさをわが宿にして——・るなり」〈奥の細道・尾花沢〉訳(旅の疲れを尾花沢の清風亭に休めていると)折から部屋は、あるじ清風にふさわしい清閑の涼にあふれている。あるじの好意にまかせて、まるで自分の家にいるように横になってくつろぐことだ。❷ひれ伏す。平伏する。

ねむごろ【懇】〔形動ナリ〕⇩ねんごろ

ねもころ【懇】《上代語》■一■〔形動ナリ〕⇩ねんごろ■一■①例「押し照る難波(なには)の菅(すげ)の——・に君が聞こして年深く長くし言へば」〈万葉・四・六一九長歌〉訳難波(なにわ)の国の菅の根が密なように、真心こめてあなたがおっしゃってくれて、いつまでも長く(あなたの心は変わらないと)言うので。■二■〔副〕心をこめて。入念に。例「かはづ鳴く六田(むった)の川の川楊(かはやぎ)の——見れど飽かぬ川かも」〈万葉・九・一七二三〉訳カジカの鳴く六田の川べりのヤナギの根のように、細かく見ても見飽きることのないこの川よ。注「六田の川」ハ、奈良県吉野郡吉野町六田(ダム)付近ヲ流レル吉野川。

ね-や【閨】〔名〕❶寝室。寝所。例「夜もすがら物思ふころは明けやらぬ——のひまさへつれなかりけり」〈千載・恋二〉訳(あの人は来てもくれないので)夜通し恋の物思いをしているこの頃は、早く夜明けになればよいと思うが、なかなか夜が明けきらないで、その寝室の明かるくなってくるはずの隙間(すきま)までが、私につれなく思われることよ。注『百人一首』所収、俊恵(シュンエ)法師ノ作。❷婦人の居室。奥深い部屋。深窓。例「翁(おきな)は——の内、しつらひなどす」〈竹取・蓬萊の玉の枝〉訳竹取の翁は(かぐや姫の)部屋の内部を、あれこれと整える。

ね-やど【寝屋処】〔名〕《「ど」は所の意の接尾語》寝る場所。寝所。一説に「寝屋戸」とし、寝室の戸口の意とする。例「笞(しもと)取る里長(さとをさ)が声は——まで来立ち呼ばひぬ」〈万葉・五・八九二長歌〉訳(これほど苦しい生活をしているのに)むちを持つ村長の声は、寝所まで追いかけて来てわめき続ける。注里長ガ労役ノ催促ニ来タトコロ。

ねり-い・づ【練り出(イ・ズ)づ】〔自ダ下二〕{で・で・づ・づる・づれ・でよ}ゆっくり歩きおもむろに人前に出る。例「ことごとしく儀式官の——・でたる肘(ひぢ)もちおぼえて」〈源氏・末摘花〉訳(末摘花(すえつむはな)の動作は)大げさに儀式官がゆっくりと歩いて出た時の肘を張った姿を思わせて。

ねり-いろ【練り色】〔名〕染色の名。薄い黄色を帯びた白色。

ねり-ぎぬ【練り絹】〔名〕練って柔らかくした絹。また、練って柔らかくした糸で織った絹布。

ねり-ばかま【練り袴】〔名〕練り絹で作った袴。

ね・る【練る】{ら・り・る・る・れ・れ}■一■〔自ラ四〕ゆるやかに進む。ねり歩く。例「北の方、『あらあら』と惑ひ給へば、——・りつつやる」〈落窪・二〉訳北の方が、「あらあら(また落ちはしないかしら)」とうろたえなさるので、ゆるやかに歩いて進む。■二■〔他ラ四〕❶絹を灰汁(あく)で煮て柔らかくする。例「うるはしき糸の——・りたる、合はせ繰(く)りたる」〈枕草子・心ゆくもの〉訳(気がせいせいするもの)きちんとした糸の柔らかくしたのを、より合わせて引き出したの。❷(泥や粉を)こねて粘らせる。こねまぜる。

ね-ろ【嶺ろ】〔名〕《上代東国方言。「ろ」は接尾語》峰。山の頂上。例「筑波嶺(つくはね)の——に霞る過ぎかてに息づく君を率(ゐ)寝てやらさね」〈万葉・一四・三三八八〉訳筑波山の峰に霞がかかって動かないように、(あなたの側(そば)を)離れられずに嘆くあの人を、一緒に寝て帰しておやりなさい。

ね-わたし【嶺渡し】〔名〕高い峰から吹きおろす風。

ねん【念】〔名〕❶考え。思慮。例「死におもむかざる程は、常住平生の——に習ひて」〈徒然草・二四一〉訳死に直面しないうちは、いつまでも変わらず生きてゆけるという考えに慣れ切って(結局は仏道修行をせずに生涯を終わるものだ)。❷念を入れること。注意すること。❸(仏教語)一瞬間。例「何(なん)ぞ、ただ今の一——において、ただちにすることのはなはだ難(かた)き」〈徒然草・九二〉訳どうして、この現在の一瞬において、すぐ実行することが(こんなに)ひどく困難なのか。

ねん-き【年季・年期】〔名〕❶奉公する約束の年限。契約によって定めた奉公の期間。❷(「年季奉公(ぼうこう)」の略)一定の期間奉公すること。普通、十年とされる。例「あれは久しく——に置きましたが、相応な縁がございましたから」〈浮世風呂・三・上〉訳あの娘は長いこと年季奉公に出していましたが、よいご縁がございましたので(嫁にやりました)。

ねんごろ

【懇】(「ねもころ」の変化した形。平安時代には「ねむごろ」とも)

「ねんごろ」は、真心をこめる様子、が基本の意。そこから①のていねいである、熱心である、の意が生まれ、また②の親しい、③のいちずである、の意にもなる。

■一〔形動ナリ〕❶真心をこめる様子。また、心をこまかく遣う様子。**熱心である。ていねいである。**例「狩(かり)は——・にもせで、酒をのみ飲みつつ、やまと歌にかかれりけり」〈伊勢・八二〉訳鷹狩りの方は熱心にはしないで、酒ばかり飲みながら、和歌を詠むことにとりかかっていた。❷親切な様子。また、親密な様子。**好意を持っている。親しい。**例「——・に相(あひ)語らひける友だちのもとに」〈伊勢・一六〉訳親しく交際していた友人のところに。❸信じきっている様子。**いちずである。**例「世俗の虚言(そらごと)を——・に信じたるもをこがましく」〈徒然草・七三〉訳世間の人の言ううそを心からいちずに信じているのもばからしく。

■二〔名・自サ変〕(近世の用法)男女が親しくすること。特に、肉体関係があること。

ねんごろ-が・る【懇がる】〔自ラ四〕{ら・り・る・る・れ・れ}(「がる」は接尾語)親密そうな様子をする。しきりに親しそうにする。例「試み事に——・らむ人のねぎ事に、な誓(ちか)ひし靡(なび)き給ひそ」〈源氏・常夏〉訳人の気持ちをためすつもりで親しげに見せるような人の願い事(=恋情)には、当分の間心を許しなさるな。

ねんじ-い・る【念じ入る】〔自ラ四〕{ら・り・る・る・れ・れ}心をこめて祈る。一心に祈願する。例「額(ひたひ)に手を当てて——・りてをり」〈源氏・玉鬘〉訳額に手を当てて心をこめて祈りながら座っている。

ねんじ-かへ・す【念じ反す】〔他サ四〕{さ・し・す・す・せ・せ}気を取り直して、じっとこらえる。じっとがまんする。例「たへがたきを心づよく——・させ給ふ」〈源氏・桐壺〉訳(桐壺帝は、亡き御息所を思い出しなさって)堪えがたい気持ちになるのを気を強く取り直してじっとこらえていらっしゃる。

ねんじ-すぐ・す【念じ過ぐす】〔他サ四〕{さ・し・す・す・せ・せ}じっとこらえて過ごす。例「え——・すまじくおぼえ給へど」〈源氏・須磨〉訳(光源氏は、紫の上を呼ばなければ)我慢して過ごせそうもないお気持ちになられたのだが。

ねん-じゅ【念誦】〔名・自サ変〕(仏教語。「ねんず」とも)心に仏を念じ、口に経文・仏名を唱えること。例「住み荒らしたる僧坊に、——の声しけり」〈平家・一〇・横笛〉訳(手入れをしないので)住むままに荒れはてた僧坊に、念誦をする声が聞こえた。

ねんじ-わ・ぶ【念じ侘ぶ】〔自バ上二〕{び・び・ぶ・ぶる・ぶれ・びよ}こらえきれなくなる。たえかねる。例「この女、いと久しくありて、——・びてにやありけむ、言ひ遣(おこ)せたる」〈伊勢・二一〉訳この女が、ずいぶん久しくたってから、(離別の寂しさにたえかねたのであろうか、(次の歌を男に)詠んでよこした。

ねん・ず

【念ず】〔他サ変〕{ぜ・じ・ず・ずる・ずれ・ぜよ}(漢語「念」をサ変動詞に用いた語)

心の中で祈る、の意(①)は、現代語と同じだが、古語には、我慢する、こらえる、の意(②)がある。

❶心の中で祈る。祈念する。例「心のうちに仏を——・じ給ひて」〈源氏・夕顔〉訳心中で仏に祈願なさって。❷我慢する。こらえる。例「行く先長く見えむと思はば、つらきことありとも、——・じてなのめに思ひなりて」〈源氏・帚木〉訳将来も長く私と連れ添うつもりなら、つらいことがあっても、我慢していい加減にあきらめて。

ねん-ず【念誦】〔名・自サ変〕⇩ねんじゅ

ねんず-だう【念誦堂】〔名〕(「ねんじゅだう」とも)「念誦」をするために建てた堂。

ねんちゅう-ぎゃうじ【年中行事】〔名〕一年間に宮中で行われる、恒例の儀式や行事。後には、民間の行事や祭礼についてもいうようになった。

年中行事の御障子(みさうじ) 年中行事の名を両面に書いた「衝立(ついたて)障子」。清涼殿の広廂にあった。

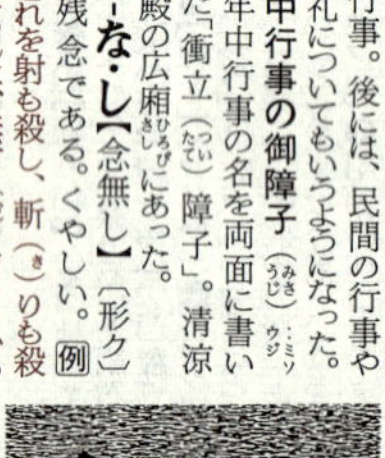

年中行事の御障子

ねん-な・し【念無し】〔形ク〕❶残念である。くやしい。例「これを射も殺し、斬(き)りも殺したらんは、無下(むげ)に——・かるべし。生け捕りにせん」〈平家・六・祇園女御〉訳(狸(たぬき)か狐(きつね)であろう)この化け物を射殺したり、斬り殺したりするのは、大変にくやまれるであろう。生け捕りにしよう。❷思いがけない。意外である。例「——・う早かった」〈狂言・末広がり〉訳(来るのが)意外に早かった。

ねん-ねん【念念】〔名〕❶(仏教語。「念」は刹那(せつな)に同じ)一瞬一瞬。例「その来たること速やかにして、——の間にとどまらず」〈徒然草・七四〉訳それら(=老イト死)が来ることは急速であり、どの瞬間も停止することがない。❷いろいろな思い。例「われらが心に——のほしきままに来たり浮かぶも」〈徒然草・二三五〉訳自分たちの心にいろいろな思いが次々に気ままに浮かんでくるのも。

ねん-ぶつ【念仏】〔名・自サ変〕(仏教語)心に仏の相好(さうがう)(=顔カタチ)や功徳を思い描いたり、仏の名を唱えたりして、仏を念ずること。また、特に「南無阿弥陀仏」の六字の名号を唱えること。

の【篦】〔名〕矢の、竹でできた部分。矢柄(やがら)。

のの判別

- ①格助詞 ― 体言・体言に準ずる語句に付く
  - 連体 ❶
  - 主格 ❷
  - 準体 ❸
  - 同格 ❹
  - 比喩 ❺
  - 「……であって」 ❻
  - 並列 ❼
- ②終助詞
  - 体言に付く ― 感動、呼びかけの意を含んだ、強い断定
  - 言った切った形に付く ― 感動、呼びかけ、問いかけ、念押し

の

〔格助〕接続 体言や体言に準ずる語句に付く。

❶【連体】《連体修飾語であることを示す》…の。ⓐ被修飾語が示されている用法。例「その沢のほとりの木の陰に下りゐて、乾飯(かれいひ)食ひけり」〈伊勢・九〉訳 その沢のほとりの木陰に(馬から)下りて座って、(旅行用の)乾(ほ)したご飯を食べた。ⓑ被修飾語が形容詞の語幹に接尾語「さ」の付いたものである場合。「…ことよ」というような一種の感動表現になる。例「秋風にたなびく雲の絶え間より漏れ出(い)づる月の影のさやけさ」〈新古今・秋上・四一三〉訳 秋風にたなびいている雲の絶え間から漏れ出ている月の光の美しいことといったらないよ。注 藤原顕輔(アキスケ)ノ作。『百人一首』所収。ⓒ「からに」「まにまに」「ごとし」「やうなり」などに続く用法。例「蟻(あり)のごとくに集まりて、東西に急ぎ、南北に走(わし)る」〈徒然草・七四〉訳(人が)蟻のように集まって、東や西の方に急ぎ、南や北の方に走って行く。(忙しそうに)例「ある時は、……鬼のやうなるもの出(い)で来て」〈竹取・蓬莱の玉の枝〉訳 ある時は、……鬼のようなものが出て来て。

❷【主格】《主語であることを示す》…が。…の。例「多くの工(たくみ)の心をつくしてみがきたて」〈徒然草・一〇〉訳 多数の大工たちが心をこめてみがきたて。例「手のわろき人の、はばからず文(ふみ)書き散らすはよし」〈徒然草・三五〉訳 字の下手な人が、遠慮せずに手紙をどんどん書くのは好感がもてる。

❸【準体】《被修飾語が省略されて、「…の」が体言相当のまとまりを作る用法》…の。…のもの。例「草の花は、なでしこ。唐(から)のはさらなり、大和(やまと)のもいとめでたし」〈枕草子・草の花は〉訳 草の花は、ナデシコがいい。唐のナデシコは言うまでもないが、大和のナデシコもたいへんすばらしい。例「まことにかばかりのは見えざりつ」〈枕草子・中納言参り給ひて〉訳 ほんとにこれほどの物(=見事ナ扇ノ骨)は(私も)見たことがない。

❹【同格】《同格であることを示す》…で。…の。例「風まじり雨降る夜の雨まじり雪降る夜は」〈万葉・五・八九二長歌〉訳 風まじりに雨の降る夜で、雨まじりに雪の降る夜は。例「青き瓶(かめ)の大きなるを据(す)ゑて、桜のいみじうおもしろき枝の五尺ばかりなるを、いと多く挿したれば」〈枕草子・清涼殿の〉訳 青磁の瓶の大きいのを置いて、桜の花がとても見事に咲いている枝で五尺ほどのを、とてもたくさん挿してあるので。

❺【比喩】《比喩(ひゆ)・類似の意を表す》ⓐ《連用修飾的用法》…のように。例「紫(むらさき)のにほへる妹(いも)を憎くあらば人妻ゆゑに我(あれ)恋ひめやも」〈万葉・一・二一〉訳 紫草のように美しく輝いているあなたが憎いと思うのであれば、(あなたを)人妻と知りながら恋をしたりしましょうか。例「日暮るるほど、例の集まりぬ」〈竹取・貴公子たちの求婚〉訳 日が暮れる頃に、(貴公子達は)いつものように集まった。ⓑ《連体修飾的用法》…のような。例「ありさりて後(のち)も逢(あ)はむと思へこそ露の命も継(つ)ぎつつ渡れ」〈万葉・一七・三九三三〉訳 こうするうちいずれは逢えようと思えばこそ、露のようなはかない命も保ち続けて生きているのです。

❻「…であって」のような意味で、下に続ける。接続助詞「ものの」はこの用法からできた。…で。…であるけれども。例「国の親となりて、帝王の上(かみ)なき位に登るべき相おはします人の、そなたにて見れば、乱れ憂ふることやあらむ」〈源氏・桐壺〉訳(光源氏は)国の親となって、帝王というこの上ない位に登るにちがいない相がおありになる人であるけれども、そういう方として占うと、国が乱れ人々が苦しむことがあるかもしれない。例「かりそめの茅屋(かやや)の、蔀(しとみ)などもなし」〈更級・かどで〉訳 一時しのぎの茅ぶきの家で、(風雨を防ぐ)板戸などもない。

❼【並列】《室町時代以降の用法》《並列であることを示す》…だの…だの。…とか…とか。例「明日は、掃除の用意のといふて、忙しいによって」〈狂言・山立婿〉訳 明日は、掃除だの準備だのといって、忙しいから。

要点 (1)①のⓒは、「ごとし」の「ごと」、「やうなり」の「やう」、「まにまに」の「ま」などが、体言に由来する語だから、連体修飾の用法の一種と考えてよい。

(2)主語を示す用法(②)は、それを受ける述語が終止形で言い切られることは原則としてない。用例に示したように、「の」で示される主語はその文の一部分の中での主語である場合が大半で、「の」で示される主語が言い切りの述語の主語である時には、その述語は終止形にならないのが普通。

(3)同格を示す用法(④)は、もともとは、「春の日のいと寒き夜」のように体言と体言とを結びつける連体修飾の用法である。それがたまたま、「風まじり雨ふる夜の雨まじり雪降る夜」(『万葉集』)のように、修飾する側の体言と被修飾語になる体言とが同じもの(「夜」)になったために、普通の連体修飾のように現代語訳できなくなり、連体修飾の用法と区別されるようになった。なお、平安時代以降は、『枕草子』の例に見られるように、被修飾語の部分に当たる体言が省略されている場合が多い。

参考 (1)「の」を分けて、①を連体格助詞、②を主格助詞と呼ぶことがある。ただし、①には、体言以外に副詞や形容詞の語幹などにも付くところから、格助詞ではないとして、連体助詞と呼ぶ説もある。また、③を準体助詞、⑦を並立助詞と呼ぶ説もある。

(2)同種の助詞に「が」がある。「の」と「が」の使い分けについては、「が」の項の参考の欄参照。

の〔終助〕《室町時代以降の語》接続 体言、あるいは、終止形などで言い切った形に付く。
❶《体言に付いて》《感動の意や呼びかけの意を含んだ、強い断定の意を表す》…だな。…だねえ。例「『ああ』とは、おのれ、憎いやつの」〈狂言・末広がり〉訳「ああ」とは、おのれ、憎いやつだな。
❷《言い切りの形に付いて》《感動、呼びかけ、問いかけ、念押しなどの意を表す》…ね。…な。例「真実入間(いるま)川で御座るの」〈狂言・入間川〉訳(この川は)本当に入間川でございますね。

のう【能】〔名〕❶能力。才能。
❷技芸。芸能。例「法師の無下(げむ)に――なきは、檀那(だんな)すさまじく思ふべしとて」〈徒然草・一八八〉訳法師のまったく無芸であるのは、(仏事の後に酒宴などで)施主が興ざめに思うだろうと(早歌(そうが)という歌謡を習った)。
❸中世にできた舞楽の一種。田楽(でんがく)と猿楽(さるがく)とがある。
❹能楽。例「この頃の――の稽古(けいこ)、必ず、その者自然とし出(い)だすことに、得たる風体(ふうてい)あるべし」〈風姿花伝・一〉訳この頃(=七歳)の能の稽古には、きっと、その本人が自然にやってみせることの中に、(技を)得ているしぐさがあるはずだ。

能因(のういん)〔人名〕平安中期の僧・歌人。三十六歌仙の一人。俗名は橘永愷(たちばなのながやす)。出家して摂津国古曾部(こそべ)(=大阪府高槻市)に住んだので、古曾部入道ともいう。『後拾遺和歌集』以下の勅撰集に入集。家集『能因集』、和歌用語の手引き『能因歌枕』などがある。

のう-がく【能楽】〔名〕楽劇の一種。「猿楽(さるがく)」「能」などと呼ばれていたものを、明治以降に改称したもの。室町時代に、観阿弥清次(かんあみきよつぐ)・世阿弥元清(ぜあみもときよ)親子が、それまでの雑芸の一種であった猿楽をもとに、田楽(でんがく)などの要素をも取り入れて芸術的に改良し大成したもの。神事物(=脇(ワキ)能物・初番目物)・修羅物(=二番目物)・鬘(かずら)物(=三番目物)・現在物(=狂女物・四番目物)・鬼畜物(=切能物・五番目物)に分類され二千余の曲目があるが、現行のものは約二百五十番。一日に五番上演するのが正式の番組である。

のうし【直衣】〔名〕⇩なほし

のう-しょ【能書】〔名〕《「のうじょ」とも》文字を書くのが上手なこと。また、その人。能筆。例「件(くだん)の僧、もっての外(ほか)に――を好みて、心ばかりはたしなみて、我はとぞ思ひたりける」〈古今著聞集・能書〉訳その僧は、ことのほかに文字を上手に書くことを好んで、多少は練習をして、自分こそは(能筆だ)と思っていた。

のう-ぶたい【能舞台】〔名〕能楽を演ずる舞台。奥行四間半、間口三間の板張り。舞台の後方に囃子方(はやしかた)、右側に地謡(じうたい)が着座し、左側に橋懸かり(=廊下)がある。

のうぶたい

の-おくり【野送り】〔名〕死者を火葬場や墓地まで送ること。葬送。「野辺(のべ)の送り」とも。

の-がひ【野飼ひ】〔名〕放し飼い。例「明くれば、また野中を行く。そこに――の馬あり」〈奥の細道・那須〉訳夜が明けたので、また野原の中を歩いて行った。(すると)そこに放し飼いの馬がいた。

のが・る【逃る・遁る】〔自ラ下二〕{れ・れ・る・るる・るれ・れよ}❶避けて遠ざかる。まぬかれる。例「不孝の罪を――・れんと思へば、君の御ために既に不忠の逆臣となりぬべし」〈平家・二・烽火之沙汰〉訳(父上への)不孝の罪をまぬかれようと思うと、法皇のためにはそれがすなわち不忠の逆臣となってしまうでしょう。注父清盛ニ対スル平重盛ノ諫言(カンゲン)。
❷言いのがれをする。例「とかく――・れ聞こえしを」〈源氏・若菜・上〉訳あれこれと言いのがれ申し上げたのだが。

のき【軒】〔名〕屋根の下端の、建物から張り出した部分。例「――の上に掛(か)いたる蜘蛛(くも)の巣のこぼれ残りたるに」〈枕草子・九月ばかり〉訳軒の上に掛けた蜘蛛の巣がこわれかかって残った所に。

軒を争(あらそ)・ふ(アラソウ)人家が密集する。ひしめきあう。例「――・ひし人の住まひ、日を経つつ荒れゆく」〈方丈記・都遷り〉訳(遷都で移っていったため)ひしめきあっていた邸宅は、日がたつにつれて荒れ果ててゆく。

のき-ば【軒端】〔名〕軒の先。軒先。また、軒近くの所。

の・く【退く】㊀〔自カ四〕{か・き・く・く・け・け}❶現在の場所から離れ去る。立ち去る。どく。例「物狂はしきまでけはひも聞こえぬべければ、――・きぬ」〈源氏・手習〉訳(出家した浮舟の姿を垣間(かいま)見て薫(かおる)は)気がおかしくなるほど泣き悲しむ、そんな気配が(浮舟に)聞こえてしまいそうなので、立ち去った。
❷地位をしりぞく。関係を離れる。
㊁〔他カ下二〕{け・け・く・くる・くれ・けよ}❶現在の場所から引きさがらせる。どかせる。例「御前(おまへ)の人を――・けられ候へ」〈平家・三・無文〉訳御前の人々をこの場から引きさがらせて下さい。
❷《「…てのく」の形で》…てしまう。例「のどぶえを掻(か)き破って――・けたい」〈近松・傾城反魂香・上〉訳のどぶえを掻き切ってしまいたい。

のけ-くび【仰け領】〔名〕《「ぬきえもん」「のけえもん」とも》着物の襟(えり)を後ろに下げて、首筋が出るようにした着方。例「見ぐるしきもの、……――したる」〈枕草子・見ぐるしきもの〉訳見苦しいもの、……襟首の見える着物の着方。

のけ-ざま【仰け様】〔名〕顔を上に向けた状態。あおむけ。例「綱絶ゆるすなはちに、八島(やしま)の鼎(かなへ)の上に、――に落ち給へり」〈竹取・燕の子安貝〉訳(石上(いそのかみ)の中納言は空中から)綱が尽きると同時に、八個の鼎(=三ツ足ノ釜(カマ))の上に、あおむけざまに落ちなさった。

のこ・す【残す】〔他サ四〕{さ・し・す・す・せ・せ}あとにとどめておく。のこす。例「御形見(かたみ)にとて、かかる用もやと――・し給へりける御装束(さうぞく)一くだり」〈源氏・桐壺〉訳形見として、もしやこのような入り用の時もあろうかと思いお残しなさった御装束を一組。
❷後世に伝える。伝え残す。例「埋(うづ)もれぬ名を長き世に――・さんこそあらまほしかるべけれ」〈徒然草・三八〉訳埋もれない(立派な)名前を長く後世に伝え残すということこそ望ましいことでありましょう。

のご・ふ【拭ふ】(ノゴウ)〔他ハ四〕{は・ひ・ふ・ふ・へ・へ}ふき取る。ぬぐう。例「『うれしき結縁(けちえん)をもしつるかな』とて、感涙を――・

はれけるとぞ」〈徒然草・一四四〉訳「うれしい仏縁を結んだものだ」と言って、感動の涙をぬぐわれたということだ。

のこり-な・し【残り無し】〔形ク〕(多く「残りなく」の形で用言を修飾して)残るものがない。余すところがない。全部だ。例「ばくちの負け極まりて、――・く打ち入れんとせんに会ひては、打つべからず」〈徒然草・一二六〉訳ばくち打ちが負けがこんで、(手元に残った物を)全部賭け入れようとするような時に出会ったら、(ばくちを)打ってはならない。注絶体絶命ノ場所カラ反撃スル者ノコワサヲ知レ、ト言ウ。

の-さき【荷前】〔名〕年末に諸国から奉る貢ぎ物の初穂(=最初ノ分)を、伊勢の皇大神宮をはじめ諸神、および代々の天皇の陵墓に献上したこと。また、その品。

荷前の使(つか)ひ 朝廷から「荷前」のために諸陵に派遣される勅使。例「御仏名(おぶつみやう)・――立つなどぞ、あはれにやんごとなき」〈徒然草・一九〉訳御仏名(=清涼殿ニオイテ諸仏ノ名号ヲ唱エル)の行事や荷前の勅使が出発することなどは、趣深く尊い感じがする。

の-ざらし【野晒し】〔名〕❶野外で風雨にさらされること。また、そのもの。
❷風雨にさらされて白骨になった頭蓋骨。髑髏。例「――を心に風の沁(し)む身かな」〈芭蕉・野ざらし紀行〉訳旅中で行き倒れて白骨になった自分の姿を思い描くと、風の冷たさがこの身に沁み込むように感じられる。

野ざらし紀行(のざらしきかう)《書名》江戸前期の俳諧紀行文。松尾芭蕉作。一六八五年(貞享二)に稿成る。以後も推敲を重ねる。『甲子吟行』とも。芭蕉の最初の紀行文。貞享元年甲子の年の秋に江戸を出て郷里伊賀上野へ帰り、近畿・中部をまわって四月に江戸へ帰るまでを記す。発句が中心で文章は短い。

のし-め【熨斗目】〔名〕練り糸を縦に、生糸を横にして織った絹布。また、その布地で作った、腰の部分だけ縞を織り出した衣服。江戸時代に武家の礼服として用い、麻の裃の下に着た。

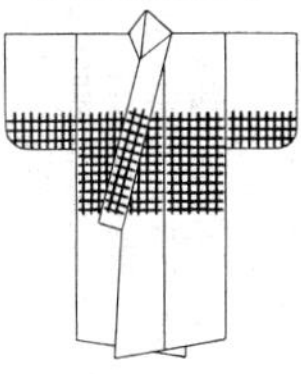
のしめ

のぞ・く【臨く】〔自カ四〕{か・き・く・く・け・け}臨む。また、高い所から見下ろす。例「人々、渡殿(わたどの)より出でたる泉に――・きゐて酒飲む」〈源氏・帚木〉訳人々は、渡り廊下の下から流れ出てくる泉の水を見下ろす場所に座って酒を飲む。参考「覗く」と本来は同じ語。「臨む」も語源は同じ。

のぞ・く【覗く】〔他カ四〕{か・き・く・く・け・け}❶隙間を通して見る。うかがい見る。例「籬(まがき)のひまより――・きければ」〈平家・三・六代〉訳垣根の隙間からのぞいたところ。
❷ちょっと見る。ちょっと立ち寄る。

のぞみ【望み】〔名〕《動詞「望む」の連用形の名詞化》❶遠くをながめること。ながめ。
❷こうありたいと願うこと。願望。望み。例「一度(ひとたび)道に入りて世を厭(いと)はむ人、たとひ――ありとも、勢ひある人の貪欲(とんよく)多きに似るべからず」〈徒然草・五八〉訳一度仏道に入って俗世間を避け嫌うような人は、たとえ欲望があっても、権勢のある人の飽くことのない欲望の限りなさとは全然違う。

のぞ・む【臨む】〔自マ四〕{ま・み・む・む・め・め}直面する。臨席する。例「一道に携(たづさ)はる人、あらぬ道の筵(むしろ)に――・みて」〈徒然草・一六七〉訳一つの専門に従事している人が、専門外の集まりに出席して。

のぞ・む【望む】〔他マ四〕{ま・み・む・む・め・め}❶遠くを見やる。ながめる。例「南を――・めば、海(かい)漫々として、雲の波煙(えんぱ)の浪深く」〈平家・二・康頼祝言〉訳南の方をながめると、海が広々として、雲や煙のように波が深くかすみ。
❷こうありたいと願う。希望する。望む。例「及ばざる事を――・み、かなはぬ事を憂(うれ)へ」〈徒然草・一三四〉訳(自分の力では)及ばぬ事を望んで、(それが)かなわない事を嘆き。

のたう・ぶ【宣ぶ】〔他バ四〕{ば・び・ぶ・ぶ・べ・べ}⇩のたまふ

のた・ぶ【宣ぶ】〔他バ四〕{ば・び・ぶ・ぶ・べ・べ}⇩のたまふ 例「ぬしの――・ぶことも、天の川をかき流すやうに侍(はべ)れど」〈大鏡・道長・上〉訳あなたのおっしゃることも、天の川をかき流すように雄弁でございますが。

のたまう【宣う】⇩のたまふ

のたまは-く【宣はく】《連語》《尊敬の動詞「のたまふ」の未然形＋準体助詞「く」》「言はく」の尊敬語。おっしゃるには。おっしゃることには。例「皇子(みこ)――、『……』と言へば」〈竹取・蓬萊の玉の枝〉訳くらもちの皇子がおっしゃることには、「……」と言うので。

のたまは・す【宣はす】〔他サ下二〕{せ・せ・す・する・すれ・せよ}《「のたまふ」の未然形＋尊敬の助動詞「す」》おおせになる。おおせられる。おっしゃる。例「『御狩りの御幸(みゆき)し給はむやうにて見てむや』と――・す」〈竹取・帝の求婚〉訳「私(=帝)が狩りにおでかけになるようにして(かぐや姫を)見ることができるだろうか」と仰せられる。注「御幸し給はむ」ハ、帝ガ自分自身ノ動作ニ尊敬語ヲ用イタ自敬表現。

要点「のたまふ」よりも敬意が高く、主に天皇の動作に用いられる最高敬語である。

のたま・ふ【宣ふ】〔他ハ四〕{は・ひ・ふ・ふ・へ・へ}《動詞「の(宣)る」に「給ふ」が付いた「のり給ふ」が変化した語》
❶「言ふ」の尊敬語。**おっしゃる。おおせになる。**例「かぐや姫――・ふやうに違(たが)はず作り出(い)でつ」〈竹取・蓬萊の玉の枝〉訳かぐや姫がおっしゃるのとくいちがわないように(玉の枝を)作りあげた。
❷高貴の人との対話などで、自分の身内の者や目下の者に言い聞かせる意。申し聞かせる。言いやる。例「いとかしこき仰せ言に侍(はべ)るなり。姉なる人に――・ひみむ」〈源氏・帚木〉訳まことに恐れ多いお言葉でございます。姉(である空蟬(うつせみ))に申し聞かせてみましょう。

「言ふ」の尊敬語。おっしゃる、おおせになる、の意。平安時代から用いられた語で、「のたまはす」「おほせらる」に次いで敬意が高い。

のち【後】〔名〕❶(ある時点より)あと。以後。将来。未来。例「しばし奏(かな)でて――、抜かんとするに、大方抜かれず」〈徒然草・五三〉訳しばらく舞った後、(頭にかぶった足鼎(あしがなえ)を)抜こうとするが、どうしても抜けない。
❷**死んだ後。来世。**後世(ごせ)。「後の世」とも。例「末の世の人にもて悩まれむ。――の名さへうたてあるべし」〈源氏・幻〉

訳 後世の人にまで、迷惑がられよう。(自分の)死後の評判まで(立てられるのは)いやなことにちがいない。

❸子孫。末裔(まつえい)。例「領(うら)じ給ひける所、大井川のわたりにありけるを、その御―、はかばかしうあひ継ぐ人もなくて」〈源氏・松風〉訳 (中務(なかつかさ)の宮が)領地として持っていらっしゃった所が、大井川(=京都市西部ノ川)の付近にあったが、そのご子孫に、しっかりと相続する人もなくて。

後の朝(あした) 男女が一緒に一夜を過ごした翌朝。「きぬぎぬ」とも。

後の葵(あふひ)(アオイ) 賀茂祭の当日に簾(すだれ)などに掛けて、祭りの後もそのまま残されている葵。例「祭り過ぎぬれば、―不用なり」〈徒然草・一三八〉訳 賀茂祭は終ったので、祭りに使った後の葵は不用である。

後の親(おや) 実の親と死別または生別した後に、親と頼む人。まま親。

後の月(つき) 陰暦八月十五夜の月(=仲秋ノ名月)に対して、陰暦九月十三日夜の月をいう。十三夜。栗名月。豆名月。(季・秋)

後の世(よ) ❶これから先の世の中。未来。将来。❷死後の世界。後世(ごせ)。来世。対 さきのよ 例「御行ひしめやかにし給ひつつ、―のことをのみおぼすに」〈源氏・賢木〉訳 (藤壺(ふじつぼ)は)仏へのお勤めを落ち着いてなさりながら、来世のことばかりお思いになっているので。

の-づかさ【野阜・野司】〔名〕野原の中で、小高くなっている所。例「あしひきの山谷越えて―に今は鳴くらむ鶯(うぐひす)の声」〈万葉・一七・三九一五〉訳 山や谷を飛び越えて、今頃ウグイスは野の高みで声をあげて鳴いているだろうよ。

のっ-と【祝詞】〔名〕《「のりと」の促音便》⇩のりと

能登(のと)《旧国名》北陸道七か国の一つ。現在の石川県北部、能登半島にあたる。能州(のうしゅう)。

のど〔形動ナリ〕《上代語》静かな様子。のどか。例「明日香(あすか)川しがらみ渡しせかませば流るる水も―・にかあらまし」〈万葉・二・一九七〉訳 明日香川にしがらみをかけ渡して(水を)せきとめたならば、流れる水も静かであろうに。

のど-か【長閑】〔形動ナリ〕❶静かである。おだやかである。例「三月三日は、うらうらと―・に照りたる」〈枕草子・三月三日は〉訳 三月三日(=節供(セック))は、うららかに穏やかに(日が)照っている(のがよい)。

❷落ち着いている。平気である。例「人々心を惑はしてののしるに、君はいと―・にて」〈堤中納言・虫めづる姫君〉訳 (蛇を見て)人々がびっくり仰天して大騒ぎすると、姫君は大変落ち着いていて。

❸のんびりとくつろいでいる。また、時間にゆとりがある。例「その事となきに人の来たりて、―・に物語して帰りぬる、いとよし」〈徒然草・一七〇〉訳 これといって用事もないのに人が来て、のんびりと世間話をして帰ったのは、大変よい。

のど-け・し【長閑けし】〔形ク〕❶⇩のどか① 例「ひさかたの光―・き春の日にしづ心なく花の散るらむ」〈古今・春下・八四〉訳 日の光ののどかな春の日に、どうして静かな心もなく(あわただしく)桜の花が散るのであろうか。注『百人一首』所収、紀友則ノ作。

❷⇩のどか②

❸⇩のどか③ 例「世の中に絶えて桜のなかりせば春の心は―・からまし」〈古今・春上・五三〉訳 世の中に全く桜というものがなかったならば、春の人の心はのんびりしたものだろうになあ。注 在原業平(アリワラノナリヒラ)ノ作。『伊勢物語』八二段ニモ収メル。

のどま・る【和まる】〔自ラ四〕{ら・り・る・る・れ・れ}《「のどむ」の自動詞形》のどかになる。落ち着く。静まる。例「何となく心―・る世なくこそありけれ」〈源氏・須磨〉訳 何となく心のゆったりする時もなく過ごしてきたのだ。

のど・む【和む】〔他マ下二〕{め・め・む・むる・むれ・めよ}❶心を静める。落ち着かせる。例「大将殿は、心地(ここち)少し―・め給ひて」〈源氏・葵〉訳 大将殿(=光源氏)は、気持ちを少しお静めになって。

❷ゆったりとなるようにする。のんびりさせる。ゆるめる。例「この物宣(のたま)ふ声を、少し―・めて聞かせ給へ」〈源氏・常夏〉訳 あなたの物をおっしゃる声を、少しゆっくり話してお聞かせ下さい。注 早口デ話ス娘ニ対スル言葉。

❸時間を先に延ばす。猶予する。例「ただ今しばし―・め給へ」〈源氏・若菜・下〉訳 ただもうしばらく(ご寿命を)お延ばし下さい。

のど-やか【長閑やか】〔形動ナリ〕《「やか」は接尾語》❶⇩のどか① 例「―・なる日かげに、垣根の草萌(も)え出(い)づるころより」〈徒然草・一九〉訳 穏やかな日の光に(よって)、垣根の草が芽を出す頃から(しだいに春が深くなり)。

❷⇩のどか② 例「いと―・に、御刀に、けづられたるものをとり具して奉らせ給ふに」〈大鏡・道長・上〉訳 (道長は)大変落ち着いた態度で、刀と、何か削り取りなさったものを添えて(花山天皇に)差し上げなさるので。注 肝(キモ)ダメシニ目的地マデ行ッタ証拠ニ柱ヲ削ッテ来タ。

❸⇩のどか③ 例「よき人の、―・に住みなしたる所は」〈徒然草・一〇〉訳 身分が高く教養のある人が、ゆったりと住んでいる屋敷は。

の-なか【野中】〔名〕野原の中。例「見廻(めぐ)らせば、いづくとも覚えぬ―にてあり」〈今昔・二七・四二〉訳 あたりを見回すと、そこはどこか分からない野原の真中である。

ののし・る【罵る】{ら・り・る・る・れ・れ}

類 ゆ(揺)する

> 本来は、大きな声や音を立てる、の意。また、世間で評判になる、の意にも用いられる。現代語の大声で相手を悪くいう、の意は、中世以降の用法。

■一〔自ラ四〕❶**大声を立てる。大声で言い騒ぐ。**例「日しきりにとかくしつつ―・るうちに夜(よ)ふけぬ」〈土佐・十二月二十一日〉訳 一日中あれこれとしては騒いでいるうちに夜がふけた。

❷大きな音を立てる。大きな声で鳴く。例「里びたる声したる犬どもの出で来て―・るも、いと恐ろしく」〈源氏・浮舟〉訳 いなかびた声の犬達が出て来て大声でほえたてるのも、ひどく恐ろしく。

❸世間で騒がしく言い立てる。騒ぎ立てる。**評判になる。**例「この世に―・り給ふ光源氏、かかるついでに見奉り給はむや」〈源氏・若紫〉訳 世間で大評判になっておられる光源氏様を、こんな機会に拝見されたらいかがでしょう。

❹**世間に勢力をふるう。**羽振りをきかす。権勢がある。例「左の大臣(おとど)の北の方にて―・り給ひける時」〈大和・一二四〉訳 左大臣(=藤原時平)の奥方として羽振りをきかしておいでになっていた時。

三〔他ラ四〕大声で相手を悪くいう。罵倒する。ののしる。

の-の-みや【野の宮】〔名〕皇女が斎宮・斎院に立つ前、斎戒する（＝心身ヲ清メル）ために一定の期間こもる殿舎。斎宮の野の宮は京都西郊の嵯峨野、斎院のは京都北郊の紫野にあった。黒木（＝皮ツキノ木材）の鳥居をつけ、小柴垣をめぐらした極めて簡素なものであった。例「九月（ながつき）にはやがて——に移ろひ給ふべければ」〈源氏・葵〉訳（六条御息所の娘の斎宮は）九月にはそのまますぐに（嵯峨野の）野の宮にお移りなさるはずだったので（あわただしく過ごされた）。

野の宮神社（嵯峨野）

のばう【述ばう】⇩のばふ

のば・す【延ばす・伸ばす】〔他サ四〕《「のぶ」の他動詞形》❶長くする。延長する。延期する。❷遠くへ逃がす。逃げ延びさせる。例「父を——・さんと返しあはせ返しあはせ、防ぎ戦ふ」〈平家・四・宮御最期〉訳（源兼綱は）父（＝頼政）を逃げ延びさせようと引き返しては戦い引き返しては戦い、防戦する。

のば・ふ【述ばふ】〔他八下二〕充分に述べる。述懐する。例「呉竹の世々の古言なかりせばいかほの沼のいかにして思ふ心を——・へまし」〈古今・雑体・一〇〇三長歌〉訳もしも代々伝わってきた歌というものがなかったならば、（私たちは）いったいどのようにして心に思うことを充分に述べることができようか。

の-び【野火】〔名〕春の初めに、新しい草がよく生えるように、野原の枯れ草を焼きはらう火。野焼き。

のび-らか【伸びらか】〔形動ナリ〕《動詞「のぶ」の連用形＋接尾語「らか」》❶長くのびている様子。例「あさましう、高う——・に、先の方少し垂りて色づきたること、ことのほかにうたてあり」〈源氏・末摘花〉訳（末摘花の鼻は）あきれるほど、高くのびていて、先端の方が少し垂れ赤みを帯びているのは、格別にいやな感じである。❷心がのんびりとくつろいでいる様子。❸おっとりとしている。穏やかである。例「口つきうつくしう匂ひ、まみ——・に、恥づかしうかをりたるなどは」〈源氏・横笛〉訳（赤子の）口もとはかわいらしくつやつやとして、目もとはおっとりと、はた目にきまり悪いほどに美しさが漂っている点などは。注満一歳ノ薫ノヨウス。

要点「のびやか」は近世以降の語。

の・ぶ【伸ぶ・延ぶ】一〔自バ上二〕❶長くなる。のびる。例「腹帯の——・びて見えさうぞ」〈平家・九・宇治川先陣〉訳（馬の）腹帯がゆるんで長く見えますよ。注「さうぞ」ノ「さう」ハ「候ふ」ノ変化シタ形。❷期日が先に移る。延期になる。例「御参り——・びぬるを」〈源氏・梅枝〉訳（明石の姫君の）ご入内が延期になったことを。❸遠くへ逃げる。逃げのびる。例「今は宮も遥かに——・びさせ給ひぬらん」〈平家・四・宮御最期〉訳今はもう高倉宮（以仁王）も遠くまで逃げのびなさったことだろう。❹気持ちがゆったりする。のびのびする。
二〔他バ下二〕❶長くする。のばす。延長する。例「足を——・べて闕に蹴当てぬれば……乗らざりけり」〈徒然草・一八五〉訳（馬が）足をのばして敷居に蹴り当ててしまったので……（その馬に）乗らなかった。❷期日を先に移す。延期する。❸気持ちをゆったりとさせる。のびのびとさせる。例「春の野に心——・べむと思ふどち来し今日の日は暮れずもあらぬか」〈万葉・一〇・一八八二〉訳春の野に気を晴らそうと、仲間同士来た今日一日は、暮れずにあってほしい。

の・ぶ【述ぶ・陳ぶ】〔他バ下二〕述べる。語る。話す。例「いかが要なき楽しみを——・べて、あたら時を過ぐさん」〈方丈記・みづから心に問ふ〉訳これ以上役に立たない楽しみを述べて、あたら時間を過ごすようなのは（いかがであろうか）。

の-ぶか【篦深】〔形動ナリ〕《「篦」は、矢の竹の部分》矢が深く突き刺さった様子。例「山田の次郎が放つ矢に、畠山、馬の額を——・に射させて」〈平家・九・宇治川先陣〉訳山田の次郎が放った矢に、畠山（重忠）は、（自分の乗った）馬の額を深々と射られて。

の-へ〔助動〕〔上代の打消しの助動詞「なふ」の連体形〕⇩なふ

の-べ【野辺】〔名〕野のあたり。野原。例「君のみや——に小松を引きに行く我もかたみに摘まむ若菜を」〈後撰・春上〉訳あなただけが野辺に小松を引きに出かけるのですか。私も一緒に籠に若菜を摘もうと思いますのに。

野辺の煙　火葬の煙。例「あはれ君いかなる——にてむなしき空の雲となりけむ」〈新古今・哀傷・八二一〉訳ああ、後朱雀天皇は、どのような火葬の煙となって立ち昇り、空の雲になってしまわれたのだろうか。

のべ【延べ】〔名〕《「延べ紙」の略》近世、主に鼻紙として使用した、小形の薄く柔らかな紙。

のぼ・す【上す・登す】一〔他サ下二〕《「のぼる」の他動詞形。近世以降、四段にも活用する》❶高い所へあがらせる。登らせる。例「高き木に——・せて梢を切らせしに」〈徒然草・一〇九〉訳高い木に登らせて梢を切らせたが。❷川の上流へ行かせる。さかのぼらせる。❸（都または貴人の所へ）呼び寄せる。上京させる。参上させる。例「西国より急ぎ人を——・せて」〈平家・八・山門御幸〉訳西国から急いで人を上京させて。
二〔他サ四〕下心をもって口先でいい気分にさせる。おだてる。例「『男と見込んで頼む』と——・せば、こいつが——・されて」〈近松・丹波与作待夜の小室節・中〉訳「男と見込んで頼む」とおだてると、こいつがおだてられて。

能煩野（のぼの）《地名》「能褒野」とも。現在の三重県鈴鹿市から亀山市にかけての一帯。倭建命が、東征の帰途、病死したと伝える地。

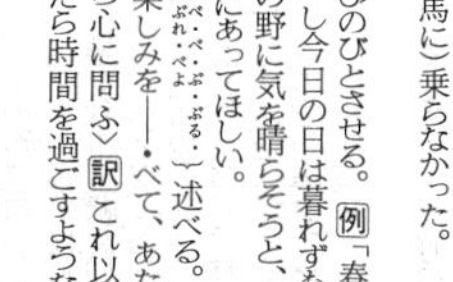
能煩野

のぼり【上り・登り・昇り】〔名〕❶地方から都へ行くこと。上京。

❷京都において、内裏(だいり)の方向(=北)に向かって行くこと。

のぼ・る【上る・登る・昇る】〔自ラ四〕〈ら・り・る・る・れ・れ〉 ⇨あがる ❶川の上流へ進む。さかのぼる。❷高い所へ移る。上にあがる。例「男、縁(えん)に—・りて居ぬ」〈大和・一七三〉訳男は、縁の上にあがって座った。❸地方から都へ行く。上京する。例「十三になる年、—・らむとて九月三日門出して」〈更級・かどで〉訳(私が)十三歳になる年、上京するというわけで九月三日に門出(=出発ノ前ニ他所ニイッタン移ルコト)をして。❹(宮中や貴人の所へ)行く。参上する。例「一品(いっぽん)の宮の—・らせ給ひけるに」〈大鏡・三条院〉訳一品の宮が(三条天皇の)御前(ごぜん)に参上なさった時に。❺地位が高くなる。昇進する。例「大方(おほかた)上(かみ)なき位に—・り、世をまつりごち給ふべきこと」〈源氏・澪標〉訳大体(光源氏が)無上の帝位にまでのぼり、天下を統治なさるであろうこと。

のみ 〔副助〕接続 主語や連用修飾語などに付く。【限定・強調】(一つの物事に限るという意味で、限定したり強調したりする意を表す)…だけ。…ばかり。例「何事も辺土は賤(いや)しく、かたくななれども、天王寺(てんわうじ)の舞楽(ぶがく)のみ、都に恥ぢず」〈徒然草・二二〇〉訳何事につけ辺地は下品で、見苦しいものだけれど、(大阪の)天王寺の舞楽だけは、都にひけをとらない。例「御心(みこころ)をのみ惑(まど)はして去りなむことの、悲しく耐へがたく侍(はべ)るなり」〈竹取・かぐや姫の昇天〉訳(竹取の翁(おきな)夫婦の)お心を乱してばかりいて(月の世界に)帰ってしまうことが、悲しく耐えきれないのでございます。

> 要点 (1)語源は「…の身」で、そこから、一つの物事に限るという限定・強調の意味が生まれた。
> (2)「のみ」の限定・強調は、「のみ」の付いた語句を受ける述語まで含めて働くことがある。『竹取物語』の例でいえば、「お心だけを乱して」ではなく、「お心を乱してばかりいて」という意味である。

の・む【祈む】〔他マ四〕〈ま・み・む・む・め・め〉(上代語)頭をたれて請い願う。祈る。例「我妹子(わぎもこ)にまたも逢はむとちはやぶる神の社(やしろ)を—・まぬ日はなし」〈万葉・一一・二六六三〉訳あの娘にもう一度逢いたいと、神の社に祈らない日はない。

の-も-せ ■一【野も狭】(連語)(「—に」の形で用いて)野も狭いほどに。野原一面。例「秋くれば—に虫の織り乱る声の綾(あや)をば誰か着るらむ」〈後撰・秋上〉訳秋が来たので野原いっぱいに虫があやなして鳴いているが、その鳴き声で織った綾の着物をいったい誰が着ているのだろう。■二【野面】〔名〕(■一の意の誤解から)野外。のづら。野原一面。例「縒(よ)られつる—の草のかげろひて涼しく曇る夕立の空」〈新古今・夏・二六三〉訳(夏の強い陽射(ひざ)しにしおれて)縒られたようになった野原一面の草が(雲のため)かげって涼しく曇る夕立の空よ。

の-もり【野守】〔名〕禁猟の野の見張りをする人。野の番人。例「あかねさす紫野行き標野(しめの)行き—は見ずや君が袖(そで)振る」〈万葉・一・二〇〉訳紫草の生えている野原を行き、一般が立ち入りできない野を行って、野守が見るではありませんか、あなたが袖を振っているのを。

の-やき【野焼き】〔名〕春の初めに、若草がよく生えるように、野山の枯れ草を焼くこと。野火。例「—などするころの、花はあやしう遅きころなれば」〈蜻蛉・下・天延二年〉訳野焼きなどする頃で、(例年と違い)花の咲くのが遅い頃だったので。

のら【野良】〔名〕(近世語)❶なまけること。怠慢。また、なまけ者。❷遊びに身をもちくずすこと。放蕩(ほうとう)。また、その人。放蕩者。例「のんこに髪結(ゆ)うて—らしい、達衆(たてしゅ)といひそな男」〈近松・心中天の網島・上〉訳(見物人の中に)のんこ(=鬢(びん)ヲ細ク、髷(まげ)ヲ高ク結ッタ伊達(だて)好ミノ髪型)に髪を結っていかにも放蕩者らしく、伊達男を気どった男(がいた)。

のら・す【宣らす・告らす】(連語)(上代語。動詞「のる」の未然形＋尊敬の助動詞「す」)仰せられる。おっしゃる。例「石木(いはき)より生(な)り出(で)し人か汝(な)が名—・さね」〈万葉・五・八〇〇長歌〉訳(家族を大切にしない人は)石や木から生まれてきた人なのか。お前の名をおっしゃいなさい。

のり【法】〔名〕❶模範。手本。例「民(おほみたから)を使ふに、時を以(も)てするは、古(いにしへ)への良き—なり」〈日本書紀・推古・十二年〉訳人民を使うのに、使うべき時に使うのは、昔からの良い手本である。注聖徳太子ノ「十七条憲法」ノ第十六条。❷規則。法律。法令。例「人を苦しめ、—を犯さしめて、それを罪なはんこと、不便(ふびん)のわざなり」〈徒然草・一四二〉訳(政治をしっかり行わないで)人民を苦しめ、法律を犯させてそれを罰しようとするのは、かわいそうなことである。❸仏の教え。仏法。例「仏の、いとうるはしき心にて説きおき給へる御—も」〈源氏・蛍〉訳仏の、端正荘厳な心で説きおきなされた教えにも。

法の灯火(ともしび) (「法灯(ほふとう)」の訓読)仏前にともす灯明。また、仏法をたとえていう語。例「願はくはしばし闇路(やみぢ)にやすらひてかかげやせまし—」〈新古今・釈教・一九三三〉訳何とかして自分は、もうしばらくこの迷いにとざされた浮世にとどまって、法灯をかかげて人々を救い出したいと思う。

のり-あ・ふ【罵り合ふ】〔自ハ四〕〈は・ひ・ふ・ふ・へ・へ〉悪口を言い合う。ののしり合う。例「下(しも)ざまの人は、—・ひいさかひて、あさましく恐ろし」〈徒然草・一七五〉訳(酔うと)下賤(げせん)の者は、ののしり合い喧嘩(けんか)をし、見苦しくてぞっとする。

のり-かへ【乗り換へ・乗り替へ】〔名〕❶途中で乗り換えるための予備の乗り物。特に、馬をいう。例「その後畠山、—に乗ってうち上がる」〈平家・九・宇治川先陣〉訳(馬を射られて)その後は、畠山重忠(しげただ)は、乗り換えの馬に乗って(宇治川の対岸に)上がった。❷軍陣で、特に大将の乗り換え用の馬を預かる役の侍。

のり-こぼ・る【乗り溢る】〔自ラ下二〕〈れ・れ・る・るる・るれ・れよ〉❶乗り物に大勢が乗って、着物の端が外にはみ出る。例「物見のかへさに、—・れて」〈枕草子・心ゆくもの〉訳(行列などの)見物の帰り道に、(女房達が)大勢牛車(ぎっしゃ)に乗って着物の袖(そで)などがはみ出ていて。❷乗り物からあふれるほど多く乗る。

のり-と【祝詞】〔名〕神を祭り、神に祈る際に、祭主が神に告げ申す言葉。反復・対句などを多用して、荘重な文体で書かれている。「延喜式(えんぎしき)」に二十七編、「台記(たいき)」に一編収められている。

のり‐の‐ともしび【法の灯火】 ⇩「のり」子項目

のり‐ゆみ【賭弓】〔名〕❶品物を賭(か)けて弓を競うこと。❷《「賭弓の節(ちせ)」の略》平安時代の宮中行事の一つ。陰暦正月十八日に、弓場殿(ゆばどの)で左・右の近衛府・兵衛府の舎人(とねり)達が弓の技を競い合うのを、天皇がご覧になり、賞品を下賜した行事。例「召し出(い)だされて、——つかうまつるに」〈宇治拾遺・一五・四〉訳 宮中に召し出されて、賭弓の射手としてお仕えしたが。

のりゆみ②

の・る【乗る・載る】〔自ラ四〕〔ら・り・る・る・れ・れ〕❶乗り物などに乗る。❷つきものがつく。乗り移る。例「我に十禅師権現(じふぜんじごんげん)——・りゐさせ給へり」〈平家・二・一行阿闍梨之沙汰〉訳 私に十禅師権現が乗り移られた。注「十禅師権現」ハ、日吉山王(ヒエサンノウ)七社権現ノ一ツ。❸勢いづく。調子にのる。例「源氏の兵者(つはもの)ども、勝つに——・って」〈平家・一一・弓流〉訳 源氏の兵士達は、勝ちいくさに勢いづいて。❹おだてに乗る。だまされる。❺《「載る」と表記する》書物などに書き記される。掲載される。

の・る【告る・宣る】〔他ラ四〕〔ら・り・る・る・れ・れ〕宣言する。告げる。言う。例「国問へど国をも——・らず家問へど家をも言はず」〈万葉・九・一八〇〇長歌〉訳（生まれた）国を尋ねるけれど国も告げず、（住んでいる）家を尋ねるけれど家も言わず。注 旅人ガ死ンデイルノヲ見テ詠ンダ歌。

> 要点 一種の呪力(じゅりょく)を持った発言を意味する語で、口に出してはならないことを言ったり、神や天皇が宣言したり、自分の名や占いの卦(け)を明かす場合に多く用いられる。平安時代以降は「名のる」という形でのみ用いられ、「呪(のろ)ふ」もこの語から派生した。

の・る【罵る】〔他ラ四〕〔ら・り・る・る・れ・れ〕非難の言葉を口に出す。ののしる。例「母——・りし罪によりて地獄に堕ちて苦を受くること、無量なり」〈今昔・二・一三〉訳 母をののしった罪によって地獄に落ちて苦しみを受けることは、はかりしれない。要点 中世頃までは「ののしる」は大声を立てて騒ぐ意。「のる」と「ののしる」の相違に注意。

のろ・し【鈍し】〔形ク〕❶（反応が）にぶい。❷《近世の用法》女に甘い。

のろ・ふ【呪ふ】(ノロウ)〔他ハ四〕〔は・ひ・ふ・ふ・へ・へ〕恨みのある相手に災いがかかるように祈る。のろう。例「泣き腹立ちつつ人を——・ひ、まがまがしく言ふもあるこそ、をかしけれ」〈枕草子・正月一日は〉訳（もともとお遊びなのに）泣いたり腹を立てたりしながら（打った）人をのろい、不吉な言葉を口走る（女房がいる）のも、おもしろい。参考 動詞「告(の)る」の未然形に反復・継続の助動詞「ふ」がついた「のらふ」から変化した形。⇩のる（告）要点

の‐わき【野分】〔名〕秋に吹く激しい風。暴風。台風。「のわけ」とも。例「芭蕉(ばせを)——して盥(たらひ)に雨を聞く夜かな」〈芭蕉〉訳 芭蕉の葉に、野分が吹き荒れ、雨が吹きつけている。（私は一人、この粗末な草庵に寝て、杜甫(とほ)や蘇東坡(そとうば)などの中国の詩人達の雨中の感懐をしのびながら）盥(たらい)に落ちる雨漏(あまも)りの音を、夜の闇の中で侘(わ)びしく聞いている。

例「鳥羽殿(とばどの)へ五六騎急ぐ——かな」〈蕪村〉訳 鳥羽殿のある方へ、五、六騎の武者がただならぬ様子で疾駆してゆく。折から吹きすさぶ野分は、不安をかきたてるかのようにさらに激しく、暗雲は一層低くたれこめている。注「鳥羽殿」ハ、鳥羽(＝現在ノ京都市伏見区)ニアッタ離宮。

のわき‐だ・つ【野分だつ】〔自タ四〕〔た・ち・つ・つ・て・て〕《「だつ」は接尾語》野分のような風が吹く。例「——・ちてにはかに膚(はだ)寒き夕暮れのほど」〈源氏・桐壺〉訳 野分めいた風が吹いて急に肌寒く感じられた夕方に。

の‐わけ【野分】〔名〕⇩のわき

は

は【羽・翳】〔名〕鳥や虫のはね。羽毛。翼。例「蟬(せみ)の羽——よりもかるげなる直衣(なほし)・指貫(さしぬき)」〈枕草子・説教の講師は〉訳 セミの羽よりも軽そうな直衣や指貫（を着たのも）。

は【端】〔名〕はし。ふち。例「夕日のさして、山の——いと近うなりたるに」〈枕草子・春はあけぼの〉訳 夕日がさして、山の端に非常に近くなったころ。

は《反復・継続の助動詞「ふ」の未然形》⇩ふ（助動）

は 一〔係助〕接続 主語や連用修飾語・接続語などに付く。

❶【主題】《ある事柄を不特定多数の中から特に取り立てて、主題・題目として示す》…は。例「これは勇める馬なり」〈徒然草・一八五〉訳 これは気がたっている馬だ。

❷【対比】《ある事柄を特定有限数のものの中から対比的にとり立てて示す》…は。…の方は。例「敵(かた)の手には**は**かかるまじ」〈平家・一一・先帝身投〉訳 敵(てき)の手にはかからないつもりです。例「古京**は**すでに荒れて、新都**は**いまだ成らず」〈方丈記・都遷り〉訳 旧都(＝平安京)はすでに荒れ果てて、新都(＝福原)はまだ出来上がらない。

❸【強調】《叙述の内容を取り立てて強調・明示する》…は。例「尋ぬる人の琴の音(ね)か、おぼつかなく**は**思へども、駒(こま)を速めて行くほどに」〈平家・六・小督〉訳（かすかに聞こえるのが）尋ね求めている人の琴の音かどうか、はっきりしないとは思うけれども、馬を速めて進んで行くうちに。

❹【仮定】（形容詞および形容詞型活用の助動詞の連用形や、打消しの助動詞「ず」の連用形に付いて）《仮定条件を示す》…ならば。…たら。例「鶯の谷より出(い)づる声なく**は**春来ることを誰(たれ)か知らまし」〈古今・春上・一四〉訳 ウグイスが谷から出てさえずる声がなかったならば、一体誰が春の来ることを知ることができようか。例「まろ、格子(かうし)上げず**は**、道なくて、げにえ入り来(こ)ざらまし」〈源氏・横笛〉訳 私が格子を上げげなかったら、通り道がなくて、

なるほど(物の怪(け)は)入って来ることができなかったろう。

要点 (1)「は」の基本的な意味は、一つの事柄をほかの事柄から区別して特に取り立てて指示するところにある。①の用法は、不特定多数の中からの絶対的な取り立てで、②の用法は、対比されるべき特定有限数のものの中からの相対的なとり立てである。従って、②には、「…は、…は」という列挙的な用法が多くなる。③の用法は、取り立てが強調として現れた場合である。ただし、中には(特に③の中には)現代語訳しにくい例もある。なお、④の仮定条件を示す用法では、形容詞型活用語や「ず」の連用形に「は」が付くもののすべてが仮定条件を示すとは限らない。例えば、③の『平家物語』の 例 の「おぼつかなく**は**」などは、明らかに仮定条件を示してはいない。
(2)「は」は、格助詞「**を**」に付く場合には、濁音化して「**をば**」**となる**。また、中世以降には、「は」が「ん」や促音「っ」で終わる語に付いた場合は、それぞれ「な」「た」と発音され、「いふは」は「いっぱ」と発音された。例「代物(だいもつ) **た**、いかほどでござるぞ」〈狂言・宝の槌〉 訳 代金は、いくらぐらいですか。例「されば、行叡居士(ぎやうえこじ)といっ**ぱ**、これ観音薩埵(くわんおんさつた)の御再誕(さいたん)」〈謡曲・田村〉 訳 そういう訳で、行叡居士というのは、これは観音菩薩(ぼさつ)の生まれ変わりのお姿。
参考 (1)「は」と「も」は、ほかの係助詞と違って、特別の結びの形を要求しない。その点で、係助詞であることがわかりにくいが、「鳥**は**飛ぶ」とは言えても、「鳥**は**飛ぶ時」は不自然である。「は」は、「鳥**は**、飛ぶ時、…する」のように、すぐ下の述語「飛ぶ」を通り越して、文末の述語「…する」にかかろうとする。このような文末の述語と関係を結ぶ働きは、文末述語の活用形が変わらなくても、係り結びと呼ぶにふさわしい。この点で、「は」は、そして「も」も、係助詞に含められる。
(2)④の用法は、中世までは「…くは」「…ずは」と「は」は清音であったが、近世になると、「…くば」「…ずば」と濁音に発音されるようにもなった。

二(終助) 接続 言い切りになっている体言や、活用語の連体形、終助詞「や」などに付く。
【**詠嘆**】(感動・詠嘆の意を表す)…よ。…(である)なあ。例「さるさがなきえびす心を見ては、いかがはせむ**は**」〈伊勢・一五〉 訳 このような見苦しい田舎女の心を見たら、(男は)どうしようか、どうしようもないよ。例「『年立ちかへる』など、をかしきことに、歌にも文(ふみ)にも作るなる**は**」〈枕草子・鳥は〉 訳 (ウグイスが春に鳴くのは)「年立ちかへる」などと、風情のあることとして、和歌にも漢詩にも歌われているよ。

ば(接助)の判別

Ⓐ**活用語の未然形に付く場合**
例 世の中に絶えて桜のなかりせ**ば** ——順接の仮定条件

Ⓑ**活用語の已然形に付く場合**
例 いと幼けれ**ば**、籠に入れて養ふ ——順接の確定条件
例 秋風もいまだ吹かね**ば**かくぞ紅葉てる ——逆接の確定条件
例 古き都は荒れゆけ**ば**今の都は繁盛す ——事柄の対照的並列

ば

〔接助〕 接続 活用語の未然形、あるいは已然形に付く。

一(**未然形に付く場合**)順接の仮定条件を示す。もし…なら。…たら。例「狂人のまねとて大路(おほち)を走ら**ば**、すなはち狂人なり。悪人のまねとて人を殺さ**ば**、悪人なり」〈徒然草・八五〉 訳 狂人のまねだといって大路をもし走るなら、とりもなおさず(その者は)狂人である。悪人のまねだといって人をもし殺すなら、(その者は)悪人である。

二(**已然形に付く場合**)❶順接の確定条件を示す。ⓐ原因・理由を表す。…から。…ので。例「いと幼けれ**ば**、籠(こ)に入れて養ふ」〈竹取・かぐや姫の生ひ立ち〉 訳 (かぐや姫が)とても幼いので、籠(ご)の中に入れて育てる。例「京には見えぬ鳥なれ**ば**、みな人見知らず」〈伊勢・九〉 訳 (その鳥は)京の都では見られない鳥なので、(一行の者達は)誰も見知っていない。
ⓑ前の事柄に対して後の事柄が偶然的な関係で起こる意を表す。…すると。…たら。…ところ。例「それを見れ**ば**、三寸ばかりなる人、いと美しうて居たり」〈竹取・かぐや姫の生ひ立ち〉 訳 (根元の光る竹に近寄って)それを見たところ、三寸(=約九センチ)ほどの人が、(竹の中に)とてもかわいらしい様子ですわっている。
ⓒその事柄があると、いつもきまってある事柄が起こる意(恒常的条件)を表す。…と(いつも)。例「疑ひながらも念仏すれ**ば**、往生(わうじやう)す」〈徒然草・三九〉 訳 疑いながらでも念仏をとなえると、極楽往生するものだ。
❷(打消しの助動詞「ず」の已然形「ね」に付いて)逆接の確定条件を表す。…のに。…うちに。例「我が宿の萩(はぎ)の下葉は秋風もいまだ吹かね**ば**かくぞ紅葉(もみ)てる」〈万葉・八・一六二八〉 訳 私の家の庭の萩の下葉は、秋風もまだ吹かないのに、こんなに紅葉しているよ。例「天の川浅瀬しら波たどりつつ渡り果てね**ば**明けぞしにける」〈古今・秋上・一七七〉 訳 天の川の浅瀬がどこかわからないで、白波の立っている所をかき分けてうろうろしながら行ったものだから、渡りきってしまわないうちに、夜が明けてしまったよ。
❸二つの事柄を対照的に並列する意を表す。…と、一方では。…は…で、…は…だ。例「古き都は荒れゆけ**ば**、今の都は繁盛(はんじやう)す」〈平家・五・月見〉 訳 古い都(=平安京)は荒れ果ててゆき、今の都(=福原)は繁盛する。例「鏑(かぶら)は海へ入りけれ**ば**、扇は空へぞ上がりける」〈平家・一一・那須与一〉 訳 鏑矢は海に入り、(一方)扇は空に舞い上がった。注 平氏ガ掲ゲタ扇ヲ、那須与一ガ見事射タ場面。

要点 (1)二は細かく分けたが、基本的に、一の未然形に付く場合は順接仮定条件、二の已然形に付く場合は順接確定条件と、理解しておいてよい。
(2)一には、「修辞的仮定」と呼ばれる用法がある。現実の事実を仮に仮定的な事柄として表現するのである。例「待てと言は**ば**寝ても行かなむ強(し)ひて行く駒(こま)の足折れ前の棚橋」〈古今・恋四・七三九〉 訳 (私が)帰るのを待ってと言ったら、寝てから行ってほしいなあ、強いてお帰りなら、その馬の足をつまずかせてしまえ、我が家の前の棚橋よ。

現代語で「来いと言ったら、早く来いよ」と言う言い方があるが、それと似た用法で、現実にすでに言っているのに、それを仮に仮定的に表現するのである。
[参考] 中世になると、「已然形＋ば」の形で順接の仮定条件を表す用法が生まれ、それが室町時代・江戸時代にかけて次第に多くなり、逆に「未然形＋ば」で仮定条件を表す例が少なくなる。この傾向がさらに進んで定着し、現代語の仮定形が成立する。

はい【灰】〔名〕⇒はひ

はい【拝】〔名〕拝むこと。拝礼。

はい【俳】〔名〕「俳諧(はいかい)」の略。

はい-かい【俳諧・誹諧】〔名〕❶戯れ。滑稽なこと。❷「俳諧歌(はいかいか)」の略。❸「俳諧の連歌(れんが)」の略。

はい-がい【沛艾】〔名〕馬の性質が荒く、勇み立ちあばれること。また、その馬。[例]「きはめて桃尻にして、――の馬を好みしかば」〈徒然草・一八五〉[訳]たいそうすわりの悪い尻つきで、あばれ馬を好んだので。

はいかい-か【俳諧歌】(「はいかいうた」とも)〔名〕和歌の一体。題材・内容・用語などに滑稽味のある歌。『万葉集』の戯笑歌の系統を引くもので、『古今集』巻十九の雑体の中に収められたのが最初。近世では「狂歌」を指していうこともある。

俳諧七部集(はいかいしちぶしふ) ハイカイシチブシユウ〔書名〕俳諧撰集。十二冊。佐々間柳居編か。享保の中頃成立か。蕉門の代表的句集である『冬の日』『春の日』『曠野』『ひさご』『猿蓑』『炭俵』『続猿蓑』を成立年代順にまとめたもの。『芭蕉七部集』とも。

はいかい-の-れんが【俳諧の連歌】〔名〕連歌の一体。俳諧体の連歌。純正連歌に対して、題材・内容・用語などの点で滑稽を主眼とするもので、もと連歌の余興として詠み捨てられていたが、室町時代末期、山崎宗鑑・荒木田守武などの頃から盛んになり、江戸時代に入って「俳諧」として独立して、芭蕉に至り本格連歌と並ぶ芸術性をもつようになった。

はい-しょ【配所】〔名〕罪を犯して流された場所。流罪の地。[例]「我ら三人は、罪も同じ罪、――もひとつ所なり」〈平家・三・足摺〉[訳]我々三人(＝成経・康頼・俊寛)は、罪も同じ罪であり、配所も同じ場所だ。

はい・す【拝す】〔他サ変〕(せ・し・す・する・すれ・せよ)❶神仏・貴人などに対して頭を下げ敬意を表す。拝礼する。また、拝見する。❷叙位や任官などに際して、感謝の意を表明するために拝舞(＝一定ノ方式ノ舞踏ニヨル礼)する。[例]「御前の庭にて――し奉り給ふ」〈源氏・竹河〉[訳](中納言に昇進した薫は、玉鬘の邸の)御座所の前の庭で(玉鬘に)拝舞し申し上げなさる。

はい-ずみ【掃墨】〔名〕(「はきずみ」のイ音便)胡麻油・菜種油などの油煙を集めたすす。膠を混ぜて墨にしたり、漆・渋などに入れて塗料にした。また眉墨や薬としても用いた。

はい-ぜん【陪膳】〔名・自サ変〕(「陪」は付き従う意)宮中で天皇の食事の時や、武家で儀式の際などの食事の時に、給仕を勤めること。また、それを担当する役。[例]「――にさぶらふ限りは、心苦しき御気色を見奉り嘆く」〈源氏・桐壺〉[訳](最愛の桐壺更衣を亡くした帝は食欲もなく)お給仕をお勤めする者は皆、(帝の)お気の毒なご様子を拝見して嘆いた。

はい-だて【脛楯】〔名〕(「はぎだて」のイ音便)鎧の付属具。腰の前から左右に垂らして、ももとひざとを覆うもの。

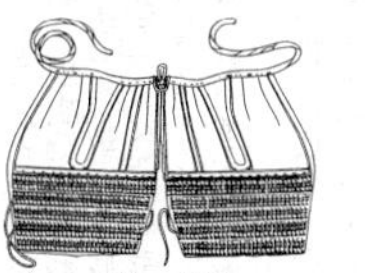
はいだて

誹風柳多留(はいふうやなぎだる)〔書名〕江戸後期の川柳集。初代から五世まで代々の柄井川柳の選句を集めたもの。略して、『柳多留』『柳樽』とも。一七六五年(明和二)の初編から一八三八年(天保九)の百六十七編まで続刊。初期の句には軽妙滑稽な秀句が多かったが、のち駄洒落に堕した。⇒柄井川柳

はう【方】ハウ〔名〕❶方角。方向。方位。❷正方形。四角。また、正方形の一辺。…四方。❸方法。手段。技術。[例]「荷葉の――を合はせたる名香」〈源氏・鈴虫〉[訳]荷葉(＝薫タキ物ノ名)の香の作り方を調合するのに用いた名香(＝仏ヘ供エル香)は。❹薬などを調剤すること。処方。[例]「薬をえらみ、みづから――を案じ、みづから煮て与へ」〈雨月・菊花の約〉[訳]薬を選び、自ら投薬の処方を考え、自分で煎じて与えて。

はう【袍】ハウ〔名〕宮中で、男性が衣冠(＝略装)・束帯(＝正装)の時に着る上着。身分に応じて色や布地が異なり、また、文官は縫腋(＝腋ノ下ヲ縫イツケタ袍)、武官は闕腋(＝腋ノ下ヲ縫ワズニアケ、動作シヤスイヨウニシタ袍)を着用する区別があった。「うへのきぬ」とも。

はう【延う・這う】〔動〕⇒はふ

ばう【坊】バウ〔名〕❶平城京や平安京などで、大路で囲まれた区域。十六町(＝四保)をいう。町の区画の名。❷(「東宮坊(とうぐうばう)」の略)東宮御所。転じて、東宮。皇太子。[例]「平城の帝、位におはしましける時、嵯峨の帝は――におはしまして」〈大和・一二三〉[訳]平城天皇が、帝位におつきだった頃、嵯峨天皇は皇太子でいらっしゃって(歌の贈答をなさった)。❸(「房」とも表記)僧のいる所。僧坊。また、寺。❹(「房」とも表記)僧侶。[例]「いづくよりわたり給ふ道心の御――にや」〈奥の細道・福井〉[訳]どこからおいでになった行脚のお坊さんでございましょうか。

はう-かし【放下師】ハウカシ〔名〕中・近世の下級芸人。烏帽子をかぶり、小切子(＝短ク切ッタ竹筒ニ小豆ヲ入レタモノ)を手にして、街頭で滑稽な歌舞・手品・曲芸などを見せる。後には、大道曲芸師をもさした。

はうかし

伯耆(はうき) ハウキ〔旧国名〕山陰道八か国の一つ。現在の鳥取県西部にあたる。伯州。

はう-くゎ【半靴】ハウクヮ〔名〕(「はんくゎ」の変化した形)深履より頭部が短く浅い靴。木や革で作られ、馬に乗る時などに用いられる。[例]「深き沓、――などのはばきまで、雪のいと白う掛かりたるこそをかしけれ」〈枕草子・雪高う降りて〉[訳]深ぐつや、半靴などの脚絆(＝足ノスネニ巻ク布)の部分まで、雪がとても白く降りかかっている様子は風情があってよいものだ。

はう-ぐゎん【判官】〔名〕(「はんぐゎん」の変化した形)❶律令制による各官庁の四等官(=長官・次官・判官・主典)のうちの第三等官。
❷多くは、検非違使・衛門府・兵衛府の第三等官をいう。例「左右の衛門の尉を、──といふ名つけて、いみじう恐ろしう、かしこき者に思ひたるこそ」〈枕草子・左右の衛門の尉を〉訳左衛門府・右衛門府の三等官を、判官と名づけて、非常に恐ろしく、大したものに思っているとよ。
❸(検非違使の尉であったことから)源義経の呼び名。

はう-げ【放下】〔名・他サ変〕《仏教語》いっさいの執着を捨て去ること。例「諸縁を──すべき時なり」〈徒然草・一一二〉訳(老い先短い私にとって)俗世とのいっさいのかかわりを捨てなければならない時である。

ばう-ざ【病者】〔名〕(「びゃうざ」「びゃうじゃ」とも)病気の人。例「船君の──、もとよりこちごちしき人にて」〈土佐・二月七日〉訳船の主人である病人は、もともと風流心のない人で。注紀貫之ガ自分ノコトヲ、ワザトボカシテ表現シタモノ。

はう-し【拍子】〔名〕(「はくし」のウ音便)⇩ひゃうし

ばう-しゃ【茅舎】〔名〕茅ぶきの粗末な家。あばらや。

はうじゃう-ゑ【放生会】〔名〕《仏教語》捕らえられた生き物を放す法会。陰暦の八月十五日に、宇佐・石清水の八幡宮で行われたものが有名。(季・秋)

はう-じん【芳心】〔名・自サ変〕(「はうしん」とも)親切にすること。また、その気持ち。親切心。例「情け深う──おはしつるこそ、ありがたう嬉しけれ」〈平家・一一・重衡被斬〉訳情け深く親切心をお持ちなのが、もったいなくて嬉しいことです。

ばう-ず【坊主・房主】〔名〕❶僧坊のあるじ。寺の住職。
❷室町時代以降、僧一般を指していう。
❸江戸時代、城中で茶の湯の接待や雑役に従事する者。剃髪していたのでいう。

ばう-ず【亡ず】〔自サ変〕滅びる。死ぬ。例「久しからずして──じにし者どもなり」〈平家・一・祇園精舎〉訳長く栄華を保たずに滅びてしまった者たちである。

はう-すん【方寸】〔名〕(心は、胸の中、一寸(=約三センチ)四方の間にあるとするところから)心。胸中。例「江山水陸の風光数を尽くして、今、象潟に──を責む」〈奥の細道・象潟〉訳川や山、海や陸の美しい景色を数多く見てきて、今、(あこがれの)象潟(=秋田県由利郡象潟町)へと心が急きたてられる。

ばう-ぞく〔形動ナリ〕下品。無作法。例「『けしからず、──なり』とて、いと眉黒にてなむにらみ給ひけるに」〈堤中納言・虫めづる姫君〉訳(このように虫をこわがる人を姫君は)「とんでもない、無作法です」と言って、眉が真っ黒な顔でにらみなさったので。注一般女性ハ眉毛ヲ抜キ、オ歯黒ヲスルノニ、コノ姫ハソレヲシテイナイ。

はう-ちゃう【庖丁】〔名〕❶料理をする人。また、料理をすること。
❷(「庖丁刀」の略)料理用の刃物。現代の包丁。

はう-ぢゃう【方丈】〔名〕❶一丈(=約三メートル)四方の広さ。例「広さはわづかに──、高さは七尺がうちなり」〈方丈記・方丈〉訳(庵室の)広さはわずかに三メートル四方で、高さは二・一メートル以内である。注鴨長明ガ六十歳デ日野山(=京都市伏見区)ニ結ンダ庵ノ寸法。『方丈記』ハ、ココデ書イタノデ、ソノ名ガアル。
❷《仏教語》(「維摩経」で説かれる維摩居士の居室が一丈四方であったことから)住職の居間。さらに転じて、住職。
参考 現行の辞書の多くは「はうぢゃう」とするが、中世の文献では「ほうぢゃう」となっているし、平方形を意味する場合の「方」は「はう」ではなく「ほう」だと説明している文献もあるので、「ほうぢゃう」の方を正しい形とすべきようである。

方丈記〔書名〕鎌倉初期の随筆。鴨長明著。一二一二年(建暦二)成立。前半は天変地異の続く平安末期の混乱した世相を描き、後半では、それを避けて隠棲した日野山(=京都市伏見区東南部ニアル山)の草庵での生活を描く。仏教的無常観を基調とし、文章は洗練された和漢混交文で、対句や比喩を巧みに生かしている。
冒頭「ゆく河の流れは絶えずして、しかも、もとの水にあらず。淀みに浮かぶうたかたは、かつ消えかつ結びて、久しくとどまりたる例なし。世の中にある人とすみかと、またかくのごとし」訳流れて行く川の水は途絶えることがなく、それでいて、前と同じ水ではない。流れのとどこおっている所に浮かんでいる泡は、消えたり出来たりしていて、(同じ泡が)長くとどまっている例はない。この世に生きる人とその住居とは、またこれらと同じようなものだ。⇩鴨長明

はうちゃう-じゃ【庖丁者】〔名〕料理の名人。料理人。例「園の別当入道は、さうなき──なり」〈徒然草・二三一〉訳園の別当入道は、並ぶ者のない料理の名人である。

はうちゃうじゃ

はう-べん【方便】〔名〕❶《仏教語》仏が衆生を仏の道に導くために用いる便宜的な手段。例「仏の御──にてなむ、かのかばねの袋を捨て、つひに聖りにける」〈源氏・宿木〉訳(死んでしまった我が子との別れを悲しんで、子のなきがらを包んで、長年首にかけていました人も)仏のお導きの手段によって(愛着を断ち切って)、そのなきがらを入れた袋を捨てて、ついに仏道の悟りに到達したのでした。
❷(転じて)目的のために利用する手段。策略。

はう-らつ【放埒】〔名・形動ナリ〕(「馬が埒(=馬場ノ囲イ)から外へ放たれる意)勝手気ままに振る舞うこと。身持ちがよくないこと。例「道の掟正しく、これを重くして──せざれば、世の博士にて万人の師となること、諸道変はるべからず」〈徒然草・一五〇〉訳その道のきまりを正しく(守り)、これを重視して勝手な振る舞いをしなければ、その道の模範となって多くの人の指導者となることは、どの道についてもあてはまるはずである。

ばう-をく【茅屋】〔名〕茅ぶきの粗末な家。「茅舎」に同じ。転じて、自宅をへりくだっていう語。

はえ【映え・栄え】〔名〕❶引き立って美しいこと。見ばえがすること。例「あはひも見えぬ上衣(うはぎぬ)などばかりあまたあれど、つゆの―も見えぬに」〈枕草子・かへる年の二月二十日よ日〉訳(重ねの)色の配合もはっきりしない上着ばかりを何枚も着ているが、全く見ばえもしない上に。
❷名誉。面目。例「北の方、―ありてうれしと思ふ」〈落窪・二〉訳北の方は、(娘の婿(むこ)となる人をほめられて)面目をほどこせてうれしいと思っている。

はえ-な・し【映えなし】《連語》引き立たない。見ばえがしない。例「『夜に入りて物の―・し』と言ふ人、いと口惜(くち を)し」〈徒然草・一九一〉訳「夜になっては何もかも見ばえがしない」と言う人は、実に情けない。

はえ-ばえ・し【映え映えし】〔形シク〕❶ひときわ輝いて見える。華やかで見ばえがする。例「打ち当てたるは、いみじう興ありてうち笑ひたるは、いと―・し」〈枕草子・正月一日は〉訳(粥(かゆ)の木で誰かを)打ち当てた時は、とてもおもしろがって(皆で)笑っているのは、大変引き立って華やかに感じる。注女ノ腰ヲ打ツト、男ノ子ガ生マレルトイウ。
❷光栄である。名誉に感じる。はれがましい。例「講師(かうじ)も―・しく覚(おぼ)ゆるなるべし」〈枕草子・説経の講師は〉訳(貴公子が座にいると)説法の僧も光栄に思われるのであろう。

はがい【羽交い】⇩はがひ

はかし【佩刀】〔名〕《動詞「佩(は)く」の未然形「はか」+上代の尊敬の助動詞「す」の「はかす」の連用形の名詞化。ふつう「みはかし」の形で用いる》貴人のお刀。⇩みはかし

はか-せ【博士】〔名〕❶古代・中世の官名。大学寮に属する明経(みやうぎやう)・紀伝(のちに文章(もんじやう))・明法(みやうぼう)・算・音・書、陰陽寮(おんやうれう)に属する陰陽・暦・天文・漏刻(ろうこく)、典薬寮に属する医・針・按摩(あんま)などの各博士のほか、大宰府(だざいふ)や諸国にもそれぞれの博士が置かれた。専門の学芸に従事するほか、学生(がくしやう)の教授にもたずさわった。
❷学芸に広く通じた人。物知り。例「弁もいと才(ざえ)賢き―にて」〈源氏・桐壺〉訳右大弁も大変学問に秀(ひい)でた物知りであって。
❸《「節(ふ)博士(し)」の略》声明(しやうみやう)・平曲・謡曲などの節のきまり。また、それを示すために文句のわきに付した墨の点。
❹基準や手本となるもの。模範。例「太子の御時(おほんとき)の図、今に侍(はべ)るを―とす」〈徒然草・二三〇〉訳聖徳太子の御時の楽の図で、今に伝わっていますものを基準としているからです。

は-がため【歯固め】〔名〕正月三が日に、延命・長寿を祈って、鏡餅(かがみもち)・大根・瓜(うり)・押し鮎(あゆ)・猪(いのしし)や鹿(しか)の肉などを食べること。また、その行事。(季・新年)

> 要点 「歯」は齢(よはひ)の意。年齢を固めて延命・長寿をはかる行事であるが、本来は、堅いものを嚙(か)んで歯の根を固めるという意味をもつものであった。

はかなく-な・る【果無くなる】《連語》《形容詞「はかなし」の連用形+動詞「なる」》死ぬ。亡くなる。例「いといたく思ひ嘆きて、―・り侍(はべ)りにしかば」〈源氏・帚木〉訳(女は)とてもひどく思い悲しんで、死んでしまいましたので。

はかな-げ【果無げ】〔形動ナリ〕《形容詞「はかなし」の語幹+接尾語「げ」》❶いかにも頼りない様子。心細そうである。弱々しそうである。例「『ちちよ、ちちよ』と―に鳴く、いみじうあはれなり」〈枕草子・虫は〉訳(ミノ虫が八月頃になると親を慕って)「ちちよ、ちちよ」と頼りなさそうに鳴くのは、たいそうしみじみとしている。注「ちち」ハ、「乳(ち)」ヲ重ネタ語、一説ニ「父」トモ。ミノ虫ハ実際ハ鳴カナイ。
❷たいしたことのない様子。それほど重要に考えない様子。おざなりである。例「―に言ひなして、まめまめしく恨みたる様も見えず」〈源氏・帚木〉訳(本妻に脅されていることを、女は)たいしたことでもないように言いつくろって、本気で(私、頭中将(とうのちゆうじやう)を)恨んでいるようすは見えない。

はか-な・し【果無し・果敢無し】 対はかばかし

> 仕事の進み具合を意味する「はか(果)」に「無し」が付いてできた語で、**仕事がはかどらない**、の意から、**頼りない**、**弱々しい**、の意、さらに、**とりとめがない**、**いいかげんである**、の意となる。

❶《形ク》**頼りない。心細い。弱々しい。**例「鳥辺(とりべ)山谷に煙(けぶり)の燃え立たば―・く見えし我と知らなむ」〈拾遺・哀傷〉訳鳥辺山の谷間に何かを燃やす煙が立ったならば、(平素)弱々しく見えていた私(を火葬にする煙)だと知ってください。注「鳥辺山」ハ、火葬場。
❷**頼りにならない。もろい。**あっけない。また、死んだ状態を婉曲(えんきよく)にいう。例「夢よりも―・き世の中を、嘆きわびつつ明かし暮らすほどに」〈和泉式部日記〉訳(はかないものとされる)夢よりももっとあっけなく終わったあの人との仲を、嘆き悲しみながら日々を過ごすうちに。例「―・き数にならむことは疑ひなきことなり」〈建礼門院右京大夫集・詞書〉訳(あのお方が)死者として数えられる中に入ることは間違いないことである。
❸(確かな価値がない意で)正式でない。**取るに足らない。つまらない。**例「梨(なし)の花、世にすさまじきものにして、近うもてなさず、―・き文つけなどだにせず」〈枕草子・木の花は〉訳梨の花は、世間では興ざめなものとして、身近な所で観賞したりもせず、ちょっとした手紙を(それに)結びつけたりなどさえしない。
❹(確かな内容・量などがない、また、心がこもらない意で)**とりとめがない。ほんのちょっとである。いいかげんである。**例「―・きことを、うち解けのたまひかはしたる気配(けはひ)ども」〈源氏・橋姫〉訳(二人の姫君が)とりとめのないことを、気を許して言い交わしなさっている様子は。
❺(しっかりした考えがない意で)幼稚である。たわいない。あさはかである。例「いと―・う物し給ふこそ、あはれにうしろめたけれ」〈源氏・若紫〉訳(若紫が)本当にたわいなくおいでなのは、悲しくもあり気がかりなことです。

はかなし-ごと〔名〕■一【果無し事】たあいもないこと。取るに足らないこと。つまらないこと。例「―と知りながら、いたづらに心うごき」〈源氏・蛍〉訳(作り物語は)たあいもないこととわかっていても、(読者は)わけもなく感動し。
■二【果無し言】とりとめのない話。ちょっと口にした言葉。

はかな-だ・つ【果無だつ】〔自タ四〕《(た・て・つ)》《「だつ」は接尾語》頼りなく見える。貧弱に見える。例「屋のさまも―・ち、廊(らう)めきて」〈枕草子・五月の御精進のほど〉訳建物の様子も貧弱に見え、渡り廊下のような造りで。

はかな・む【果無む】〔他マ四〕〈ま・み・む・む・め・め〉《「む」は接尾語》はかないと思う。むなしく感じる。例「げにはこの世を——・み、必ず生死(しやうじ)を出でんと思はんに」〈徒然草・五八〉訳本当にこの世をはかないものと思い、必ず生死にとらわれた迷いの世界から脱しようと思うならば。

はか-ばか・し〔形シク〕《「はか」を重ねて形容詞化した語》対はかなし

> 仕事の進み具合を意味する「はか(果)」を重ねて形容詞化した語。仕事や物事が手際よく進む様子、の意から、頼もしい、はっきりしている、の意となる。

❶物事がてきぱきと進む様子。**はきはきとしている。**例「——・しうも、のたまはせやらず、むせかへらせ給ひつつ」〈源氏・桐壺〉訳(帝(みかど)は)はきはきとは、おしまいまで仰せになれず、何度も(涙で)声をつまらせなさって。❷**しっかりしていて頼りになる。頼もしい。**例「取り立てて——・しき後見(うしろみ)しなければ、事ある時は、なほよりどころなく心細げなり」〈源氏・桐壺〉訳(桐壺更衣(きりつぼのこうい)は)格別にしっかりとした後ろだての人がいないので、何か改まった事がある時には、やはり頼るあてがなく心細そうである。❸(姿や形が)**はっきりしている。際立っている。**例「空のけしき——・しくも見えず」〈更級・足柄山〉訳(梢(こずゑ)にさえぎられて木の間から)空の様子ははっきりとは見えない。❹本格的である。きちんとしている。例「居屋(ゐや)ばかりを構へて、——・しく屋を造るに及ばず」〈方丈記・わが過去〉訳自分の住む(狭い)建物だけを造って、きちんと屋敷全体を造ることはできなかった。

は-がひ【羽交ひ】イ・ガ〔名〕鳥の左右の翼が交差すること。また、そのところ。転じて、鳥の翼。例「葦辺(あしべ)行く鴨(かも)の——に霜降りて寒き夕べは大和し思ほゆ」〈万葉・一・六四〉訳葦の生えている水辺を泳ぐ鴨の翼に霜がおりて寒い夕暮れは、(暖かい我が家のある)大和のことが自然に思い出されることだ。

はかま【袴】〔名〕下半身に着ける衣服。上代では、腰にじかにまとう下着であったが、後には着物の上からはき、腰の部分で結んで下半身全体をおおう。もとは男子が用いたが、平安時代以降は女子も着用した。

はかま-ぎ【袴着】〔名〕(皇族・貴族などの子供が)初めて袴を身につける儀式。古くは三歳、のち五歳・七歳でも行う。

> 要点 「袴着」を男児のこととするのは誤り、男女ともに行われた。なお、「裳着(もぎ)」は、女子が成人して初めて裳(も)を着ける儀式で、十二、三歳頃に行われる。

はから-ざる-に【計らざるに】〔連語〕思いもよらず。突然。例「——病を受けて、たちまちにこの世を去らんとする時にこそ、初めて過ぎぬる方の誤れることは知らるなれ」〈徒然草・四九〉訳思いがけず病気になって、にわかに死んでしまうというような時にこそ、初めて過去の間違っていたことがわかるのである。

はからひ【計らひ】ハカライ〔名〕適宜に処置すること。取り計らい。例「木曽が——に、人々の官ども思ふさまになし置きけり」〈平家・八・法住寺合戦〉訳木曽義仲の取り計らいで、人々の官位を思い通りに決めた。

はから・ふ【計らふ】ハカラ(ロ)ウ〔他ハ四〕〈は・ひ・ふ・ふ・へ・へ〉❶機をうかがい、状況などをあれこれ考える。考慮に入れる。見はからう。例「日を——・ひて、いつしかと思ほすほどに」〈源氏・東屋〉訳(左近少将(さこんのしようしよう)と浮舟(うきふね)の婚礼の)日取りを見はからって、一日も早くとお思いになっているうちに。❷判断を下すために相談する。打ち合わせる。❸適宜に処置する。取り計らう。例「三百貫の物を貧しき身にまうけて、かく——・ひける、まことにありがたき道心者(だうしんじや)なり」〈徒然草・六〇〉訳三百貫という大金を貧しい身で手に入れて、このように処置した(=全部ヲ芋(モイ)ノ代金ニ当テタ)のは、実に珍しい仏道の帰依者である。

はかり【計り・量り・測り】〔名〕《動詞「はかる」の連用形の名詞化》❶目当て。目標。例「いづこを——とか我もたづねむ」〈源氏・夕顔〉訳どこを目あてにして私(=光源氏)も(女を)探したらよかろうか。❷限度。限り。例「人の聞くをもはばからず、声を——にぞをめき叫び給ひける」〈平家・七・維盛都落〉訳人の聞くのもかまわずに、声の出る限りわめき叫ばれた。

計り無(な)・し ❶目あてがない。計り知れないほど大きい。例「一日の出家(けす)の功徳(くどく)——・きものなれば、なほ頼ませ給へ」〈源氏・夢浮橋〉訳ただ一日だけ出家した功徳でも計り知れないほど大きいものだから、(還俗(げんぞく)してからも)やはり(それを)たよりにしなさい。❷限りがない。

ばかり〔副助〕接続 体言や体言に準ずる語句、および副詞、活用語の連体形・終止形、助詞など、種々の語に付く。

❶【程度・範囲】程度・範囲の意を表す。ⓐ(だいたいの程度・範囲を表す)…**ぐらい。…ほど。**例「髪、丈(たけ)に三尺**ばかり**余りて」〈落窪・一〉訳髪は、身長より三尺ほど長くて。例「望月(もちづき)の明かさを十(とを)合はせたる**ばかり**にて」〈竹取・かぐや姫の昇天〉訳満月の明るさを十も合わせたぐらい(の明るさ)で。ⓑ(極限の程度を表す)…ぐらい。…ほど。例「まことに、かばかりのは見えざりつ」〈枕草子・中納言参り給ひて〉訳本当に、これほどの(立派な)ものは私も見たことがない。例「人の亡(な)きあと**ばかり**悲しきはなし」〈徒然草・三〇〉訳人が亡くなったあとぐらい悲しいことはない。❷【限定】限定の意を表す。**…だけ。**例「頼みたる方(かた)のことは違(たが)ひて、思ひよらぬ道**ばかり**はかなひぬ」〈徒然草・一八九〉訳あてにしている方面のことはだめになり、思いもよらないことだけがうまく行ってしまう。例「月影**ばかり**ぞ、八重葎(やへむぐら)にも障(さは)らずさし入りたる」〈源氏・桐壺〉訳月の光だけが、荒れた庭の雑草にも邪魔されないでさしこんでいる。

> 要点 (1)①のⓐⓑの違いは微妙で、どの程度の強調を含むのか、含まないのかの判断は、文脈の解釈に基づくしかない。現代語でも、「三日**ほど**待ってください」「あれ**ほど**好きだったのに」「孫**ほど**かわいいものはない」のように、同じ「ほど」「ぐらい」が様々な度合の強調を含んで使われている。
> (2)①ⓑ『枕草子』の例の「かばかり」は、副詞「か」に「ばかり」の付いたものだが、全体で副詞とされることが多い。なお、「ばかり」は、(特に上代で)「か」「さ」「か

く」のような指し示す意の副詞に付くことが多く、副詞ではそのほかに、「ゆめ」「つゆ」など程度を表すものに付く例が見られる。
参考 「ばかり」の語源は、動詞「はかる(計・量)」の連用形「はかり」で、そこから①の用法が生まれた。②は、平安時代以降の用法。②は、副助詞「のみ」の意味と近く、中世以降は、「のみ」に代わって「ばかり」が使われる傾向がある。しかし、「のみ」の限定がただそれだけというはっきりとした限定であるのに対して、「ばかり」の限定はそれほどはっきりと限定しない幅を持ったものという違いがある。

はかり-こと【策・謀】〔名〕《「謀り事」の意。近世からは「はかりごと」と連濁する》事をうまくすすめる計画。他をだまそうとする策略。例「――を帷幕(ゐばく)の内にめぐらして、勝つことを咫尺(しせき)のもとに得たり」〈平家・七・木曽山門牒状〉訳(私、義仲は)策略を陣営の中で立てて、すぐ目前で勝つことができた。

はかり-な・し【計り無し】⇩「はかり」子項目

ばかり-に〘連語〙《副助詞「ばかり」に格助詞「に」の付いたもの》❶程度を表す。…ほどに。…くらいに。❷限定の意を表す。ただ…だけで。例「今来(こ)むと言ひしばかりに長月の有明けの月を待ち出(い)でつるかな」〈古今・恋四・六九一〉訳今夜暗くなったらすぐ行くと、あなたがおっしゃったばかりに、私は九月の長い夜を待ちつくしてしまいましたが、あなたはついに来なくて、有明けの月が空に現れてしまいました。注素性(ソセイ)法師ノ作、『百人一首』所収。

はか・る

〔他ラ四〕{ら・り・る・る・れ・れ}

「はかる」の原義は、数量について見当をつけることで、そこから一①の推量する、予測する、の意が生まれ、それが展開して、二①の計画する、や、二③のだます、などの意が生まれてきた。

■一【量る・計る・測る】❶(数量・程度などに)見当をつける。見積もる。測定する。❷**おしはかる。推量する。**また、**予測する。予想する。**例「あに――・りきや、太政官(だいじやうくわん)の地の今夜行(やかう)の庭とならむことを」〈枕草子・故殿の御服のころ〉訳どうして予測しただろうか、太政官の庁舎の地が今や夜遊びの舞台になろうなどということを。

■二【図る・企る・謀る】❶**計画する。企(くはだ)てる。見はからう。**例「あは、これらが内々――・りし事の洩(も)れにけるよ」〈平家・二・西光被斬〉訳ああ、これらの者達がひそかに(平家の打倒を)計画したことが洩れてしまったのだな。❷相談する。例「八百万(やほよろづ)千万神(ちよろづかみ)の神集(かむつど)ひ集ひいまして神(かむ)はかり――・りし時に」〈万葉・二・一六七長歌〉訳八百万(やおよろず)千万(ちよろず)の神々が神の集まりにお集まりになって、神の評議で相談なさった時に。❸計略にかける。たばかる。**だます。**例「『我をば――・るなりけり』とてこそ、泣かせ給ひけれ」〈大鏡・花山院〉訳(花山天皇は)「(藤原道兼(みちかね)は)私を計略にかけたのだったんだ」とおっしゃって、お泣きになるのだった。

はぎ【脛】〔名〕膝(ひざ)から下、くるぶしより上の部分。すね。例「笠のいと小さき着つつ、――いと高き男(を)の童(わらは)などのあるも」〈枕草子・卯月のつごもりがたに〉訳(菖蒲(しょうぶ)を刈るといって)笠のたいへん小さいのをかぶり、(衣をまくり上げて)すねを長々と出した男の子などがいるのも。

脛に挙(あ)・ぐ 着物の裾(すそ)をすねの上までまくり上げる。例「心にもあらぬ、――・げて見せける」〈土佐・一月十三日〉訳うっかりして、衣の裾をすねの上までまくり上げて見せてしまった。

はぎ【萩】〔名〕❶秋の七草の一つ。山野に自生し、初秋に赤紫や白の小さい花をつける。(季・秋)例「百済野(くだらの)の――の古枝(ふるえ)に春待つと居りしうぐひす鳴きにけむかも」〈万葉・八・一四三一〉訳百済野の萩の枯れ枝に、春を待ってとまっていたうぐいすは、もう鳴いただろうか。例「――、いと色深う、枝たをやかに咲きたるが、朝露に濡れてなよなよと広ごり伏したる」〈枕草子・草の花は〉訳萩(の花)が、たいへん色濃く、枝がしなやかに咲いているのが、朝露に濡れてなよなよと広がり伏している(風情がすばらしい)。❷《襲(かさね)の色目の名》表は蘇芳(すおう)(=紫ガカッタ紅色)、裏は青で、秋に用いる。例「――・紫苑(しをん)、いろいろの衣(きぬ)に、濃きがうちめ心ことなるを上に着て」〈紫式部・宰相の君の昼寝姿〉訳萩や紫苑など、色とりどりの色目の袿(うちき)に、濃い紅(くれない)の特別つやのよい打衣(うちぎぬ)を上に着て。

要点 「萩」という漢字は、本来、ヨモギの一種を意味する字だったが、我が国では秋の草の意で、ハギにこの字を当てるようになった。『万葉集』以来、ハギはよく歌に詠まれて人々に親しまれている。

はぎ-に-あ・ぐ【脛に挙ぐ】⇩「はぎ(脛)」子項目

馬琴(ばきん)〘人名〙⇩曲亭馬琴(きょくていばきん)

はく【箔】〔名〕金・銀など、金属を紙のように薄くのばしたもの。張りつけて装飾用とする。

は・く【佩く・帯く】■一〔他カ四〕{か・き・く・く・け・け}刀剣などを腰につける。帯びる。例「赤銅作(しやくどうづく)りの太刀(たち)を――・き」〈平家・一・御輿振〉訳金具を赤銅で作った太刀を腰につけ。■二〔他カ下二〕{け・け・く・くる・くれ・けよ}刀剣などを腰につけさせる。帯びさせる。

は・く【着く・著く】■一〔他カ四〕{か・き・く・く・け・け}弓に弦を張る。例「陸奥(みちのく)のあだたら真弓はじき置きて反(せ)らしめ来なば弦(つら)――・かめかも」〈万葉・一四・三四三七〉訳陸奥のあだたら(=福島県安達郡)産の真弓の弦をはずしておいて反らしたままなら、(どうして)弦を弓につけられようか。注東歌(アズマウタ)ノ譬喩(ヒユ)歌ノ一首。逢(ア)ワズニイテ急ニ仲ヨクショウトシテモ、ウマク行キハシナイノ意。■二〔他カ下二〕{け・け・く・くる・くれ・けよ}一に同じ。例「梓弓(あづさゆみ)弦緒(つらを)取り――・け引く人は後(のち)の心を知る人ぞ引く」〈万葉・二・九九〉訳梓弓に弦を張って引く人は、後の心を知っている人こそ引くのだ。注心変ワリシナイ自信ノアル人ガ求婚スルモノダノ意。

は・ぐ【矧ぐ】■一〔他ガ四〕{が・ぎ・ぐ・ぐ・げ・げ}羽をつけて矢を作る。例「山鳥の尾をもって――・いだるとがり矢二筋」〈平家・四・鵼〉訳山鳥の尾羽をつけて作ったとがり矢二本。■二〔他ガ下二〕{げ・げ・ぐ・ぐる・ぐれ・げよ}弓の弦に矢をかける。つがえる。例「片手矢――・げ進み出でて」〈平家・一一・逆櫓〉訳一本の矢を弓につがえて前に進み出て。

は・ぐ【剝ぐ】 ㊀〔他ガ四〕｛が・ぎ・ぐ・ぐ・げ・げ｝❶表面の樹皮などをむき取る。はがす。例「この片山のもむ楡(にれ)を五百枝(いほえ)——・ぎ垂れ」〈万葉・一六・三八八六長歌〉訳この片山のモムニレの樹皮をたくさんはがして垂らし。❷衣服を脱がす。はぎ取る。例「衣裳(いしやう)を——・ぐまではなかりしものを」〈平家・八・鼓判官〉訳（平家が都にいた頃は、源氏のように）衣服をはぎ取るようなことまでは起こらなかったのに。

㊁〔自ガ下二〕｛げ・げ・ぐ・ぐる・ぐれ・げよ｝❶表面の塗料などがはぎ取れる。はげる。剝落(はくらく)する。❷頭髪や毛が抜け落ちる。はげる。例「むく犬の、あさましく老いさらぼひて、毛——・げたるを引かせて」〈徒然草・一五二〉訳むく犬の、ひどく年とってやせ衰え、毛が抜け落ちているのを引っ張らせて。

はぐく・む【育む】〔他マ四〕｛ま・み・む・む・め・め｝❶（親鳥がひな鳥を）羽で包みおおって保護する。羽で包み込む。例「旅人の宿りせむ野に霜降らば我が子——・め天(あめ)の鶴群(たづむら)」〈万葉・九・一七九一〉訳旅人が宿をとる野原に霜が降ったら、私の子供を羽で包んで（寒さから）守っておくれ、空を飛んでいる鶴(たづ)の群れよ。注遣唐使トシテ旅立ツ我ガ子ニ贈ッタ、母親ノ歌。❷大切に世話をする。めんどうを見る。例「誰(たれ)——・み奉るべしとも見え給はず」〈平家・灌頂・女院出家〉訳（建礼門院を）誰かがお世話申し上げているようだともお見えにならない。❸大切に育てる。養育する。例「もろともに——・まぬおぼつかなさを」〈源氏・桐壺〉訳（あなた＝桐壺更衣(キリツボノコウイ)ノ母と）一緒に（幼い光の君を）養育しないゆえの気掛かりな気持ちを。

ばく-げき【莫逆】〔名〕《逆らうことが莫(な)い の意》非常に仲の良い間柄。また、そのような友人。例「常に——の交はり深く、朋友に信あるかな」〈芭蕉・野ざらし紀行〉訳いつも親密な間柄のつき合いが深く、友達に対し真実のある人であるよ。

ばく-しう【麦秋】(・シ ユウ)〔名〕麦を刈り取る季節。初夏。

はく-じゃう【白状】(・ジ ヨウ)〔名・他サ変〕《「白」は申すの意》❶（罪状などを）ありのままに、隠さず申し述べること。❷自白の内容を書いた書類。供述書。例「残りなうこそ申しけれ。——四、五枚に記せられ」〈平家・二・西光被斬〉訳（取り調べは厳しく、西光法師は）すべて白状した。その内容は供述書四、五枚に書かれて。

はく-せき【白石】(はくせき)〔人名〕⇩新井白石(あらゐはくせき)

はく-たい【百代】〔名〕《漢音で読んだ語》長い年月。永遠の時間。例「月日は——の過客(くわかく)にして、行き交(か)ふ年もまた旅人なり」〈奥の細道・出発まで〉訳月日は永遠の旅人のようなものであって、来ては去り去ってはまた来る年も同じく旅人のようなものである。

ばく-ち【博打・博奕】〔名〕《「ばくうち」の変化した形》金品を賭(か)けて争う遊戯。「ばくえき」「ばくやう」とも。また、それを専門にしている人。ばくち打ち。例「——の、負け極まりて残りなく打ち入れむとせんに会ひては、打つべからず」〈徒然草・一二六〉訳ばくち打ちで、負けがこんで残りの金すべてを賭けようとする者に出会った場合は、（対抗して）打ってはいけない。注絶体絶命カラ反撃スル者ノ強サ。

はく-ちゃう(・チ ヨウ)〔名〕㊀【白張】衣服の名。糊(のり)を強くつけた白布で作った狩衣(かりぎぬ)。

㊁【白丁】白布の狩衣を着た「仕丁(じちやう)」。

はくちゃう㊁

ばく-ふ【幕府】〔名〕《戦場で将軍の陣営に幕を張ったところから》❶陣中での将軍の居所。本営。❷「近衛府(このゑふ)」の唐名。また、近衛大将の居所。❸（源頼朝が右近衛大将に任じられたことから）鎌倉・室町・江戸時代の武家の政府。また、征夷大将軍(せいいたいしやうぐん)の別名。

は-ぐろめ【歯黒め】〔名〕主に女性が、歯を黒く染めるために用いる液。鉄を酢などに浸して酸化させてつくる。また、それをつけて歯を黒く染めること。「お歯黒」とも。

要点 平安時代、貴族階級の成人した女性は、引き眉(ゆま)とともに歯黒めをした。中世にはそれが男性にも広まった。近世では既婚女性のしるしとされた。

はげ・し【激し・烈し】〔形シク〕❶勢いが強い。激しい。例「風吹き、波——・しけれども」〈竹取・竜の首の玉〉訳風が吹き、波が激しいが。❷けわしい。例「——・しき山道の有様を見給ふにぞ」〈源氏・早蕨〉訳（宇治と京の間の）けわしい山道の様子を御覧になっては。

はげ・む【励む】〔自マ四〕｛ま・み・む・む・め・め｝自ら気力をふるい立たせる。一途(ずいち)にうちこむ。例「分(ぶん)を知らずして強(し)ひて——・むは、おのれが誤りなり」〈徒然草・一三一〉訳身のほどをわきまえないで無理に一途にうちこむのは、自分の誤りである。

はこ【箱・筥・糞器】〔名〕❶物を入れる四角い器。❷大便を受ける容器。転じて、大便。

ば-こそ〔連語〕《接続助詞「ば」＋係助詞「こそ」》❶《活用語の已然形に付く》強い確定条件を表す。…からこそ。例「唐土(もろこし)の人は、これをいみじと思へばこそ、記(しる)しとどめて世にも伝へけめ」〈徒然草・一八〉訳中国の人は、これ（＝物欲ノナイ許由(キョユウ)ノコト）を尊いと思うからこそ、書きとめて後世にも伝え残したのだろう。❷《活用語の未然形に付く》ⓐ（文中に用いて）強い仮定条件を表す。…ならば、きっと。例「泊瀬川(はつせがは)流る水沫(みなわ)の絶えばこそ我が思ふ心遂(と)げじと思はめ」〈万葉・七・一三八二〉訳もし泊瀬川を流れる水のあわが絶えるようなことがあったら、きっと、私の恋心は遂げずじまいになるだろう（が、水のあわは絶えはしないから私の恋も必ず遂げられる）。注「流る水沫の」ハ、「流るる水沫の」トアリタイトコロ。音数ノ制約デコウナッタカ。ⓑ（中世以降、文末に終助詞のように用いて）強い否定を表す。…どころではない。…はずもない。例「今は世の世にてもあらばこそ」〈平家・七・一門都落〉訳今は私の思いどおりの世の中であるはずもない。

要点 ②ⓑは初め「…も…ばこそ」の形で用いたが、謡曲などには「も」のない形も現れる。

はこ・ぶ【運ぶ】〔他バ四〕{ば・び・ぶ・ぶ・べ・べ}❶物を他の場所へ持って行く。運搬する。
❷(「歩みを運ぶ」などの形で)歩く。出向く。例「雨の降る夜(ょ)も降らぬ夜も、三年(みとせ)が間(あひだ)歩みを──・び」〈平家・一〇・海道下〉訳雨の降る夜も降らない夜も(毎晩)、三年間(ずっと)出向いて。
❸おし進める。特に、時間を経過させる。例「刹那(せつな)覚えずといへども、これを──・びて止(ゃ)まざれば、命を終ふる期(ご)たちまちに至る」〈徒然草・一〇八〉訳一瞬という時間は意識されなくても、この一瞬を経過させてやめなければ、命を終える時がたちまちのうちにやって来る。

はこや-の-やま【藐姑射の山】〔名〕❶中国で、仙人が住むという想像上の山。
❷上皇の御所を祝っていう語。仙洞(せんとう)。例「我と御位を儲(まう)けの君にゆづり奉り、──のうちも閑(ゝ)かになど思(おぼ)しめす」〈平家・四・厳島御幸〉訳自分から天皇の位を皇太子におゆずりして、上皇の御所の中で静かに暮らそうなどとお思いになる。

はさ-ま【狭間・迫間】〔名〕(室町時代以降は「はざま」)
❶物と物との間の狭いすき間。例「やをら歩み出(ぃ)でて、すだれの──に入り給ひぬ」〈源氏・空蟬〉訳(光源氏は)静かに(妻戸から)歩み出て、格子(しこう)とすだれとのすき間にお入りになった。
❷両方から山の迫っている狭い谷間。谷。
❸城壁に穴をあけてつくった、矢・銃などを射つための狭いすきま。「狭間(まき)」とも。
❹ある事と次の事との間の短い時間。あいま。

はさみ-ばこ【挟み箱】〔名〕近世、外出に際し、着替えの衣服や手回り品を入れて、供の者にかつがせた箱。これをかつぐ人を、「挟み箱持ち」という。

はさみばこ

ばさら【婆娑羅】〔名〕(「ばしゃら」「ばしゃれ」とも)❶(室町時代以降)人目を驚かすような、はでなかっこう。
❷したい放題に振る舞うこと。乱脈。

はし【階・梯】〔名〕❶庭から建物に上る階[illegible]し。例「竹編める垣しわたして、石の──、松の柱、おろそかなるものから、珍らかにをかし」〈源氏・須磨〉訳(須磨の光源氏の住まいはまわりに)竹で編んだ垣根を一面にめぐらして、石のきざはしや、松の柱は、粗末なものであるが、(それがかえって)もの珍しく風情(ふぜい)がある。
❷はしご。

はし

【端】〔名〕(原義は物の末端の意)❶物の先端。例「いとのきて短き物を──切ると言へるがごとく」〈万葉・五・八九二長歌〉訳格別に短い物を(さらに)その端を切るという諺(ことわざ)のように。注コノ諺ハ、今ノ「泣きっ面に蜂(はち)」ノヨウナ意。
❷**物事の初め**。端緒。例「奥より──へ読み、──より奥へ読みけれども」〈平家・三・足摺〉訳(俊寛(しゅんかん)は平清盛の赦免状(しゃめんじょう)に自分の名前がないので文書の)終わりから初めへと読み、また初めから終わりへと読んだけれども。
❸家の中の**外側に近いところ**。例「こなたはあらはにや侍(はべ)らむ。今日(けふ)しも──におはしましけるかな」〈源氏・若紫〉訳こちらは外からまる見えではありませんか。(光源氏一行がお忍びで来ている)今日に限って端近な所にいらっしゃることですね。
❹全体に対する一部分。断片。切れはし。例「うちたゆみて、深き本意(ほい)の──にても遂げずなりなむこと」〈源氏・若菜・上〉訳油断して、深い出家の願いの一端でもやりとげないことになってしまうようなこと(があってはいけないと)。
❺ある物事が行われる短い時間。あいだ。例「ほととぎす鳴く初声を橘(たちばな)の玉に合へ貫(ぬ)きかづらきて遊ばむ──も」〈万葉・一九・四一八九長歌〉訳ホトトギスの初めて鳴く声を橘の玉のような実に混ぜ合わせて緒(を)に通して髪飾りにして遊ぶ間にも。

はし【嘴】〔名〕(「端」と同源)くちばし。例「白き鳥の、──と脚と赤き、鴫(しぎ)の大きさなる、水の上に遊びつつ魚(いを)を食ふ」〈伊勢・九〉訳白い鳥で、くちばしと脚とが赤く、鴫くらいの大きさのが、水の上を気ままに泳ぎながら魚を食っている。注「都鳥(みやこどり)」ハ今ノユリカモメ。

は・し【愛し】〔形シク〕(上代語)愛情を感じる。いとしい。なつかしい。例「昔こそ外(よそ)にも見しか吾妹子(わぎもこ)が奥つ城(き)と思(も)へば──・しき佐保山」〈万葉・三・四七四〉訳昔こそは無関係なものと見ていたけれども、我が妻の墓(のある山)と思うと、(今では)いとしい佐保山よ。

はじ【土師】〔名〕(「はにし」の変化した形)上代において、埴輪(はにわ)など土器の製作に従事した人。陵墓の管理や葬礼にも奉仕した。

はじ【恥・辱・羞】〔名〕⇩はぢ

ばし〔副助〕(中世語。係助詞「は」に副助詞「し」が付き、「は」が濁音化して一語になったもの)接続体言・格助詞・接続助詞「て」などに付く。
【強調】(特に取り立てて強調する意を表す。多く、疑問・推量・仮定・命令・禁止などの表現とともに用いられる)…でも。…なんか。例「その日やがて追うて**ばし**寄せたらば、義貞(よしさだ)ここにて討たれ給ふべかりしを」〈太平記・一〇・一三〉訳その日そのまま(敵が)追いかけてでも攻め寄せていたら、新田義貞様はここで討たれなさっただろうに。例「必ず草葉の陰でも、それがしを恨(らう)みと**ばし**思うてくれな」〈狂言・靫猿〉訳決して草葉の陰でも、私を恨みとなんか思ってくれるな。

参考 平安時代の末頃に成立し、中世に多く使われたが、会話の文で用いられることが多い。一説に、「をばし」に副助詞「し」の付いた「をばし」の略とも。

はしい【端居】⇩はしゐ

はし-がかり【橋懸(掛)かり】〔名〕能舞台で、楽屋である鏡の間から舞台への通路になっている廊下。舞台向かって左に斜めに渡され、屋根・欄干(らんかん)があって、橋のような形をしている。

はし-がき【端書き】〔名〕手紙などの端に、本文とは別に書き添える言葉。追って書き。追伸。「なほなほ書き」とも。例「御──はいかなることにかありけむと、思ふ給へ出(ぃ)でむに、ものしかんべければ」〈蜻蛉・中・天禄二年〉訳お手紙の端にお書きのことばどんなことだったろうかと、思い出そうとするのも、いやになりそうですので。

はし-がくし【階隠し】〔名〕寝殿の正面中央の階段の上に張り出した屋根。「輿(こし)」の乗り降りに雨を防ぐために設けた。

階隠しの間(ま) (「階隠し」の中央部の意)寝殿の中央階段を上り、簀(す)の子を通って廂(ひさし)に入る所。

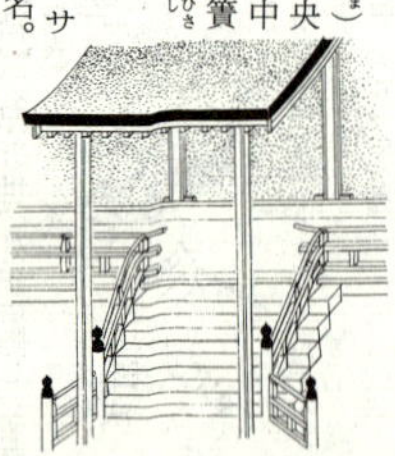

はしがくし

はじかみ【椒・薑】[名]❶植物の名。サンショウの古い呼び名。❷植物の名。ショウガの別名。(季・秋)

はしき-やし【愛しきやし】【連語】(上代語。形容詞「はし」の連体形+間投助詞「や」+間投助詞「し」)ああ、いとおしい。ああ、なつかしい。ああ、かわいそうだ。例「いや高に山も越え来(き)ぬ——我が妻の児(こ)が夏草の思ひ萎(な)えて嘆くらむ角(つの)の里見む靡(な)けこの山」〈万葉・二・一三八長歌〉訳いよいよ高く山も越えて来てしまった。ああ、いとしい、我が妻が思いしおれて嘆いているであろう、その角の里を見たい。平らになれ、この山よ。注「児」ハ妻ヲ指ス愛称。「夏草の」ハ「しなゆ」ノ枕詞。

参考 「はしけやし」「はしきよし」などもある。「はしけやし」が最も古く、「はしきよし」が新しく用例も多い。

はしき-よ-し【愛しきよし】【連語】⇩はしきやし

はしけ-や-し【愛しけやし】【連語】(「はしけ」は、「はし」の連体形「はしき」の変化した形。「や」「し」はともに間投助詞)懐かしい。いとしい。例「——吾家(わぎへ)の方(かた)よ雲居(くも)立ち来(く)も」〈古事記・中・景行〉訳懐かしいことよ。我が家の方から雲が立ち上って来ることだよ。

はし-ことば【端詞】[名]詩歌の前におき、その由来などを書きしるすことば。はしがき。詞書(ことばがき)。「端の詞」とも。

はした【端】[名・形動ナリ]❶どっちつかずで落ち着かないこと。中途はんぱ。例「皇子(みこ)は立つも——、居(ゐ)るも——にて居給へり」〈竹取・蓬莱の玉の枝〉訳(うそが露見して、くらもちの)皇子は立つのも落ち着かず、座っているのもきまりが悪いという様子で座っていらっしゃった。❷数がそろわないこと。はんぱ。❸召使いの女。下女。「はしため」「はしたもの」とも。

はした-な・し【端なし】[形ク](「なし」は、程度がはなはだしい意の接尾語)

はした-な・し
どっちつかずで落ち着かない意味の「はした(端)」に、程度がはなはだしい意の接尾語「なし」が付いてできた語。中途半端な状態や、その状態から生じるきまり悪さなどの意を表す。

❶どっちつかずで、中途半端である。また、しっくりしない。不釣り合いである。例「思ほえず古里(ふるさと)に、いと——くてありければ、心地(ここち)惑ひにけり」〈伊勢・一〉訳思いがけず(さびれた)昔の京(=奈良)に、(姉妹は)大変不似合いなほど(に優雅)でいたので、(男は)夢中になってしまった。❷(いたたまれないほどに)体裁が悪い。きまりが悪い。例「——きもの、異(こと)人を呼ぶに、われぞとさし出(い)でたる」〈枕草子・はしたなきもの〉訳きまりが悪いものは、他人を呼んでいるのに、私ですかと言って出て行く時。❸(相手にきまり悪い思いをさせるように)無愛想である。そっけない。例「うち過ぎなまほしけれど、あまり——くやと思ひ返して」〈源氏・紅葉賀〉訳(光源氏は女が誘うのを断って)そこを通り過ぎたかったが、(それでは、女に)あまりに無愛想かと思い直して。❹程度がはなはだしい。激しい。例「雨風——くて、帰るに及ばで」〈宇治拾遺・一・三〉訳雨風が激しくて、帰ることができずに。

はした-な・む[他マ下二](め・め・む・むる・むれ・めよ)❶きまりの悪い思いをさせる。恥をかかせる。例「我をば位なしとて——むるなりけり」〈源氏・少女〉訳私のことを位が低いといってみじめな思いをさせるのだな。注六位デアル、夕霧ノ嘆キ。❷きまり悪く思うほどにきびしくとがめる。たしなめる。例「——めさし放たむにもやすかるべきを」〈源氏・宿木〉訳たしなめて突き放すようなことも容易であろうけれど。

はし-ぢか【端近】[名・形動ナリ]❶家の中で、外部に近いところ。また、そこにいる様子。例「いと——・なりつる有様を、かつは軽々しと思ふらむかし」〈源氏・[illegible]〉訳(女三の宮が)かなり外から姿が透けて見えるような所にいた様子を、(柏木(かしはぎ)は恋しく思いながら)一方では軽率なことと思っているだろうよ。❷(転じて)浅はかなこと。上品でないこと。

はし-つ-かた【端つ方】[名](「つ」は「の」の意)端の方。例「——なりける人の、ゐざり入りつるけはひどもしるく」〈源氏・横笛〉訳端の方にいた女房達が、奥の方へ膝行(しっこう)していった様子がはっきりと感じとれ。

は-じとみ【半蔀】[名]蔀(しとみ)の一種。下半分を固定し、上半分を外側へ釣り上げられるようにしたもの。⇩しとみ

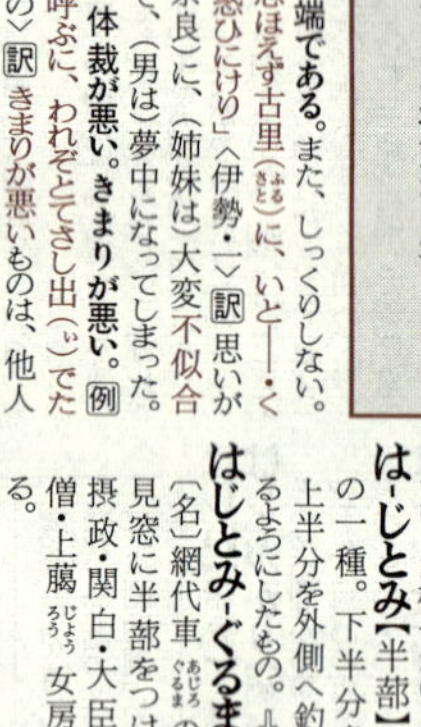

はじとみ

はじとみ-ぐるま【半蔀車】[名]網代車(あじろぐるま)の一種。物見窓に半蔀をつけたもので、摂政・関白・大臣・大将・高僧・上臈(じょうろう)女房などが用いる。

はし-ひめ【橋姫】[名]橋を守る女神。特に、宇治橋(=京都府宇治市)の女神。転じて、宇治に住む女性をもいう。例「中絶えむ物ならなくに——の片敷く袖(そで)や夜半(よは)にぬらさむ」〈源氏・総角〉訳夫婦の仲は絶えるようなものではないのに、宇治にいるあなたは片方だけ敷くひとり寝の袖を夜中に涙でぬらすことだろうか。注京ニ帰ル匂宮(ニオウミヤ)ガ、宇治ニ残ル中ノ君ニ贈ッタ歌。

要点 古来、橋姫に関する伝説は種々あり、いま宇治橋の西のたもとにある橋姫社はその霊をまつるという。『源氏物語』では宇治の大君(おほいぎみ)・中の君を指している。

はし-ぶね【端舟】[名]はしけ。小舟。

はじ・む【始む・初む】[他マ下二](め・め・む・むる・むれ・めよ)(「はじまる」の他動詞形)❶新しく事を起こす。始める。例「御修法(みずほふ)ども——むべきことのたまふ」〈源氏・総角〉訳数々の御修法を開始するようにとお言いつけになる。❷第一とする。はじめとする。例「親を——めて何とも知

らず」〈竹取・かぐや姫の昇天〉訳（かぐや姫の悩み事は）親をはじめとして（誰にも）どんな事だともわからない。

はじめ【始め・初め】〔名〕《動詞「はじむ」の連用形の名詞化》❶物事の起こり。最初。例「ありと見るものも存ぜず、――あることも終はりなし」〈徒然草・九一〉訳（すべてが変化するこの世では）あると（思って）見るものも実在せず、始まりがある事柄も終了することがない。
❷以前。さき。まえ。
❸はじめての物。最も主要なもの。第一。例「かの城郭(じやうくわく)にこもる勢(せい)、平泉寺長吏斎明威儀師(へいせんじのちやうりさいめいゐぎし)・稲津新介(いなづのしんすけ)……を――として」〈平家・七・火打合戦〉訳あの（木曽義仲の）城の中に立てこもっている軍勢は、平泉寺の役僧斎明・稲津新助……らを主だった者として。
❹ことの次第。いきさつ。一部始終。
❺（副詞的に）はじめに。以前に。

はじめ-て【初めて】〔副〕《動詞「はじむ」の連用形＋接続助詞「て」》❶最初に。初めて。例「宮に――参りたるころ、物の恥づかしき事の数知らず、涙も落ちぬべければ」〈枕草子・宮に初めて参りたるころ〉訳中宮様の所に最初に参上した頃は、何かと恥ずかしい事が数知らずあり、涙も落ちてしまいそうなので。
❷（いろいろないきさつの後、初めてその状態に達する意から）以前と変わって。例「仏御前(ほとけごぜん)がゆかりの者どもぞ、――楽しみ栄えける」〈平家・一・祇王〉訳仏御前の縁故の者達が、これまでと違って富み栄えた。
❸改めて。今さら。例「義経、君の御ために奉公の忠を致すこと、事新しう――申し上ぐるに及び候はず」〈平家・一二・判官都落〉訳（私）義経が、法皇様のために忠義を尽くしましたことは、事新しく今さら申し上げるまでもございません。

ば-しゃく【馬借】〔名〕中世、馬の背に荷物を載せて輸送するのを業とした者。近世では、宿場で馬方に馬を貸してその賃料を取る業者をいう。

はしら【柱】■一〔名〕❶建物などの柱。
❷柱のように頼りになるもの。また、その人。
■二〔接尾〕（「助数詞」として）神仏や高貴な人を数える時に用いる語。例「ここに二――の神、議(はか)りて言ひけらく」〈古事記・上・伊邪那岐命と伊邪那美命〉訳そこでお二方(ふたかた)の神が、相談して言われたことには。

はしら-か・す【走らかす】〔他サ四〕{さ・し・す・す・せ・せ}《「かす」は接尾語。「走る」の他動詞形》❶駆けつけさせる。走らせる。例「男(をのこ)どもあまた――・したれば」〈徒然草・八七〉訳召使い達を大勢駆けつけさせたところ。
❷煮立たせる。

はしり【走り】〔名〕《動詞「はしる」の連用形の名詞化》❶走ること。また、その人。
❷高い所から木をすべり落とすこと。また、その木。敵を防ぐ時などに用いる。
❸台所の流し。京阪地方では現代でもこの語を用いる。
❹初物。季節の初めに出る野菜・果物・魚など。「はしりもの」とも。

はしり-あり・く【走り歩く】〔自カ四〕{か・き・く・く・け・け}あちこちと走りまわる。奔走する。例「夜中過ぐるまで人の門(かど)たたき――・きて」〈徒然草・一九〉訳夜中過ぎまで他人の家の門をたたいて走り回り。

はしり-か・く【走り書く】〔他カ四〕{か・き・く・く・け・け}手早くすらすらと書く。走り書きする。例「手など拙(つたな)からず――・き」〈徒然草・一〉訳（すぐれた男は）筆跡など下手(へた)でなくすらすらと書き。

はしり-で【走り出】〔名〕《上代語。「わしりで」とも》山が低く横に突き出たようになっている状態。一説に、家から走り出たすぐの所ともいう。例「――のよろしき山の出(い)で立ちのくはしき山ぞ」〈万葉・一三・三三三一長歌〉訳（泊瀬(はつせ)の山、忍坂(おさか)の山は）横に低く続いた形のよい山で、そびえ具合の美しい山であるぞ。

はし・る【走る・奔る】〔自ラ四〕{ら・り・る・る・れ・れ}❶（車や人などが）速く移動する。
❷（主人や親もとなどから）逃げ出す。逃げ去る。例「奴(やつこ)従へりとて頼むべからず。背き――・る事あり」〈徒然草・二一一〉訳家僕(かぼく)がつき従っているからといってあてにしてはならない。背いて逃げ出すことがある。
❸（水などが）飛び散る。飛びはねる。また、勢いよく流れる。例「人などの歩むに――・りあがりたる、いとをかし」〈枕草子・五月ばかりなどに〉訳（浅い川の水が）供人などが歩くにつれて飛び散ってはねあがったのは、大層おもしろい。
❹胸がどきどきする。胸騒ぎがする。わくわくする。例「例のごとぞあらむと思ふに、胸つぶつぶと――・るに」〈蜻蛉・中・天禄二年〉訳いつものよう（に夫の藤原兼家(かねいへ)は私の家を素通りする）だろうとは思うものの、胸がどきどきしていたが。

はし-ゐ【端居】イ〔名〕涼しさを求めたりして、縁先など家の端の方に出ていること。（季・夏）

は・す【馳す】{せ・せ・す・する・すれ・せよ}■一〔自サ下二〕走る。例「侍(さぶらひ)して――・せさせ」〈平家・四・競〉訳家来を（使者として馬で）走らせて。
■二〔他サ下二〕❶走らせる。例「心にかかる事あらば、その馬を――・すべからず」〈徒然草・一八六〉訳（くつわや鞍(くら)などを調べて少しでも）気がかりな部分があるならば、その馬を（＝馬ニ乗ッテ）走らせてはならない。注名騎手ガ乗馬ノ心得ニツイテ述ベタ言葉。
❷《「思ひをはす」の形で》遠くへ及ぼす。気持ちを向ける。例「思ひを雁山(がんさん)の夕べの雲に――・す」〈平家・七・忠度都落〉訳万感の思いを（これから越えて行く）雁山にかかる夕方の雲に向ける。注『和漢朗詠集』カラノ引用。「雁山」ハ、中国山西省ニアル雁門山（句注山）。

はず【弭・筈】〔名〕❶弓の両端の弦(つる)をかける部分。上部のそれを「末弭(うらはず)」、下部のそれを「本弭(もとはず)」という。弓弭(ゆはず)。例「弓の――で御簾(みす)をざっとかき上げ」〈平家・七・維盛都落〉訳弓の端ですだれをさっとかき上げて。
❷矢の末端の弦(つる)をかけるところ。矢筈(やはず)。例「ひゃうづばと射て、――の隠るるほどぞ射こうだる」〈平家・一一・弓流〉訳ヒューッズバッと（矢を）射て、矢の末端が隠れてしまうくらい深く射こんだ。
❸（弦と筈とがよく合うことから）当然そうなること。道理。転じて、手はず。予定。形式名詞化して現代語に残っている。
参考 ①は「弭」を、②と③には「筈」を当てることが多い。

はずかし【恥ずかし】〔形〕⇩はづかし

はずす【外す】〔動〕⇩はづす

初瀬(はせ)〔地名〕《「泊瀬」「長谷」とも。「はつせ」の変化し

た形）⇩初瀬（はつせ）

芭蕉（ばせう）【人名】⇩松尾芭蕉（まつをばせう）

長谷寺（はせでら）【寺名】大和（やまと）の国初瀬（はつせ）（＝奈良県桜井市初瀬（はせ））にある寺。「はせ」は「はつせ」の転じた形。天武天皇の勅命により創建された。十一面観音を本尊とする。平安時代以来、様々な現世利益（りやく）をもたらす観音として信仰を集め、多くの和歌・物語・説話の素材となっている。『今昔物語集』などの「わらしべ長者」の話も、長谷観音の信仰と密接に結びついたものである。⇩初瀬（はつせ）

長谷寺

芭蕉（はせを）ハセオ【人名】⇩松尾芭蕉（まつをばせう）

はた【端】〔名〕❶物のへり。器物のふち。はし。例「古代の冠桶（かぶりをけ）を持ちたる人は、――を継ぎて今用ゐるなり」〈徒然草・六五〉訳 ひと昔前の冠（かんむり）を入れておく箱を持っている人は、（最近の冠は昔よりたけが高くなっているので）箱のふちを継ぎ足して（高くして）今使っているのである。

❷川や池のほとり。ある場所のそば。かたわら。例「皆首を切って、猿沢の池の――にぞ掛け並べたる」〈平家・五・奈良炎上〉訳 みんな首を切って、猿沢の池（＝興福寺ノ南ニアル）のほとりに掛け並べ（てさらしものにし）た。

はた【旗・幡】〔名〕❶儀式や軍陣で、装飾や標識として用いる旗。種々の形のものがあるが、多くは細長い布の一端を竿（さを）に固定し、長く垂れた部分を風になびかせる。

❷（仏教語）仏・菩薩（ぼさつ）の威徳を示すために、仏事の際などに用いる飾り。「幡（ばん）」とも。

はた【機・織】〔名〕❶布地を織ること。また、その機械。例「古（いに）へゆ上げてし――も顧みず天（あま）の川津に年ぞ経にける」〈万葉・一〇・二〇一九〉訳 昔からやっていた機織（はたおり）も（牽牛（けんぎう）に逢（あ）いたいために）放り出したままで、（織女は）もう何年も天の川の河原で年を過ごしてしまったことだ。

❷織機で織った布地。例「足玉も手珠（ただま）もゆらに織る――を君が御衣（みけし）に縫ひ堪（あ）へむかも」〈万葉・一〇・二〇六五〉訳 足玉も手玉もジャラジャラ鳴らしながら織る布地を、あなたのお召し物として縫いあげることができるだろうか。注「足玉」「手玉」ハ手ヤ足ニ付ケタ装飾用ノ玉。

はた【将】■〔副〕❶下に述べることが上に述べたことと並立する意を表す。**これもまた。これはこれとして。**例「うち悩み、面痩（おもや）せ給へる、――げに似るものなくめでたし」〈源氏・若紫〉訳（藤壺（ふぢつぼ）の）苦しそうにして、お顔もお痩せになった（ご様子は）、（ご健康な時も美しいが）これはこれでなるほどたぐいもなく魅力的である。

❷上に述べたことを受けながら、それと対立することを下に述べる意を表す。**そうはいうものの。だからといって。**例「聞き過ぐさむもいとほし、しばしやすらふべきに――侍（はべ）らねば」〈源氏・帚木〉訳（ニンニク臭い女が「この匂（にお）いがなくなったらおいでください」と大声で言うのを）聞き捨てにするのも気の毒だし、といって少しの間もその場にとどまるわけにもいきませんので。

❸そういうことがありはしまいかと、危惧（きぐ）する意を表す。もしかしたら。ひょっとすると。例「さ男鹿（をしか）の鳴くなる山を越え行かむ日だにや君に――会はざらむ」〈万葉・六・九五三〉訳（あなたが）男鹿の鳴く声の聞こえてくる山を越えて去って行く今日でさえも、もしかしてあなたは私に会ってくれないのだろうか。

❹感動・当惑・あきれた気持ちなどを表す。なんとまあ。いやはや。例「いで、あな悲し。かく――おぼしなりにけるよ」〈源氏・帚木〉訳 まあ、悲しいこと。よくまあこんなふうにご決心なさったことですわね。注 突然尼ニナッテシマッタ者ニ対スル知リ合イノ女性ノ言葉。

■〔接続〕（漢文訓読体の文章に由来する用法）二つの事柄のうちから一つを選択する意を表す。それとも。あるいは。例「もしここに留（とど）まらむとや、――もとの国に往（い）なむとや思ふ」〈日本書紀・欽明・十六年〉訳 どうだここにとどまりたいと思うか、それとも本国に帰りたいと思うか。

参考 表す意味がやや抽象的であり、用法が文脈に左右されやすいため、なお未解明のところがあり、例のうちにも、解釈に異説のあるものがある。基本的な意味は、二つの事柄が並立あるいは対立するということ■①②、■で、現代語の「また」「やはり」がほぼ該当する。④も、現代語で「こりゃまたえらいことだ」と言うのと同様の用法といえよう。③は、「今日もやはり」から「会えないのだろうか」に重点が移って生じた意味か。一説には、③が①②に先行する原義で、「もしかして会えないだろうか」が「やはり会えないのではないか」となり、そこから二者並立の意味が生じた、とする。

はた-おり【機織り】〔名〕❶機で布を織ること。また、その人。

❷虫の名。キリギリス。（季・秋）

はた-かく・る【端隠る】〔自ラ下二〕｛れ・れ・る・るる・れ・れよ｝一部分が隠れる。少し隠れる。例「几帳（きちやう）に――・れたるかたはらめ、いみじうなまめいて由あり」〈源氏・松風〉訳 几帳に一部分隠れている横顔は、実に優雅で品がある。

はた-ご【旅籠】〔名〕❶旅行の際、馬の飼料を入れて持ち運ぶ竹かご。また、食糧・日用品などを入れて持ち歩くかご。

❷「旅籠屋（はたごや）」の略。⇩はたごや

❸宿代。「はたごせん」とも。

はたご-うま【旅籠馬】〔名〕旅行用の荷物を運ぶ馬。

はたご-どころ【旅籠所】〔名〕旅の途中で休憩や食事をする所。

はたご-や【旅籠屋】〔名〕食事付きの旅館。旅人を泊める宿屋。例「なんぼ先へ行かんしても――は皆一つ」〈近松・丹波与作待夜の小室節・中〉訳 いくら先へいらっしゃっても宿屋は皆（値段は）同じですよ。

参考 食糧持参で宿泊費だけを払う「木賃（きちん）泊まり」の宿屋に対して、食事付きの宿屋をいう。

はたごや

はた-さし【旗差し・旗指し】〔名〕戦場で、馬に乗って大将の旗を持つ武士。旗持ち。旗手。

はた・す【果たす】〔他サ四〕{さ・し・す・す・せ・せ}（「果つ」の他動詞形）❶目的を達する。なしとげる。例「年ごろ思ひつること──・し侍(はべ)りぬ」〈徒然草・五二〉訳長年望んでいたことをなしとげました。❷しとめる。殺す。

はた-すすき【旗薄】■一〔名〕風に吹かれて、長い穂が旗のようになびいているススキ。例「──本葉(はもと)もそよに秋風の吹き来る夕(ひよ)に」〈万葉・一〇・二〇八九長歌〉訳旗のようになびくススキの本葉(＝根元近クノ葉)をもそよがせるほどに秋風が吹いて来る(七月七日の)夜に。

■二《枕詞》（「風になびくススキの穂」から、また、「ススキの末(うれ)」から）ホの音を含む「穂に出(い)づ」などに、また、地名「浦野(うらの)」にかかる。例「──穂にはな出(い)でと思ひたる心は知らゆ我も寄りなむ」〈万葉・一六・三八〇〇〉訳人目に出すまいと思っていたこの気持ちはもうお見通しだ、私もなびき寄りましょう。

参考『万葉集』などの用字から、「はたすすき」「はだすすき」の両形があったことは確実だが、その両者の関係ははっきりしない。また、『万葉集』には「はなすすき」を枕詞に用いた例(八・一六〇一)が一例あるが、これはダ行音とナ行音の混同によるものであろう。

はたた・く【霹靂く】〔自カ四〕{か・き・く・く・け・け}（「はたた」は擬声語）雷が激しく鳴る。鳴りとどろく。例「水無月(みなづき)の照り──・くにも障(はさ)らず来たり」〈竹取・貴公子たちの求婚〉訳(貴公子達はかぐや姫を得ようと)六月の太陽が照りつけるのも雷が鳴りとどろくのものともせずやって来た。

はた-ち【二十】〔名〕（「ち」は、数の下に付く接尾語）❶二十。例「その山は、ここにたとへば、比叡(ひえ)の山を──ばかり重ね上げたらむほどして」〈伊勢・九〉訳その山(＝富士山)は、ここ(＝都、京都)でたとえていうと、比叡(ひえい)山を二十くらい積み上げたくらい(の高さ)で。❷二十歳。

はたて【果たて・極】〔名〕果て。例「敷き坐(ま)せる国の──に咲きける桜の花の匂(にほ)ひはもあなに」〈万葉・八・一四二九長歌〉訳天皇のお治めになっている国の果てに咲いた桜の花の美しさは何とまあすばらしいことよ。

はた-と〔副〕（「はったと」とも）❶物が激しくぶつかる音の形容。また、たたいたり、蹴(け)ったりする音の形容。ばたんと。ぱたっと。どんと。例「南の戸より入らむとするに、その戸──閉づ」〈今昔・二四・五〉訳南側の戸口から入ろうとすると、その戸がぴしゃっと閉じた。❷急にうまく進まなくなる様子。ぴたりと。すっかり。とんと。例「……と申されけるに、大納言入道──つまりて」〈徒然草・一三五〉訳……と(質問を)申されたところ、(何でも答えると言った)大納言入道はぐっと言葉につまって。❸強くにらみつける様子。ぐっと。

はた-の-ひろもの【鰭の広物】《連語》ひれの大きい魚。大魚。例「火照命(ほでりのみこと)は海幸彦(うみさちびこ)として、──・鰭の狭物(さもの)を取り」〈古事記・上・火遠理命〉訳火照命は漁師として、大小の魚をとり。

はだ-へ【膚・肌】エ〔名〕皮膚。はだ。

はた-また【将又】〔接続〕《類義の接続詞「はた」と「また」を重ねた語》二つのうちの一つを選ぶ意を表す。それとも。そうでなければ。例「貧賤の報いのみづから悩ますか、──妄心の至りて狂せるか」〈方丈記・みづから心に問ふ〉訳貧賤であるゆえに自分を悩ましているのだろうか、それとも迷いの心が極限に達して(私を)狂わせているのだろうか。

はた-もの【機・機物】〔名〕❶布地を織る道具。はた。例「──の踏み木持ち行きて天の川打橋(うちはし)渡す君が来(こ)むため」〈万葉・一〇・二〇六二〉訳機織(はたおり)の道具の踏み木を持って行って天の川に仮の橋をかけます、あなたがいらっしゃれるようにするために。❷機(はた)で織ったもの。織物。布地。例「かにかくに人はいふとも織り継がむわが──の白麻衣(しろあさごろも)」〈万葉・七・一二九八〉訳何やかやと人が言ったとしても、私は織り続けていこう、私の織っているこの白地の麻衣を。注人ガ何ト言ッテモ、私ハアナタヲ思イ続ケヨウ、トイウ意。❸磔(はりつけ)に用いる台木。もと①を用いたところからいう。

はた-や【将や】〔副〕《副詞「はた」＋疑問の係助詞「や」》「はた□一③」の、危惧(きぐ)の意をさらに強めた語。もしかしたら。ひょっとすると。例「み吉野の山の嵐(あらし)の寒けくに──こよひも我(あ)が独り寝む」〈万葉・一・七四〉訳吉野山の山おろしが寒いことだのに、ひょっとして今夜も、私は恋人に逢えずに独り寝をすることになるのだろうか。

はたや-はた【将や将】《連語》《副詞「はたや」＋副詞「はた」》「はたや」の危惧(きぐ)の気持ちをさらに強めた言い方。もしや万一にも。例「痩(や)す痩すも生けらばあらむを──鰻(むなぎ)を取ると川に流るな」〈万葉・一六・三八五四〉訳痩せていながらも、ともかく生きていればそれでよかろうに、ひょっとして(夏痩せを回復するために)うなぎを取ろうとして川で流されたりしないでください。

はだら【斑】〔形動ナリ〕⇩はだれ□一 例「夜を寒み朝戸を開き出(い)で見れば庭も──にみ雪降りたり」〈万葉・一〇・二三一八〉訳昨夜寒かったので朝戸を開けて出て(外を)見ると、庭にうっすらと雪が降り積もっている。

はたらか・す【働かす】〔他サ四〕{さ・し・す・す・せ・せ}（「働く」の使役的他動詞形）他の人などに、身動きさせる。じたばたさせる。例「猪俣(いのまた)を取って押さへて──・さず」〈平家・九・越中前司最期〉訳猪俣(＝人名)を取り押さえて身動きさせない。

はたら・く【働く】〔自カ四〕{か・き・く・く・け・け}❶ばたばた動く。身動きする。例「馬いかが思ひけん、足をととのへて──・かず」〈平家・一〇・千手前〉訳馬はどう思ったのか、足を揃(そろ)えて動かない。❷《中世以後》仕事をする。例「常に歩(あり)き常に──・くは、養性(やうじやう)なるべし」〈方丈記・閑居の気味〉訳いつも歩いたりいつも働いたりするのは、健康を保つのによいはずだ。❸機能を発揮する。役目を果たす。役立つ。

はた・る【徴る】〔他ラ四〕{ら・り・る・る・れ・れ}強く催促する。取り立てる。例「檀越(だんをち)や然(しか)もな言ひそ里長(さとをさ)が課役(えだち)──・らば汝(いまし)も泣かむ」〈万葉・一六・三八四七〉訳檀家さんよ、そんなに言いなさるな。里長が労役や貢ぎ物を無理やり催促したら、お前さんも泣くことになるだろうよ。

はだれ【斑】■一〔形動ナリ〕はらはらと雪の降る様子。また、雪が薄く積もった様子。霜がおりた様子にもいう。「はだら」「ほどろ」とも。例「沫雪(あわゆき)か──・に降ると見るまでに流らへ散るは何の花ぞも」〈万葉・八・一四二〇〉訳 泡のような雪がはらはらと降るのかと見えるほどに、(盛んに空に)流れ散るのは何の花かなあ。注 梅ノ花ノ散ルサマヲ雪ニ見立テタ歌。

二〔名〕はらはらと降る雪。また、薄く積もった雪。はだれ雪。例「わが園の李(すもも)の花か庭に降るはだれのいまだ残りたるかも」〈万葉・一九・四一四〇〉訳 (あれは)我が家の庭の李の花だろうか。(それとも)庭に降った薄い雪がまだ残っているのだろうか。

はち【鉢】〔名〕《仏教語》❶僧尼が施しを受けるのに用いる食器。鉄製・陶製の容器。転じて、僧尼が施し物を受けること。托鉢。また、その受ける施し物。❷兜(かぶと)の頭をおおう部分。例「九人に当たる敵(かたき)が甲(かぶと)の鉢に余りに強う打ち当てて」〈平家・四・橋合戦〉訳 (たちどころに八人を切り倒し)九人目に当たる敵の兜の鉢に(太刀を)余りに強くぶちあてすぎて。❸頭蓋骨(ずがいこつ)。

はぢ【恥・辱・羞】〔名〕《動詞「恥づ」の連用形の名詞化》面目を失うこと。名誉を傷つけられること。例「死ぬるにまさる恥なることも、よき人の御身にはなかなか侍(はべ)るなり」〈源氏・浮舟〉訳 死ぬこと以上に堪えがたい恥辱も、高貴な身分の方にはかえってあるものでございます。

恥を捨(す)つ 恥を恥とも思わない。例「また言ひけるよりぞ、面(おも)なきことをば、はぢを捨つとは言ひける」〈竹取・仏の御石の鉢〉訳 再び(かぐや姫に)求婚したことから、厚かましいことを、恥(=鉢)を捨てると言ったのである。

恥を見(み)・す 恥ずかしい目に遭わせる。例「さが尻(しり)をかき出(い)でて、ここらの公人(おほやけびと)に見せて、恥を見せむ」〈竹取・かぐや姫の昇天〉訳 (天人がかぐや姫を迎えに来たら)そいつの尻をひきめくって、多くの役人に見せて、恥をかかせてやろう。

ばち【撥】〔名〕琵琶・三味線などを弾き鳴らす道具。手で握る部分は狭く、先が平らに開いてイチョウの葉のような形になっている。

はちえふ-の-くるま【八葉の車】〔名〕網代車の一種。車の箱の青地に、黄色で八葉の紋様を散らして描いた車。上皇・摂政・関白・大臣以下の乗用として最も広く用いられた。紋様の大小によって、「大八葉の車」「小八葉の車」ともいう。

はぢ-かかや・く【恥ぢ赫く】〔自カ四〕{か・き・く・く・け・け}恥ずかしがって顔を赤らめる。赤面する。例「なかなかはぢかかやかむよりは罪許されてぞ見えける」〈源氏・夕顔〉訳 かえって恥ずかしがって顔を赤らめるようなのよりは罪がないように見えた。

はぢ-かは・す【恥ぢ交はす】〔自サ四〕{さ・し・す・す・せ・せ}互いに恥ずかしがる。気がねし合う。例「大人になりにければ、男も女もはぢかはしてありけれど」〈伊勢・二三〉訳 成人したので、男も女も互いに(顔を合わせるのを)恥ずかしがっていたけれども。

はぢ-がま・し【恥ぢがまし】〔形シク〕《動詞「はづ」の連用形＋接尾語「がまし」》恥さらしである。恥ずかしい。例「はぢがましく心うきことのみありて」〈徒然草・一七五〉訳 (酒に酔うと)恥ずかしく情けないことばかりやって。

はち-ぎゃく【八逆・八虐】〔名〕大宝律・養老律で定められた罪で、最も重いとされた八種類のもの。謀反・謀大逆・謀叛・悪逆・不道・大不敬・不孝・不義。

はち-す【蓮】〔名〕《実の形が「蜂巣」に似ているところから》ハス。極楽浄土に生えているといわれる。(季・夏) 例「後の世には同じはちすの座をも分けむ」〈源氏・御法〉訳 死んだ後には(極楽へ行って)ひとつのハスの花の上に二人で座ろう。

蓮の台(うてな) 極楽浄土へ往生した者が座る蓮華の台座。

蓮の上(うへ) ハスの花の上。極楽浄土をたとえていう。例「昼・夜の六時の勤めに、みづからのはちすの上の願ひをばさるものにて」〈源氏・明石〉訳 昼夜にわたる六回の勤行に、自分自身の極楽往生の願いはさておいて。

はちす-ば【蓮葉】〔名〕《和歌用語》ハスの葉。

はちだい-しふ【八代集】〔名〕平安時代から鎌倉時代にかけて作られた、八つの勅撰和歌集の総称。古今集・後撰集・拾遺集・後拾遺集・金葉集・詞花集・千載集・新古今集をいう。

はちだい-ぢごく【八大地獄】〔名〕《仏教語。「八熱(はちねつ)地獄」とも》熱と炎の責め苦を受けるという八種の地獄の総称。等活・黒縄・衆合・叫喚・大叫喚・焦熱・大焦熱・無間の八つをいう。

はちだい-ならく【八大奈落】〔名〕⇒はちだいぢごく

はち-たたき【鉢叩き】〔名〕《もとは鉢を叩いたところから》陰暦十一月十三日の空也忌から除夜までの四十八日間、先にシカの角を付けた杖を持ち、ヒョウタンを叩き鉦を鳴らしながら、念仏を唱えて托鉢をする僧。有髪妻帯で半僧半俗の生活をした。特に京都の空也堂(=京都市中京区)のものが有名。

はちたたき

はぢ-な・し【恥無し】〔形ク〕❶(他と比較して)恥ずかしくない。見劣りしない。例「今の浅はかなるも、昔の跡にはぢなくにぎははしく」〈源氏・絵合〉訳 今頃の深味のない絵も、昔の名品に引けをとらず華やかで。❷恥ずかしく思わない。また、あつかましい。例「家よりほかに求めたる装束どものうち合はずかたくなしき姿などをもはぢなく」〈源氏・少女〉訳 よその家から借りた衣装が、体に合わず見苦しい姿であるのも恥ずかしく思わずに。

はち-の-こ【鉢の子】〔名〕托鉢の僧が施し物を受けるために持つ鉢。鉢。例「はちのこにすみれたんぽぽこきまぜて三世(みよ)の仏に奉りてな」〈良寛〉訳 托鉢に持っていく鉢の中に紫色のスミレと黄色のタンポポを色どり美しく盛り合わせて、過去・現在・未来の三世の仏にお供えしたいものだ。

はち-ぼく【八木】〔名〕《「米」の字を「八」と「木」に分けて音読したもの》米の異称。

はち-まん【八幡】 **一**〔名〕応神天皇を主祭神とする神社。八幡神。弓矢の神として武士を中心に広く信仰を集めた。宇佐八幡(=大分県宇佐市)・石清水八幡(=京都府八幡市)を始め、全国に多くの社がある。

二〔副〕《近世語》《「八幡神に誓って」の意から》❶(肯定文の中で)まったく。例「はちまん旦那(だんな)の御了簡(ごれうけん)至極至極」〈浮世・傾城禁短気・四・三〉訳 まったく旦那のお考えはもっとも至極なことです。

❷（否定文の中で）断じて。例「——のがさじと、刀抜きかざして打ってかかれば」〈西鶴・武道伝来記・二・三〉訳断じて逃さないぞと、刀を抜いて振りかざして打ちかかると。

はぢら・ふ【恥ぢらふ】ハジラ(ロ)ウ〔自八四〕{は・ひ・ふ・ふ・へ・へ}恥ずかしそうにする。はにかむ。例「もののたまふ答(いら)へなども——・ひたれど」〈源氏・宿木〉訳何かお話しかけになるお返事なども恥ずかしそうにしているけれど。

はぢ-を-す・つ【恥を捨つ】ハジ ⇩「はぢ」子項目

はぢ-を-み・す【恥を見す】ハジ ⇩「はぢ」子項目

は・つ【果つ】〔自タ下二〕{て・て・つ・つる・つれ・てよ}❶終わりになる。なくなる。例「こと——・てて院帰らせ給ふ」〈枕草子・関白殿、二月二十一日に〉訳法会が終わって女院（＝詮子）はお帰りなさる。

❷命が尽きる。死ぬ。例「灯火(ともしび)などの消え入るやうにて——・て給ひぬれば」〈源氏・薄雲〉訳灯火などが消え入るようにして（藤壺(ふじつぼ)は）お亡くなりになったので。

❸（動詞の連用形に付いて）完全に…する。…し終わる。例「俊寛をば遂(つひ)に捨て——・て給ふか」〈平家・三・足摺〉訳（私）俊寛をとうとう完全にお捨てになるのか。

は・つ【泊つ】〔自タ下二〕{て・て・つ・つる・つれ・てよ}船が港に着いてとどまる。停泊する。例「沖つ波辺波(へなみ)な越しそ君が船漕(こ)ぎ帰り来て津に——・つるまで」〈万葉・一九・四二四六〉訳沖の波も岸辺の波も船を越すほどに立たないでくれ。我が君の船が漕ぎ帰って来て港に停泊するまでは。

は・づ【恥づ】ハズ〔自ダ上二〕{ぢ・ぢ・づ・づる・づれ・ぢよ}❶恥ずかしく思う。面目ないと感じる。例「この外(ほか)のことども、多能は君子の——・づるところなり」〈徒然草・一二二〉訳これ（＝文・武・医術・生活能力・手細工）以外の種々のことで、多能であるのは君子の恥ずかしく思うところである。

❷遠慮する。気にする。はばかる。例「人目も——・ぢず、いかにもして命生かうど思っしも」〈平家・三・僧都死去〉訳人目も気にせず、なんとかして生きようと思ったのも。

❸（多く打消しの表現を伴って）ひけをとる。劣る。例「何事も辺土は賤(いや)しくかたくななれども、天王寺(てんわうじ)の舞楽のみ都に——・ぢずといふ」〈徒然草・二二〇〉訳何事も田舎は下品で粗野なものであるけれども（大阪の）天王寺の舞楽だけは都にひけをとらないという。

> 要点 「形を恥づる心もなく」〈徒然草・七〉のように格助詞「を」をとったり、「かく人に恥ぢらるる女」〈徒然草・一〇七〉のように受身形を作ったりして他動詞的なところがある。これは「恥づ」の意味に、「恥ずかしく思う」という「思う」の要素があることに基づく。

はつ-か〔形動ナリ〕❶瞬間的にちらりと見えたり、聞こえたりする様子。かすかである。ほのかである。例「春日野(かすがの)の雪間を分けて生(お)ひ出(い)で来る草の——・に見えし君はも」〈古今・恋一・四七八〉訳春日野の雪の消えたところを分けて生え出てくる草のように、（あの時）ちらりと見えただけのあなたは恋しいことです（どこに居るのかしら）。

❷時間が短い様子。しばらくである。例「こよひの遊びは長くはあらで、——・なるほどにと思ひつるを」〈源氏・若菜・下〉訳今晩の音楽の遊びは長く続けずに、ほんのしばらくの間だけと思っていたのに。

> 要点 「初(はつ)」に接尾語「か」が付いた語で、もとは、物事の初めの部分がちらりと見える意という。上代には「はつはつ」の形で用い、平安時代までは瞬間的に、または短時間見える（時に、聞こえる）意に用いた。少量である意の「わづか」とは別の語だが、中世から混同し、「はつか」は消滅する。

はっ-かう【八講】ハッコウ〔名〕⇩ほっけはっかう

はづか・し【恥づかし】ハズカシ〔形シク〕《動詞「恥づ」の形容詞化した語》

> 古語には、現代語にはない自分が「はづかし」と感じるほどに相手が優れている、という、相手の状態を評価する用法がある。

❶きまりが悪い。気がひける。気づまりである。例「隔てなく慣れぬる人も、ほど経て見るは、——・しからぬかは」〈徒然草・五六〉訳何一つ隔てることなく慣れ親しんだ人でも、しばらく時がたってから（久しぶりに）会うのは、きまりが悪くはないだろうか（きまりが悪いはずである）。

❷（こちらが恥ずかしくなるほどに）相手が優れている。立派である。例「——・しき人の、歌の本末(もとすゑ)問ひたるに、ふと覚えたる、我ながらうれし」〈枕草子・うれしきもの〉訳こちらが気がひけるような立派な人が、和歌の上(かみ)の句や下(しも)の句を質問した時に、ふっとそれを思い出したのは、我ながらうれしい。

はづかし-げ【恥づかしげ】ハズカシゲ〔形動ナリ〕《「げ」は接尾語》❶きまり悪く思っている様子。例「かやうのまめやかごとも、——・ならぬを、心安く」〈源氏・末摘花〉訳このような生活上の援助をも、（姫君が）きまり悪そうにしないので、（光源氏は）気が楽で。

❷（こちらが恥ずかしくなるほどに）優れている様子。例「今よりなまめかしう——・におはすれば」〈源氏・桐壺〉訳（光源氏は六歳の）今のうちから上品でこちらがきまり悪いほど美しくていらっしゃるので。

はつ-かぜ【初風】〔名〕季節の訪れを告げる風。特に、秋に関して用いられる。（季・秋）例「わが背子(せこ)が衣の裾(すそ)を吹き返しうらめづらしき秋の——」〈古今・秋上・一七一〉訳私の夫の着物の裾が風に翻って、その裏が美しいように、うら珍しい（＝心ヒカレル）秋の初風であるよ。

はつ-がつを【初鰹】ハツガツオ〔名〕陰暦四月ごろ、初めてとれた鰹。江戸時代には特に珍重(ちんちょう)され、初夏の代表的風物となった。例「目には青葉山ほととぎす——」〈素堂家集〉訳目には木々の青葉がまぶしく、山にはホトトギスの声が聞こえ、初鰹がおいしい、初夏がまたやってきたよ。

はつ-かり【初雁】〔名〕《和歌用語》その秋、初めて北の方から渡って来る雁(がん)。（季・秋）

はつ-かりがね【初雁が音】〔名〕《和歌用語》初雁(はつかり)の鳴き声。また、初雁。（季・秋）例「秋風に——ぞ聞こゆなるたが玉梓(たまづさ)をかけて来つらむ」〈古今・秋上・二〇七〉訳秋風に乗って初めて渡って来たカリの鳴き声が聞こえる。（カリは手紙を運ぶといわれるが）このカリはだれの手紙を身に着けて来たのであろうか。

はーづき【葉月・八月】〔名〕陰暦八月の異名。

はっーく【八苦】〔名〕〔仏教語〕人間が誕生から死までに受ける八つの苦しみ。生・老・病・死の四苦に、愛別離苦（＝愛スル者ト別レル苦シミ）・怨憎会苦（＝恨ミ憎ム者ト出会ウ苦シミ）・求不得苦（＝求メテモ得ラレナイ苦シミ）・五陰盛苦（＝心身ノ受ケルアラユル苦シミ）を加えたもの。

はつーくさ【初草】〔名〕〔和歌用語〕春の初めに萌え出る草。若草。多く、幼い子・若い娘をたとえる。（季・春）例「—の生ひゆく末も知らぬまにいかでか露の消えむとすらむ」〈源氏・若紫〉訳幼子（＝若紫）が成長していく将来も見届けないうちに、どうして尼君は死のうとされるのでしょうか。注尼君ヲ「露」ニタトエル。「初草」ト「露」ハ縁語。

はっーさく【八朔】〔名〕（「朔」はついたちの意）陰暦八月一日。また、その日に行われる祝い事。農家で、収穫をひかえて「田実の祝い」として新穀を贈答したのがはじまりで、公家・武家や町人の間にも広まり、「八朔の憑み」と称し、物品を贈答した。現在の、「中元」のもと。

はつーしぐれ【初時雨】〔名〕その冬はじめての時雨。晩秋から初冬の頃に降る。（季・冬）例「—猿も小蓑をほしげなり」〈芭蕉〉訳雨に濡れながらこちらを見ているあの猿も、小さな蓑を着て、私（＝芭蕉）のように、この初時雨の中を歩いてみたそうな様子であるよ。注伊勢カラ故郷伊賀ヘ帰ル山越エデノ吟詠。伝統的ニ侘ビシク寂シイ雨トシテ詠マレテ来タ初時雨ヲ、芭蕉ハムシロ風雅ナモノトシテ興ジ、ソノ心ヲ猿ニマデ託シタノデアル。

はっーしょう【八省】〔名〕大宝律令で、太政官の下に置かれた八つの中央行政官庁。中務省・式部省・治部省・民部省・兵部省・刑部省・大蔵省・宮内省の称。

はづ・す【外す】〔他サ四〕（さ・し・す・す・せ・せ）（「はづる」の他動詞形）❶取り去る。取りのける。例「大長刀の鞘を—・いて」〈平家・四・橋合戦〉訳大長刀の鞘を取りはらって。注「外いて」ハ「外して」ノ音便。❷つかまえそこなう。取り逃がす。例「さて—・してむはいと口惜しかべければ」〈源氏・若紫〉訳そんなことで（＝世間体ヤ若紫ノ肉親ノ事ヲ考エテイテ）（若紫を迎え取る機会を）取り逃がしてしまっては本当に残念だろうから。❸当たらないようにする。そらす。よける。

初瀬〔転じて「はせ」とも。「泊瀬」「長谷」とも書く〕㊀〔地名〕奈良盆地東南にある谷あいの地名。現在の奈良県桜井市初瀬一帯。大和国と伊勢国とを結ぶ街道の通る要所で、古代には雄略天皇の皇居、泊瀬朝倉宮が置かれ、平安時代以来、長谷寺の門前町が栄えた。谷あいを流れる川を初瀬川、周囲の山を初瀬山と呼び、ともに歌枕とされた。㊁〔寺名〕初瀬にある長谷寺のこと。また、その本尊の長谷観音。

初瀬㊁

はったーと〔副〕（「はたと」を強調した語）❶⇒はたと①例「額際を—蹴って」〈近松・心中天の網島・上〉訳（遊女の）額ぎわをばしっと蹴って。❷⇒はたと②❸⇒はたと③❹（下に打消しの表現を伴って）決して。どうしても。例「—信濃へ帰るまじ」〈御伽・唐糸草子〉訳ぜったいに信濃の国へは帰りません。❺しっかりと。確かに。

はつーとがり【初鷹狩り】〔名〕秋になって初めて行う鷹狩り。例「石瀬野に秋萩しのぎ馬並めて—だにせずや別れむ」〈万葉・一九・四二四九〉訳石瀬野で、秋萩を踏みしだき、馬を並べて、せめて初鷹狩りだけでもと思っていたのに、それすらしないままにお別れするのでしょうか。

服部土芳〔人名〕江戸前・中期の俳人。芭蕉の同郷の門人。伊賀上野（＝三重県上野市）の藩士。芭蕉風を正しく伝え、俳論集『三冊子』に師の遺訓を集めた。他に、句集『蓑虫庵集』などがある。

服部嵐雪〔人名〕江戸前期の俳人。江戸の人。芭蕉の門下、蕉門十哲の一人。榎本其角[illegible]江戸蕉門の双璧をなした。句集『玄峯集』、編者『其袋』など。（一六五四～一七〇七）

はつーね【初子】〔名〕（「子の日」とも）正月最初の子の日。年の初めと十二支の初めが重なるところから、宮中では饗宴や行幸が行われ、民間では小松を引いたり若菜を摘んだりして祝った。

はつーね【初音】〔名〕鳥がその年初めて鳴く声。初鳴きの声。ウグイス・ホトトギスについていう場合が多い。「初声」とも。例「年月を待つに引かれて経る人に今日鶯の—聞かせよ」〈源氏・初音〉訳長い年月をおまえを待つことに心ひかれて過ごしてきた私に、（元日の）今日こそウグイスの初音を聞かせておくれ。

はつーはつ〔副〕（「はつか」と同源の語）ちらりと。かすかに。例「この山の黄葉の下の花を我—に見てなほ恋ひにけり」〈万葉・七・一三〇六〉訳この山の紅葉の陰にひっそり咲く花を私はちらっと見て、なおさらその花を恋しく思うようになったことだ。例「くへ越しに麦食む小馬の—に相見し児らしあやにかなしも」〈万葉・一四・三五三七〉訳柵越しに麦を食う小馬のように、ちょっとだけ逢ったあの娘がやたらにいとしい。

はつーはな【初花】〔名〕❶その年、その季節に初めて咲いた花。また、その木や草に最初に咲いた花。（季・春）例「青葉まじりの遅桜—よりもめづらしく」〈平家・灌頂・大原御幸〉訳青葉に交じって咲く遅咲きの桜は、（かえって）春初めて咲く花よりも目新しくて。❷若い女性をたとえていう語。

はっーぴ【法被・半被】〔名〕❶禅宗で、高僧の座る椅子の背をおおい包む布。❷武家の「中間」（＝召使イ）が着た、その家の紋所などをつけた上着。❸職人などが着る印半纏。❹能装束の一種。

はっぴ③

はつーほ【初穂】〔名〕❶その年最初にみのった稲の穂。また、その年初めてとれた穀物・野菜など。（季・秋）

❷その年最初に収穫した米・野菜などを神仏や朝廷に奉ること。また、その米・野菜など。(季・秋) 例「わらび・つくづくし、をかしき籠に入れて、『これは童部の供養じて侍る―なり』とて奉れり」〈源氏・早蕨〉訳ワラビやツクシを、かわいらしい籠に入れて、「これは子供達がお供え物として(私に)くれた初穂でございます」と言って(中の君に)奉った。

❸(②から転じて)神仏にささげる金銭や米など。賽銭。例「お―百二十上げて七日待てども、この銀は出ず」〈西鶴・世間胸算用・一・四〉訳お賽銭を百二十文も上げて七日待ったけれども、この(なくなった)お金は出てこない。注コノ例ハ「初尾」ト表記サレテイル。コノ形ハ「ほ」ノ音ガ「ヲ」ト変化シテ、「オ」ト「ヲ」トガ同音トナッタタメ、中世以降ニ生ジタ。

はつ-もとゆひ【初元結ひ】〔名〕公卿が元服の時に、はじめて髪を結ぶのに用いる紫の組みひも(=元結イ)。また、転じて、元服。例「幼きなき―に長き世をちぎる心は結び込めつや」〈源氏・桐壺〉訳幼い(光源氏の)初元結いを結ぶのに、行く末長い夫婦の仲を約束する心は結びこめましたか。注光源氏元服ノ日、父帝ガ左大臣ニ、娘ヲ光源氏ノ妻ニスル意思ガアルカト尋ネタ歌。

はつ-もみぢ【初紅葉】〔名〕❶秋になって初めて色づいた紅葉。例「かへでの―を拾はせて、歌を詠みて」〈伊勢・九六〉訳楓の今年初めて紅葉したのを召使いに拾わせて、歌を詠んで。

❷〔襲の色目の名〕表は萌葱、裏は薄萌葱。

はつ・る【自ラ下二】(れ・れ・る・るる・るれ・れよ)織った物やたばねた物などが端からほどける。ほつれる。例「羅は上下―れ、螺鈿の軸は貝落ちて後こそ、いみじけれ」〈徒然草・八二〉訳薄い織物の表紙は上下がほつれ、螺鈿をちりばめた巻物の軸は貝が落ちた後が、特にすばらしい。

はつれ-はつれ〔副〕(「はづれはづれ」とも)ところどころ。はしばし。例「けはひなど、―聞こえたるもゆかし」〈徒然草・一〇五〉訳声などが、とぎれとぎれ聞こえてくるのも心をひかれる。

はて【果て】〔名〕《動詞「果つ」の連用形の名詞化》⇩はてはて ❶(物事の)最後。終わり。しまい。例「この月は季の―なり」〈源氏・玉鬘〉訳この月(=三月)は(春の)季節の終わりである。

❷(空間的・場所的な)限界。しまい。遠いかなた。例「木枯らしの―はありけり海の音」〈言水〉訳冬の野山を吹きまくっているこがらしは、どこまでもいつまでも吹き続けているようだが、冬の海の激しい響きを聞くと、これこそがこがらしの行き着く果てだと思われます。

❸人の死後、四十九日間の**喪の終わり**。また、一周忌。例「御―もややう近うなり侍りにけり」〈源氏・幻〉訳一周忌もだんだんと近づいていたのでした。

❹落ちぶれること。また、その姿。なれの果て。

はて-は【果ては】〔連語〕最後には。しまいには。例「酒飲み、連歌して、―、大きなる枝心なく折り取りぬ」〈徒然草・一三七〉訳(田舎者は桜の根元で)酒を飲み、連歌をして、しまいには、大きな(桜の)枝を考えもなく折り取ってしまう。

はて-はて【果て果て】〔名〕(「果て」を重ねて意味を強めた形)最後の最後。とどのつまり。あげくの果て。例「あまたさるまじき人の恨みを負ひし―は」〈源氏・桐壺〉訳たくさんのそうあってはならない(=恨マレテハナラナイ)人の恨みをこの身に受けたそのとどのつまりは。

はな【花・華】〔名〕一植物の花。また、それを原料として作ったもの。❶木や草の花。**平安初期までは特に梅の花を、中期以降、桜の花を指す**ことが多くなった。例「青丹よし奈良の都は咲く―の匂ふがごとく今盛りなり」〈万葉・三・三二八〉訳奈良の都は咲く花が美しく照り輝いているかのように、今全盛を誇っている。

❷神仏に供えたり、生け花にしたりする花。枝葉だけのものをもいう。

❸露草の花の汁から製した青い絵の具。また、その色。縹色。はないろ。

二花にたとえられるもの。❶雪・氷・波などを花に見立てていう。例「波の―沖から咲きて散り来めり水の春とは風やなるらむ」〈古今・物名・四五九〉訳波の花は沖から咲いて(岸辺の方へ)散って来るようだ。(あの花は風によって咲くのだが)水上の春というのは風がなるのだろうか。

❷華やかなこと。美しいこと。華美。また、美しく栄えていること。

❸うわべだけ美しくて、中身の誠実さがないこと。(花の色のように)移ろいやすく、頼りにならないこと。また、それらのもの。例「色見えで移ろふものは世の中の人の心の―にぞありける」〈古今・恋五・七九七〉訳目に見えないで変わっていくものは世の中の人の心の移りやすさであったのだなあ。

❹〔能楽用語〕観客をひきつける芸の美しさ。華やかさ。芸術美。例「時分の―をまことの―と知る心が、真実の―になほ遠ざかる心なり」〈風姿花伝・一〉訳一時的な華やかさを真の芸術美だと誤解する心が、本当の芸術美からやはり遠ざかる心なのである。

❺若く美しい男女。特に、美しい女、あるいは遊女。

三(花の枝に付けて与えるものの意から)芸人などに与える金品。祝儀の金や品物。また、遊女などの揚げ代。例「近付きの芸者に―を取らせ」〈西鶴・世間胸算用・三・一〉訳ひいきの役者に祝儀の金を与えて。

花の宴 季節の花を観賞しながら催す酒宴。特に、桜を見ての酒宴をいう。(季・春) 例「二条の院御前の桜を御覧じても、―の折などおぼし出づ」〈源氏・薄雲〉訳(光源氏は)二条院の庭の桜をごらんになっても、(藤壺がいた)十二年前の花見の宴の時のことをお思い出しになる。

花の衣 《「はなごろも」とも》❶はなやかな衣服。多く、春の衣服をいう。例「皆人は―になりぬなり苔の袂よ乾きだにせよ」〈古今・哀傷・八四七〉訳(仁明天皇の喪があけて)ほかの人は皆はなやかな衣装になってしまったそうだ。(しかし私は黒い僧衣のままである。)私の僧衣の袂よ、せめて(涙が)乾くだけでもしてくれ。

❷花を美しい衣服に見立てていう語。例「春風の今朝早ければうぐひすの―もほころびにけり」〈拾遺・物名〉訳春風が早くも今朝吹き始めたので、ウグイスの美しい衣服も破けてしまったよ―梅の花もほころび始めたよ。

❸花染めの衣服。

❹俳諧で、花見に行く女の衣裳。(季・春)

はな-いろ【花色】〔名〕❶花の色。

❷はなだ色。うすいあい色。青色。古くはツユクサの花を用いた。例「悪しき男の、紬を―小紋に染め

て着」〈西鶴・日本永代蔵・一・五〉訳醜い男が、紬をはなだ色の小紋に染めて着たり。注実用本位ノ染メ方。長持チシ染メ返シガキク。

はないろ-ごろも【花色衣】〔名〕花色染めの衣。花の色に染めたものも、はなだ色に染めたものもいう。例「山吹(やまぶき)の――主(ぬし)や誰(たれ)問へど答へずくちなしにして」〈古今・雑体・一〇一二〉訳山吹の花の色に染めた衣よ、おまえは誰だね。尋ねても答えない。(なぜなら)口が無いというクチナシだから。注滑稽味(コッケイミ)ヲ盛リ込ンダ「俳諧歌(はいかい)」。

はな-がさ【花笠】〔名〕花を飾りにつけた笠。また、花で作った笠。例「青柳を片糸によりてうぐひすの縫ふてふ笠は梅(むめ)の――」〈古今・神遊びの歌・一〇八一〉訳青い芽をふいた柳の枝を片糸(=ヨリ合ワセル前ノ糸)にしてより合わせて(その糸で)ウグイスが縫うという笠は、梅の花の笠だ。

はな-がたみ【花筐】〔名〕花や若菜などを摘んで入れるかご。花かご。例「――ひぢに掛け、岩つつじ取り具して持たせ給ひたるは」〈平家・灌頂・大原御幸〉訳花かごをひじに掛けて、岩つつじを取って持っておられる人は。
参考 編み目が細かく並んでいることから、歌では多く「目並(めなら)ぶ(=見比ベル)」を導く序詞(枕詞)として用いる。

はな-かつみ【花かつみ】〔名〕(「はながつみ」とも)⇩かつみ 水辺に生える草花の名。マコモの古名という。あやめ説などがある。歌では「かつ」「かつて」を導く序詞として用いる。例「女郎花(をみなへし)咲く沢に生(お)ふる――かつても知らぬ恋もするかも」〈万葉・四・六七五〉訳オミナエシの咲いている沢に生える花カツミの「かつ」ではないが、かつて経験したことのない恋をすることだ。

はな-ぐはし【花細し】〔枕詞〕(花が美しいの意から)「桜」「葦(あし)」にかかる。例「――葦垣越(あしかきごし)にただ一目相見し児ゆゑ千(ち)たび嘆きつ」〈万葉・一一・二五六五〉訳葦の垣根越しにたった一目見たあの娘なのに、(私は恋して)千度もため息をついた。注「ゆゑ」ハ原因ノ意ダガ、文脈上逆接ニナル。

はな-じろ・む【鼻白む】〔自マ四〕〈ま・み・む・む・め・め〉気おくれした顔をする。きまりわるがる。例「さての人々は、皆臆(おく)しがちに――・める多かり」〈源氏・花宴〉訳その後(=詩文ニ長ジタ人々)に続く人々には、皆気おくれしがちできまりわるがっている者が多い。

はな-すすき【花薄】〔名〕穂の出たススキ。(季・秋)例「――我(われ)こそ下(した)に思ひしか穂に出(い)でて人に結ばれにけり」〈古今・恋五・七四八〉訳花ススキを結ぼうと、私は内心思っていたが、穂が実際に出たらほかの人に結ばれてしまったことだよ。注女性ヲススキニタトエ、成人シタラ我ガモノニスルツモリデアッタノニ、ト嘆ク意。

参考 多く和歌で用い、「穂に出(い)づ(=内心ガ表ニ現レル)」の枕詞として用いることもある。

はな-だ【縹】〔名〕❶(「縹色」の略)うすいあい色。青色。例「――の唐(から)の紙に包みて」〈源氏・絵合〉訳はなだ色の唐紙(からかみ)に(返事を)包んで。
❷(襲(かさね)の色目の名)表も裏もはなだ色。

はな-たちばな【花橘】〔名〕❶(和歌用語)橘の花。花の美しく咲いている橘。例「五月(さつき)待つ――の香(か)をかげば昔の人の袖(そで)の香ぞする」〈古今・夏・一三九〉訳五月を待って咲く橘の花の香りをかいだところが、昔なじみの人の袖の香りがすることだ。
❷(襲(かさね)の色目の名)表は朽ち葉色で裏は青色。夏用。

参考 ①は橘の花を賞賛していう語。初夏の代表的風物で、①の例歌以降、その香は昔をしのばせるものとされ、また、樹木はホトトギスの宿るものとされた。

はなち-いで【放ち出で】〔名〕寝殿造りで、母屋(おもや)に続けて外へ張り出して建てた建物。一説に、廂(ひさし)の間を仕切って作った部屋とも。

はなち-がき【放ち書き】〔名〕文字を一字一字離して書く書き方。たどたどしく幼稚な書き方。例「かの御(おん)――なむ、なほ見給へまほしき」〈源氏・若紫〉訳あの一字一字書いてあるたどたどしいお手紙を、やっぱり見させていただきたく思います。

花散里(はなちるさと)〔人名〕『源氏物語』の登場人物。麗景殿女御の妹。まじめでおとなしい性格で、光源氏に長く庇護(ひご)される。

はな・つ【放つ】〔他タ四〕〈た・ち・つ・つ・て・て〉(「はなる」の他動詞形)❶身近から離す。手放す。解き放す。例「この野に虫ども――・たせ給ひて」〈源氏・鈴虫〉訳この野(=秋ノ野ノヨウニ造ッタ前庭)に虫たちをお放しになって。
❷遠くへ追いやる。追放する。また、職を解く。解任する。例「遠く――・ち遣(つか)はすべき定めなども侍(はべ)るなるは」〈源氏・須磨〉訳(私を)遠くへ追放する評定(ひょうじょう)などもあると聞いていますのは。
❸開け放す。開く。例「右近、妻戸――・ちて入れ奉る」〈源氏・浮舟〉訳(浮舟(うきふね)付きの女房の)右近は、妻戸を開いて(匂宮(におうのみや)を)中にお入れ申し上げる。
❹(光・声・矢などを)発する。発射する。例「寿詞(よごと)を――・ちて立ち居、泣く泣く呼ばひ給ふこと」〈竹取・竜の首の玉〉訳祈願の言葉を発して立ったり座ったり、泣きながら大声をおあげになること。注海上デ暴風ニアウ場面。
❺別にする。除外する。例「小侍従と弁と――・ちて、また知る人侍(はべ)らじ」〈源氏・橋姫〉訳小侍従と弁とを除外すれば、また他にこの事を知る人はございますまい。

はな-つき【鼻突き】〔形動ナリ〕(鼻と鼻とを突き合わせる意)突然行き合う様子。出会いがしら。ばったり。例「殿下(てんが)の御出(ぎょしゅつ)に――・に参り合ふ」〈平家・一・殿下乗合〉訳殿下(=摂政藤原基房)のご外出にばったり行き合わせ申した。

はな-の-えん【花の宴】⇩「はな(花)」子項目

はな-の-ころも【花の衣】⇩「はな(花)」子項目

はなはだ【甚だ】〔副〕程度がはなはだしい意を表す。たいそう。非常に。例「鳴りやまむ。――非常(ひざう)なり」〈源氏・少女〉訳静かになさい。(こんな所で騒ぐのは)まったくもってとんでもないことです。

要点 平安時代には主として漢文訓読体の文に用いられた語。和文にはあまり用いられないが、この例はその点を利用して、話者の博士(はかせ)(=儒者)の、いかにもそれらしい古風で、もったいぶった言葉遣いを表現している。和文では通常「いと」が用いられる。

はなばな-と【花花と】〔副〕はなやかに。きらびやかに。

例「朝日の——さし上がるほどに」〈枕草子・関白殿二月二十一日に〉訳朝日のはなやかにさして上がる頃に。

はな・ひる【嚏る】〔自ハ上一〕（ひ・ひ・ひる・ひる・ひれ・ひよ）くしゃみをする。例「——・ひて誦文(ずもん)する」〈枕草子・にくきもの〉訳くしゃみをしてまじないの文句を唱えるの（は、にくらしい）。⇩ひる（嚏る）

参考 上代は上二段活用で、終止形は「はなふ」。くしゃみをすることは、上代では、人に思われることや人が来ることの前兆とされていたが、平安時代以降、不吉なことの前兆とされ、くしゃみをした直後にまじないの文句を唱えて、災いを払う習慣があった。

はな-まじろき【鼻まじろき】〔名〕鼻をぴくっとうごめかすこと。鼻をぴくつかせること。表面ではへつらいながら、内心ではばかにしている時のさまをいう。例「下には——をしつつ追従(ついしよう)し」〈源氏・少女〉訳心の中ではあざけりながら（表面では）おせじを言い。

はな-むけ【餞】〔名〕《「馬のはなむけ」の略》旅立つ人に、別れを惜しみ、前途を祝って贈る品物や詩歌。餞別(せんべつ)。例「さりがたき——などしたるは、さすがにうち捨てがたくて」〈奥の細道・草加〉訳断りにくい（友人達が）餞別などをしてくれたのは、（邪魔にはなるが）やはり捨てにくくて。

はな-め・く【花めく・華めく】〔自カ四〕（か・き・く・く・け・け）《「めく」は接尾語》はなやかになる。はなやかに見える。

はな-もみぢ【花紅葉】〔名〕花（特に桜）と紅葉。春と秋の花の代表で、自然の美しさを象徴的にいう。例「卯月(うづき)ばかりの若かへで、すべてよろづの——にもまさりて、めでたきものなり」〈徒然草・一三九〉訳四月頃の若葉の萌(も)え出したカエデは、およそありとあらゆる花や紅葉よりもすぐれていて、すばらしいものである。

はな-やか【花やか・華やか】〔形動ナリ〕❶明るい感じで美しい様子。派手で美しい。例「こと花どもの皆霜枯れたるに、いと——・なる色あひにてさし出(い)でたる、いとをかし」〈枕草子・草の花は〉訳（リンドウは）他の花がみな霜で枯れてしまったのに、大変明るく美しい色彩で顔を出しているのは、大変趣がある。

❷（声や香りなどが）際立っている様子。**はっきりしている。**例「『なにがし侍(さぶら)ふ』と、いと——・に言ふ」〈枕草子・頭の中将の〉訳「だれそれが参上しました」と、（使者が）大層明るくはっきりと言う。

❸（雰囲気が）**明るくにぎやかな様子。**例「大路(おほち)のさま、松立てわたして——・にうれしげなるこそ、またあはれなれ」〈徒然草・一九〉訳（元旦(がんたん)の）都大路の様子は、門松を立て並べてにぎやかでうれしそうな感じであるのが、また情緒がある。

❹（態度・性質などが）快活な様子。**陽気である。**例「大臣(おとど)、この望みを聞き給ひて、いと——・にうち笑ひ給ひて」〈源氏・行幸〉訳内大臣は、この（娘の）高望みをお聞きになって、大変陽気にお笑いになって。

❺（人柄などが）すぐれていて立派である。例「人柄——・にあるべかしき十余人集(つど)ひ給へれば」〈源氏・行幸〉訳（殿上人(てんじやうびと)などで）人柄も立派でふさわしい人が（内大臣の供として）十人余りお集まりになったので。

❻栄えている。はぶりがいい。例「——・なりしあたりも人住まぬ野らとなり」〈徒然草・二五〉訳（屋敷が並び）栄えていた辺りも（時がたつと）人の住まない野に変わり。

要点 基本的には、花のようなようすの意で、「花」にたとえられる、美しい、明るい、立派だ、栄えているなどの、さまざまなようすをいう。

はな-や・ぐ【花やぐ・華やぐ】〔自ガ四〕（が・ぎ・ぐ・ぐ・げ・げ）❶華やかに振る舞う。陽気である。例「これはいま少し——・ぎ、猿楽言(さるがうごと)など給ふを、笑ひ興じ」〈枕草子・宮に初めて参りたるころ〉訳この方（＝関白藤原道隆）はもう少し陽気な感じで、冗談などおっしゃるのを、（女房達は）おもしろがって笑って。

❷時流に乗って栄える。時めく。

はな・る【離る・放る】〔自ラ下二〕（れ・れ・る・るる・るれ・れよ）《「放つ」の自動詞形》❶遠ざかる。離れる。別れる。例「千年万年と契(ちぎ)れども、やがて——・るる仲もあり」〈平家・一・祇王〉訳千年でも万年でも夫婦でいようと約束しても、すぐに別れる間柄もある。

❷官職から離れ去る。辞任する。また、俗世間を離れて出家する。例「十九になり給ふ年、三位(さんみ)の宰相にて、なほ中将も——・れ給はず」〈源氏・匂宮〉訳（薫(かをる)は）十九歳におなりになった年は、三位の宰相で、もとのまま中将の職も辞任しておられない。

❸（つないでおいた動物などが）逃げ去る。例「章兼(あきかね)が牛——・れて、庁の内へ入りて」〈徒然草・二〇六〉訳中原章兼の牛が（牛車(ぎつしや)のつなぎから）逃げ去って、（検非違使庁(けびいしちやう)の）役所の中にはいりこんで。

❹（戸などが）開け放される。開かれる。

❺ある範囲から離れ除かれる。除外される。はずれる。例「右の大殿(おほいとの)・致仕(ちじ)の大殿の族(ぞう)を——・れて」〈源氏・竹河〉訳右大臣（＝夕霧）と退官した太政大臣（＝昔ノ頭中将(トウノチュウジョウ)）のご一族のほかには。

はに【埴】〔名〕赤黄色の粘土。衣の染料や焼き物に使った。例「大和の宇陀(うだ)の真(ま)——のさ丹(に)つかばそこもか人の我(わ)を言(こと)なさむ」〈万葉・七・一三七六〉訳大和の宇陀（＝奈良県宇陀郡ノ地）の埴の赤い色が（着物に付いたら（＝アナタトノ親シイ仲ガ、人目ニモワカルヨウニナッタラ）、そのことで人は私のことをとやかく言うであろうか。

はに-ふ【埴生】〔名〕❶「はに」のある土地。また、「はに」。赤土。例「白波の千重(ちへ)に来寄する住吉(すみのえ)の岸の——ににほひて行かな」〈万葉・六・九三二〉訳白波が次から次へと寄せて来る住吉（＝大阪市ノ地名）の岸の赤土に染まって行きましょう（＝着物ヲ染メテ行キマショウ）。

❷「埴生の小屋(をや)」の略。

埴生の小屋(をや) 赤土を塗っただけの粗末な小屋。例「遠方(をちかた)の——に小雨降り床さへぬれぬ身に添へ吾妹(わぎも)」〈万葉・一一・二六八三〉訳遠い田舎の粗末な小屋に小雨が降り、床さえぬれた。私に寄り添って眠りなさい恋しい人よ。

はにゅう【埴生】〔名〕⇩はにふ

はに-わ【埴輪】〔名〕古墳時代の遺物の一つ。人物・馬・家屋・器具などをかたどった、「はに」製の素焼きの土器。貴人の墓の周囲に立てたが、

はにわ

墓の崩壊を防ぐため、また殉死の代用など諸説がある。

は・ぬ｛ね・ね・ぬ・ぬる・ぬれ・ねよ｝■一【跳ぬ・撥ぬ】■一〔自ナ下二〕❶とび上がる。おどり上がる。例「馬の太腹射させて――・ぬれば」〈平家・九・一二之懸〉訳 馬が太腹を射られて跳び上がるので。❷はじけ飛ぶ。はじける。■二〔他ナ下二〕勢いよく上げる。はね上げる。例「沖つ櫂(いか)いたくな――・ねそ辺(へ)つ櫂いたくな――・ねそ」〈万葉・二・一五三長歌〉訳 沖を行く舟の櫂もひどく水をはね上げるな。岸辺を行く舟の櫂もひどく水をはね上げるな。■三【刎ぬ】〔他ナ下二〕(首を)切り落とす。例「やがて打手(うって)をつかはし、頼朝(よりとも)が首を――・ねて、我が墓の前に懸くべし」〈平家・六・入道死去〉訳 すぐに討手を派遣して、頼朝の首を切って、私の墓の前に懸けよ。注 死ノ床ニアル平清盛ノ言葉。

は-ね【羽・羽根】〔名〕鳥や蝶(ちょう)などの羽根。翼。また、鳥の羽根毛。例「まことにて名に聞く所――ならば飛ぶがごとくに都へもがな」〈土佐・一月十一日〉訳 本当に名の通りここが鳥の羽だったら、その羽で飛ぶように都へ帰りたいな。注 地名ヲ「ハネ」ト聞ク。

羽根を交(か)は・す｛ワス・カ｝(「比翼(ひよく)の鳥」が互いに羽根を並べて、常に一緒にいることから)夫婦の仲がよく、愛情が深いことにたとえていう。例「――・さむとは引き代へて、弥勒(みろく)の世をかね給ふ」〈源氏・夕顔〉訳 (光源氏は夕顔に、もし死んだら)比翼の鳥になって仲よく暮らそうという約束とは趣を変えて、弥勒菩薩(みろくぼさつ)出現の未来までもと今からお約束なさる。注 唐ノ玄宗皇帝ト比翼ノ鳥ニナロウト誓ッタ楊貴妃(ヨウキヒ)ハ殺サレテシマッタノデ不吉ダカラ「引き代へ」タノデアル。

羽根を並(な)ら・ぶ ❶「羽根を交はす」に同じ。例「朝夕の言種(ことぐさ)に、――・べ、枝を交(か)はさむと契(ちぎ)らせ給ひしに」〈源氏・桐壺〉訳 (桐壺(きりつぼ)帝は桐壺更衣(こうい)に)朝夕の口ぐせに、(唐の玄宗皇帝と楊貴妃(ようきひ)の誓いのように)比翼の鳥が羽根を並べるように、連理の枝が一体となるように仲よくしようとお約束なさったのに。❷臣下の者が仲よく協力して主君を補佐する。例「――・べたる数にも思ひ侍(はべ)らで」〈源氏・行幸〉訳 共に力を合わせて主君を補佐するお仲間の一人とも(自分を)考えませんで。

はね-がき【羽掻き】〔名〕《動詞「羽がく」の連用形の名詞化。「はがき」とも》鳥が翼をばたばたさせること。一説に、羽根をくちばしでしごきつくろうことども。例「暁の鴫(しぎ)の羽がき百羽掻(ももはがき)君が来ぬ夜は我ぞ数かく」〈古今・恋五・七六一〉訳 夜明け方の鴫の羽がきは何度も何度もするというが、あなたの来ない夜は(眠れないために)私の方がそれよりも多く手足をもじもじ動かしているのですよ。

はね-を-かは・す【羽根を交はす】｛ワス・カ｝⇩「はね」子項目

はね-を-なら・ぶ【羽根を並ぶ】⇩「はね」子項目

はは【母】〔名〕女親。母親。例「憶良らは今は罷(まか)らむ子泣くらむそれその――も我(わ)を待つらむぞ」〈万葉・三・三三七〉訳 私、憶良めはもう帰ります。(家では)子供が泣いていることでしょう。その母親(=自分ノ妻)も私を待っていることでしょう(から)。

はばかり【憚り】〔名〕《動詞「はばかる」の連用形の名詞化》❶恐れ慎むこと。恐縮。遠慮。例「百敷(ももしき)に行きかひ侍(はべ)らむことは、ましていと――多くなむ」〈源氏・桐壺〉訳 宮中にお出入りいたしますようなことは、なおさら大層遠慮が多うございます。❷さしつかえ。支障。例「世を保たせ給はむに――あるまじく、かしこく見えさせ給ふ」〈源氏・明石〉訳 (東宮は)天下をお治めあそばすのに何のさしさわりもないであろうと、ご立派にお見えになる。

はばか・る【憚る】〔自ラ四〕｛ら・り・る・る・れ・れ｝❶はばまれてうまく進めない。行き悩む。例「白雲もい行き――・り時じくそ雪は降りける」〈万葉・三・三一七長歌〉訳 (富士山のために)白雲の流れも進めないで常に雪が降っているよ。注 山部赤人ノ作。「い行き」ノ「い」ハ接頭語。❷気がねする。遠慮する。例「人の謗(そし)りをもえ――・らせ給はず、世の例(ためし)にもなりぬべき御もてなしなり」〈源氏・桐壺〉訳 (桐壺(きりつぼ)帝は)人々の非難に気がねなさる余裕もなく、世間の語り草にもなるに違いないほどの(桐壺更衣(きりつぼのこうい)への)ご寵愛(ちょうあい)ぶりである。❸いっぱいになる。はびこる。例「多くの髑髏(どくろ)どもが一つに固まり合ひ、坪の内に――・るほどになって」〈平家・五・物怪之沙汰〉訳 多くの頭蓋骨(ずがいこつ)どもが一つに固まり合い、庭の中にいっぱいになるほどになって。

ははき【帚・箒】〔名〕ほうき。例「庭掃(は)くとて、――を持ちて」〈蜻蛉・下・天禄三年〉訳 (耳の遠い老人が)庭を掃くと言って、ほうきを持って。

はばき【脛巾・行纏・脛衣】〔名〕《「脛巾裳(も)」の略》旅行の時など、すねに巻き付ける布製のもの。すねを守り、また歩きやすくする。後世の脚絆(きゃはん)。例「深き沓(くつ)、半靴(はうくわ)などの――まで、雪のいと白う掛かりたるこそをかしけれ」〈枕草子・雪高う降りて〉訳 深ぐつや、半靴などのすね巻きにまで、雪がたいそう白く降り掛かっているのが趣深い。

ははき-ぎ【帚木】〔名〕❶植物の名。ホウキグサの古名。枝を枯らし、葉を落として草ぼうきを作る。(季・夏)例「あやしの小家に夕顔・へちまの生えかかりて、鶏頭(けいとう)・――に戸ぼそを隠す」〈奥の細道・福井〉訳 粗末な小さな家に夕顔やヘチマが生えかかっていて、鶏頭やホウキグサで戸口が隠れている。❷信濃(しなの)(=長野県)の園原にあったという、伝説上の木。遠くからはほうきの形に見えるが、近づくと見えないという。この伝説から、情があるように見えながら、実はないことのたとえに用いる。例「――の心を知らで園原の道にあやなくまどひぬるかな」〈源氏・帚木〉訳 (実体のない)帚木のような(あなたの)心を知りもしないで、(帚木のある)園原の道(=恋ノ道)に迷ったことだなあ。

はは-きさき【母后】〔名〕母親である皇后。「母后(ぼこう)」とも。例「――、世になくかしづき聞こえ給ふを」〈源氏・桐壺〉訳 母親にあたる后は、(姫君を)この上なく大切にお育て申し上げなさるのを。

はは-きたのかた【母北の方】〔名〕母であり、父の正妻である婦人。例「――なむ、いにしへの人の由あるにて」〈源氏・桐壺〉訳 (桐壺更衣(きりつぼのこうい)の)母である(大納言の)正妻は、昔風の人で由緒(=教養)のある方なので。

ははそ【柞】〔名〕ナラ・コナラ・クヌギなど、ブナ科の落葉高木の称。紅葉が美しい。(季・秋)例「佐保山の――の色は薄けれど秋は深くもなりにけるかな」〈古今・秋下・二六七〉訳 佐保山(=奈良市北方ノ山)のハハソの(紅葉した)色はまだ薄いけれども、秋は深くなってしまったことだなあ。

ははそば-の【柞葉の】《枕詞》同音の反復で「母」にかかる。例「ちちの実(み)の父の命(みこと)――母の命」〈万葉・一九・四一六四長歌〉訳父上や母上が。注「ちちの実の」モ同音ノ反復デ「父」ノ枕詞。「命」ハ神ヤ人ニ対スル敬称。

ははそ-はら【柞原】〔名〕「ははそ」の多く生えた原。

はは-とじ【母刀自】〔名〕母親に対する敬称。母上。例「真木柱(まけばしら)ほめて造れる殿のごといませ――面(おめ)変はりせず」〈万葉・二〇・四三四二〉訳立派な木で作った柱を祝福してしっかりと建てた宮殿のように元気でいらっしゃって下さいよ、お母さん。容色も衰えることなしに。

はひ【灰】(ハイ)〔名〕はい。例「空には――を吹き立てたれば、火の光に映じて、あまねく紅(くれなゐ)なる中に」〈方丈記・安元の大火〉訳空には(焼け跡の)灰を吹き上げたので、火の光に(その灰が)映って、四方八方が赤く見えている中で。注都炎上ノ一場面。

はひ-かく・る【這ひ隠る】(ハイ)〔自ラ下二〕{れ・れ・る・るる・るれ・れよ}はうようにしてこそこそ隠れる。こっそりと隠れる。例「深き山里、世離れたる海づらなどに――・れぬかし」〈源氏・帚木〉訳深い山里や、物寂しい海辺などにひそみ隠れてしまうものだよ。

はひ-まぎ・る【這ひ紛る】(ハイ)〔自ラ下二〕{れ・れ・る・るる・るれ・れよ}❶人目をまぎらす。こっそり隠れる。例「いづこに――・れて、『かたくなし』と思ひゐたらむ」〈源氏・空蟬〉訳(空蟬(うつせみ)は)どこにこっそり隠れて、(光源氏のことを)「ばかな男だ」と思っていることか。
❷人目を忍んで逢う。例「なほこの内侍(ないし)にぞ、思ひ離れず――・れ給ふべき」〈源氏・藤裏葉〉訳(夕霧は正妻が決まった後にも)やはりこの内侍(=惟光(コレミツ)ノ娘)には、愛が薄れることなく人目を忍んでお逢いになることであろう。

はひ-まつは・る【這ひ纏はる】(ハイマツワル)〔自ラ下二〕{れ・れ・る・るる・るれ・れよ}(ツルクサが)這ってまつわりつく。例「朝顔のこれかれに――・れて」〈源氏・朝顔〉訳朝顔が(草木の)あれやこれやに這ってからみ付いて。

はひもとほる【這ひ回る】⇩もとほる

はひ-もとほろ・ふ【這ひ回ろふ】(ハイモトオロウ)〔自ハ四〕{は・ひ・ふ・ふ・へ・へ}《上代語。「もとほろふ」は動詞「もとほる」の未然形に継続の助動詞「ふ」の付いた「もとほらふ」の変化した形》はい回っている。

はひ-わた・る【這ひ渡る】(ハイ)〔自ラ四〕{ら・り・る・る・れ・れ}(車など要らない近い所を)簡単に歩いて行く。気軽に行く。例「ついでなくて軽(かる)らかに――・り、花をもてあそび給ふべきならねば」〈源氏・胡蝶〉訳(秋好(あきこのむ)中宮は)理由なしに気軽にお歩きになって、花を賞翫(しょうがん)なさることのできるご身分ではないから。

はふ【法】(ホウ)〔名〕《漢音》法律。おきて。きまり。⇩ほふ(法)

は・ふ【這ふ】(ハウ)〔自ハ四〕{は・ひ・ふ・ふ・へ・へ}❶手足を床などに付けて低い姿勢で動く。はう。例「――・へ笑へ二つになるぞ今朝からは」〈一茶〉訳さあ、はいはいをしてごらん、さあ、笑ってごらん、お前も二歳になるんだよ。今朝のこのめでたい正月からは。注一茶ガ五十六歳デモウケタ長女ノ成長ヲ喜ブ句。
❷(植物のツルなどが)地面や物に密着して伸びる。例「葎(むぐら)――・ひたる庭に、月のくまなく明く澄み昇りて見ゆる」〈枕草子・三巻本逸文三九〉訳ムグラの這い伸びている庭に、月が一面に明るく澄んで昇っていくのが見える(のがすばらしい)。

は・ふ【延ふ】(ハウ)〔他ハ下二〕{へ・へ・ふ・ふる・ふれ・へよ}❶張り渡す。はわせる。また、引きのばす。例「墨縄を――・へたる如(ごと)くあぢかをし値嘉(ちか)の岬(さき)より大伴の御津(みつ)の浜辺(はまび)に直泊(ただは)てに御船(みふね)は泊(は)てむ」〈万葉・五・八九四長歌〉訳墨縄を張り渡したように、ちかの崎から大伴の御津の浜辺にまっすぐに着いて泊まるべく、船は到着するでしょう。注「あぢかをし」ハ「値嘉」ノ枕詞。「値嘉」ハ今ノ長崎県ノ五島列島・平戸島トソノ周辺ノ総称。「大伴」ハ今ノ大阪市カラ堺市ニカケテノ地域。
❷恋しい気持ちを相手に届かせる。心を寄せる。例「谷狭(せば)み峰辺(みねへ)に這(は)へる玉葛(たまかづら)――・へてしあらば年に来(こ)ずとも」〈万葉・一二・三〇六七〉訳谷が狭いので峰の方に伸びている美しいツル草のように(あなたが私に)心を寄せているならば、一年に一度も来なくても不安を感じないのですが。

ば・ふ【奪ふ】(バウ)〔他ハ四〕{は・ひ・ふ・ふ・へ・へ}《「うばふ」の「う」が脱落した形》無理に取り上げる。うばい取る。例「ありしやうにも――・ひ給はず」〈源氏・夕霧〉訳この前の時のように(手紙を)うばい取ったりもなさらない。

は-ぶ・く【羽振く】〔自カ四〕{か・き・く・く・け・け}羽ばたく。例「池の鳥どもの夜もすがら、声々――・き騒ぐ音のするに」〈更級・宮仕へ〉訳池の鳥どもが夜通し、てんでに鳴き声を立てて羽ばたき騒ぐ音がするので。

はぶ・く【省く】〔他カ四〕{か・き・く・く・け・け}❶取り除く。排除する。例「いかで人の譏(そし)りも恨みをも――・きて」〈源氏・総角〉訳なんとかして人の非難も恨みをも排除して。
❷簡略にする。簡素にする。例「世の譏(そし)りもやと――・き給へれば」〈源氏・少女〉訳(紫の上たちの行列は)世間の批判もあろうかと簡略になさったので。
❸分かち与える。分配する。例「かの荘園を没取(もっしゅ)して、みだりがはしく子孫に――・く」〈平家・七・木曽山門牒状〉訳(平家は)その荘園を没収して、勝手に子孫に分配する。

はふくず-の【這ふ葛の】(ハウクズノ)《枕詞》クズの蔓(つる)ははって四方へ長く伸びて行くことから、「遠長し」「行くへ」「絶えず」「後(のち)」「下」などにかかる。例「――いや遠長く万代(よろづよ)に絶えじと思ひて通ひけむ」〈万葉・三・四二三長歌〉訳ますますいつまでも長く、いつまでもむつまじくしようかと思って通ったことであろう。

はふ-さう【法曹】(ホウソウ)〔名〕法律家。明法(みょうぼう)家。例「起請文(きしゃうもん)といふこと、――にはその沙汰なし」〈徒然草・二〇五〉訳起請文ということは、明法の家ではその取り扱いをしていない。

はふ-はふ【這ふ這ふ】(ハウハウ・ホウホウ)〔副〕《動詞「這ふ」の終止形を重ねた形。「這いながら」の意》❶やっと歩く様子。這うようにして。例「希有(けう)にして助かりたるさまにて――家に入りにけり」〈徒然草・八九〉訳九死に一生を得たといった様子で這うようにして家に入った。注「猫また」トイウ怪物ニ襲ワレタト思ッタ連歌師ガ川ニ落チタトコロ。
❷あわてふためく様子。ほうほうのていで。例「資盛朝臣(すけもりのあつそん)――六波羅(ろくはら)へおはして」〈平家・一・殿下乗合〉訳(恥をかかされた)資盛朝臣はほうほうのていで六波羅へいらっしゃって。

はぶら-か・す【放らかす】〔他サ四〕{さ・し・す・す・せ・せ}《「はふら

かす」とも。「かす」は接尾語》ほうり出す。うち捨てる。流浪させる。例「我が君をさるいみじき者の中に――・し奉りてば、何心地(なにごこち)かせまし」〈源氏・玉鬘〉訳我が君(=玉鬘(タマカズラ))をあんなひどい田舎者の中にほうっておき申すようなことをしたら、どんな気持ちがすることでしょう。

はふら・す【放らす】〔他サ四〕{さ・し・す・す・せ・せ}⇩はぶらかす

はふり【祝】〔名〕神への奉仕を職業とする人の総称。神職者。神官。普通は、神主(かんぬし)や禰宜(ねぎ)より下位の神官をいう。

はぶり【葬り】〔名〕死者をほうむること。とむらい。葬送。例「その御子(みこ)うせ給ひて、御(おほん)――の夜」〈伊勢・三九〉訳そのお子がお亡くなりなさって、おとむらいの夜。

はふり-こ【祝り子】〔名〕⇩はふり

はふ・る【溢る】〔自ラ四〕{ら・り・る・る・れ・れ}《上代語》あふれる。例「葦鴨(あしがも)のすだく池水――・るとも設溝(まけみぞ)の方(へ)に我越えめやも」〈万葉・一一・二八三三〉訳鴨のたくさん集まっている池の水がたとえあふれ出ても、あふれた水を他に導くように造られた溝の方へ私は越えて行ったりはしない。注別ノ人ニ心ヲ移シタリハシナイ、ノ意。

は-ぶ・る【羽振る】〔自ラ四〕{ら・り・る・る・れ・れ}《古くは「はふる」》❶鳥が天空を飛ぶ。飛びかける。❷鳥が羽ばたくように風や波が立つ。

はぶ・る【放る】━〔他ラ四〕{ら・り・る・る・れ・れ}《「はふる」とも》放ち捨てる。また、追放する。
━〔自ラ下二〕{れ・れ・る・るる・るれ・れよ}❶よりどころもなくさまよう。さすらう。例「我さへうち捨て奉りて、いかなるさまに――・れ給はむとすらむ」〈源氏・玉鬘〉訳私までが(玉鬘(たまかずら)様を)お見捨て申したら、どんな有様になってさすらいなさることであろう。❷落ちぶれる。例「その子・孫(うまご)までは、――・れにたれど、なほなまめかし」〈徒然草・一〉訳その子供や孫までは、落ちぶれてしまっていても、やはり品がよい。

はぶ・る【葬る】〔他ラ四〕{ら・り・る・る・れ・れ}《「はふる」とも》死体をほうむる。また、火葬にする。例「言(こと)さへく百済(くだら)の原ゆ神(かむ)――・り――・りいまして」〈万葉・二・一九九長歌〉訳百済の原を通って神としてほうむり、ほうむり申し上げて。注「言さへく」ハ「韓(から)」「百済(くだら)」ニカカル枕詞。

はべ-めり【侍めり】《連語》《「はべり」の連体形に推定の助動詞「めり」の付いた「はべるめり」の撥音便形「はべんめり」の「ん」を表記しない形。「はべんめり」と読む》…であるようです。…ようでございます。例「いと怪しき梵字(ぼんじ)とかいふやうなる跡に――・めれど」〈源氏・若菜・上〉訳とても珍しい梵字(=古代インドノ梵語ノ文字)とか言うらしい筆跡であるようですが。

はべりの判別

①動詞
- Ⓐ伺候する意　例かしこまりてぞはべりける
- Ⓑ「居り」「あり」の謙譲語　例少々の司得てはべらむは
- Ⓒ「居り」「あり」の丁寧語　例いかでか、世にはべらむとすらむ

②補助動詞(丁寧)―用言・一部の助動詞の連用形などに付く　例夜ふけはべりぬべし

はべ・り

【侍り】{ら・り・り・る・れ・れ}《「這(は)ひあり」が変化した形といわれる》

> 平安時代には、主に丁寧語。会話文や手紙文に用い、和歌や地の文には普通用いない。

━〔自ラ変〕❶(神・天皇・貴人などの)ご用命を待って、控えている。**側近くお仕えする。伺候(しこう)する。** 例「義景(よしかげ)は、切戸の脇(わき)にかしこまりてぞ――・りける」〈増鏡・三神山〉訳義景は、切戸(=中門ノ脇ニアルクグリ戸)のそばで謹んで控えていた。❷「居り」「あり」の謙譲語。(神・天皇・貴人などのおかげで)**いさせていただく。** 例「司召(つかさめし)に少々の司得て――・らむは、何ともおぼゆまじくなむ」〈枕草子・頭の中将の〉訳司召(=官吏ヲ任命スル行事)に少しばかりの官職をいただくくらいでは、(この事に比べれば)何とも思われそうにありません。❸「居り」「あり」の丁寧語。**おります。あります。ございます。** 例「いかでか、世に――・らむとすらむ」〈源氏・夕顔〉訳どうして、この世に生きながらえようとしましょうか(いや、いたしません)。例「おのづから、御目離(か)るる折も――・りつらむを」〈源氏・葵〉訳自然と、お目にかからないでいる折もございましょうが。

━〔補動ラ変〕《丁寧語。用言・一部の助動詞の連用形、または、接続助詞「て」に付く》❶(話し手、または話し手側の行為・状態等を表す語に付いて)《謙譲しつつ丁寧にいう意を添える》**…でございます。…であります。…です。…ます。** 例「ゆゆしき身に――・れば」〈源氏・桐壺〉訳(私は喪(も)に服している)不吉な身でございますから。❷(①以外の語に付いて)《聞き手に敬意を表して、丁寧にいう意を添える》**…でございます。…であります。…です。…ます。** 例「夜ふけ――・りぬべし」〈源氏・桐壺〉訳夜もきっとふけてしまったことでしょう。

はべり-たう・ぶ【侍り給ぶ】(ウ)(ト)《連語》《「侍り」の連用形＋尊敬の補助動詞「たうぶ」》❶(「侍り」が動詞の場合)お仕えしておいでになる。おそばに控えておいでになる。例「日頃(ひごろ)――・ぶなり」〈宇津保・梅の花笠〉訳(その別荘に)この数日間(控えて)おいでになるそうです。❷(「侍り」が補助動詞の場合)…しておりなさる。…なさいます。例「自(みづか)ら逢(あ)ひ――・びて、いみじく泣く泣くよろづの事のたまひて」〈源氏・蜻蛉〉訳(浮舟(うきふね)の母君は)ご自身で(薫(かおる)の使者である私に)お会いなさいまして、かわいそうなくらいに泣く泣くいろいろなことをおっしゃって。

> 要点　平安時代、主に男性の会話に用いる。自分よりも身分の上の人の行為を、その人よりも身分の上の人に向かってかしこまって話す場合に用いる。「たうぶ」で話し手から話題の人への敬意を表し、「侍り」で話し手から聞き手への敬意を表す。「はべりたぶ」「はべりたまふ」とも。

はべり-たま・ふ【侍り給ふ】(タマ)(モウ)《連語》《「侍り」の連用形＋尊敬の補助動詞「給ふ」》⇩はべりたうぶ

はま【浜】〔名〕❶海または湖の、水際の平地。はまべ。例「片つ方(かた)は海、――のさまも寄せ返る波のけしきもいみじうおもしろし」〈更級・竹芝寺〉訳(片側は山)片側は海

で、浜辺の様子も寄せ返る波の景色もたいそう趣深い。
❷〔近世の上方(かみがた)方言〕河岸(かし)。川端。例「──まで歩(あゆ)み」〈近松・心中重井筒・中〉訳(徳兵衛を待つお房は道頓堀(どうとんぼり)の)河岸まで歩いて来て。

浜の真砂(まさご) 浜にある砂。数の多いことをたとえていう。例「──の数多く積もりぬれば」〈古今・仮名序〉訳(和歌は)浜の細かな砂のように数多く集まったので。

はまぐり【蛤】〔名〕ハマグリ。また、その貝がら。飴(あめ)や膏薬(こうやく)などを入れるのに用いる。例「──のふたみに別れ行く秋ぞ」〈奥の細道・大垣〉訳ハマグリの蓋(ふた)と身が別れるようなつらく去り難い思いで、見送りの人々と別れて(伊勢の)二見が浦へひとり旅立って行く。折から秋も終わろうとしているこのもの寂しい季節の中で。

はま-ちどり【浜千鳥】〔名〕浜辺にいる千鳥。〔季・冬〕例「──跡もなぎさに踏み見ぬは我を越す波うちや消つらむ」〈蜻蛉・上・天暦八年〉訳浜千鳥の足跡もなぎさに見えないのは、私を越した波が消してしまったのだろうか(私の手紙に返事がないのは、あなたにほかの恋人ができたのでしょうか)。注「なぎさ」ニ「なし」、「踏み」ニ「文」ヲ掛ケル。

はま-の-まさご【浜の真砂】⇩「浜(はま)」の子項目

はま-び【浜び】〔名〕浜辺。

はま-まつ【浜松】〔名〕浜辺に生えている松。多く和歌用語として使われる。例「磐代(いはしろ)の──が枝(え)を引き結び真幸(まさき)くあらばまた帰り見む」〈万葉・二・一四一〉訳磐代(=和歌山県ノ地名)の浜辺の松の枝を引き結んで(無事を祈るのだが)、無事であったならばまた帰って来て(これを)見よう。

浜松中納言物語(はままつちゅうなごんものがたり)【書名】平安末期の物語。作者は菅原孝標女(すがわらのたかすえのむすめ)かといわれるが、未詳。十一世紀後半の成立。『御津(みつ)の浜松』とも。浜松中納言を主人公とする悲恋物語で、舞台を唐まで広げ、夢のお告げや仏教でいう輪廻転生(りんねてんしょう)を盛りこむなど、筋が複雑で、浪漫的傾向が濃い。

はま-ゆか【浜床】〔名〕「帳台(ちゃうだい)」の台座として用いる方形黒塗りの台。上に畳を敷いて貴人の「御座所」とした。例「牛はなれて、庁の内へ入りて、大理の座の──の上にのぼりて」〈徒然草・二〇六〉訳牛が(牛車(ぎっしゃ)のつなぎから)逃げ去って、(検非違使庁(けびいしちょう)の)役所の中にはいり込んで、長官の座所の浜床の上に上って。

はま-ゆふ【浜木綿】(ウ・ユ)〔名〕浜辺の植物の名。ハマオモトの別名。夏、香り豊かな白い花をつける。和歌では、葉が重なっているところから「幾重(いくへ)」「百重(ももへ)」などを導く序詞として、また、重なった葉が茎を包んで他と隔てているところから、「はまゆふの」の形で「隔つ」の枕詞として、あるいは幾重にも隔てるもののたとえとして使われる。例「み熊野の浦の──百重(ももへ)なす心は思(も)へどただに逢(あ)はぬかも」〈万葉・四・四九六〉訳熊野の浦の浜木綿のように、幾重にも(あなたのことを)心では思うのですが、直接にはお逢(あ)いできないことですねえ。

はま-ゆみ【破魔弓・浜弓】〔名〕正月の子供の遊びに、藁(わら)などで円座の形に作った的(=ハマ)をころがして射る小弓。矢は「破魔矢」という。後には、その弓矢を飾りつけて男の子への正月向けの贈り物とし、贈られた家では室内に飾った。〔季・春〕

はまゆみ

はま-る【填まる・嵌まる】〔自ラ四〕{ら・り・る・る・れ・れ}❶(川や穴などに)陥る。落ちこむ。例「私の声をかけねば川へ──・らせらるるところでござった」〈狂言・飛越〉訳私が声をかけなかったら、川へ落ちこまれるところでございました。
❷計略にひっかかる。だまされる。例「皆人、賢すぎて、結句(けっく)近き事に──・りぬ」〈西鶴・世間胸算用・一・四〉訳今の世の人は誰も皆、商売の算用などに目が行き過ぎて、かえって身近なことにはだまされてしまう。

はま-わ【浜曲】〔名〕湾曲した浜辺。「浦曲(うらわ)」とも。

は-む【食む】〔他マ四〕{ま・み・む・む・め・め}⇩くふ要点 ❶食べる。飲む。例「瓜(うり)──・めば子ども思ほゆ栗(くり)──・めばまして偲(しぬ)はゆいづくより来(きた)りしものぞまなかひにもとなかかりて安眠(やすい)し寝(な)さぬ」〈万葉・五・八〇二長歌〉訳瓜を食べると子供達のことが思われる。栗を食べると一層恋しく思われる。どこから来たものなのか、目の前にむやみにちらついて、(私を)安らかに眠らせもしない。注山上憶良作「子等を思ふ歌」。
❷(俸禄(ほうろく)・知行(ちぎょう)などを)受け取る。受ける。

は-む【填む・嵌む】〔他マ下二〕{め・め・む・むる・むれ・めよ}〔「はまる」の他動詞形〕❶(川や穴などへ)投げ入れる。落とし入れる。
❷計略にかける。だます。

ば-む〔接尾マ四型〕(名詞・動詞の連用形・形容詞の語幹などに付いて)そのような性質・様子を帯びる意を表す。…めく。…じみる。「黄──・む」「萎(な)え──・む」「ざれ──・む」「をかし──・む」など。

は-も【連語】一〔係助詞「は」+係助詞「も」〕(文中に用いて)〔強く取り立てる意を表す〕…は。例「忌(い)みは今はも過ぎぬらむを、いつまであるべきにか」〈蜻蛉・中・天禄二年〉訳物忌みは今はもう過ぎたであろうに、いつまでそこに居るつもりなのか。
二〔終助詞「は」+終助詞「も」〕(文末に用いて)〔強い詠嘆を表す〕…よ。…よなあ。例「出(い)でて行きし日を数へつつ今日(けふ)今日と吾(あ)を待たすらむ父母(ちちはは)らはも」〈万葉・五・八九〇〉訳私が出発した日からの日数を数えては、今日こそは今日こそはと私を待っていらっしゃるであろう父上母上よ。

は-や【甲矢】〔名〕一回に矢二本を一組として射る時の、はじめに射る矢。二番目のを「乙矢(おとや)」という。

はや【早】〔副〕❶(命令・催促・願望などに用いて)早く。急いで。例「──舟に乗れ。日も暮れぬ」〈伊勢・九〉訳早く舟に乗れ。日も暮れてしまう。例「──夜も明けなむ」〈伊勢・六〉訳早く夜が明けてほしいなあ。
❷(すでに起こったことに関して)早くも。もはや。すでに。例「秋の夜は──長月になりにけりことわりなりや寝覚めせらるる」〈新古今・秋下・四九〇〉訳秋の夜はもう夜長の九月になってしまった。そういう夜長だから、夜中に自然と寝覚めがされるのも道理である。
❸(下に「けり」を伴って)本来の事情はこうであったのだと説明する語。実は。例「──、買ひて放しつる亀(かめ)の……やりけるなり」〈宇治拾遺・一三・四〉訳実は、買い取って逃がしてやった亀が……届けたのであった。

参考 **はやの判別** 形容詞「早し」の語幹を副詞に用いたもの。

①《連語》終助詞「は」＋間投助詞「や」（上代語）
例 三たび嘆かして『吾妻はや』と ――詠嘆

②係助詞「は」＋係助詞「や」（上代の用法）
例 おくれ居て我はや恋ひむ ――疑問

は-や〔連語〕（上代語。終助詞「は」＋間投助詞「や」）強い感動・詠嘆を表す。…よ。…よなあ。…はまあ。例「その坂に登り立ちて、三たび嘆かして『吾妻（あづま）――』と宣（の）り給ひき」〈古事記・中・景行〉訳（倭建命（やまとたけるのみこと）は）その坂に登って立ち、（亡き弟橘姫（おとたちばなひめ）を思い）三度もため息をおつきになって「我が妻よなあ」と仰せられた。

ばやの判別

①終助詞――動詞などの未然形に付く
例 いかで見ばやと思ひつつ……………願望❶
例 今様一つあらばや……………願望❷
例 急ぎ乗らばやと存じ候ふ……………意志❸
例 参らずべき物もあらばや……………打消し❹

②《連語》接続助詞「ば」＋係助詞「や」
Ⓐ活用語の未然形に付く
例 心あてに折らばや折らむ……………❶
Ⓑ活用語の已然形に付く
例 紅葉すればや照りまさるらむ……………❷

ばや 〔終助〕（未然形に付く接続助詞「ば」に間投助詞「や」の付いた「ばや」が一語化したもの）接続 動詞および動詞型活用の助動詞の未然形に付く。

❶【願望】（自分の行動の実現について願望する意を表す）（できたら）…したい。…できたらなあ。例「ほととぎすの声尋ねに行かばや」〈枕草子・五月の御精進のほど〉訳 ホトトギスの声をさがしに行きたい。例「世の中に物語といふもののあんなるを、いかで見ばやと思ひつつ」〈更級・かどで〉訳 世の中に物語というものがあるそうだが、（それを）なんとかして読めたらなあと思い続けて。

❷【願望】（ラ変動詞「あり」「侍（はべ）り」などに付いて）（物事の存在や状態の実現を願望する意を表す）…（があって）ほしいなあ。…（であれ）ばよいなあ。例「『今様（いまやう）一つあらばや』と仰せければ」〈平家・六・嗄声〉訳「今様が一曲あってほしいなあ（＝聞キタイナア）」と（後白河法皇が）おっしゃったので。

❸【意志】（中世以降の用法。「む」に似た用法）（意志・意向を表す）…しよう。例「あれを見れば、舟が出（い）で候ふ。急ぎ乗らばやと存じ候ふ」〈謡曲・隅田川〉訳 あちらを見ると、舟が出ております。急いで乗ろうと思います。

❹【打消し】（室町時代以降の語。多く「あらばや」の形で用いる）（強い打消しの意を表す）（あったらよいのだが、あるどころか）まったく…ない。例「客人（まれびと）を留（とど）め参らすとも、参らすべき物もあらばや」〈折焚く柴の記・上〉訳 お客様をお留め申し上げても、さし上げるような食べ物がまったくありません。

> 参考 (1)①が主な用法で、②③④は時代が下って意味が広がって生じたもの。
> (2)接続助詞「ば」に係助詞「や」の付いた連語「ばや」が未然形に付く場合は、形の上から終助詞「ばや」と見分けることができない。しかし、連語の「ばや」は、仮定条件（已然形に付く場合は確定条件）を持つ疑問文を作るので、意味の面で区別することができる。

ば-や〔連語〕（接続助詞「ば」＋係助詞「や」）❶（活用語の未然形に付いて）もし…としたら…だろうか。例「心当てに折らばや折らむ初霜の置きまどはせる白菊の花」〈古今・秋下・二七七〉訳 当て推量で、もし折るとしたら折れようか。（白い）初霜が置いて（どれが白菊だか）私を惑わせている白菊の花は。

❷（活用語の已然形に付いて）…ので…なのだろうか。例「久方（ひさかた）の月の桂（かつら）も秋はなほ紅葉（もみぢ）すればや照りまさるらむ」〈古今・秋上・一九四〉訳 秋は、月世界にある桂の木もやはり紅葉するので、（今夜の）月光はいっそう明るく照るのだろうか。

はやう【早う】（ハヨウ）〔副〕（「はやく」のウ音便化した形）❶以前。昔。例「――、まだ下臈（げらふ）に侍（はべ）りし時」〈源氏・帚木〉訳 以前、（私が）まだ身分が低かった頃。

❷すでに。もはや。例「御方（おんかた）は――失せ給ひにき」〈源氏・玉鬘〉訳 姫君はとうにお亡くなりになりました。

❸（多く文末に助動詞「けり」を伴って）実は驚いたことに。例「――、童（わらは）にはあらで太刀（たち）抜きたる者にこそありけれ」〈今昔・二八・四三〉訳 なんと、（その正体は）童髪の男ではなくて太刀を抜いた者であったよ。

はや-うた【早歌】〔名〕❶神楽歌（かぐらうた）の一種。調子の早い歌曲。（季・冬）

❷中世の歌謡の一種。「宴曲」の別名。調子が早い。「早歌（さうか）」とも。

はや-うま【早馬】〔名〕（「はやむま」とも）急用の使者が乗る馬。急ぎの用事で走らせる馬。

はやく【早く】〔副〕

> 形容詞「早し」が副詞化したもの。そのため基本義は①の以前に、や、②のすでに、もはや。ただ古文で重要なのは、助動詞「けり」を伴った用法の④の**実は驚いたことに**、の意である。

（「はやう」とも）❶現在より前の時間を示す。以前に。昔。例「――住みける所にて郭公（ほととぎす）の鳴きけるを聞きて詠める」〈古今・夏・一六三詞書〉訳 以前に通い住んでいた所でホトトギスが鳴いたのを聞いて詠んだ歌。

❷その事が以前に実現してしまっている意を表す。**すでに。もはや。とっくに。**例「花見にまかれりけるに、――散り過ぎにければ」〈徒然草・一三七〉訳 花見に行きましたところ、もう散ってしまっていましたので。

❸（その事が起こった時からずっと、の意から）もとから。根っから。まるっきり。まったく。例「――跡なき事にはあらざめり」〈徒然草・五〇〉訳 全然根拠のない事ではないようだ。

❹（多く文末に助動詞「けり」を伴って）本来の事情や隠されていた真相を、驚きをもって述べる意を表す。**実は驚いたことに。**わかってみればなんと。例「いかなる船なるといふことを知らざるに、――賊船なりけり」〈今昔・六・六〉訳 どういう船だということがわからなかったが、なんと（それは）海賊船だったのだ。

はやし【林】〔名〕❶木の群生している所。例「梅の花散らまく惜しみ我が園の竹の――に鶯（うぐひす）鳴くも」〈万葉・五・八二四〉訳 梅の花が散ろうとしていることを惜しんで、我が家の庭の竹の林でウグイスが鳴いているよ。

❷ある物事が数多く集まっている所のたとえ。

はや・し【早し・速し】〔形ク〕❶(速度が)速い。例「都の空よりは、雲の行き来も──・き心地して」〈徒然草・四四〉訳(山里は)都の空よりは、雲の行き来も速い感じがして。

❷(時期や時刻が)早い。例「朝がらす──・くな鳴きそわが背子が朝明(あさけ)の姿見れば悲しも」〈万葉・一二・三〇九五〉訳朝のカラスよ、そんなに早いうちから鳴くな。我が夫の夜明けに帰る姿を見ると悲しいことよ。

❸勢いが激しい。例「──・き風吹きて、世界暗がりて、舟を吹きもてありく」〈竹取・竜の首の玉〉訳激しい風が吹いて、周囲は暗くなって、舟を(あちこちへ)吹きまわす。

❹香(か)の香りが強い。

はや・す【栄やす・映やす・囃す】〔他サ四〕(さ・し・す・す・せ・せ)(「映ゆ」の他動詞形)❶はえるようにする。引き立てる。もてはやす。

❷お囃子(はやし)を演奏する。

❸声を出したり手を打ったりして調子をとり、ひき立てる。はやし立てる。例「人々拍子を変へて『伊勢へいじはすがめなりけり』とぞ──・されける」〈平家・一・殿上闇討〉訳(平忠盛が舞を舞ったところ)人々は歌の拍子を変えて「伊勢へいじはすがめだったのだなあ」とはやし立てた。

はや-せ【早瀬】〔名〕水の流れの早い瀬。

はや-ち【疾風】〔名〕(「はやて」とも)急に吹く強い風。突風。例「名恐ろしきもの……──・ふさう雲」〈枕草子・名恐ろしきもの〉訳名前の恐ろしいもの……疾風・ふさう雲。注「ふさう雲」ハ不祥雲デ、凶ノ前兆ノ雲ノ意カトイウ。

はや-て【疾風】〔名〕(「はやち」の変化した形)⇩はやち

は-やま【端山】〔名〕人里近くの山。一続きの山の端の山。「外山(とやま)」とも。対おくやま・みやま② 例「筑波山(つくばやま)──繁山(しげやま)繁けれど思ひ入るには障(さは)らざりけり」〈新古今・恋一・一〇一三〉訳筑波山は人里近くの山、木の繁っている山などと山が多いが、分け入って行くのには障害とはならない。それと同じく、人目が多いけれど、あなたを深く愛するのには障害にはならない。

はや-み【早み・速み】(形容詞「はやし」の語幹+接尾語「み」)早いので。速いので。例「瀬を──岩にせかるる滝川の割れても末(すゑ)に逢(あ)はむとぞ思ふ」〈詞花・恋上〉訳浅瀬の流れが速いので岩にせきとめられている滝川が、二つに分かれても下流でまた合流するように、私もここであなたとお別れしても、将来またお逢いしようと思っていますよ。注『百人一首』所収ノ崇徳院(ストクイン)ノ歌。「滝川の」マデハ、下ノ句ヲ導ク序詞。⇩み(接尾語)

はや-むま【早馬】〔名〕⇩はやうま

はやり-か【逸りか】〔形動ナリ〕(動詞「はやる」の連用形+接尾語「か」)❶調子が速い様子。例「──・に弾(ひ)きたる言葉ども、わりなく古めきたり」〈源氏・手習〉訳(老いた尼が)速い調子で(和琴(わごん)を)弾きながら歌ったものは、ひどく古風であった。

❷勢いづいている様子。また、はしゃいでいる様子。例「少し──・なる戯(たは)れ言(ごと)など言ひかはして」〈源氏・紅葉賀〉訳(光源氏は好色な老女源内侍(げんのないし)と)少しはしゃいだ冗談などを言い合って。

❸軽率である。また、せっかちである。例「侍従とて──・なる若人(わかうど)、いと心もとなうかたはらいたしと思ひて」〈源氏・末摘花〉訳侍従という名の気の早い若い女房が、(末摘花(すゑつむはな)が光源氏に返歌しないのを)じれったくきまり悪く思って。

❹気が強い。勇ましい。例「物つつみせず、──・に、おぞき人にて」〈源氏・東屋〉訳(乳母(めのと)は)遠慮がなく、勇ましく、勝ち気な人で。

はや・る〔自ラ四〕(ら・り・る・る・れ・れ) 一【早る・逸る】❶一つの対象に心がひかれる。夢中になる。

❷勇み立つ。おどり上がる。調子に乗る。例「いみじう──・る馬にて」〈大鏡・頼忠〉訳たいそう勇み立つ馬で。

❸気が先ばしる。あせる。例「この人も、はた、けしき──・れる」〈源氏・常夏〉訳この人も、また、あせっている様子で。

二【流行る】流行する。栄える。例「堀河摂政の──・り給ひし時に」〈大鏡・兼家〉訳堀河の摂政が栄えていらっしゃった時に。

は・ゆ【映ゆ】〔自ヤ下二〕(え・え・ゆ・ゆる・ゆれ・えよ)他のものと調和して、いっそうあざやかに美しく見える。映える。例「御直衣(なほし)、指貫(さしぬき)の紫の色、雪に──・えていみじうをかし」〈枕草子・宮に初めて参りたるころ〉訳直衣(なほし)の、指貫の紫の色が、(まっ白な)雪に映えてとても美しい。

はゆ・し【映ゆし】〔形ク〕(動詞「映ゆ」の形容詞化)(光り輝いてまぶしい意から)気まりが悪い。おもはゆい。

はゆま【駅・駅馬】〔名〕(上代語。「早馬(はやうま)」の変化した形。「はいま」とも)諸街道の駅ごとに備えておいた馬。伝馬。駅馬。例「さぶる児(こ)が斎(いつ)きし殿に鈴掛けぬ──下れり里もとどろに」〈万葉・一八・四一一〇〉訳さぶる児(=女性ノ名)が大切にお仕えしていた宮殿に駅鈴(えきれい)をつけていない駅馬が着いたよ。その里は大騒ぎになったよ。注本妻ガ夫ノ愛人ノ家ニ、乗リ込ンデ来タ場面。公用ノ「はゆま」ハ駅鈴ヲ付ケルガ、私用ノ場合ツケナイ。

はゆま-づかひ【駅使ひ】(ヅカイ)〔名〕「はゆま」で急いで行く公用の使い。急使。

はら【腹】〔名〕❶体の、胃腸などの内臓のある部分。腹部。人間や動物などのはら。例「一昨日(をとひ)より──を病みて」〈源氏・空蟬〉訳一昨日からおなかをこわして。

❷その女性から生まれたこと。また、生まれた人。例「一(いち)の御子(みこ)は、右大臣の女御(にようご)の御──にて」〈源氏・桐壺〉訳第一皇子は、右大臣の娘である女御のお産みになった方で。

❸本心・真情などが宿る所。心の底。例「この歌はあるが中におもしろければ、心とどめてよまず、──に味はひて」〈伊勢・四四〉訳この歌は数多くある中で、とりわけおもしろいので、念入りに吟じたりしないで(=吟ジルコトバカリニ気ヲ遣ワナイデ)、心の底で味わって。

腹が-ゐる(ル・イ) 腹立ちがおさまる。気が晴れる。例「梶原この詞(ことば)に──・ゐて」〈平家・九・生ずきの沙汰〉訳梶原源太景季(かげすゑ)は佐々木四郎高綱のこの言葉に腹立ちがおさまって。

腹を切(き)・る ❶切腹する。自害する。例「物の具脱ぎ捨て──・らんとし給ふところに」〈平家・九・重衡生捕〉訳(平重衡(しげひら)が)鎧(よろひ)を脱ぎ捨て切腹しようとなさるところに。

❷(「腹を切りて笑ふ」の形で)腹をよじって大笑いする。例「これを聞きて、離れ給ひしもとの上(うへ)は、──・りて笑ひ給ふ」〈竹取・竜の首の玉〉訳これ(=前夫ノ大失敗)を聞いて、離婚なさった元の夫人は、腹をよじって大

笑いなさった。

腹を据(す)・う ❶心を落ち着かせる。がまんする。こらえる。例「入道、なほ——・ゑかねて」〈平家・二・小教訓〉訳 入道(＝平清盛)は、ますます我慢できなくて。❷心をかためる。覚悟を決める。

ばら〔接尾〕(人を表す名詞に付いて)複数を表す。…ども。…ら。「殿——」「法師——」「女——」など。

> 要点 性別・地位・職業などについて、同類の人達を総称するのに用いる。人だけに使う点で「ども」と、また敬意がない(やや卑しめて言う場合が多い)点で「たち」と異なる。

はら-あ・し【腹悪し】〔形シク〕おこりっぽい。短気である。例「良覚(りやうがく)僧正と聞こえしは、きはめて——・しき人なりけり」〈徒然草・四五〉訳 良覚僧正と申し上げた人は、大変怒りっぽい人であった。

はら-いた・し【腹痛し】〔形ク〕おかしくてたまらない。ひどく滑稽(こっけい)である。例「この事他門の人聞き侍らば、——・くいくつも冠(かむり)置かるべし」〈去来抄・先師評〉訳 この事を蕉門(しょうもん)以外の人が聞きましたら、笑止千万なことだといくつでも上の五文字を置いてみることだろう。注「この事」トハ、「雪積む上の夜の雨」ノ上ニハ「下京(しもぎやう)や」以外ハアリエナイトイウコト。
要点 近世に、「かたはらいたし(傍ら痛し)」を誤って「片腹痛し」と考え、これを省略したもの。

はら-から【同胞】〔名〕同じ母親から生まれた兄弟姉妹。また、単に、兄弟姉妹。兄弟。例「問ひ放(さ)くる親族(うがら)——なき国に渡り来まして」〈万葉・三・四六〇長歌〉訳 相談する親族や兄弟もいない(この)国に渡ってこられて。

はら-が・ゐる【腹がゐる】(ルィ) ⇩「はら」子項目

はら-ぎたな・し【腹汚し】〔形ク〕意地が悪い。例「継母(ままはは)の——・き昔物語も多かるを」〈源氏・蛍〉訳 継母の意地が悪い昔の物語も多いから。注 継子(ママコ)イジメノ昔物語ニハ、『落窪物語』『住吉物語』ナドガアル。

はら-ぐろ・し【腹黒し】〔形ク〕意地が悪い。例「『——・う、消えぬとものたまはせで』と言へば」〈蜻蛉・下・天延二年〉訳「(あなたは)意地悪く、(縁側の灯が)消えたともおっしゃらないで」と言うと。

はら-だた・し【腹立たし】〔形シク〕【動詞「腹立つ」の形容詞化した形】腹が立っている。気がむしゃくしゃしている。例「この子を見れば苦しき事もやみぬ、——・しき事も慰みけり」〈竹取・かぐや姫の生ひ立ち〉訳 (竹取の翁(おきな)は)この子(＝カグヤ姫)を見るとつらい事も治ってしまった、腹が立っている事があっても心が晴れた。

はら-だ・つ【腹立つ】 ㊀〔自タ四〕{た・ち・つ・つ・て・て} ❶腹を立てる。おこる。例「人のうへ言ふを——・つ人こそ、いとわりなけれ」〈枕草子・人の上いふを〉訳 人のうわさをすることに腹を立てる人は、まことにわけがわからない。❷けんかをする。例「何事ぞや。童(わらは)べと——・ち給へるか」〈源氏・若紫〉訳 何事ですか。子供達とけんかをなさったのですか。
㊁〔他タ下二〕{て・て・つ・つる・つれ・てよ} 腹を立てさせる。おこらせる。

はら-つづみ【腹鼓】〔名〕満腹になって、腹を鼓のように打ち鳴らすこと。また、その腹。衣食などが足りて満足していること。例「飽き満ちて、船子(ふなこ)どもは——を打ちて、海をさへ驚かして」〈土佐・一月七日〉訳 腹いっぱいになって、水夫達は腹を打ち鳴らして、海までも驚かして。

はら-はら〔副〕【多く「と」を伴う】❶ⓐ(雨・木の葉などが)しきりに落ちる様子。ぱらぱら。例「突き落とせば——と落つ」〈堤中納言・虫めづる姫君〉訳 (木の枝にかかった毛虫を)突き落とせばぱらぱらと落ちる。ⓑ特に、涙を流す様子、泣く様子。ぽろぽろ。例「大臣(おとど)聞きもあへず——とぞ泣かれける」〈平家・二・教訓状〉訳 内大臣殿は皆まで聞かずに涙をはらはらと流してお泣きになった。❷髪がひろがって垂れかかる様子。ぱらり。例「御髪(みぐし)の並み寄りて、——とこぼれかかりたるほど」〈源氏・野分〉訳 髪が片方に並び寄って、ぱらっと顔に垂れかかってきた時。❸多数の人が一度に走り出す様子。ばらばら。❹連続的に発せられる物音の形容。ⓐ物が軽くふれ合って出す音。さらさら。とことこ。例「衣(ぬき)の音なひ——として」〈源氏・帚木〉訳 衣ずれの音がさらさらとして。ⓑ物がぶつかったり、壊れたりして出す大きな音。どんどん。がたがた。例「あななひを一度に——とこぼたしめつ」〈今昔・二〇・三五〉訳 足場のやぐらを一度にがらがらと壊させた。ⓒ火に焼けてはぜる音。ぱちぱち。例「焚(た)かるる豆殻の——と鳴る音は」〈徒然草・六九〉訳 燃やされる豆殻のぱちぱちと鳴る音は。❺【近世以降の用法】成り行きを危ぶんで気をもむ様子。やきもき。

はら・ふ【払ふ・掃ふ】(ハラ(ロ)ウ)〔他ハ四〕{は・ひ・ふ・ふ・へ・へ} ❶邪魔なものを取り除く。はらいのける。追いはらう。例「かたみに居かはりて、羽の上の霜——・ふらむほどなど」〈枕草子・鳥は〉訳 (鴛鴦(おしどり)の雌雄が)互いに(場所を)かわり合って、羽の上の霜をはらいのけるところなどは(しみじみと胸をうつ)。❷掃除する。例「宮の東(ひむがし)の対(たい)を——・ひしつらひて」〈源氏・真木柱〉訳 宮の東の対を掃除して整えて(北の方を)引き取り申しましょう。❸討伐する。平定する。例「まつろはぬ国を——・へと皇子(みこ)ながら任(ま)け給へば」〈万葉・二・一九九長歌〉訳 服従しない国を平定せよと皇子の意志通り委任なさると。

はら・ふ【祓ふ】(ハラ(ロ)ウ)〔他ハ下二〕{へ・へ・ふ・ふる・ふれ・へよ} 神に祈って災い・罪・けがれなどを除き清める。おはらいをする。例「——・へけるままに、いとどかなしきこと数まさりて」〈伊勢・六五〉訳 (恋をもうすまいという)お祓(はら)いをするたびに、(女を恋しく思う気持ちが)ただつのるばかりで。

はらへ【祓へ】(ハラエ)〔名〕【動詞「はらふ」の連用形の名詞化】❶神に祈って災い・罪・けがれなどを除き清めること。おはらい。例「今日(けふ)は難波(なには)に舟さしとめて、——をだにせむ」〈源氏・澪標〉訳 今日は難波に舟をとめて、せめてお祓(はら)いでもしましょう。注 難波ハ祓(ハラ)ヘノ名所デアッタ。❷刑を科して罪を清めること。

はら-まき【腹巻】〔名〕下級武士の用いた略式の鎧(よろい)。腹に巻き、背中で合わせてしめる。

はらまき

はら・む【孕む】〔自マ四〕{ま・み・む・む・め・め}【「む」は接尾語】❶妊娠する。身ごもる。例「七月(ふみづき)より、——・み給ひにけり」〈源氏・竹河〉訳 七月から、(大君(おほいぎみ)は)ご懐妊になられた。❷穂が出そうになってふくらむ。例「屋(や)の軒にあてて植ゑさせしが、いとをかしう――・みて」〈蜻蛉・中・天禄元年〉訳 (早苗を)家の軒下にあたるようにして植えておいたものが、とても愛らしく(穂が)ふくらんで。

はら-め・く〔自カ四〕{か・き・く・く・け・け}ばらばらと音をたてる。例「雨の脚、当たる所通りぬべく、――・き落つ」〈源氏・須磨〉訳 雨脚は、当たった所を突き抜けてしまいそうなほど、ばらばらと音をたてて降る。

はら-わた【腸】〔名〕腸。また、内臓全般。

腸を断(た)・つ ❶悲しみに耐えられない様子をいう。断腸の思いである。例「秋思の詩篇、ひとり――・つ」〈大鏡・時平〉訳「秋思」という題の詩一編をまた(今夜も)作って、ひとり断腸の思いをしている。❷感動に耐えきれない様子をいう。感無量である。例「風景に魂(たましひ)奪はれ、懐旧(くわいきう)に――・ちて」〈奥の細道・須賀川〉訳 (白河の関では)風景(の美しさ)に魂を奪われ、昔の事(＝故事・古歌ナド)をしのぶ気持ちで感無量となって。

はり【針】∷〔名〕着物を縫う針。ぬいばり。例「ねたきもの。……とみの物縫ふに、かしこう縫ひつと思ふに、――を引き抜きつれば、はやくしりを結ばざりけり」〈枕草子・ねたきもの〉訳 しゃくなもの。……急な仕立て物を縫っている時、うまく縫ったと思うのに、針を引き抜いてみると、なんとまあ、(糸の)端を結んでいなかったのだ。

はり-い・づ【張り出づ】〔他ダ下二〕{で・で・づ・づる・づれ・でよ}押し出す。また、引き出す。例「落ちぬべきまで簾(すだれ)――・でて、押し合ひつつ一事(ひとこと)も見漏らさじとまぼりて」〈徒然草・一三七〉訳 (桟敷から)落ちてしまいそうになるまですだれを押し出して、押し合いながら一事も見漏らすまいと見まもって。注 田舎人ノ賀茂祭ノ行列見物ノ有様。

はり-はら【榛原】〔名〕榛(はり)(＝ハンノキ)の茂っている野原。例「引馬野(ひくまの)ににほふ――入り乱れ衣にほはせ旅のしるしに」〈万葉・一・五七〉訳 引馬野(＝愛知県宝飯(イホ)郡御津(トミ)町)の色づいている榛の生えている原に入り混じって衣を染めなさい。旅の証拠として。

播磨(はりま)〘旧国名〙山陽道八か国の一つ。現在の兵庫県南西部にあたる。播州(ばんしゅう)。

はり-みち【墾道】〔名〕(「はり」は、動詞「はる」の連用形の名詞化)新たに切り開いて作った道。例「信濃路(しなぬぢ)は今の――刈りばねに足踏ましむな沓(くつ)はけ我が背(せ)」〈万葉・一四・三三九九〉訳 信濃(＝長野県)へ行く道は今新しく切り開いた道です。切り株で足を踏みぬかないでください。くつをおはきなさい。旅行く我が夫よ。注 東歌(アズマウタ)。

はり-むしろ【張り筵】〔名〕牛車(ぎっしゃ)を覆い包み雨よけとしたむしろ。例「雨降らぬ日、――したる車」〈枕草子・わびしげに見ゆるもの〉訳 (みすぼらしく見えるものは)雨が降っていない日に「張り筵」をしている牛車。

はり-や・る【張り破る】〔他ラ四〕{ら・り・る・る・れ・れ}(張り板に布を張るとき)強く張りすぎて破る。例「うへの衣(きぬ)の肩を――・りてけり」〈伊勢・四一〉訳 礼服の上着の肩のところを強く張りすぎて破ってしまった。

はる

【春】〔名〕❶四季の一つ。春。陰暦の一月から三月までの三か月間。例「鶯(うぐひす)の谷より出(い)づる声なくは――来ることを誰(たれ)か知らまし」〈古今・春上・一四〉訳 ウグイスが谷から出てさえずる鳴き声がなかったら、春が来るということをいったい誰が知ろうか(誰も知ることができない)。❷新年。新春。また、正月。例「めでたさも中(ちゅう)くらゐなりおらが――」〈一茶〉訳 (浮世を貧しく世渡りする私には、今さら新年の祝い事も仰々しく思われ、すべてを阿弥陀様にお任せして、日常のままで新年を迎えたので)初春といっても、世間様のようにちゃんとしためでたさではない。しかし、それはそれで、私なりに迎えた私なりの初春である。注 一茶ガ故郷ニ帰住シテ、一応ノ安定ヲ得タ時期ノ作。「中くらゐ」ハ、中程度ノ意デハナク、「ちゃんとしたといえるものではない、あやふやな」トイウヨウナ意。

春さ・る 春が来る。春になる。例「冬ごもり――・り来れば鳴かざりし鳥も来(き)鳴きぬ」〈万葉・一・一六長歌〉訳 春になると今まで鳴かなかった鳥もやって来て鳴く。注「冬ごもり」ハ「春」ノ枕詞。

春立(た)・つ 立春の日を迎える。(暦の上で)春になる。例「袖(そで)ひちてむすびし水の凍(こほ)れるを――・つ今日(けふ)の風やとくらむ」〈古今・春上・二〉訳 (以前、夏の暑い日に)袖をぬらして手ですくった(山の)水が(冬になって)凍っていたのを、立春の今日の風がとかしているだろうなあ。

は・る

【張る】{ら・り・る・る・れ・れ}**一**〔自ラ四〕❶(一面に)広がりふさがる。張る。例「正月二十一日、入りあひばかりのことなるに、薄氷は――・ったりけり」〈平家・九・木曽最期〉訳 正月二十一日、夕暮れの頃であったので、薄氷は一面に張っていた。❷(芽などが)ふくらむ。例「霞(かすみ)たち木(こ)のめも――・るの雪降れば花なき里も花ぞ散りける」〈古今・春上・九〉訳 霞が立ち、木の芽もふくらむ春の雪が降ったので、まだ花の咲いていないこの里にも花が散っているのだなあ。**二**〔他ラ四〕❶たるむところなくのべ広げる。張る。例「殿(てん)の上にも同じく鉄の網をぞ――・りたりける」〈平家・五・咸陽宮〉訳 御殿(ごてん)の上にも(周囲の築地(ついじ)と)同じく鉄の網を張ってあった。❷紙や布などをぴったりとはりつける。❸(広げるように)構え設ける。しかける。❹勝負事に物や金をかける。❺平手で打つ。はたく。例「そもそも、わどのを鼓(つづみ)判官といふは、よろづの人に打たれたうか、――・られたうか」〈平家・八・鼓判官〉訳 そもそも、あなたを鼓判官というのは、皆から打たれでもなさったからか、はたかれでもなさったからか。

は・る【晴る・霽る】〔自ラ下二〕{れ・れ・る・るる・るれ・れよ}❶天気がよくなる。晴れる。例「あしたより曇りて、昼――・れたり」〈伊勢・六七〉訳 朝から曇って、昼に晴れた。❷心にうれいがなくなる。晴れ晴れとする。例「思ひむせべる心の闇も、――・るるやうなり」〈源氏・松風〉訳 悲しみにむせび泣いていた親心の苦しさも、晴れ晴れとするようだ。❸広々としている。見晴らしがきく。例「谷茂けれど、西――・れたり」〈方丈記・境涯〉訳 谷は草木が茂っているが、西の方は見晴らしがきいている。注 京都市伏見区日野山ノ庵(イオリ)カラノ眺メ。

は・る【墾る】〔他ラ四〕{ら・り・る・る・れ・れ}〘上代語〙田畑や池などを新たに造る。開墾する。例「住吉(すみのえ)の岸を田に――・り蒔(ま)きし稲のさて刈るまでに逢(あ)はぬ君かも」〈万葉・

一〇・二二四四〉訳 住吉の岸を田に開墾してまいた稲が、やがて刈り取るようになるまで逢うことのないあなたですね。

はる【遥】〔形動ナリ〕《「目もはるに」の形で用い、「芽も張る」を掛けることもある》遠く続く様子。はるかである。例「紫の色濃き時は目も――・に野なる草木ぞ分かれざりける」〈伊勢・四一〉訳 ムラサキ草の色が濃い時には、遠くまで見える野原の草木のすべてが、ムラサキ草と区別つかずにいとおしく思えるのだ。それと同様に、妻への愛情が深い時には、その血縁にあたる人もなつかしく思われます。

はる-あき【春秋】〔名〕❶春と秋。春秋(しゅんじゅう)。例「夏の蟬(せみ)の――を知らぬもあるぞかし」〈徒然草・七〉訳 夏の蟬のように(夏の間しか生きられず)春も秋も知らないものもあるのだ。

❷年。年月。また、年齢。例「四十(よそぢ)余りの――を送れる間に」〈方丈記・安元の大火〉訳 (私は物の道理がわかるようになってから)四十年余の年月を送っているうちに。

はる-か【遥か】〔形動ナリ〕❶(距離が)遠く離れている様子。また、遠くまで続く様子。例「南は――・に野の方(かた)見やらる」〈更級・かどで〉訳 南の方は遠くまで野原が見通せる。

❷時間が長く離れている様子。ほど遠い。例「行く末――・なるもの、……生(む)まれたる稚児(ちご)の大人になるほど」〈枕草子・行く末はるかなるもの〉訳 先の遠いものは、……生まれた赤子が大人になるまでの間。

❸気持ちが離れている様子。気が進まない。よそよそしい。例「大床子(だいしやうじ)の御膳(おもの)などは、いと――・に思し召したれば」〈源氏・桐壺〉訳 (帝は桐壺更衣(きりつぼのこうい)の死のお悲しみから)昼のお食事などは、とても召し上がる気になれないとお思いなので。

❹《連用形の用法》程度がはなはだしい様子。例「皆を張りかへ候はんは、――・にたやすく候ふべし」〈徒然草・一八四〉訳 (障子)全部を張りかえましたら、ずっと(手数も)簡単でございましょう。

はるか・す【晴るかす】〔他サ四〕〔さ・し・す・す・せ・せ〕《「晴る」の他動詞形》晴れるようにする。晴らす。

はる-がすみ【春霞】一〔名〕《和歌用語》春にたなびく霞。春の霞。例「――山にたなびきおほほしく妹(いも)を相見(あひみ)て後(のち)恋ひむかも」〈万葉・一〇・一九〇九〉訳 春の霞が山にたなびくようにうすぼんやりとあの娘(こ)に逢(あ)って、後で恋しく思うことだろうかなあ。

二《枕詞》同音の繰り返しから「春日(かすが)」に、また、春霞の様子から「立田(たつた)」「立つ」「井上(ゐのへ)」「居(ゐ)る」「おほに」「よそに」などにかかる。例「花の散ることやわびしき――立田の山の鶯(うぐひす)の声」〈古今・春下・一〇八〉訳 (ウグイスは)花の散るのがつらいのであろうか。立田の山にウグイスの鳴き声が聞こえているよ。

はる・く【晴るく】〔他カ下二〕〔け・け・く・くる・くれ・けよ〕《「晴る」の他動詞形》❶(天気や心のうれいが)晴れるようにする。晴らす。例「くれ惑ふ心の闇(やみ)も、堪(た)へがたき片端(かたはし)をだに――・くばかりに聞こえまほしう侍(はべ)るを」〈源氏・桐壺〉訳 (亡き娘を思って)途方に暮れる心の闇も、堪えがとうございますが、せめてその一端だけでも晴らせるほどにお話し申し上げとうございますので。

❷払い除く。例「岩隠れに積もれる紅葉の朽葉(くちば)少し――・け」〈源氏・総角〉訳 岩に隠れるようにして積もっている紅葉の朽葉を少し払い除き。

はるくさ-の【春草の】《枕詞》若草が生い茂る意から「しげき」に。冬が過ぎて萌え出すことから「いやめづらし」にかかる。

はるけ・し【遥けし】〔形ク〕❶遠く離れている。また、遠く続いている。例「――・き野辺を分け入り給ふより、いとものあはれなり」〈源氏・賢木〉訳 (嵯峨野(さがの)の)遠く広がる野のあたりを(光源氏が草を)分けてお入りになる時から、大変物寂しい。

❷長い時間離れている。久しい。例「人目ゆゑ後(のち)にあふ日の――・くはわがつらきにや思ひなされむ」〈古今・物名・四三四〉訳 人目をはばかるために、この次に会う日がずっと先になったら、自分が薄情なためと思われるのであろうか。

❸心が遠く離れている。例「もろこしも夢に見しかば近かりき思はぬ仲ぞ――・かりける」〈古今・恋五・七六八〉訳 (遠い)中国も夢に見たので近かった。(それに比べて)思ってもらえない男女の仲は遠く離れたものだったわい。

要点 上代には「はるけし」「はるかなり」の両方が用いられたが、平安時代には「はるかなり」が一般に用いられ、「はるけし」は主に和歌で用いられる程度になる。

はるけ-どころ【晴るけ所】〔名〕(うっとうしい気持ちなどが)晴れる所。気ばらしのできる所。「晴らし所」とも。例「闇(やみ)にまどふ――に、聞こえ犯さむかし」〈源氏・紅梅〉訳 どうしてよいかと苦しみ悩む心の晴れる所として、(失礼ながら)あえて申し上げよう。

春雨物語(はるさめものがたり)《書名》江戸時代の読本(よみほん)。十編。上田秋成(あきなり)作。一八〇八年(文化五)成立。「血かたびら」「死首の咲顔(ゑがほ)」「樊噲(はんかい)」等、独立した十編の物語集。江戸時代には刊行されず、写本のまま伝わった。枯淡な和文脈中に、作者最晩年の人間観・歴史観・思想観等がうかがえる。

はる-さ・る【春さる】⇩「はる(春)」子項目

はる-た・つ【春立つ】⇩「はる(春)」子項目

はる-ばる【遥遥】一〔副〕遠い様子。はるかに遠く。例「唐衣(からころも)きつつなれにしつましあれば――きぬる旅をしぞ思ふ」〈伊勢・九〉訳 一緒に暮らして馴(な)れ親しんだ妻が(都に残って)いるので、(都から)はるかに遠く来てしまった(この)旅を(悲しく)思う。注 各句ノ頭ニ「か・き・つ・ば・た」ノ五文字ヲ置イテ詠ンダ歌。

二〔形動ナリ〕遠く広く続いている様子。はるかにずっと。例「松原、目も――・なり」〈土佐・二月五日〉訳 松原が、目をみはるほどはるかにずっと続いている。

はる-ひ【春日】〔名〕春の日。春の一日。例「春さればまづ咲く宿の梅の花ひとり見つつや――暮らさむ」〈万葉・五・八一八〉訳 春が来ると真っ先に咲く我が家の梅の花を、たったひとりで見ながらこの長い春の一日を日暮れまで過ごすのだろうか。

はる-び【腹帯】〔名〕《「はらおび」の変化した形》馬具の一つ。鞍(くら)を付けるため、馬の腹にしめる帯。

はる-べ【春べ】〔名〕(「はるへ」とも)春のころ。春の時分。春。例「鶯(うぐひす)の来鳴く――は……さ牡鹿(をしか)の妻呼ぶ秋は」〈万葉・六・一〇五三長歌〉訳 ウグイスが来て鳴く春の頃は……男鹿が妻を呼んで鳴く秋は。

はれ【晴れ】〔名〕❶雨・霧などが晴れること。空が晴れていること。例「秋霧の――せぬ峰に立つ鹿(かし)は声ばかりこそ人に知らるれ」〈後拾遺・秋上〉訳秋の霧が晴れない峰に立っている鹿は、(姿は見えず)鳴き声だけが人に知られることだ。

❷(「褻(け)」に対する語)晴れがましいこと。正式なこと。おおやけ。例「一門の人々今日を――とときめき給ひて」〈平家・一〇・熊野参詣〉訳(平家)一門の人々は今日を晴れがましい日だと心をときめかせなさって。

❸広々としていて、心が晴れ晴れするような所。例「居給へる御さま、さる――に出(い)でて、いふ由(よ)なく見え給ふ」〈源氏・須磨〉訳座についておられる(光源氏の)様子は、このような(海辺の)広々としている所に出て、いうにいわれぬほど(美しく)お見えになる。

はれ〔感〕❶歌謡のはやし言葉。ヤレ。ソレ。例「春かけて、――、春かけて鳴けどもいまだや、雪は降りつつ」〈催馬楽・梅が枝〉訳(ウグイスが冬から)春にかけて鳴くけれどいまだに、ヤレ、(冬から)春にかけて鳴くけれどいまだに、雪は降っているよ。

❷驚いたり、感動したりした時に発する語。やれ。あれ。まあ。例「――、危ないことではござらぬか」〈歌舞伎・幼稚子敵討・二〉訳やれ、危ないことではありませんか。

はれ-ばれ・し【晴晴し】〔形シク〕《動詞「晴る」の連用形を重ねて形容詞化した形》❶(天候が)よく晴れていて明るい。例「今朝(きけ)まで――・しかりつる空とも覚(おぼ)えず」〈枕草子・成信の中将は〉訳(雨の降る時はうっとうしく)今朝まで晴れて明るかった(同じ)空とも思われないで。

❷悩みなどがなくて心がすっきりしている。(気分が)晴れやかである。

❸(性質が)明朗である。陽気である。例「北の方、いと――・しく今めきたる人にて」〈源氏・紅梅〉訳奥方(=真木柱(マキバシラ))は、大変明朗で現代風の(陽気な)人であって。

❹(態度が)派手で目立つ。華やかである。例「御心もて――・しくもて出(い)でさせ給はばこそ、罪も侍(はべ)らめ」〈源氏・椎本〉訳自分の心から大っぴらに(光の当たる所に)お出になられたなら、罪にもなりましょうが。注服喪中(フクモチュウ)デ室内カラ出ラレナイトイウ姫ニ、直接話セル位置ニ出ルヨウニ薫(カオル)ガ言ッタ言葉。

❺広々と明るい。例「道は繁(げし)かりつれど、この有様はいと――・し」〈源氏・東屋〉訳(途中の)道は木が茂っていたが、この(宇治の屋敷の)様子は大変広々と明るい。

❻特別の改まった場合である。晴れがましい。

はれ-らか【晴れらか】〔形動ナリ〕《「らか」は接尾語》すっきりしている様子。「はれやか」とも。例「女は額髪(ひたひがみ)――にかきやり」〈徒然草・一七五〉訳(酔った)女は額に垂らした髪を(額もあらわに)すっきりとかき上げて。

はろ-ばろ【遥遥】〔形動ナリ〕《上代語。「はるばる」の古い形》遠く離れている様子。例「鶴(たづ)が音(ね)の悲しく鳴けば――・に家を思ひ出負征箭(おひそや)のそよと鳴るまで嘆きつるかも」〈万葉・二〇・四三九八長歌〉訳(難波(なには)で船出を待つ時)鶴(たづ)が悲しく鳴くと、遠く離れた(東国の)家を思い出して、背負った矢がそよと音を立てるほど(肩を落として)ため息をついたことよ。注大伴家持(オオトモノヤカモチ)ガ防人(サキモリ)ノ心ヲ詠ンダ長歌。

は-をく【破屋】(クォ)〔名〕荒れ果てた家。こわれかけた家。あばら家。例「江上(かうしやう)の――に蜘蛛(くも)の古巣を払ひて」〈奥の細道・出発まで〉訳隅田川のほとりの我があばら家に(久しぶりに旅から帰って)蜘蛛の古巣を払って(再びそこに住み)。

はん【判】〔名〕❶判断。判決。判定。

❷特に、歌合わせなどの優劣の判定。例「また人々の歌を乞(こ)ひて合はせけり……これも俊成卿(きやう)――しけり」〈古今著聞集・和歌〉訳また人々の歌をいただいて歌合わせをした……これも(藤原)俊成卿が判定した。

❸署名や印鑑などの代わりに用いた一種の符号。書き判。花押(かおう)。印形(いんぎやう)。

ばん【番】〔名〕❶順番。順ぐり。交代。

❷当番。当直。宿直。例「楽府(がふ)の御(み)論義の――に召されて」〈徒然草・二二六〉訳(『白氏文集(はくしもんじゆう)』所収の)「新楽府」の詩(の意義)について(後鳥羽院の御前(ごぜん)で)討論する当番に召されて。

❸歌合わせなどの競技で勝負を争うそれぞれの組。組み合わせ。

ばん【盤】〔名〕❶食器。特に、皿。

❷食器など、小物を載せる脚つきの台。

❸双六(すごろく)・碁(ご)などの台。双六盤。碁盤。将棋盤。

はん-か【反歌】〔名〕❶長歌のあとに添えた短歌。長歌の大意を要約したり、言い足りなかったことを補足したりするもので、一首から数首に及ぶ。『万葉集』に例が多い。「かへしうた」とも。

❷(①が短歌であることから)三十一字の短歌の称。例「始めて三十一字の詠あり。今の――の作(おこ)りなり」〈古今・真名序〉訳(須佐之男命(すさのおのみこと)が)初めて三十一字の歌を詠んだ。今日の短歌の起こりである。

ばん-か【挽歌】〔名〕❶葬式の時、柩(ひつぎ)を載せた車を挽(ひ)く者が歌う歌。葬送の歌。死を悼(いた)み、死者の霊魂を慰めるもの。

❷『万葉集』における和歌の部立(=分類)の一つ。「相聞(さうもん)」「雑歌(ざふか)」と並ぶもので、人の死を悲しみ、故人をしのぶ。『古今集』以後の哀傷歌に当たる。

ばん-がしら【番頭】〔名〕武士の職名。「…番」という名の職にある者(=番衆)の長。江戸幕府では、大番頭・小姓番頭・書院番頭その他がある。

はん-き【半季】〔名〕一年の半分の奉公の期限。普通、三月または九月からの六か月間。例「雲つくやうな飯(めし)たきが、布まで織りまして、――が三十二匁(もんめ)」〈西鶴・世間胸算用・三・三〉訳(給金が高い)雲をつくような大柄の飯たき女が、(飯たきのほか)布まで織って、半季(の給金)が三十二匁。

ばん-き【万機】〔名〕天皇のとりおこなう政治上の種々の重要な事柄。天下の政治。例「御出家の後も――の政(まつりごと)を聞こし召されしあひだ」〈平家・一・殿下乗合〉訳(後白河上皇は)ご出家の後も天皇のとりおこなう種々の重要な政務をおとりになったので。

ばん-きん【万金】〔名〕多くの金。多額の金銭。例「――を得て一銭を失はむ人、損ありといふべからず」〈徒然草・九三〉訳多額の金を手に入れて一銭を失う人は、損をしたということはできない。

はん-ぐゎん【判官】(ンガ)〔名〕⇩はうぐゎん

はんごん-かう【反魂香】(ウコ)〔名〕たくと、死者の魂を呼び返して、その姿を煙の中に現すという想像上の香。

参考 中国、漢の武帝が、死んだ李(り)夫人の魂を呼び返そうとして香をたき、その面影に接したという故事による。

はん-ざ【判者】〔名〕⇩はんじゃ

はん-ざふ【半挿】〔名〕《「はざふ」とも。柄が半分挿し込まれていることからの名》湯や水をつぐのに用いる器。例「——に手水入れて」〈枕草子・正月に寺にこもりたるは〉訳半挿に手や顔などを洗う水を入れて。

はんざふ

はん-し【判詞】〔名〕歌合わせや句合わせなどで、優劣を批評・判定することば。「はん」「はんのことば」とも。例「功名の後、この一村——の料を受けずといふ」〈奥の細道・山中〉訳（安原貞室は）名をあげた後も、（昔の恩を思って）この村からは（俳諧の）判詞の謝礼（＝点料）を受け取らなかったという。

ばん-しき【盤渉】〔名〕雅楽の音階である十二律の一つ。西洋音階のほぼB（ロ）に当たる。これを基音とする調子を盤渉調という。⇩じふにりつ

ばんしき-てう【盤渉調】〔名〕雅楽の調子の一つ。「盤渉（＝十二律ノ一ツ）」を主音とするもの。例「箏の琴を——に調べて」〈源氏・帚木〉訳「箏の琴（＝十三弦ノ琴）」を「盤渉調」の調子にととのえて。

はん-じゃ【判者】〔名〕《「はんざ」とも》歌合わせや句合わせで、歌や句の優劣を判定する役。また、その役の人。例「野宮の歌合はせ、——は源順なりけり」〈十訓抄・一〉訳野宮の歌合わせで、判者は源順であった。

ばん-ぜい【万歳】■一〔名〕❶一万年。（主として天皇について）いつまでも長生きすること。（国家について）いつまでも栄えること。例「天子宝算、千秋——」〈平家・灌頂・女院死去〉訳天皇のご寿命が、千年も万年もいつまでも続きますように。
❷（長く生きた後での意から）天皇や貴人の死を遠まわしにいう語。崩御。
■二〔感〕めでたい時、祝いの時などに叫ぶ語。

参考 「ばんぜい」は漢音。呉音は「まんざい」。現在は「ばんざい」が■二の意で用いられるが、これは明治時代になって制定されたものである。

ばん-そう【伴僧】〔名〕法会・修法・葬儀などの時、導師につきしたがう僧。おともの僧。

はん-てん【半天】〔名〕空の中ほどの所。中空。例「月ほの暗く、銀河——にかかりて」〈芭蕉・銀河の序〉訳月は薄暗く、天の川が空の中ほどの所にかかって。

ばん-どう【坂東】〔名〕《駿河と相模の境の足柄の坂より東の意》足柄より東の国。関東地方。「あづま」「東国」なども。例「昔、将門追討のために……——へ発向したりしかども」〈平家・五・五節之沙汰〉訳昔、平将門を討ち取るために……関東地方へ軍を進めたけれども。

参考 相模・武蔵・安房・上総・下総・常陸・上野・下野の八か国からなり、「坂東八か国」「関八州」などと呼ばれた。

はんにゃ【般若】〔名〕《梵語の音写》❶《仏教語》最高の知恵。仏道修行により生じる深い英知。例「——の正種を長じ」〈正法眼蔵・弁道話〉訳最高の知恵によく通じて。
❷恐ろしい顔つきをした鬼女。また、その能面。
❸紋所の一つ。般若の鬼面をかたどったもの。

はんにゃ②

はん-ぴ【半臂】〔名〕束帯の時、「袍」と「下襲」との間に着る、袖なしの短い衣。

半臂の緒 半臂の腰を結ぶひも。例「行く末はるかなるもの。——ひねり始むる」〈枕草子・行く末はるかなるもの〉訳前途がはるか遠いものは、半臂のひもをより合わせ始めること。注緒ノ長サ八八尺（＝約二・四メートル）又八一丈二尺（＝約三・六メートル）デ極メテ長イ。

ばん-りゃう【盤領】〔名〕「くびかみ」に同じ。

ひ【日】〔名〕❶太陽。また、太陽の光。日光。例「落ち穂拾ひ——当たる方へ歩みゆく」〈蕪村〉訳刈り入れの終わったあとの田に落ちこぼれている稲穂を、老人が黙々と拾っている。晩秋だけに、日陰に入るとさすがに肌寒く、足どりは自然と暖かそうな日の当たっている方へ向いてゆく。
❷《太陽のある間の意》昼間。昼。日中。
❸時間の単位の一つ。一昼夜からなる一日。また、その重なり。日数。例「それを忘れて、物見て——を暮らす」〈徒然草・四一〉訳それ（＝死ガ今ニモヤッテ来ルコト）を忘れて、見物して日を暮らす。
❹（上に連体修飾語を伴って）…（の）時。…（の）おり。例「心には忘るる——なく思へども人の言こそ繁き君にあれ」〈万葉・四・六四七〉訳心では忘れる時もなく（あなたのことを）思っていますのに、人の噂がいろいろあるあなたなのですねえ。注気ノ多イ人ダカラ信ジラレヌノ意。
❺太陽の神である天照大神の称。また、その子孫とされた、天皇・皇子の称。「日の御子」とも。
❻（太陽のある）空の様子。空模様。天候。

ひ【火】〔名〕❶物が燃える時に出る火。ほのお。火炎。例「『この野は盗人あなり』とて、——つけむとす」〈伊勢・一二〉訳「この野には泥棒が隠れているらしい」と言って、火をつけようとする。
❷明かり。灯火。ともし火。
❸火事。火災。例「せめて恐ろしきもの……近き——、また恐ろし」〈枕草子・せめて恐ろしきもの〉訳たまらなく恐ろしいもの……近所の火事は、また恐ろしい。
❹暖を取ったり煮たきに使う火。炭火・おきなど。例「いと寒きに、——など急ぎ起こして、炭持て渡るも、いとつきづきし」〈枕草子・春はあけぼの〉訳たいそう寒い時に、火などを急いで起こして、炭を持って（御殿から御殿へ）渡って行くのも、いかにも（冬の早朝の景として）ふさわしい。
❺のろし。烽火。

ひ【氷】〔名〕❶こおり。例「――召して、人々に割らせ給ふ」〈源氏・蜻蛉〉訳こおりを持って来させて、女房達に割らせなさった。❷雹(ひょう)。氷雨(ひさめ)。

ひ【非】㊀〔名〕❶道理に反すること。不正。例「――をもって理(り)とす」〈平家・一・願立〉訳道理に反することをもって(ここでは)道理とする。❷誤り。欠点。短所。例「一道にもまことに長じぬる人は、みづから明らかにその――を知る故(ゆゑ)に、志常に満たずして終(つひ)に物にほこることなし」〈徒然草・一六七〉訳一つの道に本当に秀でている人は、自分ではっきりと自分の欠点を知っているから、目標に対していつも満足せずにいて最後まで人に自慢するということがない。❸具合の悪いこと。不利なこと。❹無であること。価値がないこと。例「万事は皆――なり。言ふに足らず、願ふに足らず」〈徒然草・三八〉訳(この世の)種々さまざまのことはすべて無である。言うだけの価値もなければ、願うほどの価値もない。

㊁〔接頭〕(名詞の上に付いて)打消しの意を表す。「――蔵人(くらうど)」「――参議」など。

ひ【緋】〔名〕明るく濃い朱色。燃えるような赤色。

参考 緋色の装束は、四位・五位の人がこれを着用することに決まっていた。

ひ-あふぎ【檜扇】(・・オウギ)〔名〕ヒノキの薄い板を重ね、上部に絹糸を通してとじた扇。平安時代から、束帯を着た時の笏(しゃく)の代わりに、衣冠や直衣(のうし)を着た時に持ち、とじ糸は白で、親骨に藤の花や家紋を描く。女性も、色糸でとじ、扇面に花鳥などを描いたものを持つ。中世以後、六色の糸を長く垂らした「衵扇(あこめおうぎ)」に発展し、これをもいう。

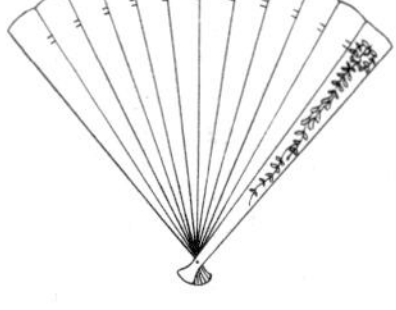
ひあふぎ

ひ-あやふし【火危ふし】(・・アヤウシ)〔連語〕宮中や貴族の家で、夜の番人が見回りの時に言う、火などへの警戒を呼び掛けることば。火の用心。例「『――』と言ふ言ふ、預かりが曹司(ざうし)の方に去(い)ぬなり」〈源氏・夕顔〉訳(滝口の武士が)「火の用心」と何度も言いながら、管理人の部屋の方に去って行く様子である。

ひい-ふっと〔副〕鏑矢(かぶらや)などが風を切って飛び、物に当たり射切る音の形容。ヒュウフッと。「ひふっと」とも。例「扇の要際(かなめぎは)一寸ばかりおいて、――ぞ射切ったる」〈平家・一一・那須与一〉訳(那須与一(なすのよいち)の放った矢は)扇の要(かなめ)の際から一寸(＝約三センチ)ばかり離れた所を、ひゅうずばっと射切った。⇩ひゃうづば 参考

日向(ひうが)(ヒュウガ)〔旧国名〕西海道十二か国の一つ。現在の宮崎県にあたる。日州(にっしう)。

ひ-うち【火打ち・燧】〔名〕火打ち石と火打ち金(ひうちがね)(「火打ち鎌(がま)」とも)とを打ち合わせて、発火させること。また、その用具。

要点 古代の発火の方法は、「ひきり」であって、「火鑽臼(ひきりうす)」という板の上で「火鑽杵(ひきりぎね)」という棒をもんだ。

日吉(ひえ)〔神社名〕(「ひよし」とも)比叡(ひえ)山の東側、滋賀県大津市坂本にある日吉大社。比叡山の守護神とされ、延暦(えんりゃく)寺の僧徒は、しばしばこの神社の神輿(みこし)をかついで朝廷に強訴(ごうそ)に及んだ。

日吉大社

比叡(ひえ)〔山名〕⇩比叡山

比叡山(ひえいざん)〔山名〕京都の北東、京都府と滋賀県との境にある山。山上に、伝教大師(でんぎょうだいし)最澄(さいちょう)の開いた天台宗総本山延暦(えんりゃく)寺がある。政治・文化の中心地京都と密接な関係を持ちつつ、信仰の山として栄え、日本の宗教・政治・文化に大きな影響力を持った。「ひえの山」「叡山(えいざん)」「北嶺(ほくれい)」などとも呼ばれ、また、都で単に「山(やま)」と言えば、比叡山を指した。

ひえ-い・る【冷え入る】〔自ラ四〕{ら・り・る・る・れ・れ}体がすっかり冷たくなる。冷えきる。例「――・りにたれば、気配(けはひ)ものうとくなり行く」〈源氏・夕顔〉訳(夕顔の体が)すっかり冷たくなってしまったので、人間の感じがなくなってゆく。

稗田阿礼(ひえだのあれ)〔人名〕天武天皇の舎人(とねり)。記憶力に特にすぐれ、天皇の命を受けて「帝紀」(＝天皇ノ系譜)や「旧辞」(＝神話や伝承)を暗誦した。それを太安万侶が撰録して『古事記』が成ったという。

ひお【氷魚】〔名〕⇩ひを

ひおけ【火桶】〔名〕⇩ひをけ

ひおどし【緋縅・火縅】〔名〕⇩ひをどし

ひおむし【蜉蝣】〔名〕⇩ひをむし

ひ-か【非家】〔名〕(その家柄でない意)その芸道の専門家でない人。しろうと。例「万(よろづ)の道の人、たとひ不堪(ふかん)なりといへども、堪能(かんのう)の――の人に並ぶ時、必ずまさることは」〈徒然草・一八七〉訳すべての芸道の専門家は、たとえ不器用だといっても、器用なしろうとと並んで競う時に、必ずすぐれているそのわけは。

ひが【僻】〔接頭〕(名詞の上に付いて)正しくない、まちがっている、また、ひねくれているなどの意を表す。「――聞き」「――心」「――事」など。

ひが-おぼえ【僻覚え】〔名〕間違って覚えること。記憶違い。例「――をもし、忘れたる所もあらば、いみじかるべきことと」〈枕草子・清涼殿の〉訳(『古今集』の和歌について)記憶違いをしていたり、忘れている部分でもあったら、大変なことであろうと。

ひ-がき【檜垣】〔名〕ヒノキの板を組んだ垣根。網代(あじろ)のように斜めに交差させて編む。例「この家のかたはらに、――といふもの新しうして」〈源氏・夕顔〉訳この家のそばに、ひがきという垣根を新しく設けて。

ひがき

要点 貴族の屋敷は「築地(ついぢ)」の塀(へい)であるのに対して、身分の低い人の家の外構えに用いた。

ひが-ぎき【僻聞き】〔名〕間違って聞くこと。聞き誤り。

ひ-がくし【日隠し】〔名〕日覆（おおい）。日除（よ）け。ひさし。

ひ-かげ【日陰・日蔭】〔名〕❶日光の当たらない所。また、恵まれない境遇のたとえ。
❷「ひかげのかづら□一」の略。例「あしひきの山下──かづらける上にやさらに梅をしのはむ」〈万葉・一九・四二七八〉訳 山の下陰に生えるヒカゲノカズラを髪の飾りとして楽しんでいる上に、どうしてさらに梅の花を楽しむ必要があろうぞ。
❸「ひかげのかづら□二」の略。

ひ-かげ【日影】〔名〕(「かげ」は光の意)❶日の光。日ざし。例「のどやかなる──に、垣根の草萌(も)え出(い)づるころより」〈徒然草・一九〉訳 のどかな日ざしに(よって)、垣根の草が芽を出す頃から(春らしくなる)。
❷太陽。例「──ややかたぶくころ」〈奥の細道・象潟〉訳 太陽が(西に)傾く頃に(秋田県の象潟（きさかた）に着いた)。

ひかげ-の-かづら（ヒカゲノカズラ）〔名〕□一【日陰(蔭)の蔓(葛)】植物の名。シダの一種。山地に生え、茎がひものように延び、葉はスギの葉のように密生する。サガリゴケ。「ひかげかづら」「ひかげぐさ」「ひかげ」とも。
□二大嘗祭（だいじょうさい）・新嘗祭（にいなめさい）などの神事に、けがれを払うものとして、冠の笄（こうがい）につけて左右に垂らすもの。古くは□一を用い、平安時代からは、白や青の糸を組んで作る。「ひかげのいと」「ひかげの組緒(くみを)」「ひかげ」とも。

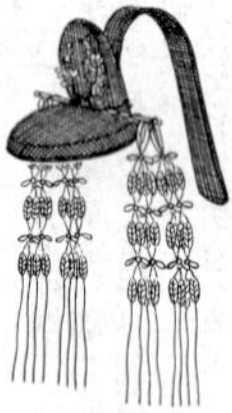

ひかげのかづら□二

ひが-ごころ【僻心】〔名〕思い違いした心。間違った考え。例「──を得つつ、かかる筋とは思ひ寄らざりけり」〈源氏・行幸〉訳 (供人は)誤解をしていて、こうした(玉鬘（たまかずら）に関する)こととは想像もつかなかった。

ひが-こと【僻事】〔名〕(近世から「ひがごと」)類 そらごと

> 「ひがこと」は、正しくない、間違っている意の接頭語ひがに、こと(事)が結合した語。したがって、①の間違い、や②の悪事の意となる。

❶事実と違っていること。**間違い**。例「いかでなほ少し──見つけてを止(や)まむ」〈枕草子・清涼殿の〉訳 何とかして少しでも(女御（にょうご）の答えの)誤りを見つけて(そこで)やめにしよう。
❷道理に反したこと。**悪事**。例「──せんとまかる者なれば、いづくをか刈らざらん」〈徒然草・二〇九〉訳 (他人の田を刈るという)非道なことをしようとして行く我々だから、どの田だって刈らないことがあろうか(刈ってやるのだ)。

ひ-がさ【檜笠】〔名〕ヒノキを薄く削って編んだかぶり笠。晴雨兼用。「ひのきがさ」とも。

ひが-ざま【僻様】〔形動ナリ〕事実と違う様子。事実を曲げている様子。

ひかさ・る【引かさる】〔自ラ下二〕(れ・れ・る・るる・るれ・れよ)(心が)引かれる。ほだされる。例「あやしう短かりける御契りに──・れて、我も世にえあるまじきなめり」〈源氏・夕顔〉訳 不思議に短かった(亡き夕顔との)ご宿縁に引かれて、私(=光源氏)もこの世にとても生きていられそうにない。

ひがし【東】〔名〕❶東方。例「──の際(は)に蕨(わらび)のほどろを敷きて、夜の床とす」〈方丈記・境涯〉訳 (住居の)東側の端に蕨の伸びすぎた穂を敷いて、夜の寝床とする。
❷東方から吹く風。例「西吹けば東になびき、──吹けば西になびくを見て」〈更級・竹芝寺〉訳 (酒壺（さかつぼ）に浮かべたヒョウタンで作ったひしゃくが)西風が吹くと東方に寄り、東風が吹くと西方に寄るのを見て。
❸(中世・近世に、京都や大坂に対して)鎌倉や江戸。

> 要点「東」の由来 語源は「日向(む)かし」で、**日の出る方から吹く風の意から、東方の意**になる。「し」は西（にし）の「し」と同じく、もとは風の意。上代には「ひむかし」、平安時代に「ひむがし」の形で用い、中世以後「ひがし」になる。ただし、『平家物語』では「ひんがし」と読んでいる。

東山（ひがしやま）〔地名〕京都市の東側に南北に連なる丘陵。北は比叡（ひえい）山に接する如意（にょい）ケ岳から、南は稲荷（いなり）山まで、東山三十六峰と称される。ふもとに銀閣寺・南禅寺・知恩院・八坂神社(=祇園（ぎおん）社)・清水（きよみず）寺・東福寺など寺社・旧跡が多い。

ひ-かた【日方】〔名〕太陽の方向から吹く風。夏の季節風のことで、土地により西南や東南の風をいう。(季・夏)

ひが-ひが・し【僻僻し】〔形シク〕(正常でなく偏っている状態の意)❶(考え・感覚などが)正しくない。**素直でない。ひねくれている**。例「この雪いかが見ると、一筆のたまはせぬほどの──・しからん人の仰せらるること、聞き入るべきかは」〈徒然草・三一〉訳 (手紙に)今日の雪をどう見るかと、一言もおっしゃらないような無風流な人がおっしゃることを、どうして聞き入れることができましょうか。
❷(姿などが)見苦しい。みっともない。例「着たる物の、人ざまに似ぬは、──・しうもありかし」〈源氏・玉鬘〉訳 着ている衣装が、人柄に似合わないのは、見苦しいですよ。

ひか・ふ【控ふ】（ヒコウ）□一〔他ハ下二〕(へ・へ・ふ・ふる・ふれ・へよ)❶引き止める。例「あやしき下人(しもびと)を──・へてぞ御返り賜ふ」〈源氏・総角〉訳 卑しい下人を引き止めて(大君（おおいぎみ）は)ご返事をお与えになる。
❷心を抑え控え目にする。慎む。
❸引いて持つ。手に持つ。例「中尊の御手(みて)の五色の糸を──・へつつ」〈平家・灌頂・女院死去〉訳 (建礼門院は、ご病気になられたので)中央の阿弥陀如来（あみだにょらい）の手にかけた五色の糸を手に持って。
□二〔自ハ下二〕❶進み出ないで止まっている。待機する。例「『あっぱれ、よからうかたきがな。最後のいくさして見せ奉らん』とて、──・へたるところに」〈平家・九・木曾最期〉訳 「ああ、よい敵がほしいものだ。最後の合戦をして(木曽義仲様に)お見せ申そう」といって、待機していたところに。
❷引っぱられる。とどめられる。例「物に包みて後ろに背負ひたれば、いとどすね弱く力なき身のあとざまに──・ふるやうにて道なほ進まず」〈芭蕉・笈の小文〉訳 (硯、筆、紙、薬など、また昼食などを)物に包んで後ろに背負ったので、(それでなくとも私は)大層脚が弱く力の無い体なので後ろに引っぱられるようで道はさっぱり進まず。

> 要点「引く」から派生した語。□二の①は目的語を伴わないが、自分の乗っている馬や車を進ませないでとどまっている意であり、□一の①から生じた用法である。

ひが-みみ【僻耳】〔名〕聞き違い。例「『あやし、――にや』と、たどるを聞き給ひて」〈源氏・若紫〉訳「変だ、(物音がしたようだが)聞き違いだろうか」と(言いながら、侍女が)、捜し求めるのを(光源氏が)お聞きになって。

ひが・む【僻む】■一〔自マ四〕{ま・み・む・む・め・め}(心が)ねじける。ひねくれる。例「かく人に恥ぢらるる女、いかばかりいみじきものぞと思ふに、女の性(しゃう)は皆――・めり」〈徒然草・一〇七〉訳このように男に気がねさせる女というものが、どんなにすばらしいのかどうかと考えてみると、(実は)女の本性は皆ねじけているのである。

■二〔他マ下二〕{め・め・む・むる・むれ・めよ}事実と違うようにする。ゆがめる。例「斎院に、はかなしごと聞こゆるや、もし思(おぼ)し――・むるかたある」〈源氏・朝顔〉訳斎院(＝朝顔ノ姫君)に、つまらないことを申し上げましたが、ことによると事実と違うように思っておられる点でもおありなのでしょうか。

ひが-め【僻目】〔名〕❶見間違い。見誤り。

❷わき見。よそ見。例「――しつればふと忘るるに」〈枕草子・説教の講師は〉訳(美男の僧だと顔を見つめているが)よそ見をしてしまうと(説法を)ひょいと忘れるので。注「ひがめ」ノ部分が、異本デハ「ほかめ」トアル。

ひが-もの【僻者】〔名〕ひねくれ者。変わり者。例「世の――にて、まじらひもせず近衛(このゑ)の中将を捨てて」〈源氏・若紫〉訳世間での変わり者で、宮中のつきあいをせずに近衛の中将の地位を捨てて。

ひかり【光】〔名〕《動詞「ひかる」の連用形の名詞化》❶日や光の輝き。また、それが反射したもの。

❷美しい容姿のたとえ。例「この御――を見奉るあたりは」〈源氏・夕顔〉訳光源氏の美しいお姿を見申し上げる人々は(娘や妹をおそばに仕えさせたいと思うのだった)。

❸輝かしくすばらしいもの。見ばえのするもの。例「かうやうの折にも、まづこの君を――にし給へれば」〈源氏・花宴〉訳このような催しなどの時にも、(天皇は)第一にこの光源氏を最もひき立つ輝かしいものにお思いになっているので。

❹(多く「御(み)光」の形で)威光。威勢。例「ただこの大臣(おとど)の御――に、よろづもてなされ給ひて……栄え給ふ」〈源氏・澪標〉訳(左大臣家は)ただ(婿(むこ)である)この内大臣(＝光源氏)のご威勢(のおかげ)で、何もかも優遇されなさって……繁栄なさる。

ひかり-あ・ふ【光り合ふ】〔自ハ四〕{は・ひ・ふ・ふ・へ・へ}一緒に光る。輝き合う。例「月は隈(くま)なきに、雪の――・ひたる庭のありさまも、昔のこと思ひやらるるに」〈源氏・賢木〉訳月は影もなく照りわたっていて、雪(の光)が一緒に光っている庭の様子につけても、昔の事が思いやられるのに。

ひかり-だう【光堂】〔名〕黄金を塗り、また黄金で飾った堂。金色(こんじき)堂。特に、奥州平泉(＝岩手県西磐井(いわい)郡平泉町)の中尊寺のもの。例「五月雨(さみだれ)の降り残してや――」〈奥の細道・平泉〉訳五月雨が降り残したのだろうか、(中尊寺の)光堂を。注雨ノ中デモマバユイ光堂ノ美シサヲウタッタ句。

光源氏(ひかるげんじ)《人名》『源氏物語』の主人公。桐壺帝(きりつぼのみかど)の第二皇子で、母は桐壺更衣(きりつぼのこうい)。生まれながらにして光り輝く美貌(びぼう)を持ち、学問・芸術すべての才に恵まれ、風流の機微を解する理想の貴公子として描かれる。三歳の時、母に死別。十二歳で元服して葵(あおい)の上(＝左大臣ノ娘)と結ばれるが、母の面影を慕って義母藤壺と過ちを犯し、皇子(＝後ノ冷泉(れいぜい)帝)が生まれる。葵の上が夕霧を出産して死んだ後、藤壺の姪(めい)の紫の上と結婚。その後一時は、右大臣家の策謀から須磨(すま)(＝神戸市須磨区)、明石(あかし)(＝兵庫県明石市)へ身を避けることもあったが、帰京後は順調に進み、太政大臣(だいじょうだいじん)に昇進するなど、幸せな年月を送る。しかし、晩年には、若い妻、女三の宮が柏木(かしわぎ)と密通して薫(かおる)が生まれ、若き日に自分が犯した罪の恐ろしさを痛感する。そして、紫の上にも先立たれ、精神的に寂しい日々の中で出家、死去する。

ひが-わざ【僻業】〔名〕間違ったしわざ。筋違いなこと。不当なこと。ひがごと。例「ゆめ、をこがましう――すまじくを」〈源氏・東屋〉訳(私は)決して、(身分違いの浮舟(うきふね)と噂(うわさ)になるような)ばかばかしい間違いをするつもりはないからね。

ひ-がん【彼岸】〔名〕《仏教語》❶(煩悩(ぼんのう)を超越した)悟りの境地。涅槃(ねはん)。向こう岸の意で、煩悩を川にたとえ、この世を、こちらの岸の意で此岸(しがん)というのに対する。例「一つとして菩提(ぼだい)の――に至らずといふことなし」〈平家・五・勧進帳〉訳一つとして悟りという煩悩を超越した境地に到達しないものはない。

❷《「彼岸会(ゑ)」の略》春分・秋分を中日(ちゅうにち)とした七日間の法会(ほうえ)。また、その期間。例「十六日、――の初めにて、いとよき日なりけり」〈源氏・行幸〉訳(旧暦二月)十六日は、彼岸会の初めの日で、(暦の上の)とてもよい日であった。

ひき【引き】■一〔名〕《動詞「引く」の連用形の名詞化》❶引くこと。率いること。導き。例「大夫(ますらを)の――のまにまにしな離(ざか)る越路(こしぢ)を指して」〈万葉・一九・四二二〇長歌〉訳(お前は)役人(である夫)が連れて行くのに従って、(任地の)越の国への路を目指して。

❷引き立てること。つて。

❸《「ひきでもの」の略。近世に「お――」の形で用いられる》祝儀の金品。心づけ。

■二〔接頭〕(引く動作の意が薄くなって)下の動作を強調する。「――添(そ)ふ」「――別(わか)る」など。

> 要点 ■一②と似た意味の語に「ひいき」がある。これは漢語「贔屓(ひき)」が変化したもので、盛んに力を出す意から特別に引き立てる意になったもの。

ひき【蟇】〔名〕ヒキガエル。ガマ。(季・夏)例「這(は)ひ出(い)でよかひやが下の――の声」〈奥の細道・尾花沢〉訳ここは養蚕の盛んな土地で、蚕(かひこ)を飼う家の床下にヒキガエルの鳴く声がする。『万葉集』の「鹿火屋(かひや)が下に鳴くかはづ」を思い出させる風流なヒキガエルよ、這い出して顔を見せよ。注『万葉集』デ詠マレタ「かひや」ハ、田畑ニ鹿(シカ)ナドガ来ナイヨウニ火ヲタク小屋(＝鹿火屋)ダガ、ココデ芭蕉ガ詠ンダ「かひや」ハ蚕ヲ飼ウ小屋(＝飼屋)デアル。

ひき【匹・疋】〔接尾〕❶動物・昆虫などを数える単位。

❷布の長さの単位。二反を一ぴきとする。例「良き絹一、二――求めまうけ侍(はべ)る」〈大鏡・道長・上〉訳良い絹を一、二ひき手に入れて用意しております。

❸金銭の単位。「一匹」は、古くは十文、江戸時代には二十五文。例「かれこれ三万――を芋頭(いもがしら)の銭(あし)と定めて」〈徒然草・六〇〉訳おおよそ三万びきを芋頭(＝サト

イモノ親芋)の代金と定めて。

ひ-ぎ【氷木】〔名〕⇩ちぎ(千木)

ひき-あ・く【引き開く】〔他カ下二〕{け・け・く・くる・くれ・けよ}引いて開ける。開く。例「遣戸(やりど)を━・け給ひて」〈源氏・夕顔〉訳引き戸をお開けになって。

ひき-あはせ【引き合はせ】(ワセ)〔名〕鎧(よろい)の右わきで胴の前と後ろとを引きしめ合わせる部分。ここから物を出し入れする。例「鎧の━より取り出(い)でて、俊成卿(しゅんぜいのきやう)に奉る」〈平家・七・忠度都落〉訳(平忠度(ただのり)は、和歌を書き留めた巻物を)鎧のひきあわせから取り出して、俊成卿に差し上げた。

ひき-いた【引き板】〔名〕(「ひきた」とも)⇩ひた(引板)

ひき-い・づ【引き出づ】(ズ)〔他ダ下二〕{で・で・づ・づる・づれ・でよ}❶(車などを)引き出す。(物を)取り出す。持ち出す。例「近き御厨子(みづし)なるいろいろの紙なる文(ふみ)どもを━・でて」〈源氏・帚木〉訳(頭中将(とうのちゅうじょう)は)近くの戸棚にあるさまざまの色の紙に書かれた(女達から光源氏にあてた)手紙を取り出して。
❷例として引き合いに出す。持ち出す。例「楊貴妃(やうきひ)の例(ため)(し)も━・でつべくなりゆくに」〈源氏・桐壺〉訳楊貴妃の例(まで)も(人々が)きっと引き合いに出しかねないほどになっていく事態なので。
❸事を引き起こす。例「おほけなき心ありて、さるまじきあやまちを━・でて」〈源氏・柏木〉訳大それた心をもって、そうあるべきでない(=トンデモナイ)あやまちをひき起こして。

ひきいで-もの【引き出で物】〔名〕主人が、主な客に贈る品物。「ひきでもの」「ひきもの」「ひき」とも。例「尊者の大臣(おとど)の御━など」〈源氏・若菜・上〉訳主賓(しゅひん)である太政大臣への贈り物などは。

> **要点**「引き出で物」と「ひきでもの」 平安時代に、**主賓には馬を贈り、宴会の終わりに庭に引き出して披露したことからいう。**後には、品物を贈るようになり、一般客に布などを贈った「禄」との区別がなくなり、**現代語の「ひきでもの」は、広く招待客へのみやげ物をいう。**

ひき-い・る【引き入る】━〔自ラ四〕{ら・り・る・る・れ・れ}❶引き下がる。引っ込む。例「わが御車に乗せ奉り給うて、みづからは━・りて奉れり」〈源氏・若紫〉訳(左大臣は光源氏を)ご自分のお車にお乗せ申し上げなさって、ご自身は(車の後ろの席に)引き下がってお乗りになる。
❷遠慮深く振る舞う。控えめな態度をとる。例「ひとへに物づつみし、━・りたる方(かた)はしも、ありがたう物し給ふ人になむ」〈源氏・末摘花〉訳(末摘花(すゑつむはな)は)ひたすら内気で、遠慮深く振る舞う点では、めったにいらっしゃらないようなお方で。
❸息を引きとる。
━〔他ラ下二〕{れ・れ・る・るる・るれ・れよ}❶引いて中に入れる。引っ込める。例「門(かど)━・るるより」〈源氏・桐壺〉訳(牛車(ぎっしゃ)を)門内に引いて中に入れた途端に。
❷物の怪(け)などが人の心身を死の世界に引き入れる。
❸(烏帽子(えぼし)・冠などを)かぶる。例「白き水干(すいかん)に、鞘巻(さうまき)を差させ、烏帽子を━・れたりければ、男舞(をとこまひ)とぞいひける」〈徒然草・二二五〉訳白い水干を着て、つばのない短刀を腰に差させ、烏帽子をかぶっていたので、(その舞を)男舞といった。注「白拍子(しらびやうし)」ノ起源。

ひき-いれ【引き入れ】〔名〕元服の時に冠をかぶらせること。また、その役の人。

ひきいれ-えぼし【引き入れ烏帽子】〔名〕烏帽子を、緒をかけずに深くかぶること。また、そのような烏帽子。

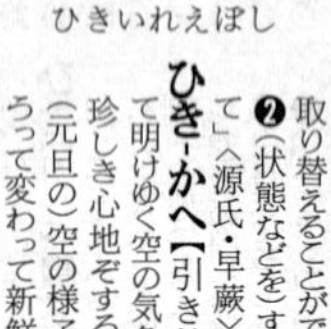
ひきいれえぼし

び-ぎう【微牛】(ギュウ)〔名〕やせこけた牛。貧弱な牛。例「尫弱(わうじやく)の官人、たまたま出仕の━を取らるべきやうなしとて」〈徒然草・二〇六〉訳貧しい役人が、思いもかけず出勤用の(牛車(ぎっしゃ)の)やせ牛を没収されなければならない理由はないということで。

ひき-かがふ・る【引き被る】〔他ラ四〕{ら・り・る・る・れ・れ}(上代語)(着物や布団などを)ひっかぶる。例「寒くしあれば麻衾(あさぶすま)━・り布肩衣(ぬのかたぎぬ)有りのことごと着襲(そ)へども」〈万葉・五・八九二長歌〉訳寒いので粗末な麻の夜具をひっかぶり、布製の袖(そで)なしをありったけ重ねて着るけれども。

ひき-か・く【引き掛く】〔他カ下二〕{け・け・く・くる・くれ・けよ}❶掛ける。引っ掛ける。例「いと香ばしき物を首に━・けて飛ぶやうに逃げける」〈更級・竹芝寺〉訳(武蔵国出身の衛士の男が)大層よい香りのする物(=香ヲタキシメタ姫君)を首に掛けて飛ぶように逃げた。
❷引き寄せて上から掛ける。かぶる。
❸引き合いに出す。関係をつける。例「おのが身を━・けて言ひ出(い)でたる、いとわびし」〈徒然草・五六〉訳自分自身を引き合いに出して論じたりするのは、実に興ざめだ。

ひき-かづ・く【引き被く】(ズク)〔他カ四〕{か・き・く・く・け・け}(衣服を)頭からかぶる。ひっかぶる。例「いよいよ御衣(おんぞ)━・きて臥(ふ)し給へり」〈源氏・葵〉訳(思いがけず光源氏から結婚をほのめかされた紫の上は)ますますお召し物をひっかぶって寝ておられる。

ひき-かなぐ・る〔他ラ四〕{ら・り・る・る・れ・れ}乱暴にひきのける。ひきむしる。例「なみなみの人ならばこそ、荒らかにも━・らめ」〈源氏・帚木〉訳(相手が光源氏でなく)普通の身分の人ならば、(女主人を)乱暴にひきのける(=奪イ返ス)であろう。

ひき-か・ふ【引き替ふ】(ウ)〔他ハ下二〕{へ・へ・ふ・ふる・ふれ・へよ}❶取り替える。例「牛など━・ふべき心設(まう)けし給へりけり」〈源氏・東屋〉訳(牛車(ぎっしゃ)を引く)牛なども(途中で)取り替えることができる用意をなさっていたのだった。
❷(状態などを)すっかり変える。例「山里の気配━・へて」〈源氏・早蕨〉訳山里での生活をすっかり変えて。

ひき-かへ【引き替へ】(エ)〔副〕うって変わって。例「かくて明けゆく空の気色、昨日に変はりたりとは見えねど、━珍しき心地ぞする」〈徒然草・一九〉訳こうして明けてゆく(元旦の)空の様子は、昨日と変わっているとは見えないが、うって変わって新鮮な感じがする。

ひき-かへし【引き返し】(エシ)〔副〕以前と変わって。うって変わって。

ひき-かへ・す【引き返す】(エス)━〔他サ四〕{さ・し・す・す・せ・せ}❶繰り返す。例「うちも置かず、━・し━・し見居(ゐ)給へり」〈源氏・宿木〉訳(お手紙を)手から離しもしないで、繰り返し繰り返しご覧になっていらっしゃる。

❷裏返す。ひっくり返す。例「畳、ところどころ――・したり」〈源氏・須磨〉訳 薄べり(＝畳表ニ布デヘリヲ付ケタ敷物)も、ところどころひっくり返してある。❸もとの方向へ帰す。とって返す。例「馬――・して逃げられにけり」〈徒然草・一〇六〉訳 馬をとって返して逃げておしまいになった。

二〔自サ四〕やって来た方へ戻る。引き返す。

ひき-きり【引き切り】〔形動ナリ〕(性質が)決着を急ぐ様子。せっかちである。例「この大臣(おとど)も、はたおとなおとなしうのどめたる所さすがになく、いと――・に花やい給へる人々にて」〈源氏・夕霧〉訳 妻の父の大臣も、また大人らしく落ち着いた点がやはりなくて、(父も娘も)大変せっかちで派手に振る舞われる人々であって。

ひき-ぐ・す【引き具す】〔他サ変〕{せ・し・す・する・すれ・せよ} ❶伴う。引き連れる。例「遠き国々より妻子(めこ)を――・しつつも、まうで来(く)なるを」〈源氏・葵〉訳 (光源氏の行列を見物しようと人々が)遠い国々から妻子を伴いつつ、やって来るそうですのに。注「来なる」ノ「なる」ハ伝聞ノ助動詞。❷(能力などを)身につける。具備する。

ひき-こ・す【引き越す】〔他サ四〕{さ・し・す・す・せ・せ} 順序を越えて上位に引き上げる。例「坊定まり給ふにも、いと――・さまほしう思(おぼ)せど」〈源氏・桐壺〉訳 皇太子がお決まりなさる時にも、(帝は、第二皇子である光の君を)順序を越えて皇太子に引き上げたいと強くお思いになるが。

ひき-こ・む【引き込む】一〔自マ四〕{ま・み・む・む・め・め} ひきこもる。引退する。

二〔他マ下二〕{め・め・む・むる・むれ・めよ} 内に引き入れる。束縛する。隠しておく。例「なよびやかに女しと見れば、あまり情けに――・められて、とりなせばあだめく」〈源氏・帚木〉訳 物柔らかで女らしいと思うと、(そういう女は)とかく情愛にとらわれていて、機嫌をとると(たちまち)色っぽくなる。

ひき-さ・ぐ【引き下ぐ】〔他ガ下二〕{げ・げ・ぐ・ぐる・ぐれ・げよ} 手にさげて持つ。ひっさぐ。

ひき-さ・す【弾きさす】〔他サ四〕{さ・し・す・す・せ・せ} (弦楽器を)弾くのを中途でやめる。弾きやめる。

ひき・し【低し】〔形ク〕(位置・身長・身分・声などが)ひくい。例「よきほどに高からず――・からずもたげて」〈宇治拾遺・二・七〉訳 (小坊主は鼻を持ち上げる木を持って)よい程度に(善珍内供(ぜんちんないぐ)の鼻を)高くなく低くなく持ち上げて。

> 要点 鎌倉初期から用いられ、室町時代には「ひくし」が現れる。平安時代には「ひきなり」もあったが、あまり用いられず、普通は「短し」「浅し」(身分・地位・身長などの場合)、「細し」(声の場合)、あるいは、「小さし」(身長・声など)「いやし」(身分など)を用いた。「ひきひと(低人)」「ひきごゑ(低声)」「ひきやか」「ひきらか」などもある。対 たかし

ひき-したた・む【引き認む】〔他マ下二〕{め・め・む・むる・むれ・めよ} 取りまとめる。整理する。例「我賢げに物――・め、散りぢりに行きあかれぬ」〈徒然草・三〇〉訳 (法事の終わった後、人々は)我がちに物を取りまとめて、ちりぢりに別れて行ってしまう。

ひき-しの・ぶ【引き忍ぶ】〔自バ四〕{ば・び・ぶ・ぶ・べ・べ} 人目を避ける。隠れる。例「おのがどち――・びて見侍(はべ)らむこそ、映えなかるべけれ」〈源氏・葵〉訳 私どもだけで人目を避けて見物しましても、おもしろみもございますまい。

ひき-しろ・ふ【引きしろふ】(…シロウ)〔他ハ四〕{は・ひ・ふ・ふ・へ・へ} ❶互いに引っ張る。引っ張り合う。強く引っ張る。例「脱がじとすまふを、とかく――・ふほどに、ほころびはほろほろと絶えぬ」〈源氏・紅葉賀〉訳 (頭中将(とうのちゅうじょう)が)脱ぐまいとしてもみあうので、(光源氏が)あれこれ引っ張り合ううちに、(直衣(のうし)の)縫い合わされていない部分がびりびりと切れた。❷引きずる。例「物も着あへず抱(いだ)き持ち、――・ひて逃ぐる」〈徒然草・一七五〉訳 (寝坊したのを主人に見つかって)着物を着る間もなく抱きかかえて、引きずったまま逃げる(無様な姿は、酒飲みにふさわしい)。

ひき-す・ぐ【引き過ぐ】〔自ガ上二〕{ぎ・ぎ・ぐ・ぐる・ぐれ・ぎよ} 馬や牛車(ぎっしゃ)を引いたり、船を操船したりして通りすぎる。例「やがて馬――・ぎて赴きぬべく思(おぼ)す」〈源氏・明石〉訳 このまま馬を引いて(姫君のもとを)通りすぎて都へ向かってしまいたいようなお気持ちになられる。

ひき-すさ・ぶ【弾き遊ぶ】〔他バ四〕{ば・び・ぶ・ぶ・べ・べ} (弦楽器を)気ばらしに弾く。例「かき合はせなど――・び給ひて」〈源氏・少女〉訳 (女三の宮は)調子を整えるための小曲などを慰みにお弾きになって。

ひき-すま・す【弾き澄ます】〔他サ四〕{さ・し・す・す・せ・せ} 心をこめて弾く。見事に弾きこなす。例「これはあくまで――・し、心にくくねたき音(ね)ぞまされる」〈源氏・明石〉訳 明石の上はどこまでも見事に(琴を)弾きこなし、深みがあってねたましくなるほど音色がすぐれている。

ひき-そば・む【引き側む】〔他マ下二〕{め・め・む・むる・むれ・めよ} そばへ引き寄せる。例「旗棹(はたざを)ども――・め――・め」〈平家・二・教訓状〉訳 旗棹などを引き寄せ引き寄せ。

ひき-た【引き板】〔名〕《「ひきいた」の変化した形》⇩ひた

ひき-たが・ふ【引き違ふ】(…タガ ゴウ)〔他ハ下二〕{へ・へ・ふ・ふる・ふれ・へよ}《「ひき」は接頭語》❶(予想や期待などを)裏切る。期待に反する。例「かく――・へたる御宮仕へをいかなるにかと思(おぼ)して」〈源氏・竹河〉訳 このように期待に反した宮仕えをどうした理由かとお思いになって。❷常道からはずれたことをする。まちがえる。例「いかなる心にて、かく――・へかこち聞こえらるらむ」〈源氏・行幸〉訳 どういうつもりで、そのようにまちがえて言いがかりをつけてこられたのでしょう。❸それまでとはすっかり変える。反対にする。

ひき-た・つ【引き立つ】〔他タ下二〕{て・て・つ・つる・つれ・てよ} ❶直立させる。立てる。特に、烏帽子(えぼし)の先を折らずにかぶる。例「三位の中将は、紺村濃(こむらご)の直垂(ひたたれ)に立烏帽子(たてえぼし)――・ておはします」〈平家・一〇・内裏女房〉訳 三位の中将平重衡(しげひら)は、濃い所と薄い所のある紺色の直垂を着て立烏帽子を立てていらっしゃる。❷(障子などを)引いて閉じる。しめる。❸引っ張って立たせる。引き起こす。ひったてる。例「御手を取りて、――・て給ふ」〈源氏・明石〉訳 (夢の中で故桐壺(きりつぼ)帝が光源氏の)お手を取って、引き起こしなさる。❹目をかけて挙げ用いる。取り立てる。

ひき-つくろ・ふ【引き繕ふ】(…ツクロウ)〔他ハ四〕{は・ひ・ふ・ふ・へ・へ}《「ひき」は接頭語》❶とりつくろう。体裁を整える。例「帰し奉らむはかしこしとて、南の廂(ひさし)――・ひて入れ奉る」〈源氏・若紫〉訳 (お見舞いに来られたのに)そのままお帰しするのはおそれ多いといって、南の廂の間(ま)をきれいに整えて

(光源氏を)お入れ申し上げる。欠点を直す。❷足りないところを補う。例「ただひたぶるに子めきてやはらかならむ人を、とかく—・ひては、などか見ざらむ」〈源氏・帚木〉訳ただ一途におっとりしていて素直な女を、何かと足りない所を補ってやって、妻にするのがよい。注「雨夜の品定め」ノ女性論ノ一節。

ひきで-もの【引き出物】〔名〕⇩ひきいでもの

ひき-とど・む【引き止む】〔他マ下二〕{め・め・む・むる・むれ・めよ}手足などをつかみ他へ行かせまいとする。引きとどめる。例「逃げんとするを捕へて—・めて、すずろに飲ませつれば」〈徒然草・一七五〉訳(酒を無理じいする人から)逃げ出そうとするのをつかまえて引きとどめて、むやみに飲ませるので。

ひき-と・る【弾き取る】〔他ラ四〕{ら・り・る・る・れ・れ}弾き覚えて自分のものとする。曲を習得する。例「手一つ—・れば」〈源氏・東屋〉訳(琴・琵琶の曲を)一曲習得すると。

ひき-なほ・す【引き直す】〔他サ四〕{さ・し・す・す・せ・せ}もとのようにもどす。直す。

ひき-の・く【引き退く】■〔自カ四〕{か・き・く・く・け・け}しりぞく。退去する。■〔他カ下二〕{け・け・く・くる・くれ・けよ}間をあける。離す。どかす。

ひき-はこ・ゆ【引きはこゆ】〔他ヤ下二〕{え・え・ゆ・ゆる・ゆれ・えよ}着物の裾をたくし上げる。「ひきはこふ」とも。例「—・えたる男子(をのこ)」〈枕草子・正月十よ日のほど〉訳着物の裾をたくし上げた男の子。

ひき-はな・つ【引き放つ】〔他タ四〕{た・ち・つ・つ・て・て}❶弓を引き、矢を放つ。射る。例「—・つ矢の繁(げし)けく大雪の乱れて来(き)たれ」〈万葉・二・一九九長歌〉訳引いて放つ矢の多いことは、大雪が乱れ降るようで。❷押しつけていたものをはなす。はなす。例「なほさらに手を—・たず拝み入りてをり」〈源氏・玉鬘〉訳いっそう手を額からはなそうとせずに夢中になって拝み座っている。❸一つになっていたものを、引っぱってはなす。離れ離れにする。例「昨日までは親子一所におはしけるを、今朝よりは—・って」〈平家・二・大臣殿被斬〉訳昨日までは(平宗盛父子は)親子が一つの所にいらっしゃったが、今朝からは離れ離れにして。❹間隔を置く。放ち書きにする。例「手はいと悪しろうて、歌は、わざとがましく—・ちてぞ書きたる」〈源氏・早蕨〉訳筆跡はまったく悪くて、歌は、わざとらしく放ち書きにして書いてある。

ひき-は・る【引き張る】〔他ラ四〕{ら・り・る・る・れ・れ}引っ張る。

ひき-びき【引き引き】〔名〕❶それぞれの引き立て。いろいろの手引き。❷思い思い。すきずき。例「—に我がめでつると思ひける人の心やせばまくの衣(ぬき)」〈山家・下〉訳思い思いに、私(こそ)が(釈迦を)愛していると思った人の心は狭いものだ。(釈迦の)衣を(めいめいが)引っ張っている。

ひき-へだ・つ【引き隔つ】〔他タ下二〕{て・て・つ・つる・つれ・てよ}❶簾や幕などを引いて隔てる。例「軟障(ぜじやう)など—・ておはします」〈源氏・玉鬘〉訳軟障(＝室内ノ隔テニ使ウ家具)などを引いて隔てて(新しい客と)いらっしゃる。❷引き離す。隔てる。

ひき-ぼし【引き干し】〔名〕海草などを日に干したもの。

ひき-むす・ぶ【引き結ぶ】〔他バ四〕{ば・び・ぶ・ぶ・べ・べ}❶(紐・紙の両端や草・枝などを)引き寄せて結ぶ。結ぶ。例「枕とて草—・ぶこともせじ秋の夜とだにたのまれなくに」〈伊勢・八三〉訳枕として草を引き寄せて結ぶ旅の仮寝もいたしますまい。(短夜の春ですから)秋のように夜長を頼みにゆっくりすることさえもできません。❷(庵などを)造る。結ぶ。例「嵯峨(さが)の奥なる山里に、柴(しば)の庵(いほり)を—・び」〈平家・一・祇王〉訳(出家した祇王は)嵯峨の奥の山里に、雑木の小枝で屋根をふいた仮小屋を造って。

ひき-め【蟇目・引き目】〔名〕(「ひびきめ(響き目)」の変化した形。飛ぶ時に音が鳴り響くのでいう)大型の「鏑(かぶら)」で、ホオやキリの木の中を空洞にし、表面に数個の穴をつけたもの。また、それを先端につけた矢。魔よけや、笠懸(かさがけ)・犬追物(いぬおうもの)などに用いる。「ひきめかぶら」「ひきべ」とも。例「—の当番と名付けて、夜百人昼五十人の番衆(ばんしゆ)をそろへて、—を射させらるるに」〈平家・五・物怪之沙汰〉訳(平清盛の寝室に怪物が出たので)ひきめの当番と名をつけて、夜は百人昼は五十人の当番の人々をそろえて、ひきめの矢を射させなさると(いると思う所では音がせず、いないと思う所で笑い声がした)。

ひきめ-かぎはな【引き目鉤鼻】〔連語〕大和絵(やまとゑ)の顔の描き方。目は一線を細く長めに、鼻は小さくかぎの形(＝「く」ノ字)に描くもの。

ひきめかぎはな

ひき-もの【引き物】〔名〕❶(仕切りとして布を引いたものの意)壁代(かべしろ)・帳(とばり)・几帳(きちやう)など、引いて隔てにするものの総称。❷(「ひきいでもの」の略)客への贈り物。

ひぎゃう-しゃ【飛香舎】〔名〕内裏(だいり)五舎(ごしや)の一つ。皇后・女御などの住まい。清涼殿の北にあり、庭にフジがあったことから藤壺(ふぢつぼ)とも呼ばれた。⇩付録・内裏図

ひき-やか【低やか】〔形動ナリ〕(「やか」は接尾語)(身長・声や身分などが)低い感じである。「ひきらか」とも。例「この衆の中に長(たけ)—・なりける男の」〈今昔・三一・二〉訳この(大学の)学生達の中に身長が低かった男で。

ひ-きゃく【飛脚】〔名〕❶急用を遠方へ伝える使者。❷(近世)職業として、手紙・金品などを遠方へ送り届ける者。

> 要点 中世には、京と鎌倉の間を早馬で七日間で連絡した。近世には、幕府公用のための「継ぎ—」、大名が設けた「大名—」、民間の「町—」がある。

ひき-よ・く【引き避く】〔他カ上二〕{き・き・く・くる・くれ・きよ}(身を引いて)よける。さける。例「—・きて行き過ぐるを、車を驚きあさみたること限りなし」〈更級・初瀬〉訳(賤しい子供までが、私達が群集を)避けて通り過ぎるのを、その車を驚きあきれていることといったら一通りでない。注大嘗会(ダイジヨウエ)ノ御禊(ゴケイ)ノ行事ヲ見物シニ、誰モガ都へ向カウノニ、作者達ガ反対方向ノ初瀬へ向カウノデ、驚キアキレルノデアル。

ひき-わた・す【引き渡す】〔他サ四〕{さ・し・す・す・せ・せ}❶線を長く引く。例「いと白きみちのくに紙、白き色紙の、結びたる上に—・しける墨のふと凍りにければ」〈枕草子・今朝

はさしも見えざりつる空の」訳真っ白な陸奥(みちのく)産の紙、あるいは白い色紙で、結んだ上に長く引いた(封じめの)墨が(引くうちに)すっと凍ってしまったために。

❷(綱・織物・橋などを)長く張り渡す。例「海の面(おも)てのいみじうのどかに、浅みどり打ちたるを━━・したるやうにて」〈枕草子・日のいとうららかなるに〉訳海面がとてものどかで、薄い藍(あい)色の布の打ってつや出しをしたのを長く張り渡したようで。

❸引いて通らせる。引き回す。

ひき-ゐる【率ゐる】(ヒキイル)〔他ワ上一〕〈ゐ・ゐ・ゐる・ゐる・ゐれ・ゐよ〉《「引き率(ゐ)る」の意》(多くの人を)引き連れる。引率する。例「人々━━・ゐて禄(ろく)の唐櫃(からびつ)に寄りて」〈源氏・若菜・上〉訳(祝宴の後)召使いどもを引き連れてほうびのはいっている唐櫃(=足付キノ箱)のそばに寄って。

要点 「引く」と「率(ゐ)る」の複合語。「率ゐる」と表記され本来の語構成が見えにくくなっている。「落ち入る」が「陥る」、「受け賜はる」が「承る」と表記され、本来の語構成が見えにくくなったのと同じ。

ひ-く【退く】〔自カ四〕〈か・き・く・く・け・け〉《「引く」と同源》ある場所や地位などから退(しりぞ)く。下がる。例「人をば知らず、季重(すゑしげ)においては一(ひと)ひきも━━・くまじいものを」〈平家・九・一二之懸〉訳他人はいざ知らず、この平山季重に限っては(戦いに臨んで)一歩も退くつもりはないのに。

ひ-く【引く】■一〔他カ四〕〈か・き・く・く・け・け〉❶引っ張る。引き寄せる。引き連れる。また、引いて取り去る。引き抜く。例「首もちぎるばかり━━・きたるに、耳鼻欠けうげながら抜けにけり」〈徒然草・五三〉訳(かぶった鼎(かなへ)を)首もちぎれんばかりに引っ張ったところ、耳と鼻がもぎ取れて穴があいた状態になって抜けてしまった。

❷(簾(すだれ)・幕などを)引いて張りめぐらす。例「簾かけ、幕など━━・きたり」〈更級・かどで〉訳(旅立つ前に仮に移った家には)簾をかけ、幕などを張りめぐらしてある。

❸(言葉・証拠などを)例として引いて来る。引用する。また、書物を開いて調べる。例「史書の文(もん)を━━・きたりし」〈徒然草・二三二〉訳中国の歴史書の文章を(例として)引いたりしていたのは。

❹心を引きつける。気をひく。また、(目や顔つきで)相手の注意を自分に向けさせる。例「騒がしきに━━・かれて出で給ふ」〈源氏・松風〉訳(光源氏は外が)騒々しいのに引きつけられて外にお出になる。例「侍(さぶらひ)ども、梶原に恐れて高くは笑はねども、目━━・き鼻━━・き」〈平家・一一・逆櫓〉訳侍達は、梶原景季(かげすゑ)を恐れて大声では笑わないけれども、目や鼻で合図して。

❺(馬を引き出して来て与える意から)引き出物として与える。贈る。例「千両を僧に━━・き、二千両をば帝(みかど)へ参らせ」〈平家・三・金渡〉訳(黄金)千両を(中国の)僧達に贈り、二千両を(中国の)皇帝に献上して(私、平重盛(しげもり)の後世を弔ってもらおう)。

❻湯をあびる。入浴する。例「湯殿しつらひなんどして、御湯━━・かせ奉る」〈平家・一〇・千手前〉訳湯殿(=浴室)を設けたりなどして、ご入浴をおさせ申し上げる。

❼ひいきにする。

■二〔自カ下二〕〈け・け・く・くる・くれ・けよ〉引かれる。

ひ-く【弾く】〔他カ四〕〈か・き・く・く・け・け〉弦楽器を演奏する。つまびく。例「右近の内侍(ないし)に琵琶(びは)━━・かせて、端近くおはします」〈枕草子・職におはします頃〉訳(中宮定子は)右近の内侍(=侍女)に琵琶をつまびかせて、縁の近くにいらっしゃる。

びく【比丘】〔名〕《仏教語》出家して具足戒(ぐそくかい)(=比丘・比丘尼(ニ)ガ必ズ保ツベキ戒)を受けた男子。転じて、広く僧侶(そうりよ)をいう。例「かくのごとくの優婆夷(うばい)などの身にて、━━を堀へ蹴(け)入れさする、未曾有(みぞう)の悪行なり」〈徒然草・一〇六〉訳このような(下等の)優婆夷(=在俗ノママ仏門ニ入ッタ女性)などの身分で、比丘である私を堀へ蹴り落とさせるのは、聞いたことのない悪い行いである。

要点 出家して、得度(とくど)を終えたばかりの僧は「沙弥(しやみ)」といい、さらに修行を積んで二百五十戒を受けた、完全な僧が「比丘」である。女性の場合は三百四十八戒を受けて「比丘尼(びくに)」という。対びくに

びく-に【比丘尼】〔名〕《仏教語》出家して具足戒(ぐそくかい)を受けた女子。転じて、広く尼(あま)をもいう。⇩びく

要点 例「比丘よりは━━は劣り、━━より優婆塞(うばそく)は劣り」〈徒然草・一〇六〉訳(男性の)比丘より(女性の)比丘尼は劣り、比丘尼より優婆塞は劣っていて。

びくに

ひ-ぐらし【蜩】〔名〕セミの一種。晩夏から初秋に「かなかな」と鳴く。(季・秋)例「夕されば━━来鳴く生駒山(いこまやま)越えてぞ吾(あ)が来る妹(いも)が目を欲(ほ)り」〈万葉・一五・三五八九〉訳夕方になると、ヒグラシが来て鳴く生駒山を越えて、私はやって来ることだ。妻に逢(あ)いたくて。

ひ-ぐらし【日暮らし】〔副〕《「ひくらし」とも》一日中。朝から晩まで。例「つれづれなるままに、━━、硯(すずり)に向かひて」〈徒然草・序〉訳これといってすることもなく所在のないのにまかせて、一日中、硯に向かって。

ひ-け【非家】〔名〕⇩ひか

ひ-げ【卑下】〔名・自サ変〕へりくだること。けんそんすること。例「思ひ劣り、━━・せむもかひなかるべし」〈源氏・紅梅〉訳(明石の姫君に)劣っていると思い、へりくだっているとしたら(宮仕えした)意味もないであろう。

ひげ-がち【鬚勝ち】〔形動ナリ〕ひげが多い様子。例「さやうに━━・なる者の椎(しひ)摘みたる」〈枕草子・にげなきもの〉訳そのように(=年トッテ)ひげだらけの男が、椎の実を拾って(食べて)いるの(は似つかわしくない)。

ひげ-こ【鬚籠】〔名〕《上端がひげのように見えるのでいう》編み残した端を上部でまとめて飾りにした竹かご。

ひげこ

ひこ【彦】〔名〕(多く、人名に付けて)男子をほめていう語。「海幸(うみさち)━━」「━━星」など。対ひめ■一

①**肥後**(ひご)《旧国名》西海道十二か国の一つ。現在の熊本県にあたる。古く「火(肥)(ひ)の国」であったのを、大化改新

後、肥前国・肥後国に二分された。肥州。

ひこ-え【孫枝】〔名〕枝からさらに生えた小枝。

ひこ-じろ・ふ【引こじろふ】〔他ハ四〕{は・ひ・ふ・ふ・へ・へ}無理に思い通りにしようと理に引っ張る。強く引く。また、無理に思い通りにしようとする。例「綱いと長くつきたりけるを物にひきかけ、まつはれけるを、逃げむと——・ふほどに」〈源氏・若菜・上〉訳（猫の首に）綱がとても長くついていたのを何かにひっかけ、まつわりついたので、逃げようと強く引っ張るうちに。

ひこ-ば・ゆ【蘖ゆ】〔自ヤ下二〕{え・え・ゆ・ゆる・ゆれ・えよ}切った草木の根や切り株から新しく芽が出る。（季・春）例「荒小田の去年の古跡の古蓬今は春べと——・えにけり」〈新古今・春上・七七〉訳荒れ田にある去年の古い切り株の古ヨモギが、今は春の頃だというので、新しく芽が出たことだ。

ひ-ごふ【非業】〔名〕《仏教語。前世の「業」によらない意》宿命で定められたものでないこと。思いがけないこと。多くは、寿命によらないで災難等で死ぬことにいう。例「また——たらば、療治を加へずとも助かることを得べし」〈平家・三・医師問答〉訳（自分の病気が、宿命によるものならば治らないし）また宿命によるものでないなら、治療を加えなくても（命は）助かることができるだろう。

ひこ-ぼし【彦星】〔名〕《上代は「ひこほし」。男性の星の意》アルタイル星の日本名。牽牛星。七夕伝説で、織女星の夫とする。（季・秋）例「天の川楫の音聞こゆ——と織女と今宵逢ふらしも」〈万葉・一〇・二〇二九〉訳天の川を渡る舟の櫓の音が聞こえる。彦星と織女星とが（七月七日の）今晩会うらしいよ。

ひ-ごろ【日頃・日比】〔名〕❶幾日かの日数。数日。多くの日。例「——経て、宮に帰り給うけり」〈伊勢・八三〉訳（惟喬親王は）数日経過して、（京の）御殿にお帰りになった。

❷この数日。ここ数日来。例「君はまづ内裏に参り給ひて、——の御物語など聞こえ給ふ」〈源氏・若紫〉訳（光源氏の）君は（北山から帰って）まず宮中に参上なさって、ここ数日来のお話などを申し上げなさる。

❸ふだん。平生。いつも。常日頃。例「——は音にも聞きつらん、今は目にも見給へ」〈平家・九・木曾最期〉訳ふだんはうわさに聞いていたろう、今は（直接）目で見るがよい。

要点 名詞「ころ」が長い時間の経過を表し、その長さを「日」を単位として捉えた語。類語に「年ごろ」「月ごろ」「夜ごろ」がある。現代語では、主に③の意に用いる。

ひさ【久】〔形動ナリ〕時間が長い様子。久しい。例「なかなかに死なば安けむ君が目を見ず——・ならばすべなかるべし」〈万葉・一七・三九三四〉訳いっそ死んだ方が楽であろう。あなたの顔を見ずに長くいると、どうしようもなくなりそうです。

ひ-さう【秘蔵】〔名・他サ変〕《「さう」は「蔵」の漢音。近世以降「ひぞう」となる》❶大切にしまっておくこと。大切にすること。また、そのもの。例「『世にありがたき物には侍りけれ』とて、いよいよ——・しけり」〈徒然草・八八〉訳「世にも珍しい物でございますよ」と言って、（その本を）ますます大切に所蔵したという。

❷他人に教えない重要な事柄。秘訣。秘伝。奥義。例「この用意を忘れざるを馬乗りとは申すなり。これ——のことなり」〈徒然草・一八六〉訳以上の用心を忘れないのを（真の）馬乗りと申すのである。これは秘訣である。

ひ-ざう【非常】〔名・形動ナリ〕《「ざう」は「じゃう」の直音表記》⇩ひじゃう（非常）

び-さう【美相】〔名〕《「相」は姿の意》美しい姿。美貌。例「耳はさみがちに、——なき家刀自の、ひとへにうちとけたる後見ばかりをして」〈源氏・帚木〉訳（額髪を）両耳にはさみがちで、美しさのない姿の主婦で、ひたすら飾り気のない世話ばかりして。注身ナリヲカマワズ家事ニ励ム世話女房ノ姿。

ひさ-かた【久方】〔名〕《「枕詞「ひさかたの」からの転用」》月。例「——の中に生ひたる里なれば光をのみぞ頼むべらなる」〈古今・雑下・九六八〉訳（私の住む所は）月の中に生えている桂、その名の里ですから月の光（＝中宮ノオ恵ミ）だけをお頼りしているようです。注「月」ハ、作者ガ仕エル中宮ヲタトエル。

ひさかた-の【久方の】〔枕詞〕「天・雨」「雨」「月」「日」「雲」「光」「都」などにかかる。例「——天の香具山この夕べ霞たなびく春立つらしも」〈万葉・一〇・一八一二〉訳天の香具山に、今この夕方霞がたなびいている。春になったらしいなあ。例「我が園に梅の花散る——天より雪の流れ来るかも」〈万葉・五・八二二〉訳わが園に梅の花が散る。天から雪が流れて来るのだろうか。

要点 語源は未詳だが、『万葉集』で「久堅」「久方」、『古今集』で「久方」と表記することが多く、はるか遠い意に考えられていたと思われる。上代には「天・天」にかかるものが多く、同音の「雨」や、「月」「月夜」、また、永遠の意で「都」にもかかる。平安時代からは、「空」「日」「昼」「雲」「雪」など天に関係するものに広くかかるようになる。

ひさ-ぎ【楸・久木】〔名〕木の名。落葉高木の、キササゲまたはアカメガシワという。（季・秋）

ひさく【杓・柄杓】〔名〕《「ひさこ（「ひさご」の古い形）」が変化した形》ひしゃく。⇩ひさこ③

要点 古くは「ひさこ」の実をたてに割って水を汲む道具に用い、これをも「ひさこ」といったが、後に木でこの形を作り柄をつけ、これを「ひさく」という。近世には、「ひしゃく」と表記し、「柄」を意識して、あて字で「柄杓」とも書く。

ひさ・く【販く・鬻く】〔他カ四〕{か・き・く・く・け・け}《近世以降は「ひさぐ」》売る。販売する。例「棺を——・く者、作りてうち置くほどなし」〈徒然草・一三七〉訳（死ぬ人が多くて）棺桶を売る者は、作って置いておく間もない。

ひさ・ぐ【提ぐ】〔他ガ下二〕{げ・げ・ぐ・ぐる・ぐれ・げよ}《「ひきさぐ」の変化した形》手に下げ持つ。例「念珠を——・げて念じ入りたる様、ほかの事なく懇なり」〈今昔・一四・四四〉訳（大人も子供も）数珠を手に下げ持ち心から祈っている様子は、余念がなく心がこもって熱心である。

ひざ-くりげ【膝栗毛】〔名〕《自分の膝を栗毛の馬の代わりに使う意》徒歩で旅行をすること。例「これこそ、五十三次を居ながら歩む膝、——馬、はいしい道中双六」〈近松・丹波与作待夜の小室節・上〉訳これこそは、（東海道の）五十三次を座ったままで徒歩旅行したり、栗毛馬を、「はい、しい、どう」と追っていったりする道中双六である。

ひさげ【提・提子】〔名〕（「ひき下(さ)ぐ」がつまった「ひさぐ」の連用形の名詞化。下げて持つものの意）弦(つる)と口がついた、なべに似た容器。酒などを注ぐのに用いた。例「――の柄(え)の倒れ伏すも耳こそとまれ」〈枕草子・心にくきもの〉訳ひさげの弦が倒れる音もその耳にはっきり聞こえる（これも奥ゆかしい）。

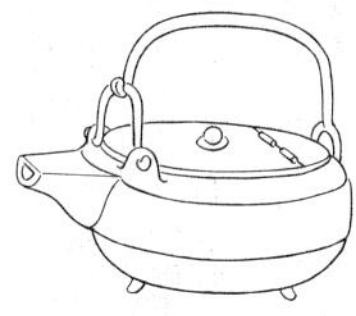
ひさげ

ひさこ【瓢・匏・瓠】〔名〕（中世から「ひさご」とも）❶植物の名。ヒョウタン、ユウガオなどの総称。また、その実。「なりひさご」とも。（季・秋）❷ヒョウタンの実をくりぬいて作った容器。❸水を汲(く)む道具。ひしゃく。初めヒョウタンの実をたてに二つに割って用い、後に木をくりぬいて作り、柄(え)をつけるようになる。「ひさく」とも。例「酒壺(さかつぼ)にさし渡したる直柄(ひたえ)の――の、南風吹けば、北になびき」〈更級・竹芝寺〉訳酒壺の上に置いてある直接持つひしゃくが、南風が吹くと、北の方にただよい。

ひさし【庇・廂】〔名〕❶寝殿造りで、母屋(もや)の外側の部分。また、そこを区切った部屋。「廂(ひさし)の間(ま)」とも。例「おはします殿(でん)の東(ひむがし)の――、東向きに倚子(いし)立てて」〈源氏・桐壺〉訳（天皇の）おられる御殿（＝清涼殿）の東側の部屋に、東向きにいすを置いて（玉座とし）。❷牛車(ぎっしゃ)の窓、建物の出入り口などの上に設けた屋根。例「東に三尺余の――をさして、柴(しば)折りくぶるよすがとす」〈方丈記・境涯〉訳（家の）東側に三尺（＝約一メートル）余りの雨よけの屋根をさし出して（かまどを置き）、たきぎを折って燃やすのに便利な所とした。

参考 本来は、②のように日よけのために張り出した屋根をいい、①は、切妻式の母屋の四方に屋根を新たに張り出して、その下に部屋を設けたもの。このため、母屋と廂との境は「長押(なげし)」の部分で段差ができる。廂は場所によって「東廂」「南廂」などのように呼ばれる。廂の外側にさらに廂を設けることもあり、これを「孫廂」という。屋根全体は、母屋が中に入った形の意で、「入母屋(いりもや)造り」という。

ひさ・し【久し】〔形シク〕❶時間が長い。また、長く続いている。例「時世(ときよ)経て――・しくなりにければ、その人の名忘れにけり」〈伊勢・八三〉訳時代が経過して長くたってしまったので、その人の名を忘れてしまった。❷長い時間がかかる。例「とみにていり炭(すみ)おこすも、いと――・し」〈枕草子・心もとなきもの〉訳急な用で炭をおこすのも、大変時間がかかる。❸久し振りである。❹（近世の用法）長く親しんでいる。なじみ深い。

ひざ-つき【膝突き・膝衝き】〔名〕朝廷の儀式などで、地上にひざまずく時に用いる半畳の敷物。布や薦(こも)・畳などで作った。例「近衛(このゑ)殿着陣し給ひける時、――を忘れて、外記(げき)を召されければ」〈徒然草・一〇二〉訳近衛殿は定位置におつきなさる時に、「膝突き」を（敷かせるのを）忘れて、（先に）書記官をお召しになったところ。

ひ-さめ【氷雨】〔名〕ひょう。あられ。また、大雨をもいう。例「大――を降らして、倭建命(やまとたけるのみこと)を打ち惑はしき」〈古事記・中・景行〉訳（伊吹山の神は）ひょうを降らして、倭建命を打ち正気を失わせた。

ひざ-もと【膝元】〔名〕❶ひざのそば。人のすぐ近くの所。例「大きなる鉢にうづ高く盛りて、――に置きつつ」〈徒然草・六〇〉訳（芋頭(いもがしら)を）大きな鉢にうず高く盛って、ひざのそばに置いて。❷（手の届くところの意から）親や権力者などの保護の及ぶ所。

ひ-さんぎ【非参議】〔名〕（「参議」でない者の意）❶三位(さんみ)以上で、まだ参議にならない人。❷四位で、一度参議になったことのある人。❸四位で参議になる資格を持ちながら、まだ任官しない人。例「――の四位どもの、世の覚(おぼ)え口惜しからず、もとの根ざしいやしからぬ」〈源氏・帚木〉訳まだ参議になっていない四位の人達で、世間の評判もよく、生まれの家柄の悪くない（人が）。

要点 「参議」と「非参議」 参議とは、元来は廟堂(びょうどう)の会議に参加すること、あるいはその人をいったが、平安時代には大臣・納言を除いた公卿(くぎょう)を指すようになった。朝廷の要職で、正四位の人が任ぜられるが、その資格は七箇条もあり厳選される。「非参議」は多く③で、例のように、将来有望な人の意や、なかなか参議になれないと悲しんだり、摂関家の子弟の場合は、若い時代の意などに用いる。

ひし【菱】〔名〕❶水草の名。ヒシ。池・沼に自生し、夏、白い花が咲く。実は菱形でとげがあり、食用にする。❷武器の名。刺股(さすまた)の一種。二またに分かれた刃に長い柄をつけたもの。例「岸の二丈ばかりありける下に――を植ゑて、上より突き落とし奉れば、――に貫(つらぬ)かって失(う)せ給ひぬ」〈平家・二・大納言死去〉訳二丈（＝約六メートル）程のがけの下にひしを立て並べて、上から突き落とし申すと、ひしに貫かれてお亡くなりになった。

要点 「ひし形」という語は、この実の形から出る。『枕草子』でも「恐ろしげなるもの」として「ひし」を取り上げている。つのの生えたような実の形をいう。

ひ-じ【非時】〔名〕❶（仏教語）僧が食事をとってはならない時間。正午より翌朝午前四時頃までの間。❷（「非時食(ひじじき)」の略）①の時間に僧が食事をすること。また、その食事。対とき（斎）例「斎(とき)、――も、人に等しく定めて食はず」〈徒然草・六〇〉訳僧として決められた朝の食事、午後の食事も、（気の向くままにして）他の人と同じように規則的に食事をするようなことはしないで。

ひじ【泥】〔名〕⇩ひぢ

ひじき-も【ひじき藻】〔名〕海藻の一種。ヒジキ。（季・春）例「懸想(けさう)しける女のもとに――といふ物をやるとて」〈伊勢・三〉訳思いをかけた女のもとにヒジキという物を贈ってやるといって。

ひしき-もの【引敷物】〔名〕敷物。また夜具。しとね。

例「思ひあらば葎(むぐら)の宿に寝もしなむ——には袖をしつつも」〈伊勢・三〉訳私を思ってくださるならば、(私は)あばら屋にでも寝ましょう。(お互いの)袖を敷物としてでも。

ひ-しきりに【日しきりに】〘連語〙一日中ずっと。例「——とかくしつつののしるうちに夜ふけぬ」〈土佐・十二月二十一日〉訳一日中あれこれしながら騒いでいるうちに夜がふけた。

ひし・ぐ【拉ぐ】■〔自ガ下二〕{げ・げ・ぐ・ぐる・ぐれ・げよ}❶押されてつぶれる。押しつぶされる。例「おびたたしく大地震(おほなゐ)ふること侍(はべ)りき。……家の内にをれば、たちまちに——・げなんとす」〈方丈記・大地震〉訳ものすごく大地震が揺れることがありました。……(人が)家の中にいると、すぐにも押しつぶされそうになります。

❷押しつぶされて、くしゃくしゃになる。ひしゃげる。例「人の冠(かうぶり)も——・げ」〈枕草子・わびしげに見ゆるもの〉訳(ひどい雨に濡(ぬ)れて馬上の)人の冠もくしゃくしゃになって(衣もびしょぬれになったのは、みすぼらしく見える)。

■〔他ガ四〕{が・ぎ・ぐ・ぐ・げ・げ}❶ぺちゃんこにする。つぶす。❷圧倒する。なびかせる。

ひし-と〔副〕❶物が圧迫されてきしむ音の形容。ミシミシと。例「この床(とこ)の——鳴るまで嘆きつるかも」〈万葉・一三・三二七〇長歌〉訳(今頃は他の女と寝ているあなたなのにこの床がぴしっと音を立てるほどため息をついたことだ。

❷密着する様子。ぴったりと。

❸確かな様子。しっかりと。例「無常の身に迫(せま)りぬることを心に——かけて」〈徒然草・四九〉訳(人は)死が(自分の)身に迫っていることを心にしっかりと留めておいて(忘れてはならない)。

❹急に中断する様子。ぴたりと。ばったりと。

ひ-じに【干死に】〔名〕空腹のために死ぬこと。餓死。例「頼豪(らいがう)口おしい事なりとて、三井寺に帰って——にせんとす」〈平家・三・頼豪〉訳(三井寺への戒壇(かいだん)設置不許可を)頼豪はくやしいことだとして、三井寺に帰って断食して死のうとした。

びし-びし〔形動ナリ〕鼻水をすすりあげる音の形容。例「咳(しはぶ)かひ鼻——・にしかとあらぬ鬚(ひげ)かきなでて」〈万葉・五・八九二長歌〉訳咳(せき)を何度もし、鼻はぐすぐすと鳴り、それほどにない鬚をなでて。

要点 上代の和語には、濁音で始まる語はまれであるが、この語は擬声語なので、例外である。

ひしひし-と〔副〕❶物が圧迫されてきしむ音の形容。ミシミシと。例「ものの足音、——踏み鳴らしつつ」〈源氏・夕顔〉訳化け物の足音が、(床を)ミシミシと踏み鳴らしながら(後ろから迫ってくる)。

❷物を食べる音の形容。むしゃむしゃと。例「——、ただ食ひに食ふ音のしければ」〈宇治拾遺・一・一二〉訳むしゃむしゃと、ただもうしきりに(ぼた餅(もち)を)食べる音がしたので。

❸密集・密着する様子。ぎっしりと。ぴったりと。例「五百余騎——くつばみを並ぶるところに」〈平家・九・宇治川先陣〉訳五百余の騎馬武者がぎっしりとくつばみ(=馬ノ口ニ取リ付ケル器具)を並べているところに。

❹急速にゆるみなく事を行う様子。びしびしと。てきぱきと。

ひしほ〔名〕■【醬】麦・大豆などから造るみその一種。なめみそ。

■【醢】(「肉醬(ししびしほ)」の略)魚・肉などを塩漬けにしたもの。例「鰺(あぢ)の塩辛(しほから)、鯛(たひ)の——などの、諸々(もろもろ)に塩辛きものどもを盛りたり」〈今昔・二八・五〉訳鰺の塩辛、鯛の塩漬けなどの、どれもこれも塩辛いものをいくつも盛りつけてある。

ひし-め・く【犇く】〔自カ四〕{か・き・く・く・け・け}(「ひし」は擬態語。「めく」は接尾語)大勢が押しあいへしあいする。大勢が騒ぎ合う。例「すでにし出(い)だしたるさまにて、——・き合ひたり」〈宇治拾遺・一・一二〉訳もう(ぼたもちを)作り上げた様子で、大勢(の僧達)が騒ぎ合っている。

ひ-じゃう【非情】〔名〕(仏教語)心や感情をもたないこと。また、そのもの。木や石などをいう。対うじゃう

ひ-じゃう【非常】〔名・形動ナリ〕(「ひざう」とも)❶普通ではないこと。とんでもないこと。例「さのごとき——の事の候(さぶら)はむをば、いかでか承らぬやうは侍(はべ)らむ」〈源氏・浮舟〉訳そのような大変な事件がございますれば、どうして私がお聞きしないことがございましょう。

❷予期せぬ出来事。転じて、高貴な人の急死。

びしゃもん【毘沙門】〔名〕(仏教語。「毘沙門天」の略)「四天王(してんわう)」の一つ。須弥山(しゅみせん)の中腹の天敬城において、北方を守護し、仏法を守り、福徳を与える武将姿の神。日本では七福神の一つになって、敬い親しまれている。「多聞(たもん)」とも。

ひしゅ-ひがく【非修非学】〘連語〙(仏教語)仏道の修行・学問を行わないこと。例「上人(しゃうにん)なほいきまきて、『何と言ふぞ、——の男』と、あららかに言ひて」〈徒然草・一〇六〉訳高僧はいっそういきり立って、「何を言うか、仏道を修めも学びもしない無教養な男が」と、声を荒げて言って。

ひじり【聖】〔名〕(「日知り」の意)❶高い徳を備えて世を治める人。天皇。例「玉襷(たまだすき)畝火(うねび)の山の橿原(かしはら)の——の御代(みよ)ゆ生(あ)れまし神のことごと」〈万葉・一・二九長歌〉訳畝火山の橿原の(神武)天皇のご治世以来お生まれになった天皇のすべてが。

❷徳がすぐれて高く、尊敬される人。聖人。例「人の才能は、文あきらかにして、——の教へを知れるを第一とす」〈徒然草・一二二〉訳人の才能は、書物に精通して、聖人の教えを理解していることを第一とする。

❸その道に秀でて人々から敬われる人。すぐれた名人。例「柿本人麻呂なむ、歌の——なりける」〈古今・仮名序〉訳柿本人麻呂は、和歌の名人であった。

❹徳の高い僧。高僧。例「目蓮(もくれん)が仏に近き——の身にて、たちまちに救ひけむためしにも」〈源氏・鈴虫〉訳目蓮尊者が師の釈迦(しゃか)に近い高僧の身で、(地獄で苦しむ亡母を)速やかに救済したとかいう例にも。

❺厳しい修行をして、俗を離れた僧。修行僧。

ひじり-ごころ【聖心】〔名〕僧としての心構え。仏道の心。道心。例「心ぎたなき——なりける」〈源氏・総角〉訳(求法(ぐほう)ならぬ恋に乱れた)心のきたない道心であったよ。

ひじり-ことば【聖言葉】〔名〕聖のことば。僧らしい言葉づかい。

ひじり-ざま【聖様】〔名〕僧のように世間離れしている様子。

ひじり-だ・つ【聖だつ】〔自タ四〕{た・ち・つ・つ・て・て}聖らしい。いかにも高僧らしく見える。

ひじり-ほふし【聖法師】〔名〕寺院・宗派にとらわれ

ず、諸国を行脚して修行を重ねる僧。修行僧。例「人多く行き訪ふ中に、――の交じりて、言ひ入れたたずみたるこそ」〈徒然草・七六〉訳人がたくさん訪問する中に、修行僧が交じって、案内を乞うて(門口に)たたずんでいるのは。

ひず【秀ず】〔動〕⇩ひづ

ひ-すまし【樋洗し・樋清まし】〔名〕《「樋箱(=便器)」を「すます(=洗ウ)」人の意》宮中などで、便器の掃除などをする身分の低い女性。

肥前(ひぜん)〖旧国名〗西海道十二か国の一つ。現在の、壱岐・対馬を除く長崎県と佐賀県とにあたる。古く「火(肥)の国」であったのを、大化改新後、肥前国・肥後国に二分された。肥州。

備前(びぜん)〖旧国名〗山陽道八か国の一つ。現在の岡山県東南部にあたる。古く「吉備の国」であったのを、大化改新後に都に近い方から順に備前・備中・備後と三分された。備州。

備前焼窯元

肥前風土記(ひぜんふどき)〖書名〗奈良時代の地方誌。一巻。成立年、編者ともに未詳。大宰府の命により編纂された。

ひそ-か【密か】〔形動ナリ〕❶他人に知られないようにする様子。こっそりとする様子。例「なほ悲しきにたへずして、――に心知れる人と言へりける歌」〈土佐・二月十六日〉訳やはり(亡き子を思う)悲しさに我慢できずに、こっそりと気持ちの通じている人と言い合った歌。

❷個人のものにする様子。私物化する様子。例「ほしいままに国威を――にし、朝政を乱り」〈平家・四・南都牒状〉訳(平清盛は)やりたい放題に国の権威を私物化して、朝廷の政治を乱し。

要点 漢文訓読体の文章に用いる語で、和文体では「みそか」の方を用いる。

ひそま・る【潜まる】〔自ラ四〕{ら・り・る・る・れ・れ}❶ひっそりと静かになる。

❷眠りにつく。例「心地悪しみして、物も物したばで――りぬ」〈土佐・一月九日〉訳特に気分を悪くして、何もお食べにならないで寝込んでしまった。注「たばハ、「給ぶ」ノ未然形。

ひそ・む【顰む】㊀〔自マ四〕{ま・み・む・む・め・め}❶泣き顔になる。顔をしかめる。べそをかく。例「いと悲しと見奉るに、ただ――みに――む」〈源氏・東屋〉訳(弁の尼君は薫のことを)実にかわいそうだと拝見するので、ただもう泣き顔をつくるばかりである。

❷(口もとが)ゆがむ。例「もどき、口――み聞こゆ」〈源氏・総角〉訳(老女房達は)非難し、口がゆがんで申し上げる。注悪ク言ウ様子。

㊁〔他マ下二〕{め・め・む・むる・むれ・めよ}眉にしわを寄せる。眉をひそめる。例「飲む人の顔、いと堪へがたげに眉を――め」〈徒然草・一七五〉訳(酒を無理に)飲む人の顔は、実に苦しそうに眉をひそめ。

ひそ・む【潜む】〔他マ下二〕{め・め・む・むる・むれ・めよ}隠す。表だたないように控えめにする。例「心よくかい――めたる者に、女君も思したれど」〈源氏・玉鬘〉訳(亡き夕顔の侍女だった右近を)気だてもよく控えめにする者と、女君(=紫ノ上)も思っていらっしゃるけれど。注「かい」ハ接頭語。

ひ-た【引板】〔名〕《「ひきいた」の変化した形。「ひきた」とも》田畑に近づく鳥を追うための仕掛けで、板に竹をぶらさげ綱を引くと音をたてる。鳴子。「ひきた」とも。

ひた【直】〔接頭〕《名詞などに付く》❶まっすぐ、の意を添える。「――道」など。

❷直接、じかに、の意を添える。「――面」など。

❸ひたすら、の意を添える。「――走り」など。

飛驒(ひだ)〖旧国名〗東山道八か国の一つ。現在の岐阜県北部にあたる。飛州。

ひた-おもて【直面】〔名・形動ナリ〕《「ひた」は接頭語》面と向かう様子。じかに向きあう様子。直接。例「かくてのみ事といへば、――なるべければ、出で給ふ」〈源氏・夕霧〉訳ただこのようにしてすることといえば、さし向かいでにらみあうだけであろうから、(夕霧は落葉の宮のもとを)お出になる。

ひた-おもむき【直趣】〔形動ナリ〕《「ひた」は接頭語》ひたすら一方に向かう様子。一途である。

ひた-かぶと【直兜・直冑・直甲】〔名〕《「ひた」は接頭語》全員が鎧・兜で身を固めること。例「六波羅の兵ども、――三百余騎待ち受け奉り」〈平家・一・殿下乗合〉訳六波羅の平家の武士達が、総員よろいかぶとで武装して三百数騎で(殿下を)待ち受け申し。

ひ-たき【火焚き・火焼き】〔名〕家の内外の照明や警護のためにかがり火をたくこと。また、その役。例「ここにその御――の老人、御歌に続ぎて歌ひしく」〈古事記・中・景行〉訳そこでその火焼き役の老人が、(倭建命の)歌に続けて歌ったもの。

ひたき-や【火焚き屋】〔名〕宮中で衛士が火焚きのために詰める小屋。例「――の上に降り積みたるもめづらしろをかし」〈枕草子・宮に初めて参りたるころ〉訳火焚き小屋の屋根の上に(雪がこんもりと)積もっているのも新鮮で趣がある。

ひた-ぎり【直切り・直斬り】〔名〕《「ひた」は接頭語》(「――にきる」の形で用いて)ただひたすら切ること。例「怒りて――に切り落としつ」〈徒然草・八七〉訳(泥酔した下男は)怒って(主人を)めった斬りに斬りおろした。

ひ-た・く【日闌く】〔自カ下二〕{け・け・く・くる・くれ・けよ}日が高く昇る。例「――くる程に起き給ひて」〈源氏・夕顔〉訳(夕顔と廃院で一夜を過ごした光源氏は)日が高く昇る頃にお起きになり。

ひた-さを【直さ麻】〔名〕《「ひた」「さ」は接頭語》混じり物のない麻。純粋の麻。

ひた・す【浸す・漬す】〔他サ四〕{さ・し・す・す・せ・せ}水などの中につける。例「氷水に手を――し、持て騒ぐほどに」〈枕草子・いみじう暑き昼中に〉訳(ひどく暑い日中に)氷水に手をつけたり、(氷を)手に持って騒いだりしている時に。

ひたすら〔副〕一つの物事に集中する様子。もっぱら。いちずに。すっかり。例「――世をむさぼる心のみ深く」〈徒然草・七〉訳もっぱら名誉や利益をほしがる心ばかりが深くなって(この世の深い情趣もわからなくなってゆく)。

ひたた・く〔自カ下二〕{け・け・く・くる・くれ・けよ}❶雑然としている。

例「人しげく、―・けたらむ住まひは、いと本意なかるべし」〈源氏・須磨〉訳人の出入りが多く、雑然としているような住まいは、まったく本意にかなわないであろう。
❷節度に欠ける。例「よしとて、また、あまり―・けて頼もしげなきも、いと口惜しくや」〈源氏・若菜・上〉訳善人といっても、また、あまりに節度がなく頼りがいがなさそうなのも、まったく残念なことです。

ひた-たれ【直垂】〔名〕❶衣服の一つ。角襟、くくり袖で、胸ひも・菊綴じがある。烏帽子とともに着用、同地同色の袴を着ける。庶民の服であったが、武家や公家も用いるようになった。現在、相撲の行司が着用。

ひたたれ①

❷夜具に使えるように仕立てた袷あるいは綿入れの着物。現在の「どてら」のようなもので、仕事着などにもした。例「寝むとするに、そこに綿四、五寸ばかりある―あり」〈今昔・二六・一七〉訳寝ようとすると、そこに綿の厚さが四、五寸ほどある袷ぶとんがある。

常陸【旧国名】東海道十五か国の一つ。現在の茨城県の大部分にあたる。常州。

常陸風土記【書名】奈良時代の地方誌。七一三年(和銅六)の詔によって常陸国国司から報告した公文書。養老年間末頃までの成立。本文は純漢文。地名の由来、伝承を記す。

ひた-つち【直土】〔名〕(「ひた」は接頭語)地面にじかに接していること。例「伏せ庵の曲げ庵の内に―に藁解き敷きて」〈万葉・五・八九二長歌〉訳屋根の低い小屋で、かしいだような小屋の中に、地面にじかにわらをほぐして敷いて(生活する)。

ひた-と【直と】〔副〕❶密着する様子。ぴったりと。例「―抱きつきて」〈今昔・二七・三五〉訳ぴったり抱きついて。
❷一つの物事に集中、反復する様子。ひたすら。しょっちゅう。
❸思いがけず突然な様子。ばったりと。

ひだ-の-たくみ【飛騨の匠】〔名〕飛騨国(岐阜県北部)から一年交替で京に上り、宮都の造営をはじめ朝廷関係の建築の修造にあたった木工。飛騨には古来木工の名手が多かったので、令制では調庸を免除し、総数一〇〇人の在京を義務づけたが、労働条件は厳しく、逃亡する者も少なくなかった。その技術は高く評価され、「名工」の代名詞ともなった。

ひたひ【額】〔名〕❶ひたい。例「その首の見ゆるごとに―に阿字を書きて、縁を結ばしむるわざをなんせられける」〈方丈記・飢渇〉訳(餓死者が出るのを悲しんで)死者の頭が見えるごとに額に(梵字の)「阿」字を書いて、仏との縁を結ばせ(成仏させ)てやろうとされた。
❷宮中で上級の女官が用いた頭髪のアクセサリー。金属製の髪飾り。
❸冠・烏帽子の前面の額に当たる部分。例「数多くなりゆくに、上臈も乱れて、冠の―少しくつろぎたり」〈源氏・若菜・上〉訳(蹴鞠の)回数が多くなると、高位の人々の身だしなみも乱れて、冠の額の部分が少しゆるんでいた。
❹物の突き出た部分。凸になったところ。例「あやふ草は、岸の―に生ふらむも、げにたのもしからず」〈枕草子・草は〉訳あやふ草は、川の岸辺の突き出たところに生えているとかいうのも、本当にはかなく頼りない。注「あやふ草」ハ不明。根無シ草カトイワレルガ、水草デアロウカ。
❺「額髪」の略。例「髪いと長く、―いとよくかかりて、色白くきたなげなくて」〈更級・足柄山〉訳(その遊女は)髪がたいそう長く、額髪がとても美しく垂れかかって、色が白くこぎれいで。

額に手を当つ 合わせた手を額に当てる。神仏に祈る動作、また、神仏に感謝しながら大喜びをする動作。例「―・てて喜ぶこと二つなし」〈土佐・二月六日〉訳(大阪の川に入って人々は)額に手を合わせて喜ぶことといったらまたとない。

額を合はす 密談などをするために、額と額とがくっつくほどにする。例「中納言、―・せてむかひ給へり」〈竹取・燕の子安貝〉訳中納言は、額と額とを合わせるようにして対面なさった。

ひたひ-がみ【額髪】〔名〕女性の前髪で、額から左右の頬に長く垂らしたもの。例「―もしとどに泣きぬらし、乱れかかるも知らず、面もいと赤くて、おさへてゐたるこそいとをかしけれ」〈枕草子・十八九ばかりの人の〉訳(女盛りの美人が歯をひどく痛めて)額髪もぐっしょりと泣きぬらし、乱れかかるのも気にせず、顔をひどく赤くして、おさえているのはこれはこれで実に美しい。

ひたひ-つき【額付き】〔名〕額のあたり。額の形。額髪の様子。例「硯の筥に枕して伏し給へる―、いとらうたげになまめかし」〈紫式部・宰相の君の昼寝姿〉訳(弁の宰相の君が昼寝して)硯の箱を枕にして横になっておられる額のあたりが、たいそうかわいらしくて美しい。

ひた-ぶる

【一向】〔形動ナリ〕類あながち・せち(切)(中世まで「ひたふる」か)

「ひた」は「ひたむき」や「ひた走り」などの「ひた」と同じで、ひたすらの意。

❶ひたすらする様子。一途である。例「親ののたまふことを、―・にいなび申さむことのいとほしさに」〈竹取・蓬莱の玉の枝〉訳親がおっしゃる(結婚の)話を、ただひたすらお断り申し上げることが(親に対して)お気の毒で。
❷向こう見ずな様子。乱暴な様子。例「海賊の―・ならむよりも、かの鬼しき人の追ひ来るにや」〈源氏・玉鬘〉訳海賊の乱暴なのよりも、鬼のように恐ろしいあの人が追って来るのだろうか。
❸(連用形の用法)(下に打消しを伴って)一向に。全く。例「あさましう物づつみし給ふ心にて、―・に見も入れ給はぬなりけり」〈源氏・末摘花〉訳(末摘花は)あきれるほど内気でおられる性質であって、(光源氏からの手紙に)全く見向きもなさらないのであった。

ひたぶる-ごころ【一向心】〔名〕向こう見ずな心。情け容赦のない心。例「盗人などいふ―ある者も、……この宮をば不用の物に踏み過ぎて」〈源氏・蓬生〉訳盗人などといった情け容赦のない心を持つ者も、……この宮の屋敷は盗むものがないと行き過ぎて。

ひだまひ-の-ふだ【日給の簡】〔名〕(「ひだまひ」は「日給」の訓)⇩日給の簡

ひた-みち【直路】〔名・形動ナリ〕（まっすぐな道の意から）ただ一つのことをする様子。一途（いちず）である。例「よろづのあはれを思し捨てて、━━・に出で立ち給ふ」〈源氏・賢木〉訳（六条御息所（みやすどころ）は、光源氏に対する）すべての未練をお捨てになって、ただ一途に（伊勢へ）出立なさる。

ひた-めん【直面】〔名〕（「ひた」は接頭語。能楽用語）面をつけないこと。素顔。また、素顔で演ずること。

ひた-もの【直物】〔副〕むやみに。ひたすら。やたらに。

ひた-やごもり【直屋籠り】〔形動ナリ〕（「ひた」は接頭語）❶ひたすら家に籠っている様子。例「かく世を離るる際（きは）には、心苦しきことの自（おの）づから多かりけるを、━━・にてやは」〈源氏・須磨〉訳こう世間から離れる間際には、気に掛かることが自然と多くあったから、ただ家にばかり籠ってはいられない。
❷遠慮して引き下がっている様子。例「━━・にては、え止むまじきを」〈源氏・総角〉訳（大君（おほいぎみ）は私をお嫌いのようだが）このまま黙って引き下がっていては、事をすます事ができそうもないので。

ひだり【左】〔名〕❶左。左方（さほう）。
❷左右に分かれた官位の「左」の方。

左の司（つかさ） ❶左近衛府（さこんゑふ）。例「━━に、いとよしある官人（くわんにん）多かるころなり」〈源氏・蛍〉訳左近衛府に、たいそう好ましく奥ゆかしい役人が多いこの頃です。
❷左馬寮。例「━━の御馬（まむ）、蔵人所（くらうどどころ）の鷹（たか）すゑて賜（た）はり給ふ」〈源氏・桐壺〉訳（左大臣は帝（みかど）より）左馬寮の馬と、蔵人所の鷹を（鷹架（たかほこ）に）とまらせて拝領なさる。
参考 左と右とある場合、日本では「左」が尊ばれて上位である。しかし、中国では逆で、右が上位なので注意しなければならない。

ひだり-の-うまづかさ【左の馬寮】〔名〕（「左馬寮（さまれう）」とも）⇩めれう（馬寮）

ひだり-の-うまのかみ【左の馬頭】〔名〕⇩さまのかみ（左馬頭）

ひだり-の-おとど【左の大臣】〔名〕⇩さだいじん

ひだり-の-おほいまうちぎみ【左の大臣】（…オオイモウチギミ）〔名〕⇩さだいじん

ひだり-みぎ〔名〕❶左と右と。
❷（多く「に」を伴って副詞的に用いて）あちらとこちらと。あれやこれやと。例「━━に苦しく思へど」〈源氏・空蝉〉訳（小君（こぎみ）は光源氏に責められ、空蝉（うつせみ）にしかられ）あちらでもこちらでも苦しく思うが。

ひ-だる・し〔形ク〕（中世以降の語）空腹である。ひもじい。例「術（ずち）なく━━・く候（さうら）ふままに」〈古今著聞集・偸盗〉訳（この一日、二日食べ物がなくなって）どうしようもなく空腹でございますので。

> 要点 現代語の「ひもじい」は、宮廷に仕えた女性が「ひだるし」の下を省略し「文字」を添えて、「ひ文字」と言ったのを形容詞に活用させたもの。

ひぢ【泥】（ヒジ）〔名〕どろ。泥土。例「塵（ちり）━━の数にもあらぬ我ゆゑに思ひわぶらむ妹（いも）が悲しさ」〈万葉・一五・三七二七〉訳塵や泥のように物の数にも入らない私ゆえに、思い沈んでいるであろうあの娘（こ）がいとしいことだ。

ひぢかさ-あめ【肘笠雨】（ヒジカサ…）〔名〕笠が間に合わず肘（ひぢ）を頭上にかざして、笠代わりにしなければならないほど、突然に降り出す雨。にわか雨。例「━━とか降り来て、いとあわたたしければ」〈源氏・須磨〉訳「ひぢかさあめ」とかいうにわか雨が降って来て、（人々は）とても落ち着いていられないので。

ひちりき【篳篥】〔名〕管楽器の一つ。竹製の縦笛。葦（あし）の葉を上端にはさんで吹き鳴らし、穴が表に七つ、裏に二つある。例「━━はいとかしがましく、秋の虫をいはば、くつわ虫などの心地して、うたてけぢかく聞かまほしからず」〈枕草子・笛は〉訳篳篥はとてもやかましく、秋の虫にたとえていうならば、クツワ虫（の声）などのような雰囲気であって、感じが悪くて近くで聞きたくない。

ひつ【櫃】〔名〕上方からふたをする大型の木製の箱。用途や形などさまざまである。例「源氏の五十余巻、━━に入りながら、……得て帰る心地のうれしさぞいみじきや」〈更級・物語〉訳『源氏物語』全五十数巻を、木箱に納めたまま、……頂いて帰る気分のうれしさといったらもう大変なものですよ。

ひ・つ【漬つ・沾つ】㊀〔自タ四〕（た・ち・つ・つ・て・て）**水につかる。濡（ぬ）れる。**例「袖（そで）━━・ちて掬（むす）びし水の凍れるを春立つ今日の風やとくらむ」〈古今・春上・二〉訳（去年の夏頃は）袖が濡れて手にすくった水が（冬になって）凍っていたのを、立春の日の今日の風が解かしているだろうなあ。
㊁〔自タ上二〕（ち・ち・つ・つる・つれ・ちよ）**水につかる。濡（ぬ）れる。**例「『かく袖（そで）━━・つる』など言ふこともやありけむ」〈源氏・総角〉訳「このように袖が濡れた」などという古い歌でもあったのであろうか。
㊂〔他タ下二〕（て・て・つ・つる・つれ・てよ）**水につける。濡（ぬ）らす。**例「天雲の遥（はる）かなりつる桂川（かつらがは）袖（そで）を━━・てても渡りぬるかな」〈土佐・二月十六日〉訳（土佐にいる時は）空の雲のように遥かな所にあると思っていた桂川を、今袖を濡らして渡ったことだよ。

> 参考 近世以降「ひづ」になったが、他動詞「ひたす」と同源で、本来は「ひつ」と清音である。㊁の上二段の用例は平安中期以降現れるが確かな例は少ない。

ひ・づ【秀づ】（ズヒ）〔自ダ下二〕（で・で・づ・づる・づれ・でよ）（「秀（ほ）出づ」の変化した形）稲の穂が出る。例「あしひきの山田作る子━━・ずとも縄だに延（は）へよ守（も）ると知るがね」〈万葉・一〇・二二一九〉訳山あいの田を作っている人よ、たとえ稲の穂が出なくともせめて縄だけでも張りめぐらしなさい。守っている人がいると人にわかるように。

ひ-つぎ【日嗣ぎ】〔名〕天皇の位。皇位。
日嗣ぎの御子（みこ） 皇太子。

ひつぎ【棺・柩】〔名〕（古くは「ひつき」とも）人の死体を納めて葬る木製の箱。棺（くわん）。棺桶（くわんをけ）。例「光堂（ひかりだう）は三代の━━を納め、三尊の仏を安置す」〈奥の細道・平泉〉訳光堂には三代の棺を納めており、（その上、弥陀（みだ）・観音・勢至（せいし）の）三尊の像を安置してある。

ひつぎ-の-みこ【日嗣ぎの御子】⇩「ひつぎ（日嗣ぎ）」子項目

ひつじ【未】〔名〕❶十二支の八番目。⇩じふにし
❷方角の名。南南西。例「この風、━━の方に移りゆき

て、多くの人の嘆きなせり」〈方丈記・辻風〉訳このつむじ風が、南南西の方角に移動していって、多くの人々に被害を与え嘆かせた。

❸時刻の名。午後二時および、その前後二時間。一説に、午後二時からの二時間。例「まだ――に下向(うげか)しぬべし」〈枕草子・うらやましげなるもの〉訳まだ(時刻としては)早い午後二時頃にはもう下山しているでしょう。

ひつじ-さる【未申・坤】〔名〕方向の名。南西。例「――の方(たか)のくづれたるを見入るれば、はるばるとおろしこめて」〈源氏・夕霧〉訳南西の方角の(土塀(どべい)が)崩れたところをのぞきこむと、屋敷一面に格子がおろしてあって。

ひつ-ぢゃう【必定】〔名・形動ナリ〕必ずそのようになること。決定的だ。確かだ。例「入道相国、朝家を恨み奉るべきこと――と聞えしかば」〈平家・三・法印問答〉訳入道相国(=平清盛)が、朝廷を恨み申すであろうことは確かであると申し上げたので。

備中(びっちゅう)〘旧国名〙山陽道八か国の一つ。現在の岡山県西部にあたる。古く「吉備(きび)の国」であったのを、大化改新後に都に近い方から順に備前・備中・備後と三分された。備州(びしゅう)。

ひと【人】■〔名〕❶神仏や、鬼・霊魂に対して、また動植物に対して、生物としてのヒト。人間。例「――の世となりて、須佐之男命(すさのをのみこと)よりぞ、三十文字(みそもじ)余り一文字(ひともじ)は詠みける」〈古今・仮名序〉訳(神代(かみよ)ではなく)人が統治する時代となって、須佐之男命の頃から、三十一文字(みそひともじ)の歌を詠むようになった。

❷人間一般をいう。世間の人。例「ありとある――は皆浮雲の思ひをなせり」〈方丈記・都遷り〉訳いる限りの世の人々すべての者が浮雲のような落ち着かない不安な心細い思いをしている。

❸**当事者ではない人。ほかの人。他人。**例「見苦しとて――に書かするは、うるさし」〈徒然草・三五〉訳(自分の字が下手で)見苦しいといってほかの人に(手紙などを)書かせるのは、いやみである。

❹一人前の人間。おとな。成人。例「三月(みつき)ばかりになる程に、よき程なる――に成りぬれば」〈竹取・かぐや姫の生ひ立ち〉訳(かぐや姫を育て始めて)三か月ぐらいになる頃に、ほどよい大きさの一人前の人間になったので。

❺**立派な人物。**すぐれた人。例「しかとあらぬひげかき撫(な)でて我(あれ)をおきて――はあらじと誇ろへど」〈万葉・五・八九二長歌〉訳十分にはない(貧相な)ひげを撫でて、自分をさしおいて、すぐれた人物はほかにいないだろうと自慢してはみるが。注山上憶良ノ「貧窮問答歌」ノ一節。

❻特定の人。恋人・妻・親友・知人など自明の者を直接誰と示さない時にいう。**あの人。あの方。**例「名にし負はばいざ言問(こと)はむ都鳥(みやこどり)我が思ふ――はありやなしやと」〈伊勢・九〉訳都というその名を負い持っているならば、さあ、尋ねてみよう、都鳥よ、私の恋しいあの人は都で無事にいるか否かと。

❼人の性質。性格。人柄。例「――もたちまさり、心ばせまことにゆゑありと見えぬべく」〈源氏・帚木〉訳(その女性は)人柄もすぐれており、確かに気だてが実に奥ゆかしいと見えるに違いなく。

❽身分。家柄。例「――もいやしからぬ筋に」〈源氏・夕顔〉訳家柄も卑しくない者で。

■〔代名〕(人称代名詞。対称)あなた。例「誠に――は十三、我は十五より見そめ奉り」〈平家・七・維盛都落〉訳本当にあなたは十三歳、私は十五歳の年よりお会いしはじめ申し。

人の上(うへ)人の身の上。特に、他人の身の上。うわさ。例「ものうらやみし、身の上嘆き、――言ひ」〈枕草子・にくきもの〉訳他の人のことを何かにつけて羨ましがり、自分の身の上(の不幸)を嘆き、人の身の上について(とやかく)言い(などする人は憎らしい)。

人の国(くに)❶都ではないほかの地域。地方。いなか。「ひとくに」とも。例「――よりおこせたる文(ふみ)の物なき」〈枕草子・すさまじきもの〉訳いなかからよこした手紙に特産物などの添えてないの(は興ざめである)。

❷日本ではないほかの国。外国。異国。例「――にありけむ香(か)の煙(けぶり)ぞ、いと得まほしく思(おぼ)さるる」〈源氏・総角〉訳異国(=ココデハ唐)にあったとかいう香の煙を、むしょうに手に入れたいとお思いなさる。

人の程(ほど)人に備わっている格。品格。人柄。例「――、心ばへなどは、物言ひたるけはひにこそ、物越しにも知らるれ」〈徒然草・九〉訳人柄、気だてなどは、話をしている様子で、(見なくても)物をへだてても(聞くだけで)分かるものだ。

ひと【一】〔接頭〕(名詞に付いて)❶一つの、一回の、一度の、などの意を添える。「――足」「――度(たび)」など。

❷或(あ)る、の意を表す。「――年(とせ)」「――夜」など。

❸少しの、しばらくの、などの意を表す。「――時」「――筆」「――目」など。

❹同じ、一緒の、などの意を表す。「――所」など。

❺全体、…じゅう、などの意を表す。「――京」など。

ひと-あきびと【人商人】〔名〕人身売買をする者。人買い。

ひとえ【一重・単】⇩ひとへ

ひとえに【偏に】〔副〕⇩ひとへに

ひと-おき【人置き】〔名〕遊女や奉公人を斡旋(あっせん)する業者。雇い人の周旋屋。就職するまで、宿泊させ、身元保証人などになる。

ひと-おと【人音】〔名〕人のいる音。ひとけ。例「奥のくるる戸もあきて、――もせず」〈源氏・花宴〉訳奥の回転する戸も開け放して、人のいるけはいもない。

ひと-かず【人数】〔名〕❶人の数。頭数(あたまかず)。例「世の――もさのみは多からぬにこそ」〈徒然草・一三七〉訳この世の人の数もそれほど多くはないのだろう。

❷一人前の人の数に入れられること。人並みに処遇されること。例「世にあるべき――とは思はずながら」〈紫式部・里居の物憂い心〉訳(私などは)世間に生きるべき価値のある一人前の者に数えられるとは思わないものの。

ひと-かた【一方】■〔名〕片いっぽうの人。ひとりのほう。例「人知れず思(おぼ)し嘆きて、――に罪をもえおほせ給はず」〈源氏・梅枝〉訳(内大臣は)人知れず悲しみにくれて、片いっぽうの一人だけに罪を負わせることがおできにならない。

■〔形動ナリ〕一通りである様子。並である。普通である。例「知らざりし大海(おほうみ)の原に流れ来て――にやは物は悲しき」〈源氏・須磨〉訳思いもしなかった大海原に(おはらいした人形(ひとがた)のように)漂流して来て、一通りに悲しいのであろうか(いや悲しみは並一通りではない)。注「ひとかた」ニ「人形」ト「一方」ヲ掛ケル。

ひと-がた【人形】〔名〕❶人の像。例「昔覚ゆる——をも作り」〈源氏・宿木〉訳ありし昔をしのぶ像を作り。❷祈禱の時に使うもので、紙を人の姿に切ったもの。かたしろ。例「舟にことごとしき——乗せて流すを見給ふに」〈源氏・須磨〉訳舟に(お祓いをした)大げさなかたしろを乗せて流すのをごらんになると。❸身がわりの人。例「かの——求め給ふ人に見せ奉らばや」〈源氏・東屋〉訳(大君に似た)身がわりをお捜しなさるあの方(=薫)に(浮舟を)お会わせ申したい。

ひとかた-なら・ず【一方ならず】《連語》一通りでない。なみなみでない。例「——・ず心深くおはせし御有様など、つきせず恋ひ聞こえ給ふ」〈源氏・薄雲〉訳なみなみならず慎み深くていらっしゃった(藤壺の)ご様子などを、(光源氏は)限りなくなつかしくおしのび申し上げなさる。

ひと-がち【人勝ち】〔形動ナリ〕(「がち」は接尾語)人が多い様子。例「かく——・なるにだに気色覚ゆ」〈大鏡・道長・上〉訳こんなに人が大勢いる所でさえ気味悪い感じがする。

ひと-かへり【一返り】〔名・副〕一回。一度。

ひと-がま・し【人がまし】〔形シク〕(「がまし」は、いかにもそれらしい意の接尾語)❶人並みの様子をしている。一人前らしい。例「十人並みに——・しう、当世女房に生まれつくと思へば」〈西鶴・世間胸算用・三・四〉訳(自分の娘が)まあまあ普通の人並みで、現代風の容姿の女に生まれついたと思うと。❷相当の人物である。

ひと-がら【人柄】〔名〕人の性質。人格。人となり。例「——は心美しくあてはかなることを好みて、こと人にも似ず」〈伊勢・一六〉訳(紀有常は)人柄は情愛がこまやかで上品なことを望んで、他の人とはとにかく違っていた。

ひと-ぎき【人聞き】〔名〕人々への聞こえ。世間の評判。外聞。例「昨日今日帝ののたまはむことにつかむ、——やさし」〈竹取・帝の求婚〉訳わずかに昨日や今日帝がおっしゃったばかりのことに従うのは、(今までの人々の手前)世間への聞こえが恥ずかしゅうございます。

ひと-きざみ【一刻み・一階】〔名〕❶一階級。位一つ。例「いま——の位をだにと、贈らせ給ふなりけり」〈源氏・桐壺〉訳(桐壺帝は)せめてもう一階級(上)の位だけでもと、(亡き桐壺更衣に三位の位を)お贈りになるのであった。注更衣ノ多クハ、五位相当。正四位上ノ桐壺更衣ニ、女御相当ノ従三位ヲ追贈シタ。❷第一の列。第一の階級。一級。例「その御前の御遊びなどに、——に選ばるる人々それかれと、いかにぞ」〈源氏・若菜・下〉訳帝の御前の管弦のご宴会などで、第一級に選ばれる人々の誰彼と比べて、(優劣は)どうであろうか。

ひと-きは【一際】■〔名〕❶一階級。一段階。例「いま——上がりなむに、何事も譲りてむ」〈源氏・薄雲〉訳もう一段(内大臣に)昇進したなら、(その時に政務に関する)何事も譲ってしまおう。❷いっとき。一度。例「——はいと高く鳴れど」〈大鏡・道長・上〉訳(雷は)いっときはずいぶん大きく鳴るが。❸一方。一概。例「——に思ひ定めて」〈源氏・若菜・下〉訳一概に思い込んで。■〔副〕いっそう。いちだんと。例「今——心も浮き立つものは」〈徒然草・一九〉訳(秋のよさも認めるが)さらに一段と心うきうきするものは(春の景色であるようだ)。

ひと-きゃう【一京】〔名〕都一帯。京中。例「ひとつ車にはひ乗りて、——響き続きて、いと聞きにくきまでののしりて」〈蜻蛉・上・天徳元年〉訳一台の牛車に詰め乗って、京の町中に音を響かせ続けて、ひどく聞きづらいまでに大騒ぎして。注作者ノ怒リノ言葉。夫ガ愛人ヲ乗セテ家ノ前ヲ通ッタノデアル。

ひと-くさ【一種】〔名〕(「くさ」は種類の意)一種類。例「三つの友にて、いま——や、うたてあらむ」〈源氏・末摘花〉訳(琴は、詩・酒とともに)三友であって、しかしもう一つの(酒)は、(女には)似合わないだろう。

ひと-くだり【一行】〔名〕《数詞》装束の一そろい。例「残し給へりける御装束——、御髪上の調度めくものそへたまふ」〈源氏・桐壺〉訳(桐壺更衣の母君が)形見に残された御装束一そろいに、髪を結うための道具のようなものをお添えになる。

ひと-くち【一口】〔名〕❶一度に全部、口に入れること。ひとくち。例「鬼、はや——に食ひてけり」〈伊勢・六〉訳鬼は、(女を)もはや一口に食べてしまった。❷ほんの少し飲食すること。また、その量。ひとくち。❸同様のもののように言うこと。一まとめに言うこと。

ひと-くに【人国】〔名〕「ひとのくに」に同じ。

ひと-げ【人気】〔名〕人がいるような感じ。人の気配。例「狐・梟やうの物も、——にせかれねば、所得顔に入りすみ」〈徒然草・二三五〉訳(住む人のない家には)狐や梟のようなものも、人の気配に妨げられないので、わがもの顔に入ってすみつき。

ひとげ-な・し【人気無し】〔形ク〕人間らしくない。人並みでない。人並みに扱われない。例「『ここに、草の庵やある』とおどろおどろしく言へば、『あやし。などてか——・きものはあらむ』」〈枕草子・頭の中将の〉訳「もしもし、草の庵さんはいますか」と大仰に言うので、「おかしなこと。どうしてそんな人らしくない者がいましょう」。参考次の例は外見は同じだが形容詞ではなく連語である。前項「ひとげ」に形容詞「なし」が付いたもの。例「あはれげに荒れ**ひとげなき**所なれば」〈堤中納言・花桜をる少将〉訳うら寂しく荒れて人のいそうもない所なので。

ひと-ごこち【人心地】〔名〕(人間らしい気持ちの意で)悲しみなどから立ち直った、理性的な心。正気。また、自分が世間並みだという気持ち。例「いささかも——する折あらむに」〈源氏・夕霧〉訳(今の悲しみから立ち直って)少しでも正気にもどる時があるでしょうから。

ひと-ごころ【人心】〔名〕❶人の心。人の愛情。❷正気。人心地。

ひと-ごと【人言】〔名〕他人の言うこと。世間のうわさ。例「かばかりに憂き世の——なれど」〈源氏・須磨〉訳これほどにうるさい世間のうわさであるけれど。

ひと-ごと【人事】〔名〕他人のこと。よそごと。例「これらになき——にて伝へ聞きたらむは、あやしく不思議に覚えぬべし」〈徒然草・一七五〉訳(酒を強要する習慣を)我が国にはないよそごととして伝え聞いたのだったら、きっと奇妙で不思議なことと思うに違いない。

ひと-ざま【人様】〔名〕人の外面に見える様子。人品。例「笑ひなどそぼるれば、匂ひ多く見えて、さる方にいとをかしき——なり」〈源氏・空蟬〉訳(軒端荻が)笑ったりなどしてたわむれると、(若々しい)つややかさがあふれて、その点ではたいそう美しい様子である。

ひと・し【等し・均し・斉し】〔形シク〕(「一(ひと)」を形容詞化した語か)❶(二つ以上の物事の様子が)そろっている。同じである。例「異木(こと)どもと―・しう言ふべきにもあらず」〈枕草子・木の花は〉訳(桐の木は特別で)他の木々と同列に並べて論ずべきものではない。
❷(「…とひとしく」の形で)…と同時に。…やいなや。例「暮るると―・しく参り給ひて」〈讃岐典侍・御譲位の御沙汰〉訳(外出していた大弐の三位が)日が暮れると同時に参内なさって。

ひとし-ご【等し碁】〔名〕碁で、力が同じくらいの者。

ひとし-なみ【等し並み】〔形動ナリ〕同等。同列。例「さりとも、すやつばらを、―にはし侍(はべ)りなむや」〈源氏・玉鬘〉訳そうはいっても(=愛人ハ多クテモ)、そいつらを(=身分ノ低イ女ドモ)、(私の求婚している玉鬘と)同列に扱うでしょうか、そんなことはしません。

ひと-しほ【一入】[一]〔名〕染め物で、布を一度染め汁に浸すこと。
[二]〔副〕よりいっそう。さらに一段と。ひときわ。例「常磐(ときは)なる松の緑も春来れば今―の色増さりけり」〈古今・春上・二四〉訳いつも変わることのない松の緑までも、春が来たので、今日は一段と色が濃くなったことよ。

ひと-しれ・ず【人知れず】【連語】(「知れ」は、下二段活用の動詞「知る」の未然形)人に知られない。秘密にしている。例「男も―・ず血の涙を流せど、え逢はず」〈伊勢・六九〉訳(伊勢の斎宮と別れなければならず)男もひそかに血の涙を流して悲しんだが、もう逢うことはできない。注「血の涙」ハ、痛切ナ悲シミノ表現。

ひと-すぢ【一筋】[一]〔名〕❶細長いものを数える一単位。一本。一条。
❷一つにつらなる血筋。一族。一門。
[二]〔形動ナリ〕❶一つにうちこむ様子。ひたすら。いちず。例「宮仕へとても、もとは―・に仕うまつり継がばや」〈更級・夫の死〉訳宮仕えにしても、もともとは一途にうちこんでお仕え申したい(と思っていたのだが)。
❷一通りである様子。平凡。例「古き跡は定まれるやうにはあれど、……―・にかよひてなむありける」〈源氏・梅枝〉訳古人の筆跡は筆法が決まっているようではあるけれど、……一様に似通っているなあ。

ひと-たがへ【人違へ】〔名〕人を間違えること。人違い。例「あさましく、『―にこそ侍(はべ)るめれ』といふも、息の下なり」〈源氏・帚木〉訳(光源氏に忍び込まれ、空蟬は)意外なことに驚いて、「(私の所へなど)人違いでございましょう」と言うのも、弱々しく声にはならない。

ひと-だ・つ【人だつ】〔自タ四〕(「だつ」は接尾語)大人らしくなる。成人する。例「さて―・ち給ひなば、大臣(おとど)の君も尋ね知り聞こえ給ひなむ」〈源氏・玉鬘〉訳そのように成人なさったら、内大臣様もあなたを尋ね知り申し上げなさることでしょう。

ひと-だのめ【人頼め】〔形動ナリ〕(「たのめ」は下二段動詞「頼む」の連用形)人にあてにさせておいて、実際には期待にこたえない様子。空頼みである。例「侘(わ)びぬればしひて忘れむと思へども夢といふ物ぞ―・なる」〈古今・恋二・五六九〉訳(恋しくて)つらいので、無理に忘れようと思うが、夢という物が(あって、あの人の姿を見るので、現実に会えるかと)いたずらにあてにさせる。注夢ニ現レルノハ、先方ガコチラヲ思ッテイルカラダトイウ俗信ガアッタ。

ひと-だま【人魂】〔名〕夜、空中を飛び、青白く尾を引く火の玉。昔、死人の魂が肉体から脱け出して浮遊するという俗信があった。例「この暁(あかつき)に、いみじく大きなる―の立ちて、京ざまへなむ来ぬる」〈更級・夫の死〉訳この明け方に、たいそう大きな人魂が空に現れて、京の方へ飛んでいきました。

ひと-だまひ【人給ひ】〔名〕(人々にたまわる意から)供の者が乗る牛車。例「よき所の御車、―引き続きて多く来るを」〈枕草子・よろづのことよりも〉訳貴い方のお車で、お供の車がそれに続いて何台も来るのを。

ひと-つ【一つ】[一]〔名〕❶数の一。いち。また、一歳。
❷(二つのうちの)一方。一面。例「わづかに二つの矢、師の前にて―をおろかにせんと思はんや」〈徒然草・九二〉訳わずか二本の矢(しかないのに)、師匠の前でその一つをいいかげんにしようと思おうか(思いはしない)。
❸(二つ以上のものが)同一になること。同じ時・同じ場所など。いっしょ。例「姪(めひ)どもも生まれしより―にて」〈更級・宮仕へ〉訳姪達も生まれた時からいっしょで。
❹(順序の)第一。一番目。例「よき友三つあり。―には物くるる友。二つには医師(くすし)。三つには知恵ある友」〈徒然草・一一七〉訳よい友達には三つある。第一には物をくれる友。二番目には医者。三番目には知恵のある友。
❺ただそれだけ。唯一。例「月見れば千々(ちぢ)に物こそ悲しけれ我が身―の秋にはあらねど」〈古今・秋上・一九三〉訳月を見ているとあれこれと限りなく物悲しい。自分一人だけの(ために来た)秋というわけではないのだけれど。注『百人一首』所収、大江千里ノ作。
[二]〔副〕❶十分に。かなり。ずいぶん。例「ははあ、聟殿(むこどの)には―成ると見えました」〈狂言・二人袴〉訳ははあ、聟殿はかなり飲めるとみえました。
❷ちょっと。とりあえず。

ひとつ-ご【一つ子】〔名〕❶たったひとりの子。ひとりっ子。例「―にさへありければ、いと愛(かな)しうし給ひけり」〈伊勢・八四〉訳その上ひとりっ子であったので、とても可愛がりなさった。
❷一歳の子。例「平家の子孫は、……―ふたつ子を残さず、……尋ねとって失ひてき」〈平家・一二・六代被斬〉訳平家の子孫は、……一歳児二歳児(の乳飲み子)を残さず、……捜し捕らえて殺してしまった。

ひと-づて【人伝て】〔名〕ほかの人を介して言葉を伝えたり、ほかの人から話を聞いたりすること。ことづて。例「今はただ思ひ絶えなむとばかりを―ならで言ふよしもがな」〈後拾遺・恋三〉訳今となってはただもう(あなたを)あきらめてしまおうという一言だけを、人づてでなく直接あなたに告げるてだてがあればよいがなあ。注『百人一首』所収、藤原道雅ノ作。

ひとつ-ところ【一つ所】〔名〕「ひとところ」に同じ。

ひとつ-はら【一つ腹】〔名〕同じ母から生まれたこと。また、その兄弟姉妹。

ひと-づま【人妻・他妻・他夫】〔名〕(「つま」は配偶者の意)他人の妻、または他人の夫。例「紫(むらさき)のにほへる妹(いも)を憎くあらば―ゆゑに我(あれ)恋ひめやも」〈万葉・一・二一〉訳紫草のように美しいあなたが憎いならば、(あなたが人妻と知りながら私が恋などしようか(しはしない)。

ひとつ-むすめ【一つ娘】〔名〕ひとり娘。

ひとつ-や【一つ家】〔名〕❶野中などの一軒家。❷同じ家。一軒の家。例「——に遊女も寝たり萩と月」〈奥の細道・市振〉訳（漂泊の旅人である私と）偶然同じ家に遊女も泊まっている。ちょうど庭の萩と月の取り合わせのように一見無縁に見えるが、そこにまた妙味がある。

ひと-て【一手】〔名〕❶片一方の手。片手。❷（碁・将棋などの）一回の着手。いって。例「碁(ご)を打つ人、——もいたづらにせず」〈徒然草・一八八〉訳碁を打つ人が、一手でもむだにしないようにして。❸弓を射る際の二本一組。

ひと-とき【一時】〔名〕❶しばらくの間。少しの間。例「——が目をこやして何にかはせむ」〈更級・初瀬〉訳（天皇の大嘗会の御禊を見物して）しばらくの間目を楽しませたところで何になろう(それより参詣すべきだった)。❷一日を十二等分したうちの一つ。今の二時間。例「寄り合ひ寄りのき、——ばかりぞ戦うたる」〈平家・三・泊瀬六代〉訳ぶつかり合っては退き、二時間ほど戦った。

ひと-ところ【一所】〔名〕《「ひとつところ」とも》❶同じ場所。例「所々で討たれんよりも、——でこそ討ち死にをもせめ」〈平家・九・木曽最期〉訳別々の場所で討たれるよりも、同じ場所で討ち死にをしよう。❷「一人」を尊敬していう語。おひとかた。おひとり。例「宮はただこの君——の御事を、混じることなう急い給ふ」〈源氏・少女〉訳（正月の衣装の準備など）大宮はただこの(孫)君おひとりのことを、余念もなくお急ぎになる。

ひと-とせ【一年】〔名〕❶一年間。例「日々に過ぎ行くさま、かねて思ひつるには似ず。——の中もかくの如(ご)し」〈徒然草・一八九〉訳一日一日と過ぎていくさまは、前もって予想していたのとは似ても似つかない。一年の間もこんなものだ(また一生も)。❷過去のある年。先年。例「——山門の訴訟によって流されしを」〈平家・二・大納言流罪〉訳先年、（私が）比叡山の方からの訴訟のために流罪になったのを。

ひとなみ-なみ【人並み並み】〔形動ナリ〕《「並み」を重ねて「人並み」を強めた語》一般の人と同様である。世間並みである。例「ものに立ちまじり、——・なるべき耳をも聞くべきものかはと思ひしに」〈枕草子・この草子〉訳（この草子は）他の作品にまじって、人並みの評判を聞けるようなものではないと思ったのに。

ひと-な・る【人馴る】〔自ラ下二〕{れ・れ・る・るる・るれ・れよ}❶人との交際に慣れる。人ずれする。例「男の御教へなれば、少し——・れたる事やまじらむと思ふこそ、うしろめたけれ」〈源氏・花宴〉訳男(=光源氏)の躾なので、（紫の上には）少し人ずれした所があるのではと思うと、（それが光源氏は）気にかかる。❷動物が人に慣れる。慣れつく。例「心をかしく——・れたるは、あやしう懐かしきものになむ侍る」〈源氏・若菜・下〉訳（猫は）性質がよく人に慣れているのは、妙に懐かしく思われるものです。

ひと-には【一庭】〔名〕庭一面。庭じゅう。例「——に敷かれて、泥土(でい)のわづらひなかりけり」〈徒然草・一七七〉訳（おがくずを雨上がりの）庭一面にお敷きになって、（蹴鞠の会を催すのに）ぬかるみで困ることもなかった。

ひと-の-うへ【人の上】⇨「ひと(人)」子項目

ひと-の-くに【人の国】⇨「ひと(人)」子項目

ひと-の-ほど【人の程】⇨「ひと(人)」子項目

ひと-ばしら【人柱】〔名〕建物や橋や堤防などを築く際、神の心をやわらげ、工事の成功を祈るため、生きている人を水底や地中に埋めること。また、埋められた人。

ひと-ばな・る【人離る】〔自ラ下二〕{れ・れ・る・るる・るれ・れよ}人のいる所から離れている。人気がない。例「さやうの——・れたる所は、よからぬ物なむ必ず住みつき侍(は)るを」〈源氏・手習〉訳その(=宇治ノ)ような人気がない所は、魔性のものなどが必ず住みついているものですが。

ひと-ばへ【人ばへ】〔名〕人前で調子づくこと。人前で図にのって甘えること。例「——するもの。殊(こと)なることなき人の子の、さすがに愛(かな)しうしならはしたる」〈枕草子・人ばへするもの〉訳人前で図にのって甘えるもの。格別のこともない(つまらない)子供が、それでもさすがにかわいいものとして(親に)甘やかされなれているの。

ひと-ひ【一日】〔名〕❶いちにち。例「つとめて——ありて、暮るれば参りなどするを」〈蜻蛉・上・康保元年〉訳（夫藤原兼家が）朝早く（私の家にやって来て）一日過ごし、日が暮れると参内したりするのを。❷朝から晩まで。一日中。⇨ひひとひ ❸ある日。先日。例「——、先追ひて渡る車の侍(は)りしをのぞきて」〈源氏・夕顔〉訳先日、先払いをして通る車のありましたのをのぞき見して。❹ついたち。例「今日は卯月(き)——、衣更(もが)へといふ事のあるぞかし」〈平家・四・還御〉訳今日は四月一日、衣がえということがあるのだぞ。

ひと-びと・し【人人し】〔形シク〕❶世間一般の人と同様である。人並みである。例「——・しう、敵(かた)などにすべきものの大きさにはあらねど」〈枕草子・虫は〉訳（ハエは）人間並みに扱って、相手にすべきほどの大きさではないが。❷家柄・身分などが優れている。かなりの身分の人である。例「——・しき人の、青鈍(あをにび)の指貫(さしぬき)に綿(わた)入りたる、白き衣(ぬき)どもあまた着て」〈枕草子・正月に寺にこもりたるは〉訳かなりの身分の人が、青鈍色の指貫に綿の入ったものに、白い衣服を何枚も着て。

ひとひ-まぜ【一日交ぜ】〔名〕一日おき。隔日。例「或(ある)は四五度、二三度、若(も)しは——、二三日に一度など、おほかたその余波(なごり)、三月ばかりや侍(は)りけむ」〈方丈記・大地震〉訳あるいは日に四五度、二三度、もしくは一日おき、二三日に一度などと、およそ地震の余震は、三か月ほど続いたであろうか。

ひと-ふし【一節】〔名〕❶部分的なある一点。一つの目だつ点。例「このごろの歌は、——をかしく言ひかなへたりと見ゆるはあれど、……ことばの外(ほか)に、あはれに、気色(けしき)覚ゆるはなし」〈徒然草・一四〉訳最近の和歌は、ある一点味のある表現をしていると思われるのはあるが、……言外に、しみじみと、余情の感じられるのはない。❷一つの事件。一つの折。例「かの——の別れより……心乱り給ふばかりのことあらじとなむ」〈源氏・若菜・下〉訳あの(須磨退去の)一件の別れ以外には……(あなたの)心が乱れなさるほどのことはなかっただろうと思います。注光源氏ガ紫ノ上ニ語ル言葉。

ひと-ふで【一筆】〔名〕❶ちょっと書きつけること。一筆(ぴつ)。例「この雪いかが見ると、——のたまはせぬほどの、ひがひがしからむ人の仰せらるること、聞き入るべきかは」〈徒然草・三一〉訳この雪をどのような気持ちで見ますかと、(手紙で)一言もおっしゃらない程の、情趣を解さないような人のおっしゃることなど、聞き入れることなどできましょうか。

❷筆を途中で離さずに、続け書きにすること。一息に書くこと。

ひと‐へ【一重・単】エ〔名〕❶重なっていない、一枚だけのもの。

❷花びらの重なっていないもの。単弁。例「山吹の花びらただ―を包ませ給へり」〈枕草子・殿などのおはしまさで後〉訳(中宮様からのお手紙には)山吹の花びらただ一枚だけをお包みになっている。

❸「ひとへぎぬ(単衣)」の略。

ひとへ‐がさね【単襲】ヒトエ〔名〕上着の下に「単衣(ひとえぎぬ)」を二枚重ねて着るもの。女房の夏の盛装。

ひとへ‐ぎぬ【単衣】ヒトエ〔名〕平安時代、装束の一番下に着た、裏地のついてない衣。男女共に着用した。略して「ひとへ」とも。

ひとへ‐に【偏に】ヒトエ〔副〕まったく。ひたすら。もっぱら。例「猛(たけ)き者もつひには滅びぬ、―風の前の塵(ちり)に同じ」〈平家・一・祇園精舎〉訳(権力の)勢いの盛んな強い者も最後には滅びてしまう、まったく風の前の塵と同じだ。

ひと‐ま【一間】〔名〕❶建物・橋などの柱と柱の間。また、その長さ。一間(いっけん)。例「勢多(せた)の橋を―ばかりこぼちて」〈更級・竹芝寺〉訳勢多の橋を柱と柱の間一つほど壊して。

❷四面が、柱と柱の間一つしかない小部屋。転じて、一部屋・一室。例「さびしき住まひ、―の庵(いほ)、みづからこれを愛す」〈方丈記・閑居の気味〉訳寂しいこの住まい、一部屋だけの庵、自分でこれが気にいっている。

❸障子などの桟(さん)と桟の間一つ。例「なほ―づつ張られけるを」〈徒然草・一八四〉訳やはり(障子の破れたところだけ)一くぎりずつお張りになっているので。

ひと‐ま【人間】〔名〕❶人の見ていない間。人気(ひとけ)のない時。例「ともすれば―には月を見ては、いみじく泣き給ふ」〈竹取・かぐや姫の昇天〉訳(かぐや姫は)どうかすると人の見ていない間にも月を見ては、たいそう泣いておられる。

❷人の訪れの間(ま)があくこと。

ひと‐むら【一叢・一群】〔名〕ひとまとまり。ひとかたまり。

ひと‐め【一目】〔名〕❶ちょっと見ること。一度ぱっと見ること。

❷目全体。目いっぱい。例「女君、涙を―浮けて見おこせ給へる」〈源氏・須磨〉訳女君(=紫ノ上)が、涙を目にいっぱい浮かべてこちらをじっと見つめられた様子は。

ひと‐め【人目】〔名〕❶人の見る目。世間の目。

❷人が出入りすること。人のゆきき。例「山里は冬ぞさびしさまさりける―も草もかれぬと思へば」〈古今・冬・三一五〉訳山里は特に冬がよけいに寂しさの増す季節だ。人の行き来も途絶え、草も枯れてしまったなあと思うと。注『百人一首』所収、源宗于(むねゆき)ノ作。「かれぬ」ハ人目ガ「離(か)れぬ」ト草ガ「枯れぬ」トヲ掛ケル。

人目守(も)・る 人の目をはばかる。例「心無き雨にもあるか―・り乏(とも)しき妹(いも)に今日だにあはむを」〈万葉・一二・三一二二〉訳薄情な雨だなあ。人目をはばかってたまにしかあえないあの子に今日だけでもあいたいのに。

人目を謀(かは)・る 見つからないように、他人の目をうかがう。人の目を盗む。例「―・りて捨てんとし」〈徒然草・一七五〉訳(飲めない酒を)人目を盗んで捨てようとし。

ひと‐めか・し【人めかし】〔形シク〕(動詞「人めく」を形容詞化した形)❶一人前である。立派な人に見える。例「中の宮をなむ、いかで―・しくも扱ひなし奉らむ」〈源氏・総角〉訳(妹君の)中の宮を、何とかして一人前の生活をするように取り計らってあげよう。

❷俗世間の人のようである。例「入道の宮も、この世の―・しき方はかけ離れ給ひぬれば」〈源氏・横笛〉訳出家した(女三の)宮も、この世の俗人のような生活からはお離れになってしまわれたので。

ひと‐めか・す【人めかす】〔他サ四〕(さ・し・す・す・せ・せ)(「人めく」の他動詞形)一人前の人間として扱う。人並みに扱う。例「かの大臣(おとど)も―・い給ふなめり」〈源氏・藤袴〉訳あの内大臣も(玉鬘(たまかずら)を)一人前の人間として扱いなさっているように見える。

ひと‐め・く【人めく】〔自カ四〕(か・き・く・く・け・け)(「めく」は接尾語)一人前の人間らしく見える。人並みである。例「花の名は―・きて」〈源氏・夕顔〉訳(夕顔という)花の名前は一人前の人間の(名前の)ようであって。

ひとめ‐を‐はか・る【人目を謀る】⇒「ひとめ(人目)」子項目

ひと‐もの【一物】〔副〕(容器に)いっぱい。一面に。例「大きなる壺(つぼ)のありけるに、水を―入れて」〈今昔・二八・三一〉訳大きな壺があったのでそこに、水をいっぱい入れて。

ひと‐やう【一様】ウヨ〔形動ナリ〕同じようである。同様。例「すくよかに言ひ出でたるしわざも、女しき所なかめるぞ―・なめる」〈源氏・蛍〉訳(『宇津保物語』の「あて宮」が)そっけなく言葉に出した返事も、女らしい点がないようなのは(よくないことでは、前述のあさはかな女と)同様であるように思える。

ひと‐やり【人遣り】〔名〕自分の意志からではなく、他から強制されてすること。例「―の道ならなくにおほかたは行き憂しと言ひていざ帰りなむ」〈古今・離別・三八八〉訳人に強いられた旅路でもないのだから、よく考えた結果として、行きたくないと言って、さあ帰ってしまおう。

ひとやり‐なら‐ず【人遣りならず】〔連語〕他から強制されてではなく、自分の意志でする。例「―・ず心づくしに思(おぼ)し乱るる事どもありて」〈源氏・夕顔〉訳自分のせいであれこれとお思い乱れになる事などがあったので。

ひと‐よ【一夜】〔名〕❶一晩。一夜(いちや)。例「飽(あ)かず、惜(を)しと思はば、千年(ちとせ)を過ぐすとも、―の夢の心地こそせめ」〈徒然草・七〉訳(いくら生きても)満足せず、(死ぬのが)心残りだと思うなら、たとえ千年を過ごしても、一夜の夢の(ように短い)気がすることだろう。例「春の野にすみれ摘みにと来(こ)し我そ野をなつかしみ―寝にける」〈万葉・八・一四二四〉訳春の野にすみれを摘もうと来た私は、野が去り難くて、一晩寝てしまった。

❷(多く「よひとよ(夜一夜)」の形で用いられ)一晩中。夜どおし。例「夜―風吹き荒るるに」〈源氏・若紫〉訳一晩中風が吹き荒れているので。

❸ある夜。先夜。例「―の事や言はむと、心ときめきしつれど」〈枕草子・大進生昌が家に〉訳先夜の事を言ってや

ろうかと、心が騒いだけれど。

ひとり【一人・独り】〔名〕《「一(ひと)」に人数を表す接尾語「たり」が付いたもの》❶一人。単独。また、そのものだけ。❷配偶者のいないこと。独身。例「――のみもあらざりけらし」〈伊勢・一六〉訳(女は)独身でいたわけではなかった(=夫ガイタ)らしい。

ひ-とり【火取り】〔名〕香炉の一種。香をたくために火を入れるもの。外側を木、内側を陶器や銅で作り、上を銅のかごでおおってある。

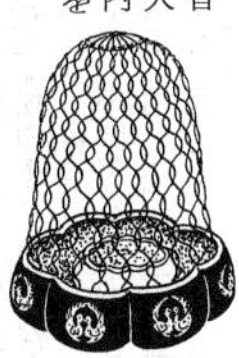

ひとり

ひとり-ご・つ【独りごつ】〔自タ四〕{た・ち・つ・つ・て・て}《「ひとりごと」を動詞に活用させた語》ひとりごとを言う。つぶやく。例「『明け侍(べ)りぬなり』と――・つを」〈枕草子・大納言殿参り給ひて〉訳「(夜が)明けたようでございます」とひとりごとを言うのを。

ひとり-ずみ【独り住み】〔名〕ひとりだけで生活すること。ひとりずまい。ひとり暮らし。例「かぐや姫のみ御心(みこころ)にかかりて、ただ――し給ふ」〈竹取・帝の求婚〉訳(帝(みかど)は)かぐや姫のことばかり思われて、(夫人達の所にも通わず)ただ一人で暮らしておられた。

ひとり-ひとり【一人一人】〔名〕《「ひとりびとり」とも》どちらか一人。どちらか片一方。例「――罪なき時には、おのづからもてなす例(ため)しどもあるべかめり」〈源氏・若菜・上〉訳どちらかひとりが正しい場合には、自然に(二人は)仲直りをする例などがあるようです。

ひとり-ぶし【独り臥し】〔名〕ひとり寝。

ひとり-ゑみ【一人笑み】ミ:エ〔名〕ひとり笑いすること。

ひと-わたり【一渉り】〔名・副〕一通り。一回。一度。

ひと-わらはれ【人笑はれ】ワラ:ワレ〔名・形動ナリ〕人に笑われるようなみっともない様子。物笑い。「ひとわらへ」とも。例「さすがに――・ならじと念ずる、いと苦しげなり」〈枕草子・苦しげなるもの〉訳(ききめの現れない験者(げんざ)が)やはり人に笑われることにはなるまいと(一心に)祈っているのは、何とも苦しそうである。

ひと-わらへ【人笑へ】ワ:ラエ〔名・形動ナリ〕⇩ひとわらはれ 例「よその人聞きも――・にならむことと思す」〈源氏・葵〉訳(伊勢に下ることは)他人のうわさでも物笑いになるだろうと(六条御息所(みやすどころ)は)お思いになる。

ひと-わろ・し【人悪し】〔形ク〕

類 はづかし

> 他人が見てよくない、の意。「はづかし」に比べ、体裁や外聞に重点がある。

《人が見てよくない意》体裁が悪い。**外聞が悪い**。きまりが悪い。例「心をさめむ方なきに、いとど――・うかたくななり果つるも」〈源氏・桐壺〉訳(帝はこのように桐壺更衣(きりつぼのこうい)に先立たれて)心を静める方法もないので、ますます外聞が悪く偏屈になってしまったにつけても。

ひな【鄙】〔名〕いなか。都から遠く離れた、開けていないところ。例「天離(あまざか)る――に五年(いつとせ)住まひつつ都の手振り忘らえにけり」〈万葉・五・八八〇〉訳遠い田舎に五年も住んでいて、(奈良の)都の習わしをすっかり忘れてしまったよ。

鄙離(かさか)・る 遠いいなかにある。辺鄙(へんぴ)である。例「我が思ふ君は大君のまけのまにまに――・る国治めにと」〈万葉・一三・三二九一長歌〉訳私の慕うあなたは、大君の任命に従って、遠いいなかの国を治めにと。

ひな【雛】〔名〕❶ひよこ。❷ひな人形。⇩ひひな 例「草の戸も住み替はる代(よ)ぞ――の家」〈奥の細道・出発まで〉訳今までわび住まいだったこの粗末な草庵も主人の入れ替わる時となった。(今後は娘のある家族が住むようになり)ひな人形が飾られる華やかな家になるであろう。

ひな-くもり【ひな曇り】〔名〕日が曇って浅い日ざし(=薄日(ウスヒ))の意で、地名「碓氷(うすひ)」にかかる。

ひな-さか・る【鄙離る】⇩「ひな(鄙)」子項目

び-な・し【便無し】〔形ク〕《「びんなし」の「ん」を表記しない形》⇩びんなし

ひな・ぶ【鄙ぶ】〔自バ上二〕{び・び・ぶ・ぶる・ぶれ・びよ}《「ぶ」は接尾語》

> 「ひな」(=田舎)に、そのような状態になる意の接尾語「ぶ」が付いてできた語。いなかじみる、いなか風である、の意。対義語は「みや(雅)ぶ」。

動作・言葉などが**いなか風である**。ひなびる。例「山がつめきて生(お)ひ出(い)でたれば、――・びたる事多からむ」〈源氏・玉鬘〉訳(玉鬘(たまかずら)は)賤(いや)しい山里に住む者のようにして成長したので、田舎じみている所が多いだろう。

ひな-ぶり【鄙振り・夷曲】〔名〕❶上代の歌曲の一種。いなか風の節まわしか。あるいは、歌詞によって名づけたものとも。❷(和歌に対して)狂歌。

ひな-べ【鄙辺】〔名〕いなか。地方。

ひ-にく【皮肉】〔名〕❶皮と肉。❷遠まわしで、意地の悪い言葉。あてこすり。近世の末頃からの用法。

ひに-けに【日に異に】〔副〕日増しに。日ごとに。例「秋風は――吹きぬ高円(たかまと)の野辺の秋萩(あきはぎ)散らまく惜しも」〈万葉・一〇・二一二一〉訳秋風は日増しに(強く)吹くようになった。高円山の野辺の秋萩が散るのが惜しいことだ。

ひ-に-そへ-て【日に添へて】ソ:エテ《連語》日増しに。日に日に。日がたつにつれて。例「ただ――弱り給ふさまにのみ見ゆれば」〈源氏・若菜・下〉訳(紫の上は病気でいらっしゃるようにもはっきりとは見えず)ただ日増しに弱っていく一方のご様子に見えるので。

ひ-にん【非人】〔名〕❶《仏教語》人間のような姿をした、人間でないもの。天竜・夜叉(やしゃ)・悪鬼などをいう。❷窮民。乞食(こじき)。例「薦(こも)かぶりて、――あまた臥(ふ)しけるが」〈西鶴・日本永代蔵・二・三〉訳(寺の門前に)薦をかぶって、乞食がおおぜい寝ていたが。❸出家をして世を捨てた人。世捨て人。遁世者(とんせいしゃ)。❹江戸時代、士・農・工・商の階層の外に置かれて差別され、人別帳から除かれた者。

ひ-ねずみ【火鼠】〔名〕古代中国の想像上の動物。南海の火山に住み、その毛で作った布は火に燃えないという。例「――の皮衣(かはぎぬ)、この国になき物なり。音には聞けども、いまだ見ぬなり」〈竹取・火鼠の皮衣〉訳火鼠の皮衣は、この国(=唐)にはない物です。うわさには聞いていますが、まだ見たことがありません。

火鼠の皮衣（かはぎぬ）（「ひねずみのかはごろも」とも）火鼠の毛皮で作った燃えない衣服。実際は、石綿と植物で織った「火浣布（くわんぷ）」のことという。例「唐土（もろこし）にある―を給へ」〈竹取・貴公子たちの求婚〉訳中国にある火鼠の皮衣をください。

ひねもす【終日】〔副〕（「ひめもす」とも。多く「ひねもすに」の形で）**一日中。朝から晩まで。** 例「―に波風立たず」〈土佐・二月四日〉訳一日中（海は）波も風も立たない。例「春の海―のたりのたりかな」〈蕪村〉訳遠くには霞もたなびく穏やかな春の海。波も一日中、のどかにノタリノタリと、ゆるやかなうねりを続けている。

ひねり【捻り・拈り・撚り】〔名〕（「ひねる」の連用形の名詞化）❶ひねること。ねじること。❷賽銭（さいせん）や祝儀（しゅうぎ）を紙に包んでひねったもの。おひねり。❸「ひねりぶみ」の略。❹相撲（すもう）のわざの一つ。相手の体をねじり倒すわざ。

ひねり②

ひね・る【捻る・拈る・撚る】〔他ラ四〕（ら・り・る・る・れ・れ）❶指先でつまんで、横に回す。ひねる。例「乳（ち）を―・り給へりければ、御顔にさと走りかかるものか」〈大鏡・兼家〉訳乳房をひねられたところ、お顔にさっとほとばしりかかったではないか。❷身体などに横向きの力を加える。ひねる。例「外様（とざま）に―・り向きて」〈枕草子・松の木立高き所の〉訳（僧が）外向きに身をひねって。❸苦心して作る。また、苦心して趣向をこらす。例「からくしてあやしき歌―・り出（い）だせり」〈土佐・二月七日〉訳（都が近くなったうれしさからでもあろうか）やっとのことで変な歌を苦心して作り出した。

ひ-の-え【丙】〔名〕（「火の兄（え）」の意）十干（じっかん）の三番目。音は「へい」。⇩じっかん

ひのえ-うま【丙午】〔名〕十干（じっかん）と十二支とを組み合わせた干支（えと）の四十三番目。この年には火事が多発し、また、この年に生まれた女は夫を、男は妻を、食い殺すという俗信があった。後には女についてだけ言われた。

ひ-の-おまし【昼の御座】〔名〕清涼殿の中の、天皇の昼間の居所。昼の御座所（ござしょ）。「ひのござ」とも。例「―のかたには、御膳（おもの）参る足音高し」〈枕草子・清涼殿の〉訳昼の御座所の方では、天皇のお食事を運ぶ足音がにぎやかだ。

ひのき-がさ【檜笠】〔名〕ヒノキを薄く削った板を編んで作ったかぶり笠。

ひ-の-ござ【昼の御座】〔名〕⇩ひのおまし

ひ-の-さうぞく【昼の装束】〔名〕（昼間の正式な服装の意）束帯（そくたい）をつけた礼装。「宿直（とのゐ）装束」に対していう。「ひのよそひ」とも。

ひ-のし【火熨斗】〔名〕布のしわをのばすための道具。柄のついた底の平らな容器で中に炭火を入れる。現在のアイロン。

ひのし

ひ-の-たて【日の経】〔連語〕東。東方。また、東西。対日の緯（よこ）

ひ-の-と【丁】〔名〕（「火の弟（と）」の意）十干（じっかん）の四番目。音は「てい」。⇩じっかん

ひ-の-みこ【日の御子】〔名〕（天照大御神（あまてらすおおみかみ）の子孫の意）天皇、また皇子の敬称。例「やすみしし我ご大王（おほきみ）高照らす―神ながら神さびせすと」〈万葉・一・四五長歌〉訳我々の大王である、天照大御神の皇子（=軽皇子（カルノミコ））は、神であるままに神として行動なさるといって。注「やすみしし」ハ「我ご大王」ノ、「高照らす」ハ「日」ノ枕詞。

ひ-の-もと【日の本】〔名〕（日の出る本（もと）の国の意）日本。「日の本の国」とも。例「絵のさまも、唐土（もろこし）と―のとを取り並べて」〈源氏・絵合〉訳絵の様子も、中国のものと日本のものとを両方並べそろえてあって。

ひのもと-の-くに【日の本の国】〔名〕太陽の出るもとにある国。日本国の美称。

ひ-の-よこ【日の緯】〔連語〕西。西方。また、南北。対日の経（たて）。例「畝火（うねび）のこの瑞山（みづやま）は―の大御門（おほみかど）に瑞山と山さびいます」〈万葉・一・五二長歌〉訳畝傍（=奈良県橿原（カシハラ）市ノ山）のこのみずみずしい山は西方の御門にみずみずしい山として実に立派に山らしく立っておられる。

ひ-の-よそひ【昼の装ひ】〔名〕⇩ひのさうぞく

びは【琵琶】〔名〕（「びはのこと（琴）」とも）弦楽器の一種。ナスの形をした平たい胴で、四弦または五弦。撥（ばち）でひく。古代ペルシャを起源とするといわれ、日本には、奈良時代に中国を経てもたらされた。その後改良されて、平家琵琶・薩摩（さつま）琵琶・筑前（ちくぜん）琵琶などの種類に分かれている。

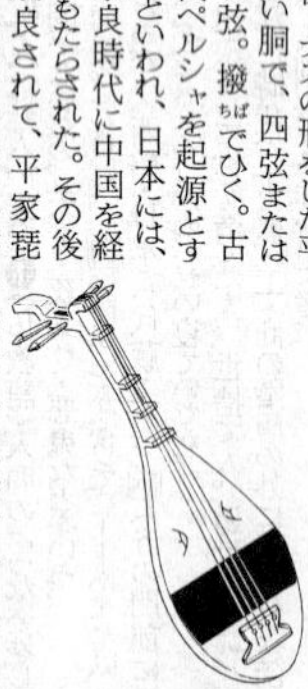

びは

ひ-はう【誹謗】〔名・他サ変〕（「ひばう」とも）悪く言うこと。そしること。例「命長くて見ましかば、いかばかりそしり―・せまし」〈枕草子・説教の講師は〉訳（昔の人が長生きして（今の聴衆の様を）見たならば、どれほどけなし悪口を言うだろうに。

ひ-はだ【檜皮】〔名〕❶ヒノキの皮。屋根を葺（ふ）く材料に用いる。❷「檜皮色（いろ）」の略。❸「檜皮葺（ぶ）き」の略。

ひはだ-いろ【檜皮色】〔名〕染色の名。蘇芳（すおう）（=赤紫色）の、黒みがかった色。

ひはだ-ぶき【檜皮葺き】〔名〕檜皮（=ヒノキノ樹皮）で葺（ふ）くこと。また、その屋根。例「雪は、―、いとめでたし。少し消えがたになりたるほど」〈枕草子・雪は〉訳雪は、檜皮葺きの（屋根に降ったの）が、たいそう美しい。少し消えかけた状態になった頃（が最もよい）。

ひはだ-や【檜皮屋】〔名〕ヒノキの樹皮で屋根を葺（ふ）いた家屋。檜皮葺（ひわだぶ）きの家。

ひは-づ【繊弱】〔形動ナリ〕（「ひは」は「ひはやか」の「ひは」に同じ）か細く弱々しい様子。ひよわである。例「いときさやかなる人の、常の御悩みにやせ衰へ、―・にて」〈源氏・真木柱〉訳（鬚黒（ひげくろ）の北の方は）大変小柄な人で、平素のご病気のためにやせ衰えて、弱々しいようすで。

びは-ほふし【琵琶法師】〔名〕琵琶を弾きながら物語を語る盲目の法師。鎌倉時代以後、もっぱら『平家物語』を語るようになった。

びはほふし

ひ-ばら【檜原】〔名〕ヒノキが一面に生い茂っている原。

ひびか・す【響かす】〔他サ四〕《「響く」の他動詞形》❶（大きな音や声で）反響させる。ひびかせる。例「をめき叫ぶ声、山を—・し」〈平家・九・坂落〉訳（源平両軍の兵士の）わめき叫ぶ声は、山を反響させ。❷大きな反響をひき起こす。とどろかす。評判をとる。例「琴笛の音にも雲居を—・し」〈源氏・桐壺〉訳（光源氏は）琴や笛の演奏でも（巧みで）宮中にその名をとどろかし。

ひびき【響き】〔名〕《動詞「響く」の連用形の名詞化》❶震動して伝わる音や声。音響。ひびき。例「松の—木深く聞こえて」〈源氏・夕顔〉訳（夜は）松の枝が風に鳴る音が林が奥深い感じに聞こえて。❷世間の噂。世評。評判。例「さばかりの御勢ひなれば、渡り給ふ儀式など、いと—ことなり」〈源氏・若菜・上〉訳（玉鬘は）たいそう盛んなご威勢なので、（六条院へ）いらっしゃる装いなども、とても評判が格別である。

ひび・く【響く】〔自カ四〕❶音や声が伝わる。鳴り響く。反響する。例「弓は強し、浦—・くほど長鳴りして」〈平家・一一・那須与一〉訳弓は強力な弓で、浦に反響するほどに（弦の音が）長く鳴り響いて。❷噂・評判となって知れわたる。広く知られる。例「世に—・きたる御有様のはなやかさに」〈源氏・宿木〉訳世間に知れ渡っているご様子の華やかさに比較し。

び-び・し【美美し】〔形シク〕美しい。華やかである。立派である。例「いみじう—・しうて、をかしき君たちも、随身なきはいとしらじらし」〈枕草子・をのこは〉訳大変華やかで、すばらしい貴公子達も、随身を連れていないのは何とも興ざめである。

ひ-ひとひ【日一日】〔副〕一日中。朝から晩まで。例「—下に居暮らして参りたれば」〈枕草子・頭の中将の〉訳一日中自分の局にいて（夜）中宮のお側に上がると。

ひひとひ-よひとよ【日一日夜一夜】《連語》終日終夜。例「—、とかく遊ぶやうにて明けにけり」〈土佐・十二月二十五日〉訳終日終夜、なにかと遊宴のようなことで夜が明けてしまった。

ひ-ひな【雛】〔名〕紙などで作った人形。のち、特に、ひな祭りの人形を指すようになった。ひな人形。例「いとうつくしげに、—のやうなる御有様」〈源氏・藤裏葉〉訳（明石の姫君が）たいそうかわいらしく、ひな人形のようなご様子なのを。

ひひな-あそび【雛遊び】〔名〕ひな人形に着物を着せたり、供え物を飾って遊ぶこと。平安時代から貴族の子女の遊びとして行われ、江戸時代には、三月三日のひな祭りの行事として固定するようになった。

ひひな-ぎぬ【雛衣】〔名〕人形に着せる衣服。

ひひ-め・く〔自カ四〕《「ひひ」は擬声語。「めく」は接尾語》ぴいぴいと声を立てて鳴く。例「鵺、鏑の音に驚いて、虚空にしばし—・いたり」〈平家・四・鵺〉訳鵺は、鏑矢の飛ぶ音に驚いて、大空でしばらくぴいぴい鳴いていた。

ひ-ふ【被皮・被風】〔名〕江戸時代末期、僧・医師・俳人などが着物の上に着た防寒着。前を深く重ね襟元をひもでとめる。

ひ-ほふ【秘法】〔名〕《仏教語》密教で行う秘密のまじないや祈り。

ひぼろき【神籬】〔名〕⇒ひもろき

ひま【隙・暇】〔名〕❶**物と物との間のすきま。**例「押さふる袖の—よりも、あまりて涙ぞこぼれける」〈平家・一・祇王〉訳（祇王は）顔を押さえている袖の間からも、くやし涙があふれてこぼれた。❷心のへだたり。仲たがい。不和。例「うはべはいとよき御仲の、昔より、さすがに—ありける」〈源氏・常夏〉訳（光源氏は内大臣と）うわべはよい仲のようであるが、昔から、やはり心のへだたりがあった。❸**時間的なあいだ。絶え間。**例「少し御声もしづまり給へれば、—おはするにやとて」〈源氏・葵〉訳少し（葵の上の）声が静かになられたので、（いくらか）苦しみの絶え間がおありになるのだろうかと思って。❹時間。時間のゆとり。例「説経習ふべき—なくて、年よりにけり」〈徒然草・一八八〉訳（肝心な）説経（＝仏教ノ教理ヲ説イテ聞カセルコト）を習うべき時間がなくなって、年をとってしまった。注説経師ヲ志シタ僧ノ失敗談。❺休暇。また、主従や夫婦の縁を切ること。

ひ-まぜ【日交ぜ】〔名〕一日おき。隔日。

ひま-な・し【暇なし】《連語》❶すきまがない。例「出で入る車の轅も—・く見え」〈枕草子・すさまじきもの〉訳（お屋敷に）出入りする訪問客の牛車の轅もすきまなく見え（るほどに並んで）。❷絶え間がない。ひっきりなしである。例「殿より使ひ—・く賜はせて、『子安の貝取りたるか』と問はせ給ふ」〈竹取・燕の子安貝〉訳御殿から使者をひっきりなしにお遣わしになって、「（燕の）子安貝を手に入れたか」とお尋ねなさる。❸心のすきがない。油断がない。例「互ひに恥ぢかはし、いささかの—・く用意したりと思ふが、つひに見えぬこそ難けれ」〈枕草子・ありがたきもの〉訳お互いに気をつかって、少しのすきもなく気を配っていると思う人が、最後まで（欠点を）見せないのはめったにないものだ。

ひま-ひま【隙隙】〔名〕物と物とのすきま。また、用事のあいまあいま。

ひ-みづ【氷水】〔名〕氷を入れた水。または氷をとかした水。例「—に手をひたし、持て騒ぐほどに」〈枕草子・いみじう暑き昼中に〉訳（あまりの暑さに）氷水に手をひたしたり、（氷を）持って大騒ぎしたりしている時に。

ひ・む【秘む】〔他マ下二〕他人の目に触れないように隠す。秘密にする。秘す。例「片端をだに見えずいといたう—・めさせ給ふ」〈源氏・絵合〉訳（絵合わせの様子は）ほんの片端さえものぞくことが出来ない。とてもとても秘密になさっておられる。

ひむかし【東】〔名〕⇒ひがし

ひむがし-おもて【東面】〔名〕東の方。東側。

ひ-むろ【氷室】〔名〕冬の氷を夏までたくわえておくために造った室（＝山カゲノ穴グラ）。宮廷に献上するためのものとしては、山城(やましろ)(＝京都府)・大和(やまと)(＝奈良県)・丹波(たんば)(＝京都府ト兵庫県ノ各一部)などに造られた。(季・夏)

ひめ【姫・媛】㊀〔名〕❶女性の美称。例「――が事こそ心苦しけれども」〈平家・三・僧都死去〉訳(自分が死んでしまうと)娘の事が(一番)心配ではあるけれども。対ひこ
❷高貴な人の娘。
㊁〔接頭〕小さく、かわいらしい、の意を添える。「――瓜(うり)」「――松」など。

ひめ-ぎみ【姫君】〔名〕高貴な人の娘に対する敬称。お姫様。例「蝶(ふて)めづる――の住み給ふかたはらに」〈堤中納言・虫めづる姫君〉訳蝶をかわいがるお姫様が住んでおられるその隣に。

ひめ-ごぜ【姫御前】〔名〕(「ひめごぜん」の変化した形)❶高貴な人の娘に対する敬称。姫君。
❷未婚の若い女性に対する敬称。例「高いも低いも――は大事のもの」〈近松・丹波与作待夜の小室節・上〉訳身分の高い低いにかかわらず嫁入り前の娘は大事なもの(悪い噂(うわさ)がたってはいけない)。

ひめ-まつ【姫松】〔名〕小さい松。また、松の美称。姫小松。例「我見ても久しくなりぬ住吉(すみよし)の岸の――幾代(いくよ)経ぬらむ」〈伊勢・一一七〉訳私が見始めてからでもずいぶん時がたった。この住吉の岸の見事な松はいったいどのくらいの年代を経てきたのだろう。

ひめ-みこ【姫御子】〔名〕《上代語》皇女。内親王。

ひめ-みや【姫宮】〔名〕《上代は「ひめみこ」》皇女。内親王。例「――のいと美しげにて」〈源氏・若菜・上〉訳女三の宮がたいそうかわいらしい様子で。

ひめもす【終日】〔副〕⇩ひねもす

ひ-も【氷面】〔名〕池などの、氷の張った面。和歌で、「紐(ひも)」の掛詞として用いる。例「あしひきの山井の水はこほれるをいかなる――のとくるなるらむ」〈枕草子・宮の五節いださせ給ふに〉訳山の泉の水は凍っていたのに、どうしてその氷の面が解けるのでしょう。あなたの心は固いのに、どうして紐は解けるの、心がほどけたのかしら。

ひ-も-すがら【日もすがら・終日】〔副〕一日中。朝から晩まで。例「古庭に鶯(うぐひす)鳴きぬ――」〈蕪村〉訳古庭にウグイスが鳴いているよ、一日中。

ひも-と・く【紐解く・繙く】㊀《連語》「下紐(したびも)」を解く。例「筑紫なるにほふ児ゆゑに陸奥(みちのく)の香取娘子(かとりをとめ)の結(ゆ)ひし――・く」〈万葉・一四・三四二七〉訳筑紫の美しい娘のために、陸奥の香取の娘が結んだ下紐を解く。
㊁〔自カ四〕〔か・き・く・く・け・け〕つぼみがほころぶ。例「百草(ももくさ)の花の――・く秋の野に思ひたはれむ人なとがめそ」〈古今・秋上・二四六〉訳いろいろな花の咲く秋の野に、心を寄せてたわむれ遊ぼう。誰も気にかけないでくれ。
㊂〔他カ四〕〔か・き・く・く・け・け〕書物を開いて読む。

> 要点 ㊀は、上代、愛し合う男女が逢(あ)った時、互いに下紐を解き、別れる時結び合って次に逢う時までの愛の印としたことから、男女が親しむ意を表した。また、一人でいる時に下紐が自然に解けるのは誰かに想(おも)われているからだと考えられた。㊁は、つぼみをしばった紐を解く意から、㊂は、巻物をくくった紐を解くことからいう。

ひものを-の【紐の緒の】(ヒモノ・オ-)《枕詞》❶(ひものはしを組み入れて結ぶ意から)「心に入り」にかかる。
❷(結んだひもが切れない意から)「いつがり合ひ」にかかる。

ひもろき【神籬】〔名〕《のちには「ひもろぎ」》上代、神を祭る時、清浄の地の周囲に常緑樹を植えて神座としたもの。のち、庭や室内などに神を迎えるため、しめなわを張り、中央に榊(さかき)を立てたものをいう。また、神社を指すこともある。例「神奈備(かむなび)に――立てて斎(いは)へども人の心は守りあへぬもの」〈万葉・一一・二六五七〉訳神を祭る場所にひもろきを立て謹んで神を祭っていても、人の心は守りきれないものだなあ。注心変ワリヲシタ恋人ヲ恨ンダモノ。

ひもろき

ひゃう-ぐ【兵具】(ヒョウ-)〔名〕戦いの道具。武具。

ひゃうご-まげ【兵庫髷】(ヒョウゴ-)〔名〕近世前期に流行した女性の髪型の一つ。髪をうなじに集めて結い、末を巻き上げて突き出したもの。

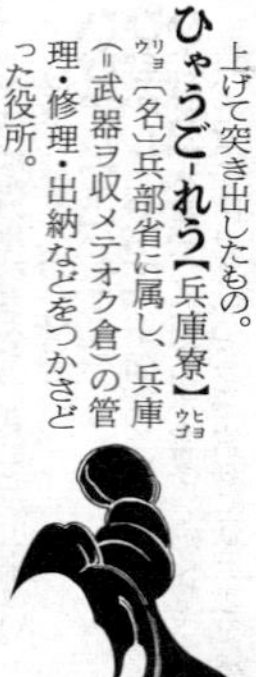

ひゃうごまげ

ひゃうご-れう【兵庫寮】(ヒョウゴリョウ)〔名〕兵部省に属し、兵庫(＝武器ヲ収メテオク倉)の管理・修理・出納などをつかさどった役所。

びゃう-ざ【病者】(ビョウ-)〔名〕⇩ばうざ

ひゃう-し【拍子】(ヒョウ-)〔名〕《「はうし」とも》❶音楽のリズムの単位。また、音楽の調子をとり、はずみをつけること。
❷神楽(かぐら)・催馬楽(さいばら)・東遊(あずまあそ)びなどに用いる楽器の一つ。細長く平たい板二枚を打ち合わせて音を出すもの。笏拍子(しゃくびょうし)。
❸合図や警戒のため、太鼓や拍子木などを打つこと。

ひゃう-じ【兵士】(ヒョウ-)〔名〕武士。兵士(へいし)。例「奈良法師の――あまた具して会ひたるに」〈徒然草・八七〉訳奈良の寺の僧が兵士を大勢連れて来るのに出会った時。

ひゃう-ぢゃう【兵仗】(ヒョウジョウ)〔名〕❶随身(ずいじん)が持つ太刀や弓・槍(やり)などの武器。例「互ひに弓箭(きゅうせん)――を帯して、射あひ切りあひ」〈平家・一・俊寛沙汰・鵜川軍〉訳お互いに弓矢武器を持って、射あったり切りあったり。
❷(武装しているところから)随身・内舎人(うどねり)などの護衛兵。例「――を賜って、随身を召し具す」〈平家・一・鱸〉訳護衛兵を持つことを許されて、随身を連れ歩く。

ひゃう-ぢゃう【評定】(ヒョウジョウ)〔名・自サ変〕何かを決定するため、集まって相談すること。例「木曽、……家の子郎等(らうどう)召し集めて――・す」〈平家・七・木曽山門牒状〉訳木曽義仲は、……家臣達を集めて相談した。

ひゃう-づば(と)(ヒョウズバ)〔副〕《「ひゃう」は矢が飛ぶ音、「づば」は突きささる音》ヒュウズバ。例「馬の左のむながいづくしを――と射て」〈平家・一一・弓流〉訳馬の左の胸のあたりをヒュウズバと射て。

参考 室町時代の武術の書では、射切るための雁股(かりまた)の矢の音は「ひゃうふっ」、鏑矢(かぶらや)は「ひふっ」「ひはた」とし、「ひゃうづば」と区別しており、平家物語にもほぼ該当する。

ひゃう-でう【平調】(ヒョウジョウ)〔名〕《雅楽用語》十二律の一つで、西洋音階のホの音にほぼ相当する。また、その音を基音とする旋律。⇩じふにりつ

ひゃう-ど〔副〕《「ひゃうと」とも》■一 思いがけず突然な様子。ひょっと。ひょいと。例「ここにある人、——寄り来て言ふ」〈蜻蛉・中・天禄二年〉訳 ここにいる人が、ひょっと寄って来て言う。■二 矢が勢いよく飛ぶ音の形容。ヒュッと。ピューッと。例「与一鏑(かぶら)を取ってつがひ、よっぴいて——放つ」〈平家・一一・那須与一〉訳 与一は鏑矢(=矢ノ一種)を取って弓の弦につがえて、十分に引きしぼってヒュッと射る。

ひゃう-ぶ【兵部】〔名〕「兵部省」の略。また、兵部省の役人。

びゃう-ぶ【屏風】〔名〕室内に立てて風を防いだり、仕切りとしたりする家具。表面は絵や書で飾られ、折りたたみ式で、六枚・四枚・二枚などのものがある。

ひゃうぶ-きゃう【兵部卿】〔名〕兵部省の長官。本来は正四位の相当官であったが、のち、親王(=兵部卿ノ宮)や大・中納言や参議が兼任するようになった。

ひゃうぶ-しゃう【兵部省】〔名〕太政官の八省の一つ。諸国の兵士・軍事に関すること一切をつかさどる役所。

ひゃうふっ-と〔副〕雁股の矢などが飛んで行って射切る音の形容。ヒュウフッと。例「追っかかってよっぴいて——射る」〈平家・九・木曽最期〉訳 (石田為久は木曽義仲に)追いついて弓を十分に引きしぼってヒュウフッと射る。⇩ひゃうづば 参考

ひゃう-ゑ【兵衛】〔名〕❶「兵衛府」の略。❷兵衛府の兵士。衛士。

ひゃうゑ-の-かみ【兵衛の督】〔名〕兵衛府の長官。左右各一人で、従四位下に相当する。

ひゃうゑ-の-すけ【兵衛の佐】〔名〕兵衛府の次官。左右各一人で、従五位上に相当する。

ひゃうゑ-ふ【兵衛府】〔名〕六衛府の一つ。宮中を警固し、行幸(=天皇ノ外出)のお供などを任務とする役所。左兵衛府と右兵衛府とに分かれていた。

ひゃくがい-きうけう【百骸九竅】〔名〕人体を構成する多くの骨と九つの穴(=両眼・両耳・両鼻孔・口・両陰孔)。例「——の中に物あり、仮に名付けて風羅坊と言ふ」〈芭蕉・笈の小文〉訳 多くの骨と九つの穴を持つ肉体の中にある物(=霊)があって、(一人の人間となるが、それを)仮に名付けて風羅坊と言うことにする。注「風羅坊」ハ芭蕉ノ別号。

ひゃく-くゎん【百官】〔名〕数多くの官(=役人)。

ひゃくしゅ-の-うた【百首の歌】《連語》定数和歌の基本的なもの。四季・恋など、いくつかの題を決めて五首、十首ずつ歌を詠み、全部で百首になるようにする。一人で作る場合と数人で合作する場合とがある。「百首」とも。例「若かりける時、常に——を詠みて、かの二つの社の御前(みまへ)の水にて書きて手向(たむ)けられけり」〈徒然草・六七〉訳 (今出川院近衛という歌人は)若かった時、いつも百首の歌を詠んでは、あの二つの神社の神前の水で(墨をすって)書いてお供えになった。注「かの二つの社」トハ、上賀茂神社ノ末社ノ、岩本・橋本ノ二社。ソレゾレ、歌人トシテ有名ナ在原業平・藤原実方ヲ祭ル。

ひゃく-だい【百代】〔名〕⇩はくたい

びゃく-ち【躄地】〔名・自サ変〕地に倒れて、のたうちまわること。例「悶絶(もんぜつ)——・して、遂(つひ)にあつち死にぞし給ひける」〈平家・六・入道死去〉訳 (平清盛は)もがき苦しみ地に倒れのたうちまわって、ついにもだえてはねまわって亡くなられた。

百人一首(ひゃくにんいっしゅ)《書名》⇩小倉百人一首(をぐらひゃくにんいっしゅ)

ひゃく-ゐん【百韻】〔名〕連歌・俳諧で、発句から挙げ句まで百句を一巻とする形式。

ひ・ゆ【冷ゆ】〔自ヤ下二〕{え・え・ゆ・ゆる・ゆれ・えよ}冷たくなる。冷える。

日向(ひうが)《旧国名》⇩ひうが(日向)

ひょう【表】〔名〕⇩へう

ひょう…【平…・兵…・拍…・評…】⇩ひゃう…

びょう…【屏…・病…】⇩びゃう…

ひょう-りん【氷輪】〔名〕月の別名。氷のように寒々と輝く月。

ひよく-の-とり【比翼の鳥】《連語》中国での想像上の鳥。雌雄がそれぞれ一翼一目で、常に二羽が一体となって飛ぶという。男女の愛情の深いことをたとえていう。例「天に住まば——、地に住まば連理の枝とならん」〈平家・六・小督〉訳 天に住むなら比翼の鳥となり、地に住むなら連理の枝となろう。

> 要点「連理の枝(=想像上ノ植物デ、二本ノ枝ガツナガッタモノ)」とともに、白居易の「長恨歌」から出た言葉。

ひよく-れんり【比翼連理】〔名〕《白楽天の詩「長恨歌」による》「比翼の鳥」と「連理の枝」。男女の愛情の極めて深いことのたとえ。

ひよ-ひよ〔副〕ヒヨコ、鳥のひななどの鳴き声の形容。ピヨピヨ。例「鶏(にはとり)のひなの、……——とかしがましう鳴きて」〈枕草子・うつくしきもの〉訳 ニワトリのひなが、……ピヨピヨとにぎやかに鳴いて。

ひ-より【日和】〔名〕❶(主に海上の)よい天気。好天。例「最上川乗らんと、大石田といふ所に——を待つ」〈奥の細道・最上川〉訳 最上川を船下りをしようと、大石田という所で好天を待つ。❷空模様。天候。

ひら【枚・片】■一〔名〕紙や木の葉など、薄くて平たいもの。例「文字やう、石などのたたずまひ、好み書き給へる——もあめり」〈源氏・梅枝〉訳 (画風をとてもいかめしい調子に変えて)字体や、岩石などの様子を、自分の好みに合わせてお書きになった紙面もあるようだ。■二〔接尾〕薄くて平たいものを数える語。枚。

比良(ひら)《地名》近江の国琵琶湖西岸の地名。現在の滋賀県滋賀郡志賀町比良一帯。西に比良山地がそびえ、「比良の暮雪」は近江八景の一つ。歌枕。例「花誘ふ——の山風吹きにけりこぎゆく舟の跡見ゆるまで」〈新古今・春下・一二八〉訳 美しく咲いた花を散らす比良の山風が吹いたことだ。(湖面に桜の花がたくさん散って)航行する舟の跡が(かき分けられて)はっき

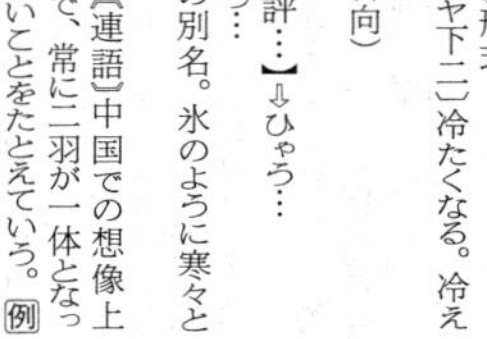

比良山

りとわかるくらいに。

ひら【平】 ■一〔形動ナリ〕たいらな様子。例「屋(や)のさまいと──・に短く、瓦(かはら)ぶきにて、唐(から)めき、さま異(こと)なり」〈枕草子・故殿の御服のころ〉訳屋根の様子は大変平たく低く、瓦ぶきで、中国風で、風変わりである。■二〔接頭〕❶たいらなの意を表す。「──足駄(あしだ)」など。❷普通であるの意を表す。「──殿上人(てんじゃうびと)」「──侍(さぶらひ)」など。❸ひたすらの意を表す。「──押し」「──討ち」など。

ひら-あしだ【平足駄】〔名〕下駄の歯の低いもの。日和下駄。

びらう-げ【檳榔毛】〔名〕「檳榔毛の車(くるま)」の略。例「──の黄金(こがね)作り六(む)つ、ただの──二十、網代(あじろ)二つ」〈源氏・宿木〉訳金で飾った檳榔毛の車が六台、普通の檳榔毛の車が二十台、網代車が二台。

檳榔毛の車(くるま) 牛車の一種。檳榔の木の葉を細く裂いて白くさらしたもので車体をおおった車。上皇・親王・大臣など、位の高い人がよそ行きの時に乗った。例「──などは、門(かど)小さければ、障(さは)りてえ入(い)らねば」〈枕草子・大進生昌が家に〉訳檳榔毛の車などは、門が小さいので、つかえて入ることができないので。

檳榔毛の車

平賀源内(ひらがげんない)〘人名〙江戸中期の本草学者、戯作作者。号は風来山人など。讃岐(香川県)の人。温度計やエレキテルなどを作って世人を驚かせた。滑稽本『風流志道軒伝』、浄瑠璃『神霊矢口渡』などがある。(一七二八〜七九)

ひら・く【開く・披く・拓く・啓く】 ■一〔自カ四〕（か・き・く・く・け・け）❶あく。広がる。(よい方に)ひらける。例「漢天(かんてん)すでに──・きて、雲東嶺(とうれい)にたなびき」〈平家・七・主上都落〉訳天の川のかかっていた空はすでに明けて、雲が東山の上にたなびいて。❷(戦場・婚礼の席などの忌み言葉)「退散する」「帰る」「終わる」などの代わりに用いる。■二〔他カ四〕（か・き・く・く・け・け）❶門・戸・扉など、閉じられているものをあけ広げる。ひらく。あける。例「孟嘗君(まうしやうくん)の鶏は、函谷関(かんこくくわん)を──・きて」〈枕草子・頭の弁の、職に〉訳孟嘗君の逸話にある鶏は、函谷関の関所の扉をひらいて。❷原野・山地などに手を加えて整える。きりひらく。例「異国には、三条の広路(くわうぢ)を──・いて十二の洞門(とうもん)を建つと見えたり」〈平家・五・都遷〉訳外国(=中国)では、三本の広い道をきりひらいて十二の門を建てるということが(書物に)見えています。❸不明な点を明らかにする。解き明かす。■三〔自カ下二〕（け・け・く・くる・くれ・けよ）❶あき広がる。ひらく。(花が)咲く。例「久方(ひさかた)の月夜(つくよ)を清み梅の花心──・けて我(あ)が思(も)へる君」〈万葉・八・一六六一〉訳月が清らかで梅の花のように心がひらいてすがすがしく私が思っているあなたです。❷明るくなる。明ける。(運が)ひらける。明らかになる。例「度々(どど)のいくさにうち勝って、運命──・けんとす」〈平家・七・返牒〉訳(源氏は)たびたびの戦いにおいて平家に勝ち、運がひらけようとしている。❸物事が始まる。例「天と地の──・け始まりける時より」〈古今・仮名序〉訳天地ができて始まった時から。

ひら・む【平む】（「む」は接尾語）■一〔自マ四〕（ま・み・む・む・め・め）❶平たくなる。例「手に──・める物さはる時に」〈竹取・燕の子安貝〉訳手に平たい物がさわる時に。❷はいつくばう。平伏する。例「『宣旨(せんじ)ぞ』と仰(おほ)すれば──・んで飛び去らず」〈平家・五・朝敵揃〉訳「天皇の仰せだ」とおっしゃると(飛び立とうとした鷺が)平伏して飛び去らない。■二〔他マ下二〕（め・め・む・むる・むれ・めよ）平たくする。例「傍(かたは)らなる足鼎(あしがなへ)を取りて、頭(かしら)に被(かづ)きたれば、つまるやうにするを、鼻を押し──・めて顔をさし入れて舞ひ出でたるに」〈徒然草・五三〉訳そばにある足鼎(=三本足ノ釜(カマ))を取って、頭にかぶったところ、つかえるようなので、鼻を押して平べったくして顔をつっこんで舞い始めたところ。

ひら-め・く【閃めく】〔自カ四〕（か・き・く・く・け・け）（「ひら」は擬態語。「めく」は接尾語）❶(電光などが)瞬間的に光る。ぴかりと光る。例「雷(かみ)は落ちかかるやうに──・く」〈竹取・竜の首の玉〉訳雷は落ちかかってくるかのようにぴかりと光る。❷(旗や葉などが)軽やかに揺れる。ひらひらする。例「扇は空へぞ上がりける。しばしは虚空(こくう)に──・きけるが」〈平家・一一・那須与一〉訳扇は空へ舞い上がった。少しばかり中空でひらひらしたが。

ひら-を【平緒】〔名〕束帯を着る時、腰から袴の上に垂らす平たい組みひも。古くは太刀の緒であった。例「細太刀(ほそだち)に──つけて、清げなる男(をのこ)の持て渡るもなまめかし」〈枕草子・細太刀に平緒つけて〉訳細太刀に平緒をつけて、美しい男性が持って通るのも優美である。

びりゃう-げ【檳榔毛】〔名〕⇩びらうげ

ひる【蒜】〔名〕草の名。臭いが強く、食用になる。ノビル・ニンニクの類。

ひる【干る・乾る】〔自ハ上一〕（ひ・ひ・ひる・ひる・ひれ・ひよ）（上代では上二段に活用し、終止形は「ふ」）❶水分が蒸発して乾燥する。かわく。例「あしひきの山辺に今は墨染めの衣の袖(そで)のひる時もなし」〈古今・哀傷・八四四〉訳(私は喪に服してて)こんな山辺に初めて住みましたが、墨染めの衣服の袖が涙で乾く時さえありません。注「墨染めの」ニ「住み初め」ヲ掛ケル。❷潮が引いて水位が下がる。ひく。例「潮干潟(しほひがた)の、をりふし潮ひる盛りなれば」〈平家・一一・勝浦〉訳(そこは)潮干潟であり、ちょうど潮がひく盛りなので。

ひ・る【放る・痢る】〔他ラ四〕（ら・り・る・る・れ・れ）糞・屁などを出す。排泄する。

ひる【嚔る】〔他ハ上一〕（ひ・ひ・ひる・ひる・ひれ・ひよ）（上代では上二段に活用し、終止形は「ふ」）（「鼻(を)ひる」の形で）くしゃみをする。例「鼻ひたる時、かくまじなはねば、死ぬるなり」〈徒然草・四七〉訳くしゃみをした時、このように(「くさめ、くさめ」と)おまじないをしないと、死ぬのである。

ひるがへ・す【翻す】〔他サ四〕（さ・し・す・す・せ・せ）袖や袂などをひらひらさせる。また、表を裏にするように、反対のことをする。例「すべからく、平家値遇(ちぐ)の儀を━━・して、源氏合力(かふりよく)の心に住(ぢゆう)すべき」〈平家・七・返牒〉訳当然、平家からの厚遇をくつがえし、源氏に味方する決心を固めるべきである。

びるしゃな-ぶつ【毘盧遮那仏】〔名〕《仏教語》その光が世界のすべての真理を照らし出す仏。もとは太陽の意で華厳(けごん)世界の本尊。華厳経・梵網(ぼんもう)経に説く。密教の大日経では大日如来と同じものとする。

ひる-つ-かた【昼つ方】〔名〕《「つ」は今の「の」の意》昼頃。昼の時分。例「又の日の━━、岡辺(をかべ)に御文(ふみ)つかはす」〈源氏・明石〉訳翌日の昼頃、(光源氏は)岡辺(の明石の入道の家)へ手紙をお送りになる。

ひる-の-おまし【昼の御座】〔名〕⇩ひのおまし

ひれ【領布・肩布】〔名〕古代、正式の服装の時、飾りとして肩にかけた細長い白い布。例「海原(うなはら)の沖行く舟を帰れとか━━振らしけむ松浦佐用姫(まつらさよひめ)」〈万葉・五・八七四〉訳広い海の沖を行く舟よ帰れと言って、領布を振ったのだろうか、松浦佐用姫は。

> 参考 上等の絹で作り、古くは男も女もかけたらしいが、奈良時代から女性だけがつけた。魔除(まよ)けの力があると信じられ、害虫などを追い払う場合、儀式の場合、人の送り迎えの場合などに、「領布を振る」ことが行われた。

ひれ-ふ・す【平伏す】〔自サ四〕{さ・し・す・す・せ・せ}❶はいつくばうようにして、恐れかしこまる情を表す。ひれふす。例「『さは翁丸(おきなまろ)か』といふに、━━・していみじう鳴く」〈枕草子・上にさぶらふ御猫は〉訳「ではお前は翁丸か」と尋ねると、(その犬は)ひれふしてたいそう鳴く。
❷困惑・悲しみなどのあまり、顔を伏せ覆う。うつぶせになる。例「さすがにうち泣きて━━・し給へれば」〈源氏・夢浮橋〉訳(強情は張っているものの浮舟は)さすがにさめざめと泣いてうつぶせにおなりになるので。

ひろ【尋】━〔名〕両手を左右に伸ばして広げた長さ。例「━━ばかりの隔てにても、対面しつるとや」〈源氏・総角〉訳一ひろくらいの距離をおいたにせよ、お逢いしたのかと。

━〔接尾〕長さの単位。「千(ち)━━」「三(み)━━」など。

ひ-ろう【披露】〔名・自サ変〕広く人に知らせること。公表すること。例「『我を我と思はん者どもは、皆物の具して馳(は)せ参れ』と━━・せよ」〈平家・二・烽火之沙汰〉訳「(忠義を尽くすのに)我こそはと思うような者達は、全員武装して急いで集まって来い」と人に広く知らせよ。

び-ろう【尾籠】〔名・形動ナリ〕《中世以降の語。おろかの意の「をこ」に当てた漢字「尾籠」を音読した語》❶失礼。無礼。無作法。例「殿の御出(ぎよしゆつ)に参り逢ふて、乗り物より下り候はぬこそ━━・に候へ」〈平家・一・殿下乗合〉訳摂政の御外出にお会いして、乗り物から下りないのこそ無礼でございます。
❷きたないこと。けがらわしいこと。

ひろ・ぐ【広ぐ】━〔自ガ四〕{が・ぎ・ぐ・ぐ・げ・げ}広くなる。広がる。
━〔他ガ四〕{が・ぎ・ぐ・ぐ・げ・げ}《近世語》「する」「やる」をののしっていう語。…しやがる。…しくさる。例「不孝の罰(ばち)、思ひのままに苦痛を━━・げ」〈浄・伽羅先代萩・三〉訳親不孝の罰だ。思いっきり苦しみやがれ。
三〔他ガ下二〕{げ・げ・ぐ・ぐる・ぐれ・げよ}❶広げる。例「ひとり灯火(ともしび)のもとに文(ふみ)を━━・げて」〈徒然草・一三〉訳ひとり灯火のそばで書物をひらいて。
❷(「門(かど)ひろぐ」の形で)一門を繁栄させる。栄えさせる。例「そこにこそは、門は━━・げ給はめ」〈源氏・幻〉訳あなたこそは、(子供が多く)一門を栄えさせなさるでしょう。

ひろ-ご・る【広ごる】〔自ラ四〕{ら・り・る・る・れ・れ}❶広くなる。拡大する。広がる。例「━━・りたるは、うたてぞ見ゆる」〈枕草子・三月三日は〉訳(柳の葉の)広がってしまったのは、うとましく見える。
❷繁栄する。栄える。例「尚侍(かむ)の君の御近きゆかり、そこらこそは世に━━・り給へど」〈源氏・竹河〉訳尚侍(ないしのかみ)(＝玉鬘(タマカズラ))のご近親の縁者は、はなはだ世間で栄えていらっしゃるけれど。

ひろ・し【広し】〔形ク〕❶空間・面積・幅が大きい。ひろい。例「天地(あめつち)は━━・しといへど、あがためは狭(さ)くやなりぬる」〈万葉・五・八九二長歌〉訳天地は広いというが、この私にとっては狭(せま)くなってしまったのか。
❷多くのものに行き渡っている。広範囲である。例「遊びの方の才(ざえ)はなほ━━・う合はせ、かれこれに通はし侍(はべ)るこそかしこけれ」〈源氏・少女〉訳音楽の方面の才能はやはり多くの人と合奏し、あれこれ(の楽器)に理解を広めておりますのがすばらしいのです。
❸心が広い。寛大である。
❹(多く「家・門・類・族」などについて)多い。栄えている。例「宝豊かに、家━━・き人にぞおはしける」〈竹取・火鼠の皮衣〉訳(右大臣は)財産が豊かで、一門の栄えている人でいらっしゃった。

ひろ-びさし【広廂】〔名〕⇩ひさし①

ひろ・ふ【拾ふ】〔他ハ四〕{は・ひ・ふ・ふ・へ・へ}❶落ちているものを取り上げる。ひろう。
❷(歩きよい所を拾って歩く意から)歩く。

ひろ・む【広む】〔他マ下二〕{め・め・む・むる・むれ・めよ}世間に知れわたるようにする。広める。例「天台の仏法をこの所に━━・め」〈平家・七・平家山門連署〉訳(伝教大師最澄(さいちよう)は)天台の仏法(＝天台宗)を日本の地に広め。

ひろ-め・く〔自カ四〕{か・き・く・く・け・け}《「めく」は接尾語》ふらふらと動く。落ち着きなく体をゆらす。例「居(ゐ)も定まらず━━・きて」〈枕草子・にくきもの〉訳きちんと座りもせず落ち着きなく体をゆらして。

ひろ-らか【広らか】〔形動ナリ〕広い様子。例「鮨鮎(すしあゆ)の大きに━━・なるを、尾・頭(かしら)ばかりを押して」〈今昔・二六・二三〉訳鮨鮎で大きく幅の広いのを、尾と頭だけを切って。注「鮨鮎」ハ、今ハ「あゆずし」トイウ。

ひわだ【檜皮】〔名〕⇩ひはだ

ひ-わりご【檜破子】〔名〕ヒノキで作った上質の「破子」。食べ物を入れるふた付きの折箱。

ひ-ゐ【非違】イ〔名〕「検非違使(けびゐし)」の略。

ひ-を【氷魚】オ〔名〕アユの稚魚。例「網代(あじろ)の━━も心寄せ奉りて」〈源氏・総角〉訳網代にかかる氷魚も(匂宮(にほふのみや)に)好意を寄せ申し上げて(たくさんで)かかり。注「網代」ハ氷魚ヲトルタメノ仕掛ケ。

> 参考 体が透きとおっているので氷魚という。秋から冬にかけて琵琶湖(びわこ)や宇治川でとる。

ひ-をけ【火桶】（ヒオケ）〔名〕木製の丸い火鉢。例「昼になりて、ぬるくゆるびもていけば、――の火も白き灰がちになりて、わろし」〈枕草子・春はあけぼの〉訳昼になって、気温がだんだんぬるくゆるんでいくと、火鉢の火も白い灰が多くなってしまって、みっともない。

ひをけ

ひ-をどし【緋縅・火縅】（ヒオドシ）〔名〕鎧（よろい）の縅の一種。火のような色の皮や組糸で札（さね）をつづったもの。紅縅（くれないおどし）。

ひを-むし【蜏】（ヒオ）〔名〕虫の名。朝生まれて夕方死ぬといわれ、はかないもののたとえに用いられる。カゲロウの類か。例「何か、その――に争ふ心にて、網代（あじろ）にも寄らむ」〈源氏・橋姫〉訳どうして、ヒオ虫と比べられるような（はかない）心で、網代に寄（って見物などす）るものか。注網代ニカカル「氷魚（ひを）」ト、「ひをむし」トヲ掛ケテイル。

びん【鬢】〔名〕頭の両側面の髪。例「鯉（ひこ）のあつもの食ひたる日は、――そそけずとなん」〈徒然草・一一八〉訳鯉の熱い吸い物を食べた日は、鬢の毛が乱れない（ということだ）。

びん-あ・し【便悪し】〔形シク〕都合が悪い。具合がよくない。対びんよし　例「山里などに移ろひて、――・しく狭き所にあまたあひ居（ゐ）て」〈徒然草・三〇〉訳山里（の寺）なんかに移って、不便な狭い所に大勢が集まって。

びん-ぎ【便宜】〔名〕❶都合がよいこと。よい機会。例「この事奏聞（そうもん）せんとうかがひけれども、しかるべき――もなかりけるに」〈平家・六・祇園女御〉訳（平忠盛は）この事（＝男子出生ノ事）を（白河院に）奏聞しようと機会を待っていたが、しかるべき適当な機会もなかったところ。
❷何かの機会を利用して出す手紙。たより。音沙汰。例「時貸（とき）（がし）しに貸したるが、三日四日に――・せず」〈近松・曽根崎心中・上〉訳（証人もなしに）当座貸しに金を貸したが、三日も四日も音さたがなく。

備後（びんご）〔旧国名〕山陽道八か国の一つ。現在の広島県東部にあたる。古く「吉備（きび）の国」であったのを、大化改新後に都に近い方から順に備前・備中・備後と三分された。備州（びしゅう）。

びん-づら【鬢頬】〔名〕（「角髪（みづら）」からの変化。「びづら」とも）少年の髪型の一種。頭の上に束（たば）ねて結い上げる「上げ――」と、束ねて左右に垂らす「下げ――」がある。

びんづる【賓頭盧】（ビンズル）〔名〕（梵語（ぼんご）の音訳「賓頭盧頗羅堕（びんづるはらだ）」の略）十六羅漢（らかん）の一人。賓頭盧尊者。その像をなでて病気回復を祈ったことから「なで仏」ともいう。例「――の前なる鉢の、ひた黒に墨（すみ）つきたるを取りて」〈竹取・仏の御石の鉢〉訳（山寺で）賓頭盧尊者の像の前にある鉢で、全体が真黒にすすけたのを取って。

びんづる

びん-な・し

【便無し】〔形ク〕（「びなし」とも）
類ふびん（不便）

「びん（便）」（＝都合・好都合）が無いの意。**具合の悪い状態や、それに伴う感情を表す。**対義語「便良（よ）し」。

❶都合が悪い。**具合が悪い。**例「今日（ふけ）は、いと――・くなむ侍（はべ）るべき」〈源氏・若紫〉訳今日（姫を連れ出すの）は、大変に都合が悪うございます。
❷**よろしくない。不都合である。**例「人のために――・き言ひ過ぐしもしつべき所々もあれば」〈枕草子・この草子〉訳他人にとって不都合な言い過ぎもしそうな箇所がいくつもあるので。
❸（近世に「不便（ふびん）」からの連想で）かわいそうである。ふびんである。

びん-よ・し【便良し】〔形ク〕都合がいい。具合がいい。対びんあし　例「双（ならび）の岡の――・き所に埋み置きて」〈徒然草・五四〉訳（弁当の箱を）双の岡（＝地名）の都合のいい所に埋めておいて。

ふ

ふ【府】〔名〕❶役所。官庁。
❷国府。各国の役所。また、その所在地。例「加賀の――まで百三十里と聞く」〈奥の細道・越後路〉訳加賀の国府（＝金沢）まで百三十里だと聞く。
❸（徳川幕府のあったことから）江戸のこと。
要点 ③は、主に、「出――」「帰――」のように用いられる。

ふ【封】〔名〕⇩ふこ

ふ【符】〔名〕❶太政官符（だじょうかんぷ）など、上級の役所から下級の役所に出す公文書の一種。
❷お守りの札。護符。

ふ【干】〔自ハ上二〕（ひ・ひ・ふ・ふる・ふれ・ひよ）（上代語。平安以降は上一段活用「ひる」になる）❶水分が蒸発して乾燥する。かわく。例「あらたへの衣の袖（そで）はふる時もなし」〈万葉・一三・三二五九長歌〉訳喪服の袖は（涙で）かわく間もない。
❷引き潮になる。例「潮ふれば玉藻刈りつつ」〈万葉・六・九一七長歌〉訳潮が引くとそのたびに海藻を刈り取っている。

ふ

【経】〔自ハ下二〕（へ・へ・ふ・ふる・ふれ・へよ）❶**時を経過する。歳月を送る。へる。**例「年月へても、つゆ忘るるにはあらねど」〈徒然草・三〇〉訳（人が亡くなって）年月を経過しても、少しも忘れるわけではないのだが。
❷**ある地点を通過する。へる。**例「黒崎の松原をへて行く」〈土佐・二月一日〉訳黒崎の松原という所を通過して行く。

> **参考** 「経」と「過ぐ」「立つ」　「過ぐ」「立つ」などは、「月日過ぐ」「年立つ」などのように、「月日」「年」を主体とした言い方をする。これに対して、「経（ふ）」は、「年を経」「世を経」「世に経」などのように、**人や物がそれらの年月や場所を経過するというのが本来の意味である。**

ふ【綜】〔他ハ下二〕（へ・へ・ふ・ふる・ふれ・へよ）縦糸を織機にかける。

ふ〔助動四型〕(上代語) 接続 四段活用の動詞の未然形に付く。

未然形	連用形	終止形	連体形	已然形	命令形
は	ひ	ふ	ふ	へ	へ

【反復・継続】❶《動作・作用の反復する意を表す》繰り返し…する。何度も…する。例「糟湯酒(かすゆざけ)うちすすろひてしはぶかひ鼻びしびしに」〈万葉・五・八九二長歌〉訳糟湯酒を何度もすすり、繰り返しせきこんで、鼻はぐずぐずと鳴り。注「糟湯酒」ハ、酒ノ糟カスヲ湯ニ溶カシタ飲ミ物。❷《動作・作用・状態の継続する意を表す》…し続ける。いつも…する。例「三輪山をしかも隠すか雲だにも情(こころ)あらなも隠さふべしや」〈万葉・一・一八〉訳三輪山をそのようにも隠すのか、せめて雲だけでも思いやりがあってほしいなあ、そのように隠し続けているということがあるものか。

参考 (1)「ふ」が付いた時、未然形の活用語尾のア段音がオ段音に変わることがある。①の例の「うちすすろふ」は、「うちすすらふ」の「ら」が「ろ」に変わったもの。
(2)「ふ」は、平安時代になると、「語らふ」「住まふ」「慣らふ」「計らふ」「交じらふ」「向かふ」「呼ばふ」などといった特定の動詞にしか付かなくなり、助動詞というよりは、接尾語と呼ぶべきものになる。

ぶ【夫】〔名〕公の土木事業などのために民衆を強制的に集めて働かせること。また、その人夫。例「この御堂の——をしきりに召すことこそ」〈大鏡・道長・上〉訳このお堂建立のための人夫をしきりにお集めになることを。

ぶ【分・歩】■一〔名〕《等分すること、その量の意から》❶もうけの割合。利率。例「——に合ふ家買うておく」〈西鶴・世間胸算用・四・四〉訳(その金を貸して得られる)金利にみあう(だけの家賃収入が見込める)家を買っておく。注不動産経営ニヨル利益ノ方ガ堅実ダト言ウノデアル。❷有利・不利の度合い。また、強さなどの度合。「——が(の)悪い」
■二〔接尾〕❶一定の物をいくつかに等分割すること、また分割した物の中での割合。特に、十分の一(=割リ)、または百分の一(=分ブ)をいうこともある。例「これを中ごろの栖(すみか)にならぶれば、また百——が一に及ばず」〈方丈記・方丈〉訳余生の住居を三十までの住みかとくらべれば、百分の一にもならない。❷長さの単位。一寸の十分の一。約三ミリ。❸貨幣の単位(重さで表す)。一両の四分の一(金貨)。一匁(もんめ)の十分の一(銀貨)。ただし、銀貨の場合は「ふん」と呼ぶ。❹土地の長さの単位。六尺。約一・八メートル。❺土地の面積の単位。一坪。六尺四方。約三・三平方メートル。

ぶ【武】〔名〕❶たたかうこと。武芸。軍事。また、そのやり方や力。武術。兵法。武力。例「文・——・医の道、まことに欠けてはあるべからず」〈徒然草・一二二〉訳(人間の修めるべきこととして)学問・武芸・医術の三つの道は、本当に欠けてはすまされないものだ。❷たたかう力が強いこと。勇ましいこと。武勇。例「生けらんほどは、——に誇るべからず」〈徒然草・八〇〉訳生きている間は、武勇を誇ってはならない。

ぶ〔接尾バ上二型〕〔名詞・形容詞の語幹に付いて〕そのような状態になるの意を表す。…びる。「翁(おきな)——」「鄙(ひな)——」「都——」「荒——」「悲し——」など。

ふう-うん【風雲】〔名〕❶風と雲。また、大自然。例「——の中に旅寝するこそ、あやしきまで妙(たへ)なる心地はせらるれ」〈奥の細道・松島〉訳大自然のただ中に身をおいて旅寝をするのは、この世のものとも思われぬ深い感動を覚える。❷竜が風や雲に乗って飛ぶように、世に出て成功するチャンス。例「心、常に——の思ひを観ぜしかば」〈徒然草・一〇八〉訳(謝霊運(しゃれいうん)は)胸の内に、いつも機会をとらえて出世しようとする望みを持っていたので。❸風や雲のようにさまよい歩く旅。雲水。

風雲の思(おも)ひ (竜が風や雲に乗って昇天するように)世に偉業をとげようとする大志。

ふう-が【風雅】〔名〕❶高尚優雅な詩精神。また そうした詩的美を持つ漢詩・和歌・連歌などの韻文の文芸。詩歌。❷芭蕉一門が俳諧(はいかい)を指していう語。例「予が——は夏炉冬扇(かろとうせん)のごとし。衆にさかひて用ふる所なし」〈芭蕉・韻塞・許六離別詞〉訳自分の俳諧は夏の火ばちや冬の扇のようなものだ。人々の求めるのに反して何の役にも立たない。❸詩的美の精神を持つこと。上品で優美なこと。風流。

参考 漢詩の「六義(りくぎ)」のうち、民謡風の「風」と、宮廷の「雅」とをもって詩を代表させていったのがもとの意味。転じて、高尚優美な詩精神を持つ韻文の文芸を指すようになったもの。

風雅和歌集(ふうがわかしふ)【書名】第十七番目の勅撰集。二十巻。二千二百余首。光厳院(こうごんいん)撰。一三四九年(貞和五)頃成立。伝統的な二条派の歌風を排し、自由な用語によって感動をうたう京極派の歌風を強くうち出している。『玉葉和歌集』とともに十三代集中では異色で、精彩を放つ。

ふう-き【富貴】〔名〕《「ふう」は漢音。「ふっき」とも》財産があり地位が高いこと。例「一代のうちに、かく手前——になりぬ」〈西鶴・日本永代蔵・二・一〉訳(藤屋市兵衛は)自分一代で、このように金持ちになった。

ふう-ぎ【風儀】〔名〕❶風習。風俗習慣。ならわし。❷容姿。風姿。様子。❸《能楽用語》⇩ふうてい②

ふう-くゎう【風光】〔名〕美しい景色。すばらしい風景。例「江山水陸の——数を尽くして」〈奥の細道・象潟〉訳川・山・海・陸地の美しい景色を数多く見てきて。

ふう-げつ【風月】〔名〕《「ふげつ」とも》❶自然の美しさをながめて風流を楽しむこと。風雅。❷詩や文章を作ること。例「惟継(これつぐ)の中納言は——の才(ざえ)に富める人なり」〈徒然草・八六〉訳平惟継中納言は詩や文章を作る才能に恵まれた人である。

ふう-さう【風騒】〔名〕詩歌や文章を作って風流を楽しむこと。風雅。例「この関は三関(さんくわん)の一にして、——の人、心をとどむ」〈奥の細道・白河の関〉訳この(白河の)関は奥羽三関の一つであって、詩人・文人が、関心を寄せていたところである。

参考 「風」は『詩経』の「国風」、「騒」は『楚辞(そじ)』の「離騒」に由来し、ともに詩や文章の模範とされた。

ふう-し【風姿】〔名〕(和歌・連歌・能楽・俳諧などの芸術論において)表現された姿。特に、趣のある姿。

風姿花伝(ふうしかでん)〔書名〕室町前期の能楽論書。世阿弥著。一四〇〇年(応永七)頃成立。『花伝書』とも。二十二歳で死別するまでに父観阿弥から授けられた能の精髄を、整理して記述したもの。稽古の心得、演出のしかた、猿楽能の本質と歴史などについて組織的に述べられているが、特に、能楽の生命ともいえる「花」についての論は有名である。『申楽談儀』とともに世阿弥の代表的な能楽論で、我が国の演劇史に大きな位置を占める貴重な文献である。⇩世阿弥

ふう-ず【封ず】〔他サ変〕(ぜ・じ・ず・ずる・ずれ・ぜよ)❶封をする。密封する。
❷(神仏の力などによって)悪霊などの活動を抑え込む。封じ込める。例「物の怪(け)に向かひて物語し給はむも、かたはらいたければ、――じこめて」〈源氏・若菜・下〉訳(光源氏は)物の怪(=六条御息所ノ死霊)に対してあれこれ話をなさるのも、きまりが悪いので、(その物の怪を一室に)封じ込めて。
❸命令・法律などで禁ずる。禁止する。

ふう-ぞく【風俗】〔名〕❶世間の風習。ならわし。習慣。例「殊更(ことさら)世の仁義を本(もと)として、神仏を祭るべし。これ和国(わこく)の――なり」〈西鶴・日本永代蔵・一・一〉訳格別に世間の信用を重んじ、神や仏をお祭りしなければならない。これが日本の風習である。
❷身なり。容姿。
❸「風俗歌(ふうぞくうた)」の略。

ふうぞく-うた【風俗歌】〔名〕古代歌謡の一種。もと、地方の民謡であるが、平安時代、催馬楽(さいばら)などと共に貴族社会で愛唱された。「ふぞくうた」「ふぞく」とも。

ふう-てい【風体】〔名〕❶外見。姿かたち。身なり。
❷(歌論・能楽論で)表現様式。芸風。芸術のスタイル。

風来山人(ふうらいさんじん)〔人名〕⇩平賀源内(ひらがげんない)

風羅坊(ふうらぼう)〔人名〕⇩松尾芭蕉(まつおばしょう)

ふう-りう【風流】〔名〕❶みやびやかなこと。俗でないこと。また、詩歌・芸術の道に遊ぶこと。例「――の初めやおくの田植歌」〈奥の細道・須賀川〉訳ようやく奥州に足を踏み入れ、これから陸奥(みちのく)の名所旧跡を探ろうとするのだが、その陸奥の風流の第一歩は、鄙(ひな)びた奥州の田植歌から始まった。いかにも奥州らしい趣である。
❷美しく飾ること。しゃれた装飾。例「――の破子(わりご)やうのもの、ねんごろに営み出(い)でて」〈徒然草・五四〉訳しゃれた弁当箱のようなものを、丹念にこしらえて。
❸(「ふりう」とも)囃(はや)しもの。はでな服装をしてお囃しや歌を伴って集団で踊る、中世の歌舞。

ふえ【笛】〔名〕❶管楽器の総称。弦楽器の総称「琴(こと)」に対していう。例「――は、横笛いみじうをかし」〈枕草子・笛は〉訳笛の類では、横笛がことに趣がある。
❷特に、横笛。例「かすむ日や夕山かげの飴(あめ)の――」〈一茶〉訳うららかに霞のかかったのどかな春の日。ようやく暮れなずむ夕べの山陰のあたりから、飴売りの吹く笛の音が、幼い日々の遠い郷愁をかきたてるかのように、聞こえてくる。

ふ-えき【不易】〔名〕❶いつまでもかわらないこと。
❷(芭蕉一門の俳諧用語)時代の変化や人の好みの変化にかかわらず、常に人を感動させる優れた表現や芸術精神。

ふえき-りうかう【不易流行】〔名〕「不易」は永遠に人を感動させるもの、「流行」はその時代の最先端を行くもの。両者は、一見して別のようであるが、流行の中で永遠の価値を持つものが不易となるのであって、俳諧の永遠の価値は、新しい表現を求めて変化を積み重ねるなかから生まれるとする理論。蕉門俳諧の中心的な理論。

ぶ-えん【無塩】〔名〕❶保存のための塩をきかせていないこと。魚介類が生(なま)で、新鮮であること。例「何も新しい物を――といふと心得て、『ここに――の平茸(ひらたけ)あり、とうとう』と急がす」〈平家・八・猫間〉訳(木曽義仲は魚介類に限らず)何でも新鮮なものをぶえんというと思って、「ここにぶえんの平茸(=キノコノ一種)がある。早く食べよ」と急がせる。
❷人ずれしていないこと。うぶ。

ふ-かく【不覚】〔名・形動ナリ・自サ変〕❶意識不明のこと。人事不省(じんじふせい)。
❷不注意なこと。油断。思わぬ失敗。例「私(し)の党の殿ばらの――でこそ、河原兄弟をば討たせたれ」〈平家・九・二度之懸〉訳私市(きさいち)党の面々の不注意で、河原(かはら)兄弟をむざむざと討ち取らせてしまった。
❸血のめぐりの悪いこと。おろかなこと。例「――のしれ者かな」〈今昔・二六・二〇〉訳血のめぐりの悪いばか者だな。
❹思わずすること。無意識にすること。
❺ひきょうなこと。おくびょうなこと。性根がすわっていないこと。例「さては降人(かうにん)に出(い)でたる――の人どもが」〈太平記・三六・三〉訳さては降参したひきょう者どもが。

ぶ-がく【舞楽】〔名〕雅楽(ががく)の中で、舞を伴うもの。左方(=唐楽(トウガク))と右方(=高麗楽(コマガク))がある。

深草(ふかくさ)〔地名〕平安京の南東、東山連峰南端のふもとのあたり。現在の京都市伏見区深草一帯。もと貴族の別荘地で、和歌では草深い野としてイメージされた。

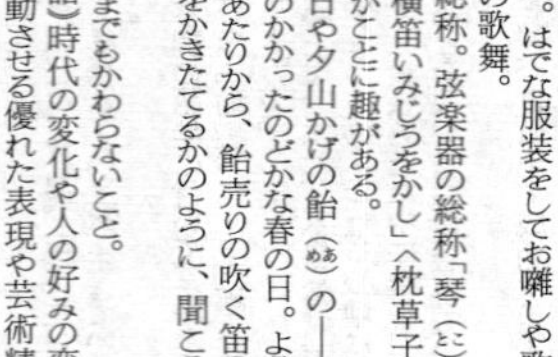

深草(藤森神社)

ふかく-じん【不覚人】〔名〕(「ふかくにん」とも)❶思慮の浅い人。
❷卑怯(ひきょう)者。臆病(おくびょう)者。

ふか-ぐつ【深履】〔名〕雨や雪の時、貴人がはいた長ぐつ。下部は革、上部は錦(にしき)で作ってある。例「――・半靴(はうくわ)などはきて、廊の程、沓(くつ)すり入るは」〈枕草子・正月に寺にこもりたるは〉訳(女房達が)深靴や半靴などをはいて、(清水寺の)渡り廊下のあたりを、沓を引きずって(お堂に)入るのは。

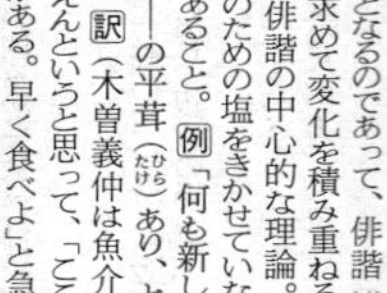

ふかぐつ

ふか・し【深し】〔形ク〕❶空間的に、底や奥までの距離がある。ⓐ水面・表面から底まで距離がある。ふかい。例「――き川を舟にて渡る」〈更級・かどで〉訳深い川を舟で渡る。ⓑ奥行きがある。奥まっている。例「ただ一所(ひとところ)――き山へ入り給ひぬ」〈竹取・蓬萊の玉の枝〉訳(くらもちの皇子は)ただお一人で奥深い山へお入りになってしまった。ⓒ(雲・霧・雪などの)層が厚い。❷年月・季節・時刻などが経過している。また、夜が更けている。例「秋――き隣は何をする人ぞ」〈芭蕉〉訳秋も深まり、物淋しさもつのるこの季節に、旅中の身をしばらく留め暮らしていると、秋の静かさの中で隣家もまた、物静かにひっそりと暮らしている様子である。一体何を生業としているのであろうか。秋の寂寥(せきりょう)の中に哀れをかみしめているらしいその閑雅な様子が誠に奥ゆかしく思われることである。❸物事の程度が大きく、奥まで入りこんでいる感じがする。ⓐ(草や露などの)密度が大きい。多い。また、(色や香りなどが)濃い。例「色あひ――く、花房長く咲きたる藤の花の、松に掛かりたる」〈枕草子・めでたきもの〉訳色が濃く、花房が長く咲いている藤の花が、松の木に掛かっている(のは、すばらしい)。ⓑ関係が強い。親密である。また、愛情が深い。例「女どちも、契り――くて語らふ人の、末まで仲よき人難(かた)し」〈枕草子・ありがたきもの〉訳(男女は勿論(もちろん))女同士でも、固い約束をして親しくしている人で、終わりまで仲のよい人はめったにない。ⓒ理解力が大きい。考えがしっかりしている。ⓓ事情に通じている。また、知識・教養がすぐれている。ⓔ程度がはなはだしい。例「愚かなる人は、――く物を頼むゆゑに、恨み怒ることあり」〈徒然草・二一一〉訳愚かな人は、心から強く(物事を)あてにするために、(あてがはずれて)恨んだり怒ったりすることがある。

> 要点 基本的には、底や奥まで距離がある意で、物事の程度に奥まで入り込んでいることが感じられる場合に広く用いる。

ふか・す【更かす・深す】〔他サ四〕{さ・し・す・す・せ・せ}夜が更けるのにまかす。夜更けまで起きている。例「夜――・して出で給ふ」〈源氏・明石〉訳(人目をはばかり)夜が更けるのを待ってお出かけになる。

ふか・む【深む】〔他マ下二〕{め・め・む・むる・むれ・めよ}〔「む」は接尾語〕深くする。深める。例「あひ見ねば恋こそまされ水無瀬川(みなせがは)何に――・めて思ひ初めけむ」〈古今・恋五・七六〇〉訳逢わないでいると一層恋がつのる。水が無いという水無瀬川のように真実のないあの人を一体なんで心を深くして恋し始めたのだろう。

ふ-かん【不堪】〔名・形動ナリ〕〔「堪」はすぐれている意〕芸やわざがへたなこと。堪能(かんのう)でないこと。例「天下の物の上手といへども、始めは――の聞こえもあり、無下(げむ)の瑕瑾(かきん)もありき」〈徒然草・一五〇〉訳天下の名人といっても、始めは下手という評判もあり、ひどい欠点もあった。

ふ-ぎ【不義】〔名〕人の守るべき道義にはずれたこと。特に、男女が道にはずれた関係を結ぶこと。

ふき-あは・す【吹き合はす】〔他サ下二〕{せ・せ・す・する・すれ・せよ}❶笛を他の楽器の音などに合わせて吹く。調子を合わせて吹く。例「上手はいづれをも――・す」〈徒然草・二一九〉訳(笛の)名手はどの調子に対しても合わせて吹く。❷風が他の音に調子を合わせるように吹く。例「川風――・せて面白きに」〈源氏・松風〉訳(聞こえてくる琴や笛の音に)合わせるように川風が音を立てて吹き風情のある折に。

ふき-いた【葺き板】〔名〕屋根を葺(ふ)く薄い板。屋根板。例「檜皮(ひはだ)――のたぐひ、冬の木の葉の風に乱るるがごとし」〈方丈記・辻風〉訳家々の屋根を葺いていたヒノキの皮や薄い板などが、(吹き飛ばされて)冬の枯葉が風に舞い乱れるようである。

ふき-かへ・す【吹き返す】{さ・し・す・す・せ・せ}一〔自サ四〕逆方向に吹く。逆に吹く。例「――・す東風(こち)の返しは身にしみき都の花の知るべと思ふに」〈後拾遺・雑五〉訳逆に吹く東風の返し(＝都ノ方カラ吹ク西風)は身にしみました。(なぜなら)それは都の花の様子を知るよすがだと思うので。二〔他サ四〕❶風が吹いて、着物の裾(すそ)や袖(そで)などを裏返しにする。裏返す。例「采女(うねめ)の袖(そで)――・す明日香風(あすかかぜ)都を遠みいたづらに吹く」〈万葉・一・五一〉訳はなやかな采女の袖を裏返して吹いた明日香の風も、都が遠く離れてしまったので、(今は)むなしく吹いている。❷吹いてもとの所に戻す。吹き戻す。例「さ夜ふけてなかば闌(た)けゆく久方(ひさかた)の月――・せ秋の山風」〈古今・物名・四四三〉訳夜が更けてすでに西に傾いて行く月を吹き戻せ、秋の山風よ。注二句目ニ歌ノ題ノ「かはたけ(＝川竹)」ガ詠ミ込マレテイル。

ふき-き・る【吹き切る】〔他ラ四〕{ら・り・る・る・れ・れ}風が激しく吹いて、物を切り取る。吹きちぎる。例「風に堪(た)へず――・られたる焔(ほのほ)、飛ぶがごとくして」〈方丈記・安元の大火〉訳風にたえきれず吹きちぎられた炎は、まるで飛んでいるようで。

ふき-こ・す【吹き越す】〔自サ四〕{さ・し・す・す・せ・せ}風が物を越えるようにして吹く。吹き越える。

ふき-すさ・ぶ 一【吹き荒ぶ】〔自バ四〕{ば・び・ぶ・ぶ・べ・べ}激しく風が吹く。吹き荒れる。二【吹き遊ぶ】〔他バ四〕笛などを心のままに吹く。手慰みに吹く。例「笛をえならず――・びたる」〈徒然草・四四〉訳笛をいいようもなく巧みに心のままに吹いているのを。

ふき-すま・す【吹き澄ます】〔他サ四〕{さ・し・す・す・せ・せ}笛などを澄んだ音色で吹く。澄みきるように吹き鳴らす。例「頭中将(とうのちゅうじやう)、懐(ふところ)なりける笛取り出(い)でて、――・したり」〈源氏・若紫〉訳頭中将は、懐に入れていた笛を取り出して、澄んだ音色で吹き鳴らした。

ふき-た・つ【吹き立つ】一〔自タ四〕{た・ち・つ・つ・て・て}吹き始める。吹きだす。例「少し秋風――・ちなむ時、かならず逢(あ)はむ」〈伊勢・九六〉訳少し秋風が吹き始めたらその時に、きっとお逢いしましょう。二〔他タ下二〕{て・て・つ・つる・つれ・てよ}❶吹いて高く上げる。吹き上げる。例「空には灰を――・てたれば」〈方丈記・安元の大火〉訳空には(風が火事の)灰を吹き上げたので。❷笛を音高く吹く。吹き鳴らす。例「物の後ろに横笛をいみじう――・てたる、あなおもしろと聞くほどに」〈枕草子・笛は〉訳物陰で横笛をたいそう音高く吹いているのを、ああいいなと聞いていると。

ふき-たわ・む【吹き撓む】〔他マ下二〕{め・め・む・むる・むれ・めよ}風

が吹いて、木の枝などを曲げる。吹き曲げる。例「枝葉潮風に―・めて」〈奥の細道・松島〉訳枝葉は潮風に吹き曲げられて。注コレハ、自動詞ノ代ワリニ他動詞ヲ用イタ特殊ナ例。

ふき-まが・ふ【吹き紛ふ】〔自ハ四〕風に吹き乱されて入りまじる。例「梅の香も、御簾の内の匂ひに―・ひて」〈源氏・初音〉訳梅の花の香も、御簾の内の薫物の香りと風で入りまじって。

ふき-ま・く【吹き巻く】〔他カ四〕（風が）激しく吹き付ける。吹きまくる。例「山風に桜―・き乱れなむ花のまぎれに君とまるべく」〈古今・離別・三九四〉訳山風に桜の花が吹きまくられて、散り乱れてほしい。その花で帰り道が見えなくなり、あなたがおとどまり下さるだろうから。

ふき-まど・ふ【吹き惑ふ】〔自ハ四〕はなはだしく吹く。吹き荒れる。例「波の立ち来る音なひ、風の―・ひたるさま、恐ろしげなること」〈更級・初瀬〉訳波が押し寄せる音、風が吹き荒れる様子など、その恐ろしそうなことは。

ふき-まよ・ふ【吹き迷ふ】〔自ハ四〕風が方向を定めずに吹く。吹き乱れる。例「―・ふ風に、とかく移り行くほどに」〈方丈記・安元の大火〉訳吹き乱れる風のために、（火は）あっちこっちと移って行くうちに。

ふき-め【葺き目】〔名〕屋根を葺いた瓦や板などのつぎ目。例「杉の―もまばらにて」〈平家・灌頂・大原御幸〉訳（屋根を）杉の皮で葺いたつぎ目もすきまが多くて。

ぶ-ぎゃう【奉行】〔名・他サ変〕❶上級の役所や主君の命令をうけて仕事を行うこと。また、その人。例「阿波民部重能を―にて築かせられけるが」〈平家・六・築島〉訳阿波民部重能を担当者として（経の島を）築かせなさったが。

❷武家時代の職名の一つで、部局の長官のこと。

参考 ①では、太政官符などの結びの常套文句に、「符到らば奉行せよ（＝コノ官符ガツイタラ、ソレニ基ヅイテ事ヲ行エ）」とある。②では、鎌倉・室町時代には「評定衆」「引き付け衆」のことをいい、桃山時代には大老の下に「五奉行」があった。江戸時代には「寺社―」「勘定―」「書物―」「町―」のほか、「長崎―」「伏見―」などがあった。

ふきょう【不孝】〔名〕⇩ふけう

ぶ-きょう【無興・不興】〔名・自サ変〕（「ふきょう」とも）❶興味がなくなること。興をそがれること。つまらなくなること。例「思ひたちたる風流、いかめしく侍れども、ここに至りて―の事なり」〈芭蕉・笈の小文〉訳（吉野の花を見て句をよもうと）思って出てきた興趣は、仰々しかったのですが、こうなっては（＝句ガデキナイノデハ）興ざめな事です。

❷目上の人の機嫌をそこねること。勘気をこうむること。

ぶぎょう【奉行】〔名〕⇩ぶぎゃう

ふ・く

【吹く】一〔自カ四〕空気が流動する。風が起こる。吹く。例「風いたう―・きて、雨など騒がしき日」〈枕草子・七月ばかりに〉訳風がひどく吹いて、雨などが騒がしく降る日。

二〔他カ四〕❶風が吹いて物を動かす。吹きつける。例「風に―・かれて鳴りけるを、かしかましとて捨てつ」〈徒然草・一八〉訳風に吹かれて（木の枝にかけた瓢箪が）音を立てたのを、うるさいと言って捨ててしまった。

❷笛などを吹き鳴らす。吹く。例「良清に歌うたはせ、大輔横笛―・きて遊び給ふ」〈源氏・須磨〉訳良清に歌を歌わせ、大輔が横笛を吹いて管弦の遊びをなさる。

❸激しい勢いで吹き出す。吹き上げる。例「かまどには火気―・き立てず」〈万葉・五・八九二長歌〉訳かまどには湯気を激しく吹き立たせることもなく。

❹（ふいごで空気を吹きつけて）鉱石を溶かして分離させる。精錬する。例「真金―・く丹生の真朱の色に出て言はなくのみぞ我が恋ふらくは」〈万葉・一四・三五六〇〉訳金を精錬する丹生の赤土の色のように（色に出して）表立って言わないだけです、私の恋する気持ちは。

ふ・く【更く】〔自カ下二〕❶（時や季節が）深まる。（夜が）ふける。例「月の面白きに、夜―・くるまで遊びをぞし給ふなる」〈源氏・桐壺〉訳月が美しいので、夜がふけるまで（管弦の）遊びをなさっているようだ。

❷年をとる。ふける。例「―・けにける我が世の影を思ふ間にはるかに月の傾きにける」〈新古今・雑上・一五三四〉訳年をとってしまった我が身の上の姿を思っている間に、遠く月が傾いてしまったことだ（＝夜モフケタ）。

要点「深し」と同源で、ある状態が深まってゆく意。

ふ・く【葺く】〔他カ四〕❶（瓦・板・茅などで）屋根を覆い造る。例「白銀などを―・きたるやうなるに」〈枕草子・十二月二十四日〉訳（屋根に雪が積もって）白銀をふいたようであるところに。

❷飾りや魔除けのためにアヤメや木の枝を軒に挿し連ねる。例「あやめ―・く頃」〈徒然草・一九〉訳（五月の端午の節句の）アヤメを軒に挿し連ねる頃。

ぶ-く【仏供】〔名・自サ変〕（「ぶっく」の促音の無表記）❶仏に物を供えること。また、その供え物。例「なほかの御―のおろし侍りなむ」〈枕草子・職の御曹司におはします頃、西の廂にて〉訳やはりいつものお供えもののおさがりがございましょう。

❷仏への供え物を盛る器。

ぶく【服】〔名〕（呉音）❶喪服。例「―いと黒うして、かたちなどよからねど」〈源氏・夕顔〉訳喪服の色もとても黒くて、容貌は美しくはないが。

❷喪に服すること、また、その期間。喪中。

ぶ-ぐ【武具】〔名〕武器。特に、鎧・兜をいう。

ふくう-けんじゃく【不空羂索】〔名〕（仏教語。「ふくうけんさく」とも）六観音、または七観音の一つ。願いを必ずかなえ（＝不空）、慈悲の羂索（＝鳥獣ヲ捕ルワナ）で人々を救うという。多く、三つの目と八本の腕を持つ像に作る。

ふくうけんじゃく

ふくし【掘串】〔名〕竹製または木製の、先のとがった土を掘るためのへら。例「籠もよみ籠持ち―もよみ―持ち」〈万葉・一・一長歌〉訳かごもよいかごを持ち、ふくしも良いふくしを持ち。注『万葉集』巻頭ノ雄略天皇ノ歌。

ふく・す【伏す】一〔自サ変〕屈服する。従う。例「その夷(えびす)漢に――・して」〈徒然草・二四〉訳 その蛮族は漢の国に屈服して。
二〔他サ変〕屈服させる。従わせる。例「魔障(ましやう)を――・すべし」〈平家・四・南都牒状〉訳 仏法に敵対するものを屈服させるべきである。

ぶく・す【服す】{せ・し・す・する・すれ・せよ} 一〔自サ変〕喪(も)に服する。
二〔他サ変〕飲食する。また、薬を服用する。例「極熱(ごくねち)の草薬(さうやく)を――・して」〈源氏・帚木〉訳 熱病の薬草を服用して。

ふくだ・む 一〔自マ四〕{ま・み・む・む・め・め} 髪や紙がけばだち乱れる。ふくらむ。例「少し――・みたる髪のかかりなど、いとをかしげなり」〈源氏・幻〉訳 少し寝乱れてけばだっている髪のかかり具合など、とてもかわいげがある。
二〔他マ下二〕{め・め・む・むる・むれ・めよ} けばだたせる。そそけだたせる。例「立て文をも結びたるをも、いときたなげにとりなし――・めて」〈枕草子・すさまじきもの〉訳 (さっきの手紙を)立て文でも結び文でも、とてもきたならしくしてけばだたせて。

ふく-つけ・し〔形ク〕欲が深い。貪欲(どんよく)である。例「遅るる雁(かり)をしひて尋ね給ふが、――・きぞかし」〈源氏・常夏〉訳 (よそで育って)遅れる雁(＝娘)をどうしても捜し出そうとなさるのは、欲が深いことですよ。

福原(ふくはら)〘地名〙摂津(せっつ)の国の地名。現在の神戸市兵庫区福原町一帯。平氏の別荘があり、一一八〇年(治承四)平清盛が一時ここに都を移した。

福原（清盛塚）

ふく・む【含む】 一〔自マ四〕{ま・み・む・む・め・め} 膨らむ。例「指貫(さしぬき)の裾(すそ)つかた少し――・みて、気色(けしき)ばかり引き上げ給ふに」〈源氏・若菜・上〉訳 指貫の裾の方が少し膨らんで、ほんのわずか引き上げておられるが。
二〔他マ四〕{ま・み・む・む・め・め} ❶中に包み込むように持つ。ふくみ持つ。例「太刀の先を口に――・み、馬より逆さまに飛び落ち、貫かってぞ失(う)せにける」〈平家・九・木曽最期〉訳 (今井四郎は)太刀の先を口に入れてくわえ、馬からさかさまに飛び下り、(その太刀で)貫かれて自害した。
❷心に抱く。つつみ持つ。例「太子丹(たいしたん)恨みを――・んで、また始皇帝に従はず」〈平家・五・咸陽宮〉訳 皇太子の丹は恨みを心に抱き、また始皇帝の命に従わない。
三〔他マ下二〕{め・め・む・むる・むれ・めよ} ❶中に含み持つようにする。❷話して、相手もその考えを持つようにする。言いふくめる。言い聞かせる。例「勅諚(ちよくぢやう)の趣を仰せ――・めんとするに」〈平家・三・頼豪〉訳 天皇のご命令の主旨をおっしゃって言い聞かせようとすると。

ふく-よか【脹よか】〔形動ナリ〕ふっくらとしてやわらかな様子。「ふくやか」「ふくらか」とも。例「いと若けれど、生(お)ひ先見えて、――・に書い給へり」〈源氏・若紫〉訳 (少女の字は)とても未熟であるが、(今から)将来の上達が現れていて、ふっくらとお書きになってある。

ふくら-か【脹らか】〔形動ナリ〕⇩ふくよか 例「いと白うあてに、やせたれど、つらつき――・に」〈源氏・若紫〉訳 (尼君の顔は)とても色が白く気品があり、(体は)ほっそりしているが、頬(ほほ)はふっくらとしていて。

ふく-りふ【腹立】(フク・リュウ)〔名・自サ変〕《「腹立ち」の音読み》腹を立てること。立腹。例「かつうは――・し、かつうは落涙し給へば」〈平家・三・法印問答〉訳 腹を立てたり、涙を落としたりなさったので。

ふ-ぐるま【文車】〔名〕室内で本を運ぶために用いる小さい車。例「多くて見苦しからぬは、――の文(ふみ)、塵塚(ちりづか)の塵」〈徒然草・七二〉訳 沢山あっても見苦しくないのは、文車に載っている本と、ごみ捨て場のごみ。

ふくろ【袋・嚢】〔名〕❶布製や皮製で、物を中に入れて口をとじるもの。また、その状態のもの。ふくろ。
❷特に、巾着(きんちやく)。財布(さいふ)。また、その中身のお金のこと。例「――をかたふけて酒飯(しゆはん)の設けをす」〈雨月・菊花の約〉訳 所持金をはたいて酒食の用意をする。

ふ-けう【不孝】(フ・キョウ) 一〔名・形動ナリ〕親不孝。例「――・なるは、仏の道にもいみじくこそ言ひたれ」〈源氏・蛍〉訳 親不孝であることは、仏の道でも厳しく戒めている。
二〔名・自サ変〕勘当。親が親子の縁を切ること。

武家義理物語(ぶけぎりものがたり)〘書名〙江戸前期の浮世草子。井原西鶴作。一六八八年(貞享五)刊。武家社会における至上理念である「義理」にまつわる説話を集めた二十七話から成る短編小説。人間本来の心情を抑圧して生きる武家の行動様式を活写している。

ふ-げん【普賢】〔名〕《仏教語。「普賢菩薩(ぼさつ)」の略》文殊(もんじゆ)菩薩と共に釈迦(しやか)の脇士(わきじ)をつとめる。白象に乗った姿が多い。例「阿弥陀(あみだ)の絵像を安置し、そばに――をかき、前に法華経を置けり」〈方丈記・境涯〉訳 阿弥陀如来の絵像を安置し、そばに普賢菩薩の絵像をかけ、前(の経机(きやうづくえ))に法華経を置いた。

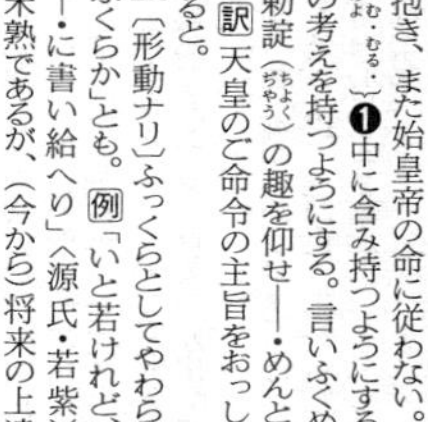
ふげん

> 参考 文殊が知恵を表すのに対して、普賢は、善行の実践を表すとか、悟りや修行をつかさどるとかいわれ、特に延命の力を持つ菩薩とされる。

ぶ-げん【分限】〔名〕《「ぶんげん」の変化した形》❶身のほど。身分。分際。
❷金持ち。富豪。例「このところ久しき――にして、商売やめて多く人を過ごしぬ」〈西鶴・日本永代蔵・一・三〉訳 この地で長い金持ちで、商売は(手代などに譲って)やめて(金融業などで)大勢の使用人を養っている。

ぶげん-しゃ【分限者】〔名〕裕福な人。金持ち。

ふげん-ぼさつ【普賢菩薩】〔名〕⇩ふげん

ふ-こ【封戸】〔名〕大宝律令(七〇一)以後の古代律令制で、院・宮・親王・諸臣・特別の社寺などが朝廷から賜った戸口。位階・官職・勲功などに応じて一定数の民戸が与えられ、その民戸からの租(そ)の半額と庸(よう)・調(ちよう)の全部が支給された。位階による「位封(ゐふ)」、官職による「職封(しきふ)」、勲功による「功封(こうふ)」の三種類があり、また神社に与えられたものを「神戸(かんべ)」、寺院は「寺封」といった。「食封(じきふ)」「御封(みふ)」とも。

ぶ-こつ【無骨】〔名・形動ナリ〕《「こちなし」にあてた「無骨」の音読み》❶無作法なこと。失礼なこと。無風流なこと。また、その様子。例「立ち居(ゐ)の振る舞ひの――さ、物いふ詞（ことば）つづきのかたくなること限りなし」〈平家・八・猫間〉訳（木曽義仲は）立ったり座ったりなど日常の動作の無作法なこと、何かものを言う時の言葉遣いの野卑なことはこの上なかった。
❷具合の悪いこと。不都合。
❸役に立たないこと。才のないこと。不才。

ふ-さう【扶桑】（フソウ）〔名〕❶中国で、はるか東方海上の日の出る所にあるといわれた神木。
❷はるか東方海上にあるという仙人の世界。
❸日本の別名。例「松島は—第一の好風（かうふう）にして、およそ洞庭（とうてい）・西湖（せいこ）を恥ぢず」〈奥の細道・松島〉訳松島は日本第一の好風景で、まったく中国湖南省北部の洞庭（どうてい）湖や中国浙江（せっこう）省の西湖の眺めにくらべても遜色（そんしょく）がない。

ふさう【相応う】〔動〕⇩ふさふ

ぶ-さう【無双】（ブソウ）〔名〕（「むさう」とも）二つとないこと。並ぶものがないほどすぐれていること。無類。例「それ当山は日本—の霊地、鎮護国家の道場」〈平家・二・一行阿闍梨之沙汰〉訳いったいこの山（＝比叡（ひえ）山）は日本に並びない霊地、国家を鎮め護（まも）る修道の場で。

ふさが・る【塞がる】〔自ラ四〕（ら・り・る・る・れ・れ）❶さえぎられたり、詰まったりして行き来ができなくなる。つまる。例「左右（うき）広ければさはらず。前後遠ければ—らず」〈徒然草・二一一〉訳（歩く時）左右（さゆう）が広くあいていれば障害にならない。前後が遠く離れていれば先がつかえない。注他人ニ頼ラナイ生キ方ヲ説ク文章。
❷物の行き来する通路をさえぎる。立ち塞がる。例「馬の頭（かしら）を立て並べて、大将軍の矢面（やおもて）に—りければ」〈平家・一一・嗣信最期〉訳（乗っている）馬の頭を押し並べ、大将軍（＝源義経）の矢面に立ち塞がったので。
❸（悲しみや喜びなどで）胸がいっぱいになる。塞がる。例「前途三千里の思ひ胸に—りて」〈奥の細道・旅立〉訳これから三千里もの長い旅に出るのだなあという感慨で胸がいっぱいになって。
❹「陰陽道（おんやうだう）」で、「ふさがり」の方角に当たる。塞がる。例「五日は西—り、六日（むゆか）は道忌日（だうきにち）」〈平家・九・三草勢揃〉訳五日は西の方角が塞がっていて悪く、六日は道忌日（＝外出ヲ嫌ウ日）であり。

ぶ-さた【無沙汰・不沙汰】〔名・形動ナリ〕❶処置や指図などをしないでおくこと。とりあわないこと。ほうっておくこと。また、その様子。
❷事情にうといこと。無関心なこと。知らないこと。
❸すべきことをしないこと。怠慢なこと。油断。不用心。
❹訪問や音信をしないでいること。たよりのないこと。無音（ぶいん）。

ふさは・し【相応し】（フサワシ）〔形シク〕《動詞「ふさふ」が形容詞化した形》似つかわしい。似合っている。つりあっている。例「—しからぬ御心の筋とは、年ごろ見知りたれど」〈源氏・夕霧〉訳（雲居雁（くもいのかり）が妻として、私、夕霧に）似つかわしくないご気性だとは、長年見知っていたが。

ふさ・ふ【相応ふ】（フソウ）〔自ハ四〕（は・ひ・ふ・ふ・へ・へ）相応する。ふさわしくある。

ふさ-やか【多やか】〔形動ナリ〕細かいものがたくさん垂れている様子。ふさふさとしている。例「ゆづり葉のいみじう—につやめき」〈枕草子・花の木ならぬは〉訳ユズリ葉（の木の葉）がたいそうふさふさと色つやがあって。

ふし【節】〔名〕❶竹・葦（あし）などの植物の茎のつなぎ目。樹木の幹で枝が出るためにこぶのように盛り上がった部分。また、その跡。動物の骨などのつなぎ目。関節。例「—を隔（へだ）ててよごとに金（こがね）ある竹を見つくること重なりぬ」〈竹取・かぐや姫の生ひ立ち〉訳節と節との間ごとに黄金（こがね）が入った竹を見つけることがたび重なった。
❷絹・綿・麻などの糸で、所々こぶのようになっている部分。また、織糸をつないだ結い目。例「昔おぼえて不用なるもの。繧繝縁（うげんべり）の畳の—出（い）で来たる」〈枕草子・昔おぼえて不用なるもの〉訳昔が懐かしく思い起こされるが役に立たないもの。繧繝縁の畳が（すり切れて）節が出て来ているの。
❸箇所。点。事柄。内容。趣。例「をかしきこと、あはれなる—をも、聞き知る人もなきままに」〈源氏・早蕨〉訳面白いことにしても、しみじみと心にしみる事柄にしても、それを理解してくれる人もいないので。
❹機会。時期。折。きっかけ。例「をこがましくも、またよき—なりとも思ひ給ふるに」〈源氏・帚木〉訳ばかばかしくも、また（縁を切るのに）よい機会だと思っていましたところ。
❺訳（わけ）。理由。根拠。
❻音楽や歌謡の曲節。旋律。ふしまわし。例「みめ形美しく、声よく—も上手でありければ、なじかは舞も損ずべき」〈平家・一・祇王〉訳（白拍子の仏御前（ほとけごぜん）は）顔かたちが美しく、声がよくふしまわしも上手だったので、なんで舞い損なうはずがあるものか。
❼音楽や歌謡の一区切り。段落。
❽難くせ。いいがかり。言い分。
要点 本来は①の意であるが、転じて、時間的な流れの中での特徴的な事柄や時を表す③④の意が生じた。和歌・物語などでは、①の意と③④の意とを掛けたり、「竹」との縁語で使用されることが多い。

ふじ【藤】〔名〕⇩ふぢ

ぶ-し【仏師】〔名〕⇩ぶっし

ふし-おき【臥し起き】〔名〕⇩おきふし

ふ-しぎ【不思議】〔名・形動ナリ〕（「不可思議」（＝思議スベカラズ）の略）❶（仏教語）超人間的で理解をこえていること。霊妙なこと。神秘的なこと。
❷思いもよらないこと。考えられないこと。意外なこと。とっぴなこと。例「世の—を見ること、ややたびたびになりぬ」〈方丈記・安元の大火〉訳（四十余年の間に）この世で思いもよらなかった出来事に出会うことが、何度か重なった。
❸常識はずれなこと。奇怪なこと。けしからぬこと。例「世のそしりをもはばからず、人の嘲（あざけ）りをも省みず、—の事をのみし給へり」〈平家・一・祇王〉訳（平清盛は）世の非難もかまわず、人のあざけりも心にかけずに、けしからぬ事ばかりをなさった。
❹粗末なこと。卑しいこと。

藤壺（ふじつぼ）〔人名〕⇩ふぢつぼ（藤壺）

ふし-ど【臥し所・臥し処】〔名〕夜寝る所。寝床。ねや。「ふしどころ」とも。

ふし-はかせ【節博士・墨譜】〔名〕古音曲の音譜。神楽（かぐら）・催馬楽（さいばら）・朗詠・声明（しょうみょう）・平曲（へいきょく）・謡曲など、謡物（うたいもの）や語り物などの詞章の傍らに点や線を付けて、その節の長短・高低を示す符号。胡麻（ごま）。胡麻点。略して「はかせ」とも。例「その後、太秦（うずまさ）の善観房（ぜんくわんばう）といふ僧、――を定めて、声明(しやうみやう)になせり」〈徒然草・二二七〉訳その後、太秦(＝広隆寺(コウリュウジ))の善観房という僧が、(経文に)音譜を決めて、法会(ほうえ)の讃歌とした。注「声明」ハ経文ニ節ヲ付ケテ謡ウ音楽。

ふし-ぶし【節節】〔名〕❶その時その時。そのつどそのつど。折々。例「何事にも故(ゆゑ)ある事の――には、まづ参(ま)う上(のぼ)らせ給ふ」〈源氏・桐壺〉訳(桐壺帝は)またどんな事にも風情のある催しのその時その時には、(誰をおいても)まず(桐壺更衣(きりつぼのこうい)を)お召し寄せなさって。
❷いろいろの点。いろいろの事柄。所々。例「あはれと思ひ聞こえ給ふ――もあれば」〈源氏・須磨〉訳(手紙の中には、光源氏が朧月夜(おぼろづきよ)を)いとおしいとお思い申し上げなさるいろいろの事柄もあったので。⇩ふし

ふしまち-の-つき【臥し待ちの月】《連語》(月の出が遅いので、臥して待つ月の意)陰暦十九日の月の称。「臥し待ち」「寝待ちの月」とも。

ふし-まろ・ぶ【臥し転ぶ】〔自バ四〕{ば・び・ぶ・ぶ・べ・べ}身体を地面などに投げ出し、ころがりまわる。ころげまわる。例「――・び、声も惜しまず泣かれけり」〈平家・三・僧都死去〉訳(俊寛僧都(そうず)の娘は父の死を聞いて)ころげまわり、大声を出してお泣きになった。

伏見(ふしみ)《地名》平安京の南郊の地名。現在の京都市伏見区伏見一帯。平安時代は貴族の別荘地であった。豊臣秀吉が伏見城(桃山城)を築城後、城下町として発展、江戸時代には京都と大阪を結ぶ淀(よど)川水運の河港として栄えた。

伏見城

ぶ-しゃ【歩射】〔名〕⇩かちゆみ

ふ-しゃう【不請】〔名〕自分の心からは請い望まないこと。いやいやながらすること。不承不承。例「――の阿弥陀仏(あみだぶつ)両三遍申してやみぬ」〈方丈記・みづから心に問ふ〉訳(自分を恥じて)心から望まない(＝望メナイ)念仏を二、三度唱えてやめてしまった。注コノ例ニハ異説ガ多ク、定説ヲ見ナイ。

ふ-しゃう【不祥】〔名・形動ナリ〕❶とんでもないこと。災難。例「『きはめて――にも値(あ)ひぬるかな』と恐ろしくて」〈今昔・一九・一四〉訳(乱暴者につめ寄られ)「大変な災難に遭ったことだな」と恐ろしく思って。
❷不運であること。また、不運とあきらめなければならないこと。不幸。

ふ-しょう【鳧鐘】〔名〕❶《中国の古伝説で、鳧氏(ふし)が造ったというところから》釣鐘。
❷(転じて)念仏の時にたたく、丸く小さい鉦(かね)。「鉦鼓(しやうこ)」。
❸雅楽の「十二律(じふにりつ)」の第七音。壱越(いちこつ)よりも六律高い音。西洋音階の嬰(えい)(＝シャープ)ト音にあたる。⇩じふにりつ

ふじょう【不定】〔名〕⇩ふぢやう

ふし-をが・む【伏し拝む】〔他マ四〕{ま・み・む・む・め・め}ひれ伏すようにして拝む。敬礼する。

ふ-しん【普請】〔名・自サ変〕《「しん」は「請」の唐音》❶(仏教語)禅宗で、多くの修行僧達を請い集めて、労役に従事してもらうこと。
❷寺院などで、多くの人々から寄付を受けて、堂・塔などを建築・修理すること。
❸(転じて)橋・堤防・道路などの土木工事。また、一般の家屋の建築工事。

ぶ-しんぢゅう【不心中】〔名・形動ナリ〕《近世語》義理をわきまえないこと。不誠実。特に、男女の間で愛情を守らないこと。薄情。

ふ・す【伏す・臥す】

■一〔自サ四〕{さ・し・す・す・せ・せ}❶うつぶせになる。はい伏す。倒れ伏す。例「天にあふぎ地に――・して泣き悲しめども」〈平家・三・足摺〉訳天を仰ぎ地面にひれ伏して泣き悲しむけれども。
❷横たわる。また、眠るために横になる。床につく。ねる。例「端に出(い)でて――・したるに」〈枕草子・上にさぶらふ御猫は〉訳(天皇寵愛(ちようあい)の猫がお部屋の)縁の先に出て横たわっているので。
❸姿勢を低くしてひそみ隠れる。ひそむ。例「草の深いに――・さうどて」〈平家・九・老馬〉訳(鹿(かし)は)草の深い所にひそみ隠れようとして。注「ふさうどて」ハ「ふさんとて」ノ変化シタ形。
■二〔他サ下二〕{せ・せ・す・する・すれ・せよ}❶うつぶせにする。はいつくばわせる。例「名虎(なとら)をとって――・せんとす」〈平家・八・名虎〉訳名虎(＝人名)を組み討ちにしてはいつくばわせようとする。
❷顔などを下向きにさせる。うつむかせる。例「亡き親の面(おもて)を――・せ、影を辱(はづかし)むるたぐひ多く聞こゆる」〈源氏・若菜・上〉訳今は亡き親の顔をうつむかせ(＝顔ヲツブシ)、親の名声を辱める例が数多く聞かれるのも。
❸横たわらせる。横にする。床につかせる。寝かせる。例「親の前に――・すれば、ひとり局(つぼね)にふしたり」〈枕草子・かしこきものは〉訳(子供が幼い間は、乳母をその子と一緒に)母親の前に寝かせるので、(乳母の夫は)一人ぼっちで乳母の部屋に寝ている。
❹姿勢を低くして隠れさせる。ひそませる。

ふ・す【賦す】〔他サ変〕{せ・し・す・する・すれ・せよ}漢詩などを作る。詩作する。

ぶ-す【附子・付子】〔名〕《呉音。古くは「ぶし」とも》❶毒薬の一つ。トリカブト(＝草ノ名)の根を乾燥させて作る。強心・鎮痛剤として、また、矢尻に塗って毒矢ともした。
❷狂言の題目(＝作品)。太郎冠者(かじや)、次郎冠者が主人から附子(＝毒物)だといって預けられたものが、砂糖であると知り、全部食べてしまう。この言い訳のために、主人の秘蔵の掛け物や茶碗(ちやわん)をこわし、大切な物をこわした償いに死のうとして附子を食べたが死ねなかったと、帰宅した主人に弁解するという筋の、小名狂言。

ふす・ぶ【燻ぶ】〔自バ下二〕{べ・べ・ぶ・ぶる・ぶれ・べよ}❶よく燃えないで煙が立つ。くすぶる。例「夏なれば宿に――・ぶる蚊(か)やり火のいつまで我が身下燃えをせむ」〈古今・恋一・五〇〇〉訳夏だから家々でくすぶっている蚊やり火、その蚊やり火のように、いつまで私の心は(人知れず)思い焦がれるのかしら。
❷やきもちを焼く。嫉妬(しつと)する。例「思ふ人ふたり持ちて、こなたかなた――・べらるる男」〈枕草子・苦しげなるもの〉訳

(つらそうなものは)愛人をふたり持って、両方からやきもちを焼かれている男。

ふすぼ・る【燻ぼる】〔自ラ四〕{ら・り・る・る・れ・れ}煙にいぶされてすすける。また、煙が立ち込める。くすぶる。例「もってのほかに―・ったる持仏堂(ぢぶつだう)にたて籠り」〈平家・三・頼豪〉訳たいそう(護摩(ごま)の煙の)くすぶっている持仏堂にたて籠って。

ふすま【衾・被】〔名〕長方形の袷(あはせ)で、夜寝る時に身をおおう夜具。掛蒲団(かけぶとん)・かいまき。綿入れが一般的であるが、袖(そで)や襟(えり)がついた直垂(ひたたれ)のものもある。例「白き衣(きぬ)どものなつかしうなよよかなるをあまた重ねて、―引きかけて臥(ふ)し給へり」〈源氏・柏木〉訳(病気の柏木(かしはぎ)は)白い衣(=下着類)などで、着なれてしなやかになっているのをたくさん重ねて、その上に夜具をかけて横になっていらっしゃる。

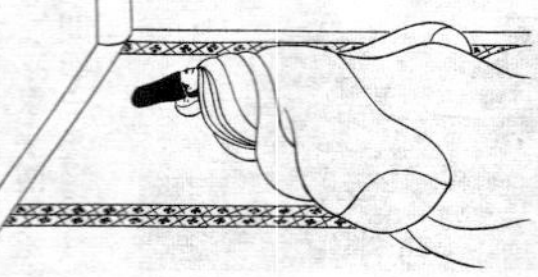
ふすま

ふ-せ【布施】〔名・自サ変〕《仏教語》六波羅蜜(ろくはらみつ)の一つ。施しをすること。特に、僧侶(そうりよ)や乞食(こじき)などに金銭・品物を施すこと。また、その金品。また、僧侶がその返礼に仏法を説くこと。前者を財施、後者を法施といい、二施という。また、仏菩薩(ぶつぼさつ)が衆生のさまざまの恐怖を取り去って救うことを無畏施(むゐせ)といい、合わせて三施とする。

ふせ【伏せ】〔接尾〕《多く「ぶせ」と連濁する》矢の長さをはかる単位。「一伏せ」は、指一本の横幅の長さ。例「小兵(こひやう)といふぢゃう、十二束(そく)三つ―、弓は強し」〈平家・一一・那須与一〉訳体の小さい武者であるとはいっても、(矢の長さは)十二束三つ伏せ(もあり)、弓は強い(弓だ)。

ふ-ぜい【風情】**一**〔名〕❶風流・風雅の趣。情趣。味わい。特に、歌論等において、美的趣向・美的構想をいう。例「岡の屋に行き交(か)ふ船を眺めて、満沙弥(まんしやみ)が―を盗み」〈方丈記・境涯〉訳岡の屋(=宇治川ニアル舟着キ場)に出入りする船を眺めては、沙弥満誓(まんぜい)の風雅の趣をまねて(和歌を作り)。注満沙弥ハ万葉歌人。
❷様子。有様。態度。また、光景。情景。
❸能楽で、所作。動作。
❹身のまわりを整えること。化粧・髪結い・着付けなどの身だしなみ。
二〔接尾〕❶(名詞に付いて)…のようなもの。…に似たもの。…の類。例「箱―の物にしたため入れて、双(なら)びの岡の便(びん)よき所に埋みおきて」〈徒然草・五四〉訳(弁当箱を)箱のようなものに丁寧に収めて、双の岡(=京都市北部、仁和(にんな)寺ノ南ニアル)の都合のよい所に埋めておいて。
❷(名詞、特に人名や代名詞に付いて)へりくだったり、それを卑しめたりする意を添える。自・他ともに用いる。…のような者。…のようなやつ。

ふせ-いほ【伏せ庵】(オイ)〔名〕伏せたように屋根の低い家。みすぼらしい家。「伏せ屋」とも。例「―の曲げ庵(いほ)の内に直土(ひたつち)に藁(わら)解き敷きて」〈万葉・五・八九二長歌〉訳軒先が地面に届くほどのみすぼらしい家で、曲がりゆがんで倒れそうな家の中で、地べたに藁をほぐして敷いて(生活し)。注山上憶良ノ「貧窮問答歌」ノ一節。

ふ-せう【不肖】(ショウ)〔名・形動ナリ〕《「肖」は似るの意》❶親に似ないで愚かなこと。
❷未熟なこと。劣っていること。愚かなこと。「不肖の身」という形で、自分を卑下していう場合に用いることが多い。例「身―の間、かれもって服膺(ふくよう)せず」〈平家・三・医師問答〉訳(私、平重盛は長男として、しきりにお諫めしたけれども)自分が至らぬ者であるために、あの人(=清盛)は忠告を守ってくれない。
❸世間的地位にめぐまれていないこと。みじめなこと。不運。不幸。

ふせき-や【防き矢】〔名〕《室町時代頃から「ふせぎや」とも》敵の追撃・襲来を防ぎ、くいとめるために射る矢。

ふせ・く【防く】〔他カ四〕{か・き・く・く・け・け}《室町時代以降「ふせぐ」》(敵・災いなどを)さえぎって及ばないようにする。防御する。防ぐ。例「嵐(あらし)を―・ぐよすがなくては、あられぬわざなれば」〈徒然草・五八〉訳(隠遁(いんとん)しても、吹き込む)嵐を防ぐよりどころがなくては、生きてゆけないことなので。

ふせ-ご【伏せ籠】〔名〕伏せておいて、その上に衣服をかける金属製・竹製の籠(かご)。その中に香炉(かうろ)・火鉢などを置いて、衣服に香をたきしめたり、衣服を乾かしたり暖めたりするのに用いる。

ふせご

ふ-せつ【浮説】〔名〕根拠のない噂(うわさ)。流言。評判。例「世間の―、人の是非(ぜひ)、自他のために失多く、得少なし」〈徒然草・一六四〉訳世間の根拠のない噂や、他人の批評は、お互いのために損になることが多く、得るところは少ない。

ふせ-や【伏せ屋】〔名〕地面に伏せたように、軒の低いみすぼらしい家。「ふせいほ」とも。例「倭文幡(しつはた)の帯解(と)きかへて―立て妻問ひしけむ葛飾(かつしか)の真間の手児名(てごな)が奥つ城(き)を」〈万葉・三・四三一長歌〉訳(男達が)簡素な日本製の織物の帯を解き合って、共寝するためのみすぼらしい小屋を立て、求婚したという、葛飾の真間の手児名の墓は。注「真間の手児名」ハ伝説ノ美少女。

豊前(ぶぜん)《旧国名》西海道十二か国の一つ。現在の福岡県東部と大分県北西部。古く「豊(とよ)の国」と呼ばれたが、文武天皇の時代に豊前・豊後に二分された。豊州(ほうしゅう)。

ふ-そく【不足】〔名〕❶足りないこと。不十分。例「一身をやどすに―なし」〈方丈記・閑居の気味〉訳(一丈四方の庵(いほり)ではあるが)一人で住む分には十分である。
❷不満。不平。例「何の―にかかる心つかれけん」〈平家・一・鹿谷〉訳(藤原成親(なりちか)は大納言にまで昇進しながら)どのような不満でこのような(平家滅亡を願う)気持ちにとりつかれたのであろうか。

ふ-ぞく【風俗】〔名〕《「ふうぞく」とも》古代歌謡の一種。風俗歌(ふうぞくうた)。もとは諸国の民謡であったが、宮廷・貴族社会に採用されて、宴遊などで歌われた。

ふ-ぞく【付属・付嘱】〔名・他サ変〕❶《仏教語。「ふしょく」とも》師が弟子に仏法の奥義を伝授すること。
❷譲り渡すこと。あずけること。まかせること。

蕪村(ぶそん)《人名》⇩与謝蕪村(よさぶそん)

ふだ【簡・簿・札】〔名〕❶(「日給(にっきふ)の簡(ふだ)」「殿上(てんじやう)の簡(ふだ)」の略)宮中で清涼殿の殿上の間(ま)に出仕する者の姓名・当直日を記入した大形の木簡。殿上の間の北西の壁にかけられた。❷町中に高く立てる板札。立て札。高札(かうさつ)。例「――を書きて、大門の前に立てたりければ」〈平家・一・清水寺炎上〉訳立て札を書いて、寺の総門の前に立てたところ。❸神仏の守り札。お守り。例「遊行(ゆぎやう)の聖(ひじり)とは、――のご所望にて候ふか」〈謡曲・遊行柳〉訳遊行の聖と私のことをお呼びになったのは、お守り札がほしいのですか。

ふた-あや【二綾】〔名〕二色の糸で織った綾(あや)織物。

ふた-あゐ【二藍】(アイ)〔名〕❶染色の名。紅花(べにばな)と藍とで染めた色。薄紫のような色。❷(襲(かさね)の色目の名)表は赤みがかった濃い縹色(はなだいろ)(=藍色ノ一種)で、裏は縹色のもの。

ふ-だい【譜第・譜代】〔名〕(「譜」は系譜、「第」「代」は次第、代々の意)❶氏族の家系の順序を記したもの。系図。系譜。❷一つの家系で代々ある職業、技芸などを継ぐこと。また、その者。世襲。例「先例・官の上下臈(じやうげらふ)によらず、――を選び用ゐらるることなり」〈古今著聞集・管絃歌舞〉訳先例や官位の上下によらず、代々その技芸を継いでいる者を選んで任用されること(が良いの)である。❸代々、臣下として仕えていること。また、その者。例「相伝(さうでん)――のよしみ、年ごろ日ごろ、重恩(ぢゆうおん)いかでか忘るべきなれば」〈平家・七・福原落〉訳先祖代々の家来であった恩義、長年日頃の、大きな恩をどうしても忘れることはできないので。❹江戸時代、慶長五年(一六〇〇)の関ケ原の戦い以前から、徳川氏に仕えていた者。⇩とざま③

ぶ-たう【無道】(ウ:ト)〔名・形動ナリ〕(「むだう」とも)道理・道義にそむくこと。人の道にはずれること。また、そのさま。例「悪逆――にして、ややもすれば君を悩まし奉る」〈平家・三・医師問答〉訳悪事が道理にはずれており、ともすると天皇を悩まし申し上げている。

要点「ぶ」も「たう」も漢音。呉音で「むだう」とも読む。また、「ふだう(不道)」という語もある。

武道伝来記(ぶだうでんらいき)〔書名〕江戸前期の浮世草子。井原西鶴作。一六八七年(貞享四)刊。副題に「諸国敵討」とあるように、全三十二話から成る短編すべてが、諸国で行われた敵討譚(あだうちたん)である。

二上山(ふたがみやま)〔山名〕❶大和(やまと)国(=奈良県)と河内(かはち)国(=大阪府ノ東部)との境、金剛山地の北端の山。現在は二上山(にじようさん)と呼ばれる。大津皇子(おほつのみこ)が葬られた地。❷越中(えつちゅう)国にある山。現在の富山県高岡市の北、氷見(ひみ)市との境近くにある。

ふたが・る【塞がる】〔自ラ四〕(ら・り・る・る・れ・れ)(「ふたぐ」の自動詞形)❶さえぎられたり詰まったりして、行き来ができなくなる。詰まる。塞(ふさ)がる。例「鼻の中――・りて、息も出(い)でがたかりければ」〈徒然草・四二〉訳鼻の中が詰まって、息もしにくかったので。❷(悲しみや喜びなどで)胸がいっぱいになる。塞(ふさ)がる。例「うち聞くより、胸――・りておぼゆれど」〈源氏・明石〉訳(明石の入道は光源氏の帰京のことを)聞くやいなや、胸がいっぱいになるように思われるが。❸「陰陽道(おんやうだう)」で、「ふさがり」の方角に当たる。塞(ふさ)がる。例「今宵(こよひ)、方(かた)の――・りければ、方違(かたたが)へになむ行く」〈枕草子・かへる年の二月二十日よ日〉訳今晩は、方角が塞がっているので、方違えに行く。

ふた・ぐ【塞ぐ】(が・ぎ・ぐ・ぐ・げ・げ)(「ふたがる」の他動詞形)㊀〔他ガ四〕❶ふたをしたり詰めたりして、行き来を妨げたり見えないようにしたりする。塞(ふさ)ぐ。例「誰かは来て見むとも、うち解けて、穴も――・がず」〈源氏・浮舟〉訳いったい誰が来て見ようとするだろうかと油断して、(戸の)穴も塞がない。❷漢詩の韻字を隠し、それを当てて遊ぶ。「韻(ゐん)ふたぎ」をする。例「――・ぎもてゆくままに、難き韻の文字どもいと多くて」〈源氏・賢木〉訳韻字を次々に隠して行くにつれ、むずかしい韻の文字がたいそう多くなって。㊁〔他ガ下二〕(げ・げ・ぐ・ぐる・ぐれ・げよ)❶さえぎったり詰めたりして、行き来を妨げる。塞(ふさ)がるようにする。例「寝殿は――・げ給はず、時々渡り給ふ御住み所にして」〈源氏・松風〉訳(新築した東の院の)寝殿はお塞ぎにならず(=空ケテオイテ)、時々お渡りになるご休息所にして。❷「方塞(かたふたがり)」になるようにする。⇩かたふたがり 例「久しく程へて渡り給へるに、方(かた)――・げて」〈源氏・帚木〉訳(光源氏は左大臣邸に)長らく無沙汰(ぶさた)をしてお渡りになったのに、方塞がりになるように日を選んで。

ふた-ごころ【二心】〔名〕❶同時に二通りの相反する心を持つこと。浮気心。あだし心。例「――おはしますは、つらけれど」〈源氏・宿木〉訳(匂宮(にほふのみや)に)同時に二人を愛する心がおありになるのは、つらいけれども。❷主君に背く心。裏切りの心。例「山は裂け海は浅(あ)せなむ世なりとも君に――我があらめやも」〈金槐集・雑〉訳たとえ、山が崩れ海が浅くなってしまう世の中であろうとも(=ドンナコトガアロウトモ)、天皇に背く心を私が持ちましょうか(持ちません)。

ふだ-さし【札差し】〔名〕(「札」は蔵米(くらまい)の受取手形。これを割り竹にはさんで米俵に差したところからいう)江戸時代の金融機関の一つ。旗本・御家人(ごけにん)の代理として、扶持米(ふちまい)を浅草御蔵から受け取り、これを売って現金に換えて、その手数料を取った商人。また、中期以降は扶持米を担保として、金貸しを営み、莫大(ばくだい)な富を築いた。大坂の「掛け屋」にあたる。「蔵宿(くらやど)」とも。

ふた-つ【二つ】(「つ」は接尾語)㊀〔名〕❶数の名。二(に)。二個。❷年齢で、二歳。例「一昨年(をとどし)の秋も、ここに侍る人の子の、――ばかりに侍りしを、取りて」〈源氏・手習〉訳一昨年の秋にも、この近くに住んでいます人の子供で、二歳ほどでありました者を、(狐(きつね)が)さらって。㊁〔副〕再び。かさねて。例「また――異人(ことひと)みるといふことは、あるべきにもあらず」〈大鏡・公季〉訳また二度と再び他の女性をめとるということは、ありますまい。

二つ無(な)・し 二つとない。他に並ぶものがない。

ふたつ-ぎぬ【二つ衣】〔名〕袿(うちき)や衵(あこめ)を二枚重ねて着たもの。二枚重ね。

ふたつ-な・し【二つ無し】⇩「ふたつ」子項目

ふたつ-もじ【二つ文字】〔名〕平仮名の「こ」の字。例「『――牛の角(つの)文字直(す)ぐな文字ゆがみ文字とぞ君はおぼゆる』、恋しく思ひ参らせ給ふとなり」〈徒然草・六二〉訳「二つ文字(=「こ」)牛の角文字(=「い」)まっすぐな文字

(=「し」)ゆがみ文字(=「く」)と父君のことが思われます」、(つまり)恋しく(こ・い・し・く)お慕い申し上げになるという意味である。注延政門院(=悦子内親王)ガ幼イ頃、父ノ後嵯峨上皇ニ贈ッタ歌。

ふた-ば【二葉】〔名〕❶草木の芽を出したばかりの二枚の葉。❷(①から転じて)幼少の頃。また、物事のはじめ。

ふた-ま【二間】〔名〕(「ま」は柱と柱の間のこと)❶柱と柱の間が二つある距離。柱三本の間の距離。❷一辺が柱三本の二間になっている部屋。多く、持仏が安置してある。❸(南北が二間であることから)清涼殿の東側にある廂の間。天皇守護を祈禱する僧侶が控える部屋。

二見浦

二見浦(ふたみのうら)『地名』(「ふたみがうら」とも)伊勢の国の伊勢神宮にほど近い海岸。現在の三重県度会郡二見町。伊勢神宮に参拝する者がここで身を清めた。現在も夫婦岩で名高い景勝の地である。歌枕。

ふた-めか・す〔他サ四〕{さ・し・す・す・せ・せ}(「ふた」は擬声語。「めかす」は接尾語)ばたばたさせる。ばたつかせる。

ふた-め・く〔自カ四〕{か・き・く・く・け・け}(「ふた」は擬声語。「めく」は接尾語)❶ばたばた音をたてる。ばたばたする。例「大雁(おほがん)ども――・きあへる中に」〈徒然草・一六二〉訳多数の大雁が(お堂にとじこめられて)ばたばた騒いでいる中に。❷手足をばたばたさせる。あわて騒ぐ。例「引き具したりける所従(しょじゅう)十余人倒れ――・き」〈平家・八・緒環〉訳引き連れていた従者達十人余りは(驚きのあまり)腰を抜かしてあわて騒ぎ。

ふ-だん【不断】〔名・形動ナリ〕❶絶えまのないこと。断絶しないこと。❷平常。いつでも。

ふだん-かう【不断香】〔名〕昼夜絶えまなくたきつづける香。

ふだん-ぎゃう【不断経】〔名〕《仏教語》死者の追善・冥福や安産祈願のために、一七日(=七日間)、二七日(=十四日間)と一定の期間を決めて、昼夜絶えまなく、大般若経、最勝王経、法華経などの経を読むこと。また、その経。

ふち【淵】〔名〕水がよどんで深い所。対せ(瀬)例「つくばねの峰より落つるみなの川恋ぞ積もりて――となりぬる」〈後撰・恋三〉訳筑波山の峰から流れ落ちるみなの川の水が、積もり積もって淵となるように、あなたを思う私の恋心も、積もり積もって淵のように深くなってしまった。注『百人一首』所収、陽成院ノ作。例「朝顔や一輪深き――の色」〈蕪村〉訳朝顔がいろいろ咲いている中に、一輪だけ藍色の花が咲いている。露にぬれたその様はまるで深い淵の色を思わせるようだ。

ふ-ち【扶持】〔名・他サ変〕(「扶」は助ける、「持」は保つ意)❶助けること。世話をすること。助力。❷米などを俸禄・給与として与えて、臣下として召しかかえること。主従関係を結んで、生活を保証すること。例「この信濃(しなの)の入道を――・し給ひけり」〈徒然草・二二六〉訳(慈鎮和尚は)この信濃の入道(=中山行長)を臣下として召しかえなさった。❸(「扶持米(ふちまい)」の略)主君から給料として与えられる米。

ふぢ

【藤】〔名〕❶植物の名。マメ科のつる性の落葉低木。五、六月頃に淡紫色の房状の花を垂れる。フジ。(季・春)例「――の花は、しなひ長く、色濃く咲きたる、いとめでたし」〈枕草子・木の花は〉訳藤の花は、花房が長く、色濃く咲いているのが、大変すばらしい。❷染色の名。薄紫。藤色。❸(「藤襲(ふぢがさね)」の略)《襲の色目の名》表は薄紫、裏は青、または萌黄。陰暦三、四月頃に着用する。❹(「藤衣(ふぢごろも)②」の略)喪服。

藤の御衣(おんぞ)「ふぢごろも②」の尊敬語。御喪服。

藤の衣(ころも)❶⇩ふぢごろも①　例「――、麻のふすま、得(う)るにしたがひて、肌(はだへ)を隠し」〈方丈記・閑居の気味〉訳粗末な衣服でも、麻の夜具でも、手に入るだけのもので、身体を包んで隠し。❷⇩ふぢごろも②

ふぢ-ごろも【藤衣】〔名〕❶藤や葛などのつる性の植物の茎の繊維で織った衣。織目が粗く、肌ざわりが悪いが、丈夫で、貧しい者が着る衣服。転じて、粗末な衣服の称。歌では、織目の粗いことから「間遠(まどほ)」を、衣が馴れるという意から「馴れる」を、衣を織ることから「折れる」を導く序詞になることがある。例「大君の塩焼く海人(あま)の――なれはすれどもいやめづらしも」〈万葉・三・二九七一〉訳大君の塩を焼く海人の藤衣のように馴れてはきたが、いよいよ(恋しい人が)懐かしい。❷喪服。例「――露けき秋の山人は鹿(しか)の鳴く音(ね)に音をぞ添へつる」〈源氏・夕霧〉訳喪服も(涙がちで)露にぬれたようにしめっている、秋の山里に住む人は、鹿の鳴く声に、自分の泣く声をいかにも添え加えている。

> 参考　もと①を喪服として用いたことから②の意が生じたのであろうが、後々には麻製のものをもいう。平安時代の用例は大部分が②の意である。

ふち-せ【淵瀬】〔名〕❶川の流れの深い所と浅い所。淵と瀬。例「飛鳥川、――も定めなく、いかならむとあはれなり」〈枕草子・河は〉訳(河は)飛鳥川、淵と浅瀬がいつ変わるか分からず、どんな川なのだろうと哀れをもよおされる。❷(渡りやすい浅い瀬と渡りにくい深い淵を見分ける意から)物事の是非を判断すること。判断力。分別。多く「淵瀬も知らず」の形で用いる。例「涙川――も知らぬみどり子をしるべと頼む我やなになる」〈宇津保・俊蔭〉訳涙川の深い淵と浅い瀬の見分けもつかない、分別もない幼い子を道しるべと頼りにする私はいったい何なのだろうか(本当に母親なのだろうか)。❸(「世の中は何か常なる飛鳥川昨日の淵ぞ今日は瀬になる」〈古今・雑下・九三三〉の和歌の意から)世の中の移り変わりやすいこと。世相の変遷。無常。例「飛鳥川――に変はる心とは皆上下(かみしも)の人もいふめり」〈後撰・雑四〉訳飛鳥川の淵瀬のように世の中は無常で、人の心が変わることは世間の人皆が身分の上下を問わず言っているようだ。

ふぢ-つぼ【藤壺】〔名〕❶内裏の殿舎の一つ。「飛香舎(ひぎやうしや)」の別名。「壺(=中庭)」にフジが植えてあるところからいう。清涼殿の北にあり、后や女御が住む所。

❷ ①を局として賜った后・女御の呼称。例「──と聞こゆ。げに、御かたち有様、あやしきまでぞ覚え給へる」〈源氏・桐壺〉訳藤壺と申し上げる。(この人は)本当に、お顔だち・お姿が、不思議なくらい(亡き桐壺更衣に)よく似ていると)お思いになられた。

藤壺(ふぢつぼ) フジツボ〖人名〗『源氏物語』の登場人物。先帝の第四皇女。容姿が光源氏の母、故桐壺更衣と酷似していたので、桐壺帝の求めで女御として入内、後に中宮となった。そして、亡き母の面影を求めて慕い寄る光源氏と過ちを犯し、皇子(=後ノ冷泉帝)を出産する。帝はその秘密に気づかないが、彼女は罪の意識にさいなまれて、帝の死後尼になってしまう。しかしその後も、陰ながら光源氏のために力を尽くす。

ふぢ-なみ【藤波・藤浪】 フジ:〔名〕❶フジの花房が風になびく様子を波に見立てていう語。フジ。フジの花。(季・春) 例「──の花は盛りになりにけり奈良の都を思ほすや君」〈万葉・三・三三〇〉訳藤の花は今満開になりました。奈良の都を恋しく思いますか、あなたは。

❷藤原氏。また、藤原氏の系統。例「補陀落(ふだらく)の南の岸に堂建てて今ぞ栄えむ北の──」〈新古今・神祇・一八五四〉訳補陀落の興福寺の南の岸に堂(=南円堂)を建てて、今からまさに栄えることであろう、藤原の北家は。注「補陀落」ハ観音ノ住ム山。

ふぢ-の-おんぞ【藤の御衣】 フジ:⇩「ふぢ」子項目

ふぢ-の-ころも【藤の衣】 フジ:⇩「ふぢ」子項目

ふぢ-ばかま【藤袴】 フジ:〔名〕❶《花が藤色で、花弁が筒状で袴のようなのでいう》草の名。キク科の多年草で、秋に淡紅紫色の筒状の花を数多く付ける。秋の七草の一つ。フジバカマ。和歌では衣服の袴にかけて用いることが多い。(季・秋) 例「萩(はぎ)の花尾花葛花(くずばな)なでしこの花女郎花(をみなへし)また──朝顔の花」〈万葉・八・一五三八〉訳萩の花、ススキ、葛の花、ナデシコ、オミナエシ、また、フジバカマ、朝顔の花。注秋ノ七草ヲ羅列シテ詠ンダ歌。

❷《襲の色目の名》表裏とも紫。

藤原明衡(ふぢはらのあきひら) フジワラノアキヒラ〖人名〗平安後期の漢詩人。文章博士、大学頭などを歴任。漢文集『本朝文粋』を編纂。『明衡往来』『新猿楽記』などの著がある。(九八九〜一〇六六)

藤原家隆(ふぢはらのいへたか) フジワラノイエタカ〖人名〗平安末期・鎌倉初期の歌人。俊成に歌を学び、後鳥羽院から厚い信任を受けて『新古今和歌集』を撰進。素直で清澄な作風で、『千載和歌集』『新古今和歌集』以下の勅撰集に多数の歌が収録されている。従二位まで進み、壬生二位と称したので、その家集を『壬二集』という。

藤原兼家(ふぢはらのかねいへ) フジワラノカネイエ〖人名〗平安中期の公卿。九二九年(延長七)〜九九〇年(永祚二)。師輔の子。道長の父。兄兼通と官位を争い、我が娘詮子の産んだ皇子を策謀のもとに一条天皇として即位させ、摂政・関白となって権力を振るった。『蜻蛉日記』の作者の夫で、多くの女を妻として持つ実のない夫として描かれている。

藤原清輔(ふぢはらのきよすけ) フジワラノキヨスケ〖人名〗平安後期の歌人、歌学者。顕輔の子。『続詞花和歌集』を撰した。藤原俊成と並び称され、歌論書『袋草紙』『奥義抄』、家集に『清輔朝臣集』(一一〇四〜七七)

藤原公任(ふぢはらのきんたふ) フジワラノキントウ〖人名〗平安中期の歌人・学者。九六六年(康保三)〜一〇四一年(長久二)。関白頼忠の長男で、四条大納言と称され、正二位に至ったが、のち出家。『大鏡』にも伝えられるように、当時から「三船(=漢詩・和歌・管弦)の才」で有名であったが、有職故実や書にも通じ、まさに博学多芸の人であった。歌は『拾遺和歌集』以下の勅撰集に入集。家集に『公任集』がある。また、歌論書『新撰髄脳』『和歌九品』、歌謡集『和漢朗詠集』、有職故実の書『北山抄』などの編著者としても知られる。⇩和漢朗詠集(わかんらうえいしふ)

藤原俊成(ふぢはらのしゆんぜい) フジワラ:〖人名〗平安末期・鎌倉初期の歌人・歌学者。一一一四年(永久二)〜一二〇四年(元久元)。定家の父。官位は正三位皇太后宮大夫に至り、五条三位と呼ばれた。病を得て出家後、法号を釈阿という。当代歌壇の第一人者で『千載和歌集』の撰者。優艶の中にあわれを余情としてかもし出す「幽玄」の歌風を理想とし、『新古今和歌集』の歌風、ひいては中世の美的理念の方向づけをした。『詞花和歌集』以下、『新古今和歌集』に七十二首など勅撰集に多数の歌を残すほか、家集『長秋詠草』、歌論書『古来風体抄』がある。⇩千載和歌集(せんざいわかしふ)

藤原俊成女(ふぢはらのしゆんぜいのむすめ) フジワラ:〖人名〗鎌倉初期の女流歌人。祖父である俊成の養女。歌人源通具の妻となったが、のち出家。『新古今和歌集』に二十九首入っており、新古今調を代表する妖麗な歌風で知られる。家集に『俊成卿女集』がある。

藤原定家(ふぢはらのていか) フジワラ:〖人名〗鎌倉初期の歌人・歌学者。一一六二年(応保二)〜一二四一年(仁治二)。俊成の子。官位は正二位中納言に至り、京極中納言と呼ばれた。父の跡を継いで歌道に励み、後鳥羽院をめぐる当時の歌壇の重鎮となり、『新古今和歌集』『新勅撰和歌集』を撰進した。父の「幽玄」を更に深め、妖艶な象徴美の世界「有心」をめざした。『千載和歌集』以下の勅撰集に多数入集、家集『拾遺愚草』、歌論書『近代秀歌』『毎月抄』『詠歌大概』、日記『明月記』などがある。また、『源氏物語』を始めとする古典の継承者・校訂者としても知られ、「定家かなづかい」は多くの人に迎えられた。『小倉百人一首』の編者とされる。⇩新古今和歌集(しんこきんわかしふ)・毎月抄(まいげつせう)・小倉百人一首(をぐらひやくにんいつしゆ)

藤原定子(ふぢはらのていし) フジワラ:〖人名〗「さだこ」とも。一条天皇の中宮、のちに皇后。九七六年(貞元元)〜一〇〇〇年(長保二)。道隆の娘。関白であった父の死後、道長の娘彰子が中宮として入内したので、同時に二人の后が並立する先例となったが、非運に見舞われ、若くして死んだ。清少納言はその女房の一人で、『枕草子』には、清少納言のよき理解者としての定子の姿が描かれている。

藤原雅経(ふぢはらのまさつね) フジワラ:〖人名〗鎌倉初期の歌人。「飛鳥井雅経」とも。歌を藤原俊成・定家に学び、『新古今和歌集』撰者の一人となる。『新古今和歌集』の二十二首を始め、以後の勅撰集に入集。歌道の飛鳥井家の祖で、家集に『明日香井和歌集』がある。

藤原道綱母(ふぢはらのみちつなのはは) フジワラ:〖人名〗平安中期の貴族婦人。生没年未詳。藤原倫寧の娘。関白太政大臣藤

原兼家の夫人の一人で、道綱をもうける。赤裸々に心の内を語った『蜻蛉日記』は女流日記文学の端緒となった。⇩蜻蛉日記

藤原道長（ふぢはらのみちなが）【人名】平安中期の政治家。九六六年（康保三）〜一〇二七年（万寿四）。兼家の五男。一条天皇の中宮となった彰子を始め、后に立てた娘達の産んだ皇子を次々と帝位につけ、天皇家の三代の外戚として権力をほしいままにした。摂政・関白・太政大臣の位を極め、藤原氏の「氏の長者（＝一族ノ長）」としてその全盛期を築いたが、その様子は『大鏡』や『栄花物語』などに印象深く描かれている。変体漢文で書かれた日記『御堂関白記』でも知られる。

藤原良経（ふぢはらのよしつね）【人名】鎌倉初期の政治家・歌人。「九条良経」とも。摂政・太政大臣。和歌・書にすぐれ、歌壇の育成に貢献し、『新古今和歌集』の仮名序を著したほか、『千載和歌集』以下の勅撰集に多くの歌を残す。家集に『秋篠月清集』がある。

ふ-ぢゃう【不定】〔名・形動ナリ〕定まっていないこと。決まっていないこと。また、あてにならないこと。対いちぢゃう 例「それだに、いと――なる、世の定めなさなりや」〈源氏・若菜・上〉訳（しかし）そのこと（＝女三ノ宮ヲ後見スルコト）すらも、まったく定めなき、世の中の無常さであるよ。

ぶっ-かく【仏閣】〔名〕寺の建物。また、寺院。

ふ-づき【文月・七月】〔名〕⇩ふみづき

ぶつ-ぐ【仏具】〔名〕花瓶・香炉など仏事に用いる道具。

ふ-づくえ【文机】〔名〕（「ふみづくえ」の変化した形）書物をのせて読書したり、書き物をしたりする机。例「――に押しかかりて、書などをぞ見る」〈枕草子・すきずきしくて〉訳文机によりかかって、書物などを読んでいる。

ふづくえ

ぶっ-くゎ【仏果】〔名〕（仏教語）仏道を修行して、成仏（＝仏ニナル）という結果を得ること。

ぶつ-じ【仏事】〔名〕仏教の儀式。仏を供養するための行事。法会。法事。法要。

ぶっ-し【仏師】〔名〕（「ぶし」とも）仏像を彫刻する工匠。仏工。仏師の長を「大仏師」といい、特に絵画を主とする人は「絵仏師」という。例「――にて、仏をいと多く造り奉りし功徳によりて」〈更級・宮仕へ〉訳仏像を作る工人で、仏像をたいへん多く造り申し上げた善行によって（この世に人間として生まれたのである）。

ぶっ-しゃう【仏性】〔名〕（仏教語）仏となることのできる性質。すべての生物が本来持っている仏になれる因子。例「仏も昔は凡夫なり、我らもつひには仏なり、いづれも――具せる身をへだつるのみこそ悲しけれ」〈平家・一・祇王〉訳仏も昔は凡人であった。私達も最後には悟りをひらいて仏になる。（このように）誰もが仏になれる性質を持っている身なのに、（清盛が）仏（＝仏御前）と私（＝祇王）を分け隔てするのが悲しいことだ。注平清盛ノ寵愛ヲ失ッタ白拍子ノ祇王ガ、新タニ寵愛ヲ受ケテイル仏御前ニ対シテ歌ッタ今様。

ぶっそくせき-か【仏足石歌】〔名〕奈良の薬師寺にある仏足石の歌碑に刻まれている二十一首の歌。仏足跡を賛美した「恭仏跡」の歌十七首、無常の理を詠んだ「呵嘖生死」の歌四首からなる。五・七・五・七・七・七の六句形式で、一字一音の万葉仮名で記されている。「ぶっそくせきのうた」とも。

ぶっそくせきか-たい【仏足石歌体】〔名〕和歌の歌体の一つ。五・七・五・七・七・七の六句形式をとる歌体。薬師寺の仏足石の歌碑に刻まれた歌がこの形式であるところからの名称。『古事記』『日本書紀』『万葉集』『播磨風土記』などにも少数見られる。

ぶつ-だ【仏陀】〔名〕（仏教語。覚者・知者の意。「ぶっだ」とも）正しい悟りを得た者。仏。特に、釈迦牟尼仏をいうことが多い。

ぶつ-だう【仏道】〔名〕仏の説いた悟りへの道。成仏のための教え。例「今は昔、――を修行する僧ありけり。名をば明練といふ」〈今昔・一一・三六〉訳今では昔のことだが、仏道を修行する僧がいた。名を明練という。

ふっ-つか【不束】〔形動ナリ〕❶**太くてしっかりしている様子。**例「昔よりもいみじくおもしろく、少し――に物々しき気添ひて聞こゆ」〈源氏・若菜・下〉訳（光源氏の歌う声は）昔よりもいっそう趣深くて、少し太く重々しい感じが加わったように聞こえる。❷（太くて）**ぶかっこうな様子。みっともない様子。**例「竹の中に、家鳩といふ鳥の――に鳴くを、聞き給ひて」〈源氏・夕顔〉訳（光源氏は）竹林の中で、家鳩という鳥が太い声でみっともなく鳴くのを、お聞きになって。❸（細かい点まで）心が至らない様子。考えが浅く軽率な様子。例「不幸に愁へに沈める人の、頭下ろしなど、――に思ひとりたるにはあらで」〈徒然草・五〉訳不幸に遭って悲しみに沈んでいる人が、髪を下ろして出家することなどを、軽率に決心したのではなくて。

要点 「不束」は当て字。本来、「太し」と関係のある語で、太い様子や、②の太くて見苦しい様子をいう。さらに③の、細かい配慮に欠ける様子をもいい、否定的であるところから、「不」の字を当て字に用いるようになる。③は現代語にも共通の意味である。

ふっ-と〔副〕❶（「ふつと」とも）物を断ち切る音の形容。プツッと。例「薩摩守の右の腕を、肘のもとより――斬り落とす」〈平家・九・忠度最期〉訳薩摩守の右腕を、肘のところからバッサリと斬り落とす。❷⇩ふと② ❸物を吹いたり、吹き出して笑ったりするさま。プッと。

ふつ-に〔副〕（多く下に打消しの表現を伴って）全然。まったく。少しも。例「驚きて求むるに、――見ゆる所なし」〈日本書紀・神代・上〉訳（海上に人の声がしたので）驚いて探してみても、まったく見えるものもない。

ふつ-ふつ〔副〕❶物を断ち切る音の形容。ブツブツと。例「大綱どもをば――と打ち切り打ち切り」〈平家・九・宇治川先陣〉訳（佐々木四郎は馬の足にかかっていた）太い綱を何本もブツブツと切りながら。❷きっぱり。すっかり。

ぶっ-ぽふ【仏法】〔名〕仏の説いた教え。仏が衆生

ふ

うを教え導く教法。仏教。

ぶっ-ぽふ-そう【仏法僧】 一《連語》《仏教語》仏教で三つの宝とするもの。仏と経典とその教えを実践する僧。「さんぼう（三宝）」とも。二〔名〕鳥の名。コノハズク。鳴き声が「ブッポウソウ」と聞こえるのでいう。

ぶつ-みゃう【仏名】〔名〕❶仏の名。「南無釈迦牟尼仏（なむしゃかむにぶつ）」「南無阿弥陀仏（なむあみだぶつ）」「南無薬師如来（なむやくしにょらい）」など。❷《仏教語。「仏名会（ゑ）」の略》⇩おぶつみゃう

ぶつり-そしつ【仏籬祖室】《連語》《仏教語。仏陀の籬（まがき）（=柴・竹ナドデ編ンダ垣根）の内、祖師（=禅宗ノ開祖達磨大師）の部屋の意》仏門。仏道。特に、禅門。例「ある時は仕官懸命の地をうらやみ、一たびは―の扉（とぼそ）に入らんとせしも」〈芭蕉・幻住庵記〉訳ある時は官職について領地をもらえる身分をうらやみ、一度は仏門に入って僧侶となろうとしたこともあったが。

ふで【筆】〔名〕《「ふみて（文手）」から「ふんで」→「ふで」と変化した形》❶文字や絵を書くための筆記具。毛筆。❷筆を用いて書くこと。また、その書いたもの。筆づかい。筆力。

筆の跡（あと） 書いた文字。筆跡。例「障子に『……』と書き置き給ひし―、げにもと思ひ侍（はべ）ひしぞや」〈平家・一・祇王〉訳襖に「……」と書き残していらっしゃった筆跡を見て、なるほどそうだと思ったことでしたよ。

筆の荒（すさ）び 気のむくままに書くこと。気ままな遊び心で書くこと。また、その書。筆のなぐさみ。筆の戯れ。

筆の荒（すさ）み ⇩筆の荒（すさ）び

ふ-でう【不調】〔名・他サ変・形動ナリ〕❶整わないこと。きちんとしていないこと。また、その様子。❷欠点が多いこと。思わしくないこと。不出来。例「いと―なる娘まうけ侍りて、もてわづらひ侍（はべ）りぬ」〈源氏・野分〉訳たいそう行き届かない娘を持ちまして、もてあましております。

ぶ-てうはふ【不調法】〔名・形動ナリ〕❶行き届かないこと。つたないこと。下手。❷あやまち。しくじり。そそう。例「幾重（いくへ）にも私の―でござる」〈狂言・鐘の音〉訳（聞き違えたのは）かえすがえすも私の方のあやまちです。

ふで-の-あと【筆の跡】 ⇩「ふで」子項目

ふで-の-すさび【筆の荒び】 ⇩「ふで」子項目

ふで-の-すさみ【筆の荒み】 ⇩「ふで」子項目

ふで-やう【筆様】〔名〕筆のつかい方。筆づかい。筆つき。筆勢。例「屏風（びやうぶ）・障子などの絵も文字も、かたくななる―して書きたるが、見にくきよりも、宿の主（あるじ）のつたなく覚ゆるなり」〈徒然草・八一〉訳屏風やふすまなどの絵も文字も、下手な筆づかいで書いてあるのは、見苦しいというよりも、その家の主人が下品に思われるものである。

ふと【浮屠・浮図】〔名〕《仏教語。「ふど」とも》❶仏陀（ぶつだ）。仏。❷僧。僧侶（そうりょ）。例「われ僧にあらずといへども、髻（もとどり）なき者は―の属にたぐへて、神前に入るを許さず」〈芭蕉・野ざらし紀行〉訳私は僧でないのだけれども、髪を束ねていない者は僧の仲間とみなされて、（伊勢神宮では）神前に入ることを許されない。❸卒塔婆（そとば）。寺塔。仏塔。

ふ-と〔副〕❶動作のすばやい様子。さっさと。さっと。すっと。例「我が弓の力は、竜（たつ）あらば―射殺して、首の玉は取りてむ」〈竹取・竜の首の玉〉訳私の弓の力は、竜がいたならさっさと（簡単に）射殺して、（竜の）首にある玉を取ってやろう。❷思いがけない様子。不意に。ひょっと。ひょいと。例「この僧の鼻より、氷魚（ひを）の一つ、―出（い）でたりければ」〈宇治拾遺・五・一〇〉訳この僧の鼻から、氷魚（=鮎ノ稚魚）が一匹、ひょいと飛び出したので。注家ノ主人ノ居ナイ間ニ盗ミ食イヲシタ僧ノ話。

ふと【太】〔接頭〕（名詞・動詞などに付いて）大きい、立派だ、尊い、の意を添える。「―祝詞（のりと）」「―占（まに）」「―玉串（たまぐし）」「―敷く」「―知る」など。

ふ-どう【不動】〔名〕《仏教語》「不動明王（みやうわう）」の略。

ふどう-そん【不動尊】〔名〕⇩ふどうみゃうわう

武道伝来記（ぶどうでんらいき）《書名》⇩ぶだうでんらいき（武道伝来記）

ふどう-みゃうわう【不動明王】〔名〕《仏教語》五大明王・八大明王の一つで、その主尊。大日如来が一切の悪魔を降伏（ごうぶく）するために忿怒（ふんぬ）の相を現したもの。形相は色黒く眼をつりあげて、両牙（りょうげ）を外に咬（か）み出し、右手に降魔（ごうま）の剣を、左手に捕縛の羂索（けんさく）（=縄）を持つ。背に火炎を負い、岩上に座す。両端に眷属（けんぞく）として矜羯羅（こんがら）・制吒迦（せいたか）の二童子を従える。一切の煩悩、悪魔を降伏して、行者を擁護し、菩提（ぼだい）を成就させるという。日本では平安時代初期頃から、密教の盛行とともに尊崇された。「不動尊」とも。

ふどうみゃうわう

風土記（ふどき）《書名》奈良前期の地誌。七一三年（和銅六）の元明天皇の詔によって諸国から献じられたもので、現存するのは、出雲（いずも）（=島根県東部）播磨（はりま）（=兵庫県南西部）常陸（ひたち）（=茨城県）豊後（ぶんご）（=大分県）肥前（ひぜん）（=佐賀・長崎県）の五か国のもの。地形・地名の由来・産物・伝承などを、漢文体あるいは変体漢文体で記している。

ふところ【懐】〔名〕❶衣服と胸との間。懐中。❷（山などに）まわりがとり囲まれて、奥深くなっている所。❸（比喩（ひゆ）的に）あたたかく迎え入れてくれる所。膝下（ひざもと）。

ふところ-がみ【懐紙】〔名〕折りたたんで懐に入れておく紙。ちり紙にしたり、和歌やメモを書きとめたりするのに用いる。「くゎいし（懐紙）」「たたうがみ」とも。

ふと・し【太し】〔形ク〕対ほそし ❶太っている。肉づきがよい。例「黒き馬の、―・うたくましいに」〈平家・一一・嗣信最期〉訳黒い馬で、太っていてたくましいのに。❷心が豊かで、しっかりしている。例「真木柱（まきはしら）―・き心はありしかどこのわが心しづめかねつも」〈万葉・二・一九〇〉訳大きなどっしりとした心を持っていたのだが、（皇子がなくなって）この私の悲しい心はしずめることができないことよ。❸《歌論用語》作風が堂々として雄大である。

参考『奥の細道』には、「太し」をシク活用に用いた例があるが、動詞「太敷（ふとし）く」を誤って用いたもの。

例「宮柱——・しく、彩椽(さいてん)きらびやかに」〈奥の細道・塩釜明神〉訳(塩釜(しおがま)神社は)社殿の柱がどっしりとしていて、彩色した垂木(たるき)も色鮮やかで。

ふと-し・く【太敷く】〔他カ四〕〔か・き・く・く・け・け〕《上代語。「ふと」は接頭語》❶(柱などを)立派に立てる。堂々と造る。例「花散らふ秋津(あきづ)の野辺に宮柱(みやばしら)——・きませば」〈万葉・一・三六長歌〉訳秋津の野原に宮殿の柱を堂々とお立てになると。❷立派に治める。堂々と統治する。例「飛鳥(とぶとり)の浄(きよみ)の宮に神(かむ)ながら——・きまして」〈万葉・二・一六七長歌〉訳飛鳥(あすか)の浄御原の宮で神として堂々と統治なさって。

ふと-しも《連語》《副詞「ふと」＋副助詞「しも」》(打消しを伴って)すぐには。簡単には。例「蔵人(くらうど)思ひしめたる人の、——えならぬが」〈枕草子・四月、祭の頃〉訳蔵人になりたいと執心している人で、すぐにはなれない人が。

ふと-し・る【太知る】〔他ラ四〕〔ら・り・る・る・れ・れ〕《「上代語。「ふと」は接頭語》立派に造る。堂々と造る。例「橿原(かしはら)の畝傍(うねび)の宮に宮柱——・り立てて」〈万葉・二〇・四四六五長歌〉訳橿原の畝傍の宮に宮柱を立派に造り立てて。

ふ-どの【文殿】〔名〕書籍・文書を納めておく所。書庫。

ふな-がく【船楽】〔名〕船の上で音楽を演奏すること。また、その音楽。

ふながく

ふな-ぎほ・ふ【船競ふ】(オウ・ギ)〔自ハ四〕〔は・ひ・ふ・ふ・へ・へ〕《上代語》船を漕いで先を争う。船で競争する。例「百敷(ももしき)の大宮人は船並(な)めて朝川渡り——・ひ夕川渡る」〈万葉・一・三六長歌〉訳大宮人は船を並べて朝の川を渡り、船を漕ぎくらべて夕方の川を渡る。

ふな-ぎみ【船君】〔名〕船客の長。船旅の一行の主人。例「——なる人、波を見て」〈土佐・一月二十一日〉訳船客の長である人が、波を見て。

ふな-こ【船子】〔名〕船頭の下にあって船をあやつる人。水夫。船員。例「楫(かぢ)取り、——どもにいはく」〈土佐・二月五日〉訳船頭が、水夫達に言うには。

ふな-ぞろへ【船揃へ】(ロエ・ゾ)〔名〕多数の船が出航の準備をすること。また、海戦に出撃するための準備。

ふな-だな【船棚・船枻】〔名〕船の左右のふなべりに取りつけてある板。例「なごの海人(あま)の釣りする船は今こそば——打ちてあへて漕(こ)ぎ出め」〈万葉・一七・三九五六〉訳なご(＝富山県ニアッタ地名)の漁師の釣りをする船は、今こそは左右のふなべりの板をたたいて波を押して漕ぎ出すだろう。

ふな-ぢ【船路】(ジ)〔名〕船の通る道。海路。水路。転じて、船旅。例「——なれど、馬のはなむけす」〈土佐・十二月二十二日〉訳(馬には乗らない)船旅なのだが、「馬のはなむけ(＝餞別(センベツ))」をする。

ふな-つ【船津】〔名〕船着き場。港。例「秋風に川波立ちぬしましくは八十(やそ)の——に御舟(みふね)とどめよ」〈万葉・二〇・二〇四六〉訳秋風が吹いて天の川に波が立ちました。しばらくはたくさんの船着き場のどこかにお舟をとめなさい。

ふな-の-へ【船の舳】〔名〕船のへさき。

ふな-はし【船橋】〔名〕船を並べ、その上に板を渡して造った橋。例「上毛野(かみつけの)佐野(さの)の——取り放し親は放(さ)くれど我(わ)は離(さ)かるがへ」〈万葉・一四・三四二〇〉訳上野(こうずけ)(＝群馬県)の佐野(＝地名)にある船を並べて造った橋をバラバラにするように、親は(私達の仲を)さこうとするけれど、私達は離れるものですか。

ふなはし

ふな-ばた【船端・舷】〔名〕船の側面。ふなべり。例「沖には平家、——をたたいて感じたり」〈平家・一一・那須与一〉訳(那須与一が扇の的(まと)を射落としたので)沖では平家(の人々)が、ふなべりをたたいて感心した。

ふな-はて【船泊て】〔名・自サ変〕船が泊まること。停泊。例「いづくにか——・すらむ安礼(あれ)の崎漕(こ)ぎ廻(た)み行きし棚(たな)無し小舟(をぶね)」〈万葉・一・五八〉訳どこに停泊しているだろうか。安礼の崎を漕ぎめぐって行ったあの船棚のない小さい舟は。

ふな-びと【船人】〔名〕船に乗っている客。また、船をあやつる人。船頭。例「由良(ゆら)の門(と)を渡る——楫緒(かぢを)絶え行方も知らぬ恋の道かな」〈新古今・恋一・一〇七一〉訳(潮流の速い)由良(＝地名)の瀬戸を渡る船の船頭が、楫の綱が切れてどう流されるかわからず漂っているように、これからどうなるかもわからない私の恋の道だなあ。注『百人一首』所収、曽禰好忠(ソネノヨシタダ)ノ作。

ふな-みち【船路】〔名〕⇩ふなぢ

ふな-やかた【船屋形】〔名〕船上に設けられた屋根のある部屋。

ふな-よそひ【船装ひ】(ソイ・ヨ)〔名〕船出の準備。例「押し照るや難波の津ゆり——我(あれ)は漕ぎぬと妹(いも)に告ぎこそ」〈万葉・二〇・四三六五〉訳難波の港から船出の準備をして私は(防人(さきもり)として)漕ぎ出したと、妻に伝えて下さい。注「押し照るや」ハ「難波」ニ掛カル枕詞。「ゆり」ハ「…から」ノ意ノ上代ノ格助詞。

ふね〔名〕■一【船・舟】ふね。■二【槽】❶液体を入れる容器。例「千手井(せんじゆゐ)の水を汲(く)み下(くだ)し、石の——にたたへて」〈平家・六・入道死去〉訳千手井(＝比叡(ヒエイ)山ニアル清水ノ名)の水を(麓まで)汲みおろし、石の容器(＝ココデハ、浴槽ノ類)に満たして。注コノ水デ、病気ノ平清盛ノ熱ヲ冷ヤソウトスルガ、スグ湯ニナッテシマウ。❷馬のかいばおけ。

ふ-ばこ【文箱】〔名〕《「ふみばこ」の変化した形》手紙や文書を入れる箱。例「願文(ぐわんぶみ)どもを、大きなる沈(ぢん)の——に封(ふ)じこめて」〈源氏・若菜・上〉訳誓願を記した文書を、大きな沈香(じんこう)製の文箱に封をして入れて。

ふ-ばさみ【文挟み】〔名〕《「ふみばさみ」の変化した形》⇩ふみばさみ

不破の関(ふはのせき)(フワ)《関所名》岐阜県不破郡関ケ原町

にあった関所。壬申の乱の後、東山道の守りのために近江国と美濃国との境に設置された。鈴鹿・愛発の関とともに古代三関の一つで、歌枕の地。七八九年(延暦八)に廃止された。例「秋風や藪も畠も――」〈芭蕉・野ざらし紀行〉訳藤原良経の詠んだ荒れた関屋もいまは跡をとどめず、あたりは藪や畑になってしまっており、いまはただ秋風がむなしく吹き渡っていくのみである。

不破の関跡

ふ-びと【史】〔名〕《「ふみひと」の変化した形》❶上代の朝廷の書記官。文書を読み、記録することを職とした。❷(①の職に従事したことから)上代の「姓」の一つ。多く、阿直岐・王仁などの渡来人の子孫。

ふ-びゃう【風病】〔名〕病気の名。かぜ。例「――重きに堪へかねて」〈源氏・帚木〉訳かぜの病が重いのに我慢しかねて。

ふ-びん【不便・不憫】一〔名・形動ナリ〕類びんな(便無)し

> 「びん(便)」(=好都合)でないの意。つまり**都合が悪い、具合が悪い**、の意。さらにその状態の人を**かわいそうに思ったり、いとおしいと思ったりする意を表す。**

❶**都合が悪い。具合が悪い。**例「足形付きて、いと――・に汚くなり侍りなむ」〈枕草子・雨のうちはへ降るころ〉訳(敷物に、雨でぬれた)足跡が付いて、ひどく具合悪く汚くなってしまうでしょう。
❷かわいそうである。気の毒である。例「すげなふ仰せられて帰させ給はんことこそ――・なれ」〈平家・一・祇王〉訳冷淡なことをおっしゃってお帰しになるのは大変かわいそうです。
❸いとおしい。かわいい。例「僧都の、幼うより――・にして召し使はれける童ありし」〈平家・三・有王〉訳(俊寛)僧都が、幼い時からかわいがって召し使っていらっしゃった童(=有王)がいた。

二〔名〕いとおしく思うこと。かわいがってめんどうをみること。

ふぶ・く【吹雪く】〔自カ四〕{か・き・く・く・け・け}雪・雨・風などの勢いが激しい。吹き荒れる。例「風激しう吹き――・きて」〈源氏・賢木〉訳風が激しく吹き荒れて。

ふ-ぶくろ【文袋】〔名〕《「ふみぶくろ」の変化した形》文書を入れて送るための袋。

ふふ・む【含む】{ま・み・む・む・め・め}一〔自マ四〕木や草の芽がつぼみの状態である。つぼんでいる。例「卯の花の咲く月立ちぬほととぎす来鳴きとよめよ――・みたりとも」〈万葉・一八・四〇六六〉訳白い卯の花が咲く月(=四月)が始まった。ホトトギスよ、来てあたりを響かせて大声で鳴け。たとえ卯の花はまだつぼみであるとしても。注大伴家持ノ作。
二〔他マ四〕ふくむ。内包する。

ふま・ふ【踏まふ】〔他ハ下二〕{へ・へ・ふ・ふる・ふれ・へよ}❶足をのせて押さえつける。踏みつける。❷支配下におく。押さえる。❸しっかりと見定める。考えめぐらす。例「跡先――・へて、確かなる事ばかりにかかれば」〈西鶴・世間胸算用・四・四〉訳先々の事を考えめぐらして、確実な事だけに関係したので。

ふみ【文・書】〔名〕《「文」の字音「ふん」が「ふに」を経て変化した形という》

> 文字を書いたものの意で、**書物・手紙**をいい、さらに、**漢詩・学問(特に漢学)**をもいう。

❶**書物。**文書。例「かかることは――にも見えず、伝へたる教へもなし」〈徒然草・二〇三〉訳こんなことは書物にも書いていないし、(師匠から)伝わった教えもない。
❷**手紙。**例「世にすさまじきものにして、近うもてなさず、はかなき――つけなどだにせず」〈枕草子・木の花は〉訳(梨の花は)世間では興がないものとして、身近で観賞したりもせず、ちょっとした手紙を結びつけたりなどさえしない。
❸**漢詩。**例「をかしきことに、歌にも――にも作るなるは」〈枕草子・鳥は〉訳(ウグイスが春に鳴くのは)趣のあることとして、和歌にも漢詩にも作るということだよ。
❹(多く「文の道」の形で)学問。特に、漢学。例「ありたきことは、まことしき――の道」〈徒然草・一〉訳身につけたいものは、本格的な学問の道。

ふみ-あ・く【踏み明く】〔他カ下二〕{け・け・く・くる・くれ・けよ}足で踏んで道をつける。歩いて道を作る。例「童べの――・けたる築地の崩れより通ひけり」〈伊勢・五〉訳子供達が踏みあけた土塀の崩れた所から(女の所へ)通って行った。

ふみ-がき【文書き】〔名〕手紙や文章の書きぶり。

ふみ-ことば【文言葉・文詞】〔名〕手紙の文句。手紙の言葉づかい。例「――なめき人こそ、いと憎けれ」〈枕草子・文ことばなめき人こそ〉訳手紙の文句が失礼な人は、とてもいやな感じだ。

ふみ-しだ・く【踏みしだく】〔他カ四〕{か・き・く・く・け・け}《平安時代は「ふみしたく」》踏んで荒らす。踏み散らす。踏みにじる。例「そこはかとなき水の流れどもを――・く駒の足音も」〈源氏・橋姫〉訳はっきりとした川にもなっていない水の流れの幾条をも踏み散らす馬の足音も。

ふみ-すか・す【踏み透かす】〔他サ四〕{さ・し・す・す・せ・せ}鐙に置いた足を強く踏んばって、鐙と馬の腹の間にすき間を作る。踏んですき間を作る。

ふみ-たが・ふ【踏み違ふ】〔他ハ下二〕{へ・へ・ふ・ふる・ふれ・へよ}足の踏み所を間違える。道を間違える。例「終に路――・へて、石の巻といふ小湊に出づ」〈奥の細道・石の巻〉訳とうとう道を間違えて、(平泉を目ざしたのに)石の巻という港町に出る。

ふみ-た・つ【踏み立つ】〔他タ下二〕{て・て・つ・つる・つれ・てよ}❶狩りをするために地面を踏みならして鳥などを追い立てる。例「をちこちに鳥――・て」〈万葉・一九・四一五四長歌〉訳あちこちで鳥を追い立て。
❷足に力を込めて踏みしめる。例「はかばかしく――・つることも侍らず」〈源氏・若菜・下〉訳(脚気というものがひどく起こって)しっかりと足に力を込めて踏みしめることも致しません。

ふみ-づき【文月・七月】〔名〕《「ふづき」「ふんづき」とも》陰暦七月の異名。(季・秋)例「――や六日も常の夜には似ず」〈奥の細道・越後路〉訳 七月だなあ。明日は七夕(たなばた)だと思うと、六日もいつもの夜とは違った気分がするよ。

ふみ-とど・む【踏み留む】〔他マ下二〕{め・め・む・むる・むれ・めよ}歩くことをやめる。足をとめる。例「とかくのもよひなく、足を—・むまじきなり」〈徒然草・一五五〉訳(必ず成就させようと決心した事については)あれこれ準備などしないで、足をとめてゆっくりするべきではないのだ。

ふみ-とどろか・す【踏み轟かす】〔他サ四〕{さ・し・す・す・せ・せ}足踏みをして大きな音をたてる。また、そのような大音響をたてる。例「そこらの人の—・し惑へるに」〈源氏・明石〉訳 大勢の人がすさまじい足音をたて乱れ歩くので。

ふみ-なら・す【踏み均す】〔他サ四〕{さ・し・す・す・せ・せ}踏んで平らにする。例「馬(むま)牛などの—・したる、道にて」〈源氏・蓬生〉訳 馬や牛などが踏んで平らにした所を、道として。

ふみ-ばさみ【文挟み】〔名〕《「ふばさみ」とも》文書をはさんで貴人に差し出すための木の杖(つゑ)。長さは一・五メートルぐらいで、先端に文書をはさむための金具が付いている。例「一人の男、—に文をはさみて申す」〈竹取・蓬萊の玉の枝〉訳 一人の男が、文ばさみに文書をはさんで(差し出して)申し上げる。

ふみ-はじめ【書始め】〔名〕天皇・皇太子・親王・皇子などが、七、八歳になった時、初めて漢籍の読み方を習う儀式。例「七つになり給へば、—などせさせ給ひて」〈源氏・桐壺〉訳(光源氏が)七歳におなりになったので、(帝は)ふみはじめの儀式などをおやりになって。

ふみ-ひと【史】〔名〕⇩ふびと

ふ・む【踏む・践む】〔他マ四〕{ま・み・む・む・め・め}❶足をのせて力を入れる。ふみつける。例「信濃(しなの)なる千曲(ちくま)の川の細石(さざれし)も君し—・みてば玉と拾はむ」〈万葉・一四・三四〇〇〉訳 信濃の千曲川の小石もあなたが踏んだのなら、(美しい)玉と思って拾おう。❷歩く。歩を運ぶ。例「一文字(いちもんじ)をだに知らぬ者、しが足は十文字(じふもんじ)に—・みてぞ遊ぶ」〈土佐・十二月二十四日〉訳(正体もなく酔っぱらって)一という字をさえ知らない(無学の)者が、その足は十という字を書くように(千鳥足で)歩いて遊び興じている。❸ある地位に就く。のぼる。例「かたじけなく皇王の位を—・む」〈平家・五・富士川〉訳 恐れ多くも天皇の位に就く。❹経験する。過ごす。❺値段の見当をつける。見積もる。

ふゆ【冬】〔名〕四季の一つ。陰暦の十月から十二月まで。例「—はつとめて。雪の降りたるは、言ふべきにもあらず」〈枕草子・春はあけぼの〉訳 冬は早朝(がよい)。雪の降ったのは、(そのよさは)あらためて言うまでもなく。

冬の月(つき) 冬の夜の寒々と澄んだ月。例「此(こ)の木戸や錠(ぢやう)のさされて—」〈去来抄・先師評〉訳 この(城門の)木戸に錠がかけられて、夜空には冬の寒々と澄んだ月がかかっているよ。注 其角(キカク)ノ作。人気(ヒトケ)ノナイ城門ノ寒々トシタ寂寥(セキリョウ)感ト、凄味(スゴミ)ヲ帯ビタ月光ノ美シサヲ詠ンダ句。

ふゆ-がれ【冬枯れ】〔名〕冬、草木の葉が枯れること。また、その寒々とした寂しげな様子。例「—の気色(けしき)こそ、秋にはをさをさ劣るまじけれ」〈徒然草・一九〉訳 冬の草木の葉も枯れた景色は、(風情があるといわれる)秋(の景色)にはほとんど劣るものではないだろう。例「—の野辺とわが身を思ひせばもえても春を待たましものを」〈古今・恋五・七九一〉訳 わが身を冬枯れの野と思い込んでしまえば、そこに野火が燃え上がるように情熱を燃やしてでも、草が萌(も)えて芽を張る時期を待つように、春の再来に期待をかけたいところだが。

ふゆ-ごもり【冬籠り】 ■一〔名〕冬の間、動植物が活動をやめていること。例「雪降れば—せる草も木も春に知られぬ花ぞ咲きける」〈古今・冬・三二三〉訳 雪が降ったので、冬の間活動をやめている草も木も、春のお世話にならない花が咲いたよ。注 草木ニ降ッタ雪ヲ花ニ見立テタ歌。
■二《枕詞》「春」「張る」にかかる。例「難波津(なにはづ)に咲くやこの花—今は春べと咲くやこの花」〈古今・仮名序〉訳 難波(=地名)の港に咲くこの花よ。今は春の季節だと咲きほこるこの花よ。注「難波津の歌」ト呼バレ、手習イノ手本トシテ有名ナ歌。

ふゆ-の-つき【冬の月】⇩「ふゆ」子項目

冬の日(ふゆのひ)〔書名〕江戸前期の俳諧(はいかい)選集。山本荷兮(かけい)編。一六八四年(貞享元)刊。「芭蕉七部集」の第一番目。『尾張五歌仙(おわりごかせん)』とも。芭蕉を名古屋に迎えた尾張(おわり)(=愛知県西部)の門人達との間で詠まれた歌仙五巻をおさめている。蕉風(しょうふう)の夜明けを告げるみずみずしさがある。

ふ-よう【芙蓉】〔名〕ハスの花の異名。例「太液(たいえき)の—、未央(びあう)の柳」〈源氏・桐壺〉訳 太液(=唐ノ宮中ニアッタ池ノ名)のハスの花、未央(=宮殿ノ名)の柳。注 白楽天ノ『長恨歌』ノ一節ノ引用。

ふ-よう【不用】〔名・形動ナリ〕❶役に立たないこと。不必要。無駄。例「さらに—・なりけりとて、御草子に夾算(けふさん)さして大殿籠(おほとのごも)りぬるも、まためでたしかし」〈枕草子・清涼殿の〉訳 全く無駄であったと言って、本にしおりをはさんで(お二人して)おやすみになってしまったのも、また(仲むつまじくて)すばらしいことだよ。注 村上天皇ガ宣耀(センヨウ)殿ノ女御(ニョウゴ)ニ『古今和歌集』ノ口頭試問ヲシタノダガ、女御ガ一ツモ間違エナカッタノデ、ヤメテシマッタ。❷《「ぶよう」とも》乱暴で手におえないこと。不都合。不届き。

ぶらく-ゐん【豊楽院】〔名〕大内裏(だいだいり)の中、朝堂院(八省院)の西にあり、大宴会や儀式の行われた所。正殿を「豊楽殿」という。⇩付録・大内裏図

ふり【振り】 ■一〔名〕❶姿。なりふり。また、様子。振る舞い。❷風習。しきたり。❸やりくり。操作。例「借銀(しゃくぎん)かさみ、次第に—に詰まり」〈西鶴・日本永代蔵・六・四〉訳 借金がふえ、だんだんやりくりに窮して。❹歌舞伎(かぶき)・舞踊で、音楽に合わせて演ずるしぐさ・動作。所作(しょさ)。❺品物を担ったり、手に持ったりして、その名を呼びながら売り歩くこと。また、その人。振り売り。例「荻(をぎ)織る笠(かさ)を市(いち)に—する」〈冬の日・羽笠〉訳 オギの葉で編んだ笠を町なかで売って歩く。
■二〔接尾〕刀を数える単位。…本。

ふり-あか・す【降り明かす】〔自サ四〕{さ・し・す・す・せ・せ}降り続けて朝を迎える。夜通し降り続く。例「九月ばかり夜

一夜――・しつる雨の、今朝はやみて」〈枕草子・九月ばかり〉訳九月の頃一晩中降り続いた雨が、今朝は降りやんで。

ふり-い・づ【振り出づ】（で・で・づ・づる・づれ・でよ）■一〔自ダ下二〕振り切って出ていく。あえて出て行く。例「その日しも京を――・でて行かむも、いともの狂ほしく」〈更級・初瀬〉訳よりにもよってその日（＝大嘗会ダイジヨウエノ御禊ゴケイノ日）に京からあえて出て行くのも、ひどく狂気じみていて。

■二〔他ダ下二〕❶声を張り上げる。声高く鳴き出す。例「鈴虫の――・でたるほど、はなやかにをかし」〈源氏・鈴虫〉訳鈴虫が声高く鳴き出したのが、にぎやかで趣がある。

❷紅べにを水に振って溶かし、染める。例「紅（くれなゐ）の――・でつつ泣く涙には袂（たもと）のみこそ色まさりけれ」〈古今・恋二・五九八〉訳（染料としての）紅を振り出しながら私が声をふりしぼって泣く血の涙で、袂だけが色が一段とよく染まる（でも、あの人には少しも通じない）。注「ふりいづ」ハ■二①ノ意ヲ掛ケル。

ふ-りう【風流】ユウ〔名〕⇩ふうりう

ふり-うづ・む【降り埋む】ズム（ま・み・む・む・め・め）〔他マ四〕雪や木の葉などが降り積もって物を埋める。降り散って埋め隠す。例「ほどなく卒都婆（そとば）も苔（こけ）むし、木の葉――・みて」〈徒然草・三〇〉訳間もなく卒都婆も苔が生え、（墓も）木の葉が降り散って埋めて。

ふり-おこ・す【振り起こす】〔他サ四〕（さ・し・す・す・せ・せ）❶振り立てる。勢いよく上に挙げる。例「ますらをの弓末（ゆずゑ）――・し猟高（かりたか）の野辺さへ清く照る月夜（つくよ）かも」〈万葉・七・一〇七〇〉訳立派な男達が、杖（つゑ）がわりにしていた弓を振り立てる狩りのかりではないが、猟高（＝奈良市春日山中ノ地名）の野辺にまできれいに照っている月夜であることだ。注「起こし」マデハ「猟高」ノ序詞。

❷気持ちを奮い立たせる。高ぶらせる。例「大君（おほきみ）の任（ま）けのまにまにますらをの心――・しあしひきの山坂越えて天（あま）ざかるひなに下り来（き）」〈万葉・一七・三九六二長歌〉訳主君の御命令にしたがって立派な一人前の男が心を奮い立たせて山坂を越えていなかに下って来て。

ふり-がた・し【古り難し】〔形ク〕《古くなりにくいの意》❶いつまでも昔のままで変わらない。

❷いつまでも心にかかって忘れにくい。

ふり-くら・す【降り暮らす】〔自サ四〕（さ・し・す・す・せ・せ）朝から晩まで降り続ける。一日中降り通す。参考夜から朝まで降り続けるのを「降り明かす」という。

ふり-さ・く【振り放く】〔他カ下二〕（け・け・く・くる・くれ・けよ）はるかに目をやる。ふり仰ぐ。例「――・けて三日月見れば一目見し人の眉引（まよびき）思ほゆるかも」〈万葉・六・九九四〉訳ふり仰いで三日月を見ると一目見たあの人の眉引（＝眉墨マユズミデ描イタ眉毛）が思われることだ。

ふりさけ-みる【振り放け見る】〔他マ上一〕（み・み・みる・みる・みれ・みよ）遠くを仰ぎ見る。はるかに目をやって見る。例「天の原――・みれば春日（かすが）なる三笠（みかさ）の山に出（い）でし月かも」〈古今・羇旅・四〇六〉訳（ここ中国の）大空を遠くはるかに見晴らすと、（月が出ているが、この月は）故国の春日にある三笠の山に出た月（と同じ月）なのだなあ。注阿倍仲麻呂ノ歌、『百人一首』所収。

ふり-し・く【降り敷く】〔自カ四〕（か・き・く・く・け・け）一面に降る。降って表面をおおう。例「広き庭に雪の厚く――・きたる」〈枕草子・めでたきもの〉訳（すばらしいもの）広い庭に雪が厚く一面に降り積もっているもの。

ふり・す【旧りす・古りす】〔自サ変〕（せ・し・す・する・すれ・せよ）過去のものになる。古くなる。例「いで、その――・せぬあだけこそは、いとうしろめたけれ」〈源氏・若菜・上〉訳いや、その（光源氏の）年をとっても変わらない浮気心だけは、大変心配なのだ。要点多く打消しの表現を伴って、全体で「変わらない」の意を表す。

ふり-そで【振り袖】〔名〕❶近世、元服前の男女が着た、袖丈の長い着物。元服や嫁入りの時に袖を詰めて、成人用の留袖とめそでに仕立てる。

❷（①を着る年齢の）若い女。また、少年。

ふり-た・つ【振り立つ】〔他タ下二〕（て・て・つ・つる・つれ・てよ）❶振り動かして立てる。勢いよく立てる。例「舟泊（は）てて――・てて庵（いほ）りせむ名子江（なご）の浜辺過ぎかてぬかも」〈万葉・七・一一九〇〉訳舟を止め、かし（＝舟ヲツナグ杭クイ）を振り動かし水中に突き立てて仮の宿をとろう、名子江（＝未詳）の浜辺はその美しい景色のために素通りできないことだ。

❷鈴などを振って音を出す。大きい音を出す。

❸力いっぱい声を出す。ふりしぼる。

ふり・づ【振り出】ズ〔他ダ下二〕（で・で・づ・づる・づれ・でよ）⇩ふりいづ■二

ふり-つ・む【降り積む】〔自マ四〕（ま・み・む・む・め・め）（雪などが）降り積もる。

ふり-のこ・す【降り残す】〔他サ四〕（さ・し・す・す・せ・せ）雨などがそこだけ降らないで、残しておく。例「五月雨（さみだれ）の――・してや光堂」〈奥の細道・平泉〉訳（中尊寺が建てられて以来、五百年にもわたって）毎年降り続けてきた（万物を腐らせる）五月雨も、この光堂だけは降らずに残しておいたのだろうか（今なお燦然さんぜんと光を放って、昔の栄光をそのまま留めているよ）。

ふり-は・ふ【振り延ふ】（ホ）ウ〔自ハ下二〕（へ・へ・ふ・ふる・ふれ・へよ）あえてする。わざわざする。

ふり-はへ【振り延へ】エ《動詞「ふりはふ」の連用形》副詞的に用いて、わざわざ。ことさらに。「ふりはへて」とも。例「かれよりも――尋ね参れり」〈源氏・須磨〉訳あちら（＝伊勢斎宮）からも（六条御息所みやすどころの御使者が）わざわざ（須磨まで）光源氏を尋ねて参上した。

ふりはへ-て【振り延へて】フリハエ《連語》《「ふりはふ」の連用形＋接続助詞「て」。副詞的に用いて》⇩ふりはへ 例「医師（くすし）――屠蘇（とうそ）・白散（びやくさん）、酒加へて持て来たり」〈土佐・十二月二十九日〉訳医師がわざわざ、屠蘇や白散といった漢方薬に、酒まで添えて持って来た。

ふりふ-もんじ【不立文字】フリュウ〔名〕《仏教語。禅宗の教義》悟りの境地は、文字や言葉では表現できないもので、心から心へ直接伝えられるものであるということ。

ふり-まさ・る【古りまさる・旧り増さる】〔自ラ四〕（ら・り・る・る・れ・れ）ますます古くなる。ますます老いる。例「あらたまの年の終はりになるごとに雪もわが身も――・りつつ」〈古今・冬・三三九〉訳一年の終わりになるごとに雪もわが身もますます老いて行くことだよ。

ふり-まさ・る【降り増さる】〔自ラ四〕（ら・り・る・る・れ・れ）ますます激しく降る。降りつのる。

ふり-みだ・る【降り乱る】〔自ラ下二〕（れ・れ・る・るる・るれ・れよ）雪・あられなどが飛び乱れながら降る。乱れ降る。さかんに降る。

ふりみ-ふらずみ【降りみ降らずみ】〘連語〙(「み」は「…たり」の意を表す接尾語)降ったり降らなかったり。降ったりやんだり。

ぶ-りゃく【武略】〔名〕いくさのはかりごと。戦略。

ふり-わけ【振り分け】〔名〕❶二方に分けること。また、そのもの。
❷「ふりわけがみ」の略。

ふりわけ-がみ【振り分け髪】〔名〕子供の髪型の一つ。頭の中央から左右へ髪を分けて垂らし、肩のあたりで先を切りそろえたもの。男女とも八歳頃までした髪型。例「比べ来(こ)し――も肩過ぎぬ君ならずして誰(たれ)か上ぐべき」〈伊勢・二三〉訳(あなたの髪と)比べ合ってきた(私の)振り分け髪も、肩を過ぎてしまうほど長くなりました。あなたのためでなくていったい誰のために髪上げをするでしょうか。

ふりわけがみ

布留(ふる)〘地名〙奈良県天理市布留町の布留川流域の地。古代は天理市旧市街とその東方一帯を石上(いそのかみ)といい、布留はその一部だったので、『万葉集』では石上・布留と続けて表され、「降る」「古」の意を掛けることが多い。「布留の社(やしろ)」は、現在の石上神宮。

布留の社

ふ・る【旧る・古る】〔自ラ上二〕{り・り・る・るる・るれ・りよ}❶古くなる。年を経る。古びる。例「垣などもみな――・りて苔(こけ)生ひてなむ」〈枕草子・かへる年の二月二十日よ日〉訳垣などもみな古びて苔が生えていましてね。
❷年をとる。老いる。例「――・りにし媼(おみな)にしてやかくばかり恋に沈まむ手童(たわらは)のごと」〈万葉・二・一二九〉訳年をとったお婆(ばあ)さんでありながら、これほど恋しさに苦しむものでしょうか、まるで子供のように。

ふ・る【降る】〔自ラ四〕{ら・り・る・る・れ・れ}(雨・雪などが)空から落ちてくる。降る。例「心から信濃(しなの)の雪に――・られけり」〈一茶〉訳(はるばるやって来た生まれ故郷であるが、家人や村人達に冷たくされ、寂しくとぼとぼと江戸への路をたどる)折から降りしきる信濃の雪に、私は心底まで、冷たくさせられてしまった。

ふ・る【触る】━〔自ラ四〕{ら・り・る・る・れ・れ}(上代語)さわる。ふれる。例「大君の命(みこと)恐(かしこ)み磯(いそ)に――・り海原(うのはら)渡る父母を置きて」〈万葉・二〇・四三二八〉訳天皇のご命令を謹んで承り、(防人(さきもり)として)磯に触れて(=海岸ニ沿ッテ)、海原を渡る。父母を故郷に残して。
━〔自ラ下二〕{れ・れ・る・るる・るれ・れよ}❶さわる。ふれる。例「久しう手――・れ給はぬ琴(きん)を、袋より取り出で給ひて」〈源氏・明石〉訳長い間手をお触れにならなかった七弦琴を、袋から取り出されて。
❷(多く「肌ふる」の形で)男女が馴(な)れ親しむ。契る。例「馬柵(うませ)越し麦食(は)む駒(こま)のはつはつに新膚(にひはだ)――・れし子ろし愛(かな)しも」〈万葉・一四・三五三七或本歌〉訳馬柵(ませ)越しに麦を食べる馬のように、ほんのわずかに馴れ親しんだあの子がいとしいなあ。
❸関係する。出会う。例「この御事に――・れたることをば、道理をも失はせ給ひ」〈源氏・桐壺〉訳この事(=桐壺更衣(キリツボノコウイ)ノ事)に関係したこととなると、(帝は)物の道理をも無視なさり。
━〔他ラ下二〕{れ・れ・る・るる・るれ・れよ}広く告げる。言いふらす。例「侍(さぶらひ)どもに、その用意せよと――・るべし」〈平家・二・教訓状〉訳侍どもに、その用意をしろと広く告げよ。

ふ・る【震る】〔自ラ四〕{ら・り・る・る・れ・れ}大地が震動する。揺れ動く。例「かくおびたたしく――・ることは、しばしにて止(や)みにしかども」〈方丈記・大地震〉訳このように(大地が)ものすごく震動することは、しばらくして止まったけれども。

ふ・る【振る】〔他ラ四〕{ら・り・る・る・れ・れ}❶振り動かす。振る。例「身ぶるひをし、頭(かしら)――・り」〈枕草子・にくきもの〉訳身体を震(ふる)わせて、頭を振って。注酔ッタ人ノ様子。
❷向きを変える。(顔を)そむける。例「おもても――・らず、命も惜しまず、ここを最後と攻め戦ふ」〈平家・八・室山〉訳顔をそむけず、命も惜しまずに、ここが自分の最期だと(覚悟して)攻め戦う。
❸神体・神霊を他の場所へ移す。また、神輿(みこし)をかつぎ動かす。神座をかつぐ。例「大和国三笠山に――・り奉りて、春日明神と名づけ奉りて」〈大鏡・道長・上〉訳大和国の三笠山に神霊をお移し申し上げて、春日明神と名づけ申し上げ。
❹(特に男女関係において)相手にしない。捨てる。

ふるき【黒貂】〔名〕動物の名。黒貂(てん)のこと。外国産で、毛皮を衣料として用いた。

ふる-こと【古言】〔名〕(「ふるごと」とも)古い言い伝え。昔の文章・詩歌。昔話。例「かやうなる女・翁(おきな)なんどの――するは、いとうるさく聞かまうきやうにこそ覚ゆるに」〈大鏡・道長・下〉訳このような女や老人などが昔話をするのは、いやにくどくて聞きたくもないと思われるけれど。

ふる-こと【故事】〔名〕(「ふるごと」とも)昔あった事。故事(こじ)。例「昔の――ども言ひ出(い)で、うち泣きなどして」〈更級・春秋のさだめ〉訳(年老いた女房が)昔あった事どもを語り出して、泣いたりなどして。

ふる-さと【古里・故郷】〔名〕

> 本来、昔何かあった土地、の意。旧都や、昔なじみの土地、などの意に広く用いる。現代語では、生まれ故郷、の意だけに用いられる。

❶旧都。古跡。例「思ほえず、――に、いとはしたなくてありければ」〈伊勢・一〉訳思いがけず、(今はさびれている)旧都に、(姉妹は)ひどく似つかわしくない感じで(=優雅デ)いたので。
❷生まれ故郷(こきょう)。例「――の人の来たりて物語りすとて」〈徒然草・一四一〉訳生まれ故郷の人が来て話をして。
例「――やよるもさはるも茨(ばら)の花」〈一茶〉訳はるばると訪ねた懐かしいふるさと。しかし、そのふるさとの人々は誰も彼も皆、刺(とげ)を隠してそしらぬふりで冷たく私を寄せつけよ

うともしない。折から咲いている野茨の花のように。注 遺産相続問題デ、江戸カラ故郷柏原(＝長野県ノ北部)ニ帰ッタ折ノ作。

❸古くからのなじみの土地。例「人はいさ心も知らず――は花ぞ昔の香に匂(ほに)ひける」〈古今・春上・四二〉訳 あなたは、さあ、(その気持ちは)どうだか知らないが、古くからのなじみの土地では(梅の)花は昔どおりの香りで咲いているよ。注『百人一首』所収、紀貫之(キノツラユキ)ノ作。

❹住みなれた所。例「仮の庵(いほり)ももやや――となりて」〈方丈記・閑居の気味〉訳 仮住まいの(つもりだった)家もだんだん住みなれた居場所となってきて。

ふるさと-びと【古里人・故郷人】〔名〕故郷(こきよう)の人。昔なじみの人。

ふる・し【古し】〔形ク〕❶遠い昔のことである。例「いたううちとけぬ人の言ひたる――・き言(こと)の、知らぬを聞き出(い)でたるもうれし」〈枕草子・うれしきもの〉訳 あまり親しくない人が言った昔の詩歌で、(自分が)知らないのを聞き知った時もうれしい。

❷現在までに時間が経過している。長く続いている。年老いている。例「――・き者どもの、さもえ行き離るまじきは」〈枕草子・すさまじきもの〉訳 長く仕えている者で、そうも(この家から)離れて行けそうもない者は。

ふる・す【古す・旧るす】〔他サ四〕{さ・し・す・す・せ・せ}❶古いものとする。使い古す。例「語らはむ人なき里にほととぎすかひなかるべき声な――・しそ」〈蜻蛉・上・天暦八年〉訳 話し相手になる人もない里で、ホトトギスよ、鳴くかいのない声を使い古すな。注「求婚のお便りをいくら下さっても無駄です」ノ意ヲ相手ニ伝エタ歌。

❷(古いものとして)見捨てる。飽きて関心を持たなくなる。例「秋といへばよそにぞ聞きしあだ人の我を――・せる名にこそありけれ」〈古今・恋五・八二四〉訳 秋というと今までは自分に直接関係がないこととして聞いていた。しかし、浮気なあの人が私を見捨てた言葉だったのでした。注「秋」ニ「飽き」ヲ掛ケテイル。

ふるて-かひ【古手買ひ】(イ：カ)〔名〕古着や古道具を買い取って商売をする人。古物商。

ふる-とし【旧年】〔名〕❶(新年から見て)過ぎ去った年。去年。例「こまやかに、――の御物語などなつかしく聞こえ給ひて」〈源氏・初音〉訳 (光源氏は)しんみりと、昨年のお話などを(花散里(はなちるさと)に)親しく申し上げなさって。

❷(新年に対して)暮れていく年のうち。年内。

ふる-びと【古人・旧人】〔名〕《古くは「ふるひと」》❶昔の人。今は亡き人。例「そも――は何人(なにびと)にて、家はいづちに住ませ給ふや」〈雨月・吉備津の釜〉訳 それにしても亡くなったご主人はどういう人で、家はどこにお住みになっているのですか。

❷老人。年をとって経験を積んだ人。古老。例「――は涙もとどめあへず」〈源氏・明石〉訳 老人(＝明石ノ入道)は涙もとどめることができず。

❸古くから仕えている人。古参の者。例「殿の――なり」〈紫式部・五月の御産養〉訳 (少将のおもとという女房は)この御殿(ごてん)に古くから仕えている者である。

❹昔なじみの人。旧知の人。例「――のたまへしめたる吉備(きび)の酒病まばすべなし貫簀(ぬき)賜(た)ばらむ」〈万葉・四・五五四〉訳 (せっかく)昔なじみのあなたがくださった吉備(＝岡山県)の酒も、(それを飲んで)酔って気分が悪くなると困ります。貫簀(＝手洗イノ時、水ガ飛バナイヨウニスル竹製ノ具)を(その時の用意に)くださいな。

ふる・ふ(フルウ)**一【振るふ】**〔他ハ四〕{は・ひ・ふ・ふ・へ・へ}❶振り動かす。例「即(すなは)ちまどひて取り上げてうち――・ひければ」〈今昔・二四・三〉訳 (庭の小川に落とした着物を)すぐにあわてて取り上げて振り動かしたところ。

❷全部出しつくす。

❸勢いよく動かす。例「金岡、筆を――・ひて絵かける中に」〈古今著聞集・画図〉訳 金岡(＝人名)が、筆を勢いよく動かして絵をかいた中に。

❹(持っている力を)発揮する。例「さしも日本一州に名をあげ、威を――・っし人なれども」〈平家・六・入道死去〉訳 あんなにも日本国中に名をあげ、威勢を発揮した人(＝平清盛)であるけれども。注「振るっし」ハ「振るひし」ノ促音便。

二【震ふ】〔自ハ四〕❶(からだ全体あるいはその一部が)小刻みに揺れ動く。ふるえる。わななく。例「いとかく御手――・ひにけり」〈源氏・行幸〉訳 ひどくこのようにご筆跡がふるえてしまっている。

❷(大地が)揺れ動く。震動する。

ふる-まひ【振る舞ひ】(イ：マ)〔名〕《動詞「ふるまふ」の連用形の名詞化》❶行動。動作。例「九郎が――見て、我に知らせよ」〈平家・一一・判官都落〉訳 九郎(義経)の行動を見て、私(＝頼朝)に知らせよ。

❷宴会。ごちそう。もてなし。

ふる-ま・ふ【振る舞ふ】(モ)ウ(マ){は・ひ・ふ・ふ・へ・へ}**一**〔自ハ四〕❶行動する。動作をする。ふるまう。例「清盛がかく心のままに――・ふこそ、しかるべからね」〈平家・一・殿下乗合〉訳 清盛がこのように心のままに行動するのは、よろしくない。

❷人目を引くような行動をする。ことさらに趣向をこらす。例「初雪の朝(あした)、枝を肩にかけて中門より――・ひて参る」〈徒然草・六六〉訳 初雪の朝、枝を肩にかけて中門を通って趣向をこらして参上する。

二〔他ハ四〕もてなす。ごちそうする。例「私にも酒を一つ――・うてくだされい」〈狂言・花ぬすびと〉訳 私にも酒を一杯ごちそうして下さい。

ふる-めか・し【古めかし】〔形シク〕《動詞「ふるめく」の形容詞化した形》対 いまめかし ❶古風である。時代遅れで、古くさい。例「わりなう――・しう、かたはらいたき所のつき給へる」〈源氏・玉鬘〉訳 (末摘花(すゑつむはな)は)ひどく古くさくて、(人前では)きまりが悪いような所が身についていらっしゃるので。

❷老人くさい。例「いと――・しきしはぶきうちして、参りたる人あり」〈源氏・朝顔〉訳 大変老人くさい咳(しはぶき)をして、(光源氏の前に)参上した女(＝源典待(ゲンノナイシノスケ))がいる。

ふる-め・く【古めく】〔自カ四〕{か・き・く・く・け・け}《「めく」は接尾語》❶古風に見える。古ぼけて見える。例「いたう――・きたれど、書きざまよしばみたり」〈源氏・明石〉訳 ひどく古風に見えるけれど、(明石の入道の)書きぶりには由緒ありげに気どったところがある。

❷年寄りくさくなる。老人じみる。例「泣き給ふも、――・い給ふしるしの涙もろさにや」〈源氏・竹河〉訳 お泣きになるのも、年寄りくさくおなりになった証拠の涙もろさというものでしょうか。注「ふるめい」ハ「ふるめき」ノ、イ音便。

ふる-ものがたり【古物語】〔名〕昔の話。古い物語。

例「おぼえなき御——聞きしより、いと世の中に跡(あと)とめむとも覚えずなりにたりや」〈源氏・椎本〉訳(薫(かおる)は)意外な昔のお話(＝母、女三ノ宮ト柏木(カシワギ)ノ密通ノ一件)を聞いた時から、ますます(自分は)この世に生き延びようとも思われなくなってしまったよ。注薫(カオル)ガ、不義ノ子デアル自ラノ身ノ上ヲ嘆イテイル。

ふる-や【古屋】〔名〕古い家。朽ちた家。

ふれ-ば・ふ【触ればふ】〔自ハ四〕〔(は)・ひ・ふ・ふ・へ・へ〕触れる。接触する。また、関係する。例「同じくはかの人のあたりにこそは——・はせまほしけれ」〈源氏・若菜・上〉訳どうせならあの人(＝光源氏)のところに縁づかせてやりたいものだ。

ふろ-や【風呂屋】〔名〕客から湯銭を取って入浴させる浴場。銭湯。特に、江戸時代初期、湯女(ゆな)(＝入浴客ヲ相手トスル遊女)を置いていた浴場(＝湯女風呂)。

> 参考「風呂」と「湯」 本来、**「風呂」は、蒸気の立っている室で身を蒸すもの**であるのに対し、**「湯」は、温湯に身を浸すもの**で、「風呂屋」と「湯屋」は区別されていたが、江戸期に入って、蒸し風呂の形式はしだいにすたれ、温湯形式のものが一般的になった。

不破の関(ふわのせき)〔地名〕⇩ふはのせき(不破の関)

ぶん【分】〔名〕❶分けられたものの一部分。分け前。割り当て。例「おのれが——とて作りたるは、殊(こと)の外(ほか)多く出で来たりければ」〈宇治拾遺・七・五〉訳自分の分として作った田は、とりわけ(稲が)多くできたので。❷ある範囲の分量。程度。❸身のほど。分際。例「貧しくて——を知らざれば盗み、力衰へて——を知らざれば病を受く」〈徒然草・一三一〉訳貧乏で身のほどを知らなければ盗みをし、力が弱っているのに身のほどを知ら(＝自分ノ衰エヲ自覚シ)なければ(無理をして)病気になるのである。❹当然それにあてはまるもの。❺仮にそう決めたもの。その扱いに準ずるもの。「母親——」「娘——」「子——」など複合語として用いる。

文鏡秘府論(ぶんきゃうひふろん)〔書名〕(ブンキョウヒフロン)平安初期の漢詩文評論書。空海著。八二〇年(弘仁一一)までに成立。六巻。中国六朝(りくちょう)や唐代の詩文を紹介・集成しつつ、中国文学の批評、漢詩文作成上の問題の指摘、漢字音韻研究等を行う。著者の優れた見識が見られ、その後の漢詩文・歌学歌論・韻学などに大きな影響を与えた。『文筆眼心抄(ぶんぴつがんしんしょう)』(空海著)は本書の要約書。

ぶん-きん【文金】〔名〕❶(「文字(ぶんじ)金」の略)一七三六年(元文元)江戸幕府が改鋳(かいちゅう)した金貨。「文」の字が刻んであることから「文字金」、改鋳年時から「元文金」と呼ばれた。❷(「文金(高)島田」の略)婦人の髪型の一つ。髷(まげ)の根を一番高くし、見栄えのする派手な結い方の島田髷。❸(「文金風(ふう)」の略)男性の髷の型の一つ。元結(もとゆい)を多く巻いて髻(もとどり)の腰を高くし、前に長く突き出したもの。

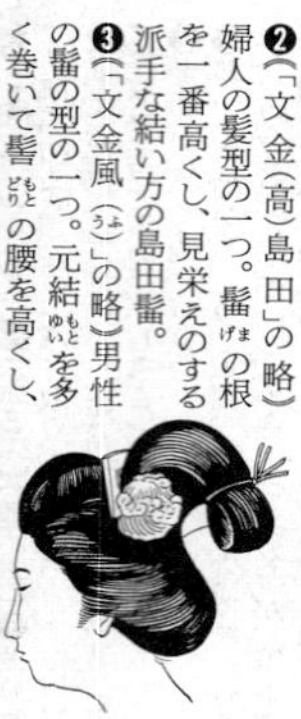

ぶんきん②

文華秀麗集(ぶんくわしうれいしふ)〔書名〕(ブンカシュウレイシュウ)平安初期の漢詩集。八一八年(弘仁九)成立。三巻。勅撰集。嵯峨(さが)天皇の勅命により、藤原冬嗣(ふゆつぐ)が仲雄王(なかおおう)・菅原清公(きよとも)・滋野貞主(しげののさだぬし)等と撰定。嵯峨天皇・淳和(じゅんな)天皇・仲雄王等当代を代表する詩人二十八人の一四八編(現存五編欠)を収録。唐詩の影響が強い。勅撰三集の第二。⇩凌雲集・経国集

豊後(ぶんご)〔旧国名〕西海道十二か国の一つ。現在の大分県の大部分にあたる。古くは豊前(ぶぜん)の国とともに豊国(とよのくに)と呼ばれたが、文武天皇の時代(六九七年)に二分された。近世では、豊後節(ぶんごぶし)(＝宮古路豊後掾(ミヤコジブンゴノジョウ)ノ始メタ浄瑠璃(ジョウルリ)節ノ一種)や、豊後絞り(＝絞リ染メ)でも有名。豊州(ほうしゅう)。

ぶん-ざい【分際】〔名〕(「ぶんさい」とも)❶それぞれに応じた程度。限界。❷身のほど。身分。

ぶん-さん【分散】〔名〕❶ばらばらに分け散らすこと。また、分かれ散ること。❷(近世語。「分散じまひ」とも)江戸時代の破産の一方法。債務者がみずから申し出て自己の全財産を債権者団に提供し、その処分金を各債権者に分配することによって弁済する方法。自己破産。例「十一貫目の——に、ある物二貫五百目、課(おほ)せ方八十六人」〈西鶴・日本永代蔵・三・四〉訳銀十一貫分の借金に対して、残っている全財産が二貫五百匁(め)で、債権者数が八十六人。

ぶん-じん【文人】〔名〕詩文・書画など芸術に携わる人。

ふん・ず【封ず】〔他サ変〕〔ぜ・じ・ず・ずる・ずれ・ぜよ〕(「ふうず」の変化した形)(手紙などの)封をする。例「固く——・じたる続飯(そくひ)など開(あ)くるほど、いと心もとなきもの」〈枕草子・心もとなきもの〉訳(遠方の恋人から手紙をもらって)固く封をした糊(のり)などを開ける間は、とてもじれったい。

ぶん-だい【文台】〔名〕(「ふみだい」の撥音便。「ふだい」「ふんだい」とも)歌合わせや句会の際に、懐紙や短冊(たんざく)をのせる小さな机形の台。書き物などに使うこともある。

ふん-べつ【分別】〔名〕❶物事の善悪・理非を判断すること。また、その能力。思慮。わきまえ。例「牛に——なし。足あればいづくへかのぼらざらむ」〈徒然草・二〇六〉訳牛にはわきまえがない。足があるのでどこへ(遠慮して)のぼらないことがあろうか(いや、どこへでものぼっていくものだ)。❷(転じて)世俗的な判断。功利的な才覚。例「門に戒幡(かいばん)を掛けて『——の門内に入ることを許さず』と書けり」〈芭蕉・洒落堂記〉訳門に戒幡(＝戒メヲ書イタ旗)をかかげて「世俗の思慮分別(にたけた人)はこの門の中へ入ることを許さない」と書いてあった。

ふん-みゃう【分明】(ミョウ)〔名・形動ナリ〕(「ぶんみゃう」とも)はっきりしていること。疑う余地がないこと。明瞭(めいりょう)。明白。例「松明(たいまつ)の如くなる光終夜(よもすがら)天を耀(かか)かし地を照らしける間、行路(あんろ)——・に見えて」〈太平記・一八・一〉訳たいまつのような光が夜通し天を輝かし地を照らしたので、道路がはっきりと見えて。

文屋康秀(ふんやのやすひで)〔人名〕平安前期の歌人。六歌仙の一人。官位は低いが、和歌は『古今和歌集』『後撰和歌集』に入集。作風は技巧が勝ち、紀貫之(きのつらゆき)によって「言葉は巧みにて、そのさま身に負はず」〈古今・仮名序〉訳(文屋康秀は)言葉の使い方が巧みだが、その歌の姿は中身に似合っていない、と評されている。

へ

へ【戸】〔名〕《カマドの意の「竈(へ)」から出たものか》民家。転じて、戸籍。また、戸数を数える時の助数詞としても用いられる。

へ【辺】 **一**〔名〕❶あたり。ほとり。例「里遠み恋ひうらぶれぬ真澄鏡(まそかがみ)床(とこ)の━去らず夢(いめ)に見えこそ」〈万葉・一一・二五〇一〉訳(あなたのいる)里が遠いので、(私は)恋い慕うあまりに元気を失ってしまいました。(どうか、私の)床のあたりを離れず、夢の中で姿を見せてください。
❷(沖に対して)海岸近く。海べ。例「沖つ波━つ藻巻き持ち寄せ来(く)とも君にまされる玉寄せめやも」〈万葉・七・一二〇六〉訳沖の波が海べの(美しい)海藻をまきこむようにして寄せてくるとしても、あなた以上の美しい玉を寄せてくることがあろうか(いや、ありはしない)。
二〔接尾〕(名詞・動詞の連体形に付いて)…あたり。…のほとり。例「又の日の昼つかた、岡━に御文(みふ)つかはす」〈源氏・明石〉訳翌日の昼頃、(光源氏は)岡のあたり(の明石の入道の家)へお手紙をお遣りになる。
参考 連濁して「べ」となることも多い。

へ【家】〔名〕《「いへ」の変化した形》いえ。例「春の野に鳴くや鶯(うぐひす)懐(な)つけむとわが━の園に梅が花咲く」〈万葉・五・八三七〉訳春の野原に鳴いているウグイスをなつかせようとして、私の家の庭に梅の花が咲くことだ。

へ【舳】〔名〕船の前の部分。へさき。対とも(艫)

への判別
①ハ行下二段動詞「ふ」の未然・連用形
例いく千歳へたりと知らず
②継続・反復の助動詞「ふ」の已然形・命令形《上代語》
例秋萩の散らへる野辺の初尾花
③格助詞(方向・帰着点・対象など)
例武蔵野へ率て行くほどに

へ《反復・継続の助動詞「ふ」の已然形・命令形》⇩ふ(助動)

へ〔格助〕接続 体言に付く。
❶【方向】《動作・作用の進行する方向を示す》…に向かって。…の方向へ。例「京へ帰るに、女子(をんなご)のなきのみぞ悲しび恋ふる」〈土佐・十二月二十七日〉訳(なつかしい)京の都に向かって帰るのだが、(この土佐の地で死んだ)娘がいないことばかりを悲しみ偲(しの)んでいる。
❷【到達点】《主として、中世以降の用法》《動作・作用の帰着点・到達点を示す》…に。例「敗軍の兵(つはもの)ども杣山(そまやま)へ帰りければ」〈太平記・一八・五〉訳敗軍の武士達が杣山城(=福井県南条郡ニアッタ城)に帰ったので。
❸【対象】《主として、中世以降の用法》《動作・作用の向けられる対象を示す》…に対して。例「東国・西国へ御教書(みげうしよ)を成し下され候はんに」〈太平記・三〇・二〉訳東国や西国に対して将軍のご命令をお下しになりましたならば。

要点「へ」は、話し手の現在いる所から、はるかかなたの目標・方向へ向かう意が原義で、「へ」に下接する動詞も、「行く」「渡る」など、移動・進行の意を含むものであることが普通だった(①の用法)。ところが、時代の下るとともに、手前(=コチラ)に向かう場合にも用いられるようになる。②③の用法は、平安時代にもごくまれに見られるが、一般に用いられるようになるのは中世以降である。ここに至って、現代語「へ」の用法はほぼ出そろったといってよい。
なお、②③の用法は平安時代までは「に」を用いるところで、①の用法も格助詞「に」の場所を示す用法と似たところがある。これらの点で「へ」と「に」は近い関係にあるが、「に」は動作の方向や遠近とは関係なく、動作の帰着点を示すのが本来の用法である。

へ【重】ェ〔接尾〕(衣類や花びらなど)重なったものを数える単位。…重(じゅう)。…重なり。「三━」「八━」など。

べ【部】〔名〕大化改新以前に、朝廷や豪族のもとで、農業・漁業その他特殊な技能職に従事した人々の集団。世襲制であったが、律令体制の整備に伴い解体された。多く「卜(うら)━」「伴(とも)━」「漢(あや)━」「機織(はたおり)━」など、「…部」という形で用いられる。

へ-あが・る【歴上がる・経上がる】〔自ラ四〕{ら・り・る・る・れ・れ}
❶下位から次第に昇進する。成り上がる。例「うち続き宰相(さいしやう)、衛府督(ゑふのかみ)、検非違使別当(けんびゐしのべつたう)、中納言、大納言に━・って」〈平家・一・鱸〉訳(平清盛は)続いて宰相、衛府督、検非違使別当、中納言、大納言としだいに昇進して。
❷年月を経る。年をとって変化する。例「猫(ね)こ)の━・りて猫またになりて、人取ることはあなるものを」〈徒然草・八九〉訳猫が年をとって猫またになって、人を取って食うこともあるのだそうだがなあ。

平安京(へいあんきやう)ーキョウ《地名》桓武天皇の七九四年(延暦十三)に、京都の賀茂川と桂川にはさまれた平地に造営された都。以後、一八六九年(明治二)の東京遷都まで日本の都であり、平安時代以降の古典で「京(きやう)」「都(みやこ)」と呼ばれるのは、おおむね平安京である。北端の大内裏から羅城門(らじやうもん)まで真南に通った朱雀大路(すざくおほぢ)を中心に左京(=東ノ京)と右京(=西ノ京)とに分かれ、さらに北から南へ一条から九条までが条里制に従って整然と区画されている。当初、右京には低湿地が多く人家も少なかったが、左京は賀茂川を越えて東山に続くほどに発展した。

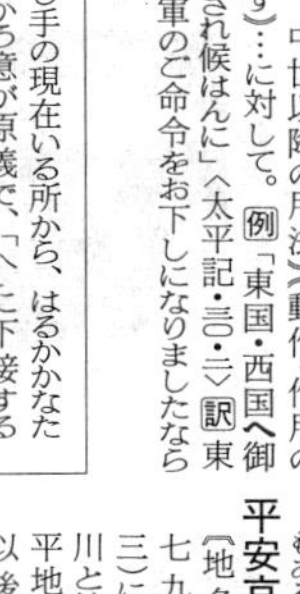
平安京(羅城門址)

へい-きょく【平曲】〔名〕琵琶(びわ)に合わせ、節(ふし)をつけて、『平家物語』を語る音曲。平家琵琶。

参考 後鳥羽天皇の頃、盲目の法師の生仏(しやうぶつ)が、声明(しやうみやう)(=仏教音楽ノ一ツ)などを参考に、独特な節をつけて語ったのに始まるといわれ、南北朝時代から室町時代にかけて多くの琵琶法師によって語られた。『平家物語』は、このように語り物として伝えられたので、異本が多い。

へい-け【平家】〔名〕❶⇩へいし 例「源氏の勢六千余騎川を渡いて、―三万余騎が中へをめいてかけ入り」〈平家・六・祇園女御〉訳 源氏の軍勢六千騎余りは川（＝木曽川）を渡って、平氏の軍勢三万騎余りの中へ大声をあげて駈けこみ。
❷（「平家琵琶」の略）平曲。

へいけ-びは【平家琵琶】〔名〕⇩へいきょく

平家物語（へいけものがたり）〔書名〕鎌倉前期の軍記物語。原形の成立は十三世紀の初め頃と考えられる。作者は中山行長ともいうが未詳。最初は三巻であったらしいが、語り広められる間に何人もの手で増補・改訂が加えられ、六巻・十二巻・二十巻と量も増え、種々の本文をもつ異本が現れた。『源平盛衰記』（四十八巻）もその一つと考えられる。現在普通には、十二巻に灌頂巻を加えたものが読まれている。平氏の勃興からその滅亡までを、仏教的無常感を基調に、叙事詩的に描く。平清盛・木曽義仲・源義経を始めとする武人達の勇壮な活躍を描く合間に、女人との哀れな恋を点綴するなど叙情性も豊かで、和漢混交文の長所を遺憾なく発揮して、古代から中世への動乱期に生きる人々の姿を、具体的に生き生きと描き出している。盲目の琵琶法師が琵琶の伴奏によって語る「平曲」として民衆の間に広く伝えられ、謡曲・浄瑠璃など、後世の文学に与えた影響も大きい。
冒頭「祇園精舎（ぎをんしやうじや）の鐘の声、諸行無常の響きあり。娑羅双樹（しやらさうじゆ）の花の色、盛者必衰（じやうしやひつすい）の理（ことわり）をあらはす。驕（おご）れる人も久しからず、ただ春の夜（よ）の夢のごとし。猛（たけ）き者もつひには滅びぬ、ひとへに風の前の塵（ちり）に同じ」訳（釈迦が説法をした）天竺（＝インド）の国の祇園寺の鐘の音には、この世の万物が無常であるという響きがある。仏の亡くなられた折の娑羅双樹の花が白色に変わってやがて枯れたことは、勢力の盛んな者も必ず衰えるという真理を示す。力を誇っている人も永遠ということはなく、それはもう春の短い夜のはかない夢のようなものである。勇を振るう者もしまいには滅びてしまう、それはもう一吹きの風の前のあっけない塵の存在と同じである。

へい-し【平氏】〔名〕（古くは、「へいじ」とも）「平（たい）ら」の姓を持つ一族。平安時代に皇族から臣籍に降下した人に与えられた姓の一つ。特に、桓武（かんむ）天皇の子孫で、平安時代末期に政権をほしいままにした平清盛（たいらのきよもり）らの一族を指すことが多い。平家。

へい-じ【瓶子】〔名〕酒を入れてつぐ器。現在の徳利（とくり）にあたる。例「西光法師『首を取るにはしかず』とて、―の頸を取ってぞ入りにける」〈平家・一・鹿谷〉訳 西光法師は「（平氏（へいじ）の）首を取るのに越したことはない」と言って、瓶子の首を取って（宴席から立って奥へ）入ってしまった。

べい-じゅう【陪従】〔名〕（「ばいじゅう」とも）❶天皇や貴人に付き従うこと。また、その人。
❷賀茂（かも）・石清水（いわしみず）・春日（かすが）の各神社の祭の際行われる東遊（あずまあそ）びで、舞人に付き従って器楽を奏でる楽人。

べいじゅう②

へい-しょく【秉燭】〔名〕（燭を手に秉（と）るの意）火をともす頃。夕方。夕暮れ時。例「―に及んで、祇園（ぎをん）の社（やしろ）へ入れ奉る」〈平家・一・内裏炎上〉訳 火をともす頃になって、（御輿（みこし）を）祇園神社に入れ申し上げた。

平治物語（へいぢものがたり）〔書名〕鎌倉前期の軍記物語。作者未詳。一一五九年（平治元）の平治の乱とその前後の経緯を和漢混交文で描いている。源平両軍の戦闘の様子を悪源太源義平（みなもとのよしひら）などの武将を中心に描いた作品で、古くは『平家物語』『保元物語』とともに琵琶（びわ）法師によって語られた。

平中物語（へいちゅうものがたり）〔書名〕『平仲（へいちゅう）日記』とも。平安中期の歌物語。成立には、九六〇年（天徳四）から九六五年（康保二）まで、または九二三年（延長元）以後の二説がある。一巻。作者未詳。風流で好色の平貞文（さだふん）（定文）の恋物語が中心。三十九段からなる。私歌集から歌物語への変化の過程がうかがわれる。

へい-はく【幣帛】〔名〕⇩ぬさ

へい-まん【屏幔】〔名〕まく。幔幕（まんまく）。

へう【表】〔名〕臣下から君主や官に奉る文書。上表文。例「願文（ぐわんもん）・―・物の序など作り出（い）だしてほめらるるも、いとめでたし」〈枕草子・めでたきもの〉訳（学識者が）願文（＝神仏ニ奉ル文書）や上表文や詩文の序文などを作って（そのできばえを）ほめられるのも、本当にすばらしい。

べう【廟】〔名〕死者の霊をまつる所。みたまや。

べう〔推量の助動詞「べし」の連用形「べく」がウ音便化した形〕⇩べし（助動）

へう-とく【表徳】〔名〕（「へうとくがう（号）」の略）本名以外に付ける風雅な別号。雅号。

べかし〔助動シク型〕〔推量の助動詞「べし」の補助活用「べかり」の語幹「べか」を形容詞のシク活用型に活用させたもの〕接続 ラ変動詞「あり」の連体形、あるいはその撥音便形「あん」に付く。
（そうあるべきだという当然の意を表す）（…ある）べきだ。（…ある）はずだ。例「大方のあるべかしき事どもは、中納言殿、阿闍梨（あざり）などぞ、仕（つかうまつ）り給ひける」〈源氏・総角〉訳 おおよその当然しなければならないような事などは、中納言殿と、阿闍梨などが、しておあげになるのだった。

要点「ある（ん）べかしく」「ある（ん）べかしき」という連用形・連体形の二つの形でのみ用いられ、「べし」が持つ当然の意を中心とした意味を表す。

べか-なり〔連語〕（推量の助動詞「べし」の連体形「べかる」に推定・伝聞の助動詞「なり」が付いた「べかるなり」の変化した「べかんなり」の撥音「ん」を表記しない形。「べかンなり」と読む）…のはずだそうだ。…しそうなようだ。例「宮へ渡らせ給ふべかなるを、その先に、聞こえおかむとてなむ」〈源氏・若紫〉訳 父宮の方へお移りになるはずだそうですが、その前に、申し上げておこうと思って（参上しました）。

べか-めり〔連語〕（推量の助動詞「べし」の連体形「べかる」に推定の助動詞「めり」が付いた「べかるめり」の変化した

「べかんめり」の撥音「ん」を表記しない形。「べかンめり」と読む〉…のはずのようだ。…に違いないようだ。例「朝まつりごとは怠らせ給ひぬ**べかめり**」〈源氏・桐壺〉訳（桐壺帝は）朝のご政務はきっとなまけておしまいになるようだ。

べから-ず〘連語〙〘推量の助動詞「べし」の未然形＋打消しの助動詞「ず」〙❶〘不可能を表す〙…できそうもない。例「羽なければ、空をも飛ぶ**べからず**」〈方丈記・大地震〉訳羽がないので、空も飛ぶことができそうもない。
❷〘当然の打消しを表す〙…はずがない。例「えさらぬ事のみいとど重なりて、事の尽くる限りもなく、思ひ立つ日もある**べからず**」〈徒然草・五九〉訳（出家する前に身辺を整理しておこうとすると、かえって）避けられない用事ばかりますます重なって、用事がすっかり片付くような際限もなく、（出家を）思い立つ日もあるはずがない。
❸〘禁止を表す〙…てはいけない。例「人食ふ犬をば養ひ飼ふ**べからず**」〈徒然草・一八三〉訳人をかむ犬を養い飼ってはいけない。

べから-む〘連語〙〘推量の助動詞「べし」の未然形＋推量の助動詞「む」。平安末期以後「べからん」とも〙…するのがよいだろう。…べきだろう。例「これが本(とも)はいかでか付く**べからむ**と、思ひわづらひぬ」〈枕草子・二月つごもり頃に〉訳この句に対する上の句はどのように付けたらよいであろうかと、思い悩んだ。

> 参考 「べからむ」の形になるものとして、極めてまれであるが「べし」の連体形の「べかる」に推量の「らむ」が付いたものがある。「…べきものであるらしい」の意で、現在の事柄についての推量（当然）を表す。

べかり〘助動詞「べし」の連用形〙⇩べし

べかり-き〘連語〙〘推量の助動詞「べし」の連用形＋過去の助動詞「き」〙…べきだった。…はずだった。例「やがて続いて攻め給はば、平家は滅(ほろ)ぶ**べかりしに**」〈平家・一〇・藤戸〉訳（源範頼が）そのまま続けてお攻めになったら、平家は滅ぶはずだったが。

べかり-けり〘連語〙〘推量の助動詞「べし」の連用形＋過去の助動詞「けり」〙（「けり」は多く気付きを表す）…べきだったのだ。…するのがよかったのだ。例「作文(さくもん)のにぞ乗る**べかりける**。さてかばかりの詩を作りたらましかば、名のあがらむこともまさりなまし」〈大鏡・頼忠〉訳漢詩を作る船に乗るべきだったのだ。そしてこの和歌ぐらいの漢詩を作っていたら、名声が高くなることもなおいっそうだったろうに。注三隻ノ船ニ、漢詩・音楽・和歌ノ達人ヲ乗セタ時、三ツノ芸道ニ優レテイタ藤原公任ガ和歌ノ船ニ乗ッタ時ノ言葉。「三船の才」トイウ故事成語ガデキタ。

べかん-なり〘連語〙⇩べかなり 例「何条(なんでう)、この御所ならでは、いづくへか渡らせ給ふ**べかんなる**」〈平家・四・信連〉訳何を言うか、（高倉宮は）この御所でなくては、どこへおいでになるはずがあろうか。

べかん-めり〘連語〙⇩べかめり 例「今々も、さこそは侍(はべ)る**べかんめれ**」〈大鏡・道長・上〉訳（藤原道長公のご一門は）今後も、そのようにある（＝政治ヲツカサドル職ニ就ク）ことでございましょう。

へき-たん【碧潭】〔名〕青い水を深くたたえた淵。

べき-なり〘連語〙〘推量の助動詞「べし」の連体形＋断定の助動詞「なり」〙…するのが適当である。…べきである。例「人は万(よろづ)をさしおきて、ひたふるに徳をつく**べきなり**」〈徒然草・二一七〉訳（ある大富豪が言うには）人はすべての事をさしおいて、一途に富を身につけるべきである。

へ・ぐ【折ぐ・剝ぐ】〔他ガ四〕〔が・ぎ・ぐ・ぐ・げ・げ〕はがす。薄く削り取る。例「五月雨(さみだれ)や色紙――・ぎたる壁の跡」〈芭蕉〉訳その昔は豪華な普請であったこの落柿舎も、今は傷みはてて、壁には色紙をはいだ跡が残っている。外には蕭々として五月雨が降り続いている。

べく-も-あら・ず〘連語〙…できそうもない。…しそうもない。…するはずもない。例「かの家に行きてたたずみ歩(あり)きけれど、かひある――・ず」〈竹取・貴公子たちの求婚〉訳かぐや姫の家に行ってうろうろと歩いたが、（その）かいがありそうにもない。

平群(へぐり)〘地名〙奈良県生駒郡平群町。生駒川流域の平群谷付近をいい、近くにある平群山は古代の狩猟地であった。

べし

〔助動ク型〕接続 活用語の終止形に付く。ただし、ラ変型活用語には連体形に付く。

未然形	連用形	終止形	連体形	已然形	命令形
べから	べく べかり	べし	べき べかる	べけれ	○

【推量】❶〘確信をもって推量・予測する意を表す〙**（きっと）…にちがいない。（きっと）…だろう。**例「黒き雲にはかに出(い)で来(き)ぬ、風吹きぬ**べし**」〈土佐・一月十七日〉訳黒い雲が急に出てきた。きっと風が吹くにちがいない。例「昔、男、患ひて、心地死ぬ**べく**覚えければ」〈伊勢・一二五〉訳昔、男が、病気をして、死にそうな気分になったので。
❷〘当然・義務・予定などの意を表す〙**…（するの）が当然だ。…（する）はずだ。…（し）なければならない。…（する）ことになっている。**例「人の歌の返し、疾(と)くす**べき**を」〈枕草子・心もとなきもの〉訳人からもらった歌の返歌は、早くしなければならないのに。例「明日(あす)御物忌(ものい)みなるに、籠(こも)る**べければ**」〈枕草子・頭の弁の、職に〉訳明日は（宮中の）物忌み（＝家カラ外へ出ズ身ヲ慎ム日）なので、籠らなければならないから。
❸〘そうするのが一番よいという意（適当）を表す〙**…（するの）がよい。…（するの）が適当だ。**例「家の造りやうは、夏をむねとす**べし**」〈徒然草・五五〉訳家の造り方は、夏を主とするのがよい。
❹〘意志・決意を表す〙**（きっと）…（し）よう。…（する）つもりだ。**例「高綱(たかつな)、この御馬(おむま)で宇治川のまっ先渡し候ふ**べし**」〈平家・九・生ずきの沙汰〉訳（私、佐々木）高綱は、（源頼朝公にいただいた）この馬（＝生ズキ）で宇治川を真っ先に渡りましょう。例「毎度ただ得失なく、この一矢(ひとや)に定む**べし**と思へ」〈徒然草・九二〉訳（的に向かう）度ごとにただ当たりはずれを考えずに、この一矢で絶対決着をつけようと思いなさい。
❺〘強い勧誘・命令の意を表す〙**…（す）べきだ。…しなければならない。**例「ゆめゆめ疎略(そらく)を存ずまじう候ふ。御疑ひある**べからず**」〈平家・七・忠度都落〉訳（いただいた形見の品を）決していい加減には扱いますまい。お疑いになってはいけません。
❻〘可能の意を表す〙**…（することが）できる。…できるはずだ。**例「その山、見るに、さらに登る**べき**やうなし」〈竹

取・蓬萊の玉の枝〉訳その山は、見ると、まったく登ることができそうにない。例「さりぬべき折(をり)見て、対面すべくたばかれ」〈源氏・空蝉〉訳(忘れようとしても忘れられないので)適当な機会を見計らって、(空蝉(うつせみ)に)逢(あ)うことができるように取り計らってくれ。注「さりぬべき折」ノ「べき」ハ、③ノ適当ノ意。

要点「べし」は「宜(べう)し」の「う」が脱落してできた語と考えられ、本来の意味は、経験や道理などから判断してそうあるのが当然だろうと確信をもって推量する意である。①〜⑥のうちの、どの用法とはっきり決めにくい例も少なくない。
参考(1)「べし」の否定形「べからず」は、平安時代の和文ではほとんど用いられず、一般には「まじ」が用いられた。「まじ」は「べし」の意に打消しの意の加わった助動詞である。⇩まじ(助動)要点(2)
(2)「べかり(べから・べかる)」は、「べくあり」が変化してできた形である。
(3)連用形「べく」はウ音便「べう」、連体形「べき」はイ音便「べい」、「べかる」は撥音便「べかん」など、音便形で用いられることもある。「べい」は、室町時代頃からは、終止形としても用いられ、近世では、関東の田舎言葉とされた。
(4)上一段動詞「見る」「似る」に付く場合、古くは、「見べし」のように連用形に付くこともある。また、「べし」の語幹の「べ」に原因・理由を表す接尾語「み」が付いて、「べみ」の形で用いられることもあった。

へ・す【圧す】〔他サ四〕{さ・し・す・す・せ・せ}❶押しつぶす。⇩おしへす
❷負かす。相手をやり込める。例「逢坂(あふさか)の歌は、—・されて、返しもえせずなりにき」〈枕草子・頭の弁の、職に〉訳(返歌として贈られてきた)逢坂の歌には、(清少納言は)やり込められて、返歌もできなくなってしまった。

へた【辺・端】〔名〕そば。ほとり。特に、水際。波打ち際。

べ-たう【別当】ウ・ト〔名〕《「べったう」の促音「っ」を表記しない形》⇩べったう

へだし【隔し】〔名〕《上代東国方言》隔て。仕切り。

へだた・る【隔たる】〔自ラ四〕{ら・り・る・る・れ・れ}❶距離があって離れている。間にさえぎるものがあって離れている。遠ざかる。例「霧一重(ひとへ)—・れるやうに、透きて見え給ふを」〈更級・後の頼み〉訳霧が一重間にあってさえぎられているように、(ぼんやりと)透けてお見えになるのを。
❷月日がたつ。経過する。例「われ世になくて年—・りぬるを、思ひ出(い)づる人もあらむかし」〈源氏・手習〉訳私が世間から姿を消して一年がたってしまったが、(私を)思い出す人もきっとあることでしょう。
❸関係が疎遠になる。

へだ・つ【隔つ】㊀〔自タ四〕{た・ち・つ・つ・て・て}⇩へだたる 例「昨日(きのふ)見て今日こそ—・て吾妹子(わぎもこ)が幾許(ここだく)継ぎて見まくし欲しきも」〈万葉・一一・二三五九〉訳昨日逢(あ)ってたった今日一日離れているだけなのに、あの子にこんなにも続けて逢いたく思われるなあ。
㊁〔他タ下二〕{て・て・つ・つる・つれ・てよ}❶間に物や空間を置く。間を離す。例「藁(わら)のしべをまはりにさし入れて、かねを—・てて、首もちぎるばかり引きたるに」〈徒然草・五三〉訳わらのしんをまわりにさし入れて、(頭にかぶった足鼎(あしがなえ)の)金物を首から離して、首もちぎれんばかりに引っ張ったところが。
❷間に時間を置く。時を隔てる。例「今は一夜(ひとよ)も—・てむ事のわりなかるべき事」〈源氏・葵〉訳今では一晩でも間を置いて(若紫に)あわないとしたら、たまらなく恋しいに違いないことよ。
❸うとんじて遠ざける。

へだて【隔て】〔名〕《動詞「へだつ」の連用形の名詞化》❶間をさえぎること。また、そのもの。仕切り。例「語らふ人どち、局(つぼね)の—なる遣(や)り戸を開け合はせて」〈更級・宮仕へ〉訳親しい者同士、局(=部屋)の仕切りである引き戸を両方からあけはなって(一部屋にして)。
❷時間的に間隔があること。日時の隔たり。
❸心理的に距離があること。打ち解けないこと。よそよそしさ。例「年の重なるに添へて、御心の—もまさるを」〈源氏・若紫〉訳歳月が積み重なるにつれて、(葵(あおい)の上の光源氏に対する)お心の隔てもいっそうひどくなるので。

❹相違。差別。

べち【別】〔名・形動ナリ〕他と異なっていること。べつ。特別。例「はなれて—・にのぼる」〈更級・太井川〉訳(汚(けが)れを避けるため、私達一行と)離れて別に都へ向かう。

べち-でん【別殿】〔名〕《「べつでん」とも》別の御殿。例「—の行幸には、昼(ひ)の御座の御剣(ぎよけん)にてこそあれ」〈徒然草・一七八〉訳(天皇が清涼殿(せいりょうでん)から)別の御殿へお出になる時には、(夜の御殿に安置してある宝剣ではなく)昼の御座所に置いてある御剣(を持っていくの)ですよ。

べつ-げふ【別業】ギョウ〔名〕《「業」は屋敷の意》別荘。別宅。例「そのころ、入道相国(しやうこく)、福原の—におはしけるが」〈平家・二・阿古屋之松〉訳その頃、平清盛は、福原(=神戸市兵庫区)の別宅にいらっしゃったが。

べっ-して【別して】〔副〕特に。とりわけ。ことに。例「平家を—私の敵(かたき)と思ひ奉ること、ゆめゆめ候はず」〈平家・一〇・千手前〉訳平家を特に私の個人的な敵だと思い申すことは、決してありません。注鎌倉ニ送ラレタ平重衡(シゲヒラ)ニ対スル源頼朝ノ言葉。

べっ-しょ【別墅】〔名〕《「墅」は収穫物を入れる小屋。転じて、離れ屋敷》別宅。別荘。例「住める方(かた)は人に譲り、杉風(さんぷう)が—に移るに」〈奥の細道・出発まで〉訳(自分の)住んでいた家(=江戸深川ノ芭蕉庵)は他人に譲り、杉山杉風の別宅へ移る時に。

べっ-たう【別当】ウ・ト〔名〕《「専当」に対する語で、本官のほかに、他の職に兼任で当たる意。「べたう」とも》❶朝廷内の特別な役所、検非違使庁(けびいしちやう)・蔵人所(くろうどどころ)・御書所(ごしよどころ)・作物所(つくもどころ)などの長官。特に、検非違使庁の長官(=今ノ警察庁長官)を指すことが多い。
❷院(=上皇ノ御所(ゴショ))・親王家・摂関家・大臣家などの家政を主に司(つかさど)る人。複数任じられるのが普通。
❸鎌倉幕府の政所(まんどころ)・侍所(さむらいどころ)などの長官。
❹東大寺・興福寺・法隆寺・仁和寺(にんなじ)などの大寺で、最高位にある僧。
❺神宮寺(=神仏習合デ神社ニ付属シテ置カレタ寺)の庶務を司る僧官。「検校(けんぎやう)」に次ぐ位。
❻盲人の位の一つ。「検校」に次いで第二位。
❼(院の御厩(みまや)の別当から転じて)馬丁(ばてい)。

べったう-だい【別当代】ベット ウ・ 〔名〕寺社で、「別当(べったう)」の代理をつとめる役職。またその職にある者。例「――会覚(ゑがく)阿闍梨(あじやり)に謁(えつ)す」〈奥の細道・出羽三山〉訳(羽黒山の)別当の代理である会覚阿闍梨にまみえる。注「阿闍梨」ハ僧位ノ一ツ。

へ-つ-ひ【竈】イ〔名〕(「竈(へ)つ霊(ひ)」の意)かまどを守る神。転じて、かまど。へっつい。例「猫の妻――の崩れより通ひけり」〈芭蕉〉訳その昔、在原業平(ありわらのなりひら)は、築地(ついじ)(=土塀)の崩れから女のもとへ通ったというが、これはまた恋猫のことで竈の崩れから通うのであった。

へつら・ふ【諂ふ】ヘツラ(ロウ)〔自ハ四〕{は・ひ・ふ・ふ・へ・へ}お世辞を言うなどして、相手に気に入られるように振る舞う。追従(ついしょう)する。例「朝夕すぼき姿を恥ぢて、――・ひつつ出(い)で入る」〈方丈記・世にしたがへば〉訳(金持ちの家の隣に住んでいる貧乏人は)朝に夕に(自分の)みすぼらしい姿を恥ずかしく思って、(隣家の人に)追従しながら(自分の家に)出はいりする(ようになる)。

へなたり【甲香】〔名〕粉末にして練香(ねりこう)の材料にする一種のほら貝(=螺旋(ラセン)状ノ巻貝)のふた。また、その貝。例「甲香(かひかう)は、ほら貝のやうなるが、小さくて口のほどの細長にして出でたる貝のふたなり。……所の者は『――』と申し侍(はべ)る』とぞ言ひし」〈徒然草・三四〉訳甲香というのは、ほら貝のような(形の)貝で、小さくて口のあたりが細長くなって突き出している貝のふた(のこと)である。……土地の人は「へなたりと申します」と言っていた。

へ-なみ【辺波】〔名〕岸辺にうち寄せる波。「へつなみ」とも。例「沖つ波――の来寄る左太(さだ)の浦のこの時(さだ)過ぎて後(のち)恋ひむかも」〈万葉・一一・二七三二〉訳沖の波や岸辺の波がうち寄せてくる左太の浦のこのよいさだ(=時期)が過ぎてしまった後で恋しく思うのだろうかなあ。

へみ【蛇】〔名〕(上代語)ヘビの古名。

べ-み《推量の助動詞「べし」の語幹相当部分「べ」+原因・理由の意を添える接尾語「み」》…そうなので。きっと…だろうから。例「佐保山の柞(ははそ)の紅葉散りぬ**べみ**夜さへ見よと照らす月影」〈古今・秋下・二八一〉訳(秋も残り少なく)佐保山のハハソの紅葉が散ってしまいそうなので、(昼だけでなく)夜までもそれを見ろと、照らし出す月の光よ。

べらなり〔助動ナリ型〕接続 動詞および動詞型の活用語には連体形に付く。ただし、ラ変型の活用語には連体形に付く。

未然形	連用形	終止形	連体形	已然形	命令形
○	べらに	べらなり	べらなる	べらなれ	○

【推量】《推量の意を表す》**…する様子だ。(確かに)…(ている)ようだ。**例「鳴き止(と)むる花しなければ鶯(うぐひす)も果てはもの憂(う)くなりぬ**べらなり**」〈古今・春下・一二八〉訳鳴いて花の散るのを止めようとしても、今はその花がないので、ウグイスもついには(鳴くのが)おっくうになってしまっているように見える。例「久方(ひさかた)の天(あま)つ空にも住まなくに人はよそにぞ思ふ**べらなる**」〈古今・恋五・七五一〉訳(私は)天上界に住んでいるわけでもないのに、あの人は私をまるで別の世界の人間であるように(無縁な人間だと)思っているようだ。

参考 (1)推量の助動詞「べし」の語幹「べ」に接尾語「ら」が付いた「べら」に、断定の助動詞「なり」の付いたもの。接尾語「ら」は、「清ら」「さかしら」などの「ら」と同じもの。(2)平安時代初期の漢文訓読文に用いられ、それ以後、和文でも、男性の会話や和歌の中に用いられた。古めかしい言い方と意識されていたようで、中世以降はほとんど用いられていない。

へり【縁】〔名〕物のはし。ふち。特に、簾(すだれ)や畳のふちにつけてある布をいう。

へん【辺】〔名〕あたり。ほとり。近く。例「今出川(いまでがは)の――より見やれば」〈徒然草・五〇〉訳今出川(=京都市上京区、御所(ゴショ)ノ北ノ通リ)あたりからはるかに眺め見ると。

べん【弁】〔名〕太政官(だいじょうかん)に属する官名。左・右それぞれに大・中・小の弁官がおり、中央・地方の各役所間の事務連絡や文書の管理に当たる。「べんくゎん(弁官)」とも。例「まづ、かの――してぞ、かつがつ案内(あない)伝へ聞こえさせ給ひける」〈源氏・若菜・上〉訳(朱雀(すざく)帝は)まず、あの左中弁を通して、何とかご自分の気持ちを(光源氏に)お伝え申し上げなさる。

要点 弁(=普通ハ中弁)で蔵人頭(くろうどのとう)を兼ねる者を「頭の弁」という。また、一族中に弁になった男性のいる女房に、「――の君」「――の御許(おもと)」などの呼び名を付けることがよくあり、これを略して単に「弁」ということもある。

へん-うん【片雲】〔名〕ひとかけらの雲。ちぎれ雲。例「予(よ)もいづれの年よりか、――の風に誘はれて漂泊の思ひやまず」〈奥の細道・出発まで〉訳私もいつの頃からか、ちぎれ雲が風に吹かれてあてどもなく流れて行くように、漂泊へのあこがれを抑えることができず。

べん-くゎん【弁官】ン・カ〔名〕⇩べん

へん-げ【変化】〔名・自サ変〕❶神仏が仮に人間の姿をとって現れること。また、そのもの。例「ただ我が身は――のものと思(おぼ)しなして」〈源氏・若菜・上〉訳ただ私(=明石ノ上)の身は(明石の入道の娘ではなく)仏の化身(けしん)とお思いくださって。❷狐(きつね)などが姿を変えて現れること。また、そのもの。例「狐の――したるか。憎し。見あらはさむ」〈源氏・手習〉訳(木の下の白いものは)狐が化けているのか。憎らしい。正体をばらしてやろう。

へん-さい【辺際】〔名〕(「へんざい」とも)はて。限界。例「男女(なんによ)死ぬる者数十人、馬・牛のたぐひ――を知らず」〈方丈記・安元の大火〉訳(都の大火で)男女合わせて死者数十人、牛馬の類は限りない(ほど多く焼死した)。

弁才天(弁財天)(べんざいてん)〔神名〕《仏教語。「べざいてん」「べんてん」とも》七福神の一。宝冠・青衣をつけ、琵琶(びわ)を弾く女神で、音楽・知恵・弁舌・福徳をつかさどるという。別名「妙音天」。

弁才天

へん-し【片時】〔名〕ちょっとの間。かたとき。例「いまだ一日――安堵(あんど)の

へ

【へんし】

思ひに任せず」〈平家・二・腰越〉訳まだ一日一瞬たりとも気持ちが落ち着くことはない。

へん-しふ【偏執】(ユウ・シ)〔名・自サ変〕《「へんしゅ」「へんじふ」とも》❶片寄った考えに固執すること。片意地。例「稀(まれ)に学する人も、ただ——の心あれども薫修(くんじゅ)の功薄し」〈沙石集・四〉訳時たま(仏法を)学ぶ人も、ただ一つの教えに固執する心はあるけれども感化を受けて身を修養することに成功することは少ない。
❷ねたましく不愉快に思うこと。

へん・ず【変ず】〔ぜ・じ・ず・ずる・ずれ・ぜよ〕━〔自サ変〕変化する。変わる。例「京極殿・法成寺など見るこそ、志とどまり事——・じにけるさまは、あはれなれ」〈徒然草・二五〉訳(藤原道長ゆかりの)京極殿や法成寺などを見ると、(建てた人の)志だけが残って事態(=建物ノ外見)が変わってしまった有様は、まことに感慨深い。
━〔他サ変〕変化させる。変える。

遍昭(へんぜう)(ヘンジョウ)【人名】⇩僧正遍昭(そうじゃうへんぜう)

へん-ぢ【辺地】〔名〕《「へんち」とも》❶都から遠く離れた土地。いなか。辺境。例「もし——にあれば、往反(わうへん)わづらひ多く」〈方丈記・世にしたがへば〉訳もし辺境にいたとしたら、(都への)往復に苦労がたくさんあり。
❷〔仏教語〕阿弥陀仏(あみだぶつ)のいる極楽浄土から遠い所。

弁天(べんてん)【神名】⇩弁才天(べんざいてん)

へん-ど【辺土】〔名〕都から遠く離れた土地。僻地(へきち)。また、都のはずれ。近郊。「へんち(辺地)」とも。

へん-やく【変易】〔名〕《「へんえき」とも》変わること。変えること。例「無常——の境(きかひ)、ありと見るものも存ぜず、始めあることも終はりなし」〈徒然草・九一〉訳無常で変化しやすいこの世では、あると(思って)見るものも実在せず、始まりがある事柄も終了することがない。

べん-り【便利】〔名〕便通。大・小便の用。例「一日(いちにち)のうちに、飲食(おんじき)・——・睡眠(すいめん)・言語(ごんご)・行歩(ぎやうぶ)、やむことを得ずして、多くの時を失ふ」〈徒然草・一〇八〉訳(人間は)一日の中で、飲食・便通・睡眠・人と話すこと・歩くことと、やむを得ないことで、多くの時間を消費する。

ほ

ほ【火】〔名〕ひ(火)。「——中」「——群(ほむら)」「——影」など、複合語の中に用いられる。

ほ【百】〔名〕百(ひゃく)。「いほ(五——)」「やほ(八——)」など、複合語の中に用いられる。単に「百」をいう時には「もも」が使われる。

ほ【帆】〔名〕風力によって船を進ませるために帆柱に張る布。例「行きかふ舟ども、——を引き上げつつ行く」〈蜻蛉・中・天禄元年〉訳行き来するいくつもの舟は、帆を引き上げながら行く。

ほ〔名〕━【秀】高くひいでていること。また、そのもの。多くは、「——つえ(枝)」「なみ(波)の——」など複合語を構成する。例「千葉の葛野(かづの)を見れば百千足(ももちだ)る家庭(やには)も見ゆ国の——も見ゆ」〈古事記・中・応神〉訳(宇治の丘から)葛野(=京都市)を見渡してみると、多くの栄えている家々が見える。国土のもっともすぐれたところが見える。
━【穂】(━から転じて)稲・ススキなどの穂。

穂に出(い)**・づ**(ズ・イ)表面に現れる。人目につくようになる。「穂にあらはる」とも。例「たそがれの軒端(のきば)の荻(をぎ)にともすれば——・でぬ秋ぞ下にこと問ふ」〈新古今・夏・二七七〉訳夕方、軒のあたりの荻(=秋ニ大キナ穂ヲツケル草ノ名)の葉(を吹く風)によって、まだ目に見えない秋の気配をふと感じることだ。

ほ【秀】〔名〕高く抜きんでているもの。特にすぐれているもの。また、他よりも目立つもの。

ほ-い【布衣】〔名〕《「ほうい」とも》❶布製の狩衣(かりぎぬ)。特に、無紋の狩衣。また、それを着用する六位以下の身分の者。例「都に候(さうら)ひし時は、——に立て烏帽子(えぼし)……華やかなりし男子(をのこ)なり」〈平家・一〇・横笛〉訳(滝口入道が)都でお仕えしていた時は、無紋の狩衣に立て烏帽子をかぶり……人目を引いていた男である。
❷官服でない私服。常着(つね ぎ)。平服。
❸江戸時代、将軍に謁見(えっけん)を許される身分の武士が着用した絹地で無紋の狩衣。これは、礼服としての性格を持っている。また、それを着る資格を持つ者。

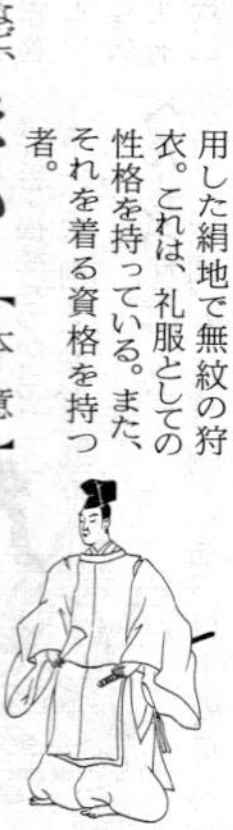
ほい③

ほ-い【本意】〔名〕《「ほんい」の撥(はつ)音「ん」の無表記》**本来の志。前からの希望や目的。**例「ただこの人を『高き——かなへ給へ』となむ念じ侍(はべ)る」〈源氏・明石〉訳(住吉(すみよし)の神へ参っても)ひとえにこの娘のことを「(貴人と結婚させたいという)かねてからの高い希望をおかなえください」と祈願しています。

ほい-な・し【本意無し】〔形ク〕《「本意(ほい)」に反した結果になって不満であるの意》**残念である。不本意である。物足りない。**例「過ぎ別れぬること、かへすがへす——・くこそ覚え侍(はべ)れ」〈竹取・かぐや姫の昇天〉訳お別れして行ってしまうことは、つくづく残念に思われます。

ほう【方・袍】〔名〕⇩はう

ほう【法】〔名〕⇩はふ・ほふ

ほう…【放…】⇩はう…

ぼう…【坊…・房…】⇩ばう…

ほう-い【布衣】〔名〕⇩ほい(布衣)

ほう-いう【朋友】(ユ・ウ)〔名〕友人。友達。例「あるいは親昵(しんぢつ)・——のために造る」〈方丈記・閑居の気味〉訳あるいはなじみ親しんでいる人、友人のために(住まいを)造る。

ほうか【半靴】〔名〕⇩はうくゎ

ほう-が【奉加】〔名〕求めに応じて神社や寺に金品を寄付すること。その寄付する金を「奉加金」、寄付の額や寄付者の氏名などを記入する帳面を「奉加帳」という。

ほうが-ぎん【奉加銀】〔名〕寺や神社に奉納する金。

ほうがん【判官】〔名〕⇩はうぐゎん

伯耆(ほうき)【旧国名】⇩はうき(伯耆)

ほう-ぐ【反古・反故】〔名〕⇩ほぐ

ほう-けん【宝剣】〔名〕宝物として秘蔵する剣。特に、三種の神器の一つ、天叢雲剣(あめのむらくものつるぎ)(=草薙剣(クサナギノツルギ))を指す。例「神璽(じんじ)を脇(わき)に挟み、——を腰に差し、主上

(しゅし)(やうし)を抱(だい)き奉(たて)(まて)って」〈平家・二・先帝身投〉訳(平清盛の妻の二位の尼は)八坂瓊曲玉を脇にかかえ、天叢雲剣を腰に差し、(まだ幼い安徳)天皇をお抱き申し上げて(海に身を投げた)。

保元物語(ほうげんものがたり)『書名』鎌倉前期の軍記物語。作者未詳。一一五六年(保元元)の保元の乱とその前後の経緯を、簡潔な和漢混交文で描く。特に敗将源為朝の活躍ぶりが注目され、謡曲・浄瑠璃や曲亭馬琴の『椿説弓張月』などに大きな影響を与えた。

ほう-こ【布袴】〔名〕(「ほこ」とも)平安時代の男子の服装で、束帯(=正装)と衣冠(=略装)の間にあり、内々の式などに用いられたもの。束帯の表袴・大口を略し、代りに指貫・下袴を着用する。

ほうこ

ほう-ご【反古・反故】〔名〕⇩ほぐ

ほう-こう【奉公】〔名・自サ変〕宮中にお仕えすること。また、主君・主人に仕えること。忠実に職務に励むこと。

ぼうざ【病者】〔名〕⇩ばうざ

ほう-さん【宝算】〔名〕天皇のご年齢。宝寿。

方丈記(ほうじょうき)『書名』⇩はうぢゃうき(方丈記)

ほう-じん【封人】〔名〕国境を守る人。また、そこに住む人。例「大山(おほやま)を登って日すでに暮れければ、――の家を見かけて舎(やどり)を求む」〈奥の細道・尿前の関〉訳大きな山を登って日もすでに暮れてしまったので、国境近くに住む人の家を見つけて一夜の宿をたのむ。

ほう-ぜん【宝前】〔名〕神や仏の御前。

ほう-と〔副〕物を打ち当てたり、たたいたりする音の形容。ポンと。トンと。例「車宿りにさらに引き入れて、轅(ながえ)――うち下ろすを」〈枕草子・すさまじきもの〉訳(牛車を)車庫にずっと引き入れて、轅(=牛車ノ前方ニ突キ出タ長イ棒。牛ヲツナグ所)をポンと下ろすのを。

ほう-ど〔副〕困り切ったさま。ほとほと。まったく。

ほう-とう【宝灯】〔名〕神仏の前に供えるともしび。みあかし。例「神前に古き――あり」〈奥の細道・塩釜明神〉訳(塩釜神社の)神前に古い灯籠がある。

ほう-らい【蓬萊】〔名〕❶古代中国で、東方の海上にあり不老不死の仙人が住むとされた山。❷蓬萊山にかたどった祝儀用の飾り。器物などにうちつけたり、台上に飾りつけて据えたりする。❸(「蓬萊飾(かざ)り」の略)江戸時代、三方の上に米・のし鮑・ほんだわら・くし柿・だいだい・えびなどを盛り合わせて作る正月用の飾り物。(季・春)例「春の物とて是非調(ととの)へて――を飾りける」〈西鶴・日本永代蔵・四・五〉訳正月用の祝い物だというので(高価な伊勢えびやだいだいを)何としても調達して蓬萊飾りを飾った。

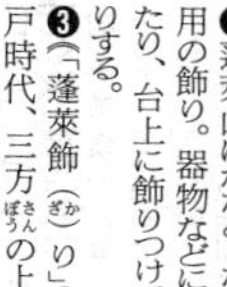
ほうらい③

ほうらい-の-やま【蓬萊の山】〔名〕⇩ほうらい①

ほう-れん【鳳輦】〔名〕(屋形の上に金の鳳凰を飾ることから)天皇が即位・大嘗会・御禊など正式の儀式や行幸に際して、乗用する輿。転じて、天皇の乗り物。

ほう-わう【鳳凰】〔名〕古代中国の想像上のめでたい鳥の名。聖天子が世に出ると、この鳥が現れるという。

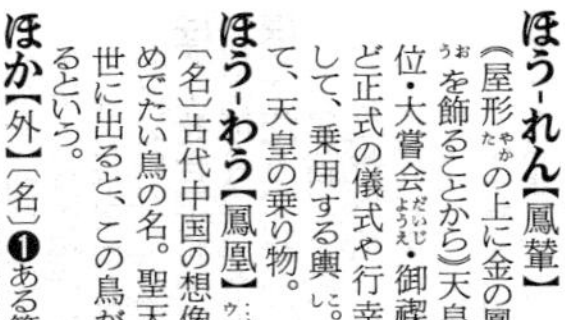
ほうれん

ほか【外】〔名〕❶ある範囲・区画のそと。例「わが背子(せこ)に恋ひすべながり葦垣(あしかき)の――に嘆かふ吾(あれ)し悲しも」〈万葉・一七・三九七五〉訳いとしいあなたを恋しく思ってどうしようもないのです。(あなたの家の)葦垣(=葦デ編ンダ垣)の外側で嘆息し続けている私が悲しいことです。❷別の時・所・方角など。他。よそ。例「思ひもぞつくと(この女を)好きになっては大変だと、この女を――へ追ひやらむとす」〈伊勢・四〇〉訳(男がこの女を)好きになっては大変だと、この女をよそに追い払おうとした。❸それ以外。例「唐(から)の物は、薬の――はなくとも事欠くまじ」〈徒然草・一二〇〉訳中国の物は、薬の外はなくても不自由しないだろう。❹外界。世間。例「世に従へば、心、――の塵(ちり)に奪はれて」〈徒然草・七五〉訳世間に順応すると、心が、俗世間の煩わしさにとらえられて。❺おもて。表面。外面。外形。❻(仏教を「うち(内)」というのに対して)仏教以外の方面。特に、儒教。

要点 類義語「よそ」が距離的に遠く離れた別のところを指すのに対し、「ほか」はある範囲や区画の外縁部を指すのが本来の意味であろう。

ほか-ありき【外歩き】〔名〕外に出歩くこと。外出。例「御いとまなくて、――もし給はず」〈源氏・澪標〉訳おひまがなくて、(光源氏は)外出もなさらない。

ほ-かげ【火影】〔名〕❶ともしびの光。例「うち傾(かたぶ)き給へるさま、――にいと美しげなり」〈源氏・常夏〉訳(琴の音に聞き入って)頭を傾けていらっしゃる(玉鬘の)様子は、ともしびの火でたいへんかわいらしく見える。❷ともしびに照らされた人の姿・物の形。例「――の乱れたりしさまは」〈源氏・末摘花〉訳灯火に照らし出された姿がうちとけて見えた様子は。

ほか-ざま【外方・外様】〔名〕(古くは「ほかさま」)よその方。ちがった方向。比喩的な意味で、他の女。例「念じて射むとすれども、――へ行きければ」〈竹取・かぐや姫の昇天〉訳(手のしびれを)こらえて(かぐや姫を連れに来た天人を)射ようとするけれども、(矢が)あらぬ方向へ飛んでいくので(戦うことができない)。

ほか-ばら【外腹】〔名〕本妻以外の女から生まれること。また、その生まれた子。例「大臣(おとど)の、この頃――の娘尋ね出でて、かしづき給ふなる」〈源氏・常夏〉訳内大臣が、近頃よその女性にできた娘を捜し出して、お世話していらっしゃるという話だ。

ほか-ほか【外外】㊀〔名〕別々の所。例「皆――へと出で給ふほど、悲しきこと限りなし」〈源氏・賢木〉訳皆別々の所へと退出される頃は、(藤壺は)この上なく悲しい。

■〔形動ナリ〕別々になる様子。例「―・に疎(おろ)かになりぬべし」〈狭衣・三〉訳別々になって疎遠になってしまうにちがいない。

ほか-め【外目】〔名・自サ変〕他に目を移すこと。わき見。他の女に心ひかれることをいうこともある。

ほがら-か【朗らか】〔形動ナリ〕❶(景色が)明るくはっきりしている様子。例「大学の窓に光―・なる朝(あした)は、眼(まなこ)も交はさず守る」〈宇津保・祭の使〉訳大学の窓に光が明るい朝のうちは、眼を他に移さず本を読む。❷(表情・気分・性質などが)明るい様子。例「いと―・にうち笑ふ」〈蜻蛉・下・天延二年〉訳大変明るく笑う。❸物事に明るい様子。

ほか-ゐ【外居・行器】〔名〕外出に際して、食物などを入れて持ち運ぶ道具。背の高い円筒形の塗り物で、外側へ反った三本の脚がついている。

ほかゐ

ほ-く【発句】〔名〕⇩ほっく

ほ・く【惚く】〔自カ下二〕{け・け・く・くる・くれ・けよ}頭の働きがにぶくなる。ぼける。例「我よりも年の数積もり、―・けたりける人のひがことにや」〈源氏・竹河〉訳私よりも年をとって、ぼけてしまった人が出まかせを言ったのでしょうか。

ほ・く【祝く】〔他カ四〕{か・き・く・く・け・け}《後世「ほぐ」となる》祝福する。ことほぐ。例「青柳の上枝(ほつえ)よち取り蘰(かづら)くは君が屋戸(やど)にし千年(ちとせ)―・くとぞ」〈万葉・一九・四二八九〉訳青柳の枝先をねじって切り取り、頭の飾りにするのは、あなたの家での千年の長寿を祝福するためなのです。

ほ-ぐ【反古・反故】〔名〕《「ほうぐ」「ほうご」「ほご」「ほんご」とも》文字や絵などを書いて不用になった紙。転じて、不用になったもの。役立たなくなったもの。例「川上の方(かた)より黄なる物流れ来て、物につきてとどまりたるを見れば、―なり」〈更級・富士川〉訳川上の方から黄色い物が流れてきて、何かに引っかかって止まっているのを見ると、ほご紙である。

ほく-こく【北国】〔名〕❶北陸道の諸国。若狭・越前・加賀・能登・越中・越後・佐渡の七国。特に、越後を指すこともある。❷(江戸の北方に当たるところから)江戸新吉原遊廓の異称。

ほくこく-びより【北国日和】〔名〕変わりやすさで知られる北陸地方の天候。例「名月や―定なき」〈奥の細道・敦賀〉訳昨夜は素晴らしい名月だった。(それなのに、今日はもう雨が降っている。なるほど地元の人の言うとおり)北陸の天気は変わりやすいものだなあ。

ぼく-せき【木石】〔名〕木と石。感情を持たないもの。人情を解さない人をたとえていう。

ほく-だう【北堂】〔名〕古代中国で、母屋の北側にある建物。ここに、一家の主婦が住んだことから、転じて、母(特に、他人の母)の敬称。母堂。例「―の萱草(けんきう)も霜枯れ果てて、今は跡だになし」〈芭蕉・野ざらし紀行〉訳母の住んでいた家の庭の忘れ草も霜に枯れてしまって、今はその跡さえもはっきりわからない。

ほく-と【北斗】〔名〕北斗七星。例「身の後には金(こがね)をして―をささふとも」〈徒然草・三八〉訳死後に金を高く積んで北斗星をささえることがあろうとも。

ぼく-とつ【木訥・朴訥】〔名〕性格に飾り気がなく、口数が少ないこと。例「剛毅(がうき)―の仁(じん)に近きたぐひ」〈奥の細道・仏五左衛門〉訳(この人は、『論語』にいう)「剛毅木訥ハ仁ニ近シ」(=意志ガ強ク素朴デ口ベタナ人ハ仁者ニ近イ)といった種類の人で。

ほ-ぐみ【穂組み】〔名〕刈り取った稲穂を乾かすために、組んで積んでおくこと。また、そのもの。例「すそわの田居に至りて、落ち穂を拾ひて―を作る」〈方丈記・勝地は主なければ〉訳(日野山の)ふもとのあたりの田に行って、(収穫後に落ちている)稲穂を拾って穂組みを作ったりする。

ほく-めん【北面】〔名〕❶北に面すること。北向き。また、中国で南面する天子に対して北面する臣下の座。❷院(=上皇)の御所の中の北にある、警護の武士の詰め所。❸《「北面の武士(ぶし)」の略》院の御所を警護する武士。白河法皇の院政期に置かれた。例「―は上古(しやうこ)にはなかりけり」〈平家・一・俊寛沙汰・鵜川軍〉訳北面の武士(というもの)は昔にはなかった。

ほくめん-の-ぶし【北面の武士】〔名〕⇩ほくめん③

北嶺(ほくれい)〔寺名〕比叡山延暦寺の別称。高野山金剛峯寺を「南山」、奈良の興福寺を「南都」というのに対していう。

北陸道(ほくろくだう)〔古代の行政区画名〕《「ろく」は呉音。後世「ほくりくだう」とも》七道の一つ。本州中央部の日本海沿岸の地方。若狭・越前(=以上福井県)・加賀・能登(=以上石川県)・越中(=富山県)・越後・佐渡(=以上、新潟県)の七か国。

ほけ-きゃう【法華経】〔名〕《「妙法蓮華経(めうほふれんげきやう)」の略》大乗仏教の経典。八巻二十八品。釈迦最後の教えを伝える、最も優れたものとして、天台・華厳・法華各宗などで重んじる。平安時代以降、一般に広まった。「法華(ほっけ)」とも。例「長き世々に絶ゆまじき御(おん)契りを、―に結び給ふ」〈源氏・鈴虫〉訳(女三の宮は光源氏と)何代もの長い年月にも絶えることがないはずの堅いお約束を、「法華経」にかけてお結びなさる。

ほけ-し・る【惚け痴る】〔自ラ下二〕{れ・れ・る・るる・るれ・れよ}年をとって、ぼけて愚かになる。もうろくする。例「月日隔たるままに、あさましと物を思ひ沈み、いよいよ―・れてものし給ふ」〈源氏・真木柱〉訳月日がたつにつれて、ひどい仕打ちだと悲観して、ますますもうろくしていらっしゃる。

ほけ-びと【惚け人】〔名〕年とって、ぼけてしまった人。

ほけ-ほけ・し【惚け惚けし】〔形シク〕《ぼんやりする意の動詞「ほく(惚)」の連用形を重ねて形容詞化した形。「ほれぼれし」とも》(何かに心を奪われたり、老衰のために)ぼんやりしているようす。ぼけている。例「ただあやしう―・しうて、つくづくと臥(ふ)し悩み給ふを」〈源氏・葵〉訳(六条御息所は)ただ変にぼんやりしていて、物思いに沈んだ様子で苦しみ臥せっておられるので。

ほこ【矛・鉾・戈】〔名〕❶両刃の剣に長い柄を付けた形の武器。枝の出た形のものもある。❷弓の弦を支える部分。弓の幹。❸屋形の上に高い鉾状の飾りを付けた山車。特に、京都の八坂神社の祭礼、祇園会(=祇園祭)のものが有名。例「——処々に夕風そよぐ囃子かな」〈太祇〉訳京の町にはあちこちに鉾が立てられ、快い鴨川の夕風に乗ってあのさわやかな祇園囃子の音色が聞こえてくることだ。注祇園祭ノ宵山ノ情景。

ほこ-すぎ【鉾杉】〔名〕矛のような形の杉。

ほこら【祠・叢祠】〔名〕《「ほくら」の変化した形》神をまつるやしろ。神社。

ほこら-か【脹らか】〔形動ナリ〕⇩ふくよか

ほこら・し【誇らし】〔形シク〕《動詞「ほこる」の形容詞化した形》得意である。ほこらしい。例「千々の情けも思ほえず一つ心ぞ——・しき」〈古今・雑体・一〇〇三長歌〉訳他のどんな気持ちも感じず、ただ一つ誇りに思う気持ちだけである。注壬生忠岑ノ作。『古今集』ノ選者ニ入ッタ喜ビヲ歌ッタ一節。

ほこり-か【誇りか】〔形動ナリ〕誇りに思う様子。得意そうな様子。例「下には思ひ砕くべかめれど、——・にもてなして、つれなきさまにし歩く」〈源氏・須磨〉訳(前の右近の丞は)心中には思い悩んでいるようだが、(表面は)得意そうに振る舞って、何でもない風に動き回っている。

ほこ・る【誇る】〔自ラ四〕{ら・り・る・る・れ・れ}自慢する。得意になる。例「人としては、善に——・らず、物と争はざるを徳とす」〈徒然草・一六七〉訳人間としては、自分の善行を自慢せず、人と争わないのを徳とする。

ほころび【綻び】〔名〕《動詞「ほころぶ」の連用形の名詞化》❶縫い合わせた所が解けること。また、その部分。❷几帳の布の下の方の、縫い合わせてない部分。例「几帳の帷子の——より御髪をかきいだし給へるが」〈源氏・手習〉訳几帳の垂れ下がった布の縫い合わせてない部分から髪を出されたが(その髪は)。

ほころ・ふ【誇ろふ】〔自ハ四〕{は・ひ・ふ・ふ・へ・へ}《動詞「ほこる」の未然形に反復・継続の助動詞「ふ」の付いた「ほこらふ」の変化した形》得意になっている。誇っている。例「我をおきて人はあらじと——・へど」〈万葉・五・八九二長歌〉訳私をさしおいて立派な人物は他にいまいと得意になってはいるものの。

ほころ・ぶ【綻ぶ】〔自バ上二〕{び・び・ぶ・ぶる・ぶれ・びよ}❶縫い目がほどける。例「萎えたる直衣、指貫の、いみじう——・びたれば」〈枕草子・細殿の遣戸を〉訳(宿直から帰る殿上人の)しわになった直衣(を着て)、指貫が、ひどくほころびているので。❷口をあける。口をあけて笑う。例「人々、皆——・びて笑ひぬれば」〈源氏・少女〉訳人々が、皆(こらえかねて)口をあけて笑ってしまったので。❸つぼみが開く。例「青柳の糸よりかくる春しもぞ乱れて花の——・びにける」〈古今・春上・二六〉訳青柳がその糸をよって懸けるその春に、風に吹かれて青柳の糸が乱れ、花もつぼみが開き始めることであるよ。注柳ノ枝ヲ糸ニタトエテイル。❹(秘密や気持ちなどが)外に現れる。露見する。例「いかならむ折にか、その御心ばへ——・ぶべからむ」〈源氏・若菜・上〉訳どのような機会にか、(機会があれば)その(恨みの)お気持ちが外に現れることがあろう。

ぼ-さち【菩薩】〔名〕《仏教語》⇩ぼさつ

ぼ-さつ【菩薩】〔名〕《「菩提薩埵」の略。「ぼさち」とも》❶《仏教語》大乗仏教で、みずから悟りを求めて修行し、人をも導き救って、未来に仏となるもの。仏の次に位する。❷朝廷から高徳の僧に賜った称号。「行基——」など。❸《本地垂迹の立場から》神につける尊号。「八幡大——」など。❹《近世語》(人の命の糧となる尊いものだから)米の別名。例「——様をかやうにまづ柘榴口へまき散らしてお捨てなさるといふは、どうした御了簡のお人様でござりませう」〈浮世風呂・四・下〉訳お米様をこのように柘榴口(＝浴場ヘノ入リ口)にまき散らせてお捨てになるというのは、どういうお考えを持つお方なのでございましょう。

ほ・し【欲し】〔形シク〕❶自分の物にしたい。ほしい。例「この住吉の明神は、例の神ぞかし。——・しき物ぞおはすらむ」〈土佐・二月五日〉訳この住吉神社の神は、例の(欲ばりな)神ですよ。何か欲しい物がおありなのでしょう。注海ガ荒レタ時ノ船頭ノ言葉。❷そうありたいと思う。例「老いぬればさらぬ別れのありといへばいよいよ見まく——・しき君かな」〈伊勢・八四〉訳年をとってしまうと、避けられない別れ、つまり、死別というものがあるというので、ますますあなたに会いたく思うことよ。

ほし-あひ【星合ひ】〔名〕陰暦七月七日、七夕の夜に、牽牛星と織女星とが会うこと。(季・秋)例「天の川七日を契る心あらば——ばかりのかげを見よとや」〈蜻蛉・上・天徳二年〉訳天の川で(牽牛と織女とが出会うという)七日に(私に逢おうと)約束なさるお気持ちならば、これからも一年に一回くらいの出会いで辛抱せよと(おっしゃるでしょう)か。

ほし-いひ【乾し飯・糒】〔名〕《「ほしひ」とも》旅行や戦のための携行食。飯を乾したもので、水や湯に浸して食べる。「かれいひ」とも。例「馬より抱き下ろし、ある谷川にて——を洗ひてすすめ奉れども」〈平治・中・五〉訳(藤原信頼卿を)馬より抱いて下ろして、そこにある谷川で乾飯を洗って(水に浸して柔らかくして)おすすめ申したが。

ほしき-まま【恣・縦・擅】〔形動ナリ〕思い通りに振る舞う様子。勝手気ままである。ほしいままである。例「愚かにして慎めるは、得のもとなり。巧みにして——・なるは、失のもとなり」〈徒然草・一八七〉訳鈍く劣っていても注意深いのは、成功のもとである。手先が器用でも勝手気ままなのは、失敗のもとである。

ほ・す【干す・乾す】〔他サ四〕{さ・し・す・す・せ・せ}濡れたものをかわかす。また、涙をかわかす。例「春過ぎて夏来たるらし白栲の衣——・したり天の香具山」〈万葉・一・二八〉訳春が過ぎて夏がやって来たらしい。白い衣が干してある。天の香具山に。

ほぞ【臍・蔕】〔名〕《古くは「ほそ」》へそ。また、果物のへた。例「生まれ落ち給ふすなはちより、抱き上げて、——の緒なども我が御手づから、こと人に手触れさせ給はで」〈夜の寝覚・五〉訳(男の子が)お生まれになったすぐ後から、(右大臣は、その子を)抱き上げて、へその緒も自身で処理され、他の人には一指も触れさせなさらずに。

細川幽斎〔人名〕安土桃山時代の武将、歌人。足利将軍義晴、義輝、義昭に仕え、のちに信長、秀吉、家康にも仕えた。和歌を三条西実枝に学び、古今伝授を受けた。近世歌学の祖といわれる。家集『衆妙集』、歌学書『幽斎翁聞書』『耳底記』など。

ほそ-ごゑ【細声】〔名〕低い声。小さい声。かぼそい声。例「蚊(か)の——にわびしげに名のりて、顔のほどに飛びありく」〈枕草子・にくきもの〉訳蚊がかすかな声で心細そうに羽音を立てて、顔のあたりを飛び回るのは(憎らしい)。

ほそ・し【細し】〔形ク〕対ふとし ❶直径や幅が小さい。また、体がやせている。ほそい。例「紫だちたる雲の——・くたなびきたる」〈枕草子・春はあけぼの〉訳(春の明け方)紫がかった雲がほっそりとたなびいている(のは趣深い)。
❷(声・風などの)量や力が小さい。低い。わずかである。例「高く——・く名乗り」〈枕草子・殿上の名対面こそ〉訳(点呼に際して滝口の武士が)声高くあるいは低く名乗って。例「あやしき風——・く吹きて」〈源氏・明石〉訳不思議な風がわずかに吹いて。
❸(和歌・連歌用語)作風がほっそりとした感じで、微妙な趣が感じられる。例「春・夏は太く大きに、秋・冬は——・くからび、恋・旅は艶(えん)に優しく仕うまつれ」〈無名抄〉訳春と夏の歌は堂々と雄大な姿で、秋と冬の歌はほっそりと枯れた姿で、恋と旅の歌は美しく上品な姿に詠め。

ほそ-どの【細殿】〔名〕寝殿造りの母屋(もや)の側面などにある細長い廂(ひさし)の間(ま)。ここを仕切って女房の局(つぼね)などに当てる。一説に、建物の間の屋根つきの渡り廊下ともいう。

ほそ-なが【細長】〔名〕❶平安時代の貴族の女性のふだん着。小袿(こうちき)の上に着る。袿(うちき)に似て大領(おおくび)がない。
❷貴族の子供の着る衣服。水干(すいかん)に似て、後ろに髪置きがあり、襟(えり)から垂れた長い飾りひもがある。

ほそなが①

ほその-を【臍の緒】(オ)〔名〕へその緒。例「旧里(ふるさと)や——に泣く年の暮れ」〈芭蕉・笈の小文〉訳故郷に帰って、自分のへその緒を見ると親のことがしのばれて急に胸が熱くなった。年の暮れに。

ほそ-み【細み】〔名〕(俳諧用語)蕉風(しょうふう)俳諧(はいかい)の理念の一つ。「さび」「しをり」と並称される。作者の心が対象に深く感じ入り、そこから生まれてくる深遠微妙な句のおもむき。例「さび・位(くらゐ)・——・しをりのことは、言語筆頭にいひおほせがたし」〈去来抄・修行〉訳さび・位・細み・しおりのことは、言葉や文章では十分に説明しがたい。

ほそ-やか【細やか】〔形動ナリ〕ほっそりとした様子。例「なまめかしきもの、——・に清げなる君たちの直衣(なほし)姿」〈枕草子・なまめかしきもの〉訳優雅なもの、(それは)ほっそりとして美しい貴公子が直衣を着た姿。

ほそ・る【細る】〔自ラ四〕(ら・り・る・る・れ・れ)❶やせる。細くなる。例「髪の裾(そ)少し——・りてさはらかにかかれるしも、いとものの清げに」〈源氏・初音〉訳(玉鬘(たまかずら)の)髪の先端が少し細くなってさらさらと(お召し物に)かかっているのが、実になんとなく清らかな感じで。
❷隠れるように身を細くする。人目を忍ぶようにする。例「やをらかい——・りて出(い)で給ふ道に」〈源氏・少女〉訳(内大臣は)そっと身を細くして(=人目ヲ忍ンデ)お出になる途中で。注「かい」ハ接頭語。

ほた【榾】〔名〕(「ほだ」とも)たきぎにする木の切れはし。(季・冬)

ぼだい【菩提】〔名〕(仏教語)❶煩悩(=迷イ)を断ち切った、悟りの境地。また、そこに入ること。例「——と煩悩との隔たりなむ、この、人の良き悪(あ)しきばかりのことは変りける」〈源氏・蛍〉訳(仏教で説く)悟りの境地と迷いとの違いは、この(=物語ノ中ノ)、人間の良い人と悪い人(との違い)程に違っているものなんですね。
❷極楽往生すること。成仏すること。例「僧を迎へて——のことねんごろに弔(とぶ)らひける」〈雨月・吉備津の釜〉訳(墓に)僧を呼んで(死者の)極楽往生を手厚く祈った。

ぼだい-かう【菩提講】(ウ:コ)〔名〕(仏教語)極楽往生を願って法華経を講説する法会(ほうえ)。例「さいつころ雲林院(うりんゐん)の——にまうでて侍(はべ)りしかば」〈大鏡・序〉訳先頃、雲林院(=京都市紫野ニアッタ寺)の菩提講にお参りしておりましたところ。注『大鏡』ノ冒頭ノ部分。

ほだし【絆】〔名〕(動詞「ほだす」の連用形の名詞化)❶馬や人の手足をくくってその自由を奪う綱。手かせ・足かせなど。例「弟(おとと)の弥若(いやわか)は——の足に抱(だい)きつき、『痛いかや、父上様』」〈近松・出世景清・四〉訳弟の弥若は足かせのついた(父の)足に抱きつき、「痛いですか、お父様」(と言ってさする)。
❷人を束縛するもの。何かをするのに支障となるもの。例「この世の——持たらぬ身に、ただ空の名残(なごり)のみぞ惜(を)しき」〈徒然草・二〇〉訳この世に束縛となるものを何も持っていない身にも、ただ日々経験する空との別れ(=自然ノ名残)だけが惜しまれる。

ほだ・す【絆す】〔他サ四〕(さ・し・す・す・せ・せ)つなぎとめて動けないようにする。情愛で束縛する。例「『この男に——・されて』とてなむ、泣きける」〈伊勢・六五〉訳「この男(=在原業平(アリワラノナリヒラ))の情愛に束縛されて(私は天皇にお仕えすることもしない)」と言って、(女は)泣いたのだった。

ほたる【蛍】〔名〕虫の名。ホタル。(季・夏)例「夏は夜。月の夜はさらなり。闇もなほ、——の多く飛び違ひたる」〈枕草子・春はあけぼの〉訳夏は夜がよい。月の出る頃は言うまでもない。(しかし)闇夜もやはり、ホタルが多く飛び交(か)っている風情(は趣きがある)。

ぼ-たん【牡丹】〔名〕❶低木の名。美しい大輪の花を開く。(季・夏)例「——散って打ち重なりぬ二三片」〈蕪村〉訳初夏の幾日かを優美に咲き誇っていた牡丹もしだいにうつろいを見せてきたある日、花びらは自らの重さに堪えかねたかのように地上に散って、その二、三片が形をくずしながらもなおボッテリとした厚みを重ねてあわせている。
❷(襲(かさね)の色目の名)表は白、裏は紅梅。

ほ-つ-え【上枝】〔名〕(「ほ」は「秀」の意。「つ」は今の「の」の意)木の上の方の枝。上の枝。下方の枝は「下枝(しづえ)」。例「妹(いも)がため——の梅を手折(たを)るとは下枝(しづえ)の露に濡(ぬ)れにけるかも」〈万葉・一〇・二三三〇〉訳妻のために上の方の枝の梅の花を手折ろうとして、下の方の枝の露に濡れてしまったことだ。

ほっ-き【発起・発企】〔名・自サ変〕❶(仏教語)悟りを得ようとする心を起こすこと。また、そうして仏道に入ること。「発心(ほっしん)」とも。例「仏神に嘘(うそ)はない。そなたも——・して」〈近松・心中刃は氷の朔日・上〉訳仏や神に嘘はない。あなたも仏道に入る心を起こして(誓いの証拠に焼けた棒を握ってみなさい)。
❷(転じて)思い立つこと。物事を企てること。例「往昔(そのかみ)、遊行(ゆぎやう)二世の上人(しやうにん)大願——のことありて」

〈奥の細道・敦賀〉訳その昔、遊行二世の上人(=遊行一世スナワチ一遍上人ノ弟子)は大願を思い立って。

ほっ-く【発句】〔名〕(「ほく」とも)❶漢詩や和歌などの最初の句。初句。起句。
❷連歌や俳諧(はいかい)の最初の句。第一番目の五・七・五の十七音の句。対あげく 例「――・脇(わき)の句より次第に、するすると付けよきやうにしなすべし」〈連理秘抄〉訳(連歌を作るには)発句・脇の句(=発句ノ次ノ七七ノ句)から順々に、なめらかに後を続けやすいようにしなければならない。
❸②が独立してできた、五七五の句。明治以降、俳句と呼ぶ。

ほっ-け【法華】〔名〕《仏教語》❶「法華経(ほけきやう)」の略。
❷(「法華宗(ほつけしゆう)」の略)平安時代では天台宗を、中世以降は主に日蓮宗を指す。「法華経」を根本経典とすることからいう。

ほっ-けう【法橋】〔名〕《仏教語。「法橋上人(しやうにん)位」の略》僧位の一つ。「法眼(ほふげん)」の次位で、五位に準じ、「律師」に相当する。

ほっけ-だう【法華堂】〔名〕《仏教語》「法華三昧(ざんまい)」を行う堂。法華三昧堂。例「――なども、いまだ侍(はべ)るめり」〈徒然草・二五〉訳(藤原道長の造った法成寺(ほうじようじ)の跡には)法華堂なども、まだあるようです。

ほっけ-はっかう【法華八講】〔名〕一部八巻の「法華経」を、四日間、朝夕それぞれ一座に一巻ずつ講ずる法会。「八講」「法華会(ほつけゑ)」とも。中国唐代にも行われた。日本では平安時代以降よく行われ、宮中行事の一つともなった。「提婆達多品(だいばだつたほん)」を含む第五巻が講じられる日を「五巻の日」とか「中日(なかび)」と呼び、特に、盛大に行う。

ほっさう-しゅう【法相宗】〔名〕《仏教語》仏教の宗派の名。南都(=奈良)六宗の一つ。万物の存在は人間の認識活動により規定されるとする。日本には七世紀半ばに伝来した。法隆寺・興福寺・薬師寺などが本山。唯識(ゆいしき)宗。

ほっ-しん【発心】〔名・自サ変〕《仏教語》悟りを得ようとする心を起こすこと。また、そのために仏道に入ること。「発起(ほつき)」とも。例「それよりしてこそ、熊谷(くまがへ)が――の思ひは進みけれ」〈平家・九・敦盛最期〉訳それ(=平敦盛(あつもり)ノ首ヲ討チ取ッタコト)からは、熊谷次郎直実(なおざね)の仏道を求める思いはいっそう強くなった。

発心集(ほつしんしふ)【書名】鎌倉初期の説話集。鴨長明(かものちようめい)著。一二一四、五年(建保二、三)頃成立か。八巻(もと三巻)。発心(=出家ノ志ヲ起コスコト)談を中心とした百余話の仏教説話を集めている。

ほっ・す【欲す】〔他サ変〕(せ・し・す・する・すれ・せよ)(「ほりす」の促音便)(「…むとほっす」の形で)…しようとする。…しそうである。例「平家を滅ぼさむと――・す」〈平家・七・木曽山門牒状〉訳(東国、北国の源氏勢は)平家を滅ぼそうとしている。

ほ-て【帆手】〔名〕船具の一つ。帆の張り綱。帆綱。例「追ひ風の吹きぬる時は行く舟の――打ちてこそうれしかりけれ」〈土佐・一月二十六日〉訳追い風が吹いた時は、どんどん進んで行く舟の帆の張り綱が、風にはためいて帆をぱたぱたとさせるが、(それと同じように)私達はうれしくて手を打つことだ。

ほど

【程】[一]〔名〕(上代では「ほと」。幅をもったおおよその範囲をいう)■一(時間的に)❶(…している)間。(…の)間。うち。例「急ぎもしせぬ――に、月出でぬ」〈土佐・二月十六日〉訳急ぎもしないうちに、月が(空に)出た。
❷(…の)ころ。時分。例「九月(ながつき)二十日余りの――、長谷(はせ)に詣(まう)でて」〈枕草子・九月二十日あまりのほど〉訳九月の二十日過ぎの頃、長谷寺(=奈良県桜井市ノ寺)にお参りして。
❸時間。月日。ある期間。例「――経(へ)にければ便(びん)なし」〈蜻蛉・上・応和二年〉訳日がたってしまったので(今さら返事をするのも間が抜けてしまい)具合が悪い。
■二(空間的に)❶おおよその道のり。距離。例「明石(あかし)の浦は、ただはひ渡る――なれば」〈源氏・須磨〉訳明石(=兵庫県明石市)の海岸は、(須磨から)ほんの這(は)って渡れるくらいの短い距離であるから。
❷おおよその広さ、長さ、大きさなど。例「いと――狭(せば)き崎にて、下(しも)の方は水際に車立てたり」〈蜻蛉・中・天禄元年〉訳(琵琶湖(びわこ)西岸の唐崎(からさき)は)本当に狭い岬で、下の方には水際ぎりぎりに牛車(ぎつしや)が止めてある。
❸おおよその場所。…あたり。付近。また、その辺の様子。情景。例「中御門京極(なかのみかどきやうごく)の――より、大きなる辻風(つじかぜ)起こりて」〈方丈記・辻風〉訳中御門京極(=平安京ノ東北)の辺りから、大きなつむじ風が巻き起こって。
■三(人事関係で)❶身分・地位の程度。分際(ぶんざい)。例「よき人の御ことはさらなり、下衆(げす)などの――も」〈枕草子・世の中になほいと心憂きものは〉訳高貴な方のことはいうまでもないが、身分の低い者でも。
❷おおよその年齢。年格好(としかつこう)。
❸親疎の程度。親しさの度合。間柄。例「かく親しき――ながら、おぼつかなくのみ」〈源氏・柏木〉訳こんなに親しい間柄なのに、(重病の原因をお話しくださらないのは)納得できない気がします。
❹技能の程度。腕前。
❺おおよその生活態度。暮らしぶり。例「やもめ住みなれど、……とかくつくろひ立てて、目やすき――にて過ぐし給へる」〈源氏・桐壺〉訳(桐壺更衣(きりつぼのこうい)の母君は)夫に先立たれた身であるが、……何かと(邸(やしき)を)きちんと手入れして、見苦しくない程度で暮らしておられた(のだが)。
❻人間全般としてのおよその程度。人柄。例「おだしく、軽々しからぬ御心の――も」〈源氏・紅葉賀〉訳穏やかで、軽薄でない(葵(あおい)の上の)ご性格につけても。
[二]〔副助〕([一]からの転。中世以降の用法。体言、または活用語の連体形に付く)…くらい。…ばかり。例「弓矢取る身――、口惜しかりけるものはなし」〈平家・九・敦盛最期〉訳弓矢を取る(武士の)身くらい、残念なものはない。

ほとぎ【缶】〔名〕湯や水、酒などを入れる素焼きの土器。口は小さく胴は大きい。例「取り入れつつ、むめて御――に入る」〈栄花・初花〉訳(湯を)取り入れながら、水を加えて(湯加減をして)ほとぎに入れる。

ほとけ【仏】〔名〕《仏教語》❶真理を悟った者。悟りを開いた人。仏陀(ぶつだ)。特に、釈迦牟尼仏(しやかむにぶつ)。釈迦(しやか)。例「――の御しるべは、暗きに入りても、さらにたがふまじかなるものを」〈源氏・若紫〉訳仏が人を導くのは、暗い所でも、決して間違いがないということですのに。
❷仏像。例「古寺(ふるでら)に至りて――を盗み……割り砕け

るなりけり」〈方丈記・飢渇〉訳古寺に行って仏像を盗み……(それを)割り砕いたものであった。

❸(仏のように)大事な人。たいせつな人。

❹死人。亡者。また、その霊。例「さあさあこの元気で―を桶(をけ)へさらけこんでしまはう」〈東海道中膝栗毛・発端〉訳さあさあこの元気で死人を棺おけの中へぶちこんでしまおう。

❺まっ正直な人。好人物。また、慈悲深い人。例「わが名を―五左衛門といふ。よろづ正直をむねとする故に」〈奥の細道・仏五左衛門〉訳私の名は仏五左衛門といいます。すべてにつけ正直をもっぱらとしているので。

ほどこ・す【施す】〔他サ四〕{さ・し・す・す・せ・せ}❶広い範囲に行きわたらせる。広める。

❷付け加える。飾り付ける。例「透長櫃(すいがひつ)に丹青(たんせい)を―・して、作り花をもて飾りたりけり」〈古今著聞集・草木〉訳透長櫃に彩色を付け加えて、造花で飾ってあった。注「透長櫃」ハ透彫(スカシボリ)ノ長櫃カ。

❸恵み与える。例「水を人に―・せるによりて、すでに我が田焼けぬ」〈今昔・二〇・四二〉訳(干魃(かんばつ)の時に高市麿(たけちまろ)は)水を人に恵み与えたので、すっかり自分の田は涸(か)れてしまった。

❹(他の人のために)行う。用いる。例「何事も仰せらるるに従ひて、もろもろの事―・して聞かせ奉りぬ」〈古今著聞集・管絃歌舞〉訳何事も(病人の)おっしゃるままに、いろいろな曲を演奏してお聞かせ申し上げた。

ほとど【殆ど】〔副〕(「ほとんど」の「ん」の無表記)⇩ほとほと(殆と) 例「―継ぎ目も放ちつべし」〈枕草子・清涼殿の〉訳(よそ見をしていたので)もう少しで(墨ばさみの)継ぎ目から(墨を)放して落としてしまいそうだった。

ほととぎす【時鳥・杜鵑・郭公・子規】〔名〕鳥の名。ホトトギス。渡り鳥で、初夏から秋にかけて山中の樹林に住み、夜昼ともに鳴く。(季・夏) 例「―は、……卯(う)の花、花橘(はなたちばな)などに宿りをして、はた隠れたるも、ねたげなる心ばへなり」〈枕草子・鳥は〉訳ホトトギスは、……卯の花や橘などに宿をとって、半分ほど姿を隠しているのも、憎らしいほどすばらしいやり方である。

例「―大竹藪(おほたけやぶ)をもる月夜」〈芭蕉〉訳夏の夜、ホトトギスが一声するどく鳴いて過ぎた。思わずその方をふり仰ぐと、高く鬱蒼(うっそう)と茂った竹藪の間から月の光が静かに漏れさしているだけで、あたりはまた、深い静寂につつまれた月の夜に帰った。

例「野を横に馬牽(ひ)き向けよ―」〈奥の細道・殺生石〉訳この広大な那須野を、私の馬を進ませて行く馬の口を取る者(馬子(まご))よ。しばし止まって馬のかしらを横に引き向けてくれ。ほら、今一声高く叫んで頭上を横切ったホトトギスの、その飛び行く方へ。

例「目には青葉山―初鰹(はつがつを)」〈素堂〉訳目には、しみ入るような新緑の若葉、耳には、待ちこがれた山ほととぎすの声、そして口には珍味の初鰹。(三つが一どきに味わえる、ここ初夏の鎌倉である。)

> 要点 夏を告げ、また、恋心や懐古の情を呼び起こす鳥とされ、歌によく詠まれた。「しでのたをさ」という別称から「死出」と結びつけられたため、冥土(めいど)へ通う鳥ともいわれた。⇩死出(しで)の田長(たをさ)

ほど-な・し【程無し】〔形ク〕《程度が小さい意》❶広さがない。狭い。例「―・き庭に、ざれたる呉竹(くれたけ)」〈源氏・夕顔〉訳狭い庭に、風流な呉竹(が見え)。

❷距離が近い。例「起き出(い)でてそそめき騒ぐも―・きを」〈源氏・夕顔〉訳(人々が)起き出してがやがや騒いでいるのもすぐ近くなのを。

❸大きさ・高さが少ない。小さい。また、低い。例「―・き袙(あこめ)、人よりは黒う染めて」〈源氏・葵〉訳(召使いの童女は)小さい袙(という上着)を、(葵(あふひ)の上が亡くなったので、喪服(もふく)として)人よりは黒く染めていて。

❹時間があまり経過しない。間がない。例「その人―・く失せにけりと、聞き侍(はべ)りし」〈徒然草・三二〉訳その人は間もなく亡くなってしまったと、聞きました。

❺年齢が若い。例「―・き御身に、さる恐ろしきことをし給へれば、少し面(おも)やせ細りて」〈源氏・若菜・上〉訳(皇太子妃は)若いお体(＝十三歳)で、そんな(出産という)恐ろしい事をなさったので、少しお顔がおやせになって。

ほどにの判別

> ①接続助詞「ほどに」
> Ⓐ事態の推移・時間の経過
> 例明くる年は立ち直るべきかと思ふほどに……❶
> Ⓑ原因・理由……
> 例山一つあなたへ行くほどに、よう留守をせい……❷
> ②名詞「ほど」＋格助詞「に」
> 例人のほどにあはねば、咎むるなり

ほど-に〔接助〕(名詞「ほど」に格助詞「に」が付いて一語化したもの)接続 活用語の連体形に付く。

❶(事態の推移、時間の経過を表す)…(する)と。…(する)うちに。例「明くる年は立ち直るべきかと思ふ**ほどに**、あまりさへ疫癘(えきれい)うちそひて」〈方丈記・養和の飢饉〉訳翌年は立ち直ることだろうかと思うと、そのうえ伝染病まで加わって。

❷(原因・理由を表す)…ので。…から。例「某(それがし)は所用あって、山一つあなたへ行く**ほどに**、よう留守をせい」〈狂言・附子〉訳わしは用事があって、山一つ向こうへ行くので、(おまえ達は)しっかり留守番をしろ。

ほと・ぶ【潤ぶ】〔自バ上二〕{び・び・ぶ・ぶる・ぶれ・びよ}水分を含んで柔らかくふくれる。ふやける。例「みな人、乾飯(かれいひ)の上に涙落として―・びにけり」〈伊勢・九〉訳(旅の一行は)皆、(都を思って)弁当の(旅行用の)乾(ほ)したご飯の上に涙を落とし(それが)ふやけてしまったのだった。

ほと-ほと〔副〕戸をたたく音や、斧(をの)で木を切る音などの形容。コツコツ。コンコン。例「門(かど)を―とたたけば、やがて弾きやみ給ひぬ」〈平家・六・小督〉訳(源仲国が)門の戸をコツコツとたたくと、すぐに(小督(こがう)は琴を)弾くのをおやめになった。

ほと-ほと【殆・幾】〔副〕❶もう少しで。危うく。例「殿の御さるがうごとにいちじう笑ひて、―打橋よりも落ちぬべし」〈枕草子・淑景舎〉訳殿のおどけたご冗談に(女房達は)たいそう笑って、もう少しで打橋からも落ちてしまいそうである。

❷ほとんど。だいたい。例「智海―言ひまはされけり」〈宇治拾遺・四・三〉訳智海(＝僧ノ名)はほとんど(相手に)論破されてしまった。

参考 平安時代末期以降、「ホトホド」「ホトオト」「ホトンド」などと発音され、現代では「ほとんど」の形が残る。「ほとほと」は、現代では「まったく、すっかり」の意で、「ほとほと困った」などのように用いられる。

ほど-ほど【程程】〔名〕各自の程度・階級などに相応していること。程度程度。身分身分。身分相応。例「さぶらふ人々にも、——につけて物賜(たま)ひなど」〈源氏・幻〉訳そこにお仕えしている人々にも、身分身分に応じて物をお与えになるなど。

ほと-ほと・し【殆し・幾し】〔形シク〕❶もう少しという状態である。すんでのところである。例「漕げども漕げども、後(しり)へ退(しぞ)きに退きて、——・しくうちはめつべし」〈土佐・二月五日〉訳(船を)漕いでも漕いでも、どんどん後方に戻って、もう少しのところで沈めてしまいそうである。❷もう少しで死にそうである。危険が迫っている。例「——・しきさまに見ゆれば、誠に騒ぎ惑ひて」〈宇治拾遺・七・五〉訳(女が)もう少しで死にそうな様子に見えるので、(供人は)本当に騒ぎうろたえて。

ほとほ・る【熱る】〔自ラ四〕{ら・り・る・る・れ・れ}❶ほてる。熱を出す。例「胸——・りて、たへ忍びがたし」〈沙石集・五〉訳胸がほてって、耐え忍びがたい。❷腹を立てる。かっとなる。例「さるべきこともなきを、——・り出で給ふ」〈枕草子・弘徽殿とは〉訳それらしいこともないのに、(あなたさまは)お怒り出しになる。

ほと-め・く〔自カ四〕{か・き・く・く・け・け}《「ほと」は擬声語。「めく」は接尾語》ことことと音を立てる。例「ぬかづき虫、……暗き所などに——・き歩(あり)きたるこそをかしけれ」〈枕草子・虫は〉訳ぬかずき虫は、……暗い所などでことことと音を立てて歩き回っているのがおもしろい。

ほど-らひ【程らひ】イ〔名〕《「ほど合ひ」の変化した形》ほどあい。程度。

ほとり【辺】〔名〕❶近く。そば。近辺。例「その沢の——の木の陰に下(お)り居て」〈伊勢・九〉訳その沢のそばの木陰に(馬から)下りて座って。❷縁の近い者。近い関係にある者。近親者。例「人一人を思ひかしづき給はむゆゑは、——までもにほふ例(ため)こそあれ」〈源氏・真木柱〉訳(光源氏が)一人(=紫ノ上)を大切になさるからには、(そのことで紫の上の)近親者までもお陰をこうむる例はある。❸周辺部。辺境。また、果て。限界。例「かしこよりも広く——なき国にて」〈今昔・三・二〉訳(この竜宮は)あそこ(=アナタノ国)よりも広くて果てのない国で。

ほとり-ば・む〔自マ四〕{ま・み・む・む・め・め}❶位置が端近(はしぢか)である。奥まっていない。例「廊など、——・みたらむに住ませ奉らむも、飽かずいとほしくおぼえて」〈源氏・東屋〉訳渡殿(わたどの)など、端近であるような所に(浮舟を)住ませ申し上げるのも、たまらなくいじらしく思われて。❷(行為などが)望ましいあり方からはずれている。あさはかである。例「もはら、さやうの——・みたらむ振る舞ひすべきにもあらず」〈源氏・東屋〉訳まったく、そのようなあさはかであるような行動はすべきでないのだ。

ほどろ〔名〕ワラビの穂の、のびすぎてけばだったもの。例「東の際(きは)に蕨(わらび)の——を敷きて、夜の床(ゆか)とす」〈方丈記・境涯〉訳(住居の)東の端にワラビの伸びすぎた穂を敷いて、夜の寝床とする。

ほど-ろ〔名〕夜の明ける頃。明け方。また、時分。ころ。例「夜の——出(い)でつつ来(く)らく度(たび)まねくなれば我(あ)が胸切り焼くごとし」〈万葉・四・七五五〉訳夜明け方(あなたと別れて)出て来ることがたび重なるので、私の胸は切りさかれ焼かれるよう(につらいこと)だ。

ほどろ〔形動ナリ〕《上代語》雪がはらはらと降る様子。「はだら」「はだれ」とも。例「我が背子(せこ)を今か今かと出(い)で見れば沫雪(あわゆき)降れり庭も——・に」〈万葉・一〇・二三二三〉訳あのお方(のおいで)を今か今かと(待って)外に出て見ると、あわ雪が降っている。庭全体にはらはらと。

ほどろ-ほどろ〔形動ナリ〕《上代語》「ほどろ」を重ねて強めた語。例「沫雪(あわゆき)の——・に降り敷けば平城(なら)の京(みやこ)し思ほゆるかも」〈万葉・八・一六三九〉訳あわ雪がはらはらと庭一面に降ると、平城京のことが思われることよ。

ほ-なか【火中】〔名〕《「ほ」は火(ひ)の意》火の中。火中(かちゅう)。例「さねさし相模(さがむ)の小野に燃ゆる火の——に立ちて問ひし君はも」〈古事記・中・景行〉訳相模(=神奈川県)の野原の燃える火の中に立って、(私の安否を)問うて下さったあなたよ。

ほに-い・づ【穂に出づ】ズ ⇩「ほ(穂)」子項目

ほね【骨】〔名〕❶人や動物などの体のほね。❷建物・道具などで、全体をささえている骨組み。例「隆家(たかいへ)こそいみじき——は得て侍れ」〈枕草子・中納言参り給ひて〉訳隆家は立派な(扇の)骨を手に入れました。

ほの【仄】〔接頭〕ほのかに、かすかに、わずかに、などの意を添える。「——聞く」「——暗し」「——見る」など。

ほの-か【仄か】〔形動ナリ〕❶(光・色・形などが)わずかに見える様子。うっすらとしている。ぼんやりとしている。例「ただ一つ二つなど、——・にうち光りて行くもをかし」〈枕草子・春はあけぼの〉訳(蛍(ほたる)が)たった一つか二つ、ぼんやり光って飛んで行くのも面白い。❷(音・声などが)わずかに聞こえる様子。かすかである。例「——・なる御声を慰めにて」〈源氏・桐壺〉訳(光源氏は)かすかに聞こえる(藤壺(ふぢつぼ)の)お声を心の慰めとして。

ほの-き・く【仄聞く】〔他カ四〕{か・き・く・く・け・け}《「ほの」は接頭語》ほのかに聞く。薄々耳にする。例「北の方(かた)は、かかる御歩(あり)きの気色(けしき)——・きて」〈源氏・夕霧〉訳北の方(=雲居雁(クモイノカリ))は、こうした(夫夕霧の)お忍び歩きの様子をうすうす耳にして。

ほの-きこ・ゆ【仄聞こゆ】〔自ヤ下二〕{え・え・ゆ・ゆる・ゆれ・えよ}《「ほの」は接頭語》ほのかに聞こえる。例「うちささめくも、忍びたれど、ほどなければ、——・ゆ」〈徒然草・一〇四〉訳ひそひそと話す声も、小声ではあるが、狭い(家のことな)ので、ほのかに聞こえる。

ほの-ぐら・し【仄暗し】〔形ク〕《「ほの」は接頭語》薄暗い。例「火は——・きに見給へば」〈源氏・帚木〉訳灯火は薄暗い、その光でご覧になると。

ほ-の-ほ【炎・焰】オ〔名〕《「火(ほ)の穂」の意。「ほ(火)」は「ひ」の古形》❶(火の)ほのお。火炎。例「——燃えあがりて廊(らう)は焼けぬ」〈源氏・明石〉訳炎は燃えあがって渡り廊下は焼けた。❷恋心・嫉妬・怨念などで、心中に燃えあがる激情をたとえていう語。例「かがり火に立ち添ふ恋の煙(けぶり)こそ世には絶えせぬ——なりけれ」〈源氏・篝火〉訳かがり火と一緒に立ちのぼる(わたしの)恋の煙こそは、決して絶えることのない恋の炎なのですよ。

ほの-ぼの【仄仄】〔副〕ほのかに。ほんのりと。かすかに。わずかに。うすうす。例「夜は既に――と明けゆけど、川霧深く立ちこめて、馬の毛も鎧(よろひ)の毛もさだかならず」〈平家・九・宇治川先陣〉訳 夜はもうほのかに明けていくが、川霧が深く立ちこめて、馬の毛も鎧の毛も(色合いが)はっきりしない。

ほの-み・ゆ【仄見ゆ】〔自ヤ下二〕{え・え・ゆ・ゆる・ゆれ・えよ}《「ほの」は接頭語》ほのかに見える。わずかに見える。例「ひまひまより――・えたる薄鈍(うすにび)、くちなしの袖口(そでくち)など、なかなかなまめかしう」〈源氏・賢木〉訳 すき間すき間からわずかに見える薄鈍色(＝薄イネズミ色)や、山吹色の袖口などが、かえって優美で。

ほの・みる【仄見る】〔他マ上一〕{み・み・みる・みる・みれ・みよ}《「ほの」は接頭語》ほのかに見る。かすかに見る。例「いはけなくおはしまし時より見奉り、今も――・み奉りて」〈源氏・桐壺〉訳 幼少でいらっしゃった時からお目通りさせていただき、今も時々ちらとお見受けすることがあって。

ほの-めか・す【仄めかす】〔他サ四〕{さ・し・す・す・せ・せ}《「めかす」は接尾語》それとなく分かるように知らせる。例「このわたりにも――・し申したりけるを」〈源氏・宿木〉訳 (その姫君が無事に育っておいでのよしを)このあたりへもそれとなくわかるようにお知らせ申してきましたのを。

ほの-め・く【仄めく】〔自カ四〕{か・き・く・く・け・け}《「めく」は接尾語》❶(状態・現象について)かすかに…する。ほのかに…する(見える・聞こえる・薫るなど)。例「かく覚えなき光のうち――・くを」〈源氏・蛍〉訳 このように思いがけない(蛍の)光がほのかに見えるのを(見事だと御覧になる)。
❷(動作・行為について)少し…する。ほのかに…する(言う・立ち寄る・弾くなど)。例「いろいろ聞きにくきことども、――・くめり」〈源氏・夕霧〉訳 (世間では)さまざまに聞き苦しい事を、それとなく言うようだ。

ほふ【法】〔名〕《仏教語》❶宇宙における一切の存在。万有。また、その存在すべてに通じる普遍的な真理。
❷仏の教え。仏法。仏教。例「その物につきて、その物を費(つひ)やし損なふ物、数を知らずあり……僧に――あり」〈徒然草・九七〉訳 その物にとりついていて、その物を弱らせ害する物は、数知れずある……僧には仏法がある。
❸祈禱(きとう)。修法(ずほう)。例「さまざまの御祈り始まりて、なべてならぬ――ども行はるれど、さらにその験(しるし)なし」〈方丈記・飢渇〉訳 (たび重なる飢饉(ききん)で)さまざまなお祈りが始まって、並一通りではない修法などが行われたが、一向にそのききめがない。
要点 「法」は呉音ホフ、漢音ハフ。仏教関係の場合は多く呉音のホフで読み、法律関係の場合は漢音のハフである。⇨はふ

ほふ-いん【法印】〔名〕《仏教語》❶(「法印大和尚位」の略)僧の最高の位。僧官では「僧正」に相当する。
❷中世以降、僧に準じて、医師・仏師・絵師・連歌師などに授けた位。
❸「山伏(やまぶし)」の俗称。

ほふ-え【法衣】〔名〕僧の衣服。法服。僧衣。

ほふ-かい【法界】〔名〕(「ほっかい」とも)❶《仏教語》万物が存在する世界。全世界。この世。
❷(「法界悋気(りんき)」の略)自分に関係のない他人のことを妬(ねた)むこと。
❸(「法界無差別」の略)自分に関係のないこと。

ほふけ-づ・く【法気付く】〔自カ四〕{か・き・く・く・け・け}(人間味に欠けて)仏くさくなる。抹香(まっこう)くさくなる。例「吉祥天女(きちじやうてんによ)を思ひかけむとすれば、――・きくすしからむこそ、また侘(わ)びしかりぬべけれ」〈源氏・帚木〉訳 吉祥天女(＝容姿端麗デ人々ニ福徳ヲ与エル天女)を恋人としようとすると、抹香くさくなり親しみにくくなってしまうのが、また興ざめに違いないでしょう。

ほふ-げん【法眼】〔名〕《仏教語》❶(「法眼和尚位」の略)僧位の一つ。「法印」の次位。僧官では「僧都(そうづ)」に相当する。
❷中近世、僧に準じて、医師・仏師・絵師・連歌師などに授けられた位。

ほふ-ざう【法蔵】〔名〕《仏教語。「法」を蔵するものの意》❶仏の説く教え。仏法。
❷経典を収納する蔵。「経蔵」とも。

ほふ-し【法師】〔名〕《仏教語》僧。坊主(ぼうず)。例「世を捨てたる――の心地にも、いみじう世の憂へ忘れ、齢(よはひ)のぶる人の御有様なり」〈源氏・若紫〉訳 (光源氏は、私のような)世を捨てた坊主の心地にも、全く世の中の憂さを忘れ、寿命がのびる(ほど立派で美しい)ご様子だ。

ほふ-しき【法式】〔名〕規則。おきて。例「総じてこの山中の微細(みさい)、行者の――として他言(たごん)することを禁ず」〈奥の細道・出羽三山〉訳 大体この山中(＝湯殿山)の些細(ささい)なことでも、行者のおきてとして他人に言うことを禁じている。

ほふし-ご【法師子】〔名〕法師になった子供。

ほふし-まさり【法師勝り】〔名〕出家して、前よりも人柄が勝ること。

ほふ-じゃうじゅ【法成就】〔名〕《仏教語》密教の祈禱修法(すほう)によって、その効果が現れたこと。例「『――の池にこそ』とはやすは、神泉苑の池をいふなり」〈徒然草・一〇〉訳「修法が成功した池だ」と言いはやすのは、神泉苑(＝大日照リノトキ、空海ガ祈ッタトイウ、京都ノ池)の池のことをいうのである。

ほふ-しんわう【法親王】〔名〕出家した後、親王となった皇子の称。

ほふ-とう【法灯】〔名〕《仏教語。「ほっとう」とも》❶世の闇(やみ)や心の迷いを照らし導く仏法を、灯火にたとえていう語。例「三百余歳の――を挑(かか)ぐる人もなく」〈平家・二・山門滅亡〉訳 (比叡(ひえい)山延暦(えんりやく)寺の)三百年余続いた仏法を護持する人もなく。
❷仏祖。また、その宗派で重きをなしている人。高僧。例「宗の――なれば、寺中にも重く思はれたりけれども」〈徒然草・六〇〉訳 その宗の重鎮であるので、寺中でも重く思われていたけれども。

ほふ-ぶく【法服】〔名〕《仏教語》僧の衣服。僧衣。法衣(ほうえ)。

ほふ-みゃう【法名】〔名〕《仏教語》❶出家して僧になった者に授ける名。例「存命のためにたちまちに出家入道す。――は浄海(じやうかい)とこそ名のられけれ」〈平家・一・禿髪〉訳 (平清盛は)生きながらえるためにすぐさま出家し入道となった。法名は浄海とお名のりになった。
❷死者に授ける贈り名。戒名(かいみやう)。

ほふ-もん【法文】〔名〕《仏教語》仏の教えを説いた文章。経文。また、それを記した経やその研究書などの仏教経典。

ほふ-わう【法皇】〔名〕出家した「上皇」の敬称。宇多天皇から始まる。例「ある時——も御幸なる」〈平家・一・鹿谷〉訳ある時法皇(=後白河法皇)も(鹿の谷の俊寛の山荘へ)おでましになった。

ほふ-ゑ【法会】〔名〕《仏教語》仏の教えを説いたり、追善供養を行ったりする集会。例「その日の——終はって後、請僧みな帰る時」〈平家・六・慈心房〉訳その日の法会が終わって後、招いた僧が皆帰る時。

ほほろ・ぐ〔他ガ下二〕｛げ・げ・ぐ・ぐる・ぐれ・げよ｝《「ほろろぐ」とも》ほぐしてばらばらにする。ぼろぼろにする。例「荷葉の方を合はせたる名香、蜜をかくし、——・げて、たき匂はしたる」〈源氏・鈴虫〉訳荷葉(=薫キ物ノ名)の香の作り方を調合に用いた名香は、蜂蜜を控え目にして、ぼろぼろにもろくして、薫き匂わせたものが。

ほほ-ゑ・む【微笑む】〔自マ四〕｛ま・み・む・む・め・め｝❶かすかに笑う。ひかえめに笑う。
❷花のつぼみが開く。例「ほかには盛り過ぎたる桜も、今さかりに——・み」〈源氏・胡蝶〉訳よそでは盛りを過ぎてしまった桜も、(ここでは)今を盛りにつぼみが開き。

ほ・む【誉む・褒む】〔他マ下二〕｛め・め・む・むる・むれ・めよ｝祝いたたえる。ほめる。例「ありがたきもの。舅に——・めらるる婿」〈枕草子・ありがたきもの〉訳めったにないもの。舅にほめられる婿。

ほ-むら【焔・炎】〔名〕《「火群」の意》❶ほのお。火炎。例「大きなる車輪のごとくなる——が、三町五町を隔てて……飛び越え飛び越え焼け行けば」〈平家・一・内裏炎上〉訳大きな車輪のような火炎が、三町も五町も隔てて……飛び越え飛び越え焼けて行くので。
❷心の中で激しく燃え立つ、恨み・怒り・嫉妬などを①にたとえていう語。激情。

ほめ-な・す【誉めなす】〔他サ四〕｛さ・し・す・す・せ・せ｝(上に状態を表す語句を伴って)その状態にほめる。ことさらにほめる。例「言ひし言葉も、振る舞ひも、おのれが好む方に——・すこそ」〈徒然草・一四三〉訳(臨終に際して故人の)言った言葉や、振る舞いも、(語る人が)自分の好きなようにほめたてるのは。

ほめ-ののし・る【誉め罵る・誉め喧る】〔他ラ四〕｛ら・り・る・る・れ・れ｝盛んにほめる。ほめそやす。例「いみじく賢かりける人かなと、親を——・りける」〈今昔・二九・二一〉訳(人々は)たいそう賢い人だったのだなと、親を盛んにほめた。

ほ-もと【火元】〔名〕最初に火の出た所。ひもと。出火場所。例「——は、樋口富の小路とかや」〈方丈記・安元の大火〉訳火元は、樋口小路と富の小路の交差した所とかいうことだ。

ほら-がひ【法螺貝】〔名〕海産の貝の名。大きな巻き貝で、末端に穴を開けて吹き鳴らす。戦陣での合図に用いたり、修験者が携帯したりした。

ほらがひ

ほり-え【堀江】〔名〕地面を掘って水を通した水路。小規模な運河。例「——より水脈さかのぼる梶の音の間なくぞ奈良は恋しかりける」〈万葉・二〇・四四六一〉訳堀江を通って水脈をさかのぼっていく舟の梶の音が絶え間ないように、絶え間なく奈良は恋しいことだ。

ほり・す【欲りす】〔他サ変〕｛せ・し・す・する・すれ・せよ｝ほしがる。望む。ほっする。例「古への七の賢しき人たちも——・せしものは酒にしあるらし」〈万葉・三・三四〇〉訳昔の七人の賢人(=晋ノ竹林ノ七賢人)達もほしがったものは酒であるらしい。
参考 四段動詞「欲る」の連用形にサ変動詞「す」が付いたもの。「ほっす」のもとの形。

ほ・る【惚る】〔自ラ下二〕｛れ・れ・る・るる・るれ・れよ｝❶ぼうっとする。ぼんやりする。ぼける。例「酔ひくたびれて朝寝したるところを、主の引き開けたるに惑ひて、——・れたる顔ながら」〈徒然草・一七五〉訳酔いくたびれて(ごちそうになった家で)朝寝しているところを、(その家の)主人が戸を引き開けたのでとまどって、ぼんやりした顔のまま(逃げていく)。
❷(特に、異性に対して)思いをかける。ほれる。

ほ・る【欲る】〔他ラ四〕｛ら・り・る・る・れ・れ｝ほしいと思う。ほしがる。例「わが——・りし雨は降り来ぬかくしあらば言挙げせずとも年は栄えむ」〈万葉・一八・四一二四〉訳私が(降って)ほしいと思った雨は降って来た。これならば、(雨乞いの)言挙げ(=願イ事ヲ言葉ニ出シテ祈ルコト)をしないでも、稲の実りは豊かであろう。注「年」ハ、古代、稲作ニヨッテ年ノ区切リヲ考エタコトカラ、「稲」ノ意。

ほれ-ぼれ・し【惚れ惚れし】〔形シク〕《動詞「ほる」の連用形を重ねて形容詞化した形》⇩ほけほけし 例「宰相中将は、ながめがちにて——・しき心地するを」〈源氏・藤裏葉〉訳参議兼中将(=夕霧)は、(雲居雁が恋しくて)物思いに沈みがちでぼんやりと気抜けした気持ちがするのを。

ほろ【母衣・幌】〔名〕武具の一つ。矢を防ぐため、鎧の上に背負う袋状の布。敵に向かって進む時は、兜の上から馬の頭まで覆って矢を防いだ。

ほろ【保呂】〔名〕《「保呂羽」の略》鷹の翼の下の方にある大きな羽。矢羽として珍重した。

ほろ（母衣）

ぼ-ろ【梵論・暮露】〔名〕《「梵論字」の略》禅宗の一派、普化宗の修行者。後の虚無僧。乞食僧の一種で、物乞いをして諸国を遍歴した。「ぼろぼろ」とも。

ほろ・ぶ【滅ぶ・亡ぶ】〔自バ上二〕｛び・び・ぶ・ぶる・ぶれ・びよ｝❶消え去る。なくなる。例「昔ありし家はまれなり。……あるいは大家——・びて小家となる」〈方丈記・ゆく河〉訳昔あったままの家はまれである。……あるものは大きな家がなくなって小さな家となっている。
❷滅亡する。破滅する。例「たけき者もつひには——・びぬ、ひとへに風の前の塵に同じ」〈平家・一・祇園精舎〉訳勇猛な者もついには滅亡してしまう、まったく風の前の塵と

同様である。
❸おちぶれる。すたれる。例「『何かは。いと異様に――・びて侍るなれば』などいふも、いとしたり顔なり」〈枕草子・したり顔なるもの〉訳「なんのまあ。（その国は）ひどくみっともなくおちぶれておりますので」などと言うものの、（口先と違って）たいそう得意顔である。注除目ヂ、ソノ年ノ第一ノ国ヲ得タ人ノ言葉。

ほろぼ・す【滅ぼす・亡ぼす】〔他サ四〕（「ほろぶ」の他動詞形）❶消し去る。なくす。絶やす。例「我を――・すべき悪念来たれりと、かたく慎み恐れて」〈徒然草・二七〉訳（欲望が生じたら）自分を滅ぼすに違いない悪い心が現れたと思って、固く慎み恐れて。
❷滅亡させる。破滅させる。例「いかにもして平家を――・し、本望をとげん」〈平家・一・鹿谷〉訳なんとしてでも平家を滅亡させ、本望を成し遂げよう。

ほろ-ほろ〔副〕❶木の葉などの散る様子。はらはら。ぱらぱら。例「――と山吹散るか滝の音」〈芭蕉・笈の小文〉訳はらはらと（盛んに）滝のほとりの山吹の花が散るよ。風もないのに散るのは、（落ちたぎる）滝の音（につれて）。
❷人などが分かれ散る様子。ばらばら。例「修法の壇こぼちて、――と出づるに」〈源氏・夕霧〉訳加持祈禱のために設けた壇を取り払って、（僧達が）ばらばらと退出するが。
❸涙をこぼす様子。ぽろぽろ。例「いとど――と泣き給ひて」〈源氏・少女〉訳ひどくぽろぽろと（涙をこぼして）お泣きになって。
❹物が破れたり、砕けたりする様子。ぼろぼろ。びりびり。ばりばり。例「とかく引きしろふほどに、ほころびは――と絶えぬ」〈源氏・紅葉賀〉訳（光源氏と頭中将が）何やかやと引っ張り合ううちに、直衣の縫い合わされていない部分がびりびりと切れてしまった。
❺キジ・ヤマドリなどの鳴き声の形容。ホロホロ。例「山鳥の――と鳴くを聞きても、父か母かと疑ひ」〈方丈記・勝地は主なければ〉訳ヤマドリがホロホロと鳴くのを聞いても、（亡き）父か母（が鳥になって鳴いているの）かと疑い。

ぼろ-ぼろ【梵論梵論】〔名〕⇒ぼろ 例「――といふ者、昔はなかりけるにや」〈徒然草・一一五〉訳梵論梵論と呼ばれる者は、昔はなかったのだろうか。

ほろ-ろ〔副〕⇒ほろほろ③⑤ 例「春の野のしげき草葉の妻恋ひに飛び立つ雉の――とぞ鳴く」〈古今・雑体・一〇三三〉訳春の野のしげった草葉の（中にいる）妻を恋い求めて飛び立つキジが、ホロロと鳴く（ように私も恋いこがれてぼろぼろと涙をこぼして泣く）。

ほん【本】〔名〕❶基本。手本。模範。例「やがて――にと思すにや、手習ひ・絵など、さまざまに書きつつ見せ奉り給ふ」〈源氏・若紫〉訳そのまま手本に（しよう）とお思いなさるのであろうか、（光源氏は）習字や絵などを、さまざまにかいては（紫の上に）見せておあげになる。
❷書物。書。書籍。また、特に、原本。例「物語・集など書き写すに、――に墨つけぬ」〈枕草子・ありがたきもの〉訳物語や詩歌集などを書き写す時に、原本に墨をつけないこと（はめったにないことである）。
❸本当。真実。まこと。例「たんとぶたれさんしたと聞いたが――かといふもあり」〈近松・曽根崎心中・中〉訳うんとぶたれなさったと聞いたけど本当かという人もあった。

ほん【品】〔名〕❶親王の位の呼び名。一品以下四品まである。位を持たない場合は無品という。
❷身分。階級。官位。例「侍の――の者の、申さじと思ひ切ってんこと、糺問に及んで申すべしや」〈平家・四・信連〉訳武士の身分の者が、申すまいと決心したことを、問いただされたからといって申しましょうか。
❸（経典などの）章・段・編などの称。

ぼん【盆】〔名〕「盂蘭盆」の略。「ぼに」とも。（季・秋）

ほん-い【本意】〔名〕（「ほい」とも）❶かねてからの志。本来の意志。例「ただ同じ一夜の露とも消えんとこそ――なれ」〈平家・二・小教訓〉訳ただ（夫と）同じく一夜の露となって消えること（＝死ヌコト）がかねてからの志です。
❷本当の考え。真意。例「今度の都遷りの――をいかにといふに」〈平家・五・都帰〉訳今度の遷都の本当のわけはどうなんだろうというのに。
❸（歌学用語）本来あるべきさま。本来のあり方。また、歌の本質。後には能楽でも用いた。例「いづれも有心体にすぎて、歌の――と存ずる姿は侍らず」〈毎月抄〉訳（和歌十体の中に）いずれも有心体以上に、和歌の本質を備えていると思われる歌体はない。

ほん-えん【本縁】〔名〕縁起。由来。起こり。例「仏神の――をうたふ」〈徒然草・二二五〉訳（白拍子は）仏や神の縁起を歌うのだ。

ほん-か【本歌】〔名〕❶「本歌取り」で和歌を作る際、そのよりどころとなる和歌。もとにする古人の和歌。「もとうた」とも。⇒ほんかどり
❷よりどころとなる和歌。典拠となる和歌。例「時にあたりて――を覚悟す。道の冥加なり、高運なり」〈徒然草・二三八〉訳（ちょうどそれが必要な）機会に応じて典拠となる和歌を覚えている。（これは）歌道の神の加護であり、（たいへんな）幸運である。注典拠トナル古歌ヲ、トッサニ答エルコトガデキタ藤原定家ノ自賛ノ言葉。
❸（狂歌や俳諧歌などに対して）本式の和歌。普通の和歌。

ほんか-どり【本歌取り】〔名〕和歌の技法の一つ。有名な古歌の心や趣向、また、情景や語句などを取り入れて、新しい和歌を作るもの。もとの和歌（＝本歌）の内容・詩情と重なり合わせることにより、複雑な内容を表現でき、余情・余韻を増す。特に、新古今集時代に盛んに行われた。例えば、ⓐ「うちしめり菖蒲ぞ薫るほととぎす鳴くや五月の雨の夕暮れ」〈新古今・夏・二二〇〉は、ⓑ「ほととぎす鳴くや五月のあやめ草あやめも知らぬ恋もするかな」〈古今・恋一・四六九〉を本歌とする本歌取りの和歌である。この場合、単なる五月の夕暮れの一情景ともとれるⓐの和歌に、本歌ⓑの「あやめも知らぬ恋（＝分別モツカナイ恋）」をする人間のイメージが重ね合わせられ、全体として、しめっぽくアヤメの薫る中、物憂く恋に悩む人物が、ホトトギスの鳴き声に一瞬耳を驚かされている五月の雨の夕暮れ、という複雑繊細な余情が作り出されている。

ほん-ぐゎん【本願】〔名〕（仏教語）❶仏や菩薩が、衆生を救済するために立てた誓願。阿弥陀如来の四十八願や薬師如来の十二願などがある。例「弥陀の――を強く信じて、ひまなく名号を唱へ奉るべし」〈平家・一・祇王〉訳阿弥陀如来の誓願を固く信じて、絶え間なく（南無阿弥陀仏と）阿弥陀如来様の名をお唱え申し上げましょう。注ココデノ「本願」ハ、名号

ヲ唱エルコトニヨリ極楽往生サセルトイウ、阿弥陀如来ノ十八番目ノ本願。
❷寺院・塔などの創立者。また、建立の発起人。願主。

ぼん-げ【凡下】〔名〕普通の人。身分の低い者。庶民。例「侍(さぶらひ)ならば髻(もとどり)を切って寺中を追へ。——ならば耳鼻を削りて追ひ出だせ」〈義経記・六・四〉訳武士ならば髻(=髪ヲ束ネタ部分)を切って寺の中から追い払え。庶民ならば耳や鼻を削って追い出せ。

ほん-ご【反故・反古】〔名〕⇒ほぐ

ほん-ざう【本草】〔名〕薬用になる動物・植物・鉱物の総称。また、それらについて解説した書物。例「そらに申し侍(はべ)らば、——に御覧じ合はせられ侍れかし」〈徒然草・一三六〉訳(薬について)そらで申しましたら、(それが正しいかどうか)本草の書物と照らし合わせて下さいませ。

ほん-ざん【本山】〔名〕《仏教語》一宗・一派をとりまとめる寺。「本寺」とも。例「本寺・——を離れぬる顕密(けんみつ)の僧、すべて我が俗にあらずして、人に交はれる、見苦し」〈徒然草・一六五〉訳(住み慣れた)本寺・本山を離れてしまった顕密各宗の僧(などのように)、総じて自分本来の習俗の中にいないで、他の世界の人と交わっているのは、見苦しいものだ。

ぼん-じ【梵字】〔名〕梵語(=古代インドノサンスクリット)の文字。摩多(また)と呼ぶ母音を表す十二字と体文(たいもん)と呼ぶ子音三十五字の、計四十七字からなる。仏教とともに中国経由で伝わり、経文の「陀羅尼(だらに)」や「卒都婆(そとば)」また僧侶(そうりょ)の署名などに用いられる。「悉曇(しったん)」とも。

ほん-じゃう【本性】〔名〕《「ほんしゃう」とも》先天的な性質。性格。例「ものおぢをなむ、わりなくせさせ給ふ御——にて」〈源氏・夕顔〉訳物をこわがることを、むやみになさるご性格で。

ほん-ぜつ【本説】〔名〕《「ほんせつ」「ほんぜち」とも》根拠となる確かな説。よりどころとする典拠。例「この月万(よろづ)の神たち、大神宮へ集まり給ふなどいふ説あれども、その——なし」〈徒然草・二〇二〉訳この月(=神無月(カミナヅキ))はすべての神々が、伊勢大神宮へお集まりなさるなどという説があるけれども、その根拠となるしかるべき説はない。

ぼん-ぞく【凡俗】〔名・形動ナリ〕平凡であること。また、その人。凡人。

ほん-ぞん【本尊】〔名〕《仏教語。「ほぞん」とも》寺院や仏壇に祭ってある仏像の中で中心となるもの。また、個人が常に身近に置きあがめている仏像。持仏。

ほん-たい【本体】〔名〕本来の姿。典型。根本。基本。例「上下あひ兼ねて優なる歌の——と見ゆ」〈後鳥羽院御口伝〉訳(和歌の)上の句と下の句とが(調和をとって続いていて)ともに優美ですぐれた和歌の典型と見られる。

ほん-ぢ【本地】〔名〕❶《仏教語》本体。本身。仏・菩薩(ぼさつ)が仮の姿をとって現れた権現(ごんげん)・権化(ごんげ)・化身(けしん)などに対して、仏・菩薩の本来の姿をいう。例「当山権現は——阿弥陀如来(あみだにょらい)にてまします」〈平家・一〇・維盛入水〉訳当山(=熊野坐(クマノニイマス)神社)の神の本体は阿弥陀如来でいらっしゃる。
❷物事のみなもと。本体。本源。例「人はまことあり、——尋ねたるこそ、心ばへをかしけれ」〈堤中納言・虫めづる姫君〉訳人は誠意があって、物事のみなもとを捜し求めているような人が、性質もおもしろ味がある。

ほんぢ-すいじゃく【本地垂迹】〔名〕仏が、日本の民衆を救うために、神となって現れたとする考え。

ほんちょう【本朝】〔名〕⇒ほんてう

ほん-てう【本朝】〔名〕日本の朝廷。また、日本。例「近く——をうかがふに」〈平家・一・祇園精舎〉訳近い所では日本を見てみると。

ぼん-てん【梵天】〔名〕《仏教語。「ぼんでん」とも》❶欲界(よっかい)(=欲望ニ満チタ世界。人間界)の上にある、色界(しきかい)(=欲望カラ離レタ世界)の中の最下位の天界。初禅天(しょぜんてん)。例「をめき叫ぶ声——までも聞こえ、堅牢地神(けんらうぢじん)も驚くらんとぞ覚えける」〈平家・一・御輿振〉訳(矢で射られた人々の)わめき叫ぶ声は梵天までも聞こえ、大地の守護神も驚くだろうと思われた。

ぼんてん①

❷①の世界での最高位の神。大梵天王。宇宙の本源で、万物の創造主とされる。
❸「修験道(しゅげんだう)」で、祈禱(きとう)の際に用いる御幣(ごへい)。

ぼん-なう【煩悩】〔名〕《仏教語》衆生(しゅじょう)の心をわずらわし苦しめるもの。欲望・怒り・愚痴・苦慮など、百八あるという。例「菩提(ぼだい)と——との隔たりなむ、この、人の良き悪(あ)しきばかりのことは変はりける」〈源氏・蛍〉訳(仏教にいう)悟りの境地と煩悩との隔たりは、この、(物語に登場する)人物の良い人と悪い人くらいに違っているのですね。

ほん-に【本に】〔副〕ほんとうに。まったく。

ぼん-にん【犯人】〔名〕《呉音》罪を犯した人。はんにん。犯罪者。例「——を笞(しもと)にて打つ時は、拷器(がうき)に寄せて結ひ付くるなり」〈徒然草・二〇四〉訳犯罪者をむちで打つ時は、拷問用の器具に(身体を)引き寄せてくくり付けるのである。

ぼんのう【煩悩】〔名〕⇒ぼんなう

ほん-ばう【本坊】〔名〕寺院の建物で、住職の住む所。例「四日、——において俳諧(はいかい)興行」〈奥の細道・出羽三山〉訳(六月)四日、(羽黒山の)本坊(=若王寺(ニャクオウジ))で俳諧の会を催す。

ぼん-ぶ【凡夫】〔名〕《「ぼんぷ」とも》❶《仏教語》悟りを得られない人。煩悩にとらわれている人。例「仏も昔は——なり。我らもつひには仏なり」〈平家・一・祇王〉訳仏様ももともとはただの人である。我々も最後には仏になるのだ。
❷ただの人。普通の人。凡人。

ほん-もん【本文】〔名〕古書にあって、典拠となる漢詩文や和歌などの文句。より所となる言葉。例「身を全(まった)うして君に仕ふといふ——あり」〈平家・一・殿上闇討〉訳自分の命を全うして主君に仕えるという古い文句がある。

ほんりゃう-あんど【本領安堵】〔名〕武家時代、自分の本領(=代々受ケ継イダ土地)の所有権を公認されること。また、中絶していた旧本領の所有権を再び認められること。

ほん-ゐん【本院】〔名〕同時期に上皇(=院)が複数いる場合、一番早くその位についた上皇をいう語。「一院」とも。次を「中院」、もっとも新しい上皇を「新院」と呼ぶ。

ま

ま【間】〔名〕《物と物との空間的・時間的な間隔の意》❶《空間的な意》ⓐすきま。あいだ。例「なごの海の霞(かすみ)の——よりながむれば入る日を洗ふ沖つ白波」〈新古今・春上・三五〉訳なご(＝地名)の海の夕霞の切れ目からながめると、沖の白波が夕日を洗うように見えることだ。ⓑ家の中の、柱や屏風(びょうぶ)などで仕切られた区画。部屋。例「遣(や)り戸は蔀(しとみ)の——よりも明(あ)かし」〈徒然草・五五〉訳遣り戸(＝左右ニ開ケタテスル戸)の部屋は蔀(＝上下ニアゲオロシスル戸)の部屋よりも明るい。❷《時間的な意》あいだ。うち。ひま。例「嘆きつつひとり寝(ぬ)る夜の明くる——はいかに久しきものとかは知る」〈蜻蛉・上・天暦九年〉訳(あなたの愛情の薄さを)嘆きながら一人で寝る夜が明けるまでのあいだはどれほど長く感じられるものか、(あなたは)ご存じですか。

間を配(くば)・る 間隔をとる。例「——・ること等しきゆゑに、その声不快なり」〈徒然草・二一九〉訳(穴と穴との)間隔が等しいために、その(笛の)音は不快である。

ま【魔】〔名〕《仏教語》仏道を妨げる悪い神。悪魔。例「根性に——がさいて、大分(だいぶん)人の金を誤り」〈近松・冥途の飛脚・下〉訳心に悪魔が取り入って、かなりの額の他人の金を使い込み。

ま【真】〔接頭〕真実・正確・純粋などの意や、ほめたたえる気持ちを添える。「——木」「——心」「——玉」「——弓」「——かなし」など。

ま《推量の助動詞「む」の古い未然形》準体助詞「く」を伴って「まく」の形で用いられる。⇩まく(連語)

ま〔接尾〕(動詞の未然形・打消しの助動詞「ず」などに付いて)そのような状態である、の意を添える。多く、あとに「に」を伴って副詞句を作る。「かへら——」「こりず——」「まほら——」など。

まい【幣・舞】〔名〕⇩まひ

まい〔助動特活〕接続 四段・ラ変・ナ変型活用の語の終止形、一段・二段・カ変・サ変型活用の語の未然形に付く。

未然形	連用形	終止形	連体形	已然形	命令形
○	○	まい	まい	まいけれ	○

❶(打消しの推量を表す)…ないだろう。例「七年がいつもひでりでは、草木も人もあるまいぞ」〈史記抄〉訳七年間がいつも日照りでは、草木も人も生きてはいないだろうよ。❷(打消しの意志を表す)…しないつもりだ。…しないようにしよう。例「やるまいぞ、やるまいぞ」〈狂言・入間川〉訳逃がさないぞ、逃がさないぞ。❸(禁止や打消しの勧誘を表す)…してはいけない。…しないほうがいい。例「わたしが二階に居(ゐ)ることを、必ず必ず言ふまいぞ」〈近松・冥途の飛脚・中〉訳私が二階にいることを、絶対に絶対に言ってはいけないよ。

参考 助動詞「まじ」から「まじい」の形を経て成立した語で、室町時代以降の口語として用いられ、現代語でも用いられている。

毎月抄(まいげつせう)〔書名〕鎌倉初期の歌学書。一巻。藤原定家の作。定家の歌論を詳しく記述したもので、和歌十体を解説し、特に有心体(うしんてい)を重んじて最高の理念としている。⇩藤原定家(ふぢはらのていか)

まい-て【況いて】〔副〕《「まして」のイ音便》⇩まして 例「——雁(かり)などの連ねたるがいと小さく見ゆるは、いとをかし」〈枕草子・春はあけぼの〉訳(秋の夕暮れにはカラスでさえ趣があるのだから)なおさら雁などが列を組んで飛んで行くのがとても小さく見えるのは、たいへん趣がある。

まい-ど〔副〕そのたびごとに。毎回。例「——ただ得失なく、この一矢に定むべしと思へ」〈徒然草・九二〉訳毎回矢が当たるか失敗するかを考えず、今の一本の矢で当てようと思え。

まいる【参る】〔動〕⇩まゐる

まう【猛】(マウ)〔名・形動ナリ〕勢いが盛んな様子。例「勢ひ——の者になりにけり」〈竹取・かぐや姫の生ひ立ち〉訳(竹取の翁(おきな)は)勢力の盛んな者(＝富豪)になってしまった。

まう-か【孟夏】(マウ)〔名〕《「孟」は初めの意》初夏。夏の初め。陰暦四月。

まう-き【盲亀】(マウ)〔名〕目の見えないカメ。盲目のカメ。通例「盲亀の浮木(ふぼく)」の形で用いられる。

盲亀の浮木(ふぼく)《「まうきのうきぎ」とも》出会うのが非常に困難なことのたとえ。また、めったにない幸運にめぐり会うことのたとえ。

まう・く

【設く・儲く】(マウク)〔他カ下二〕{け・け・く・くる・くれ・けよ} 類いそぐ

将来のために準備する、が本来の意。前もって準備しておけば、得る、もうける、ことになるので、そうした意にもなる。

❶前もって用意する。準備する。例「舟よそひ——・けて」〈源氏・明石〉訳舟は(舟出の)したくを前もって準備し。❷作り構える。備えおく。例「草の御蓆(むしろ)も、この坊にこそ——・け侍(はべ)るべけれ」〈源氏・若紫〉訳(光源氏様の)旅寝のお宿も、当然私の坊に用意致すべきでしょうに。❸(子供や配偶者などを)得る。子供をさずかる。例「つまとりの里、人に取られたるにやあらむ、わが——・けたるにやあらむと、をかし」〈枕草子・里は〉訳つまとりの里(＝宮城県古川市アタリカ)は、(妻を)人に取られたのだろうか、自分が得たのであろうか(一体、どちらの理由でこの名が付いたのか)と、おもしろい。❹得をする。もうける。例「からき命——・けて、久しく病みゐたりけり」〈徒然草・五三〉訳(耳と鼻の欠けた法師は)危ない命を拾って、長い間病んでいたということだ。❺病気などにかかる。例「この世には過ち多く、財(たから)を失ひ、病を——・く」〈徒然草・一七五〉訳この世では(酒が原因の)過ちが多く、(人々は)財貨を失い、病気にかかる。

まうけ

【設け・儲け】(マウケ)〔名〕《動詞「まうく」の連用形の名詞化》❶用意。準備。例「もとの妻(め)どもは、かぐや姫をかならず逢(あ)はむ——して」〈竹取・竜の首の玉〉訳前からいた妻達は、(大納言が)かぐや姫と必ず結婚するだろうと用意(＝離別)をして。❷ごちそうの支度。また、ごちそう。接待。例「所々に——などして、行きもやらず」〈更級・初瀬〉訳道中の所々で(私達のために土地の人々が)接待などをするので、どんどん通り過ぎることもできない。

❸食べ物。例「一鉢(ちは)の—、藜(あかざ)の羹(あつもの)、いくばくか人の費(つひ)えをなさん」〈徒然草・九八〉訳一鉢だけの食べ物、アカザの熱い吸い物、(これくらいの小さな欲望を持ったとしても)どれほどの出費になるというのか。

まうけ‐の‐きみ【儲けの君】モウケ‥〔名〕《漢語の「儲君(ちょくん)」の訓読》次代の天皇として用意された皇子。皇太子。例「疑ひなき—と、世にもてかしづき聞こゆれど」〈源氏・桐壺〉訳疑いもない皇太子として、世の人々も大切にお仕え申し上げているけれども。

まう‐ご【妄語】モウ‥〔名〕《仏教語》仏教で禁じられている戒(かい)の一つ。うそをつくこと。また、うそ。転じて、いいかげんな言葉。例「なほ酔へる者の—に等しく」〈芭蕉・笈の小文〉訳まるで酔った者のいいかげんな言葉と同じで。

まう‐ざう【妄想】モウゾウ〔名〕《仏教語》いい加減な考え。誤った思い。例「すべて所願皆—なり」〈徒然草・二四一〉訳すべて願い事というのはみな誤った思いなのである。

まうさ‐く【申さく】モウサ‥《連語》《動詞「申す」の未然形＋準体助詞「く」。上代は「まをさく」》《「言はく」の謙譲語》申し上げること。申すことには。例「男(をのこ)ども、仰(おほ)せの事を承りて—、『……』と申しあへり」〈竹取・竜の首の玉〉訳家来達が、(大納言の)ご命令を承って申し上げることには、「……」と口々に申し上げる。

まうさ・す【申さす】モウサス《連語》《動詞「申す」の未然形＋助動詞「す」》❶(「す」が使役の場合)(人を使って)申し上げさせる。例「『うちやすみたる』と人々して—・せ給へば、さ思(おぼ)して」〈源氏・柏木〉訳「休んで(=寝テ)おります」と(柏木(かしわぎ)が父の大臣に)女房達を遣わして申し上げさせなさったので、そうとお信じになって。

❷(「す」が尊敬の場合)申し上げなさる。常に「申させ給ふ」などの形で下に尊敬語を伴って用いられる。⇩まうさせたまふ一②

❸(「す」が謙譲の意を強める場合)申し上げる。例「睦(むつ)ましき下家司(しもげいし)にて、殿にも仕うまつる者なりければ、参り寄りて、『さるべき人召すべきにや』など—・すれど」〈源氏・夕顔〉訳親しく召し使う下家司(=家政ヲトリシキル職ノ下役)で、左大臣(=光源氏ノ舅(シュウト))にもお仕え申す者だったので、(光源氏のおそばに)近寄って、「適当な人を呼びましょうか」などと申し上げたが。

> 要点 ③は、①から転じて、「す」が謙譲を強調するもの。「聞こえさす」の「さす」と同じ。ただし、身分の低い者は人を介して貴人に物を申し上げるのが普通なので、③を①と同じとする考え方もある。

まうさ‐せ‐たま・ふ【申させ給ふ】モウサセタマ(モ)ウ《連語》《「申す」の未然形＋助動詞「す」の連用形＋尊敬の補助動詞「給ふ」》一(「申す」が動詞の場合)❶(「す」が使役の場合)(人を使って)申し上げさせなさる。例「住吉(すみよし)にも、平らかにていろいろの願(ぐわん)果たし申すべきよし、御使ひして—・ふ」〈源氏・明石〉訳(光源氏は)住吉神社(の神)にも、無事に(京に帰り着いてから)いろいろ願をかなえていただいたお礼に参る予定だということを、お使いを遣わして申し上げさせなさる。

❷(「す」が尊敬の場合)お申し上げになる。申し上げあそばす。例「女院(にようゐん)の御桟敷のあなたに御輿(みこし)とどめて御消息(せうそこ)—・ふ、世に知らずいみじきに」〈枕草子・八幡の行幸の帰らせ給ふに〉訳(石清水八幡宮(いわしみずはちまんぐう)の行幸の帰りに、母である)女院の桟敷の向こうに乗り物を止めて(天皇が)ごあいさつを申し上げあそばされたのは、世にまたとなくすばらしくて。

❸(「す」が謙譲の意を強める場合)お申し上げになる。例「『かれ見奉らせ給へ。今は明けぬるに、かう大殿籠(おほとのごも)るべきかは』と—・へば」〈枕草子・大納言参り給ひて〉訳(この時十五歳の一条天皇が柱に寄りかかられて、少し居眠りをしていらっしゃるのを)「あれをご覧なさいませ。今はもう夜は明けたのに、こうしてお休み遊ばすなんて」と(大納言が中宮に)お申し上げになるので。

二(「申す」が補助動詞の場合)お…申し上げなさる。…申し上げあそばす。例「さばかりの御有様にて、かしこまり—・ふが、世に知らずいみじきに」〈枕草子・はしたなきもの〉訳天皇ほどの尊いご様子でありながら、(母君に対して)敬意を表し申し上げあそばすのが、世にまたとなくすばらしいので。

まうし【申し】モウシ《動詞「申す」の連用形の名詞化》一〔名〕申し願うこと。願い出。例「若宮の別当の御—により、囚人(めしうど)七人の免状なり」〈謡曲・春栄〉訳若宮の別当の願い出によって、囚人七人の赦免状である。

二〔感〕人に呼びかける時に言う語。もしもし。例「—、福天(ふくでん)へちと申し上げたいことがござる」〈狂言・福の神〉訳もしもし、福の神へちょっと申し上げたいことがございます。

まうし〔助動ク型〕接続 動詞の未然形に付く。

未然形	連用形	終止形	連体形	已然形	命令形
○	まうく まうかり	○	まうき	まうけれ	○

《希望しない意を表す》…たくない。…するのがつらい。例「この君の御童姿(わらはすがた)、いと変へ**まうく**思(おぼ)せど、十二にて御元服し給ふ」〈源氏・桐壺〉訳この君(=光源氏)の子供姿は、どうしても変えたくないと(父の天皇は)お思いになるが、(光源氏は)十二歳で元服なさる。

> 要点 「ま憂(う)し」の意。希望の助動詞「まほし」が「ま欲(ほ)し」と理解されて、その類推によって、「まほし」の反対の意味の語として作られた。

まうし‐あは・す【申し合はす】モウシアワス〔他サ下二〕{せ・せ・す・する・すれ・せよ}❶「言ひ合はす」の謙譲語。相談申し上げる。話し合う。例「人々にも—・せ」〈平家・三・足摺〉訳(都に帰ったら)人々にも相談申し上げ。

❷あらかじめ約束をする。

まうし‐あ・ふ【申し合ふ】モウシア(オ)ウ〔他ハ四〕{は・ひ・ふ・ふ・へ・へ}「言ひ合ふ」の丁寧語。話し合う。例「女房、『あな汚(きたな)、誰に取れとてか』など、—・はれければ」〈徒然草・一四八〉訳女官が、「まあ汚らしい、誰にかたづけろというのだろうか」などと、話し合っていらしたところが。

まうし‐い・づ【申し出づ】モウシイズ〔他ダ下二〕{で・で・づ・づる・づれ・でよ}「言ひ出づ」の謙譲語。(言葉に出して)申し上げる。申し出る。お話しする。例「衛士(ゑじ)の男(をのこ)なむ、いと香ばしき物を首に引き掛けて飛ぶやうに逃げけると—・でて」〈更級・竹芝寺〉訳「衛士(=皇居警護ノ兵士)の男が、大層よい香りのする物を首に掛けて飛ぶように逃げた」と申し出たので。

まうし-う・く【申し受く】(モウシ) 〔他カ下二〕{け・け・く・くる・くれ・けよ} ❶(許可を受けたいと)お願い申し上げる。例「―・くるところの詮(せん)は、ただ重盛(しげもり)が首を召され候へ」〈平家・二・烽火之沙汰〉訳お願い申し上げることの要点は、ただ(私)重盛の首をお取り下さい。

❷願い出て引き受ける。ちょうだいする。拝借する。例「大臣の大饗(だいきやう)は、さるべき所を―・けて行ふ、常のことなり」〈徒然草・一五六〉訳大臣に任ぜられた人が催す披露宴は、しかるべき所を拝借して行うのが、普通である。

まうし-ごと【申し事・申し言】(モウシ) 〔名〕言うべき事。申し分。例「方々(かたがた)恐れある―にて候へども、心の底に旨趣(しいしゆ)を残すべきにあらず」〈平家・二・教訓状〉訳いずれにしても恐縮な申し分ですが、心の中に思う事を言い残すべきではありません。

まうし-じゃう【申し状】(モウシジョウ) 〔名〕❶朝廷などに申請する文書。上申書。例「頼朝卿(きやう)―によって、義経追討の院宣(ゐんぜん)を下さる」〈平家・一二・判官都落〉訳頼朝卿の上申書によって、(後白河法皇は)源義経を追討する旨の院宣をお下しになる。注「院宣」ハ、上皇・法皇カラ出サレル宣旨(センジ)。

❷願い出。主張。例「出(い)だされ参らせ候(さぶら)ひしを、祇王御前(ぎわうごぜん)の―によってこそ、召し返されても候ふに」〈平家・一・祇王〉訳(私は、平清盛公の邸(やしき)から)追い出されましたのを、祇王様の願い出によって召し返されたのでもございますのに。

まうし-ひら・く【申し開く】(モウシ) 〔他カ四〕{か・き・く・く・け・け} 「言ひ開く」の謙譲語。申し上げて理由や事情を明らかにする。弁解する。例「誰(た)れの人か、愚意の悲嘆を―・かん」〈平家・一一・腰越〉訳いったい誰が、私(義経(ヨシツネ))の心の悲しみ嘆きを申し述べることができよう。

まう-しふ【妄執】(モウシュウ) 〔名〕《仏教語》心が迷って物事にとらわれること。また、その心。執着心。例「憂(う)き世を厭(いと)ひ、誠の道に入り給へども、―はなほ尽きずと覚えて」〈平家・一〇・熊野参詣〉訳無常のこの世を嫌って、真実の道(=仏道)にお入りなさったけれども、この世の物事に迷ってとらわれる心はなお尽きないように思われて。

まうし-ぶみ【申し文】(モウシ) 〔名〕❶官職就任などを朝廷に願い出る文書。申請書。例「今にても、―を取り作りて美々しう書き出(い)だされよ」〈源氏・行幸〉訳今からでも、申請書を作って立派に書き上げてご覧なさい。

❷要求などを書き付けて朝廷に上申する文書の総称。陳情書。例「日吉(ひよし)の社司(しやし)、延暦寺の寺官(じくわん)、都合三十余人、―をささげて陣頭へ参じけるを」〈平家・一・願立〉訳日吉神社の神官や、延暦寺の寺官、合わせて三十数名が、陳情書をささげて陣頭へ参ったのを。

まうし-むつ・ぶ【申し睦ぶ】(モウシ) 〔自バ上二〕{び・び・ぶ・ぶる・ぶれ・びよ} 親しくお付き合いをする。交際する。例「小舅(こじうと)なりければ、常に―・びけり」〈徒然草・八七〉訳妻の兄弟であったので、常に親しくお付き合いをしていた。

まう-じゃ【亡者】(モウ) 〔名〕《仏教語》死んだ人。死者。特に、死後に、魂が成仏できず、冥途(めいど)でさ迷っている者。

まう-しん【妄心】(モウ) 〔名〕《仏教語》煩悩にとらわれている心。迷いの心。例「―の至りて狂せるか」〈方丈記・みづから心に問ふ〉訳(自分の)迷いの心が極度に深くて(私を)狂わせているのか。

まう・す

【申す】(モウス) {さ・し・す・す・せ・せ}《上代語の「まをす」がウ音便化したもの》**一**〔他サ四〕❶「言ふ」の謙譲語。**申し上げる**。例「くらつまろの―・すやうに、尾浮けてめぐるに」〈竹取・燕の子安貝〉訳くらつまろが(石上(いそのかみ)の中納言に)申し上げる通りに、(ツバメが)尻尾(しっぽ)を上にあげてまわるので。

❷「願ふ」「乞(こ)ふ」などの謙譲語。**お願い申し上げる。お頼み申し上げる。お祈り申し上げる。**例「異事(ことごと)なく、この事を―・して」〈更級・物語〉訳(親に)他の事ではなく、この事(=物語ヲ見タイコト)をお頼み申し上げて。

❸「与ふ」「す」などの謙譲語。(物を)差し上げる。(行為を)して差し上げる。させていただく。「参る」とも。例「最前、路次(ろし)で御酒(ごしゆ)となりと―・さうものを」〈狂言・餅酒〉訳さきほど、(都へ来る)途中でお酒でも振る舞って差し上げましたのに。

❹「言ふ」の丁寧語。申します。言います。例「『山の名を何とか―・す』と問ふ」〈竹取・蓬莱の玉の枝〉訳(くらもちの皇子は)「(この)山の名を何と言いますか」と尋ねる。

二〔補動サ四〕《動詞・動詞型活用の助動詞の連用形に付いて》謙譲の意を添える。**お…申し上げる**。例「物よく言ふ僧都(そうづ)にて、語り続け―・し給へば」〈源氏・手習〉訳よくしゃべる僧都(=僧正(ソウジョウ)ニ次グ位ノ僧)で、(このように)話し続け申し上げられるので。

> 要点 二の用法では、類義語として、平安時代に「聞こゆ」「聞こえさす」のほか、「奉る」があり、平安末期からは「参らす」も用いられた。この場合もやはり「申す」には、改まった固い感じがつきまとっている。

まうち-ぎみ【公卿】(モウチ) 〔名〕《「まへつきみ」の変化した形》⇩まへつきみ

まう・づ

【詣づ】(モウズ) 〔自ダ下二〕{で・で・づ・づる・づれ・でよ}《謙譲語。「まゐいづ(参出)」の変化した形》❶「行く」の謙譲語。**参上する。うかがう。**例「ここに侍(はべ)りながら、御とぶらひにも―・でざりける」〈源氏・若紫〉訳ここにおりながら、お見舞いにもうかがいませんでした。

❷神社・仏閣などに**お参りする。参詣(さんけい)する。**例「八月つごもり、太秦(うづまさ)に―・づとて見れば」〈枕草子・八月つごもり〉訳八月の月末、太秦(の広隆寺)に参詣しようと(出かけ、その途中で)見ると。

まうで・く【詣で来・まうで来】(モウデク) 〔自カ変〕{こ・き・く・くる・くれ・こ(よ)} ❶「来(く)」の謙譲語。尊ぶべき所へ来る。参上する。うかがう。例「難波(なには)より、昨日なむ都に―・きつる」〈竹取・蓬莱の玉の枝〉訳難波から、昨日都に参上したところです。

❷「来(く)」の丁寧語。来ます。参ります。例「馬司(うまづかさ)の御秣(みまくさ)積みて侍(はべ)りける家より出(い)で―・きて侍るなり」〈枕草子・僧都の御乳母のままなど〉訳馬司(=馬ノ飼育ヤ馬具ノコトナドヲ司(ツカサド)ル役所)の馬の飼料を積んでありました建物から(火が)出て(私の家の方へ)移って参りましたのです。

参考「まゐでく(参出来)」の変化した形で、①が原義であるが、平安時代以降は、②の、聞き手に対する話し手の改まった態度を表す丁寧語の用法が多くなる。

ま-うと【真人】〔代名〕《「まひと」の変化した形。人称代名詞。対称》目下の人を呼ぶのに用いる。おまえ。

まう-のぼ・る【参上る】〔自ラ四〕{ら・り・る・る・れ・れ}《「まゐのぼる」の変化した形》貴人のそばに行く。参上する。例「――・り給ふにも、あまりうちしきる折々は」〈源氏・桐壺〉訳（桐壺更衣が帝の御前に）参上なさる場合にも、（それが）あまりにもたび重なる時などには。

まう-りゃう【罔両】〔名〕影の周囲にできる薄い影。また、単に、影法師。例「灯火（ともしび）をかかげては影を伴ひ、――に是非をこらす」〈芭蕉・幻住庵記〉訳灯火をつけると影が生まれ、その影のまわりにできる薄い影に向かって（存在について）あれこれ深く考える。注『荘子』ノ中ニアル「影」ト「罔両」ノ問答ヲ踏マエタ表現。

まう-りゃう【魍魎】〔名〕人を害する山川・木石などの精霊。物の怪。

まえつきみ【公卿】〔名〕⇩まへつきみ

ま-えん【魔縁】〔名〕人の心を迷わせ、仏道修行の妨げをする悪魔。

まおす【申す】〔動〕⇩まをす

まが【禍】〔名〕《「曲（ま）ぐ」と同源》曲がっていること。悪いこと。邪悪。災い。例「その――を直さむとして成れる神の名は」〈古事記・上・伊邪那岐命と伊邪那美命〉訳その邪悪を直そうとしてできた神の名は。

参考「――ごと」のように、多く複合語を作る。

まがう【紛う】〔動〕⇩まがふ

ま-がき【籬】〔名〕かきねの一種。柴や竹などで、目を粗く編んだもの。「ませ」「ませがき」とも。

ま-かげ【目蔭】〔名〕❶遠方を見る時など、光をさえぎるために、手のひらを目の上にかざすこと。❷まなざし。特に、疑いやためらいの気持ちを含んだまなざし。例「うしろめたげに気色（けしき）ばみたる御――こそわづらはしけれ」〈源氏・東屋〉訳（あなたが）不安そうに（疑いの心を）顔に表しているまなざしがうっとうしいのです。

まが-こと 〔名〕《「まがごと」とも》■一【禍言】（災いをもたらす）悪い言葉。不吉な言葉。また、誤った言葉・説。■二【禍事】（災いをもたらす）悪い事。不吉な事。対よごと（吉事）例「吾（あ）は――も一言（ひとこと）、善事（よごと）も一言、言ひ離（なは）つ神」〈古事記・下・雄略〉訳私は不吉な事も一言で、めでたい事も一言で、きっぱりと言う神で。

まか・す【引す】〔他サ下二〕{せ・せ・す・する・すれ・せよ}（池や水田などに）水を引き入れる。例「亀山殿（かめやまどの）の御池に大井川の水を――・せられんとて」〈徒然草・五一〉訳亀山殿のお池に大井川（=桂川ノ上流）の水をお引き入れになろうとして。

まか・す【任す】〔他サ下二〕{せ・せ・す・する・すれ・せよ}❶そのものの持つ自然の勢いのままにさせる。ゆだねる。任せる。例「舟の行くに――・せて海に漂ひて」〈竹取・蓬莱の玉の枝〉訳舟が進むのに任せて海に漂って。❷他に従ってその通りに事を行う。従う。例「しかればすなはち先例に――・せて、武士に仰（おほ）せて警固（けいご）あるべしとて」〈平家・四・鵼〉訳だからすぐにかつての同様の例に従って、武士に命じて警固すべきだというので。

まかず【罷ず】〔動〕⇩まかづ

まか-たち【侍女・従婢】〔名〕《上代語。「まかだち」とも》貴人のそば近くに仕える女性。侍女。腰元。

まが-たま【曲玉・勾玉】〔名〕上代の装身具の一つ。水晶・瑪瑙・ガラス・粘土、動物の骨などを巴の形に造り、一端に穴を開け紐を通し、首飾りや襟飾りとした。

まがたま

ま-かぢ【真楫】〔名〕《「ま」は接頭語》楫。かい。例「桜皮（かには）巻き作れる舟に――貫（ぬ）き我が漕（こ）ぎ来（く）れば」〈万葉・六・九四二長歌〉訳桜の木の皮を巻いて作った舟にかいを通して私が漕いで来ると。

まか・づ

【罷づ】〔自ダ下二〕{で・で・づ・づる・づれ・でよ}《「まかりいづ」の変化した形》❶「出づ」「行く」の謙譲語。（尊ぶべき所から）退出する。また、退出して、別の所へ行く、あるいは来る。例「はかなき心地（ここち）に患（わづら）ひて、――・でなむとし給ふを、暇（いとま）さらに許させ給はず」〈源氏・桐壺〉訳（桐壺更衣が）ちょっとした病気にかかって、（宮中から里に）退出しようとなさるが、（帝は）どうしてもお暇をお許しにならない。❷「出づ」「行く」の丁寧語。出ます。参ります。出かけます。例「かく京にも――・でねば」〈源氏・若紫〉訳（私が）ご覧のように京にも出かけませんので。

ま-かな・し【真愛し】〔形シク〕《上代語。「ま」は接頭語》とてもいとしい。大変愛らしい。例「置きて行かば妹（いも）は――・し持ちて行く梓（あづさ）の弓の弓束（ゆづか）にもがも」〈万葉・一四・三五六七〉訳（妻を）置いて（防人として）行ったら、妻が本当に恋しい。（彼女が、私の）持って行く梓の弓のにぎりであってくれればなあ。

まかなひ【賄ひ】〔名〕《動詞「まかなふ」の連用形の名詞化》準備を整えること。支度をすること。また、その人。例「取り次ぐ御――うちあはず」〈源氏・夕顔〉訳取り次ぐ給仕の者も手不足である。

まかな・ふ【賄ふ】〔他ハ四〕{は・ひ・ふ・ふ・へ・へ}準備を整える。支度をする。例「御硯（すずり）など――・ひて責め聞こゆれば、しぶしぶに書い給ふを」〈源氏・柏木〉訳硯などの支度を整えて（女房が柏木に返事を書くことを）しつこく催促申し上げるので、（女三の宮は）しぶしぶお書きになるのを。

ま-かね【真金】〔名〕《「ま」は接頭語。「まがね」とも》鉄。くろがね。例「天（あめ）の金山（かなやま）の――を取りて」〈古事記・上・天照大神と須佐之男命〉訳高天原の鉱山の鉄を取って。

ま-がね【真金】〔名〕《「ま」は接頭語》⇩まかね

まかね-ふく【真金吹く】〔枕詞〕ふいごで風を吹いて鉄を溶かし精錬する意から、鉄の産地の「丹生（にふ=群馬県）」「吉備（きび=岡山県）」にかかる。

まがひ【紛ひ】〔名〕《動詞「まがふ」の連用形の名詞化》入り乱れること。入り乱れて区別ができないこと。例「この里に旅寝しぬべし桜花散りの――に家路（いへぢ）忘れて」〈古今・春下・七二〉訳この里に旅寝をしてしまいそうだ。桜の花が盛んに散り乱れることに気をとられて家への道が分からなくなってしまって。

まが・ふ

【紛ふ】■一〔自ハ四〕{は・ひ・ふ・ふ・へ・へ}❶入り乱れる。入り乱れて区別ができない。例「桜花散り交ひ曇れ老いらくの来（こ）むといふなる道――・ふがに」〈古今・賀・三四九〉訳桜の花よ、曇るばかりに散り乱れよ。老いというものがやって来るという道が入り乱れ(隠れ)て、はっきり見分けられなくなるように。

❷**よく似ていて間違える。区別できないほどよく似ている。**例「忍びやかにうたふ声、鈴虫に――・ひたり」〈源氏・篝火〉訳小声で歌う声は、(大変美しくて)鈴虫(＝今ノ松虫)と聞き間違えるほどだった。

■二〔他ハ下二〕{へ・へ・ふ・ふる・ふれ・へよ}❶入り乱れさせて、はっきりしないようにする。**区別できないようにする。**見失う。例「世に知らぬ心地(ここち)こそすれ有明けの月のゆくへを空に――・へて」〈源氏・花宴〉訳今までに経験したこともないほど、やるせない気持ちがすることだ。有明けの月(＝昨夜ノ女、朧月夜(オボロヅキヨ))のゆくえを空に見失って。

❷(よく似ているので)同じものと思う。見間違える。例「空寒み花に――・へて散る雪に」〈枕草子・二月つごもり頃に〉訳空が寒いので、花に見間違えるように散る雪に。注藤原公任(キントウ)ノヨコシタ「少し春ある心地こそすれ」ノ上ノ句トシテ、清少納言ガ書イテ渡シタモノ。

まが-まが・し【禍禍し】〔形シク〕《邪悪・災いの意の名詞「まが」を重ねて形容詞化した形。正しくない意》類いまいまし ❶わざわいを呼びそうである。不吉である。縁起が悪い。例「犬のもろ声に長々と鳴き上げたる、――・しくさへにくし」〈枕草子・にくきもの〉訳犬が声をそろえて長々と鳴き立てているのは、不吉な感じまでしてにくらしい。

❷いまいましい。にくらしい。

まがり【鋺】〔名〕水などを入れて飲むための器。例「土器(かはらけ)を奉りければ、『――を参らせよ』とて、――してぞ召しける」〈徒然草・二〇〇〉訳(水を飲むというので)土器(＝素焼キノ杯)をさしあげたところ、「まがり(＝木ノ椀(ワン))を差し上げなさい」ということで、まがりでお飲みになった。

まかり-あか・る【罷り別る・罷り離る】〔自ラ下二〕{れ・れ・る・るる・るれ・れよ}《「あかる」の謙譲語》別れ別れに退出する。例「これかれ、――・るる所にて」〈源氏・帚木〉訳(臨時の祭りの舞楽の予行演習から)何人かの人と、別れ別れに退出する所で。

まかり-あり・く【罷り歩く】〔自カ四〕{か・き・く・く・け・け}《「ありく」の謙譲語》歩く。動き回る。例「ここら船に乗りて――・くに、またかくわびしき目を見ず」〈竹取・竜の首の玉〉訳何年も船に乗ってあちこち回っておりますが、いまだかつてこんなにつらい目にあったことはありません。

まかり-い・づ【罷り出づ】(イズ)〔自ダ下二〕{で・で・づ・づる・づれ・でよ}❶《「出づ」の謙譲語》(尊ぶべき所から)退出する。例「夜に入りて、楽人(がくにん)ども――・づ」〈源氏・若菜・上〉訳夜にはいって、楽人達は退出する。

❷《「出づ」の丁寧語》出て参る。参ります。例「――・でたる者は、このあたりに住まひ致す耕作人でござる」〈狂言・水掛聟〉訳出て参りました者は、このあたりに住んでおります農夫でございます。

まかり-な・る【罷り成る】〔自ラ四〕{ら・り・る・る・れ・れ}「なる」の謙譲語。例「今井四郎兼平、生年(しやうねん)三十三に――・る」〈平家・九・木曾最期〉訳(私は)今井四郎兼平、年齢三十三になる。

まかり-まうし(モウシ)〔名〕地方官が任地におもむく時に、参内(さんだい)してあいさつなどをすること。また、一般に、いとまごい。例「宮、出(い)で給はむとて、――に渡り給へり」〈源氏・早蕨〉訳宮が、(内裏に)お出かけなさろうとして、いとまごいに姿をお見せになる。

まか・る【罷る】〔自ラ四〕{ら・り・る・る・れ・れ} 対まゐ(参)る

本来は、高貴な所から**退出する**、の意。高貴な所から行く意の**謙譲語**として、また「**行く**」の**丁寧語**としても用いられた。

❶(尊ぶべき所から)**退出する。**例「憶良(おくら)らは今は――・らむ子泣くらむそれその母も我(わ)を待つらむぞ」〈万葉・三・三三七〉訳私、憶良はもう退出いたします。(家では)子供が泣いているでしょう。その子の母(＝自分ノ妻)も私を待っているでしょう。

❷《「行く」の謙譲語》(尊ぶべき所から他の所へ、また、都から地方へ)**行く。**例「玉の枝取りになむ――・る」〈竹取・蓬莱の玉の枝〉訳(蓬莱(ほうらい)の)玉の枝を取りに行く。

❸《「行く」の丁寧語》参ります。例「花見に――・れりけるに、早く散り過ぎにければ」〈徒然草・一三七〉訳花見に参りましたところ、すでに花は散ってしまっていましたので。

❹(他の動詞の上に付いて)謙譲の意や丁寧の意を表す。例「成経(なりつね)まづ――・りのぼって、人々にも申し合はせ」〈平家・三・足摺〉訳(私)成経がまず都にのぼって、人々とも相談申し上げ。

要点「まかる」と「まゐる」 「**まかる**」は、**出発点を高める謙譲語**である。すなわち、宮中から自宅へ、都から地方へ、あるいはまた、この世からあの世へ行くこと(＝身マカル)など、いずれも「**尊ぶべき所**」から「**卑しむべき所**」へ**行くことを意味する。行き先を高める謙譲語の「まゐる」と対義語の関係にあった**が、平安時代になり「まかる」が「行く」の丁寧語としての用法を発達させたために、「まゐる」の対義語としては、「まかる」にかわって「まかづ」が用いられるようになった。

まき【牧】〔名〕牛・馬などの家畜を放し飼いにする所。牧場。まきば。

ま-き【真木】〔名〕《「ま」は接頭語》立派な木。ヒノキ・スギ・マツなどの常緑樹の総称。例「寂しさはその色としもなかりけり――立つ山の秋の夕暮れ」〈新古今・秋上・三六一〉訳寂しさは、どの色がどうと限ってのことではないことだ。(しかし、まことにしみじみと寂しさが感じられる)真木の立つ山の秋の夕暮れ(の景色)よ。注三夕(サンセキ)ノ歌ノ一ツ。寂蓮(ジャクレン)法師作。

ま-ぎ【間木】〔名〕長押(なげし)の上に、板を横に渡した棚。

まき・ぬ【枕き寝・纏き寝】〔自ナ下二〕{ね・ね・ぬ・ぬる・ぬれ・ねよ}(上代語)互いに手を枕にして寝る。一緒に寝る。

まき-ばしら【真木柱】■一〔名〕《「真木」の柱の意》スギやヒノキなどの立派な木で作った柱。上代東国方言では「まけはしら」という。宮殿・大邸宅などの主要な柱。例「――作る杣人(そまびと)いささめに仮廬(かりほ)のためと作りけめやも」〈万葉・七・一三五五〉訳真木の柱を作る木こりは、かりそめに小屋のためにと造ったのであろうか。注男カラ女へ、一時的ナ気持チデアナタヲ愛シタノデハナイト歌ッタ歌。

■二《枕詞》真木柱が太いことから、「ふと」にかかる。例

「——太き心はありしかどこの我（あ）が心静めかねつも」〈万葉・二・一九〇〉訳 太くしっかりした心はあったのだが、（今は）この私の悲しみの心を静めかねていることだ。注 草壁皇子ノ死ヲ悼ンダ歌。

巻向（まきむく）【地名】〔「纏向」とも書く。「まきもく」とも〕奈良県桜井市穴師（あなし）一帯の地。巻向川の沿岸で、垂仁天皇の纏向の珠城（たまき）の宮、景行天皇の纏向の日代（ひしろ）の宮があったといわれる。東には、三輪山の北に連なる巻向山がある。例「——の山辺（やまへ）とよみて行く水の水沫（みなあわ）のごとし世の人我は」〈万葉・七・一二六九〉訳 巻向の山辺を響かせて流れる川の泡のようなものだ、この世の人である我々は。

巻向川

まき-め【巻き目】〔名〕紙などを巻いた後に付く折り目。紙を巻き終えた後の端の意とも。

巻目（まきもく）【地名】⇩巻向（まきむく）

まぎらはし【紛らはし】（マギラワシ）〔名〕《動詞「紛らはす」の連用形の名詞化》まぎれるようにすること。注意を他の事に向けてごまかすこと。例「——に、さし出（い）でたる和琴（わごん）を、ただ、さながらかき鳴らし給ふ」〈源氏・蜻蛉〉訳 （自分の心の内を人に気付かれないように）ごまかしに、差し出された和琴を、ただ、そのままかき鳴らしていらっしゃる。

まぎらは・し【紛らはし】（マギラワシ）〔形シク〕《上代は「まきらはし」》❶まぶしい。まばゆい。例「上野（かみつけの）真桑島門（まぐはしまど）に朝日さし——・しもなありつつ見れば」〈万葉・一四・三四〇七〉訳 上毛野（＝群馬県）の真桑島門（＝所在不明）に朝日がさしている時のようにまぶしいなあ。（あなたを）ずっと見ていると。

❷いろいろな用事が次々と起こって、忙しい。雑事に取り紛れている。例「その後は何となく——・しきに、物語のこともうち絶え忘られて」〈更級・宮仕へ〉訳 その後は何ということもなく雑事に取り紛れていたので、物語のこともとだえて忘れてしまって。

❸紛らわしくてわかりにくい。区別がはっきりしない。例「わづらはしう、尋ねむほども——・し」〈源氏・花宴〉訳 煩わしいことに、（扇を取り交わした女が五の君か六の君かを）詮索（せんさく）しようにも紛らわしくてわかりにくい。

まぎらは・す【紛らはす】（マギラワス）〔他サ四〕｛さ・し・す・す・せ・せ｝《「まぎる」の他動詞形》❶はっきり区別できないようにする。紛れるようにする。ごまかす。例「涙を漏らし落としても、いと恥づかしくつつましげに——・し隠して」〈源氏・帚木〉訳 （女は）涙をついこぼしても、とても恥ずかしくきまり悪そうにごまかし隠して。

❷心を他のことに向ける。気を晴らす。例「なほこのごろのつれづれには、この院に参りて——・すべきなりけり」〈源氏・若菜・上〉訳 やはりこの頃の退屈な時には、この六条院にうかがって気を晴らすのがいいですね。

まぎ・る【紛る】〔自ラ下二〕｛れ・れ・る・るる・るれ・れよ｝❶入り混じってわからなくなる。例「ある時には、来（き）しかた行く末も知らず、海に——・れむとしき」〈竹取・蓬萊の玉の枝〉訳 ある時には、来た方向も行く先もわからず、海に入り混じってわからなく（＝行方不明に）なりそうだった。

❷他の物に隠れて見分けにくくなる。目立たなくなる。例「夕暮れのいたう霞（かす）みたるに——・れて」〈源氏・若紫〉訳 （光源氏は）夕暮れのたいそう霞んでいるのに隠れて目立たぬようにして。

❸他の事に心がひかれる。例「つれづれわぶる人は、いかなる心ならん。——・るる方なく、ただ一人あるのみこそよけれ」〈徒然草・七五〉訳 所在ないことを寂しく思う人は、一体どんな気持ちなのだろう。他の事に心が奪われるようなこともなく、ただ一人でいるのが一番よいのだ。

❹あれこれと忙しくて混雑する。他に差し障りがある。例「さては舞も見たけれども、今日（けふ）は——・るる事出（い）で来たり」〈平家・一・祇王〉訳 それでは舞も見たいけれども、今日は他に差し障りのある事ができた。

まぎれ【紛れ】〔名〕《動詞「紛る」の連用形の名詞化》❶（入り混じって）見分けにくいこと。また、そのような時。紛れること。例「暗くなりぬる——に起き給ひて」〈源氏・総角〉訳 （大君（おおいぎみ）は）暗くなって物の見分けにくい時にお起きになって。

❷あれこれと心が奪われること。また、そのような用事。取り込み事。騒ぎ。例「物騒がしき——にとぶらはねば、いとほしくてなむ」〈源氏・若菜・上〉訳 ごたごたとした取り込みごとのために見舞いもしていないので、かわいそうでね。

❸他の事に心がひかれて気分が紛れること。気晴らし。例「昔物語などせさせて聞き給ふに、少しつれづれの——なり」〈源氏・明石〉訳 昔の話などをさせてお聞きになると、少しは所在なさの気晴らしとなるのである。

❹隠れて目立たぬようにする行動。忍び事。例「ふとしもあらはならぬ——ありぬべし」〈源氏・若菜・下〉訳 （女御（にょうご）や更衣（こうい）にも）すぐには人目につかない忍び事もあるものだ。

まぎれ-あり・く【紛れ歩く】〔自カ四〕｛か・き・く・く・け・け｝❶人々に交じって歩く。

❷人目を忍んで歩く。例「心もや慰むと、立ち出（い）でて——・き給ふ」〈源氏・少女〉訳 （夕霧は）少しは心も晴れるかと、部屋を出て人目を忍んでお歩きなさる。

まぎれ-い・づ【紛れ出づ】（ズ・イ）〔自ダ下二〕｛で・で・づ・づる・づれ・でよ｝騒ぎや闇に紛れて、忍び出る。そっと出る。例「忍びつつ八島の館（たち）を——・でて」〈平家・一〇・横笛〉訳 人目を忍びながら八島（＝屋島）の城をそっと出て。

まぎれ-くら・す【紛れ暮らす】〔自サ四〕｛さ・し・す・す・せ・せ｝ほかの事に気を取られて日を過ごす。とりまぎれて日を暮らす。例「今日はその事をなさんと思へど、あらぬ急ぎまづ出で来て、——・し」〈徒然草・一八九〉訳 今日はこれこれの事をしようと思っていても、意外な急用が先に出て来て、（その事に）気を取られて日を暮らし。

まき-ゑ【蒔絵・描絵】（エ）〔名〕器物に漆を塗り、乾かないうちに金銀の粉や箔（はく）・貝がら・顔料などで絵や模様を描き出し、乾いてからみがきあげてつやを出したもの。使用材料によって金蒔絵・銀蒔絵など、製法によって高蒔絵・平蒔絵（ひらまきえ）・研（と）ぎ出し蒔絵などがある。

ま・く【負く】〔自カ下二〕｛け・け・く・くる・くれ・けよ｝❶（勝負などで）負ける。敗れる。例「勝たんと打つべからず。——・けじと打つべきなり」〈徒然草・一一〇〉訳 （双六（すごろく）は）勝とうと思って打ってはいけない。負けまいとして打つべきである。

❷圧倒される。負い目を感じる。例「物もなし。賑(にぎ)はしきやうなれど、——・くる心地(ここち)す」〈土佐・一月四日〉訳(自分のところには、返礼にするような)物もない。(もらい物が多くて)景気がよいようではあるが、負い目を感じることだ。

❸我を折って相手の意見に従う。譲る。例「女にては——・け聞こえ給へらむに、罪許されぬべし」〈源氏・関屋〉訳女性だから我を折って(光源氏のお心に)お従い申されても、罪はきっと許されるでしょう。

参考 近世に、値段を安くする意の他動詞が成立する。

ま・く【任く・罷く】〔他カ下二〕{け・け・く・くる・くれ・けよ}《上代語。「まかる」の他動詞形》❶任務を与えて行かせる。派遣する。例「まつろはぬ国を治めと皇子(みこ)ながら——・け給へば」〈万葉・二・一九九長歌〉訳(天武天皇は)服従しない国を鎮定せよと、高市皇子(たけちのみこ)の意志通りに(皇子を)派遣なさると。

❷命令によってその場を去らせる。退出させる。さがらせる。

ま・く【枕く】〔他カ四〕{か・き・く・く・け・け}《上代語》❶枕にする。例「かくばかり恋ひつつあらずは高山の岩根(いはね)し——・きて死なましものを」〈万葉・二・八六〉訳こんなふうに恋い慕ってばかりいないで、高い山の大きな岩を枕にして死んでしまったらよかったのに。

❷(手枕をして寝る意)男が女を抱いて寝る。一緒に寝る。また、結婚する。例「上(かみ)つ瀬に蛙(かはづ)妻呼ぶ夕されば衣手(ころもで)寒み妻——・かむとか」〈万葉・一〇・二一六五〉訳上流の浅瀬で蛙(かえる)が妻を呼んでいる。夕方になると袖(そで)のあたりが寒いので妻を抱いて寝ようというのか。

ま・く【巻く・捲く】〔他カ四〕{か・き・く・く・け・け}紐(ひも)・帯・縄などを、物のまわりにからみつける。巻き付ける。また、丸める。例「うるはしくは、ただくるくると——・きて上(かみ)より下(しも)へわなの先をさしはさむべし」〈徒然草・二〇八〉訳(お経の巻物などの紐を結ぶには)正しくは、ただくるくると(紐を)巻きつけて上から下へ輪になった部分の先端をさし込んではさむのがよい。

ま・く【設く】〔他カ下二〕{け・け・く・くる・くれ・けよ}《上代語。平安時代以降は「まうく」になる》❶前もって準備する。用意する。設ける。例「夕さらば宿開け——・けて我待たむ夢(いめ)に相見に来むといふ人を」〈万葉・四・七四四〉訳夕方になったら、家の戸を開けて(あの人を迎え入れる)用意をして私は待っていよう。夢で逢(あ)いに来ようという人を。

❷(時期を)待つ。待ちうける。また、待っていた時期になる。例「夏——・けて咲きたるはねず久方(ひさかた)の雨うち降らば移ろひなむか」〈万葉・八・一四八五〉訳夏を待ちうけて咲いた庭梅は、雨でも降ったら散ってしまうのだろうか。注「はねず」ハ、庭梅ノ古名トイウガ、木蓮(モクレン)・里桜トモイウ。

ま・く【撒く・蒔く】〔他カ四〕{か・き・く・く・け・け}❶広い範囲に投げ散らす。まき散らす。また、特に植物の種子を植える。例「玉梓(たまづさ)の妹(いも)は玉かもあしひきの清き山辺(やまへ)に——・けば散りぬる」〈万葉・七・一四一五〉訳妻は玉なのか。清らかな山辺に(妻の骨を)まき散らしたら、散らばってしまったよ。注火葬ノ灰ヲマキ散ラス習慣ニ基ヅイタ歌カ。

❷蒔絵(まきえ)をする。

ま-く【連語】《推量の助動詞「む」の古い未然形＋準体助詞「く」》…だろうこと。…ようなこと。例「我が宿の梅の下枝(しづえ)に遊びつつうぐひす鳴くも散ら**まく**惜(を)しみ」〈万葉・五・八四二〉訳我が家の下枝(＝下ノ方ノ枝)に飛び遊んでは、ウグイスが鳴いていることだ、梅の花が散る(だろう)ことを惜しんで。

ま・ぐ【曲ぐ・枉ぐ】〔他ガ下二〕{げ・げ・ぐ・ぐる・ぐれ・げよ}❶曲がった状態にする。曲げる。

❷道理や人の考えなどをねじ曲げる。ゆがめる。歪曲(わいきょく)する。例「理を——・げて則綱(のりつな)を助け給へ」〈平家・九・越中前司最期〉訳(戦いで敵の首を取るのは当然だという)道理をねじ曲げて猪俣(いのまた)則綱(＝私)を助けて下さい。注組ミ伏セラレテ、敵ニ助命ヲ頼ム場面。

❸気持ちを抑える。自制する。例「物に争はず、己(おのれ)を——・げて人に従ひ」〈徒然草・一三〇〉訳物事にさからわず、自分を抑えて人に従って。

ま・ぐ【覓ぐ・求ぐ】〔他ガ四〕{が・ぎ・ぐ・ぐ・げ・げ}尋ね求める。探す。

ま-くさ【真草】〔名〕《「ま」は接頭語》草。特に、屋根葺(ふ)きに用いる草。

ま-くず【真葛】〔名〕《「ま」は接頭語》葛。

まくず-はら【真葛原】〔名〕《「ま」は接頭語》葛の生えている野原。

ま-ぐは・し【目細し】〔形シク〕《上代語》見た目に美しく感じられる。うるわしい。例「朝日なす——・しも夕日なすうらぐはしも」〈万葉・一三・三二三四長歌〉訳朝日のようにうるわしいことよ。夕日のように心に美しく感じることよ。

ま-ぐはひ【目合ひ】〔名〕《上代語》❶目と目を見合わせて、愛情を通い合わせること。目くばせして心を通じること。例「須勢理毘売(すせりびめ)出(い)で見て、——して」〈古事記・上・大国主神〉訳須勢理毘売が出て来て(大国主神(おおくにぬしのみこと)を)見て、目と目で心を通い合わせて。

❷(転じて)男女の関係を結ぶこと。性交。結婚。

ま-く-ほ・し【連語】《推量の助動詞「む」の未然形＋準体助詞「く」＋形容詞「ほし」》…することが望ましい。…したい。…でありたい。例「一昨日(をとつひ)も昨日(きのふ)も今日(けふ)も見つれども明日(あす)さへ見——・しき君かも」〈万葉・六・一〇一四〉訳一昨日も昨日もそして今日も逢(あ)ったけれども、さらに明日までもあなたには逢いたいと思うことよ。

要点 これが変化して平安時代の「まほし」になるが、和歌では「まくほし」も引き続き用いられる。

まくら【枕】〔名〕寝る時に頭を支えるもの。まくら。例「風通ふ寝覚めの袖の花の香にかをる——の春の夜の夢」〈新古今・春下・一一二〉訳風が庭から吹き通ってきて、ふと目覚めた私の袖が、風が運んできた桜の花の香でかおっており、枕もまたその花の香でかおっている。この枕で今まで見ていた春の夜の美しい夢よ。

枕を欹(そばだ)・つ 枕を高くして、物音に耳を澄まして聞く。例「ひとり目をさまして、——・てて、四方(よも)の嵐(あらし)を聞き給ふに」〈源氏・須磨〉訳ひとり目をさまして、寝床の中で耳を澄まして、あたりの荒く吹く風の音をお聞きになっていると。

まくら-がみ【枕上】〔名〕枕のあたり。枕もと。例「少し寝入り給へるに、御——に、いとをかしげなる女ゐて」〈源氏・夕顔〉訳(光源氏が)少し寝入りなさると、枕もとに、大変美しい女性が座って。

まくら-ごと【枕言】〔名〕いつも口に出す言葉。口ぐせに言う言葉。例「ただその筋をぞ、――にせさせ給ふ」〈源氏・桐壺〉訳（桐壺更衣に先立たれた帝(みかど)は）ただこの「長恨歌」のような内容（＝愛スル人ニ死別スル話）を、いつも口にする話のたねとなさる。

まくら-ことば【枕詞】〔名〕和歌などの修辞上、ある語句を言い出すため、その語を修飾したり、声調を整えるのに用いる。普通、五音であるが、三・四・六・七音のものも少数存在する。「奈良」にかかる「あをによし」など。

枕草子(まくらのさうし)〔書名〕平安中期の随筆。清少納言著。一〇〇〇年（長保二）頃成立。作者が仕えた中宮定子の後宮生活での体験や見聞、自然・人事に対する感想などを、長短三百余段に記したもの。内容はおおよそ次のように分類できる。①同種の物をならべた物尽くしの章段。これは、さらに⒜「山は」「木の花は」などと、⒝「すさまじきもの」「うつくしきもの」などに分けられ、特に後者からは、作者の鋭敏な美的感覚をうかがうことができる。②日記的な章段。「上にさぶらふ御猫は」「大納言殿参り給ひて」など、定子周辺の後宮の様子が具体的に語られ、定子の人柄や、その作者への信頼ぶりなども浮き彫りにされている。③随想的な章段。「春はあけぼの」「四月、祭の頃」など、淡々たる描写の中に、着眼の奇抜さ・鋭さを見せている。文体は簡潔・新鮮で、明るく、理知的な作者の性格をよく表しており、内容と相俟って「をかし」の文学と呼ばれる独特の世界をうち立てている。

冒頭「春はあけぼの。やうやう白くなりゆく、山際(やまぎは)少し明かりて、紫だちたる雲の細くたなびきたる」訳春は明け方（が情趣深い）。しだいに（あたりが）白んでいくうちに、山に接するあたりの空が少し明るくなって、紫がかった雲が横に細くたなびいているの（がすばらしい）。⇩清少納言(せいせうなごん)

まくら-を-そばだ・つ【枕を欹つ】⇩「まくら」子項目

ま-ぐ・る【眩る】〔自ラ下二〕〈れ・れ・る・るる・るれ・れよ〉（「まくる」とも。「目(ま)昏(く)る」の意）❶目がくらむ。めまいがする。❷気を失う。特に、炎や煙などにまかれて窒息する。例「あるいは焰(ほの)に――・れてたちまちに死ぬ」〈方丈記・安元の大火〉訳ある者は炎にまかれて窒息してそのまま死んでしまう。

まけ【任】〔名〕《上代語。動詞「まく（任）」の連用形の名詞化》官職に任命すること。地方官として派遣すること。例「大君の――のまにまに島守(しまもり)にわが立ち来れば」〈万葉・二〇・四四〇八長歌〉訳天皇のご任命のままに防人(さきもり)として私が出立したので。

まげ-いほ【曲げ庵】オ・イ〔名〕ゆがんで倒れそうな小屋。例「伏せ盧(ほい)の――の内に直土(ひたつち)に藁(わら)解き敷きて」〈万葉・五・八九二長歌〉訳屋根の低いみすぼらしい小屋で、ゆがんで倒れそうな小屋の中に、地面に直接わらをほぐして敷いて。

まげ-て【枉げて】〔副〕《「理をまげて」の意》無理にも。ぜひとも。しいて。例「――申し請けむ」〈徒然草・二三一〉訳ぜひとも（その鯉を私に）いただきましょう。

ま-けながく【真日長く】〔連語〕《和歌用語。「ま」は接頭語。「け」は日数の意》長い日数の間。ずっと長く。例「我が恋は慰めかねつ――夢(いめ)に見えずて年の経(へ)ぬれば」〈万葉・一二・二八一四〉訳私の恋心は慰めることができません。長い間、あなたが夢にも見えないで年がたってしまったので。

まけ-はしら【真木柱】〔名〕《上代東国方言》⇩まきばしら

まけ-わざ【負け業・負け態】〔名〕歌合わせ・碁(ご)・賭弓(のりゆみ)など勝負事で、負けた方が勝った方に物品を贈ったり、ご馳走(ちそう)したり芸能を演じたりすること。

ま-こと【真・実・誠】《「ま（真）こと（事・言）」の意》■一〔名・形動ナリ〕❶うそでない本当のこと。真実。真理。事実。対そらごと 例「琵琶(びは)なむ、――の音(ね)を弾(ひ)きしづむる人、いにしへも難う侍(はべ)りしを」〈源氏・明石〉訳琵琶については、本当の奏法を十分弾きこなす人は、昔もなかなかございませんでしたのに。

❷偽りのない本当の心。まごころ。誠意。例「偽りと思ふものから今さらに誰(た)が――をか我は頼まむ」〈古今・恋四・七一三〉訳（どうせあなたの言葉は）うそだと思うけれども、いまさらどなたのまごころを私は頼りにしたらよいのでしょうか（あなたのお言葉にすがるよりほかはありません）。

■二〔副〕ほんとうに。まったく。例「たらちねの母を別れて――我(われ)旅の仮盧(ほかり)に安く寝むかも」〈万葉・二〇・四三四八〉訳母に別れて（防人(さきもり)として）出発するが、私は本当に旅路の仮小屋で安眠できるだろうかなあ。

■三〔感〕忘れていた事を思い出したり、話の途中で別の事を思いついたりした時に発する言葉。そうそう。ああ、そうだ。「まことや」の形をとることが多い。例「――、九条殿の十一郎君、宮雄君(みやをぎみ)と聞こえし人、この頃中納言にて」〈栄花・さまざまの喜び〉訳ああ、そうそう、（ところで）九条殿（＝藤原師輔(モロスケ)）の十一男のお方、（幼名を）宮雄君と申した方（＝後ノ公季(キミスエ)、兼家ノ弟ニ当タル）は、この頃中納言になっていて。

真の道(みち)　人として本当にめざすべき道。仏道。例「浮き世をいとひ、――に入らせ給へども、御嘆きはさらに尽きせず」〈平家・灌頂・女院出家〉訳（平清盛の娘、安徳天皇の母である建礼門院は）はかないこの世を避けて、仏道にお入りになったけれども、お嘆きの心はまったく尽きることはない。

まこと・し【実し】〔形シク〕❶本当だ。本物だ。本当らしい。例「――・しう言ひなす人もぞあれ」〈狭衣・三〉訳本当のことのように言いふらす人が出たら大変だ。

❷本式である。本格的だ。例「――・しき方ざまの御心掟(おきて)こそは、目安くものし給ひけめ」〈源氏・宿木〉訳（薫君(かおるのきみ)は）本格的な方面（＝政治・学問ナド）のご才覚などは、人並み以上でいらっしゃっただろう。

❸実直である。まじめだ。例「――・しう清げなる人の」〈枕草子・野分のまたの日こそ〉訳実直そうできれいな人が。

まこと-に【実に・誠に】〔副〕ほんとうに。実に。例「――燕(つばくらめ)巣作れり」〈竹取・燕の子安貝〉訳（翁(おきな)が言ったとおり）本当に燕(つばめ)が巣を作っていた。

まこと-や【感】《「や」は間投助詞》話の途中で別のことを思い出して、話題を変える時に発する。あっ、そうそう。たしか。例「――、小督殿(こがうのとの)は琴ひき給ひしぞかし」〈平家・六・小督〉訳あっ、そうそう、小督様は琴をお弾きになりましたよ。

まご-びさし【孫廂・孫庇】〔名〕母屋(おもや)の外側にある廂の外側に、さらに添えられた廂。清涼殿(せいりょうでん)のものが知られるが、廂が檜皮葺であるのに対し、板葺きであった。

ま-こも【真菰・真薦】〔名〕(「ま」は美称の接頭語)イネ科の多年草。コモ。水辺に自生し、丈は約二メートルに達する。葉は刈り取ってむしろなどに編む。例「三島江の入り江の—雨降ればいとどしをれて刈る人もなし」〈新古今・夏・二二八〉訳(淀川の湾入した)三島江(=大阪府高槻市アタリ)に生えている真菰は、五月雨が降り続くのでますますしおれて刈りに来る人もいない。

まこも-かる【真菰刈る】〔枕詞〕(そこで真菰を刈ることから)真菰の多い地名、「大野河原」「淀」などにかかる。例「—淀の沢水深けれど底まで月の影は澄みけり」〈新古今・夏・二三九〉訳(五月雨の増水によって)淀川の沢(=水辺ノ草ノ生エテイル所)の水は深くなっているが、その水底まで月の光は透きとおっているよ。

ま-さか【目前】〔名〕さしあたり。現在。例「梓弓末はし知らずしかれども—は君に寄りにしものを」〈万葉・一二・二九八五〉訳将来のことは分りません。けれど、現在はすっかりあなたに寄り添ってしまったことですよ。注梓弓ハ「すえ」ニカカル枕詞。「末はし」ノ「し」ハ強意ノ助詞。

ま-さきく【真幸く】〔副〕《上代語。「ま」は接頭語。「幸く」の強調》無事で。幸せに。例「磐代の浜松が枝を引き結び—あらばまた帰り見む」〈万葉・二・一四一〉訳磐代(=和歌山県ノ地名)の浜辺の松の枝を引き結んで(無事を祈るのだが)、無事であったならばまた帰って来て(これを)見よう。注反逆罪ニ問ワレテ護送中ノ有間皇子ガ詠ンダ歌。草ノ葉、木ノ枝ナドヲ結ブコトデ、旅ノ安全ヤ長寿ヲ祈ル習俗ガアッタ。

まさき-の-かづら【真折の葛・真栄の葛】〔名〕つる性の植物カズラの一種。テイカカズラともツルマサキともいわれる。上代、神事に用いられた。(季・秋)例「深山には霰降るらし外山なる—色づきにけり色」〈神楽歌・庭燎〉訳山の奥では霰が降っているらしい。この里近くの山に生えているマサキノカズラもすっかり色づいた。すっかり色づいた。

まさぐ・る【弄る】〔他ラ四〕{ら・り・る・る・れ・れ}手でもてあそぶ。いじる。例「箱の蓋なる御くだものの中に橘のあるを—・りて」〈源氏・胡蝶〉訳箱のふたに盛ってある果物の中に橘があるのを(光源氏は)もてあそんで。

ま-さご【真砂】〔名〕《上代では「まなご」》細かい砂。「いさご」とも。

まさ-ざま【勝様・増様】〔形動ナリ〕《「まさりざま」の変化した形》❶いっそうすぐれている様子。例「—・にいま少し今めかしさ添ひて弾かせ給ふ」〈栄花・見果てぬ夢〉訳(姫君は父より)いっそう上手に、少し当世風な感じを加えてお弾きになる。❷はなはだしい様子。例「あまりさへ疫癘うち添ひて、—・に、あとかたなし」〈方丈記・飢渇〉訳(翌年は)その(=飢饉ノ)上に伝染病まで加わって、(惨状は)よけいにひどく、(立ち直りの)形跡はまったくない。

まさ・し【正し】〔形シク〕❶予想が当たる。見込み通りである。例「かく恋ひむものとは我も思ひにき心の占ぞ—・しかりける」〈古今・恋四・七〇〇〉訳こんなに(苦しい思いで)恋いこがれるであろうとは、自分でも前もって思っていた。予感というものはその通りになるものであったよ。❷正当である。間違いない。正しい。例「—・しい太上法皇の王子を討ち奉るだにあるに」〈平家・四・通乗之沙汰〉訳太上法皇(=後白河院)の正当な王子(=以仁王)をお討ちすることさえ恐れ多いことであるのに。❸現実に起こっている。確実である。例「—・しく見たりと言ふ人もなく、虚言と言ふ人もなし」〈徒然草・五〇〉訳(鬼を)確かに見たと言う人もいないし、(また、鬼の話は)うそだと言う人もいない。

まさな-ごと【正無事】〔名〕たわいもないこと。戯れごと。冗談。例「昔ただ人におはしまし時、—せさせ給ひしを忘れ給はで」〈徒然草・一七六〉訳(帝が)以前ただの皇子でいらっしゃった時、(料理などという)戯れ事をなさったのをお忘れにならずに。

まさ-な・し

【正無し】〔形ク〕

> 「まさなし」は「正無し」と漢字を当てるところからもわかるように、**正しくない、みっともない、よろしくない**、の意。

見苦しい。**みっともない。よろしくない。**例「何をか奉らむ。まめまめしき物は—・かりなむ」〈更級・物語〉訳(おみやげに)何を差し上げましょうか。実用的な物はよくないでしょう。

まさ-に【正に】〔副〕❶ほんとうに。確かに。例「『—長き夜』とうち誦じて臥し給へり」〈源氏・夕顔〉訳「ほんとうに長い夜だ」と(漢詩を)吟じて横になられた。❷いまや。さしあたって。例「仏法の衰微、王法の牢籠、—この時にあたれり」〈平家・四・山門牒状〉訳仏の教えが衰え、天子の政治も行き詰まってしまうことは、ちょうど今この時がそれに当たっている。❸(下に反語の表現を伴って)どうして。例「—許さむや」〈竹取・かぐや姫の昇天〉訳(苦労して育てたかぐや姫を月の国の人に渡すことなど)どうして許すことがあろうか。

ま-さやか〔形動ナリ〕《上代語。「ま」は接頭語》はっきりしている様子。例「色深く背なが衣は染めましを御坂たばらば—・に見む」〈万葉・二〇・四四二四〉訳色を濃く夫の衣服を染めるのだったなあ。(そうすれば)足柄山の坂の通行をお許しいただいた時に、(その姿が)はっきりと見えるだろうに。注防人ノ妻ノ歌。「背な」ハ夫。

まさり-ざま【勝り様】〔形動ナリ〕他よりもすぐれている様子。例「艶にまばゆき様は、—・にぞ見ゆる」〈源氏・明石〉訳(明石の入道の住居の)華やかでまぶしいくらいの様子は、(都の貴族の邸宅より)まさっているように見える。

まさ・る〔自ラ四〕{ら・り・る・る・れ・れ}❶【増さる】(数量や程度が)増す。ふえる。強まる。例「いづみ川、水—・りたり」〈蜻蛉・中・天禄二年〉訳いずみ川(=京都木津川ノ古称)は、水がふえている。❷【勝る・優る】優れる。秀でる。例「一生の内、宗とあらまほしからん事の中に、いづれか—・るとよく思ひ比べて」〈徒然草・一八八〉訳一生の内で、主としてやりたいと思う事の中で、どれがまさっているかとよく思い比べて。

まし【猿】〔名〕⇩ましら

まし【汝】〔代名〕《人称代名詞。対称》同等以下の者に対して用いる。おまえ。例「げにいとよき所なめり。—が堂を建てよ」〈大鏡・道長・上〉訳なるほど(寺を建てるのによい場所のようだ。おまえの堂を建てよ。

ましの判別

①反実仮想の助動詞「まし」
—活用語の未然形に付く

例 鏡に色・形あら**まし**かば、写らざらまし　反実仮想❶

例 露と答へて消えな**まし**ものを　仮想的希望❷

例 これに何を書か**まし**　迷いためらう❸

例 おとなしく聞こえな**まし**　推量《中世以降》❹

②サ行四段動詞・補助動詞「ます」の連用形《主として上代の用法》

Ⓐ「あり」「をり」「行く」「来」の尊敬語

Ⓑ補助動詞「あり」の尊敬語

③助動詞「ます」の連用形
—動詞・動詞型活用助動詞の連用形に付く
謙譲・丁寧　《室町時代末期以降》

まし

〔助動特活〕 接続 活用語の未然形に付く。

【反実仮想】❶《現実に反することや実現不可能なことを、仮に想定したり、その想定に基づいて推量したりする意(反実仮想)を表す》もし…なら…だろう。もし…だったら…だろう。例「なほ春のうち鳴か**ましか**ば、いかにをかしから**まし**」〈枕草子・鳥は〉訳 やはりもし春の間だけ鳴くのだったら、(鶯は)どんなにかすばらしかっただろう。例「鏡に色・形あら**ましか**ば、写らざら**まし**」〈徒然草・二三五〉訳 鏡に色や形がもしあったら、物は映らないだろう。

❷《現実に反することや実現不可能なことを、あえて仮想的に希望する意を表す》不満・後悔などの気持ちがある。…ならいいのに。…だったらよかったのに。例「白玉か何ぞと人の問ひし時露と答へて消えな**まし**ものを」〈伊勢・六〉訳 あれは白玉ですか、何ですかとあの人が私に尋ねた時に、それは露だと答えて、(その露がすぐ消えてしまうように)私も消えてしまえばよかったのに(そうすれば、こんな悲しみもなかろうに)。注 恋人ヲ鬼ニ食ワレテシマッタ男ノ歌。

❸《疑問を表す語とともに用いて、どうしたものかと迷いためらう意を表す》…しようかしら。(どう)…したものだろう。例「これに何を書か**まし**」〈枕草子・この草子〉訳 これ(＝内大臣カラモラッタ紙)に何を書こうかしら。例「しやせま**し**、せずやあら**まし**と思ふことは、おほやうは、せぬはよきなり」〈徒然草・九八〉訳 しようかしら、しないでおこうかしらと迷うようなことは、大体は、しない方がよいのである。

❹《中世以降の用法》《単なる推量を表す》…だろう。例「うららかに言ひ聞かせたらむは、おとなしく聞こえな**まし**」〈徒然草・二三四〉訳 はっきりと説明してやれば、おだやかな事と思われるだろう。

未然形	連用形	終止形	連体形	已然形	命令形
(ませ) ましか	○	まし	まし	ましか	○

参考 未然形に「ませ」と「ましか」との両形があるが、「ませ」の方が古い形で、主として上代に用いられ、平安時代以降は和歌にだけ用いられた。平安時代に「…ましかば」という言い方が生まれ、意味が「…ませば」と同じであるところから、この「ましか」を未然形とする説がある。しかし、「まし」はそれ自体が反実仮想の意を表すものだから、「ましか」が已然形であっても、「ましかば」は現実の事柄を表さず、仮定条件を表すはずである。そう考えると、「ましかば」の「ましか」は未然形ではなく已然形と考えた方がいいことになる。

まじ

〔助動シク型〕 接続 活用語の終止形に付く。ただし、ラ変型活用の語には連体形に付く。

未然形	連用形	終止形	連体形	已然形	命令形
まじから	まじく まじかり	まじ	まじき まじかる	まじけれ	○

【打消し推量】❶《ある程度の確信をもって否定的に推量する意を表す》(**きっと**)…**ないだろう**。…**しそうにない**。例「冬枯れのけしきこそ、秋にはをさをさ劣る**まじけれ**」〈徒然草・一九〉訳 冬枯れの景色は、(風情があるといわれる)秋にはめったなことで劣らないだろう。例「みづからはえなむ思ひ給へ立つ**まじき**」〈源氏・桐壺〉訳 (参内しなさい、という天皇からのお言葉を受けながら)私は(参内を)決心することができそうもありません。

❷《否定されるのが当然だという意を表す》…**べきではない**。…**はずがない**。例「妻(め)といふものこそ、男(をのこ)の持つま**じきものなれ**」〈徒然草・一九〇〉訳 妻というものこそ、男の持つべきではないものである。

❸《打消しの意志を表す》…**しないつもりだ**。(**決して**)…**すまい**。例「『ただ今は、見る**まじ**』とて、入りぬ」〈枕草子・頭の中将の〉訳 「ここですぐには、(手紙を)見るつもりはありません」と言って、(清少納言は)奥に入ってしまった。例「かかる忘れ形見を賜りおき候ひぬる上は、ゆめゆめ疎略(そらく)を存ず**まじう**候ふ」〈平家・七・忠度都落〉訳 このような忘れ形見をちょうだいいたしましたからには、決しておろそかに扱おうとは思いません。

❹《禁止や打消しの勧誘を表す》…**してはならない**。…**しない方がよい**。例「『人にも漏(も)らさせ給ふ**まじ**』と、御口固め聞こえ給ふ」〈源氏・行幸〉訳 「人にもお漏らしくださいますな」と、(光源氏は)お口止め申される。例「人はただ、無常の身に迫りぬることを心にひしとかけて、つかの間(ま)も忘る**まじきなり**」〈徒然草・四九〉訳 人はただただ、死が自分に迫ってきていることを心にしっかりと留めて、一瞬たりとも忘れてはならないのである。

❺《当然不可能であろうと確信に満ちて推定する意を表す》…**できそうにない**。…**できないにちがいない**。例「この女見では世にある**まじき**心地のしければ」〈竹取・仏の御石の鉢〉訳 この女(＝カグヤ姫)と結婚しないでは生きていられそうにない気持ちがしていたので。例「かぐや姫は、重き病(やまひ)をし給へば、え出(い)でおはします**まじ**」〈竹取・かぐや姫の昇天〉訳 かぐや姫は、重い病気にかかっておられるので、外に出ていらっしゃることはできないだろう。

要点 (1)物の道理や経験、その時の事情などから判断して、そうでなくて当然だ、そうあるはずがないと推量する意を表すのが、基本的な用法である。ちょうど「べし」の打消しに相当する。①〜⑤の意味は、この基本的な意味を中心に連続しており、実際には、どれにあてはめたらいいか迷うような例もある。
(2)「べし」の打消しの形である「べからず」は、漢文訓読文に用いられ、物語・日記などの和文では「まじ」が用いられた。

参考 「まじ」は、平安時代になって用いられた。上代では「まじ」に当たるものとして「ましじ」が用いられた。

ましか〔反実仮想の助動詞「まし」の未然形・已然形〕⇩まし

まじから〔打消し推量の助動詞「まじ」の未然形〕⇩まじ

まじかり〔打消し推量の助動詞「まじ」の連用形〕⇩まじ

まじかる〔打消し推量の助動詞「まじ」の連体形〕⇩まじ

まじき〔打消し推量の助動詞「まじ」の連体形〕⇩まじ

まじく〔打消し推量の助動詞「まじ」の連用形〕⇩まじ

まじけれ〔打消し推量の助動詞「まじ」の已然形〕⇩まじ

ましじ〔助動シク型〕〈上代語。助動詞「まじ」の古い形〉

接続 動詞および動詞型活用の助動詞の終止形に付く。ただし、ラ変型活用語には連体形に付く。

未然形	連用形	終止形	連体形	已然形	命令形
○	○	ましじ	ましじき	○	○

【打消し推量】〈打消しの推量の意を表す〉…ないだろう。例「堀江越え遠き里まで送り来(け)る君が心は忘らゆましじ」〈万葉・二〇・四四八二〉訳 堀江を越えて、遠いこの里まで送って来てくれたあなたのお心は決して忘れないでしょう。

参考 上代で用いられたが、その用法は狭く、「敢(あ)ふ」「得(う)」「かつ」「堪(た)ふ」や助動詞「ゆ」など可能の意味を表す語に付く用法に限られている。平安時代には「まじ」に代わる。

ましじき〔上代の打消し推量の助動詞「ましじ」の連体形〕⇩ましじ

まし-て【況して】〔副〕❶いっそう。ますます。例「瓜(うり)食(は)めば子ども思ほゆ栗(くり)食めば─偲(しぬ)はゆ」〈万葉・五・八〇二長歌〉訳 瓜を食べれば子供のことが思われる。栗を食べればいっそう子供達のことが思われる。❷いうまでもなく。なおさら。例「あるにも過ぎて人は物を言ひなすに、─、年月過ぎ、境も隔たりぬれば、言ひたきままに語りなして」〈徒然草・七三〉訳 (ただでさえ)事実よりも大げさに人は物を言うものなのに、なおさら、年月が過ぎ、場所も離れてしまうと、言いたいままに話を作って。

まじな・ふ【呪ふ】(マジナウ)〔他ハ四〕〔は・ひ・ふ・へ・へ〕❶災難・貧苦・病気などの不幸から逃れられるよう、神仏や霊に祈る。まじないをする。例「鼻ひたる時、かく─・はねば、死ぬるなり」〈徒然草・四七〉訳 くしゃみをした時、このように(=クサメ、クサメト)おまじないをしないと、死んでしまうのだ。❷病気をなおす。治療する。

まじは・る【交はる】(マジワル)〔自ラ四〕〔ら・り・る・る・れ・れ〕〈「まじふ」の自動詞形〉❶まざり合う。入り乱れる。混在する。例「種々の雑宝をもて荘厳(しやうごん)し厳飾(ごんじき)せり。色々─・り輝けり」〈栄花・音楽〉訳 さまざまな宝玉で(お堂を)おごそかに飾り付けてある。(それらは)色とりどりにまざり合って輝いている。❷入りまじって分からなくなる。入り紛れる。隠れる。例「世を遁(のが)れて、山林に─・るは」〈方丈記・みづから心に問ふ〉訳 俗世間から逃れて、山林に隠れ住むのは。❸交際する。つきあう。また、(男女が)情を交わす。例「すべて、人に愛楽(あいげう)せられずして衆(しゆ)に─・るは、恥なり」〈徒然草・一三四〉訳 総じて、他人に愛され好かれないで多くの人々と交際するのは、恥ずかしいことである。

まじ・ふ【交ふ】(マジウ)〔他ハ下二〕〔へ・へ・ふ・ふる・ふれ・へよ〕〈「交はる」の他動詞形〉まぜ合わせる。まぜる。混合させる。例「鴛鴦(をし)の、波の綾(あや)に紋を─・へたるなど、ものの絵やうにも描(か)き取らまほしき」〈源氏・胡蝶〉訳 オシドリが、波の作る綾目(あやめ)(=小波(さざなみ))に模様を混ぜている(=水面ニ波ヲ立テテイル)のなどは、図案にでも描きたいほどだ。

まし-ま・す【坐します】〔さ・し・す・す・せ・せ〕〔一〕〔自サ四〕〈「あり」「をり」の尊敬語〉いらっしゃる。おいでになる。おられる。例「神・仏明らかに─・さば、この愁(うれ)へ休め給へ」〈源氏・明石〉訳 神・仏が確かにいらっしゃるのだったら、この難儀をお静めになって下さい。〔二〕〔補動サ四〕補助動詞「あり」の尊敬語。…(て)いらっしゃる。お…になる。…(て)おられる。例「あきれて立たせ─・したるところに」〈平家・灌頂・大原御幸〉訳 (涙にむせびなさって)途方に暮れて立っていらっしゃると。

参考 尊敬の動詞「ます」が重なってできたとされるが、「おほまし-ます」から分離されたとする説もある。非常に敬意の強い語で、神仏や天皇などに用いられた。漢文訓読系の文章に用いられ、平安時代の和文ではほぼ同程度の敬意の「おはします」が多く用いられた。中世以降は「おはします」とともに広く用いられるようになり、使用範囲も皇后・皇子などにまで広がった。近世には父母に用いた例もある。

まし-ら【猿】〔名〕〈「まし」とも〉サルの古称。例「わびしらに─な鳴きそあしひきの山のかひある今日(けふ)にやはあらぬ」〈古今・雑体・一〇六七〉訳 わびしそうに猿よ鳴いてくれるな。今日は(宇多(うだ))法皇のおでましで、谷間にいるおまえ達も今日こそいい声で鳴いて鳴きがいのある日ではないか。

まじら-ひ【交じらひ】(マジライ)〔名〕〈動詞「まじらふ」の連用形の名詞化〉つきあい。交際。また、平安時代では特に、宮中での交際。宮仕え。例「殿上(てんじやう)の─のほどくちをしからず人々も思ひ」〈枕草子・男は、女親亡くなりて〉訳 殿上での宮仕えの具合もしっかりしていると人々も思い。

ま-しら-ふ【真白斑】〔名〕〈「ま」は接頭語〉鷹の羽に白いまだらの紋があること。また、その紋や鷹。

まじら・ふ【交じらふ】(マジロウ)〔自ハ四〕〔は・ひ・ふ・へ・へ〕〈「まじろふ」とも〉

「まじらふ」は、動詞「まじる」の未然形に反復・継続の助動詞「ふ」が付いて一語化したもの。したがって、①のまじり合う、の意にも当然なるが、古文で重要なのは、②の人中に出て交際する、や、宮仕えする、の意である。

❶まじり合う。入り乱れる。混合する。例「楠(くす)の木は、木立(こだち)多かる所にも殊に─・ひ立てらず」〈枕草子・花の木ならぬは〉訳 楠は、木立の多い家にも格別(他の木に)まじって立っていることもなく。❷**人中に出て交際する**。つきあう。仲間になる。平安時代では特に、**宮仕えする**。例「人に─・はむことを苦しげにのみ物するは、かく思ふなりけり」〈源氏・松風〉訳 (明石の上が)人中に出て他人と交際することをつらそうにしてばかりおられるのは、このように(=大井ノ旧邸ヲ修理シテ住モ

ウト）思っているからだったのだ。

まじ・る【交じる・混じる】〔自ラ四〕（ら・り・る・る・れ・れ）（「まず」の自動詞形）❶入りまじる。まざる。例「人多く行き訪（とぶら）ふ中に、聖（ひじり）法師の――・りて」〈徒然草・七六〉訳人が大勢訪れている中に、修行僧が交じって。

❷（野や山などに）分け入る。入り込む。例「野山に――・りて竹を取りつつ、万（よろづ）の事に使ひけり」〈竹取・かぐや姫の生ひ立ち〉訳（竹取の翁（おきな）は）野山に分け入っていつも竹を取っては、（それを）いろいろな事に使っていた。

❸人中に出て交際する。つきあう。交わる。また、特に、宮仕えする。例「さらに世にも――・らずして……頭（かしら）おろしてけり」〈古今・哀傷・八四七詞書〉訳まったく宮仕えにも出なくなって……出家してしまった。

まじ‐わざ【蠱業】〔名〕他の人に災いが降りかかるようにする、まじないの術。呪（のろ）いごと。

ま・す【坐す】（さ・し・す・す・せ・せ）㊀〔自サ四〕❶「あり」「をり」の尊敬語。**いらっしゃる。おいでになる。**例「王（おほきみ）は千歳（ちとせ）に――・さむ白雲（しらくも）も三船の山に絶ゆる日あらめや」〈万葉・三・二四三〉訳皇子様は千年でも生きておいでになるだろう。白雲だって三船の山（＝奈良県吉野地方ノ山）にとだえる日などない（のだから）。

❷「行く」「来（く）」の尊敬語。**お行きになる。おいでになる。いらっしゃる。**例「我が背子（せこ）が国へ――・しなばほととぎす鳴かむ五月（さつき）はさぶしけむかも」〈万葉・一七・三九九六〉訳あなた（＝大伴家持）がお国（＝奈良）へお行きになったら、ホトトギスの鳴くであろう五月は寂しいことでしょう。

㊁〔補助サ四〕補助動詞「あり」の尊敬語。**…（て）いらっしゃる。お…なる。**例「我が背子（せこ）が帰り来（き）――・さむ時のため命残さむ忘れ給ふな」〈万葉・一五・三七七四〉訳あなたが帰っていらっしゃる時のために命を保っておきましょう。（だから、私を）どうかお忘れにならないで下さい。注恋シサニ死ニソウナノヲ、コラエテイルノダト訴エル意。

参考 主として上代に用いられた。平安時代には「おはす」が主流となり、「ます」は和歌だけに用いられた。

ま・す【勝す】（さ・し・す・す・せ・せ）㊀〔自サ四〕すぐれる。秀でる。まさる。例「笹（ささ）が葉のさやぐ霜夜（しもよ）に七重（ななへ）着（か）る衣（ころも）に――・せる児（こ）ろが肌はも」〈万葉・二〇・四四三一〉訳笹の葉がざわざわと音をたてる（寒い）霜の夜に、七重に重ね着する着物にまさる（温かい）妻の肌だったよ。注防人（サキモリ）歌デ、「着（か）る」「児（こ）ろ」ハ上代東国方言。

㊁〔他サ四〕すぐれるようにさせる。まさらせる。秀でさせる。例「色をも音（ね）をも――・すけぢめ、殊になむ分かれける」〈源氏・初音〉訳梅の花の色も音楽の音色も格段にすぐれた物にする（＝映エル）という差が、（他の場合と）まったく違うのだった。注人々催馬楽（サイバラ）ニ光源氏ガ唱和スルト、ドノ曲モ格段ニスバラシク聞コエルノデアル。

ま・す【増す】（さ・し・す・す・せ・せ）㊀〔自サ四〕数や量が多くなる。増加する。ふえる。

㊁〔他サ四〕数や量を多くする。増加させる。ふやす。例「色を――・したる柳枝を垂れたる、花もえもいはぬ匂（にほ）ひを散らしたり」〈源氏・胡蝶〉訳緑色をました柳が枝を垂れており、花も言葉も及ばないよい匂いをまき散らしている。

ま・す【申す】（さ・し・す・す・せ・せ）（「まうす」の変化した形）㊀〔他サ四〕⇩まうす㊀ 例「一の御子（みこ）敦仁（あつひと）の親王と――・しけるぞ、位（くらゐ）につかせ給ひけるこそは」〈栄花・月の宴〉訳第一番目の御子で敦仁の親王と申し上げた方が、皇位におつきになったことは。

㊁〔補動サ四〕⇩まうす㊁ 例「天照御神（あまてるおほんかみ）を念じ――・せ」〈更級・物語〉訳天照大神（あまてらすおおみかみ）を心の中でお祈り申し上げなさい。

ます〔助動特活〕接続 動詞および動詞型活用の助動詞の連用形に付く。

未然形	連用形	終止形	連体形	已然形	命令形
ませ	まし	ます まする	ます まする	ますれ	ませ ませい

【謙譲・丁寧】❶（謙譲の意を表す）**…申し上げる。お…する。**例「この間ござった御衆（おしゆう）の所へ行（い）て、呼びまして来い」〈狂言・煎じ物〉訳この間おいでになった方々の所へ行って、お呼びして来い。

❷（丁寧の意を表す）**…ます。**例「それを求めたさに、呼ばはって歩き**まする**」〈狂言・末広がり〉訳それ（＝末広ガリ）が求めたくて、叫んで歩いています。

参考 室町時代末期に成立し、②の用法は引き続いて現代でも用いられている。「参（まゐ）らす」の連体形「まゐらする」が「まらする」となり、さらに「まっする」「まする」と変化して、「ます」となった。

ま・ず【交ず・混ず】〔他ザ下二〕（ぜ・ぜ・ず・ずる・ずれ・ぜよ）❶混合・混入する。まぜる。まぜ合わせる。例「秋の前栽（せんざい）をばむらむらほのかに――・ぜたり」〈源氏・少女〉訳（春、花咲く木々の中に）秋の庭の草木をひとむらずつ少しばかりまぜて植えてある。注六条院ノ紫ノ上ノ住居ノ庭ノ様子。

❷（人の話に）口をさしはさむ。口を出す。例「君のうち眠（ねぶ）りて言葉――・ぜ給はぬを」〈源氏・帚木〉訳光源氏が居眠りしていて口をお出しにならないのを。

まず【先ず】〔副〕⇩まづ

ます‐おとし【枡落とし】〔名〕ネズミを捕らえるしかけの一種。枡（ます）を棒で支えてその下に餌（えさ）を置き、ネズミが餌を引くと枡がかぶさるようになっている。例「そのままに転び落ちたる――」〈去来〉訳（ふと見ると）ネズミがかからないまま転げ落ちている枡落としが目についた。

ます‐かがみ【真澄鏡】㊀〔名〕《平安時代以降の語。上代では「まそかがみ」》⇩ますみのかがみ

㊁〔枕詞〕⇩まそかがみ㊁

増鏡（ますかがみ）〔書名〕南北朝時代の歴史物語。十七巻だが、十九巻・二十巻の増補本もある。作者未詳。十四世紀中頃の成立。「大鏡」などを模して、嵯峨（さが）（＝京都市右京区）の清涼寺（せいりょうじ）で老尼が昔話を語る趣向で、後鳥羽天皇降誕（一一八〇）から後醍醐（ごだいご）天皇の隠岐（おき）からの還幸（一三三三）まで、約百五十年間の歴史を編年体で描く。文章は『源氏物語』に倣（なら）って優雅で、各章には『栄花物語』と同じく趣のある題名が付けられ、史実にも忠実。いわゆる四鏡の一つであるが、文学的価値は『大鏡』に次いで高い。

ます‐かき【枡搔き】〔名〕《近世語。「ますかけ」とも》枡（ます）で穀物を量るときに、枡の縁（ふち）と平らに穀物をならすために使う丸い棒。江戸時代、米寿（＝八十八歳）を迎えた人に、これを切ってもらって使うと、縁起（えんぎ）がよいとする風習

があった。例「八十八の時、……——を切らせ」〈西鶴・日本永代蔵・三・一〉訳八十八歳の時、……枡掻きを切ってほしいとねだり。

まーすほ【真赭】〔名〕（「まそほ」の変化した形）⇩まそほ

ますみーのーかがみ【真澄みの鏡】〔名〕曇りのない澄みきった鏡。「ますかがみ」「まそかがみ」とも。例「わが目らは——わが爪（つめ）は御弓（みゆみ）の弓筈（ゆはず）」〈万葉・一六・三八八五長歌〉訳私の目はよく澄んだ鏡に、私の爪は弓の筈（＝弓ノ両端ノ弦ヲ掛ケル部分）に（なりましょう）。注「目ら」ノ「ら」ハ語調ヲ整エル接尾語。

ますらーたけを【益荒猛男・大夫健男】〔名〕勇ましくて、立派な男子。勇猛な武人。例「大久米（おほくめ）の——を先に立て靫（ゆき）取り負（お）ほせ」〈万葉・二〇・四四六五長歌〉訳久米部（くめべ）の勇士を先頭に立てて、靫（＝矢ヲ入レテ背負ウ具）を背負わせて。

ますらーを【益荒男・丈夫・大夫】〔名〕勇ましくて、立派な男子。上代では、特に、官人・武人を指すことが多い。後には、単に男の意にも用いられる。対たわやめ 例「——の靫（ゆき）取り負ひて出（い）でて行けば別れを惜しみ嘆きけむ妻」〈万葉・二〇・四三三二〉訳（一家の主（あるじ）である）立派な男が靫（＝矢ヲ入レテ背負ウ具）を背負って（防人（さきもり）に）出立するので、別れを惜しんで嘆き悲しんだろうその妻よ。

ませ【籬・笆】〔名〕竹や木で作った低く粗い垣根（かきね）。「ませがき」とも。例「竜胆（りんだう）、朝顔のはひまじれる——も」〈源氏・野分〉訳リンドウやアサガオが（倒れて）地面に這（は）うようにまとわりついているませ垣も。

ませの判別

① 反実仮想の助動詞「まし」の未然形「ませ」《古い形》
② サ行四段動詞・補助動詞「ます」の已然形・命令形
③ 助動詞「ます」の未然形・命令形

ませ《反実仮想の助動詞「まし」の未然形》⇩まし

まぜ〔接尾〕（日時・数量を表す名詞に付いて）それだけの間隔をおく意を表す。…おき。例「二、三日——に召すぞかし」〈大鏡・道長・上〉訳二、三日おきに呼び出すねえ。

ませーがき【籬垣】〔名〕⇩ませ

まそーかがみ【真澄鏡】《上代語。平安時代以降は「ますかがみ」》一〔名〕「ますみのかがみ」に同じ。例「——手に取り持ちて朝な朝な見む時さへや恋の繁（しげ）けむ」〈万葉・二・二六三三〉訳（澄んだ鏡を手に取って毎朝見るように）あなたと毎朝お会いしているような時でさえ、私の恋の心はますます激しくなるでしょう。注上二句ハ序詞。
二《枕詞》「見る」「清し」「照る」「面影」「ふた（＝蓋ト同音）」「掛く」「磨（と）ぐ」などにかかる。例「里遠み恋ひわびにけり——面影去らず夢（いめ）に見えこそ」〈万葉・一一・二六三四〉訳（あなたのいる）村里が遠いので（お逢（あ）いもできずに）私は恋いこがれて元気を失ってしまいました。どうか、あなたの面影がいつも夢に現れてくださいますように。

まーそほ【真赭・真朱】〔名〕《「ま」は接頭語》❶《上代語》赤色の土。例「真金（まかね）吹く丹生（にふ）の——の色に出て言はなくのみぞ我（あ）が恋ふらくは」〈万葉・一四・三五六〇〉訳丹生（＝地名）の赤土のように表面に出して言わないだけです、私の恋する心は。❷《平安時代末期以降の語》赤い色。「——の糸」「——の薄（すすき）」の形で、ススキの穂の赤味を帯びたものをいうのに用いられる。

まそみーかがみ【真澄み鏡】〔名〕《上代語》⇩ますみのかがみ

まそーむら【真麻群】〔名〕《「ま」は接頭語》麻の群生。群がり生えた麻。例「上毛野（かみつけの）安蘇（あそ）の——かき抱（むだ）き寝（ぬ）れど飽かぬをあどか我（あ）がせむ」〈万葉・一四・三四〇四〉訳上野の国（＝群馬県）の安蘇の麻の群生をそうするように恋人を抱きかかえて寝ても満ち足りた思いがしないのを、私はどうしたらよいのだろうか。注「真麻群」マデガ序。麻ヲ引キ抜クトキ、抱キカカエタママ体ヲ倒スコトカラトイウ。

また【又・復・亦】一〔副〕❶**もう一度。再び。**例「同じ事、——今さらに言はじとにもあらず」〈徒然草・一九〉訳（源氏物語や枕草子と）同じ事を、再び今あらためて言うまいというわけでもない。❷**他にもう一つ。別に。**例「枕より——知る人もなき恋を涙せきあへずもらしつるかな」〈古今・恋三・六七〇〉訳枕よりほかに知る人もない（あなたと私の）恋だったのに、（あなたになかなか逢（あ）えない悲しみの）涙をこらえきれず流して、（二人の関係を）人に知られてしまったことだよ。❸《多く「…もまた」の形で》**他と同様に。同じく。やはり。**例「この二柱の神も——独神と成り坐（ま）して」〈古事記・上・別天神五柱〉訳この二柱の神々も同じく独身の神としてお生まれになって。
二〔接続〕❶《並列の意を表す》**および。並びに。そして。**例「ありがたきもの。舅（しうと）にほめらるる婿、——姑（しうとめ）に思はるる嫁の君」〈枕草子・ありがたきもの〉訳めったにないもの。妻の父親にほめられる婿、並びに夫の母親によく思われるお嫁さん。
❷《添加の意を表す》**その上に。それに加えて。**例「いはむや、その前後に死ぬる者多く、——、河原・白河・西の京、もろもろの辺地などを加へていはば」〈方丈記・飢渇〉訳まして、その前後の時期に死んだ人も多く、さらに鴨川（かもがわ）の川原・白川（＝京都市左京区）・右京、（その他）いろいろな辺ぴな場所などを加えていうと。
❸《選択の意を表す》あるいは。一方では。例「長押（なげし）に寄りかかり、——、おろいたる簾（す）に添ひて臥（ふ）したるもあり」〈枕草子・南ならずは東の〉訳（女房や童女達で）長押（＝廂（ひさし）ト簀子（すのこ）トノ間ノ一段高イ部分）に寄りかかったり、あるいは、下ろしてある簾（すだれ）に寄り添って横になっていたりするのもいる。

又の朝（あした）次の日の朝。翌朝。ただし、未明を基準にして、その日の朝を指すこともある。例「——、御文とくあり」〈源氏・胡蝶〉訳（光源氏が帰って行った）その朝早く、（女のもとへ）お手紙があった。

又の年（とし）その次の年。翌年。例「故院かくれさせ給ひて——」〈源氏・関屋〉訳故（桐壺（きりつぼ））上皇がおなくなりになった翌年。

又の日（ひ）次の日。明くる日。翌日。例「——は京へ帰らせ給ふべければ」〈源氏・松風〉訳翌日は（光源氏は）京へお帰りなさるはずであるから。

又の夜（よ）次の日の夜。翌晩。例「——、夜前のごとく行きて火をともしてそこを通りけるに」〈今昔・二七・三四〉訳翌晩、前の夜と同じように行って火をともしてそこを通ったところが。

まーだう【魔道】〔名〕悪魔の世界。悪の境地。

まだき【未だき】〔副〕《あとに「に」「も」を伴っても用いられる》まだその時にならないうち。早くも。もう。例「飽（あ）かなくに——も月の隠るるか山の端（は）逃げて入れずもあらなむ」〈伊勢・八三〉訳まだ満足しないのに（＝モット見テイタイノニ）、早くも月が（山陰に）隠れるのだろうか。山の空に接する部分が逃げて（月を）入れないでいてほしいものだ。

またく【全く】〔副〕完全に。まったく。⇩またし

またく・す【全くす】〔自サ変〕｛せ・し・す・する・すれ・せよ｝まっとうする。完全に果たさせる。例「もし立ち直りて命を——・せば」〈徒然草・二四一〉訳もし病気が回復して寿命をまっとうしたら。

またけ・む【全けむ】《連語》《形容詞「またし」の古い未然形「またけ」＋推量の助動詞「む」》そこなわれずにあるだろう。完全だろう。無事だろう。例「わが命の——・むかぎり忘れめやいや日に異（け）には思ひ増すとも」〈万葉・四・五九五〉訳私の命がそこなわれずにある限り（あなたのことを）忘れることがあろうか（いやありはしない）、いよいよ日を追うにつれて思いが増すことはあっても。

また・し【全し】〔形ク〕《後には、促音化して「まったし」となる》❶生命が完全である。無事である。例「命の——・けむ人は畳薦（たたみこも）平群（へぐり）の山の熊樫（くまかし）が葉をうずにさせその子」〈古事記・中・景行〉訳命の無事な人は、平群の山の大きな樫の木の葉を髪飾りとして挿しなさい。お前達よ。
❷物事に欠ける点がなく、完全である。整っている。例「女のひとり住む所は、いたくあばれて築土（ついひぢ）なども——・からず」〈枕草子・女のひとり住む所は〉訳女が一人で住んでいる所は、ひどく荒れて土塀（どべい）なども完全でなくて。

まだ・し【未だし】〔形シク〕

> 「まだし」は「いまだし」の変化したもの。したがって、①のまだその時期にならない、が原義。そこから②の未熟である、の意も生じて来る。

❶**まだその時期にならない。まだ早い。**例「五月（さつき）来（こ）ば鳴きも古（ふ）りなむほととぎす——・しきほどの声を聞かばや」〈古今・夏・一三八〉訳五月が来たなら鳴き声も（聞きなれて）古びてしまうだろうホトトギスの、まだその時期にならないうちの（ういういしい）声を聞きたいものだ。注「ほととぎす」ハ、夏ヲ知ラセル鳥トサレル。
❷まだ整っていない。不十分である。**未熟である。**例「琴（こと）・笛など習ふ、またさこそは、——・しきほどは、これがやうにいつしかと覚ゆらめ」〈枕草子・うらやましげなるもの〉訳琴や笛などを習う場合、（これも）またその（＝文字ノ場合ノ）ように、未熟なうちは、この人のように早く（上手になりたい）と思われるであろう。

また-な・し【又無し】〔形ク〕**二つとない。またとない。**例「年の暮れはてて、人ごとに急ぎ合へるころぞ、——・くあはれなる」〈徒然草・一九〉訳年の瀬がおし迫って、人が皆忙しがっている頃は、またとなくしみじみとした感じがするものだ。

また-の-あした【又の朝】⇩「また」子項目

また-の-とし【又の年】⇩「また」子項目

また-の-ひ【又の日】⇩「また」子項目

また-の-よ【又の夜】⇩「また」子項目

また-びさし【又廂・又庇】〔名〕⇩まごびさし

また-また【又又】〔副〕《「また」を重ねて強調した語》さらにまた。なおその上に。例「——数ふれば」〈徒然草・一三七〉訳さらにまた数えると。

まだら【斑】〔名・形動ナリ〕色あいの違う物が入りまじっていること。また、その様子。例「今作る——の衣（ころも）面影にわれに思ほゆいまだ着ねども」〈万葉・七・一二九六〉訳今作っているまだら染めの着物は、できあがって着た時の姿が私には想像できる、まだ実際に着てはいないけれども。例「霞さへ——・にたつや寅（とら）の年」〈貞徳〉訳今年は寅年、春に立つ霞でさえも、虎の毛の模様のようにまだらになっている。

まち【町】〔名〕《土地の区画・区切りの意》❶田の区画の単位。ちょう。
❷宮殿や邸宅の中の一区画。例「南の——にはいたづらなる対（たい）などもなし」〈源氏・玉鬘〉訳（六条院の）南の区画には空いている対の屋などもない。
❸市街地を道路で区切った一区画。
❹物を商（あき）なう店の集まっているところ。市場。
❺等級。階級。例「上（かみ）の——も、上臈（じゃうらふ）とて、御口つきどもは殊（こと）なること見えざめれども」〈源氏・宿木〉訳上の位（の方々の歌）も、位が高いからといって、詠みくちは格別のこともなさそうであるけれども。

まち-い・づ【待ち出づ】〔他ダ下二〕｛で・で・づ・づる・づれ・でよ｝出て来るのを待つ。待ち受ける。待っていて出会う。例「今来むと言ひしばかりに長月（ながつき）の有明（ありあけ）の月を——・でつるかな」〈古今・恋四・六九一〉訳今夜暗くなったらすぐ行くと、あなたがおっしゃったばかりに、私は九月の長い夜を待ちつくしてしまいましたが、あなたはついに来なくて、有明けの月が空に現れてしまいました。注素性（ソセイ）法師ノ作、『百人一首』所収。

まち・う【待ち得】〔他ア下二〕｛え・え・う・うる・うれ・えよ｝待っていて自分の物とする。待ち迎える。待ち受ける。例「住み果てぬ世に、醜き姿を——・えて、何かはせむ」〈徒然草・七〉訳いつまでも生き続けることのできないこの世で、（老いて）醜い姿になるのを待ち迎えて、どうしようというのか。

まち-か・く【待ち掛く】〔他カ下二〕｛け・け・く・くる・くれ・けよ｝期待して待ち受ける。心待ちにする。例「渡殿（わたどの）の口に——・けて」〈源氏・薄雲〉訳通路を設けた建物の入り口で待ち受けて。

ま-ぢか・し【間近し】〔形ク〕対まどほ・まどほし ❶空間的に近い。すぐそばである。例「葦垣（あしがき）の——・きほどにはさぶらひながら」〈源氏・常夏〉訳（あなたの）すぐ近くの所におりますのに。注「葦垣の」ハ「間近し」ノ枕詞。
❷時間的に近い。最近である。例「——・くは、六波羅（ろくはら）の入道、前（さき）の太政大臣（だいじやうだいじん）平朝臣（あそん）清盛公と申しし人のありさま」〈平家・一・祇園精舎〉訳最近では、六波羅の入道、前の太政大臣平朝臣清盛公と申す人の様子は。

まち-がほ【待ち顔】〔名・形動ナリ〕いかにも人を待っているような様子。人待ち顔。例「中島の藤は、松にとのみも思はず咲きかかりて、山ほととぎす——・なるに」〈狭衣・一〉訳池の中にある島の藤の花は、（歌にあるように）松の梢（こずえ）に（咲きかかるものだ）とばかりは思っておらず（夏にまで）咲きかかって、山から来るホトトギスを待っている様子で

あるのに。注『狭衣物語』冒頭ノ一節。

まち-つ・く【待ち付く】〔他カ下二〕来るのを待って、その人や時などに会う。待ち迎える。例「験者求むるに、……からうじて――・けて」〈枕草子・にくきもの〉訳（急病人が出て）修験道の行者を呼ぼうとしたところが、……やっとのことで待ち迎えて。

まち-と・る【待ち取る】〔他ラ四〕❶待ち構えて捕らえる。例「我どもに追ひおろしなば、汝――・れ」〈古事記・上・大国主神〉訳私が一緒に（猪を）追いおろしたら、お前は（ふもとで）待ち構えて捕らえよ。

❷待ち構えて迎え入れる。待ち迎える。例「入道――・り、喜びかしこまり聞こゆること限りなし」〈源氏・澪標〉訳明石の入道は（乳母を）待ち受けて迎え入れ、喜んで（乳母をよこした光源氏に）感謝申し上げることは一通りではない。

まち-なげ・く【待ち嘆く】〔他カ四〕待ちわびる。例「頼む人の喜びのほどを心もとなく――・かるるに」〈更級・夫の死〉訳頼りにする夫の任官の喜びを今か今かと待ちわびているうちに。

まち-ひと【客人・賓】〔名〕⇩まらうと

まち-ぶぎゃう【町奉行】〔名〕江戸幕府の職名の一つ。江戸・京都・大坂・駿府（＝静岡）・長崎などに置かれ、行政・司法などいっさいを司った。普通「町奉行」といえば江戸のそれを指し、他は地名を頭につけて、例えば「長崎町奉行」のように呼ばれた。

まち-み・る【待ち見る】〔他マ上一〕待っていて見る。待ちかねて見る。

まち-わた・る【待ち渡る】〔他ラ四〕長い間待つ。待ち続ける。例「いつしか梅咲かなむ、来むとありしを、さやあると目をかけて――・るに」〈更級・梅の立枝〉訳早く梅が咲いてほしい、（継母が梅の花の咲く頃に）来ようと言っていたので、その通りになるだろうかと梅を見守って待ち続けていたのに。

まち-わ・ぶ【待ち侘ぶ】〔他バ上二〕待ちくたびれる。待ちあぐむ。例「この男、物求めに出でにけるままに、三、四日来ざりければ、――・びて」〈大和・一五六〉訳この男が、食べ物を探しに（家を）出て行ったまま、三、四日帰って来なかったので、（女は）待ちくたびれて。

まつ【松】〔名〕❶木の名。マツ。常緑樹で四季を通じて色を変えず、千年の寿命を保つとして、古来、めでたい木の代表とされる。また、「待つ」との掛詞として用いられる。

❷「かどまつ（門松）」の略。例「大路のさま、――立て渡してはなやかにうれしげなるこそ、またあはれなれ」〈徒然草・一九〉訳（元日の）都大路の様子は、（どの家も）ずっと門松を立て並べて陽気でうれしそうであるのは、また情緒がある。

❸「たいまつ（松明）」の略。例「粟田山といふ所に、京より――持ちて人来たる」〈蜻蛉・中・天禄元年〉訳（帰りを急いでいると）粟田山という所に、都からたいまつを持って（迎えの）人がやって来る。

ま・つ【待つ】〔他タ四〕待つ。待ち望む。例「老い来たりて、初めて道を行ぜんと――・つことなかれ」〈徒然草・四九〉訳老いがやってきて、その時になって初めて仏道を修行しようと待っていてはならない。

まづ【先づ】〔副〕❶まっ先に。最初に。例「居んとする所を、――扇してこなたかなたにあふぎ散らして」〈枕草子・にくきもの〉訳（人の家にやって来て）座ろうとする場所を、最初に扇であちこちあおぎちらして。

❷どうにも。実に。例「浮舟の女君のやうにこそあらめと思ひける心、――いとはかなくあさまし」〈更級・物語〉訳（若い頃、『源氏物語』の）浮舟の君のようでありたいと思っていた（私の）心は、（今から思うと）どうにもひどく幼稚であさはかであった。

松尾芭蕉〘人名〙⇩まつをばせう（松尾芭蕉）

まっ-かう【真っ向】〔名〕❶額のまん中。まっ正面。例「太刀抜きはなし、――にさしかざし」〈狂言・文蔵〉訳太刀を鞘から抜いて、まっ正面に振りかざし。

❷兜の鉢の正面。例「痛手なれば、――を馬の頭に当ててうつぶし給へるところに」〈平家・九・木曽最期〉訳致命傷なので、（木曽義仲が）兜の前面を（自分の乗っている）馬の頭に押しあててうつぶしにおなりになったところへ。

まつ-かぜ【松風】〔名〕松を吹く風。また、その音。

まつがね-の【松が根の】〘枕詞〙❶（同音の繰り返しから）「待つ」にかかる。

❷（松の根が長く続く意から）「絶ゆることなく」にかかる。

ま-づかひ【間使ひ】〔名〕二人の間を往来して、消息などを伝える使者。

ま-つ-げ【睫】〔名〕〘「ま」は「目」、「つ」は「の」、「げ」は「毛」の意〙まつげ。例「蚊の――の落つるをも聞きつけ給ひつべうこそありしか」〈枕草子・大蔵卿ばかり〉訳（大蔵卿は本当に）蚊のまつげの落ちる（くらいのかすかな）音もお聞きとがめになりそうであった。

まつ-ご【末期】〔名〕死ぬまぎわ。臨終。例「たんだ弱りに弱り、すでに――に見え候ふ時」〈謡曲・隅田川〉訳ただもう弱りに弱って、すでに臨終だと思われました時に。

まつ-じ【末寺】〔名〕本山の支配下にある寺。

まづ・し【貧し】〔形シク〕❶貧乏である。まずしい。❷貧弱である。とぼしい。⇩まどし

松島〘地名〙宮城県中部の松島湾一帯の景勝地。二百六十余の島が点在する風景の美しさで知られ、古来歌枕の地として和歌に詠み込まれた。殊に一六〇四年（慶長九）に伊達政宗が瑞巌寺や五大堂などを建立して有名になり、天の橋立・安芸の宮島（＝厳島）とともに日本三景の一つとされた。

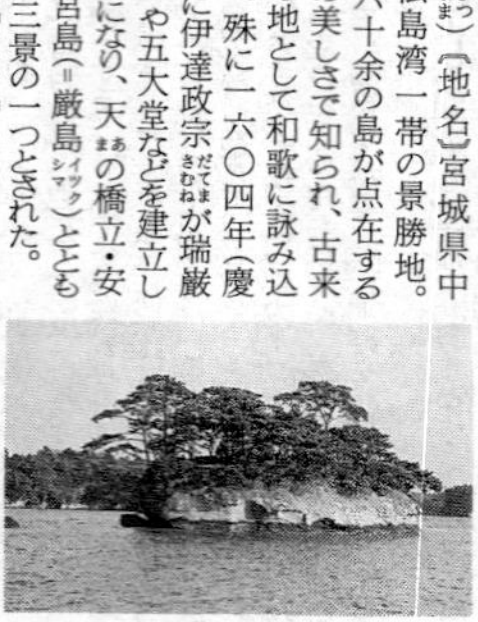

松島

まっ-せ【末世】〔名〕〘仏教語〙仏法が衰えた末の世。末法の時代。⇩まっぽふ 例「――の人、専らに地蔵菩薩につかまつるべし」〈今昔・一七・一六〉訳末世の人は、もっぱらお地蔵様にお仕えすべきである。

まつ-だい【末代】〔名〕❶⇩まっせ（末世）例「――に生をうけて、かかる憂き目にあひ候ふ重盛が果報の程こそつたなう候へ」〈平家・二・烽火の沙汰〉訳末世に生まれて、このようなつらい目にあいますこの私（＝平重盛）の前世の報い（を思うとそれ）が何とも悲しゅうございます。

❷自分が死んだ後の、この世。後世。後代。例「――にこの都を他国へ移す事あらば、守護神となるべし」〈平家・五・都遷〉訳後代にこの都（＝平安京）をよその国へ移

すことがあったら、(おまえが)この都の守り神となって阻止してくれ。注 桓武(カンム)天皇ガ神像ニ向カッテ言ッタ言葉。

まったう・す【全うす】(マットウス)〔他サ変〕完全に果たす。まっとうする。例「宿病たちどころに癒(い)えて、天命を――・す」〈平家・一・禿髪〉訳(平清盛の)年来の病気はたちまち治って、寿命をまっとうした。

まった・し【全し】〔形ク〕《「またし」の促音化》⇩またし

松平定信(まつだひら さだのぶ)(マツダイラ…)『人名』江戸後期の政治家。八代将軍吉宗(よしむね)の孫。白河(＝福島県)藩主として善政をしいたが、後には幕府の老中(ろうじゅう)として「寛政の改革」を断行した。学問・文芸にも秀で、随筆『花月草紙』ほか、著書も多い。

松永貞徳(まつなが ていとく)『人名』江戸初期の俳人。和歌・連歌もよくしたが、貞門俳諧(ていもんはいかい)の祖として近世俳諧を確立したことで知られる。俳諧の式目(しきもく)(＝規定)を定めた『御傘(ごさん)』を始め、俳諧・和歌・古典研究の著書が多い。

まつは・す【纏はす】(マツワス)〔他サ四〕《「まとはす」とも》❶からみ付かせる。まつわり付かせる。例「御夢にも、ただ同じさまなる物のみ来つつ、――・し聞こゆと見給ふ」〈源氏・明石〉訳(光源氏の)夢の中にも、(前に見たのと)全く同じ姿をした物ばかりが何度も出て来て、(光源氏にその身を)まつわりつかせ申し上げるとご覧になる。

❷そばに付き添わせる。そば近くにいさせる。例「この子を――・し給ひて、内裏(うち)にも率(ゐ)て参りなどし給ふ」〈源氏・帚木〉訳(光源氏は)この子を自分のそばからお放しにならず、宮中にも連れて参上したりなさる。

まつは・る【纏はる】(マツワル)〔自ラ四・下二〕《「まとはる」とも》❶からみ付く。まとい付く。つきまとう。例「薄二藍(うすふたあゐ)なる帯の、御衣(おんぞ)に――・れて引き出でられたるを」〈源氏・賢木〉訳(光源氏の)薄二藍の帯が、(朧月夜(おぼろづきよ)の)お着物にからみ付いて引っ張り出されたのを。

❷物事にとらわれる。執着する。例「歌詠むと思へる人の、やがて歌に――・れ」〈源氏・帚木〉訳(自分は)ひとかどの歌詠みだと自任している女が、そのまま歌にとらわれて。

まつ・ふ【纏ふ】(マツウ)〔自・他ハ四〕「まとふ」に同じ。例「年もやうやうたけ、病(やまひ)にも――・はれ」〈徒然草・一二三〉訳 年もだんだん盛りを過ぎ、病気にもまとわりつかれて。

松帆の浦(まつほのうら)『地名』兵庫県淡路島の北端(＝現在ノ津名郡淡路町)の海岸。明石海峡に面し、古来歌枕の地として有名。歌では「松帆」に「待つ」を掛けて詠む。

まっ-ぽふ【末法】(マッポウ)〔名〕《仏教語》仏法が衰えた末の世。釈迦(しゃか)の死後、正法(しょうぼう)の時代が千年(五百年とも)、像法(ぞうぼう)の時代が千年あり、次に、この末法の時代が一万年続く。この時期になると、仏の教えだけは残るものの実行が伴わず、悪がはびこり人々は不幸になるとされる。我が国では、後冷泉(ごれいぜい)天皇の永承七年(一〇五二)からこの時代に入ったとされ、折から、天災・戦乱などがうち続いたことから、人々は末法思想を深く信じるようになった。

まつ-むし【松虫】〔名〕虫の名。今のスズムシを指すといわれる。(季・秋) 例「虫は、鈴虫。ひぐらし。蝶(てふ)。――。きりぎりす」〈枕草子・虫は〉訳 虫は、松虫。ヒグラシ。チョウ。鈴虫。コオロギ(が風情がある)。

> 要点 「松虫」と「鈴虫」が、現在と反対であったといわれているが、判然としない。⇩すずむし 要点

まつ-よひ【待つ宵】(マツヨイ)〔名〕❶来るはずの恋人などを待っている宵。例「来(こ)ぬ人を待つとはなくて――のふけ行く空の月もうらめし」〈新古今・恋四・一三一三〉訳(私の所へ)来てくれるはずもない人を、待つとはなしに待っていると、折しも今日八月十四日の夜も更けていき、空に澄んでいる月までが恨めしく感じられる。注 コノ歌ノ「待つ宵」ハ、①ト②ノ意味ヲ掛ケテイル。

❷(翌夜の中秋の満月を待つ意から)陰暦八月十四日の宵。(季・秋)

松浦(まつら)『地名』佐賀県・長崎県の北部一帯の称で、主として佐賀県唐津湾沿岸の地域を指す。古来、中国や朝鮮への海路の要地とされ、遣唐使の基地でもあった。

まつり【祭】〔名〕《動詞「まつる」の連用形の名詞化》❶神を祭ること。祭礼。

❷特に、**京都の賀茂(かも)神社**(＝上(カミ)・下(シモ)二社)**の祭**。陰暦四月の中の酉(とり)の日に行われた(現在は五月十五日)。「あふひ(葵)祭」「北祭」とも。例「四月、――の頃いとをかし」〈枕草子・四月、祭の頃〉訳 四月は、葵祭の頃がたいへん風情がある。

祭の帰さ(まつりのかへさ)(…カエサ) 賀茂神社の祭の翌日、斎王(さいおう)が上社から斎院御所(さいいんのごしょ)へ帰ること。その行列は、多くのお供を連れてはなやかなものであった。例「――見るとて、雲林院(うりんゐん)・知足院(ちそくゐん)などの前に車を立てたれば」〈枕草子・鳥は〉訳 祭のお帰りの行列を見ようとして、雲林院や知足院(＝京都ノ紫野ニアル寺)などの前に牛車(ぎっしゃ)を止めたところ。

祭の使ひ(まつりのつかひ)(…ツカイ) 賀茂神社の祭の時に、朝廷から奉幣(ほうへい)のために派遣される使い。

まつり-ごつ【政ごつ】〔自・他タ四〕《名詞「まつりごと」を動詞に活用させたもの》❶政治をする。世を治める。例「世の中の事ども――・ち給ふべく、譲り聞こえ給ふ」〈源氏・少女〉訳(内大臣が)世の中の政務などをお執りになれるように、(光源氏は政務を)お譲り申し上げなさる。

❷世話をする。とりはからう。例「押して家の事ども――・ちてありければ」〈今昔・二六・五〉訳 無理に家事万端の世話をしたので。

まつり-ごと【政】〔名〕❶神を祭ること。祭祀(さいし)。

❷(上代では、神を祭ることと一体であると考えられたことから)政治。行政。例「おほやけとなり給ひ、世の――御心にかなふべしとは言ひながら」〈源氏・若菜・上〉訳(皇太子が)天皇におなりになり、(まもなく)天下の政治はお心のままであろうとは言いながら。

まつり-の-かへさ【祭の帰さ】(…カエサ)⇩「まつり」子項目

まつり-の-つかひ【祭の使ひ】(…ツカイ)⇩「まつり」子項目

まつ・る【奉る】《上代語》〔一〕〔他ラ四〕❶「与ふ」「贈る」などの謙譲語。献上する。差し上げる。たてまつる。例「心をし君に――・ると思へればよしこのころは恋ひつつをあらむ」〈万葉・一二・三〇〇三〉訳 真心をあなたに差し上げようと思っていますので、いいですわ、しばらくは、恋い慕いながらじっとしていましょう。

❷「飲む」「食ふ」などの尊敬語。召し上がる。

〔二〕〔補動ラ四〕《動詞の連用形に付いて》謙譲の意を表す。

お…申し上げる。お…する。例「我が大王(おほきみ)皇子(みこ)の御門(みかど)を神宮(かむみや)に装(よそ)ひ――・りて」〈万葉・二・一九九長歌〉訳 我らが大王高市皇子の宮殿を(皇子の)ご遺体を安置する宮としてお飾りして。

参考 平安時代以降は、「たてまつる」や「つかへまつる」などの語の一部分として残存する。

まつ・る【祭る】〔他ラ四〕{ら・り・る・る・れ・れ}神霊を招き迎え、捧げ物や歌舞などを奉納して慰める。鎮める。お祭りする。後には仏や魂などについてもいう。例「木綿(ゆふ)かけて――・る三諸(みもろ)の神(かむ)さびて斎(いは)ふにはあらず人目多みこそ」〈万葉・七・一三七七〉訳 木綿を(榊の枝などに)かけてお祭りする神座の神のように、神々しげに身を慎んでいるのではありません。ただ人目が多いから(逢ぁいに行けないの)です。注「木綿」ハ、楮ノ皮ノ繊維ヲサラシタ物デ、ココハ神霊ノ一時的ニ宿ルトスル物。

まつろ・ふ【服ふ・順ふ】(上代語。「奉(まつ)る」の未然形に反復・継続の意の助動詞「ふ」の付いた「まつらふ」の変化したもの)一〔自ハ四〕{は・ひ・ふ・ふ・へ・へ}つき従う。服従する。仕える。例「悉(ことごと)に山河の荒ぶる神、また――・はぬ人どもを言向(ことむ)け和平(やは)し給ひき」〈古事記・中・景行〉訳(倭建命(やまとたけるのみこと)は)ことごとく山河の荒れすさぶ神、また(天皇に)服従しない者どもを意に従わせ和らげなさった。

二〔他ハ下二〕{へ・へ・ふ・ふる・ふれ・へよ}従わせる。服従させる。例「ちはやぶる神を言向(ことむ)け――・へぬ人をも和(やは)し」〈万葉・二〇・四四六五長歌〉訳 荒々しい神を意に従わせ、(まだ天皇が)服従させない者達をも和らげて。

まつわす【纏わす】〔動〕⇩まつはす

まつわる【纏わる】〔動〕⇩まつはる

松尾芭蕉(まつをばせう)マツオバショウ【人名】江戸前期の俳人。一六四四年(寛永二十一)～一六九四年(元禄七)。本名は宗房、別号桃青など。伊賀上野(=三重県上野市)の人。藤堂藩に仕えながら俳諧に親しみ、後に江戸に出て俳諧修業につとめ、貞門・談林の言語遊戯的俳風を抜け出て、精神性の高い蕉風俳諧を確立し、後世俳聖とたたえられた。門人には、榎本其角・向井去来など「蕉門十哲」と称された人々がいる。句は『冬の日』『猿蓑(さるみの)』などに収められ、紀行文には『野ざらし紀行』『奥の細道』などがある。⇩奥の細道(おくのほそみち)・野ざらし紀行(きかう)

まで 一〔副助〕接続 体言や活用語の連体形、副詞・助詞など、種々の語に付く。

❶【範囲】時間的・空間的な範囲・限界の意を表す。…まで。例「夜ふくるまで酒飲み、物語して」〈伊勢・八二〉訳(惟喬(これたか)皇子は在原業平と)夜の更けるまで酒を飲み交わし、おしゃべりをして。

❷【限界】物事の範囲・限界の意を表す(限界ぎりぎりのものを示して強調するような意になることが多い)。…まで。…までも。…さえ。例「かの友だち、これを見て、いとあはれと思ひて、夜の物まで贈りて」〈伊勢・一六〉訳 その友達は、これ(=困ッテイル友人ノ手紙)を見て、とてもかわいそうだと思って、夜具までも贈って。例「あやしの法師ばらまで喜びあへり」〈源氏・賢木〉訳 身分の卑しい法師どもまでみんな喜んでいる。

❸【程度】(多く活用語の連体形に付いて)程度・限度の意を表す。…くらいに。…ほどまで。例「ほめののしりける声、かしがましきまでなむ聞こえける」〈宇治拾遺・七・六〉訳 盛んにほめたたえる声が、うるさいくらいに聞こえた。

❹(「――も」の形で打消しの語に付いて)逆接的な仮定条件を示す。…(ない)までも。…(ない)にしても。例「折(をり)よくは見に来(こ)ぬまでも我が宿の桜咲きぬと告げましものを」〈和泉式部集〉訳 都合がよかったら、(たとえあなたは)見にいらっしゃらないにしても、我が家の庭の桜が咲きましたとお伝えしましたのに。

二〔終助〕(室町時代以降の用法)接続 言い切りの形、中でも断定の助動詞「ぢゃ」の終止形に付く。【確認】感動・確認の意を表す。…(だ)ね。…(だ)なあ。例「すれば、そなたは越前(ゑちぜん)の国のお百姓ぢゃまで」〈狂言・餅酒〉訳 そうすると、あなたは越前の国(=福井県)のお百姓さんだね。

要点 一①の用法には、例「舟に乗りし日より今日(けふ)までに、二十日あまり五日になりにけり」〈土佐・二月十六日〉訳 舟に乗った日から今日までに、二十五日たってしまった。のような、起点を表す格助詞「より」と対応して用いられる例があり、このことから、この種の「まで」を格助詞とする考え方もある。

まで【詣で】〔動詞「まうづ」の未然形・連用形「まうで」の変化した形〕⇩まうづ

まで・く【詣で来】〔自カ変〕{こ・き・く・くる・くれ・こ(よ)}⇩まうでく

まで-に〔連語〕(副助詞「まで」+格助詞「に」)❶限度を表す。までも。例「なほ守(かみ)の館(やかた)にて、あるじのしりて、郎等(らうどう)までに物かづけたり」〈土佐・十二月二十六日〉訳(今日も)やはり国守の官舎で、大騒ぎをしてごちそうし、従者にまでも贈り物を与えた。

❷程度を表す。…くらいに。例「朝ぼらけ有明けの月と見るまでに吉野の里に降れる白雪」〈古今・冬・三三二〉訳 夜明け方、有明けの月の光が映っているのかと見えるくらいに、吉野の里に真っ白に降った白雪よ。注 坂上是則(サカノウエノコレノリ)ノ作デ、『百人一首』所収。

まで-も〔連語〕(副助詞「まで」+係助詞「も」)❶(「も」が強調を表して)…まで。例「慈鎮和尚(じちんくわしやう)、一芸ある者をば、下部(しもべ)までも召しおきて」〈徒然草・二二六〉訳 慈鎮和尚は、何か一つ技芸のある者を、身分の低い者までも召しかかえて。

❷(「ぬ――」の形で)…(ない)としても(せめて…)。例「来(こ)ぬまでも花ゆゑ人の待たれつる春も暮れぬるみ山辺の里」〈新古今・春下・一七〇〉訳(誰も)来ないとしても、桜の花が咲いていたので、人を待つ気になっていた。その春も終わってしまう山辺の里よ。

❸(「――なし」の形で)…する必要もない。例「はかばかしき事は片端も学(まね)び知り侍(はべ)らねば、尋ね申すまでもなし」〈徒然草・一三五〉訳 ちゃんとした学問は少しも習っておりませんので、お尋ね申す必要もありません。

まと【的】〔名〕弓で矢を射る時に、目標となるもの。例「ある人、弓射る事を習ふに、諸矢(もろや)をたばさみて――に向かふ」〈徒然草・九二〉訳 ある人が、弓を射る事を習う時に、二本の矢を手にはさんで持って的に向かった。

まど【窓】〔名〕採光・通風などのために、家屋の壁などに設けた小さな口。現代語に同じ。例「夜ふけて、月の━━より洩(も)りたりしに」〈枕草子・九月二十日余り〉訳夜がふけて、月の光が窓から(室内)にもれていたときに。

まとい【円居】〔名〕⇩まとゐ

まとう【纏う】〔動〕⇩まとふ

まどう【惑う】〔動〕⇩まどふ

まどお【間遠】〔形動〕⇩まどほ

まど-か【円か】〔形動ナリ〕❶形が円(まる)い様子。例「望月(もちづき)の━━なることは、しばらくも住(ぢゅう)せず、やがて欠けぬ」〈徒然草・二四一〉訳満月の円いのは、少しもそのままでいないで、すぐに欠けてしまう。
❷人格が円満な様子。

> 要点 「まろなり」「まろし」が、本来円筒形や球形を表すのに対して、「まどか」は円形を表す。古くは、「まとか」と澄んだが、平安後期頃から「まどか」と濁る形が現れ、近世まで両形が行われたようである。⇩まろし

ま-どころ【政所】〔名〕(「まんどころ」の撥音「ん」を表記しない形)⇩まんどころ

まど-し【貧し】〔形シク〕(中世以降、「まづし」が変化した形)❶貧乏である。乏しい。貧しい。例「やうやう━━・しき小家に一夜を明かして」〈奥の細道・石の巻〉訳やっと貧しい小さな家で一夜を明かして。
❷十分に行えない。不十分である。不足である。例「財(たから)多ければ、身を守るに━━・し」〈徒然草・三八〉訳財産が多いと、(それを守るのに気をとられ)我が身を守ることがおろそかになる。

まど-の-うち【窓の中】〔連語〕若い娘が、家の奥で人目に触れないように大事に育てられていること。深窓。

まとは-す【纏はす】(マトワス)〔他サ四〕{さ・し・す・す・せ・せ}⇩まつはす
例「この若君を内裏(うち)にてなど見つけ給ふ時は、(召し)━━・し、戯(たは)れがたきにし給ふ」〈源氏・紅梅〉訳(匂宮(にほうのみや)は)この若君を宮中などでお見かけなさった時には、お召しになってそばにいさせて、遊び相手になさる。

まどは-す【惑はす】(マドワス)〔他サ四〕{さ・し・す・す・せ・せ}(「まどふ」の他動詞形。上代は「まどほす」)❶(心を)迷わす。乱す。悩ませる。例「御心(みこころ)をのみ━━・して去りなむ事の、悲しくたへがたく侍(はべ)るなり」〈竹取・かぐや姫の昇天〉訳(竹取の翁(おきな)夫婦の)お心を乱してばかりいて(月へ)帰ってしまうことが、悲しく耐えがとうございます。
❷(道や方向などを)混乱させる。まごつかせる。途方に暮れさせる。例「霧に━━・され侍(はべ)りしあけぼのに」〈源氏・橋姫〉訳霧に(道を)迷わされました夜明け方に。
❸見失う。行方不明にする。例「幼き人━━・したりと中将の憂(うれ)へしは」〈源氏・夕顔〉訳幼い子供を行方不明にしてしまったと頭中将が嘆いていたのは。注「幼き人」ハ、頭中将ト夕顔トノ間ニデキタ、後ノ玉鬘(タマカズラ)ノコト。

まとひ【纏】(マトイ)〔名〕陣で、大将の馬のそばに立て、その所在を示す「うまじるし」の一つ。竿(さを)の先に飾りを付け、その下に馬簾(ばれん)を垂らしたもの。江戸時代には、町火消し(＝消防団)の各組の印として用いられた。

まとひ

まどひ【惑ひ】(マドイ)〔名〕(動詞「まどふ」の連用形の名詞化。上代は「まとひ」)心が混乱して平常の状態でなくなること。分別を失うこと。心の乱れ。例「恐るべく慎むべきは、この━━なり」〈徒然草・九〉訳恐れ慎まなければならないのは、この(＝男女ノ愛欲ニカカワル)心の乱れである。

まどひ-あり-く【惑ひ歩く】(マドイ…)〔自カ四〕{か・き・く・く・け・け}分別を失った状態でうろうろとさまよい歩く。途方に暮れてさまよう。例「露霜にしほたれて、所定めず━━・き」〈徒然草・三〉訳(色好みの男が、ひたむきな恋心から)露や霜に濡(ぬ)れそぼって、あてもなくうろうろとさまよい歩き。

まどひ-い-づ【惑ひ出づ】(マドイイズ)〔自ダ下二〕{で・で・づ・づる・づれ・でよ}あわてて何も考えずに出る。例「にはかに━━・で給ひし騒ぎに、皆遅らしてければ」〈源氏・玉鬘〉訳急にあわてて(京へ)お出になった騒ぎで、(召使いたちを)全員(筑紫(つくし)に)置いて来てしまったので。

まどひ-い-る【惑ひ入る】(マドイ…)〔自ラ四〕{ら・り・る・る・れ・れ}あわてて中に入る。

まどひ-く【惑ひ来】(マドイ…)〔自カ変〕{こ・き・く・くる・くれ・こ(よ)}あわてふためいて来る。例「蓑も笠も取りあへで、しとどに濡れて━━・きにけり」〈伊勢・一〇七〉訳蓑も笠も用意する暇もなく、雨にぐっしょり濡れてあわてふためいてやって来たのだった。

まと-ふ【纏ふ】(マトウ){は・ひ・ふ・ふ・へ・へ}(「まつふ」とも)■一〔自ハ四〕まといつく。巻きつく。例「法衣(ほふえ)自然に身に━━・って肩にかかり」〈平家・六・慈心房〉訳僧服が自然に身体にまといついて肩にかかり。
■二〔他ハ四〕まといつかせる。巻きつける。また、身にまとう。着る。

まど-ふ

【惑ふ】(マドウ)〔自ハ四〕{は・ひ・ふ・ふ・へ・へ}(上代は「まとふ」。他動詞は「まどはす」)

> 主に人の心についていい、途方に暮れる、うろたえる、などの意味を表す。また、他の動詞に付いて、程度のはなはだしい意を添える。

❶(心が)迷う。乱れる。思い悩む。例「思ほえず、古里に、いとはしたなくてありければ、心地(ここち)━━・ひにけり」〈伊勢・一〉訳思いもかけず、さびれた旧都に、(美しい姉妹が)とても不似合いな様子でいたので、(男は)夢中になってしまった。
❷(進路や判断などに)迷う。途方に暮れる。困惑する。例「秋山の黄葉(もみち)を茂み━━・ひぬる妹(いも)を求めむ山道(やまぢ)知らずも」〈万葉・二・二〇八〉訳秋山の紅葉がいっぱい(茂っている)ので、迷い込んで(死んで)しまった妻を捜しに行く山道がわからないよ。注山中ニ葬ッタ妻ヲ自ラ山中ニ迷イ込ンダト表現シタ。
❸あわてる。うろたえる。あわてふためく。例「酒宴ことさめて、いかがはせんと━━・ひけり」〈徒然草・五三〉訳酒宴は興ざめになって、(みんな)どうしようかとうろたえた。
❹(補助動詞的用法。動詞の連用形に付いて)程度のはなはだしい意を表す。ひどく…する。例「家のさまもいひ知らず荒れ━━・ひて」〈源氏・澪標〉訳家の様子も言葉に表せないほど荒れ果てて。

ま-どほ【間遠】(オ・ド)〔形動ナリ〕❶空間的に、間隔が大きい様子。例「壁の中のきりぎりすだに、━━・に聞き慣らひ給へる御耳に」〈源氏・夕顔〉訳壁の中で鳴くコオロギの声でさえ、(部屋が広いので)遠く離れて聞くのに慣れておら

れる(光源氏の)耳に。
❷時間的に、間隔が長い様子。例「十日・二十日過ぎにしかば、やうやう——・になりて」〈方丈記・大地震〉訳(地震から)十日・二十日と経過してしまうと、(余震は)だんだんに間隔が長くなって。

ま-どろ・む【微睡む】〔自マ四〕{ま・み・む・む・め・め}《「目(ま)とろむ(=ユルム)」の意》うつらうつらする。うとうと眠る。例「つゆ——・まれず、明かしかねさせ給ふ」〈源氏・桐壺〉訳(帝は重病の桐壺更衣を思って)少しもうとうと眠ることもできず、(短い夏の)夜を明かしかねておいでになる。

まと-ゐ【円居】〔名・自サ変〕《「まどゐ」とも》❶円く輪になって座ること。車座。団楽。例「盃(さかづき)に春の涙を注ぎける昔に似たる旅の——に」〈式子内親王集〉訳手にした杯に惜春の涙を落とすのであった。昔も(旅先で今日と同じように)一行の者達と車座になって楽しんだことを思い出して。
❷一つ所に集まること。多くの人が顔を合わせること。会合。例「この院にかかる——あるべしと聞き伝へて」〈源氏・若菜・下〉訳この院(=六条院)でこのような会合(=弓ノ競射)があるはずだと伝え聞いて。

ま-な【真名・真字】〔名〕《仮名に対して、真(=正式)の字の意。「まんな」とも》漢字。例「さばかりさかしだち、——書き散らして侍(は)るほども、よく見れば、まだいと堪へぬこと多かり」〈紫式部・清少納言批評〉訳(清少納言は)あれほど利口ぶって、(女だてらに)漢字を書きまくっていますが、それもよく見ると、まだ非常に不十分な点が多いのです。

> 要点 平安時代、漢字は「男手」とも呼ばれ、教養ある男性の使うもので、女がこれを使うのは、はしたないこととされていた。対かな(仮名)・かんな

ま-な【真魚】〔名〕《「ま」は接頭語、「な」は魚の意》❶食料としての魚。多く「——いた」「——ばし(箸)」など複合語の形で用いられる。
❷「まなはじめ」の時に食べる魚。鯛を用いるのが普通。

まな【勿】〔感〕禁止・制止をする語。だめ。するな。例「それを、『——』とも取り隠さで」〈枕草子・人ばへするもの〉訳それ(=子供ガ勝手ニ取リ出シタ物)を、「だめ」と言って取り上げて隠しもしないで。

ま-な-かひ【目交ひ・眼間】〔名〕《「目の交ひ」の意》目と目との間。眼前。例「——にもとなかかりて安眠(やすい)し寝(な)さぬ」〈万葉・五・八〇二長歌〉訳(子供の姿が)眼前にしきりとちらついて(私に)安眠もさせてくれないことだ。

ま-な-こ【眼】〔名〕《「目の子」の意》❶ひとみ。目玉。目。例「御迎へに来む人をば、長き爪(つめ)して——をつかみつぶさむ」〈竹取・かぐや姫の昇天〉訳(かぐや姫の)お迎えに来る人(=天人)があればその人を、この長い爪でもって目玉をつかんでつぶしてやろう。
❷見抜く力。眼力。例「達人の人を見る——は、少しも誤る所あるべからず」〈徒然草・一九四〉訳人生を達観した人の他人を見抜く力は、少しも間違いのあるはずがない。

まな-ご【真砂】〔名〕《上代語。平安時代からは「まさご」》細かい砂。例「潮満てば水沫(みなわ)に浮かぶ——にも我(あれ)は生けるか恋ひは死なずて」〈万葉・一一・二七三四〉訳満潮になると水のあわに浮かぶ浜辺の細かい砂粒のように、はかない状態で私は生きていることよ。恋いこがれて死ぬこともせずに。注「生けるか」ノ「か」ハ詠嘆ノ意ノ終助詞。

まな-ご【愛子】〔名〕愛している子供。かわいい子。いとしご。例「人ならば母が——ぞあさもよし紀の川の辺(へ)の妹(いも)と背の山」〈万葉・七・一二〇九〉訳もし人間であったならば、母親にとって最愛の子(といったかっこう)であるよ。紀の川(=和歌山県ニアル川)のほとりの妹山と背山は。

まなこ-ゐ【眼居】〔名〕目つき。まなざし。例「——など、これはいま少し強うかどあるさままさりたれど」〈源氏・横笛〉訳目つきなど、こちら(=薫(カオル))は(柏木より)もう少しきつくて才覚のある様子があふれているが。

ま-な・し【間無し】〔形ク〕❶すきまがない。例「枕辺に斎瓮(いはひべ)をすゑ竹玉(たかだま)を——・く貫(ぬ)き垂り」〈万葉・三・四二〇長歌〉訳枕元に神酒を入れる壺を置き、竹の玉をすきまなくひもで通し垂らして飾って。
❷絶え間がない。また、時間を置かない。例「み吉野の耳我(みみが)の嶺(みね)に時なくぞ雪は降りける——・くぞ雨は降りける」〈万葉・一・二五長歌〉訳吉野の耳我の嶺に、いつも雪は降っていた。ひっきりなしに雨は降っていた。

まな・ぶ【学ぶ】〔他バ四・上二〕{ば・び・ぶ・ぶ・べ・べ}{び・び・ぶ・ぶる・ぶれ・びよ}見習ってその通りにする。教えを受ける。勉強する。例「何事も六波羅様(ろくはらやう)といひてんければ、一天四海(いってんしかい)の人皆これを——・ぶ」〈平家・一・禿髪〉訳何事も六波羅風(にするのがよい)というものだから、天下の人々は皆これをまねた。

> 参考 上二段活用は主として平安初期に用いられ、それ以後は漢文訓読系に用いられた。類義語「まねぶ」は、主として和文系の文章に用いられた。

まに-ま【随】〔名〕⇩まにまに 例「大君の命(みこと)の——大夫(ますらを)の心を持ちて」〈万葉・二〇・四三三一長歌〉訳天皇の御命令のままに、立派な役人としての心構えを持って。

まにま-に【随に】〔連語〕《上代語。名詞「まにま」＋格助詞「に」。連体修飾語を受けて副詞句を作る。「まにま」とも》❶他の意志や成り行きに任せる意を表す。…に任せて。…ままに。例「大君の任(け)の——丈夫(ますらを)の心振り起こし」〈万葉・一七・三九六二長歌〉訳大君の御任命のままに男子としての勇気を奮い起こして。
❷ある事態の経過につれて行われる意を表す。…につれて。…とともに。例「かくて漕ぎ行く——、海のほとりにとまれる人も遠くなりぬ」〈土佐・一月九日〉訳こうして漕いで行くにつれて、海岸に残って(見送って)いる人も遠くなった。

ま-ぬ・く【間抜く】〔他カ四〕{か・き・く・く・け・け}間(あひだ)にあるものを抜き取る。まびく。例「またまた数ふれば、かれこれ——・き行くほどに、いづれも逃れざるに似たり」〈徒然草・一三七〉訳(「継子立(ままこだて)」という遊戯で)次々と(十番目に当たる石を)数えて、あちらこちらと間にある石を抜き取っていくうちに、どの石も取られないではすまないのと(人間の死は)似ている。注人間ハ遅カレ早カレミナ死ヌコトヲイウ。

まねき【招き】〔名〕《動詞「まねく」の連用形の名詞化》手で合図をしてこちらへ呼ぶこと。また、招待すること。

まね・く【招く】〔他カ四〕{か・き・く・く・け・け}❶手で合図をして呼ぶ。手招きする。呼び寄せる。例「尾花の物より殊に手をさし出でて——・くが、をかしう見ゆるに」〈源氏・宿木〉訳

(花の咲いた)薄が他の草とは違って(目立って)手をさし出して手招きしているのが、趣深く見えるが。

❷招き寄せる。誘い寄せる。まねく。例「禍(わざはひ)をも——・くは、ただこの慢心なり」〈徒然草・一六七〉訳災難をも招き寄せるのは、ただただこのうぬぼれ心である。

まね・し〔形ク〕《上代語》数が多い。たび重なっている。例「止まず行かば人目を多み——・く行かば人知りぬべみ」〈万葉・二・二〇七長歌〉訳(妻の里をよく見たいが)絶えず行ったら人目が多いだろうから、しばしば行ったら人が知ってしまうだろうから。注柿本人麻呂ノ長歌ノ一節。

まねび-いだ・す【学び出だす・真似び出だす】〔他サ四〕{さ・し・す・す・せ・せ}見聞きしたことを本当らしくまねて言う。例「おくれたる方をば言ひ隠し、さてもありぬべき方をばつくろひて——・すに」〈源氏・帚木〉訳(女の)劣っている方面は隠して言わず、相応にできる方面は体裁よく見せかけて本当らしく話すのに。

まねび-た・つ【学び立つ】〔他タ下二〕{て・て・つ・つる・つれ・てよ}詳しく描写して話す。例「——・てむも言(こと)の葉足るまじくなむ」〈源氏・初音〉訳(立派な住居の様子は)そのとおりに話すにも言葉が足りそうもないほどで(ございます)。

まね・ぶ【学ぶ・真似ぶ】〔他バ四〕{ば・び・ぶ・ぶ・べ・べ}《名詞「まね」+接尾語「ぶ」》❶まねて言う。**まねをする。**例「鸚鵡(あうむ)いとあはれなり。人の言ふらむことを——・ぶらむよ」〈枕草子・鳥は〉訳オウムは大変興趣をそそる。人のいう言葉をまねていうそうだよ。

❷**事実や体験などをその通りに人に話す。事実の通りに語り伝える。**例「かの御車(みくるま)の所争ひを——・び聞こゆる人ありければ」〈源氏・葵〉訳(葵(あおい)の上と六条御息所どの)あのお車の場所争いをその通りに(光源氏に)お話し申し上げる人がいたので。

❸勉強する。学問をする。教えを受ける。例「はかばかしき事は片端(かたはし)も——・び知り侍(はべ)らねば」〈徒然草・一三五〉訳ちゃんとした事は少しも学び知っておりませんので、(お尋ね申し上げるわけにも参りません)。⇩まなぶ参考

ま-の-あたり【目の当たり・目の辺り】■一〔名・形動ナリ〕❶目の前。眼前。

❷人手を介さずに直接する様子。じか。例「——・ならずとも、さるべからむ雑事(ざふじ)等は承らむ」〈源氏・帚木〉訳(風邪をひいているので対面は控えますが)直接でなくて(人を介して)もしかるべき雑用などは承りましょう。

❸あまりにもはっきりしていること。自明。

■二〔副〕目の前で。まざまざと。あまりにはっきりと。例「女院・二位殿に、——憂き目を見せ参らせんも心苦しければ」〈平家・七・一門都落〉訳(平宗盛は)建礼門院(=平清盛ノ娘、安徳天皇ノ母)や二位の尼(=清盛ノ妻)に、目の前でつらい目(=源氏ニ攻メ討タレルコト)をお見せ申し上げるようなことも心苦しいので。

まは・す【回す・廻す】〔他サ四〕{さ・し・す・す・せ・せ}《「まはる」の他動詞形》❶回転させる。まわす。

❷周囲をとり囲むようにする。周りにめぐらす。例「屏風(びやうぶ)を立て——・して、畳など清げに敷き」〈宇治拾遺・九・一〉訳(寝所は周囲に)屏風を立てめぐらしてあって、畳などをこざっぱりと敷き。

❸広く行き渡らせる。めぐらせる。例「いと急に、のどめたる所おはせぬ大臣(おとど)の、おぼしも——・さずなりて」〈源氏・賢木〉訳とても短気で、ゆったりした所のおありでない右大臣で、広くお考えをめぐらすことができなくなって。

❹(金や物を)運用する。(他に)活用する。例「借銀(かりがね)も、このごとく利に一ケ月も重ねぬやうに——・せば」〈西鶴・日本永代蔵・四・五〉訳借金も、このように利息を一月も滞(とどこお)らせないように運用すると。

ま-ばゆ・し【目映し・眩し】〔形ク〕❶強い光が目を刺激する様子。**まぶしい。**例「さやけき影を——・く思(おぼ)し召しつるほどに」〈大鏡・花山院〉訳(花山(かざん)天皇が)明るい(月の)光をまぶしくお思いになった時に。注月光ノ明ルサニ出家ノ志ガ動揺スル。

❷**まぶしいほどに美しい。**例「いと——・きまでねびゆく人の容貌(かたち)かな」〈源氏・葵〉訳とてもまぶしいほどに美しく成人していく光源氏のお顔立ちであるよ。

❸**恥ずかしくて正視できない。**気がひける。てれくさい。例「髪の筋なども、なかなか昼よりも顕証(けそう)に見えて——・けれど」〈枕草子・宮に初めて参りたるころ〉訳(灯火が明るく)髪の毛なども、かえって昼よりもはっきり見えて(私などは)恥ずかしいが。

❹**見ていられないほどに程度がはなはだしい。**例「いと——・き、人の御おぼえなり」〈源氏・桐壺〉訳本当に見ていられないほどに大変な、(桐壺更衣(きりつぼのこうい)への帝の)ご寵愛(ちょうあい)である。

> 要点 ①がもとの意で、転じて、美しい様子や恥ずかしい様子を比喩(ひゆ)的にいう。口語の「まぶしい」は、「まばゆし」の「ばゆ」が「ぶ」に変化した形。

ま-はり【真榛】〔名〕《「ま」は接頭語》榛(はん)の木。一説に、萩(はぎ)のことども。例「住吉(すみのえ)の遠里小野(とほさとをの)の——もち摺れる衣(ころも)の盛り過ぎ行く」〈万葉・七・一一五六〉訳住吉の遠里小野の榛の木で染めた衣の色があせてゆく。

まは・る【回る・廻る】〔自ラ四〕{ら・り・る・る・れ・れ}❶回転する。まわる。

❷あちこちをめぐる。回って歩く。例「毎年諸国の旦那(だんな)回りを致す。また当年も——・らうと存ずる」〈狂言・禰宜山伏〉訳毎年諸国の施しをしてくれる方々の家を回っています。また今年も回ろうと存じます。

❸遠回りをする。迂回(うかい)する。例「上(かみ)へ——・っても下(しも)へ——・っても、なかなか渡らるる川ではおりないぞ」〈狂言・薩摩守〉訳上流へ迂回しても下流へ迂回しても、とても渡れる川ではございませんよ。

❹(投資のために金を運用させるところから)利益をもたらす。利息を生む。例「小判貸しの利はなにほどに——・るものぞ」〈西鶴・好色一代男・七・三〉訳小判での高利貸しの利回りはどれくらいになるものなのか。

ま-ひ【真日】〔名〕《「ま」は接頭語》日。

まひ【幣】〔名〕謝礼として神に捧げたり、人に贈ったりする物。供え物。贈り物。「まひなひ」とも。例「我が宿に咲けるなでしこ——はせむゆめ花散るないやをちに咲け」〈万葉・二〇・四四四六〉訳私の家に咲いているナデシコよ。お礼の品はあげよう。決して散らないでくれ、(それだけでなく)ますます元気に咲いておくれ。

まひ【舞】〔名〕音楽や歌謡に合わせて舞うこと。神楽(かぐら)・幸若(こうわか)・能楽などの舞。

> **要点** 「まひ」と「をどり」　「をどり」が跳躍運動中心で、リズミカルなのに対し、「まひ」は、旋回運動主体の静かで落ち着きのあるものを指したが、現代では、京都の「都おどり」のように、舞の要素の濃厚なものも含めて踊りという。

ま-びき【目引き】〔名〕目で合図すること。目くばせ。

ま-びさし【目庇・眉庇】〔名〕兜の鉢の前に庇のように出て、額を深くおおうもの。例「――より吹返しまで菊唐草のほりもの金をちりばめ」〈奥の細道・太田神社〉訳目庇から吹返しまで菊を唐草模様にした彫刻に金がちりばめてあり。

まひ-なひ【賄・賂・幣】〔名〕《動詞「まひなふ」の連用形の名詞化》❶神や人にお礼の金品を捧げ贈ること。また、そのもの。❷賄賂を贈ること。また、そのもの。

まひ-びと【舞人】〔名〕舞を舞う人。

まひ-ひめ【舞姫】〔名〕《「まひびめ」とも》舞を舞う少女。特に、五節の舞に出る少女。平安末期からは、白拍子の遊女を指すこともある。例「例の――どもよりは、みな少し大人びつつ」〈源氏・少女〉訳(今年の五節の舞姫は)いつもの年の舞姫達よりは、皆少し年上のように振る舞って。

ま-びろ・く【真広く】〔他カ下二〕{け・け・く・くる・くれ・けよ}(衣服を)しまりなくはだける。例「指貫・直衣などをを引き下げて、――・けて出で来たり」〈宇津保・蔵開・上〉訳指貫や直衣などをぶら下げたまま、(衣服を)しまりなくはだけて出て来た。

ま・ふ【舞ふ】〔自ハ四〕{は・ひ・ふ・ふ・へ・へ}舞をする。舞う。また、動きまわる。例「声の限り出だして、おのおの歌ひ――・ひ」〈徒然草・一七五〉訳(酔っぱらって)ありったけの声を出して、各人歌ったり舞ったり。

真淵《人名》⇩賀茂真淵

まへ【前】〔名〕《「ま(目)へ(方)」の意》❶《空間的に》前の方向。ⓐ前方。前面。面前。ⓑ家の前。建物の前の庭。例「この対の――なる紅梅と桜とは、花の折々に、心とどめても遊び給へ」〈源氏・御法〉訳この(西の)対の屋の前庭にある紅梅と桜とは、花の咲く季節になったら、よくよく観賞しなさい。❷前に置くもの。食膳。食事。❸《時間的に》まえ。以前。例「――の年、かくのごとくからうじて暮れぬ」〈方丈記・飢渇〉訳(二年続きの飢饉の)前の方の年は、このようにしてやっとの思いで過ぎた。❹「御(おほん・み・お)――」の形で、神・天皇・貴人などを直接指すのをはばかっていう時に用いる。例「御(お)――より、宰相の君して、忍びて賜はせたりつる」〈枕草子・殿などのおはしまさで後〉訳中宮様から、宰相の君(=女房ノ名)を通して、(お手紙を)内緒でたまわったのですよ。❺「…の前」の形で、女性の名に付けて敬意を表す。「千手の――」「葵の――」など。❻「前句(まへく)」の略。

まへ-いた【前板】〔名〕牛車の屋形の前後に横に渡した板。踏み板。

まへ-かた【前方】㊀〔名・副〕❶以前。ずっと前。それよりも前。❷前もって。あらかじめ。㊁〔名・形動ナリ〕❶時代遅れ。古風な様子。律気。❷未熟なこと。不慣れ。うぶ。また、控え目な様子。

まへ-がみ【前髪】〔名〕少年または婦人の、額の上の髪を別に束ねたもの。普通、近世の元服前の少年の若衆髷のそれを指す。転じて、元服前の少年。

まへがみ

まへ-く【前句】〔名〕《連歌・俳諧用語》連歌や俳諧などで、付句の前にあって、ある発想を引きおこさせ、付句を導く句。例「――に心の通はざるは、ただむなしき人のいつくしく装束きて並び居たるなるべし」〈三冊子・赤〉訳(各自がそれぞれ華麗に技巧をこらして自分の付句のみをうまく詠んであっても)前句に対して心の通じ合っていないのは、ちょうど死人が美しく着飾って並んで座っているようなものだ。注連歌論『ささめごと』ヲ引用シタ部分。

まへく-づけ【前句付け】〔名〕連歌や俳諧の稽古のため、「七七」の短句に対し、その前に来る「五七五」の長句を、また、「五七五」の句に対して「七七」の句を付けること。江戸には、「七七」の題に対して、「五七五」の付句を懸賞付きで募集する形式が生まれ、やがて付句の「五七五」が独立して川柳が生まれた。例「付句は一句に一句なり。――などは幾つもあるべし」〈去来抄・修行〉訳(長く連なった俳諧の連歌では全体の流れや、作法の関係で)前句一句に対して理想的な付句は一句あるだけである。(これに対し、一組の短句と長句だけからなる)前句付けの場合は(示された前句に対し)付けられる句はいくつもあるだろう。注支考ノ考エヲ引用シタ部分。

まへ-つ-きみ【公卿】〔名〕《「前つ君」の意。「つ」は今の「の」の意》天皇の前に仕える人を敬っていう語。廷臣。平安時代には、「まうちぎみ」とも。

まへ-わ【前輪】〔名〕鞍の前部の山形に高くなっている部分。例「わが乗ったる鞍の――に押しつけて、ちっとも働かさず、首ねぢ切って捨ててんげり」〈平家・九・木曽最期〉訳(巴は、大力で有名な御田の師重を)自分の乗っている馬の鞍の前輪に押しつけて、少しも身動きさせず、首をねじ切って捨ててしまった。

まへ-わたり【前渡り】〔名〕前を通っていくこと。例「ひまなき御――に、人の御心を尽くし給ふもげにことわりと見えたり」〈源氏・桐壺〉訳(多くの女御や更衣の局の前をお通りになって、桐壺更衣のもとへ帝が)ひっきりなしに(前を)お通いになるのだから、他の女御や更衣がやきもきなさるのも本当にもっともだと思われた。

ま-ほ【真帆】〔名〕帆をいっぱいに広げて、その全面で風を受ける状態。また、その時の帆。

ま-ほ【真秀・真面】〔名・形動ナリ〕《「ま」は接頭語、「ほ」は高く抜きんでているもの》❶**完全であること。よく整っていること。**程度が十分であること。正式であること。対かたほ　例「――のくはしき日記にはあらず、あはれなる歌などもまじれるたぐひ」〈源氏・絵合〉訳(漢文で書かれた)正式の詳しい日記ではなく、趣深い和歌などもまぜて書いてある種類(のもので)。

❷へだてない様子。直接。じか。例「御かたはらめなどを、いとほしと思(おぼ)せば、——・にも向かひ給はず」〈源氏・初音〉訳（末摘花(すゑつむはな)の衰えた）横顔などを、（見るのも）気の毒だとお思いになるので、（光源氏は）正面きって向き合ったりはなさらない。

まほし〔助動シク型〕接続 動詞および助動詞「す」「さす」「しむ」「る」「らる」の未然形に付く。

未然形	連用形	終止形	連体形	已然形	命令形
まほしから	まほしく まほしかり	まほし	まほしき まほしかる	まほしけれ	○

【願望】❶《話し手の願望を表す》ⓐ話し手自身の行動についての願望。…たい。例「人の子産(う)みたるに、男、女、とく聞かまほし」〈枕草子・とくゆかしきもの〉訳人が子供を産んだ時は、男の子か、女の子か、早く聞きたい。例「ものうち言ひたる、聞きにくからず、愛敬(あいぎやう)ありて、言葉多からぬこそ、飽かず向かはまほしけれ」〈徒然草・一〉訳ちょっと物を言っているのでも、聞きづらくなく、温和で、口数の多くない人には、飽きることなく（いつまでも）対座していたいものである。

ⓑ（「あらまほし」の形で用いて）他のものの存在や状態に対する願望を表す。あることが望ましい。…であってほしい。理想的だ。例「少しのことにも、先達(せんだつ)はあらまほしきことなり」〈徒然草・五二〉訳ちょっとしたことにも、導いてくれる指導者はあってほしいものだ。

❷《話し手以外の人の願望を表す》…たい。例「あるいはおのが家に籠(こも)り居(ゐ)、あるいはおのが行かまほしき所へ往(い)ぬ」〈竹取・竜の首の玉〉訳（家来達は）ある者は自分の家に引き籠り、ある者は自分の行きたい所へ立ち去る。例「ものの情け知らぬ山がつも、花の蔭(げか)にはなほやすらはまほしきにや」〈源氏・夕顔〉訳物事の人情・情愛を知らない木こりでも、美しい花の下ではやはり休息したいものなのだろうか。

> 要点 (1)上代では、推量の助動詞「む」の古い未然形「ま」に準体助詞「く」が付き、それに形容詞「欲(ほ)し」の付いた「まくほし」が用いられた。「まほし」は、この「まくほし」が変化して、平安時代に成立した。平安時代の末になると同じ意味の「たし」が成立し、中世には次第に「たし」が多く用いられるようになった。⇩たし（助動）要点(1)
> (2)「まほし」と対義の助動詞に「まうし」があり、「…たくない」の意で、主として平安時代に用いられた。

まほし‐が・る〔助動ラ四型〕｛ら・り・る・る・れ・れ｝話者以外の者の希望の意を表す。…たがる。…たいと思う。例「御供(もと)に我も我もとものゆかしがりて、参(ま)う上らまほしがれど」〈源氏・若菜・下〉訳（紫の上の）お供に（女房たちは）我も我もと（音楽を）聞きたがって、参上したがるけれども。

まほし‐げ《願望の助動詞「まほし」＋接尾語「げ」》…たいような様子だ。…したいほどに見える。例「花の中にまじりて、朝顔折りて参るほどなど、絵にかかまほしげなり」〈源氏・夕顔〉訳（美しい少年の召使いが）花の中にまじって、朝顔を折り取って参上するところなど、絵にかきたいくらいの（すばらしい）様子である。

> 要点 動詞および動詞型活用の助動詞に付いて、全体で一語の形容動詞に相当するまとまりを作る。右の例で言えば、「かかまほしげなり」が、一語の形容動詞に相当する。

まほ‐ら〔名〕《上代語。「ま」は接頭語。「ほ（秀）」はすぐれたもの・所。「ら」は漠然と場所を示す接尾語》すぐれたよい所。「まほらま」「まほろば」とも。例「皇祖(すめろき)の神の命(みこと)の聞こし食(を)す国の——に山をしもさはに多みと」〈万葉・一八・四〇八九長歌〉訳天皇のお治めになっている国土のすぐれた所に、山がたいへん多いからと。

まぼら・ふ【守らふ】マボラ(ロ)ウ〔他ハ下二〕｛へ・へ・ふ・ふる・ふれ・へよ｝⇩まもらふ

まほら‐ま〔名〕《上代語。「ま」は語調を整えるために添えた接尾語》⇩まほら

まぼ・る〔他ラ四〕｛ら・り・る・る・れ・れ｝《「まうぼる」とも》「食ふ」の尊敬語。召し上がる。例「若薄(すすき)に手切る切る摘んだる菜を、親や——・るらむ、姑(しうとめ)や食ふらむ」〈土佐・一月九日〉訳若いススキで手を切り切り（彼女のために）摘んだ菜を、（今頃は）親父殿が召し上がっているだろうか、姑が食べているだろうか。注船頭ガ唄ッタ船唄ノ一節。

まぼ・る【守る】〔他ラ四〕｛ら・り・る・る・れ・れ｝《「まもる」とも》❶見つめる。見守る。注視する。例「一事(ひとこと)も見漏らさじと——・りて」〈徒然草・一三七〉訳（賀茂の祭を）一つも見落とすまいと見守って。

❷守る。保護する。守護する。例「ここに社(やしろ)を作りて斎(はい)ひ給へ。さらばいかにも——・り奉らん」〈宇治拾遺・三・三〉訳ここ（＝皇居）に神社を造ってお祭りなさい。そうすればどのようにも守って差し上げましょう。

まぼろし【幻】〔名〕❶実在しないのに、実在するかのように見えるもの。幻影。また、はかないもののたとえ。例「宮、いとど——の世を背き捨てさせ給へるうれしさを思(おぼ)し召されて」〈狭衣・三〉訳女二の宮は、幻影のようにはかないこの世を捨てて出家なさった喜びをしっかりとかみしめなさって。

❷幻術を使う人。幻術師。方士。例「たづね行く——もがなつてにても魂(たま)のありかをそこと知るべく」〈源氏・桐壺〉訳（亡き桐壺更衣(きりつぼのこうい)の魂のありかを）捜しに行ってくれる幻術師でもいてくれたらなあ。たとえ人伝てにでも、（更衣の）霊魂のありかをどこだと知ることができるように。

まほろ‐ば〔名〕《上代語。「まほらま」の変化した形》⇩まほら

まま【乳母】〔名〕うば。「めのと」とも。例「——が心一つには、怪しくのみぞし出(い)で侍(はべ)らむかし」〈源氏・浮舟〉訳乳母である私だけの考えでは、変に見苦しい様子にばかりしでかすでしょう。

ま‐ま【間間】■一〔名〕物の間。間毎(あいだごと)。例「かやうに——に皆一律を盗めるに、五の穴のみ、上の間に調子を持たずして」〈徒然草・二一九〉訳（横笛では）このように穴と穴との間毎に皆一つの調子を忍ばせてあるのに、五の穴だけが、上の穴との間に調子を持たないで。

■二〔副〕時々。時折。例「位を退いて後は、——さるためしもあんなり」〈平家・六・葵前〉訳（過去）天皇が位を退いた後には、時折そういう例（＝身分ノ違イスギル女性ヲ愛シタ例）もあると聞いている。

まま【儘・随】〔名〕《形式名詞。連体修飾語を伴った形

【まま

ま

で)❶なりゆきに任せること。…の通り。例「住吉(すみよし)の神の導き給ふ――に、はや舟出してこの浦を去りね」〈源氏・明石〉訳住吉の神のお導きに従って、はやくこの海岸を去ってしまえ。❷自分の思う通り。心のまま。勝手。例「その御――になりなむ世を。いかならむ」〈源氏・賢木〉訳その人(=右大臣)のお心のままになってしまうような世の中だ。(いったい)どうなることだろう。❸ある事が終わった後、そのままの状態であること。例「宮・上などのおはせし時の――に、習ひ給へる御心おごりの、いとほしきこと」〈源氏・蓬生〉訳(ご両親である)宮やその妃(きさき)などがこの世におられた時そのままに、ご習慣になっている(姫の)ご高慢ぶりが、お気の毒なことですよ。

真間(まま)〘地名〙千葉県市川市真間。多くの男性から求婚され、入り江に身を投げて自殺したという、伝説上の美女真間の手児奈(てこな)のいた所として有名で、『万葉集』にも歌われている。歌枕。

真間

まま【継】〔接頭〕❶血のつながらない親子の間柄を表す。「――母」「――父」「――子」など。❷片親しか血のつながりのない兄弟姉妹の間柄を表す。「――兄(せ)」「――弟(おと)」「――妹(いも)」など。

ままこ-だて【継子立て】〔名〕碁石(ごいし)でする遊びの一つ。実子と継子に見たてた黒と白の石十五個ずつ、合わせて三十個をある順序に並べて置き、特定の石から数えて十番目に当たる石を次々と取り除いて行って、最後に一つだけ石を残す遊戯。例「――といふものを双六(すごろく)の石にて作りて、立て並べたるほどは」〈徒然草・一三七〉訳継子立てというものを双六の石で作って、(石を)ずらりと並べてある間は。

まま-に【儘に・随に】〘連語〙(名詞「まま」+格助詞「に」)❶…にまかせて。…に従って。例「つれづれなる――、日暮らし、硯(すずり)に向かひて」〈徒然草・序〉訳何もする事がなく所在のないにまかせて、一日中、硯に向かって。❷…につれて。例「いたく更け行く――、浜風涼しうて、月も入り方になる――、澄みまさり」〈源氏・明石〉訳ますます夜が更けて行くにつれて、浜風も涼しく、月も西へ沈む頃になるにつれて、ますます澄みわたり。❸…と同時に。…するやいなや。例「出(い)でむ――、この物語見はてむと思へど、見えず」〈更級・物語〉訳(広隆寺(こうりゅうじ)のお籠(こも)りから)帰ったらすぐに、この物語(=『源氏物語』)を全部見ようと思うけれども、(結局)見られない。

真間の手児奈(ままのてこな)〘人名〙古代伝説上の美女。葛飾(かつしか)の真間(=千葉県市川市真間)にいた少女といわれ、貧しく、いつも粗末な衣服をまとって立ち働いていたが、その美貌(びぼう)ゆえに多くの男達から求婚され、悩み苦しんだ末に、みずから入り江に身を投げて果てたという。『万葉集』の中で、山部赤人(やまべのあかひと)〈巻三・四三一~四三三〉高橋虫麻呂(たかはしのむしまろ)〈巻九・一八〇七~一八〇八〉らによって詠まれている。

ま-み【目見】〔名〕(「ま」は「目」の意)目の表情。目つき。また、目のあたりの様子。目もと。例「――のなつかしげに匂(にほ)ひ給へる様」〈源氏・賢木〉訳目の表情が人の心をひくようにやさしそうでつやつやとしていらっしゃる様子は。

ま-み・ゆ【見ゆ】〔自ヤ下二〕(え・え・ゆ・ゆる・ゆれ・えよ)(「目(ま)見ゆ」の意)「会ふ」「見ゆ」の謙譲語。お目にかかる。お会いする。例「忠臣は二君(じくん)に仕へず、貞女は二夫(じふ)に――・えず」〈平家・九・小宰相身投〉訳忠臣は二人の主君には仕えず、貞淑な女は二人の夫には嫁(とつ)がない。

まめ

【忠実・真実】〔形動ナリ〕❶**まじめな様子。誠実である。**例「いと――・にじちようにて、あだなる心なかりけり」〈伊勢・一〇三〉訳(男は)大変まじめで実直で、浮気心はなかった。❷**実用的である。**例「すなはち車にて、――・なるものさまざまにもて来たり」〈大和・一七三〉訳すぐに牛車(ぎっしゃ)で、(貧しい女の所へ)生活に使うものをいろいろと持って来た。❸よく働く様子。勤勉である。実直である。例「いみじく不幸なりける侍(さぶらひ)の、夜昼――・なるが」〈宇治拾遺・三・一三〉訳ひどくふしあわせだった家来で、夜も昼も勤勉に働く男が。❹丈夫な様子。健康である。例「心、身の苦しみを知れれば、苦しむ時は休めつ、――・なれば使ふ」〈方丈記・閑居の気味〉訳心は、身体の苦しみがわかるから、(身体が)苦しい時は休めて、元気ならば(身体を)使う。

まめ-いた【豆板】〔名〕(「豆板銀(ぎん)」の略)江戸時代に通用した小さな豆形の銀貨。一匁(もんめ)から五匁ほどの、大きさ・重量の一定しないもので、重さをはかって額を決める。小玉(こだま)・小粒(こつぶ)・細銀(こまがね)・露(つゆ)などとも呼ばれた。例「前巾着(まへぎんちやく)より一歩(ぶ)ひとつ、――三十目ほど、幾度(いくたび)か数よみて見せける」〈西鶴・好色一代女・二・三〉訳前巾着(=小銭入レ)から一歩金ひとつと、豆板銀三十匁(め)ほど出して、何度も勘定(かんじょう)して見せた。

まめいた

まめ-がら【豆幹】〔名〕豆を取り去ったあとに残る枝・茎・さや。乾燥したものを燃料とする。例「焚(た)かるる――のはらはらと鳴る音は」〈徒然草・六九〉訳燃やされる豆がらのぱちぱちと鳴る音は。

まめ-ごころ【忠実心】〔名〕まじめな心。誠実な心。

まめ-ごと【忠実事】〔名〕まじめなこと。実生活に関係のあること。対あだこと(ニ) 例「年ごろ、――にも、徒事(あだごと)にも、召しまつはし」〈源氏・若菜・下〉訳長年、公的なまじめな職務上の事にも、私的な遊び事にも、(光源氏は私を)お呼びになって付きまとわせ。

まめ-だ・つ【忠実だつ】〔自タ四〕(た・ち・つ・つ・て・て)(「だつ」は接尾語)まじめに振る舞う。まじめになる。誠実になる。例「いといたく世をはばかり、――・ち給ひけるほど」〈源氏・帚木〉訳(光源氏は)はなはだしく世間をはばかって、まじめに振る舞っておられたその間。

まめ-びと【忠実人】〔名〕まじめな人。誠実な人。対ざ(戯)る

まめ-まめ・し

【忠実忠実し】〔形シク〕(「まめ」を重ねて形容詞化した形)❶**きわめてまじめである。本気である。**例「かかるついでに、――・しう聞こえさすべきことなむ」〈源氏・若紫〉訳こうした機会に、本気で申し上げようと思うことがございます。❷**実用的である。**生活向きである。例「――・しき物はまさなかりなむ。ゆかしくし給ふなる物を奉らむ」〈更級・物

語〉訳（おみやげに）実用的な品物はよくないでしょう。欲しいとお思いと聞いている物を差し上げましょう。注贈物ニハ普通、日用品ガ用イラレルガ、物語好キナ少女ノ作者ニ『源氏物語』全巻ヲ与エタ時ノ言葉。

まめ-やか【忠実やか】〔形動ナリ〕対あだ・あだあだし・なほざり

> 形容動詞の語幹「まめ」（＝誠実）に接尾語「やか」が付いてできた語。**まじめな様子、本格的なようす、**の意。平安時代の女性の作品では、同義語の「まめ」より圧倒的に多用されている。

❶**まじめな様子。本気である。**例「まことに——・にうんじ、心憂がれば」〈枕草子・職の御曹司におはします頃、西の廂にて〉訳本当に本心からふさぎこんで、情けなく思っていると。
❷本格的な様子。例「雪いたう降りて、——・に積もりにけり」〈源氏・幻〉訳雪がたいそう降って、本格的に積もってしまった。

まめ-をとこ【忠実男】（マメ・オトコ）〔名〕❶まじめな男。誠実な男。例「それを、かの——うち物語らひて帰り来て」〈伊勢・二〉訳それ（＝西ノ京ノ女）を、例のまじめな男が（たずねて行って）しみじみ言い交わして帰って来て。
❷好色な男。風流を好む男。

まもら・ふ【守らふ】（マモラ（ロ）ウ）**一**《連語》（上代語。「まもる」の未然形＋反復・継続の助動詞「ふ」）見つめ続ける。見守っている。例「木（こ）の間（ま）よもい行き——・ひ戦へば」〈古事記・中・神武〉訳木々の間を通って前進し（敵の動きを）見守り見守り戦ったので。
二〔他ハ下二〕（へ・へ・ふ・ふる・ふれ・へよ）《一の一語化したもの》一に同じ。例「講師（かう）じの顔をつと——・へたるこそ、その説く事の尊（たふと）さも覚ゆれ」〈枕草子・説経の講師は〉訳説教僧の顔を（夢中になって）じっと見つめておればこそ、その説き聞かせる仏法のありがたさも感得できるというものだ。

まもり【守り・護り】〔名〕《「まぼり」とも》❶守ること。守る人。守護。守護者。
❷神仏の加護。また、人を守る神仏の霊。お守り（札）。例「聖（ひじり）、御——に独鈷（とこ）奉る」〈源氏・若紫〉訳聖（＝京都北山の）高僧は、お守りとして（光源氏に）独鈷（＝祈禱（キトウ）ニ用イル仏具）をさしあげる。

まもり・ゐる【守り居る】（・イル）〔他ワ上一〕（ゐ・ゐ・ゐる・ゐる・ゐれ・ゐよ）❶じっと見つめている。見守っている。例「うち笑みてぞ——・ゐ給へる」〈源氏・手習〉訳微笑みながらじっと見つめておられた。
❷大切に守っている。大事にしている。例「よき女ならば、らうたくして、あが仏と——・ゐたらめ」〈徒然草・一九〇〉訳よい女ならば、かわいがって、自分の守り本尊のように大切にしているのであろう。

まも・る【守る】〔他ラ四〕（ら・り・る・る・れ・れ）《「目（ま）守（も）る」の意。「まぼる」とも》

> 「目（ま）守（も）る」で、**見守る、見つめる、**の意。そこから、**見定める、守護する、**の意となる。同義語「もる」は、多く和歌で用いられた。

❶**じっと見つめる。見守る。**例「下簾（したすだれ）のはざまの開きたるより、この男——・れば、わが妻（め）に似たり」〈大和・一四八〉訳（牛車（ぎっしゃ）の）下簾の隙間（すきま）が開いている所から、この男が（車の中の女を）じっと見つめてみると、自分の（昔の）妻に似ている。
❷（状況や様子などを）うかがう。見定める。例「淡海（あふみ）の海波かしこみと風——・り年はや経（へ）なむ漕（こ）ぐとはなしに」〈万葉・七・一三九〇〉訳琵琶（びわ）湖の波が恐ろしいというので風の様子をうかがってばかりいて、もはや年を過ごしてしまうことになるのかなあ。漕ぎ出すこともしないで。
❸守護する。しっかり保つ。防ぐ。大切にする。例「筑紫（つくしの）国は敵（あた）——・るおさへの城（き）ぞと聞こし食（を）す」〈万葉・二〇・四三三一長歌〉訳筑紫国（＝北九州）は、敵を防ぐ鎮護の砦（とりで）であるとお治めになる。

まゆ-ずみ【眉墨・黛】〔名〕❶眉（まゆ）をかくための墨。墨で眉をかくこと。また、そのかかれた眉。例「尽きせぬ物思ひに紅（くれなゐ）の涙せきあへねば、翠（みどり）の——乱れつつ」〈平家・八・太宰府落〉訳（平家一行に付き従う女房達も）次々とつらい思いをするために血の涙をおさえることができないので、深緑の（美しくかかれた）眉も乱れがちになり。
❷遠くの山々が、引かれた眉のように連なっている様子。

> 要点 平安時代、貴族の成人女性は、眉毛を抜いて眉墨で細くかき、歯を黒く染めるのが常であった。

ま-ゆみ【檀・真弓】〔名〕❶ニシキギ科の落葉樹。高さは約三メートルに達する。木質が弓の材料に適していたので、この名がある。
❷檀の木で作った丸木の弓。例「みこも刈る信濃（しなの）の——わが引かば貴人（うまひと）さびていなと言はむかも」〈万葉・二・九六〉訳信濃の国（＝長野県）の檀で作った弓を引くように、あなたの気を私が引いたら、あなたは貴人ぶっていやと言うでしょうか。

まよ・う【迷う】〔動〕⇩まよふ

まよひ【迷ひ】（マヨイ）〔名〕《動詞「まよふ」の連用形の名詞化》❶心が定まらないこと。迷うこと。惑い。特に、悟りを得られないこと。例「——の心を持ちて名利（みやうり）の要（えう）を求むるに、かくのごとし」〈徒然草・三八〉訳迷いの心を持ったままで名誉や利益への欲望を追求すると、以上のような（愚かな事をしでかす）ことになる。
❷はっきりそれと区別できないこと。紛れること。紛れ。例「夕間暮（ゆふまぐれ）の人の——に、対面（たいめん）せさせ給へり」〈源氏・少女〉訳（大宮は）夕暮れ時の人の混雑に紛れて、（夕霧を雲居雁（くもいのかり）に）対面おさせになった。
❸（織糸や髪などが）乱れること。ほつれ。例「今年行く新島守（にひしまもり）が麻衣（あさごろも）肩の——は誰（たれ）か取り見む」〈万葉・七・一二六五〉訳今年出発する新島守（＝新シク派遣サレル防人（サキモリ））の麻の衣の肩のほつれは、誰が繕ってやるのだろうか。注防人ニ対スル同情ノ歌。
❹騒ぐこと。騒ぎ。騒動。例「人の——少し鎮（しづ）めて、おはせむ」〈源氏・総角〉訳（詩歌や管弦の遊びなどでの）人々の騒ぎを少し鎮めてから、おでかけなさるだろう。

まよ-びき【眉引き】〔名〕《上代語。後世は「まゆびき」》眉墨（まゆずみ）で眉をかくこと。また、そのかかれた眉。例「吾妹子（わぎもこ）が笑（ゑ）まひ——面影にかかりてもとな思ほゆるかも」〈万葉・一一・二九〇〇〉訳私のかわいいあの娘の笑顔と、美しくかかれた眉とが面影として目の前にちらつき、しきりに心ひかれることだよ。

まよ・ふ【迷ふ】（マヨウ）〔自ハ四〕（は・ひ・ふ・ふ・へ・へ）❶あちこち行ったり来たりする。さまよう。ふらつく。例「風騒ぎ群雲（むらくも）——・ふ夕べにも忘るる間なく忘られぬ君」〈源氏・野分〉訳風が吹き荒れ群がった雲があちこち行ったり来たりしている（変転きわまりない）夕暮れ時にも、一刻たりとも忘れられないあなたなのです。❷心が定まらない。迷う。思い悩む。特に、悟りを得られない。❸はっきりそれと区別できない。紛れる。見まちがえる。❹（織糸や髪などが）乱れる。ほつれる。形がくずれる。例「風の音（と）の遠き我妹（わぎも）が着せし衣（きぬ）手本（たもと）のくだり——・ひ来にけり」〈万葉・一四・三四五三〉訳はるか遠くにいる妻が着せてくれた着物は、袖（そで）のあたりがほつれて来てしまった。注「風の音の」ハ「遠き」ノ枕詞。

まら-うと【客人・賓】（マロウト）〔名〕（「稀（まれ）人」の変化した形。近世以降「まらうど」。まれに来る人の意）客。例「うとき——などの参る折節の方なりければ」〈源氏・若紫〉訳めったに来ない客などがあった時に使う所だったので。

まらうと-ざね【客人ざね】（マロウト‥）〔名〕主だった客。正客。例「藤原の良近（まさちか）と言ふをなむ——にて、その日はあるじまうけしたりける」〈伊勢・一〇一〉訳藤原良近という人を正客として、その日はご馳走（ちそう）をしたのだった。

まら・する（せ・せ・す・する・すれ・せよ）■一〔他サ下二〕（室町後期の語）「やる」の謙譲語。差し上げる。献上する。例「茶を持って来たれば、まづ人に——・せ」〈蒙求抄〉訳お茶を持って来たら、まずほかの人に差し上げ。■二〔補動サ下二〕（動詞および動詞型活用の助動詞の連用形に付いて）❶謙譲の意を表す。お…申し上げる。お…する。例「たやすうお仲を直し——・せうずる」〈天草本伊曽保〉訳簡単に（ご夫婦の）仲をお直し申し上げましょう。❷丁寧の意を表す。…ます。例「さらば、まづ帰り——・する」〈狂言・石神〉訳それでは、そろそろ帰ります。

参考 動詞「参（まゐ）る」の未然形「まゐら」に使役の助動詞「す」が付いて一語化した「まゐらす」の連体形「まゐらする」が変化して成立したもの。□二の用法は「まっする」を経て、現代語の「ます」につながる。

まり【鞠・毬】〔名〕❶「けまり（蹴鞠）」に用いるまり。❷けまりの遊び。例「太政大臣（おほきおとど）の、よろづの事に立ち並びて勝負（かちまけ）の定めし給ひし中に、——なむえ及ばずなりにし」〈源氏・若菜・上〉訳太政大臣（だいじょうだいじん）が、（私と）いろいろなことに肩を並べて勝負をお争いになった中で、けまりだけは（私、光源氏が）とうとう大臣にかなわないでしまった。注一ツノ文ノ途中デ主語ガ変ワッテイル。

まり【余り】〔接尾〕（「あまり」の変化した形）「あまり四」に同じ。「七十（なそ）——」「百（もも）ち——十」など。

ま・る【放る】〔他ラ四〕（ら・り・る・る・れ・れ）大便や小便をする。排泄（はいせつ）する。

まる-わげ【丸髷・丸曲】〔名〕女性の髪型の一つ。江戸前期では、単にぐるぐると巻き上げた庶民の髪型を言ったが、江戸後期においては、主として既婚の女性が結う、後頭部に楕円型でやや平たい髷をつけた髪型を言った。まるまげ。例「毎日、髪・頭（かしら）もみづから梳（す）きて、——に結びて、身の取り回し人手にかからず」〈西鶴・日本永代蔵・二・一〉訳毎日、頭の髪も自分でとかして、まるまげに結って、身じたくは他人の手を借りない。

まるわげ

まれ【稀】〔形動ナリ〕たまにしかない様子。めったにない。例「昔ありし家は——・なり」〈方丈記・ゆく河〉訳昔あった家はめったにない。

まれ《連語》（係助詞「も」に動詞「あり」の命令形「あれ」の付いた「もあれ」が変化した形）…であっても。…でも。例「あが君を取り奉りたらむ、人に**まれ**、鬼に**まれ**、返し奉れ」〈源氏・蜻蛉〉訳私のご主人様（＝浮舟（ウキフネ））を連れ去り申し上げた者は、人でも、鬼でも、（ご主人様を）お返し申し上げよ。注浮舟失踪（シッソウ）ニ嘆ク乳母ノ言葉。

まれ-うと【客人】〔名〕⇩まらうと

まれ-びと【客人・賓】〔名〕⇩まらうと

まれ-まれ【稀稀】〔副〕ごくまれに。珍しく。たまたま。例「——かの高安（たかやす）に来てみれば」〈伊勢・二三〉訳珍しくあの（例の）高安（＝地名）に来てみると。

まろ【円・丸】〔名・形動ナリ〕❶円筒形。球形。また、その様子。例「つやつやと——・に美しげにけづりたる木の、二尺ばかりあるを」〈枕草子・蟻通の明神〉訳つややかに円筒状にきれいにけずった木で、長さ二尺ぐらいあるのを。❷体形がふっくらしている様子。例「——・にうつくしく肥（こ）え給へりし人の、少し細やぎにたるに」〈源氏・宿木〉訳（以前は）丸々とかわいらしくお太りになっていた人が、（妊娠して）少しほっそりしてしまったけれども。

要点 平安時代に多く用い、中世には「まろし」を用いるようになる。⇩まどか・まろし

まろ【麻呂・麿】■一〔代名〕《人称代名詞。自称》くだけた感じで、男女ともに用いる。私。例「筒井つの井筒にかけし——がたけ過ぎにけらしな妹（いも）見ざるまに」〈伊勢・二三〉訳丸い井戸の囲いとくらべて測った私の背丈は、もう囲いの高さよりも高くなってしまったようですよ、あなたと会わないでいる間に。注初句ヲ「筒井筒」トスル伝本モアル。■二〔接尾〕男子の名につける語。動物の名につけることもある。例「翁（おきな）——、いづら。命婦（みやうぶ）のおとど食へ」〈枕草子・上にさぶらふ御猫は〉訳翁丸、どこ。命婦のおとどにかみつきなさい。注「翁丸」ハ犬ノ名。「命婦のおとど」ハ猫ノ名。

参考 □二はのち、「まる」に変化し、主に子供の名につけるようになる。

まろうと【客人・賓】〔名〕⇩まらうと

まろ-か・す【丸かす・円かす】〔他サ四〕（さ・し・す・す・せ・せ）（「まろかる」の他動詞形）丸めてひとかたまりにする。丸くする。丸めて。例「冬は雪を——・して」〈宇津保・祭の使〉訳冬は雪を丸めて。

まろ・し【円し・丸し】〔形ク〕球形である。また、円形である。まるい。例「閑院殿（かんゐんどの）の櫛形（くしがた）の穴は——・く、縁（ふち）もなくてぞありし」〈徒然草・三三〉訳（以前の皇居である）閑院殿の（清涼殿の）櫛形の窓は（上辺が）円くて、縁はついていなかった。注「櫛形」ハ、清涼殿ノ殿上（テンジョウ）ノ

間ニアル半月形ノ窓。

要点 平安時代までは「まろ」を用い、中世以降「まろし」を用い、近世には「まるし」の形も現れる。本来「まどか」が円形、「まろなり」は円筒形や球形を表したが、「まろし」は円形をもいう。⇩まどか

まろ-ね【丸寝】〔名〕着たまま寝ること。ごろね。「まろぶし」とも。例「我妹子(わぎもこ)し我(あ)を偲(しの)ふらし草枕旅の——に下紐(ひも)解けぬ」〈万葉・二〇・四四二七〉訳あの娘が私を思っているらしい。旅のごろ寝で下紐が自然にとけた。注相手ガ自分ノコトヲ思ッテイルト、下紐ガ解ケルトイウ俗信ガアッタ。

まろばか・す【転ばかす】〔他サ四〕〔さ・し・す・す・せ・せ〕《「かす」は接尾語》⇩まろばす

まろば・す【転ばす】〔他サ四〕〔さ・し・す・す・せ・せ〕《「まろぶ」の他動詞形》転がす。転がらせる。

まろ・ぶ【転ぶ】〔自バ四〕〔ば・び・ぶ・ぶ・べ・べ〕転がる。また、転んで倒れる。ころぶ。例「土裂(さ)けて水涌(わ)き出(い)で、巌(いはほ)割れて谷に——・び入る」〈方丈記・大地震〉訳(地震で)大地は裂けて水が噴き出し、岩は割れて谷に転がりこむ。

まろ・む【円む・丸む】〔他マ下二〕〔め・め・む・むる・むれ・めよ〕❶丸い形にする。丸くする。丸める。例「使ひ捨てたる反故(ほうぐ)の——・めたるを、一枚一枚しわのばし」〈西鶴・世間胸算用・五・二〉訳(習字で)使い捨てた反故紙の丸めたのを、一枚一枚しわをのばし。
❷こね固めて作る。
❸《多く「頭をまろむ」の形で》剃髪(ていはつ)する。頭を剃(そ)る。

まろ-や【丸屋】〔名〕葦(あし)や茅(かや)で簡単に屋根をふいた粗末な家。例「夕されば門田(かどた)の稲葉おとづれて葦(あし)の——に秋風ぞ吹く」〈金葉・秋〉訳夕方になると、家の前の田の稲葉にそよぐ音を立てながら、葦ぶきの粗末な田舎家に秋風が吹いて来るよ。注『百人一首』所収、源経信(ツネノブ)ノ作。

まわる【回る・廻る】〔動〕⇩まはる

まゐ・づ【参出】(マイズ)〔自ダ下二〕〔で・で・づ・づる・づれ・でよ〕《上代語。「まゐいづ」の約》「出づ」の謙譲語。貴人の所に出かける。参上する。うかがう。例「桜花咲きなむ時に山たづの迎へ——・でむ君が来まさば」〈万葉・六・九七一長歌〉訳桜の花が咲く時にはお迎えに出ましょう。あなたが帰っていらっしゃるのだったら。注「山たづの」ハ「迎へ」ノ枕詞。

まゐで・く【参出来】(マイデク)〔自カ変〕〔こ・き・く・くる・くれ・こ(よ)〕《上代語》「出(い)で来(く)」の謙譲語。参上して来る。

参考 平安時代ではウ音便化して「まうづ」となる。

まゐ-のぼ・る【参上る】(マイ)〔自ラ四〕〔ら・り・る・る・れ・れ〕《上代語》「行く」の謙譲語。参上する。参る。例「——・る八十氏人(やそうぢびと)の手向(たむ)けする恐(かしこ)の坂に幣(ぬさ)奉(まつ)り」〈万葉・六・一〇二二長歌〉訳(都へ)参る多くの人々が供え物をする恐の坂にささげ物を奉って。

まゐら・す

【参らす】(マイラス)《謙譲語。動詞「参る」の未然形＋助動詞「す」》［一］《連語》「す」が助動詞としてのはたらきを保っているもの。■一「す」が使役の意を表すもの。❶参上させる。おうかがいさせる。例「御後見(うしろみ)たち、御兄(せうと)の兵部卿(ひやうぶきやう)の親王(みこ)など、……——・せ奉り給へり」〈源氏・桐壺〉訳(先帝の第四皇女の)ご後見役の人達や、兄にあたられる兵部卿の親王などが、……(第四皇女を桐壺(きりつぼ)帝の女御(にようご)として)参内させ申し上げなさった。注コノ皇女ガ藤壺(フジツボ)。
❷(物を)差し上げさせる。(行為を)ご奉仕させる。例「大臣(おとど)は、かしこき行ひ人、葛城山(かづらきやま)より請(う)じ出(い)でたる、待ち受け給ひて、加持——・せむとし給ふ」〈源氏・柏木〉訳(元の)大臣は、霊験あらたかな行者、葛城山から招いて下山させた者を、待ち受けなさって、(重病の息子、柏木(かしは)の)祈禱(きとう)に奉仕させようとなさる。
■二「す」が尊敬の意を表すもの。この場合は、必ずその下にさらに尊敬の意の補助動詞が付いて、「参らせ給ふ」などとなる。⇩まゐらせたまふ［二］
［二］「す」が助動詞としてのはたらきを失い、「参らす」で一語と認められるもの。〔せ・せ・す・する・すれ・せよ〕■一《他サ下二》《謙譲語》❶(物を)差し上げる。献上する。例「御返り事書きて——・せむとするに」〈枕草子・殿などのおはしまさで後〉訳(中宮定子に)お返事を書いて差し上げようとするのだが。
❷(何かの行為を)してさし上げる。ご奉仕する。例「蔵人(くらうど)ども、御まかなひの髪上げて——・するほどは」〈枕草子・淑景舎〉訳女蔵人(にょうろうど)(＝雑事ニ従事スル女官)達や、お給仕役の髪を結い上げてさしあげる間は。
■二〔補動サ下二〕《動詞の連用形に付いて》謙譲の意を添える。お…申し上げる。…させていただく。例「なほ、かくしも推し量り——・する人はなくやあらむ」〈枕草子・関白殿、二月二十一日に〉訳やはり、これほどまでにご推察申し上げる人は(他には)ないであろうか。

要点 ［二］■二の謙譲の意を添える補助動詞の用例は、平安時代中期から見られるが、平安末期以降著しく増加し、中世にかけて多用されるようになる。中世には「まらする」「まっする」などの形も生じる。

まゐら-せ-たま・ふ

【参らせ給ふ】(マイラセタモウ)《連語》［一］《動詞「参る」の未然形＋助動詞「す」の連用形「せ」＋尊敬の補助動詞「給ふ」》■一《「せ」が使役の場合》❶参上させなさる。おうかがいさせなさる。例「左の大殿(おほいどの)の六の君を、うけひかずおぼしたることなれど、おし立ちて——・ふべく、皆定めらる」〈源氏・総角〉訳(匂宮(にほうのみや)は)左大臣(＝夕霧)の六女を、(妻として)承知するお考えはなかったことだが、無理に(彼女を匂宮の妃(きさき)として)参上させなさるように、皆でお決めになった。
❷(物を)差し上げさせなさる。(行為を)ご奉仕させなさる。例「雑色(ざふしき)五、六十人ばかり、声のある限りひまなく御前駆(さき)——・ふ」〈大鏡・道隆〉訳下仕えの者五、六十人ほどに、ありったけの声で絶え間なく先払いの声をお立てさせになる。
■二《「せ」が尊敬の場合。「参り給ふ」よりも尊敬の度合いが高い》❶ご参上あそばされる。(后(きさき)として)ご参内になる。おうかがいなさる。例「前駆(さき)高う追ふ声すれば、『殿——・ふなり』とて」〈枕草子・宮に初めて参りたるころ〉訳先払いの声が高く聞こえるので、「関白様(＝藤原道隆、中宮定子ノ父)がご参内になるようです」と言って。
❷(物を)お上げあそばされる。(行為を)して上げなさる。例「これを聞こしめして、御堂(みだう)より、御装束一領

して——・ふ」〈栄花・衣の珠〉［訳］これ（＝藤原公任出家ノコト）をお聞きあそばして、道長様の許から、（僧としての）ご衣装一そろえを整えてお差し上げあそばされる。

［三］《動詞（まれに補助動詞）「参らす」の連用形＋尊敬の補助動詞「給ふ」》■一「参らせ」が、謙譲の動詞であるもの。（物を）ご献上になる。差し上げられる。（行為を）してさしあげなさる。ご奉仕になる。［例］「さるべき限り取り続き——・ふ」〈栄花・初花〉［訳］しかるべき女房だけが（若君のお膳を）次々と取り次いで差し上げられる。［注］一条天皇ノ皇子ノ誕生五十日目ノ祝イ。

■二《動詞の連用形に付いて》「参らせ」が謙譲の補助動詞であるもの。動作の対象となる相手方と動作をする人の両方を、尊敬する意を表す。…し申し上げなさる。［例］「御志思ひ——・はん人々は、急ぎ続き給へ」〈平家・一一・先帝身投〉［訳］（天皇を）心の底からお慕い申し上げなさるような人達は、遅れずに後に続きなさい。

> ［要点］［一］■一②と［三］■一とは、意味が近似していてまぎらわしいが、同一ではない。動作の対象となる人（＝動作ノ相手）に対する敬意を「参る（ら）」で、動作をする人に対する敬意を「す（せ）」「給ふ」の二語で表した前者の場合、話し手は、動作の対象となる人よりも、動作をする人の方に、より高い敬意を向けている。それに対し、動作の対象となる人に対する敬意を「参らす（せ）」（＝「参る」ヨリモ動作ノ対象トナル人ニ対スル敬意ガヨリ高イ）で、動作をする人に対する敬意を「給ふ」一語で表した後者では、話し手が、動作をする人よりも、動作の対象となる人の方に、より高い敬意を向けていることになる。

まゐり-あつま・る【参り集まる】〔自ラ四〕参上して集まる。参集する。［例］「昔仕うまつりし人、俗なる、禅師なる、あまた——・りて」〈伊勢・八五〉［訳］昔（君に）お仕え申し上げた人が、俗人も、僧も、（君のもとへ）大勢参り集まって。

まゐり・く【参り来】〔自カ変〕「来」の謙譲語。参上する。参る。「まゐく」とも。［例］「板葺の黒木の屋根は山近し明日の日取りて持ちて——・こむ」〈万葉・四・七七九〉［訳］屋根を板葺きにする皮のついたままの木材は、山が近いのですから、明日にでもきり取って持って参りましょう。

まゐり-もの【参り物】〔名〕お食事。召し上がり物。

まゐ・る【参る】［一］〔自ラ四〕《謙譲語。神や貴人のもとへ行く意。対義語は上代「まかる」、平安以降「まかづ」》❶宮中や貴人のもとへ参上する。おうかがいする。また、出仕する。［例］「月日経て、若宮——・り給ひぬ」〈源氏・桐壺〉［訳］（ずいぶん）月日がたって、幼い皇子（＝光源氏）が（母の里から）宮中に参上なさった。

❷お妃として宮中に入る。入内する。［例］「この殿の御女、……円融院の御時に——・り給ひて、堀川中宮と申しき」〈大鏡・兼通〉［訳］この大臣（＝藤原兼通）のご息女は、……円融天皇の御代に妃として宮中にお入りになって、堀川中宮と申し上げた。

❸神社・寺などへ参詣する。おまいりする。［例］「清水などに——・りて、坂もと上るほどに」〈枕草子・清水などに参りて〉［訳］清水寺（＝京都市東山区ノ寺）などに参詣して、（その）坂道の入り口を上っている頃に。

❹「行く」「来」の謙譲語。その場所は特に敬意を払うべきところでなく、むしろ、丁寧語的に用いられる。［例］「いと心もとなければ、明日あさてのほどばかりには——・りなむ」〈蜻蛉・上・康保三年〉［訳］たいへん気がかりなので、明日か明後日ぐらいには（あなたの所へ、また）きっと来ましょう。［注］夫ノ藤原兼家ノ作者ニ対スル言葉。

［二］■一〔他ラ四〕《謙譲語。貴人のもとへ物を差し上げたり、行動で奉仕したりする意》。❶物を差し上げる。献上する。［例］「左大将の北の方、若菜——・り給ふ」〈源氏・若菜・上〉［訳］左大将の奥方（＝玉鬘）が、（光源氏に）若菜を差し上げなさる。［注］光源氏ノ四十歳ノ祝イノ時ノコト。十二種ノ若菜ヲ食ベルト若返ルトサレタ。

❷（行為を）して差し上げる。行動で奉仕する。［例］「御文書かせ給へば、御硯の墨すり、御うちはなど——・り」〈枕草子・めでたきもの〉［訳］（天皇が）お手紙をお書きになる時には、硯の墨をすり、うちわでおあおぎ申し上げて。

❸《「御格子まゐる」の形で》御殿の格子をお上げする。また、お下げする。［例］「とく、御格子——・らせ給ひて、朝霧をながめ給ふ」〈源氏・朝顔〉［訳］（光源氏は）朝早く、格子をお上げすることをさせなさって、朝の霧（のかかった庭の様子）をご覧になる。

■二〔他ラ四〕（［二］■一から、奉仕される側の貴人の動作を表す尊敬語に転じて）❶「食ふ」「飲む」の尊敬語。召し上がる。［例］「さるべき干物ばかりして、御かはらけ——・る」〈源氏・若菜・上〉［訳］適当な干し魚などだけで、お盃（に入ったお酒）を召し上がる。

❷「着る」「乗る」「為（す）」などの尊敬語。お召しになる。なさる。［例］「夜深く御手水——・り、御念誦などし給ふも」〈源氏・須磨〉［訳］（光源氏が）夜遅く手や口を洗い清めなさり、お念仏をお唱えになるのも。

> ［要点］「参る」は、上代に使われた「まゐいる」から成立したものとされる。従って、［一］が原義で、［二］■一へ、さらに［二］■二へと意味が広がっていったものと考えられる。中世以降、単に何かの行為をする意味を重々しく言ったり、相手の力に屈したりする場合にも用いられることがある。

ま-を-くば・る【間を配る】⇨「ま（間）」子項目

まを・す【申す】《上代語。平安時代以降は「まうす」》■一〔他サ四〕「言ふ」の謙譲語。申し上げる。［例］「み吉野の小牟漏が嶽に猪鹿伏すと誰ぞ大前に——・す」〈古事記・下・雄略〉［訳］吉野の小牟漏が嶽（＝奈良県東吉野村ニアル）に獣が潜んでいると、誰が天皇の御前に申し上げたのか。

■二〔補動サ四〕《動詞・動詞型活用の助動詞の連用形に付いて》謙譲の意を表す。お…申し上げる。［例］「天飛ぶや鳥にもがもや都まで送り——・して飛び帰るもの」〈万葉・五・八七六〉［訳］鳥ででもあればよいのになあ。（あなたを）都までお送り申し上げて飛んで帰るのに。［注］「天飛ぶや」ハ「鳥」ノ枕詞。「もがも」ハ願望ノ意ヲ表ス終助詞。

まん【幔】〔名〕幕の一種。縦にだんだらの筋のあるもの。

万葉集（まんえふしふ）マンヨウシュウ【書名】現存する我が国最古の歌集。七五九年（天平宝字三）以後の成立。何人もの手を経て編まれたものと考えられるが、現在の形に近いものにまとめたのは大伴家持かと言われている。長歌・短歌・旋頭歌が主で、二十巻に約四千五百首を収める。歌の制作年代は仁徳天皇から淳仁天皇の七五九年に至るが、年代の明らかな歌は、舒明天皇以後、約百三十年間のものである。作者は、皇族・貴族から庶民に至る広い階層にわたっている。分類は、雑歌（＝後ノ二類以外）・相聞（＝恋ノ歌ヤ肉親間ノ愛情ヲウタウ歌）・挽歌（＝人ノ死ヲ哀悼スル歌）を根幹とするが、その素朴でおおらかな歌風は、「万葉調」「ますらをぶり」などと称されて、『古今和歌集』以後の歌に大きな影響を与えた。

収められた歌は、制作年代・歌風の変遷に従って、次の四期に分けて考えるのが普通である。《第一期》壬申の乱（六七二年）まで。口承歌謡から個性的な和歌が成立する時期。感情をすなおに表現した作が多い。代表歌人は額田王など。例「あかねさす紫野行き標野行き野守は見ずや君が袖振る」〈額田王・一・二〇〉《第二期》奈良遷都（七一〇年）まで。専門歌人が現れ、素材・表現ともに進展し、格調高く力強い歌が多い。代表歌人は柿本人麻呂・高市黒人など。例「ささなみの志賀の唐崎幸くあれど大宮人の舟待ちかねつ」〈人麻呂・一・三〇〉《第三期》山上憶良が没したと思われる七三三年まで。独自の歌風をもつ歌人が現れ、それぞれの境地を深めた。代表歌人は、山部赤人・大伴旅人・山上憶良・高橋虫麻呂など。例「験なきものを思はずは一坏の濁れる酒を飲むべくあるらし」〈旅人・三・三三八〉《第四期》七五九年まで。技巧的になって万葉調の力強さが失われていく。代表歌人は大伴家持など。例「春の野に霞たなびきうら悲しこの夕影に鶯鳴くも」〈家持・一九・四二九〇〉

また、これらとは別に、東国の農民の生活感情をうたいあげた民謡的な東歌や、農民兵士の苦しみをうたった防人歌などもある。

なお、表記はすべて漢字で、その音や訓を利用して巧みに日本語を表すように工夫されており、これを世に「万葉仮名」と呼んでいる。

万葉代匠記（まんえふだいしやうき）マンヨウダイショウキ【書名】江戸前期の『万葉集』の注釈書。契沖著。徳川光圀の依頼で着手、一六九〇年（元禄三）に完成。注釈は『万葉集』の全歌にわたり、枕詞の解釈など、実証的な考察は近代的な学問研究の先駆的な役割を果している。

まん-ざ【満座】〔名〕その場にいる者全部。例「顔をさし入れて舞ひ出でたるに、――興に入ること限りなし」〈徒然草・五三〉訳（鼎の中に）顔をすっぽり入れて舞い出したところ、その場の全員がおもしろがることは大変なものだ。

まん-ざい【万歳】〔名〕❶永遠。永久。いつまでもいつまでも。「ばんざい」とも。例「――千秋の間、朝暮に仕へつるに」〈今昔・二・一〉訳いついつまでも、朝に晩にお仕えしようと思っておりましたのに。❷《「千秋万歳」の略》新年に、家々を回って、その年の繁栄を祝う言葉を述べ、踊りをして歩く芸人。

まんざい②

まんだら【曼陀羅・曼荼羅】〔名〕《仏教語。本来「円輪」「道場」などの意》❶仏を祭壇に安置して祭ること。また、その祭壇。❷諸仏の悟りの世界を絵にかいたもの。極楽世界をかいた浄土曼陀羅、密教の金剛界をかいた金剛界曼陀羅、胎蔵界をかいた胎蔵界曼陀羅など、種々ある。

まん-どころ【政所】〔名〕《「まつりどころ」の変化した形》❶政治をとり行う役所。特に、検非違使庁のこと。❷平安時代以後、皇族・貴族の家や寺社に設置されて、家政や荘園の管理などを担当した事務所。❸鎌倉・室町幕府で、行政・財政などを担当した役所。❹「北の政所」の略。

まん-な【真字】〔名〕⇩まな（真名）

まん-まん【漫漫】〔形動タリ〕広々としている様子。

万葉集（まんようしゅう）【書名】⇩まんえふしふ（万葉集）

み

み【巳】〔名〕❶十二支の六番目。⇩じふにし ❷方角の名。南南東。❸時刻の名。午前十時および、その前後二時間。一説に、午前十時からの二時間。例「椿市といふ所に、四日といふ――の時ばかりに、生ける心地もせで行き着き給へり」〈源氏・玉鬘〉訳椿市という所に、四日目の午前十時頃に、生きた心地もしないでたどり着かれた。注「椿市」ハ、奈良県桜井市ニアリ、長谷寺参詣ノ宿泊所。

巳の刻（みのこく）《「巳の時」とも》❶⇩み（巳）③ ❷（正午より早いところから）物がまだ新しいこと。❸物事の盛りの時。たけなわ。

巳の時（みのとき）⇩巳の刻

巳の日の祓へ（みのひのはらへ）ハラエ 陰暦三月の最初の巳の日に、人形を作ってそれで体をなで、けがれやわざわいを人形に移して、川に流した行事。雛祭の初めかといわれる。「上巳の祓へ」とも。

み【身】━〔名〕❶からだ。身体。例「汝が――はいかにか成れる」〈古事記・上・伊邪那岐命と伊邪那美命〉訳おまえの体はどのようにできているか。❷**身の上**。置かれている境遇。立場。例「何すとか――をたな知りて」〈万葉・九・一八〇七長歌〉訳どうしてであろうか、（彼女は）自分の身の上を思いつめて。❸**自分自身**。その人自身。例「――のため辛き目を見る折々も多く侍れど」〈源氏・明石〉訳自分自身のせいでつらい目にあう時もたびたびございましたが。❹（魚や獣の）皮に対して、肉。❺（刀の）鞘におさまる部分。刀身。❻（容器などの）蓋に対して、本体のほう。

━〔代名〕《中世以降、━③から転じて》《人称代名詞。自称》わたし。男子が目下の者に対して用いる。例「わいらがやうに、――は腹からの駕籠舁きにあらず」〈浮世・傾城禁短気・四・四〉訳お前らのように、わしはねっからの駕

【み

籠かきではない。

身に余（あま）・る 十分過ぎる。過分である。例「――・るまでの御心ざしの万（よろづ）にかたじけなきに」〈源氏・桐壺〉訳（娘、桐壺更衣（きりつぼのこうい）の）分に過ぎた（桐壺帝の）ご愛情がすべてにつけて恐れ多いほどであったために。

身の後（のち） 死んだあと。死後。例「――には金（こがね）をして北斗を支ふとも、人のためにぞ煩はるべき」〈徒然草・三八〉訳死後に（積み上げた）金で北斗七星を支えるほど財産が残っても、（遺族の）人には迷惑がられるだろう。

身を沈（しづ）・む ❶（水中に）身を沈める。投身自殺する。身投げする。例「悲しくもかかる憂き目をみ熊野の浦わの波に――・めける」〈建礼門院右京大夫集〉訳悲しいことに、こんなつらい目にあわれて、熊野（＝三重県熊野市）の海岸の波間に身を投げられたことです。注平維盛（タイラノコレモリ）ノ入水（ジュスイ）ヲ聞イテ詠ンダ歌。

❷身を落ちぶれさせる。失意の境遇にいる。例「なほかう――・めたるほどは、行ひよりほかのことは思はじ」〈源氏・明石〉訳やはりこのように不幸な境遇に身を置いている（＝都カラ追ワレテイル）間は、仏道の勤めよりほかのことは考えないでおこう。

身を捨（す）・つ ❶（心などが）肉体を離れる。例「――・てて行きやしにけむ思ふより外（ほか）なるものは心なりけり」〈古今・雑下・九七七〉訳心が私の体を離れてどこかへ行ってしまったのだろうか。思い通りにならないのは心というものだったのだなあ。

❷我が身を犠牲にする。一生懸命に尽くす。例「――・てとぶらひ参らむにも、何のかひかは」〈源氏・須磨〉訳我が身を犠牲にして（光源氏の）お見舞いに参上したとしても、何のかいがあろうか（いや、ありはしない）。

❸世間並みの暮らしを捨てる。出家遁世（しゅっけとんせい）する。例「もろともに――・てむも惜しかるまじき齢（よはひ）どもになりたるを」〈源氏・若菜・下〉訳（紫の上や明石の上なども）私（＝光源氏）と一緒に出家しても惜しくない年齢に皆なってしまったので。

❹投身自殺する。身を投げる。また、死ぬ。

❺身体を投げ出すようにして、ひれ伏す。例「――・てて額（ぬか）をつき、祈り申すほどに」〈更級・かどで〉訳ひれ伏しぬかずいて、（薬師如来の像に）お祈り申し上げているうちに。

身を立（た）・つ 立身出世する。一人前の立派な男になる。例「若きほどは、諸事につけて――・て、大きなる道をも成（じゃう）じ」〈徒然草・一八八〉訳若いうちは、諸事につけて立身出世して、大きな専門の道をなしとげ。

身を辿（たど）・る 自分の身の上をあれこれ思い悩む。例「天彦の訪れじとぞ今は思ふ我か人かと――・る世に」〈古今・雑下・九六二〉訳（あなたの家を）当分の間たずねないでおこうと今は思っています。（免官された嘆きで）我か人かの区別もないほどとり乱して思い悩んでいる時ですから。注「天彦の」ハ「おと」ニカカル枕詞。

身を尽（つ）く・す 自分のすべてを捧げる。命がけでする。例和歌では、「澪標（みをつくし）」にかけて用いることが多い。例「侘（わ）びぬれば今はた同じ難波（なには）なる――・してもあはむとぞ思ふ」〈後撰・恋五〉訳あなたとの仲が噂（うわさ）となって、つらい思いをしているので、今ではもう身を捨てたも同じことだ。あの難波（の港）にある澪標（＝水路ヲ示ス標識）ではないが、身を尽くし命をかけてもお会いしたいと思う。注元良親王ノ作デ、『百人一首』ノ歌。

み【美】〔接頭〕（名詞に付いて）美しい、立派な、など褒める気持ちを添える。「――草」「――掘串（ぐし）」「――雪」「――吉野（よしの）」など。

み【御】〔接頭〕（名詞に付いて）尊敬の意を添える。「――明かし」「――格子（かうし）」「――国」「――位（くらゐ）」など。

み〔接尾〕❶（形容詞の語幹および助動詞「べし」「ましじ」の語幹相当部分に付いて）原因・理由を表す。**…ので。…だから。**多く「名詞＋を＋形容詞語幹＋み」の形で用いられる。例「やまず行かば人目を多――まねく行かば人知りぬべ――」〈万葉・二・二〇七長歌〉訳（妻のいる里をじっくり見たいと思うが）しょっちゅう行くと人目が多いだろうから、（また）しばしば行くと人が知ってしまうだろうから。

❷（形容詞の語幹に付いて）下に続く動詞「思ふ」「す」の内容を表す連用修飾語を作る。例「いやめづらし――思ほし君と時々幸（いで）まして」〈万葉・二・一九六長歌〉訳いよいよますますいとしく思われた（すばらしい）ご主人と、時々お出かけになって。

❸（形容詞の語幹に付いて）名詞を作る。「浅――」「繁（しげ）――」「高――」など。

❹（活用語の連用形に付き、「…み…み」の形で）動作が交互に反復して行われる意を表す。…たり…たり。例「神無月（かみなづき）降り――降らず――定めなき時雨（しぐれ）ぞ冬の初めなりける」〈後撰・冬〉訳陰暦十月に降ったり降らなかったりして変わりやすい時雨が、冬の始まり（のしるし）だったのだなあ。

み【曲・廻・回】〔接尾〕山や川や海が入り込み曲がっている所。

み-あかし【御明かし】〔名〕（「み」は接頭語）神や仏に供えるあかり。お灯明（とうみょう）。例「先に――持たせ」〈更級・初瀬〉訳先頭の者にお灯明を持たせ。

み-あらか【御舎・御殿】〔名〕（「み」は接頭語）大きな家を敬っていう語。御殿（ごてん）。

み-あらは・す【見顕す】〔他サ四〕（さ・し・す・す・せ・せ）隠れている物事を、見て明るみに出す。はっきりと見て取る。あらわにする。例「狐（きつね）の変化（へんげ）したるか。憎し。――・さむ」〈源氏・手習〉訳（木の下の白いものは）狐が化けているのか。憎らしい。正体をばらしてやろう。

み-あり・く【見歩く】〔他カ四〕（か・き・く・く・け・け）あちこち見て歩く。見て回る。例「そのわたり、ここかしこ――・き」〈徒然草・一五〉訳（旅に出て）そのあたりを、あちらこちらを見て歩き。

み-いだ・す【見出だす】〔他サ四〕（さ・し・す・す・せ・せ）❶（家などの）中から外を見る。外を見やる。対みいる 例「梅（むめ）の香（か）をかしきを――・して物し給ふ」〈源氏・末摘花〉訳梅の香りのよいのを（寝殿の中から末摘花（すゑつむはな）は）見やっていらっしゃる。

❷見つけ出す。見つける。捜し出す。例「この地蔵、納（をさ）め置き奉りけるを思ひ出（い）だして、――・したりけり」〈宇治拾遺・五・一〉訳この地蔵をお納め置き申し上げておいたのを思い出して、見つけ出したのであった。

❸目をむいて見る。目を見張る。

み-いつ【御稜威】〔名〕（「み」は接頭語）神や天皇の強い力。ご威光。

み-い・づ【見出づ】〔他ダ下二〕（で・で・づ・づる・づれ・でよ）見つけ

出す。見つける。捜し出す。例「うれしきもの。まだ見ぬ物語の一(ちい)を見て、いみじうゆかしとのみ思ふが、残り━━・でたる」〈枕草子・うれしきもの〉訳うれしいもの。まだ読んだことのない物語の第一巻を読んで、とても読みたいとばかり思っていた物の、残り(の巻)を見つけ出した時。

三井寺(みいでら)〘寺名〙⇩みゐでら(三井寺)

み-い・る【見入る】㊀〔他ラ下二〕{れ・れ・る・るる・るれ・れよ}❶外から中を見る。中をのぞく。のぞき込む。対みいだす 例「几帳(きちやう)より━━・れ給へるに」〈源氏・賢木〉訳(右大臣が)几帳から(娘の寝所を)おのぞきになると。

❷注意してみる。心にかけてあれこれと面倒を見る。目をかける。例「あからさまに来たる子供・童(わらはべ)を、━━・れらうたがりて」〈枕草子・にくきもの〉訳ちょっと遊びに来た子供や幼子達を、目をかけてかわいがり。

❸(悪霊などが)目をつけてとりつく。みいる。例「荒れたりし所に住みけむ物の、我に━━・れけむ便りにかくなりぬること」〈源氏・夕顔〉訳荒れはてた所に住みついた魔性の物が、私(=光源氏)に目をつけたまきぞえで(夕顔は)こんな結果(=頓死(トンシ))になったのだ。

㊁〔他ラ四〕{ら・り・る・る・れ・れ}一心不乱に見る。じっと見る。見入る。また、とりつく。例「来困(きこう)じたる心地なれど、夜のふくるも知らず━━・りてあれば」〈蜻蛉・中・天禄二年〉訳旅で疲れ気味だけれど、(鵜飼(うかひ)を)夜の更けるのも忘れて一心に見ていると。

み-いれ【見入れ】〔名〕《動詞「見入る」の連用形の名詞化》❶外から中を見ること。中をのぞき込むこと。例「━━のほどなく、ものはかなき住まひを」〈源氏・夕顔〉訳中を見ても奥行きがなく、ささやかな住まいを。

❷執心すること。思い入れること。執念。

み-うち【御内】《「み」は接頭語》㊀〔名〕❶将軍直属の武士。旗本。

❷⇩ふだい

❸家来。家臣。

㊁〔代名〕《人称代名詞。対称》相手の男性を敬っていう語。貴下。あなた。例「花を散らしつるは━━でわたり候ふか」〈謡曲・雲林院〉訳(桜の)花を散らしたのはあなたでいらっしゃいますか。

みえ-あり・く【見え歩く】〔自カ四〕{か・き・く・く・け・け}人目につくようにあちこち歩き回る。見せて回る。例「あながちに志を━━・く」〈竹取・貴公子たちの求婚〉訳(貴公子達は)一生懸命に求婚の気持ちを表そうとして歩き回る。

みえ・く【見え来】〔自カ変〕{こ・き・く・くる・くれ・こ(よ)}やって来て姿が見えるようになる。姿を現す。例「熟田津(にきたつ)に舟乗りせむと聞きしなへなにそも君が━━・こざるらむ」〈万葉・三・三〇三〉訳熟田津で舟に乗るだろうと聞いていたが、どうしてあなたは姿を現さないのでしょうか。

みえ-しらが・ふ【見えしらがふ】(シラゴウ)〔自ハ四〕{は・ひ・ふ・ふ・へ・へ}わざと人目につくようにする。見られるように振る舞う。例「ことさらに、━━・ふ人もあり」〈源氏・総角〉訳意識的に、目につくように振る舞っている女房もいる。

みえ-ぬ【見えぬ】《連語》《動詞「見ゆ」の未然形＋打消しの助動詞「ず」の連体形》❶現れない。見えない。例「十月(かみなづき)つごもりがたに、三夜(みよ)しきりて━━時あり」〈蜻蛉・上・天暦九年〉訳十月の末頃に、三晩続けて姿が見えない(=夫ガ通ッテ来ナイ)時があった。

❷見慣れない。見知らない。例「京には━━鳥なれば、みな人見知らず」〈伊勢・九〉訳京では見慣れない鳥であるので、(そこにいた)誰も見知らない。注「都鳥(みやこどり)」ノコト。

みえ-まが・ふ【見え紛ふ】(マゴウ)〔自ハ四〕{は・ひ・ふ・ふ・へ・へ}他の物と区別がつかないように見える。見まちがえる。例「前栽(せんざい)の花に━━・ひたる色あひなど、ことにめでたし」〈源氏・松風〉訳植え込みの花に見まちがえるような(着物の)色具合なども、格別にすばらしい。

みえ-わ・く【見え分く】〔自カ四〕{か・き・く・く・け・け}はっきり見分けがつく。違いがはっきり見える。例「色の黒さ赤ささへ━━・かれぬべきほどなるが」〈枕草子・関白殿、二月二十一日に〉訳(かもじを入れた髪の)色の黒さ赤さまでもはっきり見分けられてしまいそうな(明るさな)のが。

みえ-わた・る【見え渡る】〔自ラ四〕{ら・り・る・る・れ・れ}ずっと見渡される。一面に見える。例「霧の籬(まがき)より、花のいろいろおもしろく━━・る中に」〈源氏・宿木〉訳霧のたちこめた垣根から、様々な花が趣深く一面に見渡される中で。

みお【澪・水脈】〔名〕⇩みを

み-お・く【見置く】〔他カ四〕{か・き・く・く・け・け}❶様子などを前もって見ておく。見届けておく。見定めておく。例「埋(うづ)みけるを人の━━・きて、……盗めるなりけり」〈徒然草・五四〉訳(弁当の箱を)埋めたのを人が見届けておいて、……盗んだのだった。

❷前もってとりはからっておく。方策を講じておく。処置しておく。例「幼き人々を、いかにもいかにも我があらむ世に━━・くこともがな」〈更級・夫の死〉訳(残された)幼い子供達を、どうにかして自分が生きているうちに何とかしておいてやりたいものだ。

❸見たままで放置する。見捨てる。例「さる君を━━・き奉りてこそ、え行くまじけれ」〈枕草子・御乳母の大輔の命婦〉訳このような(情愛の深い)お方をお見捨て申して、とても(田舎へなど)行けたものではないだろう。

み-おく・る【見送る】〔他ラ四〕{ら・り・る・る・れ・れ}❶自分から離れて行く物を、見えなくなるまで目で追う。例「卯月(うづき)ばかりのあけぼの、艶(えん)にをかしかりしを思(おぼ)し出でて、桂の木の大きなるが隠るるまで、今も━━・り給ふとぞ」〈徒然草・一〇四〉訳(女と一夜を過ごした男は、その女と逢った)四月頃の明け方がしっとりとして興趣があったのをお思い出しになって、(そのあたりを通る時には)桂の木の大きなのが見えなくなるまで、今でもずっと目で追って(お通りになる)ということだ。

❷立ち去って行く人を送る。見送る。例「松の木(け)の並みたる見れば家人(いはびと)の我を━━・ると立たりしもころ」〈万葉・二〇・四三七五〉訳松の木が立ち並んでいるのを見ると、家族たちが私を見送るといって立っていたように見える。注防人(サキモリ)ノ歌。「木(け)」「家人(いはびと)」「立たり」ハ、東国方言。「もころ」ハ、……ノヨウダノ意。

要点 ①が原義で、②は現代語の「見送る」と同じ用法。なお、①の『徒然草』一〇四段の例は、見送る側が離れていく場合である。

み-おこ・す【見遣す】〔他サ下二〕{せ・せ・す・する・すれ・せよ}こちらの方を見る。対みやる 例「月の出でたらむ夜は、━━・せ給へ」〈竹取・かぐや姫の昇天〉訳月の出たような夜は、(私のいる月の方を)見て下さい。注カグヤ姫ガ月ニ帰ル際ノ書キ置キ。

みおつくし【澪標】〔名〕⇩みをつくし

み-おと・す【見貶す】〔他サ四〕{さ・し・す・す・せ・せ}ばかにして見る。見さげる。さげすむ。例「うちとけては、──・さるることやなど、あまりつくろひしほどに」〈源氏・若菜・下〉訳（私の方から）うちとけたら、（六条御息所(みやすどころ)に）見さげられるかもしれないなどと、あまりに体裁(ていさい)ぶっているうちに。

み-およ・ぶ【見及ぶ】〔他バ四〕{ば・び・ぶ・ぶ・べ・べ}見ることができる。目が届く。また、考えつく。例「人の──・ばぬ蓬莱(ほうらい)の山」〈源氏・帚木〉訳人の見ることのできない蓬莱の山（＝中国ノ伝説上ノ山）。

みかうし-まゐ・る【御格子参る】(ミコウシマイル)〔連語〕貴人の部屋の格子を上げ申し上げる。また、お下げする。例「雪のいと高う降りたるを、例ならず──・りて」〈枕草子・雪のいと高う降りたるを〉訳雪がたいそう高く降り積もったのに、いつもと違って格子をお下げ申して。

みかき-もり【御垣守】〔名〕皇居の門を警護する役人。例「──衛士(ゑじ)のたく火の夜は燃え昼は消えつつものをこそ思へ」〈詞花・恋上〉訳皇居のご門を守る兵士である衛士のたくかがり火が、夜は燃えて昼は消えているように、私も、夜は恋しさに燃え、昼は消え入るばかりに思い悩んで、絶えず物思いをすることだ。注『百人一首』所収、大中臣能宣(オオナカトミノヨシノブ)ノ作。

みが・く【磨く・研く】〔他カ四〕{か・き・く・く・け・け}❶こすって光らせる。みがく。例「刺櫛(さしぐし)すりて──・くほどに、物に突きさへて折りたる心地」〈枕草子・あさましきもの〉訳（あきれた思いのするもの）髪に飾る櫛をこすって磨いているうちに、何かに突きあたって折ってしまった時の気持ち。❷美しく飾る。飾りたてる。例「常よりも御しつらひ心ことに──・きつくろひ」〈枕草子・淑景舎〉訳いつもより室内の飾りつけを念入りにきれいに装い整えて。❸（人柄や技芸などに）みがきをかける。立派さを増す。洗練する。例「いみじかるべき際(きは)にはあらざりけるを、対の上(うへ)の御もてなしに──・かれて」〈源氏・若菜・上〉訳（明石の姫君は）高貴なような素性ではなかったのに、対の上（＝紫ノ上）のご養育で磨きをかけられて。

み-かく・す【見隠す】〔他サ四〕{さ・し・す・す・せ・せ}見ていながら知らないふうをよそおう。見てみぬふりをする。例「せめて──・し給ふ御目(ま)じりこそわづらはしけれ」〈源氏・松風〉訳あえて見て見ぬふりをなさる目つきが気がかりだ。

み-がく・る【水隠る】〔自ラ下二〕{れ・れ・る・るる・るれ・れよ}水中に隠れる。水中に潜む。例「川の瀬になびく玉藻(たまも)の──・れて人に知られぬ恋もするかな」〈古今・恋二・五六五〉訳川の浅瀬でなびいている玉藻が水中に隠れているように、私は思う人に知られないひそかな恋をしていることだ。

み-かさ【水嵩】〔名〕みずかさ。水量。例「つれづれと身を知る雨のをやまねば袖さへいとど──まさりて」〈源氏・浮舟〉訳我が身のつらさを知る涙雨がしんみり降って少しも止まないので、（川だけでなく）袖までがいよいよ水かさが増えて（たえられないことよ）。

三笠山(みかさやま)〔山名〕奈良市東方の山。春日山(かすがやま)連山の一つで、若草山と高円(たかまと)山との間にあり、麓(ふもと)には春日大社が祭られている。形が蓋(きぬがさ)に似ているところからの名といわれ、四季の眺めが平城京の人々に親しまれた。歌枕として名高いが、歌では「御笠(みかさ)」の意にかけることも多く、また、天皇の御笠の意から近衛(このゑ)の大将・中将・少将の意を含むこともある。

三笠山

み-かど【御門】〔名〕❶貴人の家の門を敬っていう語。特に、皇居の門。ごもん。例「人繁(げし)き方なる──は、入り給はむも軽々しければ」〈源氏・朝顔〉訳人の出入りが多い方のご門は、（光源氏が）お入りになるのも身分上軽々しいと思われたので。❷皇居。また、朝廷。例「皇祖(すめろき)の神の──に」〈万葉・三・四四三長歌〉訳天皇の皇居に。❸【帝】天皇を敬っていう語。例「──の御位(おほんくらゐ)はいともかしこし」〈徒然草・一〉訳天皇様の位はまことに恐れ多い。❹天皇が治める国。国家。例「わが──六十余国の中に、塩竈(しほがま)といふ所に似たるところなかりけり」〈伊勢・八一〉訳我が国（＝日本）六十余か国の中に、塩竈という所に似ている所はないのだった。

甕の原(みかのはら)〔地名〕京都府相楽郡加茂町の木津川（＝泉川）に臨んだ景勝地。大和と近江(おうみ)の交通の要路にあたり、元明・聖武両天皇の離宮があり、天平年間（七二九～七四九）には聖武天皇の恭仁(くに)京も設けられた。歌枕。例「──わきて流るる泉川いつ見きとてか恋しかるらむ」〈新古今・恋一・九九六〉訳甕の原を分けて流れている泉川、その名のように、いつ見たからというので、こんなに（あの人が）恋しく思われるのであろうか。注『百人一首』所収、藤原兼輔(カネスケ)ノ作。

甕の原（恭仁京跡）

み-かは【御溝】(ミカワ)〔名〕皇居の庭を流れる溝。また、その溝を流れる水。特に、清涼殿(せいりょうでん)の前庭を流れるのが有名。例「──に近きは河竹、仁寿(じじう)殿のかたによりて植ゑられたるは呉竹(くれたけ)なり」〈徒然草・二〇〇〉訳御溝に近いのは河竹で、仁寿殿の方に寄って植えられているのは呉竹である。

三河(みかは)(ミカワ)〔旧国名〕東海道十五か国の一つ。現在の愛知県東部。徳川家康の本拠地として、また、三河万歳(まんざい)の発祥地として有名。三州(さんしゅう)。

み-かは・す【見交はす】(ミカワス)〔他サ四〕{さ・し・す・す・せ・せ}互いに見る。見合う。顔を合わせる。例「翁(おきな)二人、──・してあざ笑ふ」〈大鏡・序〉訳老人二人は、互いに見合って大声で笑う。

みかはや-うど【御厠人】(ミカワヨウド)〔名〕〔「みかはやびと」のウ音便〕宮中で便所の掃除などをする身分の低い女性。「ひすまし」とも。

み-かへ・る【見返る】(ミカエル)〔他ラ四〕{ら・り・る・る・れ・れ}振り向いて見る。振り返る。例「みな後ろを──・りて『ここへ入らせ給へ』とて、所を去りて、呼び入れ侍(はべ)りにき」〈徒然草・四一〉訳皆後ろを振り返って「ここへおはいり下さい」と言って、場所をあけて、（私達を）呼び入れました。

み-が-ほ・し【見が欲し】《連語》（上代語。「み」は「見る」の連用形の名詞化。「が」は格助詞。見ることがほしい意）見たい。また、見たく思うほどすばらしい。例「橘(たちばな)は花にも実にも見つれどもいや時じくになほし──・し」〈万葉・一八・四一一二〉訳 橘は花の時も実の時も観賞したが、ますますいつでもなおも見たいと思うすばらしいものだなあ。

み-かまぎ【御薪】〔名〕（「御釜木」の意）古代、朝廷に役人たちが奉った薪(まき)。また、それを奉る儀式。のち、正月十五日の行事となった。

み-き【御酒・神酒】〔名〕（「み」は接頭語）お酒。特に、神に供える神聖な酒。おみき。

みぎ-の-うまのかみ【右の馬頭】〔名〕⇩うまのかみ二

みぎ-の-おとど【右の大臣】〔名〕⇩うだいじん

みぎ-の-おほいまうちぎみ【右の大臣】(:オオイモウチギミ)〔名〕⇩うだいじん

み-ぎは【汀】(:ギワ)〔名〕水ぎわ。水のほとり。「みなぎは」とも。例「──の草に紅葉の散りとどまりて、霜いと白う置ける朝(あした)」〈徒然草・一九〉訳（池の）水際の草に紅葉が散りかかっていて、霜が真っ白におりた朝。

みぎり【右り】〔名〕（「ひだり」と語形をそろえるために「みぎ」に「り」を添えたもの）みぎ。

みぎり【砌】〔名〕❶雨だれを受けるために軒下に石を敷いた所。転じて、庭。例「仁寿(じじゅう)殿の東面(ひんがしおもて)の──のほどに」〈大鏡・道長・上〉訳 仁寿殿の東側の砌のあたりに。
❷場所。その場。例「九品(くほん)の台(うてな)目(ま)の前に輝き、……浄土の──に臨めるがごとし」〈平家・三・灯炉之沙汰〉訳 極楽の九品の蓮台(れんだい)が目の前に輝き、……極楽浄土のその場に臨んでいるようだ。
❸その時。おり。場面。例「さばかりの──に、束帯(そくたい)正しき老者が、髻(もとどり)放ってねり出(い)でたりければ」〈平家・三・公卿揃〉訳 そのような時に、礼服をきちんと着た老人が、（冠が脱げて）髻をむき出しにしてすまして歩き出したものだから。

みぎわ【汀】〔名〕⇩みぎは

み-くさ【水草】〔名〕みずくさ。また、水辺にはえる草。例「築土(ついひぢ)なども全(また)からず、池などある所も──ゐ」〈枕草子・女のひとり住む所は〉訳（女一人で住む家は）土塀なども完全でなく、池などのある所も水草が生え。

み-ぐし〔名〕（「み」は接頭語）一【御髪】貴人の髪を敬っていう語。例「梳(けづ)ることをうるさがり給へど、をかしの──や」〈源氏・若紫〉訳 とかすのを面倒くさがりなさるけれど、きれいな髪ですこと。
二【御首・御頭】貴人の首や頭を敬っていう語。例「大地震(おほなゐ)ふりて東大寺の仏の──落ちなど、いみじきことども侍(はべ)りけれど」〈方丈記・大地震〉訳 大地震があって東大寺の大仏様のお首が落ちるなど、大変な事がいろいろありましたが。

御髪下(お)**ろ・す**（貴人が）髪をそって出家する。例「思ひのほかに、──・し給うてけり」〈伊勢・八三〉訳 思いがけず、（惟喬(これたか)親王は）出家してしまわれた。

みぐし-あげ【御髪上げ】〔名〕❶貴人の髪を結うこと。また、それを職とする人。例「御膳(おもの)のをりになりて、──まゐりて」〈枕草子・淑景舎〉訳 お食事時になって、（お給仕役の髪が膳にかからないようにするために）調髪係の女官が参上して。
❷女子が成人になるために、垂れ髪を結い上げる儀式。

みくしげ-どの【御匣殿】〔名〕❶宮中の貞観殿(じょうがんでん)の中にある、衣服を作り準備する所。また、貞観殿。内蔵寮(くらりょう)で作る以外の衣服を調達した。
❷貴人の家の衣服を作る場所。
❸①に仕える女官の長。「御匣殿の別当(べっとう)」とも。

み-くづ【水屑】(:クズ)〔名〕水中のごみ。多く、はかない身の上のたとえに用いられる。例「いまだ十歳のうちにして、底の──とならせ給ふ」〈平家・一一・先帝身投〉訳（安徳天皇は）まだ十歳のうちに、海のもくずとなってしまわれた。

み-くまり【水分り】〔名〕（上代語。「水配り」の意）山から流れ出る水が分かれる所。

みくり【三稜草】〔名〕水草の名。沼沢に自生し、茎はむしろを編むのに用いられる。

三稜草の簾(すだれ) 三稜草の茎を割(さ)いて干し、それを編んで作ったすだれ。

み-ぐる・し【見苦し】〔形シク〕❶見ていてつらい。見るにしのびない。例「かく──・しく歳月を経て、人の嘆きをいたづらに負ふもいとほし」〈大和・一四七〉訳 こう（はた目にも）見ていてつらい様子で長い年月の間、（あの人達が）むなしく悲しみを持ち続けるのは気の毒である。注 二人ノ男ガ長イ間求婚ヲ続ケテ嘆イテイルコトヲイウ。
❷みっともない。みにくい。例「手のわろき人の、憚(はばか)らず文書き散らすはよし。──・しとて人に書かするは、うるさし」〈徒然草・三五〉訳 字のうまくない人が、気がねせずどんどん手紙を書くのは好感が持てる。（自分の字は）みっともないといって他人に書かせるのは、いやなものだ。

み-け【御食・御饌】〔名〕（「み」は接頭語。「け」は食物の意）神や天皇に供える食料。「おほみけ」とも。

み-けし【御衣】〔名〕（「み」は接頭語。「けし」は動詞「着(け)す」の連用形の名詞化）貴人の衣服を敬っていう語。お召し物。例「ぬばたまの黒き──をまつぶさに取り装(よそ)ひ」〈古事記・上・大国主神〉訳 黒いお召し物をきちんと着て。

み-こ【巫女・神子】〔名〕神に仕えて、神楽(かぐら)を舞ったり、神の言葉を伝達する女性。

み-こ【御子・皇子】〔名〕❶貴人の子を敬っていう語。特に、天皇の子。男女を区別して男を「をのこみこ」、女を「ひめみこ」ともいう。例「坊にも、ようせずは、この──の居(ゐ)給ふべきなめり」〈源氏・桐壺〉訳 皇太子の位にも、悪くすると、この皇子（＝光の君）がお就きになるようだ。
❷身分としての、親王。例「──にもなさず、徒人(ただうど)にておほやけの御後見(うしろみ)をせさせむ、と思ひ給へしなり」〈源氏・賢木〉訳（光源氏を）親王にもなさず、臣下の身分として朝廷の後見(けんこう)役をさせよう、と思ったのです。

み-こき【御国忌】〔名〕（「み」は接頭語）⇩こき

みこころ-を【御心を】《枕詞》心を広く、長く、寄せる意から、「広田」「長田」「吉野」にかかる。

み-こと【命・尊】一〔名〕神や人を敬っていう語。例「八千矛(やちほこ)の神の──は八島国妻枕(ま)きかねて」〈古事記・上・大国主神〉訳 八千矛の神様（＝大国主神(オオクニヌシノミコト)）は日本全土に良い妻を求めることができないで。
二〔代名〕《人称代名詞》❶《対称》貴公。お前さん。例「大臣極めて腹悪(あ)しき人にて、目を嗔(かい)らかして、『──確かに申せ申せ』と責めらるれば」〈今昔・一九・九〉訳大臣はきわめて怒りっぽい人で、目をいからせて、「貴公、はっきりと言えわんか」とお責めになると。

❷《他称》その人。その人物。例「手のきかむ方(かた)もおもばかりも、その―の有様、皆知りたり」〈今昔・二五・三〉訳腕前の程も頭の程度も、その人の様子なら、すっかりわかっている。

み-こと【御言・命】〔名〕《上代語。「み」は接頭語》(神や天皇の)お言葉。詔(みことのり)。例「大君の―恐(かしこ)み磯(いそ)に触り海原(うのはら)渡る父母を置きて」〈万葉・二〇・四三二八〉訳(私を防人(さきもり)として召す)天皇のご命令を謹んで承り、磯を伝い、海を渡って行く。父母を(故郷に)残し置いて。

み-ごと【見事】■一〔名〕見る価値のあるもの。見もの。例「―いとおそし。そのほどは桟敷(さじき)不用なり」〈徒然草・一三七〉訳(賀茂の祭の)見もの(である行列)はなかなか来ない。それまでは桟敷の席についている必要はない。

■二〔形動ナリ〕美しい様子。すばらしい様子。

みこと-のり【詔・勅】〔名〕《「のり」は、言う意の動詞「のる(宣・告)」の連用形の名詞化》天皇のお言葉。

参考 漢字表記は、臨時の大事のものは「詔」、定例の小事のものは「勅」であるが、実際は区別しにくい。文書にする時は漢文体であるが、和文体のものを「宣命(せんみょう)」という。これらに対して、非公式で手続きの簡単なものを「宣旨(せんじ)」という。

みこと-もち【宰・司】〔名〕《天皇の「御言(みこと)」を受けて「持ち」、政治を行う意》任地に下り、地方の政務を行った官人。地方官。律令での国司の前身。

みこ-ばら【皇女腹】〔名〕皇女の腹から生まれること。また、その子。内親王の子。「宮腹」とも。例「―に、ただ一人かしづき給ふ御女(むすめ)、春宮(とうぐう)よりも御けしきあるを」〈源氏・桐壺〉訳皇女であった妻から生まれ、ただ一人の娘として(左大臣が)大切にお育てになっている娘(=葵(アオイ)ノ上)を、東宮から(妃(きさき)にと)内々の意向があったのを。

みこも-かる【水薦刈る】【枕詞】(「みこも」は水中に生えるマコモ)「信濃(しなの)」にかかる。例「―信濃の真弓わが引かば貴人(うまひと)さびていなと言はむかも」〈万葉・二・九六〉訳信濃の国(=長野県)で産する弓を引くように、私があなたの心を引いたら(あなたは)貴人ぶって「いやです」と言うでしょうか。注上二句ハ序詞。

要点 近世に、賀茂真淵(かものまぶち)の説で、「薦」を「篶」の誤りとして「みすずかる」と読まれた。「すず」は篠竹(すずたけ)。

み-ごもり【水籠り】〔名〕《和歌用語。上代には「みこもり」とも》❶水中に隠れていること。例「―に息づきあまり早川の瀬には立つとも人に言はめやも」〈万葉・七・一三八四〉訳水中に隠れてため息をついているだけでなく、急流の浅瀬に立つことがあっても(=危険ナ状態、ツマリ母親ニ責メラレテモ)、(二人の仲を)決して人に言いはしない。

❷(恋心を)心中に秘めておいて外に出さないこと。例「人づてに知らせてしがな隠れ沼(ぬ)の―にのみ恋ひやわたらむ」〈新古今・恋一・一〇〇一〉訳人づてに(この思いをあの人に)知らせてしまいたいものだ。草に隠れた沼(まぬ)の水のように、心中に思いを秘めて恋し続けようか(それはできそうにないから)。

み-さう【御荘・御庄】〔名〕《「み」は接頭語》貴族の所有する私有地。貴族の荘園。例「近き所どころの―の司(つかさ)召して」〈源氏・須磨〉訳(光源氏は須磨から)近いあちこちの荘園の管理人をお呼び寄せになって。

みさお【操】〔名〕⇩みさを

み-さき【御前・御先】〔名〕《「み」は接頭語》貴人の外出や行列などの先払い。前駆(さきおい)。例「―の松ほのかにて、いと忍びて出(い)で給ふ」〈源氏・夕顔〉訳先払いの従者が持つ松明(たいまつ)の火もかすかなさまにして、(光源氏は)大変ひっそりと(乳母(めのと)の)家からお出になる。

み-さ・く【見放く】〔他カ下二〕(け・け・く・くる・くれ・けよ)《上代語。「放く」は遠くへやる意》遠くを見やる。はるか向こうに目をやる。例「しばしばも―・けむ山を心なく雲の隠さふべしや」〈万葉・一・一七長歌〉訳何度でも遠くに見やっていたい山(=三輪山)なのに、無情にも雲が隠していてよいものか(早く晴れて欲しい)。

みさご【雎鳩】〔名〕鳥の名。猛禽(もうきん)類で、トビに似て頭と腹が白い。海や川の近くに住み、空中から急降下して水面の魚を捕る。例「―は荒磯(あらいそ)に居(ゐ)る」〈方丈記・閑居の気味〉訳ミサゴは岩の多い海岸に住む。例「波こえぬ契(ちぎ)りありてや―の巣」〈曽良・奥の細道〉訳ミサゴが岩の上に巣を作っているが、ミサゴは雌雄の仲のむつまじい鳥だから、固い雌雄の約束があって、この波が越えそうもない堅固な岩の上に巣を営んでいるのだろうか。

みさざき【陵】〔名〕《中世より「みささぎ」》天皇・皇后などの墓所。御陵(ごりょう)。山陵。

み-さ・す【見止す】〔他サ四〕(さ・し・す・す・せ・せ)《「止す」は中止する意》見るのを途中でやめる。見終わらないままやめる。例「絵も―・して、うつぶしておはすれば」〈源氏・紅葉賀〉訳(若紫が)絵を見るのも途中でやめて、顔を伏せていらっしゃるので。

み-ざま【見様】〔名〕はたから見た様子。外見。容姿。例「人の―の良し悪(あ)しし、才(ざえ)ある人は、そのことなど定め合へるに」〈徒然草・五六〉訳人の容姿の良い悪い(について)や、学才のある人について、それらのことなどを批評し合ったりする際に。

み-ざま【身様】〔名〕身の有様。体つき。例「古めかしき御―にて」〈源氏・若菜・下〉訳(妻の女三の宮が妊娠した)みっともない御身なりで。

み-ざめ【見醒め】〔名〕見ているうちに興ざめがすること。例「我ならざらむ人は、―しぬべき御有様を」〈源氏・初音〉訳自分でない他の男だったら、見ているうちに興ざめがしてしまうに違いない(花散里(はなちるさと)の)ご様子なのに。

みさを【操】(ミサオ)〔名・形動ナリ〕❶(心や行いが)超俗的で清らかなこと。上品で美しいこと。また、その様子。

❷心を変えないこと。節操。貞節。また、常に心が変わらない様子。

❸平気な様子。我慢強い様子。例「―・なる涙なりせば唐衣かけても人に知られましやは」〈山家集・雑〉訳(恋の苦しさを)がまんできる涙だったら、(私の恋は)人に知られただろうか(決してそんなことはなかったろうに)。

操作(つく)・る 平気なふりをする。しんぼう強くがまんする。例「絶えて上(のぼ)る物なければ、さのみやは**みさをもつくり**あへん」〈方丈記・飢渇〉訳(飢饉(ききん)のため地方から)全然都へ運び込まれる物(=米)がないので、(都の人は)そう(いつまでも)体裁(ていさい)ばかりつくろっていられるだろうか。注「あへ」ハ、…シ通ス意。

みじか・し【短し】〔形ク〕❶空間的に長さがあまりない。みじかい。例「難波潟(なにはがた)──・き葦の節のまも会はでこの世を過ぐしてよとや」〈新古今・恋一・一〇四九〉訳難波の干潟に生えている葦の、短い節と節との間のような、ちょっとの間も(あなたに)会えないでこの一生を終えてしまえというのですか。注『百人一首』所収、伊勢ノ作。「てよ」ハ、完了ノ助動詞「つ」の命令形。❷**高さがあまりない。低い。**例「屋のさまいと平に──・く、瓦(かはら)ぶきにて」〈枕草子・故殿の御服のころ〉訳屋根の様子は大変平たく低く、瓦ぶきで。❸**身分・地位が低い。**例「もとの品高く生まれながら、身は沈み、位──・くて」〈源氏・帚木〉訳もとの階級は高く生まれながら、身は落ちぶれ、位が低くて。❹時間的に長くない。例「──・きころの夜(よ)なれば、明け果ててぞ講ずる」〈源氏・少女〉訳夜が短い頃なので、夜が明けてしまってから(皆の作った詩を)読み上げる。❺(比喩(ゆひ)的に)思慮や愛情などが少ない。例「すきずきしき方に疑ひ寄せ給ふにこそあらめ。さりとも、──・き心はえ使はぬものを」〈源氏・末摘花〉訳好色な者のように(姫君は)疑いをお持ちであろう。しかし、(私、光源氏は)浮気な心は決して使わないのになあ。

> 要点 ②③の意は、現代語では「ひくい」を用いるが、これは、鎌倉時代にできた「ひきし」が変化したもの。
> 参考 『枕草子』の「短くてありぬべきもの」に次のようにある。
> 「短くてありぬべきもの、とみの物縫(ぬ)ふ糸。下衆(げす)女の髪。人のむすめの声。灯台」訳短いのがよいはずのものは、急いで何かを縫いつける時の糸。下女の髪。未婚の女性の声。灯台。
> 「灯台」については「短し」は②の意であるが、「人のむすめの声」については、通説では口数が少ない意とするが、声が低い意とも解される。

みじか-よ【短夜】〔名〕(夏の)短い夜。例「ほととぎす来鳴く五月(さつき)の──もひとりし寝(ぬ)れば明かしかねつも」〈万葉・一〇・一九八二〉訳ホトトギスが来て鳴く五月の短い夜もたった一人で寝ていると(せつない思いのため、長く思われ)夜明けが待ちきれなかったことよ。

み-しほ【御修法】〔名〕(「みしゅほふ」の変化した形)⇩みずほふ

み-し・る【見知る】〔他ラ四〕{ら・り・る・る・れ・れ}❶見て知っている。見てわかる。顔見知りである。例「京には見えぬ鳥なれば、みな人──・らず」〈伊勢・九〉訳京には見慣れない鳥なので、誰も見知っていない。注都鳥(ミヤコドリ)ノコト。❷見て理解する。経験してわきまえる。わかる。例「院も、かくなべてならぬ御心ばへを──・り聞こえ給へれば」〈源氏・賢木〉訳朝顔の姫君も、このように並々でない(光源氏の)お気持ちを理解申し上げておられるので。

み-じろ・く【身動く】〔自カ四〕{か・き・く・く・け・け}身体を動かす。身動きする。例「寝も入らず、──・き臥(ふ)し給へり」〈源氏・若紫〉訳(若紫は)寝入ることもできず、身動きして(＝寝返リナドシナガラ)横になっておられる。

み-す【御簾】〔名〕(「み」は接頭語)御殿(ごてん)のすだれ。例「御格子(みかうし)上げさせて、──を高く上げたれば、笑はせ給ふ」〈枕草子・雪のいと高う降りたるを〉訳(中宮が「香炉峰(かうろほう)の雪はどんなだろうか」とおっしゃったので、外に近い女房に)格子(の戸板を)を上げさせて、(私は、中宮のそばの)御簾を高く上げたところ、(中宮は)お笑いになった。注白楽天ノ「香炉峰ノ雪ハ簾(スダレ)ヲ撥(カカ)ゲテ看(ミ)ル」トイウ詩句ニヨッテ、機転ヲキカセタ作者ノ動作デアル。

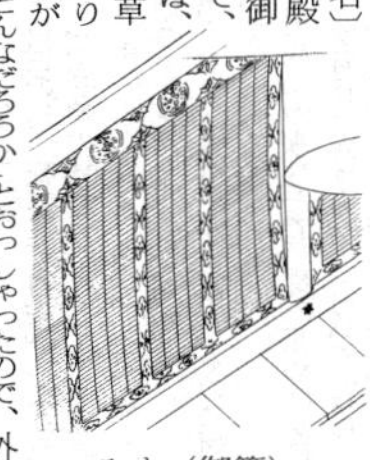
みす（御簾）

> 要点「みす」は、母屋(もや)と廂(ひさし)の間(ま)との間(あひだ)や、廂の間と簀子(すのこ)との間に目隠しとして垂らすが、例の場合は、前者である。

み・す【見す】**一**〔他サ四〕{さ・し・す・す・せ・せ}「見る」の尊敬語。**ご覧になる。**例「御諸(みもろ)が上に登り立ち我が──・せば」〈日本書紀・継体・七年〉訳御諸山の上に登って私がご覧になると。注春日皇女(カスガノヒメミコ)ノ作。自分ノ行為ニ対シ尊敬語ヲ用イタ自敬表現。**二**〔他サ下二〕{せ・せ・す・する・すれ・せよ}❶見るようにさせる。見させる。**見せる。**例「人をやりて──・するに」〈徒然草・五〇〉訳(鬼がいるというので)人をやって様子を見させると。❷**結婚させる。**めあわせる。例「宮仕へに次ぎては親王(みこ)たちにこそは──・せ奉らめ」〈源氏・若菜・下〉訳(娘を)帝への宮仕えをさせるかそれに次ぐものとしては親王のどなたかにこそめあわせ申し上げるのがよかろう。

みず【瑞】〔名〕⇩みづ

みず…【水…】⇩みづ…

み-ずいじん【御随身】〔名〕(「み」は接頭語)⇩ずいじん

み-すがら【身すがら】〔名・形動ナリ〕(近世語。「すがら」は接尾語、本来は、そのまま経過する意)❶(荷物などを持たずに)からだ一つで通すこと。例「ただ──・にと出(い)で立ち侍(はべ)るを」〈奥の細道・草加〉訳(荷物は少なく)ただこの身一つだけで(行こう)と出発しましたが。❷(家族・親類などがなく)自分ひとりで生活していること。独身。

みずから【自ら】〔名・代名・副〕⇩みづから

み-すぎ【身過ぎ】〔名〕(近世語。「身(を)過ぐ」の名詞化)生活をすること。また、生活の手段としての職業。生計。世渡り。「口過ぎ」「世過ぎ」とも。例「つねづね──に油断いたしまして、借銭に乞(こ)ひ立てられ」〈西鶴・世間胸算用・五・三〉訳(跡継ぎが)平素生計を立てる上で油断しまして、(年の暮れには)借金取りに責め立てられ。

み-すぐ・す【見過ぐす】〔他サ四〕{さ・し・す・す・せ・せ}見ながらそのまま過ごす。知っていてそのままにしておく。見すごす。例「今少し物をも思ひ知り給ふ程まで──・さむとこそは年ごろ念じつるを」〈源氏・若菜・上〉訳もう少し物の道理をわきまえられる頃までは黙って見ていようと数年来我慢して来たのだが。

みずし【御厨子】〔名〕⇩みづし

みすず-かる【御篶刈る】《枕詞》「信濃(しなの)」にかかる。⇩みこもかる要点 例「梨(なし)ひとつ参らせたく思へども、──信濃の不自由なるわが里は」〈一茶・父の終焉日記〉訳 梨をひとつ（父に）食べさせたいと思うのだが、信濃（＝長野県）の何かと不自由な私の里は。

み-す・つ【見捨つ】〔他タ下二〕{て・て・つ・つる・つれ・てよ}❶見捨てる。例「——・て奉りてまかる」〈竹取・かぐや姫の昇天〉訳（ご両親様を）お見捨て申し上げるように出ていってしまうのは。❷先立つ。あとに残して去る。

み-ずほふ【御修法】〔名〕（「み」は接頭語。「みしほ」とも）❶密教で、国家または個人のために加持・祈禱する儀式。⇩しゅほふ 参考 例「——や何やなど、わが御方にて多く行はせ給ふ」〈源氏・葵〉訳（葵の上が病気なので）ご祈禱やら何やらを、（光源氏は）自分の所でいろいろと行わせなさる。❷特に、毎年正月八日からの七日間、天皇の健康や国家の安泰などを祈って、宮中の真言院で行われる祈禱の、「後七日（ごしちにち）の御修法」とも。例「きらきらしきもの、……——。五大尊のも」〈枕草子・きらきらしきもの〉訳 いかめしいものは、……（宮中の）後七日の御修法。（また）五大尊の（修法）も（いかめしい）。

み-すまる【御統】〔名〕（上代語。「み」は接頭語）多くの玉に糸を通して輪にしたもの。首や腕に飾る。例「天（あめ）なるや弟棚機（おとたなばた）のうながせる玉の——」〈古事記・上・葦原中国の平定〉訳 天にいる若く美しい機織女が首に掛けておられる、玉を連ねた飾りよ。

みす-みす【見す見す】〔副〕見ているうちに。見ていながら。みるみる。例「目に——消え入り給ひにしことなど語る」〈源氏・浮舟〉訳 目の前で見ているうちに（大君が）お亡くなりになってしまったことなどを語る。

みずら【角髪・角子・鬟】〔名〕⇩みづら

み-せん【味煎・蜜煎】〔名〕「あまづら（＝ツル草ノ一種）」を煮つめて作った甘味料。「あまづら」とも。

み-そ【三十】〔名〕⇩みそぢ①

み-ぞ【御衣】〔名〕（「み」は接頭語）⇩おんぞ

み-ぞ-う【未曽有】〔名〕（漢文の音読。「みぞうう」とも。訓読は、「未（いま）だ曽（かつ）て有らず」）今までにまだなかったこと。例「比丘（びく）を堀へ蹴（け）入れさする、——の悪行（あくぎやう）なり」〈徒然草・一〇六〉訳（在俗の女の信者が）僧（のような尊い身）を堀へ（馬に）蹴り入れさせることは、今までまだなかった悪い行いである。

み-ぞう【御族】〔名〕（「ぞう」は「ぞく」のウ音便）貴人の一族を尊敬していう語。御一族。御一門。例「我が——のみ、御門（みかど）の御後見（おんうしろみ）、世の固めにて、行末まで」〈徒然草・一三五〉訳（藤原道長公が）自分の御一族だけが、天皇の御後見役（の摂政や関白）、（また）天下を固く守る（重臣）として、遠い将来まで（栄えてほしいと）。

みそ-か〔名〕□一【三十日】三十日の間。例「日の経ぬる数を、今日幾日（いくか）、二十日（はつか）、——と数（かぞ）ふれば」〈土佐・一月二十日〉訳 日の過ぎた日数を、今日で何日、二十日、三十日と数えるので。□二【晦日】月の三十日目の日。転じて、月末。つごもり。

みそか【密か】〔形動ナリ〕こっそりとする様子。例「人まに——・に入りつつ」〈更級・かどで〉訳 人のいない時にこっそり（仏間に）入って。

要点 漢文訓読体の文章では「ひそか」を用いるのに対して、「みそか」は多く和文に用いる。

みそぎ【禊ぎ】〔名〕川や海の水などで、身の罪やけがれを洗い清めること。例「恋せじと御手洗川（みたらしがは）にせし——神は受けずぞなりにけらしも」〈古今・恋一・五〇一〉訳 恋をすまいと誓って身を清める川でしたみそぎなのだが、神は納受しないで終わってしまったようだよ（私はまた恋に苦しんでいる）。

参考 特に、賀茂祭に先立ち、斎院が賀茂川で行うみそぎをいうこともある。その場合は、四月の中旬の午（うま）の日か未（ひつじ）の日に行われる。

みそぎ-がは【禊ぎ川】〔名〕❶禊ぎをする川。例「御心もや慰むと立ち出で給へりし——の、荒かりし瀬に」〈源氏・葵〉訳 お心が慰むかも知れないと思って（斎院の）御禊（ごけい）（＝ミソギ）見物にお出かけになった（賀茂）川の、瀬が荒かったので。注 葵上（アオイノウエ）トノ車争イニ負ケタ六条御息所（ミヤスドコロ）ノ気持チヲ表現シタモノ。❷川原で、「夏越（なご）しの祓（はら）へ」の神事を行う川。

みそ・ぐ【禊ぐ】〔自ガ四〕{が・ぎ・ぐ・ぐ・げ・げ}「みそぎ」をする。例「ゆく水に——・ぎてましを」〈万葉・六・九四八長歌〉訳 流れ行く水でみそぎをしただろうに。

みそ-ぢ【三十・三十路】〔名〕❶三十。さんじゅう。「みそ」とも。❷（年齢の）三十。例「——あまりにして、更（さら）に我が心と一の庵（いほり）を結ぶ」〈方丈記・わが過去〉訳 三十歳過ぎになって、再び心から思い立って一つの草庵を作る。

要点 「ぢ」は、数を示す接尾語「つ」が変化した「ち」の連濁の形。「つ」は、「ひとつ」「ふたつ」などに用い、「ち」は、「はたち」など十・百・千の単位に用いる。多く②の年齢にいうことから「ぢ」に「路」の字をあてるようになる。

み-そなは・す【見そなはす】〔他サ四〕{さ・し・す・す・せ・せ}「見る」の尊敬語。ご覧になる。例「今も——・し、後（のち）の世にも伝はれとて」〈古今・仮名序〉訳（今上天皇が数々の歌を）現在においてもご覧になり、後世にも伝われと願って（『古今和歌集』を編ませなさった）。

み-そな・ふ【見そなふ】〔他ハ四〕{は・ひ・ふ・ふ・へ・へ}「見る」の尊敬語。ご覧になる。例「法（のり）の舟さして行く身ぞもろもろの神も仏も我を——・へ」〈新古今・釈教・一九二三〉訳 仏法を求めて唐の国に渡る舟を棹さして行く身です。もろもろの神も仏も私をご覧になっていて下さい。注 航海ノ無事ヲ祈願シタ歌。

み-そのふ【御園生】〔名〕（「み」は接頭語）お庭。例「——の竹の林に鶯（うぐひす）はしば鳴きにしを雪は降りつつ」〈万葉・一九・四二八六〉訳 宮中のお庭の竹の林に鶯はしばしば鳴いて（春が来たことを知らせて）いたのに、雪はどんどん降り続いているよ。

みそひと-もじ【三十一文字】〔名〕（一つの作品が、三十一の仮名文字でできているところから）短歌形式の和歌。また、一首を構成する三十一の文字。「みそもじあまりひともじ」とも。

み-そ・む【見初む】〔他マ下二〕{め・め・む・むる・むれ・めよ}❶はじめて見る。はじめて会う。例「——・め奉りしは、いとかうしも覚え給はずと思ひしを」〈源氏・胡蝶〉訳（玉鬘（たまかずら）よ、あなたに)始めてお会いした時は、とてもこのように(母である夕顔に)似てはいらっしゃらないと思ったのだが。
❷異性を恋しはじめる。また、男女の関係を始める。契りを結びはじめる。例「――・め給ひてむ人を御心とは忘れ給ふまじきにこそ、いと頼もしけれ」〈源氏・少女〉訳一度契りを結びはじめなさった人をご自分の方からは決してお忘れにならないところが、本当に頼もしいことだ。

み-そもじ-あまり-ひともじ【三十文字余り一文字】〔名〕⇩みそひともじ

み-ぞれ【霙】〔名〕雨に雪がまじって降るもの。雪まじりの雨。例「降るものは雪。霰。――はにくけれど、白き雪のまじりて降る、をかし」〈枕草子・降るものは〉訳降るものは雪・霰が(おもしろい)。霙は見た感じはよくないが、白い雪が交じって降るのは、おもしろい。

みだ【弥陀】〔名〕《仏教語》「阿弥陀」の略。例「年ごろ頼み奉る――の本願を強く信じて」〈平家・一・祇王〉訳長年お頼り申し上げている、(あらゆる生あるものを救おうという)阿弥陀如来の本願の成就を強く信じて。

み-だい【御台】〔名〕《「み」は接頭語。「台」は「台盤」の略》❶食物を盛った皿などをのせる台をいう尊敬語。お膳。
❷食物をいう尊敬語。お食事。例「誰も誰も――参りなどして」〈源氏・夕霧〉訳(家族の)だれもがお食事を召し上がりなどして。
❸「御台盤所」の略。

み-だいどころ【御台所】〔名〕「御台盤所」の略。

み-だいばんどころ【御台盤所】〔名〕《「み」は接頭語。「台盤所」をつかさどるお方の意》大臣・大将・将軍など貴人の正妻をいう尊敬語。「みだい」「みだいどころ」とも。例「花山院の左大臣の――にならせ給ひて」〈平家・一・吾身栄花〉訳(平清盛の娘の一人は)花山院の左大臣殿(=藤原兼雅)の奥方におなりになって。

み-だう【御堂】〔名〕《「み」は接頭語》❶「堂」の尊敬語。お堂。例「十一日の暁、――へ渡らせ給ふ」〈紫式部・御堂詣でと舟遊び〉訳(中宮彰子は)十一日の明け方、(邸内の)供養堂へお越しになる。
❷特に、法成寺の阿弥陀堂(=無量寿院)のこと。また、その法成寺を建立した藤原道長の敬称。御堂関白。
要点 ②の無量寿院は、定朝作の九体の阿弥陀像を安置した阿弥陀堂で、道長はここで没している。その豪華荘厳な様子は、『栄花物語』に詳しく描写されている。なお道長は、関白にはなっていないが、中世になって御堂関白と呼ばれた。

御嶽(みたけ)《山名》大和国(=奈良県)の吉野山の最高峰、金峰山の別称。守護神として金剛蔵王菩薩が鎮座すると信仰され、修験道の霊地とされた。平安時代には参詣する者も多く、『源氏物語』や『枕草子』には「御嶽精進」の例が散見する。

みたけ-さうじ【御嶽精進】〔名〕《「みたけ」は、吉野の金峰山。「さうじ」は「しゃうじん」を直音で表記したもの》金峰山に参詣する人が、それに先立って、五十日または百日の間身を清めて読経・写経などの修行をすること。例「――にやあらむ、『南無当来導師』とぞ拝むなる」〈源氏・夕顔〉訳(隣の家では)御嶽参りのためのお勤めであろうか、「南無当来導師」と唱えて拝む声がする。

要点 金峰山は、平安時代に発達した修験道の霊場の一つで、弥勒浄土と信じられ、行者が修行するだけでなく、貴族や一般の人も参詣する。これを「御嶽詣で」という。

み-たち【御館】〔名〕《「み」は接頭語》❶国司の官舎や貴人の邸宅。例「――より出で給びし日より、ここかしこに追ひ来る」〈土佐・一月九日〉訳(前土佐守で ある貫之が)官舎を出発なさった日から、(この人々は見送りに)ここあそこと後をついて来る。
❷国司や領主を尊んでいう語。殿様。

み-た・つ【見立つ】〔他タ下二〕❶注意を払って見る。目をつける。見とがめる。例「さまざまの財物かたはしより捨つるがごとくすれども、更に目――・つる人なし」〈方丈記・飢渇〉訳(食物を得るために)いろいろの家財を片端から捨てるようにする(=安ク売リ払ウ)のだが、一向に(それに)目をつける人もいない。
❷よく見定めて立てる。例「天の御柱を――・て、八尋殿を――・て給ひき」〈古事記・上・伊邪那岐命と伊邪那美命〉訳天の聖なるみ柱をよく見定めてお立てになり、八尋殿(=広大ナ殿舎)をよく見定めてお建てになった。
❸よく面倒を見て旅立たせる。見送る。
❹将来性を見込んで養成する。後見する。例「我が子は捨てて、その後妹が一子を――・て」〈西鶴・日本永代蔵・五・五〉訳(見込みのない)我が子を見捨てて、その後妹の子を見込んで養成し。
❺見定める。診断する。診察する。

み-たて【見立て】〔名〕《動詞「見立つ」の連用形の名詞化》❶思いつき。思案。例「珍しき――もがな」〈西鶴・日本永代蔵・三・一〉訳物珍しい(商売での)思いつきも何かないものかな。
❷病気の診断。診察。

み-たま【御霊】〔名〕《「み」は接頭語》❶神の霊。また、死者の霊魂が神になったもの。
❷おかげ。恩恵。例「吾が主の――賜ひて春さらば奈良の都に召上げ給はね」〈万葉・五・八八二〉訳あなた様の恩恵をいただいて、春になったら(この筑前の国から)奈良の都に召し上げてください。

み-たみ【御民】〔名〕《「み」は天皇を尊敬して用いた接頭語》天皇のものである民。例「――我生ける験あり天地の栄ゆる時に会へらく思へば」〈万葉・六・九九六〉訳(天皇のお力により)天地の栄えるこの御代に生まれ合わせたことを思うと、天皇の民である私は生きがいを覚える。

み-たらし【御手洗】〔名〕《「み」は接頭語》神を拝む前に手を洗い、身を清めること。また、その水のある所やその流れ。「みたらひ」とも。例「実方は、――に影の映りける所と侍れば」〈徒然草・六七〉訳(上賀茂神社の末社で、藤原)実方(を祭った所)は、身を清める流れにその姿が映った所と(伝えに)ありますので。

み-たらし【御執らし】〔名〕《「み」は接頭語》⇩みとらし

みたらし-がは【御手洗川】〔名〕神を拝む前に手を洗い、身を清める川。「みたらし」とも。例「恋せじと――にせし禊(みそ)ぎ神は受けずぞなりにけらしも」〈古今・恋一・五〇一〉訳(あまりの苦しさから)もう恋をすまいと(願って)身を清める川でおこなったみそぎを、神は受け入れずに終わってしまったらしいな(前以上に恋しくて苦しい)。例「影をのみ——のつれなきに身のうきほどぞいとど知らるる」〈源氏・葵〉訳御禊(ごけい)の日の今日、影を宿しただけで流れ去る御手洗川のような君のつれなさのゆえに、その姿を遠くから拝したわが身の運のつたなさがいよいよ身にしみてわかってきます。

参考『百人一首』に採られて有名な「風そよぐ楢(なら)の小川の夕暮れはみそぎぞ夏のしるしなりける」(藤原家隆の作)の歌の「楢の小川」は、京都の上賀茂神社の「みたらしがは」であり、単に「みたらしがは」という時は、この川を指すことが多い。

みだり【濫り・猥り・妄り】〔名・形動ナリ〕物事に秩序がないようす。道理を無視する様子。勝手気まま。例「内を慎まず、軽く欲しきままにして、——・なれば」〈徒然草・一七一〉訳国内の政治を慎重にやらず、軽率で気ままであって、いいかげんであると(必ず内乱が起きる)。

みだり-がは・し【濫りがはし・猥りがはし】(…ガワシ)〔形シク〕(「みだれがはし」とも。「がはし」は接尾語)❶乱雑な様子。整っていない。秩序がない。例「虫の声々——・しく」〈源氏・夕顔〉訳いろいろな虫の声が入り乱れて(聞こえていて)。
❷乱暴な様子。無法である。例「いささかのことにも、春日(かすが)の神木、日吉(ひよし)の神輿(しんよ)なんどいひて、——・し」〈平家・五・都帰〉訳(旧都の京都では)少しの事にも、やれ春日神社の神木だ、やれ日吉神社の神輿だなどといって、乱暴である。注訴エノタビニ、興福寺ノ僧ハ神木ヲ、延暦寺ノ僧ハ神輿ヲカツイデ、圧力ヲカケタ。
❸(男女関係が乱れている意で)好色な感じである。例「世の中の御物語など、まめやかなるも、また例の——・しき事をも聞こえ出(い)でつつ」〈源氏・葵〉訳(頭中将は光源氏に)世間のお話など、まじめな話も、また例の好色めいた話などもお話し申し上げて(退屈さを慰め申し上げるが)。

みだり-ごこち【乱り心地】〔名〕(「みだれごこち」とも)❶理性を失った心。取り乱した心。例「かかる仰せごとにつけても、かきくらす——になむ」〈源氏・桐壺〉訳このような(もったいない帝(みかど)の)お言葉をいただくにつけても、(亡き娘、更衣(かうい)を思って)心は暗く乱れるのです。❷気分が悪いこと。病気。例「——の悪(あ)しう侍(はべ)れば、うつぶし伏して侍(はべ)るや」〈源氏・夕顔〉訳気分が悪うございますので、うつぶせになっていたのです。

みだり-に【濫りに・猥りに・妄りに】『形容動詞「みだりなり」の連用形』⇩みだり

みだ・る【乱る】■一〔自ラ下二〕{れ・れ・る・るる・るれ・れよ}❶秩序がなくなり、ばらばらになる。また、幾つもの物が交じる。例「長からむ心も知らず黒髪の——・れて今朝はものをこそ思へ」〈千載・恋三〉訳あなたの心が末長く変わらないものかどうかわかりません。私の黒髪が乱れているように、あなたとお逢(あ)いして別れた今朝は、心は乱れて物思いに沈んでいます。注『百人一首』所収ノ、待賢門院堀河ノ作。コノ「乱る」ハ②ノ意ト掛詞ニナッテイル。
❷心が平静でなくなる。あれこれ思い悩む。例「かかる筋は、まめ人の——・るる折もあるを」〈源氏・夕顔〉訳こうした(恋の)道では、まじめな人が心の平静を失う場合もあるから。
❸規律・礼儀などがくずれる。だらしなくなる。例「内裏(うち)わたりなどのやむごとなきも、今日(けふ)は皆——・れて、かしこまりなし」〈枕草子・正月一日は〉訳宮中あたりなどの高貴な所でも、今日は皆うち解けて、遠慮がない。注正月十五日ノ「望粥(もちがゆ)」ノ行事デ、杖(つゑ)デ女性ノ尻(しり)ヲ打ツマジナイヲスルノデ騒ガシイコトヲイウ。
❹騒ぎが起こる。平和でなくなる。例「天下の——・れんことをさとらずして」〈平家・一・祇園精舎〉訳国内に騒ぎが起こることに気がつかずに。
■二〔他ラ四〕{ら・り・る・る・れ・れ}乱れるようにする。平常の状態でなくす。乱す。また、物が交じるようにする。例「今さらに心を——・るも、いといとほしげなり」〈源氏・明石〉訳(娘が光源氏と結ばれることを願って明石の入道が)今改めて(出家の)心を乱すのも、大変気の毒な様子である。

要点 ■二は鎌倉時代以降用いられなくなる。平安時代初期にできた「乱す」が、これにとって代わる。

みだれ【乱れ】〔名〕『動詞「みだる」の連用形の名詞化』❶秩序がなく、ばらばらになること。散乱。混乱。❷心が平静でなくなること。悩み。例「かかる御物思ひの——に、御心地なほ例ならずのみ思(おぼ)さるれば」〈源氏・葵〉訳このようなご心痛の悩みで、(六条御息所(みやすどころ)は)ご気分がやはり平素のようではなくお思いになられるので。❸騒ぎ。騒乱。例「この二、三年は、京都の騒ぎ、国々の——、しかしながら当家の身の上の事に候ふ間(あひだ)」〈平家・七・忠度都落〉訳この二、三年は、京都の騒ぎや、諸国の騒ぎ(があり)、しかもすべて我が平家の一族にかかわる事ですので。❹天候が荒れること。例「頭(かしら)さし出(い)づべくもあらぬ空の——に、出で立ち参る人もなし」〈源氏・明石〉訳(家から)頭を外に出せそうもない荒れた空模様のために、(京から明石にいる光源氏のもとへ)お見舞いに出て参る人もない。

みだれ-がは・し【濫れがはし・猥れがはし】(…ガワシ)〔形シク〕⇩みだりがはし

みだれ-そ・む【乱れ初む】〔自マ下二〕{め・め・む・むる・むれ・めよ}乱れた状態になり始める。乱れだす。例「陸奥(みちのく)のしのぶもぢ摺(ず)り誰(たれ)ゆゑに——・めにし我ならなくに」〈伊勢・一〉訳陸奥で産するしのぶもぢ摺りの乱れ模様のように(あなた以外の)誰かのせいで思い乱れ始めた私ではないのに(すべてあなたのせいなのです)。

みち【道・路・途】〔名〕■一通りみち。❶(人・車・舟などの)通路。道路。例「わが入らむとする——はいと暗う細きに」〈伊勢・九〉訳(宇津の山で)自分の分け入ろうとする道はとても暗く細い上に。
❷道の途中。途上。
❸道のり。道程。
■二(転じて)人としてのあり方。進むべき方向など。❶正しいあり方。規範。秩序。道理。例「近江(あふみ)のや坂田の稲をかけ積みて——ある御代(みよ)の初めにぞ春(つ)く」〈新古今・賀・七五三〉訳近江国の坂田(=滋賀県坂田郡)の稲を(稲掛けに)掛けて積んで、秩序あるこのご治世の初めに

春くことだ。注 大嘗会ニ際シテノ歌。
❷ある立場や関係にある時、必然的にそうなるような筋合い。成りゆき。「親子の―」「恋の―」など。例「本性（ほんじゃう）の愚かなるに添へて、子の―の闇（やみ）に立ちまじり」〈源氏・若菜・上〉訳（私は）生まれつきの性格が愚かであるのに加えて、子供を思う親心の成りゆきとして理性を失ってしまって。
❸神仏・聖賢などの示した教え。また、学問・芸術・武術などの専門分野。「仏の―」「管弦の―」など。例「所願を成（じゃう）じて後、暇（いとま）ありて―に向かはんとせば、所願尽くべからず」〈徒然草・二四一〉訳したいと思っていることをやった後で、ひまを見つけて仏の道に入ろうとするならば、したいと思うことが（次々とできて）なくなるはずがない。
❹（何かをするための）方法。手段。例「世を治むる―倹約を本とす」〈徒然草・一八四〉訳世の中を（うまく）治める方法は無駄遣いしないことを根本とする。

道の空（そら）〔「道の空路（ぢ）」とも〕道の途中。途上。

道の程（ほど）❶道のり。距離。
❷道の途中。道中。例「大将の君、一つ車にて、―物語し給ふ」〈源氏・若菜・上〉訳右大将（＝夕霧）は、（柏木と）同車して、（帰る）道中でお話をなさる。

道のまま 道を行きながら。道すがら。例「いつの間にか装束きつらむ、帯は―に結ひて」〈枕草子・五月の御精進のほど〉訳いつの間に衣装をまとったのか、帯は道の途中で結んで。

みち【蜜】〔名〕〔呉音。「みつ」は慣用音〕はちみつ。「みつ」とも。

みち-かひ【道交ひ】〔名〕道で行き違うこと。また、道を行き来すること。例「―にてだに、人か何ぞとだに御覧じ分くべくもあらず」〈源氏・明石〉訳道で行き違うことがあっても、人間か何か（＝動物カ）とさえお見分けにもなれないで。

みち-く【満ち来】〔自カ変〕（こ・き・く・くる・くれ・こ(よ)）（潮が）満ちて来る。満潮になる。例「夕月夜（ゆふづくよ）潮―・くらし難波江（なにはえ）の葦（あし）の若葉を越ゆる白波」〈新古今・春上・二六〉訳夕月の光に照らされて潮が満ちて来るらしい。難波（＝大阪市ノアタリ）の入り江の葦の若葉を越えて寄せる（美しい）白波よ。

みち-しるべ【道標】〔名〕道案内。また、そのための人や物。例「道定かならざれば、―の人を頼みて越ゆべきよしを申す」〈奥の細道・尿前の関〉訳（宿の主人が）道がはっきりしないので、道案内の人を頼んで（山を）越えたほうがよいということを言う。

みち-すがら【道すがら・途次】〔副〕〔「すがら」は接尾語〕道を行きながら。道中ずっと。例「―、『くさめくさめ』と言ひもて行きければ」〈徒然草・四七〉訳道を行きながら、「くさめくさめ（＝クシャミガ出タ時ニ唱エルマジナイノ言葉）」と言い続けて行ったので。

みち-の-き【道の記】〔名〕旅行記。道中日記。

陸奥（みちのく）〔旧国名〕〔「道の奥（おく）」の変化した形〕東山道八か国の一つ。現在の青森・岩手・宮城・福島の諸県にあたる。東北地方。「むつ」。「奥州」。

> **参考 時代で変わる「陸奥」の範囲** 古くは、東海道は常陸（ひたち）の国（＝茨城県）まで、東山道は下野（しもつけ）の国（＝栃木県）までで、それより北の地方を陸奥といった。秋田・山形の両県（＝出羽（デワ）ノ国）が陸奥から除かれたのは、七〇八年（和銅元）。以降、おおよそ青森以下の四県を指す。平安時代の散文では「みちのくに」とも。一八六八年（明治元）、陸奥の国が「陸奥（むつ）・陸中・陸前・磐城（いわき）・岩代（いわしろ）」の五か国に分割され、東山道十三か国とされた。

みちのく-がみ【陸奥紙】〔名〕〔「みちのくにがみ」とも〕「陸奥（みちのく）（＝東北地方）」で生産される、厚手で表面に細かなしわのある上質紙。檀紙（だんし）。

みち-の-くに【陸奥国】〔名〕⇒陸奥（みちのく）

みちのくに-がみ【陸奥国紙】〔名〕「みちのくがみ」に同じ。例「―、ただのも、よき得たる」〈枕草子・うれしきもの〉訳（上等な）檀紙（だんし）でも、またただの（普通の紙）でも、良質の紙を手に入れたことは、うれしいものだ。

みち-の-そら【道の空】⇒「みち」子項目

みち-の-べ【道の辺】〔名〕〔古くは「みちのへ」〕道のほとり。道ばた。例「―に清水流るる柳陰しばしとてこそ立ち止まりつれ」〈新古今・夏・二六二〉訳道のほとりに清水が流れる柳の木陰に、ほんのちょっとの間と思って立ちどまったのだが（気持ちのよい涼しさについ長くなってしまったよ）。注 西行作。謡曲「遊行柳（ゆぎょうやなぎ）」ハコノ歌ヲ主題トシテイル。例「―の木槿（むくげ）は馬に食はれけり」〈芭蕉・野ざらし紀行〉訳（馬での旅の途中、ふと目についた木槿の花。しばし馬を休めてその花に見入っていると）その路傍の木槿の花は、なんと私の馬にパクリと食べられてしまった。

みち-の-ほど【道の程】⇒「みち」子項目

みち-の-べ【道辺】〔名〕⇒みちのべ

みち-みち【道道】■〔名〕あちこちの道。様々な学問・芸能。例「―の物の上手のいみじきことなど」〈徒然草・二三〉訳様々な学問・芸能の達人のすばらしいことなど。
■〔副〕道を行きながら。道すがら。例「―雑談（ざふたん）を申して参らうものを」〈狂言・佐渡狐〉訳（連れでもいれば）道すがら話をして行こうと思うのですが。

みち-みち・し【道道し】〔形シク〕学問的で理屈っぽい。また、道理にかなっている。例「三史・五経の―・しき方（かた）を明らかに悟り明かさむこそ、愛敬（あいぎゃう）なからめ」〈源氏・帚木〉訳三史・五経の学問的で理屈っぽい方面を明確に理解するようなのは、（女としては）かわいげがないでしょう。注「三史」ハ「史記・漢書・後漢書」。「五経」ハ「易経・書経・詩経・春秋・礼記（ライキ）」。イズレモ漢学デ重ンジラレタ書物。

み-ちゃう【御帳】〔名〕〔「み」は接頭語〕「ちゃう（帳）①」の尊敬語。例「―の内に入り給ひて」〈源氏・夕顔〉訳（光源氏は）垂れ布の内にお入りになって。

みち-ゆき【道行き】〔名〕❶道を行くこと。道の行き方。例「若ければ―知らじ幣（まひ）はせむ黄泉（したへ）の使ひ負ひて通らせ」〈万葉・五・九〇五〉訳（死んだあの子は）若いので、（冥土（めいど）への）道の行き方を知らないだろう。お礼の贈り物はしよう、（だから）あの世の使者よ、おんぶして通ってやってください。
❷文体の一種。軍記物・謡曲・浄瑠璃（じょうるり）などで、旅の道中を流麗な文章でつづったもの。多く七五調で、地名を織り込んだり、縁語・序詞・掛詞などを駆使したりして、道筋の光景や旅情を描写する。

❸〈演劇用語〉歌舞伎(かぶき)・浄瑠璃(じょうるり)などで、男女が連れだって旅をする場面。また、そこで演じられるしぐさ。多く、駆け落ちや心中におもむく男女が主人公となり、舞踊がかった演技がなされる。転じて、一般に男女が駆け落ちや心中におもむくことをもいう。
❹〈本筋に関係のない〉事の経過。前置き。

みちゆき-びと【道行き人】〔名〕道を通る人。通行人。旅人。

みちゆき-ぶり【道行き触り】〔名〕道の途中で出会うこと。行きずり。例「玉桙(たまほこ)の——に思はぬに妹(いも)を相見て恋ふるころかも」〈万葉・一一・二六〇五〉訳道の途中での出会いで、思いがけずあなたと出会って、(あなたのことが)忘れられず)恋しく思うこの頃だよ。

みつ【三つ】〔名〕みっつ。三。時刻の呼び名としては、「一刻(いっとき)」を四分した第三の時刻を表す。

三つの道(ち) ❶〈漢語「三才」の訓読〉天・地・人の三つをいう。
❷〈仏教語「三途(さんず)」の訓読〉⇒さんあくだう
❸〈漢語「三径」の訓読〉庭内の三つの道。隠者の家を指す。例「この寂しき宿にも必ず分けたる跡ある——」〈源氏・蓬生〉訳この寂しい(隠者の住むような)家にも必ず踏み分けた跡があるという三つの道。

御津(みつ)〔地名〕(「み」は接頭語。「津」は港の意。「三津」とも)難波(なには)(=大阪)にあった港。上代、九州や朝鮮・中国への海上交通の要地であった。

み・つ【満つ・充つ】[一]〔自タ四〕{た・ち・つ・つ・て・て}❶いっぱいになる。充満する。全体に広まる。満ちる。例「屋の内は暗き所なく光——・ちたり」〈竹取・かぐや姫の生ひ立ち〉訳(かぐや姫のいる)家の中は暗い所がなく光が満ちあふれていた。
❷満月になる。また、満潮になる。満ちる。例「月——・ちては欠け、物盛りにしては衰ふ」〈徒然草・八三〉訳月は満ちては欠け、物事は盛りになっては衰える。
❸望みや予定の通りになる。充足する。かなう。例「年ごろの願ひの——・つ心地して」〈源氏・東屋〉訳長年の願い事がかなう気持ちがして。
[二]〔他タ下二〕{て・て・つ・つる・つれ・てよ}❶いっぱいにする。満たす。例「玉敷かず君が悔いていふ堀江には玉敷き——・てて継ぎて通はむ」〈万葉・一八・四〇五七〉訳玉を敷かなかったとあなたが後悔して言うこの堀江には、私が玉を敷いていっぱいにして(今後も)引き続いて通って来よう。注天皇ヲオ迎エスル準備ガ行キ届カナカッタトワビル臣下ノ歌ニ、天皇ガ返シタ歌。
❷望みや予定の通りになるようにする。かなえる。例「衆生(しゅじゃう)の所願を——・て給へり」〈平家・二・康頼祝言〉訳人々の願う所をかなえなさった。
参考 [二]は中世以後は上二段にも活用する。

みづ【水】〔名〕水。泉・池・川・遣(や)り水などを指すこともある。

水も洩(も)らさ・ず (水ももらさないくらい男女が)非常に親密だ。とても仲むつまじい。例「などてかく逢ふ期(ご)かたみになりにけむ——・じと結びしものを」〈伊勢・二八〉訳なんでこのように(あなたと)逢う折りが少なくなってしまったのでしょうか。このうえなくなかむつまじく(していよう)と契りあったのになあ。

みづ【瑞】〔名〕❶みずみずしくうるわしいこと。多く、「——枝(え)」「——穂」など接頭語的に用いられる。
❷めでたいしるし。瑞兆(ずいちょう)。

みづ-うみ【湖】〔名〕(「淡水の海」の意)淡水湖。琵琶湖(びはこ)を指すことが多い。対しほうみ 例「——の面(おも)はるばるとして」〈更級・富士川〉訳湖(=ココデハ、琵琶湖)の湖面ははるかに広がっていて(趣深い景色だ)。

みづ-え【瑞枝】〔名〕みずみずしい若い枝。例「滝の上の三船の山に——さし繁(しじ)に生(お)ひたる栂(とが)の木の」〈万葉・六・九〇七長歌〉訳滝の近くの三船の山(=奈良県吉野郡ニアル)に、みずみずしい若い枝が伸び、ぎっしりと生えている栂の木の。

水鏡(みづかがみ)〔書名〕平安後期の歴史物語。作者は中山忠親(なかやまただちか)かという。十二世紀末の成立。四鏡の一。仙人に聞いた修行者の昔話を老尼が聞き伝える趣向で、神代天皇から仁明(にんみょう)天皇まで約千五〇〇年の歴史を編年体で描く。

みづ-かき【瑞垣・瑞籬】〔名〕みずみずしくうるわしい垣根。神社の垣根をたたえていう。玉垣。「斎(い)垣」とも。

みづ-かね【水銀】〔名〕水銀(すいぎん)。古く、伊勢の国から産し、薬用や鏡を磨くためなどに使われた。例「今は昔、京に——商ひする者ありけり」〈今昔・二九・三六〉訳今では昔のことだが、京都に水銀を売り買いする者がいた。

みづ-か・ふ【水飼ふ】〔他ハ四〕{は・ひ・ふ・ふ・へ・へ}牛や馬に飲み水を与える。水をやる。例「駒止めてなほ——・はむ山吹の花の露添ふ井手の玉川」〈新古今・春下・一五九〉訳馬を止めてもうしばらく水を飲ませていよう。山吹の花の露がこぼれて流れに落ち加わる井手の玉川(はいい眺めだ)。

みづから【自ら】[一]〔名〕自分。自分自身。例「頼む方なき人は、——が家をこぼちて、市に出(い)でて売る」〈方丈記・飢渇〉訳暮らしを立てる頼みとするてだてのない人は、自分の家をこわして、(薪(たきぎ)として)市場へ出て売る。
[二]〔代名〕(人称代名詞。自称)私。古くは男女ともに用いたが、近世では女性のみが使う。例「畏(かしこ)き仰せ言をたびたび承りながら、——は、えなむ思ひ給へたつまじき」〈源氏・桐壺〉訳(参内なさい、という天皇の)もったいないお言葉を何度もお受けしながら、私は、(参内を)思い立つこともできますまい。注更衣(かうい)ノ死ニ先立タレタ母ノ言葉。
[三]〔副〕自分自身で。自分から進んで。例「いみじかりし賢人・聖人、——卑しき位に居(を)り、時に会はずして止(や)みぬる、また多し」〈徒然草・三八〉訳すばらしく立派だった賢人や聖人が、自分から進んで(へりくだって)卑しい地位にいて、時流に乗って栄えることもなく終わってしまった例も、また多い。

み-つぎ【貢・調】〔名〕(古くは「みつき」)租・庸・調など、政府に納める租税の総称。例「聞こし食(を)す四方(よも)の国より奉る——の船は堀江より水脈(みを)引きしつつ」〈万葉・二〇・四三六〇長歌〉訳お治めになる四方の国々からお納めする租税を積んだ船は、堀江から水先案内をしながら。

みつぎ-もの【貢物・調物】〔名〕租税として政府に納める物。例「煙の乏(とも)しきを見給ふ時は、限りある——をさへ許されき」〈方丈記・都遷り〉訳(仁徳天皇は民家のかまどから立つ)煙の少ないのを御覧になった時は、限られ決められた租税の物をさえ許された。

み-つ・く【見付く】[一]〔自カ四〕{か・き・く・く・け・け}見なれる。なじむ。例「幼き人は、――・い給ふままに」〈源氏・紅葉賀〉訳幼い人(＝若紫)は、(光源氏に)なじまれるにつれ。注「見つい給ふ」ハ「見つき給ふ」ノイ音便形。

二〔他カ四〕{か・き・く・く・け・け}見て気づく。見てとる。発見する。例「さまかたちのめでたきを――・きなば」〈源氏・東屋〉訳(浮舟の)容姿・器量がすばらしいものであることを見て気付いたならば。

三〔自カ下二〕{け・け・く・くる・くれ・けよ}見なれる。なじむ。

四〔他カ下二〕{け・け・く・くる・くれ・けよ}見て気づく。見付け出す。発見する。例「いと小さき塵(ちり)のありけるを目ざとに――・けて」〈枕草子・うつくしきもの〉訳(幼児が)とても小さい塵のあったのを目ざとく見付けて。

み-つ・ぐ【見継ぐ】〔他ガ四〕{が・ぎ・ぐ・ぐ・げ・げ}❶見続ける。見守り続ける。また、次々に見る。例「人さへや――・がずあらむ彦星の妻呼ぶ舟の近づき行くを」〈万葉・一〇・二〇七五〉訳(織女だけでなく)地上の人間までも見守り続けずにいられようか、彦星が妻を呼ぶ舟が近づいて行くのを。

❷手助けする。援助する。加勢する。例「あなかしこ、わきさし達、いづかたをも――・ぎ給ふな」〈徒然草・一一五〉訳決して、同行の皆さん、どちらにも加勢なさるな。

み-づ・く【水漬く】〔自カ四〕{か・き・く・く・け・け}《上代語》水につかる。水にひたる。例「海行かば――・く屍(かばね)山行かば草生(む)す屍大君の辺(へ)にこそ死なめ」〈万葉・一八・四〇九四長歌〉訳海に行くなら水につかる死体、山に行くなら草の生える死体となっても、大君のおそばでこそ死のう。

みづ-ぐき

【水茎】〔名〕《古くは「みづくき」》❶筆。例「涙の――に先に立つ心地して、書きやり給はず」〈源氏・夕霧〉訳涙が筆に先立つ気持ちがして、すらすらとお書きになることができない。

❷《「水茎の跡(あと)」の意》筆跡。手紙。

みづくき-の【水茎の】《枕詞》(同じ音の繰り返しから)「みづき(水城)」にかかる。また、「岡」にかかる。例「大夫(ますらを)と思へる我や――水城の上に涙のごはむ」〈万葉・六・九六八〉訳強い立派な男だと思っている私が、水濠の上に立って(別れの)涙を拭うことだろうか。

みつぐり-の【三栗の】《枕詞》栗のいがの中に実が三つ入っている、その中央にあるものの意から、「中」もしくはそれと同音の語にかかる。

み-づし【御厨子】〔名〕《「み」は接頭語》❶「厨子」の尊敬語。例「絵ども入りたる――ども開かせ給ひて」〈源氏・絵合〉訳(光源氏は)絵が何枚も入っている厨子をいくつかお開きになって。

❷「御厨子所①」に仕える女官。

❸《室町時代以降の用法》台所などで働く下女。下働きの女。「みづしめ(水仕女)」とも。

みづし-どころ【御厨子所】〔名〕❶宮中で、食事をととのえる所。内膳司に属する。

❷(主として貴人の家の)台所。例「――の方を見れば、……御饌(おもの)どもを急ぐめり」〈栄花・玉のうてな〉訳台所の方を見ると、……食膳の用意をせっせとやっているようである。

みつせ-がは【三瀬川】〔名〕《仏教語》⇩三途(さんづ)の川(かは) 例「――渡らぬ先にいかでなほ涙の水脈(みを)の泡と消えなむ」〈源氏・真木柱〉訳三途の川を渡らないうちに、何とかしてやはり(川のように流れる私の)涙の流れの泡となって消えてしまいたい。

みづち【蛟・虬・虯】〔名〕《古くは「みつち」。「ち」は霊の意》想像上の動物の一つ。水にすみ、角と四足のあるヘビで、毒気を吐いて人を害する。例「剣を挙(あ)げて水に入りて――を斬(き)る」〈日本書紀・仁徳・六十七年〉訳刀をふりかざして水中にとびこんでミズチを切りふせる。

みづ-とり【水取り】〔名〕《多く「お水取り」の形で用いられる》奈良の東大寺二月堂で、陰暦二月一日から十四日まで行われた法会。うち、七日と十二日の深夜、堂の下の若狭井の水を汲み上げる儀式がある。現在も、関西では、これがすまないと春が来ないとされている。(季・春) 例「――や氷の僧の沓(くつ)の音」〈芭蕉・野ざらし紀行〉訳お水取りの夜、こごえるほど寒いお堂の中で僧達の木ぐつの音が冴え響き、厳かな感じがする。

みづとり(東大寺二月堂)

みづ-とり【水鳥】〔名〕水の上や水辺に住む鳥。ミズドリ。

みづとり-の【水鳥の】《枕詞》(水鳥の色・性質・状態から、また、水鳥の代表である鴨から)「青葉」「うき」「立つ」「賀茂」などにかかる。例「――立ちの急きに父母に物言(ものは)ず来(け)にて今ぞ悔しき」〈万葉・二〇・四三三七〉訳(防人に)出発する時のあわただしさにまぎれて、父や母に別れの言葉も言わずに来てしまって、今、後悔していることだ。注防人(サキモリ)ノ歌。「来(け)にて」ハ「来(き)にて」ノ上代東国方言。

みづ-の-え【壬】〔名〕十干のうち、九番目。音は「じん」。⇩じっかん

みづ-の-と【癸】〔名〕十干のうち、十番目。音は「き」。⇩じっかん

みつ-の-みち【三つの道】⇩「みつ(三つ)」子項目

みづは-ぐ・む【瑞歯ぐむ】〔自マ四〕{ま・み・む・む・め・め}非常に年をとる。老齢になる。例「惟光(これみつ)が父の朝臣(あそん)の乳母(めのと)に侍(はべ)りし者の、――・みて住み侍るなり」〈源氏・夕顔〉訳惟光の父の朝臣の乳母でありました者が、非常に年をとって住んでおります。

みづは-さ・す【瑞歯さす】〔自サ四〕{さ・し・す・す・せ・せ}「みづはぐむ」に同じ。

みつば-よつば【三つば四つば】〔名〕「つば」は軒端の意か。豪壮な建物がいくつも立ち並んでいること。例「――の殿づくりもをかし」〈枕草子・花の木ならぬは〉訳(ヒノキは)豪壮な建物がいくつも立ち並んでいる御殿に用いられているのも趣ぶかい。

みづ-ほ【瑞穂】〔名〕みずみずしい稲の穂。

瑞穂の国(くに) 《稲穂がよく実る国の意で》日本国の美称。例「豊葦原(とよあしはら)の千秋長五百秋(ちあきのながいほあき)の――は」〈古事記・上・葦原中国の平定〉訳豊かに葦の生えているいつまでも栄えるみずほの国(＝日本)は。

みつみつし《枕詞》氏族の名「久米(くめ)」にかかる。語源・かかり方については、諸説があるが、未詳。例「――久米(くめ)の子らが垣下(かきもと)に植ゑし椒(はじかみ)口ひひく」〈古事記・中・神武〉訳久米の者達が垣根のもとに植えた山椒

は、(食べると)口がヒリヒリして。

みづら【角髪・角子・鬟】〔名〕上代の成人男子の髪の結い方。髪を左右に分けて垂らし、それぞれ両耳のあたりで束ねるもの。平安時代からは、主に少年の髪型となり、「びんづら」「びづら」とも。例「母刀自(あもとじ)も玉にもがもや戴(いただ)きて——の中に合へ巻かまくも」〈万葉・二〇・四三七七〉訳母上も玉であったらなあ。(そうすれば)頭にのせてみずらの中に混ぜて巻くであろうのに。注防人ノ歌。

みづら

み-てぐら【幣・幣帛】〔名〕(「御手座(くら)」の意)神に捧げるものの総称。多くは、絹・木綿・麻などの布。例「またの日ぞ、よろしかりければ、——奉る」〈源氏・澪標〉訳翌日は、日が悪くなかったので、(住吉の神に)お供え物をさしあげる。

み-と【水門】〔名〕川や海などの水の出入り口。河口・海峡など。「みなと」とも。例「男・女からく神仏を祈りて、この——を渡りぬ」〈土佐・一月三十日〉訳男も女も必死になって神や仏に祈って、(やっと船は)この海峡(＝鳴門海峡、渦潮デ知ラレル海上ノ難所)をこぎ渡った。

み-とが・む【見咎む】〔他マ下二〕{め・め・む・むる・むれ・めよ}見て怪しいと思う。注目する。例「暁(あかつき)近うなりにけるを、——・むる人もやあらむと煩(わづら)はしきも」〈源氏・宿木〉訳明け方近くなったので、(中の君の許から私が出て来るのを)見て怪しいと思う人もあるのではと(薫には)心わずらわしいのも。

み-どころ【見所】〔名〕見る価値があるところ。長所。要点。後には、将来の見込み、将来性の意を含めて使うことがある。例「かの院のつくりざま、なかなか——多く今めいたり」〈源氏・澪標〉訳あの院(＝二条ノ東ノ院)の造り方は、(本邸の二条院よりも)かえって見る価値のあるところが多く当世風である。

み-ども【身共】〔代名〕《人称代名詞。自称》わたし。おれ。同輩や目下の者に向かって少し改まった感じで言う時に用いる。室町時代から、武士階級に用いられたが、のち、町人や女子も使うようになった。例「——もあすは都へ上るによって、同道いたさうぞ」〈狂言・磁石〉訳わたしも明日は都へ上るので、ご一緒いたしますぞ。

み-とらし【御執らし】〔名〕(「み」は尊敬の意の接頭語、「とらし」は、動詞「とる」の未然形に上代語の尊敬の助動詞「す」が付いた「とらす」の連用形の名詞化)貴人が手にお取りになっているもの。お弓。「みたらし」とも。

みどり【緑・翠】〔名〕みどり色。萌黄色・青色・藍色などにも広く使われる。例「——の薄様(うすやう)なる包み文の、大きやかなるに」〈源氏・浮舟〉訳藍色の薄く漉いた紙で包んである手紙で、大きめなものに。

みどり-ご【嬰児・緑児】〔名〕《中世までは「みどりこ」。新芽のような児の意》生まれて間もない子。乳児。また、三歳くらいまでの幼児。例「吾妹子(わぎもこ)が形見に置ける——の乞(こ)ひ泣くごとに取り委(まか)する物しなければ」〈万葉・二・二一三長歌〉訳いとしい妻が形見に残していった幼子が何かほしがって泣くたびに、取って与えるものもないので。

みな【皆】㊀〔名〕全部。みんな。㊁〔副〕すべて。ことごとく。すっかり。例「頭(かしら)も——白けぬ」〈土佐・一月二十一日〉訳(海賊の心配や海の恐怖で)頭髪もすっかり白くなってしまった。

皆に成(な)・す《「皆にす」とも》全部なくする。使い果たす。例「隠居(いんきょ)の親仁(おやじ)の取って置き銀(かね)を——・す」〈西鶴・好色一代男・二・七〉訳(人の手前や年の手前、色町へ行くのをはばかる客を相手にする私娼のために)隠居のじいさんが大切な貯金をすっかりなくす。

皆に成(な)・る 全部なくなる。尽きる。例「『ただ食へ、ただ食へ』……『おお、——・った』」〈狂言・附子〉訳「どんどん食べろ、食べろ」……「ああ、全部なくなった」。

みな【蜷】〔名〕《平安時代以後「にな」とも》カワニナやタニシなど、川にいる小巻き貝の称。例「みなむすびといふは、……——といふ貝に似たればいふ」〈徒然草・一五九〉訳みな結びという(組み糸の結び方の)名は、……蜷という貝に(形が)似ているからいうのである。

み-な-かみ【水上】〔名〕《「み」は水、「な」は「の」の意》❶上流。川上。例「——より水まさりて」〈今昔・五・一九〉訳(夕方からの雨が一晩中降り止まず、明け方になると)川上から水量が増して。❷事物の起源。物事の根元。

みな-がら【皆がら】〔副〕《「みなながら」の変化した形》全部。残らず。例「紫の一本(ひともと)ゆゑに武蔵野(むさしの)の草は——あはれとぞ見る」〈古今・雑上・八六七〉訳紫草一本があるために、武蔵野の草は全部いとしくすばらしいと思って見ることよ。(あなたを愛するので、あなたにゆかりのある人すべてに好意を持ちます)。

みな-ぎは【水際】〔名〕《「な」は「の」の意》水ぎわ。水のほとり。みぎわ。

みなぎら・ふ【漲らふ】〔連語〕《上代語。「みなぎる」の未然形＋反復・継続の助動詞「ふ」》水が満ちあふれている。みなぎりかえる。

みなぎ・る【漲る】〔自ラ四〕{ら・り・る・る・れ・れ}水が満ちあふれる。水の勢いが盛んになる。みなぎる。例「洪水——・り来たらば」〈平家・三・大地震〉訳洪水が満ちあふれて流れて来たならば。

み-な-くち【水口】〔名〕《「み」は水、「な」は連体修飾の古い格助詞》川の水などを、田へ引き入れるための口。例「——に我や見ゆらんかはづさへ水の下にてもろ声になく」〈伊勢・二七〉訳水口に私の姿が見えているのだろうか。田の蛙までも水面下で声をそろえて鳴いているよ。

み-なくに【見なくに】〔連 〕《「な」は打消しの助動詞の古い未然形、「く」は準体助詞、「に」は助詞》見えないのに。例「桜花散らば散らなむ散らずとてふるさと人の来ても——」〈古今・春下・七四〉訳桜の花よ、散りたければさっさと散ってくれ。散らないといっても(私の在所の)親しい人(＝僧正遍昭)はやって来て見たりはしないのに。

虚栗(みなしぐり)〔書名〕江戸前期の俳諧撰集。榎本其角編。一六八三年(天和三)成立。四季に分けて発句と連句を収め、新しい蕉風俳諧を築こうとする意欲を見せているが、漢詩文調が強く、難解さ・固さが残っている。⇩
榎本其角(えのもときかく)

み-な・す【見做す】〔他サ四〕{さ・し・す・す・せ・せ}❶(上に状態を表す語句を伴って)その状態のように見る。見なす。例「かたほなるをだに、乳母(めのと)やうの思ふべき人は、あさましうまほに――・すものを」〈源氏・夕顔〉訳 欠点のある子ですら、乳母のようなかわいがるはずの人は、おかしいほど(その子を)完全無欠だと思い込むものだが。
❷そう見えるようにする。そうなるのを見届ける。例「命長くて、なほ位(くらゐ)高くなど――・し給へ」〈源氏・夕顔〉訳 長生きして、さらに(私の)位が高くなるのなどをお見届け下さい。

水無瀬(みなせ)【地名】大阪府三島郡島本町広瀬の地の古称。淀(よど)川が京都盆地から大阪平野に抜ける地狭部にあり、この付近で水無瀬川が淀川に合流する。平安初期から朝廷の狩猟地として知られ、山水の美に富む景勝地でもあった。『伊勢物語』などで知られる惟喬(これたか)親王の離宮や、鎌倉初期には後鳥羽上皇の離宮があった。

水無瀬神宮

みなせ-がは【水無瀬川】‥ガワ ■一【名】水のない川。また、水が表面に現れず、砂の下を流れている川ともいう。
■二【枕詞】「下」にかかる。例「言(こと)に出(い)でて言はぬばかりぞ――下に通ひて恋しきものを」〈古今・恋三・六〇七〉訳 (私の恋は)言葉に出して言わないだけです。心の中であなたを思って恋しい気持ちを抱いているのに。

水無瀬三吟百韻(みなせさんぎんひゃくいん)ミナセサンギンヒヤクイン【書名】『水無瀬三吟何人(なにひと)百韻』『水無瀬三吟』とも。室町中期の連歌集。一四八八年(長享二)成立。一巻。当時を代表する飯尾宗祇(いいおそうぎ)、その弟子、牡丹花肖柏(ぼたんかしょうはく)・柴屋軒(さいおくけん)宗長が、和歌を好んだ後鳥羽院のためにその離宮、水無瀬宮に奉納した百韻連歌。院の「見渡せば山本霞(かす)む水無瀬川夕べは秋と何思ひけむ」を踏まえ宗祇が「雪ながら山本霞む夕べかな」と詠んだ発句(ほっく)は古来有名。洗練をつくし格調も高い。古来、連歌の規範として尊重された。

み-な-そこ【水底】【名】(「み」は水、「な」は「の」の意)水の底。例「八釣川(やつりがは)――絶えず行く水の続(つ)ぎてぞ恋ふるこの年頃を」〈万葉・一二・二八六〇〉訳 八釣川(=奈良県明日香(アスカ)村ニアル川)の水底を絶えず流れている水のように、私はこの何年来(あの娘を)いつも恋しく思いつづけている。注「行く水の」マデハ「続ぎて」ヲ導ク序詞。

みな-づき【水無月・六月】【名】陰暦六月の別名。

みなづき-ばらへ【六月祓へ】‥バラエ【名】陰暦六月三十日に、汚れをはらう神事。茅(ちがや)で作った輪をくぐらせたり、人形(ひとがた)で身体をなで、それを川へ流したりする。「なご(夏越)しの祓へ」とも。(季・夏)例「――、またをかし」〈徒然草・一九〉訳 六月祓えの行事も、また趣深いものだ。

み-な-と【水門・湊・港】【名】(「な」は「の」の意)❶川や海の水の出入り口。河口・湾口・海峡など。
❷(転じて)船のとまる所。何かの行き着く所。例「七日になりぬ。同じ――にあり」〈土佐・一月七日〉訳 (風や波がやむのを待ち続けて、一月の)七日になってしまった。(やはり)同じ港に停泊している。

みな-に-な-す【皆に成す】⇩「みな」子項目

みな-に-な-る【皆に成る】⇩「みな」子項目

みな-ひと【皆人】

【名】すべての人々。また、その場にいる人みんな。例「京には見えぬ鳥なれば、――見知らず」〈伊勢・九〉訳 (隅田川にいる都鳥(みやこどり)は)京には見慣れない鳥なので、(一行の者は)誰も見知らない。

みな-ひとびと【皆人々】【連語】その場に居合わす人全部。例「昨日(きのふ)のやうなれば、舟出(い)ださず。――うれへ嘆く」〈土佐・一月二〇日〉訳 昨日と同じように天候が悪いので、出航しない。舟に乗っている人はすべて切ない気持ちを訴えてため息をつく。

みなみ【南】【名】❶方角の一つ。北の反対。
❷南方から吹いてくる風。例「――吹き雪消(ゆきげ)まさりて」〈万葉・一八・四一〇六長歌〉訳 暖かい南風が吹いてきて雪解けの水がふえて。
❸大坂の道頓堀(どうとんぼり)を中心とする一帯(=大阪市中央区)の通称。遊廓(ゆうかく)・芝居小屋などが多かった。

みなみ-おもて【南面】【名】❶南に向いた方。
❷寝殿造りで、南に面した部屋。客間に用いる。例「――におろして、母君もとみにえものものたまはず」〈源氏・桐壺〉訳 南面に命婦(みょうぶ)を招じ入れて、母上も急にはお話をなさることもできない。
❸寝殿造りで、南向きの正殿。

みなみ-まつり【南祭】【名】(賀茂(かも)神社の祭を「北祭」というのに対していう)石清水(いわしみず)八幡宮(=京都府八幡(ヤワタ)市男山(オトコヤマ)ニアル)の祭。陰暦三月の中の午(うま)の日に行われた臨時の祭(明治三年以降中絶)、陰暦八月十五日(現在は九月十五日)の放生会(ほうじょうえ)。

み-な-むすび【蜷結び】【名】装飾用の組み糸の結び方の一つ。例「――といふは、糸を結び重ねたるが、蜷(みな)といふ貝に似たればいふ」〈徒然草・一五九〉訳 みな結びという名は、糸を結び連ねたものが、蜷という貝に(形が)似ているからいうのである。

み-な-もと【源】【名】(「水(み)な(=「の」ノ意)本(もと)」の意)❶川の水が流れ出る元の所。水源。
❷物事の起こり始め。起源。例「まことに、愛着(あいぢゃく)の道、その根深く、――遠し」〈徒然草・九〉訳 本当に、男女間の愛欲というものは、その根が深く、その起こりは(はるか)遠くへさかのぼるものだ。

源家長(みなもとのいへなが)‥イエナガ【人名】鎌倉初期の歌人。後鳥羽上皇の和歌所に仕え、『新古今和歌集』の編集に当たり、その経過を記した『源家長日記』を残している。和歌は、『新古今和歌集』以下の勅撰集に採録されている。

源実朝(みなもとのさねとも)【人名】鎌倉幕府の第三代将軍。一一九二年(建久三)～一二一九年(建保七)。父は頼朝(よりとも)、母は政子。十二歳で将軍となり、後には右大臣となったが、甥(おい)の公暁(くぎょう)のために鎌倉の鶴岡(つるがおか)八幡宮で討たれた。政治よりも和歌・管弦(=音楽)に親しみ、特に和歌は藤原定家からも激賞された。万葉調のおおらかな歌にすぐれ、『新勅撰和歌集』以下の勅撰集に採録されたほか、家集に『金槐和歌集』がある。⇩金槐(きんくわい)和歌集(わかしふ)

源順(みなもとのしたがふ)‥シタゴウ【人名】平安中期の学者・歌人。三十六歌仙の一人。官位は低かったが、「梨壺の五人」の一人として『後撰和歌集』の選者となったほか、『万葉集』の訓読に力を尽くし、また、我が国初の分類体百科辞典ともいうべき『倭名類聚抄(わみょうるいじゅしょう)』を作成した。一説に、

『宇津保物語』『落窪物語』の作者ともいう。その歌は『拾遺和歌集』以下の勅撰集に入っているほか、家集に『源順集』などがある。⇩後撰和歌集

源俊頼（みなもとのとしより）【人名】平安後期の歌人。官位は低かったが、歌人として名が高く、たびたび歌合せの判者となり、『金葉和歌集』の選者ともなった。その歌は、『金葉和歌集』以下に約二百四十首入っているほか、家集に『散木奇歌集』があり、歌論『俊頼髄脳』を残している。⇩金葉和歌集

源通具（みなもとのみちとも）【人名】平安末期・鎌倉初期の歌人。藤原俊成の女の夫で、堀河大納言と呼ばれる。『新古今和歌集』の選者の一人。『新古今和歌集』以下に和歌を残している。⇩新古今和歌集

源義経（みなもとのよしつね）【人名】平安末期の武将。一一五九年（平治元）〜一一八九年（文治五）。義朝の九男で、頼朝の弟。俗に九郎判官とも。幼名は牛若。平治の乱で父を失い、幼くして鞍馬寺（＝京都市左京区）に入ったが、後には奥州藤原氏を頼り、兄頼朝の挙兵に応じて木曽義仲を追討し、平氏を西へ追って壇の浦（＝山口県下関市）でこれを全滅させた。しかし、その後頼朝の不興を買って奥州平泉（＝岩手県西磐井郡）へ落ちのび、ついに悲劇的な最期をとげた。『平家物語』『義経記』に描かれるほか、様々な義経伝説が生まれ、江戸時代の文芸に多大の影響を与えた。⇩義経記

源頼朝（みなもとのよりとも）【人名】鎌倉幕府の初代将軍。一一四七年（久安三）〜一一九九年（正治元）。父義朝とともに平治の乱に敗れ、伊豆に流された。一一八〇年（治承四）、平氏追討の兵を挙げ、いったんは敗れたが、弟範頼・義経を派遣して、一一八五年（文治元）、壇の浦（＝山口県下関市）で全滅させた。その後、義経の行動をも疑ってその鎌倉入りを許さず、彼が身を寄せた奥州藤原氏を滅ぼした上、一一九二年（建久三）、征夷大将軍に任ぜられて、鎌倉幕府を創設、武家政権を確立した。

源頼政（みなもとのよりまさ）【人名】平安末期の武将・歌人。出家して源三位入道と呼ばれる。以仁王を奉じて平氏追討の兵を起こしたが敗れ、平等院（＝京都府宇治市）の庭で自刃した。『平家物語』に登場するほか、『新古今和歌集』『詞花和歌集』などに和歌を残している。家集に『従三位頼政卿集』がある。

み-なら・ふ（自ハ四）{は・ひ・ふ・ふ・へ・へ} **一**【見慣らふ】見なれている。なんども見る。例「――・ひ給はぬ人びとは、珍しく興ありと思ひ」〈源氏・少女〉訳見なれていらっしゃらない人々は、珍しくて見所があると思い。**二**【見習ふ】見て学ぶ。見てまねる。例「若き人に――・はせて心つけんためなり」〈徒然草・一八四〉訳若い人に見て学ばせて気付かせるためである。

み-な・る【見慣る・見馴る】（自ラ下二）{れ・れ・る・るる・るれ・れよ} ❶しばしば見て慣れる。見なれる。例「唐めきたる名の聞きにくく、花も――・れぬなど、いとなつかしからず」〈徒然草・一三九〉訳中国風の聞きにくい名（の草）で、花も見なれないのなどは、全く親しみがもてない。❷しばしば会うことがあって馴れる。なじむ。例「まだよくも――・れ給はぬに、幼き人を留め奉り給はむもうしろめたかるべし」〈源氏・玉鬘〉訳まだよくなじんでいらっしゃらないのに、幼い人（＝玉鬘）を（頭中将のもとに）残して行くのも心配だろう。

み-な-わ【水泡】（名）（「水（み）な（＝「の」ノ意）泡（あわ）」の変化した形）水のあわ。例「宇治川の――逆巻き行く水の事反（かへ）らずぞ思ひ始（そ）めてし」〈万葉・一一・二四三〇〉訳宇治川の激しく泡を立てて流れて行く水が再び元へ戻らないように、（私はあの方を）恋し始めてもう元へ戻ることはできなくなった。

み-に-あま・る【身に余る】⇩「み（身）」子項目

み-にく・し【醜し】（形ク）❶見ていやな感じがする。例「『かぐや姫すゑむには例のやうには――・し』とのたまひて」〈竹取・竜の首の玉〉訳「かぐや姫を（妻として）住まわせるには普通の家のようでは見苦しい」と（大納言は）おっしゃって（立派な建物をお造りになって）。❷顔かたちがよくない。例「わがかたちの――・く浅ましきことを、余りに心憂く覚えて」〈徒然草・一三四〉訳自分の容貌が悪く見苦しいことを、あまりにもつらく思われて。

み-ぬけ【身抜け】（名）ある状態から身をのがれること。責任のがれ。借金取りからのがれることや、遊女がその境遇から脱することをいう。例「節季（せっき）節季にさまざま作り事申して逃れましたが、この節季の――、何とも分別あたはず」〈西鶴・世間胸算用・五・三〉訳勘定の支払日ごとにいろいろ作り話をしまして逃げていましたが、今日の支払日（＝大晦日ノ総決算）の逃げ道は、何とも思いつくことができません。

みぬよ-の-ひと【見ぬ世の人】（連語）自分の生まれるよりも前の時代の人。昔の人。例「ひとり灯（ともしび）のもとに文（ふみ）をひろげて、――を友とするぞ、こよなう慰さむわざなる」〈徒然草・一三〉訳一人灯火のそばで書物をひらいて（読み）、昔の人（＝ソノ書物ノ作者ヤ登場人物）を友とすることは、この上なく心の慰めになるものである。

み-ね【峰・峯・嶺】（名）（「み」は接頭語）❶山のいただき。山頂。例「六月（ろくぐわつ）や――に雲置く嵐山」〈芭蕉〉訳太陽がギラギラと照りつける真夏六月の炎天。峰の上に、入道雲を高くそびえさせて、嵐山はまさに夏の装いである。❷物の、高くなっている部分。「鼻の――」など。❸刀剣・刃物などの背。刃と反対側の厚い部分。例「太刀（たち）の――、長刀（なぎなた）の柄（え）にて打ちなやしてからめとり」〈平家・一一・六代被斬〉訳刀の背や、長刀の柄でさんざんにたたいて生け捕りにして。

要点『万葉集』の東歌（あずまうた）には「ね（嶺）」を単独に用いた例があり、また、「富士の嶺（ね）」「高嶺（たかね）」など複合語の例がある。この語「ね」に美称の接頭語「み」が付いたものが「みね」である。

みの【蓑・簑】（名）雨具の一つ。茅（かや）・菅（すげ）・藁（わら）などを編んで作り、肩からはおって前で結ぶようになっている。例「春雨やものがたりゆく――と傘」〈蕪村〉訳物静かにしとしとと降り続く春雨。そのやさしい雨足の中を主従でもあろうか、蓑を着た人と傘をさした人が、語り合いながら歩いて行く。

みの

美濃（みの）【旧国名】東山道八か国の一つ。現在の岐阜県中南部。文書・障子紙・傘などに用いる美濃紙でも有名。濃州（のうしゅう）。「みぬ」とも。

みーのーこく【巳の刻】⇩「み(巳)」子項目

みーのーとき【巳の時】⇩「み(巳)」子項目

みーのーのち【身の後】⇩「み(身)」子項目

みーのーひーのーはらへ【巳の日の祓へ】(ラ:ハエ)⇩「み(巳)」子項目

みーのーほど【身の程】⇩「み(身)」子項目

みーのーも【水の面】〔名〕(「みのおも」の約)水の表面。

みーのり【御法】〔名〕(「み」は接頭語)❶天皇のご命令。法令。
❷仏法の敬称。仏教・仏事をひろく指すこともある。

みーはかし【御佩刀】〔名〕(「み」は接頭語。「はかし」は、動詞「佩(は)く」の未然形に、上代の尊敬の助動詞「す」の付いた「はかす」の連用形の名詞化。貴人が身におつけになる物の意)貴人の刀の敬称。お刀。例「先(ま)づその――以(も)ちて草を刈り撥(はら)ひ」〈古事記・中・景行〉訳(倭建命(やまとたけるのみこと)は)まずそのお刀(=草薙剣(クサナギノツルギ))でもって(あたりの)草を刈り払い。⇩つるぎ要点

みーはし【御階】〔名〕(「み」は接頭語)神社・宮殿・貴人の邸宅などの階段の敬称。特に、紫宸殿(ししんでん)の南正面の階段を指す。例「御前の庭に篝火(かがりび)ともして、――のもとの苔(こけ)の上に楽人(がくにん)召して」〈源氏・胡蝶〉訳(紫の上のいる)御殿(ごてん)の前の庭にかがり火をともし、南の階段の下の苔の上に楽人達をお呼び寄せになって。

みーはーつ【見果つ】〔他タ下二〕(て・て・つ・つる・つれ・てよ)❶最後まで見とどける。すっかり見きわめる。例「我は、三巻四巻(みまきよまき)をだに、え――・てじ」〈枕草子・清涼殿の〉訳私は、(『古今集』二十巻のうち)三、四巻でさえ、読破することはできないだろう。
❷最後までめんどうを見る。世話をしとおす。例「我は、さりとも、心長く――・ててむ」〈源氏・末摘花〉訳私は、(末摘花(すゑつむはな)が)あんな女(ひと)であるにしても、気長に(末摘花の)面倒を見とおそう。

みーはなーつ【見放つ】〔他タ四〕(た・ち・つ・つ・て・て)見捨てる。ほうっておく。「見はなす」とも。例「あまりむげにうちゆるべ――・ちたるも、心やすくらうたきやうなれど」〈源氏・帚木〉訳(女が男を)あまりむやみに拘束せず、ほったらかしにしているのも、気安くかわいいようであるが。

みーはやーす【見栄す】〔他サ四〕(さ・し・す・す・せ・せ)見てもてはやす。見て賞賛する。例「山高み人もすさめぬ桜花いたくな侘(わ)びそ我――・さむ」〈古今・春上・五〇〉訳山が高いので誰も(わざわざ来て)もてはやさない桜の花よ、そうくよくよするな、私が見て賞賛しよう。

みーふ【御封】〔名〕(「み」は接頭語。「ふ」は「封戸(ふこ)」の略。「みぶ」とも)「封戸」の尊敬語。

みーふだ【御簡・御札】〔名〕(「み」は接頭語)「日給(にっき)の簡(ふだ)」の尊敬語。⇩日給(にっきふ)の簡(だ)

壬生忠岑(みぶのただみね)〔人名〕平安前期の歌人。三十六歌仙の一人。『古今和歌集』選者の一人で、『古今和歌集』以下の勅撰集に八二首の歌を残しているほか、家集に『忠岑集』、歌論書に『和歌十体』がある。

みーへ【三重】(ミ:エ)〔名〕物が三つ重なっていること。また、その様子。例「『わが足は三重(さんじゅう)の勾(まが)りのごとくしていと疲れたり』とのり給ひき。かれ、そこを号(な)づけて――といふ」〈古事記・中・景行〉訳「私の足は三重(さんじゅう)に曲がっているもののようになってひどく疲れてしまった」とおっしゃった。ために、その地を名づけて三重(みえ)というようになった。

みへーがさね【三重襲】(ミエ:)〔名〕❶衣服で、表と裏の間に、中倍(なかべ)という布を入れて、三重にしたもの。
❷(「三重襲の扇」の略)檜(ひ)の薄板三枚重ねた上を、桜の薄様(うすよう)で包んだ物を、両側の親骨とした扇。

三保(みほ)〔地名〕静岡県清水市三保。羽衣伝説で有名な三保の松原があり、白砂青松の景勝地として知られた。

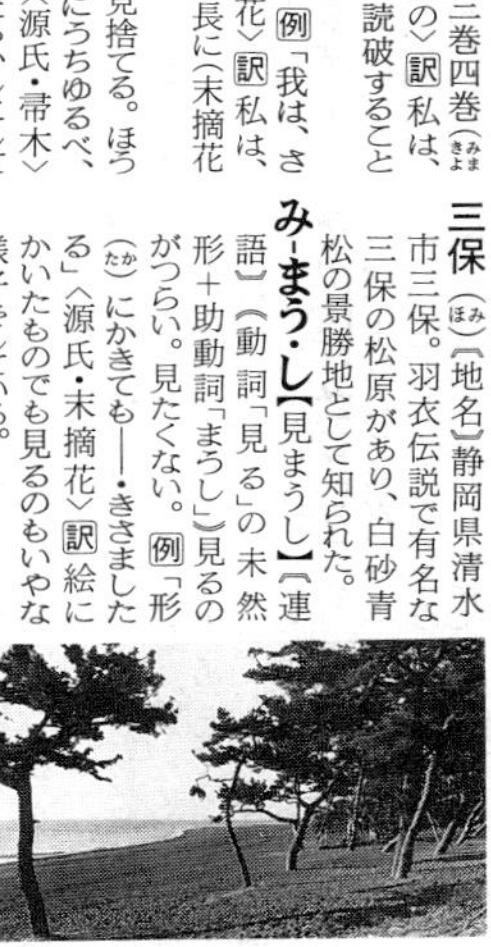

三保の松原

みーまうーし【見まうし】〔連語〕(動詞「見る」の未然形+助動詞「まうし」)見るのがつらい。見たくない。例「形(かた)にかきても――・きさましたる」〈源氏・末摘花〉訳絵にかいたものでも見るのもいやな様子をしている。

みーまがーふ【見紛ふ】(ミ:マゴウ)〔他ハ下二〕(へ・へ・ふ・ふる・ふれ・へよ)見まちがえる。見誤る。例「白樫(しらかし)といふものは……いづくともなく雪の降り置きたるに――・へられ」〈枕草子・花の木ならぬは〉訳白樫というものは……一面に雪が降り積もったのに見まちがえられて。

みーまかーる【身罷る】〔自ラ四〕(ら・り・る・る・れ・れ)(この世からあの世に罷り去るの意)あの世へ行く。死ぬ。例「まづ内府(だいふ)が――・り候ひぬること」〈平家・三・法印問答〉訳第一に内府(=平重盛(シゲモリ))がなくなりましたことは。

みーまーく【見まく】〔連語〕(動詞「見る」の未然形+推量の助動詞「む」の古い未然形+準体助詞「く」)見ること。例「山吹(やまぶき)の花の盛りにかくのごと君を――は千年(ちとせ)にもがも」〈万葉・二〇・四三〇四〉訳このように山吹の花の盛りに、わが君(=橘諸兄(モロエ))にお会いすることが千年も続いてほしいなあ。注大伴家持ノ作。

見まく欲(ほ)し 見たいと思う。会いたいと思う。例「老いぬればさらぬ別れもありといへばいよいよ――・しき君かな」〈古今・雑上・九〇〇〉訳年をとってしまうと、避けられない別れ(=死別)というものもあるというので、いっそう会いたいと思うあなたですよ。注在原業平ノ母ノ歌。

美作(みまさか)〔旧国名〕山陽道八か国の一つ。現在の岡山県北部にあたる。七一三年(和銅六)に備前より分かれて一国となる。作州(さくしゅう)。

みーまし【汝】〔代名〕(上代語)(人称代名詞。対称)あなた。「いまし」「まし」より敬意が高いとされる。例「朕(あれ)は――の志をばしまらくの間も忘れ得(う)ましじ」〈続日本紀・光仁・天応元年〉訳私はあなたの(厚い)志を少しの間も忘れることができないだろう。

みまそかーり〔自ラ変〕(ら・り・り・る・れ・れ)(「みまそがり」とも)「あり」「をり」の尊敬語。いらっしゃる。例「多賀幾子(たかきこ)と申す――・りけり」〈伊勢・七七〉訳(その時の女御で)多賀幾子とおっしゃる方がいらっしゃった。

みーまーふ【見舞ふ】(モ:ミマ)〔他ハ四〕(は・ひ・ふ・ふ・へ・へ)❶見てまわる。巡視する。
❷人を訪ねる。訪問する。

みみ【耳】〔名〕❶聴覚器官。みみ。
❷聞くこと。聞く力。聞いた話。また、聞こえること。聞こえてきた人のうわさ。例「――にとまる事をものたまふものか

な」〈平家・二・西光被斬〉訳聞いて気になることをおっしゃることですね。

❸（形からの類推で）針の穴。器物の把手。

みみ【身々】〔名〕❶その身その身。各人それぞれの身。例「送りの者どもも、—の捨てがたさにいとま申して帰りけり」〈平家・二・小教訓〉訳お送りした者達も、各自我が身を捨てかねておいとまを申して帰ってしまった。

❷身二つになること。出産すること。例「静かに—となって後、幼き者をも育てて」〈平家・九・小宰相身投〉訳落ち着いて出産したのち、（生まれた）幼な子をも養育して。

みみ‐おどろ・く【耳驚く】〔自カ四〕〔か・き・く・く・け・け〕聞いてびっくりする。耳にして驚く。例「下ざまの人の物語は、—・くことのみあり」〈徒然草・七三〉訳身分の低い（教養のない）人の話は、（不思議で）聞いて驚くようなことばかり多い。

みみ‐かしがま・し【耳囂し】〔形シク〕耳にやかましく聞こえる。うるさい。例「踏みとどろかす唐臼の音も枕上と覚ゆる。あな—・しとこれにぞ思さるる」〈源氏・夕顔〉訳踏み鳴らしている唐臼の音もすぐ枕元で立てているように思われる。ああうるさいとこれを不快にお思いになる。注「唐臼」ハ柄ノ端ヲ踏ンデ穀物ヲツク臼。

みみ‐た・つ【耳立つ】■〔自タ四〕〔た・ち・つ・つ・て・て〕聞いて注意が向く。耳にとまる。耳ざわりになる。例「下の階といふ際になれば、殊に—・たずかし」〈源氏・帚木〉訳（女も）下流階級という身分になると、これといって耳にとまらないものですね。

■〔他タ下二〕〔て・て・つ・つる・つれ・てよ〕注意して聞く。聞き耳を立てる。例「親などのかなしうする子は、目立て—・てられて、いたはしうこそおぼゆれ」〈枕草子・世の中になほいと心憂きものは〉訳親がかわいがっている子供は（他人も）自然と注意して見たり聞いたりしてしまい、大切に世話したいと思われるものだ。注「目立て耳立てられて」ハ「目立てられ」「耳立てられ」ノ意。「られ」ハ自発ノ助動詞「らる」ノ連用形。

みみ‐と・し【耳疾し】〔形ク〕（「とし」は鋭い意）聴覚が鋭い。耳がいい。例「大蔵卿ばかり—・き人はなし」〈枕草子・大蔵卿ばかり耳とき人はなし〉訳大蔵卿（＝大蔵省ノ長官、藤原正光）ほど耳のいい人はいない。

耳梨山【地名】（「耳成山」とも）奈良盆地南部（奈良県橿原市）にある大和三山の一つ。高さ一四〇メートル。円錐形で、古代では女性に見立てられることが多かった。南に藤原京跡がある。⇩大和三山

みみ‐な・る【耳馴る】〔自ラ下二〕〔れ・れ・る・るる・るれ・れよ〕何度も聞いて珍しくなくなる。聞きなれる。例「なにかは、常に聞くことなれば—・れて珍しうもあらぬにこそは」〈枕草子・説経の講師は〉訳なんのことはない、（この説経は）いつも聞くことなので聞きなれて珍しくもないからだろう。

みみ‐はさみ【耳挟み】〔名〕女性が、垂れ下がる額髪を、左右の耳のうしろへかきあげておくこと。動きやすくするための動作だが、平安貴族の社会では、品のないはしたないこととされた。

みみはさみ

み‐むろ【御室】〔名〕（「み」は接頭語）貴人の住まいを尊んでいう語。特に、僧坊・庵室などを指す。例「しひて—にまうでて拝み奉るに」〈伊勢・八三〉訳（雪が深いけれど）無理をして（惟喬親王の）ご庵室に参上して拝顔申し上げたところ。

御室山【山名】（「御室」は神が降臨する所の意）本来は「神のいます山」の意の普通名詞で、各地に存在する。中でも、奈良県生駒郡斑鳩町の神奈備山を指すことが多い。ここは平安時代以降紅葉の名所で、歌枕として知られる。他に、奈良県桜井市三輪にある三輪山（＝歌枕ノ地）、同県高市郡明日香村の雷丘なども、「みむろやま」と呼ばれた。

み‐め【見目・眉目】〔名〕❶目に見える様子。見た感じ。外見。例「鷺は、いと—も見苦し」〈枕草子・鳥は〉訳鷺は、大変見た感じも劣っている。

❷顔かたち。容貌。例「—も心ざまも、昔見し都鳥に似たることなし」〈源氏・手習〉訳（浮舟つきの童女は）容貌も性格も、以前に都で見た女達に似ている者はいない（＝比べモノニモナラナイクライ洗練サレテイナイ）。

❸名誉。面目。みえ。例「時雨は、この集の—なるに」〈去来抄・先師評〉訳時雨の句は、この集（＝『猿蓑』）のほまれとなるはずの句であるのに。

み‐め【御妻・妃】〔名〕（「み」は接頭語）神・天皇などのお妃。例「また—の子、豊戸別王、次に沼代郎女」〈古事記・中・景行〉訳また（景行天皇の別の）お妃の（産んだ）子は、豊戸別王、その次に沼代郎女（である）。

み‐めう【微妙】〔名・形動ナリ〕形容しがたいほどすぐれていること。また、その様子。本当にすばらしい（こと）。例「にほかに—の栴檀・沈水香等のごとくなる香出で来たりぬ」〈今昔・六・六〉訳急にすばらしい栴檀や沈水香（＝イズレモ香ノ名）のような香りが匂ってきた。

要点「みめう」は「微妙」の呉音読み。明治時代以降、現在のように「びめう」（「び」は漢音）と読まれるようになり、意味も変わった。

み‐め・づ【見愛づ】〔他ダ下二〕〔で・で・づ・づる・づれ・でよ〕見てほめる。賞美する。例「御返り奉りたれば、宮には、女房つどひて—・でけり」〈源氏・末摘花〉訳（光源氏がお返事を差し上げたところ、（末摘花の）邸では、女房たちが集まってそれを見てほめそやした。

みめ‐よ・し【見目好し・眉目佳し】〔形ク〕顔かたちがすぐれている。器量がよい。例「この僧都、—・く力強く大食にて」〈徒然草・六〇〉訳この僧都は、顔かたちが立派で力も強く大食で。

御裳濯川【川名】伊勢神宮の神域を流れる五十鈴川の別称。三重県伊勢市南部の山中に発し、下流では御手洗川となり、分流して二見浦と宇治山田港に注ぐ。

み‐もち【身持ち】〔名〕❶身のもち方。行い。品行。

❷胎内に身ごもること。妊娠。

み‐もの【見物】〔名〕❶見る値打ちのあるもの。例「整へ飾りたる—、またなきさまなり」〈源氏・若菜・下〉訳（光源氏一行の下々の者まで）整え飾っている見ものは、この上もない様子である。

❷見物すること。また、その人。

み‐もろ【御諸・三諸】〔名〕（「み」は接頭語）神が降臨する場所。鏡や木綿を掛けて神をまつる神座。木・森・山など、神の降り立つところ。また、神社。例「わが屋戸に

――を立てて枕辺(まくらべ)に斎瓮(いはひべ)をすゑ」〈万葉・三・四二〇長歌〉訳 我が家に祭壇を設け、枕元に神酒を入れる壺をすえて。

み-や【宮】〔名〕《「み」は接頭語で、「御屋」の意》❶神社。神宮。❷神や天皇、その他の皇族の住居。宮殿。離宮。「泊瀬朝倉(はつせのあさくら)の――」「近江大津(あふみのおほつ)の――」など。❸（転じて）皇子・皇后など皇族の敬称。例「――は白き御衣(おんぞ)どもに紅(くれなゐ)の唐綾(からあや)をぞ上に奉りたる」〈枕草子・宮に初めて参りたるころ〉訳 中宮(＝定子)は白い下着の上に紅色の唐綾の織物をお召しになっている。

みゃう-が【冥加】〔名〕❶《仏教語》知らず知らずのうちに与えられる神仏の恵み。神仏の加護。「みゃうじょ(冥助)」とも。❷《「冥加銭(せん)」の略》神仏の加護に対するお礼。報恩。謝礼。例「今日(けふ)吉日なれば、薬代(やくだい)を――のために遣はしたし」〈西鶴・日本永代蔵・六・三〉訳 今日はめでたい日だから、薬代をお礼のために差し上げたい。

みゃう-がう【名号】〔名〕《仏教語》仏・菩薩の名。特に阿弥陀仏の称号。「南無阿弥陀仏」の六字の名号という。例「波風いよいよ荒れければ、或(あ)るいは観音の――を唱へ、或いは最後の十念に及ぶ」〈平家・五・文覚被流〉訳 波風がますます激しく荒れたので、（船中で）ある者は観世音菩薩の名を口にして祈り、ある者は臨終の時に唱える十遍の念仏を口にするまでになる。

みゃう-がう【名香】〔名〕仏にたてまつるお香。例「――のいと香ばしく匂ひて、樒(しきみ)のいとはなやかに薫れる気配も」〈源氏・総角〉訳 仏前のお香がたいそう芳しく匂い、樒が非常に際だって薫っている雰囲気も。注「樒」ハ仏前ニ供エラレル香気ノアル木。

みゃう-くゎ【猛火】〔名〕《「みゃう」は「猛」の呉音》激しく燃える火。例「――天に燃え上がって」〈平家・八・鼓判官〉訳 激しい火は天にまで燃え上がって。

みゃう-じ【名字】〔名〕❶古代の氏。また、氏と姓の総称。❷一つの氏から分かれた家の名。源氏から出た新田・足利の類。のち、氏との区別がつかなくなり、現在の苗字となった。ただし、明治維新までは、一般の庶民がこれを持つことは、原則として認められなかった。❸⇩みゃうがう(名号)

みゃう-じょ【冥助】〔名〕⇩みゃうが①

みゃう-じん【明神・名神】〔名〕歴史が古く由緒正しい神。霊験あらたかな神。また、神を尊んでいう語。例「ことのままの――、いとたのもし」〈枕草子・社は〉訳 ことのままの明神(＝静岡県掛川市)は、(祈願したことをそのままかなえてくださるという名がついていて)非常にたのもしい。

みゃう-ぶ【名簿・名符】〔名〕自分の官位・姓名・年月日を記した名札。弟子入りしたり、家人などになったりする時に、師匠や主人に差し出す。例「かくばかり――に怠状(たいじやう)を添へて奉れるに」〈今昔・二五・九〉訳 これほどまでに家来になるあかしの名札にわび状を添えて(私のところへ)差し出したのだから。

みゃう-ぶ【命婦】〔名〕❶律令制で、五位以上の女官。また、五位以上の官人の妻。前者を内命婦、後者を外命婦といい、ともに宮中に出仕するのを許された。平安時代には、中級の女房を指すようになり、夫や父の官名を上に付けて、「左近の――」「少将の――」などと呼ばれることが多くなった。例「上にさぶらふ御猫(こね)は、冠(かうぶり)にて――のおとどとて、いみじうをかしければ」〈枕草子・上にさぶらふ御猫は〉訳 清涼殿にお仕えしている(＝飼ワレテイル)猫は、五位を賜って命婦のおとどという名を付けられて、たいそうかわいいので。注 天皇ガタワムレニ猫ニ位ヲ授ケタノデアル。❷稲荷の神の使いとされる狐の別名。

みゃう-もん【名聞】〔名・形動ナリ〕❶名声が世間に知れること。評判。名誉。❷名誉を得ようとして行動すること。見栄をはること。偽善。また、それらの様子。例「この大将は、……――になどぞおはせし」〈大鏡・師尹〉訳 この大将は、……名誉を気にする見栄坊でいらっしゃった。

みゃうもん-ぐる・し【名聞苦し】〔形シク〕名声があるのは、かえってつらい。また、名声を求めてあくせくして見苦しい意ともいう。例「――・しく、仏の御教へに違(たが)ふらんとぞ覚ゆる」〈徒然草・一〉訳（僧であって）世間的な名声があるのはかえってつらくて、仏の御教えにも背いているだろうと思われる。

みゃう-り【名利】〔名〕現世の名誉と利益。例「――に使はれて、閑(しづ)かなる暇(いとま)なく、一生を苦しむるこそ愚かなれ」〈徒然草・三八〉訳 名誉や利益といった欲望にあやつられて、心に静かないとまがなく、一生を苦しく思いながら過ごすことはとりわけ愚かである。

みゃう-り【冥利】〔名〕仏が知らず知らずのうちに与える恩恵。転じて、ある職業などについていることから、知らず知らずに受けている利益。

みゃう-わう【明王】〔名〕《仏教語。明は愚闇を破る知恵の光明の意》大日如来の命によって、一切の悪を退治し仏法を守る諸尊。教化し難い衆生を導くための忿怒の相を現し、武器を持つ。密教では、衆生の悪をくじき破って導く折伏法の本尊とすることが多い。不動・降三世・軍荼利・大威徳・金剛夜叉の五大明王はじめ多くの明王があるが、そのうち、特に、不動明王を指すことが多い。

みや-き【宮木】〔名〕《「みやぎ」とも》宮殿や神殿を造るための材木。例「――引く泉の杣(そま)に立つ民の休む時なく恋ひ渡るかも」〈万葉・一一・二六四五〉訳 宮殿を造る用材を伐り出す泉(＝京都府相楽郡木津町・加茂町アタリ)の山に働く役民が休む時がないように、私はやむ時もなく(あなたを)恋し続けることであるよ。

宮城野(みやぎの)《地名》宮城県仙台市の東方にあった広大な野原。秋草、ことに萩の名所として知られる。歌枕。

みや-こ【都・京】〔名〕《「宮処(みやこ)」で宮殿のある所の意》皇居のある所。首都。平安時代からは、特に京都を指していう。また、単に都会の意に用いることもある。例「天離(あまざか)る鄙(ひな)に五年(いつとせ)住まひつつ――の手振り忘らえにけり」〈万葉・五・八八〇〉訳 田舎に五年も住み続けて、(奈良の)都の風習を自然と忘れてしまったことだ。

みやこ-うつり【都移り・都遷り】〔名〕都が他の土地へうつること。遷都。例「治承四年水無月のころ、にはかに――侍(はべ)りき」〈方丈記・都遷り〉訳 治承四年(一一八〇)陰暦六月頃、急に(福原に)遷都がございました。

みやこ-どり【都鳥】〔名〕水鳥の一種。ユリカモメのことという。冬鳥として日本各地に飛来する。例「白き鳥の、嘴(はし)と脚と赤き、鴫(しぎ)の大きさなる、水の上に遊びつつ魚(いを)を食ふ。……渡し守に問ひければ『これなむ――』と言ふを聞きて」〈伊勢・九〉訳白い鳥で、くちばしと足とが赤く、鴫くらいの大きさの(鳥)が、水の上を気ままに泳ぎながら魚を食う。……船頭に(その鳥の名を)尋ねたところ「これが都鳥ですよ」と言うのを聞いて。

みやこ-ほこり【都誇り】〔名〕都に住む者の誇り。また、都にいたり、都へ近づいたりした時の喜び。例「――にもやあらむ、からくしてあやしき歌ひねり出(い)だせり」〈土佐・二月七日〉訳都が近くなったうれしさからでもあろうか、やっとのことで変な歌を苦心して作り出した。

みやす-どころ【御息所】〔名〕（「みやすんどころ」の撥音「ん」を表記しない形）天皇のご寝所でお仕えする女性。女御(にょうご)・更衣(こうい)など天皇に愛された妃(きさき)達を指すが、しだいに、更衣に限られるようになる。のちには主として、皇太子や親王の妃についていう。

美夜受比売(みやずひめ)【人名】（「宮簀媛」とも）日本武尊(やまとたけるのみこと)（＝倭建命）の妃(きさき)。尾張国造(くにのみやつこ)の妹(娘とも)。日本武尊が伊勢の斎宮から拝領した草薙剣(くさなぎのたち)を尊の没後、媛(ひめ)が熱田神宮(名古屋市)に奉納、これが熱田神宮の起源という。

みやすん-どころ【御息所】〔名〕（「みやすみどころ」の撥音便形）⇩みやすどころ

みや-づかさ【宮司】〔名〕❶中宮職(ちゅうぐうしき)・春宮坊(とうぐうぼう)・斎宮・斎院などの職員。例「――、候(さぶら)ふ人々、みな手を分かちて求め奉れども」〈竹取・蓬萊の玉の枝〉訳(皇子の)宮邸の職員や、お仕えする人々が、全員で手分けしてお捜し申し上げたけれども。❷神官。宮司(ぐうじ)。

みや-づか・ふ【宮仕ふ】(・ヅカ(コ)ウ) 一〔自ハ下二〕{へ・へ・ふ・ふる・ふれ・へよ}❶宮殿造営に奉仕する。例「田跡川(たどかは)の滝を清みか古(いにしへ)ゆ――・へけむ多芸(たぎ)の野の上に」〈万葉・六・一〇三五〉訳田跡川(＝岐阜県南西部ヲ流レル川)の滝が清らかなため、昔からこの多芸(＝岐阜県養老郡)の野のあたりに、仮の御殿(ごてん)をお造りして奉仕したのだろうか。
❷宮中や貴人の家に仕える。
二〔自ハ四〕{は・ひ・ふ・ふ・へ・へ}宮中や貴人の家に仕える。例「建礼門院のいまだ中宮にてましましける時、その御方(おかた)に――・ひ給ひしを」〈平家・八・山門御幸〉訳建礼門院がまだ(高倉天皇の)中宮でいらっしゃった時、その御殿(ごてん)にお仕えなさっていたのを。
三〔他ハ四〕{は・ひ・ふ・ふ・へ・へ}仕えさせて召し使う。

みや-づかへ【宮仕へ】(・ヅカエ)〔名〕❶宮中に仕えること。例「――に出(い)で立ちて、思ひかけぬ幸ひ取り出づるためしども多かるかし」〈源氏・帚木〉訳(姫君達が)宮中に出仕して、意外な幸運をつかみとる例が多いのだよ。❷貴人のもとに仕えること。❸人の身のまわりの世話をすること。面倒を見ること。例「この童(わらは)ばかりこそ時々参って――つかまつり候ひしか」〈平家・三・僧都死去〉訳この私だけが時折うかがって身のまわりのお世話をさせていただいていました。

みやづかへ-どころ【宮仕へ所】(ミヤヅカエ・・)〔名〕「宮仕へ」をする場所。奉公先。例「家にても、――にても、会はでありなむと思ふ人の来たるに」〈枕草子・にくきもの〉訳自宅でも、宮仕え先においても、会わないでいようと思う相手がやって来た時に。

み-やつこ【造】〔名〕上代の姓(かばね)の一つ。各種の部民(べのたみ)を統率する氏族の姓。また、地方を統括する氏族の家柄の称。

みや-ばしら【宮柱】〔名〕宮殿の柱。例「真弓の岡に――太敷き坐(まい)し御殿(みあらか)を高知りまして」〈万葉・二・一六七長歌〉訳真弓の岡(＝奈良県高市郡明日香村ニアル)に柱も太くしっかりと立てて御殿を高くお造りになって。

みや-ばら【宮腹】〔名〕皇女の子として生まれること。また、その生まれた子。「皇女(みこ)腹」とも。例「――に、一人いつきかしづき給ふ御心おごり、いとこよなくて」〈源氏・紅葉賀〉訳(葵(あおい)の上は)皇女の腹から生まれ、(父の左大臣が)一人娘として大切にお育てになるというプライドが、この上なく高くて。

みやび【雅び】〔名〕（動詞「みやぶ」の連用形の名詞化）宮廷風であること。都会的で洗練されていること。上品で優美なこと。風雅。奈良時代中期から平安時代を通じて、貴族社会における代表的な美意識となった。例「昔人(むかしびと)は、かくいちはやき――をなむしける」〈伊勢・一〉訳昔の人は、このように情熱的な風流な振る舞いをしたものである。

> 要点 この語は「みや(宮)」に動詞性の接尾語「ぶ」が付いた「みやぶ」の連用形が名詞化したものだが、その「みや」自体、もとは「や(屋)」に接頭語「み」が付いてできた語である。「みやび」はさらに接尾語「か」「やか」が付いて、「みやびか」「みやびやか」という語を作る。このように、何段階にも接辞が付いて、一つの語根から次々と語が派生される。

みやび-か【雅びか】〔形動ナリ〕（「か」は接尾語）都会風で洗練されている様子。優雅な様子。「みやびやか」とも。例「上達部(かんだちめ)・親王(みこ)達にて、――・に心恥づかしき人の御あたりといふとも」〈源氏・東屋〉訳(女が)公卿(くぎょう)や皇子達で、優雅な(こちらが)気恥ずかしくなるような立派な方のもと(へ嫁ぐ)といっても。

みやび-ごと【雅び言】〔名〕上品なことば。優雅なことば。

みや-びと【宮人】〔名〕（上代では「みやひと」）❶宮中にお仕えする人。また、皇子・皇女・斎宮などに仕える人。男・女ともにいう。❷神に仕える人。例「天(あめ)にます豊岡姫の――も我がこころざす標(しめ)を忘るな」〈源氏・少女〉訳天上にいらっしゃる豊岡姫(＝天照大御神(アマテラスオオミカミ))にお仕えする舞姫(であるあなた)も、私が自分のものと心に決めていることを忘れないで下さい。注「標」ハ、自分ノ領有シタ場所ニ張ル「しめ縄」。ココデハ「所有物」ノ意ニ用イラレテイル。

みやび-やか【雅びやか】〔形動ナリ〕（「やか」は接尾語）⇩みやびか

みやび-を【雅び男・遊士】(・・オ)〔名〕風雅を好む男。風流な男。例「――に我はありけり屋戸(やど)貸さず還(かへ)しし我ぞ――にはある」〈万葉・二・一二七〉訳私はやはり風流人であ(ることがよくわか)ったよ。あなたに宿を貸さずに(＝泊メナイデ)帰した私こそ風流人なのだよ。

みや・ぶ【雅ぶ】〔自バ上二〕〔び・び・ぶ・ぶる・ぶれ・びよ〕《「みや(宮)」+接尾語「ぶ」》宮廷風である。上品である。優雅である。対さとぶ・ひなぶ 例「梅の花夢(いめ)に語らく——・びたる花と我(あれ)思(も)ふ酒に浮かべこそ」〈万葉・五・八五二〉訳梅の花が夢で語ることには、(私は)優雅な花であると思う、(だから)酒に浮かべてほしいと。

み-やま〔名〕《「み」は接頭語》❶【み山】山の美称。お山。主として、和歌に用いられる。例「——より落ち来る水の色見てぞ秋は限りと思ひ知りぬる」〈古今・秋下・三一〇〉訳お山から落ちてくる水の(紅葉で赤くなっている)色を見てこそ秋はもう終わりだと知ったことである。

❷【深山】人里遠く離れた深い山。対とやま・はやま 例「——には霰(あられ)降るらし外山(とやま)なるまさきの葛(かづら)色づきにけり」〈古今・神遊びの歌・一〇七七〉訳深い山では(もう)霰が降っているらしい。(その証拠に)人里近い山でもツルマサキの葉がすっかり色づいてしまったことだ。

❸【御山】天皇の御陵(ごりょう)。山陵。例「——にまうで給ひて、おはしまし御有様、ただ目の前のやうに思(おぼ)し出(い)でらる」〈源氏・須磨〉訳(光源氏は)父帝の御陵にお参りになって、帝ご在世中のご様子を、すぐ目の前で見ているように自然とお思い出しになる。

みやま-おろし【深山颪】〔名〕深い山から吹きおろしてくる風。

みやま-がくれ【深山隠れ】〔名〕深い山に隠れて、人目につかないこと。また、その場所。

みやま-ぎ【深山木】〔名〕深い山に生えている木。例「大殿(おほとの)の頭中将(とうのちゅうじゃう)かたち・用意、人には異なるを、立ち並びては、花のかたはらの——なり」〈源氏・紅葉賀〉訳(舞楽を舞う)左大臣家の頭中将は、容姿や心配りが、普通の人よりすぐれているが、(光源氏と)比較すると、花のそばにある深い山の木といったところである。

みや-もり【宮守】〔名〕神社の番人。

み-やり【見遣り】〔名〕《動詞「みやる」の連用形の名詞化》遠くに見渡される所。目の届く所。

み-や・る

【見遣る】〔他ラ四〕〔ら・り・る・る・れ・れ〕**遠くを眺め見る。**眺めやる。目を向ける。例「『一条室町に鬼あり』とののしり合へり。今出川の辺(へん)より——・れば」〈徒然草・五〇〉訳「一条室町(=一条通リト室町通リノ交ワッタ所)に鬼がいる」と(人々が)口々にわめき合っている。今出川のあたりから眺めると。

みや-ゐ【宮居】〔名〕❶神が鎮座すること。また、その場所。

❷天皇が居を定めること。また、その所。皇居。例「雄略天皇二十一年に同国泊瀬朝倉(はつせあさくら)に——し給ふ」〈平家・五・都遷〉訳雄略天皇の二十一年に(飛鳥(あすか)の宮と)同じ大和(やまと)の泊瀬朝倉(=奈良県桜井市)の地に皇居をお定めになった。

み・ゆ

【見ゆ】〔自ヤ下二〕〔え・え・ゆ・ゆる・ゆれ・えよ〕

> **見ゆ**は、「見る」の未然形に可能・受身・自発の意の助動詞「ゆ」が結合したもの。基本的には現代語の「見える」に同じ。「ゆ」が持つ可能・受身・自発のうち、どの意が強く現れるかによって意味が分かれる。一③の**感じられる**、と使役的な用法の四の**見せる**、の意に注意。

一(自発の意から)❶目に入る。**見える。**例「海の中にはつかに山——・ゆ」〈竹取・蓬萊の玉の枝〉訳(見渡す限りの)海の中にわずかに山が見える。

❷人や手紙などが来る。やってくる。例「——・えば笑はむ」〈枕草子・大進生昌が家に〉訳来たら笑ってやりましょう。

❸見て判断される。**感じられる。**思われる。例「盃(さかづき)こと人に取らするほどの気色、いみじうにくしと——・ゆ」〈枕草子・にくきもの〉訳(悪酔いして)杯を他の人に無理に与えている様子は、とても不快なものと感じられる。

二(可能の意から)❶**見ることができる。**見られる。例「うちおほひければ、物も——・えず」〈徒然草・四二〉訳(腫(は)れが)顔一面をおおったので、物も見ることができない。

❷見かける。見なれる。例「この国に——・えぬ玉の枝なり」〈竹取・蓬萊の玉の枝〉訳この国(=日本)では見かけない玉の枝である。

三(受身の意から)❶**見られる。**例「人に物思ふ気色を——・えむは恥づかしきものにし給ひて」〈源氏・夕顔〉訳(夕顔は)物思いをしている様子を人に見られるのを恥ずかしいこととしていらっしゃって。

❷お目にかかる。**対面する。会う。**例「よきかたちにもあらず。いかでか——・ゆべき」〈竹取・帝の求婚〉訳(私、かぐや姫は)美人でもありません。どうしてお目にかかれましょう。

❸妻になる。(女が)結婚する。例「捨てられ参らせて後、また誰(たれ)にかは——・ゆべきに」〈平家・七・維盛都落〉訳(夫であるあなた、維盛(これもり)に)捨てられました後、(私は)また誰に連れ添うべきであろうか(いや、決して誰とも連れ添うまい)と思っている所に。

四相手に見られるようにする意。**姿を示す。見せる。**例「さばかりの人の、むげにこそ心弱き気色を、人の国にて——・え給ひけれ」〈徒然草・八四〉訳それほどの人が、何ともひどく気弱な様子を、外国でお見せになったものだ。注インドニ渡リ経典ヲ中国ニ持チ帰ッタ法顕(ホッケン)ガ旅先デ故国ヲナツカシガッタトイウ話ヲ聞イタ人ノ言葉。

> 参考 「見る」は上一段活用であるから、「ゆ」「らゆ」が付くとすれば「らゆ」の方が付くのが普通で「見らゆ」となるはずであるが、そうなっていない。「見ゆ」は、ずっと古く形成されたものか。

み-ゆき【行幸・御幸】〔名〕《「み」は接頭語。「御(み)行き」の意》お出ましになること。天皇・上皇・法皇・女院のお出かけ。例「帰るさの——物憂く思ほえてそむきてとまるかぐや姫ゆゑ」〈竹取・帝の求婚〉訳帰り道の行幸は物憂く思われて、(つい)振り返って止まってしまう私(=帝)です。(というのは)私の求婚にそむいて宮中に出仕しないかぐや姫ゆえなのですよ。

> 要点 平安末期頃から、音読して「行幸(ぎゃう)」は天皇、「御幸(ごかう)」は上皇・法皇・女院と区別をした。

み-ゆき【御雪・深雪】〔名〕《「み」は接頭語》❶雪の美称。

❷深く降り積もった雪。(季・冬) 例「降り積みし高嶺(かた

(ね)の――とけにけり清滝川の水の白波」〈新古今・春上・二七〉訳 高い山の上に深く降り積もっていた雪はとけたのだなあ、この清滝川(＝京都市ノ西郊ヲ流レル川)には水かさが増して白波がわき立っていることだ。

み-ゆづ・る【見譲る】(ズル)〔他ラ四〕(ら・り・る・る・れ・れ)世話することをまかせゆずる。めんどうをみることを頼む。例「今はまた――・る人もなく」〈源氏・総角〉訳 今となっては自分以外に(中の君の)世話をまかせる人もなく。

み-ゆる・す【見許す】〔他サ四〕(さ・し・す・す・せ・せ)見てとがめない。黙認する。例「容貌(かたち)の見るかひあり美しきに、よろづの咎(とが)――・して」〈源氏・手習〉訳 (浮舟(うきふね)の)容姿は見るかいがあり(うっとりするほど)かわいいので、(尼達は)すべての欠点も黙認して。

み-よ【三世】〔名〕⇩さんぜ(三世)

み-よ【御世・御代】〔名〕《「み」は接頭語》神の時代や天皇の治世に対する敬称。ご治世。例「故院の――にはわがままにおはせしを、時移りて」〈源氏・賢木〉訳 今は亡き桐壺院のご治世には(左大臣の)お思い通りでおありであったのに、時代が変わって。

みょう【妙】〔名・形動〕⇩めう

みょう…【名…・命…・明…・冥…】⇩みゃう…

み-よしの【み吉野】〔名〕《「み」は接頭語》「吉野」の美称。例「万代(よろづよ)に見とも飽かめや――のたぎつ河内(かふち)の大宮所(おほみやところ)」〈万葉・六・九二一〉訳 いつの世まで見ても見飽きるということがあるだろうか(いや、ないはずだ)、この吉野川の激流のあたりの離宮の地は。

みる【海松】〔名〕海草の一種。浅海の底の岩上に生え、濃緑色の枝葉が扇状に分かれて広がる。食用になる。「みるめ」とも。例「浮き――の波に寄せられたる拾ひて」〈伊勢・八七〉訳 (根が切れて)浮き上った海松(みる)の波で打ち寄せられたのを拾って。

みる【見る】〔他マ上一〕(み・み・みる・みる・みれ・みよ)❶目でとらえる。**見る。会う。**例「久米の仙人の、物洗ふ女の脛(はぎ)の白きを**みて**」〈徒然草・八〉訳 久米の仙人が、物を洗う女のすねが白いのを見て。❷見て思う。見なす。判断する。例「めでたしと**みる**人の、心劣りせらるる本性見えんこそ、口惜しかるべけれ」〈徒然草・一〉訳 立派であると思う人が、がっかりさせられるような本性を現すようなことこそ、残念なことに違いない。❸(幼い者などを)**世話をする。めんどうをみる。**例「煩(わづら)ひ侍(はべ)る人、なほ弱げに侍ればとかく**み**給へあつかひてなむ」〈源氏・夕顔〉訳 わずらっています人が、まだ加減悪そうですのであれこれめんどうをみ看病しておりまして。❹**男女として交際する。**つれそう。結婚する。例「昔**み**給へし女房の尼にて侍(はべ)る」〈源氏・夕顔〉訳 むかし交際していた女官で尼になっています(者が)。❺(「てみる」の形で補助動詞のように用いて)行ってその結果を見る。ためしに…する。例「はや、焼きて**み**給へ」〈竹取・火鼠の皮衣〉訳 さあ、ためしに焼いてごらんなさい。

みる-みる【見る見る】《連語》見ながら。見ていながら。例「むなしき御からを――、なほおはするものと思ふが」〈源氏・桐壺〉訳 死んだ御遺体を見ながらも、(娘の更衣(かうい)が)やはり生きていらっしゃるものと思われることが。

みる-め【見る目】〔名〕❶他人の見ている目。人目。はため。例「里人の――恥づかし左夫流児(さぶるこ)にさどはす君が宮出後風(みやでしりぶり)」〈万葉・一八・四一〇八〉訳 里の人達に見られるのも恥ずかしくないか。サブルコ(＝遊女ノ名)に心を奪われておいでになるあなたの出勤時の後ろ姿は。❷⇩みめ(見目)①❸人や物を見ること。(主に男女が)会う機会。海藻の「海松布(みるめ)」と掛詞になることが多い。例「しほしほとまづぞ泣かるるかりそめの――はあまのすさびなれども」〈源氏・明石〉訳 しんみりと(あなた、紫の上を思い出して)まず第一に涙が自然と流れるのです。ついちょっと(この地の女、明石の上と)逢(あ)ったのは、この漁師(＝明石ニイル光源氏自身ヲ指ス)の慰みだけれども。

みる-め【海松布】〔名〕《「め」は、「あらめ」「わかめ」などの「め」で海藻の意》「みる(海松)」に同じ。和歌では「見る目」と掛けることが多い。例「――生(お)ふる浦にあらずは荒磯(あらいそ)の波間かぞふる海人(あま)もあらじを」〈更級・初瀬〉訳 海松布の生えている浦でないならば(＝アナタニオ会イデキル機会ガナイナラバ)、荒磯の激しい波の合間をみはからって水をくぐる海女もいないでしょうに(＝ツライ宮仕エヲスルコトモナイデショウニ)。

み-れん【未練】〔名・形動ナリ〕❶まだ熟練していないこと。未熟。例「物ごと自慢くさきは――の故(ゆゑ)なり」〈仮名・浮世物語・三・一三〉訳 何事にでも自慢たらしいのは未熟な証拠である。❷思い切れないこと。あきらめが悪いこと。

みろく【弥勒】〔名〕《仏教語。慈民・慈尊の意》現在、兜率天(とそつてん)に住んでいる菩薩(ぼさつ)で、釈迦(しゃか)の入滅(にゅうめつ)後、五十六億七千万年たって、この世に降りて仏となり、衆生(しゅじょう)を救う未来仏。当来仏。

みろく

弥勒の世(よ) 弥勒菩薩が人間世界に現れる世。すなわち、遥かに遠い未来の楽しみに満ちた世。例「かく楽しき――にこそ会ひて侍(はべ)れや」〈大鏡・道長・上〉訳 このように豊かな弥勒菩薩が出現される世と同じくらいすばらしい世に出会ったことですよ。

み-わ【神酒】〔名〕神に供える酒。おみき。

三輪(みわ)《地名》奈良県桜井市三輪。三輪山の西方の地で、大神(おおみわ)神社の門前町として栄え、「三輪そうめん」が名産。

み-わた・す【見渡す】〔他サ四〕(さ・し・す・す・せ・せ)遥(はる)かに目をやる。見渡す。例「――・せば柳桜をこきまぜて都ぞ春の錦なりける」〈古今・春上・五六〉訳 見渡すと、柳の緑や桜の色を織り混ぜている、(そうすると)都こそが春の錦(を敷き延べたよう)であったのだなあ。注「秋の錦」ガ、紅葉ニ彩ラレタ山デアルノニ対シテ、「春の錦」ハ都デアルトイウコトニ気ヅイタ歌。

三輪山

三輪山(みわやま)《山名》奈良県桜井市三輪にある山。古代人の信仰の対象として尊ばれ、麓(ふもと)にはこの山を神体とする大神神社がある。この山の神と契ったという活玉依毘売の伝説がある。歌枕。

三井寺（みゐでら）ミイ【寺名】滋賀県大津市にある園城寺の別称。天武天皇時代の創建といわれ、平安初期に天台宗の根本道場である比叡山延暦寺から分離した。天台宗寺門派の総本山。延暦寺を「山門」「山」と呼ぶのに対して、「寺門」「寺」という。

み-を【水脈・澪】オ〔名〕川や海で、水が深く流れて道のようになっているところ。船の通る水路になる。例「さ夜ふけて堀江漕ぐなる松浦船楫の音高し──早みかも」〈万葉・七・一一四三〉訳 夜がふけて堀江を漕いでいるらしい松浦船の櫓の音が高い。船の水路の流れが早いからだろうなあ。

み-を-しづ-む【身を沈む】シズム ⇩「み（身）」子項目

み-を-す-つ【身を捨つ】⇩「み（身）」子項目

み-を-たど-る【身を辿る】⇩「み（身）」子項目

み-を-つ-くし【澪標】ミオ〔名〕（「水脈つ串」の意。「つ」は「の」の意）行き来する船に水路を示す目印となる杭。例「──のもとよりいでて、難波に着きて、河尻に入る」〈土佐・二月六日〉訳（淀川河口の）航路標識の所から船出して、難波に着いて、河口に入る。

参考 和歌では、「身を尽くす」にかけて用いられることが多い。例「わびぬれば今はた同じ難波なるみをつくしても逢はむとぞ思ふ」〈後撰・恋五〉訳（あなたへの思いに）すっかり思いわずらってしまったので、今はもう（隠そうとしても身を捨てても）同じこと、難波にある「みをつくし」ではないが、身を尽くして（＝身ヲ捨テ、心ノタケヲ尽クシテ）でもあなたと逢おうと私は思いますよ。注『百人一首』所収、元良親王ノ作。

み-を-つく-す【身を尽くす】⇩「み（身）」子項目

みん-ぶ【民部】〔名〕❶（「民部省」の略）⇩みんぶしゃう ❷民部省に属して、その任にあたる役人。

みんぶ-きゃう【民部卿】ヨウ…キ〔名〕民部省の長官。

みんぶ-しゃう【民部省】ヨウ…シ〔名〕太政官の八省の一つ。戸籍・租税・土木・交通などを担当する役所。

む

む〔助動四型〕接続 活用語の未然形に付く。

未然形	連用形	終止形	連体形	已然形	命令形
（ま）	○	む	む	め	○

【推量】❶（推量・予想する意を表す）…だろう。例「少納言よ、香炉峰の雪いかならむ」〈枕草子・雪のいと高う降りたるを〉訳 少納言よ、香炉峰の雪はどんなでしょうか。例「この獅子の立ちやう、いとめづらし。深き故あらむ」〈徒然草・二三六〉訳 この獅子の立ち方は、とても珍しい。深いわけがあるのだろう。

❷（意志・意向・決意を表す）…（し）よう。…（する）つもりだ。例「難き事なりとも、仰せ言に従ひて求めにまからむ」〈竹取・竜の首の玉〉訳 たとえ困難な事であっても、（竜の首の玉を取れという）ご命令に従って捜し求めに参りましょう。例「いとをかしげなる猫なり。飼はむ」〈更級・家居の記〉訳 とてもかわいらしい猫だ。飼おう。

❸（そうするのが当然だという判断や、そうするように勧めたり促したりする意を表す）…すべきだ。…（するのが）いい。例「鳴り高し。鳴りやまむ。はなはだ非常なり。座を引きて立ち給びなむ」〈源氏・少女〉訳 騒々しい。静かになさるがよい。まったくもって論外です。退席してお立ち去りなさい。例「法師は人にうとくてありなん」〈徒然草・七六〉訳 法師は世間の人とは疎遠である方がいい。

❹（主に連体形の用法で）（仮に想定する意や柔らかく遠回しに言う意（仮想・婉曲）を表す）…としたら（その）。…のような。例「思はむ子を法師になしたらむこそ、心苦しけれ」〈枕草子・思はむ子を〉訳 かわいく思うような子供を僧侶にしたとしたら、それこそ（親が）気の毒なものだ。例「年五十になるまで上手に至らざらん芸をば、捨つべきなり」〈徒然草・一五一〉訳 年が五十になるまで熟達の域に達しないような芸は、捨てたほうがよいのだ。

要点 自分についていう場合には②の意志・決意の意になり、相手についていう場合には③の当然・勧誘の意、第三者についていう場合には①の推量の意になるという傾向がある。

参考 (1)「む」は、おおよそ、上代では[mu]、平安時代には[m]と発音された。平安末には一般に[n]と[m]の区別がなくなって[n]と発音されるようになり、「ん」と表記されることもあった。なお、中世以降には、さらに[u]と発音されるようになって、口語の助動詞「う」「よう」を生ずる。
(2)未然形の「ま」は、準体助詞「く」を付けた「まく」の形で用いられるものだけ。

む〔接尾マ四型・マ下二型〕（名詞・形容詞語幹などに付いて）そういう状態になる（させる）、そのように振る舞う（振舞わせる）、などの意の動詞を作る。「しわ──」「よど──」「いとほし──」「かろ──」など。

む-え【無依】〔名〕（仏教語）何物にも執着せず、頼ろうとしない悟りの境地。例「──の道者の跡をしたひ、風情の人の実をうかがふ」〈芭蕉・笈の小文〉訳 一切の執着を捨てた仏道修行者の跡を慕い、風雅を愛した人々の心を探る。

む-えん【無縁】〔名〕❶（仏教語）（「有縁」に対して）仏と因縁を結んでいないこと。仏教に関わりをもたないこと。例「有縁の衆生をみちびき、──の群類を救はむがために」〈平家・二・康頼祝言〉訳 仏に救われる縁の有る人々を教導し、救われる縁の無い群衆を救うために。
❷親類縁者のいないこと。また、死後を弔う関係者のいないこと。

む-が【無何】〔名〕（仏教語）自分の存在を考えないこと。無心であること。我執を離れること。例「千里に旅立ちて、路粮をつつまず、三更月下──に入るといひけん、昔の人の杖にすがりて」〈芭蕉・野ざらし紀行〉訳 遠い旅に出て、道中の食糧を持参することなく、真夜中の月光の下、無我無心の境地に遊ぶといった、先人の心をよりどころに杖にすがって(私も旅立って)。

向井去来(むかいきょらい)『人名』⇩むかゐきょらい(向井去来)

むかいばら【当腹・嫡腹】〔名〕⇩むかひばら

むかう-ざま【向かう様】(ムコー)〔形動ナリ〕《「むかう」は「むかひ」のウ音便》相手と面と向かい合う様子。例「梶原(かぢはら)、押し並べてや組む、――・にや当て落とすと思ひけるが」〈平家・九・生ずきの沙汰〉訳梶原は、馬を並べて組みつこうか、正面にぶつけて落馬させようかと思ったが。

むかし【昔】〔名〕長い年月をさかのぼった過去。古い頃。例「あひ見てののちの心に比ぶれば――は物を思はざりけり」〈拾遺・恋二〉訳あなたとお逢いしてからのあとの思いと比べてみると、昔は物を思わ(＝悩マ)なかったのですねえ。注藤原敦忠ノ作、『百人一首』所収。

昔覚(おぼ)・ゆ 昔がしのばれる。古風な感じがする。例「――・えてことなることなき歌よみておこせたる」〈枕草子・すさまじきもの〉訳古風でこれという見どころのない歌を作ってよこしたの(はいただけない)。

昔の人(ひと) 《「むかしびと」「むかしへびと」とも》❶過去の時代に生きた人。古人。例「――は、ただいかに言ひ捨てたる言種(ことぐさ)も、皆いみじく聞こゆるにや」〈徒然草・一四〉訳昔の人は、ちょっと何げなく言い捨てた文句でも、皆どうしてこうすばらしく聞こえるのであろうか。❷亡くなった人。故人。例「――の『かならず求めておこせよ』とありしかば」〈更級・野辺の笹原〉訳今は亡き人が「必ず捜して送って下さい」と言ったので。❸昔、親しくしていた人。昔なじみ。例「五月(さつき)待つ花橘(はなたちばな)の香(か)をかげば――の袖(そで)の香ぞする」〈古今・夏・一三九〉訳五月を待って咲く橘の花の香りをかぐと、(なつかしい)昔なじみの(あの)人の袖の香りがすることよ。

むかし-いま【昔今】『連語』昔と今。例「よろづの人の上、――と語り出でて言ひしついでに」〈枕草子・頭の中将の〉訳さまざまな人の身の上を、過去のこと現在のことと話題にして言った時に。

むかし-おぼ・ゆ【昔覚ゆ】⇩「むかし」子項目

むかし-がたり【昔語り】〔名〕昔話。昔の思い出話。「むかしものがたり」とも。例「――もしつべき人の来たれば、うれしくて呼び入れ給ひて」〈源氏・東屋〉訳昔の話でもできそうな人が来たので、うれしくて部屋に呼び入れなさって。

むかし-ざま【昔様】〔名〕昔のありさま。昔の状態。

むかし-の-ひと【昔の人】⇩「むかし」子項目

むかし-びと【昔人】〔名〕⇩昔(むかし)の人(ひと)

むかし-へ【昔へ】(…エ)〔名〕《「へ」は方の意の接尾語》過ぎ去った方。過去。むかし。例「――や今も恋しきほととぎすふるさとにしも鳴きて来つらむ」〈古今・夏・一六三〉訳過ぎ去った日々が今でも恋しいのだろうか、そのホトトギスは。(それで)わざわざ昔なじみの土地に鳴いて来ているのだろう。

むかしへ-びと【昔へ人】(ムカシエ…)〔名〕故人。「むかしびと」とも。例「ここに――の母、一日(ひとひ)片時(かたとき)も忘れねば、よめる」〈土佐・二月五日〉訳この時亡くなった女児の母が、(娘のことを)ほんの少しの間でも忘れないので、詠んだ(和歌)。

むかし-ものがたり【昔物語】〔名〕⇩むかしがたり

むかし-をとこ【昔男】(…オトコ)〔名〕《『伊勢物語』に、「昔、男ありけり」とあるのを「昔男、ありけり」と誤解して、その主人公である》在原業平(ありわらのなりひら)のこと。例「その業平はその時だにも、――といはれし身の」〈謡曲・井筒〉訳その業平は生きていた当時ですらも、「昔男」と呼ばれた身で。

むか-つ-を【向かつ丘】(…オ)〔名〕《上代語。「つ」は「の」の意》向かいの山。向こうの峰。例「暇(いとま)あらばなづさひ渡り――の桜の花も折らましものを」〈万葉・九・一七五〇〉訳ひまがあるならば、水の上を渡って、向こうの峰の桜の花を折りましょうのに。

むか-ばき【行縢】〔名〕腰から両脚の前面に垂らす毛皮製のおおい。乗馬用・狩猟用であるが、ときに敷物の代用にもする。

むかばき

むかはり(ムカワリ)〔名〕《動詞「むかはる」の連用形の名詞化》人が死んでからまる一年がめぐってくること。一周忌。また、単に、一年目がめぐりくること。例「明日はその――になるが、惜しいことをしました」〈西鶴・世間胸算用・一・四〉訳明日はその(＝オ金ヲナクシテ)ちょうど一周忌になるが、もったいないことをしました。

むかは・る(ムカワル)〔自ラ四〕{ら・り・る・る・れ・れ}めぐりめぐって報いが来る。因果がめぐってくる。例「保元に申し行ひし事、いくほどもなく身の上に――・りにき」〈平家・二・小教訓〉訳(藤原信西(しんぜい)が)保元の乱の時に行(おこな)った事(＝死刑)は、まもなく自分自身の身の上に報いが来てしまった。

むかひ-ばら【当腹・嫡腹】(ムカイ…)〔名〕本妻から生まれたこと。また、その子。嫡出。

むかひ-び【向かひ火】(ムカイ…)〔名〕❶手前へ焼け進んで来る火に対して、こちらからも火を放って火勢を衰えさせること。例「その火打ちもちて、火を打ち出(い)でて、――を着けて焼き退(そ)けて」〈古事記・中・景行〉訳その火打ち石で、発火して、向かい火をつけて焼き退けて。❷相手が怒っているのを、自分も怒って相手の怒りをおさえること。

むか・ふ【向かふ・対ふ】(ム(コ)ウカ) ■一〔自ハ四〕{は・ひ・ふ・ふ・へ・へ}《「向く」の未然形＋反復・継続の意を表す助動詞「ふ」》❶ある物に対して真正面に向く。向き合う。面する。向かう。例「ある人、弓射ることを習ふに、諸矢(もろや)をたばさみて的に――・ふ」〈徒然草・九二〉訳ある人が、弓を射ることを習う時に、二本の矢を手に挟み持って的に向かった。❷互いに相手の正面に向き合う。対座する。例「人と――・ひたれば、言葉多く身もくたびれ心も静かならず」〈徒然草・一七〇〉訳人と対座していると、(自然に)口数も多くなり身体もくたびれて心も平静でない。❸ある所・ある状態に向かって進む。赴(おもむ)く。また、時が近づく。例「坂東(ばんどう)へ打手(うって)は――・うたりといへども」〈平家・六・入道死去〉訳関東(の源氏)へ討手は赴いているけれども(これというほどの成果もあげておりません)。❹敵意をもって相手に向かう。敵対する。立ち向かう。例「蟷螂(たうらう)の斧(をの)をいからして隆車(りゆうしや)に――・ふがごとし」〈平家・七・願書〉訳カマキリがかまを振りかざして大きな車に立ち向かうようなものである。注マッタク相手ニナラナイコトノタトエ。❺対等に立ち向かう。匹敵する。肩を並べる。例「直(ただ)

に逢(あ)ひて見てばのみこそたまきはる命に――・ふ我(あ)が恋やまめ」〈万葉・四・六七八〉訳（あなたに）直接逢って見たならばその時だけ、命に匹敵する(＝命ガケノ)私の恋はやむでしょう。

二〔他ハ下二〕{へ・へ・ふ・ふる・ふれ・へよ}正面に向かうようにする。向かい合わせる。例「川に――・へて簾(すだれ)巻き上げて見れば」〈蜻蛉・上・安和元年〉訳(宇治の別荘に着いて、牛車(ぎっしゃ)を)川に向かい合わせて簾を巻き上げて(外の景色を)見ると。

むか・ふ【迎ふ】(ムカウ)〔他ハ下二〕{へ・へ・ふ・ふる・ふれ・へよ}❶待ち受けて招き入れる。迎える。例「いま一度本国へ――・へんと思(ぼお)し召さば、この矢はづさせ給ふな」〈平家・二・那須与一〉訳(神々よ)もう一度生国へ(私を)迎えようとお思いになるならば、この矢をはずさせないで下さい。

❷招き入れるために呼び寄せる。招く。出迎える。例「石山に今日まうでさせむとて、母君の――・ふるなりけり」〈源氏・浮舟〉訳(浮舟(うきふね)を)石山寺に今日参詣(さんけい)させようとして、母君が出迎えるのであった。

❸成り行きにまかせて受け入れる。迎える。例「馬の口とらへて老いを――・ふる者は、日々旅にして旅をすみかとす」〈奥の細道・出発まで〉訳馬の口綱をとって(＝馬ヲ引イテ)老年を迎える者(＝馬方(ウマカタ))は、毎日が旅であって旅そのものをすまいとする。

むかへ-す・う【迎へ据う】(ムカエ)〔他ワ下二〕{ゑ・ゑ・う・うる・うれ・ゑよ}迎え入れてある場所や地位に置く。迎え入れて座らせる。例「親、はらから許して、ひたふるに――・ゑたらん、いとまばゆかりぬべし」〈徒然草・二四〇〉訳親、兄弟が認め許して、何のさしさわりもなく迎え入れて(妻の座に)座らせているようなのは、(その女にとって)たいそうきまり悪いことであろう。

むかへ-と・る【迎へ取る】(ムカエ)〔他ラ四〕{ら・り・る・る・れ・れ}迎え入れて自分の側の物とする。迎え入れる。引き取る。例「ただ心やすく――・りて、明け暮れの慰めに見む」〈源氏・若紫〉訳ただ遠慮なく(あっさりと若紫を手元に)引き取って、日々の慰めとして見よう。

むかへ-び【迎へ火】(ムカエ)〔名〕《「迎ひ火」とも》「盂蘭盆(うらぼん)」の行事の一つ。陰暦七月十三日の夕べ、亡き人の魂を迎えるために、各戸の門前や川の岸辺などでたく火。麻幹(おがら)などを燃やす。(季・秋)

向井去来(むかいきょらい)『人名』江戸前期の俳人。蕉門十哲(しょうもんじってつ)(＝芭蕉ノ主ナ弟子十人)の一人。京都嵯峨(さが)(＝京都市右京区)に落柿舎(らくししゃ)という草庵(そうあん)を設け、たびたび芭蕉を迎えた。句集『猿蓑』を凡兆(ぼんちょう)と共に選したほか、『旅寝論』『去来抄』などで、師芭蕉の俳論を論述した。⇩去来抄(きょらいしょう)・猿蓑(さるみの)

むぎ-あき【麦秋】〔名〕《「麦秋(ばくしゅう)」の訓読み。「むぎのあき」とも》麦を収穫する季節。初夏。陰暦の五月。(季・夏)例「――や鼬(いたち)啼(な)くなる長(をさ)がもと」〈蕪村〉訳明るい陽光の麦秋の頃、鼬が啼く声のするのは村長の屋敷のあたりの薄暗い茂みだよ。

むき-むき【向き向き】〔副〕それぞれの思い通りの方へ向いている様子。思い思いに。例「――に蛙(かはづ)のいとこはとこかな」〈一茶〉訳てんでに勝手な方向に頭を上げて、いやよくも集まったり蛙(かえる)のいとこや、はとこどもよ。

む・く【向く】一〔自カ四〕{か・き・く・く・け・け}❶(正面が)ある方向に面する。向かう。例「文に心入れて、とみにも――・き給はぬに」〈源氏・浮舟〉訳(匂宮(におうのみや)は浮舟(うきふね)からの)手紙に夢中になって、すぐには(こっちを)お向きなさらないので。

❷ふさわしい。似合う。ぴったりである。例「今は――・かぬと縫箔(ぬひはく)の、それにあらぬ白(はく)の風」〈近松・ひぢりめん卯月紅葉・上〉訳今では(金ぴかの)縫箔模様の着物は時代に合わず(＝時代遅レデ)、それとは趣の変わった(飾り気のない)素人風の着物にして。

二〔他カ下二〕{け・け・く・くる・くれ・けよ}❶(正面が)ある方向に面するようにする。向ける。向かせる。例「物もきたなげなるは、ほかざまに顔を――・けて食はず」〈更級・大納言殿の姫君〉訳(猫は)食物も汚らしそうなのには、そっぽの方に顔を向けて食べない。

❷神仏に物を供える。手向(たむ)ける。例「ありねよし対馬(つしま)の渡り海中(わたなか)に幣(ぬさ)取り――・けて早帰り来(こ)ね」〈万葉・一・六二〉訳対馬の海峡の海中に旅の安全を祈願する幣を手向けて、早く帰っておいでなさい。注「ありねよし」ハ「対馬」ニカカル枕詞。

❸人を派遣する。さしむける。例「さだめて討手(うって)――・けられ候はんずらん」〈平家・四・競〉訳きっと追討の軍勢をさしむけなさることでしょう。

❹(自分の方を向かせる意から)服従させる。従わせる。

むくい【報い】〔名〕《動詞「むくゆ」の連用形の名詞化。ある行為の結果として受ける物事の意》❶恩返し。お返し。お礼。

❷仕返し。報復。例「国よりはじめて、海賊――せむと言ふなることを思ふ上に」〈土佐・一月二十一日〉訳土佐の国を出発してからずっと、海賊が報復するだろうといううわさがあることを心配する上に。

❸(仏教の考え方として)因果応報。果報。例「前(さき)の世の――にこそ侍(はべ)るなれば」〈源氏・須磨〉訳(どんな事でも)前世からの因果応報でございますので。

❹(天からの)さずかりもの。自然の恩恵。例「糧(かて)乏(とも)しければ、おろそかなる――をあまくす」〈方丈記・閑居の気味〉訳食糧が乏しいので、粗末なさずかり物の食物をおいしく食べられる。

参考「むくゆ」はヤ行上二段活用の動詞であるが、中世には「むくふ」というハ行四段活用に変化して通用したため、「むくひ」の表記もある。

むくつけ・し〔形ク〕❶(相手の正体や本心がわからないために)**ぞっとするほど気味が悪い**。例「昔物語などにこそかかることは聞けと、いと珍かに――・けれど」〈源氏・夕顔〉訳昔の話などにはこんな(怪しいものが現れる)ことは聞くものだが(現実に起こるとは)、全くめったにないことで気味が悪いが。

❷(行動などが常識を越えていて)**薄気味悪いほど恐ろしい**。例「肝(きも)・心を迷はさずして、まづ平茸(ひらたけ)を取りて上りけむ心こそ、いと――・けれ」〈今昔・二八・三八〉訳(深い谷に落ちて)心も乱さずに、まず平茸を取って上って来たという心は、なんとも(強欲で)恐ろしい。

❸(気味悪いほど)無骨である。無風流で荒々しい。例「――・き心の中(ちゅう)に、いささか好きたる心まじりて」〈源氏・玉鬘〉訳無骨な(田舎者の)心の中に、少し風流を解する心もまじっていて。

むく・ふ【報ふ・酬ふ】(ムクウ)〔他ハ四〕{は・ひ・ふ・ふ・へ・へ}一❶恩や仇(あだ)に対する返しをする。報いる。例「あやしの鳥けだものも、恩を報じ徳を―・ふ心は候ふなり」〈平家・七・福原落〉訳いやしい鳥や獣(さえ)も、恩を返し徳に対して報いる心はあるものでございます。

❷報酬を支払う。礼をする。例「車の力を―・ふほかには、さらに他の用途(ようどう)いらず」〈方丈記・方丈〉訳(引っ越しに際して)運搬の報酬を払う以外には、他の費用は必要としない。

二(自ハ四)報いとなって現れる。報う。例「父祖の罪業(ざいごふ)は、子孫に―・ふといふこと、疑ひなしとぞ見えたりける」〈平家・灌頂・女院死去〉訳先祖の作った罪となる悪行は、子孫に報いとなって現れるということは、疑いないことと思われた。

参考 平安時代以前はヤ行上二段活用の「報ゆ」で、「報ふ」は鎌倉時代以降用いられるようになった。

むく-むく・し【形シク】気味が悪い。恐ろしい。例「言ひ合へるも、―・しく聞き慣らはぬ心地し給ふ」〈源氏・東屋〉訳(夜番の者が東国なまりで)話し合っているのも、(薫(かおる)は)気味悪く聞きなれない(ものを聞く)心地におなりになる。

む・く・ゆ【報ゆ・酬ゆ】〔他ヤ上二〕(い・い・ゆ・ゆる・ゆれ・いよ)恩や仇(あだ)に対する行為を行う。報いる。⇒むくふ 例「仇(あた)は恩をもって―・ゆるこそ善き政(まつりごと)なれ」〈今昔・一・二九〉訳恨みに対しては恩で報いるのが善い政治である。

むぐら【葎】〔名〕ツル草の総称。ヤエムグラ・カナムグラ・ヤマムグラなどがあり、山野や道ばたに自生して繁茂する。例「―は西・東の御門(みかど)を閉ぢこめたるぞ、たのもしけれど」〈源氏・蓬生〉訳ムグラは西・東の門に巻きついて閉じこめているのは、(戸締まりには)頼りに思えるけれども。注末摘花(スエツムハナ)ノ邸(ヤシキ)ノ荒レタ様子。

> 参考 庭にわざと植える草ではない。浅茅(あさぢ)や蓬(よもぎ)と同様で、これらが庭に茂っていることは、かつての立派な邸宅が没落して荒廃したことを表している。

葎の門(かど) ⇒葎の宿(やど)

葎の宿(やど) ムグラの生い茂った荒れた家。人が住まなくなったり、没落した貴族の邸宅にいう。また、自分の家を謙遜(けんそん)していうこともある。「葎の門(かど)」とも。例「露しげき―に古(いにしへ)の秋に変はらぬ虫の声かな」〈源氏・横笛〉訳露の深いムグラの繁茂する荒れた家に、(柏木(かしわぎ)在世中の)昔の秋に少しも変わることのない虫の鳴き声のように、柏木のそれと変わらないあなた(=夕霧)の笛の音を聞くことですよ。

む-くろ【身・軀・骸】〔名〕(「身(む)幹(くろ)」の意)❶(頭や手足に対して)胴体。からだ。例「頭(かしら)は猿、―は狸(たぬき)、尾は蛇(くちなは)、手足は虎(とら)の姿なり」〈平家・四・鵺〉訳(射落とした化け物をご覧になると)頭部は猿、胴体は狸、尾は蛇、手足は虎の姿である。

❷首のない胴体。転じて、死体。亡骸(なきがら)。

むくろ-ごめ【軀籠め】〔名〕(「ごめ」は接尾語)からだごとそっくり。全身。例「『―に寄り給へ』と言ひたるを、『五体ごめ』となむ言ひつるとて、人に笑はる」〈枕草子・方弘は、いみじう人に〉訳「からだぐるみお寄りなさい」と言った言葉を、(源方弘(まさひろ)は)「五体ぐるみ」と言ったと言って、人々に笑われる。

む-げ【無下】〔名・形動ナリ〕対こよなし

> それより下はない、が基本の意。程度や身分について、最低、の意に用いられる。

❶**程度がはなはだしく劣っていること。ひどいこと。**劣悪。例「天下の物の上手といへども、初めは不堪(ふかん)の聞こえもあり、―の瑕瑾(かきん)もありき」〈徒然草・一五〇〉訳天下の芸道の名人といっても、最初は不器用(ぶきよう)との評判もあり、ひどい欠点もあった。

❷**身分がきわめて低いこと。**また、まったく教養のないこと。例「今のやうに、―の民と争ひて、君の亡(ほろ)び給へるためし、この国には、いとあまたも聞こえざめり」〈増鏡・新島守〉訳このたびのように、きわめて身分の低い民と戦って、君主が滅びなさいました例は、我が国では、そう多く聞かないようです。

❸**それ以外の何ものでもないこと。**疑いようもなくそのとおりであること。例「今は―の親ざまにもてなしてあつかひ聞こえ給ふ」〈源氏・薄雲〉訳(光源氏は以前の恋心を捨て)今では(秋好(あきこのむ)中宮の)全くの親の態度で(=本当ノ親ノヨウニ)振る舞ってお世話申し上げなさる。

参考 連用形「むげに」は、もっぱら副詞として用いる。

むげ-に【無下に】〔副〕❶むやみやたらに。むしょうに。すっかり。例「何事も、古き世のみぞ慕はしき。今様(いまやう)は、―卑(いや)しくこそなりゆくめれ」〈徒然草・二二〉訳何事でも、すべて古い時代ばかりがなつかしい。今の世のやり方は、やたら下品になってゆくようだ。

❷(下に打消しの語を伴って)まったく。まるで。全然。例「いと―児(ちご)ならぬ齢(よはひ)の、またはかばかしう人のおもむきをも見知り給はず、中空なる御ほどにて」〈源氏・若紫〉訳(若紫は)まったくの幼児ではない年頃で、一方またしっかりと人の事情をお察しなさらず、中途半端な年齢で。例「法師の―・に能なきは、檀那(だんな)すさまじく思ふべしとて」〈徒然草・一八八〉訳法師のまったく無芸であるのは、(仏事の後に酒宴などで)施主が興ざめに思うだろうと(早歌(そうか)という歌謡を習った)。

む-けん【無間】〔名〕(仏教語。「無間地獄」の略)八大地獄の一つ。「五逆罪」を犯した者が、死後に落ちる地獄で、たえまなく責め苦を受ける所という。「阿鼻(あび)地獄」とも。

む-ご【無期】〔名・形動ナリ〕❶期限を決められないこと。いつとはわからないこと。例「―・にえ渡らで、つくづくと見るに」〈更級・初瀬〉訳(宇治川を)いつまでたっても渡れないので、つくづくと景色を見ていると。

❷長い時間がたつこと。久しい間。例「術(すべ)なくて、―の後に、『えい』と答(いら)へたりければ、僧達笑ふこと限りなし」〈宇治拾遺・一・一二〉訳どうしようもなくて、久しくたってから、「はい」と返事をしたところ、僧達の笑うことぎりがなかった。

むこ-がね【婿がね】〔名〕(「がね」は予定者・候補者の意を表す接尾語)やがて婿となる人。婿の候補者。例「この―に詠みておこせたりける」〈伊勢・一〇〉訳かねて婿にしようと思っていたこの男のもとに歌を詠んでよこした。

む-ごん【無言】〔名〕❶話をしないこと。黙っていること。

❷(仏教語。「無言の行(ぎやう)」の略)口をきかず、精神を

統一する修行。例「ことさらに——をせざれども、ひとり居(を)れば、口業(くごふ)を修めつべし」〈方丈記・境涯〉訳特に(意識して)無言の行をするわけではないけれども、独りでいるものだから、口の行いを謹むことになろう。

む-さ【武者】〔名〕(「さ」は「しゃ」の直音表記)⇩むしゃ

武蔵(むさし)〖旧国名〗(古くは「むざし」)東海道十五か国の一つ。現在の東京都・埼玉県、および神奈川県東部の一部を含む地域。武州(ぶしゅう)。

むさし-あぶみ【武蔵鐙】〔名〕武蔵国で造られた鐙。鐙には「刺鉄(さすが)(=皮ニツナグタメノ金具)」が端に付くので、和歌では副詞の「さすが」にかけて用いられる。例「——さすがにかけて頼むには問はぬもつらし問ふもうるさし」〈伊勢・一三〉訳(手紙の表書きに「武蔵鐙」と書いてよこされたあなたを)あきらめたつもりでもやはり心に懸けて頼りにしている私にとっては、安否を尋ねて下さらないのも悲しいし、尋ねて下さるのも煩わしく思われます。

武蔵野(むさしの)〖地名〗(古くは「むざしの」)武蔵国(むさしのくに)(=東京都・埼玉県・神奈川県東部)に広がる原野。関東平野の荒川と多摩川にはさまれた地域で、歌枕の地。『万葉集』では「うけらが花」、「紫草」の生える地とされ、「逃げ水(=蜃気楼(シンキロウ)ノ一種)」の見える地でもあった。例「ねは見ねどあはれとぞ思ふ——の露わけわぶる草のゆかりを」〈源氏・若紫〉訳まだ枕を交してはいないけれども、しみじみとかわいく思う。武蔵野の露を分けあぐねるように、逢いかねている紫草のゆかりのあなたを。

むさ-と〔副〕❶不用意に。うっかり。むやみに。例「総じて松茸(まつだけ)なども——食ぶるはいらざる事ぢや」〈咄本・昨日は今日の物語・上〉訳総じて松茸なども惜しげもなく食べてはいけないものだ。

❷(多く「むさとした」の形で)無思慮な様子。また、筋の通らない様子。いいかげんな。むちゃくちゃな。例「こちの頼うだお方のやうな——したお方はござらぬ」〈狂言・千鳥〉訳私のご主人様のようなでたらめなお方はございません。

むさぼ・る【貪る】〔他ラ四〕{ら・り・る・る・れ・れ}意地汚く欲しがる。むさぼる。例「生(しゃう)を——・り、利を求めて、止(や)む時なし」〈徒然草・七四〉訳(愚かな人は)意地汚く長生きを望み、利益を求めて、とどまるところがない。

む-ざん【無慙・無慚】〔名・形動ナリ〕❶(仏教語)戒律を破り、罪を犯しても恥じないこと。例「我——の法師にて」〈源氏・手習〉訳私は戒律を破って恥じない法師で。

❷恥知らずであること。残酷でひきょうなこと。例「あな——の盛長(もりなが)や」〈平家・九・重衡生捕〉訳なんと恥知らずの盛長であることか。注主人ヲ捨テテ逃ゲタコト。

❸残酷で痛ましいこと。気の毒なこと。ふびんなこと。例「三井寺(みゐでら)へ出(い)で立ちける心のうちこそ——・なれ」〈平家・四・競〉訳(競(きほふ)が討ち死にを覚悟して)三井寺へ出発した心中のあわれさはいたましいことだ。

むし【虫】〔名〕❶昆虫。特に、スズムシ・マツムシなど、草のかげで秋に鳴く虫の総称。例「——は、鈴虫。ひぐらし。蝶(てふ)。松虫。きりぎりす」〈枕草子・虫は〉訳虫は、松虫。ヒグラシ。チョウ。鈴虫。コオロギ(が風情がある)。

❷心の底の感情。日頃抑えている性格。腹の虫。

むし-の-たれぎぬ【虫の垂れ衣・帔の垂れ衣】〔名〕婦人が外出する時、頭にかぶる笠(かさ)の周囲から、上半身を覆い隠すように垂らした薄絹。

むしのたれぎぬ

むし-ば・む【虫食む】〔自マ四〕{ま・み・む・む・め・め}虫が食って穴があく。虫食いになる。例「——・みたる蝙蝠(かはほり)取り出でて」〈枕草子・成信の中将は〉訳虫食いになった扇子を取り出して。

む-しゃ【武者】〔名〕(「むさ」とも)武芸にたずさわる者。平安朝では、宮廷の警備、貴人の身辺警護にあたった。中世からは、もっぱら合戦に従事する。武士。

む-じゃう【無常】(ムジョウ)〔名〕❶(仏教語)すべてのものが、生まれ滅びて、絶えまなく変化し常でないこと。森羅万象の生滅流転(しょうめつるてん)。例「祇園精舎(ぎをんしゃうじゃ)の鐘の声、諸行——の響きあり」〈平家・一・祇園精舎〉訳昔インドにあった祇園寺の鐘の音には、万物が生滅流転して常住することがないという真理を告げる響きがある。

❷(人生のはかなさということから)死。例「人はただ、——の身に迫りぬることを心にひしとかけて、束(つか)の間も忘るまじきなり」〈徒然草・四九〉訳人はただ、死が我が身に迫っていることをしっかりと認識して、つかの間もその事を忘れてはならないのである。

無常の敵(かたき) 死という敵。例「静かなる山の奥、——競(きほ)ひ来たらざらんや」〈徒然草・一三七〉訳(閑居をしても)静かな山奥に、死という敵が先を争って来ないだろうか(来ないわけがない)。

むしろ【筵・席】〔名〕❶藺(い)・蒲(がま)・竹・わらなどで編んで作った敷物の総称。ござの類。

❷集まりの場。席。例「一道(いちだう)に携はる人、あらぬ道の——に臨みて」〈徒然草・一六七〉訳一つの専門に従事している人が、別の(自分の専門外の)会合の席に参加して。

む-しん【無心】一〔名・形動ナリ〕❶考えの浅いこと。配慮に欠け、無神経であること。情が細やかでないこと。例「とてもかくても、今はいふかひなき宿世(すくせ)なりければ、——・に心づきなくて止(や)みなむ」〈源氏・帚木〉訳(光源氏に)どう思われようとも、(人妻である)今はどうしようもない我が身の運命なのだから、無神経で気にくわない(女だと思われた)ままで押し通そう。注空蟬(ウツセミ)ノ決心。

❷風流心のないこと。情趣をわきまえず無風流であること。

二〔名〕「無心連歌」の略。

三〔名・他サ変〕人に金銭や品物をねだること。ものごい。

むしん-しょぢゃく【無心所着】(ムシンショジャク)〔名〕〖歌論用語〗和歌で、一句一句がでたらめに連なり、一首の意味が通じないこと。また、そういう和歌。

> 参考『万葉集』巻十六に、「無心所着歌二首」がある。戯れに故意に作ったもので、「我妹子(わぎもこ)が額(ひたひ)に生ふる双六(すぐろく)の牡(ことひ)の牛の鞍(くら)の上の瘡(かさ)」〈万葉・一六・三八三八〉がその例。いとしい妻の額に生えた双六盤の、雄牛の鞍の上の腫(は)れものよ、と訳してみても、うまく意味が通らない。

む・す【生す・産す】〔自サ四〕{さ・し・す・す・せ・せ}(草や苔(こけ)が)はえる。生じる。生まれる。例「岩に苔——・してさびたる所なりければ、住まほしうぞ思(おぼ)し召す」〈平家・灌頂・大原入〉訳(寂光院(じゃっこういん)は)岩に苔がはえて古びた趣がある所だったので、(建礼門院はここに)住みたいとお思いになる。

む・す【噎す・咽す】〔自サ下二〕(せ・せ・す・する・すれ・せよ) ❶のどに異物がつまって咳(せ)きこむ。むせる。❷悲しみなどで胸がつまったようになる。むせぶ。例「吾妹子(わぎもこ)が植ゑし梅の木見るごとに心―・せつつ涙し流る」〈万葉・三・四五三〉訳(亡くなってしまった)私の妻が植えた梅の木を見るたびに、胸がつまって涙が流れる。注大伴旅人ガ亡キ妻ヲ偲(シノ)ンダ歌。「涙し」ノ「し」ハ強調ノ助詞。

むず〔助動サ変型〕
接続 活用語の未然形に付く。

未然形	連用形	終止形	連体形	已然形	命令形
○	○	むず	むずる	むずれ	○

【推量】❶(まだそうなっていないことについての推量・予想の意を表す)…**だろう**。例「この月の十五日に、かのもとの国より、迎へに人々まうで来(こ)**むず**」〈竹取・かぐや姫の昇天〉訳今月(=八月)の十五日に、あのもとの国(=月世界)から、(私を)迎えに人々がやって来ることでしょう。

❷(意志・意向・決意を表す)…**(し)よう**。…**(する)つもりだ**。例「船つかまつらずは、いちいちに射殺さん**ずるぞ**」〈平家・一一・逆櫓〉訳船を出さないなら、一人一人弓で射殺すつもりだぞ。

❸(そうするのが当然だ、適当だという判断を表す)…**すべきだ**。…**(するのが)いい**。例「この御格子(かうし)は、参(まゐ)らでやあら**むずる**」〈落窪・一〉訳この格子は、お上げしないでよいだろうか。

❹(主に連体形の用法で)(仮に想定する意や柔らかく遠回しに言う意(仮想・婉曲(えんきょく))を表す)…**としたら(その)**。…**のような**。例「さる所へまから**むずる**も、いみじくも侍らず」〈竹取・かぐや姫の昇天〉訳そのような所(=月世界)へ行くようなことも、(私、かぐや姫には)うれしいことではございません。

要点 平安時代に、推量の助動詞「む」に格助詞「と」とサ変動詞「す」の付いた「むとす」から変化して成立した語。「む」よりも語調が強い。平安時代ではもっぱら会話文に用いられ、俗語的な言葉とされていたようで、『枕草子』の批判は有名である。例「何事を言ひても、『その事させむとす』『言はむとす』『何とせむとす』といふ『と』文字を失ひて、ただ『言は**むずる**』『里へ出(い)で**むずる**』など言へば、やがていと悪(わろ)し」〈枕草子・ふと心劣りとかするものは〉訳何を言うにしても、「その事させむとす」(=ソレハソウシマショウ)「言はむとす」(=言イマショウ)「何とせむとす」(=何々シマショウ)と言う「と」という言葉を省略して、ただ「言はむずる」「里へ出(い)でむずる」などと言うのは、それだけでもう大変みっともなく聞こえる。
しかし、平安時代末期頃からだんだん多く使われるようになり、中世になると文章語としても一般に用いられるようになった。

参考 平安時代の終わり頃には[nzu]と発音されるようになって、「んず」と表記されることが多くなる。さらに中世以降には[uzu]と発音されて「うず」と表記されるようになる。

むず-と〔副〕動作が勢いよく力強く行われる様子。むんずと。ぐいっと。例「御田(おんだ)の八郎に押し並べ、―取って引き落とし」〈平家・九・木曾最期〉訳(巴は自分の馬を)御田八郎(の馬)に押し並べて、八郎をむんずとつかまえて(馬から)引き落として。

むすび-い・づ【結び出づ】〔他ダ下二〕(で・で・づ・づる・づれ・でよ) 両手の指を組み合わせて種々の特殊な形(=印(イン))を作る。(印を)結んで示す。例「印ことごとしく―・でなどして」〈徒然草・五四〉訳印の形をもっともらしく作りなどして。

むすび-まつ【結び松】〔名〕神仏に願い事をしたり、誓いをたてたりするしるしに、松の小枝を結び合わせること。また、その松。例「磐代(いはしろ)の野中に立てる―心も解けずいにしへ思ほゆ」〈万葉・二・一四四〉訳磐代(=和歌山県日高郡ニアル)の野原に立っている結び松よ。(枝が結ばれたままのように)私の心もほどけぬままに昔の事がしのばれる。

参考 昔の信仰の一つとして、神が天から松に降り、宿るとされた。『万葉集・二・一四一』の、有間皇子が自らの延命を祈って結んだ松が有名である。右の例の「いにしへに」はそれを指す。⇨まさきく

むす・ぶ【結ぶ】(ば・び・ぶ・ぶ・べ・べ) ㊀〔自バ四〕(露や霜、また木の実・泡などが)**形をなす**。**固まる**。できる。例「淀(よど)みに浮かぶうたかたは、かつ消えかつ―・びて、久しくとどまりたる例(ためし)なし」〈方丈記・ゆく河〉訳(川の)流れの淀んだ所に浮かぶ水の泡は、消えたりできたりして、長く形をとどめているためしがない。

㊁〔他バ四〕❶物の端と端とをつなぐ。結ぶ。例「赤紐(あかひも)の解けたるを、『これ―・ばばや』といへば」〈枕草子・宮の五節いださせ給ふに〉訳(自分の肩の)赤紐が解けたのを、(そばの女房に)「これを結びたい」と言うと。

❷(「心・契(ちぎ)り・縁を結ぶ」の形で)関係を作る。例「親となり子となり、夫婦の縁を―・ぶも、皆この世ひとつにかぎらぬ契りぞかし」〈平家・三・僧都死去〉訳親となり子となるのも、夫婦のつながりを結ぶのも、すべて現世だけに限らない(前世からの)因縁なのだ。

❸(「印(いん)を結ぶ」の形で)両手の指で印の形を作る。例「手に密印(みついん)を―・び、口に密言(みつごん)を唱へ」〈平家・一〇・高野御幸〉訳(弘法大師は)手に密印という形を作り、口に密教の呪文(じゅもん)を唱えて(生きたまま仏となった)。

❹網や庵(いおり)などを造る。例「さて寂光院(じゃくくわうゐん)のかたはらに方丈(はうぢやう)なる御庵室(ごあんじつ)を―・んで」〈平家・灌頂・大原入〉訳そして(建礼門院は)寂光院のそばに一丈四方のご庵室を造って(念仏を唱えて月日を過ごした)。

❺恨み・夢などを形づくる。生ずる。例「はじめ興宴より起こりて、長き恨みを―・ぶ類(たぐひ)多し」〈徒然草・一三〇〉訳初めは宴会の時の戯れから始まって、長(く解けな)い恨みを生ずるようなことが多い。

むす・ぶ【掬ぶ】〔他バ四〕(ば・び・ぶ・ぶ・べ・べ) 両手のひらを合わせて水をすくう。**両手ですくう**。例「袖(そで)ひちて―・びし水の凍れるを春立つ今日の風やとくらむ」〈古今・春上・二〉訳(去年の夏に)袖を濡(ぬ)らして両手ですくった水が(冬になって)凍っていたのを、立春の今日の風がとかしているだろうなあ。

むすぼほ・る【結ぼほる】(ムスボオル)〔自ラ下二〕(れ・れ・る・るる・るれ・れよ) ❶糸や紐(ひも)などがからんで結ばれた状態になる。結ばれて

ほどけにくくなる。例「秋はてて霧のまがきに━━れあるかなきかにうつる朝顔」〈源氏・朝顔〉訳（夏もとうに過ぎ）秋が終わって霧がかかる垣根に（取り残された蔓（つる）が）からみつき、あるのかないのか分からない姿で衰えている朝顔（のような私）です。

❷気にかかったり、こだわったりして、気が晴れない。鬱屈（うっくつ）する。ふさぐ。例「ただに━━れ侍（はべ）る程おしはからせ給へ」〈源氏・須磨〉訳ただただ（別離の悲しみで）ふさいでいる心のうちをご推察下さい。

❸有力な者と関係をもつ。縁故をもつ。つながる。例「平家に━━れたりし人々も、源氏の世の強（よ）りし後（のち）は」〈平家・一二・吉田大納言沙汰〉訳平家に縁故があった人々も、源氏の勢力が強くなった後は（源氏にへつらったが）。

❹（露・霜・氷などが）形づくられる。固まる。「むすぶ」とも。例「朝日さす軒の垂氷（たるひ）はとけながらなどかつららの━━るらむ」〈源氏・末摘花〉訳朝日がさし込む軒のつららは融（と）けていながら、なぜ氷が張っている（ように、あなたの気持ちはうちとけない）のでしょうか。注「つらら」ハ氷ノ意。

むすぼ・る【結ぼる】〔自ラ下二〕{れ・れ・る・るる・るれ・れよ}⇩むすぼほる

むずる（推量の助動詞「むず」の連体形）⇩むず

むずれ（推量の助動詞「むず」の已然形）⇩むず

むせ-かへ・る【噎せ返る・咽せ返る】〔自ラ四〕{ら・り・る・る・れ・れ}（激しく泣いて）むせて咳（せ）き込む。激しくむせる。また、激しく泣く。例「はかばかしうも、のたまはせやらず、━━らせ給ひつつ」〈源氏・桐壺〉訳（桐壺（きりつぼ）帝は悲しみのため）はきはきと、おっしゃることもできず、激しくむせび泣きながら。

むせ・ぶ【噎ぶ・咽ぶ】〔自バ四〕{ば・び・ぶ・ぶ・べ・べ}❶のどに異物が入って咳（せ）き込む。むせる。例「遠き家は煙に━━び、近きあたりはひたすら焔（ほのほ）を地に吹きつけたり」〈方丈記・安元の大火〉訳遠くの家は煙にむせて、近い所は（吹き荒れる風が）炎をいちずに地面に吹きつけている。

❷涙をのどにつまらせたようにして、激しく泣く。むせび泣く。例「有王（ありわう）涙に━━びうつぶして、しばしは物も申さず」〈平家・三・僧都死去〉訳有王は涙にむせたようにして激しく泣きうつぶして、しばらくは何も申し上げない。

❸むせび泣くような音を立てる。むせび泣くようにする。例「はては、嵐に━━びし松も、千年（ちとせ）を待たで薪（たきぎ）にくだかれ」〈徒然草・三〇〉訳ついには、嵐にむせび泣くような音を立てた松（＝大キク茂ッタ松）も、千年たたないうちに薪に打ちくだかれ。

むそ-ぢ【六十・六十路】{ジ}〔名〕六十（ろくじふ）。六十歳。例「ここに━━の、露消えがたに及びて」〈方丈記・方丈〉訳ここに六十歳の、露のような命の消えそうな時になって。

むた【共】〔名〕（「…の━━」「…が━━」の形で用いられる）…と共に。…と一緒に。例「波の━━か寄りかく寄る玉藻なす寄り寝し妹（いも）を露霜の置きてし来れば」〈万葉・二・一三一長歌〉訳波と共にああ寄ったりこう寄ったりする美しい藻のように、寄り添って寝た妻を置いて来たものだから。

む-たい【無代・無体・無台】〔名・形動ナリ〕❶ないがしろにすること。大切にしないこと。

❷無理。無法。

む-だう【無道】{ウ・ド}〔形動ナリ〕（「ぶたう」とも）人の道に背いている様子。道理に合わない様子。

むだ・く【抱く】〔他カ四〕{か・き・く・く・け・け}人や物を両手でかかえ取る。だく。例「上毛野（かみつけの）安蘇（あそ）の真麻群（まそむら）かき━━き寝（ぬ）れど飽かぬをあどか我（あ）がせむ」〈万葉・一四・三四〇四〉訳上野の国の安蘇の麻の群生のように恋人を抱きかかえて寝ても満ち足りた思いがしないのを、私はどうしたらよいのだろうか。注「真麻群」マデガ序。麻ヲ引キ抜ク時、抱キカカエタママ体ヲ倒スコトカラトイウ。

むち【鞭】〔名〕（「ぶち」とも）馬などを進ませるために打つ道具。例「御さきの露を馬の━━して払ひつつ、入れ奉る」〈源氏・蓬生〉訳（惟光（これみつ）は光源氏の）足の前の草の露を馬の鞭で払いながら、（寝殿に）お入れ申し上げる。

むつ【六つ】〔名〕❶数の名。むっつ。六（ろく）。六歳。例「御子（みこ）━━になり給ふ年なれば、このたびは思（おぼ）し知りて恋ひ泣き給ふ」〈源氏・桐壺〉訳御子（＝光源氏）は六歳になられる年なので、今度（の祖母の逝去）はおわかりになって慕ってお泣きになる。

❷時刻の名。午前六時頃、および午後六時頃に当たり、それぞれ「明け六つ」「暮れ六つ」という。

陸奥（むつ）〔旧国名〕❶⇩陸奥（みちのく）

❷東山道の国の一つ。一八六八年（明治元）に、陸奥（みちのく）を五分して設けたもので、廃藩置県で解消された。現在の青森県と岩手県北部とにあたる。奥州（おうしう）。

むつか・し

【難し】〔形シク〕（動詞「むつかる」と同じ語源。近世以降は「むづかし」）

> 不快でうっとうしい、わずらわしい、がもとの意。現代語の、「理解しにくい・困難である」は近世以降のもの。

❶**心が晴れず、うっとうしい。不快である。**例「雨の降る時に、ただ━━しう、今朝（けさ）まで晴れ晴れしかりつる空ともおぼえず、にくくて」〈枕草子・成信の中将は〉訳雨が降る時には、ただもううっとうしくて、今朝まで晴れ晴れとしていた空とは思われず、憎らしくて。

❷**わずらわしい。めんどうである。**例「心恥づかしき人、いとにくく━━し」〈枕草子・にくきもの〉訳（急用がある時の来客が）遠慮がいる立派な人の場合は、ひどく憎らしくわずらわしい。

❸**気味が悪い。恐ろしい。**例「右近は、ただ、あな━━しと思ひける心地みなさめて」〈源氏・夕顔〉訳（夕顔の死を知って）右近は、（それまで）ただただ、ああ恐ろしいと思っていた心がすっかり消えて。

❹**きたない感じである。むさくるしい。**例「竜胆（りんだう）は枝ざしなども━━しけれど」〈枕草子・草の花は〉訳リンドウは枝ぶりなどもむさくるしいが。

むつかし-げ【難しげ】〔形動ナリ〕❶不快そうな様子。例「━━に所せく悩み給ふこともなし」〈源氏・御法〉訳（紫の上は衰弱なさったので）不快そうに窮屈そうにお苦しみになることもない。

❷めんどうそうである。例「━━におはするほどを、絶えず抱（いだ）き取り給へば」〈源氏・若菜・上〉訳（生まれたばかりで、扱いが）めんどうそうでいらっしゃる（男御子（みこ）の）小さい身体を、（紫の上が）ひっきりなしにお抱きになるので。

❸気味が悪い様子。例「今宵（こよひ）こそ、いと━━なる夜なめれ」〈大鏡・道長・上〉訳今夜は、本当に気味の悪そ

うな夜のようだ。

❹むさくるしい様子。例「――・なる大路(おほぢ)のさまを見渡し給へるに」〈源氏・夕顔〉訳ごみごみとむさ苦しそうな大通りのようすを見渡しなさっていると。

むつか・る【憤る】〔自ラ四〕{ら・り・る・る・れ・れ}《近世以降は「むづかる」》❶**不快や不満の情をあらわにする。不平を言う。**例「『あなにく。例の御癖(おほんくせ)ぞ』と見奉り――・るめり」〈源氏・明石〉訳(光源氏に仕える人々は)「ああいやだ。いつもの(色好みの)癖ですよ」と見申し上げ機嫌を悪くしているようである。

❷無理難題を言って困らせる。特に、幼児などが駄々をこねる。例「『有王(ありわう)よ、鬼界が島とかやへ我具して参れ』と――・らせ給ひ候ひしが」〈平家・三・僧都死去〉訳(俊寛様の娘が)「有王よ、鬼界が島とかいう(父のいる)島へ私を一緒に連れて行け」と駄々をこねなさいましたが。

むつ-き【睦月】〔名〕陰暦一月をいう。例「――立ち春の来たらばかくしこそ梅を招(を)きつつ楽しき終へめ」〈万葉・五・八一五〉訳正月になって春がめぐって来たならば、このように梅の花を招き寄せては楽しいことをし尽くそうよ。

むつき【襁褓】〔名〕❶生まれたばかりの子供に着せる衣服。産着(うぶぎ)。

❷おしめ。おむつ。

むつ-ごと【睦言】〔名〕親しく語り合う話。特に、男女のむつまじい語らい。例「――もまだ尽きなくに明けぬめりいづらは秋の長してふ夜は」〈古今・雑体・一〇一五〉訳夫婦のむつまじい語らいもまだ語り尽きないのに、夜が明けたようだ。いったいどうしたことか、秋の、長いといわれている夜は。

むつび【睦び】〔名〕《動詞「むつぶ」の連用形の名詞化》親しむこと。親しい交際。例「我も人もうちたゆみ、朝夕の――をかはさむには、いとつつましき所のありしかば」〈源氏・若菜・下〉訳私(＝光源氏)も六条御息所(みやすどころ)も気をおくことなく、日頃の親交をするには、大変遠慮されるようなところがあったので。

むつ・ぶ【睦ぶ】〔自バ上二〕{び・び・ぶ・ぶる・ぶれ・びよ}《「むつむ」とも》仲むつまじくする。親しくする。例「常に見奉り――・びざりし親なれど」〈源氏・竹河〉訳いつもお会いして親しくしていたわけでもない親ではあるが(死なれるとやはり心細い)。

むつま・し【睦まし】〔形シク〕《動詞「むつむ」の形容詞化した形。中世末期以降「むつまじ」とも》❶親しい。仲がよい。例「御供に――・しき四五人(よたりいつたり)ばかりして」〈源氏・若紫〉訳お供に親しく使う四、五人ほどを連れて。

❷心がひかれる。したわしい。なつかしい。例「見し人の煙(けぶり)を雲と眺むれば夕べの空も――・しきかな」〈源氏・夕顔〉訳契りを結んだあの人を火葬にした煙が雲になっていると思って眺めると、(曇っている)夕方の空も懐かしいことよ。注光源氏ガ亡キ夕顔ヲシノンダ歌。

む-と・す【連語】《推量の助動詞「む」の終止形＋格助詞「と」＋サ変動詞「す」》…しようとする。⇩むず 例「かくしこめてありとも、かの国の人来(こ)ば、皆開(あ)きな――・す」〈竹取・かぐや姫の昇天〉訳このように(私、かぐや姫を)鍵(かぎ)をかけて閉じこめていても、あの月の国の人が来たら、皆開いてしまおうとします。

むな-いた【胸板】〔名〕❶胸の平たいところ。

❷鎧(よろい)の部分の名称。鎧の胸にあたる部分。

むなぎ【鰻】〔名〕《上代語》魚の名。ウナギ。例「石麻呂(いしまろ)にわれ物申す夏痩(なつや)せに良しといふ物ぞ――取り食(め)せ」〈万葉・一六・三八五三〉訳石麻呂さんに私は申し上げます。夏痩せによく効くということです、ウナギを獲って召し上がってください。注大伴家持(ヤカモチ)ガ、ヒドク痩セタ人ヲカラカッテ作ッタ歌。

むな-ぐるま【空車】〔名〕❶上部に構造物のない車台だけの車。荷物運搬用の車。

❷人の乗っていない車。空車(からぐるま)。

むな-こと【空言・虚言】〔名〕空虚な言葉。うそ。例「浅茅原(あさぢはら)小野に標(しめ)結(ゆ)ふ――もいかなりといひて君をし待たむ」〈万葉・一一・二四六六〉訳(利用価値の低い)浅茅の生えた野原に標を結う(＝自己ノ所有デアルコトヲ示ス)ように空しい(あなたを待っていることを隠すための)うそを、人にどう説明してあなたを待ちましょうか。注「浅茅原小野に標結ひ」ハ「空言」ヲ起コス序。

むな-ざんよう【胸算用】〔名〕「むねざんよう」に同じ。例「今年の大晦日(おほつごもり)は、この銀(かね)の見えぬゆゑ――ちがひて、心がかりの正月をいたせば」〈西鶴・世間胸算用・一・四〉訳今年の大みそかは、この金が見つからないために心づもりが狂ってしまい、気がかりな正月を迎えますので(すべての事がおもしろくない)。

参考 西鶴の作品『世間胸算用』には「むねざんよう」と振り仮名があり、作品中の用例もすべてそれに従うが、右の例だけは、「むなざんよう」となっている。

むな・し【空し・虚し】〔形シク〕《もとは「実(み)無し」で、内容がない意》❶**中に何もない。**からである。例「なほ――・しき地は多く、作れる屋は少なし」〈方丈記・都遷り〉訳(新都福原は)まだ空き地が多く、建てている家は少ない。

❷生命がない。**死んでいる。**例「この人を――・しくなしてむことの、いみじく思(おぼ)さるるに添へて」〈源氏・夕顔〉訳この人(＝夕顔)を死なせてしまうことが、(光源氏には)大変悲しくお思いになられるのに加えて。注「しなし」ハ「為成し」デ、ソノヨウニスルノ意。

❸**頼りない。はかない。**例「世の中は――・しきものと知る時しいよよますます悲しかりけり」〈万葉・五・七九三〉訳(妻が死んで)この世の中ははかないものだと知った時に、いよいよますます悲しく思われるのだった。注大伴旅人(タビト)ノ作。

❹**むだである。無益である。**例「一生は、雑事(ざふじ)の小節(せうせつ)に障(さ)へられて、――・しく暮れなん」〈徒然草・一一二〉訳人間の一生というものは、雑事のつまらない事に義理を立てることに妨げられて、(何をするということなく)無意味に終わってしまうだろう。

❺事実無根である。例「――・しきことにて人の御名や汚れむ」〈源氏・少女〉訳(父親のあなたが大騒ぎすると)事実無根なことで姫君のご名誉がけがれるでしょう。

むな-で【空手・徒手】〔名〕武器などを手に持たないこと。素手(すで)。例「この山の神は、――に直(ただ)に取りてむ」〈古事記・中・景行〉訳この山を支配する神は、素手でじかにつかまえてやろう。

むね【旨】〔名〕事柄の意味するところ。趣旨。例「浄海(じやうかい)(＝平清盛(キヨモリ)ノ法名)にも計らふ――あり」〈平家・一・祇王〉訳この浄海にも考えるところがある。注清盛ノ言葉。

むね【宗・主】〔名〕物事の中心とすること。これぞと心がけること。第一とすること。例「家の造りやうは、夏を――とすべし」〈徒然草・五五〉訳家の造り方は、夏(の過ごしやすさ)を第一に考えて造るのがよい。

むね【胸】〔名〕❶身体の前面で、首と腹との間。胸部。❷心。思い。

胸に当(あ)た・る 心に思いあたる。例「かほどの理(ことわり)、誰かは思ひ寄らざらむなれども、折からの、思ひかけぬ心地して、――・りけるにや」〈徒然草・四一〉訳このくらいの理屈は、誰にしても思いつくことであろうけれども、時が時だけに、思いがけない心地がして、心に思いあたったのだろうか。

むね【棟】〔名〕❶屋根の中央の最も高い所。例「玉敷きの都のうちに――を並べ甍(いらか)を争へる」〈方丈記・ゆく河〉訳美しい都の中にぎっしり棟を並べたり瓦の高さを競い合ったりしている(身分の高い人や卑しい人の住居は)。❷牛車(ぎっしゃ)の屋形で、屋根の中央を前後に渡した木。例「おそひ・――などに、長き枝を葺(ふ)きたるやうにさしたれば」〈枕草子・五月の御精進のほど〉訳(卯の花を、牛車の)おおい(=屋根)や棟などに、長い枝を葺いたように挿したところ。

むね-いた・し【胸痛し】〔形ク〕心が痛い感じである。苦しくつらい。悲しい。例「うとまれ奉りし節々(ふしぶし)を思ひ出づるさへ――・きに」〈源氏・明石〉訳(在京の頃、心にもない浮気なことをして、紫の上に)憎まれ申し上げた折々の事を思い出すのでさえ苦しいのに。

むね-かど【棟門】〔名〕(「むなかど」「むねもん」とも)門の形の一つ。切妻(きりづま)造りの屋根を載せた門。

むねかど

むね-ざんよう【胸算用】〔名〕心の中で金銭の計算をすること。心づもり。例「元日より――油断なく、一日千金の大晦日(おほつごもり)を知るべし」〈西鶴・世間胸算用・序〉訳一年の初めの元日より金勘定の心づもりに油断することなく、一年の総決算日である大晦日(おおみそか)は、一日が千金にも値する大切な日であることをよく認識しておかなければならない。⇩むなざんよう参考

むね-つぶらは・し【胸潰らはし】〔連語〕心配や驚きで、胸がどきどきしている。例「御帳のめぐりにも、人々しげく並(な)み居たれば、いと――・しく思(おぼ)さる」〈源氏・賢木〉訳(姫君のいる)御寝所の周囲にも、女房たちが大勢並んでいるので、(忍びこんできた光源氏は)胸がつぶれそうにお思いになる。

むね-つぶ・る【胸潰る】〔自ラ下二〕{れ・れ・る・るる・るれ・れよ}(不安・悲しみなどで)動悸(どうき)が激しくなり胸苦しくなる。どきどきする。例「――・るるもの、競馬(くらべむま)見る」〈枕草子・胸つぶるるもの〉訳胸がどきどきするもの、競馬を見物すること。

むね-と【宗徒】〔名〕(副詞「むねと」の名詞化)主だった者。中心的な家来。例「――の若き内侍(ないし)十余人、舟をしたてて一日路(ひとひぢ)送り奉る」〈平家・三・徳大寺之沙汰〉訳(厳島(いつくしま)神社の)主だった若い巫女(みこ)達十数名が、舟を用意して一日ほどの舟路をお送り申し上げる。

むね-と【宗と】〔副〕主として。第一に。例「一生のうち、――あらまほしからん事の中に、いづれかまさるとよく思ひ比べて」〈徒然草・一八八〉訳一生の間に、主として望ましいと思う事の中で、どれがまさっているかとよく考え比べて。

むね-に-あた・る【胸に当たる】⇩「むね(胸)」子項目

むね-はし・る【胸走る】〔連語〕どきどきする。胸騒ぎがする。わくわくする。

むね-むね・し【宗宗し】〔形シク〕(名詞「むね(宗・旨)」を重ねて形容詞化した形)❶主要である。中心的である。例「家司(けいし)なども――・しき人もなかりければ」〈源氏・橋姫〉訳(八の宮の邸(やしき)には)家政を処理する役人などもしっかりした中心の人もなかったので。❷しっかりしている。どっしりしている。例「――・しからぬ軒のつまなどに、這(は)ひまつはれたるを」〈源氏・夕顔〉訳しっかりとは立っていない家の軒先などに、(夕顔の花が)這ってまといついているのを。

むばたま-の〔枕詞〕⇩ぬばたまの

むばら【茨】〔名〕⇩いばら

むべ【宜】〔副〕(「うべ」とも)(納得・肯定の意を表す)なるほど。まことに。例「吹くからに秋の草木のしをるれば――山風を嵐(あらし)といふらむ」〈古今・秋下・二四九〉訳(風が)吹くとすぐに秋の草木がしおれるので、なるほど「山風」を「嵐(あらし)」(=荒ラスモノ=草木ヲシオレサセルモノ)というのだろう。注「嵐」ノ字ヲ分解スルト「山風」ニナル。『百人一首』所収ノ、文屋康秀(フンヤノヤスヒデ)ノ作。

むべ-むべ・し【宜宜し】〔形シク〕⇩うべうべし 例「花のきはやかに房(ふさ)なりて咲きたる、――・しき所の前栽(せんざい)にはいとよし」〈枕草子・故殿の御服のころ〉訳(萱草(かんぞう)の)花がくっきりと房になって咲いているのは、(ここ太政官庁のような)格式ばった所の植え込みには実によい。

むへん-せかい【無辺世界】〔名〕(もと仏教語で、果てしなく広がった無限の世界の意から)見当もつかない所。でたらめの方向。例「的(まと)のあたりにだに近く寄らず、――を射給へるに」〈大鏡・道長・上〉訳的の付近にすら矢は近寄らず、とんでもない所を射なさいましたので。

む-ほん【謀反・謀叛】〔名〕国家・政府に反対して、その存立をおびやかすこと。また、主君に背き、兵を挙げること。例「心もたけく、おごれる人にて、よしなき――にもくみしけるにこそ」〈平家・一・俊寛沙汰・鵜川軍〉訳(俊寛も僧であるが)気が強く、わがままな振る舞いをする人なので、無意味な反抗の企てにも参加したのであろうよ。

むほん-しんわう【無品親王】〔名〕位階に叙せられていない親王。位のない皇子。例「――の、外戚(げさく)のよせなきにてはただよはさじ」〈源氏・桐壺〉訳(私、桐壺帝は光の君に)無位の親王で、母方の親族の後援のない者として不安定な生涯を送らせはしないつもりだ。

むま【馬】〔名〕うま。

むま-ご【孫】〔名〕(「うまご」とも)子の子。まご。例「ようせずは、――などもはひ歩(あり)きぬべき人の親どち昼寝したる」〈枕草子・すさまじきもの〉訳へたをすると、孫なども這(は)い回っていそうな(いい年をした)人の親同士が昼寝しているの(はいただけない)。

むま-や【駅・馬屋・厩】〔名〕⇩うまや

むま・る【生まる】〔自ラ下二〕{れ・れ・る・るる・るれ・れよ}生まれる。例「――・れしも帰らぬものを我が宿に小松のあるを見るが

悲しさ」〈土佐・二月十六日〉訳（この家で）生まれた我が子さえも、（任国土佐で死んで）一緒には帰らないのに、（留守にしていた）我が家に小松が新しく生えているのを見るのは悲しいことだ。

無名草子（むみやうさうし）ムミョウソウシ【書名】鎌倉初期の文芸評論書。作者未詳。藤原俊成の女（むすめ）説が有力。一一九八年（建久九）から一二〇二年（建仁二）頃成立。一巻。会話体。東山のある家で、女房達が語る、最も貴重なもの、また『源氏物語』等の物語評や『古今集』等の歌集評、小野小町（おののこまち）・紫式部等の女性評を、参詣（さんけい）の老尼が聞くという形式。評価はほぼ妥当。現存最古の物語批評として文芸評論史上重要。

無名抄（むみやうせう）ムミョウショウ【書名】鎌倉初期の歌論書。鴨長明著。十三世紀初頭の成立。和歌に関する故実・逸話・心得などを述べているが、特に藤原俊成（ふじわらのしゆんぜい）の「幽玄」について論じている点が注目される。⇩鴨長明（かものちやうめい）

むめ【梅】〔名〕⇩うめ

むもれ-いた・し【埋もれいたし】〔形ク〕⇩うもれいたし

む-もん【無紋・無文】〔名〕❶布などの地に紋や模様がないこと。無地。例「――の御衣（ぞ）なれば、何をしるしにてか」〈枕草子・ねたきもの〉訳（表と裏の見分けにくい）無地のお召し物ですから、何を目印にして（縫うのでしょう）。❷（歌論・連歌論・能楽論などで）装飾性のない平淡な表現。

む-やく【無益】〔名・形動ナリ〕利益のないこと。役に立たないこと。むだ。例「――のことをなして時を移すを、愚かなる人とも、僻事（ひがごと）する人とも言ふべし」〈徒然草・一二三〉訳むだな事をしていたずらに時を過ごすのを、愚かな人とも、誤った事をする人とも言うべきであろう。

む-よう【無用】〔名・形動ナリ〕❶役に立たないこと。必要のないこと。例「唐土舟（もろこしぶね）のたやすからぬ道に、――の物どものみ取り積みて、所狭（せ）く渡しもて来る、いと愚かなり」〈徒然草・一二〇〉訳外国船が困難な航海をして、不必要な品物ばかりを積み込んで、あふれかえるほど輸送して来るのは、大変ばかげたことである。❷してはならないこと。禁止。例「それは――・にせい」〈狂言・船渡聟〉訳それは止ゃめにせよ。

むら【匹・疋】〔接尾〕巻いてある布を数える単位。例「ひきぬのを千（ち）――、万（よろ）――織らせ」〈更級・かどで〉訳二反つづきの布を千匹、万匹と織らせ。

むら-ぎえ【斑消え】〔名〕（雪などが）まだらに消えること。例「薄く濃き野べの緑の若草に跡まで見ゆる雪の――」〈新古今・春上・七六〉訳色の薄い所や濃い所のある野原の緑の若草の様子で、消え果てた後まで、雪がまだらに消えた跡が見えることだ。

むらきも-の【群肝の・村肝の】〔枕詞〕（「肝」は内臓の意で、数多くの内臓が群がり集まって、そこに心が生じると考えたところから）「心」にかかる。例「――心くだけてかくばかりあが恋ふらくを知らずかあるらむ」〈万葉・四・七二〇〉訳心が砕けてこれほどにも私が恋い慕っていることを、あなたは知らないでいらっしゃるのかしら。

むら-ぎ・ゆ【斑消ゆ】〔自ヤ下二〕{え・え・ゆ・ゆる・ゆれ・えよ}雪が所所消える。まだらに融（と）ける。例「垣のもとに雪――・えつつ、今もかき曇りて降る」〈源氏・浮舟〉訳垣根の所の雪はまだらに融けていながら、今も空は曇って雪が降る。

むら-くも【群雲・叢雲・村雲】〔名〕空に群がっている雲。一群の雲。例「月の顔に――のかかりて、少し暗がり行きければ」〈大鏡・花山院〉訳月の面に一群の雲がかかって、少し暗くなって行ったので。

むら-ご【斑濃・村濃】〔名〕染め方の一つ。同じ色でところどころに濃淡が出るように染めること。「紺斑濃（こむらご）」「紫斑濃（むらさきむらご）」などがある。例「とくゆかしきもの。巻き染め・――・括（くく）り物など染めたる」〈枕草子・とくゆかしきもの〉訳早く結果を知りたいもの。しぼり染めをする巻き染め、まだら染め、糸でくくったしぼり染めなど染めたもの。

むらさき【紫】〔名〕草の名。ムラサキ草。また、その根から採れる染料で染めた色。赤紫色。古代紫。例「――の一本（ひともと）ゆゑに武蔵野の草はみながらあはれとぞ見る」〈古今・雑上・八六七〉訳ムラサキ草一本があるために、武蔵野の草という草のすべてをいとしいと思って見ることよ（あなたを愛するので、あなたにゆかりの人すべてに好意を持ちます）。

紫の縁（ゆかり）❶（「むらさき」の例の、『古今集』の歌から）愛する人との縁で好意がその関係者にも及ぶこと。また、その関係者。例「かの――たづねとり給ひて、そのうつくしみに心入り給ひて」〈源氏・末摘花〉訳あの藤壺（ふぢつぼ）の縁つづきの人（＝紫ノ上）を捜して自分の手許（てもと）にお引き取りなさってからは、その人（＝紫ノ上）をかわいがることに心を注がれて。❷『源氏物語』で紫の上を指す。また、「若紫」の巻を中心とした、光源氏と紫の上をめぐる物語をも指す。例「――を見て、続きの見まほしく覚（おぼ）ゆれど、人語らひなどもえせず」〈更級・物語〉訳『源氏物語』の若紫の巻を読んで、その続きを読みたいと思うけれども、（その事を）他の人に相談できないでいる。

紫式部（むらさきしきぶ）【人名】平安中期の女流文学者。生没年未詳。藤（とう）式部とも。藤原兼輔（かねすけ）・雅正（まさただ）・為時と続いた歌人・学者の家に生まれ、幼くして母に死別した。長じて藤原宣孝（のぶたか）と結婚して一女（＝後ノ大弐三位（ダイニノサンミ））をもうけたが、間もなく夫とも死別、その後『源氏物語』を書き始め、文才を認められて道長の娘彰子（しやうし）（＝一条天皇ノ中宮）に仕えた。同じ頃、清少納言（せいせうなごん）は道隆の娘定子（ていし）（＝一条天皇ノ中宮、ノチ皇后）に仕えていた。『源氏物語』のほか、『紫式部日記』、家集『紫式部集』がある。平安朝随一の才女として、その後の文学に多大の影響を与えた。⇩源氏物語（げんじものがたり）・紫式部日記（むらさきしきぶにっき）

紫式部日記（むらさきしきぶにっき）【書名】平安中期の日記。紫式部著。成立は一〇一〇年（寛弘七）頃。中宮彰子（しやうし）の女房として仕えた作者が、中宮の皇子出産を中心に、その前後の道長邸の様子や後宮の生活などを客観的に描きながら、華やかさになじみきれない自己の苦悩をものぞかせている。また、混入とされている消息文（せうそこぶみ）には、和泉式部（いずみしきぶ）・清少納言（せいせうなごん）らに対する批評や処世上の感想などが見られ、『源氏物語』作者の人間性を知る貴重な資料でもある。⇩紫式部（むらさきしきぶ）

むらさき-すそご【紫裾濃】〔名〕染め方の配色で、上を白くして下を次第に紫色に濃くしたもの。例「みづら結ひて、――の元結（もとゆひ）なまめかしう」〈源氏・澪標〉訳（童随身（わらはずいじん）は）角髪（みづら）を結い、紫裾濃の元結も優美に。注「みづら」ハ頭ノ中央デ分ケタ髪ヲ左右ノ耳ノアタリデ束ネル髪型。「元結」ハ髪ヲ縛ル細イ紐。

むらさき-だ・つ【紫立つ】〔自タ四〕{た・ち・つ・つ・て・て}《「だつ」は接尾語》赤みがかった紫色になる。紫がかる。例「春はあけぼの。やうやう白くなりゆく、山際(やまぎは)少し明かりて、——・ちたる雲の細くたなびきたる」〈枕草子・春はあけぼの〉訳春はあけぼの。だんだん(あたりも)白んでゆくうちに、山の上の空がほんのり明るくなって、紫がかった雲が細くたなびいているの(は趣深い)。

むらさき-の【紫野】〔名〕ムラサキ草を栽培している野原。例「あかねさす——行き標野(しめの)行き野守(のもり)は見ずや君が袖(そで)振る」〈万葉・一・二〇〉訳ムラサキ草の生えている野を行き、立ち入りを禁じた野を行き、この野の見張りの役人が見るではありませんか、あなたが袖を振っているのを。注「あかねさす」ハ紫ノ枕詞。

紫の上(むらさきのうへ)『人名』『源氏物語』の登場人物。兵部卿宮の娘で、藤壺の姪。幼い頃は、若紫と呼ばれる。幼くして母を失い、北山(=京都市北方ノ山)にいる祖母の尼に育てられていたが、光源氏に発見され、引き取られて後に光源氏の妻になる。藤壺に酷似した才色兼備の理想的な女性で、最高の伴侶として終生光源氏から大切に扱われるが、子供に恵まれない。明石の上の娘明石の姫君を養女として育てて中宮として入内させなどするが、朱雀院の娘の女三の宮の光源氏への降嫁など苦しみも多く、四十三歳で光源氏を残して死去する。

むらさき-の-ゆかり【紫の縁】⇩「むらさき」子項目

むら-さめ【叢雨・村雨】〔名〕急に激しく降っては、しばらく止(や)み、また降ってくるという雨。断続的に降るにわか雨。例「——の露もまだひぬ槙(まき)の葉に霧立ちのぼる秋の夕暮れ」〈新古今・秋下・四九一〉訳村雨の露もまだかわかない杉や檜の葉に霧が立ちのぼってゆく秋の夕暮れよ。注『百人一首』所収、寂蓮法師ノ作。

むらじ【連】〔名〕上代の「姓(かばね)」の一つ。部族の首長の称号で、「臣(おみ)」と並んで臣下の最高位として政治にたずさわった。後に、天武天皇時代、「八色(やくさ)の姓(かばね)」の制定で、第七位となった。

むら-しぐれ【叢時雨・村時雨】〔名〕《和歌用語》急に激しく降っては止(や)み、また降ってくるしぐれ。(季・冬)

むら-たけ【叢竹・群竹】〔名〕群がり生えている竹。例「我が宿のいささ——吹く風の音のかそけきこの夕べかも」〈万葉・一九・四二九一〉訳我が家の少しばかり群がり生えている竹に吹く風の音が、かすかに聞こえるこの(春の)夕暮れだなあ。注大伴家持ノ繊細ナ歌ノ代表作。

むら-だ・つ【群立つ】〔自タ四〕{た・ち・つ・つ・て・て}群れをなして立つ。また、群がって飛び立つ。「むれたつ」とも。

むら-とり【群鳥】〔名〕群れをなしている鳥。

むらとり-の【群鳥の】《枕詞》「むれ」「立つ」「朝立つ」にかかる。例「——朝立ち往(い)にし君が上はさやかに聞きつ思ひしごとく」〈万葉・二〇・四四七四〉訳早朝出立して行かれたあなたの消息ははっきりと聞きました、かねて思っていた通りに(ご無事であったと)。

むら-むら【叢叢・斑斑】〔副〕あちこちに群がっているさま。まだらに。例「白き物行き付かぬ所は、雪の——消え残りたる心地して、いと見苦しく」〈枕草子・正月一日は〉訳(舎人の黒い顔に)おしろいが行きわたらない所は、雪がまだらに消え残っている感じがして、大層見苦しく。

むら-やま【群山】〔名〕数多く寄せ集まっている山々。群れなす山々。例「大和(やまと)には——あれど」〈万葉・一・二長歌〉訳大和の国には多くの山々があるけれども。

む-りゃう【無量】〔名・形動ナリ〕はかり知れないほど多いこと。数えきれないこと。例「人の世にある、自他につけて所願(しょぐわん)——・なり」〈徒然草・二一七〉訳人がこの世に生きている間は、おのれのことにつけ他人のことにつけ願望というものはかぞえきれないほどあるものだ。

むりゃうじゅ-ゐん【無量寿院】〔名〕《仏教語》❶「兜率天(とそってん)」の内院にある四十九院の一つ。❷藤原道長が京都に建てた法成寺の阿弥陀堂。本尊は阿弥陀仏(=無量寿仏)。例「——ばかりぞ、その形(かた)とて残りたる」〈徒然草・二五〉訳阿弥陀堂ばかりだ、その(法成寺の)跡として残っているのは。

む・る【群る】〔自ラ下二〕{れ・れ・る・るる・るれ・れよ}同種のものや人が多数集まる。群れをなす。群れる。例「お前の池なる亀岡に鶴こそ——・れゐて遊ぶめれ」〈平家・一・祇王〉訳お庭の池にある(蓬萊山に擬した)亀岡に鶴が群れをなしていて遊んでいるようだ。注仏御前ガ平清盛ノ前デ歌ッタ今様ノ一節。繁栄長寿ヲ祝イ込メタモノ。

むれ-た・つ【群れ立つ】〔自タ四〕{た・ち・つ・つ・て・て}同種のものや人が多数集まって立つ。群れをなして立つ。例「花薄(はなすすき)君なき庭に——・ちて空を招かば」〈古今・雑体・一〇〇六長歌〉訳穂の出たススキが、あなたが亡くなっていなくなった庭で群れをなして立って、空を招いたならば。

むろ【杜松】〔名〕木の名。ネズ。ヒノキに似た常緑樹。例「吾妹子(わぎもこ)が見し鞆(とも)の浦の——の木は常世(とこよ)にあれど見し人ぞなき」〈万葉・三・四四七〉訳私の妻が目にした鞆の浦のむろの木は、いまも変らずにあるが、それを見た妻はもうこの世の人ではない。

むろ【室】〔名〕❶自然の洞窟。または、岩壁などを掘って作った岩屋。❷上代、家の奥に設けた部屋で、土を塗りこめたもの。寝室、産室などに用いる。例「無戸(うつ)——を作りて、その内に入り居(こも)りて」〈日本書紀・神代・下〉訳出入り口を封じた土を塗りこめた部屋を作って、(出産のために)その中に閉じこもって。❸僧の住居。僧房。庵室。例「老いかがまりて——の外(と)にもまかでず」〈源氏・若紫〉訳年老いて腰が曲がり庵室から外出もいたしません。❹作物や氷などを特別に保存するための建物や穴。「氷室(ひむろ)」などをいう。

む-ろ【無漏】〔名〕《仏教語。「漏(ろ)」は煩悩の意》日頃の欲を捨て、悩み迷うことのないこと。また、煩悩を解脱した者。対うろ(有漏) 例「有漏(うろ)のこの身を捨て(う)て、——の身にこそならんずれ」〈梁塵秘抄・二二一〉訳悩み深いこの身を捨て去って、煩悩の苦しさから解脱した身になろうと思う。

室の八島(むろのやしま)『地名』栃木市国府町にあった池。常に水蒸気が立ち上り、それが煙のように見えたことから、常に煙の立つ所として、平安中期から鎌倉初期にかけて歌に多く詠まれた。歌枕。

む-ゐ【無為】〔名〕《仏教語》因縁によって生滅変化することのないもの。現象を超えた絶対的な真理。対うゐ 例「永く——を得て、解脱(げだつ)の岸に至れり」〈今昔・一・三〉訳永遠に絶対の真理を手にして、悟りの境地に達した。

め

め〔名〕**一**【女】(「男(をとこ)」に対して)おんな。女性。**二**【妻】(「夫(をひと)」に対して)つま。夫人。**三**【牝・雌】めす。例「尾はたらかさむを――と知れ」〈枕草子・蟻通の明神〉訳(ヘビは)尾を動かす方を雌だと思いなさい。

め【目・眼】**一**〔名〕❶動物の目。眼球。また、瞳(ひとみ)。複合語を構成する時は、「ま」となる。「――なこ」「――ぶた」など。例「若葉して御(おん)――の雫(しづく)ぬぐはばや」〈芭蕉・笈の小文〉訳(唐招提寺(とうしょうだいじ)開山堂のあたりは折からの初夏の陽光に、木々の若葉がみずみずしく照り映えている。その明るさとは対照的に、その暗い堂内におわします鑑真和尚(がんじんわじょう)の尊像は、その盲目の目に涙を宿しているかのように見え、思わず、この緑したたる若葉で、その目の涙をぬぐって差し上げたい思いがこみ上げてきた。
❷目で見ること。見わけること。また、人に出会うこと。例「人目多み――こそ忍ぶれ少なくも心のうちにわが思はなくに」〈万葉・一二・二九一一〉訳人目が多いので、あなたとお逢(あ)いすることは控えていますが、私の心の中で(あなたを)少ししか思っていないのではありません。
❸視線。目のつけどころ。また、その対象となるもの。例「これらにおもしろさの尽きにければ、異事(ことごと)に――も移らず」〈源氏・紅葉賀〉訳これら(光源氏と桐壺帝の第四皇子の舞楽)に(最高の)すばらしさが尽きてしまったので、他のものに視線も移らず(=他ヲ見ル気モセズ)。
❹ある事態に直面すること。境遇。多く望ましくないことにいう。例「もの心細く、すずろなる――を見ることと思ふに」〈伊勢・九〉訳(旅の途中で山道が細くなり)何だか心細くて、とんでもないひどい事態に出会うことだと思っていると。
❺物の表面にある、丸い形のもの。さいころの目など。
❻縦・横に重ねたり、編んだりしたものの隙間(すきま)。合わせ目。「編み――」「織り――」「板――」など。
二〔接尾〕❶順序を表す助数詞。「二日――」「三番――」など。例「三番――よりは破なり」〈花鏡・序破急〉訳三番目(の能)からは(序破急の)破(の段階)である。
❷(江戸時代以降)尺貫法で重さを計る単位。一貫(=三・七五キログラム)の千分の一。⇩もんめ(匁)

目は空(そら) 他の事に気を取られて、それに目をとめていない状態。例「『御硯(すずり)の墨(すみ)すれ』と仰(おほ)せらるるに、――にて」〈枕草子・清涼殿の丑寅の隅の〉訳(中宮様が)「お硯の墨をすりなさい」とおっしゃるけれども、(私の)目はあらぬ方を向いて。

目見立(みた)・つ 目をとめる。注目する。例「さまざまの財物(たからもの)、片端より捨つるがごとくすれども、さらに――・つる人なし」〈方丈記・飢渇〉訳いろいろな財産を、かたっぱしから捨てるようにする(=食物ト交換ショウトスル)けれども、まったく目をとめる人もない。

目もあや・なり ❶まぶしいくらいに、美しく立派だ。例「――・なる御さま、かたちのいとどしう、出でばえを見ざらましかば」〈源氏・葵〉訳(光源氏の)輝くほど美しく立派なお姿や、容貌(ようぼう)が(人中に出て)いっそう、見ばえのするのを見なかったならば(残念だったろうよ)。
❷見るにたえないくらい、ひどい。

目も及(およ)ばず あまりに立派で、見ても理解しつくせない。批評できないほどすばらしい。例「――・ぬ御書きざまも」〈源氏・帚木〉訳(光源氏の手紙の)あまりにすばらしいお書きぶりも。

目も眩(く)・る 目がくらむ。目の前がまっ暗になる。また、判断力を失い、分別できなくなる。例「墨染めこそ、なほいとうたて、――・るる色なりけれ」〈源氏・柏木〉訳(尼姿の)墨染めの色というものは、やはり大層いやな感じで、目の前が暗くなる色だったなあ。

目も遥(はる)に 見渡すかぎり遥かに。目のとどくかぎり遠くまで。和歌では「春」「芽も張る」などにかけていうこともある。例「津の国の難波(なには)の葦(あし)の――繁きわが恋人知るらめや」〈古今・恋二・六〇四〉訳摂津の国の難波(=大阪市)の葦が見渡すかぎり芽が張って茂っているように、つのる私の恋心をあなたは知っているでしょうか。注「繁し」ニ、葦ノ芽ガ「茂る」意ト、恋シイ思イガ「しきりである」意ヲ掛ケテイル。

目を驚(おどろ)か・す 目を見張る。見てびっくりする。「目驚く」とも。例「あさましきまで――・し給ふ」〈源氏・桐壺〉訳あきれるくらいに目を見張ってお驚きになる。

目を側(そば)・む まともに見ないで、横目で見る。恐れ多いと思ったり、不愉快であると思ったりした時の動作。例「この院に――・められ奉らむ事は、いと恐ろしく」〈源氏・若菜・下〉訳この院(=光源氏)から(不快に思われて)横目で見られ申すようなことは、(柏木(かしわぎ)には)とても恐ろしくて。

目を立(た)・つ 気をつけてよく見る。注目する。例「御文(ふみ)を焼き失ひ給ひしなどに、などて――・て侍(はべ)らざりけむ」〈源氏・蜻蛉〉訳お手紙を焼き捨てていらっしゃった時などに、どうしてよく見ていなかったのでしょう。

目を見(み)・す …の目にあわせる。例「人をしてかかる――・すること慈悲もなく、礼儀にもそむけり」〈徒然草・一七五〉訳人をこのような目にあわせること(=無理ニ酒ヲ飲マセ、種々ノ害ヲ及ボスコト)は思いやりの心もなく、礼儀にもそむいている。

目を見(み)・る ❶…の目にあう。…の思いをする。例「もの心細く、すずろなる――・ることと思ふに」〈伊勢・九〉訳何だか心細くて、とんでもないひどい目にあうことだと思っていると。
❷文字が読める。

め【海布・海藻】〔名〕食用にする海藻。ワカメ・アラメなど。例「志賀(しか)の海人(あま)は――刈り塩焼き暇(いとま)なみけづりの小櫛(をぐし)取りも見なくに」〈万葉・三・二七八〉訳志賀の海人は海藻を刈り採ったり塩を焼いたりしてひまがないので、髪すく櫛を手に取って見ることもない。

め【奴】〔接尾〕❶(名詞・代名詞に付いて)ののしる意を添える。「あの女――」「あのやつ――」など。
❷(自分や自分の側の者を表す語に付いて)謙遜(けんそん)・卑下の意を添える。「私――」「それがし――」など。

めの判別
①推量の助動詞「む」の已然形　例男はこの女をこそ得めと思ふ
②係助詞「も」の上代東国方言　例駿河の嶺らは恋しくめあるか

め《推量の助動詞「む」の已然形》⇩む

め-あ・ふ【目合ふ】〔連語〕まぶたが合う。眠る。

めい【命】〔名〕❶いのち。生命。例「万死の——を忘れて一戦の功をたつ」〈平家・七・返牒〉訳生き残る見込みのない命をもかえりみず戦って戦功をたてた。❷いいつけ。命令。例「親の——を背(そむ)かじと、つらき道におもむいて」〈平家・一・祇王〉訳親のいいつけに背くまいと、(自分では行きたくない)いやな所に行って。

めい【銘】〔名〕❶金属や石板などに刻む文章。四字一句で韻をふむ漢文の文体で、人物の功績をたたえたり、事物の由来などを述べたりしたもの。碑銘。例「常在光院のつき鐘の——は、在兼卿(ありかねきやう)の草(さう)なり」〈徒然草・二三八〉訳常在光院の釣鐘に刻んだ文章は、菅原在兼卿が下書きをしたものである。❷製品にその作者が自分の名を刻みつけること。また、その名。例「この国の鍛冶(かぢ)、……剣(つるぎ)を打ち、終(つひ)に月山(ぐわっさん)と——を切って世に賞せらる」〈奥の細道・出羽三山〉訳この出羽の国の刀鍛冶が、……刀剣を鍛え、出来上がった刀に「月山」と名前を刻んで(それが名刀として)世間で高く評価された。

めい-か【名家】〔名〕❶由緒正しい家柄。名門。❷公卿の家柄の一つ。弁官を経て、蔵人を兼ね、大納言まで昇進できる家柄。日野・広橋・烏丸・勧修寺・万里小路・葉室などの諸家をいう。

めい-げつ【明月・名月】〔名〕❶明るく澄み渡った月。❷陰暦八月十五夜の月。九月十三夜の月をいうこともある。(季・秋)例「——を取ってくれろと泣く子かな」〈一茶・おらが春〉訳おりからの名月を指さして取ってくれとせがんで泣き、親を困らせる幼い我が子よ。参考 多く、①には「明月」を、②には「名月」を当てる。

明月記(めいげつき)【書名】鎌倉初期の日記。藤原定家著。原巻数不詳。一一八〇年(治承四)から一二三五年(嘉禎元)まで、一九才から七四才までの五六年間にわたる。和歌、公武関係、貴族等に関する見聞を記載。平安末、鎌倉初期の政治・文化史料として貴重。

めい-げん【鳴弦】〔名〕《「つるうち」とも》(弓矢の威力への信仰から)弓の弦を手でひきはじいて音をたて、悪魔を払う儀式。出産・入浴・病気などに際して行う。朝廷の儀式であったが、貴族も行い、後に武家にもおよぶ。『源氏物語』夕顔の巻で、光源氏が滝口の武士に命じて「鳴弦」をさせ、悪霊を退散させようとする場面が有名。

めい-ど【冥途・冥土】〔名〕《仏教語》死者の魂がさまよっていく世界。あの世。例「末代の物語に申されんことこそ、弓矢取る身は今生(こんじやう)の面目(めんぼく)、——の思ひ出にて候へ」〈平家・一一・嗣信最期〉訳(主君の身代わりになったと)末代まで話の種に申されることは、武士にとってはこの世での名誉、冥途での思い出でございます。

冥途の飛脚(めいどのひきやく)【書名】江戸中期の浄瑠璃。近松門左衛門作。世話物、三段。一七一一年(正徳元)、大坂竹本座初演。大坂の飛脚問屋亀屋の養子忠兵衛は遊女梅川と馴染み、田舎客と張り合うことから友人八右衛門の金に手をつけ、にせ金包みでそのあとを取り繕ったことがばれ、梅川と一緒に郷里新口村に逃げ帰り実父と対面、間もなく捕らえられる。実話に基づく近松の代表作の一つ。

めい-ぼく【面目】〔名〕《「めんぼく」の「ん」を「い」と表記したもの》⇩めんぼく

めい-よ【名誉】㊀〔名・形動ナリ〕技能などのすぐれていること。達人。また、すぐれた者として認められていること。ほまれ。㊁〔名・自サ変・形動ナリ〕評判になること。有名なこと。善悪にかかわらずいう。㊂〔名・形動ナリ〕《「めいよう」「めんよう」とも》不思議なこと。奇怪。奇妙。

めい-わう【明王】〔名〕賢明な君主。すぐれた天子。例「——は一人(いちにん)がためにその法をまげず」〈平家・一〇・請文〉訳立派な君主は一人のためにその法をまげたりしない(公平に法を運用する)。

めい-わく【迷惑】〔名・自サ変・形動ナリ〕❶迷うこと。どうしてよいかわからずに、途方に暮れること。困惑。❷困ること。苦しむこと。近世には、自分の行為によって不利益などを与え、人を困らせたり、気の毒な目にあわせたりする場合に、主として用いられる。この用法は現代語に通じるものである。

めう【妙】〔名・形動ナリ〕❶非常にすぐれていること。❷不思議なこと。奇妙なこと。おかしなこと。

めう-けん【妙見】〔名〕《仏教語。「妙見菩薩(ぼさつ)」の略》北斗七星を神格化したもので、国土を守護し、人に福寿を与えるという。

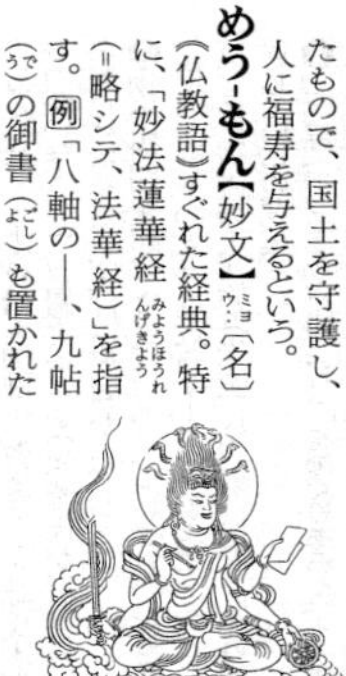

めうけん

めう-もん【妙文】〔名〕《仏教語》すぐれた経典。特に、「妙法蓮華経(=略シテ、法華経)」を指す。例「八軸の——、九帖(でう)の御書(ごしよ)も置かれたり」〈平家・灌頂・大原御幸〉訳八巻の法華経と、九冊の(浄土教の)御書物も置かれている。

め-かかう〔名〕あかんべえ。べっかっこう。例「笋(たかうな)の皮を、男の指(およぴ)ごとに入れて、——して、児をおどせば」〈大鏡・伊尹〉訳タケノコの皮を、男がすべての指にはめて、あかんべえをして、子供をおどすので。

めか・し〔接尾シク型〕(名詞および形容詞・形容動詞の語幹に付いて)…らしい、…のようだ、の意の形容詞を作る。「今——・し」「上衆(じやうず)——・し」「古——・し」など。

めか・す〔接尾サ四型〕(名詞および形容詞・形容動詞の語幹に付いて)…らしくする、…のように振る舞う、の意を表す。「時——・す」「人——・す」「物——・す」など。

め-かり【和布刈り・海布刈り】〔名〕《「め」は食用になる海藻》海藻を刈ること。ワカメを刈ること。例「大晦日(おほつごもり)に祭りあり。……豊前(ぶぜんの)国早鞆(はやとも)の——」〈西鶴・世間胸算用・四・一〉訳大晦日に祭がある。……豊前国(=福岡県)早鞆神社(=北九州市門司区ニアル)の和布刈りの神事。

め-か・る【目離る】〔自ラ下二〕目が離れる。目を離す。会うことが途絶える。疎遠になる。例「世の中の人の心は、——・るれば忘れぬべきものにこそあめれ」〈伊勢・四六〉訳世間の人の心というものは、疎遠になると(その人のことを)忘れてしまうものであるようだよ。

め-かれ【目離れ】〔名〕目が離れること。また、疎遠になること。例「思へども身をし分けねば——せぬ雪の積もるぞ我が心なる」〈伊勢・八五〉訳（常におそばにお仕えしていたいと）思っておりますが、身を二つに分けられないので（宮仕えのためそれができませんが）あなたさまとお逢(あ)いし続けられるように雪が降り積もって（京に帰れませんの）は、私の本望です。注出家シタ惟喬(コレタカ)親王ヲ訪ネテ詠ンダ歌。

め-きき【目利き】〔名〕目がよく利(き)くこと。人の行為や物の真偽・良否を見分けること。また、その能力を持った人。

め-ぎみ【女君】〔名〕⇩をんなぎみ

め・く

〔接尾カ四型〕❶（名詞および形容詞・形容動詞の語幹に付いて）…らしくなる、…のようである、の意を表す。「親——・く」「春——・く」「古——・く」など。

❷（擬声語・擬態語に付いて）…という音を立てる、…のような状態を示す、の意を表す。「きら——・く」「そよ——・く」「ひし——・く」など。

めぐ・し【愛し】〔形ク〕《上代語》❶かわいい。いとおしい。例「妻子(めこ)見れば——・しうつくし」〈万葉・五・八〇〇長歌〉訳妻や子を見ると、いとしくかわいい。❷かわいそうである。いたわしい。例「人もなき古(ふ)りにし里にある人を——・くや君が恋に死なする」〈万葉・一一・二五六〇〉訳人もいない古びた里にひっそり住んでいる私を、かわいそうにも、あなたはこがれ死にさせるのですか。

> 要点「目」に、苦しい意の「くし」が付いた語で、見た目に苦しく感じる意。それが、見ていて切ないほどかわいいの意になったもの。かわいい意の方言「めぐい」「めんこい」の古語。

め-くは・す【目くはす】(メクワス)〔自サ下二〕｛せ・せ・す・する・すれ・せよ｝目つきで気持ちを伝える。目くばせする。例「子どもは、いと見苦しと思ひて、……つきしろひ、——・す」〈源氏・夕顔〉訳（涙をこぼしている老母の姿を）子供達は、ひどく見苦しいと思って、……互いにつつき合い、目くばせする。

めぐみ【恵み】〔名〕自分より下の者に慈愛の心から利益を与えること。恩恵。恵み。例「目の前なる人の愁へをやめ、——を施し」〈徒然草・一七一〉訳目の前にいる人の心配をなくし、恩恵を施して。

め-ぐ・む【芽ぐむ・萌む】〔自マ四〕｛ま・み・む・む・め・め｝《「ぐむ」は接尾語》草や木が芽をふくらませる。芽を出す。例「木(こ)の葉の落つるも、まづ落ちて——・むにはあらず」〈徒然草・一五五〉訳木の葉が落ちるのも、初めに落ちて（その後に新芽が）芽を出すのではない。

めぐ・む【恵む】〔他マ四〕｛ま・み・む・む・め・め｝慈愛の心から利益を与える。恩恵を施す。めぐむ。例「いかがして人を——・むべきとならば、上(かみ)の奢(おご)り費やす所をやめ、民を撫(な)で農を勧(すす)めば」〈徒然草・一四二〉訳どのようにして人に恩恵を施すとよいかというと、上に立つ者がぜいたくや無駄遣いをやめ、民をいつくしんで農耕を盛んにすれば（下々(しもじも)の者に利益があることとは疑いもないことである）。

めぐらし-ぶみ【廻らし文】〔名〕複数の人に当てて、順次まわして読ませるようにした文書。回覧状。「くゎいじゃう（回状）」とも。

めぐら・す【廻らす・回らす・巡らす】〔他サ四〕｛さ・し・す・す・せ・せ｝《「めぐる」の他動詞形》❶円をえがくように回す。また、周囲を回(ま)わらせる。周囲をかこむ。例「仏敵法敵の逆臣(げきしん)なれば、東大寺興福寺の大垣(おほがき)を——・して」〈平家・一一・重衡被斬〉訳（平重衡(しげひら)は）仏法の敵であり反逆を犯した臣下であるから、東大寺・興福寺の周囲の垣根を（さらし者として）回らせて。

❷順ぐりに知らせる。触れまわす。例「にはかに——・し仰せ給ひて見給ふ」〈源氏・葵〉訳（大宮は）急に（新斎院の御禊(ごけい)の行列を見物する）お触れをおまわしになって見物なさる。

❸あれこれと周到に考える。思いめぐらす。

> 要点「めぐらす」と、「めぐる」の未然形に使役の助動詞「す」が付いた「めぐらす」との区別に注意。前者は四段活用、後者は下二段活用である。

めぐら・ふ【廻らふ・巡らふ】(メグラ(ロ)ウ)〔自ハ四〕｛は・ひ・ふ・ふ・へ・へ｝世の中に立ち交じる。生きて行く。例「一日(ひとひ)片時、生きて世に——・ふべき心地もし侍(はべ)らざりしかど」〈大鏡・道長・上〉訳ただの一日も片時も、生きてこの世の中に立ち交じることが出来そうな気持ちもしませんでしたが。

めぐり【回り・廻り・巡り】〔名〕❶事物の周囲・周辺。周り。あたり。例「山の——をさしめぐらして、二、三日ばかり見ありくに」〈竹取・蓬萊の玉の枝〉訳山の周囲を回らせて、二、三日ほど様子を見てまわると。❷建物の周囲の垣根や塀(ついへ)など。かこい。例「門出したる所は、——などもなくて」〈更級・かどで〉訳仮の出発をして移った所は、垣根などもなくて。

め-く・る【目眩る】《連語》❶不安や悲しみなどで、目の前がまっ暗になる。目がくらむ。例「端(はた)にて立てる者こそ、——・るる心地(ここち)すれ」〈枕草子・日のいとうららかなるに〉訳船ばたの方に立って（こいで）いる者は、（こわくて）目の前がまっ暗になる感じがする。❷欲などに目がくらんで、物事の道理や正邪などが分からなくなる。目がくらむ。例「欲に——・れ、訴人(そにん)せしを」〈近松・源氏烏帽子折・四〉訳欲に目がくらんで、人を訴えたが。

めぐ・る

【回る・廻る・巡る】〔自ラ四〕｛ら・り・る・る・れ・れ｝❶円をえがくように回転する。また、物の周囲に沿って一周する。回る。特に、仏像や仏殿の周囲を右回りに回り歩く。行道(ぎやうどう)する。例「尾をささげて七度(しちど)——・りてなむ産み落とすめる」〈竹取・燕の子安貝〉訳（燕(つばめ)は）尾を上げて（巣の周りを）七回まわって（卵を）産み落とすらしい。

❷一定範囲を順ぐりに回り歩く。巡回する。例「むつかしき方々(かたがた)——・り給ふ御供にありきて」〈源氏・野分〉訳やっかいな人々（＝ゴ婦人方）を（光源氏が）順ぐりに訪ねてお回りになるそのお供に（夕霧が）歩いて。

❸物の周囲を囲むようにしてある。とり囲む。とり巻く。例「宿直(とのゐ)の人々は近う——・りて候(さぶら)へど」〈源氏・葵〉訳宿直の人達が（光源氏の）そば近くにとり囲んで伺候しているのだが。

❹「三界(さんがい)」や「六道(ろくだう)」をめぐりあるく。生まれかわり死にかわりする。転生する。例「深き契りある仲は、——・りても絶えざなれば」〈源氏・葵〉訳（親子の仲のように）深い因縁のある仲は、生まれかわり死にかわりしても縁が切れることはないようだから。

❺世の中に立ち交じる。生き続ける。例「我かくてうき世の中に━━・るとも誰かは知らむ月の都に」〈源氏・手習〉訳私(＝浮舟)がこうしてつらい世の中に生き続けていても、誰が知っているだろうか、月の照らしているこの都で。

め-くるめ・く【目眩めく】〖連語〗(「めくるべく」とも)目がくらくらする。目がくらむ。例「━━・き、枝危ふきほどは」〈徒然草・一〇九〉訳(高い木に登って)目がくらくらし、枝が折れそうで危ない間は。

めくわす【目くわす】〔動〕⇩めくはす

め-こ【妻子】〔名〕❶妻と子。例「貧しき人の父母は飢ゑ寒(こご)ゆらむ━━どもは吟(によ)び泣くらむ」〈万葉・五・八九二長歌〉訳貧しい人の父や母は飢えてこごえているだろう。妻や子は力のない声で泣いているだろう。

❷妻。例「天の下には、わが━━にすべき人なし」〈宇津保・嵯峨院〉訳この世間には、私の妻とすべき人はいない。

め-こと【目言】〔名〕目で見、口で言うこと。会って話すこと。例「海山も隔たらなくに何しかも━━をだにもここだ乏(とも)しき」〈万葉・四・六八九〉訳海や山を隔てているわけでもないのに、どうしてあなたとお会いして話す機会さえもこんなに少ないのでしょうか。

めさ・ぐ【召上ぐ】〔他ガ下二〕{げ・げ・ぐ・ぐる・ぐれ・げよ}《「召し上ぐ」の変化した形》貴人がお呼び寄せになる。召し出す。例「吾(あ)が主(ぬし)の御霊(みたま)賜ひて春さらば奈良の都に━━・げ給はね」〈万葉・五・八八二〉訳あなた様の恩恵をいただいて、春になったら(この筑前の国から)奈良の都にお呼び寄せになって下さいませ。

め-ざし【目刺し】〔名〕

❶子供の額髪を垂らして、目を刺すくらいの長さに切りそろえたもの。例「━━なる御髪(みぐし)を、せちにかきやりつつ」〈狭衣・三〉訳(若宮の)目のあたりまで垂れた額髪を、(狭衣は)さかんにかき上げながら。

❷(①の髪型をしている)子供。

めざし①

め-ざと【目敏】〔形動ナリ〕《「ざと」は、「さとし」の語幹で、働きがすばやい意》目がすばやい。見つけるのがはやい。例「急ぎてはひ来る道に、いと小さき塵(ちり)のありけるを、━━・に見つけて」〈枕草子・うつくしきもの〉訳(幼児が)急いではって来る途中で、大変小さなごみがあったのを、すばやく見つけて。

め-ざま・し【目覚まし】〔形シク〕《「めさまし」とも》

動詞「目覚む」を形容詞化した語。目が覚めるほど意外だ、が基本の意。あきれるほどひどい、と、けなす場合にも、目が覚めるほど立派である、と、ほめる場合にも用いる。

❶**あきれるほどひどい。目にあまる。気にくわない。**例「初めより我はと思ひ上がり給へる御方々、━━・しき者におとしめそねみ給ふ」〈源氏・桐壺〉訳(宮仕えの)初めから自分こそ(帝のご寵愛を受けるはずだ)と自負しておられた(女御・更衣の)方々は、(桐壺更衣を)目に余る者だと軽蔑しねたみなさる。

❷**思いのほかに立派である。目が覚めるほど立派である。**例「いとよしよししう、け高きさまして、━━・しうもありけるかなと、見捨てがたく口惜しう思(おぼ)さる」〈源氏・明石〉訳(明石の君は)実に優雅で、気高い様子なので、(光源氏は)思いのほかにすばらしい女だったなあと、捨て去りがたく(別れを)残念にお思いになる。

めさまし-ぐさ【目覚まし草】〔名〕《「めざましぐさ」とも》❶《「くさ」は接尾語で、対象となるものの意》目を覚ます手段となるもの。

❷(①から転じて)たばこ、または茶の異名。

めし【召し】〔名〕《動詞「召す」の連用形の名詞化》貴人が人を呼ぶこと。お呼び。例「一日(ひとひ)、━━侍(はべ)りしにやおはしますらむ」〈源氏・若紫〉訳先日、(京のお屋敷に)お召しのありました方でいらっしゃいましょうか。

めし-あは・す【召し合はす】〔他サ下二〕{せ・せ・す・する・すれ・せよ}(貴人が)呼び寄せて人とお会わせになる。召し寄せて対面させなさる。例「御前にて━━・せられたりけるに」〈徒然草・一三五〉訳天皇の御前で(資季と具氏とを)召し寄せて対決させなさったところ。

めし-いだ・す【召し出だす】〔他サ四〕{さ・し・す・す・せ・せ}❶(貴人が)お呼び寄せになる。召し寄せなさる。お取り寄せになる。例「年老いたる法師━━・されて」〈徒然草・一七五〉訳年をとった法師が召し寄せられて。

❷(貴人が)官位や禄をお授けになる。任命する。

めし-い・づ【召し出づ】〔他ダ下二〕{で・で・づ・づる・づれ・でよ}(貴人が)お呼び寄せになる。お取り寄せになる。例「その方(かた)におぼめかしからぬ人二、三人ばかり━━・でて」〈枕草子・清涼殿の〉訳(天皇は)その(＝歌ノ)方面に心得のある女房を二、三人ほどお呼び寄せになって。

めし-い・る【召し入る】〔他ラ下二〕{れ・れ・る・るる・るれ・れよ}貴人が人を中に呼び入れる。お呼び入れになる。例「いと近う━━・れられたるこそ、うれしけれ」〈枕草子・うれしきもの〉訳(中宮様から)おそばのごく近くまで召し入れられたのは、うれしいことだ。

めし-うと【召人】〔名〕《「めしひと」のウ音便形。のち、「めしうど」とも》❶舞楽などをするために呼ばれた人。

❷平安時代、貴人のそば近く仕えた女性。例「失(う)せ給ひぬる小野の宮の大臣(おとど)の御━━どもあり」〈蜻蛉・中・天禄元年〉訳お亡くなりになった太政大臣藤原実頼様のお側女達がおり。

❸《「囚人」とも書く》とらわれた人。捕虜。罪人。

めし-お・く【召し置く】〔他カ四〕{か・き・く・く・け・け}❶(貴人が)呼び寄せてそばにお置きになる。呼び寄せて控えさせなさる。また、臣下として召しかかえる。例「布衣(ほうい)の兵(つはもの)を殿上の小庭に━━・き」〈平家・一・殿上闇討〉訳無紋の狩衣姿の兵士をお呼び寄せになって宮廷の小庭に控えさせて。

❷お召し取りになる。例「その上仰せ合はせらるる成親卿(なりちかのきやう)━━・かれぬる上は」〈平家・二・教訓状〉訳その上に(謀反(むほん)の)ご相談に加わっておられた成親卿をお召し取りになった以上は。

めし-ぐ・す【召し具す】〔他サ変〕{せ・し・す・する・すれ・せよ}(貴人が)呼び寄せて連れてお行きになる。召し連れる。例「太刀うち佩(は)きてかひがひしげなれば、頼もしく覚えて━━・して行くほどに」〈徒然草・八七〉訳太刀を腰に差して強そうなので、頼もしく思われて召し連れて行くうちに。

めし-つか・ふ【召し使ふ】(ツカ)(コ)ウ〔他ハ四〕{は・ひ・ふ・ふ・へ・へ}(貴人が)人を呼び寄せてお使いになる。召し使いなさる。例「大納言法印(だいなごんほふいん)の――・ひし乙鶴丸(おとづるまる)」〈徒然草・九〇〉訳大納言法印が召し使いなさった乙鶴丸(＝稚児ノ名)が。

めし-つぎ【召次・召継】〔名〕❶取り次ぎをすること。また、それをする人。例「いと忍びて、ただ舎人(とねり)二人――として」〈竹取・竜の首の玉〉訳(大納言が)ごく内密に、ただ舎人(＝身近ニ仕エル召使イ)二人を取り次ぎとして(船頭にお尋ねになることは)。
❷院・宮に仕えて、時刻を告げたり、雑事をつとめたりする下級の役人。摂関家にも置かれる。

めしつぎ-どころ【召次所】〔名〕院の庁内にある雑事係の詰め所。召次(＝取リ次ギ)の詰め所。

めし-と・る【召し取る・召し捕る】〔他ラ四〕{ら・り・る・る・れ・れ}❶(貴人が)お呼び寄せになる。例「すぐれたる上手どもを――・りて」〈源氏・絵合〉訳技量のすぐれた(絵の)巧みな人達を呼び寄せなさって。
❷官命によって、捕らえる。逮捕する。例「為兼大納言入道(ためかねのだいなごんにふだう)――・られて、武士どもうち囲みて」〈徒然草・一五三〉訳為兼大納言入道が捕らえられて、武士達が取り囲んで。

めし-はな・つ【召し放つ】〔他タ四〕{た・ち・つ・つ・て・て}(貴人が)多数の中から一人だけお呼び寄せになる。

めし-よ・す【召し寄す】〔他サ下二〕{せ・せ・す・する・すれ・せよ}(貴人が)そば近くにお呼び寄せになる。呼び寄せなさる。お取り寄せになる。例「かの右近を――・せて」〈源氏・夕顔〉訳(病床の光源氏は)あの右近(＝夕顔付キノ女房ノ名)を呼び寄せなさって。

め・す{さ・し・す・す・せ・せ}(尊敬語)■一【看す・見す】〔他サ四〕《上代語。動詞「見る」の未然形に、古い尊敬の助動詞「す」が付いた「みす」の変化した語》
❶「見る」の尊敬語。**ご覧になる。**例「愛(は)しきかも皇子(みこ)の命(みこと)のあり通ひ――・しし活道(いくぢ)の路(みち)は荒れにけり」〈万葉・三・四七九〉訳惜しいことに、皇子様がいつもおいでになってご覧になった活道山(＝所在未詳)の道は、(今は)すっかり荒れてしまったよ。注安積皇子(アサカノミコ)ノ死ヲ悼ム挽歌(バンカ)。
❷「治む」の尊敬語。**お治めになる。ご統治なさる。**例「やすみしわが大君の――・し給ふ吉野の宮は」〈万葉・六・一〇〇五長歌〉訳我が天皇がお治めあそばす吉野の離宮は。注「やすみしし」ハ、「わが大君」ノ枕詞。
■二【召す】〔他サ四〕(■一から転じて)❶(人を)**側近くお呼び寄せになる。**例「『右近ぞ見知りたる。呼べ』とて――・せば、参りたり」〈枕草子・上にさぶらふ御猫は〉訳(中宮定子(ていし)が)「右近(＝女房ノ名)が(犬を)見知っている。呼びなさい」と言ってお呼び寄せになると、(右近が)参上した。
❷(物を)**側近くお取り寄せになる。**例「紙燭(しそく)――・して、御返り見給へば」〈源氏・柏木〉訳(柏木(かしはぎ)は)紙燭(＝室内用ノ照明)をお取り寄せになって、(女三の宮からの)お返事をご覧になると。
❸**お食べになる。お飲みになる。**例「石麻呂(いしまろ)に我物申す夏痩(や)せに良しといふ物ぞ鰻(むなぎ)取り――・せ」〈万葉・一六・三八五三〉訳石麻呂さんに私は申し上げます。夏痩せによいものだそうです。鰻(うなぎ)を捕らえて召し上がりなさい。
❹(着物などを)身にお着けになる。
■三【召す】〔自サ四〕❶(馬・車などに)お乗りになる。
❷(風呂に)お入りになる。
■四【召す】〔補動サ四〕(他の尊敬語動詞の連用形に付いて)さらに尊敬の意を強めるのに用いる。「おぼし――」「きこし――」「しろし――」など。

要点 中世以降、「召す」に尊敬の助動詞「る」が付いて一語化した「召さる」ができ、その方が一般的。

めず【愛ず】〔動〕⇩めづ

めずらし【珍し】〔形〕⇩めづらし

め-だう【馬道】(ド)(ウ)〔名〕《「めんだう」「めど」とも》❶二つの建物の間に厚い板を渡してその上を通れるようにし、馬を引き入れる時には取りはずすもの。「切馬道(きりめだう)」とも。例「舞人の馬を後涼殿の北の――より通させ給ひて」〈大鏡・伊尹〉訳(花山天皇は馬が大好きなので)舞人の乗った馬を後涼殿の北の馬道から通させなさって。
❷内裏(だいり)の殿舎内を貫き、両側に部屋のある長廊下。

め-た・つ【目立つ】〔自タ下二〕{て・て・つ・つる・つれ・てよ}注意して見る。注目する。例「女は髪のめでたからんこそ、人の――・つべかめれ」〈徒然草・九〉訳女は髪が美しいような人こそ、人が注目するようである。

め-ぢか・し【目近し】〔形ク〕《目に近い意》いつも見ている。見慣れている。例「例は、さしもさるもの――・からぬ所に、もて騒ぎたるこそをかしけれ」〈枕草子・正月一日は〉訳平素は、そうした(若菜のような)ものはそんなに見慣れない所で、もてはやしているのはおもしろい。注正月七日ノ「若菜摘み」ノ行事ヲイウ。

め・づ【愛づ】(メ)(ズ)〔他ダ下二〕{で・で・づ・づる・づれ・でよ}⇩めづらし・めでたし

美しさ、良さ、かわいらしさなどに強く心を打たれる、意。その対象が何であるかによって、感動する、かわいがる、などの意に分かれる。

❶**すばらしさに心を打たれる。心をひかれる。**感動する。感心する。例「この歌に――・でて逢(あ)ひにけり」〈伊勢・九六〉訳(女は)この(男の)歌に心を打たれて(男と)親しく逢うようになった。
❷すばらしさに心を打たれて、**ほめる。かわいがる。**また、**夢中になる。**例「時々につけて世に――・でられ給ひし有様」〈源氏・明石〉訳折につけ世間の人の賞賛の的になられた(ご自身＝光源氏の)様子や。

めっ-きゃく【滅却】〔名・自他サ変〕❶なくなること。滅びること。死ぬこと。例「これは附子(ぶす)というて、あの方(は)うの吹く風に当たってさへ、そのまま――・するほどの大毒(だいどく)な物ぢゃ」〈狂言・附子〉訳これは附子といって、そちらから吹いて来る風に当たっただけでも、そのまま死ぬくらいの猛毒な物である。
❷なくすこと。滅ぼすこと。

めづ-こ【愛づ児】(メ)(ズ)〔名〕かわいい子。愛する人。

めづら-か【珍か】(メ)(ズ)(ラ)〔形動ナリ〕**普通と違っている様子。めったにない様子。**例「急ぎ参らせて御覧ずるに、――・なる、児(ちご)の御かたちなり」

〈源氏・桐壺〉訳（帝は若宮を）急いで参内させてご覧になると、めったにない、（すぐれた）ご容貌である。注 光源氏ノ容貌ハ、赤ン坊ノ頃カラスグレテイタ。

要点「めづらし」は良い場合についていうが、「めづらか」は、悪い場合にも用いる。

めづら・し

【珍し】〔形シク〕《動詞「めづ」から派生した語》

動詞「めづ」からつくられた語。**まれなことに出会ってうれしい、めったになくすばらしい**、の意。②③は現代語の「珍しい」の意に近いが、めでる気持ちが含まれる。単に「まれである」の意には「ありがたし」を用いる。

❶**賞賛に値する。すばらしい。好ましい。** 例「鹿背山のまに咲く花の色――・しく百鳥の声なつかしく」〈万葉・六・一〇五九長歌〉訳 鹿背山の間に咲く花の色はすばらしく、多くの鳥の声は捨てがたく。
❷（見慣れないので）**新鮮な感じである。目新しくて、心ひかれる。** 例「昨日に変はりたりとは見えねど、ひきかへ――・しき心地ぞする」〈徒然草・一九〉訳（元日の空の様子は）昨日と変わっているとは見えないが、うって変わって新鮮な感じがする。
❸今までに例がない。例「作法、世に――・しきまで、もてかしづき聞こえ給へり」〈源氏・桐壺〉訳（光源氏を婿として迎える）儀式は、世に例がないほどに（整えて）、丁重にもてなし申し上げなさった。

めづらし-が・る【珍しがる】〔自ラ四〕（ら・り・る・る・れ・れ）珍しく思う。珍しい様子をする。例「――・りて近う寄る寄り物言ひうなづき」〈枕草子・説教の講師は〉訳 珍しがって近くに寄って物を言ったりうなずいたり。

めづらし-げ【珍しげ】〔名〕（「げ」は接尾語）❶称賛に価する様子。すばらしい様子。例「きらきらしう――あるあたりに、今めかしうもてなさるるこそをかしけれ」〈源氏・少女〉訳（夕霧にとっては）きらびやかですばらしい感じのする家で、（婿として）はなやかに扱われるのがよい。
❷めったにない様子。例「――なきあはひに世の人も思ひ言ふべきこと」〈源氏・少女〉訳（夕霧と雲居雁の仲はいとこ同士ということで）珍しくない間柄として、世間の人も思い、言うはずのことよ。

め-て【馬手・右手】〔名〕《馬上で手綱を持つ手の意》対 ゆんで ❶右手。例「生まれつきたる弓取りにて、弓手の腕より四寸長かりければ」〈保元・上・二〉訳（源為朝は）生まれつきの弓取りで、左手の腕が右手より四寸（＝約一二センチ）長かったので。
❷右の方。右側。例「馬は馳けんと思へば、弓手へも――へも回しやすし」〈平家・一一・逆櫓〉訳 馬は進ませようと思えば、左の方へでも右の方へでも自由に方向がとりやすい。

めで-くつがへ・る【愛で覆る】〔他ラ四〕（ら・り・る・る・れ・れ）はなはだしくほめそやす。ほめちぎる。賛嘆する。例「名残さへとまりたる香ばしさを人々は――・る」〈源氏・竹河〉訳（薫が）帰ったあとまで残っている匂いのよさを女房達はほめちぎる。

めでた・し

〔形ク〕

「めでたし」は、動詞「め（愛）づ」の連用形に、はなはだしい意の形容詞「いたし」が付いたもの。平安時代には広くほめる意に用い、①の**立派である、すばらしい**、の意となる。以後、②の**喜ばしい**、の意も生じた。

❶すぐれている。**立派である。すばらしい。** 例「こぼれかかりたる髪、つやつやと――・う見ゆ」〈源氏・若紫〉訳（若紫がうつむいた時）前へこぼれかかった髪の毛が、つややかにすばらしく美しく見える。
❷喜ばしい。祝いたいほどである。例「古き人々心細く覚えて、――・き祝ひの中に涙を流し、心を痛ましむ」〈平家・四・厳島御幸〉訳 古くから仕える人々は（将来が）心細く思われて、喜ばしい（東宮の即位の）祝いの中で涙を流し、心を痛める。

めで-まど・ふ【愛で惑ふ】〔他ハ四〕（は・ひ・ふ・ふ・へ・へ）はなはだしくほめそやす。大騒ぎしてほめる。ひどく感心する。例「斉信が参りたりつるを見ましかば、いかに――・はましとこそおぼえつれ」〈枕草子・かへる年の二月二十日よ日〉訳 斉信が参上して来たのを（お前＝清少納言が）見たならば、どんなに夢中になってほめそやすだろうかと思われたことだった。

めで-ゆす・る【愛で揺する】〔他ラ四〕（ら・り・る・る・れ・れ）うちそろってほめそやす。こぞってほめる。例「その頃世に――・りける」〈源氏・少女〉訳 その頃世間でこぞってほめそやした。

めど【馬道】〔名〕⇩めだう

めどう【馬道】〔名〕⇩めだう

め-とど・む【目止む】〔他マ下二〕（め・め・む・むる・むれ・めよ）注意して見る。注目する。例「まづ――・め給へば」〈源氏・空蟬〉訳 最初に注意してご覧になると。

め-とま・る【目止まる】〔自ラ四〕（ら・り・る・る・れ・れ）目がひきつけられる。注目される。例「榻に立てたる車の見ゆるも、都よりは――・る心地して」〈徒然草・一四〉訳 榻（＝牛車ノ轅ヲ載セル台）に（轅を）立てかけた牛車が見えるのも、都で見るより目が引きつけられる気持ちがして。

め-と・る【妻取る・娶る】〔他ラ四〕（ら・り・る・る・れ・れ）妻として迎える。

めなもみ〔名〕植物の名。メナモミ。諸説あるが、山野に自生する菊科の草という。例「――といふ草あり。くちばみにさされたる人、かの草を揉みて付けぬれば、すなはち癒ゆとなん」〈徒然草・九六〉訳 メナモミという草がある。まむしにかまれた人は、この草をもんでつけると、すぐになおるということだ。

め-なら・ぶ【目並ぶ】■一〔自バ四〕（ば・び・ぶ・ぶ・べ・べ）見比べる。例「花筐――・ぶ人のあまたあれば忘られぬらむ数ならぬ身は」〈古今・恋五・七五四〉訳（あなたには）見比べる人がたくさんいるから、忘れられてしまうだろう、取るに足りない私などは。注「花筐」ハ「目ならぶ」ノ枕詞。
■二〔他バ下二〕（べ・べ・ぶ・ぶる・ぶれ・べよ）十分検討する。例「西の市にただひとり出でて――・べず買ひてし絹の商じこりかも」〈万葉・七・一二六四〉訳 西の市にひとりきりで出かけて、十分検討しないで買ってしまった絹は買いそこないであったよ。

め-な・る【目馴る】〔自ラ下二〕（れ・れ・る・るる・るれ・れよ）何度も見

て慣れる。見慣れる。慣れる。例「ほかにては——・れぬ事どものみ取り集めたる所なれば」〈源氏・浮舟〉訳（宇治という所は）ほかでは見慣れない事ばかりなどが揃っている土地なので。

め-ぬき【目貫】〔名〕刀身を柄に固定させるために、差し込んだ金具。例「——の元よりちゃうど折れ、くっと抜けて、河へざんぶと入りにけり」〈平家・四・橋合戦〉訳（太刀が）目貫のところでガチリと折れ、（柄から）スポッと抜けて、川へザブンと落ちこんでしまった。

め-の-こ【女の子】〔名〕女、または、女の子。娘。対をのこ 例「さりとも、その——どもには劣らじ」〈宇津保・国護・下〉訳いくらその娘たちが美しいといっても、（私の勧める娘は）その娘たちには劣るまい。

め-の-と〔名〕■一【乳母】母親代わりになって、子供に乳を飲ませ、育児の世話をする女。「うば」とも。例「——は後ろめたさに、いと近う侍ふ」〈源氏・若紫〉訳乳母は（寝所に光源氏と一緒の若紫のことが）気がかりなので、たいそうお側近くに控えている。

■二【傅】幼い主君を守り育てる男。養育係。後見役。

めのと-ご【乳母子・傅子】〔名〕うばの子。乳兄弟。あるいは、後見役の子。主人に対しては格別近しい関係にある。例「女君の御——、侍従とて、はやりかなる若人」〈源氏・末摘花〉訳姫君（＝末摘花）のうばの子で、侍従という名の、気の早い若い女房（が代わりに光源氏に返事をする）。

め-の-わらは【女の童】〔名〕❶女の子。少女。例「——のいときなう侍りしより、思ふ心侍りて」〈源氏・明石〉訳（私の）娘（＝明石ノ君）が幼うございました時から、特に考えるところがありまして。

❷身近に召し使う少女。

め-ぶ【馬部】〔名〕「馬寮」の下役人。

め-みた・つ【目見立つ】⇩「め（目）」子項目

め-め・し【女女し】〔形シク〕まるで女のようである。対をし 例「ただ——・しく心弱きとや見ゆらむと思すも」〈源氏・蜻蛉〉訳（自分の涙を）ひたすら女のように弱気のせいだと（薫には）見えるだろうかと（匂宮は）お思いになるが。

> **要点** 「めめし」と「をんなし」 「めめし」は男の態度に用いて、平安時代には、涙もろい様子や取り乱す態度をいうことが多い。女性の仕事を手伝うことをいう例もある。「をんな（女）し」は、見事な女性らしい意で、女の態度・性質についていう。

め-も-あや・なり【目もあやなり】⇩「め（目）」子項目

め-も-およば・ず【目も及ばず】⇩「め（目）」子項目

め-も-く・る【目も眩る】⇩「め（目）」子項目

め-も-はるに【目も遥に】⇩「め（目）」子項目

め-や『連語』《推量の助動詞「む」の已然形＋係助詞「や」》…するだろうか、いやそんなことはない。例「高円の峰の上の宮は荒れぬとも立たしし君の御名忘れめや」〈万葉・二〇・四五〇七〉訳高円の山の上の離宮は荒れようとも、よくたたずまれた先帝の、お名前を忘れることなどあろうか、（ありはしない）。

め-やす【目安】〔名〕文書を見やすいように、箇条書きにすること。また、その文書。訴状などに用いる。江戸時代には、訴状を奉行所へ提出することを「目安上げる」という。例「家渡すか、銀立つるか。返事次第に五日には——上げる」〈近松・大経師昔暦・上〉訳家を明け渡すか、（それとも）金を返すか。返事の仕方によってはこの五日には奉行所へ訴状を出すぞ。

め-やす・し【目安し】〔形ク〕

> 「めやすし」は、「目安し」と漢字を当てることからもわかるように、目に安し、つまり見て感じがよい、見苦しくない、の意である。反対語は「見苦し」。

見て感じがよい。見苦しくない。例「髪ゆるるかにいと長く、——・き人なめり」〈源氏・若紫〉訳（若紫の乳母は）髪はゆったりとして大変長く、見て感じのよい人のようである。

めり〔助動ラ変型〕接続 活用語の終止形に付く。ただし、ラ変型活用の語には、連体形あるいは連体形の撥音便に付く。なお、要点(2)参照。

未然形	連用形	終止形	連体形	已然形	命令形
○	めり	めり	める	めれ	○

【推定】❶（視覚に基づいて推定する意を表す）**…のように見える。…のように思われる。…のようだ。**例「かぐや姫の、皮衣を見ていはく『うるはしき皮なめり』」〈竹取・火鼠の皮衣〉訳かぐや姫が、その皮衣を見て言うのには「立派な皮のようです」。例「我を見て震ひつるは、恐ろしと思ひつるにこそあるめれ」〈今昔・二八・四三〉訳私を見て震えていたのは、（私を）恐ろしいと思ったからのようだ。

❷（はっきり断定しないで、遠回しに柔らかく言う意（婉曲）を表す）**…のようだ。…らしい。**例「いでや、この世に生まれては、願はしかるべき事こそ多かめれ」〈徒然草・一〉訳さて、この世に生まれたからには、こうあってほしいと望まれる事がどうも多いようだ。例「『もののあはれは秋こそまされ』と、人ごとに言ふめれど、それもさるものにて、いまひときは心も浮きたつものは、春のけしきにこそあめれ」〈徒然草・一九〉訳「しみじみとした情趣という点では秋が一番だ」と、誰も彼もが言っているようであるけれども、それも一応もっともなことであるが、さらに一段と心もうきうきするものは、春の景色であるようだ。

> **要点** (1)「見＋あり」あるいは「見え＋あり」から変化したものとされ、目で見た事柄に基づいて推定する①が、本来の用法である。『竹取物語』の例のように、「見る」という語を伴って用いられることもある。②は、①から転じた用法だが、両者の違いは微妙で、どちらとも決めかねる場合も少なくない。
> (2)「めり」は、ラ変動詞やラ変型活用語には連体形に付くが、大半は「あんめり」のような撥音便化した形に付く。さらに、その撥音便の部分が「あめり」のように表記されない場合が多い。読む際には「あんめり」と、撥音を入れて読む。

参考 平安時代の物語・日記などの和文に盛んに用

いられ、特に会話の中に多く用いられた。漢文訓読文には用いられず、中世になると古めかしい言い方と意識されたようで、あまり使われなくなった。なお、聴覚に基づく推定・伝聞の助動詞「なり」と似たところが多く、対比して考えると分かりやすい。

メリヤス【莫大小】〔名〕《ポルトガル語 meias(靴下)から》❶綿糸や毛糸などで編まれ、伸縮性に富む織物。手袋・足袋などに用いる。漢字で当てた「莫大小」は、伸び縮み自在の意。
❷(①が伸縮自在などところから、転じて)多く芝居に用いる三味線唄の一種。長唄と小唄の中間のもので、寂しくしんみりとした曲調が、「滅入りやす(い)」に通じるという。

め-れう【馬寮】〔名〕宮中で、馬の飼育・調教、馬具に関することを司(つかさど)った役所。左・右に分かれる。「うまづかさ」とも。諸国から献上され、ここで飼育されている馬を、「寮の御馬」という。

め-を-おどろか・す【目を驚かす】 ⇩「め(目)」子項目

め-を-そば・む【目を側む】 ⇩「め(目)」子項目

め-を-た・つ【目を立つ】 ⇩「め(目)」子項目

め-を-と【妻夫・夫婦】〔名〕妻と夫。夫婦(ふうふ)。後には、ミョウトと発音される。

め-を-み・す【目を見す】 ⇩「め(目)」子項目

め-を-み・る【目を見る】 ⇩「め(目)」子項目

めん・ず【免ず】〔他サ変〕〈ぜ・じ・ず・ずる・ずれ・ぜよ〉罪などを許す。例「重科(ぢゆうくわ)は遠流(をんる)に──・ず」〈平家・三・足摺〉訳(お前達の)重い罪は島流しにしたことで許してやる。

めん-ぼく【面目】〔名〕《「めいぼく」「めんもく」とも》人に合わせる顔。体面。顔向け。例「栄えゆく春に立ち出(い)で給へらましかば世の──にや侍らまし」〈源氏・花宴〉訳(あなたが)栄えゆく御代(みよ)の春に立ちいでてお舞いになりましたならば、当代における名誉でございましたでしょうに。

めん-もく【面目】〔名〕❶顔。容貌(ようぼう)。また、信条とするもの。主張。おきて。
❷⇩めんぼく

も

も【喪】〔名〕❶死者を弔うために、親族達が一定期間家にこもって、慎み深く過ごすこと。忌服。例「わが母を殺し、その──に遭(あ)ひて服し、役(え)を免れて帰り」〈日本霊異記・中・三〉訳自分の母親を殺し、その喪に服(すこと)にして、労役(ろうえき)(=コノ場合、防人(サキモリ))を免れて家へ帰り。注古代デハ、両親ノ喪ハ一年、ソノ間労役ヲ免除サレタ。
❷わざわい。不幸。凶事。例「平らけく安くもあらむを事もなく──なくもあらむを」〈万葉・五・八九七長歌〉訳平穏で安泰でありたいのに、無事でわざわいもなくありたいのに。

も【裳】〔名〕❶上代、腰から下にまとった衣服。例「うち日さす宮路を行くにわが──は破(や)れぬ玉の緒の思ひ乱れて家にあらましを」〈万葉・七・一二八〇〉訳大宮への道を行くうちに私の裳は破れてしまった。思い乱れながらも家におればよかったのに。注五七七・五七七ノ旋頭歌(セドウカ)。
❷平安時代、女性の正装用に、腰から下の後方だけをまとう衣服。ひだが多く、種々の縫いとりがあって、裾(すそ)を扇状に開いている。例「よき程なる人に成りぬれば、……髪上げさせ、──着す」〈竹取・かぐや姫の生ひ立ち〉訳(三か月ぐらいでかぐや姫が)ほどよい大きさの一人前の人間になったので、……(成人の儀式として)髪を結い上げさせて、裳を着せる。

も (裳)②

もの判別

①助動詞《上代東国方言》──推量の助動詞「む」に相当
例よそにのみ見てや渡らも

②助詞
Ⓐ係助詞──主語・連用修飾語など種々の語に付く
例髭も白く、腰もかがまり ──列挙 一❶
例潮満ちぬ。風も吹きぬべし。 ──添加 一❷
例月待てば潮もかなひぬ ──暗示 一❸
例帳の内よりも出ださず ──類推 一❹
Ⓑ終助詞《上代語》──終止形・命令形など言い切りの形に付く
例この夕影に鶯鳴くも ──詠嘆 二

も〔助動特活〕《上代東国方言》接続 活用語の未然形に付く。
《推量の助動詞「む」と同じく、推量・意志・勧誘などの意を表す》…だろう。…しよう。例「よそにのみ見てや渡らも難波潟(なにはがた)雲居(くも)に見ゆる島ならなくに」〈万葉・二〇・四三五五〉訳遠くに見ているだけで通り過ぎるのだろうか、難波潟は空の果てに見える島だというわけでもないのに。

も

一〔係助〕接続 主語・連用修飾語・接続語などに付く。
❶【列挙】《同類の事柄を並べ立てて示す》…も…も。例「鬚(ひげ)も白く、腰もかがまり、目もただれにけり」〈竹取・かぐや姫の昇天〉訳(竹取の翁(おきな)はかぐや姫が昇天することを聞いて)ひげも白くなり、腰も曲がり、目も(涙で)ただれてしまった。例「男も女も恥ぢかはしてありけれど」〈伊勢・二三〉訳男も女も互いに(顔を合わせるのを)恥ずかしがっていたけれども。
❷【添加】《同類の事柄を付け加える意を表す》(その上に)…もまた。例「潮満ちぬ。風も吹きぬべし」〈土佐・十二月二十七日〉訳満潮になった。その上に風も吹くに違いない。(船出の好機だ)。例「また、ただ一つ二つなど、ほのかにうち光りて行くもをかし。雨など降るもをかし」〈枕草子・春はあけぼの〉訳また、たった一つか二つかなど、(蛍が)かすかに光って飛んで行くのも、趣がある。(さらに)雨などが降るのも趣がある。
❸【暗示】《同類の事柄が他にもあることを暗示する》…も

また。例「熟田津(にきたつ)に舟乗りせむと月待てば潮**も**かなひぬ今は漕(こ)ぎ出でな」〈万葉・一・八〉訳 熟田津(=愛媛県松山市ニアル浜)で船に乗って出発しようと月を待っていると、(月が出て)潮もちょうどいい具合になった、さあ漕ぎ出そう。例「我**も**、一日(ひと)も見奉らぬは、いと苦しうこそあれど」〈源氏・紅葉賀〉訳 (あなたと同じく)私も、一日もお会いしないと、大変つらいのですけれど。

❹【類推】《他の事柄の場合はなおさらだという気持ちで、極端な事柄や程度の低い事柄を示す》…も。…さえも。…でも。例「帳(ちゃう)の内より**も**出(い)ださず、いつき養ふ」〈竹取・かぐや姫の生ひ立ち〉訳 (家からはもちろんのこと)部屋の中の囲いの垂れ幕からさえも出さないようにして、(かぐや姫を)大切に世話し育てる。例「心なしと見ゆる者**も**、よき一言(ひとこと)は言ふものなり」〈徒然草・一四三〉訳 なんの教養もないと見える者でも、なにかしら良い事を一言は言うものだ。

❺《上の事柄を強調したり、含みをもたせたりする意を表す》…も。…なども。例「限りなく遠く**も**来にけるかな」〈伊勢・九〉訳 (都から)限りなく遠くまでもやって来たものだなあ。例「『御覧(ごらん)ぜよ』と言へど、聞き**も**入れ給はず」〈源氏・手習〉訳「ご覧なさい」と言っても、(浮舟(うきふね)は)聞こうともなさらない。

❻《希望する最低の限度の事柄を示す》せめて…だけでも。せめて…なりと。例「家に行きて何を語らむあしひきの山ほととぎす一声**も**鳴け」〈万葉・一九・四二〇三〉訳 (このままでは)家に帰って何を土産話にしよう、山ホトトギスよ、せめて一声でも鳴いておくれ。例「思ふ事を、まほならずとも、片端(かたはし)にて**も**、うちかすめつべき女親もおはせず」〈源氏・藤袴〉訳 (玉鬘(たまかずら)には)心に思っている事を、完全にではなくても、せめてほんの少しだけでも、打ち明けられるような女親もおいでにならない。

❼(不定の意を表す語に付いて)《そのすべてが含まれる意を表す》…もみな。例「誰(たれ)**も**、少しよろしき者どもは、見おこせ、居寄(よゐ)りなどしけり」〈大鏡・序〉訳 誰でも皆、少し身分の高い者達は、こちらを見やり、いざり寄って来たりなどした。例「何**も**何**も**、小さきものは皆うつくし」〈枕草子・うつくしきもの〉訳 なんでもかんでも、小さいものは皆かわいらしい。

要点 (1)基本的には、現代語の「も」に同じ。原義は、①②の用法に見られるような、同類の物事とともにとり立てるという意味である。
(2)「も」に係助詞「ぞ」「こそ」が付いて、「もぞ」「もこそ」の形で用いられると、よくないことが起こってはいけない、起こりはしないか、という、おそれ、心配の意を表す。⇩もこそ・もぞ

参考 「も」は、「は」と同じく、特別の結びを要求しない。その他、「は」といろいろな点で似ているが、「は」がほかの物事と区別して一つだけをとり立てるのに対して、「も」はほかの物事とともにとり立てる。

■二《終助》《上代語》接続 終止形・命令形、あるいは係助詞を受けて結んだ連体形・已然形など、文を言い切った形に付く。

【詠嘆】《感動・詠嘆の意を表す》…よ。…なあ。例「春の野に霞(かすみ)たなびきうら悲しこの夕影に鶯(うぐひす)鳴く**も**」〈万葉・一九・四二九〇〉訳 春の野に霞がたなびいて、物悲しい、この夕暮れの光の中にウグイスが鳴いているよ。注 大伴家持ノ抒情歌ノ代表的ナモノ。

参考 上代に、文末の「か」「ぞ」「は」「や」などに付いて「かも」「ぞも」「はも」「やも」の形で用いられた。平安時代になると、終助詞「な」の方が用いられ、「も」は一般に用いられなくなった。

もう【思う】《動》⇩もふ

もう…【妄…・亡…・孟…・猛…】⇩まう…

もうく【設く・儲く】《動》⇩まうく

もうけ【設け・儲け】《名》⇩まうけ

もうさく【申さく】《連語》⇩まうさく

もうす【申す】《動》⇩まうす

もうず【詣ず】《動》⇩まうづ

もうちぎみ【公卿】《名》⇩まうちぎみ

もう-ろう【朦朧】《形動タリ》ぼんやりとして、薄暗い様子。例「雨――として、鳥海の山隠る」〈奥の細道・象潟〉訳 雨があたりをぼんやりと暗くして(降り)、鳥海山はその雨足に隠れている。

もえ-い・づ【萌え出づ】《自ダ下二》(で・で・づ・づる・づれ・でよ) 木や草が芽を出す。生じる。例「かへでの木のささやかなるに、――・でたる葉末(はずゑ)の赤みて」〈枕草子・花の木ならぬは〉訳 カエデの木のほっそりとしたのに、(初夏)芽を出した葉の先が赤くなって。

もえ-ぎ【萌葱・萌黄】《名》(「もよぎ」とも)❶葱(ねぎ)の若芽のような色。薄い緑色。例「宮の御前は、――の御几帳(みきちやう)にはた隠れておはします」〈栄花・つぼみ花〉訳 中宮様は、薄緑色の几帳に半分ほど隠れていらっしゃる。❷襲(かさね)の色目の一つ。表裏ともに薄緑色とも、表が薄青、裏が縹色(はなだいろ)(=薄イ藍色(アイイロ))ともいう。

もえぎ-にほひ【萌葱匂ひ】《名》(「萌葱匂ひ縅(をどし)」の略)鎧(よろい)の縅(おどし)の一種。萌葱色が下(または上)にいくほどだんだん薄くなるようにしたもの。

もえぎ-をどし【萌葱縅】《名》鎧(よろい)の縅の一種。萌葱色の組糸で札(さね)をつづった鎧。

もが

《終助》《上代語》接続 体言、形容詞や断定の助動詞「なり」の連用形、副詞、助詞などに付く。

【願望】《存在・状態について、こうあったらなあと願望する意を表す》…があったらなあ。…であったらなあ。例「都辺(みやこへ)に行かむ船**もが**刈り菰(こも)の乱れて思ふこと告げやらむ」〈万葉・一五・三六四〇〉訳 都の方に行くような船があったらなあ、(もしあったら)心を乱して恋しく思っていることを(あの人に)知らせるのに。例「あしひきの山はなく**もが**月見れば同じき里を心隔てつ」〈万葉・一八・四〇七六〉訳 あの山がなかったらなあ、月を見ていると同じ里だと思えるのに、(あの山が間にあるばっかりに)二人の心を隔ててしまっている。

参考 係助詞「も」に係助詞「か」の付いた「もか」の変化したものという。上代では多く「もがも」の形で用いられたが、平安時代以降は「もがな」の形、またそれから「も」の落ちた「がな」の形でも用いられる。

も-かう【帽額】(ウコ)〔名〕御簾(みす)や御帳(みちよう)の上に、横に長く引きわたす布。窠(か)(=瓜(リウ)ヲ輪切リニシタヨウナ形)の紋を染めるのを例とした。後世の水引幕に当たる。

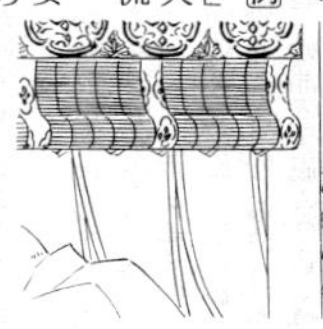
もかう

も-がさ【疱瘡】〔名〕天然痘(てんねんとう)。急性伝染病の一つで、発疹(はつしん)を生じて高熱を発し、治った後もあばたが残る。例「──、世界にも盛りにて」〈蜻蛉・下・天延二年〉訳天然痘が、広く世の中に大流行して。

もがな

〔終助〕《平安時代以降の語。終助詞「もが」に終助詞「な」が付いて一語化したもの》接続 体言、形容詞や断定の助動詞「なり」・打消しの助動詞「ず」の連用形、助詞などに付く。

【願望】《存在・状態について、こうあったらなあと願望する意を表す》…があったらなあ。…であったらなあ。例「世の中にさらぬ別れのなく**もがな**千代(よち)もと祈る人の子のため」〈伊勢・八四〉訳この世の中に避けきれぬ(死の)別れなどというものがなければいいのになあ。(母上の命が)千年もあるようにと強く願っている人の子(である私)のために。注在原業平ノ作。例「男も女も、いかでとく京へ**もがな**と思ふ心あれば」〈土佐・一月十一日〉訳男も女も、なんとかして早く京へ帰り着きたいなあと思う心があるので。

もがも〔終助〕《上代語。終助詞「もが」に終助詞「も」が付いて一語化したもの》接続 体言、形容詞や断定の助動詞「なり」の連用形、副詞、助詞などに付く。

【願望】《存在・状態について、こうあったらなあと願望する意を表す》…があったらなあ。…であったらなあ。例「君が行く道の長手(ながて)を繰り畳(たた)ね焼き滅ぼさむ天(あめ)の火**もがも**」〈万葉・一五・三七二四〉訳(私と別れて)あなたが去って行く長い道のりをたぐり寄せてたたんで焼いて滅ぼしてしまうような天の火でもあったらなあ。

参考 平安時代以降は「もがな」が用いられた。

もがも-な《連語》《上代語。終助詞「もがも」＋終助詞「な」》《願望の意を表す》…があったらなあ。…であったらなあ。例「み空行く雲に**もがもな**今日行きて妹(いも)に言問(ことど)ひ明日(あす)帰り来(こ)む」〈万葉・一四・三五二〇〉訳あの大空を流れ動いて行く雲であったらなあ、(そうしたら)今日行って恋する人に言葉をかけ、明日帰って来よう。

もがも-や《連語》《上代語。終助詞「もがも」＋間投助詞「や」》《願望の意を表す》…があったらなあ。…であったらなあ。例「父母も花に**もがもや**草枕旅は行くとも捧(ささ)ごて行かむ」〈万葉・二〇・四三二五〉訳お父さんもお母さんも花であったらなあ、(そうしたら)旅に出かけて行っても、(お二人を)手にささげ持って行こう。

もがも-よ《連語》《上代語。終助詞「もがも」＋終助詞「よ」》《願望の意を表す》…があったらなあ。…であったらなあ。例「妹(いも)が寝(ぬ)る床(とこ)のあたりに岩ぐくる水にも**がもよ**入りて寝まくも」〈万葉・一四・三五五四〉訳愛するあの娘(こ)が寝る寝床のあたりで、岩の間をくぐり流れる水であったらなあ、(水のように)床に入って一緒に寝たいなあ。

もがり【虎落】〔名〕❶竹を筋交(すじか)いに組み合わせ、縄で結んだ垣(かき)。竹矢来(たけやらい)。❷先を切った枝の付いている竹を立て並べて、布などを掛けて干すようにしたもの。紺屋(こんや)(=染物屋)で用いる。

も-ぎ【裳着】〔名〕平安時代、貴族の女性が成人したしるしに、初めて裳を着る儀式。十二、三歳頃に行うのが普通で、同時に髪も結い上げた。例「御──のこと、世に響きて急ぎ給へるを」〈源氏・早蕨〉訳(夕霧の六の君の)裳着のことは、世間の評判となってお急ぎになっているので。

要点 「はかまぎ」と混同しないこと。⇩はかまぎ要点

もく-だい【目代】〔名〕《「めしろ」とも》代官。特に、平安・鎌倉時代、国司が私的に任命して、地方の任国での政務に当たらせた代官。江戸時代には目付(めつけ)をも指す。

も-くづ【藻屑】(ヅクヽ)〔名〕海中にある海藻のくず。例「会ふまでの形見とてこそとどめけめ涙に浮かぶ──なりけり」〈古今・恋四・七四五〉訳あなたはこの裳(も)を次に逢(あ)うまでの形見と思って残していったのでしょうが、私としては、これを見ると涙が出て、いわば涙の海に浮かぶもくずでしたよ。

もく-ろく【目録】〔名〕❶文書の題目などを書き並べたもの。例「古歌(ふるうた)奉りし時の──のその長歌(ながうた)」〈古今・雑体・一〇〇二詞書〉訳(『古今集』編集の材料として古い歌を献上した時の目録(代わり)とした長歌。❷贈り物の際に、品物の名などを書くもの。実物に添えることもあり、実物の代わりに贈ることもある。❸師が、弟子に対して、芸道や武道を伝授し終わった時、その内容を書いて与える文書。免許。

も-こそ

《連語》《係助詞「も」＋係助詞「こそ」》❶《「も」を「こそ」で強めた言い方。上の語を特に取り立てて強調する意を表す》…も。…だって。例「『眼(まなこ)**もこそ**二つあれ、ただ一つある鏡をたいまつる』とて」〈土佐・二月五日〉訳「眼だって二つあるのに、たった一つだけしかない鏡を奉納します」と言って。

❷《平安時代以降の用法》《将来起こりうる悪い事態を予測し、危ぶんだり心配したりする意を表す》…**するといけない。…すると大変だ。**例「いづ方(かた)へかまかりぬる……鳥(からす)など**もこそ**見つくれ」〈源氏・若紫〉訳(雀(すずめ)の子は)どっちの方向へ(逃げて)行ってしまったのでしょう……カラスなどが見つけたら大変だ。

> 要点 平安時代以降はもっぱら②の意に用いる。「も」によって予想される悪い事態を特に取り立てて、「こそ」によって、「必ずそうなる」という意を強調するので、「そうなると困る」という気持ちが加わるのである。「もぞ」にも同じ用法がある。なお、**文末の活用語は「こそ」との係り結びで已然形で結ぶ。**

も-さく【模索】〔名・自サ変〕手さぐりで探すこと。例「雨朦朧(もうろう)として鳥海の山隠る。闇中(あんちゆう)に──・して、雨もまた奇なりとせば」〈奥の細道・象潟〉訳雨があたりをぼんやりと暗くして鳥海山も姿を隠している。暗がりの中を手さぐりで探すように見えない山を想像して、雨の景色もまた普通と変わっていておもしろいと思うと。

もし【若し】〔副〕❶《仮定表現に用いて》もしも。仮に。例「──、心にかなはぬことあらば、やすくほかへ移さんがためなり」〈方丈記・方丈〉訳(家が粗末で小さいのは)もしも、気に入らないことがあったら、簡単によそへ(住居を)移そうというためである。

❷《疑問・推量表現に用いて》もしかしたら。ひょっとした

ら。例「なんち――、小督(こがう)が行くへや知りたる」〈平家・六・小督〉訳おまえはもしかしたら、小督(=人名)の行方を知っているか。

もじ【文字】〔名〕(「もんじ」の「ん」を表記しない形)❶字。漢字・かなを含む。現代語に同じ。
❷(文字で書くところから)言葉。用語。後には、さらに転じて、文章・学問の意にも用いられた。例「下衆(げす)の言葉には、必ず――余りたり」〈枕草子・同じ事なれども〉訳下賤な者の言葉には、いつも余分な語が入っている。
❸(かなで表される)音(おん)。音節の数。例「書き出(い)だせれば、げに三十(みそ)――余りなりけり」〈土佐・二月五日〉訳文字に書いてみると、本当に三十余音(つまり、和歌の音数)であった。
❹(接尾語的な用法)言葉の下部を省略し、「もじ」を添えて文字言葉を作る。室町時代に、宮中の女房が用いたもので、女房詞(にょうぼうことば)という。「かもじ」(=髪。「髪」マタハ「髢(かずら)」ノ「か」ニ「もじ」ヲ添エタモノ)「しゃもじ」(=シャクシ。「杓子(しゃくし)」ノ「しゃ」ニ「もじ」ヲ添エタモノ)「ひもじ(い)」(=空腹ダ。「ひだるし」ノ「ひ」ニ「もじ」ヲ添エタモノ)など。

もし-は【若しは】〔接続〕または。あるいは。もしくは。例「『おはしまさざりけり』、――、『御物忌(いもの)』とて取り入れず』と言ひて持て帰りたる、いとわびしくすさまじ」〈枕草子・すさまじきもの〉訳(人に手紙を出したのに)「いらっしゃらなかった」、または、「物忌み中だといって受け取らない」と言って(使者が手紙を)持って帰ったのは、とても気抜けして不快である。

も-しほ【藻塩】〔名〕海藻からとる塩。海藻を簀(す)の上に積み、その上に海水を何度もかけて塩分を多く含ませ、それを焼き、その灰を水に溶かし、その上澄みを釜で煮つめて作る。例「来ぬ人をまつほの浦の夕凪(ゆふなぎ)に焼くや――の身もこがれつつ」〈新勅撰・恋三〉訳いくら待っても来ない人を待つ私は、あの松帆(まつほ)の浦の夕凪の海辺で焼く藻塩のように、身は恋い焦がれているのです。注『百人一首』所収、藤原定家(ていか)ノ作。「松帆の浦」ハ、兵庫県淡路島ノ北端ノ海岸、「松帆」ノ「松」ニ「待つ」ヲ掛ケル。藻塩垂(た)る 藻塩を作るために、海藻に海水をかける。嘆きの涙を流す意の「しほたる」に掛けて用いられることが多い。例「わくらばに問ふ人あらば須磨の浦に――・れつつわぶと答へよ」〈古今・雑下・九六二〉訳たまにでも(私の消息を)聞く人があったならば、須磨の浦で海藻に海水をかけながら、すなわち涙を流しながら悲嘆して暮らしていると、答えて下さいな。

もしほ-ぐさ【藻塩草】〔名〕藻塩を採るためにかき集めた海藻。和歌では、「書く」に掛けて用いられることが多く、また、書き集めたもの(=手紙・随筆ナド)を比喩的に表すこともある。例「いづくとも知らぬ逢(あ)ふ瀬の――書き置く跡をかたみともみよ」〈平家・一〇・首渡〉訳いつどこで逢う機会があるともわからない海に漂う藻塩草のような私が、書き残すこの手紙の筆跡を形見とも思って見て下さい。

もしほ-た・る【藻塩垂る】⇨「もしほ」子項目

もし-や【若しや】〔副〕⇨もし②

も-すそ【裳裾】〔名〕「裳(も)」のすそ。また、着物のすそ。

も-ぞ

【連語】(係助詞「も」+係助詞「ぞ」)❶(「も」を「ぞ」で強めた言い方。上の語を特に取り立てて強調する意を表す)…も。…だって。例「かの語らひける事の筋(すぢ)もぞ、この文にある」〈蜻蛉・下・天禄三年〉訳あの人の話した事のおおよそも、この手紙に書いてある。
❷(平安時代以降の用法)(悪い事態を予測し、危ぶんだり心配したりする意を表す)…するといけない。…すると大変だ。例「憎しと、な思(おぼ)し入りそ。罪もぞ得給ふ」〈源氏・総角〉訳(私、大君(おおいぎみ)のことを)憎らしいと、思い込んだりなさらないでください。罪をお受けになるといけない。例「門(かど)よくさしてよ。雨もぞ降る」〈徒然草・一〇四〉訳門をしっかり閉めなさい。雨でも降るといけない。
❸(よい事態を予測して、それを期待し待ち望む意を表す)…することがあるかもしれない。例「柴(しば)の戸の跡見ゆばかりしをりせよ忘れぬ人のかりにもぞ訪(と)ふ」〈正治二年百首〉訳柴垣の戸のありかが見える程度に道しるべを付けておきなさい、ここを忘れない人がちょっと立ち寄ることがあるかもしれない。

> 要点 平安時代以降はもっぱら②の意に用いる。③は極めてまれな用法である。なお、文末の活用語は「ぞ」との係り結びで連体形で結ぶ。

もだ【黙】〔名〕(「――あり」「――をり」の形で)だまっていること。また、何もしないでいること。動詞形は「もだす」。例「なかなかに――もあらましを何すとか相見そめけむ遂げざらまくに」〈万葉・四・六一二〉訳かえって口に出さないでおればよかったのに。どうしようとして、逢(あ)いはじめたのであろうか、(どうせ)添いとげることはできないだろうに。

もた・ぐ【擡ぐ】〔他ガ下二〕(「持ち上ぐ」の変化した形)❶手で持って上げる。持ち上げる。例「御簾(みす)を――・げてそよろとさし入るる、呉竹(くれたけ)なりけり」〈枕草子・五月ばかり〉訳すだれを持ち上げてがさがさと中へ入れたのは、呉竹であった。
❷(頭などを)上げる。もたげる。例「人間(ひとま)に、からうじて頭(かしら)――・げ給へるに」〈源氏・葵〉訳人のいないすきに、やっとのことで頭をもたげなさると。

もだ・す

【黙す・黙止す】〔自サ変〕口を閉じて物を言わずにいる。だまる。沈黙する。例「世の人あひ会ふ時、暫(しばら)くも――・する事なし。必ず言葉あり」〈徒然草・一六四〉訳世間の人が互いに会う時は、少しの間も黙っていることがない。必ず言葉が交わされる。

もだ・ゆ【悶ゆ】〔自ヤ下二〕深い悲しみや苦しみでもがく。身もだえする。例「人目も知らず泣き――・えけり」〈平家・三・足摺〉訳(一人だけ島に残ることになった俊寛は)人目もはばからず泣きもだえた。

もた・り【持たり】〔他ラ変〕(「持ちあり」の変化した形)持っている。例「『燕(つばくらめ)の――・る子安(こやす)の貝一つ取りて賜へ』と言ふ」〈竹取・貴公子たちの求婚〉訳(かぐや姫は)「燕(つばめ)が持っている安産のお守りの貝を一つ取って(私に)お与え下さい」と言う。

もち【望】〔名〕❶「望月(もちづき)」の略。
❷陰暦で十五日のこと。「もちのひ」とも。例「六月(みなづき)の――ばかりなりければ」〈伊勢・九六〉訳陰暦六月十五日頃だったので。

もち-がゆ【望粥】〔名〕(「望の日の粥」の意)正月十五

日に食べる小豆粥(あずきがゆ)。もとは、米・小豆など七種類の穀物を煮こんだが、のち、「餅(もち)粥」の意にとって、小豆と餅とを入れて煮た粥をいうようになった。

もち-づき【望月】〔名〕**陰暦で、十五日の夜の月。満月。**特に、仲秋(=陰暦八月)の満月。(季・秋)例「――のくまなきを、千里(ちさと)の外(かほ)まで眺めたるよりも」〈徒然草・一三七〉訳満月の一点のくもりもない光を、はるかかなたの遠くまで眺めわたしている(ようなもの)よりも。

もちづき-の【望月の】《枕詞》望月(=満月)の欠けたところがないことから、「たたはし」「足れる」「めづらし」にかかる。

もち-て【以ちて】《連語》《動詞「もつ」の連用形＋接続助詞「て」》(「…をもちて」の形で)…によって。…を使って。…で。例「何を――とかく申すべき」〈竹取・蓬萊の玉の枝〉訳どういう理由であれこれ申せましょうか。

もち-なは【黐縄】〔名〕鳥もちを塗ったなわ。

もちひ【餅】〔名〕《「もちいひ(餅飯)」の変化した形》もち。例「御五十日(いか)に――参らせ給はむとて」〈源氏・柏木〉訳(薫(かおる)の)生後五十日のお祝いに餅(もち)を差し上げなさろうとして。

もちひ-かがみ【餅鏡】〔名〕かがみもち。

もち-ふ【用ふ】〔他ハ上二〕{ひ・ひ・ふ・ふる・ふれ・ひよ}《中世以降「用ゐる」から変化した形》⇩もちゐる

もち-ゆ【用ゆ】〔他ヤ上二〕{い・い・ゆ・ゆる・ゆれ・いよ}《中世以降「用ゐる」から変化した形》⇩もちゐる　例「汝(なんぢ)が言ふところまことに愚かなり。……一つも――ゆべからず」〈宇治拾遺・一五・一〉訳おまえが言うことは本当にばかばかしい。……一つとして信用することが出来ない。

もぢ・る【捩る】〔他ラ四〕{ら・り・る・る・れ・れ}よじる。ねじる。

もち・ゐる【用ゐる】〔他ワ上一〕{ゐ・ゐ・ゐる・ゐる・ゐれ・ゐよ}❶事物を使う。使用する。例「衣冠(いくわん)より馬・車に至るまで、あるに従ひて――ゐよ」〈徒然草・二〉訳(身につけるこまごまとした)衣服や冠から馬や牛車(ぎつしや)にいたるまで、(何でも)ある物で間に合わせて使用しなさい。❷神経を働かせる。労する。例「心を――ゐること少しきにして厳しき時は、物に逆(さか)ひ、争ひて破る」〈徒然草・二一一〉訳心を働かせることが少なくて(しかも)意固地な時は、何かと逆らい、争って(自分が)傷つく。❸人を職務や地位に就ける。登用する。例「貫首(くわんじゆ)に――ゐ申さんといかが有るべからん」〈平家・二・一行阿闍梨之沙汰〉訳(流罪に決まった人を)天台座主(ざす)として登用申し上げることはいかがであろうか。❹意見などを受け入れる。採用する。信用する。例「俊寛僧都(そうづ)は天性不信第一の人にて、これを――ゐず」〈平家・二・康頼祝言〉訳俊寛僧都は生まれつき物を信じないことを第一としている人で、これ(=成経(ナリツネ)ト康頼(ヤスヨリ)入道ノ慰メ)を信用しない。

参考「持ち率(ゐ)る」の一語化したもので、「もちひる」とも書くようになり、中世、ハ行上二段に活用する「もちふ」ができ、さらに、ヤ行上二段に活用する「もちゆ」も生じた。

も・つ【持つ】〔他タ四〕{た・ち・つ・つ・て・て}❶手に取る。たずさえる。所持する。例「左右(うき)の袖(そで)を人に――たせて、みづからは鉾(こほ)をだに――たず」〈徒然草・二三一〉訳左右の袖をほかの人に持たせて、自分は鉾さえ持たずに。❷ある状態に保つ。保持する。維持する。例「終(ひつ)に物の上手にもならず、思ひしやうに身をも――たず」〈徒然草・一八八〉訳とうとう物の上手と言われる身にもならず、思ったように身を保つ(=立身出世スル)こともない。❸心に抱き持つ。抱く。例「あしひきの山路越えむとする君を心に――ちて安けくもなし」〈万葉・一五・三七二三〉訳(流罪になって)山路を越えて行こうとするあなたのお姿を心に抱いて、不安でなりません。❹《連用形の形で》道具や手段として使う。用いる。例「限りある財(たから)を――ちて限りなき願ひに従ふこと、得(う)べからず」〈徒然草・二一七〉訳限りのある財産を用いて限りのない願望に従うことは、出来るはずがない。

もっ-て【以て】《連語》《「もちて」の促音便。「もて」とも》❶(「…をもって」の形で)…を使って。…によって。…で。例「飛脚を――、高倉宮の御謀反(むほん)の由(よし)、都へ申したりければ」〈平家・四・鼬之沙汰〉訳飛脚を使って、高倉の宮が謀反を起こされたことを、都へ申し上げたので。❷(単独で副詞または接続詞的に使われて)それによって。また、実質的な意味を持たず、強調を表す場合もある。例「南京(なんきやう)・北京(ほくきやう)ともに――如来の弟子たり」〈平家・四・南都牒状〉訳南京(=奈良ノ興福寺)と北京(=京ノ三井寺)はともに釈迦(しやか)如来の弟子である。

もって-の-ほか【以ての外】《連語》常軌にはずれて、はなはだしいこと。とんでもないこと。例「――に違例し」〈謡曲・隅田川〉訳とんでもなく重く病んで。

もっとも《「もとも」の変化した形》㊀【尤も】〔形動ナリ〕道理にかなっている。当然である。例「今夜の発向――・なり」〈保元・上・一三〉訳今夜の(軍の)出動は当然である。㊁【尤も】〔副〕同感・肯定できる様子。いかにも。本当に。例「誠にさにこそ候ひけれ。――愚かに候ふ」〈徒然草・四一〉訳本当にそうでした。いかにも愚かでした。㊂【最も】〔副〕❶程度のはなはだしい様子。とりわけ。たいそう。例「まづ世に四恩候ふ。……その中に――重きは朝恩なり」〈平家・二・教訓状〉訳まずこの世には四つの恩があります。……その中でとりわけ重要なのは朝廷の恩です。❷(下に打消しを伴って)少しも。全然。例「をかしきことにもあるかな。――え知らざりつる」〈竹取・燕の子安貝〉訳おもしろいものだなあ。全然知らなかったよ。

もて〔接頭〕(動詞に付いて)意味を強め、また語調を整える。「――かしづく」「――興ず」「――騒ぐ」など。

も-て【以て】《連語》《「も(以)ちて」の変化した形》❶手段・材料などを示す。…で。…によって。例「我妹子(わぎもこ)が形見の衣(ころも)なかりせば何物――か命継がまし」〈万葉・一五・三七三三〉訳愛(いと)しいあなたの形見の衣がなかったなら、何によって命をつなごうか。❷動作のきっかけや理由を示す。…で。…から。…のせいで。例「わが心――、はかなき御調度(てうど)どもも取り失はせ給はず」〈源氏・蓬生〉訳自分(=末摘花(スヱツムハナ))の意志で、ちょっとした家具類なども なくさないようになさって。❸上の語を強調する。…もって。例「おほやけの奉り物は、おろそかなるを――よしとす」〈徒然草・二〉訳天皇のお召し物は、簡素であるのをもって良いとする。

要点 名詞、活用語の連体形、またはそれらに「を」の付いたものに付いて、格助詞のような働きをする。

もて【持て】〖連語〗（「持ちて」の変化した形）手に持って。例「『左衛門の尉（じょう）の』とて、文を——来たり」〈枕草子・里にまかでたるに〉訳（滝口の武士が）「左衛門の尉（=橘則光（タチバナノノリミツ））の」といって、手紙を持って来た。

もて-あそび【弄び・玩び・翫び】〔名〕持って遊ぶこと。また、そのもの。慰みや気晴らしの相手とするもの。あるいは、その対象とする人。例「この宮ばかりをぞ、——に見奉り給ふ」〈源氏・幻〉訳（光源氏は、孫にあたる）この匂宮（におうのみや）だけを、遊び相手としてお世話申し上げなさる。

> 参考 「もてあそび」が「もちゃそび」「もちゃ」と変化し、それに「お」が付くと、現代語の「おもちゃ」になる。

もて-あそ-ぶ【弄ぶ・玩ぶ・翫ぶ】〔他バ四〕{ば・び・ぶ・ぶ・べ・べ}（「持て遊ぶ」の意）❶興じ楽しむ。賞翫（しょうがん）する。例「月を——・ぶに良夜とす」〈徒然草・二三九〉訳（陰暦八月十五日、九月十三日は）月を見て楽しむのに良い夜とする。❷相手をして楽しませる。相手をする。例「若君は若き人乳母（めのと）など——・び聞こゆ」〈源氏・東屋〉訳（幼い）若君は若い女房や乳母などがお相手してさし上げる。

もてあつかひ-ぐさ【もて扱ひ種】（モテアツカイ…）〔名〕取り扱う材料。話やうわさのたね。

もて-あつか-ふ【もて扱ふ】（…アツカ（コ）ウ）〔他ハ四〕{は・ひ・ふ・ふ・へ・へ}（「もて」は接頭語）❶大切に世話をする。世話を焼く。例「ことなることなき人の、子などあまた——・ひたる」〈枕草子・むつかしげなるもの〉訳（むさくるしいものは）たいして美しくもない人が、子供など大勢もって世話を焼いているの。❷取り扱いに困る。始末に手を焼く。例「宿直人（とのゐびと）が——・ひけむ、思ひ合はせられて」〈源氏・総角〉訳宿直の者が手を焼いていたとかいうことが、思い合わされて。

もて-あり-く【持て歩く】〔他カ四〕{か・き・く・く・け・け}持って歩き回る。持ち歩く。例「雪降りいみじう凍りたるに、申文（まうしぶみ）——・く」〈枕草子・正月一日は〉訳（官職任命の儀式の頃は）雪が降り大層氷が張りつめているのに、申文（=任官・叙位ナドヲ申請スル文書）を持って歩き回る。

もて-い-く【持て行く】〔他カ四〕{か・き・く・く・け・け}手に持って行く。例「つとめて『蔵人して、削りくづを番（つが）はしてみよ』と仰せ言ありければ——・きて」〈大鏡・道長・上〉訳翌朝「蔵人をやって、（証拠の）削りくずを（柱の傷に）合わせてみろ」と（花山天皇の）仰せ言があったので持って行って。

もて-い-づ【持て出づ】（…イズ）〔他ダ下二〕{で・で・づ・づる・づれ・でよ}❶持って出る。例「はかなきついでに、言ひ寄りて侍（はべ）りしを、親聞きつけて、盃（さかづき）——・でて」〈源氏・帚木〉訳ちょっとした機会に、（娘に）言い寄っておりましたところ、その親が聞きつけて、（祝いの）杯を持って出て。注親ハ、結婚ヲ正式ニ進メヨウトシタノデアル。❷表面に表す。表に出す。例「なほ——・でず」〈源氏・藤袴〉訳（玉鬘（たまかずら）と柏木（かしわぎ）は今もなお（二人が姉と弟の関係にあるということを）表に出さず。

もて-かく-す【もて隠す】〔他サ四〕{さ・し・す・す・せ・せ}（「もて」は接頭語）人にわからないようにする。隠す。例「言少ななるが、いとよく——・すなりけり」〈源氏・帚木〉訳（女は）言葉少ななのが、とてもよく（欠点を）隠すものなのだ。

もて-かしづ-く【もて傅く】（…カシズク）〔他カ四〕{か・き・く・く・け・け}（「もて」は接頭語）大切に世話をする。大事に守り育てる。例「疑ひなきまうけの君と、世に——・き聞こゆれど」〈源氏・桐壺〉訳（桐壺帝の第一皇子は）疑いもない皇太子として、世の人々も大切にお仕え申し上げているけれども。

もて-きょう-ず【もて興ず】〔自サ変〕{ぜ・じ・ず・ずる・ずれ・ぜよ}（「もて」は接頭語）おもしろがる。興味をいだく。例「片田舎（かたゐなか）の人こそ、色濃く万（よろづ）は——・ずれ」〈徒然草・一三七〉訳片田舎の人となると、しつこく何にでも興味を持つものである。

もて-く【持て来】〔他カ変〕{こ・き・く・くる・くれ・こ（よ）}持って来る。例「酒・よき物ども——・きて、船に入れたり」〈土佐・十二月二十八日〉訳酒やおいしい物などを持って来て、船にさし入れした。

もて-さわ-ぐ【もて騒ぐ】〔自ガ四〕{が・ぎ・ぐ・ぐ・げ・げ}（「もて」は接頭語）大騒ぎする。もてはやす。例「扇の風もぬるし、氷水（ひみづ）に手をひたし、——・ぐほどに」〈枕草子・いみじう暑き昼中に〉訳（暑くて）扇の風もなま暖かい、氷水に手をひたして、大騒ぎをしている時に。

もて-しづ-む【もて鎮む】（…シズム）〔他マ下二〕{め・め・む・むる・むれ・めよ}（「もて」は接頭語）❶落ち着かせる。しずめる。例「いと目やすく——・めて」〈源氏・花宴〉訳（頭中将（とうのちゅうじょう）は）とても見た目に感じよく（自分を）落ち着かせていて（=落チ着イテイテ）。❷目だたぬようにする。控え目にする。例「並びなき御光を、まばゆからず——・め給ひて」〈源氏・匂宮〉訳（光源氏は）並ぶ者がないほどのご威光を、人が気おくれしないように控え目にしておられて。

もて-つ-く【もて付く】〔他カ下二〕{け・け・く・くる・くれ・けよ}（「もて」は接頭語）❶（みだしなみ・態度などを）身に付ける。身に備える。例「田舎（ゐなか）びたるされ心——・けて、品々しからず、はやりかならましかばしも」〈源氏・東屋〉訳（浮舟が）もし田舎じみたしゃれっ気を身に付けていて、品がなく、軽薄であったら。❷取り繕（つくろ）う。装う。例「いといたう——・けて」〈源氏・空蟬〉訳（あえて言えばむしろ醜い方に属する容貌を）まったくすきなく装って。

もて-なし【もて成し】〔名〕（動詞「もてなす」の連用形の名詞化）❶取り計らい。処置。取り扱い。例「少納言が——心もとなきところなう」〈源氏・葵〉訳（室内の飾りつけや調度などは、明るくすっきりとして）少納言の取り計らいは行き届かぬところなく。❷振る舞い。態度。ものごし。例「おのおのいどみ顔なる——、見どころあり」〈源氏・葵〉訳（女性達の）それぞれ（装束の美しさを）競うようなしぐさは、一見の価値がある。❸人に対する扱い。人の遇し方。待遇。例「様悪（あ）しき御——ゆゑこそ、すげなうそねみ給ひしか」〈源氏・桐壺〉訳（桐壺帝の桐壺更衣（きりつぼのこうい）への）見苦しい（ほどの）ご待遇のせいで、（他の女御や更衣達は桐壺更衣を）冷淡にお恨みなさった。❹ごちそう。饗応（きょうおう）。

もて-な-す【もて成す】〔他サ四〕{さ・し・す・す・せ・せ}（「もて」は接頭語）❶物事をとり行う。とりはからう。処理する。例「世の覚えはなやかなる御方々（おんかたがた）にもいたう劣らず、何事の儀式をも——・し給ひけれど」〈源氏・桐壺〉訳（桐壺更衣（きりつぼのこうい）の母君は）世間の評判のはなやかなお方達にもそうひけをとらないように、（娘にかかわる）どのような行事をもおとりはからいなさったが。

❷取り扱う。待遇する。世話をする。例「桐壺更衣(きりつぼのかうい)の、あらはにはかなく——・されにし例(ためし)もゆゆしう」〈源氏・桐壺〉訳桐壺更衣が、（弘徽殿女御(こきでんのにょうご)に）露骨にないがしろにあしらわれた例も忌まわしく。

❸振る舞う。立ち回る。見せかける。例「誇りかに——・して、つれなきさまにし歩(あり)く」〈源氏・須磨〉訳（内心はともかく表面は）得意そうに振る舞って、何でもない風に動き回っている。

❹優遇する。もてはやす。ちやほやする。例「今様(いまやう)の事どもの珍しきを言ひ広め、——・すこそ、またうけられね」〈徒然草・七八〉訳当世風の珍しいことを言いふらし、もてはやすことは、これもまた理解できないことだ。

❺饗応(きょうおう)する。ご馳走(ちそう)する。

もてなやみ-ぐさ【もて悩み種】〔名〕扱いに悩むもの。もて余すようなもの。悩みの種。例「やうやう天(あめ)の下にも、あぢきなう人の——になりて」〈源氏・桐壺〉訳しだいに世の中でも、にがにがしい事だと人々の扱いかねる心痛の種となって。

もて-なや・む【もて悩む】〔他マ四〕{ま・み・む・む・め・め}《「もて」は接頭語》取り扱いに苦しむ。処置に困る。持て余す。例「さも、あぢきなき身を——・むかな」〈源氏・賢木〉訳何とも、（この浮世で）情けない我が身を持て余していることだなあ。注雲林院(ウリンイン)ニ籠(コモ)ッタ光源氏ノ述懐。

もて-なら・す【もて馴らす】〔他サ四〕{さ・し・す・す・せ・せ}《「もて」は接頭語》使いならす。例「——・し給ひし御調度ども」〈源氏・須磨〉訳（光源氏が）使いならしていらっしゃったいくつかの身のまわりの御道具。

もて-はな・る【もて離る】〔自ラ下二〕{れ・れ・る・るる・るれ・れよ}《「もて」は接頭語》❶離れる。遠ざかる。かけ離れる。例「いひ当つるもあり、——・れたることをも思ひ寄せて疑ふも」〈源氏・帚木〉訳（手紙の主を頭中将(とうのちゅうじょう)が）言い当てたのもあれば、かけ離れたことを想像して疑うのもあって。

❷疎遠になる。隔たりを置く。例「なびき聞こえず——・れたるは、をさをさあるまじきぞ」〈源氏・末摘花〉訳（光源氏に手紙をもらって）なびき申し上げずすげなくする女は、めったになさそうなのは。

もて-はや・す【もて映す・もて栄す】〔他サ四〕{さ・し・す・す・せ・せ}《「もて」は接頭語》❶一段と美しく見せる。引き立たせる。例「例に変はりたる色合ひにしも、容貌(かたち)はいとはなやかに——・されておはするを」〈源氏・藤袴〉訳いつもと違った（喪服の）色あいで、（玉鬘(たまかずら)はかえって）容貌(ようぼう)もとても美しく引き立てられていらっしゃるのを。

❷ちやほやと取り持ちをする。ほめそやす。例「——・し聞こえ給ふ」〈紫式部・管絃の御遊び〉訳（右大臣は、幼い皇子のかわいい声を）ほめそやし申し上げる。

❸丁重にもてなす。歓待する。厚遇する。例「所につけたる肴(さかな)などしてさる方に——・し給ふ」〈源氏・橋姫〉訳場所柄（＝宇治ノ山里）にふさわしい酒のつまみなどを用意してそれ相応に歓待なさる。

もて-まゐ・る【持て参る】〔他ラ四〕{ら・り・る・る・れ・れ}持って参上する。持参する。また、差し上げる。例「海士(あま)ども漁(あさ)りして、貝つ物——・れるを、召し出でて御覧ず」〈源氏・須磨〉訳漁師達が漁をして、貝の類を持って参上したのを、お取り寄せになってご覧になる。

もて-ゆ・く〔補動カ四〕{か・き・く・く・け・け}⇩もていく

もて-わた・る【持て渡る】〔自ラ四〕持って来る。持って行く。また、持って移動する。例「火など急ぎおこして、炭——・るも、いとつきづきし」〈枕草子・春はあけぼの〉訳火などを急いでおこして、（御殿(ごてん)から御殿へ）炭を持って行くのも、いかにも（冬の早朝の景として）ふさわしい。

もて-わづら・ふ【もて煩ふ】〔自ハ四〕{は・ひ・ふ・ふ・へ・へ}《「もて」は接頭語》取り扱いに苦しむ。処置に悩む。もてあます。例「ただこの娘一人を——・ひたる気色(けしき)」〈源氏・明石〉訳（明石の入道は）ただこの娘一人（＝後ノ明石ノ上）のことを（よき人の妻にと思い）悩んでいる様子。

もと

【本・元・原】㊀〔名〕❶草木の根もと。株。あるいは、木の幹。草の茎。例「その竹の中に、——光る竹なむ一筋(ひとすぢ)ありける」〈竹取・かぐや姫の生ひ立ち〉訳その（取りに行った）竹の中に、根もとが光っている竹が一本あった。

❷物事の起こり。起源。初め。例「想夫恋(さうぶれん)といふ楽(がく)は、女、男を恋ふる故の名にはあらず。——は相府蓮(さうふれん)、文字の通へるなり」〈徒然草・二一四〉訳想夫恋という音楽は、女が、男を恋い慕うことに由来する曲名ではない。初めは相府蓮という名で、文字の音が似通っている（ため想夫恋とも書く）のだ。

❸物事の根本。よりどころ。また、主な原因。例「世を治むる道、倹約を——とす」〈徒然草・一八四〉訳世の中を治める方法には、倹約ということが根本である。

❹短歌の上(かみ)の句。五七五の部分。例「歌どもの——を仰せられて、『これが末いかに』と問はせ給ふに」〈枕草子・清涼殿の〉訳（中宮様が『古今和歌集』の）多くの歌の上の句をおっしゃって、「この歌の下(しも)の句はどうなっているか」とご質問になる時に。

❺事業のもとになる金。元手。資本。また、利益を得るための元金。例「——すこしの事なれば、金子百両になる事、中々むつかしく」〈西鶴・日本永代蔵・五・四〉訳（毎年毎年利益を得たけれども）元手が少しだったので、金百両をためることは、なかなかむつかしく。

❻【下】木など、立っているものの下の所。下の方。また、そのそば。かたわら。例「かの小柴垣(こしばがき)の——に立ち出(い)で給ふ」〈源氏・若紫〉訳例の小柴垣（＝柴デ結ッタ丈ノ低イ垣根）のそばへお出かけになる。

❼【許】人のいる所。すまい。また、人の膝元(ひざもと)。例「人の——にこれより遣(や)るも」〈枕草子・ねたきもの〉訳他人の所へこちらから届ける手紙でも。

❽【旧・故】以前からあるもの。昔。もともと。前世。例「ゆく河の流れは絶えずして、しかも、——の水にあらず」〈方丈記・ゆく河〉訳流れ行く川の流れは絶えることがなくて、それでいて、以前からあった水ではない。

㊁〔接尾〕草木を数える語。…本(ほん)。例「遅れて咲く桜二(ふた)——ぞ、いとおもしろき」〈源氏・花宴〉訳季節遅れで咲く桜二本が、とてもきれいだ。

㊂【旧・故】〔副〕以前に。さきに。前から。

もと-あら【本荒】〔名〕木の根もと近い部分の枝や葉がまばらなこと。一説に、木がまばらに生えていることともいう。例「——の小萩(こはぎ)」〈源氏・野分〉訳根もとの方がまばらな小萩が。

本居宣長(もとおりのりなが)《人名》⇩もとをりのりなが（本居宣長）

もどか・し 〔形シク〕《動詞「もどく」の形容詞化した形》❶非難したい気持ちである。気に入らない。例「わびしげなる車に装束(さうぞく)悪くて物見る人、いと——・し」〈枕草子・よろづのことよりも〉訳みすぼらしい牛車(ぎっしゃ)で服装がみっともないさまで(祭などを)見物する人は、実に気に入らない。❷思うようにならないで、いらだたしい。じれったい。もどかしい。例「男は、うたて思ふさまならず、——・しう心づきなきことなどありと見れど」〈枕草子・はづかしきもの〉訳男というものは、(相手の女について)いやなことに自分の思う通りでなく、じれったく気に入らない点などがあると見ても(だまして機嫌をとる)。

もど・く 【抵牾く・牴牾く】〔他カ四〕❶いかにもそれらしく振る舞う。まねる。似せる。例「この七歳(ななとせ)なる子、父を——・きて高麗人(こまうど)と文(ふみ)を作り交はしければ」〈宇津保・俊蔭〉訳この七つになる子供(=俊蔭(トシカゲ))は、父をまねて高麗の人と漢詩を作って交換したので。❷非難する。悪口をいう。例「この君の、いたうまめだち過ぐして、常に——・き給ふが妬(ねた)きを」〈源氏・紅葉賀〉訳この光源氏は、ひどくまじめすぎて、いつも(私、頭中将(とうのちゅうじょう)の浮気を)批判なさるのがしゃくにさわるので。

もと-じろ【本白】〔名〕矢羽(やばね)の一つ。羽の上部が黒っぽく、根元が白いもの。

もとじろ

もと-する【本末】〔名〕❶草木の根元と枝先。根本(こんぽん)と末端。❷物の上端と下端。矛(ほこ)や弓についていう。❸短歌の、上(かみ)の句と下(しも)の句。例「三十文字(みそもじ)余り、——あはぬ歌」〈源氏・常夏〉訳三十音余り(=和歌ノ三十一音)の、上の句と下の句との意味がしっくりしない歌を。❹神楽歌(かぐらうた)で、本方(もとかた)(=先ニ唱エ歌ウ方)の歌と末方(すえかた)の歌。

もと-つ-くに【本つ国】〔名〕《「つ」は「の」の意》もとの国。故郷。本国(ほんごく)。

もと-どり【髻】〔名〕《「本取り」の意》髪を頭の上に集めて束ねたもの。「たぶさ」とも。

髻放(な)・つ 冠や烏帽子(えぼし)などをかぶらず、髻を露出させる。人前では不作法とされた。例「翁(おきな)の——・ちたる」〈枕草子・むとくなるもの〉訳(かたなしなもの)おじいさんが冠をかぶらずに髻を露出させているの。

髻放つ

もと-な〔副〕《上代語》わけもなく。むやみに。しきりに。例「まなかひに——かかりて安眠(やすい)し寝(な)さぬ」〈万葉・五・八〇二長歌〉訳(子供の面影が)目の前にむやみにちらついて(私を)安らかに眠らせもしない。注山上憶良ノ「子等を思ふ歌」ノ一部。

もと-へ【本方・本辺】〔名〕《上代語》❶もとの方。根元のあたり。❷山の麓(ふもと)のあたり。例「三諸(みもろ)は人の守(も)る山——には馬酔木(あしび)花咲き末辺(すゑへ)には椿(つばき)花咲く」〈万葉・一三・三二二二長歌〉訳三諸山は人々が(無断で入る者がないよう)大切に守っている山だ。麓のあたりにはアシビの花が咲き、頂上のあたりにはツバキの花が咲く。

もとほ・す【回す・徘徊す】〔他サ四〕《上代語。「もとほる」の他動詞形》あたりを回らせる。めぐらす。回す。例「大君の王子の柴垣八節締(やふじま)り締まり——・し」〈古事記・下・清寧〉訳王子様の(宮殿の)柴で作った垣根は結び目を多くしばり、しっかりとしばり周囲にめぐらし。

もと-ほととぎす【本時鳥】〔名〕昔なじみのほととぎす。

もとほ・る【回る・徘徊る】〔自ラ四〕《上代語。「もとほす」の自動詞形》あたりを回る。めぐる。徘徊(はいかい)する。例「細螺(しただみ)のい這(は)ひ——・り撃(う)ちてし止(や)まむ」〈古事記・中・神武〉訳(這い回る)巻き貝のように(敵のまわりを)取り巻いて撃ち滅ぼしてしまおう。

参考 多く「立つ」「行く」「這ふ」などの連用形に付いて用いられる。類義語の「めぐる」が物の周囲を一周する意であり、「廻(み)る」が物の外側に沿って移動する意であるのに対して、「もとほる」は周囲をあちこちと進み行く意。

もと・む【求む】〔他マ下二〕❶捜し求める。捜し出す。尋ねる。例「これや我が——・むる山ならむと思ひて」〈竹取・蓬萊の玉の枝〉訳これが私の捜し求めている山(=蓬萊山(ホウライサン))であろうかと思って。❷手に入れたいと思う。ほしがる。望む。例「そもそも人は、所願(しょぐわん)を成(じゃう)ぜんがために、財(たから)を——・む」〈徒然草・二一七〉訳そもそも人間は、欲望を実現するために、財産をほしがるのである。❸招く。誘い出す。例「薬を飲みて汗を——・むるには」〈徒然草・一二九〉訳薬を飲んで汗を誘い出すのには。❹買い求める。買う。例「今から都へ上(のぼ)って末広がりを——・めて来い」〈狂言・末広がり〉訳今から都へ行って末広がり(=扇子ノ一種)を買い求めて来い。

もとめ-い・づ【求め出づ】〔他ダ下二〕見つけ出す。捜し出す。例「くちなし原ににょひ伏したるを——・でて、舁(か)き持て来つ」〈徒然草・八七〉訳(下男に斬られた僧が)クチナシの生えている野原でうなって倒れているのを捜し出して、かついで運んで来た。

もとめ-いとな・む【求め営む】〔他マ四〕手に入れるためにあれこれと手をつくす。得ようと努める。例「この四つの外(ほか)を——・むを奢(おご)りとす」〈徒然草・一二三〉訳この四つ(=衣・食・住・医療)以外の物を得ようと努めるのをぜいたくだとする。

もとめ-か・ふ【求め飼ふ】〔他ハ四〕捜し求めて飼う。見つけ出して飼う。例「家ごとにあるものなれば、ことさらに——・はずともありなん」〈徒然草・一二一〉訳(犬は役に立つが)家ごとにいるものだから、わざわざ捜し求めて飼わなくてもよいだろう。

もとも【尤も・最も】〔副〕⇨もっとも

もと-ゆひ【元結】〔名〕《「もとひ」とも》❶髻(もとどり)を結ぶために用いる糸。もとは、組糸を用いたが、後には、こよりを使った。

❷⇩もとどり

もと-より【元より・固より】〔副〕❶以前から。昔から。例「――友とする人一人二人して行きけり」〈伊勢・九〉訳以前から友達になっている人一人、二人と連れ立って(東国へ)行った。
❷もともと。元来。例「船君(ふなぎみ)の病者(ばうざ)、――こちごちしき人にて、かうやうのこと、さらに知らざりけり」〈土佐・二月七日〉訳船のご主人である病人(=紀貫之自身)は、元来無風流な人で、このような(歌を詠むなどという)ことは、全然知らないのであった。

本居宣長(もとをりのりなが)〔モトオリ…〕【人名】江戸後期の国学者。一七三〇年(享保十五)～一八〇一年(享和元)。伊勢松坂(=三重県松阪市)の人。初め、京都に出て、儒学・医学を学んだが、契沖(けいちゅう)の書物を読んで、古典への眼を開かれ、郷里で医者を開業しながら、賀茂真淵(かものまぶち)を師と仰いで、本格的な実証的研究を深め、国学を大成した。三十五年の歳月を費やして成った『古事記伝』、王朝文学の本質を「もののあはれ」と説いた『源氏物語玉の小櫛』を始め、随筆『玉勝間』、語学書『詞(ことば)の玉緒(たまのお)』など多くの著書を残し、後世に多大の影響を与えた。⇩源氏物語玉の小櫛(げんじものがたりたまのをぐし)・玉勝間(たまかつま)

も-なか【最中】〔名〕❶まんなか。中央。中心。
❷物事のまっ盛り。最盛期。例「色も香もとり並べたる梅の花咲くこそ春の――なりけれ」〈真淵〉訳色も香りもそろった梅の花が咲く時こそ、春のまっ盛りなのだなあ。

もの【物・者】■〔名〕《特にそれと限定せずに対象を漠然と指す語》❶(一般的に)もの。物体。ある物。漠然と目に見えるもの全般を指す場合、前後の関係から容易にわかるので特に明示しない場合、明言するのを避けていう場合などがある。例「――皆は新しき良しただしくも人は古(ふる)きしよろしかるべし」〈万葉・一〇・一八八五〉訳物は皆新しいのがよい。しかし人は年をとった者の方がよろしいはずだ。注「古きし」ノ「し」ハ、強調ノ副助詞。
❷(形はないが)心でとらえられるもの。事柄。また、話したり思ったりすることの内容。ある事、何か。例「――聞かむと思ふほどに泣くちご」〈枕草子・にくきもの〉訳何か話を聞こうと思っている時に泣き出す赤ん坊(は憎らしい)。
❸行こうとする目的の場所。ある所。特に、それが神社や寺である時に、それと明示せずにいう。例「同じ所なる人、――へ詣(まう)でつ」〈蜻蛉・下・天延二年〉訳(自分と)同じ邸(やしき)に住む人が、ある所(=神社)へお参りした。
❹動物や人。例「ひまなくをりつる――ども、一人二人すべり出でて往(い)ぬ」〈枕草子・すさまじきもの〉訳(除目(じもく)があって)すき間もないほどひかえていた者達が、(家の主人が官職につけないと分かると)一人か二人ずつこっそりと外へ出て姿を消してしまう。
❺超自然的なもの。鬼神、霊、物の怪(け)。例「――におそはるる心地して、驚き給へれば」〈源氏・夕顔〉訳何か魔物にうなされる気持ちがして、目がさめなされると。
■〔接頭〕《多く形容詞・形容動詞の上に付いて》漠然とした感じを表す。何となく…。「――さびし」「――心細し」「――静かなり」など。

物の心(こころ) 物事の真の意味。真意。また、物の情趣。例「よき人は、――を得給ふ方の、いとことに物し給ひければ」〈源氏・橋姫〉訳高貴な方は、物事の真意を理解なさる方面が、格別優れていらっしゃったので。

物の諭(さとし) 神仏の啓示。何かの前兆。例「京にも、この雨風、いとあやしき――なりとて」〈源氏・明石〉訳都でも、この暴風雨は、たいそう不思議な何かの前兆であるとして。

物の上手(じやうず)〔…ジョウズ〕 その道の達人。名人。例「天下の――と言へども、初めは不堪(ふかん)の聞こえもあり」〈徒然草・一五〇〉訳世に有名なその道の達人といっても、初めは下手だという評判もあり。

物の音(ね) 楽器の音。音楽。例「御簾(みす)のうちに、――聞き分く人、物し給ふらむかし」〈源氏・篝火〉訳すだれの中に、楽器の音色をよく聞き分ける人が、おいでになるだろうからねえ。

もの■〔終助〕《形式名詞「もの」が文末に用いられて終助詞化したもの》接続 活用語の連体形に付く。
【詠嘆】❶《逆接的に後に続くような含みをもって感動・詠嘆する意を表す》…のになあ。…のだがなあ。例「天(あま)飛ぶや鳥にもがもや都まで送り申して飛び帰るもの」〈万葉・五・八七六〉訳大空を飛んで行く鳥であったらなあ、(あなたを)都までお送りして飛び帰って来るのになあ。
❷《原因・理由の意味で後に続く含みをもって感動・詠嘆する意を表す》…だからなあ。例「もっともちゃ、もっともぢゃ、道具屋の娘ぢゃもの」〈近松・卯月潤色〉訳その通りです、その通りです、(私は)道具屋の娘ですからねえ。

参考 ①は上代の用法。②は近世以降の用法で、現代語でも用いられている。②は一説に、終助詞「ものを」の略で、接続助詞「もの」と同じものともいう。

■〔接助〕接続 活用語の終止・連体形に付く。【原因・理由】《原因・理由を表す》…から。例「おれが大事の孫ぢゃもの」〈歌舞伎・五道冥官〉訳私の大事な孫だから(どうして悪く思いましょうか)。

もの-あはせ【物合はせ】〔…アワセ〕〔名〕左右に分かれ、双方から特定の品物を出し合って、その優劣を競う遊び。絵合わせ・貝合わせ・薫(た)き物合わせ・根合わせなど。例「――、なにくれと挑(いど)むことに勝ちたる、いかでかうれしからざらむ」〈枕草子・うれしきもの〉訳物合わせや、何やかやと勝負事に勝ったのは、どうしてうれしくないわけがあろうか。

もの-あはれ【物哀れ】〔…アワレ〕〔形動ナリ〕《「もの」は接頭語》なんとなくしみじみとした情趣を感じる様子。なんとなく感慨深い。例「忍びたるけはひ、いと――・なり」〈徒然草・一三〉訳世間から隠れてひっそりと住んでいる様子が、なんとなくしみじみとした情趣を感じさせる。

もの-あらがひ【物諍ひ】〔…アラガイ〕〔名〕言い争うこと。抗弁すること。言い訳すること。「もの争(あらそ)ひ」とも。例「御――こそ、なかなか心置かれ侍(はべ)りぬべけれ」〈源氏・椎本〉訳(あなたが)言い訳をなさるから、(私も)かえって疑う気持ちも生じてしまうのです。

もの-いひ【物言ひ】〔…イイ〕〔名〕❶物を言うこと。言葉を交わすこと。また、その言い方。言葉づかい。例「とかく――などするにぞ、少しまぎれたる」〈蜻蛉・中・天禄二年〉訳(来客と)あれこれ言葉を交わすことによって、少しは(いらいらした)気分も紛れた。
❷話の内容。評判。うわさ。多くは、非難の内容を含むものを指す。例「人の――をはばかり給ひつつ」〈源氏・朝顔〉

訳 人から悪いうわさを立てられるのを遠慮なさりながら。
❸口の達者な人。議論好きな人。
❹文句をつけること。口げんかをすること。

もの-い・ふ【物言ふ】〔自ハ四〕{は・ひ・ふ・ふ・へ・へ} ❶言葉を話す。口をきく。例「桃李（たうり）——・はねば、誰とともにか昔を語らん」〈徒然草・二五〉訳（昔と同じように咲いてはいるが）桃やスモモは言葉を話すわけではないから、いったい誰と一緒に昔の事を語り合おうか。
❷気の利いたことを言う。秀句を言う。例「『黒鳥（くろとり）のもとに、白き波を寄す』とぞ言ふ。この言葉、何とにはなけれども、——・ふやうにぞ聞こえたる」〈土佐・一月二十一日〉訳（船頭が）「黒鳥の足もとに、白い波がうち寄せる」と言う。この文句は、何ということもないけれども、気の利いたこと（＝風流ナ秀句）を言っているように聞こえた。
❸男女が情を通わせる。懇（ねんごろ）ろになる。例「昔、——・ひける女に」〈伊勢・三〉訳昔、情を通わせたことのある女に。

もの-いみ【物忌み・斎戒】〔名〕❶**神を祭るため、ある期間、飲食や言行を慎んで身を清めること。**例「もろもろの氏姓（うぢかばね）の人ども、沐浴（ゆかはあみ）——して、おのおの盟神探湯（くかたち）せよ」〈日本書紀・允恭・四年〉訳すべての氏姓の者どもは、体を洗い身を慎んで、それぞれ盟神探湯せよ。注「盟神探湯」ハ、神ニ祈誓シ手ヲ熱湯ニ入レ、タダレナイコトデ身ノ潔白ヲ示ス、上代ノ一種ノ裁判。
❷平安時代以後、陰陽道（おんやうだう）で日や方角が悪いとされたり、身が汚れたりしている時、**一定期間外出を避け、家にこもって身を慎むこと。**例「あす・あさて固き——に侍（はべ）るを」〈源氏・東屋〉訳明日・明後日はきびしい物忌みでございますから。
❸「物忌」と書いた札。②のしるしに、柳の木札や白紙に書いて、冠（かんむり）に付けたり、簾（すだれ）に下げたりする。
❹伊勢神宮などで、神事に奉仕した少年少女。

ものいみ③

もの-う-げ【物憂げ】〔形動ナリ〕《形容詞「ものうし」の語幹＋接尾語「げ」》なんとなく気が進まない様子。おっくうそう。例「いと——に歩み来るを」〈枕草子・すさまじきもの〉訳ひどくおっくうそうに歩いて来るのを。

もの-う・し【物憂し】〔形ク〕《「もの」は接頭語》❶**なんとなく気が進まない。おっくうである。**例「もし、念仏——・く、読経（どきやう）まめならぬ時は、みづから休み、みづから怠（おこた）る」〈方丈記・境涯〉訳もしも、仏の名を唱えることがおっくうであったり、経を読むことに身が入らない時には、自分から休み、自分から怠ける。
❷つらい。苦しい。例「さらでも旅は——・きに」〈平家・一〇・海道下〉訳ただでも旅はつらいのに。

もの-うと・し【物疎し】〔形ク〕《「もの」は接頭語》なんとなく親しみにくい。いやな感じである。例「冷え入りにたれば、気配（けはひ）——・くなり行く」〈源氏・夕顔〉訳（夕顔の体は）冷えきってしまったので、様子はなんとなくいやな感じになって行く。注死相ガ表レタコトヲイウ。

もの-うらめ・し【物怨めし】〔形シク〕《「もの」は接頭語》なんとなく恨めしい。例「——・しうおぼしたる気色（けしき）の時々見え給ひしなどを」〈源氏・幻〉訳（紫の上が）何か恨めしくお思いなされたようすが時々見られたことなどを（光源氏はお思い出しになり）。

もの-うらやみ【物羨み】〔名〕何かを羨（うら）やましく思うこと。他人のことを何かにつけて羨ましがること。例「——し、身の上嘆き、人の上言ひ」〈枕草子・にくきもの〉訳他人のことを何かにつけて羨ましがり、自分の身の上（の不幸）を嘆き、人の身の上について（とやかく）言い（などする人は憎らしい）。

もの-おそろ・し【物恐ろし】〔形シク〕《「もの」は接頭語》なんとなく恐ろしい。例「人げ遠き心地して、——・し」〈源氏・帚木〉訳人の気配も遠い感じがして、なんだか恐ろしいわ。

もの-おぢ【物怖ぢ】〔名〕何かを恐れること。何かにつけてびくびくしていること。例「——をなむわりなくせさせ給ふ御本性（ごほんじやう）にて」〈源氏・夕顔〉訳（夕顔様は）何かにおびえることをむやみとなさるご性質なので。

もの-おぼえ【物覚え】〔名〕物事を覚えること。物事をはっきりとわきまえ知ること。例「才（ざえ）ある人の前にて、才なき人の、——声に人の名などいひたる」〈枕草子・かたはらいたきもの〉訳学識のある人の前で、学識のない人が、物知りぶった口調で（有名な）人の名前などを言っている（のはそばで見ていてもはらはらする）。

もの-おぼ・ゆ【物覚ゆ】〔自ヤ下二〕{え・え・ゆ・ゆる・ゆれ・えよ} ❶物事を識別する。正常の精神状態である。例「うち聞き給ふには、あさましく——・えぬ心地（ここち）して」〈源氏・椎本〉訳（父の死の知らせを）お聞きになった時は、あまりのことにぼうっとして何も考えられなくなって。
❷世の中のことが分かり始める。もの心がつく。例「——・えてのち、さることをこそまだ見侍（はべ）らね」〈大鏡・道長・上〉訳もの心がついて以来、そんな出来事（＝立派ナ儀式）はまだ見たことがありません。

もの-おもひ【物思ひ】〔名〕《「ものもひ」とも》物事を思いわずらうこと。心配。

もの-おも・ふ【物思ふ】〔自ハ四〕{は・ひ・ふ・ふ・へ・へ} 物を思う。物思いにふける。思い悩む。例「月のおもしろく出でたるを見て、常よりも——・ひたるさまなり」〈竹取・かぐや姫の昇天〉訳（かぐや姫は）月が趣深く出ているのを見て、いつもよりも物思いに沈んでいる様子である。

もの-か〔連語〕《形式名詞「もの」＋感動・詠嘆の終助詞「か」》接続 活用語の連体形に付く。
❶（意外なことに強く驚き、感動する意を表す）…ではないか。…とはまあ。例「『調六（でうろく）出（い）で来（こ）』とて、打たせ給へりけるに、ただ一度に出で来る**ものか**」〈大鏡・師輔〉訳（双六（すごろく）をしていて）「二つとも六の目になれ」と言って、サイコロを投げられたところ、たった一回でその目が出たではないか。注「調六」ハ二ツノサイコロヲ投ゲテ、二ツトモ六ノ目デアルコト。
❷（意外なことに驚きあきれ、批難する意を表す）…ことがあろうか。…なんてまあ。例「人離れたる所に、心とけて寝（い）ぬる**ものか**」〈源氏・夕顔〉訳人気（ひとけ）のないこんな所で、油断して寝込んでしまうことがあろうか。

もの-かず【物数】〔名〕❶品物の数。合計。
❷ことば数。口かず。
❸多くのもの。多数。例「そのころ、——をば、はや初心に譲りて」〈風姿花伝・一〉訳（亡父観阿弥（かんあみ）は）この年頃（＝五十歳過ギ）になると、多くの曲を、もはや初心者の私

（＝世阿弥(ぜあみ)）に譲って。

もの-がたら・ふ【物語らふ】(ガタラ・ロウ)〔他ハ四〕｛は・ひ・ふ・ふ・へ・へ｝親しく話をかわす。語り合う。例「それを、かのまめ男、うち――・ひて」〈伊勢・二〉訳その女を、例のまじめな男が、（たずねて行って）しみじみ言い交わして。

ものがたり

【物語】〔名〕❶話すこと。会話。雑談。また、男女が語り合うこと。愛の語らい。例「とばかり、助(すけ)と――して立ちて」〈蜻蛉・下・天延二年〉訳（藤原遠度(とおのり)は）しばらく（甥(おい)の）道綱と話をして立ち上がって。❷平安時代から室町時代にかけて作られた散文の文学作品。作者の見聞または想像をもとにして人物・事件について述べたもので、内容によって歌物語・歴史物語・説話物語・軍記物語などと呼ばれるものがある。例「――の出(い)で来はじめの親なる竹取の翁(おきな)に、宇津保の俊蔭(としかげ)を合はせて争ふ」〈源氏・絵合〉訳物語発生の最初の作品である『竹取の翁の物語』に、『宇津保物語』の俊蔭を対比して（それぞれの絵の）優劣を競う。注「俊蔭」ハ『宇津保物語』ノ主人公デ、巻名ニモナッテイル。

もの-かな〔連語〕《形式名詞「もの」＋終助詞「かな」》（活用語の連体形に付いて）《強い感動・詠嘆を表す》…ものだなあ。…ことだなあ。例「無下(むげ)のことをもおほせらる**ものか**」〈徒然草・一八〇〉訳ひどいことをおっしゃるものですねえ。

もの-がな・し【物悲し】〔形シク〕《「もの」は接頭語》なんとなく悲しい。例「つれづれといと――・しくておはしましければ」〈伊勢・八三〉訳（惟喬皇子(これたかのみこ)が）所在なくなんとなく悲しくしておいでになったので。

ものかはの判別

①《連語》形式名詞「もの」＋係助詞「かは」
　例 あかぬ別れの鳥は**ものかは** ―反語㊀
②《連語》連語「ものか」＋係助詞「は」
　例 同じものを中心には当たる**ものかは** ―強い感動㊁❶
　例 月は隈なきをのみ見る**ものかは** ―反語㊁❷

もの-かは(カ・ワ)〔連語〕《形式名詞「もの」＋係助詞「かは」》㊀（述語に用いて）《反語を表す》問題でない。物の数ではない。例「待つ宵(よひ)にふけゆく鐘の声聞けばあかぬ別れの鳥は**ものかは**」〈新古今・恋三・一一九一〉訳恋人を待つ宵に夜が更けたことを告げる鐘の音を聞くと、（逢っても）満足しないまま別れ（の夜明け）を知らせる鶏の声を聞いた時のつらさなどは問題でない（来ない人を待ちわびる方がもっとつらい）。

㊁（活用語の連体形に付いて終助詞的に用いる）❶《強い感動、多くは驚きあきれる意を表す》なんと…ではないか。なんと…ものだなあ。例「同じものを中心(なから)には当たる**ものかは**」〈大鏡・道長・上〉訳なんと同じ当たるといっても的(まと)の中心に当たるではないか。

❷《反語を表す》…だろうか、いやそうでない。…ことがあろうか。例「花は盛りに、月は隈(くま)なきをのみ見る**ものかは**」〈徒然草・一三七〉訳（春の）桜の花は盛りに咲いているのをだけ、月は（秋の）曇りなく照っているのをだけ見るものだろうか（いやそうではない）。

要点 ㊁は連語「ものか」に終助詞「は」を付けて、さらに強めた表記。

ものから

〔接助〕《形式名詞「もの」に格助詞「から」が付いて一語化したもの》接続 活用語の連体形に付く。

❶《逆接の確定条件を示す》…のに。…けれども。…ものの。例「月は有明けにて、光をさまれる**ものから**、影さやかに見えて」〈源氏・帚木〉訳月は有明けの月で、もう光は薄らいでいるけれども、（月）影ははっきりと見えて。例「いたましうする**ものから**、下戸(げこ)ならぬこそ、男(をのこ)はよけれ」〈徒然草・一〉訳（酒をすすめられては）困ったようにしながらも、（実は）飲めないわけではないのが、男としては望ましい。

❷《中世以降の文語で》《順接の確定条件を示す》…だから。…ので。例「さすがに辺土(へんど)の遺風忘れざる**ものから**、殊勝(しゅしょう)に覚えらる」〈奥の細道・末の松山〉訳そうは言ってもやはり片田舎らしく伝統を忘れないで今に伝えているので、奇特なことよと感心せずにはいられなかった。

参考 ②は、中世以降に、接続助詞「から」が原因・理由を表すところから、誤って類推されて生じた用法。近世の擬古文の中に多く用いられた。

もの-がら【物柄】〔名〕物の質。品質。例「いたくことことしからず、費(つひ)えもなくて、――のよきがよきなり」〈徒然草・八一〉訳（調度品は）特に大げさでなくて、費用もかからず、品質のよいものがよいのである。

もの-きこ・ゆ【物聞こゆ】〔自ヤ下二〕｛え・え・ゆ・ゆる・ゆれ・えよ｝「物言ふ」の謙譲語。申し上げる。お話しする。例「大進(だいじん)まづ――・えむ、とあり」〈枕草子・大進生昌が家に〉訳大進生昌(なりまさ)が急いで（清少納言に）申し上げたいことがある、といって（そこに）来ています。

ものきよ-げ【物清げ】〔形動ナリ〕《形容詞「ものきよし」の語幹＋接尾語「げ」》いかにも清らかで美しい様子。何となくすばらしい様子。例「掻(か)き返す撥(ばち)の音も、――・におもしろし」〈源氏・橋姫〉訳下から上へはじく（琵琶(びわ)の）撥の音も、いかにも澄んでいて趣深い。

もの-ぐさ【物種】〔名〕物事のもとになるもの。物の材料。

もの-くさ・し〔形ク〕《「もの」は接頭語》㊀【物臭し】なんとなくくさい。何か変なにおいがする。

㊁【懶し】《「ものぐさし」とも》何か不熱心である。何かおっくうである。例「童(わらべ)は気を失ひて、能――・くなり立ちぬれば、やがて能はとまるなり」〈風姿花伝・一〉訳（あまり強くしかると）子供は勇気を失って、能楽が何かおっくうになってしまうので、そのまま能楽は上達しない。

もの-ぐるは・し【物狂はし】(グル・ワシ)〔形シク〕《「もの」は接頭語》狂気じみている。気がふれている。例「今朝(けさ)の禅門の気色(きそく)、さる――・しきこともあるらんとて」〈平家・二・教訓状〉訳（重盛は）今朝の入道（＝父、平清盛）の様子からすると、そういう狂気じみたこと（＝法皇ニ謀反(ムホン)スルコト）もあるだろうと思って。

もの-ぐるひ【物狂ひ】(グ・ルイ)〔名〕❶気が狂うこと。あるいは、物の怪(け)などが乗り移って、一時的に狂ったような状態になること。また、それらの人。例「この心をも得ざらん人は、――とも言へ」〈徒然草・一一二〉訳（世間とのかかわりを捨て、信頼・礼儀をも考えないという）この気持ちをも理解できない人は、（私を）狂人だとも言ってくれ。

❷(能や狂言で)亡くした子供や夫・妻のことを思って、狂乱状態になる芸を演じること。また、その人。例「直面(ひためん)の――、能を極めてならでは、十分にはあるまじきなり」〈風姿花伝・二〉訳 能面をつけずに素顔で演じる物狂いは、能の奥義を極めてからでなくては、完全に演じることができないものである。

もの-ぐるほ・し【物狂ほし】(モノグルオシ)〔形シク〕**正気を失ったようだ。** 例「心にうつりゆくよしなし事を、そこはかとなく書き付くれば、あやしうこそ――・しけれ」〈徒然草・序〉訳 心に浮かんでくるつまらない事を、とりとめもなく書き付けると、妙に正気を失ったような気持ちになる。

> 要点 動詞「くるふ」の形容詞化した「くるはし」の変化した「くるほし」に、接頭語「もの」が付いた形。

もの-げ【物気】〔名〕何かの気配。それらしい様子。

ものげ-な・し【物げ無し】〔形ク〕(「物げ」は、それらしい様子の意)それと認めるほどのものでない。たいして目立たない。例「懸想人(けさうびと)の、いと――・き足もとを見つけられて侍(はべ)らむ時、からくもあるべきかな」〈源氏・夕顔〉訳 恋をしている男が、(馬に乗らずにいる)全くみすぼらしい徒歩の姿を(相手の女に)見つけられましたような時は、つらいことでしょうよ。

もの-こころぼそ・し【物心細し】〔形ク〕(「もの」は接頭語)なんとなく心細い。例「――・く、すずろなる目を見ることと思ふに」〈伊勢・九〉訳 なんとなく心細くて、とんでもない目にあうことだと思っている時に。

もの-ごし【物越し】〔名〕物を隔てていること。例「――にて、聞こえ給はむこと聞こし召せ」〈源氏・末摘花〉訳 物(=几帳(キチョウ)ナド)を隔てて、(光源氏の)申し上げなさることをお聞きなさいませ。

> 要点 平安時代の作品には、貴族の男女が簾(すだれ)や几帳を間に隔てて、語り合う場面が多く登場する。

もの-ごり【物懲り】〔名・自サ変〕物事に懲りること。ひどい目にあってこりごりすること。例「――・して、また出(い)だし立てぬ人もぞある」〈源氏・真木柱〉訳 これに懲りて、(玉鬘(たまかずら)を)二度と参内(さんだい)させない人があっては困る。

もの-さび・し【物寂し】〔形シク〕(「もの」は接頭語)なんとなく寂しい。例「年月(としつき)に添へて、宮の内――・しくのみなりまさる」〈源氏・橋姫〉訳 年月がたつにつれて、(八の宮の)御殿(ごてん)の中はなんとなく寂しくなる一方である。

もの-さわが・し【物騒がし】〔形シク〕(「もの」は接頭語)❶なんとなく騒がしい。さわざわしている。例「ありもつかず、いみじう――・しけれども」〈更級・梅の立枝〉訳 (帰京したばかりで)落ち着かず、(家の中は)ひどくざわざわしていたが。
❷あわただしい。せっかちである。例「その事待たん、ほどあらじ、――・しからぬやうに」〈徒然草・五九〉訳 あの事の(処理した)結果を待つのも、いくらもかかるまい。あわてることのないように(出家しよう)。

もの・し【物し】〔形シク〕気にさわる。目ざわりである。不快である。例「月の面白きに、夜ふくるまで遊びをぞし給ふなる。いとすさまじう――・しと聞こしめす」〈源氏・桐壺〉訳 (弘徽殿女御(こきでんのにょうご)は)月が美しいので、夜が更けるまで音楽の遊びをなさっているようだ。(桐壺更衣(きりつぼのこうい)を失って悲しい帝には)全く興ざめで不快だとお聞きになる。

ものし-げ【物しげ】〔形動ナリ〕(「げ」は接尾語)不快に思っている様子。不機嫌。例「――・なる御気色なるもいとをかし」〈枕草子・五月の御精進のほど〉訳 (中宮が)不快に思っているようなご様子であるのも大変おもしろい。

もの・す【物す】〔(せ・し・す・する・すれ・せよ)〕(名詞「もの」にサ変動詞「す」の付いた語)

> 何かをする、の意。場面や文脈などにより、ある・行く・来る・書く、などいろいろな動作を表す。

□一〔自サ変〕❶**ある。いる。** 例「いと押し立ち、かどかどしきところ――・し給ふ御方(おんかた)にて」〈源氏・桐壺〉訳 (弘徽殿女御(こきでんのにょうご)は)ひどく我(が)が強く、角のあるところがおありになるお方で。
❷**行く。来る。** 例「馬にて――・せむ」〈源氏・夕顔〉訳 馬で行こう。例「中将はいづこより――・しつるぞ」〈源氏・野分〉訳 中将(=夕霧)はどちらから来られたのか。
❸**生まれる。死ぬ。** 例「いはけなかりけるほどに、思ふべき人々のうち捨てて――・し給ひにける名残(なごり)」〈源氏・夕顔〉訳 幼少の頃に、愛してくれるはずの人々(=母親ナドヲ指ス)が(私を)残してお亡くなりになったあとは。
□二〔他サ変〕❶**する。なす。行う。** 例「惟光(これみつ)おり立ちて万(よろづ)は――・し侍(はべ)り」〈源氏・夕顔〉訳 (私)惟光が直接手を下して万事処理しております。
❷**言う。述べる。書く。** 例「御返りいかが――・し侍(はべ)らむ」〈源氏・須磨〉訳 お返事はどう言ってやりましょうか。
□三〔補動サ変〕…である。…ている。例「情(なさ)けなき御心(みこころ)にぞ――・し給ふらん」〈徒然草・一四二〉訳 薄情なお心でおられるだろう。

もの-すさま・じ〔形シク〕何か殺風景である。何か興味が持てない。例「今よりはかくこそはと思ひやられて、――・じくなむ」〈源氏・賢木〉訳 これからはこんなふうに(寂しい生活に)なるのだろうと思いやられて、(光源氏は)物事に興味が持てない寂しいお気持ちでおられる。

もの-ぞこなひ【物損ひ】(モノゾコナイ)〔名〕物事の情趣をこわすこと。興ざめにしてしまうこと。

もの-たち【物裁】〔名〕布を裁ちきること。裁縫。

もの-つつま・し【物慎まし】〔形シク〕(「もの」は接頭語)なんとなく遠慮される。気がひける。例「立ち聞き、かいまむ人の気配して、いといみじく――・し」〈更級・宮仕へ〉訳 (部屋の外で)立ち聞きする人や、のぞき見する人の気配がして、たいそうひどく気がひける。

もの-づつみ【物慎み】〔名〕物事を心の中に包み隠していること。控え目。遠慮。ひっこみ思案。例「おほどかにらうたげなるさまして、――したるけはひにいとうつくしう」〈源氏・橋姫〉訳 (若い方の姫は)おっとりと可憐(かれん)な様子をして、控え目にしている態度でたいそうかわいらしくて。

もの-どほ・し【物遠し】(モノドオシ)〔形ク〕(「もの」は接頭語)❶遠い。例「かく――・くては、いかが聞こえさすべからむ」〈源氏・藤袴〉訳 このように遠く離れていては、どうして(父の内大臣の伝言を)申し上げられましょう。
❷よそよそしい。他人行儀である。例「いと静かに、――・

きさましておはするに」〈源氏・紅葉賀〉訳（光源氏は）大変落ち着いて、（頭中将(とうのちゅうじょう)に対して）他人行儀な様子をしておられたが。

もの-ども【者ども】〔代名〕《「ども」は接尾語》《人称代名詞。対称》複数の目下の者を呼ぶ語。お前ら。みなの者。

もの-なげか・し【物嘆かし】〔形シク〕《「もの」は接頭語》なんとなくため息が出る様子である。なんとなく悲しい。例「――・しき御気配、限りなく思されけり」〈源氏・総角〉訳（中の君の）なんとなく悲しそうなご様子を、（匂宮(におうのみや)は）この上なく（いとおしく）お思いになるのだった。

もの-なら・ふ【物習ふ】{ナラ(ロ)ウ}〔自ハ四〕{は・ひ・ふ・ふ・へ・へ}物事を習う。学問する。例「ついでに――・ひ侍(はべ)らん」〈徒然草・二三六〉訳この機会に教えを受けましょう。

もの-な・る【物馴る】〔自ラ下二〕{れ・れ・る・るる・るれ・れよ}❶物事に慣れる。事情・世事などに通じる。熟達する。例「かやうの事は、――・れぬ人のある事なり」〈徒然草・二三四〉訳こういう事（＝質問ニ適切ニ答エナイ事）は、世事に通じていない人のする事だ。
❷ものなれているように振る舞う。馴(な)れ馴れしくする。例「けはひ卑しく言葉たみて、こちなげに――・れたる、いと物しくて」〈源氏・橋姫〉訳立ち居振る舞いが下品で言葉がなまっていて、無作法でなれなれしいのは、大変不愉快で。

ものの

〔接助〕《名詞「もの」に格助詞「の」が付いて一語化したもの》接続 活用語の連体形に付く。

《逆接の確定条件を示す》…とはいうものの。…けれども。例「なべての月には見えぬ**ものの**、師走(しはす)のつごもりのみ時めきて」〈枕草子・花の木ならぬは〉訳（ユズリハは）普通の月には見えない物ではあるが、十二月の末だけは盛りの時期らしい様子を示して。例「つれなくねたき**ものの**、忘れがたきに思(おぼ)す」〈源氏・夕顔〉訳（光源氏は空蟬(うつせみ)を）冷淡で恨めしい（女だと思う）けれども、（反面）忘れることのできない女だとお思いになる。例「君来むと言ひし夜ごとに過ぎぬれば頼まぬ**ものの**恋ひつつぞ経(ふ)る」〈伊勢・二三〉訳あなたが来るとおっしゃった夜のたびごとに、おいでのないまま過ぎてしまったから、もうあてにはしていないけれども、やはり恋しく思い続けて毎日を過ごしております。

もの-の-あはれ

【物のあはれ】{ワ(レ)・ア}〔名〕❶自然・人事など広く物事に触れて起こる、しみじみとした深い感動。また、そのような感動を起こさせる対象や、感動することのできる心。ⓐ季節の移り変わりや自然を対象とするもの。例「霞(かすみ)の間より見えたる花の色々、……匂ひわたりて、百千鳥(ももちどり)のさへづりも、笛の音(ね)に劣らぬ心地して、――もおもしろさも残らぬほどに」〈源氏・御法〉訳（明け方の）霞の間から見えている花の種々の色が、……一面に美しく照り輝いて、たくさんの千鳥達の鳴く声も、（法華経供養の）笛の音にひけをとらない感じがして、しみじみとした情趣も風情もこれ以上のものはないと思われるその時。ⓑ人事、特に男女間の心の触れ合いを対象とするもの。例「をかしきことも、――も、人からこそあべけれ」〈源氏・澪標〉訳興味をおぼえることも、しみじみと心に深く感じることも、相手次第であるようだ。
❷《本居宣長(もとおりのりなが)の用語》平安時代の文芸の根本をなす美的理念で、自然や人生の諸相に触れた時に、それらと一体になった感じで味わう、しみじみとした深い情趣をいう。それの最高度に発揮されたものが『源氏物語』であるとした。例「必ず感ずべき事に触れても、心動かず、感ずることなきを、――知らずと言ひ、心なき人とは言ふなり」〈源氏物語玉の小櫛・なほおほむね〉訳必ず感動するはずのことに接しても、心が動か（され）ず、感動することがない人を、「物のあはれ」を知らない人と言い、「心なき人」と言うのである。

> 要点 「もののあはれ」の情趣は、「をかし」と異なり、深く対象に没入した時に感得される、哀愁を底に秘めながらも美しく調和した、きわめて奥深い感動の世界である。

もの-の-ぐ【物の具】㊀〔名〕《何かをするために必要な道具・材料の意》❶生活に必要な道具。調度品。例「明け暮れ取り使ひし――なども、また書き置きたる文(ふみ)など見るに絶え入る心地ぞする」〈蜻蛉・上・康保元年〉訳（亡き母が）朝晩使っていた道具類や、また書き残しておいた手紙などを見ると（悲しくて）息が止まりそうな気がする。
❷何かを作るのに必要な材料・用具。例「――ども請(こ)ひ出でて、祈り物作る」〈枕草子・さかしきもの〉訳（祓(はら)えのために）必要な材料をもらい受けて、（御幣(ごへい)などの）祈禱(きとう)に供える物を作る。
❸衣服。特に、礼装用の衣服。
❹《中世の軍記物語などで》武具・武器の総称。主に鎧(よろい)・兜(かぶと)をいうが、弓矢などを含めていうこともある。例「五艘(うき)の船に――入れ、兵粮米(ひやうらうまい)積んだりければ」〈平家・一一・勝浦付大坂越〉訳五隻の船に武器を積み、戦時の食糧を積んであったので。
㊁〔自サ変〕{せ・し・す・する・すれ・せよ}《中世の軍記物語などで》武装する。鎧(よろい)・兜(かぶと)に身を固める。例「我と思はん者どもは、皆――・して馳(は)せ参れ」〈平家・二・烽火之沙汰〉訳自分こそは（私に忠義をつくそう）と思うような者達は、皆（残らず）武装して（馬に乗って）やって来い。

もの-の-け【物の怪・物の気】〔名〕《「もの」は悪霊(あくりょう)、「け」は気の意》人にとりついて、病気や不幸をもたらすもの。また、それらが人にとりつくこと。例「――にやあらむ、加持(かぢ)もこころみむ」〈蜻蛉・上・応和二年〉訳（病気は）何かの霊がとりついたのだろうか、加持（＝密教ノ呪法(ジュホウ)）をやってみよう。

> 要点 「物の怪」になるのは、死霊(しりょう)・生き霊（＝恨ミヲ抱イテイル死者ヤ生者ノ霊）と考えられ、平安時代には、特に恐れられた。その頃の作品には、これを調伏(ちょうぶく)（＝退治）するため、加持・祈禱(きとう)をする場面がしばしば登場する。

もの-の-こころ【物の心】⇩「もの（物）」子項目

もの-の-さとし【物の諭】⇩「もの（物）」子項目

もの-の-じゃうず【物の上手】{ジョ・ウズ}⇩「もの（物）」子項目

もの-の-な【物の名】〔名〕《「ぶつめい」とも》和歌などで、物の名前を他の語に通わせて詠みこんだもの。『古今和歌集』以後、部立(ぶだて)の一つとなった。「隠し題」とも。例えば「秋近う野はなりにけり白露の置ける草葉も色変はりゆく」

〈古今・物名・四四〇〉（訳 野原は秋が近くなってしまったんだなあ。白露が降りている草葉もだんだん枯れて色が変わってゆくよ。）の中に「きちかうの花」（＝キキョウノ花）が第一・二句に隠されているような類。

もの-の-ね【物の音】 ⇩「もの（物）」子項目

もの-の-ふ【物部・武士】〔名〕❶（上代語）朝廷に仕えているすべての人。文武百官。例「秋野には今こそ行かめ——の男女（をとこをみな）の花にほひ見に」〈万葉・二〇・四三一七〉訳 さあ、今こそ秋の野原へ行こう、宮中に仕えている男女の姿が花に美しく映えているのを見るために。
❷（平安時代以降）つわもの。武士。

もののふ-の【物部の・武士の】《枕詞》（朝廷に仕える氏の数が多いところから）「やそ（八十）」「い（五十）」にかかり、それと同音を持つ「矢」「岩瀬」などにかかる。また、「うぢ（氏・宇治）」にもかかる。例「——八十宇治川（やそうぢがは）の網代木（あじろき）にいさよふ波の行くへ知らずも」〈万葉・三・二六四〉訳 宇治川の網代のくいのまわりで漂いとどまっている波の行くへはわからないことだ。注 柿本人麻呂ノ作。

もの-は【物は】〔連語〕（形式名詞「もの」＋係助詞「は」）…ところが、なんとまあ。…とたんに。例「端の方（かた）なりし畳を差し出でし——、この草子乗りて出でにけり」〈枕草子・この草子〉訳 端の方にあった畳を（左中将が座るために）さし出したところが、なんとまあ、この枕草子が上に乗ったまま出てしまった。

もの-はかな・し【物はかなし】〔形ク〕（「もの」は接頭語）❶なんとなく頼りない。例「わが身はか弱く、——・き有様にて」〈源氏・桐壺〉訳 自分（＝桐壺更衣）のからだは病弱で、なんとなく頼りない状態で。
❷しっかりしていない。どことなくとりとめがない。例「などか、いと——・きさまにては大殿（おほとの）ごもりける」〈源氏・常夏〉訳（姫君は）どうして、ひどく無用心な様子でおやすみになっていたのか。
❸たいしたことがない。例「見入れのほどなく、——・き住まひを」〈源氏・夕顔〉訳 外から中を見ると（門からの）奥行きも浅く、たいしたこともない住まいを。

もの-はかばか・し【物はかばかし】〔形シク〕（「もの」は接頭語）なんとなくしっかりしている。なんとなくてきぱきしている。例「そこらの人多かりしかど、——・しく耳とどむるもあらめど」〈大鏡・序〉訳（あたりには）多くの人がいたが、（中には）しっかりと注意して聞く人もいたのだろうが。

もの-はづか・し【物恥づかし】〔形シク〕（「もの」は接頭語）なんとなく恥ずかしい。なんとなくきまりが悪い。例「かたみに——・しく胸つぶれて、物も言はで泣き給ふ」〈源氏・少女〉訳 お互いになんとなく恥ずかしく胸がどきどきして、何も言わず泣いておられる。

もの-ふか・し【物深し】〔形ク〕（「もの」は接頭語。「ものぶかし」とも）❶奥深い。奥まっている。例「広々と——・き深山（みやま）のやうにはありながら」〈更級・野辺の笹原〉訳（以前の家は）広々として奥深い深山のようではあったが。
❷思慮深い。重々しい。例「——・く重き方はおくれて、ひたぶるに若びたるものから」〈源氏・夕顔〉訳（夕顔は）思慮深いとか重々しいとかいう点は劣っていて、ただもう若く初心そうでありながら。
❸趣が深い。奥ゆかしい。例「いと——・く面白しと、若き人々思ひしみたり」〈源氏・椎本〉訳（八の宮がかき鳴らす箏の音を）大変趣深くて風情があると、（客の）若い人々は深く感じ入っている。

もの-ふ・る【物旧る・物古る】〔自ラ上二〕古めかしくなる。どことなく古びる。また、古ぼける。例「今めかしくきららかならねど、木立——・りて、わざとならぬ庭の草も心あるさまに」〈徒然草・一〇〉訳 当世風にきらびやかではないけれど、（庭の）木立はどことなく古びていて、特に手を加えた風にも見えない庭の草も趣のある様子で。

もの-まう【物申】〔感〕（「物申す」の変化した形）他人の家を訪問して案内を請う時の言葉。ごめんください。例「灯心を一筋にして、——の声する時、もとのごとくにして」〈西鶴・日本永代蔵・二・一〉訳（座敷の行灯（あんどん）の）灯心を一本にして（暗くしておき）、ごめんくださいという声がする時、元のように（明るく）して。注 客ノ来ナイウチハ灯油ヲ節約シヨウトスル倹約家ノ描写。

もの-まう・す【物申す】〔自サ四〕（上代は「ものまをす」）❶「物言ふ」の謙譲語。申し上げる。お話し申し上げる。また、お尋ねする。例「石麻呂（いしまろ）に我——・す夏痩（や）せに良しといふ物ぞ鰻（むな）捕（と）り食（め）せ」〈万葉・一六・三八五三〉訳 石麻呂（＝人名）さんに私は申し上げます。夏痩せに良いものだそうです。鰻を捕って召し上がってください。注 大伴家持ガ、ヒドク痩セタ人ヲカラカッテ作ッタ歌。
❷神仏に願い事を申し上げる。例「神・寺などに詣（まう）でて、——・さするに」〈枕草子・心ゆくもの〉訳 神社や寺院に参詣して、（神職や僧に）願い事を申し上げさせるのに。
❸（中世以降、「ものまうす」「ものまうさむ（ん）」の形で）案内を請う語。ごめんください。

もの-まうで【物詣で】〔名・自サ変〕神社やお寺に参ること。参詣。お参り。例「御——の後は、やがて渡りおはしましねかし」〈源氏・浮舟〉訳（石山寺へ）ご参詣の帰途には、そのまま（宇治へ帰って）いらっしゃい。

もの-まね【物真似】〔名〕❶人や動物の声やしぐさをまねること。
❷（能などで）登場人物になりきって演技すること。世阿弥は、特にこれを重視した。例「そもそも、鬼の——、大きなる大事あり」〈風姿花伝・二〉訳 さてさて、鬼になりきって演ずるについては、たいへん大事な点がある。
❸（近世の）役者の声色・しぐさなどをまねて見せる芸。

もの-まねび【物学び・物真似び】〔名・自サ変〕他人の動作などをまねること。人まね。例「山ごもりの御羨（うらや）みは、なかなか、今様（いまやう）だちたる御——になむ」〈源氏・手習〉訳 山籠りを羨ましくお思いになることは、（真実の心でなく）かえって、当世風な人まねで（ございましょう）。

もの-まめやか【物まめやか】〔形動ナリ〕（「もの」は接頭語）❶まじめである。実直である。例「昔物語などをぞ、——・に聞こえ給ふ」〈源氏・椎本〉訳（父宮についての）昔話などを、（薫（かおる）は）まじめにお話し申し上げなさる。
❷堅実である。生活に密着している。例「物語のこともうち絶え忘られて、——・なるさまに心もなり果ててぞ」〈更級・宮仕へ〉訳 物語のことも自然と途絶えて忘れて、（生活のことを考えるという）堅実な風に心もすっかり変わって。

もの-み【物見】■〔名〕❶物を見ること。見物。例「尼などの世を背きけるなども、倒れまろびつつ、——に出（い）でたるも」〈源氏・葵〉訳 尼などのように世を捨てた者なども、（雑踏の中で人に押されて）倒れ転びながら、（光源氏の行列の）見物に出ているのも。
❷戦場で、敵の状況をさぐること。偵察（ていさつ）。また、それをする人。斥候（せっこう）。
❸外を見るために開けた窓や小さな穴。ⓐ牛車（ぎっしゃ）の屋形の窓。ⓑ邸宅などの壁・幕・編み笠（がさ）などに設けられた小さな穴。
二〔名・形動ナリ〕見物する価値のある、みごとなもの。すばらしいもの。また、その様子。

もの-み-ぐるま【物見車】〔名〕お祭などを見物する時に乗っていく牛車（ぎっしゃ）。

もの-むつか・し【物難し】〔形シク〕（「もの」は接頭語）❶なんとなくいやである。なんとなくうっとうしい。例「――・しう思ひ乱れて」〈紫式部・里居の物憂い心〉訳なんとなくうっとうしく心は乱れて。
❷なんとなく気味が悪い。何か恐ろしい。例「奥の方（かた）は暗う――・しと、女は思ひたれば」〈源氏・夕顔〉訳（建物の）奥の方は暗くてなんとなく気味が悪いと、女（＝夕顔）は思っているので。

もの-めか・し【物めかし】〔形シク〕（「めかし」は接尾語。それらしく見える意）ものものしく見える。一人前に見える。例「位など、いま少し――・しきほどになりなば」〈源氏・若菜・上〉訳（柏木（かしわぎ）の）位などが、もう少し一人前に思える程度になったならば。

もの-めか・す【物めかす】〔他サ四〕（さ・し・す・す・せ・せ）ひとかどのものとして大切に扱う。大事にする。重んじる。例「内裏（うち）わたりなどにてはかなく見給ひけむ人を――・し給ひて」〈源氏・紅葉賀〉訳（光源氏は）宮中あたりなどでほんの行きずりに関係なさったような女房をひとかどの相手としてお扱いになって。注若紫ニツイテノ、左大臣家ノ憶測。

もの-めで【物愛で】〔名・自サ変〕物事に深く感動し、愛すること。物事に強く心ひかれること。例「をかしき夕暮れなどに、弾（ひ）き合はせて遊ぶ時は、涙もつつまず……さすがに――したり」〈源氏・東屋〉訳趣深い夕暮れなどに、（娘が）合奏をして楽しんでいる時は、（父は）涙も隠すことなく……（無風流な人ながら）さすがに深く感動している。

もの-もの・し【物物し】〔形シク〕❶おごそかで重々しい。堂々として立派である。例「大納言殿は――・しう清げに」〈枕草子・淑景舎〉訳大納言殿は重々しく美しく。
❷（多く、相手が大勢なのを見下していう）おおげさで、ばかげている。例「あら――・しや、おのれらよ。先に手並みは知るらんものを」〈謡曲・夜討曽我〉訳ああ、ばからしい、お前達よ。さっき（私の）腕前はわかったろうに。

もの-もひ【物思ひ】（イ：モ）〔名〕（「ものおもひ」の変化した形）物思いをすること。思い悩むこと。心配。例「防人（さきもり）に行くは誰（た）が背（せ）と問ふ人を見るが羨（とも）しさ――もせず」〈万葉・二〇・四四二五〉訳防人に行くのは誰の夫ですかと尋ねる人を見ることのうらやましさよ。物思いをすることもなしに。

もの-も・ふ【物思ふ】（ウ：モ）〔自ハ四〕（は・ひ・ふ・ふ・へ・へ）（「ものおもふ」の変化した形）物思いをする。思い悩む。例「さ寝（ぬ）る夜は多くあれども――・はず安く寝る夜はさねなきものを」〈万葉・一五・三七六〇〉訳寝る夜は多いけれども、（恋のため）物思いをせず安らかに寝る夜はまったくないことだ。

もの-やみ【物病み】〔名〕やまい。病気。例「――になりて死ぬべき時に」〈伊勢・四五〉訳病気になって（今にも）死にそうな時に。

もの-ゆか・し【物ゆかし】〔形シク〕（「もの」は接頭語）なんとなく心ひかれる。例「若き男どもの――・しう思ひたるなど」〈能因本枕草子・文ことばなめき人こそ〉訳若い男たちで何かと見物したく思っている人たちなどを。

ものゆゑ

（モノ ユエ）〔接助〕（名詞「もの」に形式名詞「ゆゑ」が付いて一語化したもの。「ものゆゑに」の形でも用いられる）接続活用語の連体形に付く。
❶（逆接の確定条件を示す）…のに。…けれども。例「恋すれば我が身は影となりにけりさりとて人には添はぬものゆゑ」〈古今・恋一・五二八〉訳恋をしたので、私の体は影法師のようにやせほそってしまった、だからといって愛するあの人に影法師のように寄り添うわけにはいかないのに。
❷（順接の確定条件を示す）…ので。…だから。例「『かくつきなきことを仰せ給ふこと』と、事ゆかぬものゆゑ、大納言をそしり合ひたり」〈竹取・竜の首の玉〉訳「（竜の首にある玉を取れというような）こんな不都合な事を命令なさるなんて」と、うまく事が運ぶようなことではないので、（家来達は）納得できないものだから、大納言を非難し合っている。

ものゆゑに（モノ ユエ・ニ）〔接助〕（接続助詞「ものゆゑ」に格助詞「に」が付いて一語化したもの。活用語の連体形につく）❶逆接の確定条件を示す。…のに。…けれども。例「待つ人も来（こ）ぬものゆゑにうぐひすの鳴きつる枝を折りてけるかな」〈古今・春下・一〇〇〉訳待っていた人も来ないのに、ウグイスが折ってくれるなと鳴いて惜しんでいた花の枝を（その人をもてなすために）折ってしまったことよ。
❷順接の確定条件を示す。…ので。…だから。例「参らざらんものゆゑに、何と御返事を申すべしとも覚えず」〈平家・一・祇王〉訳参上しないつもりですから、何とご返事を申してよいのかわかりません。

もの-わび・し【物侘びし】〔形シク〕（「もの」は接頭語）なんとなく悲しい。なんとなくつらい。例「みな人――・しくて、京に思ふ人なきにしもあらず」〈伊勢・九〉訳一行のすべての人はなんとなく悲しくて、（それぞれ）京の都に恋しく思う人がいないわけではない。

もの-ゑんじ【物怨じ】（エン：ジ）〔名〕恨むこと。特に、嫉妬（しっと）。例「人の妻（め）のすずろなる――して隠れたるを」〈枕草子・むとくなるもの〉訳人妻が軽率な嫉妬をして身を隠したのを。

ものをの判別

①接続助詞
- Ⓐ逆接の確定条件 例君に逢はむと来しものを来しかひもなく ……… 一❶
- Ⓑ順接の確定条件（近世以降） 例日がな一日ゐたり立ったりするものを ……… 一❷

②終助詞（詠嘆） 例あはれ、いみじうゆるぎ歩きつるものを ……… 二

ものを

（名詞「もの」に間投助詞「を」が付いて一語化したもの）一〔接助〕接続活用語の連体形に付く。
❶（逆接の確定条件を示す）…のに。…けれども。例「来（こ）むと言ふも来（こ）ぬ時あるを来（こ）じと言ふを来むとは待たじ来じと言ふ――」〈万葉・四・五二七〉訳来ようと言っても来ない時があるのに、来ないと言うのを、来るだろうと思って待ったりはしまい、来ないと言うのに。例「都出（づ）でて君に逢（あ）はむと来（こ）しものを来（こ）しかひもなく別れぬ

るかな」〈土佐・十二月二十六日〉訳都を出てあなたに逢おうと思ってはるばるやって来たのに、来たかいもなくもうお別れしてしまうことですね。

❷《近世以後の用法。順接の確定条件を示す》…ので。…だから。…ものだから。例「日がな一日（いちんち）ゐたり立ったりするものを、腹も減らちゃあねえか」〈浮世風呂・三上〉訳一日中（客が来るたび）すわったり立ったりするものだから、腹も減るじゃないか。

二〔終助〕接続活用語の連体形に付く。【詠嘆】《強い感動・詠嘆の意を表す》…のになあ。…だなあ。例「あはれ、いみじうゆるぎ歩（あり）きつる**ものを**」〈枕草子・上にさぶらふ御猫は〉訳ああ、（これまでは犬の翁丸（おきなまろ）は宮中を）とても得意げに体をゆすって歩き回ってきたのになあ。

> 要点 二の終助詞は、「…のになあ」と現代語訳できることでもわかるように、接続助詞（一①）的なニュアンスが含まれている。このため、一と二との識別がつきにくい例が多いが、おおよそ次のように区別される。
> （接続助詞）
> 1 **文中にあって前後をつないでいるもの。**
> 2 **文末にあって前の文と倒置されているもの。**
> 3 **文末にあって後に続くべき文が明らかに省略されているもの。**
> （終助詞）
> 4 **文末にあって倒置も省略も考えられないもの。**
> 参考 接続助詞（一）の「ものを」は、「ものから」「ものの」「ものゆゑ」などと意味・用法が似ているが、「を」が間投助詞であったところから、詠嘆的な意味合いが含まれている点で、他の接続助詞と異なっている。「ものを」は、心の中のこまやかな情感を表すことが多い。

もはら【専ら】〔副〕❶もっぱら。ひたすら。全く。例「会ふことの——絶えぬる時にこそ人の恋しき事も知りけれ」〈古今・恋五・八一二〉訳逢（あ）うことが全くなくなってしまった時にこそ、人が恋しいという事もわかるものだなあ。

❷《下に打消しの表現を伴って》少しも。全然。例「かく奉（たいまつ）れれども、——風やまで」〈土佐・二月五日〉訳（風を鎮めるために）このように（幣（ぬさ）を神に）ささげたけれど、少しも風はやまないで。

も・ふ【思ふ】〔他八四〕《「おもふ」の「お」の脱落した形》思う。

もみぢ【紅葉・黄葉】〔名〕《上代は「もみち」。動詞「もみづ」の連用形の名詞化》❶秋に木や草の葉の色が赤や黄に変わること。また、その色づいた葉。紅葉（こうよう）。例「——の千種（ちぐさ）に見ゆる折」〈伊勢・八一〉訳紅葉が（薄く濃く）さまざまに見える時。

❷《襲（かさね）の色目の名》表は紅、裏は青というが、諸説があって一定しない。秋に用いる。（季・秋）

❸紋所の名。カエデの葉を図案化したもの。種類が多い。

> 要点 ①は、広く黄・褐色・赤などに色づくのをいい、上代では「黄葉」と表記されることが多い。「紅葉」を主とするのは平安以降。後には赤色が美しいカエデの別名にもなる。

紅葉の賀（が）紅葉の美しい頃に催す宴会。

紅葉の錦（にしき）紅葉を錦に見たてていう語。美しい紅葉。例「このたびは幣（ぬさ）も取りあへず手向山（たむけやま）——神のまにまに」〈古今・羇旅・四二〇〉訳今回の旅は、自分の用意した供え物を（美しい紅葉を前にして）捧（ささ）げることができません。この山の錦のように華麗な紅葉を供えますので、神様のお気に召すままに（受け取ってください）。注『百人一首』所収、菅原道真（スガワラノミチザネ）ノ作。

もみぢ-がり【紅葉狩り】〔名〕秋、山や野に紅葉を尋ねて遊覧すること。紅葉を賞美しに行くこと。

もみぢ-の-にしき【紅葉の錦】⇩「もみぢ」子項目

もみぢ-ば【紅葉葉・黄葉葉】〔名〕《和歌用語。上代は「もみちば」》秋に紅葉した草木の葉。色づいた葉。（季・秋）

もみちば-の【紅葉葉の】《枕詞》紅葉が散りやすく色の変わりやすいところから、「移る」「過ぐ」などにかかる。例「ま草刈る荒野（あらの）にはあれど——過ぎにし君が形見とそ来し」〈万葉・一・四七〉訳荒れ野ではあるが、なくなった皇子の形見の地としてやって来た。注「ま草刈る」ハ「荒野」ニカカル枕詞。

もみ・つ【紅葉つ・黄葉つ】〔自タ四〕《平安時代以降は「もみづ」（上二段活用）となる》木や草の葉が色づく。紅葉する。例「秋山に——つ木（こ）の葉の移りなばさらにや秋を見まく欲（ほ）りせむ」〈万葉・八・一五一六〉訳秋の山で紅葉する木の葉が散ってしまったら、さらに（来年の）秋を見たいと思うであろうか。

もみ・づ【紅葉づ・黄葉づ】〔自ダ上二〕《上代語は「もみつ」（四段活用）》紅葉する。もみじする。例「雪降りて年の暮れぬる時にこそつひに——ちぬ松も見えけれ」〈古今・冬・三四〇〉訳雪が降って年が暮れてしまった時に（なってはじめて）最後まで紅葉しない松の木がわかったことだ。

も・む【揉む】〔他マ四〕❶両手を強くすり合わせる。また、そうして物をやわらげほぐす。例「くちばみにさされたる人、かの草を——みて付けぬれば、則（すなは）ち癒（い）ゆとなん」〈徒然草・九六〉訳マムシにかまれた人は、その草（＝メナモミ）をもんで付けると、すぐに治るということだ。

❷大勢の者が押し合いへし合いする。もみ合う。例「——みに——うで火出づるほどにぞ攻めたりける」〈平家・七・倶梨迦羅落〉訳（敵と）押し合いへし合いして火が出るほど激しく攻めたのであった。注「もうで」ハ、「もみて」ノ音便。

❸厳しく訓練する。しごく。きたえる。例「あれが馬は我が馬よりは弱げなるものをと目をかけ、ひともみ——うで追っついて」〈平家・九・一二之懸〉訳あいつの馬は私の馬より弱そうだからと目をつけて、（馬を）ひと責め責めて追いついて。注ココハ、速ク走ラセルタメニ鞭（ムチ）デ馬ヲ責メシゴク意。

もも【百】**一**〔名〕百（ひゃく）。また、数の多いこと。例「——に千（ち）に人は言ふとも月草の移ろふ心我持ためやも」〈万葉・一二・三〇五九〉訳あれこれさまざまに人は言っても、（すぐに色が変わってしまう）月草（＝ツユクサノ古名）のような変わりやすい心を私が持ちましょうか（決して心変わりはしません）。

二〔接頭〕百の意、また非常に数の多い意を表す。「——木」「——草」「——鳥」など。

もも【桃】〔名〕果樹の名。モモの木。また、その果実。例「春の園紅（くれなゐ）匂（にほ）ふ——の花下照る道に出（い）で立つ少女(をとめ)」〈万葉・一九・四一三九〉訳 春の庭が紅色に美しく映えている。桃の花の木の下が赤く輝いている道に出て立っている(美しい)少女よ。

もも-え【百枝】〔名〕多くの枝。たくさんの枝。

もも-か【百日】〔名〕❶百日。また、多くの日。例「――しも行かぬ松浦道(まつらぢ)今日行きて明日は来(こ)なむを何か障(さや)れる」〈万葉・五・八七〇〉訳 行くのに百日もかからない松浦への道なのに(さらに言えば)今日行って明日は帰って来られるはずなのに、何が邪魔しているのだろうか。❷子供の誕生後、百日目。また、その祝い。食い初めの儀式をし、餅をついて祝う。例「稚児(ちご)の、五十日(いか)・――などのほどになりたる、行く末いと心もとなし」〈枕草子・心もとなきもの〉訳 (いつ生まれるかと待ちこがれてようやく生まれた)赤ちゃんが、五十日・百日の(祝いの)時分になったのは、将来が実に待ち遠しくもどかしい。

もも-くさ【百草】〔名〕いろいろの草。たくさんの草々。

もも-くさ【百種】〔名〕数多くの種類。いろいろ。さまざま。例「この花の一枝(ひとよ)のうちに――の言(こと)ぞ隠(こも)れるおほろかにすな」〈万葉・八・一四五六〉訳 (あなたに贈る)この桜の一枝の中には、たくさんの言葉がこもっている。おろそかにしてくれるな。

もも-くま【百隈】〔名〕数多くの曲がり角。例「――の道は来にしをまた更に八十(やそ)島過ぎて別れか行かむ」〈万葉・二〇・四三四九〉訳 数多くの曲がり角のある道を(ここまで)やって来たのに、またこの上にたくさんの島を過ぎて別れて行くことだろうか。注 防人(サキモリ)ノ歌。

もも-しき【百敷】〔名〕《枕詞「ももしきの」が「大宮」にかかることから、「大宮」そのものを指すようになった語》皇居。宮中。内裏。例「――や古き軒端(のきば)のしのぶにもなほあまりある昔なりけり」〈続後撰・雑下〉訳 宮中の古く荒れた軒端には忍ぶ草が生えているが、その忍ぶ草を見るにつけても、いくら偲んでも偲び尽くせない昔の御代であることよ。注『百人一首』所収、順徳院ノ作。「昔」ハ、皇室ノ権威ノ盛ンデアッタ聖代。延喜・天暦ノ御代ナド。

ももしき-の【百敷の】《枕詞》「大宮」にかかる。例「咲く花の色は変はらず――大宮人ぞ立ち変はりける」〈万葉・六・一〇六一〉訳 咲く花の色は変わっていない。(なのに)宮中に仕える人々は立ち去って(ここも)変わってしまったなあ。

もも-じり【桃尻】〔名〕(桃の実は丸くてすわりの悪いところから)馬の乗り方がへたで、鞍に尻が落ち着かないこと。例「馬など迎へにおこせたらんに、――にて落ちなんは心憂かるべし」〈徒然草・一八八〉訳 馬などを迎えによこしたような時に、尻のすわりが悪くて落ちてしまうとしたらそれはつらいに違いない。

もも-たび【百度】〔名〕百回。また、回数の多いこと。多くの回数。例「――戦ひて――勝つとも、いまだ武勇の名を定めがたし」〈徒然草・八〇〉訳 百回戦って百回勝ったとしても、まだ(その人の)武勇(にすぐれているという)名声は定まりにくい。

もも-たらず【百足らず】《枕詞》(百に足りないという意から)「五十(い)」「八十(や)」にかかる。また、「い」「や」から始まる「筏(いかだ)」「山田」などにかかる。

もも-ち-どり【百千鳥】〔名〕《和歌用語》❶数多くの鳥。いろいろな鳥。例「――さへづる春は物ごとに改まれども我ぞ古(ふ)り行く」〈古今・春上・二八〉訳 いろいろな鳥がさえずっている春には物は皆それぞれに新しくなって行くけれども、私だけは古くなって行くことだ。❷チドリの別名。❸ウグイスの別名。

もも-づたふ【百伝ふ】(トウ・ヅタ)《枕詞》❶百に至る数の意から「八十(やそ)」「五十(い)」、また転じて、「や」「い」の音を持つ語にかかる。例「――磐余(いはれ)の池に鳴く鴨(かも)を今日(けふ)のみ見てや雲隠りなむ」〈万葉・三・四一六〉訳 磐余の池(＝奈良県桜井市ノ西南部ニアッタ池トイウ)に鳴く鴨を今日を最後に見て死んで行くのだろうか。注 大津皇子ガ処刑ノ日ニ歌ッタ歌。❷《かかり方は未詳》「敦賀(つぬが)」「鐸(ぬて)(＝大キナ鈴)」「渡らひ」などにかかる。例「この蟹(かに)やいづくの蟹――敦賀の蟹」〈古事記・中・応神〉訳 この蟹はどこの蟹か。敦賀の蟹です。

もも-とせ【百年・百歳】〔名〕百年。また、多くの年。長い年月。例「――に一年(ひととせ)足らぬ九十九髪(つくもがみ)我を恋ふらし面影(おもかげ)に見ゆ」〈伊勢・六三〉訳 百歳に一歳足りないほどの白髪の老婆が私を恋しているらしい。目の前にその姿が幻影として見える。

もも-へ【百重】(エ)〔名〕幾重にも重なっていること。数多く重なっていること。例「あしひきの山は――に隠すとも妹(いも)は忘れじ直(ただ)に逢ふまでに」〈万葉・一二・三一八九〉訳 山は幾重にも重なって(あなたを)隠しても、私はあなたを忘れませんよ。じかに逢うまでは。注「あしひきの」ハ、「山」ノ枕詞。

もも-よ【百世・百代】〔名〕長い年月。数多くの時代。幾星霜。

もも-よ【百夜】〔名〕百の夜。数多くの夜。

も-や【母屋】〔名〕《「おもや」の変化した形》寝殿造りで、廂(ひさし)の内側、寝殿中央の部屋。

もやの判別

①間投助詞(上代語)　例 我はもや安見児得たり　――詠嘆

②《連語》係助詞「も」＋係助詞「や」　例 参り給へることもやと　――疑問

もや〔間投助〕《上代語。感動の終助詞「も」に間投助詞「や」が付いて一語化したもの》接続 体言・活用語の終止形・助詞などに付く。【詠嘆】《感動・詠嘆の意を表す》…まあ。…よ。例「我はもや安見児(やすみこ)得たり皆人の得かてにすといふ安見児得たり」〈万葉・二・九五〉訳 私はまあ、采女(うねめ)の安見児を手に入れた。皆が手に入れがたいとしている安見児を手に入れた。

> 要点 次のような「もや」は係助詞「も」に係助詞「や」の付いたもので、間投助詞の「もや」とは異なる。例「わがごとくわれを思はむ人もがなさてもや憂(う)きと世をこころ見む」〈古今・恋五・七五〇〉訳 私の(人を思う)ように私のことを思ってくれる人がいないかなあ、(もしいたら)それでもつらいだろうかとこの世(＝男女ノ仲)を試してみよう。

も-や《連語》《係助詞「も」＋係助詞「や」》疑問を表す。…(で)も…だろうか。…(で)も…かしら。例「月の光に誘はれて、参り給へることも――と」〈平家・六・小督〉訳 月の光に誘われて、(小督殿が)おいでになっていることでもあるかしら、と。

も・ゆ【萌ゆ】〔自ヤ下二〕{え・え・ゆ・ゆる・ゆれ・えよ}（草や木が）芽をふく。芽を出す。芽ぐむ。例「山の際(ま)に雪は降りつつしかすがにこの川柳(かはやぎ)は―・えにけるかも」〈万葉・一〇・一八四八〉訳 山の間に雪は降り続けているが、さすがに春になったので川柳は芽をふいていることだよ。

も・ゆ【燃ゆ】〔自ヤ下二〕{え・え・ゆ・ゆる・ゆれ・えよ}❶燃える。例「御(み)あかしの……恐ろしきまで―・えたるに」〈枕草子・正月に寺にこもりたるに〉訳 仏前の灯明で……恐ろしいほどに燃えているのに。
❷（火が燃えるように）光を放つ。かがやく。光る。例「今さらに雪降らめやもかぎろひの―・ゆる春べとなりにしものを」〈万葉・一〇・一八三五〉訳 いまさら雪が降ることなどあろうか。かげろうが輝く春になったのだから。注「やも」ハ反語。
❸（火が燃えるように）心が高ぶる。（情熱が）高まる。例「心には―・えて思へどうつせみの人目を繁(しげ)み妹(いも)に逢(あ)はぬかも」〈万葉・一二・二九三二〉訳 心の中では燃えるように（あなたを）思っていますが、世間の人目がうるさいのであなたにお逢いしないことだ。

もよ〔間投助〕《上代語。終助詞「も」に間投助詞「よ」が付いて一語化したもの》接続 文中・文末の種々の切れ目に付く。
【詠嘆】《感動・詠嘆の意を表す》…まあ。…よ。例「我(あ)はもよ女(め)にしあれば汝(な)を除(き)て男(を)は無し汝を除て夫(つま)は無し」〈古事記・上・大国主神〉訳 私はああ、女ですから、あなたのほかに男はありません、あなたのほかに夫はありません。

もよ-ぎ【萌葱・萌黄】〔名〕⇩もえぎ

もよぎ-をどし【萌葱縅】〔名〕⇩もえぎをどし

もよひ【催ひ】〔名〕準備すること。用意。支度。一説に、ためらうこと、の意とも。例「とかくの―なく、足を踏みとどむまじきなり」〈徒然草・一五五〉訳（どうしてもやりとげたい事は）あれこれの準備などしないで、踏みとどまっているべきではない。注 本当ニ大事ナ事ノ場合、時機ナド問題ニセズ、即刻行ウベキダノ意。

もよほし【催し】〔名〕《動詞「もよほす」の連用形の名詞化》❶うながすこと。勧めること。催促。勧誘。例「かずまへさせ給はば、―ばかりの言(こと)を添ふるになし侍(はべ)らむ」〈源氏・澪標〉訳（斎宮を女御(にょうご)の候補者に）お入れ下さるのなら、（私は斎宮に）お勧めの言葉を言い添えることにいたしましょう。
❷物事を起こす源。原因。種。例「それにつけて、物思ひの―になむ、齢(よはひ)の末に思ひ給へ嘆き侍(はべ)るめる」〈源氏・若紫〉訳 それ（＝生マレタ子ガ女デアルコト）についても、心配の種だと、年老いた身で思い嘆いているようです。注 頼リニナル後見ノナイ若紫ノ将来ヲ案ジル祖母ノ尼君。
❸計画し、とり行うこと。くわだて。はからい。

もよほし-がほ【催し顔】〔名・形動ナリ〕うながすような様子。誘うような気配。例「草むらの虫の声々―なるも、いと立ち離れにくき草のもとなり」〈源氏・桐壺〉訳 草むらの虫のいろいろな声が（涙を）誘うようなようすなのにつけても、たいそう立ち去りがたい草深いこの家である。

もよほ・す【催す】〔他サ四〕{さ・し・す・す・せ・せ}❶せきたてる。催促する。例「『船とく漕(こ)げ。日の良きに』と―・せば」〈土佐・二月五日〉訳「船を早く漕げ。天気がいいから」と（船頭を）せきたてたところ。
❷引き起こす。誘う。例「大方の空に―・されて、干るまもなく思(おぼ)し嘆き」〈源氏・夕霧〉訳（悲しい）空の風情にそそられて、（母を失った落葉宮は）涙の乾く間もなくお嘆きになって。
❸呼び集める。召集する。集める。例「近き国々の御荘(みさう)の者など―・させて」〈源氏・須磨〉訳（光源氏は）都近辺の諸国にある荘園の者などを召集させて。
❹とり行う。挙行する。執行する。例「公事(くじ)ども繁(しげ)く、春の急ぎに取り重ねて―・し行はるるさまぞ、いみじきや」〈徒然草・一九〉訳 朝廷の政務の儀式が多く、新年の準備と合わせて挙行される様子は、大層すばらしい。
❺準備して待つ。待ちうける。

もら・す【漏らす・洩らす】〔他サ四〕{さ・し・す・す・せ・せ}《「漏る」の他動詞形》❶（水などが）漏れるようにする。こぼす。
❷（秘密などを）他の人に知らせる。ばらす。例「『さらに心よりほかに―・すな』と、口がためさせ給ふ」〈源氏・夕顔〉訳「決してお前の心以外に他の人に漏らすな」と、口止めさせなさる。
❸逃がす。取り逃がす。取り残す。例「余すな者ども、―・すな若党、討てや」〈平家・九・木曽最期〉訳（敵を）討ち残すな者どもよ、討ちもらすな若者よ、討ちとれ。
❹選択などからはずす。省略する。除く。例「くはしう言ひ続けむにことごとしきさまなれば、―・してけるなめり」〈源氏・賢木〉訳 詳しく述べ続けたら大げさなことになるから、（語り手の女房が）省略してしまったようです。

もり〔名〕一【森】樹木が茂っている所。例「木立(こだち)繁く―のやうなるを過ぎ給ふ」〈源氏・蓬生〉訳（光源氏は）木立がうっそうと茂っていて森のようになった家（＝末摘花邸）の前を通り過ぎられた。
二【杜・社】神の宿る木立(こだち)。また、それのある森。神社の森。例「思はぬを思ふと言はば大野なる三笠の―の神し知らさむ」〈万葉・四・五六一〉訳 思ってもいないのに思っていると言ったら大野（＝福岡県大野城市）にある三笠の神社のもりの神が（そのうそを）お見通しになるだろう。

> 要点 原義は二かという。「もり」は本来自然に茂ったものであるのに対し、「はやし（林）」は生(は)やしたものの意で、人工的な木立をいう。

森川許六(もりかはきよりく)〔人名〕江戸前・中期の俳人。蕉門十哲(しょうもんじってつ)（＝芭蕉ノ主ナ門人十人）の一人。彦根藩（＝滋賀県彦根市）の藩士で、俳諧(はいかい)・書画などに秀でていた。芭蕉の没後、一門の俳文を集めて編んだ『風俗文選(ふうぞくもんぜん)（＝『本朝文選』）』が有名。

もり・く【漏り来】〔自カ変〕{こ・き・く・くる・くれ・こ(こよ)}漏れて来る。漏れて入って来る。例「木(こ)の間より―・くる月の影見れば心づくしの秋は来にけり」〈古今・秋上・一八四〉訳 木々の間から漏れて来る月の光を見ると、物思いをそそる秋はもう来ていたのだなあ。

もり-べ【守部】〔名〕守る役の者。特に、田野・河川・陵墓などの番人。「もりへ」とも。

も・る【漏る・洩る】一〔自ラ四〕{ら・り・る・る・れ・れ}❶（水・光などが）隙間(すきま)を抜けてこぼれ出る。もれる。例「夜ふけて、月の窓より——・りたりしに」〈枕草子・九月二十日あまりのほど〉訳 夜が更けて、月の光が窓から漏れてきたのに。
❷(秘密などが)思わぬ経路で他の人に知れる。(秘密が)伝わる。ばれる。例「をこがましく思ひむすぼほるるさま、世の人に——・り聞こえじ」〈源氏・若菜・上〉訳 (光源氏と女三の宮との縁談を知って、私が)見苦しく物思いに沈んでいる様子を、世間の人に伝わり知られないようにしよう。
❸選択などからはずれる。省略される。除かれる。例「まことにその方(かた)を取り出(い)でむ選びに必ず——・るまじきは、いとかたしや」〈源氏・帚木〉訳 本当にある一つの技能を(問題にして)選び出すような選抜に絶対にはずれないような女性は、ほとんどいない。
㊁〔自ラ下二〕{れ・れ・る・るる・れ・れよ}㊀に同じ。例「このたびの司召(つかさめし)にも——・れぬれど」〈源氏・帚木〉訳 (頭中将(とうのちゅうじょう)は)今回の京都の諸官職の人事異動にもはずれてしまったが。

も・る〔他ラ四〕{ら・り・る・る・れ・れ}もぐ。もぎとる。例「岩梨(いはなし)をとり、ぬかごを——・り、芹(せり)を摘む」〈方丈記・勝地は主なければ〉訳 コケモモの実をとり、ヌカゴ(=山芋ノツルニツク丸イ小芋)をもぎとり、芹を摘む。

も・る【守る】〔他ラ四〕{ら・り・る・る・れ・れ}❶守る。番をする。警護する。例「山田——・る秋の仮庵(かりいほ)に置く露は稲負鳥(いなおほせどり)の涙なりけり」〈古今・秋下・三〇六〉訳 山の田の番をするための秋の仮小屋に降りている露は、(きっと)稲負鳥の涙だったのだなあ。
❷(人目につかないように)気をつける。様子をうかがう。人目をはばかる。例「現(うつつ)にはさもこそあらめ夢にさへ人目を——・ると見るがわびしさ」〈古今・恋三・六五六〉訳 目が覚めている間にはそれ(=人目ヲハバカルコト)もしかたがないけれど、夢にまで人目をはばかって逢(あ)いに来て下さらないと見るのは、つらくてならない。
参考 平安時代以降、散文には「まもる」が用いられ、「もる」は和歌にのみ用いられた。注 小野小町ノ歌。

もろ【諸・両】〔接頭〕《名詞に付く》❶二つの、両方の、などの意を添える。「——手」「——刃」「——矢」など。
❷多くの、の意を添える。「——人」など。
❸一緒の、の意を添える。「——声」「——寝」など。

もろ-ごころ【諸心】〔名〕心を一つに合わせること。同じ心。同心。

もろ-こし【唐土・唐】〔名〕中国の古い呼び名。「唐(から)」「唐国(からくに)」「唐土(たうど)」とも。例「——とこの国とは言(こと)異なるものなれど、月の影は同じことなるべければ」〈土佐・一月二十日〉訳 中国とこの国(=日本)とは言葉は異なるけれども、月の光は同じものであろうから。

参考 「諸越」の訓読から生じた語か。古く、日本と越(えつ)(=中国南方、現在ノ浙江(セッコウ)省付近)の諸国との交流が盛んであったことから、この訓読が中国全体の呼び方になったという。

もろこし-ぶね【唐土船】〔名〕中国から来た船。また、広く外国の船。「からふね」とも。例「その年来たりける——の、わうけいといふ人のもとに」〈竹取・火鼠の皮衣〉訳 その年やって来た中国の船の、おうけいという人のところへ。

もろ-ごゑ【諸声】エ・ゴ〔名〕大勢が同時に声を出すこと。また、その声。多く「——に」の形で副詞的に用いる。例「犬の——に長々と鳴き上げたる、まがまがしくさへにくし」〈枕草子・にくきもの〉訳 犬が声を合わせて長々と鳴きたてるのは、不吉な感じまでして憎らしい。

もろ・し【脆し】〔形ク〕❶こわれやすい。弱い。例「唐(から)の紙は——・くて」〈源氏・鈴虫〉訳 中国製の紙は(質が)弱くて。
❷感激して涙がこぼれやすい。涙もろい。例「山おろしに堪(た)へぬ木(こ)の葉の露よりもあやなく——・き我が涙かな」〈源氏・橋姫〉訳 山から吹き下ろす風に、たえきれずにこぼれ落ちる、木の葉の露よりも、わけもなく落ちやすい自分の涙であることよ。

もろ-て【諸手】〔名〕左右の手。両手。

もろとも-に【諸共に】〔副〕一緒(いっしょ)に。そろって。例「——あはれと思へ山桜花よりほかに知る人もなし」〈金葉・雑上〉訳 私がお前を懐(なつ)かしく思うように、お前もまた私を懐かしいものに思ってくれ、山桜よ。こんな山奥では、花であるお前のほかには、私の心を知る人はいないのだ。注『百人一首』所収ノ、大僧正行尊(ギョウソン)ノ歌。仏道修行ノタメ深山ニ分ケ入ッテ、思イガケズ山桜ヲ見テ詠ンダ歌。下ノ句ヲ、私ニハ花デアルオ前以外ニ知ル人ハナイ、ト解スル説モアル。

もろ-ひと【諸人】〔名〕多くの人々。もろもろの人。例「梅の花折りてかざせる——は今日の間は楽しくあるべし」〈万葉・五・八三二〉訳 梅の花を折って髪に挿している多くの人々は、今日一日の間は楽しいに違いない。

もろ-もち【諸持ち】〔名〕皆で一緒に持つこと。協力して持ち運ぶこと。例「口網(くちあみ)も——にて、この海辺にて担(にな)ひ出(い)だせる歌」〈土佐・十二月二十七日〉訳 口網も諸持ち(=共同作業)というように、この海辺で総がかりでやっと作り出した歌。注「口網」ハ未詳。

もろ-もろ【諸諸】〔名〕すべてのもの。多くのもの。全部。例「我(あれ)は斎(いは)はむ——は幸(さき)くと申す帰り来(く)までに」〈万葉・二〇・四三七二長歌〉訳 私は身を慎み守ろう。(故郷の)すべての人達は幸福でいてほしいと(神に)祈る。(私の)帰るまでは。注 防人(サキモリ)ノ歌。

もろ-や【諸矢】〔名〕二本一組みの矢。対(つい)になっている二本の矢。「甲矢(はや)」と「乙矢(おとや)」。「一手矢(ひとてや)」とも。例「ある人、弓射る事を習ふに、——をたばさみて的に向かふ」〈徒然草・九二〉訳 ある人が、弓を射る事を習う時に、二本の矢を手にはさんで持って的に向かった。

もろ-をりど【諸折り戸】リド・オ〔名〕二枚の折り戸が左右に開く扉。両開きの扉。対 かたをりど

もん【文】㊀〔名〕❶文(ぶん)。多く漢詩や漢文についていう。例「史書の——を引きたりし」〈徒然草・二三二〉訳 中国の歴史書の文章を引用した(のは)。
❷「呪文(じゅもん)」「経文(きゃうもん)」の略。
㊁〔接尾〕❶穴のあいた銭(ぜに)の単位。貫の千分の一。例「一つは二——、二つは三——に値段(ねだん)を定め」〈西鶴・日本永代蔵・三・一〉訳 (初ナスを)一個は二文、二個では三文にねだんをつけて。
❷《一文銭の直径を基準とするところから》足袋(たび)の底の長さの単位。一文は約二・四センチ。八分(ぶ)が一文。

もん【門】〔名〕❶家の外囲いに設けた出入り口。
❷《「門限」の略》門限。

もん【紋・文】〔名〕❶模様。あや。特に、布に染めつけたり

書いたりした模様。❷家々によって定まっている紋章。家紋。「紋所」とも。

もん-ざい【文才】〔名〕学問、特に、漢学の才能。実用的な学問を「本才」というのに対する。

もんざう-はかせ【文章博士】〔名〕⇨もんじゃうはかせ

もんじ-の-ほふし【文字の法師】〔名〕仏教の理論面の研究ばかりをしていて、悟りを得るための実践的な修行をおろそかにする僧をあざけっていう語。禅僧が他の宗派の僧を非難するのに用いた。例「――・暗証の禅師、たがひに測りて、おのれにしかずと思へる、ともに当たらず」〈徒然草・一九三〉訳文字の法師と暗証の禅師とが、おたがいに相手を推し測って、自分に及ばないと思っているのは、どちらも当たっていない。注「暗証の禅師」ハ仏道修行ニハ打チ込ムガ教理ニ疎イ僧。他宗ガ禅僧ヲアザケル語。

もんじ-ふ【文集】〔名〕漢詩文集。平安時代以降は、特に、唐の詩人白居易（＝白楽天）の詩文集で、日本でも愛読された『白氏文集』七十一巻をいう。例「書は――・文選」〈枕草子・書は〉訳漢籍では『白氏文集』と『文選』（がすぐれている）。

もんじゃう-しゃう【文章生】〔名〕大学寮で、文章道（＝漢詩文・史書）を学ぶ学生で、式部省の試験に合格した者。

もんじゃう-はかせ【文章博士】〔名〕（「もんざうはかせ」とも）平安時代、大学寮で漢詩文を教えた教官。後には、歴史・伝記なども教授した。

もん-じゅ【文殊】〔名〕（仏教語。「文殊師利」の略）釈迦三尊で、向かって釈迦の左側にいて、知恵をつかさどる菩薩。蓮の花または獅子に乗り、右手に知恵の剣、左手に青い蓮の花を持つ姿が多い。

もんじゅ

もん-ぜき【門跡】〔名〕（仏教語。門派・門流の跡の意）❶その宗派の本寺・本山。例「なかんづくに延暦・園城両寺は、――二つに相分かるといへども」〈平家・四・山門牒状〉訳とりわけ延暦寺・園城寺の両寺は、（本来一つのはずの）本寺が二つに分かれているといっても。❷皇族・貴族が出家して住む特定の寺院。一般の寺院よりも格式が高い。

> **参考** ②は八九九年宇多上皇が仁和寺で出家したのに始まる。室町時代以降は、寺院の格式となり、法親王の居住する寺を宮門跡、摂家の出身者の居住する寺を摂家門跡などと呼ぶようになった。

もんちゅう-じょ【問注所】〔名〕（古くは「もんちゅうしょ」とも）鎌倉・室町幕府で、主に民事の訴訟や裁判をつかさどる役所。政所に所属する。

もん-と【門徒】〔名〕師の教えをうける門弟。信徒。信者。また特に、門徒宗（＝浄土真宗）の信徒。

もんめ【匁】〔接尾〕（文目の意）❶尺貫法で重さの単位。貫の千分の一。約三・七五グラムに当たる。略して「目」とも。例「秤の上目にて一――二分りんとあることを喜び」〈西鶴・日本永代蔵・一・二〉訳（拾った金貨が）さおばかりの上面の目盛りで一匁二分（＝四・五グラム）きちんとあるのを喜んで。❷近世における銀貨の基本単位。単位の数え方は①に従う。例「やうやうと銀三十五――、銭六百取って参った」〈西鶴・世間胸算用・三・四〉訳やっと銀三十五匁と、銭六百文を集金して来た。

> **要点** 近世の貨幣制では、京坂地方は銀本位制であり、銀は秤量貨幣として実際の重量を量って用いた。元禄十三年の公定交換比率は、金一両が銀六十匁だが、相場が立って日によって変動した。

もん-ゐん【門院】〔名〕（皇居の門の名を上に付けたことから）天皇の生母や内親王などに与えられた称号。上東門院（＝一条天皇ノ中宮彰子、後一条・後朱雀天皇ノ母）に始まる。

や

や【矢・箭】〔名〕武具・狩猟の道具の名。弓の弦にかけて、その弾力で発射するもの。矢がら・矢はず・矢羽・矢じりの部分から成る。矢がらは篠竹で作る。矢羽はワシ・タカの羽を主に用い、その模様により「切斑の――」「黒ぼろの――」などと呼ぶ。長さの単位は「束（＝ツカンダ時ノコブシノ幅）」「伏（＝指一本ノ幅）」を用いる。戦闘に際しては、二十四本を「えびら」に入れて背負う。

矢を矧ぐ 弓に矢をつがえる。例「人もみな太刀抜き、――・げなどしけるを」〈徒然草・八七〉訳人も皆刀を抜き、矢をつがえなどしたので。

や【屋・家・舎】□一〔名〕❶家。建物。住居。❷屋根。また、物の覆い。例「――のさまいと平に短く、瓦ぶきにて、唐めき、さま異なり」〈枕草子・故殿の御服のころ〉訳屋根のようすは大変平たく低く、瓦ぶきで、中国風で、風変わりである。□二〔接尾〕❶商工業などを営む家や人の意を表す。「米――」「植木――」など。❷商工業者・役者などの屋号に付ける。「越後――」「成駒――」など。❸書斎の名や文筆家などの雅号に付ける。「鈴の――（＝本居宣長ノ書斎名）」など。

やの判別

①感動詞「や」
例や、な起こし奉りそ ―驚いた時・呼びかけ・応答

②係助詞「や」
Ⓐ文中（文末の活用語は連体形で結ぶ）
例ほととぎすや聞き給へる ―疑問□一❶ⓐ
例死に給ふべきやうやあるべき ―反語□一❶ⓑ
Ⓑ文末
例御子はおはすや ―疑問□一❷ⓐ
例そのとき悔ゆとも、かひあらんや

Ⓒ活用語の已然形に付く（意味はⒶⒷと同じ）
例 君や来し我や行きけむ　—反語 一❷ⓑ
Ⓓ「〜や〜や」　—疑問 一❹

②間投助詞「や」
例 あはれ、いと寒しや　—詠嘆 二❶
例 あが君や、いづ方にかおはしまする　—呼びかけ 二❷

③並立助詞「や」
—体言・体言に準ずる語に付く
例 御修法や何やなど、わが方にて多く行はせ給ふ　三

④終助詞「ばや」の一部
例 ほととぎすの声尋ねに行かばや

や〔感〕❶驚いた時や、何かを思いついた時に発する語。あっ。あれっ。例「物におそはるる心地して『——』とおびゆれど」〈源氏・帚木〉訳（空蟬(うつせみ)は）得体の知れない物に襲われるような気持ちがして「あっ」とおびえるが。注 光源氏ガ空蟬ノ寝所ヘ忍ンデ来タ場面。❷呼びかける時に発する語。やあ。これ。もし。例「——、な起こし奉りそ」〈宇治拾遺・一・一二〉訳 これ、お起こし申すな。❸呼びかけに答える語。おう。はい。また、はやし言葉。

や
一〔係助〕接続 主語・連用修飾語・接続語などや文末に付く。文末用法では、活用語の終止形・已然形に付く。

【疑問】❶（文中で用いられる場合。「や」を受ける文末の活用語は連体形で結ぶ）ⓐ（疑問の意を表す）…か。例「『ほととぎすや聞き給へる』と問ひて」〈徒然草・一〇七〉訳「ホトトギスの声をお聞きになりましたか」と尋ねて。ⓑ（反語の意を表す）…か、いや…ではない。…のはずがない。例「などか宮仕へをし給はざらむ。死に給ふべきやうやあるべき」〈竹取・帝の求婚〉訳 どうして宮仕えをなさらないのでしょうか。（宮仕えをしたからといって）命をお落としになるなんてはずはありませんよ。❷（文末に用いられる場合）ⓐ（疑問の意を表す）…か。例「『御子(おこ)はおはすや』と問ひしに」〈徒然草・一四二〉訳「お子様はいらっしゃいますか」と尋ねたところ。ⓑ（反語の意を表す）…か、いや…ではない。…のはずがない。例「そのとき悔(く)ゆとも、かひあらんや」〈徒然草・四九〉訳 その時（＝コノ世ヲ去ロウトスル時）になって（過去の誤りを）後悔しても、何の効果があろうか（いやない）。❸（活用語の已然形に付く場合）意味は①②と同じ。例「ももしきの大宮人は暇あれや梅をかざしてここに集(つど)へる」〈万葉・一〇・一八八三〉訳 大宮人達は暇があるのかしら。梅を髪に挿してここに集まっていることよ。注「あれや」ヲ「あればや」ニ相当スルモノト見ル説モアル。コノ説ニヨレバ文中用法トイウコトニナル。❹（「…や…や」と並列的に用いられて）（疑問の意を表す）…か、あるいは…か。…か、それとも…か。例「君や来(こ)し我や行きけむ思ほえず夢か現(うつつ)か寝てかさめてか」〈伊勢・六九〉訳 あなたが来られたのか、私がそちらへ行ったのか、（確かにお会いしたはずなのに）はっきり覚えていません。夢だったのか、現実だったのか、寝ていたのか、目覚めていたのか、（はっきりしません）。

二〔間投助〕接続 文中・文末の種々の語に付く。
❶【詠嘆】（感動・詠嘆の意を表す）ⓐ（文中・文末にあって）（感動・詠嘆の意を表す）…なあ。…よ。例「あはれ、いと寒しや」〈源氏・夕顔〉訳 ああ、ほんとに寒いなあ。ⓑ（多く和歌で連体修飾語に付いて）軽い感動の意を添え、語調を整える。例「ほととぎす鳴くや五月(さつき)のあやめ草あやめも知らぬ恋もするかな」〈古今・恋一・四六九〉訳 ホトトギスの鳴く五月の節句に飾られるアヤメ草、その「アヤメ草」と同音のあやめ（＝物事ノ筋道・道理）もわからなくなってしまうような無我夢中の恋を私はしているのだなあ。ⓒ（連歌・俳諧(はいかい)で）表現を切り、余情を持たせる語。これを切れ字という。例「夏草や兵(つはもの)どもが夢の跡」〈奥の細道・平泉〉訳 この平泉の地一帯は、昔、義経の一党や藤原氏の一族らが、あるいは功名を夢み、あるいは栄華に耽(ふけ)った跡である。だが、そういう功名・栄華もむなしく一場の夢と化して、今はただ夏草が無心に茂っているばかりである。例「この道や行く人なしに秋の暮れ」〈芭蕉〉訳 この一本の道を、ともに行く人もなく、ただ私一人が旅行く。暮れやすい秋の夕闇(ゆうやみ)が迫り来る中を。
❷【呼びかけ】（人名や人を表す語に付いて）（呼びかける意を表す）…や。…よ。例「あが君や、いづ方にかおはしましぬる。帰り給へ」〈源氏・蜻蛉〉訳（私の）ご主人様（＝浮舟(ウキフネ)）よ、どこにおいでになってしまったのか。お帰り下さい。注 主人デアル浮舟ノ失踪(シッソウ)ヲ嘆ク乳母ノ言葉。

三〔並立助〕（平安時代以降の用法）接続 体言や体言に準ずる語句に付く。
【並列】（事物や人物を並べあげる意を表す）…やら…やら。例「御修法(みずほふ)や何やなど、わが御方にて多く行はせ給ふ」〈源氏・葵〉訳（光源氏は、懐妊中の身で物の怪(け)に悩まされている葵(あおい)の上のために）お祈りやら何やらと、自分の所で多く行わせられる。

要点 (1)係助詞の「や」には文中用法（①）と文末用法（②）とがあり、接続が異なるので、文末用法を終助詞として文中用法とは別に考える説もあるが、意味はまったく同じなので、文中用法・文末用法としてともに係助詞に含める。
(2)間投助詞の「や」の文末用法を終助詞とする説もある。
(3)終助詞を認めないと、「や」には係助詞・間投助詞・並立助詞の三種類があることになる。識別は、1係助詞（疑問・反語）2間投助詞（感動・詠嘆）3並立助詞（並立）のような基準で行うことができる。
(4)係助詞の「や」は、その文末を連体形で結ぶ、いわゆる係り結びをする。

参考「や」とよく似た助詞に「か」があるが、両者には次のような違いがある。
1「か」は疑問語とともに用いられるが、「や」にはそういうことがない（中世以降「や」も疑問語とともに用いられるようになる）。
2「か」は単純な疑いを表し、「や」は相手への問いかけを表すという傾向がある。
3 文末用法の「か」は活用語には連体形に付いて、「か」の付いた語だけに対する疑問を表すことが多く、「や」は終止形に付いて文全体に対する疑問の意を表すことが多い。

なお、「か」「や」に係助詞「は」の付いた「かは」「やは」は、反語の意を表すことが多い。

や【八】〔接頭〕(「やっつ・八(はち)」の意から、名詞の上に付いて)数量の多いことや幾重(いくえ)にも重なっている意を表す。「―尺(さか)」「―十(そ)」「―雲」など。上代には、神秘力を持つ数と考えたらしく、物を讃(たた)えて多く用いられた。

や-あはせ【矢合はせ】〔名〕開戦の合図として、敵味方双方から矢を射合って気勢をあげること。多くは、音を発する「鏑矢(かぶらや)」を用いた。「矢入れ」とも。

やい〔感〕《いばって相手に呼びかける時に発する語》おい。これ。

やい〔終助〕《室町時代以降の語。係助詞「や」に終助詞「い」が付いて一語化したもの》接続 文末に付く。【呼びかけ】《強い呼びかけの意を表す》…かい。…よ。例「やい、やい、太郎冠者(くわじや)、あるか**やい**」〈狂言・末広がり〉訳 おい、おい、太郎冠者、いるかい。

やい-ば【刃・焼刃】〔名〕《「焼刃(やきば)」のイ音便》❶焼き入れをした刃(は)。また、刃の上にできた波形の模様。❷(広く)刀剣。刃物。❸鋭利なものや、威力あるもののたとえ。例「飛ぶ鳥も祈り落とすほどの―の験者(げんじや)とぞ聞こえし」〈平家・五・文覚荒行〉訳 (文覚(もんがく)は)飛ぶ鳥も祈り落とすほどの威力のある修験者(しゆげんじや)といわれた。

やう【益】〔名〕《「益(やく)」のウ音便》利益。得(とく)。ききめ。

やう【陽】〔名〕⇩いんやう

やう

やう【様】 ■一〔名〕❶姿。形。また、**様子。状態**。有様。例「書きたる真字(まんな)の―、文字の、世に知らずあやしきを見つけて」〈枕草子・雨のうちはへ降るころ〉訳 書いた漢字の書体や、字体が、またとなく変なのを見つけて。

❷**形式。様式。型**。例「定まれる―あるものを、難なくし出(い)づることなむ」〈源氏・帚木〉訳 定まった様式のあるものを、難なく作り上げることは。

❸**理由。事情。わけ**。例「参るまじくは、その―を申せ」〈平家・一・祇王〉訳 参上できないなら、その理由を申し上げよ。

❹**手段。方法**。しかた。例「殊に人多く立ちこみて、分け入りぬべき―もなし」〈徒然草・四一〉訳 特に人が多く立て込んでいて、(賀茂の競(くら)べ馬を見るために)前へ分け入ることのできそうな方策もない。

❺(形式名詞の用法)ⓐ(連体修飾語を受けて)こと・ことがらの意を表す。**…こと**。例「昨夜(よべ)ありし―……いみじうかたはらいたきまで言ひ聞かせて」〈枕草子・頭の中将の〉訳 昨夜あったことを……こちらが気恥ずかしくなるくらい(大袈裟(おおげさ)に)話して聞かせて。ⓑ(「思ふ」「言ふ」などを受けて)「こと」の意で引用文を導く。**…ことには**。例「楫取(かぢと)りの言ふ―、『黒鳥のもとに、白き波を寄す』とぞ言ふ」〈土佐・一月二十一日〉訳 船頭が言うことには、「黒鳥の足もとに、白い波をうち寄せる」と言う。

■二〔接尾〕❶(名詞に付いて)…と思われる、といったふう、の意を表す。…のよう。…のふう。例「中将・中務(なかつかさ)―の人々には、程々につけつつ情けを見え給ふに」〈源氏・澪標〉訳 (光源氏は)中将や中務のような(召使いの)人々には、それぞれに応じて愛情をお示しなさるので。

❷(動詞の連用形などに付いて)…の仕方、…の具合、の意を表す。…流。…かた。…具合。例「家の造り―は、夏をむねとすべし」〈徒然草・五五〉訳 家の造り具合は、夏(の過ごしやすさ)を主とするのがよい。

やう-がう【影向】〔名・自サ変〕《仏教語》神仏がこの世にその姿を現すこと。例「この島に御―ありしはじめより」〈平家・二・卒都婆流〉訳 (竜王の第三女である姫君が)この厳島(いつくしま)に(衆生済度のために)姿を現されてから。

やう-き【陽気】〔名〕《「陽」の気配の意》この世のすべての物が、動き始めたり、生まれたりしようとするきざし。例「東を枕として―を受くべき故(ゆゑ)に、孔子も東首(とうしゆ)し給へり」〈徒然草・一三三〉訳 東に枕を置いて寝て(宇宙にある)活動の気配を受けるべきであるから、孔子も東枕になさったのだ。

やう-き【様器】〔名〕《語義未詳》食器の一種。楊(やなぎ)の木で作ったもの、陶器、金属製など諸説がある。また、食器を載せる台とする説もある。

やう-きゅう【楊弓】〔名〕《「楊」はヤナギの意》遊戯に用いる小弓。また、その遊戯。弓の長さは二尺八寸(=約八五センチ)。的(まと)から約七間半(=約一四メートル)離れた所から座って射るのが普通。中世には女官の遊びであったが、近世には民間に広まり、盛り場に楊弓場ができ、二百本を打ち、的中した数で勝負を争った。

やうきゅう

やう-じゃう【養生・養性】〔名〕健康を保持・増進させること。また、病気やけがの回復をはかること。療養。例「常に歩(あり)き常に働くは、―なるべし」〈方丈記・閑居の気味〉訳 いつも歩き回りいつも仕事をするのは、健康を保つのによいはずだ。

やう-す【様子】〔名〕❶状況。有様。気配。❷容姿。姿かたち。かっこう。例「―を見るに、公家(くげ)の落とし子かと思はれて、いやしきかたちにあらず」〈西鶴・好色一代男・三・一〉訳 姿かたちを見ると、公家の落とし子かと思われて、品のない容貌(ようぼう)ではない。❸事情。わけ。

やう・ず【瑩ず】〔他サ変〕{ぜ・じ・ず・ずる・ずれ・ぜよ}瑩貝(ようがい)で作ったつや出しの道具で、絹などをみがいてつやを出す。例「いみじう―・じたる白き衣」〈枕草子・宮の五節出ださせ給ふに〉訳 たいそうつや出しをした白い生地(きじ)。

やう-だい【様体・様態】〔名〕❶姿かたち。容姿。例「そびやかに臥(ふ)し給へりつる―のをかしかりつるを」〈源氏・蛍〉訳 すらりと背の高い姿で横になっておられるかっこうがすばらしいのを。❷状況。様子。有様。例「ことの―は……世の常の東宮(とうぐう)のやうにもなく」〈大鏡・師尹〉訳 ことの真相は……普通の皇太子のようでもなく。❸特に、病気の状況。病状。

やう-でう【横笛】〔名〕横笛(よこぶえ)。例「腰より―抜き出(い)だし、ちっと鳴らいて」〈平家・六・小督〉訳 腰から横笛を抜き取り、ちょっと鳴らして。

参考 「横笛」の字音「わうてき」が「王敵」に通じるのを避けた言い方。

やう-な・し【益無し】〔形ク〕《「やくなし」の変化した形》無益である。むだである。例「――・き物買ひ給ふとは思ひけれど」〈大和・一四〇〉訳 いらない物(＝葦)をお買いになるとは思ったけれど。

やうなり

【様なり】〔助動ナリ型〕《名詞「やう(様)」に断定の助動詞「なり」が付いてできた語》接続 活用語の連体形、名詞＋「の」、名詞＋「が」、に付く。

未然形	連用形	終止形	連体形	已然形	命令形
やうなら	やうなり やうに	やうなり	やうなる	やうなれ	○

【比況】❶《譬え・類似を表す》…ようだ。…みたいだ。例「髪は扇を広げたる**やうに**ゆらゆらとして」〈源氏・若紫〉訳 (若紫の)髪は扇を広げたみたいにゆらゆらと揺れて。❷《例を示す》(例えば、例をあげると)…ようだ。例「雀(すずめ)などの**やうに**常にある鳥ならば、さも覚ゆまじ」〈枕草子・鳥は〉訳 (鶯が例えば)雀なんかのようにいつもいる鳥だったら、そう(＝季節ハズレニ鳴クノハヨクナイト)も思えないだろう。❸《そういう状態であることを表す》…ようすだ。…状態だ。例「いと心深う、青みたる**やうにて**」〈徒然草・一三七〉訳 (暁近くになって出る月が)たいへん風情があって、青みがかった様子で。❹《はっきり断定せずに、ぼかしていう意を表す》…ようだ。例「筑紫(つくし)に、なにがしの押領使(あふりやうし)などいふ**やうなる**者のありけるが」〈徒然草・六八〉訳 筑紫(＝今ノ九州)に、なんとかの押領使とかいうような者がいたが。注「押領使」ハ、警察ノ役ニアタッタ地方官。❺《「…やうに」の形で》《願望・意図を表す》…ように。例「『もの騒がしからぬ**やうに**』など思はんには」〈徒然草・五九〉訳「あわただしくないように(出家しよう)」などと思っていたら。

参考 (1)名詞「やう」の意味が保たれ、助動詞とみるよりは、連語とみる方がいいような例も多い。(2)同じ比況の助動詞に「ごとし」「ごとくなり」があるが、平安時代では、これらは漢文訓読文に用いられ、「やうなり」は和文に用いられるという違いがあった。

やうめい-の-すけ【揚名の介】〔名〕名目だけで、職務も禄もない、諸国の次官。例「――なる人の家になむ侍(はべ)りける」〈源氏・夕顔〉訳 揚名の介である人の家でございます。

やう-やう【様様】〔名・形動ナリ〕《「様様(さまざま)」の音読》さまざま。いろいろ。種々。例「道すがらも――・にいたはりなぐさめ奉る」〈平家・二・阿古屋之松〉訳 道中においてもいろいろといたわり慰め申し上げた。

やう-やう

【漸う】

「やうやう」は、「やうや(漸)く」が変化した形なので、意味としては、①のだんだん、しだいしだいに、が中心。

❶だんだん。しだいしだいに。例「――白くなりゆく、山際少し明かりて」〈枕草子・春はあけぼの〉訳 だんだん(あたりが)ほの白くなって行くうちに、山に接するあたりの空が少し明るくなって。❷やっとのことで。どうにか。かろうじて。例「何ともせん方なく、――案じ出し」〈西鶴・世間胸算用・一・四〉訳 何ともしようがなくて、やっとのことで(良い方法を)考え出して。

やう-やく【漸く】〔副〕「やうやう」に同じ。例「夜(よ)――明けゆくに」〈土佐・一月一七日〉訳 夜がだんだん明けて行くと。

参考 「やうやう」が和文系の語であるのに対して、「やうやく」は漢文訓読系の語。

やう-りう【楊柳】〔名〕《「楊」はカワヤナギ、「柳」はシダレヤナギの意で、柳の類の中国風の言い方》ヤナギ。(季・春) 例「――長堤(ちやうてい) 道やうやく下れり」〈蕪村・春風馬堤曲〉訳 ヤナギの並ぶ長い堤をずっと歩いて行くと、道は次第次第に下って故郷へはいって行った。

や-うれ〔感〕《「やおれ」とも》尊大に相手に呼びかける時に発する語。おいこら。やいおまえ。例「――、おれらよ、召されて参るぞ」〈宇治拾遺・五・三〉訳 おいこら、おまえ達、(わしは)呼び出されて参上するのだ。

やえ【八重】〔名〕⇩やへ

やお【八百】〔名〕⇩やほ

や-おもて【矢面】〔名〕戦いで、敵の矢が飛んで来る正面の位置。敵の正面。陣頭。「矢先」とも。例「馬の頭(かしら)を立て並べて、大将軍の――にふさがりければ」〈平家・一一・嗣信最期〉訳 (乗っている)馬の頭を並べ、大将軍(＝源義経)の正面に立ちふさがったので。

や-か【宅】〔名〕《「やけ」とも》家。家屋。

やか〔接尾〕(状態を表す名詞・形容詞の語幹・擬態語などに付いて)性質・状態を表す形容動詞の語幹を作る。「鮮――」「青――」「さは――」「忍び――」「はな――」など。

や-かげ【家陰・屋陰】〔名〕家の陰。建物のかげになっている所。例「北の――に消え残りたる雪の、いたう凍りたるに」〈徒然草・一〇五〉訳 北側の家の陰に消え残っている雪が、ひどく凍っているのに。

や-かず【矢数】〔名〕❶矢の数。特に、的に当たった矢の数。例「帥殿(そちどの)の――いま二つ劣り給ひぬ」〈大鏡・道長・上〉訳 帥殿(＝藤原伊周)の当たり矢の数は二つだけ(道長に)負けなさった。❷近世、陰暦四、五月頃、京都の三十三間堂で一昼夜にわたって行われた「通し矢」の競技。堂の長さ六十六間(＝約一二〇メートル)を射通した矢の数を競う。「大矢数(おほやかず)」とも。(季・夏) 例「ほのぼのと粥(かゆ)に明け行く――かな」〈蕪村〉訳 (競技者に出す)粥の湯気が立っている。矢数の行われた夏の短い夜はほのぼのと明けて行くことだ。注 粥ノ湯気ト夜明ケノホノボノトシタ様子トヲ重ネタ句。❸《「矢数俳諧(はいかい)」の略》一日または一昼夜を通して、できるだけ早く多くの句を作ることを誇るもの。井原西鶴は二万三千五百句の記録を残している。

やかず-はいかい【矢数俳諧】〔名〕⇩やかず③

や-かた【屋形・館】〔名〕《「屋」の「形」の意》❶仮に作った家。仮の家。例「火を出(い)だし、平家の――・仮屋(かりや)をみな焼き払ふ」〈平家・九・坂落〉訳 火をつけて、(一の谷の)平家の陣屋や仮の小屋をみな焼き払った。
❷貴人の邸宅・宿所。お屋敷。また、その貴人。例「——に行きて殿作(とのづく)り」〈西鶴・日本永代蔵・三・一〉訳いろんなお屋敷に行って御殿を作り。
❸牛車の屋根の付いている部分。車箱。
❹船に設けた、屋根のある部分。また、その屋根。「ふなやかた」とも。
❺「屋形船(ねぶ)」の略。

やかた-ぶね【屋形船】〔名〕「やかた」④を設けた船。大形のものが多く、遊覧用に用いる。

やがて〔副〕

「やがて」は、ある状態に続いて、他の状態が行われることが元の意。そこで、①の**そのまま**、**引き続いて**、の意となり、それが変化して、ある状態の直後に他の状態が起こることから、②の**すぐに**、**直ちに**、の意となり、また、③の**すなわち**、の意も生じてくる。

❶**そのまま。引き続いて。**例「出だし立てさせ給ひて、——眺めおはします」〈源氏・桐壺〉訳(女官を)出立させなさって、(天皇は)そのまま物思いにふけって外を見やっておられる。
❷**すぐに。直ちに。**例「『——』と申しながら、直垂(ひたたれ)のなくてとかくせしほどに」〈徒然草・二一五〉訳「すぐに(参ります)」と申し上げておきながら、(着て行く)直垂がなくてぐずぐずしているうちに。
❸**すなわち。とりもなおさず。**ほかでもなく。例「——この邦綱(くにつな)の先祖に山陰中納言(やまかげのちゅうなごん)といふ人おはしき」〈平家・六・祇園女御〉訳ほかでもなくこの邦綱(＝人名)の先祖に山陰中納言という人がいらっしゃった。
❹(近世以降の用法)まもなく。そのうちに。例「——人里に至れば、値(あたひ)を鞍つぼに結ひ付けて馬を返しぬ」〈奥の細道・那須〉訳(借りた馬に乗っていくと)まもなく人里に着いたので、馬の借り賃を鞍の人の乗る所に結びつけて馬を返した。

家持(やかもち)【人名】⇩大伴家持(おほとものやかもち)

や-から【族】〔名〕(「家(や)」に「から」が付いて一語化したもの)❶同族。一族。一家。「うがら」とも。
❷仲間。連中。同志。「ともがら」とも。

や-がら【矢柄・矢幹】〔名〕矢の竹の部分。篦(の)。

や-かん【野干】〔名〕中国の伝説上の悪獣の名。キツネに似て木に登り、人を食い、鳴き声はオオカミに似るという。また、転じて、日本で、キツネ。例「このごろは狐狼(こらう)——のすみかとなって」〈平家・二・山門滅亡〉訳この頃は(釈迦の住んだ祇園精舎も)キツネやオオカミや野干のすみかとなって。

や-き【八寸】〔名〕(馬の丈をいう語)背までの高さが四尺八寸(＝一四五センチ)あること。大きくたくましい馬をいう。例「——の馬とぞ聞こえし」〈平家・九・宇治川先陣〉訳(「いけずき」という馬は)八寸の馬といわれていた。
要点 馬の丈は、前足の先から肩までが四尺を標準と考え、それ以上は、一寸・二寸などと「寸」だけで表す。

やく【役】〔名〕❶役目。職務。例「上の御前(おまへ)などにても——とあづかりてほめ聞こゆるに」〈枕草子・故殿の御ためにに〉訳天皇の御前でも(ほめることを)自分の役目と引き受けて(頭の中将を)おほめ申し上げているのに。
❷それだけに専念する仕事。つとめ。例「殿上人(てんじゃうびと)どもの好ましきなどは、朝夕の露分け歩(あり)くをそのころの——になむする」〈源氏・葵〉訳殿上人達で風流好みの人などは、朝夕の露を分けて(野宮(ののみや)へ)通うことをその頃の仕事にしている。
❸公用のために民間人に課する労働。夫役。

やく【約】〔名〕約束。契約。例「正直にして——をかたくすべし」〈徒然草・二一七〉訳正直であって約束をかたく守らなければならない。

やく【益】〔名〕利益。効果。ききめ。「えき」とも。例「金(こがね)はすぐれたれども、鉄(くろがね)の——多きにしかざるがごとし」〈徒然草・一二二〉訳金はすぐれているが、鉄の(もたらす)利益が多いのには及ばないのに似たようなものだ。

や・く【焼く】■一〔他カ四〕{か・き・く・く・け・け}❶火をつけて燃やす。焼く。例「おもしろき野をばな——・きそ古草に新草(にひくさ)まじり生(お)ひは生ふるがに」〈万葉・一四・三四五二〉訳すばらしい野を焼いてくれるな。古い草に新しい草がまじって芽が出たら伸びるように。
❷火に当てて熱する。加熱する。例「浜を良(よ)み諸(うべ)も塩——・く」〈万葉・六・九三八長歌〉訳浜が良いので、なるほど塩を焼くのだ。注塩水ヤ海藻ヲ熱シテ製塩スル。
❸心を悩ます。(胸を)焦がす。例「我(あ)が心——・くも我なりはしきやし君に恋ふるも我が心から」〈万葉・一三・三二七一〉訳私の心を焦がし苦しめるのも私自身です。いとしいあなたに恋い焦がれるのも私自身のせいです。
❹(遊里語)(相手の心を動かすように)うまく言いまわす。おだてる。機嫌をとる。
■二〔自カ下二〕{け・け・く・くる・くれ・けよ}❶(火で)焼ける。燃える。例「人の家の——・くるは常の習ひなれども」〈平家・六・築島〉訳人の家が焼けるのは珍しいことではないが。
❷胸を焦がす。思い焦がれる。激しく恋い慕う。

やく-し【薬師】〔名〕(仏教語。「薬師瑠璃光如来(やくしるりくわうにょらい)」の略)仏の名。東方浄瑠璃浄土の教主で、十二の誓いを立てて、人間界・天上界の病苦・災難を救済する如来。右手に印(いん)を結び左手に薬壺を持つ像に作る。「薬師仏」「薬師如来」とも。

やくし

やくし-かう【薬師講】〔名〕(仏教語)薬師如来を敬う法会。薬師経を百座に分けて講説する。

やくし-ぼとけ【薬師仏】〔名〕(仏教語)⇩やくし

やく-しゃ【役者】〔名〕❶一定の役目を勤める者。役に任ずる人。役人。
❷能・歌舞伎などで演技をする者。俳優。

やく-しゅ【薬種】〔名〕薬の材料。薬品。生薬。例「食ふ物・——などを植ゑおくべし」〈徒然草・二二四〉訳(庭の空いた所には)食べる物(＝野菜ヤ果樹)や薬の材料となる草木を植えておくのがよい。

やく-と【役と】〔副〕それを役目として。専ら。ひたすら。例「年ごろ、——商ひければ、大きに富みて財(たから)多くして家豊かなりけり」〈今昔・二九・三六〉訳長年、専ら商売に励んだので、大いに富んで財産も多くて家は豊かであった。

やく-な・し【益無し】〔形ク〕(「やく」は「益」の呉音)❶**無益である。やりがいがない。むだである。**例「改めて―き事は、改めぬをよしとするなり」〈徒然草・一二七〉訳 改めたところで効果がない事は、改めないのをよいとする。

❷困ったことである。例「御気色(みけしき)変はりて、―・しと思(おぼ)したるに」〈大鏡・道長・上〉訳 (藤原道隆・道兼は)お顔の色も変わって、困ったことだとお思いになったが。

やく-にん【役人】〔名〕❶役目や任務を持っている人。例「『―ぞ、あけられよ』とて、押し分けて参る程に」〈平家・三・公卿揃〉訳「(皇子誕生のお祓(はら)いをする)役目の者です、(道を)あけて下さい」と言って、(人を)押し分けて参上するうちに。

❷公職についている人。官人。官吏。例「―の子はにぎにぎをよく覚え」〈川柳・柳多留・初〉訳 役人(=公職ニツイテイル武士)の子は(親が賄賂(わいろ)など不正なお金をにぎるのにならって)にぎにぎをよく覚えることだ。

❸演劇で、出演者。役者。

やく-はらひ【厄払ひ・厄祓ひ】(…ライ)〔名〕❶災難や穢(けが)れを払い除くこと。また、そのために神仏に祈ったり参拝したりすること。厄落とし。厄よけ。

❷大晦日(おおみそか)や節分(せつぶん)の夜などに、①をするためにやって来る乞食(こじき)。厄よけの文句を唱え、金品をもらい歩く。

や-くも【八雲】〔名〕(多く「八雲立つ」の形で「出雲(いづも)」の枕詞に用いる)幾重にも重なり合っている雲。八重雲。

八雲の道(みち) 和歌の道。歌道。

やくも-さす【八雲さす】〔枕詞〕⇩やくもたつ 例「―出雲(いづも)の児(こ)らが黒髪は吉野の川の沖になづさふ」〈万葉・三・四三〇〉訳 出雲の乙女の黒髪は吉野の川の沖にただよっている。注 入水(ジュスイ)自殺ノヨウナ事件ヲフマエテ詠マレタモノカトイウ。

やくも-たつ【八雲立つ】〔枕詞〕多くの雲がわき上がる意から、「出雲(いづも)(=島根県)」にかかる。「やくもさす」とも。例「―出雲八重垣(やへがき)妻ごみに八重垣作るその八重垣を」〈古事記・上・天照大神と須佐之男命〉訳 出雲(いづも)の国の(我が家の周囲に)幾重(いくえ)にもめぐらした垣根を作る。(その中へ)妻を住まわせるために八重垣を作るのだ。その八重垣よ。注「出雲」ヲワキ起コル雲トトリ、ソノ雲ガ家ノ周囲ニ八重垣ヲ作ルトスル解釈モアル。コノ歌ヲ日本最古ノ和歌トスル説カラ、和歌ノ道ヲ「八雲の道」トモイウ。

や-ぐら【矢倉・櫓】〔名〕(矢を収める倉庫の意)❶敵情の展望、指揮や矢の発射などのために、城門や城壁などの上に設けた高い建物。武器庫にも使う。やぐら。

❷ⓐ江戸時代、歌舞伎(かぶき)や人形浄瑠璃(じょうるり)などの芝居小屋で、興行公認のしるしとして、正面入り口の上に作りつけた台。座元の定紋(じょうもん)を付けた幕で囲い、客寄せや開演の知らせなどの太鼓(たいこ)を打った。

ⓑ江戸時代、相撲小屋で、櫓太鼓を打つために設けられた高い台。

❸木などを組んで作った台・楼。「船―(ふなやぐら)」「炬燵―(こたつやぐら)」などの略称。

やく-れい【薬礼】〔名〕治療や投薬に対する謝礼。医者への支払い。薬代。

やくわう-ぼさつ【薬王菩薩】(ヤクオウ…)〔名〕二十五菩薩の一つ。慈悲・医術によって人々の心身の苦しみを救う。

やくわうぼさつ

やごと-な・し〔形ク〕(「やんごとなし」の「ん」を表記しない形)⇩やむごとなし 例「我ならぬ―・き人の御鼻にもこそ参れ」〈宇治拾遺・二・七〉訳 私と違って高貴な人のお鼻を持ち上げに参上するだろうが。

や-ごろ【矢頃・矢比】〔名〕矢を射当てるのにちょうどよい距離。例「―少し遠かりければ、海へ一段(たん)ばかりうち入れたれども」〈平家・一一・那須与一〉訳 矢頃が少し遠すぎたので、海へ一段(=約一一メートル)くらい(馬を)入れたけれども。

やさかに-の-まがたま【八尺瓊曲玉】【連語】(「やさか」はたいへん長い、または大きい意。「に」は玉)上代の装身具の一つ。たくさんの曲玉(=巴(トモエ)ノ形ノ玉)を長い緒で貫いて輪にしたもの。または、大きな曲玉の意とも。

参考 記紀には、天照大神(あまてらすおおみかみ)が天孫降臨に際して、「八咫鏡(やたのかがみ)」「草薙剣(くさなぎのつるぎ)」とともに授与したとある。

や-さき【矢先】〔名〕❶矢の先端。矢じり。

❷矢の飛んで行く先。また、矢の飛んで来る所。矢面(やおもて)。例「教経(のりつね)の―に回る者こそなかりけれ」〈平家・一一・能登殿最期〉訳 (源氏の兵は、皆恐れて)平教経の矢面に行く者はいなかった。注 教経ハ、弓ノ上手。

❸物事のちょうど始まろうとする時。物事をしようとしたとたん。

やさ・し【優し】〔形シク〕(やせるの意の動詞「やす」の未然形が形容詞化した語)

> 動詞「痩(や)す」(=やせる)を形容詞化した語。**身もやせ細るほどでつらい**、がもとの意。他人の目にやせ細る思いをすることから、**恥ずかしい、気がひける**、の意となり、その恥ずかしがる状態はつつましやかなので、**しとやかである、優美である**、の意にもなる。

❶**身もやせ細るほどで、つらい。**例「世の中を憂しとやさしと思へども飛び立ちかねつ鳥にしあらねば」〈万葉・五・八九三〉訳 この世の中をつらいと(思い)、身も細るばかりだと思うけれども、(どこかへ)飛び立って行ってしまうことはできない、鳥ではないのだから。注 山上憶良ノ作。「貧窮問答歌」ノ反歌。

❷**恥ずかしい。気がひける。**例「昨日今日帝(みかど)ののたまはむことにつかむ、人聞き―・し」〈竹取・帝の求婚〉訳 (多くの人の求婚を断ってきたのに)昨日や今日という最近に天皇が仰せになったことに従うのは、世間の聞こえが恥ずかしゅうございます。

❸(周囲に気を遣って)つつましい。控え目である。例「繁樹(しげき)は百八十に及びてこそさぶらふらめど、―・しく申すなり」〈大鏡・序〉訳 繁樹は百八十歳に達しているでしょうが、(年齢はわからないと)つつましく申したのです。

❹**しとやかである。優美である。趣深い。**例「恐ろしき猪(ゐのしし)も、『臥(ふ)す猪(ゐ)の床(とこ)』と言へば、―・しくなりぬ」〈徒然草・一四〉訳 恐ろしい猪も、(和歌で)「臥す猪の

床」と言えば、風流なものになってしまう。注「臥す猪の床」ハ、イノシシガ草ナドヲ倒シテ寝ル場所ノ意カラ、ココハイノシシノ別名ニイウ。
❺けなげである。感心である。例「あな――し。……ただ一騎残らせ給ひたるこそ優なれ」〈平家・七・実盛〉訳ああけなげなことよ。……（斎藤実盛（さねもり）が敵の中に）たった一騎でお残りになったのは実に感心である。
❻情が深い。心がやさしい。

要点 平安時代には②③④の意味に用い、中世には②③が消滅して⑤⑥の用法が多くなる。容易である意の現代語の用法は江戸末期に現れたもので、古くは「やすし」で表した。

やし〔間投助〕（上代語。間投助詞「や」に副助詞「し」が付いて一語化したもの）接続 形容詞の連体形・助詞などに付く。
【詠嘆】（感動・詠嘆の意を表す）…なあ。…よ。例「はしきやし栄えし君のいましせば昨日（きのふ）も今日（けふ）も我（わ）を召さましを」〈万葉・三・四五四〉訳なんとまあ悲しいことよ、栄えた君（＝大伴旅人）がご存命であったら、昨日も今日も私をお呼びになろうに。

要点「よしゑ――」「はしけ――」のような限られた言い方でしか用いられない。

やしおおり【八塩折り】〔名〕⇩やしほをり
やしおじ【八潮路】〔名〕⇩やしほぢ
やしなひ【養ひ】ヤシナイ〔名〕❶（子供を）育てること。養育。❷（「養ひ子（ご）」の略）養子。もらい子。例「『ただもりとりて――にせよ』とぞ付けさせましましける」〈平家・六・祇園女御〉訳（院は）「（山芋（やまいも）の子は）忠盛がもぎとって養生（の食べ物）にしなさい（＝忠盛ガソノ子ヲ養子ニシナサイ）」とお答えになった。
やしなひ-ぎみ【養ひ君】ヤシナイ-〔名〕乳母（めのと）や後見人として守り育てている貴人の若君。例「四の宮は……能円法印（ほふいん）の――にてぞましましける」〈平家・八・山門御幸〉訳（高倉上皇の）四の宮（＝後ノ後鳥羽天皇）は……能円法印の養育している皇子でいらっしゃった。注「法印」ハ、僧位ノ最高位ノ称。
やしな・ふ【養ふ】ヤシナウ〔他ハ四〕（は・ひ・ふ・ふ・へ・へ）❶はぐくみ育てる。養育する。
❷体力や気力をつける。養生する。例「身を――ひて何事をか待つ」〈徒然草・七四〉訳体を養生して一体何を待つというのか（やがて来るのは老いと死だけではないか）。
や-しほ【八入】ヤ-シオ〔名〕（上代語。「や」は数の多い意。「しほ」は度数の意）何度も布や糸を染め汁に浸して色濃く染めること。また、その染めた布や糸。例「紅（くれなゐ）の――に染めておこせたる衣（ころも）の裾（すそ）も通りてぬれぬ」〈万葉・一九・四一五六長歌〉訳（妻が）紅色の染め汁に何度も浸してしっかり染めて贈ってくれた着物の裾も、（川の流れに）濡れ通ってしまった。
や-しほぢ【八潮路】ヤ-シオジ〔名〕（上代語。「や」は数の多い意）たくさんの潮路。はるか遠い海路。「八重（へ）の潮路」とも。
やしほ-をり【八入折り・八塩折り】ヤシオ-オリ〔名〕（上代語。「や」は数の多い意、「しほ」は度数の意）❶酒などを何度も繰り返して醸造すること。また、そうして造った酒。例「――の酒を醸（か）み」〈古事記・上・天照大神と須佐之男命〉訳（大蛇に飲ませるために）何度も繰り返して醸造して酒を造り。
❷刀などを、何度も繰り返して鍛えること。例「――の紐小刀（ひもがたな）を作りて」〈古事記・中・垂仁〉訳（天皇暗殺のために）繰り返し鍛えた紐つきの小刀を作って。
や-しま【八州・八洲・八島】ヤ-〔名〕（「や」は数の多い意。一説に八つの意）日本。日本国。「おほやしま」「やしまの国」とも。例「我が大君の天（あま）の下――の中（うち）に国はしも多（さは）にあれども」〈万葉・六・一〇五〇長歌〉訳我が天皇の（お治めになる）天下である日本のうちには、国はたくさんあるけれども。
やしろ【社】〔名〕❶神を祭る所。神の降下する所。例「祝部（はふり）らが斎（いは）ふ――の黄葉（もみちば）も標縄（しめなは）越えて散るといふものを」〈万葉・一〇・二三〇九〉訳神官達が神を祭る社の紅葉でさえ標縄（＝神域ヲ区切ル縄）を越えて散るというのに。
❷神を祭る建物。神社。神殿。例「――は布留（ふる）の――。生田（いくた）の――」〈枕草子・社は〉訳（霊験あらたかな）神社は布留の神社（＝奈良県天理市布留ニアル石上（イソノカミ）神宮）。生田の神社（＝神戸市ニアル生田神社）。

要点 ①は、神を迎えるために清めた土地で、仮の小屋を設けたことから「屋代（やしろ）」といい、その小屋が残り、神が常住するように考えて、②の建物をいう。

や・す【痩す】〔自サ下二〕（せ・せ・す・する・すれ・せよ）（身体が）やせる。やせ細る。例「雑色（ざふしき）・随身（ずいじん）は、少し――せて細やかなるぞ良き」〈枕草子・雑色・随身は〉訳雑色（＝雑役係ノ下級ノ役人）や随身（＝貴人ノ護衛）は、少しやせていて細めの者が良い。
やす-い【安寝・安眠】ヤス-〔名〕（「い」は眠りの意）心安らかに眠ること。安眠。例「眼交（まなかひ）にもとなかかりて――し寝（な）さぬ」〈万葉・五・八〇二長歌〉訳（子供の姿が）目の前にしきりにちらついて、私に安眠をさせないことよ。
やすから・ず【安からず】〔連語〕❶心が穏やかでない。おもしろくない。例「徳大寺、花山院（くわさんゐん）に超（こ）えられたらんはいかがせん。平家の次男に超えらるるこそ――・ね」〈平家・一・鹿谷〉訳徳大寺殿や花山院殿に追い越されるのは仕方がない。平家の次男（＝平宗盛（ムネモリ））なんかに追い越されるのは腹の虫がおさまらない。
❷不安だ。心配だ。例「これを、世の人――・ず憂（うれ）へあへる、げにことわりにも過ぎたり」〈方丈記・都遷り〉訳これ（＝平清盛ノ福原遷都）を、世間の人々が心配なことだと、不安に思い合ったのは、当然過ぎるほどである。
やす-くに【安国】〔名〕安らかに治まっている国。
やす-げ【安げ】〔形動ナリ〕❶安らかな様子。気楽そう。例「世を――に言ひ居たり」〈源氏・東屋〉訳（乳母は浮舟の身の処し方に関して）世の中のことを気楽に考えているように言っている。
❷やすやすとできそうな様子。たやすそう。例「何にかあらむ して本を切るさまぞ、――・にせまほしげに見ゆるや」〈枕草子・八月つごもり〉訳何かわからない道具を使って（稲の

根もとを切るようすは、たやすそうで（自分でも）やってみたく思われることよ。

やすげ-な・し【安げ無し】〔形ク〕安らかでない。不安である。例「さまざま、――・き身の愁(うれ)へを申す」〈源氏・須磨〉訳（漁師達は）いろいろと、不安な身の上の心配事を申し上げる。

やす・し 〔形ク〕一【安し】心が安らかである。おだやかである。例「同じほど、それより下臈(げらふ)の更衣(かうい)達は、まして――・からず」〈源氏・桐壺〉訳（桐壺更衣(きりつぼのかうい)と）身分が同じ程度の更衣や、それより身分の低い更衣達は、それにもまして心おだやかでない。

二【易し】❶容易である。たやすい。やさしい。例「過(あやま)ちは――・き所になりて、必ず仕(つかまつ)ることに候ふ」〈徒然草・一〇九〉訳過失（というもの）は易しい所になって、必ずいたすものでございます。

❷簡単である。無造作である。例「昔の人は少しも求めず、ただありのままに――・く付けけるなり」〈徒然草・一一六〉訳（寺名など命名するのに）昔の人は少しも趣向をこらさず、ただその姿の通りにあっさりとつけたものだ。

❸（動詞の連用形に付いて）その動作が容易に行われる意を表す。…する傾向にある。…しがちである。らくに…できる。例「あなづり――・き人ならば、『後(のち)に』とてもやりつべけれど」〈枕草子・にくきもの〉訳（急用がある時にやって来た客が）いいかげんに扱うことが容易にできる程度の人ならば、「あとで」と言って帰すこともできようが。

> 要点 鎌倉時代に、価格が低い意が生じ、近世には、もっぱらこの意になる。これに伴って二の意は「やさし(い)」が表すようになり、二の「やすし」は「たやすい」「しやすい」など複合語の中に残る程度になる。
> 参考 二③の用法で「やすなり」も用いられた。例「つき草、移ろひ**やすなる**こそうたてあれ」〈枕草子・草は〉訳ツキ草（＝ツユ草ノ古名）は色があせやすいのは困ったものだ。

やすみ-しし【安見知し・八隅しし】〘枕詞〙「わが大君」「わご大君」にかかる。安らかにお治めになるの意とも、八方を隈(くま)なくお治めになるの意ともいう。例「――わが大君の聞こしをす天(あめ)の下に国はしもさはにあれども」〈万葉・一・三六長歌〉訳我が大君がお治めになる国土に、国はたくさんあるけれども。

やす・む【休む・息む】一〔自マ四〕{ま・み・む・む・め・め} ❶休息する。休憩する。いこう。例「足の裏動かれず、わびしければ、せむかたなくて――・み給ふ」〈源氏・玉鬘〉訳足の裏は（痛んで）一歩も踏み出せず、つらいので、どうしようもなくて（玉鬘(たまかづら)は）ご休息なさる。

❷横になる。寝る。

❸心身が安らかになる。休まる。楽になる。例「照り曇り寒き暑きも時として民に心の――・む間もなし」〈風雅・雑下〉訳照っても曇っても寒くても暑くても、少しの間も民衆には心の休まる暇もない。

二〔他マ下二〕{め・め・む・むる・むれ・めよ} ❶休ませる。休息させる。例「天離(あまざか)る鄙(ひな)に下(くだ)り来(き)息だにもいまだ――・めず」〈万葉・一七・三九六二長歌〉訳田舎に下って来て、まだ一息いれることすらできないで。

❷心身を安らかにする。楽にさせる。例「神・仏明らかにましまさば、この愁(うれ)へ――・め給へ」〈源氏・明石〉訳神・仏が確かにおられるのなら、この難儀をお静め下さい。

やすら-か【安らか】〔形動ナリ〕❶平穏無事な様子。また、心配がなく気楽な様子。例「慣れ――・なるを見るも、いとうらやまし」〈枕草子・宮に初めて参りたるころ〉訳（大勢の女房が宮仕えに）慣れていて気楽そうなのを見るのも、たいそううらやましい。

❷落ち着きがある様子。例「うちある調度(てうど)も、昔おぼえて――・なるこそ、心にくしと見ゆれ」〈徒然草・一〇〉訳ちょっと（その辺に）置いてある道具類も、古風な感じがして落ち着いているのは、奥ゆかしく思われる。

❸わざとらしくなく、あっさりしている。例「おほかた振る舞ひて興あるよりも、興なくて――・なるが、まさりたることなり」〈徒然草・二三一〉訳一般に趣向をこらして面白味があるのよりも、面白味がなくてもわざとらしさのない方が、まさっているものである。

❹やすやすと行う様子。無造作な様子。例「――・に結(ゆ)ひて参らせたりけるが、思ふやうにめぐりて」〈徒然草・五一〉訳（水車の本場の、宇治の里人が、それまでどうやっても回らなかった水車を）やすやすと組み立ててさしあげたが、（その水車は）思い通りに回って。

やすら-け・し【安らけし】〔形ク〕〘上代語〙安らかである。おだやかである。

やすら・ふ【休らふ】ヤスラ(ロ)ウ 一〔自ハ四〕{は・ひ・ふ・ふ・へ・へ} ❶立ちどまる。たたずむ。足をとめる。例「気色(けしき)もなければ、しばし――・ひて帰りぬ」〈蜻蛉・中・天禄二年〉訳（声をかけるけれど、返事をする）気配もないので、しばらくそのあたりにたたずんでいて帰ってしまった。

❷しばらくとどまる。滞在する。例「その頃(ころ)宋朝よりすぐれたる名医渡って、本朝に――・ふことあり」〈平家・三・医師問答〉訳その頃（中国の）宋の国からすぐれた名医が渡って来て、日本にしばらく滞在したことがあった。

❸休む。休息する。休憩する。例「岩に腰かけてしばし――・ふほど」〈奥の細道・出羽三山〉訳岩に腰かけてしばらく休んでいる間に。

❹ぐずぐずする。ちゅうちょする。ためらう。例「――・はで寝なましものをさ夜更(ふ)けてかたぶくまでの月を見しかな」〈後拾遺・恋二〉訳ためらうことなく寝てしまえばよかったのに。あなたが来てくれるものとあてにしたばかりに、夜も更けて西の山に沈もうとするまでの月を見てしまった。注『百人一首』所収、赤染衛門(アカゾメエモン)ノ作。

二〔他ハ下二〕{へ・へ・ふ・ふる・ふれ・へよ} 休ませる。休息させる。休憩させる。

要点 原義は、行動を停止して、その状態をしばらく持続する意。

やせ-さらぼ・ふ【痩せさらぼふ】サラボウ〔自ハ四〕{は・ひ・ふ・ふ・へ・へ} やせて骨と皮ばかりのようになる。やせこける。例「物も食はず過ごしたれば、影のやうに――・ひつつ」〈宇治拾遺・六・五〉訳物も食べないで日を過ごしたので、影のようにやせこけて。

や-ぜん【夜前】〔名〕昨晩。昨夜。ゆうべ。

や-そ【八十】〔名〕数の八十(はちじふ)。また、数の多いこと。例「秋風に川波立ちぬしましくは――の船津に御船(みふね)留(とど)めよ」〈万葉・一〇・二〇四六〉訳秋風が吹いて天の川の川波が立ちました。しばらくは多くの船着き場(のどこか)に、船をおとめなさいませ。注 七夕(タナバタ)ニチナンダ歌。

> 要点 「━がみ(神)」「━くに(国)」「━しま(島)」など、接頭語的な用法も多い。

やそ-くに【八十国】〔名〕多くの国々。また、多くの国々の人。例「━は難波(なに)に集(つど)ひ舟飾り吾(あ)がせむ日ろを見む人もがも」〈万葉・二〇・四三二九〉訳 多くの国々の防人(さきもり)は難波に集まって舟出するが、その舟に飾りをする晴れの日を見てくれる人がほしいなあ。注 防人歌。

やそ-くま【八十隈】〔名〕多くの曲がりかど。例「この道の━ごとに万(よろづ)たびかへりみすれど」〈万葉・二・一三一長歌〉訳 この道の多くの曲がり角のたびに、何回も振り返って見たが。注 柿本人麻呂ガ妻ト別レテ石見(イワミ)国カラ上京スル時ノ歌。

やそ-じ【八十・八十路】〔名〕⇒やそぢ

やそ-しま【八十島】〔名〕多くの島々。例「海(わた)の原━かけて漕(こ)ぎ出(い)でぬと人には告げよあまの釣り舟」〈古今・羇旅・四〇七〉訳 大海原を、多くの島々をめがけて漕ぎ出していったと、(京の親しい)人には告げてくれ、漁師の釣り舟よ。注『百人一首』所収、小野篁(タカムラ)ガ隠岐(オキ)ノ国ニ流サレル時ニ詠ンダ歌。

やそ-せ【八十瀬】〔名〕たくさんの瀬。瀬々。

やそ-ぢ【八十・八十路】〔名〕(「ぢ」は数詞に付く接尾語「ち」が連濁したもの)❶八十(はちじふ)。❷八十歳。八十年。例「海のまた恐ろしければ、頭(かしら)もみな白けぬ。七十(なそ)ぢ━は海にあるものなりけり」〈土佐・一月二十一日〉訳(海賊のうわさを気にしている上に)海がまた恐ろしいので、頭髪もすっかり白くなった。七十歳八十歳という老齢は、海にあるものなのだった。

やそ-とものを【八十伴の緒(男)】〔名〕多くの部族の長。また、朝廷に仕える多くの役人。

やた-がらす【八咫烏】〔名〕❶神武天皇の東征にあたり、道案内として天照大神(あまてらすおおみかみ)からつかわされたという鳥。❷中国の伝説で、太陽の中にいるという三本足の烏。のちに、太陽の異名。

や-たけ【弥猛】〔形動ナリ〕(「いやたけ」の変化した形)いよいよ勇み立つ様子。

や-たて【矢立て】〔名〕❶矢を入れる道具。「やなぐひ」「えびら」の類。❷携帯用の筆記用具。墨つぼに筒を付け筆を入れたもの。例「これを━の初めとして」〈奥の細道・旅立〉訳 この発句を矢立ての使い初め、つまり旅日記の書き初めとして。

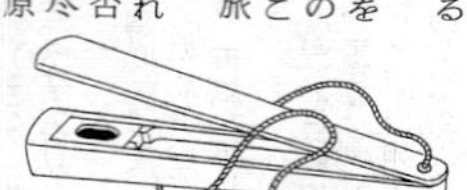

やたて②

や-だね【矢種】〔名〕箙(えびら)などに入れて、携えている矢。「━尽く」など否定的な用法が多い。例「━皆射尽くして、馬をも射させ」〈平家・七・篠原合戦〉訳 矢のすべてを射尽くして(しまい)、馬も射られて。

参考 一般に、箙には二十四本の矢を入れる。

やた-の-かがみ【八咫鏡】〔名〕三種の神器の一つ。天照大神(あまてらすおおみかみ)が瓊瓊杵尊(ににぎのみこと)に授け、伊勢神宮に奉斎されたという神鏡。宮中には模造の神鏡が安置されたが、平安時代には温明殿(うんめいでん)に納められ内侍所(ないしどころ)(賢所)と呼ばれた。

やち-くさ【八千草・八千種】〔名〕❶多くの草。❷非常に多くの種類。例「━に草木を植ゑて時ごとに咲かむ花をし見つつしのはな」〈万葉・二〇・四三一四〉訳 いろいろな種類の草木を植えて、時節ごとに、咲く花を見て賞美したいなあ。

や-ちまた【八岐・八衢】〔名〕道が四方八方に分かれている所。例「橘(たちばな)の影踏む道の━に物をぞ思ふ妹(いも)に逢(あ)はずして」〈万葉・二・一二五〉訳 橘の並木の木蔭を踏んでいく道の八方に分かれているように、あれこれと物を思うことである、恋しい人に逢わないでいるので。

やち-よ【八千代】〔名〕八千年。また、非常に長い年月。永遠。例「我が君は千代に━にさざれ石の巌(いはほ)となりて苔(こけ)の生(む)すまで」〈古今・賀・三四三〉訳 我が君は、(その命が)いつまでも長く(続くことでしょう)、小石が大岩となって苔が生いむす時までも。

や-つ【八つ】〔名〕❶数の「八」。やっつ。また、数の多いこと。❷時刻の呼び名の一つ。今の午前および午後の二時頃。「八つ時」とも。

やつ【奴】〔名〕(「やつこ」の変化した形)❶人や動物を卑しめていう語。やつ。例「かぐや姫てふ大盗人の━が、人を殺さむとするなりけり」〈竹取・竜の首の玉〉訳 かぐや姫という大盗人のやつが、人を殺そうとするのであったよ。❷(近世語)「こと」「もの」の意の俗語的な言い方。例「どうも銭金(かね)といふ━はたまりませぬ」〈浮世風呂・前・上〉訳 どうもお金というものはたまらないものです。

や-つか【八束】〔名〕(上代語。「束」は、手で握った時のこぶしの幅に当たる長さ)八握り分の長さ。また、丈が長いこと。「━の剣(つるぎ)」「━の鬚(ひげ)」など。

や-づか【矢束】〔名〕(「やつか」とも)矢の長さ。例「弓を━のある限り引きしぼりて、矢を放ちたれば」〈今昔・二五・六〉訳 弓を矢の長さのありったけ引きしぼって、矢を放ったところ。

やつぎ-ばや【矢継ぎ早】〔名・形動ナリ〕矢を続けて射るわざが早い様子。例「競(きほふ)はもとよりすぐれたる強弓(つよゆみ)、精兵(せいびやう)、━の手きき」〈平家・四・競〉訳 競(=源頼政ノ家臣ノ名)はもともとすぐれた強弓を射るえりぬきの兵士で、矢を早く射る腕きき。

やつ-こ【臣・奴】〓〔名〕仕える者。家来。召使い。例「伴ふべき人もなく、頼むべき━もなし」〈方丈記・閑居の気味〉訳 ともに生活するような人もなく、信頼できる召使いもいない。
〓〔代名〕(人称代名詞。自称)男女ともに、謙遜(けんそん)した気持ちで用いる。わたくしめ。例「天(あま)ざかる鄙(ひな)の━に天人(あめひと)しかく恋すらば生ける験(しるし)あり」〈万葉・一八・四〇八二〉訳 遠い田舎のわたくしめに都の天人がこんなに恋してくださるなら、生きているかいがあります。注 越中守(エッチュウノカミ)デアッタ大伴家持(ヤカモチ)ガ都ニイル叔母(オバ)ノ大伴坂上郎女(オオトモノサカノウエノイラツメ)ニ贈ッタ歌。

> 要点 語源は「や(家)つ子」で、古代には最下層の召使いをいい、自分を謙遜したり、他人をののしるのに

用いた。近世に「やっこ」に変化する。

やっこ【奴】〔名〕《近世語。「やつこ」の促音便化》❶江戸時代、武家に仕えた下男。中間（ちゅうげん）。行列の時は槍（やり）・挟み箱などを持ち、先頭に立った。撥鬢（ばちびん）と呼ばれる髪を結い、鎌髭（かまひげ）をはやして、威勢のいいのを売り物とする。奴凧（やっこだこ）は、その姿を模したもの。❷江戸時代初期の侠客（きょうかく）。男だて。旗本奴と町奴とがあった。

やっこ-あたま【奴頭】〔名〕江戸時代、武家の奴（やっこ）や町家の丁稚（でっち）などが結った髪型。月代（さかやき）を特に深く広くそり、後頭部でまげを短く結ったもの。

やつ・す【窶す・俏す】〔他サ四〕{さ・し・す・す・せ・せ}

> 「やつす」は、目立たないように姿を変える、みすぼらしくする、が基本の意。その行為を特定すると②の出家して僧の姿になる、の意になる。

❶**目立たないように姿を変える。みすぼらしくする。** 例「御車もいたく━・し給へり」〈源氏・夕顔〉訳（忍び歩きなので、光源氏は）牛車（ぎっしゃ）も大層目立たないようにしておられる。

❷特に、出家して僧の姿になる。出家する。例「朱雀院（すざくゐん）の御末にならせ給ひて、今はと━・し給ひし際（きは）にこそ」〈源氏・宿木〉訳朱雀院が晩年におなりになって、今こそはと出家なさったその時に。

❸一部を変えてまねる。もじる。なぞる。例「玄宗の花軍（はないくさ）を━・し、扇軍（あふぎいくさ）とて」〈西鶴・日本永代蔵・三・二〉訳（唐の）玄宗皇帝の花軍をもじって、扇軍だといって（扇のあおぎ合いをさせた）。注「花軍」ハ、玄宗皇帝ガ楊貴妃（ヨウキヒ）ノタメニ、宮女ヲ二軍ニ分ケテ花ノ枝ヲ持タセテ戦ワセタ、トイワレルモノ。

❹（形式・きまりなどを）略式にする。くずす。乱す。例「事過ぎて、後（あと）は━・して乱れ酒」〈西鶴・好色一代男・七・一〉訳ちゃんとした杯のやりとりが終わって、後はぐっとくつろいで無礼講の酒宴になって。

❺（「身をやつす」の形で）やせる思いをするほど打ち込む。没入する。例「連歌に身を━・し」〈咄本・醒睡笑・七〉訳連歌に打ちこんで。

やつ-はし【八つ橋】〔名〕画や庭園で、池などに数枚の橋板を稲妻型につなぎ合わせてかけた橋。『伊勢物語』九段の文章が有名なところから「かきつばた」の画に多くの橋を配し、さらにその橋を稲妻型の一続きのものにデザインしたもの。庭園にも設ける。

やつはし

やつ-ばら【奴ばら】〔名〕《「ばら」は複数の人を表す接尾語》複数の人を卑しめていう語。やつら。例「遅く来る━を待たじ」〈竹取・竜の首の玉〉訳遅れて来るやつらを待つのはやめよう。

や-つぼ【矢壺・矢坪】〔名〕矢を射る時に、ねらう目標。的（まと）。「矢どころ」とも。例「姿かたちも見えざれば、━をいづくとも定めがたし」〈平家・四・鵼〉訳姿かたちも見えないので、矢のねらいをどことも決めにくい。

やつめ-さす《枕詞》「出雲（いづも）」にかかる。

やつ・る【窶る・俏る】〔自ラ下二〕{れ・れ・る・るる・るれ・れよ}❶目立たない状態になる。質素・簡略になる。例「宮、狩りの御衣（おんぞ）にいたう━・れて」〈源氏・総角〉訳匂宮（におうのみや）は、狩衣（かりぎぬ）姿のとても簡素な格好で（女性を訪ねた）。

❷**見ばえがしなくなる。** みすぼらしくなる。衰える。例「いと若かりしほどを見しに、太り黒みて━・れたれば」〈源氏・玉鬘〉訳とても若かった頃を見たことがあるが、（今は）太って色黒になってぱっとしないので。

やつれ【窶れ】〔名〕《動詞「やつる」の連用形の名詞化》❶目立たない状態になること。また、その様子や姿。例「かかる━をそれと知られぬるが、いみじうねたき事限りなし」〈源氏・葵〉訳こんな人目を忍んだ姿を自分だと知られてしまったのが、ひどくしゃくにさわる事この上もない。

❷（容色や服装などが）みすぼらしくなること。やせおとろえること。また、その様子や姿。

やど【屋戸・宿】〔名〕❶家の戸口。家の入り口。例「夕さらば━開け設（ま）けて我待たむ夢（いめ）に相見に来むといふ人を」〈万葉・四・七四四〉訳夕方になったら、家の戸を開けて用意して私は待っていよう。夢で逢（あ）いに来ようという人を。

❷家。家屋。例「君待つと吾（あ）が恋ひ居ればわが━の簾（すだれ）動かし秋の風吹く」〈万葉・四・四八八〉訳あなたのおいでを待って私が恋い慕っていると、私の家のすだれを動かして秋の風が吹く。

❸家の庭。庭先。例「この頃の暁（あかとき）露にわが━の萩（はぎ）の下葉は色づきにけり」〈万葉・一〇・二一八二〉訳この頃の早朝の露のせいで、私の家の庭先の萩の下葉はすっかり色づいたことだよ。

❹旅などで一時泊まること。また、その所。例「くたびれて━借るころや藤の花」〈芭蕉・笈の小文〉訳（古都大和を旅し、春の日長を歩き尽くし）疲労を覚え、今宵（こよい）の宿を乞（こ）おうとするたそがれ時。夕もやの中に、薄紫の藤の花がおぼつかない様で咲き垂れているのが目に入った。（物憂い春の旅愁を覚えたことである）。

> **要点** 「やど」と「いへ」 上代では、「いへ」が家族を意識して用いるのに対して、「やど」は建物（庭先を含む）をいうことが多い。平安時代になるとほぼ同じ意味となり、「いへ」は散文に、「やど」は和歌に用いることが多くなる。

やど・す【宿す】〔他サ四〕{さ・し・す・す・せ・せ}《「宿る」の他動詞形》❶泊める。宿泊させる。宿を貸す。例「心も知らぬ人を━・し奉りて、釜（かま）ばしも引き抜かれなば、いかにすべきぞ」〈更級・初瀬〉訳心（＝考エテイルコト）もわからない人をお泊めして、釜でも抜き取られたら（＝盗マレタラ）、どうするのだ。注「ばし」ハ強調ノ副助詞。

❷置いておく。とどめる。残す。例「しばしもこの身を━・し、たまゆらも心を休むべき」〈方丈記・世にしたがへば〉訳（どんな場所でどんな事をして暮らしたら）しばらくでもこの身

を(この世に)置き、ほんのしばらくでも心を休めることができるのであろうか。
❸(子供を)はらむ。妊娠する。

やど-もり【宿守】〔名〕家の留守番をすること。また、その人。

やどり【宿り】〔名〕❶旅先で宿泊すること。また、その場所。例「旅人の――せむ野に霜降らば我が子はぐくめ天(あめ)の鶴群(たづむら)」〈万葉・九・一七九一〉訳旅人達が旅先で宿泊する野に霜が降ったら、私の子供を羽で包んで守ってくれ、空を飛んでいる鶴(たづ)の群れよ。
❷住む家。住まい。住居。例「家居(いへゐ)のつきづきしく、あらまほしきこそ、仮の――とは思へど、興あるものなれ」〈徒然草・一〇〉訳住まいが(その人に)似つかわしく、理想的なのこそ、(それも無常の世では)仮の住まいだとは思うけれど、(やはり)興味をそそられるものだ。

要点 ②の例の「仮の宿り」は、この世を一時的な住まいとする仏教の無常観に基づくものであり、使用例が多い。

やどり-ぎ【宿り木・寄生木】〔名〕他の植物に寄生する草や木の総称。例「そのものとなけれど、――といふ名、いとあはれなり」〈枕草子・花の木ならぬは〉訳特にそれがいいというほどではないが、宿り木という名前は、(ほかの木に宿るというのが)とてもはかない感じでいい。

やど・る【宿る】〔自ラ四〕(ら・り・る・る・れ・れ)❶一時的に住む。(旅先・行く先で)泊まる。宿泊する。例「安騎(あき)の野に――・る旅人うちなびきいも寝(ぬ)らめやも古(いにしへ)へ思ふに」〈万葉・一・四六〉訳安騎の野(=奈良県宇陀郡)に泊まる旅人はくつろいで寝ることができようか。昔の事(=ココデ狩リヲシタコト)を思い出すと。
❷とどまる。動かずにいる。例「面影(おもかげ)のかすめる月ぞ――・りける春や昔の袖の涙に」〈新古今・恋二・一一三六〉訳人の面影がおぼろに浮かんでかすんでいる月がとどまっていることだ。春は昔のままの春ではないのか、昔のままの春なのに、と思って泣き濡れる袖の涙に。
❸寄生する。例「いと気色(けしき)ある深山木(みやまぎ)に――・りたる蔦(つた)の色ぞまだ残りたる」〈源氏・宿木〉訳たいそう趣のある深山の木に寄生している蔦の(紅葉の)色は、まだあせずに残っていた。

やな【梁・簗】〔名〕川の瀬にくいを打ち並べて一か所に魚を導くようにし、そこに簀(す)を張って魚を捕らえるようにした仕掛け。(季・夏)
梁打(う)つ 梁をしかける。例「古(いにしへ)に――・つ人のなかりせばここにもあらまし柘(つみ)の枝はも」〈万葉・三・三八七〉訳昔(この川で)梁をしかけた人(=味稲(ウマシネ))がいなかったなら、ここに(今も)あったかもしれないなあ、あの柘(=山桑)の枝よ。

や-な〔連語〕(間投助詞「や」+終助詞「な」)強い感動・詠嘆の意を表す。…だなあ。…であることよ。例「良からずの右近(うこん)が様**やな**」〈源氏・浮舟〉訳よくない右近(=女房ノ名)のやり方だなあ。例「悲し**やな**、羽衣(はごろも)なくては飛行(ひぎやう)の道も絶え、天上に帰らんこともかなふまじ」〈謡曲・羽衣〉訳悲しいことだなあ、羽衣がなかったら天を飛ぶ手段もなくなり、天上に帰ることもかなうまい。

やない-ばこ【柳箱・柳筥】〔名〕(「やなぎばこ」の変化した形)柳の細い枝を編んで作ったふたつきの箱。すずり・筆・墨などの文房具、経巻などを入れるのに用いた。後世そのふたに足を付けて物を載せる台とした。

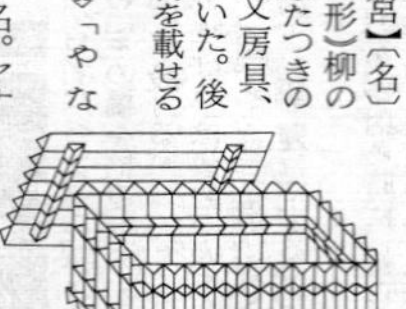
やないばこ

やな-う・つ【梁打つ】⇩「やな(梁)」子項目

やなぎ【柳】〔名〕❶木の名。ヤナギ。(季・春)例「田一枚植ゑて立ち去る――かな」〈奥の細道・遊行柳〉訳西行(さいぎやう)ゆかりのこの柳のあたり(=蘆野(アシノ)ノ里。今ノ栃木県那須郡那須町)も、折柄、田植え時とて人々は忙しく立ち働いている。私はほんのしばらくの間と思って立ち寄ったのに、思わぬ時を過ごし、人々がはや田一枚を植えてしまったことに気づき、(名残りを惜しみながら)立ち去ったのである。(その昔、西行が、ほんのしばしの間と思いながら、涼しい木陰につい時を過ごしてしまったという)この柳の下を。
注 西行ノ歌、「道のべに清水流るる柳陰しばしとてこそ立ち止まりつれ」トイウ歌ニ基ヅイタ句。ナオ、芭蕉ノ文章ニハ、接続助詞「て」ヲハサンデ、前後ノ主語ガ転換スルコトガアル。ココモソノ例。例「――散り清水かれ石ところどころ」〈蕪村〉訳(遊行柳を訪れると)かの西行が「清水流るる柳陰」と詠んだ、その柳もはらはら散りかかり、また清水もかれて、川床の石が所々に露出して、侘びしく晩秋の日をあびているのみである。
❷(「柳襲(やなぎがさね)」の略)(襲(かさね)の色目の名)表は白、裏は青。春に用いる。例「――の五つ衣(ぎぬ)に紅の袴(はかま)着て」〈平家・一一・那須与一〉訳柳襲の重ね着に紅色の袴をはいて。
❸織物の名。縦糸に萌黄(もえぎ)(=薄緑)、横糸に白を用いたもの。
❹柳に風と受け流して、逆らわないこと。

参考 柳の枝の細く長いのをたとえて、「――の糸」「――の髪」などということがあり、後者は美しい髪をたとえていうこともあった。

や-なぐひ【胡簶・胡籙】(ヤナグイ)〔名〕矢を入れて背中に負う武具。その形によって「平(ひら)――」「壺(つぼ)――」などの種類があり、簡素な作りの「狩り――」もある。例「男、弓・――を負ひて、戸口に居り」〈伊勢・六〉訳(鬼から女を守ろうと)男は、弓と胡簶を背負って、入り口にいた。

やなぐひ

や-なみ【矢並み】〔名〕箙(えびら)や胡簶(やなぐい)に差した矢の並びぐあい。

やには-に【矢庭に】(ヤニワニ)〔副〕(「矢庭」は、矢を射る場所の意)その場で。たちどころに。例「――八人切り伏せ」〈平家・四・橋合戦〉訳たちどころに八人切り倒して。

やは〔副〕⇩やはか

やは〔係助〕《係助詞「や」＋係助詞「は」》接続 主語・連用修飾語・接続語などや文末に付く。文末用法では活用語の終止形に付く。

【疑問・反語】❶《文中に用いられる場合。「やは」を受ける文末の活用語は連体形で結ぶ》ⓐ《反語の意を表す》…か、いやそうではない。…ものか。例「いづれの御方(たか)も、『われ人に劣らむ』とおぼいたる**やは**ある」〈源氏・桐壺〉訳どの方々も、「自分は人より劣っているだろう」と思っている人などあろうはずがない。

ⓑ《疑問の意を表す》…か。…であろうか。例「乾(わか)き砂子(すなご)の用意**やは**なかりける」〈徒然草・一七七〉訳乾いた砂の用意はなかったのだろうか。

ⓒ《文末の打消しの助動詞「ぬ(＝「ず」ノ連体形)」と呼応して》《他に対する希望・誘いかけの意を表す》…しないか。…してくれたらいいのに。例「ここに**やは**立たせ給はぬ。所避(さ)り聞こえむ」〈源氏・葵〉訳ここにお立ちになりませんか。場所をおあけ申し上げましょう。

❷《文末に用いられる場合》《反語の意を表す》…か、いやそうではない。…ものか。例「そこらの燕(つばくらめ)、子産まざらむ**やは**」〈竹取・燕の子安貝〉訳たくさんの燕(つばめ)が、卵を産まないことがあろうか(いや必ず産む)。

やは‐か〔副〕(「やは」とも)❶反語の意を表す。どうして(…か)。例「いかなる新田(にった)殿とものたまへ、――こらへ候ふや」〈太平記・一七・一〉訳どれほど(強い)新田殿とおっしゃっても、どうして持ちこたえることができましょうか。

❷(下に打消しの推量の表現を伴って)まさか。よもや。例「――退(ひ)かぬことは候ふまじ」〈謡曲・烏帽子折〉訳まさか退却しないことはありますまい。

やは・す【和す】〔他サ四〕{さ・し・す・す・せ・せ}《上代語》和らげる。平定する。帰順させる。例「御軍士(みいくさ)を召し給ひてちはやぶる人を――・せと」〈万葉・二・一九九長歌〉訳兵隊を召集なさって、荒々しい者どもを平定せよと。

八幡(やはた)《神社名》京都府八幡市の男山(おとこやま)にある石清水八幡宮の別名。⇩石清水八幡宮(いはしみづはちまんぐう)

やはら〔副〕動作を徐々に静かに行う様子。そろそろと。そっと。おもむろに。「やをら」とも。例「なほ物の恐ろしければ、――歩み寄りて見れば」〈宇治拾遺・三・一〉訳それでもなお何となく恐ろしいので、そろそろと歩み寄って見ると。

やはら‐か【柔らか】〔形動ナリ〕❶柔軟な様子。しなやか。例「御衣(おんぞ)のけはひ、――・なるしも、いとしるかりけり」〈源氏・空蟬〉訳(光源氏の)お召し物のすれる音は、柔らかい布地であるため、かえってはっきり聞こえるのだった。

❷(性質・態度などが)おだやかな様子。素直。例「なべて心――・に、情けある故に、人の言ふほどの事、けやけく否(いな)びがたくて」〈徒然草・一四一〉訳(都の人は)一般に心がやさしくて、人情があるために、人が頼んだようなことを、きっぱりと断りにくくて。

やはら・ぐ【和らぐ・柔らぐ】一〔自ガ四〕{が・ぎ・ぐ・ぐ・げ・げ}❶(心が)おだやかになる。柔和になる。例「かく――・ぎたるところありて、その益(やく)もあるにこそと覚え侍(はべ)りし」〈徒然草・一四一〉訳(数多い僧侶(そうりょ)の中で寺の住職になっておられるのは)このようにおだやかなところがあって、その御利益(ごりやく)もあるからであろうと思われました。

❷親しくなる。むつまじくなる。例「兄(このかみ)弟(おと)喜び――・ぎて、天下徳(いきほひ)に帰(よ)る」〈日本書紀・顕宗・即位前〉訳兄と弟とが喜んでむつまじくなって、世の中が(二人の)威力に従っている。

二〔他ガ下二〕{げ・げ・ぐ・ぐる・ぐれ・げよ}❶(心を)やわらげる。おだやかにする。例「鬼神(おにがみ)の心を――・げ」〈源氏・若菜・下〉訳(名人の弾く琴の音は)鬼神の心をおだやかにし。

❷親しくさせる。むつまじくさせる。例「男女の仲をも――・げ、猛(たけ)き武士(もののふ)の心をも慰むるは、歌なり」〈古今・仮名序〉訳男女の仲をむつまじくさせ、勇猛な武士の心をもおだやかにするのは、歌なのだ。

❸(言葉などを)わかりやすくする。平易にする。くだく。例「我が国の詞(ことば)に――・げて仰せられましかば」〈沙石集・三〉訳日本の言葉にくだいてお話しになったら。

やはら・ぶ【和らぶ・柔らぶ】〔自バ四〕{ば・び・ぶ・ぶ・べ・べ}おだやかになる。やわらぐ。例「なつかしく――・びたる形(かた)などを、しづかに描きまぜて」〈源氏・帚木〉訳親しみがあっておだやかな景色などを、しっとりと画面に配して。

や‐はん【夜半】〔名〕夜なか。深夜。

やぶ‐いり【藪入り】〔名〕《草深い故郷に帰る意》一月と七月の十六日前後に、奉公人が一日ほどの暇をもらい、親元に帰ること。また、その日。

> 要点 特に一月の休みを指すことが多く、その場合は、七月の休みを「後(のち)の藪入り」という。

やぶさ‐か【吝か】〔形動ナリ〕物惜しみするようす。けちな。
要点 平安時代の形容詞「やぶさし」から生じた語。中世以後、多く漢文訓読に用いる。

やぶさ‐め【流鏑馬】〔名〕馬に乗って走りながら的(まと)を射る競技。矢は鏑矢(かぶらや)を用い、一人で三か所の的を射落とす。もと騎射戦の練習のために行われたが、のち神事の際の儀式的なものとなった。(季・夏)

やぶさめ

やぶ・る【破る】一〔他ラ四〕{ら・り・る・る・れ・れ}❶物を破壊する。こわす。くだく。

❷(心や体を)傷つける。そこなう。害する。例「身を――・るよりも、心を傷(いた)ましむるは、人を害(そこ)なふことなほ甚(はなは)だし」〈徒然草・一二九〉訳身体を傷つけることよりも、心を苦しめること(の方)が、人を傷つけることにおいては一層はなはだしい。

❸(約束やきまりなどを)犯す。やぶる。例「よろづの戒(いかい)を――・りて地獄に落つべし」〈徒然草・一七五〉訳(酒を飲むと)多くの戒(いまし)めを破り地獄にきっと落ちるだろう。

❹(敵陣を)突破する。例「そこを――・って行くほどに」〈平家・九・木曽最期〉訳そこを突破して進んで行くと。

二〔自ラ下二〕{れ・れ・る・るる・るれ・れよ}❶こわれる。裂ける。傷つく。そこなわれる。例「甍(いらか)――・れては霧不断の香(かう)をたき」〈平家・灌頂・大原御幸〉訳屋根がこわれると(そこから侵入する)霧は絶えることなく香をたくようにたちこめ。

❷物事が成り立たなくなる。だめになる。成就しない。例

「一事を必ずなさんと思はば、他の事の――・るるをもいたむべからず」〈徒然草・一八八〉訳一つの事を必ずなし遂げようと思うのなら、他の事がだめになることを残念に思ってはならない。
❸負ける。敗れる。例「戦(いくさ)――・れにければ」〈平家・九・敦盛最期〉訳(一の谷の)合戦は(平家が)負けてしまったので。

参考 現代語の「こわす(こわれる)」に近い。現代語では「紙を(が)やぶる(やぶれる)」というが、古くはこの意では「や(破)る」を用いた。

やぶれ【破れ】〔名〕《「破る(ラ下二)」の連用形の名詞化》❶破れること。また、破れたもの。❷完成しないこと。破綻(はたん)。失敗。例「万(よろづ)の事、先のつまりたるは、――に近き道なり」〈徒然草・八三〉訳何事であれ、行く末が行きづまっているのは、破綻(はたん)に近い道のりである。

やーへ【八重】エ〔名〕八つ重なっていること。また、数多く重なっていること。例「白雲の――に重なる遠(をち)にても思はむ人に心へだつな」〈古今・離別・三八〇〉訳白雲が何重にも重なっている遠くにあっても、あなたを思っている人(=コノ私)に心をへだてないで下さい。
八重の潮路(しほぢ)オジ 非常に遠い海路。はるかな海路。例「追ひ風に――を行く舟のほのかにだにも逢(あ)ひ見てしがな」〈新古今・恋一・一〇七三〉訳追い風を受けてはるかな海路を行く舟の帆がほのかに見える、そのように、ほのかにだけでもいいからあの人に逢いたいなあ。注「ほのかに」ノ「ほ」ニ舟ノ帆ヲ掛ケル。

やへ-がき【八重垣】ヤエ〔名〕幾重にもめぐらした垣根。例「八雲立つ出雲(いづも)――妻ごみに――作るその――を」〈古事記・上・天照大神と須佐之男命〉訳出雲(いずも)国の(我が家の周囲に)八重の垣を作る。妻をこもらせるために八重垣を作る。その八重垣よ。

やへ-ぐも【八重雲】ヤエ〔名〕幾重にも重なって立っている雲。例「峰の――、思ひやる隔て多く、あはれなるに」〈源氏・橋姫〉訳峰は幾重もの雲に隠され、(八の宮に)思いを馳(は)せるにも隔てが多い気がして、悲しいのに。

やへ-の-しほぢ【八重の潮路】ヤエノシオジ ⇩「やへ」子項目

やへ-むぐら【八重葎】ヤエ〔名〕幾重にも生え茂っているむぐら(=ツルクサノ総称)。例「――茂れる宿のさびしきに人こそ見えね秋は来にけり」〈拾遺・秋〉訳何重にもムグラの茂った宿が荒れて寂しいこの私のところに、人はだれもたずねて来ないけれど、秋だけはやってきたことだ。注『百人一首』所収、恵慶(エギョウ)法師ノ作。

要点 例のように、荒れ果てた住まい・庭の形容に用いることが多い。⇩むぐら参考

やへ-やま【八重山】ヤエ〔名〕幾重にも峰の重なっている山。例「朝霞(あさがすみ)――越えて呼子鳥(よぶこどり)鳴きや汝(な)が来る宿もあらなくに」〈万葉・一〇・一九四二〉訳八重の山を越えて、呼子鳥よ、鳴いてお前はやって来るのか。住むべき庭もないのに。注「朝霞」ハ「八重」ニカカル枕詞。

やーほ【八百】オ〔名〕数の八百(はっぴゃく)。また、数の非常に多いこと。例「――日(か)行く浜の沙(まなご)も我(あ)が恋にあに勝らじか沖つ島守」〈万葉・四・五九六〉訳八百日もかけて歩いて行くほど長い浜の砂の数でさえも、私の(激しい)恋にはとうていまさらないのではないでしょうか、沖の島守よ。

やーぼ【野暮】〔名〕《近世語》田舎くさく、趣味などが洗練されていないこと。また、遊里の事情にうとく、人情の機微を解さないこと。また、その人。

要点 「いき」「粋(すい)」「通(つう)」などに対する語。「野暮」はあて字。

やほ-あひ【八百会ひ】ヤオアイ〔名〕多くの者が集まること。また、その場所。例「海にます神の助けにかからずは潮の――にさすらへなまし」〈源氏・明石〉訳海にいらっしゃる神の助けによらなかったならば、(私は)潮が寄り集まって来る所に漂流してしまっただろうなあ。

やほ-か【八百日】ヤオ〔名〕きわめて多くの日数。

やほ-よろづ【八百万】ヤオヨロズ〔名〕数が非常に多いこと。例「天(あめ)の安の河の河原に、――の神を神集(かむつど)へに集(つど)へて」〈古事記・上・葦原中国の平定〉訳天の安の河の河原に、多くの神々を招集して。注「天の安の河」ハ、天上界ニ流レテイルト信ジラレテイタ川。

やま【山】〔名〕❶山。特に、**比叡山**(ひえいざん)。また、そこにある**延暦**(えんりゃく)**寺**。例「昨日(きのふ)――へまかり登りにけり」〈源氏・夕顔〉訳(阿闍梨(あざり)は)昨日比叡山に登ってしまいました。
❷山の形に作ったもの。築山(つきやま)など。例「もとの木立、――のたたずまひ、おもしろき所なるを」〈源氏・桐壺〉訳(二条院の)もとからの木立や、築山の様子が、趣のある所であるのを。
❸(山に築かれるところから)墓地。特に天皇の墓。御陵(ごりょう)。⇩みやま③
❹《「山鉾(やまぼこ)」の略》台の上に山の形を作り、そこに鉾などを立てた山車(だし)。例「祭礼も近々でござるによって、いづれも――の御相談をなされて下されい」〈狂言・くじ罪人〉訳(祇園(ぎおん))祭も近々でございますので、皆様(出し物の)山鉾のご相談をなさって下さいませ。
❺(比喩(ひゆ)的に)多く積み重なっていること。例「――と積もれるしきたへの枕の塵(ちり)も独(ひと)り寝の数にし取らば尽きぬべし」〈蜻蛉・上・天徳二年〉訳山のように積もっている枕の塵も、一人で寝る夜の数に比べれば尽きてしまうだろう(ほど、一人寝の夜が多い)。
❻物事の頂点。重大なところ。
山の猟男(さつを)サツオ 山で狩りをする人。猟師。
山の端(は) 遠く望んだ山の、空に接する部分。⇩やまぎは要点 例「夕日のさして、――いと近うなりたるに」〈枕草子・春はあけぼの〉訳夕日がさして、山の端にたいへん近くなっている時に。

やま-あらし【山嵐】〔名〕山から吹き下ろす激しい風。山おろし。

やま-あゐ【山藍】アイ〔名〕草の名。山野の日陰に生える多年草。ヤマアイ。葉の汁を薄藍色の染料に用いた。

やま-おろし【山颪】〔名〕山から吹き下ろす激しい風。山あらし。例「憂かりける人を初瀬(はつせ)の――激しかれとは祈らぬものを」〈千載・恋二〉訳今までつれなかったあの人

を、私になびくようにと初瀬の長谷観音にお祈りしたのだ。初瀬の山から吹き下ろす風が激しいように、あの人も私にきびしくするようにお祈りしたわけではないのだがなあ。注 源俊頼作デ『百人一首』所収。

山颪の風 ⇩やまおろし

やま-が【山家】〔名〕山の中の住まい。山里の家。例「――に年を越して」〈芭蕉・野ざらし紀行〉訳（故郷伊賀の）粗末な山の中の家で新年を迎えて。

やま-がくれ【山隠れ】〔名〕山に隠れて見えないこと。また、その場所。山かげ。例「人の御上は、かかる――なれど、おのづから聞こゆるものなれば」〈源氏・総角〉訳人（=姫君達）の身の上は、こんな山隠れの所であっても、自然に（噂として）聞こえてくるものなので。

やま-がつ【山賤】〔名〕猟師・きこりなど、山に住む身分の低い人。例「あやしの――めきてもてなし給ふ」〈源氏・須磨〉訳いやしい山がつのようにお振る舞いなさる。

やま-かづら【山鬘・山蔓】〔名〕山野に生えるつる性植物の名。ヒカゲノカズラ。神事の際、髪につけて飾りとした。例「巻向の穴師の山の山人と人も見るがに――せよ」〈古今・神遊びの歌・一〇七六〉訳（奈良県）巻向の穴師の山で暮らす人だと人も見るくらいに（髪に）山カズラを飾りなさい。

やま-かは【山川】〔名〕山と川。また、山の神と川の神。例「――も依りて仕ふる神ながらたぎつ河内に船出せすかも」〈万葉・一・三九〉訳山も川も心服してお仕えする神であるままに、（天皇は）水のさかまく川で舟遊びなさることだよ。

やま-がは【山川】〔名〕山の中にある川。山あいの川。例「――に風のかけたるしがらみは流れもあへぬ紅葉なりけり」〈古今・秋下・三〇三〉訳山あいの川に風がかけたしがらみ（=水ノ流レヲセキ止メル装置）は、（よく見ると）流れられずにいる紅葉であったよ。注『百人一首』所収、春道列樹ノ作。要点「やまかは」が山と川を対等にいうのに対して、「やまがは」は、山にある川の意になる。

やまがは-の【山川の】【枕詞】（流れの激しい意から）「たぎつ」「おと」「あさ」「はやし」などにかかる。例「嘆きせば人知りぬべみ――たぎつ情を塞きあへてあるかも」〈万葉・七・一三八三〉訳嘆息したならば（恋心を）人が知ってしまうだろうから、山川の激流のように激しくいらだつ気持ちを抑えつけていることだ。

やま-かひ【山峡】〔名〕山と山の間の谷間。山あい。例「――に咲ける桜をただひと目君に見せてば何をか思はむ」〈万葉・一七・三九六七〉訳山あいに咲いている桜をただ一目あなたに見せたなら、それ以上何を思いましょうか（何の思いもありません）。注病身ノ大伴家持ニ、大伴池主ガ贈ッタ歌。

やま-ぎは【山際】〔名〕❶空の、山に接する部分。例「やうやう白くなりゆく、――少し明かりて」〈枕草子・春はあけぼの〉訳だんだん（あたりが）白みがかっていくうちに、山際のあたりの空が少し明るくなって。❷山のそば。山のあたり。例「佐藤庄司が旧跡は、左の――一里半ばかりに有り」〈奥の細道・佐藤庄司旧跡〉訳（源義経に従って戦死した）佐藤庄司の旧跡は、左の山のそば一里半（=約六キロ）ほどのところにある。要点①は、空と山とが接するあたりのうち、空を中心にいう。山の方を中心とする場合には「山の端」という。

やま-くさ【山草】〔名〕シダ類の植物ウラジロの異名。葉を門松の飾りに用いる。（季・新年）例「門飾りの――一葉、数の子一つ、今に調へもせず」〈西鶴・日本永代蔵・五・三〉訳門松に飾るウラジロの一葉も、数の子一つさえも、まだ買いそろえていない。

やま-ぐち【山口】〔名〕❶山の登り口。❷（猟師が山の入り口で獲物の存在を直感するということから）物事の初め。前兆。きざし。例「かくこそは、すぐれたる人の――は、しるかりけれ」〈源氏・松風〉訳こんなにまでまあ、すぐれた美人となる人のきざしは、（幼い時から）明らかなのだ。注明石ノ姫君、三歳ノ容姿。

やま-ごもり【山籠り】〔名〕山中の寺などに籠って仏道修行に励むこと。例「――の本意深くて、今年は出でじと思ひければ」〈源氏・手習〉訳（僧都は）山寺で修行の意向が深くて、今年は（比叡山から）出るまいと思っていたけれど。

やま-ごも・る【山隠る】〔自ラ四〕{ら・り・る・る・れ・れ}山々に取り囲まれる。例「大和は国のまほろば畳なづく青垣――・れる大和しうるはし」〈古事記・中・景行〉訳大和は日本中で最もすばらしい所だ。周囲には幾重にも重なる青い垣根のような山々、その山に包まれている大和は本当に美しい。

山崎【地名】京都府乙訓郡大山崎町あたりの地。天王山の東南の麓、淀川の西岸の景勝の地で、嵯峨天皇の河陽離宮もあった。また、京都と大阪を結ぶ交通の要地で、古くから河港として栄えた。豊臣秀吉と明智光秀との山崎の合戦の地でもある。

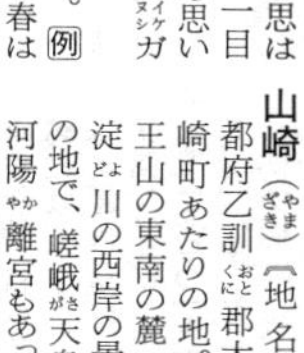
山崎（妙喜庵待庵）

山崎宗鑑【人名】室町末期の連歌俳諧師。将軍足利義尚に仕えたといわれるが、その後出家し、山崎（=京都府乙訓郡）に住んだ。滑稽を旨とする俳諧の連歌に遊び、彼の編になる『新撰犬筑波集』は、公刊された最初の俳諧選集として注目され、後世、俳諧の連歌の祖とされた。⇩新撰犬筑波集

やま-さち【山幸】〔名〕山の幸。山でとれる獲物。また、それをとる道具。対うみさち 例「――も己がさちさち、海幸も己がさちさち」〈古事記・上・火遠理命〉訳山の獲物をとる道具（=弓矢）も各自の道具、海の獲物をとる道具（=釣具）も各自の道具。

やま-ざと【山里】〔名〕❶山の中の村里。都から離れた村里。例「――は冬ぞさびしさまさりける人目も草もかれぬと思へば」〈古今・冬・三一五〉訳山の中の村里は冬がよけいに寂しさの増す季節だ。人の行き来も絶え、草も枯れてしまったと思うと。注『百人一首』所収、源宗于ノ作。❷山里にある別荘。山荘。例「宇治といふ所に、由ある――持給へりけるにわたり給ふ」〈源氏・橋姫〉訳宇治という所に、風流な山荘を持っていらっしゃった、そこに（八の宮は）お移りになる。

やまざと-びと【山里人】〔名〕山里に住む人。

やまし〔名〕草の名。ハナスゲ。ユリ科の多年草。

やま・し【疾し・疾し】〔形シク〕⇩こころやまし

やま-した【山下】〔名〕山のふもと。また、山の草木の茂みの陰。例「神奈備(かむなび)の——響(とよ)み行く水にかはづ鳴くなり秋といはむとや」〈万葉・一〇・二一六二〉訳神を祭る山のふもとを響かせて流れていく川でカジカの鳴く声がする。秋が来たと言おうとするのか。

山下響(とよ)・む 山の麓を鳴りひびかせる。例「あしひきの——み行く水の時ともなくも恋ひ渡るかも」〈万葉・一一・二七〇四〉訳山の麓をとどろかせて流れる水のように、いつも(あなたを)恋い続けています。

やました-かぜ【山下風】〔名〕山から吹き下ろす風。例「白雪の降りしく時はみ吉野の——に花ぞ散りける」〈古今・賀・三六三〉訳白雪が降りしきる時は、吉野の山から吹き下ろす風に花が散っているようだ。注紀貫之ノ作。

参考 現在「山の嵐の」と詠まれている『万葉集』の「山下風之」〈巻一・七四〉を「やましたかぜ」と詠んだところから生じた語。

やました-つゆ【山下露】〔名〕山の下草におりる露。例「ぬばたまの黒髪山を朝越えて——に濡(ぬ)れにけるかも」〈万葉・七・一二四一〉訳黒髪山を朝越えて来て、山の下草の露に濡れてしまった。

やました-みづ【山下水】〔名〕《和歌用語》山のふもとを流れる水。例「あしひきの——の木隠(こが)くれてたぎつ心をせきぞかねつる」〈古今・恋一・四九一〉訳山のふもとにわき出る水が木に隠れているように、人に知られず(それでいて)激しく動く私の心をおさえかねたことだ。

山城(やましろ)《旧国名》畿内五か国の一つで、現在の京都府南部。古くは奈良から見て山の背の意で「山背」と表記し、「山代」とも書いたが、桓武天皇の平安遷都(七九四年)以降「山城」と表記するようになった。雍州。

やま-ずみ【山住み】〔名〕山里に住むこと。また、俗世を離れて山寺に住むこと。また、その人。対さとずみ②例「ただかのたえ籠(こも)りにたる——を思ひやるのみぞ、あはれにおぼつかなき」〈源氏・若菜・上〉訳(明石の上は)ただあの方(=父入道)の俗世を離れてしまった奥山住まいを思いやるだけが、かわいそうで気がかりだ。

やま-だ【山田】〔名〕山の中にある田。山あいの田。例「あしひきの山の常陰(とかげ)に鳴く鹿(しか)の声聞かすやも——守(も)らす児(こ)」〈万葉・一〇・二一五六〉訳山のいつも陰になっている所で鳴く鹿の声をお聞きになっているでしょうか、山の中の田を守っておいでの方は。

やま-だち【山立ち】〔名〕山賊。

やま-たちばな【山橘】〔名〕植物ヤブコウジの異名。山地の日陰に生える常緑の小低木。秋から冬に赤い実をつける。例「この雪の消残(けのこ)る時にいざ行かな——の実の照るも見む」〈万葉・一九・四二二六〉訳この雪がまだ消え残っているうちにさあ行こう。ヤブコウジの実が赤く雪に照りはえているのも眺めよう。

やまたづ-の【山たづの】《枕詞》山タズ(接骨木=ニワトコ)の葉が向かい合っているところから、「迎(かむ)へ」にかかる。例「君が行き日(け)長くなりぬ——迎へを行かむ待つには待たじ」〈古事記・下・允恭〉訳あなたの旅はずいぶん日もたちました。お迎えに参りましょう。お待ちするばかりでは堪えきれません。

やま-ぢ【山路】〔名〕山の道。山道。例「——来て何やらゆかしすみれ草」〈芭蕉・野ざらし紀行〉訳山道をやって来て、ふと道のほとりにスミレが咲いているのを見つけた。こんなところで思いがけなく見つけたスミレのなんとなくゆかしく心ひかれることよ。

例「梅が香にのつと日の出る——かな」〈芭蕉〉訳梅の香りを感じてふと足を止めると、折しも、朝日が思いがけずその姿を現した。まだ肌寒い早春の山路で。

やま-づと【山苞】〔名〕山からのみやげもの。例「——に持たせ給へりし紅葉(もみぢ)」〈源氏・賢木〉訳山からのみやげとして(光源氏が)お持たせになった紅葉は(藤壺にさしあげなさる)。

やま-つ-み【山神・山祇】〔名〕《「つ」は「の」の意。「み」は神の意》山の神。対海神(わたつみ)例「たたなはる青垣山(あをかきやま)——の奉(まつ)る御調(みつき)と」〈万葉・一・三八長歌〉訳重なりあって連なる青々とした垣根のような山々は、山の神の奉る貢物として。

やま-づら【山面】〔名〕山の表面。また、山のまわり。

大和(倭)(やまと) 一《旧国名》畿内五か国の一つで、奈良時代までの歴代の天皇の都のあった地。現在の奈良県。倭州。二〔名〕(転じて)日本の称。

参考 漢字表記の「倭(わ)」は、もと中国における日本の呼称。「大和」は同音の「和」に美称の「大」を添えたもの。

やまと-うた【大和歌】〔名〕❶(「唐歌(からうた)」に対して)日本の歌。和歌。例「——は、人の心を種として、よろづの言(こと)の葉とぞなれりける」〈古今・仮名序〉訳和歌というものは、人の心(の働き)を源として、数多くのいろいろな言葉つまり和歌となったものである。❷上代の大和地方の風俗歌。「大和舞」に用いられる。

やまと-ごころ【大和心】〔名〕⇩やまとだましひ①

やまと-ごと【大和琴・倭琴】〔名〕⇩わごん

やまと-ことのは【大和言の葉】〔名〕日本の言葉。日本語。また、和歌。例「——をも、唐土(もろこし)の詩(うた)をも、ただその筋(すぢ)をぞ、枕言(まくらごと)にせさせ給ふ」〈源氏・桐壺〉訳和歌についても、漢詩についても、もっぱらこの(長恨歌(ちやうごんか)のような)題材(=愛スル人ニ死別スル話)を、明け暮れの話題になさっておられる。注桐壺更衣(キリツボノコウイ)ノ死後ノ桐壺帝ノ日常ノ様子。

やまと-ことば【大和言葉・大和詞】〔名〕❶日本古来の言葉。日本語。和語。❷和歌。やまとうた。例「——だに、つきなく慣らひにたれば」〈源氏・東屋〉訳歌(を詠むこと)さえも、不似合いな状態で生活をしつけてきましたから。

やまと-さう【大和相】〔名〕日本流の観相(=人相ノ見方)。例「帝(みかど)、かしこき御心に、——をおほせて」〈源氏・桐壺〉訳桐壺帝は、おそれ多い御心で、(光源氏に対する)日本流の人相見をご命令になって。

やまと-さんざん【大和三山】〔名〕奈良盆地南部(橿原(かしはら)市)にある三つの山。畝傍(うねび)山・天香具(あまのかぐ)山・耳成(みみなし)山の総称。北の耳成山、東の天香具山、西の畝傍山が三角形を形成し、藤原京はその中に造られた。

やまと-しま【大和島】〔名〕大和の国を中心とした地方。大和の西の境の生駒・葛城の連山が、大阪湾のあたりから島のように見えるところからいったもの。「やまとしまね」とも。例「天離(あまざか)る鄙(ひな)の長道(ながぢ)ゆ恋ひ来れば明石の門(と)より━見ゆ」〈万葉・三・二五五〉訳田舎の長い道を(故郷大和を)恋い慕いながら通って来ると、明石の海峡から大和島が見える。

やまと-しまね【大和島根】〔名〕❶⇩やまとしま
❷日本の国。例「いざ子どもたはわざなせそ天地(あめつち)の堅めし国ぞ━は」〈万葉・二〇・四四八七〉訳いざ人々よ、愚かなことをしないでくれ、天地の神々の作り固めた国であるぞ、日本の国は。注「子ども」ハ、目下ノ者達ニ、親シク呼ビカケル語。

倭建命(日本武尊)(やまとたけるのみこと)『人名』伝承上の皇族英雄。景行天皇の皇子。初め小碓命といったが、九州の熊襲を討った時、その首領建が我が名を献じたことからその名を称するようになった。熊襲征伐につづいて蝦夷を討伐するために東征し、妃の弟橘比売の犠牲などもあってこれを平定するが、その帰途能煩野(=三重県鈴鹿市)で病死したという。『古事記』『日本書紀』などに登場する。

やまと-だましひ【大和魂】〔名〕❶「才(ざえ)(=漢学ノ素養)」に対して、日本人独特の思慮分別。処世上の知恵や能力。政治的な才覚。「やまとごころ」とも。例「なほ才(ざえ)を本(もと)としてこそ、━の世に用ゐらるる方も強う侍(はべ)らめ」〈源氏・少女〉訳(やはり)漢学の知識を基本にしてこそ、実務能力が世間で重んじられるということも確実でしょう。
❷日本民族固有の精神、気魄。

やまと-なでしこ【大和撫子】〔名〕❶植物の名。カワラナデシコの別名。かわいいという感じをこめて女の子を指すことがある。例「あな恋し今も見てしが山がつの垣穂(かきほ)に咲ける━」〈古今・恋四・六九五〉訳ああ恋しいな。今でも会いたいものだ。山に住む身分の低い人の(家の)垣根に咲いているヤマトナデシコのようなあの娘よ。
❷(近世国学で)日本女性の美称。

大和物語(やまとものがたり)『書名』平安中期の歌物語。作者未詳。十世紀中頃の成立。百七十余段から成り、『後撰集』時代の歌人の逸話と古伝説に取材する和歌説話を集めている。全体的な構成を持たない典型的な歌物語で、説話文学につながる契機を持つとされている。

やま-どり【山鳥】〔名〕❶キジ科の野鳥。全身に赤・黄・黒などのまだらがある。雄の尾が長いので、長いこと、特に、夜長のたとえに用いられる。例「あしひきの━の尾のしだり尾の長々し夜をひとりかも寝む」〈万葉・一一・二八〇二或本歌〉訳山鳥のしっぽの、その垂れ下がったしっぽのように長い長い夜を(今日も)ひとり寂しく寝ることかなあ。注『百人一首』所収、柿本人麻呂ノ作。第三句マデハ「長々し」ヲ導ク序詞。
❷山鳥は、夜、雌雄が峰の両側に離れて寝るといわれることから、ひとり寝をすることのたとえ。

やまどり-の【山鳥の】『枕詞』「やまどり②」の意から、「ひとり寝(ぬ)」にかかる。

やま-なし【山梨】〔名〕木の名。イヌナシ。実は小さく、食用にならない。

山上憶良(やまのうへのおくら)『人名』『万葉集』第三期の歌人。生没年未詳。遣唐使の随員として中国へ渡った後、帰国して地方官などを歴任。筑前守在任時に大伴旅人と交わって、儒教・仏教・老荘などに影響を受けた思想性の強い歌を作った。中でも「貧窮問答歌」などの現実の社会を直視した歌や子供を思う歌などに、特に人間性が示されている。『類聚歌林』の編者でもある。

やま-の-は【山の端】⇩「やま」子項目

やまひ【病】〔名〕❶病気。
❷欠点。難点。短所。特に、詩歌・文章を作る時に難点として避けるべきこと。例「━避るべきところ多かりしかば」〈源氏・玉鬘〉訳避けるべき難点がたくさん書いてあったので。
❸気がかり。気に病んでいること。

やま-び【山傍】〔名〕《「び」は接尾語》山のまわり。山辺。

やまひ-つ・く【病つく】〔自カ四〕(か・き・く・く・け・け)《「やまひづく」とも》病気にかかる。病気になる。病みつく。例「━・き給ひし日よりして、水をだに喉(のど)へも入れ給はず」〈平家・六・入道死去〉訳(平清盛は)ご病気におなりになった日からは、水さえも喉にお入れにならない。

やま-びと【山人】〔名〕《「やまうど」とも》❶炭焼き・きこりなど、山で暮らす人。例「大伴の黒主(くろぬし)は、そのさま卑し。いはば、たきぎ負へる━の、花の陰に休めるがごとし」〈古今・仮名序〉訳大伴の黒主は、その表現がひなびている。いってみれば、たきぎを背負った山の人が、花の陰で休息しているようなものだ。
❷仙人。

やま-ぶき【山吹】〔名〕❶植物の名。ヤマブキ。春に黄金色の花を開く。例「花咲きて実は成らねども長き日(け)に思ほゆるかも━の花」〈万葉・一〇・一八六〇〉訳花は咲いても実はならないのに、咲くまでの長い間心待ちにしてしまうことだ、山吹の花は。
❷《襲(かさね)の色目の名》表は薄朽ち葉色。裏は黄色。春に着る。
❸⇩やまぶきいろ

やまぶき-いろ【山吹色】〔名〕《「やまぶき」とも》❶ヤマブキの花のような色。黄金色。
❷(その色から)大判・小判などの金貨。

やま-ぶし【山伏・山臥】〔名〕❶山中で寝ること。また、世を捨てて山中に住むこと。例「裘(かはぎぬ)はいとよし。━の蓑代衣(みのしろごろも)に譲り給ひてあへなむ」〈源氏・初音〉訳毛皮の服を差し上げたのはよいことです。山中で寝る時に着る蓑代わりの衣としてお譲りになって適当かと思います。
❷山に住んで仏道修行する人。例「かく、つたなき━の身に、今さらこの世の栄えを思ふにも侍(はべ)らず」〈源氏・若菜・上〉訳このような、つまらない修行者の身で、今さら俗世間の栄華を願うわけでもございません。
❸修験道を行う人。修験者。

やまぶし③

やま-ぶみ【山踏み】〔名〕山を歩くこと。例「━し侍(はべ)りて、あはれなる人をなむ見給へつけたりし」〈源氏・玉鬘〉訳（お寺参りで）山歩きをいたしまして、すてきな人（＝玉鬘（タマカズラ））をお見付けいたしました。

やま-べ【山辺】〔名〕《上代は「やまへ」。「やまのべ」とも》山に近いところ。山のほとり。

山部赤人（やまべのあかひと）〔人名〕『万葉集』第三期の歌人。生没年未詳。官位は低かったが、宮廷歌人としての優れた歌才によって、柿本人麻呂とともに歌聖と称される。『万葉集』に長・短歌五十余首を残すが、特に短歌に優れ、自然を写実的にうたった叙景歌に特色を示している。

やま-ほととぎす【山時鳥】〔名〕まだ山に住んでいるホトトギス。

要点 ホトトギスは、夏と共に山から里におりてくる。

やま-ぼふし【山法師】（ボウシ）〔名〕比叡山（ひえいざん）延暦寺の僧兵。対 てらほふし 例「賀茂川の水、双六（すごろく）の賽（さい）、――、これぞわが心にかなはぬもの」〈平家・一・願立〉訳 賀茂川の水と、すごろくの賽の目と、延暦寺の僧兵、この三つが私の思いのままにならないものだ。注 白河上皇ノ述ベラレタ有名ナ言葉。

やま-もと【山本・山麓】〔名〕山のふもと。例「見渡せば――霞（か）す む水無瀬川（みなせがは）夕べは秋となに思ひけむ」〈新古今・春上・三六〉訳 まわりを見渡すと、山のふもとに霞がかかり、（その中を）水無瀬川が流れている春の夕景色のすばらしいことよ。夕暮れのよさは秋に限るとどうして今まで思いこんでいたのであろうか。

やま-もり【山守】〔名〕山の番をすること。また、番人。例「――のありける知らにその山に標（し め）結（ゆ）ひ立てて結ひの恥（は ぢ）しつ」〈万葉・三・四〇一〉訳 山の番人がいたのを知らないで、その山に自分の所有する印を結んで立てて、恥をかいてしまった。注 坂上郎女（サカノエノイラツメ）ノ作。娘ノ婿（ムコ）ニト思ッテイタ男ニハ、他ニ愛人ガイルト聞イテ失望シタ気持チヲ歌ッタモノ。

やまわけ-ごろも【山分け衣】〔名〕山道を踏み分けて歩く時に着る衣。特に、山伏（やまぶし）などの衣をいう。例「清滝の瀬々の白糸繰（く）りためて――織りて着ましを」〈古今・雑上・九二五〉訳 清滝川のあちこちの瀬に白糸のように見える水の流れを巻きとって集めて、私の修行の衣を織って着たいものだ。

やま-ゐ【山井】（ヰ）〔名〕山の中の清水のわき出る所。

やま-ゐ【山藍】（ヰ）〔名〕⇩やまあゐ　和歌で多く「山井」にかけて用いられる。

やみ

【闇】〔名〕❶光がささないこと。暗いこと。暗闇。例「旅にあれど夜は火ともし居（を）る我を――にや妹（いも）が恋ひつつあるらむ」〈万葉・一五・三六六九〉訳 旅先であるが、夜は灯火をともしている自分を、暗闇の中で心も暗く妻は（私を）恋い慕っていることだろう。注 奈良時代ノ庶民ノ住居デハ、一般ニ灯火ヲ用イナカッタ。

❷月のない夜。闇夜。例「夏は夜。月のころはさらなり。――もなほ。蛍の多く飛びちがひたる」〈枕草子・春はあけぼの〉訳 夏は夜が良い。月の出ている頃は言うまでもない。月のない夜でもやはり（いい）。蛍が多く入り乱れて飛んでいるのや。

❸心が迷い乱れること。道理がわからないこと。例「かきくらす心の――にまどひにき夢うつつとは世人（よひと）さだめよ」〈古今・恋三・六四六〉訳 理性を失わせる心の闇に迷ってしまって（て、あんな事をし）たのです。夢なのか現実なのかは、世間の人が決めて下さい（私にはわかりませんから）。

❹仏教で、極楽に対して現世のこと。例「夢さめむその暁（あかつき）を待つほどの――をも照らせ法（のり）のともし火」〈千載・釈教〉訳 夢がさめて悟りが開ける夜明けを待つ間のこの世をも照らせ、仏法の灯火よ。

❺文字が読めないこと。また、その人。

闇に暮（く）る ❶日が暮れて闇夜になる。❷悲しさで分別を失う。例「――・れて臥（ふ）し給へる程にて」〈源氏・桐壺〉訳（桐壺更衣（きりつぼのこうい）の死後、母君が）途方にくれて嘆き悲しんでいらっしゃるうちに。

闇の現（うつつ） 闇の中での現実。一寸先も定かでないこの世のこと。例「むばたまの――は定かなる夢にいくらもまさらざりけり」〈古今・恋三・六四七〉訳 昨夜、夢にまで見た恋しい人とやっと逢（あ）えたのに、暗闇の中の現実のはかない逢瀬（おうせ）は、ありありと見えた夢の中に比べて、それほどまさっていなかったことよ。

闇の夜（よ）の錦（にしき）（美しい錦も、闇夜に着たのでは見る人もなく、無益であることから）はりあいがないこと。価値のないこと。むだなこと。

やみ-ぢ【闇路】（ジ）〔名〕❶闇夜の道。❷真理を悟ることができないで、心が迷う状態。例「願はくはしばし――にやすらひてかかげやせまし法（のり）のともし火」〈新古今・釈教・一九三三〉訳 何とかして、しばらくこの世の迷いの世界に立ちどまって、仏法のともし火をかかげたいのだが、それができるだろうか。❸冥途（めいど）。あの世に行く道。また、あの世。

やみ-に-く・る【闇に暮る】⇩「やみ」子項目

やみ-の-うつつ【闇の現】⇩「やみ」子項目

やみ-の-よ-の-にしき【闇の夜の錦】⇩「やみ」子項目

や・む

【止む】■一〔自マ四〕（ま・み・む・む・め・め）❶（継続していた動作や事態が）絶える。終わる。止まる。例「風波――・まねば、なほ同じ所に泊まれり」〈土佐・一月十六日〉訳 風と波がしずまらないので、やはり（昨日と）同じ港に停泊している。

❷（特に）死ぬ。死亡する。例「すべて朽木（くちき）などのやうにて、人に見捨てられて――・みなむ」〈源氏・手習〉訳 何もかも（奥山の）朽木などのような状態で、人に見捨てられて死んでしまおう。

❸（予定の物事が）起こらないまま終わる。中止になる。例「斎院を代へられむとしけるを、そのこと――・みにければ」〈古今・雑上・八八五詞書〉訳 斎院を交代させようとしたが、そのことが中止になったので。

❹（病気や苦しみが）なおる。治癒する。いえる。例「――・む薬ならねば、かひなきわざになむありける」〈源氏・柏木〉訳（柏木（かしわぎ）の恋の病が）なおる薬ではないので、役にも立たないことなのであった。

■二〔他マ下二〕（め・め・む・むる・むれ・めよ）❶（継続していた動作・事態を）終わりにする。止める。やめる。例「万（よろづ）のしわざは――・めて暇（いとま）あるこそ、めやすく、あらまほしけれ」〈徒然草・一五一〉訳（老人になったら）すべての仕事は止めて時間のゆとりのあることこそ、見た目もよく、そうありたいことだ。❷（病気や苦しみなどを）なおす。いやす。

や・む【病む】（ま・み・む・む・め・め）■一〔自マ四〕病気になる。わずらう。例「からき命まうけて、久しく――・みゐたりけり」〈徒然草・

五三〉訳(耳と鼻の欠けた僧はかろうじて)危ない命を拾って、長い間わずらっていたということだ。

二(他マ四)❶病気におかされる。病気をする。例「一昨日(をとひ)より腹を――みて」〈源氏・空蟬〉訳一昨日からおなかをこわして。❷(「心(を)病む」などの形で)思い悩む。心配する。痛める。例「いといたう心――みけり」〈伊勢・五〉訳とてもとても心を痛めた。

やむごと-な・し【止む事無し】(形ク)(「やんごとなし」「やごとなし」とも)

> そのまま捨てておくことができない、がもとの意。捨てておけない事情によって様々な意になる。

❶捨ててはおけない。よんどころない。やむをえない。例「『内にも――きことあり』とて、出(い)でむとするに」〈蜻蛉・上・天徳元年〉訳「宮中によんどころない用事がある」と言って、(夫が)出かけようとすると。

❷(学識・芸道などに)**すぐれている。**例「盛親僧都(じやうしんそうづ)とて、――き智者(ちしや)ありけり」〈徒然草・六〇〉訳盛親僧都といって、すぐれた知識の深い高僧があった。

❸重く見られている。**重々しい。大切である。尊ぶべきである。**例「いと――き際(きは)にはあらぬが、すぐれて時めき給ふありけり」〈源氏・桐壺〉訳そんなに高貴な身分ではない人で、抜きん出て天皇の寵愛(ちようあい)を受けておられるお方があった。例「身に――く思ふ人のなやむを聞きて」〈枕草子・うれしきもの〉訳自分にとって大切に思われる人が病気になっているのを聞いて。

❹(程度が)並々でない。この上ない。最高である。例「法師なれど、いと心恥づかしく、人柄も――く世に思はれ給へる人なれば」〈源氏・若紫〉訳法師ではあるが、こちらが恥ずかしくなるほどに大変立派で、人柄も並々でないと世間で思われておられる人なので。

や-め【矢目】(名)矢が当たった所。矢の跡。矢傷。例「物の具脱ぎ捨て、鎧(よろひ)に立ったる――を数へたりければ六十三」〈平家・四・橋合戦〉訳鎧かぶとを脱ぎ捨てて、鎧に矢が当たった所を数えてみると六十三ある。

やも (係助)(上代語。係助詞「や」に係助詞「も」が付いて一語化したもの)接続 主語・連用修飾語・接続語などや文末に付く。文末用法では活用語の已然形あるいは終止形に付く。

【疑問・反語】一(文中に用いられる場合。文末の活用語は連体形で結ぶ)❶(反語の意を表す)…か、いやそうではない。…ものか。例「士(をのこ)**やも**むなしくあるべき万代(よろづよ)に語り継ぐべき名は立てずして」〈万葉・六・九七八〉訳男子たるものは、むだに死んでよいものか、いやそうではない。永遠に語り伝えられるような名も立てないで。

❷(疑問の意を表す)…か。…だろうか。例「ここにして家**やも**いづち白雲のたなびく山を越えて来にけり」〈万葉・三・二八七〉訳ここからだと私の家はどの方角だろうか、白雲のたなびく山を越えて(こんな所まで)来てしまったのだなあ。

二(文末に用いられる場合)❶(已然形に付いて)(詠嘆の意をこめた反語の意を表す)…かなあ、いやそうではないのだ。…ものかなあ。例「銀(しろかね)も金(くがね)も玉も何せむに勝(まさ)れる宝子に如(し)かめ**やも**」〈万葉・五・八〇三〉訳銀も金も宝石もどうして優れた宝であろう。それらが子供に及ぼうか(及びはしない)。

❷(已然形・終止形に付いて)(詠嘆の意をこめた疑問の意を表す)…のかなあ。例「さす竹の大宮人の家と住む佐保の山をば思ふ**やも**君」〈万葉・六・九五五〉訳大宮人が我が家として住んでいる、佐保の山を思っておられるのかなあ、あなたは。

参考 平安時代では一般に「やは」が用いられた。

やも-め【寡・寡婦】(名)(「やまめ」とも)結婚していない人。独身者。例「この翁(おきな)は、かぐや姫の――なるを嘆かしければ、よき人にあはせむと思ひはかれど」〈竹取・火鼠の皮衣〉訳この(竹取の)翁は、かぐや姫が独身であるのが嘆かわしいので、良い人と結婚させようと思案するのだが。

> 要点 「め」は女の意で、本来は独身の女性をいうものと考えられるが、男性についてもいう。ただし、男性については「やもを」という語もある。また、結婚前の人についてもいい、その点で、夫や妻を亡くした既婚の人の意である現代語の「やもめ」とは異なる。

やもめ-ずみ【寡住み】(名)夫または妻がなくて暮らすこと。独身生活。独り暮らし。

やや【稍・漸】(副)❶物事・程度が少しずつ進むさま。**次第に。だんだん。**例「――年も暮れ」〈奥の細道・出発まで〉訳次第に年も暮れて。❷物事の程度を表す。程度の大きいことにも、小さいことにもいう。かなり。だいぶ。いくらか。少し。例「――久しくさぶらひて」〈伊勢・八三〉訳だいぶ長い間おそばに伺候して。例「――ためらひて、仰せ言伝へ聞こゆ」〈源氏・桐壺〉訳少し(の間)心を落ち着けてから、天皇のお言葉をお伝え申し上げる。

や-や(感)❶呼びかける時に発する語。もしもし。これこれ。例「添ひ伏して、『――』と驚かし給へど」〈源氏・夕顔〉訳(光源氏は夕顔に)寄り添って伏して、「これこれ」とお起こしになるが。❷驚いた時や、いらだった時に発する語。おやおや。あらまあ。ええい。例「たびたび問はれて、うち腹立ちて、『――、……』と言ひけり」〈徒然草・四七〉訳(尼は)何度も聞かれて、腹を立てて、「ええい(うるさい)、……」と言った。

ややま・し(形シク)いよいよ心苦しい。気がとがめる。例「あやしき様のやつれ姿して、御馬(まむ)にておはする心地も、物恐ろしく――しけれど」〈源氏・浮舟〉訳(匂宮(にほうのみや)はこともあろうに)粗末な身なりに姿をやつして、(宇治へ)馬でおいでになる気持ちも、なんとなく恐ろしく気がとがめるが。

やや-も-すれば(副)どうかすると。ともすれば。例「――、花の木に目をつけてながめやる」〈源氏・若菜・上〉訳(柏木(かしはぎ)はひどく悲しみに沈み)どうかすると、花(=桜)の木に目を注いで物思いにふけって眺めやる。

や-よ(感)❶呼びかける時に発する語。やあ。おい。例「『――待ち給へ』と呼びとどめ」〈椿説弓張月・五六〉訳「やあ、待ちなさい」と呼び止めて。❷はやし言葉として発する声。ヤレ。ソレ。ソレ。例「京に京にはやる起上り小法師(こぼし)、――、殿だに見ればつい転ぶ」〈狂言・二人大名〉訳京都ではやっている起上り小法師、ソレ、男性を見るとすぐに横になる。

やよひ【弥生・三月】イヤヨ〔名〕（「いや生(お)ひ(=スクスクト生エテクルコト)」の変化した形）陰暦三月のこと。例「――の十日のほどなれば、空もうららかにて」〈源氏・絵合〉訳三月の十日頃なので、空ものどかに晴れ。

やら〔副助〕（室町時代以降の語）接続 体言・活用語の連用形・副詞・助詞などに付く。

❶【不確実】（多く疑問を表す語とともに用いて）（不確実の意を表す）…やら。…か。例「在所(ざいしょ)と**やら**、伊丹(いたみ)と**やら**へ行かんすはずとも聞き及ぶ」〈近松・心中天の網島・上〉訳田舎とか、伊丹とかへお行きになるはずとも聞いている。

❷【並列】（事柄を並べあげる意を表す）…やら。例「腹が立つ**やら**、憎い**やら**」〈近松・冥途の飛脚・中〉訳腹が立つやら、憎いやら。

参考 平安時代の「にやあらむ」が、「やらむ(ん)」→「やらう」と変化して、室町時代に「やら」となったもの。②は並立助詞とする説もある。

やらう【遣らう】〔動〕⇩やらふ

や‐らうロウ〔連語〕（中世以降の語。「やらん」の変化した形）⇩やらん（連語）

やら・ず【遣らず】〔連語〕（動詞「遣る」の未然形＋打消しの助動詞「ず」）（動詞の連用形に付いて）完全には…しきらない。最後まで…できない。例「言ひも――・ず、むせかへり給ふほどに夜も更けぬ」〈源氏・桐壺〉訳（母君が娘の悲運についての嘆きの言葉を）言い終わりもできないで、涙にむせかえっておられるうちに夜も更けてしまった。

やら・ふ【遣らふ】ヤラ(ロ)ウ〔他ハ四〕{は・ひ・ふ・ふ・へ・へ}（動詞「やる」の未然形「やら」＋反復・継続の助動詞「ふ」、の一語化）追い払う。追い立てる。追いやる。例「『はや』などあまたたび――・はるれど」〈枕草子・宮仕人の里なども〉訳「早く(お帰り下さい)」などと何度追い立てられても。

やら‐む‐かた‐な・し【遣らむ方なし】〔連語〕（動詞「遣る」＋助動詞「む」＋名詞「方」＋形容詞「なし」）心を晴らす方法がない。どうしようもない。例「『などて、かくはかなき宿りは取りつるぞ』と、くやしさも――・し」〈源氏・夕顔〉訳「何で、こんな頼りなく心細い所に泊まったのか」と、後悔してみたところでどうしようもない。

や‐らん〔連語〕（中世以降の語。「にやあらむ」の変化した形。「やらむ」とも表記する）❶（疑問をこめた推量を表す）…だろうか。…のだろうか。例「いかさま、これは祇(ぎ)といふ文字を名に付いて、かくはめでたき――」〈平家・一・祇王〉訳きっと、これは祇という文字を名前に付けて、（そのおかげで）こんなにもすばらしいのだろうか。注平清盛ノ寵愛(アイチョウ)ヲ受ケタ祇王(ギオウ)ヲ、他ノ白拍子ガウラヤンダモノ。

❷（不確かなこととして、あるいは、遠回しに、言う意を表す）…とか。…とかいうことだ。例「鞠(まり)も、難(かた)き所を蹴出(けいだ)してのち、やすく思へば、必ず落つと侍(はべ)る――」〈徒然草・一〇九〉訳蹴鞠(けまり)も、むずかしい所をうまく蹴った後、安心していると、必ず（鞠が）落ちるとかいうことです。

> 要点 中世末期には「やらう」に、さらに「やら」に、現代語の副助詞「やら」につながる。

やり‐す・つ【破り捨つ】〔他タ下二〕{て・て・つ・つる・つれ・てよ}破り捨てる。例「人の――・てたる文(ふみ)を継(つ)ぎて見るに」〈枕草子・うれしきもの〉訳人が破り捨てた手紙を継ぎ合わせて見る時に。

やり‐ど【遣り戸】〔名〕現代の障子やふすまのように敷居やかもいの溝をすべらせて、開け閉めする戸。対つまど 例「――を荒く閉(た)て開(あ)くるも、いとあやし」〈枕草子・にくきもの〉訳引き戸を荒々しく開け閉めするのも、たいそう礼儀知らずだ。

やりど

やりど‐ぐち【遣り戸口】〔名〕「遣り戸」のある出入り口。

やり‐みづ【遣り水】ミズ〔名〕庭の中に水を引き入れて流れるようにしたもの。例「霜いと白う置ける朝(あした)、――より煙(けぶり)の立つこそをかしけれ」〈徒然草・一九〉訳霜がまっ白におりた（冬の）朝、庭の中の小さな流れから水蒸気が立つのは趣がある。

や・る【破る】■一〔自ラ下二〕{れ・れ・る・るる・るれ・れよ}（布や紙などが）破れる。裂ける。例「うち日さす宮路を行くに我が裳(も)は――・れぬ玉の緒の思ひ乱れて家にあらましを」〈万葉・七・一二八〇〉訳都大路を行くのに私の裳は破れてしまった。（あの方のことで）思い乱れながらも家にいた方がよかった。

■二〔他ラ四〕{ら・り・る・る・れ・れ}（布や紙などを）破る。裂く。例「とまれかうまれ、疾(と)く――・りてむ」〈土佐・二月十六日〉訳ともかく、（こんな私の日記など）早く破ってしまおう。注『土佐日記』末尾ノ作者ノ謙遜(ケンソン)ノ言葉。

> 参考 紙・布など平面状の物を破壊する意が原義で、類義語の「やぶる」は立体的な物を破壊する意。

や・る【遣る】{ら・り・る・る・れ・れ}■一〔他ラ四〕❶行かせる。出発させる。派遣する。例「人を――・りて見するに、大方(おほかた)会へる者なし」〈徒然草・五〇〉訳（鬼がいるというので）人をつかわして見させたところ、いっこうに会った者がいない。

❷送る。払う。与える。例「買ふ人、明日その値(あたひ)を――・りて牛を取らんといふ」〈徒然草・九三〉訳（牛を）買う人は、明日その代金を払って牛を受け取ろうという。

❸（心の憂さなどを）晴らす。払いのける。発散する。例「夜光る玉といふとも酒飲みて心を――・るにあにしかめやも」〈万葉・三・三四六〉訳夜でも光る玉であろうと、酒を飲んで心を晴らすことにどうして及ぼうか。

❹逃がす。見のがす。⇩やるまいぞ

■二〔補動ラ四〕（動詞の連用形に付いて）❶その動作が遠くまで及ぶ意を表す。遠く…する。はるか…まで…する。例「つらく前(さき)の世を思ひ――・りつつなむ醒(さ)まし侍(はべ)るを」〈源氏・葵〉訳つらい気持ちで前世(ぜんせ)のことをはるかに思っては（娘を亡くした悲しみを）鎮めておりますよ。

❷（多く「…やらず」の形で）その動作が進む意、完了する意を表す。…(し)続ける。…(し)終わる。例「えも乗り――・らず」〈源氏・桐壺〉訳（別れがたくて牛車(ぎっしゃ)に）なかなか乗ってしまうことができない。

やる〔助動四型〕（室町時代末期以降の語。ラ変動詞「あり」の連体形「ある」の変化した語》 接続 動詞の連用形に付く。

《軽い尊敬の意を表す》…なさる。…される。例「そなたは末広がりといふものをお見知りやったか」〈狂言・末広がり〉訳 おまえは末広がりというものを見分けがつきなさったか。例「お末(すゑ)のたんと泣きやりました」〈近松・心中天の網島・中〉訳 お末がひどく泣きました。

やる-かた-な-し【遣る方なし】《連語》❶ ⇩やらむかたなし 例「いかにせむ、と思(おぼ)しわづらへど、なほ、悲しさの——・く」〈源氏・夕顔〉訳 どうしようか、と(光源氏は)お思いになるが、やはり、(夕顔が死んだ)悲しさを晴らす方法もなくて。❷程度が異常なまでにはなはだしい様子。非常だ。とんでもない。例「年頃、平茸(ひらたけ)——・く多かりけり」〈宇治拾遺・一・二〉訳 以前から、平茸(=キノコノ一種)がどうしようもないほどたくさん生えていた。

やる-まい-ぞ【遣るまいぞ】《連語》《狂言の終わりに、追いかける人が言う語》逃がさないぞ。例「がっきめ、——」〈狂言・蜘盗人〉訳 この野郎、逃がさないぞ。

やれ〔感〕呼びかける時、また、思いがけない事のあった時などに発する語。これ。やあ。例「——打つな蠅(はへ)が手をすり足をする」〈一茶〉訳 これ打つな。蠅が手をすりあわせたり足をすりあわせたりして、打たないでくれと頼んでいるじゃないか。注 一般ニハ「手をする足をする」ト伝エラレテイルガ、一茶ノ自筆ニハ「手をすり」トナッテイル。

やわか〔副〕⇩やはか

やわらぐ【和らぐ・柔らぐ】〔動〕⇩やはらぐ

や-をとめ【八少女・八乙女】〔名〕大嘗祭・新嘗祭などの神事に奉仕する八人の少女。また、神社で神楽などに奉仕する少女。

や-を-は-ぐ【矢を矧ぐ】⇩「や(矢)」子項目

やをら 〔副〕徐々に静かに動作をする様子。そっと。そろそろと。おもむろに。例「廊(らう)の戸の開きたるに、——寄りてのぞきけり」〈源氏・竹河〉訳 廊下の戸の開いている所に、そっと寄ってのぞいた。

やんごと-な-し【止ん事無し】〔形ク〕⇩やむごとなし

ゆ

ゆ【柚】〔名〕木の名。ユズ。(季・秋) 例「悪(あ)しげなる——や梨(なし)やなどをなつかしげにもたりて食ひなどするも、あはれに見ゆ」〈蜻蛉・上・安和元年〉訳 (歩き疲れた供人達が)できの悪そうなユズや梨などをさも大事そうに手に持って食べたりなどしているのも、印象深いものだ。

ゆ【湯】〔名〕❶水を沸かして熱くしたもの。❷温泉。例「国のことごと——はしも多(さは)にあれども」〈万葉・三・三二二長歌〉訳 国中に温泉はたくさんあるが。❸風呂。また、入浴。例「下屋(しもや)に——におりて」〈源氏・帚木〉訳 身分の低い者の建物に入浴におりて。❹薬湯。せんじ薬。例「なほ試みに、しばし——を飲ませなどして、助け試みむ」〈源氏・手習〉訳 それでもためしに、しばらく薬湯を飲ませるなどして、助けてみよう。

ゆの判別

①自発・受身・可能の助動詞「ゆ」《上代語》——四段・ナ変・ラ変動詞の未然形に付く

例 瓜食めば子ども思ほゆ ——自発

②格助詞「ゆ」《上代語》——体言・体言に準ずる語句に付く

例 天地の別れし時ゆ ——起点

例 田子の浦ゆうち出でて見れば ——通過点

例 立つ鳥の目ゆか汝を見む ——手段・方法

例 引く海ゆまさりて深くしぞ思ふ ——基準

ゆ 〔助動ヤ下二型〕《上代語》接続 四段・ナ変・ラ変動詞の未然形に付く。

【自発・受身・可能】❶《自然にそうなる意(自発)を表す》**自然に…れる。** 例「瓜(うり)食(は)めば子ども思ほゆ栗(くり)食めばまして偲(しぬ)はゆ」〈万葉・五・八〇二長歌〉訳 瓜を食べると子供達のことが思い出される、栗を食べるといっそう恋しく思われる。❷《受身を表す》**…れる。…られる。** 例「か行けば人に厭(いと)はえかく行けば人に憎まえ老男(およしを)はかくのみならし」〈万葉・五・八〇四長歌〉訳 あっちに行けば人にいやがられ、こっちに行けば人にきらわれ、老人とはこんなものらしい。❸《可能の意を表す。多く打消しを伴って》**…することができる。** 例「湖廻(みなとみ)に満ち来る潮のいや増しに恋はまされど忘らえぬかも」〈万葉・一二・三一五九〉訳 港のカーブした岸に満ちて来る潮がいよいよふえるように、恋しい思いはつのりはしても、(あなたを)忘れることはできないことよ。

未然形	連用形	終止形	連体形	已然形	命令形
え	え	ゆ	ゆる	ゆれ	○

要点 現代語の「れる」にほぼ相当する語で、平安時代以降は「る」が用いられた。また、四段・ナ変・ラ変以外の動詞には、「らゆ」(平安時代以降は「らる」)が付いた。

参考 「思ふ」「聞く」などに付く時には、「思はゆ」「聞かゆ」となるが、未然形語尾がオ段音に変化して「思ほゆ」「聞こゆ」の形になることがある(①の例参照)。こうして一語化した「おもほゆ」「きこゆ」は平安時代以降も用いられ、「おもほゆ」はさらに変化して「おぼゆ」となった。平安時代以降では、このほかにも「あらゆる」「いはゆる」などの連体詞の一部分として、連体形「ゆる」の形が残っている。なお、動詞「見ゆ」の活用語尾も、起源的にはこの助動詞と同じものと考えられる。

ゆ 〔格助〕《上代語》接続 体言や体言に準ずる語句に付く。

❶【起点】動作・作用の時間的・空間的な起点を示す。…から。…より。例「天地(あめつち)の別れし時ゆ神(かむ)さびて高く貴き駿河(するが)なる富士の高嶺(たかね)を」〈万葉・三・三一七長歌〉訳 天と地が分かれた時から神々しくて高く気高い、駿河国(=静岡県中央部)にある富士の高峰を。❷【通過点】動作の行われる場所や通過する場所を示す。…を通って。…から。例「田子(たご)の浦ゆうち出(い)でて見れば真白(ましろ)にぞ富士の高嶺(たかね)に雪は降りける」〈万葉・三・三一八〉訳 田子の浦(=静岡県庵原郡由比・蒲原町アタリノ海岸)を通って(見晴らしのよい所へ)出

て見ると、真っ白に富士の高い峰に雪が降り積もっていたよ。注 山部赤人(ヤマベノアカヒト)ノ歌。

❸【手段・方法】動作の手段・方法を示す。…で。…によって。例「小筑波(をづくは)の繁(しげ)き木(こ)の間(ま)よ立つ鳥の目ゆか汝(な)を見むさ寝ざらなくに」〈万葉・一四・三三九六〉訳 筑波の茂った木々の間から飛び立つ鳥のように目だけでおまえを見ていることになるのだろうか、一緒に寝たことがないわけではないのに。

❹【基準】比較する基準を示す。…よりも。例「人言(ひとごと)は暫(まし)しぞ我妹(わぎも)綱手(つなで)引く海ゆまさりて深くしぞ思ふ」〈万葉・一一・二四三八〉訳 人の噂(うわさ)はしばらくの間のことだよ、私の愛する人よ、(私は)綱手を引く海よりも(あなたを)深く思っているよ。

要点 類義語に「よ」「より」「ゆり」があるが、平安時代以降は「より」に統一されて他は用いられなくなった。「ゆ」「よ」は、上代でも歌にだけ用いられた。

ゆ-あみ【湯浴み】〔名〕❶湯や水を浴びて、身体を洗うこと。入浴。例「——などせむとて、あたりのよろしき所に下りて行く」〈土佐・一月十三日〉訳 (女達は)水浴びでもしようとして、まわりの(人目を避けるのに)適当な所へ(船から)下りて行く。

❷病気などの治療のために温泉に入ること。湯治(とうじ)。例「筑紫(つくし)の国に——にまからむ」〈竹取・蓬萊の玉の枝〉訳 筑紫国に湯治に参りましょう。

ゆい-かい【遺戒・遺誡】〔名〕子孫や後の世の人のために書き残したいましめ。遺訓。例「美麗を求むることなかれとぞ、九条殿の——にも侍(はべ)る」〈徒然草・二〉訳 はでなものを求めることのないようにと、九条殿(＝藤原師輔(モロスケ))が残した遺訓にもございます。

ゆう【用】〔名〕《仏教語》作用。はたらき。対 たい(体)③

ゆう【結う】〔動〕⇩ゆふ

ゆう【優】〔形動〕⇩いう

ゆう【夕・木綿】⇩ゆふ

ゆう…【右…・有…・幽…・遊…】⇩いう…

夕顔(ゆうがお)【人名】⇩ゆふがお(夕顔)

夕霧(ゆうぎり)【人名】⇩ゆふぎり(夕霧)

ゆう-げ【遊戯】〔名〕⇩ゆげ

ゆうげん【幽玄】⇩いうげん

ゆうそく【有職・有識】〔名〕⇩いうそく

ゆえ【故】〔名〕⇩ゆゑ

ゆか【床・牀】〔名〕❶家の中で一段高くしてあって、寝床などにする所。例「——の下(しも)に、二人ばかりぞ臥(ふ)したる」〈源氏・空蟬〉訳 床(とこ)の下に、(女房が)二人ほど寝ている。

❷芝居小屋で、浄瑠璃太夫(じょうるりたゆう)が座る高座。

❸夏、京都の二条から四条までの鴨川の河原の上に、料亭などが張り出す板張りの涼み台。

ゆか・し〔形シク〕類 なつかし・こころにくし ⇩ゆかしがる

動詞「行く」の形容詞化した語。そちらの方へ行ってみたくなるほど興味がひかれる、がもとの意。そこから、知りたい、見たい、なつかしい、恋しい、などの意が生まれる。

❶興味・関心をひかれる様子。**知りたい。見たい。聞きたい。**例「忍びて寄する車どもの——・しきを」〈徒然草・一三七〉訳 目立たぬようにやってくる牛車(ぎっしゃ)が(誰の牛車かと)知りたいのを。

❷なつかしい。恋しい。慕わしい。例「昔の名残(なごり)も、さすが——・しくて」〈平家・六・小督〉訳 昔の出来事の思い出も、なんといってもやはり懐かしくて。

ゆかし-が・る〔他ラ四〕{ら・り・る・る・れ・れ}(「がる」は接尾語)**知りたがる。見たがる。聞きたがる。**例「つゆちりの事も——・り、聞かまほしうして」〈枕草子・にくきもの〉訳 ほんのちょっとした事でも知りたがり、聞きたがって。

ゆかし-げ(「げ」は接尾語)━〔形動ナリ〕心ひかれている様子。見たそう。聞きたそう。知りたそう。例「大宮のいと——・におぼしたるもことわりに」〈源氏・少女〉訳 (祖母の)大宮が(手塩にかけた孫の夕霧の元服式を)大変見たそうにお思いであるのももっともなことであり。

━〔名〕心ひかれるところ。趣き。例「少し——あることをまぜてこそはべらめ」〈源氏・少女〉訳 (他人が見ても)少しは趣きのあることを加えておきたいものです。

ゆかし-さ〔名〕(「さ」は接尾語)❶心ひかれること。また、その程度。見たさ。聞きたさ。知りたさ。例「ところどころ語るを聞くに、いとど——まされど」〈更級・門出〉訳 (大人たちが物語の)部分部分を語るのを聞くと、いよいよ読みたさがつのるが。

❷懐かしいこと。恋しさ。例「昔見給へし——にまうで来て」〈宇津保・楼上・下〉訳 昔訪問した懐かしさのために(その家に)参上して。

ゆが・む【歪む】━〔自マ四〕{ま・み・む・む・め・め}❶曲がりねじれる。ゆがむ。例「思ふ所なく笑ひののしり、言葉多く烏帽子(えぼし)——・み、紐(ひも)はづし」〈徒然草・一七五〉訳 (酒を飲むと)分別もなく笑い騒ぎ、おしゃべりになって烏帽子はねじ曲がり、(衣服の)紐をはずしてしまい。

❷道理からはずれる。正しくなくなる。よこしまである。例「必ず政(まつりごと)の直(なほ)く——・めるにもより侍(はべ)らず」〈源氏・薄雲〉訳 (天変凶事が起こるのは)必ずしも政治が正しいか正しくないかに基づいているのではありません。

❸(言葉が)なまる。(発音が)正しくない。例「遥(はる)かなる世界に埋(うづ)もれて年経ければにや、声などほとほとうち——・みぬべく」〈源氏・東屋〉訳 (常陸介(ひたちのすけ)は)遥か遠くの田舎に埋もれて年を過ごしたからであろうか、声などはほとんどなまってしまって(＝聞キ取リニクイ状態デ)。

━〔他マ下二〕{め・め・む・むる・むれ・めよ}ねじ曲げる。ゆがめる。例「直衣(なほし)・狩衣(かりぎぬ)など——・めたりとも、誰(たれ)か見知りて笑ひそしりもせむ」〈枕草子・あかつきに帰らむ人は〉訳 直衣や狩衣などをゆがめて着ていたところで、誰がそれを見つけて笑ったり非難したりしようか。

ゆかり【縁】〔名〕血縁など、つながりがあること。また、その人。縁。縁故。

ゆき【雪】〔名〕❶雪。(季・冬)例「田子(たご)の浦ゆうち出(い)でて見れば真白(ましろ)にぞ富士の高嶺(たかね)に——は降りける」〈万葉・三・三一八〉訳 田子の浦(＝静岡県庵原(イハラ)郡由比(ユイ)・蒲原(カンバラ)町アタリノ海岸)を通って(見晴らしのきく所に)出て見ると、真っ白に富士の高い峰に雪が降り積もっていた。例「むまさうな――がふうわりふわりかな」〈一茶〉訳子供たちが、おいしそうだと喜んで口を開けそうな、やわらかで大きな雪が、ふうわりふわりと落ちてくる。

❷白髪など、雪のように白いもののたとえ。例「我が髪の――と磯辺(いそべ)の白波といづれまされり沖つ島守」〈土佐・一月二十一日〉訳私の髪の雪(のような白髪)と磯辺の白波とどちらが(白さで)まさっているか、(答えてくれ)沖の島の番人よ。

ゆ-き【悠紀・由基・斎忌】〔名〕大嘗祭(だいじょうさい)の時、お供えの新しい穀物や酒などを献上するように定められた国郡のうち、第一の国郡。献上された物を供える第二の国郡を主基(すき)といい、共に占いによって定められた。

ゆき【靫】〔名〕《中世から「ゆぎ」》矢を入れて背負う道具。例「ますらをの――取り負ひて出(い)でて行けば別れを惜しみ嘆きけむ妻」〈万葉・二〇・四三三二〉訳立派な男が靫を取って背負い(防人(さきもり)に)出発するので、別れを惜しんで嘆き悲しんだであろうその妻よ。

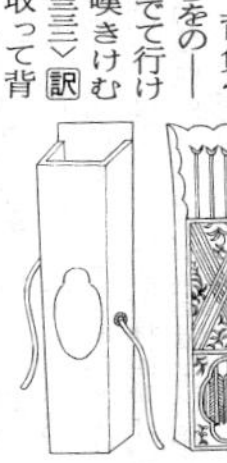

ゆき（靫）

ゆき-あか・る【行き離る】〔自ラ下二〕(れ・れ・る・るる・れ・れよ)別れて行く。離れ去る。例「我賢(かし)こげに物引きしたため、ちりぢりに――・れぬ」〈徒然草・三〇〉訳自分こそ分別があるといった様子で身支度をして、ちりぢりに離れ去ってしまう。注死後ノ法要ガ終ワッタ後ノ様子。

ゆき-あひ【行き合ひ】アイ〔名〕《動詞「行きあふ」の連用形の名詞化》❶行きあうこと。出会い。また、その時や場所。例「玉桙(たまほこ)の道の――に天雲(あまくも)の外(よそ)のみ見つつ言問(ことと)はむよしのなければ」〈万葉・四・五四六長歌〉訳道で出会った時離れた所から見るだけで、言葉をかけるきっかけがないので。

❷二つの季節にまたがること。季節の変わり目。特に、夏から秋への変わり目。例「夏衣(なつごろも)片方(かたへ)涼しくなりぬなり夜やふけぬらむ――の空」〈新古今・夏・二八二〉訳夏衣の片側が涼しくなったようだ。夜が更けてきたのだろうか、夏から秋への変わり目の空は。注「片方」ハ、秋ニ面シタ側ノ意。明日立秋ヲ迎エルトイウ夏ノ最後ノ夜ノ気持チヲ、着物ノ片側ガ秋ラシク涼シクナッタト、機知ヲ込メテ詠ンダ歌。

ゆき-あ・ふ【行き合ふ・行き遭ふ】ア(オ)ウ ❶〔自ハ四〕(は・ひ・ふ・ふ・へ・へ)行って(偶然に)出会う。でくわす。出会う。例「細道にて、馬に乗りたる女の――・ひたりけるが」〈徒然草・一〇六〉訳細い道で、馬に乗った女が(高野山の証空上人と)出会ったところが。

❷〔他ハ下二〕(へ・へ・ふ・ふる・ふれ・へよ)行きあわせる。交わらせる。例「ももしきの大宮人は……鶺鴒(まなばしら)尾――・へ庭雀(にはすずめ)うず集(ます)り居て」〈古事記・下・雄略〉訳大宮人達は……鶺鴒(せきれい)のように(裳裾(もすそ)を)交わらせ庭の雀のようにうずくまって集まっていて。

ゆき-いた・る【行き至る】〔自ラ四〕(ら・り・る・る・れ・れ)行き着く。到着する。例「昔、男、陸奥(むつ)の国にすずろに――・りけり」〈伊勢・一四〉訳昔、ある男が、奥州のある国にあてどもなく行き着いたのだった。

ゆき-か・ふ【行き交ふ】カ(コ)ウ〔自ハ四〕(は・ひ・ふ・ふ・へ・へ)❶**行き違う。往来する。行き来する。**例「――・ふ舟どもあまた」〈蜻蛉・上・安和元年〉訳行き違う舟がたくさんで。

❷繰り返し行き来する。親しく出入りする。例「百敷(ももしき)に――・ひ侍(はべ)らむことは、ましていと憚(はばか)り多くなむ」〈源氏・桐壺〉訳宮中に出入りいたしますようなことは、なおさら大変遠慮が多うございます。

❸**過ぎ去って、またやって来る。巡り移る。移り行く。**例「月日は百代(はくたい)の過客(くわかく)にして、――・ふ年もまた旅人なり」〈奥の細道・出発まで〉訳月日は永遠の旅人のようなものであり、過ぎ去ってはまたやって来る年もまた旅人のようなものである。

ゆき-かへ・る【行き返る】カエル〔自ラ四〕(ら・り・る・る・れ・れ)《上代は「ゆきがへる」》❶(人や車などが)行って、また帰って来る。往復する。

❷(季節や歳月などが)移行する。改まる。例「あらたまの年――・り春立たばまづわが宿に鶯(うぐひす)は鳴け」〈万葉・二〇・四四九〇〉訳年が改まって春になったら、最初に私の家で、ウグイスは鳴きなさい。

ゆき-かよ・ふ【行き通ふ】カヨウ〔自ハ四〕(は・ひ・ふ・ふ・へ・へ)常に出入りする。行き来する。通って行く。例「やすら殿といふ者を知りて、常に――・ひしに」〈徒然草・九〇〉訳やすら殿という者と知りあって、(その人の所に)しょっちゅう行き来していたが。

ゆき・く【行き来】〔自カ変〕(こ・き・く・くる・くれ・こ(こよ))行き来する。往来する。例「あさもよし紀人(きひと)羨(とも)しもまつち山――・くと見らむ紀人羨しも」〈万葉・一・五五〉訳紀伊(きい)の国の人はうらやましいなあ。真土山を、行き来するたびに見るであろう紀伊国の人はうらやましいなあ。

ゆき-くら・す【行き暮らす】〔他サ四〕(さ・し・す・す・せ・せ)日が暮れるまで行き続ける。歩き続けて一日を過ごす。例「あしひきの山――・し宿借らば妹(いも)立ち待ちて宿貸さむかも」〈万葉・七・一二四二〉訳山を歩く途中で日暮れになって(一夜の)宿を借りたなら、(美しい)女が立って(私を)待っていて宿を貸してくれるだろうか。

ゆき-く・る【行き暮る】〔自ラ下二〕(れ・れ・る・るる・るれ・れよ)行く途中で日が暮れる。例「今日(けふ)はまた知らぬ野原に――・れぬいづれの山か月は出づらむ」〈新古今・羇旅・九五六〉訳今日はまた道を行く途中見知らぬ野原で日が暮れてしまった。どの山から(旅寝の寂しさを慰めてくれる)月は出るのだろうか。

ゆき-げ【雪気】〔名〕今にも雪が降り出しそうなけはい。雪模様。例「空はなほかすみもやらず風冴(さ)えて――に曇る春の夜の月」〈新古今・春上・二三〉訳(暦の上ではもう春なのに)空はまだかすみもせず、風も冷えて、雪模様に曇っている春の夜の月だよ。

ゆき-げ【雪消】〔名〕《「雪消え」の変化した形》雪がとけて消えること。雪どけ。また、雪どけ水。(季・春) 例「この川にもみぢ葉流る奥山の――の水ぞ今まさるらし」〈古今・冬・三二〇〉訳この川に(今頃)紅葉が流れている。山奥の雪がとけて水が増え、残っていた紅葉を流しているのだろう。

ゆき-げた【行き桁】〔名〕橋や家の長い方に沿って渡した桁。特に、橋げた。例「橋の――をさらさらと走り渡る」〈平家・四・橋合戦〉訳橋の縦に渡したけたの上をさらさらと走り渡る。

ゆき-す・ぐ【行き過ぐ】〔自ガ上二〕(ぎ・ぎ・ぐ・ぐる・ぐれ・ぎよ)通り

過ぎる。通過する。例「立ちも止まらで――・ぐれば、心地(ここち)のどめて思ふ」〈蜻蛉・中・天禄元年〉訳（車の列が）立ち止まりもせず通り過ぎたので、ほっとした思いがする。

ゆき-つ・く【行き着く】〔自カ四〕{か・き・く・く・け・け} ⇩いきつく 対 きつく

ゆき-つ・る【行き連る】〔自ラ下二〕{れ・れ・る・るる・るれ・れよ} 連れだって行く。一緒に行く。同行する。例「ある人、清水(きよみづ)へ参りけるに、老いたる尼の――・れたりけるが」〈徒然草・四七〉訳 ある人が、清水寺へ参詣した時に、年老いた尼と道づれになったが。

ゆき-とぶら・ふ【行き訪ふ】(…トブラ(ロ)ウ)〔自ハ四〕{は・ひ・ふ・ふ・へ・へ} 見舞いに行く。訪問する。例「人多く――・ふ中に、聖法師(ひじりほふし)の交じりて」〈徒然草・七六〉訳 人が大勢訪問するその中に、修行僧が交じって。

ゆき-はな・る【行き離る】〔自ラ下二〕{れ・れ・る・るる・るれ・れよ} 離れて行く。離れる。例「今なむこの世の境を心安く――・るべき」〈源氏・若菜・上〉訳 今こそこの世の中を心安らかに離れて（あの世へ）行くこと（＝極楽往生）ができる。

ゆき-ぼとけ【雪仏】〔名〕雪を固めて作った仏像。雪だるま。（季・冬）例「春の日に――を作りて、そのために金銀・珠玉の飾りを営み、堂を建てんとするに似たり」〈徒然草・一六六〉訳（人間の営みは）春の日に雪の仏像を作って、その（消えやすい雪の仏像の）ために金や銀や珠玉の飾りをし、お堂を建てようとするのに似ている。

ゆき-ま【雪間】〔名〕❶積もった雪のとけて消えた所。（季・春）例「七日、――の若菜摘み」〈枕草子・正月一日は〉訳（正月）七日、（七草粥(ななくさがゆ)のために）積もった雪の間の（土に見える）若菜を摘み。❷雪の晴れ間。例「――なき吉野の山をたづねても心のかよふあと絶えめやは」〈源氏・薄雲〉訳 たとえ雪の晴れ間もない吉野の山を捜してでも、心を通わせる跡が絶えることがありましょうか。そんなはずはありません。

ゆき-み【雪見】〔名〕雪景色を眺め楽しむこと。例「いざさらば――にころぶ所まで」〈芭蕉〉訳 ではこれでおいとましましょう。ちょうど降り始めた雪はかっこうの雪見の風流、足をとられて転ぶ所まで、この雪を愛(め)でて歩いてみますよ。

ゆき-むか・ふ【行き向かふ】(…ムカ(コ)ウ)〔自ハ四〕{は・ひ・ふ・ふ・へ・へ} ❶過ぎ去っては、またやって来る。次から次へと年が改まる。例「――・ふ年の緒(を)長く仕へ来(こ)し君が御門(みかど)を」〈万葉・一三・三三二四長歌〉訳 過ぎ去ってはやって来る年月長く仕えてきた君の御殿(ごてん)を。❷出向く。赴く。例「聖(ひじり)六波羅(ろくはら)に――・って、事の子細(しさい)を問ひ給ふ」〈平家・一二・六代〉訳 聖は六波羅に出向いて、事情をお尋ねになる。

ゆき-めぐ・る【行き巡る】〔自ラ四〕{ら・り・る・る・れ・れ} あちらこちらを歩き回る。巡り歩く。例「女郎花(をみなへし)咲きたる野辺(のへ)を――・り君を思ひ出(で)たもとほり来(き)ぬ」〈万葉・一七・三九四四〉訳 オミナエシの咲いている野辺を歩き回って、あなたを思い出しながら回り道をしてきた。

ゆきもよ-に【雪もよに】〔副〕雪が盛んに降る中で。一説に、雪の夜にの意とも。例「草も木も降りまがへたる――春待つ梅の花の香ぞする」〈新古今・冬・六八四〉訳 草も木も見分けがつかないように雪が盛んに降る中で、春を待つ梅の花の香りが（ほんのりと）匂ってくるよ。

ゆ-ぎゃう【遊行】(…ギョウ)〔名・自サ変〕❶散歩。ぶらぶら歩くこと。例「もしつれづれなる時は、これを友として――・す」〈方丈記・勝地は主なければ〉訳 もし退屈な時は、この子供を連れてぶらぶら歩く。❷〔仏教語〕僧が諸国をめぐり歩いて修行や説法をすること。例「縁に随(したが)ひて――・して、所に随ひて衆生(しゆじやう)を利益(りやく)す」〈今昔・六・八〉訳 縁故にまかせて説法して歩き、各地で人々にご利益をほどこす。❸時宗の住職(じゆうじ)、特に開祖の一遍(いつぺん)上人のこと。遊行上人。また、時宗そのものを指すこともある。

ゆき-や・る【行き遣る】〔自ラ四〕{ら・り・る・る・れ・れ}《多く打消しの語を伴って》あえて先へ進み続ける。どんどん行く。例「勢多(せた)の橋こぼれて、え――・らず」〈更級・竹芝寺〉訳 勢多の橋が壊れていて、進むに進めないで。

ゆき-ゆ・く【行き行く】〔自カ四〕{か・き・く・く・け・け} 先へ先へと進んで行く。どんどん行く。例「――・きて、駿河(するが)の国に至りぬ」〈伊勢・九〉訳（京から）先へ先へと進んで行って、駿河の国（＝静岡県）に着いた。

ゆ・く【行く・往く・逝く】〔自カ四〕{か・き・く・く・け・け} ❶（目的地に）進み向かう。行く。❷過ぎ行く。流れ行く。例「――・く河の流れは絶えずして、しかも、もとの水にあらず」〈方丈記・ゆく河〉訳 流れ行く川の流れは絶えることなく、それでいて、（水は）もとの水でない。❸（季節や歳月が）移り行く。経過する。例「月日の――・くをさへ嘆く男」〈伊勢・九一〉訳 月日が経過するのまで悲しむ男。❹逝去(せいきよ)する。死ぬ。例「あしひきの山縵(やまかづら)の児(こ)今日(けふ)――・くと我に告げせば帰り来(こ)ましを」〈万葉・一六・三七八九〉訳 縵児(かづらこ)（＝娘ノ名）が今日死ぬと、もしも私に告げていたなら帰って来たものを。❺気が晴れる。満足する。例「心細くて立ちとまり給ふを見置くに、いとど心も――・かずなむ」〈源氏・早蕨〉訳 心細いままでお残りになるのを見捨てるので、いよいよ心が晴れない。

ゆく-あき【行く秋】〔連語〕過ぎ去ろうとしている秋。暮れ行く秋。（季・秋）例「――の形見なるべき紅葉葉(もみぢば)も明日は時雨(しぐれ)と降りやまがはむ」〈新古今・秋下・五四五〉訳 暮れてゆく秋の形見となるはずの紅葉した葉も（冬となる）明日は時雨とともに乱れ散ってしまうことだろうか。

ゆく-かた【行く方】〔名〕❶進み行くべき方向。行く先。例「――も、帰らむ里も忘れぬべう」〈源氏・胡蝶〉訳（若い女房達は）行く先も、帰る里も忘れてしまいそうなほどに（船楽の遊びに心を奪われて）。❷（下に「なし」を伴って）気分が晴れる方法。やるかた。例「――もなく、いぶせう覚(おぼ)え侍(はべ)り」〈源氏・椎本〉訳 気分が晴れるすべもなく、胸がふさがるように思われます。

ゆく-さ【行くさ】〔名〕（「さ」は接尾語）行く時。行きしな。例「――には二人我が見しこの崎を一人過ぐれば心悲しも」〈万葉・三・四五〇〉訳 行く時には二人で見たこの岬を、妻が死んで帰りには一人で通り過ぎるので、悲しいことだ。

行くさ来(く)さ 行く時と来る時。行きしな来しな。往復。例「青海原(あをうなはら)風波なびき――つつむことなく舟は早けむ」〈万葉・二〇・四五一四〉訳 青海原の風も波も静まり、行く時も帰る時も事故にもあわず、あなたの舟は早く進むことでしょう。注 外国ニ朝廷ノ使イトシテ行ク人ノ無事ヲ祈ル歌。

ゆく-さき【行く先】〔名〕⇩ゆくする①②

ゆく-する【行く末】〔名〕❶進んで行く方向。行く手。行く先。例「――は空もひとつの武蔵野に草の原より出(い)づる月影」〈新古今・秋上・四二二〉訳進んで行く先は空も(野と)一つになって見える(広大な)武蔵野に、今、草原から出る月の光よ。
❷将来。未来。この先。例「忘れじの――までは難(かた)ければ今日(けふ)を限りの命ともがな」〈新古今・恋三・一一四九〉訳(私を)忘れないという約束を、遠い将来まで頼みにすることはむずかしいことだろうから、逢(あ)えて結ばれ今日を最後とする命であってほしい(=コノ幸福ノ絶頂デ、死ンデシマイタイ)。注『百人一首』所収ノ、儀同三司母(ギドウサンシノハハ)ノ歌。
❸余命。例「かかる命の程を知らで、――長くのみ思ひ侍(はべ)りけること」〈源氏・若菜・下〉訳こんな短い命であったことも知らずに、余命が長いとばかり思っておりましたこと(は愚かなことでした)。

ゆく-て【行く手】〔名〕❶⇩ゆくする①
❷行くついで。行きがけ。例「――の御ことは、なほざりにも思ひ給へなされしを」〈源氏・若紫〉訳先日行きがけにおっしゃったことは、いいかげんなこととも考えさせていただいておりましたのに。

ゆくとり-の【行く鳥の】〘枕詞〙(空を飛ぶ鳥の様子から)「むらがる」「あらそふ」にかかる。

ゆく-はる【行く春】〘連語〙過ぎ去って行こうとしている春。過ぎゆく春。(季・春)例「――や鳥啼(な)き魚(うを)の目は涙」〈奥の細道・旅立〉訳春は過ぎ去ってゆこうとしている。友と別れて旅立つ私も涙を流したいほどだが、その春に、心を持たぬはずの鳥も悲しげに鳴き、魚の目には涙があふれているようだよ。注奥州ヘノ旅立チニ際シテノ句。
例「――や重たき琵琶(びは)の抱き心」〈蕪村〉訳春も終わろうとする、けだるく物憂い一日。惜春の思いに、久しぶりに琵琶を抱き上げ、鳴らしてみたが、どうしたことか今日は、膝(ひざ)の上で琵琶がことさら重く感ぜられ、愁いはさらに増すばかりである。

ゆく-へ【行方】〔名〕❶これから進んで行く先。また、行った先。
❷なりゆく先。将来。前途。例「秋風にあへず散りぬるもみぢ葉の――定めぬ我ぞ悲しき」〈古今・秋下・二八六〉訳秋風にたえきれないで散ってしまった紅葉の葉のように、将来が定まらない我が身が悲しい。
❸その後のなりゆき。その後どうなったか。例「たれこめて春の――も知らぬ間に待ちし桜も移ろひにけり」〈古今・春下・八〇〉訳すだれなどをおろして閉じこもって春がその後どうなったかも知らない間に、心待ちにしていた桜も散ってしまったのだなあ。

行方無(な)・し ❶行く方向がわからない。どこへ行ったかわからない。例「ただ今――・く飛び失(う)せなば、いかが思ふべき」〈更級・大納言殿の姫君〉訳たった今私がどこへとも知れず飛んでいっていなくなったら、(あなたは)どう思いますでしょうか。
❷あてどがない。この先不安である。途方にくれている。例「――・くあり渡るともほととぎす鳴きし渡らばかくやしのはむ」〈万葉・一八・四〇九〇〉訳途方にくれて毎日過ごしていても、ホトトギスが鳴き渡ってなぐさめてくれさえすれば、このように恋い慕うだろうか。

ゆく-みづ【行く水】〘連語〙流れ行く水。流水。例「――と過ぐる齢(よはひ)と散る花といづれ待ててふことを聞くらむ」〈伊勢・五〇〉訳流れ行く水と、過ぎ去る年齢と、散る桜と、どれが待てという言葉を聞き入れるだろう。

ゆく-ゆく〔副〕ずんずん。すらすら。例「何事にかは滞り給はむ、――と宮にも愁へ聞こえ給ふ」〈源氏・賢木〉訳(右大臣は)何事にぐずぐずなさることがあろうか、(娘と光源氏との密会を)ずけずけと宮(=ソノ姉、大后)にも訴え申し上げなさる。

ゆく-ゆく【行く行く】〔副〕❶行きながら。道すがら。例「――飲み食ふ」〈土佐・十二月二十八日〉訳行きながら飲み食いする。
❷将来。やがて。

ゆくり-か〔形動ナリ〕不用意な様子。だしぬけ。例「わが御心ながらも、――・にあはつけきことと思(おぼ)し知らるれば」〈源氏・胡蝶〉訳(光源氏は)ご自分の心ながらも、不用意で軽薄なことだとお分かりになるので。

ゆくり-な・し

〔形ク〕

類うちつけ・とみに

> 連用形「ゆくりなく」の形で副詞的に用いられ、不意に、思いがけなく、の意を表すことが多い。「ゆくりか」は形容動詞の形。

不意である。思いがけない。 例「――・く風吹きて、漕(こ)げども漕げども、後(しり)へ退(しぞ)きに退きて」〈土佐・二月五日〉訳不意に風が吹いて、いくら漕いでも漕いでも、(船は)後ろへさがりにさがって。

ゆ-げ【遊戯】〔名・自サ変〕(「ゆうげ」「ゆけ」とも)❶遊ぶこと。遊び。例「その王、諸々(もろもろ)の官人を引き率(ゐ)て林の中に行きて――・しき」〈今昔・二・二五〉訳その王が、多くの官人達を引き連れて林の中へ行って遊びをした。
❷楽しそうにすること。愉快がること。例「いたく――・するのを」〈大鏡・後一条〉訳ひどく愉快そうにするのを。

ゆ-げた【湯桁】〔名〕浴槽の周りの桁。また、浴槽。

ゆげひ【靫負】〔名〕《古くは「ゆけひ」。「靫(ゆ)負(き)ひ」の変化した形》❶靫(ゆき)を背負って宮中の警備にあたる者。すなわち、六衛府(りくえふ)の武官。
❷「靫負の尉(じょう)」の略。

靫負尉(のじょう) 衛門府(えもんふ)の三等官。例「――にて、今年冠(かうぶり)得てけり」〈源氏・松風〉訳衛門府三等官で、今年から従五位下の位を得たのだった。

靫負佐(のすけ) 衛門府の次官(佐(すけ))の別称。

靫負命婦(のみやうぶ) 父か兄か夫が「靫負の尉(じょう)」で、自分が五位以上の女官。

ゆ-さん【遊山】〔名・自サ変〕野山に遊びに出かけること。行楽。例「今日はどれへぞ――に参らうと存ずる」〈狂言・舟ふな〉訳今日はどこかへ行楽に出ようと思います。

ゆじゅん【由旬】〔名〕古代インドの距離の単位で、帝王が一日に行軍する距離。十六里とも三十里とも四十里ともいう。例「天暁(あ)くるに至りて、行く所の道の程三――なり」〈今昔・一・四〉訳夜があけるまでには、進んだ道のりは三由旬である。

ゆすり-み・つ【揺すり満つ】〔自タ四〕(た・ち・つ・つ・て・て)全体がざわめきにあふれる。皆が騒ぎたてる。例「院の内――・ちて、思ひ嘆く人多かり」〈源氏・若菜・下〉訳(紫の上の病状がよくないので)六条院の内はざわめき立って、心配し嘆く人が多い。

ゆする【泔】〔名〕洗髪や整髪に用いる水。また、その水で洗髪や整髪をすること。例「よき男の日暮れて―し」〈徒然草・一九〉訳立派な男が日が暮れてから髪を整え。

参考 米のとぎ汁、または、「強飯(こはいひ)」を蒸したあとの湯を用いたという。

ゆす・る【揺する】〔ら・り・る・る・れ・れ〕■一〔自ラ四〕❶揺れ動く。ゆらぐ。例「山の―・り大空響きて」〈宇津保・俊蔭〉訳山がゆらぎ大空が響き渡って。❷大騒ぎする。どよめく。例「御髪(みぐし)おろし給ふほどに、宮の内―・りて、ゆゆしう泣き満ちたり」〈源氏・賢木〉訳(藤壺(ふじつぼ)が)剃髪(ていはつ)なさる間、御殿(ごてん)内はどよめいて、不吉なほど泣き声で満ち満ちた。■二〔他ラ四〕❶揺り動かす。ゆさぶる。例「御足跡(みあと)作る石の響きは天(あめ)に到(いた)り地(つち)さへ―・れ父母がために諸人(もろひと)のために」〈仏足石歌〉訳み仏の足跡を作る石の(功徳の)響きは天に至り、地までも揺り動かせ。父母のために、もろもろの人々のために。注形式ハ、五七五七七七ノ仏足石歌体。❷おどして金品を奪い取る。おどし取る。

ゆする-つき【泔坏】〔名〕「ゆする」を入れる器。

ゆ-ずゑ【弓末】〔名〕弓の上端。

ゆた-か【豊か】〔形動ナリ〕❶富み栄えている様子。富裕。豊富。例「かくて翁(おきな)やうやう―・になりゆく」〈竹取・かぐや姫の生ひ立ち〉訳こうして(竹取の)翁はしだいしだいに富み栄えていった。❷余裕がある。ゆったり。例「高き身となりても、―・に緩(ゆる)へる方(かた)は後(おく)れ」〈源氏・若菜・下〉訳(心の狭い人は)高い身分となっても、余裕がありゆったりとした点では劣り。

ゆた-け・し【豊けし】〔形ク〕❶豊かである。盛大である。例「最勝王(さいそうわう)経・金剛般若(はんにゃ)・寿命(ずみやう)経など、いと―・き御祈りなり」〈源氏・若菜・上〉訳最勝王経・金剛般若経・寿命経(＝イズレモ経典ノ名)など、たいへん盛大なお祈りである。❷ゆったりとしている。広大である。例「海原の―・き見つつ葦(あし)が散る難波(なには)に年は経(へ)ぬべく思ほゆ」〈万葉・二〇・四三六二〉訳海原の広大でゆったりとしているのを見ていると、この難波の地で年を送るのももっともだと思われる。注「葦が散る」ハ「難波」ノ枕詞。

ゆ-たん【油単】〔名〕ひとえの布や紙に油をひいて防水したもの。敷物や道具のおおいなどに用いる。例「新しき―に、襪(したうづ)はいとよくとらへられにけり」〈枕草子・方弘は、いみじう人に〉訳新しい油単に、靴下は何ともぺったりとくっついてしまった。

ゆ-つ【五百つ】〔接頭〕次項「ゆつ(斎つ)」に同じ。「いほつ(五百箇)」の変化した語とみて、「多数の」の意を表し、次項「ゆつ(斎つ)」とは別語と考える説もある。

ゆ-つ【斎つ】〔接頭〕(「つ」は「の」の意。名詞に付いて)神聖な、清浄な、の意を添える。「―磐群(いはむら)」「―桂」「―爪櫛(つまぐし)」など。

ゆづら・ふ【譲らふ】〔ユズラ(ロ)ウ〕〔他ハ四〕〔は・ひ・ふ・ふ・へ・へ〕(「譲り合ふ」の変化した形)互いに譲る。譲り合う。例「事広きに―・ふらむ」〈源氏・帚木〉訳(上の者は下の者に助けられ、下の者は上の者に従い)仕事が広い範囲にわたるので譲り合うのだろう。

ゆづり-は【譲り葉】〔ユズリハ〕〔名〕(「ゆづるは」とも)木の名。常緑樹で、新しい葉が出てから古い葉が落ちるので、父から子に譲るたとえとして、新年などの祝い事の飾りにする。

ゆ-づる【弓弦】〔名〕(「ゆんづる」とも)弓の弦。例「梓弓(あづさゆみ)末の原野に鳥狩(とがり)する君が―の絶えむと思へや」〈万葉・一一・二六三八〉訳末の原野で鷹狩(たかがり)をするあなたの弓の弦のように、(私があなたと)切れると思ったりしましょうか(いや思いません)。注「梓弓」ハ「末」ノ枕詞。

ゆづる-は【譲る葉】〔ユズルハ〕〔名〕⇩ゆづりは

ゆ-づゑ【弓杖】〔ユヅエ〕〔名〕⇩ゆんづゑ

ゆ-どの【湯殿】〔名〕❶浴室。また、入浴すること。❷宮中や貴人の家で、常に湯をわかし、また食膳(しょくぜん)などをととのえる所。台所。例「雉(きじ)・松茸(まつたけ)などは、御―の上に懸かりたるも苦しからず」〈徒然草・一一八〉訳雉や松茸などは、台所にぶらさがっているのも見苦しくない。

ゆ-はず【弓筈・弓弭】〔名〕(「ゆみはず」とも)弓の両端の弦をかけるところ。例「取り持てる―の騒き」〈万葉・二・一九九長歌〉訳取り持っている弓のゆはずの鳴り響く音は。

ゆば-どの【弓場殿】〔名〕平安時代、宮中で天皇が弓術を御覧になった場所。特に、武徳殿をさしたり、校書殿(きようしよでん)の東廂(ひがしびさし)の北の二間をさしていう。

ゆひ【結ひ】〔イ〕■一〔名〕(動詞「結ふ」の連用形の名詞化)ものを結ぶこと。また、結んだもの。例「山守(やまもり)のありける知らにその山に標(しめ)結ひ立てて―の恥しつ」〈万葉・三・四〇一〉訳山の番人がいたのを知らないで、その山に自分の占有の印を結んで立てて、恥をかいてしまった。■二〔接尾〕たばねたものを数える語。例「宮司(みやづかさ)召して、衣(きぬ)二―取らせて」〈枕草子・職の御曹司におはします頃、西の廂にて〉訳中宮職(ちゅうぐうしき)の役人を呼びよせて、衣二たばを与えて。

ゆひ-つ・く【結ひ付く】〔ユイ〕〔他カ下二〕〔け・け・く・くる・くれ・けよ〕離れないように縛る。結び付ける。例「犯人(ぼんにん)を笞(しもと)にて打つ時は、拷器(がうき)に寄せて―・くるなり」〈徒然草・二〇四〉訳犯罪者をむちで打つ時は、拷問用の器具に(身体を)引き寄せてくくり付けるのである。

ゆふ【夕】〔ユウ〕〔名〕夕方。日ぐれ。対あさ

要点 「ゆふ」は、「朝―」「―つ方」のように、成句や複合語に用いられ、単独で夕方の意を表す時には「ゆふべ」が用いられる。

ゆふ【木綿】〔ユウ〕〔名〕楮(こうぞ)の樹皮の繊維で作った糸、布。祭の時、幣(ぬさ)として榊(さかき)にかける。例「もの古(ふ)りたる森の気色もただならぬに、玉垣し渡して、榊(さかき)に―かけたるなど、いみじからぬかは」〈徒然草・二四〉訳(神社はどこも)古びた感じの森の様子もすばらしい上に、美しい垣根をずっと作りめぐらして、榊の枝に木綿をかけてあるのなどは、心を打たないことがあろうか。

要点 「木綿」の字をあてるが、後の「もめん」とは異なる。

ゆ・ふ【結ふ】〔ユウ〕〔他ハ四〕〔は・ひ・ふ・ふ・へ・へ〕❶**結ぶ。しばる。**例「帯は道のままに―・ひて」〈枕草子・五月の御精進のほど〉訳帯は道の途中で結んで。

❷髪を整える。髪を結ぶ。例「みづら――・ひ、装束(さうぞく)などうるはしくして」〈枕草子・御形の宣旨の〉訳（人形の髪を）みずら（＝髪型ノ一ツ）に結び、装束をきちんとして。❸作り構える。組み立てる。例「やすらかに――・ひて参らせたりけるが」〈徒然草・五一〉訳やすやすと（水車を）組み立ててさしあげたのが。

ゆふ-うら【夕占・夕卜】ユウ…〔名〕⇩ゆふけ（夕占）

ゆふ-かげ【夕影・夕陰】ユウ…〔名〕❶夕日の光。夕方のほのかな光。例「春の野に霞たなびきうら悲しこの――に鶯鳴くも」〈万葉・一九・四二九〇〉訳春の野に霞がたなびき物悲しい。この夕暮れの光の中でウグイスが鳴いているなあ。❷夕日をうけた姿・形。例「一日(ひと)(ひ)の源氏の御――、ゆゆしう思(ぼ)(お)されて」〈源氏・紅葉賀〉訳（帝は）先日の光源氏の夕日に照らされたお姿を、（あまりの美しさゆえに）不吉にお思いになって。

ゆふ-がほ【夕顔】ユウガオ〔名〕ユウガオ。夏の夕方、朝顔に似た白い花を開き、朝しぼむ。かんぴょうの材料。花は（季・夏）、実は（季・秋）。例「かの白く咲けるをなむ、――と申し侍(は)(べ)る」〈源氏・夕顔〉訳あの白く咲いているのを、夕顔と申します。

夕顔(ゆふ)(がほ)ユウガオ【人名】『源氏物語』の登場人物。玉鬘(たまかずら)の母。頭中将(とうのちゅうじょう)の愛人であったが、正妻におどされて身を隠す。後年光源氏に見初められて逢瀬(おうせ)を楽しむようになるが、「某(なにがし)の院」に行った翌暁、物の怪(け)のために急死する。「夕顔」巻のヒロインで、夢幻的な美しさを持つ薄幸の女性として描かれている。

ゆふ-かみ【木綿髪】ユウ…〔名〕馬のたてがみや尾の白いもの。「雪降り髪」とも。例「薄紅梅の毛にて、髪・尾などいと白き。げに――ともいひつべし」〈枕草子・馬は〉訳（馬では）薄紅色の毛で、たてがみや尻尾(しっぽ)などがまっ白なのが（よい）。なるほどこれは「木綿髪」ともいえばいえよう。

夕霧(ゆふ)(ぎり)ユウギリ【人名】『源氏物語』の登場人物。光源氏の長男。母は葵(あおい)の上。十八歳の時、幼馴染(おさななじみ)の雲居雁(くもいのかり)（＝葵ノ上ノ姪(メイ)）と結婚して四男四女をもうけるが、柏木(かしわぎ)の未亡人落葉の宮に心ひかれて強引に結婚、嫉妬(しっと)した雲居雁に実家へ帰られてしまう。官位は左大臣まで昇り、実直な人柄だが、父に比べて才能も風流心も乏しく、『源氏物語』では脇役的な存在。

ゆふ-け【夕占・夕卜】ユウ…〔名〕（「ゆふうら」とも）占いの一つ。夕方、道ばたに立って通行人の言葉を聞いて吉凶をうらなうこと。夕方にする辻占(つじうら)。例「――問ふわが袖(そで)に置く白露を君に見せむと取れば消(け)につつ」〈万葉・一一・二六八六〉訳夕占をする私の袖に降りた白露を、あなたに見せようとして手に取ったところ（次々と）消えてしまって。

ゆふ-け【夕食】ユウ…〔名〕《近世以降「ゆふげ」》夕方の食事。夕飯。対あさげ

ゆふ-さら-ず【夕さらず】ユウ…《連語》夕方には必ず。夕方ごとに。例「今日もかも明日香の川の――かはづ鳴く瀬の清(さや)けくもあるらむ」〈万葉・三・三五六〉訳今日もまた、明日香の川では夕方ごとに、河鹿(かじか)の鳴く瀬が、すがすがしいことだろう。

ゆふ-さり【夕さり】ユウ…〔名〕夕方になること。夕方。例「朝(あした)には狩りに出(い)だしたてやり、――は帰りつつ」〈伊勢・六九〉訳（斎宮(さいぐう)は）朝には（男が）狩りに出かけるのを送り出し、夕方（男が）帰ってくると（自分の御殿(ごてん)に来させた）。

ゆふさり-つ-かた【夕さりつ方】ユウサリ…〔名〕（「つ」は「の」の意）夕方の頃。例「――帰りおはしまさむとしける折に、詠みて奉りける」〈古今・雑上・九二〇詞書〉訳夕方頃お帰りになろうとした時に、詠んで差し上げた（歌）。

ゆふ-さ・る【夕さる】ユウ…《連語》（「さる」は、…になるの意）夕方になる。夕方が来る。例「――・れば小倉の山に鳴く鹿(かし)は今宵(こよひ)は鳴かず寝(い)ねにけらしも」〈万葉・八・一五一一〉訳夕方になるといつも小倉山に鳴く鹿は、今夜は鳴かない。寝てしまったらしいよ。

ゆふ-しで【木綿垂・木綿四手】ユウ…〔名〕「木綿(ゆふ)」で作られた、神前に供える幣(ぬさ)の一種。

ゆふ-しほ【夕潮】ユウシオ〔名〕《和歌用語》夕方に満ちてくる潮。

ゆふ-だすき【木綿襷】ユウ…〔名〕「木綿(ゆふ)」で作ったたすき。神事を行う時に肩にかけて袖(そで)をたばねた。また、「かく」にかかる枕詞。

ゆふ-だ・つ【夕立つ】ユウ…〔自タ四〕{た・ち・つ・つ・て・て}夕方に雨・風・雲などが、にわかにあらわれ起こる。例「かき曇り――・つ波の荒ければ浮きたる舟ぞ静心(しづごころ)なき」〈新古今・羇旅・九八〇〉訳一面に曇り夕方にわかに起こる波が荒いので、浮いている舟は本当に落ち着かないことだ。

ゆふ-つ-かた【夕つ方】ユウ…〔名〕（「つ」は「の」の意）夕方。例「この――内裏(うち)よりもろともにまかで給ひけるを」〈源氏・末摘花〉訳この夕方に内裏(だいり)からいっしょに退出なさったのだが。

ゆふ-づきよ【夕月夜】ユウ…〔名〕⇩ゆふづくよ㊀

ゆふ-づ・く【夕づく】ユウ…〔自カ下二〕{け・け・く・くる・くれ・けよ}（「ゆふつく」とも）夕暮れに近づく。夕方になる。例「――・けてここに参り給へり」〈源氏・竹河〉訳（宰相中将は）夕方になってここ（＝玉鬘(タマカズラ)邸）に参上なさった。

ゆふづく-ひ【夕づく日】ユウヅク…〔名〕夕方の日の光。夕日。例「――さすや庵(いほ)(り)の柴(しば)の戸に寂しくもあるかひぐらしの声」〈新古今・夏・二六九〉訳夕日がさす粗末な家の柴の戸を閉ざすと、何と寂しくも聞こえるものだ、ヒグラシの鳴き声が。

ゆふ-づくよ

【夕月夜】ユウ…㊀〔名〕（「ゆふづきよ」とも）夕方に出ている月。また、月の出ている夕方。対あさづくよ　例「――潮満ち来らし難波江(なにはえ)の葦(あし)の若葉を越ゆる白波」〈新古今・春上・二六〉訳夕月の光に照らされて潮が満ちて来るらしい。難波（＝大阪市ノアタリ）の入り江の葦の若葉を越えて寄せる（美しい）白波よ。

㊁《枕詞》「暁闇(あかときやみ)」「をぐら」にかかる。例「――小倉(をぐら)の山に鳴く鹿(しか)の声の内にや秋は暮るらむ」〈古今・秋下・三一二〉訳小倉の山（＝京都市嵯峨(サガ)ニアル紅葉ノ名所）で鹿が寂しげに鳴いているが、あの鳴き声のしているうちに秋は暮れるのだろうか。

ゆふつけ-どり【木綿付け鳥】ユウツケ…〔名〕ニワトリの別名。昔、ニワトリに「木綿(ゆふ)」を付けて、都の四方の境界・関所で祓(はら)えをした故事に基づく名。後世、誤って「ゆふつげどり（夕告げ鳥）」とも呼ばれた。例「逢坂(あふさか)の――にあらばこそ君が行き来をなくなくも見め」〈古今・恋四・七四〇〉訳逢坂の関のニワトリであったなら、あなたの行ったり来たりする姿を、鳴きながらでも見るでしょうが（私はニワトリでないので、あなたにも会えず泣いているばかりだ）。

ゆふ-つづ【夕星】〔名〕(近世以降「ゆふづつ」とも)夕方西の空に見える金星。宵の明星。また、「——の」の形で、「夕べ」「か行きかく行き」にかかる枕詞となる。例「星は、昴。彦星。——」〈枕草子・星は〉訳星は、すばる。彦星(=牽牛星)。宵の明星(がすてきだ)。

ゆふ-なぎ【夕凪】〔名〕海岸地帯で、夕方、風がやみ、波も穏やかである状態。

ゆふなみ-ちどり【夕波千鳥】〔名〕(和歌用語)夕方、波の上を飛ぶチドリ。例「近江の海——汝が鳴けば心もしのに古へ思ほゆ」〈万葉・三・二六六〉訳近江(=滋賀県)の琵琶湖の、夕方波の上を飛ぶ千鳥よ。おまえが鳴くと、私は心もうちひしがれて、昔の事が思われる。注柿本人麻呂ノ歌。「古へ」ハ近江ニ都ノアッタ天智天皇ノ時代ヲ指ス。

ゆふ-ばえ【夕映え】〔名〕夕方、物の美しさが、昼間よりもかえって際立って見えること。例「——して、いといみじく色うるはしう、はなやかに清げに見え給ふを」〈宇津保・楼上・上〉訳夕映えして、たいそう色もきれいで、くっきりとあざやかに美しくお見えになるのを。

ゆふ-はな【木棉花】〔名〕木棉で作った造花。

ゆふ-はふ・る【夕羽振る】〔連語〕(和歌用語。「朝羽振る」の対)夕方、鳥が羽ばたくように、波が激しく立つ。例「朝羽振る風こそ寄せめ——・る波こそ来寄れ」〈万葉・二・一三一長歌〉訳朝は激しく吹く風が吹き寄せるだろう、夕方は激しく立つ波が寄せ来るだろう。

ゆふ-べ【夕べ】〔名〕(上代は「ゆふへ」)夕方。夕暮れ。例「朝に死に、——に生まるるならひ、ただ水の泡にぞ似たりける」〈方丈記・ゆく河〉訳朝死ぬ人があるかと思えば、夕方に生まれる子があるという(人の世の)定めは、まったく水の泡に似ていることであったよ。

夕べの陽に子孫を愛す 夕日が傾きかけたような老年になって、子や孫をかわいがる。例「——・して、栄ゆく末を見むまでの命をあらまし」〈徒然草・七〉訳老年になって子や孫をかわいがり、繁栄してゆく将来を見届けるまでの命を期待し。

ゆふ-まぐれ【夕間暮れ】〔名〕夕方の薄暗いこと。また、その時分。夕暮れ。例「——ほのかに花の色を見て今朝は霞の立ちぞわづらふ」〈源氏・若紫〉訳(昨日の)夕暮れ、ちらりと花の姿(=少女ノ姿)を見たので、今朝は霞が立ちかねていますよ(=私ハ立チ去リカネテイマス)。

ゆふ-やみ【夕闇】〔名〕陰暦二十日前後の夕方、暗くなってまだ月が出ない間の闇。また、その時分。例「——は道たづたづし月待ちて行かせわが背子その間にも見む」〈万葉・四・七〇九〉訳夕暮れの暗い間は道がおぼつかない。月が出るのを待っておでかけなさい私のあなた。その間だけでもお会いしていましょう。

ゆほび-か〔形動ナリ〕ゆったりとした様子。例「ただ海の面を見渡したるほどなむ、あやしく、異所に似ず、——・なる所に侍る」〈源氏・若紫〉訳(明石の浦は)ただ海づらを見渡した景色が、妙に、他の場所に似ず、ゆったりとした所です。

ゆみ【弓】〔名〕❶武具の一つ。矢を射る道具。❷弓を射ること。弓の競技。弓術。

弓鳴らす (「弓を引く」とも)悪霊を退散させたりする目的で、弓に矢をつがえずに手で弦を引いて鳴らす。夜行警備の時などに行った。例「滝口の——・し、沓の音し、そそめき出づると」〈枕草子・殿上の名対面こそ〉訳宮中警護の武士が弓を鳴らし、靴の音をさせて、ざわざわと出ていくと。

ゆみ-とり【弓取り】〔名〕❶弓を使う者。弓を射る役。また、特に、弓術にすぐれている者。例「——に法師を立てたりけるが」〈古今著聞集・偸盗〉訳弓を射る役に坊主を立てておいたが。❷武士。また、特に、武勇にすぐれた武士。例「——のならひほどあはれに優しきことはなし」〈平治・中・三〉訳武士の慣習ほど感心で殊勝なことはない。

ゆみ-なら・す【弓鳴らす】⇩「ゆみ」子項目

ゆみ-はり【弓張り】〔名〕❶弓に弦を張ること。また、それをする人。❷「ゆみはりづき」の略。

ゆみはり-づき【弓張り月】〔名〕(弓に弦を張った形に似ているところから)上弦・下弦の月。半月。例「——のいるにまかせて」〈平家・四・鵼〉訳半月が沈むのにまかせて(=弓マカセニ矢ヲ射テ)(まぐれで射当てました)。注「いる」ニ、「(月が)入る」ト「(弓を)射る」トヲ掛ケル。

ゆみ-や【弓矢】〔名〕❶弓と矢。また、一般に武器。❷弓矢の道。武道。例「ただ今ここを渡さずは、長き——の傷なるべし」〈平家・四・橋合戦〉訳ただ今この川を渡らなかったら、末長く武道の名折れとなるであろう。

ゆみや-とり【弓矢取り】〔名〕弓矢の道に携わる者。武士。例「——は、年ごろ日ごろいかなる高名候へども、最後の時不覚しつれば、長き疵にて候ふなり」〈平家・九・木曾最期〉訳武士は、平生どれほどの武功がありましても、臨終にあたって失敗してしまうと、遠い将来まで悪い評判が残ります。

ゆみや-はちまん【弓矢八幡】■一〔名〕軍神である八幡大菩薩。■二〔副〕誓いをたてる時にいう語。誓って。神かけて。例「——、成敗いたす」〈狂言・入間川〉訳神かけて、断じて斬り捨ててやる。■三〔感〕失敗した時などに発する語。しまった。なむさん。例「——、この男を一杯くはせた」〈浮世・傾城禁短気・二・四〉訳やられた、この男(=自分ノコト)に一杯くわせたな。

ゆめ

【夢】〔名〕❶睡眠中に見る夢。例「思ひつつ寝ればや人の見えつらむ——と知りせば醒めざらましを」〈古今・恋二・五五二〉訳恋しく思いながら寝たのであの人が夢に現れたのだろうか。もし夢とわかっていたら、覚めないでいただろうになあ。注小野小町ノ作。❷(転じて)比喩的に、夢のようにはかない出来事。例「夏草や兵どもが——の跡」〈奥の細道・平泉〉訳この平泉の地一帯は、昔、源義経の一党や藤原氏の一族らが、あるいは功名を夢み、あるいは栄華に耽った跡である。だが、そういう功名・栄華もむなしく一場の夢と化して、今はただ夏草が無心に茂っているばかりである。

夢合ふ 夢が現実となる。夢に見たとおりになる。

夢の浮き橋 夢の中で通う道。また、はかなくおぼつかない夢そのもの。『源氏物語』に同名の巻がある。例「春の夜の——とだえして峰に別るる横雲の空」〈新古今・春上・三八〉訳春の夜の短くてはかない夢がふととぎれて、(まださめやらぬ目に映るのは)山の峰から横にたなびく雲が、今しも別れ行く曙の空であったよ。

夢の通（かよ）ひ路（ぢ）（カヨイジ）⇩ゆめぢ
夢の世（よ） 夢のようにはかないこの世。

ゆめ【勤・努】〔副〕(多く下に禁止・打消しの表現を伴って)**決して。絶対に。**つとめて。例「ここは気色ある所なめり。―寝（い）ぬな」〈更級・初瀬〉訳ここは怪しげな気配のある所のようだ。決して寝るな。

参考 上代では、文末に用いられる例も多い。例「葦北（あしきた）の野坂の浦ゆ船出して水島に行かむ波立つな―」〈万葉・三・二四六〉訳葦北の野坂の浦を船出して水島に行こうと思う。波が立つなよ絶対に。

ゆめ-うつつ【夢現】〔名〕夢と現実。例「君、思（おぼ）し回すに、―さまざま静かならず」〈源氏・明石〉訳光源氏が、お思いめぐらしになると、夢も現実もあれこれと穏やかでなく。

ゆめ-がたり【夢語り】〔名〕❶夢で見たことを、目が覚めてから人に話すこと。また、その話。例「この春のころほひ、―し給ひけるを」〈源氏・常夏〉訳この春の時分、夢で御覧になったことをお話しなさったのを。❷夢のようなはかない話。例「あさましかりし世の―をだにと」〈源氏・夢浮橋〉訳驚きあきれるようだった昔の夢のようなはかない話だけでも(したい)と。

ゆめ-ぢ【夢路】（ジ）〔名〕(恋人などの所へ)夢の中で通う道。また、夢に見ること。例「―にも露や置くらむ夜もすがら通へる袖（そで）のひちてかわかぬ」〈古今・恋二・五七四〉訳夢の中での道にも夜露が降りているのだろうか、夜どおし(夢の中であなたの許（もと）へ)通っていた私の袖がしっとりと濡（ぬ）れて乾かないことよ。

ゆめ-とき【夢解き】〔名〕夢の内容によって、その夢の意味するところや、将来の吉凶を判断すること。また、その人。「夢合はせ」「夢占（ゆめうら）」とも。例「帝（みかど）、后（きさき）の御かげに隠るべきさまをのみ、―も合はせしかども」〈更級・夫の死〉訳天皇や、后の庇護（ひご）を受ける身となるのだとばかり、夢解きも合わせたけれども。

ゆめ-に【夢に】〔副〕(下に打消しの表現を伴って)少しも。決して。夢にも。例「―乱れたる所おはしまさざめれば」〈源氏・少女〉訳(夕霧は)少しもふしだらな所がおありにならないように見えたので。

ゆめ-の-うきはし【夢の浮き橋】⇩「ゆめ(夢)」子項目

ゆめ-の-かよひぢ【夢の通ひ路】（カヨイジ）⇩「ゆめ(夢)」子項目

ゆめ-の-よ【夢の世】⇩「ゆめ(夢)」子項目

ゆめ-ゆめ【努努】〔副〕《副詞「ゆめ」を重ねて強めた語。多く下に禁止・打消しの表現を伴って》決して。絶対に。少しも。さらさら。例「平家の人々に別の意趣思ひ奉る事、―候はず」〈平家・二・大臣殿被斬〉訳平家の人々に特別の(憎悪の)感情を抱き申し上げる事は、さらさらありません。

ゆ-や【湯屋】〔名〕❶寺社に付属し、参籠（さんろう）などに際して、湯に入って身を清めるための建物。休息にも使用した。例「―に物など敷きたりければ、行きてふしぬ」〈蜻蛉・中・天禄元年〉訳湯屋に敷物などが敷いてあったので、そこへ行って体を横たえた。❷浴室のある建物。湯殿。❸江戸時代、料金を取って入浴させる浴場。銭湯。

ゆ-ゆ-し〔形シク〕《神聖の意の「斎（ゆ）」を重ねて形容詞化した形》

神聖の意の「斎（ゆ）」を重ねて形容詞化した語。**神聖で恐れ多い**、がもとの意。恐れ多い感じが強いと、**不吉である**、の意となり、良い意味では、**すばらしい、立派である**、となる。また、善悪両方の意味で**程度がはなはだしい**、の意を表す用法もある。

❶**神聖で恐れ多い。**はばかられる。例「言はまくも―・しきかも」〈万葉・三・四七五長歌〉訳口に出して言うのもはばかられることよ。

❷**不吉である。縁起が悪い。**例「―・しき身に侍（はべ）れば、かくておはしますも、いまいましう、かたじけなくなむ」〈源氏・桐壺〉訳(娘に先立たれ、喪（も）に服している)不吉な身でございますので、こうして(若宮が私と一緒に)いらっしゃるのも、縁起でもなく、恐れ多う(ございます)。

❸**はなはだしい。ひどい。**良い意味にも悪い意味にも使う。例「おのおの拝みて、―・しく信（しん）起こしたり」〈徒然草・二三六〉訳(丹波（たんば）の出雲（いずも）神社に参った一同は)それぞれ拝んで、ひどく信心をおこした。

❹**すばらしい。立派である。**例「南都（なんと）・北嶺（ほくれい）にも、―・しき学匠たち多くおはせられて候ふなれば」〈歎異抄〉訳奈良や比叡（ひえい）山にも、立派な(仏教)学者達がたくさんいらっしゃいますので。

ゆゆし-げ〔形動ナリ〕《「げ」は接尾語》❶不吉（ふきつ）そうな感じ。例「いと黒き衣（きぬ）の上に、―なる物を着て」〈更級・夫の死〉訳とても黒い喪服（もふく）の上に、不吉そうな着物を着て。注「ゆゆしげなる物」ハ具体的ニハ粗悪ナ白布デ作ッタ喪服ヲ指ス。

❷はなはだしく感じられる様子。良い意味にも悪い意味にも使う。例「都の人の―・なるは、ねぶりて、いとも見ず」〈徒然草・一三七〉訳都の人でいかにも身分の高そうなようすの人は、眠って、(祭の様子を)よくも見ない。

ゆら-く【揺らく】〔自カ四〕（か・き・く・く・け・け）玉や鈴が揺れて、触れあって鳴る。清らかな音を立てる。例「初春の初子（はつね）の今日（けふ）の玉箒（たまばはき）手に取るからに―・く玉の緒」〈万葉・二〇・四四九三〉訳新春の初めての子（ね）の日である今日の玉箒は、手に取るだけで玉の緒が清らかな音を立てることだ。注「玉箒」ハ、玉ヲ飾ッタ箒（ホウキ）デ、蚕（カイコ）ノ床ヲ掃クノニ用イル。正月初子ノ日ニハ、コレヲ宮中ニ飾ッタ。

ゆらり-と〔副〕軽快に体を動かす様子。ひらりと。例「足をそろへてしきみを―越ゆるを見ては、『これは勇める馬なり』とて、鞍（くら）を置きかへさせけり」〈徒然草・一八五〉訳(馬が)足をそろえて敷居をひらりと飛び越えるのを見て、「これは気が立っている馬である」と言って、(他の馬に)鞍を置き換えさせた。注馬乗リノ名手、安達泰盛（ヤスモリ）ノ話。

ゆり【後】〔名〕《上代語》のち。のちほど。例「灯火（ともしび）の光に見ゆるさ百合（ゆり）花―も逢（あ）はむと思ひ初（そ）めてき」〈万葉・一八・四〇八七〉訳灯火に浮かぶさ百合花のゆり、その名のように後々も(こうしてみんなで)会おうと思いはじめたことだ。注上三句ハ序詞。

ゆり〔格助〕《上代語》接続 体言や体言に準ずる語句に付く。

【起点】動作・作用の時間的・空間的な起点を示す。…から。…より。例「押し照るや難波(なには)の津ゆり船装(よそ)ひ我(あれ)は漕(こ)ぎぬと妹(いも)に告ぎこそ」〈万葉・二〇・四三六五〉訳難波の港から船出の準備をして私は(防人(さきもり)として)漕ぎ出したと、妻に伝えてください。

要点 類義語「ゆ」「よ」「より」があるが、平安時代以降は「より」だけが残って、他は用いられなくなった。

ゆ・る【許る】〔自ラ上二〕{り・り・る・るる・るれ・りよ} ❶許可される。認められる。例「禁色(きんじき)雑袍(ざつぱう)を――・り」〈平家・一・吾身栄花〉訳(平家一門が)禁じられた色の衣服や略式の直衣(なほし)姿(で宮中に出入りすること)を許され。❷(罪などを)許される。赦免される。例「そもそも頼朝、勅勘(ちよくかん)を――・りずしては、いかでか謀反(むほん)をば起こすべき」〈平家・五・福原院宣〉訳そもそも私、源頼朝は、天皇のおとがめを許されなくては、どうして(平家への)謀反を起こすことができよう。❸(優秀であると)認められる。評価される。例「藤原秀能(ひでよし)とて、年ごろもこの道に――・りたる好き者なれば」〈増鏡・おどろの下〉訳藤原秀能といって、長年歌道で認められている風流人なので。

ゆる【緩】〔形動ナリ〕❶ゆるやかな様子。例「琴の緒もいと――・に張りて」〈源氏・若菜・上〉訳琴の弦もとてもゆるく張って。❷寛大である様子。ゆったりしている。おっとりしている。例「――・になむおはします」〈大鏡・道長・下〉訳(ご性格が)おっとりとしていらっしゃる。

ゆるがし-いだ・す【揺るがし出だす】〔他サ四〕{さ・し・す・す・せ・せ}《(ゆすって外に出す意)》心を砕いて作り出す。苦心して作る。例「題出だして、女房にも歌詠ませ給ふ。みな気色(けしき)ばみ――・すに」〈枕草子・五月の御精進のほど〉訳歌の題を出して、女房にも歌を詠ませなさる。みな気取って苦心して作り出すのに。

ゆるが・す【揺るがす】〔他サ四〕{さ・し・す・す・せ・せ}《(「揺るぐ」の他動詞形)》ゆり動かす。ゆさぶる。体をゆすっていばる。例「きたなげなる車に、えせ牛かけて――・し行く者」〈枕草子・わびしげに見ゆるもの〉訳(みすぼらしく見えるものは)汚らしい車体に、貧相な牛をつけてのさばって行く者。

ゆるかせ【忽】〔形動ナリ〕《(近世以降「ゆるがせ」)》大切に扱わずいいかげんにする様子。おろそか。なおざり。例「いささかも――・に申す者なかりけり」〈源平盛衰記・一・五〉訳少しもおろそかに申し上げる者はなかった。

ゆるぎ-あり・く【揺るぎ歩く】〔自カ四〕{か・き・く・く・け・け} ❶体をゆすって歩き回る。得意げに悠然と歩き回る。例「あはれ、いみじう――・きつるものを」〈枕草子・上にさぶらふ御猫は〉訳ああ、(翁丸(おきなまろ)という犬は宮中を)とても得意げに体をゆすって歩き回っていたのに。❷元気なくよろよろと歩き回る。ふらふらとうろつく。例「来年の国々、手を折りてうち数へなどして、――・きたるも、いとほしうすさまじげなり」〈枕草子・すさまじきもの〉訳来年国司の交代のある国々を、指を折って数えたりして、のそのそうろついているのも、気の毒で興ざめに見える。注カライバリノ動作トシテ①デ解釈スル説モアル。

ゆる・ぐ【揺るぐ】〔自ガ四〕{が・ぎ・ぐ・ぐ・げ・げ} ❶ゆれ動く。ゆらぐ。例「天も響き、大地も――・ぐほどに、鬨(とき)をぞ三か度つくりける」〈平家・五・富士川〉訳(源氏勢は)天も響き、大地も揺れ動くほどに、ときの声を三度あげた。❷気持ちが動揺する。心が移る。例「その思ひ叶(かな)ひては、いとど――・ぐ方侍(はべ)らじ」〈源氏・若菜・上〉訳その思い(＝夕霧ノ雲居雁(クモイノカリ)ヘノ思イ)が叶ったうえは、ますます心が移る女性はないでしょう。❸ゆったりとした態度をとる。くつろぐ。例「兄殿(あにどの)は、いとあまりにうるはしく……――・ぎたるところのおはしまさざりしなり」〈大鏡・道長・下〉訳兄君は、あまりに几帳面(きちやうめん)で……ゆったりとした点がおありにならなかったのだ。

ゆるさ-れ【許され】〔名〕《(動詞「許す」の未然形に受身の助動詞「る」の付いた「許さる」の連用形の名詞化)》許されること。許可。また、罪を許されること。赦免(しやめん)。例「かねては、――あるまじきにより、もらし聞こえ給はで」〈源氏・真木柱〉訳前もって(言ったので)は、ご許可があるはずもないから、おもらし申し上げなさらずに。

ゆる・し【緩し】〔形ク〕ゆるやかである。ゆっくりである。勢いが弱い。例「氷解く風も――・く吹きて枝を鳴らさず」〈栄花・つぼみ花〉訳氷を解かす(初春の)風もゆるやかに吹いて(木々の)枝を鳴らすことなく。

ゆるし-いろ【許し色・聴し色】〔名〕誰でも自由に着ることが許されていた衣服の色。禁色(きんじき)以外の色で、普通は、紅や紫の淡い色を指す。

ゆるし-ぶみ【赦し文】〔名〕罪を許す旨を書いた文書。赦免状(しやめんじやう)。例「入道相国(にふだうしやうこく)の――取り出(い)だいて奉る」〈平家・三・足摺〉訳(書類入れの袋から)平清盛(たいらのきよもり)の赦免状を取り出して(俊寛に)差し上げる。

ゆる・す【許す・緩す】〔他サ四〕{さ・し・す・す・せ・せ} ❶(束縛や緊張などを)ゆるくする。ゆるめる。例「猫の綱――・しつれば」〈源氏・若菜・上〉訳(女三の宮が)猫の綱をゆるめてしまったので。❷解き放す。逃がす。例「夕狩りに千鳥踏み立て追ふごとに――・すことなく」〈万葉・一七・四〇一一長歌〉訳(この鷹(たか)は)夕方行う狩りに多くの鳥を追い立てて追うたびに逃がすことはなく。❸許可する。承諾する。例「上皇(しやうくわう)御感(ぎよかん)のあまりに内の昇殿を――・さる」〈平家・一・殿上闇討〉訳上皇(＝鳥羽院)は(忠盛の寺院建立の功労に)ご感心なさったあまりに清涼殿への昇殿を許可なさる。❹(罪科や義務を)免除する。免ずる。例「限りある貢物(みつぎもの)をも――・されき」〈平家・五・都遷〉訳定まっている(庶民の)税をも免除なさった。❺(優秀であると)認める。評価する。例「才(ざえ)ありといふ方は人に――・されたれど」〈源氏・東屋〉訳学識があるという点は人々に認められているけれど。

ゆる・ふ【緩ふ・弛ふ】ユルフ(ウ)〔自ハ四〕{は・ひ・ふ・ふ・へ・へ}《(中世以降「ゆるぶ」となる)》一 ❶ゆるくなる。ゆるむ。例「瑞垣(みづかき)の久しき時ゆ恋すれば我が帯――・ふ朝夕(あさよひ)ごとに」〈万葉・一三・三二六二〉訳長い間ずっと恋い焦がれているので、(やせて)私の帯はゆるくなる、朝に夕に。注「瑞垣の」ハ「久し」ノ枕詞。❷緊張がとける。気がゆるむ。例「心安き独り寝の床(とこ)にて――・ひにけりや」〈源氏・末摘花〉訳気楽な独り寝で気がゆるんでしまったよ。❸寛大になる。おっとりする。例「さるべきにて高き身となりても、豊かに――・へる方はおくれ」〈源氏・若菜・下〉訳（狭量な心を持った人は）しかるべき所で高い身分になっても、おおらかでおだやかな面では劣っており。

二〔他ハ下二〕{へ・へ・ふ・ふる・ふれ・へよ}❶ゆるくする。ゆるめる。例「梓弓(あづさゆみ)引きて――・へぬ大夫(ますらを)や恋とふものを忍びかねてむ」〈万葉・一二・二九八七〉訳梓弓を引きしぼってゆるめることのない（ほど強い力を持った）男が、恋というものを耐えきれないのだろうか。注「とふ」ハ「と言ふ」ノ変化シタ形。

❷緊張をゆるめる。気を許す。寛大にする。例「あまりむげにうち――・へ、見放ちたるも、心安くらうたきやうなれど」〈源氏・帚木〉訳あんまりむやみに気を許して、（夫を）放任するのも、気楽でかわいいようではあるが。

ゆる-らか【緩らか】〔形動ナリ〕《「らか」は接尾語》❶ゆるやかな様子。ゆっくり。のんびり。例「花誘ふ風――・に吹く夕暮れに」〈宇津保・国譲・下〉訳花を誘うように吹き散らす風がゆるやかに吹く夕暮れに。

❷ゆったりとした様子。たっぷり。例「髪のうちたたなはりて――・なるほど、長さ推し量られたるに」〈枕草子・七月ばかりいみじう暑ければ〉訳髪が重なってゆったりとしている具合から、長さも推測されたが。

ゆるる-か【緩るか】〔形動ナリ〕《「ゆるる」は「ゆるゆる」の変化した形。「か」は接尾語》⇩ゆるらか 例「髪――・に、いと長く、めやすき人なめり」〈源氏・若紫〉訳（若紫の乳母は）髪はゆったりとしていて、とても長く、感じのよい人のようである。

ゆゑ【故】〔名〕一❶根本的な**原因、理由**。例「――もなく我が下紐(したびも)の今解くる人にな知らせ直(ただ)に逢(あ)ふまでに」〈万葉・一一・二四一三〉訳わけもなく私の下紐が今解けました。このことを人に知らせないでください。直接お会いするまでに。注下紐ガ解ケタコトカラ、相手ガ思ッテクレテイルト直感シ、ソノ相手ニ詠ンデイル。

❷**おもむき**。**風情**(ふぜい)。味わい。例「はかなき小柴垣(こしばがき)も――あるさまにしなして」〈源氏・夕霧〉訳ちょっとした小柴垣（＝柴デ編ンダ背ノ低イ垣）でも風情のある様子に工夫して作って。

❸**由緒**(ゆいしょ)。すぐれた血筋。例「母こそ――あるべけれ」〈源氏・若紫〉訳母親はきっと由緒のある人なのであろう。

❹さわり。故障。事故。

二《形式名詞として》❶原因・理由を順接的に示す。…のため。例「六位の宿直(とのゐ)姿のをかしきも、紫の――なり」〈枕草子・めでたきもの〉訳六位の（蔵人の）宿直姿が風情があるのも、（その色が）紫色であるためだ。

❷原因・理由を逆接的に示す。…なのに。例「朝(あした)去(い)にて夕へは来ます君――にゆゆしくも我(あ)は嘆きつるかも」〈万葉・一二・二八九三〉訳朝帰って夕方いらっしゃるあなたですのに、不吉にも私はため息をついてしまったことです。

> **要点**「ゆゑ」と「よし」 平安女流文学では、「**ゆゑ」が一流の風情・由緒などを表す**のに対し、類義語「**よし」は一流とまではいかないが、かなりすぐれている場合を表す**という区別がある。二の用法は、体言またはそれに類するものをうける。

ゆゑ-だ・つ【故立つ】〔自タ四〕{た・ち・つ・つ・て・て}《「だつ」は接尾語》わけありげに振る舞う。**もったいぶる**。気どる。例「劣らず思ひて、――・ち遊びありくに」〈枕草子・故殿の御服のころ〉訳（競争相手に）負けまいと思って、（風流人を）気どって（用もないのに）あちこち出入りするので。

ゆゑ-づ・く【故付く】《「づく」は接尾語》一〔自カ四〕{か・き・く・く・け・け}由緒ありげである。品格が身についている。例「つややかなる狩衣(かりぎぬ)に濃き指貫(さしぬき)、いと――・きたるさまにて」〈徒然草・四四〉訳艶(つや)のある狩衣に濃い紫色の指貫（＝袴(ハカマ)）といった、大層由緒ありげな様子で。

二〔他カ下二〕{け・け・く・くる・くれ・けよ}趣を添える。品格をそなえる。例「手をいま少し――・けたらば」〈源氏・蛍〉訳筆跡にもう少し趣を添えたら（良いのだが）。

ゆゑ-な・し【故無し】《連語》❶理由がない。例「――・くて、あながちにかくし置き給へる御心をおぼすに」〈源氏・若菜・下〉訳（秋好中宮(あきこのむちゅうぐう)は）理由がないのに、しいてこのように（自分を）中宮にお立てになった（光源氏の）お心をお考えになると。

❷風情がない。例「少納言、――・からず御返りなど聞こえたり」〈源氏・若紫〉訳（乳母の）少納言が、（代りに）風情が感じられないふうでなく光源氏にご返事などを申し上げた。

❸縁故がない。

ゆゑ・ぶ【故ぶ】〔自バ上二〕{び・び・ぶ・ぶる・ぶれ・びよ}《「ぶ」は接尾語》由緒あるように見える。趣がある。例「岩の絶え間より落ち来る水の音さへ――・び」〈平家・灌頂・大原御幸〉訳（古びた）岩の間から落ちて来る水の音までが由緒あるように見え。

ゆゑ-ゆゑ・し【故故し】〔形シク〕故(ゆゑ)があると感じられる様子。たしなみ深い。趣深い。格調がある。例「――・しき方は、人にまさり給へるを」〈源氏・若菜・上〉訳たしなみ深い（風流な）方面は、人よりも勝っていらっしゃるのに。

ゆゑ-よし【故由】〔名〕❶由来。因縁。いわれ。わけ。例「処女墓(をとめづか)中に造り置き壮士墓(をとこづか)こなたかなたに造り置ける――聞きて」〈万葉・九・一八〇九長歌〉訳処女塚をまん中に造り、壮士塚をそのむこうとこちらに造ってあるその由来を聞いて。

❷風情(ふぜい)のある様子。また、情趣を解する心。例「――をももてなし給へりしか」〈源氏・幻〉訳（紫の上は）情趣をわきまえて振る舞っておられたことだ。

ゆん-ぜい【弓勢】〔名〕《「ゆみぜい」の変化した形》弓を引く力。弓を射る強さ。

ゆん-だけ【弓丈】〔名〕《「ゆみたけ」の撥音(はつおん)便。「ゆだけ」とも》弓一張りの長さ。親指と人さし指とを開いた間を五寸（約一五センチ）とし、その測り方で七尺五寸（約二・二七メートル）あるのがふつう。

ゆん-づゑ【弓杖】〔名〕《「ゆみづゑ」の変化した形。「ゆづゑ」とも》（戦いに疲れて）弓を杖の代わりにつくこと。また、その弓。例「城をにらみ、――にすがって高らかにのたまひけるは」〈太平記・一七・五〉訳城をにらんで、杖代わりの弓につかまって大声でおっしゃったことには。

ゆん-で【弓手】〔名〕《「ゆみて」の変化した形》対めて
❶弓を持つ方の手。左の手。
❷左の方。左側。例「谷をば――に見なし、馬手(めて)へ歩ませゆくほどに」〈平家・九・一二之懸〉訳谷を左側に見て、（熊谷直実(なほざね)らは馬を）右の方に歩かせていくと。

よ

よ【世・代】〔名〕❶《仏教語》前世・現世・来世の三世(ぜ)(さん)のそれぞれ。例「前(さき)の━にも、御契(ちぎ)りや深かりけむ」〈源氏・桐壺〉訳(桐壺帝と桐壺更衣(きりつぼのこうい)とは)前世でも、ご因縁が深かったのだろうか。❷一人の統治者(=天皇・将軍ナド)が国を治める期間。御世(みよ)。時代。❸**世間。世の中。俗世。**また、世間の風潮。時流。あるいは、世間の人々の目や思惑(おもわく)。例「などて、少しも━に従ふ心を使ひけむ」〈源氏・関屋〉訳どうして、たとえ少しでも世間の風潮に媚(こ)びる気持ちを起こしたのだろう。❹人の一生。身の上。運命。また、人の置かれている境遇や状態。例「立ちしなふ君が姿を忘れずは━の限りにや恋ひ渡りなむ」〈万葉・二〇・四四四一〉訳あなたのしなやかで美しいお姿を忘れずに、命のある限り私は一生(あなたを)恋い続けることでしょうか。❺**男女の仲。夫婦の間柄。**「世の中」とも。⇩世を知る ❻世帯。生活。また、それを維持する家業。

> 要点 「よ(節)」と同源で、もとの意味は、ある区切られた間。「━に」「━の」の形で、比類のないこと、きわだったことを強調する例が多く見られる。

世に似(に)**・ず** めったにない。例「かぐや姫、かたちの━・ずめでたきことを、帝(みかど)聞こしめして」〈竹取・帝の求婚〉訳かぐや姫が、その容貌(ようぼう)のこの上なく美しいことを、天皇はお聞きになって。

世に・経(ふ) この世で日を送る。この世に生きながらえる。また、男女の情を解するようになる。(出家の身でなく)俗人として世を過ごす。例「とにもかくにもつかで━・ふる人ありけり」〈蜻蛉・上・序〉訳どっちつかずの状態でこの世に生きている人があった。注『蜻蛉(かげろう)日記』ノ冒頭部。「人」トハ作者、藤原道綱母自身ヲ三人称デ表シテイル。物語ノ形式ニナラッタ書キ方。

世の覚(おぼ)**え** 世間の評判。人々からの信望。「世の聞こえ」とも。例「━あなづらはしうなりそめにたるをば、そしりやはする」〈枕草子・鳥は〉訳世間の評判も低くなり始めた人を、ことさら悪く言ったりしようか(いや、しないはずだ)。

世の重(おも)**し** 世を治める人。国家の重鎮。「世の固(かた)め」とも。例「━ともの し給へる大臣(おとど)の」〈源氏・賢木〉訳国家の重鎮でいらっしゃった左大臣が(このように政界を引退なさったので)。

世の固(かた)**め** ⇩世の重(おも)し 例「男の公(おほやけ)に仕うまつり、はかばかしき━となるべきも」〈源氏・帚木〉訳男で朝廷にお仕えし、しっかとした国家の重鎮となるはずの人の場合も。

世の聞(き)**こえ** ⇩世の覚(おぼ)え

世の例(ためし) ❶世間で前例とされること。後世の人々の世間話のたね。例「━にもなりぬべき御もてなしなり」〈源氏・桐壺〉訳後世の人達の話の種にもきっとなるに違いないほどの(桐壺更衣(きりつぼのこうい)に対する帝の)ご寵愛(ちょうあい)ぶりである。

世の常(つね) ❶世間並み。普通。例「衣食━なる上に僻事(ひがごと)せん人をぞまことの盗人とは言ふべき」〈徒然草・一四二〉訳衣食が世間並みである上で悪事をしようとする人を本当の盗人というべきだ。❷世のならわし。世間のしきたり。❷(「…とは(も)━なり」の形で)…というのでは言い足りない。…と言っただけでは不十分だ。例「あさましういみじとも━なり」〈栄花・月の宴〉訳(村上天皇の崩御は)あきれ果てるほど悲しいと言っただけではとても十分とはいえない。

世を倦(う)**・む** 世の中をいやだと思う。和歌で、「海」に掛けて用いられる。例「難波津(なにはづ)をけさこそみつの浦ごとにこれやこの━・み渡る舟」〈伊勢・六六〉訳難波津(=大阪湾ノ港)を今朝見たが、この三津の浦ごとにある舟、これはこの世をつらいと思って過ごす、海を渡る舟なのであろうか。注「みつ」ハ「見つ」ト「三津」ヲ掛ケル

世を捨(す)**・つ** 俗世間を離れて隠遁(いんとん)したり、出家(しゅっけ)したりする。「世を背く」「世をのがる」「世を離る」とも。例「━・てたる人の、万(よろづ)にするすみなるが」〈徒然草・一四二〉訳出家遁世(しゅっけとんせい)した人で、まったく財産も係累(けいるい)もなく無一物である人が。

世を背(そむ)**・く** ⇩世を捨(す)つ 例「━・ける草の庵(いほり)には」〈徒然草・一三七〉訳俗世を離れて隠遁(いんとん)生活をしている草葺(ぶ)きの粗末な小屋においては。

世を遁(のが)**・る** ⇩世を捨(す)つ 例「━・れて山林に交はるは、心を修めて道を行はんとなり」〈方丈記・みづから心に問ふ〉訳出家遁世(しゅっけとんせい)して(奥深い山に庵(いお)りを結んで)山林に隠れ住むのは、心を修養して仏道の修行(しゅぎょう)をしようとするためである。

世を貪(むさぼ)**・る** 俗世の名誉や利益に心を奪われる。例「おのづから、━・るに似たることも、たよりにふればなどかなからん」〈徒然草・五八〉訳長い間には、俗世の名利に心を奪われるようなことも、場合によってはどうしてないことがあろうか(きっとあるものだ)。

よ

よ【夜】〔名〕夜(よる)。例「白梅に明くる━ばかりとなりにけり」〈蕪村〉訳(暗い冬の夜も終わり)清らかな白梅が闇(やみ)にも鮮やかに咲き初(そ)めて、馥郁(ふくいく)たる香りを漂わせ始めた。これからは、夜の闇も、この清らかな白梅とともに明けわたる、美しい早春の日々となったのである。注天明三年(一七八三)十二月二十五日未明、蕪村臨終ノ作。

夜を籠(こ)**めて** まだ夜が明けないうちに。まだ暗いうちに。例「━鳥の空音(そらね)は謀(はか)るとも世に逢坂(あふさか)の関は許さじ」〈枕草子・頭の弁の、職に〉訳(函谷関(かんこくかん)では)まだ夜が明けないうちに、鶏の鳴き声をまねして番人をだますことができましたが、この逢坂の関は決して(通過を)許しませんよ(そう簡単にあなたと逢(あ)うことはできませんよ)。注『百人一首』所収、清少納言ノ作。『史記』ノ孟嘗君(モウショウクン)ノ話ヲフマエテイル。

よ【節】〔名〕竹などの節(ふし)と節との間の部分。和歌などで、よく「世」「夜」などと掛けて用いられる。のちに転じて、節を指すこともある。例「竹取るに、節を隔てて━ごとに金(こがね)ある竹を見つくること重なりぬ」〈竹取・かぐや姫の生ひ立ち〉訳(竹取の翁(おきな)が)竹を取ると、節と節との間ごとに黄金の入っている竹を見つけることがたび重なった。

よ【予・余】〔代名〕《人称代名詞。自称》男性が用いる。わたくし。自分。例「—は口をとぢて眠らんとして寝(い)ねられず」〈奥の細道・松島〉訳私は句を作るのをやめて眠ろうとしたが寝ることができない。

よの判別

①格助詞「よ」《上代語》 —体言・体言に準ずる語に付く

例 天地の遠き初めよ —起点❶
例 ほととぎすこよ鳴き渡れ —通過点❷
例 水をたまへな妹が直手よ —手段・方法❸
例 よそに見しよは今こそまされ —基準❹

②間投助詞「よ」

例 人の言ふらむことをまねぶらむよ —詠嘆❶
例 見ならひ給ふなよ —呼びかけ(命令・禁止の強調)❷ⓐ
例 少納言よ、香炉峰の雪、いかならむ —呼びかけ❷ⓑ
例 我こそ山だちよ —呼びかけ(強く告知する)❷ⓒ

よ〔格助〕《上代語》接続 体言や体言に準ずる語句に付く。

❶【起点】動作・作用の時間的・空間的な起点を示す。…から。…より。例「天地(あめつち)の遠き初めよ世の中は常なきものと語り継ぎ長らへ来たれ」〈万葉・一九・四一六〇長歌〉訳天と地の遠い始めの時代から、世の中というものは無常なものだと語り継ぎ長い間言い伝えてきており。

❷【通過点】動作の行われる場所や通過する場所を示す。…を通って。…から。例「ほととぎすこよ鳴き渡れともし火を月夜(つくよ)に準(なそ)へその影も見む」〈万葉・一八・四〇五四〉訳ホトトギスよ、ここを通って鳴きながら飛んでおくれ、ともし火を月に見立ててその姿でも見よう。

❸【手段・方法】動作の手段・方法を示す。…で。…によって。例「鈴が音(ね)の早馬駅家(はゆまうまや)の堤井(つつみゐ)の水をたまへな妹(いも)が直手(ただて)よ」〈万葉・一四・三四三九〉訳馬につけた鈴の音が聞こえる早馬の駅舎のところにあるせきとめた泉の水をいただきたいものです、あなたの手で直接に。

❹【基準】比較する基準を示す。…よりも。例「上野(かみつけ)伊奈良(いなら)の沼の大藺草(おほゐぐさ)よそに見しよは今こそまされ」〈万葉・一四・三四一七〉訳上野の伊奈良の沼にはえている大藺草のように、離れて見たよりは(こうしてお逢ぁいした)今こそ恋しさが増しましたよ。

要点 類義の語に「より」「ゆ」「ゆり」があるが、平安時代以降は「より」に統一されて他は用いられなくなった。「よ」「ゆ」は、上代でも歌にだけ用いられた。

よ〔間投助〕接続 文中・文末の種々の語に付く。

❶【詠嘆】《感動・詠嘆の意を表す》…なあ。…よ。例「人の言ふらむことをまねぶらむよ」〈枕草子・鳥は〉訳(オウムは)人の言うことをまねするとかいうことだよ。例「『人には木の端(はし)のやうに思はるるよ』と清少納言が書けるも」〈徒然草・一〉訳「(法師は)人からは棒っきれのように思われることよ」と清少納言が書いているのも。

❷【呼びかけ】《相手に強くもちかける意を表す》ⓐ(命令や禁止の語に付いて)命令や禁止の意を強める。…よ。…だぞ。例「今、秋風吹かむ折(をり)ぞ来(こ)むとする。待てよ」〈枕草子・虫は〉訳今に、秋風が吹くようになった時に必ず来よう。待っていなさいよ。例「あひ思(おぼ)せよ。いと心憂(う)くつらき人の御さま、見ならひ給ふなよ」〈源氏・総角〉訳(あなたのことを思っているこの私にも)思いをおかけ下さいよ。とてもいとわしく薄情な人のご様子など、見ならいなさるなよ。

ⓑ(相手や対象を示す語に付いて)呼びかける意を表す。…よ。…や。例「少納言よ、香炉峰(かうろほう)の雪、いかならむ」〈枕草子・雪のいと高う降りたるを〉訳少納言よ、香炉峰の雪は、どんなでしょう。

ⓒ相手に強く告げ知らせる意を表す。…だよ。…だぞ。例「『我こそ山だちよ』と言ひて」〈徒然草・八七〉訳「このおれが山賊だぞ」と言って。

参考 (1)文末に用いられる「よ」を終助詞とする考え方もあるが、文中の「よ」と意味が違わないから、間投助詞の文末用法と考えていい。(2)②ⓐの、命令形に付く「よ」では、「…よ」と混同しないようにする必要がある。一段活用・二段活用やサ変動詞では「よ」までが命令形で、この場合の「よ」は間投助詞ではない。ただ、命令形語尾の「よ」も、もともとは間投助詞の「よ」と同じもので、前者が必ず「よ」を付ける命令形であり、後者はそうでなかったという違いにすぎない。なお、カ変動詞「来(く)」の命令形は、平安時代までは「来(こ)」という形が普通で、「来(こ)よ」の形が一般化したのは中世になってからである。

よい【宵】〔名〕⇩よひ

よ-いち【世一】〔名〕世の中で一番すぐれていること。天下一。例「いけずきといふ—の馬には乗ったりけり」〈平家・九・宇治川先陣〉訳いけずきという天下一の名馬に乗っていた(ので)。

よう【用】〔名〕❶必要。入用。費用。例「何か。ことごとしき—にも侍(はべ)らず」〈源氏・宿木〉訳どうして(急ぐことがありましょうか)。たいしたことに使うのではございません。❷用事。用途。例「—ありて行きたりとも、そのこと果てなばとく帰るべし」〈徒然草・一七〇〉訳用事があって(人の家へ)行った時でも、その用事が終わったらすぐに帰るのがよい。❸(形式名詞として)…のため。例「何の—に、心もなう、遠からぬ門(かど)を高くたたくらむ」〈枕草子・里にまかでたるに〉訳何のために、考えもなく、(建物から)遠くもない門を大げさにたたいているのだろう。❹《連歌論や文法の用語》(「体(たい)」(=事物ノ本体)に対して)事物の作用。はたらき。「ゆう」とも。

よう【様】〔名・接尾〕⇩やう

よう【良う】〔副〕《「よく」のウ音便》⇩よく 例「この女、いと—化粧(けさう)じて」〈伊勢・二三〉訳この女は、たいそう念入りにお化粧をして。

よう…【要…・遥…】⇩えう…

よう…【陽…・養…・揚…】⇩やう…

よう-い【用意】〔名・自サ変〕❶気を配ること。注意すること。心づかい。配慮。「用心」とも。例「代々の国の司(かっき)など、――殊(こと)にして、さる心ばへ見すなれど」〈源氏・若紫〉訳代々の国司(=国ノ長官)などが、特別な心遣いをして、そういう気持ち(=明石ノ入道ノ娘ノ婿ニナリタイ気持チ)を見せるようだが。
❷前もって準備をすること。したく。例「さる――・したりければ、鵜飼(かう)ひ、数を尽くしてひと川浮きてさわぐ」〈蜻蛉・中・天禄二年〉訳そういう準備をしていたので、(宇治川の)鵜飼いが、あるだけ全部川いっぱいに浮かんでたいへんにぎやかである。

よう-がん【容顔】〔名〕顔つき。顔かたち。例「巴(ともゑ)は、色白く髪長く、――まことにすぐれたり」〈平家・九・木曽最期〉訳巴御前(ともゑごぜん)は、色が白く髪が長くて、容貌(ようぼう)が特にすぐれていた。

よう-ぎ【容儀】〔名〕礼儀にかなった正しい姿。身のこなし。容姿。例「極楽世界に行きて、阿弥陀仏(あみだぶつ)の――を見奉りて」〈今昔・六・一六〉訳極楽へ行って、阿弥陀仏の端正な姿を拝見して。

よう-さ-つ-かた【夜さつ方】〔名〕(「ようさりつかた」の促音便「ようさっつかた」の促音「っ」を表記しない形)夜になった頃。宵(よひ)。例「今日(けふ)の――、京へのぼるついでに見れば」〈土佐・二月十六日〉訳今日の宵頃に、京都へ上る時に(その道筋の様子を)見ると。

ようじょう【横笛】〔名〕⇒やうでう

よう-じん【用心】〔名・自サ変〕心を用いること。気を配ること。注意すること。特に、仏道の修行に志す者が注意すべきこと。

よう・す【用す】〔他サ変〕(せ・し・す・する・すれ・せよ)用いる。使う。役立てる。例「牛・車を――・する人なし」〈方丈記・都遷り〉訳牛や牛車を使う人はいない。

よう-せ-ず-は【能うせずは】ワ:〔連語〕(「よくせずは」の変化した形)よくしないと。悪くすると。もしかすると。例「坊にも、――この皇子(みこ)の居給ふべきなめりと、一の皇子の女御(にょうご)は思し疑へり」〈源氏・桐壺〉訳東宮にも、悪くすると(桐壺更衣(きりつぼのかうい)に生まれた)この皇子(=光源氏)が(将来)おなりになるようだと、第一皇子の(母である)女御は疑っておられる。

よう-どう【用途・用度】〔名〕(「ようど」「ようどう」「ようと」とも)必要な費用。例「車の力を報ふほかには、さらに他の――いらず」〈方丈記・方丈〉訳(引っ越しの荷物を運んでくれる)車力(しゃりき)に礼をするほかには、まったく他の費用はいらない。

ようやく【漸く】〔副〕⇒やうやく

ようよう【漸う】〔副〕⇒やうやう

よ-おぼえ【世覚え】〔名〕世の中の評判。人望。

よか〔接尾〕(擬態語などに付いて)性質・状態を表すナリ活用形容動詞語幹を作る。「すく――」「なよ――」「ふく――」など。

よ-がたり【世語り】〔名〕世間の語りぐさ。世間話。例「――に人や伝へむ類(たぐひ)なくうき身をさめぬ夢になしても」〈源氏・若紫〉訳(私のことを)世間話の種として、人は後世に語り伝えることだろうか。比べようもなくつらくはかない私の身を永遠に覚めない夢(=死ヌコト)にしてしまっても。

横川(よかは)ヨカワ【地名】京都府と滋賀県との境界にそびえる比叡山連峰の北端の地。比叡山延暦寺の根本中堂から北へ約三キロ(メートル)の所にあり、慈覚大師円仁(えんにん)はここに横川中堂といわれる首楞厳院(しゅりょうごんいん)や根本如法塔を建立した。如法塔(北塔)は、東塔・西塔とともに比叡山三塔と称された。その後、浄土宗を伝えた源信(=恵信(エシン)僧都)もここに住んだが、彼は『源氏物語』の宇治十帖に出てくる「横川の僧都」のモデルとされている。

横川中堂

よ-がれ【夜離れ】〔名〕男性が女性のもとに夜通って行かなくなること。夜の通いが絶えること。男女の仲が離れること。例「その頃は――なくかたらひ給ふ」〈源氏・明石〉訳その頃は(光源氏は)毎夜通いが絶えることがなく(明石の入道の娘と)契り合っておられる。

よ-きょう【余興】〔名〕あり余るほどの感興。尽きないおもしろさ。例「もし――あれば、しばしば松の響きに秋風楽(しうふうらく)を類(たぐ)へ」〈方丈記・境涯〉訳もし興が尽きない時は、しばしば松を吹く風の音に合わせて秋風楽(=雅楽ノ曲名)を演奏し。

よぎ・る【過ぎる】〔自ラ四〕(ら・り・る・る・れ・れ)(古くは「よきる」)通り過ぎる。通過する。例「――・りおはしましける由、ただ今なむ人申すに」〈源氏・若紫〉訳(光源氏が)お通り過ぎになられたとのことを、たった今人が申すので。

よ・く【避く】━〔他カ上二〕(き・き・く・くる・くれ・きよ)避ける。よける。例「吹く風に誂(あつら)へつくるものならばこの一本(ひともと)は――・きよと言はまし」〈古今・春下・九九〉訳吹く風に注文をつけられるのなら、桜が美しく咲くこの木一本だけは避けよと言うところだが。
━〔他カ四〕(か・き・く・く・け・け)━に同じ。例「秋風に誘はれ渡るかりがねはもの思ふ人の宿を――・かなむ」〈後撰・秋下〉訳秋風に誘われて渡ってくる雁(かり)の物悲しい鳴き声は、物思いに沈む人の家をよけてほしい。

> 参考 上二段活用が普通。平安時代以降四段活用が見られる。中世以降には「よぐ」の形も現れる。

よく【良く・善く・能く】〔副〕❶十分に。念入りに。例「――見て参るべきよしのたまはせつるになむ、参りつる」〈竹取・帝の求婚〉訳(かぐや姫の容貌(ようばう)を)念入りに見て参れと(帝が)おおせられましたので、参上いたしました。
❷はなはだしく。ひどく。例「――引くなりと思ふほどに」〈宇治拾遺・四・三〉訳(蛇が)ひどく引っぱるものだと思ううちに。注相撲(スモ)取リガ蛇ニ足ヲ取ラレ川ノ中ニ引キ入レラレソウニナッテイルトコロ。
❸じょうずに。うまく。例「――さるまじき人をも見つくるなりけり」〈源氏・若紫〉訳(好色な連中は忍び歩き回ることばかりして)うまくそうはできそうもない女(=見ツケラレソウモナイ女)をも見つけるものだったのだ。
❹(漢文訓読から生じた用法)可能を表す。あえて(…できる)。例「女の髪筋(かみすぢ)をよれる綱には、大象(だいざう)も――つながれ」〈徒然草・九〉訳女の髪の毛をよって作った綱に

は、大きな象もしっかりとつながれることができ。注 情欲ノ象徴デアル「女の髪」ニハ、獰猛(ドウモウ)ナ大象モツナガレル。ツマリ、情欲ハオサエガタイモノダ、トイウ。

❺たびたび。しばしば。例「てめえ、――すてきといふぜ」〈浮世床・三・上〉訳 おまえは、しばしばすてきだというよ。

よく・す【能くす・善くす】〔他サ変〕{せ・し・す・する・すれ・せよ} ❶手落ちのないように行う。十分にする。例「周防(はす)にある磐国山(いはくにやま)を越えむ日は手向(たむ)け――・せよ荒(あら)しその道」〈万葉・四・五六七〉訳 周防(すおう)の国(＝山口県東南部)にある磐国山(＝岩国市カラ西南ノ玖珂(ガク)町ニ至ル間ノ山カ)を越えようという日は、神仏への供え物を十分にしなさい。けわしいあの道だ。

❷巧みに行う。上手にする。例「我が命の長く欲(ほ)しけく偽りを――・する人を捕らふばかりを」〈万葉・一三・二九四三〉訳 私の命が長くあってほしい。嘘(そう)を巧みにつく人をつかまえられるくらいに。

よく-よく【良く良く・能く能く】 ■一〔副〕十分に念を入れて。また、はなはだしく。例「落馬の相ある人なり。――慎み給へ」〈徒然草・一四五〉訳 落馬の相がある人です。十分に慎重になさい。

■二〔形動ナリ〕思い余ってする様子。よほどのこと。例「こなたも――・に思し召せばこそ、女に向かふて御手を合はさせらるるに」〈狂言・花子〉訳 あなたもよほどのことにお思いになるからこそ、女の私に向かってお手を合わせてお頼みになるのに。

よ-げ【良げ・善げ】〔形動ナリ〕《形容詞「よし」の語幹＋接尾語「げ」》よい様子。よさそう。例「あこぎと言ひしが気色(けしき)、いと――・なり」〈落窪・三〉訳 あこぎ(＝人名)といった(女)のようすが、たいそうよさそうだ。

よ-けい【余慶】〔名〕《「よきゃう」とも》善行の報いとして受ける吉事(きちじ)。先祖の善行の報いとして、子孫が受ける幸福。対 よあう 例「積善(しゃくぜん)の家に――あり、積悪の門(かど)に余殃(よあう)とどまる」〈平家・二・小教訓〉訳 先祖が善行を重ねた家にはその子孫に幸福がもたらされ、先祖が悪行を重ねた家にはその子孫に不幸がつきまとう。注『易経』カラ出タ言葉。

よこ【横】〔名〕❶(縦に対する)横。(垂直に対する)水平。(前後に対する)左右。

❷故意に曲げること。道理にはずれたこと。無理非道。例「年中、偽(そう)と――と欲とを元手にして世を渡り」〈西鶴・好色一代女・三・三〉訳 一年中、うそと無理非道と欲深さに基づいて生活をして。

> 要点 ②の意味では、ふつう「よこしま」「よこさま」を用い、「よこ」の用例は少ない。

よこ-がみ【横上】〔名〕縦長の旗の上端に入れる横木。

よこ-がみ【横紙】〔名〕漉(す)き目を横にした紙。また、漉き目を横にして紙を用いること。

横紙を破(や)・る 《「横紙を破(ぶや)る」「横紙を裂(さ)く」とも》無理を通す。横車を押す。紙を、漉(す)き目に沿って縦に裂くのでなく、横に破るのはむずかしいのに、それをあえてすることにたとえていう。例「入道相国(しゃうこく)のさしも――・られつるも」〈平家・三・医師問答〉訳 入道相国(＝平清盛)があれほど無理を押し通されたのも。

よこ-ぐも【横雲】〔名〕《多く和歌用語》横にたなびく雲。ふつう、明け方、東の空にあるものをいう。例「春の夜の夢の浮き橋とだえして峰に別るる――の空」〈新古今・春上・三八〉訳 春の夜の短くてはかない夢がふととぎれて、(目を覚まして見ると)山の峰から横にたなびいている雲が今しも別れ行く、曙(あけぼの)の空であったよ。注『新古今集』ノ夢幻的ナ歌風ヲ代表スル歌デ、夢ト現実ガ交錯シテイル。

よ-ごころ【世心】〔名〕異性を慕う心。男女の情を解する心。例「昔、――つける女、いかで心なさけあらむ男にあひ得てしがなと思へど」〈伊勢・六三〉訳 昔、異性を思う(＝好色ナ)心を持った女が、何とかして情愛のあるような男といっしょになりたいと思ったけれど。

よこ-さ【横さ】〔名〕《「さ」は方向を表す接尾語》⇩よこさま

よこ-ざ【横座】〔名〕《そこには敷物が横に敷いてあることから》正面の座。上座(かみざ)。正座(しょうざ)。

よこ-さま【横様】〔名・形動ナリ〕《古くは「よこしま」、後に「よこざま」とも》❶横の方向。横向き。例「雨の脚(あし)――・に騒がしう吹きたるに」〈枕草子・八九月ばかりに〉訳 雨脚(あまあし)が横向きに騒がしく吹いているので。

❷道理に反すること。正常でないこと。非道。例「――・にいみじき目を見、ただよひしも」〈源氏・若菜・上〉訳 (光源氏が)道理に合わない(無実の罪で)ひどい目に遭い、(須磨明石に)さすらったのも。

よこさま-の-しに【横様の死に】《連語》《漢語「横死」の訓読》普通の死に方でない死。非業(ひごう)の死。例「これ――をすべき者にこそあめれ」〈源氏・手習〉訳 この人は非業の死を遂げるはずの人であるようだ。

よこ-しま【横しま・邪】〔名・形動ナリ〕《「よこさま」とも》❶横の方向になっていること。横向き。水平。

❷正しくないこと。ねじけていること。邪悪。非道。例「鬼神は――なし。とがむべからず」〈徒然草・二〇七〉訳 鬼神(＝天地ノ神)は邪念を持っていない。(だから皇居を建てることを)とがめだてをするはずがない。

よこ-たは・る【横たはる】(ワル) ■一〔自ラ四〕{ら・り・る・る・れ・れ}《「よこたふ」の自動詞形。中世には「よこだはる」とも》横に伏す。横になる。例「いたう気色(けしき)ばみ――・れる松の」〈源氏・藤裏葉〉訳 たいそう見事に風情ありげに横に枝を伸ばしている松で。

■二〔自ラ下二〕{れ・れ・る・るる・るれ・れよ} ■一に同じ。例「むとくなるもの……大きなる木の、風に吹き倒されて、根をささげ――・れ伏せる」〈枕草子・むとくなるもの〉訳 不格好なもの……大きな木が、風に吹き倒されて、根を上に向け横になってころがっているの。

よこ-た・ふ【横たふ】(タ)(ト)ウ ■一〔他ハ下二〕{へ・へ・ふ・ふる・ふれ・へよ}《中世には「よこだふ」とも》横にする。横に帯びる。例「――・へ差されたりける刀をば」〈平家・一・殿上闇討〉訳 (忠盛(ただもり)が)横にしてお差しになっていた刀を。

■二〔自ハ四〕{は・ひ・ふ・ふ・へ・へ} 横になる。横たわる。例「荒海や佐渡に――・ふ天の川」〈奥の細道・越後路〉訳 目の前に広がる日本海の荒海。そのかなたに見える佐渡が島へかけて、澄んだ夜空に天の川が大きく横たわっている。

> 参考 ■二は用例も少なく、終止形と連体形だけ、つまり、「よこたふ」の形だけである。他動詞「よこたふ」、自動詞「よこたはる」という対応を重視して、■二を他

動詞と解釈する考え方もある。しかし、「荒海や」の句の「よこたふ」を他動詞とみると、何が何を横たえるのか、すっきりした解釈ができない。
　ところで、二段活用の動詞は、中世以降、一段活用化する。たとえば、下二段「伝ふ」は下一段「伝エル」となる。こうなった時期に、日常使っている「伝エル」を文語に改めるには、「エル」の部分を「ふ」に変えればいい。一方、「伝エル」に対応する自動詞には「伝ワル」があるが、これは文語でも同様に「伝はる」である。しかし、「伝ワル」は日常使っている語で、いかにも口語的なので、これを文語に改めようと、誤って「ワル」の部分を「ふ」に変えて、「伝ふ」という自動詞を作ってしまう。『奥の細道』の「室の八島」に出てくる「世に伝ふ事も侍(はべ)りし」の「伝ふ」はこうしてできた自動詞である。「松島」の「昼の眺め改む」の「改む」も口語「改マル」から作られた自動詞である。「荒海や」の句の「横たふ」は「横タワル」という口語から作られた自動詞であると考えると、解釈もすべてうまくいく。

よこ-で【横手】〔名〕(「――を打つ」「――を合はす」の形で)思わず両手を打ち合わせること。感心したり、思い当たったりした時の動作。

よ-ごと【吉事・慶事】〔名〕よいこと。めでたいこと。対 まがこと㊁ 例「新(あら)たしき年の初めの初春の今日降る雪のいやしけ――」〈万葉・二〇・四五一六〉訳 新年の初めの初春の今日降る雪のように、ますます重なってくれ、よい事が。

よ-ごと【寿詞・賀詞】〔名〕(「吉(よ)言(ごと)」の意)❶天皇の御代(みよ)が長く栄えるように祈りことほぐ言葉。❷祈願する言葉。祝詞(のりと)。

よこ-ぶえ【横笛】〔名〕管を横にして吹く笛の総称。特に、中国から伝来し、雅楽(ががく)などで用いられる笛をいう。歌口(=吹キ口)のほかに七つの穴がある。単に「ふえ」といえば、多くは「横笛」を指す。例「大輔(たいふ)――吹きて」〈源氏・須磨〉訳 惟光(これみつ)が横笛で伴奏して。

よこ-ほ-る【横ほる】(ホ(オ)ル)〔自ラ四〕{ら・り・る・る・れ・れ}(山などが)横になる。横たわる。例「東(ひむがし)の方に山の――・れるを見て」〈土佐・二月十一日〉訳 東の方向に山が横たわっているのを見て。

よ-ごも-る【世籠る】〔自ラ四〕{ら・り・る・る・れ・れ}❶世間に出ないで、閉じこもる。世間知らずである。例「いまだ――・りておはしける時」〈大鏡・陽成院〉訳 (陽成天皇の母、高子が)まだ世間に出ないでいらっしゃった頃。
❷年が若くてこれから先が長い。将来がある。例「少し――・りたるほどにて、深山(みやま)隠れには心苦しく見え給ふ人の御うへを」〈源氏・総角〉訳 まだ若く将来のある年齢で、このような山奥(=宇治)に隠れ住むにはお気の毒にお見えになる方(=中ノ君)のことを。

よ-ごろ【夜頃・夜来】〔名〕ここ数夜。このところ毎晩。例「木(こ)の下(もと)の花の下ぶし――へてわが衣手に月ぞなれぬる」〈金槐集・春〉訳 桜の木のもとで、花の下に寝る夜が重なったので、私の着物の(ぬれた)袖(そで)に月が宿っ(=映ッ)て月となじみになったことだ。

よ-ごゑ【夜声】エゴ〔名〕夜中に響く声。夜の高声。

与謝蕪村(よさぶそん)〔人名〕江戸中期の俳人・画家。一七一六年(享保元)～一七八三年(天明三)。摂津毛馬(けま)村(=大阪市都島区)の生まれ。江戸に出て絵画・俳諧(はいかい)などを学び、東国を放浪の後、京都に定住。池大雅(いけのたいが)と並んで文人画家としても有名だが、画家らしい絵画的・浪漫的な句を詠んで、蕉風(しょうふう)没落後の俳諧を復興した功績は大きい。句集に『あけ烏(がらす)』『其雪影(そのゆきかげ)』『新花摘(しんはなつみ)』など。

よ-さま【善様】〔形動ナリ〕(「よざま」とも)よい様子。よいふう。対 あしざま 例「人の御名を――・に言ひ直す人は難(かた)きものなり」〈源氏・夕霧〉訳 人のご評判をよいように弁護する人はめったにいないものだ。

よ-さむ【夜寒】〔名〕秋が深まって、夜の寒さを身に感じること。また、その寒さ。その頃の季節。(季・秋) 例「やうやう――になるほど、雁(かり)鳴きて来る頃」〈徒然草・一九〉訳 しだいに夜の寒さが身にしみるようになる頃、雁が鳴いて(北の国から)渡ってくる頃。

よ-さり【夜さり】〔名〕(「さり」は、動詞「さる」(=近ヅク・来ル)の連用形)夜になる頃。夜。また、今夜。

よさり-つ-かた【夜さりつ方】〔名〕(「つ」は今の「の」の意。「ようさりつかた」とも)夜になった頃。宵(よひ)。例「――、式部の丞(ぞう)則理(のりまさ)参りたり」〈枕草子・関白殿、二月二十一日に〉訳 夜になった頃、式部丞(=式部省ノ三等官)則理が参上した。

よ-さん【余算】〔名〕残りの寿命。余命。例「一期(いちご)の月影かたぶきて、――山の端(は)に近し」〈方丈記・みづから心に問ふ〉訳 (私の)一生も月が(西に)傾いて(終わりに近づき)、余命は山の稜線に近い(ようにいくばくもない)。

よし

よし【由・因・縁】〔名〕(動詞「寄す(四段)」の連用形の名詞化)❶理由。口実。わけ。例「妹(いも)が門(かど)行き過ぎかねつひさかたの雨も降らぬかそを――にせむ」〈万葉・一一・二六八五〉訳 あの娘(こ)の家の前を素通りすることができない。雨でも降らないかなあ。それを口実にして立ち寄ろう。
❷由来。由緒。いわれ。例「母北の方なむ、いにしへの人の――あるにて」〈源氏・桐壺〉訳 母である(大納言の)正妻は、昔風の人で由緒(=教養)ある方なので。
❸手段。方法。例「恋ふれども逢ふ――を無み」〈万葉・一三・三三二〇長歌〉訳 恋しく思うけれども会う手だてがないので。
❹風情(ふぜい)。おもむき。例「いと心殊に――ありて、同じ木草をも植ゑなし給へり」〈源氏・若紫〉訳 まったく格別に趣深く、木や草をも工夫してお植えになってある。
❺事情。いきさつ。趣旨。ことの次第。例「御文なども、例の、御覧じ入れぬ――のみあれば」〈源氏・若紫〉訳 お手紙なども、いつものように、(藤壺は)ご覧にならないという次第だけ(光源氏のもとに)伝えてくるので。
❻そぶり。様子。
❼縁故。ゆかり。つて。

要点 類義語「ゆゑ」が、根本的・本質的な原因・理由・由来などを表すのに対し、「よし」は、それにこちらから人為的に近づけるような意味を持っている。また、平安女流文学では、風情や由緒が、一流とまではいかないが、かなりすぐれている場合に用いられる。一流の場合は「ゆゑ」である。

よし【葦・葭・蘆】〔名〕(「葦(あし)」が「悪(あ)し」に通じて不吉になるのを避けて、「善し」に通わせていう)葦(あし)の別名。

例「さて―と蘆(あし)とは同じ草にて候ふか」〈謡曲・蘆刈〉訳それで葦(よし)と蘆(あし)とは同じ草なのですか。

よ・し【良し・好し・善し・吉し】〔形ク〕対あし(悪し)

> 「よし」はプラスの価値判断を示す語で、さまざまにニュアンスで用いられる。①の価値が高い、すぐれている、②の美しい、③の身分・家柄・教養に優れる、などが主な意味。

❶**価値が高い。すぐれている。**上等である。すばらしい。例「みちのくに紙、ただのも、―・き得たる」〈枕草子・うれしきもの〉訳(上等な)みちのくに紙、また普通の紙でも、良質のを手に入れた時(はうれしい)。
❷**美しい。**例「盛りにならば、容姿(かたち)も限りなく―・く、髪もいみじく長くなりなむ」〈更級・物語〉訳(私も)女盛りになったら、顔だちもこの上なく美しくなり、髪も大変長くなるに違いない。注平安時代ハ、髪ノ長イコトガ美人ノ条件。
❸(多く「よき人」の形で)**身分・家柄・教養に優れる。**例「―・き人はあやしきことを語らず」〈徒然草・七三〉訳(下層の人の話は聞いて驚くことばかりである。)身分が高く教養のある人は不思議なことを話さない。
❹盛んである。栄えている。幸せである。例「貧しく経(へ)ても、なほ昔―・かりし時の心ながら」〈伊勢・一六〉訳(紀有常(きのありつね)は落ちぶれて)貧しい生活を続けていても、やはり昔栄えていた時代の心のままで。
❺巧みである。上手である。例「いと―・うまねび似せて」〈枕草子・鳥は〉訳(ウグイスがホトトギスの鳴き方を)とても上手にまねして似せて。
❻快い。楽しい。また、好感が持てる。例「手のわろき人の、憚(はばか)らず文(ふみ)書き散らすは―・し」〈徒然草・三五〉訳字のうまくない人が、気がねしないで手紙をどんどん書くのは感じがよい。
❼適当である。都合がよい。例「この酒を飲みてむとて、―・き所を求め行くに」〈伊勢・八二〉訳この酒を飲んでしまおうと、適した場所を捜しながら行くうちに。
❽道理にかなう。正しい。例「さしたる事なくて、人のがり行くは、―・からぬ事なり」〈徒然草・一七〇〉訳これといった用事もなくて、他人の所に行くのは、よくない事である。
❾十分である。不足がない。例「家思ふと心進むな風(かざ)まもり―・くしていませ荒しその道」〈万葉・三・三八一〉訳家に帰りたい一心で焦りなさいますな。風の具合に十分気をつけていらっしゃい。(大和への)海路は荒うございます。
❿かまわない。よろしい。例「白珠(しらたま)は人に知らえず知らずとも―・し知らずともわれし知れらば知らずとも―・し」〈万葉・六・一〇一八〉訳真珠は、その価値を他人に知られていない。(世の人が)知らなくてもかまわない。(世人が、その価値を)知らなくても、自分が知っていれば、(世間の人が)知らなくてもかまわない。注五七七・五七七デ、旋頭歌(セドウカ)。世ニ認メラレナイ自分ヲ、「白珠」ニタトエテ作ッタ歌。
⓫(動詞の連用形に付いて)その動作が容易に行われる意を表す。…しやすい。例「いみじく、ここあり―・く覚ゆ」〈更級・竹芝寺〉訳すばらしく、この土地(=武蔵(ムサシノ)国)は住みやすく思われる。

> 要点 「よし」と「よろし」 広く、事物や人について、その性質や状態がすぐれていることをいう。平安時代以降は、**「よろし」がもっぱら消極的な評価を表す**ようになり、**「よし」は積極的に高く評価する語**になる。従って、「よし」は「あし」の対義語、「よろし」は「わろし」の対義語になる。

よし【縦し】㊀〔感〕不満足ながら、仕方ないという気持ちを表す。ままよ。まあ、いいや。例「―、これも我からなめり」〈源氏・夕顔〉訳まあいいや、これも私のせいだろう。
㊁〔副〕たとえ。仮に。例「人は―思ひ止(や)むとも玉鬘(たまかづら)影に見えつつ忘らえぬかも」〈万葉・二・一四九〉訳他の人は、たとえ、忘れてしまうことがあっても、(私は)面影に見えて、(あの方のことを)忘れることができない。注「玉鬘」ハ、「影」ノ枕詞。天皇ノ崩御ニ際シテノ歌。

よし〔間投助〕《上代語。間投助詞「やし」から変化したもの》接続 形容詞の連体形・助詞などに付く。
【詠嘆】(感動・詠嘆の意を表す)…なあ。…よ。例「愛(は)しき**よし**我(わ)が背の君を朝去らず逢(あ)ひて言問(こと)ひ」〈万葉・一七・四〇〇六長歌〉訳懐かしいなあ、あなた(=大伴池主(イケヌシ))に朝ごとに会って語り合い。

よし-あ・り【由有り】〔連語〕一応の由緒がある。それなりの風情がある。深みがある。例「母北の方なむいにしへの人の―・るにて」〈源氏・桐壺〉訳(桐壺更衣(きりつぼのこうい)の)母親である大納言の正妻は昔風の人でそれなりに由緒ある家の出身の方で。

> 参考 「よしあり」と「ゆゑあり」 **一流の血統、家柄、および、そういう人々の有する教養・情趣などを意味する「ゆゑあり」に対し、「よしあり」は二流のそれを意味する。**左右大臣家以上が一流、大納言家は二流の上に属する。

吉田兼好(よしだけんこう)〔人名〕鎌倉末期の歌人・随筆家。一二八三年(弘安六)?～一三五二年(正平七)?。本名は卜部兼好(うらべかねよし)。京都吉田神社の神職の家に生まれ、宮廷に出仕して和歌の才をもって世に聞こえ、和歌四天王の一人と称せられた。後に出家して比叡山(ひえいざん)横川(よかわ)に隠棲(いんせい)、東国への旅を経て双ケ岡(ならびがおか)(=京都市右京区)の麓(ふもと)に庵(いおり)を結び、随筆文学の傑作『徒然草』を完成した。儒教・仏教・道教に通じ、有職故実(ゆうそくこじつ)に明るく、鋭い知性と豊かな人間性を兼ね備えた人であった。⇩徒然草(つれづれぐさ)

よし-づ・く【由付く】〔自カ四〕(か・き・く・く・け・け)それなりに奥ゆかしい趣がある。一応の風情に富む。例「書きたる手、ただかたそばなれど―・きて、大方目やすければ」〈源氏・蜻蛉〉訳書いた筆跡は、ほんのちょっと(見ただけ)だけれど一応の風情に富んでいて、まずは難がないので。

義経千本桜(よしつねせんぼんざくら)《作品名》江戸時代の浄瑠璃(じょうるり)。五段。竹田出雲・三好松洛・並木千柳の合作。一七四七年(延享四)大坂竹本座初演。平家滅亡後の義経の逃避行(堀川夜討・大物浦(だいもつのうら)・吉野落ち)を大筋とし、亡んだはずの平家の武将知盛(とももり)・維盛(これもり)・教経(のりつね)の後日譚、また初音(はつね)の鼓の話等をからませる。歌舞伎にも移され、特に「碇知盛(いかりとももり)」「すし屋」「狐忠信(きつねただのぶ)」の段は名高い。

よし-な・し【由無し】〔形ク〕⇩よし(由)・よしなしごと

> 「よし」(＝理由・方法)が無い、の意。つまり、そうなるべき理由がない、いわれがない、ということで、仕方がない、つまらない、取るに足りない、の意にもなる。

❶**理由がない。いわれがない。**関係がない。例「あらぬ――・き者の名のりして来たるも、返す返すもすさまじと言ふは愚かなり」〈枕草子・すさまじきもの〉訳(待っている人と)違う関係のない者が名を告げて来たのも、まったくもって興ざめなことは言うまでもない。
❷手段・方法がない。**仕方がない。**例「今更(いまさら)に――・し」〈大鏡・道長・上〉訳今更仕方がない。
❸利益がない。**かいがない。**例「行き会はせ給はんことも不定(ふぢやう)なれば、御身(おんみ)を投げても――・きことなり」〈平家・九・小宰相身投〉訳(死後の世界で、亡くなった夫の通盛(みちもり)様と)おめぐり会いになるかどうかも不確かなことなので、身をお投げになってもかいがないことです。
❹**つまらない。取るに足りない。**

よしなし-ごと【由無し事】〔名〕とりとめもないこと。つまらないこと。例「心にうつり行く――を、そこはかとなく書き付くれば」〈徒然草・序〉訳次々と心に浮かんでくるとりとめもないことを、順序も考えずに書き付けていくと。

吉野(よしの)【地名】(「芳野」とも書く)奈良県吉野郡吉野町を中心とする吉野川南岸、吉野山の付近一帯の地。古来信仰の地として重要視され、応神天皇以来しばしば行幸があり、宮滝のあたりには歴代天皇の離宮があった。平安初期には吉野山中の最高峰

吉野（蔵王堂）

金峰山(きんぶせん)が開かれて修験道(しゅげんどう)の本拠地となり、南北朝時代には南朝の根拠地となった。「みよしの」と、接頭語「み」を付けた形で称されることも多い。

吉野川(よしのがは)〔ワガ〕【川名】奈良県と三重県との県境の大台ヶ原付近に源を発し、吉野を通って奈良県の中央部を貫流する川。和歌山県にはいって紀の川となる。

吉野山(よしのやま)【山名】(「よしののやま」とも)奈良県吉野郡吉野町にある山。平安初期に修験道(しゅげんどう)の根本道場として金峰山(きんぶせん)が開かれ、参詣(さんけい)する人が多かった。また、『古今和歌集』以後桜の名所として知られる。ただし、『万葉集』の時代までは雪深い地として知られ、『古今和歌集』でも雪と結びつけて詠まれた場合が多い。歌枕。例「これはこれはとばかり花の――」〈貞室〉訳ただただ、「これはこれは」と感嘆するばかりで、この美しさを句に詠もうにも表現する言葉も浮かんでこない。あたり一面、桜の花におおわれた、みごとな吉野山の景を前にして。注「これはこれはとばかり」ハ、古浄瑠璃ナドデ、感動ヤ驚嘆ノ様ヲ描写スル常套句(ジョウトウク)。

よし-ば・む【由ばむ】〔自マ四〕{ま・み・む・む・め・め}趣があるように振る舞う。上品ぶる。例「内侍(ないし)は、ねびたれど、いたく――・み」〈源氏・紅葉賀〉訳内侍は、年老いてはいるが、たいそう趣ありげに振る舞い。

よし-み【好み・誼】〔名〕❶親交。例「昔の――を忘れぬことはあはれなれども」〈平家・一〇・三日平氏〉訳昔からの親交を忘れずにいることは心ひかれるけれども。
❷ゆかり。縁故。

よし-め・く【由めく】〔自カ四〕{か・き・く・く・け・け}由緒ありげな様子をする。もったいぶる。例「右大将の、さばかり重りかに――・くも」〈源氏・行幸〉訳右大将で、いつもはあれほど重々しそうにもったいぶっている人(＝鬚黒(ヒゲクロ)大将)も。

よし-や【縦しや】(「縦(よ)し」＋間投助詞「や」)━〔感〕ままよ。まあ、いいや。例「――、命だに」〈源氏・若紫〉訳まあ、いいや、命だけでも(あれば、いつか思い直してもらえるでしょう)。
━〔副〕たとえ。仮に。例「吉野川――人こそつらからめ早く言ひてし事は忘れじ」〈古今・恋五・七九四〉訳たとえあの人は(私に対して)つらくあたろうとも、(私は)以前に言った事(＝約束)は忘れまい。注「吉野川」ハ「よし(や)」ノ枕詞。

よし-よし【良し良し・縦し縦し】〔感〕(「よし」を重ねて強調した語)えい、ままよ。それならそれでいい。例「――、さらに見え奉らじ」〈源氏・葵〉訳(あなたがそんな態度を取るなら)それならそれでかまいません、(私は)もう決してお目にかかりますまい。

よし-よし・し【由由し】〔形シク〕由ありげなさま。趣深い。風情がある。上品だ。例「しつらひなど、――・しう給ふ」〈源氏・東屋〉訳(部屋の)飾り付けなどを、趣深くなさる。

よしゑ-やし【縦しゑやし】〔ヨシエ〕(連語)(「縦(よ)し」に間投助詞「ゑ」「や」と副助詞「し」を付けて強調した語)たとえ。よしんば。例「――浦は無くとも――潟は無くとも」〈万葉・二・一三一長歌〉訳たとえ浦は無くたっていいさ、たとえ潟は無くたって。

よ・す【寄す】━〔自サ四〕{さ・し・す・す・せ・せ}(上代語)近づく。寄る。例「片淵(かたふち)に網張り渡し目ろ――・しに――・し寄り来(こ)ね」〈日本書紀・神代・下〉訳片側が淵になっている川に網を張り渡して、網の目が寄って魚を追い込むように、(女達よ)寄っておいで。
━〔他サ四〕{さ・し・す・す・せ・せ}(上代語)近づかせる。近寄らせる。例「庭に立つ麻手(あさて)小衾(こぶすま)今夜(こよひ)だに夫(つま)――・し来(こ)せね麻手小衾」〈万葉・一四・三四五四〉訳麻の布団よ、せめて今夜だけでも夫を(私に)近寄らせておくれ。麻の布団よ。注「庭に立つ」ハ「麻」ノ枕詞。
━〔自サ下二〕{せ・せ・す・する・すれ・せよ}近づく。寄る。また、押し寄せる。例「敵(かたき)や――・すると遠見し給へば」〈平家・一一・弓流〉訳敵は押し寄せて来るかと遠くを見張られると。
━〔他サ下二〕{せ・せ・す・する・すれ・せよ}❶近づかせる。近寄らせる。接近させる。例「『そこも、いざ見む』と言ひて、車――・せておりぬ」〈枕草子・五月の御精進のほど〉訳「そこ(＝高階明順(タカシナアキノブ)ノ家)も、さあ見物しましょう」と言って、牛車(ぎっしゃ)を近づけておりた。
❷心を傾ける。頼りにする。傾倒する。例「女郎花(をみなへし)秋の野風にうち靡(なび)き心一つを誰(たれ)に――・すらむ」〈古今・秋上・二三〇〉訳女郎花は、秋の野を吹く風に(まかせそ

の方向に)なびいているが、ただ一つの本心は誰に寄せているのだろう。❸ある物事を他に関係づける。かこつける。また、関係があると噂(うわさ)する。例「横川(よかは)に通ふ道の便りに―・せて、中将ここにおはしたり」〈源氏・手習〉訳横川に通う道中のついでだとかこつけて、中将はここにおいでになった。❹(物や手紙などを)相手に贈る。また、寄進する。例「三番に数一つ勝ち給はむ方(かた)に、花を―・せてむ」〈源氏・竹河〉訳(碁(ご)の)三回勝負に一回勝ち越された方(=二回勝ッタ方)に、桜の花を贈ることにしましょう。

参考 四段活用(㊀㊁)は上代だけの用法で、下二段活用は上代から見られるが、比較的新しい用法。

よ-すが【縁・因・便】〔名〕(上代では「よすか」。「寄す処(か)」の意)❶**身を寄せる所**。頼りにする所。例「吾妹子(わぎもこ)が入りにし山を―とぞ思ふ」〈万葉・三・四八一長歌〉訳いとしいあの人が(死んで)入っていってしまった山を、今は心のよりどころと思うのだ。❷身を寄せるべき**縁者**。**夫・妻など**。例「女(むすめ)どもも男子(をのこ)どもも、所につけたる―ども出(い)で来て、住みつきにたり」〈源氏・玉鬘〉訳(玉鬘(たまかづら)の乳母の)娘や息子達も、その土地相応の夫や妻など縁者ができて、(筑紫(つくし)の国に)住みついてしまった。❸**便宜**。**手段**。方法。例「伝へ聞こゆべき―だになくて」〈源氏・関屋〉訳気持ちをお伝え申し上げることのできる手段さえなくて。

よ-すがら【夜すがら】〔副〕(「よもすがら」とも)夜通し。**一晩中**。例「この―に眠(い)も寝ずに今日もしめらに恋ひつつぞ居(を)る」〈万葉・一七・三九六九長歌〉訳昨夜は夜通し眠らずに、そして今日も一日中恋しく思っている。

よすて-びと【世捨て人】〔名〕俗世を捨てて、僧や隠者になった人。例「ひたぶるの―は、なかなかあらまほしきかたもありなん」〈徒然草・一〉訳いちずな遁世(とんせい)者には、かえって望ましい点もきっとあるだろう。

よせ【寄せ】〔名〕《動詞「寄す(下二段)」の連用形の名詞化》❶心を寄せること。信頼。支持。期待。例「したり顔に、わが心地もいと―ありて」〈枕草子・かしこきものは〉訳(乳母の夫は)得意げに、自分の気持ちも(養い君に)たいそう期待するところがあって。❷後ろ楯(だて)となる人。背後で世話をし、力となる人。後見。例「一の御子(みこ)は、右大臣の女御(にょうご)の御腹にて、―重く」〈源氏・桐壺〉訳第一皇子は、右大臣の娘である女御(=弘徽殿女御(コキデンノニョウゴ))のお産みになった子で、後ろ楯がしっかりしており。❸ゆかり。いわれ。わけ。例「国を争ひて戦ひをなすこと数へ尽くすべからず、それも皆、一ふし二ふしの―はありけむ」〈増鏡・新島守〉訳国を争って戦いをすることが数えきれない、それも皆、一つや二つの理由はあっただろう。❹(歌論用語)関連のある言葉。縁語。

よ-せい【余情】㊀〔名〕❶言外にただよう情趣。余情(よじょう)。例「姿に花麗(くわれい)極まりぬれば、またおのづから―となる」〈無名抄〉訳歌体に最高の華麗さがそなわると、また自然と(それが)余情をかもし出すことになる。❷同情のおこぼれ。㊁〔名・形動ナリ〕見栄(みえ)をはること。外見をとりつくろうこと。また、その様子。例「身に兵部卿(ひやうぶきやう)、袖(そで)にたきかけ、いたづらなる―、大人も恥づかしく」〈西鶴・好色一代男・一・一〉訳(世之介が七歳にして)身には兵部卿(=香ノ名)をつけ、袖には香をたきしめて、ひどくませた様子は、大人が見ても気恥ずかしいくらいで。

よ-そ【四十】〔名〕数の名。四十(しじふ)。例「指(および)を屈(かが)めて『十(とを)・二十(はた)・三十(みそ)・―』など数ふるさま」〈源氏・空蝉〉訳指を折って、「十、二十、三十、四十」などと数えるようすは。

よ-そ【余所・他所・外】㊀〔名〕ほかの場所。遠いところ。無関係なところ。例「―にゐて恋ひつつあらずは君が家の池に住むといふ鴨(かも)にあらましを」〈万葉・四・七二六〉訳(あなたから)離れた場所にいて、こんなに恋い慕っておらずに、あなたの家の池に住んでいるという鴨でありたいことよ。㊁〔名・形動ナリ〕自分と関係がないこと。無縁なこと。また、その様子。例「かかる御かたちを、―にはいかが見奉らむ」〈狭衣・四〉訳こんな(かわいい)ご様子を、関係のない他人としてどうして拝見できましょうか(いや、できません)。

要点 「よそ」は、自分とかけはなれた場所や関係を指す。類義語「ほか」は、ある境界の外側を指す。

よそ・う【装う・寄そう・比う】〔動〕⇨よそふ

よそ-ぢ【四十・四十路】〔名〕(「ぢ」は「はたち」の「ち」と同じく、数詞に添える接尾語)四十(よんじふ)。四十歳。例「命長ければ恥多し。長くとも、―に足らぬほどにて死なんこそ、めやすかるべけれ」〈徒然草・七〉訳命が長ければそれだけ恥をかくことも多い。長くても、四十歳に足らぬくらいで死んでゆくのこそ、見苦しくないことだろう。

よそ-ながら【余所ながら】〔副〕距離を置いた状態で。間接的に。それとなく。例「泉には手・足さし浸して、雪にはおり立ちて跡つけなど、よろづの物、―見ることなし」〈徒然草・一三七〉訳(無風流な田舎者は)泉には手や足を浸し、雪の上には降り立って足跡をつけなどして(すぐに直接さわってみたり)、しつこくおもしろがったりして、あらゆるものを、距離を置いて鑑賞することがない。

よそひ【装ひ】(ヨソイ)㊀〔名〕《動詞「装ふ」の連用形の名詞化》❶準備・支度。「船―」(=出航ノ準備)など、複合語になることも多い。例「水鳥の立たむ―に妹(いも)のらに物いはず来にて思ひかねつも」〈万葉・一四・三五二八〉訳水鳥が飛び立つように、出発の準備に忙しく、妻に言葉もかけずに来てしまって、思いにたえかねていることであるよ。❷衣服。装束。特に、整った服装。晴れ着。例「えならぬ御―ども」〈源氏・絵合〉訳(贈り物に)言葉に尽くせないほどのすばらしいご衣裳(いしゃう)の数々や。❸飾り。装飾。❹(江戸時代の文法学者富士谷成章(ふじたになりあきら)の用語)用言。㊁〔接尾〕❶衣服・調度など、一揃(ひとそろ)いになるものを数える助数詞。例「舞人に、女の装束一―づつ賜(たま)ふ」〈宇津保・梅の花笠〉訳(神楽(かぐら)の)舞人に、(ほうびとして)女の衣裳(いしゃう)を一揃いずつお与えになる。❷うつわに盛った飯などを数える助数詞。例「今朝も粥

(ゆか)を中盞(ちゅうがさ)に三―」〈近松・心中宵庚申・中〉訳けさもお粥を中ぐらいのお椀(わん)に三ばい。

よそ・ふ【寄そふ・比ふ】ヨソウ〔他ハ下二〕{へ・へ・ふ・ふる・ふれ・へよ}❶他の物に引き寄せて比べる。なぞらえる。たとえる。例「富士の煙(けぶり)に―・へて人を恋ひ」〈古今・仮名序〉訳富士山の煙になぞらえて人を恋し。注次ノ『古今集』五三四番ノ歌ニヨル。「人知れぬ思ひをつねに駿河(するが)なる富士の山こそわが身なりけれ」(訳誰にもわからない火をいつも燃やしているのが駿河の国にある富士山だと思っていたら、私も相手にわからない思いをいつもしていて、何とその富士の山こそ、我が身そのものであったのだ。注「思ひ」ノ「ひ」ニ、富士山ノ「火」ヲ掛ケル。)
❷関連があるとする。結びつける。かこつける。例「思ふどち一人ひとりが恋ひ死なば誰(た)れに―・へて藤衣着む」〈古今・恋三・六五四〉訳(忍んで)思い合う同士でどちらか一人が恋いこがれて死んだら、誰の死にかこつけて喪服を着ようか。

よそ・ふ【装ふ】ヨソウ〔他ハ四〕{は・ひ・ふ・ふ・へ・へ}❶準備を整える。用意する。例「年に―・ふ我が舟漕(こ)がむ天の川風は吹くとも波立つなゆめ」〈万葉・一〇・二〇五八〉訳一年かけて準備を整えた私の舟を漕ごう。天の川にたとえ風は吹いても波よ立つな、決して。
❷飾り整える。装飾する。身づくろいする。例「君なくはなぞ身―・はむ櫛笥(くしげ)なる黄楊(つげ)の小櫛(をぐし)も取らむとも思はず」〈万葉・九・一七七七〉訳あなたがいなくてはどうして身を飾ったりしましょう。櫛箱にあるツゲの小櫛も手に取ろうとも思いません。
❸食物を食器に盛る。食事を用意する。例「飯(はん)うづ高く―・ひ」〈平家・八・猫間〉訳飯を山盛りに盛って。

よそほ・し【装ほし】ヨソオシ〔形シク〕《動詞「装(よそ)ふ」の形容詞化した形》装いが整っている様子。いかめしく立派である。例「行幸(みゆき)に劣らず―・しく」〈源氏・行幸〉訳(太政大臣(だいじょうだいじん)となった光源氏の外出の時のご様子は)天皇のご外出に劣らずいかめしく立派で。

よそほひ【装ひ】ヨソオイ〔名〕《動詞「よそほふ」の連用形の名詞化》❶準備を整えること。支度。用意。例「旅の―こまごまと沙汰(さた)し送られたり」〈平家・二・大納言流罪〉訳旅の支度をこまごまと指図してお送りになった。
❷身づくろい。装束。服装。例「天人の―したる女」〈竹取・蓬萊の玉の枝〉訳天人の服装をした女性。
❸ありさま。様子。例「捕らへつつ殺しける―」〈徒然草・一六二〉訳(鳥を)つかまえては殺していた様子(が騒々しく)。

よそほ・ふ【装ふ】ヨソオウ〔他ハ四〕{は・ひ・ふ・ふ・へ・へ}⇩よそふ(装ふ)例「その気色(けしき)窅然(えうぜん)として美人の顔(かんばせ)を―・ふ」〈奥の細道・松島〉訳(このような松島の)景色はうっとりと見とれさせるような美しさを持ち美人の顔を化粧したようだ。

よそ-め【余所目・外目】〔名〕❶よそながら見ること。それとなく見ること。例「玉桙(たまほこ)の道に行き逢(あ)ひて―にも見ればよき子を何時(いつ)とか待たむ」〈万葉・一二・二九四六〉訳道で行き逢って、遠目にでも見るとかわいいあの娘を、いつ(また逢える)と待っていればよかろうか。注「玉桙の」ハ「道」ノ枕詞。
❷他人の見る目。人目。例「一切の似せ事をよく似すれば、―に危ふき所なし」〈風姿花伝・六〉訳すべての物まねのわざをうまくまねると、(見物人の)見た目にもあぶなっかしいところがない。
❸わきを見ること。よそ見。

よ-だけ・し【弥猛し】〔形ク〕❶いかめしい。おおげさである。例「御しつらひなどの、ことごとしく―・くうるはしきに」〈源氏・若菜・上〉訳お部屋の設備・飾り付けなどが、仰々しくいかめしくきちんとしているが。
❷おっくうである。たいぎである。例「万(よろづ)うひうひしう―・くなりにて侍(はべ)り」〈源氏・行幸〉訳何事も物慣れない感じでおっくうになってしまいました。

よ-たた〔副〕《「夜転(よただ)」の変化した形》夜もすがら。夜通し。例「五月雨(さみだれ)の空もとどろにほととぎす何を憂しとか―鳴くらむ」〈古今・夏・一六〇〉訳梅雨空をとどろかせるばかりに鳴くホトトギスは、いったい何がそんなに悲しいというので夜通し鳴くのだろうか。

よつ【四つ】〔名〕❶数の四。四歳。また、四番目。第四。
❷奈良・平安時代、一日を十二に分け一時(いっとき・ひととき)(=二時間)を、さらに四刻に分けた時の四刻目。例「時、丑(うし)三つ・子(ね)―などはるかなる声に言ひて」〈枕草子・時奏する、いみじうをかし〉訳時刻は、丑の三刻目(=午前二時ゴロ)・子の四刻目(=午前一時半頃)などと遠くの(=遠クカラ聞コエテクルヨウナ)声で告げて。
❸平安時代以降、四つ時。ほぼ、現在の午前および午後の十時にあたる。

よ・づ ヨズ{ぢ・ぢ・づ・づる・づれ・ぢよ}■一【捩づ】〔他ダ上二〕つかんで引き寄せる。また、よじる。例「術(すべ)をなみ―・ぢて手折(たを)りつ見ませ我妹子(わぎもこ)」〈万葉・八・一五〇七長歌〉訳(ホトトギスが橘(たちばな)の花を散らすので)しかたなくつかんで引き寄せて折り取った。ご覧なさい、私のいとしい人よ。
■二【攀づ】〔自ダ上二〕すがりつく。また、すがりつくようにして登る。例「遥(はる)かに分け入り、峰に―・ぢ谷に下(くだ)れども」〈平家・三・有王〉訳(有王(ありおう)は俊寛を捜して山奥)はるかに分け入って、峰によじ登ったり谷に下ったりするけれども。

よ-つぎ【世継ぎ】〔名〕❶歴代の天皇の治世のことを、順次、語るようにつづった歴史物語。『栄花物語』や『大鏡』『増鏡』など。例「―など見るにも、そのこと書かれたる所はいかにぞやおぼえて」〈讃岐典侍・下〉訳歴史物語などを見る時にも、その事(=天皇即位ノ儀式ノ様子)が書かれているところは特に興味がひかれて。
❷家督を相続すること。また、その人。跡取り。例「家の―は今年四つ」〈浄・仮名手本忠臣蔵・一〇〉訳家の跡取り息子は今年四歳。

よ-づ・く【世付く】〔自カ四〕{か・き・く・く・け・け}❶世間一般の様子である。世間並みである。例「女の御装束(さうぞく)、今日(けふ)は―・きたりと見ゆるは」〈源氏・末摘花〉訳姫君(=末摘花(スエツムハナ))の衣装が、今日は世間並みだと見えるのは。注センスノ古イ末摘花ガ、光源氏ノ見立テニヨル衣装ヲ着テイル。
❷世間の事に通じる。世なれる。また、男女の情愛に通じる。例「いとかう―・かぬ御添臥(そひぶし)ならむとは思はざりけり」〈源氏・紅葉賀〉訳とてもこれほど世間離れした(=男女ノ関係デナイ)添い寝であろうとは思わなかった。注光源氏ハ十歳ノ若紫ヲ妻ノヨウニシテ引キ取ッタ。
❸世俗の濁りに染まる。俗化する。例「なほ九重(ここのへ)の

神さびたる有様こそ、――・かずめでたきものなれ」〈徒然草・二三〉訳（末世とはいっても）やはり宮中のこうごうしい様子こそは、世俗の汚れに染まらずすばらしいものだ。

よつ-で【四つ手】〔名〕❶相撲で、互いに両手を差して取り組むこと。四つ。
❷（「四つ手駕籠(かご)」の略）江戸で、庶民の乗用に供した粗末な駕籠。四本の竹を柱として割り竹で簡単に編み、小さな垂れを付けたもの。
❸（「四つ手網」の略）四隅を竹で張った方形の網。水中に沈めて魚を捕るのに用いる。

よつで③

よっ-て【因って・依って・仍って】〔接続〕（「よりて」の促音便）それで。そこで。だから。例「院宣(ゐんぜん)かくのごとし。――執達(たつ)くだんのごとし」〈平家・五・福原院宣〉訳上皇のご命令はこのとおりである。それで（ご命令を）取り次ぐこと以上のとおりである。

よっ-ぴ-く【能っ引く】〔他カ四〕（か・き・く・く・け・け）（「よくひく」の変化した形）（弓を）十分に引きしぼる。例「鏑(かぶら)を取ってつがひ、――・いてひゃうど放つ」〈平家・一一・那須与一〉訳鏑矢（＝飛ブ時ニ鳴ル矢）を取って弓につがえて、十分に引きしぼってピューッと射放つ。

よ-づま【夜妻】〔名〕夜、忍んで会う女。隠し妻。

よ-て【因て・依て・仍て】〔接続〕（「よって」の促音「っ」の無表記）⇒よって

よど【淀・澱】〔名〕水の流れがとどこおること。また、その所。よどみ。例「明日香川(あすかがは)七瀬の――に住む鳥も心あれこそ波立てざらめ」〈万葉・七・一三六六〉訳飛鳥川（＝奈良県ノ川）の多くの瀬のある淀に住んでいる鳥も、心があるからこそ静かにして波を立てないでいるのだろう（だのに、あなたは私をお責めになることよ）。

淀(よど)〔地名〕平安京の西南方、現在の京都市伏見区淀あたり。桂川・宇治川・木津(づ)川が合流して淀川となる地点で、古来淀川水運の中心をなし、中国・四国・九州からの物資はここに陸揚げされて、京都に輸送された。「淀の渡し」「淀川下り」でも有名。

淀川(よどがは)〔川名〕琵琶(わび)湖に発し、京都盆地・大阪平野を貫流して大阪湾に注ぐ川。上流を瀬田川といい、宇治市あたりから宇治川と呼ばれる。桂川・木津川との合流点の淀付近から下流を淀川という。京の都と大阪を結ぶ水上交通路でもあり、中国・四国地方などからの物資を京都に運ぶ運河でもあった。歌枕。

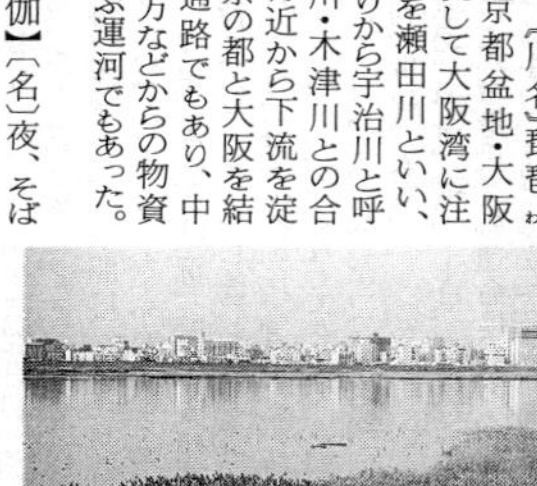
淀　川

よ-とぎ【夜伽】〔名〕夜、そばに付き添って、話し相手になったりして退屈を慰めること。また、その人。例「先師難波(なには)病床に、人々に――の句をすすめて」〈去来抄・先師評〉訳先生（＝芭蕉）が難波で病床におられた時に、（回りの弟子の）人々に夜伽の句を作ることをすすめて。

よ-どの【夜殿】〔名〕夜寝る御殿。寝所。寝室。例「――に寝て侍(はべ)りけるわらはべも、ほとほと焼けぬべくてなむ」〈枕草子・僧都の御乳母のままなど〉訳（我が家の火事で）寝所に寝ておりました愚妻も、もう少しで焼死しそうで（ございました）。注「わらはべ」ハ妻ヲ卑下シタ語。

よどみ【淀み・澱み】〔名〕（動詞「よどむ」の連用形の名詞化）（川などの）流れの滞ること。また、そのような場所。例「――に浮かぶうたかたは、かつ消えかつ結びて」〈方丈記・ゆく河〉訳（川の）流れの滞った所に浮かぶ水の泡は、一方では消え一方ではできて。

よど・む【淀む・澱む】〔自マ四〕（ま・み・む・む・め・め）❶水が流れないでたまる。流れが滞る。例「ささなみの志賀の大わだ――・むとも昔の人にまたも逢(あ)はめやも」〈万葉・一・三一〉訳楽浪(さきなみ)（＝琵琶(ワビ)湖西南ノ沿岸一帯）の地の志賀の大わだ（＝湖・川ナドノ大キク湾曲シタ所）は流れが滞っているが、そうとしても昔の人に再び逢うことがあろうか。
❷事が順調に進行しない。停滞する。例「玉藻刈る井手(ゐで)のしがらみ薄みかも恋の――・める我が心かも」〈万葉・一一・二七二一〉訳恋が進行しないのは、あなたが薄情だからだろうか、それとも私の心のせいだろうか。

よな〔間投助〕（間投助詞「よ」に間投助詞「な」が付いて一語化したもの）接続 文中・文末の種々の語に付く。
❶【詠嘆】（感動・詠嘆の意を表す）…なあ。…よ。例「木立(こだち)とこそ言へ、木立(きだち)と言ふらむよな」〈今昔・二六・八〉訳（世間では）木立(こだち)と言っているのに、（奈良の法師達は）木立(きだち)と言っているらしいなあ。
❷【確認】（相手に念を押し、確かめる意を表す）…だな。…だね。例「四部の弟子は**よな**、比丘(びく)よりは比丘尼(にく)は劣り」〈徒然草・一〇六〉訳四部の弟子はだね、僧よりは尼が劣り。注「四部の弟子」トハ、仏ノ四種ノ弟子デ、比丘、比丘尼、優婆塞(ウバソク)、優婆夷(ウバイ)ノ四種ヲイウ。

よ-なが【夜長】〔名〕秋の夜が長く感じられること。また、長く感じられる秋の夜。（季・秋）例「山鳥の枝踏みかゆる――かな」〈蕪村〉訳秋の夜があまりにも長いので、枝にとまっている山鳥も（足がだるくなって）枝を踏みかえることだ。注「あしひきの山鳥の尾のしだり尾の長々し夜をひとりかも寝む」ノ歌ヲ踏マエタ句。

よな-よな【夜な夜な】〔副〕毎晩。夜ごと。例「わりなきさまにて、――対面し給ふ」〈源氏・賢木〉訳（めったにない機会だからと）無理な状態で、毎晩お会いなさる。

よ-な・る【世慣る・世馴る】〔自ラ下二〕（れ・れ・る・るる・るれ・れよ）❶世間のことに通じる。世情をよく知る。例「――・れず良からぬ人の、必ずあることなり」〈徒然草・七八〉訳世間を知らず教養のない人が、必ずすることだ。
❷男女間の交わりに慣れる。男女の情愛を解する。例「――・れたる人こそ、あながちに人の心をも疑ふなれ」〈源氏・梅枝〉訳男女間の交わりに慣れている女こそ、むやみに男の心を疑うものだ。

よ-に【世に】〔副〕❶**実に。非常に。**例「……と言ひ、心にも思へること、常のことなれど、――わろく覚ゆるなり」〈徒然草・一六七〉訳（専門外の話に傍観せざるを得ない人が、私の専門の話だったらこんな事はないのに）と口に出しても言い、（また）心にも思っていることは、よくあることだが、実によろしくないように思われる。

❷(下に打消しの表現を伴って)**少しも。決して。** 例「六月十余日(とをか)にて、暑きこと━━知らぬほどなり」〈枕草子・小白河といふ所は〉訳(結縁(けちえん)の八講(はこう)が催されたのは)六月十余日のことで、暑いことといったらまったく経験のないほどだ。

> 要点「世の中に」の意の「世に(名詞＋格助詞)」と区別がつきにくい場合もある。例「梨(なし)の花、━━すさまじきものにして、近うもてなさず」〈枕草子・木の花は〉訳梨の花は、世間ではおもしろみのないものとして、身近で鑑賞したりもせず。注「よに」ヲ副詞トシテ「実におもしろみのない」ト解釈スルコトモデキル。

よに-も【世にも】〔副〕《「よに」を強めた語》❶いかにも。さも。例「宰相(さいしやう)━━心苦しげにて」〈平家・二・少将乞請〉訳宰相はいかにも困ってつらそうな様子で。
❷(下に打消しの表現を伴って)決して。どんなことがあっても。例「筑波嶺(つくはね)の岩もとどろに落つる水━━たゆらに我(わ)が思はなくに」〈万葉・一四・三三九二〉訳筑波山の岩も鳴り響くほどに落ちる水の(滝つぼで揺れる)ように(二人の仲について)は決して不安には私は思っていないのに。

よね【米】〔名〕❶米(こめ)。例「ある人、鮮(あざ)らかなる物持て来たり。━━して返りごとす」〈土佐・二月八日〉訳ある人が、鮮魚を持って来た。(そこで)米でもって返礼をする。
❷《「米」の字を分解すると「八十八」になることから》八十八歳。米寿(べいじゅ)。

よ-の【世の】《連語》❶世間の。「━━人」など。
❷世にまたとない。世にまれな。例「━━しれ者かな。かく危(あや)ふき枝の上にて、安き心ありて睡(ね)ぶるらんよ」〈徒然草・四一〉訳とんでもないばか者だな。こんな危険な枝の上で、どうして安心して眠っていられるのだろうよ。

よ-の-おぼえ【世の覚え】⇩「よ(世)」子項目

よ-の-おもし【世の重し】⇩「よ(世)」子項目

よ-の-かため【世の固め】⇩「よ(世)」子項目

よ-の-きこえ【世の聞こえ】⇩「よ(世)」子項目

世之介(よのすけ)【人名】井原西鶴の浮世草子『好色一代男』の主人公。『源氏物語』の主人公光源氏と『伊勢物語』の主人公在原業平(ありわらのなりひら)を当世風に形象化させた人物。富豪と名高い遊女との間に生まれ、七歳から六十歳に至る五十四年間に、全国各地の様々な女性三千数百人と交渉を持ち、その果てに七人の友と「好色丸(よしいろまる)」という船に乗って女護ヶ島(にょごがしま)に旅立っていく。その人物像には、近世の町人の現実と理想が託されて、生き生きと表現されている。

よ-の-ためし【世の例】⇩「よ(世)」子項目

よ-の-つね【世の常】⇩「よ(世)」子項目

よ-の-なか

【世の中】〔名〕❶この世。(前世や来世に対して)現世(げんせ)。例「━━のとどまり難きを哀(かな)しぶる歌」〈万葉・五・八〇四題詞〉訳この世の住みにくいことを悲しむ歌。
❷**天皇の治世。御代(みよ)。** 例「━━代はりて後、よろづ物憂く思(おぼ)され」〈源氏・葵〉訳(桐壺帝から朱雀(すざく)帝へと)ご治世が代わって後は、(光源氏は)何かにつけて憂鬱(ゆううつ)な気分におなりになって。
❸世間(せけん)。社会。人の世。例「━━いとわづらはしく、はしたなきことのみまされば」〈源氏・須磨〉訳世間が非常にわずらわしく、不都合なことばかりふえてくるので。
❹世間で普通であること。世間一般。世の常。
❺**男女の仲。夫婦仲。** 例「夢よりもはかなき━━を、嘆きわびつつ明かし暮らすほどに」〈和泉式部日記〉訳(はかない)夢よりももっとあっけなく終わったあの人との仲を、嘆き悲しみながら毎日を過ごしている間に。注作品冒頭ノ部分。急死シタ為尊(タメタカ)親王トノハカナイ恋ヲ嘆イテイル。
❻**外界。** 自然環境。周囲の状況。特に、天候・気象条件。例「秋待ちつけて、━━少し涼しくなりては、御心地もいささかさはやぐやうなれど」〈源氏・御法〉訳待っていた秋を迎えて、気候も少し涼しくなってからは、(病床の紫の上は)ご気分も少しさわやかになるようではあるが。
❼世間の評判。世評。人気。
❽身の上。境遇。運命。例「━━は、今はかうと見えて候ふ」〈平家・一一・先帝身投〉訳運命は、今はこう(＝コレデ最後)と思われます。注壇ノ浦ノ合戦デ、覚悟ヲ決メタ平知盛(トモモリ)ノ言葉。
❾(「━━の」「━━に」の形で)この上ない。全く。例「━━の色好みになむありける」〈宇津保・嵯峨院〉訳この上ない風流人であった。
参考「━━騒がし」の形に用いる場合は、多く、疫病が流行して騒ぐことをいう。

よ-は【夜半】〔名〕夜中。例「心にもあらで憂き世に長らへば恋しかるべき━━の月かな」〈後拾遺・雑一〉訳不本意にもこの後さらにつらいこの世に生きながらえたならば、その時さぞかし恋しく思い出されるにちがいない。この美しい夜半の月であることよ。注『百人一首』所収、三条院ノ作。

よ-はう【四方】〔名〕《「よほう」と表記されることが多い》四角。方形。

よばう【呼ばう】〔動〕⇩よばふ

よはし【弱し】⇩よわし

よはひ

【齢】〔名〕❶**年齢。年ごろ。** 例「━━のほども似げなく」〈源氏・夕顔〉訳(二人の)年齢の程度も似つかわしくなく。
❷**寿命。** 例「ほのかに見奉るより、老い忘れ━━延ぶる心地して」〈源氏・明石〉訳(光源氏を)ちらっと拝見した時から、(そのすばらしさに明石の入道は)老いたことを忘れ寿命も延びるような感じがして。

よばひ【婚ひ・夜這ひ】〔名〕《動詞「呼ばふ」の連用形の名詞化》❶男が女に言い寄ること。求婚。例「こもりくの泊瀬小国(はつせをぐに)に━━せすあが天皇(すめろき)よ」〈万葉・一三・三三一二長歌〉訳泊瀬(はつせ)の国(＝奈良県桜井市)へ私を求めておいでになった我が天皇様よ。注「こもりくの」ハ「泊瀬」ノ枕詞。
❷夜、男が女の寝所へ忍びこむこと。原義の意識が薄れ、しだいに「夜這ひ」の意に理解されていく。

よばひ-ぼし【婚ひ星】〔名〕流れ星。例「━━すこしをかし。尾だになからましかば、まいて」〈枕草子・星は〉訳流れ星は少し趣があってよい。尾さえなかったならば、まして(どんなによいだろう)。

よば・ふ

【呼ばふ】〔他ハ四〕《動詞「呼ぶ」の未然形に反復・継続の助動詞「ふ」が付いて一語化したもの》❶何度も呼ぶ。**呼び続ける。** 例「後ろより━━・ひて、馬を馳(は)せて来る者あり」〈宇治拾遺・九・一〉訳後ろから呼び続けて、馬を走らせて来る者がある。❷言い寄る。求婚する。例「右大将は、常陸守（ひたちのかみ）の娘をなむ――・ふなる」〈源氏・東屋〉訳右大将（＝薫）は、（身分違いの）常陸守の娘に言い寄っているようだ。

よひ【宵】〔名〕夜に入ってから、それほど時がたたない頃。「ゆふべ」を過ぎて「よなか」に至るまでの間。例「夏の夜はまだ――ながら明けぬるを雲のいづこに月やどるらむ」〈古今・夏・一六六〉訳夏の夜はまだ宵の口だと思っていたら、そのまま空が明るくなってしまったが、これでは月が西に沈む暇があるまい。進退窮まった月は、どの雲に宿を借りているのだろうか。注『百人一首』所収、清原深養父ノ作。

よび-す・う【呼び据う】〔他ワ下二〕｛ゑ・ゑ・う・うる・うれ・ゑよ｝呼んである場所に居させる。招いてそこに座らせる。例「かのうれへをしたる匠（たくみ）をば、かぐや姫――・ゑて」〈竹取・蓬萊の玉の枝〉訳あの哀訴をした職人を、かぐや姫は呼んで（庭に）座らせて。

よび-つど・ふ【呼び集ふ】〔他ハ下二〕｛へ・へ・ふ・ふる・ふれ・へよ｝（祝宴などのために）呼んで集める。招き集める。例「男はうけきらはず――・へて、いとかしこく遊ぶ」〈竹取・かぐや姫の生ひ立ち〉訳（竹取の翁（おきな）は）男はだれかれの区別なく呼び集めて、実に盛大に管弦の催しをする。

よ-ひと【世人】〔名〕世間一般の人。世の人。例「こたみさへ下りずは、いとつべたましきさまになむ、――も思はむ」〈蜻蛉・中・天禄二年〉訳今度も（山を）下りなければ、（夫兼家に対して）あまりにも冷淡な態度と、世間の人も思うだろう。

よ-ひとよ【夜一夜】〔副〕夜通しずっと。一晩中。例「例の――ともしわたる」〈蜻蛉・中・天禄二年〉訳いつものように一晩中（鵜飼（うかい）の）篝火（かがりび）をともしつづけている。

要点 この語が、「よひとい」「よっぴとい」を経て、現代語の「よっぴて」になる。

よび-と・る【呼び取る】〔他ラ四〕｛ら・り・る・る・れ・れ｝呼び寄せる。例「翁（おきな）を――・りて言ふやう」〈竹取・蓬萊の玉の枝〉訳（かぐや姫が）翁を呼び寄せて言うことには。

よひ-やみ【宵闇】〔名〕陰暦十六日から二十日頃まで、月の出るのが遅くて、宵の間の暗いこと。また、その時刻。特に、名月の後の宵の間の暗いことをいう。（季・秋）例「深川の会に――の句出（い）でたり」〈去来抄・故実〉訳深川（＝東京都江東区ノ一区域）の句会で宵闇の句が詠まれたことがあった。

よひ-よひ【宵々】〔名〕多くの宵。毎夜。例「――にわが立ち待つにけだしくも君来まさずは苦しかるべし」〈万葉・三・三二九〉訳夜ごと、私が門に立って（あなたを）待っているのに、もしあなたがいらっしゃらなかったら、きっと苦しいことでしょう。

よひ-ゐ【宵居】〔名〕夜遅くまで、寝ずに起きていること。また、その時。例「あまり久しき――も例ならず、人やとがめむ」〈源氏・若菜・上〉訳（光源氏のいない夜に）あまり長いこと起きているのもいつもと違って、（物思いでもしているのかと）人が見とがめるであろうか。

よ・ぶ【呼ぶ】〔自バ四〕｛ば・び・ぶ・ぶ・べ・べ｝ 一（声が）響く。例「月よみの光を清み夕なぎに水手（かこ）の声――・び浦廻（うらみ）漕ぐかも」〈万葉・一五・三六二三〉訳月の光が澄んでいるので、夕なぎに水夫の声が響き浦辺を漕いで行くことだ。

二〔他バ四〕呼びかける。また、呼び招く。例「熊谷（くまがい）次郎、子息の小次郎を――・うで言ひけるは」〈平家・九・一二之懸〉訳熊谷次郎が、息子の小次郎を呼び招いて言ったことには。

よ-ぶか・し【夜深し】〔形ク〕深夜である。夜明けまでまだ間がある。例「――・くうち出（い）でたる声の、らうらうじう愛敬（あいぎやう）づきたる」〈枕草子・鳥は〉訳夜の深いうちに鳴き出した（ホトトギスの）声が、いかにも上品で魅力があるのは。

要点「夜ふけて」が、夜の始まりを基準にして、夜が深いと意識される時刻をいうのに対して、「夜深し」は、夜明けを基準にして、夜が深いと意識される時刻をいう。真夜中とは限らず、夜明け近い時刻の場合もあり、「暁」の語とともに用いられることも多い。

よぶこ-どり【呼子鳥・喚子鳥】〔名〕鳥の名。人を呼ぶように鳴くのでいう。カッコウの別名とされるが、異説もある。古今伝授では三鳥の一つ。（季・春）例「神奈備（かむなび）の伊波瀬（いはせ）の社（もり）の――いたくな鳴きそ我（あ）が恋まさる」〈万葉・八・一四一九〉訳神を祭る伊波瀬（＝大和ノ地名）の森の呼子鳥よ、ひどく鳴かないでおくれ、私の恋心がいっそうつのるから。

よ-べ【昨夜】〔名〕（「ようべ」「よんべ」とも）昨晩。ゆうべ。夜明け前までに、その夜の宵の頃を振り返っていう時にも用いられる。例「――、見捨てがたかりし花どもの、行方も知らぬやうにて、萎（しを）れ伏したるを」〈源氏・野分〉訳昨夜は、見過ごしにくいほど美しく咲いていた多くの花が、（その美しさの）行方もわからないくらい（ひどい有様で）、萎れて横たわっているのを。

よみ【黄泉】〔名〕死者の霊が行く所。地下の暗黒の世界。あの世。「よみのくに」「よみぢ」とも。例「その――の坂に塞（さや）りし石（いは）は、道反（ちがへし）の大神と号（なづ）け」〈古事記・上・伊邪那岐命と伊邪那美命〉訳（あの世から伊邪那美命（いざなみのみこと）が追って来た時）あの世との境界にある坂にふさがった岩は、道反大神と名付け。

よみ-がへ・る【蘇る】〔自ラ四〕｛ら・り・る・る・れ・れ｝《「黄泉（よみ）から帰る」の意》死んだ者が生命を取り戻す。生き返る。例「もし、死にたりける人を捨てたりけるが、――・りたるか」〈源氏・手習〉訳もしかすると、死んでしまった人を捨てておいたのが、生き返ったのかもしれない。注入水自殺ニ失敗シタ浮舟ヲ発見シタ僧ノ言葉。

よみ-ぢ【黄泉】〔名〕「よみ」へ行く道。あの世への道。また、あの世。例「にはかにうち続くべかなる――のいそぎは」〈源氏・夕霧〉訳（どちらか一人が先に死んだら）すぐにその後へ続くはずというあの世への旅の準備は（できています）。

よみ-びと【読み人・詠み人】〔名〕和歌などの作者。例「――誰（たれ）と知らず」〈栄花・御裳ぎ〉訳作者は誰だかわからないが。

読み人知（し）らず《『古今和歌集』以後の歌集で》作者が誰だかわからないこと。作者が本当にわからない場合と、何かの事情で名を明らかにするのを憚（はばか）って「読み人知らず」とする場合とがあった。例「勅勘（ちよくかん）の人なれば、……歌一首ぞ、――と入れられける」〈平家・七・忠度都落〉訳（平忠度（たいらのただのり）は）天皇のお咎（とが）めを受けた人だから、……（彼の作った）歌を一首だけ、（名前を明らかにせずに）作者不明と（いうことにして『千載（せんざい）和歌集』に)お入れになった。

よみ-ほん【読本】〔名〕江戸時代後期の小説の一種。絵を主体とした草双紙に対して、挿絵が少なく、読むのを主体とする本の意であるが、主として、中国の小説の影響を受けて成った伝奇小説を指す。儒教・仏教思想を盛り込んだものが多く、文章は漢文調もしくは擬古的文体をとるものが多い。上田秋成の『雨月物語』、曲亭馬琴の『南総里見八犬伝』などが代表作。

よ・む【読む・詠む】〔他マ四〕{ま・み・む・む・め・め}❶数をかぞえる。例「ぬばたまの夜(よ)渡る月を幾夜(いく)経(ふ)と――・みつつ妹(いも)はわれ待つらむぞ」〈万葉・一八・四〇七三〉訳夜空を渡る月を見て幾晩過ぎたと数えては、妻は私を待っているだろうか。
❷(書かれたものを)声を出して唱える。例「法華経――・み奉りけるに」〈平家・六・慈心房〉訳法華経を唱え申し上げていたところ。
❸詩歌を作る。詠ずる。

よ-も【四方】〔名〕❶四方。東西南北。例「――の御門(みかど)にゆつ磐(いは)むらのごとく塞(さや)りまして」〈祝詞・六月月次〉訳(宮殿の)四方の御門に神聖な大磐石のように立ちふさがっておられて。
❷あちらこちら。いたるところ。まわり一帯。例「――の梢(こずゑ)、をかしう見え渡るを」〈源氏・柏木〉訳あたり一面の木の梢が、趣深く見渡されるのに。
四方の海(み) 四方の海。転じて、天下。例「――の波の音、静かに見えたり」〈讃岐典侍・下〉訳(長い年月の間)世の中は、平穏無事であるように思われた。

よも〔副〕

「よも」は副詞で、多く打消し推量の助動詞「じ」を伴い、まさか〜まい、という気持ちを表す。自分の予想と反した事実を耳にして意外に思う気持ちであり、そこから、まさか、決して、よもや、などの意味が生じてくる。

まさか。決して。よもや。例「世俗の虚言(そらごと)をねんごろに信じたるもをこがましく、――あらじなど言ふも詮(せん)なければ」〈徒然草・七三〉訳(神仏について)世間の作り話を本気で信じるのも馬鹿みたいだし、(かといって)まさかそんなことあるまいなど言ってみても仕方のないことだから。

よもぎ【蓬】〔名〕野草の一種。生長した葉は艾(もぐさ)として用いる。新芽は草餅の材料に、浅茅(あさぢ)・葎(むぐら)などとともに、雑草の代表として荒れた邸宅の描写に使われていることが多い。(季・春)例「貧しき家の――・葎」〈源氏・松風〉訳貧しい家のヨモギやムグラが生い茂っている(荒れはてた)様子は。

よもぎ-ふ【蓬生】ゥ〔名〕ヨモギなど雑草が生い茂って荒れ果てた所。例「年頃の――を離(か)れなむも、さすがに心細く」〈源氏・若紫〉訳長い間住みなれたこの荒れた家を離れてしまうようなことにつけても、やはり心細い気がして。

よ-も-すがら【夜もすがら】〔副〕《「よすがら」とも》夜通し。一晩中。例「名月や池をめぐりて――」〈芭蕉〉訳名月よ。そのあまりの美しさに池の周りを巡りつつ一晩中過ごしてしまった。

黄泉つ平坂(よもつひらさか)【地名】(上代語。「よも」は「黄泉(よみ)」の変化した形。「つ」は今の「の」の意の、上代の連体助詞)生きる者の世界である現世と、死者が行くという黄泉の国との境にあるとされた坂。この世とあの世の境の坂。

参考「よもつ」の形は、他にも「よもつ神」「よもつ国」「よもつ醜女(しこめ)」などの形で、しばしば用いられる。

よも-の-うみ【四方の海】⇩「よも(四方)」子項目

よも-やま【四方山】〔名〕《「四方八面(よもやも)」の変化した形か》❶まわり一面。世の中すべて。世間。
❷さまざま。雑多なこと。
❸(「四方(しほう)の山」の意にとって)まわりの山々。例「一天下の人、烏(からす)のやうなり。――の椎柴(しひしば)残らじと見ゆるも」〈栄花・月の宴〉訳(天皇の喪(も)に服して)国中の人々は、みな(黒い喪服を着て)烏のようである。(そのために)四方の山々の椎の小枝は(喪服の染料にするのに刈り取られて)残っていないだろうと思われるのも。

よ-や ■〔連語〕《間投助詞「よ」+間投助詞「や」》…よ。例「『阿弥陀仏(あみだぶつ)よや、おいおい。いどこにおはします』と呼ばへば」〈今昔・一九・一四〉訳「阿弥陀仏よ、おいおい。どこにおいでですか」と呼ぶと。
■〔感〕おおい。よう。例「助けよや、猫また、――、――」〈徒然草・八九〉訳助けてくれ、猫また(＝想像上ノ怪獣)だ、おおい、おおい。

よ-よ【世世・代代】〔名〕❶多くの世代。長い年月。例「高き卑しき人の住まひは、――を経て尽きせぬものなれど」〈方丈記・ゆく河〉訳身分の高い人や低い人の住まいは、多くの世代を経てもなくならないものだけれども。
❷別々に過ごす世。特に、男女が別れて別々に生きる時にいう。例「我も人も、おのが――」〈夜の寝覚・五〉訳自分も相手も、(それぞれ他の人と結婚して)別々の世を送ることになり。
❸(仏教語)過去・現在・未来の世。三世(さんぜ)。

よよ〔副〕❶涙をこぼして泣く様子。おいおい。例「悲しきこともものに似ず、――とぞ泣きける」〈大和・一四八〉訳悲しいことは何にたとえようもなく、おいおいと泣いたのだった。
❷酒や汁を勢いよく飲む様子。ぐいぐい。例「酒を出(い)だしたれば、さし受けさし受け、――と飲みぬ」〈徒然草・七〉訳酒を出したらば、(ついでもらうのを)次々と受けて、ぐいぐいと飲んだ。

より〔格助〕接続 体言や体言に準ずる語句に付く。

❶【起点】動作・作用の時間的・空間的な起点を示す。…から。例「知らず、生まれ死ぬる人、いづかたより来たりて、いづかたへか去る」〈方丈記・ゆく河〉訳(私は)知らない、生まれたり死んだりする人が、どこから来て、どこへ消え去って行くのか。例「志賀の浦や遠ざかりゆく波間より凍りて出(い)づる有明(ありあけ)の月」〈新古今・冬・六三九〉訳志賀の浦では岸辺から凍り、遠ざかりゆく波の間から、氷のような冷たい光を放って出る有明の月よ。
❷【通過点】動作の行われる場所や通過する場所を示す。…から。…を通って。例「門(かど)よりもえ入らで、童(わらは)べの踏みあけたる築地(ついひぢ)のくづれより通ひけり」〈伊勢・五〉訳門から入ることが出来ずに、子供達が踏みこわしてあけた土塀の崩れた所から(女の所に)通って行った。

❸【手段・方法】動作の手段・方法を示す。…で。…によって。例「ある時思ひ立ちて、ただひとり、徒歩(かち)よりまうでけり」〈徒然草・五二〉訳(仁和寺(にんなじ)の法師が)ある時思い立って、ひとりだけで、徒歩で(石清水(いわしみず)八幡宮に)お参りした。

❹【基準】比較する基準を示す。…よりも。例「常よりも物思ひたるさまなり」〈竹取・かぐや姫の昇天〉訳(かぐや姫は月を見て)いつもよりも物思いに沈んでいる様子である。例「東路(あづまぢ)の道の果(は)てよりも、なほ奥つ方に生ひ出(い)でたる人」〈更級・かどで〉訳京都から東国へ行く道の終わる所(=常陸(ひたち))よりも、もっと奥の方(=上総(かずさ))で生まれ育った人。注『更級日記』ノ冒頭部。

❺(主として「ほか」「うち」などの語を後に伴って)範囲を限定する意を表す。…以外。…より。例「ひぐらしの鳴く山里の夕暮れは風よりほかに訪(と)ふ人もなし」〈古今・秋上・二〇五〉訳ヒグラシ蝉(ぜみ)の鳴いている山里の夕暮れは、風よりほかには訪れて来る人もない。

❻(活用語の連体形に付いて)すぐに続いて起こる意を表す。…やいなや。…とすぐに。例「名を聞くより、やがて面影(おもかげ)は推(お)しはからるる心地(ここち)するを」〈徒然草・七一〉訳名前を聞くやいなや、すぐに(その人の)顔つきは思い浮かべられる気持ちがするが。

参考 (1)上代では「より」とほぼ同じ意味の語として「よ」「ゆ」「ゆり」があったが、平安時代以降は「より」のみが用いられた。(2)「より」は格助詞「から」と意味・用法に共通するものがある。鎌倉時代までは「より」が、また、室町時代頃からは「から」が多く用いられた。

より-あひ【寄り合ひ】(イ:ア)〔名〕《動詞「よりあふ」の連用形の名詞化》❶多くのものや人が一つに寄り合うこと。一定の目的で会合すること。また、その所。例「──座敷も色近き所をさって」〈西鶴・世間胸算用・三・一〉訳寄り合いのための座敷も色町(=遊里)に近い所を避けて。

❷(連歌・俳諧(はいかい)用語)前句(まえく)と付け句とを結びつける縁となる詞や素材。例「前(さき)の句の──を洩(も)らさじとすれば、句がらも極めて下品(げぼん)の物になるなり」〈連理秘抄〉訳前句と関連するものを(付け句に)すべて盛りこもうとすれば、付け句の品格もきわめて低いものになるのである。

より-うど【寄人】(ヨリュウド)〔名〕《「よりびと」のウ音便》❶宮中の記録所、院の文殿(ふどの)などの書記。また、鎌倉・室町幕府の政所(まんどころ)・問注所・侍所(さむらいどころ)の書記役。

❷和歌所で、和歌の選定にあたる職員。

よ-りき【与力】一〔名・自サ変〕助力すること。また、その人。軍記物語で、味方する・加勢する意に多く用いられる。例「そもそも、天台衆徒(しゅと)平家に同心か、源氏に──か」〈平家・七・木曽山門牒状〉訳そもそも、天台宗の僧兵達は平家に味方するのか、源氏に加勢するのか。

二〔名〕❶(「寄騎」とも書く)室町時代、諸大名や部将などに所属する武士。

❷江戸時代、諸奉行(ぶぎょう)・所司代(しょしだい)などに属して、同心を指揮し、上役を補佐する役。また、その役にある人。

より-つ-く【寄り付く】〔自カ四〕(か・き・く・く・け・け)そばに寄る。近寄る。

より-て【因りて・依りて・仍りて】〔接続〕それで。そこで。だから。例「──、『善人だにこそ往生すれ、まして悪人は』と仰(おほ)せ候ひき」〈歎異抄・三〉訳それで、「善人でさえ往生するのに、まして悪人は(言うまでもない)」と仰せになったのでした。

より-どころ【拠り所】〔名〕たよりとする所。よるべ。また、根拠となるもの。例「公(おほやけ)・私(わたくし)に──なく、さし放たれ給へるやうなり」〈源氏・橋姫〉訳(八の宮は)公私ともに頼りとする所がなく、(世間から)見捨てられなさっているようである。

より-ふ-す【寄り臥す】〔自サ四〕(さ・し・す・す・せ・せ)物にもたれて姿勢を楽にする。寄りかかり横になる。例「人々物の後ろに──・しつつうち休みたれば」〈源氏・常夏〉訳女房達が物陰で寄りかかって横になって休んでいるので。

より-まし【寄りまし】〔名〕修験者が祈禱(きとう)する時に、神霊や物の怪(け)を一時的に乗り移らせるため、そばに座らせておく人や人形。霊が乗り移ると、その人の口からお告げの言葉が出る。

よりゅうど【寄人】〔名〕⇩よりうど

よる【夜】〔名〕日没から日の出までの間。

夜の御殿(おとど) 天皇のご寝所。清涼殿(せいりょうでん)の中にある。また、中宮や東宮の御寝所や貴人の寝室。「夜の御座(おまし)」とも。

夜の御座(おまし) ⇩夜の御殿(おとど)

夜の錦(にしき) (夜、美しい錦織りを着ても目立たないことから)効果がなくて惜しいこと。かいがないことのたとえ。例「見る人もなくて散りぬる奥山のもみぢは──なりけり」〈古今・秋下・二九七〉訳見る人もいないのに散ってしまう奥山の紅葉は惜しいことで、たとえに言う「夜の錦」であったよ。

要点『史記』の、項羽の言葉を出典とする。

夜の物(もの) 夜、寝る時に使う、夜着・夜具などの類。例「いとあはれと思ひて、──まで贈りて」〈伊勢・一六〉訳とてもかわいそうだと思って、夜具までも贈って。

夜を昼(ひる)にな-す 夜も昼も休まずに続けて事をする。昼夜兼行でする。例「──・して上る間に」〈今昔・一六・二〇〉訳昼夜の別なく急いで都へ上る途中。

よ-る【因る・由る・依る】〔自ラ四〕(ら・り・る・る・れ・れ)❶基づく。原因する。例「人言(ひとごと)の繁(しげ)きに──・りてまを薦(こも)の同(おや)じ枕は我(わ)はまかじやも」〈万葉・一四・三四六四〉訳人の噂(うわさ)がうるさいからといって、薦(=水草ノ一種)で作った一つ枕を私があなたと共にしないということがあろうか。

❷関係し影響を受ける。かかわる。例「道心(だうしん)あらば、住む所にしも──・らじ」〈徒然草・五八〉訳仏の教えに従って生きようとする求道心があるならば、(往生出来るかどうかは)必ずしも住む所にかかわりはないであろう。注出家シヨウト在家デアロウト関係アルマイトイウコト。

よ-る【寄る】〔自ラ四〕(ら・り・る・る・れ・れ)❶接近する。近寄る。例「あやしがりて──・りて見るに、筒の中光りたり」〈竹取・かぐや姫の生ひ立ち〉訳不思議に思って近寄って見ると、(竹の)筒の中が光っている。

❷一か所に集まる。寄り合う。例「波立てば奈呉(なご)の浦廻(うらみ)に──・る貝の間(ま)なき恋にぞ年は経にける」〈万葉・一八・四〇三三〉訳波が立つと奈呉の入り江に集まる貝がすき間がないほどであるように、絶え間のない恋に年月はたってしまった。

❸訪れる。立ち寄る。例「我が御家へも━・り給はずしておはしたり」〈竹取・蓬萊の玉の枝〉訳ご自分のお屋敷にもお立ち寄りにならないでいらっしゃったのです。
❹頼りにする。すがる。例「船流したる心地(ここち)して━・らむ方なく悲しきに」〈古今・雑体・一〇〇六長歌〉訳(七条の中宮を失い)船を流してしまったような気がして頼りにするすべもなく悲しくて。
❺気持ちが傾く。心ひかれる。例「梓弓(あづさゆみ)引けど引かねど昔より心は君に━・りにしものを」〈伊勢・二四〉訳梓弓を引いても引かなくても(＝ドウデアッテモ)以前から私の心はあなたに傾いていましたのに。注「引けど引かねど」ハ、「とにもかくにも」ノ意ヲ弓ニタトエテ言ッタモノ。諸説アル。

よ・る【縒る・撚る】〔他ラ四〕{ら・り・る・る・れ・れ}糸状のものをねじりあわせる。よる。例「女の髪筋(かみすぢ)を━・れる綱には大象もよくつながれ」〈徒然草・九〉訳女の髪の毛をより合わせて作った綱には大きな象もしっかりとつながれるし。

よる-の-おとど【夜の御殿】⇩「よる(夜)」子項目

よる-の-おまし【夜の御座】⇩「よる(夜)」子項目

よる-の-にしき【夜の錦】⇩「よる(夜)」子項目

夜の寝覚(よるのねざめ)【書名】平安中期の物語。作者は、菅原孝標女(すがはらのたかすゑのむすめ)かというが未詳。十一世紀後半の成立。権中納言(ごんちゅうなごん)と寝覚の上(＝人名)をめぐる悲劇的な恋を描く。浪漫的色彩が濃く、心理描写の鋭さに特色がある。『源氏物語』の「宇治十帖」の影響が大きい。『夜半の寝覚』『寝覚』とも。

よる-の-もの【夜の物】⇩「よる(夜)」子項目

よる-べ【寄る辺】〔名〕(上代では「よるへ」)❶身を寄せる所。頼りにする所。例「━なみ身をこそ遠く隔てつれ心は君が影となりにき」〈古今・恋三・六一九〉訳(あなたに近づこうとしても)頼りにする縁故がないので、私の身は遠く離れていますが、心だけは影のようにぴったりと、あなたから離れられなくなってしまいました。
❷(生涯の頼りにするところから)夫または妻。また、通い住む所。

よる-よる【夜夜】〔名〕夜ごと。毎晩。例「━まるりて、三尺の御几帳(みきちやう)のうしろにさぶらふに」〈枕草子・宮に初めて参りたるころ〉訳(私は)毎晩のように(中宮さまのお部屋に)参上して、高さ三尺の御几帳の後ろに控えておりますと。

よる-を-ひる-に-な・す【夜を昼になす】⇩「よる(夜)」子項目

よろこび

【喜び・悦び・慶び】〔名〕(動詞「よろこぶ」の連用形の名詞化)❶よろこぶこと。うれしく思うこと。
❷祝い事。官位についたり、昇進したりする事。例「みなさるべき限り、━し給ふも」〈源氏・紅葉賀〉訳皆そうあるはずの人すべてが、官位昇進なさるにつけても。
❸「よろこびまうし」に同じ。例「━奏するこそをかしけれ」〈枕草子・よろこび奏するこそ〉訳昇進任官などのお礼を奏上する様子はおもしろい。

よろこび-まうし【慶び申し・慶び奏し】ヨロコビモウシ〔名〕昇進・任官のお礼を申し上げること。例「上達部(かんだちめ)━などし給ふ」〈栄花・暮待つ星〉訳公卿(くぎやう)達(＝三位以上ノ高級官人)が官位昇進のお礼の言上などをなさる。

よろこ・ぶ【喜ぶ・悦ぶ】■一〔自バ上二〕{び・び・ぶ・ぶる・ぶれ・びよ}(上代語)うれしい気持ちを外に表す。喜ぶ。例「こほろぎの待ち━・ぶる秋の夜を寝(ぬ)る験(しるし)なし枕と我は」〈万葉・一〇・二二六四〉訳コオロギが待ちうけ、うれしがる秋の夜だが、寝るかいもない、枕と私は。
■二〔自バ四〕{ば・び・ぶ・ぶ・べ・べ}■一に同じ。例「笑(ゑ)みを含んでぞ━・ばれける」〈平家・四・源氏揃〉訳笑みをたたえて喜びなさった。

よろこぼ・ふ【喜ぼふ】ヨロコボウ〔自ハ四〕{は・ひ・ふ・ふ・へ・へ}(「喜ぶ」の未然形に反復・継続の助動詞「ふ」の付いた「喜ばふ」の変化した形)うれしく思う。喜ぶ。例「━・ひて、『思ひけらし』とぞ言ひをりける」〈伊勢・一四〉訳喜んで、「(私のことを)愛していたらしい」と言っていたのだった。

よろ・し

【宜し】〔形シク〕(動詞「寄る」の形容詞化した形)

> 上代は「よし」と同じ。平安時代からは、低い評価で、悪くはない、の意。対義語は「わろし」。

❶好ましい。すばらしい。よい。例「物皆は新(あら)たしきよしただしくも人は古きし━・しかるべし」〈万葉・一〇・一八八五〉訳物は皆新しいものがよい。しかし、人は年をとった者の方がよいはずだ。
❷適当である。ふさわしい。例「湯浴(あ)みなどせむとて、あたりの━・しき所に下りて行く」〈土佐・一月十三日〉訳(女達は)水浴びなどをしようとして、あたりの(人目を避けるのに)適当な所に(船から)下りて行く。
❸**まあよい方である。悪くはない。**例「━・しう詠みたると思ふ歌を、人のもとにやりたるに、返しせぬ」〈枕草子・すさまじきもの〉訳悪くはなく詠んだと自信のある歌を、人の所に送ったのに、返歌をよこさないのは(不快である)。
❹**普通である。たいしたことはない。**例「━・しき深さなどにてだに、さるはかなきものに乗りて漕(こ)ぎ出(い)づべきにもあらぬや」〈枕草子・日のいとうららかなるに〉訳たいしたことのない深さの所でさえ、そんな頼りないもの(＝舟)に乗って漕ぎ出すべきではないのだ。

> 参考 平安時代の中期以降、漢文訓読の際、「宜」を「よろしく…べし」と読むのは、②の転用。

よろず【万】〔名・副〕⇩よろづ

よろづ【万】ヨロズ■一〔名〕千の十倍。また、数が非常に多いこと。「━代(よ)」など。また、すべてのこと。さまざまなこと。例「野山にまじりて竹を取りつつ、━の事に使ひけり」〈竹取・かぐや姫の生ひ立ち〉訳(竹取の翁(おきな)は)野や山に分け入っていつも竹を取っては、さまざまな事に使っていた。
■二〔副〕(「よろづに」とも)すべて。何事につけても。例「━隠ろへたる事多かりけれ」〈源氏・末摘花〉訳(夜暗い中で見た目には)すべて目立たないことが多かったが。

よろづ-たび【万度】ヨロズ〔名〕(副詞的に用いて)何度も何度も。幾度となく。例「この道の八十隈(やそくま)ごとに━かへりみすれど」〈万葉・二・一三一長歌〉訳(いま自分の行くこの道の多くの曲がり角に来るたびに、(妻を残して来た里を)幾度となく振り返って見るけれども。

よろづ-に【万に】ヨロズ〔副〕万事につけて。何かにつけて。例「身に余るまでの御心ざしの━かたじけなきに」〈源氏・

桐壺〉訳（娘、桐壺更衣の）分に過ぎた（桐壺帝の）ご愛情がすべてにつけて恐れ多いほどであったために。

万の文反古《書名》江戸前期の浮世草子。井原西鶴作。一六九六年（元禄九）刊。西鶴の第四遺稿集であるが編者は不明。一通一編となる書簡体小説。全十七通十七編から成る。手紙を通して赤裸々な人間の生活内情や心理を描写している。

よろづ-よ【万代・万世】〔名〕いつまでも長く続く世。永久。例「――に見とも飽かめやみ吉野の激つ河内の大宮所」〈万葉・六・九二〇〉訳いつまでも長く見続けても見飽きることがあろうか（いや、そんなことはあるまい）。この吉野川（＝奈良県吉野郡ノ川）の激流のあたりの（すばらしい）離宮の地は。

よろひ【鎧】〔名〕戦場で着用し、敵の矢や刀から身を守る武具。正式の大鎧のほか、胴丸・腹巻などの種類がある。ふつう、札と呼ばれる鉄の小片を、皮紐や組み糸で綴り合わせて作るが、この綴り糸の色目のちがいによって、「黒革縅の鎧」「緋縅の鎧」などと呼ばれる。

よろひ-びたたれ【鎧直垂】〔名〕鎧の下に着る直垂。ふつうの直垂より袖口が細く、袖口と袴の裾を括るようになっている。綾・錦・練絹などで作られ、きらびやかなものが多い。軍記物語では、単に「直垂」といえばこれを指す。

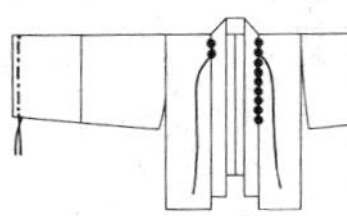

よろひびたたれ

よろ・ふ【鎧ふ】〔他八四〕鎧を着る。甲冑を着ける。例「明経道の博士（はかせ）甲冑を――・ふことしかるべからず」〈平家・八・鼓判官〉訳明経道の博士が甲冑を着けることはあってはならない。

よろぼひ-ゆ・く【蹌踉ひ行く】〔自カ四〕よろめいて行く。よろよろと行く。例「物にも乗らぬ際は大路をよろ――・きて」〈徒然草・一七五〉訳乗り物にも乗らない身分の者は（酔っぱらって）大路をよろよろと行って。

よろぼ・ふ【蹌踉ふ】〔自八四〕《上代は「よろほふ」》❶よろよろと歩く。よろめく。例「立ち居もあさましう――・ふ」〈源氏・明石〉訳（明石の入道は）立ったり座ったりするのにもあきれるほどによろめく。❷倒れそうになる。くずれかかる。例「御車寄せたる中門の、いといたうゆがみ――・ひて」〈源氏・末摘花〉訳お車を寄せた（末摘花邸の）中門が、大層ひどくゆがんでくずれかかっていて。

よわ【夜半】〔名〕⇩よは

よわい【齢】〔名〕⇩よはひ

よわ-げ【弱げ】〔形動ナリ〕弱々しそうな様子。例「御いらへ時々聞こえ給ふも、なほいと――・なり」〈源氏・葵〉訳（葵の上は）時々お返事を申し上げるが、やはり実に弱々しげである。

よわ-ごし【弱腰】〔名〕腰の両側の細くくびれた部分。例「鷹は――を取ることなれば」〈徒然草・六六〉訳タカは（獲物の鳥の）尾のつけねの細くなっている部分をつかまえるものだから。

よわ・し【弱し】〔形ク〕❶（体力・気力などの）勢いが乏しい。弱い。例「ただ五、六日のほどに、いと――・うなれば」〈源氏・桐壺〉訳わずか五、六日の間に、すっかり体が衰弱したので。❷能力に乏しい。劣っている。例「乗るべき馬をば、まづよく見て、強き所、――・き所を知るべし」〈徒然草・一八六〉訳乗ろうとする馬を、まずよく観察して、すぐれている点と、劣っている点とを見極めるべきである。

よ-ゐ【夜居】〔名〕夜通し、貴人のそばなどに控えていること。特に、僧が、徹夜で加持・祈禱などをすること。

よ-を-そむ・く【世を背く】⇩「よ（世）」子項目

よ-を-のが・る【世を遁る】⇩「よ（世）」子項目

よ-を-むさぼ・る【世を貪る】⇩「よ（世）」子項目

よ-をり【節折り】〔名〕陰暦六月・十二月の末日に、宮中で行われた行事。天皇・中宮・東宮の身長に合わせて竹を折り、それで祓えを行う。平安時代以後応仁の乱まで行われ、その後、中絶していたが、明治四年復活された。

よん-の-おとど【夜の御殿】《連語》（「よるのおとど」の変化した形）⇩よるのおとど

ら

ら【羅】〔名〕透けて見えるくらいに薄く織られた絹布。「うすぎぬ」「うすもの」とも。例「表紙は――、紐同じ唐の組」〈紫式部・殿から宮への贈物〉訳（贈り物の本の）表紙は薄絹、紐は同じ薄絹で作った中国風の組み紐で。

ら《完了の助動詞「り」の未然形》⇩り（助動）

ら【等】〔接尾〕《名詞に付く》❶はっきりそれと指し示すのではなく、多くのものの中の一つとして漠然と示す意を表す。…など。例「忍びに人にもの――言ひてのちに」〈古今・恋三・六二六詞書〉訳内密に人に何かと語り合って後に。❷（自分を指す名詞・代名詞に付いて）謙譲の意を添える。…など。…め。例「憶良――は今は罷らむ子泣くらむそれその母も我を待つらむぞ」〈万葉・三・三三七〉訳憶良めは今はもう失礼いたしましょう。家では子供も泣いているでしょう。その母親も私を待っていることでしょう。注山上憶良ガ、宴席カラ退出スル時ニ詠ンダ歌。第四句ヲ「そを負ふ母も」トスル説モアル。❸（相手や第三者を指す名詞・代名詞に付いて）親愛の意を添える。また、中世以降、軽侮の意を添える。「子――」「妻――」「少女――」「おのれ――」など。

らい-がう【来迎】〔名〕《仏教語。古くは「らいかう」》信者の臨終に際して、極楽から仏や菩薩が迎えに来ること。例「西方浄土の――にあづからんと思し召し、西に向かはせ給ひて御念仏侍ふべし」〈平家・一一・先帝身投〉訳西の方にある極楽浄土からのお迎えにあずかろうとお思いになり、西の方にお向きになって「南無阿弥陀仏」と念仏をお唱えなさいませ。

らい-し【礼紙】〔名〕書状などの上に巻く白紙。その上をさらに包み紙で巻いて送る。例「――にぞあるらんとて、――を見るにも見えず」〈平家・三・足摺〉訳（赦免状に俊寛の名がないので）礼紙にはあるだろうと思って、礼紙を見てもその名が見えない。

らい-せ【来世】〔名〕《仏教語》「三世」の一つ。死後に

【らいせ】

生まれかわる次の世。後世。

らい-はん【礼盤・礼版】〔名〕〔仏教語。「らいばん」とも〕導師が礼拝・読経する、仏前の高座。

らい-ふく【礼服】〔名〕朝廷の大きな儀式の時に、官人が着用する正装。即位式・大嘗会・正月の節会や、外国の使臣を接待する際などに、五位以上の男女が着用し、身分によってその形や色が違っていた。

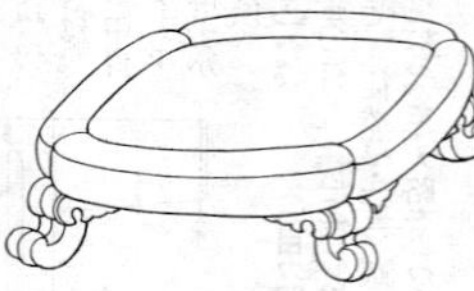

らいはん

らう【労】〔名〕❶骨折り。苦労。また、それを積むこと。年功。例「宮仕への——もなくて、今年加階し給へる心にや」〈源氏・真木柱〉訳宮仕えの功労もなしに、今年（三位に）昇進なさった（感謝の）気持ちからであろうか。
❷（苦労を積んだ結果）物事に熟練していること。心が行き届いていること。巧みであること。例「かどかどしく——ありて」〈源氏・若菜・下〉訳（玉鬘は）才気があり（何事につけ）物慣れていて。

らう【廊】〔名〕寝殿造りなどで、建物と建物とを結ぶ板じきの渡り廊下。

らう〔助動特活〕〔室町時代以降の語。推量の助動詞「らむ」から変化した語〕接続 活用語の終止形・連体形に付く。
〔現在の事実についての推量、また、その原因・理由についての推量を表す〕…だろう。…ているだろう。…のだろう。例「宇治の川瀬の水車なにと憂き世をめぐる**らう**」〈閑吟集・六四〉訳宇治川の川瀬（＝水ノ浅イ所）にある水車は、どうしてこのつらい世の中を（変わることなく）回っているのだろう。

らう【郎】〔接尾〕男子の生まれた順序を示す。また、固有名詞にも用いられる。…男。「太——」「次——」「三——」など。

らう-あん【諒闇】〔名〕⇩りゃうあん

らう-えい【朗詠】〔名〕漢詩文の対句になっている二句や和歌に節をつけてうたうこと。例「中将も『灯暗うしては数行虞氏の涙』といふ——をぞせられける」〈平家・一〇・千手前〉訳中将（＝平重衡）も「灯暗うして数行虞氏の涙（夜深うして四面楚歌の声）」という（漢詩の一節の）朗詠をなさった。

> 参考 朗詠は、平安中期に盛んとなり、その後かなり長く行われた。初めは漢詩文の一節に節をつけて、儀式や管弦の遊びの際に歌ったが、後には和歌にも節をつけて歌うようになった。朗詠用の詩歌を集めたものに、藤原公任の『和漢朗詠集』・藤原基俊の『新撰朗詠集』などがある。

らう-がは・し

【乱がはし】〔形シク〕類かまびすし・みだりがはし

> 「らう」は「乱」の字音ランの変化したもの。乱雑である、乱れている、の意。「乱」を訓読みした「みだりがはし」と意味が近い。

❶**乱雑である。ごみごみしている。** 例「——・しき大路に立ちおはしまして」〈源氏・夕顔〉訳ごみごみしている大通りにお立ちいただきまして。注光源氏ニワビル言葉。
❷（乱れていて）騒がしい。やかましい。例「皆同じく笑ひののしる、いと——・し」〈徒然草・五六〉訳（面白がって）皆が一緒に大声で笑うのは、大変騒がしい。
❸無作法である。みだらである。例「かうかすかなる道にても、——・しきことは侍らじとなむ、頼み侍る」〈源氏・玉鬘〉訳（私は、光源氏の殿に仕えているので）こんな心細い道中でも、無礼なこと（をされること）はありますまいと、心強く思っています。

らう-じゅう【郎従】〔名〕家来。従者。「郎等」とも。例「あるいは相伝の——と号して」〈平家・一・殿上闇討〉訳ある者は代々の家来だと称して。

らう・ず【領ず】〔他サ変〕⇩りゃうず

らうせう-ふぢゃう【老少不定】〔連語〕〔仏教語〕人の命ははかないもので、老人が先に死に若い者が後に残るとは決まっていないこと。人命がはかないこと。例「年の若きを頼むべきにあらず、——の境なり」〈平家・一・祇王〉訳年の若いのをあてにしてはいけない、（この世は）老人も若い者もいつ死ぬかわからないはかない世界である。

らう-ぜき【狼藉】〔名・形動ナリ〕〔狼が草を藉いて寝た跡が乱雑だったところから〕❶乱雑な様子。雑然。散乱。例「落葉すこぶる——・なり」〈平家・六・紅葉〉訳落葉が非常に乱雑に散らかっている。
❷無法な様子。乱暴。無礼。例「こは希有の——かな」〈徒然草・一〇六〉訳これ（＝僧デアル私ノ乗ッテイル馬ヲ堀ヘ落トシタコト）はとんでもない無礼であるぞ。

らうた-が・る〔他ラ四〕〔形容詞「らうたし」の語幹に接尾語「がる」の付いたもの〕かわいいと思う。かわいがる。例「あからさまに来たる子供・童を、見入れ——・りて」〈枕草子・にくきもの〉訳ちょっと遊びに来た子供や幼子達を、目をかけかわいがって。

らうた-げ〔形動ナリ〕〔形容詞「らうたし」の語幹＋接尾語「げ」〕いかにもかわいらしい様子。例「つらつきいと——・にて」〈源氏・若紫〉訳顔つきは誠にかわいらしくて。

らう-た・し

〔形ク〕⇩らうたがる・らうたげ

> 子どもや女性について、世話してやりたい、かわいらしい、の意を表す。

かわいらしい。また、いとしい。 例「をかしげなる稚児の、あからさまに抱きて遊ばしうつくしむほどに、かい付きて寝たる、いと——・し」〈枕草子・うつくしきもの〉訳いかにもかわいい幼児が、ついちょっと抱いて遊ばせかわいがっているうちに、抱きついて寝たのは、たいそうかわいらしい。

らう-どう【郎等】〔名〕❶家来。従者。「郎従」とも。例「なほ守の館にて、あるじしののしりて、——までに物かづけたり」〈土佐・十二月二十六日〉訳（今日も）やはり（新任の）国司の官舎で、（前任者を）大騒ぎをしてごちそうし、従者にまで贈り物を与えた。注前任者トハ、紀貫之ノコト。
❷武家の従者のうちで、主人と血縁関係のない者。例

「院宣の御使泰定(やすさだ)は、家の子二人・――十人具したり」〈平家・八・征夷将軍院宣〉訳（後白河）法皇のご命令の文書のご使者の中原泰定は、血縁関係の従者二人と血縁のない従者十人を引きつれていた。

参考 ②は、平安末期以降、武士の社会で血縁関係のある「家の子」と区別して用いられ、「家の子」より一般に地位が低く、領地も持たない。

らう-め・く【廊めく】ロウ〔自カ四〕〔か・き・く・く・け・け〕《「めく」は接尾語》建物と建物をつなぐ渡り廊下のようである。例「屋のさまもはかなだち、――・きて」〈枕草子・五月の御精進のほど〉訳建物の様子も貧弱に見え、渡り廊下のような造りで。

らう-らう・じ【労労じ】ロウロウジ〔形シク〕❶物慣れていて巧みである。才知にすぐれている。例「大方――・じうをかしき御心ばへを、思ひしことかなふと思(ぼお)す」〈源氏・紅葉賀〉訳大体に才気があってすぐれた（紫の上の）ご性質を、（理想的な女性を得たいと）願っていたことがかなったと（光源氏は）お思いになる。

❷（容姿・声などが）上品で美しい。かわいらしい。例「夜深(よぶか)くうち出(い)でたる声の、――・じう愛敬(あいぎやう)づきたる、いみじう心あくがれ、せむかたなし」〈枕草子・鳥は〉訳夜が深いうちに突然鳴き出した（ホトトギスの）声の、いかにも上品で魅力があるのは、たまらなく心がひかれて、どうしようもない。

要点 経験を積み洗練されている意の「労」を重ねた語と思われる。「労(らう)あり」とほぼ同義で、基本的には、いかにも巧者らしく、することに心配りが行き届いている様子をいい、②も、すみずみまで心配りが感じられる、洗練された容姿などをいう。

らか〔接尾〕〔形容詞語幹・擬態語などに付いて〕性質・状態を表す形容動詞の語幹を作る。「赤――」「軽(かろ)――」「清――」「ぬる――」「ほが――」など。

ら-がい【羅蓋】〔名〕薄い絹を張ったかさ。貴人の頭上にさしかざす。例「立てる人どもは、装束(しやうぞく)の清(きよ)らなること、物にも似ず。……――さしたり」〈竹取・かぐや姫の昇天〉訳（月から来て）立っている人達は、衣服が美麗なことは、比べる物がないほどだ。……（彼らは）羅蓋をさしていた。

らく【洛】〔名〕《「洛陽」の略》都。特に、京都を指す。例「――の貞室若輩(じやくはい)の昔ここに来たりしころ」〈奥の細道・山中〉訳京都の安原貞室(=俳諧師(ハイカイシ)ノ名)が年若く未熟だった昔ここに来た頃。

参考 多く「上――」「帰――」「――中」「――北」などと、複合語の構成要素として用いる。

らく〔準体助〕《上代語》接続 上二段・下二段・カ変・サ変動詞、および助動詞「つ」「ぬ」「しむ」などの終止形、上一段動詞の未然形に付く。

❶「…こと」の意を表し、体言化する。…こと。…ことには。例「潮満てば入りぬる磯(そい)の草なれや見**らく**少なく恋ふ**らく**の多き」〈万葉・七・一三九四〉訳（あの人は）潮が満ちて来ると海の中に沈んでしまう草(=海藻)なのであろうか、逢(あ)うことはまれで、恋い焦がれていることばかりが多いよ。

❷（文末に用いて）感動・詠嘆の意を表す。…ことよ。例「思ひつつ眠(い)も寝がてにと明かしつ**らく**も長きこの夜を」〈万葉・四・四八五長歌〉訳（一日中恋人のことを）慕い続けて眠ることができず、この長い夜を明かしてしまったことだ。

要点 意味・用法は、「く」と全く同じ。接続する語の種類が違うだけである。なお、「思へらく」「言へらく」などの「らく」は、完了の助動詞「り」の未然形に準体助詞の「く」の付いたものである。

ら-く《連語》《完了の助動詞「り」の未然形＋準体助詞「く」》…ていること。…たこと。例「さ雄鹿(をしか)の小野の草伏しいちしろく我が問はなくに人の知れ**らく**」〈万葉・一〇・二二六八〉訳雄鹿が野の草に伏した跡が明らかなように、一目でわかるように、私は（あなたを）訪れたのではないのに、人が知ってしまったことだ。

らく-きょ【落居】〔名・自サ変〕《「らっきょ」とも》❶落ち着くこと。平静になること。例「海内(かいだい)も静かならず、世間も未(いま)だ――・せず」〈平家・一・二代后〉訳国内も穏やかでなく、世の中もまだ落ち着いていない。

❷決まりがつくこと。落着。決着。例「――の首尾を見届けて言上(ごんじやう)する」〈近松・平家女護島・三〉訳（喧嘩(けんか)の）決着を見届けて（都へ）申し上げる。

❸特に、裁判で決まりがつくこと。判決。

らく-しょ【落書】〔名〕匿名で、為政者・権力者に対する批判や時事への風刺などを書いた文書や歌。人目につきやすい所に貼(は)ったり落としておいたりする。「おとしぶみ」とも。例「――ども多かりけり。……平家を平屋(ひらや)によみなして、『ひらやなるむねもりいかに騒ぐらむ柱と頼むすけを落として』」〈平家・五・五節之沙汰〉訳種々の落書が（あちこちに）多くあった。……（敗れた）平家を平屋とよんで、（次のような落首が作られた。）「平屋にある棟(むね)の番人はどんなにあわてふためいていることだろう。支柱として頼りにしていたつっかい棒を落としてしまって」。注コノ歌ハ、敗レタ平氏ノダラシナサヲ風刺シタ落首。「むねもり」ニ「棟守り」ト「（平）宗盛」ヲ、「すけ」ニ「助(すけ)」「亮(すけ)」(=平維盛(コレモリ))ノ両意ヲ掛ケル。

らく-ちゅう【洛中】〔名〕都のうち。京都の町の中。例「白雪くだりて地をうづみ、山上・――おしなべて……皆白妙(しろたへ)になりにけり」〈平家・一・俊寛沙汰・鵜川軍〉訳（八月というのに）白雪が降って地面を埋め、比叡山(ひえいざん)の上も京都の町もあまねく……皆まっ白になってしまった。

洛陽(らくやう)ラクヤウ《地名》❶中国の後漢・隋(ずい)などの時代に都が置かれた河南省にある地名。例「日の入(い)る所と――といづれか遠き」〈宇治拾遺・一二・一六〉訳太陽の沈む所と洛陽とではどちらが遠いのか。

❷（転じて）京都。特に、その東半分の左京。京洛。例「今叡岳(えいがく)の麓(ふもと)を過ぎて――の衢(ちまた)に入(い)るべし」〈平家・七・木曽山門牒状〉訳間もなく比叡山の麓を通り過ぎて京都の町に入ることができるだろう。

参考 平安京は、平安初期、左京を洛陽（城）、右京を長安（城）と名づけたが、右京が早くすたれ、左京の洛陽が平安京(=京都)の代名詞となった。

らし 〔助動特活〕 接続 活用語の終止形に付く。ただし、ラ変型活用語には連体形に付く。

未然形	連用形	終止形	連体形	已然形	命令形
○	○	らし	らし（らしき）	らし	○

【現在推定】❶《客観的な根拠に基づき、確信を持って推定する意を表す》多くの場合、そう推定する根拠が示される。**…らしい。…に違いない。** 例「春過ぎて夏来たる**らし**白栲(しろたへ)の衣(ころも)干したり天(あめ)の香具山」〈万葉・一・二八〉 訳 春も過ぎて夏がやって来ているらしい。真っ白な衣が干してある、天の香具山に。 注 持統天皇ノ作。第二句「夏来にけらし」第四句「衣干すてふ」ノ形デ、『新古今集』『百人一首』ニ収メル。 例「夕されば衣手(ころもで)寒しみ吉野の吉野の山にみ雪降る**らし**」〈古今・冬・三一七〉 訳 夕方になると袖(そで)のあたりが冷える。(この寒さからするとどうも)吉野山では雪が降っているにちがいない。

❷《明らかな事実を表す語に付いて》《その原因・理由などを推定する意を表す》**…であるのは、…だからであるらしい。(…ということで)…らしい。** 例「我が背子(せこ)が挿頭(かざし)の萩(はぎ)に置く露をさやかに見よと月は照る**らし**」〈万葉・一〇・二二二五〉 訳 私の愛する人の髪に挿した萩(の花)に置いている露を鮮やかに見なさいと、月はこのように明るく照っているらしい。

参考 ⑴連体形・已然形の「らし」は、係り結びの結びになっている場合の用法だけしかない。また、連体形「らしき」の形は、上代だけに見られるもので、それも係助詞「こそ」を受けて結ぶ場合の例である。上代では一般に形容詞型活用の已然形が未発達で、そのため「こそ」の結びも連体形で結ぶと考えられており、この「らしき」も連体形とされている。
⑵上代には多く用いられたが、平安時代では主に和歌の中にだけ用いられるようになる。そして、中世になると意味があいまいになり「らむ」と意味が変わらなくなって、「らむ」に吸収された。なお、近世の文語で用いられた「らし」は、活用語の連体形や体言に付き、形容詞型の活用をする。
⑶助動詞「けらし」「ならし」について、助動詞「けり」や「なり」に「らし」が付いた「けるらし」「なるらし」などの「る」が落ちたものと考える説があるが、「る」の落ちる理由が説明できないので、従えない。

らしき 〔現在推定の助動詞「らし」の連体形〕⇩らし

らしゃう-もん【羅城門・羅生門】(ラショウ) 〔名〕《「羅城(らじゃう)もん」とも》平城京・平安京の外郭の正門。都を南北に貫通する朱雀大路(すざくおおじ)の南端にあって、北端の大内裏(だいだいり)正面中央にある朱雀門と相対しており、都への主要な出入口となっていた。 例「―の下(もと)に立ち隠れて立てりけるに」〈今昔・二九・一八〉 訳 (盗みをするために京都へやって来た男が)羅城門の下に隠れて立っていたところが。 注 芥川竜之介ノ小説『羅生門』ノ出典トナッタ部分。

らち【埒】〔名〕馬場の周囲にめぐらした柵(さく)。 例「賀茂の競(くら)べ馬を見侍(はべ)りしに……おのおの降りて―の際(きは)に寄りたれど」〈徒然草・四一〉 訳 上賀茂神社の競馬を見ました時に……(よく見ようと)人々は(牛車(ぎっしゃ)から)降りて馬場の柵のそばに寄っていたけれど。

埒を明(あ)・く (「らち」は、けじめの意) 決着をつける。 例「何の詫(わ)び言もせずに、さらりと―・けける」〈西鶴・世間胸算用・二・四〉 訳 何一つ詫びの言葉も言わないで、あっさりと決着をつけた。

参考 「埒を明く」の「明く」は下二段活用の他動詞である。「埒(が)明く」(＝決着ガツク。仕事ガハカドル)という時の「明く」は四段活用の自動詞。

らち-も-な・い【埒もない】《連語》《近世語。「らっちもない」とも》しまりがない。めちゃくちゃだ。たわいない。とんでもない。 例「はて、―・いこと。一度(ひとたび)斬(き)ったる景清(かげきよ)がよみがへるべきやうもなし」〈近松・出世景清・五〉 訳 はてさて、とんでもないことだ。一度斬った景清が生きかえることができるはずがない。

らち-を-あ・く【埒を明く】⇩「らち」子項目

ら-でん【螺鈿】〔名〕美術工芸の一つ。オウムガイ・ヤクガイなどの貝殻の裏側の美しく光る部分を、さまざまな形に刻み、漆器などの表面にはめこんで飾りとしたもの。

らふ【臈】(ロウ) 〔名〕❶《仏教語》僧が出家受戒の後、安居(あんご)(＝夏ノ間九十日、一カ所ニコモッテ修行スルコト)の功を積んだ回数を数える語。その安居を区切りとして僧の出家受戒後の年数。

❷《多く「上」「下」などの語の下に付いて》年功を積むこと。それによる順位。転じて、身分。 例「すぐれたる御(ご)―どもに、かやうの事はたへぬにやありけむ」〈源氏・胡蝶〉 訳 すぐれたご身分の方々には、このような事(＝歌ヲ作ルコト)は不得意なのであろうか。

らふ【臘】(ロウ) 〔名〕陰暦十二月の異称。臘月。

らむの判別

①現在推量の助動詞「らむ」 ― 活用語の終止形(ラ変型には連体形)に付く
例 かぐや姫と申す人ぞおはします**らむ**

②《連語》完了の助動詞「り」の未然形＋推量の助動詞「む」 ― 四段動詞の命令形、サ変動詞の未然形に付く
例 心知れ**らむ**物を召して、問へ

③ラ行四段・ラ変動詞の未然形「～ら」＋推量の助動詞「む」
例 仰せのごとたてまつ**らむ**は

④助動詞「たり」「なり」「ず」などの未然形「ら」＋推量の助動詞「む」
例 これが本はいかで付くべか**らむ**

⑤形容詞・形容動詞の未然形「～ら」＋推量の助動詞「む」
例 良か**らむ**・静かな**らむ**

らむ 〔助動四型〕《平安末期以後「らん」とも》 接続 活用語の終止形に付く。ただし、ラ変型活用語には連体形に付く。

未然形	連用形	終止形	連体形	已然形	命令形
○	○	らむ	らむ	らめ	○

【現在推量】❶《目に見えていない現在の事柄について推量する意を表す》《今頃は》**…ているだろう。** 例「また異所

(ことど)にかぐや姫と申す人ぞおはしますらむ」〈竹取・かぐや姫の昇天〉訳 また別の所にかぐや姫と申し上げる方がいらっしゃっているだろう。注 迎エニ来タ天人ニ対スル、竹取ノ翁ノ返事。例「奥(おき)はさぞ吹いて候ふらむ」〈平家・一一・逆櫓〉訳 沖はさだめし吹き荒れているでしょう。

❷《現在見聞きしている事柄について、その原因・理由などを推量する意を表す》ⓐ《原因・理由などを表す語がある場合》(…から)…ているのだろう。例「吹くからに秋の草木のしをるればむべ山風を嵐(あらし)と言ふらむ」〈古今・秋下・二四九〉訳 (それが)吹くとすぐに秋の草木がしおれてしまうから、なるほどそれで、人は「山の風」を、物を荒らす荒い風、つまり「嵐」と言っているのであろう。注『百人一首』所収、文屋康秀ノ歌。

ⓑ《疑問を表す語が用いられ、原因・理由などを疑う場合》…ているのだろう(か)。例「などや苦しき目を見るらむ」〈更級・竹芝寺〉訳 (私は)どうして(こんな)苦しい目にあっているのだろうか。

ⓒ《原因・理由などを表す語も疑問を表す語もない場合》どうして…ているのだろう(か)。例「ひさかたの光のどけき春の日にしづ心なく花の散るらむ」〈古今・春下・八四〉訳 うらうらと光のどかな春の日に、どうして桜の花は落ち着いた心もなく散っているのだろう。注『百人一首』所収、紀友則ノ歌。

❸《間接的に知っていることなどについて、推量的にいう意を表す》…とかいうことだ。…とかいう。例「鸚鵡(あうむ)いとあはれなり。人の言ふらむことをまねぶらむよ」〈枕草子・鳥は〉訳 オウムはたいそう興趣をそそる。人の言うようなことをまねをするとかいうことだよ。注「言ふらむ」ノ「らむ」ハ、④ノ婉曲ノ意ノ用法。

❹《連体修飾の用法で》《遠回しに柔らげていう意(婉曲(えんきょく))を表す》…のような。例「まだ、言ふらむやうも知らず」〈落窪・一〉訳 まだ、返事のしようも知らない。

> 要点 (1)「らむ」の基本的な意味は①で、視界外現在推量などと呼ばれることがある。②は、目の前の事柄についての推量のようではあるが、その事柄の見ているだけでは分からない部分に対する推量で、その意味では視界外推量である。③④も、自分で直接見聞きしていないという意味から派生したもの。
> (2)「らむ」は、現在の事柄についての推量という点で、過去の事柄についての推量を表す「けむ」、未来の事柄についての推量を表す「む」と対比的に用いられる。また、視界外の物事についての推量という点では、目に見ての視界内推量を表す「めり」とも対立している。
> (3)推量の助動詞「らむ」は、完了の助動詞「り」の未然形「ら」に推量の助動詞「む」の付いた「らむ」と、混同されやすいが、後者の「らむ」(連語)は命令形に付くので、接続の違いで、区別できる。
> 参考 ラ変動詞「あり」の未然形に推量の助動詞「む」の付いた「あらむ」から「あ」が脱落してできた語という。なお、上代では、「見る」に付くとき、「見るらむ」ではなく「見らむ」と言うのが普通であった。

ら-む【連語】《完了の助動詞「り」の未然形+推量の助動詞「む」》…ているだろう。(体言を修飾して)…ているような。例「この扇(あふぎ)のたづぬべきゆゑありて見ゆるを、なほこのわたりの心知れらむ者を召して、問へ」〈源氏・夕顔〉訳 (女からの)この扇について聞きただしたいわけがあるように思えるので、やはりこの辺りの事情を知っている者(がいたらその者)を召して、(どんな女か)たずねよ。

> 要点 助動詞「らむ」は活用語の終止形に付くが、連語「らむ」は四段動詞の命令形とサ変動詞の未然形に付く。

らめ《現在推量の助動詞「らむ」の已然形》⇩らむ

ら-もん【羅文・羅門】〔名〕(「らんもん」とも)戸・立蔀(たてじとみ)・透垣(すいがい)・板垣などの上に、細い木や竹などを組んで飾りとしたもの。多くは、二本ずつ菱(ひし)形に交差させる。例「透垣の――、軒(のき)の上に掛(か)いたる蜘蛛(くも)の巣のこぼれ残りたるに、雨の掛かりたるが」〈枕草子・九月ばかり〉訳 透垣の羅文や、軒の上に掛けたクモの巣の破れ残っている所に、雨滴の掛かっているのが(真珠のように美しい)。

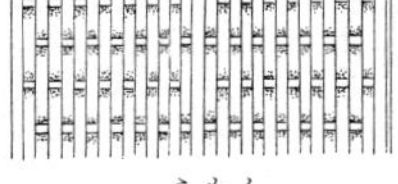

らもん

らゆ〔助動下二型〕《上代語》接続 一段・二段・カ変・サ変の動詞の未然形に付く。

未然形	連用形	終止形	連体形	已然形	命令形
らえ	○	○	○	○	○

【可能】《可能の意を表す》…することができる。例「妹(いも)を思ひ眠(い)の寝(ね)らえぬに秋の野にさ牡鹿(をしか)鳴きつ妻思ひかねて」〈万葉・一五・三六七八〉訳 愛する妻を思って寝ることもできないでいる時に、秋の野では雄鹿が鳴いた、妻を恋しく思う心に耐えかねて。

らる〔助動下二型〕接続 一段・二段・カ変・サ変の動詞の未然形に付く。

未然形	連用形	終止形	連体形	已然形	命令形
られ	られ	らる	らるる	らるれ	られよ

【自発・受身・可能・尊敬】❶《自然にそうなる意(自発)を表す》自然に…られる。例「人知れぬ思ひ出(い)で笑ひもせられ、『あはれ』ともうちひとりごたるるに」〈源氏・帚木〉訳 人知れぬ思い出し笑いも自然にされて、「ああ」などともつい独り言が出るのに。例「住み慣れし故郷、限りなく思ひ出(い)でらる」〈更級・野辺の笹原〉訳 住み慣れた故郷のことが、限りなく自然に思い出される。

❷《受身の意を表す》…される。…られる。例「ありがたきもの。舅(しうと)にほめらるる婿」〈枕草子・ありがたきもの〉訳 めったにないもの。舅にほめられる婿。例「問ひつめられて、え答へずなり侍りつ」〈徒然草・二四三〉訳 (息子の兼好に仏について)問いつめられて、(私、兼好の父は)答えることができなくなってしまいました。

❸《可能の意を表す》…することができる。例「しばしうち休み給へど、寝られ給はず」〈源氏・空蟬〉訳 (光源氏は)しばらく横におなりになったが、お眠りになることができない。例「変はりゆくかたち・有様、目も当てられぬこと多かり」〈方丈記・飢渇〉訳 (餓死者が腐乱して)変わり果ててゆく姿や様子は、目も当てることができないものが多い。

❹《尊敬の意を表す》…なさる。お…になる。例「大井の

土民に仰(ほお)せて、水車(みづぐるま)を造らせ**られ**けり」〈徒然草・五一〉訳大井川の近くの住民に命じて、水車をお造らせになった。

要点 現代語の「られる」に相当する語で、大体そう訳してかまわない。平安時代になって発達した語で、上代には例が認められない。「らる」に相当する上代語は、「らゆ」である。意味・用法は「る」と同じで、接続する動詞の種類によって使い分けられる。
参考 ⑴「る」「らる」の尊敬は、「給ふ」より軽いとされ、平安時代までは他の尊敬の語とともに用いられるのが普通であった。
⑵平安時代では、可能の意の「る」「らる」は、打消しや反語の意の語とともに用いられるのが普通であった（③の例『源氏物語』参照）。

らるる《自発・受身・可能・尊敬の助動詞「らる」の連体形》⇩らる

らるれ《自発・受身・可能・尊敬の助動詞「らる」の已然形》⇩らる

られ《自発・受身・可能・尊敬の助動詞「らる」の未然形・連用形》⇩らる

られよ《自発・受身・可能・尊敬の助動詞「らる」の命令形》⇩らる

らん《現在推量の助動詞「らむ」の平安時代の中頃からの表記》⇩らむ

らん-ぐひ【乱杭・乱杙】〔名〕川底や道路などに数多く乱雑に打ち込んだ杭。これに縄を張りめぐらして敵を防ぐための障害物とした。

らん-けい【鸞鏡】〔名〕《「らんきゃう」とも》❶中国の想像上の鳥である鸞鳥の形を裏に刻んだ鏡。例「目(ま)の前に輝き、光耀——を磨いて、浄土の砌(みぎり)に臨めるがごとし」〈平家・三・灯炉之沙汰〉訳（極楽の九品(くほん)の蓮台(れんだい)が）目の前に光り輝き、その光は鸞鏡を磨いたようで、あたかも極楽浄土のその場に臨んでいるようだ。
❷《「鸞鏡調(うで)」の略》「十二律」の一つ。西洋音階では、ほぼ嬰(えい)イ、または変ロの音に相当。

参考 鸞鳥は、五色の羽をもち、鏡に向かい自分の影を見ると、美しい声で鳴きながら舞うという。

らん-ざう【乱声】〔名〕⇩らんじゃう

らん-じゃ【蘭麝】〔名〕蘭の花と麝香(じゃこう)（＝ジャコウジカノ雄ノ腹部ニアル分泌器官カラ製スル香料）とを調合して作った香。非常によい香りがするところから名香として知られる。例「——の匂(にほ)ひにひきかえて、香の煙(けぶり)ぞ立ちのぼる」〈平家・灌頂・大原御幸〉訳（昔、宮廷で用いた）蘭麝の香りとうって変わって、（出家した今は仏に供える）お香の煙が立ちのぼっている。

らん-じゃう【乱声】〔名〕《「らんざう」とも》❶雅楽の鼓笛の曲。神事・行幸・舞楽・競(くら)べ馬（＝競馬）などを始める時に演奏する。笛・太鼓・鉦(かね)などを急テンポで拍子(ひょうし)にとらわれずに鳴らすので、旋律が重複してせわしく乱雑に聞こえる。
❷鬨(とき)の声。また、太鼓や鉦などの乱打とともに鬨の声をあげること。例「常に太鼓を打って——をす」〈平家・九・樋口被討罰〉訳（士気を高めるために）常に太鼓を打って鬨の声をあげていた。

らん-にゃ【蘭若】〔名〕《梵語(ぼんご)の「阿蘭若(あらんにゃ)」の略。「らんじゃ」とも》修行に適した閑寂な場所。寺院。

らん-ばう【乱妨・濫妨】〔名・他サ変〕乱暴して、人の物を奪い取ること。略奪。

らん-ばこ【覧箱】〔名〕貴人にお見せする文書を入れておく箱。

らん-びゃうし【乱拍子】〔名〕❶平安末期から中世にかけて流行した白拍子(しらびょうし)などの舞の一種。足の拍子の取り方に特色がある。
❷能楽で小鼓(こつづみ)の演奏に合わせて舞う特殊な舞の一種。「道成寺(どうじょうじ)」で演じられるものが有名。

らん-ぶ【乱舞】〔名〕宴席などで、即興的に演じられる歌舞。特に、「五節(ごせち)」「豊の明かりの節会(せちえ)」などで、殿上人が今様(いまよう)を歌って踊ること。

らん-もん【羅文・羅門】〔名〕⇩らもん

り

り【利】〔名〕❶利益。儲(もう)け。得(とく)。例「大きなる——を得んがために」〈徒然草・二五〉訳大きな利益を手に入れようとするために。
❷利息。利子。
❸有利なこと。都合のよいこと。例「平家は三千余騎、御方(みかた)の御勢は一万余騎、はるかの——に候ふ」〈平家・九・三草合戦〉訳平家方は三千騎余り。味方の軍勢は一万騎以上で、はるかに有利です。
❹《形動ナリにも》頭がよくて鋭いこと。鋭敏。

り【里】〔名・接尾〕❶大宝令（七〇一年制定）で定められた、行政上の一区画。「郡」の内の小区域で、戸数五十戸を一里とし、里長(さとおさ)を置いた。これは後に「郷(ごう)」と改称され、「里」はその下位の区画の称となった。「さと」とも。例「すべて五十戸を——とす。——ごとに長(をさ)一人を置く」〈日本書紀・孝徳・大化二年〉訳すべて戸数五十戸を里とする。里ごとに里長一人を置く。
❷土地の面積の単位。一里は六町四方、すなわち三十六町歩（＝約三五ヘクタール）。
❸距離の単位。古くは、一里は六町（＝約六六〇メートル）、後には②の影響で三十六町（＝約四キロメートル）となった。

り【理】〔名〕もののすじみち。道理。ことわり。わけ。例「ただ——を曲げて、召し返して御対面候(さぶら)へ」〈平家・一・祇王〉訳（すでに祇王(ぎおう)がいるところへ他の白拍子が来る理由はないというのは）もっともな道理ですがただただそれを曲げて、（仏御前(ほとけごぜん)を）召し返してご対面下さい。注祇王カラ平清盛ヘノ懇願。

り〔助動ラ変型〕接続 四段活用の動詞の命令形、サ変動詞の未然形に付く。

未然形	連用形	終止形	連体形	已然形	命令形
ら	り	り	る	れ	れ

【完了】❶《動作・作用が引き続いて行われている意（継

続）を表す》**…ている。…し続けている。** 例「春日野（かすがの）は今日（けふ）はな焼きそ若草のつまもこもれり我もこもれり」〈古今・春上・一七〉訳 春日野は今日だけは野焼きをしないでくれ。私の愛する人も隠れているし、私も隠れているのだ。例「とかく直しけれど、つひに回らで、いたづらに立てりけり」〈徒然草・五一〉訳（その水車は）あれこれと修理したけれど、とうとう回らないで、むなしく立ち続けていた。

❷《動作・作用の結果が引き続き存在している意（結果の存続）を表す》**…てある。…ている。…た。** 例「中の庭には、梅の花咲けり」〈土佐・二月九日〉訳 邸内の庭には、梅の花が咲いている。例「富士の山を見れば、五月（さつき）のつごもりに、雪いと白う降れり」〈伊勢・九〉訳 富士の山を見ると、五月の下旬なのに、雪がたいそう白く降り積もっている。

❸《動作・作用がすでに終わっている意（完了）を表す》**…た。…てしまった。** 例「人をやりて見するに、おほかた会へる者なし」〈徒然草・五〇〉訳 人をやって見させるが、一向に（鬼に）会った者はいない。

> 要点 (1)「つ」「ぬ」や「たり」とともに、一般に完了の助動詞と呼ばれているが、「り」と「たり」はもともと継続・存続の意を表す（①②の用法）助動詞で、完了の意を表す「つ」「ぬ」とは区別される。例も①②の用法に集中している。⇩たり（ラ変型）要点(1)・つ（助動）・ぬ（助動）
>
> (2)①②③の用法の区別は絶対的なものではなく、どちらとも決めがたい例も多い。
>
> (3)四段活用の動詞には已然形に付くと説明することもあるが、已然形接続説も命令形接続説も便宜的な説明でしかない。「り」はもともと、四段動詞・サ変動詞の連用形に「あり」が付いた形から成立したもので、例えば「咲けり」の場合、「咲きあり（sakiari）」→咲けり（sakeri）」のように変化した「り」を助動詞と考えた時、残った「咲け」が偶然、已然形・命令形と同じ形であったというにすぎない。上代では、已然形「咲け」と命令形「咲け」の「け」が別の音であり、「咲けり」の「け」は命令形の音と一致するので、「り」を命令形接続としておいたが、このような音の違いは平安時代以降なくなるので、平安時代以降については決め手はない。

りう【流】〔名〕学芸・武術などの系統。流派。系列。また、血筋。同類。例「小野小町（をののこまち）は古（いにしへ）の衣通姫（そとほりひめ）の——なり」〈古今・仮名序〉訳 小野小町（の歌）は、昔の衣通姫の（歌）と同じ系統である。

りう-かう【流行】〔名・自サ変〕❶世間に広く行われること。はやること。例「新風天下に——し侍（はべ）れど、いまだこの教へなし」〈去来抄・修行〉訳（西山宗因（そういん）によって）俳諧（はいかい）の新しいよみぶりが世の中に広まりましたが、まだこの教え（＝芭蕉ノ不易流行ノ教エ）はなかった。

❷《芭蕉一門の俳諧（はいかい）用語》時代・時勢に応じて新しい境地に進むこと。絶えず新しく変化すること。例「不易を知らざれば基（もと）立ちがたく、——を知らざれば風（ふう）新たならず」〈去来抄・修行〉訳 不易（ということ）を理解しなければ（俳諧の）基盤が成り立たず、流行（ということ）を理解しなければ句風が新鮮でなくなる。

> **要点「不易」と「流行」** 芭蕉は不易（＝永遠ニ変ワラナイ芸術ノ根本精神）と流行という、一見矛盾する二つの理念を統一させるところに、本当のすぐれた芸術的境地があると考えたが、これらの語は芭蕉自身の著作になく、『去来抄』や服部土芳（どほう）の『三冊子（さんぞうし）』などの中に、師の教えとして現れている。

琉球（りうきう）《旧国名》西海道十二か国の一つ。現在の沖縄県。十五世紀以降中国の明（みん）王朝に朝貢していたが、一六〇九年（慶長十四）島津氏（薩摩（さつま）藩）に征服されて西海道に加えられた。ただし、当時は日中両属の形で、正式に日本領になったのは、一八七九年（明治十二）である。

りうせん【流泉】〔名〕琵琶（びわ）の曲名。独奏曲で、啄木（たくぼく）・楊真操（ようしんそう）とともに琵琶の三秘曲とされる。例「しばしば松の響きに秋風楽（しうふうらく）を類（たぐ）へ、水の音に——の曲をあやつる」〈方丈記・境涯〉訳 しばしば松を吹く風の音に合わせて秋風楽（＝雅楽ノ琴ノ曲名）を演奏し、谷川の水音に合わせて流泉の曲を琵琶で弾（ひ）く。

りうせん-の-きょく【流泉の曲】《連語》⇩りうせん

りう-たん【竜胆】〔名〕植物の名。山野に自生する多年草。紫色の鐘状の花をつける。リンドウ。

柳亭種彦（りうていたねひこ）《人名》江戸時代後期の戯作者。旗本で文芸に親しみ、読本・洒落（しゃれ）本・人情本等に筆を執ったが、合巻（ごうかん）において最も才能を発揮し、歌川国貞の画による、『正本製（しょうほんじたて）』『偐紫田舎源氏（にせむらさきいなかげんじ）』等の歌舞伎色の濃い草双紙は当時の婦女子の人気を博した。風俗考証にもすぐれた著作を残す。

り-うん【理運・利運】〔名〕❶当然そうなるべき運。そうなるのが当然なこと。例「今度山門の御訴訟、——の条勿論（もちろん）に候」〈平家・一・御輿振〉訳 このたびの比叡山（ひえいざん）の衆のお訴えは、当然の理であります。

❷運がよいこと。好運なこと。

り-かん【利勘】〔名・形動ナリ〕《近世語》損得の計算をすること。利にさといこと。打算。計算ずく。例「あの御親父（ごしんぷ）は、伊勢から出て来て一代に仕上げた人さ。その代はり——だ」〈浮世風呂・前・上〉訳 あのおやじさんは、伊勢（いせ）の国から出て来て一代で成功した人だよ。その代わり利にさといよ。

り-き《連語》《完了の助動詞「り」の連用形＋過去の助動詞「き」》…ていた。例「まろがもとに、いとをかしげなる笙（しゃう）の笛こそあれ。故殿の得させ給へりし」〈枕草子・無名といふ琵琶の御琴を〉訳 私のところに、たいそう見事な笙の笛があります。亡くなった父君がくださったものです。

り-ぎん【利銀】〔名〕利子。利息。

りく-ぎ【六義】〔名〕❶中国古代の漢詩における六種の形態。風（＝世俗ヲ風刺シタ民謡調ノ詩）・雅（＝正シイ政治ヲホメタタエル詩）・頌（しょう）（＝徳ヲホメタタエル詩）・賦（ふ）（＝事柄ヤ所感ヲアリノママニウタウ詩）・比（＝物事ニナゾラエテ心ヲ述ベル詩）・興（＝目ニ触レル自然ニ感ジテ歌ウ詩）の六つ。

❷和歌における六種の体。①になぞらえ、『古今集』の序で紀貫之が分類したもの。そえ歌（＝風）・かぞえ歌（＝賦）・な

ずらえ歌(=比)・たとえ歌(=興)・ただごと歌(=雅)・いわい歌(=頌)の六つ。また、転じて、和歌。❸さまざまな道理。種々の適当な方法・仕方。例「物の筋道——を立て、無理をいふ人でもなく」〈近松・生玉心中・上〉訳 物事の筋道はきちんと道理をふむ人で、また無理をいう人でもない。

りく-げい【六芸】〔名〕古代中国で、士(=大夫ノ下、四民ノ上ノ身分)以上の者に必修とされた六種の技芸。礼・楽・射・御(=馬術)・書・数。例「次に、弓射、馬に乗ること、——に出(い)だせり」〈徒然草・一二二〉訳(大切なことは)次に、弓を射ること、馬に乗ること(で、これらは、六芸にもあげられている。

りく-ゑふ【六衛府】〔名〕⇩ろくゑふ

り-けり〘連語〙(完了の助動詞「り」の連用形＋過去の助動詞「けり」)❶(「けり」が過去の場合)…ていたのだった。…ていた。例「狩はねむごろにもせで、酒をのみ飲みつつ、やまと歌にかかれりけり」〈伊勢・八二〉訳(惟喬親王は)鷹狩りは熱心にもしないで、酒ばかり飲んでは、和歌(を詠むこと)に熱をいれていた。❷(「けり」が気付きの場合)…ていたのだったなあ。例「なでしこは秋咲くものを君が家の雪の巌に咲けりけるかも」〈万葉・一九・四二三一〉訳 ナデシコは秋に咲くものだが、あなたの家では雪の岩山に咲いていたのですねえ。注 雪ノ積モッタ岩山ニ草木ヲ植エタ造リ物ヲ見テノ歌。

り-こん【利根】〔名・形動ナリ〕賢いこと。気がきくこと。聡明。利発。対 どんどん

り-し【律師】〔名〕(「りっし」の促音の無表記)⇩りっし

り-しゃう【利生】〔名〕〘仏教語。利益衆生(りやくしゆじやう)(=スベテノ生キ物)に恵みを施すこと。また、その恵み。⇩りやく

りしゃう-はうべん【利生方便】〘連語〙仏や菩薩が、衆生に恵みを与えるために、手だてを講じること。また、その手だて。例「今日はこれ、地蔵菩薩の——の日なり」〈今昔・一七・四〉訳 今日は、地蔵様が一般大衆に恵みを与えるために手だてを施される日だ。

り-そく【理即】〔名〕〘仏教語〙天台宗で、六即(=究極ノサトリニ到ル六ツノ段階)の第一段階。例「究竟(くきやう)は——に等し」〈徒然草・二一七〉訳 究竟即(=六即ノ最高段階)は(最下位の)理即と同じである。

り-ぞく【離俗】〔名〕〘近世の俳人蕪村の用語〙俗世間の物の見方や価値観などを離れて、高尚な美の境地を求めること。例「俳諧は俗語を用いて俗を離るるを尚(たっと)ぶ。俗を離れて俗を用ゆ。——の法もっとも難(かた)し」〈蕪村・春泥句集・序〉訳 俳諧は俗語を用いて俗世間を離れることをとうとぶ。俗世間を離れて俗語を用いる。離俗の方法はもっともむずかしい。

りち【律】〔名〕⇩りつ①

りち-ぎ【律義・律儀】〔名・形動ナリ〕〘「りつぎ」とも〙義理がたく正直なこと。まじめであること。実直。誠実。

りつ【律】〔名〕❶〘「りち」とも〙雅楽・舞楽などの調子の名。十二律のうち、音階が高く、陽に属するもの。対 りょ 例「唐土(たうど)は呂(りよ)の国なり。——の音なし」〈徒然草・一九九〉訳 中国は呂の(調子を用いる)国である。律の調子はない。❷「律令(りつりやう)」における「律」。古代における刑罰に関する法律。刑法。例「人食ふ犬をば養ひ飼ふべからず。これ皆咎(とが)あり。——の禁(いましめ)なり」〈徒然草・一二一〉訳 人をかむ犬を養い飼ってはいけない。これはすべて罪がある。法律で禁止されていることだ。❸〘仏教語〙仏法上の戒律。禁戒。戒しめ。

りっ-し【律師】〔名〕〘仏教語。「りし」とも〙❶仏教の戒律を厳しく守る徳の高い僧の敬称。❷僧綱(そうごう)制で、僧官の一つ。「僧正(そうじやう)」「僧都(そうず)」に次ぐ位で、時代によって大律師、中律師があり、律師と権律師(ごんのりつし)が置かれたこともある。官位の五位に準じ、僧尼を統括する。

りっ-しゅん【立春】〔名〕二十四節気(せっき)の一つ。春の始まり。暦の上で春になる日。例「花のさかりは……——より七十五日、おほやう違(たが)はず」〈徒然草・一六一〉訳 桜の花の盛りは……立春から七十五日目というのが、大体あっている。

要点 太陰暦では、一年の気候の分かれ目を節気といい、二十四設ける。太陽暦では、二月四日頃。

りつ-りゃう【律令】〔名〕古代の律令制国家を支える基本的な法典。「律」は刑法、「令」は民法・行政法に当たる。我が国の律令は唐のものを範として作られ、近江令・飛鳥浄御原(あすかきよみはら)令を経て、文武(もんむ)天皇の大宝律令で完成した。ただ、これらは今伝わっておらず、若干の修正を施した養老律令が残っているのみである。

りつ-りょ【律呂】〔名〕「律」と「呂」。音楽の音階・調子。また、音楽。

り-とく【利得】〔名〕利益。もうけ。得。例「手代分(てだいぶん)になって、見るを見まねに自分商(じぶんあきな)ひを仕掛け、——はだまりて、損は親方にかづけ」〈西鶴・日本永代蔵・一・三〉訳 手代の見習いになって、見よう見まねで主人に内緒の商売をたくらんで、利益はだまって自分のものにし、損害は親方にしょわせて。

り-はつ【利発】〔名・形動ナリ〕頭がよく、気がきくこと。賢いこと。また、その様子。例「——で器用で身を持って、身代(しんだい)も仕上げた、あのやうな子を」〈近松・冥途の飛脚・下〉訳 賢くて器用であり身持ちもよく、資産もゆるぎないものにした、あのような(立派な)子(=忠兵衛)を。

り-ひ【理非】〔名〕道理に合っていることと合っていないこと。正邪。是非。

りゃう【両】 一〔名〕❶二つで対(つい)になっている物の双方。両方。例「——の手に桃と桜や草の餅(もち)」〈芭蕉〉訳 草庵に桃と桜が満開で、(それに比すべき門人二人、榎本其角(きかく)と服部嵐雪(せつらん)を迎えて)草餅(=ヨモギ餅)で祝うことだ。❷重さの単位。時代により変動があるが、だいたい、一斤(きん)の十六分の一。二十四朱。約三七・五グラム。例「黄金(こがね)百——をなむ別(べち)にせさせ給ひける」〈源氏・横笛〉訳(柏木(かしわぎ)の一周忌に光源氏は)砂金百両を特別に(薫(かおる)からとして僧に)施させなさった。❸特に、薬種の重さの単位。一両は四匁(もんめ)。約十五グラム。例「一——かけて三文(もん)受け取り」〈西鶴・日本永代蔵・四・五〉訳(コショウを)一両分計って(代金)三文を受け取って。❹近世における貨幣の単位。金貨では四分(ぶ)。銀貨では四匁三分。例「元少しのことなれば、金子(きんす)百——になることとなかなかむつかしく」〈西鶴・日本永代蔵・五・四〉訳

元手が少ないことだから、金百両になることはなかなか容易でなく。❺反物を数える単位。二反で一両。例「厚綿(あつわた)の衣(ぬき)二―」〈平家・八・征夷将軍院宣〉訳厚い綿入れの反物二両。

■三〔接尾〕車両の台数を数える語。例「積むところ、わづかに二―」〈方丈記・方丈〉訳(家財道具を)車に積んだとしても、たったの二両(分だけ)である。

りやう【領】 ■一〔名〕《「らう」とも》領有している土地。領地。例「今は兵部卿宮(ひやうぶきやうのみや)の北の方こそはしり給ふべければ、かの宮の御(ご)―とも言ひつべくなりにたり」〈源氏・宿木〉訳今は兵部卿宮(=匂宮(ニオウノミヤ))の奥方がお治めなさっているようだから、その宮様(=匂宮)のご領地ともいえるようになってしまっている。

■二〔接尾〕装束(しやうぞく)や鎧(よろい)・兜(かぶと)などを数える語。例「かかる精兵(せいびやう)どもが射候へば、鎧の二、三―をも重ねてたやすう射通し候ふなり」〈平家・五・富士川〉訳このような弓の勢いの強い武士が(矢を)射ましたならば、鎧の二、三着を重ねても簡単に(矢で)射通してしまうのです。

りやう-あん【諒闇】〔名〕《「らうあん」とも》天皇が父母の喪(も)に服する期間。満一年間。臣下に服喪させるのをも含めていうこともある。例「正暦(しやうれき)二年、―の春」〈新古今・哀傷・七六〇詞書〉訳(一条天皇の)正暦二年(九九一)、諒闇の春に。注コノ場合、一条天皇ノ父円融天皇ノ崩御ニ伴ウ服喪ノ期間。

りやう-がへ【両替へ】〔名〕❶ある種類の貨幣を等価値の他の種類の貨幣と取り替えること。また、手数料をとってそれを商売にすること。また、その店。例「―の手代(てだい)通れば、銭(ぜに)・小判の相場を付け置き」〈西鶴・日本永代蔵・二・一〉訳両替屋の手代(=番頭ノ次位ノ使用人)が通ると、(銀に対する)銭や小判の交換比率を(聞いて)書き付けておいて。

❷(①から転じて)お金をそれに相当する物と交換すること。例「懐中した金子(きんす)を里に残いて、そなたの身と―して」〈近松・淀鯉出世滝徳・下〉訳ふところに入れてあるお金を遊里に置いて、おまえの身と交換して。

りやう-け【領家】〔名〕荘園制において、地方在住の所有者から土地の寄進を受けた中央の権力ある貴族。例「国は国司に従ひ、荘は―のままなり」〈平家・三・大地震〉訳(それぞれの)国は国司に従い、各荘園は領家の思いのままである。

りやうげ-の-くゎん【令外の官】〔名〕大宝令などの職員令に規定された以外の官職や官庁。その後新設されたもので、内大臣・中納言・参議・文章博士(もんじやうはかせ)・検非違使(けびいし)・関白・征夷大将軍など数多くあり、平安時代以降、政治の実権を握るに至ったものも含まれている。

りやう-じ【令旨】〔名〕皇太子または三后(=太皇太后(タイコウタイゴウ)・皇太后・皇后)の命令を記した公文書。後には、親王・法親王・女院などの皇族のものをもいった。

りやうじゅ-せん【霊鷲山】〔名〕《仏教語》古代インド、マガダ国の首都王舎城(おうしやじやう)の東北にある山。釈迦(しやか)が法華経などを説いた地として有名。「霊山(りやうぜん)」「鷲(わし)の山」とも。

りやう・ず【領ず】〔他サ変〕《ぜ・じ・ず・ずる・ずれ・ぜよ》《「らうず」とも》❶自分のものとして領有する。占有する。また、ひとりじめする。例「―・じ給ふ所々もいと多く侍(はべ)り」〈源氏・東屋〉訳(左近少将(さこんのしやうしやう)には)領有なさっている荘園も実にたくさんございます。

❷(魔物などが)取りつく。乗り移る。魅入る。例「その毒蛇のために―・ぜられて、我その夫(をうと)となれり」〈今昔・一四・三〉訳その毒蛇に取りつかれて、私はその蛇の夫となっている。

りやう-ぜん【霊山】〔名〕❶「霊鷲山(りやうじゆせん)」の略。❷京都東山三十六峰の一つ。霊鷲山という山号を持つ最澄(さいちよう)創建の正法(しやうぼう)寺がある。例「―近き所なれば、詣(まう)でて拝み奉るに」〈更級・東山なる所〉訳(引っ越した東山は)霊山が近い所なので、参って拝み申し上げたところ。

梁塵秘抄(りやうぢんひせう)《書名》平安末期の歌謡集。後白河上皇撰。一一六九年(嘉応元)頃の成立。当時の今様(いまやう)(=新タニ流行シタ七五調ノ歌謡)・法文(ほうもん)歌(=仏教讃歌)・神歌(かみうた)(=神祇(ジンギ)歌)などを集めたもの十巻、口伝集(くでんしゆう)(=歌謡ノ由来ヤリズムノ説明ナドヲ記シタモノ)十巻、合わせて二十巻があったらしいが、現在は一部しか伝わらない。秀作が多く、歌謡史上の代表的作品で、当時の民間の生活や信仰を伝える資料としても大きな価値を持っている。⇩後白河天皇(ごしらかはてんわう)

りやう-りやう・じ〔形シク〕⇩らうらうじ 例「さやうのことに―・じかりけるが」〈枕草子・殿などのおはしまさで後〉訳なぞなぞ合わせに上手だった人が。

り-やく【利益】〔名〕《仏教語》仏が衆生(しゆじやう)(=スベテノ生キ物)を救うために恵みをほどこすこと。また、その恵み。仏から受ける利益。「利生(りしやう)」とも。例「他国(ほかのくに)までその―蒙(かう)ぶ)らずといふ事無し」〈今昔・一六・一九〉訳外国の人まで長谷観音のお恵みを受けないということはない。

りゅう【流】〔名〕⇩りう

柳亭種彦(りゅうていたねひこ)《人名》⇩りうていたねひこ(柳亭種彦)

りゅうとう-げきしゅ【竜頭鷁首】⇩りょうとうげきしゅ

りょう【竜】〔名〕「竜(りゆう)」に同じ。例「雲上(うんしやう)の―下って海底の魚(をう)となり給ふ」〈平家・一一・先帝身投〉訳雲の上の竜(=天皇)が降り下って海底の魚とおなりになった。注天皇ガ身投ゲシタコトヲイッタ文。

凌雲集(りょううんしふ)《書名》正式名『凌雲新集』。平安初期の漢詩集。八一四年(弘仁五)成立。一巻。わが国最初の勅撰詩集。嵯峨(さが)天皇の勅命により、小野岑守(みねもり)・菅原清公(きよとも)等撰定。平安初期、平城(へいぜい)・嵯峨・淳和の三天皇をはじめとする当時の代表的詩人二四人の九一編を収録。唐詩の影響のもと、格調の高い作品が多い。勅撰三集の第一。⇩文華秀麗集・経国集

りょうとう-げきしゅ【竜頭鷁首】〔名〕《「りゅうとうげきしゅ」「りょうとうげいす」とも》平安時代の貴人の遊び用の船。船首にそれぞれ竜の頭と鷁(=サギニ似タ、想像上ノ水鳥)の首の彫刻を飾りとして付けた二隻一対(いつつい)の船。宴会の時など、池や川に浮かべて、船遊びをしたり、楽人を乗せて音楽を演奏させたりした。

> 参考 竜は水を渡り、鷁は風を受けて速く飛ぶといわれるところから、沈まないことを祈って船に付けた。

りょう-ら【綾羅】〔名〕綾(あや)絹と薄絹。転じて、高級で美しい衣服。例「もろもろの婦(め)ども、衣裳の袖(そで)、口を整へて、――の錦、身をまとふ」〈今昔・三・一五〉訳(古代インドの王の)すべての妻達は、衣装の袖や、袖口をきちんとして、綾絹や薄絹など豪華な衣装を、身にまとった。

りょく-い【緑衣】〔名〕六位の官人(かんにん)の着る緑色の服。緑の袍(はう)。「緑の衣」「緑衫(ろうさう)」とも。

りょく-ら【緑蘿】〔名〕緑色のツタ。よく茂ったツタ。例「――の垣、翠黛(すいたい)の山、絵にかくとも筆も及びがたし」〈平家・灌頂・大原御幸〉訳緑色のツタのはう垣、緑色にかすむ山は(美しいことこの上なく)、絵に描こうとしても描ききれないくらいである。

りょ-ぐゎい【慮外】〔名・形動ナリ〕❶思ってもいなかったこと。思いがけないこと。意外。多く、恐縮したり感謝したりする場合に用いる。例「『某(それがし)がついでやろう』『これは――・にござる。それならば一つついで下されい』」〈狂言・悪太郎〉訳「わしが(酒を)ついでやろう」「これは思いがけない幸せでございます。それなら一つついで下さい」。❷無作法なこと。無礼。ぶしつけ。例「我へ対して角目(つのめ)だつ――の奴ばら」〈歌舞伎・暫〉訳わしに対して目に角(かど)を立てる無礼な奴ども。

りょ-りつ【呂律】〔名〕⇩りつりょ 例「――の物にかなはざるは、人の咎(とが)なり。器(うつはもの)の失(しつ)にあらず」〈徒然草・二一九〉訳音楽の旋律が調子に合わないのは、(笛を吹く)人の罪である。楽器の欠陥ではない。

りん【輪】〔名〕(「覆輪(ふくりん)」の略)鎧(よろい)・鞍(くら)などの縁を金や銀などでおおい飾ったもの。また、着物の袖(そで)口や襟(えり)などを他のきれで細く縁どったもの。

りん-げん【綸言】〔名〕天子の言葉。天皇の仰せ言。みことのり。勅命。「綸命(りんめい)」とも。例「天子には戯(たはぶれ)のことばなし。――汗のごとしとこそ承れ」〈平家・三・頼豪〉訳天子には冗談に言う言葉はない。天子のお言葉は汗のようなものだとお聞きしている。

要点 「綸言汗のごとし」は、『漢書』から出た成句で、汗が一度出たら再び体内に戻らないように、君主の言葉は、一旦発せられたら決して取り消すことができないという意。

りん-し【綸旨】〔名〕(「綸言」の旨(むね)の意。「りんじ」とも)天皇のお言葉を記載した文書。勅書。天皇の意を受け、蔵人(くろうど)が書いて出した。例「――を申し下し、諸国の兵(つはもの)に配りし条、勿論(もちろん)なり」〈太平記・四・一〉訳(官軍編成のため)天皇の勅書(の作成)を命じて、(それを)国々の武士に配ったことは、言うまでもないことである。

りん-じ【臨時】〔名〕その時だけのこと。定例でないこと。一時的。

臨時の除目(りんじのぢもく) 春秋二回の定例のもの以外に、臨時に行われる除目(＝官吏任命ノ儀式)。小除目(こぢもく)。⇩ぢもく 例「夜に入りて、頭中将(とうのちゅうじゃう)公親(きんちか)におほせて――行はる」〈保元・上・六〉訳(天皇は)夜に入って、蔵人頭(くろうどのとう)兼中将の公親にお命じになって臨時の除目を行われる。

臨時の祭(りんじのまつり) 神社で、例祭以外に臨時に行われる祭。当初臨時であったものが恒例化し、名前だけ「臨時」と呼ばれるようになったものもある。例「石清水(いはしみづ)・賀茂(かも)の――などに」〈源氏・若菜・下〉訳石清水八幡宮や賀茂神社の臨時の祭などに。
要点 例にある二社のものが特に有名で、平安時代からどちらも恒例化して、前者が陰暦三月の中の午(うま)の日、後者が陰暦十一月の下(しも)の酉(とり)の日に行われた。

りんじ-きゃく【臨時客】〔名〕(「不意の客」の意)平安時代、正月に、摂政・関白家で、大臣以下の上達部(かんだちめ)を招いて催す饗宴。「大饗(だいきやう)」のような正式なものでない意でいう。

りん-だう【竜胆】〔名〕(「りうたん」とも)❶草の名。山野に自生する多年草。秋に紫色の鐘状の花をつける。根は胃薬として用いられる。リンドウ。例「秋の草は荻(をぎ)・すすき・……――・菊」〈徒然草・一三九〉訳秋の草は荻・ススキ……リンドウ・菊(などがよい)。❷(襲(かさね)の色目の名)表は薄い蘇芳(すおう)(＝黒味ガカッタ紅色)、裏は青。秋に着用。

りん-と【凜と・厘と】〔副〕❶容姿などがりりしく整っている様子。きりっと。例「首筋立ちのび、目の張り――して、額の生え際自然と麗しく」〈西鶴・好色五人女・三・一〉訳首筋がすらっとして、目の張りがぱっちりとして、額の生え際が自然に美しく。❷数量などが正確に整っている様子。きちんと。ちゃんと。例「杜斤(ぎち)の目――受け取って帰しぬ」〈西鶴・日本永代蔵・三・一〉訳(手代が)さおばかりの量目をきちんと(正確に量って、つきたての餅(もち)を)受け取って(餅屋を)帰した。

りん-ね【輪廻】〔名〕⇩りんゑ

りん-ぽう【輪宝】〔名〕❶(仏教語)転輪聖王(てんりんじょうおう)の持つ宝器。車輪の形をして、鉾(ほこ)が八方に出ており、王の行くところ必ず先に立ち、行く手を制し道をひらくという。❷紋所の名。①を図案化したもの。

りん-めい【綸命】〔名〕⇩りんげん

りん-ゑ【輪廻】〔名・自サ変〕❶(仏教語。車輪が絶えず回り続けることにたとえていう語)衆生(しゅじょう)(＝スベテノ生キ物)が業(ごふ)によって三界六道の迷いの世界にさまよい、永久に生まれ変わりを続けること。転生(てんせい)。流転(るてん)。例「かく思ひ続け拝み奉るにも、六道に――・することあらじと頼もしくなりぬ」〈栄花・鳥の舞〉訳このように(仏の誓いを)思い続けて(仏を)礼拝するにつけても、迷いの世界に生まれ変わり続けることはあるまいとすっかり心強くなった。❷(①から転じて)物事に執着すること。執念深いこと。例「袂(たもと)を振り切って、『ええ――・したる女かな、そこのけ』と突き退(の)けて」〈近松・出世景清・二〉訳(追いすがる)袂を振り切って、「ええい執念深い女だな。そこをどけ」と突き離して。❸(①から転じて、連歌・俳諧(はいかい)用語)前句に対して句を付ける場合、その付け句の内容が前々句(＝打チ越シ)の内容と似たものになること。変化が乏しくなるので嫌われる。例「――。薫物(たきもの)といふ句にこがると付きて、また紅葉(もみぢ)を付くべからず」〈連理秘抄〉訳輪廻(とは次のようなことをいう)。薫物という言葉のある句に「こがる」の入った句を付けて、また「紅葉」という言葉の入った句を付けてはいけない。注「薫物」モ「こがる」モ「紅葉」モ、火ヲ燃ヤスコトニ関シテ共通スルモノナノデ、好マシクナイ。

る

るの判別

①自発・受身・可能・尊敬の助動詞「る」の終止形、連体・已然形の一部

例 都のみぞ思ひやら**るる** ―自発❶

例 人には木のはしのやうに思は**るる**よ ―受身❷

例 吾妻人こそ言ひつることは頼ま**るれ** ―可能❸

例 いづれの船に乗ら**る**べき ―尊敬❹

②完了の助動詞「り」の連体形

例 紫のにほへ**る**妹をにくくあらば

③その他、助動詞「けり」「たり」「なり」などの連体形の一部など

る〔助動ラ下二型〕 接続 四段・ナ変・ラ変動詞の未然形に付く。

未然形	連用形	終止形	連体形	已然形	命令形
れ	れ	る	るる	るれ	れよ

【自発・受身・可能・尊敬】❶《自然にそうなる意(自発)を表す》**自然に…れる。** 例「今日は、都のみぞ思ひやら**るる**」〈土佐・一月一日〉訳 今日は、都のことばかりが自然に思い出される。例「やがて面影(おもかげ)は推(お)しはから**るる**心地するを」〈徒然草・七一〉訳 (名前を聞くと)すぐに(その人の)顔つきが想像されるような気持ちがするが。❷《受身の意を表す》**…れる。…される。** 例「宮仕へ所にも、親、はらからの中にても、思は**るる**、思は**れ**ぬがあるぞ、いとわびしきや」〈枕草子・世の中になほいと心憂きものは〉訳 宮仕えする所でも、親や、兄弟姉妹の間柄でも、愛される場合と、愛されない場合とがあるのは、とても情けないものだ。例「すべて男(をのこ)をば、女に笑は**れ**ぬやうに生(お)ほし立つべしとぞ」〈徒然草・一〇七〉訳 すべて男の子は、女に笑われないように育て上げるのがよいということだ。❸《可能の意を表す》**…することができる。** 例「涙のこぼるるに、目も見えず、ものも言は**れ**ず」〈伊勢・六二〉訳 涙がこぼれるので、目も見えず、物も言うことができない。例「つゆまどろま**れ**ず」〈源氏・桐壺〉訳 (帝は桐壺更衣(きりつぼのこうい)が心配で)少しも眠ることができずに。❹《尊敬の意を表す》**…なさる。お…になる。** 例「かの大納言、いづれの船に乗ら**る**べき」〈大鏡・頼忠〉訳 あの大納言殿は、どの船にお乗りになるおつもりだろうか。例「人びと、近うさぶらは**れよ**かし」〈源氏・若紫〉訳 皆さん、近くにお寄りなさいよ。

> 要点 現代語の「れる」に相当する語で、大体そう訳して通じる。同じ意味・用法の助動詞に「らる」があり、接続する動詞の種類によって使い分けられる。
>
> 参考 (1)上代では「ゆ」がほぼ同じ意味・用法で用いられたが、平安以降はもっぱら「る」が用いられた。
> (2)平安時代までは、可能の意の「る」「らる」は打消しや反語を表す語とともに用いられて、不可能の意を表すのが普通であったが(③の 例 参照)、中世以降は単独で可能の意を表す例も見られるようになる。
> (3)平安中期までは「る」「らる」が単独で尊敬の意を表す例は少なく、他の尊敬語とともに用いられるのが普通であった。ただし、尊敬の補助動詞「給ふ」の付いた「**れ**給ふ」の「る」は、尊敬の意を表すことはない。

る《完了の助動詞「り」の連体形》⇩り(助動)

るい【類】〔名〕❶互いに似ているもの。同じ種類。仲間。同類。例「竜(たつ)は鳴る神の――にこそありけれ」〈竹取・竜の首の玉〉訳 竜(=海神ニ擬セラレル想像上ノ動物)は雷神の仲間だったのだ。❷親類。一族。一家。❸知人。縁故。ゆかり。

るい・す【類す】〔自サ変〕{せ・し・す・する・すれ・せよ}❶一緒に行く。連れだつ。例「――・したる人急ぐことあるを」〈蜻蛉・中・天禄二年〉訳 連れだって来た人が急ぐというので。❷同類のものになる。似る。例「心花にあらざる時は鳥獣に――・す」〈芭蕉・笈の小文〉訳 もし心に思うことが花(=自然ノ美)につながらないならば(それは風雅を解さぬ)鳥や獣と同類になる。

るい-だい【累代】〔名〕《「るいたい」とも》代を次々と重ねること。歴代。例「――の公物(くもつ)、古弊(こへ)をもちて規模とす」〈徒然草・九九〉訳 代々の朝廷の器物は、古くていたんでいるのをもってよいこととしている。

る-ざい【流罪】〔名〕❶律令の「律」に定める五刑の一つ。罪人を辺地に追放して移転の自由を奪う刑。流刑(るけい)。❷江戸時代の刑罰の一つ。罪人を遠島に送る刑。島流し。

> 参考 **「流罪」の種類** 「流罪」には、都からの距離に従って、**遠流(おんる)**(=安房(アワ)・常陸(ヒタチ)・伊豆(イズ)・佐渡・隠岐(オキ)・土佐)・**中流**(=信濃(シナノ)・伊予(イヨ))・**近流**(=越前(エチゼン)・安芸(アキ))の三種類があり、罪の軽重によって決定された。

るしゃな-ぶつ【盧遮那仏】〔名〕《仏教語。「毘盧遮那仏(びるしゃなぶつ)」の略》広大無辺な仏知を象徴する仏で、真言宗・華厳(けごん)宗の本尊。真言宗では大日如来(だいにちにょらい)と同じと説く。

る-てん【流転】〔名・自サ変〕《仏教語》(漂流し回転するように)迷いの世界にいつまでも生まれ変わってさまよい続けること。「輪廻(りんゑ)」「流転生死」とも。

る-にん【流人】〔名〕流罪(るざい)に処せられた人。流刑囚。

るり【瑠璃・琉璃】〔名〕《本来は仏教語》❶七宝(しっぽう・しちほう)の一つ。青色の美しい宝石をいうが、赤・緑・紺などの色のものを指すこともある。例「うつくしきもの。……かりのこ。――の壺(つぼ)」〈枕草子・うつくしきもの〉訳 かわいらしいもの。……水鳥の卵。青玉で作られた壺。❷紫がかった紺色。瑠璃色。

るる《自発・受身・可能・尊敬の助動詞「る」の連体形》⇩る

る-るい【類類】〔名〕《「るいるい」とも》一族。親類。仲間。

るれ《自発・受身・可能・尊敬の助動詞「る」の已然形》⇩る

れ

れの判別

①自発・受身・可能・尊敬の助動詞「る」の未然・連用形

例 忘ら**れ**がたき香に匂ひつつ ―自発
例 女に笑は**れ**ぬやうに生ほし立つべし ―受身
例 目も見えず、ものも言は**れ**ず ―可能
例 かの木を切ら**れ**にけり ―尊敬

②完了の助動詞「り」の已然・命令形

例 花橘は名にこそ負へ**れ**

③その他、助動詞「けり」「たり」「なり」などの已然形の一部など

れ〔完了の助動詞「り」の已然形・命令形〕⇩り(助動)

れ〔自発・受身・可能・尊敬の助動詞「る」の未然形・連用形〕⇩る

れい

【例】〔名〕❶過去にあったことで、典拠となるもの。**先例。前例。** 例「賀茂(かも)のいつきには、孫王の居給ふ―、多くもあらざりけれど」〈源氏・賢木〉訳 賀茂神社の斎院としては、天皇の孫である女王がお就きになっている先例は、多くなかったけれども。注「斎院」ニハ、内親王(＝天皇ノ姫君)ガ就クノガ通例。

❷世の中で広く行われ、慣習となっていること。**通例。** 例「ある人、県(あがた)の四年五年(よとせいつとせ)果てて、―の事ども皆し終へて」〈土佐・十二月二十一日〉訳 ある人が、地方官としての四、五年(の任期)が終わって、慣習となっている事務引き継ぎの仕事などをすべて完了して。注『土佐日記』ノ発端ノ部分。

❸**あたり前のこと。普通。並(なみ)。** 例「『押し開いて来ませ』とうち添へたるも、―に違(たが)ひたる心地ぞする」〈源氏・紅葉賀〉訳 (光源氏が源典侍(げんのないしのすけ)の局(つぼね)にお近づきになった時に、源典侍が)「戸を押し開いてお入りなさい」と(光源氏の歌に)付け加えたのも、普通(の女)と違った感じがする。注 女カラ男ヲ誘ウヨウナ言イ方ハ、普通デハナイ。

❹いつもと同じであること。**ふだん。平素。** 例「―は、さしもさるもの目近からぬ所に、もて騒ぎたるこそをかしけれ」〈枕草子・正月一日は〉訳 (一月七日の若菜摘みの時に)平素は、さほどそうしたもの(＝若菜)は見慣れていない(高貴な)あたりで、珍重し騒いでいるのがおもしろい。

れい【霊】〔名〕❶魂(たましい)。みたま。霊魂。

❷目には見えない不思議な力を持つ存在。神霊など霊妙なもの。例「人は天地の―なり」〈徒然草・二一〉訳 人間は天地の間の霊妙なるものである。

> 要点 呉音の「霊(りやう)」は、魂のうちでたたりをするものをいう。

れいけい-でん【麗景殿】〔名〕内裏(だいり)の後宮にある十七の殿舎の一つ。皇后・中宮・女御(にょうご)などが住む。また、転じて、そこに住む皇后などの称。

れい-げん【霊験】〔名〕(「れいけん」「りゃうけん」とも)❶祈願にこたえて神仏が現す不思議なしるし。神仏に祈った効果。ご利益(りやく)。

❷①のあらたかな所。寺社。霊場。霊地。

れい-ざま【例様】〔名・形動ナリ〕いつもの様子。ふだんの状態。いつも通り。例「ことにしつらひたれば、―・ならぬもをかし」〈枕草子・五月の御精進のほど〉訳 (中宮がおいでになるというので部屋を)特別に飾り整えたので、いつもの様子と違っているのもおもしろい。

れい-ざん【霊山】〔名〕神仏を祭る神聖な山。例「―・霊地の験効(げんかう)、人たふとびかつ恐る」〈奥の細道・出羽三山〉訳 霊山・霊地の御利益を、人々はあがめまた恐れる。

れい-なら・ず【例ならず】〔連語〕❶普通と異なっている。いつものようでない。例「五、六日(いつかむいか)ばかりになりぬるに、音もせず。―・ぬほどになりぬれば」〈蜻蛉・上・康保三年〉訳 (夫が先日訪れてから)五、六日ほどたったが、何の音沙汰(おとさた)もない。いつものようでないほど(夫の訪れが)隔たってしまったので。

❷体が普通の状態でない。病気である。例「親などの心地悪(ここちあ)しとて、―・ぬけしきなる」〈枕草子・胸つぶるるもの〉訳 親などが気分が悪いと言って、普通の状態でない様子であるの(は胸がつぶれそうになるものだ)。

れい-の

【例の】〔連語〕

> 「れいの」は、「例」に助詞「の」が付いた連語で、普通、①の、**いつもの、**の意になるが、注意を要するのが、用言を修飾して、②の**いつものように、**の意になることである。

❶(体言を修飾して)いつもの。先述の。例「大夫、―所に文やる」〈蜻蛉・下・天禄三年〉訳 道綱が、いつもの(女の)所へ手紙を送る。

❷(用言を修飾して)**いつものように。**いつも通りに。例「女君、―、しぶしぶに心も解けず物し給ふ」〈源氏・若紫〉訳 葵(あおい)の上は、いつもの通り、気が進まない様子で心もうち解けずにおいでになる。

れい-む【霊夢】〔名〕神仏のお告げによる、不思議な夢。

れう【料】(リョウ)〔名〕❶ある目的のために用意されたもの。入用の品。材料。例「中宮よりも、童(わらは)・下仕への―など、えならで奉れ給へり」〈源氏・少女〉訳 中宮からも、童女や下仕えの女房達の入用の装束などを、立派に整えて(光源氏のもとに)差し上げなさった。

❷あることのために必要な費用。例「なにの御霊会(ごりやうゑ)・祭の―とて、銭・紙・米など乞(こ)ひののしりて」〈大鏡・道長・上〉訳 (牛馬の係の下人が)何々の御霊会(＝悪霊ヲシズメルタメノ祭)やお祭の費用だと言って、銭や紙や米などを大騒ぎして(あちこち)もらって歩き。

❸(形式名詞に用いて)ため。目的。理由。例「『かかる―なりけり』など花やかに言ひなす人やあらむ」〈源氏・浮舟〉訳「(新築の邸(やしき)は)こういう(＝隠シ妻ヲ住マワセル)ためだったのだ」などと派手にうわさする人もあろうか(などと心配して)。

れう【寮】(リョウ)〔名〕❶令制の中央官庁で、省に属する役所。図書寮(ずしょりょう)・大学寮・雅楽寮(うたりょう)など。

❷寺院の中で、学問僧のために設けられた宿舎。道場。また、老僧・病僧などのために設けられた別棟の建物。❸遊女が病気になったりした時に使わせる遊女屋の別宅。

れう-けん【料簡・了簡】〔名・他サ変〕❶よく考えること。思慮をめぐらすこと。例「今の御夢を――するに」〈太平記・三〇・七〉訳今の夢をよくよく考えると。❷(転じて)よく考えて人の非を許すこと。勘弁すること。例「近頃面目もない。――をしてくれい」〈狂言・縄綯〉訳まったく顔向けもできない。勘弁してくれよ。

れう-し【寮試】〔名〕「大学寮」の試験。紀伝道で合格した学生は「擬文章生」になれた。

れう-もん【寮門】〔名〕寮(＝役所)の入り口の門。

れう-り【料理】〔名・他サ変〕❶物事をうまく整えおさめること。物事を上手に取り計らって処理すること。例「凡眼昏迷す誰か――・せむ」〈菅家文草・二〉訳凡人の目は混乱してとまどうばかりで、誰が事態を正しく判断して処理することができようか(いや、誰もできない)。❷食物を調理すること。また、その食物。例「ただ今、さやうの――仕うまつりてむや」〈増鏡・おどろの下〉訳今、そのような(＝『源氏物語』ニアルヨウナ気ノキイタ)料理を(目の前で)見せてくれないだろうか。

れき-れき【歴々】〔名・形動タリ〕《「歴」は明らかの意》❶明らかなこと。ありありと見えること。整然としていること。また、それらの様子。❷身分・家柄が高く、格式のあること。また、その人。お歴々。例「ある人、大熱気をわづらひけり。――の医師集まりて配剤する」〈仮名・竹斎・下〉訳ある人が、重い熱病にかかった。格式のある家柄の医者達が集まって薬を調合した。

れよ《自発・受身・可能・尊敬の助動詞「る」の命令形》⇩る

れん-が【連歌】〔名〕短歌の上の句(五七五)と下の句(七七)とを、二人が応答してよむ詩歌の一種。平安時代に発生し、はじめは、二人の唱和で一首とする「短連歌」であったが、中世以降、二人以上(時には一人)で、五七五と七七の句を交互に長く続ける「長連歌」(「鎖連歌」とも)が発達し、室町時代に最も盛んに行われた。

> **参考** 「連歌」の種類と歴史　長連歌には、歌仙(三十六句)・五十韻・百韻・千句・万句などの形式があり、第一句を発句、第二句を脇の句、最後の句を挙句という。鎌倉時代には、滑稽を主とする無心派(栗の本)と、風雅を主とする有心派(柿の本)とに分かれたが、後者が優勢となり、やがて二条良基らの『菟玖波集』、飯尾宗祇らの『新撰菟玖波集』として結晶した。一方、室町末期には、無心派の流れをひくおかしみをねらう俳諧の連歌が起こり、次の時代の俳諧のもととなった。なお、連歌のことを「筑波の道」というのは、連歌のもとを、『古事記』にある、筑波をよみこんだ倭建命と火焼の翁との問答歌を、連歌の初めと考えることによる。

れん-く【連句】〔名〕発句に対する称で、二人以上(時には一人)の人が、五七五と七七の句を相互に繰り返して、全体として三十六句(＝歌仙)・五十句・百句・千句などにまとめる付合形式の文芸。

れん-げ【蓮華】〔名〕ハスの花。極楽に咲くといわれ、仏教関係の装飾などによく用いられる。(季・夏)

蓮華の座《「蓮華座」とも》⇩れんだい(蓮台)「はちすのうてな」とも。例「その車の上に、大きなる――造らせ給ひて」〈栄花・鳥の舞〉訳その車の上に、大きなハスの花に形どった台座をお作らせになって。

れん-し【連枝】〔名〕《連なる枝の根もとが同一なことから》身分の高い人の兄弟。

れんぜん-あしげ【連銭葦毛】〔名〕馬の毛色の名。葦毛(＝白イ毛ニ黒ヤ濃褐色ノ毛ガ少シマジッタモノ)に灰色の銭の形をした斑点のあるもの。例「――なる馬に黄覆輪の鞍置いて乗ったる武者一騎」〈平家・九・敦盛最期〉訳連銭葦毛の馬に縁を金で飾った鞍を置いて(その上に)乗った武士が一騎。

れん-だい【蓮台】〔名〕極楽浄土に迎えられる死者が座るという、大きなハスの花。また、ハスの花を形どって作られた、仏の座る台座。「蓮華の座」「はちすのうてな」とも。例「聖ははひ寄りて――に乗りぬ」〈宇治拾遺・一三・六〉訳高僧ははい寄ってハスの花の台に乗った。

れん-だい【輦台・蓮台】〔名〕江戸時代、人足が人を乗せて、川をかつぎ渡すための台。例「――にうち乗り見れば、大井川の水逆巻き、目もくらむばかり」〈東海道中膝栗毛・三・上〉訳蓮台に乗って見ると、大井川(＝静岡県ノ川)の水は激しく渦を巻いていて、目もくらむほどで。

れん-ちゅう【簾中】〔名〕❶すだれの中。部屋の奥深い所。❷(転じて)家の奥深い所にいる女性。貴婦人。さらに転じて、公卿・大名などの正妻に対する敬称。夫人。

れん-ぱい【連俳】〔名〕❶連歌と俳諧。例「心は――に渡れども、詞は――別れて」〈三冊子・白〉訳(根底に流れる)心は連歌・俳諧に共通するけれども、(用いる)ことばは連歌と俳諧とで区別があって。❷連歌の形式の俳諧。連句。例「俳諧の付句は、すでに久しといへども、――となるは長頭丸以来にして、いまだ法式なし」〈去来抄・故実〉訳俳諧で前句に対して付句をするということは、ずっと以前から行われて来たけれども、その付け合いが長く続く俳諧の連歌形式となるのは、長頭丸から以後のことで、まだ(俳諧の連歌の)式目(＝法則)は確立されていない。注「長頭丸」ハ松永貞徳ノ号。江戸時代最初ノ俳諧流派、貞門ノ祖。

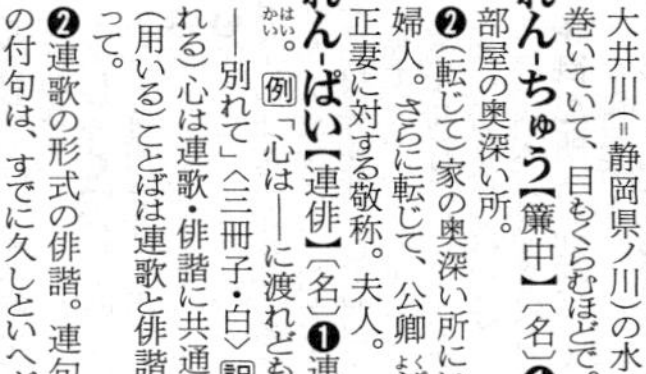
れんだい（輦台）

れん-り【連理】〔名〕二本の木の枝が連なって、一本の木のようになっていること。男女・夫婦の仲が深い契りで結ばれていることのたとえ。⇩ひよくのとり

連理の枝 ⇩れんり 例「天にあらば比翼の鳥、地にあらば――とぞ契り給ひけり」〈御伽・文正草子〉訳天におれば比翼の鳥となり、地上におれば連理の枝になろうと(夫婦になる)堅い約束をなさった。注「比翼の鳥」ハ、雌雄ガ一目・一翼デ、イツモ並ンデ飛ブ鳥。

ろ

ろの判別

①間投詞
Ⓐ〔上代東国方言〕—強く働きかける意
例 紐絶えば我が手と付けろ
Ⓑ〔上代語〕—感動・詠嘆
例 娘子がともはともしろきろかも
②接尾語〔上代東国方言〕
—親愛の意を添えるなど
例 愛しき児ろが布乾さるかも

ろ〔間投助〕〔上代東国方言〕 接続 活用語の命令形などに付く。
〔相手に強く働きかける意を表す〕…よ。…ね。例「草枕旅の丸寝(まるね)の紐(ひも)絶えば我(あ)が手と付け**ろ**これの針(はる)持(も)し」〈万葉・二〇・四四二〇〉訳 旅で着物を脱がずに寝たとき着物の紐が切れたら、(この針を)私の手だと思って縫い付けてくださいね、この針を持って。

参考 終助詞とする説もある。現代語の「落ちろ」「受けろ」「しろ」などの命令形語尾「ろ」は、この「ろ」を受け継いだものという。

ろ〔間投助〕〔上代語〕 接続 体言や形容詞の連体形に付く。
〔詠嘆〕〔感動・詠嘆の意を表す〕…なあ。…よ。例「藤原の大宮仕へ生(あ)れつくや娘子(をとめ)がともはともしき**ろ**かも」〈万葉・一・五三〉訳 藤原の宮廷に仕えるために生まれついたあの乙女達はうらやましいことだなあ。

要点 文末に付くので終助詞とする説もある。終助詞「かも」を伴った「ろかも」の形で用いることが多い。

ろ〔接尾〕〔上代東国方言〕〔名詞に付いて〕親愛の意を添えたり、語調を整えたりする。中央語の「ら」に相当するものかという。「児(こ)—」「夫(せ)—」「嶺(ね)—」など。

ろう【労・廊】〔名〕⇩らう

ろう【楼】〔名〕高く造った建物。楼閣。「たかどの」とも。例「珍らかなるさまに、—など造るべかなるは、いかなることあるぞ」〈宇津保・楼上・上〉訳 珍しい様子に、高楼など造っているそうだが、いったいどういうわけがあるのか。

ろう【臈】〔名〕⇩らふ

ろう…【老…・郎…・朗…・粮…・狼…・牢…】⇩らう…

ろう-かく【楼閣】〔名〕〔「楼」「閣」ともに高い建物の意〕「ろう(楼)」に同じ。例「居所(きよ)に宮殿・—を造りてそれに住み」〈今昔・三一・三三〉訳 それまでいた場所に立派な御殿や高楼を建ててそこに住み。

ろうがわし【乱がはし】〔形〕⇩らうがはし

ろう-きょ【籠居】〔名・自サ変〕世間との交際を絶って、家の中にひきこもっていること。謹慎のためにすることが多い。例「康頼入道(やすよりにふだう)は、東山双林寺(さうりんじ)にわが山荘のありければ、……やがてそこに—・して」〈平家・三・少将都帰〉訳 康頼入道は、東山の双林寺に自分の山荘があったので、……そのままそこにひきこもって。

ろう-さう【緑衫】〔名〕〔「ろくさん」の変化した形〕⇩りょくい

ろう・ず【弄ず】〔他サ変〕{ぜ・じ・ず・ずる・ずれ・ぜよ}愚弄する。からかう。例「あな、いとほし。—・じたるやうにも侍(はべ)るかな」〈源氏・行幸〉訳 まあ、かわいそう。からかっているようでございますね。注 末摘花ノ稚拙ナ歌ニ、光源氏ガ皮肉ナ返歌ヲ詠ンダノニ対スル、玉鬘ノ言葉。

ろうどう【郎等】〔名〕⇩らうどう

ろう-ろう【朧朧】〔形動タリ〕〔「朧」はぼんやりしている意〕ぼんやりと薄明るい様子。また、ぼうっとかすんでいる様子。例「弥生(やよひ)も末の七日、あけぼのの空—・として」〈奥の細道・旅立〉訳 三月も二十七日、明け方の空はぼんやり霞んでいて。

ろ-ぎん【路銀】〔名〕旅の費用。旅費。「路銭(ろせん)」とも。

ろく【禄】〔名〕❶官人に与えられる給与。古くは、金銭でなく、米・布などの生活必需品を与えられた。❷何かをしたことに対して与えられるほうび。謝礼。代償。例「—いと多くとらせ給ふ」〈竹取・蓬萊の玉の枝〉訳 褒美を非常に多くお与えになる。❸目下の者などに与える祝儀。客人に贈るみやげの品。例「御遊びありて、引出(ひきいで)物・—など二なし」〈源氏・初音〉訳 管弦の遊びがあって、(その後で出された)引出物やおみやげの品々の立派さはこの上もない。

ろくいのくろうど【六位の蔵人】〔名〕⇩ろくゐのくらうど

ろく-かせん【六歌仙】〔名〕平安初期の、代表的な六人の歌人。『古今和歌集』の仮名序で批評されている在原業平(ありわらのなりひら)・僧正遍昭(そうじやうへんぜう)・喜撰(きせん)法師・大友黒主(おほとものくろぬし)・文屋康秀(ふんやのやすひで)・小野小町(をののこまち)の六人をいう。

ろく-こん【六根】〔名〕〔仏教語〕人間に迷いを起こさせるもとになる六つのもの。眼・耳・鼻・舌・身(=皮膚)の五つの感覚器官と意(=心)。

ろく-じ【六字】〔名〕六つの文字。特に「南無阿弥陀仏(なむあみだぶつ)」の六字。

ろく-しゃく【六尺・陸尺】〔名〕〔近世語〕❶主に力仕事などの雑用をする下男。❷駕籠をかつぐ人足。かごかき。❸造酒屋の杜氏。

ろく-じょう【鹿茸】〔名〕シカの袋角。初夏に生え代わったばかりの新しい角で、袋のような薄い皮膜で覆われている。強壮薬として使用される。(季・夏) 例「—を鼻に当てて嗅(か)ぐべからず。小さき虫ありて、鼻より入りて脳を食(は)むといへり」〈徒然草・一四九〉訳 鹿茸を鼻に当てて匂いを嗅いではいけない。小さい虫が(中に)いて、(それが)鼻から入って脳を食べるといわれている。

六条御息所(ろくじょうのみやすどころ)〔人名〕⇩ろくでうのみやすどころ(六条御息所)

ろくじ-らいさん【六時礼讃】〔名〕〔仏教語〕「六時」に仏を礼拝し、その功徳をたたえて、偈(げ)(=韻文体ノ経文)を唱えること。また、その偈。例「—は、法然上人(ほふねんしやうにん)の弟子、安楽といひける僧、経文を集めて作りて勤めにしけり」〈徒然草・二二七〉訳 六時礼讃は、法然上人の弟子、安楽といった僧が、お経の文を集めて作り勤行とした（ものだという）。

ろく-だう【六道】〔名〕《仏教語。「りくだう」とも》すべての人が、生前の行いの報いによって、死後に行くという六種の世界。地獄・餓鬼・畜生の三悪道と、修羅・人間・天上の三善道で、生前の行いによって生死を繰り返す迷いの世界だとされる。「六趣（ろくしゅ）」とも。例「――の衆生（しゅじゃう）のために、六種の形を現ぜり」〈今昔・一七・三〉訳（私達六地蔵は）六道に行ったすべての人達を救うために、六種類の姿を現わしているのだ。

六道の辻（つじ） ❶《仏教語》死者が六道のいずれかへ分かれていく道の分岐点。例「さだめて、これは娑婆（しゃば）で承った――でござらう」〈狂言・八尾〉訳きっと、これは生前話に聞いていた六道の辻でございましょう。注地獄へ落トサレタ罪人ノ言葉。

❷京都鳥辺山（＝京都市東山区）にあった火葬場へ通じる道の辻。冥途へ道が通じているという。

ろく-ぢん【六塵】〔名〕《仏教語》六根（＝眼・耳・鼻・舌・身・意）を通じて感じとられ、煩悩を起こさせ、人の心を汚す六種のもの。すなわち、色・声・香・味・触・法。例「――の楽欲（げうよく）多しといへども、皆厭離（えんり）しつべし」〈徒然草・九〉訳六塵の欲情が多いといっても、（それらは）皆いとい捨て去ることがきっとできるだろう。

六条御息所（ろくでうのみやすどころ）『人名』『源氏物語』の登場人物。前東宮（＝皇太子）の妃であったが、若くして夫を失い、光源氏と交渉を持つようになる。しかし、そのつれなさを恨み、生き霊となって夕顔や葵の上を取り殺してしまう。後には斎宮（＝伊勢神宮ニ仕エル内親王、マタハ王女）となった娘（＝後ノ秋好中宮）に従って下向し、帰京後出家して死去する。死後も紫の上や女三の宮に取りつき、古来、嫉妬深い女性の典型とされている。

ろく-どう【六道】〔名〕⇩ろくだう

ろく-はら【六波羅】〔名〕❶（「六波羅蜜寺」があったことから）京都市東山区の地名。鴨川の東、五条（＝現在ノ松原）通りから、七条通りの間一帯を指し、平氏が栄えた頃は一族の邸宅が立ち並び、また、鎌倉時代には六波羅探題が置かれた。例「――の辺おびたたしう騒動す」〈平家・七・主上都落〉訳六波羅の平家一門の邸では（木曽義仲が攻めてくるといって）大騒動になる。

❷「六波羅探題（たんだい）」の略。

ろくはら-たんだい【六波羅探題】〔名〕鎌倉幕府が、承久の乱以後京都に設置した役所。また、その長官。朝廷の監視をするとともに、京都をはじめ、関西一帯の政務を担当、裁判や軍事も司った。「六波羅」とも。

六波羅蜜寺

ろく-ゐ【六位】〔名〕❶令制で、位階の第六等。正六位上・下、従六位上・下の四階に分かれる。これ以下は、蔵人を除いて、宮中で昇殿を許されなかった。また、平安中期以後、七位以下は実際には授けられなかったので、事実上、官人の最下位とされた。例「――など、人の侮（あなづ）り侍（はべ）るめれば」〈源氏・少女〉訳六位だなどといって、人が侮っているようでございますから。

❷「六位の蔵人（くらうど）」の略。

ろくゐ-の-くらうど【六位の蔵人】〔名〕六位で蔵人所の職員である者。宮中で雑事に従事し、朝夕の天皇の食事の給仕にも当たった。六位であるが、職務上特に昇殿を許された。例「――、いみじき君達（きんだち）なれど、えしも着給はぬ綾織物（あやおりもの）を、心にまかせて着たる」〈枕草子・めでたきもの〉訳六位の蔵人（が）、立派な家柄の貴族の子息でも、とても着用なされない綾織物（＝模様ヲ織リ出シタ絹織物）を、自由に着ている（姿は立派だ）。

ろく-ゑふ【六衛府】〔名〕《「りくゑふ」とも》宮中の六つの衛府（＝護衛ノ役所）。近衛府・衛門府・兵衛府のそれぞれに左・右があり、合計六府。

ろ-し【路次】〔名〕道の途中。道中。また、道。例「さりがたき餞（はなむけ）などしたるは、さすがにうち捨てがたくて、――の煩（わづら）ひとなれるこそわりなけれ」〈奥の細道・草加〉訳どうしても断りきれない餞別などしてくれたものは、さすがに捨てることもできず、道中の荷物となったのは何とも仕方のない次第である。

ろ-せん【路銭】〔名〕⇩ろぎん　例「さりながら、――ほど細物（ほそもの）を持って参った」〈狂言・磁石〉訳しかし、旅費ぐらいのお金を持って来ました。

ろ-だい【露台】〔名〕建物から張り出して設けられた屋根のない台。特に、紫宸殿と仁寿殿との間にある、板敷きの大床。節会の時、乱舞などが行われた。

ろ-ぢ【露地・露路】〔名〕❶屋根などのないむき出しの土地。地面。

❷茶室に至る通路。例「茶の湯はできねど、口切（くちきり）前に――を作り」〈西鶴・日本永代蔵・六・四〉訳茶の湯の作法はできないけれども、茶壺の口を切る前頃には茶室へ至る道を作って。注「口切」トハ、陰暦十月頃ニ新茶ノ壺ノ口ヲ開イテ行ウ茶会。

❸商家などで、表庭の木戸口（＝店ノ入リ口ニ対シテ、私用ノ客ノ入リ口）から内玄関に至る通路。例「――の戸の鳴る時しらせ」〈西鶴・日本永代蔵・二・一〉訳表庭の露地の木戸があく音がした時に知らせなさい。

❹家と家との間の細い通路。

ろん-ぎ【論議・論義】〔名・自・他サ変〕❶《仏教語》法会などの席で、僧が、経文の難解な個所を問答し、論じ合うこと。例「僧綱（そうがう）達、名ある智者どもなど召して、――などせさせ給ふ」〈宇津保・国譲・下〉訳僧官達や、名の通った知識のある僧達をお呼びになって、経文の論議をおさせになる。

❷何かについて議論すること。意見を述べ合うこと。

❸《能楽用語》シテ（または他の役）と地謡、シテと他の役との間で、問答形式によって交互に謡う部分。

ろん・ず【論ず】〔他サ変〕｛ぜ・じ・ず・ずる・ずれ・ぜよ｝言い争う。論争する。例「人の田を――ずる者、訴（うた）へに負けて」〈徒然草・二〇九〉訳他人の田を（自分の田だとして）言い争っている者が、訴訟に負けて。

ろん-なく【論無く】〔副〕《形容詞「論無し」の連用形から。「ろんなう」「ろなう」とも》いうまでもなく。もちろん。例「――人追ひて来（く）らむと思ひて」〈更級・竹芝寺〉訳もちろん人が追って来ているだろうと思って。

ろん-な-し【論無し】〔形ク〕論ずるにたりない。言うまでもない。無論だ。「ろなし」とも。⇩ろんなく

わ

わ【吾・我・(和)】■一〔代名〕❶《人称代名詞。自称》わたし。「われ」とも。例「憶良らは今は罷らむ子泣くらむそれその母も──を待つらむぞ」〈万葉・三・三三七〉訳私、憶良はもうおいとましましょう。(家では)子供が泣いているでしょう。そして、その子の母(=自分ノ妻)も私を待っているでしょう(から)。

❷《反照指示代名詞》自身。自分。例「──がため面目あるやうに言はれぬる虚言は、人いたくあらがはず」〈徒然草・七三〉訳その人自身にとって名誉あるように言われたうそは、誰もそれほどひどく反論しない。

■二〔接頭〕《多く、「和」の字を当てる》名詞の上に付けて、全体として対称の代名詞とし、相手に対する親愛や軽蔑の気持ちを表す。「──殿」「──僧」「──主」など。

要点 「わ」は、上代では助詞「が」のほか、「に」「は」「を」を伴って用いられるが、平安時代以後は「が」を伴う用法のみとなった。単独で使う時は、「わ」でなく、「われ」という形が用いられる。同義語「あ」は、「わ」より古い形とされている。

わの判別

①終助詞「わ」──文末に付く
　例 落つまい馬からまで落つる**わ**　──詠嘆

②終助詞「わ」《上代語》
　──文末・感動詞「いざ」に付く
　例 童どもいざ**わ**出で見む　──詠嘆

わ〔終助〕接続 文末に付く。

【詠嘆】《感動・詠嘆の意を表す》…よ。…わ。例「おのれが世話を焼かするによって、落つまい馬からまで落つる**わ**」〈狂言・止動方角〉訳おまえが世話を焼かせるから、落ちるはずのない馬からまで落ちるよ。

わ〔終助〕《上代語》接続 文末や感動詞「いざ」に付く。

【詠嘆】《感動・詠嘆の意を表す》…よ。例「いざ吾君……鳰鳥の淡海の海に潜きせな**わ**」〈古事記・中・仲哀〉訳さあ、我が友よ……琵琶湖にもぐって(=入水シテ)しまおうよ。例「童どもいざ**わ**出で見む」〈万葉・一三・三三四六長歌〉訳皆の者よ、さあ、出て見ようではないか。注年少ノ従者ニ呼ビカケタモノ。

わい〔終助〕《室町時代以降の語。終助詞「わ」に終助詞「い」が付いて一語化したもの》接続 文末に付く。

【詠嘆】《感動・詠嘆の意を表し、語気を強める》…よ。…なあ。例「おのれが面が映って見ゆる**わいやい**」〈狂言・鏡男〉訳(この鏡には)お前の顔が映って見えているのだよ。

わい-だて【脇楯】〔名〕《「わきだて」のイ音便》鎧の部分。胴の右脇の隙間をふさぐために当てがうもの。

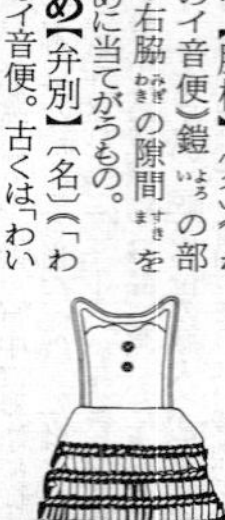

わいだて

わい-だめ【弁別】〔名〕《「わきだめ」のイ音便。古くは「わいため」。動詞「わいたむ」の連用形から》物事のけじめ。区別。

わう【王】〔名〕❶一国の君主。国王。また、同類のものの中で、最高の地位にある者。例「太子、──の涙を流して聴し給はざることを見給ひて」〈今昔・一・四〉訳悉達太子(=釈迦)は、父の王が涙を流して(太子が城を出ることを)お許しにならないのをご覧になって。

❷天皇の子や孫で、親王の宣下がなく、また、姓を賜って臣籍に下ってもいない者の称。女子の場合は「女王」。

わう-し【王氏・皇氏】〔名〕《「わうじ」とも》天皇の子孫で、臣下としての姓を賜っていない者。皇族。例「忽ちに──を出でて人臣につらなる」〈平家・一・祇園精舎〉訳(高望王は平の姓を賜り、上総守となると)すぐに皇族の籍を離れて臣下の列に入った。

わうしき-でう【黄鐘調】〔名〕《「わうじきでう」とも》雅楽の六調子の一つで、黄鐘の音を基音とするもの。例「弾くものは、琵琶。調べは、風香調、──」〈枕草子・弾くものは〉訳弦楽器では、琵琶(が趣深い)。調子では、風香調や黄鐘調(がすばらしい)。

わう-じゃう【往生】〔名・自サ変〕❶《仏教語》死後、仏の世界である浄土へ生まれ変わること。特に、極楽往生。例「──は、ただ念仏によるべきことなり」〈今昔・一五・一〇〉訳死後極楽に生まれかわるのは、ひとえに南無阿弥陀仏を唱えた功徳によるはずのことである。

❷この世を去ること。死ぬこと。

❸すっかりあきらめること。いやいや承知すること。例「かたりに遭ったと思って、──して払ひやせう」〈東海道中膝栗毛・三・上〉訳詐欺に遭ったと思って、あきらめて(代金を)払いましょう。

往生要集(わうじやうえうしふ)《書名》平安中期の仏教論集。源信(=恵心僧都)撰述。九八五年(寛和元)成立。種々の経典から地獄と極楽の様子や極楽往生に関する要文を引いて、念仏の大切さを問答体で説く。念仏往生の入門書。浄土教の基を築いたほか、平安時代の文学や美術にも大きな影響を与えた書。

わう-じゃく【尩弱】〔名・形動タリ〕❶弱々しいこと。ひよわなこと。また、その様子。

❷収入が少なく、貧乏なこと。例「──の官人、たまたま出仕の微牛を取らるべきやうなし」〈徒然草・二〇六〉訳貧しい役人が、思いもかけず出勤用の(牛車の)やせ牛を没収されなければならない理由はない。

わう-ど【王土】〔名〕帝王の統治する領土。例「──に居らん虫、皇居を建てられんに、何のたたりをかなすべき」〈徒然草・二〇七〉訳天皇のご領地にいるような虫(=蛇)が、皇居をお建てになろうとする時に、どんなたたりをするはずがあろうか。

わう-ばん【椀飯】〔名〕《「わんはん」の変化した形》❶お椀に盛った飯。

❷平安時代、年始や吉事の際に、人々を饗応するために食膳を供すること。鎌倉・室町時代、重臣が正月などに将軍を招いて饗応する行事。

要点 現代語で、人に気前よく振る舞うことを「大盤振る舞い」というが、この語は「椀飯」を振る舞うことから出たものである。

わう-ぼふ【王法】〔名〕《仏教語》(「仏法」に対して)

国王の定める法。帝王の行う政治。例「国の中に——を犯す不善の輩(ともがら)あれば」〈今昔・四・一八〉訳国内に王の定めた法令に違反するよくない者達がいると。

わう-らい【往来】(オウ‥) 一〔名・自サ変〕行き来すること。二〔名〕❶人が行き来する道。道路。街道。❷手紙のやりとり。転じて、手紙。また、手紙類を集めて習字の手本としたもの。❸贈答。訪問時の手みやげ。例「入道相国(にふだうしやうこく)、近江米(あふみごめ)二万石、北国の織延絹(おりのべぎぬ)三千疋(ぎ)、——に寄せらる」〈平家・四・南都牒状〉訳平清盛は、近江米(＝滋賀県産ノ米)二万石と、北陸産の長く織った絹三千疋を、贈り物としてお寄せになる。❹〔「往来物(もの)」の略〕手紙の文例・用語集。「庭訓(ていきん)——」「消息——」など。また、近世では、寺子屋の教科書などとして使われた。「農業——」「商売——」など。

わ-か【和歌・倭歌】〔名〕❶〔「和する歌」の意〕相手に答えて作る歌。『万葉集』の題詞にある「和歌(こたふるうた)」を音読したもの。❷〔「漢詩(からうた)」に対して〕日本の歌。長歌・短歌・旋頭歌(せどうか)など定型歌をいう。時代が下ると、もっぱら短歌を指すようになる。「やまとうた」とも。例「——の髄脳(ずいなう)いと所せう」〈源氏・玉鬘〉訳和歌の奥義がたいそう所狭しと(＝ゴタゴタト)〔書いてあり〕。❸能楽で、舞の後に謡う音曲。ふつう、三十一音の短歌形式になっている。

わ-が【吾が・我が】《連語》《代名詞「わ」＋格助詞「が」》一〔「が」が連体の場合〕❶私の。私達の。例「——国にかかる歌をなむ、神代より神も詠(よ)んたび」〈土佐・一月二十日〉訳私の国(＝日本)ではこのような歌を、神代の昔から神もお詠みになり。❷自分自身の。自分の。例「——御家へも寄り給はずしておはしたり」〈竹取・蓬莱の玉の枝〉訳ご自分のお屋敷へもお寄りにならないでいらっしゃったのです。二〔「が」が主格の場合〕私が。自分が。例「——乗りたるは、その車の主(ぬし)さへにくし」〈枕草子・にくきもの〉訳(きしきしと音を立てる牛車(ぎっしゃ)に)自分が乗り合わせた時には、その車の持ち主までもがにくらしく思われる。

我が大君(おほきみ)(‥オオキミ) 〔「わご大君」とも〕天皇、ときに皇子を敬っていう語。例「橘(たちばな)の下照る庭に殿建てて酒(さか)みづきいます——かも」〈万葉・一八・四〇五九〉訳橘の実の美しく照り映はえる庭に御殿を建てて、酒盛りをなさる天皇であるよ。注元正天皇ヲ指シテイル。要点『記紀』ではすべて「わが——」であるが、『万葉集』になると、仮名書きの例で「わご——」となっていることが多い。右の例は原文「和我於保伎美」となっているものだが、「我大君」「吾大君」等とあるものは、どちらに訓よむのか必ずしも決定しがたい。

我が背(せ) 女性が夫や恋人など親しい男性を呼ぶ語。我が夫。あなた。「我が背子」とも。例「信濃路(しなぬぢ)は今の墾道(はりみち)刈りばねに足踏ましむな沓(くつ)はけ——」〈万葉・一四・三三九九〉訳信濃(＝長野県)の道は今新しく切り開いた道です。切り株で足を踏みぬかないでください。くつをおはきなさい。我が夫よ。

我が背子(せこ) 〔「こ」は接尾語〕「我が背(せ)」に同じ。例「——と二人し居れば山高み里には月は照らずともよし」〈万葉・六・一〇三九〉訳あなたと二人でいるので、山が高くてこの村里には月光がとどかなくてもかまわない。

我が立(た)つ杣(そま) ❶私が住んでいる杣山(＝木ヲ伐キリ出ス山)。例「阿耨多羅三藐三菩提(あのくたらさんみやくさんぼだい)の仏たち——に冥加(みやうが)あらせ給へ」〈新古今・釈教・一九二〇〉訳全知全能の仏たちよ、私の住むこの杣山に恵みをお与えください。注伝教大師ガ、比叡山(ヒエイザン)ニ根本中堂ヲ建テタ時ニ詠ヨンダ歌。❷〔①の歌から〕比叡山の称。

我が夫(つま) 〔「つま」は夫婦が互いに相手をいう語〕夫婦が互いに親しみをこめて相手を呼ぶ語。あなた。おまえ。例「——も絵に描(か)き取らむ暇(いつま)もが旅行く吾(あれ)は見つつ偲(しの)はむ」〈万葉・二〇・四三二七〉訳我が妻を絵に描き写す暇でもあったらよいのになあ。(そうしたら)旅行く私は(その絵を)見てはなつかしむのに。

わ-が-おほきみ【我が大君】(‥オオキミ) ⇩「わが」子項目

わか-ぎみ【若君】〔名〕❶貴人の若い子女の敬称。男女ともに用いる。例「——をばいと軽(かろ)らかにかき抱きて」〈源氏・若紫〉訳(光源氏は)若君(＝紫ノ上)を非常に軽々と抱き上げて。❷貴人の娘のうち、姉を「姫君」というのに対して、その妹をいう。

わか-くさ【若草】〔名〕新しく芽を出した草。和歌で、年若い女性や幼女をたとえていうことが多い。例「手に摘みていつしかも見む紫の根にかよひける野辺の——」〈源氏・若紫〉訳手に摘んで早く見たいものだ、紫草に縁のある野べの若草(＝若紫)を。

わかくさ-の【若草の】《枕詞》若草がみずみずしいところから「妻」「新手枕(にひたまくら)」などにかかる。例「春日野(かすがの)は今日(けふ)はな焼きそ——つまもこもれり我もこもれり」〈古今・春上・一七〉訳春日野(＝奈良市東方ノ野)は今日は野焼きをしてくれるな、私の愛する人も隠れているし、私も(そこに)隠れているのだ。注「つま」ハ、男女トモニ配偶者ヲイウ。

わかごも-を【若菰を】《枕詞》(若菰を刈る意から)「刈り」と同音の「猟路(かりぢ)」にかかる。

若狭(わかさ) 《旧国名》北陸道七か国の一つで、現在の福井県西部にあたる。若州(じやくしゆう)。

わか・し【若し】〔形ク〕❶幼い。また、青年期である。例「——・き御心地に、いとあはれと思ひ聞こえ給ひて」〈源氏・桐壺〉訳(光源氏は)幼いお心で、(死んだ母に生き写しの藤壺女御を)とてもなつかしいと思い申し上げなさって。❷(年齢に関係なく)見た目に若々しい。みずみずしい。例「——・かりし肌(はだ)もしわみぬ黒かりし髪も白(しら)けぬ」〈万葉・九・一七四〇長歌〉訳(浦の島子の)若々しかった肌もしわができてしまった。黒かった髪も白くなってしまった。❸経験や練習を積んでいない。未熟である。例「いと——・けれど、生(お)ひ先見えて、ふくよかに書い給へり」〈源氏・若紫〉訳(少女の字は)本当に子供っぽいけれども、将来の上達が目に見えて、ふっくらとお書きになっている。参考平安時代の宮廷生活では、「おとな」が年配の侍女をいうのと同じに、「若き人」が若い侍女をいうこともある。

わ-が-せ【我が背】 ⇩「わが」子項目

わが-せこ【我が背子】 ⇩「わが」子項目

わか-たう【若党】(‥トウ) 〔名〕年若い家来。若い武士。若い連中。

わか-だ・つ【若立つ】〔自タ四〕(た・ち・つ・つ・て・て)(「だつ」は接尾語)新しい芽や枝が生え出る。例「桃の木の―・ちて、いと細枝(しもと)がちにさし出でたる」〈枕草子・正月十よ日のほど〉訳桃の木が若い枝が生え出て、細枝をたくさん出しているのは。

参考「生き生きとする」「若返る」などの意とする説もあるが、用例は植物の春の芽ばえに関する例だけである。

わか・つ【分かつ】〔他タ四〕(た・ち・つ・つ・て・て)❶切り離して別々にする。分ける。また、分配する。割り当てる。例「この近き都の四十寺に絹四百疋(ぴき)を―・ちて」〈源氏・若菜・上〉訳(秋好中宮(あきこのむちゅうぐう)は)この近くの都(=平安京)の四十の寺に絹四百疋を分け配って。

❷区別をつける。判別する。例「君(きみ)御成人の後、清濁を―・たせ給ひての上の事にてこそあるに」〈平家・六・紅葉〉訳若君がご成人になって、善悪の判断がおつきになるようになった上でのことであるのに。

わ-が-つま【我が夫】⇒「わが」子項目

わか-どころ【和歌所】〔名〕勅撰(ちょくせん)の和歌集を編集するため、宮中に臨時に設けられた役所。村上天皇の天暦五年(九五一)、『後撰和歌集』撰定のために置かれたのに始まる。例「『―の昔のおもかげ、数々に忘れがたう』など申して」〈増鏡・新島守〉訳「和歌所のかつてにぎわっていた有様を、いろいろと思い出して忘れられず(にいます)」などと申してよこして。注『新古今集』ノ撰者ノ一人藤原家隆ガ、隠岐(おき)ニ流サレタ後鳥羽院ニ送ッタ手紙。

わか-な【若菜】〔名〕❶春の初めに摘んで、食用にする野草。(季・新年)例「春を浅み野辺の木(こ)の芽もまだしきをいづこより摘む―なるらむ」〈宇津保・梅の花笠〉訳まだ春が浅いので野辺の木の芽もふくらんでいないのに、(これは)どこから摘んできた若菜なのだろう。

❷正月の子(ね)の日に、若返りを祈って吸い物や粥(かゆ)に入れて食べる菜。平安時代から、宮中や貴族の家で行われ、初め十二種の野草を使ったが、のち七種となり、日も正月七日に固定されるようになった。また、この風習は民間にも伝わり、正月七日に新菜を入れた七草粥を食べることが今日まで続いている。例「正月二十三日、子(ね)の日なるに、左大将の北の方、―参り給ふ」〈源氏・若菜・上〉訳正月二十三日に、子の日であるので、左大将の奥方は、(光源氏に)お祝い用の若菜を献上なさる。

わか-ぬし【若主】〔名〕若い人に対する敬称。

和歌の浦(わかのうら)〔地名〕和歌山市和歌浦にある、和歌川の川口付近の海岸。景勝の地として名高く、歌枕の地でもあった。歌では、「和歌」に「若」、あるいは歌の意の「和歌」をかけて用いることが多く、和歌の神を祭るという玉津島神社がある。

和歌の浦

わか・ぶ【若ぶ】〔自バ上二〕(び・び・ぶ・ぶる・ぶれ・びよ)(「ぶ」は接尾語)若々しい様子を見せる。子供っぽく振る舞う。例「ひたぶるに―・びたるものから、世をまだ知らぬにもあらず」〈源氏・夕顔〉訳ただもう子供っぽく振る舞っているものの、男女の仲というものをまだ知らないのでもない。

わ-が-み【我が身】〔連語〕❶自分のからだ。自分の身の上。自分自身。

❷(代名詞的に)自分。わたし。女性が用いる例が多い。例「―に誤つことはなけれども、捨てられ奉るだにあるに」〈平家・一・祇王〉訳私(=祇王(ギオウ))に過失はないけれども、(平清盛から)捨てられ申しただけでも悲しいのに。

❸(主として、目下の者に対し、親しみやなれなれしさの気持ちをこめて)おまえ。そなた。

わか-みづ【若水】(ズミ)〔名〕立春の日の朝、新しく汲(く)んで天皇にさしあげる水。一年中の邪気を払うとされた。後世には、元旦(がんたん)に汲んで各家で用いる水。(季・春)

わか-みや【若宮】〔名〕❶天皇や皇族の幼い子。男女ともにいう。

❷本宮の祭神の子を祭った末社。また、本宮の祭神の神霊を迎えて新しくつくった神社。新宮。

わか-むらさき【若紫】〔名〕❶(和歌用語)ムラサキグサの別名。例「春日野(かすがの)の―の摺(す)り衣しのぶの乱れ限り知られず」〈伊勢・一〉訳春日野(=奈良市東部ノ野)のムラサキグサで染めた着物の乱れ模様のように、あなたを思い偲しぶ私の心の乱れは、限りがありません。

❷淡紫色。近世、女形の役者が月代(さかやき)を隠すためにかぶった淡紫色の帽子を、「若紫の帽子」という。

若紫の上(わかむらさきのうへ)〔人名〕「紫の上」の幼少時代の呼び名。⇒紫の上

わか-やか【若やか】〔形動ナリ〕(「やか」は接尾語)若々しい様子。例「いつか―・なる人などさはしたりし」〈枕草子・にくきもの〉訳(火鉢の火やいろりなどに、手のひらをかざして、あぶっている老人は憎らしい。)いつ若々しい人などがそんな(見苦しい)ことをしたか。

わか-や・ぐ【若やぐ】〔自ガ四〕(が・ぎ・ぐ・ぐ・げ・げ)(「やぐ」は接尾語)若々しい様子を示す。若返る。若々しくなる。例「鬢髭(びんひげ)を黒う染めて、―・がうど思ふなり」〈平家・七・実盛〉訳鬢や鬚を黒く染めて、若返ろうと思うのだ。

わか・る【別る・分かる】〔自ラ下二〕(れ・れ・る・るる・るれ・れよ)(「わく」の自動詞形)❶別々になる。分離する。区別がつく。

❷人や場所から離れ去る。また、死別する。例「かしこき御影に―・れ奉りにしこなた」〈源氏・明石〉訳恐れ多い(父の桐壺(きりつぼ)帝の)お姿にお別れ申し上げて以来。

わかれ【別れ】〔名〕(動詞「別る」の連用形の名詞化)人と別れること。別離。死別。例「―といふもの、悲しからぬはなし」〈源氏・夕顔〉訳別離というもので、悲しくないものはない。

わかれ-ぢ【別れ路】(ジ)〔名〕❶別れて行く道。例「糸によるものならなくに―の心細くも思ほゆるかな」〈古今・羇旅・四一五〉訳(道というものは)糸によりあわせる前の、細糸ではないのに、別れ行く道が心細く思われることだなあ。

❷別れること。別離。特に、死別すること。例「―は遂(つひ)のことぞと思へども後(おく)れ先立つほどぞ悲しき」〈栄花・もとの雫〉訳死別というものは結局避けられないものだとは思うが、年とった者が後に残り、若い者が先に死んでゆくのが悲しい。

わか-わか・し【若若し】〔形シク〕❶いかにも若く見える。例「―・しく、いにしへに返りて語らひ給ふ」〈源氏・若菜・上〉訳(光源氏は)若々しい様子で、昔の気持ちに返って語り合いなさる。

❷子供っぽい。幼稚である。また、大人げない。例「『いかでかまからむ。暗うて』と言へば、『あな━・し』とうち笑ひ給ひて」〈源氏・夕顔〉訳（右近が）「どうして行けましょうか。暗くて」と言うので、（光源氏は）「なんと子供っぽい」とお笑いになって。

わかん-どほり〔名〕皇室の血統につながる人。例「なま━などいふべき筋にやありけむ」〈源氏・夢浮橋〉訳（浮舟は）たいしたことのない皇族の血筋といわれるはずの生まれであったのだろうか。

和漢朗詠集（わかんろうえいしゅう）〘書名〙平安中期の歌謡集。藤原公任撰。一〇一三年（長和二）頃の成立。朗詠に適する漢詩約五百九十句、和歌約二百二十首を、春・夏・秋・冬・雑の五部に分けて収める。この中の詩歌が朗詠された記述が『枕草子』などに見られ、当時の貴族に愛唱されていたことがうかがえる。

わき【分き・別き】〔名〕差異。区別。けじめ。また、それを見分ける分別。例「我が背子に恋ひてすべなみ春雨の降る━知らず出(い)でて来(こ)しかも」〈万葉・一〇・一九一五〉訳あの人のことが恋しくてどうしようもないので、春雨が降っているかいないかの見さかいもつかずに、とび出して来てしまったよ。

わき【脇・腋】〔名〕❶体の側面で、腕の下に当たる部分。また、衣服で体の脇に当たる部分。例「弓━にはさみ」〈平家・七・一門都落〉訳弓を体の脇にはさんで持ち。❷あるもののそば。かたわら。横手。❸《能楽用語》シテ（＝主役）の相手役。片仮名で「ワキ」と書く。❹《連歌・俳諧用語》⇩わきのく ❺二の次。あとまわし。❻別のところ。別の人。例「手代(てだい)めが嵩高(かさだか)な返事した。よもや━へはさうあるまい」〈近松・冥途の飛脚・上〉訳手代（＝使用人）のやつが横柄な返事をした。まさか他の者へはそんな言い方はするまいに。

わき-ざ【脇座】〔名〕能舞台で、ワキ（＝主役ノ相手役）が座る位置。観客から向かって右側、脇柱の後方。

わき-さし【脇さし】〔名〕そばに付き添う者。従者。同行者。例「あなかしこ━達、いづかたをも貢(つみ)ぎ給ふな」〈徒然草・二一五〉訳決して同行者の皆さん、どちらにも加勢しなさるな。注虚無僧同士ノ仇討チノ場面。

わき-ざし【脇差】〔名〕❶《腰に差して退出するのがならわしであったことから》禄として賜る巻き絹。例「中媒(ちゅうばい)に━ら、うちして請はしめむ」〈宇津保・藤原の君〉訳仲人に禄として巻き絹などを、与えて（先方に姫をくれと）たのませよう。❷《脇に差す刀の意》ⓐ武士が太刀のほかに所持する、予備の刀。例「面々に━の太刀なんど用意のことなれば」〈太平記・四〇・四〉訳めいめいに脇差の刀などを準備していたことだから。ⓑ江戸時代、武士が腰に差した大・小刀のうち、小刀。武士以外でも、旅行などの時には携行を許されることがあった。例「━抜かんとする隙(まひ)を、飛びかかりて討てば」〈西鶴・武道伝来記・七・三〉訳脇差を抜こうとする隙に、飛びかかって討つ（＝斬リカカル）と。

わきざし②

わき-て【別きて】〔副〕とりわけ。格別に。例「侘(わ)び人の━立ち寄る木(こ)の下(もと)は頼む陰なく紅葉散りけり」〈古今・秋下・二九二〉訳世をわびて暮らす人（＝私）が時雨(しぐれ)に追われて、とりわけ（選んで）立ち寄る木の下には、頼りとする木陰もなく（雨に降られ）、紅葉が散っていたよ。

わき-の-く【脇の句】〔名〕《連歌・俳諧用語。「わきとも」》発句（＝冒頭ノ句。五七五）に付ける第二番目の句。七七から成り、季節は発句と同じにする。

わぎへ【我家・吾家】〔名〕《上代語。「わがいへ」の変化した形》わたしの家。わが家。例「愛(は)しけやし━の方(かた)よ雲居(くも)立ち来(く)も」〈古事記・中・景行〉訳懐かしいことよ。我が家の方から雲が立ちのぼってくることよ。

わきま・ふ【弁ふ】〔他ハ下二〕{へ・へ・ふ・ふる・ふれ・へよ}❶違いを正しく知る。判別する。理解する。心得る。例「礼儀骨法(こっぱふ)━・へたる者一人(いちにん)もなし」〈平家・一・殿下乗合〉訳（平資盛の若い従者には）礼儀作法を（ちゃんと）心得ている者は一人もいない。❷返済する。償う。例「かの母の借れるところの稲を員(かず)のごとく━・へて」〈今昔・二〇・三一〉訳その男の母が借りた稲をその数量の通りに返して。

わきまへ【弁へ】〔名〕《動詞「弁ふ」の連用形の名詞化》❶ちがいを弁別すること。道理を認識すること。例「大臣の年老い、才有り━賢きを、太子の御供に遣はす」〈今昔・一・三〉訳（父王は）年老いた大臣で、学識もあり分別もしっかりした者を、悉達(しった)太子（＝釈迦）のお供として遣わされる。❷償うこと。弁償。

わぎも【我妹・吾妹】〔名〕《「わがいも」の変化した形》男が女を親しんで呼ぶ語。妻や恋人を指していうことが多い。例「人言(ひとごと)は暫(まし)しぞ━綱手引く海ゆまさりて深くしぞ思ふ」〈万葉・一一・二四三八〉訳人の噂はしばらくだ（から辛抱しておくれ）、いとしい人よ。私は綱手を引く海よりも深くあなたを思っているよ。

わぎも-こ【我妹子・吾妹子】〔名〕《「わがいもこ」の変化した形。「こ」は愛称の接尾語》⇩わぎも 例「━を相知らしめし人をこそ恋のまされば恨めしみ思へ」〈万葉・四・四九四〉訳いとしいあなたと知り合うようにさせた人を、今恋しさのつのるにつけて、かえって恨めしく思うのだ。

わぎもこ-に【我妹子に】〘枕詞〙（「わぎもこ」に逢(あ)う意から）「あふ」の音をもつ「棟(あふち)」「近江(あふみ)」「淡路(あはぢ)」などにかかる。例「━棟(あふち)の花は散り過ぎず今咲けるごとありこせぬかも」〈万葉・一〇・一九七三〉訳（夏になったけれども）センダンの花は散ってしまわずに、今咲いているようにこのままであってくれないかなあ。

わぎもこ-を【我妹子を】〘枕詞〙（「わぎもこ」を「いざ見む」「はや見む」意から）「いざみの山」「早み浜風」にかかる。例「━いざみの山を高みかも大和(やまと)の見えぬ国遠みかも」〈万葉・一・四四〉訳いざみの山（＝三重・奈良県境ニアル高見山ノコトカ）が高いからか、それとも国が遠いからか、大和(やまと)の国（＝奈良県）が（少しも）見えないことよ。

わ・く【別く・分く】■〔他カ四〕{か・き・く・く・け・け}❶区別をつける。差別する。例「何事にもまことありて、人を━・かず、恭(うやうや)しく、言葉少なからんにはしかじ」〈徒然草・二三三〉訳何事にも誠意があって、人を差別せず、礼儀正しく、口数が少ないのにまさることはない。❷違いを識別する。判断する。例「のぼりぬる煙(けぶり)はそれど――・かねどもなべて雲居(くも)のあはれなるかな」〈源氏・葵〉訳立ち昇った(火葬の)煙は、(雲と混じり合って)どれがその煙だか識別できないが、空一面がしみじみと眺められることだ。注葵ノ上ノ死ヲ悼ム光源氏ノ歌。

三〔他カ下二〕(け・け・く・くる・くれ・けよ)❶一つになっていた物を別々にする。分ける。区切る。また、分配する。分担する。例「中頃六十六か国に――けられたんなり」〈平家・二・阿古屋之松〉訳(日本は)中ほどの時代に六十六か国に分割されたそうだ。

❷障害物などを押し分ける。また、押し分けて進む。例「春日野(かすがの)の雪間(ゆきま)を――けて生(お)ひ出で来る草のはつかに見えし君はも」〈古今・恋一・四七八〉訳春日野の雪の消えた所を押し分けて生え出て来る若草のように、ちらりと見えただけのあなたは恋しいことよ。

わく-ご【若子】〔名〕年若い男子をほめていう語。また、幼児。例「稲つけば皹(かか)る我(あ)が手を今宵(こよひ)もか殿の――が取りて嘆かむ」〈万葉・一四・三四五九〉訳(毎日)稲つきをするのであかぎれが切れたこの私の手を、今夜もまた、お屋敷の若様が手に取って嘆いてくださることだろうか。

わくら-ば〔名〕一【嫩葉】木の若葉。

二【病葉】病害・虫害などで、夏に赤や黄に変色した葉。(季・夏)例「――に取り付いて蟬(みせ)のもぬけかな」〈蕪村〉訳虫におかされた葉に、取り残されたように、いつまでも取りついている蟬の抜けがらであるよ。

わくらば-に〔副〕《中世には「わくらはに」とも》偶然。たまたま。まれまれ。例「――人とはあるを」〈万葉・五・八九二長歌〉訳たまたま人間として生まれたものを。

わくゎう-どうぢん【和光同塵】(ワコウドウジン)〔名〕《仏教語。老子の言葉を仏家が借用したもの》仏や菩薩(ぼさつ)が、衆生(しゅじょう)(=スベテノ生キ物)を救うために、本来の威光を和らげて、仮の姿を塵(ちり)に満ちたこの世に現すこと。「和光」とも。

わけ〔名〕一【分け・別け】《カ下二動詞「わく」の連用形の名詞化》❶区別。違い。

❷他人の食べ残し。

❸費用の明細。

❹遊女が、その稼(かせ)ぎを抱え主と折半すること。また、その遊女。

二【分け・訳】❶物事のいきさつ。事情。また、理由。

❷男女間の情事。色事。また、それに通じていること。

わけ-い-づ【分け出づ】〔自ダ下二〕(づ・で・づ・づる・づれ・でよ)物をかき分けて出る。例「山路――でけむほど、現(うつつ)とも覚えず」〈源氏・宿木〉訳(宇治の)山路をかき分けて(都へ)出て来た時のことが、正気とも思われず。

わけ-い-る【分け入る】〔自ラ四〕(ら・り・る・る・れ・れ)左右に分けて入る。押し開いて入って行く。例「早稲(わせ)の香(か)や――る右は有磯海(ありそうみ)」〈奥の細道・黒部〉訳早稲の香りがする。稲を左右に分けて入って行くと、右側は荒磯の海だ。

わご-おほきみ【我ご大君・吾ご大君】(ワゴオオキミ)〔連語〕⇩我が大君(おほきみ)。例「常世物(とこよもの)この橘(たちばな)のいや照りに――は今も見るごと」〈万葉・一八・四〇六三〉訳常世から渡って来たというこの橘の実がますます輝くように、わが大君はいよいよお栄えあれ。現在そうあるのと同様に。

> 要点「わが」の「が」が後に続く「お」の音に引かれて「ご」に転じたもの。『万葉集』では、仮名書きの例でも、「わが――」より「わご――」の形になっているものの方が多い。

わ-こく【倭国・和国】〔名〕日本国。「倭」は、本来、中国から日本を指す語で、従って、この語も、中国に対比して我が国を指す時に用いられる。

わ-ごぜ【我御前】〔代名〕《人称代名詞。対称》女性を親しんで呼ぶ語。あなた。おまえさん。「わおもと」とも。例「今――の出家に比ぶれば、事の数にもあらざりけり」〈平家・一・祇王〉訳今あなた(=仏御前(ホトケゴゼン))が仏道に入られることと比べたら、(私、祇王(ぎわう)が尼になったことなどはまったく)物の数にも入りませんよ。

わ-ごと【和事】〔名〕歌舞伎(かぶき)で、恋愛・情事など、女性を相手として演じる演技やその場面。上方(かみがた)歌舞伎の伝統的な芸の一つで、この役を得意とする俳優を「和事師」という。⇩あらごと

わ-ごりょ【我御寮・我御料】〔代名〕《「わごれう」の変化した形。室町末期以後の語》《人称代名詞。対称》同等もしくはそれ以下の相手を親しんで呼ぶ語。男・女ともに用いる。そなた。おまえ。例「――は精を出いてあふいでおくりやれ」〈狂言・附子〉訳おまえさんはせっせと(扇で)あおいでください。

わ-ごれう【我御寮・我御料】(ワゴリョウ)〔代名〕⇩わごりょ

わ-ごん【和琴】〔名〕日本古来の六弦の琴。雅楽(ががく)や神楽(かぐら)などに用いられる。「あづまごと」「やまとごと」とも。

わざ

【業・技】〔名〕❶深い意味をもった行為。意図的に行う行為。しわざ。しごと。例「公(おほやけ)にかしこまりなる人の、現(うつ)さまにて世の中にあり経(ふ)るは、咎(とが)重き――に」〈源氏・須磨〉訳朝廷のとがめを受けた人が、普通の有様で世間の交わりをしてゆくのは、罪深い行為であると。

❷重大な意味をもった行事。神事や仏教的行事。法会(ほふゑ)。例「御――なども過ぎて」〈源氏・薄雲〉訳(藤壺(ふじつぼ)の四十九日の)法事なども過ぎて。

❸ことの次第。ありさま。状態。その背後に、深い意味や事情が含まれていることが多い。例「おのづから御心移ろひて、こよなう思し慰むやうなるも、あはれなる――なりけり」〈源氏・桐壺〉訳(桐壺更衣(きりつぼのかうい)に死別して悲嘆にくれていた帝だったが)自然と(藤壺に)お心が移っていって、この上なく悲嘆の心を思い慰めなさる状態であるにつけても、(人の心というものはこんなものかと)しみじみと感じ入る次第であった。

❹方法。技術。技芸。

❺たたり。わざわい。害。

わざ-おき【俳優】〔名〕⇩わざをき

わさ-だ【早稲田】〔名〕「早稲(わせ)」が植えてある田。(季・秋)例「石上(いそのかみ)布留(ふる)の――の穂には出(い)でず心のうちに恋ふるこのごろ」〈万葉・九・一七六八〉訳(石上布留の早稲田の穂が出るように)人目につく(=顔色ニ出ス)ことはせず、心の中で恋しく思っているこの頃であるよ。注「石上布留」ハ、天理市ノ石上神宮周辺。

わざ-と

【態と】〔副〕❶わざわざ。ことさらに。意図的に。例「その日を最後とや思はれけん、――甲(かぶと)は着給はず」〈平家・四・橋合戦〉訳(源頼政(よりまさ)は)その日を最後(=死ヌ日)とお思いになったのだろうか、

ことさらに甲はおかぶりにならない。

❷**格別に。特別に。**とりたてて。例「人のもとに——清げに書きてやりつる文(ふみ)の返りごと、今は持て来ぬらむかし、怪しう遅きと待つほどに」〈枕草子・すさまじきもの〉訳ある人のところに特別にきれいに書いて送った手紙の返事を、今持って来るかなあ、ひどく遅いなあと待つうちに。

❸(多く「の」を伴って連体修飾語となって)本格的に。正式に。例「——の御学問はさるものにて、琴笛の音(ね)にも雲居(くも)を響かし」〈源氏・桐壺〉訳本格的な学問は申すまでもなく、琴や笛の演奏でも宮中に評判を高くして。

注「わざとの御学問」ハ、漢詩文ヲ修メルコト。

わざと-がま・し【態とがまし】〔形シク〕《「がまし」は接尾語》特別に心を遣っていることが感じられる。意識的にした様子である。例「唐(から)の本(ほん)などの、いと——・しき、沈(ぢん)の箱に入れて」〈源氏・梅枝〉訳中国人の書いた手本などで、特別に念を入れた立派なのを、沈(という香木)で作った箱に入れて。

わざと-なら・ず【態とならず】【連語】ことさらでない。さりげない。例「——・ぬ匂(にほ)ひ、しめやかにうちかをりて」〈徒然草・三二〉訳(ことさらに焚いたのではない)さりげない香のかおりが、しっとりと薫って。

わざはひ【災ひ・禍】〔名〕❶災難。不幸。例「よき事まつりごてば福(さいはひ)たちまちに至る。悪しき事をまつりごてば——必ず来たる」〈今昔・二・一〉訳よい政治を行えば幸福がすぐにやって来る。悪い政治を行えば不幸が必ずやって来る。注聖徳太子ノ言葉。

❷(「や」「か」など、感動の助詞を伴って)不快の意を表す語。いやだ。困ったものだ。例「『——かな、あれは舞はじ』とて」〈大鏡・道兼〉訳(楽器の音が調子を合わせ始める頃に)「いやだ、ぼくは舞わないよ」と(道兼の長男福足は、わがままを)言って。

わざ-をき【俳優】〔名〕《「業招(わざをぎ)き」の意。後世は「わざをぎ」》種々な芸をして神の心を慰めたり、人を喜ばせたりすること。また、それをする人。役者。

わ-さん【和讃・和賛】〔名〕《仏教語》仏教歌謡の一つ。仏や菩薩、高僧の徳をたたえた内容で、七五調四句を一単位とした和文から成っている。平安時代の末期から鎌倉時代にかけて多く作られた。

わし〔代名〕《人称代名詞。自称》親しい者同士の間で男女ともに用いる。わたし。

わし・る【走る】〔自ラ四〕❶はしる。奔走する。例「蟻(あり)のごとくに集まりて、東西に急ぎ、南北に——・る」〈徒然草・七四〉訳(人々は)蟻のように集まって、(忙しそうに)東へ西へと急ぎ、南へ北へと走る。

❷あくせくする。例「身を知り、世を知れれば、願はず、——・らず」〈方丈記・閑居の気味〉訳身のほどを知り、世間というものを知っているので、高望みもせず、あくせくもしない。

わずか【僅か】〔形動〕⇩わづか

わずらわし【煩わし】〔形〕⇩わづらはし

わす・る【忘る】■〔他ラ四〕(意識して)忘れる。例「——・らむて野行き山行き我来れど我が父母は忘れせぬかも」〈万葉・二〇・四三四四〉訳忘れようとして野原を歩いたり、山を歩いたりして私は来たが、自分の父母は忘れられないものだなあ。注防人歌。

■〔他ラ下二〕(自然に)忘れる。失念する。また、置き忘れる。例「最後の時も——・れ給はず」〈平家・四・宮御最期〉訳(自害する)いまわの際にも(源頼政入道は歌を詠むことを)お忘れにならない。

わすれ-がたみ【忘れ形見】〔名〕❶忘れないために残して置かれる記念の品。亡き人の思い出となるもの。例「なからん跡の——にもとや思ひけん、障子に泣く泣く一首の歌をぞ書きつける」〈平家・一・祇王〉訳(祇王は自分がこの屋敷を)去った後の記念にしたいとでも思ったのだろうか、ふすまに泣きながら一首の歌を書きつけた。

❷親、特に、父親の死後に残された子。遺児。

要点 和歌では、「忘れ難み」と掛けて用いられることが普通である。

わすれ-がひ【忘れ貝】〔名〕離れ離れになった二枚貝の一片。また、アワビ貝などの一枚貝とも。これを拾うと恋のつらさを忘れることができるという。「こひわすれがひ」とも。例「若の浦に袖(そで)さへ濡(ぬ)れて——拾へど妹(いも)は忘らえなくに」〈万葉・一二・三一七五〉訳和歌の浦で袖まで濡らして忘れ貝を拾ったけれど、いとしいあの娘のことはとても忘れることができない。

わすれ-ぐさ【忘れ草】〔名〕草の名。カンゾウの古名。心の憂さを忘れる草といわれ、下着の紐につけたり、庭に植えたりした。「忘るる草」とも。例「——垣もしみに植ゑたれど醜(しこ)の醜草なほ恋ひにけり」〈万葉・一二・三〇六二〉訳忘れ草を垣根いっぱいに植えたけれど、この草は何の効き目もないつまらない草だ、やはり、恋しい気持ちは少しも変わらないことだ。

わせ【早稲】〔名〕稲の品種のうち、最も早く生育するもの。対おくて② 例「鳰鳥(にほどり)の葛飾(かつしか)——を饗(にへ)すとも その愛(かな)しきを外(と)に立てめやも」〈万葉・一四・三三八六〉訳葛飾(＝東京・千葉ニマタガル江戸川流域ノ地)産の早稲を神に供える夜といえども、あのいとしい人を家の外に立たせておけようか(いや、とても立たせておくことはできない)。

注「鳰鳥の」ハ「葛飾」ノ枕詞。

わた【海】〔名〕海。例「——の底沈(しづ)く白玉風吹きて海は荒るとも取らずはやまじ」〈万葉・七・一三一七〉訳海の底に沈んでいる真珠を、風が吹いて海は荒れても、取らずにはおかない。

わだかま・る【蟠る】■〔自ラ四〕輪の形に曲がる。曲がりくねる。また、(蛇などが)とぐろを巻く。例「七曲(ななわた)に——・りたる玉の、中通りて左右に口あきたるが小さきを奉りて」〈枕草子・蟻通の明神〉訳七曲がりに曲がりくねっている玉で、中に穴が貫通していて左右に口のあいた小さいのを献上して。

■〔他ラ四〕だまし取る。横領する。

わたくし【私】■〔名〕❶**自分個人のこと。私的なこと。うちうちのこと。**対おほやけ④ 例「——に訪(とぶら)ふべき人のもとに、まうで来るなり」〈源氏・浮舟〉訳個人的に訪ねなければならない人のところに、参上して行くのです。

❷自分の都合。自己の利益を計ること。私心。

■〔代名〕《室町時代以降の用法》《人称代名詞。自称》目上の人などに対して丁寧の気持ちをこめて用いる。例「——もかれこれ致いて御無沙汰(ごぶさた)致いてござるが」〈狂言・伯母が酒〉訳私もあれこれと(忙しく)していましてご無沙汰いたしておりますが。

わたくし-ごと【私事】〔名〕個人的な用事。うちうちのこと。対おほやけごと④ 例「——のさまにしなし給ひて」〈源氏・若菜・上〉訳（光源氏は祝宴を公事ではなく）私事の体裁にわざとなさって。

わたくし-ざま【私様】〔名・形動ナリ〕私事に関する方面。非公式。また、その様子。

わたくし-もの【私物】〔名〕個人の所有として大切にする物。私有物。秘蔵物。例「この君をぞ——にて、らうたくし給へど」〈宇津保・国譲・下〉訳この六の君を大切な妻として、大事にかわいがっていらっしゃるけれども。

わた・す【渡す】（さ・し・す・す・せ・せ）**一**〔他サ四〕❶（海や川などを）越えて向こう側へ行かせる。越えさせる。また、橋などを架け渡す。例「夜ひと夜船にてかつがつ物など——・す」〈更級・太井川〉訳一晩中船に載せられるだけ載せて少しずつ荷物などを向こう岸に渡す。❷移動させる。移す。例「新帝の皇居五条内裏（だいり）へ——・し奉る」〈平家・四・厳島御幸〉訳（皇室伝来の御物は）新帝の（仮の）皇居である五条の内裏へお移し申し上げる。❸仏の力で此岸から彼岸へ行かせる。煩悩から救済する。例「人——・すことも侍（はべ）らぬに」〈源氏・東屋〉訳（私には）人を救済するつもりもございませんのに。❹物を授け与える。譲り渡す。例「双六（すごろく）を打ちけるが、多く負けて、——・すべき物なかりけるに」〈宇治拾遺・六・四〉訳双六の勝負をしたところ、負けがこんで、（相手に）与えるべき物がなかったので。❺（罪人を見せしめのために）通らせる。移送する。引き回す。例「大路（おほち）を——・して、その首を獄門にかけらる」〈平家・三・大地震〉訳（都の）大路を引き回して、その首を獄門におかけになる。**二**〔補動サ四〕（動詞の連用形に付いて）あまねく…する。ずっと…する。例「松立て——・してはなやかにうれしげなるこそ、またあはれなれ」〈徒然草・一九〉訳（元日の都大路の様子は）ずらりと門松を立て並べてにぎやかでうれしそうなのこそ、またしみじみとしたものだ。

> 要点 ほぼ現代語の「渡す」に同じ。なお、①の用法には、「渡る」とほぼ同義の自動詞的用法と解される例がある。例「馬にて川を——・す兵（つはもの）はありといへども」〈平家・一〇・藤戸〉訳（昔から）馬で川を渡る武士はいるといっても（海を渡る者はまれである）。

わた-つ-うみ【わたつ海】〔名〕（「わたつみ」の「み」を「海」の意に解して成立した語）⇩わたつみ② 例「草も木も色変はれども——の浪（なみ）の花にぞ秋なかりける」〈古今・秋下・二五〇〉訳（秋が来ると）草も木も色が変わるけれども、海の白波には色の変わる秋という時節がなかったのだなあ。注白イ波ヲ海ノ花ト見立テタ。

わた-つ-み【海神・綿津見】〔名〕（「わた」は海の意、「つ」は「の」の意、「み」は神霊の意。のち、「わだつみ」とも）❶海の神。例「潜（かづ）きする海人（あま）は告（の）るとも——の心し得ずは見ゆといはなくに」〈万葉・七・一三〇三〉訳海にもぐる海人はいくら呪文を唱えても、海の神の心をつかまなくては（真珠が）見えるとはいえませんものを。❷（海神のいる所の意から）海。例「——の恐（かしこ）き道を安けくもなく悩み来て」〈万葉・一五・三六九四長歌〉訳海原の恐ろしい道を、不安な思いで苦しみつつやって来て。

わた-どの【渡殿】〔名〕二つの建物の間をむすぶ、屋根つきの渡り廊下。また、そこに設けた部屋。例「近き——の戸押し開（あ）くるより、御簾（みす）のうちの追ひ風、なまめかしく吹き匂（にほ）はして」〈源氏・初音〉訳（明石の上の居間に）近い渡り廊下の戸を押し開けるとすぐに、御簾からの微風が、優雅にいい薫りを吹きただよわせて。

わた-の-かみ【海の神】〔名〕⇩わたつみ①

わた-の-そこ【海の底】〔枕詞〕海の奥深い所の意から「沖」にかかる。例「——沖は恐（かしこ）し磯廻（いそみ）より漕（こ）ぎ廻（た）み行かせ月は経ぬとも」〈万葉・二・三九九〉訳沖は恐ろしいです。磯の海岸伝いに回って漕いでおいでなさい、何か月もかかろうとも。

わた-の-はら【海の原】〔名〕ひろびろとした海。大海原。例「——波にも月は隠れけり都の山を何厭（とい）ひけむ」〈山家集・雑〉訳さえぎるものもない広々とした海上の波にも月は隠れてしまった。（そうとも知らず月を隠すからといって）都の山をなぜ（私は）嫌ったのだろうか。

わた-ゆみ【綿弓】〔名〕繰り綿（＝種ヲ取リ除イタダケノ綿）を打って、まじり物を取り除き、柔らかくして打ち綿を作る道具。弓に似た形で、弦をはじいて綿を打つ。「わたうちゆみ」とも。（季・秋）例「——や琵琶（びは）に慰む竹の奥」〈芭蕉・野ざらし紀行〉訳綿弓のびんびんという音を、琵琶の音に聞いて心を慰める竹やぶの奥の閑寂な住まいよ。

わたら-せ-たま・ふ【渡らせ給ふ】〔連語〕（中世以降の用法。「行く」「あり」などの尊敬語で、敬意は極めて高い）❶おいでになる。いらっしゃる。例「高倉の宮の御子（みこ）の宮達のあまた——・ひ候ふなる」〈平家・四・若宮出家〉訳高倉の宮（＝以仁王）の御子の宮達が大勢いらっしゃるということだ。❷（補助動詞的用法）…でいらっしゃる。例「これは猫間の中納言殿と申す公卿（くぎやう）で——・ふ」〈平家・八・猫間〉訳この方は猫間の中納言と申す公卿でいらっしゃいます。

わたらひ【渡らひ】〔名〕（動詞「渡らふ」の連用形の名詞化）世渡りすること。暮らし向き。また、そのための仕事。生業。例「年ごろ——などもいとわろくなりて」〈大和・一四八〉訳数年来生計などもひどく苦しくなって。

わたり【辺り】〔名〕❶ある場所の付近一帯。辺へ。例「領（うら）じ給ひける所、大井川の——にありけるを」〈源氏・松風〉訳領地として持っておられた所が、大井川（＝京都市西部ノ川、桂川ノ上流）の付近にあったのだが。❷（直接指すのをはばかって）人やその住まいを婉曲に言い表す語。例「かの——の、親しき人なりけり」〈源氏・手習〉訳（紀伊守は）あの方（＝薫）の邸に仕えている、親しい家来であったのだよ。

> 要点 「わたり」と「あたり」と「ほとり」 「あたり」は、ある場所を、だいたいの見当をつけていう語、「ほとり」は、ある物の周辺をいう語である。対して、「わたり」は、ある場所の付近一帯を漠然と指す語である。

わたり【渡り】〔名〕（動詞「わたる」の連用形の名詞化）❶船などで、川や海峡などを渡ること。向こう岸へ渡ること。

また、その場所。渡し場。例「初瀬にまうでて、淀の━といふものをせしかば」〈枕草子・卯月のつごもりがたに〉訳 初瀬(=長谷寺(ハセデラ))に参詣して、(有名な)淀川の舟渡りというものをしたところ。
❷向こうからこちらへ来ること。また、こちらから向こうへ行くこと。移転。訪問。例「御━のことどもを、心まうけせさせ給ふ」〈源氏・早蕨〉訳 (中の君の)お引っ越しの用意などを、(薫(かおる)は)いろいろと心配りなされる。
❸海外から渡って来ること。舶来。また、その品。
❹世間を渡り歩く者。あちこち奉公先を変える者。
❺さしわたし。直径。例「切り口の大さ、━一尺ばかりあるらん」〈宇治拾遺・一四・三〉訳 (蛇の尾の)切り口の大きさは、直径一尺(=約三〇センチ)くらいあるだろう。
❻対人的な交渉。現代語の「渡りをつける」の渡り。
❼(接尾語的に用いて)物事が全体に行きわたる回数を数える語。「ひと━見る」など。

わたり-あ・ふ【渡り合ふ】〔自ハ四〕{は・ひ・ふ・ふ・へ・へ} 相手になって敵と戦う。応戦する。斬(き)り合う。例「寄せ手の兵(つはもの)━・ひ」〈謡曲・正尊〉訳 攻め寄せる(正尊(しやうぞん)方の)兵士は応戦し。

わたり・く【渡り来】〔自カ変〕{こ・き・く・くる・くれ・こ(よ)} 渡って来る。移って来る。やって来る。例「つれづれなるままに、南の半蔀(はじとみ)ある長屋に━・きつつ」〈源氏・夕顔〉訳 暇にまかせて、南の方の格子組みの戸がはめてある細長い家にたびたびやって来ていて。

わたり-ぜ【渡り瀬】〔名〕(「わたりせ」とも)歩いて渡ることができる、川の浅瀬。

わた・る 【渡る】{ら・り・る・る・れ・れ}(他動詞は「わたす」)

> いらっしゃる、の意になる敬語の用法㊀⑤と、**時間的・空間的に連続する**、意を表す補助動詞の用法㊁に注意。

㊀〔自ラ四〕❶(海や川などを)越えて向こう側へ行く。越える。渡る。例「中将の集には隅田川とあり。舟にて━・りぬれば」〈更級・竹芝寺〉訳 中将(=在原業平(アリワラノナリヒラ))の家集には隅田川とある。(その川を)舟で渡ったところ。
❷移動する。行く。来る。通る。例「今日はほかへおはしますとて━・り給はず」〈枕草子・すさまじきもの〉訳 今日はよそへいらっしゃるとかで(こちらへは)お越しになりません。
❸(年月を)過ごす。時を送る。例「日を消(せう)し月を━・りて一生を送る」〈徒然草・一〇八〉訳 (役に立たないことを考えて時間を過ごすばかりでなく)日を失い月を過ごして(つまらない)一生を送るのは。
❹広い範囲に行き渡る。及ぶ。関係する。例「この戒(いまし)め、万事に━・るべし」〈徒然草・九二〉訳 この(=目ノ前ノ事ニ全力ヲ尽クストイウ)訓戒は、どんな事にも通じるはずである。
❺(多く敬語とともに用いて)「あり」「をり」の尊敬語。いらっしゃる。おいでになる。おられる。例「主上(しゆしやう)異なる御つつがも━・らせ給はぬを、おし下(お)ろし奉り」〈平家・四・厳島御幸〉訳 高倉天皇は特別なご病気もおありでないのに、しいてご譲位おさせ申して。
㊁〔補動ラ四〕(動詞の連用形に付いて)時間的・空間的に連続する意を表す。**ずっと…する。一面に…する。**例「御前(おまへ)の前栽(せんざい)の、何となく青み━・れる中に」〈源氏・紅葉賀〉訳 お庭先の植込みが、どれがということもなく一面に青々としている中に。

わづ-か【僅か】〔形動ナリ〕❶数量が少ない様子。例「━・に聞きえたることをば、われもとより知りたることのやうに、こと人にも語りしらぶるも、いとにくし」〈枕草子・にくきもの〉訳 ほんの少し聞き込んだ事を、自分がもとから知っていた事のように、他人にも調子に乗って語るのも(実に憎らしい)。
❷範囲や程度が小さい様子。例「木の下の━・なるに、葵(あふひ)のただ三筋ばかりあるを」〈更級・足柄山〉訳 木の下の狭い所に、葵がほんの三本ぐらい生えているのを。
❸(連用形の副詞的用法)やっと。かろうじて。
❹貧弱な様子。

わづらは・し 【煩はし】〔形シク〕

> 「わづらはし」は、動詞「わづらふ(苦しむ)」が形容詞化した形。そこで、①の**めんどうである、うるさい**、②の**複雑である**、③の**はばかれる**、の意味となる。

❶めんどうなことにかかわって、やっかいである。**めんどうである。うるさい。**例「世の中いと━・しく、はしたなきことのみまされば」〈源氏・須磨〉訳 世間がまことにやっかいで、具合の悪いことばかりが多くなってゆくので。
❷複雑である。例「宮仕へ仕うまつらずなりぬるも、かく━・しき身にて侍(はべ)れば」〈竹取・かぐや姫の昇天〉訳 宮仕えをいたさずに終わったのも、このように複雑な身の上で(=月ヘ帰ラネバナラナイ)ございますからで。
❸何かと気を遣わせられるようである。気が置ける。はばかられる。例「黒木の鳥居ども、さすがに神々(かうがう)しう見渡されて、━・しきけしきなるに」〈源氏・賢木〉訳 皮付きの木の鳥居は、(簡素とはいえ)やはり神々しく眺め渡されて、(恋のための訪問は)はばかられる様子をしているが。
❹病気が重い。例「年久しくありて、なほ━・しくなりて死にけり」〈徒然草・四二〉訳 (顔のはれる病気で)かなりの年数がたって、やはり病気が重くなって死んでしまった。

わづらは・す【煩はす】〔他サ四〕{さ・し・す・す・せ・せ}(「わづらふ」の他動詞形)思い悩ませる。苦しめる。例「ことにおどろおどろしう━・し聞こゆることもなけれど」〈源氏・葵〉訳 (六条御息所(みやすどころ)の生霊(いきりやう)が葵(あおい)の上を)特にひどく苦しめ申し上げることもないけれど。

わづらひ【煩ひ】〔名〕(動詞「わづらふ」の連用形の名詞化)❶悩み。苦労。苦しみ。例「もし辺地(へんぢ)にあれば、往反(わうへん)━多く、盗賊の難はなはだし」〈方丈記・世にしたがへば〉訳 もし辺鄙(へんぴ)な土地にいたとしたら、(京都への)行き帰りに苦労が多く、盗賊の災難も激しい。
❷病気。疾病(しつぺい)。

わづら・ふ 【煩ふ】{は・ひ・ふ・ふ・へ・へ} 類 わぶ・困(こう)ず ⇩わづらはし・わづらひ

> 心の中でわずらうと、**悩む、苦労する**、の意。体がわずらうと、**病気になる**、の意となる。「わづらはし」は、この動詞からできた形容詞。

■一〔自ハ四〕❶苦しむ。思い悩む。苦労する。例「大殿には御物の怪いたう起こりて、いみじう――・ひ給ふ」〈源氏・葵〉訳 大殿（＝葵ノ上）には人に取りつく悪霊がひどく起こって、ずいぶんお苦しみなさる。

❷病気になる。病む。また、そうして苦しむ。例「御目――・ひ給ひて、耐へがたう悩み給ふ」〈源氏・明石〉訳（朱雀帝は）目をおわずらいになって、耐えがたいほどお苦しみになる。

❸煩わしい思いをする。面倒な手間をかける。例「川のこなたなれば、舟なども――・はで、御馬にてなりけり」〈源氏・橋姫〉訳 宇治川のこちら側なので、舟などといった面倒な手間をかけず、馬で（おいでになったの）だった。

■二〔補動ハ四〕（動詞の連用形に付いて）…しかねる、…するのに苦しむ、の意を表す。例「中将、言ひ――・ひて帰りにければ」〈源氏・手習〉訳 中将は、（浮舟がつれないので恋心を）言い出しかねて帰ってしまったので。

わ-どの【我殿・吾殿・和殿】〔代名〕《人称代名詞。対称》同等以下の相手を、親しみをこめて呼ぶ語。あなた。あんた。例「――は残りとどまって、後の証人に立て」〈平家・九・二度之懸〉訳 お前さんはこの世に残って、後日の（私が最初に敵陣に入ったことの）証人になってくれ。

わな【罠・羂】〔名〕❶鳥獣をおびき寄せて捕らえるしかけ。例「宇陀の高城に鴫――張る」〈古事記・中・神武〉訳 宇陀（＝奈良県宇陀郡）の山の狩り場に鴫を捕るための罠をしかける。

❷巻き終えた紐の先を輪状にしたもの。例「二筋の中より、――の頭を横さまに引き出だすことは、常のことなり」〈徒然草・二〇八〉訳 二本の紐の中から、わなの頭を横の方へ引き出すことは、通常のことである。

わなな・く【戦慄く】〔自カ四〕❶（身体や手足などが）ぶるぶる震える。震え動く。震動する。例「いと恐ろしとおぼして、――・き給ふ」〈源氏・少女〉訳（雲居雁は）大変恐ろしいとお思いになって、ぶるぶる震えていらっしゃる。

❷（髪の毛などが）ほつれたりちぢれたりして、ぼさぼさになる。ちぢれ乱れる。例「髪なども、我がにはあらねばにや、ところどころ――・き散りぼひて」〈枕草子・かへる年の二月二十日よ日〉訳 髪なんかも、（添え髪を使って）自分のではないせいだろうか、あちこちぼさぼさに乱れて。

❸ざわざわと動く。ざわめく。例「下臈の物見むと――・き騒ぎ笑ふこと限りなし」〈落窪・三〉訳 身分の卑しい者達が見物しようとざわめき騒いで笑うことはこの上ないほどである。

わに-ぐち【鰐口】〔名〕❶恐ろしく危険な場所。例「急ぎ逃るる――や」〈近松・心中重井筒・下〉訳 急いで鰐の口のような危ない所を逃れてゆく。

❷恐ろしい人の口。世間のうわさの恐ろしさ。

❸神社や仏殿の軒に吊り下げてある鳴り物の一種。多くは銅製で、中空の円板状になっており、下が大きく横に裂けている。

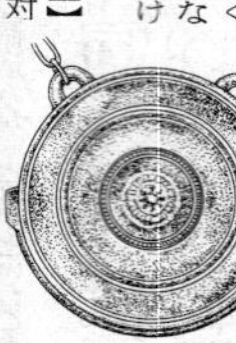

わにぐち③

わ-ぬし【我主・吾主・和主】〔代名〕《人称代名詞。対称》対等以下の相手を、いくらか親しみの気持ちをこめて呼ぶ語。例「――のためには益あらじ」〈今昔・二七・四〇〉訳 おまえさんのためには役に立たないだろう。

わび【侘び】〔名〕❶わびしく思うこと。思い沈むこと。また、思いわずらうこと。例「今は吾は――ぞしにける息の緒に思ひし君をゆるさく思へば」〈万葉・四・六四四〉訳 私はもうすっかり気力が抜けてしまった、命がけで思っていたあなたを手放すことを思うと。

❷《中世以降の用法》茶道・俳諧などで、閑寂・質素の中にあるしみじみとした趣。例「とかく茶は――が主でござります」〈黄表紙・高漫斉行脚日記・上〉訳 なにせ茶道は侘びが中心でございます。

わび-うた【侘び歌】〔名〕わびしい心をうたった歌。悲嘆の気持ちを詠んだ歌。例「――など書きておこすれども、かひなしと思へど」〈竹取・貴公子たちの求婚〉訳 苦しい心の中を詠んだ歌などを（かぐや姫のもとへ）書いてよこすけれども、その効果がないと思うのだが。

わび-こと〔名〕《「わびごと」とも》■一【侘び事・侘び言】思い悩むこと。つらく思って嘆くこと。また、その気持ちを口に出した言葉。恨み言。ぐち。例「いられがましき――どもを書き集め給へる御文を御覧じつけて」〈源氏・胡蝶〉訳 いらいらしている恨み言をいろいろ書いていらっしゃるお手紙を（光源氏は）お見つけになって。

■二【詫び事・詫び言】❶謝ること。謝罪。また、その気持ちを表す言葉。

❷辞退すること。また、その言葉。例「たびたびに――は、人も知るこの道の習ひ」〈仮名・竹斎・上〉訳（恋のさそいがあっても）何度も辞退することは、誰もが知っているこの道（＝恋愛）の常道であって。

わび・し【侘びし】〔形シク〕

動詞「わぶ」の形容詞化したもので、主に、失望（①）、困惑（②）、苦痛（③）、悲嘆（④）の気持ちを表す。中世以後、「さびし」に近い意を表す。

❶気抜けしてしまう。**がっかりする。興ざめである。**例「『おはしまさざりけり』もしは、『御物忌みとて取り入れず』と言ひて持て帰りたる、いと――・しくすさまじ」〈枕草子・すさまじきもの〉訳（手紙の返事を待ちこがれている時に）「いらっしゃいませんでした」または、「物忌みだということで受け取りません」と言って（使者が手紙を）持って帰ったのは、大変がっかりして不快である。

❷**困ったことである。弱ったことである。**例「『や、な起こし奉りそ。幼き人は寝入り給ひにけり』といふ声のしければ、あな――・しと思ひて」〈宇治拾遺・一・一二〉訳（今度呼ばれたら返事しようと、寝たふりをしていると）「これ、お起こし申すな。幼い人は眠ってしまわれたのだ」という声がしたので、（稚児は）ああ困ったと思って。

❸**つらく苦しい。やりきれない。**例「やうやう暑くさへなりて、まことに――・しくて」〈枕草子・うらやましげなるもの〉訳（京都の伏見神社に参詣する際、坂の途中で午前十時頃になり）その上だんだん暑くまでなって、本当につらくてやりきれない気持ちになって。

❹**せつない。悲しい。**例「我が父の作りたる麦の花の散りて、実の入らざらん思ふが――・しき」〈宇治拾遺・一・一三〉訳（風のために）私の父が耕作している麦の花が散って、実

がつかないのを思うとそれが悲しいのです。❺(耐えがたいほどに)心細い。頼りない。例「山里は秋こそことに―・しけれ鹿(かし)の鳴く音(ね)に目をさましつつ」〈古今・秋上・二一四〉訳(都と違って)山里は、秋が格別耐えがたいほどに心細く感じることだ。鹿が(雌(めす)を呼んで)鳴く(悲しげな)声のために、(夜何度も)目をさまして。❻貧しい。みすぼらしい。例「とかくして、身一つばかり―・しからで過ぐしけり」〈宇治拾遺・九・三〉訳あれやこれやして、自分一人だけは不自由なく暮らしていた。

わびし-げ【侘びしげ】〔形動ナリ〕《「げ」は接尾語》気落ちした様子。心細げ。みすぼらしげ。例「蚊(か)の細声に―・に名のりて、顔のほどに飛びありく」〈枕草子・にくきもの〉訳蚊がかすかな声で心細そうに羽音を立てて、顔のあたりを飛び回るの(は憎らしい)。

わび-し・る【侘び痴る】〔自ラ下二〕{れ・れ・る・るる・るれ・れよ}困りはてて愚か者のようになる。困窮のあまりぼける。例「かく―・れたる者どもの、歩(あり)くかと見れば、すなはち倒(たふ)れ伏しぬ」〈方丈記・飢渇〉訳このように困りはてて愚か者のようになった者達は、歩いていたかと思うと、すぐに倒れ伏して(飢え死にして)しまう。注飢饉(キキン)ノ際ノ状況。

わび-びと【侘び人】〔名〕❶世をはかなんで暮らす人。悲しみに沈んでいる人。失意の人。❷落ちぶれて貧しい生活をしている人。生活に困窮している人。

わ・ぶ

【侘ぶ】{び・び・ぶ・ぶる・ぶれ・びよ}

「わぶ」の基本の意味は、一①の**悲観する、つらいと思う**、で、それはまた、一③の**困る、当惑する**、の意としても使われる。また、補助動詞の場合は、二の**～しかねる、～しづらい**、の意になることに注意。

一〔自バ上二〕❶物事が思うようにならずに、がっかりしたり嘆いたりする。**気落ちする。悲観する。つらいと思う。**例「山高み人もすさめぬ桜花いたくな―・びそ我見はやさむ」〈古今・春上・五〇〉訳山が高いのでだれも来てもてはやさない桜の花よ、そうひどく悲観するな、私が見てもてはやそう。❷せつなく思う。心細く感じる。例「秋の夜は露こそことに寒からし草むらごとに虫の―・ぶれば」〈古今・秋上・一九九〉訳秋の夜には露が格別寒いらしい。どの草むらでも虫がせつながって鳴いているから。❸(心外な出来事などに)**困る。当惑する。迷惑に思う。**例「人あやしと見るらむと―・び給ふ」〈源氏・帚木〉訳人が(見たら)変だと思うだろうと当惑なさる。❹物事が思うようにならなかった事情を相手に話す。わびる。あやまる。例「『さりながら、ただ許し給はらん』と―・びければ」〈宇治拾遺・一一・三〉訳「(あなたの)おっしゃるのはもっともですが、ただただお許し下さい」とあやまったところ。❺生活が思うようにいかなくなる。落ちぶれる。貧窮する。例「古(いにしへ)へはおごれりしかど―・びぬれば舎人(とねり)が衣(きぬ)も今は着つべし」〈拾遺・物名〉訳昔は思うままに振る舞っていたけれど、落ちぶれてしまったので、舎人の着物でも何でも今となっては着ましょう。注「舎人が衣」ノ部分ニ「練柿(ねりがき)」ガ詠ミ込マレテイル。❻(中世以降の用法)俗世間を離れて閑寂な生活をする。わび住まいをする。例「この須磨の浦に、心あらん人は、わざとも―・びてこそ住むべけれ」〈謡曲・松風〉訳この須磨の浦では、情趣を解するような人は、わざわざでもわび住まいをして住みつくことだろう。

二〔補動バ上二〕(動詞の連用形に付いて)することが思うようにいかなくて困りきる意を表す。…しかねる。…しづらい。例「京にあり―・びて東(あづま)に行きけるに」〈伊勢・七〉訳(ある男が)京に居づらくなって東国に行ったのだが。

要点 本来の意味は一①で、②以下の用法にも①の物事が思うようにならない意が含まれている。④から現代語の「わびる」が生まれた。⑥は、⑤から中世の無常観の投影を経て成立した用法で、あえてわび住まいに価値を見いだす考え方であり、俳諧(はいかい)や茶道の「わび」の理念につながる。

わら-うだ【藁蓋・円座】(ワロウダ)〔名〕《「わらふだ」の変化した形》⇩ゑんざ

わら-うづ【藁沓】(ワラ(ロ)ウズ)〔名〕《「わらぐつ」の変化した形》わらで作った履(は)き物。わらじ。例「御―といふ物はかせ給ひながらこそ」〈栄花・楚王の夢〉訳わらぐつという物をお履きになったままで。参考この語から「わらぢ」ができる。「わらうづ」→「わらんづ」→「わらんぢ」→「わらぢ」。

わらうづ

わらは

一【童】(ワラワ)〔名〕❶**元服前の子供。**男・女ともにいい、多くは十歳前後の者を指す。例「いと細やかなる―の、狩衣(かりぎぬ)は掛け破(や)りなどして、髪うるはしきが」〈枕草子・正月十よ日のほど〉訳大変ほっそりした子供で、狩衣(=貴族ノ平常着)は引っかけて破りなどして(いるが)、髪はきれいに整えている者が。❷子供の髪形。束ねずに、下げ垂らした髪。❸**子供の召使い。**貴人の身辺の雑用などに従事する。例「―の、姿どものをかしげなるを」〈源氏・葵〉訳少女の召使いで、容姿などの美しいのを。❹五節(ごせち)の舞姫につき従う少女。❺⇩ちご

二【妾】〔代名〕《「童」から出た語で、みずからへりくだる気持ちを含む。中世以降の用法》《人称代名詞。自称》女性が用いる。江戸時代には、武家の女が目下の者に対して言うことが多くなる。

わらは-あそび【童遊び】(ワラワ・・)〔名〕子供の遊び。

わらは-おひ【童生ひ】(ワラワオイ)〔名〕子供の時の生い立ち。例「仲忠が―言ひ落とす人と、ほととぎす鶯(うぐひす)に劣ると言ふ人こそ、いとつらうにくけれ」〈枕草子・賀茂へ参る道に〉訳仲忠(=『宇津保物語』ノ主人公)の生い立ちを悪く言う人と、ホトトギスがウグイスに劣ると言う人は、実にいやで憎らしい。

わらは-てんじゃう【童殿上】(ワラワテンジョウ)〔名〕公卿(くぎやう)の子弟が元服前に、宮中の作法を見習うために、特に許されて殿上に奉仕すること。例「兄(せうと)の、―する、常にこの君に参り仕うまつる」〈源氏・少女〉訳兄で、童殿上をしている者が、いつもこの君(=夕霧)のもとへ参上して奉仕しているのを。⇩てんじゃうわらは

わらは-な【童名】(ワラ)〔名〕元服するまでの名前。幼名。

わらは-べ【童・童部】(ワラワ:)〔名〕(「わらうべ」「わらんべ」「わらべ」とも)❶**元服前の子供達。転じて、子供。**例「さては——ぞ出(い)で入り遊ぶ」〈源氏・若紫〉訳それに子供達が出たり入ったりして遊んでいる。

❷**子供の召使い。**例「——年ごろ使はせ給はざりしも」〈栄花・見果てぬ夢〉訳子供の召使いで何年もお使いになっていなかった者も。

❸(「子供のように幼稚」の意で)自分の妻を謙遜(けんそん)していう語。愚妻。例「翁(おきな)らが——のさやうに侍(はべ)らましかば」〈大鏡・道隆〉訳てまえどもの妻がそのようでございましたならば。

わらは-まひ【童舞】(ワラワマイ)〔名〕子供のする舞。稚児舞(ちごまい)。例「——の夜はいとをかし」〈枕草子・内裏は、五節の頃こそ〉訳子供の舞(を天皇がご覧になる五節(ごせち))の夜は興味深い。

わらは-め【童女】(ワラワ:)〔名〕女の子。少女。「めのわらは」とも。例「大彦命(おほびこのみこと)あやしびて、——に問ひて曰(い)はく」〈日本書紀・崇神・十年〉訳大彦命は不思議に思って、少女に向かって質問して言うことには。

わらは-やみ【瘧・瘧病】(ワラワ:)〔名〕ある間隔を置いて、高熱を発する病気。マラリア性の熱病という。「おこり」とも。例「いぬる十余日のほどより、——に患ひ侍(はべ)るを」〈源氏・若紫〉訳去る十日すぎ頃から、わらわやみにかかっていましたが。

わらび【蕨】〔名〕シダ類の草の名。早春、こぶし状に巻いた新葉「さわらび」が食用とされる。

わら・ふ【笑ふ・嗤ふ】(ワラ(ロ)ウ)〔自ハ四〕{は・ひ・ふ・ふ・へ・へ}❶笑う。声をあげて笑う。

❷あざけって笑う。嘲笑(ちょうしょう)する。例「まめだち給ひけるほど、なよびかにをかしきことはなくて、交野(かたの)の少将には——・はれ給ひけむかし」〈源氏・帚木〉訳(光源氏は)まじめにと心がけておられたその間、色めかしく風情のある話なんかなくて、交野の少将には嘲笑されなさっただろうよ。注「交野の少将」ハ、現存シナイ古物語ノ主人公デ、有名ナ好色家。

わら-ふだ【藁蓋】(ワロウダ)〔名〕(「わらうだ」とも)⇩ゑんざ

わら-べ【童】〔名〕⇩わらはべ

わら-らか【笑らか】〔形動ナリ〕快活で陽気な様子。にこやか。例「人ざまの——・に、け近く物し給へば」〈源氏・蛍〉訳(玉鬘(たまかずら)は)人柄が快活で、親しみやすい方でいらっしゃるから。

わらわ【童・妾】〔名〕⇩わらは

わらん-べ【童部・童】〔名〕⇩わらはべ

わり-ご【破子・破籠】〔名〕ヒノキの白木の薄板を折り曲げて作った、食物を入れる器。中に仕切りがあり、かぶせ蓋(ぶた)をする。また、その容器に入れた携帯用の食物。現代の弁当にあたる。

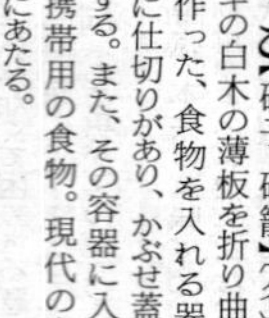
わりご

わり-な・し

〔形ク〕対ことわり 類あやなし・あながち・いみじ

「ことわり(=道理)なし」の意で、道理が立たない、がもとの意。理性で割り切れない状態や、それに対する苦痛や困惑の気持ちを表す。

❶**道理に合わない。わけが分からない。**例「人の上言ふを腹立つ人こそ、いと——・けれ」〈枕草子・人の上いふを〉訳他人の事についてうわさするのを怒る人は、なんともわけが分からない。

❷**無理である。強引である。**無理矢理である。例「——・くまつはさせ給ふあまりに」〈源氏・桐壺〉訳(帝(みかど)が、桐壺更衣(きりつぼのこうい)を)無理にお側(そば)にお置きになったあまりに。

❸**どうしようもなくつらい。耐え難く苦しい。**例「一昨日(をとひ)より腹を病(や)みて、いと——・ければ」〈源氏・空蟬〉訳(私は)一昨日からおなかをこわして、どうしようもなく苦しいので(局(つぼね)に下がっていましたが)。

❹(感じる程度が)**はなはだしい。どうしようもないほどである。**例「ものおぢをなむ、——・くせさせ給ふ御本性(ごほんじやう)にて」〈源氏・夕顔〉訳(ご主人の夕顔様は)何かにこわがることを、むやみとなさる性質であって。

❺なんとも仕方がない。やむをえない。例「さりがたき餞(はなむけ)などしたるは、さすがにうち捨てがたくて、路次(ろし)のわづらひとなれるこそ——・けれ」〈奥の細道・草加〉訳断りにくい餞別(せんべつ)などをしてくれたものは、(邪魔であっても)やはり捨てにくく、道中のやっかいとなったのは何とも仕方がない。

❻(中世以降の用法)格別にすぐれている。例「優(いう)に——・き人にておはしけり」〈平家・一〇・千手前〉訳(平重衡(しげひら)は)格別すぐれて風流な人でいらっしゃったよ。

❼(近世の用法)どうしようもなくかわいい。いじらしい。例「降り積む雪の下に埋もれて、春を忘れぬ遅桜の花の心——・し」〈奥の細道・出羽三山〉訳降り積もった雪の下に埋まって(いても)、春を忘れず遅くなっても咲こうとする桜の花の心はいじらしい。

❽(近世以降の用法)一通りでなく親しい。分け隔てがない。例「景清(かげきよ)にめあはせ、子とも婿(むこ)ともかしづき給ふ心ざしこそ——・けれ」〈近松・出世景清・一〉訳(熱田神宮の大宮司は一人娘を)景清と結婚させ、(景清を)子供として また婿として世話なさる心は分け隔てがない。

わ・る

【割る・破る】■〔自ラ下二〕{れ・れ・る・るる・るれ・れよ}❶割れる。裂ける。砕ける。例「大海(おほうみ)の磯(いそ)もとどろに寄する波——・れて砕けて裂けて散るかも」〈金槐集・雑〉訳大海の磯もどうどうとどろくばかりに寄せる波が、(磯の岩に当たって)割れて砕けて裂けて(しぶきとなって)散ることだよ。

❷(心が)色々に乱れる。思い乱れる。例「宵(よひ)の間に出でて入りぬる三日月の——・れて物思ふころにもあるかな」〈古今・雑体・一〇五九〉訳宵の間に出て、すぐ沈んでしまう三日月は空で割れたもの、その三日月のように私の心は割れたまま物思いをしている。

❸分かれる。別々になる。離れ離れになる。例「瀬を速み岩にせかるる滝川の——・れても末(すゑ)に逢(あ)はむとぞ思ふ」〈詞花・恋上〉訳瀬の流れが速いために岩でせき止められている急流の川が(二つに)分かれてまた合流するように、(私達二人は)離れ離れになっても、最後には必ず逢おうと思っていますよ。注『百人一首』所収ノ、崇徳(すとく)院ノ歌。

❹(秘密などが)表ざたになる。打ち明ける。暴露する。例「破れかぶれ、奥様に知らせ、いっそ——・れて出ようか」〈近松・艶狩剣本地・三〉訳破れかぶれだ、(夫の悪だくみを)

奥様に知らせて、いっそ打ち明けて出ようか。
二〔他ラ四〕（ら・り・る・る・れ・れ）❶割る。裂く。砕く。例「氷（ひ）を物の蓋（ふた）に置きて――・るとて」〈源氏・蜻蛉〉訳 氷を何かの蓋に置いて割るのだということで。
❷分ける。分配する。例「女房の曹司（ざうし）には、廊の廻（めぐ）りにしたるをなむ、――・りつつ賜へりける」〈宇津保・藤原の君〉訳 女房の部屋としては、渡り廊下のあたりに造った部屋を、分けてはお与えなさった。

わる・し【悪し】〔形ク〕⇩わろし 例「宮仕へする人を、あはあはしう――・きことに言ひ思ひたる男などこそいと憎けれ」〈枕草子・おひさきなく〉訳 宮仕えする女性を、軽薄でよくないことに言ったり思ったりする男などは本当にしゃくにさわる。

要点 「わろし」の変化した形。平安時代には多く「わろし」を用い、中世以降は、「わるし」の方が多くなる。本来は「よろし」の対義語だが、近世に「あし」が文語化すると、「わるし」は「よし」「よろし」の対義語として広く用いられるようになる。

われ【我・吾】〔代名〕❶《人称代名詞。自称》わたくし。例「こちら向け――もさびしき秋の暮れ」〈芭蕉〉訳 そんなそっぽを向かないで、こちらを向いて下さいよ。私も一人で寂しくなってしまいます。ただでさえ物寂しいこの秋の夕暮れに。
❷その人自身。自分。例「ほほゑみ給へる、若ううつくしげなれば、――もうち笑（ゑ）まるる心地して」〈源氏・末摘花〉訳 （光源氏の）にっこりとお笑いになるご様子が、若々しくかわいらしい感じがするので、（命婦（みやうぶ）は）自分も思わずほほえんでしまうような気持ちがして。
❸《平安末期以降の用法》《人称代名詞。対称》対等以下の相手を呼ぶ語。後には、相手を罵（のの）しっていう場合に用いられるようになる。例「――は京の人か。いづこへおはするぞ」〈宇治拾遺・一〇・一〇〉訳 おまえさんは京の人か。どこへ行かれるのか。

我賢（かしこ）げに　自分こそ賢いというふうに。例「――物ひきしたため、散り散りに行きあかれぬ」〈徒然草・三〇〉訳 自分こそ抜け目がないというふうに、荷物を取りまとめてちりぢりに別れて行ってしまう。

我とはなしに　自分と同じ身の上ではないのに。例「ほととぎす――卯（う）の花のうき世の中に鳴き渡るらむ」〈古今・夏・一六四〉訳 ほととぎすは（世の中に鳴き渡る）（世の憂さに泣く）私ではないのに、どうして（あんなに悲しそうな声を出して）世の中を鳴いて渡っているのだろう。注「卯の花の」ハ同音ノ「憂」ニカカル枕詞。

我にもあら・ず　❶自分で、自分であるという気がしない。われを忘れた状態でいる。呆然（ばうぜん）自失している。例「さうじみは、ただ――・ず恥づかしく」〈源氏・末摘花〉訳 （末摘花（すゑつむはな））自身は、ただもう人心地がせずに恥ずかしくて。
❷自分の本心でない。しぶしぶの状態である。例「いたく乞（こ）ひければ、――・で取らせたりければ」〈宇治拾遺・一四・六〉訳 熱心に頼むので、しぶしぶ渡したところが。

われ-かしこげに【我賢げに】⇩「われ」子項目

われ-から〔名〕《「割れ殻」の意で、乾くと殻が割れることから名づけられたという》節足動物の一種で、海藻に付着するもの。和歌で、「我から」と掛けて用いられることが多い。例「恋ひわびぬ海人（あま）の刈る藻に宿るてふ――身をもくだきつるかな」〈伊勢・五七〉訳 恋しさのためにすっかり苦しんだことです。（海人が刈る藻に住んでいるという虫のワレカラのように）私は自分から求めて我が身を悩ませてしまったことです。注 第二・三句ハ、「われから」ヲ導ク序詞。

われ-て【破れて】〔副〕思いあまって。思い乱れて。例「男、――『逢（あ）はむ』といふ」〈伊勢・六九〉訳 男は、思いあまって（女に）「お逢いしたい」と言う。

われ-とは-なし-に【我とはなしに】⇩「われ」子項目

われ-なら-な-く-に【我ならなくに】《連語》《代名詞「われ」＋断定の助動詞「なり」の未然形＋打消しの助動詞「ず」の古い未然形「な」＋準体助詞「く」＋格助詞「に」》私ではないのに。例「陸奥（みちのく）のしのぶもぢ摺（ず）り誰（たれ）ゆゑに乱れそめにし――」〈伊勢・一〉訳 陸奥のしのぶもぢ摺りの模様のように、（あなた以外の）誰かのせいで心が乱れ初（そ）めた私ではないのに。みんなあなたのせいなのです。注『百人一首』所収、源融（ミナモトノトオル）ノ作。

われ-に-も-あら-ず【我にもあらず】⇩「われ」子項目

われ-は-がほ【我は顔】（ワレワガオ）〔名・形動ナリ〕自分だけがすぐれているといいたそうな顔つき。得意げな様子。例「――・なる柞原（ははそはら）」〈源氏・少女〉訳 得意げに紅葉している柞の林や。

われ-もかう【地楡】（ワレモコウ）〔名〕《「吾木香」「吾亦紅」「我毛香」「割木瓜」など種々の漢字を当てる》❶草の名。秋に、暗紅紫色の小さな花を群がりつける。（季・秋）例「老いを忘るる菊に、衰へゆく藤袴（ふぢばかま）、物げなき――などは」〈源氏・匂宮〉訳 髪に挿頭（かざ）すと老いを忘れる（といわれる）菊の花に、（しだいに）色あせていく藤袴の花、見ばえもしない地楡などは。
❷織物の模様。ワレモコウの花を図案化したもの。

われ-ら【我等・吾等】〔代名〕《「ら」は接尾語》❶《人称代名詞。自称》われわれ。自分達。例「殿・上などの『――を絆（ほだし）にも思ひたらず、……』と、常にのたまはするを」〈狭衣・四〉訳 殿（＝狭衣（サゴロモ）ノ父）・北の方（＝狭衣ノ母）などが「（狭衣は）私達両親を出家（しゅっけ）の妨げとも思っておらないし、……」と、いつもおっしゃっているのを。
❷《人称代名詞。自称》単数で、いくらか卑下した気持ちを含む。例「右の大臣（おとど）、――が見奉るには、いと物まめやかに、御心をさめ給ふこそをかしけれ」〈源氏・紅梅〉訳 右大臣（＝夕霧）や、私などが拝見している時には、たいそうまじめなふうで、浮気なお心を抑えていらっしゃるのがおもしろいことだ。

わろうだ【藁蓋】〔名〕⇩わらふだ

わろ・し【悪し】〔形ク〕《「わるし」とも》

類義語の「あし」が、絶対的・本質的に悪い状態を表すのに対して、他と比べて劣っていたり、普通より悪いという、相対的に悪い状態を表す、ことが多い。「わろし」の対義語は「よろし」、「あし」の対義語は「よし」。

❶よくない。感心しない。わるい。例「声より始めて、さまか

たちも、さばかり貴(あて)に美しきほどよりは、九重(ここのへ)の内に鳴かぬぞいと——き」〈枕草子・鳥は〉訳(ウグイスは)声をはじめとして、姿や形も、あれほど上品で愛らしいわりには、内裏(だいり)の中で鳴かないのは非常によくない。

❷品質がよくない。上等でない。例「その中に、この採りてまうで来たりしは、いと——かりしかども」〈竹取・蓬莱の玉の枝〉訳その(蓬莱(ほうらい)の玉の枝の)中で、この採って参りました枝は、そんなに上等ではありませんでしたが。

❸(容貌(ようぼう)などが)美しくない。見劣りがする。例「我はこのごろ——きぞかし。盛りにならば、容貌(かたち)も限りなくよく、髪もいみじく長くなりなむ」〈更級・物語〉訳私は今は容貌が美しくないことだ。(しかし)女盛りになったら、顔だちもこの上なく美しくなり、髪もたいそう長くなるだろう。

❹(作品などの)できがよくない。例「暑きころ——き住まひは、堪(た)へがたきことなり」〈徒然草・五五〉訳暑い時節は建て方のよくない住居は、(暑苦しくて)堪えられないものである。

❺(やり方などが)上手でない。下手である。例「手の——・き人の、憚(はばか)らず文(ふみ)書き散らすはよし」〈徒然草・三五〉訳字の下手な人が、気がねせずに手紙をどんどん書くのは感じがよい。

❻(勢力などが)衰えている。貧しい。例「年ごろ渡らひなどもいと——くなりて、家もこぼれ」〈大和・一四八〉訳ここ数年来生計なども大変貧しくなって、家もこわれ(使用人なども収入のある家に一人二人と去って行って)。

わろ-び・る【悪びる】〔自ラ下二〕(れ・れ・る・るる・るれ・れよ)引け目を感じて気おくれする。わるびれる。「わるびる」とも。例「ちっとも色も変ぜず、——・れたる気色もなし」〈平家・二・西光被斬〉訳少しも顔色も変えず、気おくれしている様子もない。注陰謀ガ発覚シテ、清盛ノ前ニ引キ出サレタ西光ノ様子。

わろ・ぶ【悪ぶ】〔自バ上二〕(び・び・ぶ・ぶる・ぶれ・びよ)(「ぶ」は接尾語)悪く見える。見た目が悪い。みっともない。例「候(さぶら)ふ限りの女房の容貌(かたち)・心ざま、いづれとなく——・びたるなく」〈源氏・総角〉訳(明石の姫君に)お仕えしているすべての女房達の顔かたちや気だては、どれを取ってもみっともない者はいないし。

わわ・く〔自カ下二〕(け・け・く・くる・くれ・けよ)(衣服などが)破れ乱れる。ぼろぼろになる。例「海松(みる)のごと——・け下がれる襤褸(かかふ)のみ肩にうち掛け」〈万葉・五・八九二長歌〉訳海草のようにぼろぼろに破れて垂れ下がっているボロキレだけを肩に掛けて。

わわ・し〔形シク〕❶軽率で騒がしい。やかましい。例「行列を争ひて、随身(ずいじん)も——・しくののしれば」〈増鏡・秋のみ山〉訳(左大将と右大将が)行列(の順序)を争って、(それぞれの)随身(=供人)も騒がしく大声をあげるので。

❷口うるさい。例「世に仲のよい夫婦もござるが、こちの女どものやうな——・しいやつはござるまい」〈狂言・鎌腹〉訳世間には仲のよい夫婦もありますが、私の妻のような口うるさい者は(他には)ありますまい。

ゐ

ゐ【井】〔名〕❶泉や流水から飲み水を汲(く)みとるようにしてある所。「走り井」とも。例「安積香(あさか)山影さへ見ゆる山の井の浅き心を我が思はなくに」〈万葉・一六・三八〇七〉訳安積香山(=福島県ニアル)の影まで映って見える山の井が浅いように、浅い心で私は思っているのではないのに(=アナタヲ深ク思ッテイル)。

❷地面を深く掘って地下水を汲み上げるようにしたもの。井戸。例「——のもとに出(い)でて遊びけるを」〈伊勢・二三〉訳井戸の所に出て遊んでいたが。

ゐ【亥】〔名〕❶十二支の十二番目。⇩じふにし

❷方角の名。北北西。

❸時の名。午後十時および、その前後二時間。一説に、午後十時からの二時間。例「——の時にて入れ奉り給ふ」〈源氏・行幸〉訳亥の刻に、(父の内大臣を、玉鬘(たまかずら)のいる所へ)お入れ申し上げなさる。

ゐ【猪】〔名〕動物の名。イノシシ。例「むくつけきふくべも、ひさごといへば、伏す——のやさしみあり」〈俳文・鶉衣〉訳不細工なひょうたんでも、「ひさご」と呼ぶと、イノシシを「伏す猪」というのと同じような風情がある。注「伏す猪」トイウト優雅ニ聞コエルコトハ、『徒然草』十四段ニアル。

ゐ【位】〔接尾〕官職の位階を表す。一位から八位まで、それぞれが正(しょう)と従(じゅ)に、四位以下はさらに上と下に分かれている。しかし、平安中期以降、七位以下は実際には与えられなくなった。

ゐ-あか・す【居明かす】〔他サ四〕(さ・し・す・す・せ・せ)起きたままで夜を明かす。徹夜する。例「殿上人(てんじゃうびと)日ごとに参り、夜も——・して物言ふを聞きて」〈枕草子・故殿の御服のころ〉訳殿上人が毎日参上して来て、夜も夜明かしして(私達女房と)おしゃべりしているのを聞いて。

ゐ-い・る【居入る】〔自ラ四〕(ら・り・る・る・れ・れ)中に入って座る。座り込む。例「——・りてとみも帰りげもなきを」〈枕草子・懸想人にて来たるは〉訳(侍女達が話をしている所に)座り込んですぐには帰りそうにもないのを。

ゐ-かか・る【居懸かる・居掛かる】〔自ラ四〕(ら・り・る・る・れ・れ)座って(人や物に)よりかかる。もたれかかって座る。例「分け入りて膝(ひざ)に——・れば、にほひなども移るばかりなれば」〈徒然草・一三八〉訳(女が人を)押し分けて来て膝にもたれかかって座るので、香りなども移って来るほどなので。

ゐ-かは・る【居替はる】〔自ラ四〕(ら・り・る・る・れ・れ)居場所をかわる。交替して座る。例「かたみに——・りて、羽の上の霜はらふらむほど」〈枕草子・鳥は〉訳(鴛鴦(おしどり)の雌雄が)互いに場所を交替して、羽の上の霜をはらいのけるということなどは(しみじみと胸をうつ)。

ゐ-ぎ【威儀】〔名〕礼法にかなった、品位のある動作。重々しく威厳をもって振る舞う様子。

ゐ-こぼ・る【居溢る】〔自ラ下二〕(れ・れ・る・るる・るれ・れよ)その場所に座りきれずにあふれる。あふれるほど大勢いる。例「諸国の受領(ずりょう)・衛府(ゑふ)・諸司なんどは、縁に——・れ、庭にもひしと並(な)み居たり」〈平家・二・教訓状〉訳諸国の国司や皇居守護の武官や諸役の役人などは、縁側に座りきれずにあふれて、庭にもびっしりと並んでいた。

ゐ-こん【遺恨】〔名〕❶残念に思うこと。心残りなこと。遺憾。例「『——のわざをもしたりけるかな』とて、あまえおはしましける」〈大鏡・道長・下〉訳「残念なことをしてしまったことだ」と言って、恥ずかしく思っていらっしゃった。

❷長く残る恨み。いつまでも消えない深い恨み。

ゐざり-い・づ【ゐざり出づ】イザリイズ〔自ダ下二〕{で・で・づ・づる・づれ・でよ}座ったまま膝で外へ進み出る。例「母屋(もや)より少し―・でたる」〈枕草子・野分のまたの日こそ〉訳 母屋(=寝殿中央ノ間)から少し膝で進み出ている。

ゐざり-い・る【膝行入る】イザリイル〔自ラ四〕{ら・り・る・る・れ・れ}いざって入る。座ったままで膝で入って行く。例「奥ざまへ―・り給ふさま」〈源氏・末摘花〉訳 奥の方へいざってお入りになった様子は。

ゐ-ざ・るイ〔自ラ四〕{ら・り・る・る・れ・れ}《「居去る」の意。「去る」は移動する意》❶座ったまま膝や尻などで移動する。いざる。例「つつましけれど、―・り寄りて答(いら)へし給ふ」〈源氏・手習〉訳 (浮舟は)気おくれがするけれど、いざり寄って行って応対なさる。
❷(船などが)いざるようにのろのろと進む。例「船を引きつつ上(のぼ)れども、川の水なければ、―・りにのみぞ―・る」〈土佐・二月九日〉訳 船を引っ張りながら川を上って行くが、川の水がないので、のろのろ進むばかりである。

ゐ-しづま・る【居鎮まる・居静まる】イシズマル〔自ラ四〕{ら・り・る・る・れ・れ}座席について静かになる。席に落ち着く。例「講師(かうじ)上(のぼ)りぬれば、皆―・りて」〈枕草子・小白河といふ所は〉訳 法会の講師が(座に)上ったので、(ざわついていた人々も)皆席について静かになって。

ゐ-じゅん【違順】イ〔名〕《仏教語》逆境と順境。満足と不満足。例「とこしなへに―に使はるることは」〈徒然草・二四二〉訳 (人間が)いつまでも順境とか逆境とかに心を労することは。

ゐ-ずまひ【居住まひ】イズマイ〔名〕座り方。座った姿勢。

ゐ-たけ【居丈】イ〔名〕座った時の身の丈。座高。

ゐ-た・つ【居立つ】イ〔自タ四〕{た・ち・つ・つ・て・て}座ったり立ったりする。また、落ち着く暇もなく熱心に世話をする。例「太政大臣(おほきおとど)―・ちて、いかめしく細かに」〈源氏・若菜・下〉訳 太政大臣が熱心に世話をして、盛大に(また)こまごまと気を配って。

ゐだ-てん【韋駄天】イダ〔名〕《仏教語》仏法の守護神。仏舎利(ぶつしやり)を盗んで逃げた捷疾鬼(しようしつき)を追いかけて、これを取り返したといわれ、足の速い神とされる。そこで、速く走ることを「韋駄天走り」という。

ゐ-づつ【井筒】イ〔名〕❶井戸の地上に出た部分を、木・石などで囲んだもの。もとは、円筒状のものを言ったが、後には、「井」の字形のものを指すようになった。例「筒井つの―にかけしまろがたけ過ぎにけらしな妹(いも)見ざるまに」〈伊勢・二三〉訳 丸い井戸の井筒と比べ合った私の背丈も、(井筒の高さを)越えてしまっただろうな、あなたに会わない間に(もう大人としてあなたに逢(あ)いたいものです)。
❷紋の一つ。「井」の字の形を図案化したもの。

ゐだてん

ゐ-で【堰・井手】イ〔名〕⇩ゐせき

井手(でゐ)ディ《地名》京都府綴喜(つづき)郡井手町。奈良街道の途中、木津(きづ)川に流れ込む玉川の扇状地で、橘諸兄(たちばなのもろえ)の別荘があった。ヤマブキ・カエルの多い所で、歌枕。

ゐなか【田舎】イナカ〔名〕都遠く離れた所。地方。「ひな」とも。例「みづから、かく―の民となりにて侍(はべ)り」〈源氏・明石〉訳 自分で、このように田舎の住人となってしまっております。

ゐなか-うど【田舎人】イナカ(コ)ウド〔名〕《「ゐなかびと」の変化した形》⇩ゐなかびと

ゐなか-だ・つ【田舎だつ】イナカ〔自タ四〕{た・ち・つ・つ・て・て}田舎だという感じがする。田舎めく。例「―・ちたる所に住む者どもなど、皆集まり来て」〈枕草子・すさまじきもの〉訳 田舎めいた所に住んでいる者など、皆集まって来て。

ゐなか-びと【田舎人】イナカ〔名〕《「ゐなかうど」とも》田舎に住んでいる人。いなか者。例「いかでさる―の住むあたりに、かかる人落ちあぶれけむ」〈源氏・手習〉訳 どうしてそのような田舎者が住んでいるあたり(=宇治)に、こんな上品な女性(=浮舟(フネ))が落ちぶれさすらっていたのだろうか。

ゐなか・ぶ【田舎ぶ】イナカブ〔自バ上二〕{び・び・ぶ・ぶる・ぶれ・びよ}田舎風である。田舎めく。田舎じみる。例「―・びたる山賤(やまがつ)どものみ、まれになれ参り仕うまつる」〈源氏・橋姫〉訳 (八の宮の宇治の山荘には)田舎じみた木こり達だけが、時たま慣れ親しんで参上してお世話申し上げる。

ゐなか-わたらひ【田舎渡らひ】イナカワタライ〔名〕田舎を回って生活すること。地方回り。行商人のこととも、地方官のことともいう。例「昔、―しける人の子ども、井のもとに出(い)でて遊びけるを」〈伊勢・二三〉訳 昔、田舎回りの役人の子供達が、井戸の所へ出て遊んでいたが。

ゐ-なほ・る【居直る】イナオル〔自ラ四〕{ら・り・る・る・れ・れ}❶きちんと座り直す。いずまいを正す。例「宮も―・り給ひて御物語し給ふ」〈源氏・若菜・上〉訳 蛍兵部卿宮(ほたるひようぶきようのみや)もきちんと座り直して(夕霧と)お話をなさる。
❷それまでの態度を急に変える。特に、ふてぶてしくなる。いなおる。

ゐ-な・む【居並む】イ〔自マ四〕{ま・み・む・む・め・め}並んで座る。居並ぶ。例「いと多く―・みて合はするに」〈枕草子・殿などのおはしまさで後〉訳 大勢居並んで(なぞなぞを)合わせることになったが。

ゐ・ぬ【率寝】ヌイ〔他ナ下二〕{ね・ね・ぬ・ぬる・ぬれ・ねよ}《「率る」の連用形に「寝」が付いたもの》連れて行って一緒に寝る。例「沖つ鳥鴨(かも)著(ど)く島に我が―・ねし妹(いも)は忘れじ世のことごとに」〈古事記・上・火遠理命〉訳 鴨の寄りつくあの島で私が連れて行って一緒に寝たあの娘のことは忘れまい。いつまでも。

ゐ-ねう【囲繞】イニョウ〔名・他サ変〕物の回りを取り囲むこと。仏教の法会(ほうえ)で、多くの僧が仏の回りを巡りながら礼拝(らいはい)すること。例「四、五百人の所従眷属(けんぞく)に―・せられてこそおはせしか」〈平家・三・有王〉訳 (俊寛僧都(そうず)は流罪になる前は)四、五百人の召使いや配下達に取り囲まれなさっていらっしゃった。

ゐ-の-こ【亥の子・玄猪】イ〔名〕旧暦十月の亥の日。この日、餅(もち)を食べて祝い、万病を除き、子孫が繁栄するのを祈る。平安時代から行われたが、中世以後ますます盛んになった。例「中の―を祝ふ餅の米」〈西鶴・世間胸算用・一・一〉訳 (十月の)中の亥の日を祝うための餅をつく(材料の)糯(もち)米。

ゐのこ-もちひ【亥の子餅】イノコモチイ〔名〕《「ゐのこもち」とも》「亥の子」を祝う餅。(季・冬)例「その夜さり、―参らせたり」〈源氏・葵〉訳 その日の夜になって、亥の子餅を(光源氏に)差し上げた。

ゐのこもちひ

ゐのしし-むしゃ【猪武者】〔名〕思慮もなく、むやみに突進する武士。猪突猛進型の武士。

ゐ-ふ【位封】〔名〕位階に応じて支給された封戸のことで、公民が国家に出した租・庸・調などを与える給与の一種。三位以上の諸王・諸臣が対象とされた。

井原西鶴（いはらさいかく）〔人名〕江戸前期の俳人・浮世草子作者。一六四二年（寛永十九）～一六九三年（元禄六）。本名は平山藤五。大坂の町人で、西山宗因の門に入って談林俳諧を学び、一昼夜二万三千五百句という驚異的なスピードで句を詠み、その特異な句風はオランダ西鶴などと異名をとった。八二年に『好色一代男』を書いて以来、数々の作品によって、浮世草子のジャンルを確立した。作品は、好色物・武家物・町人物に大別されるが、中でも、愛欲や物欲を通してありのままの町人の姿を生き生きと描いた好色物・町人物に傑作が多い。代表作には、『好色一代男』のほか、『好色一代女』『好色五人女』『武道伝来記』『武家義理物語』『日本永代蔵』『世間胸算用』『西鶴織留』などがある。⇩好色一代男（こうしょくいちだいをとこ）・好色一代女（こうしょくいちだいをんな）・好色五人女（こうしょくごにんをんな）・世間胸算用（せけんむねさんよう）・日本永代蔵（にっぽんえいたいぐら）

ゐ-ふう【遺風】〔名〕昔の風習で、後世に残っているもの。例「さすがに辺土の――忘れざるものから、殊勝に覚えらる」〈奥の細道・末の松山〉訳（末松山の古浄瑠璃は）やはり田舎の昔からの風習を忘れずに伝えるものだから、けなげなことと感心する。

ゐ-ふたぎ【韻塞ぎ】〔名〕⇩ゐんふたぎ

ゐまち-づき【居待ち月】 一〔名〕《「ゐまちのつき」とも》陰暦十八日夜の月。十七日夜の月を「立待月」、十九日夜の月を「臥し待ちの月」というのに対して、月の出が少し遅いので座って待つ意でいう。（季・秋）

二〔枕詞〕地名「明石」にかかる。寝ないで夜を明かす意からとも、十八日夜の月が明るい意からともいう。例「――明石の門（と）ゆは夕されば潮を満たしめ」〈万葉・三・三八八長歌〉訳明石海峡（＝兵庫県明石市ト淡路島トノ間ノ海峡）からは、夕方になれば海水を満ちさせ。

ゐ-まは・る【居廻る】〔自ラ四〕輪になって座る。車座になる。例「わが居たるうつほ木の前に――・りぬ」〈宇治拾遺・一・三〉訳（鬼が）自分のいた、中が空洞になっている木の前に輪になって座った。

ゐや【礼・敬】〔名〕うやまうこと。礼儀。敬意。「うや」とも。例「狐（きつね）、――なしと思ひ、打たむとして立つ」〈日本霊異記・中・四〉訳狐（＝女ノ名）は、失礼な女だと思い、たたこうとして立ち上がった。

ゐ-や【居家・居屋】〔名〕住む家。住居。例「――ばかりを構へて、はかばかしく屋を造るには及ばず」〈方丈記・わが過去〉訳自分の住む棟ばかりを造って、家を建てたというほどには建てなかった。

ゐや-な・し【礼無し】〔形ク〕無礼である。失礼である。例「西の方に熊曽建（くまそたける）二人あり。これ伏（まつろ）はず――・き人どもなり」〈古事記・中・景行〉訳西の方に熊曽の国の勇猛な者が二人いる。これらは（朝廷に）従わず無礼な者どもである。

ゐや-やか【礼やか】〔形動ナリ〕《「やか」は接尾語》礼儀正しい様子。うやうやしい様子。例「家の人の出（い）で入り、憎げならず――・なり」〈土佐・二月十五日〉訳（宿とした）家の人の立ち居振る舞いは、感じがよくて礼儀正しい。

ゐや-ゐや・し【礼礼し】〔形シク〕丁重で礼儀正しい。うやうやしい。例「――・しく書きなし給へり」〈源氏・真木柱〉訳（玉鬘は、光源氏への返事を）礼儀正しくお書きになった。

ゐ-よ・る【居寄る】〔自ラ四〕座ったままで近寄る。いざり寄る。にじり寄る。例「語らひがたげなる顔して近う――・りて」〈源氏・東屋〉訳言い出しにくそうな顔付きで近くににじり寄って。

ゐる

【居る】一〔自ワ上一〕❶（「立つ」に対して）座る。座っている。しゃがむ。例「立ちて見、ゐて見、見れども」〈伊勢・四〉訳（恋しい女の住んでいた邸の西の対に行って）立っては見、座っては見して、見るけれども。

❷ある場所にじっと静止している。とどまる。とまる。また、存在する。いる。例「寝殿に鳶（とび）ゐさせじとて、縄を張られたりけるを」〈徒然草・一〇〉訳寝殿に鳶をとまらせまいと、縄を張りめぐらしておられたのを。

❸ある場所に居つく。住む。例「止（や）む事を得ずして営む所、第一に食ふ物、第二に着る物、第三にゐる所なり」〈徒然草・一二三〉訳（人間の身として）やめようにもやめられないでそのために働くことは、第一に食べる物、第二に着る物、第三に住む所である。

❹（天皇・皇后・皇太子などの）位に就く。その地位にある。例「七月（ふみづき）にぞ、后（きさき）ゐ給ふめりし」〈源氏・紅葉賀〉訳七月に、（藤壺が）后の位にお就きになったようであった。

❺活動がおさまる。静まる。例「立てば立つゐればまたゐる吹く風と波とは思ふどちにやあるらむ」〈土佐・一月十五日〉訳風が立つと波も立つ。風がおさまると波もまたおさまる。吹く風と波とは仲のよい友達なのだろうか。

❻（「腹がゐる」の形で）腹立ちがおさまる。怒りが静まる。例「梶原、この言葉に腹がゐて」〈平家・九・生ずきの沙汰〉訳梶原源太景季は、（佐々木四郎高綱の）この言葉に腹立ちがおさまって。

二〔補動ワ上一〕（動詞の連用形や助詞「て」に付いて）動作・状態が継続する意を表す。ずっと…ている。…し続ける。例「物の隠（かく）れよりしばし見ゐたるに」〈徒然草・三二〉訳（女の様子を）物陰からしばらくのぞいていると。

参考 存在する意には「あり」を用いたが、②が「生き物がいる」意に転じたため、現代語では生き物には「いる」、無生物には「ある」を用いるようになる。

ゐる

【率る】〔他ワ上一〕❶引き連れる。伴う。例「やうやう夜も明け行くに、見ればゐて来（こ）し女もなし」〈伊勢・六〉訳だんだん夜も明けて行くのに、見ると連れて来た女もいない。

❷身に添えて持つ。携える。携帯する。例「忍びてゐて渡させ給ふ」〈増鏡・むら時雨〉訳（後醍醐天皇は三種の神器だけを）こっそりと携えてお移りになる。

ゐ-れい【違例】〔名・自サ変〕❶いつもの例と違っていること。通例に反すること。

❷（ふつうの状態と違うことの意で）病気。例「入道相国（しやうこく）――の御心地とてとどまり給ひぬ」〈平家・六・入道死去〉訳平清盛入道太政大臣が病気のご様子だというの

で（宗盛は東国への出発を）中止なさった。

ゐん【院】ヰン〔名〕❶周囲に垣をめぐらした大きな一構えの建物。**宮殿・貴族の邸宅・寺院など。**例「下部（しもべ）どもなどだに、この――に参るには、心づかひことなりけり」〈源氏・初音〉訳卑しい身分の者などでさえ、この院（＝光源氏ノ六条邸）に参上する際には、特別な心遣いをするのだった。
❷**上皇・法皇・女院（にょういん）の御所（ごしょ）。**また、**その別邸。**
❸（②から転じて）**上皇・法皇・女院（にょういん）**に対する敬称。上皇や法皇が、同時に二人以上いる時は、本院（または、一院）・中院・新院と称して区別した。例「世を保たせ給ふこと五年。――にならせ給ひて」〈大鏡・三条院〉訳（三条天皇は）ご在位なさること五年であった。（その後）上皇におなりになって。
❹大きな寺の境内にある寺。また、一般に、寺。

院の御所（ごしょ）❶上皇・法皇の御所。仙洞（せんとう）。例「木曾の左馬頭（さまのかみ）、最後のいとま申さんとて、――六条殿へ馳（は）せ参る」〈平家・九・河原合戦〉訳左馬頭木曾義仲は、最後のお別れを申し上げようとして、（後白河）法皇の御所となっていた六条殿（＝平業忠（タイラノナリタダ）ノ邸（ヤシキ））へ馬をとばして参上する。
❷（転じて）上皇・法皇を婉曲（えんきょく）に指していう語。

ゐん【韻】ヰン〔名〕漢字の音（おん）のうち、頭部の子音を除いた残りの音。例えば、「絶」「滅」「雪」は同じ韻の字である。漢詩では、一定の句の末尾に、同韻の字をそろえる定まりがある。

ゐん-がう【院号】ヰンゴウ〔名〕退位した天皇、皇太后・准后（じゅんこう）（＝天皇ノ母）などに贈られる称号。「朱雀（すざく）院」「上東門院（じょうとうもんいん）」など。

ゐん-ざん【院参】ヰン〔名・自サ変〕院の御所（ごしょ）に参上すること。例「都へのぼり、――してこの由（よし）奏聞（そうもん）せられければ」〈平家・三・大塔建立〉訳（平清盛が）上京して、院の御所へ参上しこの旨を申し上げなさると。

ゐん-じ【院司】ヰン〔名〕院の御所（ごしょ）にお仕えしている職員。「ゐんづかさ」「ゐんのつかさ」とも。

ゐん-じゅ【院主】ヰン〔名〕❶禅宗の寺で、事務を統括する僧。監主（かんす）。
❷寺院の主。住職。

ゐん-ぜん【院宣】ヰン〔名〕上皇・法皇の命令を伝える公文書。作成には院司（いんじ）が当たる。例「都へは入れ奉るべからずといふ――で候ふ」〈平家・三・泊瀬六代〉訳都へはお入れ申してはならないという法皇のご命令でございます。

ゐん-の-ごしょ【院の御所】ヰン⇒「ゐん（院）」子項目

ゐん-ふたぎ【韻塞ぎ】ヰン〔名〕《「ゐふたぎ」とも》漢詩の中の押韻（おういん）している文字を隠しておき、それを当てさせる遊戯。例「――すべきに、集ども選（え）り出でて」〈源氏・浮舟〉訳韻塞ぎの遊戯をするはずなので、漢詩集の適当なものを選び出して。

ゑ

ゑ【会】ヱ〔名〕多くの人々が集まること。また、その行事。「節（せち）――」「大嘗（だいじょう）――」「法――」など。

会に逢（あ）はぬ花（はな）（法会（ほうえ）に間に合わない花の意から）時期遅れで役に立たないもの。例「――、六日の菖蒲（しょうぶ）」〈平家・二・志度合戦〉訳（何の役にも立たない）会に逢わぬ花、六日の菖蒲。注菖蒲ハ五月五日ニアルベキモノ。

ゑ【飢】ヱ〔動詞「飢（う）う」の未然形・連用形「うゑ」の縮約形〕飢える。例「飯（いひ）に――て臥（こ）やせるその旅人（たひと）あはれ」〈日本書紀・推古・二十一年〉訳食べ物に飢えて倒れているその旅人はかわいそうだ。

ゑ〔間投助〕《上代語》接続 活用語の終止形、副詞、感動詞などに付く。
【詠嘆】（感動・詠嘆の意を表す）…よ。…なあ。例「山の端（は）にあぢ群（むら）騒き行くなれど我は寂（さぶ）しゑ君にしあらねば」〈万葉・四・四八六〉訳山の稜線（りょうせん）にアジガモ（＝水鳥ノ名）の群れが鳴き騒いで飛んで行くようだけれど、私は寂しいよ、あなた（の声）ではないから。
参考「よしゑ」「よしゑやし」の形で用いられることが多い。

ゑ-あはせ【絵合はせ】ヱアワセ〔名〕「物合はせ」の一つ。左右二組にわかれ、両方から絵を出し合ってその優劣を競う遊戯。平安時代から行われた。

ゑ-かう【回向・廻向】ヱコウ〔名・自サ変〕《仏教語。自分の積んだ功徳（くどく）を他に回（めぐ）らし、差し向ける意》❶読経（どきょう）・法要などをして、死者が極楽往生できるように祈ること。僧に布施（ふせ）したり、念仏を唱えたりして、死者の冥福（めいふく）を祈ること。例「作善（さぜん）の功徳（くどく）さながら聖霊（しゃうりゃう）に――・して」〈平家・三・六代被斬〉訳（六代は自分の積んだ）善行の功徳をすっかりそのまま（父の）みたまに差し向け（その）**極楽往生を祈って。**
❷法要の終わりに、回向文（えこうぶみ）（＝法要ノ功徳ヲ一切ノ衆生（シュジョウ）ニ回（メグ）ラスタメニ唱エル願文）を唱えること。また、その願文。例「――の末つ方の心ばへ、いとあはれなり」〈源氏・総角〉訳回向の願文の終わりの部分の意味は、本当に身にしみて感慨深いものがある。

ゑ-がち【笑勝ち】ヱ〔形動ナリ〕《「ゑ」は、「ゑがほ（笑顔）」の「ゑ」で、笑いの意》笑顔になりがちである。にこにこしていることが多い。例「なでふことなき人の、――・にて物いたう言ひたる」〈枕草子・にくきもの〉訳たいしたことのない人が、ただにこにこしてぺらぺらおしゃべりしているの（はしゃくにさわる）。

ゑ-し【絵師】ヱ〔名〕絵かき。画家。また、朝廷・院・幕府などに仕える画工。例「心のいたり少なからむ――は、え書き及ぶまじ」〈源氏・明石〉訳素養が足りないような絵かきは、とても（この住まいの風情を）うまく描ききれまい。

ゑ-じ【衛士】ヱ〔名〕❶諸国の軍団から選抜されて上京し、宮中の警護に当たる武士。左右の「衛門府（えもんふ）」（以前は「衛士府（えじふ）」）に属する。夜は火を焚（た）いて警備する。
❷仕丁（じちょう）。雑役に従事する者。

ゑしゃ-ぢゃうり【会者定離】エシャジョウリ《連語》《仏教語》ひとたび出会った者は、必ず別れなければならない運命にあること。この世の無常さをいう。例「生者必滅（しゃうじゃひつめつ）、――は浮き世の習ひにて候ふなり」〈平家・一〇・維盛入水〉訳生者必滅（＝生命アル者ハ必ズ死滅スルコト）、会者定離はこの世のならわしなのです。

ゑ-ず【怨ず】ヱズ〔他サ変〕（ぜ・じ・ず・ずる・ずれ・ぜよ）《「ゑんず」の撥音「ん」の無表記形》⇒ゑんず 例「歌主（うたぬし）、いと気色悪（あ）しくて――・ず」〈土佐・一月十八日〉訳（笑われた）歌の作者は、ひどく気分を害してぶつぶつ言っている。

越後〔旧国名〕北陸道七か国の一つ。現在の佐渡を除いた新潟県。古くは越の国の東部にあたり、「越の道の後」とも呼ばれたが、天武天皇の時代に越の国が三分されて越後の国となった。

越前〔旧国名〕北陸道七か国の一つ。現在の福井県の北東部の大部分。古くは越の国の西部にあたり、「越の道の前」とも呼ばれたが、天武天皇の時代に三分されて越前の国になった。七一八年(養老二)北部に「能登の国」が分立され、八二三年(弘仁一四)には「加賀の国」が置かれた。

越中〔旧国名〕北陸道七か国の一つ。現在の富山県。古くは越の国に属し、「越の道の中」とも呼ばれたが、天武天皇の時代に三分されて、その中部が越中とされた。

ゑ-つぼ【笑壺】〔名〕笑い興ずること。
笑壺に入・る 大笑いする。おもしろくて、笑いころげる。例「――・りたる者どもの、物をば言はずして手を摺りければ」〈今昔・二四・二三〉訳笑いころげている人達が、物を言わずに手を合わせてこすったので。注笑イガ止マラズ苦シム女房達ガ、許シヲ乞ウテイル場面。

ゑ-ど【穢土】〔名〕❶(仏教語)汚れたこの世。対じゃうど① 例「これより――を厭ふにいさみなし」〈平家・一〇・首渡〉訳今となっては現世を嫌って出家するのも気がすすまない。❷糞の別名。

ゑ-どころ【絵所】〔名〕平安時代、宮中で絵画に関することを司る役所。令制による画工司が、八〇八年に廃止され、これに代わるものとして設けられた。中世以降、大きな寺社に、江戸時代には幕府にも設けられた。

ゑ-に-あはぬ-はな【会に逢はぬ花】⇩「ゑ(会)」子項目

ゑは・す【酔はす】〔他サ四〕(「酔ふ」の他動詞形)酔わせる。例「肴などあれば、――・さまほしけれど」〈枕草子・関白殿、二月二十一日に〉訳酒の肴などもあるので、酔わせたいとは思うけれども。

ゑひ【酔ひ】〔名〕(動詞「酔ふ」の連用形の名詞化)酒などに酔うこと。また、何かに心を奪われて、本心を失うこと。例「――のまぎれに、はかばかしからで、これよりまさらず」〈源氏・藤裏葉〉訳酒に酔って取りまぎれたために、(作る歌は)大したことはなく、この歌よりよい歌はできなかった。

ゑひ-あ・く【酔ひ飽く】〔自カ四〕満足のゆくまで飲み食いして酔っぱらう。ひどく酔う。例「上中下――・きて」〈土佐・十二月二十二日〉訳(身分の)上の者も中ほどの者も下の者も(みんな)十分に酔っぱらって。

ゑひ-ごと【酔ひ言】〔名〕酒に酔って言うことば。例「――に心よげなる言して」〈土佐・十二月二十六日〉訳酒に酔ったろれつのまわらない言い方で気持ちよさそうな言葉を交わして。

ゑひ-し・る【酔ひ痴る】〔自ラ下二〕ひどく酔って正体がなくなる。酔っぱらって前後不覚になる。例「ありとある上下、童まで――・れて」〈土佐・十二月二十四日〉訳そこにいるすべての位の高い者や低い者、子供までがひどく酔って正体がなくなって。

ゑ-ふ【衛府】〔名〕宮中の護衛や行幸の際の警護などを司る役所の総称。令制では衛門、左右の衛士と兵衛の五衛府だったが、のち、それぞれ左右の近衛・衛門・兵衛の六衛府となった。また、その衛府に属する武官。

ゑ・ふ

【酔ふ】〔自ハ四〕酔う。例「猛く思ひつるみやつこまろも、物に――・ひたる心地して、うつ伏しに伏せり」〈竹取・かぐや姫の昇天〉訳勇ましく(かぐや姫を迎えに来た天人と戦おうと)思っていたみやつこまろ(＝竹取ノ翁)も、何かに酔ったような気分になって、うつ伏せに伏している。

ゑ-ぶっし【絵仏師】〔名〕仏画を描いたり、仏像に彩色したりするのを業とする絵かき。例「――良秀家の焼くるを見て喜ぶ事」〈宇治拾遺・三・六〉訳仏画かきの良秀が自宅の焼けるのを見て喜ぶこと(＝話)。

ゑふ-の-かみ【衛府督】〔名〕六衛府の長官。近衛府では「大将」、衛門府・兵衛府では「督」という。

> 要点 近衛大将は従三位、衛門督は正五位上、兵衛督は従五位上に相当する官で、衛府により差異があった。

ゑふ-の-くらうど【衛府蔵人】〔名〕衛府の武官で、蔵人を兼任している者。

ゑふ-の-すけ【衛府佐】〔名〕六衛府の次官。近衛府では「中将」「少将」、衛門府・兵衛府では「佐」という。

> 要点 近衛中将は従四位下、少将は正五位下、衛門佐は従五位下、兵衛佐は正六位下に相当する官であり、兵衛佐以外は、藤原氏の子弟が若くして任じられることが多かった。

ゑぼし【烏帽子】〔名〕⇩えぼし

ゑ-ま【絵馬】〔名〕神社や寺に、馬の絵などを描いて奉納する額。願いごとをしたり、それがかなえられたお礼に、神馬を奉納する代わりとした。後には、馬以外の絵を描いたものもいう。例「前に板に書きたる――あり。足の所破れたり」〈今昔・一三・三四〉訳前に板に書いた絵馬がある。(その)足のあたりが破損していた。

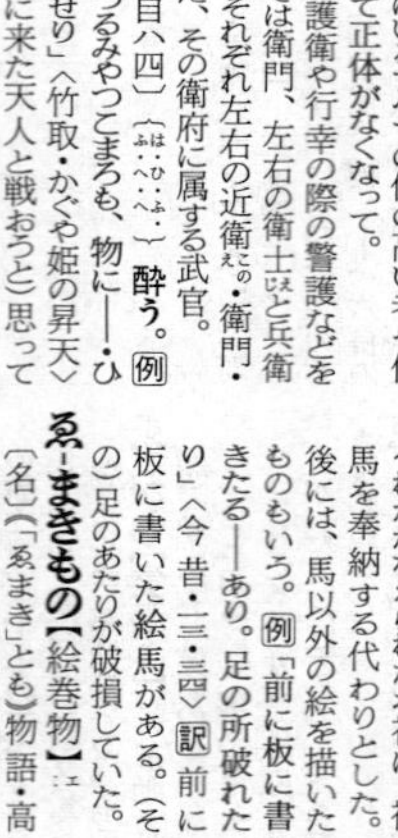
ゑま

ゑ-まきもの【絵巻物】〔名〕(「ゑまき」とも)物語・高僧の伝記・寺社の縁起などを、絵または絵と文章で説明した巻物。奈良時代からあるが、平安時代から鎌倉時代にかけて盛んに作られ、質の高いものが多い。『源氏物語絵巻』『信貴山縁起絵巻』『伴大納言絵巻』など。

ゑまひ【笑まひ】〔名〕(動詞「ゑまふ」の連用形の名詞化)ほほえむこと。微笑。例「なでしこが花見るごとに少女らが――のにほひ思ほゆるかも」〈万葉・一八・四一一四〉訳ナデシコの花を見るたびに、若い妻のほほえみの映えるような美しさが思い出されることだ。

ゑみ【笑み】〔名〕(動詞「笑む」の連用形の名詞化)笑う

こと。ほほえみ。花が咲く様子をたとえていうこともある。例「物言ひ、―などしたる口つきの愛敬(あいぎゃう)」〈狭衣・三〉訳（姫が）物を言ったり、ほほえんだりした時の口もとの愛らしさは（亡き母君にそっくりだ）。

ゑみ-さか・ゆ【笑み栄ゆ】エミ〔自ヤ下二〕〈え・え・ゆ・ゆる・ゆれ・えよ〉喜んでにこにこ笑う。にこにこ顔になる。例「老い忘れ齢(よはひ)延ぶる心地して―・えて」〈源氏・明石〉訳老いたことを忘れ寿命も延びる気持ちがしてこぼれるばかりの笑みを浮かべて。

ゑ・む【笑む・咲む】ヱム〔自マ四〕〈ま・み・む・む・め・め〉❶笑い顔になる。にこにこする。ほほえむ。例「尼君は、いとめでたううつくしう見奉るままにも、涙はえとどめず、顔は―・みて」〈源氏・若菜・上〉訳尼君は、（出産後の明石の姫君を）とてもすばらしくかわいいと拝見する間にも、涙を抑えきれず、（それでいて）顔はほほえんでいて。❷花のつぼみがほころぶ。花が咲く。また、実が熟して皮が割れる。

参考「ゑむ」と「わらふ」「ゑむ」は口もとをほころばせる意、「わらふ」は声を出して笑う意を表すと思われるが、実際にははっきりした区別はない。ただし、「わらふ」の持つあざけり笑う意は、「ゑむ」にはない。

ゑ-もん【衛門・右衛門】ヱ〔名〕（「右衛門」の場合もエモンとよむ）「衛門府」または「右衛門府」の略。

ゑもん-の-かみ【衛門督】エモン〔名〕「衛門府」の長官。左・右各一人。正五位上相当の官だったが、後に、従四位下相当となった。中納言や参議が兼任することが多い。

ゑもん-の-すけ【衛門佐】エモン〔名〕「衛門府」の次官。左・右各一人。従五位下相当の官。

ゑもん-ふ【衛門府】エモン〔名〕六衛府(ろくゑふ)の一つ。宮中の諸門の警備などに当たる武官の役所。左・右の二府がある。「ゆげひのつかさ（靫負司）」とも。

ゑ・る【彫る】ヱル〔他ラ四〕〈ら・り・る・る・れ・れ〉❶彫刻する。彫(ほ)る。また、彫って、金銀や宝石・貝殻などをはめる。例「白きには梅を―・りて」〈源氏・梅枝〉訳白色の（ガラスの香壺）には梅をちりばめて。

❷穴をあける。くりぬく。えぐる。

ゑ-わら・ふ【笑笑ふ】エワラ(ロウ)〔自ハ四〕〈は・ひ・ふ・ふ・へ・へ〉声をたてて笑う。また、ほほえむ。例「つつましげならず、物言ひ、―・ふ」〈枕草子・宮に初めて参りたるころ〉訳気おくれしたようでもなく、（平気で）おしゃべりしたり、声をたてて笑ったりしている。

ゑん-が【垣下】エン〔名〕（「ゑんか」「ゑが」とも）平安時代、宮中や貴族の邸(やしき)で催される饗宴(きやうえん)で、正客以外の相伴(しやうばん)する人。また、その人の座る席。「かいもと」とも。例「―の親王(みこ)達・上達部(かんだちめ)、大饗(だいきやう)に劣らず、あまり騒がしきまでなむ、集ひ給ひける」〈源氏・宿木〉訳（薫(かをる)の昇進を祝う饗宴には）相伴する親王達・公卿(くぎやう)が、大臣就任の大饗宴に負けず劣らず、あまりに騒々しいほどまで、（大勢）お集まりになった。

ゑん-ざ【円座】エン〔名〕藁(わら)などで、渦巻状に編んだ丸い敷物。板の間などに座る時に用いる。「わらふだ」「わらうだ」とも。例「臥(ふ)したりし枕上(まくらがみ)の几帳(きちやう)の外(ほか)に、清げなる畳敷きたり。その上に―置きたり」〈今昔・一七・三三〉訳横になっている（女の）枕もとの几帳の外に、さっぱりした畳（＝ゴザ）が敷いてある。その上に円座が置いてある。

ゑんざ

ゑん・ず【怨ず】エン〔他サ変〕〈ぜ・じ・ず・ずる・ずれ・ぜよ〉うらみ言をいう。うらむ。「ゑず」とも。例「言ひ知らせぬをば―・じそしり」〈枕草子・にくきもの〉訳話してやらないとうらみ言を言ったり悪口を言ったりし。

を

を【尾】オ〔名〕❶鳥やけもののしっぽ。例「あしひきの山鳥の尾のしだり尾の長々し夜をひとりかも寝む」〈万葉・一一・二八〇二或本歌〉訳山鳥のしっぽの、その垂れ下がったしっぽのように、長い長い夜を（今日も）ひとり寂しく寝ることかなあ。注『百人一首』所収、柿本人麻呂ノ作。❷（比喩(ひゆ)的に）しっぽのように長く伸びたもの。山のすその長く伸びた部分。例「山桜わが見に来れば春霞(はるがすみ)峰にも―にも立ち隠しつつ」〈古今・春上・五一〉訳山桜を私が見に来たところが、春霞が峰にも、またすそ野にも立っていて（山桜を）隠してしまっていることよ。

をオ 一〔名〕対め（女）❶【牡・雄】動物のおす。❷【男】おとこ。男性。例「―の神も許し給ひ女(め)の神も幸(はき)ひ給ひて」〈万葉・九・一七五三長歌〉訳（筑波山(つくばやま)の）男の神もお許しになり、女の神もお守りくださって。❸【夫】おっと。女のつれあいとしての男。例「―と兄(いろせ)といづれか愛(は)しき」〈古事記・中・垂仁〉訳夫と兄とのどちらが（より）いとおしいか。二〔接頭〕雄々しい、勇ましいの意を添える。例「盾(たて)を立てて―たけびし給ふ」〈日本書紀・神武・即位前〉訳楯(たて)をつき立てて、勇ましい叫びをおあげになる。

を【峰】オ〔名〕山の高い所。みね。尾根。例「谷から行かば―から行かむ」〈神楽歌・早歌〉訳（おまえが）谷を通って行くのならば、わたしは尾根を通って行こう。要点「尾根(をね)」や「岡(をか)」の「を」であり、平安以降は「をの上(へ)」がつづまった「尾の上(へ)」などの中に残る。

を【麻・苧】オ〔名〕植物の名。アサ。また、アサやカラムシ（苧）の茎の皮で作った糸。例「―をたまへ。績(う)みて奉らむ」〈今昔・一五・四二〉訳麻の茎をください。糸にしてさしあげましょう。要点この「を」を入れる「け（＝容器）」が「をけ」で、後世には、容器を広く指して「桶」を当てるようになる。

を【緒】オ〔名〕❶糸や紐(ひも)など、細く長いもの。例「腰に着きたる―の絶えもしなば、いかにせむとならむ」〈枕草子・日のいとうららかなるに〉訳（海女(あま)の）腰に着いている綱が切れでもしたら、どうするつもりだろう。❷楽器や弓の弦。つる。例「弾(ひ)くにはあらで、―などを手まさぐりにして」〈枕草子・無名といふ琵琶の御琴を〉訳（手にした琵琶(びは)を）弾くというわけでもなく、弦などを手でさわったりして。❸（「年の―」「息の―」などの形で）長く続くもの。例

「あらたまの年の――長くいつまでかあが恋ひ居(を)らむ命知らずて」〈万葉・一二・二九三五〉訳年月長くいつまで私は恋に苦しむのであろうか。命には限りあることも知らずに。

をの判別

①格助詞「を」
――体言・体言に準ずる語句に付く
- 対象 一❶　起点・通過点 一❷　期間 一❸
- 対象・相手(「別る」「会ふ」などに対して) 一❹
- 主体(自動詞に対して) 一❺
- 希望・好悪などの対象 一❻
- その状態にする対象(「〜を〜に(て)」の形で) 一❼
- その状態である主体(「〜を〜み」の形で) 一❽
- 一種の慣用句(意味の似た動詞の間に用いて) 一❾

②接続助詞「を」
――活用語の連体形・まれには体言に付く
- 逆接の確定条件 …… 二❶
- 順接の確定条件 …… 二❷
- 単純接続 …… 二❸

③間投助詞「を」
――文中・文末の種々の語に付く
- 詠嘆 …… 三❶
- 強調 …… 三❷

を

一〈格助〉接続 体言や体言に準ずる語句に付く。

❶【対象】動作や使役の対象などを示す。…を。…に。例「富士の山を見れば、五月(さつき)のつごもりに、雪いと白う降れり」〈伊勢・九〉訳富士の山を見ると、五月の下旬に、雪がとても白く降り積もっている。

❷【起点・通過点】(移動性の意味を表す動詞に対して)動作の起点や通過する場所を示す。…を。…から。例「さびしさに宿を立ち出(い)でてながむればいづくも同じ秋の夕暮れ」〈後拾遺・秋上〉訳寂しさにたえかねて宿を出てまわりの景色を眺めると、どこも同じように寂しい秋の夕暮れであった。注『百人一首』所収ノ、良暹(リョウゼン)法師ノ歌。

❸【期間】(持続性の意味を表す動詞に対して)持続する期間を示す。…を。…の間を。例「世俗の事にたづさはりて生涯を暮らすは、下愚(かぐ)の人なり」〈徒然草・一五一〉訳俗世間の事にかかずりあって一生を暮らすのは、最も愚かな人である。

❹(「別る」「会ふ」「背く」などの動詞に対して)動作の対象・相手を示す。…に(対して)。例「逢坂(あふさか)にて人を別れける時に詠(よ)める」〈古今・離別・三七四詞書〉訳逢坂の関で人に別れた時に詠んだ(歌)。例「かぐや姫を必ず逢(あ)はむ設(まう)けして、ひとり明かし暮らし給ふ」〈竹取・竜の首の玉〉訳(前からいた妻達は大納言が)かぐや姫と必ず結婚するだろうと用意して、すでに一人で暮らしていらっしゃる。

❺(自動詞に対して)動作の主体を示す。…が。例「あながちに志を見えありく」〈竹取・貴公子たちの求婚〉訳(五人の貴公子達は)ことさらに(かぐや姫に対する)切なる思いが見えるように(=見セツケテ)うろつき回る。例「あるまじき名を立ち、罪得(え)がましき時」〈源氏・夕霧〉訳(尼になり)あってはならない(浮気だという)評判が立って、(仏に対する)罪を作るような場合には。

❻希望・好き嫌いなどの対象を示す。…が。…を。例「この翁(おきな)は、かぐや姫のやもめなるを嘆かしければ」〈竹取・火鼠の皮衣〉訳この(竹取の)翁は、かぐや姫が独身でいるのが嘆かわしいので。

❼(「…を…に」「…を…にて」の形で)その状態にする対象を示す。…を(…とする状態で)。…を(…として)。例「かたじけなき御心ばへのたぐひなきを頼みにてまじらひ給ふ」〈源氏・桐壺〉訳(桐壺更衣(きりつぼのこうい)は、帝(みかど)の)恐れ多いご愛情の類がないほど深いのを頼りにして宮仕えをなさっておられる。例「足を空に思ひまどふ人多かり」〈源氏・賢木〉訳(桐壺院がお亡くなりになったので)足が地に着かない状態で思い乱れている人が多い。

❽(「を…み」の形で)その状態である主体を示す。…が(…なので)。例「瀬を速み岩にせかるる滝川の割れても末に逢(あ)はむとぞ思ふ」〈詞花・恋上〉訳浅瀬の流れが速いので岩にせきとめられている滝川が、いったん別れてまた合流するように、私もここであなたとお別れしても、後でまたお逢いしようと思っていますよ。注『百人一首』所収、崇徳(ストク)院ノ歌。

❾意味の似た名詞と動詞の間に用いて一種の慣用句を構成する。例「ながめがちに音(ね)をのみ泣き給ふ」〈源氏・夕顔〉訳(夕顔に死なれた光源氏は)物思いに沈みがちで(ともすれば)声を出してお泣きになる。例「昼は日一日(ひとひ)、寝(い)をのみ寝(ね)暮らし、夜はすくよかに起き居て」〈源氏・明石〉訳昼は一日中、寝ることをするだけで日を暮らし、夜はしゃきっと起きて座っていて。

二〈接助〉接続 活用語の連体形に付く。まれに体言にも付く。

❶逆接の確定条件を示す。…のに。…けれども。例「八重桜(やへざくら)は奈良の都にのみありけるを、このごろぞ世に多くなり侍(はべ)るなる」〈徒然草・一三九〉訳八重桜は奈良の都にだけあったのだけれども、この頃あちこちに多くなったとかいうことです。例「白露の色は一つをいかにして秋の木(こ)の葉を千々(ちぢ)に染むらむ」〈古今・秋下・二五七〉訳白露の色は白一色であるのに、(それが置くことで)どうして秋の草木の葉をさまざまな色に染めるのであろうか。注体言ニ「を」ガ付ク場合。「色は一つなるを」ノヨウニ、断定ノ助動詞「なり」ガアルト考エテ訳ストヨイ。

❷順接の確定条件を示す。…ので。…から。例「心にしも従はず苦しきを、さりぬべき折(をり)見て、対面すべくたばかれ」〈源氏・空蝉〉訳(あの人を忘れようと思う)決心のとおりにいかず(逢(あ)いたい気持ちで)苦しいから、適当な機会を見つけて、逢えるように取り計らいなさい。

❸上の事柄と下の事柄とを単に接続(単純接続)する。…が。…ところ。例「『汝(なむぢ)が姓(うぢ)は何ぞ』と仰せられしかば、『夏山となむ申す』と申ししを、やがて繁樹(しげき)となむ付けさせ給へりし」〈大鏡・序〉訳「お前の姓は何というか」とおっしゃったので、「夏山と申します」と申し上げたところ、即座に繁樹と名前をお付けになった。

三〈間投助〉接続 文中・文末の種々の語に付く。

❶【詠嘆】感動・詠嘆の意を表す。…よ。…なあ。例「つひに行く道とはかねて聞きしかど昨日(きのふ)今日(けふ)とは思はざりしを」〈伊勢・一二五〉訳最後には必ず行く(死出の)道とはかねてから聞いていたけれど、それが昨日今日やってくるとは思わなかったよ。

❷【強調】強調の意を表す。…よ。…ね。例「いかでなほ少しひがごと見つけて**を**やまむ」〈枕草子・清涼殿の〉訳なんとかして少しでも(女御(にょうご)芳子(よしこ)の答えに)まちがったところを見つけてね、その上で終わりにしよう。注村上天皇八、芳子ニ『古今集』ノ歌ヲ暗誦サセタガ、一ツモ誤リガナカッタ。例「何事も心のどかに**を**思(おぼ)しなせ」〈源氏・宿木〉訳どんな事ものんきにね、考えるようになさい。

要点 (1)格助詞「を」の①②③の用法は現代語でも普通に見られるが、④以下の用法は古典語特有の用法である。ただ、対象を示すという基本的意味は、④以下にも共通している。
(2)接続助詞「を」の用法は、一応①②③の三種類に分類できるが、「ど」「ども」や「ば」の場合とは違って、「を」がはっきりとそうした関係を明示して前後をつなぐのではない。「を」の上下の意味の関係から、意味の差が生まれるだけである。従って、判別しにくい例も出てくる。

参考 三の間投助詞の用法が最初で、これは感動詞の「を」から発生したものといわれる。この間投助詞の「を」から一の格助詞「を」が生まれ、格助詞の「を」の活用語の連体形に接続する用法から二の接続助詞の「を」が成立した。格助詞は省略されないのが普通であるが、格助詞「を」は省略されることが少なくない。これは、「水(ヲ)飲む」「花(ヲ)見る」のように、「を」の付く体言とそれを受ける用言との意味から「を」が来る関係であることがはっきりしているためである。格助詞の「を」は、このように格関係を明示しなくてもわかる位置に間投助詞の「を」が用いられ、それが固定化して成立したものである。

を【小】 ォ〔接頭〕❶(名詞に付いて)小さい、細かい、の意を表す。親愛の情をこめて言うのにも用いる。「―川」「―舟」「―太刀(だち)」など。
❷(用言に付いて)わずかに、少し、の意を表す。「―暗し」「―弛(だゆ)む」など。
❸(名詞に付いて)語調を整える。固有名詞に付くこともある。「―櫛(ぐし)」「―床(どこ)」「―峰(みね)」「―野」「―筑波(つくば)」など。

をうな【女】 オウナ〔名〕《「をみな」の変化した形》女。女性。例「―これを見て肝魂(きもたましひ)も身に添はず」〈平家・八・緒環〉訳女はこれ(＝夫ガ大蛇ダッタコト)を見て気を失わんばかりの状態になって。
要点 「おうな」は老婆の意で、これとは別語。

をかし【犯し】 オカシ〔名〕《動詞「犯す」の連用形の名詞化》法や規則などを破ること。罪を犯すこと。例「前(さき)の世の報いか、この世の―か」〈源氏・明石〉訳(悲しい目にあうのは)前世の報いであろうか、(それとも)この世で罪を犯したことによるのだろうか。

をか・し オカシ〔形シク〕類をこがまし ⇩をかしげなり

理知的に好奇心や興味を感じる情趣や、視覚・聴覚などで興味深くとらえた美、を表す。平安時代、「あはれ」と対比される語。

❶笑いたいほどである。こっけいである。おかしい。例「中将―・しきを念じて」〈源氏・紅葉賀〉訳頭中将(とうのちゅうじょう)は(光源氏のあわてる様子が)おかしくて笑いたいのを我慢して。
❷**興味深い。おもしろい。**例「たまさかに立ち出(い)づるだに、かく思ひの外(ほか)なることを見るよと、―・しう思(おぼ)す」〈源氏・若紫〉訳自分はたまに出かけただけでも、このように意外なものを見つけるものよと、(光源氏は忍び歩きを)面白くお思いになる。
❸(景色などに)**趣がある。風情がある。**例「ただ一つ二つなど、ほのかにうち光りて行くも―・し」〈枕草子・春はあけぼの〉訳(蛍が多く飛び交うのも)たった一つか二つかなど、かすかに光って飛んで行くのも趣がある。
❹(容姿などが)**美しい。優美である。**また、愛らしい。例「梳(けづ)ることをうるさがり給へど、―・しの御髪(みぐし)や」〈源氏・若紫〉訳くしを入れることを煩わしがりなさるけれど、美しいおぐしですね。注若紫ノ美シイ髪ヲイウ。
❺(性質・態度・技術などが)立派である。優れている。すばらしい。例「容貌(かたち)いとよく、心も―・しき人の」〈枕草子・男こそ〉訳顔かたちが大変美しく、気立ても立派な女が。

要点 平安時代には、②〜⑤の用例が多いが、現代語と同じ①の例もあり、当時の辞書には、「笑ふべし」と訓読できる「可笑」や「可咲」に「をかし」の訓をつけている。中世以降は擬古文を除いて、もっぱら①の意に用いる。

をかし-げ オカシ:〔形動ナリ〕《「げ」は接尾語》美しく感じられる様子。かわいらしい様子。例「いと―・なる指(および)に捕らへて、大人などに見せたる、いとうつくし」〈枕草子・うつくしきもの〉訳(幼児がはってきた途中で、塵(ちり)を)見るからにかわいらしい指でつまんで、大人などに見せているのは、大変かわいい。

をかし-やか オカシ:〔形動ナリ〕《「やか」は接尾語》趣が感じられる様子。例「―・なることもなき御文を、うちも置かず、ひき返しひき返し見居(ゐ)給へり」〈源氏・宿木〉訳(薫(かをる)は)趣も感じられないお手紙を、手から離しもしないで、繰り返し繰り返し御覧になっていらっしゃる。

をか・す【犯す・侵す】 オカス〔他サ四〕{さ・し・す・す・せ・せ}❶法律や道徳などを破る。禁じられた事をする。例「八百万(やほよろづ)神もあはれと思ふらむ―・せる罪のそれとなければ」〈源氏・須磨〉訳八百万(やほよろづ)の神々も私をあわれと思っておられることだろう。犯した罪はこれといってないのだから。
❷他人の物や土地・権利などを不当に奪い取る。侵略する。例「異国(ことくに)の人の、いかでかこの国の土(つち)をば―・すべき」〈大和・一四七〉訳他国の者が、どうしてこの国の土地を(屍(しかばね)で)侵略してよいものか。注和泉(イズミノ)国ノ男ノ死体ヲ摂津(セッツノ)国ニ埋メルコトニ反対スル言葉。
❸(心や体を)害する。そこなう。また、女性に暴行する。例「病(やま)ひに―・されぬれば、その愁(うれ)へ忍びがたし」〈徒然草・一二三〉訳病気で健康がそこなわれると、その苦しみは耐えがたいものだ。

をか-び【岡辺】 オカ:〔名〕⇩をかべ

をか-べ【岡辺】 オカ:〔名〕《上代は「をかへ」》岡のあたり。岡のほとり。「をかび」とも。例「梅の花咲ける━━に家居(を)ればともしくもあらず鶯(うぐひす)の声」〈万葉・一〇・一八二〇〉訳梅の花の咲いている岡のほとりに住んでいるので、よく聞こえてくるよ、ウグイスの声は。

をが・む【拝む】(オガム)〔他マ四〕(ま・み・む・む・め・め)❶身体を折りかがめて礼をする。おじぎする。ぬかずく。例「そなたに向きて━━み聞こえて」〈源氏・澪標〉訳そっちを向いておじぎをし申し上げて。❷手を合わせて神仏を拝む。礼拝する。例「院の御墓━━み奉り給ふとて」〈源氏・須磨〉訳桐壺(きりつぼ)院のお墓を拝み申し上げなさるというので。❸貴人にお目にかかって拝礼する。拝謁(はいえつ)する。拝顔する。例「━━み奉らむとて小野にまうでたるに」〈伊勢・八三〉訳(男は、惟喬(これたか)親王に)拝謁申し上げようと思って小野におたずねしたところ。

をぎ【荻】(オギ)〔名〕草の名。水辺や湿地に生え、ススキに似て、それより大きい。秋風に吹かれて葉がすれあう音を和歌や俳句に詠む。例「秋来(き)ぬと松吹く風も知らせけりかならず━━の上葉(うはば)ならねど」〈新古今・秋上・二八六〉訳すでに秋になったと松の枝を吹く風(の音)も知らせてくれた、必ずしもオギの上の方の葉ではないけれども。

をき-びと【招き人】(オキ)〔名〕「物の怪(もののけ)」を招きよせる「験者(げんざ)」。

を・く【招く】(クオ)〔他カ四〕(か・き・く・く・け・け)招く。呼び寄せる。例「月立ちし日より━━きつつうち偲(しの)ひ待てど来鳴かぬほととぎすかも」〈万葉・一九・四一九六〉訳四月になったその日から何回となく呼んで、恋い慕って待っているのだが、来て鳴かないホトトギスであるよ。

を-ぐし【小櫛】(オ)〔名〕(「を」は接頭語)くし。例「君なくはなぞ身装(よそ)はむ櫛笥(くしげ)なる黄楊(つげ)の━━も取らむとも思はず」〈万葉・九・一七七七〉訳あなたがおいでなくてはどうして我が身を飾りましょう。くし箱にあるつげのくしも手に取ろうという気になれません。

を-ぐら・し【小暗し】(オ)〔形ク〕(「を」は接頭語。少しの意)うす暗い。ほの暗い。例「山の方(かた)━━う、何のあやめも見えぬに」〈源氏・宿木〉訳(庭の)築山の方はうす暗くて、何の見分けもつかないのに。

小倉百人一首(をぐらひやくにんいつしゆ)(オグラ…)【書名】鎌倉初期の歌集。成立年代未詳。藤原定家が、奥嵯峨(おくさが)(=京都市右京区)の小倉山荘で撰(せん)したと言い伝えられるが、疑わしい。天智天皇から順徳天皇に至る五百数十年間の代表的歌人百人の歌を、一人一首ずつ選んだもの。後世、作歌の手引きとされ、また「歌かるた」として民間に広まった。

小倉山(をぐらやま)(オグラ)【山名】(「をぐらのやま」とも)❶京都市右京区嵯峨(さが)にある山。保津川を隔てて嵐山と対し、景勝の地として有名で、平安時代以来貴族の山荘や寺院が多く営まれた。藤原定家が『百人一首』を選んで書いたともいう小倉色紙が成った地でもある。古来紅葉の名所として知られ、和歌では紅葉・鹿(しか)を景物として多く詠まれた。また、「小倉」に「小暗(をぐら)し」の意をかけることもあった。歌枕。例「━━峰の紅葉(もみぢば)心あらば今ひとたびの行幸(みゆき)待たなむ」〈拾遺・雑秋〉訳小倉山の峰の紅葉よ、もしお前に心があるならば、もう一度天皇もおでましになるまで、どうか散らないで待っていてほしいものだ。注『百人一首』所収。宇多上皇ガ行幸サレテ、アマリノ美シサニ、ゼヒ醍醐(ダイゴ)天皇ニモト仰セニナッタノデ、藤原忠平(=貞信公)ガ詠ンダ歌。❷奈良県桜井市付近の山。倉橋山・忍坂(おさか)山などとする説があるが不明。「小椋山」とも書く。

小倉山

をこ【痴・烏滸・尾籠】(オコ)〔名・形動ナリ〕愚かであること。また、その様子。後には、転じて、不届きなことをもいう。「うこ」とも。例「いとど━━に、かたくなしき入道の心ばへもあらはれぬべかめり」〈源氏・明石〉訳(事実と違って書いてあるので)たいそうばかげたふうで、頑固な(明石の)入道の性質もきっとむき出しになっていることだろう。参考中世、漢字表記の「尾籠」を音読して「びろう」。

をこ-がま・し【痴がまし】(オコ)〔形シク〕(「がまし」は接尾語)愚かで見苦しい。例「世俗の虚言(そらごと)をねんごろに信じたるも━━しく」〈徒然草・七三〉訳世間の作り話を心から信じているのも愚かで見苦しくて。

をこと-てん【乎古止点】(オコト)〔名〕漢文を訓読する際に、活用語尾や助詞・助動詞を示すために、漢字の四隅や中央などに付ける、点や線・勾(かぎ)などの符号。平安初期に始まり、その付け方にはいくつかの種類があったが、博士家点(はかせけてん)の右肩の点がヲ・コトと並ぶことから、この名がある。

をこ-め・く【痴めく】(オコ)〔自カ四〕(か・き・く・く・け・け)(「めく」は接尾語)愚かしいさまをする。愚かに見える。ふざける。例「昔物語などに、ことさらに━━きて作り出でたる」〈源氏・総角〉訳昔物語などの中に、わざと愚かに見えるように描き出した(人物の)。

をご-め・く【蠢く】(オゴメク)〔自カ四〕(か・き・く・く・け・け)わずかに動く。ぴくつく。うごめく。例「鼻のほど━━きて言ふは、その人の虚言にはあらず」〈徒然草・七三〉訳鼻のあたりがぴくついて話すのは(=得意ゲニ話スノハ)、その人の嘘(うそ)ではない。参考仮名遣いは「をごめく」か「おごめく」か不明。

をさ【長】(オサ)〔名〕一群の人々を統率する人。かしら。長(ちょう)。例「船の━━しける翁(おきな)月日ごろの苦しき心やりに詠める」〈土佐・一月十八日〉訳船旅の一行の長をしていた老人がこの頃の(船出できない)苦しさの気晴らしに詠んだ(歌は)。

をさな【幼】(オサナ)〔形容詞「幼し」の語幹〕(多く感動詞や感動の終助詞を伴って)「なんと子どもっぽいことよ」という意を表す。例「いで、あな、━━や。言ふかひなう物し給ふかな」〈源氏・若紫〉訳なんと、まあ、子供っぽいことよ。聞きわけのない状態でいらっしゃいますねえ。

をさな-げ【幼げ】(オサナ)〔形動ナリ〕(「げ」は接尾語)幼いと感じられる様子。いかにも子供っぽい。例「声は━━にて文(ふみ)読みたる、いとうつくし」〈枕草子・うつくしきもの〉訳(八、九、十歳ぐらいの男の子が)声も子供っぽいようすで漢籍を朗読しているのは、大変かわいらしい。

をさな-ごこち【幼心地】(オサナ)〔名〕子供の心。幼稚な心。「をさなごころ」とも。例「━━に思ふことなきにしもあらねば」〈源氏・少女〉訳(夕霧は)子供心にも(幼なじみの雲居雁(くもいのかり)を)恋しいと思うことがよくあるので。

をさな・し【幼し】 オサナシ〔形ク〕《「長(をさ)無し」の意》❶年少である。例「いと―・ければ、籠(こ)に入れて養ふ」〈竹取・かぐや姫の生ひ立ち〉訳(かぐや姫が)大変幼いので、かごに入れて育てる。❷(姿などが)子供っぽい。また、(考えが)幼稚である。例「女児(をんなご)のためには、親―・くなりぬべし」〈土佐・二月四日〉訳(亡き)娘を思うせいで、親の心は幼稚になってしまうに違いない。

をさま・る オサマル〔自ラ四〕{ら・り・る・る・れ・れ}《「をさむ」の自動詞形》**㊀【収まる・納まる】**❶適当な場所に入って落ち着く。きちんと中に入る。また、物事がかたづく。決着がつく。❷薄らぐ。消える。例「月は有明けにて、光―・れるものから、影さやかに見えて」〈源氏・帚木〉訳月は明け方の月で、光は薄らいでいるものの、その形ははっきり見えて。**㊁【治まる・修まる】**❶騒ぎ・動きなどが静まる。落ち着く。例「世めでたく―・って、民の煩(わづら)ひもなかりしが」〈平家・五・富士川〉訳世の中もめでたく平穏で、人民の苦しみもなかったのだが。❷心・態度などが落ち着く。おだやかになる。やすらかになる。

をさ・む オサム〔他マ下二〕{め・め・む・むる・むれ・めよ}**㊀【収む・納む】**❶適当な場所にきちんと入れる。しまう。取り入れる。例「奉る物ども、はかばかしきさまのは……御蔵(みくら)に―・めさせ給ふ」〈源氏・鈴虫〉訳献上する物では、価値のある物は……お蔵に納めさせなさる。❷死者を埋葬する。ほうむる。例「限りあれば、例の作法に―・め奉るを」〈源氏・桐壺〉訳(別れを惜しむのにも)限界があるから、決まったやり方で(桐壺更衣(きりつぼのこうい)の遺体を)埋葬し申し上げるのだが。❸終わらせる。しおさめる。**㊁【治む・修む】**❶安定した状態にする。整える。特に、世の中を統治する。例「今の世には、これをもちて世を―・むること、やうやく愚かなるに似たり」〈徒然草・一二二〉訳今の世では、これ(=文学ヤ音楽)で世の中を統治するとは、しだいに愚劣なことと考えられるようになった。

❷落ち着かせる。また、性行や態度をよくする。例「心もえ―・めず、乱りがはしく騒ぎ侍(はべ)りけるに」〈源氏・若菜・下〉訳(紫の上の危篤(きとく)に)心を落ち着かせることもできず、あわてふためいて大騒ぎしておりましたので。

をさ-め【長女】 オサメ〔名〕宮中で雑用に従事する下級の女官。また、その長の老女。例「これがうしろめたければ、おほやけ人、すまし・―などして絶えずいましめにやる」〈枕草子・職の御曹司におはします頃、西の廂にて〉訳この(雪の山の)ことが気がかりなので、宮仕えの女官、すまし(=下級女官)、長女などを使って絶えず見張りに行かせる。

をさめ-どの【納め殿】 オサメドノ〔名〕❶衣服や道具などの貴重品をしまっておく所。例「この家にあけ使はぬ―五つあなり」〈宇津保・国譲・上〉訳この家には開けて(中の貴重品を)まだ使っていない納め殿が五か所あるようだ。❷宮中で、歴代の宝物や、衣服・道具類などをしまっておく所。宜陽殿(ぎようでん)の中にあった。例「蔵人所(くらうどどころ)・―の唐物(からもの)ども多く奉らせ給へり」〈源氏・若菜・上〉訳(冷泉(れいぜい)帝は)蔵人所や納め殿に保管されている中国産の舶来品をたくさん(朱雀(すざく)院に)献上なさった。

をさ-をさ オサオサ〔副〕

> 「をさをさ」は必ず下に打消しの表現を伴う。意味としては、①の**めったに、ほとんど、ろくに、**が中心。

❶(下に打消しの表現を伴って)**めったに。ほとんど。ろくに。**例「言少(ことずく)なに言ひて、―あへしらはず」〈源氏・若紫〉訳言葉少なに言って、ろくに相手にもせずに。❷確かに。しっかり。きちんと。例「よろづの人の『婿(むこ)になり給へ』と―聞こえ給へども、さもものし給はず」〈宇津保・藤原の君〉訳多くの人が「婿入りなさいませ」と面と向かってはっきり申し上げなさるが、そうしようともなさらない。

をさ-をさ・し【長長し】 オサオサシ〔形シク〕《「をさ」を重ねて形容詞化した形》おとなびている。しっかりしている。例「若ければ、文も―・しからず、言葉も言ひ知らず」〈伊勢・一〇七〉訳(その女は)若いので、手紙の書き方もしっかりしていないし、言葉の遣い方も知らないで。

をし【鴛鴦】 オシ〔名〕⇩をしどり 例「水鳥、―いとあはれなり」〈枕草子・鳥は〉訳水鳥では、オシドリがたいそう趣深い。

を・し オシ〔形シク〕**㊀【愛し】愛らしい。いとしい。かわいい。**例「人も―・し人も恨めしあぢきなく世を思ふ故(ゆゑ)にもの思ふ身は」〈続後撰・雑中〉訳(ある時には)人をいとしく思い、(またある時には)人を恨めしく思う。この世の中をおもしろくないと思うゆえに、あれこれと物思いをする私は。注『百人一首』所収、後鳥羽上皇ノ作。「世」ヲ男女ノ仲ト見テモ解セル。**㊁【惜し】心ひかれて手離しにくい。**捨てにくい。また、なごり惜しい。例「君がため―・からざりし命さへ長くもがなと思ひけるかな」〈後拾遺・恋二〉訳あなたに会えるなら惜しくないと思っていた私の命も、(思いの遂げられた今は、この喜びがいつまでも続くように)長らえてほしいと思うようになったことよ。注女性ノ家ニ泊マリ、ソノ翌朝帰ッテカラソノ女性ニ与エタ、後朝(キヌギヌ)ノ歌。『百人一首』所収、藤原義孝(ヨシタカ)ノ作。

をし-かは【韋】 オシカワ〔名〕なめし皮。

をし-き【折敷】 オシキ〔名〕《「をりしき」の変化した形》杉・ヒノキなどの薄い板で作った角盆(かくぼん)。食物などをのせ、また、神に物を供えるのに用いる。種々の香木(こうぼく)で作ることもある。例「田植うとて、女の新しき―のやうなるものを笠に着て」〈枕草子・賀茂へ参る道に〉訳田植えをするというので、女達が新しい折敷のようなものを笠としてかぶって。

をし-げ【惜しげ】 オシゲ〔名・形動ナリ〕《「げ」は接尾語》残念で、もったいないこと。また、その様子。例「さま変へ給はむこと―・なり」〈源氏・桐壺〉訳(元服前の光源氏の美しさは、元服して)姿をお変えになることが惜しいほどの様子である。

をしけ-く【惜しけく】 オシケク《連語》《上代語。形容詞「をし」の古い未然形「をしけ」+準体助詞「く」》惜しいこと。例「大船の思ひ頼める君ゆゑに尽くす心は―もなし」〈万葉・一三・三二五一〉訳頼みに思っているあなたゆえに、あれこれと心を尽くすのは、何の惜しいことでもありません。注「大船の」ハ「頼む」ノ枕詞。

をしけ・し【惜しけし】 オシケシ〔形ク〕⇩をし㊁ 例「紫の

故に心を占めたれば淵に身投げむ名やは——・き」〈源氏・胡蝶〉訳私は紫草の縁につながる姫君のために心を奪われているから、淵に身投げをしたという悪いうわさが立っても惜しくはない。

をし-どり【鴛鴦】(オシ)〔名〕(「をし」とも)水鳥の名。雌雄(しゆう)がいつも一緒にいるので、夫婦の仲がよいのにたとえられる。例「妹(いも)に恋ひ寝(い)ねぬ朝明(あけ)に——のここゆ渡るは妹が使ひか」〈万葉・一一・二四九一〉訳あの娘のことが恋しくて(一晩中)寝られなかった夜明けに、オシドリがここを通って渡っていくのはあの娘の使いなのだろうか。

をし・ふ【教ふ】(オシウ)〔他ハ下二〕{へ・へ・ふ・ふる・ふれ・へよ}教える。告げ知らせる。さとす。例「朝廷(おほやけ)に仕うまつるべき道々しきことを——・へて」〈源氏・帚木〉訳(博士の家の娘は)朝廷にお仕えするのに必要な理屈ばったことを教えてくれて。

をし・む(オシム)

一【愛しむ】〔他マ四〕{ま・み・む・む・め・め}(形容詞「をし」の動詞化)深く愛する。大切に思う。いつくしむ。例「——・むらむ人の心を知らぬまに秋の時雨と身ぞふりにける」〈古今・離別・三九八〉訳(私を)大切に思ってくれるというあなた(=貫之)の気持ちを知らないうちに、(この)秋の時雨となって私の身は年老いてしまいました。注雨中ノ萩(ハギ)ヲ「をし」ト詠ンダ紀貫之ヘノ兼覧王(カネミノオオキミ)ノ返歌。「ふり」ニハ、「降り」ト「古(ふ)り」トガ掛ケテアル。

二【惜しむ】❶捨てがたく思う。惜しく感じる。また、物惜しみする。例「声も——・まず泣き給ふこと限りなし」〈源氏・夕顔〉訳(夕顔に死なれた光源氏が)声も惜しまずお泣きになることはこの上ないほどである。❷心残りに思う。残念に思う。例「春雨の降るは涙か桜花散るを——・まぬ人しなければ」〈古今・春下・八八〉訳春雨が降っているのは人の涙なのだろうか。桜の花が散るのを残念に思わない人などいないのだから。

を-す【小簾】(オス)〔名〕(「を」は接頭語)すだれ。

を・す【食す】(オス)〔他サ四〕{さ・し・す・す・せ・せ}(上代語)❶「治む」の尊敬語。お治めになる。統治なさる。例「天皇(すめろき)の——・す国なれば」〈万葉・一七・四〇〇六長歌〉訳(この日本は)天皇のお治めになる国だから。❷「食ふ」「飲む」「着る」などの尊敬語。召し上がる。お召しになる。例「献(まつ)り来(こ)し御酒(みき)ぞ残(あ)さず——・せささ」〈古事記・中・仲哀〉訳献上して来たお酒である。残さず召し上がれ、さあさあ。

を-すくに【食す国】(オスクニ)〔連語〕(上代語)天皇がお治めになる国。例「大君の命(みこと)畏(かしこ)み——の事執(と)り持ちて」〈万葉・一七・四〇〇八長歌〉訳天皇のご命令を謹んでお受けし、お国のことを執り行って。

を-だ【小田】(オダ)〔名〕(「を」は接頭語)田。例「外面(そとも)の——も水越えて、鴫(しぎ)立つひまも見え分かず」〈平家・灌頂・大原御幸〉訳(垣根の)外の田には水があふれていて、シギが降り立つすき間も見わけられない。

を-だまき【苧環】(オダマキ)〔名〕❶(「を」は麻糸。「たまき」は丸い玉の意)つむいだ麻糸を、中が空(から)になるように丸く巻いたもの。例「いにしへの倭文(しづ)の——繰り返し昔を今になすよしもがな」〈伊勢・三二〉訳古代の倭文布を織る時、「おだまき」の糸をたぐるが、もう一度もとへたぐり戻してあなたと仲のよかった昔を今にとり戻す方法があったらなあ。注第二句マデハ序詞。「倭文」ハ、古代ノ織物ノ一種。コノ歌ハ、静御前(シズカゴゼン)(=源義経ノ愛人)ガ、初句ヲ「しづやしづ」ト詠ミカエテ、源頼朝(ミナモトノヨリトモ)ノ前デ歌ッタコトデ知ラレル。❷枝や葉のない枯れ木。一説に、杉の木を①の形に見立てていったものともいう。例「谷深く立つ——は我なれや思ふ心の朽(く)ちてやみぬる」〈狭衣・三〉訳谷が深く、そこに立つ枯れ木はこの私なのだろうか、(あの娘を)恋しく思う心は、実現することもなく腐り枯れるように終わってしまった。

をち【遠・彼方】(オチ)〔名〕❶(空間的に)遠く離れている所。遠方。また、何かを基準にして、その向こう。対こち①例「はるかにも思ひやるかな知らざりし浦より——に浦づたひして」〈源氏・明石〉訳はるかにあなた(=紫ノ上)を思いやっております。見も知らぬ所であった須磨(すま)の浦からなお遠い明石に浦伝いに移って来て。❷(時間的に)離れた時点。ⓐそれより以前。昔。ⓑそれより以後。将来。例「このころは恋ひつつもあらむ玉くしげ明けて——よりすべなかるべし」〈万葉・一五・三七二六〉訳現在は(あなたを)恋い慕いつつもこうしてい(られ)ましょうが、夜が明けてのちは、(あなたとお別れして、私は)どうしようもなくなるでしょう。

を-ぢ(オジ)〔名〕一【小父】老いた男。翁(おきな)。例「あしひきの山田守(も)る——が置く蚊火(かひ)の下焦(したこ)がれのみわが恋ひ居(を)らく」〈万葉・一一・二六四九〉訳山の田の番をしている老人が置いている蚊遣(かや)り火(=蚊ヲ追ウタメニケムラセル火)が下の方でくすぶっているように、私は心の底で恋の炎を燃やしていることだ。二【伯父・叔父】父・母の兄弟。または、父・母の姉妹の夫。現代語に同じ。参考「おぢ」は祖父の意で、これとは別語。

をち-かた【遠方・彼方】(オチカタ)〔名〕遠く離れた方向。遠方(えんぽう)。例「こもりくの泊瀬(はつせ)の川の——に妹(いも)らは立たしこの方に我は立ちて」〈万葉・一三・三二九九長歌或本歌〉訳初瀬川の遠い向こうの方にあの娘は立っていて、(川の)こちらの方に私は立っていて。

をちかた-びと【遠方人】(オチカタビト)〔名〕遠くにいる人。向こうの方にいる人。例「うち渡す——に物申す我そのそこに白く咲けるは何の花ぞも」〈古今・雑体・一〇〇七〉訳ずっと離れた向こうのお方に私は物をお尋ねします。その、そこに白く咲いている花は何の花ですか。注五七七、五七七ノ形デ、旋頭歌(セドウカ)。

をち-かへ・る【復ち返る】(オチカエル)〔自ラ四〕{ら・り・る・る・れ・れ}❶元に戻る。はじめに返る。繰り返す。例「誰(たれ)に見せ誰に聞かせむ山里のこの暁も——・る音(ね)も」〈更級・東山なる所〉訳いったい誰に見せ、誰に聞かせようか。(京の街とは違う)山里のこの暁も、繰り返し(鳴くホトトギス)の声も(私が一人占めするのは、本当にもったいない)。❷若返る。よみがえる。例「露霜(つゆしも)の消(け)やすき我(あ)が身老いぬともまた——・り君をし待たむ」〈万葉・一二・三〇四三〉訳消えやすいこの私の身は年老いたとしても、また若返ってあの人(の訪問)を待とう。

をち-こち【遠近・彼方此方】(オチコチ)〔名〕❶遠い所と近い所。あちらとこちら。例「——の磯(いそ)の中なる白玉を人に知らえず見むよしもがも」〈万葉・七・一三〇〇〉訳あちらこちらの磯の中にある真珠(=美シイ女ヲタトエル)を、人に知られないで見る方法があってほしいものだ。❷未来と現在。例「真玉(また)つく——かねて言(こと)はいへど逢(あ)ひて後こそ悔いにはありと言へ」〈万葉・四・六七四〉訳現在も将来も(ずっと愛し続ける)と言葉ではおっしゃいますが、逢って後に後悔するものだと、(世間の人は)いうのですもの。注「真玉つく」ハ、緒ト同音ヲ持ツ「をち」ノ枕詞。

をちこち-びと【遠近人】 オチコチ 〔名〕遠くの人や近くの人。あちらこちらにいる人。例「信濃(しなの)なる浅間の嶽(たけ)に立つ煙―の見やはとがめぬ」〈伊勢・八〉訳 信濃(しなの)の国(=長野県)にある浅間山に立ちのぼっている噴煙を、あちらこちらの旅人達は見とがめないだろうか(いや、誰でも怪しみ見るに違いないだろう)。

をぢ-な・し【怯し】 オジ 〔形ク〕《動詞「をづ」から派生した形》❶おくびょうである。いくじがない。例「―・き言(こと)する舟人にもあるかな」〈竹取・竜の首の玉〉訳 いくじのないことを言う舟人であるなあ。❷劣っている。下手である。

を・つ【復つ】 オツ 〔自タ上二〕{ち・ち・つ・つる・つれ・ちよ}元にもどる。復活する。若返る。例「我が盛りいたくくたちぬ雲に飛ぶ薬食(は)むともまた―・ちめやも」〈万葉・五・八四七〉訳 私の盛りはすっかり過ぎた。飲めば雲に乗り空を飛べるという薬を飲んだとしても、また若返ることがあるだろうかなあ。

をとこ【男】 オトコ 〔名〕❶若い盛りの男性。成人期を迎えた男。対をとめ① 例「十九にて―になして、鎌田三郎正近とぞ申しける」〈義経記・一〉訳 十九歳で一人前の男子にして(=元服サセテ)、鎌田三郎正近と名乗った。❷一般的に、男性。男の人。例「―もすなる日記(にき)といふものを、女もしてみむとてするなり」〈土佐・十二月二十一日〉訳 男の人が書くという日記というものを、女(である私)も書いてみようと思って書くのである。❸女の相手としての男。夫。情夫。例「乳母(めのと)なる人は、―などもなくなして」〈更級・太井川〉訳 (私の)乳母である人は、夫なども失って。❹召使いの男。従者。下男。例「いみじう忍びやつしたれど、清げなる―どもなどあり」〈源氏・玉鬘〉訳 たいそう人目を忍んで姿を粗末につくっているが、さっぱりした感じの従者などの姿が見える。❺僧でない、在俗の男。例「そのやすら殿は―か法師か」〈徒然草・九〇〉訳 その(会って来た)やすら(=人名)殿は俗人か(それとも)僧侶か。

要点 「をとこ」と「をのこ」　「をとこ」は「をとめ」に対する語として、若い生命力にあふれる青年を表したが、後に一般化して、男性を表し、「をんな」に対して広く用いられるようになる。類義語「をのこ」が、平安時代以降、対象をやや卑しめていう語感を伴うのに対し、「をとこ」にはそれがない。

をとこ-あるじ【男主】 オトコ 〔名〕一家の男主人。「をとこしゅう」とも。例「―はなくて、妻ばかりありけるが」〈宇治拾遺・三・二〉訳 (その家の)男主人は不在で、妻だけがいたが。

をとこ-ぎみ【男君】 オトコ 〔名〕対をんなぎみ ❶貴族の男性、あるいは、子息に対する敬称。例「―ならましかば、かうしも御心にかけ給ふまじきを」〈源氏・澪標〉訳 (明石の姫君が)もし男のお子様だったら、(光源氏は)こうまでお心におかけにならなかっただろうに。❷夫・婿(むこ)に対する敬称。例「―はとく起き給ひて、女君はさらに起き給はぬ朝(あした)あり」〈源氏・葵〉訳 婿君は早くご起床になって、姫君は全く起きていらっしゃらない朝がある。

をとこ-ぐるま【男車】 オトコ 〔名〕男が乗っている牛車(ぎっしゃ)。例「物のさまなどもおぼめかしきに、―の先追ふは、いふべきにもあらず」〈枕草子・いみじう暑きころ〉訳 (夕涼みの時分)あたりの様子などもはっきりしない夕暮れに、男性が乗った牛車が先払いをして走らせて行くのは、言うまでもなく(涼しい感じで)。

をとこ-しゅう【男主】 オトコ 〔名〕《「しゅう」は「しゅ」の変化した形》⇒をとこあるじ 例「おほかた、人の家の―ならでは、高くはなひたる、いとにくし」〈枕草子・にくきもの〉訳 大体に、一家の男主人以外の者が、大きな音を立ててくしゃみをしたのは、とてもにくらしい。

をとこ-で【男手】 オトコ 〔名〕《「手」は筆跡。男性がもっぱら用いたところから》漢字。特に、その楷書(かいしょ)体。まな(真名)。「男文字」とも。例「その次に―、放ち書きに書きて」〈宇津保・国譲・上〉訳 その次に漢字を、一字一字離して書いて。対をんなで

をとこ-まひ【男舞】 オトコマイ 〔名〕❶女が男装して演ずる舞。中世、白拍子(しらびょうし)が始めたといわれる。例「初めは、水干(すいかん)に立烏帽子(たてえぼし)、白鞘(しろざや)巻きを差いて舞ひければ、―とぞ申しける」〈平家・一・祇王〉訳 (白拍子は)最初の頃は、水干(=男子ノ普段着)を着て立烏帽子をかぶり、白鞘巻き(=銀ノ金具デ柄(ツカ)ヤ鞘ヲ飾ッタ短刀)を差して(男装して)舞ったので、男舞と言った。❷能楽で、面を付けずに武士や山伏などの姿で舞う、男の舞。テンポが早く、力強い感じのもの。「安宅(あたか)」「小督(こごう)」などに見られる。

をとこ-みこ【男御子・男皇子】 オトコ 〔名〕男の御子。皇子。親王。「をのこみこ」とも。例「二月(きさらぎ)の十余日のほどに、―生まれ給ひぬれば」〈源氏・紅葉賀〉訳 二月十日過ぎ頃に、皇子がお生まれになったので。

をとこ-もじ【男文字】 オトコ 〔名〕「をとこで」に同じ。例「言(こと)の心を―に様を書き出(い)だして」〈土佐・一月二十日〉訳 (阿倍仲麻呂(あべのなかまろ)の詠んだ)和歌の意味を漢字で趣旨を書き表して。

男山(をとこやま) オトコ 〔山名〕京都府八幡(やわた)市にある山。淀川(よどがわ)を隔てて天王山と相対している。山頂に石清水八幡宮(いわしみずはちまんぐう)がある。平安初期に宇佐八幡宮の神体を迎えて祭ったもので、「男山八幡宮」とも、また単に「男山」ともいう。

をどし【縅・威】 オドシ 〔名〕《動詞「をどす」の連用形の名詞化》鎧(よろい)の札(さね)(=鉄・革製ノ小サナ板)を糸や革でつづること。また、そのつづったもの。材料によって、糸縅・革縅・綾縅(あやおどし)など、色合いによって、緋(ひ)縅・黒革縅・卯花(うのはな)縅などに分かれ、つづり方によって、荒目(あらめ)・毛引・敷き目など、細かな区別がある。

をと-つ-ひ【一昨日】 オトトイ 〔名〕《「をと(遠)つひ(日)」の意》きのうの前の日。おととい。例「―も昨日も今日も見つれども明日さへ見まくほしき君かも」〈万葉・六・一〇一四〉訳 一昨日も昨日も今日も(続けて)お逢いしましたけれど、明日もぜひお逢いしたいと思うあなたですねえ。

をと-め【少女・乙女】 オトメ 〔名〕❶若い女性。未婚の女。対をとこ① 例「木幡村(こはたのむら)に到(いた)りまし時、うるはしき―そのちまたに遇(あ)ひき」〈古事記・中・応神〉訳 (応神天皇が)木幡村(=京都府宇治市)に到着なさった

時、（一人の）美しい乙女がその道の分かれたところで（天皇と）出会った。

❷五節の舞姫。例「昔御目とまり給ひし――の姿おぼし出づ」〈源氏・少女〉訳以前にお目をとめなさった（ある）舞姫の姿をお思い出しになる。

をとめ-ご【少女子・乙女子】（名）⇒をとめ

をど・る【踊る】（自ラ四）❶飛びはねる。飛び上がる。はね上がる。例「蚤もいとにくし、衣の下に――り歩きてもたぐるやうにする」〈枕草子・にくきもの〉訳蚤もとてもしゃくにさわる、着物の下をはねまわって持ち上げるようにするのが。

❷舞踊をする。おどる。例「金津の地蔵の、――ったを見まいな」〈狂言・金津〉訳金津の地蔵が、踊ったのをご覧なさい。

を-なは【苧縄】（名）麻糸をよって作った縄。

を-の-こ

を-の-こ【男子】（名）❶**男性。男子。**例「世界の――、貴なるも賤しきも、いかで、このかぐや姫を得てしがな、見てしがなと」〈竹取・貴公子たちの求婚〉訳この世の男性は、身分の高い者も低い者も、なんとかして、このかぐや姫を自分のものにしたいものだ、結婚したいものだと。

❷**男の子。**例「すべて――をば、女に笑はれぬやうに生ほし立つべしとぞ」〈徒然草・一〇七〉訳すべて男の子は、女に笑われないように育て上げるのがよいということである。

❸宮中の「殿上の間」に奉仕する男性。**殿上人。**例「――ども召せば、蔵人忠隆・なりなか参りたれば」〈枕草子・上にさぶらふ御猫は〉訳殿上の間に仕えている男達をお呼びになると、蔵人（＝天皇ノオソバニ仕エル役人）の源忠隆となりなかが参上したので。

❹**召使いの男。**下男。例「七つ八つばかりなるをのこごの、声愛敬づきおごりたる声にて、侍ひの――ども呼びつき」〈枕草子・正月に寺にこもりたるは〉訳七、八歳くらいの男の子が、愛くるしくえらぶった声で、お付きの召使いの男達を呼びつけて。

要点「女の子」に対する語。「をとめ」の対義語の「をとこ」には、夫・愛人の意があるが、「をのこ」にはない。平安時代の「をのこ」には③④の用法も多く、対象をやや卑しめていう語感が認められる。

をのこ-ご【男子】（名）❶男の子。例「八つ、九つ、十ばかりなどの――の、声は幼げにて文読みたる、いとうつくし」〈枕草子・うつくしきもの〉訳八・九・十歳ぐらいの男の子が、声も子供っぽい様子で漢籍を朗読しているのは、とてもかわいらしい。

❷男性。男。例「あはれ、高きも卑しきも、女の身ばかり心憂かりけるものはなし。――の身にてさぶらはば」〈平家・三・僧都死去〉訳ああ、身分が高い人でも低い人でも、女の身ほどつらいものはない。（私が）男の身でございましたならば。

をのこ-みこ【男御子・男皇子】（名）⇒をとこみこ 例「世になく清らなる玉の――さへ生まれ給ひぬ」〈源氏・桐壺〉訳（桐壺更衣には）二人といないほど美しい玉のような皇子（＝光源氏）までお生まれになった。

小野小町（人名）平安前期の女流歌人。六歌仙の一人。歌は、紀貫之が「あはれなるやうにて、強からず」〈古今・仮名序〉と評しているように、優雅な中に哀感をたたえた恋の歌が多い。『古今和歌集』以下の勅撰集に多くの歌を残すほか、家集として『小町集』がある。伝記はほとんど明らかでないが、歌才と美貌で世に知られ、種々の伝説を生み、お伽草子、謡曲の一連の小町物、浄瑠璃・歌舞伎など、彼女に取材した作品は数多い。

を-の-へ【峰の上】（名）（「をのうへ」の変化した形）山や岡の高いところ。山頂。例「高砂の――の桜咲きにけり外山のかすみ立たずもあらなむ」〈後拾遺・春上〉訳高い山頂の桜が美しく咲いたことだ。人里に近い方の山のかすみよ、立ちこめないでほしい（人里から見えなくなるといけないから）。注「高砂の」ハ、「峰の上」ノ枕詞。『百人一首』所収、大江匡房ノ作。

を-の-わらは【男の童】（名）男の子。また、召し使われる男の子。例「年九つばかりなる――、年よりは幼くぞある」〈土佐・一月二十二日〉訳年齢が九つぐらいの男の子は、（実際の）年齢よりも幼く見えていた。

を-ば【連語】（格助詞「を」に係助詞「は」が付いた「をは」の「は」が濁音化した形）動作の対象を特に取りたてて強調する意を表す。（特に）…を。例「あばらなる蔵に、女をば奥に押し入れて」〈伊勢・六〉訳（鬼の住みついている所とも知らないで）荒れ果てた蔵に、女を奥の方に押し入れて。

姨捨山（山名）長野県更級郡・東筑摩郡の境にある冠着山の別名。棚田の特殊地形による「田毎の月」で知られ、姨捨て伝説の地でもある。地名の由来ともなった説話が『大和物語』や『今昔物語集』に見られる。歌枕。

を-ばな【尾花】（名）（花の形が尾に似ていることから）ススキの穂。秋の七草の一つ。（季・秋）例「――の物より殊にて手をさし出でて招くが、をかしう見ゆるに」〈源氏・宿木〉訳ススキが他の草より風変わりで手をさし出して人を招くような様子が、趣深く見える上に。

をはり【終はり】（名）（動詞「終はる」の連用形の名詞化）❶物事が終わること。また、終わる時。最後。しまい。

❷特に、一生の終わり。最期。臨終。

尾張（旧国名）東海道十五か国の一つ。現在の愛知県西部。尾州。

をは・る【終はる】（自ラ四）❶終わりになる。終わる。終了する。例「事し――・らば障まはず帰り来ませと」〈万葉・二〇・四三三一長歌〉訳（防人の）お仕事が終わったなら、病気や災害などに遭わずに（無事に）帰って来て下さいと。

❷一生が終わる。死ぬ。往生する。例「その庵の内にてつひに――・り給ひぬ」〈平家・三・僧都死去〉訳（流刑地鬼界が島の）その庵の中で（俊寛僧都は）ついにお亡くなりになった。

をはん-ぬ【畢んぬ・了んぬ】（連語）（「終はりぬ」の変化した形）（動詞や助動詞の連用形に付いて）動作の完了したことを表す。…てしまった。…し終わった。例「通盛卿以下、当家数輩、摂州一の谷にして、すでに誅せられ――」〈平家・一〇・請文〉訳通盛卿以下、当家（＝平家）の数人の者達が、摂津国の一の谷で、すでに殺されてしまいました。

を・ふ【終ふ】（他ハ下二）（「終はる」の他動詞形）終わらせる。終える。し尽くす。きわめ尽くす。例

「命を――ふる期(ご)、たちまちに至る」〈徒然草・一〇八〉訳(わずかな一瞬を漫然と経過させていっては)命を終える時は、たちまちのうちにやって来る。

をーみ【小忌・小斎】ォ〔名〕《「をいみ」の変化した形》大嘗会(だいじょうえ)や新嘗会(しんじょうえ)などの時、宮中の役人が心身を清め、けがれを避けるために「をみごろも」を着て、神事に奉仕すること。

をみーごろも【小忌衣・小斎衣】オミ〔名〕「小忌(をみ)」に奉仕する人が、けがれを避けるために、装束の上に着る衣服。白い麻布に、山藍(やまあい)で草や小鳥などの模様を青摺(あおず)りにし、右肩に赤い紐(ひも)を二本つける。冠には「ひかげのかづら」を下げる。「をみのころも」とも。

をみごろも

をみーな【女】オミ〔名〕《主として、上代に用いられた語》若い女。転じて、女性。例「その妹(いも)に告げ給ひしく、『――先に言へるは良からず』と告げ給ひき」〈古事記・上・伊邪那岐命と伊邪那美命〉訳(伊邪那岐命(いざなぎのみこと)が)その妻(=伊邪那美命(イザナミノミコト))におっしゃったことには、「女が先に(唱え言(ごと)を)言ったのは不吉である」とおっしゃった。

> 要点 古くは美しい女を言い、『万葉集』では「をみなへし」の「をみな」に「美人」「佳人」などの文字を当てている。「をみな」がウ音便・撥音便化して、「をうな」「をんな」となる。なお、「おみな(媼)」及びそれが音便化した「おうな」「おむな」は老婆の意で、別語。

をみなーへし【女郎花】オミナエシ〔名〕❶草の名。秋の七草の一つ。黄色い小さな花を傘状につける。(季・秋) 例「垣ほに植ゑたる撫子(なでしこ)もおもしろく、――・桔梗(ききやう)など咲き始めたるに」〈源氏・手習〉訳 垣根に植えてあるナデシコの花も美しく咲き、オミナエシやキキョウなども咲き始めたところに。

❷《襲(かさね)の色目の名》表は縦糸が青、横糸が黄で、裏は青色。秋に用いる。

> 要点 「をみなへし」の「をみな」は美人の意。「へし」は圧倒する意。美人を圧倒するほどの美しい花の意。中世には『万葉集』では「姫押」と表記した例もある。「をみなめし」とも。

をむな【女】オム〔名〕⇩をんな

をめ・く【喚く・叫く】クオメ〔自カ四〕{か・き・く・く・け・け}大声を出す。叫ぶ。わめく。例「あやふがりて、猿のやうにかいつきて――・くも、をかし」〈枕草子・正月十よ日のほど〉訳(木に登っていた子は)こわがって、猿のようにしがみついてわめくのも、おもしろい。

をやの判別

① 《連語》格助詞「を」+係助詞「や」
例 それをや惜しみ思ふらん ――文中に用いる(疑問)㊀

② 《連語》間投助詞「を」+間投助詞「や」
例 心安くてしもえ置きたらじをや ――文末に用いる(詠嘆)㊁❶
例 いはんや、悪人をや ――「いはんや～をや」の形で、～は言うまでもない㊁❷

をーや《連語》㊀《格助詞「を」+係助詞「や」》(文中に用いて)疑問の意を表す。…を…か。…を…であろうか。例「瘤(こぶ)は福のものなれば、それをや惜しみ思ふらん」〈宇治拾遺・一・三〉訳 瘤は幸福をもたらすものだから、(じいさんは)それを惜しく思っているのではないか。

㊁《間投助詞「を」+間投助詞「や」》❶(文末に用いて)強い感動・詠嘆の意を表す。…だなあ。例「情けなき人なりて行かば、さて心安くてしもえ置きたらじをや」〈源氏・若紫〉訳 思いやりのない人が国司となって赴任したら、そう安心しては(大事な娘を)おいておけないだろうなあ。

❷(多く「いはむ(ん)や…(において)をや」の形で文末に用いて)前に挙げたものよりも、程度の重いものを感動をこめて取り上げて示す。…は言うまでもない。…はなおさらだ。例「善人なほもちて往生(わうじやう)を遂(と)ぐ。いはんや、悪人をや」〈歎異抄・三〉訳(みずから善事をなす)善人でもやはり死んだら極楽に行くことができる。まして、(ひたすら弥陀(みだ)にすがるだけの)悪人の場合はなおさらだ。

をーやまだ【小山田】ォ〔名〕《「を」は接頭語》山あいにある田。山田。例「言出(こと)しは誰(た)が言なるか――の苗代水(なはしろみづ)の中淀(なかよど)にして」〈万葉・四・七七六〉訳 初めに言い出したのは誰の言葉だったでしょうか(いうまでもなくあなたの方ですのに。今は山あいの田の苗代の水のように、途中で止まってしまって(訪ねてくださらないで)。

をーやみ【小止み】ォ〔名〕《動詞「をやむ」の連用形の名詞化》しばらくの間やむこと。短時間とだえること。例「いとかくうち延(は)へ、――なきさまにはおはしまさざりつるを」〈源氏・若菜・上〉訳 今度のように(ご病気が)ひどく長びいて、少しの間もとだえずに続く状態でおられることはなかったが。

をや・む【小止む】ォ〔自マ四〕{ま・み・む・む・め・め}しばらくの間やむ。ちょっととだえる。とぎれる。例「神鳴りやみ、雨少し――・みぬるほどに」〈源氏・賢木〉訳 雷が鳴りやみ、雨がちょっとの間やんでいる時に。

をり【折】リオ〔名〕《時の流れの中で、一つの折り目、節目(ふしめ)となる時点の意》❶何かが起こったり、行われたりしている、その時。その際。その場合。例「春宮(とうぐう)の御元服の――にも、数まされり」〈源氏・桐壺〉訳(光源氏の元服の日の用意は)皇太子のご元服(=成人式)の時に比べても、数がまさっていた。

❷季節。時季。例「すべて――につけつつ、一年(ひととせ)ながらをかし」〈枕草子・頃は〉訳(各月)すべて時季時季に応じて、一年中ずっとおもしろい。

を・り【居り】リオ〔自ラ変〕{ら・り・り・る・れ・れ}㊀❶存在する。いる。例「みづから卑(いや)しき位に――・り、時に会はずして止(や)みぬる、また多し」〈徒然草・三八〉訳 自分から進んで低い地位にいて、時流に乗って栄えることもなく終わってしまった例も、また多い。

❷(「立つ」に対して)座っている。腰をおろしている。例「立てれども――・れどもともに戯(たは)れ」〈万葉・五・九〇四長歌〉訳 立っていても座っていても一緒にたわむれ遊び。

㊁〔補動ラ四〕《動詞の連用形に付いて》❶動作や状態の

継続する意を表す。…ている。…続ける。[例]「天地（あめつち）の初めの時ゆ天の川い向かひ━・りて」〈万葉・一〇・二〇八九長歌〉[訳]（彦星（ひこぼし）と織姫星（おりひめぼし）は）天や地ができた初めの時から天の川を中にして向かい合っていて。[注]「い向かひ」ノ「い」ハ接頭語。

❷（中世以降の用法）他の動作を卑しめののしる意を表す。…やがる。[例]「あのやくたいなし、退（し）（さ）り━・れ」〈狂言・竹生島参り〉[訳]この役立たずめ、消えうせやがれ。

[参考] 「をり」と「あり」 「をり」は「あり」と似た意味・用法を持つが、「あり」が心を持つ生き物も無生物も主語とするのに対して、「をり」は人間などの心を持つものを主語とする。この関係は、現代語の「ある」と「いる」との関係と同じ。

をり-えだ【折り枝】（オリ…）〔名〕折り取った木の枝。また、造花を付けた木の枝。[例]「をかしき━ども、ながき根にむら濃（ご）の組してむすびつけたるなど」〈枕草子・節は五月に〉[訳]形のよい折り枝を、（菖蒲（しょうぶ）の）長い根にむら濃（＝濃淡ノ色染メ）の組みひもで結び（唐衣（からぎぬ）などに）つけているのなど。

をり-えぼし【折り烏帽子】（オリ…）〔名〕上の部分を、折り畳んだ烏帽子の総称。[例]「藍摺（あゐずり）の直垂（ひたたれ）に━着たる男子（をのこ）の」〈平家・一一・重衡被斬〉[訳]藍色の模様を摺りつけた粗末な直垂に折り烏帽子をかぶった男で。

をりえぼし

をり-か・く【折り懸く】（オリ…）**一**〔自カ下二〕{け・け・く・くる・くれ・けよ}（波などが）折り返し寄せる。返しては寄せる。[例]「岩根（いはね）越す清滝川（きよたきがは）の速ければ波━・くる岸の山吹」〈新古今・春下・一六〇〉[訳]岩を越えて流れる清滝川（＝京都市北西ヲ流レル川）の流れが速いので、波が寄せて返す、その岸に咲く山吹よ。

二〔他カ下二〕❶（ある物に）折って掛ける。折り曲げて掛ける。[例]「賤（しづ）の男（を）が篠（しの）━・けて干す衣（ころも）」〈梁塵秘抄・四六九〉[訳]下賤（げせん）の男が篠竹を折って（それに）掛けて干している着物。

❷折ったままにしておく。折り曲げておく。[例]「射向けの袖（そで）に立ちたる矢ども━・け」〈保元・上・六〉[訳]鎧（よろい）の左側の袖に突き立っている矢を折り曲げたままにしておいて。

をり-から【折柄】（オリ…）**一**〔名〕❶その事をひきたてるような時期。[例]「いとさしも聞こえぬ物の音（ね）だに、━こそはまさるものなるを」〈源氏・明石〉[訳]本当にそれほど（すぐれていると）聞かれない楽器の音色（ねいろ）でさえも、時が時だと一段とすぐれて聞こえるものだのに。

❷ちょうどその時。その場合。[例]「━にこそよろづのこともとおぼいて」〈源氏・橋姫〉[訳]（薫（かおる）は）何事も時と場合によるもので（遠慮する必要はない）とお思いになって。[注]「よろづのことも、━にこそ」ヲ倒置シタ形。

二〔副〕ちょうどその時に。折も都合よく。おりしも。[例]「━庭に人のなきことを幸ひに」〈西鶴・好色五人女・三・三〉[訳]ちょうどその時に、庭に誰もいないのをよいことに。

をり-く【折句】（オリ…）〔名〕和歌・俳諧（はいかい）の遊戯的技巧で、五音または三音から成る語句を各句の頭に一文字ずつ分けて詠み込んだもの。「かきつばた」を詠み込んだ「**から衣きつ**つなれにし**つ**ましあれば**は**るばるきぬる**た**びをしぞ思ふ」〈伊勢・九〉が有名である。

[参考] 「沓冠（くつかぶり）折句」というのもある。各句の頭だけでなく末尾の音も利用して、十字一続きの言葉を詠み込むもので、村上天皇の「あふさかも　はてはゆきの　せきもるず　たづねてこばこ　きなばかへさじ」という和歌に、「合はせ薫物（たきもの）少し（ほしい）」の意を隠したのを、広幡（ひろはた）の御息所（みやすどころ）だけが読み取ったという説話は有名。

をり-ごと【折琴】（オリ…）〔名〕折りたたみのできるように作った琴。[例]「いはゆる━・継ぎ琵琶（びは）これなり」〈方丈記・境涯〉[訳]世間でいう折琴と継ぎ琵琶（＝柄ガ取リハズセル琵琶）とがこれである。

をり-しも【折しも】（オリ…）〔副〕（名詞「折」に副助詞「しも」が付いて一語化したもの）ちょうどその時。よりによってその時に。[例]「うち泣きつつのたまふ。━、冠者（くわざ）の君参り給へり」〈源氏・少女〉[訳]（内大臣の母の大宮が内大臣に恨みごとを）泣きながらおっしゃる。よりによってその時に、元服した若君が（そこへ）参上なさった。

[要点] 「をりしも」を強めた「をりしもあれ」の形でも用いる。

をりしり-がほ【折知り顔】（オリシリガオ）〔形動ナリ〕その時節をよく知っているような顔つき。自分が出るのにちょうどよい時節が来たというような様子。[例]「松虫の鳴きからしたる声も━・なるを」〈源氏・賢木〉[訳]鈴虫が鳴き過ぎてかすれさせた声も季節の悲しい風情を知っているようなので。

折焚く柴の記（をりたくしばのき）（オリタク…）〘書名〙江戸中期の新井白石の自伝。一七一六年（享保元）から執筆開始。祖父や両親のことを始め、生い立ち、甲府家から将軍家に仕えるに至った経歴、六代将軍徳川家宣（いえのぶ）の政治的業績などを、風格ある漢字仮名交じり文で記したもので、近世の名文とされている。諸種の記録をも資料としており、当時を知る政治史料としても貴重である。⇩新井白石（あらいはくせき）

をり-びつ【折櫃】（オリ…）〔名〕檜（ひ）の薄板を折り曲げて作った容器。料理や菓子などを入れ、四角・六角・円形など種々の形がある。

をりびつ-もの【折櫃物】（オリビツ…）〔名〕折櫃に入れた食べ物。[例]「その日の御前（おまへ）の━・籠物（こもの）など、右大弁なむ承りて仕（つかうまつ）らせける」〈源氏・桐壺〉[訳]その（光源氏元服の）日の天皇への献上物としての折櫃物や籠（かご）に盛った果物などは、右大弁が（お指図を）お聞きして調整させたのだった。

をり-ふし【折節】（オリ…）**一**〔名〕（「折」「節」ともに時の意）❶何かが行われる、あるいは、何かの状態にある、**その時。その時点。**[例]「しほじみぬる人こそ、物の━は頼もしかりけれ」〈源氏・夕顔〉[訳]経験豊富な人は、何かの事ある時には頼りになるものであったよ。

❷**時季。季節。**[例]「━の移り変はるこそ、物ごとにあはれなれ」〈徒然草・一九〉[訳]季節が移り変わっていくのは、その一つ一つについて趣深く思われる。

二〔副〕❶**ちょうどその時に。**[例]「谷々の氷うちとけて、水は━増さりたり」〈平家・九・宇治川先陣〉[訳]（上流の）谷々の氷もとけて、（宇治川の）水はちょうどその時量が多かった。

❷時々。時たま。例「こなたは御浪人衆(らうにんじゅ)なるが、御奉公済まざるうちは、━━気慰(きなぐさみ)に御入りあるべし」〈西鶴・好色一代女・二・三〉訳こちらはご浪人ですが、奉公先が決まらないうちは、時たま気晴らしに(この寺に)おいでになるでしょう。

をり-をり【折折】オリオリ〔名〕❶(複数の)場合・機会。それぞれの時。ときどき。例「恋しからむ━━、取り出でて見給へ」〈竹取・かぐや姫の昇天〉訳(私を)恋しく思われるような時には、(いつでもこの手紙を)取り出してごらんください。

❷(副詞のように用いて)ある事が複数の機会に行われる様子。いくどか。何回も。ときどき。例「けしきばみたる事など、━━聞こえ試み給へど」〈源氏・葵〉訳(光源氏は)意味ありげな事を、ときどき申し上げてみられるけれど。

❸それぞれの季節。時節時節。例「━━、所につけたる見所(みどころ)ありて、し集めたり」〈源氏・明石〉訳(明石入道の邸宅は)それぞれの季節や、所がらに合わせた見所があるように、あれこれと作り整えられている。

をりをり-に【折折に】オリオリ:〔副〕機会あるごとに事が進む様子。そのたびごとに。しだいしだいに。例「とかく言ふほどに、齢(よはひ)は歳々(としどし)に高く、栖(すみか)は━━狭(せば)し」〈方丈記・方丈〉訳とやかく言っている間に、年齢は毎年高齢になってゆき、住居はだんだん狭くなってくる。

を・る

【折る】ルオ **一**〔自ラ四〕{ら・り・る・る・れ・れ}(波などが)折れくずれる。また、寄せては返す。例「今日(けふ)もかも沖つ玉藻は白波の八重(へ)━━・るが上に乱れてあるらむ」〈万葉・七・一一六八〉訳今日もまた沖の藻は、白波の幾重(いくえ)にも寄せては返す上に乱れていることだろう。

二〔自ラ下二〕{れ・れ・る・るる・れ・れよ}❶折れる。曲がる。折れ曲がる。例「大きなる木の枝などの━━・るる音も、いとうたてあり」〈源氏・野分〉訳(大風で)大きな木の枝などが折れる音も、ひどくうす気味悪い。

❷負ける。屈する。くじける。例「僧正理(ことわり)に━━・れて、言ふことなかりけり」〈古今著聞集・画図〉訳僧正は(相手の言う)道理に屈して、言うことがなかった。

❸和歌で、第三句(=腰ノ句)と第四句との続き具合が悪いのをいう語。腰が折れる。例「腰はなれぬばかり━━・れかかりたる歌を詠(よ)み出で」〈紫式部・赤染衛門批評〉訳腰句が離れてしまうほど第三句と第四句の続き具合が悪くなって下にかかっている歌を詠み出して。

三〔他ラ四〕{ら・り・る・る・れ・れ}❶(物を)折る。折り取る。折り曲げる。例「心当てに━━・らばや━━・らむ初霜の置きまどはせる白菊の花」〈古今・秋下・二七七〉訳あて推量で、もし折るなら折れるだろうか。初霜が置いて(どれがそれか)私をまどわせている白菊の花は。注『百人一首』所収、凡河内躬恒(オオシコウチノミツネ)ノ歌。

❷(「烏帽子(えぼし)」は上部を種々に折り曲げて作ることから)(烏帽子を)作る。

をろ-が・む【拝む】オロ〔自マ四〕{ま・み・む・む・め・め}《上代語》おがむ。礼拝する。例「獣(し)こそはい這(は)ひ━━・め鶉(うづら)こそい這ひもとほれ」〈万葉・三・二三九長歌〉訳(皇子が狩りをする野に)けものならばひざまずいて拝むだろう。鶉ならばはい回るだろう。注「い這ひ」ノ「い」ハ接頭語。

をろ-ち【大蛇】オロ:〔名〕大きなヘビ。大蛇(だいじゃ)。例「その八俣(やまた)の━━、まことに言ひしがごと来(き)つ」〈古事記・上・天照大神と須佐之男命〉訳その八俣の大蛇(=八頭八尾ノ大蛇)が、(老人夫婦が)言ったとおり本当にやって来た。

を-を・し【雄雄し】オオシ〔形シク〕男らしい。男性的である。例「これは、いと健(すく)よかに重々しく━━・しきけはひして」〈源氏・柏木〉訳この人(=夕霧)は、大変きまじめで落ち着きがあり男らしい態度をしていて。

をを・る【撓る】オオル〔自ラ四〕{ら・り・る・る・れ・れ}《上代語》たわむ。花や葉がたくさん付いて、枝がたわみ曲がる。例「春へには花咲き━━・り秋されば霧立ち渡る」〈万葉・六・九二三長歌〉訳春の頃には花が咲いて枝がたわみ曲がり、秋が来ると霧が一面に立つ。

をん-ごく【遠国】オン:〔名〕《「をん」は呉音》都から遠い国。「ゑんごく」とも。例「たとひ重科を蒙(かうぶ)って━━へ行く者も、人一人(ひといちにん)身に添へぬ者やある」〈平家・二・大納言流罪〉訳たとえ重い罪を受けて都から遠い国へ流される者でも、供の者を一人も連れない者はあるはずがない。

をんな

【女】オンナ〔名〕《「をみな」の撥音便形》❶一般に、女性。女の人。例「絵にかきおとりするもの、……物語にめでたしといひたる男・━━のかたち」〈枕草子・絵にかきおとりするもの〉訳絵に描いて実物より劣って見えるもの、……物語の中ですばらしいように書かれている男や女の容貌(ようぼう)。

❷男の相手としての女。妻。愛人。対をとこ③ 例「『かく行かぬをいかに思ふらむ』と思ひ出でて、ありし━━のがり行きたりけり」〈大和・一四九〉訳「このように長く訪れないことをどのように思っているだろうか」と(女のことを)思い出して、前の女(=愛人)のところへ行ったのだった。

> 要点 「をむな」「をうな」という形もある。「め(女)」には、対象となる女性を卑しめていう語感があるが、「をんな」にはそれがない。なお、「おんな」は、「おみな(媼)」の音便形で、老女の意の別語。

をんな-がた【女方】オンナ:〔名〕❶女性の方。女の側(がわ)。例「男方には定むるを、━━に『なほ舟にてを』とあれば」〈蜻蛉・中・天禄二年〉訳男の側では(陸路を行くと)決めたのだが、女の側で「やはり舟で(川を下りましょう)」と言ったので。

❷結婚の相手となる女の家の方。妻の実家の側。例「━━より、……降る雨のごとに言ひ来れど」〈宇津保・忠こそ〉訳その娘の家の方から、……雨のように(しきりに娘を妻にもらってほしいと)言ってくるが。

❸女のいる所。特に、女官の控えている台盤所(だいばんどころ)など。例「男、━━許されたりければ」〈伊勢・六五〉訳男は、(年少なので)女官の詰め所に入るのを許されていたから。

❹(敬意を含んだ複数表現として)女のかたがた。例「いにしへより本意(ほい)深き道にも、たどり薄かるべき━━にだに皆思ひ遅れつつ」〈源氏・若菜・下〉訳昔から深く志していた仏道に入ることに関しても、(それに対する)考えの深くないはずのご婦人達にさえ(私は)決心するのが遅れていて(=先ヲ越サレテ)。注光源氏ノ言葉。朝顔ノ姫君ヤ朧月夜(オボロヅキヨ)トイウ女性達ハ、スデニ出家シテイル。

❺(「女形」とも)歌舞伎(かぶき)で、女役を演ずる男の役者。

をんな-ぎみ【女君】オンナ:〔名〕対をとこぎみ ❶貴人の娘に対する敬称。姫君。「めぎみ」とも。例「ちひさき━━

の、何心もなくて昼寝し給へるところを」〈源氏・蛍〉訳幼い姫君が、無邪気に昼寝していらっしゃるところを。❷貴人の妻、または愛人に対する敬称。例「このことによりてぞ、――はうらめしく思ひ聞こえ給ひける」〈源氏・御法〉訳このこと(＝光源氏ガ紫ノ上ノ出家ノ願イヲ認メナイコト)によって、紫の上は(夫、光源氏を)うらめしくお思い申し上げなさった。

をんな-ぐるま【女車】オンナ(名)女の乗る牛車(ぎっしゃ)。男性用に比して少し小さく作られている。例「異様(ことやう)なる――のさまして、隠(かく)ろへ入り給ふに」〈源氏・総角〉訳風変わりな女の乗る車をよそおって、こっそりとお入りになる時に。

をんな-ご【女子】オンナ(名)女の子。娘。例「走り来たる――、あまた見えつる子どもに似るべうもあらず、いみじく生(お)ひ先見えて美しげなる容貌(かたち)なり」〈源氏・若紫〉訳走ってきた女の子は、たくさん姿が見えていた子供達と段違いで、本当に成人していく将来(の美しさ)が想像されてかわいらしい顔かたちである。注後ノ紫ノ上ガ初メテ登場スル場面。

女殺油地獄(をんなごろしあぶらのぢごく)オンナゴロシアブラノジゴク【書名】江戸中期の浄瑠璃。近松門左衛門作。世話物、三段。一七二一年(享保六)大坂竹本座初演。大坂天満の油屋河内屋の次男与兵衛は遊蕩(ゆうとう)の末、金に困り、同業豊島屋の女房お吉を殺して金を奪うが、悪事露見して捕らえられる。実話に基づき戯曲化された。題名は与兵衛が油屋の店先で起こした女殺しに由来する。

女三の宮(をんなさんのみや)オンナ【人名】『源氏物語』の登場人物。朱雀院(すざくいん)(＝光源氏ノ異母兄)の第三皇女。晩年病を得た朱雀院から光源氏に託され、十五歳くらいで四十歳の光源氏と結婚するが、柏木(かしわぎ)と過ちを犯して罪の子薫(かおる)を出産し、その後尼になってしまう。ひ弱そうで子供っぽい女性である。「にょさんのみや」とも。

をんな-し【女し】オンナシ(形シク)いかにも女性らしい。例「御手にいとよく似て、今少しなまめかしう、――・しきところ書き添へ給へり」〈源氏・賢木〉訳(紫の上の筆跡は光源氏のご筆跡にとてもよく似ていて、もう少し優美で、女らしい点を添えておいでになる。

をんな-で【女手】オンナ(名)(「手」は筆跡の意。女性用の文字の意)平仮名。「女文字」とも。例「おほどかなる――の、うるはしう心とどめて書き給へるは」〈源氏・梅枝〉訳ゆったりとした平仮名で、きちんと注意深くお書きになったものは。対をとこで

をんな-でら【女寺】オンナ(名)❶尼寺。❷(「寺」は、寺子屋の意)女の子の学ぶ寺子屋。女師匠(じょし)の寺子屋。例「いろは歌を作りて読ませ、――へも遣(や)らずして、筆の道を教へ」〈西鶴・日本永代蔵・二・一〉訳(自作の)いろは歌を作って(娘に)読ませ、女の子を教える寺子屋へも通わせずに、(自ら)手習いを教え。注「いろは歌」ハ、「いろは四十八文字」ヲ句頭ニオイテ作ッタ教訓歌。

をんな-どち【女どち】オンナ(名)(「どち」は接尾語)女同士。女仲間。

をんな-はらから【女同胞】オンナ(名)(「はらから」は同じ母から生まれた者の意)女のきょうだい。姉妹。例「いとなまめいたる――住みけり」〈伊勢・一〉訳大層若くて美しい姉妹が住んでいた。

をんな-みこ【女御子・皇女】オンナ(名)天皇の娘。皇女(こうじょ)。内親王。「をんなみや」とも。例「――たち二所(ふたところ)この御腹におはしませど」〈源氏・桐壺〉訳皇女達がお二方このおなかから生まれておいでだが。

をんな-もじ【女文字】オンナ(名)⇒をんなで

をんな-わらは【女童】オンナワラワ(名)女の子。少女。

をんな-ゑ【女絵】オンナエ(名)❶平安時代、男女の風流の世界を描いた絵。物語絵など。一説に、大和絵のことも。例「心ゆくもの、よく書いたる――の、ことばをかしう付けて多かる」〈枕草子・心ゆくもの〉訳心が満足するものは、うまく描いた女絵で、(その絵に)詞書(ことばがき)をおもしろく付けて分量の多いもの。❷江戸時代の、美人画。女の美しい容姿を描いた絵。

をん-りゃう【怨霊】オンリョウ(名)うらんでたたりをする死霊、あるいは、生き霊。

をん-る【遠流】オン(名)(呉音)流罪(るざい)のうちで最も重く、都から遠く離れた土地へ流すもの。遠島(えんとう)。伊豆(いず)(＝静岡県東部)・安房(あわ)(＝千葉県南部)・常陸(ひたち)(＝茨城県)・佐渡(＝新潟県)・隠岐(おき)(＝島根県)・土佐(＝高知県)などが、その地とされていた。例「重科は――に免ず。早く帰洛の思ひをなすべし」〈平家・三・足摺〉訳(お前達の)重い罪は島流しにしたことで許してやる。早速都へ帰る用意をいたせ。注鬼界ガ島ニ流サレタ成経(なりつね)・康頼(やすより)ニ対スル赦免状。俊寛ダケハ許サレナイ。⇒るざい参考

ん

ん《推量の助動詞「む」が平安時代の中頃から撥音化して「ん」と表記されるようになったもの。意味・用法とも「む」に同じ》⇒む(助動)

んすの判別

①助動詞(近世語)――四段・ナ変動詞の未然形に付く(尊敬＋丁寧)
例わしにはなぜに言はんせぬ

②助動詞(近世語)――動詞・助動詞の連用形に付く(丁寧)
例半七が伯母でござんす

んす(助動サ変型)(近世語)㊀(尊敬・丁寧の助動詞「しゃんす」から変化した形)接続 四段・ナ変動詞の未然形に付く。(尊敬と丁寧の意を併せ表す)お…なさいます。…なさいます。例「わしにはなぜに言はんせぬ」〈近松・曾根崎心中・上〉訳(そんな大変な事を)私にはどうしておっしゃらないのですか。㊁(丁寧の助動詞「ます」から変化した形)接続 動詞・助動詞の連用形に付く。(丁寧の意を表す)…ます。例「わたしは大坂者、半七が伯母(をば)でござんす」〈近松・長町女腹切・上〉訳私は大坂の者で、半七の伯母でございます。

んず《推量の助動詞「むず」の「む」が撥音化した形》⇒むず

んずる《推量の助動詞「んず」の連体形》⇒むず

んずれ《推量の助動詞「んず」の已然形》⇒むず

付録 目次

付

動詞活用表

種類	例語	語幹	未然形	連用形	終止形	連体形	已然形	命令形
四段	飽く	あ	か	き	く	く	け	け
	落とす	おと	さ	し	す	す	せ	せ
	思ふ	おも	は	ひ	ふ	ふ	へ	へ
	飛ぶ	と	ば	び	ぶ	ぶ	べ	べ
	足る	た	ら	り	る	る	れ	れ
ナ行変格	死ぬ	し	な	に	ぬ	ぬる	ぬれ	ね
ラ行変格	有り	あ	ら	り	り	る	れ	れ
下一段	蹴る	(け)	け	け	ける	ける	けれ	けよ
上一段	着る	(き)	き	き	きる	きる	きれ	きよ
	見る	(み)	み	み	みる	みる	みれ	みよ
	射る	(い)	い	い	いる	いる	いれ	いよ
	居る	(ゐ)	ゐ	ゐ	ゐる	ゐる	ゐれ	ゐよ
上二段	起く	お	き	き	く	くる	くれ	きよ
	恥づ	は	ぢ	ぢ	づ	づる	づれ	ぢよ
	強ふ	し	ひ	ひ	ふ	ふる	ふれ	ひよ
	恨む	うら	み	み	む	むる	むれ	みよ
	老ゆ	お	い	い	ゆ	ゆる	ゆれ	いよ

活用の種類と所属する語

四　段……カ・ガ・サ・タ・ハ・バ・マ・ラ行。多数。
ナ　変……「死ぬ・往ぬ」の二語だけ。
ラ　変……「有り・居り・侍り・いまそかり」の四語だけ。
下一段……「蹴る」の一語だけ。

上一段……「着る・似る・煮る・干る・簸る・嚔る・見る・射る・沃る・鋳る・居る・率る」の十二語と、それらの複合語(「顧みる・試みる・率ゐる・用ゐる」など)。

上二段……カ・ガ・タ・ダ・ハ・バ・マ・ヤ・ラ行。多数。

下二段……全ての行。多数。
カ　変……「来」一語だけ。命令形は一般に「こ」が、例外的に「こよ」が用いられた。
サ　変……基本的に「為・おはす」の二語だけだが、複合語多数。「信ず・命ず・論ず」のようにザ行になる場合もある。

音便形

連用形は、「て・たり」などに続く時、音便形になることがある。
カ・ガ・サ行四段 → イ音便 (飽きて → 飽いて)
ハ・バ・マ行四段 → ウ音便 (思ひて → 思うて)
タ・ハ・ラ行四段、ラ変 → 促音便 (足りて → 足って)
バ・マ行四段、ナ変 → 撥音便 (飛びて → 飛んで)

口語への変遷

四段、ナ変、ラ変、下一段 → 五段
*四段のうち「飽く・借る・足る」は上一段へ。

付

	下二段					カ行変格	サ行変格	
	得(う)	受く	出(い)づ	経(ふ)	飢う	来(く)	為(す)	信ず
	(う)	う	い	(ふ)	う	(く)	(す)	しん
	え	け	で	へ	ゑ	こ	せ	ぜ
	え	け	で	へ	ゑ	き	し	じ
	う	く	づ	ふ	う	く	す	ず
	うる	くる	づる	ふる	うる	くる	する	ずる
	うれ	くれ	づれ	ふれ	うれ	くれ	すれ	ずれ
	えよ	けよ	でよ	へよ	ゑよ	こ(よ)	せよ	ぜよ

上一段
上二段 } → 上一段
*上二段のうち「恨む」は五段へ。
下二段 → 下一段
カ　変 → カ　変
サ　変 → サ　変
*五段や上一段になったものもある。

活用の種類の見分け方

所属語の少ない「ナ変・ラ変・下一段・上一段・カ変・サ変」は覚えてしまう。後は、打消しの助動詞「ず」を付けてみて（つまり、未然形を作ってみて）、その活用語尾が
ア段の音であれば → 四　段
イ段の音であれば → 上二段
エ段の音であれば → 下二段

動詞の活用には
活用語尾の母音が変わる母音変化式（四段・ラ変）、
母音変化のない語尾に、ル（終止形・連体形）・レ（已然形）・ヨ（命令形）が添加する添加式（上一段・下一段）、
母音変化とル・レ・ヨ添加両方が起こる混合式（上二段・下二段・ナ変・カ変・サ変）がある。
「上一段」「下二段」などの名称は、添加されるル・レ・ヨを除いた活用語尾の母音が、アイウエオのどの段にわたるかで命名されたものである。

	ア	イ	ウ	エ	
四段	-a	-i	-u	-e	アイウエの四段にわたって活用する。
上一段		-i (ru / re / yo)			イ段の一段のみ。
上二段		-i(yo)	-u (ru / re)		イウの二段にわたる。
下一段				ke (ru / re / yo)	エ段の一段のみ。
下二段			-u (ru / re)	-e(yo)	ウエの二段にわたる。

	ア	イ	ウ	エ	オ	
カ変		ki	ku (ru / re)		ko(yo)	唯一オ段にわたる変格活用。
サ変		si	su (ru / re)	se(yo)		イウエ三段にわたる変格活用。
ナ変	na	ni	nu (ru / re)	ne		動詞の中で最も活用語尾の変化が多く、六活用形全て形が違う。
ラ変	ra	ri	ru	re		アイウエの四段にわたるのは四段活用と同じだが、終止形がイ段をとるところが異なる。

形容詞活用表

種類	例語	語幹	未然形	連用形	終止形	連体形	已然形	命令形
ク活用	高し	たか	から	く かり	し	き かる	けれ	かれ
シク活用	優し	やさ	しから	しく しかり	し	しき しかる	しけれ	しかれ

形容動詞活用表

種類	例語	語幹	未然形	連用形	終止形	連体形	已然形	命令形
ナリ活用	静かなり	しづか	なら	なり に	なり	なる	なれ	なれ
タリ活用	堂々たり	だうだう	たら	たり と	たり	たる	たれ	たれ

活用に関する注意

「から・しから」「かり・しかり」「かる・しかる」「かれ・しかれ」はカリ活用と呼ばれ、連用形「く・しく」に動詞「あり」が熟合してできたもので、助動詞が下接する場合に用いられる。

未然形に「く・しく」をあげる活用表もあるが、これは本来「連用形く＋は(係助詞)」を「未然形く＋ば(接続助詞)」と誤ったもので、本表では未然形として認めていない。

上代では、未然形と已然形に「け・しけ」の形もあった。

音便形

連用形「く・しく」──→ウ音便「う・しう」
連体形「き・しき」──→イ音便「い・しい」
連体形「かる・しかる」──→撥(はつ)音便「かん・しかん」

口語への変遷

ク活用・シク活用の区別がなくなり、活用の種類は一種類となった。

活用に関する注意

副詞法・中止法に用いられる連用形「に」「と」以外の活用形は、それぞれに動詞「あり」が熟合してできたものである。
(「静かに」＋「あり」──→「静かなり」。「堂々と」＋「あり」──→「堂々たり」)

音便形

連体形「なる」──→撥(はつ)音便「なん」

口語への変遷

ナリ活用──→ダ・ナ活用
タリ活用──→主として漢文脈で用いられた。和文脈の文章では連用形「──と」が副詞として、連体形「──たる」が連体詞として用いられるほかは用いられず、形容動詞として認められなくなった。

付

主要枕詞一覧

一、ここに並べたのは、枕詞のうちの主なものである。
一、上段が枕詞で、下段がそれを受ける言葉である。
一、配列は、歴史的かなづかいによる五十音順によった。

【あ】

茜さす	日・昼・光・紫・君・照る
朝霜の	消・消ゆ
浅茅生の	野・小野
朝露の	消・消ゆ・命・置く
葦田鶴の	音なく・たづたづし
あしひきの	山・峰・岩根
あぢさはふ	目・夜昼知らず
梓弓	ひく・はる・い・いる・よる・かへる・もと・すゑ
天雲の	たゆたふ・ゆく・わかれ・晴る・遙か・奥・よそ・たどきも知らず
天離る	鄙
天飛ぶや	雁・軽・鳥・領巾
粗金の	土
荒妙の	藤・夜
新玉の	年・月・日・春・来経
青丹よし	奈良・ならふ・国内
鯨取り	海・浜・灘・浜辺
石その上	古る・振る・降る
石走る	滝・垂水・近江・神南備山
うちひさす	宮・都
空蟬の	世・命・人・身
旨酒	三輪・三諸・三室・神
沖つ鳥	鴨・味経・胸見る
沖つ波	しく・きほふ・とをむ・たつ・高し
沖つ藻の	なびく・隠る
押し照るや	難波
大船の	頼む・たゆたふ・ゆくらゆくら・思ひ頼む・ゆた・津・香取・渡り

【か】

陽炎の	春・心燃ゆ・ほのか
神風や	伊勢・五十鈴川・御裳濯川
神風の	伊勢
唐衣	着る・裁つ・反す・裾・袖・紐
草枕	旅・結ぶ・ゆふ・かりそめ・たご・つゆ
葛の葉の	うら・恨み
呉竹の	よ・よる・ふし
隠り口の	泊瀬
隠り沼の	下
衣手の	田上・名木・別く・反へる・真若

【さ】

三枝の	中・みつ
細小蟹の	くも・曇る・いと・い
刺す竹の	君・大宮人・舎人・皇子
さにつらふ	紐・紅葉・妹・君・色・わご大王
真葛	のちも会ふ・いや遠長く・来る
さねさし	相模
五月蠅なす	騒く・荒ぶる神・生く
敷島の	大和
敷き栲の	枕・袖・衣・床・黒髪・たもと
しなざかる	越
白妙の	衣・袂・袖・雲・雪
菅の根の	長し・乱る・ねもころ・すが
そら(に)みつ	やまと(大和・倭)

【た】

高照らす	日
畳薦	へ・重ね・戸田
玉かぎる	ほのか・はるか・夕・日・磐垣淵
玉勝間	あふ・しま
玉葛	長し・絶ゆ・実ならぬ樹・花のみ咲き・絶えず
魂きはる	命・幾世・うち
玉櫛笥	ふた・み・箱・あく・おほふ・奥・輝く・二上山・三諸
玉襷	かく・うね・畝傍
玉梓の	使ひ・妹
玉の緒の	長し・短し・絶ゆ・乱る・継ぐ・うつし心
玉桙の	道・里
玉藻刈る	敏馬・辛荷・沖
玉藻なす	浮かぶ・寄る・なびく
垂乳根の	母・親
ちちの実の	父
千早ぶる	神・宇治
栂の木の	つぎつぎ
月草の	移る・消ゆ・仮
津の国の	なには・こや・ながら
つのさはふ	いは
露霜の	置く・消・降る・過ぐ・秋
剣太刀	身・名・とぐ
飛ぶ鳥の	あすか
鶏が鳴く	あづま

【な】

夏草の	思ひ萎ゆ・野・しげし・深し・刈る・かりそめ
弱竹の	よ
鳴る神の	音のみ聞く
庭つ鳥	かけ
鳰鳥の	葛飾・なづさふ・息長
鵺鳥の	うらなく・のどよふ・片恋
射干玉の	黒・夜・闇・夕・髪・月・夢・妹

【は】

花細し	桜・葦
ははそばの	母
春霞	春日・立田・立つ・井上・居る・おほに
久方の	天・雨・月・日・雲・光・都
冬籠り	春・張る
降る雪の	け・白

【ま】

真金吹く	丹生・吉備
真澄鏡	見る・清し・照る・面影・ふた・掛く・磨ぐ・目
水薦刈る	信濃
水茎の	みづき・岡
水鳥の	浮き・立つ・賀茂・青葉
みつみつし	久米
群肝の	心
群鳥の	むれ・立つ
望月の	たたはし・足れる・めづらし
武士の	八十・い・うぢ(氏・宇治)
百敷の	大宮
百伝ふ	八十・五十・敦賀・鐸・渡らひ

【や】

八雲立つ	出雲
やすみしし	わが(ご)大君
行く鳥の	群がる・争ふ
木綿襷	かく
夕月夜	暁闇・をぐら
夕星の	夕べ・か行きかく行き

【わ】

若草の	つま(妻・夫)・新手枕
我妹子に	棟・近江・淡路
海の底	沖

付

主要助動詞一覧表

種類	語	未然形	連用形	終止形	連体形	已然形	命令形	活用の型	接続	主な意味・用法	例
自発・受身・可能・尊敬	る	れ	れ	る	るる	るれ	れよ	下二型	四段・ナ変・ラ変の未然形	1自発(自然ニ…レル) 2受身(レル・ラレル) 3可能(デキル) 4尊敬(ナサル)	人知れずうち泣かれぬ(更級) 知らぬ国に吹き寄せられて(竹取)
	らる	られ	られ	らる	らるる	らるれ	られよ	下二型	右以外の未然形	・自発・可能の場合、命令形はない。	抜かんとするに、大方抜かれず(徒然) いづれの船にか乗るべき(大鏡)
	ゆ(上代語)	え	え	ゆ	ゆる	ゆれ	○	下二型	四段・ナ変・ラ変の未然形	1自発 2受身 3可能(デキル)	栗(くり)食(は)めばまして偲(しの)はゆ(万葉) 汝(な)は我に欺かえつ(古事記)
	らゆ(上代語)	らえ	○	○	○	○	○	下二型	右以外の未然形	・「らゆ」は可能の用例だけが存在する。	妹(いも)を思ひ眠(い)の寝らえぬに(万葉)
使役・尊敬	す	せ	せ	す	する	すれ	せよ	下二型	四段・ナ変・ラ変の未然形	1使役(セル・サセル) 2尊敬(ナサル) ・「しむ」は上代から用い、平安では主に漢文脈に用い、「す」「さ	汝が巻かせて持たせる旗、揚げさせよ(平家) 山人の我に得しめし山づとぞこれ(万葉) 御覧じて、いみじう驚かせ給ふ(枕草子)
	さす	させ	させ	さす	さする	さすれ	させよ	下二型	右以外の未然形	す」は平安以後の和文に用いる。 ・尊敬の場合は、他の尊敬語とともに用い、単独では用いない。	天地四方を射させらる(平家) 山崎にて出家せしめ給ひてけり(大鏡)
	しむ	しめ	しめ	しむ	しむる	しむれ	(しめ) しめよ	下二型	未然形		
尊敬	す(上代語)	さ	し	す	す	せ	せ	四段型	四段・サ変の未然形	尊敬・親愛(ナサル)	この岡に菜摘ます児(こ)(万葉)
過去	き	(せ)	○	き	し	しか	○	特殊型	連用形(カ変・サ変には特殊)	経験的過去・確実な過去(タ) ・未然形「せ」は「せば…まし」の形にのみ用い、サ変説もある。	鬼のやうなるもの出で来て、殺さむとしき(竹取) 世の中に絶えて桜のなかりせば(古今)

分類	語	未然形	連用形	終止形	連体形	已然形	命令形	活用の型	接続	意味	用例
過去	けり	(けら)	○	けり	ける	けれ	○	ラ変型	連用形	1伝聞的過去(タトサ) 2詠嘆(気ガツクト…ダッタヨ) ・未然形「けら」は上代にのみ用いる。	昔、男ありけり(伊勢) 花の色は移りにけりな(古今)
完了	つ	て	て	つ	つる	つれ	てよ	下二型	連用形	1完了(テシマウ・タ) 2確述・強意(キット…スル) 3継続(…タリ…タリ)	風の音にぞおどろかれぬる(古今) 門よくさしてよ。雨もぞ降る(徒然) 浮きぬ、沈みぬ揺られければ(平家)
	ぬ	な	に	ぬ	ぬる	ぬれ	ね	ナ変形	連用形		
	たり	たら	たり	たり	たる	たれ	たれ	ラ変型	連用形	1継続(テイル・テアル) 2存続(テイル・テアル) 3完了(タ)	しばし見居(ゐ)たるに(徒然) 月のおもしろう出でたるを見て(竹取) 吉野の里に降れる白雪(古今) 落人(おちうと)帰り来たれり(平家)
	り	ら	り	り	る	れ	れ	ラ変型	四段の命令形・サ変の未然形		
推量	む(んむ)	(ま)	○	む(ん)	む(ん)	め	○	四段型	未然形	1推量(ダロウ) 2意志(ウ・ショウ) 3勧誘(ナサルヨウニ) 4仮想・婉曲(トシタラ・ヨウナ)	子といふ物なくてありなん(徒然) 迎へに人々まうで来むず(竹取) 男はこの女をこそ得めと思ふ(伊勢) とくこそ試みさせ給はめ(源氏) 心あらむ友もがな(徒然)
	むず(んず)	○	○	むず(んず)	むずる(んずる)	むずれ(んずれ)	○	サ変型	未然形		
	べし	べから	べく べかり	べし	べき べかる	べけれ	○	ク活用型	終止形(ラ変型には連体形)	1推量(ダロウ) 2当然(ハズダ・ベキダ) 3意志(ツモリダ) 4勧誘(ガヨイ) 5可能(デキルダロウ)	たち別れなば恋しかるべし(古今) 御物忌(ものいみ)みなるに、籠(こ)るべければ(枕草子) 宇治川のまっ先渡し候ふべし(平家) これより召さむには、かくのごとく参るべし(平家) さらに登るべきやうなし(竹取)
	べらなり	○	べらに	べらなり	べらなる	べらなれ	○	ナリ活用型		推量(ヨウダ)	同じ深さに流るべらなり(土佐)

付

現在推量	らむ（らん）	○	○	らむ（らん）	らむ（らん）	らめ	○	四段型	終止形（ラ変型には連体形）	1現在推量（テイルダロウ） 2原因推測（ドウシテ…ダロウ） 3伝聞・婉曲（トイウ）	それその母も我（わ）を待つらむぞ（万葉） ひさかたの光のどけき春の日にしづ心なく花の散るらむ（古今） 人の言ふらむことをまねぶらむよ（枕草子）
過去推量	けむ（けん）	（けま）	○	けむ（けん）	けむ（けん）	けめ	○	四段型	連用形	1過去推量（タダロウ） 2伝聞・婉曲（タトカイウ）	来（き）し方も過ぎ給ひけむわたりなれど（源氏） 水汲（く）ましけむ手児奈（てこな）し思ほゆ（万葉）
現在推定	らし	○	○	らし	らし（らしき）	らし	○	特殊型	終止形（ラ変型には連体形）	根拠ある推量（ラシイ）	春過ぎて夏来たるらし（万葉）
推定	めり	○	めり	めり	める	めれ	○	ラ変型		推定（ヨウニミエル・ヨウダ）	髪ゆるやかにいと長く、めやすき人なめり（源氏）
反実仮想	まし	（ませ） ましか	○	まし	まし	ましか	○	特殊型	未然形	1反実仮想（トシタラ…ダロウニ） 2ためらい（シタモノダロウカ）	夢と知りせばさめざらましを（古今） しやせまし、せずやあらましと思ふことは（徒然）
打消し	ず	（な） ざら	（に）ず ざり	ず	ぬ ざる	ね ざれ	ざれ	特殊型	未然形	打消し（ナイ）	京には見えぬ鳥なれば、皆人見知らず（伊勢）
打消し推量	じ	○	○	じ	じ	じ	○	特殊型	未然形	1打消しの推量（ナイダロウ） 2打消しの意志（ナイツモリダ・マイ）	月ばかりおもしろき物はあらじ（徒然） 寝殿に鳶（とび）居させじとて（徒然）
	まじ	まじから	まじく まじかり	まじ	まじき まじかる	まじけれ	○	シク活用型	終止形	1打消しの推量（ナイダロウ・マイ）	重き病をし給へば、え出でおはしますまじ（竹取） 君が心は忘らゆましじ（万葉）

付

打消し推量	まじじ（上代語）	○	○	まじじ	まじじき	○	○	シク活用型	（ラ変型には連体形）	2打消しの当然（デキソウモナイ） 3打消しの意志（ナイツモリダ） 4不可能（デキソウモナイ）	男(をの)の持つまじきものなれ（徒然） ゆめゆめ疎略(そら)を存ずまじう候ふ（平家） 世にあるまじき心地のしければ（竹取）
断定	なり	なら	なり に	なり	なる	なれ	（なれ）	ナリ活用型	体言・連体形	1断定（デアル・ダ） 2存在（ニアル）	月の都の人なり（竹取） 春日(かすが)なる三笠の山に（古今）
	たり	たら	たり と	たり	たる	たれ	たれ	タリ活用型	体言	断定（デアル・ダ）	清盛、嫡男(ちゃくなん)たるによって（平家）
推定伝聞	なり	○	（なり）	なり	なる	なれ	○	ラ変型	終止形（ラ変型には連体形）	1伝聞（ソウダ・音ガスル） 2推定（ヨウダ）	秋の野に人まつ虫の声すなり（古今） 男もすなる日記といふものを（土佐） 明け果てぬなり。帰りなむ（枕草子）
願望	まほし	まほしから	まほしく まほしかり	まほし	まほしき まほしかる	まほしけれ	○	シク活用型	未然形	願望（タイ） ・「たし」は中世以後	少しのことにも、先達(せんだち)はあらまほしきことなり（徒然） ただ思ふこととては出家ぞしたき（平家）
	たし	たから	たく たかり	たし	たき たかる	たけれ	○	ク活用型	連用形		
比況	ごとし	○	ごとく	ごとし	ごとき	○	○	ク活用型	連体形、助詞「の」「が」	1比況（ノヨウダ）	国稚(わか)く浮きし脂(あぶら)のごとくして（古事記） 海の上、昨日のごとくに風波見えず（土佐）
	ごとくなり	ごとくなら	ごとくなり ごとくに	ごとくなり	ごとくなる	ごとくなれ	ごとくなれ	ナリ活用型	連体形、助詞「の」「が」	2例示（ノヨウナ）	往生要集ごときの抄物(せうもつ)を入れたり（方丈記）
反復継続	ふ（上代語）	は	ひ	ふ	ふ	へ	へ	四段型	四段の未然形	反復・継続（ナンドモ…スル・…シ続ケル）	雲だにも情(こころ)あらなも隠さふべしや（万葉）

付

主要助詞一覧表

（左の表にあげたほかに、上代特有の助詞として次のものがある。格助詞＝つ・な（連体格）、ゆ・ゆり・よ（起点・手段・方法）　係助詞＝なも（「なむ」に同じ）　副助詞＝い（強調）　終助詞＝なも（「なむ」に同じ）、な・ね・しか・もが（願望）　間投助詞＝ゑ（詠嘆））

種類	語	主な接続	主な意味用法	用例
格助詞（体言やそれに準ずる語について、その文節の他の文節に対する資格（関係）を表す）	が	体言、体言に準ずる語句	1連体格（ノ） 2主格（ガ・ノ） 3同格（デ） 4体言に準ずる（ノモノ・ノコト）	良秀がよぢり不動（宇治拾遺） 雀の子を、犬君（いぬ）が逃がしつる（源氏） いとやむごとなき際（きは）にはあらぬが、すぐれて時めき給ふありけり（源氏） 柿本人麻呂がなり（古今）
	の	体言、体言に準ずる語句	1連体格（ノ） 2主格（ガ・ノ） 3同格（デ） 4比喩（ノヨウニ） 5体言に準ずる（ノモノ・ノコト）	木の花は（枕草子） 雪の降りたるは（枕草子） 都の人の、ゆゆしげなるは、睡りていとも見ず（徒然） わが袖は潮干（しほ）に見えぬ沖の石の人こそ知らね乾く間もなし（千載） いかなれば四条大納言のはめでたく兼久がは悪かるべきぞ（宇治拾遺）
	を	体言、体言に準ずる語句	連体格　①動作の対象 ②動作の起点 ③経過する場所・時間（ヲ通ッテ）	①鼻をおしひらめて、顔をさし入れて（徒然） ②ここを立ちなむことも（更級） ③沼島（ぬしま）といふ所を過ぎて（土佐）
	に	体言、体言に準ずる語句（目的・強調の場合は連用形）	連用格　①時間・場所 ②動作の対象　③目的（ノタメニ） ④原因・理由（ニヨッテ） ⑤変化の結果　⑥比較の基準 ⑦強調	①朝ごと夕ごとに見る竹の中におはするにて知りぬ（竹取） ②水に入りぬ（徒然） ③住むべき国求めにとて行きけり（伊勢） ⑥昼の明かさにも過ぎて光りわたり（竹取） ⑦ただ開（あ）きに開きぬ（竹取）
	へ	体言	連用格　方向	からすの寝どころへ行くとて（枕草子）
	と	体言、連体形、体言に準ずる語句（引用の場合は文の形のもの）	連用格　①動作の相手・共同者 ②変化の結果　③比喩 ④基準　⑤引用　⑥目的 ⑦強調　⑧並列	①惟光（これみつ）の朝臣（あそん）とのぞき給へば（源氏） ②古き墳（つか）はすかれて田となりぬ（徒然） ⑤いかで見ばやと思ひつつ（更級） ⑧そのあるじと住みかと無常を争ふさま（方丈記）
	より から	体言、体言に準ずる語句	連用格 ①動作・時間の起点（カラ） ②経過する場所（ヲ通ッテ） ③比較の基準　④手段・方法	①あかつきより雨降れば（土佐） 明けぬから船をひきつつのぼれども（土佐） ②妹（いも）に逢はむと直道（ただち）から我は来つれど（万葉） ④ただひとり徒歩（かち）より詣でけり（徒然）

分類	助詞	接続	意味・用法	用例
格助詞	にて	体言、体言に準ずる語句	連用格 ①時間・場所（デ） ②手段・方法（デ） ③原因・理由（ニヨッテ）	①京にて生まれたりし女児（土佐） ②深き川を舟にて渡る（更級） ③我、朝ごと夕ごとに見る竹の中におはするにて知りぬ（竹取）
格助詞	して	体言、体言に準ずる語句	連用格 ①使役の対象（ヲ使ッテ・ニ） ②共同者（デ） ③手段・方法（デ）	①人して惟光(これみつ)召させて（源氏） ②友とする人一人二人して行きけり（伊勢） ③長き爪(つめ)して眼をつかみつぶさむ（竹取）
接続助詞（活用語について接続を表す）	ば	未然形	順接の仮定条件（タラ・ナラ）	名にし負はばいざ言(こと)問はむ（伊勢）
		已然形	順接の確定条件 ①原因・理由（カラ・ノデ） ②偶然的条件（ト・タトコロ） ③恒常的条件（トイツモ）	①いと幼ければ、籠(こ)に入れて養ふ（竹取） ②それを見れば、三寸ばかりなる人、いと美しうて居たり（竹取） ③命長ければ恥多し（徒然）
	と とも	動詞型の終止形 形容詞型の連用形	逆接の仮定条件（テモ）	嵐のみ吹くめる宿に花薄(はなすすき)穂に出でたりとかひやなからむ（蜻蛉） 散りぬとも香をだに残せ梅の花（古今）
	ど ども	已然形	逆接の確定条件（ノニ・ケレド） 逆接の恒常的条件（テモ）	秋来ぬと目にはさやかに見えねども風の音にぞおどろかれぬる（古今） いかなる大事あれども、人の言ふこと聞き入れず（徒然）
	が	連体形	1逆接の確定条件（ノニ・ケレド） 2単純な接続（ト・トコロガ）	初めは声をあげ叫(さけ)びけるが、後には声もせざりけり（保元） 船に乗って下られけるが、折り節西の風はげしく吹き（平家）
	に を	連体形	1逆接の確定条件（ノニ・ケレド） 2順接の確定条件 ①原因・理由（カラ・ノデ） ②偶然的条件（ト・タトコロ） 3単純な接続	涙落つともおぼえぬに、枕浮くばかりになりにけり（源氏） ①この事を嘆くに、ひげも白く、腰もかがまり、目もただれにけり（竹取） ②火の中にうちくべて焼かせ給ふに、めらめらと焼けぬ（竹取） 「夏山となむ申す」と申ししを、やがて繁樹(しげき)となむ付けさせ給へりし（大鏡）
	ものの ものを ものから ものゆゑ(に)	連体形	逆接の確定条件（ノニ・ケレドモ・モノノ） （順接の確定条件の場合もある）	頼まぬものの恋ひつつぞ経(ふ)る（伊勢） 光をさまれるものから、影さやかに見えて（源氏） （事ゆかぬものゆゑ、大納言そしり合ひたり（竹取））
	て	連用形	1単純な接続 2原因・結果の関係、逆接の関係の接続	春過ぎて夏来たるらし（万葉） 近うて遠きもの（枕草子）
	して	形容詞型・形容動詞型・助動詞「ず」の、連用形		格子(かうし)どもも、人はなくして開(あ)きぬ（竹取）

分類	助詞	接続	意味・用法	用例
接続助詞	つつ	動詞の連用形	1動作の反復・継続（テハ・シツヅケテ） 2動作の並行（ナガラ・ママデ）	野山に竹を取りつつ、よろづのことに使ひけり（竹取） 水の上に遊びつつ、魚(いを)を食ふ（伊勢）
	ながら	動詞・助動詞「ず」の連用形、体言や形容詞・形容動詞の語幹	1動作の並行（ト同時ニ・ママデ） 2逆接（ノニ・モノノ）	食ひながら文をも読みけり（徒然） 身はいやしながら母なむ宮なりける（伊勢）
	で	未然形	打消し接続（ナイデ・ズニ）	十月つごもりなるに、紅葉散らで、盛りなり（更級）
係助詞（種々の語について、上の語を強調し、下の用言にかかっていく）	は	種々の語	取り立て（①主題　②強調）	①春はあけぼの（枕草子） ②尋ぬる人の琴の音(ね)か、おぼつかなくは思へども（平家）
	も	種々の語	1列挙 2添加 3類推（サエモ）	色も香も同じ昔に咲くらめど（古今） 親に似てこれも恐ろしき心あらむ（枕草子） 心なしと見ゆる者も、よき一言は言ふものなり（徒然）
	ぞ	種々の語	強調（結びは連体形）	その月は海よりぞ出で来る（土佐）
	なむ（なん）	種々の語	強調（結びは連体形）	もと光る竹なむ一筋ありける（竹取）
	や	種々の語（文末用法では終止形）	1疑問（カ） 2反語（カ、イヤソウデナイ）	思ひつつぬればや人の見えつらむ（古今） 影をば踏までつらをやは踏まぬ（大鏡）
	か	種々の語（文末用法では連体形）	1疑問（カ） 2反語（カ、イヤソウデナイ）	殿は何にかならせ給へる（枕草子） いづれか歌を詠まざりける（古今）
	こそ	種々の語	強調（結びは已然形）	野分(のわき)のあしたこそをかしけれ（徒然）
副助詞（種々の語について、特定の意味を加えて下の用言を修飾する）	だに	体言、連用修飾語	1最低限の希望（セメテ…ダケデモ） 2類推（デサエ・サエモ） ・上代には「だに」は主として1、「すら」は2を表したが、平安には「すら」は余り用いられなくなる	散りぬとも香をだに残せ梅の花（古今） つくづくと一年を暮らすほどだにこよなうのどけしや（徒然）
	すら			聖(ひじり)などすら前の世のこと夢に見るはいと難(かた)かなるを（更級）
	さへ	種々の語	添加（ソノ上…マデモ）	一つ子にさへありければ、いとかなしうし給ひけり（伊勢）
	のみ	種々の語	1限定（ダケ・バカリ） 2強調（タダ…スルバカリ）	ただ波の白きのみぞ見ゆる（土佐） 青葉になりゆくまで心をのみぞ悩ます（徒然）

種類	語	接続	意味・用法	用例
副助詞	ばかり	種々の語	1程度・範囲（クライ・ホド） 2限定（ダケ・クライ）	百人ばかり天人具して昇りぬ（竹取） 今年ばかりは墨染(すみぞめ)に咲け（古今）
	まで	種々の語	1範囲・限界（マデ） 2程度（クライ・ホド）	武蔵(むさし)の国まで惑ひ行きけり（伊勢） あまりに恐ろしきまで御覧ず（源氏）
	など（なんど）	種々の語	1例示（ナド） 2婉曲表現（ナンカ）	菊・紅葉(もみぢ)など折り散らしたる（徒然） 「梨花一枝春雨を帯びたり」など言ひたるは（枕草子）
	し しも	種々の語	強調 ・「しも」の方が強調の度が強い	はるばる来ぬる旅をしぞ思ふ（伊勢） 折しも雨風うち続きて（徒然）
終助詞（文末に用いて、文の終止を示し意味を加える）	ばや	未然形	願望（デキタラナア・タイ）	今井が行くへを聞かばや（平家）
	なむ	未然形	他への願望（テホシイ）	いつしか梅咲かなむ（更級）
	がな	体言、格助詞「を」の付いたもの	願望（アッタラナア）	君がため惜しからざりし命さへ長くもがなと思ひけるかな（後拾遺）
	しが しがな	連用形	願望（タイ）	いかでこのかぐや姫を得てしがな、見てしがな（竹取）
	もがな	体言、形容詞の連用形	願望（アッタラナア・タイ）	世の中にさらぬ別れのなくもがな（伊勢）
	な	終止形（ラ変には連体形）	禁止（…スルナ） ・「な…そ」の禁止より強い禁止	あやまちすな。心して降りよ（徒然）
	そ	動詞の連用形（カ変・サ変には未然形）	禁止（…シナイデネ） ・副詞「な」と呼応して多く「な…そ」の形で用いる	や、な起こし奉りそ（宇治拾遺）
	か かな	体言、連体形	詠嘆（ナア・コトヨ）	苦しくも降り来る雨か（万葉） 限りなく遠くも来にけるかな（伊勢）
	な	文末	1詠嘆（ナア） 2確認（ダネ）	花の色は移りにけりな（古今） 憎しとこそ思ひたれな（源氏）
	かし	文末	確認（ネ・ヨ）	われはこのごろわろきぞかし（更級）
	は	種々の語	詠嘆	門のかぎりを高う造る人もありけるは（枕草子）
	ぞ	体言、体言に準ずる語句	1断定（ダゾ） 2疑問（カ）	うまし国ぞ秋津島大和(やまと)の国は（万葉） いづくより来つる猫ぞ（更級）
間投助詞（文節の末尾に自由につく）	や よ	文節の末尾	1詠嘆 2呼びかけ	きりぎりす鳴くや霜夜のさむしろに（新古今） さる心地に道心起こしてつきありくらむよ（枕草子） 少納言よ、香炉峰の雪はいかならむ（枕草子）
	を	文節の末尾	1詠嘆 2強調	昨日今日とは思はざりしを（伊勢） いかでなほ少しひがごと見つけてをやまむ（枕草子）

主要季語一覧

・季語の選定に当っては江戸時代の代表的な「類題集」に基づいた。
・旧暦によっているため、現代の歳時記類の登載と季節の異なっているものがある。
・本辞典の用例にひかれている俳句の季語は太字で示した。
・現代においては、新年の部立を設けるが、江戸時代は春に含める。

春（一・二・三月）

動物

虻　**白魚**　蛤
飯蛸　雀の子　雲雀
鶯　田螺　松毟鳥
蛙　燕　蟶
帰る雁　**蝶**　麦鶉
蛙子　鳥帰る　百千鳥
顔鳥　鳥の囀　呼子鳥
雉子　鳥の巣　若鮎
桑子　**猫の恋**
雲に入る鳥　呆鳥
駒鳥　蜂
桜鯛　初鳥狩
落し角　初鶏
蜆　初鮒

植物

杏の花　歯朶　**薺の花**
糸桜　下萌　七種
独活　杉菜　菜の花
梅　**菫**　海苔
遅桜　李の花　初桜
海棠　芹　**花**
茎立　大根の花　彼岸桜
草芳し　種芋　蕗の薹
草の若葉　蒲公英　福寿草
紅梅　沈丁花　**藤**
木の芽　つくづくし　桃
桜　**躑躅**　柳
桜草　椿　**山吹**
樒の花　梨の花　若草

夏（四・五・六月）

動物

青鷺　毛虫　**蟇**
老鶯　小鯵
沖膾　鹿の袋角
蚊　**蟬**
蝸牛　蟬の初声
松魚　夏の虫　蚋
鹿の子　蚰蜒　螢
蚊柱　練雲雀
翡翠　蚤　郭公
蝙蝠　飛蟻　豉虫
閑古鳥　羽抜鳥
行々子　**蠅**　水鳥の巣
水鶏　蠅虎　葭切
蜘蛛の子　鷭

植物

紫陽花　筍　枇杷
青梅　茄子　百日紅
卯の花　**夏草**　昼顔
茨の花　夏木立　紅の花
杜若　**なでしこ**　**牡丹**
桐の花　南天の花　真桑瓜
桑の実　**合歓の花**　楊梅
栗の花　葉桜　雪の下
けし　蓮　夕顔
木の下闇　花葵　百合
早苗　花菖蒲　若竹
紫蘇　花橘　**若葉**
芍薬　帚木　**病葉**
篠の子　美人草　綿の花

秋（七・八・九月）

動物

秋の蚊　きりぎりす　初鴨
秋の蠅　轡虫　初雁
荒鷹　小鷹　初鮭
竈馬　こほろぎ　鯔
稲負鳥　錆鮎　鵯
螽　鹿　頰赤
色鳥　鴫　松虫
鶉　四十雀
落鮎　鱸　蓑虫鳴く
河鹿　鈴虫　蚯蚓鳴く
蟷螂　せきれい　椋鳥
雁　太刀魚　虫
菊戴　**蜻蛉**　鵙
啄木鳥　機織虫　山雀

植物

朝顔　**薄**　鬼灯
稲の花　西瓜　曼珠沙花
芋　蕎麦の花　松茸
末枯　**蔦**　**木槿**
晩稲　椿の実　紅葉
落穂　団栗　灸花
柿　梨子　**柳散る**
桔梗　南天の実　柚
菊　野菊　**蘭**
草の実　**萩**　竜胆
栗　葉鶏頭　早稲
鶏頭花　**芭蕉**　荻
柘榴　葡萄　女郎花
松露　糸瓜

冬（十・十一・十二月）

動物

魦　水鳥
鶯の子啼く　木兔
牡蠣　鴛鴦
杜夫魚　教草
鴨
鯨
千鳥
生海鼠
鳰
氷魚
鰒
冬の蠅
鰤
鷦鷯

植物

落葉　**寒梅**　冬牡丹
帰花　茎菜　室咲の梅
榧の花　雪海苔　八手の花
枯蘆　木の葉　臘梅
枯菊　山茶花
枯草　水仙
枯葛　茶の花
枯薄　散る紅葉
枯蔦　石蕗の花
枯萩　**葱**
枯蓮　枇杷の花
枯柳　冬枯
枯荻　**冬木立**
寒菊　冬の梅

付

自　然（地理・天文・時候）	人　事（生活・行事）
暖か 凍解 糸遊 御降 **朧月** **陽炎** **霞** 鐘霞む 貝寄風 **元日** 冴返る 佐保姫 三月尽 永き日 夏近し 苗代 残る雪 長閑 初雷 初春 初日 花の春 **春の雨** 春の風 **春の暮** 春の月 春の野 春の日 春の水 春の山 春の雪 **春の夜** 彼岸 松の内 水温む 焼野 雪汁 **雪解** **行春** 余寒 立春	小豆粥 **紙鳶** 謡始 恵方棚 鏡餅 飾縄 門の松 粥杖 菊植うる 着衣始 曲水 **草の餅** 蔵開 小松引 左義長 雑煮 汐干 上巳 大黒舞 薪の能 種蒔 茶摘 接木 綱引 手毬 年玉 年男 屠蘇 鶏合 鳥追 **二月堂の行** 子の日 涅槃会 宝引 歯固 **畑打つ** 初午 初暦 初夢 破魔弓 春駒 **雛祭** 二日灸 蓬萊 万歳 峰入 壬生念仏 藪入 山焼く 若水 若餅
秋近き **暑さ** 青嵐 青田 卯月 卯の花腐し 風薫る **雲の峰** **五月雨** 五月闇 清水 **涼し** 梅雨 梅雨晴 土用 虎が雨 夏野 **夏の月** 夏の山 **麦秋** 半夏生 短夜 蚯蚓出づる 夕立	汗拭 袷 扇 葵祭 青簾 印地打 **鵜川** **団扇** **打水** 帷子 賀茂の競馬 **蚊帳** 蚊遣火 **祇園会** 薬玉 葛水 **灌仏** 夏書 **夏籠** 氷餅 **更衣** 晒布 早乙女 紙帳 菖蒲刀 菖蒲酒 菖蒲湯 鮓 納涼 水飯 **田植** 田草取る **竹酔日** 竹婦人 茅輪 粽 辻が花 心太 土用干 夏痩 煮酒 幟 花御堂 日傘 氷室 冷汁 富士詣 火串 御祓 **矢数** 綿抜
秋風 **秋の雨** **秋の暮** **秋の霜** 秋の水 秋の夜 **秋深き** 朝寒 **天の川** **有明の月** **十六夜** 稲妻 落し水 **霧** 九月尽 **今日の月** 十三夜 竜田姫 **月** 燕帰る **露** 露時雨 露霜 **長き夜** 長月 二百十日 残る暑さ 後の名月 野山の錦 **野分** 肌寒 初嵐 八朔 初潮 花野 彼岸 冷やか 冬を待つ 星月夜 待宵 豆名月 三日月 **身に入む** **名月** 良寒 **行秋** **夜寒** 立秋	扇置く 稲垣 于蘭盆 案山子 鵲の橋 梶の葉 菊合 菊の着綿 菊の酒 逆の峰入 薬掘る 崩れ簗 小鰯引く 御遷宮 刺鯖 鹿笛 七夕 新酒 新蕎麦 新米 捨て団扇 相撲 添水 **大文字の火** 茸狩 立琴 棚経 魂祭 地蔵祭 重陽 **月見** 灯籠 十日の菊 鳴子 濁り酒 **新綿** 願の糸 後の雛 放生会 墓参 蓮の飯 沙魚釣 花火 引板 升の市 虫売 虫籠 妙法の火 焼米 藪入 躍
霰 凍てる **大晦日** 鐘冴ゆる 川音の時雨 神無月 **枯野** 寒の入り 寒の内 寒の水 **凩** 小春 氷 小六月 **寒き** **時雨** 師走 霜 霜柱 霜夜 節分 氷柱 冬至 年越 年の暮 年内立春 初氷 **初時雨** 初霜 初雪 春近き 春を待つ 吹雪 冬野 冬の川 **冬の月** 冬の日 松風の時雨 霙 **雪** 雪礫 行年	網代守 埋火 神楽 顔見世 紙衣 乾鮭 寒声 寒晒 寒造 寒念仏 薬食 **火燵** 暦売 里神楽 十夜 霜焼 生姜酒 煤払 炭売 炭竈 節季候 蕎麦湯 雪車 大根引く 鷹狩 足袋 鶏卵酒 達摩忌 頭巾 年の市 年忘 子祭 芭蕉忌 鉢叩 火鉢 火桶 衾 札納 仏名会 蒲団 冬籠 干菜 水洟 麦蒔く 餅搗 餅花 厄払 雪垣 雪沓 雪仏 **炉開**

大内裏および周辺の左京図

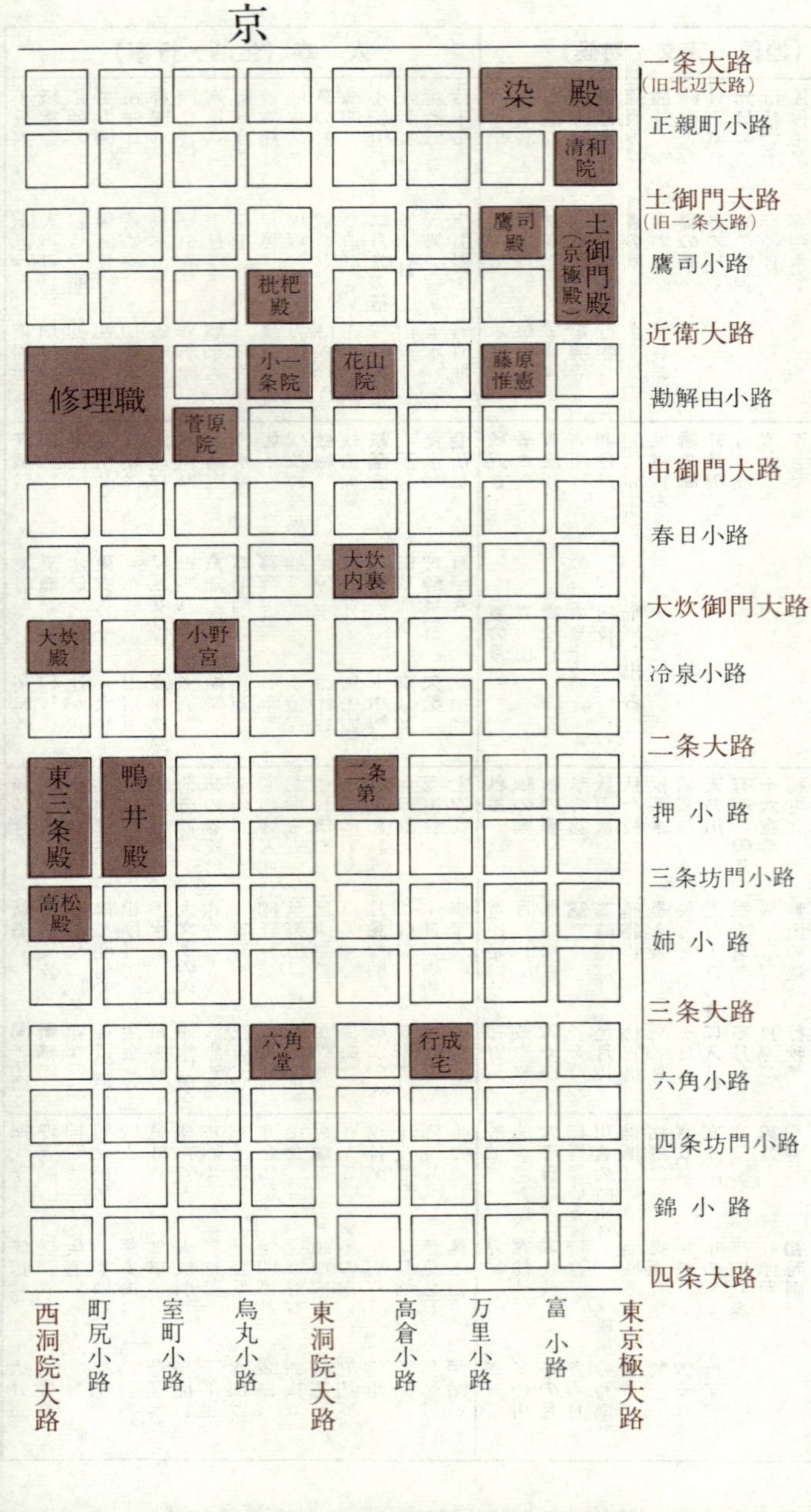

人家は、図のように左京の四条より北に集中した。二条大路より北が上辺（かみわたり）（＝上京（かみぎょう））、南が下辺（しもわたり）（＝下京（しもぎょう））とされた。

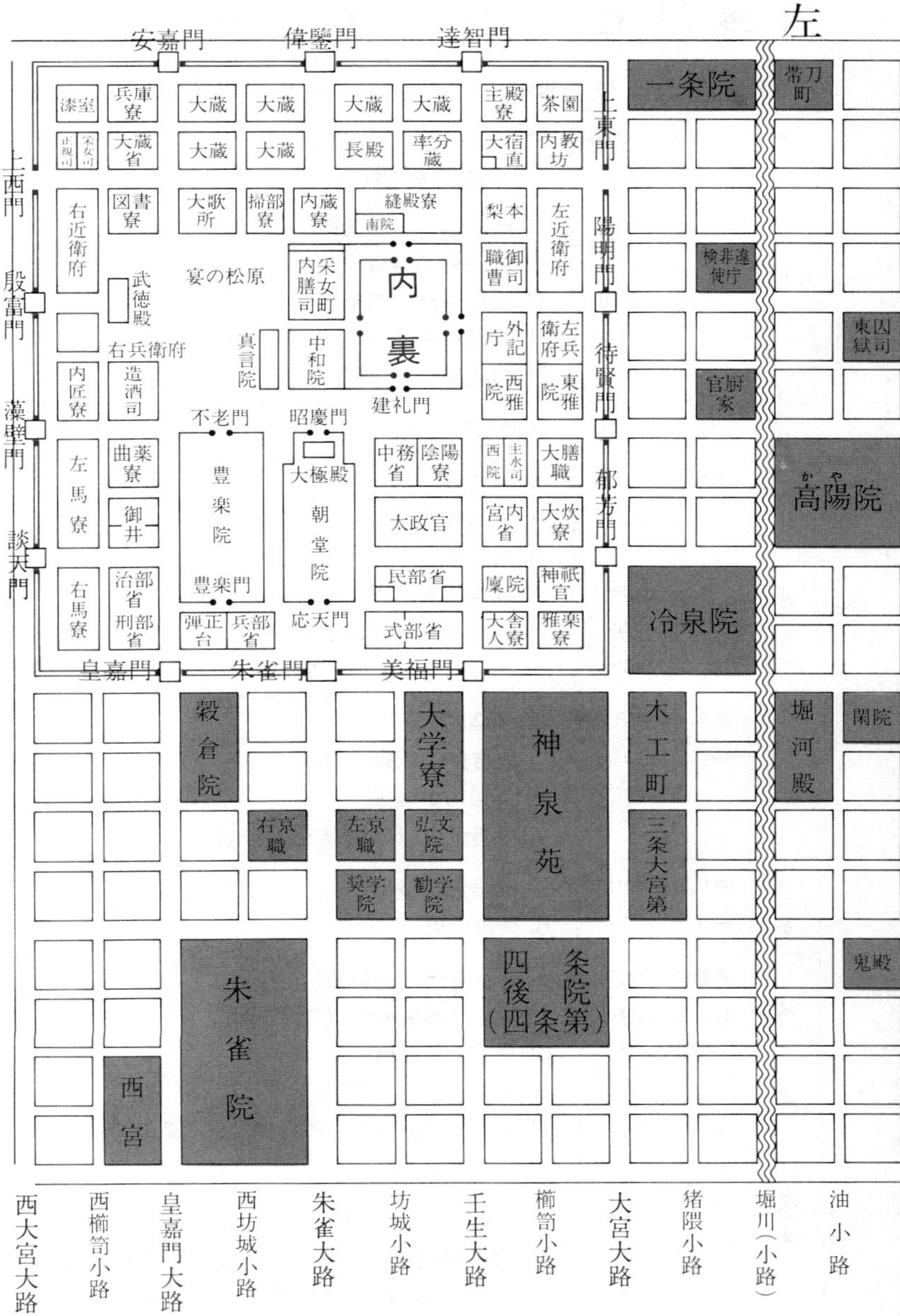
左
安嘉門
偉鑒門
達智門
上東門
陽明門
待賢門
郁芳門
上西門
殷富門
藻壁門
談天門
皇嘉門
朱雀門
美福門
漆室
兵庫寮
大蔵
大蔵
大蔵
大蔵
主殿寮
茶園
正親司
采女司
大蔵省
大蔵
大蔵
長殿
率分蔵
大宿直
内教坊
右近衛府
図書寮
大歌所
掃部寮
内蔵寮
縫殿寮
南院
梨本
左近衛府
職御曹司
宴の松原
武徳殿
内膳司
采女町
内裏
右兵衛府
真言院
中和院
外記庁
左兵衛府
西雅院
東雅院
内匠寮
造酒司
建礼門
不老門
昭慶門
左馬寮
曲薬寮
豊楽院
大極殿
中務省
陰陽寮
西院
主水司
大膳職
御井
朝堂院
太政官
宮内省
大炊寮
右馬寮
治部省
刑部省
豊楽門
民部省
廩院
神祇官
弾正台
兵部省
応天門
式部省
大舎人寮
雅楽寮
一条院
帯刀町
検非違使庁
東囚獄司
官厨家
高陽院
冷泉院
穀倉院
大学寮
神泉苑
木工町
堀河殿
閑院
右京職
左京職
弘文院
三条大宮第
奨学院
勧学院
朱雀院
四条後院(四条第)
鬼殿
西宮
西大宮大路
西櫛笥小路
皇嘉門大路
西坊城小路
朱雀大路
坊城小路
壬生大路
櫛笥小路
大宮大路
猪隈小路
堀川(小路)
油小路

内裏焼亡年表

天徳四年の内裏焼亡は平安遷都以来約170年ぶりのもの。その後の111年間は特に焼亡が多く、約5.8年に一回のペースで燃えた。焼亡の月から見て、失火が主原因であろうが、政変がらみの放火もあったと思われる。

天皇	年号	事項（カッコ内は主な遷幸場所。数字は月を示す）
村上	天徳四（960）	9 内裏焼亡（冷泉院）
	応和元（961）	11 新造内裏還御
円融	貞元元（976）	5 内裏焼亡（堀河殿）
	二（977）	7 新造内裏還御
	天元三（980）	11 内裏焼亡（四条後院）
	四（981）	10 新造内裏還御
	五（982）	11 内裏焼亡（堀河殿）
花山	永観二（984）	8 新造内裏移御
一条	長保元（999）	6 内裏焼亡（一条院）
	二（1000）	10 新造内裏遷御
	三（1001）	11 内裏焼亡（一条院）
	五（1003）	10 新造内裏還御
	寛弘二（1005）	11 内裏焼亡（東三条殿・一条院）
	六（1009）	10 一条院内裏焼亡（枇杷殿）
三条	寛弘八（1011）	8 新造内裏移御
	長和三（1014）	2 内裏焼亡（枇杷殿）
	四（1015）	9 新造内裏還御
		11 内裏焼亡（枇杷殿・京極殿）
後一条	寛仁二（1018）	4 新造内裏移御
	長元七（1034）	12 内裏小火
後朱雀	長暦三（1039）	6 内裏焼亡（京極殿）
	長久元（1040）	9 京極殿内裏焼亡（二条第）
	二（1041）	12 新造内裏還御
	三（1042）	12 内裏焼亡（一条院）
	四（1043）	12 一条院内裏焼亡（高陽院・東三条殿）
後冷泉	永承元（1046）	10 新造内裏移御
	三（1048）	11 内裏焼亡（京極殿・高陽院）
	天喜二（1054）	1 高陽院内裏焼亡（冷泉院・四条宮第・京極殿）
		12 京極殿内裏焼亡（四条宮第・一条院）

付

内裏図

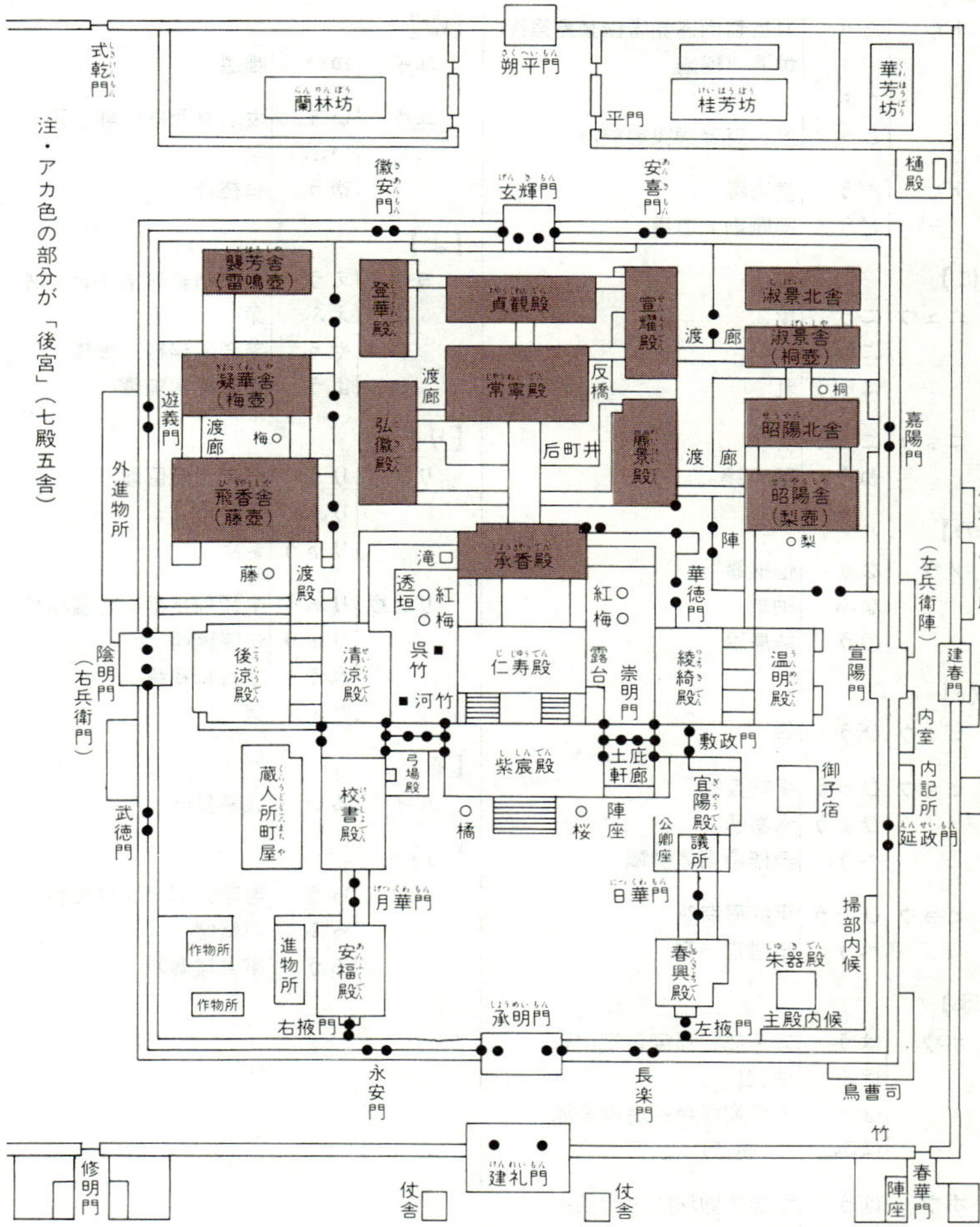

付

	康平二（1059）	1　一条院内裏焼亡（三条第・高陽院）
後三条	治暦四（1068）	9　二条第移御
		12　二条第内裏焼亡（閑院・三条大宮第・四条第）
	延久三（1071）	8　新造内裏還御

【つ】

ツイ	つい	対追堆墜

【と】

トウ	たう	刀当到倒逃党唐糖套島盗陶
		棹湯蕩稲濤
	たふ	答塔踏
	とう	冬投豆登頭東等統藤
ドウ	だう	堂道導
	どう	同胴動童道導

【に】

ニュウ	にう	柔
	にふ	入
	にゅう	乳
ニョウ	にょう	女
	ねう	尿繞鐃

【の】

ノウ	なう	悩脳嚢
	なふ	衲納
	のう	能農濃

【ひ】

ビュウ	びう	謬
ヒョウ	ひゃう	平評兵拍
	ひょう	氷雹憑
	へう	表俵票剽漂標瓢
ビョウ	びゃう	平病屛瓶鋲
	べう	苗描猫秒廟

【ほ】

ホウ	はう	方芳放訪邦宝包砲袍報
	はふ	法(呉音)
	ほう	方邦宝奉封袍崩報豊鳳
	ほふ	法(漢音)
ボウ	ばう	亡忘望卯坊防房傍貌膨
	ぼう	剖眸帽棒貿謀
	ぼふ	乏

【み】

ミョウ	みゃう	名命明冥
	めう	妙苗

【も】

モウ	まう	亡妄盲網望毛孟猛
	もう	毛蒙朦

【ゆ】

ユイ	ゆい	唯遺
ユウ	いう	友右有酉猶幽郵遊誘憂
	いふ	邑
	ゆう	勇裕雄融

【よ】

ヨウ	えう	夭妖幼要腰揺遥謡窯耀
	えふ	葉
	やう	羊洋陽楊様影養瓔
	よう	用庸踊容擁鷹

【り】

リュウ	りう	柳竜流硫留溜
	りふ	立笠粒
	りゅう	竜隆
リョウ	りゃう	令領両良梁涼諒量糧霊
	りょう	竜陵稜綾
	れう	了料聊寮療
	れふ	猟

【る】

ルイ	るい	涙累塁類

【ろ】

ロウ	らう	老牢労郎朗浪狼廊粮
	らふ	蠟臘蠟
	ろう	牢弄楼漏籠

付

キョウ	きゃう	兄況向狂享京香卿強竟境経郷饗敬警驚慶競
	きょう	共供恭恐凶胸興
	けう	叫交校孝教嬌橋矯
	けふ	夾俠峡狭協脅脇怯
ギョウ	ぎゃう	行刑形仰
	ぎょう	凝
	げう	暁堯僥楽
	げふ	業

【こ】

コウ	かう	巧江向交効校仰行考更孝幸庚昂香降耗耕高康綱膏膠衡講
	かふ	甲合閤
	くゎう	広鉱礦光宏皇荒慌黄
	こう	工功攻口公孔後構興
	こふ	劫
ゴウ	がう	号拷降剛強毫郷嗷豪濠
	がふ	合盒
	ぐゎう	轟
	ごう	后恒逅
	ごふ	劫業

【し】

ジ	じ	示次寺字自児事慈
	ぢ	地治持
ジキ	じき	食
	ぢき	直
ジク	ぢく	竺軸
ジツ	じつ	日実
	ぢつ	昵
シュウ	しう	収囚州舟秀周秋愁臭修袖就蹴醜讐
	しふ	拾執習集襲
	しゅう	宗崇終衆
ジュウ	じう	柔蹂獣
	じふ	入十什汁拾渋
	じゅう	充戎従縦
	ぢう	紐
	ぢゅう	中住重
ジョ	じょ	如序助徐叙
	ぢょ	女除
ショウ	しゃう	上井正政生性笙匠庄床声尚昌唱青請相省荘装将祥詳商章障掌象箏賞
	しょう	升昇承称勝誦鍾証
	せう	小少抄肖宵消召招沼昭詔照笑焼焦蕉簫
	せふ	妾捷渉摂
ジョウ	じゃう	上成城盛状浄静常情譲
	じょう	冗丞乗尉縄
	ぜう	擾繞饒
	ぢゃう	丈仗定掟錠貞嬢醸場
	でう	条嫋
	でふ	帖畳
ジョク	じょく	辱
	ぢょく	濁
ジン	じん	人壬仁尽甚訊尋腎
	ぢん	沈陣塵

【す】

ズ	づ	図豆厨頭徒途
スイ	すい	水吹垂衰粋酔睡
ズイ	ずい	随隋瑞

【そ】

ソウ	さう	双争箏早草相想霜荘装倉捜巣掃曹窓喪葬操騒
	さふ	挿
	そう	双早走宋宗奏送僧層総
ゾウ	ざう	造象像蔵臓
	ざふ	雑
	ぞう	増憎贈

【ち】

チュウ	ちう	丑紐肘紂宙抽冑昼鋳
	ちゅう	中虫沖忠注柱衷誅
チョウ	ちゃう	丁庁頂停町長帳挺腸聴
	ちょう	重徴懲澄寵
	てう	弔兆吊彫調鳥朝潮超
	てふ	帖牒蝶諜

字音仮名づかい対照表

(1) これは現代仮名づかいと歴史的仮名づかいによる漢字音の表記を対照表にして示したものである。
(2) 現代仮名づかいにより、五十音順に配列した。
(3) 各項は、左から、現代仮名づかい（カタカナ)、それに対応する歴史的仮名づかい（ひらがな)、代表的漢字の順に並んでいる。
(4) 重要な漢字のうち、字音に二種類以上あるもの、及び仮名づかいに異説のあるものは重複して掲げた。

【あ】

アイ	あい	哀埃挨隘愛

【い】

イ	い	已以伊衣易異移意
	ゐ	位囲委威為畏胃尉偉違緯維遺
イキ	ゐき	域
イツ	いつ	一壱逸溢
イン	いん	引因印寅陰飲慇隠
	ゐん	尹員院韻

【え】

エ	え	衣依
	ゑ	会回廻恵絵壊衛穢
エイ	えい	英栄営詠影鋭叡纓
	ゑい	衛
エツ	えつ	悦謁閲
	ゑつ	曰越
エン	えん	延炎宴煙塩演閻艶
	ゑん	円宛苑怨垣淵援猿遠園

【お】

オ	お	於
	を	汚烏悪乎
オウ	あう	央桜奥鶯鸚
	あふ	凹圧押
	おう	応欧翁
	わう	王枉往皇黄横
オク	おく	億憶臆
	をく	屋
オツ	おつ	乙
	をつ	越
オン	おん	音恩陰飲隠厭
	をん	苑怨温園遠穏

【か】

カ	か	下可加何仮価佳個夏家嫁賈歌駕霞
	くゎ	化花訛貨靴火果菓窠課和科華渦過禍寡
ガ	が	牙我賀雅駕餓
	ぐゎ	瓦画臥
カイ	かい	刈介改戒海界皆階開解
	くゎい	会灰回快怪廻悔晦傀絵塊槐魁潰壊懐
ガイ	がい	亥咳害涯街慨鎧
	ぐゎい	外
カク	かく	各角客格覚較確鶴
	くゎく	画拡郭獲穫
カツ	かつ	渇喝割轄
	くゎつ	括活闊滑
ガツ	ぐゎつ	月
カン	かん	干旱甘函姦看陥乾韓勘寒間感漢監鑑諫
	くゎん	完官冠巻患貫慣喚換款勧歓観灌寛関緩館還環
ガン	がん	含岩岸眼雁顔
	ぐゎん	丸元玩頑願

【き】

キュウ	きう	九仇究鳩久灸丘旧休朽臼求救球糾
	きふ	及吸汲級笈泣急給
	きゅう	弓窮宮
ギュウ	ぎう	牛

付

有職故実関係図絵（装束）

上代

衣裳姿

衣袴姿

朝服姿

文官朝服姿

朝服姿

武官朝服姿

平安時代

束帯姿（武官）

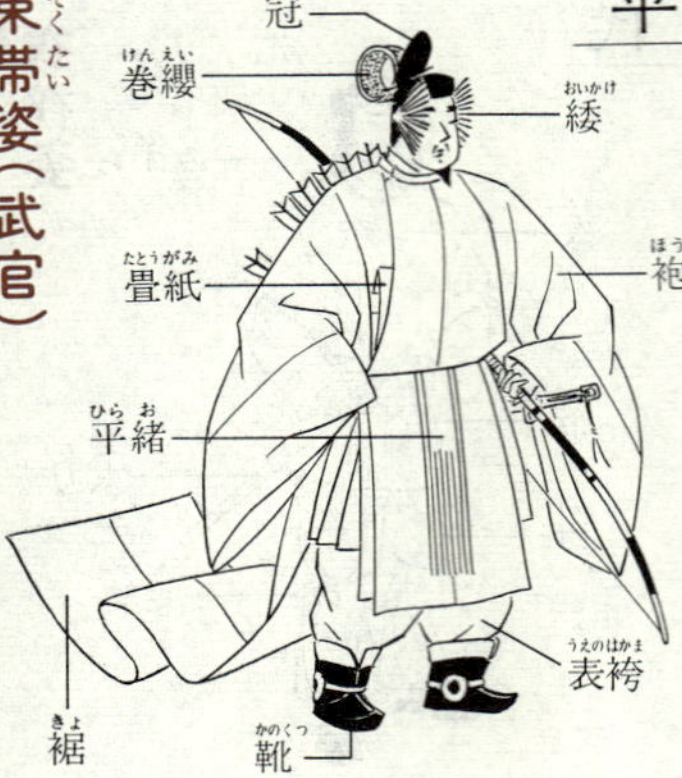

束帯姿（文官）

女房装束

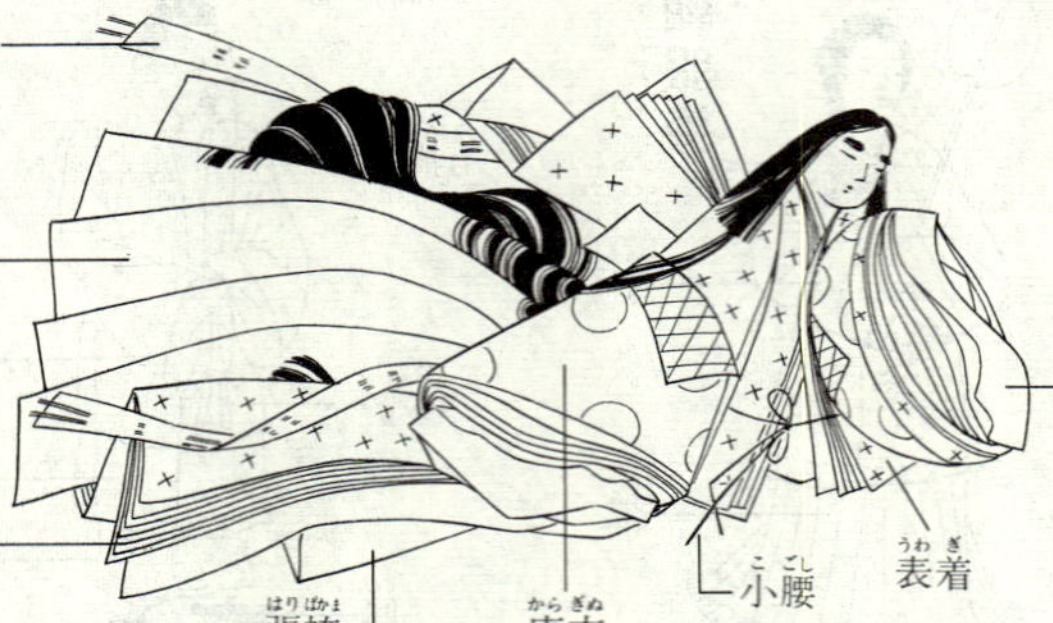

水干姿

直衣

衣冠姿

付

鎌倉時代

直垂姿

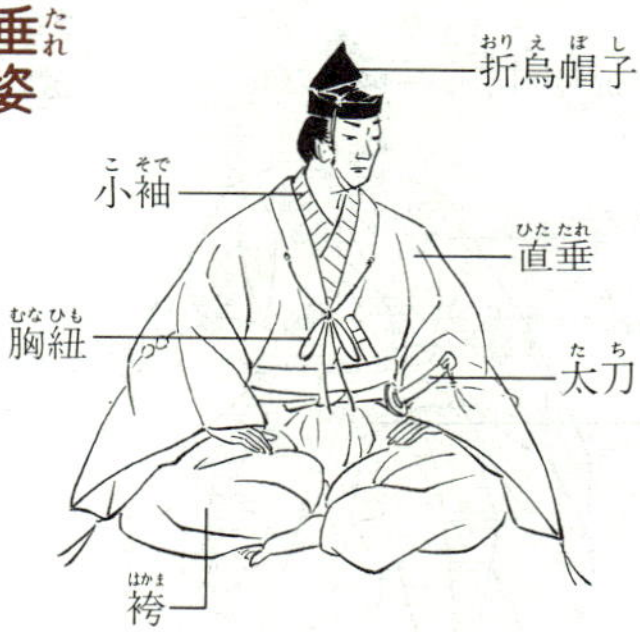

狩衣姿

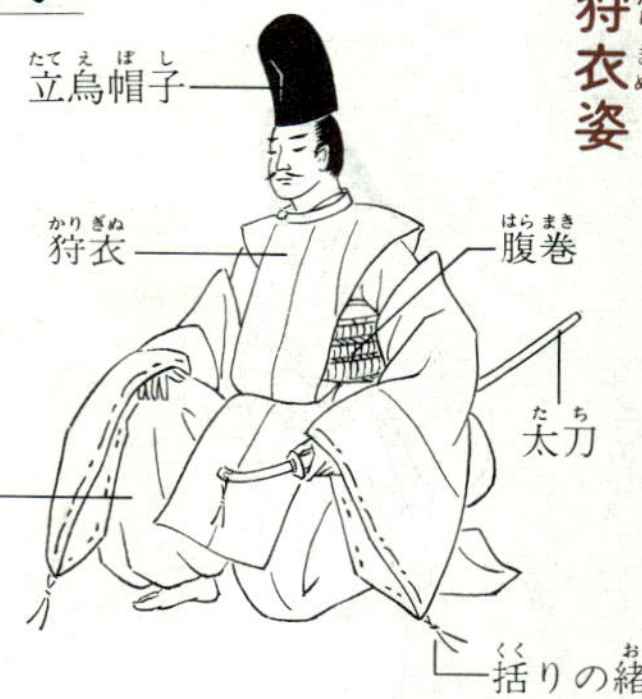

素襖姿

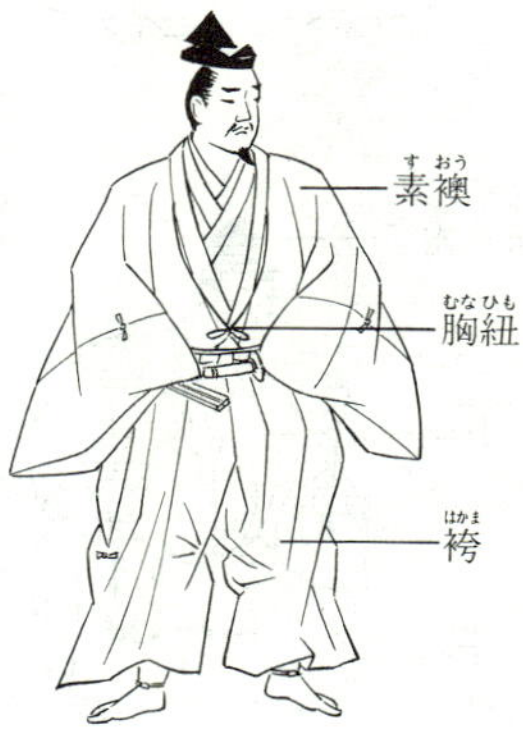

小袖袴姿

白拍子姿

帔の垂れ衣姿

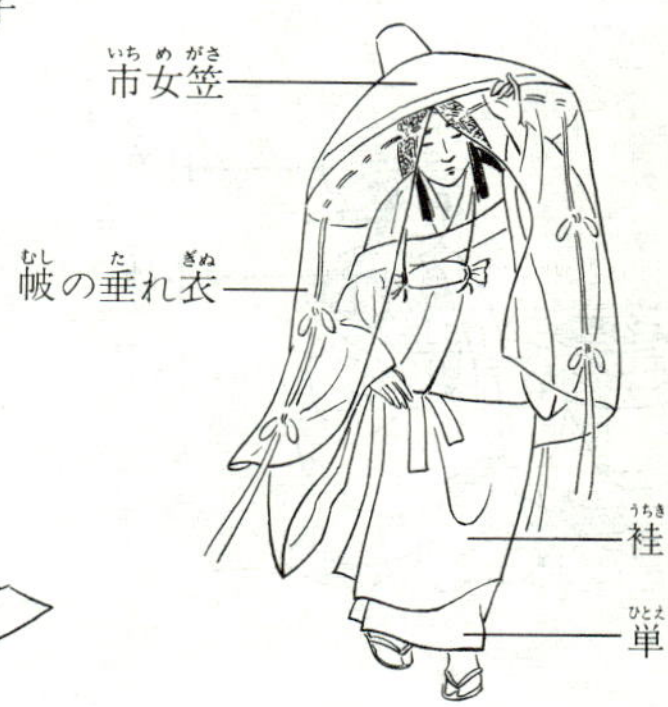

室町時代

小袖(こそで)姿

大紋(だいもん)姿

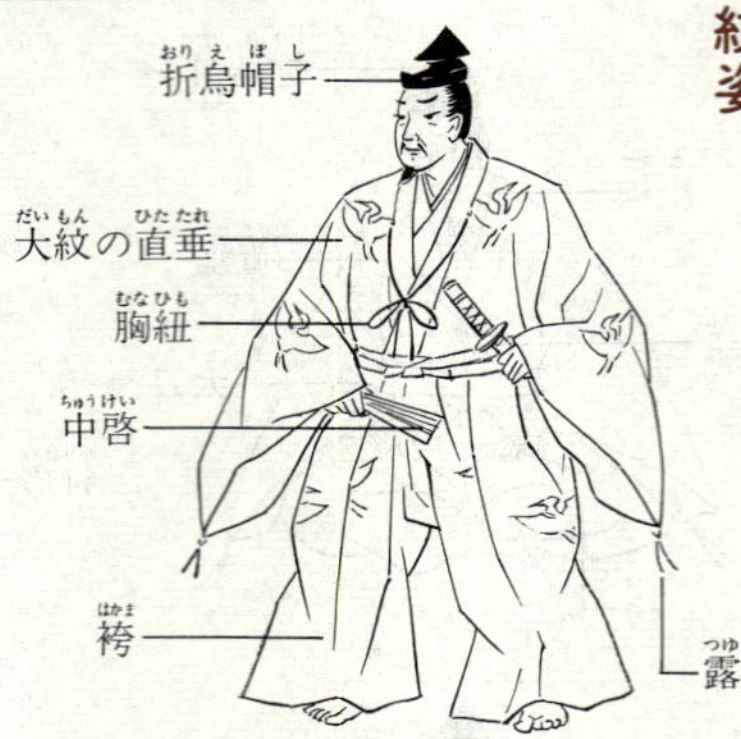

腰巻(こしまき)姿

職人(しょくにん)の姿

桂女(かつらめ)

はつき

安土桃山時代

打掛姿

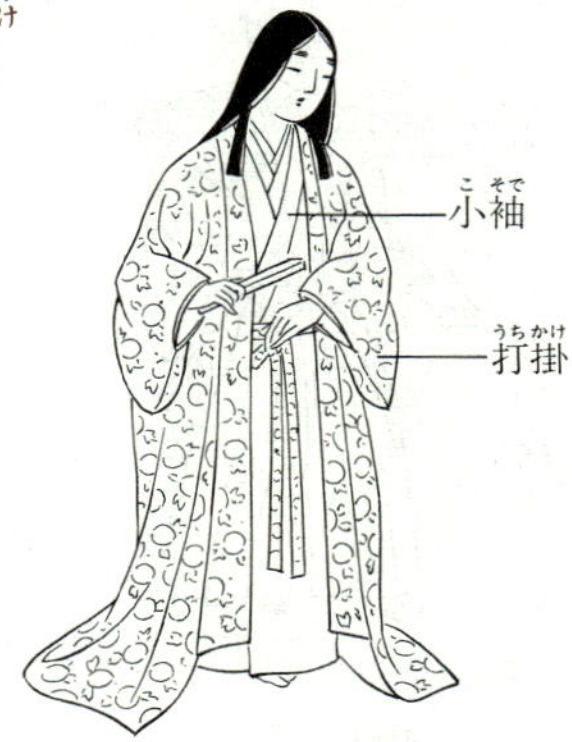

肩衣袴

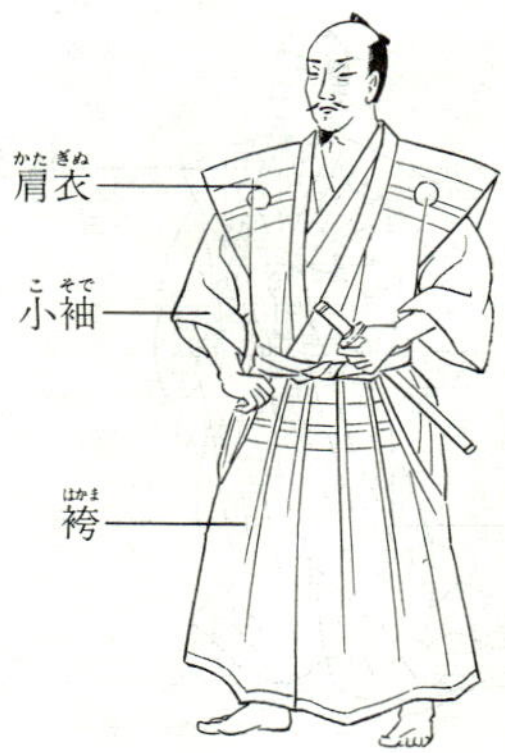

腰巻姿

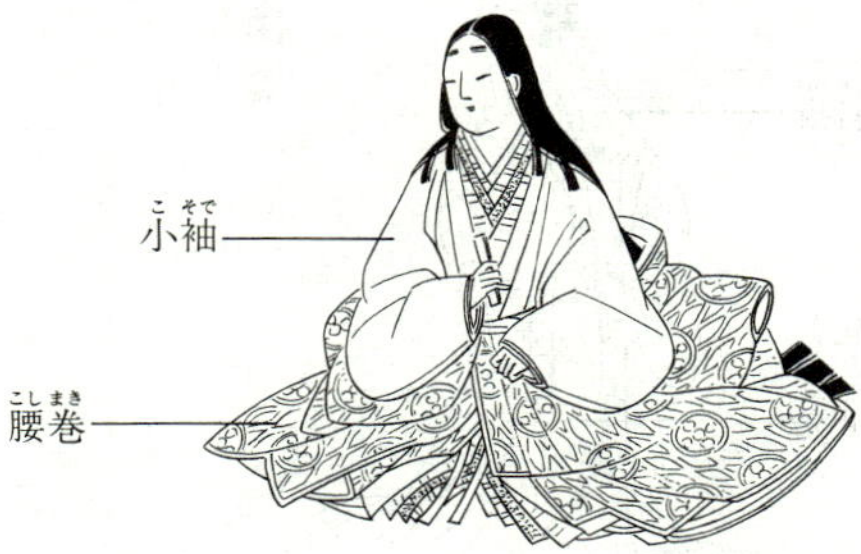

十徳姿

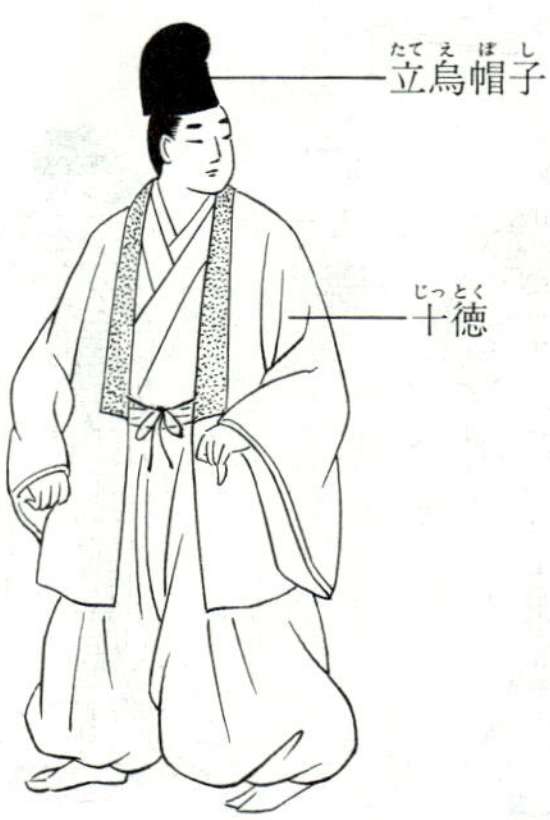

道服姿

付

江戸時代

長裃姿（ながかみしも）

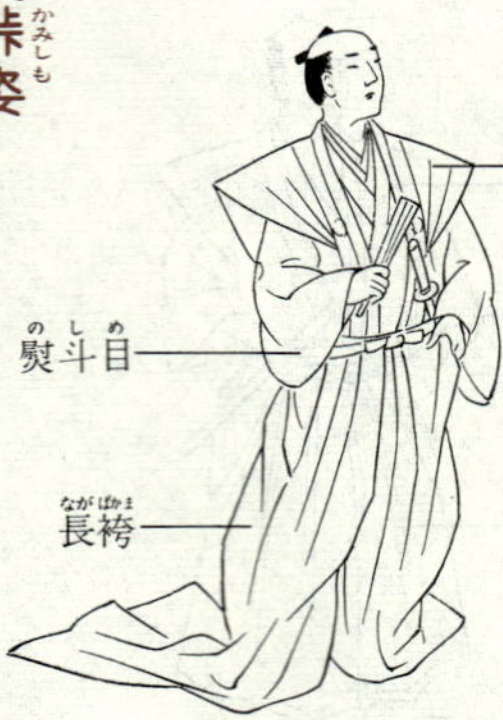

継裃姿（つぎかみしも）

打掛姿（うちかけ）

商人姿（しょうにん）

町人妻（ちょうにんづま）

箱入り娘（はこいりむすめ）

被り物・髪型（かぶりもの・かみがた）

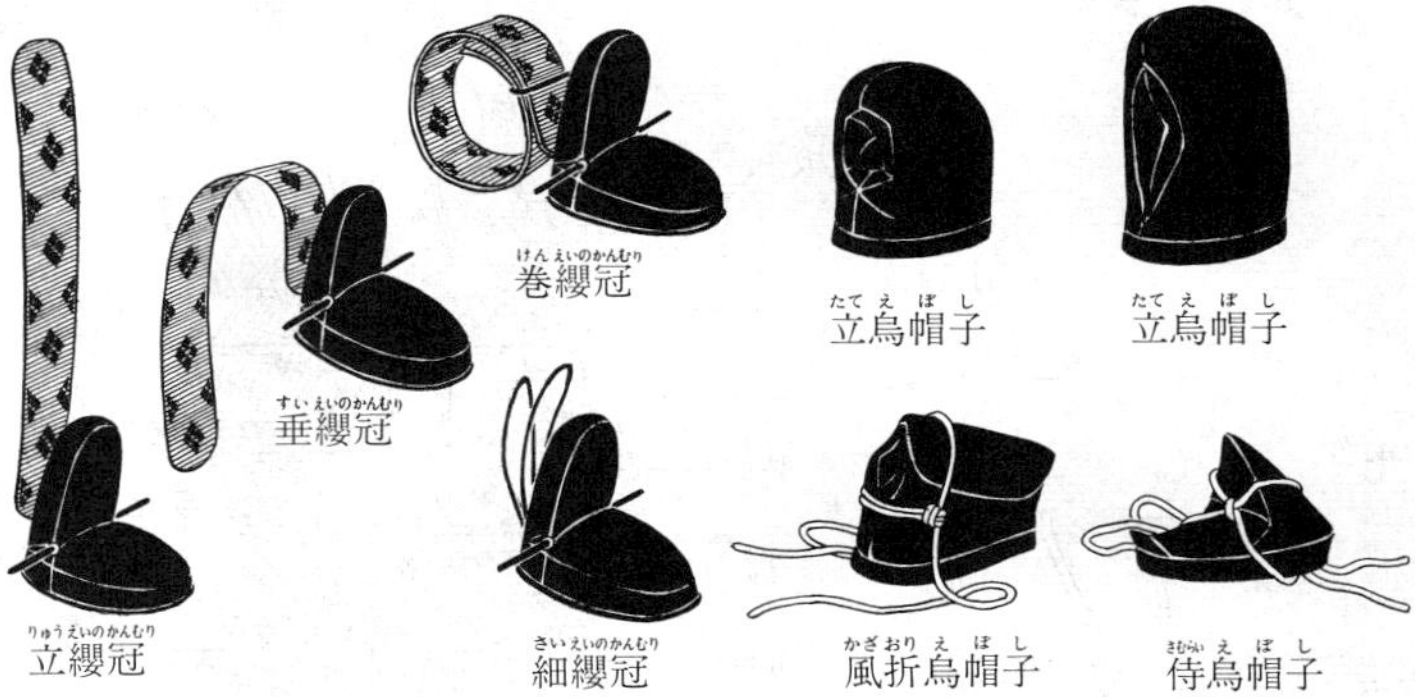

付

武具（ぶぐ）

大鎧姿（おおよろいすがた）

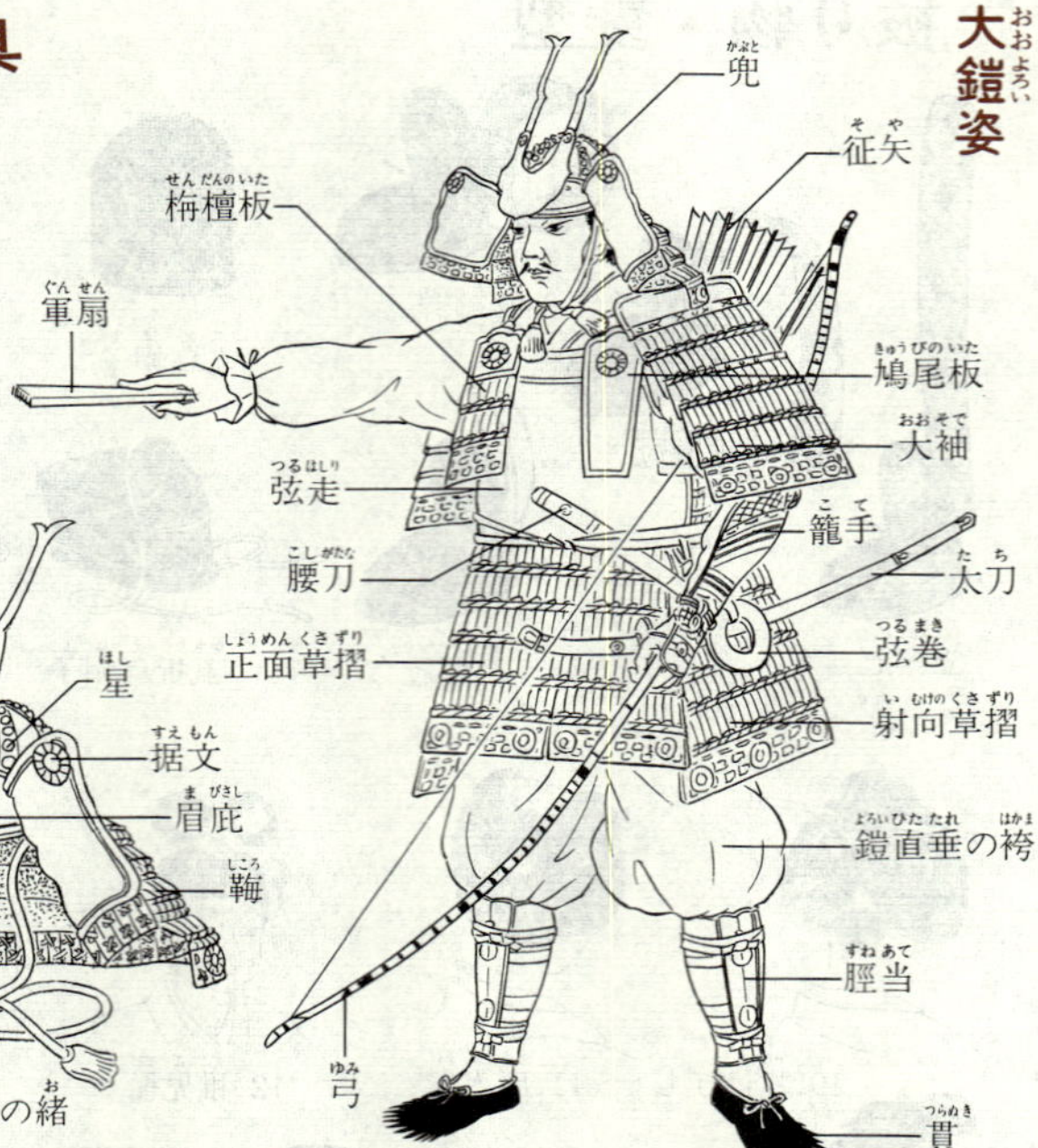

兜（かぶと）

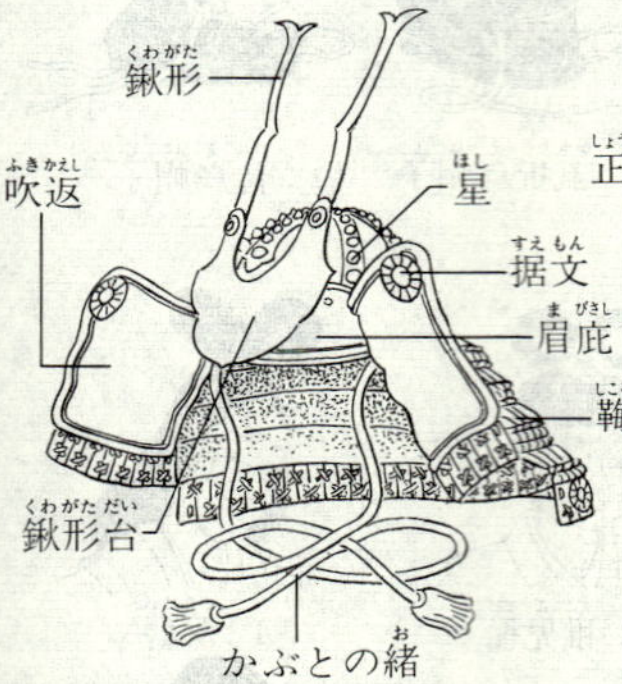

籠手（こて）

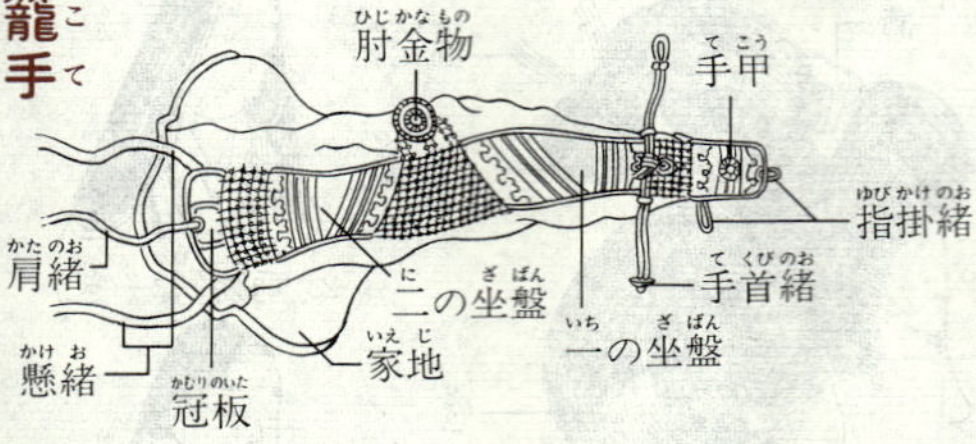

小具足姿（こぐそくすがた）

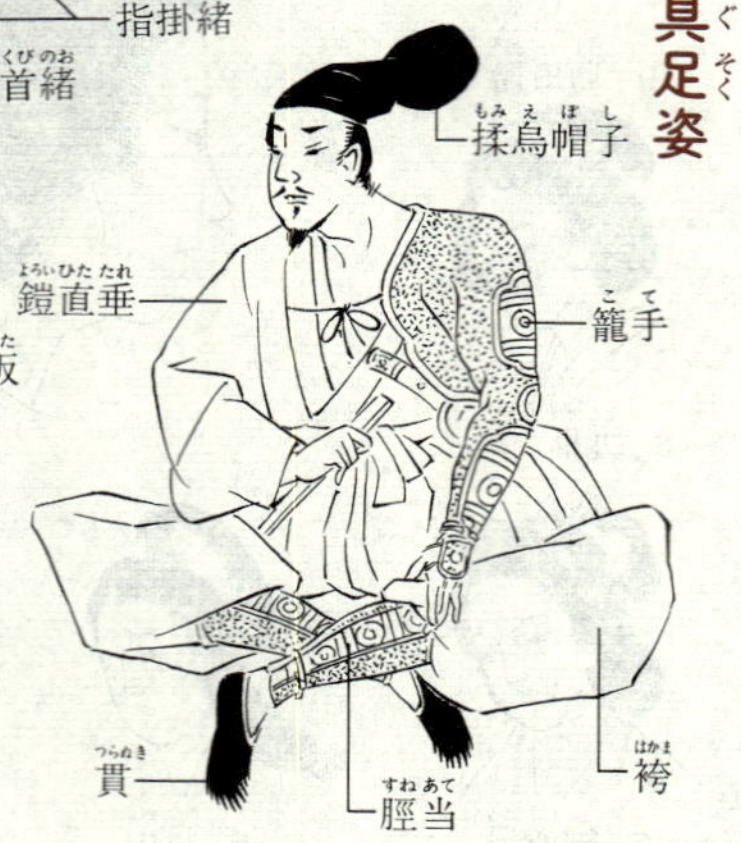

脛当（すねあて）

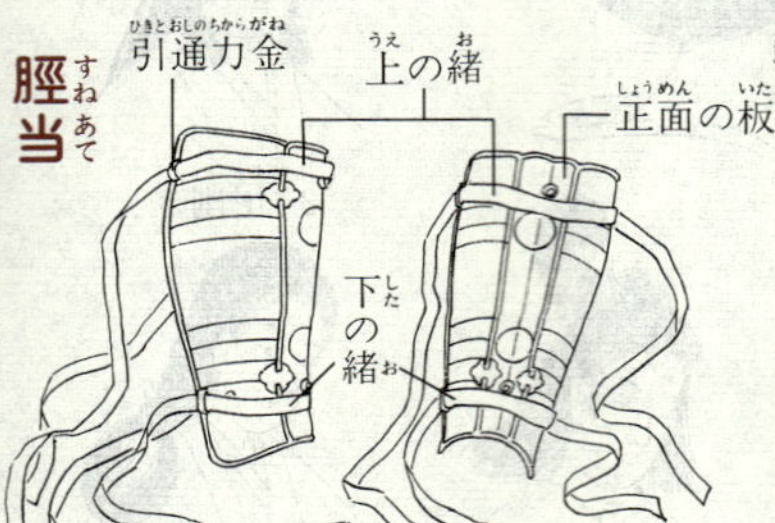

付

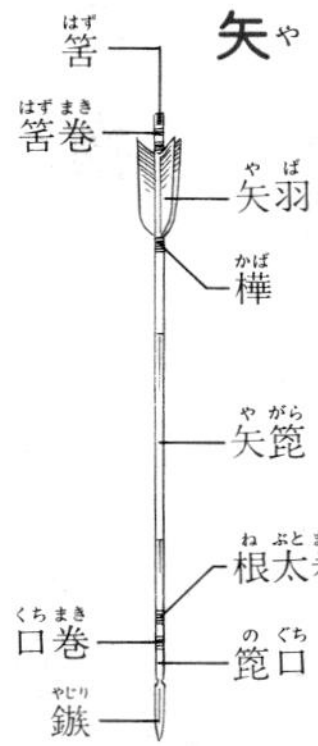
矢(や)
筈(はず)
筈巻(はずまき)
矢羽(やばね)
樺(かば)
矢箆(やがら)
根太巻(ねぶとまき)
口巻(くちまき)
箆口(のぐち)
鏃(やじり)

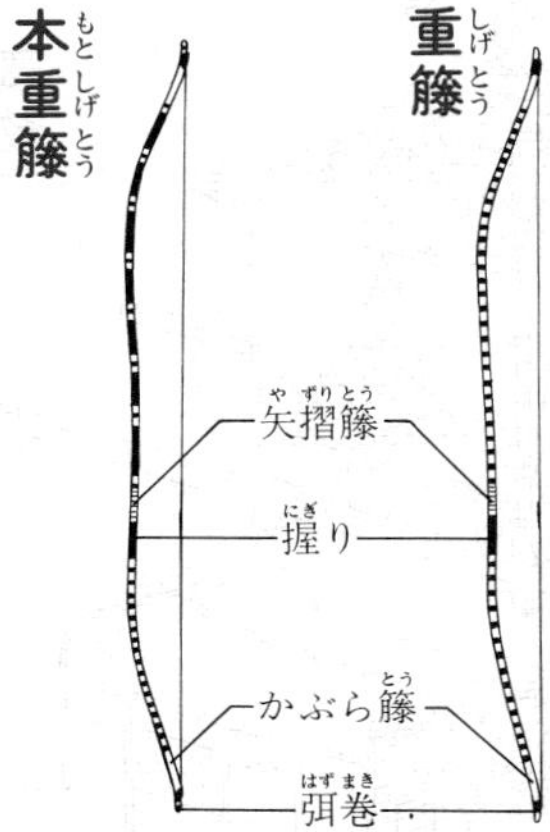
本重籐(もとしげとう)
重籐(しげとう)
矢摺籐(やずりとう)
握り(にぎり)
かぶら籐(とう)
弭巻(はずまき)

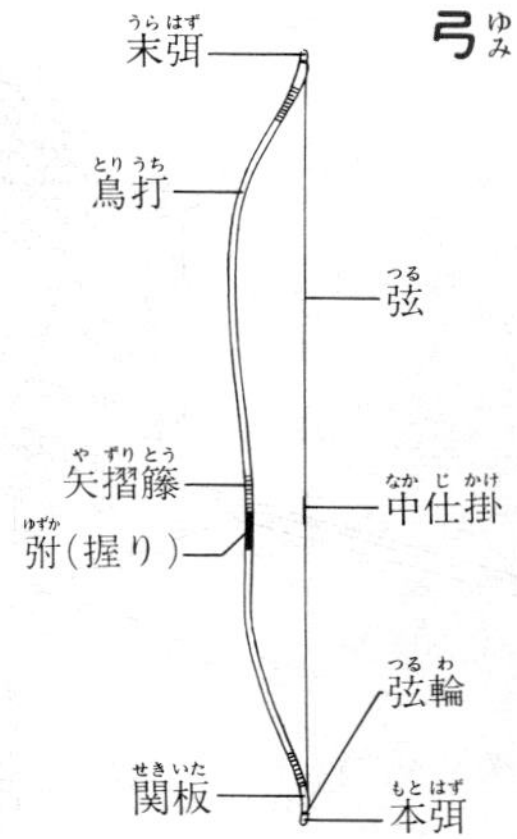
弓(ゆみ)
末弭(うらはず)
鳥打(とりうち)
弦(つる)
矢摺籐(やずりとう)
中仕掛(なかじかけ)
弣(ゆずか)(握り)
弦輪(つるわ)
関板(せきいた)
本弭(もとはず)

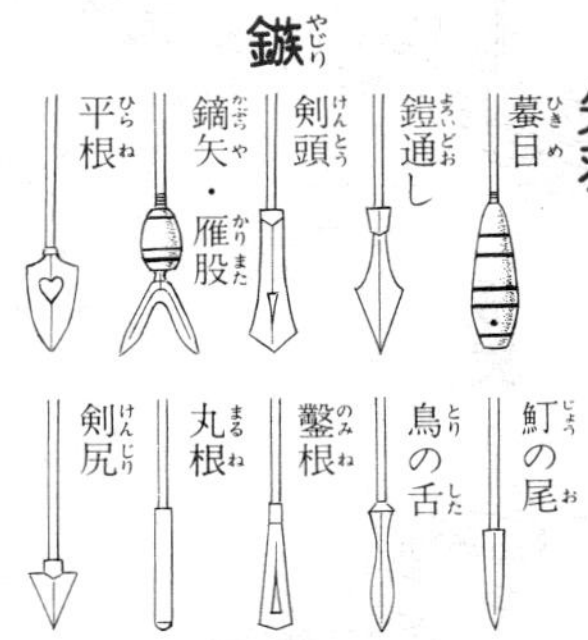
鏃(やじり)
平根(ひらね)
鏑矢(かぶらや)・雁股(かりまた)
剣頭(けんとう)
鎧通し(よろいどおし)
蟇目(ひきめ)
剣尻(けんじり)
丸根(まるね)
鑿根(のみね)
鳥の舌(とりのした)
釘の尾(じょうのお)

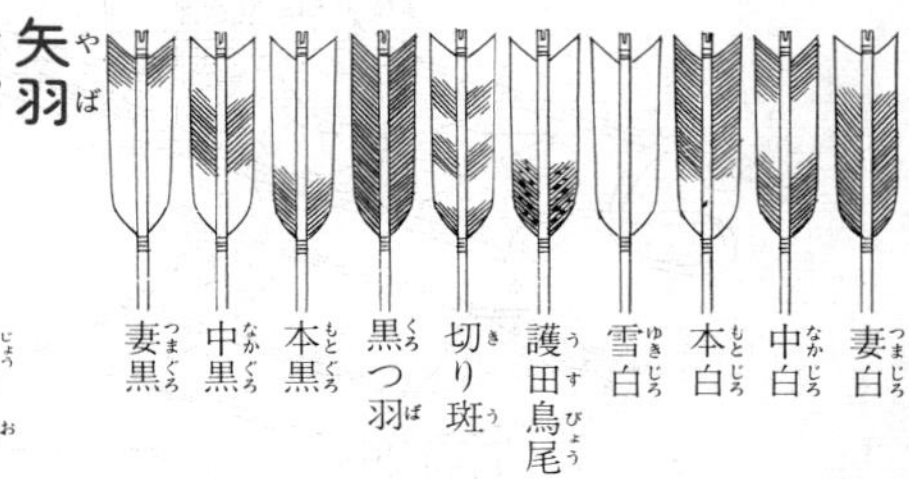
矢羽(やばね)
妻黒(つまぐろ)
中黒(なかぐろ)
本黒(もとぐろ)
黒つ羽(くろつば)
切り斑(きりう)
護田鳥尾(うすびょう)
雪白(ゆきじろ)
本白(もとじろ)
中白(なかじろ)
妻白(つまじろ)

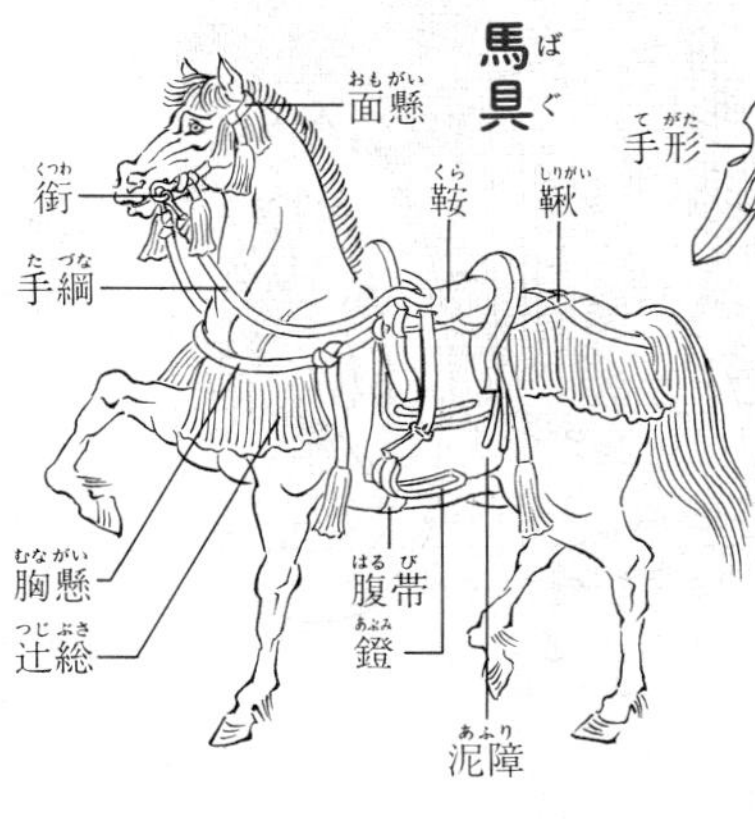
馬具(ばぐ)
面懸(おもがい)
銜(くつわ)
鞍(くら)
鞦(しりがい)
手綱(たづな)
胸懸(むながい)
腹帯(はるび)
鐙(あぶみ)
辻総(つじぶさ)
泥障(あふり)

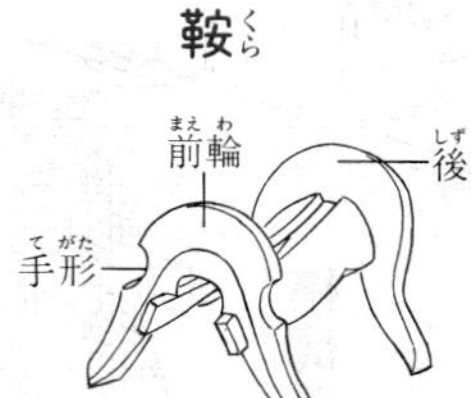
鞍(くら)
前輪(まえわ)
後輪(しずわ)
手形(てがた)

鐙(あぶみ)

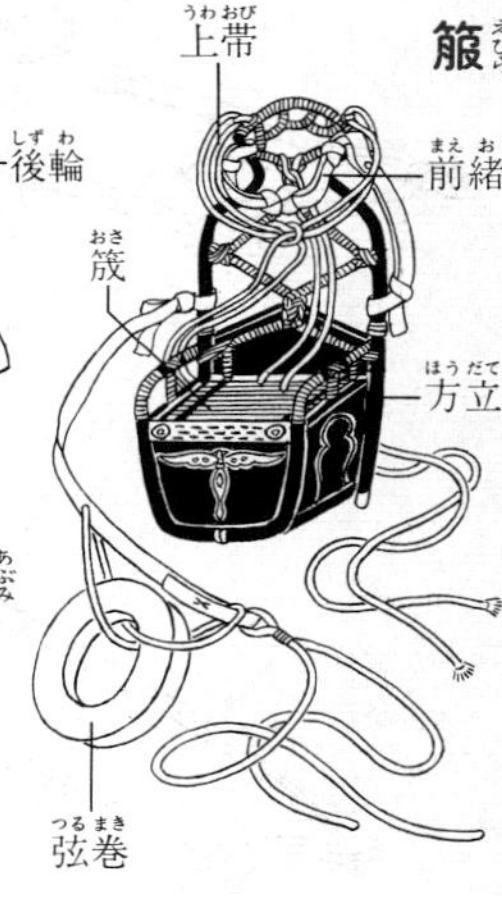
箙(えびら)
上帯(うわおび)
前緒(まえお)
筬(おさ)
方立(ほうだて)
弦巻(つるまき)

付

乗(の)り物(もの)

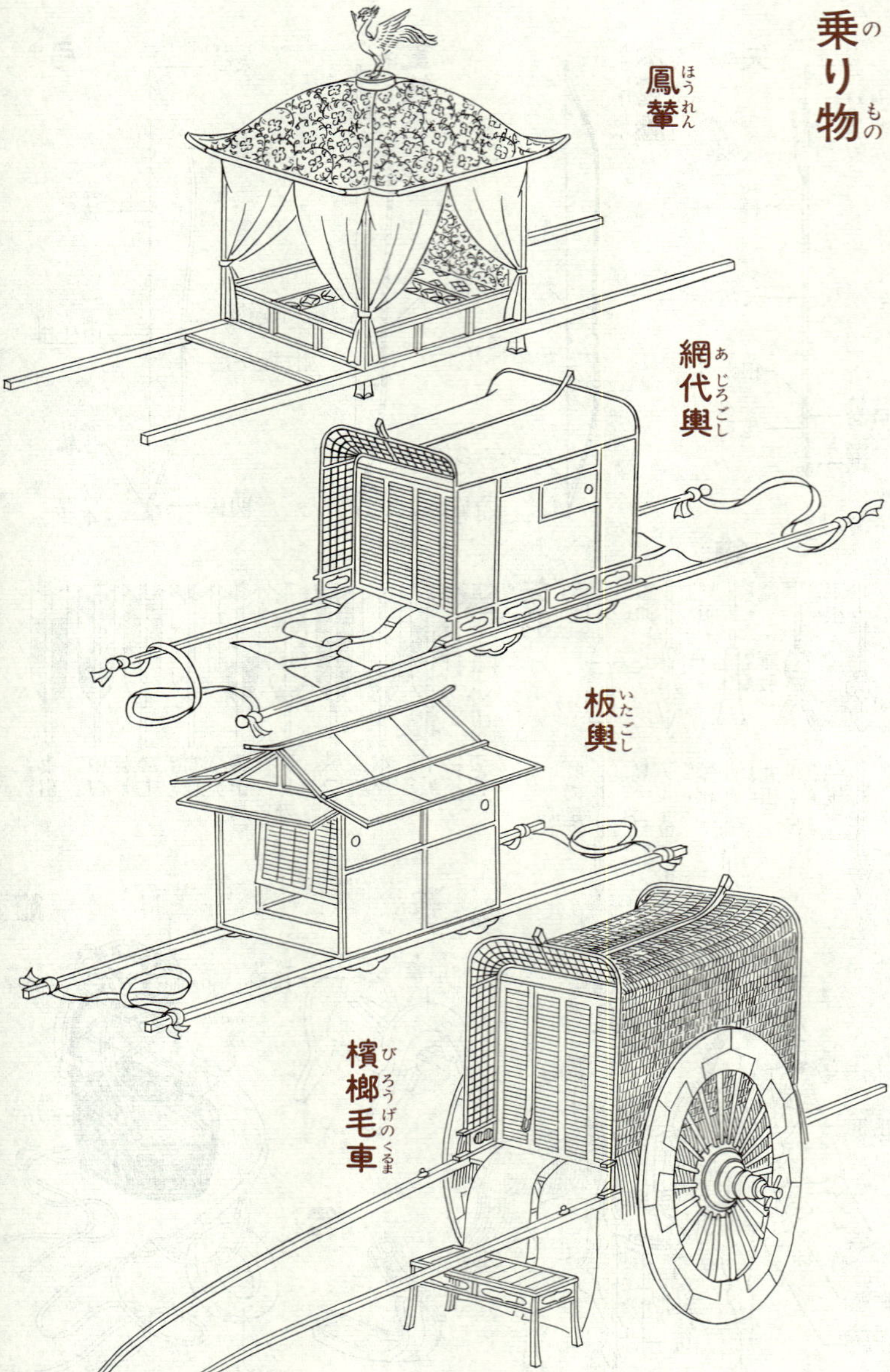
鳳輦(ほうれん)
網代輿(あじろごし)
板輿(いたごし)
檳榔毛車(びろうげのくるま)

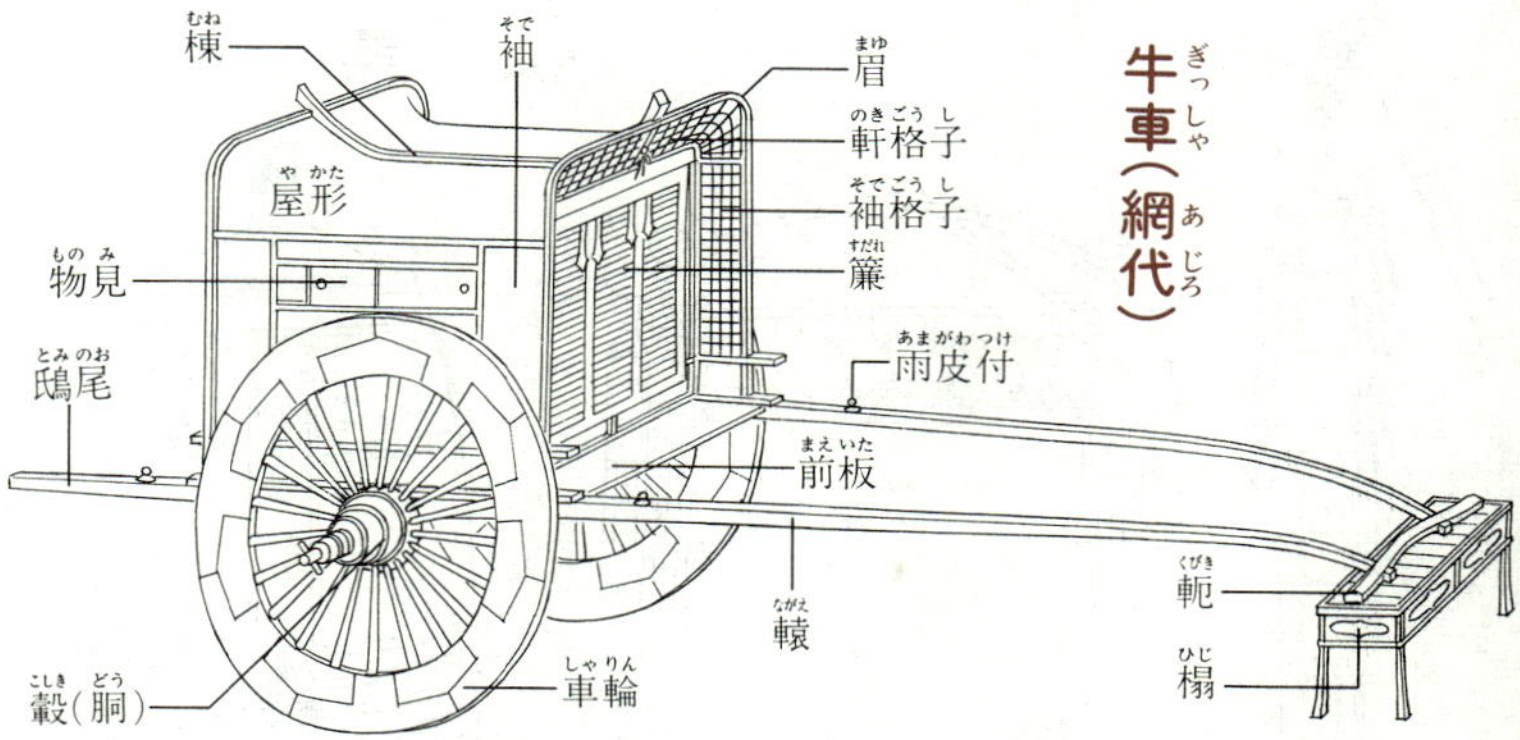

牛車（ぎっしゃ）（網代（あじろ））

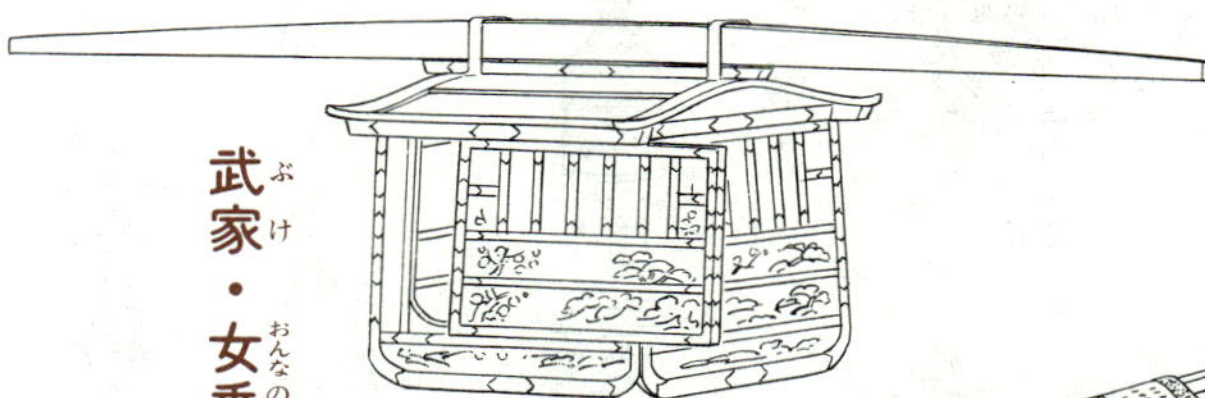

武家（ぶけ）・女乗物（おんなのりもの）

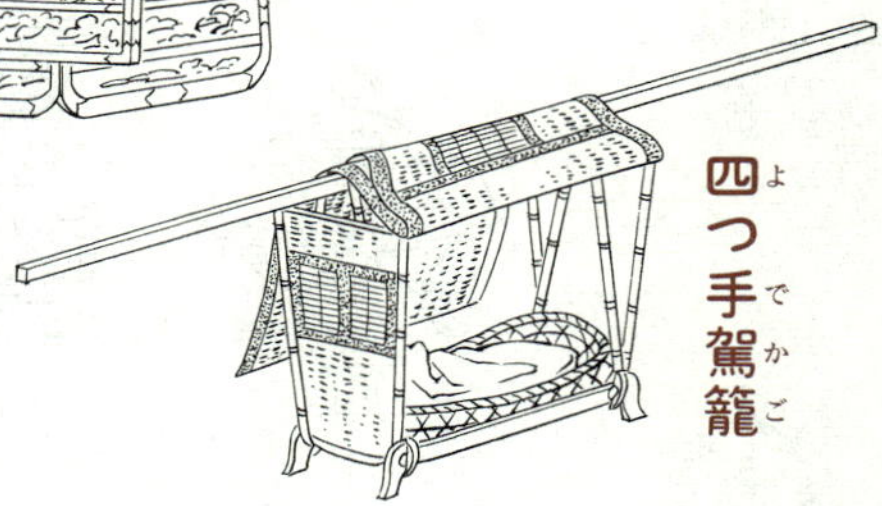

四つ手駕籠（よつでかご）

三十石船（さんじゅっこくぶね）

高瀬船（たかせぶね）

付

仏具

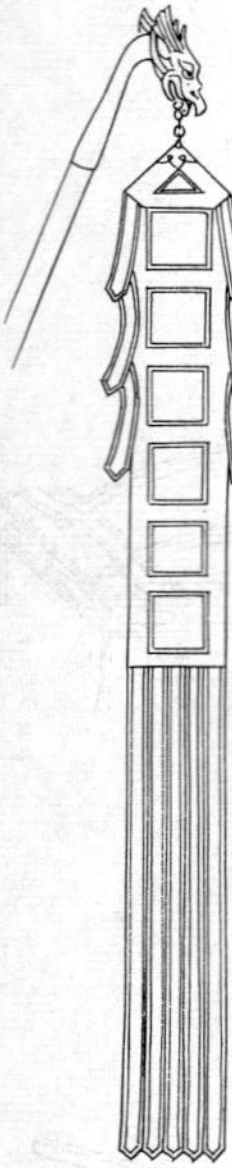
幡

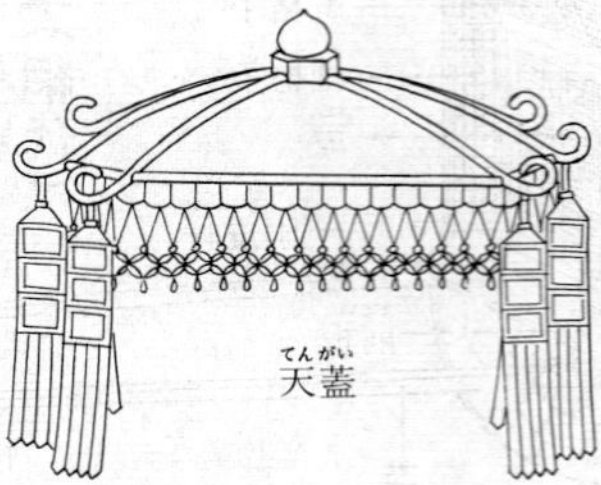
天蓋

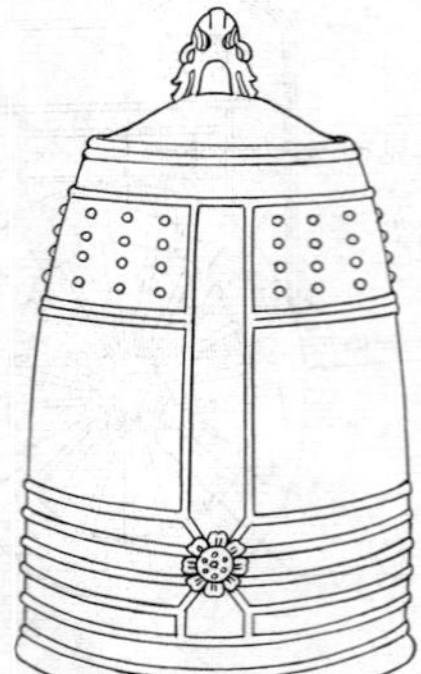
梵鐘

輪宝

三鈷杵

三鈷鈴

(三つ具足)

火舎

華瓶

香炉

燭台

錫杖

如意

魚板

木魚

雲板

仏像

（如来形（にょらいぎょう））

釈迦如来（しゃかにょらい）

阿弥陀如来（あみだにょらい）

盧舎那仏（るしゃなぶつ）

（菩薩形（ぼさつぎょう））

弥勒菩薩（みろくぼさつ）

普賢菩薩（ふげんぼさつ）

如意輪観音（にょいりんかんのん）

（明王部（みょうおうぶ））

不動明王（ふどうみょうおう）

降三世明王（ごうざんぜみょうおう）

愛染明王（あいぜんみょうおう）

（天部（てんぶ））

毘沙門天（びしゃもんてん）

弁財天（べんざいてん）

吉祥天（きちじょうてん）

調度品（ちょうどひん）

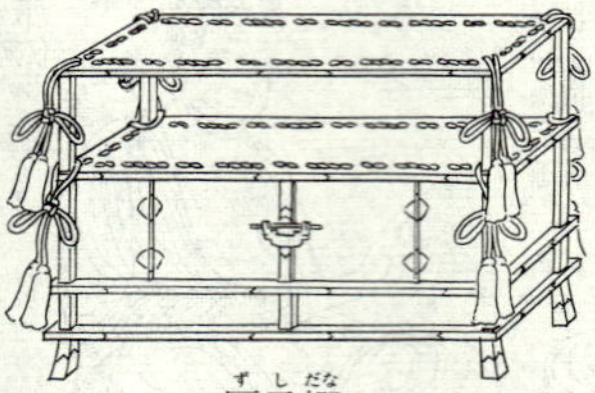

厨子棚（ずしだな）

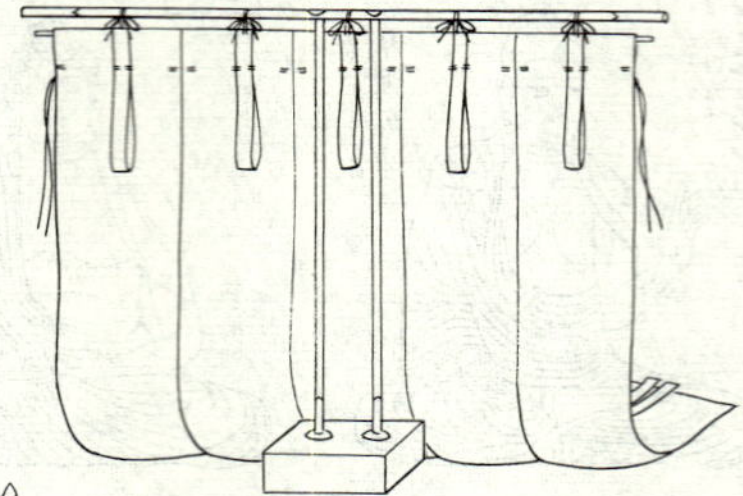

几帳（きちょう）

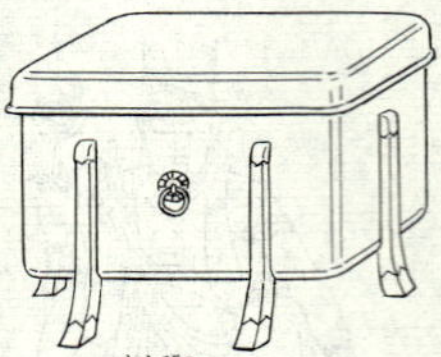

唐櫃（からびつ）

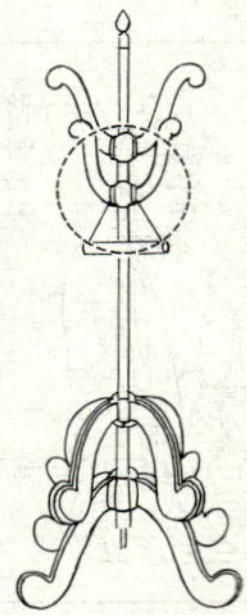

鏡台（きょうだい）

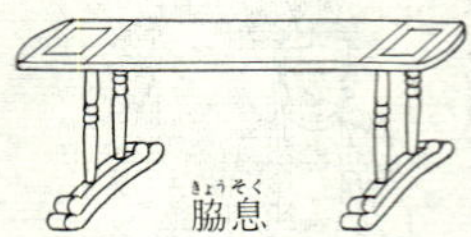

脇息（きょうそく）

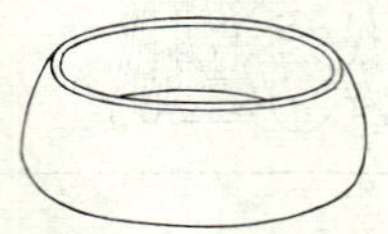

火桶（ひおけ）

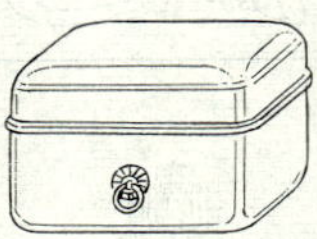

手筥（てばこ）

角盥（つのだらい）

楾（はぞう）

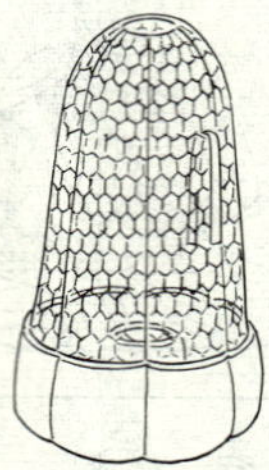

火取（ひとり）

高杯（たかつき）

耳盥（みみだらい）

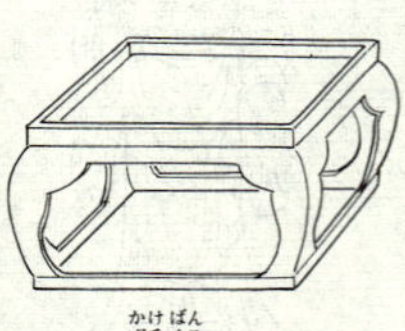

懸盤（かけばん）

瓶子（へいし）

提子（ひさげ）

汁次（しるつぎ）

三つ椀（みつわん）

寝殿造（しんでんづくり）

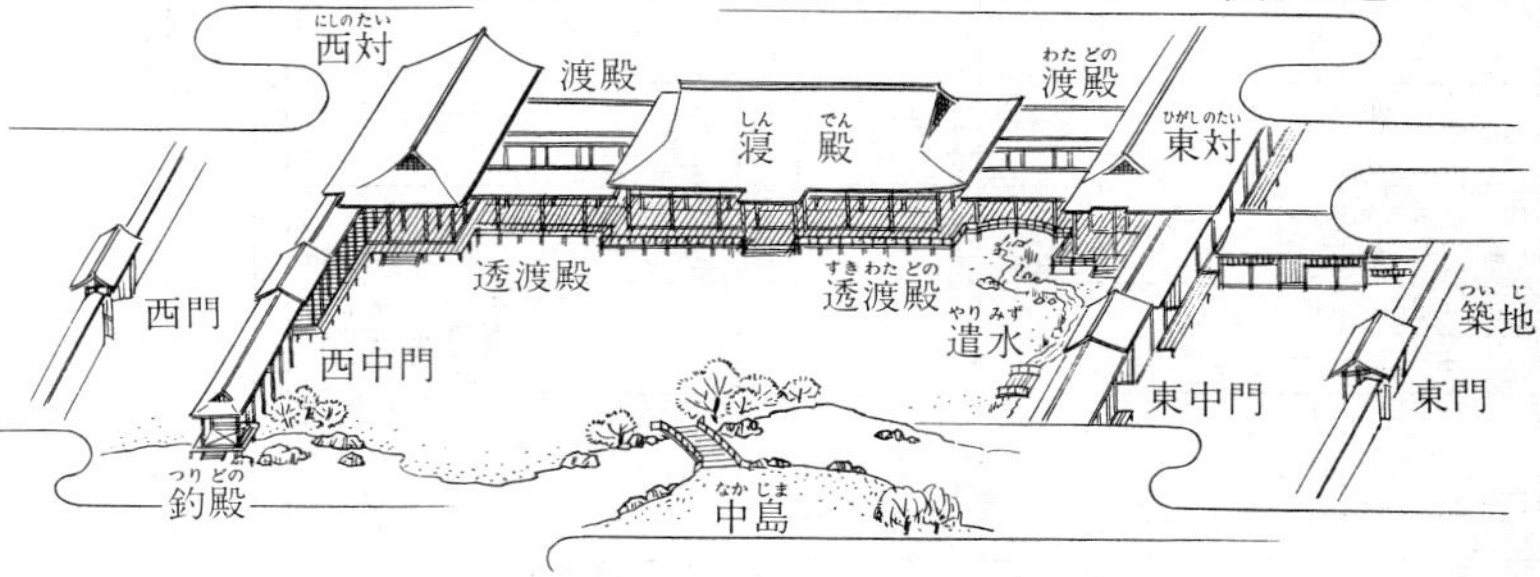

清涼殿（せいりょうでん）

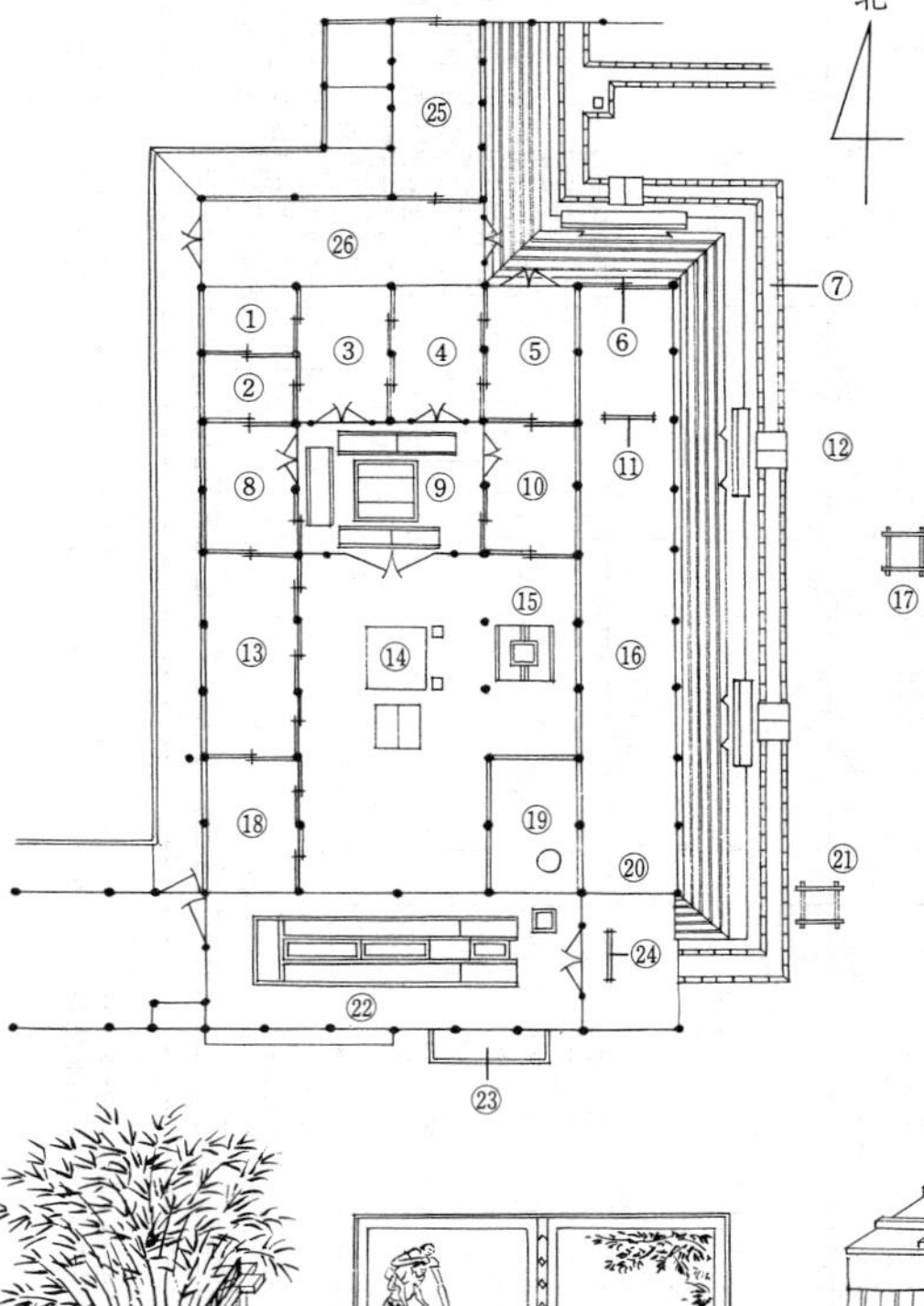

① 御湯殿
② 御手水間
③ 藤壺上御局
④ 萩の戸
⑤ 弘徽殿上御局
⑥ 荒海障子
⑦ 御溝水
⑧ 朝餉間
⑨ 夜御殿
⑩ 二間
⑪ 昆明池障子
⑫ 東庭
⑬ 台盤所
⑭ 御帳台
⑮ 昼御座
⑯ 東孫廂(広廂)
⑰ 呉竹
⑱ 鬼間
⑲ 石灰壇
⑳ 鳴板
㉑ 河竹
㉒ 殿上間
㉓ 小板敷
㉔ 年中行事障子
㉕ 黒戸
㉖ 北廂

付

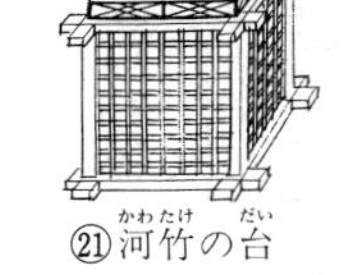
㉑河竹の台（かわたけのだい）

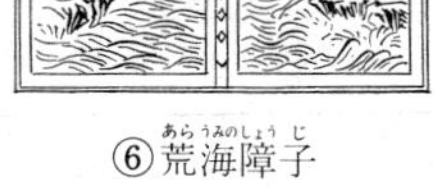
⑥荒海障子（あらうみのしょうじ）

⑭御帳台（みちょうだい）

官位相当表

（律令制における主な官職と位階の関係を一覧表にした。ただし令外官については主なものを『職原抄』に基づき表示した。*、参議は相当位階が定められず、参議となりうる最下位のところに記載した。**、市司は京職の被管であるが、便宜上ここに記した。）

京都造形芸術大教授 村井康彦
京都女子大教授 瀧浪貞子 作

付

	官司	正一位	従一位	正二位	従二位	正三位	従三位	正四位上	正四位下	従四位上	従四位下	正五位上	正五位下	従五位上	従五位下
中央官 二官	神祇官										伯				大副
	太政官	太政大臣		左大臣	右大臣 内大臣	大納言	中納言		参議*	大弁		中弁	少弁		少納言
八省	中務省							卿				大輔		少輔	侍従 大監物
	式部省 治部省 民部省 兵部省 刑部省 大蔵省 宮内省								卿				大輔 大判事		輔
職	中宮職										大夫				亮
	大膳職											大夫			亮
寮	大舎人寮 大学寮 木工寮 雅楽寮 玄蕃寮 諸陵寮 主計寮 主税寮 図書寮 馬寮 兵庫寮													頭	
	内蔵寮 縫殿寮 内匠寮 大炊寮 散位寮 陰陽寮 主殿寮 典薬寮 掃部寮 斎宮寮														頭
司	正親司 内膳司 造酒司 兵馬司 鍛冶司 造兵司 画工司 典鋳司 典薬司 市司** 宮奴司 鼓吹司 園池司 贓贖司 囚獄司 斎院司														斎院長官
	内兵庫司 土工司 葬儀司 采女司 主船司 漆部司 縫部司 織部司 隼人司 内礼司														
	主水司 主油司 筥陶司 内染司														
	主鷹司														
その他	春宮坊							皇太子傅			大夫				亮 皇太子学士
	弾正台									尹			弼		
	近衛府						大将				中将		少将		
	衛門府 衛士府											督			佐
	兵衛府													督	
	検非違使									別当				佐	
	勘解由使										長官				次官
	蔵人所				別当					頭中将 頭弁				五位	
	後宮（内侍司① 蔵司② 書司③ 薬司④ 兵司⑤ 闈司⑥ 殿司⑦ 掃司⑧ 水司⑨ 膳司⑩ 酒司⑪ 縫司⑫）					尚蔵②	尚侍①	尚縫⑫	尚膳⑩	典蔵②	典侍①			掌侍①	典膳⑩ 典縫⑫
地方官	京職 摂津職											大夫			亮
	大宰府						帥					大弐			少弐
	大国													守	
	上国														守
	中国														
	下国														

少初位		大初位		従八位		正八位		従七位		正七位		従六位		正六位	
下	上	下	上	下	上	下	上	下	上	下	上	下	上	下	上
				少史		大史						少祐	大祐		少副
									少外記		大外記 少史				大史
					少典鑰		少内記 少録 少主鈴	大典鑰		少監物 大主鈴	中内記 大録		少丞 中監物	大丞	大内記
				刑部少解部 治部少解部		治部大解部 刑部中解部 判事少属	少録 典革	刑部大解部 大蔵少主鑰		判事大属	大録	少判事 大蔵大主鑰	少丞	大丞 中判事	
					少属	大属						少進	大進		
					少属	大属				主醤 主菓餅	少進	大進			
				少属 主計算師 主税算師	大属 雅楽諸師 馬医					少允 音博士 書博士 算博士	大允 大学助教			助 大学博士	
			少属	大属	按摩師	按摩博士	内蔵少主鑰 呪禁師 針師 薬園師 典履	医師 漏刻博士 針博士	允 陰陽師 暦博士 呪禁博士	医博士 陰陽博士 天文博士	内蔵大主鑰		助		
		少令史	大令史 令史 画師	斎院主典				佑 内膳典膳	斎院判官				斎院次官	内薬侍医	正 内膳奉膳
		令史 挑文師					佑							正	
	令史 染史					佑							正		
令史												正			
					少属	大属						少進	大進		
							少疏			巡察	大疏			少忠	大忠
										将曹			将監		
					少志	大志 医師					少尉	大尉			
				少志	大志 医師				少尉	大尉				佐	
					少志		大志		少尉			大尉			
								主典			判官				
												六位			
				掌縫⑫	典水⑨ 掌膳⑩ 典酒⑪	典兵⑤ 典闈⑥ 典殿⑦ 典掃⑧	典薬④		尚闈⑥ 尚掃⑧ 尚水⑨	掌蔵② 典書③ 尚薬④ 尚兵⑤		尚酒⑪	尚殿⑦		尚書③
					少属	大属					少進	大進			
		判事少令史 防人令史	判事大令史				少典 陰陽師 医師 少工 算師 防人祐 主船 主厨	博士		主神	大工 少判事 大典 防人正	大判事	少監	大監	
				少目	大目				少掾	大掾				介	
				目					掾				介		
		目					掾							守	
	目											守			

主要年中行事一覧

構成　京都造形芸術大学教授　村井　康彦
京都女子大学教授　瀧浪　貞子

正月

元日　**四方拝**（天皇が天地四方・山陵を拝して国家平安を祈る）
朝賀（朝拝とも。天皇が群臣の賀を受ける）
元日節会（元日の宴会。天皇が群臣に宴を賜う）
歯固（元日から三日まで。長寿を祈って天皇に押鮎・大根などの食物を供する）

二日　**朝覲行幸**（二日から四日の間に、天皇が上皇及び皇太后に年始の挨拶をする）
二宮大饗（群臣が後宮と東宮に拝賀して宴を賜る）

四日・五日　**大臣大饗**（大臣の私邸に親王・公卿を招いての宴）

五日または六日　**叙位**（位階を授ける）

七日　**白馬節会**（天皇が、左右馬寮の引き回す白馬を見る）
七種羹（七種類の菜で羹を作る）

八日　**女叙位**（女子に位階を授ける）
御斎会（八日から七日間、僧侶が宮中で金光明最勝王経を講説）

十一日　**県召除目**（十一日から三日間、諸国の国司を任命する）

十四日　**踏歌節会**（天皇に祝詞を奏し、足を踏み鳴らして歌舞。女踏歌は十六日）

十五日　**御薪**（百官が燃料用の薪を宮中に献上）
十五日粥（望粥とも。小豆入りの粥を天皇に献上）
左義長（三毬杖とも。悪魔払い。青竹に短冊などを結びつけて焼いた）

十七日　**射礼**（宮中で弓を射て、禄を賜る）

十八日　**賭弓**（弓術を競う）

二十一日（または二十一～二十三日の子の日）　**内宴**（天皇が私的に開く宴）

上の子の日　**子日遊**（野外に出て若菜などを摘んで遊ぶ）

上の卯の日　**卯杖**（祝いの杖を天皇・東宮などに献上）

二月

四日　**祈年祭**（豊年を祈る）

十一日　**列見**（六位以下の叙位の候補者の引見）

上の申の日　**春日祭**（春日社での藤原氏の氏神の祭）

上の午の日　**初午**（稲荷神社の祭礼）

三月

三日　**司召除目**（古くは春、後には秋。中央の諸官を任命）

曲水宴（流水に盃を浮かべ、詩を詠んで遊ぶ）
上巳祓（人形に穢を移し、川に流す）

四月

一日　更衣（季節にふさわしい衣服や調度類にかえる）
孟夏旬（天皇が紫宸殿に出御し、政事を視る）
八日　灌仏会（釈迦の誕生日に仏像を灌浴する）
二十八日　駒牽（天皇が諸国の馬を閲覧）
中の酉の日　賀茂祭（葵祭とも。賀茂社の祭）

五月

五日　端午節会（菖蒲を飾り、延命を願う）
賀茂競馬（賀茂社境内で馬を走らせ勝敗を競う）

六月

十一日　月次　祭（神祇官で国家の平安を祈る）
十五日前後　祇園会（祇園社の祭礼。祇園祭）
晦日　六月祓（夏越の祓）

七月

七日　乞巧奠（七夕。女性が裁縫の上達を願って行う）
十五日　于蘭盆会（死者の霊を供養する）
月末　相撲節会（天皇が相撲を観覧。当初は七夕の余興）

八月

十一日　定考（下級官人の加階・昇任の決定）
十五日　月見
この月　駒牽（甲斐・武蔵・信濃などの馬を天皇が閲覧）

九月

九日　重陽　宴（菊花の宴）
十一日　伊勢奉幣（幣帛を伊勢神宮に奉献）

十月

一日　更　衣
五日　残菊宴（菊花の宴）
亥の日　亥子餅（玄猪とも。餅を食べて平安を祝う）

十一月

下の卯の日　新嘗祭（天皇が新穀を神に献上し、自身も食する）
豊明　節会（新嘗祭の翌日の宴）

十二月

十一日　月次　祭
十九日　御仏名（十九日から二十一日まで。諸仏の名を唱えて罪を悔いる）
晦日　追儺（鬼やらいとも。宮中で悪鬼を追い払う）
大祓（罪や穢を除く）
御魂祭（死者の霊を迎える）
年末　荷前（天皇や外戚の陵墓に幣帛を献ずる）

古代の暦法

《十干・十二支の組み合わせ》

十干	木 兄	木 弟	火 兄	火 弟	土 兄	土 弟	金 兄	金 弟	水 兄	水 弟
年・干支	1 甲子	2 乙丑	3 丙寅	4 丁卯	5 戊辰	6 己巳	7 庚午	8 辛未	9 壬申	10 癸酉
	11 甲戌	12 乙亥	13 丙子	14 丁丑	15 戊寅	16 己卯	17 庚辰	18 辛巳	19 壬午	20 癸未
	21 甲申	22 乙酉	23 丙戌	24 丁亥	25 戊子	26 己丑	27 庚寅	28 辛卯	29 壬辰	30 癸巳
	31 甲午	32 乙未	33 丙申	34 丁酉	35 戊戌	36 己亥	37 庚子	38 辛丑	39 壬寅	40 癸卯
	41 甲辰	42 乙巳	43 丙午	44 丁未	45 戊申	46 己酉	47 庚戌	48 辛亥	49 壬子	50 癸丑
	51 甲寅	52 乙卯	53 丙辰	54 丁巳	55 戊午	56 己未	57 庚申	58 辛酉	59 壬戌	60 癸亥

《十干》

五行	木		火		土		金		水	
兄弟	兄	弟	兄	弟	兄	弟	兄	弟	兄	弟
和よみ	きのえ	きのと	ひのえ	ひのと	つちのえ	つちのと	かのえ	かのと	みずのえ	みずのと
十干	甲	乙	丙	丁	戊	己	庚	辛	壬	癸

《十二支》

子	丑	寅	卯	辰	巳	午	未	申	酉	戌	亥
ね	うし	とら	う	たつ	み	うま	ひつじ	さる	とり	いぬ	い
(鼠)	(牛)	(虎)	(兎)	(龍)	(蛇)	(馬)	(羊)	(猿)	(鶏)	(犬)	(猪)

陰暦による月の異名と二十四節気

四季	月	異名	他の異名・関連の呼び名		二十四節気	太陽暦相当月日
春	一月	睦月	孟春	初月・元月・月正・上春・青陽・正月	立春	二月四日
					雨水	二月十八日
	二月	如月	仲春	令月・麗月・酣春・仲陽・梅見月	啓蟄	三月六日
					春分	三月二十一日
	三月	弥生	季春	花月・嘉月・五陽・晩春・暮春・竹秋	清明	四月五日
					穀雨	四月二十一日
夏	四月	卯月	孟夏	陰月・余月・初夏・首夏・正陽・麦秋	立夏	五月六日
					小満	五月二十一日
	五月	皐月	仲夏	雨月・早月・鶉月・薫風・早稲月	芒種	六月五日
					夏至	六月二十一日
	六月	水無月	季夏	旦月・焦月・季月・長夏・晩夏・林鐘	小暑	七月七日
					大暑	七月二十四日
秋	七月	文月	孟秋	冷月・初秋・新秋・七夕月・女郎花月	立秋	八月八日
					処暑	八月二十三日
	八月	葉月	仲秋	桂月・荘月・観月・竹春・月見月	白露	九月七日
					秋分	九月二十三日
	九月	長月	季秋	玄月・高秋・晩秋・暮秋・紅葉月・菊月	寒露	十月八日
					霜降	十月二十三日
冬	十月	神無月	孟冬	正陰月・吉月・上冬・初冬・小春・時雨月	立冬	十一月八日
					小雪	十一月二十三日
	十一月	霜月	仲冬	雪待月・達月・復月・神楽月・霜降月	大雪	十二月八日
					冬至	十二月二十二日
	十二月	師走	季冬	極月・除月・暮歳・残冬・晩冬・臘月	小寒	一月六日
					大寒	一月二十日

百人一首の解釈と鑑賞

百人一首は、藤原定家が八代集を主な資料として、古今の著名な歌人百人の歌を一首ずつ抄出して編纂した詞華集である。定家は新古今集撰者として、また和歌の達人として後世絶大な尊崇を集めたので、百人一首は聖典視され、多くの注釈書も作られたが、和歌に対する彼の好尚が反映されていて、その歌観を知る上でも貴重な資料となっていた。

国文学研究資料館教授　新藤協三

1

秋の田の仮庵(かりほ)の庵(いほ)の苫(とま)を粗(あら)み
我が衣手(ころもで)は露(つゆ)にぬれつつ

天智天皇(てんじ)

解釈

秋の田の取り入れのための仮小屋の屋根の苫が粗いので、私の袖は露にぬれそぼっているよ。

※「苫」は、スゲやカヤをむしろのように編んだもの。

鑑賞

万葉歌人天智天皇の作風を示す歌とは思われないので、民謡的な農民歌であったものが、天智天皇の歌にされたとする説もあるが、『百人一首』の選者である藤原定家は天智天皇の作と見て、農民の辛(つら)さ苦しさを思いやる立場での作と考えていたのである。

2

春過ぎて夏来(き)にけらし白妙(しろたへ)の
衣(ころも)干すてふ天(あま)の香具山(かぐやま)

持統天皇(じとう)

解釈

春も過ぎて夏がやって来たらしい。真っ白な夏衣を干すという天の香具山に。

※「にけらし」の「に」は完了の助動詞「ぬ」の連用形、「けらし」は過去推定の助動詞。

鑑賞

万葉集の原歌では二・四句がそれぞれ「来たるらし」「衣ほしたり」とあって、写実的、直観的な味わいを持つが、新古今集に再録された時点でこのように変えられ、助動詞「けろし」のもつ伝聞性のゆえに表現が間接的でやわらかな余情のある歌になった。

付

3

あしひきの山鳥の尾のしだり尾の　長長し夜をひとりかも寝む

柿本人麻呂

解釈

山鳥の尾で垂れ下がった尾のように長い長い秋の夜を、(恋しい人と離れて)ただひとりで(寂しく)寝なければならないのかな。

※「かも寝む」の「か」は疑問の助詞、「も」は詠嘆の助詞。

鑑賞

万葉集では作者未詳歌で、作風も人麻呂の歌らしくないが、拾遺集に人麻呂の作として採られてから、代表歌の一つと考えられてきた。人麻呂に対する歌聖信仰の浸透とともに、真偽の疑わしい歌も人麻呂の作とされたのである。

4

田子の浦にうち出でて見れば白妙の　富士の高嶺に雪は降りつつ

山部赤人

解釈

田子の浦に出て見ると、真っ白な富士の高嶺に、雪は降り続けているよ。

※「白妙の」は、真っ白な、という意味。

鑑賞

万葉集の原歌「田子の浦ゆうち出でて見れば真白にぞ富士の高嶺に雪は降りける」は、積雪の富士を見やる雄大な実景歌であるが、「雪は降りつつ」では現に雪が降っているという実景で田子の浦からの遠望として不自然になるので、心象風景として思い浮かべたのである。

5

奥山に紅葉踏み分け鳴く鹿の　声聞く時ぞ秋はかなしき

猿丸大夫

解釈

山奥で、紅葉を踏み分けながら鳴く鹿の声を聞く時には、秋がしみじみ悲しく感じられることだ。

※「鳴く鹿」は、オス鹿は秋になるとメスを求めて鳴くといわれた。

鑑賞

出典の古今集では、中秋の萩の黄葉を詠んだことが分かるが、選者の藤原定家は、色彩あでやかな楓の紅葉と、妻恋いの哀感を持つ鹿の音との組み合わせから、晩秋の寂寥を寂しくも妖艶に詠んだ歌として、新古今的美意識で捉えていた。

6

鵲の渡せる橋に置く霜の　白きを見れば夜ぞ更けにける

大伴家持

解釈

天の川に鵲がかけた橋に置いた霜の白々としているのを見ると、もはや夜も更けたことだ。

※「渡せる」の「る」は、完了の助動詞「り」の連体形。

鑑賞

この歌は新古今集に家持の作として採られるが、万葉集にはないので、本来家持の歌ではないと考えられる。「鵲の渡せる橋」は七夕の二星のために、鵲が羽を広げて天の川に架けた橋をいうが、宮中の御階(＝階段)とする説もある。

7

天の原ふりさけ見れば春日なる　三笠の山に出でし月かも

安倍仲麻呂

解釈

（異国中国の）大空をはるかに遠く見やると、（あの月は）春日の地にある三笠山に出た月（と同じ月）なのだなあ。

※「月かも」の「かも」は詠嘆の終助詞。

鑑賞

遣唐使として唐に渡った仲麻呂が、帰国の折の送別の宴席で詠んだ歌。遣唐使が日本を出発する時には、奈良の春日山で天神地祇を拝する習慣があったので、脳裏に春日の三笠山が想起されたのであろうが、暴風雨のため帰国を果たせなかったのである。

8

我が庵は都の辰巳しかぞ住む　世を宇治山と人は言ふなり

喜撰法師

解釈

私のあばら屋は都の東南にあって、このように住んでいます。（その宇治山も）世を憂しとして逃れ住む宇治山だと人は言っているようです。

※「言ふなり」の「なり」は、伝聞推定の助動詞。

鑑賞

世人が憂＝宇治山という通り、自分もこの世を辛く思って住んでいるという、厭世観を表白した歌としても、どことなく飄逸味があり隠遁者の暗さは感じられない。四句は「（世を）憂し」の語幹「憂」のみが掛詞となる。

9

花の色は移りにけりないたづらに　わが身世にふるながめせし間に

小野小町

解釈

花の色も私の美しさもあせてしまったのだなあ、むなしく私が俗事にかかずりあって、物思いに沈んでいた間に、長雨で花を賞美するひまもないままに。

※「ふる」は、経ると降るとの掛詞。

鑑賞

上二句は単に花の色が褪せたことを詠嘆したとする説もあるが、女盛りを過ぎた容色の衰えをも表したと見るべきであろう。「ながめ」は物思いと長雨との掛詞。三句「いたづらに」を倒置と見て、二句を修飾すると解する説もある。

10

これやこの行くも帰るも別れつつ　知るも知らぬも逢坂の関

蟬丸

解釈

ここがまあ、東国へ行く人も、都へ帰る人もここで別れ、知っている人も知らない人もここで会うという、あの逢坂の関なのだなあ。

※「これやこの」は、これがまあ有名なあの、の意の和歌の常套表現。

鑑賞

「行くも」「帰るも」・「知るも」「知らぬも」の二組の対句表現と、「も」音の繰り返しがこの歌に軽快なリズム感を盛り込んでいる。五句「逢坂の関」は「逢ふ」を掛ける。三句を「別れては」とする本文もある。

11

海の原八十島かけて漕ぎ出でぬと　人には告げよあまの釣り舟

小野篁

解釈

大海原を、多くの島々をめがけて漕ぎ出していったと、(京の親しい)人には告げてくれ、漁師の釣り船よ。

※「出でぬ」の「ぬ」は完了の助動詞の終止形。

鑑賞

遣唐副使に任ぜられたが不満を持ち従わず、隠岐の島に流罪となった、その時の歌である。篁は漢詩文の学才に優れ、その名声と隠岐配流事件とが結びついて、悲劇の人のイメージが形成され、この歌は多くの人に愛誦された。

12

天つ風雲の通ひ路吹き閉ぢよ　少女の姿しばしとどめむ

僧正遍昭

解釈

空を吹く風よ、雲の中を通り、この地上と通じている道を吹き閉ざしておくれ。(天の)おとめの姿をもうしばらく地上にとどめておきたいから。

※「天つ風」の「つ」は、「の」の意の格助詞。

鑑賞

古今集の詞書に「五節の舞姫を見てよめる」とある歌。五節の舞姫は豊明節会に舞う舞人で、天武天皇の吉野行幸の際、天女が降下して舞ったという由来がある。その伝説を用いて、舞姫を天女に見立てたところに面白みがある。

13

筑波嶺の峰より落つるみなの川　恋ぞ積もりて淵となりぬる

陽成院

解釈

筑波山の峰から流れ落ちるみなの川の水が、積もり積もって淵となるように、あなたを思う私の恋心も、積もり積もって淵のようになってしまった。

※「恋ぞ……なりぬる」は係り結びの構文。

鑑賞

ほのかな恋情が次第に深まって行く過程を、かすかな水が積もってやがて深い淵になるという叙景にからめて、一気に詠み下したところは落下する奔流にも似て、狂気に惑わされたとする作者の、心の昂ぶりを示すかのようである。

14

陸奥のしのぶもぢずり誰ゆゑに　乱れそめにし我ならなくに

源融

解釈

陸奥で産するしのぶもぢずりの乱れ模様のように、あなた以外の誰かのせいで心が乱れ始めた私ではないのに、すべてあなたのせいなのです。

※「そめにし」の「に」は、完了の助動詞「ぬ」の連用形。

鑑賞

女から疑いを受け、それに答えて詠んだと解する説もあるが、この歌の心情を踏まえて「伊勢物語」初段の歌が詠まれた状況を考えると、激しい恋慕の情を抑え切れず相手の女性に披瀝したもの、と解する方が穏当であろう。

15

君がため春の野に出でて若菜摘む
我が衣手に雪は降りつつ

光孝天皇

解釈

あなたにあげるために春の野原に出て若菜を摘んでいる私の着物の袖には、雪がしきりに降りかかりました。(その寒さをこらえて摘んだのです)。

※「衣手」は袖のことで、和歌でよく用いる表現。

鑑賞

出典の古今集によれば、まだ親王であった頃、ある人に若菜を贈るに際して添えた歌である。若菜の緑と雪の白との対比が鮮やかですがすがしく、雪に降られつつ摘んだと言っても、その苦労を訴える口調は深刻なものではない。

16

立ち別れいなばの山の峰に生ふる
松とし聞かば今帰り来む

在原行平

解釈

あなたと別れて私の行く先は因幡国ですが、その土地のいなば山の峰に生えている松にちなんで、私を待つとさえ言ってくだされば、私はすぐにでも帰ってくるでしょう。　※「松とし」の「し」は強意の副助詞で、下に「ば」を伴うことが多い。

鑑賞

因幡守に任官して因幡赴任の折作であるが、任期が終わり因幡を去る時の詠とする説もある。「いなば」に往なば、「松」に待つを掛けるが、歌意を考えて「往なば」の掛詞を考えない説もある。二・三句は「松(待つ)」を導く序詞。

17

ちはやぶる神代も聞かず竜田川
韓紅に水くくるとは

在原業平

解釈

神代にも聞いていないよ、竜田川が美しい紅色に水を絞り染めにするとは。

※「ちはやぶる」は、「神代」を導く枕詞。

鑑賞

華麗な色彩感を伴った視覚的イメージの豊かな歌。「くくる」は糸で括って染める絞り染めをいい、竜田川の水面を流れる紅葉を絞り染めの模様に見立てたものだが、定家は水が下をくぐって流れる意に解していたようである。

18

住の江の岸に寄る波夜さへや
夢の通ひ路人目よくらむ

藤原敏行

解釈

住の江の岸辺に寄る波ではないけれど、夜までも(あの人は)夢の中で通って行く道では人目を避けているのだろうか。(夢でも会うことができないことよ。)

※「さへ」は添加の意を表す副助詞。

鑑賞

相手が夢にも現れてくれないのは、私を思ってくれないからだという、当時の俗信を踏まえた歌で、一・二句が「夜」の序詞となる。「人目よくらむ」の主語を作者自身とする説もあるが、「らむ」の用法から見て不自然である。

19

難波潟短き葦の節のまも
会はでこの世を過ぐしてよとや　伊勢

解釈

難波の干潟に生えている葦の、短い節と節との間のようなちょっとの間も、あなたに会えないでこの一生を終えてしまえというのですか。

※「過ぐしてよとや」は、下に「言ふ」を省略した表現。

鑑賞

男からあらぬ疑いをかけられて、交渉が途絶えがちになった頃の歌で、一・二句を「節」の序詞にして穏やかに詠み出しながら、下句に至って、なじるような強い調子を帯びてくる点、定家好みの恋の歌であることを思わせる。

20

わびぬれば今はた同じ難波なる
身をつくしてもあはむとぞ思ふ　元良親王

解釈

あなたとのことが噂となって、つらい思いに悩んでいるので、今となってはもう身を捨てたも同じことだ。あの難波（の港）にある澪標ではないが、身を尽くし、命をかけても逢いたいと思う。

※「あはむ」の「む」は、意志を表す助動詞。

鑑賞

宇多天皇の妃、京極御息所との密事が露顕して、世間の噂に苦しんでいる時の歌。二句については、一度立った浮名は憚っても同じだとする説もある。三句は「澪標」に「身を尽くし」を掛けるが、澪標は水路を知らせるために立てる杭。

21

今来むと言ひしばかりに長月の
有明けの月を待ち出でつるかな　素性法師

解釈

今夜暗くなったらすぐ行くと、あなたがおっしゃったばかりに、私は九月の長い夜を待ちつくしてしまいましたが、あなたはついに来なくて、有明けの月が空に現れてしまいましたよ。

※「つる」は、完了の助動詞「つ」の連体形。

鑑賞

女の立場で詠んだ歌。待った期間については、一夜説と数月来説とに分かれ、この歌を採る古今集では一夜説と解されるが、選者定家は一夜説を否定している。「待ち出でつる」は、待ちうけて会うの意で、「待ちいづる」の本文は誤り。

22

吹くからに秋の草木のしをるれば
むべ山風を嵐といふらむ　文屋康秀

解釈

風が吹くとすぐに秋の草木がしおれるので、なるほど「山風」を嵐というのだろう。

※「吹くからに」の「からに」は、〜するやいなや、の意の接続助詞。

鑑賞

言語遊戯に主眼の置かれた詠みぶりは、古今集の特色の一つの理知的作風を示すものだが、定家がこの歌を採ったのは、野分にあわれ深い美を見出す中世的美意識に基づくのであろう。「いふらむ」の「らむ」は原因推量の用法。

23
月見れば千々に物こそ悲しけれ　我が身一つの秋にはあらねど　大江千里

解釈

月を見るとあれこれと限りもなく物悲しい思いがする。別に自分一人だけのための秋というわけではないのだけれど。

※「あらねど」の「ね」は、打消しの助動詞「ず」の已然形。

鑑賞

「千々」と「一つ」の対照に古今集の特色の理知的技巧が見られるが、白氏文集の「燕子楼中霜月夜、秋来只一人為長」の詩の翻案である。余情豊かな叙情性のある歌として定家も評価し、自らこの歌を基に本歌取りを試みている。

24
このたびは幣も取りあへず手向山　紅葉の錦　神のまにまに　菅原道真

解釈

今回の旅はあわただしくて、幣の用意もできませんでした。この山の錦のように華麗な紅葉を供えますので、神様のお気に召すままに(受け取ってください)。

※「幣」は、紙や布を小さく切った、神に祈る時の捧げ物。

鑑賞

「手向山」には固有名詞、普通名詞の両説があるが、いずれであっても神に手向ける意を掛ける。「たび」も度・旅の掛詞。紅葉の美しい景色を正面から歌わず、幣として神に捧げようという着想は、当時の歌人たちに歓迎された。

25
名にし負はば逢坂山のさねかづら　人に知られで来る由もがな　藤原定方

解釈

「逢ふ」「さ寝」という語を名前として持っているのなら、あの逢坂山のサネカズラを手繰るように、人に知られないであなたの所へ逢いに来る方法があればよいのに。

※「由もがな」の「もがな」は願望を表す終助詞。

鑑賞

「逢坂山」に逢ふ、「さねかづら」にさ寝、「来る」に繰るを掛けるので、技巧のかった歌ではあるが、和歌を好んだ風流な貴公子らしくのびやかな調べを感じさせる。男の立場で「来る」は不自然であるが、ここは行くと同義。

26
小倉山峰のもみぢ葉心あらば　今ひとたびの行幸待たなむ　藤原忠平

解釈

小倉山の峰の紅葉よ、もしお前に心があるならば、もう一度天皇もおでましになるまで、どうか散らないで待っていてほしいものだ。

※「待たなむ」の「なむ」は、他に対する願望を表す終助詞で、未然形接続。

鑑賞

宇多上皇が晩秋の嵯峨に遊び、醍醐天皇にもこの紅葉を見せたいと言われた時、それに応じて詠進した歌であるが、祖父の良房の「吉野山岸の紅葉し心あらばまたのみゆきを色変へで待て」の同趣向の歌を念頭に置いたと想像される。

付

27
みかの原わきて流るる泉川(いづみがは)
いつ見きとてか恋しかるらむ
藤原兼輔(ふじわらのかねすけ)

解釈

みかの原を分けて流れている泉川、その名のように、いつ見たからというので、こんなにあの人が恋しく思われるのであろうか。

※「いつ見き」の「き」は、過去の助動詞の終止形。

鑑賞

上句は同音の繰り返しによって下二句を導く序詞(じょことば)で、歌意は下句に至って恋の心を詠んだことがわかる。作者は兼輔ではなく、読人しらずの歌であることが、契沖(けいちゅう)によって指摘されているが、百人一首以来兼輔の代表歌となった。

28
山里(やまざと)は冬ぞさびしさまさりける
人目(ひとめ)も草もかれぬと思へば
源(みなもとの)宗于(むねゆき)

解釈

山里は特に冬がよけいに寂しさの増す季節だ。人の行き来も途絶(とだ)え、草も枯れてしまったなあと思うと。

※「かれぬ」の「ぬ」は、完了の助動詞の終止形。

鑑賞

五句の「かれ」は離(か)れ、枯(か)れの掛詞(かけことば)となるが、当時好まれた修辞であって、この歌を知的に構成する要素となる。季節は冬で場所は都(みやこ)から離れた山里という設定には、中世人としての定家(ていか)の好みに叶(かな)うものがあったのである。

29
心当(こころあ)てに折らばや折らむ初霜(はつしも)の
置き惑(まど)はせる白菊(しらぎく)の花
凡河内躬恒(おおしこうちのみつね)

解釈

当(あ)て推量(ずいりょう)で、もし折るのなら折ろうか。初霜が降りて私を惑わせている白菊の花は。

※「初霜」はその年に初めて降った霜のことだが、ここはある朝、突然降った初霜を発見した心のときめきが感じられる。

鑑賞

上二句は「折らばや心当てに折らむ」の意で、「ばや」は願望の終助詞ではなく、接続助詞「ば」と疑問の係助詞「や」。正岡子規(まさおかしき)には酷評された歌だが、菊を霜に見立てる漢詩の手法を和歌に取り入れた点に、古今歌風の一つの特徴がある。

30
有明(ありあ)けのつれなく見えし別れより
暁(あかつき)ばかり憂(う)きものはなし
壬生忠岑(みぶのただみね)

解釈

有明けの月が空に無情にかかっていたあの朝、いかにも(女が)薄情(はくじょう)げに見えたあの別れから、(私にとって)夜明け前ぐらいつらいものはなくなった。

※「暁ばかり」の「ばかり」は、程度を表す副助詞。

鑑賞

二句の「つれなく」について、これを月のことと見るか女のことと見るか、古来(こらい)説が分かれる。出典の古今集では、有明けの月のつれないようにつれない様子を示した女、のごとき解釈になるが、定家(ていか)は月のことと見ていたのである。

付

31

朝ぼらけ有明けの月と見るまでに
吉野の里に降れる白雪

坂上　是則

解　釈

夜明け方、有明けの月の光が映っているのかと見えるくらいに、吉野の里に真っ白に降った白雪よ。

※「降れる」の「る」は、…ているの意の存続の助動詞「り」の連体形。

鑑　賞

降り敷いた雪が月光のように見える、という趣向は、古今歌風の特色の一つの見立ての手法であるが、紀貫之などの徹底した見立てとは異なり、この歌の場合は、比喩とはいうもののいかにも実感の上に詠まれているといえよう。

32

山川に風のかけたるしがらみは
流れもあへぬ紅葉なりけり

春道　列樹

解　釈

山あいの川に風がかけたしがらみは、よく見ると流れられずにいる紅葉であったよ。

※「流れもあへぬ」は、複合動詞「流れあふ」に係助詞「も」が挿入された形。

鑑　賞

「しがらみ」は水流を堰き止めるため、川に杭を打ち並べて、柴や竹を横に結びつけたもの。人が仕掛けるものであるが、風が仕掛けたものがあったとしたらそれはどんな形のものか、と自問自答したところが、この歌の趣向である。

33

ひさかたの光のどけき春の日に
しづ心なく花の散るらむ

紀　友則

解　釈

陽光がのどかに差す春の日に、桜の花はどうして落ち着いた心もなくあわただしく散っているのだろう。

※「ひさかたの」は、光を導く枕詞。

鑑　賞

「しづ心」は普通人の心ではなく、花の心と解する。末尾の「らむ」は細川幽斎の言うように、「何とて(=どうして)」の語を補って解釈すべき語。この歌は貫之・公任・俊成らに顧みられず、定家に至って初めて評価を得た。

34

誰をかも知る人にせむ高砂の
松も昔の友ならなくに

藤原　興風

解　釈

私はいったい誰を知友としたらいいんだろう。高砂の松も老齢ではあるが、しょせん松では昔からの友達にはなれないのだから。

※「誰をかも」の「かも」は、疑問の係助詞「か」と詠嘆の係助詞「も」。

鑑　賞

「高砂の松」は播磨国加古郡高砂にある松で、古い物の引合いに出されることが多い。昔の友人がみな死に絶えて、孤独を痛切に身に感じている老人の嘆きの歌で、古来興風の代表歌とされ、定家もこの歌に自身の老愁を見ていた。

35

人はいさ心も知らずふるさとは
花ぞ昔の香に匂ひける

紀 貫之

解釈

あなたは、さあ、(その気持ちは)どうだか知らないが、古くからのなじみの土地の(梅の)花は昔どおりの香りで咲いているよ。

※「いさ」は、下の「知らず」の語句と呼応する。

鑑賞

初瀬詣での途中、以前から懇意にしていた家の主人に疎遠を責められ、梅の花に添えて詠んだ歌。家の主人はおそらく女性であろうが、当意即妙の詠で、恋の気分も漂う艶な趣を持つ余情ある歌で、貫之の代表歌の一つ。

36

夏の夜はまだ宵ながら明けぬるを
雲のいづこに月やどるらむ

清原 深養父

解釈

夏の夜はまだ宵の口だと思っていたら、そのまま空が明るくなってしまったが、これでは月が西に沈む暇があるまい。進退窮まった月は、どの雲に宿を借りているのだろうか。

※「夏の夜は」の「は」は、他と区別する意の係助詞。

鑑賞

出典の古今集では、短夜の月を見飽きぬ心を詠んだ歌であるが、『百人一首』に採られて以来、夏の夜がたちまちに明けてしまう、その時間の速さに感慨を覚えるという見方が有力になる。「夏の夜は」の「は」を重く味わいたい。

37

白露に風の吹きしく秋の野は
つらぬきとめぬ玉ぞ散りける

文屋朝康

解釈

草の葉の上にたまっている白露に、風の吹きしきる秋の野は、糸に貫きとめてない真珠がはらはらと散りこぼれるように見えて、趣深い光景であることよ。

※「吹きしく」は、吹き頻くで、しきりに吹く意。

鑑賞

白露が美しく光り落ちるのを写実的に言わず、「貫き留めぬ玉」と比喩で表現するのは、古今歌風に顕著な見立ての手法である。見立て自体は平凡だが、風に飛ばされる情景を描いた点は律動的で、視覚的にも鮮やかである。

38

忘らるる身をば思はずちかひてし
人の命の惜しくもあるかな

右近

解釈

あなたに忘れられる私のことはなんとも思いません。でも、神仏の前で変わらぬ愛を誓ってしまったあなたの命が、誓いを破った罰で失われることを思うと、惜しくも思われます。

※「ちかひてし」の「て」は、完了の助動詞「つ」の連用形。

鑑賞

神仏に誓って契った人に忘れられた恋の破綻を、相手を恨まず、かえってその人が神罰を受けるのを惜しく思うといった、女の恋心の悲しさがよく詠出された歌。皮肉って恨み言を告げたとする解釈もあるが、定家は前者と考えていた。

付

39

浅茅生の小野の篠原しのぶれど
余りてなどか人の恋しき　源　等

解釈

チガヤの茂った小野の篠原の「しの」のように耐えしのんできたが、どうしてあなたがこんなに恋しいのでしょう。

※「しのぶれ」は、上二段活用動詞「しのぶ」の已然形。

鑑賞

上二句を同音の繰返しで「しのぶ」を導く序詞とし、抑え切れない恋の切なさを、序詞を巧みに用いて表白した歌である。古今集の「浅茅生の小野の篠原忍ぶとも人知るらめや言ふ人なしに」の歌の上句をほとんどそのまま用いたもの。

40

忍ぶれど色に出でにけり我が恋は
物や思ふと人の問ふまで　平　兼盛

解釈

包み隠すのだが顔色にそれと現れてしまった、私の恋は。物思いをしているのかと人が尋ねるほどに。

※「出でにけり」の「に」は、完了の助動詞「ぬ」の連用形。

鑑賞

上二句と三句とを倒置し、上句で一気に秘めている恋情が思いあまって顔色に出てしまったことを歌い上げ、下句で会話を取り入れて屈折を持たせ、余韻を込めて止めている。調べの緩急がよく整い、忍ぶ恋の思いが切実に伝わる歌である。

41

恋すてふ我が名はまだき立ちにけり
人知れずこそ思ひそめしか　壬生忠見

解釈

私が恋をしているという評判が早くも立ってしまった。私は人知れずひそかにあの人を思い始めたのに。

※「まだき」は、早くもの意の副詞。形容詞「まだし」と混同しないように注意。

鑑賞

「恋すてふ」は「恋すといふ」を縮めたもの。内容上は上句と下句が倒置されているが、下句の「こそ……しか」の逆接で止めたところに余韻がこもり、三句切れの「立ちにけり」の言い切った表現に、強い調べをもたらすことに成功している。

42

契りきな互に袖をしぼりつつ
末の松山波越さじとは　清原元輔

解釈

約束しましたよね。お互いに(涙で濡れた)袖をしぼりながら、末の松山を波が越すことのないように、私たちも心変わりしますまいと、(なのにあなたは心変わりしてしまったのですね)。

※「契りきな」の「な」は、詠嘆の終助詞。

鑑賞

古今集の「君をおきてあだし心をわが持たば末の松山波も越えなむ」の歌を踏まえ、心変わりしないことの喩えとして、「末の松山波越さじ」と表現した。もの柔らかにしかも激しい恨みを込めて相手の不実を衝く、巧みな歌である。

43

あひ見てののちの心に比ぶれば
昔は物を思はざりけり　藤原敦忠

解釈

あなたとお逢いしてからのあとの思いと比べてみると、昔は物思いをしなかったも同然ですね。

※「思はざりけり」の「けり」は、詠嘆の助動詞。

鑑賞

結句で「思はざりけり」と言い切っているが、もちろん物思いをしなかったわけではない。念願叶って逢うことができ、かえって募る激しい恋情に比べれば、以前の物思いなど物思いのうちにも入らなかったと、切ない恋心を述懐したもの。

44

逢ふことの絶えてしなくはなかなかに
人をも身をも恨みざらまし　藤原朝忠

解釈

逢うということがまったくないものならば、かえって相手の無情も我が身のつらさも恨むようなことはないであろうに。

※「絶えて」は、まったくの意の副詞で、下に否定表現を伴う。

鑑賞

「なくは……恨みざらまし」は反実仮想の表現で、「なくは」は形容詞「なし」の連用形と係助詞「は」、「恨み」はマ行上二段活用の未然形。実際はそうではないので恨まずにはいられない、との意を逆説的に表現したもの。

45

あはれとも言ふべき人は思ほえで
身のいたづらになりぬべきかな　藤原伊尹

解釈

私のことをかわいそうだと言ってくれそうな人は、誰も思い浮かべられないで、この身は思い焦がれながら、むなしく死んでしまうことであろうよ。

※「ぬべき」の「ぬ」は、推量の助動詞「べし」を強める働きをする助動詞。

鑑賞

女から捨てられた男の孤独な弱い心を、切々と訴えた歌である。作者の伊尹は「一条摂政」と呼ばれ、物語的歌集の「一条摂政御集」を残すが、この歌はその冒頭歌。定家はこの物語の主人公としての伊尹に興味を持ち、この歌を採った。

46

由良の門を渡る船人楫緒絶え
行方も知らぬ恋の道かな　曽禰好忠

解釈

潮流の速い由良の海峡を船の船頭が、楫の綱が切れてどう流されるかわからず漂っているように、これからどうなるかもわからない私の恋の道だなあ。

※「由良の門」の地については、丹後（京都府）と紀伊（和歌山県）の二説がある。

鑑賞

上句は「行方も知らぬ」を導く序詞で、下句の恋の述懐を効果的に引き出し、斬新な趣をもたらしている。「恋の道」は恋路の意だが、恋の苦しさや恋心の動きを道に喩えた表現で、上句の序詞から舟路を想起させる働きもある。

47

八重葎 茂れる宿のさびしきに
人こそ見えね秋は来にけり

恵慶法師

解釈

何重にもムグラの茂った宿が荒れて寂しいこの私のところに、人は誰もたずねて来ないけれど、秋だけはやってきたことだ。

※「さびしきに」は、「さびしき宿に」を省略した形。

鑑賞

訪れて来る人はなくても、季節だけは時を違えず廻って来ることに、人間界のことと自然とを対比させて感慨を催した歌。逆接の「人こそ見えね」の一句で軽い屈折を持たせ、流麗な調べの中に深い詠嘆をにじませている。

48

風をいたみ岩打つ波のおのれのみ
砕けて物を思ふ頃かな

源重之

解釈

風が激しいので、岩に打ち当たる波が自分だけ砕けて散るように、あの人は岩のようにつれなく平然としていて、私だけが心も砕けるばかり思い悩んでいるこの頃であることよ。 ※「いたみ」の「み」は、形容詞の語感に付いて、原因理由を表す接尾語。

鑑賞

上句は比喩的な序詞となって下句に続き、片思いのやるせない嘆きを巧みに表現している。下句の「砕けて物を思ふ頃かな」は当時の慣用表現であったと思われるが、重之のこの歌によって特に広まり、「梁塵秘抄」にも採り入れられた。

49

御垣守衛士のたく火の夜は燃え
昼は消えつつものをこそ思へ

大中臣能宣

解釈

皇居の御門を守る兵士である衛士のたくかがり火が、夜は燃えて昼は消えているように、私も、夜は恋しさに燃え、昼は消え入るばかりに思い悩んで、絶えず物思いをすることだ。

※「つつ」は二つの動詞にかかり、「燃えつつ……消えつつ」の構文。

鑑賞

衛士のたく暗闇の中に燃える火と心に燃える恋心との比喩は、当時の常套表現であり類想歌も多いが、この歌はとりわけ印象鮮明であって、定家の好みに叶ったのである。ただ、能宣の歌風から見ると異色で、能宣作を疑う説もある。

50

君がため惜しからざりし命さへ
長くもがなと思ひけるかな

藤原義孝

解釈

あなたに会えるなら惜しくないと思っていた私の命も、(思いの遂げられた今は、この喜びがいつまでも続くように)長らえてほしいと思うようになったことよ。

※「もがな」は、願望を表す終助詞。

鑑賞

作者義孝は二十一歳の若さで夭折したが、仏道修行への心ざしが深かったので、「惜しからざりし命」を、恋に関わりなく惜しくないと思っていた命と見る説もある。若き貴公子の素直な優しい調べは、当時の人々に広く愛唱された。

51

かくとだにえやは伊吹のさしも草
さしも知らじな燃ゆる思ひを
藤原実方

解釈

（私の気持ちを）こうだと（恋しい方に）言うことができましょうか（とても言えません）。（私の恋しい方は）そうもご存じないでしょうね。（私の）燃える（ような恋の）思いを。

※「さしも草」は、蓬の異称で、もぐさのこと。

鑑賞

二句に反語表現の「えやは言ふ」を掛け、上句を「さしも」を導く序詞とし、五句の「思ひ」に火を掛けてさしも草・燃ゆるの縁語とするなど、技巧的詠みぶりの多いこの時代の歌の中でも、際だって修辞の目立つ歌である。

52

明けぬれば暮るるものとは知りながら
なほ恨めしき朝ぼらけかな
藤原道信

解釈

夜が明けてしまえば、やがては日が暮れ、またあなたに逢うことができるとはわかっていても、やはり恨めしく思われることだなあ、別れて帰る明け方は。

※「ながら」は、逆接の接続助詞。

鑑賞

作者道信は二十三歳の若さで逝去したが、恋の未練を哀れ深く核心をついて的確に表現した、若き貴公子の真情あふれる歌である。若さゆえか、理性では分かりきったことながら、そのままには割り切れない感情の昂まりが素直に吐露される。

53

嘆きつつひとり寝る夜の明くる間は
いかに久しきものとかは知る
藤原道綱母

解釈

（夫が通って来ないのを）嘆きながらひとりで寝る夜が明けるまでの時間がどれほど長いものか、あなたは知っておいでですか。

※「かは知る」は反語表現。

鑑賞

この歌は出典となる拾遺集のほか、蜻蛉日記に載るので広く知られている。拾遺集の詠歌事情は簡略で、定家が蜻蛉日記を愛読していたことは明らかであるので、この歌は、日記の記す製作事情に基づいて選んだと考えられる。

54

忘れじの行く末までは難ければ
今日を限りの命ともがな
儀同三司母

解釈

（私を）忘れないという約束を、遠い将来まで頼みにすることはむずかしいことだろうから、逢えて結ばれ今日を最後とする命であってほしい。

※「忘れじ」の「じ」は、打消しの意志を表す助動詞。

鑑賞

幸福の絶頂においてふとよぎる不安の翳り、それならばいっそ死んでしまいたいという女心、それは平安朝の女性にとって切実な思いであっただけに、深く人々の心を捉えたのである。自虐的とも言える傷ましさ・哀れさがある。

55
滝の音は絶えて久しくなりぬれど
名こそ流れてなほ聞こえけれ
藤原公任

解　釈

この滝の音は、とだえてからかなりの歳月がたってしまったけれども、みごとな滝だったという評判は流れ伝わって、今でもやはり聞こえ渡っていることだ。
※大覚寺の滝跡を見て、往時を懐古した歌。

鑑　賞

「滝」「絶え」「なり」「名」「流れ」「なほ」のそれぞれの語頭の夕音とナ音の繰り返しが、この歌に聴覚的リズムを盛り込み、流麗な調べを生み出している。拾遺集を出典とするが千載集にも採られ、「滝の糸」の本文もある。

56
あらざらむこの世のほかの思ひ出に
いまひとたびの逢ふこともがな
和泉式部

解　釈

病気が重いのでまもなく私は死ぬでしょう。あの世への思い出として、せめてもう一度あなたにお逢いしたいものです。
※「この世のほか」は、死後の世界、あの世、の意。

鑑　賞

病気が重くなり死を覚悟していた頃、病床から恋する人に贈った歌。奔放多感な女性であったとされる和泉式部ではあるが、その歌はひたむきな恋心を窺わせるものが多く、この歌もその一つ。相手の男性はあるいは最初の夫の橘道貞か。

57
めぐり逢ひて見しやそれとも分かぬ間に
雲隠れにし夜半の月かな
紫式部

解　釈

めぐり逢って見た月が、前に見た月であったか分からないうちに、雲に隠れてしまった夜中の月の光よ。——めぐり逢って見た人が、その人であったともわからないうちに、姿を隠してしまった人よ。

鑑　賞

幼友達と久しぶりに出会いながら、入る月と競うように、慌ただしく帰ってしまった名残惜しさを詠んだ歌。物語的な雰囲気が漂う。紫式部は源氏物語の作者として有名だが、歌人として評価されるのは平安末期からである。

58
有馬山猪名の笹原風吹けば
いでそよ人を忘れやはする
大弐三位

解　釈

有馬山から猪名の笹原にかけて風が吹くと、そよそよ音がしますが、さあ、そうよ、そうですよ、私はあなたを忘れるものですか(お忘れになっているのはあなたの方でしょう)。
※「やは」は、反語の意を表し、文末は連体形で結ぶ。

鑑　賞

間遠になっていた男から逆に疑いをかけられた時の歌。上三句は「そよ」の序詞で、恋のやりとりの場の巧みな応答歌は、序を持つ歌の典型として愛誦されて来た。「猪名」の地名に「否」の意を含ませたとする説もある。

付

59

やすらはで寝なましものをさ夜更けて
かたぶくまでの月を見しかな
赤染衛門

解釈

ためらうことなく寝てしまえばよかったのに。あなたが来てくれるものとあてにしたばかりに、夜も更けて西の山に沈もうとするまでの月を見てしまった。

※「寝なまし」の「な」は、完了の助動詞「ぬ」の未然形。

鑑賞

訪れると約束した男が来なかったので詠み送った歌であるが、姉妹のための代作である。恋の怨みを歌うわりには素直で穏やかな調子を持ち、その人を待つと直接には言わず、月を見てためらっていたとする詠みぶりは、定家の好むところ。

60

大江山いく野の道の遠ければ
まだふみも見ず天の橋立
小式部内侍

解釈

母のいる丹後の国は、大江山を越え、生野を通って行く道が遠いので、まだ天の橋立を踏んでみたこともなく、母からの文も見ていません。

※「見ず」の「ず」は、打消しの助動詞の終止形。

鑑賞

母の和泉式部に作歌の教えを乞うたか、との中納言定頼のからかいに対する、当意即妙の才気に満ちた応答歌で、「いく野」に行くを、「ふみ」に踏み・文を掛ける。母に劣らぬ作者の歌才を伝える逸話を伴って、後世に喧伝された歌。

61

いにしへの奈良の都の八重桜
けふ九重ににほひぬるかな
伊勢大輔

解釈

昔の奈良の都で咲いていた八重桜が、今日はこの宮中で、色美しく咲きほこっていることです。

※「にほひ」は、色美しく咲く意の動詞「にほふ」の連用形。

鑑賞

八重桜を題に歌を求められた折の作。「九重」は宮中の意だが、八重(桜)・九重とリズム感を持って連続させ、「の」音で軽快に繋ぐ句法とともに、流麗な調べを醸し出している。当意即妙の才気が讃えられた歌である。「いにしへ」と「けふ」の時間的対比もおもしろい。

62

夜を籠めて鳥の空音は謀るとも
世に逢坂の関は許さじ
清少納言

解釈

(函谷関では)まだ夜が明けないうちに、鶏の鳴き声をまねして番人をだますことができましたが、この逢坂の関は決して(通過を)許しませんよ、(そう簡単にあなたと逢うことはできませんよ)。

鑑賞

才人藤原行成と史記の孟嘗君伝の故事を踏まえて応酬した、清少納言の才知を窺わせる歌。詠作事情は出典の後拾遺集でわかるが、枕草子ではその場の様子がより具体的に得意げに書かれるなど、清少納言の代表作となった。

63
今はただ思ひ絶えなむとばかりを
人伝てならで言ふよしもがな
藤原　道雅

解　釈

今となってはただもう（あなたを）あきらめてしまおうという一言だけを、人づてでなく直接あなたに告げるてだてがあればよいがなあ。
※「絶えなむ」の「な」は、強意の助動詞「ぬ」の未然形。

鑑　賞

恋する女性との逢瀬を絶たれ、悲痛な思いを切々と訴えた歌で、絶望的な心情が自然に発露しているので、人々の心を打ったのである。相手の女性は三条帝の皇女の前斎宮当子内親王であるが、帝の不興をかい、不遇の晩年を過ごした。

64
朝ぼらけ宇治の川霧絶え絶えに
あらはれわたる瀬々の網代木
藤原　定頼

解　釈

夜明け方になり、あたりが白んでくると、宇治川の川面に立ちこめた朝霧がとぎれとぎれになって、その絶え間から、瀬々のそこここにかけた網代木が次々と現れ始めた。
※「網代木」は、川の流れをせき止め、魚をとるための網代をかける杭。

鑑　賞

宇治の早朝のすがすがしい景色を詠んだ叙景歌で、網代はこれ以前から宇治の景物として確立していたが、漂う霧の動き、その間から姿を現して来る情景など、この歌の視覚的な印象の鮮明さは、他の歌に類を見ない。

65
恨みわび干さぬ袖だにあるものを
恋に朽ちなむ名こそ惜しけれ
相模

解　釈

あの人のつれないのを恨み悲しんで、涙に濡れて乾く間もない袖がやがて朽ちてしまうことだけでも堪えがたいのに、その上、この恋のために浮き名を流して、朽ちてしまう我が名が本当に惜しまれることよ。

鑑　賞

恨み嘆く女の恋心を、練り上げた技巧の粋を尽くして詠み上げ、女流歌人相模の資質をよく発揮した歌。屈折しながらも持続してゆく思いが伝わって来る。袖との縁で「朽ちなむ」の語を用いたところも巧みさが窺われる。

66
もろともにあはれと思へ山桜
花よりほかに知る人もなし
行尊

解　釈

私がお前を懐かしく思うように、お前もまた私を懐かしいものに思ってくれ、山桜よ。こんな山奥では、花であるお前のほかには、私の心を知る人はいないのだ。
※「もろともに」は、どちらもともに、の意の副詞。

鑑　賞

修行のために深山に分け入り、はからずも山桜を見て詠んだ歌。一度はこの感動を共有できる人間を求めたが、孤独な修行の身であることを思い返して詠じた手法には、西行に通じるものがあり、新古今時代の歌人たちの共感を得た。

67
春の夜の夢ばかりなる手枕にかひなく立たむ名こそ惜しけれ
周防内侍

解釈

短い春の夜のはかない夢のような一時のたわむれで、あなたの腕を枕にしたなら、本当は何もないのにうわさが流れるかもしれない、それが残念です。

※「春の夜の夢」は、はかないもののたとえ。

鑑賞

枕の代わりに腕（かひな）を差し出した男性に対し、とっさに詠んで軽くそらした歌。四句「甲斐なく」にかひな（腕）を掛けるなど、才知を感じさせる。場面は大人同士の気のきいたやりとりだが、歌だけ取り出せば恋の歌になる。

68
心にもあらで憂き世に長らへば恋しかるべき夜半の月かな
三条院

解釈

不本意にもこの後さらにつらいこの世に生き長らえたならば、その時さぞかし恋しく思い出されるにちがいない、この美しい夜半の月であることよ。

※「長らへ」は、下二段活用動詞「長らふ」の未然形。

鑑賞

眼病を患い、暗に退位を迫る道長の専横にも耐えかねて、在位五年にして譲位を決意した沈痛な心情から詠出された、悲しい述懐の歌。現在を回顧するのに視覚的な象徴である「夜半の月」を出すのは、やはり眼病と無関係ではあるまい。

69
嵐吹く三室の山のもみぢ葉は竜田の川の錦なりけり
能因法師

解釈

激しい嵐の吹く三室山のもみじ葉は、やがて、竜田川に流れ入って、竜田川を飾る錦なのであったよ。

※「なりけり」の「けり」は、詠嘆を表す助動詞。

鑑賞

古今集の歌「竜田川もみぢ葉流る神奈備の三室の山に時雨降るらし」を踏まえたが、本歌の時雨を嵐に変え、推量表現の因果関係を排して、三室山の紅葉と竜田川の錦とを上下に置き、調子高く一気に詠み下した点が注目される。

70
さびしさに宿を立ち出でてながむればいづくも同じ秋の夕暮れ
良暹法師

解釈

寂しさにたえかねて宿を出て、まわりの景色を眺めると、どこも同じように寂しい秋の夕暮れであった。

※「さびしさに」の「に」は、原因・理由を表す格助詞。

鑑賞

草庵の寂しさに堪えかね庵を出てたたずんだが、寂寥感は拭い得ないという述懐歌。具体的景物を掲げずに夕暮れの寂しさを表現した手法は見事で、三夕の歌に先行する佳詠として、新古今的寂寥美へと繋がるものを感じさせる。

71
夕されば門田の稲葉おとづれて
葦の丸屋に秋風ぞ吹く
源　経信

解　釈

夕方になると、家の前の田の稲葉にそよぐ音を立てながら、葦ぶきの粗末な田舎家に秋風が吹いてくるよ。

※「夕されば」の「され」は、時間が到来する意の動詞「さる」の已然形。

鑑　賞

「田家秋風」題での題詠歌。この時代、貴族は洛外の自然を求め、山荘志向が顕著になる。観念的な田園風景ではなく、叙景歌の体裁で詠みつつ、視覚・聴覚の両面から情景を捉え、秋風が身に染む情感を漂わせる新風の先駆。

72
音に聞く高師の浜のあだ波は
かけじや袖の濡れもこそすれ
祐子内親王家紀伊

解　釈

有名な高師の浜の(寄せては返す)むなしい波を(私は)自分の袖にかけますまい、袖が濡れては困りますから。

※「かけじや」の「や」は、詠嘆の意を表す間投助詞。

鑑　賞

浮気の評判の高いあなたからの思いはかけますまい、きっと後悔の涙で袖が濡れるでしょうからとの意を、裏に含ませた歌。「あだ波」は浮気な人の喩え。結句の「もこそ」はそうなっては困るという危惧の念を表す。

73
高砂の尾の上の桜　咲きにけり
外山のかすみ立たずもあらなむ
大江匡房

解　釈

あの遠く高い山の峰の桜が咲いたことだ。花が見えなくなるので、近い山の霞みよ、どうか立たないでほしいものだ。

※「外山」は、深山に対して里に近い山をいう。

鑑　賞

「遥望山桜」題での題詠歌で、遠景・中景と重なって、眺望者の視点において一幅の絵のように見える詠みぶりである。「高砂」は通説では普通名詞だが、播磨国の名所とする説もある。結句の「なむ」は未然形接続の願望の終助詞。

74
憂かりける人を初瀬の山おろし
激しかれとは祈らぬものを
源　俊頼

解　釈

今までつれなかったあの人を、私になびくようにと初瀬の長谷観音にお祈りしたのだ。初瀬の山から吹き下ろす風よ、お前のようにあの人も私にきびしくするようにお祈りしたわけではないのだがなあ。

鑑　賞

「祈れども逢はざる恋」の題詠歌。冬の初瀬詣でのあわれさ、恋の切なさ、人の世の悲しさが一首中に滲み出て、物語性を湛えたこの歌は、定家の好みに合致したものである。三句が「山おろしよ」と字余りになる本文もある。

75

契りおきしさせもが露を命にて
あはれ今年の秋も去ぬめり
藤原　基俊

解釈

約束しておいてくれた「ただ私を頼みにせよ、サセモ草だ」という言葉を、命の露として待っていましたが、その望みもかなわず、ああ、今年の秋もむなしく過ぎ去ってしまうようです。

※「去ぬ」は、ナ変活用動詞の終止形。

鑑賞

子息の栄達を願って期待をかけていたところ、またもやそれが空頼みになってしまったので、依頼した太政大臣の藤原忠通にそれを恨んで書き送った歌。切実な親の愛情が滲み出ていて、胸を打つ。

76

わたの原漕ぎ出でて見ればひさかたの
雲居にまがふ沖つ白波
藤原　忠通

解釈

大海原に舟を漕ぎ出して、ながめわたすと、はるか彼方に、雲と見まちがえるばかりに、沖の白波が立っていることよ。

※「ひさかたの」は、雲居にかかる枕詞。

鑑賞

「海上遠望」題での題詠歌。作者忠通は漢詩に堪能で、それを反映するかのごとく歌柄の大きな佳作である。海景を詠むにしても景物を多く添えることなく、壮大な海上の景を大らかに歌い上げ、遠望の題にふさわしい詠みぶりである。

77

瀬を早み岩にせかるる滝川の
割れても末に逢はむとぞ思ふ
崇徳院

解釈

浅瀬の流れが速いので岩にせきとめられている滝川が、二つに分かれても下流でまた合流するように、私もここであなたとお別れしても、将来またお逢いしようと思っていますよ。

※「早み」の「み」は、原因・理由を表す接尾語。

鑑賞

岩に当たって激しく奔騰する山川の急流の比喩を用いて、恋心の激しさを詠出するが、初句から句切れなしに一気に詠み下し、どうあってもという強い意志をも感じさせる歌。「滝川」は急流で、上三句が序詞となる。

78

淡路島かよふ千鳥の鳴く声に
いく夜寝覚めぬ須磨の関守
源　兼昌

解釈

(対岸の)淡路島に飛び通うチドリの鳴く声に幾夜目を覚ましただろうか、須磨の関所の番人は。

※「鳴く声に」の「に」は、原因・理由を表す格助詞。

鑑賞

「関路千鳥」という題詠歌であるが、廃関の持つ寂寥感に冬の千鳥の鳴き声を配し、このような状況に身を置いた設定の下で往時の関守の心中を思いやった歌である。「寝覚めぬ」の「ぬ」は完了の助動詞で、終止形は破格。

79

秋風にたなびく雲の絶え間より
漏れ出づる月の影のさやけさ
藤原　顕輔

解　釈

秋風にたなびいている雲の絶え間から、漏れ出ている月の光の美しいことといったらないよ。

※「さやけさ」は、形容詞「さやけし」の語幹に、接尾語「さ」が付いた形で、名詞になったもの。

鑑　賞

秋風に吹かれて流れる雲が月のあたりで切れて、その絶え間から待ち望んだ月がさわやかに輝き出る、こうした光景を平明かつ清澄に詠み出した歌で、雲が月の美しさを引き立て、月光の清らかさが印象鮮やかに浮かんでくる。

80

長からむ心も知らず黒髪の
乱れて今朝はものをこそ思へ
待賢門院　堀河

解　釈

あなたの心が末長く変わらないものかどうかわかりません。私の黒髪が乱れているように、あなたとお逢いして別れた今朝は、心は乱れて物思いに沈んでいます。

※上句は「乱れて」を導く序詞。

鑑　賞

黒髪の寝乱れた官能的な美しさと、愛するゆえに疑いとなり、思い乱れる女心を、巧みにしかも実感を込めて詠んだ歌。寝乱れ髪を詠んだ多くの類歌の中でもやはり秀逸の作の一つで、黒髪の妖艶美は定家の好むところでもあった。

81

ほととぎす鳴きつる方を眺むれば
ただ有明けの月ぞ残れる
藤原　実定

解　釈

待望のホトトギスが鳴いた。その声の方に目をやると(ホトトギスの姿はなく)明け方の空にはかすかに月が残っているばかりである。

※「残れる」の「る」は、存続の助動詞「り」の連体形。

鑑　賞

ほととぎすを詠んだ歌が多い中で、古来最も優れた詠作の一つとされている。一声二声鳴いて姿を見せず飛び去る趣を詠むのが、ほととぎすの常套的詠法であり、多くは有明けの月と組み合わされるが、その点でもこの歌はその典型である。

82

思ひわびさても命はあるものを
憂きに耐へぬは涙なりけり
道因法師

解　釈

つれない人への恋に思い悩んで、その苦しさに死ぬかと思われたが、それでも命だけは永らえているのに、つらさに堪えきれずに、こぼれ落ちるのは涙であることだ。

※「なりけり」の「けり」は、詠嘆の助動詞。

鑑　賞

堪える命と堪えない涙の対比がこの歌の眼目で、その奥に、重い命が堪えているのに、軽い涙が堪えられないという、人間の不合理を見つめる目があり、それを理屈と解するか、いとおしみと解するかで、評価がわかれるのである。

付

83
世の中よ道こそなけれ思ひ入る
山の奥にも鹿ぞ鳴くなる　　藤原　俊成

解釈

世の中というものは、遁れたいと思ってもどこにも道はないことだ。世を背こうと深く思いこんで入って来たこの山の奥にも、鹿が悲しげに鳴いているようだ。

※「鳴くなる」の「なる」は、伝聞推定の助動詞「なり」の連体形。

鑑賞

俗世を嫌い山の奥に逃れる遁世の身に、なお鹿の鳴く音がもの悲しく聞こえて、この世では憂さから逃れることもできないと深く述懐する歌。二句目で強く言い切り、以下で鹿に実感を寄せて詠出するところに、余情の深さがある。

84
長らへばまたこのごろやしのばれむ
憂しと見し世ぞ今は恋しき　　藤原　清輔

解釈

生き長らえるならば、また同じように、この頃が思い慕われるのであろうか。辛いと思った昔の世が、今は恋しいことだ。

※「しのばれむ」の「れ」は、自発の助動詞「る」の未然形。

鑑賞

父の顕輔と不和で沈みがちな心境を述懐した歌。一見老人風の詠風であるが、実際は清輔三十歳前後の詠作で、当時の述懐歌にはよく用いられた詠歌姿勢である。定家の好みにも叶う清輔の代表作で、広く人々の心を捉えた。

85
夜もすがら物思ふころは明けやらぬ
閨のひまさへつれなかりけり　　俊恵法師

解釈

(あの人は来てもくれないので)夜通し恋の物思いをしているこの頃は、早く夜明けになればよいと思うが、なかなか夜が明けきらないで、その寝室の明るくなってくるはずの隙間までが、私につれなく思われることよ。

鑑賞

女の立場になって、恨む恋の風情を詠みあげた歌であるが、「閨のひまさへつれなかりけり」という発想に新味があり、巧みな表現として評価を得た。三句を「明けやらで」とする本文もあり、江戸時代以降はこちらが優勢になった。

86
嘆けとて月やはものを思はする
かこち顔なるわが涙かな　　西行　法師

解釈

嘆けといって月が物思いをさせるのだろうか、そんなことはあるまいに。本当は恋のせいなのに、月のせいだといいたげに恨めしそうに流れる私の涙であることよ。

※「月やは……思はする」は反語表現。

鑑賞

恋の涙に他ならないのに、月に誘われた涙であるように偽装し、そのような自己を「かこち顔」と自省する歌である。隠者歌人西行には意外に恋歌が多いが、恋歌にこそ西行の面目がよく出ていて、この歌はその典型である。

87

村雨の露もまだひぬ槙の葉に
霧立ちのぼる秋の夕暮れ
寂蓮法師

解釈

村雨の露もまだかわかない杉やひのきの葉に、霧が立ちのぼってゆく秋の夕暮れよ。

※「ひぬ」の「ひ」は、上一段活用動詞「干る」の未然形。

鑑賞

日本画のような風景を三十一文字に手際よく描き上げた名歌として、新古今集の秀歌に必ず選ばれる歌である。客観的叙景歌の典型として、新古今の三夕の歌と並んで、広く人口に膾炙し、不朽の名作として伝わって来た。

88

難波江の葦の仮寝のひとよゆゑ
みをつくしてや恋ひわたるべき
皇嘉門院別当

解釈

難波の入江の葦の刈り根の一節のような、そんな短い旅の一夜の仮寝のために、この身を尽くして、ひたすら恋い続けることになるのでしょうか。

※「みをつくし」は、澪標（＝水路標識）を掛けた表現。

鑑賞

「旅宿に逢ふ恋」という題詠歌ではあるが、序詞・掛詞・縁語など修辞を尽くし、旅の一夜のはかない契りのために、生涯身を捧げて恋い続けなければならないとする、女の恋心の哀れさを優艶に表出した佳品である。

89

玉の緒よ絶えなば絶えね長らへば
忍ぶることの弱りもぞする
式子内親王

解釈

我が命よ、絶えるのだったら絶えてしまえ。もし生き長らえていると、恋心をこらえることが弱り、外に現れてしまうといけないから。

※「絶えなば絶えね」の「な」「ね」はそれぞれ、強意の助動詞「ぬ」の未然形と命令形。

鑑賞

相手の反応をまったく問題とせず、死の空想の中に自虐的な慰めを見出そうとする歌であるが、「忍恋」の題詠歌として詠まれたもので、同時代の多くの忍恋の歌の中でも特異な詠作。「弱りもぞする」の「もぞ」は危惧の念を表す。

90

見せばやな雄島の海人の袖だにも
ぬれにぞぬれし色は変はらず
殷富門院大輔

解釈

あなたに見せたいものです。(恋い焦がれて流す血の涙で色まで変わった私の袖を)。あの松島の雄島の海人の袖でさえ、濡れに濡れたのは私の袖と同じでも、色まで変わっていないのに。

※「ばやな」の「ばや」は願望の終助詞、「な」は詠嘆の終助詞。

鑑賞

「見せばやな」は何を見せたいのか、歌句に表現されてない。血の涙で色まで変わった私の袖を、という意味を補って解釈せざるを得ないが、それは「松島や雄島の磯にあさりせしあまの袖こそかくは濡れしか」の古歌を踏まえた歌だからである。

91

きりぎりす鳴くや霜夜のさむしろに
衣片敷きひとりかも寝む

藤原良経

解釈

コオロギが（悲しげに）鳴く霜の降りる寒い夜、敷き物の上に自分の着物だけを敷いて、ただ一人寂しく寝なければならないのだろうか。

※「鳴くや」の「や」は、語調を整える詠嘆の間投助詞。

鑑賞

「さむしろ」の「さ」は接頭語で、莚のこと。「寒し」を掛ける。「衣片敷き」は自分の袖の片袖だけを敷いて寝ることで、共寝の時は二人の着物を敷くから、「片敷く」は独り寝すること。新古今集では秋歌だが、恋歌の趣もある。

92

わが袖は潮干に見えぬ沖の石の
人こそ知らね乾く間もなし

二条院讃岐

解釈

私の袖は、引き潮の時にも見えない沖の石のように、人は知らないだろうが、あの人を思う恋の涙のために、乾く間とてないのです。

※「人こそ知らね」は係り結びで、逆接となる表現。

鑑賞

「寄石恋」という題詠歌で、二・三句が四句以下の序詞になる。潮の干満によって見え隠れする磯や、そこに生える海草を恋の比喩に用いた歌は数多いが、それを敷衍して沖の石を持ち出したところに独自性があり、技巧の冴えがある。

93

世の中は常にもがもな渚漕ぐ
海人の小舟の綱手かなしも

源　実朝

解釈

世の中はいつまでも変わらないであってほしいものだなあ。この渚を漕いで行く漁夫の小舟の、その綱手を引いてゆく様子に、しみじみ心動かされることよ。

※「もがもな」は、願望の終助詞「もがも」に、詠嘆の終助詞「な」を重ねた形。

鑑賞

鎌倉三代将軍という武家の棟梁の地位にありながら、実朝の顔は常に都に向き、風流を志向していた。二十八歳で非業の死を遂げるが、この世の無常を察知していたかのごとく、この歌も深く無常への哀感をにじませている。

94

み吉野の山の秋風さ夜ふけて
ふるさと寒く衣打つなり

藤原雅経

解釈

吉野山の秋風が夜更けに寒々と吹き、古都吉野では寒々と衣を打つきぬたの音が聞こえている。

※「打つなり」の「なり」は、伝聞推定の助動詞の終止形。

鑑賞

古今集の歌「み吉野の山の白雪つもるらし故郷寒くなりまさるなり」を本歌とする。その本歌取りが、あまりに本歌の歌句を多く取り過ぎているとの批判もあるが、聴覚のみで古都の晩秋の寂寥感を表現し得た点は、本歌と趣を異にする。

95

おほけなく憂き世の民におほふかな
わが立つ杣にすみぞめの袖

慈円

解　釈

身分不相応にも、僧侶の身として、憂き世の人々の上におおいかけることであるよ。比叡山に住みはじめて身につけたこの墨染の袖を。

※「すみぞめの袖」には、仏の救済の意が込められている。

鑑　賞

「わが立つ杣」は比叡山のことで、伝教大師の古歌に因む表現。「すみぞめ」に住み初めを掛ける。三句切れ・体言止めの新古今調の形式を備えるが、おおらかな詠みぶりで、後に天台座主となる青年僧の心意気を感じさせる歌。

96

花誘ふあらしの庭の雪ならで
ふりゆくものはわが身なりけり

藤原　公経

解　釈

花を誘って散らす嵐が、庭一面を雪の降るように真っ白にしているが、その降る雪ではなくて、次第に年を取ってゆくのは、じつは我が身だったのだなあ。

※「ならで」の「で」は、打消しの接続助詞。

鑑　賞

落下を見ての即詠歌であるが、落花そのものを詠むのではなく、老いの嘆きを述懐したもの。眼前の「降りゆく」落花の光景から、掛詞を介在して「古りゆく」身へと展開させ、上句の景物と下句の感慨を巧みに結びつけている。

97

来ぬ人をまつほの浦の夕凪に
焼くや藻塩の身もこがれつつ

藤原　定家

解　釈

いくら待っても来ない人を待つ私は、あの松帆の浦の夕凪の海辺で焼く藻塩のように、身は恋い焦がれているのです。

※「まつほの浦」は、淡路島北端の海岸。

鑑　賞

二句に「待つ」を掛け、二・三・四句を「こがる」の序詞にするなど修辞を駆使して、待てども来ぬ人を待っている女心のもどかしさを、見事に形象し得た歌である。序詞に導かれる憂鬱な風景は、待つ女の心象の象徴でもある。

98

風そよぐ楢の小川の夕暮れは
禊ぞ夏のしるしなりける

藤原　家隆

解　釈

風がそよそよと楢の葉を吹いているこの楢の小川の夕暮れは、秋のように涼しいが、みそぎをしているのが夏であることの証拠であるよ。

※「楢の小川」は、上賀茂神社の近くを流れる御手洗川。

鑑　賞

屏風絵の画讃として詠まれた「屏風歌」である。「禊する楢の小川の川風に祈りぞわたる下に絶えじと」「夏山の楢の葉そよぐ夕暮はことしも秋の心地こそすれ」の二首の古歌を踏まえて、微妙な季節感を平明に歌い流している。

99

人も惜し人も恨めしあぢきなく
世を思ふ故にもの思ふ身は

後鳥羽上皇

解釈

（ある時には）人をいとしく思い、（またある時には）人を恨めしく思う。この世の中をおもしろくないと思うゆえに、あれこれと物思いをする私は。

※「あぢきなく」は、「世を思ふ」の「思ふ」にかかる。

鑑賞

建暦二年（一二一二）後鳥羽上皇三十三歳の時の述懐歌。すでに新古今集の華やかな歌に明け暮れた日々は去り、鎌倉幕府との軋轢がようやく激しくなる。そうした情勢の下で詠まれた歌には、為政者の憂鬱が漂うかのようである。

100

ももしきや古き軒端のしのぶにも
なほあまりある昔なりけり

順徳院

解釈

宮中の古く荒れた軒端には忍ぶ草が生えているが、その忍ぶ草を見るにつけても、いくら偲んでも偲び尽くせない昔の御代であることよ。

※「ももしきや」の「や」は、軽い詠嘆を含む間投助詞。

鑑賞

建保四年（一二一六）順徳院二十歳の折の述懐歌である。「しのぶ」は忍草に偲ぶを掛ける。承久の乱の前の重苦しい雰囲気の中での詠作で、王道の黄昏の時代における為政者の憂愁を含んで、昔の聖代を懐古したのである。

藤原定家が「百人一首」を選んで書いたともいう小倉色紙の成った地である小倉山の遠望。保津川をはさんで嵐山からの姿はお椀をふせたような愛らしさがある。

現代語から古語が引ける

現古辞典

なお、上は上代語、中は中世語、近は近世語、歌は和歌用語であることを表す。

あ

ああ	あな・あはれ
愛敬(あいきょう)	愛敬(あいぎゃう)・愛想(あいそ)近
あいさつ	あへしらひ・色代(しきだい)
愛情	あはれ・こころざし・なさけ
愛情深い	あはれ・なさけなさけし
合図	あひづ・沙汰(さた)・しるし
間(あいだ)	ひま・ほど・ま・あはひ
愛着(あいちゃく)	あいぢゃく・愛執(あいしふ)
相次(あいつ)いで	しきりに・次次(つぎつぎ)
あいづち	あど・あひづち
相手(あいて)	かたき・あひて
あいにく	あやにく
合間(あいま)	あひだ・あひま・ひま
愛らしい	をし・あはれ・しをらし
合・会う	あふ
青	あを
赤	あか・朱(あけ)
あからさまだ	あらは
あかり	御明(みあ)かし・灯(とも)し
明るい	あかし・あきらか・あきらけし・はればれし・ほがらか
赤ん坊	みどりご・ちご
秋	あき
飽きる	あく・おもひあく
悪事	僻事(ひがこと)・悪行(あくぎゃう)
あくびをする	あくぶ
悪魔	悪神(あくじん)・悪霊(あくりゃう)・外道(げだう)
明け方	あかつき・あけぼの・東雲(しののめ)
空ける	あく
上げる	あぐ・もたぐ
顎(あご)	おとがひ
あこがれる	あくがる
朝	あした・あさ
浅い	あさし・あさはか・あさま
預ける	あづく
遊ぶ	あそぶ・たはぶる
与える	あたふ・えさす・とらす
頭	あたま・かうべ・かしら
新しい	あたらし・あらたし
あたり	あたり・辺(へ)・わたり・ほど
あちこち	あなたこなた
あちら	あなた・かなた・をち
厚・熱い	あつし
暑苦しい	あつかはし
熱い	あつし
あっけない	あへなし・はかなし
集まる	あつまる・つどふ・すだく
集める	あつむ
あてがない	すずろ
あてずっぽう	心当(こころあ)て
あてにする	たのむ・たよる
当てる	あつ
後(あと)	あと・うしろ・しり
跡(あと)	あと・ゆくへ
あとかたもない	なごりなし
穴があく	うぐ
あなた(二人称)	こなた・これ・ぬし・おまへ・御許(おもと)(女性)・わがせ(男性)上・わがつま上・吾妹(わぎも)(女性)上・吾妹子(わぎもこ)(女性)上
あなどる	あなづる・おもひあなづる
兄	あに・このかみ・せ・兄人(せうと)
姉	あね・このかみ・いも
あの世	黄泉(よみ)・冥土(めいど)・下方(したへ)・黄泉(くわうせん)・下(した)つ国(くに)上
浴びる	あむ
危ない	あやふし・さがし
溢(あふ)れる	こぼる・あぶる・あふる近
甘い	あまし
甘える	あまゆ
雨	あめ

付

あやしい	あやし・けし・けしからず
あやまち	あやまち
謝る	あやまる[近]
洗う	すます
あらかじめ	かねて
争う	あらそふ・すまふ
改める	あらたむ
表す	あらはす
現れる	あらはる・いでく
ありがたい	かたじけなし
有様	ありさま・あるやう・景気(けいき)・さま・ありやう
ありったけ	ありのことごと・あるかぎり
歩く	ありく・あゆむ
ある日	一日(ひとひ)
あれ	あ・か・かれ
あれこれと	かにかくに・とかく
荒れる	ある
あれやこれやと	とやかくや・なにやかや
泡	うたかた・みなわ・あわ
あわてる	まどふ・あわつ
哀れな	かなし
安易な	やすし・かやすし・たやすし
暗記する	うかぶ
安心だ	こころやすし・こころながし
安全な	やすらか
安定する	⇩「落ち着く」
案内	あない・枝折り(しをり)・てびき
安楽な	やすし・やすらか

い

好い(い)	このまし ⇩「良い(よ)い」
言い争う	あらがふ・論ず(ろん)・あらそふ
いいえ	あらず・いさ・いな・いなや
いいかげんだ	おろか・おろそか・なのめ・なほざり・はかなし
言い過ぎる	いひそす
言い尽くせない	いふもおろかなり
言い古される	ことふる
言い分	まうしごと・いひぶん
言いようがない	いはむかたなし・いふかたなし・えもいはず
言い訳	かごと
言う	いふ・のる[上]
言うまでもない	いふもおろかなり・さら
家	いへ・や・やど
意外だ	おもひのほか・こころのほか
怒る	いきどほる・ほとほる
いくらなんでも	さりとも
意見	かんがへ
勇ましい	猛し(たけし)
石	いし
意志	こころ・こころざし
意地	意趣(いしゅ)・こころいきほひ
意識	こころ
いじめる	さいなむ・しへたぐ
医者	薬師(くすし)
異常だ	あやし・けし・けしからず・けやけし・ねぢけがまし
意地悪だ	あやにく・さがなし
以前	いにしへ・さき・はやう
以前から	かねて・もとより
急ぐ	いそぐ
痛い	いたし
いたずら	さがなし・まさなごと・わるさ
いただく	[近] たうばる・たばる・たまはる
いちずだ	切(せち)・ねんごろ・ひたぶる
一日中	ひねもす
一人前(いちにんまえ)だ	大人(おとな)し・ひとびとし
一番	いち・至極(しごく)
一面に〜する	わたる
一緒に	いちどうに・ともに
一般に	なべて・おほかた
一方	かた・かたかた・かたつかた
一方では	かつ・かつは・かつうは
いつも	あけくれ・朝(あさ)に日(け)に[上]・朝(あさ)な夕(ゆふ)な[歌]
いつものように	例(れい)の
移動する	ありく・うつる・わたる
いとしい	あはれ・いとほし・うつくし・かなし・はし・をし
いなか	ひな[歌]・ざいしょ
犬	いぬ
命	いのち・玉の緒(たまのを)[歌]・齢(よはひ)
衣服	衣(きぬ)・装束(さうぞく)
妹	いも・おとうと・おとと

付

いやがる　いとふ・うとむ
いやだ　うたてし・うとまし・こころうし
いやな感じだ　うたてげ・ものうとし
依頼する　あつらふ・いひつく
いらっしゃる　います・いますかり・いまそかり・おはさふ・おはします・おはす・まします・ます・みまそかり
居る　あり・ゐる・をり・ものす
入れる　いる・こむ
色気　艶
色っぽい　えん・なまめかし・いろめかし
岩　いは
祝う　いはふ
陰謀　謀反・はかりこと・たばかり
インスタント　たちどころに・ただちに

う

上　うへ・かみ
飢え　うゑ
植え込み　前栽
植える　うう
浮かぶ　うかる・うく・うかむ
受ける　うく・負ふ・かうむる
動かす　うつす
動く　はたらく
うしろ　あと・うしろ・しり・しりへ
薄い　あさし・あはし・うすし
埋める　うづむ
うそ　徒言・空言・作り言・いつはり
疑う　うたがふ
打ち明ける　あらはす・いひあらはす
~うちに　~ほどに
宇宙　天地・世界
打つ　しらぐ・打ず
うっかり　うかうかと・うかと
美しい　優・艶・うるはし・きよげ・なまめかし・まばゆし・よし・をかし
美しく輝く　にほふ
訴え　うたへ・うったへ・公事
うっとうしい　ところせし・むつかし
腕　かひな・うで
促す　もよほす
乳母　母・めのと・乳母
馬　うま・むま
うまい　あまし・美し・うまし
生まれる　うまる・むまる・ある[上]
海　うみ・わた・わたつみ
敬う　たふとぶ・あがむ
恨みがましい　かごとがまし
恨み言を言う　かこつ・ゑんず
恨めしい　憂し・こころうし
恨めしそうだ　かこちがほ
うらやましい　羨し
売出し　うりいだし[近]
売る　ひさく
潤う　うるほふ
うるさい　かしかまし・こちたし・わづらはし
浮気心　徒心・徒し心・異心・好み心・二心
浮気だ　徒徒し
うわさ　音聞き・風の便り・聞こえ・人聞き
運　うん・仕合はせ
うんざりする　倦ず・うむ
運送　運上
運動　うごき
運命　運・宿世

え

永久不変だ　常しなへ・永久
影響　なごり
営業　いとなみ
映像　影
描く　ゑがく
偉い　⇩「立派だ」「高貴だ」
選ぶ　える・えらむ・えらぶ
得る　う・とる
縁　えに・えにし・ゆかり・ちなみ
宴会　うたげ・宴
縁起が悪い　いまいまし・いまはし・禍禍し
縁故　たより・るい・ゆかり
演奏する　あそぶ・かきならす・かなづ

付

遠方	をち・をちかた
遠慮する	はばかる・つつむ

お

老いる	老ゆ・奥寄る
追う	追ふ・慕ふ
応援	助け・助
黄金	こがね・くがね[上]
横断する	わけゆく
往復する	行き返る・下り上る・行き来
終える	終ふ・果たす・極む
多い	おほし・おほかり・こちたし・繁し
大きい	大き・大のか
おおげさだ	おどろおどろし・ことごとし
起きる	起く
置く	置く・据う
送る	送る
遅れる	遅る・下がる
行う	おこなふ
起こる	おこる
幼い	いとけなし・いはけなし・をさなし
治める	治る・をさむ・定む
惜しい	惜し・惜し
教える	をしふ
惜しむ	惜しがる・をしむ
おしゃれする	仕出し[近]・つくろふ
雄	雄
遅い	おそし
恐ろしい	おぞまし・気恐ろし・すごし・むくつけし・むつかし
おだてる	すかす
落ち着く	おちつく・落ち居る・思ひ鎮まる・治まる
落ちる	落ゆ・落つ
夫	背・兄人・背子・夫な・夫
おっとりしている	おいらか・大どか・子子し・子めかし・のどけし
音	おと・音・音なひ
弟	弟・兄子
男	をとこ・男子
訪れる	訪る・訪なふ・言問ふ・訪ぬ
大人	おとな・ひと
おとなしい	大人し
踊る	をどる
衰える	くづほる
驚く	あさむ・あさましがる・おどろく・肝潰る
同じだ	おなじ・ひとし
おばけ	物の怪・変化
覚える	おぼゆ
お前(二人称)	きんぢ・汝・汝・汝・汝・汝
重い	おもし
思いがけない	すずろ・ゆくりなし
思い出す	覚ゆ・思ひ出づ
思い出	思ひ出で
思う	おもふ
おもしろい	おもしろし・をかし
おもちゃ	遊び物・もてあそび
表	おもて・上
趣	あはれ・情け・故・由
親	おや・父母
折る	をる
おろかだ	痴・暗し・拙し
終わる	をはる・果つ・止む
音楽	遊び・糸竹・管弦
女	女・女・女・をんな ⇩「女性」
女の子	女子・女子・女子・女の子・女の童

か

会議	僉議・評定
会計	算用[近]
外見	見様・見目・見る目
外国	異朝・外つ国
階段	階・品・階
回転する	回る・転ぶ
回復する	立ち直る・直る
介抱	介錯・介抱
解放する	ときはなつ
会話	語らひ・言問ひ
買う	購ふ・かふ
返・帰す	かへす
変・代える	かふ
顔	面・面・かほ・顔
顔色	気色・色合ひ・気色
香る	かをる・薫ず

付

書き方	手書様
書く	かく・認む・物す
学者	学生・学士・学匠・有職
学習する	まなぶ・習ふ・学ぶ
学生	学生・大学の衆
隠れる	かくる・こもる
陰	かげ・隈
過激な	はげし
陰口	後言
過去	来し方・来し方・先・先先
火災	火・火事・回禄・焼亡
飾る	色ふ・しつらふ
菓子	菓子
賢い	賢し・才才し・賢し・聡し
果実	生り物・み
数多く	数多・数知らず・ここだ・ここら・そこぼく・そこら
風	かぜ・下ろし
風邪	かぜ・風病・咳き病
数える	かぞふ・掻き数ふ
家族	家人
固い	強し・かたし
価値	価・効
勝つ	かつ
がっかりする	倦ず・侘ぶ
活気がある	勢ふ
格好	形・恰好・相
学校	寺子屋[近]・国学・大学寮
悲しい	あはれ・悲し・わびし
悲しむ	かなしぶ・かなしむ
必ず	さだめて・たしかに・まさに
かぶる	被く・かがふる[上]
我慢	堪忍
我慢する	忍ぶ・堪ふ・念ず・思ひ念ず
髪	頭
通う	かよふ
体	身・たい
からっぽだ	むなし
仮に	たとひ・よしや・もし
借りる	借る
軽い	軽々し・軽し・あさはか
川	かは
かわいい	あはれ・いとし・いとほし・美し・愛し・らうたし・愛し
かわいがる	慈しむ・慈しむ・愛しうす・愛しがる・愛す・愛しむ
かわいそうだ	あはれ・いとほし・かはゆし・不憫
代わる	かはる
変わる	かはる・違ふ
考える	考ふ・考ふ
環境	世間・世の中・境界
関係	間・懸かり・仲・仲らひ
がんこだ	かたくなし・かたくな
漢字	真名・男手・男文字
感情	心
感じる	感ず・覚ゆ
感心だ	神妙・優し
完全だ	全し・真秀
乾燥する	干る・乾く
寛大な	広し
簡単だ	易し・たは易し・た易し
感動する	愛づ・あはれがる・感ず
頑張る	勤む・励む

き

消える	消ゆ
記憶	覚え・覚悟
機械	仕掛け・からくり
機会	限り・時節
気が進まない	憂し・物憂し
聞きたい	ゆかし
危険な	あやふし
きざな	わざとがまし
季節	折節・時
基礎	下地
競う	競ふ・挑む
貴族	公達・公家・貴人
北	きた・子・上様(京都デ)
期待	あらまし・心寄せ
期待する	あらます・期す・頼む
鍛える	もむ
汚い	汚し・いぶせげ
気づく	驚く
気取る	気色立つ・気色ばむ
気にくわない	心付きなし・憎し
記念	形見

昨日	昨日・きのふ
気の毒だ	傍ら痛し・心苦し
気晴し	心遣り・紛れ
厳しい	厳し
気分	気・心地
気分が悪い	悩まし・心地悪し
希望	あらましごと・望み
きまじめだ	すくすくし・すくよか
気まずい	事苦し
決まる	定まる
気味悪い	うたて・疎まし・気疎し・気色あり・凄げ・凄し・むくつけし・むつかし
奇妙な	奇し・不思議
決める	定む
気持ち	気・気味・心地・心
疑問	不審
客	客人
逆	返様・逆様・逆しま
逆転する	かへる
急な	あからさま・うちつけ・急
窮屈だ	ところせし
休憩	いこひ
求婚する	よばふ・語らふ・言ふ・妻問ふ
救助	すくひ
清い	きよし・いさぎよし
今日	今日
教育	習はし・人習はし
教師	師・師範
競争する	きしろふ・きほふ
兄弟	同胞(同腹ノ)・いろせ[上]・兄人
恐怖	おそれ
興味	興
興味深い	おもしろし・をかし
協力	一味・合力
行列	列
許可	ゆるし
拒否する	さへなふ[上]・辞ぶ・辞む
去年	去年・旧年
嫌う	いとふ
気楽な	心安し・安らか
切る	断つ・樵る(木ヲ)
きれいだ	きよげ・うつくし
記録する	しるす
金	くがね・こがね
銀	しろがね
禁止	いさめ・停止
近所	里隣
禁じる	いさむ・いましむ
勤務	みやづかへ・参勤

く

食う	くふ・はむ・くらふ
空気	気
癖	心癖・心習ひ
砕く	くだく
果物	菓子
苦悩	痛み・苦患
配る	くばる・頒つ[上]・分かつ・分く
首	くび・かうべ
工夫する	たばかる
組み合わせ	とりあはせ・あはひ
汲む	くむ・掬ぶ
雲	くも・雲居
くやしい	くちをし・ねたし
悔やむ	悔ゆ
暗い	くらし
比べる	くらぶ
繰り返し	うちかへし・かへすがへす
来る	来・きたる
苦しい	憂し・悩まし・物憂し・わびし
苦しむ	痛む
暮れる	くる
黒	くろ
苦労	いたつき・わづらひ
加える	くはふ・そふ
詳しい	くはし・つぶさ

け

軽快な	かろらか・かるらか
計画する	掟つ・構ふ・巧む・企つ
経験する	慣らふ
計算	算・算用[近]
芸術	芸能
携帯する	たづさふ
軽薄だ	浅はか・軽々し・軽し・たやす

	し・ふつつか
景色	景気・ありさま・けしき
化粧	かほづくり・けさう
消す	けす・けつ
削る	けづる
結果	果て・首尾[近]
結婚する	会ふ・見る
決して〜ない	あに・ゆめ・ゆめに・ゆめゆめ・よに
決心する	思ひ立つ・思ひ取る
決定	極め・治定・さだめ
欠点	疵・咎
欠乏する	ことかく
月末	晦日
けなす	くたす・そしる・もどく・言ひ消つ
煙	けぶり・けむり
原因	根元・元・故
けんかする	腹立つ・いさかふ
元気をなくす	萎る
現実	うつつ
建設する	建立す・造作す・建つ
現代風だ	いまめかし
見物する	見る
幻滅	心劣り

こ

濃い	こし・濃やか
恋	懸想・こひ
恋人(男)	背・兄人・背子・兄な・男
恋人(女)	妹・女
幸運	果報・幸ひ・仕合はせ
効果	効・験
豪華な	はなやか
後悔する	悔ゆ
交換する	引き替ふ
高貴だ	貴・気高し・高し
高級な	高し
孝行	孝・孝養
交際する	語らふ・相語らふ・交はる
降参する	降る
口実	託言
こうして	かうて・かくて
強情だ	悍し・強し・執念し
好色	好き・色好み
皇太子	東宮・春の宮・日嗣ぎの御子・儲けの君
交代する	かはる
好男子	色男・好男
行動	振る舞い
香ばしい	香し・香し
幸福	幸[上]・幸ひ・仕合はせ
興奮する	勇む
行楽	逍遥・遊び
口論する	あらがふ
声	こゑ・ね
越える	こゆ
声をあげて泣く	音を泣く
氷	つらら・ひ
呼吸	阿吽・息差し・息
故郷	産土・古里・在所[近]
ここ数日間	日頃
ここ数年間	年頃
心遣い	心ばせ・心ばへ・用意
心強い	頼もし
心細い	はかなし・わびし
試みる	試みる・試む[中]
快い	快し
腰	こし
個人	わたくし
答える	答ふ・かへす
ごちそう	饗・饗設け・設け
言葉	言・言種・言の葉・言葉・言語
子供	童子・童・小童・児
子供っぽい	子子し・子めかし・幼し
断る	辞ぶ・辞む
好ましい	なつかし・よろし
好む	このむ・たしなむ・好く
このように	かう・かく
細かい	細か・細やか・くだくだし
ごまかす	まぎらはす
困る	困ず・わぶ
娯楽	あそび
これ	こ・これ
転がる	転ぶ
こわす	こほつ・破る
昆虫	虫

困難な　ありがたし・難し

さ

災害　わざはひ
最後　限り・終・止まり・終はり・最後
最高の　やむごとなし
財産　産・資財・身代[近]・世間・財
最初　一・初め
催促する　もよほす
最低の　無下
災難　難・不祥・わざはひ
裁判　公事・裁き[近]・出で入り[近]
財布　巾着・袋
才能　かど・さえ・器量
栄える　さかゆ・にぎはふ・はなやぐ・ときめく
盛んな　たけなは
捜す　さがす・訪ふ・たづぬ
魚　いを・うを
下がる　さがる・くだる
咲く　さく
昨年　去年
酒　さけ・ささ
叫ぶ　さけぶ・をめく・わめく
避ける　避る・避く
指図する　掟つ・沙汰す
誘う　誘ふ・さそふ
殺風景だ　すさまじ
寂しい　あはれ・けどほし・さうざうし・さびし・すごげ・すごし・つれづれ
寒い　さむし
左右　左右・裏表
去る　去ぬ・さる
騒がしい　おびたたし・かしかまし・かまびすし・らうがはし
騒ぐ　ののしる・さわぐ
さわやかな　さはやか・清やか・すがすがし
残酷な　無慙・辛し
賛成する　同ず
残念だ　憂し・口惜し・悔し・心憂し・ねたし・本意なし

し

四　四つ
しかし　されど・されども・しかるに・しかれども
叱る　いさかふ・いましむ・さいなむ・しかる
時間　ひま・ほど・とき
時期　期・時節・時
至急　火急
試験　こころみ
事件　事
時刻　時・点・時
仕事　事・事業・所作・つとめ・わざ
指示する　さす・しめす
事実　まこと
事情　由・案内・分け
辞職する　いとま申す・致仕す
静かだ　しづけし・しづか
沈む　しづむ
自然　自然
下　しも
次第に　やうやう・やうやく・やや
慕う　したふ・恋ふ
従う　したがふ・しなふ・そふ・任す
親しい　心安し・細か・ねんごろ
親しくない　うとうとし・うとし・気遠し
しっかりしている　したたか・たしか・はかばかし・ふつつか・宗宗し・長長し
実行する　なす
実際は　げには
実情　案内・あんない
質素な　つづまやか
失敗　あやまち・失
質問する　言問ふ・問ふ
実用的だ　まめ・まめまめし
失礼な　ゐやなし
指導する　みちびく
指導者　先達
しとやかだ　しめやか・なごやか・なだらか・やはらか
しばらく　しばし
自分　あ・あれ・わ・われ
姉妹　女同胞・おととい
自慢　自讃・我褒め

地味だ	すくすくし・すくよか
しゃくにさわる	憎し・ねたし
借金	借銭
しゃれている	あざる・戯る・戯ればむ
習慣	ならはし・ならひ
重大な	おもし・おもおもし
住宅	家居
執念深い	執念し
住民	たみ
修理する	修理す・つくろふ
宿泊する	とどまる・泊まる・やどる
主人	主・あるじ
手段	術・たづき・よし・よすが
出発する	出づ・たつ・出で立つ
守備	守・守り
趣味	好み
種類	種・品
順序	序
準備する	まうく・したたむ
使用する	もちゐる・つかふ
障害	障り
正月	睦月・正月
正気	現し心・現・肝心
証拠	証・証
正直な	直・素直
昇進する	上がる・成り上がる・成り上る・のぼる
上手だ	うるせし・うるさし・妙・らうらうじ
上達する	進む
冗談	戯れ言・漫ろ言・戯れ言
承諾する	承け引く・合点す・うべなふ
商人	あきうど・あきびと
商売	あきなひ
上品で美しい	貴・貴やか・なまめかし・なまめく・らうらうじ
将来	先途・奥・生ひ先・さき・後
省略する	はぶく
職業	業[上]・生業・身過ぎ[近]
食事	食・したく[近]・したため・台
食物	かて・食・まうけ
女性	女性・女房[近]
書物	書・文・草子
所有する	占む[上]・領る
知らせ	沙汰・消息・たより
調べる	吟味す・けみす・あらたむ[近]
知りたい	ゆかし
知る	知る・存ず
白	しろ
信仰	信仰・帰依
真実	まこと・実・真実・本・実
親切だ	ねんごろ
人生	一生・一期・いのち・世
新鮮な感じだ	めづらし
心配する	うれふ
心配だ	うしろめたし・おぼつかなし
神秘的だ	奇し・妙
進歩する	すすむ
人名	名
信頼	たのみ・たより

す

水泳	水練
推薦する	薦む
水道	懸け樋(=地上)・下樋(=地中)
水平な	たひら
睡眠	睡眠・ねぶり
推理する	推し量る
姿	かげ
過ぎる	うちすぐ・すぐ
救う	すくふ
少ない	すくなし
すぐに	かつ・すなはち・やがて
優れている	うるさし・うるせし・賢し・やむごとなし
少し	いささか・気色ばかり
少しも～ない	あに・つゆ・ゆめ・ゆめに・ゆめゆめ・よに
涼しい	すずし
進む	すすむ
捨てる	すつ
砂	いさご・砂子・真砂
すばらしい	優・いみじ・うまし・賢し・めづらし・めでたし・ゆゆし
住まい	家居
住む	居る・住む・住まふ
相撲	すまひ

する	す・なす・物す
鋭い	利し
～するな	～なかれ
座る	居る
澄んでいる	さやけし・すずし(＝心ガ)

せ

性格	心柄・心様・こころばせ・こころばへ・性・人・人柄・ひととなり・本性
清潔な	きよし・いさぎよし
制限する	かぎる
成功する	事成る・成就す
政治	まつりごと・万機
正式	はれ
誠実だ	実し・まめ・まめまめし・まめやか
青春	盛り
精神	心肝・心・魂・神
成人式	(男)元服・初冠 (女)髪上げ・裳着
ぜいたくな	過差・栄耀
成長する	およすぐ・成り出づ・ねびゆく
生命	いのち・生・身命・玉の緒
整理する	とりしたたむ・ひきしたたむ
世界	てんか・天下・天下・三国・天の下
責任	責め
世間	天の下・浮き世・このよ・せかい・世俗・俗・ちまた
絶対に	かならず
説得する	言ひ趣く
切ない	わびし
設備	しつらひ
狭い	せばし・ところせし・程無し
迫る	迫む・せまる
世話する	かしづく・かへりみる・見る・あつかふ・もてあつかふ
先日	先つ頃
先生	師・博士・先達
洗濯	清まし
全部	すべて・皆がら
前列	例し・れい

そ

相違する	たがふ
相互に	かたみに
そうして	さて・しかうして
装飾	かざり・しつらひ
想像する	おもふ
相談する	いひあはす
早朝	つとめて
騒動	さわぎ・みだれ
疎遠だ	うとし・うとうとし
底	そこ
そしらぬ風だ	つれなし
注ぐ	沃る・注く
育つ	生ひ出づ・生ひ立つ・生ひ成る
そっくり	さながら
外	外・外
備える	具す・取り具す・そなふ
そのまま	やがて
そば	かたはら・片方・ほとり
粗末だ	悪し・賤し・おろそか・いやし・粗粗し
空	雲居・そら・てん
それ	さ・そ・それ
それくらい	さばかり
それどころか	あまつさへ・あまりさへ
それゆえ	されば・しかれば
揃う	具す・ととのふ・打ち具す
損	失・つひえ

た

退屈だ	つれづれ
対抗する	あらそふ・争ふ
大事な	たいせつ
大切に育てる	傅く・かしづく・はぐくむ・もてかしづく
だいたい	おほかた・おほよそ・およそ
大胆な	胆太し
態度	もてなし
台風	野分
大変	いたく・いた・ここだ・ここら・はなはだ・よに
平らな	たひらか・たひら・ひら
耐える	耐ふ

付

倒れる	たふる
高い	たかし
たがいに	かたみに
たくさん	あまた・ここだ・ここら・そこばく・そこら
貯える	たくはふ
確かだ	さだか・たしか・正し
出す	いだす・いづ
助ける	たすく
尋ねる	たづぬ・とふ・訪ふ・尋む
叩く	たたく・しらぐ・うつ
正しい	ただし・直し・よし・正し
立つ	たつ
建てる	構ふ・たつ
例えようがない	たとしへなし・物に似ず
楽しい	たのし
頼む	誂ふ・言ひ付く
食べる	食ふ・食ぶ・食む・したたむ
魂	魂・たましひ
だます	あざむく・すかす・たばかる・はかりごつ・謀る
黙る	黙す
試す	こころみる
便り	雁の使ひ・左右
頼りない	あだ・はかなし・むなし・たづきなし
頼りになる	たのもし・はかばかし
だらしない	しどけなし
足りない	欠く・たらず
だれ	た・だれ
戯れる	戯る・たはぶる
短気な	腹悪し
男女	なんによ
男女の仲	世の中
男性	を・をとこ・をのこ
だんだん	やうやう・やうやく・やや
単独で	ひとり

ち

地位	際・くらゐ・品
小さい	こまか・こまやか・ささやか・ほどなし
知恵	魂・才覚
近い	気近し・ほどなし・間近し
違う	違ふ・ちがふ
近頃	このほど・ちかごろ
地図	指図・図
父	父・ちち
地方	田舎・田舎・田舎世界・在所[近]
注意する	いましむ・心す
中止する	とどむ・とまる
中心	最中・中ら
中途半端だ	中空・なかなか・はしたなし
注文する	あつらふ
チョウ	てふ
長(集団の)	おとな・かしら・長
調子	調べ
長所	取り所・見所
朝食	あさげ(⇔ゆふげ)
ちょうどその時	をりしも
長男	太郎
治療する	つくろふ・いたはる
散る	ちる

つ

追跡する	追ふ
ついで	たより
使い	玉梓[上]・つかひ
使う	使ふ
疲れる	困ず・疲る・いたつく[上]
月	月夜・月夜・月夜見[上]
次	つぎ
付く	つく
突く	突く
作る	つくる・なす
都合が悪い	便悪し・便無し・不便
伝える	つたふ
続く	続ぐ
つつましい	やさし
勤める	勤む
妻	妹・妻・妻・をんな
つまらない	あぢきなし・くちをし・はかなし・よしなし
罪	つみ・科
冷たい	すさまじ・つめたし
強い	強し・猛し
つらい	憂し・辛し・心憂し・物憂し

て

手　て
抵抗する　すまふ・あらそふ・逆ふ
体裁が悪い　様悪し・はしたなし・人悪し
停止する　とまる・やむ
丁寧だ　ねんごろ
手紙　雁の便り[歌]・消息・玉梓[歌]・たより・文
敵　仇・敵
的確な　たしか・正し
出来事　こと
適切な　格好・しかるべし
適当な　あるべき・さるべき
鉄　くろがね
手伝う　見継ぐ・たすく
手本　かがみ・法・本
出る　出づ
天気　空・天気・天気・てんき・日和
伝言　言伝て・つたへ
天皇　一人・一人・内・上・君・主上・天皇・天・皇・天皇・聖・帝
転落する　まろびおつ

と

問う　とふ・言問ふ
同意する　おもむく・同ず・承け引く・なびく・うべなふ
道具　具足・調度・物の具
どうして（疑問）　いかで・いかでか・いかにか・など・などて・なに・なにかは
どうして（反語）　あに・いかで・いかでか・いかにか・などか・なに・なにか・なにしに・なにせむに・なんでふ・なでふ
どうしようもない　いかがせむ・いかがはせむ・いかにせむ
陶酔する　酔ふ
到着する　行き着く・至る・来着く・着す・着く
動揺する　浮かる・浮き立つ・惑ふ・騒ぐ・動ず
どうにかして　いかで・いかでか
道理だ　ことわり・もっとも
道理に合わない　文なし・よこさま・わりなし
道路　みち・往還
遠い　とほし・はるか・はるけし
通す　貫く・とほす
通る　とほる・わたる
都会風だ　みやびか・みやびやか
時々　をりをり
毒　附子
独身　一人・やもめ
特に　ことさら・すぐれて・わざと
どこ　いづく・いづこ・いづら
ところが　さるに・しかるに・しかるを
年　とし・春秋
閉じる　閉づ
途中　みち
届く　とづく
整える　ととのふ・つくろふ・とりしたたむ・ひきしたたむ
隣　となり
どのように　いかが・いかがは・いかさま・いかに
飛ぶ　翔る・とぶ
乏しい　ともし
徒歩で　徒より
泊まる　泊まる・とどまる・宿る
止・留める　とむ・とどむ
友　得意・朋友・友垣
伴う　ともなふ・引き具す・引き連る
鳥　とり
取り扱う　おきつ・もてなす
取り乱した心　乱り心地
努力する　つとむ
どれ　いづれ
どれくらい　いかばかり・いかほど・なにばかり
泥　泥・小泥
トンボ　あきつ・あきづ・蜻蛉
どんな　いかな・いかなる・なでふ・なんでふ
貪欲な　慳貪なり

な

直す　さしなほす・なほす

仲	間・あひだ・仲らひ・なか
長い	ながし
永い	ながし・ひさし
長年	としごろ
仲間	たぐひ・連・ともがら・類
流れる	流る
泣く	なく・打ち泣く・袖濡らす[歌]・潮垂る[歌]
鳴く	なく
慰める	なぐさむ
亡くなる	失す・隠る・かひなくなる・消え入る・消ゆ・絶え入る・亡ず・果つ・みまかる
嘆く	かこつ・なげく
情けない	あぢきなし・憂し・うたてし
なぜ	いかで・いかに・など・なに・なにか・なにぞ
懐かしい	愛し[上]・むつまし・ゆかし
納得する	合点す
生意気な	こざかし
生の	なまし
波	なみ
涙	袖の雫[歌]・袖の露[歌]・なみだ
悩む	おもひわづらふ
並ぶ	並む
慣れる	なる
何日	いくか
何人	いくたり
何年	いくとせ

に

匂う	薫ず・かをる・にほふ
にぎやかだ	にぎははし・はなやか
逃げる	逃ぐ・のがる
にせ者	えせ者
日光	ひかげ
鈍い	鈍し
日本	大八州・東海・豊葦原・大和・本朝・日の本・扶桑
似る	覚ゆ・通ふ・にる
庭	には・山斎・園・御園生[歌]
にわとり	ゆふつけどり[歌]
人間	ひと・人倫
妊娠する	はらむ・宿す
任務	つとめ

ぬ

ぬきんでる	双なし・ならびなし・二なし
脱ぐ	ぬぐ
抜け目ない	隈なし・鋭し
盗む	ぬすむ
塗る	ぬる
ぬるい	ぬるし
濡れる	濡る・漬つ

ね

値打ち	あたひ
願う	乞ふ・ねがふ
猫	ねこ
嫉む	うらやむ・そねむ・ねたがる
熱心だ	切・ねんごろ
寝坊だ	いぎたなし
寝る	寝ぬ・寝
年末	大晦日[近]・大晦日
年齢	よはひ・とし

の

能力	能・ちから
残す	とどむ・とむ
望ましい	あらまほし・ねがはし
望み	好み・宿意・所望
のどかだ	のどけし・のどやか
伸・延ばす	のぶ[下二]
伸・延びる	のぶ[上二]
述べる	のばふ
登る	のぼる
乗る	乗る
のんびりしている	のびらか・たゆし

は

廃止する	停廃す
売買する	あきなふ
入る	いる
ばかげている	をこ
はかない	あだ・むなし
激しい	あらし・いかし・甚し・いみじ・きびし・険し・猛し・疾し

端　つま・端
始める　はじむ
場所　方・境・ところ
走る　わしる
恥ずかしい　かかやかし・かはゆし・はづかし・まばゆし・優し
働く　はたらく
はっきりしている　あきらか・あきらけし・あらは・さやか・さやけし・著し・はかばかし・はなやか
はっきりしない　おぼつかなし・おぼおぼし・おぼめかし・おぼろ・こころもとなし・そこはかとなし
発見する　見付く
発生する　出で来
派手な　にぎはし・はなやか
花　はな
鼻　はな
話　ものがたり
話す　物言ふ・かたる
はなはだしい　あながち・甚し・いみじ・おびたたし・こよなし・ゆゆし・わりなし
離れる　離る・離る・はなる
母　母・垂乳根・はは
早(速)い　すみやか・はやし
早く　疾く・はや
払う　はらふ
晴らす　おもひやる・あきらむ・慰む
春　はる
晴れがましい　はえばえし・はればれし
晴れる　晴る
反抗する　逆ふ・争ふ・弓を引く
犯罪　罪・科
反する　背く・違ふ
反省する　かへりみる

ひ

日　ひ
火　ひ・ほむら
冷える　冷ゆ
光　影・ひかり
光る　かかやく・ひらめく
率いる　あどもふ[上]・ひきゐる・率る
卑怯な　きたなし・不覚
引く　ひく
低い　低し・ひきやか・ほどなし・短し
美人　容貌・かたちびと・傾国・傾城
ひそかだ　ひそか・密か
左手　弓手・奥の手・ひだりて
否定する　言ひ消つ
ひどい　甚し・あさまし・からし・こころうし・むげ・めざまし
ひどく　いと・いたく・ここだ・ここら・すこぶる・せめて・はなはだ・よく
等しい　ひとし・おなじ
ひねくれている　くせぐせし・ねぢけまがし・ひがひがし
肥満している　肥ゆ・太し
秘密　隠ろへ・隠ろへ事
病気　いたつき・いたはり・つつが・やまひ・わづらひ・乱り心地
評判　覚え・きこえ・名・人の口
開く　あく・ひらく
昼　日・昼つ方

ふ

不安だ　うしろめたし・おぼつかなし・おぼめかし・こころもとなし
風景　気色
夫婦　めをと
不運だ　つたなし
深い　ふかし・厚し(恩恵・交際ガ)
不快だ　あぢきなし・からし・こころうし・にがし・むつかし・物し
不器用な　手づつ・おろか
吹く　ふく
服装　装束・装束・装ひ・装ひ
不幸　不祥
富豪　長者・徳人・分限[近]
無骨だ　かたくな・かたくなし・こちごちし・こはし・むくつけし
ふさわしい　つきづきし
不思議だ　あやし・奇し
無事だ　またし・平らか・なだらか・こ

付

となし

負傷　手
防ぐ　防く・まもる
ふだん　褻・例・常
普通だ　なのめ・おぼろけ・ただ・直し・なみなみ・一方・よろし
不似合いだ　つきなし・にげなし
船　ふね
無風流だ　かたくな・こころなし・なさけなし・無心
不便だ　便悪し
踏む　ふむ
降る　ふる
触れる　ふる
分別　分き・文目

へ

平気だ　つれなし
平凡だ　ただあり・なほなほし
平和な　事なし
下手だ　悪し・つたなし・手づつ・悪し
隔てる　へだつ
へび　くちなは
経る　経
変化する　かはる・成り変はる・変ず
勉強する　まなぶ・まねぶ・ならふ
返事　答へ・返し・さしいらへ
変だ　あやし・異な・怪し

ほ

法　①はふ(漢音・法律)掟・さだめ・御法　②ほふ(呉音・仏教)法・御法
包囲する　とりこむ
妨害する　障ふ
方向　方・方様
方法　術・よし・よすが
訪問する　おとづる・おとなふ・消息す・たづぬ・訪ふ・訪ふ
ほかの　あらぬ
誇る　てらふ・ほこる
ほしがる　請ふ・欲る[上]
ほほえむ　笑む・微笑む
褒める　ほむ・愛づ
本　①もと　②草子
本気だ　実し・まめまめし・まめやか
本当に　げに
ぼんやりしている　おぼつかなし・こころもとなし

ま

毎朝　朝なさな[上]
参る　まゐる
舞う　奏づ・まふ
前　前・まへ
任せる　あづく・まかす
負ける　まく
曲げる　まぐ
孫　うまご・むまご
まこと　まこと・真実
まじめだ　忠実・まめまめし・まめやか
貧しい　乏し・無徳・わびし
ますます　いとど・いよいよ・いよよ・うたた・異に・さらに・まして
混ぜる　まず
まだ　いまだ
間違い　僻事・あやまち・あやまり
待つ　まつ
まっすぐだ　直・直し
学ぶ　学ぶ・習ふ
招く　まねく・請ず・請ず・招く[上]
まぶしい　まばゆし
守る　守る[歌]・まもる
迷う　惑ふ・まよふ
丸い　まろし・まろ
回す　まはす・めぐらす
満足する　飽く・堪能す・心行く

み

見える　みゆ
味方　方人
右手　馬手
見苦しい　かたくなし・かたくな・様悪し・ひがひがし・正なし
見事な　あはれ・美し
短い　みじかし

付

未熟だ　片生ひ・片生り・未だし・若し
水　みづ
店　たな
見たい　ゆかし
乱れる　みだる
皆　みな・すべて・ことごとく
南　みなみ
身分　品
見舞う　訪ふ
土産　つと
未来　みらい・奥・行く末・後
見る　みる

む

迎える　迎ふ〔下二〕
昔　いにしへ・早く・昔へ
向く　むく
無限だ　かぎりなし
むごい　からし・つらし
虫　むし
難しい　難し・有り難し
結ぶ　むすぶ・結ふ
夢中になる　おぼる・はやる・身を投ぐ
むなしい　あぢきなし・いたづら・むなし
無理だ　あながち・非道・わりなし
無理に　しひて・せめて・なまじひに

め

目　め
名所　名所・歌枕
名人　上手・聖
名声　名・名題[近]
めいめい　おのがじし
名誉　名・外聞[近]・名聞・めいよ
命令　掟・指図・沙汰
巡る　めぐる・廻む[上]・回る[上]
目覚める　驚く
飯　飯・めし
珍しい　有り難し・稀有・めづらか
面倒だ　むつかし・わづらはし
面倒見る　かしづく・見る・あつかふ・もてあつかふ

も

儲け　所得・利得[近]
燃える　もゆ
目的　料・ため
文字　手・鳥の跡[歌]・もじ
用いる　もちゐる
もちろんだ　さら
持つ　もつ
もったいない　惜し・かしこし・おほけなし
もっともだ　ことわり
求める　もとむ・求む[上]
物足りない　さうざうし・さびし
模様　文・文目
もらう　もらふ[近]
門　かど
問題　とひ

や

やかましい　かしかまし・らうがはし
焼く　やく
約束する　契る・誓ふ
野菜　前栽物[近]
優しい　なよよか・やさし
養う　やしなふ・はぐくむ
安い　やすし
休む　いこふ・休らふ
野性的な　荒らか
宿　旅所・泊まり・宿り
雇う　やとふ
野蛮な　荒けなし・荒らか
破る　やぶる・破る
山登り　山踏み(山歩キ)
止む　やむ・とまる・とどまる
止める　やむ・とどむ
柔らかだ　たをやか・なごし・なよよか・やはらか

ゆ

湯　ゆ
憂鬱な　いぶせし・うし
夕方　入り相・暮れつ方・夕さり・夕つ方・夕べ
勇気　勇み
遊戯　あそび・遊び業・遊戯

有効な	かひあり・かひがひし
夕食	ゆふげ
誘導する	みちびく
優美だ	あてやか・優・艶・なまめかし
有名だ	音に聞く・名にし負ふ
行く	いく・ゆく・まかる
行方	跡・ゆくへ
豊かだ	にぎははし・ゆたか・ゆたけし・楽し・頼もし
油断する	弛む・思ひ弛む
夢	ゆめ・いめ[上]
許す	ゆるす・赦免す・免ず

よ

夜	よ・よる・夜さり
良い	美し・よし
用意する	急ぐ・設く
陽気だ	はなやか・はればれし
容姿	かたち・見様
幼児	児・嬰児
用心する	いましむ・こころす
様子	有様・景気・気色・けはひ
幼稚だ	はかなし・若若し・幼し
容貌	かたち・器量・見目
汚れ	けがれ
予想する	はかる・あらます
装う	装束く・装束く・よそふ
予定	あらまし
呼ぶ	よぶ

喜び	よろこび・随喜[近]
弱い	よわし・もろし

ら

楽な	やすらか
ラブレター	懸想文
乱暴な	荒荒し・ひたぶる・狼藉

り

利益	得・益
理解する	わきまふ・心得・思ひ取る
陸	陸[上]・りく
利口ぶる	賢しがる・賢し立つ
理想的だ	あらまほし
立派だ	優・あはれ・いみじ・うまし・恥づかし・はなやか・めざまし・めでたし・ゆゆし・をかし
理由	故・由
流行	当流[近]・りうかう
利用する	用ゐる
料理	れうり[近]・膳夫[上]
料理人	膳夫[上]・膳人・包丁・包丁者
旅行	たび・道中[近]
理論	筋・ことわり

れ

礼儀	礼[上]
礼儀正しい	ゐやゐやし・ゐややか
冷淡な	冷たまし・つれなし・なさけなし
例の	ありつる・くだんの
列	つら
恋愛	色・懸想・恋
練習	稽古

ろ

老人	翁・おほぢ・叟・年寄り・古人
浪人	惑ひ者
老年	老い・老いらく
浪費	つひえ
論争	あらがひ

わ

和歌	歌・言の葉・大和歌・大和言の葉・大和言葉
若い	わかし・うらわかし・ほどなし
わがまま	わがまま・栄耀・我慢
若者	冠者・冠者
別れる	別る・わかる
分ける	分かつ・わく
わずかだ	はつか・ほのか
忘れる	わする
話題	語り種・言種・扱ひ種
私（一人称）	吾・吾・それがし・何某・みづから・我・我
渡す	わたす
笑う	笑む
悪い	悪し・悪し

和歌・俳句索引

一、この索引は、本辞典に用例として採用され、解釈がほどこされている、和歌・俳句を引くためのものである。
二、配列はすべて、歴史的仮名づかいによる五十音順とした。
三、和歌・俳句ともに原則として初句（最初の五文字）を見出しとして太字で示し、そのすぐ下にその作品名か作者名を記した。点線の下にあるのは、和数字がページ数を示し、その下の語がその歌や句が用例として採用されている項目名である。項目名に同音語がある場合は、漢字や品詞名を補足した。また、項目名の下の数字やアルファベットはブランチ（語義番号）を表している。

【あ】

付

付

付

【い】

付

付

付

付

【か】

付

付

【き】

付

付

【し】

付

【す】

【せ】

【そ】

【た】

付

付

付

【に】

付

付

【ひ】

付

【ふ】

付

【ほ】

付

付

付

【ゆ】

付

【ゐ】

【を】

付

全訳古語例解辞典
コンパクト版 第三版

一九八七年一月一日 初版発行
一九九〇年一月二十日〈コンパクト版〉初版発行
一九九六年一月一日〈コンパクト版〉第二版発行
二〇〇一年一月一日〈コンパクト版〉第三版第一刷発行
二〇一四年十月二十日〈コンパクト版〉第七刷発行

編者 北原保雄
発行者 神永曉
印刷所 共同印刷株式会社

発行所 株式会社 小学館
東京都千代田区一ツ橋二丁目三—一
〔郵便番号〕一〇一-八〇〇一
電話 編集（〇三）三二三〇—五一七〇
販売（〇三）五二八一—三五五五

Printed in Japan ISBN4-09-501563-2

＊小学館国語辞典編集部のホームページ
http://www.web-nihongo.com/

旧国名地図

（付．平安京までの各国府からの行程）

凡例

(1) 能登 18/9 [27]
- 「延喜式」による国府から平安京までの上京日数（18）
- 海路による日数（往復のトータル日数）（[27]）
- 平安京から国府までの下向日数（9）

(2) 西海道に関しては、大宰府からの日数
なお、上京日数が下向日数の倍かかっているのは、物資の搬入のため。

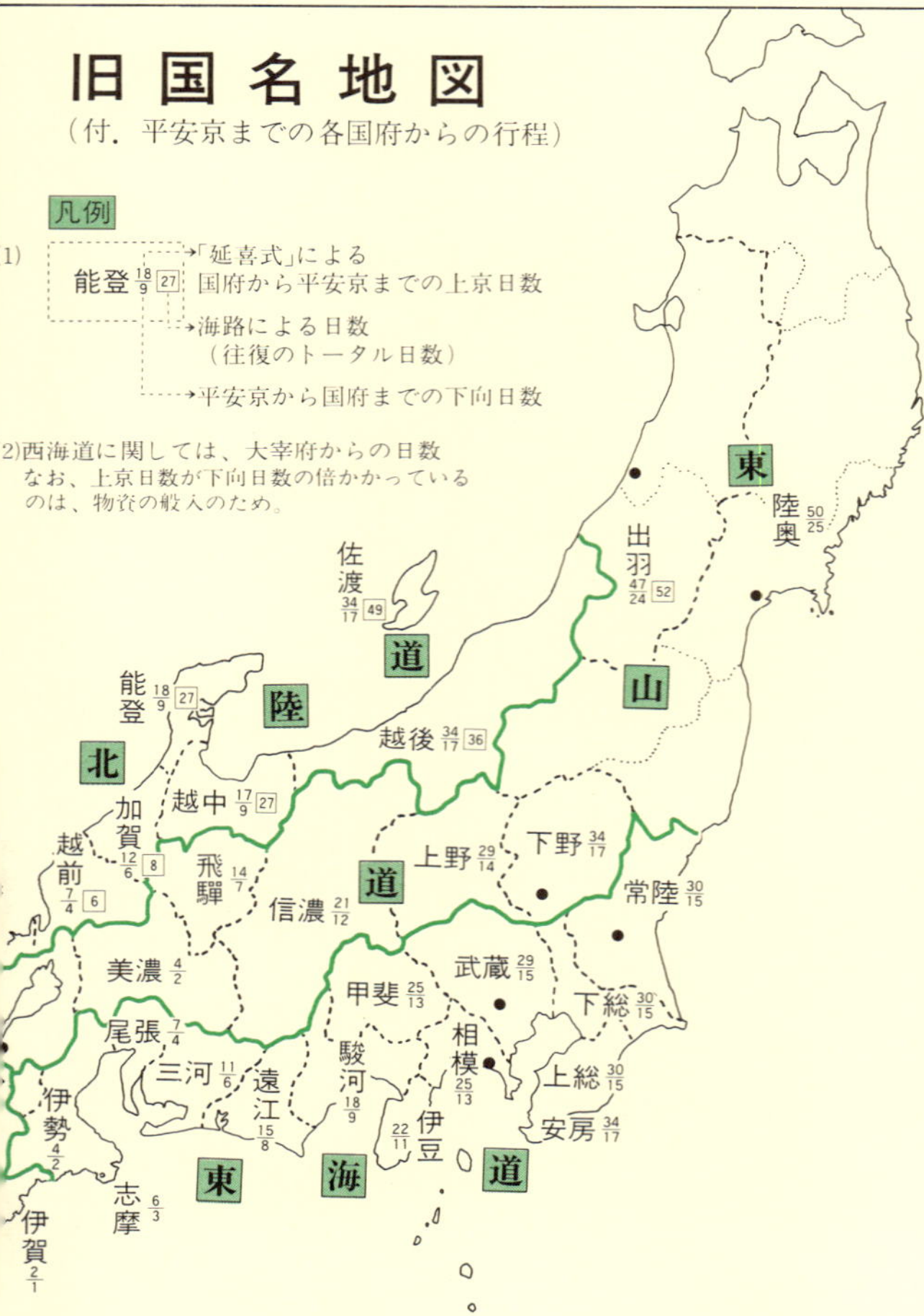

（注）国の区分は、九世紀ごろ以後この図のように固定した。陸奥（みちのく）と出羽（でわ）は十九世紀になって細分された。

七道

東山道（とうさんだう）	陸奥（むつ）、陸前（りくぜん）、羽前（うぜん）、磐城（いはき）、上野（かうづけ）、飛驒（ひだ）、近江（あふみ）、陸中（りくちゅう）、羽後（うご）、岩代（いはしろ）、下野（しもつけ）、信濃（しなの）、美濃（みの）
北陸道（ほくろくだう）	佐渡（さど）、越中（ゑっちゅう）、加賀（かが）、若狭（わかさ）、越後（ゑちご）、能登（のと）、越前（ゑちぜん）
東海道（とうかいだう）	常陸（ひたち）、上総（かづさ）、武蔵（むさし）、伊豆（いづ）、駿河（するが）、三河（みかは）、志摩（しま）、伊賀（いが）、下総（しもふさ）、安房（あは）、相模（さがみ）、甲斐（かひ）、遠江（とほたふみ）、尾張（をはり）、伊勢（いせ）
山陰道（さんいんだう）	丹後（たんご）、但馬（たじま）、伯耆（はうき）、石見（いはみ）、丹波（たんば）、因幡（いなば）、出雲（いづも）、隠岐（おき）
山陽道（さんやうだう）	播磨（はりま）、備前（びぜん）、備後（びんご）、美作（みまさか）、備中（びっちゅう）、安芸（あき）